Dr. Markus Adick
Rechtsanwalt
Wasserstraße 13
40213 Düsseldorf
Tel. 02 11/86 50 60 · Fax 02 11/86 50 650

D1692507

Szesny/Kuthe
Kapitalmarkt Compliance

Kapitalmarkt Compliance

Herausgegeben von

Dr. André-M. Szesny, LL.M
Rechtsanwalt

und

Dr. Thorsten Kuthe
Rechtsanwalt

Bibliografische Information der Deutschen Nationalbibliothek

Die Deutsche Nationalbibliothek verzeichnet diese Publikation in der Deutschen Nationalbibliografie; detaillierte bibliografische Daten sind im Internet über <http://dnb.d-nb.de> abrufbar.

Bei der Herstellung des Werkes haben wir uns zukunftsbewusst für umweltverträgliche und wiederverwertbare Materialien entschieden.
Der Inhalt ist auf elementar chlorfreiem Papier gedruckt.

ISBN 978-3-8114-3952-8

E-Mail: kundenservice@hjr-verlag.de

Telefon: +49 6221/489-555
Telefax: +49 6221/489-410

© 2014 C.F. Müller, eine Marke der Verlagsgruppe Hüthig Jehle Rehm GmbH
Heidelberg, München, Landsberg, Frechen, Hamburg

www.cfmueller-verlag.de
www.hjr-verlag.de

Dieses Werk, einschließlich aller seiner Teile, ist urheberrechtlich geschützt. Jede Verwertung außerhalb der engen Grenzen des Urheberrechtsgesetzes ist ohne Zustimmung des Verlages unzulässig und strafbar. Dies gilt insbesondere für Vervielfältigungen, Übersetzungen, Mikroverfilmungen und die Einspeicherung und Verarbeitung in elektronischen Systemen.

Satz: TypoScript GmbH, München
Druck: Westermann Druck Zwickau GmbH

Vorwort

Kaum eine Branche ist derart dicht reguliert wie der Kapitalmarkt. Und obwohl das Kapitalmarktrecht eine vergleichsweise alte Rechtsmaterie ist (das BörsG stammt aus dem Jahr 1896), begann die Entwicklung, die zur aktuellen Rechtslage führte, erst spät. In den siebziger Jahren führte die Insolvenz der I. D. Herstatt KGaA (1974) zu Diskussionen über die Qualität der Bankenaufsicht. Die neunziger Jahre waren geprägt von Insiderskandalen, die zur Schaffung des Wertpapierhandelsgesetzes (1994) führten. Erst damit fiel der Startschuss für eine Dynamik in der bundesdeutschen und europäischen Gesetzgebung, die ihresgleichen in anderen Rechtsgebieten bis heute vergeblich sucht. Und ein Ende ist nicht in Sicht. Die Notwendigkeit, die private Altersvorsorge selbst in die Hand zu nehmen, hat den Kapitalmarkt für breite Bevölkerungsgruppen geöffnet. Auch nach Inkrafttreten des Anlegerschutzverbesserungsgesetzes (2004) bleibt das Schutzbedürfnis groß und wächst mit jeder neuen „Finanzkrise". Der Kapitalmarkt bleibt damit im rechtspolitischen Fokus. Dies spiegelt sich in den aktuellen Rechtsentwicklungen wider: Noch während der Satzarbeiten zu diesem Buch wurden die EU-CRD IV-Richtlinie (2013/36/EU) und die neue Transparenzrichtlinie (2013/50/EU) verabschiedet. Es handelt sich um europäische Gesetzgebung mit erheblicher Bedeutung für die Compliance-Funktion in Kreditinstituten und Wertpapierhandelsunternehmen, die – auch wenn die nationale Umsetzung naturgemäß noch nicht abschließend erfolgen konnte – in diesem Buch noch Berücksichtigung finden konnte.

Diese andauernde Entwicklung stellt Compliance-Verantwortliche in kapitalmarktorientierten Unternehmen vor erhebliche Herausforderungen.

Das Kapitalmarktrecht für den Rechtsanwender verständlich und praxisfreundlich aufzubereiten und ihm eine Hilfe beim Aufbau bzw. der Effektivierung eines Compliance-Systems in seinem Unternehmen zu erleichtern, ist Anliegen dieses Buches. Wir haben uns daher dazu entschieden, das Buch nicht nach den einschlägigen Rechtsquellen, sondern grundsätzlich adressatenbezogen aufzubauen. Es tritt damit neben die Kommentierungen der einschlägigen Gesetze und soll dem Praktiker Zugang zu den für ihn maßgeblichen Themenkreisen ermöglichen.

Mit dem Buch soll zudem Sensibilität geschaffen werden für die enge Verzahnung des materiellen Kapitalmarktrechts und den Instrumenten der Überwachung seiner Einhaltung durch die Aufsichtsbehörden mit dem Straf- und Ordnungswidrigkeitenrecht. Das Strafrecht ist als wirtschaftspolitisches Steuerungsinstrument Bestandteil der Durchsetzung der Kapitalmarktvorschriften. Kaum ein Ge- oder Verbot findet sich in den Kapitalmarktgesetzen, dessen Verletzung nicht mit einer Geldbuße oder gar Geld- und Freiheitsstrafe ahndbar ist. Wir haben diese enge Verzahnung aufgenommen und den straf- und bußgeldrechtlichen Aspekten des Kapitalmarktrechts einen eigenen Teil gewidmet, anstatt uns auf einen Überblick des kapitalmarktbezogenen Strafrechts zu beschränken. Dieses Buch schließt damit die Lücke zwischen den ansonsten oftmals lediglich parallel dargestellten Gebieten der kapitalmarktrechtlichen Compliance auf der einen und der Criminal Compliance auf der anderen Seite.

Die einzelnen Themengebiete hat ein Autorenteam bearbeitet, das sich aus 36 Expertinnen und Experten aus Wissenschaft, Kapitalmarktaufsicht, Kreditinstituten, börsennotierten Unternehmen, Unternehmensberatungen, führenden Rechtsanwaltskanzleien und Wirtschaftsprüfungsgesellschaften zusammensetzt. Der Enthusiasmus und der themenübergreifende fachliche Austausch zwischen den Bearbeiterinnen und Bearbeitern führten in einem

Vorwort

dynamischen Prozess zu dem nunmehr vorliegenden Buch. Wir schulden ihnen großen Dank für ihr Engagement und ihre Bereitschaft, uns und die Leser von ihren Erfahrungen profitieren zu lassen.

Nicht zuletzt danken wir dem Verlag, insbesondere Frau Annette Steffenkock und Frau Andrea Markutzyk, für die hilfreiche und effektive Unterstützung bei der Umsetzung dieses Werkes.

Düsseldorf/Köln, im November 2013

André-M. Szesny
Thorsten Kuthe

Bearbeiterverzeichnis

Dr. Markus Adick
Rechtsanwalt, Fachanwalt für Strafrecht, tdwe Thomas Deckers Wehnert Elsner Rechtsanwälte, Düsseldorf
    24. Kapitel

Ingo Baulig
Rechtsassessor, Commerzbank AG, Frankfurt am Main
    4. Kapitel (zusammen mit Niermann)

Dr. Marcus Bergmann
Wissenschaftlicher Mitarbeiter, Martin-Luther-Universität, Halle-Wittenberg
    30. Kapitel

Dr. Malte Cordes
Rechtsanwalt, Feigen-Graf Rechtsanwälte, Köln
    22. Kapitel

Boris Dürr
Rechtsanwalt, Heuking Kühn Lüer Wojtek, München
    7. Kapitel

Dr. Tobias Eggers
Rechtsanwalt, Fachanwalt für Strafrecht, PARK Wirtschaftsstrafrecht, Dortmund
    29. Kapitel

Janine Fehn-Claus
Rechtsanwältin, Thüngen
    3. Kapitel (zusammen mit Racky)

Dr. Philipp Gehrmann
Rechtsanwalt, Krause & Kollegen, Berlin
    27. und 28. Kapitel (zusammen mit Zacharias)

Silke Glawischnig-Quinke
Rechtsassessorin, Deutsche Bundesbank, Bankenaufsicht, Düsseldorf
    14. Kapitel

Laura Görtz
Rechtsanwältin, Heuking Kühn Lüer Wojtek, Düsseldorf
    26. Kapitel Rn. 1–125

Dipl.-Volksw. Uwe Heim
Head of Forensic Services Germany, Deloitte & Touche GmbH, Wirtschaftsprüfungsgesellschaft, Düsseldorf
    15. Kapitel (zusammen mit Rinke)

Dipl.-Kfm. Jesco Idler
Wirtschaftsprüfer, Steuerberater, Flick Gocke Schaumburg, Bonn
    33. Kapitel Rn. 41–145

Dr. Götz G. Karrer
Rechtsanwalt, Fachanwalt für Handels- und Gesellschaftsrecht, Heuking Kühn Lüer Wojtek, Düsseldorf
    8. und 10. Kapitel

Christoph Kirschhöfer
Rechtsanwalt, Erste Abwicklungsanstalt, Düsseldorf
    2. Kapitel

Bearbeiterverzeichnis

Prof. Dr. Ursula Kleinert Fachhochschule Köln	19. Kapitel
Dr. Thorsten Kuthe Rechtsanwalt, Heuking Kühn Lüer Wojtek, Köln	1. Kapitel (zusammen mit Szesny); 9. und 13. Kapitel (beide zusammen mit Zipperle)
Markus Langfritz Leiter Compliance, AML und Recht, VEM Aktienbank AG, München	16. Kapitel
Joachim Lorenzen Unternehmensberater, UBJ. GmbH, Hamburg	12. Kapitel (zusammen mit May und Richter)
Dipl.-Kfm. Christian May Unternehmensberater, UBJ. GmbH, Hamburg	12. Kapitel (zusammen mit Lorenzen und Richter)
Dr. Stephan Niermann Rechtsanwalt, Bereichsleitung/Global Head of Securities Compliance, Commerzbank AG, Frankfurt am Main	4. Kapitel (zusammen mit Baulig)
Dr. Katja Plückelmann Rechtsanwältin, Fachanwältin für Handels- und Gesellschaftsrecht, Heuking Kühn Lüer Wojtek, Düsseldorf	5. und 6. Kapitel, 11. Kapitel (zusammen mit Schäfer)
Dr. Michael Racky Rechtsanwalt, Nidderau	3. Kapitel (zusammen mit Fehn-Claus)
Dr. Markus Rheinländer Rechtsanwalt, Heuking Kühn Lüer Wojtek, Düsseldorf	23. Kapitel
Karl Richter Unternehmensberater, UBJ. GmbH, Hamburg	12. Kapitel (zusammen mit Lorenzen und May)
Ralf B. Rinke Rechtsanwalt, Deloitte & Touche GmbH, Wirtschaftsprüfungsgesellschaft, Frankfurt am Main	15. Kapitel (zusammen mit Heim)
Dr. Barbara Roth, LL.M. Rechtsanwältin, Head of CIB Compliance, UniCredit Bank AG, München	20. Kapitel
Dr. Markus Rübenstahl, Mag. iur. Rechtsanwalt, Friedrich Graf von Westphalen & Partner, Köln	33. Kapitel Rn. 1–40, 146–271
Miriam Schäfer Rechtsanwältin, Heuking Kühn Lüer Wojtek, Düsseldorf	11. Kapitel (zusammen mit Plückelmann)

Dipl.-Betriebsw. Christoph Schlossarek Head of Corporate Forensics, Leiter Konzern-Sicherheit, Metro AG, Düsseldorf	32. Kapitel
Dr. Burkhard Schmitt Rechtsanwalt, Compliance Officer für Bilfinger Industrial Services, Bilfinger SE, München	26. Kapitel Rn. 126–192
Dr. Susanne Stauder Rechtsanwältin, Heuking Kühn Lüer Wojtek, Düsseldorf	25. Kapitel
Dr. André-M. Szesny, LL.M. Rechtsanwalt, Heuking Kühn Lüer Wojtek, Düsseldorf	1. Kapitel (zusammen mit Kuthe); 21. und 31. Kapitel
Dr. Michaela Theißen Rechtsanwältin und Mediatorin, Portigon AG, Düsseldorf	18. Kapitel
Sara Zacharias Wissenschaftliche Mitarbeiterin, Freie Universität Berlin	27. und 28. Kapitel (beide zusammen mit Gehrmann)
Dr. Dominik Zeitz BaFin – Bundesanstalt für Finanzdienstleistungsaufsicht, Wertpapieraufsicht – Meldewesen § 9 WpHG, Frankfurt am Main	17. Kapitel
Madeleine Zipperle Rechtsanwältin, Heuking Kühn Lüer Wojtek, Köln	9. und 13. Kapitel (zusammen mit Kuthe)

Zitiervorschlag

Zeitz in Szesny/Kuthe, Kapitalmarkt Compliance, 17. Kap. Rn. 7

Inhaltsübersicht

Vorwort	V
Bearbeiterverzeichnis	VII
Inhaltsverzeichnis	XIII
Abkürzungsverzeichnis	LVII
Literaturverzeichnis	417

1. Teil Einführung ... 417

    1. Kapitel Kapitalmarkt Compliance – Einführung und Übersicht ... 417
    2. Kapitel Grundsätzliche Aspekte der Organisation der Kapitalmarkt Compliance ... 15

2. Teil Emittenten-Compliance ... 29

    3. Kapitel Aufbau einer kapitalmarktbezogenen Compliance-Organisation bei Emittenten ... 31
    4. Kapitel Ad-hoc-Publizität in börsennotierten Unternehmen ... 55
    5. Kapitel Directors' Dealing ... 87
    6. Kapitel Stimmrechtsmitteilungen ... 111
    7. Kapitel Der Deutsche Corporate Governance Kodex und dessen Bedeutung für die Kapitalmarkt Compliance ... 167
    8. Kapitel Regelpublizität ... 187

3. Teil Transaktionsbezogene Compliance ... 217

    9. Kapitel Compliance bei Börsengang und Kapitalerhöhung ... 219
    10. Kapitel M&A Transaktionen einschließlich öffentlicher Übernahmen ... 243
    11. Kapitel Erwerb eigener Aktien ... 265
    12. Kapitel Hauptversammlung ... 303
    13. Kapitel Mitarbeiterbeteiligungsmodelle ... 359

4. Teil Kreditwesenrechtliche Spezifika ... 381

    14. Kapitel Besondere Organisationspflichten von Instituten nach §25a Abs.1 KWG ... 383
    15. Kapitel Aufbau einer Compliance-Organisation nach §25a KWG in der Praxis und interne Sicherungsmaßnahmen gem. §25c KWG ... 419

5. Teil Finanzdienstleister-Compliance ... 459

    16. Kapitel Aufbau einer Compliance-Funktion bei Finanzdienstleistungsunternehmen ... 461
    17. Kapitel Organisation des Meldewesens nach §9 WpHG ... 507
    18. Kapitel Wertpapierdienstleistungen: Kundenberatung ... 525
    19. Kapitel Wertpapierdienstleistungen: Auftragsausführung ... 589
    20. Kapitel Finanzanalyse ... 609

6. Teil Strafrechtliche Kapitalmarkt Compliance ... 673

    21. Kapitel Allgemeine straf- und ordnungswidrigkeitenrechtliche Grundsätze ... 675
    22. Kapitel Betrug, Kapitalanlagebetrug und Kreditbetrug, §§ 263, 264a, 265b StGB ... 719
    23. Kapitel Untreue ... 759
    24. Kapitel Steuerliche Verfehlungen ... 783

Inhaltsübersicht

25. Kapitel Geldwäsche 803
26. Kapitel Korruption 843
27. Kapitel Insiderhandel 893
28. Kapitel Marktmanipulation 923
29. Kapitel Straftaten nach dem KWG 949
30. Kapitel Strafbares Verleiten zu Börsenspekulationsgeschäften, §§ 26, 49 BörsG 975
31. Kapitel Kapitalmarktordnungswidrigkeiten 1007

7. Teil Aufdeckung vergangener Verstöße 1059
    32. Kapitel Interne Untersuchungen in einem börsennotierten Unternehmen 1061
    33. Kapitel Ermittlung durch Externe 1077

Stichwortverzeichnis 1189

Inhaltsverzeichnis

Vorwort V
Bearbeiterverzeichnis VII
Inhaltsübersicht XI
Abkürzungsverzeichnis LVII
Literaturverzeichnis 417

1. Teil Einführung

1. Kapitel
Kapitalmarkt Compliance – Einführung und Übersicht

A. Einleitung 417

B. Compliance: Begriff und historische Entwicklung 5

   I. Vereinigte Staaten 5

   II. Australien 6

   III. Großbritannien 6

   IV. Europa 6

      1. Marktmissbrauchsrichtlinie 7
      2. Marktmissbrauchsverordnung 7
      3. Transparenzrichtlinie 8
      4. Übernahmerichtlinie 9
      5. Markets in Financial Instruments Directive (MiFID) 10
      6. Aktionärsrechterichtlinie 10
      7. AIFM 11

   V. Deutschland 11

C. Rechtsquellen 13

2. Kapitel
Grundsätzliche Aspekte der Organisation der Kapitalmarkt Compliance

A. Von der bank- bzw. unternehmensinternen Selbstorganisation zum Handlanger regulatorischer Organisationspflichten 15

B. Kapitalmarkt-Compliance – nicht nur eine Verpflichtung für Banken 20

C. Compliance als Managementfunktion 21

   I. Compliance-Funktionen und Verantwortlichkeiten für Compliance im Unternehmen 21

   II. Möglichkeiten und Grenzen der organisatorischen Ausgestaltung 22

   III. Auslagerung auf geeignete Dritte 23

D. „Regulierungs-Tsunami": Überspannte Reaktionen als neues Risiko für Unternehmen? 23
E. Praktische Umsetzungsprobleme durch Zuständigkeitsvielfalt der Regulatoren 25
F. Fehlende Planungssicherheit für Unternehmen durch zunehmende regulatorische Neuerungen in immer kürzeren Abständen 26
G. Zusammenfassung 27

2. Teil Emittenten-Compliance

3. Kapitel
Aufbau einer kapitalmarktbezogenen Compliance-Organisation bei Emittenten

I. Einleitung 31
II. Definition 32
III. Grundüberlegungen 33
   1. „Tone From the Top" 33
   2. „Mission Statement" 35
   3. Praktische Probleme des Aufbaus einer Compliance-Abteilung 35
IV. Aufbau einer Compliance-Organisation/Besonderheiten der Emittenten-Compliance 37
V. Insiderhandelsverbote 38
   1. Grundlagen 38
   2. Insiderverzeichnis 39
   3. Flankierende Maßnahmen 42
VI. Ad-hoc-Publizität gem. § 15 WpHG 43
VII. Directors' Dealings gem. § 15a WpHG 45
VIII. Stimmrechtsmitteilung gem. § 21 WpHG 47
IX. Entsprechenserklärung 48
X. Marktmanipulation 49
XI. Weitere organisatorische Vorgaben aus anderen Bereichen 50
XII. Zusammenfassung 52

4. Kapitel
Ad-hoc-Publizität in börsennotierten Unternehmen

A. Einleitung 56
B. Tatbestandliche Voraussetzungen der Ad-hoc-Publizitätspflicht 57
I. Überblick 57
II. Insiderinformation 57
   1. Konkrete Information 57
   2. Nicht öffentlich bekannt 58

3. Umstände, die sich auf den Emittenten oder das Insiderpapier selbst beziehen ... 58
  4. Eignung zur erheblichen Preisbeeinflussung ... 58
- III. Unmittelbare Betroffenheit des Emittenten ... 60
- IV. Dementi unwahrer Insiderinformationen durch Ad-hoc-Mitteilung ... 61
  1. Verpflichtendes Dementi ... 61
  2. Optionales Dementi ... 62
- C. Umgang mit gestreckten Sachverhalten ... 62
  - I. Überblick ... 62
  - II. Isolierte Betrachtung von Zwischenschritten ... 63
  - III. Hinreichende Eintrittswahrscheinlichkeit ... 63
  - IV. Beschluss des BGH vom 22.11.2010 zur Vorlage bei dem EuGH ... 64
  - V. Die Entscheidung des EuGH ... 65
  - VI. Beschluss des BGH vom 23.4.2013 ... 66
  - VII. Erhebliche Kursrelevanz von Zwischenschritten ... 66
- D. Selbstbefreiung ... 68
  - I. Tatbestandliche Voraussetzungen ... 68
    1. Überblick ... 68
    2. Berechtigtes Interesse ... 68
    3. Keine Irreführung der Öffentlichkeit ... 69
    4. Gewährleistung der Vertraulichkeit ... 70
  - II. Umgang mit Gerüchten ... 71
  - III. Selbstbefreiungsentscheidung ... 72
    1. Erfordernis einer Selbstbefreiungsentscheidung ... 72
    2. Formale Anforderungen an die Selbstbefreiungsentscheidung ... 74
    3. Zeitpunkt der Selbstbefreiungsentscheidung ... 75
    4. Dokumentation der Selbstbefreiungsentscheidung ... 75
    5. Dauer der Selbstbefreiung ... 75
    6. Vorsorgliche Selbstbefreiung ... 75
    7. Selbstbefreiung durch Vorratsbeschluss ... 77
- E. Governance der Ad-hoc-Publizität ... 77
  - I. Implementierung eines Ad-hoc-Gremiums ... 77
  - II. Implementierung von Prozessen ... 79
- F. Ausblick ... 80
- G. Zusammenfassung ... 82
- H. Geschäftsordnungsmuster Ad-hoc-Gremium ... 83
  - I. Vorsitzender/Mitglieder ... 83
  - II. Grundlagen der Zusammenarbeit und Rollen ... 84
  - III. Aufgabenbereich/Entscheidung ... 84

IV. Beschlussfähigkeit/Beschlussfassung/Eskalation ... 84
1. Beschlussfähigkeit ... 84
2. Beschlussfassung ... 85
3. Eskalation ... 85

V. Organisation and Koordination ... 85
1. Häufigkeit der Sitzungen/Agenda ... 85
2. Sitzungsprotokoll ... 85
3. Gäste ... 86
4. Inkraftsetzung/Veröffentlichung ... 86

5. Kapitel
Directors' Dealings

A. Regelungszweck ... 87
B. Anwendungsbereich ... 88
I. Sachlicher Anwendungsbereich ... 88
II. Persönlicher Anwendungsbereich ... 89
1. Personen mit Führungsaufgaben ... 89
   a) Persönlich haftende Gesellschafter ... 89
   b) Organmitglieder ... 89
   c) Sonstige Personen ... 90
   d) Beginn und Ende der Stellung als Führungsperson ... 90
2. Personen in enger Beziehung ... 91
   a) Ehepartner, Lebenspartner und Verwandte ... 91
   b) Juristische Personen ... 92
   c) Dritte ... 93

III. Mitteilungspflichtige Geschäfte ... 93
1. Eigene Geschäfte ... 93
3. Bagatellgrenze ... 95

C. Mitteilungs- und Veröffentlichungspflichten ... 96
I. Mitteilungspflicht ... 96
1. Inhalt ... 96
2. Frist ... 97
3. Form der Mitteilung ... 98

II. Pflichten des Emittenten ... 98
1. Veröffentlichung ... 99
   a) Inhalt ... 99
   b) Sprache ... 100
   c) Art der Veröffentlichung ... 100
   d) Frist ... 102
2. Mitteilung an die Bundesanstalt ... 103
3. Übermittlung an das Unternehmensregister ... 103

III. Korrekturen ... 103

D. Organisationserfordernisse und Verstöße 104
I. Organisationspflichten des Emittenten 104
II. Verstoß 105
    1. Ordnungswidrigkeit 105
    2. Strafrechtliche Sanktionen 106
    3. Zivilrechtliche Verletzungsfolgen. 106
E. Verhältnis zu anderen Vorschriften 107
I. Corporate Governance Kodex 107
II. Ad-hoc-Publizität 107
III. Stimmrechtsmeldungen 108
IV. Stellungnahme bei Übernahmeangeboten 108

6. Kapitel
Stimmrechtsmitteilungen

A. Mitteilungspflicht 112
I. Meldepflichtiger 112
II. Stimmrechte und Stimmrechtsanteil 114
    1. Berechnung des Stimmrechtsanteils aus Aktien 114
    2. Zurechnung von Stimmrechtsanteilen, § 22 WpHG 115
        a) Stimmrechte von Tochterunternehmen 116
        b) Halten für Rechnung des Meldepflichtigen 118
        c) Übertragung als Sicherheit 121
        d) Nießbrauch 121
        e) Erwerbsrechte 122
        f) Anvertrauen und Stimmrechtsvollmacht 123
        g) Abgestimmtes Verhalten (Acting in Concert) 124
    3. Relevante Veränderungen des Stimmrechtsanteils 127
        a) Generelles 127
        b) Besondere Sachverhalte 129
        c) Erstmalige Zulassung 132
III. Finanzinstrumente und sonstige Instrumente 132
    1. Begriff des Finanzinstruments und des sonstigen Instruments 132
        a) (Finanz-)Instrument i.S.v. § 25 WpHG 132
        b) (Finanz-)Instrument i.S.v. § 25a WpHG 133
    2. Halten 135
    3. Berechnung des Stimmrechtsanteils aus (Finanz-)Instrumenten 135
IV. Mitteilung 135
    1. Aussteller 136
    2. Adressat der Mitteilung 137
    3. Inhalt der Mitteilung 137
    4. Form und Sprache 139
    5. Frist 140

V. Nichtberücksichtigung von Stimmrechten/Instrumenten und Befreiungen 141
  1. Nichtberücksichtigung von Stimmrechten 141
     a) Tatbestände 141
     b) Stimmrechtsausübungsverbot 142
     c) Nichtberücksichtigung von Stimmrechten bei Finanz- und sonstigen Instrumenten i.S.v. § 25 WpHG 143
     d) Nichtberücksichtigung von Stimmrechten bei Finanz- und sonstigen Instrumenten i.S.v. § 25a WpHG 143
  2. Befreiungen 143
VI. Sonstige Pflichten 144
  1. Nachweispflichten 144
  2. Mitteilungspflichten für Inhaber wesentlicher Beteiligungen 145
     a) Inhalt der Mitteilung 145
     b) Ausnahmen von der Mitteilungspflicht 146
B. Pflichten des Emittenten 146
I. Veröffentlichungspflicht 146
  1. Veröffentlichung von Mitteilungen 147
     a) Inhalt der Veröffentlichung 147
     b) Art der Veröffentlichung 148
     c) Sprache der Veröffentlichung 149
     d) Veröffentlichungsfrist 150
  2. Veröffentlichungspflichten bei eigenen Aktien 150
  3. Übermittlungs- und Mitteilungspflichten 151
     a) Übermittlung an das Unternehmensregister 151
     b) Mitteilung gegenüber der BaFin 151
  4. Korrekturveröffentlichungen 151
II. Verhältnis zu sonstigen Publizitätspflichten 152
  1. Ad-hoc-Pflicht und Directors' Dealings 152
  2. Publizitätspflichten in Bezug auf eigene Aktien 153
III. Veröffentlichung der Gesamtzahl der Stimmrechte 153
  1. Berechnung der Gesamtzahl der Stimmrechte 153
  2. Veröffentlichung nach § 26 WpHG 154
  3. Befreiung von der Veröffentlichungspflicht. 155
IV. Veröffentlichungspflicht nach § 27a Abs. 2 WpHG 155
V. Sorgfaltspflichten 156
C. Verstöße 157
I. Rechtsverlust 157
  1. Voraussetzungen des Rechtsverlustes 157
  2. Folgen 159
     a) Umfang des Rechtsverlustes 159
     b) Dauer des Rechtsverlustes 161
     c) Rechtsverlust bei Konzernmitteilungen nach § 24 WpHG 162
  3. Besondere Sorgfaltspflichten des Emittenten bei Rechtsverlust 162
II. Sonstige Folgen 163
  1. Ordnungswidrigkeit 163
  2. Insiderverstöße 165

3. Marktmanipulation 165
4. Schadensersatzpflicht 165
III. Beweislast 165

7. Kapitel
Der Deutsche Corporate Governance Kodex und dessen Bedeutung für die Kapitalmarkt Compliance

A. Allgemeines 167
   I. Entstehung und Entwicklung des Deutschen Corporate Governance Kodex ... 167
   II. Der Deutsche Corporate Governance Kodex in der Normenhierarchie 168
   III. Zielsetzung und Inhalt des Deutschen Corporate Governance Kodex 169
      1. Gesetzeswiedergaben 169
      2. Empfehlungen 169
      3. Anregungen 170

B. Organisatorische Compliance-Vorgaben des Deutschen Corporate Governance Kodex 170
   I. Vorstand 170
      1. Einrichtung einer Compliance-Organisation 171
      2. Erlass und Überwachung von Compliance-Richtlinien 172
      3. Information des Aufsichtsrates 172
   II. Aufsichtsrat 173
      1. Einrichtung eines Prüfungsausschusses durch den Aufsichtsrat 173
      2. Abgrenzung zum angloamerikanischen „Audit Comittee" 173
      3. Aufgaben des Prüfungsausschusses 174

C. Persönliche Verhaltenspflichten von Vorstands- und Aufsichtsratsmitgliedern ... 174
   I. Vorstand 175
      1. Wettbewerbsverbot 175
      2. Umgang mit ungerechtfertigten Zuwendungen und Vorteilen 176
      3. Verpflichtung auf das Unternehmensinteresse 176
      4. Offenlegung von Interessenkonflikten 177
      5. Angemessenheit persönlicher Transaktionen 178
      6. Nebentätigkeit der Vorstandsmitglieder 179
      7. Umgang mit Insiderinformationen 180
   II. Aufsichtsrat 180
      1. Verpflichtung auf das Unternehmensinteresse 180
      2. Pflicht zur Offenlegung von Interessenkonflikten 181
      3. Mandatsbeendigung bei wesentlichen Interessenkonflikten 182
      4. Unabhängigkeit der Aufsichtsratsmitglieder 182
         a) Persönliche Beziehung 183
         b) Ehemalige Vorstandsmitglieder 183
         c) Keine Organfunktion bei wesentlichen Wettbewerbern 183

D. Rechtsfolgen bei Nichteinhaltung des Kodex 184
I. Rechtsfolgen bei Verstößen gegen Informationsvorschriften 184
II. Rechtsfolgen bei Verstößen gegen Empfehlung 184
    1. Entscheidung des Oberlandesgerichts München 185
    2. Entscheidung des Bundesgerichtshofs in der Sache Kirch gegen Deutsche Bank 185
    3. Konkretisierende Entscheidung des Bundesgerichtshofs 185
    4. Konsequenzen 186
III. Rechtsfolgen bei Verstößen gegen Anregungen 186

8. Kapitel
Regelpublizität

A. Einleitung 188
I. Adressaten der Regelberichtserstattungspflichten 188
II. Begriff des „Inlandsemittenten" 188
III. Ausnahmen 188
B. Verhältnis zur Ad-hoc-Publizität 189
C. Jahresfinanzbericht 190
I. Gesellschaften, die nicht den handelsrechtlichen Vorschriften unterfallen .. 190
    1. Inhalt und anzuwendende Rechnungslegungsstandards 190
        a) Gesellschaftsebene 190
        b) Konzernebene 191
    2. Offenlegung 192
        a) Frist zur Offenlegung 192
        b) Inhalt und Sprache der Offenlegung 192
        c) Art und Weise der Offenlegung 193
II. Gesellschaften, die den handelsrechtlichen Vorschriften unterfallen 195
    1. Inhalt und anzuwendende Rechnungslegungsstandards 195
        a) Gesellschaftsebene 195
        b) Konzernebene 196
    2. Offenlegung 197
        a) Frist zur Offenlegung 197
        b) Inhalt und Sprache der Offenlegung 198
        c) Art und Weise der Offenlegung 199
III. Gesellschaften, deren Aktien oder aktienvertretenden Zertifikate im Prime Standard der Frankfurter Wertpapierbörse zugelassen sind 201
D. Halbjahresfinanzbericht 202
I. Normadressaten und konkretisierende Bestimmungen 202
    1. Vorschriften des WpHG 202
    2. Vorschriften des HGB 203
II. Inhalt und anzuwendende Rechnungslegungsstandards 203
    1. Gesellschaftsebene 203
    2. Konzernebene 205
    3. Rechnungslegungsstandards 205

III. Offenlegung 205
    1. Frist zur Offenlegung 205
    2. Inhalt und Sprache der Offenlegung 206
IV. Art und Weise der Offenlegung 206
V. Dauer der Verfügbarkeit/Bekanntmachungsänderungsmitteilung 206
VI. Gesellschaften, deren Aktien oder aktienvertretenden Zertifikate im Prime Standard der Frankfurter Wertpapierbörse zugelassen sind 206

E. Quartalsfinanzbericht 207
I. Keine Verpflichtung nach WpHG/Vorgaben für einen freiwilligen Quartalsfinanzbericht 207
    1. Inhalt sowie anzuwendende Rechnungslegungsstandards 208
    2. Frist sowie Art und Weise der Veröffentlichung 208
    3. Dauer der Verfügbarkeit 209
II. Gesellschaften, deren Aktien oder aktienvertretende Zertifikate im Prime Standard der Frankfurter Wertpapierbörse zugelassen sind 210

F. Zwischenmitteilung der Geschäftsführung 210
I. Inhalt und anzuwendende Rechnungslegungsstandards 211
II. Frist sowie Art und Weise der Offenlegung 212
III. Dauer der Verfügbarkeit 213
IV. Gesellschaften, deren Aktien oder aktienvertretenden Zertifikate im Prime Standard der Frankfurter Wertpapierbörse zugelassen sind 213

G. Finanz-/Unternehmenskalender 213
I. Deutsche börsennotierte Gesellschaften 213
II. Gesellschaften, deren Aktien oder aktienvertretende Zertifikate im Prime Standard der Frankfurter Wertpapierbörse zugelassen sind 213

H. Die Regelpublizität in der Insolvenz 214
I. Überwachung/Sanktionierung von Verstößen gegen die Regelpublizitätspflichten 214
I. Überwachungsbehörden 214
II. Sanktionen 215
J. Reformvorhaben 216

3. Teil Transaktionsbezogene Compliance

9. Kapitel
Compliance bei Börsengang und Kapitalerhöhung

I. Planungs- und Vorbereitungsphase 219
    1. Öffentliche versus nicht öffentliche Platzierung 219
        a) Öffentliches Angebot 220
        b) Privatplatzierung 221
    2. Prospekterstellung/-billigung/-veröffentlichung 222

3. Kommunikationen in der Planungs- und Vorbereitungsphase 224
   a) Kommunikation bezogen auf das Angebot in der Vorbereitungsphase ... 224
   b) Insbesondere: Zukunftsgerichtete Informationen 227
   c) Publizitäts-Richtlinien als Compliance-Maßnahme 228
4. Beschränkungen aus US-Recht 229
5. Researchstudien und Research-Richtlinien 230
6. Zusätzliche Pflichten im Rahmen der Vorbereitung von Kapitalerhöhungen 232
   a) Insiderrecht und Ad-hoc-Publizität in der Vorbereitungsphase 232
   b) Mitteilungs- und Veröffentlichungspflichten nach dem WpHG in der Vorbereitungsphase 233

II. Emissionsphase 233
1. Werbung in der Emissionsphase 233
2. Nachtragspflicht 235
3. Ad-hoc-Mitteilung in der Emissionsphase 236
4. Insiderhandelsverbot während der Emissionsphase 236
5. Marktmanipulation 237
6. Mitteilungspflichten und Veröffentlichungspflichten nach dem WpHG 238

III. Nach der Notierungsaufnahme: Beginn der Folgepflichten 238
1. Stabilisierungsmaßnahmen 238
2. Zulassungsfolgepflichten am regulierten Markt 239

10. Kapitel
M&A-Transaktionen einschließlich öffentlicher Übernahmen

A. Einleitung 243

B. M&A-Transaktionen 244

I. Verbot von Insidergeschäften 244

II. Ad-hoc-Verpflichtung 245

III. Mitteilungs- und Bekanntmachungspflichten 247
1. Umfang der wertpapierhandelsrechtlichen Mitteilungs- und Veröffentlichungspflichten 247
   a) Zusammenfassende Übersicht 248
   b) Einzelheiten 248
2. Verhältnis der wertpapierhandelsrechtlichen Beteiligungstransparenz zur Ad-hoc-Publizität 251

C. Öffentliche Übernahmen 251

I. Einführung 251
1. Anwendungsbereich des WpÜG 251
2. Erfasste Angebotstypen 251
3. Verhältnis von Übernahme- und Pflichtangeboten 252
4. „Freundliche" und „feindliche" Übernahmen 253
5. Abwehrmaßnahmen 253

II. Angebotsverfahren 253
1. Vorangebotsphase 253
2. Angebotsphase 255
   a) Erstellung, Gestattung und Veröffentlichung einer Angebotsunterlage ... 255
   b) Stellungnahme von Vorstand und Aufsichtsrat der Zielgesellschaft 256

	c) Angebotsdauer	257
	d) Änderung und Aktualisierung des Angebots	257
	e) Mitteilung des Erwerbsumfangs	259
	f) Mitteilung von den Angebotspreis übersteigenden Gegenleistungen	259
III.	Verhältnis der Verhaltenspflichten nach dem WpÜG und dem WpHG	260
IV.	**Besonderheiten Insiderhandelsverbot/Ad-hoc-Verpflichtung**	261
	1. Vorerwerbe, Warehousing	261
	a) Vorerwerbe	261
	b) Warehousing	262
	2. Due Diligence Prüfung	262
	3. White Knight	262

11. Kapitel
Erwerb eigener Aktien

A.	**Erwerbsverbot und Ausnahmen**	265
I.	Grundsätzliches Erwerbsverbot	265
	1. Gegenstand des Erwerbsverbots	266
	2. Umgehungsgeschäfte, § 71a AktG	268
	a) Finanzielle Unterstützung des Erwerbs eigener Aktien	268
	b) Handeln für Rechnung der AG	270
	3. Erwerb eigener Aktien durch Dritte, § 71d AktG	271
	4. Inpfandnahme eigener Aktien, § 71e AktG	272
	a) Begriff der Inpfandnahme	272
	b) Rechtfertigender Anlass der Inpfandnahme	272
	c) Ausnahmetatbestände	273
II.	Ausnahmen vom Erwerbsverbot	273
	1. Schadensabwehr	273
	a) Schadensbegriff	274
	b) Unmittelbares Bevorstehen des Schadens	275
	c) Notwendigkeit des Aktienerwerbs zur Schadensabwehr	276
	2. Belegschaftsaktien	276
	3. Abfindung von Aktionären	277
	a) Gesetzliche Abfindungssachverhalte	277
	b) Analoge Anwendungsfälle	278
	4. Unentgeltlicher Erwerb	279
	5. Gesamtrechtsnachfolge	279
	6. Einziehung	280
	7. Handelsbestand	281
	8. Ermächtigungsbeschluss	281
	a) Erwerbszwecke	282
	b) Bezugsrechtsausschluss und Ausschluss des Andienungsrechts	283
	c) Erwerbs- und Veräußerungswege	284
III.	Schranken zulässigen Erwerbs, § 71 Abs. 2 AktG	285
	1. 10%-Grenze	285
	2. Kapitalgrenze	286
	a) Verrechnungsfähige Rücklagen	287

  b) Gesperrte Rücklagen 287
  c) Bildung verrechnungsfähiger Rücklagen 288
 3. Volleinzahlung 288
IV. Durchführung des Erwerbs 288
 1. Zuständigkeit 288
 2. Kapitalmarktrechtliche Publizitätspflichten 289
  a) Mitteilungen nach § 15 WpHG 289
  b) Marktmanipulation 291
  c) Beteiligungspublizität 293
B. Folgen und Pflichten nach zulässigem Erwerb 294
I. Unterrichtung der Hauptversammlung 294
II. Ausgabegebot 294
III. Keine Rechte aus eigenen Aktien, § 71b AktG 295
C. Rechtsfolgen des unzulässigen Erwerbs 295
I. Verstoß gegen § 71 Abs. 1 und 2 AktG 295
II. Verstoß gegen § 71a AktG 298
III. Verstoß gegen § 71c AktG 298
IV. Verstoß gegen § 71d AktG 299
 1. Rechtsfolgen bei Verstoß gegen § 71d S. 1 AktG 299
 2. Rechtsfolge bei Verstoß gegen § 71d S. 2, 1. Fall AktG 300
V. Verstoß gegen § 71e AktG 301

12. Kapitel
Hauptversammlung

A. Einleitung 303
B. Regularien zur Einberufung der Hauptversammlung 304
I. Fristen zur Hauptversammlung 304
 1. Vorbemerkungen 304
 2. Ermittlung Zeitpunkt der Einberufung und Anmeldefrist zur Hauptversammlung 304
 3. Frist für europäische Verbreitung des Einberufungstextes 306
 4. Frist Auslage Unterlagen der Einberufung 306
 5. Frist für Mitteilung gem. § 30c WpHG 306
 6. Frist für Anträge gem. § 122 Abs. 2 AktG 306
 7. Frist Übersendung Mitteilungen gem. § 125 AktG 307
 8. Nachweisstichtag der Aktionärseigenschaft 307
 9. Frist für Anträge und Wahlvorschläge von Aktionären (§§ 126, 127 AktG) . 307
 10. Anmeldefrist zur Hauptversammlung 307
 11. Frist für Veröffentlichung der Abstimmungsergebnisse (§ 130 Abs. 6 AktG) 308
II. Formgerechte Einladung zur Hauptversammlung 308
 1. Vorbemerkung 308
 2. Mindestangaben nach § 121 Abs. 3 S. 1, 2 AktG 308
  a) Firma 308
  b) Sitz der Gesellschaft 308

  c) Zeit und Ort 309
  d) Tagesordnung 310
 3. Anmeldestelle 313
 4. Adresse für Eingang Gegenanträge und Wahlvorschläge 314
 5. Zusätzliche Angaben bei börsennotierten Gesellschaften 314
  a) Voraussetzungen für die Teilnahme an der HV und die Ausübung des Stimmrechts 314
  b) Verfahren für die Stimmabgabe 315
  c) Rechte der Aktionäre 315
  d) Internetseite der Gesellschaft 316
 6. Mitteilung gem. § 30b Abs. 1 S. 1 Nr. 1 WpHG 316
 7. Mitteilung gem. § 30c WpHG 316

III. Bekanntmachungsformen der Einberufung 317
 1. Bundesanzeiger 317
  a) Gesetzliche Regelung 317
  b) Praktische Umsetzung der Bekanntmachung 317
  c) Bekanntmachungsfehler und Rechtsfolgen 318
 2. Freiwillige Veröffentlichung 318
 3. Europäische Verbreitung 319
  a) Gesetzliche Regelung 319
  b) Umsetzung und Zeitpunkt 319
  c) Bekanntmachungsfehler und Rechtsfolgen 319
 4. Sonderfälle 320
  a) Satzungsregelungen 320
  b) Bekanntmachungsverzicht bei Vollversammlung 320
  c) Vorgehen bei namentlich bekannten Aktionären 320
  d) Bekanntmachungsfehler und Rechtsfolgen 321

IV. Auslagen bei Einberufung 321
 1. Allgemeine Unterlagen 321
 2. Sonderunterlagen zur Bereitstellung 322
  a) Kapitalmaßnahmen 322
  b) Strukturmaßnahmen 323
 3. Weitere Unterlagen zur Veröffentlichung 324
  a) Dokumente gem. § 124a AktG 324
  b) Satzung der Gesellschaft 325
  c) Sonstige Dokumente 325
 4. Arten der Bereitstellung der Unterlagen 326
  a) Auslage in den Geschäftsräumen 326
  b) Veröffentlichung im Internet auf der Unternehmenshomepage 326
  c) Übersendung an die Aktionäre 327
 5. Rechtsfolgen bei fehlerhafter oder Nichtbereitstellung der Unterlagen 327

C. Regularien nach erfolgter Einberufung der Hauptversammlung 328

I. Mitteilungspflichten an die Aktionäre 328
 1. Vorbemerkungen 328
 2. Mitteilungen gem. § 125 AktG 328
  a) Mitteilungen für die Aktionäre bei Inhaberaktien 328
  b) Mitteilungen für die Aktionäre bei Namensaktien 330
 3. Behandlung Ergänzungsanträge 331
  a) Definition Ergänzungsantrag gem. § 122 Abs. 2 AktG 331
  b) Praktische Umsetzung 331

    4. Verordnung über den Ersatz von Aufwendungen der Kreditinstitute 332
    5. Gegenanträge/Wahlvorschläge zur Tagesordnung 333
II. Stimmrechtsvertretung und Stimmabgabe vor der Hauptversammlung 333
    1. Vollmachtserteilung an Dritte 333
    2. Vollmachts- und Weisungserteilung an Stimmrechtsvertreter der Gesellschaft 334
    3. Briefwahl 335
    4. Fehlerhafte Vollmachten 336
D. Regularien am Tag der Hauptversammlung 337
I. Auslagen auf der Hauptversammlung 337
    1. Unterlagen zur Tagesordnung 337
    2. Veröffentlichungsbelege 338
    3. Teilnehmerverzeichnis 338
II. Ablauf der Hauptversammlung 339
    1. Eröffnung, Begrüßung, Formalien 340
    2. Vorstandsrede und –präsentation 340
    3. Erläuterungen zum Bericht des Aufsichtsrats 341
    4. Präsenzfeststellung 341
    5. Generaldebatte 341
    6. Exkurs: Gegenanträge und Verfahrensanträge 342
    7. Abstimmungsverfahren und –durchführung 343
    8. Ergebnisverkündung und ordnungsgemäße Beschlussfassung 345
       a) Langfassung 345
       b) Kurzfassung 346
    9. Exkurs: Gesonderte Versammlung Vorzugsaktionäre 346
   10. Exkurs: Ad-hoc-Publizität 347
E. Regularien nach der Hauptversammlung 348
I. Veröffentlichung der Abstimmungsergebnisse, § 130 Abs. 6 AktG 348
II. Mitteilungsbekanntmachungen nach § 30b Abs. 1 Nr. 2 WpHG 349
    1. Ausschüttung und Auszahlung einer Dividende 349
    2. Ausgabe neuer Aktien 350
    3. Vereinbarung oder Ausübung von Umtausch-, Bezugs-, Einziehungs- und Zeichnungsrechten 350
III. Offenlegung nach § 325 Abs. 1 HGB 350
F. Besondere Formen der Hauptversammlung 351
I. Online Hauptversammlung 351
II. Besonderheiten bei Einberufung einer Hauptversammlung auf Grund eines Übernahmeangebotes 351
III. Besonderheiten bei Einberufung einer Hauptversammlung auf Grund des Finanzmarktstabilisierungsbeschleunigungsgesetzes 352
G. Mustervorlagen 353
I. Übersicht wichtiger Fristen im Rahmen der Durchführung einer Hauptversammlung 353
II. Präsenzverkündung 354

III. Inhalt Teilnehmerverzeichnis	355
IV. Ergebnisverkündung	356
1. Langfassung	356
a) Ergebnisverkündung gem. § 130 Abs. 2 S. 2 Nrn. 1–3 AktG bei börsennotierter Gesellschaft	356
b) Beschlussverkündung bei nichtbörsennotierter Gesellschaft	357
2. Kurzfassung	357
V. Ergebnisübersichten	358

13. Kapitel
Mitarbeiterbeteiligungsmodelle

I. Einführung	359
II. Gesellschaftsrechtliche (Compliance-)Vorgaben	360
1. Aktienoptionen auf neue oder bestehende Aktien	360
2. Restricted Shares/Belegschaftsaktien	365
3. Virtuelle Programme (Phantom Stocks und Stock Appreciation Rights)	366
III. Kapitalmarktrechtliche (Compliance-)Vorgaben	367
1. Insiderrecht	368
a) Ausgabe der Option	368
b) Ausübung von Optionen	370
c) Veräußerung der bezogenen Aktien	370
2. Ad-hoc-Mitteilungspflichten	371
3. Stimmrechtsmitteilungen	372
a) Ausgabe von Aktienoptionen	372
b) Ausübung der Aktienoption	372
c) Veräußerung bezogener Aktien	372
4. Director's Dealings	372
5. Verbot von Marktmanipulation	373
6. Prospektpflicht	374
7. Anhang und Lagebericht	376
IV. Risikoreduzierte Maßnahmen/Gestaltungsoptionen	378

4. Teil Kreditwesenrechtliche Spezifika

14. Kapitel
Besondere Organisationspflichten von Instituten nach § 25a Abs. 1 KWG

A. Einführung	384
I. Bedeutung der besonderen Organisationspflichten nach § 25a Abs. 1 KWG	384
II. Keine abschließende Regelung der Organisationspflichten	386
B. Entwicklung besonderer prinzipienorientierter Organisationsanforderungen für Institute	386
I. Basler Ausschuss für Bankenaufsicht	387
1. Veröffentlichungen des Basler Ausschusses für Bankenaufsicht zur Governance und Compliance von Banken	387
2. Säule zwei von Basel II	388

XXVII

II. Europäische Vorgaben ... 389
III. Umsetzung in deutsches Recht ... 389
1. Prinzipienorientierte Regulierung und qualitative Bankenaufsicht ... 390
2. § 25a KWG als prinzipienorientierte Regulierung ... 391
3. MaRisk als prinzipienorientierte Regulierung ... 391
a) Merkmale der MaRisk ... 391
b) Rechtsnatur der MaRisk ... 392
c) Faktische Bindungswirkung der MaRisk ... 394
d) Verankerung von Anforderungen der MaRisk im KWG ... 395
C. Organisationspflichten nach § 25a Abs. 1 KWG („Compliance-Organisation") ... 395
I. Zweck der Norm ... 395
II. Pflichten auf Ebene des Einzelinstituts und der Gruppe ... 396
1. Institute als Normadressaten ... 396
2. Gruppen als Anwenderkreis ... 396
3. Pflicht zur Sicherstellung einer ordnungsgemäßen Geschäftsorganisation ... 397
a) Gewährleistung von Gesetzeskonformität als Ziel ordnungsgemäßer Geschäftsorganisation ... 397
b) Einrichtung einer Compliance-Organisation ... 398
4. Pflicht zur Einrichtung eines angemessenen und wirksamen Risikomanagements ... 398
a) Sicherstellung der Risikotragfähigkeit als Ziel des Risikomanagements ... 398
b) Grundsatz der doppelten Proportionalität ... 399
c) Mindestelemente des Risikomanagements ... 401
5. Pflicht zur Einrichtung einer Compliance-Funktion und einer Risikocontrolling-Funktion ... 403
a) Risikocontrolling-Funktion ... 404
b) Compliance-Funktion ... 408
6. Sonstige Anforderungen nach § 25a Abs. 1 S. 6 KWG ... 410
III. Gesamtverantwortung der Geschäftsleiter für die ordnungsgemäße Geschäftsorganisation ... 410
1. Leitungsaufgabe ... 411
2. Geschäftsleiterpflichten nach dem KWG ... 412
a) Vor 2014 ... 412
b) Nach 2014 ... 412
3. Geschäftsleiterpflichten nach MaRisk ... 414
D. Aufsichtsrechtliche Sanktionen bei Verstößen gegen § 25a Abs. 1 KWG ... 415
I. Bankenaufsichtsrechtliche Reaktionen und Maßnahmen ... 415
1. Institutsbezogene Maßnahmen ... 415
2. Geschäftsleiterbezogene Maßnahmen ... 416
3. Maßnahmen mit Bezug auf Mitglied eines Aufsichts- oder Verwaltungsrats ... 418
II. Ordnungswidrigkeit bzw. Strafbarkeit nach KWG ... 418

15. Kapitel
Aufbau einer Compliance-Organisation nach § 25a KWG in der Praxis und interne Sicherungsmaßnahmen gem. § 25c KWG

A. Einleitung	419
I. Besondere organisatorische Pflichten von Instituten im Sinne des KWG	419
1. Regelungen gem. § 25a KWG	419
a) Compliance im Sinne des § 25a Abs. 1 S. 1 KWG	421
b) Regelungen der MaRisk	422
c) Regelungen des AT 4.4.2 bzgl. Compliance-Funktion	422
II. Regelungsbereich der „sonstigen strafbaren Handlungen"	423
III. Neue gesetzliche und regulatorische Anforderungen und deren Herausforderungen in der Praxis	425
B. Compliance bei Finanzinstituten in Deutschland	426
I. Verschiedene Definitionen von Compliance	426
II. Konsequenzen aus dem Versagen der Funktion Compliance	429
III. Die Kosten eines traditionellen Compliance-Ansatzes	431
1. Vorgelagerte Kostentransparenz	431
2. Resümee	433
IV. Die Nachteile eines traditionellen Compliance-Ansatzes	433
C. Die wachsende Bedeutung von Compliance-Management	436
I. Herausforderungen bei der Transformation traditioneller Compliance-Funktion	437
1. Identifikation und Gruppierung materiellen Risikos	438
2. Inkonsistente Risikodefinition	439
3. Ineffiziente IT	440
4. Redundante funktionale Tätigkeiten	440
5. Dauerhafte manuelle Provisorien	441
6. Kosten	441
II. Konzepte zur Weiterentwicklung der Compliance-Funktion	442
1. Materielles Risiko identifizieren und neu gruppieren	442
2. Inkonsistente Risikodefinition vermeiden	443
3. Verbesserungen im IT-Bereich	444
4. Redundante funktionale Tätigkeiten eliminieren	445
5. Dauerhafte manuelle Provisorien beseitigen	446
6. Kosten reduzieren	446
III. Die Vorteile eines neuen Compliance-Ansatzes	447
IV. Bewertung der Compliance-Funktion	447
V. Projektbeispiel: Der integrierte Ansatz	448
1. Implementierung eines organisationsweiten Standards zur Risikoüberwachung und -kontrolle	448
2. Entwicklung eines Shared Service Ansatzes	449
3. Ständige Weiterentwicklung der Compliance-Werkzeuge	449

D. Die Integration der Funktion zu einem „Integrated Compliance & Risk Management (ICRM)" 450
I. ICRM als Lösungsansatz für eine effektive und effiziente Compliancefunktion 450
1. Ausgangslage 450
2. Grundlegende Überlegungen zum IRCM-Ansatz 450
II. Ansatz und Aufbau eines effizienten Compliance- und Risikomanagement-Prozesses mittels des ICRM Transformationsprozesses 451
1. Verständnis der Organisation des Institutes und der compliancerelevanten Sachverhalte 451
2. Der ICRM-Transformationsprozess 452
   a) Diagnose der Struktur des Instituts 452
   b) Analysen der potenziellen „Compliance-Diskrepanzen" 452
   c) Implementierungen der neuen Aufsichtsstruktur 452
3. Vorteile und Mehrwert der ICRM-Transformation 453
III. Weiterentwicklung zu einem risikointelligenten operativen Compliance- und Risikomanagement-Organisationsmodell ausgehend vom ICRM-Transformationsprozess 453
1. Die integrierte Compliance-Funktion 454
2. Aufbau eines Compliance & Risk Center of Excellence 454
3. Aufbau von „Shared-Service"-Funktionen 454
4. Integrierte Compliance-IT 454
5. Einführung einer transparenten unternehmensweiten Kommunikationsstruktur 455
IV. Projektbeispiel: Compliance-Rationalisierung in einem Kreditinstitut 455
1. Ausgangslage 455
2. Projektergebnisse 456
3. Projektfazit 456
V. Resümee zu den Vorteilen des integrierten Ansatzes 456

5. Teil Finanzdienstleister-Compliance

16. Kapitel
Aufbau einer Compliance-Funktion bei Finanzdienstleistungsunternehmen

A. Der Compliance-Begriff nach dem Wertpapierhandelsgesetz (WpHG) 461
I. Wer muss eine Compliance-Funktion vorhalten? 461
II. Abgrenzung zum Compliance-Begriff des KWG und der MaRisk 462
B. Einrichtung der Compliance-Funktion 464
I. Verpflichtung des Wertpapierdienstleistungsunternehmens zur Einrichtung einer Compliance-Funktion 464
1. Grundsatz 464
2. Ausnahmen 464

II. Der Compliance-Beauftragte ... 465
1. Der Compliance-Beauftragte als zentrale Person der Compliance-Funktion ... 465
2. Sachkunde und Zuverlässigkeit ... 465
   a) Sachkunde ... 465
   b) Zuverlässigkeit ... 467
3. Bestellung des Compliance-Beauftragten ... 467
   a) Beschluss der Geschäftsleitung ... 467
   b) Inhalt des Bestellungsbeschlusses ... 467
4. Anzeige gegenüber der BaFin ... 469
   a) Erstanzeige ... 469
   b) Änderungsanzeige ... 469
   c) Änderungen in der Person des Compliance-Beauftragten ... 469
   d) Anzeigeverfahren ... 469
5. Arbeitsrechtliche Aspekte ... 470
   a) Besonderer Kündigungsschutz ... 470
   b) Vergütung ... 470
6. Stellvertretung ... 471

III. Stellung des Compliance-Beauftragten im Unternehmen ... 471
1. Verhältnis zur Geschäftsleitung ... 471
2. Verhältnis zu den Mitarbeitern ... 472
3. Verhältnis zu anderen Abteilungen ... 473
   a) Rechtsabteilung ... 473
   b) Geldwäscheprävention ... 474
   c) Risikocontrolling ... 474
   d) Datenschutz ... 475
   e) Interne Revision ... 475
   f) Operative Bereiche ... 475

IV. Auslagerung der Compliance-Funktion ... 475

C. Ausstattung der Compliance-Funktion ... 476

I. Mittel ... 476
1. Grundsatz ... 476
2. Personelle Ausstattung ... 477
3. Sachliche Ausstattung ... 477
4. Budget ... 477

II. Informationszugang ... 477
1. Grundsatz ... 477
2. Aktive Informationsverschaffung ... 478
   a) Auskunfts-, Einsichts- und Zugangsrecht ... 478
   b) Berichte ... 478
   c) Sitzungen der Geschäftsleitung und des Aufsichtsorgans ... 478
3. Passive Informationsverschaffung ... 479

III. Kompetenzen ... 479
1. Grundsatz ... 479
2. Ausnahmen ... 480

D. Aufgaben der Compliance-Abteilung 480
I. Vermeidung von Interessenkonflikten 480
1. Grundsatz 480
2. Bestandsaufnahme 480
   a) Interessenkonflikte 481
   b) Maßnahmen 482
3. Implementierung von Sicherungsmaßnahmen 483
4. Die „Conflict-of-Interest-Policy" 483
   a) Inhalt 483
   b) Veröffentlichung 483
   c) Regelmäßige Kontrolle und Aktualisierung 483
II. Die Risikoanalyse 484
III. Überwachungshandlungen und Überwachungsplan 485
1. Überwachungshandlungen 485
   a) Ermittlung der notwendigen Überwachungshandlungen 485
   b) Klassische Überwachungsbereiche 486
   c) Feststellung von Defiziten bei der Durchführung von Überwachungshandlungen 486
2. Überwachungsplan 486
IV. Überwachung von Mitarbeitergeschäften 487
1. Grundsatz 487
2. In die Überwachung einzubeziehende Mitarbeiter 488
   a) Der Mitarbeiterbegriff des § 33b Abs. 1 WpHG 488
   b) Bestimmung der relevanten Mitarbeiter 488
3. Relevante Mitarbeitergeschäfte 489
4. Organisatorische Anforderungen nach § 33b Abs. 3 und Abs. 4 WpHG 490
   a) Präventive Maßnahmen 490
   b) Überwachungsmaßnahmen 491
5. Exkurs: Zusätzliche Anforderungen bei der Erstellung von Finanzanalysen 494
6. Feststellung von unzulässigen Mitarbeitergeschäften 494
V. Einbeziehung des Compliance-Beauftragten 494
1. Grundsatz 494
2. Erstellung von Organisations- und Arbeitsanweisungen 495
3. Bestimmung der Compliance-Relevanz von Mitarbeitern 495
4. Einrichtung verschiedener Vertraulichkeitsbereiche 496
5. Neuproduktprozess 496
6. Festlegung von Vertriebszielen und Bonuszahlungen von Mitarbeitern 497
7. Festlegung der Grundsätze zur bestmöglichen Auftragsausführung 497
VI. Beratung und Schulung der Mitarbeiter 498
VII. Berichterstattung des Compliance-Beauftragten 499
1. Regelmäßige Berichterstattung 499
   a) Inhalt 499
   b) Adressaten 500
2. Ad-hoc-Berichterstattung 500
VIII. Kommunikation mit Aufsichtsbehörden und Handelsüberwachungsstellen 500

E. Kontinuität und Regelmäßigkeit der Wertpapierdienstleistungen 501
F. Ausgestaltung, Umsetzung und Überwachung von Vertriebsvorgaben 502
G. Beschwerdemanagement 502
I. Grundsatz 502
II. Beschwerdebegriff 503
III. Implementierung des Beschwerdeverfahrens im Unternehmen 503
    1. Beschwerdestelle 503
    2. Anweisung an Mitarbeiter 504
    3. Bearbeitungsverfahren 504
IV. Dokumentation 504
V. Die Stellung von Compliance im Beschwerdeverfahren 505

17. Kapitel
Organisation des Meldewesens nach § 9 WpHG

A. Einleitung 507
B. Rechtlicher Rahmen 507
C. Meldepflichtige Institute 508
D. Meldepflichtige Geschäfte 510
E. Meldepflichtige Finanzinstrumente 511
F. Geschäfte unter Beteiligung mehrerer Personen 512
I. Außerbörsliches Kundengeschäft 512
II. Börsliches Kundengeschäft 513
III. Kettengeschäfte 513
IV. Geschäfte unter Einbeziehung von Finanzportfolioverwaltern 514
    1. Keine Erlaubnis zum Eigenhandel oder Finanzkommissionsgeschäft 515
    2. Finanzportfolioverwaltung für Depotkunden des Kommissionärs 515
    3. Finanzportfolioverwaltung für Kunden einer Drittbank 515
G. Die richtige Identifizierung 516
I. Identifizierung der Geschäftsbeteiligten 516
II. Identifizierung des Handelsplatzes 517
III. Identifizierung des gehandelten Finanzinstruments 517
H. Die richtige Abgabe einer Meldung 518
I. Geschäfte mit Auslandsbezug 518
I. Meldepflicht ausländischer Institute 518
II. Meldepflicht deutscher Zweigniederlassungen 519
J. Meldepflicht gem. Art. 9 EMIR 521
K. Ausblick: Überarbeitung der MiFID 522
I. Neufassung der Meldepflicht in Art. 23 MiFIR 522
II. Vermeidung von Doppelmeldungen gem. Art. 23 MiFIR und Art. 9 EMIR 523

18. Kapitel
Wertpapierdienstleistungen: Kundenberatung

- **A. Einleitung: Anlageberatung von Kunden im Spannungsfeld** 525
  - **I. Die erste Seite des Spannungsfelds: Die Erfüllung der rechtlichen Anforderungen** 525
    1. Aufsichtsrechtliche Aspekte 525
    2. Zivilrechtliche Aspekte 526
    3. Auswirkungen auf die Praxis 527
  - **II. Die zweite Seite des Spannungsfelds: Das geschäftliche Interesse** 527
  - **III. Das richtige Maß in der Praxis zwischen den beiden Seiten des Spannungsfelds** 527
- **B. Aufsichtsrechtliche Anforderungen an die Anlageberatung** 528
  - **I. Die rechtlichen Grundlagen des Aufsichtsrechts** 528
    1. Wertpapierhandelsgesetz 528
    2. Verordnungen 529
       - a) WpDVerOV 529
       - b) WpHG-Mitarbeiteranzeigeverordnung 529
       - c) WpDPV 529
    3. MaComp und Anlageberatung 529
    4. Weitere Rundschreiben der BaFin 530
    5. Hinweis für die Praxis 530
  - **II. Abgrenzung der Anlageberatung im aufsichtsrechtlichen Sinne** 531
    1. Gesetzliche Definition der Anlageberatung in § 2 Abs. 3 Nr. 9 WpHG 531
       - a) Die Empfehlung als zentrales Element 531
       - b) Die persönliche Empfehlung, Abgrenzung zur bloßen Information 532
       - c) Hinweis für die Praxis 533
    2. Abgrenzung der Anlageberatung zu anderen Geschäften 533
       - a) Abgrenzung zum beratungsfreien Geschäft 533
       - b) Abgrenzung zum Execution-Only-Geschäft 534
    3. Sonderthema: „Die gefühlte Beratung" des Anlegers 534
    4. Sonderthema: Disclaimer 535
    5. Besonderheit: Der Discount-Broker 536
    6. Hinweis für die Praxis 536
  - **III. Aufsichtsrechtlicher Anwendungsbereich der Anlageberatung** 536
    1. Die Kundenklassifizierung 537
       - a) Privatkunden 537
       - b) Professionelle Kunden 537
       - c) Geeignete Gegenparteien 538
       - d) Die Umklassifizierung mit der Folge eines geänderten Schutzniveaus 538
       - e) Hinweis für die Praxis 539
    2. Sachlicher Anwendungsbereich: Die Finanzinstrumente 539
       - a) Wertpapiere 539
       - b) Geldmarktinstrumente 540
       - c) Derivate 540
       - d) Rechte auf Zeichnung von Wertpapieren 540
       - e) Vermögensanlagen 540
       - f) Hinweis für die Praxis 542
    3. Zusammenfassung 542

IV. Aufsichtsrechtliche Pflichten im Rahmen der Anlageberatung 543
1. Allgemeine Informationspflichten gegenüber dem Kunden als Anleger 543
   a) Umfang der allgemeinen Information 543
   b) Zeitpunkt der allgemeinen Information 545
   c) Form der allgemeinen Information 545
   d) Adressat der Information auf Seiten des Kunden 546
   e) Hinweis für die Praxis 547
2. Einholung von Informationen vom Kunden 547
   a) Privatkunden 547
   b) Professionelle Kunden 553
   c) Besondere Situationen in der Praxis: Was tun? 554
3. Die Geeignetheitsprüfung 556
   a) Die Geeignetheitsprüfung bei Privatkunden 557
   b) Die Geeignetheitsprüfung bei professionellen Kunden 559
4. Die Dokumentation der Anlageberatung 559
   a) Dokumentation der Beratung von Privatkunden 560
   b) Dokumentation der Beratung professioneller Kunden 567
5. Sonderthema: Die telefonische Beratung von Privatkunden 567
6. Weitere Aspekte der Aufzeichnungspflichten 568
7. Sonderthema: Zuwendungen 568
   a) Begriff der Zuwendung 568
   b) Qualitätsverbesserung der Anlageberatung durch Zuwendungen 569
   c) Aufzeichnungspflichten bei Zuwendungen 569
8. Sonderthema: Interessenten 570
   a) Begriff des Interessenten 570
   b) Angemessene und wirksame organisatorische Vorkehrungen 571
   c) Überwachung und Kontrolle der organisatorischen Vorkehrungen 571
   d) Hinweis für die Praxis 572
9. Sonderthema: Werbung, Materialien und „selbstgemachte" Informationen 572
   a) Bedeutung der Kundenklassifizierung für die Information 572
   b) Begriff der Information 573
   c) Besonderheiten für Privatkunden 574
   d) Hinweis für die Praxis 577
10. Die Mitarbeiteranzeigeverordnung 577
    a) Anzeigepflichtige Mitarbeiter 577
    b) Die Sachkunde der Berater und der Sachkundenachweis 578
    c) Die Zuverlässigkeit der Mitarbeiter 579
    d) Aktualisierungspflichten im Hinblick auf Sachkunde und Zuverlässigkeit 579
    e) Meldung der Anlageberater in das Mitarbeiter- und Beschwerderegister 580
    f) Anzeige von Beschwerden zum Mitarbeiter- und Beschwerderegister ... 580
    g) Die Datenbank der BaFin 581
    h) Sanktionen der BaFin 582
    i) Hinweis für die Praxis 582
11. Aufzeichnungspflichten 583
12. Ordnungswidrigkeiten 583

V. Die Honoraranlageberatung 583

C. Zivilrechtliche Anforderungen an die Anlageberatung 584

I. Anspruchsgrundlagen 584

II. Verhältnis des Aufsichtsrechts zum Zivilrecht 585

D. Ausblick 586
E. Tabellarische Zusammenfassung der Kundenberatung 587

19. Kapitel
Wertpapierdienstleistungen: Auftragsausführung

A. Begriff der Auftragsausführung 589
B. Rechtliche Ausgestaltung der Auftragsausführung 590
C. Kundenkategorie als Basis des Pflichtenprogramms 591
D. Die Pflichten bei der Auftragsausführung im Einzelnen 593
   I. Informationspflichten 593
   II. Einholung von Kundenangaben und Angemessenheitsprüfung 594
      1. Privatkunden 594
      2. Professionelle Kunden und geeignete Gegenparteien 595
      3. Besonderheiten beim Execution-Only-Geschäft 595
   III. Bearbeitung von Kundenaufträgen, § 31c WpHG 595
   IV. Bestmögliche Ausführung, § 33a WpHG 599
      1. Allgemeines 599
      2. Vorrang der Kundenweisung 600
      3. Anforderungen an die Ausführungsgrundsätze („Execution Policy") 601
      4. Einwilligungs-/Zustimmungserfordernisse 603
      5. Bewertungsverfahren und Überprüfung der Ausführungsgrundsätze 604
E. Aufgaben von Compliance und Fragen in der Praxis 605
F. Rechtsfolgen bei Verstößen 607
   I. Öffentlich-rechtliche Sanktionen 607
   II. Zivilrechtliche Schadensersatzansprüche 607

20. Kapitel
Finanzanalyse

A. Einleitung 609
B. Rechtliche Grundlagen 610
   I. Entwicklung des § 34b WpHG 610
   II. Konkretisierende Vorschriften 611
   III. Anwendungsbereich 611
      1. Adressaten 611
      2. Privilegierung von Journalisten gemäß § 34b Abs. 4, § 34c S. 6 WpHG 612
      3. Grenzüberschreitende und ausländische Finanzanalysen 613
C. Begriff der Finanzanalyse 614
   I. Finanzanalyse im engeren Sinne 614
      1. Finanzinstrumente 614
      2. Information 615

	3. Inhaltliche Auseinandersetzung mit dem Finanzinstrument	615
	4. Empfehlung zur Anlageentscheidung	615
	5. Einem unbestimmten Personenkreis zugänglich machen	616
II.	**Finanzanalyse im weiteren Sinne**	617
III.	**Abgrenzung zu anderen Information**	618
	1. Werbemitteilungen	618
	a) Finanzanalyse als Werbemitteilung	619
	b) Reines Werbematerial	620
	2. Anlageberatung als persönliche Empfehlung	621
	3. Sales Notes	622
	4. Interne und andere Informationen	622
	a) Reine Branchenberichte	622
	b) Interne Informationen	622
	c) Weitere Regelbeispiele der BaFin	622
D.	**Erstellung und Darbietung von Finanzanalysen**	623
I.	**Begriffsbestimmung**	623
	1. Erstellen der Finanzanalyse	623
	a) Ersteller als natürliche Person	623
	b) Verantwortliches Unternehmen	624
	2. Darbieten von Finanzanalyse	624
II.	**Qualifikation des Analysten**	625
III.	**Sachgerechte Erstellung und Darbietung**	625
	1. Unabhängigkeit und Objektivität	625
	2. Angaben über Tatsachen und Werturteile	626
	3. Zuverlässigkeit der Informationsquellen	626
	4. Bewertung aufgrund öffentlich bekannter Umstände	627
	a) Insiderinformation	627
	b) Geschäfts- oder Bankgeheimnisse	627
	5. Nachvollziehbarkeit	628
	6. Deutlichkeitsgebot	628
IV.	**Offenlegung möglicher Interessenskonflikte**	628
	1. Gefährdung der Unvoreingenommenheit	628
	2. Ausnahme „Chinese Walls" gemäß § 5 Abs. 2 FinAnV	628
	3. Regelbeispiele des § 5 Abs. 3 FinAnV	629
	a) Wesentliche Beteiligungen	629
	b) Bedeutende finanzielle Interessen in Bezug auf den Emittenten	629
	4. Besondere Offenlegungspflichten für Kreditinstitute	630
	a) Vergütung aus Investmentbanking-Geschäften	630
	b) Quartalsübersicht	630
V.	**Pflichtangaben**	630
	1. Ersteller und Verantwortliche	631
	a) Ersteller	631
	b) Beruf des Erstellers	631
	c) Verantwortliches Unternehmen	631
	2. Zusätzliche Angaben gemäß § 4 FinAnV	631
	a) Wesentliche Informationsquellen und Emittenten	632
	b) Zusammenfassung der Bewertungsgrundlagen oder –methoden	633
	c) Wichtige zeitliche Angaben gemäß § 4 Abs. 4 FinAnV	633

3. Pflichtangaben zu den Interessenkonflikten gemäß § 5 FinAnV 635
   a) Offenlegung ohne Preisgabe der Identität, § 5 Abs. 5 FinAnV 635
   b) Konflikte bei Offenlegungen 635
   c) Drucktechnische Hervorhebung 636
4. Gebot der Verhältnismäßigkeit 636

E. Öffentliche Verbreitung und Weitergabe einer Finanzanalyse 638

I. Öffentliche Verbreitung und Weitergabe 638
1. Öffentlich verbreiten 638
2. Weitergabe 638

II. Sachgerecht erstellte Finanzanalyse 639

III. Offenlegungspflichten gemäß § 34b Abs. 1 S. 2 WpHG 640
1. Identität der Person, die für die Weitergabe oder Verbreitung verantwortlich ist 640
2. Identität des verantwortlichen Unternehmens 640
3. Beauftragung und White Labelling 640
4. Offenlegung von Interessenskonflikten bei Weitergabe 641
   a) Allgemeine Offenlegungspflichten gemäß § 34b Abs. 1 S. 2 Nr. 2 WpHG in Verbindung mit § 5 Abs. 1 FinAnV 641
   b) Offenlegungstatbestände für bestimmte Adressaten, § 7 Abs. 1 FinAnV 641

IV. Weitergabe von wesentlich veränderten Finanzanalysen Dritter, § 7 Abs. 2 FinAnV 642
1. Weitergabe als Analyse Dritter 642
2. Wesentliche Veränderung 642
3. Pflichten bei wesentlichen Veränderung 642
   a) Kennzeichnung 642
   b) Sorgfaltspflicht wie bei Neuerstellung 642
   c) Zugang zur unveränderten Finanzanalyse 642
4. Angaben zu Interessenskonflikten bei der Weitergabe veränderter Finanzanalysen 643
   a) Interessenkonflikte bezüglich des ursprünglichen Erstellers 643
   b) Interessenkonflikte bezüglich des unverändert weitergegebenen Teils der Analyse 643
   c) Interessenkonflikte bezüglich der wesentlichen Veränderungen 643

V. Weitergabe der Zusammenfassung von Drittanalysen, § 34b Abs. 2 WpHG 643
1. Abgrenzung zu § 7 FinAnV 643
2. Tatbestandsmerkmale 643
3. Voraussetzungen 644
4. Pflichtangaben 644

F. Organisationspflichten der Unternehmen 644

I. Unterscheidung nach Art der Finanzanalyse 645

II. Finanzanalyse im engeren Sinne 645
1. Interessenskonfliktmanagement 646
2. Aufbauorganisation 646
   a) Kontroll- und Hierarchiestrukturen 646
   b) Vertraulichkeitsbereiche 647
3. Interessenskonfliktmanagement in der Person des Erstellers 647

III. Finanzanalysen im weiteren Sinne: Weitere Organisationspflichten für Wertpapierdienstleister 647
    1. Aufbauorganisation 648
        a) Kontroll- und Hierarchiestruktur 648
        b) Vertraulichkeitsbereiche und Chinese Walls 648
        c) Vertraulichkeitsbereich-überschreitender Informationsfluss 649
        d) Überwachung des Informationsflusses 649
    2. Besondere Anforderungen zur Ablauforganisation und Kommunikationsregeln 650
        a) Informationsaustausch mit Analysten 650
        b) Vergütung der Analysten 651
        c) Unsachgemäße Einflussnahmen 651
        d) Beteiligung an anderen Wertpapier(neben)dienstleistungen 652
        e) Überwachungspflichten 652
    3. Weitere Organisationspflichten 653
        a) Annahme von Zuwendungen 653
        b) Günstige Anlageempfehlung für den Emittenten 653
        c) Entwürfe von Finanzanalysen 653
    4. Überwachung der Mitarbeitergeschäfte, § 33b Abs. 5 und 6 WpHG 654
        a) Allgemeines Verbot des § 33b Abs. 5 Nr. 1 WpHG 654
        b) Weitere Maßnahmen zur Sicherstellung, Pre-Clearing 655
        c) Geschäft entgegen der Empfehlung, § 33b Abs. 5 Nr. 2 WpHG 655
        d) Überwachungspflichten bei Weitergabe, § 33b Abs. 6 WpHG 655

G. Besondere Anforderungen an die Compliance-Funktion 655
I. Beratung der Analysten und Geschäftsbereiche 655
    1. Einordnung der Analysen, Werbemitteilungen und sonstigen Marketing Materialien 656
    2. Wahrung der Unabhängigkeit der Finanzanalysten 656
        a) Aufbauorganisatorische Trennung 656
        b) Vergütung der Analysten 657
        c) Eigenverantwortlichkeit des Analysten 657
II. Überwachung des Compliance-relevanten Informationsflusses 658
    1. Definition der Vertraulichkeitsbereiche 658
    2. Prüfung der Chinese Walls 658
    3. Wall Crossing Verfahren 659
    4. Chaperoning durch Compliance 659
III. Research Policy 660
IV. Kontrollhandlungen durch Compliance 661
    1. Vorortprüfungen im Sinne der MaComp 661
    2. Weitere Second Level Kontrollen 661
        a) Überprüfung der Pflichtangaben und Abgleich mit der Datenbank der Interessenskonflikte 662
        b) Verweisungen im Sinne von § 6 Abs. 2 FinAnV 662
        c) Zutrittsbeschränkungen 662
    3. Laufende Kontrolltätigkeiten 662
V. Interessenskonfliktmanagement 663
VI. Mitarbeitergeschäfte der Finanzanalysten und beteiligten Personen 664

VII. Schulungsmaßnahmen 664
VIII. Risikoanalyse 664
H. Sonstiges 666
  I. Anzeigepflicht gemäß § 34c WpHG 666
  II. Rechtsfolgen bei Verstößen 667
    1. Zivilrechtliche Haftung 667
      a) Vertragliche Ansprüche 667
      b) Deliktische Ansprüche gemäß § 823 Abs. 2 BGB 667
    2. Reputationsrisiken 668
    3. Ordnungswidrigkeiten und Bußgeldtatbestände 668
    4. Strafrechtliche Folgen 669
      a) Scalping 669
      b) Marktmanipulation 670
      c) Betrug 670
  III. Befugnisse der Aufsicht 671
    1. Überwachung der Verhaltensregeln 671
    2. Jährliche Prüfung 671
  I. Fazit 666

6. Teil Strafrechtliche Kapitalmarkt Compliance

21. Kapitel
Allgemeine straf- und ordnungswidrigkeitenrechtliche Grundsätze

A. Die Rolle des Straf- und Ordnungswidrigkeitenrechts in der
   Kapitalmarktregulierung und der Kapitalmarkt Compliance 675
  I. Vermeidung von Straftaten und Ordnungswidrigkeiten als Kern der
     Kapitalmarkt Compliance 675
  II. Ziele und Instrumente kapitalmarktstrafrechtlicher Compliance 678
  III. Kosten kapitalmarktstrafrechtlicher Compliance 683
  IV. Kapitalmarktstrafrechtliche Compliance im öffentlichen Unternehmen ... 684
  V. Europäische Dimension des Kapitalmarktstrafrechts 685
B. Grundlagen der Strafbarkeit 686
  I. Täterschaft und der Teilnahme 687
    1. Allgemeines 687
    2. „Überwälzung" von Pflichten des Unternehmens auf Führungspersonen ... 688
    3. Exkurs: Täterschaftliche Begehung des Scalping 689
  II. Verantwortlichkeit von Führungspersonen für schädigendes Verhalten von
      Unternehmensmitarbeitern 690
    1. Aktive Aufrechterhaltung einer fehlerhaften Unternehmensorganisation ... 690
    2. Unterlassen 690
      a) Allgemeines 690
      b) Strafbarkeit durch Unterlassen der Einführung eines Compliance-
         Systems 691

       c) Pflicht zum Einschreiten gegen schädigendes Verhalten von
          Unternehmensmitarbeitern 691
       d) Zur strafrechtlichen Unterlassungshaftung des Compliance Officers 694
       e) Zur Unterlassungshaftung des Aufsichtsrates 695
       f) Grenzen der Unterlassenshaftung und Möglichkeiten der Compliance ... 695
   3. Strafrechtliche Verantwortung bei Entscheidungen mehrköpfiger
     Geschäftsleitungsgremien 696
   4. Aufsichtspflichtverletzung, § 130 OWiG 697

III. Vorsatz, Leichtfertigkeit und Fahrlässigkeit 698
   1. Vorsatz 698
   2. Fahrlässigkeit und Leichtfertigkeit 699

IV. Verbotsirrtum 700

C. Exkurs: Das Strafverfahren 702

I. Durchsuchung und Beschlagnahme 703

II. Weitere Maßnahmen im Ermittlungsverfahren 705

III. Bank- und Berufsgeheimnisse 705

IV. Die Rolle der BaFin im Strafverfahren 706
   1. Beteiligung der BaFin in Strafverfahren 706
   2. Informierung der BaFin über Strafverfahren gegen Leitungspersonen 707
   3. Erhebung strafrechtlich relevanter Informationen im Aufsichtsverfahren ... 708

D. Sanktionierung fehlerhafter Compliance 709

I. Folgen fehlerhafter Compliance für Einzelpersonen 709
   1. Geld- und Freiheitsstrafen 709
   2. Berufsverbote und personenbezogene aufsichtsrechtliche Maßnahmen 709

II. Folgen fehlerhafter Compliance für Unternehmen 711
   1. Verbandsgeldbuße (§ 30 OWiG) 711
       a) Voraussetzungen der Verhängung einer Verbandsgeldbuße 711
       b) Erweiterung der Verbandsgeldbuße nach KWG 713
       c) Verbandsgeldbuße und Doppelbestrafungsverbot 713
   2. Einziehung 714
   3. Verfall 714

III. Aufsichtsrechtliche Folgen 715

IV. Zivilrechtliche Folgen 716

V. Unternehmensinterne Konsequenzen 716

22. Kapitel
Betrug, Kapitalanlagebetrug und Kreditbetrug, §§ 263, 264a, 265b StGB

A. Einführung 719

I. Einleitung 719

II. Praktische Bedeutung des Betruges und Entwicklung auf nationaler und internationaler Ebene 719

B. Materielles Recht ... 721
I. Betrug, § 263 StGB ... 721
1. Rechtsgut ... 721
2. Grundtatbestand ... 721
   a) Täuschung ... 722
   b) Irrtumserregung ... 725
   c) Vermögensverfügung ... 726
   d) Schaden ... 726
   e) Subjektiver Tatbestand ... 729
3. Verjährung ... 731
4. Relevante Regelbeispiele und Qualifikationen ... 731
5. Ausgewählte Einzelbeispiele ... 733
   a) Churning (Provisionsschneiderei) ... 733
   b) Front Running ... 734
   c) Scalping ... 735
   d) Spekulationsgeschäfte ... 736
   e) Warentermingeschäfte ... 737
   f) Verdeckte „Kick-backs" in der Anlageberatung ... 739
   g) Falschmeldungen ... 740

II. Kapitalanlagebetrug, § 264a StGB ... 740
1. Bezugsobjekte ... 742
2. Vertrieb von Anlagewerten oder Angebot zu Kapitalerhöhungen ... 742
3. Werbeträger ... 743
4. Subjektiver Tatbestand ... 743
5. Verjährung ... 744

III. Kreditbetrug, § 265b StGB ... 744
1. Allgemeines ... 745
2. Rechtsgut und allgemeine Anwendungsvoraussetzungen ... 746
3. Tathandlung ... 747
4. Subjektiver Tatbestand ... 747
5. Tätige Reue ... 747
6. Verjährung ... 748

IV. Konkurrenzen ... 748

C. Gefahrenpotentiale und Compliance ... 749
I. Gefahrenpotentiale ... 749
1. Anfällige Geschäftsbereiche ... 749
2. Betrug durch eigene Mitarbeiter ... 749

II. Abwehrmaßnahmen ... 749
1. Aufsichtspflichten, auch im Hinblick auf § 130 OWiG ... 750
2. Begrenzte Wirkung regulatorischer Bestimmungen ... 751
3. Mindestanforderungen an das Risikomanagement ... 751
4. Weitere personelle und organisatorische Maßnahmen ... 752

III. Folgen von Betrugsstraftaten ... 752
1. Wirtschaftliche Folgen ... 753
   a) Gewinnabschöpfung über §§ 30, 17 Abs. 4 OWiG ... 753
   b) Vorläufige Vermögenssicherung ... 754
2. Berufsverbot, §§ 61 Nr. 6, 70 StGB ... 754
3. Inhabilität, § 6 Abs. 2 S. 2 Nr. 3e GmbHG ... 755

4. Gewerbeuntersagung wegen Unzuverlässigkeit, § 35 GewO 756
5. Aufsichtsrechtliche Folgen 756
6. Weitere negative Folgen 757

23. Kapitel
Untreue

A. Einleitung 759

I. Verfolgungstätigkeit und Presseberichterstattung 759

II. Fallgestaltungen 760

III. Subjektive Fehleinschätzungen 760

IV. Aufklärung durch Compliance 761

B. Unrechtstatbestand 761

I. Untreuerisiken 761

II. Die Voraussetzungen strafbarer Untreue 762
    1. Tatvariante 1: Missbrauchsuntreue 762
    2. Tatvariante 2: Treubruchsuntreue 764
    3. Verletzung einer Vermögensbetreuungspflicht 764
    4. Handeln durch (pflichtwidriges) Unterlassen 765
    5. Vermögensnachteil 765
    6. Ursächlichkeit 768
    7. Pflichtwidrigkeitszusammenhang 768
    8. Keine Zustimmung des Vermögensträgers 769
    9. Vorsatz 770

C. Risikofelder in der Praxis 772

I. Risikogeschäfte im Allgemeinen 772

II. Kreditvergabe 773
    1. Allgemeines 773
    2. Insbesondere: Großkredite gem. §§ 13 ff. KWG 774
    3. Insbesondere: Sanierungskredite 776

III. Korruptive Geschäfte 776

IV. Riskante Anlagegeschäfte/zur Bedeutung von Ratings 777

V. Verwaltung von Kundendepots/Wertpapiergeschäfte im Kundenauftrag 778

VI. Strafrechtliche Verantwortlichkeit bei Gremienentscheidungen/Hierarchien 779

D. Verfahrensgesichtspunkte 780

24. Kapitel
Steuerliche Verfehlungen

A. Steuerstraftaten und Steuerordnungswidrigkeiten 783

I. Anwendbare Vorschriften 783

II. Das Ermittlungsverfahren in Steuerstrafsachen 784
    1. Zuständigkeiten 784
    2. Typische Ermittlungshandlungen 785
        a) Durchsuchungen 785
        b) Vernehmungen 785

c) Auskunftsersuchen	786
d) Information des Kunden	786
III. Steuerhinterziehung	787
1. Objektiver Tatbestand	787
a) Aktives Tun	787
b) Unterlassen	789
c) Kenntnis der Finanzbehörde	789
d) Taterfolg	789
2. Subjektiver Tatbestand	791
3. Besonders schwere Fälle	791
IV. Leichtfertige Steuerverkürzung	792
B. Teilnahme an Steuerstraftaten	792
I. Beihilfe	793
1. Objektive Voraussetzungen	793
2. Subjektive Voraussetzungen	793
a) Grundsatz	793
b) Die Rechtsprechung	793
c) Exemplarische Konstellationen	794
3. Anstiftung	796
II. Steuerliche Haftung	797
C. Korrektur steuerlicher Verfehlungen	798
I. Selbstanzeige	798
1. Nacherklärung	798
a) Inhalt	798
b) Selbstanzeige auf Schätzbasis	798
c) Persönlicher Schutzkreis	798
2. Kein Sperrgrund	799
II. Steuerliche Berichtigungserklärung	799
D. Mögliche Maßnahmen zur Vermeidung von Risiken	800

25. Kapitel
Geldwäsche

A. Einführung	803
B. Darstellung der Geldwäsche	804
I. Einführung	804
II. Phasen der Geldwäsche	805
1. Platzierung	805
2. Verschleierung	806
3. Integration	806
III. Beispielsfälle für Verschleierungstechniken	806
C. Geldwäschevorschriften	808
I. Entwicklung der Geldwäschegesetzgebung	808
II. § 261 StGB	808
1. Allgemeines	808

2. Objektiver Tatbestand 809
   a) Taugliches Tatobjekt 809
   b) Aus Katalogtat stammend 809
   c) Tathandlungen 813
3. Subjektiver Tatbestand 815
   a) Vorsatz 815
   b) Leichtfertigkeit 815
4. Strafaufhebungs- und Strafausschließungsgründe 817
   a) § 261 Abs. 9 StGB 817
   b) Straflosigkeit wegen Vortatbeteiligung 818
5. Einziehung und Verfall 819

III. GwG 819
1. Verpflichtete 819
   a) Kreditinstitute 819
   b) Finanzdienstleistungsinstitute 820
   c) Institute nach Zahlungsdiensteaufsichtsgesetz 820
   d) Agenten und E-Geld-Agenten 821
   e) Vertrieb oder Rücktausch von E-Geld 822
   f) Finanzunternehmen 823
   g) Versicherungsunternehmen 823
   h) Bundesrepublik Deutschland – Finanzagentur GmbH ... 824
   i) Versicherungsvermittler 824
   j) Investmentaktien- und Kapitalanlagegesellschaften 825
   k) Weitere Verpflichtete 825
2. Sorgfaltspflichten 825
   a) Allgemeine Sorgfaltspflichten 825
   b) Vereinfachte Sorgfaltspflichten 829
   c) Verstärkte Sorgfaltspflichten 830
   d) Mitwirkungspflicht des Vertragspartners 832
   e) Weiterführende Hinweise zu den Sorgfaltspflichten 833
3. Ausführung durch Dritte 833
4. Interne Sicherungsmaßnahmen 833
   a) GwG 834
   b) § 25c KWG 837
5. Meldung von Verdachtsfällen 837
   a) Meldepflicht 837
   b) Form und Zeitpunkt der Meldung 838
   c) Verwendungsvorbehalt 838
6. Aufzeichnungs- und Aufbewahrungspflichten 839
7. Bußgeldvorschriften 839
8. Internationale Normen zur Geldwäschebekämpfung 839

D. AML-Compliance 840

26. Kapitel
Korruption

A. Materielles Recht 843

I. Einleitung 843

II. Amtsträgerkorruption, §§ 331 ff. StGB 844
1. Allgemeines 844

2. Vorteilsannahme und Vorteilsgewährung, § 331 und § 333 StGB 845
   a) Amtsträger oder für den öffentlichen Dienst besonders Verpflichteter ... 845
   b) Vorteil 850
   c) Sog. Unrechtsvereinbarung 851
   d) Sozialadäquanz 853
   e) Tathandlung 854
   f) Subjektiver Tatbestand 855
   g) Genehmigung gem. § 331 Abs. 3 und § 333 Abs. 3 StGB 855
3. Bestechlichkeit und Bestechung, § 332 und § 334 StGB 856
   a) Pflichtwidrige Diensthandlung 856
   b) Sich-Bereit-Zeigen zu bzw. bestimmen zu künftigen Diensthandlungen, § 332 Abs. 3 und § 334 Abs. 3 StGB 857
4. Besonders schwerer Fall der Bestechung und Bestechlichkeit, § 335 StGB ... 857
5. Auslandsstrafbarkeit 858

III. Bestechung und Bestechlichkeit im geschäftlichen Verkehr, § 299 StGB 859
1. Allgemeines 859
2. Angestellter oder Beauftragter 860
3. Geschäftlicher Betrieb 860
4. Vorteil 861
5. Tathandlung 861
6. Handeln im geschäftlichen Verkehr 862
7. Unrechtsvereinbarung 862
8. Subjektiver Tatbestand 865
9. Besonders schwerer Fall der Bestechlichkeit und Bestechung im geschäftlichen Verkehr, § 300 StGB 865
10. Auslandsstrafbarkeit nach § 299 Abs. 3 StGB 865

IV. Ordnungswidriges Gewähren und Annehmen von Zuwendungen, § 39 Abs. 2 Nr. 17a i.V.m. § 31d WpHG 867
1. Allgemeines 867
2. Adressaten der Norm 867
3. Begriff der Zuwendung im Sinne des § 31d WpHG 868
4. Zusammenhang zwischen Zuwendung und Wertpapierdienstleistung 869
5. Eignung zum Interessenkonflikt 869
6. Tathandlung 869
7. Durchbrechung des Zuwendungsverbots 870
   a) Durchbrechung gem. § 31d Abs. 1 S. 1 WpHG 870
   b) Durchbrechung gem. § 31d Abs. 1 S. 2 WpHG 872
   c) Durchbrechung gem. § 31d Abs. 5 WpHG 873
8. Vorsätzlich oder leichtfertig, § 39 Abs. 2 WpHG 873
9. Rechtsfolge 873
10. Zusammentreffen von Straftat und Ordnungswidrigkeit, § 21 OWiG 874

B. Korruptionsprävention im Unternehmen 874

I. Risikoanalyse Korruptionsstraftaten 875
1. Gefährdete Arbeitsbereiche 876
   a) Buchhaltung 876
   b) Vertrieb, insbesondere Vertriebsmittler 876
   c) Einkauf/Beschaffungs- und Auftragsvergabestellen 877
   d) Beteiligungserwerb/-veräußerung 877
   e) Kontrolltätigkeiten 877
2. Personenbezogene Warnhinweise 877

3.	Legale Kundenpflege – Korruption?	878
	a) Einladungen und Geschenke	878
	b) Spenden und Sponsoring	879
	c) *Facilitation Payments*/Beschleunigungszahlungen	880
	d) Interessenkonflikte	880
	e) Einstellungen/HR	880
II.	**Maßnahmen zur Minderung festgestellter Risiken**	**881**
1.	Compliance-Organisation	881
2.	Unternehmensführung	882
3.	Verhaltenskodex	882
	a) Amtsträger	883
	b) Umgang mit Zuwendungen	883
	c) Umgang mit Spenden/Sponsoring	885
	d) Facilitation Payments	885
4.	Prozesse/Dokumentation	886
5.	Due Diligence	886
	a) Beteiligungserwerb/-veräußerung	886
	b) Zusammenarbeit mit Geschäftspartnern	887
	c) Insbesondere: Vertriebsmittler	887
6.	Einstellungen	888
7.	Abgrenzung zu anderen Unternehmensabteilungen	888
8.	Vergütungssysteme	889
9.	Kommunikation	889
10.	Schulungen	890
11.	Kenntniserlangung	891
12.	Kontrollen	891

27. Kapitel
Insiderhandel

A. Einleitung und Systematik ... 894

B. Insiderpapiere, § 12 WpHG ... 895

C. Insiderinformation, § 13 WpHG ... 896

I. Konkrete Information ... 897

II. Über Umstände ... 897
    1. Äußere Tatsachen ... 897
    2. Innere Tatsachen ... 898
    3. In der Zukunft liegende Ereignisse ... 898
    4. Weitere Umstände ... 899
    5. Unwahre Information ... 899

III. Emittentenbezug ... 899

IV. Nicht-öffentlich bekannt ... 900

V. Eignung zur erheblichen Kursbeeinflussung ... 902

**VI. Regelbeispiele, § 13 Abs. 1 S. 4 WpHG
(frontrunning, Warenderivate)** ... 904

D. Die einzelnen Verbotstatbestände 905
I. Erwerbs- und Veräußerungsverbot gem. § 14 Abs. 1 Nr. 1 WpHG 905
  1. Erwerb oder Veräußerung 905
  2. Für eigene oder fremde Rechnung oder für einen anderen 905
  3. Unter Verwendung einer Insiderinformation 905
     a) Vom Ausnutzen zum Verwenden 906
     b) Gesetzlich normierte Tatbestandsausnahmen 906
     c) Gesetzlich nicht ausdrücklich normierte Tatbestandsausnahmen 906
     d) Weitere Einzelfälle 908
II. Mitteilungsverbot gem. § 14 Abs. 1 Nr. 2 WpHG 909
  1. Weitergabe 909
  2. Unbefugt 909
III. Empfehlungsverbot – § 14 Abs. 1 Nr. 3 WpHG 912
  1. Empfehlen 913
  2. Verleiten 913
E. Täterschaft und Teilnahme 913
  I. Nr. 2 lit. a – statusbedingte Primärinsider 914
  II. Nr. 2 lit. b – Beteiligungsbedingter Primärinsider 915
  III. Nr. 2 lit. c – Tätigkeitsbezogene Primärinsider 915
  IV. Nr. 2 lit. d – Deliktische Primärinsider 916
F. Subjektive Voraussetzungen 916
  I. Vorsatz 916
  II. Leichtfertigkeit 916
  III. Irrtümer 917
G. Unterlassen 917
H. Versuchsstrafbarkeit, § 38 Abs. 3 WpHG 917
  I. § 38 Abs. 5 WpHG 918
  J. § 38 Abs. 2a, 3, 4 WpHG Strafbarkeit von Insidergeschäften im Zusammenhang mit der Versteigerung von Treibhausgasemissionszertifikaten 919
K. Rechtsfolgen (Verfall und Einziehung, Berufsverbot) 919
  I. Strafrahmen 919
  II. Verfall 919
  III. Berufsverbot, börsen- und kreditwesenrechtliche Sanktion 920
  L. Verjährung 921

28. Kapitel
Marktmanipulation

A. Einleitung und Systematik 923
B. Anwendungsbereich der Marktmanipulationsverbote 926
   I. Finanzinstrumente, Waren, Emissionsberechtigungen und ausländische Zahlungsmittel 926
  II. Preise 926
      1. Börsenpreis 926
      2. Marktpreis 927
C. Die einzelnen Verbotstatbestände 927
   I. § 20a Abs. 1 S. 1 Nr. 1 WpHG – Verbot der informationsgestützten Marktmanipulation 927
      1. Verbotsadressat 927
      2. Tathandlungen 927
          a) Machen von Angaben (§ 20a Abs. 1 S. 1 Nr. 1 Var. 1 WpHG) 928
          b) Bewertungserhebliche Umstände verschweigen 931
          c) Eignung der Tathandlungen zur Kursbeeinflussung 933
      3. Tatbestandseinschränkung gem. § 20a Abs. 6 WpHG: Journalistenprivileg ... 934
      4. Safe harbours in § 20a Abs. 3 und Abs. 5 S. 1 Nr. 4 WpHG 934
  II. § 20a Abs. 1 S. 1 Nr. 2 WpHG – Verbot der handelsgestützten Marktmanipulation 935
      1. Verbotsadressat 935
      2. Tathandlungen 935
          a) Vornahme von Geschäften oder Erteilung von Kauf- oder Verkaufsaufträgen 936
          b) Eignung zur Irreführung oder Herbeiführung eines künstlichen Preisniveaus 936
          c) § 3 MaKonV 937
      3. Besonderheit – Verbotsausnahme des § 20a Abs. 2 WpHG 940
 III. § 20a Abs. 1 S. 1 Nr. 3 WpHG – Verbot sonstiger Marktmanipulationen 940
      1. Verbotsadressent 940
      2. Tathandlungen 941
          a) Sonstige Täuschungshandlungen 941
          b) Einwirkungseignung 943
D. Taterfolg: Einwirkung auf den Börsen- und Marktpreis 943
E. Vorsatz und Leichtfertigkeit 944
F. Täterschaft und Teilnahme 945
G. § 38 Abs. 5 WpHG 945
H. Verjährung 945
I. Rechtsfolgen (Verfall und Einziehung, Berufsverbot) 946
   I. Strafrahmen 946
  II. Verfall 946
 III. Berufsverbot und börsenrechtliche Sanktionen 946

29. Kapitel
Straftaten nach dem KWG

I. Einleitung	949
II. Straftatbestände nach dem KWG	951
1. § 54 KWG (Geschäftliche Tätigkeit trotz Verbotes oder ohne Erlaubnis)	951
a) § 54 Abs. 1 Nr. 1 KWG (Verbotene Geschäfte)	951
b) § 54 Abs. 1 Nr. 2, Abs. 1a KWG (Handeln ohne Erlaubnis bzw. ohne Zulassung)	956
c) Tathandlungen (Betreiben, Erbringen)	957
d) Subjektiver Tatbestand	958
2. § 54a KWG n.F. (Verstoß gegen Organisationspflichten)	958
a) Neuregelung, Deliktsstruktur	959
b) Tatobjekt und Tathandlungen	963
c) Herbeiführung der Bestandsgefahr für die Tatobjekte	964
d) Subjektiver Tatbestand	965
e) Strafausschließungsgrund § 54a Abs. 3 KWG	966
3. § 55 KWG (Unterlassene Anzeige von Insolvenzgründen)	967
a) Tatobjekt und Tathandlung	967
b) Subjektiver Tatbestand	968
4. § 55a / § 55b KWG (Unbefugte Verwertung/Offenbarung von Angaben über Millionenkredite)	968
a) Regelungsgegenstand	969
b) Tathandlungen	969
c) Subjektiver Tatbestand, Qualifikation, Strafantrag	970
III. Bedeutung der KWG Straftaten für das Compliance-Management-System	970
1. Rolle der Compliance-Funktion	971
2. Bestimmungen der Risikofelder	971
3. Sensibilisierung: Regelschaffung und Schulungen	973
4. Sensorik und Informationsmanagement	973
IV. Besonderheiten bei Compliance-Untersuchungen mit Blick auf KWG-Delikte	974

30. Kapitel
Strafbares Verleiten zu Börsenspekulationsgeschäften, §§ 26, 49 BörsG

A. Grundsätzliche Bedeutung für Compliance	975
I. Überblick über das Delikt und seine Bedeutung	975
II. Überblick über die Darstellung	975
B. Unternehmensbezüge: Täterschaft, Teilnahme, unternehmensbezogene Haftung	976
I. Tätereigenschaft	976
II. Verantwortlichkeit der Geschäftsleitung	976
III. Rechtsfolgen für Unternehmen	978
1. Unternehmensgeldbuße	978
2. Zivilrechtliche Haftung und Schutzgesetzeigenschaft	978

C. Schutzzweck im Regelungskontext 978
I. Gesetzlicher Kontext: BörsG statt WpHG 978
II. Deliktsstruktur und Rechtsgut 979
D. Merkmale des objektiven Tatbestands 981
I. Tathandlung: Verleiten unter Ausnutzen der Unerfahrenheit ... 981
   1. Überblick 981
   2. Allgemeines zur Unerfahrenheit 981
   3. Unerfahrenheit im Kontext der Tathandlung 987
   4. Funktion des Ausnutzens und inhaltliche Anforderungen . 987
   5. Konsequenzen für den Begriff der Unerfahrenheit 988
   6. Funktion des Verleitens und inhaltliche Anforderungen . 989
II. Anknüpfungspunkt für Compliance: Die Aufklärung 991
   1. Wirkung 991
   2. Anforderungen an eine wirksame Aufklärung 992
      a) Allgemeine Konsequenzen aus den Ergebnissen zur Tathandlung 992
      b) Bedeutung der Informations- und Erkundigungspflichten nach § 31 WpHG ... 993
      c) Schlussfolgerungen für eine wirksame Aufklärung ... 996
      d) Nachweis 996
      e) Verzicht auf Aufklärung 997
III. Bezug: Börsenspekulationsgeschäfte 997
   1. Begriff des Börsenspekulationsgeschäfts 997
   2. Börsenbezug des Spekulationsgeschäfts 1001
IV. Geschäftsabschluss und unmittelbare Beteiligung daran 1002
V. Mittelbare Beteiligung am Geschäftsabschluss 1002
E. Merkmale des subjektiven Tatbestands 1003
I. Vorsatz 1003
II. Gewerbsmäßigkeit 1004

31. Kapitel
Kapitalmarktordnungswidrigkeiten

A. Einführung und allgemeine Prinzipien 1007
I. Einführung 1007
   1. Begriff der Ordnungswidrigkeit 1007
   2. Systematik der Kapitalmarktordnungswidrigkeiten 1008
   3. Aufsicht und Verfolgung 1008
II. Allgemeine Prinzipien des Ordnungswidrigkeitenrechts 1009
   1. Einheitstäterschaft und Merkmalsüberwälzung gem. § 9 OWiG ... 1009
   2. Vorsatz und Fahrlässigkeit 1010
   3. Verbotsirrtum 1011
   4. Fragen der Auslegung 1011
   5. Rechtfertigungs- und Entschuldigungsgründe 1011

III. Die Bedeutung von Ordnungswidrigkeiten im Bereich der Kapitalmarkt-Compliance 1012
IV. Exkurs: Das Bußgeldverfahren 1012
V. Sanktionierung 1013
B. Ordnungswidrigkeiten nach dem WpHG 1014
I. Verstöße gegen das Marktmanipulationsverbot 1014
II. Verstöße gegen Insiderverbote 1015
III. Dokumentations- und Aufzeichnungspflichten 1016
1. Insiderverzeichnis 1016
2. Aufzeichnungs-, Protokollierungs- und Aufbewahrungspflichten 1017
   a) Aufzeichnungspflichten 1017
   b) Protokollführungspflichten 1019
   c) Aufbewahrungspflichten 1019
IV. Melde- und Mitteilungspflichten 1020
1. Vor- und Nachhandelstransparenz für multilaterale Handelssysteme 1021
2. Mitteilung von Geschäften 1021
3. Ad hoc-Mitteilungen, directors' dealings 1022
4. Stimmrechtsveränderung 1024
5. Änderungen der Rechtsgrundlage des Emittenten und andere Angaben .. 1026
6. Hinweisbekanntmachungen 1027
7. Sonstige Veröffentlichungs- und Mitteilungspflichten 1028
V. Pflichten im Zusammenhang mit der Durchführung von Aufsichtsmaßnahmen der BaFin 1031
1. Mitwirkungspflichten 1031
2. Duldungspflichten 1032
3. Vertraulichkeitspflichten 1032
VI. Anzeige von Verdachtsfällen 1033
VII. Finanzanalyse 1034
VIII. Best practice in Wertpapierdienstleistungsunternehmen 1034
1. Informationspflichten 1034
2. Einrichtung von Compliance-Funktion und Beschwerdeverfahren 1035
3. Anti-Korruption 1036
4. Weitere best practice-Vorgaben 1037
IX. Besondere Vorschriften für den Handel mit Treibhausgasemissionszertifikaten im Sinne des VO (EU) Nr. 1031/2010 1037
1. Insiderverbote 1038
2. Insiderverzeichnis 1039
3. Mitteilung von directors' dealings 1040
4. Verdachtsanzeige 1040
X. Sonstiges 1041
1. Umgang mit Ratings 1041
2. OTC-Prüfung 1042
3. Emittentenpflichten gegenüber Wertpapierinhabern 1042
4. Verhaltenspflichten für systematische Internalisierer 1044

C. Ordnungswidrigkeiten nach dem KWG 1044
   I. Zuwiderhandlungen gegen aufsichtsrechtliche Maßnahmen i.S.v. § 36 KWG .. 1044
   II. Erwerb bedeutender Beteiligungen 1045
   III. Zuwiderhandlung gegen die Untersagung der Beteiligung an bzw. Beziehung zu ausländischen Unternehmen 1047
   IV. Verstoß gegen Anzeigepflichten (§ 56 Abs. 2 Nr. 4 KWG) 1047
   V. Berichtspflichten 1048
   VI. Ausreichung von Krediten 1048
   VII. Repräsentanz eines Auslandsinstitutes im Inland 1049
   VIII. Sonstiges 1050
      1. § 56 Abs. 3 KWG 1050
      2. Verstöße gegen die Geldtransferverordnung 1053
D. Ordnungswidrigkeiten nach dem WpÜG 1054
E. Ordnungswidrigkeiten nach dem WpPG 1056
   I. Publizitätspflichten 1057
   II. Anordnungen der BaFin 1058

7. Teil   Aufdeckung vergangener Verstöße

32. Kapitel
Interne Untersuchungen in einem börsennotierten Unternehmen

I. Organisatorische Voraussetzungen und Rahmenbedingungen 1061
   1. Bedrohungslage des Unternehmens 1062
   2. Fraud Management Team 1063
   3. „Make or Buy" 1064
   4. Stakeholder Management 1065
II. Durchführung interner Untersuchungen 1066
   1. Präventive und investigative Untersuchungen 1066
   2. Auslöser 1066
   3. Zu involvierende Organe und Fachbereiche 1068
   4. Informationsbeschaffung und Plausibilisierung 1069
   5. Berichterstattung und Folgemaßnahmen 1070
III. Praxisfall 1070
   1. Ausgangslage und Einsatz von Reaktionsplänen 1070
   2. Organisation der Voruntersuchung, Einbindung anderer Fachbereiche 1072
   3. Erste Untersuchungsschritte und Ergebnisse der Voruntersuchung 1073
   4. Ausweitung des Untersuchungszeitraums, weitere Untersuchungshandlungen und deren Ergebnisse 1075
   5. „Wie konnte es zu diesen dolosen Handlungen kommen?" 1076
   6. Zusammenfassung 1076
IV. Fazit 1076

33. Kapitel
Ermittlung durch Externe

A. Planung, Organisation, Steuerung, Durchführung der Ermittlung durch Externe 1078

I. Einführung 1078
1. Ausgangssituation 1078
2. Recht und Pflicht zur Durchführung von unternehmensinternen Untersuchungen (am Beispiel der Aktiengesellschaft) 1078
   a) Der Vorstand 1079
   b) Der Aufsichtsrat 1081
   c) Der Prüfungsausschuss 1084
   d) Die Aktionäre 1085
3. Exkurs: Abweichungen bei der Gesellschaft mit beschränkter Haftung (GmbH) und der GmbH & Co. KG 1086
   a) GmbH 1086
   b) Die GmbH & Co. KG 1087
4. Exkurs: Untersuchungen im Konzern 1089
5. Untersuchungsführer, Inhalt und Umfang der Untersuchungen 1091
   a) Untersuchungsteam 1091
   b) Gesellschaftsrechtliche Maßgaben für die erforderliche Reichweite der Sachverhaltsaufklärung 1092
6. Bußgeldrechtliche Verpflichtungen und Rahmenbedingungen für unternehmensinterne Untersuchungen? 1093

II. Organisation und Planung der Untersuchung 1095
1. Aufbauorganisation 1095
   a) Ausgangsüberlegungen 1095
   b) Funktionsträger der Aufbauorganisation 1102
2. Ablauforganisation und Planung der Untersuchung 1111
   a) Gegenstand der Ablauforganisation 1111
   b) Aufgabenplanung 1111
   c) Terminplanung/-koordination 1112
   d) Kommunikationslinien und -konventionen 1112
   e) Ressourcen- und Kapazitätsplanung 1113
   f) Kostenplanung/Budgetierung 1114
3. Einbettung der internen Ermittlungen in die Unternehmensorganisation ... 1114

III. Steuerung der Untersuchung 1115
1. Sinn und Zweck 1115
2. Aktivitäten- und Terminüberwachung 1116
3. Kapazitäts- und Kostencontrolling 1117

IV. Reporting 1117
1. Grundlegendes 1117
   a) Notwendigkeit eines Informations- und Kommunikationssystems 1117
   b) Interne und externe Information 1119
   c) Informationsgrundsätze 1120
   d) Gestaltung des Informations- und Datenaustauschs 1121
2. Berichterstattung an das Untersuchungsteam 1123
   a) Transparenz als zentrale Forderung 1123
   b) Fortschrittsberichte für Mikromanagement 1124
   c) Protokolle, Aufgaben- und Beschlusslisten, Risikoregister 1125

3. Berichterstattung an Auftraggeber 1125
   a) Zwischenberichte und Abschlussbericht 1125
   b) Sonderberichte 1127
   c) Verknüpfung zur externen Berichterstattung 1127
   d) Aufbewahrungspflichten 1128
B. Rechtliche Rahmenbedingungen der unternehmensinternen Ermittlungen durch Externe 1129
I. Gesellschaftsrechtliche Rahmenbedingungen 1129
   1. Amnestieprogramme 1129
II. Kapitalmarktrechtliche Rahmenbedingungen 1132
   1. Publizitätsvorschriften (§ 15 WpHG) 1132
   2. Anzeige- und Meldepflichten 1132
      a) § 10 WpHG 1132
   3. Insiderverzeichnis (§ 15b WpHG) 1133
III. Rechtliche Stellung der Ermittler 1133
   1. Zeugnisverweigerungsrechte (§§ 53, 53a StPO) 1135
      a) Zeugnisverweigerungsberechtigte Personen 1136
      b) Beschlagnahmeverbot, § 97 StPO 1140
      c) Ermittlungsmaßnahmen bei Zeugnisverweigerungsrecht, § 160a StPO ... 1148
IV. Materiell-strafrechtliche Rahmenbedingungen 1151
   1. Geheimnisverrat, § 203 StGB 1152
   2. Parteiverrat, § 356 StGB 1152
   3. Nötigung und Erpressung, §§ 240, 253 StGB 1153
   4. Verletzung des Briefgeheimnisses, § 202 StGB 1155
   5. Ausspähen von Daten § 202a StGB 1155
   6. Verletzung des Post- und Fernmeldegeheimnisses, § 206 StGB 1156
   7. Verletzung der Vertraulichkeit des Wortes, § 201 StGB 1158
   8. Observation, heimliches Fotografieren und Videoüberwachung, § 201a StGB 1159
   9. Straf- und bußgeldbedrohte Verstöße gegen die Insidervorschriften, §§ 14, 38 Abs. 1, 39 WpHG) 1160
   10. Marktmanipulation, §§ 20a, 38 Abs. 2 WpHG 1161
V. Datenschutzrechtliche Rahmenbedingungen 1162
   1. Die Bedeutung allgemeiner datenschutzrechtlicher Grundsätze 1162
      a) Verhältnismäßigkeitsgrundsatz 1162
      b) Zweckbindungsgrundsatz 1163
      c) Verbot mit Erlaubnisvorbehalt 1163
      d) Transparenzgebot 1164
   2. Erlaubnistatbestände zur Rechtfertigung interner Ermittlungsmaßnahmen 1165
      a) Einwilligung als Erlaubnis für einzelne Ermittlungshandlungen, § 4a Abs. 1 BDSG 1165
      b) Abgrenzung des Anwendungsbereichs der speziellen Ermächtigungsnormen 1166
      c) Kontrollen von Mitarbeiterdaten für Zwecke des Beschäftigungsverhältnisses, § 32 Abs. 1 S. 1 BDSG 1166
      d) Kontrollen von Mitarbeiterdaten zur Aufdeckung von Straftaten, § 32 Abs. 1 S. 2 BDSG 1167

   e) Kontrollen von Daten Dritter für eigene Geschäftszwecke, § 28 Abs. 1
     S. 1 Nr. 2 BDSG 1168
   f) Betriebsvereinbarungen 1168
  3. Handlungsempfehlungen zur datenschutzrechtlichen Risikominimierung 1169

VI. Arbeitsrechtliche Rahmenbedingungen und Risiken 1170
  1. Sammlung und Auswertung von Unterlagen 1170
  2. Sammlung und Auswertung von Dateien und E-Mails 1171
  3. Mitarbeiterinterviews 1172
  4. Durchsuchung des Arbeitsplatzes 1175
  5. Whistleblowing und Hinweisgebersysteme 1175
  6. Amnestieprogramme und Kronzeugenregelungen 1176
  7. Relevanz der Mitbestimmungsrechte des Betriebsrats für interne
    Untersuchungen im Allgemeinen 1179
  8. Außerordentliche Verdachtskündigung 1181

VII. Exkurs: Strafprozessuale Verwertbarkeit von Interviews bzw.
  Interviewprotokollen 1185
  1. Umfassendes Verwertungsverbot aus Art. 2 Abs. 1 GG? 1185
  2. Kein Verwertungsverbot analog §§ 136 oder 55 StPO 1186
  3. Verwertungsverbot entsprechend § 136a StPO? 1186

Stichwortverzeichnis 1189

Abkürzungsverzeichnis

a.A.	anderer Ansicht
abgedr.	abgedruckt
Abb.	Abbildung
ABlEG	Amtsblatt der EG
ABlEU	Amtsblatt der EU
Abs.	Absatz
Abschn.	Abschnitt
a.F.	alte Fassung
AG	Die Aktiengesellschaft (Zeitschrift), Aktiengesellschaft, Amtsgericht, Ausführungsgesetz
AktG	Aktiengesetz
a.M.	anderer Meinung
ÄndVO	Änderungsverordnung
Anm.	Anmerkung
AnSVG	Anlegerschutzverbesserungsgesetz
Art.	Artikel
Aufl.	Auflage
Az.	Aktenzeichen
BaFin	Bundesanstalt für Finanzdienstleistungsaufsicht
BB	Der Betriebs-Berater
BC	Zeitschrift für Bilanzierung, Rechnungswesen und Controlling
Bd.	Band
BGB	Bürgerliches Gesetzbuch
Bearb.	Bearbeiter
Begr.	Begründung
Bespr.	Besprechung
betr.	betreffend
BFH	Bundesfinanzhof
BFHE	Entscheidungen des Bundesfinanzhofs
BGBl	Bundesgesetzblatt
BGH	Bundesgerichtshof
BGHSt/Z	Entscheidungen des Bundesgerichtshofs in Strafsachen/Zivilsachen
BIC	Bank Identifier Code (ISO-Code 9362)
BKR	Zeitschrift für Bank- und Kapitalmarktrecht
BörsG	Börsengesetz
BR-Drucks.	Bundesratsdrucksache
Bsp.	Beispiel
BStBl	Bundessteuerblatt
BT-Drucks.	Bundestagsdrucksache
BVerfG	Bundesverfassungsgericht
BVerfGE	Entscheidungen des Bundesverfassungsgerichts
bzgl.	bezüglich
bzw.	beziehungsweise
ca.	circa
CESR	Committee of European Securities Regulators
CFI	Classification of Financial Instruments nach ISO-Code 10962
CCP	Central Counterparty
CCZ	Corporate Compliance Zeitschrift
DB	Der Betrieb
DCGK	Deutscher Corporate Governance Kodex
ders.	derselbe

Abkürzungsverzeichnis

d.h.	das heißt
dies.	dieselbe/n
DZWIR	Deutsche Zeitschrift für Wirtschafts- und Insolvenzrecht
EEX	European Energy Exchange
Einl.	Einleitung
EG	Europäische Gemeinschaft, Einführungsgesetz
etc.	et cetera
EU	Europäische Union
EuGH	Europäischer Gerichtshof
EuGH Slg.	Sammlung der Rechtsprechung des EuGH
Eurex	European Exchange
EWR	Europäischer Wirtschaftsraum
f.	folgende
ff.	fortfolgende
FinAnV	Finanzanalyseverordnung
Fn.	Fußnote
FRUG	Finanzmarktrichtlinie-Umsetzungsgesetz
FS	Festschrift
FSA	Financial Services Authority
GB FWB	Bedingungen für Geschäfte an der Frankfurter Wertpapierbörse
GbR	Gesellschaft bürgerlichen Rechts
gem.	gemäß
ggf.	gegebenenfalls
GmbH	Gesellschaft mit beschränkter Haftung
GmbHG	GmbH-Gesetz
GWR	Gesellschafts- und Wirtschaftsrecht
HGB	Handelsgesetzbuch
h.L.	herrschende Lehre
h.M.	herrschende Meinung
Hrsg.	Herausgeber
HS	Halbsatz
i.d.F.	in der Fassung
i.d.R.	in der Regel
i.H.v.	in Höhe von
inkl.	Inklusive
ISIN	International Securities Identification Number nach ISO-Standard 6166
ISO	Internationale Organisation für Normung
i.S.v.	im Sinne von
i.V.m.	in Verbindung mit
JA	Juristische Arbeitsblätter
JuS	Juristische Schulung
Justiz	Die Justiz
JZ	Juristenzeitung
Kap.	Kapitel
KG	Kammergericht; Kommanditgesellschaft
KGaA	Kommanditgesellschaft auf Aktien
KK	Karlsruher Kommentar
KölnKomm	Kölner Kommentar
Komm.	Kommentar; Kommentierung
KWG	Kreditwesengesetz

LG	Landgericht
Lit.	Literatur
LK	Leipziger Kommentar
LSE	London Stock Exchange
MaComp	Mindestanforderungen an die Compliance-Funktion
MaRisk	Mindestanforderungen an das Risikomanagement
m.a.W.	mit anderen Worten
MDR	Monatsschrift für Deutsches Recht
MIC	Market Identifier Code (ISO-Code 10383)
MiFID	Richtlinie über Märkte für Finanzinstrumente
MiFID-DVO	MiFID-DurchführungsVerordnung
Mio.	Millionen
m.N.	mit Nachweisen
MK	Münchener Kommentar
m.w.N.	mit weiteren Nachweisen
n.F.	neue Fassung
NK	Nomos Kommentar
NJW	Neue Juristische Wochenschrift
Nr.	Nummer
NStZ	Neue Zeitschrift für Strafrecht
NZG	Neue Zeitschrift für Gesellschaftsrecht
o.g.	oben genannt/e
OHG	Offene Handelsgesellschaft
OLG	Oberlandesgericht
OTC	Over the Counter
OWiG	Ordnungswidrigkeitengesetz
RefE	Referentenentwurf
RegE	Regierungsentwurf
RG	Reichsgericht
RGBl	Reichsgesetzblatt
RL	Richtlinie
Rn.	Randnummer
Rspr.	Rechtsprechung
S., s.	Satz, Seite, siehe
SK	Systematischer Kommentar
s.o.	siehe oben
sog.	so genannte
StGB	Strafgesetzbuch
StPO	Strafprozessordnung
str.	streitig
StraFo	Strafverteidiger Forum
StRR	StrafRechtsReport
StV	Strafverteidiger
s.u.	siehe unten
Tab.	Tabelle
TREM	Transaction Report Exchange Mechanism
u.a.	unter anderem, und andere
unstr.	unstreitig
UStB	Der-Umsatz-Steuer-Berater
usw.	und so weiter

Abkürzungsverzeichnis

vgl.	vergleiche
VO	Verordnung
Vorb.	Vorbemerkung
wistra	Zeitschrift für Wirtschafts- und Steuerstrafrecht
WM	Wertpapier-Mitteilungen
WpAIV	Wertpapierhandelsanzeige- und Insiderverzeichnisverordnung
WpHG	Gesetz über den Wertpapierhandel
WpHMV	Wertpapierhandel-Meldeverordnung
WpÜG	Wertpapiererwerbs- und Übernahmegesetz
Xetra	Elektronisches Handelssystem der Frankfurter Wertpapierbörse
z.B.	zum Beispiel
ZBB	Zeitschrift für Bankrecht und Bankwirtschaft
ZHR	Zeitschrift für das gesamte Handels- und Wirtschaftsrecht
Ziff.	Ziffer
ZIP	Zeitschrift für Wirtschaftsrecht
zit.	zitiert
ZNER	Zeitschrift für neues Energierecht
zust.	zustimmend
zutr.	zutreffend
zz.	zurzeit

Literaturverzeichnis

Achenbach/Ransiek (Hrsg.) Handbuch Wirtschaftsstrafrecht, 3. Aufl. 2012
Assies/Beule/Beise/Strube Handbuch des Fachanwalts Bank- und Kapitalmarktrecht, 3. Aufl. 2012
Assmann/Schneider (Hrsg.) Wertpapierhandelsgesetz, 6. Aufl. 2012
Baulig/Brinkmann/Eis/Heisterkamp/Meyn/Pölking/Richter/Schäfer/Schäpers/Scholz/Weidner Compliance – Konsequenzen verschärfter Vergaben aus WpHG und Bankenaufsicht, 4. Aufl. 2012 (zitiert *Bearbeiter*)
Baumbach/Hopt Handelsgesetzbuch, 35. Aufl. 2012
Beck/Samm/Kokemoor (Hrsg.) Gesetz über das Kreditwesen, Loseblatt
Boos/Fischer/Schulte-Mattler Kreditwesengesetz, 4. Aufl. 2012
Böttger (Hrsg.) Wirtschaftsstrafrecht in der Praxis, 2011
Brinkmann/Haußwald/Marbeiter/Petersen/Richer/Schäfer Compliance – Konsequenzen aus der MiFID, 2008 (zitiert *Bearbeiter* in Compliance)
Buck-Heeb Kapitalmarktrecht, 6. Aufl. 2013
Bürgers/Körber (Hrsg.) Aktiengesetz, 2. Aufl. 2011
Dölling/Duttke/Rössner (Hrsg.) Gesamtes Strafrecht: StGB, StPO, Nebengesetze, Loseblatt
Ebenroth/Boujong/Joost/Strohn Handelsgesetzbuch, 2. Aufl. 2008
Erbs/Kohlhaas Strafrechtliche Nebengesetze, Loseblatt
Fischer Strafgesetzbuch und Nebengesetze, 58. Aufl. 2011
Fleischer (Hrsg.) Handbuch des Vorstandsrechts, 2. Aufl. 2013
Fuchs (Hrsg.) Wertpapierhandelsgesetz, 2009
Fülbier/Aepfelbach/Langweg GwG Kommentar zum Geldwäschegesetz, 5. Aufl. 2006
Gercke/Julius/Temming/Zöller (Hrsg.) Strafprozessordnung, 5. Aufl. 2012
Goette/Habersack (Hrsg.) Münchener Kommentar zum Aktiengesetz, 3. Aufl. 2008 ff.; außer Bd. 4, 7: 2. Aufl. 1999 ff. (zitiert MK-AktG)
Görling/Inderst/Bannenberg (Hrsg.) Compliance, 2010 (2. Aufl. unter Inderst/Bannenberg/Poppe)
Graf/Jäger/Wittig Wirtschafts- und Steuerstrafrecht, 2011
Grigoleit (Hrsg.) Aktiengesetz, 2013
Groß Kapitalmarktrecht, 5. Aufl. 2012
Große-Vorholt Wirtschaftsstrafrecht, 3. Aufl. 2011
Habersack/Mülbert/Schlitt (Hrsg.) Unternehmensfinanzierung am Kapitalmarkt, 3. Aufl. 2013
dies. (Hrsg.) Handbuch der Kapitalmarktinformation, 2. Aufl. 2013
Hasler/Launer/Wilhelm (Hrsg.) Handbuch Debt Relations, 2013
Hauschka (Hrsg.) Corporate Compliance, 2. Aufl. 2012
Heidel Aktienrecht und Kapitalmarktrecht, 3. Aufl. 2011
Hellmann/Beckemper Wirtschaftsstrafrecht, 3. Aufl. 2010
Henn/Frodermann/Jannott (Hrsg.) Handbuch des Aktienrechts, 8. Aufl. 2009
Hirte/Möllers (Hrsg.) Kölner Kommentar zum WpHG, 2007 (zitiert KölnKomm-WpHG)
Hopt/Wiedemann (Hrsg.) Aktiengesetz, 4. Aufl. 2012
Hüffer Aktiengesetz, 10. Aufl. 2012
Inderst/Bannenberg/Poppe (Hrsg.) Compliance, Aufbau – Management – Risikobereiche, 2. Aufl. 2013 (1. Aufl. unter Görling/Inderst/Bannenberg)
Karlsruher Kommentar zur Strafprozessordnung, 6. Aufl. 2008
Kindhäuser/Neumann/Paeffgen (Hrsg.) Strafgesetzbuch, Band 2, 4. Aufl. 2013 (zitiert NK/*Bearbeiter*)
Klein Abgabenordnung: AO, 11. Aufl. 2012
Knierim/Rübenstahl/Tsambikakis (Hrsg.) Internal Investigations, 2013
Kühl AT Strafrecht, Allgemeiner Teil, 7. Aufl. 2012
Kümpel/Wittig (Hrsg.) Bank- und Kapitalmarktrecht, 4. Aufl. 2011
Kuthe/Rückert/Sickinger Compliance Handbuch Kapitalmarktrecht, 2. Aufl. 2008
Lackner/Kühl Strafgesetzbuch: StGB, 27. Aufl. 2011
Leipziger Kommentar, Strafgesetzbuch, 12. Aufl. 2007 ff. (zitiert LK/*Bearbeiter*)
Lenenbach Kapitalmarktrecht und kapitalmarktrelevantes Gesellschaftsrecht, 2. Aufl. 2010
Marsch-Barner/Schäfer Handbuch börsennotierte AG, 2. Aufl. 2009
Moosmayer Compliance, Praxisleitfaden für Unternehmen, 2. Aufl. 2012

Literaturverzeichnis

Müller-Gugenberger/Bieneck (Hrsg.) Wirtschaftsstrafrecht, 5. Aufl. 2011
Münchener Kommentar zum StGB, Band 2, 2. Aufl. 2012 (zitiert MK-StGB/*Bearbeiter*)
Park Kapitalmarktstrafrecht, 3. Aufl. 2012
Reischauer/Kleinhans (Hrsg.) Kreditwesengesetz (KWG), Loseblatt
Renz/Hense (Hrsg.) Wertpapier-Compliance in der Praxis, 2010
dies. (Hrsg.) Organisation der Wertpapier-Compliance-Funktion, 2012 (zitiert *Bearbeiter* in Organisation)
Ringleb/Kremer/Lutter/v. Werder Deutscher Corporate Governance Kodex, 2010
Satzger/Schluckebier/Widmaier (Hrsg.) Strafgesetzbuch: StGB, 2009 (zitiert SSW/*Bearbeiter*)
Schäfer/Hamann (Hrsg.) Kapitalmarktgesetze, Loseblatt
Schanz Börseneinführung, 3. Aufl. 2007
Schimanski/Bunte/Lwowski (Hrsg.) Bankrechts-Handbuch, 4. Aufl. 2011
K. Schmidt (Hrsg.) Münchener Kommentar zum HGB, 3. Aufl. 2012 ff.
Schönke/Schröder Strafgesetzbuch, 28. Aufl. 2010
Schröder Handbuch Kapitalmarktstrafrecht, 2010
Schwark/Zimmer (Hrsg.) Kapitalmarktrechts-Kommentar, 4. Aufl. 2010
Schwennicke/Auerbach (Hrsg.) Kreditwesengesetz (KWG) mit Zahlungsdiensteaufsichtsgesetz (ZAG), 2. Aufl. 2013
Volk (Hrsg.) Verteidigung in Wirtschafts- und Steuerstrafsachen 2006
Wabnitz/Janovsky (Hrsg.) Handbuch des Wirtschafts- und Steuerstrafrechts, 3. Aufl. 2007
Wolter (Hrsg.) Systematischer Kommentar zum Strafgesetzbuch, SK-StGB, Loseblatt
Zöllner/Noack (Hrsg.) Kölner Kommentar zum Aktiengesetz, 3. Aufl. 2011 (zitiert KölnKomm-AktG)

1. Teil
Einführung

1. Kapitel
Kapitalmarkt Compliance –
Einführung und Übersicht

A. Einleitung

Das Kapitalmarktrecht wird als Ausgangspunkt der gesamten (rechtlichen) Compliance-Diskussion gesehen.[1] Vor dem Hintergrund der bemerkenswerten – und noch immer zunehmenden – Regelungsdichte im Kapitalmarktrecht bestehen an das kapitalmarktrechtliche Risikomanagement hohe Anforderungen. Pflichten zur Einführung eines rechtlichen Risikomanagements, also zur Einführung einer Compliance-Infrastruktur zum Zwecke der Vermeidung von Verstößen gegen kapitalmarktrechtliche Ge- und Verbote, bestehen insbesondere im Bank-, inzwischen auch im Wertpapieraufsichtsrecht.[2] Das unterscheidet das Kapitalmarktrecht maßgeblich von anderen Rechtsgebieten, in denen unmittelbare gesetzliche Compliance-Anforderungen nur selten zu finden sind. Insbesondere dem Bankaufsichtsrecht wird insoweit eine **Schrittmacherrolle** zugeschrieben.[3]

In Deutschland haben die Gründung der Bundesanstalt für Finanzdienstleistungsaufsicht (**BaFin**) als integrierte Finanzdienstleistungsaufsichtsbehörde im Jahr 2002 sowie die Gesetzgebung im Bereich des Aktien- und Wertpapierrechts seither zu einer insgesamt strengeren Regulierung und einer intensiveren Aufsicht des Kapitalmarkts geführt.[4] Die gesetzlichen Anforderungen an die innere Organisation von Kredit- und Finanzdienstleistungsinstituten, Wertpapierdienstleistern und anderen kapitalmarktorientierten Unternehmen sind erheblich gestiegen.[5] Und auch die Aufsichtsorganisation passt sich den Aufgaben des Gesetzgebers an: Neben der BaFin sind als Aufsichtsbehörden die **Bundesbank**, die Börsenaufsichten der Länder, die **Handelsüberwachungsstellen** an den Börsen, die Deutsche Prüfstelle für Rechnungslegung (DPR)[6] und nicht zuletzt auch die Europäische Börsenaufsichtsbehörde (European Securities and Markets Authority – **ESMA**) tätig. Sie soll zukünftig die zentrale Aufsichtsbehörde in Europa werden, was nicht bedeutet, dass die nationalen Behörden beschäftigungslos werden: Sie werden durch Aufgabendelegation von der ESMA in deren Aufsichtsstruktur eingesetzt werden. Zudem werden die nationalen Aufsichtsbehörden die Einhaltung des nicht europaspezifisch nationalen Kapitalmarktrechts beaufsichtigen.

Bereits Anfang der neunziger Jahre wurden zur Wahrung der Marktintegrität und Vermeidung von Interessenkonflikten im Wertpapierhandel die ersten Compliance-Infrastrukturen entwickelt.[7] Mit Blick auf die erhebliche Regelungsdichte insbesondere im Wertpapierhandelsrecht, die unübersichtliche Rechtslage und die zahlreichen Fallstricke, die nicht nur in aufsichtsrechtlicher Hinsicht, sondern auch unter dem Aspekt persönlicher straf-[8] und

---

1 *Buck-Heeb* CCZ 2009, 18; Knierim/Rübenstahl/Tsambikakis/*Szesny* 30. Kap. Rn. 1.
2 *Spindler* WM 2008, 905, 907 f.
3 Vgl. *Fleischer* ZIP 2003, 1, 10; *Preussner* NZG 2004, 57.
4 *Lopmas/Kramer* Corporate Internal Investigations – An International Guide, 2008, S. 288; Knierim/Rübenstahl/Tsambikakis/*Szesny* 30. Kap. Rn. 3.
5 Knierim/Rübenstahl/Tsambikakis/*Szesny* 30. Kap. Rn. 3.
6 Näher Knierim/Rübenstahl/Tsambikakis/*Szesny* 30. Kap. Rn. 4.
7 Park/*Bottmann* T2 Kap. 2 Rn. 1; *Lösler* NZG 2005, 104.
8 Hierzu 21. Kap.

ordnungswidrigkeitenrechtlicher[9] Verfolgung existieren, lässt sich das Erfordernis eines regelhaft arbeitenden Instrumentariums zur Haftungsvermeidung nicht leugnen. Jedem Unternehmensangehörigen im Einzelfall die Alleinverantwortung und die Alleinentscheidungsbefugnis ohne jegliche Anleitung, internes Anweisungswerk und Warnungssystem zu überlassen, würde unter der Ägide insbesondere des WpHG, aber auch anderer Kapitalmarktgesetze unweigerlich zum Rechtsbruch führen.

4 Dass die Einrichtung effektiver Compliance-Systeme auch gerade aus der strafrechtlichen Perspektive beleuchtet werden muss und der Aspekt der kriminalitätsbezogenen Compliance (**Criminal Compliance**) an Bedeutung gewinnt,[10] liegt angesichts der zunehmenden Neigung des Gesetzgebers, Regelverstöße auch straf- und ordnungswidrigkeitenrechtlich zu sanktionieren auf der Hand. Mit Blick auf die Fülle an Sanktionsvorschriften – allein im WpHG sind mehr als hundert Ordnungswidrigkeitentatbestände geregelt[11] –, das hiesig herrschende weite Verständnis vom strafrechtlichen Vorsatz und die Erstreckung der Strafbarkeit auf fahrlässiges Verhalten insbesondere im Bereich des Wirtschaftsstrafrecht gerät insbesondere das Kapitalmarktstrafrecht aus den Fugen eines Verständnisses von Strafrecht als Instrument zur Sanktionierung schwer sozialschädlichen Verhaltens. Die gesetzlichen Regeln des Kapitalmarkts sind auf die Vermeidung von Missständen und Eingriffen in einem denkbar frühen Stadium eines Verhaltens, das abstrakt zu einem Schaden führen kann, geprägt – und bereits diese Regeln sind oftmals straf- oder bußgeldbewehrt. Die Schaffung solcher **abstrakter Gefährdungsdelikte** macht es dem juristischen Laien – und zu diesem gehört der am Kapitalmarkt Tätige oftmals – nicht einfach, die (strafrechtlichen) Grenzen seines Verhaltens zu erkennen. Aus diesem Grunde beinhaltet dieses Buch einen separaten Teil zu den wesentlichen straf- und ordnungswidrigkeitenrechtlichen Aspekten der Compliance für Kapitalmarktteilnehmer (21. Kap. ff.).

5 Das ist gerade im Kapitalmarktrecht besonders wichtig. Das Kapitalmarktrecht zeichnet sich durch eine besonders hohe Regulierungsdichte aus, die zudem ständigen Veränderungen unterliegt. Europäische Einflüsse, nationalgesetzgeberische Aktivitäten, aber auch das sich fortbildende Richterrecht lassen das Kapitalmarktrecht als eine unübersichtliche Regelungsflut erscheinen, derer die Kapitalmarktakteure kaum Herr werden.

6 Hintergrund für die erhebliche Ausweitung und Änderung der Compliance-Vorschriften für börsennotierte Gesellschaften und deren Aktionäre ist der Boom an den Kapitalmärkten Mitte bis Ende der neunziger Jahre des vergangenen Jahrhunderts.[12] Man denke nur an die Emission der als eine Art Wertpapier für Jedermann hochstilisierte Aktie der Deutsche Telekom AG, die – als erstes Finanzinstrument überhaupt – ein breites, (semi-)professionelle Anlegerkreise überschreitendes Interesse geweckt hat. Der stetige Kursverfall des Papiers, der zeitweise geradezu dramatische Züge hatte und den Eindruck einer Überbewertung im Zeitpunkt der Emission manifestierte, sorgte zugleich für eine Sensibilisierung breiter Anlegerkreise für die Anlagerisiken, die auch im regulierten Markt herrschen. Die (faktische) Öffnung des geregelten Marktes für das große Publikum sorgte auch für Missentwicklungen: Die Zahl der börsennotierten Unternehmen hat sich in den neunziger Jahren stark erhöht. Viele Unternehmen waren dabei, die, wie sich nachträglich zeigte, nicht börsenreif waren oder im Zuge der allgemeinen damaligen Entwicklungen sehr, teilweise zu hoch bewertet waren.[13] Kleinere und größere Skandale und Insolvenzen, die Schließung des Neuen Marktes als Marktsegment für kleine und noch entwicklungsbedürftige Unternehmen[14] sowie nicht

---

9 Hierzu 31. Kap.
10 Park/*Bottmann* T2 Kap. 2 Rn. 3.
11 Näher 31. Kap.
12 *Kuthe*/Rückert/Sickinger 1. Kap. Rn. 2. Zur darauf beruhenden Rechtsentwicklung siehe Rn. 15 ff.
13 Vgl. *Kuthe*/Rückert/Sickinger 1. Kap. Rn. 2.
14 Näher dazu *Sudmeyer/Kuthe/Rückert* BB 2005, 2703.

zuletzt groß angelegte Betrügereien (Comroad) haben zu einem stetigen Anpassungsbedarf des rechtlichen Rahmens geführt. Diese Aktivitäten des europäischen und bundesdeutschen Gesetzgebers sind durch die aktuelle Finanzmarktkrise, die Kredit- und Finanzdienstleistungsinstitute, aber auch Emittenten und andere kapitalmarktorientierte Unternehmen als weitere Vertrauenskrise erleben,[15] erheblich beschleunigt worden.

B. Compliance: Begriff und historische Entwicklung

Der Begriff **Compliance** ist grundsätzlich nicht ausschließlich auf eine juristische Dimension beschränkt. Vielmehr stammt der Fachbegriff ursprünglich aus der Medizin und beschreibt das therapiegerechte Verhalten von Patienten. Analog wird der Begriff in der Pharmakologie verwendet, wo Compliance die Befolgung von Einnahme- und Dosierungsempfehlungen bedeutet.[16]   7

Auch für den Rechtsbereich hat der Begriff der **Compliance** seinen Eingang in die deutsche Rechtssprache ohne Übersetzung gefunden.[17] Er ist im hergebrachten Sinne mit der Einhaltung von Regeln im weitesten Sinne zu übersetzen.[18] In der Wirtschaft herrscht hingegen eine systematisch geprägte Begriffsdefinition: Danach ist Compliance als Infrastruktur zur Vermeidung von Regelverstößen und Sicherstellung rechts- und regelkonformen Verhaltens in einem Wirtschaftsunternehmen zu verstehen. Hierzu gehören nicht nur die entsprechende organisatorisch eingerichtete Abteilung im Unternehmen[19] und deren Maßnahmen, sondern auch das Regelwerk und die Instrumente zur Umsetzung des Ziels der Haftungsvermeidung. Ob der Bezugspunkt von Compliance „nur" gesetzliche Bestimmungen und unternehmensinterne Richtlinien sind[20] oder auch vertragliche Verpflichtungen,[21] dürfte im Einzelfall zur Disposition des jeweiligen Unternehmens stehen.   8

I. Vereinigte Staaten

Die Anfänge des juristisch geprägten Begriffes Compliance sind umstritten. Teilweise wird vertreten, dass der Begriff in den **USA** zu Zeiten des kalten Krieges entstanden sei. Hier habe die US-Industrie Compliance-Programme entwickelt, die es der Industrie ermöglichen sollten, mit der US-Exportkontrollgesetzgebung und den damals herrschenden Lieferbeschränkungen in die „Ostblockstaaten" Schritt zu halten.[22] Große Teile der Literatur sehen den Ursprung jedoch in der anglo-amerikanischen Banken- und Finanzwelt Ende der 1980er Jahre. Hier soll der Begriff als Konzept zur Sicherstellung eines regelkonformen Verhaltens in den klassischen Risikobereichen der Banken verwendet worden sein.[23]   9

Dementsprechend entwickelte sich bei den amerikanischen Behörden und Gerichten eine lange und geübte Praxis, Compliance-Programme bei der Strafverfolgung und Sanktionierung von Unternehmen zu berücksichtigen:[24]   10

---

15 Vgl. *Jahn* wistra 2013, 41.
16 *Eufinger* CCZ 2012, 21.
17 *Lösler* NZG 2005, 104.
18 Vgl. *Schröder* Handbuch Kapitalmarktstrafrecht, Rn. 1015; *Lösler* NZG 2005, 104.
19 So aber Park/*Bottmann* T2 Kap. 2 Rn. 1, die Compliance im organisatorischen Sinne als Einheit, die für die Einhaltung von Regeln in einem Unternehmen zuständig ist, versteht.
20 Ziff. 4.1.3 des Deutschen Corporate Governance Kodex.
21 IDW PS 980.
22 *Hauschka* § 1 Rn. 39.
23 *Eufinger* CCZ 2012, 21, 22.
24 *Moosmayer* S. 7.

11 Im Jahre 1991 sind erstmalig die **Organizational Sentencing Guidelines** der United States Sentencing Commission in Kraft getreten. Hiernach können Unternehmen strafrechtlich verurteilt werden, sofern ein Mitarbeiter mit Handlungsvollmacht im Rahmen seines Dienstverhältnisses eine Straftat mit der Absicht begeht, das Unternehmen zu begünstigen. Die Höhe der Sanktionen gegen Unternehmen hängt hierbei entscheidend davon ab, ob das Unternehmen mit einem effektiven Compliance-Programm ausgestattet ist.[25] Die Organizational Sentencing Guidelines wurden im Jahre 2004 wesentlich verschärft und ergänzt. In der aktuellen Fassung beschreiben die Guidelines unter anderem die wesentlichen Elemente eines wirkungsvollen Compliance-Programms und bieten Unternehmen damit eine Anleitung zur Schaffung effektiver Compliance-Programme.[26] Interessant ist, dass die USA die Jurisdiktion in Strafsachen auch über nicht in den USA niedergelassene oder börsennotierte Unternehmen für sich beanspruchen, wenn eine Tathandlung auf dem Territorium der USA erfolgt ist.

12 Am 30.7.2002 trat der **Sarbanes-Oxley Act** in Kraft. Hierbei handelt es sich um ein Bundesgesetz, welches als Reaktion auf Bilanzskandale entwickelt wurde um die Verlässlichkeit der Berichterstattung von Unternehmen des Kapitalmarktes in den USA zu verbessern. Das Gesetz gilt für alle Unternehmen, sowohl US-amerikanische als auch ausländische Unternehmen, die an der New Yorker Börse gehandelt werden.

II. Australien

13 Im Jahre 1998 wurde in Australien der **Australian Standard on Compliance-Programs** (AS 1306-1998) geschaffen. Hierbei handelt es sich um eine Art DIN-Norm für Compliance-Programme die unter Beteiligung von Behörden, Verbraucherschützern und Experten auf dem Gebiet der Compliance geschaffen wurde.[27] Der AS 1306/1998 wurde im Jahre 2006 durch den AS 3806/2006 abgelöst. Die nunmehr aktuelle Version verfolgt das Ziel, den Unternehmen klare Leitlinien zur Einführung eines effektiven Compliance Programms vorzugeben.[27]

III. Großbritannien

14 Zum 1.7.2011 trat in Großbritannien der **UK Bribery Act** in Kraft, der sich zwar nicht mit kapitalmarktrechtlicher Compliance, sondern allein mit Korruptionsbekämpfung befasst. Erwähnung soll er hier gleichwohl finden, weil das Gesetz die Einhaltung bestimmter Compliance-Standards mit erheblichen Strafmilderungen für Unternehmen belohnt.

IV. Europa

15 Ende der neunziger Jahre des letzten Jahrhunderts wurden die europäischen Compliance-Vorschriften erheblich ausgeweitet und geändert. Grund dafür war die starke Erhöhung der Anzahl der börsennotierten Unternehmen und damit einhergehender Unternehmensskandale. Dem Boom an den Kapitalmärkten Mitte bis Ende der 1990er Jahre folgten Misserfolge und Schieflagen sowie die Zunahme von Betrügereien, durch die das Vertrauen der Anleger in den Kapitalmarkt als Ganzes empfindlich beeinträchtigt wurde. Der europäische Gesetzgeber reagierte mit der Einführung verschiedener Schutz- und Transparenzvorschriften.[28]

---

25 *Moosmayer* S. 7.
26 *Hauschka* § 1 Rn 40.
27 *Hauschka* § 1 Rn 44.
28 Vgl. *Kuthe*/Rückert/Sickinger Kap. 1 Rn 2 ff.

1. Marktmissbrauchsrichtlinie

Am 23.1.2003 hat der Europäische Gesetzgeber die sogenannte **Marktmissbrauchsrichtlinie** verabschiedet.[29] Ziel dieser Richtlinie war es, einheitliche Regelungen in Bezug auf Insiderhandel und Marktmanipulation im europäischen Rechtsraum zu schaffen.[30]   **16**

Die Marktmissbrauchsrichtlinie ist der wesentlichste Baustein auf EU-Ebene für die Emittenten-Compliance. Sie umfasst u.a. Regelungen bzgl. der Ad-hoc-Publizität, des Verbots von Marktmanipulation und Insidergeschäften und der Offenlegung von **Directors' Dealings**. Die vormals bestehenden Insider-[31] und Börsenzulassungsrichtlinien[32] (bzgl. der Ad-hoc-Publizität) wurden damit ersetzt, und andere Verhaltens- und Publizitätspflichten, wie etwa die Directors' Dealings, wurden erstmals geregelt. Ziel war es, durch die Schaffung eines einheitlichen europäischen Regimes, in diesen Bereichen das Vertrauen in die Kapitalmärkte wieder zu stärken. Neben der Richtlinie selbst, hat die EU-Kommission, auf der Grundlage von Empfehlungen des Ausschusses der europäischen Wertpapierregulierungsbehörden, ehem. CESR,[33] verschiedene Durchführungsrichtlinien erlassen sowie die Verordnung zu Ausnahmeregelungen für Rückkaufprogramme und Kursstabilisierungsmaßnahmen,[34] welche unmittelbar in Deutschland gilt. Im Übrigen erfolgte die Umsetzung der Markmissbrauchsrichtlinie durch den deutschen Gesetzgeber maßgeblich durch das Anlegerschutzverbesserungsgesetz vom 28.10.2004.[35]   **17**

2. Marktmissbrauchsverordnung

Die **Marktmissbrauchsrichtlinie** sowie die deutschen Gesetze zur Umsetzung sollen jedoch ersetzt werden. Am 20.10.2011 legte die EU-Kommission, nach einer Konsultationsphase, einen ersten Entwurf[36] einer **Marktmissbrauchsverordnung** vor, welche die Marktmissbrauchsrichtlinie ersetzen und erweitern, und in den Mitgliedstaaten unmittelbare Anwendung finden soll. Ziel der neuen Regelung ist die Stärkung der Aufsicht und Regulierung und die maximale Harmonisierung der Vorschriften zum Markmissbrauch. Investoren sollen besser geschützt werden, unter anderem durch die Ausweitung von Insider- und Marktmanipulationsregeln, strengere Regelungen im Bereich der Publizitätspflichten zu Ad-hoc-Mitteilungen und Eigengeschäften von Führungspersonen sowie der Erweiterung des Insiderinformationsbegriffs. Im Zuge des Bekanntwerdens der **LIBOR-Manipulationen** ist zudem vorgesehen, Benchmarkmanipulationen zu untersagen. Außerdem ist die Erweite-   **18**

---

29 Richtlinie 2003/6/EG des Europäischen Parlaments und des Rates über Insider-Geschäfte und Marktmanipulation (Marktmissbrauch) vom 28.1.2003, AblEU Nr. L 96/16 vom 12.4.2003.
30 *Kuthe*/Rückert/Sickinger Kap. 1 Rn 5.
31 Richtlinie 89/592/EWG des Rates vom 13.11.1989 zur Koordinierung der Vorschriften betreffend Insidergeschäfte, AblEG Nr. L 334/30 vom 18.11.1989.
32 Art. 68 Abs. 1 der Richtlinie 2001/34/EG des Europäischen Parlaments und des Rates vom 28.5.2001 über die Zulassung von Wertpapieren zur amtlichen Börsennotierung und über die hinsichtlich dieser Wertpapiere zu veröffentlichenden Informationen, AblEG NR. L 184/1 vom 6.7.2001.
33 Committee of European Securities Regulators, seit dem 1.1.2011 ersetzt durch ESMA (European Securities and Markets Authority).
34 Verordnung (EG) Nr. 2273/2003 der Kommission vom 22.12.2003 zur Durchführung der Richtlinie 2003/6/EG, AblEU Nr. L 336/33 vom 23.12.2003.
35 Gesetz zur Stärkung des Anlegerschutzes, BT-Drucks. 15/3493, 5; vgl. dazu *Kuthe* ZIP 2004, 883 ff.
36 Vorschlag für eine Verordnung des Europäischen Parlaments und des Rates über Insider-Geschäfte und Marktmanipulation (Marktmissbrauch) vom 20.10.2011, KOM(2011) 651 endgültig, 2011/0295 (COD) unter http://eur-lex.europa.eu/LexUriServ/LexUriServ.do?uri=COM:2011:0651:FIN:de:PDF.

rung des Geltungsbereichs der Regelungen auch auf OTC-Geschäfte vorgesehen.[37] Nach verschiedenen Änderungen wurde am 10.9.2013 veröffentlicht, dass das Parlament sich mit einem Entwurf vom 25.6.2013[38] einverstanden erklärt hat.

19 Der Entwurf der neuen **Marktmissbrauchsverordnung**[39] sieht eine Verschärfung der Verwaltungsstrafen vor: So sollen Strafen für Unternehmen in Höhe von bis zu 10 % des Jahresumsatzes oder bis zum doppelten des Jahresgewinns von den Mitgliedstaaten eingeführt werden. Zudem sollen Verstöße und Sanktionen zukünftig, sofern besondere Ausnahmefälle nicht gegeben sind, bekannt gemacht werden.

3. Transparenzrichtlinie

20 Die am 15.12.2004 durch das europäische Parlament und den Rat verabschiedete Richtlinie 2004/109/EG (**Transparenzrichtlinie**), bezweckt die Vereinheitlichung der Transparenzanforderungen hinsichtlich Informationen über Emittenten, deren Wertpapiere zum Handel an einem geregelten Markt zugelassen sind. Daneben änderte die Transparenzrichtlinie die Richtlinie 2001/34/EG[40] und soll gewährleisten, dass alle wichtigen Unternehmensinformationen europaweit veröffentlicht und in Datenbanken zur Einsicht aufbewahrt werden.[41]

21 Den Anlegern soll durch die rechtzeitige Veröffentlichung von korrekten und vollständigen Informationen durch die Emittenten eine fundierte Grundlage für Entscheidungen über Investitionen gegeben werden. Durch gesteigerten Anlegerschutz und verbesserte Markteffizienz, dient auch die Transparenzrichtlinie dazu, das Vertrauen der Anleger in den Kapitalmarkt zu stärken und deren Investitionsbereitschaft zu fördern.

22 Die Ziele der Transparenzrichtlinie wurden durch verschiedenen Nachfolgeregelungen verdeutlicht und ergänzt, so durch die am 8.3.2007 beschlossene Richtlinie 2007/14/EG[42] mit Durchführungsbestimmungen zu einigen der Vorschriften der Transparenzrichtlinie. Sie zielt maßgeblich ab auf die Offenlegung bedeutender Beteiligungen durch Investoren, Mindestnormen für die europaweite öffentliche Verbreitung vorgeschriebener Informationen, die Publizierung von Finanzdaten in Halbjahresberichten der Emittenten und Mindestanforderungen für die Anerkennung der Gleichwertigkeit von Drittstaatenvorschriften. Ergänzend dazu ist am 21.3.2008 die Transparenzrichtlinie-Durchführungsverordnung (TranspRLDV) in Kraft getreten, welche die Richtlinie 2007/14/EG umsetzt.

---

37 Fragen und Antworten zur Marktmissbrauchsverordnung unter http://europa.eu/rapid/press-release_MEMO-13-774_de.htm?locale=en; Heldt/ Roye „Alles neu macht der Mai – aber auch Bewährtes liegt wieder auf dem Tisch; Entwicklungen in Kapitalmarktrecht und Corporate Governance" unter www.goingpublic.de/neue-entwicklungen-in-kapitalmarktrecht-und-corporate-governance/#sthash.AyZeWZYm.dpuf.
38 Entwurf in der englischen Version vom 25.6.2013, Interinstitutional File: 2011/0295(COD), 11384/13 unter http://register.consilium.europa.eu/pdf/en/13/st11/st11384.en13.pdf.
39 Vorschlag für Verordnung des Europäischen Parlaments und des Rates über Insider-Geschäfte und Marktmanipulation (Marktmissbrauch), KOM 2011 (651) endg i.V.m. dem geänderter Vorschlag für eine Verordnung des Europäischen Parlaments und des Rates über Insider-Geschäfte und Marktmanipulation (Marktmissbrauch, KOM 2012 (421) final.
40 Richtlinie 2001/34/EG des Europäischen Parlaments und des Rates vom 28.5.2001 über die Zulassung von Wertpapieren zur amtlichen Börsennotierung und über die hinsichtlich dieser Wertpapiere zu veröffentlichenden Informationen vom 6.7.2001, ABlEU Nr. L 184/1.
41 *Kuthe*/Rückert/Sickinger Kap. 1 Rn 9.
42 Richtlinie 2007/14/EG der Kommission vom 8.3.2007 mit Durchführungsbestimmungen zu bestimmten Vorschriften der Richtlinie 2004/109/EG zur Harmonisierung der Transparenzanforderungen in Bezug auf Informationen über Emittenten, deren Wertpapiere zum Handel an einem geregelten Markt zugelassen sind vom 9.3.2007, ABlEU Nr. L 69/27.

Die Umsetzung in deutsches Recht erfolgte primär durch das am 20.1.2007 in Kraft getre- **23**
tene Transparenzrichtlinie-Umsetzungsgesetz (TUG).[43]

Trotz der Erfolge, die die Transparenzrichtlinie für den Kapitalmarkt erzielt hatte, gab es **24**
nach gründlicher Überprüfung Anregungen zur Verbesserung mancher Gebiete der genannten Richtlinie.

Am 24.10.2010 wurde mit der Richtlinie 2010/78/EU eine weitere Änderungsrichtlinie **25**
beschlossen mit dem Ziel der Vereinfachung von Verpflichtungen für bestimmte Emittenten, um geregelte Märkte für kleine und mittlere Emittenten, die in Europa Kapital aufnehmen möchten, attraktiver zu machen. Ferner muss die rechtliche Transparenz und Wirksamkeit der bestehenden Transparenzregelung erhöht werden. Dies gilt vor allem für die Offenlegung von Unternehmensbeteiligungen.

Nach einer längeren Revisionsphase hat das Europäische Parlament zuletzt am 12.6.2013 **26**
einen Vorschlag der EU-Kommission zur weiteren Änderung der Transparenzrichtlinie[44] verabschiedet, woraufhin nach Zustimmung des Rates die Richtlinie 2013/50/EU am 22.10.2013 erlassen wurde.[45] Die neuen Vorschriften schließen unter anderem Lücken in den bestehenden Angabevorschriften. So ist z.B. um heimliche Übernahmen zu verhindern, die Angabe bedeutenden Besitzes aller Finanzinstrumente, die verwendet werden könnten, um ein wirtschaftliches Eigentum an börsennotierten Unternehmen zu erwerben, erforderlich. Darüber hinaus bezweckt die Neuregelung die Ermutigung zu langfristigem Anlageverhalten und dazu Befreiung von bürokratischen Belastungen. So wurde die Pflicht, vierteljährliche Finanzinformationen zur Verfügung zu stellen, gestrichen. Die nationalen Gesetzgeber können dies aber weiterhin zulassen, wie dies in Deutschland etwa im Prime Standard an der Frankfurt Wertpapierbörse der Fall ist. Der deutsche Gesetzgeber hat dem teilweise schon vorgegriffen. Mit dem Gesetz zur Stärkung des Anlegerschutzes und Verbesserung der Funktionsfähigkeit des Kapitalmarkts (Anlegerschutz- und Funktionsverbesserungsgesetz) vom 5.4.2011 wurde in § 25a WpHG eine Regelung zur Publizität von bestimmten Finanzinstrumenten, die einen wirtschaftlichen Zugriff auf das Stimmrecht oder Stimmrechte ermöglichen können wie etwa Cash Settled Options, eingefügt. Die Neufassung beinhaltet schließlich erhebliche Verschärfungen der **Sanktionen** im Falle von Verstößen, die denen der geplanten neuen Marktmissbrauchverordnung entsprechen.

4. Übernahmerichtlinie

Mit der **Übernahmerichtlinie**[46] vom 21.4.2004 hat der europäische Gesetzgeber einen ein- **27**
heitlichen Rahmen für die Abwicklung von Übernahmeverfahren geschaffen. So wurden zum Schutz von Aktionärsinteressen bei Übernahmen und sonstigen Kontrollerwerben gewisse Mindestvorgaben festgelegt und den Aktionären beispielsweise gewisse Informations- und Mitbestimmungsrechte eingeräumt, die im Rahmen von Compliance zu beachten sind, etwa bei der Aufstellung des Lageberichts für den Jahres- und Konzernabschluss.

---

43 Gesetz zur Umsetzung der Richtlinie 2004/109/EG des Europäischen Parlaments und des Rates vom 15.12.2004 zur Harmonisierung der Transparenzanforderungen in Bezug auf Informationen über Emittenten, deren Wertpapiere zum Handel auf einem geregelten Markt zugelassen sind, und zur Änderung der Richtlinie 2001/34/EG vom 5.1.2007, BGBl I S. 10 (Nr. 1), Geltung ab 20.1.2007.
44 Vorschlag für Richtlinie des Europäischen Parlaments und des Rates zur Änderung der Richtlinie 2004/109/EG zur Harmonisierung der Transparenzanforderung in Bezug auf Informationen über Emittenten, deren Wertpapiere zum Handel auf einem Markt zugelassen sind, sowie der Richtlinie 2007/14/EG der Kommission, KOM 2011 (638) endg.; vgl. auch Pressemitteilung unter http://europa.eu/rapid/press-release_MEMO-13-483_de.htm?locale=en.
45 Richtlinie 2013/50/EU des Europäischen Parlaments und des Rates vom 22.10.2013.
46 Richtlinie 2004/25/EG des Europäischen Parlaments und des Rates betreffend Übernahmeangebote, ABlEU Nr. L 142/12 vom 30.4.2004.

1 *Kapitalmarkt Compliance – Einführung und Übersicht*

Damit soll ein einheitlicher Standard und Transparenz geschaffen werden. Es gibt aber weiter eine Vielzahl an unterschiedlichen Regelungen in den einzelnen europäischen Ländern, da das Maß der Vereinheitlichung durch die Übernahmerichtlinie nur sehr begrenzt ist. Die Umsetzung in Deutschland erfolgte am 8.6.2006 im Rahmen des Übernahmerichtlinie-Umsetzungsgesetzes.[47]

5. Markets in Financial Instruments Directive (MiFID)

28 Das Kernstück zur Generierung eines integrierten EU-Finanzmarktes bildet die **„Markets in Financial Instruments Directive"** (**MiFID**—Richtlinie 2004/39/EG)[48] vom 21.4.2004. Diese Richtlinie betrifft die Regulierung des Handels am regulierten Markt in Deutschland gleichermaßen wie auch Wertpapierfirmen, die an diesen Marktplätzen tätig sind. Mit Hilfe dieser Richtlinie sollen gleiche Wettbewerbsbedingungen für Handelsplätze und Wertpapierfirmen geschaffen werden sowie der Anlegerschutz und die Marktintegrität gewahrt bleiben. Inhalte dieser Richtlinie sind zu einem detaillierte Organisationspflichten und Wohlverhaltensregeln die für Wertpapierfirmen gelten, sowie ein profundes Konzept zu der Regulierung von Wertpapierhandelsplätzen.

29 Aufbauend zu der MiFID-Richtlinie wurde durch das Europäische Parlament und den Rat am 10.8.2006 eine Durchführungsrichtlinie (Richtlinie 2004/39/EG, ABlEU 2006 Nr. L 241/26) und eine Durchführungsverordnung (Verordnung 2004/29/EG, ABlEU 2006 Nr. L 241/1) beschlossen, die am 22.9.2006 in Kraft getreten ist. Die Umsetzung der MiFID in Deutschland durch das Finanzmarktrichtlinie-Umsetzungsgesetz (FRUG)[49] in Verbindung mit der Wertpapierdienstleistungs- Verhaltens- und Organisationsverordnung (WpDVerOV)[50] führte in der Praxis zu ganz erheblichen Veränderungen der Geschäftstätigkeit von Wertpapierhandelsunternehmen bzw. Banken.

6. Aktionärsrechterichtlinie

30 Die am 3.8.2007 in Kraft getretene Richtlinie über die „Ausübung bestimmter Rechte von Aktionären in börsennotierten Gesellschaften" musste von den Europäischen Mitgliedstaaten bis zum 3.8.2009 in nationales Recht aufgenommen werden. Entstanden ist die Richtlinie durch einen Vorschlag der Europäischen Kommission vom Januar 2006, der durch den Rat der Justizminister der EU am 12.6.2007 angenommen wurde.[51]

31 Sinn und Zweck dieser Richtlinie ist es, dass Aktionäre von börsennotierten Unternehmen im Vorfeld Zugang zu wichtigen Informationen einer anstehenden Hauptversammlung erhalten.[52] Weiterer Bestandteil der Richtlinie ist die Regelung der Stimmrechtsabgabe von Aktionären aus der Ferne sowie die Mindestanforderungen für Frage-[53], Vorschlags- und

---

47 Gesetz zur Umsetzung der Richtlinie 2004/25/EG des Europäischen Parlaments und des Rates vom 21.4.2004 betreffend Übernahmeangebote vom 8.7.2006, BGBl I S. 1426.
48 Richtlinie 2004/39/EG des Europäischen Parlaments und des Rats über Märkte für Finanzinstrument, zur Änderung der Richtlinie 85/611/EWG und 93/6/EWG des Rates und der Richtlinie 2000/12/EG des Europäischen Parlaments und des Rates und zur Aufhebung der Richtlinie 93/22/EWG des Rates vom 21.4.2004, ABlEU Nr. L 145/1 vom 30.4.2004.
49 Gesetz zur Umsetzung der Richtlinie über Märkte für Finanzinstrumente und der Durchführungsrichtlinie der Kommission, vom 16.7.2007, BGBl I S. 1330, Geltung ab 1.11.2007.
50 Verordnung zur Konkretisierung der Verhaltensregeln und Organisationsanforderungen für Wertpapierdienstleistungsunternehmen vom 20.7.2007, BGBl I S. 1432, Geltung ab 1.11.2007.
51 AblEU Nr. L 184/17 vom 14.7.2007.
52 Erwägungsgrund 6 der Richtlinie 2007/36/EG des Europäischen Parlaments und des Rates vom 11.6.2007 über die Ausübung bestimmter Rechte von Aktionären in börsennotierten Gesellschaften.
53 Vgl. Art. 9 der Richtlinie 2007/36/EG, ABlEU Nr. L 184/17 vom 14.7.2007.

Beschlussvorlagerechte.[54] Auch hier ist im Gegensatz zu den aktienrechtlichen Richtlinien, die es bislang gab, eine Begrenzung auf im regulierten Markt notierte Gesellschaften vorgesehen, es handelt sich also, obwohl in das Gesellschaftsfeld eingegriffen wird, um den Gedanken der Kapitalmarkt-Compliance, der hier umgesetzt wurde.

7. AIFM[55]

32 Am 11.11.2010 hat der europäische Gesetzgeber die Richtlinie betreffend die Verwalter alternativer Investmentfonds[56] erlassen. Die Richtlinie beinhaltet Zulassungs- und Aufsichtsanforderungen für Fondsmanager, so z.B. eine angemessene Eigenkapitalvorhaltung (Art. 9), ein adäquates Risiko- und Liquiditätsmanagement (Art. 15, 16), die Pflicht zur regelmäßigen Bewertung der Assets (Art. 19), die Sicherung der Anlegergelder auf dem Konto einer unabhängigen Verwahrstelle (Art. 21) sowie umfangreiche Offenlegungs- und Berichtspflichten gegenüber Anlegern und Aufsichtsbehörde (Art. 22–24). Betroffen sind alle Manager offener und geschlossener Fonds, soweit diese nicht bereits durch die OGAW-Richtlinie erfasst sind.

33 Das Gesetz zur Umsetzung der AIFM-Richtlinie[57] trat in Deutschland am 22.7.2013 in Kraft. In diesem Zuge wurde das bestehende Investmentgesetz[58] aufgehoben und darin enthaltene Regelungen in das neues Kapitalanlagegesetzbuch (KAGB)[59] integriert. Dabei hat der deutsche Gesetzgeber einen sehr umfassenden – über die europäischen Mindestanforderungen hinausgehenden – Regulierungsansatz gewählt, der zu ganz erheblichen Compliance Anforderungen für geschlossene Fonds und andere Anlageinstrumente führt.

V. Deutschland

34 Einen spezifischen deutschen Compliance-Begriff gibt es nicht. Bei dem deutschen Verständnis von Compliance handelt es sich im Ergebnis um einen anglo-amerikanischen Rechtsimport, ein sogenanntes Legal Transplant.[60] Das deutsche Kapitalmarktrecht und damit auch die diesbezüglichen Compliance-Anforderungen haben sich wie folgt entwickelt:

35 Am 13.11.1970 wurden in Deutschland erstmals die sogenannten **freiwilligen Insiderhandelsrichtlinien** sowie Händler- und Beraterregeln vorgestellt. Diese waren allerdings nicht von Erfolg geprägt: Insbesondere nach dem öffentlich gewordenen Insiderskandal um den damaligen IG Metall-Chef *Steinkühler*[61] und einigen weiteren Verdachtsfällen sowie dem in- und ausländischen Druck setzte man schließlich am 26.7.1994 eine EG-Richtlinie durch die Verabschiedung des **zweiten Finanzmarktförderungsgesetzes** um. Ziel war es, die Attraktivität und internationale Wettbewerbsfähigkeit sowie das Vertrauen und die Funktionsfähigkeit des deutschen Finanzmarktes zu fördern. Den Mittelpunkt des Umsetzungsgesetzes stellte das Wertpapierhandelsgesetz dar. Hierin wurde in § 14 erstmalig ein ausdrückliches Insiderhandelsverbot statuiert.[62]

---

54 Erwägungsgrund 7 der Richtlinie 2007/36/EG, AblEU Nr. L 184/17 vom 14.7.2007.
55 Engl. AIFMD für Alternative Investment Fund Manager Directive
56 Richtlinie 2011/61/EU des Europäischen Parlaments und des Rates vom 8.6.2011, AblEU Nr. L 174/1 vom 1.6.2011.
57 Gesetz zur Umsetzung der Richtlinie 2011/61/EU über die Verwalter alternativer Investmentfonds vom 16.5.2013, BGBl I 2013, S. 1981.
58 Gesetz vom 15.12.2003, BGBl I 2013, S. 2676, in Kraft seit 1.1.2004, außer Kraft seit 22.7.2013.
59 Gesetz vom 4.7.2013, BGBl I 2013, S. 1981.
60 *Eufinger* CCZ 2012, 21, 21.
61 Vgl. DER SPIEGEL 21/1993, S. 32 (abrufbar unter www.spiegel.de/spiegel/print/d-13681885.html).
62 *Schwark/Zimmer (Hrsg.)* Einleitung Rn 1.

36 Ende der 90er Jahre hat der deutsche Gesetzgeber teils auf eigene Initiative und teils als Reaktion auf die Maßnahmen des europäischen Gesetzgebers begonnen, die Compliance Vorschriften auszuweiten. Im Jahre 2003 wurde von der Bundesregierung zunächst ein **10-Punkte-Programm** zur Stärkung der Unternehmensintegrität und des Anlegerschutzes veröffentlicht. Zur Umsetzung dieses Programms wurden zahlreiche Gesetzesentwürfe verabschiedet.[63]

37 Zu nennen ist hier zunächst das **Anlegerschutzverbesserungsgesetz**, welches am 30.10.2004 in Kraft trat. Das in Kraft treten dieses Gesetzes wird auch als Stunde Null der strukturellen Kapitalmarkt Compliance Organisation in Deutschland bezeichnet.[64] Durch das Anlegerschutzverbesserungsgesetz wurden zahlreiche Vorschriften des WpHG geändert. Ziel des Gesetzes war insbesondere die Sicherstellung einer vollständigen und gleichmäßigen Informationsversorgung aller Kapitalmarktteilnehmer und die Verhinderung des Missbrauchs von Insiderwissen.[64] Zur Konkretisierung des Anlegerschutzgesetzes wurden zudem die **Marktmanipulations-Konkretisierungsverordnung** sowie die Verordnung zur Konkretisierung von Anzeige-, Mitteilungs- und Veröffentlichungspflichten sowie der Pflicht zur Führung von Insiderverzeichnissen und die Verordnung über die Analyse von Finanzinstrumenten erlassen.[65] Durch das Gesetz zur Unternehmensintegrität und Modernisierung des Anfechtungsrechts (**UMAG**) aus dem Jahre 2005[66] wurde die aktienrechtliche Seite des Kapitalanlegerschutzes insbesondere im Hinblick auf die Haftung von Organmitgliedern und die Durchführung von Hauptversammlungen neu geregelt.[67] Durch das am 20.1.2007 in Kraft getretene **Transparenzrichtlinie-Umsetzungsgesetz** wurde die europäische Transparenzrichtlinie in deutsches Recht umgesetzt.[68] Die Umsetzung der Finanzmarktrichtlinie erfolgte am 16.7.2007 durch das **Finanzmarktrichtlinien-Umsetzungsgesetz**.[69]

38 Mit dem Ziel der Verbesserung der Rahmenbedingungen für Kapitalbeteiligungen trat am 19.8.2008 das Gesetz zur Begrenzung der mit Finanzinvestitionen verbundenen Risiken (**Risikobegrenzungsgesetz**)[70] in Kraft. Um ein stabiles Finanzsystem zu erreichen und die Risiken für die Zielunternehmen zu minimieren, sollen gesamtwirtschaftlich unerwünschte Aktivitäten von Finanzinvestoren erschwert werden. Zur Umsetzung dieser Ziele änderte auch dieses Artikelgesetz zahlreiche aktien- und kapitalmarktrechtliche Vorschriften. So wurden die Anforderungen an das abgestimmte Verhalten von Investoren („Acting in concert") in § 22 Abs. 2 WpHG bzw. § 30 Abs. 2 WpÜG erweitert und konkretisiert. Abgestimmtes Verhalten mit der Folge der Stimmrechtszurechnung liegt demnach vor, wenn der Meldepflichtige und der Dritte mit dem Ziel einer dauerhaften und erheblichen Beeinflussung der unternehmerischen Ausrichtung zusammenwirken, dazu zählt auch die gegenseitige Abstimmung außerhalb von Hauptversammlungen. Die neue Regelung in § 25 Abs. 1 S. 3 WpHG verlangt für die Meldepflichten das Zusammenrechnen der Stimmrechte aus Aktien und Aktienoptionen und impliziert damit ein frühes Erreichen der Eingangsmeldeschwelle und eine Erhöhung der Meldedichte. Des Weiteren müssen Aktionäre, sobald sie 10 % oder mehr eines Unternehmens erworben haben, die mit der Beteiligung verfolgten Ziele und die Herkunft der Mittel offen legen, § 27a Abs. 1 WpHG. Im Zusammenhang mit der Verletzung wertpapierrechtlicher Mitteilungspflichten ordnet § 28 S. 3 WpHG nunmehr

---

63 *Kuthe*/Rückert/Sickinger Kap. 1 Rn 12.
64 *Wendel* CCZ 2008, 41, 42.
65 *Kuthe*/Rückert/Sickinger Kap. 1 Rn 14.
66 Vgl. dazu auch *Kuthe* BB 2004, 451 ff.
67 *Kuthe*/Rückert/Sickinger Kap. 1 Rn 17.
68 *Kuthe*/Rückert/Sickinger Kap. 1 Rn 19.
69 *Kuthe*/Rückert/Sickinger Kap. 1 Rn. 22.
70 Gesetz zur Begrenzung der mit Finanzinvestitionen verbundenen Risiken vom 12.8.2008, BGBl I 2008, S. 1666.

hinsichtlich vorsätzlicher oder grob fahrlässiger Verletzungen grundsätzlich eine Verlängerung des **Verlustes von Stimmrecht** und Dividendenbezug um weitere sechs Monate ab dem Zeitpunkt der Nachholung an, soweit die Verletzung die Höhe des Stimmrechtsanteils betrifft.

C. Rechtsquellen

Die für die Compliance einschlägigen Rechtsquellen sind indes – dies mag eine Nebenwirkung der beeindruckenden Dynamik der Gesetzgebung sein – ein Konglomerat aus zivil-, verwaltungs- und strafrechtlichen Regelungsregimen, die nicht immer aufeinander abgestimmt zu sein scheinen. Parallelentwicklungen in den jeweiligen Rechtsgebieten führten und führen in der Praxis zu Interdependenzen und Unsicherheiten. Zunehmend wird die deutsche Kapitalmarktgesetzgebung durch den europäischen Gesetzgeber beeinflusst. Und auch die Rechtsprechung des EuGH ist für die Auslegung deutscher Kapitalmarktvorschriften, sofern diese auf EU-Recht zurückzuführen sind, maßgeblich. Daher darf ein Überblick über die wichtigsten Richtlinien und Verordnungen des europäischen Gesetzgebers der vergangenen Jahre nicht fehlen. **39**

Die für Compliance maßgeblichen Rechtsquellen aus dem **Gesellschaftsrecht** sind: **40**
– Deutscher Corporate Governance Kodex,
– § 93 Abs. 1 S. 1 AktG
– § 43 Abs. 1 GmbHG
– §§ 823, 826 BGB
– § 161 AktG.

Das compliance-spezifische allgemeine **aufsichtsrechtliche** Regelungsregime für den Bereich des Kapitalmarkts besteht aus **41**
– § 33 WpHG i.V. mit §§ 12 ff. WpDVeroV
– § 25a Abs. 1 KWG
– § 25c Abs. 1 KWG.

Institute müssen nach § 25c Abs. 1 KWG über ein angemessenes Risikomanagement sowie über Verfahren zur Verhinderung von Geldwäsche oder sonstiger strafbarer Handlungen (wie z.B. Marktmanipulation, Insiderhandel, aber auch Steuerstraftaten[71]) verfügen. Machen sich Geschäftsleiter der Beihilfe zur Steuerhinterziehung schuldig oder dulden diese, rechtfertigt dies in der Regel ihre Abberufung nach § 36 Abs. 1 KWG. Beruht ein Geschäftsmodell auf nachhaltigen Verstößen, so dass die Entfernung einzelner Verantwortlicher nicht ausreicht, kann die BaFin nach § 35 Abs. 2 Nr. 6 KWG als *ultima ratio* die Erlaubnis entziehen. **42**

In **straf- und ordnungswidrigkeitenrechtlicher Hinsicht** sind folgende Vorschriften compliance-spezifisch: **43**
– die „Merkmalsüberwälzung" der §§ 14 StGB, 9 OWiG
– die bußgeldbedrohte Aufsichtspflichtverletzung, § 130 OWiG
– die Verbandsgeldbuße, § 30 OWiG

---

[71] Vgl. insoweit BT-Drucks. 17/14324, Anlage 2. Die BReg der 17. Legislaturperiode lehnte mit diesem Argument eine Gesetzesinitiative des Bundesrates ab, der eine ausdrückliche Befugnis der BaFin schaffen möchte, im Falle nachhaltig begangener Steuerstraftaten bzw. der Beteiligung an Steuerstraftaten Dritter Kreditinstituten die bankrechtliche Erlaubnis zu entziehen.

- bußgeld- und strafbewehrte Ge- und Verbotsnormen des WpHG (z.B. §§ 14, 20a WpHG), des KWG (z.B. §§ 3, 32 KWG) und des BörsG
- originäre Strafnormen, insbesondere das Vermögensstrafrecht (§§ 263, 264a, 266 StGB)
- dazu kommen einschlägige Nebengebiete wie die Korruption oder die Steuerstraftatbestände.

44 In strafrechtlicher Hinsicht werden vor dem Hintergrund der Finanzmarktkrise Forderungen nach einer Erweiterung des strafrechtlichen Regulierungsrahmens und der damit verbundenen Erhöhung persönlicher Sanktionsrisiken laut. Werden einzelne Vorschläge Gesetz, müssen sich die jeweils adressierten Unternehmen mit den neuen strafrechtlichen Haftungsregeln auseinandersetzen und ihr Haftungsvermeidungssystem diesen anpassen. Ein Ansatz, Verstöße gegen die Pflicht zur Anwendung der Sorgfalt eines ordentlichen und gewissenhaften Kaufmanns mit Strafe zu bedrohen, auch wenn ein Vermögensnachteil hierdurch nicht entsteht, dürfte die Anforderungen an die Schaffung eines abstrakten Gefährdungsdelikts nach den Kriterien der Strafwürdigkeit und Strafbedürftigkeit nicht erfüllen.[72] Der Vorschlag, die Herbeiführung von Bestandsgefährdungen systemrelevanter Kreditinstitute durch sorgfaltswidriges Verhalten unter Strafe zu stellen, weist hingegen einen durchaus konkreteren Bezug zu einem Schutzgut auf. Dabei geht es nicht nur um das überindividuelle Rechtsgut der Bestandserhaltung von sog. systemrelevanten Kreditinstituten. Jedenfalls mittelbar geht es auch um den Schutz von Anlegervermögen, sodass sich dieser Ansatz als einer erweist, der in der Praxis denkbar ist. Die derzeitige Umsetzung durch das Trennbankengesetz begegnet indes Zweifeln.[73]

45 Im Bereich der Sanktionen sind Weiterungen geplant: Einer Gesetzesinitiative des Bundesrates, die allerdings im Zuge der Bundestagswahl 2013 zunächst dem Diskontinuitätsgrundsatz zum Opfer gefallen ist, zufolge sollte die BaFin in die Lage versetzt werden, Banken die kreditwesenrechtliche Erlaubnis zu entziehen, wenn durch ihre Verantwortlichen „gehäuft" bzw. „nachhaltig" Steuerstraftaten begangen bzw. an Steuerstraftaten ihrer Kunden teilgenommen (Anstiftung, Beihilfe) wird.[74] Erwähnung gefunden haben bereits die Vorschläge der Europäischen Union zur Verschärfung des bestehenden Sanktionenrechts insbesondere durch Einführung neuartiger Verwaltungsstrafen.[75]

---

[72] Ähnlich *Jahn* wistra 2013, 41, 42.
[73] Näher 29. Kap. Rn. 32 ff.
[74] BT-Drucks. 17/14324.
[75] Siehe oben Rn. 19.

2. Kapitel
Grundsätzliche Aspekte der Organisation der Kapitalmarkt Compliance

Literatur: *Birnbaum/Kütemeier* In der Diskussion – die MaComp, WM 2011, 293; *Burgard* Kapitalmarktrechtliche Lehren aus der Übernahme Vodafone-Mannesmann, WM 2000, 61; *Claussen/Florian* Der Emittentenleitfaden, AG 2005, 745; *Eisele* Insiderrecht und Compliance, WM 1993, 1021, 1026; *Früh* Legal & Compliance – Abgrenzung oder Annäherung, CCZ 2013, 121; *Hopt* 50 Jahre Anlegerschutz und Kapitalmarktrecht: Rückblick und Ausblick, WM 2009, 1873; *Kirschhöfer* Führung von Insiderverzeichnissen, Der Konzern 2005, 22; *Löw* Korruptionsdelikte im Lichte der Compliance-Funktion, JA 2013, 88; *Moosmayer* Modethema oder Pflichtprogramm guter Unternehmensführung? – Zehn Thesen zu Compliance, NJW 2012, 3013; *Rolshoven* Die gesellschaftsrechtliche Zulässigkeit von Anerkennungsprämien, 2006; *Schlüter* Compliance, Online-Zeitschrift für Compliance-Verantwortliche (abrufbar unter www.finance-magazin.de), Mai 2011; *Weiss* Compliance-Funktion in einer deutschen Universalbank, Die Bank 1993, 136.

A. Von der bank- bzw. unternehmensinternen Selbstorganisation zum Handlanger regulatorischer Organisationspflichten

„Compliance – Terror oder Tugend" titelte im Juni 2012 ein Wirtschaftsmagazin[1] und stellte die Frage, welchem fachlichen Bereich Compliance zuzuordnen sei und welche Funktion der Compliance zukommt. Ein erster Eindruck der Verunsicherung, den Verantwortliche insbesondere in Unternehmensspitzen umtreibt. „Compliance sollte Gesetz vorauseilen", titelte die Börsen-Zeitung bereits 1993[2] und zitierte Dieter Eisele, der für eine deutsche Großbank bereits 1992 als erstem deutschen Finanzinstitut eine Compliance-Organisation weltweit etabliert hatte und damit den Weg einer Handlungspflicht aufzeigte, Führungsverantwortung pro-aktiv im Interesse des Unternehmens, aber auch seiner Kunden wahrzunehmen. In den zwanzig Jahren, die zwischen diesen beiden Titeln liegen, hat sich vieles verändert, aber nicht unbedingt verbessert, wie die aktuelle Schlagzeile belegt. 2012, berichtet das Wirtschaftsmagazin, mühen sich Unternehmen, Versäumnisse der Vergangenheit nachzuholen, „viele Konzernchefs agieren, als wollten sie Compliance-Weltmeister werden". Offenbar war es trotz einer Vielzahl von gesetzlichen Änderungen[3] in der Regel bei Lippenbekenntnissen geblieben, wenn es bei notwendigen Korrekturen insbesondere in Spitzenpositionen um eigene, persönliche Vorteile ging: Vorteilnahmen auf Kosten des Unternehmens.[4] Wachgerüttelt wurden Spitzenmanager durch Strafverfolgungsmaßnahmen, die man bis dahin in

1

---

1 Manager Magazin, 6/2012.
2 Börsen-Zeitung, 30.1.1993.
3 Beispielsweise § 161 AktG, Erklärung zum Corporate Governance Kodex, der in Ziff. 4.1.3 regelt „Der Vorstand hat für die Einhaltung der gesetzlichen Bestimmungen und der unternehmensinternen Richtlinien zu sorgen und wirkt auf deren Beachtung durch die Konzernunternehmen hin (Compliance)." (DCGK i.d.F.v. 13.5.2013); weitere Pflichten für einzelne Branchen siehe *Schaefer/Baumann* NJW, 2011, 3601 ff.
4 Beispiele siehe Manager Magazin, 6/2012.

diesem Umfang nicht für möglich hielt. Sensor für eine neu aufgelegte „Zero Tolerance"-Parole waren insbesondere persönliche Risiken von Managern, etwa durch zusätzliche rechtliche Schritte des Aufsichtsrats gegen Vorstandsmitglieder. In der öffentlichen Wahrnehmung waren die Themen um Vorteilsgewährungen in der vielbeachteten Übernahmeschlacht Vodafone Airtouch plc./Mannesmann-Konzern[5] im Jahr 2000 hierzulande angekommen. Führende Manager der betroffenen Unternehmen und Banken wurden wegen der Gewährung von üppigen „Erfolgsprämien" der Untreue angeklagt. Nach einem von der öffentlichen Berichterstattung eng begleiteten Marsch durch die Instanzen stellte der BGH 2005 das Verfahren ein. „Schlussstrich unter den Fall Mannesmann – Gericht stellt Verfahren gegen Auflagen ein" berichtete die Börsen-Zeitung auf der Titelseite.[6] 5,8 Mio. EUR zahlten die Angeklagten im Gegenzug und das Gericht begründete dies mit den Worten: „Die Beweisaufnahme habe bestätigt, dass relevante Rechtsfragen im Jahr 2000 während der Übernahme von Mannesmann durch Vodafone ungeklärt gewesen seien. Keiner der von Mannesmann hinzugezogenen Juristen und Wirtschaftsprüfer habe damals den konkreten Rat gegeben, auf die Zuwendungen ganz zu verzichten." Spätestens seit dieser Entscheidung waren die Pflöcke eingeschlagen, die die Grenzen der Zulässigkeit aufzeigen sollten.[7]

2 1992 war es die unternehmerische Erkenntnis aus der wettbewerblichen Situation, bei der Expansion in neue Märkte international anerkannte Standards in der Unternehmensorganisation zu etablieren. „Wir haben Wettbewerbsnachteile, die auf das Fehlen einer staatlichen Aufsicht zurückzuführen sind. Nur ein rasches Handeln des Gesetzgebers kann für akzeptable Abhilfe sorgen. Bis dahin müssen die Banken weiterhin mit eigenen Ideen und Möglichkeiten dem Verlust von Geschäftsmöglichkeiten entgegenwirken"[8]. Zugleich diente es der Umsetzung von Lehren aus Schadensfällen, die durch organisatorische Maßnahmen vermieden werden können.

3 Massive Verstöße im Finanzbereich in den USA gaben den wesentlichen Anstoß für Compliance-Regeln zunächst in angelsächsischen Ländern: Geschäftliche Aktivitäten mit hohen Verlusten durch riskante Produkte und Strukturen, wie Junk Bonds oder Private Partnerships, verbunden mit Insidergeschäften und Anlagebetrug, führten zu drastischen Strafmaßnahmen für die Beteiligten, etwa Ivan Boesky (100 Mio. USD, 1986), Michael Milken (600 Mio. USD, 1988).[9] In England und Frankreich waren es Unternehmensübernahmen, Tippgeber im exponierten politischen Umfeld verbunden mit gewinnträchtigen Insidergeschäften,[10] ohne dass die Verantwortlichen ernsthaft zur Rechenschaft gezogen wurden. Auf der regulatorischen Seite führten diese Entwicklungen in angelsächsischen Ländern sukzessive zu ebenfalls drastischen Verschärfungen, etwa durch verschärfte Haftungsfolgen bei festgestellten Verstößen, wenn Unternehmen über keine wirksamen Compliance-Verfahren zur Verhinderung von kriminellen Handlungen verfügten.

4 Damit sollte verlorenes Vertrauen der Anleger und Investoren wiederhergestellt werden. Insbesondere große Pensionskassen und öffentliche Investoren wurden verpflichtet, ihre Geschäftspartner vor Geschäftsabschluss auf Herz und Nieren zu prüfen. Diesem Vorgehen schlossen sich zunehmend alle großen, privaten, international auftretenden Investoren an. In Europa stärkte diese Entwicklung die bis dahin mit nur wenig Interesse geführten

---

5 Vgl. *Burgard* WM 2000, 611 ff. m.w.N.
6 Börsen-Zeitung, Nr. 231 vom 30.11.2006, S. 1.
7 *Rolshoven* S. 239.
8 *Weiss* Die Bank 1993, 136.
9 Www.riskglossary.com/link/junk_bond.htm.
10 Beispielsweise Pechiney/ANC-Affäre, Börsen-Zeitung 1.10.1993 in Frankreich; Lord Archer-Affäre, Anglia Television Group plc/Mai, FAZ 3.9.1994, S. 18 und Economist, 16.7.1994, S. 75 in England; Die FAZ berichtete noch am 20.6.2006 „Insiderhandel weit verbreitet – Britische Finanzaufsicht bestätigt auffällige Finanztransaktionen".

Bemühungen einer einheitlichen Regelung zur Bekämpfung von Insiderhandel[11] sowie Entwicklung von Standards für professionelle Anlageberatung.[12] Es bestand aber auch großer Nachholbedarf nicht nur bei Unternehmen, sondern auch auf gesetzgeberischer Seite in den einzelnen Mitgliedstaaten.

Das Defizit im regulatorischen Umfeld bewirkte organisatorisch zwei neue Entwicklungen. **5** Um im internationalen Konzert der Finanzindustrie an prominenter Stelle überhaupt mitspielen zu können, entwickelten die großen Banken interne Compliance-Regeln, die dem damaligen Verständnis der internationalen Investoren genügten; dies betraf insbesondere das **Investment Banking** und die **Vermögensverwaltung**.[13] Inhaltlich war Compliance in Deutschland nicht neu. Die rechtlichen Grundlagen waren bereits in einer Vielzahl von Normen gesetzt, etwa im BGB, HGB, AktG, BörsG, aber auch StGB und insbesondere für die Geschäftsleitung OWiG, dessen **Einheitstäterbegriff** (§ 14 Abs. 1 S. 1 OWiG) vom strafrechtlichen Täterbegriff abweicht.[14] Diese Sichtweise entsprach damals auch häufig den Aussagen von Vertretern der Rechtsabteilungen deutscher Banken. Das genügte aber nicht dem Anspruch großer Investoren, die aus dem angelsächsischen Rechtskreis stammten. Das geschäftliche Interesse legte also hier die Messlatte fest, was zu tun ist. Damit war zugleich ein Schritt für eine eigene Compliance-Verantwortung außerhalb der klassischen Rechtsbereiche gelegt worden.

Vom Grundsatz war die Idee nicht neu, nur war die Zeit bis dahin offenbar noch nicht **6** reif, Empfehlungen der EG-Kommission von 1977 für ein europäisches Kapitalmarktrecht in die Tat umzusetzen. Zu viele Vorbehalte gegen entsprechende Regelungen standen dem hierzulande entgegen, wie überhaupt die Entwicklungen auf europäischer Ebene in Deutschland lange Zeit in einem Dornröschen-Schlaf gelegen zu haben scheinen. Dies soll an dieser Stelle aber nicht weiter vertieft werden.[15] Neu war hingegen die Tatsache, Compliance als geschäftliche Zielsetzung herauszustellen. Die erste Reaktion löste einen Aufschrei im Finanzmarkt aus, der aber bald einer nüchternen Betrachtung folgte. Die Finanzdienstleister, die wegen ihrer zahlreichen Geschäftsfelder naturgemäß einen Hort von Interessenkonflikten darstellen, müssen die Konflikte interessengerecht lösen und ihr Management von Interessenkonflikten transparent im geschäftlichen Interesse machen.[16] Das erfordert neben der rechtlichen Professionalität, die sich auf die Wahrnehmung Rechtsinteressen fokussieren, zugleich eine darüber hinausgehende betriebswirtschaftliche und geschäftliche Professionalität.

Erste Aufgabe einer professionellen Compliance ist die kompetente Beratung der Geschäftsleitungen, -einheiten und Mitarbeiter über die Zulässigkeit von Geschäftsmöglichkeiten; dies **7** kann auch eine Ablehnung beinhalten, wenn rechtliche oder reputationsschädigende Gründe entgegenstehen. Hier ist neben der organisatorischen Verantwortung des Unternehmens für Compliance die persönliche Kompetenz des Compliance-Verantwortlichen gefordert, entsprechende Entscheidungen treffen und durchsetzen zu können. Ob und inwieweit weitergehende Verantwortung, etwa wirtschaftliche Parameter zu seinem Aufgabenuniversum gehören, ist im Einzelfall zu klären. Dies wird man bei offenkundigen Missverhältnissen zweifelsfrei bejahen können. Gleiches gilt im **Produktgenehmigungsprozess** („product approval"), das offenkundige Risiken bezüglich möglicher Rechtsverstöße Compliance dazu verpflichten, bereits präventiv

---

11 Richtlinie 89/592/EWG des Rates vom 13.11.1989 zur Koordinierung der Vorschriften betreffend Insider-Geschäfte.
12 Richtlinie 93/22/EWG des Rates vom 10.5.1993 über Wertpapierdienstleistungen.
13 Siehe *Weiss* Die Bank 1993, 136.
14 Näher zu Täterschaft und Teilnahme im Straf- und Ordnungswidrigkeitenrecht 21. Kap. Rn. 31 ff. und 31 Kap. Rn. 9 ff.
15 Zu weiteren Ausführungen verweise ich auf *Hopt* WM 2009, 1873 ff.
16 *Eisele* WM 1993, 1021, 1026; Schimansky/Bunte/Lwowski/*Eisele* Bd. II, § 109, Rn. 116 m.w.N.

Produkte bzw. Geschäfte zu unterbinden, selbst wenn die fachliche Zuständigkeit nicht originär Compliance unterliegt, wie dies beispielsweise bei Steuertatbeständen auftreten kann. An die Grenzen seiner Möglichkeiten stößt Compliance hingegen bei komplexen Produkten oder strategischen Maßnahmen der Geschäftsleitung durch fehlende Transparenz. Die Nachschau der Schadensfälle aus der Finanzkrise belegt, dass kaum noch nachvollziehbare Produkt- und Bilanzgestaltungen vorgenommen wurden, die ein Magazin mit „Botox für die Bilanz" betitelte.[17] Wenn die Vorwürfe der Ankläger zutreffen, wurde in dem zugrunde liegenden Beispielfall mit hoher krimineller Energie vorgegangen, um Transparenz zu verhindern. Selbst die Wirtschaftsprüfer haben die Risiken nicht identifizieren können und regelmäßig die Bilanzen testiert.[18]

8   Die Umsetzung der ersten Aufgabe beschränkt sich also nicht mit der Anfertigung von **Richtlinien**, sondern muss durch regelmäßigen Kontakt vor Ort unmittelbar mit den Geschäftseinheiten und Mitarbeitern gelebt werden. Dies kann nachhaltig mit **Schulungen** erreicht werden, die möglichst realistische Risiken im Tätigkeitsbereich des Mitarbeiters widerspiegeln sollen.

9   Die zweite wichtige Aufgabe von Compliance ist ein eigenes geschäftsbegleitendes **Monitoring**. Es ist nicht mit der Beratung der Geschäftseinheiten allein getan, vielmehr muss Compliance begleitend prüfen, ob der Vertrieb der Produkte entsprechend den Anforderungen des Produktgenehmigungsprozesses erfolgt, ob es zu Verstößen oder sonstigen Ereignissen kommt, die für das Unternehmen zu einem Schaden führen können. Diese laufende Überwachung schließt als Nebenwirkung mittelbar auch einen Kundenschutz ein, denn bei ordnungsgemäßem Geschäft wird das Kundeninteresse gewahrt. Wird dennoch ein Schadenfall von Kundenseite reklamiert oder strengt eine Aufsichtsbehörde eine Untersuchung an, muss ein Unternehmen in der Lage sein, die Sachverhalte zeitnah und objektiv zu klären, um Risiken und erforderlich Maßnahmen identifizieren zu können. Ein Blick zurück in die Anfangszeit im Bankenbereich bestätigt diese Notwendigkeit. Denn zeitgleich mit der Entwicklung von unternehmensinternen Compliance-Regeln sorgten Schlagzeilen über aufgedeckte private Geschäfte von Mitarbeitern im geschäftlichen Umfeld und Missbrauch bei Anlageempfehlungen, z.B. im Fernsehen, für erhebliche Unruhe, weil mit den bis dahin üblichen Kontrollmethoden der Revision den öffentlichen Vorwürfen nicht zeitnah ausreichend begegnet werden konnte: Ausgerechnet der Chef-Optionsscheinhändler einer großen Bank stand im Zentrum der Vorwürfe, die sich später als zutreffend herausstellten. Schlecht für die Bank war in diesem Fall: Man konnte nicht umgehend nachvollziehen, was wirklich passiert war. „Laues Dementi" und „Die haben das Chaos im Kopf" titelten *Die Zeit* und *Der Spiegel*[19]. „Staatsanwälte und Steuerfahnder wurden aktiv: Die Affäre um zweifelhafte Wertpapiergeschäfte in Frankfurt wird zu einem Finanzkrimi. Ein ganzer Ring von Börsenhändlern und Maklern soll gegen die Spielregeln des seriösen Wertpapierhandels verstoßen haben. Die Kontrollen sind zu lasch, ein wirksames Gesetz gibt es nicht."[20]

10 Die Federführung bei der Aufarbeitung hat man im konkreten Fall dem jungen Compliance-Bereich anvertraut. Dieser Schritt führte dazu, dass die zunächst nur mit Richtlinienverantwortung ausgestattete Compliance ihre Funktion dahingehend vervollständigte, dass quasi alle Compliance-Prozesse mit intelligenten Analysewerkzeugen versehen wurden.

---

17 Der Spiegel vom 22.7.2013, S. 36 ff. mit einem Bericht über den Prozessbeginn gegen ehemalige Vorstände der HSH Nordbank.
18 Handelsblatt 17.6.2010, „Die großen Wirtschaftsprüfungsgesellschaften sind in die Kritik geraten. Sie hätten Banken inmitten der Finanzkrise allzu fahrlässig Testate ausgestellt, ohne die in den Bilanzen schlummernden Risiken zu erkennen".
19 Die Zeit vom 5.7.1991; S. 28; Der Spiegel vom 22.7.1991, S. 68.
20 Spiegel vom 22.7.1991, S. 68 ff.

Um dieses Ziel zu erreichen, wurden alle wichtigen Bereiche der Bank eingebunden, die Geschäfts- und Back-Office-Bereiche, die IT-Abteilungen aber auch Personalabteilung und Arbeitnehmervertretungen; letzteres war wichtig, um die gebotene Akzeptanz sicherzustellen. Damit war der Grundstein gelegt, mit modernen Mitteln Informationen zu generieren, die es erlaubten, zeitnah das geschäftliche Geschehen zu begleiten. Unbeabsichtigte Verstöße konnten umgehend korrigiert werden. Das Gebot der Compliance war **Prävention**, nämlich tätig zu werden, bevor etwas passiert, ohne dabei die zulässigen geschäftlichen Aktivitäten zu behindern. Der größte Feind der Compliance ist der Vorwurf der Bürokratie, der die Akzeptanz im Unternehmen erstickt. Jede Compliance-Maßnahme muss daher vor ihrer Einführung auf ihre Praxistauglichkeit geprüft werden.[21] Auch für einen solchen Prozess ist es unabdingbar, eine räumliche Nähe zu den Geschäftsabteilungen zu etablieren. Zugleich ermöglichen intelligente Monitoringsysteme gesetzlich erforderliche schlanke Routineprüfungen oder anlassbezogene Nachforschungen bei kriminellen Machenschaften. Vorwürfe von Fehlhandlungen konnten seitens der Bank auf dieser Basis zügig geklärt und zutreffendenfalls gelöst werden.

Die geschäftspolitische Zielsetzung, im Sinne der Bank und ihrer Kunden für professionelles, „sauberes" Geschäft zu sorgen, ist in kürzester Zeit realisiert worden. Dieser „Selbstregulierung" haben sich die im Bundesverband deutscher Banken zusammengeschlossenen Privatbanken gemeinsam schnell angeschlossen. Das Warten auf den Gesetzgeber hätte nur von Nachteil sein können.[22] Mit der Errichtung der Bundesanstalt für Wertpapieraufsicht (BAWe)[23] zum 1.1.1995 und der nachfolgenden Zeit der effektiven Aufnahme der Tätigkeit ist der geschäftlichen Notwendigkeit erst viel zu spät gefolgt worden.

Das BAWe hat in Deutschland innerhalb kurzer Zeit die notwendigen Maßnahmen zur Regulierung des Finanzmarktes identifiziert und praxisorientiert umgesetzt, ohne dabei die eigene Unabhängigkeit in Frage zu stellen. Mit einer Verhaltens-Richtlinie[24] und nachfolgend einer Compliance-Richtlinie[25] hat es den verpflichteten Finanzdienstleistern Auslegungshilfen zum WpHG bereit gestellt und notwendige weitere Klarstellungen veröffentlicht. Mit der wirksamen Durchführung der Aufsicht begann aber auch sukzessive ein Paradigmenwechsel für die Compliance-Funktion. War Compliance zunächst aufgrund unternehmerischer Entscheidung im eigenen Interesse der Bank tätig, entwickelte sie sich zunehmend als zentrale Auskunftsstelle für Behörden und Prüfer. Die Anzeige- bzw. Verdachtsmeldepflichten von Verstößen[26] haben die innerbetriebliche Akzeptanz als neutrale Stelle in Frage gestellt. Die Notwendigkeit entsprechender Maßnahmen im Interesse des Finanzmarkts und seiner Teilnehmer wird damit nicht in Frage gestellt. Allerdings hat sie der im Rahmen der Selbstregulierung präventiv handelnden Compliance-Funktion einen Bärendienst erwiesen. Aus dem pro-aktiven Agieren im Unternehmensinteresse, das mittelbar auch den Kunden zu Gute kam, wurde vielfach nur noch ein administratives Funktionieren. Deshalb warnen Kritiker vor einer „Privatisierung" staatlicher Eingriffsrechte.[27]

---

21 *Moosmayer* NJW 2012, 3013, der die Compliance-Themen in Thesen zusammenfasst.
22 Vgl. *Weiss* Die Bank 1993, 136.
23 BAWe, heute: Bundesanstalt für Finanzdienstleistungsaufsicht (BaFin).
24 Richtlinie des BAWe zur Konkretisierung der §§ 31 und 32 WpHG für das Kommissions-, Festpreis- und Vermittlungsgeschäft der Kreditinstitute vom 26.5.1997, BAnz. Nr. 98 vom 26.5.1997.
25 Richtlinie des BAWe zur Konkretisierung der Organisationspflichten von Wertpapierdienstleistungsunternehmen gem. § 33 Abs. 1 WpHG vom 2.12.1998 („Compliance-Richtlinie"), BAnz. vom 6.11.1998, Nr. 235, 17242.
26 Beispielsweise § 10 WpHG.
27 *Moosmayer* NJW 2012, 3013, 3014.

B. Kapitalmarkt-Compliance – nicht nur eine Verpflichtung für Banken

13 Die Banken haben, nicht zuletzt aufgrund einer sehr strikten Regulierung und einer ausgeprägten Sensibilität für Veränderungen, sehr früh formalisierte Compliance-Programme für ihre jeweiligen Geschäftsfelder entwickelt. Soweit sie selbst börsennotierte Unternehmen waren, haben sie auch die gesetzlichen Anforderungen nach dem Wertpapierhandelsgesetz umgesetzt und zugleich ihre Kunden entsprechend beraten. Einen vorbildlichen, konstruktiven Beitrag dazu leistete die BaFin mit der Veröffentlichung eines „Emittentenleitfadens" im Juli 2005, der im Mai 2013 bereits in der 4. Auflage als Entwurf zirkuliert wurde.[28] In gemeinsamen Veranstaltungen mit Marktteilnehmern wurden Themen zu Veröffentlichungspflichten, Insiderthemen u.v.m. praxisgerecht dargestellt. In einem Schlusssatz zu einem wissenschaftlichen Beitrag gab *Claussen* ein zutreffendes Urteil ab: „Bis auf die fehlenden Ausführungen zur Marktmanipulation bildet der Emittentenleitfaden ein Kompendium, mit dem sich Akteure am Kapitalmarkt durch die – insbesondere aus Europa stammende – Regelungsflut hindurchmanövrieren können. Denn er trägt nicht zu einer höheren Regulierungsdichte bei, sondern bringt die praktischen Fragen auf den Punkt."[29]

14 Der Compliance-Funke war in Abhängigkeit von der Bereitschaft der Verantwortlichen auf den Nicht-Bankenbereich übergesprungen. Abneigungen waren teilweise nachvollziehbar, weil die Unternehmen bereits überwiegend über unternehmensinterne Vorkehrungen und Richtlinien verfügten, die einen ordnungsgemäßen Ablauf garantieren sollten und in der Regel auch konnten. Rechtliche Grundlage für Organisationspflichten ergeben sich bereits aus der sog. Legalitätspflicht, die sich aus den nach innen gerichteten gesellschaftsrechtlichen Normen nach § 93 Abs. 1 AktG bzw. § 43 Abs. 1 GmbHG richtet. Auf diese Sichtweise haben sich überwiegend die Unternehmen außerhalb der Bankenwelt beschränkt.[30] Die Legalitätspflicht ist aber weiter gefasst. Sie schließt auch den nach außen wirkenden Bußgeldtatbestand nach § 130 OWiG, der die Geschäftsleitung verpflichtet, die unternehmerischen Aktivitäten so zu organisieren und zu überwachen, dass sie mit dem geltenden Recht in Einklang stehen, ein. Diese Pflicht ist nicht nach unten delegierbar; im Falle einer zulässigen Delegation verändern sich lediglich die Pflichten, denn es treten besondere Auswahl- und Kontrollpflichten hinzu.[31]

15 Hinzugetreten sind bei börslichen Unternehmen einheitlich Transparenzpflichten und organisatorische Anforderungen, die sich nicht zuletzt aus europäischen Anforderungen ableiteten. Ein Kerngedanke der zunehmenden Akzeptanz war sicher die Erkenntnis, die sich aus einer Nicht-Compliance ergeben kann: Schadensersatzverpflichtungen, Ausschluss von Mandatierungen, Lieferanten-, Dienstleistungs- und sonstigen Vertragsvergaben, behördliche, insbesondere kartellrechtliche Verfahren bis hin zu Ordnungswidrigkeiten- oder gar Strafverfahren gegen einzelne Verantwortungsträger. Aber auch der Schutz von Unternehmensinteressen wurde schließlich akzeptiert. Transparenz über Beteiligungsveränderungen oder Dokumentation von Wissensträgern vertraulicher Unternehmensinformationen in Insiderverzeichnissen[32] lag im Interesse der Unternehmen.

---

28 Emittenleitfaden, 4. Aufl. Mai 2013 (Entwurf), abrufbar unter www.bafin.de/SharedDocs/Downloads/DE/Konsultation/2013/dl_kon_0413_ELF.pdf?__blob=publicationFile&v=4.
29 *Claussen/Florian* AG 2005, 745,764. Zur Marktmanipulation 28. Kap.
30 Siehe *Moosmayer* NJW 2012, 3013, 3014.
31 Vgl. *Löw* JA 2013, 88 m.w.N.
32 *Kirschhöfer* Der Konzern 2005, 22 ff.

Die Compliance-Anforderungen beschränkten sich indessen nicht nur auf Finanzdienstleistungsinstitute und zum Börsenhandel zugelassene Unternehmen. Auch Unternehmen und kleine Firmen in anderen Rechtsformen, Freiberufler, Ärzte u.a. sahen sich plötzlich Pflichten etwa zur Regelung zum Umgang mit Einladungen und Geschenken konfrontiert.[33] Selbstverständlichkeiten verkehrten sich plötzlich in rechtliche Fußangeln. Die Abgrenzung freundlich zugedachter Aufmerksamkeiten konnte sich schnell als Bumerang erweisen, wenn sie über die bloße Aufmerksamkeit hinaus als Vorteilsgewährung und umgekehrt als -annahme qualifiziert wurde. Spezielle Pflichten, die unabhängig von rechts- oder Organisationsform und Größe zu beachten sind, ergeben sich aus den Bestimmungen zur Verhinderung von **Geldwäsche**.[34] Ob Anwälte, Notare, Immobilienmakler, Betreiber von Glücksspieleinrichtungen, Wertkarten etc. – die Verpflichtung zu Identifizierungen und Verdachtsmeldungen ist umfassend.[35] Teilweise kollidieren sie mit eigenen Interessen der Verpflichteten, etwa bei Annahme von Geld für das Anwaltshonorar, „Die Erstreckung des Geldwäschebekämpfungsgesetzes auch auf Rechtsanwälte und die dadurch statuierte Durchbrechung der Verschwiegenheitsverpflichtung sowie das Risiko einer strafbaren Geldwäsche durch Entgegennahme von Anwaltshonorar aus bemakelten Geldern hat zu einer erheblichen Verunsicherung der Rechtsanwaltschaft geführt" schreibt beispielsweise die Rechtsanwaltskammer auf ihrer Website.[36] Beispiele für gesetzliche Pflichten, die nicht nur Banken und große Kapitalgesellschaften binden, lassen sich erheblich weiter ausführen, was an dieser Stelle nicht geschehen soll. Die Regelungsfülle ist schier unerschöpflich. Diese Pflichten werden heute in Anlehnung an die deutsche Übersetzung regelmäßig als Compliance-Pflichten bezeichnet, „Handeln im Einklang mit geltendem Recht".

16

C. Compliance als Managementfunktion

I. Compliance-Funktionen und Verantwortlichkeiten für Compliance im Unternehmen

Die Frage der Verantwortlichkeiten für Compliance hat immer wieder Diskussionen ausgelöst. Dies mag auf die frühen Jahre der Entstehung einer förmlichen Compliance zurückzuführen sein, als diese Funktion wegen ihrer Bezüge zu Rechtsfragen häufig dem Rechtsbereich zugeordnet wurde. Die Begründung erschien einfach: Für Rechtsfragen ist die **Rechtsabteilung** zuständig, eine Einschätzung die auch heute teilweise noch vertreten wird.[37] Diese Ansicht ist indessen abzulehnen, weil neben den bereits eingangs aufgezeigten Unterschieden hinzukommt, dass die Rechtsabteilung eine völlig andere Funktion im Unternehmen einnimmt als Compliance. Die Rechtsabteilung berät die Geschäftsleitung in allen Rechtsfragen, um die Interessen des Unternehmens wahrzunehmen. Sie ist Partei im Rechtssinne, sie handelt nicht unabhängig. Compliance hingegen handelt unter Berücksichtigung rechtlicher Rahmenbedingungen unabhängig in eigener Verantwortung. D.h., sie verfolgt nicht in erster Linie allein die Interessen des Unternehmens, sondern wägt alle betroffenen Interessen professionell und neutral ab. Für große Finanzdienstleistungsinstitute wird eine Kombination der Compliance-Funktion mit der Rechtsabteilung ausgeschlossen, aber auch für kleinere Institute mit weniger

17

---

33 Siehe *Moosmayer* NJW 2012, 3013, 3014.
34 Zur Geldwäsche 25. Kap.
35 §§ 5 Abs. 2 Nr. 3, 9 GwG i.d.F.v. 26.2.2013; Hinweise der Bundesrechtsanwaltskammer (BRAK) www.brak.de/w/files/02_fuer_anwaelte/berufsrecht/verhaltensempfehlung_gwg-c261stgb.pdf.
36 Http://rak-muenchen.de/informationen/geldwaesche/.
37 *Früh* CCZ 2010, 121 ff.

komplexen Produkten wird sie nur in Ausnahmefällen auf Antrag zugelassen.[38] Dieser Regelung ist zuzustimmen. Im Interesse eines erfolgreichen **Risikomanagements** ist eine entsprechende organisatorische Anordnung auch außerhalb des Bankenbereichs empfehlenswert. Die ultimative Durchsetzung von Rechtspositionen kann im Zweifel nicht verhindern, dass ein Unternehmen wegen Reputationsschäden zugrunde geht. Im übertragenen Sinn kennt man das Sprichwort „Operation gelungen, Patient tot". Die BaFin hat nicht zuletzt auf Grundlage praktischer Erfahrungen die Trennung der Funktionen bewusst in den Mindestanforderungen an Compliance (MaComp) klargestellt.[39] *Birnbaum* wundert sich aus Sicht der BaFin, warum die externen Prüfer in vielen Fällen nicht eine stärkere Compliance bei ihren jährlichen Prüfungen gefordert haben.[40] Darunter ist nicht eine quantitative, sondern eine qualitative Ausstattung der Compliance-Abteilung gemeint, die selbstverständlich der Größe und dem Umfang des Geschäfts angemessen ausgestattet sein muss. Er stellt aber zugleich klar, dass die MaComp keinesfalls verlangen, dass Compliance in alle Prozesse von Anfang bis Ende einbezogen werden müssen, sondern dass sie Interventionsrechte etwa im Produktgenehmigungsprozess („product approval"), vorschlagen. Diese Klarstellung soll verhindern, dass die Compliance-Funktion durch eine Überladung mit Routineaufgaben quasi stillgelegt wird.[41] Neben den vorgenannten Compliance-Themen werden gelegentlich weitere Themen aufgeworfen, die man doch Compliance übertragen könne. Dies ist beispielsweise die Kartell- oder, bei öffentlichen Auftraggebern, die Vergabe-Compliance. Ein beliebtes Thema ist zudem „sexual harassment", das eindeutig in den Personalbereich gehört. Die Verantwortung des Compliance-Management schließt die Aufgabe ein, im Interesse der wahrzunehmenden Schutzfunktion die Überfrachtung mit sachfremden Aufgabenstellungen abzuwehren.

II. Möglichkeiten und Grenzen der organisatorischen Ausgestaltung

18 Hinsichtlich der Verantwortlichkeit von Compliance und deren Klarstellung in den MaComp gab es zwischen den Banken und der BaFin im Anhörungsverfahren formale Meinungsverschiedenheiten. Einigkeit bestand darin, dass die Geschäftsleitung uneingeschränkt für die Compliance im Unternehmen verantwortlich ist. Aus Sicht der Aufsicht bedurfte diese Selbstverständlichkeit keiner gesonderten Wiederholung in den MaComp. Aus Sicht der Praxis war die berechtigte Sorge vorgetragen worden, dass der Titel der BaFin Richtlinie, „Mindestanforderungen an Compliance", vielfach fehlinterpretiert wird mit der Folge, dass sich diese nur an die Compliance-Abteilung richte.[42] Im Ergebnis wurde diesem Anliegen im Interesse der Betroffenen entsprochen und eine Klarstellung aufgenommen. Die Verantwortlichkeit ist bereits einleitend zu den MaComp aufgenommen worden.[43] Die Diskussionen um die Stellung des Compliance-Officers im Unternehmen, der Interpretation seiner „Unabhängigkeit" ist mit den Ausführungen im Besonderen Teil der MaComp überholt worden: „Die Geschäftsleitung eines Wertpapierdienstleistungsunternehmens muss eine angemessene, dauerhafte und wirksame Compliance-Funktion einrichten und ausstatten, die ihre Aufgaben unabhängig wahrnehmen kann. Sie trägt die Gesamtverantwortung für die Compliance-Funktion und überwacht deren Wirksamkeit." Und weiter heißt es: „Das Wertpapierdienstleistungsunternehmen muss einen Compliance-Beauftragten benennen, der unbeschadet der Gesamtverantwortung der

---

38 Mindestanforderungen an Compliance der BaFin (MaComp) vom 30.11.2012, BT 1.3.3.3, Kombination der Compliance-Funktion mit der Rechtsabteilung.
39 Vgl. *Birnbaum/Kütemeier* WM 2011, 293 ff.
40 *Birnbaum/Kütemeier* WM 2011, 293 ff.
41 *Birnbaum/Kütemeier* WM 2011, 293, 295.
42 Die Stellungnahmen der Institute, namentlich des Zentralen Kreditausschusses (ZKA), sind nicht öffentlich zugänglich.
43 AT 4 der MaComp 12/2012, Gesamtverantwortung der Geschäftsleitung.

Geschäftsleitung für die Compliance-Funktion sowie die Berichte an die Geschäftsleitung und das Aufsichtsorgan verantwortlich ist. Der Compliance-Beauftragte wird von der Geschäftsleitung bestellt bzw. entlassen." Dieses Verständnis der Unabhängigkeit und Aufgabenzuordnung ist auch auf andere Unternehmen zu übertragen, wie bereits die vorstehenden Ausführungen zur Verpflichtung nach § 130 OWiG darlegen. „Der Compliance Officer ist nicht für die Einhaltung der Compliance im Unternehmen verantwortlich, er unterstützt dabei vielmehr die hierfür in der Pflicht stehende Unternehmensleitung".[44]

III. Auslagerung auf geeignete Dritte

Die vorstehenden Ausführungen gehen zunächst von Instituten und Unternehmen aus, die aufgrund ihrer Größe und Organisation eigene Compliance-Abteilungen oder zumindest -Funktionen, teils mit Ein-Mann-Stärke, unterhalten können. Wo unter Abwägung von Risikogesichtspunkten und Größe eine eigene Compliance-Organisation nicht möglich ist, sind Alternativen zu prüfen. Zu beachten bleibt in jedem Fall einer teilweisen oder vollständigen Auslagerung, dass die Compliance-Funktion alle einschlägigen Anforderungen einzuhalten hat. Die Geschäftsleitung bleibt unverändert für die Erfüllung der Anforderungen verantwortlich. Für Finanzdienstleistungsinstitute geben die MaComp detaillierte Anforderungen vor, die im Fall der Auslagerung zu beachten sind.[45] Sie geben insbesondere Anleitung zur Auswahl (Kompetenz und Zuverlässigkeit des Dienstleisters), Sicherstellung des Zugangs zu den erforderlichen Informationen einschließlich der Sicherstellung der Datensicherheit sowie die Dauerhaftigkeit der Durchführung von Compliance-Aufgaben, d.h. nicht nur anlassbezogene Aktivitäten. Zugleich ist aber insbesondere auch sicherzustellen, dass bei Dienstleistern die für das einzelne Unternehmen zu beachtenden Prüfungshandlungen durchgeführt werden können, Aufzeichnungs- und Aufbewahrungspflichten sichergestellt sind und im Falle einer Mandatsbeendigung alle Daten und sonstigen Informationen, Zugriffsrechte und zugehörige EDV-Programme dem Auftraggeber zur Verfügung gestellt werden, damit er gegebenenfalls eigene Auskunftspflichten erfüllen kann. Diese Anforderungen stellen grundsätzlich allgemeingültige Regelungen für alle Auslagerungsfälle dar. Sie sind deshalb auch eine Hilfe für alle Unternehmen. 19

D. „Regulierungs-Tsunami": Überspannte Reaktionen als neues Risiko für Unternehmen?

Aus Sicht all derer, die sich mit Compliance-Aufgaben regelmäßig befassen, mögen die vorstehenden Ausführungen zunächst nichts Besonderes bedeuten. Für Unternehmen und Verpflichtete, die sie – nicht zuletzt zum eigenen Schutz der Verantwortungsträger – umsetzen müssen, mögen sie erschreckend wirken. Erschwerend tritt für die Letztgenannten hinzu, dass sie möglicherweise zusätzlich belastet werden durch Hiobsbotschaften, die von einer ganzen Industrie von „Compliance-Beratern" geschürt und gestreut werden getreu der Parole: „Kauft den Ablass". Es fehlt an einem geschützten Berufsbild für den Compliance-Manager oder -Officer. An Berufsbildern für einen zertifizierten Compliance Officer arbeiten bereits seit einigen 20

---

44 *Moosmayer* NJW 2012, 3013, 3014.
45 MaComp 12/2012, BT 1.4.4, BT 1.2.2.1.

Jahren mehrere Institutionen[46] bzw. Interessengruppen von Unternehmens-Compliance-Verantwortlichen. Ein Blick in Kontaktportale, die etwa zur beruflichen Kontaktpflege genutzt werden,[47] gibt einen Eindruck, wer sich mit welchen Qualifikationen in entsprechenden Funktionen einordnet. Zugleich bestärkt das nähere Hinsehen den Eindruck einer Unübersichtlichkeit, weil unter dem Begriff fast alles und jedes vermarktet wird. Von den strengen aufsichtsrechtlichen Regelungen im Bank-, Chemie-, Pharma-, Medizin- Luftfahrtbereich beispielsweise erstreckt sich die Palette bis hin zur Materialprüfung von Spanplatten. Die Mehrzahl betrifft sicher berechtige Anliegen. Es bleibt zunächst zu klären: Welche Anforderungen sind als Compliance-Pflichten zu verstehen und welche gehören nicht dazu? Sinnvollerweise können stets nur die eigenen Pflichten des eigenen Unternehmens angewandt werden. Die Beispiele machen verständlich, dass die „Professionellen", d.h. die „echten" Akteure im Compliance-Geschäft ebenso wie die Unternehmen und Geschäftsleitungen, die sich mit den Pflichten auseinandersetzen müssen, nach Hilfestellungen Ausschau halten. Die Zielrichtungen sind dabei unterschiedlich: Die professionellen Unternehmens-Compliance-Beauftragen müssen Vorkehrungen treffen, dass nicht von dritter Seite überbordende Pflichten aufoktroyiert werden, die mit ihrer Verantwortung nichts zu tun haben. Die Unternehmen benötigen professionelle Unterstützung, um die wirklichen Pflichten risikogerecht zu analysieren und mit den erforderlichen Maßnahmen umzusetzen. Sie stehen vor der Qual der Wahl, was zu tun ist. Die Antwort muss lauten, dass alles das, was gesetzlich vorgesehen ist, umgesetzt werden muss. Vorkehrungen, die nicht umzusetzen sind, die aber im Interesse des Unternehmens und seiner Vorkehrungen sinnvoll erscheinen, sollten – auf freiwilliger Basis – umgesetzt werden. Dinge, die nicht erforderlich sind, die lediglich ein „nice to have" darstellen, sind verzichtbar und sollten aus Gründen der Klarheit ausgeschlossen werden. Aber genau diese „nice to have"-Sachverhalte sind häufig Gegenstand von Empfehlungen Dritter, die nicht über ausreichende Informationen des Unternehmens und seiner Bedürfnisse verfügen oder die etwas verkaufen möchten. In diesem Kontext ist eine Diskussion zu verstehen, die sich mit der Zertifizierung und Bewertung von Compliance-Systemen beschäftigt. Die privaten Banken haben schon frühzeitig über ihre Dachorganisation „Best-Pratice-Leitlinien für Wertpapier-Compliance"[48] entwickelt und veröffentlicht, der die notwendigen Standards aufzeigte und Auslegungshilfen gibt. Auslöser für eine wiederum aus eigener Initiative der Finanzindustrie waren Bestrebungen die ihre Wurzeln außerhalb der Banken und Unternehmen hatten, insbesondere Wirtschaftsprüfer, die die Anforderungen über Gebühr weit auslegten. Im Interesse der Sicherstellung einer effizienten Compliance hat man diese Regelungen auch mit der BaFin abgestimmt, um den Banken Rechtssicherheit zu geben. Zeitversetzt folgten die Wirtschaftsprüfer mit einem eigenen Programm. Seitens der Compliance-Beauftragten in den Banken fehlte es in den Turbulenzen der Finanzkrise an Freiräumen, sich im Vorfeld der Verabschiedung eines nicht zu unterschätzenden externen Regulierungswerks mit der nötigen fachlichen und zeitlichen Intensität auseinanderzusetzen, oder die organisatorische Verantwortung wurde nicht mehr vor Ort wahrgenommen bzw. es fehlte an qualifizierten Compliance-Juristen. Hier haben die Wirtschaftsprüfer die Anwälte und Compliance Officer durch Schaffung eines eigenen Compliance-Prüfungsstandards vorerst aus dem Rennen geschlagen. Zu warnen ist aber vor einer Formalprüfung („*check the box*") oder einem rein betriebswirtschaftlichen Ansatz. Eine Zertifizierung muss von juristischer Expertise geprägt sein, um Schutz zu bieten. Seit September 2011 findet der vom Institut der Deutschen Wirtschaftsprüfer erlassene Standard **IDW PS 980** über die „Grundsätze ordnungsmäßiger Prüfung von Compliance-Management-Systemen (CMS)" Anwendung. Eine frei zugängliche Veröffentlichung, wie sie der Bankenverband für sein Regelwerk gewährt,

---

46 Stellvertretend sei genannt die Frankfurt School of Finance and Management, www.frankfurt-school.de, die einen Studiengang Certified Compliance Professional (CCP) anbietet.
47 Statt vieler „xing.com", „Frankfurter Compliance-Kreis" auf Xing, Facebook.
48 Bundesverband deutscher Banken, Best-Practice-Leitlinien für Wertpapier-Compliance, veröffentlicht unter http://bankenverband.de.

fehlt. Bei dem Standard handelt es sich um das Angebot einer freiwilligen Prüfung, die in unterschiedlichen Varianten von einer bloßen Konzeptionsprüfung über eine Angemessenheitsprüfung bis hin zu einer Wirksamkeitsprüfung beauftragt werden kann, wobei nicht perspektivisch, sondern nur für einen bestimmten (vergangenen) Zeitraum geprüft wird. Bei erfolgreich bestandener Prüfung erteilt der Wirtschaftsprüfer ein Zertifikat. Über den Prüfungsstandard hat eine durchaus heftige Debatte zwischen der Zunft der Wirtschaftsprüfer und den „klassischen" Anwaltskanzleien und Compliance-Beauftragten eingesetzt. Dabei geht es weniger um die im Wesentlichen unstrittigen inhaltlichen Grundelemente eines Compliance-Management-Systems, sondern um die Frage, ob die Prüfungs- und Zertifizierungssystematik den Anforderungen an ein effektives Compliance-System gerecht wird und zu einer gesellschaftsrechtlichen und strafrechtlichen Enthaftung der Unternehmensleitung führen kann. Den Kritikern ist insoweit beizupflichten, als die Prüfung nur unter maßgeblicher Beteiligung entsprechend qualifizierter Juristen und Unternehmensinsider nutzbringend sein kann, da das Erkennen und Bewerten von Rechtsrisiken zentraler Bestandteil eines jeden Compliance-Systems ist. Eine solche Prüfung darf sich nicht in der formalen Betrachtung erlassener Rundschreiben und Regeln erschöpfen, da ansonsten der Unternehmensleitung mit der Erteilung des Zertifikats eine (Rechts-)Sicherheit vorgespielt wird, die ihre Härteprobe nur schwerlich bestehen wird.[49] Überbordende Prüfungsaktivitäten bergen die Gefahr, dass die eigentliche Compliance-Funktion nicht mehr angemessen wahrgenommen werden kann und stattdessen oftmals Bürokratie einzieht und Belanglosigkeiten der Vergangenheit auf Hochglanzpapier dargestellt werden. Dies wirkt Risiko erhöhend, und zwar für die Verantwortlichen im Unternehmen. Unternehmen und ihre Leitungen sind durch die (gesetzliche) Systematik der Abschlussprüfung seit vielen Jahren auf die Erlangung von Testaten bzw. Zertifizierungen hin „konditioniert". Diesen wird als Nachweis ordnungsgemäßen Wirtschaftens gegenüber Anlegern, Kunden und Behörden ein besonders hoher Wert beigemessen, den die Wirtschaftsprüfer mit ihrer unbestrittenen Kompetenz in der Darstellung sicher führen können.[50] Aber auch aus Prüfersicht wird der Prüfungsstandard teilweise selbst kritisch bewertet. In der Online-Zeitschrift Compliance wird eine Wirtschaftsprüferin zitiert, die den Standard für verbesserungsbedürftig hält: „Der PS 980 ist über Strecken unjuristisch und unpräzise, es wird darum auch den Vertragspartnern der geprüften Unternehmen der nicht unbedingt zutreffende Eindruck vermittelt, dieses sei nach der Prüfung „compliant". Es ist ja verständlich, dass sich die WOs einen neuen Markt erschließen wollen, aber das WIE ist nicht in Ordnung..."[51]. An dieser Stelle sei auch auf einen oftmals nicht ernst genug genommenen Interessenkonflikt hinzuweisen, dass die Beratung der Unternehmen einerseits und ihre Prüfung andererseits sich ausschließen.

E. Praktische Umsetzungsprobleme durch Zuständigkeitsvielfalt der Regulatoren

21 Die Neuorganisation der Bankenaufsicht führt zu zahlreichen Verunsicherungen über Zuständigkeiten und nachfolgenden Maßnahmen; sie ist unverändert im Gang und wird an dieser Stelle nicht vertieft. Aufzugreifen sind einige Beispiele, die die Schwierigkeit der Unternehmen im Finanzbereich aufzeigen, an sie adressierte Pflichten ordnungsgemäß umzusetzen. Die BaFin bemüht sich, Auslegungshinweise in Mindestanforderungen an das

---

49 *Moosmayer* NJW 2012, 3013, 3016.
50 Vgl. *Moosmayer* NJW 2012, 3013, 3016.
51 *Schlüter* Compliance Mai 2011, abrufbar unter www.finance-magazin.de.

Risikomanagement und gesondert an die Compliance-Funktion zu geben. Die Hinweise kommen zwar von einem Absender, sie sind aber nicht aus einem Guss, denn Bankenaufsicht und Wertpapieraufsicht sind unterschiedliche Verantwortungsbereich in einem Haus.

22 Die ursprüngliche Trennung von Compliance in Wertpapier– und Geldwäsche-Compliance hat sich in den zurückliegenden zwanzig Jahren aufgrund massiver Veränderung der Rahmenbedingungen überlebt. Die Zusammenlegung der beiden Bereiche bedeutet organisatorisch erheblichen Aufwand, schließlich handelt es sich um wesentlich unterschiedliche rechtliche Grundlagen sowie Arten von Geschäft und Typen von Risiken, für die die Mitarbeiter jeweils entsprechend ausgebildet waren bzw. werden mussten. Es war aber sinnvoll, weil etwa Insider- oder Marktmanipulationsstraftaten zugleich auch in den Anwendungsbereich der Geldwäsche fielen und ein einheitlicher Überprüfungsansatz im Unternehmen sinnvoll ist. Beispiel bietet ein Fall, in dem der Erbe eines großen Vermögens mit Insider- und Marktmanipulationsgeschäften Banken nicht nur quer durch Deutschland, sondern auch international beschäftigte, weil umfassende Ermittlungen wegen Gelwäsche und Verstößen gegen das WpHG liefen. Gut zehn Jahre zog sich das Spiel hin, bis eine rechtskräftige Entscheidung durch den BGH die Verfahren abschloss.[52] Die Erweiterung der Geldwäschevortaten unterstreicht die Richtigkeit des eingeschlagenen Wegs. Problematisch erweist sich die Verpflichtung in § 25c Abs. 1 i.V.m. Abs. 1 KWG, dass der Geldwäschebeauftragte als „Zentrale Stelle" im Unternehmen für alle sonstigen strafbaren Handlungen zuständig ist, die zu einer wesentlichen Gefährdung des Vermögens des Instituts führen können. Fürs Erste ist der Bogen an dieser Stelle überspannt. Zwar ist es sicher zutreffend, dass die Erweiterung des Vorstrafenkatalogs für den Tatbestand der Geldwäsche in den Fokus des Geldwäschebeauftragten rückt. Die Funktion der Zentralen Stelle erfordert aber auch adäquate Anpassungen in organisatorischer Hinsicht, um dieser Verantwortung gerecht zu werden. Sie erfordert personelle Ressourcen mit entsprechender Kenntnis, die bei gruppenweiten Zuständigkeiten nach § 25g KWG nochmals zunehmen. Weitere Anforderungen zur Identifizierung und Überprüfung von **politisch exponierten Personen** (political exposed persons, „PEP"), werden die Fragen auf, warum den Verpflichteten keine Namenslisten zur Verfügung gestellt werden, damit sie die geforderte Identifizierung auch vornehmen können. Es bleibt wünschenswert, dass sich die verantwortlichen Institutionen vor Verpflichtungen damit auseinandersetzen, welche Informationen und Instrumente nötig sind und welche Daten oder Hilfsmittel man den Betroffenen zentral zur Verfügung stellt.

F. Fehlende Planungssicherheit für Unternehmen durch zunehmende regulatorische Neuerungen in immer kürzeren Abständen

23 Im internationalen Umfeld führen häufig Missverständnisse, die sich aus lokalen, nationalen Gepflogenheiten ergeben, zu Fehlbewertungen, die es kritisch anzusprechen gilt. Die Bundesrepublik wurde seitens der Financial Action Task Force on Money Laundering (**FATF**) kritisiert, dass sie zu wenige Verdachtsanzeigen produziere, woraus geschlossen wird, dass die Bestimmungen zur Verhinderung der **Geldwäsche** und **Terrorismusfinanzierung** nicht ernsthaft genug umgesetzt werden. Andere Länder haben qualitativ eine viel höhere Anzahl an Anzeigen aufzuweisen. Die FATF ist das wichtigste internationale Gremium zur Bekämpfung der Geldwäsche und der Terrorismusfinanzierung. Sie verbreitet

---

52 FTD vom 18.8.2010, Alexander Falk muss ins Gefängnis.

Standards („40+9 Empfehlungen") zur Durchsetzung ihrer Ziele weltweit und überwacht die Durchsetzung in den Mitgliedstaaten.[53] Es sei bezweifelt, dass aus der Anzahl der Anzeigen qualitativ auf die Arbeit der Geldwäscheprävention geschlossen werden kann. Eine vergleichbare Fehlinterpretation bei einer Privatbank ergab sich aus dem Umstand, dass die Qualität der Dienstleistung anhand der Anzahl von Kundenbeschwerden bewertet werden sollte. Der verantwortliche Compliance-Manager, ein Amerikaner, empfand die genannte Zahl als schwindelerregend und erschreckend. Die Erklärung hingegen war entlastend, denn das Beschwerdemanagement, das alle Hinweise auf Fehlverhalten aber auch allgemeine Störungen, Schäden etc. aufnimmt, hat zur Erledigung solcher Hinweise ordentlich alles erfasst. Die Konsequenz daraus war, dass man echte Beschwerden und schlichte Störungshinweise bei der Erfassung fortan klassifiziert hat. Auf der Geldwäscheseite hingegen wird die Schwelle für Verdachtsfälle drastisch gesenkt, indem die Verdachtsanzeige im hinlänglich konkreten Fall durch eine Verdachtsmeldung ersetzt wird. Ob sich dadurch eine zahlenmäßig höhere Feststellung von Tätern ergibt, bleibt abzuwarten.

G. Zusammenfassung

Es steht außer Zweifel, dass Regulierung sein muss, die die notwendigen Leitplanken setzt, innerhalb derer sich die Marktteilnehmer bewegen können. Die Leitplanken können aber keine Gewähr dafür geben, dass keine Fehler oder Verstöße mehr auftreten. Gerade dort, wo Einzelne mit hoher krimineller Energie aktiv werden, haben Sicherungssysteme oft nur beschränkten Erfolg, der allerdings zutreffendenfalls oftmals zu erheblichen Schäden führt. Durch regelmäßige Prüfungen der internen Gefährdungsanalysen ist diesem Treiben Einhalt zu gebieten. Das setzt voraus, dass Compliance nicht mit überbordenden Regulierungen und Prüfungen zur Vergangenheit strapaziert wird. Das steht der Pflicht für ein zeitnahes Begleiten aller geschäftlichen Aktivitäten entgegen. Regulierung muss angemessen sein, d.h. sie muss die Flexibilität geben, risikoangemessene Maßnahmen auf das Geschäftsfeld des Unternehmens zu schneidern und vermeiden, dass teils unpassende Standard-Checklisten angewandt werden. Für die Unternehmen ist es wichtig, dass auch Prüfer über die notwendigen Kenntnisse und Erfahrungen verfügen, um eine objektive Prüfung vornehmen zu können, damit Verantwortungsträger nicht unnötig in rechtliche Fallen laufen oder aus fehlverstandener rechtlicher Verpflichtung zu unnötigen Maßnahmen getrieben werden.

Unternehmerisches Handeln schließt aus, dass man sich auf Dritte verlässt, wenn man etwas erreichen will. Vielmehr besteht eine Pflicht, im Interesse seines Verantwortungsbereichs proaktiv und gestaltend zu wirken. Die Wahrnehmung einer solchen Verantwortung gibt zwar keine Gewähr dafür, dass man die eigenen Ideen auch tatsächlich umsetzen kann. Aber wer das unterlässt, darf sich später nicht beklagen, wenn er nur die Vorgaben anderer umsetzen muss. Darin liegt zumindest eine gute Chance, dem „Terror" zu entgehen und die „Tugend" mit Augenmaß zu etablieren, wo es sinnvoll ist.

---

53 Www.fatf-gafi.org; vgl. auch www.bafin.de/DE/Internationales/GlobaleZusammenarbeit/FATF/fatf_node.html.

2. Teil
Emittenten-Compliance

2. Teil
Emittenten-Compliance

# 3. Kapitel
Aufbau einer kapitalmarktbezogenen Compliance-Organisation bei Emittenten

Literatur: *Augustin* Emittenten-Compliance-Vorschriften im Vergleich, Diss. 2011; *BaFin* Emittentenleitfaden der Bundesanstalt für Finanzaufsicht, 2009; *Buck-Heeb* Informationsorganisation im Kapitalmarktrecht – Compliance zwischen Informationsmanagement und Wissensorganisationspflichten, CCZ 2009, 18; *Bürkle* Compliance in Versicherungsunternehmen, 2009; *ders.* Corporate Compliance – Pflicht oder Kür für den Vorstand der AG?, BB 2005, 565; *Hugger/Pinto/Wysong* SEC erstreckt ihre Zuständigkeit zur Durchsetzung des FCPA auf ausländische Emittenten, CCZ 2011, 30; *Klindt/Pelz/Theusinger* Compliance im Spiegel der Rechtsprechung, NJW 2010, 2385; *Lebherz* Emittenten-Compliance, Organisation zur Sicherstellung eines rechtskonformen Publizitätsverhaltens, 2008; *ders.* Publizitätspflichten bei der Übernahme börsennotierter Unternehmen, WM 2010, 154; *Lösler* Das moderne Verständnis von Compliance im Finanzmarktrecht, NZG 2005, 104; *Merkt/Rosbach* Zur Einführung: Kapitalmarktrecht, JuS 2002, 217; *Moosmayer* Modethema oder Pflichtenprogramm guter Unternehmensführung? – Zehn Thesen zu Compliance, NJW 2012, 3013; *Mülbert* Konzeption des europäischen Kapitalmarktrechts für Wertpapierdienstleistungen, WM 2001, 2085; *Rodewald/Unger* Corporate Compliance – Organisatorische Vorkehrungen zur Vermeidung von Haftungsfällen in der Geschäftsleitung, BB 2006, 113; *Schaefer/Baumann* Compliance-Organisation und Sanktionen bei Verstößen, NJW 2011, 3601; *Sandleben/Wittmann* Regelungen gegen Geldwäsche im Nicht-Finanzsektor, BC 2010, 464; *Schulz/Kuhnke* Insider-Compliance-Richtlinien als Baustein eines umfassenden Compliance-Konzepts, BB 2012, 143; *Wendel* Kapitalmarkt Compliance in der Praxis – Anforderungen an die Organisation in börsennotierten Unternehmen zur Erfüllung insiderrechtlicher Pflichten, CCZ 2008, 41; *Wolf/Runzheimer* Risikomanagement und KonTraG, Konzeption und Implementierung, 2003.

I. Einleitung

1 Im Laufe der sich nunmehr seit mehreren Jahren hinziehenden Finanzkrise in Europa steht zunehmend der gesamte Kapitalmarkt im Fokus der Compliance-Diskussion. Während vor wenigen Jahren noch Schmiergeldzahlungen von Industriefirmen an ausländische Zuwendungsempfänger zur Akquise von Aufträgen die Gemüter erregten, sieht sich mittlerweile auch der Finanzdienstleistungssektor verschiedensten Manipulationsvorwürfen zum Schaden von Kunden ausgesetzt. Erinnert sei nur an Skandale wie Enron, EM.TV oder Bernard Madoff, in denen Anleger mithilfe von Bilanzmanipulationen um ihr Erspartes gebracht wurden. Der zunehmende Bedarf national und international tätiger Unternehmen an Eigen- und Fremdkapital, Cross-Listings von Emittenten an mehreren Börsen, weltweit agierende Investoren und die stetig fortschreitende Internationalisierung der Kapitalmärkte, deren Innovationskräfte sich in stetig neuen Finanzierungskonzepten und Anlageformen widerspiegeln, lassen die Rufe nach Anlegerschutz, Transparenz und Unterbindung von Marktmissbrauch lauter werden.[1]

2 Der Normenkomplex, der diese Themen regelt, wird allgemein als Kapitalmarktrecht bezeichnet. Darunter versteht man die Gesamtheit aller Normen und Grundsätze, die die Emission und den Handel mit fungiblen Anlageinstrumenten regeln und sowohl den Individualschutz der Kapitalanleger als auch den Funktionsschutz des Kapitalmarkts und der

---
1 *Augustin* S. 1 m.w.N.

Wirtschaft zum Ziel haben.² Es stellt die Bereiche Banken-, Börsen-, Wertpapier- und Gesellschaftsrecht in einen funktionalen Zusammenhang. Unterschieden werden die Bereiche Marktorganisationsrecht, das institutionsbezogen die Struktur der Marktteilnehmer sowie die Struktur und den Inhalt der am Markt gehandelten Finanzinstrumente regelt, das Marktverhaltensrecht, das durch informations- und transaktionsbezogene Verhaltenspflichten das Verhalten der Marktteilnehmer am Markt bestimmt und durch entsprechende Sanktionsnormen strafrechtlich flankiert wird, sowie das Marktaufsichtsrecht, das die Zulassung der und die Aufsicht über die Marktteilnehmer einschließlich der Zusammenarbeit zwischen den Aufsichtsbehörden regelt.³ Um den Zielen Funktionsschutz des Markts sowie dem Individualschutz der Anleger gerecht zu werden, sollte das Kapitalmarktstrafrecht, das auf Repression setzt, ferner durch interne Compliance-Regularien ergänzt werden, um eine angemessene Prävention zu gewährleisten.

3 Die Regelungen des Marktverhaltensrechts haben nicht nur Finanzdienstleister im Fokus, sondern richten sich an alle Akteure, die sich auf den nationalen und internationalen Märkten Geld besorgen und durch ihr Marktverhalten oder durch eine gezielte Informationspolitik in der Lage sind, das Verhalten aktueller und potentieller Investoren zu beeinflussen. Dem trägt beispielsweise auch die Marktmissbrauchsrichtlinie der EU Rechnung, die in der Präambel unter Ziffer 2 betont, dass ein integrierter und effizienter Finanzmarkt Marktintegrität voraussetzt. Sie sieht das reibungslose Funktionieren der Wertpapiermärkte und das Vertrauen der Öffentlichkeit in die Märkte als Voraussetzungen für Wirtschaftswachstum und Wohlstand an. Marktmissbrauch hingegen verletzt die Integrität der Finanzmärkte und untergräbt das Vertrauen der Öffentlichkeit in Wertpapiere und Derivate.⁴ Geschützt wird der Aktionär somit sowohl in seiner Stellung als Gesellschafter als auch als Anleger mit Vermögensinteressen. In diesem Zusammenhang wird der Begriff der **Emittenten-Compliance** gebraucht. Für Unternehmen stellt sich daher die Frage, wie eine Compliance-Organisation den besonderen Erfordernissen der Kapitalmärkte Rechnung tragen kann.

II. Definition

4 Unter Compliance versteht man die Gesamtheit vorbeugender Maßnahmen in Unternehmen, die sicherstellen, dass die geltenden Gesetze, Verhaltenspflichten, Regeln und Usancen eingehalten werden. Compliance umschreibt damit eine Managementfunktion, nämlich die Steuerung des Risikos, dass Regeln für das Geschäftsgebaren verletzt werden, verbunden mit verwaltungsrechtlichen Sanktionen oder strafrechtlichen und zivilrechtlichen Folgen sowie Verlust an Reputation.⁵

5 Emittenten-Compliance wird allgemein definiert als *„jene Maßnahmen, die der Insiderprävention dienen und die die Mechanismen der Ad-Hoc-Publizität absichern sollen."*⁶ So gehe es vor allem um die innerbetriebliche Kontrolle des Informationsflusses: Sensible Informationen sollen geschützt und Interessenkollisionen möglichst vermieden werden. Diese Definition ist jedoch zu eng. Die vielfältigen Organisationspflichten, die Organen im Bereich der Emittenten-Compliance auferlegt werden, gehen wesentlich weiter und werden mögli-

---

2 *Merkt/Rosbach* JuS 2002, 217 ff. m.w.N.
3 *Mülbert* WM 2001, 2085 ff., 2087.
4 Richtlinie 2003/6/EG des Europäischen Parlaments vom 28.2.2003 und des Rates über Insider-Geschäfte und Marktmanipulation (Marktmissbrauch), u.a. abgedruckt in *Park* Anhang 1, S. 1136 ff.
5 Schimansky/Bunte/Lwowski/*Eisele/Faust* § 109 Rn. 1; Park/*Schäfer* Rn. 74-82; *Lösler* NZG 2005, 104 ff.
6 Görling/Inderst/Bannenberg/*Flitsch* 2. Kap. Rn. 118.

cherweise noch immer unterschätzt.[7] Insofern liefert der **Emittenten-Leitfaden der Bundesanstalt für Finanzaufsicht (BaFin)**[8] wertvolle Hilfe, welchen Risiken durch eine solche Compliance-Funktion begegnet werden soll. Nicht zu verkennen ist dabei allerdings, dass dieser in erster Linie dem Zweck dient, den betroffenen Unternehmen – vergleichbar dem Steuerrecht – die Sichtweise der Aufsichtsbehörde über die richtige Auslegung und Anwendung der Normen des WpHG durch die Emittenten zu vermitteln.[9]

Versteht man folglich Emittenten-Compliance in einem weiteren Sinne als Organisation zur Sicherstellung eines rechtskonformen Publizitätsverhaltens, ergeben sich zahlreiche Abgrenzungsfragen. Gegenstand dieses Kapitels ist daher nicht die Sicherung der gesetzlichen Anforderungen an die gesellschafts- oder handelsrechtliche Publizität, die sich in erster Linie an die aktuellen Anteilseigner, Unternehmensgläubiger und Mitarbeiter der Gesellschaft richtet. Hierunter fällt insbesondere der Bereich der **Regelpublizität,** mit der die Organmitglieder ihrer Rechenschafts- und Berichtspflicht nachkommen. Die kapitalmarktrechtliche Compliance richtet sich demgegenüber an einen breiteren Adressatenkreis. Sie dient dazu, dem allgemeinen Anlegerpublikum Daten für informierte Kauf- und Verkaufsentscheidungen zu vermitteln. Diese ermöglichen es Anlegern, transparentes Marktverhalten zu honorieren und sich bei Zweifeln an einer soliden und transparenten Unternehmensführung aus den entsprechenden Anteilspapieren zurückzuziehen. Auch stellt die Regelpublizität aufgrund der gleichmäßig und regelmäßig wiederkehrenden Veröffentlichungszeitpunkte, der damit einhergehenden Planbarkeit und Veröffentlichung aggregierter Daten nicht die gleichen Anforderungen an Vertraulichkeit und Schnelligkeit, wie sie im Hinblick auf den Veröffentlichungszeitpunkt von Einzelsachverhalten mit erheblichem Kursbeeinflussungspotenzial vorliegen können.[10]

Ausgeklammert werden auch Sachverhalte der Unternehmensgründung[11] und der Übernahme von Emittenten nach dem WpÜG. In beiden Fällen handelt es sich regelmäßig um Spezialthemen, wohingegen dieses Kapitel den Aufbau einer Regelorganisation zum Gegenstand hat.

Diese Darstellung konzentriert sich schließlich auf Emittenten außerhalb des Finanzdienstleistungssektors. Für letztere gelten die nachfolgenden Anforderungen durchaus, doch stellen beispielsweise §§ 33 WpHG und 25a KWG an diese aufgrund branchenspezifischer Konstellationen wesentlich höhere Anforderungen.[12]

III. Grundüberlegungen

1. „Tone From the Top"

Im Bereich des Kapitalmarktrechts gilt nichts anderes als in anderen Gebieten des Wirtschaftsrechts und Wirtschaftsstrafrechts. Das durchdachteste und umfassendste Compliance-Programm nützt nichts, wenn es nicht gelebt wird. Zu dieser zugegebermaßen banalen Erkenntnis kommt man immer wieder in der Beratungspraxis oder bei einfacher Zeitungs-

---

7 *Wendel* CCZ 2008, 41 ff.
8 Abzurufen unter www.bafin.de/SharedDocs/Downloads/DE/Leitfaden/WA/dl_090520_emittentenleitfaden_2009.html.
9 Emittentenleitfaden, I. Einleitung; *Wendel* CCZ 2008, 41 ff., 42.
10 Insoweit wird allerdings auf Kapitel X des Emittentenleitfadens verwiesen, der zum Enforcement-Verfahren Stellung nimmt und auf die entsprechenden Regelungen der §§ 37n ff. WpHG eingeht.
11 Siehe dazu auch Hauschka/*Klöpper* § 11 S. 283 ff., der den Bereich des Going Public einschließlich Due Diligence, Prospekterstellung und Börsengang anschaulich darstellt.
12 Siehe hierzu auch Rn. 42 sowie 14. und 15. Kap.

lektüre. Gerade die Bankinstitute, die in jüngster Zeit durch Skandale und fehlendes bzw. unzureichendes Risikomanagement von sich reden machten, verfügten bereits vor den jeweiligen öffentlichkeitswirksamen Vorfällen über Compliance- und Rechtsabteilungen und beschäftigten überdies ein Heer gutbezahlter externer Berater.

10 Solche Ansätze bleiben jedoch auf der Strecke, wenn Compliance im alltäglichen Geschäftsleben der operativen Abteilungen nicht „ankommt", weil für diese andere Anreize gesetzt wurden. Nicht selten schwächt ein falsch ausgerichtetes Bonus- und Incentive-System die wirksame Arbeit einer Compliance-Abteilung. Insoweit muss sich die Unternehmensleitung die Frage gefallen lassen, ob die Compliance-Abteilung modisches Feigenblatt bleiben soll, das man seit dem „Siemens-Skandal" einfach haben muss, oder ob man tatsächlich das Tagesgeschäft zur Einhaltung gewisser Standards verpflichten und diese effektiv überwachen will.

11 Ist letzteres der Fall, muss das Management Compliance auch tatsächlich vorleben und den Geschäftsbetrieb entsprechend ausrichten. Nur eine aktive Compliance-Organisation, die in das Unternehmen eingebunden ist und kein abgekapseltes Dasein führt, kann funktionieren.[13] Dabei spielt der „**Tone From the Top**" eine entscheidende Rolle. Hat das Management wirklich das Interesse, das Unternehmen so zu organisieren, dass sich dessen Arbeit nach gesetzlichen und ethischen Standards ausrichtet oder steht allein die Gewinnmaximierung im Vordergrund?

12 Die Leitungsverantwortung des Vorstands einer Aktiengesellschaft wird in § 76 Abs. 1 AktG definiert. Nach § 93 Abs. 1 S. 1 AktG haben die Vorstandsmitglieder bei ihrer Geschäftsführung die Sorgfalt eines ordentlichen und gewissenhaften Geschäftsleiters anzuwenden. Ergänzt wird diese Pflicht durch den deutschen **Corporate Governance Kodex (DCGK)**, der festhält, dass der Vorstand für die Einhaltung der gesetzlichen Bestimmungen und der unternehmensinternen Richtlinien zu sorgen hat.[14] Hieraus wird auch eine Rechtspflicht zu Compliance hergeleitet, die sich aus der Organverantwortung des Vorstands ergibt.[15] Bereits nach § 91 Abs. 2 AktG hat der Vorstand geeignete Maßnahmen zu treffen, insbesondere ein Überwachungssystem einzurichten, damit den Fortbestand der Gesellschaft gefährdende Entwicklungen früh erkannt werden.[16]

---

13 Siehe hierzu auch *Moosmayer* S. 1 ff.; *Klindt/Pelz/Theusinger* CCZ 2010, 2385.
14 So hat der Vorstand nach 4.1.3 DCKG für die Einhaltung der gesetzlichen Bestimmungen und der unternehmensinternen Richtlinien zu sorgen und wirkt auf deren Beachtung durch die Konzernunternehmen hin (Compliance). Ferner sorgt der Vorstand nach 4.1.4 DCKG für ein angemessenes Risikomanagement und Risikocontrolling im Unternehmen. Näher 7. Kap.
15 Görling/Inderst/Bannenberg/*Inderst* 3. Kap. Rn. 2; *Rodewald/Unger* BB 2006, 113 ff., 117.
16 Zwar wird im DCGK u.a. unter Kapitel 6, Transparenz, das Thema unternehmensinterne Informationsorganisation angesprochen, doch stellt der Kodex kraft seiner Rechtsnatur als Empfehlung auch hier keine verbindlichen Maßstäbe zur Verfügung. Im Übrigen wird auch der Aufsichtsrat insoweit in die Pflicht genommen. Nach 5.2, 3. Absatz soll der Aufsichtsratsvorsitzende zwischen den Sitzungen mit dem Vorstand, insbesondere mit dem Vorsitzenden bzw. Sprecher des Vorstands, regelmäßig Kontakt halten und mit ihm Fragen der Strategie, der Planung, der Geschäftsentwicklung, der Risikolage, des Risikomanagements und der Compliance des Unternehmens beraten. Der Vorstandsvorsitzende muss den Aufsichtsratsvorsitzenden seinerseits über wichtige Ereignisse, die für die Beurteilung der Lage und Entwicklung sowie für die Leitung des Unternehmens von wesentlicher Bedeutung sind, unverzüglich unterrichten. Nach 5.3.2. soll der Aufsichtsrat ein Prüfungskommitee einrichten, das sich mit der Überwachung des Rechnungslegungsprozesses, der Wirksamkeit des internen Kontrollsystems, des Risikomanagementsystems und des internen Revisionssystems, der Abschlussprüfung etc. und, falls keine spezielle Zuständigkeitszuweisung erfolgt, mit der Compliance befasst.

In seiner Allgemeinheit umfasst § 93 Abs. 1 AktG sowohl die aktienrechtliche **Legalitäts-** 13
pflicht als auch entsprechende Sorgfalts- und Überwachungspflichten.[17] Im Bereich der
Legalitätsplichten, die die Einhaltung der inneren und äußeren rechtlichen Rahmenbedingungen gebieten, gibt es keinen Ermessensspielraum. Pflichtverletzungen, die bei oberflächlicher Betrachtung als „nützlich" oder adäquat angesehen werden könnten, sind als
das zu werten, was sie sind: Pflichtverletzungen.[18] Zu den Legalitätspflichten zählt auch die
Einhaltung der kapitalmarktrechtlichen Veröffentlichungs-, Mitteilungs- und Informationspflichten.[19] Sie richten sich an den Emittenten, der, vertreten durch die Vorstandsmitglieder, für ein entsprechendes rechtskonformes Verhalten zu sorgen hat. Die unterschiedliche
Gestaltung und die hohen Anforderungen, die im Einzelfall an Wahrung der Vertraulichkeit, inhaltliche Richtigkeit und Klassifizierung der Informationen sowie die Schnelligkeit
der Veröffentlichung gestellt werden, gebieten die Schaffung einer entsprechenden internen Organisation. Die Notwendigkeit der Befolgung dieser Pflichten selbst ergibt sich aus
dem Unternehmensinteresse, da Verstöße Bußgelder und Strafen für den Emittenten bzw.
seine Verantwortlichen sowie Schadensersatzklagen und Reputationsverlust zur Folge
haben können.

2. „Mission Statement"

Eine klare Auffassung der Geschäftsleitung zum Stellenwert von Compliance im Unter- 14
nehmen bedarf auch einer entsprechenden Kommunikation. Ein sogenanntes Mission
Statement setzt hier sicherlich ein klares Signal. Noch vor wenigen Jahren in Deutschland
belächelt, gehört es mittlerweile zum Standard. Das Mission Statement sollte selbstredend
nicht in der Schublade verschwinden, sondern auch durch geeignete Maßnahmen der internen Unternehmenskommunikation bei den Mitarbeitern publik gemacht werden. Hier sind
alle Kommunikationsformen von der Veröffentlichung im Intranet, einschlägigen Mitarbeiter-(Online-)Schulungen, Broschüren bis zu Plakaten denkbar. Eine Compliance-Organisation kann nur funktionieren, wenn bei den Mitarbeitern des Unternehmens eine entsprechende „**Awareness**" geschaffen wurde.

Das Mission Statement spiegelt sich in einem sogenannten **Code of Conduct** oder **Business** 15
Conduct Guidelines wider, in denen den Mitarbeitern konkrete Vorgaben zu einem einwandfreien Verhalten gemacht werden. Damit bei Verstößen auch disziplinarische Maßnahmen getroffen werden können, sollte dieser Verhaltenskodex durch entsprechende
Klauseln im Arbeitsvertrag auch integrierter Bestandteil des Arbeitsverhältnisses werden.[20]

Dieser Verhaltenskodex und damit auch die Einhaltung der geltenden Gesetze ist durch 16
das Management auf allen Ebenen zu vermitteln, vorzuleben, mithilfe entsprechender
Organisationsstrukturen zu überwachen und bei Bedarf veränderte tatsächliche und rechtliche Rahmenbedingungen anzupassen. Er sollte prägnant die ethische Grundhaltung des
Unternehmens und die Verantwortlichkeiten auf allen Ebenen direkt ansprechen und in
die Pflicht nehmen.

3. Praktische Probleme des Aufbaus einer Compliance-Abteilung

Die Notwendigkeit der Einrichtung einer Compliance-Abteilung ergibt sich für den Vor- 17
stand zwischenzeitlich schon allein daraus, dass er andernfalls seinen **Legalitäts- und Sorg-**

---

17 Organpflichten und Binnenhaftung der Vorstandsmitglieder in: Fleischer/*Fleischer* Handbuch des
   Vorstandsrechts, 2006, S. 237 ff., 240.
18 *Hopt* § 93 Rn. 99.
19 *Lebherz* S. 398; *Schulz/Kuhnke* BB 2012, 143 ff., 144.
20 Die Wichtigkeit disziplinarischen Vorgehens legt *Moosmayer* NJW 2012, 3013 ff., 3017 in seinen
   Zehn Thesen zu Compliance dar.

faltspflichten in einem zunehmend komplexeren rechtlichen Umfeld kaum noch nachkommen kann. Weder das Aktienrecht noch der DCGK machen Vorgaben an die inhaltliche Ausgestaltung einer Compliance-Organisation. Ob die gewählte Organisation im konkreten Fall den richtigen „Zuschnitt" hat oder hatte, zeigt sich regelmäßig erst im Fall eines Verstoßes.[21] Lag die Hauptaufgabe von Compliance-Funktionen anfangs noch darin, Vorwürfen von Rechtsverstößen nachzugehen und diese zu ahnden sowie zu diesem Zweck entsprechende Kontroll- und Überwachungssysteme zu etablieren, verlagert sich der Schwerpunkt heute zunehmend dahin, durch ein entsprechendes **Risikomanagement**, insbesondere durch stete Aufklärung und Schulung der Mitarbeiter, Verstöße weit möglichst zu verhindern.[22] Kernaufgabe ist es daher, Strukturen zu schaffen, in denen Risiken kontinuierlich identifiziert, intern adressiert und kontrolliert werden.[23] Ferner sollte dieser Gesamtvorgang dokumentiert werden, um im Fall eines Verstoßes darlegen zu können, dass das Unternehmen eine adäquate Risikovorsorge getroffen und gelebt hat. Dies kann spürbare Auswirkung auf die Höhe einer eventuellen Geldbuße nach § 130 OWiG haben, wenn es überhaupt zur Eröffnung eines Verfahrens gegen das Unternehmen und seine Organmitglieder kommt.

18   In erster Linie gilt es, Zuständigkeiten zu definieren. Schwierig ist es dabei grundsätzlich, wenn eine bereits bestehende Struktur zusätzlich noch Compliance-Aufgaben übernehmen soll, ohne dass organisatorisch oder personell Konsequenzen gezogen werden. Ein solcher Aufbau läuft immer Gefahr, dass die Compliance-Arbeit nur als lästige zusätzliche Tätigkeit wahrgenommen wird und in der täglichen Arbeit ein Schattendasein führt. Die Effizienz einer Funktionszuweisung an einen Mitarbeiter dergestalt, dass er zu einem Viertel seiner Tätigkeit die Funktion des **Compliance Officers** des entsprechenden Bereiches übertragen erhält, hängt nicht zuletzt auch von der Größe des Umfelds ab, in dem er agiert, sowie den dort auftretenden Risiken.

19   Dass die Compliance-Officer disziplinarisch nicht dem jeweiligen Fachbereich unterstellt sein sollten, den sie kritisch zu beraten haben, versteht sich von selbst.[24] Auch dass die Compliance-Funktion „ganz oben" in der Geschäftsleitung verankert sein muss, dürfte allgemein anerkannt sein. Bei multinationalen Unternehmen ist es wichtig, dass auch die Compliance-Organisation multinational untergliedert und ausgerichtet ist. Dies ergibt sich schon daraus, dass sich aus der jeweiligen lokalen Organisationsstruktur regelmäßig andere rechtliche Pflichtenbindungen ergeben, denen Rechnung getragen werden muss. Wichtig ist somit nicht nur für die Mitarbeiter vor Ort, sondern auch für die Konzernoberleitung ein kompetenter Ansprechpartner. Im Interesse der eigenen Reputation sollten Unternehmen durch strukturelle Maßnahmen oder durch Bindung der lokalen Vorstände und Geschäftsführer darauf achten, dass die Compliance-Standards im Konzern auch vor Ort gewahrt werden.

20   Rivalitäten können sich insbesondere dann ergeben, wenn zu einer bestehenden Rechtsabteilung eine neue Compliance-Abteilung hinzukommt. Auch die Durchführung einer internen Untersuchung kann zu Differenzen über die Zuständigkeit führen. Wer führt diese aus und steuert die Internal Investigation? Wie und vor allem durch wen sind die Ergebnisse rechtlich zu würdigen? Und welche Schlüsse werden hier für das Management gezogen? Wer überwacht ggf. eingeleitete Korrekturmaßnahmen (**Remediation**)?

21   Es macht sicherlich Sinn, sämtliche Tätigkeiten, die im Zusammenhang mit strafrechtlichen Ermittlungen stehen oder Compliance-Bezug haben, auch auf die Compliance-Abteilung zu übertragen. Bei einer entsprechenden Größe des Unternehmens sollte eine Compliance-

---

21   *Moosmayer* NJW 2012, 3013 ff.
22   *Lösler* NZG 2005, 106; *Rodewald/Unger* BB 2006, 113 ff., 115; *Moosmayer* NJW 2012, 3013 ff., 3014.
23   *Rodewald/Unger* BB 2006, 113 ff., 117.
24   Siehe auch *Lösler* NZG 2005, 104 ff., 107 f.

Abteilung auch durch eigene Inhouse-Juristen unterstützt werden, die organisatorisch von der allgemeinen (zivilen) Rechtsabteilung getrennt sind. Eine klare funktionelle Untergliederung ist hier schon deswegen angezeigt, um die Rechtsabteilung, deren Aufgabe es ist, das operative Geschäft zu beraten, vor Interessenkonflikten zu schützen.

IV. Aufbau einer Compliance-Organisation/Besonderheiten der Emittenten-Compliance

Im Grundsatz gilt für die Struktur einer effizienten Emittenten-Compliance nichts anderes als für Compliance in den klassischen Bereichen wie der Korruptions- und der Kartellprävention. Zwar sind börsennotierte Gesellschaften außerhalb des Anwendungsbereichs der §§ 33 WpHG und 25a KWG gesetzlich nicht verpflichtet, eine Unternehmensorganisation in Bezug auf den Umgang mit Informationen zu schaffen.[25] Das Unterlassen des Aufbaus einer funktionsfähigen Struktur in diesem Bereich kann jedoch zu Verstößen gegen kapitalmarktrechtliche Pflichten und damit zu Haftungsrisiken der Organmitglieder und zu Geldbußen nach § 130 OWiG führen.[26] Es müssen folglich auch hier klare Zuständigkeiten definiert, Risiken identifiziert, adressiert und kontrolliert werden. Die jeweiligen Mitarbeiter müssen entsprechend geschult und dies dokumentiert werden. Die Mitarbeiter müssen ferner, offen und anonym, die Möglichkeit haben, Verstöße zu melden und wissen, dass diese nicht sanktionslos bleiben, wenn sie entdeckt werden. Eine One-size-fits-all-Vorgabe gibt es auch hier nicht. Mehr noch als im Bereich der klassischen Compliance richtet sich der „Zuschnitt" einer Emittenten-Compliance-Organisation nach den Gegebenheiten im Einzelfall. So spielen beispielsweise im Wertpapierhandelssektor Interessenkonflikte eine viel größere Rolle, als bei einem börsennotierten Industrieunternehmen, das regelmäßig erst über Pressemeldungen Interna von aktiven und potentiellen Wettbewerbern erfährt. **22**

Anders als Korruptions- und Kartellthemen, die sich regelmäßig in der direkten Einflusssphäre des Unternehmens entwickeln, und die daher dort auch gezielt einem Risikomanagement und Kontrollen unterworfen werden können, adressiert die Emittenten-Compliance auch Risiken, die nur bedingt der Einflusssphäre des Unternehmens unterliegen. Die Regelungen des Insiderhandels in §§ 12–14 WpHG wenden sich an Individuen, die bestimmungsgemäß mit sensiblen Unternehmensinformationen in Kontakt kommen. Da sich der Handel mit Unternehmenspapieren jedoch außerhalb, im privaten Bereich, vollzieht, kann das Unternehmen insoweit nur auf Existenz, Inhalt und Reichweite dieser Normen hinweisen, deren Einhaltung aber allenfalls bedingt steuern und letztlich nicht kontrollieren. Nichts anderes gilt für die Meldepflicht von **Directors' Dealings**. Hinzu kommt, dass Normen der Emittenten-Compliance häufig ein rechtstreues Verhalten von denjenigen – auch im Privatbereich – fordern, die im Unternehmen für die Schaffung entsprechender Compliance-Strukturen zuständig sind. **23**

Wie aus den nachfolgenden Ausführungen ersichtlich wird, ist im Bereich der Emittenten-Compliance ein **Informationsmanagement**, das dem Gebot der Schnelligkeit und Vertraulichkeit Rechnung trägt, unabdinglich. Die kapitalmarktrechtlichen Veröffentlichungs-, Mitteilungs- und Informationspflichten zeichnen sich sämtlich durch die Vorgabe der Unverzüglichkeit aus. Ferner ist ein Meldesystem einzurichten, das verhindert, dass ein Informationsgefälle entsteht bzw., im Falle des Entstehens eines solchen, sicherstellt, dass die Informationen an die für die Mitteilung nach außen zuständigen Stellen weitergeleitet werden. Anders als bei sonstigen Organisationsaufgaben handelt es sich hier sozusagen um **24**

---

25 *Buck-Heeb* CCZ 2009, 18 ff., 19.
26 *Schulz/Kuhnke* BB 2012, 143 ff., 144; *Wendel* CCZ 2008, 41 ff., 42.

eine „Holschuld" der Leitungsorgane.[27] Wichtig ist die Definition klarer Zuständigkeiten und Berichtswege. Insoweit ist auch darauf zu achten, dass die Information, die zur Veröffentlichung ansteht, zum einen korrekt ist und dass auch die Abteilungen, die die Informationen nach außen tragen, mit einer Stimme sprechen. Auch unbeabsichtigten „Lecks" sollte durch eine entsprechende allgemeine Politik zur Handhabung und Klassifizierung von Informationen sowie durch Zugangsbeschränkungen vorgebeugt werden.

25 Dies sollte durch Schulungen, die speziell auf diese Themen zugeschnitten sind, flankiert und die Teilnahme an diesen Schulungen auch dokumentiert werden. Ferner sollte auch die Einhaltung der Regelungen zur Informationssicherheit durch unangekündigte Kontrollen des Arbeitsplatzes stichprobenartig überprüft und Mitarbeiter, die sich nicht daran halten, ermahnt werden. Die generelle Absicherung erfolgt auch hier durch den Code of Coduct.

V. Insiderhandelsverbote

1. Grundlagen

26 Ein zentraler Aspekt der Emittenten-Compliance sind **Insiderhandelsverbote**.[28]

27 **Insiderinformation** im Sinne des § 13 WpHG ist eine konkrete Information über nicht öffentlich bekannte Umstände, die sich auf einen oder mehrere Emittenten von Insiderpapieren oder auf das Insiderpapier selbst beziehen und die geeignet sind, im Fall ihres öffentlichen Bekanntwerdens den Börsen- oder Marktpreis erheblich zu beeinflussen („Kursrelevanz"). Nach S. 2 derselben Norm ist eine solche Eignung gegeben, wenn ein verständiger Anleger die Information bei seiner Anlageentscheidung berücksichtigen würde. **Insiderpapiere** im Sinne des § 12 S. 1 WpHG sind Finanzinstrumente, die an einer inländischen Börse zum Handel zugelassen oder in den regulierten Markt oder in den Freiverkehr einbezogen sind (Nr. 1), die in einem anderen Mitgliedstaat der Europäischen Union oder einem anderen Vertragsstaat des Abkommens über den Europäischen Wirtschaftsraum zum Handel an einem organisierten Markt zugelassen sind (Nr. 2) oder deren Preis unmittelbar oder mittelbar von Finanzinstrumenten nach Nr. 1 oder Nr. 2 abhängt (Nr. 3). Der Zulassung zum Handel an einem organisierten Markt oder der Einbeziehung in den regulierten Markt oder in den Freiverkehr steht der gestellte oder öffentliche Antrag auf Zulassung oder Einbeziehung gleich (S. 2).

28 Nach § 14 Abs. 1 WpHG ist es verboten, unter Verwendung einer Insiderinformation Insiderpapiere für eigene oder fremde Rechnung oder für einen anderen zu erwerben oder zu veräußern (Nr. 1), einem anderen eine Insiderinformation unbefugt mitzuteilen oder zugänglich zu machen (Nr. 2), einem anderen auf der Grundlage einer Insiderinformation den Erwerb oder die Veräußerung von Insiderpapieren zu empfehlen oder einen anderen auf sonstige Weise dazu zu verleiten (Nr. 3). § 13 WpHG enthält, ebenso wie § 14 WpHG, weitere Konkretisierungen, aber auch Einschränkungen. Das Insiderhandelsverbot ist strafbewehrt, wobei § 38 Abs. 1 Nr. 2 WpHG den Begriff des Insiders näher definiert. Unterschieden wird zwischen den in § 38 Abs. 1 Nr. 2 WpHG aufgeführten sog. Primärinsidern, die entweder kraft Funktion (a.), kraft Stellung als Anteilseigner (b.), auf Grund ihres Berufs oder ihrer Tätigkeit oder ihrer Aufgabe bestimmungsgemäß (c.), aber auch auf Grund der Vorbereitung oder Begehung einer Straftat (d.) mit Insiderinformationen in Kontakt kommen. Von Sekundärinsidern[29] spricht man bei Personen, die durch Zufall oder

---

27 *Buck-Heeb* CCZ 2009, 18.
28 Zu den Begriffen und Details dieser Regelungen siehe 27. Kap.
29 Emittentenleitfaden S. 43 ff.; Straf- und Bußgeldtatbestände im BörsG und WpHG in Achenbach/Ransiek/*Schröder* Rn. 102.

unter Umgehung eine Zugangsbeschränkung an Insiderinformationen gelangt sind, und diese – wie Primärinsider – vorsätzlich oder unter grob fahrlässiger Verkennung des Vorliegens einer Insiderinformation zum Kauf oder Verkauf von Finanzinstrumenten verwenden, ohne die vorgenannten persönlichen Merkmale aufzuweisen. Hierunter zählen Angehörige der vorgenannten Personen, aber auch die Reinigungskraft, die herumliegende Informationen entsprechend nutzt. Auch IT-Berater und deren Mitarbeiter zählen dazu, da sie nicht bestimmungsgemäß mit diesen Informationen in Kontakt kommen.[30]

Auch ohne noch weiter auf die Details dieser Normen und deren Anwendungsbereich einzugehen, lassen sich die Herausforderungen an eine Emittenten-Compliance in diesem Bereich erahnen. Versteht man Compliance als Risikomanagement und stellt dem ein komplex durchstrukturiertes Unternehmen gegenüber, gewinnt die Vorstellung Gestalt. Dabei ist nicht nur an die horizontale Ebene zu denken. So können sich Insiderinformationen aus M&A-Sachverhalten, aus Rechtsstreitigkeiten oder aus Compliance-Vorfällen ergeben. Auch der geplante Austausch einer Schlüsselposition im Vorstand ist regelmäßig als solche zu betrachten und wird von der HR-Abteilung mit vorbereitet. Nach außen kommuniziert wird häufig durch eine eigene Kommunikations- oder Presseabteilung. Nicht selten sind externe Beratungsfirmen und Dienstleister in solche Vorgänge eingeschaltet. An all diesen Schaltstellen finden sich Wissensträger, die sensible Informationen, bewusst oder unbewusst, gewollt oder versehentlich, nach außen tragen oder auch verwenden können. Verkompliziert wird dies durch die vertikale Informationsverteilung. In einem Unternehmen sind Entscheidungsprozesse regelmäßig mehrstufig gestaltet, so dass sich auf jeder Stufe die Frage stellt, ob es sich um eine konkrete Information im Sinne des § 13 WpHG handelt. Dies können beispielsweise auch Gerüchte sein, wenn sie einen Tatsachenkern und Kursbeeinflussungspotenzial enthalten, z.B. mit Blick auf die Übernahme eines Wettbewerbers.[31]

Hinzu kommt, wie bereits zuvor angedeutet, dass es sich beim Verstoß gegen Insiderhandelsverbote um Vorgänge handelt, die sich im Wesentlichen außerhalb des Unternehmens abspielen. Zwar zieht der jeweilige Mitarbeiter sein Wissen regelmäßig aus Informationen, mit denen er im Unternehmen oder als Externer „bestimmungsgemäß" in Berührung gekommen ist, doch verwertet er dieses im privaten Bereich. Die Möglichkeiten, den Erwerb und das Halten von Finanzinstrumenten des eigenen oder betreuten Unternehmens oder deren Verkauf kann das emittierende Unternehmen nicht ohne Mitwirkung des Mitarbeiters steuern. Die Aufgabe von internen Regelungen der Emittenten-Compliance – beispielsweise durch die Aufnahme einer entsprechenden Regelung zum Insiderhandelsverbot im Code of Conduct – ist es daher, verstärkt an ein integres Verhalten potenzieller Insider zu appellieren und durch entsprechende Maßnahmen Awareness zu schaffen, um zumindest fahrlässiges Handeln so weit als möglich zu unterbinden. Insider, die ihr Wissen vorsätzlich zu ihrem Vorteil verwenden wollen, sind auch durch entsprechende Schulungen, Rundschreiben und die Aufnahme in das Insiderverzeichnis nicht davon abzuhalten.

2. Insiderverzeichnis

Dementsprechend hat auch das Instrument zur Sicherung der Emittenten-Compliance im Bereich der Insiderhandelsverbote, das **Insiderverzeichnis,** drei Funktionen:[32]
- Es soll der Aufsichtsbehörde die Überwachung und der Nachweis von Insidergeschäften erleichtert werden, indem sie Kenntnis über die Insider im Unternehmen erhält (externe Überwachungs- und Sanktionsfunktion).

---

30 Instruktiv zum Thema Insider-Compliance: *Schulz/Kuhnke* BB 2012, S. 143 ff.
31 Emittentenleitfaden; Verweis auf Beschluss des *Hess. VGH* vom 16.3.1998 (AG 1998, 436).
32 *Lebherz* S. 155 f. m.w.N.; Emittentenleitfaden VII.1.

- Es soll die Aufgabe derer erleichtern, die intern den Fluss der Insiderinformationen und die Einhaltung von Geheimhaltungspflichten überwachen müssen (Organisations- und interne Überwachungsfunktion).
- Es bezweckt die Aufklärung der Insider über ihre Rechte und Pflichten und beinhaltet damit eine gewisse Abschreckungswirkung (Sensibilisierungsfunktion).

Nach § 15b WpHG haben Emittenten nach § 15 Abs. 1 S. 1 oder S. 2 und in ihrem Auftrag oder für ihre Rechnung handelnde Personen Verzeichnisse über solche Personen zu führen, die für sie tätig sind und bestimmungsgemäß Zugang zu Insiderinformationen haben. Explizit ausgenommen von den im Auftrag oder für Rechnung des Emittenten handelnde Personen sind der Wirtschaftsprüfer und die für ihn tätigen Personen, soweit er seinem gesetzlichen Prüfungsauftrag nachkommt. Von der Verordnungsermächtigung in Abs. 2 hat der Gesetzgeber durch Einführung der WpAIV Gebrauch gemacht. Diese regelt in §§ 14ff. WpAIV die in dieses Verzeichnis aufzunehmenden Daten, die Pflicht zur Aktualisierung, Aufbewahrung und Vernichtung. Keine Vorgaben macht das Gesetz dahingehend, ob das Verzeichnis in Papierform oder elektronisch geführt wird. Letzteres wird sich aber oft schon aufgrund der größeren Flexibilität und der schnelleren Auswertungsmöglichkeit empfehlen und bei größeren Emittenten mit zahlreichen Geschäftsfeldern und nationalen und internationalen Tochtergesellschaften quasi unabdinglich sein. Auch erscheint es einfacher, durch entsprechende Funktionen im Hinblick auf Datum des Eintrags, Abteilungszugehörigkeit etc. den gesetzlichen Aktualisierungs- und Löschfristen nachzukommen.

32 Nach § 14 WpAIV muss das Verzeichnis nach § 15b Abs. 1 S. 1 WpHG folgende Informationen enthalten:
- die deutliche hervorgehobene Überschrift „Insiderverzeichnis nach § 15b WpHG",
- den Namen des nach § 15b Abs. 1 S. 1 WpHG zur Führung des Insiderverzeichnisses Verpflichteten und der von ihm mit der Führung des Insiderverzeichnisses beauftragten Personen, bei natürlichen Personen den Vor- und Familiennamen,
- zu den in das Insiderverzeichnis aufzunehmenden Personen jeweils
  - ihren Vor- und Familiennamen,
  - Tag und Ort ihrer Geburt sowie
  - ihre Privat- und Geschäftsanschrift,
- den Grund für die Erfassung dieser Personen im Verzeichnis sowie
- das Datum, seit dem die jeweilige Person Zugang zu Insiderinformationen hat, und gegebenenfalls das Datum, seit dem der Zugang nicht mehr besteht, und
- das Datum der Erstellung sowie gegebenenfalls der letzten Aktualisierung des Verzeichnisses.

33 Die Ersetzung der Angaben zu Geburtsdaten und Anschriften durch Bezugnahme auf ein anderes Verzeichnis ist möglich, wenn dies die genannten Daten enthält. Wichtig ist, kraft gesetzlicher Vorgabe, dass eine stete Aktualisierung bzw. Ergänzung möglich ist und diese Daten im Fall einer Anforderung durch die BaFin in diesem Verzeichnis enthalten sind.

34 Die Struktur des Insiderverzeichnisses über die gesetzlichen Vorgaben hinaus bleibt dem Emittenten überlassen.[33] Er kann das Verzeichnis funktionsbezogen aufbauen und auch ohne konkreten Anlass Mitarbeiter erfassen, die aufgrund ihrer Funktions- und Verantwortungsbereiche typischerweise mit Insiderinformationen in Berührung kommen, beispielsweise Vorstand und Aufsichtsrat, Investor-Relations, M&A, aber auch die Rechts- und Compliance-Abteilung (**Function Insider**). Dabei ist allerdings darauf zu achten, dass die Bezeichnung so konkret ist, dass die Informationen dem entsprechenden Personenkreis zugeordnet werden können und die Personen, die Zugriff haben, jederzeit identifizierbar sind.

---

33 *Wendel* CCZ 2008, 41 ff., 45.

Beispiele für Funktionen oder Tätigkeiten, bei denen bestimmungsgemäßer Zugang zu Insiderinformationen denkbar ist: 35
- Mitgliedschaft in Organen der Gesellschaft,
- Mitgliedschaft im **Offenlegungskomitee**,[34]
- Vor- und Nachbereitung von Unterlagen für oder von Sitzungen der Organe oder des Offenlegungskomitees,
- Mitarbeit bei der Erstellung, Prüfung oder Veröffentlichung von Quartals- und Jahresberichten,
- Vorbereitung von Ad-hoc-Meldungen und dazugehörigen Pressemeldungen,
- Bearbeitung von Compliance-Sachverhalten mit potentieller Kursrelevanz,
- Entwicklung der Unternehmensstrategie,
- Mitarbeit bei M&A- und Joint Venture-Projekten,
- Projekt der Konzernfinanzierung.

Mit dem Sinn und Zweck dieser Regelungen ist es hingegen unvereinbar, schlicht alle Mitarbeiter des Unternehmens in das Verzeichnis aufzunehmen.[35] Nach § 39 Abs. 2 WpHG handelt ordnungswidrig, wer vorsätzlich oder leichtfertig entgegen § 15b Abs. 1 S. 1 WpHG in Verbindung mit einer Rechtsverordnung nach Abs. 2 S. 1 Nr. 1 oder 2 ein Verzeichnis nicht, nicht richtig oder nicht vollständig führt oder entgegen § 15b Abs. 1 S. 2 WpHG das Verzeichnis nicht oder nicht rechtzeitig übermittelt. Verpflichteter gegenüber der BaFin ist das Unternehmen. Pro Verstoß droht nach § 39 Abs. 4 WpHG ein Bußgeld von bis zu 50 000 EUR. Der verantwortliche Mitarbeiter haftet nur seinem Arbeitgeber und somit nur nach den üblichen Grundsätzen der Arbeitnehmerhaftung.[36] 36

Eine weitere Möglichkeit ist die Führung eines projektbezogenen Insiderverzeichnisses (**Project Insider**). Insbesondere bei größeren M&A-Projekten kann dies bereits im Vorfeld nicht nur sinnvoll, sondern sogar geboten sein, da hiervon in der Regel nicht nur Stabsabteilungen, sondern auch operative Bereiche auf den verschiedensten Ebenen betroffen sind. Ergänzend sollte auch eine **Watchlist** geführt werden, auf der anstehende oder im Gang befindliche Projekte mit Kursbeeinflussungspotential gelistet sein sollten. Diese erlaubt es frühzeitig Mitarbeiter, die mit sensiblen Projektdaten in Berührung kommen, zu erfassen und entsprechend zu schulen.[37] 37

Rein aus der Aufnahme in ein solches funktions- oder projektbezogenes Verzeichnis folgt jedoch nicht, dass bereits eine Insiderinformation vorliegt, die eine Ad-hoc-Publizität auslöst. Vielmehr gebietet es die Sorgfalt eines ordentlichen Geschäftsführers, ein Verzeichnis bereits zu einem Zeitpunkt anzulegen, in dem die Insiderinformation noch nicht den erforderlichen Konkretisierungsgrad erreicht hat, um seinen Pflichten aus § 15b Abs. 1 S. 3 WpHG nachkommen zu können. Dieser schreibt vor, dass die in den Verzeichnissen geführten Personen durch die Emittenten über die rechtlichen Pflichten, die sich aus dem Zugang zu Insiderinformationen ergeben, sowie über die Rechtsfolgen von Verstößen aufzuklären sind. Entscheidend ist jedoch, dass die darin erfassten Meldepflichtigen Kenntnis von dieser Pflicht und den möglichen Auslösern haben. In welcher Form dies erfolgt, ist gesetzlich nicht geregelt,[38] ebensowenig, dass die dergestalt Informierten dies durch Unterschrift bestätigen. Der Vorteil einer schriftlichen Belehrung liegt insbesondere darin, dass der klarstellende Hinweis aufgenommen werden kann, dass ein Verstoß gegen Insiderhandelsverbote einen 38

---

34 Siehe dazu Rn. 45.
35 So auch Emittentenleitfaden, VII.4.1.2.
36 *Wendel* CCZ 2008, 41 ff., 45.
37 *Wendel* CCZ 2008, 41 ff., 48.
38 Die BaFin hält unter nachfolgendem Link auf ihrer Homepage eine Vorlage für einen Aufklärungsbogen bereit: www.bafin.de/SharedDocs/Downloads/DE/Formular/WA/fo_aufklaerungsbogen_insider.html.

Verstoß gegen arbeitsvertragliche Pflichten beinhaltet und disziplinarische Konsequenzen nach sich ziehen kann. Hierbei ist insbesondere an das Abmahnungserfordernis und dessen denkbare Entbehrlichkeit bei verhaltensbedingten Kündigungen zu denken.[39]

39 Die Aufklärungspflicht richtet sich de lege lata nur an das emittierende Unternehmen. Zu denken ist jedoch auch an die eingeschalteten Beratungsfirmen, die im Rahmen ihres Auftrags bestimmungsgemäß mit Insiderinformationen in Kontakt kommen. Diese sind im Rahmen ihres Auftrags verpflichtet, ebenfalls Insiderverzeichnisse zu führen und ihre Mitarbeiter entsprechend zu belehren. Diese Pflicht sowie die Möglichkeit der Kontrolle ihrer Einhaltung sollte ebenfalls aus Gründen der Dokumentation bereits in den Vertrag, der die Geschäftsbeziehung regelt, aufgenommen werden.

3. Flankierende Maßnahmen

40 Über diese Normvorgaben hinaus sollte durch entsprechende interne Vorgaben zur Informationssicherheit und flankierende technische Sicherheitsmaßnahmen sichergestellt werden, dass über den Bereich der vorgenannten Personen nicht weitere Personen, zufällig oder unter Umgehung von Zugangsbeschränkungen, an solche Informationen gelangen können. Diesen Pflichten wird das emittierende Unternehmen in der Regel schon im ureigensten Interesse nachkommen, um beispielsweise Industriespionage zu verhindern. Emittenten-Compliance verlangt aber auch, dass gerade Mitarbeiter, die bestimmungsgemäß Zugang zu Insiderinformationen haben, entsprechend sensibilisiert werden, dass eine **„Clean-Desk-Policy"** vorgelebt und Verstößen dagegen nachgegangen wird. Schließlich sollten Mitarbeiter in diesem Bereich besonders auf die Gefahren des Social Engineering hingewiesen werden. Es gilt ein striktes **Need-to-Know-Principle**. Gegebenenfalls sollte man bei auftretenden Interessenkonflikten an die Errichtung von sog. **„Chinese Walls"** denken. Darunter versteht man organisatorische Vorkehrungen, die den Informationsfluss innerhalb des Unternehmens steuern, damit Insiderinformationen und Informationen, die zu Interessenkonflikten führen können, in den Geschäftsfeldern verbleiben, in denen sie anfallen oder bestimmungsgemäß Verwendung finden und nicht die Gefahr von Interessenkonflikten heraufbeschwören.[40] Solche Konflikte können beispielsweise beim Aufeinandertreffen von M&A-Projekten mit verschiedener Zielrichtung der Fall sein.

41 Weitere denkbare Sicherungsmaßnahmen sind Verhaltensvorgaben wie Sperrfristen (**„black-out periods"** oder **„close periods"**), Handelszeiträume (**„trading windows"**) und/oder Haltefristen (**„lock-up periods"**). All diesen Regelungen ist gemeinsam, dass Mitarbeitern auferlegt wird, während bestimmter Zeiträume keinen oder nur dann Handel mit Aktien des Emittenten oder darauf bezogenen Finanzinstrumenten zu tätigen.[41] Der Vorteil ist, dass man hiermit gegebenenfalls mögliche Sekundärinsider im Unternehmen erfassen kann. Dennoch sollten auch diese Regelungen mit dem klarstellenden Hinweis versehen sein, dass diese Handelsbeschränkungen den jeweiligen Mitarbeiter nicht von der darüber hinaus gehenden Pflicht entbinden, die Insiderhandelsverbote einzuhalten.[42] Da hier jedoch ein Eingriff in die private Lebensführung vorliegt, unterliegen Beschränkungen erhöhten arbeitsrechtlichen Anforderungen und sind nur insoweit zulässig, als ausreichende Handelsmöglichkeiten gegeben sind und eine Realisierung des Wertes der erworbenen Wertpapiere nicht unangemessen beschränkt wird.[43]

---

39 *Schulz/Kuhnke* BB 2012, 143 ff., 149.
40 *Lebherz* S. 291 f. stellt diese Thematik umfassend dar.
41 *Schulz/Kuhnke* BB 2012, 143 ff., 146.
42 Eine umfassende Darstellung der arbeitsrechtlichen Möglichkeiten und Grenzen liefert *Schulz/Kuhnke* BB 2012, 143 ff., 146 ff.
43 *Schulz/Kuhnke* BB 2012, 143 ff., 148.

VI. Ad-hoc-Publizität gem. § 15 WpHG

Der sogenannten **Ad-hoc-Publizität** kommt im Rahmen der Emittenten-Compliance eine zentrale Rolle zu. Hierunter versteht man die Pflicht der Emittenten von Finanzinstrumenten, Insiderinformationen, die sie unmittelbar betreffen, unverzüglich zu veröffentlichen.[44] Was unter einer Insiderinformation zu verstehen ist, wird in § 13 WpHG definiert. Die gesetzlichen Bestimmungen zur Ad-hoc-Publizität gehen aus § 15 WpHG hervor. Die Einzelheiten hierzu werden im nachfolgenden Kapitel behandelt.[45]   **42**

Im Unternehmen muss durch organisatorische Maßnahmen sichergestellt werden, dass diese gesetzlichen Vorgaben auch erfüllt werden.   **43**

In der Regel ist das Erstellen und die Durchführung von Ad-hoc-Mitteilungen keine Aufgabe, die unmittelbar in den Tätigkeitsbereich einer Compliance-Organisation im Unternehmen fallen dürfte, wohingegen die Überwachung der Einhaltung der gesetzlichen Regelungen und die Ahndung etwaiger Verstöße eindeutig in den Kompetenzbereich von Compliance fällt.   **44**

Jedenfalls muss dafür Sorge getragen werden, dass eine zentrale Stelle im Unternehmen, die mit der Erstellung und der Veröffentlichung Ad-hoc-Mitteilungen befasst ist, umfassend über relevante Vorgänge informiert wird. Für Unternehmen, die an der NYSE (New York Stock Exchange) gelistet sind, ergibt sich kraft Unterworfenheit unter amerikanisches Kapitalmarktrecht bereits die Pflicht der Einrichtung eines Offenlegungskomitees (Disclosure Committee),[46] das die Aufgabe hat, bestimmte finanzielle und nicht finanzielle Informationen zu überprüfen und den Vorstand bei seiner Entscheidung über deren Veröffentlichung zu beraten und damit Compliance im Rahmen der Finanzberichterstattung sichern soll. Mitglieder eines solchen Offenlegungskomitees sollten die Leiter der Abteilungen sein, in denen Insiderinformationen gewöhnlicherweise entstehen oder verwaltet werden und deren Mitglieder kraft dessen Funktionsinsider darstellen. Zu denken ist dabei an die Leiter der Finanzsteuer- und Rechtsabteilungen, Investor Relations, M&A-Compliance und Communications, da hier erfahrungsgemäß die entsprechenden Informationen entstehen bzw. gehandhabt werden. Aufgrund der komplexen Materie empfiehlt es sich darüber hinaus, dieses Team intern durch Spezialisten in der eigenen Rechtsabteilung oder auch durch externe Berater in der Bewertung der Informationen zu unterstützen.   **45**

Wichtig ist eine klare Zuständigkeitsregelung. So umfasst der Zuständigkeitsbereich der zentralen Stelle regelmäßig[47]   **46**
– die Prüfung, ob ein bestimmter Umstand eine Insiderinformation darstellt, die sich auf Emittenten bezieht,
– die Prüfung der Voraussetzungen und Vorbereitung der Entscheidung für eine Befreiung von der Pflicht zur unverzüglichen Veröffentlichung i.S.v. § 15 Abs. 3 S. 1 WpHG,
– die Überwachung der Einhaltung der besonderen Verpflichtungen während einer Befreiung von der Pflicht zur unverzüglichen Veröffentlichung gem. § 15 Abs. 3 S. 2 WpHG,
– das Formulieren und die Veröffentlichung von Ad-hoc-Mitteilungen sowie
– die Prüfung, ob eventuell Berichtigungen von veröffentlichten Ad-hoc-Entscheidungen gem. § 15 Abs. 2 S. 2 WpHG nötig sind.

---

44 Emittentenleitfaden IV.1 S. 47.
45 Siehe 4. Kap.
46 Die Einrichtung des Disclosure Committee hat ihren Ursprung in den Vorgaben der Sektionen 302 und 906 des Sarbanes Oxley Act. Diese verpflichten den Chief Executive Officer und der Chief Financial Officer die korrekte Darstellung der finanziellen Situation des Unternehmens sowie die persönliche Überprüfung und Durchsicht der zu veröffentlichenden Berichte zu bestätigen und eidesstattlich zu versichern (Bilanzeid). Siehe dazu *Wolf/Runzheimer* S. 231.
47 *Schulz/Kuhnke* BB 2012, 143 ff., 145.

47 Für das Aussehen und den Inhalt einer solchen Mitteilung existieren genaue Vorgaben. Diese sind im Wesentlichen in der WpAIV enthalten.[48] Den Inhalt der Veröffentlichung regelt hier § 4 WpAIV. Wie im Emittentenleitfaden der BaFin zusammengestellt, müssen folgende formalen Voraussetzungen erfüllt sein:
- Überschrift „Ad-hoc-Meldung nach § 15 WpHG",
- Zusammenfassung des wesentlichen Inhalts der Mitteilung durch ein Schlagwort in der Überschrift,
- vollständiger Name bzw. Firma und Anschrift des Emittenten,
- internationale Wertpapierkennnummer (ISIN),
- Börse und das Handelssegment, für die der Emittent zugelassen ist.

48 Darüber hinaus sollen nach Emittentenleitfaden bzw. WpAIV folgende weitere Angaben in der Ad-hoc-Mitteilung enthalten sein:
- das Datum des Eintritts der der Information zugrunde liegenden Umstände,
- eine kurze Erklärung, inwieweit die Information den Emittenten unmittelbar betrifft, soweit sich dies nicht schon aus der zu veröffentlichenden Information ergibt,
- eine Erklärung, aus welchen Gründen die Information geeignet ist, im Falle ihres öffentlichen Bekanntwerdens den Börsen- oder Marktpreis erheblich zu beeinflussen, soweit sich dies nicht schon aus der zu veröffentlichenden Information ergeben.

49 Der Inhalt selbst der Ad-hoc-Mitteilung ist breit gefächert. Exemplarisch nennt hier der Emittentenleitfaden Geschäftszahlen, Ausschüttungen, Kooperationen/Zusammenarbeit, Kapitalmaßnahmen, strategische Unternehmensentscheidungen, Personal, Unternehmenskäufe und -verkäufe, Recht/Prozesse etc.[49]

50 Die Kunst des Aufbaus einer Organisation zur Abwicklung von Ad-hoc-Mitteilungen im Unternehmen liegt darin sicherzustellen, dass die zuständige Abteilung, wie z.B. das Offenlegungskommitee, alle diesbezüglich relevanten Informationen vollständig und unverzüglich erhält – eine Aufgabe, die gerade in großen Unternehmen und Konzernen nicht zu unterschätzen ist. Dabei ist zu berücksichtigen, dass die Organisation auch zu überprüfen hat, ob eine Befreiung von der Veröffentlichungspflicht wie z.B. nach § 15 Abs. 3 S. 1 WpHG vorliegt. Danach besteht die Möglichkeit, sich solange zu befreien, wie es der Schutz berechtigter Interessen erfordert, keine Irreführung der Öffentlichkeit vorliegt und der Emittent die Vertraulichkeit gewährleisten kann.[50]

51 Dabei ist die **Unverzüglichkeit** als unbestimmter Rechtsbegriff zu verstehen. Es handelt sich hier im Gegensatz zu anderen Publizitätspflichten, wie etwa in § 35 Abs. 1 WpÜG oder § 26 Abs. 1 S. 1 WpHG nicht um eine mehrtägige Maximalfrist.[51] Wichtig ist, dass wegen des Schnelligkeitsgebots die Organisation so optimiert ist, dass eine schnelle Veröffentlichung gewährleistet wird. Damit einher geht zunächst eine Informationsspeicherungspflicht. Diejenigen Informationen, die kapitalmarktrechtlich relevant sein oder in absehbarer Zeit werden könnten, sind unternehmensintern so zu speichern, dass sie von den entsprechenden Entscheidungsträgern jederzeit abrufbar sind.[52] Zwar besteht keine anlasslose Pflicht der Entscheidungsträger, Informationen abzufragen, doch wird sich der Emittent kaum exkulpieren können, wenn die Informationen im Unternehmen zwar vorhanden sind, nur nicht entsprechend weiter gegeben wurden. Unverzüglich im Sinne von „ohne schuldhaftes Zögern" erfasst daher nicht nur den tatsächlichen Wissensstand im Unternehmen, sondern

---

48 Verordnung zur Konkretisierung von Anzeige-, Mitteilungs- und Veröffentlichungspflichten sowie der Pflicht zur Führung von Insiderverzeichnissen nach dem Wertpapierhandelsgesetz (WpAIV).
49 Emittentenleitfaden IV.4.1: Angaben zum Emittenten und dessen Finanzinstrumenten, S. 68 f.
50 Siehe auch *Lebherz* S. 112.
51 *Lebherz* S. 87 ff. arbeitet die unterschiedlichen Unverzüglichkeitsbegriffe anschaulich heraus.
52 *Buck-Heeb* CCZ 2009, 18 ff., 24; *Lebherz* S. 301 f.

auch das Vorliegen einer Organisation, die sicherstellt, dass die Informationen an die entsprechende Stelle kommen.[53] Insofern ist im Zweifel konzernübergreifend zu denken, da entsprechende Informationen auch in größeren Tochtergesellschaften oder Beteiligungen entstehen können. In der Literatur wird hier zwischen drei verschiedenen Stadien der Informationsweitergabe unterschieden: einem internen Meldezeitraum, dem internen Entscheidungszeitraum und dem Veröffentlichungszeitraum.[54] Daneben muss selbstredend auch die Vertraulichkeit der Informationsweitergabe sichergestellt sein.[55]

Aus diesem Grund sollte einerseits der Kreis der zuständigen Empfänger möglichst klein gehalten werden, andererseits ist bei großen und komplexen Unternehmensstrukturen zu beachten, dass die zuständige Abteilung auch nicht mit Informationen überschwemmt wird. Insofern sollte der Informationsfluss vertikal über verschiedene Ebenen abgewickelt werden. Eine „Zergliederung" ist hier natürlich zu vermeiden. Um möglichst viele Informationen einzusammeln, gleichzeitig aber die zuständige Stelle nicht über Gebühr zu beanspruchen, bietet sich eine Pyramidenstruktur eines Informationssystems an.[56] **52**

Im Hinblick auf die Veröffentlichung selbst ist darauf zu achten, dass alle Marktteilnehmer zeitgleich informiert werden müssen und kein Informationsgefälle entsteht. Im Fall einer Ad-hoc-Mitteilung wird jedoch selten die Zeit bleiben, dies herauszufinden und die Mitteilungen entsprechend zu schalten, so dass oft nur die Möglichkeit bleibt, auf professionelle Anbieter zurückzugreifen.[57] **53**

Kein System funktioniert, wenn die betroffenen Mitarbeiter nicht entsprechend geschult sind. Denn der Mitarbeiter muss konkret im Einzelfall entscheiden, welche Information er oder sie weitergibt und welche als irrelevant anzusehen ist. Das Melde- bzw. Informationssystem muss daher durch eine intensive Schulungsarbeit begleitet werden. Nur so lässt sich sicherstellen, dass die Mitarbeiter der einschlägigen Fachabteilungen auch ihre Kollegen der Communications-Abteilung adäquat und zutreffend informieren. **54**

VII. Directors' Dealings gem. § 15a WpHG

Im Zentrum der Emittenten-Compliance steht ebenso ein ordnungsgemäßes Mitteilungs- und Veröffentlichungsverhalten sowie die Einrichtung der hierzu erforderlichen organisatorischen Maßnahmen im Rahmen der sog. **Directors' Dealings** nach § 15a WpHG. Hierunter sind Geschäfte mit Finanzinstrumenten des Emittenten von Aktien zu verstehen, die von dessen Führungspersonen getätigt werden, sowie weiteren Personen, die mit den Führungspersonen in einem engen Verhältnis stehen.[58] Nach § 15 Abs. 1 S. 1 und S. 2 WpHG ist über solche Geschäfte die Aufsichtsbehörde zu informieren. Nach § 15a Abs. 4 S. 1 WpHG ist die Veröffentlichung vorgesehen. Man unterscheidet daher eine Mitteilungs- und eine Veröffentlichungspflicht. Zu den Einzelheiten sei hier auf das 5. Kapitel „Directors' Dealings" verwiesen.[59] **55**

Hieraus ergeben sich Organisationspflichten für den Emittenten bzw. das Unternehmen.[60] **56**

---

53 *Buck-Heeb* CCZ 2009, 18 ff., 22; *Rodewald/Unger* BB 2006, 113 ff., 115.
54 *Lebherz* S. 92 ff.
55 *Buck-Heeb* CCZ 2009, 18 ff., 24.
56 *Lebherz* S. 98 f.
57 Viele Unternehmen bedienen sich dafür professioneller Anbieter wie beispielsweise der Deutschen Gesellschaft für Ad-hoc-Publizität (www.dgap.com/).
58 KölnKomm-WpHG/*Henrich* § 15a Rn. 1.
59 Siehe 5. Kap. Rn. 35 ff.
60 Siehe hierzu auch: *Wendel* CCZ 2008, 41 ff., 45.

Diese werden aus dem Schnelligkeitsgebot hergeleitet. Der Emittent muss der Mitteilungspflicht nämlich innerhalb von fünf Werktagen nachkommen (§ 15a Abs. 1 S. 1 WpHG). Vergleichsmaßstab ist ein Emittent vergleichbarer Größe und Struktur, der solche organisatorischen Maßnahmen getroffen hat.

57 Zunächst ist zu prüfen, ob der Emittent unter den Anwendungsbereich einer Mitteilungspflicht fällt. Mitteilungspflichtig sind Personen mit Führungsaufgaben beim Emittenten und solche Personen, die zu diesen Personen wiederum in enger Beziehung stehen. Hierzu zählen nicht nur natürliche, sondern auch juristische Personen. Vor einem Aktiengeschäft muss geklärt werden, ob der persönliche Anwendungsbereich bei der sogenannten Zielgesellschaft eröffnet ist.

58 Um den organisatorischen Aufwand zu reduzieren, aber auch aus dem Gebot der Transparenz heraus empfiehlt sich insoweit die Führung einer funktionsbezogenen Insiderliste.[61] Auf dieser sollten alle natürlichen Personen erfasst werden, die entweder Führungsaufgaben beim Emittenten oder eine direkte oder indirekte Kontrolle beim Emittenten ausüben (§ 15a Abs. 3 S. 3 WpHG).[62]

59 Darüber hinaus müssen diese Personen auch mitteilen, ob sie selbst oder eine ihnen nahestehende Person Führungsaufgaben bei einer Zielgesellschaft ausüben (weitere Voraussetzungen des § 15a Abs. 3 S. 3 WpHG).[62] Aus diesen Auskünften sollte der Emittent ebenso eine Liste von Zielgesellschaften führen. Diese Liste ist sodann von der für den Beteiligungserwerb zuständigen Stelle zu kontrollieren.

60 Die Pflicht zur Auskunft ergibt sich bei Organmitgliedern aus Treuepflichten, wohingegen sonstigen Mitarbeitern in Leitungspositionen gegenüber ein vertraglicher Anspruch besteht. Daher sollten in der Praxis die Arbeitsverträge mit diesen Personen entsprechende Klauseln enthalten.

61 Soweit entsprechende Aktienzuteilungen zentral bei einer Bank geführt werden, besteht darüber hinaus im Rahmen dieser Geschäftsverbindung die Möglichkeit die direkte Mitteilung von Directors' Dealings an die Zuständigen beim Emittenten zu vereinbaren.

62 Ist der persönliche Anwendungsbereich eröffnet, muss die für Beteiligungen zuständige Stelle des Emittenten die Information nach Eingang prüfen und die Information an diejenige Abteilung weitergeben, die für die Vornahme der Mitteilungen zuständig ist.

63 In der Praxis geschieht dies durch elektronische Meldesysteme. So ist zum einen eine Systematisierung der Meldungen gewährleistet, gleichzeitig werden Meldungen gespeichert und können mittels computergestützter Systeme leichter bearbeitet werden. Zusätzlich zu einem internen elektronischen Meldesystem zur eigentlichen Meldung an die BaFin kann auch deren elektronisches System benutzt werden. Wie allgemein bei der ganzen Mitteilungsthematik gilt auch hier, dass eine umfassende und fortlaufende Schulung der zuständigen Mitarbeiter zu gewährleisten ist. Nur auf diese Weise kann sichergestellt werden, dass die betreffenden Informationen über die einschlägigen Kanäle auch die zuständigen Stellen erreichen. Eine gewisse Steuerungsmöglichkeit besteht aber über den gesamten Fünf-Tages-Zeitraum.

---

61 Siehe Rn. 24.
62 *Lebherz* S. 180.

VIII. Stimmrechtsmitteilung gem. § 21 WpHG

Als instruktives Beispiel der Ad-hoc-Publizität, das als solches auch unter den Begriff der Emittenten-Compliance fällt, aber einen der erwähnten Vorgänge darstellt, die zumeist außerhalb des Unternehmens liegen, lässt sich die Stimmrechtsmitteilung ins Feld führen.[63] **64**

Unter einer **Stimmrechtsmitteilung** versteht man die Bekanntgabe des Besitzes einer gewissen Anzahl von Stimmrechten in Form von Aktien an einem Unternehmen. Beim Erreichen bestimmter Meldeschwellen haben Aktienbesitzer eine Stimmrechtsmitteilung an die BaFin zu machen. Wird ein in § 21 Abs. 1 S. 1 WpHG genannter Prozentanteil von 3, 5, 10, 15, 20, 25, 30, 50 oder 75 % erreicht bzw. unterschritten, muss der Emittent entsprechend handeln. **65**

Die Mitteilung muss gem. § 17 Abs. 1 WpAIV enthalten: **66**
– die deutlich hervorgehobene Überschrift „Stimmrechtsmitteilung" (§ 17 Abs. 1 Nr. 1),
– den Namen und die Anschrift des Mitteilungspflichtigen (§ 17 Abs. 1 Nr. 2),
– den Namen und die Anschrift des Emittenten (§ 17 Abs. 1 Nr. 3),
– sämtliche berührten Schwellen sowie die Angabe, ob die Schwellen erreicht, überschritten oder unterschritten wurden (§ 17 Abs. 1 Nr. 4),
– die Höhe des nunmehr gehaltenen Stimmrechtsanteils in Prozent und Anzahl der Stimmrechte (§ 17 Abs. 1 Nr. 5) – maßgeblich ist der Tag der Schwellenberührung, das Datum des Überschreitens, Unterschreitens oder Erreichens der Schwellen (§ 17 Abs. 1 Nr. 6) und
– die Angabe, ob und wie viele Stimmrechte durch Ausübung des durch Finanzinstrumente nach § 25 Abs. 1 S. 1 WpHG verliehenen Rechts, Aktien eines Emittenten, für den die Bundesrepublik Deutschland der Herkunftstaat ist, zu erwerben, erlangt wurden (§ 17 Abs. 1 Nr. 7).

Des Weiteren muss der Meldepflichtige die Mitteilung unverzüglich vornehmen, d.h. spätestens hat die Mitteilung nach vier Handelstagen zu erfolgen. Die Frist beginnt nach § 21 Abs. 1 S. 3 WpHG mit dem Zeitpunkt, zu dem der Meldepflichtige Kenntnis davon hat oder nach den Umständen haben musste, dass sein Stimmrechtsanteil die relevanten Schwellen erreicht, überschreitet oder unterschreitet.[64] **67**

Ein Standardformular kann unter www.bafin.de » Unternehmen » Börsennotiere Unternehmen » Bedeutende Stimmrechtsanteile » Standardformular für Stimmrechtsmitteilungen nach §§ 21 ff. WpHG und Muster einer Mitteilung und Veröffentlichung heruntergeladen werden. **68**

Handelt es sich um eigene Aktien des Unternehmens, kann dieses selbst als Objekt keine Mitteilung durchführen. Handelt sich jedoch um den Erwerb oder den Verkauf einer Beteiligung, gilt auch hier, dass im Rahmen der Emittenten-Compliance strukturell sichergestellt werden muss, dass diejenige Abteilung, die für den Beteiligungserwerb zuständig ist, diejenige Abteilung, die für die Mitteilungen an die BaFin zuständig ist, unverzüglich entsprechend benachrichtigt. Auch hier bietet sich der besseren Handhabbarkeit und Dokumentation wegen ein elektronisches Meldesystem an. Die betreffenden Mitarbeiter sind entsprechend zu schulen. **69**

---

63 Vgl. hierzu 6. Kap. Rn. 176.
64 Emittentenleitfaden VIII.2 S. 127 ff., 134 f.

IX. Entsprechenserklärung

70 In den Rahmen der Emittenten-Compliance wird man auch die Abgabe und Kontrolle der Einhaltung der **Entsprechenserklärung** gem. § 161 AktG einzubeziehen haben. Zwar ist diese Norm kraft Regelungszusammenhangs in erster Linie den gesellschaftsrechtlichen Publizitätspflichten zuzuordnen, doch hat sie entsprechend der Zielvorgabe des DCGK, das Vertrauen potentieller Anleger in die Ordnungsmäßigkeit und Transparenz der Unternehmensleitung und -überwachung deutscher Unternehmen zu stärken, auch eine starke kapitalmarktrechtliche Komponente.[65] Nach § 161 S. 1 AktG müssen Vorstand und Aufsichtsrat börsennotierter Gesellschaften jedes Jahr erklären, ob sie den Empfehlungen des DCKG in der Vergangenheit entsprochen haben und ihnen auch zukünftig entsprechen werden. Die Regelung wurde im Jahr 2002 durch das TransPuG[66] in das AktG eingeführt. Beim DCKG selbst handelt es sich hingegen nicht um formelles Recht. Er wurde von der in 2001 eingesetzten Regierungskommission gleichen Namens erarbeitet und wird seither ständig aktualisiert.

71 Die Entsprechenserklärung umfasst eine Wissenserklärung für die Vergangenheit und eine Absichtserklärung für die Zukunft.[67] Die Wissenserklärung bezieht sich regelmäßig auf das abgelaufene Geschäftsjahr und hat sich an der jeweiligen Fassung des DCGK zu orientieren.[68] Gegebenenfalls ist eine Aktualisierungserklärung abzugeben. Da sich die Wissenserklärung auf die Vergangenheit bezieht, muss sie richtig sein, die auf die Zukunft gerichtete Absichtserklärungserklärung wahrheitsgemäß. Eine Nichtentsprechungserklärung muss nur bei Unterschreiten der Standards und auch dann nur bei gewichtigen bzw. bedeutenden Abweichungen erfolgen,[69] nicht jedoch bei Überschreiten. Für den Fall, dass sich die Wissenserklärung im Nachhinein als unrichtig herausstellt, ist diese unverzüglich zu berichtigen. Diese Pflicht kann neben die in einem solchen Fall eventuell auch nötige Ad-hoc-Mitteilung nach § 15 Abs. 1 WpHG – unter Beachtung der dort geltenden Parameter der Unverzüglichkeit – treten.

72 Während die Wissenserklärung die Sammlung und Auswertung von Daten aus der Vergangenheit erfordert, müssen sich Vorstand und Aufsichtsrat bei Abgabe der Willenserklärung auch darüber klar werden, wie sie die entsprechenden Empfehlungen umsetzen wollen. Eine einmal geschaffene Struktur ist daher stets auch dahingehend zu überprüfen, ob diese den aktuellen Anforderungen des DCKG noch gerecht wird. Andernfalls muss eine dahingehend abgegebene Erklärung gegebenenfalls revidiert oder eine anstehende Erklärung eingeschränkt werden. Es empfiehlt sich daher, die Erklärung erst abzugeben, wenn auch gewährleistet ist, dass die Empfehlungen intern umgesetzt werden können. Die Absichtserklärung gilt für einen unbestimmten Zeitraum, muss aber alle 12 Monate erneuert werden. Wie diese Empfehlungen umzusetzen sind, unterliegt der Entscheidungsfreiheit der Gesellschaft. Dies kann durch Satzung oder Geschäftsordnung erfolgen, im Bereich der Compliance-Maßnahmen durch einen Code of Conduct. Ferner sollten die Dienstverträge der Organmitglieder entsprechende Klauseln enthalten, soweit eine Regelung des DCKG Dienstpflichten zum Inhalt hat.[70] Auf der Seite der Regierungskommission findet sich ein Link zu den Entsprechenserklärungen, die die DAX- und MDAX-Unternehmen abgege-

---

65 So die Erklärung auf der Homepage der Regierungskommission: www.corporate-governance-code.de/index.html; *Rodewald/Unger* BB 2006, 113 ff., 116.
66 Gesetz zur weiteren Reform des Aktien- und Bilanzrechts, Transparenz und Publizität, in Kraft getreten am 26.7.2002.
67 MK-AktG/*Goette* § 161 Rn. 35.
68 MK-AktG/*Goette* § 161 Rn. 41.
69 Ringleb/Kremer/Lutter/v. Werder/*Ringleb* Rn. 1554.
70 MK-AktG/*Goette* § 161 Rn. 77.

ben haben.⁷¹ Diese Offenlegung ermöglicht ein Benchmarking sowohl aus Sicht der davon betroffenen Unternehmen, aber auch aus der Sicht potentieller Anleger und Investoren. Auch wird dieser eine gewisse Disziplinierungswirkung nicht abzusprechen sein. Für Unternehmen, die an die Börse streben, dürften diese Links darüber hinaus eine wertvolle Hilfe darstellen.

Da eine bekanntgewordene Abweichung bzw. Nichteinhaltung von der bzw. den Erklärungen zu Reputationsschäden und zu Vertrauensverlust der Anleger in eine gute Unternehmensleitung mit entsprechenden, auch materiellen, negativen Auswirkungen für die Gesellschaft führen kann, endet die Pflicht nicht mit dem formalen Umsetzen der Empfehlungen, vielmehr muss deren Einhaltung auch stets kontrolliert werden. Dies ergibt sich zum einen schon aus der allgemeinen Sorgfaltspflicht in § 93 S. 1 AktG. Sie wird jedoch auch im Hinblick auf die am Ende des Geschäftsjahres abzugebende Wissenserklärung zur Notwendigkeit. **73**

Neben der Einrichtung eines Meldesystems, das sich sachlich an den Empfehlungen des DCGK und persönlich an den Adressaten des DCKG orientiert, empfiehlt sich in größeren Gesellschaften die Benennung eines Corporate-Governance-Beauftragten oder eines entsprechenden Teams, bei dem diese Informationen zusammenlaufen, der bzw. das diese auswertet und die aktuelle Entsprechung überprüft, Anpassungsbedarf bei Änderungen des DCKG erfasst sowie die Abstimmung zwischen Vorstand und Aufsichtsrat organisiert und koordiniert.⁷² Diese Funktion kann im Bereich der Investor Relations, in der Rechtsabteilung oder beim Corporate Compliance Officer angesetzt werden. Auch hier muss das Meldesystem sicherstellen, dass die notwendigen Informationen zeitgerecht und zutreffend über die entsprechenden internen Tätigkeitsbereiche berichten. Diese Informationen werden regelmäßig unter der Schwelle einer Insiderinformation liegen, auch soweit es sich um Abweichungen vom DCGK handelt. Ist jedoch eine Aktualisierungserklärung abzugeben, wäre es beispielsweise Aufgabe des Corporate-Governance-Beauftragten zu prüfen, ob die Schwelle des § 15 WpHG erreicht ist. **74**

X. Marktmanipulation

Im Rahmen einer Emittenten-Compliance sollte der Tatbestand der Marktmanipulation nicht außer Acht gelassen werden. Als **Marktmanipulation** wird eine Reihe von Praktiken bezeichnet, die durch unfaire Maßnahmen die Preisfindung beeinflussen, um ungerechtfertigte Gewinne zu erzielen.⁷³ **75**

Gem. § 20a Abs. 1 WpHG ist als Marktmanipulation verboten: **76**
– unrichtige oder irreführende Angaben über Umstände zu machen, die für die Bewertung eines Finanzinstruments erheblich sind...,
– Geschäfte vorzunehmen oder Kauf- oder Verkaufsaufträge zu erteilen, die geeignet sind, falsche oder irreführende Signale für das Angebot, die Nachfrage oder den Börsen- oder Marktpreis von Finanzinstrumenten zu geben oder ein künstliches Preisniveau herbeizuführen oder
– sonstige Täuschungshandlungen vorzunehmen, die geeignet sind, auf den inländischen Börsen- oder Marktpreis eines Finanzinstruments ... einzuwirken.

---

71 Auf der Seite der Regierungskommission findet sich ein Link zu den Entsprechenserklärungen, die die DAX- und MDAX-Unternehmen abgegeben haben. Siehe insoweit Emittentenleitfaden VIII.2 S. 127 ff., 134 f.
72 *Lebherz* S. 232 ff.; differenzierend Ringleb/Kremer/Lutter/v. Werder/*Ringleb* Rn. 1602 ff.
73 Zur Marktmanipulation siehe 28. Kap.

77 Unter dem Stichwort Emittenten-Compliance ist eine Verwirklichung des Tatbestands durch **informationsbezogene Handlungen** denkbar, z.B. durch die Verbreitung unrichtiger Behauptungen über wesentliche Tatsachen oder das Verschweigen wesentlicher Tatsachen oder wesentlicher Interessen.[74]

78 Dies bedeutet konkret, dass den in diesem Kapitel beschriebenen Meldepflichten insofern zu entsprechen ist, als dass die in den Mitteilungen erklärten Tatsachen stets wahrheitsgemäß sein müssen, da anderenfalls der Tatbestand einer Markmanipulation verwirklicht sein könnte.

XI. Weitere organisatorische Vorgaben aus anderen Bereichen

79 In den vorherigen Kapiteln wurde bereits deutlich, dass die kapitalmarktrechtlichen Informations-, Mitteilungs- und Veröffentlichungspflichten den Organen der Gesellschaft erhebliche Organisationspflichten auferlegen, die sie kraft ihrer Legalitätspflicht in ihrer Organisation umsetzen müssen. Insoweit stellt sich die Frage, ob sich aus weiteren Vorschriften, gegebenenfalls über eine Analogie, höhere Anforderungen dahingehend ergeben, dass eine eigene Organisation für Emittenten-Compliance im Unternehmen vorgehalten werden muss. In diesem Zusammenhang werden immer wieder exemplarisch genannt: § 33 Abs. 1 WpHG, § 25a Abs. 1 KWG, § 9 GwG oder § 130 OWiG.

80 Die Organisationspflicht nach § 33 Abs. 1 WpHG richtet sich an Wertpapierdienstleistungsunternehmen im Sinne des § 2 Abs. 4 WpHG und verpflichtet diese Unternehmen im Wesentlichen darauf, intern angemessene Vorkehrungen zu treffen und Verfahren zu etablieren, die darauf ausgerichtet sind sicherzustellen, dass die Vorgaben des WpHG durch das Unternehmen selbst und seine Mitarbeiter gewahrt werden, wobei insbesondere eine dauerhafte und wirksame Compliance-Funktion einzurichten ist, die ihre Aufgaben unabhängig wahrnehmen kann (Nr. 1). Dies beinhaltet insbesondere die Einrichtung entsprechender interner Kontrollen. Ferner hat das Unternehmen angemessene Vorkehrungen zu treffen, um die Kontinuität und Regelmäßigkeit der zu erbringenden Leistungen zu gewährleisten (Nr. 2) und auf Dauer wirksame Vorkehrungen für angemessene Maßnahmen zu treffen, um Interessenkonflikte bei der Erbringung der genannten Leistungen zu erkennen und eine Beeinträchtigung der Kundeninteressen zu vermeiden (Nr. 3). Die explizite Pflicht eine Compliance-Funktion einzurichten wurde 2007 in das Gesetz aufgenommen. Ergänzt wird § 33 WpHG durch die MaComp.[75] Diese beschreibt unter AT 6.2. „Mittel und Verfahren des Wertpapierdienstleistungsunternehmens", unter Ziffer 3 Maßnahmen zur Wahrung der Vertraulichkeit, wie die Einrichtung von „Chinese Walls", „Wall-Crossing", „Watchlists" und „Restricted Lists". Allerdings gilt § 33 WpHG für Emittenten weder direkt noch analog. Zwar haben diese Regelungen auch den Anlegerschutz im Blickfeld. Wortlaut und Inhalt dieser Regelungen zeigen jedoch, dass sie darüber hinaus den besonderen Konstellationen Rechnung tragen wollen, die bei Wertpapierdienstleistungsunternehmen auftreten. Diese betreuen verschiedene Vermögensmassen, unterstützen bei Emissionen verschiedener Emittenten und kommen als externe Dienstleister daher regelmäßig bestimmungsgemäß mit unternehmensinternen Informationen verschiedener Unternehmen in Berührung. Sind sie selbst in Form einer börsennotierten Gesellschaft inkorporiert, hängt der eigene Wert vom guten Verlauf der Geschäfte und einem entsprechenden Renommee ab. Diese Situation findet ihre Entsprechung jedoch nicht beim Emittenten. Ihm geht es um den Wert der eigenen Aktien und Finanzinstrumente. Selbst soweit sich solche

---

74 Siehe hierzu Volk/*Benner* § 22 Rn. 361.
75 Rundschreiben 4/2010 (WA) – Mindestanforderungen an die Compliance-Funktion und die weiteren Verhaltens-, Organisations- und Transparenzpflichten nach §§ 31 ff. WpHG für Wertpapierdienstleistungsunternehmen. Neugefasst am 30.11.2012. Abgedruckt unter: www.bafin.de/SharedDocs/Veroeffentlichungen/DE/Rundschreiben/rs_1004_wa_macomp.html.

im Umlaufvermögen befinden und mit diesen gehandelt wird, ist dies nicht Primärzweck. Neben der fehlenden Vergleichbarkeit der Situation fehlt es auch an einer planwidrigen Regelungslücke. Trotz der Regelungsverdichtung in den letzten Jahren, insbesondere das Festschreiben von Compliance-Funktionen in Spezialgesetzen, wurde weder auf EU-Ebene noch seitens des deutschen Gesetzgebers die Notwendigkeit gesehen, auch für Emittenten eine Compliance-Funktion ähnlich der des § 33 Abs. 1 Nr. 1 WpHG verbindlich vorzuschreiben.

Vergleichbares gilt für § 25a KWG. Dieser regelt in Abs. 1 die besonderen organisatorischen Pflichten der Kreditinstitute und Finanzdienstleistungsinstitute im Sinne des § 1 Abs. 1 KWG sowie der in § 25a Abs. 1a KWG genannten Institutsgruppen. § 25a KWG legt Instituten in diesem Sinne die Pflicht zu einer ordnungsgemäßen Geschäftsorganisation auf, die insbesondere ein angemessenes und wirksames Risikomanagement umfasst, auf dessen Basis ein Institut die Risikotragfähigkeit laufend sicherzustellen hat. Dies umfasst entsprechende interne Vorgaben, deren Kontrollen und insbesondere auch eine angemessene personelle und technisch-organisatorische Ausstattung. Die Einzelheiten orientieren sich an der Geschäftstätigkeit, wobei die Angemessenheit regelmäßig zu überprüfen ist. Durch diese an das Institut selbst gerichtete Organisationspflicht wird das unternehmerische Ermessen, das § 93 Abs. 1 AktG oder vergleichbare Regelungen zugestehen, mittels des Aufsichtsrechtes eingeschränkt.[76] Der Regelungsbereich ist weit gefasst. Die vom Institut im Sinne des Abs. 1 S. 1 zu beachtenden gesetzlichen Bestimmungen umfassen den Anlegerschutz, Regelungen zur Vorbeugung von Missständen im Kreditwesen, die einschlägigen Finanzmarktregelungen, aber auch Datenschutz oder das BGB allgemein.[77] Voraussetzung ist jedoch ein Bezug zum Institutsbetrieb. Die Einrichtung einer Compliance-Funktion wird im BaFin-Rundschreiben zu den Mindestanforderungen an das Risikomanagement (MaRisk)[78] konkretisiert. Nach AT 4.4.2 MaRisk muss jedes Institut über eine Compliance-Funktion verfügen, um den Risiken, die sich aus einer Nichteinhaltung rechtlicher Regelungen und Vorgaben ergeben können, entgegenzuwirken. Trotz dieser weiten Formulierung lässt sich auch hieraus keine Analogie für Emittenten herleiten, da weder eine planwidrige Regelungslücke vorliegt, noch eine vergleichbare Situation. Die genannten Pflichten sollen ein ordnungsgemäßes Funktionieren des Finanzdienstleistungsinstitutes in seinem Umfeld gewährleisten. Der Schwerpunkt liegt im Verhältnis Kunde/Institut und ist im Wesentlichen transaktionsbezogen.[79]

Auch das GwG legt den ihm unterfallenden Unternehmen neben umfangreichen Sorgfaltspflichten in verschiedenen Abstufungen in den §§ 3–7 und entsprechenden Dokumentationspflichten in § 8 und § 9 zahlreiche interne Sicherungsmaßnahmen auf. So müssen gewisse Unternehmen nach § 9 Abs. 2 GwG einen Geldwäschebeauftragten bestimmen, der auch intern mit den entsprechenden Befugnissen und Zugängen zu versehen ist, die Zuverlässigkeit der Beschäftigten prüfen, diese schulen sowie entsprechende IT-Systeme und Kontrollen vorhalten soll, die der Verhinderung der Geldwäsche und Terrorismusfinanzierung dienen. Ferner sieht § 11 GwG eine Meldepflicht vor. Die Normen des GwG richten

---

76 *Lösler* NZG 2005, 106.
77 *Lösler* NZG 2005, 106 m.w.N.
78 Die MaRisk ist ein Rundschreiben 10/2012 (BA) vom 14.12.2012 der BaFin, das auf Grundlage des § 25a KWG – nach eigener Beschreibung – einen flexiblen praxisnahen Rahmen für die Ausgestaltung des Risikomanagements der Institute vorgibt. Es stellt ferner den qualitativen Rahmen für die Umsetzung der Art. 22 und 123 der Richtlinie 2006/48/EG (Bankenrichtlinie) dar und setzt über § 33 Abs. 1 WpHG i.V.m. § 25a KWG den Art. 13 der Richtlinie 2004/39/EG (Finanzmarktrichtlinie) um, soweit er auf Kredit- und Finanzdienstleistungsinstitute gleichermaßen Anwendung findet. Erläuterungen zu der MaRisk in der Fassung vom 14.12.2012, AT 4.3 Internes Kontrollsystem, Ziffer 1 und Compliance Funktion und AT 4.4.2, abgedruckt unter www.bafin.de/SharedDocs/Veroeffentlichungen/DE/Rundschreiben/rs_1210_marisk_ba.html.
79 *Lebherz* S. 373 f.

sich an die in § 2 GwG genannten Verpflichteten und damit gem. § 2 Abs. 1 Nr. 12 GwG auch an Handels- und Produktionsunternehmen, die gleichermaßen dafür Sorge zu tragen haben, dass mit deren Geschäfts- und Geldtransaktionen nicht illegales Geld beispielsweise aus dem Drogen- oder Waffenhandel in den regulären Wirtschaftskreislauf eingeschleust wird.[80] Diese Definition liefert jedoch auch schon die Einschränkung des Regelungsbereiches durch den Transaktionsbezug, so dass es für eine mögliche Analogie im Hinblick auf die Schaffung einer Compliance-Funktion bei Emittenten in Bezug auf Informations-, Veröffentlichungs- und Mitteilungspflichten schon an einer Vergleichbarkeit der Situation fehlt. Regelungsziel des GwG ist, anders als bei den Publizitätspflichten, nicht das Wohlverhalten des Unternehmens am Markt und der Schutz der Anleger, sondern den Strafverfolgungsbehörden mit Hilfe der Inpflichtnahme des Unternehmens einen schnelleren Zugriff auf strafrechtlich relevante Transaktionsdaten zu ermöglichen.[81]

83 Schließlich stellt sich die Frage, ob § 130 Abs. 1 OWiG die Pflicht der Einrichtung einer Compliance-Funktion begründet. Nach 130 Abs. 1 OWiG liegt eine Ordnungswidrigkeit vor, wenn der Inhaber eines Betriebs oder Unternehmens vorsätzlich oder fahrlässig erforderliche Aufsichtsmaßnahmen unterlässt und es hierdurch zu einer betriebsbezogenen Zuwiderhandlung gekommen ist. Adressat ist der Betriebsinhaber, bei Aktiengesellschaften nach § 9 Abs. 1 Nr. 3 OWiG in erster Linie der Vorstand gem. § 78 Abs. 1 AktG. Betriebsbezogen sind in erster Linie solche Pflichten, die den Inhaber des Betriebs als solchen treffen und straf- oder bußgeldbewehrt sind. Dazu zählen auch die den Emittenten treffenden Pflichten aus §§ 15 ff. WpHG. Diese sind in § 39 WpHG bußgeldbewehrt und richten sich ausdrücklich an den Emittenten. Als erforderliche Maßnahmen sieht das Gesetz in § 130 Abs. 1 S. 2 OWiG die „Bestellung, sorgfältige Auswahl und Überwachung von Aufsichtspersonen" an, wobei diese Aufzählung nicht abschließend ist. Das Pflichtenspektrum umfasst Leitungs-, Koordinations-, Organisations- und Kontrollpflichten. Die Ausgestaltung im Einzelnen richtet sich nach den Parametern des Betriebs, wie z.B. Größe, geschäftliches und regulatorisches Umfeld, Struktur etc. Fraglich ist, ob § 130 OWiG Vorgaben im Hinblick auf die Etablierung einer Compliance-Funktion machen kann und machen will. Der Rechtsnatur nach ist § 130 OWiG eine Sanktionsnorm, die gesetzliche Vertreter im Fall der fehlenden bzw. mangelnden Aufsicht bei sanktionierbaren Zuwiderhandlungen von Mitarbeitern in die Pflicht nimmt. § 130 OWiG stellt damit die strafrechtliche Absicherung eines ohnehin bestehenden zivilrechtlichen Pflichtenprogramms dar. Eine vorhandene und gelebte Compliance-Funktion vermag hingegen den Vorwurf einer Aufsichtspflichtverletzung zu entkräften und damit die Sanktion nicht nur vom einzelnen Vorstandsmitglied, sondern wegen § 30 OWiG auch vom Unternehmen und damit vom Emittenten abzuwenden.[82]

XII. Zusammenfassung

84 Zusammenfassend ist festzustellen, dass Emittenten-Compliance den Organen der Gesellschaft erhebliche Organisationspflichten auferlegt. Organisiert und etabliert werden müssen Informationserfassungs- und Meldesysteme, um den gesetzlich normierten und damit der Legalitätspflicht der Organe unterliegenden Informations-, Mitteilungs- und Veröffentlichungspflichten gerecht zu werden. Intern muss daher durch entsprechende Vorgaben und Kontrollen sichergestellt werden, dass die Informationen inhaltlich zutreffend erfasst, richtig klassifiziert und korrekt kommuniziert werden, damit das Unternehmen diesen Pflichten adäquat nachkommen kann. Ferner müssen interne Zugangsbeschränkungen und

---

80 *Sandleben/Wittmann* BC 2010, 464.
81 So auch *Lebherz* S. 378.
82 *Moosmayer* NJW 2012, 3013 ff., 3014.

flankierende Maßnahmen der Informations-und Datensicherheit etabliert werden, um Vertraulichkeit zu gewährleisten und den Zugriff Unbefugter auf sensible Informationen zu verhindern.

Nicht erforderlich ist dafür – zumindest bei Emittenten außerhalb des Finanzmarktes – eine eigene Compliance-Abteilung, die sich nur mit dem Thema Emittenten-Compliance beschäftigt. Aufgrund der möglichen Vielzahl betroffener Unternehmensbereiche und der sehr komplexen und speziellen Materie würde dies möglicherweise einen Aufwand erfordern, der erfahrungsgemäß einer eher geringen Anzahl von tatsächlichen Rechtsverstößen auf diesem Gebiet gegenübersteht. Dies würde auch den Rahmen einer gebotenen Prävention sprengen. Es ist daher durchaus sinnvoll, die Verantwortung für die Handhabung der kritischen unternehmens- und kursrelevanten Information einschließlich der zu generierenden Meldungen den Stabsabteilungen zuzuordnen, die naturgemäß auch den Zugang zu diesen und diese flankierenden Informationen sowie das entsprechende Fachwissen haben, beispielsweise für Directors' Dealings die für die Organmitglieder zuständige HR-Abteilung oder bei Investor Relations.[83] Ähnliches gilt für das Insiderverzeichnis. Allerdings empfiehlt es sich, dieses zentral und elektronisch zu führen, um im Fall einer Anfrage der BaFin die entsprechenden Auswertungen fahren zu können und auch den gesetzlich vorgeschriebenen Aktualisierungs- und Löschpflichten nachkommen zu können. Rechtsänderungen sollten von einer hierfür zuständigen Rechtsabteilung erfasst werden, die, will der Vorstand insoweit seiner Leitungsfunktion nachkommen, auch die entsprechende Kompetenz intern vorhalten oder sich durch externen Rat regelmäßig davon überzeugen muss, dass die vorhandenen Systeme noch ausreichend sind. Notwendige Veränderungen sollten zügig implementiert und mit Hilfe eines entsprechenden Risikomanagements auch regelmäßig auf ihre Funktionsfähigkeit überprüft werden. Hierzu gehört auch das Erkennen der Notwendigkeit von Schulungen und deren Durchführung, Maßnahmen der Informationssicherheit und deren Anpassung sowie gegebenenfalls die Erörterung und Implementierung von Anpassung der Arbeits- und Dienstverträge. Wichtig ist auch eine klare Botschaft des Managements beispielsweise durch entsprechende Regelungen im Code of Conduct, insbesondere zum Thema Insiderhandelsverbote. Diese erreichen alle Mitarbeiter und damit auch mögliche Sekundärinsider. Die Verantwortung für Meldungen nach außen ist regelmäßig – sofern nicht ein Offenlegungskommitee etabliert ist – bei der jeweiligen Presse- oder Investor-Relations-Abteilung angesiedelt, wobei hier, wie oben dargestellt, wichtig ist, dass durch entsprechende Prozesse sichergestellt wird, dass diese Abteilungen die benötigten Informationen unverzüglich und mit richtigem Inhalt erhalten, um ihren Pflichten nachkommen zu können. Wegen möglicher rechtlicher Vorfragen empfiehlt es sich, in diese Entscheidungsfindung die Rechts- und/oder Compliance-Abteilung mit einzubinden. Aufgabe der bestehenden „klassischen" Compliance-Funktion in diesem Kontext sollte es sein, zum Einen in der Schulungstätigkeit zu unterstützen und bei der Implementierung beratend zu Seite zu stehen. Ferner sollten Meldungen über mögliche Verstöße aufgedeckt und diese gegebenenfalls in Zusammenarbeit mit den genannten Fachabteilungen und/oder externen Beratern untersucht werden. Die Erkenntnisse sind dem Management zuzuleiten, damit dies zum einen eventuell notwendige disziplinarische Maßnahmen treffen kann aber auch entsprechende Folgerungen für das Risikomanagement ziehen kann. Da Compliance Officer im operativen Umfeld regelmäßig in M&A-Projekte oder auch in die Akquisition und den Verlauf von anderen Projekten mit erheblichem Kursbeeinflussungspotential involviert sein dürften, kommt ihnen hier gegebenenfalls die Aufgabe als Mittler zu den jeweiligen Stabstellen zu, insbesondere aber eine Pflicht zur Eskalation an die eigene Stabsabteilung bei der Identifikation von Verstößen.

---

83 Beispiele für eine Einbettung in eine bestehende Organisationsstruktur in: *Wendel* CCZ 2008, 41 ff., 46 ff.

4. Kapitel
Ad-hoc-Publizität in börsennotierten Unternehmen

Literatur: *Bank* Das Insiderhandelsverbot in M&A-Transaktionen, NZG 2012, 1337; *Bedkowski* Der neue Emittentenleitfaden der BaFin – nunmehr veröffentlicht, BB 2009, 1482; *Bonin/Böhmer* Der Begriff der Insiderinformation bei gestreckten Sachverhalten, EuZW 2012, 694; *Bussian* Die Verwendung von Insiderinformationen, WM 2011, 8; *Fleischer* Ad-hoc-Publizität beim einvernehmlichen vorzeitigen Ausscheiden des Vorstandsvorsitzenden – Der DaimlerChrysler Musterentscheid des OLG Stuttgart, NZG 2007, 401; *Gunßer* Ad-hoc-Veröffentlichungspflicht bei zukunftsbezogenen Sachverhalten, NZG 2008, 856; *ders.* Der Vorlagebeschluss des BGH zum Vorliegen einer „Insiderinformation" in gestreckten Sachverhalten (Fall „Schrempp"), ZBB 2011, 76; *Heider/Hirte* Ad-hoc Publizität bei zeitlich gestreckten Vorgängen, GWR 2012, 429; *Hitzer* Zum Begriff der Insiderinformation, NZG 2012, 860; *Hupka* Kapitalmarktaufsicht im Wandel – Rechtswirkungen der Empfehlungen des Committee of European Securities Regulators (CESR) im deutschen Kapitalmarktrecht, WM 2009, 1351; *Kalls* Insiderinformation wohin?, EuZW 2011, 449; *Klöhn* Der „gestreckte Geschehensablauf" vor dem EuHG (zum DaimlerChrysler-Vorlagebeschluss des BGH), NZG 2011, 166; *ders.* Das deutsche und europäische Insiderrecht nach dem Geltl-Urteil des EuGH, ZIP 2012, 1885; *Koch* Die Ad-hoc-Publizität nach dem Komisionsentwurf einer Marktmissbrauchsverordnung, BB 2012, 1365; *Kocher* Ad-hoc-Publizität und Insiderhandel bei börsennotierten Anleihen, WM 2013, 1305; *Kocher/Widder* Die Bedeutung von Zwischenschritten bei der Definition von Insiderinformationen, BB 2012, 2837; *Kollmorgen* BB Kommentar zum BGH Beschluss 22.11.2010 – II ZB 7/09, BB 2011, 526; *Krämer/Kiesewetter* Rechtliche und praktische Aspekte einer Due Diligence aus öffentlich zugänglichen Informationsquellen einer börsennotierten Gesellschaft, BB 2012, 1679; *Krause/Brellochs* Insiderrecht und Ad-hoc-Publizität bei M&A- und Kapitalmarkttransaktionen im europäischen Rechtsvergleich, AG 2013, 309; *Langenbucher* Der „vernünftige Anleger" vor dem EuGH – Zu den Schlussanträgen des GA Mengozzi in der Sache „Schrempp", BKR 2012, 145; *Leuering* Behandlung zukünftiger Umstände im Recht der Ad-hoc-Publizität – Zum Daimler-Chrysler Musterentscheid des BGH vom 25.2.2008, DStR 2008, 1287; *Mennicke* Ad-hoc-Publizität bei gestreckten Entscheidungsprozessen und die Notwendigkeit der Selbstbefreiung, NZG 2009, 1059; *Merkner/Sustmann* Insiderrecht und Ad-hoc-Publizität – Das Anlegerschutzverbesserungsgesetz „in der Fassung durch den Emittentenleitfaden der BaFin", NZG 2005, 729; *Möllers* Der BGH, die BaFin und der EuGH: Ad-hoc-Publizität beim einvernehmlichen vorzeitigen Ausscheiden des Vorstandsvorsitzenden Jürgen Schrempp, NZG 2008, 330; *Möller/Seidenschwann* Anlegerfreundliche Auslegung des Insiderrechts durch den EuGH – Das Ende der Daimler/Schrempp-Odyssee in Luxemburg, NJW 2012, 2762; *Nikoleyczik* Ad-hoc-Publizitätspflicht bei zukunftsbezogenen Sachverhalten, GWR 2009, 82; *ders.* Der neue Emittentenleitfaden der BaFin, GWR 2009, 264; *Nikoleyczik/Gubitz* Das Insiderhandelsverbot bei M&A Transaktionen nach der „Spector"-Entscheidung des EuGH, GWR 2011, 159; *Pattberg/Bredol* Der Vorgang der Selbstbefreiung von der Ad-hoc-Publizitätspflicht, NZG 2013, 87; *Schneider/Gilfrich* Die Entscheidung des Emittenten über die Befreiung von der Ad-hoc-Publizitätspflicht, BB 2007, 53; *Spindler* Haftung für fehlerhafte und unterlassene Kapitalmarktinformation – ein (weiterer) Meilenstein, NZG 2012, 575; *Spindler/Speier* Die neue Ad-hoc-Publizität im Konzern, BB 2005, 2031, 2033; *Staake* Die Vorverlagerung der Ad-hoc-Publizität bei mehrstufigen Entscheidungsprozessen – Hemmnis oder Gebot einer guten Corporate Governance?, BB 2007, 1573, 1576; *Szesny* EuGH: Generalanwalt bejaht Ad-hoc-Publikationspflicht auch bei kursrelevanten Zwischenschritten – Schrempp-Rücktritt, GWR 2012, 177; *ders.* Anmerkung zum EuGH, Urteil vom 28.6.2012 – C-19/11, GWR 2012, 292; *Teigelack* Insiderhandel und Marktmanipulation im Kommissionsentwurf einer Marktmissbrauchsverordnung, BB 2012, 1361; *Veil/Koch* Auf dem Weg zu einem Europäischen Kapitalmarktrecht: die Vorschläge der Kommission zur Neuregelung des Marktmissbrauchs, WM 2011, 2297; *Veith* Die Befreiung von der Ad-hoc Publizitätspflicht nach § 15 III WpHG, NZG 2005, 254, 258; *Viciano-Gofferje/Cascante* Neues aus Brüssel zum Insiderrecht – die Marktmissbrauchsverordnung – Untersuchung der Vorschläge der Kommission zur Reform des Insiderhandelsverbots, insbesondere im Hinblick auf für M&A-Transaktionen relevante Sachverhalte, NZG 2012, 968; *Widder* Ad-hoc-Publizität bei gestreckten Sachverhalten – BGH legt Auslegungsfragen dem EuGH vor, GWR 2011, 1; *ders.* Befreiung von der Ad-hoc-Publizität ohne Selbstbefreiungsbeschluss, BB 2009, 967; *Wilsing/Goslar* Ad-hoc-Publizität bei gestreckten Sachverhalten – Die Entscheidung des EuGH vom 28.6.2012, C-19/11, "Geltl", DStR 2012, 1709.

A. Einleitung

1 – „Aufsichtsrat der DaimlerChrysler AG beschließt Wechsel an der Spitze des Unternehmens."
– „Prof. Jürgen E. Schrempp (60) scheidet zum 31.12.2005 aus dem Unternehmen aus."
– „Dr. Dieter Zetsche (52) ab 1.1.2006 neuer Vorstandsvorsitzender ..."

2 So lauteten die maßgeblichen Überschriften der Ad-hoc-Mitteilung von Daimler, die am 28.7.2005 die volle Aufmerksamkeit von Presse und Investoren auf sich gezogen hatte, und die die Daimler Aktie um ca. 10 % in die Höhe schießen ließ.[1] Es war nicht zu erahnen, dass sich noch acht Jahre später die Gerichte, teilweise kontrovers, mit der Frage auseinandersetzen, ob das vorzeitige Ausscheiden des Vorstandsvorsitzenden der DaimlerChrysler AG rechtzeitig von dem Unternehmen durch Ad-hoc-Veröffentlichung bekannt gegeben worden ist. Das Ausscheiden von Herrn Schrempp war unmittelbar nach der Sitzung des Aufsichtsrats, der hierüber zu beschließen hatte, durch Ad-hoc-Mitteilung veröffentlicht worden. Die Bundesanstalt für Finanzdienstleistungsaufsicht (BaFin) und mehrere Aktionäre hielten die Veröffentlichung für verspätet, weil der Vorstandsvorsitzende Schrempp schon rund zwei Monate zuvor gegenüber dem Aufsichtsratsvorsitzenden angekündigt hatte, ausscheiden zu wollen. Ein vorübergehender Aufschub der Ad-hoc-Publizität, der gem. § 15 Abs. 3 WpHG grundsätzlich möglich ist, wenn die Interessen des Emittenten dies erfordern, war durch die DaimlerChrysler AG nicht beschlossen worden. Die BaFin verhängte ein Bußgeld (§ 39 Abs. 2 Nr. 5a und Nr. 6 WpHG) und Aktionäre machten Schadensersatzansprüche (§ 37b Abs. 1 WpHG) geltend.

3 Der Fall „Daimler/Schrempp" hat nicht nur eine bewegte Prozessgeschichte hinter sich, inklusive BGH und EuGH beschäftigte er bis heute insgesamt sechs Gerichte,[2] sondern er war zugleich Auslöser einer intensiven, ebenfalls kontrovers geführten Auseinandersetzung der kapitalmarktrechtlichen Literatur mit dem Thema Ad-hoc-Publizität.

4 Die Unternehmenspraxis steht dabei vor der Herausforderung, die aufsichtsrechtlichen Anforderungen, die aktuelle Rechtsprechung sowie den Meinungsstand in der Literatur zu analysieren und bei der konkreten Beurteilung der Ad-hoc-Publizitätspflicht im Einzelfall, aber auch bei der Modellierung der zu ihrer Erfüllung erforderlichen Prozesse, zu berücksichtigen.

5 Im Folgenden werden daher die rechtlichen Grundlagen der Ad-hoc-Publizitätspflicht, die wichtigsten strittigen Fragen sowie prozessuale Maßnahmen zur Vermeidung von Haftungsrisiken in der Praxis näher beleuchtet.

---

1 FAZ vom 29.7.2005, Ein Kursfeuerwerk für Zetsche, S. 17.
2 Zur Prozessgeschichte siehe *Mock* ZBB 2012, 286 f.; *Schall* ZIP 2012, 1286 f.; *Heider/Hirte* GWR 2012, 429 f.

B. Tatbestandliche Voraussetzungen der Ad-hoc-Publizitätspflicht

I. Überblick

Gem. § 15 Abs. 1 S. 1 WpHG müssen Inlandsemittenten[3] Insiderinformationen, die sie unmittelbar betreffen, unverzüglich veröffentlichen. Eine Insiderinformation betrifft den Emittenten insbesondere dann unmittelbar, wenn sie sich auf Umstände bezieht, die in seinem Tätigkeitsbereich eingetreten sind (§ 15 Abs. 1 S. 3 WpHG).

Allerdings kann sich der Emittent so lange von der Pflicht zur Ad-hoc-Veröffentlichung selbst befreien, wie es (i) der Schutz seiner berechtigten Interessen erfordert, (ii) keine Irreführung der Öffentlichkeit zu befürchten ist und (iii) der Emittent die Vertraulichkeit der Insiderinformation gewährleisten kann. Im Falle der Selbstbefreiung hat der Emittent gleichzeitig mit der Ad-hoc-Mitteilung des Sachverhaltes eine sog. Selbstbefreiungsmitteilung der BaFin zu übermitteln.[4]

Bei der Beurteilung der Frage, wann im Einzelfall die Ad-hoc-Publizitätspflicht eintritt, sieht sich der Rechtsanwender mit unbestimmten Rechtsbegriffen konfrontiert, deren Auslegung in Rechtsprechung und Literatur umstritten ist. Als Auslöser für die Ad-hoc-Publizitätspflicht kommt dabei dem Begriff der Insiderinformation im Sinne des § 13 WpHG eine Schlüsselrolle zu.

II. Insiderinformation

1. Konkrete Information

Eine Insiderinformation ist gemäß der gesetzlichen Definition (i) eine konkrete Information (ii) über nicht öffentlich bekannte Umstände, die sich (iii) auf einen oder mehrere Emittenten von Insiderpapieren (oder auf die Insiderpapiere selbst) bezieht und die (iiii) geeignet ist, im Falle ihres öffentlichen Bekanntwerdens den Börsen- oder Marktpreis der Insiderpapiere erheblich zu beeinflussen.

Eine „konkrete Information" nach der Diktion des WpHG unterscheidet sich inhaltlich nicht von dem Begriff der „präzisen Information" im Sinne der Richtlinie 2003/124/EG vom 22.12.2003 (Marktmissbrauchsrichtlinie).[5] Nach der dortigen Definition ist eine Information dann als präzise anzusehen, (i) wenn damit eine Reihe von Umständen gemeint ist, die bereits existieren oder (ii) bei denen man mit hinreichender Wahrscheinlichkeit davon ausgehen kann, dass sie in Zukunft existieren werden[6] [...] und (iii) diese Information darüber hinaus spezifisch genug ist, dass sie einen Schluss auf die mögliche Auswirkung dieser Reihe von Umständen [...] auf die Kurse von Finanzinstrumenten oder damit verbundenen derivativen Finanzinstrumenten zulässt.[7] Dasselbe gilt analog für ein einzelnes Ereignis.

Im Mittelpunkt der rechtlichen Diskussion stehen dabei die Fragen, ob auch Zwischenschritte konkrete Informationen sein können und welche Anforderungen an eine hinreichende Eintrittswahrscheinlichkeit zu stellen sind. Darüber hinaus ist ebenfalls umstritten, ob auch unwahre kurserhebliche einen Emittenten betreffende Tatsachenbehauptungen

---

3 Siehe hierzu *BaFin* Emittentenleitfaden, IV. 2.1, S. 48 ff.; Assmann/Schneider/*Assmann* § 15 Rn. 44 ff.; *Baulig* in Compliance, Rn. 898 ff.
4 § 15 Abs. 3 S. 4 WpHG i.V.m. § 8 Abs. 5 WpAIV.
5 Assmann/Schneider/*Assmann* § 13 Rn. 7 f.
6 Vgl. auch § 13 Abs. 1 S. 3 WpHG.
7 ABl. EU Nr. L 339/70 vom 24.12.2003.

konkrete Informationen und damit Insiderinformationen im Sinne des § 13 WpHG sein können. Dies wird überwiegend bejaht, wenn die unwahre Aussage (i) Informationen über Umstände oder Ereignisse zum Gegenstand hat (ii) und sie, anders als ein Gerücht, mit Geltungsanspruch mitgeteilt wurde.[8] Entscheidend sei allein, ob die Information zum Zeitpunkt ihrer Erlangung, wäre sie öffentlich bekannt geworden, als zutreffende Information angesehen worden wäre und geeignet gewesen wäre, den Kurs der betroffenen Insiderpapiere erheblich zu beeinflussen.[9]

2. Nicht öffentlich bekannt

12 Nicht öffentlich bekannt ist eine Insiderinformation, solange sie nicht einem breiten Anlegerpublikum und damit einer unbestimmten Zahl von Personen zugänglich ist. Erforderlich hierfür ist, dass die Insiderinformation einem breiten Anlegerpublikum zeitgleich, etwa durch ein allgemein zugängliches, elektronisches Informationsverbreitungssystem, zugänglich gemacht wurde. Eine Bekanntgabe der in Rede stehenden Information im Rahmen einer Pressekonferenz, einer Hauptversammlung oder über sog. „Newsboards" genügt nicht dem Erfordernis der Information eines breiten Anlegerpublikums.[10]

3. Umstände, die sich auf den Emittenten oder das Insiderpapier selbst beziehen

13 Eine Insiderinformation muss sich lediglich auf einen oder mehrere Emittenten von Insiderpapieren oder das Insiderpapier selbst beziehen.[11] Eine Insiderinformation kann folglich auch dann vorliegen, wenn die preisbeeinflussenden Umstände nicht ausschließlich im Tätigkeitsbereich des Emittenten eingetreten sind oder sich nicht unmittelbar auf den Emittenten oder das Insiderpapier beziehen. Auch Emittenten nur mittelbar betreffende Umstände, wie z.B. Zinsbeschlüsse von Notenbanken, können bei erheblichem Kursbeeinflussungspotenzial daher Insiderinformationen sein.[12]

14 Die Legaldefinition für Insiderpapiere als Bezugspunkt für eine Insiderinformation findet sich in § 12 Abs. 1 WpHG. Dieser knüpft an den in § 2 Abs. 2b WpHG gesetzlich definierten Begriff der Finanzinstrumente an.[13] Insiderpapiere sind nach der Legaldefinition des § 12 WpHG jedoch nur solche Finanzinstrumente, die an bestimmten in- und ausländischen Märkten zum Handel zugelassen sind. Im Rahmen der Ad-hoc-Publizität sind regelmäßig jedoch lediglich börsennotierte Aktien, Anleihen[14] sowie Genussscheine[15] relevant.

4. Eignung zur erheblichen Preisbeeinflussung

15 Die weiterhin erforderliche erhebliche Kursrelevanz der Information ist nach der Legaldefinition des § 13 Abs. 1 S. 2 WpHG gegeben, wenn ein verständiger Anleger die Informationen bei seiner Anlageentscheidung berücksichtigen würde.[16]

---

8 Assmann/Schneider/*Assmann* § 13 Rn. 12, 17 m.w.N.
9 Assmann/Schneider/*Assmann* § 13 Rn. 12 m.w.N.; KölnKomm-WpHG/*Pawlik* § 13 Rn. 17 ff.
10 *BaFin* Emittentenleitfaden, III. 2.1.2, S. 32.
11 Diese Alternative ist für § 15 WpHG nicht relevant, da sich die Insiderinformation auf den Emittenten beziehen muss.
12 *BaFin* Emittentenleitfaden, III. 2.1.3, S. 33.
13 *BaFin* Emittentenleitfaden III. 1.1, S. 27.
14 Siehe zur Ad-hoc-Publizität bei börsennotierten Anleihen: *Kocher* WM 2013, 1305 ff.
15 Siehe hierzu *BaFin* Emittentenleitfaden, IV. 2.2.5.2, S. 57.
16 § 13 Abs. 1 S. 2 WpHG; auf den Maßstab des verständigen Anlegers wird im Zusammenhang mit der Insiderrelevanz von Zwischenschritten eingegangen.

Die BaFin gibt in ihrem Emittentenleitfaden eine zweistufige Prüfung der Kurserheblichkeit wie folgt vor:[17] Zunächst ist zu ermitteln, ob der Umstand für sich allein betrachtet (ex-ante) nach allgemeiner Erfahrung ein erhebliches Preisbeeinflussungspotenzial haben kann. Beispielhaft werden folgende Sachverhalte aufgeführt:[18] 16

- Veräußerung von Kerngeschäftsfeldern, Rückzug aus oder Aufnahme von neuen Kerngeschäftsfeldern,
- Verschmelzungsverträge, Eingliederungen, Ausgliederungen, Umwandlungen, Spaltungen sowie andere wesentliche Strukturmaßnahmen,
- Beherrschungs- und/oder Gewinnabführungsverträge,
- Erwerb oder Veräußerung von wesentlichen Beteiligungen,
- Übernahme- und Abfindungs-/Kaufangebote,
- Kapitalmaßnahmen (inkl. Kapitalberichtigung),
- wesentliche Änderung der Ergebnisse der Jahresabschlüsse oder Zwischenberichte gegenüber früheren Ergebnissen oder Marktprognosen,
- wesentliche Änderung des Dividendensatzes,
- bevorstehende Zahlungseinstellung/Überschuldung, Verlust nach § 92 AktG kurzfristige Kündigung wesentlicher Kreditlinien,
- Verdacht auf Bilanzmanipulation, Ankündigung der Verweigerung des Jahresabschlusstestats durch den Wirtschaftsprüfer,
- erhebliche außerordentliche Aufwendungen (z.B. nach Großschäden oder Aufdeckung krimineller Machenschaften) oder erhebliche außerordentliche Erträge,
- Ausfall wesentlicher Schuldner,
- Abschluss, Änderung oder Kündigung besonders bedeutender Vertragsverhältnisse (einschließlich Kooperationsabkommen),
- Restrukturierungsmaßnahmen mit erheblichen Auswirkungen auf die künftige Geschäftstätigkeit,
- bedeutende Erfindungen, Erteilung bedeutender Patente und Gewährung wichtiger (aktiver/passiver) Lizenzen,
- maßgebliche Produkthaftungs- oder Umweltschadensfälle,
- Rechtstreitigkeiten von besonderer Bedeutung,
- überraschende Veränderungen in Schlüsselpositionen des Unternehmens (z.B. Vorstandsvorsitzender, Aufsichtsratsvorsitzender, überraschender Ausstieg des Unternehmensgründers),
- überraschender Wechsel des Wirtschaftsprüfers,
- Antrag des Emittenten auf Widerruf der Zulassung zum organisierten Markt, wenn nicht noch an einem anderen inländischen organisierten Markt eine Zulassung aufrecht erhalten wird,
- Lohnsenkungen oder Lohnerhöhungen, die nur den Emittenten betreffen,
- Beschlussfassung des Vorstandes, von der Ermächtigung der Hauptversammlung zur Durchführung eines Rückkaufprogramms Gebrauch zu machen.

In den vorstehenden Fällen ist nach Auffassung der BaFin in der Regel eine erhebliche Kursrelevanz indiziert. 17

Zur Beurteilung der konkreten Ad-hoc-Publizitätspflicht sind jedoch dann noch die konkreten Umstände des Einzelfalls zu berücksichtigen, die das Preisbeeinflussungspotenzial vermindern können. Eine erhebliche Preisrelevanz scheidet beispielsweise bei einer Unternehmesübernahme für die Aktie des Erwerbers aus, wenn die Übernahme lediglich die marginale Erweiterung eines bereits bestehenden Geschäftsfeldes darstellt und damit für ihn nicht bedeutend ist. 18

---

17 *BaFin* Emittentenleitfaden, III. 2.1.4, S. 34.
18 *BaFin* Emittentenleitfaden, IV. 2.2.4, S. 56.

III. Unmittelbare Betroffenheit des Emittenten

19 Eine Ad-hoc-Publizitätspflicht löst nur eine solche konkrete bzw. präzise (Insider-)Information aus, die den Emittenten unmittelbar betrifft. Das ist insbesondere der Fall, wenn sich die Information auf Umstände bezieht, die im Tätigkeitsbereich des Emittenten eingetreten sind (§ 15 Abs. 1 S. 3 WpHG).

20 Auch von außen kommende Sachverhalte, die nicht in der Sphäre des Emittenten ihren Ursprung haben, können ihn unmittelbar betreffen, wie z.B. die Information über ein bevorstehendes auf ihn bezogenes Übernahmeangebot oder die Mitteilung eines Großaktionärs über die Durchführung eines Squeeze-out-Verfahrens.[19]

21 Bei von außen kommenden Ereignissen, die unter Mitwirkung des betroffenen Emittenten entstehen, kann sich zudem die Frage stellen, ob als Anknüpfungspunkt für das Vorliegen einer Insiderinformation allein auf das exogene Ereignis abzustellen ist, oder ob auch bereits vorbereitende interne Maßnahmen bei dem Emittenten Anknüpfungspunkt für das Entstehen sein können. Diese Frage stellt sich beispielsweise, wenn Bankaufsichtsbehörden sog. Stresstests unter Mitwirkung der von ihnen beaufsichtigen Institute durchführen. So hat die Europäische Bankenaufsichtsbehörde European Banking Authority (EBA) Ende 2011 die Auswirkungen der Staatsschuldenkrise auf die Eigenkapitalausstattung sowie die langfristigen Finanzierungsnotwendigkeiten der siebzig größten grenzüberschreitenden Banken im Europäischen Wirtschaftsraum erhoben. Die Ergebnisse betrafen die Emittenten unmittelbar und waren potenzielle Insiderinformationen, da sie, je nach ermittelter Kapitallücke, für die Aktien der betroffenen Banken erhebliche Kursrelevanz hatten. Diese Information hat ihren Ursprung außerhalb des Tätigkeitsbereichs des Emittenten in der Sphäre der EBA. Daher entsteht die Ad-hoc-Publizitätspflicht grundsätzlich auch erst dann, wenn die EBA dem Emittenten das Stresstestergebnis mitteilt.[20]

22 Wenn sich im Vorfeld der von der EBA angekündigten Veröffentlichung des endgültigen Ergebnisses des Stresstests jedoch aufgrund hausinterner Modellrechnungen einer Bank die Auffassung verfestigt, dass die EBA einen signifikant höheren Kapitalisierungsbedarf als bisher angenommen und öffentlich bekannt ermitteln wird, stellt sich die Frage, ob eine Insiderinformation bereits mit Abschluss der hausinternen Simulationen vorliegt. Dies dürfte zu verneinen sein, weil erst die externe EBA als Herrin des Verfahrens die Kapitallücke verbindlich feststellt.[21]

---

19 *BaFin* Emittentenleitfaden, IV. 2.2.2 S. 53.
20 Veröffentlicht die EBA ihrerseits mit Erlaubnis des Emittenten die konkreten Zahlen des Instituts, sind diese mit einer Veröffentlichung durch die EBA öffentlich bekannt, so dass die Information ihre Eigenschaft als Insidertatsache verliert und eine diesbezügliche Ad-hoc-Publizitätspflicht der betroffenen Bank entfällt. Eine zusätzliche Ad-hoc-Publizitätspflicht kann sich jedoch aus den daraus abgeleiteten Kapitalmaßnahmen des Instituts ergeben.
21 Angenommen es handelte sich bereits bei dem Ergebnis der internen Simulation um eine Insiderinformation, wäre aus folgenden Gründen von dem Vorliegen der Selbstbefreiungsvoraussetzungen bis zur Mitteilung des offiziellen Ergebnisses durch die EBA auszugehen: Die endgültige Höhe der Kapitalisierungslücke steht auch nach Abschluss hausinterner Modellrechnungen noch nicht verlässlich fest, da es sich lediglich um Simulationen handelt und die EBA ihre Berechnungen regelmäßig unter Einholung zusätzlicher Angaben bei den Banken einer Plausibilitätsprüfung unterzieht. Die Institute haben jedoch, ebenso wie der Kapitalmarkt, ein berechtigtes Interesse, Kapitalmarktinformationen nur auf verlässlicher Basis zu veröffentlichen und daher das letztendliche EBA-Ergebnis ihrer Ad-hoc-Veröffentlichung zu Grunde zu legen. Dementsprechend waren die betroffenen Banken durch die BaFin in Bezug auf die vorläufig von der EBA ermittelten Zahlen aufgefordert, die mit der EBA abgestimmten Daten und nicht das Ergebnis hausinterne Berechnungen zu kommunizieren.

IV. Dementi unwahrer Insiderinformationen durch Ad-hoc-Mitteilung

1. Verpflichtendes Dementi

Veröffentlicht ein Dritter eine kurserhebliche unwahre Aussage in den Medien,[22] die einen Ad-hoc-Pflichtigen Emittenten betrifft, stellt sich die Frage, ob der Emittent verpflichtet ist, ein Dementi in Form einer Ad-hoc-Mitteilung abzugeben. Mit Veröffentlichung einer kurserheblichen unwahren Aussage in den Medien würde zwar deren Charakter als Insiderinformation entfallen, da sie nunmehr öffentlich bekannt wäre. Es stellt sich jedoch die Frage, ob der von einer solchen Falschmeldung, z.B. über eine vermeintlich bevorstehende Fusion, betroffene Emittent gezwungen ist, ein Dementi in Form einer Ad-hoc-Mitteilung abzugeben.[23] 23

Konsequenterweise wäre dies unter Zugrundelegung der vorgenannten Auffassung[24], die auch unwahren kurserheblichen Tatsachenbehauptungen die Qualität von Insiderinformationen beimisst, zu bejahen. Durch die unzutreffende Information entsteht bei dem Emittenten eine konkrete Information dergestalt, dass es sich um eine Falschmeldung handelt, da tatsächlich keine Fusion bevorsteht. Im Falle eines öffentlichen Bekanntwerdens dieses Umstands ist von einer erheblichen Gegenreaktion des Aktienkurses auszugehen, so dass die Information ihrerseits ebenfalls als erheblich kursrelevant zu qualifizieren wäre. Damit läge beim Emittenten eine Insiderinformation vor, so dass die Voraussetzungen der Publizitätspflicht insofern tatbestandlich erfüllt wären. 24

Gegen die Annahme eines ad-hoc-publizitätspflichtigen Dementis spricht jedoch die Erwägung, dass Dritte durch gezielte Falschmeldungen Ad-hoc-Mitteilungen des Emittenten provozieren könnten. Eine solche Fremdsteuerung des Emittenten durch die Verbreitung unwahrer Informationen entspricht jedoch nicht dem Sinn und Zweck der Ad-hoc-Publizität. § 15 Abs. 2 S. 2 WpHG sieht lediglich eine Berichtigung unwahrer Informationen durch eine Ad-hoc-Veröffentlichung des Emittenten vor, wenn dieser selbst zuvor die unzutreffende Information durch Ad-hoc-Mitteilung veröffentlicht hat. Auch nach Ansicht der BaFin ist ein Emittent nicht zu einem Dementi von Falschmeldungen verpflichtet, wenn diese nicht durch ihn per Ad-hoc-Mitteilung veröffentlich wurde. Dies ergibt sich aus der Aussage der BaFin, dass der Emittent Markterwartungen, die durch eine von dritter Seite vorgenommene Veröffentlichung unzutreffender Geschäftsergebnisse hervorgerufen werden, nicht korrigieren muss.[25] Dogmatisch lässt sich dies damit begründen, dass der Emittent durch die Falschmeldung eines Dritten nicht im rechtlichen Sinne unmittelbar betroffen ist, da die Information nicht aus seinem Herrschaftsbereich stammt. Es ist nicht Sinn und Zweck der Ad-hoc-Publizitätspflicht unwahre Tatsachenbehauptungen Dritter zu verbreiten, sondern die Marktteilnehmer zutreffend über den Emittenten zu informieren. Folglich kann der Emittent auch nicht zu einem „actus contrarius" im Sinne eines Dementis einer durch einen Dritten verbreiteten unwahren kurserheblichen Tatsachenbehauptung durch Ad-hoc-Mitteilung verpflichtet sein. 25

---

22 Auch über soziale Netzwerke, wie z.B. Twitter; vgl. FAZ vom 25.4.2013, „Schrecksekunden an der Wall Street – Börsenaufsicht ermittelt wegen Twitter-Falschmeldung und starker Kursausschläge", 17.
23 Siehe Ad-hoc-Mitteilung der Deutschen Börse vom 25.2.2013, „Deutsche Börse AG nicht in Verhandlungen über Zusammenschluss"; abrufbar unter www.deutsche-börse.com.
24 Siehe oben unter Rn 11.
25 *BaFin* Emittentenleitfaden, IV. 2.2.9.2., S. 60; abrufbar unter www.bafin.de/SharedDocs/Downloads/DE/Leitfaden/WA/dl_090520_emittentenleitfaden_2009.html.

2. Optionales Dementi

26 Muss der Emittent im Ergebnis Falschmeldungen nicht durch Ad-hoc-Mitteilung dementieren, fragt sich jedoch, ob er ein aus seiner Sicht opportunes Dementi durch Ad-hoc-Mitteilung veröffentlichen darf. § 15 Abs. 2 WpHG sieht ein Veröffentlichungsverbot für Tatsachen vor, die die tatbestandlichen Voraussetzungen des § 15 Abs. 1 WpHG offensichtlich nicht erfüllen. Allerdings sprechen Praktikabilitätserwägungen dafür, dem Emittenten aufgrund der Unbestimmtheit des Tatbestandes ein Ermessensspielraum bis zur Grenze der Rechtsmissbräuchlichkeit einzuräumen.[26] Die BaFin geht von einem solchen Missbrauch der Ad-hoc-Publizitätspflicht aus, wenn die Tatbestandsvoraussetzungen des § 15 WpHG offenkundig nicht vorliegen, da der Einsatz der Ad-hoc-Publizität nicht für Zwecke der Öffentlichkeitsarbeit vorgesehen ist und ein solches Publizitätsverhalten der (Bereichs-)Öffentlichkeit erschwert, die wirklich bedeutsamen Informationen schnell zu erkennen und zu verarbeiten.[27] Insbesondere dürfen Ad-hoc-Mitteilungen nicht zu Marketingzwecken missbraucht werden. In dem angeführten Beispielsfall einer Falschmeldung über eine bevorstehenden Fusion treffen die Erwägungen der BaFin zu missbräuchlichem Verhalten jedoch nicht zu, da der Emittent durch die Richtigstellung eine für die Anlageentscheidung der Investoren bedeutsame und daher kurserhebliche Information mitteilt. Die Nutzung der Ad-hoc-Publizität für ein Dementi erscheint vor diesem Hintergrund nicht als rechtsmissbräuchlich. Allerdings will ein solches Vorgehen gut überlegt sein, da nicht auszuschließen ist, dass der Emittent durch ein solches Dementi die Erwartung der Marktteilnehmer weckt, in Zukunft in vergleichbaren Fällen ebenso zu verfahren. Daher sollte der Emittent erwägen darauf hinzuweisen, dass die Marktteilnehmer nicht darauf vertrauen dürfen, dass er unwahre Aussagen oder Gerüchte auch künftig dementiert werde.

C. Umgang mit gestreckten Sachverhalten

I. Überblick

27 Umstritten ist die Behandlung zeitlich gestreckter Sachverhalte. Es handelt sich hierbei um Vorgänge, bei denen über mehrere Zwischenschritte ein bestimmter Umstand verwirklicht oder ein bestimmtes Ereignis herbeigeführt werden soll.[28] Beispiele sind Sachverhalte wie im Fall Schrempp und insbesondere Unternehmensübernahmen, die sich regelmäßig über den Abschluss eines Letter of Intent, einer Exklusivitätsvereinbarung, der Durchführung einer Due Diligence, weiteren Verhandlungen, einer grundsätzlichen Einigung, einer Vorstands- und ggf. Aufsichtsratsentscheidung bis hin zur Vertragsunterzeichnung verdichten.[29] Ein weiteres Beispiel ist die Ermittlung von Geschäftszahlen, die im Verlauf eines Prozesses bis zu ihrer Behandlung durch den Vorstand zunehmend verlässlicher hinsichtlich ihrer Aussagekraft werden.[30]

28 Bei der Diskussion geht es zum einen um die Frage, ob auch diese Zwischenschritte isoliert betrachtet unter den Begriff der Insiderinformation subsumiert werden können, zum anderen um die Frage, welcher Maßstab bei der Beurteilung der hinreichenden Wahrscheinlichkeit künftiger Ereignisse anzulegen ist.

---

26 Vgl. auch KölnKomm-WpHG/*Versteegen* § 15 Rn. 262.
27 *BaFin* Emittentenleitfaden, IV. 4.3. S. 70.
28 So die Definition in der ersten Vorlagefrage des *BGH* ZIP 2011, 72.
29 *Kocher/Widder* BB 2012; ausführlich und rechtsvergleichend zur Ad-hoc-Publizität bei M&A- und Kapitalmarkttransaktionen *Krause/Brellochs* AG 2013, 309 ff.
30 Siehe dazu Rn. 72.

II. Isolierte Betrachtung von Zwischenschritten

Während das OLG Frankfurt am Main[31] im Fall Schrempp bereits der Äußerung der Rücktrittsabsicht durch den Vorstandsvorsitzenden gegenüber dem Vorsitzenden des Aufsichtsrats Ad-hoc-Relevanz beimisst,[32] stellt das OLG Stuttgart[33] darauf ab, wann der Aufsichtsratsbeschluss über das Ausscheiden hinreichend wahrscheinlich gewesen ist. Anders als das OLG Frankfurt sieht das OLG Stuttgart in der geäußerten Absicht des Vorstandsvorsitzenden, sein Amt niederlegen zu wollen, noch keine Insiderinformation. Nach Auffassung des OLG Stuttgart kommt es bei einem gestreckten Sachverhalt bzw. einem mehrstufigen Entscheidungsprozess allein auf die hinreichende Eintrittswahrscheinlichkeit des künftigen angestrebten Ereignisses an.[34] Im Ergebnis entsteht die Ad-hoc-Publizitätspflicht danach also deutlich später als nach der Auffassung des OLG Frankfurt, das bereits auf die Zwischenschritte abstellt.

29

Der zuvor dargestellte Meinungsstreit ist zwar aufgrund einer gegebenenfalls vorhandenen Selbstbefreiungsmöglichkeit nicht zwingend entscheidend für die Frage, zu welchem Zeitpunkt eine Ad-hoc-Veröffentlichung zu erfolgen hat. Allerdings hat er Auswirkung auf die Bestimmung des Zeitpunkts, wann die Insiderinformation vorliegt und damit die Ad-hoc-Publizitätspflicht entsteht. Darüber hinaus ist er erheblich für die Frage, ab wann sich der Emittent in der Selbstbefreiungsphase befindet bzw. ab wann er ggf. von seiner Selbstbefreiungsmöglichkeit Gebrauch machen muss.

30

III. Hinreichende Eintrittswahrscheinlichkeit

Auch über die Frage, ab wann der Eintritt eines zukünftigen Umstands hinreichend wahrscheinlich ist, besteht in Rechtsprechung und Literatur keine Einigkeit.

31

Die herrschende Meinung verlangt für eine hinreichende Wahrscheinlichkeit im Sinne des § 13 Abs. 1 S. 3 WpHG eine überwiegende d.h. eine Eintrittswahrscheinlichkeit von mindestens 50 % plus 1 %[35] und zum Teil deutlich darüber.[36] Danach muss der Eintritt eines Ereignisses zumindest näher liegen als sein Nichteintritt.[37] Nach anderer Auffassung ist die hinreichende Wahrscheinlichkeit im Sinne des § 13 Abs. 1 S. 3 WpHG als bewegliche Größe zu verstehen, bei der es nicht allein auf die Eintrittswahrscheinlichkeit ankommt, sondern zusätzlich die zu erwartenden Auswirkungen beim Emittenten zu berücksichtigen sind (Probability Magnitude Test).[38] Bei massiven Auswirkungen und entsprechend zu erwartenden Kursausschlägen, wie z.B. bei einer bedeutenden Übernahme, kann nach dieser Auffassung auch eine deutlich geringere als eine 50 %-Wahrscheinlichkeit ausreichen.

32

---

31 *OLG Frankfurt* NZG 2009, 391 f.; die Entscheidung ist in dem Rechtsmittelverfahren gegen die von der BaFin im Fall Schrempp verhängten Geldbuße wegen einer angeblich verspäteten Ad-hoc-Veröffentlichung ergangen.
32 *OLG Frankfurt NZG 2009, 392*; zustimmend *Mennicke* NZG 2009, 1060; *Klöhn* NZG 2011, 166 ff.
33 *OLG Stuttgart* NZG 2009, 626 f.; die Entscheidung erging in einem Musterverfahren nach dem Kapitalanleger-Musterverfahrensgesetz (KapMuG) wegen Schadensersatzansprüchen gem. § 37b WpHG.
34 *OLG Stuttgart* NZG 2009, 626 f.; zustimmend *Gunßer* NZG 2008, 856 f.; *ders.* ZBB 2011, 79; *Nikoleyczik* GWR 2009, 264; *ders.* GWR 2009, 82.; a.A. *Möllers* NZG 2008, 331 f.; *Mennicke* NZG 2009, 1060; vermittelnd *Fleischer* NZG 2007, 407.
35 *BGH* ZIP 2008, 639 Leitsatz 2 sowie S. 641 Rn. 25; *OLG Stuttgart* NZG 2009, 628; *Leuering* DStR 2008, 1289 f.; Assmann/Schneider/*Assmann* § 13 Rn. 25.
36 Assmann/Schneider/*Assmann* § 13 Rn. 25.
37 *Kocher/Widder* BB 2012, 2838.
38 *Fleischer* NZG 2007, 405 ff.; *Klöhn* NZG 2011, 166 ff.; *BGH* ZIP 2011 74 f.; ablehnend *Widder* GWR 2011, 1 ff.; *Kocher/Widder* BB 2012, 2839.

IV. Beschluss des BGH vom 22.11.2010 zur Vorlage bei dem EuGH

33 Die vorgenannten Streitfragen hat der BGH dem EuGH wie folgt zur Entscheidung vorgelegt:[39]

1. Ist bei einem zeitlich gestreckten Vorgang, bei dem über mehrere Zwischenschritte ein bestimmter Umstand verwirklicht oder ein bestimmtes Ereignis herbeigeführt werden soll, für die Anwendung von Art. 1 I der Richtlinie 2003/6/EG und Art. 1 I der Richtlinie 2003/124/EG nur darauf abzustellen, ob dieser künftige Umstand oder das künftige Ereignis als präzise Information nach diesen Richtlinienbestimmungen anzusehen ist und demgemäß zu prüfen ist, ob mit hinreichender Wahrscheinlichkeit davon ausgegangen werden kann, dass dieser künftige Umstand oder das künftige Ereignis eintreten wird?

Oder können bei einem solchen zeitlich gestreckten Vorgang auch Zwischenschritte, die bereits existieren oder eingetreten sind und die mit der Verwirklichung des künftigen Umstands oder Ereignisses verknüpft sind, präzise Informationen im Sinn der genannten Richtlinienbestimmungen sein?

2. Verlangt hinreichende Wahrscheinlichkeit im Sinn von Art. 1 I der Richtlinie 2003/124/EG eine Wahrscheinlichkeitsbeurteilung mit überwiegender oder hoher Wahrscheinlichkeit? Oder ist unter Umständen, bei denen mit hinreichender Wahrscheinlichkeit von ihrer zukünftigen Existenz ausgegangen werden kann oder Ereignissen, die mit hinreichender Wahrscheinlichkeit in Zukunft eintreten werden, zu verstehen, dass das Maß der Wahrscheinlichkeit vom Ausmaß der Auswirkungen auf den Emittenten abhängt und es bei hoher Eignung zur Kursbeeinflussung genügt, wenn der Eintritt des künftigen Umstands oder Ereignisses offen, aber nicht unwahrscheinlich ist?

34 Der BGH zweifelt u.a. aufgrund der Spector Entscheidung des EuGH[40] an einer an der Wahrscheinlichkeitsbeurteilung orientierten Auslegung, die mindestens eine überwiegende Wahrscheinlichkeit verlangt.[41] Gemäß der vorgenannten EuGH-Entscheidung besteht ein enger Zusammenhang zwischen dem Verbot von Insidergeschäften und dem Begriff der Insiderinformation in Art. 1 I der Richtlinie 2003/124/EG. Das Prinzip der informationellen Chancengleichheit[42] verlangt nach Auffassung des Gerichts, dass eine Insiderinformation einem Insider keine Vorteile verschaffen darf. Hierdurch soll im Ergebnis die Integrität der Finanzmärkte geschützt und das Vertrauen der Anleger in diese sichergestellt werden.[43] Der BGH konstatiert in seinem Vorlagebeschluss, dass auch wenn der Eintritt eines künftigen Ereignisses offen ist, ein Insider unter Umständen geringeren Marktrisiken ausgesetzt ist als ein Anleger, dem die bestehende Absicht bestimmte Umstände oder Ereignisse herbeizuführen nicht bekannt ist.[41]

---

39 *BGH* ZIP 2012, 72 ff.; ausführlich hierzu *Widder* GWR 2011, 1 ff.; *Kollmorgen* BB 2011, 526 ff.
40 *EuGH* NZG 2010, 107 („Spector"); nach der Entscheidung des EuGH ist zu vermuten, dass derjenige der in Kenntnis einer Insiderinformation mit den betroffenen Wertpapieren handelt, die Insiderinformation auch nutzt und damit gegen das Insiderverbot verstößt. Diese Vermutung kann jedoch von dem Handelnden widerlegt werden; siehe hierzu auch *Bussian* WM 2011, 8 ff.; *Nikoleyczik/Gubitz* GWR 2010, 159 ff.
41 *BGH* ZIP 2011, 72 H.
42 Ausführlich hierzu *Hupka* EuZW 2011, 863.
43 Erwägungsgründe 2, 12 der Richtline 2003/6/EG über Insidergeschäfte und Marktmanipulation (Marktmissbrauchsrichtlinie).

V. Die Entscheidung des EuGH[44]

Der EuGH hat am 28.6.2012 in einer mit Spannung erwarteten Entscheidung zu den ihm von dem BGH vorgelegten Fragen entschieden, dass

1. bei einem zeitlich gestreckten Vorgang, bei dem ein bestimmter Umstand verwirklicht oder ein bestimmtes Ereignis herbeigeführt werden soll, nicht nur dieser Umstand oder dieses Ereignis eine präzise (konkrete) Information im Sinne des Insiderrechts sein kann, sondern auch die mit der Verwirklichung des Umstands oder Ereignisses verknüpften Zwischenschritte dieses Vorgangs (hier die Kundgabe der Rücktrittsabsicht von Prof. Schrempp),
2. die Wendung „eine Reihe [von] Umstände[n] [...], bei denen [...] mit hinreichender Wahrscheinlichkeit davon [...] [ausgegangen werden] kann, dass sie in Zukunft existieren werden", auf künftige Umstände oder Ereignisse abzielt, bei denen eine umfassende Würdigung der bereits verfügbaren Anhaltspunkte ergibt, dass tatsächlich erwartet werden kann, dass sie in Zukunft existieren oder eintreten werden. Diese Wahrscheinlichkeitsanforderung besteht unabhängig von dem Ausmaß der zu erwartenden Kurserheblichkeit.

Der EuGH hat mithin, wie zuvor schon das OLG Frankfurt, entschieden, dass bereits Zwischenschritte, die einem angestrebten Umstand bzw. Ereignis vorausgehen, eine Insiderinformation darstellen und damit die Ad-hoc-Publizitätspflicht auslösen können. Des Weiteren erteilt er der Auffassung des Generalanwaltes Mengozzi,[45] wonach es für die hinreichende Wahrscheinlichkeit ausreichen soll, dass der Eintritt der Information weder unmöglich noch unwahrscheinlich ist, sofern sie nur in hohem Maße kursrelevant ist (Probability Magnitude Test), aus rechtssicherheits- sowie systematischen Erwägungen eine Absage.[46] Die Aussagen des EuGH werden überwiegend dahingehend interpretiert, dass für eine hinreichende Wahrscheinlichkeit, wie bisher schon von der herrschenden Meinung vertreten, eine Eintrittswahrscheinlichkeit von 50 + 1 % erforderlich ist.[47] Eine hohe Wahrscheinlichkeit muss demnach nicht vorliegen.[48] In der Praxis geht es dabei nicht um die (unmögliche) Bestimmung von präzisen Wahrscheinlichkeiten sondern um die Frage, ob der Eintritt eines Ereignisses wahrscheinlicher ist als sein Nichteintritt.[49]

In Konsequenz seiner Auffassung, dass auch Zwischenschritte präzise bzw. konkrete Informationen sein können, stellt der EuGH in einem obiter dictum[50] zusätzlich fest, dass die mögliche Qualifikation von Zwischenschritten als Insiderinformationen nicht nur für bereits existierende Schritte gilt, sondern auch für solche, bei denen mit hinreichender Sicherheit davon ausgegangen werden kann, dass sie in Zukunft eintreten werden.[51] Diese Aussage steht, unter der Prämisse, dass auch Zwischenschritte präzise bzw. konkrete Infor-

---

44 *EuGH* ZIP 2012, 1282 mit Anm. *Schall* ZIP 2012, 1286 ff.; *Klöhn* ZIP 2012, 1885 ff.; dazu auch *Kocher/Widder* BB 2012, 2837 ff.; *Szesny* GWR 2012, 292; *Hitzer* NZG 2012, 860 ff.; *Mock* ZBB 2012, 286 ff.; *Wilsing/Gosslar* DStR 2012, 1709 ff.; *Möllers/Seidenschwann* NJW 2012, 2762 ff.; *Heider/Hirte* GWR 2012, 429 ff.
45 Ausführlich hierzu *Langenbucher* BKR 2012, 145 ff.; *Szesny* GWR 2012, 177.
46 *EuGH* ZIP 2012, 1285 Rn. 50 ff.; hierzu *Klöhn* ZIP 2012 1888.
47 *Hitzer* NZG 2012, 862; *Koch/ Widder* BB 2012, 2838; *Schall* ZIP 2012, 1288; *Heider/Hirte* GWR 2012, 429; wohl auch *Klöhn* ZIP 2012, 1892; a.A. *Möllers/Seidenschwann* NJW 2012, 2764: „[...] zwischen der Untergrenze einer nicht wahrscheinlichen und der Obergrenze einer hohen Wahrscheinlichkeit bleibt nun Raum für die Konkretisierung des Begriffs der hinreichenden Wahrscheinlichkeit."
48 *EuGH* ZIP 2012, 1285 Rn. 46.
49 *Mock* ZBB 2012, 289.
50 Vgl. *Hitzer* NZG 2012, 861 f.; kritisch *Kocher/Widder* BB 2012, 2839.
51 *EuGH* ZIP 2012, 1284 Rn. 38.

mationen sind, im Einklang mit § 13 Abs. 1 S. 3 WpHG, wonach auch zukünftige Informationen bei einer hinreichenden Wahrscheinlichkeit ihres künftigen Eintretens konkrete Informationen sein können.

Offen lässt der EuGH jedoch, nach welchen Kriterien die Bestimmung der Kurserheblichkeit eines bestehenden bzw. künftigen Zwischenschritts zu erfolgen hat. Entsprechend uneinheitlich ist die Interpretation der EuGH-Entscheidung in der Literatur.

VI. Beschluss des BGH vom 23.4.2013[52]

37 Der BGH hat nunmehr auf Basis der vorgenannten Entscheidung des EuGH im Fall Schrempp die Sache zur erneuten Verhandlung und Entscheidung an das OLG Stuttgart zurückverwiesen. Der BGH hat entschieden, dass bei einem zeitlich gestreckten Vorgang, wie der Herbeiführung eines Aufsichtsratsbeschlusses über den Wechsel im Amt des Vorstandsvorsitzenden, jeder Zwischenschritt – auch bereits die Kundgabe der Absicht des amtierenden Vorstandsvorsitzenden gegenüber dem Aufsichtsratsvorsitzenden, vor Ablauf der Amtszeit aus dem Amt zu scheiden –, eine Insiderinformation über einen bereits eingetretenen, nicht öffentlich bekannten Umstand sein kann. Der BGH stellt des Weiteren fest, dass ein Zwischenschritt zudem eine Insiderinformation über einen künftigen Umstand – hier: Zustimmung des Aufsichtsrats oder Wechsel im Amt – sein kann, wenn nach den Regeln der allgemeinen Erfahrung eher mit dem Eintritt des künftigen Umstands als mit seinem Ausbleiben zu rechnen ist. Der BGH stellt ausdrücklich klar, dass die Wahrscheinlichkeit des Eintretens des künftigen Umstands nicht zusätzlich hoch sein muss.

38 Vor dem Hintergrund der Bestätigung der Entscheidung des EuGH durch den BGH wird die Relevanz der Auseinandersetzung mit der insiderrechtlichen Beurteilung von Zwischenschritten durch Emittenten unterstrichen.

VII. Erhebliche Kursrelevanz von Zwischenschritten

39 Sind Zwischenschritte potenziell insiderrelevant, liegt es nahe, die Beurteilung des Kursbeeinflussungspotenzials eng mit der Eintrittswahrscheinlichkeit des Endergebnisses zu verknüpfen.[53]

40 So hatte das OLG Stuttgart unter Berufung auf den Maßstab des verständigen Anlegers, auf den gemäß der gesetzlichen Definition des § 13 Abs. 1 S. 2 WpHG abzustellen ist, Zwischenschritten generell eine erheblich Kursrelevanz abgesprochen, sofern nicht zugleich der Eintritt des angestrebten Endzieles hinreichend wahrscheinlich ist. Das Gericht charakterisiert den verständigen Anleger als einen Investor, der seine Entscheidungen auf angemessener, also verlässlicher tatsächlicher Informationsgrundlage, aufmerksam und kritisch trifft. Rational handle der verständige Anleger auf dieser Grundlage, wenn er, im Unterschied zu einem spekulativen Anleger, seine Anlageentscheidung an der künftigen Ertragskraft des Emittenten auf der Basis verlässlicher Informationen orientiere. Da der verständige Anleger seine Anlageentscheidung lediglich auf verlässlichen Informationen gründet, berücksichtigt er nach der vorgenannten Auffassung keine Zwischenschritte eines Ereignisses, dessen Eintritt nicht bereits hinreichend wahrscheinlich ist.[54]

---

52 *BGH* WM 2013, 1171 ff.
53 *Langenbucher* BKR 2012, 146.
54 *OLG Stuttgart* NZG 2009, 628.

41 Nach dem Schlussantrag des Generalanwalts Mengozzi vor dem EuGH beurteilt ein verständiger Anleger Ereignisse demgegenüber nach dem objektiven Kriterium der Vernünftigkeit, nicht in Verfolgung rein spekulativer Zwecke.[55] Die Verfolgung auch spekulativer Zwecke ist danach also nicht ausgeschlossen. Dies gilt auch für die Auffassung der BaFin. Danach berücksichtigt ein verständiger Anleger eine Information bei seiner Anlageentscheidung, wenn ein Kauf- oder Verkaufsanreiz gegeben ist und das Geschäft dem verständigen Anleger lohnend erscheint. Zu berücksichtigen ist dabei neben dem Zustand und der Entwicklung des Gesamtmarktes die Marktenge und Volatilität des Papiers sowie allgemeine und branchenspezifische Kurstrends.[56]

42 Auch die Literatur erteilt der engen Auffassung des OLG Stuttgart überwiegend eine Absage.[57] Vor dem Hintergrund der EuGH-Rechtsprechung wird zum Teil vorgeschlagen, den von dem EuGH für die Bestimmung der hinreichenden Eintrittswahrscheinlichkeit abgelehnten Probability Magnitude Test jedenfalls für die Prüfung der Kurserheblichkeit heranzuziehen.[58] Danach würde ein verständiger Anleger auch Zwischenschritte bzw. bereits hinreichend wahrscheinliche Zwischenschritte bei entsprechend gravierender Bedeutung des noch unsicheren Endergebnisses bei seiner Anlageentscheidung berücksichtigen.[59]

43 Gegen diese Auffassungen wird jedoch zu Recht eingewendet, dass sie im Ergebnis das Tatbestandsmerkmal der erforderlichen hinreichenden Wahrscheinlichkeit quasi abschaffen.[60] Nahezu jeder Sachverhalt lässt sich in seiner Genese, wie zuvor bereits am Beispiel einer M&A Transaktion gezeigt, in beliebig viele Zwischenschritte zerlegen, von denen „[...] irgendeiner immer schon eingetreten sein wird [...]"[61] oder dessen Eintreten zumindest hinreichend wahrscheinlich sein wird. Kocher/Widder messen einem Zwischenschritt daher nur dann die Qualität einer Insiderinformation bei, wenn er schon aus sich selbst heraus und ohne Rücksicht auf ein nachfolgendes weiteres Ereignis kurserheblich ist.[62] Immer dann wenn die Kurserheblichkeit des Zwischenschritts entfallen würde, wenn die Marktteilnehmer ex ante wüssten, dass das angestrebte Endergebnis nicht eintritt, ist eine erhebliche Kursrelevanz des Zwischenschritts nur dann anzunehmen, wenn der Eintritt des Endergebnisses überwiegend wahrscheinlich ist.[63]

44 Für die Auffassung von Kocher/Widder spricht folgende Überlegung: Unterstellt ein Endergebnis wäre noch nicht hinreichend wahrscheinlich, jedoch im Falle seines Eintretens erheblich kursrelevant, dann würde das angestrebte Endergebnis gemäß der Entscheidung des EuGH, da es an einer präzisen bzw. konkreten Information mangelt, nicht als Insiderinformation zu qualifizieren sein. Wenn aber schon das angestrebte Endergebnis zum Zeitpunkt des Zwischenschritts noch nicht als Insiderinformation zu qualifizieren ist, muss dies erst recht für ein Zwischenergebnis zur Verwirklichung des angestrebten Endergebnisses gelten, sofern sich seine Kurserheblichkeit allein aus dem Endergebnis ableitet. Dies gilt für bereits existente Zwischenschritte und erst recht für nur hinreichend wahrscheinlich eintretende zukünftige Zwischenschritte.

---

55 Schlussantrag Rn. 71.; siehe unter: http://eur-lex.europa.eu/LexUriServ/LexUriServ.do?uri=CELEX: 62011CC0019:DE:HTML.
56 *BaFin* Emittentenleitfaden, III. 2.1.4, S. 33; Assmann/Schneider/*Assmann* § 13 Rn. 58 f.
57 *Langenbucher* BKR 2012, 146 m.w.N.
58 *Klöhn* ZIP 2012, 1891; *Schall* ZIP 2012, 1288; *Hitzer* NGZ 2012, 862.
59 Ausführlich *Klöhn* ZIP 2012, 1886 f.
60 *Kocher/Widder* BB 2012, 2839.
61 So *Kocher/Widder* BB 2012, 2840, die jedoch als Gegenbeispiel für einen Zwischenschritt mit potenziell eigener Bedeutung behördliche Ermittlungen wegen erheblicher Compliance-Verstöße anführen; zustimmend wohl *Heider/Hirte* GWR 2012, 429.
62 *Kocher*/Widder BB 2012, 2840.
63 Ähnlich *Kocher*/Widder BB 2012, 2840.

45 Im Ergebnis dürfte die hier vertretene Auffassung darauf hinauslaufen, dass die von dem EuGH angestrebte Vorverlagerung der Insiderstrafbarkeit regelmäßig ausbleiben wird. Abhilfe könnte de lege ferenda durch eine Erweiterung des Begriffs der Insiderinformation unter teilweiser Aufgabe des Gleichlaufs von Insiderinformation und Ad-hoc- Publizitätspflicht geschaffen werden, wie von der Europäischen Kommission im Rahmen der Reform der Marktmissbrauchsrichtlinie vorgeschlagen.[64]

46 Der BGH vertritt in seinem Beschluss vom 23.4.2013 die Auffassung, dass bei der Beurteilung der Kursrelevanz nicht allein darauf abzustellen ist, wie wahrscheinlich der Eintritt des künftigen Ereignisses ist, auf den der zu beurteilende Zwischenschritt hinweist. Ein Zwischenschritt werde unter Umständen auch aus anderen Gründen von einem Anleger als Teil der Grundlage seiner Anlageentscheidung benutzt. So könne im Fall Schrempp bereits die Absicht des Emittenten, die personelle Veränderung in der Leitung umzusetzen, bedeuten, dass er die von Schrempp verfolgte Geschäftspolitik nicht oder nicht mit Nachdruck weiterverfolge.[65]

47 Bei der Beurteilung von Zwischenschritten auf ihre Kursrelevanz sollte der Emittent demnach sorgfältig prüfen, ob spezifisch in dem jeweiligen Zwischenschritt liegende Aspekte für dessen Kurserheblichkeit, unabhängig von der Eintrittswahrscheinlichkeit des angestrebten Endergebnisses, sprechen.

48 Vor dem Hintergrund der skizzierten Ausdehnung des Begriffs der Insiderinformation durch EuGH und BGH auch auf Zwischenschritte dürfte ein Emittent nunmehr öfter bzw. zeitlich früher von der Selbstbefreiungsbefreiungsmöglichkeit gem. § 15 Abs. 3 WpHG Gebrauch machen, um Ad-hoc-Mitteilungen zur „Unzeit" zu vermeiden. Allerdings sind die Anforderungen, die an eine wirksame Selbstbefreiung zu stellen sind ebenfalls umstritten. Im Folgenden werden daher die Voraussetzungen einer Selbstbefreiung näher beleuchtet.

D. Selbstbefreiung

I. Tatbestandliche Voraussetzungen

1. Überblick

49 Gem. § 15 Abs. 3 WpHG ist ein Emittent solange von der Ad-hoc-Publizitätspflicht befreit, wie es (i) der Schutz seiner berechtigten Interessen erfordert, (ii) keine Irreführung der Öffentlichkeit zu befürchten ist und (iii) er die Vertraulichkeit der Insiderinformation gewährleisten kann. Die Veröffentlichung ist nach Ablauf des Befreiungszeitraumes unverzüglich vorzunehmen, wobei die Insiderinformation in ihrer zum Veröffentlichungszeitpunkt aktuellen Fassung zu publizieren ist.[66]

2. Berechtigtes Interesse

50 Eine Selbstbefreiung setzt zunächst ein berechtigtes Interesse des Emittenten an dem Aufschub der unverzüglichen Veröffentlichung der Ad-hoc-Mitteilung voraus. Nach § 6 S. 1 WpAIV liegt ein berechtigtes Interesse des Emittenten vor, wenn die Interessen des Emittenten an der Geheimhaltung der Information die Interessen des Kapitalmarktes an einer

---

64 Siehe dazu unter Rn. 82 ff.
65 *BGH* WM 2013, 1175.
66 *BaFin* Emittentenleitfaden, IV. 3., S. 65.

vollständigen und zeitnahen Veröffentlichung überwiegen. Ein schutzwürdiges Interesse an der Geheimhaltung der Information hat der Emittent, wenn deren Bekanntwerden für ihn konkret von Nachteil wäre. Ein solcher Nachteil ist dann anzunehmen, wenn durch die Veröffentlichung entweder eine sonst zu erwartende für den Emittenten günstige Entwicklung negativ beeinflusst würde oder eine ohne die Veröffentlichung nicht zu erwartende, für den Emittenten nachteilige Entwicklung in Gang gesetzt würde.[67]

Das berechtigte Interesse des Emittenten ist gegenüber dem Interesse des Kapitalmarktes abzuwägen.[68] Als Regelbeispiele für ein überwiegendes Aufschubinteresse des Emittenten führt das Gesetz die Gefährdung laufender Verhandlungen und die noch ausstehende erforderliche Zustimmung eines anderen Organs zum Vertragsschluss an.[69] Entsprechend wird bei mehrstufigen Entscheidungsprozessen eine Selbstbefreiung bis zu einer erforderlichen Beschlussfassung des Aufsichtsrats grundsätzlich als zulässig erachtet.[70] Ebenso liegt regelmäßig ein berechtigtes Aufschubinteresse des Emittenten vor, wenn er z.B. bei der Neuentwicklung von Produkten, Patenten oder Erfindungen noch die erforderlichen Maßnahmen ergreifen muss, um seine Rechte abzusichern.[71] **51**

Berücksichtigungsfähig bei der vorzunehmenden Abwägung sind nur die berechtigten Interessen des Emittenten selbst. Interessen, die Dritte, wie z.B. Verhandlungspartner, eventuell an einer verzögerten Veröffentlichung haben könnten, sind grundsätzlich unbeachtlich,[72] es sei denn, diese sind auch für den Emittenten von Bedeutung.[73] Konzerninteressen sind aufgrund der engen Gesetzesformulierung grundsätzlich ebenfalls nicht berücksichtigungsfähig, es sei denn aufgrund der Konzernverbundenheit ergeben sich zugleich negative Auswirkungen bei dem jeweils ad-hoc-pflichtigen Konzernunternehmen.[74]

3. Keine Irreführung der Öffentlichkeit

Als weitere Voraussetzung des Selbstbefreiungstatbestands darf durch die Selbstbefreiung keine Irreführung der Öffentlichkeit zu befürchten sein. Vor dem Hintergrund der vorzunehmenden Interessenabwägung zwischen dem Aufschubinteresse des Emittenten und dem Veröffentlichungsinteresse des Kapitalmarktes ist es zweifelhaft, ob diesem Tatbestandsmerkmal eine eigene Bedeutung zukommt.[75] Das während des Zeitraums der Selbstbefreiung bestehende Informationsungleichgewicht stellt für sich genommen jedenfalls noch keine Irreführung dar, weil ansonsten die gesetzlich vorgesehene Selbstbefreiungsmöglichkeit ins Leere liefe.[76] Der Emittent darf allerdings bei etwaig während des Befreiungszeitraums aufkommenden Gerüchten beispielsweise aktiv keine Signale setzen, die zu der noch nicht veröffentlichten Insiderinformation im Widerspruch stehen.[77] Unklar ist, ob **52**

---

67 *Pattberg/Bredol* NZG 2013, 89 f. m.w.N.
68 *BaFin* Emittentenleitfaden, IV.3.1 S. 65; *Pattberg/Bredol* NZG 2013, 89 m.w.N.; a.A. Köln Komm-WpHG/*Versteegen* § 15 Rn. 152.
69 § 6 S. 2 WpAIV.
70 Assmann/Schneider/*Assmann* § 15, Rz 143 ff. m.w.N.; *BaFin* Emittentenleitfaden, IV. 3., S. 66 f. a.A. *Staake* BB 2007, 1576 ff. Der Emittentenleitfaden der *BaFin* ist jedoch insofern widersprüchlich als er unter IV. 3.1, S. 65 eine Berufung bei der Selbstbefreiungsbegründung allein auf den Gremienvorbehalt als nicht genügend ansieht.
71 *BaFin* Emittentenleitfaden, IV. 3.1., S. 66; Schimanski/Bunte/Lwowski/*Hopt* § 107 Rn. 101.
72 *BaFin* Emittentenleitfaden, IV. 3.1., S. 66.
73 *Pattberg/Bredol* NZG 2013, 89 f.
74 Ausführlich *Spindler/Speier* BB 2005, 2033; Assmann/Schneider/*Assmann* § 15 Rn. 157; *Baulig* in Compliance, Rn. 953 ff.
75 *Pattberg/Bredol* NZG 2013, 90.
76 *OLG Stuttgart* NZG 2009, 631.
77 *BaFin* Emittentenleitfaden, IV.3.3. S. 68; siehe zudem unten Rn. 58.

bereits ein bloßes Schweigen des Emittenten als irreführend anzusehen ist, wenn am Markt schon konkrete Informationen gehandelt werden.[78] Dies unterstellt müsste ein sich in der Selbstbefreiungsphase befindlicher Emittent in einem solchen Fall die Insiderinformation unabhängig davon veröffentlichen, woher der Vertrauensbruch rührt. Widersprüchlich ist insofern, dass sich der Emittent weiterhin auf die Selbstbefreiung berufen können soll, wenn das Bekanntwerden der Insiderinformation nicht auf eine dem Emittenten zurechenbare Vertraulichkeitslücke zurückzuführen ist.[79]

4. Gewährleistung der Vertraulichkeit

53 Die Selbstbefreiungsvoraussetzungen sind nur solange gegeben, wie der Emittent die Vertraulichkeit der Insiderinformation gewährleisten kann.[80] Der Emittent hat zur Gewährleistung der Vertraulichkeit während der Selbstbefreiung Vorkehrungen zum Schutz der Insiderinformation vor unbefugtem Zugang sowie zur unverzüglichen Bekanntgabe der Information für den Fall, dass die Vertraulichkeit nicht mehr gewährleistet ist, zu treffen.[81]

54 Obwohl die vorgenannten Anforderungen gemäß dem Wortlaut des § 7 WpAIV erst bei einer bereits bestehenden Selbstbefreiung einschlägig sind,[82] werden sie von dem OLG Stuttgart und der überwiegenden Meinung bereits als echte Voraussetzungen für einen wirksamen Aufschub nach § 15 Abs. 3 WpHG angesehen.[83] Der BGH hat diese Auffassung in seinem Beschluss vom 23.4.2013 bestätigt.[84] Begründet wird sie mit dem Erfordernis einer richtlinienkonformen Auslegung im Lichte des Art. 3 Abs. 2 S. 1 der Durchführungsrichtlinie 2004/124/EG, wonach für die Anwendung von Art. 6 Abs. 2 der Richtlinie 2003/6/EG, der Selbstbefreiungsvoraussetzungen der Marktmissbrauchsrichtline, zwecks Gewährleistung der Vertraulichkeit sichergestellt werden muss, dass die Emittenten den Zugang zu diesen Informationen kontrollieren.[85]

55 Nach der vorgenannten Ansicht ist auch die gem. § 15b Abs. 1 S. 3 WpHG an den Emittenten adressierte Verpflichtung, jede Person mit Zugang zu der Insiderinformation über die sich hieraus ergebenden insiderrechtlichen Pflichten und Sanktionen bei Pflichtverstößen aufzuklären, ebenfalls eine echte Voraussetzung für die Inanspruchnahme der Selbstbefreiungsmöglichkeit. Dies wird mit einer richtlinienkonformen Auslegung des § 15 Abs. 3 WpHG begründet. Der Verordnungsgeber habe bei der Umsetzung der einschlägigen Durchführungsrichtlinie 2003/124/EG in § 7 WpAIV die Übernahme dieser Voraussetzung aus der Richtlinie für überflüssig gehalten, weil § 15b Abs. 1 S. 3 WpHG in Umsetzung von Art. 5 Abs. 5 der Durchführungsrichtlinie 2004/72/EG eine entsprechende Anordnung enthalte, deren Erfüllung dann auch dem Zwecke des § 15 Abs. 3 WpHG genüge.[86] Danach besteht selbst dann die vorgenannte Hinweispflicht, wenn der Adressat einer spezialgesetzlichen Vertraulichkeitsregelung unterliegt, wie z.B. Aufsichtsratsmitglieder[87] der strafbe-

---

78 So *OLG Stuttgart* NZG 2009, 631; *Pattberg*/Bredol NZG 2013, 90 m.w.N.; Schimanski/Bunte/Lwowski/*Hopt* § 107 Rn 102.
79 *Bredol/Pattberg* NZG 2013, 90f.; *BaFin* Emittentenleitfaden, IV.3.3. S. 67; siehe dazu auch unten unter Rn. 56 ff.
80 § 15 Abs. 3 S. 1 WpHG.
81 § 7 WpAIV.
82 „Gewährleistung der Vertraulichkeit während der Befreiung von der Veröffentlichungspflicht."
83 *OLG Stuttgart* NZG 2009 631 f. m.w.N.; *Pattberg*/Bredol NZG 2013, 90.
84 *BGH* WM 2013, 1176.
85 *OLG Stuttgart* NZG 2009, 631 f.
86 *OLG Stuttgart* NZG 2009, 633 m.w.N.; zustimmend *Pattberg/Bredol* NZG 2013, 90; unklar Assmann/Schneider/*Assmann* § 15, Rn. 163 ff.
87 Siehe zum Einsatz von Hilfspersonen des Aufsichtsrats *Baulig* in Compliance, Rn. 960.

wehrten aktienrechtlichen Verpflichtung zur Wahrung der Vertraulichkeit[88] mandatsbedingt erlangter Informationen.[89] Diese Auffassung ist nicht zweifelsfrei, genügt doch nach allgemeiner Meinung jedenfalls das Vorliegen einer spezialgesetzlichen Verpflichtung zur Wahrung der Vertraulichkeit, um die andernfalls bei einer Weitergabe einer Insiderinformation gem. § 15 Abs. 1 S. 4 WpHG bestehende Ad-hoc-Veröffentlichungspflicht nicht auszulösen, ohne dass zusätzlich noch spezielle Hinweispflichten gefordert werden.[90]

Vor dem Hintergrund der skizzierten herrschenden Auffassung empfiehlt sich für Emittenten in der Praxis, potenzielle Insider generell, z.B. durch arbeitsvertragliche Regelung, separate Anweisung und/oder einzelfallbezogen durch eine Vertraulichkeitserklärung, zur Verschwiegenheit zu verpflichten und über die sich aus der Kenntnis einer Insiderinformation ergebenden insiderrechtlichen Pflichten und Sanktionen bei Pflichtverstößen aufzuklären. **56**

II. Umgang mit Gerüchten

Insbesondere bei Sachverhalten, die sich über einen längeren Zeitraum erstrecken und an denen, wie z.B. bei der Durchführung des EBA Stresstests, eine Vielzahl auch externer Personen beteiligt ist, besteht die Gefahr, dass zwischenzeitlich Gerüchte zu der Insiderinformation, die Gegenstand der Selbstbefreiung ist, aufkommen. Dies führt jedoch nicht zwingend dazu, dass die Selbstbefreiungsvoraussetzung „Wahrung der Vertraulichkeit" entfällt. **57**

Die BaFin unterscheidet wie folgt: Handelt es sich um ein Gerücht, dessen Auftreten nicht auf einer dem Emittenten zurechenbare Vertraulichkeitslücke zurückzuführen ist, besteht für den Emittenten weiterhin die Möglichkeit, den Aufschub der Veröffentlichung fortzusetzen. Das Kriterium der Gewährleistung der Vertraulichkeit ist in diesem Fall noch nicht entfallen.[91] Soweit allerdings während der Selbstbefreiung Teile der der Insiderinformation zugrunde liegenden Umstände als Gerücht kolportiert oder sogar Details oder die gesamte Information öffentlich bekannt werden, ist die Gewährleistung der Vertraulichkeit jedenfalls dann nicht mehr erfüllt, wenn der Emittent weiß oder Grund zu der Annahme hat, dass die Gerüchte oder das Bekanntwerden der Details auf eine Vertraulichkeitslücke in seinem Herrschaftsbereich zurückzuführen sind.[92] Kann der Emittent jedoch ausschließen, dass diese Details aus seiner Sphäre stammen, so darf er den Aufschub der Veröffentlichung ebenfalls fortsetzen. Andernfalls hat er die Insiderinformation unverzüglich zu veröffentlichen.[93] In der Praxis kann folgende Faustformel bei der Beurteilung des Sachverhalts helfen: Je detaillierter das Gerücht, umso eher muss der Emittent von einer Vertraulichkeitslücke in seiner Sphäre ausgehen. Wenn jedoch, wie im Verlauf der bereits besprochenen EBA-Stresstests geschehen, Indiskretionen nicht aus der Sphäre des Emittenten, sondern, wie der Presse zu entnehmen, aus dem politischen Umfeld stammen, könnte sich der Emittent nach dem zuvor Gesagten nach wie vor auf die Selbstbefreiung berufen, da die Selbstbefreiungsvoraussetzung „Wahrung der Vertraulichkeit" nicht entfallen wäre. **58**

---

88 §§ 404, 116 S. 2 AktG.
89 *OLG Stuttgart* NZG 2009, 633; ebenso jüngst *BGH* WM 2013, 1176 f.
90 Assmann/Schneider/*Assmann* § 15 Rn. 117 ff. m.w.N. der bereits die Verpflichtung zur Vertraulichkeit gemäß dem insiderrechtlichen Weitergabeverbot für ausreichend hält.
91 *BaFin* Emittentenleitfaden, IV.3.3., S. 67 f.
92 *BaFin* Emittentenleitfaden, IV.3.3., S. 67; in Reaktion auf Marktgerüchte haben z.B. die NYSE Euronext und die Deutsche Börse AG mit Ad-hoc-Mitteilung vom 9.2.2011 fortgeschrittene Gespräche über einen möglichen Zusammenschluss bestätigt; abrufbar unter www.deutsche-börse.com.
93 *BaFin* Emittentenleitfaden, IV.3.3., S. 68; Schimanski/Bunte/Lwowski/*Hopt* § 107 Rn. 103 f.; *Pattberg/Bredol* NZG 2013, 90 f.

Nimmt der Emittent weiterhin das Vorliegen der Selbstbefreiungsvoraussetzungen an, darf er zu wahren Gerüchten aktiv keine gegenläufigen Erklärungen abgeben oder Signale setzen. Andernfalls kann das Tatbestandsmerkmal der „Irreführung der Öffentlichkeit" und der Tatbestand der Marktmanipulation (§ 20a WpHG) erfüllt sein.[94] Das Verfolgen einer „no comment policy" ist in diesem Zusammenhang zulässig.[95] Mit der bereits dargestellten Ansicht,[96] dass bei der Veröffentlichung jedenfalls konkreter zutreffender Details der Insiderinformation auch ein Schweigen des Emittenten als Irreführung der Öffentlichkeit zu werten ist, wäre allerdings unabhängig davon, ob der Vertraulichkeitsbruch der Sphäre des Emittenten zuzurechnen ist, eine Ad-hoc-Veröffentlichung durch den Emittenten vorzunehmen.[97]

59 Werden im Markt bereits konkrete Informationen gehandelt, sollte der Emittent daher sorgfältig abwägen, ob er eine „no comment policy" verfolgen möchte, oder ob stattdessen eine vorzeitige Ad-hoc-Veröffentlichung vorzugswürdig ist.

60 Während der Selbstbefreiungsphase hat der Emittent die Presseberichterstattung sowie den Börsenpreis und die Handelsvolumina zu überwachen, um Indizien für einen etwaigen Bruch der Vertraulichkeit zu identifizieren. In der Regel wird mit dieser Aufgabe die Kommunikations- und/oder die Compliance-Funktion beauftragt sein. Sollten sich Anhaltspunkte für einen Vertraulichkeitsbruch ergeben, muss der Emittent unverzüglich beurteilen, ob weiterhin die Selbstbefreiungsvoraussetzungen vorliegen. Der Emittent muss zudem gem. § 7 Nr. 2 WpAIV wirksame Vorkehrungen treffen, um bei einem unplanmäßigen Wegfall der Selbstbefreiungsvoraussetzungen eine vorzeitige Ad-hoc-Veröffentlichung unverzüglich vornehmen zu können. Dies erfordert in der Praxis, dass der Emittent die Ad-hoc-Mitteilung inkl. Selbstbefreiungsmitteilung an die BaFin für den Fall einer vorzeitigen Veröffentlichung bereits weitgehend vorbereitet.

III. Selbstbefreiungsentscheidung

1. Erfordernis einer Selbstbefreiungsentscheidung

61 In Rechtsprechung und Literatur ist umstritten, ob es zu einer wirksamen Selbstbefreiung einer bewussten Entscheidung des Emittenten bedarf und wenn ja, welche Anforderungen an diese zu stellen sind. Der Wortlaut des § 15 Abs. 3 S. 1 WpHG („der Emittent ist befreit") spricht für eine Befreiungswirkung kraft Gesetzes, wenn ansonsten die tatbestandlichen Voraussetzungen erfüllt sind, ohne dass es einer bewussten Entscheidung des Emittenten bedürfte. Das OLG Stuttgart war daher im Fall Schrempp der Auffassung, dass es eines Selbstbefreiungsbeschlusses durch die DaimlerChrysler AG nicht bedurfte.[98]

62 Demgegenüber fordert die BaFin mit der wohl noch überwiegenden Meinung eine bewusste Entscheidung des Emittenten über die Inanspruchnahme der Selbstbefreiung.[99] Dem Wortlautargument der Gegenauffassung[100] wird entgegengehalten, dass der Emittent

---

94 *BaFin* Emittentenleitfaden, IV. 3.3., S. 67 f.
95 *BaFin* Emittentenleitfaden, IV. 3.3., S. 68; unwahre Meldungen zu dementieren, wie z.B. in der Ad-hoc-Mitteilung der deutschen Börse AG vom 25.2.2012, ist gesetzlich nicht geboten.
96 Siehe unter Rn. 52.
97 Im Ergebnis ebenso *Versteegen* in: KölnKomm-WpHG/*Versteegen* § 15 Rn. 165.
98 *OLG Stuttgart* NZG 2009, 635; zustimmend Assmann/Schneider/*Assmann* § 15 Rn. 165a ff., insbesondere Rn. 165d; Schimanski/Bunte/Lwowski/*Hopt* § 107 Rn. 96.
99 *BaFin* Emittentenleitfaden, IV. 3, S. 65; *Widder* BB 2009, 967 ff.; *Schneider/Gilfrich* BB 2007, 54 ff.; *Pattberg/Bredol* NZG 2013, 87; wohl auch *BGH* WM 2013, 1176.
100 *Ihrig/Kranz* BB 2013, 452 ff. m.w.N.; KölnKomm-WpHG/*Versteegen* § 15 Rn. 166 ff.

die Gründe der Selbstbefreiung unter Angabe des Zeitpunkts der Entscheidung über den Aufschub der Veröffentlichung der BaFin[101] mitteilen müsse.[102] Für das Erfordernis einer bewussten Entscheidung des Emittenten spreche zudem der Wortlaut der Europäischen Marktmissbrauchsrichtlinie, wonach der Emittent die Bekanntgabe von Insiderinformationen auf eigene Verantwortung aufschieben darf.[103] Nach dieser Auffassung kann sich der Emittent nur dann auf den Selbstbefreiungstatbestand berufen, wenn er aktiv eine Entscheidung trifft, von der Selbstbefreiung Gebrauch zu machen. Danach liegt also bei fehlendem Selbstbefreiungsbeschluss ein Verstoß gegen die Ad-hoc-Publizitätspflicht selbst dann vor, wenn die Selbstbefreiungsvoraussetzungen, insbesondere ein berechtigtes Aufschubinteresse des Emittenten, ansonsten gegeben sind.

Gegen das Erfordernis einer bewussten Selbstbefreiungsentscheidung als Voraussetzung für eine wirksame Selbstbefreiung spricht jedoch folgende Erwägung: Ein Vorstand, der die Selbstbefreiungsmöglichkeit nicht oder nicht rechtzeitig erkennt bzw. eine Beschlussfassung hierüber unterlässt, hätte gemäß implizitem Normbefehl selbst dann eine Ad-hoc-Veröffentlichung vorzunehmen, wenn der Schutz der berechtigten Interessen des Unternehmens einen Aufschub der Veröffentlichung zwingend erfordert. Dies hätte jedoch, beispielsweise bei einem Aufschub zur Abwendung einer bevorstehenden Insolvenz, für den Vorstand eine potenzielle Haftung aus § 93 Abs. 2 AktG zur Folge. Danach sind Vorstandsmitglieder, die ihre Pflichten verletzen, der Gesellschaft zum Ersatz des daraus entstehenden Schadens als Gesamtschuldner verpflichtet. Eine solche Konsequenz stünde jedoch im Widerspruch zu dem Grundsatz der Einheit der Rechtsordnung. Einer Verpflichtung zur unverzüglichen Veröffentlichung stünde die aktienrechtliche Pflicht des Vorstands, für den Bestand des Unternehmens zu sorgen, entgegen. Daher ist davon auszugehen, dass der Gesetzgeber den schutzwürdigen Interessen des Emittenten bei Vorliegen der gesetzlichen Selbstbefreiungsvoraussetzungen generell Vorrang einräumen wollte. Aus dem Vorgesagten ergibt sich auch, dass sich ein Vorstand, der sich trotz eines schutzwürdigen Aufschubinteresses für eine zu frühe Ad-hoc-Mitteilung entscheidet, einer potenziellen Schadensersatzpflicht aussetzt. Dem Vorstand ist allerdings diesbezüglich ein weiter Ermessensspielraum zuzugestehen.[104] Gegen die hier vertretene Auffassung spricht auch nicht die zusätzliche im Falle der Selbstbefreiung einschlägige Anforderung, dass der Emittent die Gründe für die Selbstbefreiung unter Angabe des Zeitpunkts der Entscheidung über den Aufschub der Ad-hoc-Veröffentlichung der BaFin zu übermitteln hat.[101] Dieses Erfordernis lässt sich auch so verstehen, dass wenn eine Entscheidung des Emittenten nicht vorliegt, nur die Gründe anzugeben sind, die aus Sicht des Emittenten den Aufschub der Veröffentlichung rechtfertigen, um der BaFin eine Überprüfung des Vorliegens der tatbestandlichen Voraussetzungen für eine Selbstbefreiung zu ermöglichen.[104] Wird gegen die vorgenannten Pflichten verstoßen, handelt es sich zwar nach der gesetzlichen Wertung um eine Ordnungswidrigkeit; allerdings werden hierdurch nicht die von dem Gesetzgeber als schutzwürdig erachteten Interessen des Emittenten in Frage gestellt. Da der eindeutige Wortlaut des § 15 Abs. 3 S. 1 WpHG[105] eine Selbstbefreiung kraft Gesetzes bei Vorliegen der tatbestandlichen Voraussetzungen nahe legt und ein Verstoß gegen die Publizitätspflicht bußgeldbewehrt ist, spricht auch das Bestimmtheitsgebot bzw. das verfassungsrechtliche Analogieverbot aus Art. 103 Abs. 2 GG (nullum crimen sine lega stricta) gegen das Erfordernis einer bewussten Selbstbefreiungsentscheidung.[104]

---

101 § 15 Abs. 3 S. 4 WpHG i.V.m. § 8 Abs. 5 WpAIV.
102 *BaFin* Emittentenleitfaden, IV. 3, S. 65.
103 *Pattberg/Bredol* NZG 2013, 87 f.
104 *Ihrig/Kranz* BB 2013, 453.
105 „Der Emittent ist [...] befreit [...]".

64 Wird hingegen mit der wohl überwiegenden Auffassung ein Selbstbefreiungsbeschluss als Bedingung für eine wirksame Selbstbefreiung für erforderlich erachtet, ist jedenfalls eine Schadensersatzpflicht nach § 37b WpHG bei dessen Fehlen grundsätzlich zu verneinen, da die Kursentwicklung auch im Fall der Einhaltung der formalen Anforderungen an eine Selbstbefreiung nicht anders verlaufen wäre (Rechtsfigur des rechtmäßigen Alternativverhaltens).[106]

65 Vor dem Hintergrund der Verwaltungspraxis der BaFin sowie der uneinheitlichen Rechtsprechung empfiehlt sich allerdings für den Emittenten bis auf Weiteres, weder auf einen gesetzlichen Automatismus der Selbstbefreiung, noch auf die Rechtsfigur des rechtmäßigen Alternativverhaltens zu vertrauen, sondern die Selbstbefreiung als bewusste Entscheidung zu treffen und zu dokumentieren.[107]

2. Formale Anforderungen an die Selbstbefreiungsentscheidung

66 Wird eine Selbstbefreiungsentscheidung des Emittenten für erforderlich gehalten, stellt sich des Weiteren die Frage, in welcher Art und Weise diese zu ergehen hat und wer hierbei für den Emittenten handeln kann bzw. zu handeln hat. Da der Selbstbefreiungstatbestand[108] ausdrücklich keine Entscheidung des Emittenten vorsieht, enthält er keine diesbezüglichen formalen Anforderungen. Nach Auffassung der BaFin soll jedoch die Entscheidung des Emittenten über die Selbstbefreiung durch einen Beschluss des Vorstands herbeizuführen sein.[109] Obwohl ein Vorstandsbeschluss ein Handeln des Vorstands als Kollegialorgan voraussetzt und somit die Mitwirkung nur eines Vorstandsmitglieds hierzu nicht ausreichen würde, lässt es die BaFin genügen, wenn nur ein ordentliches Vorstandsmitglied an der Entscheidung mitwirkt.[110] Die Auffassung der BaFin dürfte dahingehend zu verstehen sein, dass auch andere Gremien als das geschäftsführende Organ den Befreiungsbeschluss fassen können, sofern mindestens ein ordentliches Vorstandsmitglied an der Entscheidung beteiligt ist.[111] Zwingend ist auch das nicht. Das WpHG enthält, anders als etwa das HGB bzw. Aktiengesetz, z.B. für die Aufstellung und Unterzeichnung des Jahresabschlusses und Lageberichts[112] oder für die Einberufung und Durchführung der Hauptversammlung[113] keine Regelung, die die Wahrnehmung kapitalmarktrechtlicher Pflichten durch den Vorstand selbst zwingend vorsieht. Hieraus ergibt sich im Umkehrschluss, dass der Vorstand nicht gehindert ist, die Erfüllung der Ad-hoc-Publizitätspflicht im Ganzen oder in Teilen, wie die Entscheidung über eine Selbstbefreiung, auf Mitarbeiter des Unternehmens zu delegieren.[114] Noch nicht einmal die von der BaFin geforderte Mitwirkung eines Vorstandsmitglieds ist danach erforderlich.[115] Lediglich die Letztverantwortlichkeit für die gesetzeskonforme Erfüllung der delegierten Aufgaben und eine diesbezügliche Kontrollpflicht verbleibt bei dem Vorstand als Organ des Emittenten.[116] Dennoch sollten Emittenten der Auffassung der BaFin Rechnung tragen und die Beschlussfassung über eine Selbstbefreiung entweder durch den Vorstand vornehmen zu lassen oder, z.B. in eilbedürftigen Fällen, durch ein Gremium unter Mitwirkung eines Vorstandsmitglieds. Im Interesse einer praxis-

---

106 *OLG Stuttgart* NZG 2009, 636 f.; im Grundsatz ebenso *BGH* WM 2013, 1176.
107 Zur Dokumentation siehe unten unter Rn. 68.
108 § 15 Abs. 3 WpHG.
109 *BaFin* Emittentenleitfaden, IV.3, S. 65.
110 *BaFin* Emittentenleitfaden, IV.3, S. 65; zustimmend *Bedkowski* BB 2009, 1485.
111 Zur Interpretation siehe *Mennicke* NZG 2009, 1062.; für das Erfordernis einer Vorstandsbeteiligung auch Schimanski/Bunte/Lwowski/*Hopt* § 107 Rn 96.; ablehnend *Ihrig/Kranz* BB 2013, 454 f.
112 §§ 238, 242, 245, 264 HGB, § 91 AktG.
113 § 121 Abs. 2 AktG.
114 Wohl überwiegende Meinung; zum Meinungsstand siehe *Ihrig/Kranz* BB 2013, 455 f; *Schneider/Gilfrich* BB 2007, 55 f. m.w.N.; *Mennicke* NZG 2009, 1061 f.; a.A. wohl *Bedkowski* BB 2009, 1485.
115 *Ihrig/Kranz* BB 2013, 455.
116 *Ihrig/Kranz* BB 2013, 456.

gerechten Handhabung der Selbstbefreiung sollte es jedoch ausreichen, wenn eine Abstimmung z.B. im Umlaufverfahren, telefonisch oder auch nachträglich als Bestätigung einer zuvor von einem Ad-hoc-Gremium beschlossenen Selbstbefreiung durch den Gesamtvorstand erfolgt.[117]

3. Zeitpunkt der Selbstbefreiungsentscheidung

Des Weiteren stellt sich die Frage, wann erforderlichenfalls die Entscheidung über eine Selbstbefreiung zu erfolgen hat. Da nach § 15 Abs. 1 WpHG eine Insiderinformation unverzüglich zu veröffentlichen ist, erscheint die Folgerung konsequent, dass der Emittent auch über die Selbstbefreiung unverzüglich zu entscheiden hat, weil andernfalls mangels einer vorliegenden Selbstbefreiung die Information veröffentlicht werden muss.[118] Vor dem Hintergrund jedoch, dass der Selbstbefreiungstatbestand eine Selbstbefreiungsentscheidung nicht ausdrücklich vorsieht, der Entstehungszeitpunkt einer Insiderinformation höchst zweifelhaft sein kann und die Mitteilungspflichten des § 8 WpAIV erfüllt werden können, sofern nur irgendwann zuvor eine Selbstbefreiungsentscheidung durch den Emittenten getroffen wurde, dürfte es als zulässig zu erachten sein, dass ein Emittent einen Selbstbefreiungsbeschluss auch nachschieben kann.[119]

67

4. Dokumentation der Selbstbefreiungsentscheidung

Das WpHG sieht keine Dokumentationspflicht bzgl. einer Selbstbefreiungsentscheidung vor. Gleichwohl sollte der Emittent den Vorgang der Selbstbefreiung, d.h. die Insiderinformation als solche, die vorgenommene Interessenabwägung sowie den Zeitpunkt der Entscheidung dokumentieren. Dies ergibt sich zum einen aus den Mitteilungspflichten an die BaFin gem. § 8 WpAIV. Zum anderen liegt eine sorgfältige Dokumentation vor dem Hintergrund der zivilrechtlichen Grundsätze im Interesse des Emittenten. Ein Emittent, der sich zur Abwehr zivilrechtlicher Schadensersatzansprüche wegen verspäteter Ad-hoc-Mitteilung auf eine Selbstbefreiung berufen will, muss diese für ihn günstige Tatsache darlegen und beweisen.[118]

68

5. Dauer der Selbstbefreiung

Sind die tatbestandlichen bzw. sonstigen Anforderungen, die an eine wirksame Selbstbefreiung zu stellen sind, erfüllt, wird die mit Vorliegen der Insiderinformation bestehende Ad-hoc-Publizitätspflicht suspendiert. Diese Suspendierung besteht solange wie die Selbstbefreiungsvoraussetzungen vorliegen, ohne dass diese in der Dauer beschränkt wäre.[120]

69

6. Vorsorgliche Selbstbefreiung

Überwiegend ist die Möglichkeit einer vorsorglichen Selbstbefreiung anerkannt.[121] Grund hierfür ist, dass die Bestimmung des Zeitpunkts, wann genau die in Frage stehende Insiderinformation vorliegt und damit die Ad-hoc-Publizitätspflicht ausgelöst wird bzw. ab wann

70

---

117 Eine entsprechende nachträgliche Bestätigung durch den Vorstand könnte z.B. wie folgt lauten: „Der Beschluss des Ad-hoc-Gremiums, von dem Recht auf Selbstbefreiung, ab [...] bis [...] Gebrauch zu machen, wird bestätigt."
118 *Pattberg/Bredol* NZG 2013, 88.
119 Ebenso ohne Begründung *Langenbucher* BKR 2012, 149.
120 *Pattberg/Bredol* NZG 2013, 91; KölnKomm-WpHG/*Versteegen* § 15 Rn. 177; a.A. wohl *Kalss* EuZW 2011, 450 „[...] zumal dieser Aufschub zeitlich nur sehr begrenzt anerkannt wird."
121 Zum Meinungsstand siehe *Ihrig/Kranz* BB 2013, 456 f.; *Pattberg/Bredol* NZG 2013, 88; *Widder* BB 2009, 972 m.w.N.

sich der Emittent auf eine Selbstbefreiung berufen muss, nicht rechtssicher erfolgen kann. Eine vorsorgliche Selbstbefreiung bedeutet, dass die Insiderinformation nach Auffassung des Emittenten zwar zu einem identifizierten späteren Zeitpunkt eintritt, er sich jedoch hilfsweise bzw. rein vorsorglich, für den Fall, dass die Aufsichtsbehörde oder ein Gericht einen früheren Anknüpfungspunkt für das Entstehen der Insiderinformation annimmt, ab einem näher zu bezeichnenden Zeitpunkt selbst befreit. Eine solche vorsorgliche Selbstbefreiung dient insbesondere der Vermeidung potenzieller, in der Höhe unabsehbarer zivilrechtlicher Ansprüche. Sofern als notwendige Voraussetzung die Selbstbefreiungsvoraussetzungen vorliegen und der Emittent diese in Betracht genommen hat, steht es ihm frei, auch einen möglichst frühzeitigen Anknüpfungspunkt für eine vorsorgliche Selbstbefreiung zu wählen.[122] Auch bei einem denkbar frühen Anknüpfungspunkt setzt sich der Emittent, wie von der überwiegenden Auffassung gefordert, mit dem konkreten Sachverhalt auseinander und nimmt die geforderte Intereressenabwägung vor. Die zunächst nur vorsorglich getroffene Befreiungsentscheidung erfasst damit richtigerweise auch die erst zeitlich später eintretenden Sachverhaltskonkretisierungen.[123] Wenn allerdings konkrete Gerüchte in der Phase der vorsorglichen Selbstbefreiung aufkommen, muss sich der Emittent entscheiden, ob er sicherheitshalber bereits jetzt eine Ad-hoc-Veröffentlichung vornimmt oder erst dann, wenn die Insiderinformation nach seiner Auffassung vorliegt. Würde er sich nicht in der Phase der vorsorglichen, sondern der echten Selbstbefreiung befinden, wäre eine frühzeitig Ad-hoc-Veröffentlichung des Emittenten bei Indiskretionen aus seiner Sphäre in dem vorgenannten Fall zwingend geboten.[124]

71 Eine vorsorgliche Selbstbefreiung kommt insbesondere bei komplexen Sachverhalten, wie Unternehmensübernahmen, aber auch bei sonstigen gestreckten Sachverhalten, wie der Veröffentlichung von Geschäftszahlen, in Betracht. Eine Veröffentlichung der Geschäftszahlen wird regelmäßig erst erfolgen, nachdem sich der Gesamtvorstand mit ihnen befasst hat. Fraglich ist jedoch, wann bei einer unterstellten Kurserheblichkeit des Geschäftsergebnisses eine Insiderinformation vorliegt; erst mit Befassung des Gesamtvorstands mit den Zahlen oder bereits zuvor, beispielsweise wenn die Bilanzabteilung, die aus ihrer Sicht endgültigen Zahlen an den Finanzvorstand übermittelt oder zu einem noch früheren Zeitpunkt, wenn sich im Prozessverlauf aus Sicht der Bilanzabteilung ein überwiegend wahrscheinliches Gesamtbild der Zahlen ergibt. Nach Auffassung der BaFin entsteht die Veröffentlichungspflicht erst, wenn das Geschäftsergebnis dem Vorstand oder dem sonst für die Veröffentlichung nach § 15 WpHG Verantwortlichen des Unternehmens zur Verfügung steht.[125] Danach wäre mithin auf die Kenntnisnahme durch den Gesamtvorstand abzustellen und eine Selbstbefreiung im Vorfeld nicht erforderlich, es sei denn, ein anderes Gremium wäre für die Ad-hoc-Veröffentlichung verantwortlich. Die Befassung eines Ad-hoc-Gremiums mit den Zahlen, das jedoch lediglich einen Vorschlag zur Beschlussfassung zur Publizität für den Vorstand erstellt, würde mangels Verantwortlichkeit danach nicht die Ad-hoc-Publizitätspflicht auslösen. Vor dem Hintergrund der dargestellten EuGH-Rechtsprechung empfiehlt sich jedoch für Emittenten eine vorsorgliche Selbstbefreiung spätestens ab der Kenntnisnahme der finalen Zahlen durch den CFO bzw. in Abhängigkeit von den Umständen im Einzelfall über den gesamten Erstellungsprozess bis zur Befassung des Vorstands mit den Geschäftszahlen.

---

122 Ausführlich hierzu *Ihrig/Kranz* BB 2013, 456 ff.
123 *Ihrig/Kranz* BB 2013, 457 f.
124 Siehe oben unter Rn. 58.
125 *BaFin* Emittentenleitfaden, IV. 2.2.9.1, S. 59.

7. Selbstbefreiung durch Vorratsbeschluss

Von einer vorsorglichen Selbstbefreiung, die bzgl. eines konkreten Sachverhaltes im Einzelfall in Anspruch genommen wird, ist ein Vorratsbeschluss mit dem Inhalt, stets von einer Selbstbefreiung Gebrauch zu machen, wenn die gesetzlichen Voraussetzungen vorliegen, zu unterscheiden.[126] Derartige Vorratsbeschlüsse werden nach nahezu einhelliger Ansicht zur Herbeiführung einer Selbstbefreiung nicht als zulässig erachtet.[127] Zur Begründung wird angeführt, dass sich der Emittent gemäß den Anforderungen des § 15 Abs. 3 S. 4 WpHG sowie § 8 Abs. 5 WpAIV mit der konkreten Selbstbefreiungssituation auseinanderzusetzen und die Selbstbefreiungsgründe zu prüfen habe.[128] Fraglich ist jedoch, ob sich diese Argumentation auch auf stets wiederkehrende und standardisierte Prozesse, wie z.B. die Erstellung von Quartalszahlen, bezieht. Da hierbei die geforderte Interessenabwägung generell abstrakt erfolgen kann, sollte auch ein Vorratsbeschluss zulässig sein, sich grundsätzlich bis zur Befassung des Vorstands mit den Geschäftszahlen von einer etwaig bestehenden Ad-hoc-Publizitätspflicht zu befreien. Hiervon unberührt und zu unterscheiden ist die im Einzelfall jeweils vorzunehmende Beurteilung über die Ad-hoc-Relevanz des Ergebnisses selbst und die Beschlussfassung des Vorstands hierüber.

72

E. Governance der Ad-hoc-Publizität

I. Implementierung eines Ad-hoc-Gremiums

Die Pflicht zur Ad-hoc-Veröffentlichung trifft zwar den Emittenten und damit dessen Gesamtvorstand. Jedoch ist in der Praxis zu beobachten, dass er sich in größeren Unternehmen in Ad-hoc-Fragen von einem hausinternen Gremium beraten lässt. Durch ein solches Gremium lassen sich die mit einer Verletzung der Ad-hoc-Publizitätspflicht verbundenen Risiken von Bußgeldzahlungen[129] sowie Schadensersatzansprüchen[130] reduzieren. Eine Verletzung der Ad-hoc-Pflicht kann mit einem Bußgeld bis zu 1 Mio. EUR geahndet werden, jedoch nur bei einem vorsätzlichen oder leichtfertigen Pflichtverstoß. Im Rahmen von § 37b WpHG ist als Verschuldensgrad grobe Fahrlässigkeit erforderlich, für deren Fehlen der Emittent darlegungs- und beweispflichtig ist. Eine Leichtfertigkeit bzw. grobe Fahrlässigkeit wird dabei umso weniger gegeben sein, je qualifizierter die an der Beurteilung der Ad-hoc-Publizität beteiligten Personen sind. Daher empfiehlt sich die Implementierung eines Fachgremiums zur Beurteilung der Ad-hoc-Publizität unterhalb der Vorstandsebene. Die wesentlichen Rahmenbedingungen der Tätigkeit eines solchen Ad-hoc-Gremiums sollten im Sinne einer adäquaten Governance in einer Geschäftsordnung mit folgenden Regelungsinhalten festgehalten werden:

73

– Zielsetzung,
– Vorsitz/Mitglieder,
– Grundlagen der Zusammenarbeit und Rollen,
– Aufgabenbereich/Entscheidunge,
– Beschlussfähigkeit/Beschlussfassung/Eskalation,
– Organisation und Koordination (Einberufung Sitzungen/Sitzungsprotokoll/Gäste).

---

126 *Ihrig/Kranz* BB 2013, 456.
127 *Ihrig/Kranz* BB 2013, 456 m.w.N.; unklar *Langenbucher* BKR 2012, 149.
128 *Schneider/Gilfrich BB 2007*, 55 f.
129 § 39 Abs. 2 Nr. 5a i.V.m. § 39 Abs. 4 WpHG.
130 §§ 37b, c WpHG.

74 Bei der Definition der Aufgaben stellt sich die Frage, ob das Ad-hoc-Gremium lediglich vorbereitend für den abschließend entscheidenden Vorstand Sachverhalte auf Ad-hoc-Relevanz inklusive Selbstbefreiungsmöglichkeit beurteilen soll. Alternativ kann das Gremium auch mit weitergehenden Befugnissen ausgestattet sein. Nach dem oben Gesagten ist der Vorstand nicht gehindert, die Erfüllung der Ad-hoc-Publizitätspflicht gänzlich zu delegieren. Die Letztverantwortlichkeit für die gesetzeskonforme Erfüllung der Ad-hoc-Publizitätspflichten verbleibt jedoch bei dem Vorstand als Organ des Normadressaten „Emittent". Da zudem die Ad-hoc-Publizitätspflicht thematisch eng mit der allgemeinen Unternehmenskommunikation verzahnt ist, auf der regelmäßig ein besonderes Augenmerk des Vorstands liegt, wird in der Praxis grundsätzlich keine Volldelegation erfolgen. Eine Teildelegation in Bezug auf die Entscheidung über die Inanspruchnahme einer Selbstbefreiung ist allerdings zur rechtzeitigen Reaktion in Eilfällen empfehlenswert. Eine Selbstbefreiung bzw. vorsorgliche Selbstbefreiung kann durch das Ad-hoc-Gremium schneller herbeigeführt werden, da der regelmäßig stark formalisierte Prozess einer Vorstandsbeschlussfassung nicht initiiert werden muss. Hierdurch reduziert sich das mit dem Nachschieben einer Selbstbefreiungsentscheidung verbundene Risiko.[131]

75 Voraussetzung einer Delegation von Aufgaben an das Ad-hoc-Gremium ist ein entsprechendes Mandat, da ansonsten einer Beschlussfassung durch das Ad-hoc-Gremium die innerbetriebliche, von dem Vertretungsorgan abgeleitete, Legitimation fehlt.[132]

Von einer solchen generellen Ausstattung mit Befugnissen ist die Delegation von einzelnen Entscheidungskomponenten im Einzelfall zu unterscheiden. Dies kann z.B. Fälle betreffen, in denen das „Ob" und/oder der konkrete Zeitpunkt einer Ad-hoc-Veröffentlichung von dem Eintritt eines oder mehrerer Ereignisse abhängt, deren Eintritt offen ist. In solchen Konstellationen kann eine Delegation der Entscheidung über die Ad-hoc-Publizität bzw. die Bestimmung des konkreten Zeitpunkts der Veröffentlichung von dem Vorstand auf das Ad-hoc-Gremium sinnvoll sein. So war in Bezug auf die Ergebnisse des vorerwähnten EBA-Stresstests bis zuletzt unklar, ob die EBA oder die BaFin die Ergebnisse veröffentlichen, oder ob der Emittent seine ggf. vorhandene erheblich kursrelevante Eigenkapitallücke nach Information durch die EBA zu veröffentlichen hat.[133]

76 Neben den Aufgaben und Befugnissen des Ad-hoc-Gremiums ist die Frage des Vorsitzes sowie der Mitgliedschaft in der Geschäftsordnung zu regeln. Als ständige Mitglieder werden in dem Gremium regelmäßig die Compliance-, die Rechts- sowie die Kommunikations- und/oder die Investor-Relations-Abteilung fungieren. Zudem sollte auch die Finanzabteilung in dem Ad-hoc-Gremium, sei es als ständiges und ggf. stimmberechtigtes Mitglied vertreten sein oder im Einzelfall als sachverständiger Dritter hinzugezogen werden. Die Einbeziehung der Finanzabteilung ist nicht nur bei der stets wiederkehrenden Bewertung der Geschäftszahlen sinnvoll. Regelmäßig sind bei der Beurteilung der erheblichen Kursrelevanz auch anderweitiger Sachverhalte bilanzielle Auswirkungen ebenfalls in Betracht zu ziehen.

---

131 Siehe oben unter Rn. 67.
132 Ein entsprechender Vorstandsbeschluss könnte wie folgt lauten:
„Das Ad-hoc-Gremium kann über die, auch vorsorgliche, Inanspruchnahme einer Selbstbefreiung (unter Beteiligung eines Vorstandsmitglieds) selbst beschließen."
133 Ein entsprechender Vorstandsbeschluss, der dieser Unsicherheit Rechnung getragen hätte, könnte beispielsweise wie folgt lauten:
„1. Der von der EBA für die X AG ermittelte zusätzliche Kapitalisierungsbedarf wird, sofern er von den bisherigen Anforderungen signifikant abweicht und nicht durch die EBA oder die BaFin veröffentlicht wird, durch Ad-hoc-Veröffentlichung mitgeteilt.
2. Das Ad-hoc-Gremium bestimmt, ob eine Ad-hoc-Veröffentlichung zu erfolgen hat sowie ggf. den genauen Zeitpunkt der Veröffentlichung."

Darüber hinaus stellt sich die Frage, ob ein Vorstandsmitglied zugleich Mitglied des Ad-hoc- Gremiums sein sollte. Dies hat den Vorteil, dass der Auffassung der BaFin, nach der die Beteiligung mindestens eines ordentlichen Vorstandsmitglieds an der Entscheidung zur Selbstbefreiung erforderlich ist,[134] ohne weiteres Rechnung getragen werden kann. Andererseits erfordert die Befassung mit Ad-hoc-Themen, auch solchen, bei denen als Ergebnis eine Ad-hoc-Publizitätspflicht verneint wird, einen erheblichen Zeitaufwand und eine zeitliche Flexibilität, die in Bezug auf Vorstandsmitglieder nicht immer in dem erforderlichen Maß gegeben sein wird. Zumindest ein jederzeitiges Gastrecht kann jedoch für den Vorstandsvorsitzenden sowie das für die Compliance-Funktion zuständige Vorstandsmitglied in den Sitzungen des Ad-hoc-Gremiums sinnvoll sein. Hat ein Ad-hoc-Gremium ohne Vorstandsmitgliedschaft die Befugnis, über eine Selbstbefreiung zu beschließen, empfiehlt sich allerdings, wie bereits dargestellt, dass ein Vorstandsmitglied zumindest in den Abstimmungsprozess bzgl. der Selbstbefreiungsbeschlüsse einbezogen wird.

Des Weiteren ist in der Geschäftsordnung zu regeln, wie mit Sachverhalten zu verfahren ist, die von dem Ad-hoc-Gremium im Ergebnis als nicht ad-hoc-relevant beurteilt werden. Grundsätzlich wird in diesen Fällen eine abschließende Vorstandsbeschlussfassung vorzusehen sein, da die Entscheidung gegen eine Ad-hoc-Veröffentlichung aufgrund potenziell hoher Bußgeld- und zivilrechtlicher Haftungsrelevanz regelmäßig noch gewichtiger sein wird, als eine positive Beurteilung der Ad-hoc-Relevanz. Aus Praktikabilitätsgründen können hiervon allerdings solche Fälle ausgenommen werden, bei denen das Ad-hoc-Gremium einen Sachverhalt für offensichtlich nicht ad-hoc-relevant erachtet.

Erstellt das Ad-hoc-Gremium ein Votum für den Gesamtvorstand bietet sich an, einen entsprechenden Beschlussvorschlag in die vorgangsbezogene Vorstandsvorlage der Fachabteilung zu integrieren. Ist dies nicht oder nicht rechtzeitig möglich, hat das Ad-hoc-Gremium die Vorstandsentscheidung zur Ad-hoc-Publizität separat herbeizuführen.

Ein weiteres in der Geschäftsordnung zu klärendes Thema ist die Frage, wie mit Unstimmigkeiten innerhalb des Ad-hoc-Gremiums umzugehen ist. Obwohl qua seiner Funktion jedes Mitglied dem alleinigen Interesse verpflichtet ist, den gesetzeskonformen Umgang mit der Ad-hoc-Publizitätspflicht zu gewährleisten, ist nicht auszuschließen, dass auch sachfremde Aspekte, wie etwa unzulässige Marketingerwägungen, bei der Beurteilung eine Rolle spielen können. Ein Vetorecht der Compliance-Funktion und ggf. zusätzlich der Rechtsabteilung erscheint vor diesem Hintergrund als sinnvoll. Grundsätzlich dürfte sich das Ad-hoc-Gremium jedoch um eine einvernehmliche Beschlussfassung bemühen. Ist eine solche im Einzelfall nicht möglich, sollte hierüber der Gesamtvorstand unter Darlegung der Gründe informiert werden.

II. Implementierung von Prozessen

Grundvoraussetzung für eine angemessene Beurteilung potenziell ad-hoc- publizitätspflichtiger Sachverhalte ist deren rechtzeitige Kenntnisnahme durch das Ad-hoc-Gremium. Der Emittent muss hierfür durch die Implementierung geeigneter Prozesse Sorge tragen. Hierzu [135] sind die Fachabteilungen anzuweisen, potenziell erheblich kursrelevante Sachverhalte, inklusive der involvierten Mitarbeiter und Unternehmensexterner, an die Compliance-Funktion zur Aufnahme auf die Insiderliste (Watch-List) zu melden. Die in dem Insiderverzeichnis geführten Personen müssen über die mit der Kenntnis von Insiderinformationen verbundenen rechtlichen

---

134 *BaFin* Emittentenleitfaden, IV.3, S. 65.
135 Aber auch zur Erfüllung der Verpflichtung zum Führen eines Insiderverzeichnisses gem. § 15b WpHG, sofern dieses Anlass bezogen geführt wird. Zu den verschiedenen Möglichkeiten ein Insiderverzeichnis zu führen siehe 3. Kap. Rn. 34 sowie *BaFin* Emittentenleitfaden, VII.4 S. 120 f.

Konsequenzen, d.h. über die Insiderverbote und die zu wahrende Vertraulichkeit informiert werden. Die BaFin hat hierzu ein Musterschreiben auf ihrer Internetseite zur Verfügung gestellt.[136] Vor dem Hintergrund der zuvor dargestellten herrschenden Auffassung,[137] die die Aufklärung des Insiders als Voraussetzung für eine wirksame Selbstbefreiung ansieht, kommt der vorgenannten Aufklärungspflicht auch im Rahmen der Ad-hoc-Publizitätspflicht erhebliche Bedeutung zu.

F. Ausblick

82 Die bereits oben erwähnte Europäische Marktmissbrauchsrichtlinie,[138] in deren Umsetzung u.a. die Insidertatbestände und die Ad-hoc-Publizitätspflicht in das deutsche Wertpapierhandelsgesetz implementiert wurden, steht vor einer umfassenden Reform.[139] Die Europäische Kommission hat im Oktober 2011 Entwürfe für ein reformiertes Regelungsregime zu dem Thema Marktmissbrauch vorgelegt; und zwar den Entwurf einer Verordnung über Insidergeschäfte und Marktmanipulation[140] sowie den Entwurf einer Richtlinie über strafrechtliche Sanktionen.[141] Die Verordnung mit u.a. den Regelungsgegenständen Insiderrecht und Ad-hoc-Publizität, wird in den Mitgliedstaaten unmittelbar gelten. Demgegenüber bedarf die Richtlinie zu den strafrechtlichen Sanktionen der Umsetzung in nationales Recht. Die Europäische Kommission intendiert mit der Reform und insbesondere der gewählten Regelungskonzeption eine weitergehende Rechtsangleichung in der EU, eine Verringerung der rechtlichen Komplexität und insgesamt eine größere Rechtssicherheit.

83 Materiell sieht der Verordnungsentwurf wesentliche Änderungen des Regelungsregimes für Marktmissbrauch vor. Allerdings wurde im Rahmen der sogenannten Trilogverhandlungen[142] von dem ursprünglichen Vorschlag der Europäischen Kommission Abstand genommen, neben dem bisherigen Begriff der Insiderinformation, der mit der Legaldefinition in der bisherigen Marktmissbrauchsrichtlinie übereingestimmt hätte, als Auffangtatbestand eine weitere Kategorie einzuführen,[143] von der Literatur anschaulich als „Insiderinformation light" bezeichnet.[144]

---

136 Abrufbar unter www.bafin.de.
137 Vgl. Rn. 55.
138 Richtlinie 2003/6/EG des Europäischen Parlaments und des Rates über Insider-Geschäfte und Marktmanipulation (Marktmissbrauch) vom 28.1.2003.
139 Siehe hierzu *Teigelack* BB 2012, 1361 ff.; *Veil/Koch* WM 2011, 2297 ff.; *Park/Eggers* § 39 Rn. 12 ff.; ausführlich in Bezug auf die Auswirkungen auf M&A Transaktionen *Viciano-Gofferje/Cascante* NZG 2012, 968 ff.
140 *Europäische Kommission* Vorschlag für eine Verordnung des Europäischen Parlaments und des Rates über Insider-Geschäfte und Marktmanipulation (Marktmissbrauch), 20.10.2011, COM (2011) 651 final; endgültig, in der geänderten Fassung vom 25.7.2012, COM (2012) 421 final.
141 *Europäische Kommission* Vorschlag für Richtlinie des Europäischen Parlaments und des Rates über strafrechtliche Sanktionen für Insider-Geschäfte und Marktmanipulation, 20.10.2011, COM(2011) 654 final, endgültig in der geänderten Fassung vom 25.7.2012, COM(2012) 420 final.
142 Verhandlungen zwischen Europäischer Kommission, Europäischem Parlament und Europäischen Rat.
143 Verordnungsentwurf (Kommissionsentwurf) Artikel 6 Ziff. 1 (e); Diese Art der Insiderinformation wäre dadurch gekennzeichnet gewesen, dass es sich nicht um eine präzise Information handeln muss, sondern es ausreicht, dass sie Preisrelevanz besitzt. Zudem sollte der bisherige Gleichlauf zwischen dem Vorliegen einer Insiderinformation und der sich hieraus zwingend ergebenden Ad-hoc-Publizitätspflicht gelockert werden. Nicht jede Insiderinformation sollte durch Ad-hoc-Mitteilung zu veröffentlichen sein, sondern, wie bisher, nur präzise Insiderinformationen, nicht jedoch „Insiderinformationen light".
144 *Krämer/Teigelack* Börsen-Zeitung vom 9.11.2011, 2; *Mock* ZBB 2012, 290; *Teigelack* BB 2012, 1362; kritisch gegenüber diesem Begriff und der Zweiteilung des Insiderinfomationsbegriffs als solcher: *Klöhn* ZIP 2012, 1894.

Der im Rahmen des Trilogs erzielte Kompromisstext hält an der bisherigen alleinigen **84** Kategorie der Insiderinformation als einer präzisen Information fest.[145] Ergänzend enthält er zu gestreckten Prozessen die ausdrückliche Aussage, dass auch Zwischenschritte eines Sachverhalts für sich selbst genommen Insiderinformationen sein können, sofern der Zwischenschritt an sich die Voraussetzungen einer Insiderinformation erfüllt.[146] Damit greift der Kompromisstext die Entscheidung des EuGH zum Fall Schrempp auf und übernimmt deren Kernaussage.

Die Regelungen zur Selbstbefreiung sollen erhalten bleiben, jedoch ergänzt werden. Zum **85** Schutz seiner berechtigten Interessen soll ein Emittent auch weiterhin auf eigene Verantwortung die Möglichkeit haben, die Veröffentlichung von Insiderinformationen bei Detailunterschieden[147] zur bisherigen Regelung unter bestimmten Voraussetzungen aufzuschieben.[148] Neu ist jedoch der von dem Verordnungsentwurf vorgesehene zusätzliche Selbstbefreiungstatbestand für Kredit- und Finanzinstitute bei Vorliegen einer systemrelevanten Insiderinformation und einem sich hieraus ergebenden öffentlichen Aufschubinteresse. Als Bedingung muss die Veröffentlichung der Information kumulativ das Risiko einer Gefährdung der finanziellen Stabilität des Instituts und des Finanzsystems zur Folge haben.[149] Der Emittent muss zudem vorab die Zustimmung der für ihn zuständigen Aufsichtsbehörde einholen.[150] Anwendungsfälle könnten beispielsweise die in dem Verordnungsentwurf ausdrücklich als Beispiel genannten Krisen-Liquiditätshilfen für Finanzinstitute[151] oder auch die bereits erwähnten Stresstests der EBA sein. Abgesehen davon, dass der Reformvorschlag einige Fragen aufwirft, z.B. welches „System" maßgeblich sein soll, das nationale oder das unionsweite (Finanz-) System,[152] ist das Verhältnis zur genehmigungsfreien Selbstbefreiung durch den Emittenten unklar, da bei einem Liquiditätsengpass regelmäßig bereits ohne Weiteres ein berechtigtes Aufschubinteresse des Emittenten gegeben sein dürfte.[153] Der Regelungsvorschlag enthält darüber hinaus einen Webfehler, der die gesetzliche Intention, Systemrisiken durch destabilisierende Ad-hoc-Veröffentlichungen zu vermeiden, in Frage stellen kann. Das eigentliche Risiko in systemrelevanten Fällen wird weniger darin zu sehen sein, dass Emittenten von einer Selbstbefreiung (unkontrolliert) in Eigenverantwortung Gebrauch machen, sondern dass sie die Ad-hoc-Veröffentlichung trotz potenzieller Systemrelevanz vornehmen. Der Befreiungstatbestand ist in Übereinstimmung mit der Selbstbefreiungsmöglichkeit bei vorhandenem Eigeninteresse jedoch so ausgestaltet, dass der Emittent zwar von der Selbstbefreiungsmöglichkeit Gebrauch machen „kann", aber nicht „muss".[154] Das gilt auch bei Systemrelevanz der zu veröffentlichenden Insiderinformation. Der Emittent wäre also mangels einer entgegenstehenden gesetzlichen Verpflichtung nicht daran gehindert, auch eine systemrelevante Insiderinformation zur „Unzeit" zu veröffentlichen. Insofern besteht nach dem derzeitigen Regelungsvorschlag eine Lücke in denjenigen Fällen, in denen der Emittent trotz einer potenziellen Systemrelevanz von einer Selbstbefreiung keinen Gebrauch macht. Dem öffentlichen Aufschubinteresse würde wirkungsvoller durch eine zusätzliche Genehmigungspflicht bei

---

145 Verordnungsentwurf vom 8.7.2013 Artikel 6 Ziff. 1a.
146 Verordnungsentwurf vom 8.7.2013 Artikel 6 Ziff. 2a.
147 Siehe hierzu *Veil/Koch* WM 2011, 2303.
148 Verordnungsentwurf vom 8.7.2013 Artikel 12 Ziff. 3.
149 Verordnungsentwurf vom 8.7.2013 Artikel 12 Ziff. 4a.
150 Verordnungsentwurf vom 8.7.2013 Artikel 12 Ziff. 4d.
151 Verordnungsentwurf vom 8.7.2013 Artikel 12 Ziff. 4.
152 Siehe *Koch* BB 2012, 1367 ff.
153 Vgl. *Koch* BB 2012 1365, der auf den Fall „Northern Rock" verweist, bei dem es die englische FSA (Vorgängerbehörde der FCA) für notwendig hielt, die Gewährung einer staatlichen Liquiditätshilfe per Ad-hoc-Mitteilung bekannt zu machen, was zum Zusammenbruch der Bank führte.
154 So für das geltende Recht KölnKomm-WpHG/*Versteegen* § 15 Rn. 176.

potenziell systemrelevanten Sachverhalten in Bezug auf die Ad-hoc-Veröffentlichung als solcher Rechnung getragen. Im Rahmen eines solchen Genehmigungsverfahrens würde die Behörde zugleich über das öffentliche Interesse eines Aufschubs und den Veröffentlichungszeitpunkt zu entscheiden haben. So ist es jedoch nicht vorgesehen. Aus Sicht der Praxis bleibt zu hoffen, dass die regelmäßig in systemrelevante Sachverhalte involvierten staatlichen Institutionen die betroffenen Emittenten auf die Systemrelevanz und das Erfordernis des Aufschubverfahrens bzgl. der Ad-hoc-Publizität hinweisen bzw. eine dahingehende Verpflichtung vertraglich fixieren.

86 Eine zusätzliche Brisanz liegt in der vorgesehenen erheblichen Verschärfung der verwaltungsrechtlichen Sanktionsandrohungen. Während nach aktueller Rechtslage bei einer Verletzung der Verpflichtung zur Ad-hoc-Publizität ein Bußgeld von bis zu 1 Mio. EUR droht, sieht der Trilogvorschlag eine Sanktion von 2.5 Mio. EUR bzw. 2 % des Jahresumsatzes vor.[155]

87 Auch wenn derzeit noch offen ist, wie die EU Vorgaben bzgl. der Höhe von Geldbußen aussehen werden[156] ist die eindeutige Tendenz erkennbar, das verwaltungsrechtliche Sanktionsregime im Allgemeinen und bzgl. Verstößen gegen die Ad-hoc-Publizitätspflicht im Speziellen erheblich zu verschärfen.

88 Zusammenfassend lässt sich festhalten, dass sich der Rechtsanwender bei der Erfüllung der Ad-hoc-Publizitätspflicht auch weiterhin nicht nur mit einem weitgehend von unbestimmten Rechtsbegriffen geprägten Tatbestand und zahlreichen ungeklärten Rechtsfragen, sondern insbesondere auch mit potenziellen zivilrechtlichen Haftungsrisiken und einem de lege ferenda schärferen verwaltungsrechtlichen Sanktionsregime konfrontiert sieht bzw. sehen wird. Die sich hieraus für Emittenten ergebenden erheblichen Risiken erfordern, dass der Erfüllung der Ad-hoc-Publizitätspflicht bei Emittenten auch weiterhin höchste Aufmerksamkeit zuteil wird.

G. Zusammenfassung

89 – Bei der Beurteilung der Ad-hoc-Publizitätspflicht inklusive der Selbstbefreiungsvoraussetzungen sieht sich der Rechtsanwender mit unbestimmten Rechtsbegriffen, einer uneinheitlichen Rechtsprechung und zahlreichen Streitfragen konfrontiert.
– Umstritten ist insbesondere die Beurteilung gestreckter Sachverhalte. Durch den EuGH ist zwar eine Klärung zur potenziellen Ad-hoc-Relevanz von Zwischenschritten erfolgt, jedoch bleibt die entscheidende Frage offen, welche Kriterien für die Beurteilung der erheblichen Kursrelevanz anzulegen sind.
– Einem Probability Magnitude Ansatz zur Bestimmung der erforderlichen hinreichenden Eintrittswahrscheinlichkeit zukünftiger Umstände, wonach bei unsicheren Sachverhalten mit besonders hohem Kursbeeinflussungspotenzial geringere Anforderungen an die Eintrittswahrscheinlichkeit zu stellen sind, erteilt der EuGH eine Absage. Es bleibt insoweit bei dem Erfordernis einer überwiegenden Wahrscheinlichkeit im Sinne von 50 plus 1 %.
– Vor dem Hintergrund des EuGH-Urteils empfiehlt es sich grundsätzlich die verschiedenen Zwischenschritte eines Sachverhaltes auf ihre Ad-hoc-Relevanz zu prüfen, selbst wenn das angestrebte Endergebnis nicht überwiegend wahrscheinlich ist.
– Resultiert die Kurserheblichkeit eines Zwischenschritts allerdings allein aus der Kurserheblichkeit des angestrebten Endergebnisses, ist zu der Bejahung der Kurserheblichkeit des Zwischenschritts eine überwiegende Eintrittwahrscheinlichkeit des Endergebnisses erforderlich.

---

155 Verordnungsentwurf vom 8.7.2013 Artikel 26 Ziff. 2 ii).
156 Der Trilog zwischen Europäischer Kommission, Europäischem Parlament und Europäischen Rat wurde erst Anfang des Jahres 2013 aufgenommen.

- Da die BaFin sowie Teile der Literatur das Erfordernis eines Selbstbefreiungsbeschlusses als eine notwendige Voraussetzung für eine wirksame Selbstbefreiung ansehen, sollte der Emittent entsprechend verfahren und die Beschlussfassung dokumentieren.
- Insbesondere bei ad-hoc relevanten gestreckten Sachverhalten empfiehlt sich zur Vermeidung von Haftungsrisiken bereits in einem frühen Stadium, sofern möglich, von einer vorsorglichen Selbstbefreiung Gebrauch zu machen. Dies sollte vorsichtshalber auch für den erwähnten Fall gelten, bei dem die Kurserheblichkeit des Zwischenergebnisses allein aus der Kurserheblichkeit des angestrebten Endergebnisses resultiert. Eine vorsorglich getroffene Befreiungsentscheidung erfasst auch die erst zeitlich später eintretenden Zwischenschritte in Fortentwicklung desselben Sachverhalts.
- Ausnahmsweise dürfte auch ein Vorratsbeschluss zur Selbstbefreiung in Bezug auf standardisierte Prozesse, wie insbesondere die Erstellung von Geschäftszahlen, anzuerkennen sein. Um auf der sicheren Seite zu sein, sollte jedoch ein Emittent im Einzelfall jedoch auch hier eine vorsorgliche Selbstbefreiungsentscheidung treffen.
- Um einen angemessenen Umgang mit potenziell ad-hoc-pflichtigen Sachverhalten zu gewährleisten, ist Emittenten zu empfehlen, ein Gremium zu implementieren und dessen Aufgaben und Befugnisse in einer durch den Vorstand zu beschließenden Geschäftsordnung zu dokumentieren.
- Soll einem Ad-hoc-Gremium die Befugnis eingeräumt werden, nicht nur Beschlussvorschläge für den Vorstand zu erarbeiten, sondern über die Inanspruchnahme der Selbstbefreiungsmöglichkeit auch selbst zu entscheiden, sollte der Selbstbefreiungsbeschluss unter Mitwirkung mindestens eines Vorstandsmitglieds erfolgen.
- Da die Erfüllung der im Zusammenhang mit dem Führen eines Insiderverzeichnisses bestehenden Aufklärungspflichten teilweise als Voraussetzung für eine wirksame Selbstbefreiung angesehen wird, sollte der Emittent die relevanten Insider, einschließlich Aufsichtsratsmitglieder, über Insiderverbote und bestehende Verschwiegenheitspflichten informieren und die Aufklärung dokumentieren.
- Die sich aus einem Verstoß ergebenden erheblichen Haftungs- und Sanktions-Risiken, die voraussichtlich durch die Reform der Europäischen Marktmissbrauchrichtlinie zudem noch eine Verschärfung erfahren werden, erfordern, dass Emittenten der Erfüllung der Ad-hoc-Publizitätspflicht weiterhin höchste Aufmerksamkeit zuteil werden lassen.

H. Geschäftsordnungsmuster Ad-hoc-Gremium

I. Vorsitzender/Mitglieder

1. Ständige Mitglieder der Ad-hoc-Kommission sind[157]
    - Leiter Compliance-Abteilung   – Vorsitzender –
    - Leiter Kommunikationsabteilung
    - Leiter Rechtsabteilung   – stellvertretender Vorsitzender –
2. Die Mitgliedschaft ist als ein persönlich übertragenes Amt zu betrachten. Insoweit ist eine Stellvertretung nur in begründeten Ausnahmefällen (z.B. Urlaub, Krankheit) zulässig. Stellvertreter sind stimmberechtigt.
3. Änderungen in Bezug auf die Mitglieder bedürfen der Zustimmung durch den jeweiligen Vorsitzenden des Komitees sowie der Kenntnisnahme durch die GVS.

---

[157] Keine namentliche Nennung, sondern Angabe der jeweiligen Funktionsbezeichnung.

II. Grundlagen der Zusammenarbeit und Rollen

91
- Der Vorsitzende leitet die Ad-hoc-Kommission und repräsentiert diese zugleich gegenüber Dritten. Dem Vorsitzenden obliegt zudem die Federführung in der Zusammenarbeit mit dem Gesamtvorstand.
- Die Mitglieder der Ad-hoc-Kommission arbeiten kollegial zusammen und unterrichten sich über alle wichtigen Vorgänge und Maßnahmen in Bezug auf den Geschäftszweck der Ad-hoc-Kommission.
- Jedes Mitglied ist verpflichtet, eine unverzügliche Behandlung durch die Ad-hoc- Kommission herbeizuführen, soweit es von potenziell ad-hoc-relevanten Informationen in Bezug auf die AG Kenntnis erlangt.

III. Aufgabenbereich/Entscheidung

92
- Die Ad-hoc-Kommission beurteilt Sachverhalte im Hinblick auf Ad-hoc-Relevanz im Sinne des § 15 WpHG, inklusive einer möglichen Selbstbefreiung gem. § 15 Abs. 3 S. 1 WpHG.
- Die Ad-hoc-Kommission erstellt hierzu einen Beschlussvorschlag für den Gesamtvorstand, der, sofern möglich, in eine Vorstandsvorlage der Fachabteilung zu dem betroffenen Sachverhalt aufzunehmen ist. Ist dies nicht oder nicht rechtzeitig möglich, führt die Ad-hoc-Kommission die Vorstandsentscheidung zur Ad-hoc-Publizität selbst herbei. Ist die Ad-hoc-Kommission der Auffassung, dass es sich um einen offensichtlich nicht ad-hoc- publizitätspflichtigen Vorgang handelt, muss eine Beschlussfassung des Vorstands nicht herbeigeführt werden.
- Die Ad-hoc-Kommission beschließt über die (u.U. vorsorgliche) Inanspruchnahme einer bestehenden Selbstbefreiungsmöglichkeit selbst, sofern sie dies für erforderlich hält.[158]
- Die der Ad-hoc-Kommission durch diese Geschäftsordnung übertragenen Entscheidungsbefugnisse dürfen grundsätzlich nicht auf andere Gremien und/oder Komitees delegiert werden. Es besteht grundsätzlich die Pflicht zur Entscheidung.
- Der Ad-hoc-Kommission steht es frei, für klar definierte Themenstellungen Ausschüsse einzurichten, welche in Bezug auf die ihnen zugewiesenen Aufgaben Empfehlungen zur finalen Beschlussfassung durch die Ad-hoc-Kommission ausarbeiten.

IV. Beschlussfähigkeit/Beschlussfassung/Eskalation

1. Beschlussfähigkeit

93
- Die Ad-hoc-Kommission ist beschlussfähig, wenn alle Mitglieder eingeladen und mindestens die Hälfte seiner Mitglieder (darunter der Vorsitzende des Komitees oder in seiner Abwesenheit der Stellvertreter) anwesend sind.
- Die persönliche Anwesenheit der Mitglieder ist grundsätzlich sicherzustellen. In Ausnahmefällen ist auch die Teilnahme via Video-/Telefonkonferenz oder vergleichbarer Telekommunikationsmittel möglich.

---

158 Die Beschlussfassung sollte mit mindestens einem Vorstandsmitglied abgestimmt werden; siehe oben unter Rn. 66.

2. Beschlussfassung

– Entscheidungen der Ad-hoc-Kommission werden durch Beschlüsse mit einfacher Mehrheit gefasst, wobei jede Beschlussfassung die Zustimmung des Vorsitzenden sowie des stellvertretenden Vorsitzenden erfordert. Grundsätzlich haben sich die Mitglieder um eine einstimmige Beschlussfassung zu bemühen. Bei Stimmengleichheit entscheidet die Stimme des Vorsitzenden. Erfolgt die Beschlussfassung nicht einvernehmlich ist hierüber der Gesamtvorstand zu informieren und es sind ihm die Gründe darzulegen.

– Beschlussfassungen sollen grundsätzlich in Sitzungen erfolgen, können aber z.B. in eilbedürftigen oder eindeutigen Fällen auch im Wege des schriftlichen Umlaufverfahrens herbeigeführt werden Beschlussfassungen im schriftlichen Umlaufverfahren sind entsprechend zu dokumentieren und zeitnah allen Mitgliedern schriftlich bekannt zu machen.

– Auch nachträgliche Stimmabgaben gelten als Teilnahme an der Beschlussfassung. Diese sind jedoch nur zulässig, soweit der Sitzungsleiter diese ausdrücklich zulässt und eine Frist für ihre Abgabe bestimmt.

3. Eskalation

a. Etwaige Unstimmigkeiten zwischen einzelnen Mitgliedern der Ad-hoc-Kommission sollen so zeitnah wie möglich beigelegt werden. Soweit erforderlich, ist der Vorsitzende einzuschalten, außer ein involviertes Mitglied fordert eine Entscheidung der gesamten Ad-hoc-Kommission ein.

b. Weitergehende Eskalationsmöglichkeiten außerhalb der Ad-hoc-Kommission an den Vorstand, insbesondere im Rahmen von Linienverantwortlichkeiten, bleiben davon unberührt.

V. Organisation and Koordination

1. Häufigkeit der Sitzungen/Agenda

– Sitzungen der Ad-hoc-Kommission finden anlassbezogen statt.

– Der Vorsitzende, im Falle seiner Abwesenheit der stellvertretende Vorsitzende, beruft die Sitzungen ein, bestimmt den Tagungsort sowie die Agenda und leitet die Sitzungen.

– Jedes Mitglied ist berechtigt, die Aufnahme bestimmter Tagesordnungspunkte auf die Agenda unter Einschaltung des Vorsitzenden zu verlangen.

– Vorlagen zu Sitzungen sind nach Möglichkeit mit einem Vorlauf von 2 Tagen an alle Mitglieder der Ad-hoc-Kommission zu verteilen, so dass eine angemessene Vorbereitung auf die Sitzung gewährleistet ist.

2. Sitzungsprotokoll

– Über sämtliche entscheidungsrelevante Sitzungen der Ad-hoc-Kommission ist ein Protokoll zu fertigen, welches die getroffenen Entscheidungen entsprechend dokumentiert. Der Vorsitzende, im Falle seiner Abwesenheit der stellvertretende Vorsitzende, verantwortet die Erstellung, Abstimmung und finale Versendung des Protokolls an die Mitglieder der Ad-hoc-Kommission sowie gegebenenfalls weiterer Empfänger, wie Vorstandsmitglieder oder eine involvierte Fachabteilung. Es ist zu gewährleisten, dass die Verteilung des Protokolls so rechtzeitig geschieht, dass die Erfüllung einer etwaigen Ad-hoc-Publizitätspflicht nicht gefährdet wird. Zur Beschleunigung des Abstimmprozesses ist jedes Mitglied der Ad-hoc-Kommission sowie ggf. jede sonstige in die Protokollabstimmung einbezogene Person verpflichtet, unverzüglich an der Abstimmung mitzuwirken, d.h. unverzüglich ihr Einverständnis bzw. ihre Anmerkungen an den Protokollersteller zu übermitteln.

- Über die wesentlichen Kernthemen der Sitzungen erfolgt eine zeitnahe Information an den Gesamtvorstand über den Vorsitzenden bzw. über die Aufnahme eines Beschlussvorschlags zur Ad-hoc-Publizitätspflicht in die den jeweiligen Sachverhalt betreffende Gesamtvorstandsvorlage durch die verantwortliche Fachabteilung; das jeweilige Sitzungsprotokoll der Ad-hoc Kommision ist als Anlage beizufügen. Eilbedürftige Fälle sind unverzüglich dem Gesamtvorstand zur Kenntnis zu bringen

3. Gäste

98
- Der Vorstandsvorsitzende sowie das für die Compliance-Funktion zuständige Vorstandsmitglied haben ein permanentes Gastrecht in den Sitzungen der Kommission. Die jeweilige Agenda ist, sofern vorhanden, dem Vorstandsvorsitzenden sowie dem für die Compliance-Funktion zuständigen Vorstandsmitglied rechtzeitig vor der Sitzung zuzuleiten.
- Sachverständige Personen

Jedes ständige Mitglied kann in Abstimmung mit dem Vorsitzenden der Ad-hoc-Kommission oder im Falle seiner Abwesenheit seines Stellvertreters, sachverständige Personen zur Beurteilung einzelner Ad-hoc-Vorgänge hinzuziehen.

Für die Beurteilung von Geschäftszahlen wird generell die Finanzabteilung hinzugezogen.

- Gäste haben kein Stimmrecht.

4. Inkraftsetzung/Veröffentlichung

99
- Die Geschäftsordnung tritt durch Beschlussfassung durch die Ad-hoc-Kommission und des Gesamtvorstandes in Kraft.
- Änderungen der Geschäftsordnung, sofern diese die Zielsetzung des Komitees, dessen Vorsitz, den Aufgabenbereich oder die Entscheidungsbefugnisse des Komitees betreffen, bedürfen der Zustimmung des Gesamtvorstands.
- Änderungen in Bezug auf die Mitglieder bedürfen der Zustimmung durch den jeweiligen Vorsitzenden der Ad-hoc-Kommission sowie der Kenntnisnahme durch den Gesamtvorstand. Die Kenntnisnahme kann über die Zuleitung des Protokolls des jeweiligen Gremiums, welches über die Änderung beschlossen hat, in die nächste Sitzung des Gesamtvorstandes erfolgen.
Änderungen zur Organisation und Koordination der Ad-hoc-Kommission obliegen dem Sitzungsleiter und bedürfen keiner weiteren Zustimmung.
- Der Vorsitzende ist für die Aktualität der Geschäftsordnung verantwortlich.

Jede Änderung der Geschäftordnung bedarf einer neuen Versionsnummer sowie dem Datum der Inkraftsetzung. Die (Name der für die Dokumentation und Verwaltung von Geschäftsordnungen zuständigen Fachabteilung) ist unverzüglich über eine erfolgte Änderung der Geschäftsordnung unter Zusendung der aktualisierten Fassung zu unterrichten, so dass eine zeitnahe Veröffentlichung im Governance Framework sichergestellt ist.

5. Kapitel
Directors' Dealings

Literatur: *Bednarz* Pflichten des Emittenten bei einer unterlassenen Mitteilung von Directors' Dealings, AG 2005, 835; *Bode* Die Anwendung von § 15a WpHG bei Geschäften innerhalb eines Konzerns, AG 2008, 648; *von Buttlar* Directors' Dealings: Änderungsbedarf auf Grund der Marktmissbrauchsrichtlinie, BB 2003, 2133; *Engelhart* Meldepflichtige und meldefreie Geschäftsarten bei Directors' Dealings (§ 15a WpHG), AG 2009, 856; *Erkens* Directors' Dealings nach neuem WpHG, Der Konzern 2005, 29; *Fischer zu Cramburg/Hannich* Directors' Dealings – Eine juristische und empirische Analyse des Handels von Organmitgliedern mit Aktien des eigenen Unternehmens, Studien des Deutschen Aktieninstituts, Hrsg. von R. von Rosen, Heft 19, 2002; *Fleischer* Directors' Dealings, ZIP 2002, 1217; *ders.* Organpublizität im Aktien-, Bilanz- und Kapitalmarktrecht, NGZ 2006, 561; *Gunßer* Ad-hoc-Publizität bei Unternehmenskäufen und -übernahmen, 2008; *Hagen-Eck/ Wirsch* Gestaltung von Directors' Dealings und die Pflichten nach § 15a WpHG, DB 2007, 504; *Hutter/Kaulamo* Transparenzrichtlinie-Umsetzungsgesetz: Änderungen der anlassabhängigen Publizität, NJW 2007, 471; *Koch* Neuerungen im Insiderrecht und der Ad-hoc-Publizität, DB 2005, 267; *Merkner* Directors' Dealings – Der Anwendungsbereich des § 15a WpHG im Rahmen von Aktienoptionsprogrammen, BKR 2003, 733; *Mutter* Die Holdinggesellschaft als reziproker Familienpool – Pflichten nach WpHG und WpÜG, DStR 2007, 2013; *Osterloh* Directors' Dealings, 2007; *Pirner/Lebherz* Wie nach dem Transparenzrichtlinie-Umsetzungsgesetz publiziert werden muss, AG 2007, 19; *Uwe H. Schneider* Der pflichtenauslösende Sachverhalt bei „Directors' Dealings", BB 2002, 1817; *ders.* Meldepflichtige Wertpapiergeschäfte von Organmitgliedern („Directors' Dealings") im Konzern, AG 2002, 473; *Schuster* Kapitalmarktrechtliche Verhaltenspflichten von Organmitgliedern am Beispiel des § 15a WpHG, ZHR 167 (2003), 193.

A. Regelungszweck

Mit dem Inkrafttreten des Vierten Finanzmarktförderungsgesetzes am 1.7.2002 wurde in Deutschland erstmalig eine gesetzliche Pflicht für Vorstands- und Aufsichtsratsmitglieder börsennotierter Gesellschaften begründet, Erwerb und Veräußerung von Aktien dieser Gesellschaft offenzulegen. Durch das am 30.10.2004 in Kraft getretene Anlegerschutzverbesserungsgesetz wurde die Regelung in § 15a WpHG grundlegend neugestaltet und insbesondere der persönliche Anwendungsbereich deutlich erweitert. Weitere umfangreiche Änderungen erfuhr die gesetzliche Regelung insbesondere durch das Transparenzrichtlinie-Umsetzungsgesetz vom 5.1.2007. Die Transaktionsmeldepflicht verfolgt im Wesentlichen vier gesetzgeberische Ziele: **1**
– die Erhöhung der Kapitalmarkttransparenz,[1]
– die Förderung informierter Transaktionsentscheidungen der Anleger (sog. Indikatorwirkung),[2]
– die Anlegergleichbehandlung[3] und
– die Marktintegrität.[4]

---

1 Erwägungsgrund Nr. 7 der Durchführungsrichtlinie 2004/72/EG.
2 Begr. zum Diskussionsentwurf des 4. FFG, ZBB 2001, 398, 425; Begr. RegE 4. FFG, BT-Drucks. 14/8017, 87 f.; m.w.N. Assmann/Schneider/*Sethe* WpHG § 15a Rn. 12; *Schwark/Zimmer* § 15a WpHG Rn. 7 ff.
3 *Osterloh* Directors' Dealings, S. 72 f.
4 Erwägungsgrund Nr. 26 der Marktmissbrauchsrichtlinie 2003/6/EG, Erwägungsgrund Nr. 7 der Durchführungsrichtlinie 2004/72/EG; m.w.N. Assmann/Schneider/*Sethe* § 15a Rn. 14.

B. Anwendungsbereich

I. Sachlicher Anwendungsbereich

2 Der sachliche Anwendungsbereich des § 15a WpHG wird durch die Bezugnahme auf zwei unterschiedliche Emittentenbegriffe abgegrenzt. Zum einen werden die Emittenten definiert, die eine Mitteilungspflicht der Führungspersonen und der zu diesen in enger Beziehung stehenden Personen auslösen („auslösende Emittenten"). Zum anderen werden die Emittenten definiert, die verpflichtet sind, die Veröffentlichung nach deutschem Recht vorzunehmen („veröffentlichungspflichtige Emittenten").[5]

3 Die Mitteilungspflicht von Führungspersonen und von zu solchen in enger Beziehung stehenden Personen besteht bei Emittenten von Aktien,
– die an einer inländischen Börse zum Handel zugelassen sind,[6]
– die zum Handel an einem ausländischen organisierten Markt[7] zugelassen sind, sofern der Emittent seinen Sitz im Inland hat oder es sich um Aktien eines Emittenten mit Sitz außerhalb der Europäischen Union und des europäischen Wirtschaftsraums handelt, für welchen die Bundesrepublik Deutschland Herkunftsstaat im Sinne des Wertpapierprospektgesetzes ist,[8]
– für die von einem entsprechenden Emittenten der Antrag auf Zulassung zum Handel an einem organisierten Markt gestellt oder öffentlich angekündigt ist.[9]

4 Directors' Dealings betreffen damit nur Unternehmen, die Aktien emittiert haben. Von den deutschen Rechtsformen können damit nur AG, KGaA und SE betroffen sein.[10] Voraussetzung für die Anwendbarkeit des § 15a WpHG ist, dass wenigstens ein Teil der Aktien des Emittenten entsprechend den vorstehenden Vorgaben zum regulierten Markt oder einem ausländischen organisierten Markt (bei Sitz des Emittenten im Inland oder – im Falle des Sitzes außerhalb der EU und des EWR – mit der Bundesrepublik Deutschland als Herkunftsstaat im Sinne des WpPG) zugelassen sind, der Antrag auf Zulassung gestellt oder öffentlich angekündigt ist.[11] Nicht erfasst wird der Freiverkehr (Open Market).[12] Entgegen der Verwaltungspraxis der BaFin und der h.M. geht ein Teil der Literatur davon aus, dass auch alle AG, KGaA und SE erfasst sind, deren andere Finanzinstrumente (z.B. Schuldverschreibungen, Genussscheine) börsenzugelassen sind. Sie stützen diesen erweiterten Anwendungsbereich auf eine europarechtskonforme Auslegung des § 15a Abs. 1 WpHG, in welchem Art. 6 Abs. 4 der Marktmissbrauchsrichtlinie nur unzureichend umgesetzt sei.[13]

5 Veröffentlichungen von Mitteilungen nach § 15a WpHG sind nur von Inlandsemittenten vorzunehmen. Als Inlandsemittenten gelten auch Emittenten, für deren Aktien ein Antrag auf Zulassung erst gestellt oder öffentlich angekündigt ist.[14]

---

5 *BaFin* Emittentenleitfaden, Ziff. V.1.1.
6 § 15a Abs. 1 S. 3 Nr. 1 WpHG.
7 Vgl. § 2 Abs. 5 WpHG.
8 § 15a Abs. 1 S. 3 Nr. 2 WpHG.
9 § 15a Abs. 1 S. 4 WpHG.
10 Assmann/Schneider/*Sethe* § 15a Rn. 28.
11 *BaFin* Emittentenleitfaden, V.1.1.1.
12 Assmann/Schneider/*Sethe* § 15a Rn. 30.
13 Assmann/Schneider/*Sethe* § 15a Rn. 28 f.
14 *BaFin* Emittentenleitfaden, V.1.1.2.

II. Persönlicher Anwendungsbereich

1. Personen mit Führungsaufgaben

Die Verpflichtung zur Mitteilung von *Directors' Dealings* betrifft originär Personen, die bei einem Emittenten von Aktien Führungsaufgaben wahrnehmen. Wer dies ist, definiert § 15a Abs. 2 WpHG: Personen mit Führungsaufgaben sind persönlich haftende Gesellschafter oder Mitglieder eines Leitungs-, Verwaltungs- oder Aufsichtsorgans des Emittenten sowie sonstige Personen, die regelmäßig Zugang zu Insider-Informationen haben und zu wesentlichen unternehmerischen Entscheidungen ermächtigt sind. Maßgeblich für die Bestimmung des Kreises der Führungspersonen ist das Gesellschaftsstatut des jeweiligen Emittenten.[15]

a) Persönlich haftende Gesellschafter

Das Gesetz spricht zunächst persönlich haftende Gesellschafter an und damit die KGaA, bei der die Geschäftsführung und Vertretung dem oder den persönlich haftenden Gesellschafter(n) obliegt.[16] Sind einzelne persönlich haftende Gesellschafter von der Geschäftsführung und Vertretung ausgeschlossen, so nehmen sie keine Führungsaufgaben wahr, sondern haben reine Haftungsfunktion. Der weder geschäftsführungs- noch vertretungsbefugte persönlich haftende Gesellschafter der KGaA unterliegt gleichwohl nach wohl h.M. der Mitteilungspflicht des § 15a WpHG.[17] Sofern es sich bei dem persönlich haftenden Gesellschafter um eine Komplementär-Gesellschaft handelt, ist sie von § 15a Abs. 1 S. 1, Abs. 2 WpHG erfasst, und zwar unabhängig davon, ob sie ihren Sitz im Inland oder im Ausland hat. Die Mitglieder ihres Geschäftsführungsorgans sind als sonstige Personen, die regelmäßig Zugang zu Insider-Informationen haben und die zu wesentlichen unternehmerischen Entscheidungen befugt sind, ebenfalls mitteilungspflichtig.[18] Gleiches gilt für Mitglieder fakultativer Organe der KGaA, auf die strategische Aufgaben der Geschäftsführung übertragen werden (z.B. Beirat).[19]

b) Organmitglieder

Als Organmitglieder sind gem. der gesetzlichen Definition Mitglieder des Leitungsorgans, Mitglieder des Verwaltungsorgans und Mitglieder des Aufsichtsorgans erfasst.

Mitglieder des Leitungsorgans sind bei der AG die Mitglieder des Vorstands.[20] Auch stellvertretende Mitglieder i.S.v. § 94 AktG sind erfasst,[21] da es sich bei ihnen um vollwertige Vorstandsmitglieder handelt.[22] Gleichberechtigtes Mitglied des Geschäftsführungs- und damit Leitungsorgans ist außerdem der Arbeitsdirektor gem. § 76 Abs. 2 S. 3 AktG, § 33 Abs. 1 S. 1 MitBestG.

Als Mitglieder des Aufsichtsorgans sind bei der Aktiengesellschaft die Mitglieder des Aufsichtsrates erfasst. Dies gilt unabhängig davon, ob es sich um Vertreter der Anteilseigner oder – bei der mitgestimmten AG – um Arbeitnehmervertreter im Aufsichtsrat handelt.[23] Ersatzmitglieder des Aufsichtsrates sind – anders als stellvertretende Vorstandsmitglieder –

---

15 Assmann/Schneider/*Sethe* WpHG § 15a Rn. 35.
16 § 278 Abs. 2 AktG i.V.m. §§ 161 Abs. 2, 114 ff., 125 ff. HGB, § 283 AktG.
17 *Osterloh* Directors' Dealings, S. 353 f.; Schwark/Zimmer/*Osterloh* § 15a WpHG Rn. 53; Fuchs/*Pfüller* WpHG § 15a Rn. 58, 67; a.A. Assmann/Schneider/*Sethe* § 15a Rn. 38.
18 Assmann/Schneider/*Sethe* § 15a Rn. 39; Schwark/Zimmer/*Osterloh* § 15a WpHG Rn. 54; Fuchs/*Pfüller* § 15a Rn. 69 und 78; a.A. *Fischer zu Cramburg/Hannich* Directors' Dealings S. 23.
19 Schwark/Zimmer/*Osterloh* § 15 a Rn. 66; Fuchs/*Pfüller* § 15a Rn. 78.
20 *BaFin* Emittentenleitfaden, V.1.2.1; vgl. auch § 76 Abs. 2 S. 1 und 2 AktG.
21 Assmann/Schneider/*Sethe* § 15a Rn. 36; Schwark/Zimmer/*Osterloh* § 15a WpHG Rn. 55.
22 Vgl. *Hüffer* § 94 Rn. 1 f.
23 Assmann/Schneider/*Sethe* § 15a Rn. 36.

keine Organmitglieder, sondern erlangen diese Stellung erst, wenn sie einem scheidenden Aufsichtsratsmitglied nachgerückt sind.[24] Sie werden damit von § 15a WpHG auch erst erfasst, nachdem sie nachgerückt sind und damit die Stellung als Organmitglied erlangt haben.[25]

11 Bei der SE erfasst § 15a WpHG im Fall der dualistisch verfassten SE die Mitglieder des Leitungsorgans i.S.v. Art. 39 SE-VO, ihre Stellvertreter i.S.v. § 40 Abs. 9 SEAG und die Mitglieder des Aufsichtsorgans i.S.v. Art. 40 SE-VO. Bei der monistisch verfassten SE erfasst § 15a WpHG die Mitglieder des Verwaltungsrats i.S.v. Art. 43 SE-VO und die geschäftsführenden Direktoren i.S.v. § 40 SEAG als Führungspersonen im Sinne des § 15a Abs. 2 WpHG.[26]

12 In der AG führt der Vorstand die Geschäfte der Gesellschaft grundsätzlich gem. § 76 AktG weisungsfrei. Die Hauptversammlung wird auch dann, wenn sie in Einzelfällen Beschluss zu Fragen der Geschäftsführung gem. § 119 Abs. 2 AktG fasst, nicht zu einem Verwaltungs-, Leitungs- oder Aufsichtsorgan. Selbst der unternehmerisch tätige Hauptaktionär, der formal keine Organfunktion ausübt, unterfällt damit § 15a WpHG nicht.[27]

c) Sonstige Personen

13 Welche Personen zu den sonstigen Führungspersonen zählen, lässt sich nicht pauschal bestimmen, sondern ist in jedem Fall gesondert zu prüfen.[28] Bei der Auslegung ist auf die Durchführungsrichtlinie zurückzugreifen, die in Art. 1 Nr. 1 lit. b) ausdrücklich von einer „geschäftsführenden Führungskraft" spricht. Es handelt sich damit um unternehmensinterne Personen, die unternehmerische Entscheidungen über zukünftige Entwicklungen und Geschäftsperspektiven des Emittenten treffen können.[29] Dabei ist für die Mitteilungspflicht nicht notwendig, dass die Führungsperson solche Entscheidungen allein treffen kann; erfasst sind vielmehr auch Mitglieder eines Kollektivorgans, das eigenverantwortlich strategische Entscheidungen treffen kann.[29] Die BaFin geht davon aus, dass bei deutschen AG nur sehr wenige Personen von dieser Regelung betroffen sein werden. Exemplarisch werden Generalbevollmächtigte und Mitglieder eines sog. erweiterten Vorstands genannt.[28] Allein die Stellung als leitender Angestellter des Unternehmens oder als Prokurist rechtfertigt keine Einordnung als Führungsperson i.S.v. § 15a WpHG.[30] Sobald ein Zustimmungsvorbehalt der Geschäftsleitung besteht, ist die Person nicht mitteilungspflichtig.[28]

14 Personen, die Führungsaufgaben nicht bei Emittenten, sondern bei konzernverbundenen Unternehmen wahrnehmen, gehören nach Auffassung der BaFin definitionsgemäß nicht zu den sonstigen Führungspersonen. Dies gilt i.d.R. auch für vom Mutterkonzern entsandte Führungskräfte[31] für den Fall, dass Angestellte oder Organmitglieder vom Konzernunternehmen Zugang zu Insider-Informationen haben und die rechtliche Befugnis (z.B. aufgrund eines Vertrages) besitzen, strategische Entscheidungen für den Emittenten zu treffen.[32]

d) Beginn und Ende der Stellung als Führungsperson

15 Die Mitteilungspflicht beginnt mit der Übernahme der Stellung einer Person mit Führungsaufgaben. Sie endet, sobald die Person ihre Organstellung bzw. Stellung als „Top Executive" beendet und sie damit keinen Einfluss mehr auf wesentliche unternehmerische Ent-

---

24 Vgl. § 101 Abs. 3 AktG.
25 Assmann/Schneider/*Sethe* § 15a Rn. 36.
26 Schwark/Zimmer/*Osterloh* § 15a WpHG Rn. 55 ff.
27 Fuchs/*Pfüller* § 15a Rn. 80.
28 *BaFin* Emittentenleitfaden, V.1.2.1.
29 *BaFin* Emittentenleitfaden, V.1.2.1; Assmann/Schneider/*Sethe* § 15a Rn. 39a.
30 Assmann/Schneider/*Sethe* § 15a Rn. 39a.
31 *BaFin* Emittentenleitfaden, V.1.2.1; a.A. Assmann/Schneider/*Sethe* § 15a Rn. 39a.
32 So auch Fuchs/*Pfüller* § 15a Rn. 76 f.

scheidungen hat oder den Zugang zu Insider-Informationen verliert. Auf die Beendigung eines etwa fortbestehenden Anstellungsvertrages kommt es nicht an.[33] Eine nachwirkende Mitteilungspflicht sieht das Gesetz nicht vor.[34]

2. Personen in enger Beziehung

Um Umgehungen zu verhindern, dehnt § 15a Abs. 1 S. 2 WpHG die Mitteilungspflicht auf Personen aus, die in enger Beziehung zu den Personen mit Führungsaufgaben stehen und damit am Wissensvorsprung der Führungsperson teilhaben.[35] Erfasst werden aus demselben Grunde auch in- und ausländische Gesellschaften, juristische Personen und sonstige Einrichtungen, die von der Person mit Führungsaufgaben oder deren Angehörigen im weitesten Sinne abhängig sind.[36] Die Mitteilungspflicht besteht immer nur für die mitteilungspflichtige Person, die das zu meldende Geschäft tätigt, auch wenn sich deren Mitteilungspflicht von einer Führungsperson ableitet. Mit anderen Worten ist die Führungsperson nicht für Mitteilungen der Personen, die zu ihr in enger Beziehung stehen, verantwortlich.[37] Gleichwohl kann sie aber – beispielsweise aufgrund familienrechtlicher Beistandspflichten aus § 1353 BGB oder § 2 LPartG – zum Hinweis auf die Pflichten aus § 15a WpHG verpflichtet sein.[38]

16

a) Ehepartner, Lebenspartner und Verwandte

Den Personen mit Führungsaufgaben sind gem. § 15a Abs. 1 S. 2 WpHG Personen gleichgestellt, die mit einer solchen Person in einer engen Beziehung stehen. Wer dies ist, ist in § 15a Abs. 3 WpHG näher definiert, nämlich Ehepartner, eingetragene Lebenspartner, unterhaltsberechtigte Kinder und andere Verwandte, die mit den in § 15a Abs. 2 WpHG genannten Personen zum Zeitpunkt des Abschlusses des meldepflichtigen Geschäfts seit mindestens einem Jahr im selben Haushalt leben. Die Mitteilungspflicht von Ehegatten oder eingetragenen Lebenspartnern besteht unabhängig davon, ob ein gemeinsamer Haushalt geführt wird. Auch getrennt lebende Ehegatten oder eingetragene Lebenspartner unterliegen so lange der Mitteilungspflicht, bis die Ehe geschieden oder die Lebenspartnerschaft aufgehoben wurde.[39] Kinder und andere Verwandte sind mitteilungspflichtig, wenn die Führungsperson ihnen gegenüber zum Unterhalt verpflichtet ist. Die konkrete Unterhaltsverpflichtung richtet sich in Deutschland nach den entsprechenden Vorschriften der §§ 1601 ff. BGB. Bei ausländischen Staatsangehörigen oder im Ausland ansässigen Personen kann sich die Unterhaltsverpflichtung aus einer ausländischen Rechtsordnung ergeben. Ob tatsächlich Unterhalt geleistet wird, ist dabei nicht von Bedeutung.[39] Andere Verwandte sind mitteilungspflichtig, wenn sie zum Zeitpunkt des Abschlusses des mitteilungspflichtigen Geschäftes seit mindestens einem Jahr mit der Führungsperson im selben Haushalt leben. Von der Vorschrift sind nur Verwandte i.S.v. § 1589 BGB erfasst, mit denen eine Wohn- und Wirtschaftsgemeinschaft besteht, dann aber unabhängig vom Grad der Verwandtschaft. Erfasst sind auch nicht-unterhaltsberechtigte Kinder, die noch im selben Haushalt mit der Führungsperson leben.[39]

17

---

33 Assmann/Schneider/*Sethe* § 15a Rn. 43; Schwark/Zimmer/*Osterloh* § 15a WpHG Rn. 91; a.A. Fuchs/*Pfüller* § 15a Rn. 57, nach welchem bei beendeter Organstellung, aber fortbestehendem Anstellungsvertrag auch die Meldepflicht fortbestehen soll.
34 Riedl/Marten DBW 2010, 535, 554.
35 Fuchs/*Pfüller* § 15a Rn. 83; Assmann/Schneider/*Sethe* § 15a Rn. 45.
36 Assmann/Schneider/*Sethe* § 15a Rn. 53.
37 *BaFin* Emittentenleitfaden, V.1.2.; Assmann/Schneider/*Sethe* § 15a Rn. 51; a.A. *Habersack/Mülbert/Schlitt/Klawitter* Unternehmensfinanzierung am Kapitalmarkt, § 32 Rn. 120, wonach die Führungsperson verpflichtet sein soll, organisatorische Maßnahmen zu ergreifen, um sicherzustellen, dass die mitteilungspflichten Personen um die Meldepflicht wissen und dieser nachkommen.
38 Assmann/Schneider/*Sethe* § 15a Rn. 52.
39 *BaFin* Emittentenleitfaden, V.1.2.2.

b) Juristische Personen

18 Juristische Personen sind mitteilungspflichtig, wenn bei ihnen Führungspersonen i.S.v. § 15a Abs. 2 WpHG oder nahestehende Personen i.S.v. § 15a Abs. 3 S. 1 WpHG Führungsaufgaben wahrnehmen. Gleiches gilt für juristische Personen, Gesellschaften und Einrichtungen, die direkt oder indirekt von einer Person im Sinne des § 15 Abs. 2 WpHG oder des § 15 Abs. 3 S. 1 WpHG kontrolliert werden, die zugunsten einer solchen Person begründet wurden oder deren wirtschaftliche Interessen weitgehend denen einer solchen Person entsprechen. Dabei ist mit den Tatbestandsmerkmalen „juristische Person" bzw. „Gesellschaft" grundsätzlich ein anderes Unternehmen als der Emittent gemeint, auch wenn der Wortlaut den Emittenten erfasst, weil der Vorstand bei ihm Führungsaufgaben wahrnimmt.[40]

19 Auch im Übrigen legt die BaFin die Regelung in Bezug auf den Kreis der Meldepflichtigen im Einklang mit Art. 6 Abs. 1 der Durchführungsrichtlinie (2004/72/EG) zur Marktmissbrauchsrichtlinie unter Heranziehung der von CESR formulierten Ziele eng aus. Geschäfte von Gesellschaften sollten nur dann eine Mitteilungspflicht auslösen, wenn darüber für die mitteilungspflichtige natürliche Person eine Möglichkeit besteht, sich einen nennenswerten wirtschaftlichen Vorteil zu sichern.[40] Dies führt in der Verwaltungspraxis zu einer zweistufigen Prüfung: Im ersten Schritt wird festgestellt, ob die Führungsperson oder die zu ihr in enger Beziehung stehende Person an der anderen juristischen Person, Gesellschaft oder Einrichtung dergestalt beteiligt ist, dass sie die Möglichkeit hat, deren Entscheidungen zu beeinflussen oder wirtschaftliche Vorteile aus der Beteiligung zu ziehen. Dies bejaht die BaFin, wenn der Führungsperson oder einer ihr nahstehenden natürlichen Person mindestens 50 % der Gesellschaftsanteile, der Stimmrechte oder der Gewinne zugerechnet werden.[41] In einem zweiten Schritt wird geprüft, ob die Führungsperson oder die zu ihr in enger Beziehung stehende Person die andere juristische Person, Gesellschaft oder Einrichtung leitet, diese direkt oder indirekt kontrolliert, diese zugunsten der Führungsperson oder der zu ihr in enger Beziehung stehenden Person gegründet wurde oder sich die wirtschaftlichen Interessen weitgehend mit denen einer Person mit Führungsaufgaben oder zu dieser in enger Beziehung stehenden Person decken.[42]

20 Wann ein zur Kontrolle führender Tatbestand vorliegt, hängt vom Einzelfall ab. Im Regelfall dürfte eine Kontrolle vorliegen, wenn die Mehrheit der Stimmrechte oder Gesellschaftsanteile gehalten wird oder ein Beherrschungs- und Gewinnabführungsvertrag geschlossen wurde (§ 1 Abs. 8 KWG analog i.V.m. § 290 HGB). Bei mehrstufigen Gesellschaftsverhältnissen ist es für eine Mitteilungspflicht notwendig, dass die Kontrollschwelle bei der potentiell mitteilungspflichtigen Gesellschaft mittelbar oder unmittelbar durch die natürliche Person überschritten wird.[41] Das Kriterium der wirtschaftlichen Interessensentsprechung ist beispielsweise erfüllt, wenn mehrere potentiell mitteilungspflichtige Personen an einer Gesellschaft beteiligt sind und nur bei Zusammenrechnung der Anteile die Möglichkeit haben, sich einen nennenswerten wirtschaftlichen Vorteil zu sichern. Bei mehrstufigen Gesellschaftsverhältnissen muss die Kontrollschwelle bei der potentiell mitteilungspflichtigen Gesellschaft mittelbar oder unmittelbar durch die natürliche Person überschritten werden.[41]

21 Gemeinnützige Einrichtungen unterliegen nach Prüfung nicht der Mitteilungspflicht, da die Führungspersonen und die Personen, die in enger Beziehung zu diesen Führungspersonen stehen, aufgrund der Gemeinnützigkeit der Gesellschaft oder Einrichtung keine nennenswerten wirtschaftlichen Vorteile aus der Gesellschaft oder Einrichtung erzielen können.[43]

---

40 *BaFin* Emittentenleitfaden, V.1.2.3.
41 *BaFin* Emittentenleitfaden, V.1.2.6.
42 Assmann/Schneider/*Sethe* § 15a Rn. 56.
43 *BaFin* Emittentenleitfaden, V.1.2.5.

c) Dritte

Der Katalog der mitteilungspflichtigen Personen ist abschließend. Sonstige, in § 15a Abs. 2 und 3 WpHG nicht genannte Personen unterliegen damit selbst dann keiner eigenständigen Meldepflicht, wenn sie wirtschaftlich auf Rechnung der Person mit Führungsaufgaben oder seiner Angehörigen handeln, wie beispielsweise Treuhänder und Vermögensverwalter. Die Mitteilungspflicht trifft in diesen Fällen die Person mit Führungsaufgaben selbst oder die mit ihr in enger Beziehung stehenden Personen.[44]

III. Mitteilungspflichtige Geschäfte

Die Person, die bei einem Emittenten von Aktien Führungsaufgaben wahrnimmt, sowie solchen Personen nahestehende Personen haben eigene Geschäfte mit Aktien des Emittenten oder sich darauf beziehenden Finanzinstrumenten, insbesondere Derivaten, mitzuteilen.

1. Eigene Geschäfte

Nach dem Wortlaut des Gesetzes sind alle eigenen Geschäfte mitteilungspflichtig. Unter eigenen Geschäften versteht die BaFin schon alle schuldrechtlichen Verpflichtungsgeschäfte.[45] Ein etwa nachfolgendes dingliches Geschäft muss nicht nochmals gemeldet werden, selbst wenn es dem schuldrechtlichen Geschäft zeitlich nicht unmittelbar nachfolgt.[46]

Geschäfte, die unter einer auflösenden Bedingung geschlossen werden, werden von der BaFin wie bedingungslose Geschäfte behandelt. Es ist aber zulässig, im Rahmen einer Erläuterung auf die auflösende Bedingung hinzuweisen und diese darzustellen. Tritt die auflösende Bedingung ein, so ist dies ebenfalls mitzuteilen und die Veröffentlichung entsprechend zu korrigieren.[47] Bei dem Abschluss von Geschäften unter einer aufschiebenden Bedingung differenziert die BaFin danach, von wem der Bedingungsantritt herbeigeführt werden kann: Liegt der Eintritt der Bedingung ausschließlich in der Hand der mitteilungspflichtigen Person, so soll die Mitteilungspflicht bereits bei Abschluss des Geschäftes bestehen. Liegt der Eintritt der Bedingung nicht oder nicht ausschließlich in der Hand der mitteilungspflichtigen Person, soll die Mitteilungspflicht erst nach Eintritt der Bedingung entstehen, wobei als Datum des Geschäftsabschlusses der Zeitpunkt des Bedingungsantritts anzugeben ist. Auch in diesen Fällen ist eine kurze Erläuterung der Bedingung zulässig.[48]

„Eigene Geschäfte" sind gem. Art. 6 Abs. 4 der Marktmissbrauchsrichtlinie sämtliche auf eigener Initiative beruhende Geschäfte des Meldepflichtigen. Gemeint ist jeder schuldrechtliche Vertrag, der darauf abzielt, die Aktien oder Finanzinstrumente nicht nur vorübergehend an einen anderen Inhaber zu übertragen. Weiterhin verlangt Art. 6 Abs. 1 der Durchführungsrichtlinie, dass es sich um Geschäfte auf eigene Rechnung des Mitteilungs-

---

[44] *BaFin* RS v. 5.9.2002 zu den Mitteilungs- und Veröffentlichungspflichten gem. § 15a WpHG, AZ – WA 22 – W 2320 – 1/2002; KölnKomm-WpHG/*Heinrich* § 15a Rn. 43.
[45] *BaFin* Emittentenleitfaden, V.2.2; ebenso *von Buttlar* BB 2003, 2133, 2137; Schwark/Zimmer/*Osterloh* § 15 WpHG Rn. 39; Assmann/Schneider/*Sethe* § 15a Rn. 71 mit ausführlicher Begründung.
[46] Assmann/Schneider/*Sethe* § 15a Rn. 72; KölnKomm-WpHG/*Heinrich* § 15a Rn. 52; diff. *Erkens* Der Konzern 2005, 29, 35.
[47] *BaFin* Emittentenleitfaden, V.3.7.7.1; *Engelhart* AG 2009, 856, 859.
[48] *BaFin* Emittentenleitfaden, V.3.7.7.2; strenger im Sinne einer Mitteilungspflicht bereits des unter einer aufschiebenden Bedingung stehenden Geschäftsabschlusses: Assmann/Schneider/*Sethe* § 15a Rn. 73; für Eintritt der Mitteilungspflicht erst zum Zeitpunkt des Bedingungseintritts etwa *Engelhart* AG 2009, 856, 858 f.

pflichtigen handelt.[49] Als eigenes Geschäft gelten Kauf und Verkauf von Finanzinstrumenten, und zwar sowohl börslich als auch außerbörslich, sowohl im In- als auch im Ausland.[50] Schenkungen und Erbschaften sind nicht erfasst.[51]

27 Erwirbt eine Führungsperson Finanzinstrumente ausschließlich als Bestandteil ihrer arbeitsvertraglichen Vergütung, liegt aufgrund der außerbörslichen und zumeist langfristig festgelegten Vereinbarung zwischen Emittent und Führungskraft nach Auffassung der BaFin ebenfalls kein Sachverhalt vor, welcher ein marktmissbräuchliches Verhalten begründen kann. Der Erwerb von Finanzinstrumenten auf arbeitsvertraglicher Grundlage oder als Vergütungsbestandteil wird daher nicht als Transaktion im Sinne des Art. 6 Abs. 4 der Marktmissbrauchsrichtlinie betrachtet.[52] Dies ist konsequent, da die reine Zuteilung von Aktien oder Optionen weder eine Indikatorwirkung entfaltet, noch sie eine Vorbeugung gegen den Insider-Handel erfordert. Ein etwaiger späterer Verkauf der Option oder die spätere Ausübung der Option bzw. der spätere Verkauf der Aktien sind allerdings als eigene Geschäfte erfasst.[53] Gleiches gilt für virtuelle Optionen und virtuelle Aktien, die auf arbeitsvertraglicher Grundlage oder als Vergütungsbestandteil gewährt werden.[54] Außerhalb arbeitsrechtlicher Grundlage sind der Erwerb und die Veräußerung von Optionen und anderen Derivaten hingegen grundsätzlich mitteilungspflichtig.[55] Die konkrete Ausgestaltung der Mitteilungspflicht im Fall der Ausübung hängt von der Konstruktion des Optionsrechts oder sonstigen Derivats ab.[56]

28 Die reine Verpfändung unterliegt ebenso wie die Sicherungsübereignung nicht der Mitteilungspflicht. Allerdings kann die Verwertung solcher Sicherheiten der Mitteilungspflicht unterliegen, wenn die verwertende Person nach § 15a WpHG mitteilungspflichtig ist.[57] Die Wertpapierleihe ist ebenfalls mitteilungspflichtig. Die Rückübertragung nach beendeter Leihe ist hingegen nicht mitteilungspflichtig.[58] Die Gewährung von Bezugsrechten, die im Rahmen einer Kapitalerhöhung an die Aktionäre ausgegeben werden, ist nicht mitteilungspflichtig. Hingegen unterliegt der Handel mit Bezugsrechten der Mitteilungspflicht. Beim Bezug von Aktien durch Ausübung von Bezugsrechten ist lediglich der Erwerb der Aktien zu melden, eine gesonderte Meldung über die Ausübung ist nicht notwendig.[59]

29 Daneben sind Fallgestaltungen denkbar, bei denen eine Führungsperson oder eine ihr nahstehende Person Vermögen auf eine persönliche Vermögensverwaltungsgesellschaft oder, z.B. im Wege der vorweg genommenen Erbfolge, auf einen nahen Familienangehörigen überträgt oder ihre Anteile verschenkt. Nach h.M. ist in den Fällen der Übertragung von Aktien oder von sich darauf beziehenden Finanzinstrumenten auf eine Gesellschaft, juristische Person oder Einrichtung i.S.v. § 15a Abs. 3 WpHG der Tatbestand der Directors' Dealings theologisch zu reduzieren und eine Mitteilungspflicht entsprechend zu verneinen.[60] Entsprechendes wird für konzerninterne Umstrukturierungen angenommen, sofern die

---

49 Assmann/Schneider/*Sethe* § 15a Rn. 77.
50 Von *Buttlar* BB 2003, 2133, 2136; Schwark/Zimmer/*Osterloh* § 15a WpHG Rn. 42; Fuchs/*Pfüller* § 15a Rn. 121; vgl. auch *BaFin* RS v. 5.9.2002 zu den Mitteilungs- und Veröffentlichungspflichten gem. § 15a WpHG, AZ – WA 22 – W 2320 – 1/2002 (aufgehoben).
51 *BaFin* Emittentenleitfaden, V.2.2 unter Hinweis auf die CESR-Empfehlungen; in Bezug auf Schenkungen strittig, vgl. den Meinungsstand bei Assmann/Schneider/*Sethe* § 15a Rn. 78 f.
52 *BaFin* Emittentenleitfaden, V.2.2.
53 KölnKomm-WpHG/*Heinrich* § 15a Rn. 62; *BaFin* Emittentenleitfaden, V.3.7.1.2.
54 Assmann/Schneider/*Sethe* WHG § 15a Rn. 84.
55 *BaFin* Emittentenleitfaden, V.3.7.1.1.
56 Vgl. zu den Einzelheiten *BaFin*, Emittentenleitfaden, V.3.7.1.2.
57 *BaFin* Emittentenleitfaden, V.3.7.13.
58 *BaFin* Emittentenleitfaden, V.3.7.12; a.A. *Engelhart* AG 2009, 856, 860 f.
59 *BaFin* Emittentenleitfaden, V.3.7.2
60 *Mutter* DStR 2007, 2013, 2014; Assmann/Schneider/*Sethe* § 15a Rn. 95.

Aktien oder sich darauf beziehenden Finanzinstrumente im Kontrollkreis des Mitteilungspflichtigen verbleiben.[61]

2. Aktien oder sich darauf beziehende Finanzinstrumente

Die Mitteilungspflicht aus § 15a WpHG bezieht sich ausdrücklich nur auf Erwerb und Veräußerung von Aktien und sich darauf beziehenden Finanzinstrumenten des Emittenten. Dabei wird nicht weiter danach differenziert, um welche Gattung von Aktien es sich handelt. Auch ist unerheblich, ob die vom Erwerb oder von der Veräußerung betroffenen Aktien zum Börsenhandel zugelassen sind.[62] Mitteilungspflichtig ist damit beispielsweise auch der Erwerb von Vorzugsaktien ohne Stimmrecht, selbst wenn nur Stammaktien des Emittenten zum regulierten Markt zugelassen sind.[63] **30**

Erfasst sind aber auch Finanzinstrumente, die sich auf Aktien beziehen. Als Beispiel nennt das Gesetz insbesondere Derivate. Grundsätzlich sind darüber hinaus alle Rechte auf den Bezug von Aktien erfasst, also alle Wertpapiere und Rechte, bei denen Gläubigern ein Umtauschrecht auf Aktien des Emittenten eingeräumt wird. Zu nennen sind: **31**
– Wandelanleihen,
– Wandelgenussrechte,
– Optionsscheine (verbrieft oder unverbrieft),
– Call- und Put-Optionen.[64]

Nicht erfasst sind demgegenüber reine Schuldverschreibungen.[65] Transaktionen in Genussrechten unterlegen der Mitteilungspflicht, wenn sie aktienähnlich ausgestaltet sind, wohingegen obligationsähnliche Genussrechte nicht erfasst sind.[66]

Generell geht die BaFin davon aus, dass der Preis des Finanzinstrumentes nicht unmittelbar vom Börsenpreis der Aktie des Emittenten abhängen muss. Mitteilungspflichtig sind vielmehr auch Geschäfte in Finanzinstrumenten, die sich nur mittelbar auf die Aktie des Emittenten beziehen. Um die einbezogenen Finanzinstrumente nicht unverhältnismäßig auszudehnen, betrachtet die BaFin aber nur Geschäfte in solchen Finanzinstrumenten als mitteilungspflichtig, deren Preis überwiegend von dem der Aktie des Emittenten abhängt. Hiervon geht sie aus, wenn bei der Berechnung des Preises des Finanzinstruments die Aktie des Emittenten mit mindestens 50 % Berücksichtigung findet. Als Beispiel wird der Erwerb einer Option oder eines Zertifikates auf einen Basket genannt, in dem die Aktien des Emittenten ein Gewicht von mehr als 50 % haben.[67] **32**

3. Bagatellgrenze

Eine Mitteilungspflicht besteht gem. § 15a Abs. 1 S. 5 WpHG nicht, solange die Gesamtsumme der Geschäfte einer Führungsperson und der mit dieser Person in einer engen Beziehung stehenden Personen insgesamt einen Betrag von 5 000 EUR innerhalb eines Kalenderjahres nicht erreicht. Um Umgehungen zu vermeiden, werden also die Geschäfte einer Führungsperson mit den Geschäften der zu ihr in enger Beziehung stehenden Personen zusammengerechnet. Dabei werden sämtliche Transaktionen in den verschiedenen von **33**

---

61 *Bode* AG 2008, 648, 651 ff.; *Mutter* DStR 2007, 2013, 2014; a.A. Schwark/Zimmer/*Osterloh* § 15a WpHG Rn. 41.
62 *BaFin* Emittentenleitfaden, V.2.1; Assmann/Schneider/*Sethe* § 15a Rn. 65.
63 Assmann/Schneider/*Sethe* § 15a Rn. 65.
64 Assmann/Schneider/*Sethe* § 15a Rn. 67; *Fleischer* ZIP 2002, 1217, 1225; KölnKomm-WpHG/*Heinrich* § 15a Rn. 30.
65 *Osterloh* Directors' Dealings, S. 169; KölnKomm-WpHG/*Heinrich* § 15a Rn. 31.
66 Assmann/Schneider/*Sethe* § 15a Rn. 67;
67 *BaFin* Emittentenleitfaden, V.2.1.

§ 15a Abs. 1 WpHG erfassten Aktien und Finanzinstrumenten addiert. Der Mitteilungspflichtige kann nicht jede Wertpapierart gesondert betrachten.[68] Auch ist eine Saldierung von Erwerbs- und Veräußerungsgeschäften unzulässig.[69]

34 Maßgeblich für die Berechnung der Bagatellgrenze ist der jeweilige Kaufpreis der Finanzinstrumente ohne Gebühren, Steuern und Courtagen.[70] Bei Optionen ist der erzielte Preis bei Optionsausübung maßgeblich, nicht das ursprünglich eingesetzte Kapital.[68] Geschäfte, deren Wert nicht bezifferbar ist, können zugunsten der mitteilungspflichtigen Person mit 0 EUR bei der Berechnung der Bagatellgrenze bewertet werden. Als Beispiel zu nennen ist hier die Übertragung von Finanzinstrumenten an eine Gesellschaft gegen Gewährung von Gesellschaftsanteilen.[71] Wird jedoch vom mitteilungspflichtigen Personenkreis zusätzlich ein Geschäft getätigt, durch das die Bagatellgrenze im Kalenderjahr überschritten wird, so müssen *alle* Geschäfte – unabhängig von ihrem Wert – nachträglich mitgeteilt werden und damit auch das zunächst mit 0 EUR angesetzte Geschäft.[69]

C. Mitteilungs- und Veröffentlichungspflichten

35 Sofern die Voraussetzungen des § 15a Abs. 1 S. 1–4 WpHG vorliegen und auch die Bagatellgrenze überschritten ist, muss der Mitteilungspflichtige dem Emittenten und der BaFin die von ihm getätigten Geschäfte mitteilen. Einzelheiten zu Inhalt und Form der Mitteilung regeln §§ 10, 11 WpAIV. Anschließend muss der Emittent, sofern er sog. Inlandsemittent ist, die Informationen unverzüglich veröffentlichen und gleichzeitig der Bundesanstalt die Veröffentlichung mitteilen.

I. Mitteilungspflicht

36 Die Führungsperson oder die ihr nahstehende Person hat sorgfältig zu prüfen, ob eine Mitteilungspflicht gem. § 15a WpHG besteht. Dies beinhaltet die Pflicht zur Einholung von Rechtsrat in Zweifelsfällen. Bleiben trotz Einholung von Rechtsrat Zweifel über das Vorliegen der Tatbestandsvoraussetzungen, kann freiwillig eine vorbeugende Mitteilung abgegeben werden,[72] um sich vor Sanktionen einer möglicherweise unberechtigt unterbleibenden Mitteilung zu schützen.

37 Gem. § 15a Abs. 1 S. 1 WpHG muss der Mitteilungspflichtige sowohl gegenüber dem Emittenten als auch gegenüber der BaFin die eigenen Geschäfte in Aktien oder in sich darauf beziehenden Finanzinstrumenten in inhaltsgleichen Meldungen mitteilen. Es sind daher zwei separate, aber inhaltsgleiche Mitteilungen zu machen.

1. Inhalt

38 Die Mindestangaben der Mitteilung werden in § 10 WpAIV geregelt:
1. deutlich hervorgehobene Überschrift „Mitteilung über Geschäfte von Führungspersonen nach § 15a WpHG";
2. Angaben zur mitteilungspflichtigen Person:
   a) Vor- und Familienname oder Firma;
   b) Geschäftsanschrift;
   c) Rufnummer des Mitteilungspflichtigen oder eines Ansprechpartners;
   d) bei natürlichen Personen: Geburtsdatum und Privatanschrift, sofern eine Geschäftsanschrift nicht besteht;

---

[68] Assmann/Schneider/*Sethe* § 15a Rn. 93.
[69] *BaFin* Emittentenleitfaden, V.2.3.
[70] *Marsch-Barner/Schäfer* § 15 Rn. 17.
[71] *BaFin* Emittentenleitfaden, V.2.3 und V.3.7.5.1.
[72] *BGHZ* 114, 203, 215 = AG 1991, 270, 273 (zu § 20 AktG); Assmann/Schneider/*Sethe* § 15a Rn. 97.

3. Name und Anschrift des Emittenten;
4. Schlagwort zur Beschreibung des Mitteilungspflichtigen:
   a) Position und Aufgabenbereich der Führungsperson beim Emittenten;
   b) bei Mitteilungspflicht einer nahestehenden Person: Beschreibung der engen Beziehung der mitteilungspflichtigen Person zur Person mit Führungsaufgaben;
5. genaue Bezeichnung des Finanzinstruments inkl. ISIN;
6. genaue Beschreibung des Geschäftes:
   a) Art des Geschäftes (insb. Kauf oder Verkauf);
   b) Datum und Ort des Geschäftsabschlusses;
   c) Preis, Währung, Stückzahlung und Geschäftsvolumen;
   d) Basisinstrument, Basispreis, Preismultiplikator und Fälligkeit bei Geschäften in Derivaten.

Es besteht keine Verpflichtung, die Mitteilung über die vorgeschriebenen Angaben hinaus mit erläuternden Informationen zu ergänzen. Freiwillige erläuternde Angaben sind aber erlaubt.[73]

2. Frist

§ 15a Abs. 1 S. 1 WpHG bestimmt, dass die Mitteilung an den Emittenten und die BaFin innerhalb von fünf Werktagen (nach der Transaktion) erfolgen muss. Für die Berechnung der Frist gegenüber der BaFin gelten § 31 VwVfG, §§ 186 ff. BGB.[74] Damit zählt der Tag der Transaktion gem. § 31 Abs. 1 VwVfG, § 187 Abs. 1 BGB nicht mit. Fällt das Ende der Frist auf einen Sonntag, eine Feiertag oder einen Samstag, so verlängert sich die Frist gem. § 193 BGB auf den nächsten Werktag.

Gegenüber dem Emittenten finden die Fristberechnungsvorschriften des BGB unmittelbar Anwendung, sodass die gleichen Grundsätze gelten.[74] Unterschiede könnten sich allerdings bei der Beurteilung ergeben, ob ein gesetzlicher Feiertag vorliegt, der zu einer Verschiebung des Fristendes gem. § 193 BGB führen kann. § 193 BGB stellt darauf ab, ob am Erklärungs- oder Leistungsort ein staatlich anerkannter allgemeiner Feiertag ist. Demgebenüber wird für Erklärungen gegenüber Behörden § 31 Abs. 3 S. 1 VwVfG dahingehend eingeschränkt, dass nur gesetzliche Feiertage am Sitz der Behörde maßgeblich sind.[75] Für die gegenüber der BaFin mit dem Sitz in Frankfurt am Main und Bonn abzugebende Erklärung sind daher die Feiertagsregelungen von Hessen *und* Nordrhein-Westfalen maßgeblich. In ihrem Emittentenleitfaden geht die BaFin demgegenüber einheitlich davon aus, dass sowohl die Mitteilung gegenüber dem Emittenten als auch die Mitteilung gegenüber der BaFin innerhalb von fünf Werktagen nach Geschäftsabschluss erfolgen muss, wobei ein für die Berechnung der Frist beachtlicher Feiertag vorliegen soll, wenn der fragliche Tag am Sitz des Emittenten oder an einem der Dienstsitze der BaFin ein gesetzlicher Feiertag ist.[76]

Entgegen früherer Praxis, bei der auf die Kenntnis von der Transaktion abgestellt wurde, beginnt die Frist nach heutiger Auffassung der BaFin mit dem Geschäftsabschluss.[77] Für vorangegangene Geschäfte, die noch unter die Bagatellgrenze des § 15a Abs. 1 S. 5 WpHG fielen, mit Überschreitung der Bagatellgrenze aber nachträglich zu melden sind, beginnt die Frist für die Nachmeldung mit dem Abschluss des die Bagatellgrenze überschreitenden Verpflichtungsgeschäftes.[78] Die Person, die mit ihrem Geschäft die Bagatellgrenze über-

---

73 KölnKomm-WpHG/*Heinrich* § 15a Rn. 67.
74 Assmann/Schneider/*Sethe* § 15a Rn. 105.
75 *BAG* NJW 1989, 1181; Kopp/*Ramsauer* VwVfG § 31 Rn. 31.
76 *BaFin* Emittentenleitfaden, V.2.7
77 *BaFin* Emittentenleitfaden, V.2.7; demgegenüber noch *BaFin* RS v. 5.9.2002 zu den Mitteilungs- und Veröffentlichungspflichten gem. § 15a WpHG, AZ-WA 22-W23-1/2002 (aufgehoben).
78 *BaFin* Emittentenleitfaden, V.2.7.

schreitet, sollte daher dringend die übrigen potentiellen mitteilungspflichtigen Personen im Umfeld der Führungsperson über das Überschreiten der Bagatellgrenze unterrichten, damit diese Personen ihrer Mitteilungspflicht ebenfalls fristgerecht nachkommen können. Alternativ können zur Vermeidung von Kommunikationsverlusten auch Geschäftsabschlüsse unterhalb der Bagatellgrenze vorsorglich mitgeteilt werden.[79]

3. Form der Mitteilung

43 § 11 WpAIV verlangt für die Mitteilung gem. § 15a Abs. 1 S. 1 WpHG Schriftform (§ 126 BGB). Im Fall der Übersendung einer Mitteilung mittels Telefax, die grundsätzlich genügt, ist auf Verlangen der BaFin die eigenhändig unterschriebene Anzeige auf dem Postweg nachzureichen.

44 Die BaFin hat auf ihrer Homepage ein Musterformular mit Erläuterungen zur Verfügung gestellt, dass den Betroffenen die Erfüllung der Mitteilungspflicht erleichtern soll.[80]

II. Pflichten des Emittenten

45 Nach einer Mitteilung von Directors' Dealings trifft – ausschließlich – den Inlandsemittenten i.S.v. § 2 Abs. 7 WpHG eine Pflicht zur Verbreitung der Information gem. § 15a Abs. 4 S. 1 WpHG. Von der Verbreitungspflicht betroffen sind damit:
– Emittenten mit Sitz im Inland und mit Börsenzulassung im Inland,
– Emittenten mit Sitz in einem EU-/EWR-Mitgliedstaat und mit Börsenzulassung nur im Inland,
– Emittenten mit Sitz in einem Drittstaat und mit Börsenzulassung im Inland, wenn sie die Bundesrepublik Deutschland als Herkunftsstaat nach § 2b Abs. 1a WpHG gewählt haben oder keinen Herkunftsstaat gewählt haben (§ 2 Abs. 7 Nr. 1 i.V.m. Abs. 6 S. 1 Nr. 1 lit. b WpHG),
– Emittenten mit Sitz im Inland und mit Börsenzulassung nur im EU-/EWR-Ausland,
– Emittenten mit Sitz in einem Drittstaat und mit Börsenzulassung im EU-/EWR-Ausland, wenn sie die Bundesrepublik Deutschland als Herkunftsstaat nach § 2b Abs. 1a WpHG gewählt haben (§ 2 Abs. 7 Nr. 1 i.V.m. Abs. 6 S. 1 Nr. 1 lit. b WpHG). Sofern Inlandsemittenten auch von einer Directors' Dealings-Regelung eines anderen Mitgliedstaates erfasst sind, unterliegen sie einer doppelten Meldepflicht.[81]

Eine Verbreitungspflicht besteht gleichermaßen gem. § 15a Abs. 4 S. 2 WpHG i.V.m. § 15 Abs. 1 S. 2 WpHG für solche Inlandsemittenten, die die Zulassung ihrer Finanzinstrumente beantragt oder öffentlich angekündigt haben.

46 Nicht erfasst sind damit Emittenten mit Sitz in einem Drittstaat und mit Börsenzulassung im Inland, sofern sie nicht die Bundesrepublik Deutschland als Herkunftsstaat gewählt haben. Gleichwohl fallen solche Emittenten unter § 15a Abs. 1 S. 3 Nr. 1 WpHG, sodass ihre Führungspersonen und diesen nahestehende Personen Mitteilungen gem. § 15a WpHG zu machen haben, die dann aber nicht weiter zu verbreiten sind.[82]

---

79 *BaFin* Emittentenleitfaden, V.2.7.
80 Mitteilungsformular für Geschäfte von Führungspersonen nach § 15a WpHG, abrufbar unter www.bafin.de unter der Rubrik „Daten und Dokumente" als „Mitteilungsformular".
81 Assmann/Schneider/*Sethe* § 15a Rn. 111.
82 Vgl. insgesamt Assmann/Schneider/*Sethe* § 15a Rn. 111.

1. Veröffentlichung

Der Inlandsemittent hat Informationen nach § 15a Abs. 1 WpHG gem. § 15a Abs. 4 S. 1 WpHG unverzüglich zu veröffentlichen. Dies setzt nach dem Wortlaut der Regelung voraus, dass eine Verbreitungspflicht erst dann besteht, wenn dem Emittenten eine Directors' Dealings-Mitteilung zugegangen ist. Ohne entsprechende Mitteilung besteht eine Verbreitungspflicht selbst dann nicht, wenn der Emittent auf andere Weise von der mitteilungspflichtigen Transaktion Kenntnis erlangt.[83] Auch in der Insolvenz bleibt die Gesellschaft in Person des Vorstands zur Verbreitung entsprechender Informationen verpflichtet. Gegenteilige Auffassungen[84] sind durch die Klarstellung des Gesetzgebers in § 11 Abs. 1 WpHG überholt.[85]

47

Sofern keine für die Veröffentlichung zwingend vorgeschriebenen Angaben fehlen, hat der Emittent auch unvollständige Mitteilungen zu veröffentlichen. Sofern keine begründeten Zweifel an der Echtheit der Mitteilung bestehen, sind auch per Telefax eingegangene Mitteilungen unverzüglich zu veröffentlichen, da sie gem. § 11 Abs. 1 WpAIV ausreichend sind. Hat der Emittent begründete Zweifel, so kann er vor einer Veröffentlichung die zur Plausibilisierung der Mitteilung notwendigen Maßnahmen ergreifen, solange er nicht rechtsmissbräuchlich handelt.[86]

48

a) Inhalt

Der Inhalt der Veröffentlichung wird in § 12 WpAIV präzisiert. Hiernach hat die Veröffentlichung nach § 15a Abs. 4 S. 1 WpHG folgendes zu enthalten:

49

1. die deutlich hervorgehobene Überschrift „Mitteilung über Geschäfte von Führungspersonen nach § 15a WpHG";
2. den Vor- und Familien oder bei juristischen Personen den Namen der mitteilungspflichtigen Person; nicht veröffentlicht werden müssen aus Gründen des Persönlichkeitsschutzes Adresse, Telefonnummer und Geburtsdatum;[87]
3. den Namen und die Anschrift des Emittenten;
4. die Angabe, ob der Mitteilende Führungsaufgaben beim Emittenten wahrnimmt oder eine Person ist, die mit einer solchen Person nach § 15a Abs. 3 WpHG in einer engen Beziehung steht;
5. eine jeweils in einem Schlagwort zu formulierende Beschreibung der Position und des Aufgabenbereichs der Person mit Führungsaufgaben und
6. die Angaben nach § 10 Nr. 5 und 6 WpAIV, d.h.
   – eine genaue Bezeichnung des Finanzinstruments, in dem das Geschäft getätigt worden ist, einschl. ISIN,
   – eine genaue Beschreibung des Geschäfts mit Angaben zu
     – Art des Geschäfts (insb. Kauf oder Verkauf),
     – Datum und Ort des Geschäftsabschlusses,
     – Preis, Währung, Stückzahl und Geschäftsvolumen sowie
     – Basisinstrument, Basispreis, Preismultiplikator und Fälligkeit bei Geschäften in Derivaten;

etwaige Erläuterungen, die die mitteilungspflichtige Person ihrer Mitteilung beigefügt hat.[88]

---

83 *Bednarz* AG 2005, 835 ff.; *Hagen-Eck/Wirsch* DB 2007, 504, 508 f.; vgl. auch RegE TUG, BT-Drucks. 16/2498, S. 33.
84 So etwa *VG Frankfurt am Main* ZIP 2004, 469.
85 So Assmann/Schneider/*Sethe* § 15a Rn. 113.
86 *BaFin* Emittentenleitfaden, V.3.1.3.
87 *Koch* DB 2005, 267, 274.
88 *BaFin* Emittentenleitfaden, V.3.2.

b) Sprache

50 In welcher Sprache die Veröffentlichung zu erfolgen hat, ist in § 3b WpAIV geregelt. Die BaFin misst aus dieser Regelung drei Fallgestaltungen besondere Bedeutung zu:

aa) Emittenten mit Herkunftsstaat Bundesrepublik Deutschland i.S.v. § 2 Abs. 6 WpHG.

51 Sofern die Wertpapiere lediglich zum Handel an einem organisierten Markt im Inland zugelassen sind, ist die Information gem. § 3b Abs. 2 S. 1 WpAIV in deutscher Sprache zu veröffentlichen. Sind die Wertpapiere zum Handel an einem organisierten Markt im Inland und in einem oder mehreren anderen EU-/EWR-Staaten zugelassen, so ist die Information in deutscher oder englischer Sprache und nach Wahl des Emittenten in einer Sprache, die von den zuständigen Behörden des betreffenden Mitgliedsstaates bzw. Vertragsstaates akzeptiert wird, oder in englischer Sprache zu veröffentlichen.

bb) Inlandsemittenten i.S.v. § 2 Abs. 7 Nr. 2 WpHG

52 Die Information muss gem. § 3b Abs. 3 WpAIV in deutscher oder englischer Sprache veröffentlicht werden. Ein Emittent, der seinen Sitz im Inland hat und dessen Wertpapiere nicht im Inland, sondern in mehr als einem anderen EU-/EWR-Staat zum Handel an einem organisierten Markt zugelassen sind, hat die Information nach seiner Wahl in einer von den zuständigen Behörden des betreffenden Staates akzeptierten Sprache oder in englischer Sprache zu veröffentlichen, er kann sie zusätzlich auch in deutscher Sprache veröffentlichen.

cc) Emittenten mit Sitz im Ausland, Emittenten mit Herkunftsstaat Bundesrepublik Deutschland i.S.v. § 2 Abs. 6 Nr. 3a WpHG oder Emittenten, die bei der BaFin einen englischsprachigen Wertpapierprospekt hinterlegt haben

53 Solche Emittenten können gem. § 3b Abs. 1 WpAIV die Veröffentlichung ausschließlich in englischer Sprache vornehmen.

54 Besonderheiten bestehen gem. § 3b Abs. 5 WpAIV bei Emittenten, die Finanzinstrumente mit einer Mindeststückelung von 100 000 EUR oder einem entsprechend Gegenwert zugelassen haben. Sofern es sich um einen Inlandsemittenten i.S.v. § 2 Abs. 7 WpHG handelt, dessen Anteile an einem organsierten Markt im Inland oder in einem oder mehreren EU- oder EWR-Staaten zugelassen sind, hat dieser die Information abweichend von § 3b Abs. 2 und 3 WpAIV in englischer Sprache oder in einer Sprache zu veröffentlichen, die von der BaFin und im Falle der Zulassung in den betreffenden Staaten von den zuständigen Behörden akzeptiert wird. Sofern die Anteile bereits vor dem 31.12.2010 zum Handel zugelassen wurden, gilt diese Regelung entsprechend gem. § 3b Abs. 5 WpAIV bereits ab einer Mindeststückelung von 50 000 EUR oder einem am Ausgabetag entsprechenden Gegenwert in einer anderen Währung, solange diese Anteile ausstehen.

c) Art der Veröffentlichung

55 § 3a WpAIV gibt vor, wie der Emittent oder ein von ihm beauftragter Dienstleister die Information zu veröffentlichen hat. Gem. § 3a Abs. 1 WpAIV ist die zu verbreitende Mitteilung Medien zuzuleiten, einschließlich solcher, bei denen davon ausgegangen werden kann, dass sie die Information in der gesamten Europäischen Union und in den übrigen EWR-Staaten verbreiten. Es ist dabei nicht ausreichend, die Information nur einem einzelnen Medium zuzuleiten. Vielmehr ist ein Bündel verschiedener Medien zu bedienen.[89] Eine genaue Zahl von Medien und auch die Zahl unterschiedlicher Medienarten gibt die BaFin nicht vor, sondern verweist auf die Besonderheiten des Einzelfalls, zu denen insbesondere

---

89 *BaFin* Emittentenleitfaden, V.3.1.2; vgl. ergänzend *Pirner/Lebherz* AG 2007, 19, 21 ff.

die Aktionärsstruktur des Emittenten sowie Zahl und Ort seiner Börsenzulassungen gehören. Je höher der Streubesitz beim Emittenten ist, umso mehr Medien wird er informieren müssen.[90]

Regelmäßig soll die Information an folgende Medienarten übersandt werden:[91] **56**
- ein elektronisch betriebenes Informationsverbreitungssystem,
- News Provider,
- Nachrichtenagenturen,
- bedeutende nationale und europäische Zeitungen,
- Finanz-Webseiten.

Dabei müssen zum Informationskanal auch Medien gehören, die die Information europaweit schnell und aktiv verbreiten können. Die BaFin hält grundsätzlich für ausreichend, wenn eins der ausgewählten Medien aus dem Medienbündel zur europaweiten Verbreitung in der Lage ist. Eine Zuleitung an nationale Medien in sämtlichen EU-/EWR-Staaten ist nicht erforderlich. Emittenten mit Sitz in Deutschland und Börsenzulassung nur in Deutschland genügen ihrer Pflicht aus § 3a WpAIV mit Zuleitung ausschließlich an deutsche Medien, wenn ein Medium zur europaweiten Verbreitung in der Lage ist.[92] Sind die Aktien eines Emittenten demgegenüber in einem weiteren EU- oder EWR-Staat zugelassen, so muss die Information auch an solche Nachrichtenagenturen, News-Provider, Printmedien und Internetseiten für den Finanzmarkt übermittelt werden, die die Information in dem Land der weiteren Börsenzulassung verbreiten können. Dabei ist in jedem weiteren EU- bzw. EWR-Staat, in dem eine Börsenzulassung besteht, mindestens ein nationales Printmedium und eine nationale Internetseite zu bedienen.[92] **57**

Bei der Übersendung der Information an die Medien müssen erkennbar sein: **58**
- der Name des Veröffentlichungspflichtigen einschl. seiner Anschrift,
- ein als Betreff erkennbares Schlagwort, das den wesentlichen Inhalt der Veröffentlichung zusammenfasst,
- der Tag und die Uhrzeit der Übersendung an die Medien und
- das Ziel, die Information als eine vorgeschriebene Information europaweit zu verbreiten.

Der Emittentenleitfaden der BaFin enthält einen Mustertext für die Zuleitung an die Medien, der zur Vermeidung von Fehlern und Missverständnissen regelmäßig verwendet werden sollte.[93]

Der Emittent ist ausschließlich für die Zuleitung der Information an die Medien verantwortlich. Er ist hingegen nicht dafür verantwortlich, dass die Medien die ihnen zugeleiteten Informationen auch tatsächlich veröffentlichen.[92] **59**

§ 3a Abs. 2 WpAIV gibt für die Zuleitung an das Medienbündel allerdings Sicherheitsstandards und Dokumentationspflichten für den Emittenten vor. Hiernach muss der Emittent Folgendes gewährleisten: **60**
- Die Information muss von Medien empfangen werden, zu denen auch solche gehören müssen, die die Information so rasch und so zeitgleich wie möglich in allen Mitgliedsstaaten der EU und in den übrigen EWR-Staaten aktiv verbreiten können.
- Der Text der Information muss an die Medien in einer Weise gesandt werden, dass
   - der Absender der Absender der Information sicher identifiziert werden kann,
   - ein hinreichender Schutz gegen unbefugte Zugriffe oder Veränderung der Daten besteht und die Vertraulichkeit und Sicherheit der Übersendung auch im Übrigen

---

90 *Hutter/Kaulamo* NJW 2007, 550, 555.
91 *BaFin* Emittentenleitfaden, V.3.1.2; RegE TUG, BR-Drucks. 579/02, S. 112.
92 *BaFin* Emittentenleitfaden, V.3.1.2.
93 *BaFin* Emittentenleitfaden, V.3.1.4.

durch die Art des genutzten Übertragungswegs oder durch eine Verschlüsselung der Daten nach dem Stand der Technik sichergestellt ist,
- Übertragungsfehler oder -unterbrechungen unverzüglich behoben werden können.

61 Die Übersendung per Fax wird als den Sicherheitsanforderungen des § 3a Abs. 2 Nr. 2b WpAIV genügend angesehen.[94] Eine einfache E-Mail oder die Versendung als PDF-Datei genügt demgegenüber nicht, sofern nicht weitere geeignete Maßnahmen zur sicheren Identifizierung des Absenders, zur sicheren Verbindung und zur sicheren Übertragung getroffen sind.[94]

62 Für technische Fehler im Verantwortungsbereich der Medien, an die die Information versandt wurde, ist der Veröffentlichungspflichtige gem. ausdrücklicher Anordnung in § 3a Abs. 2 S. 2 WpAIV nicht verantwortlich. Gleichwohl muss der Emittent das seinerseits Erforderliche tun, um die Nachricht auf den Weg zu bringen. Es genügt nicht, lediglich die Nachricht abzusenden; vielmehr muss der Emittent sich auch vergewissern, dass die Nachricht angekommen ist, beispielsweise durch einen Faxsendebericht oder eine Eingangsbestätigung. Erkennt er, dass die Nachricht nicht angekommen ist, muss er die Übersendung – ggf. auf einem anderen Nachrichtenkanal – wiederholen.[95]

63 Die BaFin hat die Befugnis zu kontrollieren, ob der Emittent die Vorgaben zur Verbreitung der Information nach § 15a WpHG eingehalten hat, und die Informationsströme nachzuvollziehen. Aus diesem Grunde muss der Veröffentlichungspflichtige gem. § 3a Abs. 3 WpAIV sechs Jahre lang in der Lage sein, der BaFin auf Anforderung mitzuteilen:
- die Person, die die Information an die Medien gesandt hat,
- die verwendeten Sicherheitsmaßnahmen für die Übersendung an die Medien,
- den Tag und die Uhrzeit der Übersendung an die Medien,
- das Mittel der Übersendung an die Medien und
- ggf. alle Daten zu einer Verzögerung der Veröffentlichung.

64 Beauftragt der Veröffentlichungspflichtige einen Dritten, etwa einen externen Dienstleister mit der Veranlassung der Veröffentlichung, bleibt er gleichwohl für die Erfüllung seiner Veröffentlichungspflicht verantwortlich. Der Dritte muss die Anforderungen des § 3a Abs. 1–3 WpAIV gem. § 3a Abs. 4 WpAIV erfüllen. Insbesondere ist darauf zu achten, dass die Aufbewahrungspflicht auch nach Wegfall (z.B. durch Insolvenz oder Geschäftsaufgabe) oder Wechsel des beauftragten Dritten besteht.[96]

d) Frist

65 § 15a Abs. 4 S. 1 WpHG bestimmt, dass die Veröffentlichung unverzüglich, d.h. ohne schuldhaftes Zögern i.S.v. § 121 Abs. 1 S. 1 BGB zu erfolgen hat. Im Regelfall sollte die Veröffentlichung spätestens an dem auf den Eingang der Mitteilung folgenden Arbeitstag erfolgen.[97] Gleichwohl wird dem Betroffenen mit der Verpflichtung zur unverzüglichen, und nicht zur sofortigen Veröffentlichung eine angemessene Frist zur Prüfung des Vorliegens der Tatbestandsvoraussetzungen und ggf. zu Einholung von Rechtsrat oder einer Auskunft der BaFin eingeräumt. Es verbleibt dem Emittenten außerdem die erforderliche Zeit, anhand der ihm zugänglichen Informationsquellen zu prüfen, ob die Mitteilung nicht eine Falschmeldung ist.[98] Steht die Mitteilungspflicht allerdings außer Frage, ist jedes Zögern schuldhaft. Im Streitfall trägt der Veröffentlichungspflichtige die Darlegungslast, dass er unverzüglich gehandelt hat.[99]

---

94 *BaFin* Emittentenleitfaden, V.3.1.3.
95 *Pirner/Lebherz*, AG 2007, 19, 21; *Assmann/Schneider/Sethe* § 15a Rn. 115.
96 *BaFin* Emittentenleitfaden, V.3.1.3; *Assmann/Schneider/Sethe* § 15a Rn. 115.
97 *BaFin* Emittentenleitfaden, V.3.1.1.
98 *Assmann/Schneider/Sethe* § 15a Rn. 119; vgl. auch *BaFin* RS v. 27.6.2002 zu den Mitteilungs- und Veröffentlichungspflichten gem. § 15a WpHG, AZ-WA 22 – W 2310 – 12/2002 (aufgehoben).
99 *OLG München* WM 1988, 1408, 1409 (zu § 121 BGB).

2. Mitteilung an die Bundesanstalt

Gem. § 15a Abs. 4 S. 1 WpHG hat der veröffentlichungspflichtige Emittent der BaFin die Veröffentlichung „gleichzeitig" mitzuteilen. Die WpAIV bestimmt in §§ 13a i.V.m. 3c näher, dass der BaFin die Veröffentlichung unter folgenden Angaben mitgeteilt werden muss: **66**
- Text der Veröffentlichung,
- Medien, an die die Information gesandt wurde,
- genauer Zeitpunkt der Versendung an die Medien.

Zur Vermeidung von Nachfragen wird empfohlen, auch die Übermittlung an das Unternehmensregister[100] zu bestätigen.[101] Einen Mustertext für die Übersendung enthält der Emittentenleitfaden in Ziffer V.3.5.2.

§ 13a WpAIV nimmt fehlerhaft noch auf § 15a Abs. 4 S. 2 WpHG Bezug, dessen alter Regelungsgehalt jedoch zwischenzeitlich in S. 1 zusammengefasst ist; hierbei handelt es sich um ein Redaktionsversehen.[102] **67**

Hinsichtlich der Form der Übersendung macht das Gesetz ebenso wenig Vorgaben wie die WpAIV. Die Bundesanstalt lässt die Belegübersendung per E-Mail an die Adresse „paragraph15a@bafin.de", postalisch oder mittels Telefax oder PC-Fax an die Rufnummer 0228/4108-62963 zu.[101] **68**

§ 13 WpAIV ermächtigt die BaFin, die ihr mitgeteilten Informationen im Internet unter ihrer Adresse zu veröffentlichen. Dies geschieht regelmäßig. **69**

3. Übermittlung an das Unternehmensregister

Schließlich verpflichtet § 15a Abs. 4 S. 1 WpHG den Inlandsemittenten, Informationen nach § 15a Abs. 1 WpHG unverzüglich, jedoch nicht vor ihrer Veröffentlichung dem Unternehmensregister i.S.v. § 8b HGB zur Speicherung zu übersenden. Eine gleichlautende Pflicht findet sich in § 8b Abs. 1 Nr. 9 HGB. Die Regelung in § 15a Abs. 4 S. 1 WpHG hat insoweit rein klarstellende Funktion.[103] Nähere Informationen sind unter www.unternehmensregister.de verfügbar. **70**

Die zeitlichen Vorgaben verlangen daher zum einen, dass der Emittent ohne schuldhaftes Zögern handelt. Gleichzeitig muss er zur Vermeidung von Insiderhandel darauf achten, dass die Übersendung an das Unternehmensregister nicht vor der Veröffentlichung der Meldung erfolgt. Dies ist in der Praxis regelmäßig nicht ganz unproblematisch, da der Emittent die Mitteilung an ein Medienbündel zu senden hat, von welchem einzelne Medienarten (z.B. elektronische Medien) schneller veröffentlichen als andere (z.B. Printmedien). Abgestellt wird daher in der Praxis auf die erste Veröffentlichung, die i.d.R. über die elektronischen Medien verbreitet wird.[104] **71**

III. Korrekturen

Sofern Korrekturen der Mitteilung gem. § 15a Abs. 1 WpHG oder der Veröffentlichung gem. § 15a Abs. 4 WpHG im Einzelfall notwendig werden, sind diese sobald wie möglich vorzunehmen. **72**

---

100 Vgl. Rn. 70.
101 *BaFin* Emittentenleitfaden, V.3.5.1.
102 Assmann/Schneider/*Sethe* § 15a Rn. 120.
103 RegE TUG, BR-Drucks. 579/06, S. 73.
104 *Pirner/Lebherz* AG 2007, 19, 25.

73 Für die Mitteilung verlangt die BaFin die Form einer neuen Mitteilung an sie und den Emittenten, die unter Bezugnahme auf die ursprüngliche Mitteilung ausdrücklich als Korrekturmitteilung zu kennzeichnen ist. Dabei sind die korrigierten Daten besonders zu kennzeichnen.[105]

74 Die korrigierte Mitteilung verpflichtet den Inlandsemittenten zur erneuten Veröffentlichung. Es empfiehlt sich, auch die Veröffentlichung unter Bezugnahme auf die ursprüngliche Mitteilung als Korrektur zu kennzeichnen und auf die geänderten Daten besonders hinzuweisen.[105] Die gleichzeitige Übersendung an die BaFin und die unverzügliche nachträgliche Übersendung an das Unternehmensregister spricht der Emittentenleitfaden nicht explizit als Pflicht aus. Gleichwohl ist dies sachlogische Konsequenz.

D. Organisationserfordernisse und Verstöße

I. Organisationspflichten des Emittenten

75 Der Emittent hat durch geeignete Maßnahmen, insbesondere durch die Bestimmung von Zuständigkeiten, dafür Sorge zu tragen, dass Mitteilungen, die ihm gem. § 15a Abs. 1 WpHG zugehen, entsprechend den zeitlichen und förmlichen Vorgaben in § 15a Abs. 4 WpHG veröffentlicht werden.

76 Strittig ist, ob der Emittent darüber hinaus verpflichtet ist, Führungspersonen und deren Angehörige auf ihre Mitteilungspflichten aus § 15a WpHG hinzuweisen und deren Einhaltung zu überwachen. Teilweise wird aus gesellschaftsrechtlichen Organisationspflichten heraus angenommen, der Emittent habe geeignete Maßnahmen zu treffen, welche Führungspersonen und diesen nahestehende Personen über ihre Mitteilungspflichten informieren und deren Einhaltung sicherstellen.[106] Selbst wenn man für eine derartige Pflicht keine gesellschaftsrechtliche Grundlage erkennt, ist schon zur Vermeidung von Diskussionen hierüber und über etwaige Schadensersatzansprüche des Emittenten im Hinblick auf Ordnungsgelder, die gegen die Führungsperson oder eine an ihr nahestehende Person verhängt werden, zu empfehlen, Führungspersonen und diesen nahestehende Personen ausdrücklich auf die Meldepflichten des § 15a WpHG hinzuweisen und regelmäßig das Vorliegen mitteilungspflichtiger Transaktionen abzufragen.[107]

77 Der Emittent kann sich zum Zwecke der Publikation gem. § 15a Abs. 4 S. 1 WpHG i.V.m. §§ 12, 13 WpAIV eines professionellen Dienstleisters bedienen. Dies entbindet ihn allerdings nicht von der Pflicht, alles in seiner Macht stehende zu tun, um den Pflichten aus § 15a WpHG nachzukommen. Den Emittenten trifft damit eine Organisations- und Überwachungspflicht. Er muss sicherstellen und kontrollieren, dass bei der Einschaltung des Dienstleisters die Mitteilungs- und Veröffentlichungspflichten erfüllt werden. Erkennt er, dass der von ihm beauftragte Dienstleister seiner Aufgabe fehlerhaft oder zögerlich nachkommt, muss er eingreifen und notfalls die Pflichten aus § 15a WpHG selbst erfüllen.[108]

---

105 *BaFin* Emittentenleitfaden V.3.6.
106 Habersack/Mülbert/Schlitt/*Klawitter* Unternehmensfinanzierung am Kapitalmarkt § 25 Rn. 110; a.A. etwa Assmann/Schneider/*Sethe* § 15a Rn. 52 in Bezug auf nahestehende Personen.
107 So zu Recht Fuchs/*Pfüller* § 15a Rn. 192.
108 *BaFin* Emittentenleitfaden, V.2.5; Assmann/Schneider/*Sethe* § 15a Rn. 96.

II. Verstoß

Verstöße gegen die Mitteilungs- und Verbreitungspflichten aus § 15a WpHG können sowohl öffentlich-rechtliche (einschl. strafrechtliche) als auch zivilrechtliche Konsequenzen haben.

78

1. Ordnungswidrigkeit

Folgende vorsätzliche oder leichtfertige Verstöße gegen die Pflichten der Führungsperson oder der ihr nahestehenden Personen bzw. des Inlandsemittenten stellen nach § 39 Abs. 2 WpHG eine Ordnungswidrigkeit dar, die mit den nachfolgend dargestellten Geldbußen geahndet werden kann. Einfache Fachlässigkeit erfüllt den Ordnungswidrigkeitentatbestand nicht.

79

Die **Mitteilung** gem. § 15a Abs. 1 S. 1 WpHG, i.V.m. der WpAIV, auch i.V.m. S. 2, Abs. 4 S. 1 WpHG – wird nicht gemacht, – wird nicht richtig gemacht, – wird nicht vollständig gemacht, – wird nicht in der vorgeschriebenen Weise gemacht oder – wird nicht rechtzeitig gemacht.	§ 39 Abs. 2 Nr. 2 lit. d WpHG	Geldbuße bis zu 100 000 EUR	**80**
Die **Veröffentlichung** gem. § 15a Abs. 4 S. 1 WpHG i.V.m. der WpAIV – wird nicht vorgenommen, – wird nicht rechtzeitig vorgenommen, – wird nicht vollständig vorgenommen, – wird nicht in der vorgeschriebenen Weise vorgenommen, – wird nicht rechtzeitig vorgenommen oder – wird nicht rechtzeitig nachgeholt.	§ 39 Abs. 2 Nr. 5 lit. b WpHG	Geldbuße bis zu 100 000 EUR	
Die **Bekanntmachung** – wird nicht oder – nicht rechtzeitig gem. § 15a Abs. 4 S. 1 WpHG übermittelt.	§ 39 Abs. 2 Nr. 6 WpHG	Geldbuße bis zu 200 000 EUR	

Bei Leichtfertigkeit i.S.v. § 17 Abs. 2 OWiG verringert sich der Bußgeldrahmen jeweils auf die Hälfte.

Gem. § 17 Abs. 4 S. 1 OWiG soll die Geldbuße den wirtschaftlichen Vorteil, den der Täter aus der Ordnungswidrigkeit gezogen hat, übersteigen. Strittig, nach zutreffender Auffassung aber abzulehnen ist die Anwendbarkeit von § 17 Abs. 4 S. 2 OWiG, wonach das gesetzliche Bußgeld überschritten werden kann, wenn der Täter wirtschaftliche Vorteile aus der Ordnungswidrigkeit gezogen hat, die das gesetzliche Höchstmaß übersteigen. Diese Regelung ist nur anzuwenden, wenn der wirtschaftliche Vorteil unmittelbar oder zumindest mittelbar aus der Ordnungswidrigkeit erlangt wurde. Bei Directors' Dealings kann sich ein wirtschaftlicher Vorteil aber i.d.R. nur aus der Transaktion selbst ergeben, die nachgängig zu melden ist.[109] Anders wäre es nur, wenn Informationsvorsprünge aus einer unterbliebenen Mitteilung für weitere Directors' Dealings genutzt würden; dann läge jedoch u.U. eine Marktmanipulation vor, die nach § 20a WpHG zu ahnden wäre.[110]

81

---

[109] Assmann/Schneider/*Sethe* § 15a Rn. 129 m.w.N. insbesondere auch zum Streitstand.
[110] Vgl. dazu Rn. 85 und Kap. 28.

82 Sofern die Mitteilung im Einzelfall nicht fristgerecht eingereicht werden kann, kann gem. der Empfehlung der BaFin bereits zusammen mit der Mitteilung eine schlüssige Begründung für die Verzögerung übermittelt werden, sofern vorhanden zusammen mit Unterlagen, die die Gründe der Verzögerung belegen.[111] Dies kann möglicherweise die Einleitung eines Ordnungswidrigkeitenverfahrens verhindern. In Zweifelsfällen empfiehlt es sich jedoch, zunächst eine Anhörung der BaFin abzuwarten, um keine Angaben zu machen, die den Mitteilungspflichtigen stärker der Gefahr einer strafrechtlichen Verfolgung oder eines Ordnungswidrigkeitenverfahrens aussetzen würden.

83 Nicht unproblematisch ist auch, dass die BaFin für den Fristbeginn der Mitteilung auf den Geschäftsabschluss abstellt und nicht auf die Kenntnis des Mitteilungspflichtigen. Haben die Führungsperson und eine nahestehende Person beispielsweise Geschäfte in einem Umfang getätigt, die jeweils für sich genommen die Bagatellgrenze unterschreiten, sie zusammengenommen jedoch überschreiten, so könnten beide davon ausgehen, dass die Bagatellgrenze nicht überschritten wurde. Eine Ordnungswidrigkeit liegt jedoch gem. § 39 Abs. 2 Nr. 2 lit. d WpHG bereits dann vor, wenn die Meldung aus Leichtfertigkeit unterblieb. Angehörige sind aufgrund der familienrechtlichen Stellung zur gegenseitigen Information verpflichtet.[112]

2. Strafrechtliche Sanktionen

84 Je nach Fallgestaltung kann sich die vorsätzliche Verletzung der Pflichten aus § 15a WpHG im Einzelfall als strafbewehrte Marktmanipulation gem. § 20a WpHG darstellen. Hiernach sind nicht nur unrichtige oder irreführende Angaben gegenüber dem Kapitalmarkt unter bestimmten weiteren Voraussetzungen verboten, sondern auch das Verschweigen von Umständen, die für die Bewertung eines Finanzinstruments erheblich sind, entgegen bestehenden Rechtsvorschriften, zu denen auch § 15a WpHG gehört.[113] Voraussetzung der Kurs- und Marktmanipulation ist zum einen Vorsatz in Bezug auf die Verletzung der Pflichten aus § 15a WpHG. Zum anderen muss hierdurch tatsächlich auf den Börsen- oder Marktpreis eingewirkt werden.[114]

3. Zivilrechtliche Verletzungsfolgen.

85 § 15a WpHG ist kein Schutzgesetz i.S.v. § 823 Abs. 2 BGB, da die Regelung – wie auch § 15 WpHG – zwar Indikatorfunktion hat und dem Insiderhandel vorbeugen soll, ihr allerdings keine individual-schützende Wirkung zukommt.[115] Allerdings kann ein Verstoß gegen § 15a WpHG je nach Fallgestaltung Ansprüche wegen vorsätzlicher sittenwidriger Schädigung aus § 826 BGB begründen.[116]

86 §§ 37b und 37c WpHG, die Schadensersatz für den Fall unterlassener unverzüglicher Veröffentlichung von Insiderinformationen oder Veröffentlichung unwahrer Insiderinformationen anordnen, sind im Fall eines Verstoßes gegen § 15a WpHG hingegen nicht einschlägig. Sie beziehen sich ausschließlich auf die Ad-hoc-Pflicht aus § 15 WpHG, ebenso wie § 15 Abs. 6 WpHG auf §§ 37b und 37c WpHG verweist, während in § 15a WpHG ein entsprechender Verweis fehlt. Für eine Analogie ist kein Raum.

---

111 *BaFin* Emittentenleitfaden, V.5.2.7.
112 Assmann/Schneider/*Sethe* § 15a Rn. 106.
113 Fuchs/*Fleischer* § 20a Rn. 38 m.w.N.; vgl. 28. Kap. Rn. 29 ff.
114 Fuchs/*Pfüller* § 15a Rn. 196.
115 Fuchs/*Pfüller* § 15a Rn. 200, 201; Assmann/Schneider/*Sethe* § 15a Rn. 140; *Schäfer* Hdb. Börsennotierte AG § 15 Rn. 24; *Schuster* ZHR 167 (2002), 193, 214 f.; vgl. auch zu § 15 *BGH* DStR 2002, 1488.
116 Fuchs/*Pfüller* WpHG § 15a Rn. 199; Assmann/Schneider/*Sethe* WpHG § 15a Rn. 141; *Schuster* ZHR 167 (2002), 193, 215; Marsch-Barner/*Schäfer* § 15 Rn. 23.

E. Verhältnis zu anderen Vorschriften

Die Pflicht zur Mitteilung und Veröffentlichung von Directors' Dealings aus § 15a WpHG ist nicht isoliert und als in sich abgeschlossen zu betrachten. Vielmehr ist auch bei Vorliegen der Voraussetzungen des § 15a WpHG stets zu prüfen, ob weitere kapitalmarktrechtliche Publizitätspflichten durch die Transaktion betroffen sind. Für die Fälle von Überschneidungen geht die BaFin grundsätzlich davon aus, dass Publizitätspflichten aus anderen gesetzlichen Grundlagen von der Informations- und Veröffentlichungspflicht aus § 15a WpHG unberührt bleiben.[117]

I. Corporate Governance Kodex

Auch der deutsche Corporate Governance Kodex enthält in Ziffer 6.3 eine Regelung zu Directors' Dealings. Über die gesetzliche Pflicht zur unverzüglichen Mitteilung und Veröffentlichung von Geschäften mit Aktien des Emittenten hinaus soll hiernach der Besitz von Aktien der Gesellschaft und von sich darauf beziehenden Finanzinstrumente von Vorstands- und Aufsichtsratsmitgliedern angegeben werden, wenn er direkt oder indirekt größer als 1 % der von der Gesellschaft ausgegebenen Aktien ist. Übersteigt der Gesamtbesitz aller Vorstands- und Aufsichtsratsmitglieder 1 % der von der Gesellschaft ausgegebenen Aktien, soll der Gesamtbesitz ausgewiesen werden, allerdings getrennt nach Vorstand und Aufsichtsrat. Über die Mitteilung von Transaktionen hinaus führt der Kodex damit eine Meldeschwelle von 1 % für den Beteiligungsbesitz von Vorstands- und Aufsichtsratsmitgliedern ein. Der Kodex verlangt dabei nicht nur die Meldung von direktem Besitz, sondern auch von indirektem. Dies bedeutet nichts anderes als eine Zurechnung des Besitzes nahestehender Personen entsprechend dem Anwendungsbereich des § 15a WpHG.[118]

Eine gesetzliche Pflicht für Organmitglieder zur Offenlegung Ihres Aktienbesitzes und Besitzes an sich darauf beziehenden Finanzinstrumenten besteht indes nicht. Der Corporate Governance Kodex spricht vielmehr mit der Formulierung „*soll*" eine Empfehlung aus, von der die Gesellschaften abweichen können.[119] Allerdings ist im Falle einer Abweichung die Gesellschaft verpflichtet, dies in der jährlichen Entsprechenserklärung nach Maßgabe von § 161 AktG offenzulegen und die Abweichung zu begründen („comply or explain"). Damit muss die Gesellschaft auch durch regelmäßige, zeitgerechtes Abfragen sicherstellen, dass der Empfehlung in Ziff. 6.3 des Corporate Governance Kodex entsprochen wird oder sie stattdessen eine Abweichung in ihrer Entsprechenserklärung offenlegt und begründet.

II. Ad-hoc-Publizität

Die Pflicht zur Mitteilung und Veröffentlichung von Directors' Dealings besteht neben der Ad-hoc-Publizitätspflicht aus § 15 WpHG und umgekehrt.[120] Insbesondere sofern eine Führungsperson in größerem Umfang Aktien des Emittenten kauft oder verkauft, kann hierin eine kurserhebliche Information liegen. Dies wird beispielsweise bei kurserheblichen Änderungen der Beteiligungsstruktur am Emittenten aufgrund eines Paketverkaufs eines Vorstandsmitglieds angenommen.[121]

---

117 *BaFin* Emittentenleitfaden i.d.F. vom 15.7.2005, S. 47
118 Assmann/Schneider/*Sethe* § 15a Rn. 155.
119 Vgl. DCGK Ziff. 1.
120 Assmann/Schneider/*Sethe* § 15a Rn. 146; Fuchs/*Pfüller* § 15a Rn. 106; KölnKomm-WpHG/Heinrich § 15a Rn. 6.
121 Assmann/Schneider/*Sethe* § 15a Rn. 146; vgl. zum Ad-Hoc-Pflicht bei Akquisitionen auch *BaFin* Emittentenleitfaden, IV.2.2.14.

Plückelmann

III. Stimmrechtsmeldungen

91 Auch die Stimmrechtsmeldungen gem. §§ 21 ff. WpHG bleiben durch die Mitteilung von Directors' Dealings nach § 15a WpHG unberührt. Das Erreichen, Überschreiten oder Unterschreiten der in § 21 WpHG bestimmten Schwellenwerte ist damit auch dann zu melden und zu veröffentlichen, wenn die betroffene Führungsperson oder die ihr nahestehende Person bereits eine Information nach § 15a WpHG abgegeben hat.[122]

92 Unschön für die Praxis sind die abweichenden Fristen für die Mitteilung: Während der Mitteilungspflichtige die Mitteilung nach § 15a WpHG innerhalb von fünf Werktagen abzugeben hat, lässt ihm § 21 WpHG für die Stimmrechtsmitteilung sieben Kalendertage Zeit. Der Emittent seinerseits hat Informationen nach § 15 Abs. 1 WpHG unverzüglich zu veröffentlichen, wohingegen er Stimmrechtsmitteilungen nach § 21 WpHG gem. § 25 Abs. 1 WpHG zwar grundsätzlich auch unverzüglich, spätestens jedoch drei Börsenhandelstage nach Zugang der Mitteilung veröffentlichen muss. Gleichwohl lässt eine Mitteilung und Veröffentlichung von Directors' Dealings eine – wenn auch zeitlich nachfolgende – Stimmrechtsmitteilung und Veröffentlichung der Beteiligung nach §§ 21 ff. WpHG nicht überflüssig werden.[123] Der Mitteilungspflichtige hat daher beide Mitteilungen zu machen und der Emittent auch beide Mitteilungen zu veröffentlichen, selbst wenn dies zeitgleich erfolgt.

IV. Stellungnahme bei Übernahmeangeboten

93 Im Zusammenhang mit Übernahmen nach dem WpÜG kommen verschiedene Überschneidungen mit den Pflichten aus § 15a WpHG in Betracht. Auch hier gilt grundsätzlich angesichts der unterschiedlichen Schutzzwecke und Zielrichtungen der gesetzlichen Vorschriften, dass es keinen generellen Vorrang des Übernahmerechtes vor § 15a WpHG und umgekehrt gibt.[124]

94 Zunächst einmal ist denkbar, dass ein Bieter von einer Person mit Führungsaufgaben oder von einer dieser nahestehenden Person ein im Sinne des § 15a WpHG relevantes Aktienpaket erwirbt. In diesem Falle besteht eine Verpflichtung zur Mitteilung und Veröffentlichung der Directors' Dealings selbst dann, wenn der Kauf unter der Bedingung der späteren Abgabe eines Übernahmeangebotes steht.[125] Eine Ausnahme gilt nur dann, wenn der Paketerwerbteil Teil einer Gesamtstrategie des Bieters auf Übernahme der Zielgesellschaft ist, der Bieter aber das Übernahmeangebot noch nicht abgeben muss, weil die endgültige Entscheidung über die Übernahme noch aussteht. Analog § 15 Abs. 3 WpHG wird für diese Fälle ein Befreiungstatbestand angenommen, um nicht die Wertung aus § 15 Abs. 3 WpHG durch die Veröffentlichung von Directors' Dealings zu konterkarieren.[126] Damit ruhen die Pflichten aus § 15a Abs. 4 S. 1 WpHG (nicht aus § 15a Abs. 1 WpHG), solange zugunsten der Zielgesellschaft der Befreiungstatbestand des § 15 Abs. 3 WpHG vorliegt. Die Informationspflicht aus § 15a Abs. 1 WpHG bleibt indes unberührt, da es hierdurch nicht zu einer Irritation des Markts kommen kann. Die Analogie zu § 15 Abs. 3 WpHG bezieht sich ausschließlich auf die Veröffentlichungspflicht.[127]

---

122 *Fleischer* ZIP 2002, 1217, 1229; Fuchs/*Pfüller* § 15a Rn. 207; Assmann/Schneider/*Sethe* § 15a Rn. 147.
123 Fuchs/*Pfüller* WpHG § 15a Rn. 207; *Fleischer* ZIP 2002, 1217, 1229.
124 Assmann/Schneider/*Sethe* § 15a Rn. 149; *Gunßer* Ad-hoc-Publizität, S. 165 ff.
125 Assmann/Schneider/*Sethe* § 15a Rn. 149.
126 *Gunßer* Ad-hoc-Publizität, S. 174 ff.; *Assmann* ZHR 172 (2008), 635, 654.
127 *Gunßer* Ad-hoc-Publizität, S. 180 f.; Assmann/Schneider/*Sethe* § 15a Rn. 150.

Auch für den Fall, dass der Bieter als börsennotierte AG den Tatbestand des § 15 Abs. 3 **95** WpHG für sich in Anspruch nehmen kann, wird eine logische Reduktion des § 15 Abs. 3 WpHG dahingehend angenommen, dass auch die Zielgesellschaft berechtigt und verpflichtet ist, von einer Ad-hoc-Meldung und der Veröffentlichung der Directors' Dealings abzusehen, solange der Bieter dem Befreiungstatbestand in Anspruch nehmen kann. Ansonsten würde dieser ins Leere laufen.[128]

Schließlich müssen im Falle eines Übernahme- oder Pflichtangebotes die Mitglieder des **96** Vorstands und des Aufsichtsrats gem. § 27 Abs. 1 S. 2 Nr. 4 WpÜG, soweit sie Inhaber von Wertpapieren der Zielgesellschaft sind, mitteilen, ob sie das Angebot des Bieters annehmen wollen. Auch diese Mitteilungspflicht ist neben der Informationspflicht über Directors' Dealings nach § 15a WpHG anzuwenden.[129]

---

[128] *Gunßer* Ad-hoc-Publizität, S. 180, 216 f.; Assmann/Schneider/*Sethe* § 15a Rn. 151.
[129] KölnKomm-WpHG/*Heinrich* § 15a Rn. 7; .Schwark/Zimmer/*Osterloh* § 15a WpHG Rn. 25.

6. Kapitel
Stimmrechtsmitteilungen

Literatur: *Arends* Die Offenlegung von Aktienbesitz nach deutschem Recht, 2000; *Bachmann* Rechtsfragen der Wertpapierleihe, ZHR 173 (2009), 596; *Bosse* Melde- und Informationspflichten nach dem Aktiengesetz und dem Wertpapierhandelsgesetz im Zusammenhang mit dem Rückkauf eigener Aktien, ZIP 1999, 2047; *von Bülow/Bücker* Abgestimmtes Verhalten im Kapitalmarkt- und Gesellschaftsrecht, ZGR 2004, 669; *von Bülow/Petersen* Der verlängerte Rechtsverlust aufgrund der Verletzung kapitalmarktrechtlicher Mitteilungspflichten, NZG 2009, 481; *Buck-Heeb* Informationsorganisation im Kapitalmarktrecht – Compliance zwischen Informationsmanagement und Wissensorganisationspflichten, CCZ 2009, 18; *Burgard* Die Berechnung des Stimmrechtsanteils nach §§ 21-23 Wertpapierhandelsgesetz, BB 1995, 2069; *Busch* Eigene Aktien bei der Stimmrechtsmitteilung – Zähler, Nenner, Missstand, AG 2009, 425; *von Buttlar* Kapitalmarktrechtliche Pflichten in der Insolvenz, BB 2010, 1355; *Cahn* Probleme der Mitteilungs- und Veröffentlichungspflichten nach dem WpHG bei Veränderungen des Stimmrechtsanteils an börsennotierten Gesellschaften, AG 1997, 502; *Fiedler* Mitteilungen über Beteiligungen, S. 61; *Fleischer* Rechtsverlust nach § 28 WpHG und entschuldbarer Rechtsirrtum des Meldepflichtigen DB 2009, 1335; *ders.* Mitteilungspflichten für Inhaber wesentlicher Beteiligungen (§ 27a WpHG), AG 2008, 873; *Fleischer/Schmolke* Kapitalmarktrechtliche Beteiligungstransparenz nach §§ 21 ff. WpHG und „Hidden Ownership", ZIP 2008, 1501; *Franck* Die Stimmrechtszurechnung nach § 22 WpHG und § 30 WpÜG, BKR 2002, 709; *Gehrt* Die neue Ad-hoc-Publizität nach § 15 WpHG, S. 140.; *Habersack* Beteiligungstransparenz adieu? – Lehren aus dem Fall „Continental/Schaeffler", AG 2008, 817; *Hirte* Nachweis mitgeteilter Beteiligungen im Wertpapierhandelsgesetz, FS Lutter, 2000, S. 1347; *Hägele* Praxisrelevante Probleme der Mitteilungspflichten nach §§ 20, 21 AktG, NZG 2000, 726; *Heinrich/Kiesewetter* Der Konzern 2009, 137; *Heinsius* Rechtsfolgen einer Verletzung der Mitteilungspflicht nach § 20 AktG, FS Fischer, 1979, S. 233; *Hüffer* Verlust oder Ruhen von Aktionärsrechten bei Verletzung aktienrechtlicher Mitteilungspflichten?, FS Boujong, 1996, S. 291; *Hutter/Kaulamo* Das Transparenzrichtlinie-Umsetzungsgesetz: Änderung der anlassabhängigen Publizität, NJW 2007, 471; *dies.* Transparenzrichtlinie-Umsetzungsgesetz: Änderungen der Regelpublizität und das neue Veröffentlichungsregime für Kapitalmarktinformationen, NJW 2007, 550; *Janert* Veröffentlichungspflicht börsennotierter Gesellschaften bei unterlassener Mitteilung nach § 21 WpHG?, BB 2004, 169; *Korff* Das Risikobegrenzungsgesetz und seine Auswirkungen auf das WpHG, AG 2008, 692; *Liebscher* die Zurechnungstatbestände des WpHG und des WpÜG, ZIP 2002, 1005; *Marsch-Barner/Schäfer* Handbuch Börsennotierte AG, 2005; *Merkner/Sustmann* Wertpapierleihe und Empty Voting – weitergehender Transparenzbedarf im WpHG?, NZG 2010, 1170; *Meyer/Bundschuh* Sicherungsübereignung börsennotierter Aktien, Pflichtangebot und Meldepflichten, WM 2003, 960; *Mutter* Die Stimmrechtszurechnung nach § 22 WpHG bei Einschaltung eines Trusts, AG 2006, 637; *Nießen* Die Harmonisierung der kapitalmarktrechtlichen Transparenzregeln durch das TUG, NZG 2007, 41; *Nottmeier/Schäfer* Praktische Fragen im Zusammenhang mit §§ 21, 22 WpHG, AG 1997, 87; *Riegger/Wasmann* FS Hüffer 2010 S. 823; *Schäfer/Hamann/Opitz* KMG § 28 WpHG; *Schlitt/Schäfer* Auswirkungen der Umsetzung der Transparenzrichtlinie und der Finanzmarktrichtlinie auf Aktien- und Equity-Linked – Emissionen, AG 2007, 227; *Schnabel/Korff* Mitteilungs- und Veröffentlichungspflichten gemäß §§ 21 ff. WpHG und ihre Änderung durch das Transparenzrichtlinie-Umsetzungsgesetz, ZBB 2007, 179; *Schneider* FS Schütze S. 757; *Sven H. Schneider/Uwe H. Schneider* Der Rechtsverlust gem. § 28 WpHG und seine Folgen, ZIP 2006, 493; *Uwe H. Schneider* Anwendungsprobleme bei den kapitalmarktrechtlichen Vorschriften zur Offenlegung von wesentlichen Beteiligungen an börsennotierten Aktiengesellschaften (§§ 21 ff. WpHG), AG 1997, 81; *Seibt* Grenzen des übernahmerechtlichen Zurechnungstatbestandes in § 30 Abs. 2 WpÜG (Acting in Concert), ZIP 2004, 1829; *Sieger/Hasselbach* Wertpapierdarlehen – Zurechnungsfragen im Aktien-, Wertpapierhandels- und Übernahmerecht,

WM 2004, 1370; *Schockenhoff/Schumann* Acting in Concert – geklärte und ungeklärte Rechtsfragen, ZGR 2005, 568; *Spindler* Acting in Concert – Begrenzung von Risiken durch Finanzinvestoren?, WM 2007, 2357; *Sudmeyer* Mitteilungs- und Veröffentlichungspflichten nach §§ 21, 22 WpHG, BB 2002, 685; *Widder/Kocher* Die Behandlung eigener Aktien im Rahmen der Mitteilungspflichten nach §§ 21 ff. WpHG, AG 2007, 13; *Wilsing* Wiederaufleben des Stimmrechts aus Vorzugsaktien und Mitteilungspflicht nach § 21 Abs. 1 WpHG, BB 1995, 2277; *Witt* Die Änderung der Mitteilungs- und Veröffentlichungspflichten nach §§ 21 ff. WpHG durch das geplante Wertpapiererwerbs- und Übernahmegesetz, AG 2001, 238.

1 Bereits das Aktiengesetzt kennt in § 20 AktG Mitteilungspflichten des Aktionärs bei Erreichen bestimmter Stimmrechtsanteile durch ein Unternehmen. Für die börsennotierte Gesellschaft enthalten §§ 21 ff. WpHG weitergehende Mitteilungspflichten, sowohl was die Person des Meldepflichtigen angeht als auch was die maßgeblichen Stimmrechtsschwellen betrifft. Diese verdrängen in ihrem Anwendungsbereich die aktienrechtlichen Mitteilungspflichten. Die Vorschriften gehen auf die europäischen Transparenzrichtlinien[1] zurück. Sie sollen einen Beitrag zur Funktionsfähigkeit der Märkte leisten durch Unterrichtung der Anleger über wesentliche Beteiligungen und deren Veränderungen, eine dadurch bedingte Verbesserung des Anlegerschutzes und Stärkung des Vertrauens der Anleger in die Wertpapiermärkte.[2]

2 Dabei begründen §§ 21 ff., § 25 und § 25a WpHG selbstständige Meldepflichten mit unterschiedlichen Tatbestandsvoraussetzungen: §§ 21 ff. WpHG begründen Meldepflichten bei Veränderungen der dinglichen Zuordnung von Stimmrechten. § 25 WpHG begründet Meldepflichten beim Halten von Finanzinstrumenten, die ihrem Inhaber das Recht verleihen, einseitig im Rahmen einer rechtlich verbindlichen Vereinbarung mit Stimmrechten verbundene und bereits ausgegebene Aktien zu erwerben. § 25a WpHG betrifft weitere Finanzinstrumente und sonstige Instrumente, die es ihrem Inhaber faktisch oder wirtschaftlich ermöglichen, mit Stimmrechten verbundene und bereits ausgegebene Aktien eines Emittenten zu erwerben.[3]

A. Mitteilungspflicht

3 Zentrale Vorschrift der Mitteilungspflichten nach dem WpHG ist § 21 WpHG, der i.V.m. §§ 17, 18 WpAIV die Voraussetzungen sowie Frist, Inhalt, Art, Sprache, Umfang und Form einer Stimmrechtsmitteilung bestimmt. Mitteilungspflichten beziehen sich gem. § 21 Abs. 1 S. 1 WpHG auf Stimmrechte an Emittenten, für die die Bundesrepublik Deutschland gem. § 2 Abs. 6 WpHG der Herkunftsstaat ist. Abs. 2 der Vorschrift schränkt dies dahingehend ein, dass nur solche Emittenten erfasst sind, deren Aktien an einem organisierten Markt i.S.v. § 2 Abs. 5 WpHG zugelassen sind.

I. Meldepflichtiger

4 Die Mitteilungspflichten aus § 21 WpHG differenzieren nicht danach, ob eine natürliche oder eine juristische Person, eine Person mit (Wohn-)Sitz im Inland oder im Ausland in relevantem Umfang Stimmrechte am Emittenten hält. Die Mitteilungspflichten treffen vielmehr jeden Aktionär. Anders als nach § 20 AktG sind damit auch sog. Privataktionäre betroffen. Mitteilungspflichtig kann aber nur sein, wer rechtsfähig oder zumindest teilrechtsfähig ist.[4]

---

1 Richtlinie 88/627/EWG; Richtlinie 2001/34/EG; Richtlinie 2004/109/EG.
2 Erwägungsgrund 1 der Transparenzrichtlinie 2004/109/EG.
3 *Assmann/Schneider* WpHG § 21 Rn. 5f.
4 MK-AktG/*Bayer* § 22 Anh. § 21 WpHG Rn. 4; Fuchs/*Dehlinger/Zimmermann* WpHG § 21 Rn. 5.

Als stets rechtsfähig sind damit zunächst natürliche Personen erfasst. Dies gilt unabhängig davon, ob der Meldepflichtige voll geschäftsfähig ist. Ein beschränkt geschäftsfähiger Meldepflichtiger kann die ihm obliegende Mitteilungspflicht analog § 107 BGB selbst erfüllen. Im Übrigen obliegt den gesetzlichen oder etwaigen gerichtlich bestellten Vertretern die Erfüllung der Mitteilungspflicht.[5] Auch juristische Personen sind als Rechtsträger mitteilungspflichtig. Dies gilt gleichermaßen für Vorgesellschaften, also Gesellschaften im Zeitpunkt zwischen Gründung und Handelsregistereintragung.[6] Die Erfüllung der Mitteilungspflicht ist eine Maßnahme der Geschäftsführung, die durch Vollmacht delegiert werden kann.[6]

Personenhandelsgesellschaften, also offene Handelsgesellschaften und Kommanditgesellschaften, verfügen gem. §§ 124 Abs. 1, 161 Abs. 2 HGB ebenfalls über rechtliche Selbstständigkeit. Befinden sich im Gesamthandsvermögen einer Personenhandelsgesellschaft Aktien, so ist die Gesellschaft Aktionär und steht ihr das Stimmrecht zu. Damit ist sie auch selbst mitteilungspflichtig.[7] Gleichzeitig können ihre Gesellschafter aufgrund einer Zurechnung nach § 22 WpHG zur Mitteilung verpflichtet sein. Gleiches gilt für nicht eingetragene Vereine nach § 54 BGB.[8]

Gesellschaften bürgerlichen Rechtes können als sog. Außengesellschaft Träger von Rechten und Pflichten sein.[9] Auch Außengesellschaften sind damit unter den Voraussetzungen des § 21 WpHG selbst mitteilungspflichtig.[10] Zu erfüllen haben sie ihre Pflichten durch die vertretungsberechtigten Gesellschafter.[11] Den Gesellschaftern werden u.U. Stimmrechte über § 22 WpHG zugerechnet. Reine Innengesellschaften hingegen sind als solche nicht mitteilungspflichtig.[12] Eine solche Innengesellschaft liegt beispielsweise vor, wenn die Aktien im Außenverhältnis von einem Gesellschafter gehalten werden und die anderen Gesellschafter im Innenverhältnis an der Beteiligung und deren Verwaltung partizipieren.

Bei ausländischen Aktionären ist nach dem jeweils maßgeblichen Recht zu bestimmen, ob sie rechtsfähig und damit auch meldepflichtig sind oder ob es sich nur um rechtlich nicht verselbstständigtes Sondervermögen handelt.[13]

Für Sondervermögen, die von einer Kapitalverwaltungsgesellschaft verwaltet werden, enthält § 94 Abs. 2–5 KAGB eine spezielle Regelung zu den Mitteilungspflichten aus §§ 21 ff. WpHG. Diese wird ergänzt durch §§ 108 Abs. 4, 140 Abs. 3 KAGB für die Investmentaktiengesellschaft mit veränderlichem bzw. fixem Kapital und durch §§ 124 Abs. 2, 149 Abs. 2 KAGB für die offene bzw. geschlossene Investmentkommanditgesellschaft.[14]

Nicht meldepflichtig sind Konzerne und Unternehmensgruppen, Familien und Bruchteilsgemeinschaften. Mitteilungspflichtig ist hier die einzelne Konzerngesellschaft bzw. das einzelne Familienmitglied, das die Aktien hält, sowie solche Personen, denen Stimmrechte gem. § 22 WpHG zugerechnet werden.[15] Mangels Rechts- und Pflichtenfähigkeit ist die Gütergemeinschaft oder Erbengemeinschaft, zu deren Gesamthandsvermögen Aktien gehören, als solche ebenfalls nicht meldepflichtig. Die mitteilungspflichtigen Ehegatten bzw. Erben müssen im Rahmen ihrer Mitteilung aber die Mitteilung dahingehend formulie-

---

5 Fuchs/*Dehlinger/Zimmermann* WpHG § 21 Rn. 7.
6 Fuchs/*Dehlinger/Zimmermann* WpHG § 21 Rn. 8.
7 Fuchs/*Dehlinger/Zimmermann* WpHG § 21 Rn. 8; *Assmann/Schneider* WpHG § 21 Rn. 12.
8 *Schwark/Zimmer* KMRK § 21 WpHG Rn. 7; Fuchs/*Dehlinger/Zimmermann* WpHG § 21 Rn. 10.
9 *BGHZ* 146, 341; *BGH* NJW 2002, 1209.
10 Fuchs/*Dehlinger/Zimmermann* WpHG § 21 Rn. 9.
11 *Assmann/Schneider* WpHG § 21 Rn. 13.
12 KölnKomm-WpHG/*Hirte* § 21 Rn. 132; Fuchs/*Dehlinger/Zimmermann* WpHG § 21 Rn. 9.
13 *Assmann/Schneider* WpHG § 21 Rn. 21.
14 Ausführlich *BaFin* Emittentenleitfaden VIII.2.5.10.
15 Fuchs/*Dehlinger/Zimmermann* WpHG § 21 Rn. 11 f.; *Assmann/Schneider* WpHG § 21 Rn. 11, 15.

ren, dass die Gütergemeinschaft bzw. Erbengemeinschaft, bestehend aus den namentlich zu nennenden Ehegatten bzw. Miterben, ihren Stimmrechtsanteil hält.[16]

11　In der Insolvenz des Meldepflichtigen hat der Insolvenzverwalter den Meldepflichtigen zwar bei der Erfüllung der kapitalmarktrechtlichen Pflichten zu unterstützen, ihm also insbesondere die notwendigen finanziellen Mittel zur Verfügung zu stellen. Die Mitteilungspflicht als solche verbleibt hingegen beim Meldepflichtigen bzw. dessen geschäftsführenden Organ.[17]

II. Stimmrechte und Stimmrechtsanteil

12　Die Mitteilungspflicht aus §§ 21 ff. WpHG knüpft an den Stimmrechtsanteil am Emittenten an. Zu unterscheiden hiervon sind, beispielsweise bei stimmrechtslosen Vorzugsaktien, die Anteilsverhältnisse am Gesellschaftskapital, die für die Mitteilungspflichten aus §§ 21 ff. WpHG unbeachtlich sind.[18]

13　Gleichwohl ist die Meldpflicht nicht losgelöst von den Aktien, welche die Stimmrechte verkörpern: Meldepflichtiger ist vielmehr, wer Inhaber der Aktie ist oder wem Stimmrechte aus von Dritten gehaltenen Aktien gem. § 22 WpHG zugerechnet werden, ungeachtet der Frage der tatsächlichen Stimmausübung.[19] Die Mitteilungspflicht bezieht sich damit primär auf stimmberechtigte Aktien, die wirksam begründete Mitgliedschaftsrechte verkörpern. Vorzugsaktien sind grundsätzlich nicht zu berücksichtigen, solange nicht die Stimmrechte unter den Voraussetzungen des § 140 Abs. 2 AktG wieder aufleben.[20]

14　Mitteilungen gem. §§ 21 ff. WpHG sind bei Erreichen, Über- oder Unterschreiten bestimmter, in § 21 Abs. 1 S. 1 WpHG vorgegebener Stimmrechtsanteile zu machen. Die Schwellenwerte liegen für Stimmrechtmitteilungen nach §§ 21 f. WpHG (Stimmrechte aus Aktien) bei 3 %, 5 %, 10 %, 15 %, 20 %, 25 %, 30 %, 50 % und 75 %. Die Schwellenwerte beziehen sich auf Stimmrechte und nicht auf Aktien oder etwa das Kapital.

1. Berechnung des Stimmrechtsanteils aus Aktien

15　Der Stimmrechtsanteil entspricht dem Quotienten aus der Zahl der dem Meldepflichtigen gehörenden und/oder zuzurechnenden Stimmrechte und der Gesamtzahl der beim Emittenten bestehenden Stimmrechte.[21]

16　Auch wenn einem Emittenten aus eigenen Aktien gem. § 71b AktG keine Rechte zustehen, insbesondere das Stimmrecht aus eigenen Aktien nicht ausüben kann, sind solche eigenen Aktien bei der Bestimmung der Gesamtzahl der Stimmrechte zu berücksichtigen. Erst wenn eigene Aktien eingezogen werden und das Kapital herabgesetzt wird, reduziert sich die Gesamtzahl der Stimmrechte.[22] Entsprechend sind auch im Hinblick auf die Mitteilungspflichten bei Halten von Finanzinstrumenten nach § 25a Abs. 1 S. 1 WpHG solche Finanzinstrumente und sonstigen Instrumente im Sinne des § 25a Abs. 1 S. 1 WpHG nicht in die Berechnung des Stimmrechtsanteils einzubeziehen, die sich auf eigene Aktien eines Emittenten beziehen und es diesem aufgrund ihrer Ausgestaltung ermöglichen, solche Aktien zu erwerben.[23]

16　*Assmann/Schneider* WpHG § 21 Rn. 16.
17　*Assmann/Schneider* WpHG § 21 Rn. 20; Fuchs/*Dehlinger/Zimmermann* WpHG § 21 Rn. 15.
18　Fuchs/*Dehlinger/Zimmermann* WpHG § 21 Rn. 17.
19　Fuchs/*Dehlinger/Zimmermann* WpHG § 21 Rn. 18; vgl. auch *BaFin* Emittentenleitfaden VIII.2.3.7.
20　Fuchs/*Dehlinger/Zimmermann* WpHG § 21 Rn. 18.
21　*BaFin* Emittentenleitfaden VIII.2.3.2.
22　*BaFin* Emittentenleitfaden VIII.2.3.2.; *Busch* AG 2009, 425, 426; vgl. auch § 17 Abs. 1 Nr. 5 WpAIV.
23　§ 17a Nr. 1 WpAIV.

Die Gesamtzahl der Stimmrechte sind vom Emittenten gem. § 26a WpHG am Ende eines **17** jeden Kalendermonats, in dem es zu einer Zu- oder Abnahme von Stimmrechten gekommen ist, zu veröffentlichen. Der Meldepflichtige darf für die Zwecke der Berechnung seines Stimmrechtsanteils gem. § 17 Abs. 5 WpAIV die letzte Veröffentlichung nach § 26a WpHG zugrunde legen.[24] Verfügt der Meldepflichtige demgegenüber über Kenntnis – oder musste er Kenntnis haben –, dass die zuletzt veröffentlichte Gesamtzahl nicht richtig ist, ist für die Berechnung des Stimmrechtsanteils auf das tatsächliche aktienrechtliche Grundkapital abzustellen.

Die Zahl der Stimmrechte des Meldepflichtigen ergeben sich zum einen aus den von ihm **18** direkt gehaltenen Aktien, zum anderen aus etwaigen nach § 22 WpHG zugerechneten Stimmrechten. Dabei ist unerheblich, ob die Stimmrechte ausgeübt werden können oder nicht (abstrakte Betrachtungsweise). Folglich sind Stimmrechte aus Aktien, die beispielsweise einem vorübergehenden Stimmverlust aus § 28 WpHG unterworfen sind, mitzuzählen.[25] Ebenso bleiben selbstverständlich Stimmverbote, die sich auf einzelne Beschlussgegenstände beschränken (§ 136 AktG), bei der Berechnung des Stimmrechtsanteils unberücksichtigt, da sie diesen im Grundsatz unberührt lassen.[26]

2. Zurechnung von Stimmrechtsanteilen, § 22 WpHG

Mitteilungspflichtig gem. § 21 Abs. 1 WpHG ist derjenige, dessen Stimmrechte an der **19** Gesellschaft die dort genannten Schwellenwerte berühren. Aus dem in § 8 Abs. 5 AktG manifestierten Abspaltungsverbot ist zu schließen, dass § 21 Abs. 1 WpHG sich auf Stimmrechte bezieht, die dem Meldepflichtigen aus ihm gehörenden Anteilen zustehen, m.a.W. auf Stimmrechte aus direkt gehaltenen Aktien. Darüber hinaus enthält § 22 WpHG eine Reihe von Zurechnungstatbeständen. Sofern dem Meldepflichtigen Stimmrechte aus direkt gehaltenen Aktien zustehen und ihm weitere Stimmrechte über § 22 WpHG zugerechnet werden, ist für eine mitteilungspflichtige Schwellenberührung die Summe der Stimmrechte maßgeblich.[27] Zurechnungen erfolgen also auch dann, wenn die unmittelbar gehaltenen Aktien und/oder die über § 22 WpHG zugerechneten Aktien (für sich genommen jeweils) weniger als 3 % der Stimmrechte (geringster Schwellenwert) verkörpern, sofern sie in Summe eine der maßgeblichen Schwellen berühren. Umgekehrt sind Fallkonstellationen denkbar, in denen mehrere der Zurechnungstatbestände in § 22 WpHG erfüllt sind; in diesen Fällen werden die Stimmrechte bei der Zurechnung selbstverständlich nur einfach berücksichtigt.[28]

Auch wenn in der Mitteilung anzugeben ist, ob der Meldepflichtige die Aktien direkt hält **20** oder gemäß welchem Tatbestand in § 22 WpHG sie ihm zugerechnet werden, ergibt sich keine gesonderte Mitteilungspflicht, wenn ein Wechsel von Stimmrechten beispielsweise aus direkt gehaltenen Aktien auf zugerechnete Stimmrechte stattfindet oder umgekehrt.[27]

Bei Vorliegen eines oder mehrerer der Tatbestände des § 22 WpHG werden dem Melde- **21** pflichtigen die von anderen Personen gehaltenen Stimmrechte zugerechnet. Durch die Zurechnung werden für Zwecke der §§ 21 ff. WpHG Stimmrechte aus Aktien, die anderen gehören, im Ergebnis wie Stimmrechte aus dem Meldepflichtigen gehörenden Aktien behandelt, wie dies auch bei § 30 WpÜG der Fall ist.[29] M.a.W. wird aufgrund von § 22 WpHG derjenige, dem Stimmrechte eines anderen zugerechnet werden, im Rahmen von

---

24 *BaFin* Emittentenleitfaden VIII.2.3.2.
25 *BaFin* Emittentenleitfaden VIII.2.3.2; *Assmann/Schneider* WpHG § 21 Rn. 61.
26 *Assmann/Schneider* WpHG § 21 Rn. 64.
27 *BaFin* Emittentenleitfaden VIII.2.3.1.
28 *Assmann/Schneider/Sethe* WpHG § 22 Rn. 16.
29 Fuchs/*Dehlinger/Zimmermann* WpHG § 22 Rn. 1.

§ 21 WpHG so gestellt, als ob ihm die stimmberechtigten Aktien selbst gehören.[30] Ebenso wenig wie bei der Mitteilungspflicht des Aktionärs kommt es bei den Tatbeständen des § 22 WpHG darauf an, ob der Meldepflichtige die beim ihm gesetzlich vermutete Einflussnahmemöglichkeit auf den Emittenten tatsächlich ausübt oder ausüben kann.[30]

22 Werden Stimmrechte einem Meldepflichtigen über § 22 WpHG zugerechnet, so bleibt gleichwohl auch der Aktionär unter den Voraussetzungen des § 21 Abs. 1 WpHG mitteilungspflichtig. Es gilt der Grundsatz der doppelten Meldepflicht.[31]

23 Gesetzlich nur unzureichend geregelt ist die Frage einer sog. Kettenzurechnung. Es stellt sich also die Frage, ob jeder Zurechnungstatbestand des § 22 WpHG abschließend zur Anwendung gelangt (Einzelzurechnung) oder ob die Stimmrechte aus bestimmten Aktien hintereinander zugerechnet werden, wenn mehrere Zurechnungssachverhalte durch wenigstens eine Person als Bindeglied aneinander gekoppelt sind (Kettenzurechnung). Als Beispiele werden in der Literatur genannt Stimmrechte aus Aktien, an denen zugunsten eines Tochterunternehmens des Meldepflichtigen ein Nießbrauch bestellt ist, oder Stimmrechte aus Aktien, die durch einen Treuhänder gehalten werden, der an einer Verhaltensabstimmung (Acting in Concert) mit weiteren Personen teilnimmt.[32] Gesetzlich geregelt ist die Kettenzurechnung nur in § 22 Abs. 1 S. 2 und S. 3 WpHG für die Zurechnung von Stimmrechten von Tochterunternehmen. Hiernach werden Stimmrechte, die den Tochterunternehmen nach § 22 Abs. 1 S. 1 Nr. 2–6 WpHG zurechnet werden, auch dem Meldepflichtigen über § 22 Abs. 1 S. 1 Nr. 1 WpHG in voller Höhe zurechnet. Zum anderen werden bei einem Acting in Concert dem Meldepflichtigen nicht nur die Stimmrechte des Dritten zugerechnet, mit dem er sein Verhalten abstimmt, sondern auch die Stimmrechte, die dem Dritten nach § 22 Abs. 1 S. 1 Nr. 2–6 WpHG zurechnet werden.[33] Auch wenn aus der ausdrücklichen Normierung der Kettenzurechnung in zwei Fällen systematisch geschlossen werden könnte, dass eine Kettenzurechnung in den anderen Zurechnungsfällen nicht erfolgt, geht die wohl h.M. aufgrund des Sinns und Zwecks der gesetzlichen Regelung von einer weitergehenden Kettenzurechnung aus, soweit der Meldepflichtige Einfluss auf die Ausübung der Stimmrechte hat.[34] Als Beispiel einer Kettenzurechnung wird überwiegend die Kettentreuhand (Stimmrechte werden einem Treuhänder in seiner Funktion als Treuhänder zugerechnet) genannt.[35]

a) Stimmrechte von Tochterunternehmen

24 § 22 Abs. 1 S. 1 Nr. 1 WpHG begründet die Zurechnung von Stimmrechten eines Tochterunternehmens. Eine Legaldefinition des Begriffs des Tochterunternehmens findet sich in § 22 Abs. 3 WpHG. Tochterunternehmen sind hiernach Unternehmen, die als Tochterunternehmen i.S.v. § 290 HGB gelten oder auf die ein beherrschender Einfluss ausgeübt werden kann. Auf die Rechtsform oder den Sitz kommt es nicht an, sodass als Tochterunternehmen auch eine Gesellschaft bürgerlichen Rechts in Betracht kommt, die nur Aktien hält oder nur als Zwischenholding Einfluss vermittelt.[36] Personenhandelsgesellschaften sind damit erst recht erfasst. Wertpapierdienstleistungsunternehmen i.S.v. § 2 Abs. 4 WpHG, die die

---

30 Fuchs/*Dehlinger/Zimmermann* WpHG § 22 Rn. 5.
31 *OLG München* ZIP 2009, 2095, 2096; MK-AktG/*Weyer* Anh. § 22, § 22 WpHG Rn. 4; *Assmann/Schneider* WpHG § 22 Rn. 15.
32 Vgl. *Assmann/Schneider* WpHG § 22 Rn. 18; Fuchs/*Dehlinger/Zimmermann* WpHG § 22 Rn. 13.
33 *Assmann/Schneider* WpHG § 22 Rn. 19 f.; Fuchs/*Dehlinger/Zimmermann* WpHG § 22 Rn. 14.
34 KölnKomm-AktG/*Koppensteiner* Anh. § 22, §§ 21 ff. WpHG Rn. 21; *Assmann/Schneider* WpHG § 22 Rn. 21; vgl. auch *LG Köln* AG 2005, 696, 699; a.A. KölnKomm-WpHG/*von Bülow* § 22 Rn. 34.
35 *Burgard* BB 1995, 2069, 2067; MK-AktG/*Bayer* Anh. § 22, § 22 WpHG Rn. 6 ff.; Kuthe/*Rückert/Sickinger* Kap. 8 Rn. 54 f.
36 *Assmann/Schneider* WpHG § 22 Rn. 31.

Finanzportfolioverwaltung (§ 2 Abs. 3 S. 1 Nr. 7 WpHG) betreiben, gelten allerdings unter den in § 22 Abs. 3a WpHG bestimmten Voraussetzungen nicht als Tochterunternehmen, sodass die von ihnen gehaltenen Stimmrechte nicht nach § 22 Abs. 1 S. 1 Nr. 1 WpHG zugerechnet werden.

Tochterunternehmen i.S.v. § 290 HGB sind Unternehmen, auf welche das Mutterunternehmen unmittelbar oder mittelbar einen beherrschenden Einfluss ausüben kann. Von einem beherrschenden Einfluss ist in den Fällen des § 290 Abs. 2 HGB stets auszugehen, so dass Tochterunternehmen sind: **25**

– Unternehmen, bei denen dem Meldepflichtigen – direkt oder indirekt – die Mehrheit der Stimmrechte der Gesellschafter zusteht,[37]
– Unternehmen, bei denen dem Meldepflichtigen – direkt oder indirekt – das Recht zusteht, die Mehrheit der Mitglieder des die Finanz- und Geschäftspolitik bestimmenden Verwaltungs-, Leitungs- oder Aufsichtsorgans zu bestellen oder abzuberufen, und er gleichzeitig Gesellschafter ist,[38]
– Unternehmen, bei denen dem Meldepflichtigen – direkt oder indirekt – das Recht zusteht, die Finanz- und Geschäftspolitik aufgrund eines mit diesem Unternehmen geschlossenen Beherrschungsvertrags oder aufgrund einer Satzungsbestimmung auszuüben,[39]
– Unternehmen, die zur Erreichung eines eng begrenzten und genau definierten Ziels des Meldepflichtigen dient (Zweckgesellschaft) und bei denen der Meldepflichtige bei wirtschaftlicher Betrachtung die Mehrheit der Risiken und Chancen trägt,[40] daneben bestimmte in § 290 Abs. 2 Nr. 4 HGB genannte Investmentvermögen.

Über die in § 290 HGB enthaltenen Definitionen hinaus bestimmt § 22 Abs. 3 WpHG als Tochterunternehmen solche Unternehmen, auf die der Meldepflichtige einen beherrschenden Einfluss ausüben kann. Wann ein beherrschender Einfluss ausgeübt werden kann, ist einheitlich mit der Definition in § 17 Abs. 1 AktG auszulegen.[41] Abstrakt gesprochen besteht die Möglichkeit einer beherrschenden Einflussnahme, wenn der Meldepflichtige aufgrund seiner Mitgliedschaft oder einer vergleichbaren Rechtsposition beständig und nicht nur punktuell in der Lage ist, auf die Geschäftsführung der Gesellschaft in der Weise Einfluss zu nehmen, dass diese zu einem bestimmten Handeln oder Unterlassen veranlasst wird.[42] Wie bei § 290 Abs. 3 HGB genügt eine mittelbare Ausübung des beherrschenden Einflusses.[43] Ein rein faktisches Abhängigkeitsverhältnis ohne mitgliedschaftliche Grundlage ist indes nicht erfasst.[44] Umgekehrt genügt die Möglichkeit der Einflussnahme, etwa aufgrund von Identität der Organmitglieder. Es ist hingegen nicht erforderlich, dass auch tatsächlich Einfluss genommen wird. Aus diesem Grund lassen auch Entherrschungsverträge nach h.M. die Abhängigkeit nicht entfallen, da der Ausschluss der Stimmrechtsausübung durch Vertrag nicht die Ausübung des Stimmrechts hindert.[45] **26**

Bei Personenhandelsgesellschaften erfolgt u.U. eine Zurechnung von Stimmrechten über § 22 Abs. 1 S. 1 Nr. 1, Abs. 3 WpHG auf Gesellschafterebene. Keine Zurechnung erfolgt bei **27**

---

37 § 290 Abs. 2 Nr. 1, Abs. 3 HGB.
38 § 290 Abs. 2 Nr. 2, Abs. 3 HGB.
39 § 290 Abs. 2 Nr. 3, Abs. 3 HGB
40 § 290 Abs. 2 Nr. 4, Abs. 3 HGB.
41 Begr. RegE BT-Drucks. 14/7034, 35; vgl. auch *BaFin* Emittentenleitfaden VIII.5.1.1.; Fuchs/*Dehlinger/Zimmermann* WpHG § 22 Rn. 35.
42 KölnKomm-WpHG/*von Bülow* § 22 Rn. 243; *Hüffer* AktG § 17 Rn. 5 ff.
43 KölnKomm-WpHG/*von Bülow* § 22 Rn. 244.
44 Fuchs/*Dehlinger/Zimmermann* WpHG § 22 Rn. 35.
45 *OLG Frankfurt* AG 2008, 87; *Assmann/Schneider* WpHG § 22 Rn. 36; a.A. *Schwark/Zimmer* KMRK § 22 WpHG Rn. 40.

der offenen Handelsgesellschaft, die nach dem gesetzlichen Normalstatut der §§ 105 ff. HGB organisiert ist. Im Einzelfall können jedoch besondere Gesellschaftsvertragsgestaltungen zu einer Zurechnung führen, etwa wenn sich aus dem Gesellschaftsvertrag ergibt, dass nur einem einzelnen Gesellschafter die umfassende Geschäftsführungsbefugnis zusteht.[46] Bei der nach dem gesetzlichen Normalstatut der §§ 161 ff. HGB organisierten Kommanditgesellschaft ist der Komplementär umfassendes und ausschließliches Leitungsorgan. Daher werden ihm die Stimmen der Kommanditgesellschaft in entsprechender Anwendung von § 290 Abs. 2 Nr. 2 HGB gem. § 22 Abs. 1 S. 1 Nr. 1 i.V.m. Abs. 3 WpHG zugerechnet.[46] In der nach dem gesetzlichen Normalstatut organisierten GmbH & Co. KG erfolgt gleichermaßen eine generelle Zurechnung der von der Kommanditgesellschaft gehaltenen Stimmrechte auf die Komplementär-GmbH.[47] Bei abweichenden Formen ist die Stellung der Komplementär-GmbH als Muttergesellschaft und damit auch die Frage der Stimmrechtszurechnung von den jeweiligen Regelungen des Gesellschaftsvertrages abhängig. Es empfiehlt sich hier eine Abstimmung mit der BaFin.[47]

28 In der Praxis bereitet häufig die Behandlung mehrstufiger Konzerne Schwierigkeiten, insbesondere wenn die Beteiligungs- und Konzernstrukturen verschachtelt sind. § 22 Abs. 1 S. 3 WpHG rechnet Stimmrechte, die einem Tochterunternehmen gehören, dem Meldepflichtigen in voller Höhe zu. Hat der Meldepflichtige mehrere Tochterunternehmen, so werden ihm die Stimmrechte aller Tochterunternehmen zugerechnet. Gleiches gilt gem. § 22 Abs. 1 S. 2 WpHG für Stimmrechte, die den Tochterunternehmen nicht selbst gehören, sondern ihnen wiederum von Dritten nach § 22 Abs. 1 S. 1 Nr. 2–6 WpHG zugerechnet werden. Die von Enkelunternehmen gehaltenen Stimmrechte werden dem Meldepflichtigen allerdings nicht im Wege der Kettenrechnung zugerechnet, sondern direkt über § 22 Abs. 1 S. 1 Nr. 1 WpHG, da es sich bei Enkelgesellschaften um (mittelbare) Tochterunternehmen i.S.v. § 22 Abs. 3 WpHG handelt.[48] Die Stimmrechte, die einem Tochterunternehmen gehören oder ihm zuzurechnen sind, werden nicht quotal in Abhängigkeit von der Höhe der Beteiligungsquote des Meldepflichtigen berücksichtigt, sondern in voller Höhe zugerechnet, da der Einfluss des Meldepflichtigen sich nicht auf seine Beteiligungsquote beschränkt.[49] Im mehrstufigen Konzern ist immer darauf zu achten, dass auch ein nachgeordnetes Unternehmen seinerseits meldepflichtig sein kann, und zwar aufgrund der Aktien, die es selbst hält, sowie derjenigen, die ihm seinerseits nach § 22 Abs. 1 Nr. 1 WpHG von seinen Tochter- und Enkelgesellschaften zugerechnet werden. Hier hat auch für das betroffene Tochterunternehmen eine Stimmrechtsmitteilung zu erfolgen.

b) Halten für Rechnung des Meldepflichtigen

29 Zugerechnet werden einem Meldepflichtigen gem. § 22 Abs. 1 S. 1 Nr. 2 WpHG auch Stimmrechte aus Aktien, die einem Dritten gehören und von ihm für Rechnung des Meldepflichtigen gehalten werden. Maßgeblich ist hier – abgesehen von den Fällen der Kettenzurechnung –, dass der Dritte Aktieninhaber ist.[50] Nach den Grundsätzen der doppelten Mitteilungspflicht unterliegt der Dritte daher in aller Regel gem. § 21 Abs. 1 WpHG einer eigenen Mitteilungspflicht.[51]

---

46 *BaFin* Emittentenleitfaden VIII.2.5.1.2.1.
47 *BaFin* Emittentenleitfaden VIII.2.5.1.2.2.
48 Fuchs/*Dehlinger/Zimmermann* WpHG § 22 Rn. 43; a.A. (Zurechnungspyramiden durch Kettenzurechnung) *Assmann/Schneider* WpHG § 22 Rn. 41.
49 BT-Drucks. 14/7034, 53; *Assmann/Schneider* WpHG § 22 Rn. 40; Fuchs/*Dehlinger/Zimmermann* WpHG § 22 Rn. 44.
50 Bgr. RegE. BT-Drucks. 13/8933, S. 95; vgl. auch *BaFin* Emittentenleitfaden VIII.2.5.2
51 *OLG München* ZIP 2009, 2095, 2096; kritisch *BGH* ZIP 2011, 1862, 1864; vgl. auch Fuchs/*Dehlinger/Zimmermann* WpHG § 22 Rn. 46.

Das Gesetz enthält keine Legaldefinition, was das Halten von Aktien „für Rechnung" **30** eines anderen bedeutet. Inhaltlich geht es um das Auseinanderfallen von rechtlicher und wirtschaftlicher Zuordnung. Die Aktien werden demnach für Rechnung des Meldepflichtigen gehalten, wenn der Meldepflichtige im (Innen-)Verhältnis zum Dritten die wirtschaftlichen Chancen und Risiken trägt.[52] Für entscheidend hält die BaFin die Risikotragung bezüglich der Veränderung des Börsenpreises und des Rechts auf die Dividende sowie Bezugsrechte und etwaige Ausgleichs- und Abfindungszahlungen.[53] Unerheblich ist, ob zwischen dem Meldepflichtigen und dem Dritten ein gesetzliches oder ein rechtsgeschäftliches Rechtsverhältnis besteht.[54]

Wichtigster Anwendungsfall von § 22 Abs. 1 S. 1 Nr. 2 WpHG ist die Treuhand.[55] Gemeint **31** ist die typische Vollrechtstreuhand, bei der der Dritte als Treuhänder das Eigentum an den Aktien im Außenverhältnis hält und im Innenverhältnis verpflichtet ist, das Stimmrecht im Interesse des Treugebers auszuüben. Auch wenn der Treuhand regelmäßig ein Auftrag oder ein Geschäftsbesorgungsvertrag zugrunde liegt, ist dies keine zwingende Voraussetzung für die Zurechnung.[56] Nicht ausreichend ist allerdings der bloße tatsächliche Einfluss des Meldepflichtigen auf den Aktieninhaber, wenn er nicht darauf beruht, dass der Meldepflichtige das wirtschaftliche Risiko trägt.[57] Bei der Beendigung von Treuhandverhältnissen und dem damit verbundenen Wegfall der Stimmrechtszurechnung ist anhand der vertraglichen Vereinbarung zu prüfen, ob das Aktieneigentum automatisch an den Treugeber zurückfällt oder durch den Treuhänder gesondert an den Treugeber (zurück) zu übertragen ist. Im Fall der automatischen Rückübertragung entsteht eine Mitteilungspflicht im Falle relevanter Schwellenberührungen nur auf Seiten des Treuhänders, da er das Aktieneigentum verliert, während sich der Stimmrechtsanteil des Treugebers nicht verändert. Die Veränderung in der Zurechnung (Eigentum statt treugeberische Zurechnung) löst keine gesonderte Mitteilungspflicht aus. Im Falle der schuldrechtlichen Verpflichtung des Treuhänders zur dinglichen Übertragung der Aktien ergibt sich hingegen bei einer zeitlichen Verzögerung eine Mitteilungspflicht auch des Treugebers, da sich sein Stimmrechtsanteil durch die Aufhebung des Treuhandverhältnisses zunächst reduziert und erst mit der nachfolgenden Aktienübertragung wieder erhöht.[58]

Ein weiterer wichtiger Anwendungsfall ist die Wertpapierleihe. Entgegen ihrer Bezeich- **32** nung ist sie rechtlich als Sachdarlehen i.S.v. § 607 BGB einzuordnen. Der Darlehensgeber verpflichtet sich, dem Darlehensnehmer Eigentum an den vertragsgegenständlichen Aktien zu verschaffen. Der Darlehensnehmer verpflichtet sich seinerseits, die Aktien abzunehmen, das vereinbarte Entgelt zu zahlen und zum Ende der Laufzeit des Darlehens nicht dieselben Aktien, sondern Aktien gleicher Art, Menge und Güte zurück zu liefern.[59]

Hinsichtlich der Art der Wertpapierleihe, entgegen früherer Verwaltungspraxis aber nicht **33** mehr hinsichtlich der Mitteilungspflichten, wird zwischen der einfachen Wertpapierleihe und der sog. Ketten-Wertpapierleihe unterschieden. Bei der einfachen Wertpapierleihe ist eine Weiterveräußerung der Aktien durch den Darlehensnehmer weder beabsichtigt noch erlaubt. Zivilrechtlich geht das Eigentum an den Aktien auf den Darlehensnehmer über. Wirtschaftlich ist das Eigentum weiterhin dem Darlehensgeber zuzuordnen, der i.d.R. die

---

52 *BaFin* Emittentenleitfaden VIII.2.5.2; vgl. auch *OLG München* ZIP 2009, 2095; *Habersack* AG 2008, 817; *Fleischer/Schmolke* ZIP 2008, 1501, 1502.
53 *BaFin* Emittentenleitfaden VIII.2.5.2.
54 *Assmann/Schneider* WpHG § 22 Rn. 53.
55 *Assmann/Schneider* WpHG § 22 Rn. 56; *Fuchs/Dehlinger/Zimmermann* WpHG § 22 Rn. 50.
56 *BaFin* Emittentenleitfaden VIII.2.5.2.1; *Assmann/Schneider* WpHG § 22 Rn. 57.
57 *Assmann/Schneider* WpHG § 22 Rn. 58.
58 *Fuchs/Dehlinger/Zimmermann* WpHG § 22 Rn. 52.
59 *BaFin* Emittentenleitfaden VIII.2.5.2.2; *Assmann/Schneider* WpHG § 22 Rn. 78 f.

Chancen und Risiken trägt. Häufiger kommt in der Praxis die sog. Ketten-Wertpapierleihe vor, in deren Rahmen die verliehenen Aktien vom Darlehensnehmer weiterveräußert werden (dürfen). Diese Art der Leihe ist regelmäßig zur Erfüllung von Lieferverpflichtungen in Folge von Leerverkäufen sowie bei der Einräumung von Mehrzuteilungsoptionen (Greenshoe) bei Börsengängen anzutreffen.

34 Eine Zurechnung der Stimmrechte auf den Darlehensgeber erfolgt in beiden Fällen nur dann, wenn der Darlehensgeber nach der vertraglichen Regelung weiterhin Einfluss auf die Stimmrechtsausübung nehmen kann. In diesem Fall hält der Darlehensnehmer die Wertpapiere „für Rechnung" des Darlehensgeber i.S.v. § 22 Abs. 1 Nr. 2 WpHG.[60] In diesen Fallkonstellationen stellt die BaFin darauf ab, ob der Darlehensnehmer im Einzelfall die Aktien noch hält und ob sich aus den vertraglichen Bedingungen des Wertpapierdarlehens eine Möglichkeit zur Einflussnahme für den Darlehensgeber auf die Stimmrechtsausübung ergibt. Das ist nur der Fall, wenn die Parteien entweder ausdrücklich oder konkludent ein Weisungsrecht in Bezug auf die Stimmrechtsausübung vereinbart haben oder das Wertpapierdarlehen tatsächlich für den Darlehensgeber eine Zurechnung gem. § 22 Abs. 1 Nr. 2 WpHG begründet.[61] Ein bloßer Wechsel auf Ebene des Darlehensgebers vom unmittelbaren (Aktionär) zum mittelbaren (Darlehensgeber) Halten und umkehrt löst keine Mitteilungspflicht für den Darlehensgeber aus. Endet hingegen die Möglichkeit zur Einflussnahme seitens des Darlehensgebers – sei es aufgrund der Ausgestaltung der Leihe mit darlehensweiser Hingabe der Aktien, sei es aufgrund Weiterveräußerung der Aktien im Rahmen der Ketten-Wertpapierleihe – ist bei Schwellenberührung bzw. -unterschreitung eine entsprechende Mitteilung erforderlich.[61] Gleiches gilt bei Schwellenberührung oder -überschreitung im Falle der Rückgewähr der – nicht zugerechneten – Aktien. Der Darlehensnehmer seinerseits hat etwaige Schwellenberührungen nach § 21 Abs. 1 WpHG als Aktionär wegen des Eigentumserwerbs – und im Falle der Darlehensrückgewährung wegen des damit verbundenen Verlusts des Eigentums – mitzuteilen.[62]

35 In Betracht kommt außerdem aufgrund des schuldrechtlichen Rückübertragungsanspruchs des Darlehensgebers in der Regel eine Meldepflicht aus § 25 WpHG,[61] die unabhängig neben der Meldepflicht nach §§ 21, 22 WpHG steht. In Konzernsachverhalten lässt die BaFin entgehen der grundsätzlichen Kumulierungspflicht aus § 25 Abs. 2 WpHG allerdings die Annahme nur eines Rückübertragungsanspruchs zu, wenn innerhalb eines Konzerns ein Wertpapierdarlehen zwischen den verschiedenen Konzernunternehmen nur weitergereicht wird und dabei die so zwischen den betroffenen Konzernunternehmen entstandenen, einzelnen Wertpapierdarlehensgeschäfte faktisch als ein einziges Wertpapierdarlehensgeschäft des Konzern anzusehen sind. Diese Annahme setzt voraus, dass die einzelnen Wertpapierdarlehensgeschäfte voneinander in ihrem Bestand abhängen. Dazu muss nach den Vereinbarungen oder dem gemeinsamen Verständnis der Parteien sichergestellt ein, dass die Rückübertragung der Aktien vom „Endentleiher" oder die Rückforderung der Aktien eines Verleihers die Fälligkeit der übrigen Rückübertragungsansprüche auslöst und bewirkt, dass die Kette der Wertpapierdarlehengeschäfte im Ganzen und innerhalb eines Tages rückabgewickelt wird. Die Wertpapierdarlehen müssen also im Wesentlichen denselben Inhalt aufweisen. Weitere Voraussetzung ist dabei, dass die Beteiligten die Wertpapierdarlehenskette von anderen (Wertpapierdarlehens-)Geschäften mit dem gleichen Basiswert unterscheiden können und vor allem eine Verrechnung (*Netting*) von gegenseitigen Ansprüchen hieraus nicht stattfindet.[63]

---

60 *BGH* AG 2009, 441, 445.
61 *BaFin* Emittentenleitfaden VIII.2.5.2.2.
62 *BaFin* Emittentenleitfaden VIII.2.5.2.2; *Assmann/Schneider* WpHG § 22 Rn. 83.
63 Vgl. insgesamt *BaFin* Emittentenleitfaden VIII.2.8.1.2.

Für die so genannte Mehrzuteilungsoption (Greenshoe) im Rahmen von Börsengängen werden in der Praxis ebenfalls Wertpapierleihverträge abgeschlossen, für welche die vorstehenden Ausführungen entsprechend gelten.[64] Je nach Ausgestaltung der Wertpapierleihe wird der Wegfall der Zurechnung in diesen Fällen in der Regel im Zeitpunkt der Platzierung eintreten. Ein Ende der Zurechnung ist aber auch zu einem früheren Zeitpunkt möglich, wenn nämlich die Altaktionäre den Konsortialbanken mittels der Wertpapierleihe Aktien zur Verfügung stellen, welche die Konsortialbanken zur Erfüllung der Zeichnungsaufträge schon vor der Eintragung der Kapitalerhöhung einsetzen.[64]   **36**

In allen Fällen der Wertpapierleihe hat der jeweilige Darlehensnehmer den jeweiligen Darlehensgeber über die Weiterveräußerung der entliehenen Wertpapiere – bzw. im Falle der Mehrzuteilungsoption über den Einsatz zur Erfüllung der Zeichnungsaufträge – zu informieren, damit dieser seinen gegebenenfalls eintretenden Mitteilungspflichten wegen Veränderung der Stimmrechtsanteile nachkommen kann.[65]   **37**

c) Übertragung als Sicherheit

Die Zurechnung von Stimmrechten aus Aktien, die einem Dritten als Sicherheit übertragen sind, wird in § 22 Abs. 1 S. 1 Nr. 3 WpHG geregelt. Die gesetzliche Zurechnungsregelung bezieht sich auf die Sicherungsübereignung. Sie differenziert danach, ob der Dritte zur Ausübung der Stimmrechte aus diesen Aktien befugt ist und die Absicht bekundet, die Stimmrechte unabhängig von den Weisungen des Meldepflichtigen auszuüben. Im Gegensatz zu allen übrigen Zurechnungstatbeständen des § 22 WpHG gilt bei § 22 Abs. 1 S. 1 Nr. 3 WpHG der Grundsatz der alternativen Zurechnung: Sicherungshalber übertragene Aktien werden daher entweder nur dem Sicherungsgeber oder nur dem Sicherungsnehmer zugeordnet.[66]   **38**

Als Inhaber der sicherungshalber übereigneten Aktien ist der Sicherungsnehmer in der Lage, die Stimmrechte aus den Aktien auszuüben. Die Stimmrechte werden gleichwohl nach § 22 Abs. 1 S. 1 Nr. 3 WpHG generell ausschließlich dem Sicherungsgeber zugerechnet. Ausnahmsweise erfolgt demgegenüber eine Zurechnung nur zum Sicherungsnehmer, wenn er das Stimmrecht aus den ihm zur Sicherheit übereigneten Aktien selbst ausüben will und er auch befugt ist, nach eigenen Vorstellungen zu handeln.[67] Tut er dies, ist er nach § 21 Abs. 1 WpHG mitteilungspflichtig. Gleiches gilt in diesem Fall für den Sicherungsgeber, da er mit der Sicherungsübereignung das Aktieneigentum verliert.   **39**

Auf die Verpfändung ist § 22 Abs. 1 S. 1 Nr. 3 WpHG nicht anwendbar. Denn hier verbleibt das Eigentum an den mit den Stimmrechten verbundenen Aktien beim Verpfänder. Nur sofern der Pfandgläubiger ausnahmsweise zur Ausübung der Stimmrechte befugt ist, kommt eine Zurechnung nach § 22 Abs. 1 S. 1 Nr. 6 WpHG in Betracht.[68] Der Verpfänder bleibt auch in diesem Fall aber Eigentümer, und als solcher bleiben ihm auch die Aktien im Sinne des § 21 Abs. 1 WpHG zugeordnet.   **40**

d) Nießbrauch

Werden an Aktien zugunsten eines Dritten Nießbrauchrechte bestellt, so werden die Stimmrechte nach § 22 Abs. 1 S. 1 Nr. 4 WpHG dem Nießbrauchberechtigten zugerechnet.   **41**

---

64 *BaFin* Emittentenleitfaden VIII.2.5.2.2.
65 Vgl. nur für den Fall des Greenshoe *BaFin* Emittentenleitfaden VIII.2.5.2.2.
66 *BaFin* Emittentenleitfaden VIII.2.5.3; KölnKomm-WpHG/*von Bülow* § 22 Rn. 103; *Meyer/Bundschuh* WM 2003, 960, 961 f.
67 *Assmann/Schneider* WpHG § 22 Rn. 97; weitergehend *Franck* BKR 2002, 715, nach welchem eine Zurechnung zum Sicherungsnehmer selbst dann erfolgen soll, wenn dieser wegen der zugrundeliegenden Sicherungsvereinbarung die Stimmrechte nicht im eigenen Interesse ausüben darf.
68 *BaFin* Emittentenleitfaden VIII.2.5.3.2

Die Zurechnung tritt mit dinglichem Wirksamwerden der Bestellung des Nießbrauchs an den Aktien gem. §§ 1069, 1081 Abs. 2 BGB ein und entfällt im Zeitpunkt des Erlöschens des Nießbrauchs in Folge seiner rechtsgeschäftlichen Aufhebung oder kraft Gesetzes.[69]

e) Erwerbsrechte

42 Kann ein Dritter Aktien durch eine Willenserklärung erwerben, so werden ihm die Stimmrechte aus diesen Aktien gem. § 22 Abs. 1 S. 1 Nr. 5 WpHG zugerechnet. Der Begriff des Erwerbs ist im engeren Sinne zu verstehen und damit im Sinne der Erlangung des Eigentums. Damit werden nur dingliche Erwerbsmöglichkeiten erfasst, also Sachverhalte, aufgrund derer zum Eigentumserwerb der Aktien durch den Meldepflichtigen nur noch dessen Willenserklärung notwendig ist. Gleiches gilt, wenn statt einer Willenserklärung die Kaufpreiszahlung unmittelbar zum Eigentumserwerb führt.[70] Rein schuldrechtliche Vereinbarungen, die einen Lieferanspruch beinhalten oder einen solchen begründen, sowie Tatbestände, die die Mitwirkung eines Dritten erfordern, lösen hingegen keine Zurechnung nach § 22 Abs. 1 S. 1 Nr. 5 WpHG aus.[71] Allerdings kommen in diesen Fällen Mitteilungspflichten nach § 25 WpHG in Betracht.[72]

43 In den Anwendungsbereich von § 22 Abs. 1 S. 1 Nr. 5 WpHG fallen damit beispielsweise:
- vorbehaltslose Angebote zur Übereignung von Aktien, deren Annahme unmittelbar zum dinglichen Erwerb führt;[73]
- dingliche Vorerwerbsrechte, die vom Begünstigten mit unmittelbarer Übereignungswirkung ausgeübt werden können, sobald der Vorerwerbsfall eingetreten ist;[74]
- Übereignungsangebote unter aufschiebender oder auflösender Bedingung i.S.v. § 158 BGB, deren Eintritt im Belieben des Erwerbsberechtigten steht, wenn sie ohne weiteres zum Übergang von Aktieneigentum führen.[75]

44 Demgegenüber erfasst § 22 Abs. 1 S. 1 Nr. 5 WpHG nicht:
- rein schuldrechtlich ausgestaltete Kaufoptionen;[76]
- Verkaufsoptionen und Andienungsrechte;[77]
- Übereignungsangebote unter aufschiebenden oder auflösenden Bedingungen i.S.v. § 158 BGB, deren Eintritt nicht im Belieben des Erwerbsberechtigten steht (z.B. Vorbehalt der kartellrechtlichen Freigabe oder Zustimmung der Gesellschaft bei Vinkulierung);[78]
- börsengängige Call- und Put-Optionen, die im Ausübungsfall lediglich Lieferansprüche entstehen lassen.[79]

---

69 Fuchs/*Dehlinger/Zimmermann* WpHG § 22 Rn. 63.
70 *BaFin* Emittentenleitfaden VIII.2.5.5; Fuchs/*Dehlinger/Zimmermann* WpHG § 22 Rn. 66.
71 *BaFin* Emittentenleitfaden VIII.2.5.5; ausführlich *Assmann/Schneider* WpHG § 22 Rn. 105 ff.
72 Vgl. Rn. 13.
73 Fuchs/*Dehlinger/Zimmermann* WpHG § 22 Rn. 67; vgl. auch die Erläuterungen bei *BaFin* Emittentenleitfaden VIII.2.5.5.
74 KölnKomm-WpHG/*von Bülow* § 22 Rn. 129. Bis zum Eintreten des Vorerwerbsfalls ist eine Stimmrechtszurechnung nach § 22 Abs. 1 S. 1 Nr. 5 WpHG ausgeschlossen.
75 Fuchs/*Dehlinger/Zimmermann* WpHG § 22 Rn. 68.
76 KölnKomm-WpHG/*von Bülow* § 22 Rn. 121; *Schwark/Zimmer* KMRK § 22 WpHG Rn. 10; *Sieger/Hasselbach* WM 2004, 1370, 1377; vgl. auch die Erläuterungen bei *BaFin* Emittentenleitfaden VIII.2.5.5.
77 KölnKomm-WpHG/*von Bülow* § 22 Rn. 123; Fuchs/*Dehlinger/Zimmermann* WpHG § 22 Rn. 68.
78 Fuchs/*Dehlinger/Zimmermann* WpHG § 22 Rn. 69.
79 *Schwark/Zimmer* KMRK § 22 WpHG Rn. 10; Fuchs/*Dehlinger/Zimmermann* WpHG § 22 Rn. 70. Insoweit sind allerdings Mitteilungspflichten aus § 25 WpHG zu prüfen.

f) Anvertrauen und Stimmrechtsvollmacht

Gem. § 22 Abs. 1 S. 1 Nr. 6 WpHG werden Stimmrechte aus Aktien demjenigen zugerechnet, dem sie anvertraut sind oder der die Stimmrechte hieraus als Bevollmächtigter ausüben kann, sofern er die Stimmrechte aus diesen Aktien nach eigenem Ermessen ausüben kann, wenn keine besonderen Weisungen des Aktionärs vorliegen.

Der Begriff des „Anvertrautseins" überschneidet sich mit dem der Bevollmächtigung, ist aber enger. Auch bei anvertrauten Aktien ist Voraussetzung für eine Zurechnung, dass der Meldepflichtige (kraft Vollmacht) befugt ist, die Stimmrechte für den Aktionär auszuüben.[80] Zusätzlich setzt das Merkmal „Anvertrautsein" eine Verpflichtung zur Wahrnehmung der Vermögensinteressen des Aktionärs im Hinblick auf die Aktien voraus.[81] Dies setzt ein Rechtsverhältnis zwischen den Beteiligten voraus, das auf eine gewisse Dauer angelegt sein muss, da eine Beauftragung für den Einzelfall keinen vermögensbetreuenden Charakter hat.[80] Eine Zurechnung erfolgt jedoch nur dann, wenn der Meldepflichtige in den dadurch gezogenen Grenzen noch einen Ermessensspielraum bei der Ausübung der Stimmrechte hat. Ob er sein Ermessen auch tatsächlich ausübt, ist für die Zurechnung hingegen ohne Belang.[81]

Erfasst sind zum einen vertragliche Rechtsverhältnisse. Zu nennen ist etwa die Vermögensverwaltung.[82] Neben vertraglichen Rechtsverhältnissen kommen auch gesetzliche Pflichten zur Vermögensverwaltung in Betracht. Zu nennen ist hier insbesondere das elterliche Sorgerecht,[83] Pflegschaft und Betreuung[84] sowie Testamentsvollstreckung.[85] Unter Bevollmächtigung ist die wirksame[86] rechtsgeschäftliche Erteilung von Vertretungsmacht zur Stimmrechtsausübung zu verstehen. Es genügt auch eine punktuelle, beispielsweise auf eine einzelne Hauptversammlung oder auch nur einen Tagesordnungspunkt bezogene Vollmacht.[87] Auch die Legitimationsübertragung, bei welcher der Legitimationsaktionär aufgrund dinglicher Ermächtigung zur Stimmrechtsausübung entsprechend § 185 BGB die fremden Stimmrechte im eigenen Namen ausüben kann, fällt unter den Begriff der Bevollmächtigung im Sinne des § 22 Abs. 1 S. 1 Nr. 6 WpHG.[88] Entsprechend dem Grundsatz der mehrfachen Mitteilungspflicht findet im Falle der Bevollmächtigung keine Absorption der Stimmrechte beim Vollmachtgeber statt.[89]

Voraussetzung der Zurechnung im Falle der Bevollmächtigung ist ein gewisser Ermessenspielraum des Bevollmächtigten bei der Ausübung der Stimmrechte. Selbst das regelmäßige Erteilen von Weisungen durch den Vollmachtgeber führt nicht dazu, dass beim Bevollmächtigten die Zurechnung entfällt. Lediglich dann, wenn der Bevollmächtigte beim Ausbleiben von Weisungen nicht handeln darf, ist der Zurechnungstatbestand nicht erfüllt.[81]

Erteilt der Bevollmächtigte wirksam Untervollmacht, so sind auch dem Unterbevollmächtigten die Stimmrechte nach § 22 Abs. 1 S. 1 Nr. 6 WpHG zuzurechnen, wenn die weiteren

---

80 Fuchs/*Dehlinger/Zimmermann* WpHG § 22 Rn. 73.
81 *BaFin* Emittentenleitfaden VIII.2.5.6.
82 Fuchs/*Dehlinger/Zimmermann* WpHG § 22 Rn. 96; näher *Marsch-Barner/Schäfer* Handbuch Börsennotierte AG 2005, § 17 Rn. 31.
83 *VG Frankfurt/Main* Beck RS 2010, 52576.
84 *Assmann/Schneider* WpHG § 22 Rn. 119.
85 *Assmann/Schneider* WpHG § 22 Rn. 119; *Mutter* AG 2006, 644; *Burgard* BB 1995, 2069, 2076; *Schwark/Zimmer* KMRK § 22 WpHG Rn. 13; *Kuthe/Rückert/Sinkinger/Sudmeyer* Kap. 8 Rn. 47; a.A. KölnKomm-WpHG/*von Bülow* § 22 Rn. 135; Fuchs/*Dehlinger/Zimmermann* WpHG § 22 Rn. 73.
86 Vgl. insbesondere § 134 Abs. 3 S. 3 AktG.
87 Fuchs/*Dehlinger/Zimmermann* WpHG § 22 Rn. 72.
88 Fuchs/*Dehlinger/Zimmermann* WpHG § 22 Rn. 72; a.A. *Schnabel/Korff* ZBB 2007, 179, 181.
89 Fuchs/*Dehlinger/Zimmermann* WpHG § 22 Rn. 75.

Voraussetzungen vorliegen, insbesondere also ein gewisses Ermessen bei der Stimmrechtsausübung gegeben ist. Das Erteilen einer Untervollmacht führt nach Auffassung der BaFin nicht dazu, dass die Zurechnung auf den Erstbevollmächtigten entfällt.[90]

50 In der Praxis kommen im Zusammenhang mit Stimmrechtsvollmachten einige Besonderheiten vor. Zu nennen sind zunächst Kapitalanlage- und Verwaltungsgesellschaften. Für diese wird § 22 Abs. 1 S. 1 Nr. 6 WpHG vor allem bei der Vollmachtstreuhand sowie bei Asset- und Fonds-Management-Gesellschaften relevant.[91] Depotstimmrechte, also Vollmachtstimmrechte der Kreditinstitute i.S.v. § 135 AktG werden von § 22 Abs. 1 S. 1 Nr. 6 WpHG nicht erfasst, da die Kreditinstitute bei Ausübung der Stimmrechte nach § 135 Abs. 5 AktG kein eigenes Ermessen haben.[92] Gleiches gilt für Aktionärsvereinigungen und die sonstigen in § 135 Abs. 8 AktG genannten Personen.[93]

51 Besonderheiten gelten auch für Stimmrechtsvollmachten, die nur für eine konkrete Hauptversammlung oder enger noch nur für einen bestimmten Beschlussgegenstand einer Hauptversammlung erteilt werden. Diese sind grundsätzlich gem. § 22 Abs. 1 S. 1 Nr. 6 WpHG unter den dortigen Voraussetzungen des Ermessens des Bevollmächtigten zuzurechnen und mitzuteilen. Während „Dauer-Vollmachten" sowohl bei der Bevollmächtigung im Falle der Schwellenberührung als auch nach Erlöschen der Vollmacht im Falle der Schwellenberührung mitgeteilt werden müssen, schränkt § 22 Abs. 4 WpHG das Erfordernis der zweiten Mitteilung ein: Bei Bevollmächtigung nur für eine Hauptversammlung oder einen Beschlussgegenstand muss nur eine Mitteilung gemacht werden, und zwar bei Vollmachtserteilung. In dieser Mitteilung müssen jedoch die von § 22 Abs. 4 S. 2 WpHG geforderten zusätzlichen Angaben enthalten sein. Der Meldepflichtige muss also zusätzlich angeben, wann die Hauptversammlung stattfindet und wie hoch sein Stimmrechtsanteil nach Erlöschen der Vollmacht oder des Ausübungsermessens sein wird.[94] Verändert sich der Stimmrechtsanteil nach der Mitteilung, sodass sich nach Erlöschen der Vollmacht oder des Ausübungsermessens der Stimmrechtsanteil von der Angabe in der Mitteilung unterscheidet, ist dies in einer zweiten Mitteilung zu erklären. Von den Erleichterungen nach § 22 Abs. 4 WpHG kann dann kein Gebrauch mehr gemacht werden.[94]

g) Abgestimmtes Verhalten (Acting in Concert)

52 In der Praxis kommt es nicht selten vor, dass Aktionäre ihr Verhalten in Bezug auf eine AG abstimmen, insbesondere ihr Stimmrecht gemeinsam ausüben, um auf diese Weise an Einfluss zu gewinnen. Für den Fall des abgestimmten Verhaltens sieht § 22 Abs. 2 WpHG die wechselseitige Zurechnung der Stimmrechte vor, wenn der Meldepflichtige oder sein Tochterunternehmen und der Dritte sich über die Ausübung von Stimmrechten verständigen oder mit dem Ziel einer dauerhaften und erheblichen Änderung der unternehmerischen Ausrichtung des Emittenten in sonstiger Weise zusammen wirken. Erfasst sind damit zwei Tatbestände: Zum einen die Bündelung von Stimmrechten durch Vereinbarung oder in sonstiger Weise (§ 22 Abs. 2 S. 1 HS 1, S. 2 Alt. 1 WpHG), zum anderen die Abstimmung des Verhaltens außerhalb der Stimmrechtsausübung in der Hauptversammlung mit dem Ziel einer dauerhaften und erheblichen Änderung der unternehmerischen Ausrichtung des Emittenten (§ 22 Abs. 2 S. 1 HS 1, S. 2 Alt. 2 WpHG).[95]

---

90 *BaFin* Emittentenleitfaden VIII.2.5.6.
91 *BaFin* Emittentenleitfaden VIII.2.5.6 und VIII.2.5.10.
92 *BaFin* Emittentenleitfaden VIII.2.5.6.1; vgl. auch KölnKomm-WpHG/*von Bülow* § 22 Rn. 139; *Franck* BKR 2002, 709, 715.
93 Fuchs/*Dehlinger/Zimmermann* WpHG § 22 Rn. 77.
94 *BaFin* Emittentenleitfaden VIII.2.5.6.2.
95 *Schwark/Zimmer* KMRK § 22 WpHG Rn. 18.

aa) Verhaltensabstimmung

Voraussetzung der Zurechnung nach § 22 Abs. 2 WpHG ist eine Verhaltensabstimmung. **53** Dies setzt einen kommunikativen Vorgang zwischen mindestens zwei Personen voraus, der in einer Vereinbarung oder einer Verhaltensabstimmung in sonstiger Weise münden muss.[96] Eine Verhaltensabstimmung ist nicht möglich mit einer Person, der Aktien weder gehören noch nach § 22 Abs. 1 S. 1 Nr. 1–6 WpHG zugerechnet werden.[97] § 22 Abs. 2 WpHG bestimmt jedoch ausdrücklich, dass die Verhaltensabstimmung eines Tochterunternehmens dem Meldepflichtigen zugerechnet wird. Damit kann die Verhaltensabstimmung auf Seiten des Meldepflichtigen durch ihn oder durch ein Tochterunternehmen erfolgen, nicht aber durch sonstige Dritte, deren Stimmrechte dem Meldepflichtigen zugerechnet werden. Auf Seiten des Dritten kann eine Person handeln, die entweder selbst Stimmrechte hält oder der Stimmrechte gem. § 22 Abs. 1 S. 1 Nr. 1–6 WpHG zugerechnet werden.[98] Nicht entscheidend ist aber, dass der Meldepflichtige selbst mit Stimmrechten verbundene Aktien hält oder ihm Stimmrechte aufgrund anderer Zurechnungstatbestände zuzurechnen sind.[96] Denn die Möglichkeit der Einflussnahme auf die unternehmerische Ausrichtung des Emittenten, den § 22 Abs. 2 WpHG erfassen will, kann abseites von eigenen gesellschaftsrechtlichen Beteiligungen auch auf einer anderen ausreichend sicheren Koordinierungslage herbeigeführt werden.[99]

Der Begriff der Vereinbarung umfasst jedenfalls Stimmrechts- und Pool-Verträge. In **54** Betracht kommen aber grundsätzlich alle Vertragsformen des Zivilrechts wie z.B. Interessenwahrungsverträge und Gesellschaftsverträge.[100] Von einer Vereinbarung ist auch auszugehen, wenn die Beteiligten die Koordinierung der Ausübung ihrer Stimmrechte in einem Verein oder in einer Gesellschaft, gleichwelcher Rechtsform, zusammenfassen.[101]

Sogar die rechtlich nicht verbindliche Koordinierung (z.B. Gentlemen's Agreement) erfüllt **55** den gesetzlichen Zurechnungstatbestand der Verhaltensabstimmung in sonstiger Weise.[102] Auch ein auf andere Weise abgestimmtes Verhalten führt zur Stimmrechtszurechnung. Für die in der Praxis schwierige Abgrenzung wird z.T. das Merkmal der abgestimmten Verhaltensweise im Sinne des § 1 GWB herangezogen,[103] teilweise wird zumindest ideeller Druck verlangt, sich gleichförmig zu verhalten.[104] Ein solcher Druck dürfte regelmäßig angenommen werden, wenn die Absicht, wie die anderen zu stimmen, gegenseitig mitgeteilt worden ist, sodass ein abweichendes Verhalten von den Beteiligten als Ausscheren aus einer konzertierten Aktion verstanden werden muss.[105] Entscheidend ist, dass eine Verhaltensabstimmung eine Koordination mit kommunikativen Mitteln und eine gewisse Bindungswirkung voraussetzt. Die Kommunikation kann unmittelbar zwischen den Beteiligten oder unter Einschaltung eines Dritten erfolgen. Die Bindungswirkung muss wenigstens darin bestehen, dass die Beteiligten von der Umsetzung der Verhaltensabsprachen ausgehen können, weil sie sich dazu verpflichtet fühlen, selbst wenn keine rechtliche Verpflichtung besteht.[106]

---

96 *BaFin* Emittentenleitfaden VIII.2.5.8.
97 *Von Bülow/Bücker* ZGR 2004, 669, 711; KölnKomm-WpHG/*von Bülow* § 22 Rn. 148.
98 *Assmann/Schneider* WpHG § 22 Rn. 167.
99 Bericht des Finanzausschusses BT-Drucks. 16/9821, 12; *BaFin* Eittentenleitfaden VIII.2.5.8.
100 *BaFin* Emittentenleitfaden VIII.2.5.8.1; *Assmann/Schneider* WpHG § 22 Rn. 172.
101 *Assmann/Schneider* WpHG § 22 Rn. 172.
102 *Schwark/Zimmer* KMRK § 22 WpHG Rn. 23; *OLG Frankfurt* ZIP 2004, 1309, 1312 (zum WpÜG); *Witt* AG 2001, 238; vgl. auch *BaFin* Emittentenleitfaden VIII.2.5.8.1.
103 *Liebscher* ZIP 2002, 1005, 1007 f.
104 MK-AktG/*Bayer* Anh. § 22 WpHG Rn. 42.
105 *Schwark/Zimmer* KMRK § 22 WpHG Rn. 23.
106 Vgl. insgesamt Fuchs/*Dehlinger/Zimmermann* WpHG § 22 Rn. 92 m.w.N.

56 Leichter dürfte die Negativabgrenzung sein. Als abgestimmtes Verhalten in sonstiger Weise, das zu einer Stimmrechtszurechnung führt, genügt nicht:
- eine wechselseitige Information und Beratung,[107]
- unbewusstes gleichförmiges Abstimmungsverhalten in der Hauptversammlung (faktisches Parallelverhalten),[108]
- die bloße Verabredung zur Verhaltensabstimmung,[109]
- die gemeinsame Wahl eines oder mehrerer Aufsichtsratsmitglieder für eine Bestellperiode,[110]
- die Bildung eines Abwehrpools, dessen Ziel die Verhinderung einer Änderung der unternehmerischen Ausrichtung ist,[111]
- eine nahe Verwandtschaft.[112]

57 Aus einem bloßen Parallelverhalten können keine Beweisvermutungen zu Lasten des Meldepflichtigen abgeleitet werden.[113]

bb) Gegenstand der Abstimmung

58 Gegenstand der Abstimmung kann zunächst die Ausübung von Stimmrechten in der Hauptversammlung des Emittenten sein. Erfasst sind Vereinbarungen oder Abstimmungen über das Stimmverhalten in Bezug auf alle oder einzelne Tagesordnungspunkte, wie beispielsweise „alle künftigen Kapitalerhöhungen" oder die Entlastung von Organmitgliedern. Der Abstimmungsgegenstand muss keine Dauerhaftigkeit oder Nachhaltigkeit aufweisen.[114] Ausreichend ist der entsprechende Wille der sich abstimmenden Personen. Ob es tatsächlich zur Ausübung kommt, ist unerheblich.[115] Die Meldepflicht entsteht mit Abschluss der Vereinbarung oder – mangels Vereinbarung – zum Zeitpunkt der Abstimmung.[116]

59 Die Stimmvereinbarung im Einzelfall führt gem. ausdrücklicher Anordnung in § 22 Abs. 2 S. 1 HS 2 WpHG nicht zu einer Zurechnung. Von einem Einzelfall ist grundsätzlich auszugehen, wenn eine Einflussnahme auf den Emittenten nur punktuell erfolgt, die Abstimmung als beispielsweise auf eine einzelne Hauptversammlung beschränkt werden soll.[117] Aus Gründen der Rechtssicherheit legt der BGH den „Einzelfall" sehr formal aus.[118]

60 In seiner Alternative erfasst § 22 Abs. 2 WpHG die gemeinsame Einflussnahme auf die Zielsetzung des Unternehmens außerhalb der Hauptversammlung. Erforderlich ist insoweit eine angestrebte Änderung der unternehmerischen Ausrichtung des Emittenten, beispielsweise im Hinblick auf den satzungsmäßigen Gesellschaftszweck, aber auch im Hinblick auf die Finanzierungs- und Ausschüttungspolitik, die Unternehmensstrategie oder die Beteiligungspolitik.[119] Hingegen genügt nicht die Absicht, den Vorstand zu einer einzelnen

---

107 *OLG Frankfurt* ZIP 2003, 1977, 1980 (zum WpÜG); *Assmann/Schneider* WpHG § 22 Rn. 173 m.w.N.
108 *OLG Frankfurt* ZIP 2003, 1977 (zu § 30 WpÜG); *Assmann/Schneider* WpHG § 22 Rn. 173; *OLG Frankfurt* AG 2004, 617, 618; KölnKomm-WpHG/*von Bülow* § 22 Rn. 152.
109 Fuchs/*Dehlinger/Zimmermann* WpHG § 22 Rn. 90.
110 *Spindler* WM 2007, 2357, 2360; *Assmann/Schneider* WpHG § 22 Rn. 199.
111 *Assmann/Schneider* WpHG § 22 Rn. 200.
112 Vgl. aber die mögl. Zurechnung nach § 22 Abs. 1 S. 1 Nr. 6 WpHG.
113 *Schwark/Zimmer* KMRK § 22 WpHG Rn. 23; *Liebscher* ZIP 2002, 1005, 1009 f.
114 *LG Hamburg* ZIP 2007, 427; vgl auch *BaFin* Emittentenleitfaden VIII.2.5.8.1.
115 *BaFin* Emittentenleitfaden VIII.2.5.8.1.
116 *Assmann/Schneider* WpHG § 22 Rn. 177.
117 BGHZ 169, 98, 107; *OLG Frankfurt* ZIP 2004, 1309, 1314; *Seibt* ZIP 2004, 1829, 1833; vgl. auch *BaFin* Emittentenleitfaden VIII.2.5.8.2.
118 BGHZ 169, 98, 107.
119 *BaFin* Emittentenleitfaden VIII.2.5.8.1.; *Schwark/Zimmer* KMRK § 22 WpHG Rn. 28.

Maßnahme anzuhalten. Vielmehr muss die Abstimmung auf eine dauerhafte Interessenkoordination und nicht lediglich auf eine Interessenkoordination im Einzelfall gerichtet sein.[120] Anderes gilt, wenn ein Ende der Auswirkungen einer Einzelmaßnahme nicht absehbar ist, wie beispielsweise eine Einflussnahme der Aktionäre auf das Ausscheiden eines oder mehrerer Vorstandsmitglieder.[121] Die Erheblichkeit einer Änderung ist insoweit im Rahmen einer Gesamtschau im Verhältnis zu den Parametern des Unternehmens zu bewerten.[121] Wie bei der Stimmrechtsvereinbarung ist allein die gemeinsame Absicht der Beteiligten maßgeblich und nicht, ob ihnen ihr Vorhaben auch gelingt.[122]

cc) Folgen der Zurechnung

Folge des abgestimmten Verhaltens i.S.v. § 22 Abs. 2 WpHG ist eine wechselseitige Zurechnung von Stimmrechten in voller Höhe. Jeder Meldepflichtige, der an der Abstimmung aufgrund einer Vereinbarung oder in sonstiger Weise beteiligt ist, erhält also sämtliche Stimmrechte der anderen Beteiligten zugerechnet.[123] Dies gilt auch dann, wenn ein Meldepflichtiger einen Stimmrechtspool beherrscht.[124] **61**

Die Anzahl der zuzurechnenden Stimmrechte wird anhand der zugrunde liegenden Vereinbarung oder Verhaltensabstimmung in sonstiger Weise ermittelt. Sofern Beteiligte nur einen Teil der von ihnen gehaltenen Aktien und Stimmrechte der Verhaltensabstimmung unterwerfen, sind jeweils nur die unterworfenen Stimmrechte Gegenstand der Zurechnung. Mangels einer zahlmäßigen Beschränkung geht die BaFin davon aus, dass sämtliche Aktien und Stimmrechte der Verhaltensabstimmung unterworfen wurden und entsprechend auch zugerechnet werden.[123] **62**

In Falle der Abstimmung eines Tochterunternehmens erfolgt eine doppelte Zurechnung. Gem. § 22 Abs. 2 S. 1 WpHG werden der meldepflichtigen Tochtergesellschaft die Stimmrechte des Dritten zugerechnet, mit dem sie ihr Verhalten abstimmt. Dem Mutterunternehmen werden die Stimmrechte des Dritten, mit dem sich sein Tochterunternehmen abstimmt, ebenfalls gem. § 22 Abs. 2 WpHG zugerechnet, während die Stimmrechte des Tochterunternehmens dem Mutterunternehmen gem. § 22 Abs. 1 S. 1 Nr. 1 WpHG zuzurechnen sind.[125] Ist das Mutterunternehmen neben dem Tochterunternehmen selbst Partei der Verhaltensabstimmung, so sind dem Mutterunternehmen die Stimmrechte des Tochterunternehmens gem. § 22 Abs. 2 WpHG und gem. § 22 Abs. 1 S. 1 Nr. 1 WpHG zuzurechnen,[125] in Summe jedoch nur einmal. **63**

3. Relevante Veränderungen des Stimmrechtsanteils

a) Generelles

Die relevanten Stimmanteilschwellen, an die § 21 Abs. 1 WpHG eine Mitteilungspflicht knüpft, liegen bei 3 %, 5 %, 10 %, 15 %, 20 %, 25, 30 %, 50 % und 75 % der Stimmrechte des Emittenten. Die Schwellenwerte beziehen sich nicht auf Aktien, sondern auf die hieraus resultierenden Stimmrechte, auch wenn dies i.d.R. gleich ist. Stimmrechtslose Vorzugsaktien werden damit erst dann berücksichtigt, wenn das mit ihnen verbundene Stimmrecht wieder auflebt, vgl. etwa §§ 140 Abs. 2, 141 Abs. 4 AktG.[126] **64**

---

120 *Assmann/Schneider* WpHG § 22 Rn. 181, 184b.
121 *BaFin* Emittentenleitfaden VIII.2.5.8.1.
122 *Korff* AG 2008, 692, 694; *Spindler* WM 2007, 2357, 2360.
123 *BaFin* Emittentenleitfaden VIII.2.5.8.3.
124 Vgl. *BaFin* Emittentenleitfaden VIII.2.5.8.3.
125 *BaFin* Emittentenleitfaden VIII.2.5.8.4.
126 *BaFin* Emittentenleitfaden VIII.2.3.1.

6 *Stimmrechtsmitteilungen*

65 Die Mitteilungspflicht wird ausgelöst, wenn der Stimmrechtsanteil des Meldepflichtigen eine (oder mehrere) dieser Schwellen erreicht, überschreitet oder unterschreitet. Berechnet wird dies anhand der dem Meldepflichtigen gehörenden und nach § 22 WpHG zugerechneten Stimmrechte im Verhältnis zur Gesamtzahl der Stimmrechte der Gesellschaft.[127] Anteilsveränderungen, die sich zwischen zwei aufeinander folgenden Schwellen abspielen, lösen keine gesonderte Mitteilungspflicht aus. Ebenso wenig besteht eine Mitteilungspflicht, wenn sich für einen Meldepflichtigen lediglich der konkret anzuwendende Zurechnungstatbestand ändert.[128]

66 Das Tatbestandsmerkmal des Überschreitens der Schwellenwerte ist gegeben, wenn der Meldepflichtige Aktien in entsprechendem Umfang erworben hat oder wenn ihm Stimmrechte in entsprechendem Umfang zugerechnet werden.[129] Ein Unterschreiten liegt spiegelbildlich vor, wenn der Meldepflichtige Aktien auf einen Dritten übertragen und damit seine Stimmrechte verloren hat oder wenn ihm Stimmrechte nicht mehr in entsprechendem Umfang zugerechnet werden.[130] Der Begriff des Erreichens einer Schwelle erfasst sprachlich sowohl den Fall der Anteilserhöhung als auch den der Anteilsverringerung.[127] Ob eine gesonderte Mitteilungspflicht ausgelöst wird, wenn ein Meldepflichtiger oberhalb einer maßgeblichen Stimmrechtsschwelle lag und ohne weitere Schwellenberührung durch Verringerung seiner Stimmrechtsanteils nun genau die gemeldete Schwelle berührt, ist jedoch zu bezweifeln. Da damit keine nichtgemeldete Schwellenberührung verbunden ist und auch der Informationsmehrwert für den Kapitalmarkt äußerst gering ist, könnte der Meldepflichtige seine Stimmrechte schließlich ohne Mitteilung auf den maßgeblichen Stimmrechtsanteils zzgl. eines Stimmrechtes verringern, ohne eine gesonderte Mitteilung machen zu müssen. Fällt das Erreichen eines Schwellenwertes mit dem Über- oder Unterschreiten weiterer Schwellenwerte zusammen, bedarf es nur der Mitteilung des Über- oder Unterschreitens der Schwellenwerte.[131] Der Tatbestand des Erreichens der Schwellenwerte ist in diesem Fall subsidiär[132] und ergibt sich aus der Angabe des Stimmrechtsanteils.

67 Auch ein kurzfristiges Über- und Unterschreiten von Meldeschwellen ist grundsätzlich mitteilungspflichtig. Sofern also innerhalb kurzer Zeit mehrere abgrenzbare, von einem bestimmten Meldepflichtigen mitzuteilende Stimmanteilsveränderungen stattfinden, sind diese jeweils gesondert anzugeben.[133] Die BaFin lässt allerdings eine Saldierung bei tagleichen Schwellenüber- und -unterschreitungen zu. Werden innerhalb eines Tages die gleichen Schwellen erst überschritten und dann unterschritten oder umgekehrt, muss keine Mitteilung abgegeben werden.[134] Werden innerhalb eines Tages mehrfach Schwellen in einer Richtung überschritten oder unterschritten, reicht eine Mitteilung mit dem Stimmrechtsanteil am Ende des Tages aus.[134] Nicht zulässig ist allerdings eine grundsätzliche Saldierung von sog. Long- und Short-Positionen, etwa Call- und Put-Option.[134]

68 Das Gesetz nennt als mitteilungspflichtig Schwellenberührungen durch Erwerb oder Veräußerung oder auf sonstige Weise. Erworben oder veräußert werden insoweit die Aktien, mit denen die Stimmrechte verbunden sind, unter Berücksichtigung des gesellschaftsrechtlichen Abspaltungsverbotes hingegen nicht getrennt die Stimmrechte.

---

127 *Fuchs/Dehlinger/Zimmermann* WpHG § 21 Rn. 37.
128 *LG München I* ZIP 2004, 167, 169; *Liebscher* ZIP 2002, 1005, 1013; *Fuchs/Dehlinger/Zimmermann* WpHG § 21 Rn. 37.
129 *Assmann/Schneider* WpHG § 21 Rn. 65.
130 *Assmann/Schneider* WpHG § 21 Rn. 66.
131 *Assmann/Schneider* WpHG § 21 Rn. 67; *Fuchs/Dehlinger/Zimmermann* WpHG § 21 Rn. 37.
132 *Assmann/Schneider* WpHG § 21 Rn. 67.
133 *Assmann/Schneider* WpHG § 21 Rn. 68; *Fuchs/Dehlinger/Zimmermann* WpHG § 21 Rn. 37.
134 *BaFin* Emittentenleitfaden VIII.2.3.5.

Unter Erwerb i.S.v. § 21 WpHG ist die Eigentumserlangung an den Aktien zu verstehen. Die **69** BaFin stellt grundsätzlich auf das Datum der Depotgutschrift ab.[135] Eine Veräußerung liegt entsprechend erst dann vor, wenn der Veräußerer sein Eigentum an den Aktien verliert.[136] Insoweit stellt die BaFin grundsätzlich auf die Ausbuchung aus dem Depot des Veräußerers ab.[137] Sowohl für das Tatbestandsmerkmal des Erwerbs als auch für das Tatbestandsmerkmal der Veräußerung ist das rechtsgeschäftliche Verfügungsgeschäft maßgeblich. Auf das schuldrechtliche Geschäft kommt es grundsätzlich nicht an. Dieses kann allerdings in den Anwendungsbereich der Zurechnungstatbestände der §§ 22 oder 25 WpHG fallen.[138]

Durch die Verwendung der Tatbestandsalternative „auf sonstige Weise" wird zum Ausdruck gebracht, dass alle rechtsgeschäftlichen oder tatsächlichen Vorgänge erfasst werden **70** sollen, die zu relevanten Veränderungen von Stimmrechtsanteilen führen.[139] Gemeint ist damit das Erreichen, Überschreiten oder Unterschreiten nicht aufgrund Rechtsgeschäfts, sondern aufgrund anderer Tatbestände. Genannt werden etwa:[140]
– Kapitalerhöhungen oder Kapitalherabsetzungen,
– Umstrukturierungen des Grundkapitals,
– Gesamtrechtsnachfolgen im Erbfalls,
– Aufleben des Stimmrechts von Vorzugsaktien.

Eine Schwellenberührung auf sonstige Weise ohne eigenen Erwerb oder Veräußerung kann daneben auch vorliegen, wenn Zurechnungen nach § 22 WpHG begründet werden oder wegfallen.[140]

b) Besondere Sachverhalte

aa) Einzelrechtsnachfolge

Für Rechtsgeschäfte zur Übertragung von Aktieneigentum gelten die allgemeinen Regelungen über Verfügungsgeschäfte sowie die besonderen Anforderungen des Sachen- und **71** Wertpapierrechts. Ist ein Verfügungsgeschäft über stimmberechtigte Aktien nichtig, so verändert es auch den Stimmanteil nicht und kann insoweit auch nicht zu einer Schwellenberührung i.S.v. § 21 Abs. 1 S. 1 WpHG führen. Die (bloße) Anfechtbarkeit ändert an der Wirksamkeit der Aktienübertragung zunächst nichts. Wird berechtigterweise die Anfechtung erklärt, fällt das Aktieneigentum an den Veräußerer zurück. Es werden damit zweimal Mitteilungspflichten ausgelöst.[141] Bei Namensaktien hat die Eintragung im Aktienregister zwar Bedeutung für die Frage, wer im Verhältnis zur Gesellschaft gem. § 67 Abs. 2 AktG als Aktionäre gilt. Sie hat aber keine konstitutive Wirkung für den Eigentumsübergang, sodass die dingliche Übertragung maßgeblich ist. Sofern Namensaktien vinkuliert sind, geht das Aktieneigentum erst mit Zustimmung des zuständigen Organs auf den Erwerber über.[142]

bb) Kapitalerhöhungen und Kapitalherabsetzungen

Kapitalerhöhungen gegen Einlagen sowie Kapitalerhöhungen aus Gesellschaftsmitteln werden erst mit der Eintragung der Durchführung im Handelsregister wirksam. Erst mit **72** der Eintragung entstehen damit Stimmrechte (§§ 189, 211 AktG) bzw. gehen unter (§ 224

---

135 *BaFin* Emittentenleitfaden VIII.2.3.3; vgl. auch *Assmann/Schneider* WpHG § 21 Rn. 74.
136 *Assmann/Schneider* WpHG § 21 Rn. 74.
137 *BaFin* Emittentenleitfaden VIII.2.3.3.
138 *BaFin* Emittentenleitfaden VIII.2.3.3; vgl. auch *Assmann/Schneider* WpHG § 21 Rn. 73.
139 *Fuchs/Dehlinger/Zimmermann* WpHG § 21 Rn. 38.
140 *BaFin* Emittentenleitfaden VIII.2.3.4.
141 Vgl. insg. *Fuchs/Dehlinger/Zimmermann* WpHG § 21 Rn. 42.
142 *Fuchs/Dehlinger/Zimmermann* WpHG § 21 Rn. 43.

AktG). Mit der Eintragung der Kapitalerhöhung ins Handelsregister entstehen die Mitgliedschaftsrechte und Stimmrechte unmittelbar beim Erstzeichner der Aktien. Zum Zeitpunkt der Eintragung der Kapitalerhöhung entstehen daher Mitteilungspflichten, sofern relevante Schwellen durch eigene Zeichnung erreicht oder überschritten oder – im Falle der Verwässerung – unterschritten werden.[143]

73 Bei der bedingten Kapitalerhöhung erhöht sich das Grundkapital gem. § 200 AktG mit Ausgabe der Bezugsaktien. Die später erfolgende Eintragung ins Handelsregister nach § 201 AktG hat nur deklaratorische Wirkung. Damit ändern sich das Grundkapital und die Gesamtzahl der Stimmrechte mit jeder weiteren Aktienausgabe, die damit allein für nach § 21 Abs. 1 WpHG mitzuteilende Stimmanteilsveränderungen relevant ist.[144] Ggf. muss der Meldepflichtige beim Emittenten nachfragen, wann die Ausgabe wie vieler Aktien erfolgte, um das genaue Datum der Schwellenberührung zu ermitteln.[145]

74 Kapitalherabsetzungen werden mit Eintragung des Kapitalherabsetzungsbeschlusses in das Handelsregister wirksam. Bei der Kapitalherabsetzung durch Einziehung von Aktien ist das Grundkapital mit der Eintragung des Beschlusses oder wenn die Einziehung der Aktie nachfolgt, mit der Einziehung herabgesetzt (§ 238 AktG). Erst damit gehen die betroffenen Stimmrechte unter (§ 224 AktG). Bei der Kapitalherabsetzung werden zum Zeitpunkt der Eintragung in das Handelsregister durch die Reduktion der Gesamtzahl der Stimmrechte ggf. Schwellen überschritten.[146]

cc) Umwandlungen

75 Bei Umwandlungen nach dem UmwG ist die Umstrukturierung des Kapitals ebenfalls an bestimmte Handelsregistereintragungen geknüpft. Dabei sind verschiedene Fallgestaltungen denkbar:

76 Wird ein Inlandsemittent im Wege der **Verschmelzung zur Aufnahme** gem. § 2 Nr. 1 UmwG auf eine andere Gesellschaft verschmolzen, so kann er aufgrund seines Erlöschens nicht mehr Adressat von Stimmrechtsmitteilungen sein. Die bisherigen Aktionäre der übertragenden Gesellschaft werden Aktionäre bzw. Gesellschafter bei der übernehmenden Gesellschaft, wo es unter den Voraussetzungen des § 21 WpHG zu Mitteilungspflichten wegen Schwellenüberschreitungen an der aufnehmenden Gesellschaft kommen kann.

77 Bei der **Verschmelzung durch Neugründung** nach § 2 Nr. 2 UmwG, bei der ein Inlandsemittent auf eine neu gegründete Gesellschaft verschmolzen wird, bestehen mit dem Wirksamwerden der Verschmelzung ebenfalls aufgrund des Erlöschens keine Mitteilungspflichten mehr hinsichtlich der übertragenden Gesellschaft(en). Erst wenn und falls die Aktien der neu gegründeten Gesellschaft zum Handel an einem organisierten Markt zugelassen werden, müssen die Aktionäre Stimmrechtsmitteilungen nach § 21 Abs. 1a WpHG abgeben.[147]

78 Hält im Falle einer **Verschmelzung** die übertragende Gesellschaft Aktien an einem Inlandsemittenten, die in Folge der Verschmelzung auf den übertragenden Rechtsträger übergehen, so kommt es beim übernehmenden Rechtsträger zu einer Änderung des Stimmrechtsanteils, der unter den weiteren Voraussetzungen der §§ 21 ff. WpHG mitzuteilen ist. Den durch Verschmelzung erloschenen Rechtsträger können keine Mitteilungspflichten mehr treffen; die übernehmende Gesellschaft hat daher auch keine Mitteilungen aufgrund einer Schwellenunterschreitung im Namen des erloschenen Rechtsträgers abzugeben.[148]

---

143 Vgl. auch. Fuchs/*Dehlinger/Zimmermann* WpHG § 21 Rn. 48.
144 *BaFin* Emittentenleitfaden VIII.2.3.4.1.2; Fuchs/*Dehlinger/Zimmermann* WpHG § 21 Rn. 50.
145 *BaFin* Emittentenleitfaden VIII.2.3.4.1.2.
146 *BaFin* Emittentenleitfaden VIII.2.3.4.1.1; Fuchs/*Dehlinger/Zimmermann* WpHG § 21 Rn. 52.
147 *BaFin* Emittentenleitfaden VIII.2.3.4.2.1.2.
148 *BaFin* Emittentenleitfaden VIII.2.3.4.2.1.

Bei einem **Formwechsel** nach §§ 190 ff. UmwG bleibt der formwechselnde Rechtsträger bestehen. Damit ändert sich auch die Rechtszuständigkeit für die Stimmrechte nicht. Selbst bei Umfirmierungen oder Namensänderungen bestehen daher keine Mitteilungspflichten.[149] **79**

Bei bloßen **Umfirmierungen oder Namensänderungen** besteht auch keine Mitteilungspflicht.[150] **80**

dd) Erbschaft

Im Erbfall gehen die Aktien des Erblassers kraft Gesamtrechtsnachfolge im Zeitpunkt des Todes auf den oder die Erben über. Dieser Zeitpunkt ist damit auch maßgeblich für die Stimmrechtsveränderungen beim Erben. Der Erblasser selbst ist nicht mehr Rechtssubjekt, sodass die Erben für ihn auch keine Mitteilung über Stimmrechtsunterschreitungen vorzunehmen haben. **81**

In wessen Person und zu welchem Zeitpunkt eine wesentliche Stimmanteilsveränderung auf Seiten der Erben eintritt, ist im Einzelfall zu prüfen. Insb. ist zu prüfen, ob eine Erbengemeinschaft besteht, Vermächtnisse oder Auflagen vorhanden sind, Teilungsanordnungen getroffen sind, Testamentsvollstreckung angeordnet ist oder ob die Erbschaft durch eine zum Erben berufene Person nachträglich ausgeschlagen wird.[151] Maßgeblich ist jeweils die zivilrechtliche Zuordnung des Eigentums nach den erbrechtlichen Vorschriften. Dementsprechend kann es im Zusammenhang mit einer Erbschaft zu einer Häufung von Stimmrechtsmitteilungen kommen, wenn etwa gem. dem Fortgang der Erbauseinandersetzung oder der Erfüllung von Vermächtnissen und Auflagen verschiedene Stimmrechtsmitteilungen vorzunehmen sind.[152] **82**

ee) Aufleben von Stimmrechten

Hat der Emittent stimmrechtslose Vorzugsaktien ausgegeben, so bleiben diese bei der Ermittlung des Stimmrechtsanteils nach § 21 WpHG grundsätzlich außer Betracht. Wird der Vorzugsbetrag in einem Jahr nicht oder nicht vollständig gezahlt und der Rückstand im nächsten Jahr nicht neben dem vollen Vorzug dieses Jahres nachbezahlt, so lebt jedoch das Stimmrecht der Vorzugsaktionäre gem. § 140 Abs. 2 AktG in vollem Umfang und im gesamten Zuständigkeitsbereich der Hauptversammlung wieder auf.[153] **83**

Wird der Rückstand neben dem vollen Vorzug des Vorjahres bezahlt, verkörpern die Vorzugsaktien weiterhin keine Stimmrechte. Anderenfalls lebt das Stimmrecht der Vorzugsaktionäre im Zeitpunkt der Beschlussfassung des Aufsichtsrates auf, wenn in dem vom Vorstand und Aufsichtsrat festgestellten Jahresabschluss ein für die vollständige Bezahlung von Rückstand und vollen Vorzug ausreichender Bilanzgewinn nicht ausgewiesen ist.[154] In diesem Fall sollte die Verwaltung der Gesellschaft in der Einladung zur ordentlichen Hauptversammlung auf das Wiederaufleben der Stimmrechte hinweisen.[155] Ist ausnahmsweise die Hauptversammlung zur Feststellung des Jahresabschlusses berufen oder beschließt sie, einen im bereits festgestellten Jahresabschluss ausgewiesenen, rechnerisch ausreichenden Bilanzgewinn nicht für die Bezahlung des Rückstands und des vollen Vorzugs zu verwenden, lebt das Stimmrecht der Vorzugsaktionäre unmittelbar im Anschluss an die Beschlussfassung über die Feststellung des Jahresabschlusses oder die Verwendung des Bilanzgewinnes auf.[156] **84**

---

149 *BaFin* Emittentenleitfaden VIII.2.3.4.2.2.
150 *OLG Düsseldorf* AG 2009, 40, 41; *BaFin* Emittentenleitfaden VIII.2.3.4.2.2.
151 Fuchs/*Dehlinger/Zimmermann* WpHG § 21 Rn. 45.
152 Näher Fuchs/*Dehlinger/Zimmermann* WpHG § 21 Rn. 45.
153 Vgl. *Hüffer* AktG § 140 Rn. 6.
154 Fuchs/*Dehlinger/Zimmermann* WpHG § 21 Rn. 54.
155 *Wilsing* BB 1995, 2277, 2279.
156 Fuchs/*Dehlinger/Zimmermann* WpHG § 21 Rn. 54; *Hüffer* AktG § 140 Rn. 5; a.A. MünchHdB AG/ *Semler* § 38 Rn. 25, nach dem das Stimmrecht erst nach Ablauf der HV entsteht.

85 Bei teileingezahlten Aktien ist zu prüfen, ob das Stimmrecht entsprechend dem gesetzlichen Regelfall des § 134 Abs. 2 S. 1 AktG mit der vollständigen Leistung der Einlage beginnt oder ob die Satzung gem. § 134 Abs. 2 S. 3 AktG davon abweichende Regelungen enthält. Hiernach ist das Datum maßgeblicher Stimmanteilsveränderungen zu bestimmen.[157]

c) Erstmalige Zulassung

86 Werden die Aktien erstmalig zum Handel an einem organisierten Markt zugelassen, so entstehen mit der Zulassung erstmalig Mitteilungspflichten. Gem. § 21 Abs. 1a WpHG hat derjenige, dem 3 % oder mehr der Stimmrechte an einem Inlandsemittenten zustehen, dem Emittenten und der BaFin gem. § 21 Abs. 1a WpHG eine entsprechende Mitteilung zu machen.

III. Finanzinstrumente und sonstige Instrumente

87 Über § 25 WpHG von der Mitteilungspflicht erfasst sind außerdem Finanzinstrumente, die ihrem Inhaber das Recht verleihen, einseitig im Rahmen einer rechtlich bindenden Vereinbarung mit Stimmrechten verbundene und bereits ausgegebene Aktien eines Emittenten, für den die Bundesrepublik Deutschland der Herkunftsstaat ist, zu erwerben. Finanzinstrumente und sonstige Instrumente, die nicht unter § 25 WpHG fallen, sind von der Mitteilungspflicht gem. § 25a WpHG erfasst, wenn sie es ihrem Inhaber oder einem Dritten auf Grund ihrer Ausgestaltung ermöglichen, mit Stimmrechten verbundene und bereits ausgegebene Aktien eines Emittenten, für den die Bundesrepublik Deutschland der Herkunftsstaat ist, zu erwerben. Bei Stimmrechtsmitteilungen nach §§ 25 und 25a WpHG (Finanzinstrumente, weitere Finanzinstrumente und sonstige Instrumente) gelten die gleichen Schwellenwerte wie bei § 21 WpHG mit Ausnahme der Grenze von 3 %.

1. Begriff des Finanzinstruments und des sonstigen Instruments

a) (Finanz-)Instrument i.S.v. § 25 WpHG

88 Der in § 2 Abs. 2b WpHG definierte Begriff des Finanzinstruments umfasst insbesondere Derivate, wobei für § 25 Abs. 1 S. 1 WpHG ausschließlich Derivate i.S.v. § 2 Abs. 2 Nr. 1 WpHG in Betracht kommen, da nur sie sich auf Aktien beziehen.

89 Die BaFin nennt als typischen Anwendungsfall des § 25 WpHG Termingeschäfte in Form von Forwards/Futures und Call-Optionen, sofern nicht (nur) das Recht auf einen Barausgleich, sondern (auch) auf Lieferung der Aktien besteht.[158] Unerheblich ist hingegen, ob das Finanzinstrument fungibel ist oder ob die Option während der gesamten Laufzeit oder nur innerhalb eines bestimmten Zeitraums oder zu einem bestimmten Zeitpunkt ausgeübt werden kann. Sobald der Mitteilungspflichtige Finanzinstrumente in relevanter Höhe unmittelbar oder mittelbar hält, kann es zu einer Schwellenberührung kommen, auch wenn der Ausübungszeitraum noch nicht erreicht ist.[158] Put-Optionen fallen hingegen nicht unter die Regelung des § 25 WpHG, da dem Inhaber nicht das Recht zusteht, die Lieferung der Aktien zu verlangen; § 25a WpHG ist in diesen Fällen gesondert zu prüfen.[158]

90 Ebenfalls in den Anwendungsbereich des § 25 WpHG fallen als „sonstiges Instrument" Rückforderungsansprüche aus Wertpapierleihe und so genannte Repo-Geschäften, also Repurchase-Verträge und echte Pensionsgeschäfte.[158] Allerdings müssen die übrigen Voraussetzungen gesondert geprüft werden. Insbesondere greift § 25 WpHG nur, wenn die

---

157 Vgl. detailliert Fuchs/*Dehlinger/Zimmermann* WpHG § 21 Rn. 55.
158 *BaFin* Emittentenleitfaden VIII.2.8.1.1.

Rückforderung nur vom Anspruchsinhaber oder Zeitablauf abhängt.[159] Dies ist beim unechten Pensionsgeschäft im Sinne des § 340b Abs. 3 HGB nicht der Fall, allerdings ist in diesen Fällen § 25a WpHG gesondert zu prüfen.[159]

Zu berücksichtigen sind schließlich sofort erfüllbare Kaufgeschäfte, ungeachtet der Frage, ob sie börslich oder außerbörslich abgewickelt werden.[159] Um unnötige Doppelmeldungen zu vermeiden, darf nach der Verwaltungspraxis der BaFin allerdings eine gesonderte Mitteilung nach § 25 WpHG unterbleiben, wenn solche Geschäfte innerhalb von drei Tagen (t+2) abgewickelt werden und alsdann eine Mitteilung nach § 21 WpHG erfolgt.[159] **91**

Weitere Voraussetzung für die Mitteilungspflicht gem. § 25 Abs. 1 S. 1 WpHG ist, dass die Finanzinstrumente ihrem Inhaber das Recht verleihen, einseitig im Rahmen einer rechtlich bindenden Vereinbarung mit Stimmrechten verbundene und bereits ausgegebene) Aktien eines Emittenten zu erwerben. Keine Meldepflicht besteht damit für Rechte aus erst noch auszugebenden Aktien, so insbesondere für Bezugsrechte, beispielsweise aus Wandelschuldverschreibungen und Beteiligungsprogrammen.[160] Dies gilt im Fall der Wandelschuldverschreibungen auch dann, wenn der Emittent ein Wahlrecht besitzt, ob er neue oder eigene (und damit bereits ausgegebene) Aktien bei Ausübung des Wandlungsrechts ausgibt; insofern ist aber § 25a WpHG gesondert zu prüfen.[159] Eine einseitige Erwerbsmöglichkeit liegt nicht vor, wenn der Aktienerwerb von äußeren Umständen abhängt, wie etwa dem Erreichen, Über- oder Unterschreiten eines bestimmten Kursniveaus.[161] Unanwendbar ist § 25 Abs. 1 S. 1 WpHG schließlich auf Finanzinstrumente, die dem Emittenten oder einem Dritten wahlweise eine Erfüllung mit Bargeld statt mit Aktien ermöglichen (Barausgleich).[162] Hingegen ist unerheblich, ob die Finanzinstrumente dinglich ausgestaltet sind oder ob dem Inhaber lediglich ein schuldrechtlicher Anspruch auf Übereignung von Aktien zusteht.[163] Für dinglich ausgestaltete Erwerbsrechte wird allerdings in den weit überwiegenden Fällen eine Zurechnung nach § 22 Abs. 1 S. 1 Nr. 5 WpHG erfolgen, was die Mitteilung nach § 25 Abs. 1 S. 1 WpHG nach Maßgabe von § 25 Abs. 1 S. 3 Hs. 2 WpHG regelmäßig entbehrlich machen dürfte.[164] Mitteilungspflichtig nach § 25 Abs. 1 WpHG ist derjenige, der Finanzinstrumente unmittelbar oder mittelbar hält. Damit ist auch derjenige meldepflichtig, der Finanzinstrumente über ein Tochterunternehmen i.S.v. § 22 Abs. 3 WpHG oder über einen Verwaltungstreuhänder hält.[165] **92**

b) (Finanz-)Instrument i.S.v. § 25a WpHG

Für die in § 25a WpHG genannten weiteren Finanzinstrumente und sonstigen Instrumente gilt entsprechendes. Mitteilungspflichtig ist gem. § 25a WpHG damit auch, wer unmittelbar oder mittelbar (Finanz-)Instrumente hält, die es ihrem Inhaber oder einem Dritten ermöglichen, mit Stimmrechten verbundene und bereits ausgegebene Aktien zu erwerben. In den Anwendungsbereich des § 25a WpHG fallen allerdings nur solche Sachverhalte, die nicht bereits nach § 25 WpHG Mitteilungspflichten begründen.[166] **93**

---

159 *BaFin* Emittentenleitfaden VIII.2.8.1.1.
160 *Hutter/Kaulamo* NJW 2007, 471, 475; *Schlitt/Schäfer* AG 2007, 227, 233 f.
161 Begr. RegE BT-Drucks. 16/2498, S. 36 f.; vgl. Erwägungsgrund 13 der Richtlinie 2007/14/EG.
162 Erwägungsgrund 13 der Richtlinie 2007/14/EG.
163 Begr. RegE BT-Drucks. 16/2498, 37.
164 *Fuchs/Dehlinger/Zimmermann* WpHG § 25 Rn. 10.
165 Begr. RegE BT-Drucks. 16/2498, S. 37. *Nießen* NZG 2007, 41, 43 fordert zusätzlich, dass der Berechtigte einseitig die Rechte jederzeit ausüben kann, ohne dass dem unmittelbaren Inhaber der Finanzinstrumente ein Entscheidungsermessen eingeräumt ist.
166 *Assmann/Schneider* WpHG § 25a Rn. 14.

94 Gemäß den in der Norm genannten Regelbeispielen ist ein solches Ermöglichen insbesondere gegeben, wenn (i) die Gegenseite des Inhabers ihre Risiken aus diesen Instrumenten durch das Halten von Aktien ausschließen oder vermindern könnte oder (ii) die Instrumente ein Recht zum Erwerb von Aktien einräumen oder eine Erwerbspflicht in Bezug auf solche Aktien begründen. Bei Optionsgeschäften und diesen vergleichbaren Geschäften ist deren Ausübung gem. § 25a Abs. 1 S. 3 WpHG zu unterstellen. Ein Ermöglichen ist hingegen nicht gegeben, wenn den Aktionären einer Zielgesellschaft ein Angebots nach dem Wertpapiererwerbs- und Übernahmegesetz unterbreitet wird. Eine Mitteilungspflicht besteht außerdem nicht, soweit die Zahl der Stimmrechte aus Aktien, für die ein Angebot zum Erwerb auf Grund eines Angebots nach dem Wertpapiererwerbs- und Übernahmegesetz angenommen wurde, gem. § 23 Abs. 1 WpÜG offenzulegen ist.

95 Der Begriff des Finanzinstruments ist in § 2 Abs. 2b WpHG definiert; er umfasst Wertpapiere i.S.v. § 2 Abs. 1 WpHG, Geldmarktinstrumente i.S.v. § 2 Abs. 1a WpHG, Derivate i.S.v. § 2 Abs. 2 WpHG und Rechte auf Zeichnung von Wertpapieren.[167] Der Begriff der sonstigen Instrumente ist weit zu fassen und meint alle Rechte und Zugriffsmöglichkeiten, die zwar nicht unmittelbar einen Anspruch auf den Erwerb von Aktien gewähren, aber aus wirtschaftlichen Gründen die konkrete Möglichkeit zum Erwerb ergeben, weil die Gegenseite ein eigenständiges wirtschaftliches Interesse an der Lieferung der Aktien hat.[168]

96 Unter das erste der in § 25a Abs. 1 S. 2 WpHG genannten Regelbeispiel fasst die Verwaltungspraxis insbesondere (Finanz-)Instrumente mit Barausgleich. Hierzu gehören exemplarisch finanzielle Differenzgeschäfte, Swaps, Call-Optionen und Futures/Forwards, sofern diese auf Barausgleich lauten. Unerheblich ist, inwieweit tatsächlich eine Absicherung durch die Gegenseite stattfindet.[169]

97 Unter das zweite in § 25a Abs. 1 S. 2 WpHG genannte Regelbeispiel werden in der Verwaltungspraxis insbesondere (Finanz-)Instrumente gefasst, die einen tatsächlichen Erwerb von mit Stimmrechten verbundenen Aktien vorsehen. Hierunter fallen exemplarisch die nicht bereits unter § 25 WpHG fallenden Call-Optionen und Futures/Forwards, die eine physische Lieferung der Aktien vorsehen, weil diese noch unter einer weiteren aufschiebenden Bedingung stehen, die der Halter der Call-Option einseitig herbeiführen kann. Außerdem sind Stillhalterpositionen bei Put-Optionen erfasst, sofern diese ebenfalls eine physische Lieferung der Aktie vorsehen.[169]

98 Der Emittentenleitfaden der BaFin nennt weitere Beispiele, namentlich:[169]
– Aktienkörbe und Indizes, wenn bei der Preisberechnung des (Finanz-)Instruments die betreffenden Aktien zum Erwerbszeitpunkt mit mehr als 20 % Berücksichtigung finden;[170]
– Wandelanleihen, sofern im Ausübungsfall nicht ausschließlich neue Aktien ausgegeben werden können;
– unechte Pensionsgeschäfte i.S.v. § 340b Abs. 3 HGB;
– Put-Optionen mit Barausgleich (auf Ebene des Stillhalters);
– Irrevocables, also z.B. die unwiderrufliche Zusage zur Annahme eines Angebots im Sinne des Wertpapiererwerbs- und Übernahmegesetzes;[171]
– Vorkaufsrechte im Rahmen von Gesellschaftervereinbarungen, sofern sie sich auf den Bezug von mit Stimmrechten verbundenen Aktien beziehen; Vorkaufsrechte die sich auf Gesellschaftsanteile des anderen Gesellschafters beziehen, sind nach der Verwaltungs-

---

167 *Assmann/Schneider* WpHG § 25a Rn. 15.
168 *Assmann/Schneider* WpHG § 25a Rn. 17.
169 *BaFin* Emittentenleitfaden VIII.2.9.1.1.
170 Vgl. § 17a Nr. 2 WpAIV.
171 Aufgrund der Subsidiarität ist hier in besonderem Maße die vorrangige Anwendbarkeit von § 25 WpHG zu prüfen, vgl. *BaFin* Emittentenleitfaden VIII.2.9.1.1.

praxis erfasst, wenn der Vorkaufsberechtigte mit dem möglichen Erwerb der übrigen Gesellschafteranteile Mehrheitsgesellschafter der Gesellschaft[172] wird;
- Pfandrechte an Aktien i.S.v. § 1259 BGB bei Vorliegen einer Verfallvereinbarung;
- je nach Fallgestaltung Mitverkaufsrechte und -pflichten (Tag along und Drag along) auf Ebene des veräußerungswilligen Gesellschafters;[173]

Als Beispiele zu nennen sind der Auftrag des Meldepflichtigen an ein Kreditinstitut, Aktien zu erwerben und diese ihm verpflichtend anzudienen, sowie der bedingte Anspruch auf Lieferung, z.B. aufgrund einer Kartellfreigabe, die vor Eintritt der Bedingung nicht nach § 25 WpHG, wohl aber nach § 25a WpHG meldepflichtig ist.[174]

Als Beispiele für nicht in den Anwendungsbereich des § 25a WpHG fallende (Finanz-)Instrumente sind die Invitatio ad Offerendum und die Auslobung zu nennen.[175] Ebenso wenig werden in der Verwaltungspraxis trotz der Abfindungspflicht aus § 305 AktG Beherrschungs- und Gewinnabführungsverträge von § 25a WpHG erfasst.[175]

99

2. Halten

(Finanz-)Instrumente i.S.v. §§ 25, 25a WpHG führen unter den dortigen Voraussetzungen zu Mitteilungspflichten, wenn sie unmittelbar oder mittelbar gehalten werden. Unmittelbares Halten meint das Halten des (Finanz-)Instruments durch dessen Inhaber. Mittelbares Halten bedeutet das Halten durch Tochterunternehmen oder Verwaltungstreuhänder.[176]

100

3. Berechnung des Stimmrechtsanteils aus (Finanz-)Instrumenten

Die Berechnung des Stimmrechtsanteils nach §§ 25 und 25a WpHG erfolgt nach dem gleichen Schema. In die Berechnung des Stimmrechtsanteils nach § 25a Abs. 2 WpHG sind allerdings nach § 17a WpAIV nicht einzubeziehen:
- Finanzinstrumente und sonstige Instrumente im Sinne des § 25a Abs. 1 S. 1 WpHG, die sich auf eigene Aktien eines Emittenten beziehen und es diesem aufgrund ihrer Ausgestaltung ermöglichen, solche Aktien zu erwerben (Nr. 1), und
- Anteile von Aktien eines Emittenten an Aktienkörben (Baskets) und Indizes, wenn bei der Berechnung des Preises des Finanzinstruments oder sonstigen Instruments im Sinne des § 25a Abs. 1 S. 1 WpHG zum jeweiligen Erwerbszeitpunkt die Aktien mit höchstens 20 % Berücksichtigung finden.

101

IV. Mitteilung

Bei Berühren der Meldeschwellen des § 21 Abs. 1 WpHG oder der §§ 25 oder 25a WpHG hat der Meldepflichtige gegenüber dem Emittenten und gleichzeitig gegenüber der BaFin eine entsprechende Mitteilung zu machen. Ebenso hat bei erstmaliger Zulassung der Aktien zum Handel an einem organisierten Markt derjenige, dem 3 % oder mehr der Stimmrechte an einem Inlandsemittenten zustehen, dem Emittenten und der BaFin gem. § 21 Abs. 1a WpHG eine entsprechende Mitteilung zu machen.

102

---

172 Vgl. § 22 Abs. 1 S. 1 Nr. 1 WpHG.
173 Es empfiehlt sich insoweit eine Abstimmung mit der BaFin.
174 *Assmann/Schneider* WpHG § 25a Rn. 17.
175 *BaFin* Emittentenleitfaden VIII.2.9.1.1.
176 *BaFin* Emittentenleitfaden VIII.2.8.1.2. und VIII.2.9.1.2.

1. Aussteller

103 Die Mitteilungen nach § 21 Abs. 1 und 1a WpHG sind – ebenso wie die Mitteilungen nach §§ 25 und 25a WpHG – Wissenserklärungen der Meldepflichtigen. Sie müssen erkennen lassen, durch oder für welche Meldepflichtigen sie abgegeben werden.[177] Für die Abgabe der Erklärung gelten damit die zivilrechtlichen Regelungen über die Geschäftsfähigkeit und die Vertretung.[178]

104 Mitteilungspflichtig ist der Meldepflichtige, also derjenige, dem die Aktien gehören oder die Stimmrechte zugerechnet werden, im Falle der §§ 25 und 25a WpHG derjenige, der die (Finanz-)Instrumente hält. Bei Zertifikaten, die Aktien vertreten (z.B. Depositary Receipts) gilt gem. § 21 Abs. 1 S. 2 WpHG ausschließlich der Zertifikate-Inhaber und nicht der Aussteller des Zertifikats als Aktionär und ist damit originär meldepflichtig.

105 Gehört der Meldepflichtige zu einem Konzern, für den nach §§ 290, 340i HGB ein Konzernabschluss aufgestellt werden muss, so können die Mitteilungspflichten gem. § 24 WpHG durch das Mutterunternehmen oder, wenn das Mutterunternehmen selbst ein Tochterunternehmen ist, durch dessen Mutterunternehmen erfüllt werden. Hierdurch sollen Doppelmeldungen vermieden werden.[179] § 24 WpHG gilt sowohl für Stimmrechtmitteilungen nach §§ 21, 22 WpHG als auch über die Verweise in §§ 25 Abs. 1 S. 2 und 25a Abs. 1 S. 6 WpHG für die in §§ 25, 25a WpHG genannten Instrumente.

106 Die Norm ist in jedem mehrstufigen Konzern anwendbar. Gleichordnungskonzerne sind demgegenüber nicht erfasst.[180] Mit dem Verweis auf die bilanzrechtlichen Vorschriften der §§ 290, 340i HGB ist der Konzernbegriff des § 24 WpHG enger gefasst als § 22 Abs. 3 WpHG: Nach § 290 Abs. 1 HGB muss das Mutterunternehmen eine Kapitalgesellschaft mit Sitz in der Bundesrepublik Deutschland sein,

(1) die das oder die Tochterunternehmen einheitlich leitet und daran eine unmittelbare oder mittelbare Beteiligung i.S.v. § 271 Abs. 1 HGB besitzt (§ 290 Abs. 1 HGB), oder

(2) der bei einem Unternehmen
– die Mehrheit der Stimmrechte der Gesellschafter zusteht,
– das Recht zusteht, die Mehrheit der Mitglieder des Verwaltungs-, Leitungs- oder Aufsichtsorgans zu bestellen oder abzuberufen, und die gleichzeitig Gesellschafter ist oder
– das Recht zusteht, einen beherrschenden Einfluss aufgrund eines mit diesem Unternehmen geschlossenen Beherrschungsvertrags oder aufgrund einer Satzungsbestimmung dieses Unternehmens auszuüben (§ 290 Abs. 2 HGB).

Handelsrechtliche Befreiungsmöglichkeiten hinsichtlich des Konzernabschlusses nach § 290 ff. HGB (§ 293 HGB) schließen die Anwendung des § 24 WpHG nicht aus.[181]

107 Unter den Voraussetzungen des § 24 WpHG ist das Mutterunternehmen berechtigt, aber nicht verpflichtet, Mitteilungspflichten von Tochterunternehmen im eigenen Namen zu erfüllen.[182] Zur Erfüllung der Pflicht muss das Mutterunternehmen alle Angaben machen, zu denen das betreffende Tochterunternehmen nach § 21 Abs. 1 S. 1 WpHG verpflichtet ist.[183] In der Mitteilung sollte darauf hingewiesen werden, dass es sich um eine Stimm-

---

177 Fuchs/*Dehlinger/Zimmermann* WpHG § 21 Rn. 57.
178 Vgl. im Einzelnen Fuchs/*Dehlinger/Zimmermann* WpHG § 21 Rn. 57 f.
179 Begr. RegE BT-Drucks. 12/6679, 54.
180 *Schwark/Zimmer* KMRK § 24 WpHG Rn. 2.
181 *Schwark/Zimmer* KMRK § 24 WpHG Rn. 2; Fuchs/*Dehlinger/Zimmermann* WpHG § 24 Rn. 3; a.A. für § 293 HGB: KölnKomm-WpHG/*Hirte* § 24 Rn. 12.
182 Fuchs/*Dehlinger/Zimmermann* WpHG § 24 Rn. 6.
183 KölnKomm-WpHG/*Hirte* § 24 Rn. 15; *Assmann/Schneider* WpHG § 24 Rn. 15.

rechtsmitteilung unter Anwendung von § 24 WpHG handelt.[184] Solange das Mutterunternehmen die Mitteilung nicht vorgenommen hat, besteht die Meldepflicht des Tochterunternehmens fort.[185]

2. Adressat der Mitteilung

Die Mitteilung ist sowohl gegenüber dem Emittenten als auch – gleichzeitig – gegenüber der BaFin abzugeben. Die BaFin hat hierfür eine besondere Telefaxnummer eingerichtet. Alternativ kann die Postanschrift benutzt werden.[186] **108**

3. Inhalt der Mitteilung

In der Mitteilung anzugeben ist gem. § 21 Abs. 1 WpHG das Erreichen, Überschreiten oder Unterschreiten der dort genannten Stimmrechtsschwellen durch Erwerb, Veräußerung oder auf sonstige Weise. Im Falle der erstmaligen Zulassung der Aktien zum Handel an einem organisierten Markt ist das Halten von 3 % oder mehr der Stimmrechte am Emittenten mitzuteilen, § 21 Abs. 1a WpHG. Im Falle des Haltens von Finanzinstrumenten und sonstigen Instrumenten i.S.v. §§ 25 und/oder § 25a WpHG verlangen diese Regelungen entsprechendes, wobei die Schwelle von 3 % hier keine Anwendung findet. Näheres über den Inhalt der Mitteilung bestimmt die auf Grundlage von § 21 Abs. 3 WpHG bzw. §§ 25 Abs. 3, 25a Abs. 4 WpHG erlassene Rechtsverordnung, konkret § 17 Abs. 1 WpAIV. **109**

Die Mitteilung muss gem. § 17 Abs. 1 WpAIV enthalten: **110**
– die deutlich hervorgehobene Überschrift „Stimmrechtsmitteilung" (Nr. 1);
– den Namen und die Anschrift des Mitteilungspflichtigen (Nr. 2);
– den Namen und die Anschrift des Emittenten (Nr. 3);
– sämtliche berührten Schwellen sowie die Angabe, ob die Schwellen erreicht, überschritten oder unterschritten wurden (Nr. 4); das Erreichen einer Schwelle ist nur dann inhaltlich richtig, wenn der Anteil der Stimmrechte genau den Schwellenwert beträgt;[187]
– die Höhe des nunmehr gehaltenen Stimmrechtsanteils in % und Anzahl der Stimmrechte zum Tag der Schwellenberührung (Nr. 5); es ist sowohl die absolute Zahl an Stimmrechten als auch eine auf zwei Nachkommastellen kaufmännisch gerundete Prozentzahl anzugeben;[188]
– das Datum des Überschreitens, Unterschreitens oder Erreichens der Schwellen (Nr. 6).

Bei Vorliegen von Zurechnungstatbeständen nach § 22 Abs. 1 und 2 WpHG muss die Mitteilung gem. § 17 Abs. 2 WpAIV zusätzlich enthalten: **111**
– den Namen des Dritten, aus dessen Aktien Stimmrechte zugerechnet werden, wenn dessen zugerechneter Stimmrechtsanteil jeweils 3 % oder mehr beträgt (S. 1 Nr. 1),
– ggf. die Namen der kontrollierten Unternehmen, über die die Stimmrechte tatsächlich gehalten werden, wenn deren zugerechneten Stimmrechtsanteil jeweils 3 % oder mehr beträgt (S. 1 Nr. 2),
– die zuzurechnenden Stimmrechte (in Prozent und Anzahl der Stimmrechte) für jede der Nummern in § 22 Abs. 1 WpHG und für § 22 Abs. 2 S. 1 WpHG getrennt (S. 2).[189]

---

184 Fuchs/*Dehlinger/Zimmermann* WpHG § 24 Fn. 8.
185 KölnKomm-WpHG/*Hirte* § 24 Rn. 14.
186 *BaFin* Emittentenleitfaden VIII.2.3.9.1.
187 Näheres Beispiel bei *BaFin* Emittentenleitfaden VIII.2.3.9.2.
188 *BaFin* Emittentenleitfaden VIII.2.3.9.2.
189 Vgl. näher *BaFin* Emittentenleitfaden VIII.2.5.11.

6 Stimmrechtsmitteilungen

112 Die Mitteilung nach § 25 Abs. 1 S. 1 WpHG über das Halten von Finanzinstrumenten hat gem. § 17 Abs. 3 WpAIV zu enthalten:
- die deutlich hervorgehobene Überschrift „Stimmrechtsmitteilung";
- den Namen und die Anschrift des Mitteilungspflichtigen;
- den Namen und die Anschrift des Emittenten der Aktien, die mit den Finanzinstrumenten oder sonstigen Instrumenten erworben werden können (Nr. 1);
- sämtliche berührten Schwellen sowie die Angabe, ob die Schwellen erreicht, überschritten oder unterschritten wurden;
- das Datum des Überschreitens, Unterschreitens oder Erreichens der Schwellen;
- die Summe des Anteils aus gehaltenen Stimmrechten und des Anteils an Stimmrechten, der bestünde, wenn der Mitteilungspflichtige statt der Finanzinstrumente oder sonstigen Instrumente die Aktien hielte, die auf Grund der förmlichen Vereinbarung erworben werden können, sowie die Angabe, ob die Schwelle mit der Summe überschritten, unterschritten oder erreicht wurde; die Angabe des Stimmrechtsanteils muss sich auf die Gesamtmenge der Stimmrechte des Emittenten beziehen (Nr. 2);
- die Höhe des Stimmrechtsanteils, der bestünde, wenn der Mitteilungspflichtige statt der Finanzinstrumente oder sonstigen Instrumente die Aktien hielte, die auf Grund der förmlichen Vereinbarung erworben werden können; die Angabe des Stimmrechtsanteils muss sich auf die Gesamtmenge der Stimmrechte des Emittenten beziehen (Nr. 2a);
- die Höhe des gehaltenen Stimmrechtsanteils in Bezug auf die Gesamtmenge der Stimmrechte des Emittenten, auch wenn die Ausübung dieser Stimmrechte ausgesetzt ist, und in Bezug auf alle mit Stimmrechten versehenen Aktien ein und derselben Gattung (Nr. 2b);
- ggf. die Kette der kontrollierten Unternehmen, über die die Finanzinstrumente oder sonstigen Instrumente gehalten werden (Nr. 3);[190]
- bei Finanzinstrumenten oder sonstigen Instrumenten mit einem bestimmten Ausübungszeitraum einen Hinweis auf den Zeitpunkt, an dem die Aktien erworben werden sollen oder können (Nr. 5);[191]
- das Datum der Fälligkeit oder des Verfalls der Finanzinstrumente oder sonstigen Instrumente (Nr. 6).[192]

113 Die Mitteilung nach § 25a Abs. 1 S. 1 WpHG für das Halten von weiteren Finanzinstrumenten und sonstigen Instrumenten hat gem. § 17 Abs. 4 WpAIV zu enthalten:
- die deutlich hervorgehobene Überschrift „Stimmrechtsmitteilung";
- den Namen und die Anschrift des Mitteilungspflichtigen;
- den Namen und die Anschrift des Emittenten der Aktien, die mit den Finanzinstrumenten oder sonstigen Instrumenten erworben werden können (Nr. 1);
- sämtliche berührten Schwellen sowie die Angabe, ob die Schwellen erreicht, überschritten oder unterschritten wurden;
- das Datum des Überschreitens, Unterschreitens oder Erreichens der Schwellen;
- die Summe des Anteils aus gehaltenen Stimmrechten, des Anteils an Stimmrechten, der bestünde, wenn der Mitteilungspflichtige statt der Finanzinstrumente oder sonstigen Instrumente die Aktien hielte, die auf Grund der förmlichen Vereinbarung erworben

---

[190] Im Gegensatz zu Mitteilungen nach §§ 21, 22 WpHG sind auch solche kontrollierten Unternehmen anzugeben, die (Finanz-)Instrumente mit weniger als 3 % der Stimmrechte unmittelbar oder mittelbar halten, vgl. *BaFin* Emittentenleitfaden VIII.2.8.2.2.

[191] Angaben zum Ausübungszeitraum haben nur zu erfolgen, soweit die Bedingungen der (Finanz-)Instrumente hierzu datumsmäßige Angaben enthalten; anderenfalls sind freiwillige Beschreibungen erwünscht, vgl. *BaFin* Emittentenleitfaden VIII.2.8.2.2.

[192] Angaben zu Fälligkeit und Verfall haben nur zu erfolgen, soweit die Bedingungen der (Finanz-)Instrumente hierzu datumsmäßige Angaben enthalten; anderenfalls sind freiwillige Beschreibungen erwünscht, vgl. *BaFin* Emittentenleitfaden VIII.2.8.2.2.

werden können, und die Höhe des Stimmrechtsanteils, der bestünde, wenn der Mitteilungspflichtige statt der Finanzinstrumente oder sonstigen Instrumente die Aktien hielte, deren Erwerb die Finanzinstrumente oder sonstigen Instrumente ermöglichen; sowie die Angabe, ob die Schwelle mit der Summe überschritten, unterschritten oder erreicht wurde; die Angabe des Stimmrechtsanteils muss sich auf die Gesamtmenge der Stimmrechte des Emittenten beziehen (Nr. 2);
- die Höhe des Stimmrechtsanteils, der bestünde, wenn der Mitteilungspflichtige statt der Finanzinstrumente oder sonstigen Instrumente die Aktien hielte, die auf Grund der förmlichen Vereinbarung erworben werden können; die Angabe des Stimmrechtsanteils muss sich auf die Gesamtmenge der Stimmrechte des Emittenten beziehen (Nr. 3);
- die Höhe des gehaltenen Stimmrechtsanteils in Bezug auf die Gesamtmenge der Stimmrechte des Emittenten, auch wenn die Ausübung dieser Stimmrechte ausgesetzt ist, und in Bezug auf alle mit Stimmrechten versehenen Aktien ein und derselben Gattung (Nr. 4);
- die Höhe des Stimmrechtsanteils, der bestünde, wenn der Mitteilungspflichtige statt der Finanzinstrumente oder sonstigen Instrumente die Aktien hielte, deren Erwerb die Finanzinstrumente oder sonstigen Instrumente ermöglichen; die Angabe des Stimmrechtsanteils muss sich auf die Gesamtmenge der Stimmrechte des Emittenten beziehen (Nr. 5);
- ggf. die Kette der kontrollierten Unternehmen, über die die Finanzinstrumente oder sonstigen Instrumente gehalten werden (Nr. 6);
- das Datum der Fälligkeit oder des Verfalls der Finanzinstrumente oder sonstigen Instrumente (Nr. 7);
- ggf. die International Securities Identification Number (ISIN) des Finanzinstruments oder sonstigen Instruments (Nr. 8).

Wenn eine vorangegangene Mitteilung korrigiert werden muss, hat der Meldepflichtige anzugeben, dass es sich um eine „*Korrekturmitteilung zur Mitteilung vom [Datum]*" handelt.[193] **114**

Die BaFin hält auf ihrer Website ein Standardformular bereit, dessen Verwendung sie empfiehlt.[194] Sollte die Verwendung des Standardformulars nicht möglich sein, empfiehlt die BaFin, die Mitteilung auf Basis der von ihr erstellten Mustertexte zu erstellen.[195] **115**

Bei komplexen Sachhalten, insbesondere bei Vorliegen von Konzernstrukturen, empfiehlt es sich, der BaFin mit den Stimmrechtsmitteilungen Übersichten über die Konzernstrukturen (Organigramme) und Hintergrundinformationen zu übersenden, sofern diese Informationen der BaFin nicht bereits aufgrund vorangegangener Mitteilungen bekannt sind.[193] **116**

4. Form und Sprache

Die Mitteilungen sind gem. § 18 WpAIV schriftlich per Post (Postfach 50 01 54, 60391 Frankfurt am Main) oder per Telefax (0228/4108-3119) an den Emittenten und die BaFin zu übersenden.[196] Die Mitteilung muss unterschrieben sein; eine elektronische Signatur oder eine gescannte Unterschrift reichen nicht aus.[197] **117**

Gem. § 18 WpAIV hat der Meldepflichtige die Wahl zwischen der deutschen und der englischen Sprache. **118**

---

193 *BaFin* Emittentenleitfaden VIII.2.3.9.2.
194 www.bafin.de Aufsicht Börsen und Märkte → Transparenzpflichten → Bedeutende Stimmrechtsanteile → Standardformular für Stimmrechtsmitteilungen nach §§ 21 ff. WpHG und Muster einer Mitteilung und Veröffentlichung (dort Standardformulare zu den jeweiligen Paragraphen „nach neuer Rechtslage ab dem 1.2.2012").
195 *BaFin* Emittentenleitfaden VIII.2.4.3, VIII.2.3.9.5.
196 *BaFin* Emittentenleitfaden VIII.2.3.9.3., VIII.2.8.2.3. und VIII.2.9.2.3.
197 *BaFin* Emittentenleitfaden VIII.2.3.9.3. und VIII.2.8.2.3.

5. Frist

119 Der Meldepflichtige muss die Mitteilung „unverzüglich" vornehmen, d.h. gem. § 121 Abs. 1 S. 1 BGB ohne schuldhaftes Zögern.[198] Die in § 21 Abs. 1 S. 1 WpHG erwähnte Frist von vier Handelstagen ist eine Höchstfrist, die die Verpflichtung zur unverzüglichen Mitteilung unberührt lässt. Als Handelstage gelten alle Kalendertage, die nicht Sonnabende, Sonntage oder zumindest in einem (Bundes-)Land landeseinheitliche gesetzlich anerkannte Feiertage sind (§ 30 Abs. 1 WpHG).[198] Zur Berechnung der Frist hat die BaFin auf ihrer Internetseite einen Kalender der Handelstage gem. § 30 WpHG eingestellt.[199]

120 Für die Fristberechnung gelten §§ 187 Abs. 1, 188 Abs. 1, 193 BGB.[200] Die Frist beginnt gem. § 21 Abs. 1 S. 3 WpHG mit dem Zeitpunkt, zu dem der Meldepflichtige Kenntnis davon hat oder nach den Umständen haben musste, dass sein Stimmrechtsanteil die in § 21 Abs. 1 WpHG genannten Schwellen erreicht, überschreitet oder unterschreitet.

Für die Firstberechnung dürfte die Kenntnis Relevanz auf die Unverzüglichkeit der Mitteilung haben, während für die gesetzliche Höchstfrist von vier Handelstagen neben positiver Kenntnis auch die Variante des Kennenmüssens in Betracht kommen dürfte.[201] Gem. § 21 Abs. 1 S. 4 WpHG wird vermutet, dass der Meldepflichtige zwei Handelstage nach dem Erreichen, Überschreiten oder Unterschreiten der relevanten Schwellen Kenntnis hat. Damit wird der Aufsichtsbehörde der Nachweis erleichtert, dass eine Mitteilung im konkreten Fall verspätet abgegeben wurde.[202] Die Vermutung kann vom Meldepflichtigen durch entsprechende Darlegung entkräftet werden.[201] Laut Emittentenleitfaden der BaFin kann die Vermutung nur in Ausnahmefällen zum Tragen kommen, da der Meldepflichtige in aller Regel von den Umständen der Schwellenberührung am selben Tag Kenntnis haben muss.[198]

121 Streitig ist, ob die Mitteilung innerhalb der Frist nur abgesendet oder auch zugegangen sein muss.[203]

122 Eine nicht fristgemäße, im Übrigen aber korrekte Stimmrechtsmitteilung ist wirksam, allerdings drohen in diesem Fall die Sanktionen nach §§ 28 und 39 Abs. 2 Nr. 2e WpHG.[204]

123 Eine Verlängerung der Mitteilungsfrist durch die BaFin ist nicht möglich.[198] Im Rahmen der Höchstfrist kann das Verzögern einer Mitteilung dadurch gerechtfertigt sein, dass dem Meldepflichtigen ein komplexer Sachverhalt zur Beurteilung vorliegt oder die rechtliche Beurteilung – insbesondere am Maßstab des § 22 WpHG – keine eindeutigen Ergebnisse hervorbringt.[205]

124 Die Mitteilung ist gegenüber Emittent und BaFin gleichzeitig abzugeben. Das Merkmal der Gleichzeitigkeit ist bei einem unmittelbaren Versenden hintereinander noch gewahrt.[198]

---

198 *BaFin* Emittentenleitfaden VIII.2.3.9.4.
199 Www.bafin.de → Aufsicht Börsen und Märkte → Transparenzpflichten → Bedeutende Stimmrechtsanteile → Kalender der Handelstage.
200 *Schwark/Zimmer* KMRK § 21 WpHG Rn. 29; KölnKomm-WpHG/*Hirte* § 21 Rn. 164.
201 Fuchs/*Dehlinger/Zimmermann* WpHG § 21 Rn. 80.
202 CESR's Final Technical Advice on Possible Implementing Measures of the Transparency Directive, Ref. CESR/05-409, June 2005, § 210.
203 Dafür *Assmann/Schneider* WpHG § 21 Rn. 131; KölnKomm-WpHG/*Hirte* § 21 Rn. 165; a.A. *Schwark/Zimmer* KMRK § 21 WpHG Rn. 29.
204 Fuchs/*Dehlinger/Zimmermann* WpHG § 21 Rn. 79.
205 *Schneider* FS Schütze S. 757, 759; Fuchs/*Dehlinger/Zimmermann* WpHG § 21 Rn. 87; vgl. exemplarisch *LG München II* AG 2005, 52.

V. Nichtberücksichtigung von Stimmrechten/Instrumenten und Befreiungen

Von den Mitteilungspflichten der §§ 21 ff. WpHG bestimmt das Gesetz Ausnahmen. Diese Ausnahmen beziehen sich zum einen auf die Art des Aktienbestandes (§ 23 WpHG) und zum anderen auf bestimmte Emittenten (§ 29a WpHG). **125**

1. Nichtberücksichtigung von Stimmrechten

Für den Fall, dass die Aktien Teil eines ständig wechselnden Handelsbestandes sind oder sie aus Gründen der Abrechnung und des Clearing gehalten werden und nicht der dauerhaften Anlage dienen sollen, enthält § 23 WpHG bestimmte Befreiungen von den Mitteilungspflichten der §§ 21, 22 WpHG.[206] Die in § 23 WpHG enthaltenen Tatbestände entfalten auch Sperrwirkung hinsichtlich der Mutterunternehmen des unmittelbaren Adressaten, sodass eine Zurechnung über § 22 WpHG nicht stattfindet.[207] Sofern die Voraussetzungen einzelner Tatbestände vorliegen, stehen diese nach Auffassung der BaFin selbstständig nebeneinander.[208] **126**

a) Tatbestände

Zunächst sind gem. § 23 Abs. 1 WpHG Wertpapierdienstleistungsunternehmen mit Sitz in der Europäischen Union oder im europäischen Wirtschaftsraum von der Meldepflicht befreit, soweit die Aktien im Handelsbestand gehalten werden oder gehalten werden sollen und der Anteil nicht mehr als 5 % der Stimmrechte beträgt. Maßgeblich ist nicht der Begriff des Wertpapierdienstleistungsunternehmens i.S.v. § 2 Abs. 4 WpHG. Vielmehr bezieht sich die Vorschrift weitergehend auf alle Unternehmen, die zumindest auch Wertpapierdienstleistungen erbringen.[209] Als Voraussetzung der Befreiung muss sichergestellt sein, dass die Stimmrechte aus den betreffenden Aktien nicht ausgeübt und auch nicht anderweitig genutzt werden, um auf die Geschäftsführung des Emittenten Einfluss zu nehmen. Zum Handelsbestand gehören eigene, nicht für Rechnung Dritter gehaltene Aktien, über die das Institut frei disponieren kann, sofern die Aktien kurzfristig gehalten werden und nicht zur dauerhaften Vermögensanlage bestimmt sind. Indizien dafür können sich aus der Bilanz ergeben, bei der dem Geschäftsbetrieb dauernd dienende Gegenstände dem Anlagevermögen (§ 247 Abs. 2 HGB) und andere dem Umlaufvermögen zugewiesen sind.[210] Im Handelsbestand zu berücksichtigen sind auch Finanzinstrumente gem. § 25 WpHG. Aufgrund der in § 25 Abs. 3 WpHG vorgesehenen Aggregation sind sowohl die Beteiligungen gem. §§ 21 und 22 WpHG als auch Beteiligungen aus Finanzinstrumenten bei Prüfung der Einhaltung der gesetzlichen Befreiungsschwelle zusammenzurechnen.[211] Überschreitet der Handelsbestand die Schwelle von 5 %, so sind die Stimmrechte nicht nur in Höhe des die 5 %-Schwelle übersteigenden Umfanges erfasst, sondern vollumfänglich.[211] Ändert sich die Absicht des Unternehmens, die Aktien im Handelsbestand zu halten, entsteht die Meldepflicht des § 21 WpHG, und zwar bereits bei Berührung der ersten Schwelle von 3 %.[212] **127**

§ 23 Abs. 2 Nr. 1 WpHG sieht eine Befreiung für Aktionäre vor, die die Aktien ausschließlich für den Zweck der Abrechnung und Abwicklung von Geschäften für höchstens drei **128**

---

206 BT-Drucks. 12/6679, 54.
207 *BaFin* Emittentenleitfaden VIII.2.6.1.
208 Vgl. anschaulich die Übersicht bei *BaFin* Emittentenleitfaden VIII.2.6.1.
209 *Schwark/Zimmer* KMRK § 23 WpHG Rn. 3; MK-AktG/*Bayer* Anh. §§ 22, 23 WpHG Rn. 2.
210 *Schwark/Zimmer* KMRK § 23 WpHG Rn. 4.
211 *BaFin* Emittentenleitfaden VIII.2.6.2.
212 *Schwark/Zimmer* KMRK § 23 WpHG Rn. 6.

Handelstage halten, selbst wenn die Aktien auch außerhalb eines organisierten Marktes gehalten werden. Diese Frist kann daher im Fall von Kapitalmarkttransaktionen für die Phase zwischen Abrechnung (Clearing) und Abwicklung (Settlement) genutzt werden.[213] Die Zeitspanne kann gem. § 23 Abs. 6 Nr. 1 WpHG durch Rechtsverordnung des Bundesfinanzministeriums verkürzt werden.

129 Gleichermaßen befreit werden Verwahrer, die die Stimmrechte aus den verwahrten Aktien nur aufgrund von Weisungen, die schriftlich oder über elektronische Hilfsmittel erteilt wurden, ausüben dürfen. Nach Sinn und Zweck der Vorschrift des § 23 Abs. 2 Nr. 2 WpHG wird nur diejenige Verwahrstelle als Verwahrer angesehen, der gegenüber der Inhaber von Aktien Weisungen für die Stimmrechtsausübung erteilen kann. Dazu zählen in- und ausländische Kreditinstitute i.S.v. §§ 1, 2 KWG, die das Depotgeschäft i.S.v. § 1 Abs. 1 Nr. 5 KWG betreiben.[214] Praktischer Hauptanwendungsfall sind Verwahrstellen von Fondsgesellschaften (Depositaries) im Ausland, die Eigentum an den verwahrten Aktien erlangen können.[215]

130 Ebenfalls von der Mitteilungspflicht der §§ 21, 22 WpHG befreit sind gem. § 23 Abs. 3 WpHG Stimmrechte aus Aktien, die die Mitglieder des europäischen Systems der Zentralbanken bei der Wahrnehmung ihrer Aufgaben als Währungsbehörden zur Verfügung gestellt bekommen oder die sie bereitstellen, soweit es sich bei den Transaktionen um kurzfristige Geschäfte handelt und die Stimmrechte aus den betreffenden Aktien nicht ausgeübt werden. Dies gilt insbesondere für Stimmrechte aus Aktien, die zur Sicherheit übertragen werden oder die als Pfand oder im Rahmen eines Pensionsgeschäfts oder einer ähnlichen Vereinbarung gegen Liquidität für geldpolitische Zwecke oder innerhalb eines Zahlungssystems zur Verfügung gestellt oder bereitgestellt werden. Kurzfristig sind Geschäfte, wenn sie im Rahmen der Offenmarktpolitik der Europäischen Zentralbank erfolgen, insbesondere mit den EZB-Leitlinien im Einklang stehen.[216]

131 Market Maker sind gem. § 23 Abs. 4 WpHG ebenfalls eingeschränkt von den Mitteilungspflichten befreit, wenn sie aufgrund Zulassung nach § 32 Abs. 1 S. 1 i.V.m. § 1 Abs. 1a S. 2 Nr. 4 KWG in ihrer Eigenschaft als Market Maker handeln, sie nicht in die Geschäftsführung des Emittenten eingreifen und kein Einfluss auf ihn dahingehend ausüben, die betreffend Aktien zu kaufen oder den Preis der Aktien zu stützen. Die Befreiung gilt in diesen Fällen für die Schwellen von 3 % und 5 %. Im Hinblick auf die nächste Schwelle sind Market-Maker-Bestände damit bis zu 10 % minus eine Stimme befreit. Ab 10 % Stimmrechte aus Aktien sind die Stimmrechte vollumfänglich zu berücksichtigen.[217] Allerdings muss der Market Maker der BaFin unverzüglich, spätestens innerhalb von vier Handelstagen mitteilen, dass er hinsichtlich der betreffenden Aktien als Market Maker tätig ist. Für den Beginn der Frist gilt § 21 Abs. 1 S. 3 und 4 WpHG entsprechend. Institute, die als Market Maker tätig sind und zugleich Wertpapiere im Handelsbestand halten, können die Befreiungen des § 23 Abs. 1 und Abs. 4 WpHG nebeneinander in Anspruch nehmen.[218]

b) Stimmrechtsausübungsverbot

132 Soweit Stimmrechte nach § 23 Abs. 1–4 WpHG bei der Berechnung des Stimmrechtsanteils unberücksichtigt bleiben, können sie gem. § 23 Abs. 5 WpHG nicht ausgeübt werden. Einzige Ausnahme ist die Befreiung nach § 23 Abs. 2 Nr. 2 WpHG für Verwahrer, die auf-

---

213 Vgl. *Schwark/Zimmer* KMRK § 23 WpHG Rn. 8.
214 *Schwark/Zimmer* KMRK § 23 WpHG Rn. 14.
215 *BaFin* Emittentenleitfaden VIII.2.6.4.
216 *Schwark/Zimmer* KMRK § 23 WpHG Rn. 16.
217 *BaFin* Emittentenleitfaden VIII.2.6.5.
218 *BaFin* Emittentenleitfaden VIII.2.6.1.

grund von schriftlichen oder elektronischen Weisungen die Stimmrechte ausüben. Nach wohl h.M. erfasst das Ausübungsverbot sämtliche Stimmrechte und nicht nur diejenigen, die über die maßgebliche Schwelle hinausgehen.[219]

c) Nichtberücksichtigung von Stimmrechten bei Finanz- und sonstigen Instrumenten i.S.v. § 25 WpHG

Für gehaltene Finanzinstrumente gilt § 23 WpHG gem. § 25 Abs. 1 S. 2 WpHG entsprechend. Bei der Berechnung der maßgeblichen Schwellen ist zu beachten, dass auch hier eine Aggregation von Stimmrechten aus (Finanz-)Instrumenten und Stimmrechten aus Aktien im Handels- bzw. Market-Maker-Bestand zu erfolgen hat. Der nach § 23 WpHG befreite Bestand von 5 % der Stimmrechte steht daher für beide Tatbestände nur einmal zur Verfügung und nicht getrennt für §§ 21, 22 WpHG und für § 25 WpHG.[220] **133**

Wird die 5 %-Schwelle aufgrund einer Zusammenrechnung erreicht oder überschritten, kann dadurch also zusätzlich eine Mitteilungspflicht nach § 21 WpHG aufgrund von Stimmrechten aus Aktien, die im Handelsbestand bzw. im Bestand des Market Maker gehalten werden, ausgelöst werden, auch wenn diese Aktien für sich genommen den Schwellenwert nicht erreichen.[220] **134**

d) Nichtberücksichtigung von Stimmrechten bei Finanz- und sonstigen Instrumenten i.S.v. § 25a WpHG

Für (Finanz-)Instrumente i.S.v. § 25a WpHG sieht das Gesetz demgegenüber keine entsprechende Anwendung des § 23 WpHG vor. (Finanz-)Instrumente i.S.v. § 25a WpHG, die vom Mitteilungspflichtigen im Handelsbestand gehalten werden, sind daher stets bei der Berechnung der mitteilungspflichten Stimmrechtshöhe zu berücksichtigen.[221] **135**

Stattdessen geben aber § 25a Abs. 1 S. 5, Abs. 3 und Abs. 4 WpHG i.V.m. § 17a Nr. 1 WpAIV Voraussetzungen vor, unter denen (Finanz-)Instrumente nicht zu berücksichtigen sind. Hierzu gehören: **136**

- durch die Erklärung der Annahme eines Angebots nach dem Wertpapiererwerbs- und Übernahmegesetz entstehende (Finanz-)Instrumente;[222]
- (Finanz-)Instrumente, die von Unternehmen, die Wertpapierdienstleistungen erbringen, gehalten werden, sofern diese im Rahmen der dauernden und wiederholten Emissionstätigkeit gegenüber einer Vielzahl an Kunden entstanden sind;[223]
- (Finanz-)Instrumente, die für den Halter den Bezug von eigenen Aktien darstellen würden.[224]

2. Befreiungen

Um Belastungen der Emittenten durch gleichartige Regelwerke zu vermeiden, kann die BaFin Inlandsemittenten mit Sitz in einem Drittstaat von den Veröffentlichungspflichten aus §§ 26, 26a WpHG freistellen, soweit diese Emittenten gleichwertigen Regeln eines Drittstaates unterliegen oder sich solchen Regeln unterwerfen. Eine Konkretisierung des Begriffs der gleichwertigen Regeln findet sich in §§ 5–7 TranspRLDV.[225] Gleichwertigkeit **137**

---

219 KölnKomm-WpHG/*Hirte* § 23 Rn. 73; *Schwark/Zimmer* KMRK § 23 WpHG Rn. 24; a.A. *Assmann/Schneider* WpHG § 23 Rn. 75.
220 *BaFin* Emittentenleitfaden VIII.2.8.1.2.
221 *BaFin* Emittentenleitfaden VIII.2.9.1.2.
222 § 25a Abs. 1 S. 5 WpHG.
223 § 25a Abs. 3 WpHG.
224 § 25a Abs. 4 i.V.m. § 17a WpAIV.
225 Transparenzrichtlinie-DurchführungsVO vom 13.3.2008, BGBl I S. 408.

ist gem. § 5 S. 1 TranspRLDV gegeben, wenn die Regeln des Drittstaats vorschreiben, dass die Frist, innerhalb derer der Emittent über Veränderung des Stimmrechtsanteils zu informieren ist und innerhalb derer er diese Veränderungen zu veröffentlichen hat, höchstens sieben Handelstage beträgt. Für eigene Aktien ist § 6 TranspRLDV maßgeblich. Hinsichtlich der Anforderungen des § 26a WpHG gilt § 7 TranspRLDV, wonach der Emittent die Gesamtzahl der Stimmrechte innerhalb von 30 Kalendertagen nach einer Veränderung zu veröffentlichen haben muss.

VI. Sonstige Pflichten

1. Nachweispflichten

138 Wer eine Mitteilung nach § 21 Abs. 1 oder 1a oder § 25 Abs. 1 WpHG abgegeben hat, muss gem. § 27 WpHG auf Verlangen der BaFin oder des Emittenten, für den die Bundesrepublik Deutschland der Herkunftsstaat ist, das Bestehen der mitgeteilten Beteiligung nachweisen. Diese Regelung dient der Richtigkeitskontrolle der abgegebenen Stimmrechtsmitteilungen.[226] Die Nicht-Erwähnung von § 25a WpHG beruht wohl auf einem redaktionellen Versehen.

139 Die Nachweispflicht setzt nach dem Wortlaut von § 27 WpHG die vorangegangene Abgabe einer Stimmrechtsmitteilung voraus. Eine Nachweisverpflichtung wird dementsprechend verneint, wenn die BaFin oder der Emittent auf sonstige Weise vom Bestehen einer mitzuteilenden Beteiligung Kenntnis erlangt haben.[227] Strittig ist, ob im Fall der Konzernmitteilung nach § 24 WpHG nur dasjenige Unternehmen die Stimmrechtsverhältnisse nachweisen muss, das gemeldet hat,[228] oder ob alle Konzernunternehmen, die die Voraussetzungen des § 21 WpHG erfüllen, nachweispflichtig sind.[229]

140 Die Pflicht zum Nachweis bezieht sich auf alles, was der Meldepflichtige nach § 21 Abs. 1 und Abs. 1a bzw. § 25 WpHG mitzuteilen hat. Dazu gehört auch der Nachweis der Zurechnungen gem. § 22 WpHG.[230] Für den Nachweis ist keine besondere Form vorgeschrieben.[231] Er muss aber geeignet sein, die BaFin bzw. die Gesellschaft von der Richtigkeit der Meldung zu überzeugen.[232] In den Fällen des § 21 Abs. 1 und 1a WpHG sind beispielsweise Aktiendepotbescheinigungen, Abtretungsurkunden oder die Aktienurkunden selbst geeignet.[231]

141 Die Nachweispflicht setzt ein Verlangen der BaFin oder der Gesellschaft voraus. Auch dieses Verlangen ist an keine besondere Form oder Frist geknüpft.[233] Eine Begründung durch die Gesellschaft ist nicht erforderlich. Im Falle von zwei sich widersprechenden Mitteilungen kann der Vorstand aufgrund seiner Sorgfaltspflichten aber im Verhältnis zur Gesellschaft verpflichtet sein, durch ein entsprechendes Verlangen Klarheit herzustellen.[234] Die BaFin kann von ihrem Nachweisverlangen aus verwaltungsrechtlichen Gesichtspunkten nur im Rahmen ihres Ermessens Gebrauch machen.[235] Bei dem Verlangen handelt es sich um einen belastenden Verwaltungsakt. Mit dem Verlangen können die Gesellschaft bzw.

---

226 Fuchs/Dehlinger/Zimmermann WpHG § 27 Rn. 1.
227 Assmann/Schneider WpHG § 27 Rn. 4; Schwark/Zimmer KMRK § 27 WpHG Rn. 2.
228 Schwark/Zimmer KMRK § 27 WpHG Rn. 2.
229 Assmann/Schneider WpHG § 27 Rn. 4.
230 Schwark/Zimmer KMRK § 27 WpHG Rn. 5.
231 BT-Drucks. 12/6679, 56.
232 Schwark/Zimmer KMRK § 27 WpHG Rn. 6.
233 Assmann/Schneider WpHG § 27 Rn. 10;
234 Assmann/Schneider WpHG § 27 Rn. 11; Fuchs/Dehlinger/Zimmermann WpHG § 27 Rn. 5.
235 Assmann/Schneider WpHG § 27 Rn. 11.

die BaFin nach einheitlicher Meinung eine angemessene Frist für die Erfüllung der Nachweispflicht setzen.[236] Für den Fall, dass der Meldepflichtige dem Nachweisverlangen nicht nachkommt, kann die Gesellschaft die Erbringungen von Nachweisen einklagen. Die BaFin hat die Möglichkeit der Verwaltungsvollstreckung.[237]

2. Mitteilungspflichten für Inhaber wesentlicher Beteiligungen

Um die Information des Kapitalmarkt über den Aufbau wesentlicher Beteiligungen zu verbessern und insbesondere auch über die Ziele von wesentlichen Aktionären zu informieren, sieht § 27a Abs. 1 WpHG für Meldepflichtige im Sinne der §§ 21 und 22 WpHG bei Erreichen oder Überschreiten der Stimmrechtsschwelle von 10 % eine Pflicht vor, die mit dem Erwerb der Stimmrechte verfolgten Ziele und die Herkunft der für den Erwerb verwendeten Mitteln innerhalb von 20 Handelstagen nach Erreichen oder Überschreiten dieser Schwellen mitzuteilen. Auch Änderungen der mitgeteilten Ziele sind innerhalb von 20 Handelstagen mitzuteilen.

Die mitzuteilenden Informationen sind in § 27a Abs. 1 S. 3 WpHG (Ziele) und S. 4 (Mittelherkunft) abschließend[238] aufgeführt.

a) Inhalt der Mitteilung

Hinsichtlich der mit dem Erwerb der Stimmrechte verfolgten Ziele hat der Meldepflichtige anzugeben, ob

- die Investition der Umsetzung strategischer Ziele oder der Erzielung von Handelsgewinnen dient,
- er innerhalb der nächsten zwölf Monate weitere Stimmrechte durch Erwerb oder auf sonstige Weise zu erlangen beabsichtigt,
- er eine Einflussnahme auf die Besetzung von Verwaltungs-, Leitungs- und Aufsichtsorganen des Emittenten anstrebt und
- er eine wesentliche Änderung der Kapitalstruktur der Gesellschaft, insbesondere im Hinblick auf das Verhältnis von Eigen- und Fremdfinanzierung und die Dividendenpolitik anstrebt.

Die Aufzählung dieser Ziele ist abschließend.[239] Es genügt dementsprechend die Wiederholung des Gesetzeswortlauts in der Mitteilung.

Strategische Ziele sind mittel- oder langfristig zu erreichende, das Gesamtunternehmen oder bedeutende Geschäftsfelder betreffende Absichten. Sie können auch auf die Veräußerung der Beteiligung nach Umbau oder Sanierung des Unternehmens gerichtet sein.[238] Für die Möglichkeit der Umsetzung strategischer Ziele reicht es aus, wenn der Meldepflichtige entweder nur die Absicht hat, in einzelnen Beziehungen Einfluss zu nehmen, oder wenn er sich mit einer Abhängigkeit i.S.v. § 17 AktG begnügt.[240] Die Erzielung von Handelsgewinnen ist demgegenüber angestrebt, wenn die Beteiligung – abhängig von der Kursentwicklung – zur jederzeitigen Veräußerung oder zum Kauf von Anteilen genutzt werden soll und der Meldepflichtige sich auf die Ausübung der aktienrechtlichen Mitverwaltungsrechte beschränkt und seine Interesse nur in der Dividende und der Kurssteigerung liegt.[241]

---

236 *Assmann/Schneider* WpHG § 27 Rn. 1; Fuchs/*Dehlinger/Zimmermann* WpHG § 27 Rn. 2.
237 Eingehend KölnKomm-WpHG/*Hirte* § 27 Rn. 33 ff.
238 *Schwark/Zimmer* KMRK § 27a WpHG Rn. 5.
239 *BaFin* Emittentenleitfaden VIII.2.10.
240 *Assmann/Schneider* WpHG § 27a Rn. 13.
241 *Assmann/Schneider* WpHG § 27a Rn. 14; *Schwark/Zimmer* KMRK § 27a WpHG Rn. 5.

146 Hinsichtlich der Herkunft der verwendeten Mittel hat der Meldepflichtige anzugeben, ob es sich um Eigen- oder Fremdkapital handelt, das der Meldepflichtige zur Finanzierung des Erwerbs der Stimmrechte aufgenommen hat. Im Falle der gemischten Finanzierung ist der jeweilige Anteil der Finanzierungsformen an der Gesamtfinanzierung anzugeben.[242]

b) Ausnahmen von der Mitteilungspflicht

147 Das Gesetz bestimmt verschiedene Ausnahmen von der Mitteilungspflicht. So besteht eine Mitteilungspflicht gem. § 27a Abs. 1 S. 5 WpHG nicht, wenn der Schwellenwert von 10 % der Stimmrechte aufgrund eines Angebots i.S.v. § 2 Abs. 1 WpÜG erreicht oder überschritten wurde. Denn in diesen Fällen sind die entsprechenden Angaben bereits in der notwendigen Angebotsunterlage nach § 11 WpÜG enthalten. Die Mitteilungspflicht besteht außerdem gem. § 27a Abs. 1 S. 6 WpHG nicht für Kapitalverwaltungsgesellschaften sowie ausländische Verwaltungsgesellschaften und Investmentgesellschaften im Sinne der OGAW-Richtlinie[243], sofern eine Anlagegrenze von 10 % oder weniger festgelegt worden ist. Eine Mitteilungspflicht besteht auch dann nicht, wenn eine Art. 57 Abs. 1 S. 1 und Abs. 2 der OGAW-Richtlinie entsprechende zulässige Ausnahme bei der Überschreitung von Anlagegrenzen vorliegt. Art. 56 Abs. 1 S. 1 der OGAW-Richtlinie wird durch § 210 Abs. 2 KAGB i.d.S. umgesetzt, sodass die hierunter fallenden Gesellschaften befreit sind. Art. 57 Abs. 1 S. 1 und Abs. 2 der OGAW-Richtlinie werden durch § 211 Abs. 1 und 2 KAGB umgesetzt, wonach die Gesellschaften auch bei kurzfristiger Überschreitung der Anlagegrenze von der Meldepflicht befreit sind.[244]

148 Außerdem kann die Satzung eines Emittenten mit Sitz im Inland gem. § 27a Abs. 3 WpHG vorsehen, dass Abs. 1 keine Anwendung findet. Die relevante Satzungsbestimmung muss sich auf sämtliche nach Abs. 1 erforderlichen Angaben beziehen.[245] Soweit der Emittent seinen Gründungssitz im Ausland hat, Herkunftsstaat jedoch die Bundesrepublik Deutschland ist, kann die Satzung entsprechend gestaltet werden.

B. Pflichten des Emittenten

I. Veröffentlichungspflicht

149 Um die kapitalmarktrechtliche Beteiligungstransparenz zu verwirklichen, enthält § 26 WpHG Publikationspflichten des Emittenten im Zusammenhang mit ihm zugegangenen Stimmrechtsmitteilungen, aber auch in Bezug auf eigene Aktien. Die Vorschrift sieht die Veröffentlichung von Stimmrechtsmitteilungen durch den Emittenten sowie die Übermittlung an das Unternehmensregister vor.

150 Adressat der Veröffentlichungs- und Übermittlungspflicht ist ausschließlich der Inlandsemittent von Aktien im Sinne des § 2 Abs. 7 i.V.m. § 21 Abs. 2 WpHG. Dies sind:
– Emittenten mit Sitz im Inland, deren Aktien zum Handel an einem organisierten Markt im Inland oder in einem anderen EU-Mitgliedsstaat oder Vertragsstaat des EWR zum Handel zugelassen sind (mit Ausnahme von Emittenten, deren Aktien nicht im Inland, sondern lediglich in einem anderen EU-Mitgliedsstaat oder Vertragsstaat des EWR zum Handel zugelassen sind), und

---

242 *BaFin* Emittentenleitfaden VIII.2.10.
243 RL 2009/65/EG des Europäischen Parlaments und des Rates vom 13.7.2009, ABlEG Nr. L 203/32.
244 Vgl. *BaFin* Emittentenleitfaden VIII.2.10.
245 *Schwark/Zimmer* KMRK § 27a WpHG Rn. 13.

– Emittenten mit Sitz in einem anderen EU-Mitgliedsstaat oder Vertragsstaat des EWR, deren Aktien nur im Inland zum Handel an einem organisierten Markt zugelassen sind.[246]

1. Veröffentlichung von Mitteilungen

Der Inlandsemittent hat Informationen aus Stimmrechtsmitteilungen nach § 21 Abs. 1 S. 1, Abs. 1a und § 25 Abs. 1 S. 1 WpHG oder nach entsprechenden Vorschriften anderer EU-Mitgliedsstaaten oder anderer EWR-Vertragsstaaten gem. § 26 Abs. 1 S. 1 WpHG zu veröffentlichen. Nimmt die Gesellschaft von Beteiligungsveränderungen auf sonstige Weise – also außerhalb von Stimmrechtsmitteilungen nach §§ 21 ff. WpHG – Kenntnis, löst dies die Veröffentlichungspflicht nach § 26 WpHG nicht aus.[247] Strittig ist, ob der Emittent berechtigt ist, eine Stimmrechtsveränderung, von der er auf andere Weise Kenntnis erlangt hat, zu veröffentlichen.[248]

151

Die Verpflichtung des Emittenten, eine Stimmrechtsmitteilung innerhalb der gesetzlichen Frist zu veröffentlichen, setzt voraus, dass die ihm zugegangene Mitteilung zur Veröffentlichung geeignet ist. Grundsätzlich müssen daher alle gesetzlichen Pflichtangaben enthalten sein. Unvollständige Mitteilungen sind nach h.M. zu veröffentlichen, wenn der Meldepflichtige innerhalb der Veröffentlichungsfrist die fehlende Pflichtangabe nachgetragen hat.[249] Auch wenn in der Mitteilung die gem. § 17 Abs. 1 Nr. 2 WpAIV aufzunehmende Anschrift des Meldepflichtigen fehlt, entsteht die Veröffentlichungspflicht nicht, da die Anschrift ein Nachweis der Authentizität der Stimmrechtsmitteilung ist.[250] Strittig ist in diesem Zusammenhang, ob der Emittenten eine Informationsbeschaffungspflicht hat, den mitteilungspflichtigen Aktionär also anhalten muss, die fehlenden Informationen nachzumelden.[251]

152

a) Inhalt der Veröffentlichung

Auf Grundlage der Verordnungsermächtigung in § 26 Abs. 3 Nr. 1 WpHG wird näheres zur Art und Weise der Veröffentlichung in der WpAIV geregelt. Diese bestimmt in § 19 den Inhalt der Veröffentlichung. Hiernach muss die Veröffentlichung grundsätzlich alle Angaben der Stimmrechtsmitteilung enthalten. Allerdings ist der Meldepflichtige nur mit Namen und Wohnsitzstaat, bei juristischen Personen mit Namen, Sitz und Sitzstaat anzugeben.[252]

153

Abweichungen vom Mitteilungstext oder den Angaben aus dem verwendeten Formmitteilungsblatt sollten nur nach Rücksprache mit der BaFin erfolgen, auch wenn die Mitteilung offensichtlich fehlerhaft ist.[253]

154

Gehen dem Inlandsemittenten mehrere Stimmrechtsmitteilungen zu, so ist die Zusammenfassung in einer Veröffentlichung grundsätzlich möglich und insbesomdere bei Konzernsachverhalten sogar erwünscht. Voraussetzung ist allerdings, dass die Mitteilungen zumin-

155

---

246 Näher zum Begriff des Inlandsemittenten *BaFin* Emittentenleitfaden IV.2.1.1.
247 Fuchs/*Dehlinger/Zimmermann* WpHG § 26 Rn. 18; *Janert* BB 2004, 169, 170 ff.
248 Dagegen: Fuchs/*Dehlinger/Zimmermann* WpHG § 26 Rn. 18; *Schwark/Zimmer* KMRK § 26 WpHG Rn. 8; dafür: *Assmann/Schneider* WpHG § 26 Rn. 7; KölnKomm-WpHG/*Hirte* § 25 Rn. 26; *Janert* BB 2004, 169, 170.
249 Fuchs/*Dehlinger/Zimmermann* WpHG § 26 Rn. 5; wohl auch *Assmann/Schneider* WpHG § 26 Rn. 14; weitergehend KölnKomm-WpHG/*Hirte* § 25 Rn. 28, der eine Veröffentlichungspflicht bereits dann annimmt, wenn jedenfalls die „zentralen Angaben" vorliegen.
250 Fuchs/*Dehlinger/Zimmermann* WpHG § 26 Rn. 6.
251 Für eine solche Pflicht: *Assmann/Schneider* WpHG § 26 Rn. 14; dagegen: Fuchs/*Dehlinger/Zimmermann* WpHG § 26 Rn. 6; *Janert* BB 2004, 169, 170.
252 Vgl. das Formulierungsbeispiel bei *BaFin* Emittentenleitfaden VIII.3.2.1.2.
253 *BaFin* Emittentenleitfaden VIII.3.2.1.2.

dest in einem sachlichen Zusammenhang stehen.[254] Genannt werden etwa die Fälle, in denen ein Aktionär seine Beteiligung auf einen Dritten überträgt, sodass sowohl der abgebende als auch der übernehmende Aktionär im Falle einer Schwellenberührung mitteilungspflichtig sind. Entsprechendes gilt für mehrere Mitteilungen, die aufgrund derselben Kapitalmaßnahme abgegeben werden.[254]

156 Erläuternde Hinweise oder ergänzende Informationen im Veröffentlichungstext durch den Inlandsemittenten sind grundsätzlich unzulässig. Sollte der Emittenten solche Hinweise oder Informationen veröffentlichen wollen, muss er das Mittel seiner Website oder einer Pressemitteilung wählen.[254]

b) Art der Veröffentlichung

157 Gem. § 20 i.V.m. § 3a Abs. 1 S. 1 WpAIV sind Stimmrechtsmitteilungen zur Veröffentlichung einem Medienbündel mit dem Ziel der aktiven europaweiten Verbreitung zuzuleiten. Bei der Übersendung an die Medien hat der Inlandsemittent folgende Angaben zu machen: [254]
– Name und Anschrift des veröffentlichungspflichtigen Emittenten,
– Tag und Uhrzeit der Übersendung,
– Ziel, die Information als eine vorgeschriebene Information europaweit zu verbreiten,
– Schlagwort als Überschrift:
  – *„Veröffentlichung einer Mitteilung gem. § 26 Abs. 1 S. 1 WpHG"* oder
  – *„Veröffentlichung einer Mitteilung gem. § 26 Abs. 1 S. 2 WpHG (eigene Aktien)"*.

158 Bei der Wahl der Medienarten, dem die Veröffentlichung zugeleitet wird, hat der Emittent nach der Gesetzesbegründung zu berücksichtigen: [255]
– elektronisch betriebene Informationsverbreitungssysteme,
– Nachrichtenagenturen,
– News-Provider,
– Print-Medien und
– Internetseiten für den Finanzmarkt.

Nach dem von der BaFin vorgegebenen Mindeststandard muss ein angemessenes Medienbündel mindestens enthalten:
– alle fünf in der Gesetzesbegründung genannten Medienarten,
– pro Medienart ein Medium.

Davon muss mindestens ein Medium eine aktive europaweite Verbreitung ermöglichen können. Die einzelnen Medien müssen die Information außerdem zumindest auch in dem Land verbreiten können, in dem die Aktien des Emittenten börsenzugelassen sind.[256] Im Übrigen richten sich die Auswahl der Medienarten und die Anzahl der jeweiligen Medienart nach den Umständen des Einzelfalls. Zu berücksichtigen sind insbesondere Zahl und Ort der Börsenzulassungen im europäischen In- und Ausland sowie die Aktionärsstruktur.[256]

159 Der Emittent erfüllt seine Veröffentlichungspflicht mit der Weiterleitung der Informationen an die Medien. Eine weitergehende Pflicht zur Sicherstellung einer tatsächlichen Publikation in diesen Medien trifft den Emittenten nicht.[257] Gleichwohl hat der Emittent bei Zuleitung der zur Veröffentlichung bestimmten Mitteilung an die Medien gewisse Sorgfaltspflichten zu erfüllen, die gleichsam Voraussetzung für die befreiende

---

254 *BaFin* Emittentenleitfaden VIII.3.2.1.2.
255 Begr. RegE BT-Drucks. 16/2498, S. 49.
256 *BaFin* Emittentenleitfaden VIII.3.2.1.3.1.
257 Fuchs/*Dehlinger/Zimmermann* WpHG § 26 Rn. 11; *Hutter/Kaulamo* NJW 2007, 550, 555.

Wirkung sind. Neben den inhaltlichen Anforderungen gehören hierzu in technischer Hinsicht gem. § 3a Abs. 2 S. 1 Nr. 2 WpAIV:
- die sichere Identifizierbarkeit des Absenders,
- der hinreichende Schutz gegen unbefugte Zugriffe oder Veränderungen der Daten,
- die Vertraulichkeit und Sicherheit der Übersendung und
- die Möglichkeit, Übertragungsfehler oder -unterbrechungen unverzüglich zu beheben.

Die BaFin sieht eine Übermittlung per Telefax an die Medien als grundsätzlich geeignet an, die vorgenannten technischen Kriterien zu erfüllen. Die Versendung unverschlüsselter E-Mails oder die Versendung von E-Mails über ungesicherte Verbindungen genügt demgegenüber nicht. Eine elektronische Übermittlung erfordert vielmehr weitere geeignete Maßnahmen zur sicheren Identifizierung des Absenders, zur sicheren Verbindung und Übertragung.[258]

Gem. § 3a Abs. 4 WpAIV kann sich der Emittent der Hilfe eines Dritten bedienen, beispielsweise eines sog. Service Providers. Diese bieten z.T. sogar die Möglichkeit an, dass der Inlandsemittent über vorformulierte Eingabemasken den Veröffentlichungstext zusammenstellt. Bei der Einbindung solcher Service Provider bleibt der Emittent allerdings für die Erfüllung seiner Veröffentlichungspflichten verantwortlich.[259] Außerdem ist bei der Verwendung von Eingabemasken besondere Sorgfalt walten zu lassen, da diese angesichts der Vorgaben fehleranfällig sind, und zwar insbesondere bei komplizierten Mitteilungen (z.B. mehreren verschiedenen Zurechnungstatbeständen) oder bei der Veröffentlichung mehrerer Mitteilungen.[260]

160

Noch nach Übermittlung des Veröffentlichungstextes an das Medienbündel muss der Emittent gem. § 3a Abs. 3 WpAIV sechs Jahre lang in der Lage sein, folgende Informationen auf Anforderung der BaFin zur Verfügung zu stellen:
- Person, die die Mitteilung an die Medien gesandt hat,
- die für die Übersendung an die Medien verwandten Sicherheitsmaßnahmen,
- Tag und Uhrzeit der Übersendung an die Medien,
- das Mittel der Übersendung an die Medien und
- ggf. alle Daten zu einer Verzögerung der Veröffentlichung.

161

c) Sprache der Veröffentlichung

Die Sprache der Veröffentlichung bestimmt sich nach § 3b i.V.m. § 20 WpAIV:

162

Herkunftsstaat	Zulassung	Sprache
Bundesrepublik Deutschland	Inland	Deutsch
Bundesrepublik Deutschland	Inland und EU/EWR	Deutsch oder Englisch **und** in einer vom anderen EU-/EWR-Staat akzeptierten Sprache oder Englisch[261]
EU/EWR	Inland (§ 2 Abs. 7 Nr. 2 WpHG)	Deutsch oder Englisch (§ 3b Abs. 3 S. 1 WpAIV)
Inland	EU-/EWR-Mitgliedsstaaten	Eine vom anderen EU-/EWR-Staat akzeptierten Sprache oder Englisch; zusätzlich ist Deutsch möglich (§ 3b Abs. 3 S. 2 WpAIV)
EU-/EWR-Ausland		Englisch oder freiwillig Deutsch (§ 3b Abs. 1 WpAIV)

---

258 *BaFin* Emittentenleitfaden VIII.3.2.1.3.2.
259 *BaFin* Emittentenleitfaden VIII.3.2.1.3.4.
260 *BaFin* Emittentenleitfaden VIII.3.2.1.2.
261 D.h. die Veröffentlichung kann zweisprachig oder nur in Englisch vorgenommen werden.

163 Abweichend von der allgemeinen Sprachregelung in § 3b WpAIV kann der Inlandsemittent eine Mitteilung, die in englischer Sprache erfolgt ist, gem. § 20 WpAIV auch ausschließlich in englischer Sprache veröffentlichen.

d) Veröffentlichungsfrist

164 Die Veröffentlichung der dem Emittenten zugegangenen Stimmrechtsmitteilungen hat gem. § 26 Abs. 1 S. 1 WpHG unverzüglich, d.h. gem. § 121 BGB ohne schuldhaftes Zögern zu erfolgen. Spätestens hat die Veröffentlichung jedoch drei Handelstage nach Zugang zu erfolgen. Die Frist bemisst sich nach § 30 WpHG und §§ 187, 188 BGB.[262] Sie beginnt daher mit dem Handelstag, der dem Tag des Zugangs nachfolgt; der Tag des Zugangs wird also nicht mitgerechnet.[263] Für die Berechnung der Veröffentlichungsfristen gelten als Handelstage gem. § 30 Abs. 1 WpHG alle Kalendertage, die nicht Sonnabende, Sonntage oder zumindest in einem Bundesland landeseinheitliche gesetzlich anerkannte Feiertage sind. Die BaFin hat zur Berechnung der First einen Kalender der Handelstage gem. § 30 WpHG eingestellt.[264]

165 Die Pflicht zum unverzüglichen Handel macht deutlich, dass der maximale Erfüllungszeitraum für die Veröffentlichungspflicht nicht ausgeschöpft werden darf, wenn keine besonderen Umstände die Verzögerung rechtfertigen. Anders als bei der Frist zur Abgabe der Stimmrechtsmitteilung durch den Meldepflichtigen können daher Schwierigkeiten bei der Erfassung und rechtlichen Beurteilung eines Sachverhalts ein Hinausschieben der Veröffentlichung durch den Emittenten nicht rechtfertigen. Nur dann, wenn Stimmrechtsmitteilungen offensichtliche Schreibfehler oder – nach sicherer Kenntnis des Emittenten – andere inhaltliche Fehler enthalten, kann er zunächst beim Meldepflichtigen oder der BaFin anregen, den Fehler zu korrigieren. Sofern keine berichtigte Mitteilung des Meldepflichtigen bei der Gesellschaft eingeht, ist die Veröffentlichung innerhalb des Erfüllungszeitraums gleichwohl vorzunehmen.[262]

2. Veröffentlichungspflichten bei eigenen Aktien

166 Hält der Emittent eigene Aktien, so hat er keine Stimmrechtsmitteilung nach §§ 21 f. WpHG abzugeben. Im Hinblick auf die gewünschte Beteiligungstransparenz hat er gleichwohl gem. § 26 Abs. 1 S. 2 WpHG eine Erklärung zu veröffentlichen, deren Inhalt sich nach § 21 Abs. 1 S. 1 WpHG bestimmt, wenn er in Bezug auf eigene Aktien entweder selbst oder über eine in eigenem Namen, aber für seine Rechnung handelnde Person die Schwellen von 5 % oder 10 % durch Erwerb, Veräußerung oder auf sonstige Weise erreicht, überschreitet oder unterschreitet. Ist für den Emittenten die Bundesrepublik Deutschland Herkunftsstaat, ist außerdem die Schwelle von 3 % maßgeblich.

167 Als eigene Aktien im Sinne dieser Regelung gelten nicht nur solche Aktien, die der Inlandsemittent unmittelbar hält, sondern auch solche, die über eine im eigenen Namen, aber für Rechnung des Emittenten handelnde Person gehalten werden. § 26 Abs. 1 S. 2 WpHG erfasst hingegen nicht solche Aktien, die ein vom Emittenten abhängiges oder im Mehrheitsbesitz stehendes Unternehmen hält und die deshalb im aktienrechtlichen Sinne nach § 71d AktG als eigene Aktien gelten. Für solche Aktien besteht damit keine Veröffentlichungspflicht, auch wenn die BaFin eine freiwillige Einbeziehung dieser Aktien und abschließende Veröffentlichung für wünschenswert hält.[265] Bezieht der Emittent solche

---

262 Fuchs/*Dehlinger*/*Zimmermann* WpHG § 26 Rn. 17.
263 *BaFin* Emittentenleitfaden VIII.3.2.1.1.
264 www.bafin.de → Aufsicht → Börsen und Märkte → Transparenzpflichten → Bedeutende Stimmrechtsanteile → Kalender der Handelstage.
265 *BaFin* Emittentenleitfaden VIII.3.2.1.6.

Aktien jedoch in eine Veröffentlichung ein, so hat auch in den nachfolgenden Veröffentlichungen eine Einbeziehung dieser Aktien zu erfolgen.[266]

Entsprechendes gilt, wenn Aktien über Dritte oder Tochterunternehmen gehalten werden. Diese Anteile gelten in der Veröffentlichung nicht als nach § 22 Abs. 1 S. 1 Nr. 1 oder Nr. 2 WpHG zurechenbar. Gleichwohl kann das Halten von eigenen Aktien über Dritte oder Tochterunternehmen in der Veröffentlichung offengelegt werden.[267] **168**

Für die Veröffentlichungspflichten spielt keine Rolle, ob der Erwerb eigener Aktien aktienrechtlich nach §§ 71 ff. AktG zulässig war.[268] **169**

3. Übermittlungs- und Mitteilungspflichten

a) Übermittlung an das Unternehmensregister

Gem. § 26 Abs. 1 S. 1 HS 2 WpHG hat der Inlandsemittent die veröffentlichungspflichtigen Informationen – zusätzlich zur Veröffentlichung – unverzüglich dem Unternehmensregister i.S.v. § 8b HGB zur Speicherung zu übermitteln. Die Übermittlung zur Speicherung darf jedoch nicht vor der Veröffentlichung erfolgen. Die Pflicht zur Übermittlung ergibt sich bereits aus § 8b Abs. 2 Nr. 9, Abs. 3 S. 1 Nr. 2 HGB; § 26 Abs. 1 S. 1 HS 2 WpHG hat daher lediglich im Hinblick auf die zeitlichen Vorgaben eigenständige Bedeutung.[269] **170**

b) Mitteilung gegenüber der BaFin

Gleichzeitig mit der Veröffentlichung nach § 26 Abs. 1 S. 1 und 2 WpHG hat der Emittent diese nach § 26 Abs. 2 WpHG der BaFin mitzuteilen. Dem Erfordernis der Gleichzeitigkeit wird genügt, wenn der Inlandsemittent die Mitteilung spätestens im unmittelbaren Anschluss an die Veröffentlichung vornimmt.[270] **171**

Es ist nicht mehr erforderlich, der BaFin einen Beleg über die tatsächlich erfolgte Veröffentlichung zukommen zu lassen. Die Mitteilung muss aber gem. § 21 i.V.m. § 3c WpAIV den Veröffentlichungstext, die Medien, an die der Veröffentlichungstext gesandt wurde, sowie den genauen Zeitpunkt der Versendung an die Medien enthalten. **172**

Die Mitteilung an die BaFin kann abweichend von der Mitteilung des Meldepflichtigen, die nur per Post oder per Telefax erfolgen kann, auch per E-Mail bewirkt werden. Die BaFin hat hierfür die E-Mail-Adresse WA12@bafin.de zur Verfügung gestellt.[271] **173**

4. Korrekturveröffentlichungen

War eine Mitteilung fehlerhaft und wurde eine Korrektur-Mitteilung abgegeben oder wurde eine richtige Mitteilung durch den Inlandsemittenten fehlerhaft veröffentlicht, so ist i.d.R. eine Korrekturveröffentlichung durch den Inlandsemittenten erforderlich. Dies gilt insbesondere bei Abweichungen von melderelevanten Angaben, zu denen etwa gehören:[272] **174**
- Datum der Schwellenberührung,
- prozentualer und absoluter Anteil an Stimmrechten,
- Namen der meldepflichtigen Person und
- Benennung des Zurechnungstatbestandes.

---

266 *BaFin* Emittentenleitfaden VIII.3.2.1.6.
267 Vgl. das Formulierungsbeispiel bei *BaFin* Emittentenleitfaden VIII.3.2.1.6.
268 Fuchs/*Dehlinger/Zimmermann* WpHG § 26 Rn. 21.
269 BT-Drucks. 16/2498, 37.
270 *BaFin* Emittentenleitfaden VIII.3.2.3; vgl. auch BT-Drucks. 16/2498, 38.
271 *BaFin* Emittentenleitfaden VIII.3.2.3.
272 *BaFin* Emittentenleitfaden VIII.3.2.1.5.

175 Korrekturveröffentlichungen sind als solche mit der Überschrift „*Korrektur einer Veröffentlichung gem. § 26 Abs. 1 WpHG*" zu kennzeichnen.[273] Aus der Überschrift oder aus dem Veröffentlichungstext muss sich des Weiteren das Datum der Veröffentlichung, die korrigiert wird, ergeben, da die fehlerhafte Veröffentlichung nicht aus dem Unternehmensregister gelöscht wird. Alsdann muss die Korrekturveröffentlichung den vollständigen und korrekten Veröffentlichungstext enthalten. Die Veröffentlichung lediglich der Einzel-Angabe, die korrigiert wird, genügt nicht. Umgekehrt muss im Veröffentlichungstext allerdings nicht hervorgehoben werden, welche konkrete Angabe korrigiert wird.[273]

II. Verhältnis zu sonstigen Publizitätspflichten

1. Ad-hoc-Pflicht und Directors' Dealings

176 Neben den Pflichten zur Mitteilung und Veröffentlichung bedeutender Stimmrechtsveränderungen enthalten weitere Rechtsvorschriften für Emittenten Pflichten zur Kapitalmarkttransparenz und -kommunikation. Zu nennen sind insbesondere die Pflicht zur Ad-hoc-Publizität nach § 15 WpHG und die Pflicht zur Offenlegung von Directors' Dealings gem. § 15a WpHG.

177 Die Mitteilungs- und Veröffentlichungspflichten aus §§ 21 ff. WpHG stellen keine der Ad-hoc-Publizität vorrangigen oder sie sogar ersetzende Transparenzvorschriften dar.[274] Eine früher vertretene Auffassung, wonach die §§ 21 WpHG die Pflicht zur Ad-hoc-Publizität verdrängen,[275] ist spätestens mit Inkrafttreten des zweiten Finanzmarktförderungsgesetzes obsolet.[276] Damit muss der Emittent im Falle von Stimmrechtsmitteilungen jeweils zusätzlich prüfen, ob eine Insiderinformation vorliegt, die nach § 15 WpHG ad hoc oder nach § 15a WpHG als Directors' Dealings zu veröffentlichen ist.[277] Die Pflicht zur Publikation von Ad-hoc-Mitteilungen kann für den Emittenten oder – sofern er selbst der Ad-hoc-Publizitätspflicht unterliegt – für den Beteiligungserwerber oder -veräußerer neben der Pflicht zu Stimmrechtsmitteilungen bzw. zur Veröffentlichung von Stimmrechtsmitteilungen bestehen.

178 Besonderes Augenmerk ist in diesem Zusammenhang darauf zu richten, dass der Geltungsbereich der Beteiligungstransparenzvorschriften nicht vollständig mit dem Anwendungsbereich der Regeln zur Ad-hoc-Publizität deckungsgleich ist. In der Praxis sind die meisten mitteilungspflichtigen Stimmrechtsveränderungen nicht gleichzeitig auch ad hoc bekannt zu geben.[278] Umgekehrt sind Beteiligungsveränderungen denkbar, die ad-hoc-publizitätspflichtig sind, ohne gleichzeitig aber die Voraussetzungen der §§ 21 ff. WpHG zu erfüllen, weil sie Auswirkungen rechtlicher oder tatsächlicher Art auf den Emittenten haben.[279]

179 Denkbar sind auch Fälle, in denen die Mitteilungs- und Veröffentlichungspflichten aus §§ 15 und 15a WpHG kumulativ mit den Mitteilungs- und Veröffentlichungspflichten aus §§ 21 ff. WpHG entstehen, wenn beispielsweise ein Organmitglied mit seinen Wertpapiergeschäften eine der in § 21 Abs. 1 S. 1 WpHG genannten Schwellen berührt und zugleich das in § 15a Abs. 1 S. 5 WpHG festgesetzte Volumen überschreitet.[279] Ad-hoc-Relevanz erhält eine solche Transaktion beispielsweise, wenn sich ein prägendes Vor-

---

273 *BaFin* Emittentenleitfaden VIII.3.2.1.5.
274 Vgl. *BaFin* Emittentenleitfaden IV.2.2.8.
275 *Gehrt* Die neue Ad-hoc-Publizität nach § 15 WpHG, S. 140.
276 Fuchs/*Dehlinger/Zimmermann* WpHG vor §§ 21–30 Rn. 32.
277 Zu den Voraussetzungen vgl. 4. und 5. Kap.
278 *Fiedler* Mitteilungen über Beteiligungen S. 61 ff.
279 Fuchs/*Dehlinger/Zimmermann* WpHG vor §§ 21–30 Rn. 33.

standsmitglied (z.B. Vorstandsvorsitzender) endgültig auch durch den Verkauf seiner Beteiligung aus dem Unternehmen löst.

Auch Verhaltensabstimmungen i.S.v. § 22 Abs. 2 S. 2 WpHG stellen in beiden Alternativen grundsätzlich Tatsachen im Sinne des Insiderrechtes dar.[280] Erwerben Aktionäre zeitlich nach einer nicht öffentlich bekannten Verständigung im Sinne der Zurechnungsvorschrift weitere Aktien des Emittenten oder Finanzinstrumente i.S.v. § 25 WpHG, kann deshalb u.U. ein Insidergeschäft i.S.v. § 14 WpHG vorliegen.[280] **180**

Bei gleichzeitiger Anwendung mehrerer kapitalmarktrechtlicher Transparenzvorschriften ist sorgfältig auch der Zeitpunkt der Veröffentlichungspflicht zu prüfen: Während § 21 Abs. 1 WpHG an das dingliche Geschäft anknüpft, ist für die Mitteilungspflicht nach § 15a WpHG das Verpflichtungsgeschäft entscheidend.[281] Die Pflicht zur Ad-hoc-Publizität kann möglicherweise bereits zu einem noch früheren Zeitpunkt eintreten. **181**

2. Publizitätspflichten in Bezug auf eigene Aktien

Bei Aktienrückkaufprogrammen und Kursstabilisierungsmaßnahmen kann es neben einer Veröffentlichung nach § 26 Abs. 1 S. 2 WpHG in Folge der Inanspruchnahme der sog. Safe-Harbour-Regelung der §§ 14 Abs. 2, 20a Abs. 3 WpHG zu weiteren Veröffentlichungen über den Bestand eigener Aktien kommen.[282] Diese ergeben sich insbesondere aus der Durchführungsverordnung zur Marktmanipulationsrichtlinie.[283] **182**

III. Veröffentlichung der Gesamtzahl der Stimmrechte

Damit die nach §§ 21 ff. WpHG Meldepflichtigen ihren Stimmrechtsanteil berechnen können, ohne die hierfür benötigte Gesamtzahl der Stimmrechte selbst ermitteln zu müssen, haben Inlandsemittenten gem. § 26a WpHG die Gesamtzahl der Stimmrechte am Ende jedes Kalendermonats, in dem es zu einer Zu- oder Abnahme von Stimmrechten gekommen ist, zu veröffentlichen. Beispiele für Stimmrechtsveränderungen sind **183**

– Kapitalerhöhungen und Kapitalherabsetzungen,
– Einzug von (eigenen) Aktien,
– das Aufleben von Stimmrechten bei Vorzugsaktien.

Die Meldepflichtigen dürfen gem. § 17 Abs. 5 WpAIV die nach § 26a WpHG veröffentlichte Gesamtstimmrechtszahl zugrunde legen. **184**

1. Berechnung der Gesamtzahl der Stimmrechte

Bei der Berechnung der Gesamtzahl der Stimmrechte sind sämtliche stimmberechtigten Aktien zu berücksichtigen. Hierzu gehören primär Stammaktien. Vorzugsaktien sind üblicherweise stimmrechtslos und damit für die Berechnung der Gesamtzahl der Stimmrechte nicht zu berücksichtigen. Nur wenn und solange die Stimmrechte in Folge ihres Auflebens nach § 140 Abs. 2 S. 1 AktG bestehen, sind sie in die Gesamtzahl der Stimmrechte einzurechnen.[284] **185**

---

280 *Schwark/Zimmer* KMRK § 22 WpHG Rn. 35.
281 *BaFin* Emittentenleitfaden, Juli 2005, S. 79.
282 Fuchs/*Dehlinger/Zimmermann* WpHG § 26 Rn. 21
283 VO EG Nr. 2273/2003 der Kommission vom 22.12.2003, AB1EU Nr. L 336/33 ff.; RL 2003/6/EG des Europäischen Parlaments und des Rates vom 28.6.2003 über Insidergeschäfte und Marktmanipulation, AB1EU Nr. L 96/16 ff. vom 12.4.2003.
284 Fuchs/*Dehlinger/Zimmermann* WpHG § 26a Rn. 5

186 Bei bedingtem Kapital kommt es mit Ausgabe der stimmberechtigten Aktien gem. § 200 AktG zu einer Erhöhung des Gesamtbestands der Stimmrechte; die Umtausch- und Bezugsrechte auf diese Aktien sind unbeachtlich.[285] Die Ausgabe von Bezugsaktien aus bedingtem Kapital und die damit verbundene Erhöhung des Grundkapitals gilt grundsätzlich erst mit Einbuchen im Depot des Bezugsberechtigten als erfolgt. Da dem Emittenten in der Regel das genaue Datum nicht bekannt ist, der Abrechnungszyklus üblicherweise aber zwei Börsentage beträgt, darf der Emittent aus Praktikabilitätsgründen bereits mit der Anweisung an sein beauftragtes Institut, die Bezugsaktien beim Berechtigtem einzubuchen, von der Erhöhung des Grundkapitals ausgehen.[286]

187 Die Gesamtzahl der Stimmrechte wird abstrakt berechnet. Ausübungsbeschränkungen einzelner Aktionäre sind nicht zu beachten. Auch ist die Nichtausübung von Stimmrechten durch Aktionäre unbeachtlich. Gleiches gilt für Ausübungssperren bei eigenen Aktien gem. § 71b, 71d S. 4 AktG.[287] Auch Verbote der Stimmrechtsausübung nach § 136 AktG sowie Stimmrechtsverlust nach § 28 WpHG oder § 59 WpÜG sind unmaßgeblich für die Berechnung der Gesamtstimmrechtszahl.[288]

2. Veröffentlichung nach § 26 WpHG

188 Im Falle von Stimmrechtsänderungen hat der Emittent die Gesamtzahl der Stimmrechte in der in § 26 Abs. 1 S. 1 WpHG, auch i.V.m. der WpAIV, vorgesehenen Weise zu veröffentlichen.[289] Gleichzeitig ist der BaFin entsprechend § 26 Abs. 2 WpHG i.V.m. der WpAIV die Veröffentlichung mitzuteilen.[290] Gemäß § 26a S. 2 WpHG hat der Emittent die Information außerdem unverzüglich, jedoch nicht vor ihrer Veröffentlichung dem Unternehmensregister i.S.v. § 8b HGB zur Speicherung zu übermitteln.[291]

189 Die Veröffentlichung hat folgende Angaben zu enthalten:
– Höhe der Gesamtzahl der Stimmrechte und
– Angabe „zum Ende des Monats [*Monat*]".[292]

Freiwillig kann das Wirksamwerden der Veränderung angegeben werden. In diesem Fall ist aber darauf zu achten, dass der Zeitpunkt der Veröffentlichung und der Zeitpunkt des Wirksamwerdens der Veränderung strikt auseinander gehalten werden: Die Veröffentlichung hat immer am Ende des Monats, in dem es zu einer Änderung gekommen ist, zu erfolgen. Demgegenüber richtet sich das Datum des Wirksamwerdens der Änderung nach den aktienrechtlichen Vorschriften.[293]

190 Die Veröffentlichung hat jeweils am Ende derjenigen Kalendermonate zu erfolgen, in denen sich die Gesamtzahl der Stimmrechte verändert. Als Ende des Kalendermonats ist grundsätzlich der letzte Kalendertag des Monats anzusehen. Eine Veröffentlichung erst am 1. oder 2. des folgenden Monats hält die BaFin daher für nicht mehr rechtzeitig.[286] Erfolgt die Veröffentlichung hingegen zu früh, ist sie erneut am Ende des Kalendermonats vorzunehmen.[286] Fällt der letzte Kalendertag des Monats auf einen Samstag, Sonntag oder bundeseinheitlichen gesetzlichen Feiertag, so lässt die BaFin eine Veröffentlichung am vorherigen letzten Handelstag i.S.v. § 30 WpHG für die Erfüllung der Veröffentlichungspflicht genügen.[286]

---

285 *Sudmeyer* BB 2002, 685, 687.
286 *BaFin* Emittentenleitfaden VIII.3.3.2.
287 *Fuchs/Dehlinger/Zimmermann* WpHG § 26a Rn. 6; *Burgard* BB 1995, 2069, 2070.
288 KölnKomm-WpHG/*Hirte* § 21 Rn. 76; *Burgard* BB 1995, 2069, 2071.
289 Vgl. Rn. 145 ff.
290 Vgl. Rn. 159.
291 Vgl. Rn. 158.
292 *BaFin* Emittentenleitfaden VIII.3.3.1.
293 *BaFin* Emittentenleitfaden VIII.3.3.1 mit Formulierungsbeispiel.

Eine Veröffentlichungspflicht nach § 26a WpHG zum Ende des Monats der erstmaligen **191** Zulassung der Aktien des Emittenten zum Handel besteht nicht. Der erstmaligen Zulassung von Aktien eines Emittenten an einem organisierten Markt (IPO) geht i.d.R. eine Kapitalerhöhung voraus. Üblicherweise findet die Änderung der Gesamtzahl der Stimmrechte in solchen Fällen vor der erstmaligen Zulassung der Aktien statt und damit vor dem Zeitpunkt, zu dem die Pflichten der §§ 21 ff. WpHG entstehen.[294]

3. Befreiung von der Veröffentlichungspflicht.

Gem. § 29a Abs. 1 WpHG kann die BaFin Inlandsemittenten mit Sitz in einem Drittstaat **192** (§ 2 Abs. 6 S. 1 Nr. 1b WpHG) von den Pflichten nach § 26a WpHG freistellen, soweit diese Emittenten gleichwertigen Regeln eines Drittstaates unterliegen oder sich solchen Regeln unterwerfen. Auf diese Weise soll eine Doppelbelastung dieser Emittenten durch zwei gleichartige Regelwerke vermieden werden.[295] Die Anforderungen an die Gleichwertigkeit von Drittstaatenregeln werden in der TranspRLDV konkretisiert, und zwar in

– § 5 TranspRLDV hinsichtlich der Gleichwertigkeit der Regeln eines Drittstaats zu den Anforderungen an die Fristen für die Veröffentlichungspflichten,
– § 6 TranspRLDV im Hinblick auf die Gleichwertigkeit der Regeln hinsichtlich der Anforderungen an die Veröffentlichungspflichten des Emittenten in Bezug auf eigene Aktien,
– § 7 TranspRLDV hinsichtlich der Gleichwertigkeit der Regeln der Anforderungen an die Veröffentlichungspflichten des Emittenten in Bezug auf die Gesamtzahl der Stimmrechte.

Nach § 29a Abs. 2 WpHG müssen Emittenten, denen eine entsprechende Befreiung erteilt **193** wurde, gleichwohl für eine Unterrichtung der Öffentlichkeit in der EU und im EWR über die in § 26a WpHG genannten Umstände sorgen.

IV. Veröffentlichungspflicht nach § 27a Abs. 2 WpHG

Ein Emittent, für den die Bundesrepublik Deutschland der Herkunftsstaat ist, muss die **194** nach § 27a Abs. 1 WpHG erhaltene Information oder die Tatsache, dass die Mitteilungspflicht nach § 27a Abs. 1 WpHG nicht erfüllt wurde, gem. § 27a Abs. 2 WpHG entsprechend § 26 Abs. 1 S. 1 WpHG i.V.m. der WpAIV veröffentlichen. Insoweit gelten die vorangegangenen Ausführungen.[296] Dies bedeutet für den Emittenten, dass er bei Zugang von Stimmrechtsmitteilungen seitens Aktionären, die die Schwelle von 10 % der Stimmrechte überschreiten, jeweils zu prüfen hat, ob innerhalb von 20 Handelstagen nach dem für die Schwellenerreichung oder Überschreitung maßgeblichen Zeitpunkt eine ergänzende Mitteilung nach § 27a Abs. 1 WpHG gemacht wurde.

Aufgrund des Verweises in § 27a Abs. 2 WpHG auf § 26 Abs. 1 S. 1 WpHG und die WpAIV **195** gilt für die Veröffentlichung:
– Sie hat innerhalb von drei Handelstagen i.S.v. § 30 WpHG nach Zugang der Mitteilung zu erfolgen.
– Sie ist über ein im EU- und EWR-Wirtschaftsraum weit verbreitetes Medienbündel vorzunehmen.
– Es ist eine Meldung an das Unternehmensregister zu leiten.

---

294 *BaFin* Emittentenleitfaden VIII.3.3.2.
295 *BaFin* Emittentenleitfaden VIII.3.4.
296 Vgl. Rn. 177.

- Die BaFin ist über die Veröffentlichung zu informieren.
- Der Inhalt der Veröffentlichung ergibt sich aus der Mitteilung und den dortigen Angaben nach § 27a Abs. 1 S. 3 und 4 WpHG.
- Name, Sitz und Wohnort des Meldepflichtigen sind gem. § 19 WpAIV anzugeben.

V. Sorgfaltspflichten

196 Für den Emittenten ergeben sich aus den Transparenzvorschriften der §§ 21 ff. WpHG eine Reihe von Sorgfaltsanforderungen, die er bei der Implementierung einer geeigneten Compliance-Struktur zu beachten hat. Insbesondere muss sichergestellt sein, dass der Vorstand jederzeit und unverzüglich die notwendigen Informationen erfüllt, um seinen Mitteilung-, Veröffentlichung- und sonstigen Pflichten nachzukommen.

197 Generelle Vorkehrungen:
- Bestimmung eines Verantwortlichen für die Befolgung von Gesetzesänderungen im Hinblick auf die Transparenzvorschriften der §§ 21 ff. WpHG und der WpAIV,
- Bestimmung eines Verantwortlichen für die Verwaltung von Stimmrechtsmitteilungen,
- Zusammenstellung eines Medienbündels im Sinne der WpAIV oder Abschluss eines Rahmenvertrages mit einem entsprechenden Dienstleister,
- technische Vorkehrungen zur sicheren Übermittlung im Einklang mit der WpAIV,
- geeignetes System zur Erfüllung der sechsjährigen Aufbewahrungsfrist aus § 3a Abs. 3 WpAIV,
- laufende Überwachung der beauftragten Hilfspersonen.

198 Konkrete Handlungspflichten:
- Fristgerechte Ermittlung und Veröffentlichung der Gesamtzahl der Stimmrechte gem. § 26a i.V.m. § 26 WpHG bei Veränderungen, unter besonderer Prüfung der Stimmrechte aus
    - teileingezahlten Aktien und
    - Vorzugsaktien, aus denen Stimmrechte gem. § 140 Abs. 2 AktG aufleben;
- Bei Vorzugsaktien, auf die der Vorzug nicht gezahlt wird, so dass die Stimmrechte gem. § 140 Abs. 2 AktG aufleben: Hinweis auf das Wiederaufleben der Stimmrechte in der Einladung zur ordentlichen Hauptversammlung;
- Prüfung von Stimmrechtsmitteilungen nach §§ 21, 25 und 25a WpHG auf Vollständigkeit und offensichtliche Unrichtigkeiten oder Widersprüche zu vorangegangenen Stimmrechtsmitteilungen oder gleichzeitigen Stimmrechtsmitteilungen Dritter;
- im Fall offensichtlicher Unrichtigkeiten oder Widersprüche Aufklärung, z.B. durch Nachweisverlangen gem. § 27 WpHG;
- unverzügliche Veröffentlichung zugegangener Stimmrechtsmitteilungen und gleichzeitige Mitteilung der Veröffentlichung an die BaFin sowie anschließende Übermittlung an das Unternehmensregister gem. § 26 WpHG;
- Prüfung des Vorliegens weiterer kapitalmarktrechtlicher Publizitätspflichten (z.B. aus § 15 WpHG – Ad-hoc-Publizität);
- bei Mitteilung des erstmaligen Überschreiten der 10%-Schwelle durch einen Aktionär:
    - Prüfung, ob den weiteren Informationspflichten aus § 27a WpHG vollständig und fristgerecht nachgekommen wird und
    - frist- und formgerechte Veröffentlichung der Mitteilung oder einer Negativerklärung, Übermittelung an BaFin und Unternehmensregister;
- Veröffentlichung von Schwellenberührungen eigener Aktien durch Erwerb oder Veräußerung oder auf sonstige Weise gem. § 21 Abs. 1 S. 1 WpHG sowie Mitteilung an die BaFin und Übermittlung an das Unternehmensregister;

– Prüfung des Bestehens von Rechtsverlusten gem. § 28 WpHG, insbesondere im Vorfeld von Hauptversammlungen und Dividendenauszahlungen.

In Konzernen ergeben sich auf Aktionärsseite weitere Anforderungen: **199**
- Es ist sicherzustellen, dass Beteiligungsunternehmen gegenüber der Muttergesellschaft unverzüglich Informationen über Aktienbesitz und Zurechnung von Aktienbesitz weiterleiten, damit die Muttergesellschaft ihren Veröffentlichungspflichten nachkommen kann.
- Bei Mitteilungen nach § 24 WpHG muss das Mutterunternehmen alle Angaben machen, zu denen das betreffende Tochterunternehmen nach § 21 Abs. 1 S. 1 bzw. Abs. 1a WpHG verpflichtet ist.
- In der Mitteilung sollte darauf hingewiesen werden, dass es sich um eine Stimmrechtsmitteilung unter Anwendung von § 24 WpHG handelt.[297]
- Solange das Mutterunternehmen die Mitteilung nicht vorgenommen hat, besteht die Meldepflicht des Tochterunternehmens fort. Dieses hat also zu überwachen, ob sein Mutterunternehmen der Mitteilungspflicht vollständig, richtig und fristgerecht nachkommt.

C. Verstöße

Ein Verstoß gegen die Mitteilungs- und Veröffentlichungspflichten aus § 21 ff. WpHG zieht **200** eine Reihe von Sanktionen nach sich. Dabei ist danach zu unterscheiden, ob der Meldepflichtige gegen seine Mitteilungspflichten verstoßen hat oder die Gesellschaft gegen ihre Veröffentlichungspflichten.

I. Rechtsverlust

Verletzt der Meldepflichtige seine Mitteilungspflichten nach § 21 Abs. 1 oder 1a WpHG, so **201** bestehen die Rechte aus Aktien, die ihm gehören oder aus denen ihm Stimmrechte nach § 22 Abs. 1 S. 1 Nr. 1 (Aktien von Tochterunternehmen) oder Nr. 2 (Aktien eines Dritten, die für Rechnung des Meldepflichtigen gehalten werden) WpHG zugerechnet werden, bis zur Nachholung der Mitteilung gem. § 28 S. 1 WpHG nicht.

1. Voraussetzungen des Rechtsverlustes

Der Rechtsverlust ist nur bei Verletzung der Mitteilungspflichten aus § 21 Abs. 1 oder 1a **202** WpHG vorgesehen. Im Falle einer Verletzung der Pflichten aus § 27a WpHG tritt kein Rechtsverlust ein.[298] Ebenso wird eine Verletzung von §§ 25 oder 25a WpHG nicht durch Rechtsverlust sanktioniert.[299] Aus diesem Grunde wird auch dann ein Rechtsverlust nicht angenommen, wenn Mitteilungspflichten nur durch das Zusammenrechnen von gehaltenen und gem. § 22 Abs. 1 S. 1 Nr. 1 und 2 WpHG zugerechneten Stimmrechten einerseits und das Halten von Finanzinstrumenten i.S.v. § 25 Abs. 1 S. 2 WpHG andererseits entstehen und verletzt werden.[300]

---

[297] Fuchs/*Dehlinger/Zimmermann* WpHG § 24 Fn. 8.
[298] Zu § 25 WpHG: *BGH* ZIP 2008, 239, 641.
[299] *Assmann/Schneider* WpHG § 27a Rn. 29.
[300] *Assmann/Schneider* WpHG § 28 Rn. 10

203 Ein Rechtsverlust setzt voraus, dass der Meldepflichtige seinen Mitteilungspflichten nicht in der vorgeschriebenen Weise nachgekommen ist. Denkbar sind folgende Fallgestaltungen:
- Unterbleiben der Mitteilung nach § 21 Abs. 1 oder 1a WpHG an die Gesellschaft
- Unterbleiben der Mitteilung nach § 21 Abs. 1 oder 1a an die BaFin,
- inhaltlich unrichtige oder unvollständige Mitteilung.

204 Eine Versäumung der Mitteilung liegt bei Überschreitung der Mitteilungsfrist vor, wenn also der Meldepflichtige die geforderte Stimmrechtsmitteilung nicht unverzüglich, spätestens jedoch innerhalb von vier Handelstagen nach Kenntnis oder ihm möglicher Kenntniserlangung von der mitzuteilenden Stimmrechtsveränderung abgibt. Wird die Mitteilung gänzlich versäumt, so tritt der Rechtsverlust nicht bereits mit der Schwellenberührung ein. Der Meldepflichtige kann vielmehr die Rechte aus den Aktien auch bei noch ausstehender Stimmrechtsmitteilung ausüben, solange die konkrete Mitteilungsfrist noch nicht verstrichen ist.[301]

205 Für die Erfüllung der Mitteilungspflichten genügt es nicht, dass der Meldepflichtige lediglich eine Mitteilung an die Gesellschaft oder an die BaFin macht.[302] Sie entfällt auch nicht deshalb, weil die Gesellschaft oder die BaFin bereits anderweitig Kenntnis von dem Erreichen, Überschreiten oder Unterschreiten der Meldeschwelle hat.[303]

206 Die Mitteilungspflichten sind auch dann nicht erfüllt, wenn die Mitteilung nicht richtig oder nicht vollständig ist, also unvollständige oder falsche Angaben enthält. Dabei ist auch eine mehrdeutige Mitteilung eine falsche Mitteilung.[304] Falsch ist eine Mitteilung selbst dann, wenn mehr Stimmrechte genannt werden als tatsächlich gehalten werden.[305]

207 Gleichwohl soll nicht jede unvollständige oder falsche Mitteilung zum Rechtsverlust führen. Ein Rechtsverlust tritt vielmehr nur dann ein, wenn Angaben nach Sinn und Zweck der Mitteilung (also ihrer Bedeutung für die Gesellschaft und die Anleger) notwendig und ausreichend sind.[306] Die Gesellschaft muss erkennen können, wer ihr Aktionär ist und ob Rechte aus der Mitgliedschaft bestehen; gleichzeitig muss sie davor geschützt werden, dass Dividenden an Aktionäre ausgezahlt werden, die ihren Anspruch auf Gewinnbeteiligung verloren haben. Die Anleger sollen die Kursentwicklung und das Risiko einer Übernahme beurteilen können. Die wesentlichen Angaben ergeben sich aus § 17 Abs. 1 Nr. 5 WpAIV.[307] Zu ihnen gehören:
- dass eine Meldeschwelle erreicht, überschritten oder unterschritten wurde,
- die Höhe des genauen Stimmrechtsanteils,
- der Tag des Erreichens, Überschreitens oder Unterschreitens der Meldeschwelle und
- die Meldung des relevanten Stimmrechtsanteils.

208 Streitig ist, ob der Rechtsverlust eine schuldhafte Pflichtverletzung voraussetzt. Nach h.M. tritt der Rechtsverlust aus § 28 WpHG nur ein, wenn der Meldepflichtige schuldhaft, d.h. vorsätzlich oder fahrlässig seine Mitteilungspflichten nicht erfüllt.[308] Dabei ist zu beachten, dass der Emittentenleitfaden der BaFin explizit die Möglichkeit vorsieht, die BaFin zu kon-

---

301 *Assmann/Schneider* WpHG § 28 Rn. 12; *Fuchs/Dehlinger/Zimmermann* WpHG § 28 Rn. 9.
302 *OLG Schleswig* AG 2006, 120.
303 *OLG Schleswig* AG 2006, 120; *Assmann/Schneider* WpHG § 28 Rn. 14; vgl. zu § 20 AktG: *BGH* WM 1991, 1166.
304 *Assmann/Schneider* WpHG § 28 Rn. 16.
305 *Heinrich/Kiesewetter* Der Konzern 2009, 137, 142.
306 Vgl. *OLG Düsseldorf* AG 2006, 202, 205; *von Bülow/Petersen* NZG 2009, 481, 482.
307 *Assmann/Schneider* WpHG § 28 Rn. 17.
308 *OLG München* ZIP 2009, 2095; *LG Köln* AG 2008, 336, 337; *Assmann/Schneider* WpHG § 28 Rn. 20 m.w.N.; KölnKomm-WpHG/*Kremer/Osterhaus* § 28 Rn. 31; a.A. *Hägele* NZG 2000, 726, 727.

taktieren, um in Zweifelsfällen eine abschließende Klärung herbeizuführen.[309] Im Sinne der Verschuldensfrage wird man daher vom Mitteilungspflichtigen erwarten dürfen, dass er sich in Zweifelsfällen mit der BaFin ins Benehmen setzt. Eine in Abstimmung mit der BaFin unterbliebene Stimmrechtsmitteilung kann dann nicht mehr schuldhaft sein, selbst wenn die Gerichte eine Mitteilungspflicht annehmen würden. Umkehrt dürfte das Unterlassen einer Mitteilung schon dann jedenfalls fahrlässig sein, wenn Zweifel an der Rechtslage bestanden und gleichwohl eine Abstimmung mit der BaFin unterbleibt. Fahrlässig handelt der Meldepflichtige auch, wenn er seine Informationsverschaffungspflicht verletzt oder hierbei die erforderliche Sorgfalt nicht beachtet. Dazu gehören bei Unternehmen Organisationspflichten zur Sicherstellung der kapitalmarktrechtlichen Pflichten.[310]

209 Im Falle einer Delegation der Wahrnehmung der Mitteilungspflichten (beispielsweise auf Mitarbeiter) ist streitig, ob der Meldepflichtige sich das Unterlassen der Mitteilung oder deren fehlerhafte Ausführung nach §§ 31, 278 BGB zurechnen lassen muss.[311] Unterstreitig befreit die Delegation der Wahrnehmung der Meldepflichten den Meldepflichtigen und die Geschäftsleiter allerdings nicht von ihrer Organisationsverantwortung: Eine Delegation der Meldepflichtigen im Unternehmen oder deren Übertragung auf Dritte verlangen eine ordnungsgemäße Auswahl, Einweisung und Überwachung sowie die Absicherung von Information-, Auskunfts- und Weisungsrechten.[312]

2. Folgen

a) Umfang des Rechtsverlustes

210 Von den Sanktionen des Rechtsverlusts sind sämtliche Aktien erfasst, die dem Meldepflichtigen gehören, sowie diejenigen, die ihm nach § 22 Abs. 1 S. 1 Nr. 1 oder Nr. 2 WpHG zugerechnet werden.[313] Der Rechtsverlust ist allerdings auf Aktien beschränkt und nicht auf Bezugsrechte, Wandelschuldverschreibungen oder Aktienoptionen anwendbar.[314]

211 Der Rechtsverlust erfasst sämtliche Mitwirkungs- und Mitverwaltungsrechte des Meldepflichtigen:
– das Recht zur Teilnahme an der Hauptversammlung einschl. des Antragsrechts,[315]
– das Auskunfts-,[316] Frage- und Rederecht aus § 131 AktG,[317]
– das Stimmrecht gem. §§ 12, 134 AktG,[318]
– das Gegenantragsrecht i.S.v. § 126 AktG,[317]
– Einsichtsahmerechte im Vorfeld einer Hauptversammlung (z.B. aus §§ 175 Abs. 2, 293f Abs. 1, 327c Abs. 3 AktG, § 63 UmwG),[317]
– die Anfechtungsbefugnis nach § 245 AktG (nicht aber die Befugnis zur Erhebung von Nichtigkeitsklagen, sofern das allgemeine Feststellungs- und Rechtsschutzinteresse vorliegt),[317]
– das Recht aus § 122 Abs. 1 bzw. Abs. 2 AktG, die Einberufung der Hauptversammlung oder die Ergänzung der Tagesordnung zu verlangen, einschließlich der Befugnis zur Einberufung der Hauptversammlung,[319]

---

309 *BaFin* Emittentenleitfaden VIII.2.3.6.
310 *Assmann/Schneider* WpHG § 28 Rn. 20
311 Für eine Zurechnung: *Assmann/Schneider* WpHG § 28 Rn. 21a; a.A. *Fleischer* DB 2009, 1337.
312 *Assmann/Schneider* WpHG § 28 Rn. 21a.
313 *Fuchs/Dehlinger/Zimmermann* WpHG § 28 Rn. 24 und 26.
314 *Fuchs/Dehlinger/Zimmermann* WpHG § 28 Rn. 25.
315 *Assmann/Schneider* WpHG § 28 Rn. 30; vgl. aber *BGH* BB 2009, 1778.
316 *OLG Schleswig* ZIP 2006, 421, 423.
317 *Fuchs/Dehlinger/Zimmermann* WpHG § 28 Rn. 33.
318 *Schwark/Zimmer* KMRK § 28 WpHG Rn. 13.
319 *Fuchs/Dehlinger/Zimmermann* WpHG § 28 Rn. 35; *Assmann/Schneider* WpHG § 28 Rn. 30.

- das Recht, gem. § 172 Abs. 2 und Abs. 4 AktG einen Antrag auf gerichtliche Bestellung von Sonderprüfern einzureichen,[320]
- die Antrags- und Klagerechte von Aktionären zur Durchsetzung von Schadensersatzansprüchen der Gesellschaft gegenüber Gründern und Mitgliedern von Verwaltungsorganen gem. §§ 147 Abs. 2 und 148 Abs. 1 AktG,[320]
- das Recht, Einberufung einer Hauptversammlung zum Zwecke des Squeeze-out nach § 327a Abs. 1 AktG zu verlangen.[320]

212 Neben den Verwaltungsrechten erfasst der Rechtsverlust auch die Vermögensrechte des meldepflichtigen Aktionärs und solcher Aktionäre, deren Stimmrechte dem Meldepflichtigen nach § 22 Abs. 1 Nr. 1 oder Nr. 2 WpHG zugerechnet werden. Hierunter fallen:
- der Anspruch auf Beteiligung am Bilanzgewinn (Dividendenrecht) gem. § 58 Abs. 4 AktG,[321]
- der Anspruch aus § 271 AktG auf Teilhabe an einem etwaigen Abwicklungsüberschuss (Liquidationserlös),[321]
- Ausgleichs-, Umtausch- und Abfindungsansprüche bei Umwandlungen und Konzernierungssachverhalten,[322]
- Bezugsrechte auf junge Aktien im Rahmen von Kapitalerhöhungen aus § 186 Abs. 1 AktG,[323]
- gesetzliche Bezugsrechte auf von der Gesellschaft ausgegebene Wandel-, Option- und Gewinnschuldverschreibungen und Genussrechte gem. § 221 Abs. 4 AktG.[324]

213 Maßgeblicher Zeitpunkt für den Verlust des Dividendenanspruchs ist der Zeitpunkt des Gewinnverwendungsbeschlusses gem. § 174 AktG.[325] Strittig ist, ob der Verlust des Dividendenanspruchs zu Folge hat, dass sich der Anspruch der übrigen Aktionäre auf Dividende entsprechend erhöht[326] oder ob er sich als außerordentlicher Ertrag bei der Gesellschaft darstellt.[327]

214 Im Zusammenhang mit Bezugsrechten ist streitig, ob maßgeblicher Zeitpunkt der Beschluss über die Kapitalerhöhung,[328] die Eintragung im Handelsregister nach § 184 AktG, der Ablauf der Bezugsfrist nach § 186 Abs. 1 S. 2 AktG[329] oder die Eintragung der Durchführung der Kapitalerhöhung ist. Da der Bezugsanspruch im Zeitpunkt des Kapitalerhöhungsbeschlusses entsteht, ist dieser Zeitpunkt wohl der maßgebliche. Hierfür sprechen auch Gründe der Rechtssicherheit.[330] Strittig ist auch hier, ob sich die Bezugsrechte der übrigen Aktionäre quotal erhöhen[331] oder ob der Bezugsanspruch mit der Folge verfällt, dass die Aktien anderweitig von der Gesellschaft abgegeben werden können.[332]

215 Der Rechtsverlust hat grundsätzlich endgültige Wirkung.[333] Eine während der Dauer des Rechtsverlustes dennoch vorgenommene Rechtsausübung des betroffenen Aktionärs ist damit nicht schwebend, sondern dauerhaft unwirksam.[334] Wird das Stimmrecht auf der Hauptversammlung trotz des Rechtsverlustes ausgeübt, ist der betreffende Hauptversamm-

---

320 Fuchs/*Dehlinger/Zimmermann* WpHG § 28 Rn. 35.
321 Fuchs/*Dehlinger/Zimmermann* WpHG § 28 Rn. 34.
322 *Assmann/Schneider* WpHG § 28 Rn. 39; a.A. *Riegger/Wasmann* FS Hüffer 2010 S. 823, 832.
323 *Assmann/Schneider* WpHG § 28 Rn. 36; vgl. zu § 20 AktG: *BGH* WM 1991, 1166, 1169.
324 *Schäfer/Hamann/Opitz* KMG § 28 WpHG Rn. 17.
325 *Assmann/Schneider* WpHG § 28 Rn. 33.
326 So *Assmann/Schneider* WpHG § 28 Rn. 34.
327 *Hüffer* FS Boujong 1996 S. 291; vgl. auch *LG München* AG 2009, 171.
328 *Hüffer* FS Boujong 1996 S. 292; *Riegger/Wasmann* FS Hüffer 2010, S. 823, 871.
329 *Heinsius* FS R. Fischer 1979, 233.
330 *Assmann/Schneider* WpHG § 28 Rn. 36.
331 So *Assmann/Schneider* WpHG § 28 Rn. 36.
332 *Hüffer* FS Boujong 1996 S. 293.
333 Begr. RegE BT-Drucks. 13/8933, 96.
334 *OLG Schleswig* ZIP 2006, 421, 423; anders in den Fällen des § 28 S. 2 WpHG

lungsbeschluss zwar nicht nach § 241 Nr. 3 Fall 3 AktG nichtig.[335] Allerdings ist eine Anfechtbarkeit gem. § 243 Abs. 1 AktG gegeben.[336] Die Anfechtung ist allerdings nur dann begründet, wenn die fehlerhafte Berücksichtigung von Stimmen Einfluss auf das Beschlussergebnis hatte.[337]

b) Dauer des Rechtsverlustes

Der Rechtsverlust besteht aber zunächst einmal nur für die Zeit, für welche die Mitteilungspflichten nicht oder nicht ordnungsgemäß erfüllt werden. Holt der Meldepflichtige die (ordnungsgemäße) Stimmrechtsmitteilung nach, so wird hierdurch der Rechtsverlust ex nunc beseitigt.[338] Nur eingeschränkt hat die Nachholung Rückwirkung, indem an den Meldepflichtigen oder an die in § 22 Abs. 1 S. 1 Nr. 1 und 2 WpHG bezeichneten Dritten während der Dauer des Rechtsverlustes ausbezahlte Dividenden und Liquidationserlöse nur behalten werden können, wenn der Verstoß des Meldepflichtigen gegen die Mitteilungspflicht nicht vorsätzlich erfolgte und – bei Anwendung von § 22 Abs. 1 S. 1 Nr. 1 oder Nr. 2 WpHG – der Dritte eine etwaige eigene Mitteilungspflicht ordnungsgemäß erfüllt oder – bei eigener, lediglich fahrlässiger Pflichtverletzung – die von ihm geforderte Stimmrechtsmitteilung ebenfalls nachgeholt hat.[339] 216

Da der Rechtsverlust keine akzessorische Belastung der Aktien darstellt, sondern nur eine personenbezogene Einschränkung der Ausübung mitgliedschaftlicher Rechte nach sich zieht, wird er durch die dingliche Übertragung der betroffenen Aktien auf andere Personen grundsätzlich aufgehoben.[340] Dies gilt ausnahmsweise dann nicht, wenn der Erwerb durch eine Person erfolgt, die mit dem Veräußerer i.S.v. § 22 Abs. 1 S. 1 Nr. 1 oder Nr. 2 WpHG verbunden ist[341] oder im Falle eines kollusiven Zusammenwirkens mit dem Erwerber zu Lasten der Gesellschaft.[342] Nach wohl überwiegender Ansicht besteht der Rechtsverlust außerdem fort, wenn die betroffenen Aktien im Wege der Gesamtrechtsnachfolge übertragen werden.[343] 217

Sofern die Höhe des Stimmrechtsanteils betroffen ist, verlängert sich der Rechtsverlust gem. § 28 S. 3 WpHG bei vorsätzlicher oder grob fahrlässiger Verletzung der Mitteilungspflichten um sechs Monate. Eine Verlängerung der Dauer des Rechtsverlustes tritt demnach ein, wenn die Höhe des gehaltenen Stimmrechtsanteils in Bezug auf die Gesamtmenge der Stimmrechte des Emittenten, die Schwelle, die berührt wurde, ob sie überschritten, unterschritten oder erreicht wurde und das Datum der Schwellenberührung nicht oder nicht vollständig oder nicht richtig mitgeteilt wurde.[344] Die Verlängerungsfrist von sechs Monaten beginnt mit dem Zeitpunkt der (Nach-)Erfüllung der Mitteilungspflichten. 218

Voraussetzung einer Verlängerung der Dauer des Rechtsverlustes ist, dass der Meldepflichtige seine Mitteilungspflichten vorsätzlich oder grob fahrlässig in Bezug auf die vorgenannten Angaben nicht nachgekommen ist. Einfache Fahrlässigkeit genügt nicht. Vorsatz liegt 219

---

335 *Assmann/Schneider* WpHG § 28 Rn. 28; a.A. *Geßler* BB 1980, 217, 219; offengelassen von *OLG Oldenburg* AG 1994, 415 f.
336 *LG Köln* AG 2008, 336, 337; *Assmann/Schneider* WpHG § 28 Rn. 28; vgl. zu § 20 AktG: *OLG Dresden* AG 2005, 247.
337 *Hüffer* AktG § 243 Rn. 19 m.w.N.
338 KölnKomm-WpHG/*Kremer*/Oesterhaus § 28 Rn. 32.
339 Fuchs/*Dehlinger/Zimmermann* WpHG § 28 Rn. 19.
340 KölnKomm-WpHG/*Kremer*/Oesterhaus § 28 Rn. 84.
341 Fuchs/*Dehlinger/Zimmermann* WpHG § 28 Rn. 21.
342 *Schäfer/Hamann/Opitz* KMG § 28 WpHG Rn. 36a.
343 *Schäfer/Hamann/Opitz* KMG § 28 WpHG Rn. 36a; differenzierend Fuchs/*Dehlinger/Zimmermann* WpHG § 28 Rn. 22.
344 *Assmann/Schneider* WpHG § 28 Rn. 27e.

vor, wenn dem Offenlegungspflichtigen die Tatsachen bekannt sind, die zum objektiven Tatbestand gehören, die die Mitteilungspflicht begründen, und wenn der Meldepflichtige bewusst die Meldepflichten nicht erfüllt oder sich mit der Verletzung abfindet.[345] Der Meldepflichtige handelt grob fahrlässig, wenn er den Sachverhalt kennt und sich damit abfindet, dass er durch die Unterlassung oder die falsche Meldung seine kapitalmarktrechtlichen Pflichten verletzt. Grob fahrlässig handelt der Meldepflichtige etwa dann, wenn er entweder den Sachverhalt kannte oder zumindest kennen konnte und wenn er sich trotzdem der weiteren Aufklärung verschlossen hat.[345] In diesem Zusammenhang hat der Meldepflichtige dafür zu sorgen, dass die zurechnungsrelevanten Sachverhalte im Unternehmen und ggf. auch konzernweit gesammelt und bewertet werden; die Verletzung der Pflicht zur Einrichtung einer kapitalmarktrechtlichen Compliance-Organisation kann ebenfalls als grob fahrlässiger Verstoß gewertet werden.[346]

220 Gem. § 28 S. 4 WpHG gilt die Verlängerung des Rechtsverlustes nach Satz 3 nicht, wenn die Abweichung bei der Höhe der in der vorangegangenen unrichtigen Mitteilung angegebenen Stimmrechte weniger als 10 % des tatsächlichen Stimmrechtsanteils beträgt und keine Mitteilung über das Erreichen, Überschreiten oder Unterschreiten einer der in § 21 WpHG genannten Schwellen unterlassen wird. Wenn aber der Meldepflichtige beispielsweise 7 % der Stimmrechte hält und vorsätzlich nur 3 % meldet, verlängert sich die Frist für den Rechtsverlust, da die Abweichung zwar weniger als 10 % der Stimmrechte beträgt, durch die Verletzung der Meldepflicht aber eine Mitteilungspflicht über das Überschreiten von 5 % verletzt wurde.[347]

221 Maßgeblich für das Vorliegen von Vorsatz oder grober Fahrlässigkeit ist nicht nur der Zeitpunkt des erstmaligen Entstehens und der Verletzung der Meldepflicht, sondern es genügt, wenn der Meldepflichtige in der Folgezeit vorsätzlich oder grob fahrlässig seine Pflichten verletzt und beispielsweise bei Erkennen oder Erkennenmüssen des Verstoßes die Mitteilung nicht nachgeholt hat.[348]

c) Rechtsverlust bei Konzernmitteilungen nach § 24 WpHG

222 Im Falle der Erfüllung der Mitteilungspflicht durch das Mutterunternehmen nach § 24 WpHG treffen die Rechtsfolgen einer nicht ordnungsgemäßen Erfüllung der Mitteilungspflicht das Tochterunternehmen gleichermaßen, als hätte es die Mitteilungspflicht selbst verletzt. Dies gilt auch für den Rechtsverlust nach § 28 WpHG.[349] Dieser erfasst Tochterunternehmen im Übrigen auch dann, wenn das Mutterunternehmen eigene Mitteilungspflichten verletzt, selbst wenn es seinerseits der Mitteilungspflicht ordnungsgemäß nachgekommen ist.[350]

3. Besondere Sorgfaltspflichten des Emittenten bei Rechtsverlust

223 Im Hinblick auf die gesetzliche Anordnung des Rechtsverlustes, ggf. auch des verlängerten Rechtsverlustes, hat der Emittent Stimmrechtsmitteilungen sorgfältig zu prüfen und Anhaltspunkten über unterlassene Stimmrechtsmitteilungen nachzugehen. Werden Dividenden ausbezahlt, obwohl ein Rechtsverlust vorliegt, so handelt der Vorstand pflichtwidrig und macht sich nach § 93 AktG schadensersatzpflichtig. Unterlässt der Leiter der Hauptversammlung, i.d.R. der Aufsichtsratsvorsitzende, nachzuprüfen, ob die auf der

---

345 *Assmann/Schneider* WpHG § 28 Rn. 27j.
346 *Heinrich/Kiesewetter* 137, 144.
347 So das Beispiel bei *Assmann/Schneider* WpHG § 28 Rn. 27k.
348 *Assmann/Schneider* WpHG § 28 Rn. 27i.
349 *Assmann/Schneider* WpHG § 24 Rn. 23; *Fuchs/Dehlinger/Zimmermann* WpHG § 24 Rn. 7.
350 *Assmann/Schneider* WpHG § 24 Rn. 23; *Fuchs/Dehlinger/Zimmermann* WpHG § 24 Rn. 7.

Hauptversammlung anwesenden Aktionäre stimmberechtigt sind, so macht er sich ebenfalls schadensersatzpflichtig.[351] Auf Nachfrage sind die betreffenden Aktionäre im Zweifel zur Auskunft verpflichtet.[352]

II. Sonstige Folgen

1. Ordnungswidrigkeit

Vorsätzliche und leichtfertige Verstöße gegen die Mitteilungs- und Veröffentlichungspflichten im Zusammenhang mit bedeutenden Stimmrechtsanteilen nach §§ 21 ff. WpHG werden als Ordnungswidrigkeit gem. § 39 Abs. 2 WpHG mit Geldbuße bis zu EUR 200.000 sanktioniert. Fahrlässige Verstöße sind von den Bußgeldvorschriften nicht erfasst. Da § 39 Abs. 4 WpHG im Höchstmaß nicht zwischen vorsätzlichem und fahrlässigem Handeln unterscheidet, kann leichtfertiges Handeln gem. § 17 Abs. 2 OWG nur mit der Hälfte des angedrohten Höchstbetrages der Geldbuße geahndet werden.[353]

224

Sanktioniert werden folgende Verstöße des Meldepflichtigen:

225

- § 39 Abs. 2 Nr. 2 Buchst. e WpHG: **Stimmrechtsmitteilung nach § 21 Abs. 1 oder 2 oder Abs. 1a WpHG** erfolgt:
  - nicht,
  - nicht richtig,
  - nicht vollständig,
  - nicht in der vorgeschriebenen Weise oder
  - nicht rechtzeitig
- § 39 Abs. 2 Nr. 2 Buchst. f WpHG: **Stimmrechtsmitteilung gem. § 25 Abs. 1 S. 1 WpHG** (Finanzinstrumente) erfolgt:
  - nicht,
  - nicht richtig,
  - nicht vollständig,
  - nicht in der vorgeschriebenen Weise oder
  - nicht rechtzeitig

Auf Seiten des Emittenten sind folgende Verstöße sanktioniert:

226

- § 39 Abs. 2 Nr. 2 Buchst. g WpHG: **Stimmrechtsmitteilung gem. § 26 Abs. 2 WpHG** (eigene Aktien) erfolgt:
  - nicht,
  - nicht richtig,
  - nicht vollständig,
  - nicht in der vorgeschriebenen Weise oder
  - nicht rechtzeitig.
- § 39 Abs. 2 Nr. 2 Buchst. h WpHG: **Stimmrechtsmitteilung gem. § 26a S. 1 WpHG** (Gesamtzahl der Stimmrechte) erfolgt:
  - nicht,
  - nicht richtig,
  - nicht vollständig,
  - nicht in der vorgeschriebenen Weise oder
  - nicht rechtzeitig.

---

351 *Assmann/Schneider* WpHG § 28 Rn. 28.
352 *OLG Düsseldorf* NZG 2009, 260, 262.
353 *Schwark/Zimmer/Cloppenburg* WpHG § 39 Rn. 46 f.

- § 39 Abs. 2 Nr. 2 Buchst. i WpHG: **Stimmrechtsmitteilung gem. § 29a Abs. 2 S. 1 WpHG** (Mitteilung von Befreiungen) erfolgt:
  - nicht,
  - nicht richtig,
  - nicht vollständig,
  - nicht in der vorgeschriebenen Weise oder
  - nicht rechtzeitig.
- § 39 Abs. 2 Nr. 5 Buchst. c WpHG: **Veröffentlichung gem. § 26 Abs. 1 S. 1, auch i.V.m. S. 2 WpHG** wird:
  - nicht vorgenommen,
  - nicht richtig vorgenommen,
  - nicht vollständig vorgenommen,
  - nicht in der vorgeschriebenen Weise vorgenommen,
  - nicht rechtzeitig vorgenommen,
  - nicht nachgeholt,
  - nicht rechtzeitig nachgeholt.
- § 39 Abs. 2 Nr. 5 Buchst. c WpHG: **Veröffentlichung gem. § 26a S. 1 WpHG** (Gesamtzahl der Stimmrechte) wird:
  - nicht vorgenommen,
  - nicht richtig vorgenommen,
  - nicht vollständig vorgenommen,
  - nicht in der vorgeschriebenen Weise vorgenommen,
  - nicht rechtzeitig vorgenommen,
  - nicht nachgeholt,
  - nicht rechtzeitig nachgeholt.
- § 39 Abs. 2 Nr. 5 Buchst. c WpHG: **Veröffentlichung gem. § 29a Abs. 2 S. 1 WpHG** (Veröffentlichung von Befreiungen) wird:
  - nicht vorgenommen,
  - nicht richtig vorgenommen,
  - nicht vollständig vorgenommen,
  - nicht in der vorgeschriebenen Weise vorgenommen,
  - nicht rechtzeitig vorgenommen,
  - nicht nachgeholt,
  - nicht rechtzeitig nachgeholt.
- § 39 Abs. 2 Nr. 6 WpHG: **Übermittlung der Information oder Bekanntmachung gem. § 26 Abs. 1 S. 1 WpHG** (Stimmrechtsmeldungen) erfolgt:
  - nicht,
  - nicht richtig,
  - nicht rechtzeitig.
- § 39 Abs. 2 Nr. 6 WpHG: **Übermittlung der Information oder Bekanntmachung gem. § 26a S. 2 WpHG** (Gesamtzahl der Stimmrechte) erfolgt:
  - nicht,
  - nicht richtig,
  - nicht rechtzeitig
- § 39 Abs. 2 Nr. 6 WpHG: **Übermittlung der Information oder Bekanntmachung gem. § 29a Abs. 2 S. 2 WpHG** (Befreiungen) erfolgt:
  - nicht,
  - nicht richtig,
  - nicht rechtzeitig.

227 § 27a WpHG ist nicht bußgeldbewehrt.

2. Insiderverstöße

Das Insiderrecht, welches das Verbot von Insidergeschäften nach § 14 WpHG, die Verpflichtung zur Ad-hoc-Publizität nach § 15 WpHG und die Verpflichtung zur Mitteilung von Directors' Dealings nach § 15a WpHG umfasst, auf der einen Seite sowie die Beteiligungstransparenz nach §§ 21 ff. WpHG andererseits sind rechtlich getrennte Regelungskomplexe. Entsprechend kann ein Verstoß gegen die Mitteilungs- und Veröffentlichungspflichten aus §§ 21 ff. WpHG zwar nicht als solcher, der zugrunde liegende Sachverhalt aber gleichzeitig einen Verstoß gegen insiderrechtliche Vorschriften, insbesondere:
- das Verbot des Insiderhandels,
- die Pflicht zur Ad-hoc-Publizität und
- die Pflicht zur Mitteilungsveröffentlichung von Directors' Dealings

darstellen.

228

3. Marktmanipulation

Wenn einer Meldepflicht, beispielsweise aufgrund abgestimmten Verhaltens i.S.v. § 22 Abs. 2 WpHG, nicht nachgekommen wird, kann dies zur Marktmanipulation i.S.v. § 20a Abs. 1 Nr. 1 WpHG führen, wenn das Unterlassen der Meldung für die Marktbewertung der Wertpapiere erheblich ist und geeignet ist, den Preis der Wertpapiere zu beeinflussen.[354]

229

4. Schadensersatzpflicht

Nach herrschender Meinung verfolgen die Transparenzvorschriften der §§ 21 ff. WpHG nicht nur den in den Gesetzesmaterialien erwähnten Funktionsschutz des Kapitalmarktes,[355] sondern haben darüber hinaus individual-schützende Wirkung und können damit Schutzgesetz i.S.v. § 823 Abs. 2 sein.[356] § 27a WpHG ist hingegen kein Schutzgesetz i.S.v. § 823 Abs. 2 BGB.[357]

230

Schadensersatzpflichten können sich außerdem ergeben, wenn das Unterlassen, die Fehlerhaftigkeit oder die Unvollständigkeit der Mitteilung oder Veröffentlichung betrügerischen Charakter hat oder bewusst auf eine Schädigung Dritter abzielt. In diesem Falle können sich Ansprüche aus § 826 BGB oder § 823 Abs. 2 BGB i.V.m. § 263 StGB ergeben.[358]

231

III. Beweislast

Die Eigentumsverhältnisse und auch die Zurechnungstatbestände des § 22 Abs. 1 WpHG lassen sich in der Regel anhand von Dokumenten nachprüfen. Hierzu dient insbesondere auch die Nachweispflicht des Meldepflichtigen aus § 27a WpHG. Außerdem gelten in Verdachtsfällen weitreichende Ermittlungsbefugnisse der BaFin.[359]

232

---

354 *Schwark/Zimmer* KMRK § 22 WpHG Rn. 36.
355 BT-Drucks. 12/6679, 52.
356 KölnKomm-WpHG/*Hirte* § 21 Rn. 4; *Assmann/Schneider* WpHG § 28 Rn. 79; *Burgard* BB 1995, 2069, 2070; a.A. *Schäfer/Hamann/Opitz* KMG § 21 WpHG Rn. 72; *Kuthe/Rückert/Sickinger/Sudmeyer* Kap. 8 Rn. 110; *Schwark/Zimmer* KMRK § 21 WpHG Rn. 21; *Fuchs/Dehlinger/Zimmermann* WpHG vor §§ 21–30 Rn. 20.
357 *Fleischer* AG 2008, 873, 881 f.; *Schwark/Zimmer* KMRK § 27a WpHG Rn. 15; a.A. *Assmann/Schneider* WpHG § 28 Rn. 79.
358 *Schwark/Zimmer* KMRK § 21 WpHG Rn. 21.
359 Vgl. hierzu *Fuchs/Waßmer* WpHG § 40 Rn. 19.

233 Nachweisschwierigkeiten ergeben sich in der Praxis häufig in Fällen des Verstoßes gegen die Mitteilungspflichten wegen abgestimmten Verhaltens i.S.v. § 22 Abs. 2 WpHG. In solchen Fällen können die Beteiligten nur dann mit einem Bußgeld belegt werden, wenn Ihnen ein abgestimmtes Verhalten nachgewiesen wird.[360] Gleiches gilt, wenn die abstimmenden Beteiligten nicht zur Teilnahme an der Hauptversammlung zugelassen werden oder ihnen die Dividende nicht ausbezahlt werden soll.[361] In der Praxis ist der Nachweis eines abgestimmten Verhaltens insbesondere dann, wenn keine vertraglichen Vereinbarungen zwischen den Beteiligten bestehen, häufig schwierig. Beweiserleichterungen, Vermutungsregelungen und ähnliches gelten nicht. Daher kann nur eine Gesamtwürdigung des Einzelfalles i.S. eines Indizienbeweises herangezogen werden.[362] Anhaltspunkte sind:
- gemeinsame Treffen,
- gemeinsames Büro,
- Austausch und anschließendes Löschen von E-Mails,
- Zahl der ausgewechselten Aufsichtsratsmitglieder.[363]

---

360 *Assmann/Schneider* WpHG § 22 Rn. 194; vgl. zu § 30 WpÜG *OLG Frankfurt* NZG 2004, 865.
361 *Schockenhoff/Schumann* ZGR 2005, 568, 597; *Assmann/Schneider* WpHG § 22 Rn. 194.
362 *LG Köln* AG 2008, 336, 338.
363 *Spindler* WM 2007, 2357, 2362; *Assmann/Schneider* WpHG § 22 Rn. 195.

7. Kapitel
Der Deutsche Corporate Governance Kodex und dessen Bedeutung für die Kapitalmarkt Compliance

A. Allgemeines[1]

I. Entstehung und Entwicklung des Deutschen Corporate Governance Kodex

Parallel zu der zunehmenden Relevanz des Themas Compliance hat in den letzten beiden Jahrzehnten das Thema der verantwortungsvollen Unternehmensführung stetig an Bedeutung gewonnen. Besonders betroffen hiervon waren kapitalmarktorientierte Unternehmen. Nicht zuletzt aufgrund von medienwirksamen Skandalen bei einigen börsennotierten Gesellschaften wuchs das Bedürfnis nach einem stärker regulierten Kapitalmarkt. Im Zuge dieser Entwicklungen wurde auch der Begriffe „Corporate Governance" geprägt. Der Begriff wurde – ähnlich wie der Begriff „Compliance" – aus der angelsächsischen Rechtsterminologie in die deutsche Sprache übernommen. Der Begriff „Corporate Governance" lässt sich dabei nicht wörtlich in die deutsche Sprache übersetzen. Inhaltlich lässt er sich am ehesten mit dem Begriff „Unternehmensverfassung" beschreiben. Corporate Governance bezeichnet folglich den allgemeinen und rechtlichen Ordnungsrahmen für die Leitung und Überwachung eines Unternehmens. **1**

Die verstärkte Regulierung des deutschen Kapitalmarktes begann in den 90er Jahren des letzten Jahrhunderts insbesondere durch die Umsetzung von europäischen Richtlinien in das deutsche Recht. Die Richtlinien waren stark vom englischen und amerikanischen Recht beeinflusst, sodass auch die deutsche Umsetzung der Regulierungsvorschriften einem anglo-amerikanischen Muster folgte. Letztlich hat beinahe jede Bestimmung in den deutschen Gesetzen zur Kapitalmarktregulierung eine anglo-amerikanische Wurzel.[2] Einen vorläufigen Höhepunkt erreichte die Regulierungswelle im Jahre 1998 schließlich durch das Gesetz zur Kontrolle und Transparenz im Unternehmensbereich (abgekürzt: KonTraG), durch welches diverse Änderungen für die Unternehmensverfassung deutscher Aktiengesellschaften eingeführt wurden und das daher auch als erstes „Corporate-Governance-Gesetz" in Deutschland bezeichnet wird.[3] **2**

Bis in das 21. Jahrhundert hinein beschränkte sich der von börsennotierten Gesellschaften in Deutschland zu beachtende Ordnungsrahmen jedoch auf die einschlägigen gesetzlichen Regelungen. Hinsichtlich der eigentlichen Unternehmensverfassung einer börsennotierten Gesellschaft waren dies im Wesentlichen die entsprechenden Regelungen des Aktiengesetzes. Da das Aktiengesetz damals wie heute nur ganz vereinzelt zwischen börsennotierten und nicht börsennotierten Gesellschaften unterscheidet, galten für börsennotierte Gesellschaften hinsichtlich der Corporate Governance grundsätzlich die gleichen Anforderungen wie für nicht börsennotierte Gesellschaften. Demgegenüber gab es in einigen anderen Ländern schon seit langem besondere Regelungen für die Corporate Governance von börsen- **3**

---
1 Der Verfasser ist Frau Jeanne-I. Wimmers für ihre hilfreiche Unterstützung bei der Vorbereitung dieses Beitrags zu Dank verpflichtet.
2 *Peltzer* Deutsche Corporate Governance – Ein Leitfaden, 2. Aufl. 2004, S. 33.
3 *Semler/Stengel* NZG 2013, 1.

notierten Unternehmen; eine Vorreiterrolle kam insbesondere dem englischen „Combined Code" (heute: UK Corporate Governance Code) zu.

4   Im Mai 2000 wurde dann jedoch von der Bundesregierung die Kommission „Corporate Governance – Unternehmensführung – Unternehmenskontrolle – Modernisierung des Aktienrechts" unter der Leitung von *Theodor Baums* eingesetzt.[4] Aufgabe dieser Kommission war es, die deutschen Vorschriften zur Corporate Governance auf den Prüfstand zu stellen und Vorschläge für eine Verbesserung und Modernisierung der deutschen Corporate Governance zu unterbreiten. Neben diversen Anregungen zur Änderung des Aktiengesetzes war eine der Empfehlungen dieser Regierungskommission die Einführung eines Corporate Governance Kodex.[5] Auf dieser Grundlage berief das Bundesministerium der Justiz im Herbst 2001 die „Regierungskommission Deutscher Corporate Governance Kodex" ein, die schließlich den ersten Deutschen Corporate Governance Kodex (abgekürzt DCGK) entwickelte.[6] Dieser wurde am 30.9.2002 erstmalig im elektronischen Bundesanzeiger veröffentlicht.[7] Die Regierungskommission besteht entsprechend dem Auftrag des Bundesministeriums der Justiz weiterhin ohne zeitliche Begrenzung fort. Sie tritt jährlich zusammen und überprüft den Kodex vor dem Hintergrund der aktuellen Entwicklungen im nationalen und internationalen Kapitalmarktrecht und nimmt die erforderlichen Änderungen vor.[8] Die aktuelle Fassung des DCGK datiert vom 10.6.2013.

II. Der Deutsche Corporate Governance Kodex in der Normenhierarchie

5   Wie vorstehend dargelegt, ist der DCGK ein von einer Regierungskommission der Bundesrepublik Deutschland erarbeitetes Regelwerk. Der DCGK gibt zum einen wesentliche gesetzliche Vorschriften zur Leitung und Überwachung deutscher börsennotierter Gesellschaften wieder und stellt zum anderen international und national anerkannte Standards guter und verantwortungsvoller Unternehmensführung dar. Er richtet sich zunächst unmittelbar nur an börsennotierte Gesellschaften, soll aber nach allgemeinem Verständnis auch nicht börsennotierten Gesellschaften als grundsätzliche Richtlinie für eine gute Unternehmensführung dienen. Darüber hinaus werden vermehrt Stimmen laut, die eine Anwendung des DCGK auf solche Gesellschaften fordern, deren Aktien auf eigenen Antrag hin im Freiverkehr einer Wertpapierbörse gehandelt werden.[9]

6   Der Umstand, dass das Bundesministerium für Justiz den DCGK im elektronischen Bundesanzeiger veröffentlicht, macht deutlich, dass das Ministerium als Teil der Bundesregierung den Kodex vom Inhalt und der Art und Weise seines Zustandekommens billigt und bezüglich seiner materiellen und formellen Rechtmäßigkeit überprüft hat. Dennoch darf aus diesem Umstand nicht der Rückschluss gezogen werden, die Kommission des DCGK handele mit Gesetzgebungsbefugnis oder im Auftrag der Bundesregierung.[10]

7   Bei dem DCGK handelt es sich nicht um ein formelles Gesetz. Vielmehr wurde durch die Schaffung des Kodex eine neue Gattung von Normen in das deutsche Recht eingeführt, die in der Vergangenheit teilweise als „Soft Law" bezeichnet wurde. Dieser Terminus wird

---

4   *Peltzer* NZG 2002, 10, 11.
5   *Peltzer* Deutsche Corporate Governance – Ein Leitfaden, 2. Aufl. 2004, S. 36.
6   *Bayer* NZG 2013, 1, 3.
7   *Ringleb* in Ringleb, Deutscher Corporate Governance Kodex, 4. Aufl. 2010, 1. Teil Rn. 36.
8   *Ringleb* in Ringleb, Deutscher Corporate Governance Kodex, 4. Aufl. 2010, 1. Teil Rn. 39.
9   *Bayer* ZIP 2013, 1, 3.
10 *Ringleb* in Ringleb, Deutscher Corporate Governance Kodex, 4. Aufl. 2010, 1. Teil Rn. 37.

mittlerweile jedoch als irreführend angesehen, da es sich gerade nicht um parlamentarisch legitimiertes Recht handelt. Der Kodex hat im Ergebnis eine Informationsfunktion und gibt die Vorstellungen der Kommission von einer „Best Practice" der Unternehmensführung wieder. Der DCGK muss sich dabei jedoch stets im Rahmen des zwingenden Aktien- und Kapitalmarktrechts bewegen und kann daher die gesetzlichen Spielräume nur ausfüllen und konkretisieren, aber unter keinen Umständen ausdehnen.[11]

III. Zielsetzung und Inhalt des Deutschen Corporate Governance Kodex

Der DCGK enthält zum einen eine zusammenfassende Darstellung der wesentlichen gesetzlichen Vorschriften zur Leitung und Überwachung deutscher börsennotierter Gesellschaften sowie zum anderen die Wiedergabe international und national anerkannte Standards guter und verantwortungsvoller Unternehmensführung.[12] Dadurch soll der DCKG die aktuelle Best Practice der Unternehmensführung vermitteln und darüber hinaus auch dazu beitragen, dass sich die in der Praxis vorherrschenden Verhältnisse in den Unternehmen den veränderten Zeiten und Umständen anpassen. Der DCGK fungiert insofern nicht nur als Standard-Ermittler sondern auch als Standard-Setzer.[13]

Inhaltlich enthält der DCKG im Wesentlichen Regelungen, die das Verhältnis der Organe einer Aktiengesellschaft untereinander sowie zur Gesellschaft betreffen. Im Mittelpunkt stehen dabei der Vorstand und der Aufsichtsrat.

Der DCGK bedient sich aus rechtstechnischer Sicht dreier unterschiedlicher Instrumente:

1. Gesetzeswiedergaben

Seiner Zielsetzung entsprechend, über das geltende Recht der Unternehmensführung und die Kontrolle kapitalmarktorientierter Unternehmen zu informieren, besteht der DCGK etwa zur Hälfte aus der Wiedergabe geltender gesetzlicher Regelungen zur Corporate Governance.[14] Den Schwerpunkt bilden die Vorschriften des Aktiengesetzes. Die Passagen des DCGK, die lediglich geltendes Recht wiedergeben, sind stets an den Worten „muss" oder „hat" erkennbar. Der DCGK macht dadurch deutlich, dass es sich insofern um zwingendes Recht handelt und eine Abweichung daher nicht zulässig ist.

2. Empfehlungen

Weitere 40 Prozent der Regelungen des DCGK stellen sogenannte Verhaltensempfehlungen dar, die sich insbesondere an Mitglieder des Vorstandes und des Aufsichtsrates von börsennotierten Gesellschaften richten. In der aktuellen Fassung des DCGK finden sich insgesamt 80 solcher Empfehlungen. Im Unterschied zu den Gesetzeswiedergaben haben die Empfehlungen kein Pendant im geltenden Recht. Sie wurden von der Kommission entworfen und entsprechen den Vorstellungen der Kommission von den Grundsätzen eines gut geführten Unternehmens.[14] Empfehlungen müssen von den Adressaten des DGCK nicht zwingend beachtet werden. Vielmehr steht es einer börsennotierten Gesellschaft frei, von den Empfehlungen abzuweichen. Empfehlungsabweichungen sind jedoch gem. § 161 AktG zu begründen und offenzulegen. Es gilt der Grundsatz „comply or explain". Nach § 161 AktG muss jede börsennotierte Gesellschaft jährlich eine Erklärung abgeben, dass dem Kodex entsprochen wurde und auch zukünftig entsprochen wird. Zudem muss darge-

---

11 *Bayer* ZIP 2013, 1, 3.
12 Nr. 1 Präambel Abs. 1 S. 1, HS 2 DCGK.
13 *Bayer* ZIP 2013, 1, 4.
14 *Lutter* in Hommelhoff/Hopt/von Werder (Hrsg.), Handbuch Corporate Governance, 2003, S. 741.

legt werden, welche Empfehlungen nicht angewendet wurden oder von welchen Empfehlungen zukünftig abgewichen werden wird. Durch diese gesetzlich vorgesehene „Entsprechenserklärung" wurde den in den Empfehlungen des DCGK niedergelegten Prinzipien über eine reine Signalwirkung hinaus Nachdruck verliehen. Gekennzeichnet werden die Empfehlungen im Kodextext durch das Wort „soll".

3. Anregungen

13 Ergänzend zu der Gesetzeswiedergabe und den Empfehlungen enthält der DCGK weitere Verhaltensanregungen. Diese Anregungen sind in keiner Weise verbindlich und eine Abweichung muss weder offengelegt noch begründet werden. Bei den Anregungen handelt es sich in der Regel um Vorschriften, bei denen die Kommission davon ausgeht, sie könnten sich im Laufe der Zeit zur „Best-Practice" entwickeln. Die Anregungen sind stets an der Verwendung der Wörter „sollte" und „kann" erkennbar. Solche Anregungen werden jedoch von der Kommission nur in geringem Umfang verwendet. Die aktuelle Fassung des DCGK enthält insgesamt 16 Anregungen.

14 Die im DCGK enthaltenen Vorgaben für Vorstand und Aufsichtsrat mit Bezug auf Compliance lassen sich in organisatorische Pflicht, welche das jeweilige Organ insgesamt betreffen, und persönliche Verhaltenspflichten, die die einzelnen Organmitglieder betreffen, unterscheiden.

B. Organisatorische Compliance-Vorgaben des Deutschen Corporate Governance Kodex

15 Dem Thema Compliance kam in den ersten Fassungen des DCGK keine besondere Bedeutung zu. Erst mit der Neufassung des DCGK vom 14.6.2007 wurde der Begriff „Compliance" ausdrücklich im DCGK erwähnt. Seither enthält Ziffer 4.1.3 des DCGK folgende Definition: *„Der Vorstand hat für die Einhaltung der gesetzlichen Bestimmungen und der unternehmensinternen Richtlinien zu sorgen und wirkt auf deren Beachtung durch die Konzernunternehmen hin (Compliance)"*. Aus der Aufnahme des Begriffs Compliance in den DCGK ergibt sich, dass das Thema Compliance auch zur Corporate Governance gehört und damit zum international und national anerkannten Standard einer guten und verantwortungsvollen Unternehmensführung zählt.[15] Obwohl jedoch damit das Thema Compliance offiziell Eingang in den DCGK erhalten hat, enthält der DCGK sowohl für den Vorstand als auch für den Aufsichtsrat nur wenige konkrete Empfehlungen in Bezug auf Compliance. Gleichwohl ergeben sich aus dem DCGK diverse organisatorische Vorgaben für die Unternehmensführung durch Vorstand und Aufsichtsrat.

I. Vorstand

16 In Ziff. 4.1.3 enthält der DCGK eine Legaldefinition des Wortes Compliance. Hiernach hat der Vorstand für die Einhaltung der gesetzlichen Bestimmungen und der unternehmensinternen Richtlinien zu sorgen und wirkt auf deren Beachtung durch die Konzernunternehmen hin. Nach Ziff. 3.8 DCGK muss der Vorstand außerdem die Regeln ordnungsgemäßer Unternehmensführung beachten. Eine weitergehende Konkretisierung dieser Vorschriften

---

15 *Sidhu* ZCG 2008, 13, 16.

enthält der DCGK hingegen nicht. Durch welche Maßnahmen die Einhaltung der gesetzlichen Bestimmungen gewährleistet werden soll, bleibt offen. Die oben genannten Vorschriften des DCGK enthalten jedoch den Kerngedanken des § 93 AktG. Hierin wird die Sorgfaltspflicht und Verantwortlichkeit von Vorstandsmitgliedern geregelt. Aus dieser allgemeinen Sorgfaltspflicht lassen sich die organisatorische Pflichten des Vorstands in Bezug auf die Unternehmenscompliance als Konkretisierung der Leitungsverantwortung des § 76 Abs. 1 AktG ableiten.

1. Einrichtung einer Compliance-Organisation

Dem Vorstand obliegt die Verantwortung für die Organisation des Unternehmens. Er ist verpflichtet, eine klare und funktionale Aufteilung zwischen den verschiedenen Aufgabenbereichen des Unternehmens vorzunehmen.[16] Hierbei kann er Aufgaben im Wege der horizontalen Delegation auf verschiedene Vorstandsmitglieder verteilen oder Aufgaben auf nachgelagerte Ebenen im Unternehmen auslagern (vertikale Delegation). **17**

Weiterhin ist der Vorstand verpflichtet, für die Einhaltung von Recht und Gesetz zu sorgen. Das sogenannte Legalitätsprinzip verpflichtet den Vorstand, die Beachtung der gesetzlichen Regelungen sowie auch der unternehmensinternen Vorschriften sicherzustellen.[17] Das bedeutet, dass nicht nur der Vorstand selbst sich im Rahmen seiner dienstlichen Tätigkeit in jeder Hinsicht an die einschlägigen Gesetze halten muss, sondern er darüber hinaus grundsätzlich auch dafür Sorge tragen muss, dass sich die Mitarbeiter der Gesellschaft gesetzestreu verhalten. Bei Konzernen erstreckt sich die Legalitätspflicht auch auf das Handeln der Organmitglieder und Mitarbeiter der Konzernunternehmen. Der zweite Halbsatz von Ziff. 4.1.3 stellt insofern allerdings klar, dass der Vorstand bezüglich der Konzernunternehmen nur verpflichtet ist darauf hinzuwirken, dass die gesetzlichen Bestimmungen beachtet werden. Er hat also nicht für den Erfolg seiner Bemühungen einzustehen. Mit dieser Einschränkung trägt der DCGK den rechtlichen Schranken der Konzernleitungsmacht Rechnung.[18] Die genauen Grenzen der Konzernleitungspflicht sind aber nach wie vor noch unscharf und umstritten.[19] **18**

Der DCGK verzichtet bewusst darauf, bestimmte Gebote oder Verbote aufzulisten, die aus Compliance-Gesichtspunkten typischerweise eine besondere Bedeutung haben, wie bspw. das Bestechungsverbot oder das Kartellverbot. Damit wird verhindert, dass aus der Erwähnung bzw. Nichterwähnung Rückschlüsse auf die Bedeutung von bestimmten gesetzlichen Ge- und Verboten gezogen werden[20]. **19**

Soweit der Vorstand von der Delegation von Aufgaben Gebrauch macht, obliegt ihm eine Kontroll- und Überwachungspflicht. Diese Pflicht bezieht sich sowohl auf die Vorgänge im Vorstand als auch auf die nachgelagerten Ebenen. Um dieser Pflicht umfassend nachkommen zu können, bietet es sich an, ein effizientes Überwachungssystem einzurichten.[21] **20**

Eine allgemeine Rechtspflicht zur Einrichtung einer Compliance-Organisation oder eines Compliance-Überwachungssystems (Corporate-Compliance-System), besteht nach derzeitiger Rechtslage nicht[22]. Auch der DCGK spricht diesbezüglich keine Empfehlung aus[23]. In **21**

---

16 *Leyens/Schmidt* AG 2013, 533, 537.
17 *Hölters* in Hölters, Aktiengesetz, 2011, § 93 Rn. 54; eingeschränkt *Sidhu* ZCG 2008, 13, 14.
18 *Ringleb* in Ringleb, Deutscher Corporate Governance Kodex, 4. Aufl. 2010, 2. Teil Rn. 616.
19 *Seibt* in Schmidt/Lutter, AktG, § 76 Rn. 16.
20 *Ringleb* in Ringleb, Deutscher Corporate Governance Kodex, 4. Aufl. 2010, 2. Teil Rn. 617.
21 Spindler/Stilz/*Fleischer* AktG 2. Aufl. 2010, § 93 Rn. 96.
22 *Sidhu* ZCG 2008, 13, 14; zu den spezifischen Pflichten von Kredit-, Finanzdienstleistungs- und Wertpapierhandelsunternehmen siehe 14.–20. Kap.
23 *Ringleb* in Ringleb, Deutscher Corporate Governance Kodex, 4. Aufl. 2010, 2. Teil Rn. 618.

Ziff. 4.1.3 DCGK wird lediglich die bereits aus § 93 AktG abgeleitete Legalitätspflicht wiederholt. Letztlich liegt es im Ermessen des Vorstands, auf welche Art und Weise er seiner Kontroll- und Überwachungspflicht nachkommen möchte.[24] In der Praxis ist die Einrichtung von Compliance-Systemen bei börsennotierten Gesellschaften allerdings mittlerweile gängiger Standard[25]. Zu Recht wird jedoch davor gewarnt, standardisierte Compliance-Programme aus dem anglo-amerikanischen Rechtsraum ungeprüft und ohne individuelle Anpassung zu übernehmen[26]. Zwar spricht nichts dagegen, den Wissens- und Erfahrungsvorsprung, über den anglo-amerikanische Unternehmen aufgrund der Tatsache verfügen, dass das Thema Compliance dort schon deutlich länger im Fokus steht, zu nutzen. Ein effektives und effizientes Compliance-Programm sollte jedoch individuell auf die konkrete Situation des jeweiligen Unternehmens und die dort bereits bestehenden komplementären System wie insbesondere das Risikomanagement-System abgestimmt sein.

2. Erlass und Überwachung von Compliance-Richtlinien

22 In Ziff. 4.1.3 erwähnt der DCGK die Möglichkeit, unternehmensinterne Richtlinien aufzustellen. In der Praxis begegnet man immer öfter auch solchen unternehmensinternen Richtlinien, die das Thema Compliance betreffen. Die Vorschriften dieser Richtlinie können durch die Geschäftsordnung des Unternehmens, aber auch durch die Anstellungsverträge der Mitarbeiter für diese verbindlich gemacht werden.[27] Gleichwohl besteht keine Verpflichtung des Vorstands zum Erlass solcher unternehmensinterner Compliance-Richtlinien.[28]

23 Sofern Compliance-Richtlinien erlassen werden stellt sich die Frage, ob der Vorstand verpflichtet ist, die Einhaltung dieser Richtlinien zu überwachen. Ziff. 4.1.3 stellt aufgrund der Verwendung des Wortes „hat" eine Gesetzeswidergabe dar. Hinsichtlich der in Ziff. 4.1.3 geregelten Pflicht des Vorstandes zur Überwachung der Einhaltung der gesetzlichen Bestimmungen ist dies auch unproblematisch, da sich eine solche Legalitätspflicht bereits aus den zwingenden aktienrechtlichen Vorschriften ergibt (vgl. Rn. 17 ff.). Umstritten ist aber, ob der Vorstand tatsächlich aufgrund zwingenden Rechts zur Sicherstellung der Einhaltung von unternehmensinternen Richtlinien verpflichtet ist. In der Literatur wird eine gesetzliche Pflicht des Vorstands zur Überwachung der Einhaltung unternehmensinterner Richtlinien abgelehnt und darauf hingewiesen, dass ohne eine bestehende gesetzliche Verpflichtung auch durch den DCGK keine Verpflichtung geschaffen werden kann.[29]

3. Information des Aufsichtsrates

24 Eine weitere organisatorische Pflicht des Vorstands im Zusammenhang mit der Compliance ergibt sich aus Ziffer 3.4 Abs. 2 DCGK. Danach hat der Vorstand den Aufsichtsrat regelmäßig, zeitnah und umfassend über die Compliance zu informieren. Der Vorstand hat insofern darüber zu berichten, ob und wie die Einhaltung der gesetzlichen Bestimmungen und der unternehmensinternen Richtlinien sichergestellt ist.[29]

---

24 *Hölters* in Hölters, Aktiengesetz, 2011, § 93 Rn. 80.
25 So schon *v. Werder/Ringleb* in Ringleb, Deutscher Corporate Governance Kodex, 4. Aufl. 2010, 2. Teil Rn. 615d.
26 *Ringleb* in Ringleb, Deutscher Corporate Governance Kodex, 4. Aufl. 2010, 2. Teil Rn. 624, 627a.
27 *Hölters* in Hölters, Aktiengesetz, 2011, § 93 Rn. 101.
28 *V. Werder/Ringleb* in Ringleb, Deutscher Corporate Governance Kodex, 4. Aufl. 2010, 2. Teil Rn. 615a.
29 *Sidhu* ZCG 2008, 13, 14.

II. Aufsichtsrat

Der § 93 AktG gilt über die Verweisungsnorm des § 116 AktG für Aufsichtsratsmitglieder entsprechend. Auch ihnen obliegt damit die Sorgfalt eines ordentlichen und gewissenhaften Geschäftsleiters. Da die Leitungsverantwortung des Unternehmens jedoch gem. § 76 Abs. 1 AktG bei dem Vorstand liegt, sind die oben geschilderten organisatorischen Pflichten auf den Aufsichtsrat nicht direkt übertragbar. Die Überwachung der Compliance obliegt primär dem Vorstand. 25

Dem DCGK lässt sich jedoch eine andere Empfehlung hinsichtlich der Organisation der Unternehmenscompliance für den Aufsichtsrat entnehmen, nämlich die Empfehlung einen Prüfungsausschuss einzurichten, der unter anderem auch das Thema Compliance behandeln soll. 26

1. Einrichtung eines Prüfungsausschusses durch den Aufsichtsrat

Die Empfehlung zur Einrichtung eines Prüfungsausschusses ist in Ziff. 5.3.2. DCGK statuiert. Der fachlich qualifizierte Ausschuss soll sich insbesondere mit der Rechnungslegung und der Abschlussprüfung der Gesellschaft, aber darüber hinaus auch mit Complianceaufgaben befassen. Die Vorschrift baut auf § 107 Abs. 3 S. 2 AktG auf. Auch hier ist die Einrichtung des Prüfungsausschusses nur als „Kann-Vorschrift" ausgestaltet. Die Vorschrift richtet sich jedoch nicht speziell an börsennotierte Gesellschaften, sondern an alle Aktiengesellschaften. Die Frage nach der Einrichtung eines Prüfungsausschusses soll dabei grundsätzlich von den besonderen Gegebenheiten des jeweiligen Unternehmens und von der Anzahl der Mitglieder des Aufsichtsrates abhängig gemacht werden.[30] In § 107 Abs. 4 AktG wird weitergehend geregelt, dass, falls ein Prüfungsausschuss eingesetzt wird, dieser mindestens über ein unabhängiges Mitglied des Aufsichtsrats mit Sachverstand auf dem Gebiet der Rechnungslegung oder der Abschlussprüfung verfügen muss.[31] 27

2. Abgrenzung zum angloamerikanischen „Audit Comittee"

Nicht zu verwechseln ist der deutsche Prüfungsausschuss mit dem aus dem angloamerikanischen Rechtsraum stammendem „Audit Comittee". Mit dem in Ziff. 5.3.2 DCGK verwendeten Klammerzusatz „Audit Comittee" soll nur dem Umstand Rechnung getragen werden, dass das Wort im deutschen Sprachgebrauch sehr verbreitet ist. Die Aufgaben des angloamerikanischen Audit Comittees sind jedoch wesentlich weiter gefasst als die des Prüfungsausschusses deutscher Prägung. Dies resultiert insbesondere daraus, dass in angloamerikanischen Ländern die Unternehmensführung durch ein einheitliches Leitungsorgan – das Board of Directors – und nicht durch ein duales Führungssystem, also Vorstand und Aufsichtsrat, erfolgt. Bei dem Board of Directors erfolgt keine strenge Trennung zwischen Geschäftsführung und Überwachung, sodass die Mitglieder des angloamerikanischen Audit Comittees die interne Revision unmittelbar ansprechen und auch auf Risikofrüherkennungsinstrumente direkt zugreifen können.[32] Die Entwicklung von Revisionsfunktionen und Risikofrüherkennungsinstrumenten sind aber im deutschen Recht ausschließlich dem Vorstand als Geschäftsführung zugewiesen. Eine Übertragung dieser Aufgaben auf den Prüfungsausschuss und somit indirekt auf Mitglieder des Aufsichtsrates war mit dem Klammerzusatz nicht gewollt.[33] 28

---

30 *Kremer* in Ringleb, Deutscher Corporate Governance Kodex, 4. Aufl. 2010, 2. Teil Rn. 989.
31 *Kremer* in Ringleb, Deutscher Corporate Governance Kodex, 4. Aufl. 2010, 2. Teil Rn. 986.
32 *Kremer* in Ringleb, Deutscher Corporate Governance Kodex, 4. Aufl. 2010, 2. Teil Rn. 991.
33 Bericht der Regierungskommission des DCGK, November 2010, Rn. 312.

3. Aufgaben des Prüfungsausschusses

29 Die Aufgabenbereiche des Prüfungsausschusses werden in Ziff. 5.3.2 DCGK summarisch aufgeführt. Primär soll der Prüfungsausschuss das Aufsichtsratsplenum im Rahmen der Abschlussprüfung entlasten sowie diverse Überwachungspflichten, wie z.B. die Überwachung des internen Kontrollsystems und der Revision, übernehmen. Die Einleitung durch das Wort „insbesondere" macht jedoch deutlich, dass die aufgeführten Themenbereiche keinesfalls abschließend sind.

30 Die Compliance soll nur dann vom Prüfungsausschuss übernommen werden, wenn kein anderer Ausschuss des Aufsichtsrates damit betraut ist. Zudem fallen nur solche Compliance-Themen in den Zuständigkeitsbereich des Prüfungsausschusses, die grundsätzlich auch in die Zuständigkeit des Aufsichtsrates fallen. Wichtigste Aufgabe des Prüfungsausschusses ist die Beurteilung der Compliance-Arbeit des Vorstandes. In diesem Zusammenhang lässt sich der Prüfungsausschuss das Compliance-Programm des Vorstands vorstellen und prüft in einem zweiten Schritt, ob es der konkreten Risikolage des Unternehmens Rechnung trägt und den vom Gesetz vorgeschriebenen Anforderungen entspricht. Zudem hat der Prüfungsausschuss das Recht, eigene Ermittlungsmaßnahmen zu ergreifen, wenn Verdachtsmomente für gravierende Verstöße bestehen. In diesen Fällen ist er verpflichtet, seine Überwachungstätigkeit zu intensivieren und vom Vorstand eine Berichterstattung über die Verstöße und die bereits ergriffenen oder geplanten Maßnahmen zu verlangen.[34] Grundsätzlich darf der Prüfungsausschuss sich aber auf die Vorstandsberichte verlassen und muss keine weiteren Nachforschungen anstellen.

C. Persönliche Verhaltenspflichten von Vorstands- und Aufsichtsratsmitgliedern

31 Neben den organisatorischen Pflichten des Vorstands und des Aufsichtsrates treffen die Organmitglieder auch persönliche Verhaltenspflichten. Hervorzuheben ist hier insbesondere die Pflicht zur Vermeidung von Interessenkonflikten bzw. zur Auflösung von Interessenkonflikten zum Wohle der Gesellschaft.

32 Interessenkonflikte können in börsennotierten Gesellschaften in mannigfaltigen Erscheinungsformen entstehen. Eine Legaldefinition des Begriffs „Interessenkonflikt" existiert nicht. Auch der DCGK trifft diesbezüglich keine konkrete Aussage oder gar eine abschließende Auflistung, sondern enthält lediglich einige Anhaltspunkte zur Auslegung des Begriffes. Voraussetzung für das Vorliegen eines Interessenkonfliktes ist neben der Organstellung des Betroffenen, dass jedenfalls eine weitere direkte oder indirekte Interessenbeziehung zwischen dem Organmitglied und dem Unternehmen besteht, mithin ein Interessenwiderstreit vorliegt.[35] Damit ein solcher Interessenwiderstreit aber als Interessenkonflikt im Sinne des Kodex angesehen werden kann, muss sich aufgrund der Intensität des Interessengegensatzes im konkreten Einzelfall eine wesentliche Gefährdung für das Unternehmensinteresse ergeben.[36]

33 Die Pflicht zur Vermeidung von Interessenkonflikten trifft sowohl die Mitglieder des Vorstands, als auch die Mitglieder des Aufsichtsrates. Sie differenziert jedoch in ihrer Ausgestaltung und wird zudem aus unterschiedlichen Artikeln des DCGK hergeleitet.

---

34 *Kremer* in Ringleb, Deutscher Corporate Governance Kodex, 4. Aufl. 2010, 2. Teil Rn. 992a.
35 *Diekmann/Fleischmann* AG 2013, 141, 142.
36 *Diekmann/Fleischmann* AG 2013, 141, 143.

I. Vorstand

Die Vorschriften betreffend den Umgang mit Interessenkonflikten für den Vorstand finden sich in Ziff. 4.3 DCGK, wo die wichtigsten Interessenkonflikte explizit angesprochen werden. **34**

1. Wettbewerbsverbot

Nach 4.3.1 DCGK unterliegen Vorstandsmitglieder während ihrer Tätigkeit für das Unternehmen einem umfassenden Wettbewerbsverbot. Eine weitergehende Regelung und insbesondere eine Konkretisierung des Inhalts und der Reichweite des Wettbewerbsverbots sucht man im Kodex allerdings vergebens. Bei der Vorschrift handelt es daher schlicht auf einen Verweis auf die gesetzliche Regelung in § 88 AktG. Den Mitgliedern des Vorstands ist es danach untersagt, ein eigenes Handelsgewerbe zu betreiben. Weiterhin ist es Vorstandsmitgliedern untersagt, Geschäfte für eigene Rechnung zu tätigen, die in den Tätigkeitsbereich der Aktiengesellschaft fallen. Außerdem dürfen Vorstandsmitglieder auch nicht die Funktion des Vorstands oder Geschäftsführers oder des persönlich haftenden Gesellschafters bei einer anderen Handelsgesellschaft übernehmen. Ausnahmen von dieser Regelung bedürfen der Einwilligung des Aufsichtsrats. Die Einwilligung muss entsprechend der Definition in § 183 BGB vorher erteilt werden. Eine nachträgliche Genehmigung ist nicht möglich. Bei einer andauernden Wettbewerbstätigkeit i.S.v. § 88 AktG kann daher eine nach Beginn der Wettbewerbstätigkeit erteilte Zustimmung des Aufsichtsrates nur die zukünftige Tätigkeit privilegieren. Eine Heilung für die Vergangenheit ist nicht möglich.[37] In § 88 Abs. 1 S. 3 AktG wird zudem klargestellt, dass die Einwilligung des Aufsichtsrates nicht pauschalisiert werden darf. Sie muss sich stets auf ein bestimmtes Handelsgewerbe oder eine bestimmte Handelsgesellschaft beziehen oder darf nur für bestimmte Arten von Geschäften erteilt werden. Eine Blankoeinwilligung ist unzulässig und daher wirkungslos.[38] In der Praxis treten insbesondere im Zusammenhang mit so genannten Doppelmandaten Probleme auf. Doppelmandate innerhalb eines Konzerns können dabei unternehmenspolitisch durchaus sinnvoll sein und werfen primär gesellschaftsrechtliche Fragen auf.[39] Vorstands-Doppelmandate bei unabhängigen Unternehmen führen demgegenüber erfahrungsgemäß häufig zu Interessenkonflikten und sollten aus Compliance-Gesichtspunkten vermieden werden. **35**

Nicht geregelt in § 88 AktG ist der Fall des Wettbewerbsverbots nach Beendigung des Vorstandsmandates. Sinnvoll ist ein solches Verbot insbesondere aber nicht nur, bei technologielastigen Unternehmen. Solche Unternehmen haben das Bedürfnis, ihr Know-How, welches die Basis ihres unternehmerischen Erfolges ist, auch über die Beendigung der Tätigkeit eines Vorstandsmitglieds hinaus zu schützen. Das ausscheidende Vorstandsmitglied könnte ansonsten sein während der bisherigen Vorstandstätigkeit hinzugewonnenes Know-How bei einem Wettbewerber nutzen. Festzuhalten ist insofern zunächst, dass ein Vorstandsmitglied von Gesetzes wegen keinem nachvertraglichen Wettbewerbsverbot unterliegt und sich ein solches auch nicht aus einer Analogie zu § 88 AktG ableiten lässt.[40] Ein nachvertragliches Wettbewerbsverbot besteht daher nur, wenn es – z.B. im Vorstandsdienstvertrag – vertraglich vereinbart wurde. Die Vorschriften der §§ 74 ff. HGB gelten in diesen Fällen nicht unmittelbar, die Grenzen der Zulässigkeit eines nachvertraglichen Wettbewerbsverbotes hängen vielmehr von den Umständen im Einzelfall ab.[41] **36**

---

37 MK-AktG/*Spindler*, 3. Aufl. 2008, § 88 Rn. 25; *Hüffer* AktG, 10. Aufl. 2012, § 88 Rn. 5.
38 *Hölters* in Hölters, Aktiengesetz, 2011, § 88 Rn. 13.
39 *Passarge* NZG 2007, 441, *Hüffer* AktG, 10. Aufl. 2012, § 76 Rn. 5.
40 Zur nachvertraglichen Loyalitätspflicht vgl. *Fleischer* Handbuch des Vorstandsrechts, 2006, § 4 Rn. 129.
41 Spindler/Stilz/*Fleischer* AktG 2. Aufl. 2010, § 88 Rn. 42; *Ringleb* in Ringleb, Deutscher Corporate Governance Kodex, 4. Aufl. 2010, 2. Teil Rn. 799 f.

> **Praxishinweis:** Jedes Vorstandsmitglied unterliegt während seiner Amtszugehörigkeit einem sehr weitreichenden Wettbewerbsverbot. Andere unternehmerische Tätigkeiten müssen im Voraus vom Aufsichtsrat genehmigt werden. Ein nachvertragliches Wettbewerbsverbot besteht demgegenüber nur, wenn es vereinbart wurde.

2. Umgang mit ungerechtfertigten Zuwendungen und Vorteilen

37 Ziff. 4.3.2 DCGK hat die Vermeidung von Korruption zum Gegenstand.[42] Der Kodex normiert hier das Verbot der aktiven und passiven Bestechung. Die Annahme von ungerechtfertigten Zuwendungen und Vorteilen stellt in aller Regel Bestechlichkeit im geschäftlichen Verkehr im Sinne des § 299 StGB dar und kann auch den Untreuetatbestand (§ 266 StGB)[43] begründen. Die gesetzliche Haftung der Unternehmen für das Verhalten ihrer Vorstands- und Aufsichtsratsmitglieder ist in §§ 30 OWiG und 130 OWiG normiert. Auch an dieser Stelle gibt der DCGK mit anderen Worten die bereits geltende Rechtslage wieder. Darüber hinaus beruft er sich, ohne dies ausdrücklich zu benennen, auch auf die Empfehlungen der OECD zur Bekämpfung der internationalen Korruption vom 23.5.1997.[44] Entgegen der grundsätzlichen Systematik, die in Ziff. 4 DCGK ausschließlich den Vorstand betreffende Vorschriften vorsieht, richtet sich 4.3.2 DCGK auch an Mitarbeiter. Hierdurch wird die Bedeutung der Korruptionsvermeidung und der redlichen Unternehmensführung in besonderem Maße deutlich.[45] Dies liegt primär daran, dass Bestechungsskandale stets medienträchtig sind und für die betroffenen Unternehmen nicht nur finanzielle, sondern auch erhebliche Image-Schäden nach sich ziehen. Zudem stellt die Korruption, trotz Verschärfung der strafrechtlichen Sanktionen, nach wie vor ein Problem im geschäftlichen Verkehr dar.

38 Nicht zuletzt aus diesen Gründen wird gefordert, der DCGK solle um eine Empfehlung zur Schaffung eines konkreten Korruptionsvermeidungskonzeptes in jedem börsennotierten Unternehmen erweitert werden.[46]

> **Praxishinweis:** In der Praxis empfiehlt es sich, firmenspezifische Regelungen mit klaren Wertgrenzen aufzustellen, die für alle Mitarbeiter und auch Führungskräfte verbindlich sind. Ein weiterer wichtiger Baustein zur Korruptionsprävention ist die Erhöhung der Transparenz im Unternehmen. Dies kann beispielsweise durch die Einführung des Vier-Augen-Prinzips erreicht werden. Eine besondere Sorgfalt sollte dabei in den Bereichen der Auftragsannahme und Auftragsvergabe gelten. Die Prozesse der Auftragsannahme, der Auftragserfüllung und der Auftragsüberprüfung sollten gerade voneinander getrennt werden, gerade auch in personeller Hinsicht (Prinzip der Funktionstrennung).

3. Verpflichtung auf das Unternehmensinteresse

39 Die Verpflichtung der Mitglieder des Vorstandes auf das Unternehmensinteresse ist in Ziff. 4.3.3. DCGK festgeschrieben. Hierbei handelt es sich um ein allgemeines Prinzip, welches im Wesentlichen aus § 76 Abs. 1 AktG hergeleitet wird. Diese Verpflichtung der Mitglieder des Vorstandes auf das Unternehmensinteresse wird allgemein auch als Treuepflicht bezeichnet. Durch die Bezugnahme des Kodexes auf das Unternehmensinteresse soll deutlich gemacht werden, dass die Vorstandsmitglieder neben den Eigentums- und Gewinnmaximierungsinteressen der Aktionäre auch die Interessen der Mitarbeiter, Kunden und

---

42 Näher zur Anti-Korruptions-Compliance 26. Kap.
43 Zur Untreue näher 23. Kap.
44 *Ringleb* in Ringleb, Deutscher Corporate Governance Kodex, 4. Aufl. 2010, 2. Teil Rn. 804.
45 *Ringleb* in Ringleb, Deutscher Corporate Governance Kodex, 4. Aufl. 2010, 2. Teil Rn. 348.
46 Vgl. Nachweise bei *Ringleb* in Ringleb, Deutscher Corporate Governance Kodex, 4. Aufl. 2010, 2. Teil Rn. 805.

Gläubiger des Unternehmens berücksichtigen sollen. Insofern besteht inzwischen Einigkeit, dass der Begriff Unternehmensinteresse auch den Schutz solche Gruppen umfassen soll, die mit dem Unternehmen im geschäftlichen Kontakt stehen und ein Interesse an dem Fortgang der Gesellschaft haben (sogenannte Stakeholder), welche aber nicht bereits durch das Gesellschafts- oder Arbeitsrecht geschützt sind.[47]

Grund für die allgemeine Verpflichtung zur Einhaltung der Treuepflicht sind die sehr weitreichenden Befugnisse der Vorstandsmitglieder. Gleichzeitig ist der Vorstand gerade bei börsennotierten Gesellschaften primär Wahrer fremder Vermögensinteressen, da er üblicherweise nur in geringfügigem Umfang an der Gesellschaft beteiligt ist. Da dem Vorstand die umfassende und vor allem weisungsfreie Geschäftsführungskompetenz zusteht, wird von seinen Mitgliedern erwartet, stets im Interesse der Gesellschaft und nicht im Eigeninteresse zu handeln. **40**

Der letztgenannte Gesichtspunkt – das Gebot, die eigenen Interessen bei der Vorstandstätigkeit auszublenden –, ist im zweiten Satz der Ziff. 4.3.3 DCGK nochmals ausdrücklich verankert. Daneben stellt Ziff. 4.3.3 S. 2 DCGK klar, dass es einem Vorstandsmitglied untersagt ist, Geschäftschancen des Unternehmens für eigene Zwecke zu nutzen. Klarzustellen ist insofern, dass dies ein Unterfall des Verbotes im eigenen Interesse zu handeln ist; das Verbot des Handelns im eigenen Interesse gilt daher nicht nur in Bezug auf die Nutzung der Geschäftschancen des Unternehmens, sondern ganz allgemein für jedes Handeln eines Vorstandsmitglieds.[48] Bezogen auf den Unterfall der Nutzung von Geschäftschancen ist von einem weiten Verständnis des Begriffs Geschäftschance auszugehen. Eine Geschäftschance stellt jedes mögliche Geschäft dar, welches in den Geschäftsbereich der Gesellschaft fällt und dessen Abschluss im Gesellschaftsinteresse liegt. So wird regelmäßig auch die Möglichkeit zur Beteiligung an einem anderen Unternehmen als Geschäftschance anzusehen sein. Weiter erstreckt sich das Verbot nach herrschender Meinung auch auf solche Geschäftschancen, die dem Vorstand privat angetragen wurden.[49] **41**

4. Offenlegung von Interessenkonflikten

Eines der Kernstücke der Vorschriften in Bezug auf Interessenkonflikte im DCGK ist die Pflicht der Vorstandsmitglieder zu deren Offenlegung gem. Ziff. 4.3.4 S. 1 DCGK. Die Offenlegung von Konflikten dient dabei gleich mehreren Zwecken. **42**

Hauptzweck der Offenlegungspflicht ist die Präventivfunktion. Die Offenlegung löst zwar grundsätzlich nicht das Problem des Interessenkonfliktes, entschärft dieses aber wesentlich; vielfach wird davon ausgegangen, dass allein die Offenlegung ausreicht, um das Entstehen bedeutender Interessenkonflikte zu verhindern.[50] Darüber hinaus dient die Offenlegungspflicht dem Zweck, eine ordnungsgemäße Beschlussfassung innerhalb des Vorstands sicherzustellen. Typischerweise können nur bekannte Interessenkonflikte bei Beschlussfassungen berücksichtigt werden. Da in vielen Fällen der Interessenkonflikt aber nicht offensichtlich ist, sondern sich erst aus dem Zusammenspiel von verschiedenen Tatsachen ergibt, die teilweise auch nur das betroffene Vorstandsmitglied kennt, besteht ohne eine Offenlegungspflicht eine erhebliche Gefahr, dass Interessenkonflikte im Zusammenhang mit Beschlussfassungen übersehen werden. **43**

---

47 *Ringleb* in Ringleb, Deutscher Corporate Governance Kodex, 4. Aufl. 2010, 2. Teil Rn. 605.
48 *Peltzer* in Wellhöfer/Peltzer/Müller, Die Haftung von Vorstand, Aufsichtsrat, Wirtschaftsprüfer, 2008, § 19 Rn. 112.
49 BGH Urt. v. 23.9.1985 – ZR 246/84 NJW 1986, 585, 586 (für GmbH-Geschäftsführer); eingehend hierzu *Hölters* in Hölters, Aktiengesetz, 1. Aufl. 2011, § 93 Rn. 127.
50 *Ringleb* in Ringleb, Deutscher Corporate Governance Kodex, 4. Aufl. 2010, 2. Teil Rn. 1051.

44 Die Pflicht zur Offenlegung von Interessenkonflikten für Vorstandsmitglieder ist unmittelbar in Ziff. 4.3.4 S. 1 DCGK geregelt. Hierbei handelt es sich zwar nur um eine Empfehlung, jedoch sind die Vorstandsmitglieder zumindest inzident durch ihre Zustimmung zur Abgabe der Entsprechenserklärung nach § 161 AktG an die Verpflichtung gebunden.

45 Wenn der Vorstand in Zusammenarbeit mit dem Aufsichtsrat die Erklärung abgibt, den Verhaltensempfehlungen des Kodex sei entsprochen worden, so bedeutet dies für jedes Vorstandsmitglied auch, dass es die Erklärung abgibt, sich an die Offenlegungsverpflichtung des 4.3.4 DCGK gehalten zu haben bzw. auch zukünftig halten zu wollen. Eine Abweichung vom Kodex ist für das einzelne Mitglied nur möglich, wenn es bei der Beschlussfassung bezüglich der Entsprechenserklärung einen Vorbehalt geltend macht. Die Verpflichtung eines Vorstandsmitglieds zur Einhaltung des Kodex durch Mehrheitsbeschluss ist grundsätzlich nur möglich, wenn dies vorab im Arbeitsvertrag geregelt wurde.[51]

5. Angemessenheit persönlicher Transaktionen

46 Geschäfte zwischen dem Unternehmen und seinen Vorstandsmitgliedern sowie zwischen dem Unternehmen und den Vorstandsmitgliedern nahe stehenden Personen oder den Mitgliedern nahe stehenden Unternehmungen, sind typischerweise anfällig für Interessenkonflikte. Aus diesem Grunde bestimmt Ziff. 4.3.4 S. 2 DCGK, dass solche Geschäfte stets den branchenüblichen Standards entsprechen müssen. Durch die Verwendung des Wortes „Unternehmen" wird deutlich, dass von der Regelung nicht nur Geschäfte mit der Gesellschaft, sondern auch solche mit Konzernunternehmen umfasst sein sollen.[52]

47 Mangels konkreterer Informationen im Kodextext müssen zur Auslegung des Begriffs „nahe stehend" die allgemeinen Regeln herangezogen werden. Hiernach sind Personen oder Unternehmungen als nahe stehend zu bezeichnen, wenn der Eindruck entsteht, dass eine unmittelbare Beeinflussung durch das Vorstandsmitglied möglich ist.[53] Die unübliche Formulierung „Unternehmungen" begründet keine inhaltliche Differenzierung zum Unternehmensbegriff. Der Begriff „Unternehmen" ist durch die Verwendung in der Präambel des Kodex bereits besetzt und konnte deshalb in dem Zusammenhang des 4.3.4 DCGK nicht verwendet werden.[54]

48 Eine Definition für den Begriff „branchenüblicher Standard" existiert nicht. Gemeint ist, dass dabei die AG sich so verhalten soll, als ob auf der anderen Seite ein unabhängiger Dritter stünde, das heißt. das Geschäft soll nur abgeschlossen werden, wenn die Gesellschaft daran ein Interesse hat, und überdies nur zu Konditionen, wie sie marktüblich sind oder mit anderen Worten: wie sie unter voneinander völlig unabhängigen Dritten gelten würden („at arm's lenght").[55] Unstreitig ist, dass der Kodex durch den Terminus nicht die in vielen Unternehmen bestehenden Vorzugsregelungen für Mitarbeiter verbieten will. So soll es den Organen und Mitarbeitern weiterhin möglich sein, zu vergünstigten Preisen die eigenen Produkte des Unternehmens zu erwerben.[56]

49 Kernstück des Ziff. 4.3.4 DCGK ist die Empfehlung in Satz 3 der Regelung. Hiernach sollen wesentliche Geschäfte der Zustimmung des Aufsichtsrats bedürfen. Relevant werden diese Vorschriften ausschließlich bei Geschäften zwischen der Gesellschaft und den dem Vorstand nahe stehenden Personen oder Unternehmungen. Bei Eigengeschäften von Vor-

---

51 *Ringleb* in Ringleb, Deutscher Corporate Governance Kodex, 4. Aufl. 2010, 2. Teil Rn. 823.
52 *Ringleb* in Ringleb, Deutscher Corporate Governance Kodex, 4. Aufl. 2010, 2. Teil Rn. 830.
53 *Ringleb* in Ringleb, Deutscher Corporate Governance Kodex, 4. Aufl. 2010, 2. Teil Rn. 833.
54 *Ringleb* in Ringleb, Deutscher Corporate Governance Kodex, 4. Aufl. 2010, 2. Teil Rn. 834.
55 *Peltzer* in Wellhöfer/Peltzer/Müller, Die Haftung von Vorstand, Aufsichtsrat, Wirtschaftsprüfer, 2008, § 19 Rn. 114.
56 *Ringleb* in Ringleb, Deutscher Corporate Governance Kodex, 4. Aufl. 2010, 2. Teil Rn. 829.

standsmitgliedern wird die Gesellschaft gem. § 112 AktG ohnehin durch den Aufsichtsrat vertreten. Eine Definition von „wesentlichem Geschäft" enthält der Kodex nicht. Einigkeit besteht jedoch insoweit, dass es keine generelle Wertgrenze für die Bestimmung von wesentlichen Geschäften geben soll, sondern sich die Wesentlichkeit stets an der Größe und den konkreten Verhältnissen der Gesellschaft orientieren muss. Hierbei ist insbesondere auch der Eindruck zu berücksichtigen, den ein Geschäft in der Öffentlichkeit erzeugen könnte.[57]

Ergänzt wird die Regelung in Ziff. 4.3.4 S. 3 DCGK durch Ziff. 3.9 DCGK, wonach die Gewährung von Krediten an Vorstände oder deren Angehörige der Zustimmung des Aufsichtsrates bedürfen. **50**

6. Nebentätigkeit der Vorstandsmitglieder

Nebentätigkeiten, wie die im Kodex beispielhaft genannte Übernahme von Aufsichtsratsmandaten in anderen Unternehmen, sollen gem. Ziff. 4.3.5 DCGK nur mit Zustimmung des Aufsichtsrates übernommen werden. Diese Regelung des Kodex geht über die gesetzliche Bestimmung des § 88 AktG sowie über die Regelung in Ziff. 4.3.1 DCGK hinaus. Hiernach dürfen Vorstandsmitglieder solche Nebentätigkeiten, die nicht unter den § 88 AktG fallen, auch ohne Zustimmung des Aufsichtsrates ausführen. Grund für die über die geltende Gesetzeslage hinausgehende Empfehlung des Kodex ist es, dem bloßen Eindruck eines Interessenkonfliktes in der Öffentlichkeit präventiv entgegenzuwirken. Zudem soll dem Unternehmen durch die Vorschrift die gesamte Arbeitskraft des Vorstandsmitglieds zugesichert werden.[58] Ein typischer Fall einer solchen zustimmungspflichtigen Nebentätigkeit ist die Übernahme eines Aufsichtsratsmandates bei einer anderen Gesellschaft. Nicht umfasst von der Regelung sind Aufsichtsratsmandate in Konzernunternehmen. Diese Mandate sind in der Regel von der allgemeinen Konzernleitungsaufgabe umfasst und ohne Zustimmung des Aufsichtsrates zulässig.[59] Problematisch sind demgegenüber Aufsichtsratsmandate bei Geschäftspartnern, insbesondere bei Kunden oder Lieferanten. In derartigen Konstellationen ist das Eintreten materieller Interessenkonflikte kaum vermeidbar, weshalb der Aufsichtsrat bei solchen Mandaten sorgfältig abwägen sollte, bevor er der Aufnahme zustimmt. **51**

Die Empfehlung in Ziff. 4.3.5 DCGK spiegelt die gängige Praxis in deutschen Aktiengesellschaften wider. Üblicherweise sind entsprechende Verpflichtungen ohnehin in den Vorstandsdienstverträgen und/oder den Geschäftsordnungen der Vorstände enthalten.[60] Dabei empfiehlt es sich klarzustellen, dass die Zustimmung des Aufsichtsrates für Nebentätigkeiten regelmäßig schon vor Aufnahme der Nebentätigkeit einzuholen ist und eine nachträgliche Genehmigung nicht oder nur in Ausnahmefällen zulässig ist. **52**

> **Praxishinweis:** Das Erfordernis der Zustimmung des Aufsichtsrates zur Aufnahme von Nebentätigkeiten durch Vorstandsmitglieder sollte als Standard der guten Corporate Governance in jeder Aktiengesellschaft gelten, egal ob börsennotiert oder nicht. Eine entsprechende Vereinbarung sollte schon im Dienstvertrag der Vorstandsmitglieder enthalten sein.

---

57 *Ringleb* in Ringleb, Deutscher Corporate Governance Kodex, 4. Aufl. 2010, 2. Teil Rn. 836 f.
58 *Ringleb* in Ringleb, Deutscher Corporate Governance Kodex, 4. Aufl. 2010, 2. Teil Rn. 605.
59 *Ringleb* in Ringleb, Deutscher Corporate Governance Kodex, 4. Aufl. 2010, 2. Teil Rn. 838.
60 *Peltzer* in Wellhöfer/Peltzer/Müller, Die Haftung von Vorstand, Aufsichtsrat, Wirtschaftsprüfer, 2008, § 19 Rn. 116.

7. Umgang mit Insiderinformationen

53 Bei börsennotierten Gesellschaften stellt sich auch die Frage, wie aus Compliance-Gesichtspunkten mit Insiderinformationen umgegangen werden sollte.[61] Der DCGK regelt diese Problematik nicht ausdrücklich. Zur Klärung der Frage muss daher auf die gesetzlichen Vorschriften zurückgegriffen werden. Zentrale Regelung in Bezug auf das Insiderhandelsverbot ist § 14 Abs. 1 WpHG. Hiernach sind neben dem Erwerb und der Veräußerung von Insiderpapieren auch die Mitteilung oder Zugänglichmachung einer Insiderinformation sowie auf Insiderinformationen basierende Empfehlungen zu Wertpapiergeschäften verboten.

54 Der Anwendungsbereich der Norm ist schon ihrem Wortlaut nach sehr weit gefasst. Die extensive Auslegung des Tatbestandes durch die Rechtsprechung (z.B. „Spector Photo Group", „Grongaard Bang" und vor allem „Schrempp"[62]) verstärkt diesen Effekt noch. Die Schulung der Vorstandsmitglieder bezüglich des Umgangs mit Insiderinformationen ist deshalb von besonderer Bedeutung um dem Insiderhandel effizient vorbeugen zu können.[63] Darüber hinaus empfiehlt es sich, im Rahmen des Compliance Programms auch Maßnahmen einzurichten, die sicherstellen, dass Insidertatsachen auf den Kreis derjenigen Mitarbeiter beschränkt werden, die von der Tatsache beruflich Kenntnis haben müssen.[64]

55 Aufgabe der Compliance-Stelle besteht hier primär darin, die Vorstandsmitglieder in der Anwendung des Insiderrechtes zu schulen, sowie die Folgen eines Verstoßes zu verdeutlichen. Darüber hinaus soll der Kreis der Personen, die Insidertatsachen Kenntnis erlangen, soweit wie möglich eingeschränkt werden.

II. Aufsichtsrat

56 Auch die Mitglieder des Aufsichtsrats treffen persönliche Verhaltenspflichten zur Vermeidung von Interessenkonflikten bzw. den sich aus solchen Interessenkonflikten ergebenden Risiken. Diese Verhaltenspflichten sind in Ziff. 5.5 DCGK näher geregelt und sind zum Teil vergleichbar mit den Pflichten der Vorstandsmitglieder, wobei aufgrund der verschiedenen Funktionen der beiden Organe gleichwohl Unterschiede bestehen.

57 Das in Ziff. 4.3.1 DCGK normierte Wettbewerbsverbot, sowie der für Nebentätigkeiten statuierte Zustimmungsvorbehalt in Ziff. 4.3.5 DCGK sind ausschließlich auf die Mitglieder des Vorstandes zugeschnitten und auf den Aufsichtsrat nicht übertragbar. Aufsichtsratsmitglieder unterliegen grundsätzlich keinem Wettbewerbsverbot gegenüber der Gesellschaft.[65]

Das Verbot der aktiven und passiven Bestechung ist zwar nicht ausdrücklich normiert, kann jedoch in die allgemeine Vorschrift von Ziff. 5.5.1 DCGK hineingelesen werden und gilt auch für Aufsichtsratsmitglieder.

1. Verpflichtung auf das Unternehmensinteresse

58 Ausdrücklich geregelt ist in Ziff. 5.5.1 DCGK, dass jedes Aufsichtsratsmitglied dem Unternehmensinteresse verpflichtet ist. Wie unter Ziff. C. 1. c) bereits erläutert, trifft diese Pflicht auch die Vorstandsmitglieder. Aufgrund der unterschiedlichen Aufgabenbereiche

---

61 Vgl. dazu auch 27. Kap.
62 Zu Spector Group und Grongaard Bang vgl. *Gehrmann* ZBB 2010, 48 ff.; zu Schrempp vgl. *Ihrig* BB 2013, 451 sowie auch ausführlich 4. Kap. Rn. 33 ff.
63 *Knauth* in Renz/Hense, Wertpapier-Compliance in der Praxis, 2010, S. 505.
64 *Ringleb* in Ringleb, Deutscher Corporate Governance Kodex, 4. Aufl. 2010, 2. Teil Rn. 635; vgl. zu solchen Maßnahmen auch 3. Kap. Rn. 26 ff.
65 *Kort* ZIP 2009, 717, 722; *Hüffer* AktG, 10. Aufl. 2012, § 88 Rn. 2.

von Vorstand und Aufsichtsrat weicht die Verpflichtung auf das Unternehmensinteresse beim Aufsichtsrat jedoch von der Treuepflicht der Vorstandsmitglieder ab.

Die Verpflichtung auf das Unternehmensinteresse betrifft bei dem Aufsichtsrat primär die ordnungsgemäße Wahrnehmung der Überwachungsaufgabe. Zudem werden auch die Entscheidungen des Aufsichtsrates bezüglich der Bestellung von Vorstandsmitgliedern und die Unterbreitung von Beschlussvorschlägen an die Hauptversammlung durch diese Pflicht überlagert. Weiterhin hat jedes Aufsichtsratsmitglied auch außerhalb der Tätigkeit als Aufsichtsrat eine allgemeine Rücksichtnahmepflicht gegenüber dem Unternehmen.[66] 59

Satz 2 des 5.5.1 DCGK bestimmt neben der allgemeinen Verpflichtung zur Wahrung des Unternehmensinteresses, dass dem Unternehmensinteresse bei Entscheidungen des Aufsichtsrates stets Vorrang gegenüber persönlichen Interessen gewährt werden muss. Letztlich ist es den Aufsichtsratsmitgliedern, wie auch den Vorstandsmitgliedern untersagt, die Geschäftschancen des Unternehmens für eigene Zwecke zu nutzen; auch insofern gelten grundsätzlich die Ausführungen zu den Vorstandspflichten entsprechend (vgl. C.1.c)). Anders als Vorstandsmitglieder, betrifft das Verbot bei Aufsichtsratsmitgliedern aber keine Geschäftschancen, die sich dem jeweiligen Aufsichtsratsmitglied außerhalb seiner Aufsichtsratstätigkeit bieten.[67] Da es sich bei dem Aufsichtsratsmandat typischerweise um eine Nebentätigkeit handelt, wäre ein derart weitgehender Eingriff in die unternehmerische Tätigkeit des Aufsichtsratsmitglieds nicht gerechtfertigt. 60

2. Pflicht zur Offenlegung von Interessenkonflikten

Die Offenlegungsempfehlung von Interessenkonflikten folgt für Mitglieder des Aufsichtsrates aus 5.5.2 DCGK sowie aus der den Aufsichtsratsmitgliedern obliegenden Sorgfaltspflicht.[68] Die Pflicht gilt für institutionelle wie auch für einzelfallbezogene Interessenkonflikte, soweit diese nicht bereits nach den gesetzlichen Vorschriften offengelegt oder beim Aufsichtsrat bekannt sind.[69] Spätestens wenn der Konflikt Auswirkungen auf die Abstimmungen oder Beratungen des Aufsichtsrates haben könnte, muss dieser aufgedeckt werden. Wann dies der Fall ist, muss im Einzelfall festgestellt werden. Die Aufdeckungen des Konfliktes muss so detailliert erfolgen, dass der Aufsichtsrat in der Lage ist den Kern des Konfliktes zu erfassen.[70] Ansprechpartner im Aufsichtsrat ist zunächst der Aufsichtsratsvorsitzende, mit dem üblicherweise zunächst die Einzelheiten des Konfliktes und die Art und Weise der Offenlegung erörtert werden.[71] Dieser informiert sodann den Gesamtaufsichtsrat. Durch die Mitteilung des Konfliktes an die anderen Mitglieder des Aufsichtsrates kann der Konflikt bei der Willensbildung berücksichtigt werden. Teilweise kann es sich anbieten, die Behandlung des Interessenkonfliktes zunächst in einem Ausschuss erörtern zu lassen und erst danach den Aufsichtsrat mit der Entscheidung über den Konflikt zu befassen.[72] Nach der Offenlegung vor dem Gesamtaufsichtsrat entscheidet der Aufsichtsratsvorsitzende, welche Maßnahmen zur Konfliktbewältigung erforderlich sind und insbesondere ob ein Stimmverbot eingreift, oder ein Mitglied in seiner Mitwirkungsmöglichkeit beschränkt wird. 61

Offenzulegen sind grundsätzlich alle Interessenkonflikte. Die ausdrückliche Erwähnung von Interessenkonflikten, die aufgrund einer Organfunktion oder Beratung bei Kunden, Lieferanten, Kreditgebern oder sonstigen Dritten entstehen können, ist nur exemplarisch 62

---

66 Kremer in Ringleb, Deutscher Corporate Governance Kodex, 4. Aufl. 2010, 2. Teil Rn. 1117.
67 Kremer in Ringleb, Deutscher Corporate Governance Kodex, 4. Aufl. 2010, 2. Teil Rn. 1121.
68 Semler/Stengel NZG 2003, 1 (6).
69 Kremer in Ringleb, Deutscher Corporate Governance Kodex, 4. Aufl. 2010, 2. Teil Rn. 1122.
70 Kremer in Ringleb, Deutscher Corporate Governance Kodex, 4. Aufl. 2010, 2. Teil Rn. 1126 f.
71 Kremer in Ringleb, Deutscher Corporate Governance Kodex, 4. Aufl. 2010, 2. Teil Rn. 1129.
72 Kremer in Ringleb, Deutscher Corporate Governance Kodex, 4. Aufl. 2010, 2. Teil Rn. 1130.

zu sehen. Keinesfalls darf daraus der Rückschluss gezogen werden, dass die Offenlegungspflicht bei anderen Interessenkonflikten, z.B. solchen aufgrund einer persönlichen oder verwandtschaftlichen Beziehung nicht oder nur eingeschränkt besteht.[73]

63 Ergänzt wird die Offenlegungspflicht gegenüber dem Aufsichtsrat gem. Ziff. 5.5.2 DCGK durch die Verpflichtung des Aufsichtsrates nach Ziff. 5.5.3 S.1 DCGK, die Hauptversammlung über jeden aufgetretenen Interessenkonflikt zu informieren. Die Information muss nach herrschender Meinung schriftlich erfolgen.[74] Üblicherweise geschieht dies im Rahmen des schriftlichen Berichts des Aufsichtsrates an die Hauptversammlung nach § 171 Abs. 2 AktG. Dabei muss nicht über jeden einzelnen Interessenkonflikt jedes Aufsichtsratsmitglieds im Detail berichtet werden, vielmehr ist eine zusammenfassende Darstellung, ob Interessenkonflikte vorlagen und wie der Aufsichtsrat damit umgegangen ist, ausreichend.[75] Weitergehende Informationen können die Aktionäre dann durch ihr Fragerecht in der Hauptversammlung erfragen.

3. Mandatsbeendigung bei wesentlichen Interessenkonflikten

64 Ziff. 5.5.3 DCGK knüpft seine Empfehlung zur Mandatsbeendigung an das Vorliegen von wesentlichen und nicht nur vorübergehenden Interessenkonflikten in der Person des betroffenen Aufsichtsratsmitglieds und stellt somit gewisse Anforderungen an die Dauer und Schwere des Interessenkonflikts, der zur Mandatsbeendigung führen soll. Eine Empfehlung für die Art und Weise oder für den geeigneten Zeitpunkt der Mandatsbeendigung enthält die Regelung jedoch nicht, wobei bei einschlägigen Interessenkonflikten ein zeitnahes Ausscheiden des betroffenen Aufsichtsratsmitglieds regelmäßig in seinem eigenen sowie im Interesse der Gesellschaft liegen wird.[76] Die gesetzliche Lösung von Interessenkonflikten bei Aufsichtsratsmitgliedern ist differenziert und wird aus deren Treuepflicht abgeleitet. Aus der Treuepflicht von Aufsichtsratsmitgliedern ergibt sich deren Verpflichtung, die Tätigkeit im Aufsichtsrat in Hinblick auf den konkreten Interessenkonflikt zu beschränken, beispielsweise durch ein Ruhen des Mandats für den Konfliktzeitraum oder Stimmenthaltung bei Beschlussfassungen.[77] Bei schweren Interessenkonflikten kann das betroffene Aufsichtsratsmitglied zur Amtsniederlegung verpflichtet sein, wobei im Falle der Nichtbeachtung einer solchen Verpflichtung ein wichtiger Grund zur gerichtlichen Abberufung vorliegen wird. Entsprechende Entscheidungen sind jeweils Einzelfallentscheidungen und von den konkreten Umständen abhängig.[77]

4. Unabhängigkeit der Aufsichtsratsmitglieder

65 Interessenkonflikte in börsennotierten Gesellschaften stehen häufig in einem engen Zusammenhang mit der Unabhängigkeit von Aufsichtsratsmitgliedern. Vorgaben zur Unabhängigkeit der Aufsichtsratsmitglieder enthält das Aktiengesetz indes wenig. Lediglich § 100 Abs. 5 AktG bestimmt, dass kapitalmarktorientierte Aktiengesellschaften im Sinne des § 264d HGB ein unabhängiges Mitglied im Aufsichtsrat vorweisen müssen. Auch der Kodex enthält keine Definition des Wortes unabhängig, jedoch wird die Unabhängigkeit in mehreren Regelungen angesprochen. So enthält beispielsweise Ziff. 5.4.2 DCGK die Empfehlung, dass dem Aufsichtsrat stets eine nach seiner Einschätzung ausreichende Anzahl an unabhängigen Mitgliedern angehören sollen. Weiterhin bestimmt Ziff. 5.4.2 DCGK Fälle, in denen ein Aufsichtsratsmitglied nicht mehr als unabhängig angesehen werden kann.

---

73 Vgl. dazu auch *Scholderer* NZG 2012, 168, 171 f.
74 *Kremer* in Ringleb, Deutscher Corporate Governance Kodex, 4. Aufl. 2010, 2. Teil Rn. 1139.
75 BGH 14.5.2013 – II ZR 196/12; NZG 2013, 783 ff.
76 *Kremer* in Ringleb, Deutscher Corporate Governance Kodex, 4. Aufl. 2010, 2. Teil Rn. 1141.
77 *Kremer* in Ringleb, Deutscher Corporate Governance Kodex, 4. Aufl. 2010, 2. Teil Rn. 1142.

a) Persönliche Beziehung

Die Unabhängigkeit eines Aufsichtsratsmitgliedes ist gemäß Ziff. 5.4.2 S. 2 DCGK zu verneinen, wenn das jeweilige Aufsichtsratsmitglied in einer persönlichen oder einer geschäftlichen Beziehung zu der Gesellschaft, deren Organen, einem kontrollierenden Aktionär oder einem mit diesem verbundenen Unternehmen steht, die einen wesentlichen und nicht nur vorübergehenden Interessenkonflikt begründen kann. **66**

b) Ehemalige Vorstandsmitglieder

Weiterhin empfiehlt der Kodex in Ziff. 5.4.2 S. 2, dass dem Aufsichtsrat nicht mehr als zwei ehemalige Vorstandsmitglieder angehören sollen. Diese Empfehlung wird zusätzlich durch Ziff. 5.5.4 DCGK ergänzt. Hiernach dürfen Vorstandsmitglieder vor Ablauf von zwei Jahren nach dem Ende ihrer Bestellung nicht Mitglied des Aufsichtsrates werden. Eine Ausnahme von dieser Regelung soll nur dann gemacht werden, wenn Aktionäre die mehr als 25 % der Stimmrechte der Gesellschaft halten, das neue Aufsichtsratsmitglied vorschlagen. Die Ausnahme basiert auf § 100 Abs. 2 Nr. 4 AktG und gibt insoweit nur die geltende Rechtslage wieder.[78] **67**

c) Keine Organfunktion bei wesentlichen Wettbewerbern

Kernstück der Regelung zur Unabhängigkeit von Aufsichtsratsmitgliedern ist S. 3 der Ziff. 5.4.2 DCGK. Hiernach sollen Aufsichtsratsmitglieder keine Organfunktionen oder Beratungsaufgaben bei wesentlichen Wettbewerbern des Unternehmens ausüben. Das Aktiengesetz enthält bezüglich der Organfunktion bei Wettbewerbern kaum Beschränkungen. So bestimmt lediglich § 100 Abs. 2 Nr. 1 AktG, dass die Mitgliedschaft in einem Aufsichtsrat auf zehn Mandate in verschiedenen Handelsgesellschaften beschränkt ist, wobei Mandate als Aufsichtsratsvorsitzender doppelt zählen. Dennoch ist es allgemein anerkannt, dass die Mitgliedschaft in einem Konkurrenzunternehmen offene Diskussionen im Aufsichtsrat verhindert. Der Kodex greift diese Problematik auf und versucht, durch die Einschränkung auf wesentliche Wettbewerber eine praktikable Lösung für dieses praxisrelevante Problem aufzuzeigen.[79] **68**

Der Begriff Organfunktion umfasst sowohl Vorstands- als auch Aufsichtsratsmandate bei Wettbewerbern. Problematischer ist jedoch die Bestimmung des Kreises der wesentlichen Wettbewerber. So erscheint es bisweilen schwierig festzulegen, wann Unternehmen tatsächlich miteinander konkurrieren. Zudem sollte vermieden werden, durch eine zu weite Betrachtungsweise den Gesellschaften die Suche nach qualifizierten Aufsichtsratsmitgliedern zu erschweren.[80] Auch durch die Rechtsprechung wurde der Begriff „wesentlicher Wettbewerber" eher eng ausgelegt. So sollen wesentliche Wettbewerber nur solche sein, die dem Unternehmen auf seinen Märkten tatsächlich Wettbewerb machen und in den Kernbereichen identische Tätigkeitsfelder haben.[81] Durch das Abstellen auf Wettbewerber des Unternehmens wird deutlich gemacht, dass der Kodex von einer Konzernbetrachtung ausgeht.[80] **69**

Die Brisanz und Aktualität von Interessenkonflikten bei Aufsichtsratsmitgliedern lässt sich anhand des Beispiels der Übernahme der Continental AG durch die Schaeffler Gruppe und die dabei aufgetretene Problematik der Mehrfachmandate von Aufsichtsratsmitgliedern veranschaulichen: **70**

---

78 *Fey/Royé* AG 2012, R4.
79 *Kremer* in Ringleb, Deutscher Corporate Governance Kodex, 4. Aufl. 2010, 2. Teil Rn. 1148 f.
80 *Kremer* in Ringleb, Deutscher Corporate Governance Kodex, 4. Aufl. 2010, 2. Teil Rn. 1051.
81 *OLG München* ZIP 2009, 133, 136.

71 Anfang 2009 kam es zur Übernahme der Continental AG durch die Schaeffler AG. Zu diesem Zeitpunkt hatte die Schaeffler Gruppe ca. 90 % der Aktien der Continental AG erworben. In einer Investorenvereinbarung hatten sich die Schaeffler AG und ihre Gesellschafter gegenüber der Continental AG verpflichtet, bestimmte Struktur- und Geschäftsführungsmaßnahmen ausschließlich unter Zustimmung des Vorstands vorzunehmen. Zudem wurde die Vereinbarung getroffen, im gerichtlichen Verfahren bei der Benennung von Personen, die vom Vorstand für den Aufsichtsrat vorgeschlagen werden sollten, potentielle Interessenkonflikte bereits im Vorfeld zu vermeiden. Im Fortgang der Übernahme hatten vier von insgesamt zehn Aufsichtsratsmitgliedern ihre Ämter niedergelegt. Der Vorstand der Continental AG beantragte daraufhin beim zuständigen Amtsgericht, den anwaltlichen Berater der Schaeffler Gruppe zum Mitglied des Aufsichtsrates der Continental AG zu bestellen. Das Amtsgericht gab dem Antrag statt. Daraufhin legte ein Aktionär der Continental AG die sofortige Beschwerde gegen den Beschluss des Amtsgerichts ein und begründete diese mit dem Vorliegen eines unlösbaren Interessenkonfliktes.[82]

72 Das LG Hannover entschied daraufhin in seinem Beschluss vom 12.3.2009, dass ein unlösbarer Interessenkonflikt bereits im gerichtlichen Bestellungsverfahren zu berücksichtigen ist, wenn dieser sich schon zu diesem Zeitpunkt abzeichnet. Der Grundsatz soll jedoch nicht innerhalb eines Konzernverbunds gelten, da das im Konzern herrschende Unternehmen seinen Einfluss durch Entsendung seiner gesetzlichen Vertreter in den Aufsichtsrat der zum Konzern gehörenden Unternehmen geltend machen darf. Die Entsendung des gesetzlichen Vertreters des herrschenden Unternehmens in den Aufsichtsrat ist hiernach zulässig. Darüber hinaus kann das Gericht das vorgeschlagene Aufsichtsratsmitglied sogar dann bestellen, wenn sich eine etwaige Pflichtenkollision mit Hilfe einer Investorenvereinbarung beherrschen lässt.[83]

D. Rechtsfolgen bei Nichteinhaltung des Kodex

73 Eine Zuwiderhandlung gegen die Regelungen des DCGK kann zu unterschiedlichen Rechtsfolgen führen. Entscheidend ist, ob gegen Informationsvorschriften, Empfehlungen oder Anregungen verstoßen wurde.

I. Rechtsfolgen bei Verstößen gegen Informationsvorschriften

74 Die Rechtsfolgen bei Verstößen gegen solche Pflichten des DCGK, die ausschließlich die bereits bestehende Gesetzeslage wiedergeben, müssen den einschlägigen Gesetzestexten entnommen werden. Der Kodex selbst hat an diesen Stellen nur eine Informationsfunktion, insbesondere für ausländische Anleger. In Bezug auf die Informationsvorschriften entfaltet der Kodex, welcher keine Gesetzesqualität besitzt, noch nicht mal einen „quasi-amtlichen" Charakter.[84]

II. Rechtsfolgen bei Verstößen gegen Empfehlung

75 Verstöße gegen Empfehlungen des DCGK führen selbst keine Rechtsfolgen herbei. Wie oben bereits erläutert, sind Empfehlungsabweichungen jedoch zu begründen und offenzulegen. § 161 AktG normiert die Verpflichtung zur Abgabe einer Entsprechenserklärung. Hinsichtlich

---

82 *Krauss* GWR 2009, 297.
83 *LG Hannover* 12.3.2009 – 21 T 2/09 ZiP 2009, 761.
84 MK-AktG/*Goette* § 161 Rn. 1.

der Empfehlungen findet somit eine Transformation der entsprechenden Kodexregelungen in geltendes Recht statt. Bezeichnend für die Normenhierarchie des Kodex ist jedoch, dass der Gesetzgeber es in § 161 AktG ausdrücklich zulässt, Empfehlungen unbeachtet zu lassen, solange dies in der Entsprechenserklärung ausdrücklich kenntlich gemacht und begründet wird.[85] Der hierdurch bestehende Rechtfertigungsdruck führt jedoch in der Regel dazu, dass die betroffenen Unternehmen die Kodexregelungen beachten.[85]

Auch wenn § 161 AktG die Verpflichtung zur Abgabe der Entsprechenserklärung enthält, normiert die Regelung selbst keine Sanktionen wegen Verstößen gegen Kodexempfehlungen. Dennoch hat es rechtliche Konsequenzen, wenn eine unrichtige, eine unvollständige oder keine Erklärung zum DCGK abgegeben wurde. Im Ergebnis erreichen die Empfehlungen des Kodex eine rechtlich verbindliche Ebene durch die Entscheidung der Gerichte.[86] Die gerichtlichen Entscheidungen legen die Konsequenzen für die Abgabe von fehlerhaften Entsprechenserklärungen nach § 161 AktG fest. Beispielhaft sollen hier drei richtungsweisende Entscheidungen näher erläutert werden:

1. Entscheidung des Oberlandesgerichts München

In seinem Urteil vom 6.8.2008 hat der siebte Zivilsenat des OLG München entschieden, dass der Aufsichtsrat dazu verpflichtet ist, die Abweichung vom DCGK gleichzeitig mit der vom DCGK abweichenden Beschlussfassung bekannt zu machen, wenn sich der Aufsichtsrat in der vorhergehenden Entsprechenserklärung den Empfehlungen des DCGK uneingeschränkt unterworfen hat. Ein Verstoß gegen diesen Grundsatz verletze die Vorschrift des § 161 AktG und begründe die Nichtigkeit des Aufsichtsratsbeschlusses und darüber hinaus auch die Anfechtbarkeit des auf dieser Grundlage gefassten Beschlusses der Hauptversammlung.[87]

2. Entscheidung des Bundesgerichtshofs in der Sache Kirch gegen Deutsche Bank

Der zweite Zivilsenat des BGH hat in seinem Urteil vom 16.2.2009 entschieden, dass die Unrichtigkeit einer gem. § 161 AktG abgegebenen Entsprechenserklärung, wegen der darin liegenden Verletzung von Organpflichten zur Anfechtbarkeit der gleichwohl gefassten Entlastungsbeschlüsse führt. Dies soll jedenfalls insoweit gelten, wie die Organmitglieder die Unrichtigkeit kannten oder kennen mussten. Unrichtig ist eine Entsprechenserklärung hiernach, wenn entgegen Ziff. 5.5.3 DCGK nicht über das Vorliegen und die praktische Behandlung eines Interessenkonflikts in der Person eines Organmitglieds berichtet wird.[88]

3. Konkretisierende Entscheidung des Bundesgerichtshofs

Am 21.9.2009 hat der zweite Zivilsenat seine Entscheidung vom 16.2. des gleichen Jahres weiter konkretisiert. Auch hier geht der Senat davon aus, dass wenn entgegen der Empfehlung des Ziff. 5.5.3 DCGK nicht über den Interessenkonflikt in der Person eines Organmitgliedes berichtet wird, ein zur Anfechtbarkeit nach § 243 Abs. 1 AktG führender Verstoß gegen die Verpflichtung zur Abgabe einer richtigen oder zur Berichtigung einer unrichtig gewordenen Entsprechenserklärung in einem nicht unwesentlichen Punkt vorliegt. Ein nicht unwesentlicher Punkt soll jedoch weitergehend nur vorliegen, wenn die unterbliebene Information für einen objektiv urteilenden Aktionär für die sachgerechte Wahrnehmung seiner Teilnahme- und Mitgliedschaftsrechte relevant ist.[89]

---

85 MK-AktG/*Goette* 2013, § 161 Rn. 1.
86 MK-AktG/*Goette* 2013, § 16 Rn. 2.
87 *OLG München* 6.8.2008 – 7 U 5628/07 ZIP 2009, 133.
88 *BGH* 16.2.2009 – II ZR 185/07 ZIP 2009, 460.
89 *BGH* 21.9.2009 – II ZR 174/08 ZIP 2009, 2051.

4. Konsequenzen

80 Aus den drei Entscheidungen können im Ergebnis folgende allgemeingültige Rückschlüsse für den Verstoß gegen § 161 AktG gezogen werden:

Ein Aufsichtsratsbeschluss über einen Vorschlag an die Hauptversammlung, der einer vom Aufsichtsrat anerkannten Empfehlung des Kodex widerspricht, ist nichtig, wenn der Aufsichtsrat nicht zeitgleich mit dem Beschluss auch die Abweichung von der bisher abgegebenen Entsprechenserklärung und deren Bekanntmachung beschlossen hat. Wird auf dieser Grundlage ein Hauptversammlungsbeschluss gefasst, so ist dieser gem. § 243 AktG anfechtbar. Dies gilt jedoch nur insoweit, wie die Organmitglieder die Unrichtigkeit des Beschlusses kannten oder hätten kennen müssen und die Abweichung von der Entsprechenserklärung keinen unwesentlichen Punkt betrifft.

81 In einem aktuellen Beschluss aus dem Jahre 2013 hat der BGH das Thema Interessenkonflikte von Aufsichtsratsmitgliedern behandelt. Dabei hat der BGH bestätigt, dass der DCGK keine Offenlegung der Einzelheiten jedes Interessenkonfliktes gegenüber der Hauptversammlung verlangt, sondern es vielmehr ausreicht, dass in allgemeiner Form über das Auftreten von Interessenkonflikten und deren Behandlung berichtet wird. Hinsichtlich der Rechtsfolgen einer nicht ausreichenden Information hat der BGH dabei klargestellt, dass dies nicht zur Anfechtbarkeit des Entlastungsbeschlusses führt; die unzureichende Information führt nicht zur Unrichtigkeit der Entsprechenserklärung und es liegt kein für die Anfechtung des Entlastungsbeschlusses erforderlicher eindeutiger und schwerwiegender Gesetzesverstoß vor.[90]

III. Rechtsfolgen bei Verstößen gegen Anregungen

82 Zuwiderhandlungen gegen Anregungen des Kodexes können nicht sanktioniert werden. Eine Abweichung ist ohne Offenlegung in der Entsprechenserklärung möglich.

---

90 *BGH* 14.5.2013 – II ZR 196/12 AG 2013, 643.

8. Kapitel
Regelpublizität

Literatur: Beck'scher Bilanz-Kommentar, 8. Aufl. 2012; Beck'sches IFRS-Handbuch, 4. Aufl. 2013; *Beiersdorf/Buchheim* Entwurf des Gesetzes zur Umsetzung der EU-Transparenzrichtlinie: Ausweitung der Publizitätspflichten, BB 2006, 1674; *Beiersdorf/Rahe* Verabschiedung des Gesetzes zur Umsetzung der EU-Transparenzrichtlinie (TUG) – Update zu BB 2006, 1674 ff., BB 2007, 99; *Blöink/Kumm* Erleichterungen und neue Pflichten – ein Überblick über die Regelpublizität nach der neuen EU-Transparenzrichtlinie, BB 2013, 1963; *Bosse* Wesentliche Neuregelungen ab 2007 aufgrund des Transparenzrichtlinie-Umsetzungsgesetzes für börsennotierte Unternehmen, DB 2007, 39; *Brinckmann* Die geplante Reform der Transparenz-RL: Veränderungen bei der Regelpublizität und der Beteiligungstransparenz, BB 2012, 1370; *von Buttlar* Kapitalmarktrechtliche Pflichten in der Insolvenz, BB 2010, 1355; *Göres* Kapitalmarktrechtliche Pflichten nach dem Transparenzrichtlinie-Umsetzungsgesetz (TUG), Der Konzern 2007, 16; *Hutter/Kaulamo* Transparenzrichtlinie-Umsetzungsgesetz: Änderungen der Regelpublizität und das neue Veröffentlichungsregime für Kapitalmarktinformationen, NJW 2007, 550; *Gottwald* Insolvenzrechts-Handbuch, 4. Aufl. 2010; *Kuhner* Prozesse und Institutionen zur Kontrolle der periodischen Berichterstattung im deutschen Unternehmensrecht, ZGR 2010, 980; *Kumm* Praxisfragen bei der Regelpublizität nach Inkrafttreten des TUG, BB 2009, 1118; *Matyschok* Finanzberichterstattung bei Aufnahme und Beendigung der Börsennotierung, BB 2009, 1494; *Mock* Finanzberichterstattung und Enforcement-Verfahren beim Going Public und Going Private, Der Konzern 2011, 337; *ders.* Zuständigkeitskonflikte bei der Überwachung der Rechnungslegung kapitalmarktorientierter Unternehmen, NZG 2012, 1332; *Mülbert/Steup* Das zweispurige Regime der Regelpublizität nach Inkrafttreten des TUG, NZG 2007, 761; *Müller* Die Fehlerfeststellung im Enforcement-Verfahren, AG 2010, 483; Münchener Kommentar zum Bilanzrecht, 2012; *Nießen* Die Harmonisierung der kapitalmarktrechtlichen Transparenzregeln durch das TUG, NZG 2007, 41; *Noack* Neue Publizitätspflichten und Publizitätsmedien für Unternehmen – eine Bestandsaufnahme nach EHUG und TUG, WM 2007, 377; *Pirner/Lebherz* Wie nach dem Transparenzrichtlinie-Umsetzungsgesetz publiziert werden muss, AG 2007, 19; *Rodewald/Unger* Zusätzliche Transparenz für die europäischen Kapitalmärkte – die Umsetzung der EU-Transparenzrichtlinie in Deutschland, BB 2006, 1917; *Seibert/Decker* Das Gesetz über elektronische Handelsregister und Genossenschaftsregister sowie das Unternehmensregister (EHUG) – Der „Big Bang" im Recht der Unternehmenspublizität, DB 2006, 2446; *Seibt/Wollenschläger* Europäisierung des Transparenzregimes: Der Vorschlag der Europäischen Kommission zur Revision der Transparenzrichtlinie, AG 2012, 305; *Velte* Fortentwicklung der kapitalmarktorientierten Rechnungslegung durch das Transparenzrichtlinie-Umsetzungsgesetz (TUG), StuB 2007, 10; *Wiederhold/Pukallus* Zwischenberichterstattung nach dem Transparenzrichtlinie-Umsetzungsgesetz – Neue Anforderungen an kapitalmarktorientierte Unternehmen aus der Sicht der Corporate Governance, Der Konzern 2007, 264.

A. Einleitung

1 Als Regelpublizität werden die in den §§ 37v ff. WpHG enthaltenen Publizitätspflichten bezeichnet.[1]

I. Adressaten der Regelberichterstattungspflichten

2 Gemäß §§ 37v ff. WpHG müssen Unternehmen, die als Inlandsemittenten Aktien begeben, Jahresfinanzberichte (§ 37v WpHG) und Halbjahresfinanzberichte (§ 37w WpHG), Quartalsfinanzberichte (§ 37x Abs. 3 WpHG) bzw. Zwischenmitteilungen der Geschäftsführung (§ 37x Abs. 1 WpHG) sowie gegebenenfalls einen Konzernabschluss erstellen und veröffentlichen. Die Regelberichterstattungspflichten für Unternehmen, die als Inlandsemittenten andere Wertpapiere begeben, sind hingegen eingeschränkt:

3 Bei der Begebung von Schuldtiteln i.S.v. § 2 Abs. 1 S. 1 WpHG entfällt die Pflicht zur Erstellung und Veröffentlichung von Quartalsberichten sowie Zwischenmitteilungen der Geschäftsführung.

4 Bei der Begebung sonstiger Wertpapiere entfällt darüber hinaus die Pflicht zur Erstellung und Veröffentlichung von Halbjahresfinanzberichten.

II. Begriff des „Inlandsemittenten"

5 Der Begriff „Inlandsemittent" umfasst
– Emittenten, für die die Bundesrepublik Deutschland der Herkunftsstaat ist,[2] wobei solche Emittenten ausgenommen sind, deren Wertpapiere nur in einem anderen EU/EWR-Staat, nicht aber in Deutschland zum Handel zugelassen sind, soweit sie Veröffentlichungs- und Mitteilungspflichten unterliegen, die mit denen in Deutschland vergleichbar sind, sowie
– Emittenten, für die nicht die Bundesrepublik Deutschland, sondern ein anderer Mitgliedstaat der EU oder ein anderer Vertragsstaat des Abkommens über den europäischen Wirtschaftsraum der Herkunftsstaat ist, deren Wertpapiere aber nur im Inland zum Handel an einem organisierten Markt zugelassen sind.[3]

III. Ausnahmen

6 Die Bestimmung des § 37z WpHG enthält eine Reihe von Ausnahmen, die sich im Wesentlichen wie folgt darstellen:

7 Gem. § 37z Abs. 1 WpHG sind die §§ 37v–37y nicht anzuwenden auf Unternehmen, die ausschließlich
– zum Handel an einem organisierten Markt zugelassene Schuldtitel mit einer Mindeststückelung von 100 000 EUR oder dem am Ausgabetag entsprechenden Gegenwert einer anderen Währung begeben

---

[1] Vgl. etwa Schwark/Zimmer/*Zimmer/Kruse* § 15 WpHG Rn. 10; Assmann/Schneider/*Assmann* § 15 Rn. 2; Heidel/*Fischer zu Cramburg/Royé* § 15 WpHG Rn. 2; Kümpel/Wittig/*Oulds* 14. Teil, 7. Abschn. Rn. 14.232; Habersack/Mülbert/Schlitt/*Götze/Wunderlich* § 9 Rn. 2.

[2] § 2 Abs. 6 WpHG – Voraussetzung ist in jedem Fall der Handel von Finanzinstrumenten des Emittenten an einem organisierten Markt (§ 2 Abs. 5 WpHG), worunter in Deutschland der regulierte Markt an den deutschen Wertpapierbörsen, nicht aber der Freiverkehr fällt (der Begriff des organisierten Marktes entspricht dem des regulierten Marktes im Sinne der Wertpapierdienstleistungsrichtlinie, vgl. Rn. 16.

[3] § 2 Abs. 7 Nr. 2 WpHG.

oder

- noch ausstehende, bereits vor dem 31.12.2010 zum Handel an einem organisierten Markt im Inland oder in einem anderen Mitgliedstaat der EU oder einem anderen Vertragsstaat des Abkommens über den EWR zugelassene Schuldtitel mit einer Mindeststückelung von 50 000 EUR oder dem am Ausgabebetrag entsprechenden Gegenwert einer anderen Währung begeben haben.

Die beiden vorbezeichneten Ausnahmen sind allerdings auf Emittenten von Wertpapieren im Sinne des § 2 Abs. 1 S. 1 Nr. 2 WpHG nicht anzuwenden.

Die Vorschrift des § 37w WpHG findet darüber hinaus keine Anwendung auf
- Kreditinstitute, die als Inlandsemittenten Wertpapiere begeben, wenn ihre Aktien nicht an einem organisierten Markt zugelassen sind und sie dauernd oder wiederholt ausschließlich Schuldtitel begeben haben, deren Gesamtnennbetrag 100 Mio. EUR nicht erreicht und für die kein Prospekt nach dem Wertpapierprospektgesetz veröffentlicht wurde,

sowie
- Unternehmen, die als Inlandsemittenten Wertpapiere begeben, wenn sie zum 31.12.2003 bereits existiert haben und ausschließlich zum Handel an einem organisierten Markt zugelassene Schuldtitel begeben, die vom Bund, von einem Land oder von einer seiner Gebietskörperschaften unbedingt und unwiderruflich garantiert werden[4].

Unternehmen, die ihren Sitz in einem Drittstaat haben und als Inlandsemittenten Wertpapiere begeben, kann die Bundesanstalt für Finanzdienstleistungsaufsicht (BaFin) von den Anforderungen der §§ 37v–37y WpHG ausnehmen, soweit diese Emittenten gleichwertigen Regeln eines Drittstaats unterliegen oder sich solchen Regeln unterwerfen. Das Bundesministerium der Finanzen hat mit der TranspRLDV von seiner in § 37z Abs. 4 S. 5 WpHG geregelten Befugnis Gebrauch gemacht und mit den §§ 12-17 TranspRLDV nähere Bestimmungen über die Gleichwertigkeit von Regeln eines Drittstaats und die Freistellung von Unternehmen nach § 37z Abs. 4 S. 1 WpHG erlassen.

B. Verhältnis zur Ad-hoc-Publizität

In der Praxis ergänzen sich Ad-hoc-Publizität und Regelpublizität.[5] Handelt es sich bei in der Finanzberichterstattung dargestellten Geschäftsvorfällen um Insiderinformationen,[6] lösen diese daher schon vor der Veröffentlichung im Rahmen der Regelpublizität grundsätzlich die Ad-hoc-Publizitätspflicht aus.[7] Gegebenenfalls kann aber bei Abwägung der Emittenteninteressen mit denen des Kapitalmarktes die Ad-hoc-Veröffentlichung bis zu dem Zeitpunkt aufgeschoben werden, in dem nach dem Finanzkalender des Emittenten die Regelberichterstattung vorgesehen ist.[8]

---

4 § 37z Abs. 2 und 3 WpHG.
5 Assmann/Schneider/*Assmann* § 15 Rn. 35 ff. m.w.N.; *BaFin* Emittentenleitfaden, 4. Aufl. 2013, S. 55.
6 Vgl. dazu 4. Kap. Rn. 9.
7 *BaFin* Emittentenleitfaden, 4. Aufl. 2013, S. 55.
8 Schwark/Zimmer/*Heidelbach/Doleczik* § 37v WpHG Rn. 3; Assmann/Schneider/*Assmann* § 15 Rn. 35; vgl. zum Aufschub der Ad-hoc-Publizität auch 4. Kap. Rn. 49.

C. Jahresfinanzbericht

12 Ein Unternehmen, das als Inlandsemittent Wertpapiere begibt, hat für den Schluss eines jeden Geschäftsjahres einen Jahresfinanzbericht zu erstellen.[9]

13 Eine Ausnahme besteht für Kapitalgesellschaften, die in den Anwendungsbereich von § 325 HGB fallen und damit bereits nach den handelsrechtlichen Vorschriften zur Offenlegung der in den Jahresfinanzbericht aufzunehmenden Rechnungslegungsunterlagen verpflichtet sind.[10] Dies betrifft insbesondere alle Kapitalgesellschaften, die ihren Satzungssitz in der Bundesrepublik Deutschland haben, und damit die große Mehrzahl aller betroffenen Gesellschaften.[11] Damit soll eine Doppelbelastung der betroffenen Unternehmen vermieden werden.[12]

14 Für Kreditinstitute und Versicherungsunternehmen gelten z.T. Modifikationen.[13]

I. Gesellschaften, die nicht den handelsrechtlichen Vorschriften unterfallen

1. Inhalt und anzuwendende Rechnungslegungsstandards

a) Gesellschaftsebene

15 Auf Gesellschaftsebene hat der zu erstellende und zu veröffentlichende Jahresfinanzbericht mindestens
– den gemäß dem nationalen Recht des Sitzstaats des Unternehmens aufgestellten und geprüften Jahresabschluss,
– den Lagebericht,
– eine den Vorgaben des §§ 264 Abs. 2 S. 3, 289 Abs. 1 S. 5 HGB entsprechende Erklärung (sog. Bilanzeid) und
– eine Bescheinigung der Wirtschaftsprüferkammer gem. § 134 Abs. 2a Wirtschaftsprüferordnung über die Eintragung des Abschlussprüfers oder eine Bestätigung der Wirtschaftsprüferkammer gem. § 134 Abs. 4 S. 8 der Wirtschaftsprüferordnung über die Befreiung von der Eintragungspflicht

zu enthalten.[14]

---

9 § 37v Abs. 1 S. 1 WpHG.
10 § 37v Abs. 1 S. 1 HS 2 WpHG; vgl. auch Begr. RegE TUG, BT-Drucks. 16/2498, 43, vgl. dazu nachstehend Rn. 43 ff.
11 Vgl. *OLG Frankfurt a.M.* NZG 2012, 911, 913; Assmann/Schneider/*Hönsch* § 37v Rn. 14; Schwark/Zimmer/*Heidelbach/Doleczik* § 37v WpHG Rn. 10. Zur Offenlegung der in den Jahresfinanzbericht aufzunehmenden Rechnungslegungsunterlagen nach den handelsrechtlichen Vorschriften vgl. die Ausführungen unter Rn. 43 ff.
12 Begr. RegE TUG, BT-Drucks. 16/2498, 43.
13 Vgl. im Einzelnen §§ 340 Abs. 1 und 341 Abs. 1 HGB; vgl. auch den DRS 20 Standard (zu den DRS Standards vgl. Rn. 79, dort zu DRS 16), der die Lageberichterstattung für alle Mutterunternehmen, die einen Konzernlagebericht gem. § 315 HGB aufzustellen haben oder freiwillig aufstellen, regelt. Die branchenspezifischen Regelungen zur Risikoberichterstattung im Konzernlagebericht gem. § 315 Abs. 1 S. 5 HGB für Kreditinstitute und Versicherungsunternehmen wurden in dem neuen Standard als Anlage 1 und 2 integriert.
14 § 37v Abs. 2 WpHG.

Es gelten demnach die Rechnungslegungsstandards gemäß dem nationalen Recht des Sitz- **16**
staats des betroffenen Unternehmens. Da im Sinne der IAS-Verordnung[15] kapitalmarktorientierte Gesellschaften[16] ihre konsolidierten Abschlüsse grundsätzlich im Einklang mit der IAS-Verordnung aufzustellen haben (IFRS-Konzernabschlüsse),[17] ist es in der Praxis nur für nicht konsolidierende Emittenten möglich, vollständig auf eine Bilanzierung nach IFRS zu verzichten. Dies gilt – entgegen weit verbreiteter Auffassung – auch im Prime Standard der Frankfurter Wertpapierbörse.[18]

b) Konzernebene

Der Jahresfinanzbericht von Emittenten, die als Konzernmutterunternehmen verpflichtet **17**
sind, einen Konzernabschluss und einen Konzernlagebericht aufzustellen, hat ergänzend zu den unter vorstehendem lit. a) genannten Unterlagen
– den geprüften, im Einklang mit der IAS-Verordnung,[15] d.h. nach den International Financial Reporting Standards (IFRS) aufgestellten Konzernabschluss,[19]
– den Konzernlagebericht,
– eine den Vorgaben des §§ 297 Abs. 2 S. 4[20], 315 Abs. 1 S. 6 HGB entsprechende Erklärung (sog. Bilanzeid) sowie
– eine Bescheinigung der Wirtschaftsprüferkammer gem. § 134 Abs. 2a Wirtschaftsprüferordnung über die Eintragung des Abschlussprüfers oder eine Bestätigung der Wirtschaftsprüferkammer gem. § 134 Abs. 4 S. 8 der Wirtschaftsprüferordnung über die Befreiung von der Eintragungspflicht

zu enthalten.[21]

Gem. IAS 1.10 umfasst ein vollständiger IFRS-Konzernabschluss **18**
– die Konzernbilanz,
– die Konzern-GuV (statement of comprehensive income),
– die Konzernkapitalflussrechnung,
– die Konzern-Eigenkapitalveränderungsrechnung,
– den Konzernanhang (notes),

---

15 Verordnung (EG) Nr. 1606/2002 des Europäischen Parlaments und des Rates vom 19.7.2002 betreffend die Anwendung internationaler Rechnungsstandards, ABlEG Nr. L 243/1.
16 Als kapitalmarktorientiert im Sinne der IAS-Verordnung werden solche dem Recht eines Mitgliedstaates unterliegenden Unternehmen verstanden, deren Eigen- oder Fremdkapitalinstrumente am entsprechenden Bilanzstichtag in einem Mitgliedstaat zum Handel in einem geregelten Markt im Sinne des Art. 1 Abs. 13 der Wertpapierdienstleistungsrichtlinie (Richtlinie 93/22/EWG des Rates vom 10.5.1993 über Wertpapierdienstleistungen, ABlEG Nr. L 141) zugelassen sind. In Deutschland wird in der derzeitigen Meldung (vgl. Übersicht der geregelten Märkte, ABlEU Nr. C 38/5 vom 22.2.2007) neben dem amtlichen Handel und den geregelten Märkten der einzelnen deutschen Börsenplätzen (an deren Stelle ist zwischenzeitlich der regulierte Markt getreten, § 32 BörsG) auch die Terminbörse Eurex unter den Begriff des geregelten Markts gefasst – der Freiverkehr im Sinne des § 57 BörsG a.F. (heute § 48 BörsG) stellt hingegen keinen geregelten Markt dar, vgl. auch das aktuellere von Art. 47 der Finanzmarktrichtlinie (Richtlinie 2004/39/EG des Europäischen Parlaments und des Rates, ABlEG Nr. L 145/1, ber. ABlEG 2005 Nr. L 45/18) verlangte Verzeichnis für die regulierten Märkte der Mitgliedstaaten der EU (http://eur-lex.europa.eu/LexUriServ/LexUriServ.do?uri=OJ:C:2010:348:0009:0015:DE:PDF).
17 Vgl. Rn. 51.
18 Vgl. im Einzelnen Rn. 68.
19 Zu den Bestandteilen eines vollständigen IFRS-Konzernabschlusses vgl. Rn. 18.
20 Bei dem Verweis in § 37y Nr. 1 WpHG auf § 297 Abs. 2 S. 4 handelt es sich um ein Redaktionsversehen, Schwark/Zimmer/*Heidelbach/Doleczik* § 37y WpHG Rn. 5; *Mülbert/Steup* NZG 2007, 761, 763; Heidel/*Becker* § 37y WpHG Rn. 2; *Kumm* BB 2009, 1118, 1119; Fuchs/*Zimmermann* § 37y Rn. 2.
21 § 37y Nr. 1 WpHG.

- ggf. eine Segmentberichterstattung bei im Sinne der IAS-Verordnung[22] kapitalmarktorientierten Unternehmen[23] und
- eine Konzern-(Eröffnungs-)Bilanz für Vorjahre, wenn neue Standards rückwirkend angewendet wurden oder vergangene bereits publizierte Abschlüsse etwa aufgrund von Fehlerkorrekturen rückwirkend korrigiert werden müssen (sog. dritte Bilanz).

19 Die Aufstellung eines Lageberichts wird in den IFRS nicht explizit gefordert. IAS 1.13 enthält nur die Empfehlung zur Veröffentlichung eines Berichts des Managements über die Unternehmenslage. Allerdings hat der Jahresfinanzbericht gem. § 37y Nr. 1 WpHG obligatorisch einen Konzernlagebericht zu enthalten.[24]

2. Offenlegung

a) Frist zur Offenlegung

20 Der Jahresfinanzbericht ist spätestens vier Monate nach Ablauf eines jeden Geschäftsjahres „der Öffentlichkeit zur Verfügung zu stellen", wenn das Unternehmen nicht nach den handelsrechtlichen Vorschriften zur Offenlegung der entsprechenden Rechnungslegungsunterlagen verpflichtet ist.[25] Die von zwölf auf vier Monate verkürzte Frist gilt auch für die Unterlagen der Konzernrechnungslegung.[26]

21 Gem. Ziff. 7.1.2 S. 4 Deutscher Corporate Governance Kodex (DCGK)[27] sollen deutsche börsennotierte[28] Gesellschaften den Jahresfinanzbericht innerhalb von 90 Tagen nach Ende des Geschäftsjahres öffentlich zugänglich machen.

b) Inhalt und Sprache der Offenlegung

22 Es ist der gesamte Finanzbericht offenzulegen. Bei Emittenten, die als Konzernmutterunternehmen verpflichtet sind, einen Konzernabschluss und einen Konzernlagebericht aufzustellen, umfasst die Pflicht zur Offenlegung daher auch die in § 37y Nr. 1 WpHG genannten Konzernrechnungslegungsunterlagen.[29]

23 Die Sprache des Jahresfinanzberichtes richtet sich nach den in § 3b WpAIV geregelten Vorgaben, wenn sich auch der Verweis in § 22 WpAIV dem Wortlaut nach nur auf die Hinweisbekanntmachung[30] bezieht:[31]

24 Inlandsemittenten im Sinne des § 2 Abs. 7 Nr. 1 WpHG, deren Wertpapiere ausschließlich in Deutschland zugelassen sind, haben den Jahresfinanzbericht daher grundsätzlich in deutscher Sprache offen zu legen.[32] Sind die Wertpapiere auch in anderen EU- oder EWR-Staaten zugelassen, hat der Emittent die Wahl zwischen der deutschen oder jeden-

---

22 Verordnung (EG) Nr. 1606/2002 des Europäischen Parlaments und des Rates vom 19.7.2002 betreffend die Anwendung internationaler Rechnungsstandards, ABlEG Nr. L 243/1.
23 Vgl. Rn. 16.
24 Vgl. bereits Rn. 17.
25 § 37v Abs. 1 WpHG; eine entsprechende Frist gilt auch im Geltungsbereich der handelsrechtlichen Vorschriften, vgl. Rn. 52.
26 § 37y Nr. 1 i.V.m. § 37v Abs. 1 WpHG.
27 Fassung: 13.5.2013.
28 § 3 Abs. 2 AktG – in Deutschland fällt eine Notierung im Regulierten Markt, nicht aber im Freiverkehr darunter.
29 Vgl. dazu bereits Rn. 17.
30 Vgl. dazu Rn. 30.
31 *BaFin* Emittentenleitfaden, 4. Aufl. 2013, S. 204; im Ergebnis auch Schwark/Zimmer/*Heidelbach/Doleczik* § 37v WpHG Rn. 33; Assmann/Schneider/*Hönsch* § 37v Rn. 22; Heidel/*Becker* § 37v WpHG Rn. 27.
32 § 3b Abs. 2 S. 1 WpAIV.

falls der englischen Sprache.³³ Inlandsemittenten im Sinne des § 2 Abs. 7 Nr. 2 WpHG können die Offenlegung schließlich entweder in deutscher oder in englischer Sprache vornehmen.³⁴

Inlandsemittenten im Sinne des § 2 Abs. 7 Nr. 1, deren Wertpapiere nicht in Deutschland, dafür aber in mindestens zwei anderen Mitgliedstaaten zugelassen sind, können zwischen einer von diesen Mitgliedstaaten akzeptierten Sprache oder Englisch wählen.³⁵ Eine zusätzliche Veröffentlichung in deutscher Sprache ist in diesem Fall ebenfalls zulässig.³⁵ **25**

Ausnahmen von diesen Grundsätzen enthalten § 3b Abs. 1 S. 1 und Abs. 4 WpAIV. Zudem können sich aus den Regularien der Börsen ergänzende Anforderungen ergeben.³⁶ **26**

c) Art und Weise der Offenlegung

aa) Rechnungslegungsunterlagen

Gem. § 37v Abs. 1 S. 1 WpHG ist der Finanzbericht „der Öffentlichkeit zur Verfügung zu stellen". Aus § 37v Abs. 1 S. 2 WpHG und § 37v Abs. 1 S. 4 WpHG³⁷ ergibt sich, dass die vom Jahresfinanzbericht umfassten Rechnungsunterlagen **27**
– im Unternehmensregister sowie zusätzlich
– im Internet

verfügbar zu machen sind und damit der Öffentlichkeit i.S.v. § 37v Abs. 1 S. 1 WpHG zur Verfügung stehen.³⁸

Zum Zweck der Veröffentlichung im Unternehmensregister ist grundsätzlich der gesamte Finanzbericht dem Unternehmensregister zur Speicherung zu übermitteln.³⁹ Die Übermittlung erfolgt per Datenfernübertragung,⁴⁰ wobei Finanzberichte grundsätzlich als XML-Dokumente auf Basis der XBRL-Taxonomien bzw. auf Basis eines layoutorientierten Schemas per Upload-Verfahren zu übermitteln sind.⁴¹ **28**

Im Rahmen der Veröffentlichung im Internet ist es nicht erforderlich, den Bericht auf der Internetseite des betroffenen Unternehmens einzustellen. Ausreichend ist vielmehr die Einstellung auf einer anderen Seite, wobei eine Veröffentlichung auf der Seite des Unternehmens aufgrund größerer Sachnähe vorzugswürdig ist.⁴² **29**

bb) Hinweisbekanntmachung

Darüber hinaus muss jedes betroffene Unternehmen vor dem Zeitpunkt, zu dem die erforderlichen Rechnungslegungsunterlagen erstmals der Öffentlichkeit zur Verfügung stehen, eine Bekanntmachung (sog. Hinweisbekanntmachung) darüber veröffentlichen, ab wel- **30**

---

33 § 3b Abs. 2 S. 2 WpAIV.
34 § 3b Abs. 3 S. 1 WpAIV.
35 § 3b Abs. 3 S. 2 WpAIV.
36 Bezüglich des Prime Standard der Frankfurter Wertpapierbörse vgl. etwa Rn. 69.
37 Weitere Bestimmungen zur Veröffentlichung des Jahresfinanzberichts enthält das Gesetz nicht; die §§ 22 ff. WpAIV nehmen lediglich die Veröffentlichung der Hinweisbekanntmachung gem. § 37v Abs. 1 S. 2 WpHG, nicht aber die Veröffentlichung des Finanzberichts selbst in Bezug.
38 Assmann/Schneider/*Hönsch* § 37v Rn. 11; Schwark/Zimmer/*Heidelbach/Doleczik* § 37v WpHG Rn. 12 f.; Heidel/*Becker* § 37v WpHG Rn. 27; Fuchs/*Zimmermann* § 37v Rn. 7; *Kumm* BB 2009, 1118, 1119.
39 § 37v Abs. 1 S. 4 WpHG.
40 § 4 URV.
41 Vgl. Informationen zur elektronischen Einreichung an das Unternehmensregister (Stand: Juli 2012, dort unter Ziff. 2.2.6, abrufbar unter https://publikations-plattform.de/download/D011_Arbeitshilfe_UReg.pdf; für Informationen zur Erstellung dieser XML-Struktur wird darin auf das Menü „Arbeitshilfen & Standards" unter www.publikations-plattform.de verwiesen).
42 Vgl. *BaFin* Emittentenleitfaden, 4. Aufl. 2013, S. 204.

chem Zeitpunkt und unter welcher Internetadresse die relevanten Rechnungsunterlagen zusätzlich zu ihrer Verfügbarkeit im Unternehmensregister öffentlich zugänglich sind.[43]

31 Anzugeben ist der genaue Pfad zum Finanzbericht.[44] Der Hinweis auf eine Internetseite, insbesondere ein Link auf die Investor Relations-Seite des Unternehmens, von der eine weitere Suche notwendig ist, genügt grundsätzlich nicht, soweit der angegebene Pfad nicht auf eine Seite führt, von der aus der Anleger ohne weitere Suche durch einen einzigen weiteren „Klick" den jeweiligen Bericht auswählen bzw. finden kann.[45]

32 Die Einzelheiten der Veröffentlichung der Hinweisbekanntmachung richten sich nach § 22 i.V.m. § 3a und b WpAIV.

33 Danach ist die Bekanntmachung zur Veröffentlichung den Medien zuzuleiten, einschließlich solchen, bei denen davon ausgegangen werden kann, dass sie diese in der gesamten EU und in den übrigen Vertragsstaaten des Abkommens über den EWR verbreiten (sog. „Medienbündel"). Das Unternehmen hat insoweit unterschiedliche Medienarten zu nutzen, um zu gewährleisten, dass die Informationen europaweit schnell und aktiv verbreitet werden können. Die Zahl der Medienarten und die Zahl der Medien einer Medienart bestimmen sich nach den Gegebenheiten des Einzelfalls, wobei als Kriterien an die Aktionärsstruktur des Unternehmens sowie die Zahl und den Ort seiner Börsenzulassungen angeknüpft werden kann.[46]

34 Die Vorschrift des § 3a WpAIV enthält eine Reihe detaillierter Vorgaben, die bei der Veröffentlichung der Hinweisbekanntmachung zusätzlich zu beachten sind.[47] In der Praxis übernimmt die Veröffentlichung daher in der Regel ein entsprechender Dienstleister. Dies entbindet das betroffene Unternehmen allerdings nicht von der Verantwortlichkeit für die Erfüllung seiner Veröffentlichungspflicht.[48]

35 Die Sprache der Hinweisbekanntmachung richtet sich nach § 3b WpAIV. Hier gelten die Ausführungen zum Jahresfinanzbericht entsprechend.[49]

36 Das Unternehmen muss auf Anforderung sechs Jahre in der Lage sein, der BaFin die Einhaltung der entsprechenden Vorgaben sowie bestimmte andere wesentliche Umstände der Veröffentlichung mitzuteilen.[50]

cc) Mitteilung der Hinweisbekanntmachung

37 Gleichzeitig mit der Veröffentlichung der Hinweisbekanntmachung[51] hat das betroffene Unternehmen die Veröffentlichung unter Angabe des Textes der Veröffentlichung, der Medien, an die die Information gesandt wurde, sowie des genauen Zeitpunkts der Versendung an die Medien der BaFin mitzuteilen.[52] Gleichzeitigkeit wird jedenfalls angenommen bei unmittelbar aufeinanderfolgendem Versand.[53]

---

43 § 37v Abs. 1 S. 2 WpHG.
44 BT-Drucks. 16/2498, 42; so auch Assmann/Schneider/*Hönsch* § 37v Rn. 21; Schwark/Zimmer/*Heidelbach/Doleczik* § 37v WpHG Rn. 19; Habersack/Mülbert/Schlitt/*Klawitter* § 32 Rn. 73; Fuchs/*Zimmermann* § 37v WpHG Rn. 8; kritisch *Noack* WM 2007, 377, 381.
45 *BaFin* Emittentenleitfaden, 4. Aufl. 2013, S. 204.
46 Begründung RegE zum TUG vom 4.9.2006, BT-Drucks. 16/2498, 49.
47 Vgl. im Einzelnen die Ausführungen unter 5. Kap. Rn. 55 ff.
48 § 3a Abs. 4 WpAIV.
49 Vgl. Rn. 23 ff.
50 § 3a Abs. 3 WpAIV – vgl. im Einzelnen die Ausführungen unter 5. Kap. Rn. 63.
51 Vgl. Rn. 30.
52 § 37v Abs. 1 S. 3 WpHG, § 22 i.V.m. § 3c WpAIV.
53 *BaFin* Emittentenleitfaden, 4. Aufl. 2013, S. 204; entsprechend zu § 26 Abs. 2 WpHG TUG-E, BT-Drucks. 16/2498, 38; Heidel/*Becker* § 37v WpHG Rn. 28; *Kumm* BB 2009, 1118, 1120; z.T. wird auch der gleichtägige Versand für ausreichend erachtet, Schwark/Zimmer/*Heidelbach/Doleczik* § 37v WpHG Rn. 21; so auch Assmann/Schneider/*Hönsch* § 37v Rn. 29.

Kreditinstitute haben ergänzend die Sonderregeln in § 26 KWG zu beachten. **38**

Schließlich ist die Hinweisbekanntmachung unverzüglich[54] nach der Veröffentlichung dem **39**
Unternehmensregister zur Speicherung zu übermitteln.[55]

Auch diese Mitteilungen übernehmen in der Regel jeweils die mit der Veröffentlichung der **40**
Hinweisbekanntmachung betrauten Dienstleister.

dd) Dauer der Verfügbarkeit/Bekanntmachungsänderungsmitteilung

Der Jahresfinanzbericht muss für mindestens fünf Jahre im Unternehmensregister der **41**
Öffentlichkeit zugänglich sein.[56] Nicht gesetzlich geregelt ist, wie lange das betroffene
Unternehmen die relevanten Rechnungsunterlagen zusätzlich zu ihrer Verfügbarkeit im
Unternehmensregister im Internet öffentlich zugänglich halten muss. Aus dem Umstand
der Vorgaben des Art. 4 Abs. 1 TransparenzRiLi, wonach der Emittent die öffentliche Verfügbarkeit für einen Zeitraum von fünf Jahren sicherzustellen hat, wird in richtlinienkonformer Auslegung geschlossen, dass dies auch die durch das Unternehmen vorgenommene
Veröffentlichung im Internet umfasse.[57]

Vor diesem Hintergrund ist das betroffene Unternehmen verpflichtet, eine Änderung der **42**
in der Hinweisbekanntmachung ausgewiesenen Zugangsmodalitäten durch eine entsprechende Mitteilung (Bekanntmachungsänderungsmitteilung) bekannt zu machen.[58]

II. Gesellschaften, die den handelsrechtlichen Vorschriften unterfallen

1. Inhalt und anzuwendende Rechnungslegungsstandards

a) Gesellschaftsebene

Im Ausnahmebereich von § 37v Abs. 1 S. 1 HS 2 WpHG, also für Gesellschaften, die den **43**
handelsrechtlichen Vorschriften unterfallen, entspricht der Jahresfinanzbericht
– dem geprüften Jahresabschluss, bestehend aus
  – der Bilanz,
  – der Gewinn- und Verlustrechnung und
  – ggf. dem Anhang, sowie dem
– mitgeprüften Lagebericht.[59]

Im Lagebericht haben kapitalmarktorientierte Kapitalgesellschaften i.S.v. § 264d HGB[60] **44**
eine Beschreibung der wesentlichen Merkmale ihres internen Kontrollsystems und ihres

---

54 D.h. ohne schuldhaftes Zögern, § 121 Abs. 1 BGB.
55 § 37v Abs. 1 S. 3 WpHG.
56 § 24 WpAIV.
57 Vgl. etwa Assmann/Schneider/*Hönsch* § 37v Rn. 19; Heidel/*Becker* § 37v WpHG Rn. 21; Habersack/
 Mülbert/Schlitt/*Götze/Wunderlich* § 9 Rn. 42 Fn. 114.
58 Heidel/*Becker* § 37v WpHG Rn. 26; vgl. auch KölnKomm-WpHG/*Mock* § 37v Rn. 20; anders – allerdings unter Bezug auf die Veröffentlichung im Unternehmensregister und insoweit zutreffend –
 Schwark/Zimmer/*Heidelbach/Doleczik* § 37v WpHG Rn. 17; wohl auch BaFin, Emittentenleitfaden,
 4. Aufl. 2013, S. 204; Habersack/Mülbert/Schlitt/*Götze/Wunderlich* § 9 Rn. 48a.
59 §§ 242, 264 Abs. 1 S. 1 HGB.
60 D.h. Gesellschaften, die einen organisierten Markt im Sinne des § 2 Abs. 5 WpHG (vgl. dazu bereits
 Rn. 5 in den Fußnoten) durch von ihr ausgegebene Wertpapiere im Sinne des § 2 Abs. 1 S. 1 WpHG
 in der EU oder im EWR in Anspruch nehmen bzw. die Zulassung solcher Wertpapiere zum Handel
 an einem organisierten Markt beantragt haben.

internen Risikomanagementsystems im Hinblick auf den Rechnungslegungsprozess vorzunehmen.[61] Soweit sie nicht zur Aufstellung eines Konzernabschlusses verpflichtet sind, haben sie den Jahresabschluss zudem um
- eine Kapitalflussrechnung und
- einen Eigenkapitalspiegel

zu erweitern, die mit der Bilanz, Gewinn- und Verlustrechnung und dem Anhang eine Einheit bilden; zudem können sie den Jahresabschluss um eine Segmentberichterstattung erweitern.[62]

45 Aktiengesellschaften und Kommanditgesellschaften auf Aktien, die einen organisierten Markt im Sinne des § 2 Abs. 7 WpÜG durch von ihnen ausgegebene stimmberechtigte Aktien in Anspruch nehmen, haben bestimmte Angaben in den Lagebericht aufzunehmen, die für einen potentiellen Bieter bei seiner Entscheidung über die Abgabe eines Übernahmeangebots relevant sein könnten (übernahmeorientierte Informationsverpflichtungen/übernahmerechtliche Angaben).[63] Der Vorstand von börsennotierten Aktiengesellschaften hat darüber hinaus einen erläuternden Bericht zu den Angaben nach § 289 Abs. 4 Nr. 1–5 und Abs. 5 HGB zu erstellen, der von der Einberufung der ordentlichen Hauptversammlung an in dem Geschäftsraum der Gesellschaft zur Einsicht der Aktionäre auszulegen ist.[64]

46 Die übernahmeorientierten Informationsverpflichtungen/übernahmerechtlichen Angaben gem. § 289 Abs. 4 Nr. 1, 3 und 9 HBG können unterbleiben, wenn sie im Anhang darzustellen sind. Dann ist im Lagebericht darauf zu verweisen.[65]

47 Anstelle des nach deutschen handelsrechtlichen Vorschriften aufgestellten Jahresabschlusses können die betroffenen Unternehmen unter bestimmten Voraussetzungen alternativ auch einen nach den IFRS aufgestellten Einzelabschluss offen legen.[66] Für die gesellschaftsrechtliche Kapitalerhaltung und Ausschüttungsbemessung, die Besteuerung und die staatliche Beaufsichtigung bestimmter Branchen[67] wird jedoch weiterhin ein HGB-Abschluss verlangt, so dass ein nach den IFRS aufgestellter Einzelabschluss den Jahresabschluss nach HGB nicht vollständig ersetzt.[68]

b) Konzernebene

48 Auf Konzernebene entspricht der Jahresfinanzbericht nach den handelsrechtlichen Vorschriften dem
- Konzernabschluss, bestehend aus
  - der Konzernbilanz,
  - der Konzern-Gewinn- und Verlustrechnung,
  - dem Konzernanhang,

---

61 § 289 Abs. 5 HGB.
62 § 264 Abs. 1 S. 2 HGB; der DRS 20 Standard (zu den DRS Standards vgl. Rn. 79, dort zu DRS 16) regelt die Lageberichterstattung für alle Mutterunternehmen, die einen Konzernlagebericht gem. § 315 HGB aufzustellen haben oder freiwillig aufstellen, empfiehlt aber eine entsprechende Anwendung auf den Lagebericht gem. § 289 HGB.
63 § 289 Abs. 4 HGB.
64 § 175 Abs. 2 AktG.
65 § 289 Abs. 4 S. 2 HGB.
66 § 325 Abs. 2a HGB; vgl. auch Schwark/Zimmer/*Heidelbach/Doleczik* § 37v WpHG Rn. 29; Baumbach/Hopt/*Merkt* § 325 Rn. 6; Ebenroth/Boujong/Joost/Strohn/*Wiedmann* § 325 Rn. 11 ff; MK-HGB/*Fehrenbacher* § 325 Rn. 82.
67 Insbesondere Kredit- und Versicherungsbranche.
68 MK-HGB/*Fehrenbacher* § 325 Rn. 82; Baumbach/Hopt/*Merkt* § 325 Rn. 6.

- der Kapitalflussrechnung und
- dem Eigenkapitalspiegel, sowie dem
- Konzernlagebericht.[69]

Der Konzernabschluss kann um eine Segmentberichterstattung erweitert werden.[70] **49**

Emittenten, die als Mutterunternehmen einen organisierten Markt im Sinne des § 2 Abs. 7 WpÜG durch von ihnen ausgegebene stimmberechtigte Aktien in Anspruch nehmen, haben bestimmte Angaben in den Konzernlagebericht aufzunehmen, die für einen potentiellen Bieter bei seiner Entscheidung über die Abgabe eines Übernahmeangebots relevant sein könnten (übernahmeorientierte Informationsverpflichtungen/übernahmerechtliche Angaben).[71] Ist der Emittent eine börsennotierte Aktiengesellschaft, hat der Vorstand darüber hinaus einen erläuternden Bericht zu diesen übernahmeorientierten Informationsverpflichtungen/übernahmerechtlichen Angaben zu erstellen, der von der Einberufung der ordentlichen Hauptversammlung an in dem Geschäftsraum der Gesellschaft zur Einsicht der Aktionäre auszulegen ist.[72] **50**

Im Sinne der IAS-Verordnung[73] kapitalmarktorientierte Gesellschaften[74] haben ihre konsolidierten Abschlüsse grundsätzlich im Einklang mit der IAS-Verordnung aufzustellen (IFRS-Konzernabschluss). Kapitalmarktorientierte Unternehmen, die (auch) nach den handelsrechtlichen Vorschriften zur Erstellung und Offenlegung eines Konzernabschlusses verpflichtet wären, sind daher von den Vorschriften des HGB über den Konzernabschluss grundsätzlich befreit.[75] Jedoch gelten für sie die Vorschriften der §§ 290–293 HGB über die Aufstellungspflicht, die allgemeinen Vorschriften zur Verwendung der deutschen Sprache und des Euro (§ 244 HGB) sowie zur Unterzeichnungspflicht (§ 245 HGB), einige Regelungen über den Konzernanhang in §§ 313 und 314 HGB sowie die Vorschrift des § 315 HGB (Konzernlagebericht) weiter.[76] **51**

2. Offenlegung

a) Frist zur Offenlegung

Für den handelsrechtlichen Vorschriften unterfallende kapitalmarktorientierte Kapitalgesellschaften i.S.v. § 264d HGB[77] beträgt die Frist zur „Offenlegung" ebenfalls längstens vier Monate.[78] Grundsätzlich ist der Jahresabschluss aber unverzüglich[79] nach seiner Vorlage an die Gesellschafter beim Betreiber des Bundesanzeigers elektronisch einzureichen.[80] **52**

---

69 §§ 297 Abs. 1 S. 1, 315 HGB; vgl. auch den DRS 20 Standard (zu den DRS Standards vgl. Rn. 79, dort zu DRS 16), der die Lageberichterstattung für alle Mutterunternehmen, die einen Konzernlagebericht gem. § 315 HGB aufzustellen haben oder freiwillig aufstellen, regelt – die besonderen Anforderungen an die Lageberichterstattung von kapitalmarktorientierten Mutterunternehmen werden darin dadurch hervorgehoben, dass den betreffenden Textziffern der Buchstabe „K" vorangestellt wird (z.B. K45).
70 § 297 Abs. 1 S. 2 HGB.
71 § 315 Abs. 4 HGB.
72 § 175 Abs. 2 AktG.
73 Verordnung (EG) Nr. 1606/2002 des Europäischen Parlaments und des Rates vom 19.7.2002 betreffend die Anwendung internationaler Rechnungsstandards, ABlEG Nr. L 243/1, vgl. dort Art. 4.
74 Vgl. Rn. 16.
75 § 315a Abs. 1 HGB.
76 Zu den Bestandteilen eines vollständigen IFRS-Konzernabschlusses vgl. bereits Rn. 18. Die Aufstellung eines Lageberichts wird in den IFRS nicht explizit gefordert. IAS 1.13 enthält nur die Empfehlung zur Veröffentlichung eines Berichts des Managements über die Unternehmenslage. Insoweit gilt aber ohnehin die Vorschrift des § 315 HGB (Konzernlagebericht) weiter.
77 Vgl. bereits Rn. 44.
78 § 325 Abs. 4 S. 1 HGB.
79 D.h. ohne schuldhaftes Zögern, § 121 Abs. 1 BGB.
80 § 325 Abs. 1 S. 1 HGB.

53 Die von zwölf auf vier Monate verkürzte Frist gilt auch für die Unterlagen der Konzernrechnungslegung.[81]

54 Wird lediglich ein Kapitalmarkt in einem Drittland in Anspruch genommen, bleibt es hingegen bei der Regelfrist von 12 Monaten.[82] Zudem ist die kurze, vier-monatige Höchstfrist auf solche Kapitalgesellschaften nicht anzuwenden, die ausschließlich zum Handel an einem organisierten Mark zugelassene Schuldtitel im Sinne des § 2 Abs. 1 S. 1 Nr. 3 WpHG mit einer Mindeststückelung von 50 000 EUR oder dem am Ausgabetag entsprechenden Gegenwert einer anderen Währung begeben.[83]

55 Gem. Ziff. 7.1.2 S. 4 DCGK[84] sollen deutsche börsennotierte[85] Gesellschaften den Jahresfinanzbericht innerhalb von 90 Tagen nach Ende des Geschäftsjahres öffentlich zugänglich machen.

b) Inhalt und Sprache der Offenlegung

aa) Gesellschaftsebene

56 Die Offenlegungspflicht für den handelsrechtlichen Vorschriften unterfallende Gesellschaften geht weiter als für die vom Anwendungsbereich des § 37v Abs. 1 S. 1 WpHG umfassten Unternehmen. Im Regelfall sind Gegenstand der Offenlegung (die Aufzählung ist insoweit abschließend[86]):[87]
- der Jahresabschluss mit dem sog. Bilanzeid;[88]
- der Bestätigungsvermerk oder der Vermerk über die Versagung des Abschlussprüfers,[89] sofern die Gesellschaft der gesetzlichen Pflichtprüfung unterliegt;[90]
- der Lagebericht[91] mit dem sog. Bilanzeid,[92]
- der Bericht des Aufsichtsrats (dies gilt auch für den Bericht eines fakultativen Aufsichtsrats soweit die Prüfungspflicht entsprechend §§ 170, 171 AktG besteht);[93]
- der Vorschlag für die Verwendung des Ergebnisses, soweit sich die Darstellung nicht aus dem Anhang im Jahresabschluss ergibt;
- der Beschluss über die Verwendung des Ergebnisses unter Angabe des Jahresüberschusses oder Jahresfehlbetrags (die Pflicht zur Angabe von Jahresüberschuss oder Jahresfehlbetrag ist nur von Bedeutung, falls sich die Angaben nicht aus dem Jahresabschluss ergeben; es entfällt auch die Offenlegung des Beschlusses über die Verwendung des Ergebnisses, wenn sich die Informationen aus dem Jahresabschluss ergeben);[94]
- die Entsprechenserklärung zum Corporate Governance Kodex nach § 161 AktG für börsennotierte Gesellschaften;

---

81 § 325 Abs. 3 i.V.m. Abs. 4 HGB.
82 § 325 Abs. 1 S. 2 HGB.
83 § 327 HGB.
84 Fassung: 13.5.2013.
85 § 3 Abs. 2 AktG – in Deutschland fällt eine Notierung im Regulierten Markt, nicht aber im Freiverkehr darunter.
86 Weitere Einreichungspflichten für Unterlagen können sich für Kapitalgesellschaften aus den Vorschriften des AktG und GmbHG ergeben, vgl. etwa § 130 Abs. 5 AktG oder § 40 Abs. 1 GmbHG.
87 § 325 Abs. 1 S. 1–4 HGB.
88 § 264 Abs. 2 S. 5 HGB.
89 § 322 HGB.
90 § 316 HGB.
91 § 289 HGB.
92 § 289 Abs. 1 S. 5 HGB.
93 BeckBilKomm/*Grottel* § 325 HGB Rn. 12; MK-HGB/*Fehrenbacher* § 325 Rn. 21.
94 MK-HGB/*Fehrenbacher* § 325 Rn. 21; BeckBilKomm/*Grottel* § 325 HGB Rn. 114.

- die Änderungen des Jahresabschlusses, wenn dieser aufgrund einer nachträglichen Prüfung oder Feststellung geändert wird;
- die Änderungen des Bestätigungs- oder Versagungsvermerks, wenn eine Nachtragsprüfung erforderlich wird.[95]

Hinsichtlich der Sprache des Finanzberichts gelten die allgemeinen Grundsätze, wonach die deutsche Sprache maßgeblich ist.[96] **57**

bb) Konzernebene

Auf Konzernebene umfasst die Offenlegungspflicht[97] **58**
- den Konzernabschluss;[98]
- den Konzernlagebericht[99] mit dem sog. Bilanzeid;[100]
- den Bestätigungsvermerk oder den Vermerk über die Versagung des Abschlussprüfers;[101]
- den Bericht des Aufsichtsrats, aus dem sich die Billigung des Konzernabschlusses ergeben muss;
- die Änderung des Konzernabschlusses aufgrund einer nachträglichen Prüfung.[102]

c) Art und Weise der Offenlegung

aa) Rechnungslegungsunterlagen

Die gesetzlichen Vertreter von den handelsrechtlichen Vorschriften unterfallenden Kapitalgesellschaften haben für ihre Gesellschaft die offenzulegenden Unterlagen[103] zunächst beim Betreiber des elektronischen Bundesanzeigers[104] elektronisch einzureichen. Zusätzlich können die Unterlagen – als freiwillige Erweiterung der obligatorisch einzureichenden Dokumente – in jeder Amtssprache eines Mitgliedstaats der EU eingereicht werden,[105] wobei auf Übersetzungen in geeigneter Form[106] hinzuweisen ist. Die Übersetzungen sind elektronisch in gleicher Weise zugänglich wie die Pflichtunterlagen.[107] **59**

Die Rechnungslegungsunterlagen sind in einer Form einzureichen, die ihre Bekanntmachung im Bundesanzeiger ermöglicht.[108] Einzelheiten sind unter https://publikations-plattform.de, dort unter „Jahresabschlüsse – So geht's" abrufbar. **60**

Darüber hinaus sind die Unterlagen jeweils unverzüglich[109] nach der Einreichung im elektronischen Bundesanzeiger bekannt machen zu lassen. Die Bekanntmachung wird im Bun- **61**

---

95 BeckBilKomm/*Grottel* § 325 HGB Rn. 6; MK-HGB/*Fehrenbacher* § 325 Rn. 20; weitere Einreichungspflichten können sich für Kapitalgesellschaften aus den Vorschriften des AktG und GmbHG ergeben, vgl. etwa § 130 Abs. 5 AktG oder § 40 Abs. 1 GmbHG.
96 § 244 HGB.
97 Vgl. den Verweis in § 325 Abs. 3 S. 1 HGB.
98 Für im Sinne der IAS-Verordnung kapitalmarktorientierte Unternehmen (vgl. Rn. 16), die gem. § 315a Abs. 1 HGB von den Vorschriften des HGB über den Konzernabschluss befreit sind, richtet sich die Zusammensetzung des Jahresabschlusses nach den internationalen Rechnungslegungsregeln, vgl. dazu bereits Rn. 18.
99 § 315 HGB.
100 § 315 Abs. 1 S. 6 HGB.
101 § 322 HGB.
102 MK-HGB/*Fehrenbacher* § 325 Rn. 91; BeckBilKomm/*Grottel* § 325 HGB Rn. 80.
103 Vgl. Rn. 56 ff.
104 Bundesanzeiger Verlagsgesellschaft mbH, Köln.
105 § 325 Abs. 6 i.V.m. § 11 Abs. 1 HGB.
106 Etwa durch entsprechende Flaggensymbole.
107 MK-HGB/*Fehrenbacher* § 325 Rn. 75.
108 § 325 Abs. 1 S. 7 HGB.
109 D.h. ohne schuldhaftes Zögern, § 121 Abs. 1 BGB.

desanzeiger in standardisierter Form abgedruckt. In der Praxis sind regelmäßig die vollständige Firma nach § 17 Abs. 1 HGB, der Sitz sowie die Registernummer der Gesellschaft, das Datum der Einreichung und der Umfang der Unterlagen aufgeführt. Die Angaben zum Einreichungsdatum und dem Umfang der Unterlagen sind von Gesetzes wegen grundsätzlich nicht erforderlich.[110]

62 Die Bekanntmachung im Bundesanzeiger hat die Übermittlung der von der Offenlegung umfassten Unterlagen zum Unternehmensregister zur Folge.[111] Insoweit braucht das offenlegungspflichtige Unternehmen selbst nichts zu veranlassen.

63 Zweifelhaft erscheint, ob dem Ausnahmebereich von § 37v Abs. 1 S. 1 HS 2 WpHG unterfallende Unternehmen einen Teil der offenzulegenden Rechnungslegungsunterlagen, nämlich die in § 37v Abs. 2 WpHG genannten Dokumente, zusätzlich zur Offenlegung über den elektronischen Bundesanzeiger und das Unternehmensregister an anderer Stelle im Internet zu veröffentlichen haben.[112] Zwar wird eine entsprechende Verpflichtung überwiegend zutreffend abgelehnt.[113] Allerdings hat das OLG Frankfurt am Main eine entsprechende Verpflichtung explizit angenommen,[114] so dass eine ergänzende Offenlegung im Internet vorgenommen werden sollte.[115]

bb) Hinweisbekanntmachung und Mitteilung derselben

64 Die Pflicht von den handelsrechtlichen Vorschriften unterfallenden Kapitalgesellschaften zur (zusätzlichen) Veröffentlichung der in § 37v Abs. 2 WPHG genannten Dokumente im Internet stützt das OLG Frankfurt am Main auf § 37v Abs. 1 S. 2 WpHG. Dementsprechend nimmt es gleichfalls eine Pflicht (auch) dieser Unternehmen zur Veröffentlichung einer Hinweisbekanntmachung an.[116] Dem sollte in der Praxis Rechnung getragen werden.[117]

65 Da die in § 37v Abs. 1 S. 3 WpHG geregelten Pflichten zur Mitteilung der Hinweisbekanntmachung an die BaFin und deren Übermittlung an das Unternehmensregister an § 37v Abs. 1 S. 2 WpHG anknüpfen, sollten dem (auch) die den handelsrechtlichen Vorschriften unterfallenden Kapitalgesellschaften nachkommen.[118]

cc) Dauer der Verfügbarkeit/Bekanntmachungsänderungsmitteilung

66 Nachdem es sich im Lichte der bislang ergangenen obergerichtlichen Rechtsprechung in der Praxis auch für die den handelsrechtlichen Vorschriften unterfallenden Kapitalgesellschaften empfiehlt, die relevanten Rechnungsunterlagen zusätzlich zu ihrer Verfügbarkeit im Unternehmensregister im Internet öffentlich zugänglich zu halten, sollte auch dies für einen Zeitraum von fünf Jahren sichergestellt werden.

---

110 MK-HGB/*Fehrenbacher* § 325 Rn. 74.
111 § 8b Abs. 2 Nr. 4 HGB.
112 So jedenfalls legt es § 37v Abs. 1 S. 2 WpHG nahe.
113 Vgl. Schwark/Zimmer/*Heidelbach/Doleczik* § 37v WpHG Rn. 14 f. m.w.N.; a.A. Assmann/Schneider/*Hönsch* § 37v Rn. 21 der allerdings eine Veröffentlichung der handelsrechtlich vorgesehenen Rechnungslegungsunterlagen im Internet durch Einstellung im elektronischen Bundesanzeiger für ausreichend erachtet.
114 *OLG Frankfurt a.M.* NZG 2012, 911, 915 f.
115 Vgl. zur Veröffentlichung im Internet im Einzelnen Rn. 29.
116 *OLG Frankfurt a.M.* NZG 2012, 911, 915 f.; so auch Assmann/Schneider/*Hönsch* § 37v Rn. 21, der allerdings eine Veröffentlichung der handelsrechtlich vorgesehenen Rechnungslegungsunterlagen im Internet durch Einstellung im elektronischen Bundesanzeiger für ausreichend erachtet, was im Rahmen der Hinweisbekanntmachung auf Probleme stößt; ebenso Schwark/Zimmer/*Heidelbach/ Doleczik* § 37v WpHG Rn. 19.
117 Für das Prozedere gelten die Ausführungen unter Rn. 30 ff. entsprechend.
118 Für das Prozedere gelten die Ausführungen unter Rn. 37 ff. entsprechend.

Vor diesem Hintergrund erscheint es gleichermaßen empfehlenswert, eine Änderung **67** der in der Hinweisbekanntmachung ausgewiesenen Zugangsmodalitäten ebenfalls durch eine entsprechende Mitteilung (Bekanntmachungsänderungsmitteilung) bekannt zu machen.[119]

III. Gesellschaften, deren Aktien oder aktienvertretenden Zertifikate im Prime Standard der Frankfurter Wertpapierbörse zugelassen sind

Unternehmen, deren Aktien oder aktienvertretenden Zertifikate im Prime Standard **68** der Frankfurter Wertpapierbörse zugelassen sind, müssen für den Schluss eines jeden Geschäftsjahres einen Jahresfinanzbericht nach den Vorgaben des § 37v Abs. 2 und 3 WpHG oder – falls sie verpflichtet sind, einen Konzernabschluss und einen Konzernlagebericht aufzustellen – nach den Vorgaben des § 37y Nr. 1 WpHG erstellen.[120] Ist der Emittent nur einzelabschlusspflichtig, muss nach dem Verweis der Börsenordnung FWB auf § 37v Abs. 2 WpHG grundsätzlich der nach dem nationalen Recht des Sitzstaates des Unternehmens aufgestellte und geprüfte Einzelabschluss und Lagebericht übermittelt werden.[121] Denn im Sinne der IAS-Verordnung kapitalmarktorientierte Gesellschaften haben lediglich ihre konsolidierten Abschlüsse im Einklang mit der IAS-Verordnung aufzustellen (IFRS-Konzernabschlüsse).[122] Anstelle des nach dem nationalen Recht des Sitzstaates aufgestellten Jahresabschlusses können den handelsrechtlichen Vorschriften unterfallende Unternehmen unter bestimmten Voraussetzungen alternativ auch einen nach den IFRS aufgestellten Einzelabschluss offen legen.[123] Darüber hinaus ist es ihnen unbenommen, freiwillig einen IFRS-Einzelabschluss zu erstellen, selbst wenn sie verpflichtet sind, den nach dem nationalen Recht ihres Sitzstaates aufzustellenden Abschluss offen zu legen. Dem trägt die Frankfurter Wertpapierbörse Rechnung und akzeptiert anstelle des HGB-Einzelabschlusses auch die Übermittlung eines nach IFRS aufgestellten Einzelabschlusses, da im Sinne der Positionierung gegenüber internationalen Anlegern die Veröffentlichung eines IFRS-Einzelabschlusses sinnvoller als die eines „nur" nach nationalem Recht aufgestellten Abschlusses sein kann. Dieser Entscheidung des Emittenten möchte die Frankfurter Wertpapierbörse ausdrücklich nicht im Wege stehen.[124]

Der Jahresfinanzbericht muss danach in deutscher und englischer Sprache abgefasst sein. **69** Emittenten mit Sitz im Ausland können den Jahresfinanzbericht ausschließlich in englischer Sprache abfassen.[125]

Der Jahresfinanzbericht ist innerhalb von vier Monaten nach dem Ende des jeweiligen **70** Geschäftsjahres der Geschäftsführung der Frankfurter Wertpapierbörse in elektronischer

---

119 Vgl. dazu Rn. 42.
120 § 50 Abs. 1 Börsenordnung für die Frankfurter Wertpapierbörse („FWB"), Stand: 17.6.2013.
121 Vgl. auch Frage/Antwort 2 der häufig gestellten Fragen zur Jahresfinanzberichtserstattung im Prime Standard, abrufbar unter http://xetra.com/xetra/nonav/de/listcontent/navigation/xetra/200_listing/100_your_listing/100_your_listing/90_bp_line/Content_Files/Being_Public_Line_pages/Prime_Standard/Jahresfinanzbericht_L2.htm.
122 Vgl. Rn. 16 und 51; unzutreffend daher etwa MK-BilanzR/*Senger/Brune* § 315a HGB Rn. 11.
123 Vgl. Rn. 47.
124 Vgl. Frage/Antwort 2 der häufig gestellten Fragen zur Jahresfinanzberichtserstattung im Prime Standard, abrufbar unter http://xetra.com/xetra/nonav/de/listcontent/navigation/xetra/200_listing/100_your_listing/100_your_listing/90_bp_line/Content_Files/Being_Public_Line_pages/Prime_Standard/Jahresfinanzbericht_L2.htm.
125 § 50 Abs. 1 Börsenordnung FWB, Stand: 17.6.2013.

Form[126] zu übermitteln.[127] Zu beachten ist, dass gem. Ziff. 7.1.2 S. 4 DCGK[128] die Frist zur Veröffentlichung des Konzernjahresabschlusses für deutsche börsennotierte[129] Gesellschaften 90 Tage beträgt, gerechnet vom Ende des letzten Geschäftsjahres.

71 Die Geschäftsführung der Frankfurter Wertpapierbörse stellt den Jahresfinanzbericht dem Publikum elektronisch oder in anderer geeigneter Weise zur Verfügung.

72 Gesetzliche Vorschriften über den Jahresfinanzbericht bleiben von den Bestimmungen der Börsenordnung der Frankfurter Wertpapierbörse unberührt.[130]

D. Halbjahresfinanzbericht

73 Ein Unternehmen, das als Inlandsemittent Aktien oder Schuldtitel im Sinne des § 2 Abs. 1 S. 1 WpHG begibt, ist verpflichtet, für die ersten sechs Monate eines jeden Geschäftsjahres einen Halbjahresfinanzbericht zu erstellen.[131]

I. Normadressaten und konkretisierende Bestimmungen

74 Der Normadressatenkreis ist durch die Beschränkung auf Unternehmen, die als Inlandsemittent Aktien oder Schuldtitel im Sinne des § 2 Abs. 1 S. 1 WpHG begeben, zum Teil enger als im Rahmen der Vorschriften zur Jahresfinanzberichterstattung sowie zum Teil weiter mangels eines Ausnahmebereiches für Unternehmen, die nach den handelsrechtlichen Vorschiften zur Offenlegung der in den Jahresfinanzbericht aufzunehmenden Rechnungslegungsunterlagen verpflichtet sind.

1. Vorschriften des WpHG

75 Die Pflicht zur Erstellung und Veröffentlichung eines Halbjahresfinanzberichts erfasst nur Unternehmen, die als Inlandsemittenten Aktien oder Schuldtitel im Sinne des § 2 Abs. 1 S. 1 WpHG begeben. Emittenten von Wertpapieren im Sinne des § 2 Abs. 1 S. 1 Nr. 2 WpHG unterfallen daher nicht der Pflicht zur Erstellung und Offenlegung eines Halbjahresfinanzberichts. Hierunter fallen auch Emittenten von Zertifikaten, die Aktien vertreten.[132] Hingegen bleiben Emittenten von Zertifikaten, die Schuldtitel vertreten, nach dem Wortlaut von § 37w Abs. 1 S. 1 WpHG von der Verpflichtung erfasst.

76 Von der Pflicht zur Erstellung und Veröffentlichung eines Halbjahresfinanzberichts ausgenommen sind darüber hinaus Schuldtitel, die ein zumindest bedingtes Recht auf den Erwerb von Wertpapieren nach § 2 Abs. 1 S. 1 Nr. 1 oder 2 WpHG begründen.[131]

77 Nicht zur Veröffentlichung eines Halbjahresfinanzberichts verpflichtet sind schließlich Kapitalanlagegesellschaften oder ausländische Investmentgesellschaften i.S.v. § 2 Abs. 1 S. 2 WpHG, die Anteile an Investmentvermögen ausgegeben haben, da § 2 Abs. 1 S. 2 WpHG in § 37w Abs. 1 S. 1 WpHG nicht in Bezug genommen ist.[133]

---

126 Die Geschäftsführung der FWB bestimmt die Art und Weise der elektronischen Übermittlung.
127 § 50 Abs. 2 Börsenordnung FWB, Stand: 17.6.2013.
128 Fassung: 13.5.2013.
129 § 3 Abs. 2 AktG – in Deutschland fällt eine Notierung im Regulierten Markt, nicht aber im Freiverkehr darunter.
130 § 50 Abs. 3 Börsenordnung FWB, Stand: 17.6.2013.
131 § 37w Abs. 1 S. 1 WpHG.
132 Assmann/Schneider/*Hönsch* § 37w Rn. 8; Schwark/Zimmer/*Heidelbach/Doleczik* § 37w WpHG Rn. 5.
133 Assmann/Schneider/*Hönsch* § 37w Rn. 8; Heidel/*Becker* § 37w WpHG Rn. 4.

2. Vorschriften des HGB

Das HGB enthält keine Regelungen, die Unternehmen zur Erstellung und Veröffentlichung von Zwischenabschlüssen und Zwischenlageberichten verpflichten würden. Somit war die Schaffung eines § 37v Abs. 1 S. 1 HS 2 WpHG entsprechenden Ausnahmebereiches entbehrlich. Normadressaten von § 37w WpHG sind daher grundsätzlich auch den handelsrechtlichen Vorschriften unterfallende Kapitalgesellschaften, soweit sie die übrigen Voraussetzungen erfüllen.

Zur Anpassung der deutschen Zwischenberichterstattung an internationale Gepflogenheiten hat der Deutsche Rechnungslegungs Standards Committee (DRSC) e.V. mit seinem Deutschen Rechnungslegungsstandard 16 (DRS 16) „Zwischenberichterstattung" Grundsätze einer ordnungsgemäßen Zwischenberichterstattung aufgestellt. Der Standard konkretisiert die Anforderungen u.a. an Halbjahresfinanzberichterstattungen gem. §§ 37w–y WpHG.[134] Mit der Bekanntmachung des DRS 16 wird gem. § 342 Abs. 2 HGB die Übereinstimmung mit den deutschen Grundsätzen ordnungsgemäßer Konzernrechnungslegung vermutet, wobei dadurch keine Allgemeinverbindlichkeit oder Gesetzeskraft entsteht.[135] Die Verbindlichkeit gem. § 342 Abs. 2 HGB gilt grundsätzlich nur für in Deutschland zur Konzernbilanzierung verpflichtete Unternehmen. Die entsprechende Anwendung des Standards für die Zwischenberichterstattung nach den Bestimmungen des WpHG wird jedoch auch für andere Unternehmen empfohlen.[136] Es handelt sich hierbei um eine Klarstellung, die die mögliche Einschlägigkeit anderer Rechnungslegungsstandards unberührt lässt.[137]

Der Standard ist bezogen auf die Tz. 15–33 nicht zu beachten, sofern ein Zwischenabschluss nach den in § 315a Abs. 1 HGB bezeichneten internationalen Rechnungslegungsstandards erstellt wird.[138]

II. Inhalt und anzuwendende Rechnungslegungsstandards

1. Gesellschaftsebene

Auf Gesellschaftsebene hat der gem. § 37w WpHG zu erstellende und zu veröffentlichende Halbjahresfinanzbericht mindestens

– einen verkürzten Abschluss (mindestens bestehend aus einer verkürzten Bilanz, einer verkürzten Gewinn- und Verlustrechnung und einem Anhang)[139],
– einen Zwischenlagebericht und
– eine den Vorgaben des § 264 Abs. 2 S. 3, § 289 Abs. 1 S. 5 HGB entsprechende Erklärung (sog. Bilanzeid)

zu enthalten.[140]

---

134 DRS 16 Tz. 3.
135 Baumbach/Hopt/*Merkt* § 342 Rn. 2; BeckBilKomm/*Förschle* § 342 HGB Rn. 18.
136 DRS 16 Tz. 9.
137 Schwark/Zimmer/*Heidelbach/Doleczik* § 37w WpHG Rn. 36.
138 DRS 16 Tz. 14.
139 § 37w Abs. 3 WpHG.
140 § 37w Abs. 2 WpHG.

8 Regelpublizität

82 Soweit die Halbjahresberichtserstattung nach IFRS vorzunehmen ist[141], haben
- der Zwischenbericht nach IAS 34.6 neben den oben genannten Bestandteilen ergänzend mindestens
  - eine verkürzte Eigenkapitalveränderungsrechnung,
  - eine verkürzte Kapitalflussrechnung

sowie
- die Anhangsangaben nach IAS 34.16 A (g) Segmentinformationen

zu enthalten.

83 Die verkürzte Bilanz ist auf den Stichtag des Halbjahresfinanzberichts, also den letzten Tag des Berichtszeitraums,[142] aufzustellen. Da der Halbjahresfinanzbericht Vergleichszahlen enthalten muss, sind den Zahlen der verkürzten Bilanz die Daten zum Stichtag des letzten Geschäftsjahrs und den Zahlen der verkürzten Gewinn- und Verlustrechnung die des entsprechenden Berichtszeitraums des vorangegangenen Geschäftsjahrs gegenüberzustellen.[143]

84 Im Zwischenlagebericht sind mindestens die wichtigen Ereignisse des Berichtszeitraums im Unternehmen des Emittenten und ihre Auswirkungen auf den verkürzten Abschluss anzugeben sowie die wesentlichen Chancen und Risiken für die dem Berichtszeitraum folgenden sechs Monate des Geschäftsjahres zu beschreiben. Bei einem Unternehmen, das als Inlandsemittent Aktien begibt, sind darüber hinaus die wesentlichen Geschäfte des Emittenten mit nahestehenden Personen anzugeben, wobei diese Angaben statt dessen auch im Anhang des Halbjahresfinanzberichts gemacht werden können.[144]

85 Der verkürzte Abschluss und der Zwischenlagebericht können einer prüferischen Durchsicht durch einen Abschlussprüfer unterzogen werden. Möchte das betroffene Unternehmen das Ergebnis der Prüfung veröffentlichen, ist für die prüferische Durchsicht § 37w Abs. 5 WpHG zu beachten:

86 Danach sind die Vorschriften über die Bestellung eines Abschlussprüfers auf die prüferische Durchsicht entsprechend anzuwenden. Darüber hinaus ist die prüferische Durchsicht so anzulegen, dass bei gewissenhafter Berufsausübung ausgeschlossen werden kann, dass der verkürzte Abschluss und der Zwischenlagebericht in wesentlichen Belangen den anzuwendenden Rechnungslegungsgrundsätzen widersprechen. Der Abschlussprüfer hat das Ergebnis der prüferischen Durchsicht in einer Bescheinigung zum Halbjahresfinanzbericht zusammenzufassen, die mit dem Halbjahresfinanzbericht zu veröffentlichen ist. Sind der verkürzte Abschluss und der Zwischenlagebericht entsprechend § 317 HGB geprüft worden, ist der Bestätigungsvermerk oder der Vermerk über seine Versagung vollständig wiederzugeben und mit dem Halbjahresfinanzbericht zu veröffentlichen. Sind der verkürzte Abschluss und der Zwischenlagebericht weder einer prüferischen Durchsicht unterzogen noch entsprechend § 317 HGB geprüft worden, ist dies im Halbjahresfinanzbericht anzugeben. Die Vorschriften der § 320 HGB (Pflicht zur Vorlage beim Abschlussprüfer, Auskunftsrecht des Abschlussprüfers) und § 323 HGB (Verantwortlichkeit des Abschlussprüfers) gelten jeweils entsprechend.[145]

---

[141] Vgl. dazu Rn. 89 ff.; Unternehmen, die nicht nach IFRS Rechnung legen, wird allerdings ebenfalls empfohlen, derartige Bestandteile in den Halbjahresfinanzbericht aufzunehmen, DRS 16 Tz. 16 und 33.
[142] Dieser umfasst die ersten sechs Monate des Geschäftsjahrs, § 37w Abs. 1 S. 1 WpHG.
[143] Für den IFRS-Konzernabschluss vgl. IAS 34.20; für den HGB-Konzernabschluss vgl. DRS 16 Tz. 32; für nicht konzernrechnungslegungspflichtige Unternehmen vgl. § 10 Nr. 1 S. 3 TranspRLDV.
[144] § 37w Abs. 4 WpHG.
[145] § 37w Abs. 5 S. 7 WpHG.

2. Konzernebene

Ist der Emittent ein Konzernmutterunternehmen, haben dessen gesetzlichen Vertreter den Halbjahresfinanzbericht mit allen seinen Bestandteilen für das Konzernmutterunternehmen und die Gesamtheit der einzubeziehenden Tochterunternehmen zu erstellen und zu veröffentlichen.[146] Ein gesonderter Halbjahresfinanzbericht, der sich allein auf den Emittenten als Mutterunternehmen bezieht, ist dann nicht erforderlich.[147] Anders als im Zusammenhang mit der Jahresberichtserstattung tritt der konsolidierte Halbjahresfinanzbericht vielmehr nicht neben, sondern an die Stelle des auf Gesellschaftsebene zu erstellenden Halbjahresfinanzberichts.[148] **87**

Für den Inhalt gelten die Ausführungen zur Gesellschaftsebene entsprechend. Bei Konzernmutterunternehmen, die quartalsweise Zwischenberichte erstellen, hat der verkürzte Abschluss des ersten Halbjahrs zusätzlich die Zahlen der Gewinn- und Verlustrechnung für das aktuelle zweite Quartal und das des vorangegangenen Geschäftsjahres zu enthalten.[149] **88**

3. Rechnungslegungsstandards

Auf den verkürzten Abschluss sind die für den Jahresabschluss geltenden Rechnungslegungsgrundsätze anzuwenden.[150] Den handelsrechtlichen Vorschriften unterfallende Kapitalgesellschaften haben daher grundsätzlich auch im Halbjahresfinanzbericht die Rechnungslegungsnormen des HGB zu beachten. **89**

Emittenten, die als Mutterunternehmen ihren Konzernabschluss nach den IFRS, wie sie in der EU anzuwenden sind, aufzustellen haben, müssen die IFRS gleichermaßen dem konsolidierten verkürzten Abschluss des Halbjahresfinanzberichts zugrunde legen.[151] **90**

Ein nach handelsrechtlichen Grundsätzen aufgestellter verkürzter Abschluss kommt demnach lediglich für Unternehmen mit Sitz in Deutschland in Betracht, die nicht zur Aufstellung eines Konzernabschlusses verpflichtet sind. Sollten diese Unternehmen entsprechend § 325 Abs. 2a HGB aber ausnahmsweise freiwillig einen Einzelabschluss unter Beachtung der IFRS aufstellen, hat der verkürzte Abschluss ebenfalls den IFRS zu entsprechen.[152] **91**

III. Offenlegung

1. Frist zur Offenlegung

Der Halbjahresfinanzbericht ist unverzüglich,[153] spätestens jedoch zwei Monate nach Ablauf des Berichtszeitraums zu veröffentlichen.[154] **92**

Gem. Ziff. 7.1.2 S. 4 DCGK[155] sollen deutsche börsennotierte[156] Gesellschaften den Halbjahresfinanzbericht innerhalb von 45 Tagen nach Ende des Berichtszeitraums öffentlich zugänglich machen. **93**

---

146 § 37y Nr. 2 WpHG.
147 Begr. RegE zum TUG, BT-Drucks. 16/2498, 46.
148 Assmann/Schneider/*Hönsch* § 37z Rn. 6.
149 IAS 34.20.
150 § 37w Abs. 3 S. 2 WpHG.
151 § 37y Nr. 2 S. 2 WpHG.
152 § 37w Abs. 3 S. 3 WpHG.
153 D.h. ohne schuldhaftes Zögern, § 121 Abs. 1 BGB.
154 § 37w Abs. 1 S. 1 WpHG.
155 Fassung: 13.5.2013.
156 § 3 Abs. 2 AktG – in Deutschland fällt eine Notierung im Regulierten Markt, nicht aber im Freiverkehr darunter.

2. Inhalt und Sprache der Offenlegung

94 Es ist der gesamte Halbjahresfinanzbericht offen zu legen.[157]

95 Hinsichtlich der Sprache gelten, wie auch für den Jahresfinanzbericht, die allgemeinen Grundsätze.[158]

IV. Art und Weise der Offenlegung

96 Die Art und Weise der Offenlegung des Halbjahresfinanzberichts entspricht derjenigen der Offenlegung des Jahresfinanzberichts. D.h. der Halbjahresfinanzbericht ist der Öffentlichkeit zur Verfügung zu stellen.[159] Darüber hinaus muss das betroffene Unternehmen vor dem Zeitpunkt, zu dem er erstmals der Öffentlichkeit zur Verfügung steht, eine Hinweisbekanntmachung darüber veröffentlichen, ab welchem Zeitpunkt und unter welcher Internetadresse die relevanten Rechnungsunterlagen zusätzlich zu ihrer Verfügbarkeit im Unternehmensregister öffentlich zugänglich sind.[160] Gleichzeitig mit der Veröffentlichung der Hinweisbekanntmachung hat das betroffene Unternehmen die Veröffentlichung unter Angabe des Textes der Veröffentlichung, der Medien, an die die Information gesandt wurde, sowie des genauen Zeitpunkts der Versendung an die Medien der BaFin mitzuteilen.[161] Schließlich ist die Hinweisbekanntmachung unverzüglich nach der Veröffentlichung dem Unternehmensregister zur Speicherung zu übermitteln.[162]

V. Dauer der Verfügbarkeit/Bekanntmachungsänderungsmitteilung

97 Für die Dauer der Verfügbarkeit sowie für das Erfordernis etwaiger Bekanntmachungsänderungsmitteilungen gelten die Ausführungen zum Jahresfinanzbericht entsprechend.[163]

VI. Gesellschaften, deren Aktien oder aktienvertretenden Zertifikate im Prime Standard der Frankfurter Wertpapierbörse zugelassen sind

98 Unternehmen, deren Aktien oder aktienvertretenden Zertifikate im Prime Standard der Frankfurter Wertpapierbörse zugelassen sind, müssen für die ersten sechs Monate eines jeden Geschäftsjahres jeweils einen Halbjahresfinanzbericht nach den Vorgaben des § 37w Abs. 2–4 WpHG oder – falls sie verpflichtet sind, einen Konzernabschluss und Konzernlagebericht aufzustellen – einen Halbjahresfinanzbericht nach den Vorgaben des § 37y Nr. 2 WpHG erstellen.[164]

99 Dieser Bericht muss in deutscher und englischer Sprache abgefasst sein. Emittenten mit Sitz im Ausland können den Halbjahresbericht ausschließlich in englischer Sprache abfassen.[165]

---

157 § 37w Abs. 1 S. 1 WpHG.
158 Vgl. Rn. 23 f.
159 Vgl. Rn. 27 ff.
160 Vgl. Rn. 30 ff.
161 Vgl. Rn. 37 ff.
162 Vgl. Rn. 39 f.
163 Vgl. Rn. 41 f.
164 § 51 Abs. 2 Börsenordnung FWB, Stand: 17.6.2013.
165 § 51 Abs. 3 Börsenordnung FWB, Stand: 17.6.2013.

Der Halbjahresbericht ist innerhalb von zwei Monaten nach dem Ende des jeweiligen **100**
Berichtszeitraums der Geschäftsführung der Frankfurter Wertpapierbörse in elektronischer Form[166] zu übermitteln. Zu beachten ist, dass nach Ziff. 7.1.2 S. 4 DCGK[167] die Frist zur Veröffentlichung von Zwischenberichten für deutsche börsennotierte[168] Gesellschaften 45 Tage, gerechnet vom Ende des Berichtszeitraums beträgt. Hat der betroffene Emittent der vertretenen Aktien seinen Sitz in einem Staat außerhalb der EU oder außerhalb eines anderen Vertragsstaates des Abkommens über den EWR, hat er den Halbjahresbericht innerhalb von drei Monaten nach dem Ende des jeweiligen Berichtszeitraums zu übermitteln.[169]

Die Geschäftsführung der Frankfurter Wertpapierbörse stellt den Halbjahresbericht dem **101**
Publikum elektronisch oder in anderer geeigneter Weise zur Verfügung.[169]

Die Angaben im Halbjahresfinanzbericht können einer prüferischen Durchsicht durch **102**
einen Abschlussprüfer oder einer Prüfung entsprechend § 317 HGB unterzogen werden.[170] Insoweit gilt § 37w Abs. 5 WpHG.[171]

Gesetzliche Vorschriften über den Halbjahresfinanzbericht bleiben von den Bestimmungen **103**
der Börsenordnung der Frankfurter Wertpapierbörse unberührt.[172]

E. Quartalsfinanzbericht

I. Keine Verpflichtung nach WpHG/Vorgaben für einen freiwilligen Quartalsfinanzbericht

Eine Verpflichtung zur Erstellung und Veröffentlichung eines Quartalsfinanzberichts **104**
besteht nach den Bestimmungen des WpHG nicht. Möglich bleibt die freiwillige Erstellung und Veröffentlichung solcher Berichte. Bedeutung erlangt die Erstellung eines Quartalsfinanzberichts durch die befreiende Wirkung im Verhältnis zur gem. § 37x Abs. 1 WpHG für Inlandsemittenten von Aktien verpflichtenden Erstellung einer sog. Zwischenmitteilung der Geschäftsführung.[173]

Für einen freiwilligen Quartalsfinanzbericht ist jedoch § 37x Abs. 3 S. 1 WpHG zu beach- **105**
ten,[174] d.h. jedenfalls ein zur Veröffentlichung vorgesehener Quartalsfinanzbericht muss den Vorgaben des § 37w Abs. 2 Nr. 1 und 2, Abs. 3 und 4 WpHG entsprechen. Bei Emittenten, die verpflichtet sind, einen Konzernabschluss und Konzernlagebericht aufzustellen, gilt § 37y Nr. 2 WpHG für den Quartalsfinanzbericht entsprechend.[175] Diese Unternehmen müssen den Quartalsfinanzbericht mit allen seinen Bestandteilen daher für sich als Konzernmutterunternehmen und die Gesamtheit der einzubeziehenden Tochterunternehmen erstellen und veröffentlichen.[176]

---

166 Die Geschäftsführung der FWB bestimmt die Art und Weise der elektronischen Übermittlung.
167 Fassung: 13.5.2013.
168 § 3 Abs. 2 AktG – in Deutschland fällt eine Notierung im Regulierten Markt, nicht aber im Freiverkehr darunter.
169 § 51 Abs. 5 Börsenordnung FWB, Stand: 17.6.2013.
170 § 51 Abs. 4 Börsenordnung FWB, Stand: 17.6.2013.
171 Vgl. dazu Rn. 85 f.
172 § 51 Abs. 6 Börsenordnung FWB, Stand: 17.6.2013.
173 Vgl. dazu Rn. 125 ff.
174 Begr. RegE zum TUG, BT-Drucks. 16/2498, 46.
175 Assmann/Schneider/*Hönsch* § 37x Rn. 23.
176 Insoweit gelten die Ausführungen zum Halbjahresfinanzbericht unter Rn. 87 entsprechend.

106 Dies bedeutet im Einzelnen Folgendes:

1. Inhalt sowie anzuwendende Rechnungslegungsstandards

107 Zum Inhalt sowie zu den anzuwendenden Rechnungslegungsstandards gelten die Ausführungen zum Halbjahresfinanzbericht entsprechend.[177] Allerdings nimmt § 37x Abs. 3 S. 1 WpHG keinen Bezug auf § 37w Abs. 2 Nr. 3 WpHG, so dass die Geschäftsleitung zum verkürzten Abschluss und zum Zwischenlagebericht des Quartalsfinanzberichts keine Versicherungen entsprechend § 264 Abs. 2 S. 3, § 289 Abs. 1 S. 5 HGB abzugeben hat.[178]

108 Stichtage von Quartalsfinanzberichten sollten entsprechend der gängigen Praxis das Ende des ersten und das des dritten Quartals sein.[179]

109 Der DRS 16 Standard[180] konkretisiert auch die Anforderungen an Quartalsfinanzberichtserstattungen gem. §§ 37x und y WpHG.[181] Für den Quartalsfinanzbericht zum Ende des dritten Quartals ist daher zu beachten, dass der Berichtszeitraum die ersten neun Monate des Geschäftsjahrs umfasst.[182] Unternehmen, die den Quartalsfinanzbericht nicht nach den IFRS erstellen, können freiwillig zusätzlich eine verkürzte Gewinn- und Verlustrechnung für die drei Monate des dritten Quartals erstellen. Diese ist dann um die Vergleichszahlen des dritten Quartals des Vorjahres zu ergänzen.[183]

110 Der verkürzte Abschluss und der Zwischenlagebericht können einer prüferischen Durchsicht durch einen Abschlussprüfer unterzogen werden. Insoweit sind die Vorschriften der § 320 HGB (Pflicht zur Vorlage beim Abschlussprüfer, Auskunftsrecht des Abschlussprüfers) und § 323 HGB (Verantwortlichkeit des Abschlussprüfers) zu beachten.[184] Eine Bestellung des Abschlussprüfers entsprechend § 318 HGB ist hingegen nicht erforderlich.[185] Vielmehr genügt es, dass der Abschlussprüfer mit der prüferischen Durchsicht beauftragt wird. Aufgrund der Nähe zur Prüfung des Jahres- und Konzernabschlusses sowie der prüferischen Durchsicht des Halbjahresfinanzberichts erscheint dabei eine Beauftragung durch den Aufsichtsrat bzw. Prüfungsausschuss sachgerecht, wenn auch nicht zwingend.[186] Mangels Verweises ist das Unternehmen auch nicht verpflichtet, im Quartalsfinanzbericht explizit anzugeben, wenn der verkürzte Abschluss und der Zwischenlagebericht keiner prüferischen Durchsicht unterzogen wurden.[187]

2. Frist sowie Art und Weise der Veröffentlichung

111 Einzelheiten zur Frist sowie zur Art und Weise der Veröffentlichung von Quartalsfinanzberichten enthält § 37x WpHG nicht.

---

177 Vgl. Rn. 81 ff.
178 Assmann/Schneider/*Hönsch* § 37x Rn. 21.
179 Die BaFin spricht von einem dreimonatigen Berichtszeitraum, Emittentenleitfaden, 4. Aufl. 2013, S. 208; vgl. auch Assmann/Schneider/*Hönsch* § 37x Rn. 22; Heidel/*Becker* § 37x WpHG Rn. 21.
180 Vgl. dazu Rn. 79.
181 DRS 16 Tz. 3.
182 DRS 16 Tz. 59.
183 DRS 16 Tz. 59; vgl. ergänzend auch Tz. 60.
184 § 37x Abs. 3 S. 3 WpHG.
185 § 37w Abs. 5 WpHG ist von der Verweisung des § 37x Abs. 3 S. 3 WpHG nicht umfasst.
186 Assmann/Schneider/*Hönsch* § 37x Rn. 27; Schwark/Zimmer/*Heidelbach/Doleczik* § 37x WpHG Rn. 15.
187 Assmann/Schneider/*Hönsch* § 37x Rn. 27; Schwark/Zimmer/*Heidelbach/Doleczik* § 37x WpHG Rn. 15; Heidel/*Becker* § 37x WpHG Rn. 25.

Teilweise wird bezüglich der Art und Weise der Veröffentlichung auf das für Halbjahresfinanzberichte geltende Verfahren verwiesen.[188] Hinsichtlich der Frist zur Veröffentlichung von Quartalsfinanzberichten hält ein Teil die für die Halbjahresfinanzberichtserstattung,[189] ein anderer Teil die für die Zwischenmitteilung der Geschäftsführung[190] geltenden Fristen für einschlägig.[191] **112**

Nach der Auffassung der BaFin genügt es, wenn der Quartalsfinanzbericht vor dem darauf folgenden Halbjahres- oder Jahresfinanzbericht durch Verbreitung in einem geeigneten elektronischen Medium veröffentlicht wird.[192] Ausreichend sei es in einem solchen Fall auch, wenn eine Hinweisbekanntmachung in einem Börsenpflichtblatt veröffentlicht werde, die auf eine öffentlich zugängliche Stelle verweise, an der der Bericht sofort auffindbar oder abrufbar sei.[193] **113**

Da es sich bei der Zwischenberichterstattung um einen Bereich handelt, der ausschließlich im WpHG geregelte Regelpublizitätspflichten betrifft und damit allein der Überwachung durch die BaFin unterfällt, ist das Risiko eines Bußgeldes für das betroffene Unternehmen jedenfalls nur sehr gering, wenn es die Veröffentlichung eines Quartalsberichts gemäß der weniger strengen Auffassung der BaFin vornimmt. **114**

In der Praxis sind es überwiegend börsennotierte Gesellschaften, die Quartalsfinanzberichte erstatten. Diese setzen in der Regel Ziff. 7.1.2 S. 4 DCGK[194] um, wonach die Frist zur Veröffentlichung von Zwischenberichten für deutsche börsennotierte[195] Gesellschaften 45 Tage beträgt, gerechnet vom Ende des Berichtszeitraums. **115**

Der Quartalsfinanzbericht ist unverzüglich,[196] jedoch nicht vor seiner Veröffentlichung an das Unternehmensregister zu übermitteln.[197] **116**

Hinsichtlich der Sprache gelten – wie auch für den Jahres- sowie den Halbjahresfinanzbericht – die allgemeinen Grundsätze.[198] **117**

3. Dauer der Verfügbarkeit

Für welche Dauer die Quartalsfinanzberichte zu veröffentlichen sind, ist unklar.[199] Nachdem insoweit (möglicherweise noch) keine Vorgaben der BaFin (die für die Überwachung der ausschließlich im WpHG geregelten Regelpublizitätspflichten zuständig ist) verfügbar sind, empfiehlt es sich, bis auf Weiteres den Anforderungen der strengeren Auffassung zu genügen und die Quartalsfinanzberichte für einen Zeitraum von fünf Jahren zu veröffentlichen. **118**

---

188 Assmann/Schneider/*Hönsch* § 37x Rn. 24; Beck'sches IFRS-Handbuch/*Hebestreit* § 43 Rn. 53; Schwark/Zimmer/*Heidelbach/Doleczik* § 37x WpHG Rn. 13.
189 Vgl. etwa Assmann/Schneider/*Hönsch* § 37x Rn. 25; Schwark/Zimmer/*Heidelbach/Doleczik* § 37x WpHG Rn. 14.
190 Vgl. etwa Beck'sches IFRS-Handbuch/*Hebestreit* § 43 Rn. 53.
191 Vgl. insgesamt Heidel/*Becker* § 37x WpHG Rn. 15.
192 *BaFin* Emittentenleitfaden, 4. Aufl. 2013, S. 209.
193 *BaFin* Emittentenleitfaden, Stand: 28.4.2009, S. 238.
194 Fassung: 13.5.2013.
195 § 3 Abs. 2 AktG – in Deutschland fällt eine Notierung im Regulierten Markt, nicht aber im Freiverkehr darunter.
196 D.h. ohne schuldhaftes Zögern, § 121 Abs. 1 BGB.
197 § 37x Abs. 3 S. 2 WpHG.
198 Vgl. Rn. 23 ff.
199 Schwark/Zimmer/*Heidelbach/Doleczik* § 37x WpHG Rn. 14, 9 – bis zur Veröffentlichung des nächsten Jahresfinanzberichts; KölnKomm-WpHG/*Mock* § 37x Rn. 32 – Zeitraum von fünf Jahren.

II. Gesellschaften, deren Aktien oder aktienvertretende Zertifikate im Prime Standard der Frankfurter Wertpapierbörse zugelassen sind

119 Unternehmen, deren Aktien oder aktienvertretende Zertifikate im Prime Standard der Frankfurter Wertpapierbörse zugelassen sind, müssen zum Stichtag des ersten und des dritten Quartals eines jeden Geschäftsjahres jeweils einen Quartalsfinanzbericht nach den Vorgaben des § 37w Abs. 2 Nr. 1 und 2, Abs. 3 und 4 WpHG oder – falls sie verpflichtet sind, einen Konzernabschluss und Konzernlagebericht aufzustellen – einen Quartalsbericht nach den Vorgaben des § 37y Nr. 2 WpHG analog erstellen.[199]

120 Dieser Bericht muss in deutscher und englischer Sprache abgefasst sein. Emittenten mit Sitz im Ausland können den Quartalsfinanzbericht ausschließlich in englischer Sprache abfassen.[200]

121 Der Quartalsfinanzbericht ist innerhalb von zwei Monaten nach dem Ende des jeweiligen Berichtszeitraums der Geschäftsführung der Frankfurter Wertpapierbörse in elektronischer Form[201] zu übermitteln. Zu beachten ist, dass nach Ziff. 7.1.2 S. 4 DCGK[202] die Frist zur Veröffentlichung von Zwischenberichten für deutsche börsennotierte[203] Gesellschaften 45 Tage beträgt, gerechnet vom Ende des Berichtszeitraums. Hat der betroffene Emittent der vertretenen Aktien seinen Sitz in einem Staat außerhalb der EU oder außerhalb eines anderen Vertragsstaates des Abkommens über den EWR, hat er den Halbjahresbericht innerhalb von drei Monaten nach dem Ende des jeweiligen Berichtszeitraums zu übermitteln.[204]

122 Die Geschäftsführung der Frankfurter Wertpapierbörse stellt den Quartalsfinanzbericht dem Publikum elektronisch oder in anderer geeigneter Weise zur Verfügung.[204]

123 Die Angaben im Quartalsfinanzbericht können einer prüferischen Durchsicht durch einen Abschlussprüfer oder einer Prüfung entsprechend § 317 HGB unterzogen werden.[205] Insoweit gilt § 37x Abs. 3 S. 3 WpHG.[206]

124 Gesetzliche Vorschriften über den Quartalsfinanzbericht bleiben von den Bestimmungen der Börsenordnung der Frankfurter Wertpapierbörse unberührt.[207]

F. Zwischenmitteilung der Geschäftsführung

125 Ein Unternehmen, das als Inlandsemittent Aktien begibt, ist verpflichtet, eine Zwischenmitteilung der Geschäftsführung zu erstellen.[208]

126 Wird von dem betroffenen Unternehmen ein Quartalsbericht nach den Vorgaben des § 37w Abs. 2 Nr. 1 und 2, Abs. 3 und 4 WpHG erstellt und veröffentlicht,[209] entfällt die Pflicht zur Veröffentlichung einer Zwischenmitteilung.[210]

---

199 § 51 Abs. 1 Börsenordnung FWB, Stand: 17.6.2013.
200 § 51 Abs. 3 Börsenordnung FWB, Stand: 17.6.2013.
201 Die Geschäftsführung der FWB bestimmt die Art und Weise der elektronischen Übermittlung.
202 Fassung: 13.5.2013.
203 § 3 Abs. 2 AktG – in Deutschland fällt eine Notierung im Regulierten Markt, nicht aber im Freiverkehr darunter.
204 § 51 Abs. 5 Börsenordnung FWB, Stand: 17.6.2013.
205 § 51 Abs. 4 Börsenordnung FWB, Stand: 17.6.2013.
206 Vgl. dazu Rn. 110.
207 § 51 Abs. 6 Börsenordnung FWB, Stand: 17.6.2013.
208 § 37x Abs. 1 WpHG.
209 Vgl. dazu im Einzelnen Rn. 106 ff.
210 § 37x Abs. 3 S. 1 WpHG.

I. Inhalt und anzuwendende Rechnungslegungsstandards

Die Zwischenmitteilung hat Informationen über den Zeitraum zwischen dem Beginn der jeweiligen Hälfte des Geschäftsjahres und dem Zeitpunkt zu enthalten, zu welchem die Zwischenmitteilung der Öffentlichkeit zur Verfügung steht[211]. Der „Mitteilungszeitraum" muss daher – im Gegensatz zu Quartalsfinanzberichten – nicht immer einen Drei-Monats-Zeitraum abdecken.[212] Der Berichtszeitraum der Zwischenmitteilung kann sowohl unterjährig als auch von Jahr zu Jahr variieren, wobei ggf. auf die hierdurch eingeschränkte Vergleichbarkeit hinzuweisen oder eine Vergleichbarkeit sicherzustellen ist.[213]

127

Diese Informationen der Zwischenmitteilung haben die Beurteilung zu ermöglichen, wie sich die Geschäftstätigkeit des Emittenten in den drei Monaten vor Ablauf des Mitteilungszeitraums entwickelt hat.[214] In der Zwischenmitteilung sind die wesentlichen Ereignisse[215] und Geschäfte des Mitteilungszeitraums im Unternehmen des Emittenten und ihre Auswirkungen auf seine Finanzlage zu erläutern sowie die Finanzlage und das Geschäftsergebnis des Emittenten im Mitteilungszeitraum zu beschreiben.[216]

128

Der DRS 16 Standard[217] konkretisiert auch die Anforderungen an Zwischenmitteilungen gem. §§ 37x und y WpHG.[218]

129

Danach hat die Zwischenmitteilung zum einen eine Darstellung und Erläuterung der wesentlichen Ereignisse und Geschäfte des Mitteilungszeitraums und deren Auswirkungen auf die Vermögens-, Finanz- und Ertragslage des Konzerns zu enthalten.[219] Bei der Darstellung der Auswirkungen ist deren Quantifizierung nicht erforderlich.[220]

130

Zum anderen sieht der DRS 16 Standard eine allgemeine Darstellung der Vermögens-, Finanz- und Ertragslage vor.[219] Diese Darstellung soll allgemein die Entwicklung des Unternehmens deutlich machen. Während für die Darstellung der Finanz- und der Vermögenslage auf den letzten Konzernlagebericht abgestellt werden kann, kann für die Beschreibung der Ertragslage eine Bezugnahme auf den entsprechenden Zeitraum des Vorjahrs sinnvoll sein.[221]

131

Bestandsgefährdende Risiken sind als solche zu bezeichnen und darzustellen, sofern gegenüber dem letzten Konzernlagebericht bzw. Zwischenlagebericht ein in diesen nicht genanntes bestandsgefährdendes Risiko erkennbar ist, eine veränderte Einschätzung eines in diesen genannten bestandsgefährdenden bestehenden Risikos vorgenommen wurde oder ein in diesen genanntes bestandsgefährdendes Risiko weggefallen ist.[222]

132

Bei einem Emittenten, der zur Aufstellung eines Konzernabschlusses verpflichtet ist, haben sich die in der Zwischenmitteilung abzubildenden Angaben sowohl auf sich als Mutterunternehmen als auch auf die Gesamtheit der einzubeziehenden Tochterunternehmen zu

133

---

211 Vgl. zu diesem Zeitpunkt Rn. 134.
212 *BaFin* Emittentenleitfaden, 4. Aufl. 2013, S. 207; Assmann/Schneider/*Hönsch* § 37x Rn. 12; Schwark/Zimmer/*Heidelbach/Doleczik* § 37x WpHG Rn. 9.
213 Schwark/Zimmer/*Heidelbach/Doleczik* § 37x WpHG Rn. 9; Assmann/Schneider/*Hönsch* § 37x Rn. 15.
214 Habersack/Mülbert/Schlitt/*Götze/Wunderlich* § 9 Rn. 36.
215 Beispiele für wesentliche Ereignisse können der DRS 16 Tz. 41 entnommen werden, vgl. DRS 16 Tz. 66.
216 § 37x Abs. 2 WpHG.
217 Vgl. dazu Rn. 79.
218 DRS 16 Tz. 3.
219 DRS 16 Tz. 64.
220 DRS 16 Tz. 67.
221 DRS 16 Tz. 68.
222 DRS 16 Tz. 69.

erstrecken.²²³ Die Möglichkeit einer angemessenen Beurteilung der Geschäftsentwicklung kann dabei nur sichergestellt werden, wenn quantitative Angaben in der Geschäftsmitteilung nach denselben Rechnungslegungsgrundsätzen ermittelt werden, die vom Unternehmen bei Aufstellung des Konzernabschlusses bzw. bei Erstellung des verkürzten Abschlusses des Halbjahresfinanzberichts angewandt werden. Unternehmen, die IFRS-Abschlüsse aufstellen, haben also auch die quantitativen Angaben der Zwischenmitteilungen unter Beachtung der IFRS zu ermitteln.²²⁴

II. Frist sowie Art und Weise der Offenlegung

134 Zwischenmitteilungen der Geschäftsleitung sind zwischen zehn Wochen nach Beginn und sechs Wochen vor Ende der ersten und der zweiten Hälfte des Geschäftsjahrs zu veröffentlichen.²²⁵

135 Am regulierten Markt notierte Gesellschaften setzen in der Regel Ziff. 7.1.2 S. 4 DCGK²²⁶ um, wonach die Frist zur Veröffentlichung von Zwischenberichten für deutsche börsennotierte²²⁷ Gesellschaften 45 Tage beträgt, gerechnet vom Ende des Berichtszeitraums. Diese Frist gilt auch für Zwischenmitteilungen der Geschäftsleitung.²²⁸

136 Die Art und Weise der Offenlegung der Zwischenmitteilung der Geschäftsleitung entspricht derjenigen der Offenlegung des Jahresfinanzberichts. D.h. die Zwischenmitteilung der Geschäftsleitung ist der Öffentlichkeit zur Verfügung zu stellen.²²⁹ Darüber hinaus muss das betroffene Unternehmen vor dem Zeitpunkt, zu dem die Zwischenmitteilung erstmals der Öffentlichkeit zur Verfügung steht, eine Hinweisbekanntmachung darüber veröffentlichen, ab welchem Zeitpunkt und unter welcher Internetadresse die Zwischenmitteilung der Geschäftsleitung zusätzlich zu ihrer Verfügbarkeit im Unternehmensregister öffentlich zugänglich ist.²³⁰ Gleichzeitig mit der Veröffentlichung der Hinweisbekanntmachung hat das betroffene Unternehmen die Veröffentlichung unter Angabe des Textes der Veröffentlichung, der Medien, an die die Information gesandt wurde, sowie des genauen Zeitpunkts der Versendung an die Medien der BaFin mitzuteilen.²³¹ Schließlich ist die Hinweisbekanntmachung unverzüglich nach der Veröffentlichung dem Unternehmensregister zur Speicherung zu übermitteln.²³²

---

223 § 37y Nr. 3 WpHG.
224 Assmann/Schneider/*Hönsch* § 37x Rn. 19.
225 § 37x Abs. 1 S. 1 WpHG.
226 Fassung: 13.5.2013.
227 § 3 Abs. 2 AktG – in Deutschland fällt eine Notierung im Regulierten Markt, nicht aber im Freiverkehr darunter.
228 Assmann/Schneider/*Hönsch* § 37x Rn. 7; a.A. Schwark/Zimmer/*Heidelbach/Doleczik* § 37x WpHG Rn. 8.
229 Vgl. dazu Rn. 27 ff.
230 Vgl. Rn. 30 ff.
231 Vgl. Rn. 37 ff.
232 Vgl. Rn. 39 f.

III. Dauer der Verfügbarkeit

Für welche Dauer die Zwischenmitteilungen zu veröffentlichen sind, wird unterschiedlich beurteilt.[233] Nachdem insoweit (möglicherweise noch) keine Vorgaben der BaFin verfügbar sind, die für die Überwachung der ausschließlich im WpHG geregelten Regelpublizitätspflichten zuständig ist, empfiehlt es sich, bis auf Weiteres den Anforderungen der strengeren Auffassung zu genügen und die Zwischenmitteilungen fünf Jahre verfügbar zu halten. **137**

IV. Gesellschaften, deren Aktien oder aktienvertretenden Zertifikate im Prime Standard der Frankfurter Wertpapierbörse zugelassen sind

Unternehmen, deren Aktien oder aktienvertretenden Zertifikate im Prime Standard der Frankfurter Wertpapierbörse zugelassen sind, müssen zum Stichtag des ersten und des dritten Quartals eines jeden Geschäftsjahres jeweils einen Quartalsfinanzbericht nach den Vorgaben des § 37w Abs. 2 Nr. 1 und 2, Abs. 3 und 4 WpHG oder – falls sie verpflichtet sind, einen Konzernabschluss und Konzernlagebericht aufzustellen – einen Quartalsbericht nach den Vorgaben des § 37y Nr. 2 WpHG analog erstellen.[234] **138**

Die Erstellung und Veröffentlichung des Quartalsberichts lässt die Pflicht zur Veröffentlichung einer Zwischenmitteilung der Geschäftsführung entfallen.[235] **139**

G. Finanz-/Unternehmenskalender

I. Deutsche börsennotierte Gesellschaften

Gemäß Ziff. 6.4 DCGK[236] sollen deutsche börsennotierte[237] Gesellschaften im Rahmen der laufenden Öffentlichkeitsarbeit die Termine der wesentlichen wiederkehrenden Veröffentlichungen wie Geschäftsberichte und Zwischenfinanzberichte in einem sog. Finanzkalender mit ausreichendem Zeitvorlauf publizieren. Für die Form der Veröffentlichung des Finanzkalenders trifft der Kodex keine weiteren Festlegungen. Insbesondere die bislang unter Ziff. 6.8 enthaltene Empfehlung, wonach von der Gesellschaft veröffentlichte Informationen über das Unternehmen auch über die Internetseite der Gesellschaft zugänglich sein sollen, enthält die aktuelle Fassung vom 13.5.2013 nicht mehr. **140**

II. Gesellschaften, deren Aktien oder aktienvertretende Zertifikate im Prime Standard der Frankfurter Wertpapierbörse zugelassen sind

Der Emittent von Aktien oder der Emittent von vertretenen Aktien, die jeweils im Prime Standard der Frankfurter Wertpapierbörse zugelassen sind, hat mit Aufnahme des Handels sowie fortlaufend zu Beginn jedes Geschäftsjahres für die Dauer mindestens des jeweiligen **141**

---

233 Assmann/Schneider/*Hönsch* § 37x Rn. 8 – „Sinnvoll erscheint es, auch die Zwischenmitteilungen für fünf Jahre auf der Homepage zur Verfügung zu stellen."; Schwark/Zimmer/*Heidelbach/Doleczik* § 37x WpHG Rn. 9 – „Sie kann mit Veröffentlichung des nächsten Jahresfinanzberichts von der Internetseite genommen werden."
234 § 51 Abs. 1 Börsenordnung FWB, Stand: 17.6.2013.
235 § 37x Abs. 3 S. 1 WpHG.
236 Fassung: 13.5.2013.
237 § 3 Abs. 2 AktG – in Deutschland fällt eine Notierung im Regulierten Markt, nicht aber im Freiverkehr darunter.

Geschäftsjahres einen Unternehmenskalender in deutscher und englischer Sprache zu erstellen und fortlaufend zu aktualisieren.[238] Dieser muss Angaben über die wesentlichen Termine des Emittenten der Aktien oder des Emittenten der vertretenen Aktien enthalten.[239] Die Börsenordnung der Frankfurter Wertpapierbörse[240] führt als wesentliche Termine insbesondere die Hauptversammlung, die Pressekonferenzen und Analystenveranstaltungen auf. Darunter dürfte jedoch auch die gem. §§ 50 f. Börsenordnung der Frankfurter Wertpapierbörse[240] vorzunehmende Finanzberichterstattung der betroffenen Gesellschaft fallen.

142 Der Emittent der Aktien oder der Emittent der vertretenen Aktien ist verpflichtet, den Unternehmenskalender im Internet unter seiner Adresse zu veröffentlichen und der Geschäftsführung der Frankfurter Wertpapierbörse in elektronischer Form[241] zu übermitteln. Die Geschäftsführung stellt den Unternehmenskalender dem Publikum elektronisch oder in anderer geeigneter Weise zur Verfügung.[242]

H. Die Regelpublizität in der Insolvenz

143 In der Insolvenz wird die Regelpublizität hinsichtlich der handelsrechtlichen Rechnungslegung bei börsennotierten sowie bei kapitalmarktorientierten Aktiengesellschaften durch den Insolvenzverwalter wahrgenommen.[243] Für die darüber hinausgehenden, aus den wertpapierhandelsgesetzlichen Vorschriften folgenden etwaigen Pflichten zur Halbjahresfinanzberichterstattung sowie zur Zwischenmitteilung der Geschäftsführung bzw. alternativ zur Quartalsberichterstattung, bleibt die Geschäftsleitung des betroffenen Unternehmens verantwortlich.[244] Die dafür erforderlichen Mittel hat der Insolvenzverwalter aus der Masse bereitzustellen.[245]

I. Überwachung/Sanktionierung von Verstößen gegen die Regelpublizitätspflichten

I. Überwachungsbehörden

144 Während die Überwachung der Einhaltung der handelsrechtlichen Regelpublizitätspflichten gem. §§ 334 Abs. 4, 335 Abs. 1 HGB in den Verantwortungsbereich des Bundesamtes der Justiz fällt, enthalten die §§ 37v ff. WpHG keine Bestimmungen über die Überwachung der Einhaltung der wertpapierhandelsgesetzlichen Regelpublizitäts-

---

238 § 52 Abs. 1 Börsenordnung FWB, Stand: 17.6.2013.
239 § 52 Abs. 2 Börsenordnung FWB, Stand: 17.6.2013.
240 Stand: 17.6.2013.
241 Die Art und Weise der elektronischen Übermittlung wird von der Geschäftsführung der FWB bestimmt.
242 § 52 Abs. 3 Börsenordnung FWB, Stand: 17.6.2013.
243 § 155 InsO.
244 *BaFin* Emittentenleitfaden, 4. Aufl. 2013, S. 200; Insolvenzrechts-Handbuch/*Haas/Mock* § 93 Rn. 91; *von Buttlar* BB 2010, 1355, 1359.
245 § 11 Abs. 1 WpHG; *BaFin* Emittentenleitfaden, 4. Aufl. 2013, S. 200.

pflichten. Diese fällt damit entsprechend den allgemeinen Vorschriften des WpHG grundsätzlich in die Zuständigkeit der BaFin.[246]

Die Bereichsausnahme des § 37v Abs. 1 S. 1 HS 2 WpHG hat das OLG Frankfurt a.M. zum Anlass genommen, die betroffenen Unternehmen hinsichtlich der Offenlegung des Jahresfinanzberichts von der Überwachung der BaFin auszunehmen und diese der ausschließlichen Zuständigkeit des Bundesamtes der Justiz zuzuordnen.[247] Diese verdrängende Sonderzuständigkeit gilt allerdings nur hinsichtlich des Jahres- und des Konzernabschlusses, so dass die Durchsetzung der Erstellung und Veröffentlichung der übrigen Abschlüsse und Lageberichte der Finanzberichte sowie der übrigen Bestandteile des Jahres- und Konzernjahresfinanzberichts bei der BaFin verbleibt.[248] **145**

Aufgrund der beschränkten Kompetenzen der BaFin im Rahmen des Enforcement – Verfahrens[249] finden die allgemeinen Befugnisse der BaFin jedoch auch im Anwendungsbereich der §§ 37v, 37y Nr. 1 WpHG ihre Grenzen, soweit die inhaltliche Fehlerhaftigkeit der Rechnungslegung betroffen ist.[250] Insoweit geht die Vorschrift des § 37q Abs. 2 WpHG vor, so dass die BaFin in diesen Fällen grundsätzlich auf die Anordnung der Bekanntmachung der Fehlerhaftigkeit beschränkt ist. **146**

Diese Beschränkung der allgemeinen Befugnisse der BaFin erscheint allerdings bei einer fortlaufenden und wiederholten Fehlerhaftigkeit der Rechnungslegung eines Emittenten nicht hinnehmbar, so dass in einem solchen Fall die Spezialität des § 37q Abs. 2 WpHG nicht durchgreifen kann, soweit die fortlaufende und wiederholte Fehlerhaftigkeit der Rechnungslegung einen Missstand i.S.v. § 4 Abs. 1 WpHG darstellt.[251] Hieran sind mit Blick auf das speziellere Enforcement – Verfahren hohe Anforderungen zu stellen.[251] **147**

II. Sanktionen

Verstöße gegen die wertpapierhandelsgesetzlichen Regelpublizitätspflichten stellen bußgeldbewehrte Ordnungswidrigkeiten dar.[252] Neben der Verhängung von Bußgeldern können durch die BaFin Zwangsmittel und vor allem Zwangsgelder eingesetzt[253] und die vorübergehende Untersagung oder Aussetzung des Handels angeordnet werden.[254] **148**

Auch bestimmte Verstöße gegen die handelsrechtlichen Regelpublizitätspflichten stellen bußgeldbewehrte Ordnungswidrigkeiten dar.[255] Die Vorschrift des § 335 HGB sieht bei Nichterfüllung der Offenlegungspflichten ein eigenständiges Ordnungsgeldverfahren vor. Im Bereich der handelsrechtlichen Finanzberichterstattung sind zudem die in den §§ 331–333 HGB geregelten Straftatbestände von Bedeutung.[256] **149**

---

246 § 4 Abs. 2 WpHG.
247 *OLG Frankfurt a.M.* NZG 2012, 911, 914; vgl. dazu auch *Mock* NZG 2012, 1332 ff.
248 *Mock* NZG 2012, 1332, 1335.
249 §§ 37n ff. WpHG.
250 *Mock* NZG 2012, 1332, 1333 f.
251 *Mock* NZG 2012, 1332, 1334.
252 § 39 WpHG – vgl. im Einzelnen 31. Kap. Rn. 53 ff., 71 f. und 73 f.
253 § 17 FinDAG.
254 § 4 Abs. 2 S. 2 WpHG.
255 § 334 Abs. 1 HGB. Für Kreditinstitute im Sinne des § 340 HGB und Versicherungsunternehmen im Sinne des § 341 Abs. 1 HGB ist die Anwendbarkeit von § 334 Abs. 1–3 gem. Abs. 5 ausgeschlossen ist. Für diese Unternehmen gelten die besonderen Ordnungswidrigkeitentatbestände der § 340n (Kreditinstitute) bzw. § 341n (Versicherungsunternehmen).
256 So ist etwa die Abgabe eines unrichtigen Bilanzeids strafbar, § 331 Nr. 3a HGB.

J. Reformvorhaben

150 Am 25.10.2011 hat die EU-Kommission einen Vorschlag zur Änderung der Transparenzrichtlinie (KOM (2011) 683) vorgelegt.[257] Dieser betrifft u.a. die Regelpublizität im Bereich der Quartalsfinanzberichterstattung. Der Richtlinienentwurf sah vor, dass es den Mitgliedsstaaten der EU grundsätzlich nicht mehr erlaubt sein soll, in nationalen Rechtsvorschriften die Vorlage von Zwischenberichten vorzuschreiben. In diesem Zusammenhang stellte sich die Frage, ob die von den Börsenträgern eingeführte Pflicht zur Veröffentlichung von Quartalsfinanzberichten[258] gegen Art. 3 Abs. 1 Unterabs. 1 des Richtlinienentwurfes verstößt. Dies wäre vor dem Hintergrund, dass die von der Frankfurter Wertpapierbörse erlassene Börsenordnung eine öffentlich-rechtliche Satzung darstellt und die Zulassung zum Qualitätssegment des Prime Standard durch die Frankfurter Wertpapierbörse in ihrer Funktion als Anstalt des öffentlichen Rechts und damit als Behörde im Sinne des Verwaltungsverfahrensrechts erfolgt, anzunehmen gewesen.[259]

151 Allerdings haben sich der Rat, das Europäische Parlament sowie die Europäische Kommission in den Triloggesprächen schließlich informell auf einen Kompromiss geeinigt.[260] Danach erfährt der Grundsatz, dass die Mitgliedstaaten keine Zwischenmitteilungen der Geschäftsführung bzw. Quartalsfinanzberichte fordern können, eine Reihe von Einschränkungen. Insbesondere kann ausweislich dieses Kompromisses auf einem geregelten Markt von Emittenten, deren Wertpapiere zum Handel auf diesem geregelten Markt zugelassen sind, verlangt werden, dass sie in einigen oder allen sie betreffenden Segmenten dieses Markts zusätzliche regelmäßige Finanzinformationen veröffentlichen. Nach Zustimmung des Rates wurde am 22.10.2013 die Richtlinie 2013/50/EU erlassen, die am 26.11.2013 in Kraft trat.

152 Vor diesem Hintergrund sind in der Praxis keine wesentlichen Änderungen zu erwarten.

---

257 Vorschlag für eine Richtlinie des Europäischen Parlaments und des Rates zur Änderung der Richtlinie 2004/109/EG sowie der Richtlinie 2007/14/EG, 25.10.2011, KOM (2011) 683 endgültig.
258 Vgl. dazu Rn. 119 ff.
259 Vgl. im Einzelnen *Seibt/Wollenschläger* AG 2012, 305, 307 f.
260 Legislative Entschließung des Europäischen Parlaments vom 12.6.2013 zu dem Vorschlag für eine Richtlinie des Europäischen Parlaments und des Rates zur Änderung der Richtlinie 2004/109/EG zur Harmonisierung der Transparenzanforderungen in Bezug auf Informationen über Emittenten, deren Wertpapiere zum Handel auf einem geregelten Markt zugelassen sind, sowie der Richtlinie 2007/14/EG der Kommission (COM(2011)0683 – C7-0380/2011 – 2011/0307(COD)), abrufbar unter www.europarl.europa.eu/sides/getDoc.do?pubRef=-//EP//TEXT+TA+P7-TA-2013-0262+0+DOC+XML+V0//DE; vgl. dazu auch *Blöink/Kumm* BB 2013, 1963.

3. Teil
Transaktionsbezogene Compliance

9. Kapitel
Compliance bei Börsengang und Kapitalerhöhung

I. Planungs- und Vorbereitungsphase

Hinsichtlich der compliancerelevanten Vorschriften lassen sich im Zusammenhang mit der Vorbereitungsphase zu einem Börsengang oder einer Kapitalerhöhung drei Grundkonstellationen unterscheiden, mit zum Teil erheblich unterschiedlichen Auswirkungen auf entsprechende organisatorische Maßnahmen: **1**
- der Börsengang eines Unternehmens;
- eine Kapitalerhöhung mit Bezugsrecht und/oder sonstigem öffentlichen Angebot;
- eine Kapitalerhöhung ohne Bezugsrecht und ohne sonstiges öffentliches Angebot.

Bei allen drei unterschiedlichen Maßnahmen gibt es im Wesentlichen Vorschriften aus zwei Bereichen, die sich in der Compliance niederschlagen. Der eine Bereich betrifft die Frage, wie die Aktien vermarktet werden, ob dies öffentlich erfolgt oder nicht. Hieran knüpft sich zentral die Frage an, ob ein Prospekt erstellt werden muss und welche relevanten Vorschriften hierbei zu beachten sind. Der andere Bereich betrifft die Kommunikation. Um nicht im Rahmen der Emission gegen rechtliche Vorschriften zu verstoßen, aber auch, um nicht in Gefahr zu kommen, später rechtliche Vorschriften einhalten zu müssen, die für die Emission nicht zuträglich sind, ist es notwendig, einige Grundregeln im Zusammenhang mit der Kommunikation bei Emissionen zu beachten. Dabei beeinflusst die Frage nach der Prospektpflicht unmittelbar die maßgeblichen Regelungen im Zusammenhang mit der Kommunikation. **2**

1. Öffentliche versus nicht öffentliche Platzierung

Für die zu beachtenden Compliance-Vorschriften ist von maßgeblicher Bedeutung, ob die Platzierung im Rahmen des Börsengangs und/oder der Kapitalerhöhung in öffentlicher oder nicht öffentlicher Form erfolgt. Kapitalerhöhung meint dabei im Rahmen dieser Darstellung stets die Kapitalerhöhung eines bereits börsennotierten Unternehmens, wobei sich in der Regel bei der Kapitalerhöhung eines noch nicht börsennotierten Unternehmens keine Unterschiede in Bezug auf die in diesem Abschnitt 1. dargestellten Umstände ergeben, da ein Börsengang aber in der Regel aus einer Kapitalerhöhung eines bislang nicht notierten Unternehmens mit der Herstellung der Handelbarkeit der Aktien kombiniert besteht, soll dies so abgegrenzt werden. Börsengänge werden im englischen typischerweise als Initial Public Offering (IPO) bezeichnet, auf Deutsch erstmaliges öffentliches Angebot. Darin ist impliziert, dass man sich unter einem Börsengang in der Regel eine öffentliche Platzierung von Aktien vorstellt. Allerdings gibt es in der Praxis auch Formen des Börsengangs ohne eine solche öffentliche Platzierung von Aktien. Hierbei wird eine nicht öffentliche Platzierung von Aktien eines noch nicht notierten Unternehmens vorgezogen (Privatplatzierung) und anschließend wird dieses Unternehmen mit seinen Aktien in den Börsenhandel einbezogen. Diese Vorgehensweise wurde in der Vergangenheit schon bei Börsengängen kleinerer Unternehmen praktiziert. Beim Börsengang von Evonik wurde dies jüngst erstmalig im Rahmen der Erstemission eines großen Unternehmens eingesetzt. Daher ist auch bei einem Börsengang die Unterscheidung zwischen öffentlicher und nicht öffentlicher Platzierung sinnvoll. Bei Kapitalerhöhungen kennt man diese Unterscheidung schon immer. Dabei ist noch zwischen Kapitalerhöhungen mit und ohne Bezugsrecht zu unterscheiden. Denn jede Kapitalerhöhung mit Bezugsrecht stellt nunmehr eine öffentliche Platzierung dar. Im Zuge der Revision der Prospektrichtlinie, die zum 1.7.2012 in deutsches Recht umgesetzt wurde, wurde europaweit vereinheitlicht, dass jedes Bezugsangebot ein öffentliches Angebot im Sinne des **3**

Prospektrechts darstellt und damit eine öffentliche Platzierung im hier unterschiedenen Sinne.[1] Damit ist auch schon gesagt, wofür die Unterscheidung im Wesentlichen relevant ist, nämlich für die Prospektpflicht und für aus der Prospektpflicht folgende weitere Vorschriften.

a) Öffentliches Angebot

4   Gemäß § 3 Abs. 1 WpPG ist ein Prospekt grundsätzlich dann zu veröffentlichen wenn Wertpapiere „öffentlich angeboten" werden. Eine wichtige Aufgabe ist also für einen Emittenten im Zusammenhang mit Börsengängen und Kapitalerhöhungen festzustellen, ob ein öffentliches Angebot vorliegt, damit ein Prospekt erstellt wird, wenn dies erforderlich ist.

5   Wann ein solches öffentliches Angebot vorliegt, ist in § 2 Nr. 4 WpPG näher definiert. Demnach handelt es sich (bereits dann) um ein öffentliches Angebot, wenn ausreichende Informationen über die Angebotsbedingungen und die anzubietenden Wertpapiere an das Publikum dergestalt mitgeteilt werden, dass ein Anleger in die Lage versetzt wird, über den Kauf oder die Zeichnung dieser Wertpapiere zu entscheiden. Die Anzahl der angesprochenen Anleger ist dabei nicht entscheidend. Auch wenn sehr viele Personen im Rahmen einer Privatplatzierung angesprochen werden, entsteht dadurch noch kein öffentliches Angebot. Es kommt vielmehr darauf an, ob sich das Angebot an einen unbestimmten bzw. unbegrenzten Personenkreis richtet.[2] Ob ein Angebot von Wertpapieren öffentlich ist, bestimmt sich also maßgeblich nach der Kommunikation mit den Anlegern.

6   Entscheidend für das Vorliegen eines öffentlichen Angebots ist, ob die wesentlichen Vertragsbestandteile, also der Kaufgegenstand, der Preis oder Preisrahmen, der Lieferzeitpunkt und die Valuta der Öffentlichkeit mitgeteilt werden.[3] Es besteht daher das Risiko, dass Emittenten in die sogenannte „Werbefalle" tappen. Denn Ankündigungen, Werbungen und Unternehmenspräsentationen können schon ein öffentliches Angebot im Sinne des WpPG darstellen und damit die Prospektpflicht auslösen, wenn die vorgenannten Informationen ganz oder teilweise enthalten sind. Spätestens liegt ein Angebot vor, wenn der Emittent einem unbestimmten/unbegrenzten Personenkreis eine Zeichnungsmöglichkeit eröffnet und insbesondere der Ausgabepreis und bei einer Anleihe die Verzinsung angegeben wurde.

7   Soweit der Emittent sich für ein Vorgehen im Wege eines öffentlichen Angebots entscheidet, bringt dies gem. § 3 Abs. 1 S. 1 WpPG grundsätzlich immer die Pflicht zur Erstellung und Veröffentlichung eines Wertpapierprospekts mit sich.

8   In einigen Fällen sieht das Gesetz jedoch Ausnahmen von der Prospektpflicht für öffentliche Angebote vor. So kann ein Prospekt vor allem in den Fällen des § 3 Abs. 2 S. 1 WpPG entbehrlich sein. Wer sich entscheidet, auf Privatanleger zu verzichten und nur institutionelle Investoren anzusprechen, benötigt keinen Wertpapierprospekt (es sei denn, die Wertpapiere sollen zum Handel im regulierten Markt zugelassen werden). Dies ergibt sich aus § 3 Abs. 2 S. 1 Nr. 1 WpPG, nach dem ein Prospekt entbehrlich ist, wenn die Wertpapiere ausschließlich „qualifizierten Anlegern" angeboten werden. Wer zu den „qualifizierten Anlegern" zählt, ist in § 2 Nr. 6 WpPG geregelt, der nach aktueller Gesetzeslage auf § 31a WpHG und damit auf die Einteilung zwischen „professionellen" und „privaten" Kunden verweist. Damit werden die üblichen institutionellen Anleger als „qualifizierte Anleger" erfasst. Aber auch kleine und mittlere Unternehmen sowie sogar (doch wiederum) Privatanleger können sich auf Antrag als „professionelle Kunden" bei einer konkreten Bank einstufen lassen (§ 31a Abs. 7 WpHG).

---

1   Vgl. *Groß* Kapitalmarktrecht § 2 Rn. 18 a WpPG; *Henningsen* BaFin Journal 09/12 S. 7; *Hasler/Launer/Wilhelm/Kuthe/Zipperle* Handbuch Debt Relations 8.1.5.
2   Vgl. *Groß* § 2 Rn. 17 WpPG.
3   Vgl. *Groß* § 2 Rn. 12 WpPG.

Die Regelung hat den Hintergrund, dass qualifizierte Anleger als weniger schutzbedürftig angesehen werden. Aus der Überlegung heraus, dass Privatanleger keine allzu hohen Geldsummen in einzelne Papiere investieren werden, wurden weitere Ausnahmetatbestände entwickelt. So ist ein Wertpapierprospekt entbehrlich, wenn die angebotenen Wertpapiere eine Mindeststückelung von 100 000 EUR aufweisen (§ 3 Abs. 2 S. 1 Nr. 4 WpPG) oder wenn das Angebot vorsieht, dass die Wertpapiere nur ab einem Mindestabnahmebetrag von 100 000 EUR erworben werden können (§ 3 Abs. 2 S. 1 Nr. 3 WpPG). Die genannten Schwellen wurden Mitte 2011 im Rahmen der Revision der Prospektrichtlinie deutlich angehoben.

Weniger praxisrelevant ist die Ausnahme aus § 3 Abs. 2 S. 1 Nr. 5 WpPG. Nach dieser Vorschrift entfällt die Prospektpflicht, wenn der Verkaufspreis für alle angebotenen Wertpapiere innerhalb von zwölf Monaten weniger als 100 000 EUR beträgt. Dies ist zwar prinzipiell begrüßenswert, da die Kosten für die Prospekterstellung bei diesen sogenannten „Kleinstemissionen" zu stark ins Gewicht fallen würden. Aufgrund des sehr geringen Umfangs der Kleinstemissionen wird diese Möglichkeit jedoch wenig genutzt. Eine Ausnahme ist in jüngerer Zeit das sogenannte Crowd-Financing, in dessen Rahmen über das Internet für kleine Finanzierungen über Service-Plattformen Kapital gesucht wird.[4]

Eine weitere Ausnahme entbindet trotz Bestehens eines öffentlichen Angebots von der Prospektpflicht für den Fall, dass sich das Angebot in jedem Staat des Europäischen Wirtschaftsraumes an weniger als 150 nicht qualifizierte Anleger richtet (§ 3 Abs. 2 S. 1 Nr. 2 WpPG). Die in verschiedenen Ländern angesprochenen Privatanleger werden nicht addiert. Selbst dann also, wenn sich das Angebot an 149 Deutsche, 149 Franzosen, 149 Spanier usw. richtet, besteht keine Prospektpflicht.

Schließlich entfällt die Prospektpflicht nach § 1 Abs. 2 Nr. 4 WpPG für Emittenten, deren Aktien bereits zum Handel an einem organisierten Markt zugelassen sind. Diese können Aktien mit einem Verkaufskaufpreis von weniger als 5 Mio. EUR innerhalb von zwölf Monaten prospektfrei begeben, auch wenn diese öffentlich angeboten oder zum Handel im organisierten Mark zugelassen werden sollen.

Neben dem Fall des öffentlichen Angebots ist die Erstellung eines Wertpapierprospekts dann notwendig, wenn Wertpapiere zum Handel an einem organisierten Markt zugelassen werden sollen. Unter einem organisierten Markt ist gem. § 2 Nr. 16 WpPG ein durch staatliche Stellen genehmigtes, geregeltes und überwachtes Handelssystem zu verstehen, also etwa der Prime und General Standard der Frankfurter Wertpapierbörse. Praktisch relevant ist das zum Beispiel bei Aktien, die im Rahmen einer Sachkapitalerhöhung nur an wenige Aktionäre ausgegeben wurden, so dass kein öffentliches Angebot vorlag und die danach aber, weil die Aktien des Unternehmens zum Handel im regulierten Markt zugelassen sind, prospektpflichtig zugelassen werden müssen. Auch hier greift insbesondere die Ausnahme nach § 1 Abs. 2 Nr. 4 WpPG, es können also innerhalb von zwölf Monaten Aktien mit einem Verkaufspreis von weniger als 5 Mio. EUR prospektfrei zugelassen werden, wobei alle Nutzungen dieser Ausnahme, egal aus welchem Grund, innerhalb von zwölf Monaten zu addieren sind.

b) Privatplatzierung

Das sogenannte „Private Placement" (oder die Privatplatzierung) ist ein weiterer, eigener Weg eine Prospektpflicht zu vermeiden. Gestaltet man das Angebot von vorne herein so, dass es nicht öffentlich ist, weil man sich nicht an einen unbestimmten Anlegerkreis, sondern nur an konkret ausgewählte Anleger richtet, so ist auch der Tatbestand der Prospektpflicht nicht erfüllt. Es handelt sich dann um ein Private Placement, auf das die Prospektvorschriften mangels eines öffentlichen Angebots keine Anwendung finden, solange keine

---

4 Vgl. dazu etwa *Weitnauer/Parzinger* GWR 2013, 153.

prospektpflichtige Zulassung der Wertpapiere im organisierten Markt angestrebt wird. Voraussetzung einer solchen Privatplatzierung ist allerdings, dass zwischen dem Emittenten und dem Investor bereits eine Beziehung besteht.[5] Andernfalls wäre man schnell wieder im Fahrwasser eines Angebots an einen unbestimmten, weil unbekannten, Personenkreis, also im Bereich eines öffentlichen Angebots. Im Regelfall kann ein Private Placement bejaht werden, wenn die potenziellen Investoren dem Anbieter oder einer der an der Emission beteiligten Banken bekannt sind und sie zusätzlich gezielt nach individuellen Gesichtspunkten ausgewählt werden.[6]

15 Zu beachten ist jedoch, dass die BaFin die Frage, ob ein öffentliches Angebot vorliegt, auch nach dem Merkmal der Schutzbedürftigkeit der Angebotsadressaten auslegt.[7] Dies zeigt sich etwa bei Mitarbeiterbeteiligungsprogrammen. In diesem Kontext werden teilweise Aktien an Mitarbeiter angeboten. Dabei stellt sich die Frage, ob dies ein öffentliches Angebot an das Publikum ist. Hier sind sämtliche Angebotsadressaten dem Emittenten bekannt (es sind seine Mitarbeiter) und er hat diese auch nach individuellen Kriterien (Absicht zur Vergütung in besonderer Weise, um Motivation zu schaffen) ausgewählt. Trotzdem gelangt die BaFin zur Auffassung, dass hier ein öffentliches Angebot vorliegen kann, weil die Mitarbeiter zwar bestimmbar, jedoch mangels vorheriger Investition in die entsprechenden Wertpapiere schutzbedürftig sind.[8] Ein prospektfreies Private Placement liegt also in solchen Fällen nicht vor, jedoch kann eine der anderen Ausnahmen von der Prospektpflicht eingreifen, etwa wenn weniger als 150 Mitarbeiter in Deutschland angesprochen werden oder die Wertpapiere kostenlos oder zu einem Preis von insgesamt weniger als 100 000 EUR angeboten werden etc. Eine Rolle für diese Auslegung spielt auch, dass das Wertpapierprospektgesetz – etwa in § 4 Abs. 1 Nr. 5 oder in § 4 Abs. 2 Nr. 6 WpPG – für bestimmte Sachverhalte Regelungen für eine Vereinfachung der Prospektanforderungen bei Angeboten an Mitarbeiter vorsieht. Dies führt zu der Annahme, dass der EU-Gesetzgeber Mitarbeiterangebote grundsätzlich als prospektpflichtig ansehen wollte.[9]

2. Prospekterstellung/-billigung/-veröffentlichung

16 Besteht eine Pflicht zur Erstellung eines Wertpapierprospekts, sind die maßgeblichen Vorschriften des WpPG und der EU-Prospektverordnung zu beachten. Eine Darstellung der einzelnen Anforderungen würde den Rahmen dieses Beitrags sprengen. Wichtig im Rahmen von Compliance-Anforderungen ist die Frage, welche Maßnahmen zu treffen sind, damit eine spätere Prospekthaftung vermieden werden kann. Die Prospekthaftung ist inzwischen auch im WpPG geregelt und zwar in den §§ 21, 22 WpPG.[10] Danach haftet der Emittent immer dann, wenn der Prospekt für die Beurteilung der Wertpapiere wesentliche Angaben enthält, die unrichtig oder unvollständig sind.

17 Ein in der Praxis äußerst wichtiger Entlastungsgrund von der Prospekthaftung ist, dass eine Haftung ausgeschlossen ist, wenn der Emittent nachweist, dass er die Unrichtigkeit oder Unvollständigkeit der Angaben des Prospekts nicht gekannt hat und dass die Unkenntnis

---

5 *Groß* § 2 Rn. 17 WpPG.
6 *Groß* § 2 Rn. 17 WpPG mit zahlreichen Nachweisen; Schwark/Zimmer/*Heidelbach* § 2 Rn. 25 WpPG.
7 *Groß* § 2 Rn. 8 a WpPG; Schwark/Zimmer/*Heidelbach* § 2 Rn. 25 WpPG; wohl auch: Assmann/Schlitt/von Kopp-Colomb/*von Kopp-Colomb/Knobloch* WpPG, 2. Aufl. 2010, § 2 Rn. 38 WpPG.
8 *Groß* § 2 Rn. 17 a.E. WpPG; Assmann/Schlitt/von Kopp-Colomb/*von Kopp-Colomb/Knobloch* WpPG, 2. Aufl. 2010, § 2 Rn. 38 WpPG m.w.N.
9 Vgl. zu der Problematik auch 13. Kap. Rn. 59 ff.
10 Die Regelungen wurden durch das Gesetz zur Novellierung des Finanzanlagenvermittler- und Vermögensanlagerechts mit Wirkung am 1.6.2012 in das WpPG eingefügt und entsprechen den aufgehobenen Regelungen in §§ 44, 45 BörsG.

nicht auf grober Fahrlässigkeit beruht, § 23 Abs. 1 WpPG. Grobe Fahrlässigkeit liegt vor, wenn der Prospektverantwortliche die erforderliche Sorgfalt in besonders schwerem Maße verletzt und dasjenige außer Acht lässt, dass im konkreten Fall jedem hätte einleuchten müssen; dies umfasst auch in subjektiver Hinsicht ein schweres Verschulden.[11] Hier greift dann die entsprechende Compliance ein. Steht eine Prospekterstellung an, muss der Emittent sich so organisieren, dass von einer ordnungsgemäßen Erstellung des Wertpapierprospekts auszugehen ist, damit dem Emittenten nicht der Vorwurf der grob fahrlässigen Unkenntnis von der Unrichtigkeit oder Unvollständigkeit der Prospektangaben gemacht werden kann. Dies umfasst zunächst, mit der Prospekterstellung und den relevanten rechtlichen Rahmenbedingungen regelmäßig befasste Personen zu beauftragen, in der Regel sind dies spezialisierte externe Rechtsanwälte. Des Weiteren muss diesen Rechtsanwälten die notwendige Unterstützung gewährleistet werden, indem diesen die für die Prospekterstellung erforderlichen Informationen offen gelegt werden. Hierbei muss der Emittent gewährleisten, dass innerhalb des Unternehmens Zuständigkeiten bei Personen definiert werden, die als Ansprechpartner für die verschiedenen Bereiche der Prospekterstellung zur Verfügung stehen und intern die notwendigen Informationen zusammen tragen. Denn im Rahmen der Frage, ob eine Prospekthaftung gem. § 23 Abs. 1 WpPG wegen fehlender Kenntnis des Prospektfehlers, die nicht grob fahrlässig entstand, ausscheidet, wird davon ausgegangen, dass der Emittent Kenntnis über sämtliche Daten hat, die für die Unternehmenssituation maßgeblich sind.[12]

18 Es gibt immer wieder Situationen, in denen den Mitgliedern des Prospekterstellungsteams auf Seiten des Emittenten nicht alle Informationen bekannt sind, die für die Vollständigkeit des Prospekts notwendig sein können. Das sind z.B. Informationen betreffend den Gesellschafterkreis, die mittelbare Anteilseignerstruktur oder über Geschäfte mit nahestehenden Personen, die nicht unbedingt den bisherigen leitenden Mitarbeitern, bzw. den mit der Informationssammlung beauftragten Mitarbeitern in dem relevanten Ausmaß offen gelegt sind. Hier muss die Geschäftsleitung notwendige Vorkehrungen treffen, damit der Informationsfluss zu den begleitenden Beratern trotzdem gewährleistet ist. Den Emittenten trifft bezüglich der prospektrelevanten Verhältnisse insbesondere bezogen auf die Aktionäre eine Nachforschungspflicht.[13]

19 Des Weiteren ist der Emittent verpflichtet, die im Prospekt dargestellten Umstände zu prüfen. Zwar kann man von ihm keine Sachkunde in Bezug auf die speziellen Anforderungen der Prospektrichtlinie und der Rechtsprechung in allen Punkten erwarten,[14] jedoch muss er sein Wissen bezogen auf das Unternehmen beisteuern. Sind Umstände nicht richtig oder für ihn erkennbar unvollständig, so hat er darauf hinzuweisen. Beispielsweise wird nur der Emittent am besten die spezifischen Risiken seiner Branche[15] beurteilen können und muss darauf hinweisen, wenn solche in der Darstellung fehlen. Dies erfordert auch von Seiten des Emittenten eine sorgfältige Prüfung des Prospektinhalts, ein bloßes blindes Vertrauen auf externe Berater ist nicht ausreichend.

20 Allein die Prüfung des Prospekts durch die BaFin ist nicht geeignet, ein Verschulden der Prospektverantwortlichen auszuschließen.[16] Die BaFin trifft mit der Prospektbilligung keine Aussage über die Richtigkeit des Prospekts. Auch wenn die BaFin in der Aufsichtspraxis in ihrem Prüfungsumfang und -maßstab deutlich weiter geht als viele andere europäische Aufsichtsbehörden, so prüft sie doch letztlich nur die Kongruenz

---

11 Vgl. *Müller* Wertpapierprospektgesetz, 2012, § 23 Rn. 3 WpPG.
12 Vgl. *Müller* Wertpapierprospektgesetz, 2012, § 23 Rn. 5 WpPG.
13 So allgemein auch *Groß* § 21 Rn. 77 WpPG.
14 Dies ist letztlich Ausschluss des subjektiven Elements des Verschuldens nach § 23 Abs. 1 WpPG.
15 Vgl. in ähnliche Richtung *Groß* § 21 Rn. 77 WpPG.
16 *Just/Voß/Ritz/Zeising/Pankoke* WpPG § 45 Rn. 9 BörsG; *Groß* § 21 Rn. 85 WpPG.

und Verständlichkeit des Prospekts sowie dessen Vollständigkeit mit Blick auf die Anforderungen der EU-Prospektverordnung.[17] Hingegen steigt die BaFin nicht in eine weitergehende Prüfung der Unternehmensverhältnisse ein.

21 Werden die vorstehenden Grundsätze beachtet, ist es unseres Erachtens in vielen Fällen möglich, eine Haftung des Emittenten für den Prospekt auszuschließen. Die relativ geringe Zahl der Fälle in denen für Wertpapierprospekte erfolgreich Prospekthaftungsklagen durchgesetzt werden spricht hier für sich. Demgemäß ist die Auffassung abzulehnen, dass den Emittenten der Entlastungsbeweis nach § 23 Abs. 1 WpPG nur in der Theorie und nicht in der Praxis zustehen würde.[18]

3. Kommunikationen in der Planungs- und Vorbereitungsphase

22 Ab dem Zeitpunkt, zu dem entschieden wird, dass in absehbarer Zeit (was durchaus mehrere Monate, auch ein Jahr, entfernt sein kann) eine Emission durchgeführt werden soll, sind in der Kommunikation bestimmte Sorgfaltspflichten zu beachten, um nachteilige Auswirkungen auf den Emittenten und/oder die Emission zu vermeiden. Die Frage welche Vorgaben für die Kommunikation im Zusammenhang mit einer beabsichtigten Aktienplatzierung gelten und welche organisatorischen Maßnahmen sich hieraus ergeben, ist maßgeblich danach zu unterscheiden, ob ein öffentliches Angebot vorliegt oder nicht und ob eine Prospektpflicht besteht.

a) Kommunikation bezogen auf das Angebot in der Vorbereitungsphase

23 Besondere Sorgfalt ist in Bezug auf jegliche Kommunikation betreffend die bevorstehende Maßnahme geboten. Dies liegt einmal in rein praktischen Erwägungen begründet: Wird die beabsichtigte Maßnahme (Börsengang oder Kapitalerhöhung) zu früh bekannt, kann sich das eventuell negativ auswirken. So könnte z.B. eine so früh angekündigte Kapitalerhöhung dazu führen, dass der Aktienkurs eines bereits notierten Emittenten stark sinkt, etwa weil bestimmte Investoren auf fallende Kurse setzen. Dies hat dann zur Folge, dass tatsächlich häufig ein Platzierungspreis niedriger als geplant akzeptiert werden muss, weil Investoren bei der Festlegung des Platzierungspreises auch den jeweils aktuellen Börsenkurs zumindest mitberücksichtigen. Teilweise gibt es in der Praxis richtiggehende „Wetten" gegen den Kurs bei einer Kapitalmaßnahme, um diesen nach unten zu drücken. Auch kann sich nach einer zu frühen Ankündigung eines Börsengangs oder einer Kapitalerhöhung ergeben, dass zunächst angegebene zeitliche Vorstellungen nicht eingehalten werden können. Dies verbreitet den Eindruck, der Emittent sei unzuverlässig und halte seine Zusagen nicht, was wiederum negative Auswirkungen auf die konkrete Maßnahme haben kann. Da ein entsprechendes Projekt immer auch mit einem gewissen Maß an Unwägbarkeiten verbunden ist, sollte erst in einem Stadium, in dem der Zeitplan relativ stark gesichert ist, über die konkrete Maßnahme aktiv Kommunikation betrieben werden.

24 Daneben sind rechtliche Aspekte zu beachten, die nachfolgend näher dargestellt werden. In der Praxis ist daher ein enges Zusammenspiel zwischen den für Marketing und Kommunikation zuständigen Personen und dem begleitenden rechtlichen Berater notwendig, um einerseits eine zielführende Vermarktung zu ermöglichen, aber andererseits die hierbei bestehenden rechtlichen Grenzen einzuhalten.

---

17 *Just/Voß/Ritz/Zeising/Ritz/Voß* WpPG § 13 Rn. 21 WpPG.
18 In diese Richtung *Groß* § 21 Rn. 77 WpPG m.w.N.

aa) Kommunikation im Rahmen von Privatplatzierungen in der Vorbereitungsphase

Die stärksten Kommunikationsbeschränkungen bezogen auf Angaben zum Angebot bestehen bei einer Privatplatzierung. Wie oben[19] dargestellt, besteht der Grund für die Prospektfreiheit darin, dass kein öffentliches Angebot vorliegt. Das bedeutet, dass während der gesamten Emission, beginnend mit der ersten Planung und Vorbereitung, der Tatbestand des öffentlichen Angebotes vermieden werden muss. Es muss daher im Rahmen sämtlicher Kommunikation mit potentiellen Anlegern im Vorfeld der Emission darauf geachtet werden, dass die Eckdaten des Angebots, die eine Kaufentscheidung ermöglichen, nicht an die Öffentlichkeit geraten.

25

Das bedeutet zwar nicht, dass die Emission völlig geheim bleiben muss, es ist aber darauf zu achten, dass die für eine Kaufentscheidung relevanten Informationen, wie etwa Preis, Art der beabsichtigten Maßnahme, Emissionsvolumen usw., nicht durch Mitarbeiter des Unternehmens oder eventuell beauftragte Marketingagenturen oder sonstige Beteiligte nach außen kommuniziert werden. Zulässig bleiben hingegen öffentliche Kommunikationsmaßnahmen über das Unternehmen an sich, etwa über die Geschäftstätigkeit oder über finanzielle Eckdaten. Wird die geplante Maßnahme auf einer Roadshow präsentiert, so ist darauf zu achten, dass ausschließlich dem Emittenten oder der begleitenden Bank bekannte Investoren teilnehmen.

26

Zu beachten ist im Rahmen einer Privatplatzierung, dass eine Haftung des Emittenten nach den Grundsätzen der allgemeinen zivilrechtlichen Prospekthaftung für Marketingunterlagen eingreifen kann.[20] Nach wie vor ist ungeklärt, welche Unterlagen einer solchen Haftung unterliegen.[21] In der Literatur ist überwiegend anerkannt, dass kurze Anzeigen, Radiospots, Flyer und ähnliches keine Prospekte im Sinne der bürgerlich rechtlichen Prospekthaftung sind wenn diese – wie üblich – erkennbar nicht umfassend informieren.[22]

27

Es lässt sich aber festhalten, dass bei allen Unterlagen, die Angaben enthalten, welche Grundlage einer Anlageentscheidung sein können, zumindest nach unserer praktischen Erfahrung ein Risiko besteht, dass ein Gericht diese im Rahmen eines Prozesses etwa wegen fehlerhafter Ad-hoc-Publizität oder Prospekthaftung nach dem WpPG im Rahmen der Auslegung, Beweislast etc. entsprechend würdigt. Daher gilt im Rahmen einer Privatplatzierung, dass bei der Erstellung von Marketingunterlagen darauf zu achten ist, den potentiellen Investor mit den Unterlagen auf angemessene Weise informieren, d.h. wenn eine Information über das Unternehmen in umfassender Weise, etwa in einer Präsentation, erfolgt, wesentliche Umstände nicht zu verschweigen, nur zutreffende und nicht irreführende Angaben aufzunehmen und eine ausgewogene Darstellung der Chancen und Risiken zu wählen sowie die sonstigen Anforderungen der Rechtsprechung zu erfüllen.[23]

28

Nach der Rechtsprechung des Bundesgerichtshofs ist eine persönliche Haftung von Vorständen auch für lediglich fahrlässig fehlerhafte Informationen und Aussagen im Rahmen einer Roadshow bei einer Privatplatzierung möglich. Wenn der Vorstand den Anlegern wie üblich in der Roadshow Auskünfte erteilt, kommt eine Haftung nach den Grundsätzen der Inanspruchnahme persönlichen Vertrauens in Betracht.[24] Diese neue Tendenz in der

29

---

19 Vgl. Rn. 14.
20 Ausführlich zur zivilrechtlichen Prospekthaftung außerhalb der wertpapierprospektgesetzlichen Prospekthaftung und zur Definition des Prospekts in diesem Sinne: *Groß* § 25 Rn. 4 ff. WpPG mit zahlreichen Nachweisen.
21 Vgl. dazu etwa *Groß* § 25 Rn. 4 ff.
22 *Groß* § 25 Rn. 6 WpPG; Habersack/Mülbert/Schlitt/*Mülbert*/*Steup* Unternehmensfinanzierung am Kapitalmarkt, § 41 Rn. 164.
23 Vgl. zur allgemeinen zivilrechtlichen Prospekthaftung näher etwa *BGH* WM 2012, 2150 oder *BGH* 5.3.2013 – II ZR 252/11 und dazu *Kuthe/Zipperle* Compliance-Berater 2013, 132.
24 *BGH* WM 2008, 1545; kritisch hierzu Habersack/Mülbert/Schlitt/*Mülbert*/*Steup* Unternehmensfinanzierung am Kapitalmarkt, § 41 Rn. 164.

Rechtsprechung eröffnet im Rahmen von Privatplatzierungen ein Einfallstor, das über den Maßstab der gesetzlichen Prospekthaftung hinausgeht. Ist man mit den typischen Verhältnissen von Roadshows vertraut, bei denen Investoren in vielen Fällen den Vorstand für maximal 30 Minuten sprechen, so erscheint es fernliegend anzunehmen, ein professioneller Investor vertraue dem Vorstand aufgrund dieser kurzen Begegnung so sehr, dass eine entsprechende – persönliche (!) Haftung zu begründen sei.[25]

bb) Kommunikation bei prospektpflichtigen Angeboten vor Prospektbilligung

30 Im Vorfeld einer prospektpflichtigen Emission findet Kommunikation statt, um (potentielle) Investoren darauf aufmerksam zu machen, dass demnächst ein öffentliches Angebot dieses Unternehmens starten soll.

31 Da jedoch zu diesem frühen Zeitpunkt typischerweise noch kein gebilligter Prospekt vorliegt, muss unbedingt vermieden werden, dass der Tatbestand des öffentlichen Angebots erfüllt wird. Hingegen ist es durchaus zulässig, in allgemeiner Form über die geplante Maßnahme und das Wertpapier zu informieren, etwa über Internetseiten oder Zeitungsannoncen. Denkbar sind Hinweise auf eine Emission, solange nicht die genaue Struktur des Angebots, der anvisierte Zeichnungszeitraum, die Art wie gezeichnet werden kann und der geplante Angebotspreis mitgeteilt werden.

32 Handelt es sich um ein Unternehmen, das bislang der Öffentlichkeit noch nicht so bekannt ist, so werden Marketingbemühungen sich zunächst darauf konzentrieren, das Unternehmen mit seinen Alleinstellungsmerkmalen und seinen Produkte in den Kreisen der potentiellen Investoren bekannt zu machen. Dies ist letztlich eine Ausweitung der allgemeinen Unternehmenskommunikation auf neue Medien und fällt nicht unter die angebotsbezogene Kommunikation, wenn man sich – was notwendig ist – hier rein auf das Unternehmen, seine Produkte, seine Historie etc. beschränkt.

33 Für das Gelingen der Emission ist es aber auch wichtig, möglichst frühzeitig – schon vor der Roadshow und Prospektveröffentlichung – eine realistische Vorstellung von der potentiellen Akzeptanz der Emission bei Investoren zu erhalten, z.B. um den Preis der Aktien oder das Emissionsvolumen marktgerecht festzulegen. Es wäre fahrlässig, sich dabei nur auf die eigenen Erwartungen zu verlassen. Vielmehr ist es zwingend notwendig, das Unternehmen frühzeitig bei institutionellen Anlegern vorzustellen um zu erfahren, zu welchem Preis und in welcher Struktur diese die anzubietenden Wertpapiere erwerben würden. Aus diesem Grund findet ein sogenanntes *Pilot Fishing* oder *Pre-Marketing* statt, bei dem einige wenige ausgewählte institutionelle Investoren angesprochen werden, welche anschließend ein Feedback hinsichtlich ihrer Erwartungen an das Angebot geben. In dieser Phase muss der Emittent alle notwendigen Maßnahmen treffen, um Vertraulichkeit über das Angebot zu gewährleisten. Demgemäß werden auch die entsprechenden Investoren auf einer vertraulichen Basis angesprochen.

34 Bei den wenigen Anlegern, die während des Pilot Fishings angesprochen werden, sollte es sich zudem ausschließlich um institutionelle Investoren handeln, die im besten Fall dem Emittenten oder einer Konsortialbank bereits bekannt sind. Wenn in dieser frühen Phase bereits mit Präsentationen, Informationsbroschüren oder anderen Werbematerialien gearbeitet wird, so ist auf den deutlichen Hinweis zu achten, dass es sich um vorläufige Planungen handelt, die kein konkretes Angebot darstellen. Zudem muss darauf hingewirkt werden, dass die eingesetzten Werbe- und Informationsmittel den Kreis der angesprochenen Investoren nicht verlassen.

---

25 Kritisch hierzu ebenfalls Habersack/Mülbert/Schlitt/*Mülbert/Steup* Unternehmensfinanzierung am Kapitalmarkt, § 41 Rn. 164.

cc) Kommunikation bei prospektfreien öffentlichen Angeboten vor Prospektbilligung

Quasi der Königsweg ist es, ein prospektfreies öffentliches Angebot durchzuführen.[26] In diesem Fall greifen weder die Regelungen aus dem Prospektrecht, die zu einer Beschränkung der Werbung führen, wie z.b. das Gebot mit dem Prospekt konsistent zu sein, noch die Einschränkung der Privatplatzierung, nicht öffentlich für das Angebot werben zu dürfen. Ein vollständig rechtsfreier Raum ist jedoch auch hier nicht gegeben. Vielmehr gelten die Grundsätze der allgemeinen Prospekthaftung für Werbematerialien[27] hier gleichermaßen. Anerkannt ist allerdings, dass eine allgemeine Prospekthaftung für Bezugsangebote nicht in Betracht kommt.[28] Die immer wieder zu beobachtende Tendenz, Bezugsangebote mit umfassenden Risikohinweisen auszustatten wirkt daher manchmal etwas befremdlich und kann auch das Gegenteil dessen was beabsichtigt ist bewirken – fängt man nämlich einmal an auf spezifische Risiken hinzuweisen, kann dann doch der Eindruck entstehen, es handele sich um eine umfassende Darstellung, was zu einer Haftung führen kann.

b) Insbesondere: Zukunftsgerichtete Informationen

aa) Zukunftsgerichtete Informationen bei prospektpflichtigen Angeboten

Besonders sensibel ist stets die Kommunikation über zukunftsgerichtete Angaben bezogen auf den Emittenten.

So ist zum einen zu bedenken, dass alle in die Zukunft gerichteten Aussagen dem Emittenten entgegengehalten werden können, wenn er später hiervon abweichende Aussagen tätigt. Finden sich z.B. im Lagebericht Prognosen über die erwartete Umsatz- und Ergebnisentwicklung für das nächste Jahr und kommuniziert der Emittent im Rahmen des Pre-Marketing andere Werte, so wird sich der potenzielle Investor fragen, woran dies liegt. Solche Abweichungen können sich – sofern hierfür keine überzeugende Begründung vorliegt – im Rahmen der Vermarktung negativ auswirken, weil der Emittent dann als unzuverlässig eingestuft wird.

Darüber hinaus spielt der Umgang mit Prognosen und Schätzungen eine erhebliche Rolle im Zusammenhang mit dem Wertpapierprospekt. Die Aufnahme solcher Werte ist potenziell haftungsrelevant, denn es handelt sich nicht um Fakten, deren Existenz der Emittent im Streitfall nachweisen kann, sondern um zukunftsbezogene Wertungen und Erwartungen. Treten diese nicht ein, so wird ein Emittent sich im Haftungsstreit gegen den Vorwurf verteidigen müssen, seine Prognose hätte er so nicht abgeben dürfen, denn aus der ex post Sicht war sie ja unzutreffend. Daher muss der Emittent sich zur Vermeidung von Prospekthaftungsrisiken so organisieren, dass die Prognose sorgfältig aufgestellt, die evtl. zugrundeliegenden Annahmen transparent dargestellt und dieser Prüfprozess gut dokumentiert wird.

Der Gesetzgeber ist sogar noch einen Schritt weiter gegangen. Werden Gewinnprognosen oder Gewinnschätzungen in einen Wertpapierprospekt im Rahmen einer Aktienemission aufgenommen, müssen nicht nur die diesen zugrundliegenden Annahmen offen gelegt werden, sondern darüber hinaus müssen sie auch mit einer Bescheinigung eines Wirtschaftsprüfers versehen werden, in der dieser bestätigt, dass die Prognose oder Schätzung nach seiner Meinung auf der angegebenen Grundlage ordnungsgemäß erstellt wurde (vgl. Anhang I Ziff. 13.2 der EU-Prospektverordnung (EG) 809/ 2004 vom 29.4.2004). Dabei ist der Umfang der Angaben die hiervon erfasst werden, insbesondere nach der Auffassung der BaFin, weit. Die Prospektverordnung definiert als Gewinnprognose einen Text, in dem ausdrücklich oder implizit eine Zahl oder eine Mindest- bzw. Höchstzahl für die wahr-

---

26 Vgl. Rn. 8 ff. zu der Frage, wann das ausnahmsweise möglich ist.
27 Vgl. dazu Rn. 23 ff.
28 *Groß* § 25 Rn. 5 WpPG m.w.N.

scheinliche Höhe der Gewinne oder Verluste im laufenden Geschäftsjahr und/oder in den folgenden Geschäftsjahren genannt wird, der Daten enthält, aufgrund deren die Berechnung einer solchen Zahl für künftige Gewinne oder Verluste möglich ist, selbst wenn keine bestimmte Zahl genannt wird und das Wort „Gewinn" nicht erscheint (Art. 2 Nr. 10 der EU-Prospektverordnung). Hierunter fallen also etwa auch Angaben zum EBIT oder vorläufige Zahlen für ein Geschäftsjahr. Gewinnschätzung bezeichnet eine Gewinnprognose für ein abgelaufenes Geschäftsjahr, für das die Ergebnisse noch nicht veröffentlicht wurden (Art. 2 Nr. 11 der EU-Prospektverordnung). Aus dieser Definition ergibt sich ein wichtiger Punkt: Gewinnprognosen oder –schätzungen im Sinne der Prospektverordnung meint Zahlenangaben, nicht hingegen rein verbale Beschreibungen, sofern diese nicht doch einer zahlenmäßigen Angabe inhaltlich entsprechen – gerade da die Verordnung auch Trendangaben fordert ist diese Abgrenzung wichtig.[29]

40 Der naheliegende und in der Praxis in der Regel gewählte Weg zur Vermeidung dieser Auswirkungen ist es, keine Gewinnprognosen oder -schätzungen in den Prospekt mit aufzunehmen. Hier schlägt sich dann wiederum der Bogen zur Kommunikation im Vorfeld einer Aktienemission: Denn wenn entsprechende Prognosen zuvor etwa im Rahmen von Lageberichten oder Pressemitteilungen veröffentlicht wurden, stellen sie in der Regel wesentliche Informationen dar, die in den Prospekt einzufügen sind.[30] Mit anderen Worten: Sind relevante Ergebnisprognosen einmal in der Welt, müssen sie häufig in den Prospekt aufgenommen werden und müssen darüber hinaus auch mit einer entsprechenden Bescheinigung versehen werden.[31] Daher ist schon im Vorfeld der Emission, bei der Entscheidung über Veröffentlichungen entsprechender Art, sorgfältig danach abzuwägen, ob sich hieraus eventuell später prospektrelevante Umstände ergeben. Hierfür müssen das Rechnungswesen und die PR-Abteilung frühzeitig sensibilisiert werden damit sich Lösungen finden lassen, die dem Interesse an einer werbenden Kommunikation einerseits und der Vermeidung nachteiliger Einflüsse auf den Prozess der Prospekterstellung und die Haftungsrisiken andererseits gerecht werden.

bb) Zukunftsgerichtete Informationen bei Privatplatzierungen

41 Werden die Aktien des Emittenten nicht öffentlich angeboten, liegt also eine Privatplatzierung, wie vorstehend[32] beschrieben, vor, sind im Rahmen der Kommunikation strikte Regelungen zu beachten. Alle öffentlichen Äußerungen, die den Charakter eines Angebots haben, können/müssen unterbleiben. Anders als im Rahmen eines prospektpflichtigen öffentlichen Angebots wären Angaben zu zukunftsgerichteten Informationen jedoch ohne unmittelbare Konsequenz möglich. Zu bedenken sind hierbei nur die allgemeinen Grundsätze, wonach etwa vorsätzlich irreführende Veröffentlichungen über die Aussichten des Unternehmens Marktmanipulationen sein können.[33]

c) Publizitäts-Richtlinien als Compliance-Maßnahme

42 Zur Gewährleistung der notwendigen Grundregeln in Bezug auf die Kommunikation betreffend die bevorstehende Maßnahme (Börsengang oder Kapitalerhöhung) hat sich die Erstellung sogenannter „Publizitäts-Richtlinien" (im englischen „Publicity Guidelines") jedenfalls bei größeren Transaktionen durchgesetzt.[34] Sinn ist es, bereits in der Planungs- und Vorbereitungsphase den Vorständen und Mitarbeitern des Emittenten, den emissions-

---

29 Vgl. dazu *Rieckhoff* BKR 2011, 221, 222 ff.
30 Vgl. dazu die ESMA-Questions and Answers, 19th updated version, May 2013, Nummer 20.
31 Hier sind viele Einzelheiten ungeklärt, vgl. dazu ausführlich *Rieckhoff* BKR 2011, 221 ff.
32 Vgl. dazu Rn. 14.
33 Vgl. dazu 28. Kap. Rn. 19 ff.
34 *Müller/Rödder/Harrer* Beck'sches Handbuch der AG, 2. Aufl. 2009, § 25 Rn. 183 ff.

begleitenden Banken, Corporate Finance- und Investor Relations-Beratern und den involvierten Aktionären Richtlinien über die bei der Kommunikation zu beachtenden Grundsätze an die Hand zu geben. Gerade, wenn neben auf den Kapitalmarkt spezialisierten IR-/PR-Agenturen interne PR-Abteilungen und/oder externe PR-Agenturen für das operative Geschäft beteiligt sind, ist dies zu empfehlen. Publizitäts-Richtlinien erfassen diejenige Kommunikation, die im Zusammenhang mit dem Angebot steht oder sich auf dieses bezieht (z.B.: Werbeanzeige in der Zeitung über den bevorstehenden Börsengang), die Auswirkungen auf die Beurteilung des Emittenten oder die Entscheidung der Investoren haben kann (z.B.: Veröffentlichung von Finanzinformationen oder Prognoseangaben im Vorfeld des Börsengangs) oder die die Wirkung haben könnte, den Markt für die Aktien zu beeinflussen oder das Interesse am Angebot zu fördern (z.B.: Journalisteninterviews im Zusammenhang mit dem Börsengang).

Als Grundsatz ist in diesen Richtlinien festgelegt: Die Gesellschaft sollte vor der Veröffentlichung eines Prospektes weder über ihre Internetseite noch über andere Medien Werbeaussagen für die anzubietenden Wertpapiere oder andere Aussagen, die als Bemühung um Kaufangebote durch Investoren angesehen werden könnten, verbreiten oder zugänglich machen, mit Ausnahme allgemeiner Hinweise auf das beabsichtigte öffentliche Angebot. Die gleiche Beschränkung betrifft Informationen im Hinblick auf das beabsichtigte Angebot, wie z.B. Informationen über den Verkaufspreis. Darüber hinaus sollten allgemeine Informationen über die Gesellschaft oder Informationen, die auf die beabsichtigte Ausgabe von Wertpapieren verweisen, nicht mit einem Angebot verbunden werden, weiter gehende Informationen über die Wertpapiere der Gesellschaft an interessierte Anleger zu versenden. Des Weiteren enthalten entsprechende Publizitäts-Richtlinien Hinweise auf Disclaimer-Formulierungen sowie dazu wann und wo diese bei Werbung, im Internet und auf Roadshow-Materialien einzusetzen sind. Auch die Grundsätze des § 15 WpPG (vgl. dazu Rn. 61 ff.) werden beschrieben. **43**

Auf der anderen Seite geht das Vorgehen mancher Berater zu weit, wenn nämlich der Geschäftsleitung quasi ein Maulkorb auferlegt wird und jegliche schriftliche und mündliche Aussage über das Unternehmen nur nach vorheriger Prüfung durch die Rechtsberater in Wortlautübereinstimmung mit dem Prospekt getätigt werden kann. Die Leitlinien der Kommunikation sind abzustimmen, es muss aber nicht jedes Detail, das öffentlich geäußert wird, eins zu eins mit dem übereinstimmen, was später im Prospekt stehen soll. Der Prospekt muss ja nur die wesentlichen Informationen enthalten, Zusatzinformationen können beispielsweise erteilt werden, und ein verständiger Investor wird auch unterschiedliche Arten der Formulierungen ein und desselben Sachverhalts verstehen können und müssen. **44**

4. Beschränkungen aus US-Recht

Darüber hinaus gilt es bei Aktienemissionen in Deutschland, Beschränkungen zu beachten, die sich aus dem US-amerikanischen Recht ergeben. Das US-amerikanische Recht ist auch aus deutscher Sicht relevant, da es nicht nur im Territorium der USA Anerkennung findet, sondern weltweit immer dann, sobald Personen oder Gesellschaften mit Sitz in den USA von dem öffentlichen Angebot betroffen sind. **45**

Regelungen betreffend das öffentliche Angebot oder sonstige Formen erstmaliger Begebung von Wertpapieren finden sich im US-amerikanischen Securities Act von 1933 („Securities Act"). **46**

Danach wird zwischen dem öffentlichen Angebot von Wertpapieren, das eine Registrierung und Genehmigung der Securities Exchange Commission (SEC) voraussetzt, und anderen Wertpapierangeboten, wie Privatplatzierungen, mit wesentlich niedrigeren Anforderungen unterschieden. **47**

48 Ein öffentliches Angebot stellt das Angebot oder der Verkauf von Wertpapieren an die allgemeine Öffentlichkeit entweder in den USA oder zumindest unter Einbezug so genannter US-Personen dar. Unter einer US-Person versteht man u.a. jede natürliche Person mit Sitz in den USA, jede Zweigstelle oder Niederlassung einer ausländischen Einheit in den USA, jede Partnerschaft oder Gesellschaft nach US-Recht oder mit Sitz in den USA einschließlich deren Zweigstellen außerhalb der USA und jeden Trust, bei dem einer der Treugeber eine US-Person nach den vorstehenden Regelungen ist.

49 In der Emissionspraxis wird regelmäßig entweder eine Privatplatzierung nach US-Recht gem. Rule 144a vorgenommen (diese Regelung erlaubt eine Privatplatzierung in den USA unter vereinfachten Voraussetzungen) oder das öffentliche Angebot wird derart beschränkt, dass es sich weder auf das Territorium der USA noch auf US-Personen bezieht. Im letztgenannten Fall ist zu beachten, dass sämtliche Veröffentlichungen sich jeweils ausdrücklich nicht an US-Personen richten, sobald sie das öffentliche Angebot betreffen.

50 Bevor ein Nutzer Zugriff auf den im Internet veröffentlichten Wertpapierprospekt erhält, sollte ein Filter mit einem dazu beigefügten Hinweis erscheinen und den Nutzer auffordern, Wohnsitz, Wohnort und PLZ anzugeben. Wenn der Nutzer eine deutsche Anschrift eingibt und zusätzlich die vorher inaktive Auswahl anklickt, dass er den Disclaimer gelesen habe und damit einverstanden sei, erhält er Zugriff auf den Wertpapierprospekt. Wenn der Nutzer eine andere oder unrichtige Adresse eingibt oder die Auswahl nicht aktiviert, erhält er keinen Zugriff. Die entsprechenden Vorgaben werden in den Publizitätsrichtlinien[35] aufgenommen.

5. Researchstudien und Research-Richtlinien

51 Parallel zur Prospekterstellung wird in der Regel eine Unternehmensanalyse in Form einer Researchstudie durch einen oder mehrere Analysten erstellt (sogenanntes Sell Side Research). Eine der Prospekthaftung vergleichbare Haftung gibt es für die Researchstudie zwar nicht,[36] sie gilt jedoch als wichtige Informationsquelle für (institutionelle) Investoren und aus Gründen der Reputation und Qualitätssicherung ist ein hoher Sorgfaltsmaßstab bei der Erstellung anzulegen zumal eine Haftung für Reserachstudien am ehesten wohl unter dem Gesichtspunkt der Beratungshaftung in Betracht kommt, wenn im Rahmen eines Beratungsgesprächs insbesondere eine Researchstudie aus dem eigenen Haus der platzierenden Bank ausgehändigt wird.[37] Die Researchstudie muss den Anforderungen des § 34b WpHG i.V.m der Finanzanalyseverordnung[38] entsprechen. Besonders relevant ist die Offenlegung von möglichen Interessenkonflikten aus begleitenden Mandaten der Emissionsbanken nach § 5 Finanzanalyseverordnung. Dies umfasst etwa die Platzierungstätigkeit aber auch das Designated Sponsoring und sonstige Investment Banking Dienstleistungen. Des Weiteren ist im Rahmen von Aktienemissionen die Verpflichtung, die Finanzanalyse mit der erforderlichen Sachkenntnis, Sorgfalt und Gewissenhaftigkeit zu erbringen von erheblicher Relevanz. Vergleiche zu den weiteren Anforderungen an Researchstudien die Ausführungen im 20. Kap.

52 Sofern Researchstudien von den emissionsbegleitenden Banken gestellt werden – wie dies generell bei größeren Transaktionen der Fall ist – werden sog. „Research-Richtlinien" zur Einhaltung der notwendigen Compliance-Vorschriften zur Verfügung gestellt. Die

---

35 Vgl. dazu vorstehend Rn. 42 ff.
36 *Groß* § 21 Rn. 25 WpPG.
37 Vgl. dazu ausführlich Habersack/Mülbert/Schlitt/*Göres* Handbuch der Kapitalmarktinformation, § 31 Rn. 23 ff., insbesondere Rn. 26; *Schanz* Börseneinführung, § 10 Rn. 29 m.w.N. zu der Frage, ob nicht gerade gegenüber diesen institutionellen Investoren dann eine Vertrauenshaftung entsteht.
38 Vgl. zu diesen Anforderungen ausführlich 20. Kap. Rn. 79 ff., 124 ff., 161.

Research-Richtlinien sehen vor, dass den Analysten Zugang zu Informationen nur erteilt wird, wenn sie diese Research-Guidelines zuvor durch eine entsprechende Erklärung akzeptieren.

Inhaltlich werden zunächst die gesetzlichen Regelungen in den Research-Richtlinien dargestellt. Dies betrifft einerseits die Vorgaben aus § 34b WpHG und der Finanzanalyseverordnung. An dieser Stelle ist auch wieder das Konsistenzgebot in § 15 Abs. 4 WpPG[39] von erheblicher Bedeutung. So behalten die Emittenten sich regelmäßig eine Prüfung des Research-Reports vor Veröffentlichung vor, um zu verhindern, dass dort wesentliche Informationen genannt werden, die von den Emittenten stammen und nicht im Prospekt in inhaltlich gleicher Form enthalten sind.[40] Insbesondere das Thema Prognosen spielt auch hier eine Rolle. Es wird streng darauf geachtet, dass eventuelle Prognosen im Report nicht als Auffassung des Emittenten dargestellt werden, sofern diese im Prospekt nicht enthalten sind. Es müsste sonst ein Nachtrag zum Prospekt erstellt werden, um die entsprechenden Angaben dort aufzunehmen[41] und sofern es sich um eine Gewinnprognose oder –schätzung handelt wäre dafür die Einholung einer Bescheinigung eines Wirtschaftsprüfers erforderlich.[42] Bis diese vorliegt wäre die Platzierung zu stoppen, woran man sieht, welche erheblichen nachteiligen Auswirkungen die Nichteinhaltung der entsprechenden Richtlinien in diesem Bereich haben kann. Aus diesem Grund gibt es in den Banken zwischen der Corporate Finance-Abteilung und Research-Abteilung auch eine sogenannte Chinese Wall, um zu verhindern, das Informationen, welche die Corporate Finance-Abteilung im Rahmen ihrer Erarbeitung der Equity Story erhält, zum Research gelangen.[43]   53

Des Weiteren enthalten Research-Richtlinien Beschränkungen, die sich mit Blick auf das ausländische Recht ergeben. Sind im Rahmen der Roadshow Privatplatzierungen in bestimmten europäischen Staaten geplant, finden sich hierzu Informationen nach den jeweils anwendbaren Rechtsordnungen, z.B. über die Grenzen bei der Verteilung der Unternehmensanalysen, über Disclaimer, die auf den Reports anzubringen sind, etc. Durch die entsprechenden Vorgaben versuchen die Emittenten und Emissionsbanken, denkbare Haftungstatbestände nach den verschiedenen Rechtsordnungen auszuschließen.[40]   54

Die Research-Richtlinien enthalten teilweise Regelungen, die sich nicht unmittelbar aus gesetzlichen Bestimmungen ergeben aber üblichen Gepflogenheiten entsprechen und die letztlich dazu dienen sollen, eine potentielle Haftung zu verhindern. Hierzu gehört etwa eine Regelung zur Begrenzung der Verteilung der Research-Reports: In personeller Hinsicht dürfen diese nur an institutionelle Investoren weitergegeben werden und in zeitlicher Hinsicht darf die Weitergabe nicht während einer bestimmten Stillhaltefrist von regelmäßig kurz vor Beginn des Angebots bis Ende der Stabilisierungsmaßnahmen erfolgen.[44] Hintergrund für die Beschränkung der Weitergabe sind letztlich Haftungserwägungen. Denn da nicht völlig klar ist, wie für Research-Berichte gehaftet wird, versuchen die Emissionsbeteiligten durch eine Begrenzung der Verteilung die Haftung rein faktisch zu begrenzen – da   55

---

39 Vgl. hierzu Rn. 66 ff.
40 Vgl. Habersack/Mülbert/Schlitt/*Singhof*/*Weber* Unternehmensfinanzierung am Kapitalmarkt, § 4 Rn. 49.
41 Vgl. zu dieser Pflicht bereits Rn. 36 ff.
42 Vgl. hierzu Rn. 39.
43 *Schanz* Börseneinführung § 10 V.1 Rn. 18.
44 Gesetzliche Regelungen in Deutschland gibt es hierfür nicht, vielmehr ist dies dem Einfluss ausländischen Rechts geschuldet. Ob die Bemühungen auf diese Weise eine Haftungsreduzierung in Deutschland für den Research Bericht zu erreichen wirklich notwendig/zielführend sind (vgl. hierzu näher *Schanz* Börseneinführung § 10 Rn. 32 insbesondere Fn. 63. m.w.N. und die Ausführungen bei Habersack/Mülbert/Schlitt/*Göres* Handbuch der Kapitalmarktinformation, § 31 Rn. 23 ff.) darf bezweifelt werden.

der Aufwand primär für institutionelle Anleger betrieben wird, sieht man letztlich keine Veranlassung dieses Dokument Privatanlegern etwa auf der Homepage zugänglich zu machen.

6. Zusätzliche Pflichten im Rahmen der Vorbereitung von Kapitalerhöhungen
a) Insiderrecht und Ad-hoc-Publizität in der Vorbereitungsphase

56 Im Rahmen der Vorbereitung von Börsengängen und Kapitalerhöhungen spielen das Insiderrecht und die Ad-hoc-Publizität nur bei Kapitalerhöhungen, nicht aber bei Börsengängen eine Rolle, denn bei Börsengängen sind die Aktien des Emittenten ja gerade noch nicht börsennotiert und damit greifen weder das Insiderrecht noch die Ad-hoc-Publizität. Als Ausnahme ist der Fall denkbar, dass ein Emittent zunächst eine Anleihe börsenhandeln lässt. In diesem Fall gelten die gleichen Grundsätze wie nachstehend für Kapitalerhöhungen dargestellt mit der Ausnahme, dass hinsichtlich der Frage, was kursrelevant ist, auf eine Kursrelevanz für die entsprechende Anleihe abzustellen ist und nicht auf die Kursrelevanz für Aktien. Dies wirkt sich in der Regel derart aus, dass weniger Umstände in den Anwendungsbereich der Insiderinformation und damit auch der Ad-hoc-Publizität fallen.

57 Grundsätzlich stellt die Absicht, eine Kapitalerhöhung in nicht völlig geringfügigem Umfang durchzuführen, eine Insiderinformation i.S.v. § 12 WpHG dar, welche die Gesellschaft nach § 15 Abs. 1 WpHG bzw. vergleichbaren Regelungen aus den Freiverkehrsrichtlinien für die entsprechenden qualifizierten Segmente der Börsen wie Entry Standard und m:access[45] unverzüglich veröffentlichen muss und zwar bereits dann, wenn die Durchführung der Kapitalerhöhung überwiegend wahrscheinlich (mehr als 50 %[46]) ist. Des Weiteren ist zu beachten, dass nach der neuen Rechtsprechung, der Causa Schremp/DaimlerChrysler[47] unter Umständen auch schon vorbereitende Maßnahmen, wie etwa die Beauftragung einer Bank oder die Einreichung eines Wertpapierprospekts bei der BaFin, Insiderinformationen sein können, da sich, je nach Fallkonstellation, ein verständiger Anleger hiervon eventuell schon in seiner Anlageentscheidung leiten lassen könnte.[48] Jedenfalls im Lichte der vorgenannten Entscheidung ist nicht zutreffend, dass erst nach Platzierung der Aktien eine Insiderinformation vorliegt.[49] Denn ein Anleger wird sich in seiner Entscheidung schon davon leiten lassen, dass das Unternehmen sich um eine Aktienplatzierung bemüht und dies anscheinend nicht für völlig aussichtslos hält (sonst würde der Emittent mit der Platzierung nicht starten).

58 In der Praxis besteht demgegenüber häufig das Bedürfnis, die Veröffentlichung der Information noch so lange aufzuschieben, bis gewisse interne Vorbereitungen getroffen werden konnten (etwa Marketing-Aktivitäten, Einholung der Zustimmung des Aufsichtsrats, Prospekterstellung). Dies kann über § 15 Abs. 3 WpHG erreicht werden. Der Emittent kann die Veröffentlichung so lange verhindern, wie es dem Schutz der berechtigten Interessen der Gesellschaft dient, soweit eine Irreführung der Öffentlichkeit nicht zu befürchten und

---

45 Vgl. dazu 4. Kap. Rn. 9 ff., 16 ff.
46 Vgl. zu diesem Maßstab für die hinreichende Wahrscheinlichkeit einer Insiderinformation 4. Kap. Rn. 31.
47 *BGH* 23.4.2013 – II ZB 7/09; vgl. dazu auch 4. Kap. Rn. 1 ff., 27 ff.
48 Man sollte sich allerdings davor hüten, dies pauschal anzunehmen. Häufig werden entsprechende Maßnahmen auch schon eingeleitet, obwohl noch nicht entschieden ist, ob, wann und wie es zu einer Kapitalerhöhung kommt, der Gedanke an eine solche Maßnahme aber gar nicht weitergedacht werden müsste, wenn nicht längere Vorbereitungen schon einmal eingeleitet werden. Es sind also jeweils die Umstände des Einzelfalls zu beachten.
49 So aber Habersack/Mülbert/Schlitt/*Frowein* Handbuch der Kapitalmarktinformation § 10 Rn. 50.

die Vertraulichkeit der Informationen gewährleistet ist.[50] Im Rahmen der Vorbereitung einer Kapitalerhöhung wird ein entsprechender Aufschubbeschluss in der Regel möglich sein, weil diese Voraussetzungen gegeben sein werden. Auch hier sind dann die notwendigen Compliance-Maßnahmen, insbesondere zur Verhinderung der Irreführung der Öffentlichkeit und zur Wahrung der Vertraulichkeit zu treffen.[51]

b) Mitteilungs- und Veröffentlichungspflichten nach dem WpHG in der Vorbereitungsphase

Die Absicht, die Beschlussfassung über die Kapitalerhöhung und die damit verbundene Satzungsänderung durchzuführen, muss nach § 30c WpHG vorab der BaFin und den betroffenen Zulassungsstellen, also den Börsen, an denen die Wertpapiere zum Handel zugelassen sind, mitgeteilt werden. Die Mitteilungspflicht nach § 30c WpHG gilt allerdings nur für Unternehmen, deren Wertpapiere zum Handel im regulierten Markt zugelassen sind und auch nur dann, wenn ein Kapitalerhöhungsbeschluss unmittelbar in einer Hauptversammlung gefasst werden soll, nicht hingegen bei der Ausnutzung des genehmigten Kapitals.[52] Die Mitteilung sollte unverzüglich nach der Entscheidung, die Beschlussfassung mit auf die Tagesordnung aufzunehmen, erfolgen, jedenfalls aber spätestens bis zum Zeitpunkt der Einberufung der Hauptversammlung. In der Praxis wird die entsprechende Mitteilung regelmäßig dann verschickt, wenn auch die Einladung für die entsprechende Hauptversammlung zum Bundesanzeiger eingereicht wurde.

59

Wenn sich Investoren zu einer Zeichnung im Rahmen einer Kapitalerhöhung eines im regulierten Markt börsennotierten Unternehmens verpflichten oder direkt zeichnen, stellt sich die Frage, ob hierdurch Mitteilungspflichten nach §§ 25 oder 25a WpHG entstehen.[53] Dies ist jedenfalls nach Auffassung der BaFin abzulehnen, weil sich diese Mitteilungspflichten nur auf bestehende Aktien beziehen und nicht auf Aktien, die im Rahmen einer noch nicht eingetragenen Kapitalerhöhung entstehen sollen.[54] Vorsicht ist hier geboten, wenn den Zeichnern zur Vereinfachung der Abwicklung bestehende Aktien geliefert werden. Es ist dann ist im Einzelfall zu prüfen, ob, bei Überschreiten der gesetzlichen Schwellenwerte, nicht doch eine entsprechende Mitteilungspflicht entsteht.[55]

60

II. Emissionsphase

1. Werbung in der Emissionsphase

Während der Emissionsphase gelten für Werbung bei Privatplatzierungen dieselben Grundsätze wie bereits vorstehend zur Vorbereitungsphase dargestellt.[56]

61

Soweit ein öffentliches Angebot zulässigerweise prospektfrei erfolgt, muss der Emittent nach § 15 Abs. 5 S. 1 WpPG wesentliche Informationen über sich, einschließlich Informationen, die im Verlauf von Veranstaltungen betreffend Angebote von Wertpapieren mitgeteilt werden, allen qualifizierten Anlegern oder allen besonderen Anlegergruppen, an die sich das Angebot ausschließlich richtet, mitteilen. Das gilt allerdings dann nicht, wenn die Pro-

62

---

50 Vgl. zu dieser Möglichkeit, die Ad-hoc-Publizität aufzuschieben und den Voraussetzungen im Detail 4. Kap. Rn. 49 ff.
51 Vgl. dazu 4. Kap. Rn. 52 ff., 57 ff.
52 *BaFin* Emittentenleitfaden IX.4.1 S. 194; vgl. zu dieser Mitteilungspflicht auch 12. Kap. Rn. 23.
53 Vgl. allgemein zu diesen Mitteilungspflichten 6. Kap. Rn. 87 ff., Rn. 15.
54 *BaFin* Emittentenleitfaden Konsultation 04/2013 VIII.2.8.1 S. 60 ff. und VIII.2.9.1 S. 67 ff.
55 Vgl. zu den Schwellenwerten 6. Kap. Rn. 12 ff.
56 Vgl. dazu Rn. 25 ff.

spektfreiheit aufgrund der Ausnahme in § 1 Abs. 2 Nr. 4 WpPG besteht, weil für Aktien im regulierten Markt ein Verkaufspreis von weniger als 5 Mio. EUR innerhalb von zwölf Monaten besteht. Für die übrigen Fälle der Prospektfreiheit ist hier gesetzlich ein Gleichbehandlungsgrundsatz betreffend die Informationsversorgung angeordnet. Demgemäß muss der Emittent eine einheitliche Kommunikation in Bezug auf die Investoren pflegen und sollte dokumentieren, welche Informationen weitergegeben werden. Dies bezieht sich allerdings nur auf wesentliche Informationen nicht hingegen auf jedes Detail. Im Übrigen gelten die Grundsätze aus § 15 WpPG, die nachstehend (Rn. 63 ff.) für prospektpflichtige Angebote dargestellt sind, bei prospektfreien öffentlichen Angeboten nicht. Auch hier ist aber an die allgemeine zivilrechtliche Prospekthaftung zu denken.[57]

63   Im Rahmen von prospektpflichtigen öffentlichen Platzierungen müssen während der Emissionsphase die folgenden Umstände berücksichtigt und entsprechende organisatorische Maßnahmen zur Einhaltung dieser Anforderungen getroffen werden.

64   Jede Art von Werbung des Emittenten vor und im Zusammenhang mit einem prospektpflichtigen öffentlichen Angebot muss den Vorgaben des § 15 WpPG entsprechen. Dabei ist der Begriff der Werbung im Rahmen des § 15 WpPG sehr weit zu verstehen und nicht auf Werbeanzeigen im engeren Sinne zu begrenzen. Zwar differiert der Wortlaut der § 15 WpPG zwischen den Begriffen der Werbung, so Abs. 1, und der Werbeanzeige, so Abs. 2 und 3. In der englischen Fassung der Prospektrichtlinie existiert diese Unterscheidung jedoch nicht und im Wege der richtlinienkonformen Auslegung ist sie auch für den deutschen Anwender abzulehnen.[58]

65   Gemäß Art. 2 Nr. 9 EU-Prospektverordnung ist mit Werbung jede Form der Bekanntmachung gemeint, die sich auf ein bestimmtes öffentliches Angebot von Wertpapieren oder deren Zulassung zum Handel auf einem geregelten Markt bezieht und darauf abzielt, deren Verkauf zu fördern. In Betracht kommen Zeitungsanzeigen, TV- oder Radio- Werbespots, aber auch die Angaben und Äußerungen im Rahmen von Pressekonferenzen oder öffentlichen Präsentationen. Werbeanzeigen müssen als solche klar erkennbar sein, § 15 Abs. 3 S. 1 WpPG. Dies bedeutet jedoch nicht, dass das Wort „Werbeanzeige" oder „Werbung" ausdrücklich enthalten sein muss.

66   Des Weiteren dürfen werbende Angaben als solche nicht irreführend oder unrichtig sein, § 15 Abs. 3 S. 2 WpPG. Darüber hinaus dürfen sie nicht im Widerspruch zu den im Prospekt enthaltenen Angaben stehen, § 15 Abs. 3 S. 3 WpPG. Informationen die gesetzlich nicht zwingend im Prospekt enthalten sein müssen, müssen dennoch in den Prospekt aufgenommen werden, sobald sie im Rahmen der Platzierung genutzt wurden, § 15 Abs. 5 S. 2 WpPG. Alle über das öffentliche Angebot verbreiteten Informationen, auch wenn sie nicht Werbezwecken dienen, müssen mit den im Prospekt enthaltenen Angaben übereinstimmen. Dies betrifft also auch andere Formen der Kommunikation wie etwa Ad-hoc-Mitteilungen, die als Pflichtveröffentlichung gerade keinen werbenden Charakter haben. Ungeklärt ist, wie weit diese Vorgabe geht. Teilweise wird angenommen, auch Informationen die auf Analystenpräsentationen und in Einzelgesprächen zugänglich gemacht werden seien hiervon erfasst.[59] Dies lässt jedoch Folgendes unberücksichtigt: In der Praxis erfolgt in vielen Fällen parallel zum öffentlichen Angebot eine Privatplatzierung. Gerade bei Börsengängen und Kapitalerhöhungen in Freiverkehrssegmenten wie dem Entry Standard ist dies die Regel. Dort ist keine Zulassung der Aktien notwendig und daher müssen begleitende Banken nur dann die Prospektverantwortung mit übernehmen, wenn sie ein öffentliches Angebot durchführen. Da die Banken dieses Prospekthaftungsrisiko naturgemäß vermeiden wollen,

---

57 Vgl. dazu vorstehend Rn. 28 ff.
58 *Hasler/Launer/Wilhelm/Kuthe/Zipperle* Handbuch Debt Relations 8.4.3.
59 So etwa *Schanz* § 10 Rn. 46.

beteiligen sie sich nicht am öffentlichen Angebot des Emittenten, sondern sprechen ausgewählte Investoren an. Für eine Privatplatzierung gilt nun § 15 WpPG nicht. Wenn für eine solche Privatplatzierung eine Analystenpräsentation erfolgt oder im Rahmen der Privatplatzierung Einzelgespräche mit Investoren stattfinden, so sind diese Maßnahmen unseres Erachtens auch nicht von § 15 Abs. 5 S. 2 WpPG erfasst. Freilich wird man hier in der Praxis äußerst genau dokumentieren müssen, dass der entsprechende Investor ausschließlich im Wege der Privatplatzierung angesprochen wurde, etwa weil schon vor Beginn des öffentlichen Angebots Gespräche mit ihm geführt wurden, er entsprechende Hinweise auf die Privatplatzierung erhalten hat, etc.

Es ist schließlich stets darauf zu verweisen, dass ein entsprechender Prospekt erstellt wurde und wo dieser für die Anleger zu erhalten ist, § 15 Abs. 2 WpPG. Das betrifft jegliche Form von Werbung also auch etwa kleine Werbebanner im Internet oder Radiospots. **67**

In zeitlicher Hinsicht sind die Vorgaben des § 15 WpPG ab dem Zeitpunkt zu beachten, zu dem die Möglichkeit des Erwerbs für die angebotenen Aktien besteht oder dieser angekündigt wird. **68**

Damit gewährleistet ist, dass die entsprechenden Vorgaben eingehalten werden, wird in den Publizitäts-Richtlinien, sofern solche aufgestellt werden,[60] vorgesehen, dass jegliche Form der Werbung und sonstiger angebotsbezogener Kommunikation durch bestimmte Personen vorher frei zu geben ist. Die entsprechenden Personen umfassen regelmäßig einen Vertreter des Emittenten, einen Vertreter der Emissionsbanken und einen rechtlichen Berater. Auch wenn es keine Publizitäts-Richtlinien gibt, sollte entsprechend vorgegangen werden. Auf der anderen Seite ist allerdings fast schon davor zu warnen, Werbung im Rahmen von Emissionen oder auch sonstige Kommunikation so zu gestalten, dass diese quasi nur noch von Rechtsanwälten formuliert und in einer Kopie von Texten aus dem Prospekt besteht. Dies ist rechtlich nicht geboten. Hier gilt es vielmehr, mit dem notwendigen Augenmerk die unterschiedlichen Formen der Kommunikation zu berücksichtigen – ein Prospekt hat gerade keinen werbenden Charakter und demgemäß muss er eine nüchterne Sprache haben, Werbung hat hingegen per Definitionem werbenden Charakter und folgt daher anderen Maßstäben als ein Prospekt. Das Gesetz fordert daher lediglich Konsistenz und nicht Kongruenz.[61] **69**

Bei Verstößen gegen die Regelungen in § 15 Abs. 2–5 WpPG kann die BaFin für bis zu zehn Tage Werbung aussetzen, § 15 Abs. 6 WpPG. Dieses scharfe Schwert kann eine Emission zu Fall bringen, so dass eine Einhaltung der Publizitätsrichtlinien (egal ob formal in Schriftform oder als allgemeiner Abstimmungsvorgang) von erheblicher Bedeutung ist. **70**

2. Nachtragspflicht

Der Emittent muss nach Billigung des Prospekts etwaige Nachtragspflichten gem. § 16 WpPG beachten. Ergeben sich nämlich nach dem Billigungszeitpunkt neue wichtige Umstände oder erweisen sich Angaben im Prospekt als unrichtig, so muss von Emittentenseite ein entsprechender Nachtrag verfasst werden, welcher durch die BaFin gebilligt und sodann unverzüglich vom Emittenten veröffentlicht werden muss. Die Nachtragspflicht bezieht sich jedoch nur auf solche Angaben, die auch geeignet sind, die Beurteilung der Wertpapiere zu beeinflussen. **71**

Die Nachtragspflicht endet mit dem endgültigen Schluss des öffentlichen Angebots oder der Einführung oder Einbeziehung in den Handel. Nach der neuen Formulierung des § 16 WpPG beendet also die Einführung oder Einbeziehung in den Handel die Nachtragspflicht nicht, solange das öffentliche Angebot noch läuft. Nach § 16 Abs. 3 WpPG können Anleger **72**

---

60 Vgl. dazu bereits vorstehende Rn. 42 ff.
61 *Schanz* § 10 Rn. 45.

Kauferklärungen noch binnen zwei Werktagen nach Veröffentlichung des Nachtrags widerrufen, wenn der neue Umstand oder die Unrichtigkeit vor Schluss des öffentlichen Angebots und vor der Lieferung der Wertpapiere eingetreten ist.

73 Der Emittent muss gewährleisten, dass die Nachtragspflichten eingehalten werden. Hierzu muss er sich intern so organisieren, dass potentiell nachtragspflichtige Informationen an die für die Prospektarbeit zuständigen Personen gelangen und diese gemeinsam mit den rechtlichen Beratern die Nachtragspflichtigkeit überprüfen. Insbesondere wenn Prospekte mit einer langen Angebotslaufzeit veröffentlicht werden ist dies zu berücksichtigen und gerät in der Praxis schon einmal in Vergessenheit.

3. Ad-hoc-Mitteilung in der Emissionsphase

74 Auch in der Emissionsphase gilt für Gesellschaften, deren Aktien im regulierten Markt oder einem qualifizierten Freiverkehrssegment mit entsprechender Regelung notieren die allgemeine Pflicht zur Veröffentlichung von Ad-hoc-Mitteilungen. Für Emittenten die an die Börse gehen gilt die Ad-hoc-Mitteilungspflicht ab Stellung des Zulassungsantrags an der Börse oder dessen öffentliche Ankündigung. Dieser Antrag wird auch deswegen eher spät gestellt und öffentlich angekündigt.

75 Sofern der Emittent bereits einer Ad-hoc-Publizitätspflicht unterliegt muss er spätestens vor Beginn der Platzierung die Emission entsprechend veröffentlichen. Im Einzelfall mag sich bei einer Privatplatzierung die Möglichkeit eröffnen, die Ad-hoc-Publizität aufzuschieben bis die Platzierung abgeschlossen und u.U. sogar bis die Einzahlung des Emissionserlöses erfolgt.[62] Wird der Emissionspreis und/oder eine Preisspanne erst später im Rahmen eines (Decoupled) Bookbuildings festgelegt, ist zu diesen Zeitpunkten eine Ad-hoc-Mitteilung zu veröffentlichen.[63]

4. Insiderhandelsverbot während der Emissionsphase

76 Probleme können sich während der Emissionsphase aus dem Insiderhandelsverbot ergeben. Dabei sind zwei Richtungen zu unterscheiden. Die eine Konstellation ist der Fall, dass die Gesellschaft über Insiderwissen verfügt und in dieser Situation Zeichnungen entgegen nimmt. Die andere Konstellation betrifft den Fall, dass ein Zeichner über Insiderwissen verfügt. Damit stellt sich zunächst die Frage, ob die Zeichnung von Aktien überhaupt einen Erwerb von Insiderpapieren i.S.v. § 14 Abs. 1 Nr. 1 WpHG darstellen kann. Die BaFin geht davon aus, dass dies der Fall ist.[64] Das erscheint auch grundsätzlich richtig. Denn der Schutz des Kapitalmarktes ist hier genauso tangiert wie in anderen Fällen wenn jemand Aktien erwirbt und dabei ein Informationsungleichgewicht besteht.

77 In Bezug auf die Emittenten empfiehlt es sich daher alle Insiderinformationen vor Beginn einer Zeichnungsmöglichkeit im Wege der Ad-hoc-Mitteilung zu publizieren. Wird ein Prospekt veröffentlicht ist das unproblematisch, weil dann ohnehin so umfassende Transparenz geschaffen wird. Ansonsten kommt es durch Parallelität mehrerer Handlungsstränge schon einmal dazu, dass eine prospektfreie Emission erfolgt und gleichzeitig Insiderinformationen bestehen, z.B. weil ein Unternehmenskauf geplant ist. Hier muss der Emittent denn entweder die Emission verschieben oder die geplante Insiderinformation offenlegen.[65]

---

62 Wenn nur einige wenige Investoren angesprochen werden und dem Emittenten vorher unbekannter Investor zeichnet und kein alternativer Investor bereit steht kann ein Bedürfnis des Emittenten bestehen, die Maßnahme solange vertraulich zu behandeln. Dies kommt in der Praxis bei kleineren Emittenten gelegentlich vor.
63 Habersack/Mülbert/Schlitt/*Frowein* Handbuch der Kapitalmarktinformationen, § 10 Rn. 50.
64 Vgl. *BaFin* Emittentenleitfaden III.2.2.1.5.2 S. 40 für die Zeichnung durch Vorstände.
65 Assmann/Schneider/*Assmann* § 14 Rn. 40 WpHG.

Problematisch ist der Fall, in dem Insider bei der Gesellschaft Aktien zeichnen. Dies kann **78** etwa eintreten wenn ein Investor eine Due Diligence bei dem Emittenten durchführt, dabei in Kenntnis von Insiderinformationen gelangt, und in dieser Kenntnis dann als einziger Investor eine Kapitalerhöhung unter Ausschluß des Bezugsrechts zeichnen will. Nach Auffassung der BaFin liegt bei der Zeichnung von Vorständen, die über Insiderwissen verfügen, Insiderhandel vor.[66] Überträgt man das auf den vorbeschriebenen Fall dürfte der Investor dann nach der Due Diligence nicht zeichnen weil er sich sonst wegen Insiderhandels strafbar macht. Dies ist jedoch abzulehnen.[67] Denn es ist allgemein anerkannt, dass beim Erwerb bereits bestehender Aktien das Insiderwissen des Erwerbers unschädlich ist, wenn der Veräußerer den gleichen Informationsstand hat (sogenanntes Face-to-Face Geschäft), so insbesondere auch die BaFin.[68] Diese Schutzzweckerwägungen gelten auch im Rahmen der Zeichnung einer Kapitalerhöhung. Teilweise wird dies bezweifelt, weil doch die Kenntnis von der Insiderinformation dem entsprechenden Investor es ermögliche besser als andere potenzielle Zeichner zu beurteilen, ob der Preis gerechtfertigt ist.[69] Dieser Einwand gilt aber nur dann, wenn es mehrere potenzielle Zeichner gibt und die Gesellschaft einigen Insiderinformationen vorenthält. Dann macht sich jedoch in dem Moment die Gesellschaft bereits wegen (versuchten) Insiderhandels strafbar. Es ändert sich aber nichts daran, dass im Verhältnis zwischen dem „Insiderinvestor" und der Gesellschaft Informationsgleichstand herrscht. Aus dem hiervon getrennten Verhältnis zwischen der Gesellschaft und anderen Investoren kann für den Insider keine Strafbarkeit hergeleitet werden.

In der Literatur wird daher vorgeschlagen, der Emittent solle zur Vermeidung insiderrecht- **79** licher Komplikationen den geplanten Aktienkauf im Voraus publizieren und alle kursrelevanten Informationen offenlegen.

5. Marktmanipulation

Jeder Emittent muss zudem das Verbot der Marktmanipulation im Sinne des § 20a Abs. 1 **80** WpHG beachten. Dieser beinhaltet drei Verbotstatbestände, nämlich Marktmanipulation durch Machen oder Verschweigen von Angabe (Nr. 1), Geschäfte oder Aufträge (Nr. 2) oder sonstige Täuschungshandlungen (Nr. 3). Es ist nicht erforderlich, dass eine Kursänderung festzustellen ist. Ausreichend ist es für alle drei Alternativen, dass die verbotenen Handlung geeignet ist, auf den Preis des Finanzinstruments einzuwirken. Dies ist anhand einer Prognose festzustellen. Die h.M. stellt dabei auf einen durchschnittlichen verständigen Anleger ab. Ziel ist es, zu verhindern, falsche oder irreführende Signale an den Kapitalmarkt zu übermitteln, ein künstliches Preisniveau herbeizuführen oder dem Markt ein unzutreffendes Bild von der Nachfragesituation zu vermitteln. Ein Signal gilt insoweit als falsch, wenn es nicht den wahren wirtschaftlichen Verhältnissen auf dem Markt entspricht und als irrführend, wenn es geeignet ist, einen verständigen Anleger über die tatsächliche Marktlage zu täuschen. Diese Definition ist sehr weit und unbestimmt und wird auch durch die entsprechende Verordnung nicht hinreichend konkretisiert.[70] Das macht für die Praxis vor allem die Abgrenzung der unzulässigen Marktmanipulation von notwendigen und zulässigen Stabilisierungsmaßnahmen schwierig.[71] Im Zusammenhang mit Kapitalerhöhungen ist auch schon einmal von Bedeutung, dass von Seiten bestimmter Investoren, Großak-

---

66 *BaFin* Emittentenleitfaden III.2.2.1.5.2 S. 40.
67 So schon *Schüppen/Schaub/Sickinger/Kuthe* Münchener AnwHdB Aktienrecht, § 33 Rn. 181 sowie *Kuthe/Rückert/Sickinger/Kuthe* 11. Kap. Rn. 28.
68 *BaFin* Emittentenleitfaden III.2.2.1.4.2 S. 38 f.
69 Habersack/Mülbert/Schlitt/*Herft* Unternehmensfinanzierung am Kapitalmarkt, § 6 Rn. 124.
70 Vgl. hierzu im Detail 28. Kap. Rn. 54 ff.
71 Vgl. dazu Rn. 84 ff.

tionäre oder auch der Emittenten der Wunsch besteht, dass der Kurs der betroffenen Aktien während der Emissionsphase stabil bleibt oder sich in eine bestimmte Richtung bewegt, etwa damit bestimmte Preisvorstellungen durchgesetzt werden können oder auch damit Spekulanten, die den Kurs drücken, die Kapitalmaßnahme nicht vereiteln können. Hier sind sorgfältig die Grundsätze der Marktmanipulation zu beachten. Es steht jedem Aktionär, der meint, eine Aktie sei mit einem bestimmten Kurs unterbewertet, frei, Aktien zu kaufen wenn diese günstig am Markt angeboten werden. Künstliches Angebot oder Nachfrage dürfen aber nicht erzeugt werden.[72]

6. Mitteilungspflichten und Veröffentlichungspflichten nach dem WpHG

81 Nach Fassung eines Kapitalerhöhungsbeschlusses, der Bezugsrechte gewährt, ist durch Emittenten, deren Aktien im regulierten Markt notieren, eine Mitteilung nach § 30b Abs. 1 S. 1 Nr. 2 WpHG im Bundesanzeiger zu veröffentlichen. Eine entsprechende Veröffentlichung ist dann nach Eintragung der Kapitalerhöhung wegen Ausgabe neuer Aktien ebenfalls nach § 30b Abs. 1 S. 1 Nr. 2 WpHG im Bundesanzeiger zu veröffentlichen.[73]

82 Emittenten, deren Aktien im regulierten Markt notiert sind, müssen zum Ende des Monats, in dem die Kapitalerhöhung im Handelsregister eingetragen wurde, eine Mitteilung über die Gesamtzahl der Stimmrechte nach § 26a WpHG veröffentlichen.[74] Aktionäre müssen gegebenenfalls Stimmrechtsmitteilungen nach § 21 WpHG. Schließlich sind die Mitteilungspflichten für Inhaber wesentlicher Beteiligung an Gesellschaften im regulierten Markt nach § 27a WpHG auch noch zu bedenken.[75] Bei Gesellschaften deren Aktien nicht im regulierten Markt sondern in Freiverkehr notieren gelten die Meldepflichten nach §§ 20, 21 AktG mit den Schwellenwerten von 20 und 50 %.[76]

83 Sofern Organmitglieder oder diesen nahestehende Personen Aktien gezeichnet haben, sind auch die Meldepflichten über Directors' Dealings nach § 15a WpHG zu beachten. Die Meldepflicht entsteht dabei anders als nach §§ 21 ff. WpHG nicht erst mit Eintragung der Kapitalerhöhung, sondern schon mit Annahme der Zeichnung durch die Gesellschaft. Für die Annahme der Zeichnung durch Vorstände ist der Aufsichtsrat zuständig. Spätestens mit Handelsregisteranmeldung dürfte diese Annahmeerklärung zumindest konkludent gegeben sein.

III. Nach der Notierungsaufnahme: Beginn der Folgepflichten

1. Stabilisierungsmaßnahmen

84 Besondere Compliance-Vorschriften müssen im Zusammenhang mit Stabilisierungsmaßnahmen nach der Emissionsphase bei Börsengängen und Kapitalerhöhungen beachten werden. Diese ergeben sich aus § 20a Abs. 3 WpHG i.V.m. der EG-Verordnung 2273/2003 bezüglich Ausnahmeregelungen für Rückkaufprogramme und Kursstabilisierungsmaßnahmen zur Durchführung der Richtlinie 2003/6/EG.

85 Allgemein gesprochen handelt es sich bei Stabilisierungsmaßnahmen um Maßnahmen zur Stützung des Börsen- oder Marktpreises, um kurzfristig fallende Kursbewegungen eines Finanzinstruments auszugleichen, die typischerweise in einem solchen Zusammenhang auf-

---

72 Vgl. hierzu näher 28. Kap.
73 Vgl. dazu auch 12. Kap. Rn. 233.
74 Vgl. zu dieser Mitteilungspflicht auch 6. Kap. Rn. 183 ff.
75 Vgl. dazu 6. Kap. Rn. 142 ff.
76 Vgl. dazu auch 6. Kap. Rn. 1 ff.

treten (Art. 2 Nr. 7 und 9 EG-Verordnung 2273/2003). Kursstabilisierungsmaßnahmen sind nur in einem begrenzten Zeitrahmen zulässig. Bei einer Emission von Aktien z.B. beginnt der Zeitraum für zulässige Stabilisierungsmaßnahmen mit dem Tag, an dem der Handel aufgenommen wird, und endet spätestens nach 30 Kalendertagen (Art. 8 Abs. 3, 2 Nr. 11 EG-Verordnung 2273/2003).

Darüber hinaus müssen Stabilisierungsmaßnahmen vor Beginn der Zeichnungsfrist bekannt gegeben werden (Art. 9 Abs. 1 EG-Verordnung 2273/2003). Dies betrifft z.B. Angaben über die Möglichkeit der Durchführung von Kursstabilisierungsmaßnahmen, den Zweck der Stützung des Marktkurses, Beginn und Ende des Stabilisierungszeitraums und die Möglichkeit einer Mehrzuteilung im Rahmen einer Green Shoe Option. **86**

Darüber hinaus müssen Mitteilungen über die durchgeführten Stabilisierungsmaßnahmen jeweils sieben Handelstage nach dem Tag der Ausführung und innerhalb einer Woche nach Beendigung des Stabilisierungszeitraums veröffentlicht werden (§ 9 Abs. 3 EG-Verordnung 2273/2003). Dies betrifft Angaben über die durchgeführten Stabilisierungsmaßnahmen, die Termine der Kursstabilisierung und die Kursspanne, in der diese durchgeführt wurden. **87**

Sämtliche durchgeführte Stabilisierungsmaßnahmen sind der BaFin zeitnah mitzuteilen (Art. 9 Abs. 2 EG-Verordnung 2273/2003) und zu dokumentieren (Art. 9 Abs. 4 EG-Verordnung 2273/2003). **88**

Um zu verhindern, dass die Stabilisierungsmaßnahmen zu einer Marktverzerrung führen, ist es verboten, dass die Kursstabilisierung zu einem höheren Kurs als dem Emissionskurs erfolgt (Art. 10 Abs. 1 EG-Verordnung 2273/2003). **89**

Die vorgenannte Richtlinie enthält darüber hinaus weitere Bestimmungen, die im Rahmen einer Mehrzuteilungsoption, die meist mit einer Green Shoe Option verbunden wird, zu beachten sind. Unter der Green Shoe Option ist die Berechtigung des Konsortialführers einer Emission zu verstehen, innerhalb einer bestimmten Frist vom Emittenten oder von Altaktionären weitere Wertpapiere zum Emissionspreis zu erwerben.[77] Dabei werden den Investoren zunächst im Rahmen der Mehrzuteilungsoptions mehr Wertpapiere zugeteilt, als in der Basistranche der Emission vorgesehen sind. Diese Wertpapiere sind in der gesamten Höhe der Zuteilung sofort zu liefern. Für das Bankenkonsortium ergibt sich daraus ein Mehrbedarf an Wertpapieren der durch eine Wertpapierleihe vorläufig abgedeckt wird. Diese Wertpapierleihe kann durch Lieferung von Aktien oder Zahlung des Emissionspreises je Aktien zurückgeführt werden. Indem das Konsortium nun bei unter den Emissionskurs fallenden Preisen seinen Bedarf am Markt abdeckt, stabilisiert es den Preis und profitiert gleichzeitig davon, weil es dann die Differenz zwischen dem Emissionspreis und dem Preis für den Rückkauf verdient. Steigt der Kurs hingegen wird das Konsortium statt Aktien am Markt zurück zu erwerben die Wertpapierleihe über die Auskehrung des Emissionspreises zurückführen.[78] **90**

Die Möglichkeit der Mehrzuteilung ist durch die EG-Verordnung 2273/2003 auf insgesamt 20 % der Emission begrenzt, wobei bis zu 15 % durch die Green Shoe Option (Art. 11 lit. d EG-Verordnung 2273/2003) abgedeckt werden können. **91**

2. Zulassungsfolgepflichten am regulierten Markt

Nach einem Börsengang am regulierten Markt ist der Emittent verpflichtet, diverse Zulassungsfolgepflichten zu erfüllen und sich in der Kapitalmarkt Compliance so zu organisieren, dass diese Verpflichtungen eingehalten werden. **92**

---

77 *Schwark/Zimmer/Schwark* § 20a Rn. 86 WpHG.
78 Vgl. *Schwark/Zimmer/Schwark* § 20a Rn. 87 WpHG.

93 Das Gebot der Ad-hoc-Publizität nach §§ 12, 15 Abs. 1 WpHG (vgl. dazu 4. Kap.) sowie die Verbote des Insiderhandels nach § 14 WpHG (vgl. dazu 27. Kap.) und der Marktmanipulation im Sinne des § 20a WpHG (vgl. dazu 28. Kap.) müssen spätestens jetzt berücksichtigt werden.

94 Daneben treffen den Emittenten verschiedene periodische Veröffentlichungspflichten. Dazu gehört die Veröffentlichung von Jahresabschlüssen nach den nationalen Rechnungslegungsstandards nebst Lageberichten sowie von Halbjahresabschlüssen und ggf. Zwischenmitteilungen der Geschäftsführung jeweils nach IFRS. Im Rahmen der Rechnungslegung sind darüber hinaus gewisse Zusatzangaben aufzunehmen, z.B. zur individualisierten Offenlegung der Vorstandsbezüge nach (§§ 285 S. 1 Nr. 9a, S. 5–8, 314 Abs. 1 Nr. 6a, S. 5–8 HGB). Im regulierten Markt börsennotierte Aktiengesellschaften werden immer – d.h. unabhängig vom Vorliegen der in § 267 HGB enthaltenen Größenmerkmale – als „große Kapitalgesellschaften qualifiziert (§ 267 Abs. 3 S. 2 HGB). Dies bedeutet, dass bei Aufstellung und Offenlegung des Jahresabschlusses keine Erleichterungen (wie z.B. längere Aufstellungsfristen, verkürztes Gliederungsschema, eingeschränkte Angabepflichten für den Anhang, etc.) in Anspruch genommen werden können. Ferner ist die börsennotierte Aktiengesellschaft in keinem Fall – d.h. unabhängig von den Größenkriterien – von der Aufstellung eines Konzernjahresabschlusses und dessen Offenlegung befreit (§ 293 Abs. 5 HGB). Schließlich ist das sogenannte Enforcement-Verfahren nach §§ 37n ff. WpHG, betreffend die Überprüfung von Abschlüssen durch die Deutsche Prüfstelle für Rechnungswesen (DPR) und die BaFin, anwendbar. Die Pflichten der Regelpublizität sind im Einzelnen im 8. Kap. dargestellt.

95 Weiterhin besteht eine Transaktionsmeldepflicht nach § 15a WpHG. Unter den dortigen Voraussetzungen müssen Personen, die bei dem Emittenten Führungsaufgaben wahrnehmen, also Mitglieder von Vorstand und Aufsichtsrat, eigene Geschäfte mit Aktien des Emittenten oder sich darauf beziehenden Finanzinstrumenten innerhalb von fünf Werktagen dem Emittenten und der BaFin mitteilen, sogenannte Directors Dealings, vgl. dazu im Einzelnen 5. Kap.

96 Vorstand und Aufsichtsrat sind verpflichtet, jährlich die sogenannte Entsprechungserklärung im Sinne des § 161 AktG abzugeben. Darin ist zu erklären, dass den Empfehlungen der Regierungskommission Deutscher Corporate Governance Kodex entsprochen wurde und wird, oder aber welche Empfehlungen nicht angewendet wurden und werden und warum nicht. Siehe dazu 7. Kap.

97 Auch besteht die Pflicht nach den §§ 21, 25, 25a WpHG, die Über- oder Unterschreitung bestimmter Schwellenwerte hinsichtlich der Stimmrechtsanteile und bestimmter Finanzinstrumente sowie faktische Erwerbsmöglichkeiten zu veröffentlichen. Wenn durch Erwerb, Veräußerung oder auf sonstige Weise die Grenzen von 3 %, 5 %, 10 %, 15 %, 20 %, 30 %, 50 % oder 75 % über- oder unterschritten werden, so ist dies dem Emittenten und der BaFin unverzüglich, spätestens jedoch innerhalb von vier Handelstagen mitzuteilen. Auch müssen Inhaber wesentlicher Beteiligung bestimmte Zusatzangaben machen nach § 27a WpHG. Dazu Näheres im 6. Kap.

98 Daneben treten die Mitteilungspflichten nach § 30b und § 30c WpHG für Kapitalerhöhungen, die für ordentliche Kapitalerhöhungen, beziehungsweise das genehmigte Kapital vorstehend unter den Rn. 59 beschrieben sind, aber an die auch zu denken ist wenn die Hauptversammlung über ein bedingtes Kapital oder über eine Ermächtigung zum Rückerwerb eigener Aktien einschließlich Einziehungsoptionen beschlossen hat.[79]

---

79 Vgl. dazu auch 12. Kap. Rn. 233 ff.

9 Nach der Notierungsaufnahme: Beginn der Folgepflichten

99 Gemäß § 15b WpHG ist der Emittent weiterhin verpflichtet, Insiderverzeichnisse zu führen. Es handelt sich dabei um Verzeichnisse über die Personen, die für den Emittenten oder für Personen die in seinem Auftrag oder auf seine Rechnung handeln tätig sind, und bestimmungsgemäß Zugang zu Insiderinformationen haben, vgl. dazu im Einzelnen 4. Kap. Rn. 9 ff. und 27. Kap. Rn. 7 ff.

100 Im Interesse eines fairen, geordneten und transparenten Verfahrens, hat der Emittent zudem die Regelungen des Übernahmerechts nach dem WpÜG zu beachten, vergleiche dazu 10. Kap.

101 Auch gilt es, die aktienrechtlichen Besonderheiten für börsennotierte Gesellschaften zu beachten. Dazu gehören unter anderem die besonderen Anforderungen im Zusammenhang mit der Hauptversammlungseinladung (§§ 121 ff. AktG) und dem Inhalt des Lageberichts (§ 289 Abs. 4 HGB, §§ 150 ff. AktG) oder der Veröffentlichung und Beurkundung der Hauptversammlung nach § 130 AktG.[80]

---

80 Vgl. dazu auch 12. Kap. Rn. 229 ff.

10. Kapitel
M&A-Transaktionen einschließlich öffentlicher Übernahmen

Literatur: *Assmann* Die Haftung für die Richtigkeit und Vollständigkeit der Angebotsunterlage nach § 12 WpÜG, AG 2002, 153; *ders.* Rechtsanwendungsprobleme des Insiderrechts, AG 1997, 50; *ders.* Übernahmeangebote im Gefüge des Kapitalmarktrechts, insbesondere im Lichte des Insiderrechts, der Ad hoc-Publizität und des Manipulationsverbots, ZGR 2002, 697; *Assmann/Pötzsch/Schneider* WpÜG, 2. Aufl. 2013; *Backhaus* Aktuelle Entwicklungen im Wirtschaftsrecht, NZG 2011, 416; *Baums/Thoma* WpÜG, Stand 2012; *Brandi/Süßmann* Neue Insiderregeln und Ad-hoc-Publizität – Folgen für Ablauf und Gestaltung von M&A-Transaktionen, AG 2004, 642; *Cascante/Bingel* Insiderhandel – in Zukunft leichter nachweisbar? – Die Auslegung des Insiderrechts durch den EuGH und Folgen für die M&A-Praxis, NZG 2010, 161; *dies.* Verbesserte Beteiligungstransparenz (nicht nur) vor Übernahmen? Die Vorschriften des Alegerschutz- und Funktionsverbesserungsgesetzes, NZG 2011, 1086; *Claussen/Florian* Der Emittentenleitfaden, AG 2005, 745; Frankfurter Kommentar zum WpÜG, 3. Aufl. 2008; *Geibel/Süßmann* Wertpapiererwerbs- und Übernahmegesetz (WpÜG), 2. Aufl. 2008; *Hamann* Die Angebotsunterlage nach dem WpÜG – ein praxisorientierter Überblick, ZIP 2001, 2249; *Harbarth* Ad-hoc-Publizität beim Unternehmenskauf, ZIP 2005, 1898; *Hasselbach* Die Weitergabe von Insiderinformationen bei M&A-Transaktionen mit börsennotierten Aktiengesellschaften – Unter Berücksichtigung des Gesetzes zur Verbesserung des Anlegerschutzes vom 28.10.2004, NZG 2004, 1087; *Hopt* Grundsatz- und Praxisprobleme nach dem Wertpapiererwerbs- und Übernahmegesetz, ZHR 166, 383; *Klemm* Vorbereitungshandlungen für eine erfolgreiche Übernahmeverteidigung, NZG 2010, 1006; Kölner Kommentar zum WpÜG, 2. Aufl. 2010; *Krämer/Kieswetter* Rechtliche und praktische Aspekte einer Due Diligence aus öffentlich zugänglichen Informationsquellen einer börsennotierten Gesellschaft, BB 2012, 1679; *Krause* Neue Mitteilungspflichten für Eigenkapitalderivate und andere Instrumente aufgrund des Anlegerschutz- und Funktionsverbesserungsgesetzes, AG 2011, 469; *Lebherz* Publizitätspflichten bei der Übernahme börsennotierter Unternehmen, WM 2010, 154; *Müller* Gestattung der Due Diligence durch den Vorstand der Aktiengesellschaft, NJW 2000, 3452; Münchener Kommentar zum Aktiengesetz, 3. Aufl. 2011; *Oechsler* Rechtsgeschäftliche Anwendungsprobleme bei öffentlichen Übernahmeangeboten, ZIP 2003, 1330; *Peemöller/Reinel-Neumann* Corporate Governance und Corporate Compliance im Akquisitionsprozess, BB 2009, 206; *Schneider* Selbstbefreiung von der Pflicht zur Ad-hoc-Publizität, BB 2005, 897; *Steinmeyer* WpÜG: Wertpapiererwerbs- und Übernahmegesetz, 3. Aufl. 2013; *Süßmann* Die befugte Weitergabe von Insidertatsachen, AG 1999, 162; *ders.* Unerwünschte Übernahmen, NZG 2011, 1281; *Umnuß* Corporate Compliance Checklisten, 2. Aufl. 2012; *Ziegler* "Due Diligence" im Spannungsfeld zur Geheimhaltungspflicht von Geschäftsführern und Gesellschaftern, DStR 2000, 249.

A. Einleitung

Im Zusammenhang mit Transaktionen aus dem Bereich Mergers & Acquisitions (M&A) kommt es in der Regel zu einem umfangreichen Transfer von Informationen, die aus Sicht des Zielunternehmens einen hohen Vertraulichkeitswert haben und darüber hinaus ggf. geeignet sind, bei ihrem öffentlichen Bekanntwerden den Börsen- oder Marktpreis der

1

Anteile des Zielunternehmens erheblich zu beeinflussen. Den Schwerpunkt der kapitalmarktrechtlichen Pflichten[1] bilden in diesem Zusammenhang daher Verhaltenspflichten, die sich aus dem Verbot von Insidergeschäften (§ 14 WpHG) ergeben.

B. M&A-Transaktionen

I. Verbot von Insidergeschäften[2]

2 In der Regel wird im Vorfeld des Abschlusses einer M&A-Transaktion eine Due Diligence Prüfung durch den oder die Erwerbsinteressenten durchgeführt. Die Zulässigkeit einer solchen Prüfung ist auch bei börsennotierten Aktiengesellschaften, soweit der Erwerb einer bedeutenden Beteiligung an der Zielgesellschaft oder eines Pakets von Anteilen an demselben[3] in Rede steht, inzwischen nahezu einhellig anerkannt.[4] Die Entscheidung über die Zulassung einer Due Diligence Prüfung und ihren Umfang fällt in den Verantwortungsbereich des Vorstandes der Zielgesellschaft und liegt in seinem pflichtgemäßen Ermessen. Hat er sich ermessensfehlerfrei entschieden, dem Erwerbsinteressenten eine Due Diligence Prüfung zu ermöglichen, werden die in diesem Zusammenhang offen gelegten Informationen der Zielgesellschaft, auch soweit es sich dabei um Insiderinformationen im Sinne des § 13 WpHG handelt[5], nicht unbefugt mitgeteilt oder zugänglich gemacht i.S.v. § 14 Abs. 1 Nr. 2 WpHG.[6]

3 Vielfach wird bereits im Vorfeld eine sog. Vendor-Due Diligence Prüfung durchgeführt, um die Transaktion sowie eine durch den Erwerbsinteressenten durchzuführende Due Diligence Prüfung vorzubereiten. Die in diesem Zusammenhang eingeschalteten Berater sowie die Mitarbeiter der Zielgesellschaft haben dabei in der Regel bereits Zugang zu Insiderinformationen. Es ist daher zu prüfen, welche Personen in das von Emittenten von Finanzinstrumenten[7] zu führende Insiderverzeichnis[8] aufzunehmen sind bzw. inwieweit dieses zu aktualisieren ist. Das Insiderverzeichnis sollte auch im weiteren Verlauf der Transaktion ständig überprüft werden. Es ist unverzüglich zu aktualisieren, wenn sich entweder der Grund für die Erfassung bereits aufgeführter Personen ändert, neue Personen zum Verzeichnis hinzugefügt werden müssen oder im Verzeichnis erfasste Personen keinen Zugang zu Insiderinformationen mehr haben.[9]

---

1 Zur allgemeinen Corporate Compliance bei M&A-Transaktionen vgl. etwa Umnuß/*Fietz* Kapitel 9.
2 Vgl. dazu 27. Kap. Rn. 38 ff.
3 Eine bedeutende Beteiligung bzw. ein Paket wird heute ab einer Schwelle von 3 % anzunehmen sein, vgl. etwa Assmann/Schneider/*Assmann* § 14 WpHG Rn. 168; Schwark/Zimmer/*Schwark/Kruse* § 14 WpHG Rn. 58; Fuchs/*Mennicke* § 14 Rn. 300.
4 *BaFin* Emittentenleitfaden, 4. Aufl. 2013, S. 38 f.; Assmann/Schneider/*Assmann* § 14 WpHG Rn. 164; *Assmann* AG 1997, 56; Fuchs/*Mennicke* § 14 Rn. 304; Schimansky/Bunte/Lwowski/*Hopt* § 107 Rn. 43, 61; *Hasselbach* NZG 2004, 1087; *Müller* NJW 2000, 3452; *Süßmann* AG 1999, 162, 169; *Ziegler* DStR 2000, 249, 253; zur Bedeutung einer Due Diligence Prüfung vgl. auch *Peemöller/Reinel-Neumann* BB 2009, 206 ff.
5 Vgl. im Einzelnen 27. Kap. Rn. 10 ff.
6 *BaFin* Emittentenleitfaden, 4. Aufl. 2013, S. 41; Assmann/Schneider/*Assmann* § 14 WpHG Rn. 164; Schwark/Zimmer/*Schwark/Kruse* § 14 WpHG Rn. 58.
7 Auch die Berater des betroffenen Emittenten haben Insiderverzeichnisse zu führen und die Betroffenen über die Rechtsfolgen von Verstößen zu belehren, vgl. 3. Kap. Rn. 30 ff.
8 § 15b WpHG; vgl. dazu im Einzelnen 3. Kap. Rn. 30 ff.
9 § 15b Abs. 1 S. 2 WpHG; vgl. im Einzelnen 3. Kap. Rn. 30 ff.

Im Zusammenhang mit der Durchführung einer Due Diligence Prüfung, im Rahmen derer 4
ein Erwerbsinteressent Insiderinformationen[10] erhält, stellt sich die Frage, ob in der Durchführung der Transaktion letztlich ein verbotenes Verwenden dieser Insiderinformationen i.S.v. § 14 Abs. 1 Nr. 1 WpHG zu sehen ist. Dies wird bei einem Investor, der lediglich seinen eigenen Entschluss zum Auf- oder Ausbau einer Beteiligung in die Tat umsetzt, ohne zu diesem Plan durch Insiderwissen veranlasst oder beeinflusst worden zu sein, überwiegend abgelehnt.[11] Veranlasst die Kenntnis von der Insiderinformation den Investor dagegen, den geplanten Beteiligungserwerb durch entsprechende börsliche oder außerbörsliche Geschäfte über Insiderpapiere auszuweiten (so genannte alongside purchases), so geschieht dies aufgrund des Insiderwissens und folglich unter dem Insiderhandelsverbot unterfallender Verwendung der Insiderinformation.[12]

II. Ad-hoc-Verpflichtung[13]

Bereits bei der Entscheidung über und der Vorbereitung von größeren Transaktionen 5
ist von ad-hoc-pflichtigen Emittenten stets zu prüfen, ob das Vorhaben schon so weit fortgeschritten ist, dass es eine ad-hoc zu veröffentlichende Insiderinformation darstellt. Dies gilt insbesondere bei in diesen Fällen regelmäßig erforderlichen mehrstufigen Entscheidungsprozessen.[13] Wann Maßnahmen im Rahmen einer M&A-Transaktion eine Ad-hoc-Verpflichtung auslösen, ist grundsätzlich eine Frage des Einzelfalls. Bereits in einer frühen Phase sollte daher genau geprüft werden, ob Anlass zu einer Ad-hoc-Information gem. § 15 WpHG besteht. Soweit dies (ggf. noch) nicht der Fall ist, ist diese Prüfung in jedem nachfolgenden Stadium der Transaktion erneut durchzuführen.

Der Entschluss eines Erwerbsinteressenten, Vorgespräche über einen Erwerb aufzuneh- 6
men, wird regelmäßig noch keine Ad-hoc-Verpflichtung auslösen, selbst wenn in diesem Zusammenhang bereits externe Berater eingeschaltet werden.[14] Gleiches wird in der Regel für den Abschluss einer Vertraulichkeitsvereinbarung,[15] die Versendung eines Informationsmemorandums im Rahmen eines Auktionsverfahrens[16] oder die Abgabe eines nicht bindenden Angebots („non binding indicative offer letter")[17] gelten. Nichts anderes wird für die Einräumung der Möglichkeit der Durchführung einer Due Diligence Prüfung anzuneh-

---

10 Im Einzelfall kann sich etwa im Rahmen der Due Diligence ergeben, dass bei einer Zielgesellschaft weniger Risiken bestehen, als der Markt vermutet und in den Börsenpreis hat einfließen lassen, *Brandi/Süßmann* AG 2004, 642, 645.
11 Assmann/Schneider/*Assmann* § 14 WpHG Rn. 45; Schimansky/Bunte/Lwowski/*Hopt* § 107 Rn. 43; Schwark/Zimmer/*Schwark/Kruse* § 14 WpHG Rn. 23 f.; *Brandi/Süßmann* AG 2004, 642, 644; *Hasselbach* NZG 2004, 1087, 1091; ähnlich *BaFin* Emittentenleitfaden, 4. Aufl. 2013, S. 38; zu den Besonderheiten bei einem öffentlichen Übernahmeangebot vgl. Rn. 72 ff.
12 Assmann/Schneider/*Assmann* § 14 WpHG Rn. 45; Schimansky/Bunte/Lwowski/*Hopt* § 107 Rn. 43; Fuchs/*Mennicke* § 14 Rn. 77; *BaFin* Emittentenleitfaden, 4. Aufl. 2013, S. 38.
13 Vgl. dazu 4. Kap. Rn. 64 ff.
14 *BaFin* Emittentenleitfaden, 4. Aufl. 2013, S. 58; Habersack/Mülbert/Schlitt/*Frowein* § 10 Rn. 37; Schimansky/Bunte/Lwowski/*Hopt* § 107 Rn. 92.
15 *BaFin* Emittentenleitfaden, 4. Aufl. 2013, S. 38; Habersack/Mülbert/Schlitt/*Frowein* § 10 Rn. 38.
16 Habersack/Mülbert/Schlitt/*Frowein* § 10 Rn. 43.
17 *BaFin* Emittentenleitfaden, 4. Aufl. 2013, S. 58; Assmann/Schneider/*Assmann* § 15 WpHG Rn. 75; Habersack/Mülbert/Schlitt/*Frowein* § 10 Rn. 38; Schimansky/Bunte/Lwowski/*Hopt* § 107 Rn. 92.

men sein,[18] es sei denn, außergewöhnliche Umstände sprechen dafür, dass diese Maßnahme bereits eine konkrete und kursrelevante Information im Hinblick auf die Durchführung der Transaktion darstellt.[19]

7 Der Abschluss eines Letter of Intent, in dem bereits Eckpunkte der Transaktion festgeschrieben werden, soll hingegen nach verbreiteter Auffassung regelmäßig eine Ad-hoc-Verpflichtung auslösen.[20]

8 Ist eine den entsprechenden Emittenten[21] unmittelbar betreffende Insiderinformation anzunehmen, kann er diese entweder nach § 15 Abs. 1 WpHG veröffentlichen oder sich bei Vorliegen der Voraussetzungen nach § 15 Abs. 3 WpHG[22] zunächst hiervon befreien. Vielfach ist, wie bereits gezeigt, nicht mit Sicherheit zu bestimmen, ab welchem Zeitpunkt eine die Transaktion betreffende Information sich zu einer Insiderinformation verdichtet. Insofern empfiehlt es sich ggf., bereits vorsorglich eine solche Befreiung herbeizuführen und sich so zu verhalten, als ob ab diesem Zeitpunkt eine die Ad-hoc-Verpflichtung auslösende Insiderinformation gegeben ist.

9 Eine Befreiung setzt nach § 15 Abs. 3 WpHG u.a. voraus, dass der Emittent die Vertraulichkeit der Insiderinformation gewährleisten kann. Dies ist gem. § 7 der Wertpapierhandelsanzeige- und Insiderverzeichnisverordnung (WpAIV) dann der Fall, wenn der Emittent während des Befreiungszeitraums den Zugang zur Insiderinformation kontrolliert. Dazu muss er zum einen wirksame Vorkehrungen dafür treffen, dass andere Personen als solche, deren Zugang zu Insiderinformationen für die Wahrnehmung ihrer Aufgaben beim Emittenten unerlässlich ist, keinen Zugang zu dieser Information erlangen und zum anderen die Information unverzüglich bekannt geben können, wenn er nicht länger in der Lage ist, ihre Vertraulichkeit zu gewährleisten.[23] Dies wiederum wird der betreffende Emittent nur durch den Abschluss entsprechender Vertraulichkeitsvereinbarungen mit den Erwerbsinteressenten[24] oder der Zielgesellschaft sowie mit seinen etwaigen nicht von Berufs wegen zur Verschwiegenheit verpflichteten Beratern[25] sicherstellen können. Eine Dokumentation der ergriffenen Maßnahmen zur Gewährleistung der Vertraulichkeit der Insiderinformation ist nach überwiegender Auffassung zwar nicht zwingend geboten,[26] aber zum Zwecke des Nachweises der Erfüllung der Voraussetzungen des Aufschubs der Veröffentlichung der Insiderinformation und wegen der zivilrechtlichen und ordnungswidrigkeitsrechtlichen Sanktionen eines unzulässigen Aufschubs der Veröffentlichung von Insiderinformationen[27] dringend anzuraten.[28]

---

18 Schwark/Zimmer/*Zimmer/Kruse* § 15 WpHG Rn. 43; Assmann/Schneider/*Assmann* § 15 WpHG Rn. 75.
19 Assmann/Schneider/*Assmann* § 15 WpHG Rn. 75; Habersack/Mülbert/Schlitt/*Frowein* § 10 Rn. 41 („Confirmatory Due Diligence" oder Exklusivität).
20 *BaFin* Emittentenleitfaden, 4. Aufl. 2013, S. 33; Habersack/Mülbert/Schlitt/*Frowein* § 10 Rn. 42; Assmann/Schneider/*Assmann* § 15 WpHG Rn. 75; Schimansky/Bunte/Lwowski/*Hopt* § 107 Rn. 92.
21 Dies kann die Zielgesellschaft aber auch das erwerbsinteressierte Unternehmen sein.
22 Zur Selbstbefreiung gem. § 15 Abs. 3 WpHG vgl. im Einzelnen 4. Kap.
23 § 7 WpAIV.
24 Auch solchen, die etwa im Rahmen eines Beauty-Contests ausgeschlossen werden.
25 Etwa M&A-Berater.
26 *OLG Stuttgart* AG 2009, 454; 461; vgl. etwa auch Schwark/Zimmer/*Zimmer/Kruse* § 15 WpHG Rn. 71; Assmann/Schneider/*Assmann* § 15 WpHG Rn. 165; Habersack/Mülbert/Schlitt/*Frowein* § 10 Rn. 116; a.A. *Brandi/Süßmann* AG 2004, 642, 650; *Claussen/Florian* AG 2005, 745, 757.
27 §§ 15 Abs. 6, 39 Abs. 2 Nr. 5 lit. a WpHG.
28 Assmann/Schneider/*Assmann* § 15 WpHG Rn. 165; Habersack/Mülbert/Schlitt/*Frowein* § 10 Rn. 116; *Harbarth* ZIP 2005, 1898, 1906; *Schneider* BB 2005, 897, 902.

Während des gesamten in Anspruch genommenen Befreiungszeitraums ist der Emittent verpflichtet, das unveränderte Vorliegen der für die Befreiung erforderlichen Voraussetzungen zu prüfen. Fällt einer der Gründe für die Befreiung weg, muss die Veröffentlichung der Insiderinformation ggf. nachgeholt werden.[29]

Sickert eine entsprechende Insiderinformation dennoch durch, entfallen nicht bereits automatisch die Befreiungsvoraussetzungen. Insoweit kommt es vielmehr darauf an, ob der Emittent den Informationsfluss im Unternehmen entsprechend organisiert hat.[29]

In diesem Zusammenhang empfiehlt sich gerade bei M&A-Transaktionen das frühzeitige Festlegen einer „Leakage-Strategie", d.h. einer Verhaltensstrategie, wie auf das Auftreten allgemeiner Marktgerüchte und Spekulationen reagiert werden soll.[29] Im Falle solcher Gerüchte und Spekulationen ist jeweils im Einzelfall zu prüfen, ob hinsichtlich der Transaktion schon eine Insiderinformation gegeben oder ob die Einhaltung der Voraussetzungen einer gegebenenfalls nach § 15 Abs. 3 WpHG in Anspruch genommenen Befreiung von der Veröffentlichungspflicht noch gewährleistet ist.

III. Mitteilungs- und Bekanntmachungspflichten

Wird im Rahmen einer M&A-Transaktion eine qualifizierte Beteiligung an einer AG bzw. an einer KGaA erworben, oder erwirbt eine AG bzw. eine KGaA eine qualifizierte Beteiligung an einer inländischen Kapitalgesellschaft, ist der Erwerber im ersten Fall gegenüber der betroffenen AG oder KGaA (§ 20 AktG) sowie im zweiten Fall gegenüber der betroffenen inländischen Kapitalgesellschaft (§ 21 AktG) zur Anzeige und Bekanntmachung des Erwerbs der qualifizierten Beteiligung verpflichtet (sog. aktienrechtlichen Mitteilungs- und Bekanntmachungspflichten) .

Handelt es sich bei der jeweiligen qualifizierten Beteiligung um Aktien eines Emittenten im Sinne des § 21 Abs. 2 WpHG, werden die aktienrechtlichen Mitteilungs- und Veröffentlichungspflichten von den entsprechenden wertpapierhandelsrechtlichen Vorschriften (sog. wertpapierhandelsrechtliche Mitteilungs- und Veröffentlichungspflichten) verdrängt.[30]

1. Umfang der wertpapierhandelsrechtlichen Mitteilungs- und Veröffentlichungspflichten

Handelt es sich bei den einer M&A-Transaktion zugrunde liegenden Anteile um Aktien eines Emittenten im Sinne des § 21 Abs. 2 WpHG, gelten ausschließlich die Mitteilungs- und Veröffentlichungspflichten des WpHG.[31] Diese umfassen
- bei Erreichen, Über- oder Unterschreiten der einzelnen Meldeschwellen (3 %, 5 %, 10 %, 15 %, 20 %, 25 %, 30 %, 50 % oder 75 %) die Stimmrechtsmitteilung gem. § 21 Abs. 1 WpHG durch den Erwerber oder den Veräußerer gegenüber dem Emittenten und der BaFin,
- die Mitteilung des Ziels, das mit dem Erwerb von Stimmrechten, die die Schwelle von 10 % überschreiten, verfolgt wird sowie der Herkunft der für den Erwerb verwendeten Mittel gem. § 27a Abs. 1 WpHG durch den gem. §§ 20, 21 WpHG Meldepflichtigen gegenüber dem Emittenten,

---

29 Vgl. im Einzelnen 4. Kap. Rn 23 ff. und 57 ff.
30 §§ 20 Abs. 8 AktG und 21 Abs. 5 AktG.
31 Vgl. dazu, insbesondere zu Inhalt, Art, Form, Frist und Sprache der Mitteilungen/Bekanntmachungen sowie den einschlägigen Zurechnungstatbeständen, im Einzelnen 6. Kap.; vgl. auch *BaFin* Emittentenleitfaden, 4. Aufl. 2013, S. 102.

– bei Erreichen, Über- oder Unterschreiten der einzelnen Meldeschwellen (5 %, 10 %, 15 %, 20 %, 25 %, 30 %, 50 % oder 75 %) die Mitteilung von Finanz- und sonstigen Instrumenten, die ihrem Inhaber das Recht verleihen, einseitig im Rahmen einer rechtlich bindenden Vereinbarung stimmberechtigte Aktien eines Emittenten zu erwerben, gem. § 25 Abs. 1 WpHG durch den Inhaber der Instrumente gegenüber dem Emittenten und der BaFin,
– bei Erreichen, Über- oder Unterschreiten der einzelnen Meldeschwellen (5 %, 10 %, 15 %, 20 %, 25 %, 30 %, 50 % oder 75 %) die Mitteilung von Finanz- und sonstigen Instrumenten, die es ihrem Inhaber oder einem Dritten aufgrund ihrer Ausgestaltung ermöglichen, mit Stimmrechten verbundene und bereits ausgegebene Aktien eines Emittenten zu erwerben, gem. § 25a Abs. 1 WpHG durch den Inhaber der Instrumente gegenüber dem Emittenten und der BaFin sowie
– die Veröffentlichung der Mitteilungen nach oder entsprechend §§ 21 Abs. 1 und 1a, 25 Abs. 1 sowie 25a Abs. 1 WpHG, die dem Emittenten zugegangenen sind, gem. § 26 Abs. 1 WpHG durch den Emittenten.

a) Zusammenfassende Übersicht

16 Die wertpapierhandelsrechtlichen Mitteilungs- und Bekanntmachungsvorschriften der §§ 21 ff. WpHG stellen sich zusammengefasst wie folgt dar:[32]

17 Die Vorschrift des § 21 WpHG regelt in Verbindung mit §§ 17, 18 WpAIV Voraussetzungen, Frist, Inhalt, Art, Sprache, Umfang und Form einer Stimmrechtsmitteilung.

18 Die Norm des § 22 WpHG erweitert die Mitteilungspflicht des Meldepflichtigen und bestimmt, in welchen Fällen Stimmrechte aus Aktien, die einem Dritten gehören, dem Meldepflichtigen zugerechnet werden.

19 Die Vorschrift des § 23 WpHG regelt Ausnahmen von der Berücksichtigung von Stimmrechten bei der Berechnung des Stimmrechtsanteils.

20 Die Bestimmung des § 24 WpHG erlaubt bei Konzernunternehmen die Übernahme der Mitteilungspflicht des oder der Tochterunternehmen durch das Mutterunternehmen.

21 Die Vorschrift des § 25 WpHG sieht eine eigenständige Mitteilungspflicht vor für das unmittelbare und mittelbare Halten von Finanzinstrumenten[33] und sonstigen Instrumenten, die ihrem Inhaber das Recht verleihen, einseitig im Rahmen einer rechtlich bindenden Vereinbarung mit Stimmrechten verbundene und bereits ausgegebene Aktien eines Emittenten zu erwerben.

22 Die Norm des § 25a WpHG regelt ebenfalls in Verbindung mit §§ 17, 17a WpAIV eine eigenständige Mitteilungspflicht für das unmittelbare und mittelbare Halten von Finanzinstrumenten und sonstigen Instrumenten, die nicht bereits von § 25 WpHG erfasst sind und die es ihrem Inhaber oder einem Dritten aufgrund ihrer Ausgestaltung ermöglichen, mit Stimmrechten verbundene und bereits ausgegebene Aktien eines Emittenten zu erwerben.

23 Die Bestimmungen der §§ 27, 29 und 30 WpHG beinhalten Verfahrensregelungen während § 28 WpHG zivilrechtliche Rechtsfolgen bei Verstößen gegen die Mitteilungspflicht regelt.

b) Einzelheiten

24 Während §§ 21–24 WpHG erst bei dinglichen Rechtsänderungen von Stimmrechten aus Aktien, die zum Handel an einem organisierten Markt zugelassen sind, Meldepflichten begründen (insbesondere bei Erwerbs- oder Veräußerungsvorgängen), sieht § 25 WpHG

---

32 *BaFin* Emittentenleitfaden, 4. Aufl. 2013, S. 104; vgl. im Einzelnen 6. Kap.
33 Legaldefiniert in § 2 Abs. 2b WpHG.

bereits Meldepflichten beim Halten von Finanz- und sonstigen Instrumenten vor, die ihrem Inhaber ein schuldrechtliches oder sonstiges Recht zum Erwerb von mit entsprechenden Stimmrechten verbundene und bereits ausgegebene Aktien einräumen. Nicht von § 25 WpHG umfasste Finanz- und sonstige Instrumente fallen unter § 25a WpHG, sofern sie ihrem Inhaber faktisch oder wirtschaftlich ermöglichen, mit Stimmrechten verbundene und bereits ausgegebene Aktien eines Emittenten zu erwerben.

aa) Stimmrechtsmitteilungen bei M&A-Transaktionen

M&A-Transaktionen führen regelmäßig zu dinglichen Rechtsänderungen von Stimmrechten und lösen damit, soweit Gegenstand der Transaktion Aktien eines Emittenten im Sinne des § 21 Abs. 2 WpHG sind, bei Erreichen, Unter- oder Überschreiten der relevanten Meldeschwellen[34] die Meldepflichten der §§ 21, 22 WpHG aus. **25**

bb) Meldepflichtige Instrumente bei M&A-Transaktionen

Darüber hinaus ist im Einzelfall zu prüfen, ob von der Transaktion Finanz- und sonstige Instrumente im Sinne der §§ 25, 25a WpHG umfasst sind, die damit ergänzende Meldepflichten auslösen können, auch wenn diese dem Inhaber noch keinen Einfluss auf die Ausübung von Stimmrechten vermitteln. Als von §§ 25, 25a WpHG erfasste Instrumente kommen im Rahmen von M&A-Transaktionen insbesondere die folgenden Rechtspositionen in Betracht: **26**

– Call-Optionen – sofern sie dem Halter einen Anspruch auf Lieferung der Aktien des Emittenten und nicht nur auf einen Barausgleich geben, werden sie von § 25 WpHG erfasst,[35] lauten sie auf einen Barausgleich oder stehen sie unter einer weiteren aufschiebenden Bedingung, die der Halter der Call-Option nicht einseitig herbeiführen kann und fallen sie daher nicht bereits unter § 25 WpHG, können sie eine Meldepflicht gem. § 25a WpHG auslösen;[36]
– Put-Optionen – sofern diese eine physische Lieferung der Aktie und nicht nur einen Barausgleich vorsehen, kann der Stillhalter gem. § 25a WpHG meldepflichtig sein;[37]
– Wertpapierleihe und Repo-Geschäfte – Rückforderungsansprüche des Darlehensgebers bei einem Wertpapierdarlehen und die Rückkaufvereinbarung bei einem Repo-Geschäft können eine Meldepflicht gem. § 25 WpHG auslösen; [38]
– Sofort erfüllbare Aktienkaufverträge – bereits nach der bisherigen Verwaltungspraxis der BaFin umfasste § 25 WpHG a.F. sofort erfüllbare Lieferansprüche aus Aktienkaufverträgen, wobei eine Meldepflicht nur bestand, wenn die Lieferung später als zwei Tage nach Vertragsschluss zu erfolgen hatte,[39] diese Verwaltungspraxis führt die BaFin fort, unabhängig davon, ob der Kauf börslich oder außerbörslich erfolgt;[40]

---

34 Vgl. Rn 15.
35 *BaFin* Emittentenleitfaden, 4. Aufl. 2013, S. 134; *Cascante/Bingel* NZG 2011, 1086, 1088.
36 *BaFin* Emittentenleitfaden, 4. Aufl. 2013, S. 141; Assmann/Schneider/*Schneider* § 25a WpHG Rn. 43; *Cascante/Bingel* NZG 2011, 1086, 1088 und 1090 f.
37 *BaFin* Emittentenleitfaden, 4. Aufl. 2013, S. 141; Assmann/Schneider/*Schneider* § 25a WpHG Rn. 45; kritisch *Cascante/Bingel* NZG 2011, 1086, 1089.
38 *BaFin* Emittentenleitfaden, 4. Aufl. 2013, S. 134; Assmann/Schneider/*Schneider* § 22 WpHG Rn. 85 ff., 90; *Cascante/Bingel* NZG 2011, 1086, 1092 f.; *Krause* AG 2011, 469, 475.
39 *BaFin* Emittentenleitfaden, 4. Aufl. 2013, S. 135; kritisch etwa Assmann/Schneider/*Schneider* § 25 WpHG Rn. 9, der den Begriff des Finanzinstrumentes nicht erfüllt sah – nachdem nunmehr auch sonstige Instrumente von § 25 WpHG umfasst sind, hat sich diese Kritik erübrigt, vgl. Assmann/Schneider/*Schneider* § 25 WpHG Rn. 11.
40 *BaFin* Emittentenleitfaden, 4. Aufl. 2013, S. 135; kritisch zur Erfassung von Aktienkaufverträgen *Krause* AG 2011, 469; 475.

- Bedingte Aktienkaufverträge – sofern ein Aktienkaufvertrag nur unter solchen Bedingungen steht, die ausschließlich der Käufer beeinflussen kann, kann er eine Meldepflicht des Erwerbers gem. § 25 WpHG auslösen,[41] anderenfalls nach § 25a WpHG;[42]
- Irrevocable Undertakings – sofern die Voraussetzungen des § 25 WpHG nicht bereits vorliegen, können Meldepflichten gem. § 25a WpHG bestehen;[43]
- Vorkaufsrechte im Rahmen von Gesellschaftervereinbarungen – nach der Verwaltungspraxis der BaFin kann eine Meldepflicht gem. § 25 WpHG oder § 25a WpHG auch dann anzunehmen sein, wenn sich das Vorkaufsrecht auf Anteile an einem Unternehmen betrifft, das mit Stimmrechten verbundene Aktien der Emittentin hält, sofern der Vorkaufsberechtigte mit dem möglichen Erwerb der übrigen Anteile Mehrheitsgesellschafter dieses Unternehmens wird (§ 22 Abs. 1 S. 1 Nr. 1 WpHG) oder ein Aussonderungsrecht an Aktien der Emittentin erhält;[44] für eine Ausnahme[45] sieht die BaFin „trotz der Sensibilität von Gesellschaftervereinbarungen" keinen Raum;[46]
- Tag-along- und Drag-along-Rechte – die BaFin hält auch insoweit die Auslösung von Meldepflichten gem. § 25a WpHG für möglich und empfiehlt mit Blick auf die unterschiedlichen denkbaren Varianten, rechtzeitig eine Abstimmung mit ihr herbeizuführen;[44]
- Vertraulichkeitsvereinbarungen, Memoranda of Understanding und Letters of Intent – in der Praxis begründen solche Vereinbarungen in der Regel noch keinen durchsetzbaren schuldrechtlichen Anspruch, so dass sie keine Instrumente im Sinne der §§ 25, 25a WpHG darstellen;[47] dennoch sollte immer geprüft werden, ob im konkreten Einzelfall die Voraussetzungen für die Annahme eines meldepflichtigen Instruments vorliegen.[48]

cc) Zusammenrechnung von Positionen aus §§ 21, 22, 25, 25a WpHG

27 Die Positionen aus den von §§ 25, 25a WpHG jeweils umfassten (weiteren) Finanz- und sonstigen Instrumenten werden mit den Positionen nach §§ 21, 22 WpHG[49] bzw. mit den Positionen nach §§ 21, 22, 25 WpHG[50] jeweils zusammengerechnet. Dies gilt grundsätzlich auch dann, wenn es dadurch im Einzelfall zu einer doppelten Erfassung derselben Stimmrechte kommen kann.[51]

28 Eine Ausnahme von diesem Grundsatz gilt gem. § 25 Abs. 1 S. 3 WpHG für Finanz- oder sonstige Instrumente, die bereits von § 22 Abs. 1 S. 1 Nr. 5 WpHG erfasst sind (z.B. dinglich ausgestaltete Call-Optionen). Eine weitere Ausnahme nimmt die BaFin an, wenn die betroffenen Instrumente so mit dem Zurechnungssachverhalt verknüpft sind, dass die ihre Ausübung zum Wegfall des Zurechnungstatbestands führt und umgekehrt die Beendigung

---

41 *BaFin* Emittentenleitfaden, 4. Aufl. 2013, S. 135; Assmann/Schneider/*Schneider* § 25 WpHG Rn. 18a; *Cascante/Bingel* NZG 2011, 1086, 1093 f.
42 *BaFin* Emittentenleitfaden, 4. Aufl. 2013, S. 141 und 146; einschränkend etwa Assmann/Schneider/*Schneider* § 25a WpHG Rn. 51 (sofern eine „konkrete Chance" des Bedingungseintritts besteht" und *Cascante/Bingel* NZG 2011, 1086, 1093 f. (soweit eine „hinreichende Wahrscheinlichkeit" des Bedingungseintritts besteht).
43 *BaFin* Emittentenleitfaden, 4. Aufl. 2013, S. 141; vgl. auch *Cascante/Bingel* NZG 2011, 1086, 1094 f.; kritisch *Krause* AG 2011, 469, 479.
44 *BaFin* Emittentenleitfaden, 4. Aufl. 2013, S. 142.
45 Vgl. dazu etwa *Cascante/Bingel* NZG 2011, 1086, 1096.; *Krause* AG 2011, 469, 479.
46 *BaFin* Emittentenleitfaden, 4. Aufl. 2013, S. 142.
47 Vgl. auch *Cascante/Bingel* NZG 2011, 1086, 1095.
48 *BaFin* Emittentenleitfaden, 4. Aufl. 2013, S. 142.
49 § 25 Abs. 1 S. 3 Hs. 1 WpHG.
50 § 25a Abs. 1 S. 7 WpHG.
51 *BaFin* Emittentenleitfaden, 4. Aufl. 2013, S. 137 und 145.

des Zurechnungstatbestands den Wegfall der betroffenen Instrumente bedingt.[52] Im Einzelfall empfiehlt die BaFin, bei Fragen der Einmalberücksichtigung von Stimmrechten frühzeitig eine Abstimmung mit ihr herbeizuführen.[53]

2. Verhältnis der wertpapierhandelsrechtlichen Beteiligungstransparenz zur Ad-hoc-Publizität

Die Ad-hoc-Publizität[54] ergänzt die kapitalmarktrechtliche Beteiligungstransparenz der §§ 21 ff. WpHG. Die aus § 15 WpHG folgenden Mitteilungspflichten bleiben daher neben diesen Vorschriften anwendbar.[55]

29

C. Öffentliche Übernahmen

I. Einführung

1. Anwendungsbereich des WpÜG

Für öffentliche Übernahmen und sonstige öffentliche Angebote zum Erwerb von Wertpapieren, die zum Handel an einem organisierten Markt im Inland[56] oder in einem anderen Staat des Europäischen Wirtschaftsraums[57] zugelassen sind, wurden durch das zum 1.1.2002 in Kraft getretene Wertpapiererwerbs- und Übernahmegesetz (WpÜG) in Deutschland erstmals rechtlich verbindliche Rahmenbedingungen geschaffen.

30

Nach § 1 Abs. 1 WpÜG gilt das Gesetz für Angebote zum Erwerb von Wertpapieren, die von einer Zielgesellschaft ausgegeben wurden und zum Handel an einem organisierten Markt im vorgenannten Sinne zugelassen sind. Durch § 1 Abs. 2 und 3 WpÜG wird der Anwendungsbereich für die Fälle eingeschränkt, in denen die Zielgesellschaft zwar ihren Sitz in Deutschland hat, ihre stimmberechtigten Aktien aber ausschließlich in einem oder mehreren anderen Staaten des Europäischen Wirtschaftsraums zum Handel an einem organisierten Markt zugelassen sind, oder die Zielgesellschaft ihren Sitz in einem anderen Staat des Europäischen Wirtschaftsraums hat.

31

2. Erfasste Angebotstypen

Es sind drei Angebotstypen zu unterscheiden:
- Das freiwillige (Teil-)Angebot, das sich auf den Erwerb von Wertpapieren einer Zielgesellschaft richtet, ohne dass hierdurch eine Kontrollposition[58] begründet wird,
- das (freiwillige) Übernahmeangebot, das auf den Erwerb der Kontrolle über eine Zielgesellschaft gerichtet ist und sich zwingend auf sämtliche Aktien der Zielgesellschaft zu erstrecken hat[59], und

32

---

52 *BaFin* Emittentenleitfaden, 4. Aufl. 2013, S. 145.
53 *BaFin* Emittentenleitfaden, 4. Aufl. 2013, S. 146.
54 Vgl. dazu bereits Rn. 5 ff.
55 Habersack/Mülbert/Schlitt/*Frowein* § 10 Rn. 4 und 28; Fuchs/*Pfüller* § 15 Rn. 179 ff.
56 Darunter fällt der regulierte Markt an den deutschen Wertpapierbörsen, nicht aber der Freiverkehr.
57 Vgl. dazu das von Art. 47 der Finanzmarktrichtlinie (Richtlinie 2004/39/EG des Europäischen Parlaments und des Rates, ABlEU Nr. L 145/1, ber. ABlEU 2005 Nr. L 45/18) verlangte Verzeichnis für die regulierten Märkte der Mitgliedstaaten der EU (http://eur-lex.europa.eu/LexUriServ/LexUriServ.do?uri=OJ:C:2010:348:0009:0015:DE:PDF).
58 Kontrolle ist das Halten von mindestens 30 % der Stimmrechte an der Zielgesellschaft, § 29 Abs. 2 WpÜG.
59 §§ 29 Abs. 1, 32 WpÜG.

– das Pflichtangebot, das nach Kontrollerlangung zwingend abzugeben ist und sich ebenfalls auf sämtliche Aktien der Zielgesellschaft beziehen muss.[60]

33 Für alle Angebotstypen gelten zunächst die allgemeinen Verfahrensvorschriften und -Grundsätze. Danach sind etwa die Inhaber von Wertpapieren, die derselben Gattung angehören, gleich zu behandeln.[61] Zudem sind den Angebotsadressaten genügend Zeit zu gewähren sowie ausreichende Informationen zu erteilen, um ihnen in Kenntnis der Sachlage eine Entscheidung über das Angebot zu ermöglichen.[62] Insbesondere für das Übernahme– sowie das Pflichtangebot enthält das Gesetz zudem eine Reihe von besonderen Verfahrensvorschriften und -grundsätzen.

3. Verhältnis von Übernahme- und Pflichtangeboten

34 Nach der Systematik des WpÜG hat der Erwerb der Kontrolle[63] an einer Zielgesellschaft grundsätzlich zur Folge, dass der Kontrollerwerb zu veröffentlichen und sodann ein Pflichtangebot abzugeben ist. Dies gilt jedoch dann nicht, wenn der Kontrollerwerb im Rahmen, d.h. nach Abgabe eines Übernahmeangebots erfolgte.[60] Ein ordnungsgemäß unterbreitetes Übernahmeangebot, das (jedenfalls theoretisch[64]) allein zur Kontrollerlangung führen kann, hat für den während des Angebotsverfahrens die Kontrolle erwerbenden Bieter mithin befreiende Wirkung bezüglich der Pflicht zur Abgabe eines Pflichtangebots.

35 In der Regel wird ein Bieter aus einer Reihe von Gründen geneigt sein, den Kontrollerwerb nach Möglichkeit im Rahmen eines Übernahmeangebots herbeizuführen:

36 Zum einen ist ein Pflichtangebot grundsätzlich bedingungsfeindlich,[65] während Übernahmeangebote in den Grenzen des § 18 WpÜG bedingt abgegeben werden können.

37 Übernahmeangebote sind zudem hinsichtlich der Zeitplanung flexibler zu gestalten.

38 Schließlich gelten in Bezug auf die Gegenleistung[66] unterschiedliche Anknüpfungspunkte,[67] was dazu führt, dass der Bieter bei einem Pflichtangebot das Risiko eines Kursanstiegs in dem Zeitraum zwischen dem Abschluss der schuldrechtlichen Vereinbarung über den Erwerb der die Kontrolle vermittelnden Anteile und deren dinglichem Vollzug trägt. Denn bei Übernahmeangeboten kommt es für die Bestimmung des Dreimonatszeitraums, innerhalb dessen Börsenkurse zu berücksichtigen sind, auf die Veröffentlichung der Entscheidung zur Abgabe eines Angebots nach § 10 Abs. 1 S. 1 WpÜG an, während bei Pflichtangeboten die Veröffentlichung des tatsächlichen Kontrollerwerbs nach § 35 Abs. 1 S. 1 WpÜG entscheidend ist. Wird bei Abschluss oder bereits im Vorfeld der für den Kontrollerwerb maßgeblichen schuldrechtlichen Vereinbarung ein Übernahmeangebotsverfahren eingeleitet und die Entscheidung zur Abgabe eines Angebots nach § 10 Abs. 1 S. 1 WpÜG veröffentlicht, kann das Risiko eines Kursanstiegs vermieden werden.

---

60 § 35 WpÜG.
61 § 3 Abs. 1 WpÜG.
62 § 3 Abs. 2 WpÜG.
63 D.h. das Überschreiten der Schwelle von 30 % der Stimmrechte an der Zielgesellschaft, § 29 Abs. 2 WpÜG.
64 Das Übernahmeangebot der Axel Springer AG an die Aktionäre der ProSiebenSat1 AG war daher etwa nicht nur an die Vorzugs- sondern auch an die Stammaktionäre gerichtet, obwohl feststand, dass die ausstehenden Stammaktien und damit die für die Kontrolle erforderlichen ausstehenden Stimmrechte im Rahmen eines privaten Paketerwerbs erworben würden.
65 Der Ausschluss der Anwendung des § 25 WpÜG verdeutlicht dies. Der Ausschluss von § 18 Abs. 1 WpÜG, also einer Norm, die Bedingungen untersagt, ist hingegen irreführend, vgl. etwa Schwark/Zimmer/Noack/Zetzsche § 39 WpÜG Rn. 7.
66 § 31 WpÜG.
67 § 5 WpÜG-AngVO.

4. „Freundliche" und „feindliche" Übernahmen

Der überwiegende Teil der unter dem WpÜG durchgeführten Übernahmeverfahren wird auf der Grundlage eines Einvernehmens mit der Zielgesellschaft durchgeführt. In diesen Fällen der sog. freundlichen Übernahme erwirbt der Bieter in der Regel zunächst ein Aktienpaket von einem Großaktionär und die Zielgesellschaft gestattet dem Bieter in diesem Zusammenhang sowie auf Wunsch des verkaufswilligen Großaktionärs eine Due Diligence Prüfung, wenn und soweit die Zielgesellschaft in dem zukünftigen neuen Großaktionär Vorteile für die Gesellschaft sieht.[68] Zwischenzeitlich hat es aber auch eine ganze Reihe von sog. feindlichen, also ohne Einvernehmen mit der Zielgesellschaft erfolgten oder versuchten öffentlichen Übernahmen gegeben, etwa ASC/Hochtief, Barilla/Kamps, Bosch/Buderus, Macquarie/Techem, Merck/Schering, Porsche/Volkswagen, Schaeffler/Continental oder Terex/Demag Cranes. 39

5. Abwehrmaßnahmen

Nach Bekanntgabe der Absicht eines Übernahmeangebots darf die Zielgesellschaft keine Handlungen mehr vornehmen, aufgrund welcher der Erfolg des Angebots behindert werden könnte (Abwehrmaßnahmen).[69] Zwar gilt dieses Angebotsvereitelungsverbot für Pflichtangebote sinngemäß.[70] In diesem Zusammenhang ist der Anwendungsbereich von § 33 Abs. 1 WpÜG jedoch gering, da es auf die Eignung zur Verhinderung der Durchführung des konkreten Angebots ankommt.[71] 40

Ausgenommen von dem Verbot sind[72] 41
- Handlungen, die auch ein ordentlicher und gewissenhafter Geschäftsleiter einer Gesellschaft, die nicht von einem Übernahmeangebot betroffen ist, vorgenommen hätte,
- die Suche nach einem Bieter, der ein konkurrierendes Angebot abgibt („White Knight"[73]) sowie
- Handlungen, denen der Aufsichtsrat der Zielgesellschaft zustimmt.

II. Angebotsverfahren

1. Vorangebotsphase

Beabsichtigt der Bieter die freiwillige Abgabe eines Erwerbs- oder Übernahmeangebots, muss er seine Entscheidung[74] zur Abgabe des Angebots unverzüglich veröffentlichen.[75] 42

Ein Pflichtangebot knüpft hingegen nicht an eine (freiwillige) Entscheidung des Bieters sondern (zwingend) an den Erwerb der Kontrolle über die Zielgesellschaft an.[76] In diesen 43

---

68 *Süßmann* NZG 2011, 1281.
69 § 33 Abs. 1 S. 1 WpÜG.
70 § 39 WpÜG; zur Verteidigung bei Übernahmeangeboten vgl. etwa *Klemm* NZG 2010, 1006 ff.
71 Assmann/Pötzsch/Schneider/*Krause/Pötzsch/Stephan* § 33 WpÜG Rn. 59.
72 § 33 Abs. 1 S. 2 WpÜG.
73 Vgl. dazu auch Rn. 87 ff.
74 Die Pflicht hängt – soweit der Bieter eine Gesellschaft oder sonstige Personenvereinigung ist – nicht von einer formellen Beschlussfassung seiner Leitungsorgane ab; es reicht vielmehr ein informelles Einvernehmen, vgl. etwa *Steinmeyer/Santelmann/Steinhardt* § 10 Rn. 12 ff.; für den Fall mehrstufiger Entscheidungsprozesse bei einer Bietergesellschaft vgl. etwa MK-AktG/*Wackerbarth* § 10 WpÜG Rn. 32 ff.
75 § 10 Abs. 1 S. 1 WpÜG.
76 Vgl. bereits Rn. 32.

Fällen ist der Bieter daher dazu verpflichtet, die Kontrollerlangung unverzüglich, nachdem er Kenntnis vom Umstand des Kontrollerwerbs erlangt hat oder hätte erlangen müssen, spätestens innerhalb von sieben Kalendertagen, zu veröffentlichen.[77] In der Veröffentlichung sind die Höhe des Stimmrechtsanteils des Bieters sowie die zuzurechnenden[78] Stimmrechte für jeden Zurechnungstatbestand getrennt anzugeben.[79]

44 Bereits vor der vorzunehmenden Veröffentlichung hat der Bieter den zu veröffentlichenden Umstand zunächst
- den Geschäftsführungen der Börsen, an denen Wertpapiere des Bieters, der Zielgesellschaft und anderer durch das Angebot unmittelbar betroffener Gesellschaften zum Handel zugelassen sind, an denen Derivate im Sinne des § 2 Abs. 2 WpHG gehandelt werden, sofern die Wertpapiere Gegenstand der Derivate sind, sowie
- der Bundesanstalt für Finanzdienstleistungsaufsicht (BaFin)

mitzuteilen.[80]

45 Die Veröffentlichung selbst erfolgt in deutscher Sprache durch
- Bekanntgabe im Internet[81] sowie
- über ein gesetzlich näher definiertes elektronisch betriebenes Informationssystem,[82] wozu diejenigen von Bloomberg, Deutsche Börse Infobolsa, Deutsche Gesellschaft für Ad-hoc-Publizität (DGAP), Reuters und die Vereinigten Wirtschaftsdienste (VWD) gehören.[83]

Dabei hat der Bieter auch die Adresse anzugeben, unter der die Veröffentlichung der Angebotsunterlage im Internet erfolgen wird.[84]

46 Unverzüglich nach der Veröffentlichung hat der Bieter
- diese den Geschäftsführungen der betroffenen Börsen sowie der BaFin zu übersenden[85] und
- dem Vorstand der Zielgesellschaft[86] sowie seiner zuständigen Arbeitnehmervertretung oder, sofern eine solche nicht besteht, unmittelbar den Arbeitnehmern[87] die Entscheidung zur Abgabe eines Angebots

mitzuteilen.

47 Der Vorstand der Zielgesellschaft unterrichtet dann seinerseits seine zuständige Arbeitnehmervertretung oder, sofern eine solche nicht besteht, unmittelbar die Arbeitnehmer, unverzüglich über diese Mitteilung des Bieters.[88]

---

77 § 35 Abs. 1 S. 1 WpÜG; § 10 Abs. 1 S. 1 WpÜG ist gem. § 39 WpÜG nicht anzuwenden.
78 Vgl. § 30 WpÜG.
79 § 35 Abs. 1 S. 1 und 3 WpÜG.
80 § 10 Abs. 2 S. 1 WpÜG – für Bieter mit Wohnort oder Sitz im Ausland ist § 10 Abs. 2 S. 3 und Abs. 4 S. 2 zu beachten; für Pflichtangebote verweist § 35 Abs. 1 S. 4 auf die vorgenannten Bestimmungen.
81 § 10 Abs. 3 S. 1 Nr. 1 WpÜG; für Pflichtangebote verweist § 35 Abs. 1 S. 4 auf die vorgenannte Bestimmung.
82 § 10 Abs. 3 S. 1 Nr. 2 WpÜG; für Pflichtangebote verweist § 35 Abs. 1 S. 4 auf die vorgenannte Bestimmung.
83 Assmann/Pötzsch/Schneider/*Assmann* § 10 WpÜG Rn. 64.
84 § 10 Abs. 3 S. 2 WpÜG; für Pflichtangebote verweist § 35 Abs. 1 S. 4 auf die vorgenannte Bestimmung.
85 § 10 Abs. 4 S. 1 WpÜG; für Pflichtangebote verweist § 35 Abs. 1 S. 4 auf die vorgenannte Bestimmung.
86 § 10 Abs. 5 S. 1 WpÜG; für Pflichtangebote verweist § 35 Abs. 1 S. 4 auf die vorgenannte Bestimmung.
87 § 10 Abs. 5 S. 3 WpÜG; für Pflichtangebote verweist § 35 Abs. 1 S. 4 auf die vorgenannte Bestimmung.
88 § 10 Abs. 5 S. 2 WpÜG; für Pflichtangebote verweist § 35 Abs. 1 S. 4 auf die vorgenannte Bestimmung.

2. Angebotsphase
a) Erstellung, Gestattung und Veröffentlichung einer Angebotsunterlage

Innerhalb von vier Wochen[89] nach der Veröffentlichung der Entscheidung zur Abgabe eines Angebots (Erwerbs- und Übernahmeangebote) bzw. nach der Veröffentlichung der Kontrollerlangung (Pflichtangebote) hat der Bieter der BaFin eine Angebotsunterlage zu übermitteln.[90] **48**

Der Inhalt der vom Bieter in deutscher Sprache[91] zu erstellenden und zu unterzeichnenden[92] Angebotsunterlage richtet sich im Wesentlichen nach §§ 11 und 2 WpÜG-AngebotsVO. Die Angaben in der Angebotsunterlage müssen zum Zeitpunkt ihrer Veröffentlichung[93] richtig und vollständig sein.[94] Die Angebotsunterlage muss Namen und Anschrift, bei juristischen Personen oder Gesellschaften Firma, Sitz und Rechtsform, der Personen oder Gesellschaften aufführen, die für den Inhalt der Angebotsunterlage die Verantwortung übernehmen sowie eine Erklärung dieser Personen oder Gesellschaften enthalten, dass ihres Wissens die Angaben richtig und keine wesentlichen Umstände ausgelassen sind.[95] **49**

Vor der Veröffentlichung hat der Bieter der Angebotsunterlage die notwendigen Maßnahmen zu treffen, um sicherzustellen, dass ihm die zur vollständigen Erfüllung des Angebots notwendigen Mittel zum Zeitpunkt der Fälligkeit des Anspruchs auf die Gegenleistung zur Verfügung stehen. Für den Fall eines Barangebots ist dies durch ein vom Bieter unabhängiges Wertpapierdienstleistungsunternehmen schriftlich zu bestätigen.[96] Diese Finanzierungsbestätigung ist in die der BaFin zu übermittelnden Angebotsunterlage aufzunehmen.[97] **50**

Unverzüglich nach der Gestattung der Veröffentlichung der Angebotsunterlage durch die BaFin ist das Dokument vom Bieter zu veröffentlichen. Gleiches gilt, wenn seit dem Eingang der Angebotsunterlage zehn Werktage verstrichen sind, ohne dass die BaFin das Angebot aus einem der in § 15 WpÜG genannten Gründen untersagt hat.[98] Vor einer Untersagung kann die BaFin die Zehn-Tages-Frist um bis zu fünf Werktage verlängern, wenn die Angebotsunterlage nicht vollständig ist oder sonst den Vorschriften dieses Gesetzes oder einer aufgrund dieses Gesetzes erlassenen Rechtsverordnung nicht entspricht.[99] **51**

Die Veröffentlichung der Angebotsunterlage durch den Bieter erfolgt **52**
– durch deren Bekanntgabe im Internet sowie
– durch deren Bekanntgabe im Bundesanzeiger oder alternativ im Rahmen der sog. Schalterpublizität, d.h. durch Bereithalten der Angebotsunterlage zur kostenlosen Ausgabe bei einer geeigneten Stelle im Inland, wobei im Falle der Schalterpublizität im Bundesanzeiger bekannt zu machen ist, bei welcher Stelle die Angebotsunterlage bereit gehalten wird und unter welcher Adresse die Veröffentlichung der Angebotsunterlage im Internet erfolgt ist.[100]

---

89 Unter den Voraussetzungen des § 14 Abs. 1 S. 3 WpÜG kann die Frist auf Antrag des Bieters um bis zu vier Wochen verlängert werden.
90 § 14 Abs. 1 S. 1 WpÜG (Erwerbs- und Übernahmeangebote) bzw. § 35 Abs. 2 S. 1 WpÜG (Pflichtangebote).
91 § 11 Abs. 1 S. 4 WpÜG.
92 § 11 Abs. 1 S. 5 WpÜG.
93 Assmann/Pötzsch/Schneider/*Meyer* § 11 WpÜG Rn. 47; Steinmeyer/*Steinmeyer* § 11 Rn. 13; Schwark/Zimmer/*Noack/Holzborn* § 11 WpÜG Rn. 1.
94 § 11 Abs. 1 S. 3 WpÜG.
95 § 11 Abs. 3 WpÜG.
96 § 13 Abs. 1 S. 2 WpÜG.
97 § 11 Abs. 2 S. 2 Nr. 4 WpÜG.
98 § 14 Abs. 2 S. 1 WpÜG.
99 § 14 Abs. 2 S. 3 WpÜG.
100 § 14 Abs. 3 S. 1 WpÜG.

53 Der Bieter hat die Veröffentlichung der Angebotsunterlage unverzüglich
   - der BaFin mitzuteilen[101] sowie
   - dem Vorstand der Zielgesellschaft[102] sowie seiner zuständigen Arbeitnehmervertretung oder, sofern eine solche nicht besteht, unmittelbar den Arbeitnehmern zu übermitteln.[103]

54 Der Vorstand der Zielgesellschaft hat die Angebotsunterlage sodann unverzüglich seiner zuständigen Arbeitnehmervertretung oder, sofern eine solche nicht besteht, unmittelbar den Arbeitnehmern zu übermitteln.[104]

b) Stellungnahme von Vorstand und Aufsichtsrat der Zielgesellschaft

55 Unverzüglich nach der Übermittlung der Angebotsunterlage und deren etwaigen Änderungen durch den Bieter[105] an den Vorstand der Zielgesellschaft[106] haben dieser und der Aufsichtsrat der Zielgesellschaft eine begründete Stellungnahme zu dem Angebot sowie zu jeder seiner etwaigen Änderungen abzugeben. Kommen Vorstand und Aufsichtsrat zu einer übereinstimmenden Bewertung des Angebots, steht ihnen frei, eine gemeinsame Stellungnahme abzugeben und hierdurch deren Gewicht zu erhöhen.[107]

56 In der Stellungnahme haben die verpflichteten Organe insbesondere auf
   - die Art und Höhe der angebotenen Gegenleistung,
   - die voraussichtlichen Folgen eines erfolgreichen Angebots für die Zielgesellschaft,
   - die Arbeitnehmer und ihre Vertretungen,
   - die Beschäftigungsbedingungen und die Standorte der Zielgesellschaft,
   - die vom Bieter mit dem Angebot verfolgten Ziele sowie
   - die Absicht der Mitglieder des Vorstands und des Aufsichtsrats, soweit sie Inhaber von Wertpapieren der Zielgesellschaft sind, das Angebot anzunehmen,

   einzugehen.[108] Darüber hinaus muss die jeweilige Stellungnahme eine begründete Empfehlung enthalten, ob das Angebot angenommen oder abgelehnt werden sollte.[109]

57 Bei konkurrierenden Angeboten haben Vorstand und Aufsichtsrat nicht nur zu dem ursprünglichen, sondern auch zu dem oder den konkurrierenden Angebot(en) individuell Stellung zu nehmen. Ändert sich die Präferenz und damit die in einer früheren Stellungnahme abgegebene Empfehlung aufgrund eines konkurrierenden Angebots, ist die ursprüngliche Anlageempfehlung im Rahmen der betroffenen Stellungnahme zu aktualisieren.[110]

58 Übermitteln die zuständige Arbeitnehmervertretung oder, sofern eine solche nicht besteht, unmittelbar die Arbeitnehmer der Zielgesellschaft dem Vorstand eine Stellungnahme zu dem Angebot, hat der Vorstand diese seiner Stellungnahme beizufügen.[111]

---

101 § 14 Abs. 3 S. 2 WpÜG.
102 § 14 Abs. 4 S. 1 WpÜG.
103 § 14 Abs. 4 S. 3 WpÜG.
104 § 14 Abs. 4 S. 2 WpÜG.
105 Für die Unverzüglichkeit (§ 121 BGB) kommt es auf die Umstände des Einzelfalls an – eine Frist von zwei Wochen sollte in aller Regel nicht überschritten werden, *OLG Frankfurt a.M.* AG 2006, 207, 208 unter Hinweis auf das Beschleunigungsgebot des § 3 Abs. 4 WpÜG.
106 § 14 Abs. 4 S. 1 WpÜG; der Vorstand ist zur unverzüglichen Übermittlung an den Aufsichtsrat verpflichtet.
107 Begr. RegE, BT-Drucks. 14/7034, S. 52.
108 § 27 Abs. 1 WpÜG.
109 Assmann/Pötzsch/Schneider/*Krause/Pötzsch* § 27 WpÜG Rn. 90; Steinmeyer/*Steinmeyer* § 27 Rn. 30.
110 Steinmeyer/*Steinmeyer* § 27 Rn. 54.
111 § 27 Abs. 2 WpÜG.

Die Veröffentlichung der Stellungnahme erfolgt durch die verpflichteten Organe der Zielgesellschaft in entsprechender Weise wie die Veröffentlichung der Angebotsunterlage,[112] d.h. **59**
- durch Bekanntgabe der Stellungnahme im Internet sowie
- durch deren Bekanntgabe im Bundesanzeiger oder alternativ im Rahmen der sog. Schalterpublizität,[113] wobei im Falle der Schalterpublizität im Bundesanzeiger bekannt zu machen ist, bei welcher Stelle die Stellungnahme bereit gehalten wird und unter welcher Adresse die Veröffentlichung im Internet erfolgt ist.[114]

Gleichzeitig mit ihrer Veröffentlichung ist die Stellungnahme der zuständigen Arbeitnehmervertretung der Zielgesellschaft oder, sofern eine solche nicht besteht, unmittelbar den Arbeitnehmern zu übermitteln.[115] **60**

Schließlich haben Vorstand und Aufsichtsrat der Zielgesellschaft der BaFin unverzüglich die Veröffentlichung im Bundesanzeiger oder im Wege der Schalterpublizität[113] mitzuteilen.[116] Eine Mitteilungspflicht bezüglich der Veröffentlichung im Internet besteht hingegen nicht.[117] **61**

c) Angebotsdauer

Die Angebotsdauer hängt von der Festlegung der Annahmefrist für das Angebot in der Angebotsunterlage[118] durch den Bieter ab. Die Frist muss mindestens vier und darf maximal zehn Wochen ab Veröffentlichung der Angebotsunterlage betragen.[119] **62**

Wird im Zusammenhang mit dem Angebot eine Hauptversammlung der Zielgesellschaft einberufen, beträgt die Annahmefrist zwingend zehn Wochen.[120] In diesem Fall hat der Vorstand der Zielgesellschaft die Einberufung unverzüglich **63**
- dem Bieter und
- der BaFin

mitzuteilen.[121] Der Bieter hat dann unverzüglich
- die Mitteilung des Vorstands der Zielgesellschaft unter Angabe des Ablaufs der Annahmefrist im Bundesanzeiger zu veröffentlichen sowie
- die Veröffentlichung der BaFin mitzuteilen.[122]

d) Änderung und Aktualisierung des Angebots

aa) Änderung des Angebots

Der Bieter kann bis zu einem Werktag vor Ablauf der Annahmefrist das Angebot durch **64**
- Erhöhung der Gegenleistung,
- Anbieten einer anderen Gegenleistung,
- Verringerung des Mindestanteils oder der Mindestzahl der Wertpapiere oder des Mindestanteils der Stimmrechte, von dessen Erwerb der Bieter die Wirksamkeit seines Angebot etwaig abhängig gemacht hat, oder
- Verzicht auf etwaige Bedingungen

---

112 Vgl. dazu Rn. 52.
113 Vgl. Rn. 52.
114 § 27 Abs. 3 S. 1 WpÜG i.V.m. § 14 Abs. 3 S. 1 WpÜG.
115 § 27 Abs. 3 S. 2 WpÜG.
116 § 27 Abs. 3 S. 3 WpÜG.
117 Vgl. auch Assmann/Pötzsch/Schneider/*Krause/Pötzsch* § 27 WpÜG Rn. 132.
118 § 11 Abs. 2 Nr. 6 WpÜG.
119 § 16 Abs. 1 S. 1 WpÜG.
120 § 16 Abs. 3 S. 1 WpÜG.
121 § 16 Abs. 3 S. 2 WpÜG.
122 § 16 Abs. 3 S. 3 und 4 WpÜG.

ändern.[123] Im Falle einer solchen Änderung können die Inhaber von Wertpapieren der Zielgesellschaft, die das Angebot vor Veröffentlichung der Änderung angenommen haben, von dem Vertrag bis zum Ablauf der Annahmefrist zurücktreten.[124]

65 Daher hat der Bieter eine Änderung des Angebots unter Hinweis auf das vorstehende Rücktrittsrecht unverzüglich in der Art und Weise der Veröffentlichung der Angebotsunterlage[125] zu veröffentlichen, d.h.
- durch Bekanntgabe der Änderung im Internet sowie
- durch deren Bekanntgabe im Bundesanzeiger oder alternativ im Rahmen der sog. Schalterpublizität,[126] wobei im Falle der Schalterpublizität im Bundesanzeiger bekannt zu machen ist, bei welcher Stelle die Änderung bereit gehalten wird und unter welcher Adresse die Veröffentlichung im Internet erfolgt ist.[127]

66 Der Bieter hat die Veröffentlichung unverzüglich
- der BaFin mitzuteilen[128] sowie
- dem Vorstand der Zielgesellschaft[129] sowie seiner zuständigen Arbeitnehmervertretung oder, sofern eine solche nicht besteht, unmittelbar den Arbeitnehmern zu übermitteln.[130]

67 Der Vorstand der Zielgesellschaft hat die Angebotsunterlage sodann unverzüglich seiner zuständigen Arbeitnehmervertretung oder, sofern eine solche nicht besteht, unmittelbar den Arbeitnehmern zu übermitteln.[131]

68 Die Änderung des Angebots bewirkt eine Verlängerung der Annahmefrist um zwei Wochen, sofern die Veröffentlichung der Änderung innerhalb der letzten zwei Wochen vor Ablauf der Angebotsfrist erfolgt.[132] Eine erneute Änderung innerhalb dieses Verlängerungszeitraums ist nicht zulässig.[133]

bb) Aktualisierung des Angebots

69 Für den Zeitraum nach erfolgter Veröffentlichung sieht das Gesetz, anders als bei Wertpapierprospekten, keine Pflicht zur Veröffentlichung eines Nachtrages vor. Unter Hinweis darauf, dass sich die Regelungen des WpÜG für Angebotsunterlagen ansonsten jedoch an die Regelungen für Wertpapierprospekte anlehnen und Anhaltspunkte für eine bewusste Abkehr des Gesetzgebers vom Konzept des Nachtrages fehlen, wird dennoch überwiegend davon ausgegangen, dass entsprechend § 11 VermAnlG bzw. § 16 WpPG oder in Analogie zu § 12 Abs. 3 Nr. 3 WpÜG eine Pflicht zum Nachtrag einer unrichtig oder unvollständig gewordenen Angebotsunterlage besteht.[134]

---

123 § 21 Abs. 1 Nr. 1–4 WpÜG.
124 § 21 Abs. 4 WpÜG.
125 Vgl. dazu Rn. 52.
126 Vgl. Rn. 52.
127 § 21 Abs. 2 S. 1 WpÜG i.V.m. § 14 Abs. 3 S. 1 WpÜG.
128 § 21 Abs. 2 S. 2 WpÜG i.V.m. § 14 Abs. 3 S. 2 WpÜG.
129 § 21 Abs. 2 S. 2 WpÜG i.V.m. § 14 Abs. 4 S. 1 WpÜG.
130 § 21 Abs. 2 S. 2 WpÜG i.V.m. § 14 Abs. 4 S. 3 WpÜG.
131 § 21 Abs. 2 S. 2 WpÜG i.V.m. § 14 Abs. 4 S. 2 WpÜG.
132 § 21 Abs. 5 S. 1 WpÜG.
133 § 21 Abs. 6 WpÜG.
134 MK-AktG/*Wackerbarth* § 11 WpÜG Rn. 17; KK-WpÜG/*Hasselbach* § 21 Rn. 34; KK-WpÜG/*Möllers* § 12 Rn. 66, 70; Baums/Thoma/*Thoma* § 12 Rn. 36; Steinmeyer/Steinhardt/*Steinhardt*/Nestler § 11 Rn. 15; *Assmann* AG 2002, 153, 157; *Hopt* ZHR 166 (2002), 383, 408; *Assmann* ZGR 2002, 697, 719; *Oechsler* ZIP 2003, 1330, 1331; offen gelassen *OLG Frankfurt a.M.* AG 2007, 749, 751; a.A. *Hamann* ZIP 2001, 2249, 2257; Geibel/Süßmann/*Schwennicke* § 12 Rn. 12 (jedenfalls für ein reines Barangebot); FK-WpÜG/*Renner* § 12 Rn. 33 f. (beschränkt auf ein reines Barangebot).

e) Mitteilung des Erwerbsumfangs

Während des Angebotsverfahrens hat der Bieter 70
- die Anzahl sämtlicher ihm, den mit ihm gemeinsam handelnden Personen und deren Tochtergesellschaften zustehenden Wertpapiere der Zielgesellschaft einschließlich der Höhe der jeweiligen Anteile sowie die ihm zuzurechnenden[135] Stimmrechtsanteile und die Höhe der nach den §§ 25 und 25a des WpHG mitzuteilenden Stimmrechtsanteile wie auch
- die Anzahl der Wertpapiere, die Gegenstand des Angebots sind und sich aus den ihm bereits zugegangenen Annahmeerklärungen ergeben, einschließlich der Höhe der Wertpapier- und Stimmrechtsanteile

zu folgenden Zeitpunkten zu veröffentlichen[136] (sog. Wasserstandsmeldungen):
- nach Veröffentlichung der Angebotsunterlage zunächst wöchentlich und in der letzten Woche vor Ablauf der Annahmefrist (börsen-)täglich,[137]
- unverzüglich nach Ablauf der Annahmefrist;
- unverzüglich nach Ablauf der (etwaigen) weiteren Annahmefrist;
- unverzüglich nach Erreichen der für einen übernahmerechtlichen Squeeze-Out[138] erforderlichen Beteiligungshöhe.[139]

Die Veröffentlichung erfolgt jeweils in entsprechender Weise wie die Veröffentlichung der Angebotsunterlage,[140] d.h. 71
- durch Bekanntgabe der jeweiligen Mitteilung im Internet sowie
- durch deren Bekanntgabe im Bundesanzeiger oder alternativ im Rahmen der sog. Schalterpublizität,[141] wobei im Falle der Schalterpublizität im Bundesanzeiger bekannt zu machen ist, bei welcher Stelle die Mitteilung bereit gehalten wird und unter welcher Adresse die Veröffentlichung im Internet erfolgt ist.[142]

Die zu veröffentlichenden Angaben sind darüber hinaus jeweils der BaFin mitzuteilen.[143] 72
Gleiches gilt für die Veröffentlichung der jeweiligen Mitteilung.[144]

f) Mitteilung von den Angebotspreis übersteigenden Gegenleistungen

Erwirbt der Bieter, mit ihm gemeinsam handelnde Personen oder deren Tochterunternehmen 73
- während der Annahmefrist außerhalb des Angebots bzw.
- innerhalb eines Jahres nach der Mitteilung des Bieters gem. § 23 Abs. 1 S. 1 Nr. 2 WpÜG außerhalb der Börse

Wertpapiere der Zielgesellschaft für eine wertmäßig höhere als die im Angebot gebotene Gegenleistung, haben im Rahmen eines Übernahme– oder eines Pflichtangebots die Aktionäre, die das Angebot angenommen haben, einen Anspruch auf Nachbesserung der ihnen

---

135 Vgl. § 30 WpÜG.
136 § 23 Abs. 1 S. 1 Nr. 1–4 WpÜG.
137 Die börsentägliche Veröffentlichung entspricht der Verwaltungspraxis der BaFin; so etwa auch MK-AktG/*Wackerbarth* § 23 WpÜG Rn. 16; *Baums/Thoma/Diekmann* § 23 Rn. 53; Schwark/Zimmer/*Noack/Holzborn* § 23 Rn. 16; Geibel/Süßmann/*Thun* § 23 Rn. 22; jetzt auch *Steinmeyer/Steinhardt* § 23 Rn. 21; a.A. Assmann/Pötzsch/Schneider/*Assmann* § 23 WpÜG Rn. 22 (kalendertäglich).
138 § 39a WpÜG.
139 Hierdurch wird die weitere Annahmefrist der Minderheitsaktionäre für den „Sell-out" gem. § 39c WpÜG ausgelöst.
140 Vgl. dazu Rn. 52.
141 Vgl. Rn. 52.
142 § 23 Abs. 1 S. 1 WpÜG i.V.m. § 14 Abs. 3 S. 1 WpÜG; missverständlich insoweit Assmann/Pötzsch/Schneider/*Assmann* § 23 WpÜG Rn. 19.
143 § 23 Abs. 1 S. 1 WpÜG.
144 § 23 Abs. 1 S. 2 WpÜG i.V.m. § 14 Abs. 3 S. 2 WpÜG.

gewährten Gegenleistung gegenüber dem Bieter.[145] Daher hat der Bieter in den vorgenannten Zeiträumen jeweils die Höhe der erworbenen Aktien- und Stimmrechtsanteile unter Angabe der Art und Höhe der für jeden Anteil gewährten Gegenleistung unverzüglich zu veröffentlichen und der BaFin mitzuteilen.[146]

74 Die Veröffentlichung erfolgt jeweils in entsprechender Weise wie die Veröffentlichung der Angebotsunterlage,[147] d.h.
- durch Bekanntgabe der jeweiligen Mitteilung im Internet sowie
- durch deren Bekanntgabe im Bundesanzeiger oder alternativ im Rahmen der sog. Schalterpublizität,[148] wobei im Falle der Schalterpublizität im Bundesanzeiger bekannt zu machen ist, bei welcher Stelle die Mitteilung bereit gehalten wird und unter welcher Adresse die Veröffentlichung im Internet erfolgt ist.[149]

III. Verhältnis der Verhaltenspflichten nach dem WpÜG und dem WpHG

75 Die vorzunehmenden übernahmerechtlichen Veröffentlichungen in der Vorangebotsphase[150] verdrängen gem. § 10 Abs. 6 WpÜG[151] die wertpapierhandelsrechtliche Ad-hoc-Mitteilungspflicht des Bieters gem. § 15 WpHG für sämtliche kursrelevanten Insiderinformationen, die in der Veröffentlichung zulässigerweise abgebildet sind.[152] Es empfiehlt sich daher, die wesentlichen Daten des Angebots bereits in die übernahmerechtlichen Veröffentlichungen in der Vorangebotsphase aufzunehmen, um eine zusätzliche wertpapierhandelsrechtliche Ad-hoc-Mitteilungspflicht zu vermeiden.

76 Im Übrigen ist jeweils im Einzelfall genau zu prüfen, ob Umstände im Zusammenhang mit einer übernahmerechtlichen Veröffentlichung eine Publizitätspflicht gem. § 15 WpHG auslösen. Dies kann bei Erwerbs- und Übernahmeangeboten insbesondere im Rahmen von gestreckten Entscheidungsprozessen der Fall sein, da der Vorrang der übernahmerechtlichen Veröffentlichungen in der Vorangebotsphase erst ab dem Zeitpunkt der Entscheidung zur Abgabe eines Angebots gilt.

77 Darüber hinaus verdrängt § 10 Abs. 6 WpÜG nicht die Beteiligungspublizität gem. §§ 20 f. AktG und §§ 21 ff. WpHG.[153] Auch bei den Veröffentlichungspflichten nach § 23 Abs. 1 und 2 WpÜG handelt es sich um angebots- und angebotsverfahrensspezifische Publizitätspflichten, die die Beteiligungspublizität grundsätzlich unberührt lassen. Eine Ausnahme gilt gemäß den Bestimmungen in § 25 Abs. 2a WpHG und § 25a Abs. 1 S. 5 WpHG, die einen ausdrücklichen Vorrang der übernahmerechtlichen Offenlegungspflicht gem. § 23 Abs. 1 WpÜG vor der wertpapierhandelsrechtlichen Mitteilungspflicht gem. der jeweils betroffenen Bestimmung enthalten. In diesem Zusammenhang ist zu berücksichtigen, dass insbesondere Irrevocable Undertakings, d.h. einseitig verpflichtende Vorverträge, in denen sich

---

145 Vgl. im Einzelnen § 31 Abs. 4 und 5 WpÜG.
146 § 23 Abs. 2 WpÜG.
147 Vgl. dazu Rn. 52.
148 Vgl. Rn. 52.
149 § 23 Abs. 2 S. 1 WpÜG i.VOMm. § 14 Abs. 3 S. 1 WpÜG.
150 § 10 Abs. 1 S. 1 WpÜG (Erwerbs- und Übernahmeangebote) bzw. § 35 Abs. 1 S. 1 WpÜG (Pflichtangebote) – vgl. dazu jeweils Rn. 42 ff.
151 Für Pflichtangebote verweist § 35 Abs. 1 S. 4 WpÜG auf diese Bestimmung.
152 Schwark/Zimmer/*Noack*/*Holzborn* § 10 Rn. 41; Assmann/Pötzsch/Schneider/*Assmann* § 10 WpÜG Rn. 78; Assmann/Pötzsch/Schneider/*Krause*/*Pötzsch* § 35 WpÜG Rn. 82; Steinmeyer/*Santelmann*/ *Steinhardt* § 10 Rn. 23; Steinmeyer/*Steinmeyer* § 35 Rn. 182.
153 Vgl. dazu Rn. 13 ff.

Aktionäre einer Zielgesellschaft unwiderruflich verpflichten, das Übernahmeangebot für die von ihnen gehaltenen Aktien anzunehmen, (Finanz-)Instrumente im Sinne der §§ 25 und 25a WpHG darstellen können.[154]

Auch Ad-hoc-Mitteilungspflichten der Zielgesellschaft bleiben von § 10 Abs. 6 WpÜG grundsätzlich unberührt.[155] Da die Zielgesellschaft etwa durch Kontrollerwerbsvorgänge i.S.v. § 35 WpÜG unmittelbar betroffen ist, können daher auch damit im Zusammenhang stehende Vorgänge die unmittelbare Betroffenheit der Zielgesellschaft begründen und eine Pflicht zur Ad hoc-Publizität auslösen.[156] Vielfach wird eine Pflicht der Zielgesellschaft aber schon deshalb entfallen, weil der Bieter den zu einem Pflichtangebot führenden Vorgang bereits seinerseits durch die ihn treffenden übernahmerechtlichen Veröffentlichungen in der Vorangebotsphase öffentlich gemacht hat. **78**

IV. Besonderheiten Insiderhandelsverbot/Ad-hoc-Verpflichtung

Im Zusammenhang mit öffentlichen Übernahmen sind neben den für alle M&A-Transaktionen geltenden allgemeinen Grundsätzen[157] folgende Besonderheiten zu beachten: **79**

1. Vorerwerbe, Warehousing

a) Vorerwerbe

Ein Beschluss des Bieters, ein Zielunternehmen zu übernehmen, stellt grundsätzlich eine Insiderinformation dar, bis er – regelmäßig durch die übernahmerechtliche Veröffentlichung in der Vorangebotsphase[158] – öffentlich bekannt wird. Im Zusammenhang mit Erwerbsvorgängen vor diesem Zeitpunkt können zwar andere Anleger benachteiligt werden, z.B. indem sie Wertpapiere der Zielgesellschaft verkaufen, die sie in Kenntnis des anstehenden Übernahmeangebots gehalten hätten.[159] Dennoch ist in der Durchführung solcher Erwerbsvorgänge keine verbotene Verwendung einer Insiderinformation anzunehmen, da der Bieter lediglich eine eigene unternehmerische Entscheidung verwirklicht.[160] Im Anwendungsbereich des WpÜG ist zudem zu berücksichtigen, dass dieses die Möglichkeit von Vorerwerben explizit anerkennt, wie sich beispielsweise aus § 31 Abs. 4, 5 WpÜG ergibt, so dass ein entsprechendes Verhalten auch nicht nach Insiderrecht unzulässig sein kann.[161] Den übernahmerechtlichen Aspekten von Vorerwerben von Wertpapieren der Zielgesellschaft durch den Bieter ist vielmehr dadurch Rechnung getragen worden, dass sie sich auf die Berechnung der vom Bieter zu offerierenden Gegenleistung für sein Übernahmeangebot auswirken.[162] **80**

Ein Verstoß gegen das Insiderhandelsverbot liegt allerdings dann vor, wenn der Bieter infolge einer Insiderinformation, die er nach Entwicklung des Plans zur Übernahme des Unternehmens erlangt, Aktienkäufe vornimmt, die über den ursprünglichen Plan hinausgehen.[163] **81**

---

154 Vgl. bereits Rn. 26; vgl. dazu auch *BaFin* Emittentenleitfaden, 4. Aufl. 2013, S. 146.
155 Schwark/Zimmer/*Noack/Holzborn* § 10 WpÜG Rn. 43; Assmann/Pötzsch/Schneider/*Krause/Pötzsch* § 35 WpÜG Rn. 183.
156 Assmann/Pötzsch/Schneider/*Assmann* § 10 WpÜG Rn. 80.
157 Vgl. Rn. 2 ff.
158 Vgl. Rn. 42 ff.
159 Schwark/Zimmer/*Schwark/Kruse* § 14 WpHG Rn. 76.
160 Vgl. Rn. 4.
161 Schwark/Zimmer/*Schwark/Kruse* § 14 WpHG Rn. 76; Assmann/Schneider/*Assmann* § 14 WpHG Rn. 140.
162 Vgl. § 31 Abs. 1 S. 2 WpÜG; § 4 WpÜG-AngebotsVO.
163 Vgl. bereits Rn. 4.

b) Warehousing

82 Informiert der Bieter etwa befreundete Aktionäre und/oder Banken über sein Übernahmevorhaben und fordert er sie dazu auf, ebenfalls Wertpapiere des Zielunternehmens zu erwerben (sog. Warehousing), ist zu differenzieren, ob die Angesprochenen diesem Ansinnen nachkommen oder nicht.

83 Im ersten Fall unterliegen sie in jeder Hinsicht den Insiderhandelsverboten aus § 14 Abs. 1 Nr. 1–3 WpHG.[164]

84 Folgen sie dem Ansinnen, ist darauf zu achten, dass sie die Voraussetzungen für mit dem Bieter gemeinsam handelnde Personen i.S.v. § 2 Abs. 5 S. 1 WpÜG erfüllen sowie als solche später in der Angebotsunterlage benannt werden. Denn nur dann liegt im Erwerb von Wertpapieren der Zielgesellschaft oder in der Ausübung von Stimmrechten aus Aktien der Zielgesellschaft i.S.d. § 2 Abs. 5 WpÜG keine Verwendung der erlangten Insiderinformation.[165] Anderenfalls sind sie nach überwiegender Auffassung so zu behandeln wie jeder sonst durch den Bieter über seinen Plan in Kenntnis gesetzte oder unter Mitteilung des Vorhabens zum Erwerb von Aktien der Zielgesellschaft aufgeforderte Dritte.[166]

2. Due Diligence Prüfung

85 Im Rahmen von freundlichen Übernahmen wird in der Regel eine Due Diligence Prüfung durch den Bieter durchgeführt.[167] Dabei erlangt ein Erwerbsinteressent möglicherweise Insiderinformationen, welche er bei dem beabsichtigten Erwerb grundsätzlich verwenden darf, solange er seinen eigenen Entschluss zum Auf- oder Ausbau einer Beteiligung in die Tat umsetzt, ohne zu diesem Plan durch Insiderwissen veranlasst oder beeinflusst worden zu sein.[168] Allerdings soll nach Auffassung der BaFin die Abgabe eines öffentlichen Übernahmeangebots, in welchem der Bieter eine Insiderinformation, die er im Rahmen einer Due Diligence Prüfung erlangt hat, in diesem Sinne verwendet, erst möglich sein, nachdem der Emittent eine entsprechende Ad-hoc-Mitteilung nach § 15 WpHG veröffentlicht hat.[169] Ob diese Restriktion weiter Bestand haben kann, erscheint auf der Grundlage des Spector-Urteils des EuGH[170] jedoch zweifelhaft.[171]

86 Veranlasst die im Rahmen der Due Diligence Prüfung durch den Bieter erworbene Kenntnis einer Insiderinformation diesen, sein Angebot zu verändern, kann nach Auffassung der BaFin auch im Fall des Kontrollerwerbs ein strafbarer Insiderhandel vorliegen, da dem Markt insoweit die erforderliche Transparenz vorenthalten wird.[172]

3. White Knight

87 Begibt sich die Zielgesellschaft auf die Suche nach einem White Knight[173] und stellt sie diesem im Rahmen einer Due Diligence Prüfung Informationen zur Verfügung, ist dies nach

---

164 Assmann/Schneider/*Assmann* § 14 WpHG Rn. 147.
165 Assmann/Schneider/*Assmann* § 14 WpHG Rn. 147; Schwark/Zimmer/*Schwark/Kruse* § 14 WpHG Rn. 77.
166 Assmann/Schneider/*Assmann* § 14 WpHG Rn. 147; Schwark/Zimmer/*Schwark/Kruse* § 14 WpHG Rn. 77; Fuchs/*Mennicke* § 14 Rn. 324; a.A. *Brandi/Süßmann* AG 2004, 642, 645.
167 Vgl. Rn. 39.
168 Vgl. Rn. 4.
169 *BaFin* Emittentenleitfaden, 4. Aufl. 2013, S. 39.
170 *EuGH* NZG 2010, 107 ff.; vgl. dazu auch *Cascante/Bingel* NZG 2010, 161 ff.
171 Vgl. dazu *Backhaus* NZG 2011, 416, 419.
172 *BaFin* Emittentenleitfaden, 4. Aufl. 2013, S. 39.
173 Vgl. dazu bereits Rn. 41.

den bereits dargestellten Grundsätzen zulässig.[174] Allerdings ist zu berücksichtigen, dass nach verbreiteter Auffassung die Bieter insoweit gleich zu behandeln sind.[175] Danach müsste auch der andere Bieter die dem White Knight eingeräumte Möglichkeit der Einsichtnahme haben und die relevanten Informationen müssten zur Verfügung gestellt oder veröffentlicht werden.[176]

88 Soweit dem White Knight die vom ursprünglichen Bieter erlangten Informationen mitgeteilt werden, damit er sich auf ein konkurrierendes Angebot vorbereiten kann, ist auch er ggf. in das Insiderverzeichnis der Zielgesellschaft aufzunehmen.[177] Als unzulässig wird es hingegen anzusehen sein, wenn die Weitergabe der erlangten Insiderinformation über ein bevorstehendes Übernahmeangebot nicht der Suche nach einem White Knight dient, sondern das Zielunternehmen Verbündete im Verteidigungskampf zu gewinnen sucht, welche die Wertpapiere der Zielgesellschaft aufkaufen sollen, um – entgegen dem Angebotsvereitelungsverbot aus § 33 WpÜG – die Erfolgschancen des geplanten Angebots des Bieters zu vermindern.[178]

89 Wer sich zur Übernahme der Rolle eines White Knight und damit zu einer Übernahme der Zielgesellschaft entschließt, verwendet beim Erwerb von deren Anteilen keine Kenntnis von einer Insiderinformation, sondern handelt in Ausführung seines eigenen Plans.[179] Besteht hingegen tatsächlich keine Übernahmeabsicht, spekuliert der vermeintliche White Knight also auf steigende Kurse nach Bekanntwerden des Übernahmeangebots, um die Wertpapiere dann wieder zu veräußern, oder will er die Erfolgsaussichten des ursprünglichen Bieters entgegen dem Angebotsvereitelungsverbot gem. § 33 Abs. 1 S. 1 WpÜG verringern, z.B. indem er die Zahl der übernahmefähigen Papiere vermindert, ist ein verbotenes Verwenden von Insiderinformationen i.S.v. § 14 Abs. 1 Nr. 1 WpHG anzunehmen.[180]

---

174 Vgl. dazu bereits Rn. 2; speziell bezüglich eines White Knight Assmann/Schneider/*Assmann* § 14 WpHG Rn. 150; Fuchs/*Mennicke* § 14 Rn. 101; Schwark/Zimmer/*Schwark/Kruse* § 14 WpHG Rn. 78.
175 *Steinmeyer/Steinhardt* § 3 Rn. 13; Schwark/Zimmer/*Noack/Zetzsche* § 33 WpÜG Rn. 12 m.w.N.; Geibel/Süßmann/*Schwennicke* § 3 Rn. 14; MK-AktG/*Schlitt/Ries* § 33 WpÜG Rn. 158; FK-WpÜG/*Röh* § 33 Rn. 77; a.A. etwa Assmann/Pötzsch/Schneider/*Krause/Pötzsch/Stephan* § 33 WpÜG Rn. 165.
176 Schwark/Zimmer/*Noack/Zetzsche* § 33 WpÜG Rn. 12 m.w.N.
177 Assmann/Schneider/*Assmann* § 14 WpHG Rn. 150 m.w.N.; vgl. zum Insiderverzeichnis bereits Rn 3.
178 Assmann/Schneider/*Assmann* § 14 WpHG Rn. 150; Schwark/Zimmer/*Schwark/Kruse* § 14 WpHG Rn. 78.
179 Schwark/Zimmer/*Schwark/Kruse* § 14 WpHG Rn. 78; Assmann/Schneider/*Assmann* § 14 WpHG Rn. 150; Fuchs/*Mennicke* § 14 Rn. 101.
180 Schwark/Zimmer/*Schwark/Kruse* § 14 WpHG Rn. 78; Assmann/Schneider/*Assmann* § 14 WpHG Rn. 152.

11. Kapitel
Erwerb eigener Aktien

Literatur: *Bezzenberger* Der Erwerb eigener Aktien durch die AG, 2002; *Bosse* Melde- und Informationspflicht nach dem Aktiengesetz und Wertpapierhandelsgesetz im Zusammenhang mit dem Rückkauf von Aktien, ZIP 1999, 2047; *Butzke* Gesetzliche Neuregelungen beim Erwerb eigener Aktien, WM 1995, 1389; *Cahn* Aktien der herrschenden AG in Fondsvermögen abhängiger Investmentgesellschaften, WM 2001, 1929; *ders.* Die Auswirkungen der Richtlinie zur Änderung der Kapitalrichtlinie auf den Erwerb eigener Aktien, Konzern 2007, 385; *Cahn/Ostler* Eigene Aktien und Wertpapiere, AG 2008, 221; *Diekmann/Merkner* Die praktische Anwendung des WpÜG auf öffentliche Angebote zum Erwerb eigener Aktien, ZIP 2004, 836; *Gamerdinger/Saupe* Kontrolle ausländischer Direktinvestitionen in der Bundesrepublik – eine Untersuchung der Kriterien, Möglichkeiten und Notwendigkeiten (II), AG 1976, 29; *Grüger* Kurspflegemaßnahmen durch den Erwerb eigener Aktien – Verstoß gegen das Verbot der Marktmanipulation nach § 20a WpHG?, BKR 2010, 221; *Habersack* Die finanzielle Unterstützung des Aktienerwerbs – Überlegungen zu Zweck und Anwendungsbereich des § 71a Abs. 1 S. 1 Aktiengesetz, FS Röhricht, S. 155; *Hitzke/Simon/Düchting* Behandlung eigener Aktien der Zielgesellschaft bei öffentlichen Übernahmeangeboten, AG 2012, 237; *Hölters* AktG, 2011; *Huber* Rückkauf eigener Aktien, FS Kropf 1997, S. 101; *ders.* Zum Aktienerwerb durch ausländische Tochtergesellschaften, FS Duden, 1977, S. 137; *Kessler* Die Leitungsmacht des Vorstandes einer Aktiengesellschaft (II), AG 1995, 120; *Kiem* Der Erwerb eigener Aktien bei der kleinen AG, ZIP 2000, 209; *Knoll* Kumulative Nutzung von bedingtem Kapital und Aktienrückkauf zur Bedienung von Aktienoptionsprogrammen – sind 10 % nicht genug?, ZIP 2002, 1382; *Koch* Der Erwerb eigener Aktien – kein Fall des WpÜG, NZG 2003, 61; *Ludwig* Verbotene finanzielle Unterstützung im Sinne des § 71a Abs. 1 S. 1 AktG ohne rechtsgeschäftliche Beteiligung der Zielgesellschaft?, FG Happ, 2006, S. 131; *Martens* Der Erwerb eigener Aktien zum Umtausch im Verschmelzungsverfahren, FS Boujong, 1996, S. 335; *Oechsler* Die Wertpapierleihe im Anwendungsbereich des § 71 AktG, AG 2010, 526; *Schmidt/Lutter* (Hrsg.) AktG, 2. Aufl. 2010; *Schmidt/Mühlhäuser* Rechtsfragen des Einsatzes von Aktienderivaten beim Aktienrückkauf, AG 2001, 493; *Schüppen/Schaub* (Hrsg.) Münchner Anwaltshandbuch Aktienrecht, 2. Aufl. 2010; *Seibt/Bremkamp* Erwerb eigener Aktien und Ad-hoc-Publizitätspflicht, AG 2008, 469; *Singhof* Zur finanziellen Unterstützung des Erwerbs eigener Aktien durch Kreditinstitute, NZG 2002, 745; *Spickhoff* Der verbotswidrige Rückerwerb eigener Aktien: Internationales Privatrecht und europäische Rechtsangleichung, BB 1997, 2593; *Spindler/Stilz* AktG, 2. Aufl. 2010; *Tollkühn* Die Schaffung von Mitarbeiteraktien durch kombinierte Nutzung von genehmigtem Kapital und Erwerb eigener Aktien unter Einschaltung eines Kreditinstituts, NZG 2004, 594; *Wilsing/Siebmann* Die Wiederveräußerung eigener Aktien außerhalb der Börse gem. § 71 Abs. 1 Nr. 8 Satz 5 Aktiengesetz, DB 2006, 881.

A. Erwerbsverbot und Ausnahmen

I. Grundsätzliches Erwerbsverbot

Aus dem Grundsatz der Kapitalaufbringung und -erhaltung heraus ist ein Erwerb eigener Aktien durch die AG grundsätzlich unzulässig. Das Verbot des Erwerbs eigener Aktien findet seine Grundlage in § 57 AktG: Die Zahlung eines Erwerbspreises für eigene Aktien stellt eine verbotene Rückgewähr der Einlagenleistung an den Aktionär dar, weil die Zahlung des

1

Erwerbspreises an den Aktionär nicht eine Verteilung des Bilanzgewinns ist.[1] Die durch Art. 1 Nr. 5 lit. a cc des Gesetzes zur Kontrolle und Transparenz im Unternehmensbereich (KonTraG) vom 27.11.1998 eingeführte Erwerbsausnahme in § 71 Abs. 1 Nr. 8 AktG führte zu einer Liberalisierung des Erwerbs, nicht jedoch zur Aufhebung des Erwerbsverbots.[2]

2 Das Erwerbsverbot verfolgt vier Ziele:[3]
– Stärkung des Gläubigerschutzes durch Kapitalerhaltung,
– Festlegung der Kompetenzverteilung in der AG,
– Gewährleistung der Gleichbehandlung der Aktionäre,
– Stärkung des Anlegerschutzes durch Vermeidung der Kursbeeinflussung durch den Vorstand.

3 Die Vorschriften der §§ 71 ff. AktG bestimmen eine Ausnahme vom Verbot des Erwerbs eigener Aktien. Sie regeln die Voraussetzungen von und Pflichten im Zusammenhang mit einem zulässigen Erwerb eigener Aktien durch die AG und identifizieren einem – zulässigen oder unzulässigen – Erwerb gleichgestellte Vorgänge sowie die Rechtsfolgen des Erwerbs und die rechtliche Behandlung der eigenen Aktien. Historisch bedingt gehen die Regelungen von einem grundsätzlich geltenden Erwerbsverbot mit Erlaubnisvorbehalt aus.[4]

1. Gegenstand des Erwerbsverbots

4 Das in § 71 AktG vorausgesetzte Verbot des Erwerbs eigener Aktien bezieht sich auf den Erwerb der Mitgliedschaft ohne Rücksicht auf Verbriefung und nähere Ausgestaltung der Aktien. Es ist damit z.B. unerheblich, ob Aktienurkunden ausgegeben wurden und ob die Aktien als Inhaber- oder Namensaktien, als Stamm- oder Vorzugsaktien ausgegeben sind. Der Begriff des Erwerbs erfasst jedes Rechtsgeschäft, durch das die AG dauerhaft oder vorübergehend Inhaber oder Mitinhaber der aktienrechtlichen Mitgliedschaft wird oder einen schuldrechtlichen Titel für einen solchen Erwerb schafft.[5] Die Einbeziehung des obligatorischen Rechtsgeschäfts, mithin der schuldrechtlichen Verpflichtung zur Übereignung von Aktien, ist in der Literatur nicht unbestritten. Die Anwendbarkeit auf das schuldrechtliche Verpflichtungsgeschäft begründet sich aber durch einen Umkehrschluss aus § 71 Abs. 4 S. 2 AktG, wonach das schuldrechtliche Geschäft im Falle des unzulässigen Erwerbs nichtig ist. Für diese Nichtigkeitsfolge kommt es nach dem klaren Gesetzeswortlaut nicht darauf an, dass das Geschäft vollzogen, also die Aktien in das Eigentum des Erwerbers übergegangen sind. Soweit der Eintritt der Nichtigkeitsfolge nicht zwingend von der Eigentumsübertragung der Aktien abhängt, muss konsequenterweise der Erwerbsbegriff auch das schuldrechtliche Verpflichtungsgeschäft umfassen.[6]

5 Als grundsätzlich verbotene Erwerbstatbestände, im Rahmen derer die AG eigene Aktien zumindest vorübergehend erlangt, sind beispielsweise zu nennen:
– Kauf,
– Tausch,
– unregelmäßige Verwahrung gem. § 700 BGB, §§ 13, 15 DepotG,
– Sicherungsübereignung,[7]

---

1 *Hüffer* § 71 Rn. 1.
2 *Hüffer* § 71 Rn. 2.
3 KölnKomm-AktG/*Lutter/Drygala* § 71 Rn. 10 ff.
4 KölnKomm-AktG/*Lutter/Drygala* § 71 Rn. 3 ff.
5 *Hüffer* § 71 Rn. 4; Schmidt/Lutter/*Bezzenberger* § 71 Rn. 7.
6 MK-AktG/*Oechsler* § 71 Rn. 73; Spindler/Stilz/*Cahn* AktG § 71 Rn. 35; *Hüffer* § 71 Rn. 4; Schmidt/Lutter/*Bezzenberger* § 71 Rn. 7; a.A. *Mick* DB 1999, 1201, 1202; *Schmid/Mühlhäuser* AG 2001, 493, 494.
7 MK-AktG/*Oechsler* § 71 Rn. 78, § 71e Rn. 9; KölnKomm-AktG/*Lutter/Drygala* § 71 Rn. 32, § 71e Rn. 10; *Hüffer* § 71e Rn. 2; a.A. Schmidt/Lutter/*Bezzenberger* § 71 Rn. 8, der die Sicherungsübereignung wie eine Inpfandnahme von Aktien behandelt.

- sonstige Formen der Treuhand (soweit damit eine Übereignung an die AG verbunden ist),
- Selbsteintritt der AG beim kommissionsweisen Verkauf (§ 400 Abs. 1 HGB),
- Vereinbarung eines Wiederverkaufsrechts zu Gunsten des Verkäufers (Reportgeschäft) oder eines Wiederkaufs der Aktien mit dem Verkäufer (Deportgeschäft),[8]
- Erwerb in der Zwangsvollstreckung,
- Erwerb von Ansprüchen auf den Erwerb (sog. Lieferansprüche) oder
- Termingeschäfte (Derivate),
- Begebung von Verkaufsoptionen.[9]

Der Erwerb des Miteigentums an eigenen Aktien ist ausreichend.[10] **6**

Ein Erwerbstatbestand im Sinne des § 71 AktG ist nicht gegeben, soweit das Rechtsgeschäft nicht auf den Erwerb der Mitgliedschaft ausgerichtet ist und daher kein Schuldverhältnis auf Übertragung von Aktien begründet. Die AG wird in diesen Fällen weder Inhaberin der Mitgliedschaft, noch erwirbt sie einen Anspruch auf Übertragung der Mitgliedschaft. **7**

Hierzu zählen beispielsweise: **8**
- Erwerb von mittelbaren oder unmittelbaren Bezugsrechten,[11]
- Erwerb von Dividendenscheinen, Genussscheinen oder Optionsscheinen,[12]
- Erwerb reiner Verfügungsmacht (Legitimationsübertragungen von Aktien, Verwaltungstreuhand),[13]
- Erwerb von Schuldverschreibungen,[14]
- „Rückerwerb" eigener Aktien nach Eintritt einer auflösenden Bedingung,[15]
- Termingeschäfte, die von vornherein auf eine Differenzausgleichszahlung in Geld gerichtet sind,[16]
- Kursgarantien (sofern zulässig[17]),[18]
- Erwerb der Beteiligung an einem Unternehmen, das Aktien der erwerbenden AG hält,[19]
- Kaduzierung von Aktien[20] (§ 71 AktG wird regelmäßig durch §§ 64, 65 AktG verdrängt[21]) oder
- Tauschverwahrung nach § 10 DepotG (das verwahrende Kreditinstitut wird zu keiner Zeit Eigentümer der hinterlegten Aktien).[22]

---

8 KölnKomm-AktG/*Lutter/Drygala* § 71 Rn. 33; MK-AktG/*Oechsler* § 71 Rn. 76.
9 Schmidt/Lutter/*Bezzenberger* § 71 Rn. 9; Spindler/Stilz/*Cahn* AktG § 71 Rn. 125, 194 ff.; MK-AktG/*Oechsler* § 71 Rn. 82.
10 KölnKomm-AktG/*Lutter/Drygala* § 71 Rn. 35.
11 KölnKomm-AktG/*Lutter/Drygala* § 71 Rn. 38 f.
12 *Hüffer* § 71 Rn. 5.
13 *Hüffer* § 71 Rn. 6; KölnKomm-AktG/*Lutter/Drygala* § 71 Rn. 42.
14 *Hüffer* § 71 Rn. 5; MK-AktG/*Oechsler* § 71 Rn. 73.
15 Spindler/Stilz/*Cahn* AktG § 71 Rn. 39; KölnKomm-AktG/*Lutter/Drygala* § 71 Rn. 33; zweifelnd MK-AktG/*Oechsler* § 71 Rn. 76.
16 KölnKomm-AktG/*Lutter/Drygala* § 71 Rn. 43; MK-AktG/*Oechsler* § 71 Rn. 84; a.A. Spindler/Stilz/*Cahn* AktG § 71 Rn. 200.
17 Kursgarantien sind zulässig in Form einer Option auf Wiederveräußerung von Aktien zu einem festen Kurs, vgl. Spindler/Stilz/*Cahn* AktG § 57 Rn. 44. Eine Kursgarantie, nach der die AG zur Erstattung von Kursdifferenzen oder zum Erwerb eigener Aktien zu einem festen Mindestkurs gegenüber einem Aktionär verpflichtet wäre, verstößt gegen § 57 AktG, vgl. MK-AktG/*Bayer* § 57 Rn. 86; Spindler/Stilz/*Cahn* AktG § 57 Rn. 44.
18 MK-AktG/*Oechsler* § 71 Rn. 85.
19 KölnKomm-AktG/*Lutter/Drygala* § 71 Rn. 44.
20 KölnKomm-AktG/*Lutter/Drygala* § 71 Rn. 40; MK-AktG/*Oechsler* § 71 Rn. 91.
21 Die Ersteigerung kaduzierter Anteile nach § 65 Abs. 3 AktG durch die AG unterfällt wieder dem Erwerbsverbot; KölnKomm-AktG/*Lutter/Drygala* § 71 Rn. 40; MK-AktG/*Oechsler* § 71 Rn. 91.
22 *Hüffer* § 71 Rn. 6; KölnKomm-AktG/*Lutter/Drygala* § 71 Rn. 41.

9 Ausnahmsweise gilt der Erwerb von Beteiligungen an Unternehmen, die Aktien an der AG halten, als Erwerb im Sinne des § 71 AktG, wenn die Aktien nahezu das gesamte Vermögen des Unternehmens ausmachen.[23] In diesem Fall wäre das erworbene Unternehmen mit der AG als identisch anzusehen und die Beteiligung dem Erwerb der Aktien wirtschaftlich gleichzustellen.[24] Vgl. im Übrigen zum Erwerb von Unternehmen, die Aktien am Erwerber halten, Rn. 26 ff.

10 Das Erwerbsverbot des § 71 AktG betrifft den derivativen Erwerb bereits existierender Mitgliedschaften. Soweit die AG beabsichtigt, neue Aktien aus der Gründung oder aus einer Kapitalerhöhung zu übernehmen oder zu zeichnen, ist dieser originäre Erwerb nach §§ 56, 215 Abs. 1 AktG ausnahmslos aus dem Gesichtspunkt des Grundsatzes der Kapitalaufbringung heraus verboten.

2. Umgehungsgeschäfte, § 71a AktG

11 Damit das gesetzliche Erwerbsverbot nicht durch missbräuchliche Transaktionsgestaltung ausgehebelt wird, stellt das Gesetz in §§ 71a ff. AktG bestimmte Sachverhalte dem Erwerb eigener Aktien gleich. § 71a AktG betrifft Finanzierungs- und Hilfsgeschäfte, mit denen die AG Dritten ermöglicht, ihre Aktien zu erwerben, oder mit denen sie eigene Aktien durch Dritte erwirbt.[25] Derartige Geschäfte werden gesetzlich als Umgehungsgeschäfte qualifiziert. Abs. 1 bestimmt ein generelles Finanzierungsverbot für Finanzierungsleistungen, bei denen die AG keine Einflussmöglichkeiten hat. Demgegenüber betrifft Abs. 2 Finanzierungsleistungen, bei denen die AG eine gewisse Kontrolle auf das Verhalten der Erwerber hat. In diesem Fall ist das Rechtsgeschäft zulässig, wenn die Voraussetzungen des § 71 Abs. 1 und 2 AktG erfüllt sind. Der Vorstand muss daher in jedem Einzelfall – ggf. unter Hinzuziehung eines Beraters – prüfen, ob eine beabsichtigte Maßnahme im Zusammenhang mit eigenen Maßnahmen ein Umgehungsgeschäft darstellen kann.

a) Finanzielle Unterstützung des Erwerbs eigener Aktien

12 Verbotene Geschäfte sind gem. § 71a Abs. 1 AktG die Gewährung eines Vorschusses, Darlehens und einer Sicherheitsleistung zum Zweck des Erwerbs von Aktien an dieser Gesellschaft. In diesem Zusammenhang geht es ausschließlich um den Erwerb eigener Aktien durch andere Dritte für deren eigene Rechnung oder für Rechnung Dritter, jedoch nicht für Rechnung der AG selbst oder eines mit ihr verbundenen Unternehmens.[26] Der AG ist es verboten, den Erwerb von Aktien durch Dritte aus Gesellschaftsmitteln zu fördern, sei es unmittelbar durch die finanzielle Unterstützung des Erwerbsgeschäfts oder mittelbar durch das Bereitstellen von Sicherheiten.

13 Ein Vorschuss ist die vorfällige Leistung der AG an einen Dritten auf eine anderweitig bestehende Verbindlichkeit.[27] Dies sind insbesondere Fälle einer vorzeitigen Tilgung einer Verbindlichkeit aus sonstigen Rechtsgeschäften der AG mit Dritten, z.B. einer Kaufpreisschuld oder eines Darlehens.[28]

14 Der Begriff des Darlehens umfasst Darlehensverträge nach §§ 488, 607 BGB sowie Sachdarlehen gem. § 607 BGB, aber auch vergleichbare Kreditgewährungen. Maßgebend für die

---

23 Hölters/*Solveen* § 71 Rn. 3; MK-AktG/*Oechsler* § 71 Rn. 5.
24 Großkomm-AktG/*Merkt* § 71 Rn. 156; KölnKomm-AktG/*Lutter*/*Drygala* § 71 Rn. 44; MK-AktG/ *Oechsler* § 71 Rn. 95.
25 *Hüffer* § 71a Rn. 1.
26 KölnKomm-AktG/*Lutter*/*Drygala* § 71a Rn. 25.
27 *Hüffer* § 71a Rn. 2.
28 KölnKomm-AktG/*Lutter*/*Drygala* § 71a Rn. 28.

Einstufung als Darlehen im Sinne des § 71a AktG ist das Vorliegen einer Finanzierungswirkung, so dass jede Einräumung eines Zahlungsziels dem Verbotstatbestand unterfällt.[29]

Die AG leistet eine Sicherheit im Sinne der Vorschrift, wenn beliebige Dritte potentiellen Aktienerwerbern Kredit gewähren und die AG das Risiko des Dritten durch Einsatz ihrer Mittel übernimmt oder mildert.[30] Welche Mittel zur Sicherheit gewährt werden, d.h. Hypothek, Grundschuld, Bürgschaft, Pfandrechte, Sicherungsübereignungen oder Garantien etc., ist irrelevant.[30] **15**

§ 71a Abs. 1 S. 1 AktG wird von der h.L. als offener Tatbestand betrachtet, der durch Regelbeispiele konkretisiert wird.[31] Richtiger ist angesichts des Wortlauts, der eher eine abschließende als eine exemplarische Aufzählung nahelegt, wohl eher eine analoge Anwendung auf Gestaltungen, die bei wirtschaftlicher Betrachtung ähnlichen Finanzierungscharakter haben.[32] Neben den genannten Geschäftstypen können daher auch weitere Geschäfte unter das Umgehungsverbot des § 71a AktG fallen. Die Reichweite des Förderverbots bestimmt sich im Einzelfall anhand des Zwecks der Vorschrift.[33] Der Vorstand soll nicht ohne Beteiligung der Hauptversammlung und weitere Schutzmaßnahmen zu Gunsten von Aktionären und Gläubigern den Anteilserwerb eines Dritten auf Kosten des Gesellschaftsvermögens ermöglichen. Es soll vermieden werden, dass die AG ein Ausfall- oder Insolvenzrisiko zu Lasten des Gesellschaftsvermögens auf sich nimmt, welches sie vorher nicht tragen musste.[34] **16**

So wird eine der Darlehensgewährung gleichende Finanzierungswirkung bei Austauschgeschäften bejaht, wenn die AG ohne ein eigenes wirtschaftliches Interesse vom Erwerber der Aktien einen Gegenstand oder ein Unternehmen über Wert erwirbt.[35] Notwendig ist ein Finanzierungsbeitrag der AG, der in Fällen dieser Art auch in der Verschaffung von Liquidität aus dem Verkauf eines Vermögenswerts liegen kann.[35] § 71a AktG greift daher im Rahmen von solchen Austauschverträgen immer dann ein, wenn der betreffende Gegenstand nicht anderweitig veräußerbar gewesen wäre und der Aktionär zum Erwerb der Aktien auf einen Liquiditätszufluss angewiesen ist.[36] In diesem Zusammenhang wird auch das Konkurrenzverhältnis zu § 57 AktG (Verbot der Einlagenrückgewährung) deutlich. Soweit nicht vollwertige Gegenleistungen gewährt werden, zahlt die AG dem Aktionär einen Beitrag außerhalb der Dividendenzuteilung, so dass das Rechtsgeschäft wegen dieser verbotenen Einlagenrückzahlung bereits gem. § 57 AktG verboten ist. **17**

Auch kann die Einlage einer AG als stiller Gesellschafter bei einem Dritten unter den Rechtsgedanken des Darlehens im Sinne des Vorschrift fallen.[37] Die (Wieder-)Ausgabe eigener Aktien unter Wert sowie die Ausschüttung von Dividenden sind vom Anwendungsbereich des § 71a AktG jedoch nicht erfasst.[38] Soweit Aktien unter Wert ausgegeben werden oder ein Verstoß der Ausschüttung gegen § 57 Abs. 3 AktG vorliegt, sind diese Rechtsgeschäfte bereits nach anderen aktienrechtlichen Vorschriften unzulässig. **18**

---

29 MK-AktG/*Oechsler* § 71a Rn. 17.
30 *Hüffer* § 71a Rn. 2.
31 *Hüffer* § 71a Rn. 2; *Singhof* NZG 2002, 745, 746; ablehnend *Habersack* FS Röhricht, 2005, S. 155, 169 ff.
32 Im Ergebnis ebenso *Ludwig* FG Happ, 2006, S. 131; vgl. auch OLG Düsseldorf ZIP 2006, 516, 518 ff.
33 MK-AktG/*Oechsler* § 71a Rn. 15.
34 KölnKomm-AktG/*Lutter/Drygala* § 71a Rn. 27; MK-AktG/*Oechsler* § 71a Rn. 19.
35 KölnKomm-AktG/*Lutter/Drygala* § 71a Rn. 29; MK-AktG/*Oechsler* § 71a Rn. 20.
36 KölnKomm-AktG/*Lutter/Drygala* § 71a Rn. 29.
37 MK-AktG/*Oechsler* § 71a Rn. 23.
38 MK-AktG/*Oechsler* §§ 71a Rn. 24; KölnKomm-AktG *Lutter/Drygala* § 71a Rn. 31 f.

19 Die vertragliche Zusicherung einer Break-Up-Gebühr durch eine Zielgesellschaft gegenüber dem Bieter im Rahmen von Verhandlungen über eine freundliche Übernahme fällt regelmäßig nicht unter § 71a Abs. 1 AktG.[39] Der beabsichtigte Aktienerwerb wird mit Zusicherung einer Break-Up-Gebühr nicht finanziert. Vielmehr sollen die wirtschaftlichen Folgen des unterbliebenen Erwerbs im Falle des Scheiterns der Verhandlungen ausgeglichen werden. Allerdings stellt sich die Situation dann anders dar, wenn der Interessent während der Schwebephase des Geschäfts Aktien der Zielgesellschaft erwirbt, die er auch nach dem Scheitern behalten darf. Wenn er in diesem Fall aus Gesellschaftsmitteln die Break-Up-Gebühr erhält, kann dies als Finanzierung des im Vorgriff auf das in Aussicht genommene Hauptgeschäft getätigten Aktienerwerbs i.S.v. § 71a Abs. 1 AktG angesehen werden.[39]

20 Zur Abgrenzung zwischen zulässigen allgemeinen Kreditgeschäften der AG mit Dritten oder Aktionären und verbotenen Umgehungsgeschäften i.S.v. § 71a Abs. 1 AktG kann auf den Funktionsbezug zum geplanten Erwerb eigener Aktien durch den Dritten als Finalitätskriterium abgestellt werden.[40] In den Fällen des § 71a Abs. 1 AktG müssen sich AG und Vertragspartner ausdrücklich oder konkludent darüber einig sein, dass die entsprechende Leistung der AG zum Erwerb von Aktien dieser Gesellschaft dient oder dafür verwandt werden soll.[41] Der Nachweis wird in der Praxis wohl regelmäßig nur anhand von Indizien zu führen sein.

21 Ausgenommen von dem in § 71a AktG normierten Finanzierungsverbot sind gemäß dortigem S. 2 zwei Fallgruppen:
– Finanzierungsgeschäft und Sicherheitsleistung, die durch ein Kreditinstitut i.S. d. § 1 Abs. 1, § 2 Abs. 1 KWG oder Finanzdienstleistungsinstitut im Sinne der §§ 1 Abs. 1a, 2 Abs. 6 KWG im Rahmen des laufenden Geschäfts vorgenommen werden, und
– Finanzierungsgeschäfte und Sicherheitsleistung, die den Erwerb von Belegschaftsaktien betreffen.

22 Ferner gilt das Verbot gem. § 71a Abs. 1 S. 3 AktG nicht für Rechtsgeschäfte bei Bestehen eines Beherrschungs- oder Gewinnabführungsvertrages im Sinne des § 291 AktG. Die AG darf deshalb den Erwerb ihrer Aktien durch einen berechtigten Vertragsteil finanziell unterstützen, ebenso den Erwerb durch einen Dritten auf Veranlassung des berechtigten Vertragsteils.[42]

b) Handeln für Rechnung der AG

23 Gem. § 71a Abs. 2 AktG ist der Erwerb durch einen Dritten (im Wege der mittelbaren Stellvertretung) auf Rechnung der AG im gleichen Maße wie der offene derivative Erwerb eigener Aktien grundsätzlich verboten und nur in Übereinstimmung mit den Voraussetzungen des § 71 Abs. 1 und 2 AktG gestattet. Der Verbotstatbestand erfasst insbesondere Auftrag, Geschäftsbesorgung oder Kommission, die darauf gerichtet sind, dass der Geschäftspartner Aktien der AG für deren Rechnung, mithin als ihr mittelbarer Stellvertreter erwerben darf oder soll.

24 Diesem steht der Erwerb für Rechnung von der AG abhängiger oder in ihrem Mehrheitsbesitz stehender Unternehmen gleich.

25 Soweit ein Beauftragter als unmittelbarer Stellvertreter der AG tätig geworden ist, gelten §§ 71, 71d S. 2 HS 1 AktG.

---

39 KölnKomm-AktG/*Lutter/Drygala* § 71a Rn. 34.
40 *Hüffer* § 71a Rn. 3; KölnKomm-AktG/*Lutter/Drygala* § 71a Rn. 39 ff.
41 *Hüffer* § 71a Rn. 3.
42 Vgl. einschränkend *Hüffer* § 71a Rn. 6a.

3. Erwerb eigener Aktien durch Dritte, § 71d AktG

Während § 71a Abs. 2 AktG das grundlegende Rechtsgeschäft (i.d.R. das Auftragsverhältnis) zwischen der AG und ihrem mittelbaren Stellvertreter erfasst, betrifft § 71d AktG Fälle, in denen die AG über einen mittelbaren Stellvertreter eigene Aktien erwirbt und besitzt. **26**

Tatbestandlich erfasst die Norm den Fall, dass ein Dritter in eigenem Namen, aber für Rechnung der AG Aktien erwirbt und hält. Es soll vermieden werden, dass die AG eigene Aktien nicht selbst, sondern lediglich über Dritte besitzt und im Rahmen des Erwerbs die strengen Voraussetzungen eines zulässigen Erwerbs eigener Aktien umgeht.[43] Ein solcher Erwerb ist nur zulässig, wenn ein Erwerbsanlass im Sinne des § 71 Abs. 1 AktG vorliegt. **27**

§ 71d S. 2 AktG erweitert den Anwendungsbereich auf von der AG abhängige (§ 17 AktG) oder in ihrem Mehrheitsbesitz (§ 16 AktG) stehende Unternehmen, die Aktien der Muttergesellschaft erwerben, und unterwirft diese den gleichen Regeln, die für die herrschende AG gelten. Ebenso eingeschränkt zulässig ist die mittelbare Stellvertretung für abhängige oder im Mehrheitsbesitz der AG stehende Unternehmen. **28**

Somit verbietet § 71d AktG den Erwerb eigener Aktien durch Zwischenschaltung eines mittelbaren Stellvertreters, den Erwerb der eigenen Aktien durch ein Tochterunternehmen sowie den Erwerb eigener Aktien durch einen für ein Tochterunternehmen handelnden mittelbaren Stellvertreter außerhalb der Grenzen des § 71 Abs. 1 und 2 AktG. **29**

Zulässig bleiben solche Erwerbe bei Vorliegen der jeweiligen Tatbestände der in § 71 Abs. 1 AktG normierten Erwerbsanlässe. Diese sind insoweit bei einem Erwerb durch einen Dritten grundsätzlich, aber nicht in allen Fällen auf die Gesellschaft selbst zu beziehen. Im Einzelnen gilt Folgendes zu den Erwerbsanlässen des § 71 Abs. 1 AktG:[44] **30**

- Nr. 1: Der Erwerb ist notwendig, um von der AG einen Schaden abzuwenden. **31**
- Nr. 2: Die Aktien sollen Arbeitnehmern der AG zum Erwerb angeboten werden. Den Vorstand der AG trifft auch die in § 71 Abs. 3 S. 2 AktG normierte Pflicht zur Abgabe der Belegschaftsaktien binnen Jahresfrist (§ 71d S. 2 i.V.m. § 71 Abs. 3 S. 2 AktG).[45]
- Nr. 3: Aktionäre der AG sollen abgefunden werden.
- Nr. 4: Der mittelbare Vertreter erbringt keine Gegenleistung oder führt als Kreditinstitut eine Einkaufskommission über Aktien der AG aus.
- Nr. 5: Der mittelbare Vertreter ist Gesamtrechtsnachfolger.
- Nr. 6: Die Möglichkeit des Erwerbs eigener Aktien zur Einziehung über einen mittelbaren Vertreter besteht nicht.[46]
- Nr. 7: Soweit ein Kreditinstitut, Finanzdienstleistungsinstitut und Finanzunternehmen eigene Aktien als Handelsbestand halten darf, darf dies auch der mittelbare Stellvertreter.[44]

Für die Einhaltung der Erwerbsgrenze von 10 % (§ 71 Abs. 2 AktG) ist gem. § 71d S. 3 AktG auch auf das Vermögen der AG abzustellen.[47] Es kommt also darauf an, ob die von dem mittelbaren Vertreter bereits erworbenen Aktien und die von der AG bereits gehaltenen Aktien zusammengerechnet die Grenze von 10 % nicht überschreiten.[48] Die Rücklage gem. § 71 Abs. 2 S. 2 AktG, § 272 Abs. 4 HGB muss – auch im Fall eines Erwerbs durch ein abhängiges oder im Mehrheitsbesitz der AG stehendes Unternehmen – von der AG gebildet werden können. **32**

---

43 *Hüffer* § 71d Rn. 1.
44 *Hüffer* § 71d Rn. 3.
45 MK-AktG/*Oechsler* § 71d Rn. 10.
46 Hölters/*Solveen* § 71d Rn. 3; *Hüffer* § 71d Rn. 3.
47 MK-AktG/*Oechsler* § 71d Rn. 6.
48 *Hüffer* § 71d Rn. 4.

33 Wechselseitige Beteiligungen im Sinne des § 19 AktG können allenfalls vorübergehend bestehen, da Aktien der herrschenden Gesellschaft gem. § 71d S. 2 AktG durch ein Tochterunternehmen nur erworben werden dürfen, wenn die Voraussetzungen des § 71 Abs. 1 und 2 AktG vorliegen, und darüber hinaus der Veräußerungspflicht aus §§ 71a, 71d S. 4 AktG unterliegen.

4. Inpfandnahme eigener Aktien, § 71e AktG

34 § 71e AktG stellt die Inpfandnahme eigener Aktien dem Erwerb eigener Aktien gleich und begründet so ein grundsätzliches Verbot, eigene Aktien als Pfand zu nehmen. Die Inpfandnahme ist nur zulässig, wenn die Voraussetzungen des § 71 Abs. 1 und 2 AktG erfüllt sind.

a) Begriff der Inpfandnahme

35 Inpfandnahme ist die rechtsgeschäftliche Begründung von Pfandrechten (§§ 1205, 1206 i.V.m. §§ 1292, 1293 BGB oder § 1274 i.V.m. § 398 BGB). Regelmäßig sind dies Fälle eines Ersterwerbs eines Pfandrechts durch Bestellung nach § 1206 BGB an einer Namensaktie oder Inhaberaktie oder die Verpfändung der Aktien nach § 1274 BGB.[49] Ferner ist auch die Inpfandnahme eigener Aktien als Kaution von leitenden Angestellten oder Vorstandsmitgliedern sowie die Inpfandnahme aufgrund allgemeiner Geschäftsbedingungen erfasst.[50] Entscheidend ist, dass dem Inhaber des Rechts eine Verwertungsbefugnis erteilt wird.[51]

36 Der Pfandrechtserwerb kraft Gesetzes unterfällt dagegen grundsätzlich nicht dem Verbot des § 71e AktG.[52] Dies gilt allerdings nicht uneingeschränkt. Für die Fälle des § 401 BGB, in denen ein Pfandrecht gem. der gesetzlichen Vorschrift mit übergeht, wenn die zugrunde liegende Forderung rechtsgeschäftlich abgetreten wird, liegt der Schwerpunkt der Betrachtung in dem rechtsgeschäftlichen Erwerbstatbestand. Daher muss in diesem Fall trotz gesetzlicher Anordnung des Übergangs des Pfandrechts das Verbot des § 71e AktG eingreifen.[53]

37 Ferner unterfällt das Pfändungspfandrecht gem. § 804 ZPO als gesetzliches Pfandrecht nicht dem Verbot des § 71e AktG.[54]

38 Mit einem Verweis auf § 71a AktG schließt die Regelung in § 71e AktG auch Umgehungsgeschäfte aus. Finanzierungsgeschäfte der AG, die es einem Dritten ermöglichen sollen, Gesellschaftsansprüche und deren Besicherung durch Pfandrechte zu erwerben, sind unzulässig und nichtig.[55] Erfasst werden auch Auftrags- und Geschäftsbesorgungsverhältnisse nach § 71a Abs. 2 AktG, nach denen ein Dritter als mittelbarer Stellvertreter der AG oder eines Tochterunternehmens tätig werden soll, wenn die AG selbst die Aktie nach §§ 71 Abs. 1 oder Abs. 2 AktG nicht als Pfand annehmen darf. Auch in diesen Fällen gilt wiederum die Ausnahme für laufende Geschäfte von Kreditinstituten oder Finanzdienstleistungsinstituten.

b) Rechtfertigender Anlass der Inpfandnahme

39 Eigene Aktien dürfen somit nur in Pfand genommen werden, wenn ein Erwerbsanlass im Sinne des § 71 Abs. 1 AktG vorliegt und die zusätzlichen Voraussetzungen des § 71 Abs. 2 AktG erfüllt sind. Praktisch relevant ist der Fall, wenn die Aktien zur Schadensabwehr

---

49 MK-AktG/*Oechsler* § 71e Rn. 5.
50 *Hüffer* § 71e Rn. 7; KölnKomm-AktG/*Lutter/Drygala* § 71e Rn. 8.
51 MK-AktG/*Oechsler* § 71d Rn. 8.
52 KölnKomm-AktG/*Lutter/Drygala* § 71e Rn. 6.
53 KölnKomm-AktG/*Lutter/Drygala* § 71e Rn. 8; MK-AktG/*Oechsler* § 71e Rn. 5; GroßKomm-AktG/*Merkt* § 71e Rn. 13.
54 MK-AktG/*Oechsler* § 71e Rn. 6.
55 *Hüffer* § 71e Rn. 6.

gem. § 71 Abs. 1 Nr. 1 AktG in Pfand genommen werden.[56] Ein solcher Fall tritt regelmäßig ein, wenn die AG zur Sicherung einer früher begründeten Forderung, für die andere Sicherungsmittel nicht verfügbar sind, eigene Aktien in Pfand nimmt.[57]

In Betracht kommt weiter eine Anwendung von § 71 Abs. 1 Nr. 4 AktG, etwa wenn eine bestehende Forderung ohne wirtschaftlichen Gegenwert nachträglich besichert werden soll und die AG hierfür eigene Aktien unentgeltlich in Pfand nimmt.[58] Unentgeltlichkeit kann allerdings in Fällen einer gleichzeitigen Stundung, Zinsverbilligung oder Erweiterung eines Kreditrahmens im Nachhinein nicht angenommen werden, da der Gläubiger damit ein Recht oder eine Rechtsposition aufgibt; hierin ist einen Gegenleistung und damit ein Entgelt zu sehen.[59] Eine Unentgeltlichkeit ist praktisch nur dann gegeben, wenn der Schuldner nachträglich das Pfandrecht bestellt, ohne dass dem Gläubiger anderenfalls ein Recht zur Kündigung oder zur Zinserhöhung zugestanden hätte.[60] **40**

Ferner ist die Inpfandnahme eigener Aktien im Rahmen eines Ermächtigungsbeschlusses ohne Zweckvorgabe nach § 71 Abs. 1 Nr. 8 AktG denkbar,[61] wenn auch praktisch kaum relevant. **41**

c) Ausnahmetatbestände

Eine Ausnahme von dem Verbot der Inpfandnahme gilt für laufende Bank- und Finanzierungsdienstleistungsgeschäfte nach § 71e Abs. 1 S. 2 AktG. Im Rahmen des laufenden Geschäfts dürfen Kreditinstitute oder Finanzdienstleistungsinstitute eigene Aktien bis zur Höchstgrenze von 10 % des Grundkapitals als Pfand annehmen. **42**

II. Ausnahmen vom Erwerbsverbot

Die Zahlung des Erwerbspreises stellt keine verbotene Einlagenrückgewähr dar und der Erwerb eigener Aktien ist demnach im Sinne des § 57 Abs. 1 S. 2 AktG zulässig, wenn ein Tatbestand des § 71 Abs. 1 AktG erfüllt ist.[62] Dieser Katalog ist abschließend. Der Vorstand muss vor Erwerb eigener Aktien prüfen und durch organisatorische Maßnahmen sicherstellen, dass nachfolgende aktienrechtliche Voraussetzungen erfüllt sind. **43**

1. Schadensabwehr

Die AG darf gem. § 71 Abs. 1 Nr. 1 AktG eigene Aktien erwerben, wenn **44**
– ein schwerer, unmittelbarer Schaden bevorsteht und
– der Erwerb eigener Aktien zur Abwehr notwendig ist.

Der Erwerbstatbestand der Schadensabwehr ist restriktiv auszulegen, da er für den Vorstand eine Sonderkompetenz begründet.[63] Vor dem Hintergrund der Regelung des § 71 Abs. 1 Nr. 8 AktG darf der Vorstand eigene Aktien als finanzpolitisches Instrument nur mit **45**

---

56 KölnKomm/*Lutter/Drygala* § 71e Rn. 6.
57 *Hüffer* § 71e Rn. 3.
58 *Hüffer* § 71e Rn. 3; MK-AktG/*Oechsler* § 71e Rn. 14; Spindler/Stilz/*Cahn* AktG § 71e Rn. 8.
59 MK-AktG/*Oechsler* § 71e Rn. 14; Spindler/Stilz/*Cahn* AktG § 71e Rn. 8; KölnKomm-AktG/*Lutter/ Drygala* § 71e Rn. 14; a.A. *Hüffer* § 71e Rn. 3 der allein auf den wirtschaftlichen Gegenwert abstellt, diesen für die genannten Fälle ausschließt und ein Entgelt verneint.
60 MK-AktG/*Oechsler* § 71e Rn. 14; Spindler/Stilz/*Cahn* AktG § 71e Rn. 8; KölnKomm-AktG/*Lutter/ Drygala* § 71e Rn. 14.
61 MK-AktG/*Oechsler* § 71e Rn. 17.
62 Hölters/*Solveen* § 71 Rn. 1; *Hüffer* § 71 Rn. 1.
63 KölnKomm-AktG/*Lutter/Drygala* § 71 Rn. 46; MK-AktG/*Oechsler* § 71 Rn. 103, 107.

entsprechender Ermächtigung durch die Hauptversammlung erwerben.[64] Der Erwerbstatbestand der Schadensabwehr ermöglicht dem Vorstand nur ausnahmsweise ein eigenmächtiges Handeln zum Erwerb eigener Aktien ohne Beteiligung der Hauptversammlung.[64] Diese Sonderkompetenz greift nur ein, wenn eine Ermächtigung durch die Hauptversammlung nicht einholbar ist.[64] Soweit eine Beteiligung der Hauptversammlung aus Zeitmangel, z.B. bei Gefahr im Verzug, nicht möglich ist, darf der Vorstand zur Abwehr eines Schadens eigene Aktien erwerben.[64] Der Ausnahmetatbestand ist jedoch keine Grundlage dafür, dass der Vorstand grenzenlos ohne Beteiligung der Hauptversammlung eigene Aktien erwirbt.[64]

a) Schadensbegriff

46   Der Schadensbegriff erfasst jede Vermögenseinbuße im Sinne der §§ 249 ff. BGB, die ohne den Erwerb eintreten würde. Hierzu zählt grundsätzlich auch entgangener Gewinn.[65] § 71 Abs. 1 Nr. 1 AktG kann jedoch nicht als Grundlage herangezogen werden, um Spekulationsgewinne in eigenen Aktien zu erzielen. Daher fällt der entgangene Spekulationsgewinn ebenso aus dem Schadensbegriff wie der mit dem Kursrückgang in einem etwa vorhandenen Bestand an eigenen Aktien verbundene Wertverlust.[66] Es muss ein Schaden der Gesellschaft vorliegen, nicht der Gesellschafter.[67]

47   Als Schaden ist der gezielt gegen die AG geführte Angriff (Baisse) zu nennen, dessen Ziel die Zerstörung der Kreditwürdigkeit der AG ist.[68] Der Erwerb eigener Aktien nach § 71 Abs. 1 Nr. 1 AktG zwecks bloßer Kurspflege ist hingegen unzulässig.[69]

48   Schließlich kommt ein zulässiger Aktienerwerb in Betracht, wenn der Schuldner der AG sonst nicht leistungsfähig wäre. Dies ist zum Beispiel der Fall, wenn zur Realisierung der Forderung eigene Aktien gepfändet oder verwertet werden müssen.[70]

49   Eine feindliche Übernahme gilt nach überwiegender Ansicht nicht als Schaden.[71] Dem Vorstand ist es nicht gestattet, eigenverantwortlich eigene Aktien auf Basis von § 71 Abs. 1 Nr. 1 AktG zu erwerben, um eine feindliche Übernahme zu verhindern. Dadurch würde der Vorstand seine Kompetenzen überschreiten und abseits der Erwerbszwecke des § 71 AktG auf die Beteiligungsstruktur der Gesellschaft Einfluss nehmen. Dies geht konform mit dem in § 33 WpÜG festgelegten Vereitelungsverbot.[72] Allerdings kann ausnahmsweise ein Erwerb zur Schadensabwehr im Sinne des § 71 Abs. 1 Nr. 1 AktG in einer Übernahmesituation begründet sein, wenn der Erwerb nicht auf die Erlangung der unternehmerischen Führung der Gesellschaft abzielt, sondern der Übernehmende die Gesellschaft ausplündern oder vernichten will.[73] In diesem Fall ist die beabsichtigte Übernahme als Schaden zu qualifizieren und eine Erwerb eigener Aktien zur Abwehr dieses Schadens zulässig. Der Vorstand muss anhand objektiver Kriterien darlegen und nachweisen, dass eine Schädigungsabsicht mit hinreichender Wahrscheinlichkeit besteht.[74]

---

64   MK-AktG/*Oechsler* § 71 Rn. 107.
65   *Hüffer* § 71 Rn. 7.
66   MK-AktG/*Oechsler* § 71 Rn. 104.
67   *BFHE* 122, 52, 54 = DB 1977, 1170; *Hüffer* § 71 Rn. 7.
68   MK-AktG/*Oechsler* § 71. Rn. 127; KölnKomm-AktG/*Lutter/Drygala* § 71 Rn. 50.
69   *Hüffer* § 71 Rn. 10.
70   *Hüffer* § 71 Rn. 9.
71   Vgl. KölnKomm-AktG/*Lutter/Drygala* § 71 Rn. 54 m.w.N.
72   KölnKomm-AktG/*Lutter/Drygala* § 71 Rn. 55.
73   *Hüffer* § 71 Rn. 9; KölnKomm-AktG/*Lutter/Drygala* § 71 Rn. 56; Großkomm-AktG/*Merkt* § 71 Rn. 183; *Kessler* AG 1995, 120, 122; *Gaumerdinger/Saupe* AG 1976, 29, 34; *Werner* AG 1972, 96; wohl auch (nicht eindeutig) *BGH* NJW 1976, 61, 27; a.A. MK-AktG/*Oechsler* § 71 Rn. 118, der einen Schaden der AG ablehnt.
74   Großkomm-AktG/*Merkt* § 71 Rn. 183; *Hüffer* § 71 Rn. 9.

Die Erhebung und Durchführung einer Anfechtungsklage ist ferner ebenfalls nicht als Schaden im Sinne des § 71 Abs. 1 Nr. 1 AktG zu qualifizieren und berechtigt somit nicht zum Erwerb eigener Aktien, insbesondere um den Anfechtungskläger „hinauszukaufen".[75] Die Anfechtungsklage dient der Rechtmäßigkeitskontrolle und ist eine legitime Ausübung des Mitgliedsrechts.[76] Der Vorstand darf auf die Ausübung solcher Mitgliedsrechte keinen willkürlichen Einfluss nehmen. In Fällen, in denen eine Kapitalmaßnahme oder eine Strukturentscheidung durch eine Anfechtungsklage blockiert werden, eröffnet das Aktiengesetz die Möglichkeit, ein Freigabeverfahren nach § 246a AktG zu initiieren. In den Fällen, in denen das Freigabeverfahren nicht eröffnet ist, stellt sich für den Vorstand die Frage, ob ein etwaiger durch die mit der Anfechtungsklage einhergehende Verzögerung eintretender Schaden hinzunehmen oder ob der Abkauf der Aktien zu einem überhöhten Preis von Klägern einer Anfechtungsklage zulässig ist.[77] Vor dem Hintergrund der gesetzlichen Wertung, dass mittels einer Anfechtungsklage eine Rechtmäßigkeitskontrolle erfolgen kann, kann die bloße Verzögerung richtigerweise nicht zu einem Schaden führen, der die Gesellschaft berechtigt, sich über das grundsätzliche Erwerbsverbot hinwegzusetzen.[78] Teilweise wird die Anwendbarkeit von § 71 Abs. 1 Nr. 1 AktG zur Verhinderung einer Anfechtungsklage oder um eine Klagerücknahme zu erreichen bejaht, wenn Aktionäre ihr Anfechtungsrecht missbräuchlich und dadurch eine Kapitalmaßnahme oder Strukturentscheidung blockieren, um die Gesellschaft zu einer weit überhöhten Geldzahlung zu bewegen.[79] **50**

Die Schwere des Schadens beurteilt sich im Verhältnis zur Größe und Finanzkraft der Gesellschaft.[80] Es muss sich nicht um einen existenzgefährdenden, jedoch mit Blick auf die genannten Kriterien jedenfalls um einen beachtlichen Schaden handeln.[81] Der Schaden muss sich in diesem Sinne von alltäglichen Geschäftsverlusten unterscheiden.[82] **51**

b) Unmittelbares Bevorstehen des Schadens

Weiter muss ein Schaden unmittelbar bevorstehen, d.h. ein Schaden muss in überschaubarer Zukunft zu erwarten sein.[81] Für einen zulässigen Erwerb ist es hingegen nicht erforderlich, dass der Schaden sofort eintritt[81] oder mit Sicherheit zu erwarten[83] ist. Die Entscheidung zur Verwendung der eigenen Aktien zur Schadensabwehr beruht daher regelmäßig auf der Einschätzung einer künftigen Entwicklung durch den Vorstand. Fernliegende negative Vermögensentwicklungen allein dürfen nicht zum Anlass genommen werden, eigene Aktien zurück zu erwerben.[84] Ein unmittelbar bevorstehender Schaden ist nach korrigierender Auslegung der Norm hingegen selbst dann gegeben, wenn Schäden bereits eingetreten sind, aber durch den Rückerwerb eigener Aktien abgewendet werden können.[85] **52**

Der Vorstand muss den Sachverhalt, auf dessen Basis er ein schädigendes Ereignis vermutet, sorgfältig aufklären.[86] Soweit er nicht in der Lage ist, die Situation pflichtgemäß einzuschätzen, muss er fachlichen Rat einholen.[86] Die Prüfung, ob der Vorstand im Rahmen sei- **53**

---

75 KölnKomm-AktG/*Lutter/Drygala* § 71 Rn. 59; *Hüffer* § 71 Rn. 10; Spindler/Stilz/*Cahn* AktG § 71 Rn. 56.
76 MK-AktG/*Oechsler* § 71 Rn. 130.
77 Ausführich hierzu MK-AktG/*Oechsler* § 71 Rn. 132.
78 MK-AktG/*Oechsler* § 71 Rn. 132; KölnKomm-AktG/*Lutter/Drygala* § 71 Rn. 59.
79 Spindler/Stilz/*Cahn* AktG § 71 Rn. 56; MK-AktG/*Oechsler* § 71 Rn. 130; *Martens* AG 1988, 118, 120 f; *Schlaus* AG 1988, 113, 116.
80 *Hüffer* § 71 Rn. 7; MK-AktG/*Oechsler* § 71 Rn. 109.
81 *Hüffer* § 71 Rn. 7.
82 MK-AktG/*Oechsler* § 71 Rn. 109.
83 Großkomm-AktG/*Merkt* § 71 Rn. 16.
84 Vgl. KölnKomm-AktG/*Lutter/Drygala* § 71 Rn. 62.
85 Spindler/Stilz/*Cahn* AktG § 71 Rn. 51; MK-AktG/*Oechsler* § 71 Rn. 110; KölnKomm-AktG/*Lutter/Drygala* § 71 Rn. 62.
86 MK-AktG/*Oechsler* § 71 Rn. 106.

ner Prognoseentscheidung pflichtwidrig einen Schaden angenommen hat, beurteilt sich anhand einer Ex-ante-Betrachtung, also ausschließlich auf der Tatsachengrundlage im Zeitpunkt des Erwerbs.[87] Angesichts der prozessualen Beweislast im Rahmen von Schadensersatzprozessen nach § 93 Abs. 3 Nr. 3 AktG gegen Vorstandsmitglieder empfiehlt sich eine sorgfältige Dokumentation der Aufklärungsbemühungen und Erwägungen, die den Anforderungen der Business Judgement Rule Genüge tun müssen.

c) Notwendigkeit des Aktienerwerbs zur Schadensabwehr

54 Schließlich muss der Erwerb eigener Aktien zur Abwendung eines Schadens notwendig sein. Dies ist der Fall, wenn der Erwerb eigener Aktien nicht nur erforderlich, sondern auch das tauglichste Mittel zur Abwehr des Schadens ist.[88] Die Beurteilung erfolgt anhand objektiver Kriterien, ohne dass die subjektive Einschätzung des Vorstands insofern relevant ist.[89] Somit darf neben dem Rückerwerb keine vernünftige Alternative bestehen, um den Schaden abzuwenden oder zu beseitigen.[90]

55 Es obliegt der Sorgfaltspflicht des Vorstands, im Einzelfall zwischen dem Ziel der Schadensabwehr und dem Risiko eines geplanten Erwerbs abzuwägen.[91]

2. Belegschaftsaktien

56 § 71 Abs. 1 Nr. 2 AktG ermöglicht den Erwerb eigener Aktien des Weiteren, um diese Arbeitnehmern der AG oder eines verbundenen Unternehmens im Sinne des § 15 AktG zum Erwerb anzubieten. Die Regelung ist sozialpolitischer Natur und soll die Beteiligung am Unternehmen und die Integration der Arbeitnehmer in das Unternehmen erleichtern.[92]

57 Der begünstigte Personenkreis umfasst nach dem Wortlaut der Vorschrift sowohl gegenwärtige als auch bereits beendete Arbeitsverhältnisse.[93] Der Personenkreis ist nicht abschließend genannt,[94] so dass auch anderen Begünstigten, die zur AG oder zu mit ihr verbundenen Unternehmen in einem vergleichbaren Verhältnis wie ein Arbeitsverhältnis stehen, eigene Aktien zum Erwerb angeboten werden können.[94] Unstrittig sind hingegen Organmitglieder nicht erfasst.[95] Soweit die AG Aktien ihren Organmitgliedern ebenfalls Aktien zuwenden möchte, bedarf es einer Ermächtigung durch Hauptversammlung nach § 71 Abs. 1 Nr. 8 AktG (s. Rn. 82 ff.). Anderenfalls wäre eine unkontrollierte Selbstentlohnung des Vorstands sowie Gefährdung der Überwachungstätigkeit des Aufsichtsrats denkbar.[96]

58 Einzige Voraussetzung für einen zulässigen Erwerb ist der Wille des Vorstands, eigene Aktien zu erwerben, um diese Arbeitnehmern oder Arbeitnehmergruppen anzubieten.[97] Diese subjektive Voraussetzung muss im Zeitpunkt des Erwerbs vorliegen, wobei sich die Ernsthaftigkeit des Willens nach außen hin erkennbar manifestieren muss.[98] Zum Nachweis der ernstlichen Absicht bietet sich an, die Eckpunkte der Aktienausgabe zumindest in

---

87 KölnKomm-AktG/*Lutter/Drygala* § 71 Rn. 61; Großkomm-AktG/*Merkt* § 71 Rn. 162; weitergehend MK-AktG/*Oechsler* § 71 Rn. 106, der zur Rechtfertigung des Rückerwerbs darauf abstellt, dass bei einer Ex-post-Betrachtung objektiv ein Schaden vorliegt.
88 KölnKomm-AktG/*Lutter/Drygala* § 71 Rn. 63; MK-AktG/*Oechsler* § 71 Rn. 112.
89 MK-AktG/*Oechsler* § 71 Rn. 112; *Hüffer* § 71 Rn. 8.
90 MK-AktG/*Oechsler* § 71 Rn. 111.
91 Vgl. MK-AktG/*Oechsler* § 71 Rn. 112.
92 KölnKomm-AktG/*Lutter/Drygala* § 71 Rn. 67.
93 MK-AktG/*Oechsler* § 71 Rn. 139.
94 *Hüffer* § 71 Rn. 12.
95 *Hüffer* § 71 Rn. 12; MK-AktG/*Oechsler* § 71 Rn. 140.
96 MK-AktG/*Oechsler* § 71 Rn. 140.
97 *Hüffer* § 71 Rn. 13; MK-AktG/*Oechsler* § 71 Rn. 142.
98 MK-AktG/*Oechsler* § 71 Rn. 142.

einer Aktennotiz oder einem Protokoll oder Vermerk festzuhalten.[99] Eine Mitwirkung des Betriebsrats nach § 87 Abs. 1 BetrVG ist nicht erforderlich.[100] Am sichersten ist es, dass der Vorstand als Beweis seiner Absicht einen Beschluss fasst, in dem die realistischen Angebotskonditionen bereits festgelegt werden, wie maximal erforderliche Aktienanzahl, maximaler Erwerbspreis, ungefährer Angebotspreis an Arbeitnehmer, Regelungen zu Vorzugspreisen oder Gratisaktien sowie die Aktienanzahl pro Arbeitnehmer oder Arbeitnehmergruppe.[101] Über die Ausgabebedingungen entscheidet der Vorstand im Rahmen seiner Geschäftsführungskompetenz.[102] Die Aktien dürfen unter dem Börsenkurs ausgegeben werden, um einen Anreiz für die Arbeitnehmer für den Erwerb zu schaffen.[103]

Ein tatsächliches Angebot an die Arbeitnehmer zum Erwerb oder der spätere Erwerb der Arbeitnehmer ist keine (nachträgliche) Voraussetzung für die Zulässigkeit des Erwerb eigener Aktien nach § 71 Abs. 1 Nr. 2 AktG.[104] Mit anderen Worten gibt es keine zwingende Zweckbindung; vielmehr ist eine Umwidmung zulässig.[105] Soweit daher eigene Aktien für die Zwecke der Arbeitnehmerbeteiligung erworben werden, entfällt die Zulässigkeit des Erwerbs nicht im Nachhinein, wenn der Zweck fallengelassen wird oder eine Abnahme durch die Arbeitnehmer nicht erfolgt.[106] Umgekehrt muss der Vorstand zur Begebung von Belegschaftsaktien nicht speziell hierfür angeschaffte (weitere) eigene Aktien erwerben oder neue Aktien schaffen, sondern kann auf ursprünglich zu anderen Zwecken erworbene eigene Aktien zurückgreifen.[107] **59**

Der Vorstand muss allerdings zur Erfüllung seiner Sorgfaltspflichten alle ihm möglichen Anstrengungen unternehmen, um den Erwerbszweck durchzusetzen und die Arbeitnehmerbeteiligung zu realisieren. Dabei ist ein unentgeltliches Erwerbsangebot nicht zweckmäßig.[108] Soweit der Vorstand unübliche Angebotskonditionen festlegt, könnte dadurch eine einseitige Benachteiligung der Aktionäre begründet werden.[109] In diesem Fall läge ein Sorgfaltspflichtverstoß des Vorstands vor. **60**

3. Abfindung von Aktionären

Gem. § 71 Abs. 1 Nr. 3 AktG ist ein Erwerb eigener Aktien weiter zulässig, um Aktionäre nach §§ 305 Abs. 2, 320b AktG (konzernrechtliche Abfindung) oder nach §§ 29 Abs. 1, 125 S. 1 i.V.m. §§ 29 Abs. 1, 207 Abs. 1 S. 1 UmwG (Erfüllung von Erwerbspflichten nach Umwandlung) abzufinden. **61**

a) Gesetzliche Abfindungssachverhalte

Die konzernrechtliche Abfindung greift im Fall eines Beherrschungs- und Gewinnabführungsvertrages zwischen zwei AGen und der Eingliederung ein. Der Unternehmensvertrag muss ein Abfindungsangebot beinhalten und den entsprechenden Abfindungsanspruch außenstehender Aktionäre begründen, und zwar – je nach Fallgestaltung – in Form des Angebots von Aktien an der herrschenden Gesellschaft und/oder als Barabfindung. Zur **62**

---

99 Schüppen/Schaub/*Pajunk/Polte* § 31 Rn. 25.
100 MK-AktG/*Oechsler* § 71 Rn. 142; *Hüffer* § 71 Rn. 13; KölnKomm-AktG/*Lutter/Drygala* § 71 Rn. 70; a.A. Spindler/Stilz/*Cahn* AktG § 71 Rn. 63 m.w.N.
101 *Hüffer* § 71 Rn. 13; Schüppen/Schaub/*Pajunk/Polte* § 31 Rn. 26; Hölters/*Solveen* § 71 Rn. 7.
102 KölnKomm-AktG/*Lutter/Drygala* § 71 Rn. 73; MK-AktG/*Oechsler* § 71 Rn. 145.
103 MK-AktG/*Oechsler* § 71 Rn. 146.
104 KölnKomm-AktG/*Lutter/Drygala* § 71 Rn. 71.
105 Schüppen/Schaub/*Pajunk/Polte* § 31 Rn. 28.
106 Spindler/Stilz/*Cahn* AktG § 71 Rn. 61; KölnKomm-AktG/*Lutter/Drygala* § 71 Rn. 71.
107 KölnKomm-AktG/*Lutter/Drygala* § 71 Rn. 86.
108 Vgl. KölnKomm-AktG/*Lutter/Drygala* § 71 Rn. 103.
109 KölnKomm-AktG/*Lutter/Drygala* § 71 Rn. 78.

Erfüllung der Pflicht eines Abfindungsangebots in Aktien der herrschenden bzw. Haupt-Gesellschaft ist gem. § 71 Abs. 1 Nr. 3 AktG ein Rückerwerb eigener Aktien zulässig. Diese Regelung erlaubt der herrschenden bzw. Haupt-Gesellschaft, sich die für die Abfindung erforderliche Anzahl eigener Aktien zu beschaffen.

63 Im Fall der Verschmelzung von Gesellschaften unterschiedlicher Rechtsformen oder einer börsennotierten auf eine nicht-börsennotierte AG ist der übernehmende Rechtsträger verpflichtet, den widersprechenden Gesellschaftern des übernehmenden Rechtsträgers den Erwerb ihrer Anteile gegen angemessene Barabfindung anzubieten (§ 29 Abs. 1 S. 1 UmwG). Gleiches gilt bei der Verschmelzung von Rechtsträgern der gleichen Rechtsform, wenn die Anteile des übernehmenden Rechtsträgers Verfügungsbeschränkungen unterliegen (§ 29 Abs. 1 S. 2 UmwG). Eine ebensolche Barabfindungspflicht obliegt nach § 207 UmwG der formwechselnden Gesellschaft. Der Abfindungsanspruch entsteht nach dem Gesetz erst mit Eintragung im Handelsregister, zu einem Zeitpunkt also, zu dem der Betroffene bereits kraft Gesetzes Aktionär des aufnehmenden Rechtsträgers ist. Damit ist die übernehmende oder formgewechselte AG gezwungen, eigenen Aktien zum Zwecke der Abfindung zu erwerben. Zur Erfüllung dieser Abfindungspflicht ist der Erwerb eigener Aktien gem. § 71 Abs. 1 Nr. 3 AktG gestattet.

64 Voraussetzung des zulässigen Erwerbs ist in beiden Fällen die Verwendungsabsicht des Vorstands zum Zwecke der Abfindung bzw. zur Erfüllung der Erwerbspflichten.[110] Eine gewisse Ernsthaftigkeit des Vorhabens ist jedenfalls zu bejahen, wenn die Zustimmungsbeschlüsse der beteiligten Hauptversammlungen auf beiden Vertragsseiten gefasst sind.[110] Wenn aufgrund der Mehrheitsverhältnisse das Beschlussergebnis bereits feststeht (und dies hinlänglich dokumentiert ist), ist diese Tatsache ausreichend für die Begründung der erforderlichen Ernsthaftigkeit im Sinne des § 71 Abs. 1 Nr. 3 AktG.

b) Analoge Anwendungsfälle

65 Auch zur Vorbereitung einer Verschmelzung nach § 62 UmwG ist ein Erwerb eigener Aktien in entsprechender Anwendung des § 71 Abs. 1 Nr. 3 AktG nach überwiegender Ansicht gestattet.[111] Bei der Konzernverschmelzung ohne Hauptversammlungsbeschluss darf die übernehmende Muttergesellschaft den Minderheitsgesellschaftern der übertragenden Tochtergesellschaft anstelle der Aktien aus einer Kapitalerhöhung eigene Aktien ausgeben, die die Gesellschaft zuvor zu diesem Zweck erworben hat.[112] Alternativ kann die Gesellschaft auch auf Basis einer Ermächtigung der Hauptversammlung nach § 71 Abs. 1 Rn. 8 AktG vorgehen.[113]

66 Auf die Abfindung beim Delisting ist § 71 Abs. 1 Nr. 3 AktG ebenfalls analog anwendbar.[114] Wenn sich die Gesellschaft aus dem regulierten Markt zurückziehen will, ist neben dem Hauptversammlungsbeschluss ein Abfindungsangebot an die Minderheitsaktionäre über den Kauf ihrer Aktien zum vollen Wert erforderlich.[115] Zur Erfüllung dieser Verpflichtung und mit der entsprechenden Absicht kann der Vorstand von den abgebenden Aktionären eigene Aktien auf Basis des § 71 Abs. 1 Nr. 3 AktG erwerben.[116]

---

110 *Hüffer* § 71 Rn. 14.
111 KölnKomm-AktG/*Lutter/Drygala* § 71 Rn. 94; MK-AktG/*Oechsler* § 71 Rn. 157; Schmidt/Lutter/*Bezzenberger* § 71 Rn. 43; Spindler/Stilz/*Cahn* AktG § 71 Rn. 72.
112 Schmidt/Lutter/*Bezzenberger* § 71 Rn. 43; KölnKomm-AktG/*Lutter/Drygala* § 71 Rn. 94.
113 KölnKomm-AktG/*Lutter/Drygala* § 71 Rn. 94.
114 MK-AktG/*Oechsler* § 71 Rn. 158; Spindler/Stilz/*Cahn* AktG § 71 Rn. 156 m.w.N.; KölnKomm-AktG/*Lutter/Drygala* § 71 Rn. 96 f.; Großkomm-AktG/*Merkt* § 71 Rn. 213; Schmidt/Lutter/*Bezzenberger* § 71 Rn. 43.
115 *BGH* NJW 2003, 1032, 1034 f.; *Hüffer* § 119 Rn. 23, 25.
116 KölnKomm-AktG/*Lutter/Drygala* § 71 Rn. 96 f.; MK-AktG/*Oechsler* § 71 Rn. 158; Spindler/Stilz/*Cahn* AktG § 71 Rn. 156.

Ferner kommt ein Erwerb eigener Aktien in entsprechender Anwendung des § 71 Abs. 1 Nr. 3 AktG zur Erfüllung von Schadensersatzansprüchen geschädigter Anleger in Betracht.[117] Wenn Anleger auf dem Sekundärmarkt aufgrund von durch den Vorstand begangenen vorsätzlichen Täuschungshandlungen Aktien erwerben, können sie im Wege der Naturalrestitution Erstattung des Kaufpreises gegen Übertragung der Aktien an die Gesellschaft verlangen.[118]

67

4. Unentgeltlicher Erwerb

Der Erwerb eigener Aktien ist des Weiteren zulässig, wenn er unentgeltlich oder durch ein Kreditinstitut im Sinne des §§ 1 Abs. 1, 2 Abs. 1 KWG in Ausführung einer Einkaufskommission erfolgt.

68

Unentgeltlichkeit ist im Sinne des § 516 BGB zu verstehen, d.h. die Gesellschaft darf nicht zu einer Gegenleistung verpflichtet sein.[119] Die Variante erfasst insbesondere Schenkungen oder Vermächtnisse. Sie findet jedoch keine Anwendung auf eine gemischte Schenkung oder ein Vermächtnis unter Auflagen.[120] Eine Verpflichtung, Schenkung- oder Erbschaftsteuer zahlen zu müssen, stellt keine Gegenleistung dar und schließt die Unentgeltlichkeit im Sinne des § 71 Abs. 1 Nr. 4 AktG nicht aus.[121]

69

Als Hauptfall wird die Schenkung zwecks Sanierung der AG angesehen, für die auch § 71 Abs. 1 Nr. 6 AktG eingreift.[122] In der Praxis ist der unentgeltliche Erwerb nahezu bedeutungslos.[123]

70

Die zweite Variante des § 71 Abs. 1 Nr. 4 AktG betrifft die Ausführung einer Einkaufskommission im Sinne des § 383 Abs. 1 Alt. 1 HGB durch ein Kreditinstitut, d.h. den gewerbsmäßigen Kauf von Waren oder Wertpapieren für Rechnung eines anderen. In diesem Fall erwirbt die AG die eigenen Aktien, um diese zur Erfüllung ihrer Verpflichtungen aus der Einkaufskommission einzusetzen. Wenn das Geschäft scheitert, weil zum Beispiel der Kommittent nicht abnimmt, wird der Erwerb dadurch nicht nachträglich unzulässig.[124]

71

Die Ausnahmeregelung findet keine Anwendung auf eine Verkaufskommission im Sinne des § 383 Abs. 1 Alt. 2 HGB. In einem solchen Fall erlangt die Bank nur die Verfügungsbefugnis über die Aktien, so dass kein Erwerb eigener Aktien vorliegt.[125]

72

5. Gesamtrechtsnachfolge

Der Erwerb eigener Aktien ist außerdem nach § 71 Abs. 1 Nr. 5 AktG im Wege der Gesamtrechtsnachfolge zulässig. Hierdurch soll sichergestellt werden, dass die Gesamtrechtsnachfolge nicht am Erwerb eigener Aktien scheitert.[126] Die Ausnahmeregelung erfasst den Erwerb von Aktien durch gesetzliche Erbschaft (§ 1922 BGB), durch Rechts-

73

---

117 MK-AktG/*Oechsler* § 71 Rn. 161, 309; Schmidt/Lutter/*Bezzenberger* § 71 Rn. 43; Spindler/Stilz/*Cahn* AktG § 71 Rn. 151 (ohne Nennung eines konkreten Erwerbtatbestandes); a.A. KölnKomm-AktG/*Lutter/Drygala* § 71 Rn. 96 f.
118 *BGH* NJW 2005, 2450, 2451 f. (EM.TV-Entscheidung).
119 MK-AktG/*Oechsler* § 71 Rn. 166.
120 Hölters/*Solveen* § 71 Rn. 13; Spindler/Stilz/*Cahn* AktG § 71 Rn. 76.
121 MK-AktG/*Oechsler* § 71 Rn. 166; *Hüffer* § 71 Rn. 16.
122 MK-AktG/*Oechsler* § 71 Rn. 166; *Hüffer* § 71 Rn. 16; KölnKomm-AktG/*Lutter/Drygala* § 71 Rn. 220.
123 *Hüffer* § 71 Rn. 16.
124 MK-AktG/*Oechsler* § 71 Rn. 169.
125 *Hüffer* § 71 Rn. 17.
126 *Hüffer* § 71 Rn. 18.

nachfolge bei Verschmelzung (§§ 20 Abs. 1 Nr. 1, 73 UmwG) und durch Vermögensübergang auf den letzten verbleibenden Gesellschafter in einer Personengesellschaft (§ 738 Abs. 1 S. 1 BGB i.V.m. § 105 Abs. 3 HGB).[127]

6. Einziehung

74 Weiter gestattet § 71 Abs. 1 Nr. 6 AktG den Erwerb eigener Aktien, um diese auf Basis eines vorausgehenden Einziehungsbeschlusses der Hauptversammlung einzuziehen. Da die Einziehung bei der AG stets mit einer Kapitalherabsetzung einhergeht, ist immer ein vorheriger Kapitalherabsetzungs- und Einziehungsbeschluss der Hauptversammlung erforderlich.[128] Erfasst sind beide Arten der Kapitalherabsetzung: die ordentliche gem. § 237 Abs. 2 AktG und die vereinfachte gem. § 237 Abs. 3–5 AktG. Nur in dem von der Hauptversammlung beschlossenen Umfang dürfen eigene Aktien erworben werden.[129]

75 Der Vorstand muss daher den folgenden Verfahrensablauf beachten, um zulässigerweise eigene Aktien zum Zwecke der Einziehung zu erwerben:
1. Hauptversammlungsbeschluss über die Einziehung nach den Vorschriften über die Kapitalherabsetzung;
2. Aktienrückerwerb gem. § 71 Abs. 1 Nr. 6 AktG;
3. Durchführung der Kapitalherabsetzung durch die Verwaltung

76 Im Falle des Aktienerwerbs zur Einziehung unterliegt die AG weder dem Volleinzahlungsgebot noch den Erwerbsschranken des § 71 Abs. 2 AktG. Die Kapitalerhaltungs- und Gläubigerschutzregelungen treten insofern hinter die Einziehungsregelungen zurück.[130]

77 Im Falle der ordentlichen Einziehung darf die Gesellschaft gem. § 237 Abs. 2 S. 3 i.V.m. § 225 Abs. 2 AktG Zahlungen an die Aktionäre frühestens sechs Monate nach Bekanntmachung der Eintragung über die Kapitalherabsetzung leisten. Hierzu gehört auch die Zahlung des Erwerbspreises für die einzuziehenden Aktien.[131] Die sofortige Auszahlung des Erwerbspreises an die Aktionäre ist nur im Rahmen der vereinfachten Einziehung möglich, wenn die einzuziehenden Aktien voll eingezahlt sind und

– die Aktien der Gesellschaft unentgeltlich zur Verfügung gestellt wurden (§ 237 Abs. 3 Nr. 1 AktG) oder
– die Einziehung zu Lasten eines Bilanzgewinns oder von ausschüttungsfähigen Gewinnrücklagen (§ 237 Abs. 3 Nr. 2 AktG) erfolgt oder
– die Aktien Stückaktien sind und der Hauptversammlungsbeschluss bestimmt, dass sich der Anteil der übrigen Aktien am Grundkapital durch die Einziehung nach § 8 Abs. 3 AktG erhöht (§ 237 Abs. 3 Nr. 3 AktG).[132]

78 Die Einziehungsmöglichkeit über § 71 Abs. 1 Nr. 6 AktG wird in der Praxis überwiegend zum Ausgleich von Verlusten sowie zu Sanierungszwecken eingesetzt.[133] Hintergrund ist, dass die Einziehung durch Kapitalherabsetzung von der Praxis als schwerfällig und unflexibel empfunden wird, da der Vorstand die eigenen Aktien in dem beschlossenen Umfang umgehend erwerben muss.[134] Dem Vorstand steht kein Ermessensspielraum in zeitlicher Hinsicht zu.[134] Er hat auch keine Dispositionsbefugnis über die Verwendung der erworbenen Aktien, da die

---

127 Hölters/*Solveen* § 71 Rn. 15.
128 KölnKomm-AktG/*Lutter/Drygala* § 71 Rn. 252; MK-AktG/*Oechsler* § 71 Rn. 178.
129 KölnKomm-AktG/*Lutter/Drygala* § 71 Rn. 252.
130 Schüppen/Schaub/*Pajunk/Polte* § 31 Rn. 30.
131 Spindler/Stilz/*Cahn* § 71 Rn. 82.
132 Spindler/Stilz/*Cahn* § 71 Rn. 82; KölnKomm-AktG/*Lutter/Drygala* § 71 Rn. 234.
133 Schüppen/Schaub/*Pajunk/Polte* § 31 Rn. 31.
134 Schüppen/Schaub/*Pajunk/Polte* § 31 Rn. 31; KölnKomm-AktG/*Lutter/Drygala* § 71 Rn. 196.

Hauptversammlung die Entscheidung zur Einziehung verbindlich festgelegt hat.[135] Wenn eine AG eine flexible Handhabung der Einziehung von Aktien beabsichtigt, muss sie auf eine Ermächtigung nach § 71 Abs. 1 Nr. 8 AktG (siehe Rn. 82 ff.) zurückgreifen.[136]

7. Handelsbestand

Als weitere Ausnahme von dem grundsätzlichen Erwerbsverbot sieht § 71 Abs. 1 Nr. 7 AktG den Wertpapierhandel, also den Eigenhandel von Aktien durch Banken vor. Die Norm richtet sich an Kreditinstitute und Finanzdienstleistungsinstitute im Sinne des §§ 1 Abs. 1, 2 Abs. 1 und §§ 1 Abs. 1a, 2 Abs. 6 KWG sowie Finanzunternehmen im Sinne des § 1 Abs. 3 KWG.   79

Der Begriff des Wertpapierhandels ist weit zu verstehen, so dass sämtliche Erscheinungsformen des Eigenhandels erfasst sind,[137] wie z.B.   80
- Herstellung ausreichender Liquidität für außerbörslichen Handel,
- Erwerb zur Erfüllung von Kauf- und Darlehensverträgen (sogenannte Wertpapierleihe),
- Optionsgeschäfte über die Deutsche Terminbörse, soweit ein Erwerb im Sinne des § 71 AktG vorliegt und
- Gegengeschäfte zur Abstimmung von Risiken, die mit einem Optionshandel einhergehen (so genanntes Hedging).

Der Erwerb ist nur auf Basis eines Hauptversammlungsbeschlusses zulässig, der mit einfacher Stimmmehrheit zu fassen ist und eindeutig zum Handel in eigenen Aktien ermächtigt.[138] Der Beschluss muss nach der gesetzlichen Bestimmung folgende Bestimmungen treffen:[139]   81
- die erworbenen Aktien sind dem Handelsbestand zuzuführen,
- der Handelsbestand am Ende eines jeden Kalendertags, 24.00 Uhr, darf 5 % des Grundkapitals nicht übersteigen,
- welchen höchsten und welchen niedrigsten Gegenwert (Kaufpreis) der Vorstand für den Rückerwerb aufwenden darf (üblicherweise in Form der Angabe eines Prozentsatzes vom jeweiligen Börsenkurs bei Ausnutzung der Ermächtigung[140]),
- genaue Festlegung der Ermächtigungsdauer von maximal fünf Jahren,
- die Angabe des Erwerbsvolumens von bis zu maximal 10 % des Grundkapitals.

8. Ermächtigungsbeschluss

Schließlich ist ein Erwerb eigener Aktien zulässig, wenn der Erwerb auf einem Ermächtigungsbeschluss der Hauptversammlung gem. § 71 Abs. 1 Nr. 8 AktG beruht. Der nach § 71 Abs. 1 Nr. 8 AktG zulässige Erwerb eigener Aktien bedarf also eines vorhergehenden Hauptversammlungsbeschlusses. Mit diesem Beschluss ermächtigt die Hauptversammlung den Vorstand, eigene Aktien nach Maßgabe des Hauptversammlungsbeschlusses zu erwerben. Der Beschluss ist grundsätzlich mit der einfachen Stimmenmehrheit des § 133 Abs. 1 AktG zu fassen.   82

Schon bei der Vorbereitung des Hauptversammlungsbeschlusses muss der Vorstand die rechtlichen Grenzen einer Ermächtigung nach § 71 Abs. 1 Nr. 8 AktG beachten. Neben den allgemeinen Vorgaben für die Einberufung von Hauptversammlungen ist der vorgeschla-   83

---

135 KölnKomm-AktG/*Lutter/Drygala* § 71 Rn. 196.
136 KölnKomm-AktG/*Lutter/Drygala* § 71 Rn. 196; Großkomm-AktG/*Merkt* § 71 Rn. 236.
137 KölnKomm-AktG/*Lutter/Drygala* § 71 Rn. 110.
138 MK-AktG/*Oechsler* § 71 Rn. 184.
139 Vgl. *Hüffer* § 71 Rn. 19b.
140 BT-Drucks. 13/9721 S. 13.

gene Ermächtigungsbeschluss im Wortlaut mit der Einladung zu veröffentlichen. Der Vorstand muss dabei zum Einen die Ziele berücksichtigen, die er mit dem potentiellen Erwerb eigener Aktien verfolgen will, zum Anderen aber auch die rechtlichen Grenzen beachten. Größere Flexibilität der Ermächtigung bedingt gleichzeitig die Notwendigkeit einer noch gründlicheren Prüfung im Rahmen der Ausnutzung.

84 Im Wesentlichen hat der Hauptversammlungsbeschluss folgende Punkte inhaltlich festzulegen, wobei (lediglich) die ersten drei Punkte zwingend sind:[141]
– genaue Bestimmung der maximal fünfjährigen Ermächtigungsfrist,
– Festlegung des höchsten und niedrigsten Rückkaufpreises (üblicherweise durch relative Anbindung an den Börsenkurs),
– Angabe des Erwerbsvolumens von bis zu maximal 10 % des Grundkapitals,
– Zweck des Rückkaufs,
– Erwerbs- und Veräußerungsarten,
– Angaben zum Bezugsrechtsausschluss,
– Angaben des § 193 Abs. 2 Nr. 4 AktG (bei Bedienung eines Aktienoptionsprogramms) und
– Möglichkeit der Einziehung der Aktien ohne weiteren Hauptversammlungsbeschluss.

a) Erwerbszwecke

85 Der Erwerb eigener Aktien darf auf Basis eines Hauptversammlungsbeschlusses grundsätzlich zu jedem Zweck erfolgen, der nicht gegen sonstige zwingende gesetzliche Bestimmungen verstößt.[142] Ausweislich des Gesetzeswortlauts ist allein der Handel in eigene Aktien auf Basis eines Ermächtigungsbeschlusses verboten. Der Gesetzgeber wollte den fortwährenden Kauf und Verkauf eigener Aktien und den Versuch, Trading-Gewinne zu machen, als Erwerbszweck verbieten.[143] Ferner wollte der Gesetzgeber die kontinuierliche Kurspflege durch Erwerb eigener Aktien nicht legalisieren.[143] Der Erwerb zum Zwecke der kontinuierlichen Kurspflege ist daher ebenfalls verboten.[144]

86 Abgesehen von diesen Ausnahmen ist ein Aktienrückerwerb zu den in § 71 Abs. 1 Nr. 1–7 AktG sowie insbesondere für folgende, nicht abschließende Zwecke interessant:[145]
– Ausgabe der eigenen Aktien an Dritte, z.B. institutionelle Investoren,
– Einsatz der eigenen Aktien als Akquisitionswährung oder Gegenleistung im Rahmen eines Unternehmenserwerbs oder einer Verschmelzung,
– Bedienung von Aktienoptionsprogrammen,
– Erfüllung von Rechten aus Wandel- und/oder Optionsschuldverschreibungen,
– Vorbereitung der Einziehung von Aktien ohne weiteren Hauptversammlungsbeschluss,
– Abschaffung oder Rückführung speziell einer Aktiengattung,
– Ermöglichung einer Einzelrechtsnachfolge,
– Abwehr feindlicher Übernahmeversuche.

87 Die Festlegung bestimmter Erwerbszwecke ist grundsätzlich möglich, jedoch nach dem Gesetz nicht zwingend.[146] Die Hauptversammlung kann jedoch die Ermächtigung an bestimmte Erwerbszwecke binden.[143] Eine Missachtung der von der Hauptversammlung vorgegebenen Zwecke durch den Vorstand führt zur Unwirksamkeit des Erwerbs eigener Aktien.[147]

---

141 Vgl. *Hüffer* § 71 Rn. 19e; Hölters/*Solveen* § 71 Rn. 20.
142 *Hüffer* § 71 Rn. 19g.
143 BT-Drucks. 13/9712 S. 13.
144 *Grüger* BKR 2010, 221, 226.
145 Vgl. *Hüffer* § 71 Rn. 19g; KölnKomm-AktG/*Lutter/Drygala* § 71 Rn. 141.
146 Hölters/*Solveen* § 71 Rn. 20.
147 KölnKomm-AktG/*Lutter/Drygala* § 71 Rn. 139; *Hüffer* § 71 Rn. 142.

88 Besonderheiten ergeben sich für den Hauptversammlungsbeschluss, wenn der Rückerwerb zur Bedienung eines Aktienoptionsprogramms erfolgt. Nach der gesetzlichen Verweisung gilt in diesem Fall § 193 Abs. 2 Nr. 4 AktG entsprechend. Das bedeutet, dass die gesetzlichen Anforderungen an die Auflage eines Aktienoptionsprogramms auch im Rahmen der Ermächtigung zum Rückerwerb eigener Aktien zu beachten sind.[148] Der Aktienoptionsplan muss nicht zeitgleich mit der Ermächtigung des Vorstands zum Rückerwerb eigener Aktien beschlossen werden.[149] Allerdings müssen die Eckdaten eines Aktienoptionsplans in den Ermächtigungsbeschluss aufgenommen werden oder auf ein bereits bestehendes Aktienoptionsprogramm verwiesen werden.[150] Dadurch wird sichergestellt, dass die Bedienung von Aktienoptionen aus eigenen Aktien nicht zu einer Umgehung der strengen Anforderungen bei Schaffung eines bedingten Kapitals zum gleichen Zweck führt.[151] Soweit eine Verweisung auf ein bestehendes Aktienoptionsprogramm nicht möglich ist, muss der Vorstand sicherstellen, dass folgende Angaben gem. § 193 Abs. 2 Nr. 4 AktG in den Ermächtigungsbeschluss der Hauptversammlung aufgenommen werden:

– die Aufteilung der Bezugsrechte auf Mitglieder der Geschäftsführungen und Arbeitnehmer,
– die Erfolgsziele,
– die Erwerbs- und Ausübungszeiträume sowie
– die Wartezeit für die erstmalige Ausübung von mindestens vier Jahren.

b) Bezugsrechtsausschluss und Ausschluss des Andienungsrechts

89 Ein Ausschluss des Bezugsrechts der Aktionäre ist möglich, wenn eine sachliche Rechtfertigung für den Ausschluss gegeben ist.[152] Aufgrund der Verweisung in § 71 Abs. 1 Nr. 8 S. 5 AktG auf § 186 Abs. 3, 4 AktG ist ein Bezugsrechtsausschluss u.a. gerechtfertigt, wenn sich der Ausgabebetrag am Börsenkurs orientiert und nur im Umfang von 10 % des Grundkapitals erfolgt.[153]

90 Die h.M. spricht den Aktionären im Rahmen des Erwerbs eigener Aktien durch die Gesellschaft ein Andienungsrecht (als umgekehrtes Bezugsrecht) zu. Die Aktionäre können die Abnahme so vieler Aktien im Verhältnis zur nachgefragten Gesamtmenge verlangen, wie es dem Anteil ihrer Aktien im Verhältnis zum Grundkapital der Gesellschaft entspricht.[154] Dieses Andienungsrecht kann wie das Bezugsrecht durch Beschluss der Hauptversammlung ausgeschlossen werden, wenn dies sachlich gerechtfertigt ist.[155]

91 Die Beschlussfassung über den Ausschluss von Andienungs- und Bezugsrechten der Aktionäre erfordert gem. § 186 Abs. 3 S. 2 AktG eine qualifizierte Mehrheit, d.h. eine Mehrheit von mindestens drei Viertel des bei der Beschlussfassung vertretenen Grundkapitals.[156] Zudem muss der Vorstand der Hauptversammlung gem. § 71 Abs. 1 Nr. 8 S. 5 i.V.m. § 186 Abs. 4 S. 2 AktG schriftlich über die Gründe für den teilweise vollständigen Ausschluss des Bezugs- bzw. Andienungsrechts berichten.

---

148 KölnKomm-AktG/*Lutter/Drygala* § 71 Rn. 187 ff.; Schüppen/Schaub/*Pajunk/Polte* § 31 Rn. 71 ff.
149 *LG Berlin* DB 2000, 765; MK-AktG/*Oechsler* § 71 Rn. 261.
150 MK-AktG/*Oechsler* § 71 Rn. 261;
151 RegBegr BT-Drucks. 13/9712 S. 14; *Hüffer* § 71 Rn. 19m.
152 *Hüffer* § 186 Rn. 25.
153 *Hüffer* § 186 Rn. 39a.
154 MK-AktG/*Oechsler* § 71 Rn. 223; KölnKomm-AktG/*Lutter/Drygala* § 71 Rn. 171, 174.
155 MK-AktG/*Oechsler* § 71 Rn. 224.
156 *Hüffer* § 186 Rn. 21.

c) Erwerbs- und Veräußerungswege

92 Das Gesetz schreibt nicht vor, wie der Erwerb eigener Aktien auf Basis eines Hauptversammlungsbeschlusses durchzuführen ist. Klarstellend hebt § 71 Abs. 1 Nr. 8 S. 3 AktG lediglich hervor, dass bei Erwerb und Veräußerung der Gleichbehandlungsgrundsatz des § 53a AktG strikt zu beachten ist.

93 Gem. § 71 Abs. 1 Nr. 8 S. 4 AktG genügen der Erwerb und die Veräußerung über die Börse dem Gleichbehandlungsgrundsatz des § 53a AktG. Weitere Möglichkeiten des Erwerbs sind der Erwerb über ein öffentliches Rückkaufangebot[157] oder die Begebung von Verkaufsrechten.[158] Maßgeblich ist in jedem Fall, ob im Rahmen des gewählten Erwerbsweges das Gleichbehandlungsgebot gewahrt wird.[159] Zur Erfüllung dieser Anforderung muss ein öffentliches Rückkaufangebot den Aktionären gegenüber durch Publizierung in den Gesellschaftsblättern transparent gemacht werden.[160] Die Aktionäre sind über Angebotsfrist, Erwerbspreis oder Preisspanne und Ausgestaltung des Zuteilungsverfahrens umfassend zu informieren.[160] Bei der Begebung von Verkaufsrechten sind diese entsprechend der jeweiligen Beteiligungsquote allen Aktionären anzubieten, um dem Gleichbehandlungsgebot gerecht zu werden.[161]

94 Ein bloßes Platzgeschäft oder ein Paketerwerb ist demgegenüber nicht zulässig,[162] weil diese aufgrund eines individuellen Aushandelns des Erwerbsgeschäfts gegen das Gleichbehandlungsgebot verstoßen. Umstritten ist, inwieweit eine individuelle Rückkaufvereinbarung mit dem Gleichbehandlungsgrundsatz zu vereinbaren ist.[163] Teilweise werden solche Rückkaufvereinbarungen generell als unzulässig erachtet, da eine Gleichbehandlung nicht zu realisieren sei.[164] Zum Teil wird eine individuelle Rückkaufvereinbarung bei kleinen, nicht börsennotierten Gesellschaften als zulässig erachtet, da bei diesen eine formelle Ungleichbehandlung aus sachlichen Gründen gerechtfertigt sei.[165] Ausgehend von der wohl h.M. und damit von dem Bestehen eines Andienungsrechts der Aktionäre würde das Gleichbehandlungsgebot auch bei einem individuellen Rückkauf gewahrt, indem entweder allen Aktionären die Abnahme der Aktien anzubieten oder das Andienungsrecht auszuschließen ist.[166] Da das Gesetz ohne Nennung bestimmter Erwerbswege als Erfordernis für den Erwerb lediglich die Gleichbehandlung anordnet, muss auch ein individueller Rückkauf möglich sein, soweit eine Ungleichbehandlung der Aktionäre ausgeschlossen ist.[167] Eine individuelle Rückkaufvereinbarung kann daher mit Beteiligung der Hauptversammlung dem Gleichbehandlungsgrundsatz genügen und als möglicher Weg zum Erwerb eigener Aktien dienen.[168]

95 Aus § 71 Abs. 1 Nr. 8 S. 5 AktG ergibt sich schließlich, dass die Hauptversammlung eine andere Veräußerung zu beschließen hat. Im Gesetzeswortlaut ist nicht festgelegt, dass es einer gesonderten Beschlussfassung bedarf. In der Praxis üblich und empfehlenswert ist, den Beschluss über den Erwerb und die Veräußerung der eigenen Aktien in einem Hauptversammlungsbeschluss zusammenzufassen, wenn die Veräußerung der eigenen Aktien in

---

157 KölnKomm-AktG/*Lutter/Drygala* § 71 Rn. 162 ff.
158 KölnKomm-AktG/*Lutter/Drygala* § 71 Rn. 166 f.
159 KölnKomm-AktG/*Lutter/Drygala* § 71 Rn. 159.
160 KölnKomm-AktG/*Lutter/Drygala* § 71 Rn. 162.
161 KölnKomm-AktG/*Lutter/Drygala* § 71 Rn. 166.
162 BT-Drucks. 13/9721 S. 13.
163 Ausführlich dazu KölnKomm-AktG/*Lutter/Drygala* § 71 Rn. 168 ff.
164 *Hüffer* § 71 Rn. 19k m.w.N.
165 Spindler/Stilz/*Cahn* § 71 Rn. 127; *Bosse* NZG 2000, 16, 18.
166 Vgl. MK-AktG/*Oechsler* § 71 Rn. 223 f.
167 Vgl. KölnKomm-AktG/*Lutter/Drygala* § 71 Rn. 173 ff.
168 Vgl. KölnKomm-AktG/*Lutter/Drygala* § 71 Rn. 175

anderer Weise als über die Börse geplant ist. Die Hauptversammlung kann somit beschließen, eigene Aktien auch außerhalb der Börse und unter Ausschluss des Bezugsrechts der Aktionäre zu veräußern.

III. Schranken zulässigen Erwerbs, § 71 Abs. 2 AktG

Soweit ein Erwerb eigener Aktien nach § 71 Abs. 1 AktG zulässig ist, stellt § 71 Abs. 2 AktG differenziert nach Erwerbsanlass bestimmte Schranken für den Erwerb auf. Der Vorstand muss sicherstellen, dass diese aktienrechtlichen Vorgaben beachtet werden. Soweit erforderlich, muss der Vorstand für die Prüfung, ob die Vorgaben erfüllt werden können, fachlichen Rat einholen. Die aktienrechtlichen Vorgaben sind in nachfolgender Tabelle zusammengefasst.

96

	10 % Grenze	Kapitalgrenze	Volleinzahlung
Nr. 1 Schadensabwehr	X	X	X
Nr. 2 Belegschaftsaktien	X	X	X
Nr. 3 Abfindung	X	X	
Nr. 4 unentgeltlicher Erwerb			X
Nr. 5 Gesamtrechtsnachfolge			
Nr. 6 Einziehung			
Nr. 7 Handelsbestand	X	X	X
Nr. 8 Ermächtigung	X	X	X

97

1. 10 %-Grenze

In Umsetzung von Art. 19 Abs. 1 lit. c der Kapitalrichtlinie[169] ist ein Erwerb eigener Aktien gem. § 71 Abs. 2 S. 1 AktG nur bis zu einer Höhe von 10 % des Grundkapitals gestattet. Diese Erwerbsgrenze gilt für den Erwerb eigener Aktien nach § 71 Abs. 1 Nr. 1–3, 7 und 8 AktG, d.h. die Grenze ist nicht bei einem unentgeltlichen Erwerb, der Gesamtrechtsnachfolge und dem Erwerb zur Einziehung zu beachten. Sobald die 10 %-Grenze erreicht ist, ist ein Erwerb eigener Aktien nur noch nach § 71 Abs. 1 Nr. 4–6 AktG möglich, da die Grenze für diese Erwerbsfälle nicht anwendbar ist.

98

Die Beschränkung bezieht sich auf den Besitz eigener Aktien.[170] Abzustellen ist auf die Grundkapitalziffer gem. § 266 Abs. 3 A I HGB, wobei bedingtes oder genehmigtes Kapital nicht zu berücksichtigen ist.[171] Bei der Berechnung sind früher erworbene Aktien zu berücksichtigen, wenn die Gesellschaft noch Inhaberin der Mitgliedschaft, also im Besitz der Aktien ist.[172] Sämtliche eigenen Aktien, die die AG erwirbt oder bereits erworben hat, sowie in Pfand genommene Aktien der AG nach § 71e Abs. 1 S. 1 AktG sind daher in die Berechnung einzubeziehen.[173] Gleiches gilt gem. § 71d S. 3 AktG für Aktien, die der AG nach § 71d S. 1 und 2 AktG zugerechnet werden.

99

---

169 Zweite Richtlinie 77/91/EWG des Rates vom 13.1.1977.
170 MK-AktG/*Oechsler* § 71 Rn. 308; Spindler/Stilz/*Cahn* AktG § 71 Rn. 218.
171 MK-AktG/*Oechsler* § 71 Rn. 310.
172 Hölters/*Solveen* § 71 Rn. 33.
173 MK-AktG/*Oechsler* § 71 Rn. 311.

2. Kapitalgrenze

100 Nach § 71 Abs. 2 S. 2 AktG ist der Erwerb eigener Aktien nur aus dem ausschüttungsfähigen Vermögen zu realisieren. Die Gesellschaft darf eigene Aktien nur mit Mitteln erwerben, die sie auch als Dividende an ihre Aktionäre ausschütten könnte.[174] Der Erwerb eigener Aktien darf daher nur erfolgen, wenn die Gesellschaft im Zeitpunkt des Erwerbs in Höhe der Aufwendungen für den Erwerb (hypothetisch) eine Rücklage bilden könnte, ohne dadurch das Grundkapital oder eine nach Gesetz oder Satzung zu bildende Rücklage, die nicht zur Zahlung an Aktionäre verwandt werden darf, zu vermindern. In die Betrachtung sind auch Vorerwerbe nach § 71 Abs. 1 Nr. 1–3 sowie 7 und 8 AktG einzubeziehen, sofern die AG die hieraus resultierenden eigenen Aktien noch besitzt.[175] Die (hypothetische) Rücklagenbildung bezieht sich entsprechend § 272 Abs. 1a HGB allein auf den Unterschiedsbetrag zwischen dem Nennbetrag oder dem rechnerischen Wert der Aktie und den Anschaffungskosten der eigenen Aktien. Dieser Differenzbetrag ist mit den frei verfügbaren Rücklagen fiktiv zu verrechnen. Der Nennbetrag selbst ist gem. § 272 Abs. 1a HGB in der Bilanz offen von der Position „Gezeichnetes Kapital" abzusetzen. Aufwendungen, die Anschaffungsnebenkosten sind, sind als Aufwand des Geschäftsjahres in der Gewinn- und Verlustrechnung zu erfassen und daher nicht mit frei verfügbaren Rücklagen zu verrechnen.[176]

101 In der praktischen Umsetzung muss der Vorstand im Erwerbszeitpunkt fiktiv einen Zwischenabschluss erstellen,[177] um zu beurteilen, ob er aus frei verfügbaren Mitteln eine Rücklage in Höhe des Unterschiedsbetrags bilden könnte.[178] Tatsächlich wird die Rücklagenbildung erst im Rahmen der Erstellung des Jahresabschlusses vorgenommen.[179] Für die Einhaltung der Kapitalgrenze gem. § 71 Abs. 2 S. 2 AktG kommt es jedoch allein auf den Zeitpunkt des Erwerbs eigener Aktien an.[180] Das bedeutet, dass der Vorstand zu diesem Zeitpunkt beurteilen muss, ob die Gesellschaft in der Lage wäre, eine Rücklage aus freien Mitteln zu bilden. Für die Begründung dieser Prognose ist entscheidend, dass sie auf Tatsachen gestützt und kaufmännisch vertretbar ist.[181] Abzustellen ist auf die Grundsätze und Regeln für die Erstellung eines Jahresabschlusses.[182] Wenn dem Vorstand eine eigene Sachkunde zur Beurteilung fehlt, muss er sich den Rat eines unabhängigen, fachlich qualifizierten Berufsträgers einholen[183] und sich bei der erforderlichen Auswahlentscheidung selbst hinsichtlich der spezifischen Sachkunde des Berufsträgers vergewissern[184].

102 Entsprechend dem Stichtagsprinzip kommt es nicht darauf an, ob die Rücklage später im Jahresabschluss tatsächlich gebildet werden kann oder nicht.[181] Soweit am Jahresende eine Rücklage entsprechend § 71 Abs. 2 S. 2 AktG nicht (mehr) gebildet werden könnte, obwohl zum Stichtag des Erwerbs eine Rücklagenbildung nach Einschätzung des Vorstands möglich gewesen wäre, hat dieser Umstand keinen Einfluss auf die Wirksamkeit und die Zulässigkeit des Erwerbs der eigenen Aktien.[185]

---

174 Vgl. KölnKomm-AktG/*Lutter/Drygala* § 71 Rn. 241.
175 *Oechsler* AG 2010. 105, 108 f.
176 BeckBil-Komm/*Förschle/Hoffmann* § 272 HGB Rn. 132.
177 Es besteht keine Pflicht zur Aufstellung eines Zwischenabschlusses, Spindler/Stilz/*Cahn* AktG § 71 Rn. 223; KölnKomm-AktG/*Lutter/Drygala* § 71 Rn. 216.
178 *OLG Stuttgart* NZG 2010, 143; MK-AktG/*Oechsler* § 71 Rn. 320; *Hüffer* § 71 Rn. 21a.
179 KölnKomm-AktG/*Lutter/Drygala* § 71 Rn. 216, 243.
180 MK-AktG/*Oechsler* § 71 Rn. 320; Spindler/Stilz/*Cahn* AktG § 71 Rn. 223.
181 MK-AktG/*Oechsler* § 71 Rn. 320.
182 Spindler/Stilz/*Cahn* AktG § 71 Rn. 223.
183 Vgl. *BGH* NZG 2007, 545.
184 *OLG Stuttgart* NZG 2010, 141, 143.
185 KölnKomm-AktG/*Lutter/Drygala* § 71 Rn. 216; MK-AktG/*Oechsler* § 71 Rn. 320.

a) Verrechnungsfähige Rücklagen

Eine fiktive Verrechnung kann aus dem Jahresüberschuss, vermehrt um einen Gewinnvortrag und vermindert um einen Verlustvortrag erfolgen.[186] Alternativ ist die Entnahme aus freien Rücklagen möglich.[186] Zu den frei verfügbaren Rücklagen, mit denen verrechnet werden darf, gehören Gewinnrücklagen (§ 272 Abs. 3 HGB) sowie frei verfügbare Kapitalrücklagen.[187] Als freiwillige Kapitalrücklagen gelten sonstige Zuzahlungen der Gesellschafter in das Eigenkapital gem. § 272 Abs. 2 Nr. 4 HGB, die ohne Gegenleistung erbracht werden.[188] Soweit Verlustvorträge bestehen, die nicht durch einen Jahresüberschuss gedeckt sind, scheiden eine fiktive Rücklagenbildung und damit der Erwerb eigener Aktien aus. Die Erzeugung einer Unterbilanz durch Aktienrückgabe ist gem. Art. 19 Abs. 1 lit. b) der Kapitalrichtlinie[189] verboten.[186] **103**

b) Gesperrte Rücklagen

Die wichtigste gesperrte Rücklage ist die gesetzliche Rücklage nach § 150 AktG und die in § 150 Abs. 3, 4 erwähnte Kapitalrücklage.[190] Das Grundkapital und die nach Gesetz oder Satzung zu bildenden Rücklagen dürfen nicht angetastet werden. Dies gilt auch, soweit die gesetzlich vorgeschriebene Rücklagenhöhe in Höhe von 10 % des Grundkapitals bereits überschritten ist. Gem. § 150 Abs. 4 AktG bleibt der die 10 % Grenze überschreitende Betrag in der Rücklage gebunden und darf nur für die in § 150 Abs. 4 AktG aufgeführten Zwecke verwendet werden. Dies betrifft lediglich den Ausgleich eines Jahresfehlbetrages oder eines Verlustvortrages sowie die Verwendung für eine Kapitalerhöhung aus Gesellschaftsmitteln. Die Nutzung zur Bildung der fiktiven Rücklage beim Erwerb eigener Aktien ist ausweislich des Gesetzes nicht gestattet. **104**

Auch die in § 272 Abs. 2 Nr. 1–3 HGB ausgewiesenen Kapitalrücklagen, nämlich: **105**
– das Aufgeld bei der Ausgabe von Anteilen sowie von Bezugsanteilen,
– der bei der Ausgabe von Wandlungs- und Optionsrechten zum Erwerb von Aktien erzielte Betrag und
– Zuzahlungen von Gesellschaftern gegen Gewährung eines Vorzugs für ihre Anteile,

sind gebundene Rücklagen und stehen daher weder für die fiktive noch für die am Jahresende tatsächliche Rücklagenbildung zum Erwerb eigener Aktien zur Verfügung.[191]

Der Rückgriff auf einen im Zuge der Begebung einer Wandel- oder Optionsanleihe in die Kapitalrücklage eingestellten Betrag ist damit nicht möglich, da diese Rücklage gem. § 272 Abs. 2 Nr. 2 HGB gebunden ist und auch nach Ausübung des Wandlungs- oder Optionsrechts gebunden bleibt.[192] Die Wandlung als solche führt nicht zu einer Umqualifizierung der Rücklage. Ferner bleibt das Aufgeld auch bei Nichtausübung der Option in der Kapitalrücklage.[193] Mögliche Überlegungen des Vorstands, die gebundene Kapitalrücklage eines Aufgelds im Rahmen der Begebung von Wandel- oder Optionsanleihen für die fiktive Rücklagenbildung nutzbar zu machen, sind daher unzulässig. **106**

Auch Rücklagen aus der Aktivierung selbst geschaffener immaterieller Güter des Anlagevermögens, latenter Steuern oder aus der Bewertung von Planvermögen im Sinne des **107**

---

186 Schmidt/Lutter/*Bezzenberger* § 71 Rn. 59.
187 MK-AktG/*Oechsler* § 71 Rn. 320; BeckBil-Komm/*Förschle/Hofmann* § 272 HGB Rn. 133.
188 Baumbach/Hopt/*Merkt* § 272 Rn. 9 unter Hinweis auf BFH DStR 2010, 2453.
189 Zweite Richtlinie 77/91/EWG des Rates vom 13.1.1977.
190 MK-AktG/*Oechsler* § 71 Rn. 321.
191 BeckBil-Komm/*Förschle/Hofmann* § 272 HGB Rn. 133.
192 BeckBil-Komm/*Förschle/Hofmann* § 272 HGB Rn. 181f.
193 Baumbach/Hopt/*Merkt* § 272 Rn. 7.

§ 246 Abs. 2 S. 2 HGB zum Zeitwert, sind gem. § 268 Abs. 8 HGB ausschüttungsgesperrt. Diese ausschüttungsgesperrten Rücklagen dürfen nicht zur fiktiven Rücklagenbildung im Rahmen des Erwerbs eigener Aktien verwendet werden.[194]

c) Bildung verrechnungsfähiger Rücklagen

108 Soweit der Gesellschaft im Zeitpunkt der Entscheidung über den Erwerb eigener Aktien keine freien Rücklagen zur Verfügung stehen, stellt sich die Frage, wie solche Rücklagen (fiktiv) geschaffen werden können. In Höhe bestehender Verlustvorträge kann zunächst keine Rücklage gebildet werden. Denkbar ist jedoch, Verlustvorträge zunächst fiktiv mit erwarteten Gewinnen zu verrechnen und in entsprechender Höhe fiktiv aufzulösen. Infolgedessen könnte ein darüber hinaus bestehender erwarteter Gewinn fiktiv in eine Rücklage eingestellt werden, um dadurch die Erwerbskosten bilanziell zu neutralisieren.

109 Bestehen neben Verlustvorträgen eine gesetzliche und/oder eine Kapitalrücklage nach § 272 Abs. 2 Nr. 1–3 HGB, die zusammen 10 % (oder einen in der Satzung festgelegten höheren Teil des Grundkapitals) übersteigen, so können diese in Höhe des übersteigenden Betrages aufgelöst und gem. § 150 Abs. 4 AktG verrechnet werden. Ein danach erwarteter, etwa verbleibende Verlustvorträge überschießender Gewinn steht ebenfalls zur fiktiven Rücklagenverrechnung oder -bildung zur Verfügung. Um die Wirksamkeit des Erwerbs eigener Aktien herbeizuführen und die fiktive Rücklagenbildung zu untermauern, muss der Verlustvortrag in solchen Fällen am Ende des Jahres tatsächlich aufgelöst werden. Zwar muss im Gegensatz zur früheren Rechtslage die Rücklage nur zum Erwerbszeitpunkt fiktiv gebildet werden können und der Einfachheit halber nicht mehr mittels einer Zwischenbilanz tatsächlich geschaffen werden. Vor diesem Hintergrund und dem mit der Bildung der Rücklage verfolgten Kapitalschutz ist es jedoch nicht vereinbar, zum Zeitpunkt des Erwerbs fiktiv die Möglichkeit der Rücklagenbildung durch Verrechnung von Verlustvorträgen mit Beträgen aus der nur zu diesem Zweck aufgelösten gesetzlichen oder Kapitalrücklage anzunehmen, durch nachfolgendes Unterlassen der Auflösung und Verrechnung aber die Möglichkeit der Rücklagenbildung tatsächlich zu vereiteln.

3. Volleinzahlung

110 Ein Erwerb eigener Aktien ist in den Fällen des § 71 Abs. 1 Nr. 1, 2, 4, 7 und 8 AktG außerdem nur zulässig, soweit die zu erwerbenden Aktien bereits voll eingezahlt sind. Hintergrund ist, dass im Falle nicht voll eingezahlter Aktien aus dem Rückerwerb eigener Aktien eine Personenidentität zwischen Gläubiger (die AG) und Schuldner (der Inhaber der Aktie) der Einlagenforderung resultiert.[195] Infolgedessen geht die Einlagenforderung aufgrund Konfusion unter.[195] Diese Gefährdung der Kapitalaufbringung wird durch das Erfordernis der Volleinzahlung vermieden.

IV. Durchführung des Erwerbs

1. Zuständigkeit

111 Der Erwerb eigener Aktien ist eine Maßnahme der Geschäftsführung,[196] so dass in den Fällen der § 71 Abs. 1 Nr. 1–5 AktG der Vorstand gem. §§ 76, 77 AktG zuständig ist. Der Erwerb gem. § 71 Abs. 1 Nr. 6–8 fällt zunächst in die Zuständigkeit der Hauptversammlung,

---

194 BeckBil-Komm/*Förschle/Hofmann* § 272 HGB Rn. 133.
195 MK-AktG/*Oechsler* § 71 Rn. 326.
196 MK-AktG/*Oechsler* § 71 Rn. 75.

die grundsätzlich mit einfacher Mehrheit einen Ermächtigungsbeschluss fasst. Mit Ausnahme des Beschlusses zur Einziehung § 71 Abs. 1 Nr. 6 AktG verbleibt die Entscheidung, ob von der Ermächtigung Gebrauch gemacht wird, beim Vorstand.[197]

Zudem besteht nach § 119 Abs. 2 AktG die Möglichkeit, dass der Vorstand eine Entscheidung zum Erwerb eigener Aktien durch die Hauptversammlung verlangt. Hierüber entscheidet der Vorstand nach eigenem Ermessen durch einstimmigen Vorstandsbeschluss, soweit Satzung oder Geschäftsordnung nichts anderes vorsehen.[198] **112**

Gegebenenfalls ist der Vorstand an die Zustimmung des Aufsichtsrats gebunden. Dies ist der Fall, wenn eine entsprechende Satzungsbestimmung oder Regelung in der Geschäftsordnung für den Vorstand oder eine Bestimmung durch den Aufsichtsrat nach § 111 Abs. 4 S. 2 AktG vorliegt. Ferner kann die Hauptversammlung im Ermächtigungsbeschluss die Zustimmung des Aufsichtsrats anordnen.[199] **113**

2. Kapitalmarktrechtliche Publizitätspflichten

Bei dem Erwerb und der Veräußerung eigener Aktien einer börsennotierten AG muss der Vorstand neben den aktienrechtlichen Anforderungen auch kapitalmarktrechtliche Publizitätspflichten beachten. **114**

a) Mitteilungen nach § 15 WpHG

Der Erwerb eigener Aktien ist für die Frage einer Ad-hoc-Mitteilung nach § 15 WpHG relevant. Voraussetzung hierfür ist, dass es sich bei dem Erwerb eigener Aktien um eine bestimmte nicht bekannte Information über den Emittenten oder die Aktien des Emittenten handelt, die ein erhebliches Kursbeeinflussungspotential aufweist, sogenannte Insiderinformation.[200] Die Frage des Vorliegens einer solchen Insiderinformation ist für jede Entwicklungsstufe im Prozess des Erwerbs eigener Aktien durch den Vorstand zu prüfen. **115**

Der Ermächtigungsbeschluss der Hauptversammlung nach § 71 Abs. 1 Nr. 8 AktG ist regelmäßig nicht ad hoc zu veröffentlichen.[201] Allein auf Grundlage des Beschlusses ist regelmäßig nicht absehbar, ob und in welchem Umfang der Vorstand die Ermächtigung zum Erwerb eigener Aktien ausnutzt.[202] Daher kann der Ermächtigungsbeschluss selber in der Regel den Aktienkurs nicht beeinflussen. Gleichwohl erfordert die Sorgfaltspflicht des Vorstands in jedem Einzelfall eine Prüfung, ob mit dem Beschluss der Hauptversammlung über die Ermächtigung bereits ein Kursbeeinflussungspotential geschaffen wird.[203] Anhaltspunkte hierfür wären beispielsweise der Umfang des Aktienrückerwerbs oder ein verfolgter Erwerbs- oder Verwendungszweck.[204] **116**

Die Ad-hoc-Publizitätspflicht wird in der Regel erst mit der Beschlussfassung über die konkretisierende Ausübung der Ermächtigung zum Erwerb eigener Aktien ausgelöst.[205] In Folge der Entscheidung des Vorstands, eigene Aktien zu erwerben, ist für den Kapitalmarkt erkennbar, wann und in welchem Umfang die Gesellschaft eigene Aktien erwirbt. Die Entscheidung des Vorstands, eigene Aktien zu erwerben, kann daher den Börsenkurs erheblich beeinflussen. Gleiches gilt, wenn sich der Vorstand dazu entscheidet, von der **117**

---

197 Großkomm-AktG/*Merkt* § 71 Rn. 41.
198 *Hüffer* § 119 Rn. 13.
199 *Hüffer* § 71 Rn. 19 f.
200 Vgl. dazu 4. Kap.
201 *Marsch-Barner/Schäfer* § 50 Rn. 60; KölnKomm-AktG/*Lutter/Drygala* § 71 Rn. 256.
202 KölnKomm-AktG/*Lutter/Drygala* § 71 Rn. 256.
203 *Seibt/Bremkamp* AG 2008, 469, 472.
204 *Seibt/Bremkamp* AG 2008, 469, 472 f.
205 *BaFin* Emittentenleitfaden IV.2.2.4; KölnKomm-AktG/*Lutter/Drygala* § 71 Rn. 257.

Ermächtigung zur Einziehung der Aktien Gebrauch zu machen. Die endgültige Vernichtung der Mitgliedschaftsrechte infolge der Einziehung stellt regelmäßig eine Information dar, die den Börsenkurs erheblich beeinflussen kann.[206]

118 Die Gesellschaft kann sich nach § 15 Abs. 3 WpHG ausnahmsweise von der Ad-hoc-Pflicht befreien, diese also de facto aufschieben.[207] Dies ist ausnahmsweise zulässig, wenn und solange
 – berechtigte Interessen der Gesellschaft die Interessen des Kapitalmarktes an der Veröffentlichung der Information überwiegen,
 – keine Irreführung der Öffentlichkeit zu befürchten ist und
 – die Gesellschaft die Vertraulichkeit der Insiderinformation gewährleisten kann.

Das Vorliegen dieser Tatbestandsvoraussetzungen hat der Vorstand mit der von einem ordentlichen und gewissenhaften Geschäftsleiter verlangten Sorgfalt fortlaufend zu entscheiden und hierüber Beschluss zu fassen.[208] Eine schuldhaft fälschlicherweise beschlossene Selbstbefreiung kann ein Bußgeld nach § 39 Abs. 2 Nr. 5a WpHG und/oder Schadenersatzforderung nach § 15 Abs. 6 S. 1 i.V.m. § 37b WpHG nach sich ziehen.

119 Eine Definition des berechtigten Interesses für den Aufschub der Ad-hoc Mitteilung findet sich in § 6 WpAIV, der nach seinem S. 2 Nr. 2 ein überwiegendes Gesellschaftsinteresse regelmäßig dann annimmt, wenn durch das Geschäftsführungsorgan des Emittenten abgeschlossene Verträge oder andere Entscheidungen zusammen mit der Ankündigung bekannt gegeben werden müssten, dass die für die Wirksamkeit der Maßnahme erforderliche Zustimmung eines anderen Organs des Emittenten noch aussteht und diese die sachgerechte Bewertung der Information durch das Publikum gefährden würde. Ein berechtigtes Interesse kann nach Auffassung der BaFin ferner vorliegen, wenn die Veröffentlichung einer bereits vom Geschäftsführungsorgan getroffenen Maßnahme die ausstehende Zustimmung durch den Aufsichtsrat gefährden würde.[209] Im Hinblick auf den Erwerb eigener Aktien könnte daher ein überwiegendes Gesellschaftsinteresse gegeben sein, wenn die Gefahr einer unsachgemäßen Bewertung des Vorstandsbeschlusses durch das Anlegerpublikum wegen eines etwa noch ausstehenden Aufsichtsratsbeschlusses gegeben wäre oder die Versagung der Zustimmung des Aufsichtsrats durch eine vorzeitige Veröffentlichung drohte.[210] Im Übrigen könnte die Entscheidungsgrundlage des Aufsichtsrats durch eine vorgelagerte Ad-hoc Mitteilung und den dadurch beeinflussten Aktienkurs verändert werden.[210] Der Aufschub der Ad-hoc-Mitteilung wird aber regelmäßig nur bis zum Zeitpunkt der Beschlussfassung des Aufsichtsrats gerechtfertigt sein.[210]

120 Die Ad-hoc-Mitteilung muss inhaltlich – sofern einschlägig – auf den Ermächtigungsbeschluss der Hauptversammlung Bezug nehmen und die wesentlichen Eckpunkte des Aktienerwerbs oder eines regelrechten Rückkaufprogramms angeben.[211] Anzugeben sind daher bei Aktienrückkaufprogrammen vor allem:
 – der Zeitraum, in dem der Rückkauf erfolgt,
 – die Stückzahl der zu erwerbenden Aktien,
 – die Preisspanne für den Erwerb.[212]

---

206 Großkomm-AktG/*Merkt* § 71 Rn. 48.
207 Vgl. ausführlich hierzu 4. Kap. Rn. 49 ff.
208 *Seibt/Bremkamp* AG 2008, 469, 473.
209 *BaFin* Emittentenleitfaden IV.3.1.
210 *Seibt/Bremkamp* AG 2008, 469, 474.
211 *Marsch-Barner/Schäfer* § 50 Rn. 60.
212 MK-AktG/*Oechsler* § 71 Rn. 364; *Marsch-Barner/Schäfer* § 50 Rn. 60.

b) Marktmanipulation

Aus der aktienrechtlichen Zulässigkeit des Erwerbs eigener Aktien ergibt sich noch nicht die kapitalmarktrechtliche Zulässigkeit vor dem Hintergrund des Verbots der Marktmanipulation gem. § 20a WpHG.[213] Eine Manipulation könnte sich dadurch ergeben, dass bewusst zur Beeinflussung des Aktienkurses eigene Aktien zurückerworben oder wiederum veräußert werden. Häufig fehlt es jedoch bei einem auf § 71 AktG gestützten Erwerb an einem von allen Tatbestandsalternativen vorausgesetzten objektiven Täuschungsmoment.[214] **121**

Nach § 20a Abs. 1 S. 1 Nr. 2 WpHG liegt eine verbotene Marktbeeinflussung vor, wenn der Erwerb eigener Aktien geeignet ist, **122**
- falsche oder irreführende Signale für das Angebot, die Nachfrage oder den Börsen- oder Marktpreis von Finanzinstrumenten zu geben oder
- ein künstliches Preisniveau zu erzeugen.[215]

Inwieweit der Rückerwerb tatsächlich geeignet ist, eine erhebliche Preisänderung der Aktien herbeizuführen, kann nur im jeweiligen Einzelfall beurteilt werden. Es kommt jedoch maßgeblich darauf an, ob das von dem Rückerwerb ausgehende Signal falsch oder irreführend ist. Eine Marktmanipulation kommt daher in Betracht, wenn der Erwerb eigener Aktien dazu geeignet ist, eine Täuschung der Anleger über die wahren wirtschaftlichen Verhältnisse am Kapitalmarkt zu begründen.[216] Dies ist für die Fälle auszuschließen, in denen die eigenen Aktien ohne Offenlegung zu den Zwecken **123**
- des Erhalts einer Akquisitionswährung,
- der Optimierung der Kapitalstruktur und der indirekten Zuwendung von Liquidität an die Anteilseigner (Dividenden-Substitution),
- der Bedienung von Belegschaftsaktien und Aktienoptionen oder
- der Beeinflussung der Anteilseignerstruktur

erfolgt.[217] In allen diesen Fällen werden die erworbenen eigenen Aktien nämlich zu einem bestimmten nach § 71 Abs. 1 Nr. 8 AktG zulässigen Zweck erworben, so dass von einer Täuschung über die wahren wirtschaftlichen Verhältnisse nicht gesprochen werden kann.[217]

Etwas anderes könnte lediglich dann gelten, wenn die eigenen Aktien zum Zwecke der Kurspflege erworben werden. In diesem Fall kommt es der Gesellschaft gerade darauf an, den Kurs der Aktie zu beeinflussen.[217] Eine Täuschung wird jedoch immer dadurch ausgeschlossen, dass der Beschluss zum Erwerb eigener Aktien vor dem tatsächlichen Rückerwerb öffentlich bekannt gegeben wird.[217] **124**

Aktienrückkaufprogramme unterliegen gem. Art. 3 ff. der EG-VO zu Ausnahmeregelungen für Rückkaufprogramme und Kursstabilisierungsmaßnahmen[218] in engen Grenzen einem Safe Harbour, so dass die Rückkaufprogramme, die die Voraussetzungen erfüllen, keinen Verstoß gegen das Verbot der Marktmanipulation begründen. Art. 3 EG-VO 2273/2003 unterstellt die Auflage von Aktienrückkaufprogrammen für folgende abschließende Zwecke dem Safe Harbour: **125**
- Herabsetzung des Kapitals oder
- zur Erfüllung

---

213 Vgl. zum Thema Marktmanipulation 28. Kap.
214 *Seibt/Bremkamp* AG 2008, 469, 476.
215 Vgl. dazu 28. Kap. Rn. 46 ff.
216 *Seibt/Bremkamp* AG 2008, 469, 477 unter Verweis auf BR-Drucks. 18/05, S. 15.
217 *Seibt/Bremkamp* AG 2008, 469, 477.
218 Verordnung (EG) Nr. 2273/2003 der Kommission vom 22.12.2003 zur Durchführung der Richtlinie 2003/6/EG des Europäischen Parlaments und des Rates.

- von Verpflichtungen aus einem Mitarbeiterbeteiligungsprogramm des Emittenten oder einer Tochtergesellschaft oder
- von Verpflichtungen aus einem anderem Options- oder Wandlungsrecht.

126 Soweit der Rückkauf von Aktien der Kurspflege oder anderen in Art. 3 EG-VO 2273/2003 nicht genannten Maßnahmen dient, greift die Safe-Harbour-Regelung daher nicht ein. Dies bedeutet jedoch nicht zwingend einen Verstoß gegen das Verbot der Marktmanipulation.[219] Kursstabilisierungsmaßnahmen und Rückkaufprogramme, die nicht freigestellt sind, werden nicht per se als Marktmissbrauch gewertet.[220] Der Praxis ist zu empfehlen, sich an den Publizitätsvorgaben von Art. 4 der EG-VO 2273/2003 zu orientieren, um dem Verdacht einer Marktbeeinflussung durch entsprechende Transparenz vorzubeugen. Eine permanente Kurspflege, die den Aktienkurs dauerhaft auf einem bestimmten Niveau halten soll, ist indes generell als unzulässige Marktmanipulation zu qualifizieren.[221] Der außerbörsliche Handel berührt das Verbot der Marktmanipulation nicht.[222]

127 Um die Regelung des Safe Harbour nutzen zu können, muss der Vorstand im Vorfeld prüfen, ob Insiderinformationen vorliegen. Die Safe Harbour Regelung schließt bei Einhaltung ihrer Voraussetzungen einen Verstoß gegen das Verbot der Marktmanipulation, welche durch Informationsvorsprünge insbesondere durch Insiderinformationen begünstigt wird,[223] aus.[224] Der Vorstand muss daher zur Nutzung der Safe Harbour Regelung durch organisatorische Maßnahmen sicherstellen, dass keine Insiderinformationen vorliegen. Beispielsweise soll er darauf achten, wer an den Vorbereitungsmaßnahmen beteiligt ist, und die Informationsströme so gering wie möglich halten.

128 Die nach dem Safe Harbour als zulässig zu qualifizierenden Rückkaufprogramme unterliegen weiteren Transparenzanforderungen (Art. 4 EG-VO 2273/2003). Vor Beginn des Handelns sind die Einzelheiten des Programms, d.h. Zweck, maximaler Kaufpreis, Umfang des beabsichtigten Erwerbs sowie Erwerbszeitraum, in allen Mitgliedsländern, in denen ein Antrag auf Zulassung der Aktien zum Handel in einem regulierten Markt gestellt worden ist, bekannt zu geben.[225] Nach Ausführung jeder Transaktion hat der Emittent spätestens am siebten Handelstag die wesentlichen Einzelheiten der Transaktion bekannt zu geben.[225] Ferner müssen diese Rückkaufprogramme den Anforderungen des Art. 19 Abs. 1 der Kapitalrichtlinie[226] und damit de facto den aktienrechtlichen Vorgaben entsprechen.

129 Weitere Voraussetzungen werden durch Art. 5 EG-VO 2273/2003 festgelegt:[227]
- Der Rückkaufpreis darf nicht höher sein als der des letzten vor Beginn des Programms getätigten Kaufabschlusses oder des höchsten Angebots an den relevanten Handelsplätzen.
- Der tägliche Aktienumsatz im Rahmen des Programms darf regelmäßig nicht höher sein als 25 % des durchschnittlichen täglichen Aktienumsatzes auf dem regulierten Markt vor Beginn des Programms.
- Eine Überschreitung der 25 %-Grenze ist bei sehr niedriger Liquidität auf dem relevanten -Handelsplatz bis zur Umsatzgrenze von 50 % zulässig, wenn die BaFin vorab unterrichtet wurde und der Emittent dies vorab in angemessener Weise bekannt gibt.

---

219 *Schwark/Zimmer* § 20a WpHG Rn. 89.
220 Erwägungsgrund 2 der Verordnung (EG) Nr. 2273/2003.
221 *Schwark/Zimmer* § 20a WpHG Rn. 97.
222 Erwägungsgrund 14 der Verordnung (EG) Nr. 2273/2003.
223 Vgl. MK-AktG/*Oechsler* § 71 Rn. 344 f.
224 MK-AktG/*Oechsler* § 71 Rn. 346.
225 *Schwark/Zimmer* § 20a WpHG Rn. 90.
226 Zweite Richtlinie 77/91/EWG des Rates vom 13.1.1977.
227 *Schwark/Zimmer* § 20a WpHG Rn. 91.

Art. 6 EG-VO 2273/2003 macht den Safe Harbour zusätzlich davon abhängig, dass der **130** Emittent während der Laufzeit des Programms keine gegenläufigen Geschäfte tätigt und kein Handel während sogenannter geschlossener Zeiträume oder in einem Zeitraum stattfindet, währenddessen die Bekanntgabe von Insiderinformationen aufgeschoben ist. Dadurch sollen Insidergeschäfte verhindert werden.[228] Üblich ist beispielsweise ein Handelsverbot für Mitarbeiter ab dem 10. Kalendertag vor Quartalsschluss, da in diesem Zeitraum Informationen zirkulieren, die in den Quartalsbericht einfließen.[229] Die Einschränkung des Art. 6 EG-VO 2273/2003 gelten nicht, wenn der Emittent ein Wertpapierdienstleister ist und er zwischen Handelsabteilung und Insider so genannte „chinese walls" einrichtet, um den Informationsfluss zwischen den Trägern von Insiderinformationen und dem Eigenhandel mit Kunden zu sperren.[228] Auch diese sind laufend sorgfältig auf ihre Funktionsfähigkeit zu prüfen.

Während der Durchführung des Aktienrückkaufprogramms muss der Vorstand fortlau- **131** fend prüfen, ob Insiderinformationen bei dem Emittenten auftreten. Für den Fall, dass während der Durchführung des Aktienrückkaufs Insiderinformationen auftreten, stellt sich die Frage, ob der Vorstand das Rückkaufprogramm fortführen darf oder wie er mit der Situation umgehen muss. Nach Ansicht der BaFin stellt die Fortführung des Programmes ein Verwenden im Sinne des § 14 WpHG dar, da der Emittent das Aktienrückkaufprogramm in Kenntnis der erlangten Insiderinformation umsetzt.[230] Die Fortführung des Aktienrückkaufprogramms verstößt daher gegen das Insiderhandelsverbot.[230] Der Vorstand wäre also verpflichtet, das Rückkaufprogramm unverzüglich zu stoppen. Eine solche Konsequenz kann bei Durchführung eines programmierten Rückkaufprogramms gem. Art. 6 Abs. 3 lit. a EG-VO 2273/2003 vermieden werden, weil die bloße Kenntnis von Insiderinformation nicht zu einem Verwenden der Information führt.[231] Alternativ kann der Vorstand im Vorfeld mit der Bank, die mit der Durchführung des Aktienrückkaufprogramms beauftragt wird, oder einem unabhängigen Dritten eine bindende rechtliche Verpflichtung zum Erwerb einer festgelegten Menge an Aktien innerhalb eines bestimmten Zeitraumes vereinbaren.[230] Soweit die beauftragte Bank oder der Dritte den Rückkauf in eigener Regie durchführt, ist das Entstehen einer Insiderinformation beim Emittenten unschädlich.[230] Die rechtliche Verpflichtung wurde bereits vor Bekanntwerden der Insiderinformation begründet, so dass ein Verwenden der Insiderinformation ausscheidet. Voraussetzung ist allerdings, dass die beauftragte Bank oder der Dritte selbst keine Kenntnis von insiderrelevanten Tatsachen hat.[230]

c) Beteiligungspublizität

Das Über- oder Unterschreiten der in § 21 Abs. 1 WpHG genannten Schwellenwerte von **132** 3 %, 5 %, 10 %, 20 %, 25 %, 30 %, 50 % oder 75 % der Stimmrechte durch den Erwerb eigener Aktien ist unverzüglich in einer Stimmrechtsmitteilung gem. § 25 WpHG zu veröffentlichen.[232]

Personen mit Führungsaufgaben und mit solchen Führungspersonen in enger Beziehung **133** stehende Personen (zu denen nach dem Wortlaut auch die AG selbst gehören könnte) haben gem. § 15a Abs. 1 WpHG grundsätzlich über eigene Geschäfte mit Aktien eines Emittenten unverzüglich Mitteilung zu machen.[233] Die BaFin hat jedoch sämtliche Geschäfte eines Emittenten, der börsennotiert ist, insbesondere Geschäfte aufgrund von

---

228 *Schwark/Zimmer* § 20a WpHG Rn. 92.
229 MK-AktG/*Oechsler* § 71 Rn. 351.
230 *BaFin* Emittentenleitfaden III.2.2.1.
231 MK-StGB/*Pananis* § 38 WpHG Rn. 86, 65.
232 Vgl. zu diesem Thema 6. Kap.
233 Vgl. zum Directors' Dealing 5. Kap.

Rückkaufprogrammen von der Pflicht aus § 15a WpHG befreit.[234] Die Mitteilungspflichten bei so genannten Directors, Dealings nach § 15a WpHG finden daher auf den Rückkauf eigener Aktien keine Anwendung.

B. Folgen und Pflichten nach zulässigem Erwerb

I. Unterrichtung der Hauptversammlung

134 Der Erwerb eigener Aktien begründet für den Vorstand verschiedene nachfolgende Handlungspflichten. Zunächst muss der Vorstand gem. § 71 Abs. 3 S. 1 AktG in den Fällen des Erwerbs zur Schadensabwehr und des Erwerbs auf Basis einer Ermächtigung der Hauptversammlung dieser über folgende Aspekte des Aktienerwerbs berichten:
– die Gründe des Erwerbs,
– den Erwerbszweck,
– die Zahl der erworbenen Aktien,
– den auf die erworbenen Aktien entfallenden Betrag des Grundkapitals,
– den Anteil der erworbenen Aktien am Grundkapital und
– den Gegenwert der Aktien.

135 Darüber hinaus besteht eine Informationspflicht im Anhang des Jahresabschlusses gem. § 160 Abs. 1 Nr. 2 AktG. Anzugeben sind gesondert der Bestand an eigenen Aktien, die die AG, ein abhängiges Unternehmen, ein im Mehrheitsbesitz der AG stehendes Unternehmen oder ein anderer für Rechnung der genannten Unternehmen erworben oder in Pfand genommen hat. Zu berichten ist über
– die Zahl der eigenen Aktien,
– den auf sie entfallenden Betrag des Grundkapitals,
– den Anteil am Grundkapital und
– bei Erwerb (im Unterschied zur Inpfandnahme) der Aktien auch über die Erwerbszeitpunkte und Erwerbsgründe.[235] Bei Erwerb und (Wieder-)Veräußerung während des Geschäftsjahres sind die aufgeführten Angaben für die einzelnen Vorgänge gem. § 160 Abs. 1 Nr. 2 S. 2 AktG gesondert unter Angabe des Erwerbs- oder Veräußerungspreises und Verwendung des Erlöses zu machen.

II. Ausgabegebot

136 In Fällen des Erwerbs eigener Aktien zum Zweck der Mitarbeiterbeteiligung gem. § 71 Abs. 1 Nr. 2 AktG ist der Vorstand gem. § 71 Abs. 3 S. 2 AktG verpflichtet, die erworbenen Aktien innerhalb einer Frist von einem Jahr an die Arbeitnehmer auszugeben. Wenn die Frist ohne Ausgabe der Aktien abläuft, resultiert allein aus dem Fristablauf jedoch nicht die rückwirkende Unzulässigkeit des Erwerbs.[236] Soweit eine Veräußerung der eigenen Aktien innerhalb der Jahresfrist nicht möglich ist, gebietet die Sorgfaltspflicht des Vorstands vielmehr, einen weiteren Versuch der Aktienausgabe zu geänderten Konditionen zu unternehmen.[236] Der Vorstand ist verpflichtet, sich weiter um den Verkauf zu bemühen. Ist

---

234 *BaFin* Emittentenleitfaden V.1.2.4.
235 MK-AktG/*Oechsler* § 71 Rn. 329.
236 *Hüffer* § 71 Rn. 23.

dieser Versuch wiederum nicht erfolgreich oder gibt der Vorstand den Willen zur Mitarbeiterbeteiligung auf, ist der Vorstand zur Veräußerung der Aktien analog § 71c Abs. 1 AktG verpflichtet.[237] Entsteht der Gesellschaft aus dem gesamten Vorgang ein Schaden, wie z.B. ein Kursverlust, haftet der Vorstand und gegebenenfalls der Aufsichtsrat der Gesellschaft unter den Voraussetzungen der §§ 93, 116 AktG auf Schadensersatz.[238]

III. Keine Rechte aus eigenen Aktien, § 71b AktG

Vor dem Hintergrund, dass der Vorstand keinen Einfluss auf die Aktionäre nehmen darf, stehen der AG gemäß ausdrücklicher Anordnung in § 71b AktG keine Rechte aus den erworbenen eigenen Aktien zu. Dies gilt sowohl für Verwaltungsrechte wie Stimmrecht oder Anfechtungsbefugnis als auch für Vermögensrechte wie Dividendenrecht oder Bezugsrecht aus den Aktien.[239] § 71b AktG differenziert nicht nach dem Erwerbstatbestand, sondern setzt lediglich den Erwerb eigener Aktien durch die AG voraus. Die Norm ist daher sowohl bei zulässigem als auch bei unzulässigem Erwerb einschlägig.[240] Die Mitgliedsrechte existieren während der Besitzzeit der AG lediglich zeitweilig nicht und leben wieder auf, wenn die Aktien an einen nicht unter § 71d S. 4 AktG fallenden Dritten veräußert werden.[241]

137

Mitgliedspflichten bestehen ebenfalls nicht, solange die AG Inhaberin der Aktien ist.[242] Auch diese leben mit Veräußerung der Aktien wieder auf, soweit sie nicht bis dahin fällig geworden und durch Vereinigung von Forderung und Schuld in Person der AG untergegangen sind.[242]

138

C. Rechtsfolgen des unzulässigen Erwerbs

Im Falle eines unzulässigen Erwerbs ergeben sich in Abhängigkeit der Art des Verstoßes verschiedene Rechtsfolgen und Handlungspflichten des Vorstands.

139

I. Verstoß gegen § 71 Abs. 1 und 2 AktG

Verstößt der Erwerb eigener Aktien gegen § 71 Abs. 1 oder Abs. 2 AktG, ist das schuldrechtliche Verpflichtungsgeschäft (z.B. Kauf, Tausch) gem. § 71 Abs. 4 S. 2 AktG nichtig. Damit entstehen weder auf Seiten der AG noch auf Seiten des Veräußerers Erfüllungsansprüche.[243] Eine Ausnahme von der Nichtigkeitsrechtsfolge besteht gem. §§ 29 Abs. 1 S. 1, 125 S. 1, 207 Abs. 1 UmwG nur in Umwandlungsfällen, in denen § 71 Abs. 4 S. 2 AktG nach den gesetzlichen Regelungen nicht anwendbar ist.

140

---

237 *Hüffer* § 71 Rn. 23; MK-AktG/*Oechsler* § 71 Rn. 335; KölnKomm-AktG/*Lutter/Drygala* § 71 Rn. 85.
238 MK-AktG/*Oechsler* § 71 Rn. 335.
239 *Hüffer* § 71b Rn. 4.
240 *Hüffer* § 71b Rn. 2.
241 *Hüffer* § 71b Rn. 3.
242 *Hüffer* § 71b Rn. 6.
243 *Hüffer* § 71 Rn. 24.

141 Das dingliche Verfügungsgeschäft bleibt demgegenüber wirksam,[244] d.h. die AG wird Inhaberin der Mitgliedsrechte.[245] Die Rückabwicklung erfolgt über § 812 BGB. Soweit bereits erfüllt wurde, insbesondere der Kaufpreis gezahlt und die Aktien übertragen wurden, liegt ungeachtet dessen ein Fall der verbotenen Einlagenrückgewähr nach § 57 AktG vor.[246] Soweit der Erwerbspreis bereits bezahlt wurde, steht der AG daher ein Rückzahlungsanspruch nach §§ 57 Abs. 1, 62 AktG zu.

142 Als Sanktion für den unzulässigen Erwerb normiert § 71c Abs. 1 AktG grundsätzlich eine Pflicht zur Veräußerung der erworbenen Aktien innerhalb Jahresfrist. Fristbeginn ist der Erwerbszeitpunkt, d.h. der Zeitpunkt, in dem die AG Inhaberin der Aktien wird.[247] Die Veräußerungspflicht obliegt dem Vorstand als geschäftsführendem Organ.[248] Sie bezieht sich grundsätzlich auf die Stücke, die verbotswidrig erworben wurden. Soweit eine Identifizierung nicht möglich ist, ist eine dem Erwerb entsprechende Aktienanzahl zu veräußern.[249]

143 Im Fall des Verstoßes gegen § 71 Abs. 2 S. 1 AktG normiert § 71 Abs. 2 AktG eine Veräußerungspflicht für denjenigen Teil der Aktien, der die 10 %-Grenze übersteigt,[250] innerhalb von drei Jahren. In der Auswahl der einzelnen Aktien ist der Vorstand frei.[250]

144 § 71c AktG trifft keine Regelungen, wie und an wen die Veräußerung der Aktien zu erfolgen hat. Grundsätzlich hat in dem Fall, dass die Leistungen trotz Unwirksamkeit des Verpflichtungsgeschäftes ausgetauscht wurden, eine Rückabwicklung gem. §§ 812 ff. BGB zu erfolgen.[251] Die AG muss also die erworbenen Aktien grundsätzlich an den Veräußerer zurückübertragen. Hierdurch können sich bei der Auswahl des Erwerbers rechtliche Bindungen für den Vorstand ergeben.[252] Aufgrund der Anordnung der Nichtigkeit des Kausalgeschäfts steht dem ursprünglich veräußernden Aktionär ein bereicherungsrechtlicher Anspruch auf Rückübereignung der Aktien zu.[253]

145 Eine derartige Rückabwicklung ist nach erfolgtem Erwerb über die Börse allerdings nur schwer möglich, da der ursprüngliche Veräußerer aus rein technischen Gründen i.d.R. nicht identifiziert werden kann.[254] Wenn die Rückgewähr an den Veräußerer aus tatsächlichen Gründen nicht möglich ist, entfällt die Bindung im Rahmen der Auswahl des Erwerbers.[255] Infolge dessen hat der Vorstand die Aktien nach pflichtgemäßem Ermessen unter strenger Berücksichtigung des Gleichbehandlungsgrundsatzes aller Aktionäre nach § 53a AktG zu veräußern, wobei in gewissem Umfang weitere Regeln als Aspekte ordnungsgemäßer Geschäftsführung zu beachten sind.[256] So sind die veräußerungspflichtigen Aktien zunächst für die gesetzlichen Zwecke des § 71 Abs. 1 Nr. 1–7 AktG zu verwenden, insbesondere also zeitlich nach dem Erwerb beschlossene Abfindungen von Aktionären zu bedienen, bei Vorliegen eines Beschlusses die Einziehung der Aktien vorzunehmen oder die Aktien an Arbeitnehmer auszugeben.[257]

---

244 MK-AktG/*Oechsler* § 71 Rn. 340.
245 *Hüffer* § 71b Rn. 24.
246 MK-AktG/*Oechsler* § 71 Rn. 342.
247 Spindler/Stilz/*Cahn* AktG § 71c Rn. 6, 10.
248 KölnKomm-AktG/*Lutter/Drygala* § 71c Rn. 23.
249 Schmidt/Lutter/*Bezzenberger* § 71 Rn. 3; Spindler/Stilz/*Cahn* AktG § 71 Rn. 7; KölnKomm-AktG/*Lutter/Drygala* § 71c Rn. 25 f.; auf einen Aktienwert in entsprechender Höhe abstellend MK-AktG/*Oechsler* § 71c Rn. 13; Hölters/*Solveen* § 71 Rn. 5.
250 BT-Drucks. 8/1678, S. 16; KölnKomm-AktG/*Lutter/Drygala* § 71c Rn. 28.
251 KölnKomm-AktG/*Lutter/Drygala* § 71c Rn. 31.
252 *Hüffer* § 71c Rn. 7.
253 Hölters/*Solveen* AktG § 71c Rn. 5.
254 KölnKomm-AktG/*Lutter/Drygala* § 71c Rn. 32.
255 KölnKomm-AktG/*Lutter/Drygala* § 71c Rn. 32; GroßKomm-AktG/*Merkt* § 71c Rn. 31.
256 KölnKomm-AktG/*Lutter/Drygala* § 71c Rn. 34.
257 KölnKomm-AktG/*Lutter/Drygala* § 71c Rn. 35 bis 37; GroßKomm-AktG/*Merkt* § 71c Rn. 35 f.; MK-AktG/*Oechsler* § 71c Rn. 18.

Im Übrigen handelt es sich um ein reguläres Umsatzgeschäft, bei dem der Vorstand im **146** Interesse der Gesellschaft die Aktien bestmöglich veräußern muss.[258] Im Rahmen der Veräußerung wird eine Orientierung an den Maßstäben der § 71 Abs. 1 Nr. 8 S. 3–5 AktG befürwortet.[259] Die Veräußerung kann daher über die Börse erfolgen. Dadurch wird der bei der Veräußerung eigener Aktien grundsätzlich zu beachtende Gleichbehandlungsgrundsatz nach §§ 53a, 71 Abs. 1 Nr. 8 S. 3 AktG gewahrt.[260] Ein sogenanntes Platzgeschäft, bei dem ein im vornherein verabredeter Aktienkauf lediglich über die Börse stattfindet, ist allerdings unzulässig, weil diesem notwendigerweise ein individuelles Erwerbsangebot zugrunde liegt.[261] Dadurch wird der Gleichbehandlungsgrundsatz verletzt. Ebenso ist eine Veräußerung „unter der Hand" wegen des Verstoßes gegen den Gleichbehandlungsgrundsatz grundsätzlich ausgeschlossen.[262]

Alternativ können die eigenen Aktien unter Gewährung des Bezugsrechts der Aktionäre **147** veräußert werden. Im Zusammenhang mit einer Bezugsrechtsemission muss der Vorstand darauf achten, entsprechend § 186 Abs. 1 S. 2 AktG eine Bezugsfrist für die Aktionäre zur Ausübung ihres Bezugsrechts von mindestens zwei Wochen zu setzen. Zudem ist mit Blick auf die generelle Prospektpflicht für Bezugsangebote gem. Art. 7 Abs. 2 lit. g) der Europäischen Prospektrichtlinie[263] vor Anbietung der Aktien nach § 3 Abs. 1 WpPG ein Prospekt zu erstellen und zu veröffentlichen, sofern nicht eine Ausnahme von der Prospektpflicht im Sinne des §§ 3 Abs. 2, 4 WpPG vorliegt. Ferner bedarf es oftmals der Zwischenschaltung einer Bank zur Abwicklung der Bezugsrechtsemissionen.

Soweit ein direkter Verkauf von Aktien durch die Gesellschaft stattfinden soll, muss das **148** Aktionären grundsätzlich zustehende Bezugsrecht ausgeschlossen werden. Hierfür bedarf es einer entsprechenden Ermächtigungsgrundlage im Sinne des § 186 Abs. 3 S. 1 AktG. Für den Verkauf von Aktien nach § 71c Abs. 1 AktG dürfen insoweit keine anderen Anforderungen gelten als bei einer Veräußerung nach § 71 Abs. 1 Nr. 8 AktG.[264] § 71 Abs. 1 Nr. 8 S. 5 AktG gestattet ausweislich seines Wortlauts grundsätzlich eine andere Veräußerung eigener Aktien als über die Börse. Wenn die Hauptversammlung Vorgaben für die Wiederausgabe der eigenen Aktien gemacht hat, sind diese zu beachten, soweit die Vorgaben mit der gesetzlichen Veräußerungspflicht vereinbar sind.[265]

Fraglich ist, ob die einmal erteilte Ermächtigung zum Bezugsrechtsausschluss bei Verwen- **149** dung der Aktien auch für den Fall des unzulässigen Erwerbs (etwa aufgrund der fehlenden Möglichkeit zur Bildung einer hypothetischen Rücklage gem. § 71 Abs. 2 AktG) fort gilt. In der Praxis lauten Verwendungsermächtigungen nach § 71 Abs. 1 Nr. 8 AktG unter Bezugsrechtsausschluss häufig dahingehend, dass „die aufgrund einer Ermächtigung der Hauptversammlung erworbenen eigenen Aktien" in der vorgegebenen Art verwendet werden dürfen. Bei strenger Betrachtung eines solchen Wortlauts ist ein unzulässiger Erwerb aber gerade nicht „aufgrund" der Ermächtigung erfolgt. Da der Hauptversammlungsbeschluss nach § 71 Abs. 1 Nr. 8 AktG die weiteren Voraussetzungen insbesondere der Kapitalgrenze nach § 71 Abs. 2 AktG in der Praxis regelmäßig nicht gesondert erwähnt, werden auch Aktien gegen Verstoß der genannten Schranke aufgrund der von der Hauptversammlung erteilten Ermächtigungen erworben. Selbst bei einer expliziten Erwähnung der Kapitalgrenze ist bei einer sachgerechten Betrachtung anzunehmen, dass der Vorstand auf Basis

---

258 *Hüffer* § 71c Rn. 7; KölnKomm-AktG/*Lutter/Drygala* § 71c Rn. 38.
259 Hölters/*Solveen* § 71c Rn. 5; MK-AktG/*Oechsler* § 71c Rn. 20.
260 Vgl. KölnKomm-AktG/*Lutter/Drygala* § 71c Rn. 34, 38; GroßKomm-AktG/*Merkt* § 71c Rn. 34, 37.
261 *Hüffer* § 71 Rn. 19 k; BT-Drucks. 13/9712 S. 13; Hölters/*Solveen* § 71 Rn. 24.
262 GroßKomm-AktG/*Merkt* § 71c Rn. 34; KölnKomm-AktG/*Lutter/Drygala* § 71c Rn. 34.
263 Richtlinie 2010/73/EU des europäischen Parlaments und des Rates vom 24.11.2010.
264 Vgl. MK-AktG/*Oechsler* § 71c Rn. 19.
265 Schmidt/Lutter/*Bezzenberger* § 71c Rn. 9; MK-AktG/*Oechsler* § 71c Rn. 19.

der Ermächtigung gehandelt (wenn auch eine fehlerhafte Beurteilung vorgenommen) hat. Folglich muss die Verwendungsermächtigung der eigenen Aktien auch für solche Aktien gelten, die trotz eines Verstoßes gegen die zusätzlichen gesetzlichen Voraussetzungen des § 71 Abs. 2 AktG unter Bezugnahme auf den Ermächtigungsbeschluss erworben wurden. Soweit die Hauptversammlung den Vorstand ermächtigt hat, die Aktien unter Ausschluss des Bezugsrechts der Aktionäre zu veräußern, ist der Vorstand daher auch in diesen Fällen berechtigt, die veräußerungspflichtigen Aktien unter Ausschluss des Bezugsrechts der Aktionäre Dritten anzubieten.

II. Verstoß gegen § 71a AktG

150 Ein Verstoß gegen das Verbot von Finanzierungsgeschäften nach § 71a Abs. 1 AktG hat die Nichtigkeit des Rechtsgeschäfts, der Vorschussgewährung oder eines sonstigen Geschäfts mit Finanzierungswirkung im Sinne des § 71a AktG zur Folge. Die Nichtigkeitsfolge bezieht sich allein auf das Kausalgeschäft, also die schuldrechtliche Verpflichtung, nicht jedoch auf das Erfüllungsgeschäft. Es bestehen daher keine Erfüllungsansprüche. Soweit bereits Leistungen ausgetauscht wurden, können diese in der Regel nur nach §§ 812 ff. BGB zurückgefordert werden.

151 Ein Verstoß gegen das Verbot der mittelbaren Stellvertretung in § 71a Abs. 2 AktG führt zur Nichtigkeit des Auftragsverhältnisses oder des sonstigen im Innenverhältnis vorgenommenen Rechtsgeschäfts. Folglich sind Ansprüche des mittelbaren Stellvertreters auf Aufwendungsersatz oder Vergütung ausgeschlossen.[266] Die AG kann die Auslieferung der Aktien an sie mangels eines wirksamen Vertrages mit dem Stellvertreter nicht verlangen. Das Außenverhältnis bleibt unberührt, so dass der mittelbare Stellvertreter die Aktien wirksam erwirbt und Aktionär bleibt.

III. Verstoß gegen § 71c AktG

152 Nach Ablauf der Jahresfrist sind die veräußerungspflichtigen Aktien gem. § 71c Abs. 3 AktG zwingend einzuziehen. Die Einziehung erfolgt entweder im Verfahren der ordentlichen Kapitalherabsetzung gem. § 237 Abs. 2 S. 1 i.V.m. §§ 222 ff. AktG oder im Verfahren der vereinfachten Kapitalherabsetzung. Die vereinfachte Kapitalherabsetzung ist nur unter den Voraussetzungen des § 237 Abs. 3 AktG zulässig,[267] wenn also die Aktien voll eingezahlt sind und wenn sie
– von der AG unentgeltlich erworben wurden oder
– im Falle des entgeltlichen Erwerbs, zu Lasten des Bilanzgewinns oder einer anderen Gewinnrücklage eingezogen werden können oder
– Stückaktien sind und die Einziehung ohne Herabsetzung des Grundkapitals erfolgt.

153 Der Vorstand muss in jedem Fall unverzüglich tätig werden, wobei ein Beschlussvorschlag zur Einziehung auf der nächsten ordentlichen Hauptversammlung genügt. Die ursprünglich durch die Hauptversammlung erteilte Ermächtigung zur Einziehung erworbener Aktien kann der Vorstand für Zwecke der Einziehung gem. § 71c AktG nicht nutzbar machen. § 71c Abs. 3 AktG verweist explizit auf die Einziehung nach § 237 AktG, der die Beteiligung der Hauptversammlung vorschreibt. Dies setzt einen entsprechenden Hauptversammlungsbeschluss voraus. Für den Fall, dass die Einziehung scheitert, muss der Vorstand die

---

266 Hüffer § 71a Rn. 9.
267 KölnKomm-AktG/*Lutter/Drygala* § 71c Rn. 45; Hüffer § 71c Rn. 8.

erworbenen eigenen Aktien wiederum veräußern. Für diese Veräußerungspflicht gilt nicht die Jahresfrist des § 71c Abs. 1 AktG. Vielmehr muss der Vorstand unverzüglich tätig werden und die Aktien veräußern.[268]

So lange die Hauptversammlung noch keinen Einziehungsbeschluss gefasst hat, ist der Vorstand grundsätzlich berechtigt, die Einziehung durch unverzügliche Veräußerung der eigenen Aktien zu vermeiden.[269] Der Verkauf der Aktien ist im Vergleich zur Einziehung aufgrund des Erlöses durch den Verkauf für die Gesellschaft in aller Regel finanziell vorteilhafter.[270] **154**

Wenn der Vorstand die veräußerungspflichtigen Aktien nicht rechtzeitig anbietet oder die Einziehung nicht rechtzeitig durch entsprechende Vorbereitung eines Beschlussvorschlags einleitet, handelt er nach § 405 Abs. 1 Nr. 4b bzw. 4c AktG ordnungswidrig. Im Übrigen haften Vorstand und Aufsichtsrat für etwaige Schäden aus der Verletzung der Pflichten bei Veräußerung oder Einziehung.[271] **155**

IV. Verstoß gegen § 71d AktG

§ 71d AktG enthält Regelungen zum Erwerb von Aktien durch Dritte. Er bezieht sich in S. 1 auf den Aktienerwerb und -besitz des mittelbaren Stellvertreters und in S. 2 auf den Aktienerwerb und -besitz durch ein abhängiges oder im Mehrheitsbesitz stehendes Unternehmen. **156**

1. Rechtsfolgen bei Verstoß gegen § 71d S. 1 AktG

Entspricht das Auftrags- oder Geschäftsbesorgungsverhältnis des mittelbaren Stellvertreters nicht den unter Rn. 26 ff. aufgeführten Anforderungen oder erwirbt der mittelbare Stellvertreter unzulässiger Weise Aktien der AG, für deren Rechnung er handelt, ist das Rechtsverhältnis zwischen dem mittelbaren Stellvertreter und der AG nichtig. Entscheidend ist, ob die AG im konkreten Fall die eigenen Aktien hätte erwerben dürfen.[272] Der mittelbare Stellvertreter kann in Folge der Nichtigkeit weder Aufwendungsersatz noch Abnahme der Aktien verlangen. Ebenso kann die AG keine Rechte aus dem nichtigen Innenverhältnis ableiten und weder Herausgabe der Aktien noch eines eventuellen Differenzgewinnes aus dem Erwerb von dem mittelbaren Stellvertreter fordern. **157**

Im Außenverhältnis, d.h. im Verhältnis zum Verkäufer, aber auch zur AG, wird der mittelbare Stellvertreter Inhaber der Aktien. Das nichtige Auftrags- oder Geschäftsbesorgungsverhältnis hat hierauf keinen Einfluss.[273] Allerdings stehen dem mittelbaren Stellvertreter aus den aufgrund dieser nichtigen Treuhandvereinbarung erworbenen Aktien gem. § 71b i.V.m. § 71d S. 4 AktG keine Mitgliedschaftsrechte zu. Eine Ausnahme gilt nur für Mitgliedsrechte, die dem mittelbaren Stellvertreter ohne besondere Regelung zustehen würden, weil er Aktionär ist. Die Mitgliedschaftsrechte leben jedoch wieder auf, sobald der mittelbare Stellvertreter die Aktien anderweitig veräußert oder der AG gegenüber erklärt, die Aktien endgültig für eigene Rechnung zu halten.[274] **158**

---

268 Hüffer § 71c Rn. 8.
269 Hüffer § 71c Rn. 8; MK-AktG/*Oechsler* § 71c Rn. 23; Hölters/*Solveen* § 71c Rn. 6; Spindler/Stilz/Cahn AktG § 71c Rn. 14.
270 MK-AktG/*Oechsler* § 71c Rn. 23; KölnKomm-AktG/*Lutter/Drygala* § 71c Rn. 51.
271 Hölters/*Solveen* § 71c Rn. 7.
272 KölnKomm-AktG/*Lutter/Drygala* § 71d Rn. 118.
273 KölnKomm-AktG/*Lutter/Drygala* § 71d Rn. 120.
274 KölnKomm-AktG/*Lutter/Drygala* § 71d Rn. 121.

159 Die weiteren in § 71d S. 3–6 AktG bestimmten Rechtsfolgen, d.h. die Zurechnung der Anteile, die Verschaffungs- und Erstattungspflicht, sind nicht anwendbar.[275] Der Fall einer mittelbaren Stellvertretung wird zugleich von § 71a Abs. 2, 1. Fall AktG erfasst. Die jeweiligen Rechtsfolgen in beiden Normen sind jedoch nicht kompatibel. Folglich greifen die Rechtsfolgen des § 71d S. 3–6 AktG nicht ein, soweit § 71a Abs. 2, 1. Fall AktG reicht.[276] Soweit der Erwerb durch die AG selbst gegen § 71 Abs. 1 oder 2 AktG verstoßen würde, sind § 71d S. 3–6 AktG damit unanwendbar.

160 Die gleichen Rechtsfolgen gelten, wenn ein mittelbarer Stellvertreter eines Tochterunternehmens verbotswidrig eigene Aktien erwirbt, § 71d S. 2, 2. Fall AktG.

2. Rechtsfolge bei Verstoß gegen § 71d S. 2, 1. Fall AktG

161 Wenn der Aktienerwerb des Tochterunternehmens nach § 71 Abs. 1 oder 2 unzulässig war, ist das schuldrechtliche Kausalgeschäft gem. § 71 Abs. 4 AktG i.V.m. § 71d S. 4 AktG nichtig. Daher stehen weder dem Tochterunternehmen noch dem Veräußerer Erfüllungsansprüche zu. Soweit dennoch erfüllt wurde, ist das Geschäft nach §§ 812 ff. BGB rückabzuwickeln. Der Verkäufer hat einen Anspruch auf Rückübereignung, das Tochterunternehmen hat einen Anspruch auf Rückzahlung.

162 Vor dem Hintergrund, dass das dingliche Rechtsgeschäft grundsätzlich wirksam ist, wird das Tochterunternehmen Inhaber der Aktien. Dem Tochterunternehmen stehen aus den erworbenen Aktien jedoch gem. § 71b i.V.m. § 71d S. 4 AktG keine Mitgliedsrechte zu.

163 Soweit eine Rückabwicklung nicht erfolgt, ist die AG – nicht das erwerbende Tochterunternehmen – ferner gem. § 71d S. 4 i.V.m. § 71c Abs. 1, 2 AktG verpflichtet, die verbotswidrig erworbenen Aktien binnen Jahresfrist und zulässig erworbene Aktien oberhalb von 10 % des Grundkapitals innerhalb von drei Jahren zu veräußern. Wenn eine rechtzeitige Veräußerung nicht erfolgt, sind die Aktien gem. § 71d S. 4 i.V.m. § 71c Abs. 3 AktG einzuziehen. Diese Pflicht erstreckt sich auch auf die Aktien, die von Tochterunternehmen gehalten werden, da hinsichtlich der Einhaltung der 10 %-Grenze die von dem Tochterunternehmen gehaltenen Aktien der AG zugerechnet werden (§ 71d S. 3 AktG). Die Veräußerungspflicht erlischt, wenn das Tochterunternehmen den Aktienerwerb innerhalb der Jahresfrist rückabwickelt.[277]

164 Bei einem Verstoß gegen § 71d AktG ist das Tochterunternehmen ferner gem. § 71d S. 5 AktG verpflichtet, der AG das Eigentum an den Aktien zu verschaffen, d.h. die Mitgliedsrechte zu übertragen. Diese Verschaffungspflicht dient der Ermöglichung zur Erfüllung der Veräußerungs- und Einziehungspflicht aus § 71c AktG der AG. Um die Verschaffungspflicht auszulösen, muss die AG die Übertragung der Aktien ausdrücklich verlangen.[278] Hierbei handelt es sich um eine einseitige Gestaltungserklärung, die dem Tochterunternehmen zugehen muss und mit Zugang wirksam wird. Das Tochterunternehmen hat im Gegenzug Anspruch auf den Gegenwert der Aktien gem. § 71d S. 6 AktG. Abzustellen ist nach herrschender Meinung auf den Verkehrswert im Übertragungszeitpunkt.[279] In dem Fall, dass zugleich das Rechtsgeschäft über den Erwerb der Aktien unwirksam ist, geht der Rückabwicklungsanspruch des Verkäufers dem Verschaffungsanspruch der AG auf Übertragung vor.[280]

---

275 *Hüffer* § 71d Rn. 9; KölnKomm-AktG/*Lutter/Drygala* § 71d Rn. 122.
276 *Hüffer* § 71d Rn. 9.
277 KölnKomm-AktG/*Lutter/Drygala* § 71d Rn. 65.
278 *Hüffer* § 71d Rn. 21.
279 MK-AktG/*Oechsler* § 71d Rn. 69; *Hüffer* § 71d Rn. 22; KölnKomm-AktG/*Lutter/Drygala* § 71d Rn. 86.
280 MK-AktG/*Oechsler* § 71d Rn. 69; *Hüffer* § 71d Rn. 22.

Kommt der Vorstand der AG den hier aufgezeigten Veräußerungs- und Einziehungspflich- **165**
ten nicht nach, handelt er ordnungswidrig. Es droht die Verhängung eines Bußgelds nach
§§ 405 Abs. 1 Nr. 4b, 4c AktG. Ungeachtet dessen kann das Registergericht den Vorstand
mittels eines Zwangsgelds nach § 407 AktG zur Durchführung zwingen.

V. Verstoß gegen § 71e AktG

Die rechtsgeschäftliche Begründung von Pfandrechten ist nach § 71e Abs. 2 S. 1 AktG **166**
unwirksam, wenn der Ausgabebetrag der Aktien noch nicht voll geleistet ist.

Voll eingezahlte Aktien werden jedoch trotz Verstoßes gegen § 71e Abs. 1 AktG wirksam **167**
erworben.[281] Allerdings ist die Sicherungsabrede, die Verpflichtung gegenüber der AG zur
Pfandbestellung, gem. § 71e Abs. 2 S. 2 AktG nichtig. Der Vertrag, der die Forderung
begründet, bleibt grundsätzlich unberührt.[282] Etwas anderes gilt unter Anwendung von
§ 139 BGB nur dann, wenn die Forderung nicht ohne die Verpflichtung zur Pfandrechtsbestellung begründet werden sollte.[283] Es besteht damit grundsätzlich kein Anspruch auf
Bestellung des Pfandrechts.[284] Soweit ein Pfandrecht dennoch bestellt worden ist, kann der
Aktionär nach § 812 Abs. 1 S. 1, 1. Alt. BGB Aufhebung und – bei verbriefter Mitgliedschaft – Rückgabe der Aktienurkunde fordern.[285]

---

[281] *Hüffer* § 71e Rn. 7; KölnKomm-AktG/*Lutter/Drygala* § 71e Rn. 32.
[282] KölnKomm-AktG/*Lutter/Drygala* § 71e Rn. 32.
[283] *Hüffer* § 71e Rn. 7.
[284] Hölters/*Solveen* § 71e Rn. 11.; *Hüffer* § 71e Rn. 7.
[285] *Hüffer* § 71e Rn. 7; Hölters/*Solveen* § 71e Rn. 11; MK-AktG/*Oechsler* § 71e Rn. 30.

12. Kapitel
Hauptversammlung

A. Einleitung

Auf den kommenden Seiten möchten wir Sie gerne zur ordentlichen und außerordentlichen Hauptversammlung einladen, die in der Aktiengesellschaft (AG), der Kommanditgesellschaft auf Aktien (KGaA) oder der Societas Europaea (SE) als Organ dann einzuberufen ist, wenn Entscheidungen zu grundlegenden Fragen der Gesellschaft zu treffen sind. **1**

Der Begriff Hauptversammlung hat zwei Bedeutungen. Zum einen ist sie das Organ, durch das Aktionäre aufgrund ihres Mitgliedschaftsrechts die Willensbildung der Gesellschaft ausüben. Zum anderen bedeutet die Hauptversammlung auch die Zusammenkunft der Aktionäre an einem in der Satzung festgelegten Ort, damit sie ihre Mitgliedschaftsrechte ausüben können. Nach Inkrafttreten des Gesetzes zur Umsetzung der Aktionärsrechterichtlinie (ARUG) im Jahre 2009 kann die Satzung vorsehen oder den Vorstand dazu ermächtigen vorzusehen, dass die Aktionäre an der Hauptversammlung auch ohne Anwesenheit am Versammlungsort und ohne einen Bevollmächtigten teilnehmen und sämtliche oder einzelne ihrer Rechte ganz oder teilweise im Wege elektronischer Kommunikation ausüben können. **2**

In der ordentlichen Hauptversammlung, die innerhalb der ersten acht Monate (sechs Monate bei der SE nach Art. 54 Abs. 1 SE-VO) des Geschäftsjahres stattzufinden hat, wird in der Regel der Jahresabschluss über das abgelaufene Geschäftsjahr vorgelegt sowie über weitere Standardbeschlüsse wie über die Gewinnverwendung, Organentlastung und Wahl des Abschlussprüfers Beschluss gefasst. Darüber hinaus können weitere Beschlüsse gefasst werden wie z.B. zu Kapital- oder Strukturmaßnahmen, Satzungsänderungen usw. **3**

Die außerordentliche Hauptversammlung unterscheidet sich von der ordentlichen Hauptversammlung darin, dass sie einzuberufen ist, wenn wegen dringend umzusetzender Beschlussgegenstände die nächste turnusmäßige ordentliche Hauptversammlung nicht abgewartet werden kann. **4**

Eine Besonderheit ist gegeben, wenn der Verlust der Hälfte des Grundkapitals eingetreten ist. Hier muss der Vorstand gem. § 92 Abs. 1 AktG die Hauptversammlung unverzüglich einberufen, um den Aktionären den Verlust anzuzeigen. In der Regel wird hier zu einer außerordentlichen Hauptversammlung einberufen, da selten die Feststellung des Eintritts des Verlusts des hälftigen Grundkapitals in den zeitlichen Ablauf einer ordentlichen Hauptversammlung fällt. **5**

Im Rahmen der Vorbereitung, Durchführung und Nachbereitung einer Hauptversammlung sind besondere formelle Voraussetzungen einzuhalten, deren Nichtbeachtung unter Umständen die Gefahr anfechtbarer Beschlüsse nach sich ziehen kann, mit der Folge, dass Beschlüsse nicht umgesetzt werden können. Dies kann insbesondere bei wichtigen umzusetzenden Struktur- oder Kapitalmaßnahmen, die dann nicht durchgeführt werden können, zu schwerwiegenden Folgen – bis hin zur Insolvenz – führen. **6**

Die formellen Voraussetzungen differieren je nachdem, ob eine Gesellschaft börsennotiert oder nichtbörsennotiert ist. Wann eine Börsennotierung im Sinne des Aktiengesetzes vorliegt, ist im § 3 Abs. 2 AktG geregelt. Danach ist eine Gesellschaft börsennotiert, wenn deren Aktien zu einem Markt zugelassen sind, der von staatlich anerkannten Stellen geregelt und **7** überwacht wird, regelmäßig stattfindet und für das Publikum mittelbar oder unmittelbar zugänglich ist (regulierter Markt).[1] Für diese Gesellschaften ist u.a. auch das WpHG einschlägig. Ist eine Gesellschaft als börsennotiert anzusehen, unterliegt sie strengeren Erfordernissen für eine formgerechte Einberufung als für nichtbörsennotierte Gesellschaften. (Börsen)-Märkte, die nicht dem regulierten Markt angehören, unterliegen dem privatrechtlichen Freiverkehr, § 48 Börsengesetz. Die in der Praxis nicht selten geäußerte Annahme, als Gesellschaft sei man doch börsennotiert, denn schließlich würden die Aktien ja (im Freiverkehr) an der Börse gehandelt, ist aber nicht unter den § 3 Abs. 2 AktG zu subsumieren.

B. Regularien zur Einberufung der Hauptversammlung

I. Fristen zur Hauptversammlung

1. Vorbemerkungen

8   Ausgangspunkt für die Durchführung einer Hauptversammlung sollte ein detaillierter Zeitplan unter Bestimmung der gesetzlich vorgegebenen Fristen und Termine sein. Nur wenn sichergestellt ist, dass zum vorgesehenen Einberufungstermin auch alle im Einberufungstext genannten Unterlagen in der finalen Fassung und von den relevanten Entscheidungsträgern festgestellt vorliegen, kann die weitere Planung der Hauptversammlung vorangetrieben werden.

9   Seit Inkrafttreten des ARUG wurde die Fristenberechnung im Rahmen der Einberufung vereinheitlicht. Demnach
– sind alle Fristen vom Tag der Hauptversammlung zurückzurechnen,
– sind der Tag der Versammlung und des Ereignisses nicht mitzurechnen,
– sind die Fristen nur in Tagen bemessen und
– finden die §§ 187–193 BGB keine Anwendung, d.h. fällt ein Fristende auf einen Samstag, Sonn- oder Feiertag, so hat dieses Datum Bestand, wobei nichtbörsennotierte Gesellschaften eine andere Fristenberechnung in die Satzung aufnehmen können.

10 Zudem unterscheidet der Gesetzgeber bei einigen Fristen zwischen börsennotierten und nichtbörsennotierten Gesellschaften. Bei nichtbörsennotierten Gesellschaften sind die satzungsspezifischen Regeln besonders zu beachten.

11 Eine schematische Übersicht der nachfolgend erläuterten Fristen zur Einberufung ist unter Rn. 255 abgedruckt.

2. Ermittlung Zeitpunkt der Einberufung und Anmeldefrist zur Hauptversammlung

12 Die Berechnung der Frist für die Veröffentlichung des Einberufungstextes ist im § 123 Abs. 1 AktG geregelt. Hier heißt es, dass die Hauptversammlung mindestens 30 Tage vor dem Tag der Versammlung einzuberufen ist, wobei der Tag der Einberufung nicht mitzurechnen ist. Sieht die Satzung für die Teilnahme an der Hauptversammlung oder die Ausübung des Stimmrechts eine vorhergehende Anmeldung des Aktionärs vor, so verlängert sich die dreißigtägige Anmeldefrist um die Frist der Anmeldung, die gem. § 123 Abs. 2 S. 2 AktG 6 Tage beträgt. Dabei sind der Tag der Einberufung und der Tag der Hauptversammlung jeweils nicht mitzuzählen.

---
1 Siehe dazu auch *Bürgers/Körber* § 3 AktG Rn. 6.

Aus Vorstehendem ergibt sich die Faustregel, dass bei Vorliegen einer satzungsgemäßen Anmeldefrist von 6 Tagen die Einberufung spätestens am 37. Tag vor der Hauptversammlung zu erfolgen hat. Allerdings gilt es einige Besonderheiten zu beachten: **13**

Ist eine Anmeldefrist vorgesehen, so sollte die entsprechende Satzungsregelung genau überprüft werden. Üblicherweise beträgt sie bei börsennotierten Gesellschaften 36 Tage vor dem Tag der Hauptversammlung, da sie gem. § 123 Abs. 2 S. 5 AktG aus der Anmeldefrist und der Mindesteinberufungsfrist von 30 Tagen vor dem Tag der Hauptversammlung aus § 123 Abs. 1 AktG addiert wird. An sich lässt das Gesetz auch die Bestimmung einer kürzeren Anmeldefrist als 6 Tage zu (§ 123 Abs. 2 S. 3 AktG), welche dann auch die Einberufungsfrist verkürzen würde. Allerdings ist die Regelung in § 123 Abs. 2 S. 5 AktG insofern etwas missverständlich formuliert, als nur die 6-Tages-Anmeldefrist für die Berechnung der Einberufungsfrist herangezogen wird. Im Rahmen der Aktienrechtsnovelle – zuletzt Gesetz zur Verbesserung der Kontrolle der Vorstandsvergütung und zur Änderung weiterer aktienrechtlicher Vorschriften (VorstKoG) – soll der Bezug auf die im Satz 3 genannte Frist des § 123 Abs. 2 AktG gestrichen werden.[2] Insofern besteht nach Umsetzung des VorstKoG Klarheit, dass eine kürzere Einberufungsfrist möglich ist. **14**

In einigen Satzungen von Gesellschaften ist noch eine Einberufungsfrist geregelt, nach welcher die Einberufung der Hauptversammlung „30 Tage vor dem Tag, bis zu dessen Ablauf die Aktionäre sich zur Hauptversammlung anzumelden haben" bekanntgemacht wird. In diesem Fall verlängert sich die Einberufungsfrist um einen Tag. Hieraus ergibt sich für die Faustregel, die Einberufung spätestens am 38. Tag vor der Hauptversammlung vorzunehmen. **15**

Ohnehin sollten zu dem rechnerisch letztmöglichen Einberufungstag möglichst immer noch 2–3 Werktage zusätzlich zur Sicherheit eingerechnet werden. So bestehen einige Tage Puffer, die für eventuelle Korrekturen am Einberufungstext genutzt werden können, damit dieser noch innerhalb der gesetzlichen Einberufungsfrist korrigiert werden kann. **16**

Auch wenn sämtliche Fristen nunmehr auch an einem Samstag, Sonn- oder Feiertag enden können (§ 121 Abs. 7 AktG), so ist im Fall der Einberufung der vorhergehende letzte Erscheinungstag des Bundesanzeigers maßgeblich. Dieser erscheint nicht an Samstagen, Sonn- oder Feiertagen. Aufgrund des Sitzes des Bundesanzeigers in Köln, sind zudem auch die Feiertage des Bundeslandes Nordrhein-Westfalen zu beachten. So erfolgen beispielsweise keine Veröffentlichungen an Fronleichnam oder Allerheiligen. Dagegen ist die Einberufung an Heiligabend oder Silvester (Bekanntmachung gegen 12 Uhr statt sonst 15 Uhr) möglich. **17**

Anmerkung: Für die Fristberechnung maßgeblich ist das Datum der Veröffentlichung des Einberufungstextes in den Gesellschaftsblättern (§ 121 Abs. 4 AktG), wobei als Gesellschaftsblatt i.S.v. § 25 S. 1 AktG hier immer der Bundesanzeiger anzusehen ist, was in Rn. 90 noch ausgeführt wird. **18**

Eine Fristverletzung bei der Einberufung stellt keinen Nichtigkeitsgrund dar, macht gefasste Hauptversammlungsbeschlüsse aber anfechtbar.[3] **19**

---

2 Beschlussempfehlung und Bericht des Rechtsausschusses, Drucks. 17/14214 vom 26.6.2013, Artikel 1 Nr. 8; Entwurf eines Gesetzes zur Änderung des Aktiengesetzes – Aktienrechtsnovelle 2012, BR-Drucks. 852/11 vom 30.12.2011, S. 15; allerdings ist das VorstKoG vom Bundesrat in der Sitzung am 20.9.2013 abgelehnt worden, sodass die beabsichtigten Änderungen im Rahmen eines neuen Gesetzes eingebracht werden müssen.
3 *Hüffer* § 241 AktG Rn. 9.

3. Frist für europäische Verbreitung des Einberufungstextes

20 Börsennotierte Gesellschaften, die nicht ausschließlich Namensaktien ausgegeben haben und die Einberufung den Aktionären nicht unmittelbar nach § 121 Abs. 4 S. 2 und 3 AktG übersenden, haben die Einberufung spätestens zum Zeitpunkt der Bekanntmachung solchen Medien zur Veröffentlichung zuzuleiten, bei denen davon ausgegangen werden kann, dass sie die Information in der gesamten Europäischen Union verbreiten (§ 121 Abs. 4a AktG).[4]

4. Frist Auslage Unterlagen der Einberufung

21 Nach dem Wortlaut des § 175 Abs. 2 S. 1 AktG sind die relevanten Unterlagen zur Hauptversammlung grundsätzlich ab Einberufung in den Geschäftsräumen der Gesellschaft auszulegen (Näheres dazu unter Rn. 130 ff.).

Börsennotierte Gesellschaften müssen gem. § 124a AktG alsbald nach der Einberufung der Hauptversammlung die Unterlagen der Einberufung über die Internetseite der Gesellschaft zugänglich machen.

22 Die Gesetzesformulierung zum Zeitpunkt der Bereitstellung der Unterlagen weicht in § 124a AktG gegenüber § 175 Abs. 2 AktG ab: Während § 124a AktG von einer Zugänglichmachung von Unterlagen „alsbald nach der Einberufung" spricht, sieht der § 175 Abs. 2 AktG die Auslage der dort aufgeführten Unterlagen „von der Einberufung an" vor. Dieser Gegensatz ist auf die Berücksichtigung des technischen oder sonstigen betriebsinternen Ablaufs bei der Einstellung der Dokumente auf der Homepage der Gesellschaft zurückzuführen,[5] das heißt, der Gesellschaft soll für die Vorbereitung der Internetseite nach Bekanntmachung der Einberufung etwas Zeit bleiben, damit auch technischen Verzögerungen Rechnung getragen werden kann[6].

5. Frist für Mitteilung gem. § 30c WpHG

23 Beabsichtigt der Emittent zugelassener Wertpapiere, Satzungsänderungen oder sonstige Änderungen vorzunehmen, die die Rechte der Wertpapierinhaber berühren, so ist dies gem. § 30c WpHG der BaFin mit der Entscheidung des Beschlussorgans, aber spätestens zum Zeitpunkt der Einberufung der BaFin mitzuteilen (siehe auch Rn. 85 ff.). Zur Gewährleistung der vorgesehenen Frist sollte diese Mitteilung nach Übermittlung des Einberufungstextes an den Bundesanzeiger vorgenommen werden. So hat man die Gewähr, die Fassung mitzuteilen, die auch im Einberufungstext enthalten ist.

24 Diese Mitteilung ist auch dem jeweiligen Sitz der Börse zuzuleiten, bei der die Aktien des Emittenten im regulierten Markt notiert sind. Für die Börse Frankfurt ergibt sich diese Regelung aus § 61 Abs. 1 S. 2 der Frankfurter Wertpapier Börsenordnung vom 17.6.2013.

6. Frist für Anträge gem. § 122 Abs. 2 AktG

25 Die Berechnung der Frist für die Einreichung von Anträgen auf Ergänzung der Tagesordnung von Aktionären, deren Anteile zusammen den zwanzigsten Teil des Grundkapitals oder den anteiligen Betrag von 500 000 EUR erreichen, ist im § 122 Abs. 2 S. 3 AktG für börsennotierte und nichtbörsennotierte Gesellschaft unterschiedlich geregelt.

26 Bei börsennotierten Gesellschaften muss das Ergänzungsverlangen mindestens 30 Tage vor dem Tag der Hauptversammlung zugehen, während bei nichtbörsennotierten Gesellschaften der Zugang bis mindestens 24 Tage vor dem Tag der Hauptversammlung geregelt ist.

---

4 *Bürgers/Körber* § 121 AktG Rn. 19a.
5 *Hüffer* § 124a Rn. 3.
6 RegBegrDrucks. 16/11642; besonderer Teil S. 30 zu Nummer 13; Grigoleit/*Herrler* § 124a Rn. 10.

Für die Berechnung ist der Tag des Zugangs nicht mitzurechnen, d.h. die Frist endet mit 27
Ablauf des 31. Tages, bzw. 25. Tages vor der Versammlung.

7. Frist Übersendung Mitteilungen gem. § 125 AktG

Die Frist für die Mitteilungen an die Aktionäre und Aufsichtsratsmitglieder ist im § 125 28
AktG geregelt (Rn. 138 ff.). Dieser sieht vor, dass der Vorstand mindestens 21 Tage vor der
Hauptversammlung den Kreditinstituten und den Vereinigungen von Aktionären, die in
der letzten Hauptversammlung Stimmrechte für Aktionäre ausgeübt haben oder die die
Mitteilung verlangt haben, die Einberufung mitzuteilen hat, wobei der Tag der Mitteilung
nicht mitzurechnen ist. Hieraus ergibt sich, dass die Mitteilung spätestens mit Ablauf des
22. Tages vor der Hauptversammlung vorzunehmen ist.

Bei Gesellschaften mit Namensaktien hat der Vorstand die Mitteilungen zusätzlich denjeni- 29
gen Aktionären zukommen zu lassen, die am Beginn des 14. Tages vor der Hauptversammlung im Aktienregister der Gesellschaft eingetragen sind.

8. Nachweisstichtag der Aktionärseigenschaft

Der Nachweis der Aktionärseigenschaft ergibt sich bei Gesellschaften mit Namensaktien 30
durch Eintrag im Aktienregister (§ 67 Abs. 2 S. 1 AktG). Aktionäre von Gesellschaften mit
Inhaberaktien müssen ihre Aktionärseigenschaft durch einen gesonderten Nachweis belegen.

So hat sich bei börsennotierten Gesellschaften mit Inhaberaktien der Nachweis der Aktio- 31
närseigenschaft auf den Beginn des 21. Tages vor der Hauptversammlung zu beziehen
(§ 123 Abs. 3 S. 3 AktG). Dieser muss der Gesellschaft, wie die Anmeldung auch (Rn. 35 f.),
bis 6 Tage vor der Hauptversammlung zugehen, wobei der Tag des Zugangs nicht mitzählt.
Hieraus ergibt sich, dass der Nachweis bis zum Ablauf des 7. Tages vor der Hauptversammlung der Gesellschaft an die in der Einberufung dafür genannte Adresse zu übermitteln ist.

Für nichtbörsennotierte Gesellschaften gelten diese Vorgaben nicht. Sie können diese 32
aber aus Gründen der Rechtssicherheit durch eine entsprechende Satzungsregelung übernehmen.

9. Frist für Anträge und Wahlvorschläge von Aktionären (§§ 126, 127 AktG)

Anträge und Wahlvorschläge von Aktionären i.S.v. §§ 126 Abs. 1, 127 AktG, die im Vorfeld 33
der Hauptversammlung gestellt werden, sind mindestens 14 Tage vor dem Tag der Hauptversammlung an die in der Einberufung mitgeteilte Adresse einzureichen. Der Tag des
Zugangs ist nicht mitzurechnen. Aus dem Vorstehenden ergibt sich, dass die Frist mit
Ablauf des 15. Tages vor der Hauptversammlung endet.

10. Anmeldefrist zur Hauptversammlung

§ 123 Abs. 2 S. 1 AktG räumt der Gesellschaft die Möglichkeit ein, die Teilnahme der Akti- 34
onäre an der Hauptversammlung und die Ausübung des Stimmrechts von einer vorhergehenden Anmeldung abhängig zu machen. Zur Erleichterung der organisatorischen Durchführung einer Hauptversammlung ist die Einführung einer Anmeldefrist sinnvoll.

Die gesetzliche Frist für den Zugang der Anmeldung an die in der Einberufung hierfür mit- 35
geteilte Adresse beträgt sechs Tage, wobei der Tag des Zugangs nicht mitzurechnen ist
(§ 123 Abs. 2 S. 2 und S. 4 AktG). Die Satzung kann die Gesellschaft ermächtigen, eine kürzere als die gesetzliche Frist von sechs Tagen vorzusehen (§ 123 Abs. 2 S. 3 AktG).

Ist der Gesellschaft ein Nachweis über die Aktionärseigenschaft zu übermitteln, so gelten 36
die vorstehenden Absätze für die Frist der Übermittlung entsprechend.

11. Frist für Veröffentlichung der Abstimmungsergebnisse (§ 130 Abs. 6 AktG)

37 Börsennotierte Gesellschaften sind gem. § 130 Abs. 6 AktG verpflichtet, innerhalb von sieben Tagen nach der Hauptversammlung die festgestellten Abstimmungsergebnisse einschließlich aller Angaben gem. § 130 Abs. 2 S. 2 AktG auf ihrer Internetseite zu veröffentlichen (siehe Rn. 218).

II. Formgerechte Einladung zur Hauptversammlung

1. Vorbemerkung

38 Für den Umfang einer formgerechten Einladung ist zu unterscheiden, ob eine Gesellschaft börsennotiert oder nichtbörsennotiert ist (zu der Unterscheidung siehe Rn. 7. Gemein haben börsennotierte und nichtbörsennotierte Gesellschaften, dass sie Mindestangaben zu machen haben. In der Regel besteht die formgerechte Einladung (in der Praxis auch Einberufung oder Einberufungstext genannt) in der Nennung der einladenden bzw. einberufenden Gesellschaft, deren Sitz, dem Zeitpunkt und Ort der stattfindenden Hauptversammlung sowie der Tagesordnung. Unterhalb des Sitzes der Gesellschaft sollten noch die maßgebliche(n) International Securities Identification Number (ISIN) und Wertpapierkennnummern (WKN) der betroffenen Aktien genannt werden. Darüber hinaus sind die Kontaktdaten der Stelle, an die Anträge und Wahlvorschläge von Aktionären gem. §§ 126 Abs. 1, 127 AktG zu richten sind sowie – sofern die Satzung das Erfordernis einer Anmeldung vorsieht – die Kontaktdaten der Anmeldestelle anzugeben.

39 Börsennotierte Gesellschaften sind verpflichtet, darüber hinaus noch weitere Angaben zu machen. Am Ende des Einladungstextes sollte noch der Einberufende genannt werden; bei Einberufung durch den Vorstand oder Aufsichtsrat ist die Nennung des Gremiums ausreichend, sodass eine Einzelnennung der entsprechenden Mitglieder entbehrlich ist.

2. Mindestangaben nach § 121 Abs. 3 S. 1, 2 AktG

40 Die Mindestangaben gem. § 121 Abs. 3 S. 1 AktG gelten sowohl für börsennotierte als auch für nichtbörsennotierte Gesellschaften. Anzugeben ist immer die Firma, der Sitz der Gesellschaft sowie Zeit und Ort der HV sowie nach § 121 Abs. 3 S. 2 AktG die Tagesordnung. Ein Verstoß gegen die Mindestangaben nach § 121 Abs. 3 S. 1 AktG führt zur Nichtigkeit sämtlicher HV-Beschlüsse (§ 241 Nr. 1 AktG).

a) Firma

41 Damit der Aktionär überhaupt verifizieren kann, dass es sich bei der einberufenden Gesellschaft um diejenige handelt, bei der er Aktionär ist, muss die Firma angegeben werden. Diese sollte im Einberufungstext vom Format her etwas hervorgehoben werden. Sollte bei einer vorherigen Hauptversammlung eine Namensänderung beschlossen worden sein, ist in jedem Falle zu prüfen, ob die Namensänderung bereits in das Handelsregister zur Eintragung gelangt ist oder nicht.

b) Sitz der Gesellschaft

42 Bei der Angabe des Sitzes der Gesellschaft reicht die reine Nennung des Ortes aus. Sollte die Gesellschaft mehrere Sitze haben, müssen alle benannt werden.[7] Auch bei der Angabe des Sitzes der Gesellschaft empfiehlt sich ein Blick in das aktuelle Handelsregister. Zu achten ist insbesondere darauf, ob eine in der Vergangenheit von der Hauptversammlung beschlossene Sitzverlegung bereits zur Eintragung gelangt ist oder nicht.

---

[7] MK AktG/*Kubis* § 121 Rn. 33.

c) Zeit und Ort

Als Zeitpunkt der Hauptversammlung ist die Angabe des Datums, d.h. der Tag, Monat, Jahr sowie die Uhrzeit des Beginns der HV anzugeben. Bei Mitangabe des Wochentags ist zu kontrollieren, ob dieser auch zu dem angegebenen Datum passt. Hier ergeben sich immer wieder Fehler, da nicht selten auf den Einberufungstext aus dem Vorjahr aufgesetzt wird. Wird der Wochentag als Zusatz zum Datum mit angegeben, ist im Falle eines Widerspruchs das kalendarische Datum maßgeblich.[8]

Als Tag der Hauptversammlung sollte aus Zumutbarkeitserwägungen ein bundeseinheitlicher Feiertag nicht gewählt werden.[9] Beschlüsse, die nach 24:00 Uhr des genannten Tages festgestellt werden, sind nichtig, da die Hauptversammlung noch an einem nicht genannten (Folge-)Tag stattfindet, was in der Einberufung aber in der Form nicht bekannt gemacht worden ist.[10] Daher sollte bei besonderen Hauptversammlungen, bei denen auf Grund einer umfangreichen oder inhaltlich schwerwiegenden Tagesordnung mit einer schwierigen und langen Hauptversammlung zu rechnen ist, reiflich überlegt werden, ob der Vorstand die Hauptversammlung ultima ratio vorsorglich für zwei Tage einberuft. Allerdings gilt es dabei zu beachten, dass der Versammlungsleiter kraft der ihm zugeteilten Kompetenz – sofern die Satzung diese vorsieht – durch eine Frage- und Redezeitbegrenzung darauf hinwirken kann, dass Beschlüsse auch am einberufenden Tag gefasst werden (siehe dazu auch Rn. 204).

Hinsichtlich des Beginns der Hauptversammlung sollte darauf geachtet werden, dass sie nicht derart früh beginnt, dass eine rechtzeitige Erreichbarkeit über Gebühr erschwert und damit das Teilnahmerecht der Aktionäre beeinträchtigt wird.[11] Dies führt dazu, dass bei einer Publikums-Hauptversammlung ein Beginn vor 10.00 Uhr und bei einem überschaubaren Aktionärskreis mit regionaler Begrenzung vor 8.00 Uhr unzulässig ist.[9]

Was die Höchstdauer einer „normalen" ordentlichen Hauptversammlung angeht, gibt es eine Orientierung im Deutschen Corporate Governance Kodex (in der Fassung vom 13.5.2013), und zwar unter Ziff. 2.2.4. Der Versammlungsleiter sollte sich demzufolge davon leiten lassen, dass eine ordentliche Hauptversammlung spätestens nach 4 bis 6 Stunden beendet ist. Das ist in der Theorie natürlich sehr begrüßenswert, in der Praxis allerdings aufgrund vieler Aspekte, die die Dauer einer Hauptversammlung beeinflussen, nicht immer umsetzbar. Zu den Aspekten zählen u.a. die Dauer der Vorstandspräsentation, Anzahl der Redner und Aktionärsfragen etc.

Hinsichtlich der Bezeichnung des Versammlungsortes ist die genaue Anschrift anzugeben. Bei größeren Tagungszentren ist zu empfehlen, eine Raumbezeichnung zu nennen. Risiken bei der Angabe der konkreten Raums können sich allerdings ergeben, wenn am Tag der HV wegen einer unerwartet hohen Aktionärspräsenz auf eine andere Räumlichkeit ausgewichen werden muss. Hier sollte gewährleistet werden, dass den Aktionären in zumutbarer Weise der Weg zu den neuen Räumlichkeiten aufgezeigt wird. In jedem Fall sollte vor Ort immer geprüft werden, ob die Aktionäre den in der Einladung bezeichneten Versammlungsort problemlos – z.B. auch unter Zuhilfenahme von Ausschilderungen – auffinden können.

Grundsätzlich regelt die Satzung der Gesellschaft, an welchem Ort die HV stattfinden darf. Sollte die Satzung keine Regelung vorsehen, ist nach § 121 Abs. 5 AktG die HV am Sitz der

---

8 MK-AktG/*Kubis* § 121 Rn. 34; zust. in KölnKomm–AktG/ *Noack/Zetzsche* § 121 Rn. 67; Spindler/Stilz/*Rieckers* Rn. 22; aA Schmidt/Lutter/*Ziemons* Rn. 31.
9 MK-AktG/*Kubis* § 121 Rn. 36.
10 Vgl. *LG Düsseldorf* AG 2007, 797 = ZIP 2007, 1859, 1860; *LG Mainz* NZG 2005, 819 f.
11 MK-AktG/*Kubis* § 121 Rn. 36; *Hüffer* § 121 Rn. 17.

Gesellschaft abzuhalten oder auch – für den Fall, dass die Aktien der Gesellschaft an einer deutschen Börse zum Handel im regulierten Markt (Freiverkehr reicht nicht aus) zugelassen sind – am Sitz der Börse.

d) Tagesordnung

49 Nach § 121 Abs. 3 S. 2 AktG ist die Tagesordnung in der Einberufung anzugeben. Diese soll den Aktionär auf die Inhalte der Hauptversammlung rechtzeitig und sachgerecht vorbereiten.[12] Über Gegenstände, die nicht ordnungsgemäß bekannt gemacht worden sind, dürfen keine Beschlüsse gefasst werden, § 124 Abs. 4 S. 1 AktG. Bei Angabe der Tagesordnungspunkte sollte darauf geachtet werden, dass diese konkret benannt werden, damit der Aktionär darüber entscheiden kann, ob er von seinem Teilnahmerecht Gebrauch machen möchte oder nicht.

50 Zu jedem Gegenstand der Tagesordnung, über den die Hauptversammlung beschließen soll, haben gem. § 124 Abs. 3 S. 1 AktG der Vorstand und der Aufsichtsrat, zur Wahl von Aufsichtsratsmitgliedern und Prüfern nur der Aufsichtsrat, in der Bekanntmachung Vorschläge zur Beschlussfassung zu machen. Im Rahmen der ordentlichen Hauptversammlung sind einmal jährlich folgende Punkte Bestandteil der Tagesordnung (siehe § 176 Abs. 1 AktG in Verbindung mit § 175 Abs. 2 AktG, § 119 Abs. 1 Nr. 2–4 AktG).

aa) Vorlagen für die Hauptversammlung

51 Der Hauptversammlung sind gem. § 176 Abs. 1 AktG in Verbindung mit § 175 Abs. 2 AktG im Rahmen der ordentlichen Hauptversammlung der Jahresabschluss, der Lagebericht, der Bericht des Aufsichtsrats, der Vorschlag des Vorstands über die Verwendung des Bilanzgewinns sowie bei börsennotierten Unternehmen ein erläuternder Bericht zu den Angaben nach §§ 289 Abs. 4, 315 Abs. 4 HGB vorzulegen. Mit dem Verweis auf § 175 Abs. 2 AktG wird allerdings auf einen Bericht des Vorstands zu den Angaben nach § 289 Abs. 4 **Nr. 1 bis 5 und Abs. 5** sowie § 315 Abs. 4 HGB verwiesen. Im Rahmen des ARUG sollte die Pflicht zur Auslage dieses Berichts gestrichen werden und durch die Zugänglichmachung auf der Hauptversammlung gem. § 176 Abs. 1 AktG ersetzt werden. Es wurde dabei aber übersehen, dass zwischenzeitlich kurz vor dem Inkrafttreten des ARUG bereits durch das BilMoG der Inhalt des erläuternden Berichts in § 175 Abs. 2 S. 1 AktG geändert worden war, so dass sich der Änderungsbefehl des Gesetzgebers auf einen veralteten Gesetzeswortlaut bezog und deshalb nicht ausführbar war.[13] Somit steht in § 176 Abs. 1 AktG ein nicht aktueller Gesetzesverweis, die Nennung der korrekten Angabe erfolgt demnach weiter in § 175 Abs. 2 S. 1 AktG.[14] Die Korrektur der Fassung soll mit der Aktienrechtsnovelle – zuletzt im Rahmen des VorstKoG[15] – nachgeholt werden. Da der Gesetzgeber mit dem VorstKoG klarstellen möchte, dass sich die Angaben in dem Bericht des Vorstands auf die Angaben nach §§ 289 Abs. 4, 315 Abs. 4 HGB beziehen, sollte die Vorlage eines entsprechenden Berichts mit den Angaben nach §§ 289 Abs. 4, 315 Abs. 4 HGB ausreichen. Um ganz sicher zu gehen kann sich der Bericht bis zur Umsetzung der Aktienrechtsnovelle auch auf die Angaben nach §§ 289 Abs. 4 Nr. 1–5 und Abs. 5, 315 Abs. 4 HGB erstrecken.

52 Ist die AG ein Mutterunternehmen (§ 290 Abs. 1, 2 HGB) ist der Hauptversammlung auch ein Konzernabschluss sowie ein Konzernlagebericht der Hauptversammlung vorzulegen. Hierbei ist zu beachten, dass gem. § 297 Abs. 1 S. 1 HGB zum Konzernabschluss auch die Kapitalflussrechnung und der Eigenkapitalspiegel gehören und nach § 297 Abs. 1 S. 2 HGB um eine Segmentberichterstattung erweitert werden kann.

---

12 MK-AktG/*Kubis* § 121 Rn. 43; *Hüffer* § 121 Rn. 9.
13 Grigoleit/*Grigoleit/Zellner* § 175 Rn. 2.
14 MK-AktG/*Hennrichs/Pöschke* § 176 Rn. 3.
15 Siehe dazu auch Rn. 14.

In der Regel erfolgt keine Beschlussfassung über die Feststellung des Jahresabschlusses 53
bzw. des Konzernabschlusses durch die Hauptversammlung. Denn nach § 172 S. 1, 1. Fall
AktG billigt der Aufsichtsrat den Jahresabschluss, wodurch dieser festgestellt wird. Gemäß
§ 173 Abs. 1 AktG liegt in Ausnahmefällen jedoch die Feststellungskompetenz bei der
Hauptversammlung:
- Der Aufsichtsrat billigt zwar den Jahresabschluss, allerdings beschließen Vorstand und Aufsichtsrat, die Feststellung des Jahresabschlusses der Hauptversammlung zu überlassen, § 172 S. 1, 2. Fall AktG.
- Der Aufsichtsrat erklärt gem. § 171 Abs. 2 S. 4 AktG, den Jahresabschluss nicht zu billigen.
- Der Aufsichtsrat erfüllt seine Berichtspflicht gem. § 171 Abs. 3 AktG nicht innerhalb der ihm gesetzten Nachfrist (§ 171 Abs. 3 S. 2 AktG), mit der Folge, dass die Nichtbilligung als gegeben angenommen wird (§ 171 Abs. 3 S. 3 AktG) und der Jahresabschluss der Hauptversammlung zur Feststellung vorgelegt werden muss.

Bei der KGaA beschließt gem. § 286 Abs. 1 S. 1 AktG die Hauptversammlung über die 54
Feststellung des Jahresabschlusses.

Ist die Gesellschaft eine kleine Kapitalgesellschaft i.S.v. § 264 Abs. 1 S. 4 HGB, braucht sie 55
einen **Lagebericht** nicht aufstellen. Die Kriterien, wonach eine Gesellschaft als kleine Kapitalgesellschaft einzustufen ist, finden sich im § 267 Abs. 1 HGB. Die Erleichterungsmöglichkeit entfällt nach einem Beschluss des BGH vom 26.11.2007 – Aktz. II ZR 227/06 – allerdings dann, wenn die Satzung einer Aktiengesellschaft uneingeschränkt die Aufstellung eines Lageberichts vorsieht, Eine derartige Satzungsregelung derogiert das fakultative Privileg des § 264 Abs. 1 S. 4 HGB.[16]

Bei dem **Gewinnverwendungsvorschlag** ist § 254 Abs. 1 AktG zu beachten, wonach ein 56
Beschluss über die Verwendung des Bilanzgewinns von Aktionären, deren Anteile zusammen den zwanzigsten Teil des Grundkapitals oder den anteiligen Betrag von 500 000 EUR erreichen, auch angefochten werden kann, wenn an die Aktionäre nicht mindestens eine Dividende in Höhe von 4 % des Grundkapitals ausgeschüttet wird, es sei denn, die Gesellschaft kann darlegen, dass die Einstellung in die Gewinnrücklagen oder der Gewinnvortrag bei vernünftiger kaufmännischer Beurteilung notwendig ist, um die Lebens- und Widerstandsfähigkeit der Gesellschaft für einen hinsichtlich der wirtschaftlichen und finanziellen Notwendigkeiten übersehbaren Zeitraum zu sichern.

Bei der Vorlage des **Berichts des Aufsichtsrats** ist darauf zu achten, dass er alle vom Gesetz 57
geforderten und zur Beurteilung der Überwachungstätigkeit notwendigen Angaben enthält.[17] Da der Bericht des Aufsichtsrats eine Grundlage des Entlastungsbeschlusses sowohl für Vorstand und Aufsichtsrat ist, können mangelhafte oder ungenügende Aufsichtsratsberichte zum einen zur Anfechtung von Entlastungsbeschlüssen von Vorstand und Aufsichtsrat führen,[18] zum anderen aber auch relevant sein für den Beschluss, mit dem die maßgeblich beteiligten Aufsichtsratsmitglieder erneut in das Aufsichtsratsgremium gewählt werden sollen.[19]

Für den **erläuternden Bericht des Vorstands** zu den Angaben nach §§ 289 Abs. 4, 315 Abs. 4 58
HGB ist die Praxis der Vorlage uneinheitlich. Einige Gesellschaften extrahieren die Angaben aus ihrem Lagebericht bzw. Konzernlagebericht und fügen sie in ein separates Dokument ein, das als erläuternder Bericht zu den Angaben des Vorstands nach §§ 289 Abs. 4, 315 Abs. 4 HGB deklariert wird. Andere erstellen kein separates Dokument und verweisen darauf, dass die erforderlichen Angaben ohnehin im jeweiligen Lagebericht aufgeführt

---

16 *BGH* NJW-RR 2008, 907.
17 MK-AktG/*Hennrichs/Pöschke* § 171 Rn. 209.
18 MK-AktG/*Hennrichs/Pöschke* § 171 Rn. 209; *Hüffer* § 171 Rn. 12; *BGH* NZG 2010, 943, 945.
19 *Hüffer* § 171 Rn. 12; *BGH* NZG 2010, 943, 946.

sind. Auch wenn sicherlich gute Gründe dafür sprechen, auf einen separaten inhaltsgleichen Bericht zu verzichten, ist wegen des Wortlauts im § 176 Abs. 1 AktG, der von einem erläuternden Bericht spricht, zu empfehlen, ein separates Dokument zu erstellen und entsprechend zugänglich zu machen.

bb) Entlastung Vorstand und Aufsichtsrat

59 Mit der Entlastung billigt die Hauptversammlung die Verwaltung der Gesellschaft durch die Mitglieder des Vorstands und des Aufsichtsrats, § 120 Abs. 2 S. 1 AktG. Sie bezieht sich auf die Vergangenheit, also in der Regel auf das abgelaufene Geschäftsjahr und ist typischerweise auch eine Vertrauenskundgabe für die Zukunft.[20] Auch wenn die Entscheidung über die Entlastung keine unmittelbare Rechtsfolge nach sich zieht, sollte die Außenwirkung, die eine eventuelle Nichtentlastung nach sich ziehen kann, nicht unterschätzt werden.

cc) Wahl Abschlussprüfer

60 Gemäß § 119 Abs. 1 Nr. 4 AktG in Verbindung mit § 124 Abs. 3 S. 1 AktG hat der Aufsichtsrat der Hauptversammlung einen Vorschlag über die Wahl des Abschlussprüfers zu unterbreiten. Anzugeben ist gem. § 124 Abs. 3 S. 4 AktG der Name, der gegenwärtig ausgeübte Beruf und der Wohnort der zu wählenden Person. Wird eine Wirtschaftsprüfungsgesellschaft vorgeschlagen, muss die Firma und der Sitz der Firma in dem Beschlussvorschlag angegeben werden. Hierbei macht es Sinn, vor Finalisierung der Tagesordnung bei dem vorzuschlagenden Kandidaten bzw. Wirtschaftsprüfungsgesellschaft den genauen Namen, gegenwärtig ausgeübten Beruf und den Wohnort bzw. den Namen der Wirtschaftsprüfungsgesellschaft und deren Sitz noch einmal zu erfragen und bestätigen zu lassen, damit etwaige in der Vergangenheit erfolgte Änderungen auch berücksichtigt und übernommen werden.

Bei kapitalmarktorientierten Unternehmen i.S.v. § 264d HGB hat sich der Aufsichtsrat bei seinem Beschlussvorschlag gem. § 124 Abs. 3 S. 2 AktG auf eine Empfehlung des Prüfungsausschusses – sofern einer vorhanden ist – zu stützen.

dd) Aufsichtsratswahlen

61 Nach § 119 Abs. 1 Nr. 1 AktG entscheidet die Hauptversammlung über die Bestellung der Mitglieder des Aufsichtsrats, soweit sie nicht in den Aufsichtsrat zu entsenden oder als Aufsichtsratsmitglieder der Arbeitnehmer nach dem Mitbestimmungsgesetz, dem Mitbestimmungsergänzungsgesetz, dem Drittelbeteiligungsgesetz oder dem Gesetz über die Mitbestimmung der Arbeitnehmer bei einer grenzüberschreitenden Verschmelzung zu wählen sind. Aufsichtsratswahlen erfolgen in der Regel alle fünf Jahre.[21] In der Satzung der Gesellschaft kann eine andere kürzere Amtszeit geregelt sein. Zu beachten ist eine etwaige Satzungsregelung, nach der die Wahl eines Nachfolgers für ein vor Ablauf seiner Amtszeit ausscheidendes Aufsichtsratsmitglied für den Rest der Amtszeit des ausgeschiedenen Mitglieds erfolgt.

62 Gem. § 124 Abs. 2 S. 1 AktG ist anzugeben, nach welchen gesetzlichen Vorschriften sich der Aufsichtsrat zusammensetzt und ob die Hauptversammlung an Wahlvorschläge gebunden ist. Mit der beabsichtigten Aktienrechtsnovelle – zuletzt VorstKoG – ist vorgesehen, dass nur noch angegeben werden muss, wenn die Hauptversammlung an Wahlvorschläge gebunden ist.[22] Somit wäre die Negativanzeige hinfällig.

---

20 *Hüffer* § 120 Rn. 2.
21 Vgl. § 102 Abs. 1 AktG.
22 Siehe dazu auch Rn. 14.

Der Beschlussvorschlag ist gem. § 124 Abs. 3 S. 1 AktG vom Aufsichtsrat zu unterbreiten und hat gem. § 124 Abs. 3 S. 4 AktG den Namen, gegenwärtig ausgeübten Beruf und Wohnort des Kandidaten zu beinhalten. In der Praxis werden auch hier bereits die für börsennotierte Gesellschaften verpflichtenden Angaben nach § 125 Abs. 1 S. 5 AktG zur Mitgliedschaft der Kandidaten in anderen gesetzlich zu bildenden Aufsichtsräten sowie zu ihrer Mitgliedschaft in vergleichbaren in- und ausländischen Kontrollgremien von Wirtschaftsunternehmen aufgeführt. Diese Verpflichtung bezieht sich zwar auf die Mitteilungen nach § 125 AktG, allerdings ist es von Vorteil, die Angaben bereits in den Einberufungstext mit aufzunehmen, da somit sichergestellt wird, dass sie auch in den Mitteilungen nach § 125 AktG berücksichtigt sind. Bei kapitalmarkorientierten Gesellschaften muss der Aufsichtsrat darauf achten, dass dem Aufsichtsrat mindestens ein unabhängiges Mitglied mit Sachverstand auf den Gebieten der Rechnungslegung oder Abschlussprüfung angehört, § 100 Abs. 5 AktG. **63**

Börsennotierte Gesellschaften haben für den Beschlussvorschlag zu den Wahlen des Aufsichtsrats des Weiteren noch die Empfehlungen im Deutschen Corporate Governance Kodex unter Ziffer 5.4.1, 5.4.2, 5.4.3, 5.4.4 sowie 5.4.5 (in der Fassung vom 13.5.2013) zu beachten. **64**

ee) Sonstige Beschlussvorlagen

Zu den weiteren situativen Beschlussvorlagen, die im Einzelfall zur Beschlussfassung gelangen können, sind beispielhaft Kapitalmaßnahmen wie z.B. die Beschlussfassung über Genehmigtes oder Bedingtes Kapital oder die Ausgabe bzw. eine Ermächtigung zur Ausgabe von Wandelschuldverschreibungen, Optionsschuldverschreibungen, Genussrechten oder dergleichen, Erwerb eigener Aktien, Satzungsänderungen, Strukturmaßnahmen sowie bei börsennotierten Gesellschaften die Billigung des Systems der Vorstandsvergütung nach § 120 Abs. 4 AktG und der Opting-out-Beschluss nach §§ 286 Abs. 5, 314 Abs. 2 S. 2 HGB zu nennen. **65**

3. Anmeldestelle

Sieht die Satzung der Gesellschaft sowohl für Inhaber- als auch für Namensaktien vor, dass die Teilnahme an der Hauptversammlung oder die Ausübung des Stimmrechts davon abhängig gemacht wird, dass die Aktionäre sich vor der Versammlung anmelden müssen, muss in der Einberufung die für die Anmeldung erforderliche Adresse mit angegeben werden, § 123 Abs. 2 S. 2 AktG. Dies gilt sowohl für börsennotierte als auch für nichtbörsennotierte Gesellschaften. Im Regelfall regelt ein kombinierter Zahl- und Anmeldestellenvertrag mit einem Kreditinstitut die Zuständigkeit der Übernahme der Anmeldestellenfunktion. In der Praxis übernehmen aber auch HV-Dienstleister diese Funktion, soweit eine Anmeldestellenregelung nicht Bestandteil des Zahlstellenvertrags geworden ist. **66**

Um zu vermeiden, dass etwaig erfolgte Änderungen der Kontaktdaten der Anmeldestelle im Einberufungstext unberücksichtigt bleiben, empfiehlt sich vor der Weiterleitung des Einberufungstextes an den Bundesanzeiger, die maßgeblichen Kontaktdaten der Anmeldestelle von ihr kurz bestätigen zu lassen. Ansonsten läuft man Gefahr, dass Anmeldungen nicht frist- und formgemäß bei der Anmeldestelle eingehen können, verbunden mit der Anfechtbarkeit der auf dieser Hauptversammlung gefassten Beschlüsse.[23] **67**

---

23 Vgl. § 243 Abs. 1 AktG.

4. Adresse für Eingang Gegenanträge und Wahlvorschläge

68 Gemäß § 126 Abs. 1 S. 1 AktG sind Anträge von Aktionären einschließlich des Namens des Aktionärs, der Begründung und einer etwaigen Stellungnahme der Verwaltung den in § 125 Abs. 1 bis 3 AktG genannten Berechtigten unter den dortigen Voraussetzungen zugänglich zu machen, wenn der Aktionär mindestens 14 Tage vor der Versammlung der Gesellschaft einen Gegenantrag gegen einen Vorschlag von Vorstand und Aufsichtsrat zu einem bestimmten Punkt der Tagesordnung mit Begründung **an die in der Einberufung hierfür mitgeteilte Adresse** übersandt hat. § 126 AktG gilt für den Vorschlag eines Aktionärs zur Wahl von Aufsichtsratsmitgliedern oder von Abschlussprüfern nach § 127 AktG sinngemäß. Allerdings braucht der Wahlvorschlag nicht begründet zu werden.

69 Es genügt, wenn der Gegenantrag oder Wahlvorschlag bei der Gesellschaft so eingeht, dass sie ihn materialisieren und im Umfang ihrer Verpflichtung zugänglich machen kann.[24] Von daher wird die Schriftform immer reichen, ist aber kein Erfordernis, sodass auch der Eingang eines Gegenantrags oder Wahlvorschlags über Telefax oder E-Mail ausreicht. Es sollte daher neben der postalischen Anschrift der Gesellschaft auch eine Faxnummer und E-Mail-Adresse angegeben werden, an die Gegenanträge und Wahlvorschläge zu senden sind. Auch hier gilt: Die im Einberufungstext anzugebenden Kontaktdaten sind vor Einberufung einzurichten bzw. noch einmal zu testen, ob diese empfangsbereit sind. Eine Übersendung an eine andere als die angegebene Adresse genügt nicht, sodass die Gesellschaft solche Anträge nicht zu beachten braucht. Etwas anderes wäre aus Zumutbarkeitsgründen auch nicht nachvollziehbar, denn das würde bedeuten, dass die Gesellschaft sämtliche Mitarbeiter instruieren müsste, jedwede Kontaktmöglichkeit auf etwaig eingegangene Gegenanträge und Wahlvorschläge zu kontrollieren.

5. Zusätzliche Angaben bei börsennotierten Gesellschaften

70 Gem. § 121 Abs. 3 S. 3 AktG sind bei börsennotierten Gesellschaften in der Einberufung noch weitere Angaben zu machen:

a) Voraussetzungen für die Teilnahme an der HV und die Ausübung des Stimmrechts

71 In der Einberufung sind die Voraussetzungen für die Teilnahme an der HV und für die Ausübung des Stimmrechts sowie bei Inhaberaktien gem. § 123 Abs. 3 S. 3 AktG der Nachweisstichtag (auch „record date" genannt) und dessen Bedeutung mitzuteilen. Die Voraussetzungen für die Teilnahme an der Hauptversammlung und der Ausübung der Stimmrechte finden sich in der Regel in der Satzung wieder. Dabei geht es um die Bestimmungen der Satzung zur Anmeldung gem. § 123 Abs. 2 AktG und zur Legitimation der Aktionäre nach § 123 Abs. 3 AktG.

72 Hinsichtlich der Bedeutung des Nachweisstichtags sollte angegeben werden, dass für die Teilnahme an der Versammlung und die Ausübung des Stimmrechts im Verhältnis zur Gesellschaft als Aktionär nur gilt, wer den Nachweis des Anteilsbesitzes zum Zeitpunkt des Nachweisstichtags erbracht hat. Veräußerungen nach dem Nachweisstichtag haben für das gesetzliche Teilnahme- und Stimmrecht des Veräußerers keine Bedeutung. Ebenso führt ein zusätzlicher Erwerb von Aktien der Gesellschaft nach dem Nachweisstichtag zu keinen Veränderungen bezüglich des Teilnahme- und Stimmrechts. Das heißt, Personen, die zum Nachweisstichtag noch keine Aktien besitzen und erst danach Aktionär werden, sind nicht teilnahme- und stimmberechtigt, es sei denn, sie lassen sich bevollmächtigen oder zur Rechtsausübung ermächtigen.

---

24 *Hüffer* § 126 Rn. 4.

Die Angaben im Einberufungstext zu den Teilnahmevoraussetzungen sollten sich sehr nah am Inhalt der jeweiligen Satzungsbestimmung orientieren, um mögliche Unstimmigkeiten bzw. widersprüchliche Interpretationsmöglichkeiten zwischen der Satzungsregelung und dem tatsächlich in der Einberufung wiedergegebenen Inhalt zu vermeiden, die ein mögliches Anfechtungsrisiko nach sich ziehen können.

Der letzte Anmeldetag sowie der Nachweisstichtag sind datumsmäßig zu bezeichnen. Auch sollte zur Konkretisierung – wie in der Praxis auch üblich – die Uhrzeit für die endende Anmeldefrist bzw. für den Beginn des Nachweisstichtags mit angegeben werden.

Bei Namensaktien ist gem. § 67 Abs. 2 S. 1 AktG nur derjenige als Aktionär anzusehen, der im Aktienregister eingetragen ist. Hier liegt die Teilnahmeberechtigung an der HV also in der Eintragung, auf einen Nachweisstichtag kommt es also nicht an. Nach einem Urteil des BGH vom 21.9.2009 – Aktz. II ZR 174/08 – kann zur organisatorischen Erleichterung bzw. zur Vermeidung von Änderungen im Aktienregister zwischen dem letzten Anmeldetag und dem Tag der HV die Gesellschaft Umschreibungen im Aktienregister aussetzen.[25] Dieser Umschreibestopp sollte vorsorglich im Einberufungstext mit aufgeführt sein.

b) Verfahren für die Stimmabgabe

Gem. § 121 Abs. 3 S. 3 Nr. 2 AktG ist das Verfahren für die Stimmabgabe durch einen Bevollmächtigten unter Hinweis auf die Formulare, die für die Erteilung einer Stimmrechtsvollmacht zu verwenden sind, sowie auf die Art und Weise, wie der Gesellschaft ein Nachweis über die Bestellung eines Bevollmächtigten elektronisch übermittelt werden kann, anzugeben. Für die elektronische Übermittlung des Nachweises ist die Angabe einer E-Mail-Adresse ausreichend.

Für die Form ist § 134 Abs. 3 AktG zu beachten, wonach die Erteilung von Vollmachten, ihr Widerruf und der Nachweis der Bevollmächtigung gegenüber der Gesellschaft der Textform bedürfen, soweit in der Satzung oder in der Einberufung aufgrund einer satzungsmäßigen Ermächtigung nichts anderes bestimmt ist. Allerdings kann eine börsennotierte Gesellschaft nur eine Erleichterung des Formerfordernisses vorsehen, § 134 Abs. 3 S. 3 3. HS AktG. Nichtbörsennotierte Gesellschaften können demgegenüber die Schriftform i.S.v. § 126 BGB vorsehen. Zu empfehlen ist aber, auch bei diesen die Textform vorzusehen, da ansonsten die Vollmachtserteilung erschwert wird.

Eine verbindliche Vorgabe dafür, welche Vollmachten zu verwenden sind, sollte aus der Formulierung im Gesetzestext „zu verwenden sind" nicht abgeleitet werden, da eine derartige Vorgabe wohl dem im ARUG immanenten Grundgedanken diverser Erleichterungsmöglichkeiten widersprechen würde. Eine zeitliche Beschränkung für die elektronische Übermittlung des Nachweises für die Bevollmächtigung ist gesetzlich nicht vorgesehen, sodass vorsorglich auch während der HV die in der Einberufung dafür genannte Faxnummer sowie E-Mail-Adresse kontrolliert werden sollte.

Sofern aufgrund einer Satzungsermächtigung die Briefwahl angeboten wird, müssen in der Einberufung Angaben wie Zusendungsadresse, zur Legitimation und gegebenenfalls die Angabe der maßgeblichen Internetseite sowie eventuelle Zugangsdaten gemacht werden.

c) Rechte der Aktionäre

Bei der Angabe der Rechte der Aktionäre (Recht auf Ergänzung der Tagesordnung, § 122 Abs. 2 AktG, Recht zur Ankündigung von Gegenanträgen und Wahlvorschlägen, §§ 126 Abs. 1, 127 AktG, das Fragerecht in der HV, § 131 Abs. 1 AktG) können sich die Angaben auf die Fristen für die Ausübung der Rechte beschränken, wenn in der Einberufung auf weitergehende Erläuterungen zu den Rechten auf der Internetseite der Gesellschaft hinge-

---

25 *BGH* NZG 2009, 1270.

wiesen wird. Aktionärsfreundlich ist es, wenn sowohl in der Einberufung als auch auf der Internetseite Angaben zu den Rechten der Aktionäre aufgeführt sind. Bei den weiteren Erläuterungen auf der Internetseite ist zu empfehlen, zu den Angaben in Bezug auf die Rechte der Aktionäre auch die maßgeblichen Gesetzestexte mit aufzuführen.

d) Internetseite der Gesellschaft

81 Ferner ist auch eine Internetseite zu benennen, über die die Angaben nach § 124a AktG abrufbar bzw. zugänglich gemacht sind. Damit der Aktionär zügig die maßgebliche Seite finden kann, ist zu empfehlen, dass die Internetseite mit entsprechender Rubrik und ggfls. Unterrubrik genannt wird.

6. Mitteilung gem. § 30b Abs. 1 S. 1 Nr. 1 WpHG

82 Nach § 30b Abs. 1 Nr. 1 WpHG muss der Emittent von zugelassenen Aktien, für den die Bundesrepublik Deutschland der Herkunftsstaat ist, die Einberufung der Hauptversammlung einschließlich der Tagesordnung, die Gesamtzahl der Aktien und Stimmrechte im Zeitpunkt der Einberufung der Hauptversammlung und die Rechte der Aktionäre bezüglich der Teilnahme an der Hauptversammlung unverzüglich im Bundesanzeiger veröffentlichen. Diese Regelung nach WpHG betrifft börsennotierte Gesellschaften (siehe zur Unterscheidung börsennotiert/nichtbörsennotiert Rn. 7.

83 Da die Tagesordnung bereits aktienrechtlich Bestandteil der Einberufung gem. § 121 Abs. 3 S. 2 AktG sein muss, reicht die (einmalige) Veröffentlichung im Bundesanzeiger aus, § 30b Abs. 1 S. 2 WpHG. Das Gleiche gilt auch für das Erfordernis nach § 30b Abs. 1 S. 1 Nr. 1 WpHG, wonach die Rechte der Aktionäre bezüglich der Teilnahme an der Hauptversammlung zu veröffentlichen sind. Dieses Erfordernis deckt sich mit dem Erfordernis gem. § 121 Abs. 3 S. 3 Nr. 1 AktG, wonach börsennotierte Gesellschaften die Voraussetzungen für die Teilnahme an der Versammlung in der Einberufung angeben müssen.

84 Einzig die Angabe der Gesamtzahl der Aktien und Stimmrechte ist nach dem Aktiengesetz keine Pflichtangabe im Rahmen der Einberufung. In der Praxis wird allerdings die Anzahl der Aktien und Stimmrechte im Zeitpunkt der Einberufung in den aktienrechtlichen Einberufungstext inkludiert. Eine separate (von der Einberufung losgelöste) Veröffentlichung erscheint auch wenig sinnvoll, da nach § 124a AktG die Gesamtzahl der Aktien und der Stimmrechte im Zeitpunkt der Einberufung, einschließlich getrennter Angaben zur Gesamtzahl für jede Aktiengattung alsbald nach der Einberufung ohnehin über die Internetseite der Gesellschaft zugänglich gemacht werden muss.

7. Mitteilung gem. § 30c WpHG

85 Schließlich müssen börsennotierte Gesellschaften nach dem Wertpapierhandelsgesetz beabsichtigte Änderungen ihrer Satzung oder ihrer sonstigen Rechtsgrundlagen, die die Rechte der Wertpapierinhaber berühren, der Bundesanstalt und den Börsenzulassungsstellen der inländischen oder ausländischen organisierten Märkte, an denen seine Wertpapiere zum Handel zugelassen sind, unverzüglich nach der Entscheidung, den Änderungsentwurf dem Beschlussorgan, das über die Änderung beschließen soll, vorlegen, spätestens aber zum Zeitpunkt der Einberufung des Beschlussorgans mitteilen (siehe hierzu auch Rn. 23 f.).

86 Beabsichtigte Änderungen der Satzung betreffen nicht Satzungsänderungen, die lediglich der Fassung betreffen. Letztere kann der Aufsichtsrat in der Regel aufgrund einer Satzungsermächtigung per Aufsichtsratsbeschluss selbst ändern. Hierbei geht es vielmehr um beabsichtigte materielle satzungsändernde Beschlüsse. Es genügt die Angabe der zu ändernden Satzungsregelung und des beabsichtigten neuen Satzungsinhalts. Eine Begründung, warum die Satzungsänderung beabsichtigt ist, ist nicht erforderlich.[26]

---

26 *Schwark/Zimmer* § 30c WpHG Rn. 6.

Für die Praxis ist zu empfehlen ein Dokument zu erstellen, mit dem zunächst im Rahmen eines Prologs auf die bevorstehende Satzungsänderung unter Angabe der maßgeblichen Satzungsparagrafen hingewiesen wird. Im Anschluss werden die beabsichtigte neue Regelung und dann die gegenwärtige Satzungsregelung genannt. Dieses Dokument wird an die BaFin und die zuständigen Börsenzulassungsstellen per E-Mail (oder Telefax) versandt. **87**

Sonstige Rechtsgrundlagen sind insbesondere Statuten solcher Emittenten, die nicht in der Rechtsform einer AG agieren und deshalb keine Satzung haben.[27] **88**

III. Bekanntmachungsformen der Einberufung

Das Gesetz schreibt in § 121 Abs. 4 AktG die Bekanntmachung der Einberufung zur Hauptversammlung gegenüber der Öffentlichkeit und insbesondere den Aktionären der Gesellschaft vor. Die Einberufung zur Hauptversammlung erfolgt durch Veröffentlichung der Einladung zur Hauptversammlung im Bundesanzeiger, daneben gibt es Zusatzregelungen, welche von Gesetz und/oder Satzung vorgesehen werden. **89**

1. Bundesanzeiger

a) Gesetzliche Regelung

Die Einberufung zur Hauptversammlung soll in den Gesellschaftsblättern bekanntgemacht werden. Gesellschaftsblatt ist gem. § 25 AktG der Bundesanzeiger. Der Bundesanzeiger ist ein von der Bundesregierung betriebenes Informationsmedium, welches seit 2012 nur noch in elektronischer Form besteht und Gesellschaften die Möglichkeit bietet, Informationen zu veröffentlichen und zu verbreiten und somit einem unbestimmten Adressatenkreis zur Verfügung zu stellen.[28] Gem. § 23 Abs. 4 AktG muss die Satzung der Gesellschaft eine Bestimmung über die Form der Bekanntmachung enthalten, hier ist der Bundesanzeiger zu nennen. Die Bekanntmachung muss in deutscher Sprache erfolgen.[29] **90**

Die Einberufung muss die bereits in Rn. 40 ff. dargestellten Angaben des § 121 AktG beinhalten. Bei börsennotierten Gesellschaften kommen zudem noch die in § 121 Abs. 3 S. 3 AktG genannten Angaben zur Veröffentlichung hinzu (siehe Rn. 70 ff.). **91**

b) Praktische Umsetzung der Bekanntmachung

aa) Elektronisches Portal des Bundesanzeigers

Zur Bekanntmachung ist zunächst die Einstellung des Einberufungstextes in den Bundesanzeiger erforderlich. Zu diesem Zweck wird im Portal des Bundesanzeigers bei den Kundendaten die Option Hauptversammlung gewählt. Anschließend wird die Datei mit der Einladung zur HV hochgeladen (im Word-Format) und das Datum der Veröffentlichung ausgewählt. Nach der Einstellung des Einberufungstextes in den Bundesanzeiger ist ein weiteres Tätigwerden der Gesellschaft nicht erforderlich, die Veröffentlichung wird dann durch den Bundesanzeiger ausgeführt. Berücksichtigt werden muss, dass die Veröffentlichung der Einladung zur Hauptversammlung aus Bearbeitungsgründen zwei Werktage nach der Einstellung erfolgt, wenn die Einstellung in den Bundesanzeiger vor 14 Uhr getätigt wurde. Sofern die HV-Einladung einen Umfang von mehr als 25 Seiten aufweist, wird seitens des Bundesanzeigers mindestens ein Tag mehr für die Veröffentlichung benötigt. Zudem sind gesetzliche Feiertage bei der Einstellung und Bearbeitungsfrist des Bundesanzeigers zu berücksichtigen, da diese die Frist verlängern. **92**

---

27 *Schwark/Zimmer* § 30c WpHG Rn. 7.
28 *Hüffer* § 25 Rn. 2.
29 MK-AktG/*Pentz* § 25 Rn. 6.

bb) Zeitlicher Rahmen

93 Entscheidend ist die rechtzeitige Veröffentlichung der Einberufung im Bundesanzeiger, die zu beachtende Frist ergibt sich aus § 123 Abs. 1, 2 AktG in Verbindung mit der Satzung der Gesellschaft (siehe dazu auch Rn. 12 ff.).

cc) Nachträgliche Änderungsmöglichkeiten

94 Grundsätzlich ist eine nachträgliche Änderung des Textes der in den Bundesanzeiger eingestellten Tagesordnung bis zur Veröffentlichung nur in Ausnahmefällen möglich. Dies setzt eine persönliche Kontaktierung der verantwortlichen Mitarbeiter des Bundesanzeigers voraus, welche dann den Änderungswunsch nach Übermittlung bearbeiten. Es können grundsätzlich nur kleinere Korrekturen durchgeführt werden, bei größeren Änderungen ist eine Neueinstellung der Einladung zur Hauptversammlung erforderlich, welche aber ebenfalls innerhalb der geschilderten Einberufungsfrist erfolgen muss. Bis eine Stunde vor der Veröffentlichung der Einberufung ist die Stornierung des Auftrags möglich, danach ist der elektronische Veröffentlichungsprozess bereits eingeleitet mit der Folge, dass ein Abbruch nicht mehr möglich ist.

95 Nach Veröffentlichung der Einladung im Bundesanzeiger ist eine Änderung des Dokuments nicht mehr möglich, allerdings besteht die Möglichkeit, eine Korrekturmeldung zur Tagesordnung einzustellen. Allerdings werden Änderungen, die so wesentlich sind, dass die Tagesordnung oder die Teilnahmebedingungen dadurch modifiziert werden, als Neueinberufung behandelt, für welche die Einberufungsfristen des § 123 AktG und die Vorgaben des § 121 AktG zu beachten sind.[30]

c) Bekanntmachungsfehler und Rechtsfolgen

96 Als Bekanntmachungsfehler kommen vor allem der fehlerhafte Zeitpunkt der Veröffentlichung und fehlerhafte Angaben in der Einladung in Betracht. Im Falle der verspäteten Veröffentlichung, also der Nichteinhaltung der Einberufungsfrist, ist die Anfechtbarkeit der gefassten Beschlüsse die Folge (§ 243 Abs. 1 AktG). Bei fehlerhaften Angaben in der Einladung muss unterschieden werden zwischen bloßen redaktionellen Fehlern, welche für das weitere Verständnis des Einberufungstextes nicht entscheidend sind und schwerwiegenden Fehlern wie beispielsweise falschen Datumsangaben. Erstere ziehen keine Anfechtbarkeit nach sich, es ist aber empfehlenswert, diese am Tag der Hauptversammlung den Aktionären gegenüber als redaktionellen Fehler zu nennen. Schwerwiegende Fehler können die Anfechtbarkeit der Beschlüsse nach sich ziehen, wenn die Angaben so missverständlich sind, dass sich der Aktionär nicht die richtige Meinung bilden konnte bzw. der Fehler entscheidenden Einfluss auf die Beschlussfassung hatte,[31] oder sogar die Nichtigkeit der Beschlüsse, wenn ein Verstoß gegen § 121 Abs. 3 S. 1 AktG vorliegt (§ 241 Nr. 1 AktG).

2. Freiwillige Veröffentlichung

97 Neben der verpflichtenden Bekanntmachung der Einberufung im Bundesanzeiger ist auch die Veröffentlichung in anderen Gesellschaftsblättern möglich, aber nicht verpflichtend. Noch bis Ende 2010 war gem. § 46 Abs. 4 WpHG a.F. die Veröffentlichung der Tagesordnung zur Hauptversammlung von börsennotierten Gesellschaften in einem Börsenpflichtblatt vorgeschrieben. Börsenpflichtblätter sind überregionale Tageszeitungen, die von der Börse bestimmt werden, die Publikation von Vorgängen, die für das Börsengeschehen relevant sind, zu veröffentlichen. Die Regelung war durch das Steuergesetz 2011 noch bis Ende 2011 verlängert worden und lief dann aus. Seitdem ist die Veröffentlichung der Tagesord-

---

30 MK-AktG/*Kubis* § 121 Rn. 104.
31 *Hüffer* § 243 Rn. 12.

nung in Börsenpflichtblättern nicht mehr verbreitet, es gibt aber noch Gesellschaften, die aus Marketinggründen, oder um eine größere Erreichbarkeit der Aktionäre zu gewährleisten, die Tagesordnung in einem Börsenpflichtblatt veröffentlichen.

Möglich und üblich ist die Veröffentlichung der Einladung zur Hauptversammlung auf der Unternehmenshomepage, für börsennotierte Gesellschaften ist dies gem. § 124a Nr. 1 AktG verpflichtend. **98**

Denkbar als weitere Formen der freiwilligen Veröffentlichung sind zudem Betriebszeitungen oder Online-Portale. **99**

3. Europäische Verbreitung

a) Gesetzliche Regelung

Seit dem Inkrafttreten des ARUG ist für börsennotierte Gesellschaften die europaweite Verbreitung der Einladung zur Hauptversammlung vorgeschrieben, in § 121 Abs. 4a AktG wird geregelt, dass die Einberufung solchen Medien zugeleitet werden soll, bei denen davon auszugehen ist, dass sie die Information in der gesamten EU verbreiten. Das Dokument zur europaweiten Verbreitung muss die von § 121 Abs. 3 AktG vorgegebenen Inhalte enthalten, nicht zwingend auch die zusätzlichen Angaben nach § 30b WpHG[32]. Bei den genannten Medien besteht keine Pflicht des Erscheinens in Papierform, in der Regel werden hierfür elektronische Informationsdienste verwendet, welche auch Ad-hoc-Meldungen verbreiten. Eine Rechtspflicht zur Übersetzung der Einberufung für die Verbreitung in andere Sprachen besteht nicht, es sei denn, in der Satzung der Gesellschaft ist hierzu etwas anderes bestimmt. **100**

b) Umsetzung und Zeitpunkt

Gleichzeitig mit der Einstellung der Einladung zur Hauptversammlung in den Bundesanzeiger besteht auch die Möglichkeit, im elektronischen Portal des Bundesanzeigers die europaweite Verbreitung zu beauftragen. Der Bundesanzeiger unterhält hierzu eine Kooperation mit einem Informationsportal. Die Verbreitung erfolgt dann gleichzeitig mit der Veröffentlichung der Einladung im Bundesanzeiger. Anders ist der Ablauf nur, wenn die veröffentlichende Gesellschaft einen anderen Informationsdienst nutzen möchte, mit dem seitens des Bundesanzeigers keine Kooperation besteht: Die europaweite Verbreitung muss dann unabhängig von der Veröffentlichung im Bundesanzeiger geschehen, dabei muss aber der Zeitpunkt der Veröffentlichung der Einladung im Bundesanzeiger berücksichtigt werden. Die Veröffentlichung muss „spätestens zum Zeitpunkt der Bekanntmachung" erfolgen, damit ist die Zuleitung am Tag der Bekanntmachung der Einberufung im Bundesanzeiger ausreichend.[33] **101**

c) Bekanntmachungsfehler und Rechtsfolgen

Als Fehler bei der europaweiten Verbreitung kommt die unzeitgemäße Verbreitung (zu früh oder zu spät), die fehlerhafte Verbreitung und die unterbliebene Verbreitung in Betracht. **102**

Generell zieht ein Verstoß gegen § 121 Abs. 4a AktG keine Nichtigkeit der Beschlüsse der HV nach sich (§ 241 Nr. 1 AktG) und stellt auch keinen Anfechtungsgrund dar (§ 243 Abs. 3 Nr. 2 AktG). Eine Verletzung der Pflicht aus § 121 Abs. 4a AktG stellt gem. § 405 Abs. 3a Nr. 1 AktG lediglich eine Ordnungswidrigkeit dar und kann als solche sanktioniert werden.

---

32 *Butzke* Die Hauptversammlung der Aktiengesellschaft, 5. Aufl., Teil B. Rn. 56.
33 MK-AktG/*Kubis* § 121 Rn. 86.

4. Sonderfälle

a) Satzungsregelungen

103 In einigen, vor allem älteren, Gesellschaftssatzungen sind noch weitere Dispositionen zu Bekanntmachungen enthalten, zum Beispiel die Einstellung der Einladung auf der Homepage der Gesellschaft zum Einberufungstermin, was bei börsennotierten Gesellschaften aufgrund der Regelung des § 124a Nr. 1 AktG ohnehin geschehen muss und daher nicht mehr relevant ist. Vereinzelt wird auch die Veröffentlichung der Einladung in anderen Gesellschaftsblättern (siehe oben Rn. 97) bestimmt, dieser Verpflichtung muss dann nachgekommen werden.

b) Bekanntmachungsverzicht bei Vollversammlung

104 Sofern alle Aktionäre der Gesellschaft bzw. ihre Vertreter sich versammelt haben, kann gem. § 121 Abs. 6 AktG auf die Bekanntmachungspflichten des § 121 Abs. 1–5 AktG verzichtet werden, entscheidend ist nur die Tatsache der Vollversammlung.[34] Die Beschlussfassung der Vollversammlung ohne ordnungsgemäße Einberufung ist allerdings nur bei nicht erfolgtem Widerspruch durch die anwesenden Aktionäre rechtmäßig.

Eine Vollversammlung ist nur in Fällen denkbar, in denen die Aktionäre der Gesellschaft bekannt sind und diese von der Anzahl her so überschaubar sind, dass eine spontane Versammlung möglich ist. Seit dem Inkrafttreten des ARUG ist auch die Online-Teilnahme an der Hauptversammlung denkbar (siehe unten unter Rn. 239 ff.). Dadurch ist auch bei der Vollversammlung die physische Präsenz der Teilnehmer nicht mehr zwingend erforderlich, wenn Aktionäre (zulässigerweise) per Internet an der Versammlung teilnehmen.[35] Klassischer und zwingender Fall der Vollversammlung ist die Einzel-AG.

c) Vorgehen bei namentlich bekannten Aktionären

aa) Gesetzliche Regelung

105 § 121 Abs. 4 S. 2 AktG sieht Formerleichterungen für die Einberufung vor, wenn die Aktionäre der Gesellschaft namentlich bekannt sind. In dem Fall kann die Einberufung durch einen eingeschriebenen Brief an jeden Aktionär erfolgen, wenn die Satzung keine gegenteiligen Bestimmungen enthält. Bei dieser Art der Einberufung gilt der Tag der Absendung als Tag der Bekanntmachung. Zu beachten sind die Vorschriften der §§ 125–127 AktG, welche bei der Einberufung durch eingeschriebenen Brief an die Aktionäre sinngemäß gelten.[36]

bb) Fallkonstellationen

106 Das Hauptanwendungsgebiet der Regelung sind die Namensaktien (§ 67 Abs. 1 AktG). Hier muss besonders darauf geachtet werden, welche Regelungen die Satzung der Gesellschaft zur Einberufung enthält, häufig ist trotz der Ausgabe von Namensaktien eine Bekanntmachung der Einberufung im Bundesanzeiger vorgesehen. Entscheidend bei (ausschließlicher) Ausgabe von Namensaktien ist für die Übersendung der Unterlagen an die Aktionäre das Aktienregister. Ausschließlich an die dort aufgeführten Adressen wird die Einladung zur Hauptversammlung übermittelt.

Auch bei Inhaberaktien kann die Inanspruchnahme der Formerleichterungen des § 121 Abs. 4 S. 2 AktG möglich sein, dies setzt aber voraus, dass dem Vorstand die Aktionäre bekannt sind, er ist insofern darauf angewiesen, von allen Veränderungen hinsichtlich der einzelnen Aktienbestände Kenntnis zu haben.

---

34 *Hüffer* § 121 Rn. 22.
35 MK-AktG/*Kubis* § 121 Rn. 97, Bürgers/Körber/*Reger* § 121 Rn. 31.
36 *Hüffer* § 121 Rn. 11h.

d) Bekanntmachungsfehler und Rechtsfolgen

Bei Vollversammlungen sind Bekanntmachungsfehler dann denkbar, wenn nicht alle Aktionäre anwesend sind, dies aber irrtümlich angenommen wird. Möglich ist dies insbesondere bei fehlerhaften Vollmachtserteilungen oder wenn Aktien von einem Aktionär veräußert wurden, ohne dass dies dem Vorstand bei Abhalten der Vollversammlung bekannt ist. Rechtsfolge ist die Nichtigkeit der Beschlüsse gem. § 241 Nr. 1 AktG, da die Einberufung nicht korrekt erfolgt ist und das Nichtvorliegen auch nur einer Voraussetzung des § 121 Abs. 6 AktG bereits die Erleichterungen aufhebt.[37] Eine weitere Möglichkeit für fehlerhafte Beschlussfassungen wäre die nicht ausreichende Beachtung eines Widerspruchs eines Aktionärs gegen die Beschlussfassung, denn wenn ein Aktionär trotz vollständiger Präsenz aller Aktionäre der Beschlussfassung widerspricht, ist die Beschlussfassung unzulässig.[38] Allerdings kann das Einverständnis der Aktionäre durch widerspruchslose Teilnahme an der Versammlung schlüssig erklärt werden (analog zum GmbH-Recht), dann ist ein späterer Widerspruch gegen die Beschlussfassung nicht zu beachten.[38]

107

Anfechtungsrelevant sind Verstöße gegen Verfahrensvorschriften außerhalb der §§ 121–128 AktG, also beispielsweise Verstöße gegen die Pflicht zur Erstellung eines Teilnehmerverzeichnisses der erschienenen Aktionäre gem. § 129 Abs. 1 S. 2 AktG oder gegen die Protokollierungspflicht des § 130 Abs. 1 AktG, da diese nicht von den Formerleichterungen des § 121 Abs. 6 AktG erfasst sind.[39]

108

Im Falle der Erleichterung der Einberufungsförmlichkeiten bei namentlich bekannten Aktionären kann es zu Bekanntmachungsfehlern kommen, wenn Satzungsbestimmungen, welche eine anderweitige oder weitere Bekanntmachungsform verlangen, nicht eingehalten wurden. Weiter kommt die Nichtbeachtung der Vorschriften der §§ 125 bis 127 AktG (siehe oben) als Fehler der Bekanntmachung in Betracht. Auch hier ist die Nichtigkeit der Beschlüsse gem. § 241 Nr. 1 AktG wegen fehlerhafter Einberufung die Folge. Schließlich ist bei Namensaktien auch ein fehlerhaftes Aktienregister eine mögliche Fehlerquelle. Dies beeinträchtigt die Rechtmäßigkeit der Hauptversammlungsbeschlüsse nicht, da sich die Gesellschaft aufgrund der Fiktionswirkung des § 67 Abs. 2 AktG auf die Richtigkeit der Angaben verlassen muss.[40]

109

Wenn bei Inhaberaktien von den Erleichterungen des § 121 Abs. 4 AktG Gebrauch gemacht wurde und ein Irrtum über die tatsächliche Aktionärsstruktur vorlag, ist die Nichtigkeit der Beschlüsse gem. § 241 Nr. 1 AktG die Folge, da die Einberufung nicht korrekt erfolgt ist und somit ein Verstoß gegen § 121 Abs. 4 S. 1 AktG vorliegt.[40]

110

IV. Auslagen bei Einberufung

Mit der Einberufung zur Hauptversammlung sind den Aktionären zahlreiche Unterlagen zugänglich zu machen, damit diese sich über die anstehende Beschlussfassung informieren können.[41]

111

1. Allgemeine Unterlagen

Nach § 175 Abs. 2 S. 1 AktG sind der Jahresabschluss, der Lagebericht, der Bericht des Aufsichtsrats, der Vorschlag des Vorstands zur Verwendung des Bilanzgewinns und bei Konzerngesellschaften der Konzernabschluss und der Konzernlagebericht (§ 175 Abs. 2 S. 3

112

---

37 MK-AktG/*Kubis* § 121 Rn. 101.
38 *Hüffer* § 121 Rn. 21.
39 MK-AktG/*Kubis* § 121 Rn. 95.
40 MK-AktG/*Kubis* § 121 Rn. 79.
41 MK-AktG/*Hennrichs/Pöschke* § 175 Rn. 23.

AktG) in den Geschäftsräumen der Gesellschaft auszulegen. Zusätzlich ist bei börsennotierten Gesellschaften der Bericht des Vorstands zu den Angaben nach §§ 289 Abs. 4, 315 Abs. 4 HGB auszulegen. Auf das Redaktionsversehen zu dem erläuternden Bericht des Vorstands zu den Angaben nach §§ 289 Abs. 4, 315 Abs. 4 HGB wurde bereits unter Rn. 51 hingewiesen.

113 Zu beachten sind Formerleichterungen bei kleineren (nichtbörsennotierten) Gesellschaften gemäß HGB, nach welchen bestimmte Gesellschaften nicht zur Erstellung und Veröffentlichung einzelner Unterlagen (z.B. des Lageberichts, § 264 Abs. 1 S. 4 HGB) verpflichtet sind.

2. Sonderunterlagen zur Bereitstellung

Bei der Bekanntmachung von bestimmten Beschlussvorschlägen in der Einberufung sind weitere Dokumente ab Einberufung für Aktionäre bereitzustellen, insbesondere bei Kapital- und Strukturmaßnahmen.

a) Kapitalmaßnahmen

aa) Vorstandsbericht bei Bezugsrechtsausschluss

114 Sobald eine Kapitalmaßnahme unter Ausschluss des Bezugsrechts der Aktionäre durch die Hauptversammlung beschlossen werden soll, ist ein Bericht des Vorstands zu den Gründen des Bezugsrechtsausschlusses gem. § 186 Abs. 4 S. 2 AktG zu veröffentlichen. Durch diesen Bericht soll den Aktionären die sachgerechte Entscheidung zu diesem Beschlussvorschlag ermöglicht werden.[42] In der Praxis ist die Integrierung des Berichts in den Text der HV-Einberufung üblich und auch zulässig und ausreichend.[43]

Die vollständige Bekanntmachung des Berichts ist nicht erforderlich, ausreichend ist die Bekanntmachung seines wesentlichen Inhalts.[44] Der Vorstandsbericht bedarf gem. § 186 Abs. 4 S. 2 AktG der Schriftform. Hinsichtlich des Zeitpunkts der Bereitstellung des Berichts besteht insofern Unklarheit, als der Gesetzeswortlaut lediglich die Zugänglichmachung gegenüber der Hauptversammlung vorsieht, also keinen festen Zeitpunkt der Vorlage vorsieht. Durch diese Formulierung wäre auch eine Vorlage des Berichts erst am Tag der Hauptversammlung denkbar. Nach der h.M. ist die Zugänglichmachung des Berichts aber schon zum Zeitpunkt der Einberufung erforderlich, wobei die Meinungen zwischen einer Auslegung von der Einberufung an in entsprechender Anwendung des § 175 Abs. 2 AktG[45] oder einer solchen alsbald nach der Einberufung entsprechend § 124a AktG[46] variieren.

bb) Unterlagen bei Sachkapitalerhöhung

115 Bei der Beschlussfassung über Sacheinlagen ist teilweise die Erstellung eines Prüfungsberichtes gem. § 183 Abs. 3 AktG erforderlich, eine Pflicht der Zugänglichmachung gegenüber den Aktionären besteht aber nicht, es reicht, wenn der Bericht bei dem zuständigen Registergericht eingereicht wird.[47]

---

42 MK-AktG/*Peifer* § 186 Rn. 65.
43 *Hüffer* § 186 Rn. 22.
44 Bürgers/Körber/*Marsch-Barner* § 186 Rn. 25; *Hüffer* § 186 Rn. 23.
45 MK-AktG/*Peifer* § 186 Rn. 69.
46 *Hüffer* § 186 Rn. 23.
47 *Henn/Frodermann/Jannott* 5. Kap. Rn. 59.

b) Strukturmaßnahmen
aa) Unternehmensverträge

Wenn eine Beschlussfassung über Unternehmensverträge (Beherrschungs- oder Gewinnabführungsverträge gem. § 291 AktG oder andere Verträge gem. § 292 AktG) mit der Einberufung zur Hauptversammlung bekanntgemacht wird, muss gem. § 293a AktG ein ausführlicher schriftlicher Bericht an die Hauptversammlung erstellt und bereitgestellt werden. Der Bericht muss grundsätzlich vom Vorstand der Gesellschaft erstellt werden (§ 293a Abs. 1 S. 1 HS 1 AktG), kann aber auch gemeinschaftlich von allen Vorständen der betroffenen Gesellschaften verfasst werden (§ 293a Abs. 1 S. 1 letzter HS AktG). **116**

Gemäß § 293f Abs. 1 Nr. 3 AktG muss dieser Bericht ab Einberufung zur Versammlung in den Geschäftsräumen der Gesellschaft ausgelegt werden. Auch andere Möglichkeiten der Zugänglichmachung sind möglich, die Regelung des § 293f Abs. 2, 3 AktG ist insofern dem § 175 AktG nachempfunden. Neben dem Vorstandsbericht sind auch der Unternehmensvertrag und die Abschlüsse der betreffenden Unternehmen für die letzten 3 Geschäftsjahre auslagepflichtig (§ 293f Abs. 1 Nr. 2 AktG). Daneben muss auch der Prüfungsbericht der Vertragsprüfer gem. § 293e AktG ausgelegt werden (§ 293f Abs. 1 Nr. 3 2. Alt. AktG).

bb) Eingliederung (§§ 320 ff. AktG)

Auch im Fall der geplanten Eingliederung von Unternehmen, welche durch die HV beschlossen werden soll, sind weitere Unterlagen für die Aktionäre auszulegen: Gemäß § 319 Abs. 3 S. 1 AktG sind der Entwurf des Eingliederungsbeschlusses (Nr. 1), die Jahresabschlüsse und Lageberichte der betroffenen Gesellschaften für die letzten drei Jahre (Nr. 2) und ein Bericht des Vorstands des künftigen Hauptgesellschafters (Nr. 3) ab Einberufung zur Einsichtnahme für die Aktionäre auszulegen. **117**

cc) Squeeze-out (§§ 327a ff. AktG)

Ähnlich wie bei der Eingliederung ist auch die Regelung für auszulegende Unterlagen bei Squeeze-out-Beschlüssen gestaltet, mit dem Unterschied, dass hier gem. § 327c Abs. 3 Nr. 1 bis 4 AktG der Bericht des Hauptaktionärs (§ 327c Abs. 2 S. 1 AktG), der Prüfungsbericht zur Angemessenheit der Barabfindung (§ 327c Abs. 2 S. 2 AktG) und der Übertragungsbeschluss neben den Jahresabschlüssen und Lageberichten der betroffenen Gesellschaften für die letzten drei Jahre auszulegen sind. **118**

dd) Verschmelzung (§§ 60 ff. UmwG)

Bei Verschmelzungssachverhalten sind den Aktionären gem. § 63 UmwG ebenfalls diverse zusätzliche Unterlagen ab Einberufung zur Hauptversammlung zugänglich zu machen. **119**

Neben der Auslage des Verschmelzungsvertrages (Nr. 1), der gem. § 61 UmwG bereits vor der Einberufung zum Handelsregister einzureichen ist, sind die Jahresabschlüsse und Lageberichte der betroffenen Gesellschaften für die letzten drei Jahre (Nr. 2), eine eventuelle Zwischenbilanz (Nr. 3), Verschmelzungsberichte gem. § 8 UmwG (Nr. 4) und die Prüfungsberichte gem. § 60 i.V.m. § 12 UmwG auszulegen. Auch diese Regelung zur Bereitstellung von Unterlagen ist dem § 175 AktG nachempfunden, d.h. auch hier stehen die im § 175 AktG festgelegten Möglichkeiten zur Verfügung.

ee) Formwechselnde Umwandlung (§§ 190 ff. UmwG)

Wenn eine Gesellschaft eine formwechselnde Umwandlung beschließen lassen möchte, muss der formwechselnde Rechtsträger einen ausführlichen schriftlichen Bericht erstellen (§ 192 UmwG). Hier stellt sich die Frage, ob dieser Bericht auch auslagepflichtig ist, das Gesetz sagt hierzu nichts. Für die Bereitstellung des Berichtes spricht, dass dieser eine Ver- **120** mögensaufstellung enthält, welche die Anteilsinhaber über den wirklichen Wert des formwandelnden Rechtsträgers informieren soll und gegebenenfalls als Grundlage für ein Abfindungsangebot dient.[48] Zudem soll der Bericht den Anteilseignern die Gründe für die Umwandlung und die künftige Beteiligung der Anteilseigner erläutern,[49] so dass eine Zugänglichmachung zwingend erforderlich erscheint. Auch ein Umwandlungsbeschluss muss vorgelegt werden, welcher jedem Anteilseigner auf dessen Verlangen unverzüglich auf dessen Kosten zu übersenden ist (§ 193 Abs. 1 und 3 UmwG).

ff) Delisting

121 Bei einem echten Delisting einer Gesellschaft gem. § 39 Abs. 2 BörsG, also dem Rückzug der börsennotierten Aktiengesellschaft vom regulierten Handel, muss die Gesellschaft oder der Großaktionär den Aktionären ein Pflichtangebot über den Kauf der Aktien der Minderheitsaktionäre mit Bekanntmachung des Beschlussantrags unterbreiten.[50] Diese Praxis ist durch das Bundesverfassungsgericht für rechtmäßig erklärt worden, insbesondere sieht das Gericht auch das Fehlen einer gesetzlichen Bestimmung zur Erstellung eines Pflichtangebotes nicht als problematisch an.[51] Erforderlich ist die Bekanntmachung des Angebots mit der Einberufung zur Hauptversammlung. Eine Verpflichtung zur Erstellung eines Berichts des Vorstands zur Begründung des Delistings besteht dagegen nicht.[52]

3. Weitere Unterlagen zur Veröffentlichung

a) Dokumente gem. § 124a AktG

122 Durch die Einführung des § 124a AktG im Rahmen des ARUG sind börsennotierte Gesellschaften verpflichtet, ihren Aktionären weitere Unterlagen bei Einberufung der Hauptversammlung zugänglich zu machen, allerdings muss die Zugänglichmachung nur auf der Unternehmenshomepage erfolgen, eine Auslageverpflichtung dieser Unterlagen i.S.v. § 175 Abs. 2 AktG besteht nicht. Die seitens der Gesellschaft gem. § 124a S. 1 AktG zu veröffentlichenden Unterlagen umfassen neben den in § 175 Abs. 2 AktG genannten und der oben beschriebenen Sonderunterlagen (siehe Rn. 114 ff.) den Inhalt der Einberufung (Nr. 1), die Erläuterung, wenn zu einem Tagesordnungspunkt kein Beschluss gefasst werden soll (Nr. 2), die Gesamtzahl der Aktien und Stimmrechte im Zeitpunkt der Einberufung (Nr. 4) sowie eventuelle Formulare zur Vertretung oder zur Stimmabgabe per Briefwahl (Nr. 5). Die Verpflichtung gem. § 124a S. 1 Nr. 2 AktG hat insbesondere die Vorlage der Abschlussunterlagen zum Inhalt, weiter kommt noch die Anzeige des Verlusts in Höhe der Hälfte des Grundkapitals gem. § 92 Abs. 1 AktG in Betracht. Das zu erstellende Dokument muss dann die Erklärung enthalten, aus welchem Grund keine Beschlussfassung zu dem jeweiligen Tagesordnungspunkt stattfindet. In den meisten Fällen wird dies damit zu begründen sein, dass der Jahresabschluss und der Konzernabschluss nicht von der Hauptversammlung gebilligt werden, sondern gem. § 172 AktG vom Aufsichtsrat (siehe dazu auch Rn. 53). Wenn die in § 124a S. 1 Nr. 4 genannten Angaben zur Gesamtzahl der Aktien und Stimmrechte bereits vollständig in der Einladung zur Hauptversammlung aufgeführt werden, wie es regelmäßig der Fall ist, kann die Veröffentlichung eines eigenen Dokuments mit dieser Angabe auf der Unternehmenshomepage unterbleiben. Die Pflicht zur Veröffentlichung der Formulare gem. § 124a S. 1 Nr. 5 AktG gilt nur, wenn die Formulare nicht allen Aktionären nicht direkt übermittelt werden (§ 124a Nr. 5 letzter HS AktG).

---

48 *Ostermayer/Erhart* Die Umwandlung in die GmbH, 2004, S. 68.
49 *Moßdorf* Spezielles Gesellschaftsrecht für börsennotierte Aktiengesellschaften in den EU-Mitgliedstaaten, 2010, S. 484.
50 *BGH* (Macroton-Entscheidung) – II ZR 133/01, S. 1.
51 *BVerfG* NZG 2012, 826, 831 f.
52 *BGH* (Macroton-Entscheidung) – II ZR 133/01, S. 2.

In gleicher Weise sind gem. § 124a S. 2 AktG auch Anträge auf Ergänzung der Tagesordnung zur Hauptversammlung gem. § 122 Abs. 2 S. 1 AktG auf der Homepage der Gesellschaft zu veröffentlichen. **123**

b) Satzung der Gesellschaft

Eine gesetzliche Verpflichtung zur Bereitstellung der Satzung der Gesellschaft zur Hauptversammlung besteht nicht, deren Einstellung auf der Homepage mit den anderen zu veröffentlichenden Unterlagen ist aus Gründen der Aktionärsfreundlichkeit üblich und sinnvoll. Für Aktionäre kann die Einsichtnahme in die Satzung entscheidungsfördernd sein, wenn Satzungsänderungen zu beschließen sind und diese anhand der aktuellen Satzung nachvollzogen werden können. Börsennotierte Gesellschaften stellen in den meisten Fällen schon aus Gründen der Corporate Governance die Satzung auf ihrer Homepage zur Verfügung. **124**

c) Sonstige Dokumente

Zusätzlich zu den genannten Dokumenten ist bei börsennotierten Gesellschaften gegebenenfalls eine Erläuterung zu den Aktionärsrechten (§ 121 Abs. 3 S. 3 Nr. 3 2. HS AktG) auf der Homepage bereitzustellen. Zwar gilt diese Verpflichtung nur, wenn die Aktionärsrechte nicht vollständig in der HV-Einladung aufgeführt sind,[53] allerdings wird die Regelung teilweise so interpretiert, dass eine Erläuterung zu den bereits in der HV-Einladung kommunizierten Aktionärsrechten in jedem Fall auf der Homepage der Gesellschaft zum Download bereitgestellt werden muss. Diese enthält dann üblicherweise zusätzlich zum Text der Einberufung zu den Aktionärsrechten noch die Angabe des maßgeblichen jeweils einschlägigen Gesetzestextes. **125**

Gemäß § 126 AktG sind Gegenanträge, die bis zu 14 Tage vor dem Tag der Hauptversammlung bei der Gesellschaft eingehen, den in § 125 Abs. 1–3 AktG Genannten zugänglich zu machen, sofern nicht einer der Ausschlussgründe des § 126 Abs. 2 AktG gegen eine Veröffentlichung spricht. In welcher Form dieses Zugänglichmachen erfolgen soll, wird vom Gesetz nicht erwähnt, unstrittig reicht die Veröffentlichung auf der Homepage der Gesellschaft aus.[54] Börsennotierte Gesellschaften müssen diese Gegenanträge gem. § 126 Abs. 1 S. 3 AktG auf ihrer Internetseite veröffentlichen. **126**

In der Regel wird bei den sonstigen auslagepflichtigen Unterlagen zu diesem Zweck noch eine Rubrik für Gegenanträge auf der Homepage der Gesellschaft eingerichtet, unter der bei Vorliegen von veröffentlichungspflichtigen Gegenanträgen diese veröffentlicht werden.

Ein weiteres Dokument, dessen Bereitstellung üblicherweise zur Einberufung erfolgt, ist der Geschäftsbericht der Gesellschaft zu dem betreffenden Geschäftsjahr. Dieser gehört nicht zu den auslagepflichtigen Unterlagen, sondern stellt ein Instrument des Marketings dar. Allerdings enthält der Geschäftsbericht üblicherweise einen Teil der bereitzustellenden Unterlagen (Konzernabschluss und Konzernlagebericht bzw. Jahresabschluss und AG-Lagebericht sowie den Bericht des Aufsichtsrats), so dass die Pflicht der Bereitstellung der jeweiligen Dokumente damit erfüllt ist. Dies gilt nicht, wenn nur eine verkürzte Fassung des jeweiligen Abschlusses in den Geschäftsbericht integriert wurde. Für börsennotierte Gesellschaften ist die Bereitstellung des Geschäftsberichts auch in Ziffer 2.3.1 des DCGK (in der Fassung vom 13.5.2013) vorgesehen. **127**

In der letzten Zeit ist von einigen Seiten im Falle von Aufsichtsratswahlen bei börsennotierten Gesellschaften die Veröffentlichung der Lebensläufe der Kandidaten verlangt wor- **128**

---

53 MK-AktG/*Kubis* § 121 Rn. 68.
54 MK-AktG/*Kubis* § 126 Rn. 21; Bürgers/Körber/*Reger* § 126 Rn. 25.

den, damit sich die Aktionäre im Vorfeld über die zu wählenden Personen informieren können.[55] Um Schwierigkeiten bei der Wahl zu vermeiden, sollte diesem Wunsch nachgekommen werden.

129 Neben den genannten Dokumenten besteht auch die Möglichkeit, Informationsblätter zur Anmeldung oder zur Vollmachtserteilung zu veröffentlichen. Solche können für ausländische Aktionäre, die sich mit dem deutschen Anmeldeprozedere nicht auskennen und auch keine deutsche Depotbank haben, hilfreich sein.

4. Arten der Bereitstellung der Unterlagen

a) Auslage in den Geschäftsräumen

130 Nach dem Wortlaut des § 175 Abs. 2 S. 1 AktG sind die relevanten Unterlagen zur Hauptversammlung ab Einberufung in den Geschäftsräumen der Gesellschaft auszulegen. Dies ist der traditionelle Weg der Information der Aktionäre, welcher erfahrungsgemäß nicht mehr allzu häufig genutzt wird. Lediglich im Falle der Auslage von Gutachten und anderen Sonderdokumenten besteht seitens der Aktionäre des Öfteren Interesse, diese in den Büroräumen der Gesellschaft einzusehen. Eine Auslage der Unterlagen bleibt daher sinnvoll. Da nach dem Wortlaut des § 175 Abs. 2 S. 1 AktG die Unterlagen nur für die Aktionäre zur Einsichtnahme bereitstehen sollen, kann vom Einsichtnahmewilligen ein Nachweis der Aktionärseigenschaft verlangt werden. Dies kann beispielsweise durch die Vorlage einer Depotbescheinigung geschehen[56]. Der Begriff der Geschäftsräume der Gesellschaft, bei denen es unstrittig nicht auf den Sitz der Gesellschaft ankommt,[57] wird unterschiedlich definiert: Teilweise wird der Ort, an dem sich die Hauptverwaltung der Gesellschaft befindet, als Geschäftsräumlichkeit angesehen,[58] teilweise wird diese Qualität dem Ort, an dem der Vorstand Geschäftsräume unterhält, zugesprochen.[59] Im Zweifelsfall sollte man wohl an allen Räumen entsprechende Unterlagen vorhalten, damit es nicht zu einer Verletzung des Auskunftsrechts kommt.

b) Veröffentlichung im Internet auf der Unternehmenshomepage

131 Der gängigste und populärste Weg der Aktionärskommunikation ist die Veröffentlichung von Unterlagen auf der Homepage des Unternehmens. Börsennotierte Gesellschaften sind wie oben unter Rn. 122) beschrieben gem. § 124a AktG hierzu verpflichtet. Sobald ein Unternehmen die Unterlagen auf seiner Homepage zugänglich macht, entfällt die gesetzlich festgelegte Verpflichtung zur Auslage (§ 175 Abs. 2 S. 4 AktG). Etwas anderes gilt, wenn im Einberufungstext explizit auf die Auslage hingewiesen wurde.

132 Regelmäßig werden bestimmte Unterlagen nicht auf der Homepage veröffentlicht, beispielsweise Berichte zur geplanten Beschlussfassung über Strukturmaßnahmen, da diese sehr detaillierte Angaben zum Unternehmen enthalten, die nur den Aktionären zur Verfügung gestellt werden müssen, während die Internetseite des Unternehmens für jeden Interessierten zugänglich ist und keine Kontrolle der Einsichtnahme besteht. Hier wird dann eher der Weg der Auslage (siehe oben) gewählt, welcher die Überprüfung der Aktionärseigenschaft ermöglicht.

---

55 Nr. 2.2.2 der BVI-Analyse-Leitlinien für Hauptversammlungen 2013, herausgegeben vom BVI Bundesverband Investment und Asset Management.
56 *Hüffer* § 175 Rn. 5.
57 MK-AktG/*Hennrichs/Pöschke* § 175 Rn. 30.
58 *Adler/Düring/Schmaltz* Rechnungslegung und Prüfung der Unternehmen, S. 17; MK-AktG/*Hennrichs/Pöschke* § 175 Rn. 30.
59 *Von Gleichenstein/Stallbaum* AG 1970, 217, 218.

c) Übersendung an die Aktionäre

Gesetzlich vorgesehen gem. § 175 Abs. 2 S. 2 AktG ist die postalische Übersendung von Abschriften der Unterlagen an die Aktionäre, welche bei vielen Aktionären trotz Veröffentlichung der Unterlagen auf der Unternehmenshomepage weiterhin beliebt ist. Der interessierte Aktionär muss hierzu der Gesellschaft ein formloses Verlangen nach Zusendung der HV-relevanten Unterlagen insgesamt oder eines Teils von diesen zukommen lassen. Die Gesellschaft kann auch hier die Aktionärslegitimation des Anfragenden verlangen (siehe oben). In der Praxis werden häufig nicht so strenge Maßstäbe an den Nachweis der Aktionärseigenschaft gestellt, um Verlangen von Aktionären, die vor der HV ohne Nachweis bei der Gesellschaft eingehen, nicht unnötig zu verzögern und der Verpflichtung, die Unterlagen „unverzüglich" gem. § 175 Abs. 2 S. 2 AktG zu versenden nicht nachzukommen und damit zu riskieren, dass das Informationsrecht eines Aktionärs, der seine Aktionärseigenschaft erst kurz vor der Hauptversammlung nachweist, verletzt wird. Je nach Anfrage sollten die Unterlagen vollständig an den Aktionär versandt werden, und zwar inklusive etwaiger Gutachten oder Berichte. Die Kosten für den Versand fallen der Gesellschaft zur Last[60]. Auch für die Übersendung von Abschriften gilt: Werden die Unterlagen von der Gesellschaft auf seiner Homepage zugänglich gemacht, entfällt die Verpflichtung zur Abschriftserteilung bzw. -übersendung (§ 175 Abs. 2 S. 4 AktG), es sei denn, im Einberufungstext wird explizit auf die Übersendung von Abschriften hingewiesen. **133**

5. Rechtsfolgen bei fehlerhafter oder Nichtbereitstellung der Unterlagen

Bei den aus der fehlerhaften Handhabung der Bereitstellung von veröffentlichungs- bzw. auslagepflichtigen Unterlagen entstehenden Rechtsfolgen ist zu unterscheiden: **134**

Die Nichtbeachtung der Pflichten nach § 124a AktG zieht keine Anfechtung der auf der HV gefassten Beschlüsse nach sich (§ 243 Abs. 3 Nr. 2 AktG), stellt aber gem. § 405 Abs. 3a Nr. 2 AktG eine Ordnungswidrigkeit dar.

Bei der fehlerhaften Handhabung der anderen Unterlagen ist gem. § 243 Abs. 4 AktG abzuwägen, ob die Einsicht in die Unterlagen für den Aktionär wesentlich gewesen wäre oder nicht. Wichtig ist also die Feststellung, ob ein objektiv urteilender Aktionär die Erteilung der Information als wesentliche Voraussetzung für die Wahrnehmung seiner Teilnahmerechte gesehen hätte. Im Fall der fehlenden Auslage von Unterlagen wird ein Anfechtungsgrund gerade in Bezug auf die Entlastungsbeschlüsse angenommen.[61] Bei der fehlerhaften oder unterbliebenen Übersendung von Unterlagen an Aktionäre kann eine Anfechtbarkeit verneint werden, wenn die Stimmen des Aktionärs für die Beschlussfassung nicht wesentlich gewesen sind. Wenn der Beschluss bei ex ante-Betrachtung auch ohne die Stimmen des Aktionärs zustande gekommen wäre, dann fehlt es an der notwendigen Relevanz für eine Anfechtung.[62] Wenn die Unterlagen nicht versandt wurden und nicht ausgelegt waren, aber auf der Internetseite der Gesellschaft zum Download bereit standen und der Einberufungstext keine Verpflichtung zur Auslage bzw. Versendung enthielt, fehlt es ebenfalls an einem Anfechtungsgrund, da dem Aktionär ein Weg der Information zur Verfügung stand. **135**

---

60 *Hüffer* § 175 Rn. 6.
61 *Hüffer* § 175 Rn. 5; *BGH* NZG 2008, 309.
62 *Hüffer* § 175 Rn. 6; *Schmidt/Lutter* (Hrsg.) AktG, 2. Aufl. 2010, § 175 Rn. 13.

C. Regularien nach erfolgter Einberufung der Hauptversammlung

I. Mitteilungspflichten an die Aktionäre

1. Vorbemerkungen

136 Die Pflicht des Vorstands, den Kreditinstituten, Vereinigungen von Aktionären sowie Aktionären die Einberufung der Hauptversammlung mitzuteilen, ist im § 125 AktG geregelt. Hierbei gilt es je nach Aktiengattung, Börsennotiz sowie individueller Satzungsregelung hinsichtlich der Mitteilungsform unterschiedlichste Mitteilungspflichten (Zeit und Empfänger) zu beachten.

137 Hinsichtlich des Inhalts muss der Vorstand die Einberufung so mitteilen, wie sie in den Gesellschaftsblättern bekannt gemacht wurde (§ 121 Abs. 4 S. 1 AktG), also auch einschließlich der Tagesordnung mit den Beschlussvorschlägen der Verwaltung (§§ 121 Abs. 3 i.V.m. 124 Abs. 3 S. 1 AktG). Die Übermittlung einer Kurzfassung der Tagesordnung genügt dabei nicht.[63] Wurde die Tagesordnung nach § 122 Abs. 2 AktG ergänzt, so ist bei börsennotierten Gesellschaften die geänderte Tagesordnung mitzuteilen (§ 125 Abs. 1 S. 3 AktG). Weitere Einzelheiten zum Inhalt der Einberufung siehe auch Rn. 38 ff.

2. Mitteilungen gem. § 125 AktG

a) Mitteilungen für die Aktionäre bei Inhaberaktien

138 Solange sich ein Aktionär gegenüber der Gesellschaft nicht als solcher zu erkennen gibt und auch nicht die Übersendung der Einberufung wünscht (§ 125 Abs. 2 S. 1 AktG), ist der Gesellschaft bei Inhaberaktien ihr Aktionariat nicht bekannt. Aus diesem Grund erfolgt die Übermittlung der Einberufung auf zwei Ebenen: die erste ist die Übermittlung der Einberufung an Kreditinstitute/Aktionärsvereinigungen (§ 125 Abs. 1 S. 1 AktG), die wiederum auf der zweiten Ebene die Mitteilungen an die Aktionäre weiterleiten (§ 128 AktG Abs. 1 S. 1 AktG).

aa) Ebene Gesellschaft – Kreditinstitut/Aktionärsvereinigungen

139 Gemäß § 125 Abs. 1 S. 1 AktG hat der Vorstand mindestens 21 Tage vor der Versammlung den Kreditinstituten und den Vereinigungen von Aktionären, die in der letzten Hauptversammlung Stimmrechte für Aktionäre ausgeübt oder die Mitteilung verlangt haben, die Einberufung der Hauptversammlung mitzuteilen (zum Zusatzerfordernis bei Vorliegen von Ergänzungsanträgen siehe Rn. 159 ff. Hierbei ist der Tag der Mitteilung nicht mitzurechnen.

140 Praxistipp: Zur Aktualisierung der Empfängeradressen sowie der von den jeweiligen Banken benötigten Anzahl an Exemplaren empfiehlt es sich, rund drei Wochen vor der Einberufung eine Veröffentlichung in den Wertpapier-Mitteilungen mit den wichtigsten Angaben zur anstehenden Einberufung vorzunehmen. Dies ist hilfreich für die Bestimmung der Druckauflage der Einladungen zur Hauptversammlung. Angegeben werden sollten die folgenden Daten:
– Gesellschaftsdaten (Firma und Sitz der Gesellschaft) mit Datum der Versammlung,
– Wertpapierkenndaten (ISIN und WKN),
– Angabe der Versandform gemäß Satzung (physisch oder elektronisch),
– wo ist der Aufwendungsersatz geltend zu machen (Gesellschaft oder Dienstleister),

---

63 *Hüffer* § 125 AktG Rn. 3.

– ggf. weitere anzufordernde Unterlagen: z.B. Geschäftsberichte für Archivzwecke oder zur Weiterleitung an alle Aktionäre.

Bei der Gelegenheit können weitere Hinweise zur Hauptversammlung gegeben werden, wie z.B. **141**

– Eintrittskartenbeschränkungen, also die Menge der von der Anmeldestelle je Aktionär bzw. je Depot höchstens auszustellenden Eintrittskarten,
– letzter Absendetag der Unterlagen gem. § 125 AktG,
– Nachweisstichtag,
– letzter Anmeldetag
– Hinweise zur Internetseite der Gesellschaft (§ 124a AktG).

Die Veröffentlichung ist kostenfrei und kann formlos, beispielsweise in einem Text-Dokument an die E-Mail-Adresse der Wertpapier-Mitteilungen übermittelt werden. **142**

Zum Zeitpunkt der Aussendung: Zur Vermeidung doppelter Versandgebühren auf Grund von etwaigen mitteilungspflichtigen Anträgen gem. § 122 Abs. 2 AktG auf Ergänzung der Tagesordnung sollte bei diesen der Fristablauf des § 122 Abs. 2 AktG abgewartet werden. Andernfalls kann es dazu kommen, dass die Kreditinstitute die Aussendung des ursprünglichen Einberufungstextes bereits vorgenommen haben und im Nachgang eine zweite Aussendung des Ergänzungsantrags veranlassen, was zu erneuten Kosten bei der Übersendung an die Aktionäre führt. Hinsichtlich der Kosten hierfür siehe auch unter Rn. 162f. **143**

bb) Ebene Kreditinstitut – Aktionär

Hat ein Kreditinstitut i.S.v. § 128 Abs. 1 S. 1 AktG zu Beginn des 21. Tages vor der Versammlung für Aktionäre Inhaberaktien der Gesellschaft in Verwahrung, so hat es die Mitteilungen nach § 125 Abs. 1 AktG unverzüglich an die Aktionäre zu übermitteln. **144**

Unterbleibt die Übersendung durch das Kreditinstitut, so stellt dies gem. § 243 Abs. 3 Nr. 2 AktG allerdings keinen Anfechtungsgrund für den Aktionär dar.[64] **145**

cc) Versandform

Bis zum Inkrafttreten des ARUG konnten Gesellschaften mit Inhaberaktien den Versand der Mitteilungen ausschließlich in physischer Form vornehmen. Eine entsprechende Satzungsänderung vorausgesetzt, ist seit 2009 nun auch die elektronische Versendung der Einladungsunterlagen möglich. **146**

(1) Physischer Versand der Mitteilungen

Die Zusendung der Einladungen mit der Tagesordnung in gedruckter Form ist unverändert häufigste Versandform. Allerdings können der Druck und Versand zu hohen Kosten führen. Aus diesem Grund bitten die Gesellschaften ihre Aktionäre vermehrt um Zustimmung, die Mitteilungen im Wege der elektronischen Kommunikation übermitteln zu können. **147**

(2) Elektronischer Versand der Mitteilungen

Haben die Aktionäre i.S.v. § 125 Abs. 2 S. 2 AktG einer entsprechenden Satzungsänderung zugestimmt, so kann die Übermittlung auf den Weg elektronischer Kommunikation beschränkt werden. Beschränkt die Satzung der Gesellschaft die Übermittlung auf den Weg elektronischer Kommunikation, so ist in diesem Fall das Kreditinstitut auch aus anderen Gründen nicht zu mehr verpflichtet (§ 128 Abs. 1 S. 2 AktG). **148**

---

64 Bürgers/Körber/*Reger* § 128 AktG Rn. 42.

149 Praxistipp: Nach anfänglichen Umsetzungsproblemen haben sich die Kreditinstitute mittlerweile auf den elektronischen Versand der Mitteilungen eingestellt. Kommuniziert allerdings ein Kunde mit seiner Bank nicht auf einem elektronisch abgesicherten Weg, so wird er in der Regel unverändert auf dem Postwege über das Stattfinden der Versammlung informiert. Einige Banken beschränken ihre Informationspflicht in diesen Fällen auf die Übermittlung der notwendigen Formulare zur Anmeldung zur Hauptversammlung mit dem Hinweis, unter welcher Internetadresse Informationen zur Hauptversammlung bezogen werden können.

b) Mitteilungen für die Aktionäre bei Namensaktien

150 Zusätzlich zur Verpflichtung des Vorstands, gem. § 125 Abs. 1 S. 1 AktG mindestens 21 Tage vor der Versammlung den Kreditinstituten und den Vereinigungen von Aktionären die Einberufung der Hauptversammlung mitzuteilen, haben Gesellschaften mit Namensaktien gem. § 125 Abs. 2 AktG die gleiche Mitteilung den Aktionären zu machen, die zu Beginn des 14. Tages vor der Versammlung als Aktionär im Aktienregister der Gesellschaft eingetragen sind.

aa) Ebene Gesellschaft – Kreditinstitut/Aktionärsvereinigungen

151 Analog zur Verpflichtung bei Inhaberaktien hat ebenso eine Gesellschaft mit Namensaktien gem. § 125 Abs. 1 S. 1 AktG Kreditinstituten und den Vereinigungen von Aktionären, die in der letzten Hauptversammlung Stimmrechte für Aktionäre ausgeübt oder die die Mitteilung verlangt haben, die Einberufung der Hauptversammlung mindestens 21 Tage vor der Versammlung mitzuteilen, wobei der Tag der Mitteilung nicht mitzurechnen ist.

152 Ist ein Kreditinstitut i.S.v. § 128 Abs. 1 S. 1 AktG zu Beginn des 14. Tages vor der Versammlung bei Namensaktien im Aktienregister für Aktien eingetragen, die ihm nicht gehören, so hat es die Mitteilungen unverzüglich an den eigentlichen Aktionär zu übermitteln.[65]

bb) Ebene Gesellschaft – Aktionär

153 Der Vorstand hat die nach § 125 Abs. 2 AktG erforderlichen Mitteilungen zu machen.

154 In der Praxis wird allerdings zu diesem Datum nur noch den seit der vorgehenden Übermittlung neu hinzugekommenen Aktionären die Mitteilung übersandt. Analog zur Vorgehensweise bei Inhaberaktien sollte die erste Aussendung bei börsennotierten Gesellschaften spätestens dann erfolgen, nachdem festgestellt wurde, ob ein Antrag auf Ergänzung vorliegt oder nicht. Wenn ein derartiger Antrag vorliegt, sollte dieser bei der Aussendung zeitgleich dem Aktionär mitgeteilt werden. Das spart zusätzliche Aussendungskosten. Nach erfolgter Aussendung verbleibt dem Aktionär genügend Zeit, sich ggf. selbst zur Hauptversammlung anzumelden oder die verschiedenen Wege der Vollmachts- und Weisungserteilung zu nutzen.

155 Nichtbörsennotierte Gesellschaften, die nicht der Pflicht unterliegen, etwaige Ergänzungsanträge den Aktionären zu übermitteln, können alsbald nach der Einberufung die Mitteilungen an die im Aktienregister eingetragenen Aktionäre übersenden. Allerdings gilt auch hier die Regel, den Aktionären die Mitteilung zu machen, die am 14. Tag vor der Versammlung im Aktienregister eingetragen sind, und die in den vorangegangenen Übersendungen die Unterlagen noch nicht erhalten haben.

---

[65] *Hüffer* § 128 AktG Rn. 2a.

cc) Versandform

Hinsichtlich der Versandform der Mitteilungen steht den Gesellschaften einerseits die Übersendung in Printform sowie, so die Aktionäre zugestimmt haben, die Übermittlung auf dem elektronischen Wege offen. **156**

(1) Physischer Versand der Mitteilungen

Liegt keine Ermächtigung der Hauptversammlung oder des Aktionärs vor, die Unterlagen auf elektronischem Wege zu übermitteln, so haben Mitteilungen in physischer Form (Printfassung) zu erfolgen. Die Ausgestaltung kann aufwendig (z.B. mittels farbigem Druck, Bildern, dickerem Papier und dergl.) oder einfach (z.B. Schwarz-Weiß-Druck des Einberufungstextes) umgesetzt werden. Hierbei sollte immer die Verhältnismäßigkeit zwischen Kosten und der beabsichtigten Außenwirkung berücksichtigt werden. **157**

(2) Elektronischer Versand der Mitteilungen

Zur schnelleren Information der Aktionäre, insbesondere aber, um Kosten bei der Übersendung zu sparen (Druck-, Versand- und Portokosten), setzen Gesellschaften mit Namensaktien schon seit Jahren auf die elektronische Versendung der Mitteilungen. Hierbei sind die Vorgaben des § 30b Abs. 3 Nr. 1 WpHG zu beachten: **158**

– Die Hauptversammlung muss der Übersendung zugestimmt haben,
– die Wahl der Art der Datenfernübertragung darf nicht vom Sitz oder Wohnsitz der Aktionäre oder der Personen, denen Stimmrechte in den Fällen des § 22 WpHG zugerechnet werden, abhängen,
– es sind Vorkehrungen zur sicheren Identifizierung und Adressierung der Aktionäre oder derjenigen, die Stimmrechte ausüben oder Weisungen zu deren Ausübung erteilen dürfen, zu treffen und
– die Aktionäre oder in Fällen des § 22 Abs. 1 S. 1 Nr. 1, 3, 4 und Abs. 2 WpHG die zur Ausübung von Stimmrechten Berechtigten müssen der Übermittlung im Wege der Datenfernübertragung ausdrücklich eingewilligt oder der nicht innerhalb eines angemessenen Zeitraums widersprochen oder nicht zu einem späteren Zeitpunkt widerrufen haben.

3. Behandlung Ergänzungsanträge

a) Definition Ergänzungsantrag gem. § 122 Abs. 2 AktG

Aktionäre, deren Anteile zusammen den zwanzigsten Teil des Grundkapitals oder den anteiligen Betrag von 500 000 EUR erreichen, können verlangen, dass Gegenstände auf die Tagesordnung gesetzt und bekanntgemacht werden. Ist ein solches Verlangen gemäß den Regelungen des § 122 Abs. 2 AktG zugegangen, so ergeben sich für börsennotierte und nichtbörsennotierte Gesellschaften hinsichtlich der weiteren Umsetzung des Verlangens unterschiedliche Verpflichtungen. **159**

b) Praktische Umsetzung

aa) Veröffentlichungsform (Bundesanzeiger, europäische Verbreitung)

Für börsennotierte und nichtbörsennotierte Gesellschaften gilt gleichermaßen: Hat die Minderheit nach § 122 Abs. 2 AktG verlangt, dass zusätzliche Gegenstände auf die Tagesordnung gesetzt werden sollen, so sind diese entweder bereits mit der Einberufung oder andernfalls unverzüglich nach Zugang des Verlangens bekannt zu machen. Die Bekanntmachung und Zuleitung haben dabei in gleicher Weise wie die der Einberufung zu erfolgen. Demzufolge hat die Bekanntmachung in den Gesellschaftsblättern zu erfolgen (§ 121 Abs. 4 S. 1 AktG). Zudem gilt bei börsennotierten Gesellschaften § 121 Abs. 4a AktG ent- **160** sprechend, d h. bei diesen Gesellschaften, die nicht ausschließlich Namensaktien ausgegeben haben und die Einberufung den Aktionären nicht unmittelbar nach § 121 Abs. 4 S. 2 und 3 AktG übersenden, ist die Ergänzung spätestens zum Zeitpunkt der Bekanntmachung auch solchen Medien zur Veröffentlichung zuzuleiten, bei denen davon ausgegangen werden kann, dass sie die Information in der gesamten Europäischen Union verbreiten.

bb) Mitteilungspflicht gem. § 125 AktG

161 § 125 Abs. 1 S. 3 AktG verpflichtet börsennotierte Gesellschaften, bei denen die Tagesordnung nach § 122 Abs. 2 AktG zu ändern ist, dem Empfängerkreis des § 125 Abs. 1–3 AktG die geänderte Tagesordnung mitzuteilen. Diese Verpflichtung der Übersendung von Minderheitenanträgen kann auf Grund der engen Zeitschiene zwischen dem möglichen letzten Tag für die Einreichung eines Antrags, der juristischen Bewertung und der gegebenenfalls erforderlichen Umsetzung eines solchen Verlangens (Veröffentlichung im Bundesanzeiger, europäische Verbreitung, Bereitstellung auf der Internetseite, Druck für den Versand, etc.) zu zeitkritischen Versandaktionen bei Aussendungen gem. § 125 Abs. 1 S. 1 AktG führen. Diese müssen mindestens 21 Tage vor der Versammlung erfolgen, wobei der Tag der Aussendung nicht mitzählt, also am 22. Tag vor der Versammlung erfolgt sein. Entsprechende Anträge können 30 Tage vor der Versammlung, wobei der Tag des Zugangs nicht mitzählt, also am 31. Tag vor der Versammlung zugehen. So verbleiben der Gesellschaft nur 8 Tage, um etwaige Anträge zu bewerten und deren Bearbeitung umzusetzen. Gerade in Einberufungsphasen mit Feiertagen kann das zeitkritisch werden. Entsprechend sollten im Vorfeld derartiger Phasen, die Beteiligten auf dieses enge Zeitfenster hingewiesen werden und auch verfügbar sein.

4. Verordnung über den Ersatz von Aufwendungen der Kreditinstitute

162 Die Kreditinstitute können die ihnen im Rahmen der Übersendung der Mitteilungen gem. § 128 Abs. 1 AktG entstehenden Kosten der Gesellschaft in Rechnung stellen. Gemäß § 128 Abs. 3 AktG hat hierzu das Bundesministerium der Justiz im Einvernehmen mit dem Bundesministerium für Wirtschaft und Technologie und dem Bundesministerium der Finanzen die „Verordnung über den Ersatz von Aufwendungen der Kreditinstitute vom 17.6.2003" erlassen. Dabei dürfen folgende Kosten den Gesellschaften berechnet werden:

Anzahl Mitteilungen	Brief*	Elektronisch
Bis 30 Mitteilungen	3,00 EUR	3,00 EUR
Mehr als 30 bis 100	2,00 EUR	1,00 EUR
Mehr als 100 bis 5 000	0,95 EUR	0,40 EUR
Mehr als 5 000 bis 50 000	0,55 EUR	0,25 EUR
Mehr als 50 000	0,45 EUR	0,20 EUR

*) Zuzüglich Portokosten
Hinweis: In den Gruppen mehr als 30 Mitteilungen darf jeweils mindestens der Betrag verlangt werden, der bei der Versendung der Höchstzahl der vorangegangenen Gruppe hätte verlangt werden können.

163 Praxistipp: Bis zur Umsetzung der Aktionärsrechterichtlinie waren auch Aktionärsvereinigungen von der Verordnung über den Ersatz von Aufwendungen der Kreditinstitute umfasst. Diese waren berechtigt, ihre Auslagen gemäß der vorstehenden Tabelle in Rechnung zu stellen. Seit 2009 sind Aktionärsvereinigungen zwar unverändert berechtigt, die Mitteilungen abzufordern, die Gesellschaft muss die Unterlagen auch übersenden, allerdings dürfen sie Aufwendungen für die Weiterleitung an die Mitglieder nicht mehr in Rechnung stellen. Wie die Praxis zeigt, fordern die Aktionärsvereinigungen unverändert die

Mitteilungen ab und stellen, trotz Hinweis bei der Übersendung auf die geltenden gesetzlichen Regelungen, unverändert die Kosten für die Weiterleitung in Rechnung. In diesen Fällen bleibt nur, der Rechnung auf Grund der fehlenden Rechtsgrundlage zu widersprechen und keine Zahlung zu leisten.

5. Gegenanträge/Wahlvorschläge zur Tagesordnung

Anträge sowie Wahlvorschläge von Aktionären im Sinne des §§ 126 Abs. 1 und 127 AktG, die den Aktionären zugänglich zu machen sind, haben bei börsennotierten Gesellschaften über die Internetseite der Gesellschaft zu erfolgen (§ 126 Abs. 1 S. 3 AktG). Nichtbörsennotierte Gesellschaften, die über keine Internetseite verfügen, können die Zugänglichmachung über die Gesellschaftsblätter herstellen. Eine Verpflichtung der Übersendung an alle Aktionäre besteht nicht. **164**

II. Stimmrechtsvertretung und Stimmabgabe vor der Hauptversammlung

Da das Stimmrecht keinen höchstpersönlichen Charakter aufweist,[66] müssen Aktionäre nicht persönlich zur Hauptversammlung erscheinen, sie können sich vertreten lassen oder bereits im Vorfeld der Gesellschaft ihre Abstimmungswünsche zukommen lassen. **165**

1. Vollmachtserteilung an Dritte

Die elementare Vertretungsmöglichkeit des Aktionärs ist die Bevollmächtigung eines Dritten seiner Wahl. Die gesetzliche Grundlage für die Bevollmächtigung von dritten Personen durch den Aktionär ist in § 134 Abs. 3 AktG normiert. Voraussetzung für die ordnungsgemäße Bevollmächtigung ist die Anmeldung des Aktionärs als Rechtsinhaber zur Hauptversammlung. Nach Anmeldung kann der Aktionär die Vollmacht ausstellen. Üblicherweise befindet sich ein Formular hierzu auf der Rückseite der Eintrittskarte, bei börsennotierten Gesellschaften wird häufig zusätzlich gem. § 124a S. 1 Nr. 5 AktG ein Formular auf der Unternehmenshomepage zum Download bereitgestellt. Grundsätzlich kann der Aktionär seinen Vertreter frei wählen. Begrenzt wird das Recht der freien Auswahl eines Dritten durch den Aktionär zur Vertretung seiner Stimmrechte durch die Treubindung des Aktionärs zur Gesellschaft und gegenüber seinen Mitaktionären, der Aktionär darf daher nicht den Konkurrenten der Gesellschaft als Bevollmächtigten wählen, ebenso dürfen Personen, die sich aufgrund ihres früheren Verhaltens als unzumutbar gezeigt haben, nicht als Vertreter benannt werden.[67] **166**

Sofern der Aktionär bereits im Vorfeld der Hauptversammlung weiß, dass er diese nicht besuchen kann, aber bereits einen Dritten zur Wahrnehmung seiner Stimmrechte ausgewählt hat, besteht für ihn auch die Möglichkeit, seine Eintrittskarte zur Hauptversammlung direkt auf den Vertreter ausstellen zu lassen. Er muss auf dem Formular zur Eintrittskartenanforderung, welches ihm von seiner Depotbank übermittelt wird, den Namen und die Adresse des Dritten eintragen, diesen als Adressaten der Eintrittskarte bezeichnen und sodann das ausgefüllte und unterzeichnete Formular an die Depotbank zurücksenden. Die Besitzart der Aktien lautet dann bei dem Vertreter auf Fremdbesitz. Diese Vorgehensweise ist gesetzlich in § 129 Abs. 3 AktG vorgesehen, der vertretende Dritte gilt dann als Legitimationsaktionär.[68] **167**

---

66 *Hüffer* § 134 Rn. 21.
67 *Hüffer* § 134 Rn. 26.
68 Bürgers/Körber/*Reger* § 129 Rn. 26.

168 Seit dem Inkrafttreten des ARUG ist für die Erteilung der Vollmacht bei börsennotierten Gesellschaften die Textform vorgesehen (§ 134 Abs. 3 S. 3 AktG), Vollmachten müssen also nicht mehr im Original übersendet werden, es stehen nun auch weitere Wege der Übermittlung zur Verfügung (elektronische Übermittlung, Telefax). Börsennotierte Gesellschaften müssen einen Weg der elektronischen Übermittlung des Nachweises der Bevollmächtigung anbieten (§ 134 Abs. 3 S. 4 AktG). Durch die Bestimmung der Textform fällt auch das Erfordernis der Unterschrift unter der Vollmacht weg, entscheidend ist, dass der Text den Abschluss der Erklärung in geeigneter Weise erkennbar macht. Hierfür ausreichend ist auch eine Unterzeichnung durch Datierung, Grußformel oder Ähnliches.[69] Die Satzung der Gesellschaft kann Abweichungen der Form der Vollmachtserteilung festlegen, bei börsennotierten Gesellschaften allerdings nur Formerleichterungen gegenüber der Textform (§ 134 Abs. 3 S. 3 AktG).

169 Auch der Widerruf der Vollmacht muss der Gesellschaft zugehen und hat gem. § 134 Abs. 3 S. 3 AktG in Textform zu erfolgen. Die Bereitstellung eines Formulars zum Widerruf der erteilten Vollmacht ist somit sinnvoll, um den gesetzlichen Vorgaben zu entsprechen. Auch wenn der Aktionär durch eigenes Erscheinen am Tag der Hauptversammlung eine von ihm im Vorfeld erteilte Vollmacht durch schlüssiges Verhalten zurücknimmt, ist grundsätzlich die Bestätigung des Widerrufs der Vollmacht mittels eines bereitzuhaltenden Formulars geboten, es sei denn, die Satzung trifft hier andere Regelungen.

170 Einen Sonderfall stellt die Erteilung von Vollmachten an Kreditinstitute gem. § 135 Abs. 1 AktG und an geschäftsmäßig Handelnde gem. § 135 Abs. 8 AktG dar. Für beide Gruppen gelten die Bestimmungen des § 135 AktG, welche von den Vorgaben der Gesellschaft zur Form der zu erteilenden Vollmachten abweichen können. Eine Beschränkung oder Regelung der Form von Vollmachten an Banken oder geschäftsmäßig Handelnde durch die Gesellschaft ist nicht zulässig,[70] vielmehr sollte in der Einberufung darauf hingewiesen werden, dass für Vollmachten an die Adressaten des § 135 andere Vorgaben gelten können als für die von der Gesellschaft in der Einladung zur Hauptversammlung festgelegten Bestimmungen.

2. Vollmachts- und Weisungserteilung an Stimmrechtsvertreter der Gesellschaft

171 Gesellschaften können einen Vertreter stellen, der die Stimmrechte der nicht anwesenden Aktionäre weisungsgemäß für diese ausübt. Gesetzlich wird die Bereitstellung des Stimmrechtsvertreters in Ziff. 2.3.2 DCGK (in der Fassung vom 13.5.2013) für börsennotierte Gesellschaften angeregt, im Aktiengesetz wird er nur am Rande erwähnt, und zwar lediglich zur Feststellung einer Folgeverpflichtung bei Ausübung der Stimmrechte durch einen Bevollmächtigten der Gesellschaft (§ 134 Abs. 3 S. 5 AktG). Dennoch ist die Bereitstellung eines Stimmrechtsvertreters der Gesellschaft in der überwiegenden Zahl der Fälle üblich. Als Stimmrechtsvertreter sollten Personen ausgewählt werden, „denen Professionalität und damit Abstand gegenüber etwaigen Wünschen der Verwaltung zugetraut werden kann"[71], in der Regel werden Angehörige der Gesellschaft oder des Hauptversammlungs- oder IR-Dienstleisters mit der Aufgabe des Stimmrechtsvertreters betraut. Als gesellschaftlicher Stimmrechtsvertreter dürfen Angehörige von Vorstand oder Aufsichtsrat nicht berufen werden, da diese dem Stimmrechtsverbot des § 136 Abs. 1 AktG unterliegen und auch wegen des Manipulationsverbotes, welches aus § 136 Abs. 2 AktG ableitbar ist, nicht bevollmächtigt werden dürfen.[71]

---

69 Palandt/*Heinrichs* BGB § 126b Rn. 5.
70 Siehe Leica-Entscheidung des OLG Frankfurt: *OLG Frankfurt* NZG 2009, 1183.
71 *Hüffer* § 134 Rn. 26b.

Zur Bevollmächtigung des Stimmrechtsvertreters stellt die Gesellschaft in der Regel ein 172
Formular auf der Homepage der Gesellschaft und oft auf bzw. mit der Eintrittskarte zur
Hauptversammlung zur Verfügung. Wenn der Aktionär den Service der Stimmrechtsvertretung durch den Vertreter der Gesellschaft nutzen möchte, ist zunächst die Anmeldung der Stimmrechte des Aktionärs zur Hauptversammlung erforderlich, erst dann kann die Bevollmächtigung erfolgen. Dafür kann er das Formular ausfüllen und es der Gesellschaft übermitteln. Für die Übermittlung ist die Textform vorgesehen. Auch die Bevollmächtigung über ein Portal auf der Unternehmenshomepage ist teilweise möglich. Dies funktioniert beispielsweise so, dass dem Aktionär mit der Eintrittskarte ein Code übersandt wird, mit welchem er Zugang zum Internetportal auf der Homepage des jeweiligen Unternehmens erhält und dort seine Weisungen an den Stimmrechtsvertreter abgeben kann. Bei der Bevollmächtigung muss der Aktionär dem Stimmrechtsvertreter Weisung erteilen, da der Stimmrechtsvertreter die Stimmrechte des Aktionärs ohne dessen explizite Weisung nicht ausüben darf.[72]

Da die Bereitstellung eines Stimmrechtsvertreters der Gesellschaft nicht verpflichtend ist 173
(auch wenn der DCGK in Ziff. 2.3.2. – in der Fassung vom 13.5.2013 – daraus eine Soll-Vorschrift macht), bestehen keine gesetzlichen Vorgaben zur Vorgehensweise, das heißt die Gesellschaft kann die Art der Vertretung, die Ausgestaltung des Formulars und den Zeitpunkt der Rücksendung des ausgefüllten Vollmachtsformulars frei bestimmen. Häufig wird für letzteren eine Frist von 2 Werktagen vor der Hauptversammlung für den Eingang der Weisungen gewählt, damit der Gesellschaft noch Zeit bleibt, die Weisungen zu erfassen und zu verarbeiten. Möglich ist aber auch das Angebot der Bevollmächtigung des Stimmrechtsvertreters bis zum Tag der Hauptversammlung, insbesondere wenn die Vollmachtserteilung ausschließlich über ein Internetportal der Gesellschaft stattfindet, welches auch noch am Tag der Hauptversammlung kontrolliert werden kann. Das Prozedere der Bevollmächtigung sollte in der Einladung zur Hauptversammlung beschrieben werden.

3. Briefwahl

Durch das ARUG wurde die Möglichkeit der Briefwahl eingeführt. Briefwahl bedeutet 174
gem. § 118 Abs. 2 AktG die Abgabe der Stimmen in schriftlicher Form oder mittels elektronischer Kommunikation, ohne an der Versammlung teilzunehmen. Voraussetzung für das Angebot der Abstimmung per Briefwahl ist, dass das Unternehmen hierzu mittels einer entsprechenden Satzungsanpassung ermächtigt ist. Auch bei der Briefwahl ist zunächst die Anmeldung des Aktionärs zur Hauptversammlung erforderlich. Sodann übermittelt der Aktionär seine Weisungen zu den Abstimmungspunkten an die Gesellschaft, diese werden dann auf der Hauptversammlung bei der Abstimmung berücksichtigt. Ein Formular zur Briefwahl findet der Aktionär auf der Unternehmenshomepage, es kann auch in das Formular zur Bevollmächtigung des Stimmrechtsvertreters integriert werden. Auch die Abgabe der Stimmen per Briefwahl kann über ein Aktionärsportal auf der Homepage der Gesellschaft erfolgen.

Im Gegensatz zu den Aktionären, die den Stimmrechtsvertreter der Gesellschaft bevoll- 175
mächtigen, gilt der Briefwähler auf der Hauptversammlung als nicht präsent und wird auch nicht im Teilnehmerverzeichnis aufgeführt.[73] Mangels Anwesenheit auf der Hauptversammlung ist der Briefwähler auch nicht anfechtungsberechtigt gem. § 245 Nr. 1 AktG, wohl aber gem. § 245 Nr. 2 und 3 AktG nach den dort genannten Voraussetzungen.[74]

---

72 Bürgers/Körber/*Holzborn* § 134 Rn. 21.
73 Grigoleit/*Herrler* § 118 Rn. 11.
74 *Hüffer* § 118 Rn. 8g.

176 Eine gesetzliche Präzisierung des zulässigen Zeitraums für die Stimmabgabe per Briefwahl gibt es nicht. Nach Sinn und Zweck sollte der Fristbeginn frühestens ab Bekanntmachung der Einberufung angesetzt werden, da die Aktionäre, die von der Briefwahl Gebrauch machen wollen, zunächst die Beschlussfassung kennen müssen.[75] Die Frist für die Stimmabgabe sollte spätestens bis Eröffnung der HV angesetzt werden, da der Wortlaut des Art. 12 der Aktionärsrechte-Richtlinie eine Abstimmung „per Brief vor der Hauptversammlung" vorsieht,[75] allerdings wird auch die Ansicht vertreten, dass die Stimmabgabe noch bis zu Beginn des Abstimmungsvorgangs möglich sein soll.[76]

177 Der Widerruf einer abgegebenen Briefwahlstimme setzt eine Erklärung gegenüber der Gesellschaft in Textform voraus, eine entsprechende Satzungsbestimmung, dass Briefwahlstimmen im Falle des persönlichen Erscheinens des Aktionärs unwirksam werden, ist zur Klarstellung sinnvoll.

4. Fehlerhafte Vollmachten

178 Bei der Erteilung von Vollmachten kommen verschiedene Fehlerquellen in Betracht.

Generell besteht die Möglichkeit, dass ein Aktionär verschiedene Vollmachtswege nutzt und dann noch selber zur Hauptversammlung erscheint, um seine Stimmrechte persönlich wahrzunehmen. Gemäß § 134 Abs. 3 S. 2 AktG ist in einem solchen Fall die Zurückweisung der weiteren bevollmächtigten Personen durch die Gesellschaft möglich. Die oben geschilderte Bestätigung des Widerrufs der Vollmachten durch den Aktionär ist hierbei empfehlenswert. In dem Fall, dass der Aktionär trotz Bevollmächtigung einer anderen Person persönlich nach erfolgter Erfassung des Bevollmächtigten zur Hauptversammlung erscheint, wird die Bevollmächtigung hinfällig, die Präsenz des Bevollmächtigten ist dann wieder aufzuheben.

179 Bei der Bevollmächtigung des Stimmrechtsvertreters der Gesellschaft sind folgende Fehler denkbar: Der Aktionär kann fehlerhafte Weisungen erteilen, indem er zu verschiedenen Tagesordnungspunkten keine oder missverständliche Weisungen gibt. In dem Fall muss sich der Stimmrechtsvertreter der Stimme bei dem betreffenden Punkt enthalten. Wenn der Aktionär das Formular zur Vollmachts- und Weisungserteilung nicht unterzeichnet hat, kann der Stimmrechtsvertreter das Stimmrecht nicht ausüben, da es an einer Willenserklärung des Aktionärs fehlt. Bei fehlenden Angaben auf dem Vollmachtsformular ist entscheidend, ob der vollmachtgebende Aktionär identifizierbar ist. Schwierig wird es dann, wenn der Aktionär mit mehreren Eintrittskarten angemeldet ist und nicht klar ist, auf welche sich die Vollmachtserteilung bezieht. In dem Fall sollte die Vollmacht für alle Stimmrechte ausgeübt und am Tag der HV überprüft werden, ob noch andere Vertreter bevollmächtigt wurden.

Schließlich besteht noch die Möglichkeit, dass der Aktionär mehrere Vollmachtsformulare mit unterschiedlichen Weisungen ausfüllt und an die Gesellschaft übersendet. In dem Fall wird man wohl das zuletzt übermittelte als die finale Willensäußerung des Aktionärs sehen müssen. Im Falle von verspätet übermittelten Vollmachten, welche nicht mehr verarbeitet werden können, sind diese nicht mehr bei der Abstimmung zu berücksichtigen.

Schließlich ist der Fall der Vollmachtserteilung ohne Anmeldung zur Hauptversammlung denkbar, hierbei können die Vollmacht und damit die Stimmrechte für den Aktionär nicht ausgeübt werden, da es an einer wirksamen Anmeldung zur Hauptversammlungen fehlt.

---

75 Grigoleit/*Herrler* § 118 Rn. 13.
76 Bürgers/Körber/*Reger* § 118 Rn. 5 f.

Wenn Dritte bevollmächtigt werden, fallen Fehler bei der Bevollmächtigung in der Regel **180** erst am Tag der Hauptversammlung auf, es sei denn, die Vollmacht wurde der Gesellschaft im Vorfeld zugeleitet. Auch hier ist die Vollmacht unzulässig, wenn diese dem erforderlichen Formerfordernis nicht entspricht, also keine Willensbekundung des Aktionärs erkennen lässt. Die Vollmacht kann in dem Fall nicht akzeptiert werden. Bei nicht klarer oder fehlender Nennung des Namens des Vertreters kann dieser durch den Bevollmächtigten am Tag der HV nachgetragen werden.

Bei der Stimmabgabe im Wege der Briefwahl können grundsätzlich die eben geschilderten **181** Fehler ebenfalls auftreten, also fehlerhafte Stimmabgaben, fehlende Zuordnungsmöglichkeit der Stimmabgabe und fehlende Willensbekundung des Aktionärs.

D. Regularien am Tag der Hauptversammlung

I. Auslagen auf der Hauptversammlung

Das Aktiengesetz bestimmt in § 176 Abs. 1 i.V.m. § 175 Abs. 2, dass der Hauptversammlung **182** verschiedene Unterlagen zugänglich gemacht werden müssen. In der Praxis wird zu diesem Zweck in der Regel ein Tisch bereitgestellt, an dem die Aktionäre die Unterlagen einsehen können. Die Einsichtnahme kann auf physischem und elektronischem Weg ermöglicht werden. Grundsätzlich haben die Aktionäre das Recht, die Unterlagen ohne zeitliche oder inhaltliche Einschränkungen einzusehen, d.h. auch eine Beschäftigung mit den Unterlagen für die gesamte Dauer der Hauptversammlung ist denkbar und rechtmäßig.

1. Unterlagen zur Tagesordnung

Nach der Formulierung des § 176 Abs. 1 AktG sind die in § 175 Abs. 2 AktG genannten **183** Unterlagen der Hauptversammlung zugänglich zu machen, also die bereits in Rn. 112 geschilderten Dokumente. Zusätzlich dazu sind auch die Unterlagen, die bei besonderen Beschlussfassungen wie Kapital- und Strukturmaßnahmen der Hauptversammlung bereitzustellen (siehe Rn. 114 ff.). Bei börsennotierten Gesellschaften ist gem. § 176 Abs. 1 AktG auch der Bericht des Vorstands zu den Angaben nach §§ 289 Abs. 4, 315 Abs. 4 HGB zugänglich zu machen. Zu beachten ist das hier vorliegende unter Rn. 61 beschriebene Redaktionsversehen des Gesetzgebers.

Eine gesetzliche Verpflichtung der Vorlage der Unterlagen im Original existiert nicht. Die **184** zur Verfügung gestellten Abschriften der Unterlagen müssen aber mit den Originalunterlagen übereinstimmen[77], deshalb ist die Bereithaltung der Originalunterlagen am Tag der Hauptversammlung zu Beweiszwecken sinnvoll. Wenn also ein Aktionär eines der auslagepflichtigen Dokumente im Original einsehen möchte, sollte ihm dies gewährt werden. Hierzu kann beim Jahresabschluss (und bei einem Mutterunternehmen gem. § 290 Abs. 1, 2 HGB beim Konzernabschluss) das Offenlegungsexemplar dienen, wenn dieses den Prüfungsvermerk mit dem Stempel des Abschlussprüfers enthält, bei Vorstandsberichten und dem Bericht des Aufsichtsrats ist ein Exemplar mit Originalunterschrift vorzuhalten.

Ein Recht auf Aushändigung der Originalunterlagen an die Aktionäre besteht nicht, die Unterlagen sollten am Informationstisch verbleiben.

---

77 MK-AktG/*Hennrichs/Pöschke* § 176 Rn. 7.

185 Empfehlenswert ist die Bereitstellung einer ausreichenden Anzahl der auszulegenden Unterlagen in Kopie, damit Anfragen von Aktionären bezüglich der Unterlagen schnell durch die Ausgabe derselben beantwortet werden können. Möglich ist auch die Bereitstellung der Unterlagen in elektronischer Form mittels Computer-Stationen, die im Versammlungsbereich zur Einsichtnahme durch die Aktionäre bereitstehen.[78] Dies erfordert allerdings größeren technischen Aufwand und kann dazu führen, dass sich Verzögerungen ergeben, wenn Aktionäre sich nicht mit den technischen Geräten zurechtfinden und nicht Stationen in ausreichender Menge bereitstehen.

186 Wenn Unterlagen nicht in der Hauptversammlung ausliegen, kann dies die Anfechtbarkeit der Beschlüsse, welche mit den Unterlagen in Zusammenhang stehen, nach sich ziehen.[79]

2. Veröffentlichungsbelege

187 Nach Einberufung der Hauptversammlung wird vom Bundesanzeiger ein Veröffentlichungsbeleg generiert, welcher den genauen Inhalt der Veröffentlichung darstellt. Ein weiterer Beleg wird im Falle der europaweiten Verbreitung der Einladung zur Hauptversammlung generiert und der Gesellschaft zur Verfügung gestellt. Diese Belege werden in der Regel am Tag der Hauptversammlung am Informationstisch zur Einsichtnahme für die Aktionäre ausgelegt. Eine gesetzliche Grundlage für die Auslage der Belege gibt es nicht, diese müssen aber gem. § 130 Abs. 3 AktG als Anlage zum notariellen Protokoll genommen werden, was dafür spricht, diese auch den Aktionären verfügbar zu machen. Zudem sind die Belege der Nachweis der ordnungsgemäßen Veröffentlichung der Einladung, insofern liegt ihre Auslage im Interesse der Gesellschaft.

3. Teilnehmerverzeichnis

188 Gemäß § 129 Abs. 1 S. 2 AktG muss im Laufe der Hauptversammlung auch das Verzeichnis der anwesenden Aktionäre zugänglich gemacht werden. Dieses muss grundsätzlich vor der ersten Abstimmung erstellt werden (§ 129 Abs. 4 AktG) und die folgenden Angaben enthalten:
– Name und Wohnort des erschienenen oder vertretenen Aktionärs,
– Betrag bei Nennbetragsaktien,
– Zahl bei Stückaktien,
– Aufstellung der verschiedenen Aktiengattungen.

189 Das Teilnehmerverzeichnis ist gem. § 129 Abs. 4 AktG den Aktionären lediglich zugänglich zu machen, d.h. es besteht kein Anspruch auf Aushändigung. Aktionäre haben allerdings das Recht der Einsichtnahme, auch das eigenhändige Abschreiben oder sonstiges Dokumentieren der Liste ist zulässig. Auch bei der Zugänglichmachung des Teilnehmerverzeichnisses besteht die Möglichkeit, diese auf elektronischem Weg zu gestalten, also durch die Aufstellung mehrerer Bildschirme, auf welchen die Aktionäre das Verzeichnis einsehen können.[80]

190 Das Teilnehmerverzeichnis wird in der Praxis während der Hauptversammlung, in der Regel bereits nach der Vorstandspräsentation, erstmalig ausgelegt, da Aktionäre erfahrungsgemäß schon frühzeitig einen Überblick über die anwesenden Personen erhalten möchten. Bei Präsenzänderungen bis zur ersten Abstimmung muss dann ein Nachtrag zum Teilnehmerverzeichnis erstellt und zugänglich gemacht werden, so dass zu den Abstimmun-

---

78 Bürgers/Körber/*Reger* § 176 Rn. 2.
79 MK-AktG/*Hennrichs/Pöschke* § 176 Rn. 22.
80 *Arnold/Carl/Götze* Aktuelle Fragen bei der Durchführung der Hauptversammlung, AG 2011, 349 ff., 351.

gen die korrekte Präsenz der anwesenden Aktionäre festgestellt werden kann. Sollten sich während der Abstimmungen Veränderungen in der Präsenz ergeben, ist eine weitere Aktualisierung des Teilnehmerverzeichnisses erforderlich.

II. Ablauf der Hauptversammlung

Der Ablauf der Hauptversammlung folgt üblicherweise einem vorgegebenen Muster, von dem nur selten abgewichen wird. Grund hierfür ist, dass dieses Muster den gesetzlichen Vorgaben Rechnung trägt, so dass die Gefahr von Anfechtungsgründen aufgrund unterbliebener Informationen minimiert wird. Die Leitung der Versammlung erfolgt durch einen Versammlungsleiter. Dieser ist zwingend notwendig, da der Versammlungsleiter für die ordnungsgemäße Durchführung der Hauptversammlung sorgt und dazu Ordnungsmaßnahmen ausübt.[81] In den meisten Fällen wird die Hauptversammlung durch den Vorsitzenden des Aufsichtsrats geleitet, dies ist auch in der Mehrzahl der Satzungen der Gesellschaften so vorgesehen. Für den Versammlungsleiter wird ein sogenannter „Leitfaden" erstellt, an dem er sich orientieren kann und durch welchen der Gang der Hauptversammlung fest umrahmt ist, so dass grundsätzlich kein Raum für Unsicherheiten oder Fehler besteht.

191

Bei börsennotierten Gesellschaften muss der Ablauf der Hauptversammlung und deren Beschlussfassung gem. § 130 Abs. 1 S. 1 AktG durch einen Notar beurkundet werden. Bei nichtbörsennotierten Gesellschaften kann auf die notarielle Beurkundung verzichtet werden und stattdessen eine durch den Aufsichtsratsvorsitzenden unterzeichnete Niederschrift des Ablaufs der Hauptversammlung erfolgen (§ 130 Abs. 1 S. 3 AktG). Voraussetzung dafür ist, dass keine Beschlüsse gefasst werden, die eine Dreiviertelmehrheit oder größere Mehrheit erfordern (§ 130 Abs. 1 S. 3 1. HS AktG). Deshalb ist bei jeder zu beschließenden Satzungsänderung eine notarielle Protokollierung der Beschlussfassung erforderlich, da das Gesetz in § 179 Abs. 2 S. 1 AktG für Satzungsänderungen die Dreiviertelmehrheit des bei der Beschlussfassung vertretenen Grundkapitals vorsieht.[82]

192

Grundsätzlich muss die Hauptversammlung an dem Tag, für den sie einberufen ist, auch zu Ende geführt werden, das bedeutet, dass die Beschlüsse bis spätestens 24.00 Uhr gefasst werden müssen, eine längere Dauer wird als Verstoß gegen § 121 Abs. 3 S. 1 AktG gesehen[83] (siehe dazu auch Rn. 44).

193

Vor Beginn der Hauptversammlung findet die Akkreditierung der Aktionäre am Aktionärsempfang statt. Hierbei werden die Eintrittskarten oder sonstigen Zugangsdokumente der Aktionäre geprüft und letztere nach Identitätskontrolle registriert. Die Aktionäre erhalten sodann einen Stimmbogen (oder mehrere Stimmbögen). Bei Vertretung eines Aktionärs muss mit der Eintrittskarte auch die dazugehörige vom Aktionär unterzeichnete Vollmacht vorgelegt werden. Auch am Tag der Hauptversammlung ist die Erteilung von Vollmachten durch Aktionäre möglich. Hierzu werden in der Regel gesonderte Formulare bereitgestellt, welche sich entweder auf dem Stimmbogen befinden, oder am Aktionärsempfang zur Verfügung gestellt werden. Der Aktionär kann sowohl einen Dritten als auch den Stimmrechtsvertreter der Gesellschaft mit der Ausübung seiner Stimmrechte bevollmächtigen, indem er eines der von der Gesellschaft zur Verfügung gestellten Formulare vollständig ausfüllt und unterzeichnet. Die Bevollmächtigung ist grundsätzlich bis zu den Abstimmungen möglich. Die Aktionäre müssen sich zum Nachweis der Bevollmächtigung mit entsprechend ausgefüllten Formularen am Aktionärsempfang melden, damit dort die

194

---

81 Bürgers/Körber/*Reger* § 129 Rn. 45a; MK-AktG/*Kubis* § 119 Rn. 105, 121, 172.
82 MK-AktG/*Kubis* § 130 Rn. 28.
83 MK-AktG/*Kubis* § 121 Rn. 35.

Präsenz korrigiert werden kann. Nach einer Entscheidung des LG Köln[84] kann die Abgabe der Vollmachtsurkunden nicht mehr verlangt werden, da die Vollmachterteilung sich einzig nach den § 167 Absatz 1 BGB und § 134 Abs. 3 AktG in Verbindung mit den Regelungen der Satzung der Gesellschaft zu richten habe und hiernach die Vollmacht bei Stimmrechtsvertretung nicht heraus verlangt und in ihrer Form erschwert werden dürfe. Durch die Erschwerung der Erteilung einer Vollmacht läge ein Eingriff in das Teilhaberecht des Aktionärs vor, weil die Möglichkeit der Vollmachtserteilung in Bezug auf die Stimmrechtsabgabe zu den elementaren Aktionärsrechten gehöre. Dieser Eingriff soll die Nichtigkeit aller Hauptversammlungs-Beschlüsse nach sich ziehen können. Dieses Argument wurde vom zuständigen Berufungsgericht des OLG Köln im Rahmen seiner Urteilsbegründung auch nicht weiter beanstandet.[85] Daher sollte seitens der Gesellschaft darauf geachtet werden, bei der Bestimmung der Vollmachtserteilung auf der Hauptversammlung keine Verpflichtung zur Abgabe des Vollmachtformulars am Aktionärsempfang vorzuschreiben.

1. Eröffnung, Begrüßung, Formalien

195 Die Versammlung beginnt mit der Eröffnung und der Begrüßung der Anwesenden durch den Versammlungsleiter. Nach der Begrüßung werden die grundlegenden Formalien zur Hauptversammlung mitgeteilt. Diese umfassen die Bestätigung der ordnungsgemäßen Einberufung zur Hauptversammlung, also wann und in welchen Medien die Bekanntmachung der Einberufung erfolgt ist. Zur Information werden auch die ausliegenden relevanten Unterlagen genannt. Häufig wird kurz das Abstimmungsprozedere vorgestellt, damit sich die Aktionäre frühzeitig auf die Art der Abstimmung und des Abstimmungsverfahrens einstellen können. Im Rahmen der Formalien wird auch die Ausdehnung des Präsenzbereichs beschrieben, um festzulegen, welche Räumlichkeiten hierzu gehören. In diesem Zusammenhang erfolgt auch eine Beschreibung der Vorgehensweise bei Vollmachtserteilungen und Verlassen des Präsenzbereichs. Nach Mitteilung der Formalien erfolgt mit dem Aufruf der Tagesordnungspunkte der Eintritt in die Tagesordnung.

2. Vorstandsrede und –präsentation

196 Gemäß § 176 Abs. 1 S. 2 AktG soll der Vorstand der Hauptversammlung seine Vorlagen erläutern, also bei ordentlichen Hauptversammlungen den Jahresabschluss und Konzernabschluss sowie die Lageberichte und bei börsennotierten Gesellschaften den Bericht mit den Angaben nach §§ 289 Abs. 4, 315 Abs. 4 HGB (in der Regel unter Tagesordnungspunkt 1 gefasst). Bei außerordentlichen Hauptversammlungen werden die zu den veröffentlichten Tagesordnungspunkten vorgelegten Dokumente erläutert. Die Ausführungen des Vorstands haben grundsätzlich in deutscher Sprache zu erfolgen, da diese die Sprache der Hauptversammlung ist.[86] Sofern der Vorstand der deutschen Sprache nicht mächtig ist, muss eine Übersetzung für alle Aktionäre erfolgen, entweder durch Simultanübersetzung mittels Kopfhörern oder Konsekutivübersetzung mittels Lautsprechern. In der Vorstandsrede gibt der Vorstand üblicherweise einen Überblick über den Geschäftsverlauf und die Finanzkennzahlen des vergangenen Geschäftsjahres, um dann einen Ausblick auf den Verlauf des aktuellen Geschäftsjahres mit Prognosen zu bieten. Schließlich wird auf die zur Abstimmung stehenden Tagesordnungspunkte kurz eingegangen und der Grund für die jeweilige Beschlussfassung kurz geschildert.

Wenn der Vorstand aus mehreren Mitgliedern besteht, findet zumeist eine Aufteilung der einzelnen Themen statt.

---

84 *LG Köln* Urteil vom 7.9.2011 – 91 O 162/09.
85 *OLG Köln* Urteil vom 6.6.2012 – 18 U 240/11.
86 MK-AktG/*Kubis* § 118 Rn. 77.

Eine Präsentation des Vorstands mit Medieneffekten ist gesetzlich nicht zwingend, allerdings liegt sie aus Gründen der besseren Veranschaulichung der Rede im Interesse der Aktionäre und ist in den meisten Fällen üblich. Eine Ausgabe der Vorstandspräsentation an die Aktionäre oder deren Veröffentlichung auf der Internetseite der Gesellschaft (nach der Hauptversammlung) sind ebenfalls nicht zwingend, dürfen aber erfolgen. **197**

3. Erläuterungen zum Bericht des Aufsichtsrats

Folgend der Bestimmung des § 176 Abs. 1 S. 2 AktG soll der Aufsichtsratsvorsitzende den erstellten und veröffentlichten Bericht des Aufsichtsrats der Hauptversammlung gegenüber erläutern. Der Inhalt der Erläuterung ist im Gesetz nicht weiter geregelt, insofern besteht seitens des Aufsichtsratsvorsitzenden Spielraum bei den Ausführungen. Beinhalten sollten die Ausführungen eine kurze Einschätzung des Aufsichtsrats zur Lage und Entwicklung der Gesellschaft.[87] Üblicherweise enthält der Bericht eine kurze Darstellung der Arbeit des Aufsichtsrats im vergangenen Geschäftsjahr, eine Feststellung des Ergebnisses der Prüfung der Abschlussunterlagen durch den Aufsichtsrat sowie eine Beschreibung des Ablaufs der Bilanzfeststellenden Sitzung. Wahlweise kann auch über Wechsel in Vorstand und Aufsichtsrat, die im Berichtszeitraum stattgefunden haben, berichtet werden. **198**

In den letzten Jahren ist die Bedeutung der Erläuterung des Berichts des Aufsichtsrats immer geringer geworden, da inzwischen die meisten Gesellschaften sehr ausführliche Berichte des Aufsichtsrats veröffentlichen, bei denen kein großer Erläuterungsbedarf mehr besteht. Das Fehlen der Erläuterung des Berichts des Aufsichtsrats stellt auch keinen Anfechtungsgrund dar, da es sich bei ihm lediglich um eine Soll-Vorschrift handelt.[88] Möglich ist im Rahmen der Erläuterung zum Bericht des Aufsichtsrats die Vorstellung der Personen, die für die Wahl in den Aufsichtsrat kandidieren, damit die Aktionäre einen Eindruck der Kandidaten gewinnen können.

4. Präsenzfeststellung

Häufig wird die Präsenz der Hauptversammlung nach der Rede von Vorstand und den Erläuterungen des Aufsichtsratsvorsitzenden verkündet, wenn nicht vorher gestellte Anträge eine frühere Verkündung der Präsenz erforderlich machen. Die Präsenz wird durch den Versammlungsleiter verkündet, die dazugehörige Liste, das Teilnehmerverzeichnis (siehe oben unter Rn. 188 ff.), wird dann am Wortmeldetisch oder an einem anderen zentralen Ort für die Aktionäre zur Einsichtnahme zur Verfügung gestellt. Mit der ersten Präsenz werden üblicherweise nicht die Briefwahlstimmen bekanntgegeben. **199**

5. Generaldebatte

Die Generaldebatte, welche für die Aktionäre eine Art „Herzstück" der Hauptversammlung bildet, bietet den Aktionären die Gelegenheit, Fragen zum Verlauf des abgelaufenen Geschäftsjahres und/oder zur geplanten Beschlussfassung zu stellen und auch sonstige Wortbeiträge abzugeben. Die gesetzliche Grundlage der Debatte findet sich in § 131 Abs. 1 S. 1 AktG. Dem dort normierten Auskunftsrecht des Aktionärs kann im Rahmen einer Aussprache zwischen Gesellschaft und Aktionären am besten nachgekommen werden. **200**

Die Art der Debatte ist durch die Gesellschaft frei wählbar, hierzu gibt es keine Bestimmungen. Überwiegend wird sie als Generaldebatte geführt, also als Fragerunde zu sämtlichen Punkten der Tagesordnung zusammengefasst. Der Vorteil ist, dass dann alle Fragen **201**

---

87 Bürgers/Körber/*Reger* § 176 Rn. 6; *Hüffer* § 176 Rn. 4.
88 MK-AktG/*Hennrichs/Pöschke* § 176 Rn. 23.

gesammelt beantwortet werden können. Möglich ist auch eine Einzeldebatte zu den einzelnen Punkten der Tagesordnung, allerdings birgt diese die Gefahr der Unübersichtlichkeit und der Möglichkeit von aus dem Zusammenhang gerissenen Fragen.

202 In der Regel geben die Aktionäre ihre Wünsche nach Wortmeldung am dafür vorgesehenen Tisch ab, dies können sie bereits vor Beginn der Generaldebatte bis zu deren Beendigung tun. Nach Abgabe der Wortmeldewünsche werden die Redner vom Versammlungsleiter im Rahmen der Generaldebatte aufgerufen. Die Reihenfolge der Redner ist dabei frei durch den Versammlungsleiter wählbar, eine entsprechende Ermächtigung findet sich in den meisten Satzungen.

203 Grundsätzlich haben die Aktionäre das Recht, alle Fragen, die zur sachgemäßen Beurteilung der Gegenstände der Tagesordnung erforderlich sind (§ 131 Abs. 1 S. 1 AktG) zu stellen. Eine Begrenzung findet das Auskunftsrecht der Aktionäre in den in § 131 Abs. 3 AktG geregelten Fällen. Der Katalog der Fallgruppen mit den Gründen der Auskunftsverweigerung ist abschließend (§ 131 Abs. 3 S. 2 AktG).

204 Die Dauer der jeweiligen Wortbeiträge ist grundsätzlich nicht beschränkt. Allerdings ist bei einer sehr langen Debatte mit einer hohen Anzahl an Wortbeiträgen eine Beschränkung des Fragerechts möglich. Eine entsprechende gesetzliche Ermächtigung zur Einschränkung des Fragerechts ist in § 131 Abs. 2 S. 2 AktG vorgesehen. Voraussetzung hierfür ist, dass eine entsprechende Satzungsregelung besteht, welche eine Beschränkung zulässt, und/oder eine objektive Gefährdung zwingender zeitlicher Grenzen der Hauptversammlung vorliegt, was insbesondere der Fall ist, wenn die rechtzeitige Beendigung der Hauptversammlung vor 24.00 Uhr gefährdet ist.[89] Die Beschränkung des Fragerechts der Aktionäre muss in jedem Fall restriktiv gehandhabt werden, da sie einen Eingriff in grundlegende Aktionärsrechte darstellt, der bei fehlender Verhältnismäßigkeit rechtswidrig sein kann und zur Anfechtbarkeit der Hauptversammlungsbeschlüsse führen kann.[90] Ultima ratio ist dann der Abbruch der Generaldebatte, wenn nach Prüfung der Verhältnismäßigkeit festgestellt wird, dass weder durch eine Redezeitbeschränkung noch durch die Schließung der Rednerliste die gesetzliche Abwicklung der Hauptversammlung erreicht werden kann.[91]

205 Die Aufnahme der Fragen erfolgt durch die Gesellschaft, in den meisten Fällen werden hierzu Stenografen eingesetzt, welche im Back-Office positioniert sind, die Beantwortung muss gem. § 131 Abs. 1 S. 1 AktG der Vorstand übernehmen. Sollten Fragen gestellt werden, die von ihrer Natur her eher vom Aufsichtsrat zu beantworten sind, kann dieser die Beantwortung übernehmen, der Vorstand sollte sich vorsichtshalber die Antworten des Aufsichtsrats zu Eigen machen.[92] Bei Vorstandsmitgliedern, die der deutschen Sprache nicht mächtig sind, sollte eine Übersetzung der Fragen in ihre Sprache und eine Übersetzung der Antworten ins Deutsche erfolgen.

206 Nach Beantwortung aller Fragen und wenn keine weiteren Aktionärsfragen mehr vorliegen, beendet der Versammlungsleiter die Debatte, danach werden üblicherweise keine weiteren Fragen mehr zugelassen.

6. Exkurs: Gegenanträge und Verfahrensanträge

207 Während der Hauptversammlung haben die Aktionäre die Gelegenheit, Anträge zur Tagesordnung und zum Verfahren der Hauptversammlung zu stellen. Erstere werden in der Regel im Rahmen der Generaldebatte gestellt und betreffen Änderungen zum Inhalt

---

89 MK-AktG/*Kubis* § 119 Rn. 165.
90 MK-AktG/*Kubis* § 119 Rn. 181.
91 MK-AktG/*Kubis* § 119 Rn. 169.
92 Bürgers/Körber/*Reger* § 131 Rn. 5; MK-AktG/*Kubis* § 131 Rn. 21.

der Punkte der veröffentlichten Tagesordnung, beispielsweise eine andere Verwendung des Bilanzgewinns, die Wahl von anderen als den vorgeschlagenen Aufsichtsratsmitgliedern oder eines anderen als den vorgeschlagenen Abschlussprüfer.

Verfahrensanträge richten sich auf den Ablauf der Hauptversammlung, zu nennen sind beispielsweise Anträge auf Abwahl des Versammlungsleiters, die Absetzung von Tagesordnungspunkten oder die Vertagung der Hauptversammlung, sie können aber auch die Durchführung der Hauptversammlung betreffen, also beispielsweise die Reihenfolge der Redner oder die Art der Durchführung der Generaldebatte. Bei den letztgenannten Anträgen ist eine Abstimmung durch die Hauptversammlung nicht erforderlich, da diese Themen in den Kompetenzbereich des Versammlungsleiters im Rahmen seiner Leitungs- und Ordnungsbefugnisse fallen.[93] Die zuerst genannte Fallgruppe der „echten" Verfahrensanträge ist dagegen anders zu bewerten, hier ist eine Abstimmung vor den Anträgen oder Beschlussvorschlägen zur Tagesordnung erforderlich, da sich die Verfahrensanträge regelmäßig nach Abstimmung über den Sachantrag erledigt haben.[94] Priotitär zu behandeln ist der Antrag auf Abwahl des Versammlungsleiters, über diesen muss aus Gründen der Rechtssicherheit vor der nächstfolgenden Abstimmung Beschluss gefasst werden.[95] **208**

Eine Sonderposition nehmen die Beantragung einer Sonderprüfung gem. § 142 AktG und die der Einzelentlastung der Vorstands- und/oder Aufsichtsratsmitglieder gem. § 120 Abs. 1 AktG, bei dem über die Entlastung jedes einzelnen Mitglieds von Vorstand und/oder Aufsichtsrat abgestimmt wird, ein: Der Antrag auf Einzelentlastung ist gem. § 120 Abs. 1 S. 2 2. HS AktG an die Voraussetzung geknüpft, dass ihn Aktionäre unterstützen, deren Anteile mindestens ein Zehntel des Grundkapitals oder den anteiligen Betrag von 1 Mio. EUR ausmachen. Er muss spätestens bis zu den Abstimmungen zu den Tagesordnungspunkten gestellt werden. Der Antrag auf Sonderprüfung kann während der Hauptversammlung gestellt werden, wenn er sich auf Vorgänge der Geschäftsführung und damit auf den Tagesordnungspunkt der Entlastung bezieht.[96] Theoretisch ist die Stellung eines Antrags auf Sonderprüfung auch noch nach den Abstimmungen über die Punkte der veröffentlichten Tagesordnung möglich. Über einen Antrag auf Sonderprüfung ist in jedem Fall abzustimmen, regelmäßig sind die Stimmen von Vorstands- bzw. Aufsichtsratsmitgliedern bei der Abstimmung nicht stimmberechtigt, wenn sich die Prüfung auf Maßnahmen der jeweiligen Geschäftsführung beziehen soll und somit die Entlastung der Mitglieder von Vorstand und/oder Aufsichtsrat betrifft (Stimmrechtsausschluss gem. § 136 Abs. 1 AktG, siehe auch Rn. 215). **209**

Bei Abstimmungen zu Gegenanträgen muss sich der Stimmrechtsvertreter mit den ihm übertragenen Stimmen enthalten, da ihm für diese regelmäßig keine Weisungen vorliegen. Gleiches gilt für Briefwahlstimmen, da auch diese sich nur auf die veröffentlichte Tagesordnung beziehen.[97] **210**

7. Abstimmungsverfahren und –durchführung

Nach Beendigung der Generaldebatte beginnt die Abstimmung zu den Punkten der Tagesordnung. Zur Abstimmung wird üblicherweise das festgelegte Abstimmungsverfahren erläutert. Bei der Wahl des Abstimmungsverfahrens gibt es die Auswahl zwischen Subtraktions- und Additionsverfahren. Der Unterschied zwischen beiden Verfahren liegt in der Auszählung der Stimmen. Während beim Additionsverfahren die Ja-Stimmen und die **211**

---

93 MK-AktG/*Kubis* § 119 Rn. 152.
94 *Quellmalz* Die Rechtsstellung des Aktionärs im deutschen Aktienrecht, 2007, S. 24.
95 MK-AktG/*Kubis* § 119 Rn. 114.
96 *Hüffer* § 142 Rn. 4 und 9.
97 Grigoleit/*Herrler* § 118 Rn. 12.

Nein-Stimmen eingesammelt werden, ist das Subtraktionsverfahren so konzipiert, dass nur die Nein-Stimmen und die Stimmenthaltungen erfasst werden und sich aus der Differenz der abgegebenen gültigen Stimmen im Verhältnis zu den präsenten bzw. stimmberechtigten Stimmen dann die Ja-Stimmen ergeben. Auch die umgekehrte Variante des Subtraktionsverfahrens ist denkbar, also die Erfassung der Ja-Stimmen und die Stimmenthaltungen, wobei sich aus der Differenz die Nein-Stimmen ergeben. Beide Verfahren haben Vorteile: Das Additionsverfahren ist attraktiv, weil die präsenten bzw. stimmberechtigten Stimmen nicht die Grundlage der Auswertung darstellen, so dass die ganz strenge Aufrechterhaltung der Präsenz nicht entscheidend ist. Das kann gerade bei Hauptversammlungen mit schwierigem Präsenzbereich von Vorteil sein. Das Subtraktionsverfahren ist attraktiv, weil nicht so viele Stimmen erfasst werden müssen, da erfahrungsgemäß viele Aktionäre für die Vorschläge der Verwaltung stimmen, also nicht tätig werden müssen. Beide Abstimmungsverfahren sind gleichberechtigt.

212 Weiter wird vom Versammlungsleiter festgelegt, wie die Abstimmung erfolgen soll, dies beinhaltet einerseits die Frage, in welchem Umfang die Abstimmung stattfindet, andererseits die Art der Abstimmung.

213 Bei der Bestimmung des Umfangs pro Wahlgang besteht die Wahl zwischen einer Einzelabstimmung zu den Tagesordnungspunkten und einer konzentrierten Abstimmung, dem sogenannten Sammelstimmgang. Die Einzelabstimmung hat den Nachteil, dass jeder einzelne Tagesordnungspunkt zur Abstimmung gestellt werden muss, was den Ablauf der Hauptversammlung erfahrungsgemäß verzögert.

Die Abstimmung zu den Tagesordnungspunkten in einem Sammelgang, also die Abstimmung zu allen Tagesordnungspunkten in einem Wahlgang, ist dagegen deutlich effektiver und schneller zu handhaben. Ausnahmen zur Durchführung eines Sammelgangs kommen in Betracht, wenn Gegenanträge zu Tagesordnungspunkten zur Abstimmung gestellt wurden, über welche logischerweise nicht gemeinsam mit dem Vorschlag der Verwaltung abgestimmt werden kann. In diesem Fall wird in der Regel zunächst über den Vorschlag der Verwaltung abgestimmt. Wenn dieser keine Mehrheit findet, muss im Nachgang hierzu noch über den Antrag des Aktionärs abgestimmt werden. Eine Ausnahme von dieser Vorgehensweise enthält die Regelung des § 137 AktG, wonach bei Vorschlägen von Aktionären zur Wahl von Aufsichtsratsmitgliedern über diese vor den Vorschlägen des Aufsichtsrats zum gleichen Punkt abzustimmen ist, wenn dies von einer Minderheit von Aktionären verlangt wird, deren Anteile zusammen den 10. Teil des Grundkapitals ausmachen und der Antrag 14 Tage vor dem Tag der Hauptversammlung zugegangen ist.[98] Teilweise kann bei sehr umfangreichen Tagesordnungen eine Aufteilung der Abstimmung in mehrere Wahlgänge aus Gründen der Übersichtlichkeit sinnvoll sein.

214 Bei der Bestimmung der Art der Durchführung der Abstimmung durch den Versammlungsleiter kommen die computergestützte Abstimmungsauswertung oder die Abstimmung auf Zuruf in Betracht. Bei der inzwischen sehr weit verbreiteten computergestützten Abstimmung wird jedem Tagesordnungspunkt ein Stimmabschnitt auf dem Stimmbogen zugewiesen, welcher dann bei der Abstimmung entsprechend eingesammelt wird, indem der Aktionär diesen in eine der im Saal herumgereichten Urnen einwirft, wobei diese entweder entsprechend mit dem Wort „Ja", „Nein" oder „Enthaltung" gekennzeichnet sind oder der Stimmabschnitt eine entsprechende Aufschrift besitzt. Alternativ ist auch eine Eingabe der Abstimmungsvorgaben in ein elektronisch geführtes System möglich, wobei dann entweder die Stimmeneinsammler mit entsprechenden Geräten durch die Reihen der Aktionäre gehen und deren Stimmen mit den Geräten erfassen bzw. die Aktionäre selber die Stimmabgabe im System durchführen lassen. Teilweise werden auch entsprechende

---

[98] *Hüffer* § 137 Rn. 2.

Geräte an alle Aktionäre (z.B. Tablet-Computer) ausgegeben. Diese bedienen die Aktionäre im Zeitpunkt der Stimmabgabe selber, die Stimmen werden dann per Funkübertragung an den Computer-Terminal zur Stimmenauszählung weitergeleitet. Nach Abgabe aller Stimmen werden diese ausgezählt, üblicherweise kommt hier ein Computersystem zum Einsatz, welches die Stimmen mittels eines Scan-Mechanismus auswertet und das Ergebnis generiert. Bei der computergestützten Abstimmungsdurchführung ist die Abstimmung zu allen Tagesordnungspunkten in einem Wahlgang möglich und sinnvoll. Die andere Variante der Abstimmungsdurchführung, die Abstimmung auf Zuruf, war in früheren Zeiten sehr beliebt, ist nun aber nicht mehr sehr verbreitet. Hierbei müssen die Aktionäre, welche mit Ja oder Nein stimmen oder sich gegebenenfalls der Stimme enthalten möchten, ihre Stimmen dem Versammlungsleiter nach Aufruf des jeweiligen Tagesordnungspunktes mündlich mitteilen, diese werden dann verzeichnet und eine Auswertung dann anhand der abgegebenen Stimmen pro Tagesordnungspunkt getätigt. Der Nachteil bei dieser Abstimmungsvariante ist, dass aufgrund der Einzelabstimmung zu den Tagesordnungspunkten Verzögerungen entstehen. Wahlen zum Aufsichtsrat sollen gem. Ziffer 5.4.3 des DCGK im Wege der Einzelwahl stattfinden, entsprechend sollte dann für jedes zu wählende Aufsichtsratsmitglied ein eigener Stimmabschnitt angeboten werden. Es spricht aber nichts dagegen, die Wahl dann zu den Abstimmungen in einen Sammelgang zu integrieren.

Die Aktien von Vorstands- und Aufsichtsratsmitgliedern sind bei der jeweiligen Entlastung gem. § 136 Abs. 1 S. 1 AktG nicht stimmberechtigt, da niemand über seine eigene Entlastung Beschluss fassen darf. Auch im Fall der Bevollmächtigung eines Dritten müssen die Stimmen bei der Entlastung mit einem Stimmrechtsverbot belegt werden, da gem. § 136 Abs. 1 S. 2 AktG die Entlastung auch durch einen anderen nicht zulässig ist. Bei der Abstimmung werden die jeweiligen Stimmen zur Beschlussfassung über die jeweilige Entlastung aus der stimmberechtigten Präsenz herausgenommen. **215**

Bei einer fehlerhaften Abstimmung durch einen Aktionär ist keine Korrektur mehr möglich. Wenn ein Aktionär also nach Einwurf der Stimmabschnitte in die Stimmurne merkt, dass er anders abstimmen wollte als von ihm getätigt, kann er dies nicht mehr ändern, da die Stimmabgabe nicht wiederholbar ist. Grundsätzlich führt eine fehlerhafte Stimmabgabe durch Vertreter nicht zur Anfechtbarkeit der Beschlüsse durch den Vertretenen, da dies in das Innenverhältnis zwischen Aktionär und Stimmrechtsvertreter fällt, so dass sich der Aktionär an seinen Vertreter halten muss. Anders stellt sich der Fall dar, wenn sich die Rechtsverletzung im Einflussbereich der Gesellschaft ereignete und diese die Möglichkeit hatte, die Rechtsverletzung zu vermeiden[99]. Wenn also die Gesellschaft die Stimmrechtsausübung durch einen von ihr gestellten Stimmrechtsvertreter anbietet und dieser die ihm erteilten Weisungen nicht oder fehlerhaft ausübt, droht die Anfechtbarkeit der gefassten Beschlüsse, wenn auch die Relevanz des Rechtsverstoßes gegeben ist. **216**

8. Ergebnisverkündung und ordnungsgemäße Beschlussfassung

Nach der Durchführung der Abstimmung und der Auszählung der Stimmen wird das Ergebnis durch den Versammlungsleiter verkündet. Hierzu werden Verkündungsblätter verlesen, welche die notwendigen Ausführungen zum Abstimmungsergebnis enthalten. Muster solcher Verkündungsblätter sind unter Rn. 260 ff. einzusehen. **217**

a) Langfassung

Der § 130 Abs. 2 S. 2 Nr. 1-3 AktG bestimmt, dass in der Beschlussverkündung die Zahl der Aktien, für die gültige Stimmen abgegeben wurden (Nr. 1), der Anteil des durch die gültigen Stimmen vertretenen Grundkapitals (Nr. 2) sowie die Zahl der für einen Beschlussvor- **218**

---

99 MK-AktG/*Schröer* § 135 Rn. 180.

schlag abgegebenen Stimmen, die Gegenstimmen und gegebenenfalls die Zahl der Stimmenthaltungen (Nr. 3) zu nennen sind. Stimmenthaltungen sind nur dann anzugeben, wenn das Subtraktionsverfahren bei der Abstimmung angewandt wurde und so auch tatsächlich Stimmenthaltungen gezählt werden. Bei Abstimmung nach dem Additionsverfahren ist die Angabe der Zahl der Stimmenthaltungen nicht erforderlich.[100] Nach § 130 Abs. 1 S. 1 AktG muss auch festgestellt werden, ob der Beschlussvorschlag angenommen oder abgelehnt wurde, da diese in das notarielle Protokoll aufgenommen wird. Eine bloße Verkündung der Ja- und Neinstimmen genügt nicht.[101] Zur Klarstellung ist neben den genannten Angaben die Wiederholung des Beschlusstextes bzw. die Bezeichnung des Tagesordnungspunktes und die Verkündung des Beschlusses sinnvoll. Die Frage, ob der komplette Beschlusstext des jeweiligen Tagesordnungspunktes in das Verkündungsblatt mit aufgenommen werden soll, ist nicht abschließend geklärt, jedenfalls dürfte ein Zusatz, dass der vollständige Beschlusstext im Bundesanzeiger am jeweiligen Datum veröffentlicht wurde, ausreichend und sinnvoll sein.

b) Kurzfassung

219 Seit Inkrafttreten des ARUG besteht gem. § 130 Abs. 2 S. 3 AktG die Möglichkeit, eine verkürzte Beschlussfassung anzubieten, welche lediglich die Feststellung enthält, dass die erforderliche Mehrheit erreicht wurde. Voraussetzung hierfür ist, dass kein Aktionär einer solchen Vorgehensweise widerspricht und stattdessen eine umfangreiche Beschlussfeststellung gem. § 130 Abs. 2 S. 2 AktG verlangt. Der Vorteil einer solchen verkürzten Beschlussfassung ist die Begrenzung des Umfangs des vorzutragenden Textes, gerade bei vielen zu verlesenden Beschlüssen kann dies hilfreich sein. In der Praxis ist die Verwendung der verkürzten Beschlussfeststellung nicht unumstritten, insbesondere in der Literatur gibt es einige Stimmen, die sich gegen eine verkürzte Beschlussfassung aussprechen. Begründet wird dies damit, dass dieses Verfahren keine große Erleichterung bietet, da bestimmte Angaben bei der Beschlussverkündung in jedem Fall gemacht werden müssen. Der § 130 Abs. 2 S. 3 AktG kann den Versammlungsleiter nur von der Verlesung der Angaben nach § 130 Abs. 2 S. 2 AktG befreien, nicht aber von denen nach § 130 Abs. 2 S. 1 AktG, so dass es in jedem Fall bei der Verkündung der Ja- und Nein-Stimmen bleiben muss, bei Anwendung des Subtraktionsverfahrens auch der Stimmenthaltungen.[102] Zudem ist aufgrund des nicht festgelegten Zeitpunktes des Aktionärsverlangens nach ausführlicher Beschlussverkündung auf das Ende der Hauptversammlung abzustellen, so dass auch bei fehlendem Widerspruch gegen die verkürzte Beschlussverkündung vor Verlesung der Ergebnisse bis zum Ende der Versammlung die Unsicherheit besteht, dass Aktionäre noch die Verkündung der ausführlichen Version der Ergebnisse verlangen.[103] Das hätte eine Verzögerung des Ablaufs der Versammlung zur Folge.

9. Exkurs: Gesonderte Versammlung Vorzugsaktionäre

220 Wenn von einer Gesellschaft Vorzugsaktien ausgegeben wurden, sind die Inhaber dieser Aktien in der Regel gem. §§ 139 Abs. 1, 12 Abs. 1 S. 2 AktG nicht stimmberechtigt. In bestimmten Fällen besteht gem. § 141 AktG das Erfordernis einer Beschlussfassung der Vorzugsaktionäre. Die erforderliche Zustimmung der Vorzugsaktionäre bezieht sich insbe-

---

100 MK-AktG/*Kubis* § 130 Rn. 57; *Hüffer* § 130 Rn. 23a.
101 *Hüffer* § 130 Rn. 22.
102 MK-AktG/*Kubis* § 130 Rn. 68; *Arnold/Carl/Götze* Aktuelle Fragen bei der Durchführung der Hauptversammlung, AG 2011, 349 ff., 357.
103 MK-AktG/*Kubis* § 130 Rn. 69; *Grobecker* Beachtenswertes zur Hauptversammlungssaison, NZG 2010, 165, 169.

sondere auf Beschlüsse, welche die Aufhebung oder Beschränkung des Vorzugs zum Inhalt haben (§ 141 Abs. 1 AktG). Das betrifft vor allem die folgenden Fälle:
- Kapitalwirksame Beschlüsse (insbesondere Kapitalerhöhungen und -herabsetzungen),
- Umwandlungsbeschlüsse (Verschmelzung, Spaltung, Formwechsel),
- Beschlüsse, durch die das Verhältnis mehrerer Aktiengattungen zum Nachteil einer Gattung verändert wird (insbesondere bei Änderung des Verhältnisses zwischen Stamm- und Vorzugsaktien zum Nachteil der Vorzugsaktien),
- Beschlüsse zur Änderung eines Unternehmensvertrages.[104]

Auch der neuen Ausgabe von Vorzugsaktien müssen die bestehenden Vorzugsaktionäre gem. § 141 Abs. 2 AktG ihre Zustimmung erteilen, damit der Beschluss der Hauptversammlung umgesetzt werden kann. **221**

Zur Durchführung der Abstimmung der Vorzugsaktionäre wird üblicherweise zusammen mit der Hauptversammlung gem. § 138 AktG eine gesonderte Versammlung der Vorzugsaktionäre einberufen, welche in der Regel im Anschluss an die Hauptversammlung stattfindet. Für die Einberufung der gesonderten Versammlung gelten gem. § 138 S. 2 AktG die gleichen gesetzlichen Anforderungen wie für die Hauptversammlung, insbesondere müssen die Einberufungsregelungen und -fristen der §§ 121, 123 AktG eingehalten sowie die Bestimmungen der §§ 125–127 AktG befolgt werden. Auch der Ablauf dieser Versammlung entspricht dem der Hauptversammlung, mit erneuter Abhandlung der Formalien, Rede des Vorstands zur anstehenden Beschlussfassung, einer weiteren Generaldebatte und schließlich der Abstimmung zu den anstehenden Punkten der Tagesordnung. Eine Besonderheit ist, dass die Stammaktionäre bei der Gesonderten Versammlung der Vorzugsaktionäre kein Anwesenheitsrecht besitzen, da den Versammlungsteilnehmern eine unbeeinflusste Diskussion und Beschlussfassung ermöglicht werden soll.[105] Wenn Stammaktionäre an der Gesonderten Versammlung der Vorzugsaktionäre teilnehmen wollen oder sollen, muss die Zustimmung der Vorzugsaktionäre zur Anwesenheit der Stammaktionäre vor Beginn der Gesonderten Versammlung eingeholt werden, bei Widerspruch auch nur eines Vorzugsaktionärs sind die Stammaktionäre von der Teilnahme auszuschließen. Abstimmungsberechtigt sind nur die Vorzugsaktionäre. **222**

10. Exkurs: Ad-hoc-Publizität

Im Rahmen der stattfindenden Hauptversammlung ist bei börsennotierten Gesellschaften die Ad-hoc-Publizität des § 15 WpHG[106] zu beachten, sofern der Vorstand in seiner Präsentation und Rede oder in der Generaldebatte den Aktionären eine Insiderinformation bekannt gibt und die Information noch nicht nach § 15 Abs. 1 S. 1 WpHG veröffentlicht wurde. **223**

Informationen, die anlässlich einer Hauptversammlung bekannt gegeben werden, sind nicht öffentlich[107] und können daher der Ad-hoc-Publizitätspflicht unterliegen. Das Vorliegen einer Insiderinformation, die einem Aktionär im Rahmen der Hauptversammlung bekannt gegeben wird, dürfte in der Praxis allerdings eher selten vorkommen, da der Vorstand während der HV regelmäßig keine kursrelevanten, ad-hoc-publizitätspflichtigen Entscheidungen treffen muss. Diese liegen grundsätzlich zeitlich vor der HV, mit der Folge, dass diese Entscheidungen oder Ereignisse vor der Hauptversammlung ad-hoc veröffentlicht werden bzw. bereits veröffentlicht worden sind. Sollte allerdings während der Haupt- **224**

---
104 MK-AktG/*Schröer* § 138 Rn. 6.
105 MK-AktG/*Schröer* § 138 Rn. 25.
106 Zu den Voraussetzungen, wann eine Insiderinformation vorliegt, die nach § 15 WpHG publizitätspflichtig ist, siehe 4. Kap. Rn. 6 ff.
107 *Fuchs* § 15 Rn. 118.

versammlung eine Information bekannt gegeben werden, die nach § 15 WpHG ad-hoc-pflichtig ist, sollte eine Ad-hoc-Mitteilung unverzüglich vorbereitet und veröffentlicht und die entsprechende Auskunft bis zur Veröffentlichung zurückgestellt werden.

225 Bei nichtbörsennotierten Gesellschaften, deren Aktien in einem Qualitätssegment des Freiverkehrs (z.B. Entry Standard der Börse Frankfurt, m:access der Börse München) notiert sind, ergibt sich nach den jeweiligen allgemeinen Geschäftsbedingungen in Analogie eine Quasi-ad-hoc-Verpflichtung:

226 Nach § 13 Abs. 2 der allgemeinen Geschäftsbedingungen der Deutsche Börse AG (AGB DB AG) für den Freiverkehr an der Frankfurter Wertpapierbörse ist der antragstellende Teilnehmer verpflichtet, die Deutsche Börse AG während der gesamten Dauer der Einbeziehung der Aktien unverzüglich über alle Umstände zu unterrichten, die für den Handel oder die Geschäftsabwicklung oder für die Beurteilung des einbezogenen Wertpapiers oder des Emittenten relevant sind, sofern der antragstellende Teilnehmer von diesen Umständen Kenntnis hat oder von denen er sich über allgemein zugängliche Informationsquellen in zumutbarer Art und Weise Kenntnis verschaffen kann. Nach § 13 Abs. 3 AGB DB AG hat der antragstellende Teilnehmer insbesondere ein elektronisch betriebenes Informationsverbreitungssystem zu nutzen, über das Umstände gem. § 13 Abs. 2 AGB DB AG zeitnah veröffentlicht werden. Ein Verstoß würde gem. § 15 der AGB DB AG zu einer Vertragsstrafe führen.

227 In § 6 Abs. 2 lit. b des Regelwerks für das Marktsegment „m:access" heißt es, dass die Beibehaltung der Notiz in m:access voraussetzt, dass der Emittent in seinem Tätigkeitsbereich eingetretene Tatsachen unverzüglich auf seiner Website und durch eine zur Verbreitung von Unternehmensinformationen anerkannte Agentur veröffentlicht, wenn diese Tatsachen wegen ihrer Auswirkung auf die Vermögens- oder Finanzlage oder auf den allgemeinen Geschäftsverlauf des Emittenten geeignet sind, den Börsenpreis der von ihm emittierten Wertpapiere erheblich zu beeinflussen. Bei einem Verstoß gegen die Veröffentlichungspflicht ist die Börse München gem. § 8 des Regelwerks für das Marktsegment „m:access" ermächtigt, die Börsennotiz zu beenden.

E. Regularien nach der Hauptversammlung

228 Mit den erfolgten Beschlussfassungen sowie der formalen Beendigung der Hauptversammlung durch den Versammlungsleiter entstehen Folgepflichten. Der Umfang der Folgepflichten richtet sich danach, ob eine Gesellschaft börsennotiert oder nichtbörsennotiert ist.

I. Veröffentlichung der Abstimmungsergebnisse, § 130 Abs. 6 AktG

229 Mit Inkrafttreten des ARUG sind börsennotierte Gesellschaften aktienrechtlich in § 130 Abs. 6 AktG verpflichtet worden, innerhalb von sieben Tagen nach der Hauptversammlung die festgestellten Abstimmungsergebnisse einschließlich der Zahl der Aktien, für die gültige Stimmen abgegeben wurden, des Anteils des durch die gültigen Stimmen vertretenen Grundkapitals sowie der Zahl der für einen Beschluss abgegebenen Stimmen, Gegenstimmen und gegebenenfalls die Zahl der Enthaltungen auf ihrer Internetseite zu veröffentlichen. Eine entsprechende Verpflichtung für nichtbörsennotierte Gesellschaften besteht nicht. Es ist allerdings aus Gründen guter Investor-Relations-Arbeit empfehlenswert, eine Abstimmungsübersicht mit den genannten Zahlen über die Internetseite der Gesellschaft

zu veröffentlichen. Das gilt umso mehr, soweit die Beschlussfassungen mit einer großen Mehrheit zustande gekommen sind und damit die Zufriedenheit über die Arbeit und den zukünftigen Kurs der Gesellschaft manifestiert ist.

II. Mitteilungsbekanntmachungen nach § 30b Abs. 1 Nr. 2 WpHG

Nach § 30b Abs. 1 Nr. 2 WpHG müssen börsennotierte Gesellschaften Mitteilungen über die Ausschüttung und Auszahlung von Dividenden, die Ausgabe neuer Aktien und die Vereinbarung oder Ausübung von Umtausch-, Bezugs-, Einziehungs- und Zeichnungsrechten unverzüglich im Bundesanzeiger veröffentlichen. **230**

1. Ausschüttung und Auszahlung einer Dividende

Eine Ausschüttung und Auszahlung einer Dividende kann erst nach erfolgter positiver Beschlussfassung durch die Hauptversammlung erfolgen. In der Praxis erfolgt die Mitteilungsbekanntmachung der Ausschüttung und Auszahlung einer Dividende in der Regel am nächsten Werktag nach der erfolgten Hauptversammlung. Berücksichtigt man die beim Bundesanzeiger erforderlichen zwei Werktage Bearbeitungszeit, sollte der Bekanntmachungstext am Werktag vor der Hauptversammlung bis 14 Uhr im Bundesanzeiger eingestellt sein, damit die Bekanntmachung entsprechend erfolgen kann. Allerdings sollte es für das Kriterium der Unverzüglichkeit ausreichen, den (vorher bereits entworfenen) Bekanntmachungstext nach erfolgter Beschlussfassung dem Bundesanzeiger zuzuleiten, verbunden mit dem Auftrag an dessen Betreiber, diesen schnellstmöglich veröffentlichen zu lassen. Vorteilhaft kann dieses Prozedere insbesondere für den Fall sein, dass der originäre Beschlussvorschlag auf der Hauptversammlung abgeändert worden ist, mit der Folge, dass betragsmäßig eine Veränderung der auszuzahlenden Dividende beschlossen worden ist. Ist der Bekanntmachungstext bereits beim Bundesanzeiger eingestellt und bearbeitet worden, kann eine Ergänzung nur mit einer vorherigen Kontaktaufnahme mit dem Bundesanzeiger und einer Korrekturmitteilung per Fax an diesen erfolgen, notfalls muss der bereits erstellte Auftrag beim Bundesanzeiger storniert und noch einmal neu generiert werden. Diesen zugegebenermaßen in der Praxis eher selten erforderlich werdenden Umweg kann man vermeiden, indem der Bekanntmachungstext nach erfolgter Beschlussfassung finalisiert und dem Bundesanzeiger zwecks schnellstmöglicher Veröffentlichung zugeleitet wird. **231**

Fraglich ist, ob diese Veröffentlichungspflicht wegen der in § 325 Abs. 1 HGB enthaltenen (weiteren) Verpflichtung, den Beschluss über die Verwendung des Bilanzgewinns zu veröffentlichen (siehe Rn. 238), wegen § 30b Abs. 1 S. 2 WpHG entfallen kann, soweit der Beschluss die Ausschüttung und Auszahlung einer Dividende vorsieht. Dies ist allerdings abzulehnen, da mit den Regelungen der §§ 30a–30g WpHG, die mit dem Transparenzrichtlinien-Umsetzungsgesetz (TUG) vom 5.1.2007 Gegenstand des WpHG geworden sind, sichergestellt werden soll, dass wichtige Unternehmensinformationen bekannt gegeben werden, damit Anlegern eine hinreichende Grundlage für ihre Investitionsentscheidungen gegeben, das Vertrauen der Anleger in das Funktionieren des Kapitalmarktes gestärkt und ihre Investitionsbereitschaft am Kapitalmarkt gefördert wird.[108] Die Veröffentlichung des Beschlusses über die Verwendung des Bilanzgewinns nach § 325 Abs. 1 HGB erfolgt auf der maßgeblichen Internetseite des Bundesanzeigers in dem Bereich „Rechnungslegung/Finanzberichte". Hier werden grundsätzlich alle in § 325 Abs. 1 HGB genannten Unterlagen zugänglich gemacht, sodass es mit einigem Aufwand verbunden wäre, den Beschluss über die Verwendung des Bilanzgewinns a) herauszusuchen und b) festzustellen, ob über- **232**

---

108 Begr. RegE, BT-Drucks. 16/2498, S. 26.

haupt eine Dividende ausgeschüttet und gezahlt wird. Dies entspricht nicht dem Informationsgedanken des § 30b WpHG, sodass eine separate, von § 325 Abs. 1 HGB losgelöste Dividendenbekanntmachung über den Bundesanzeiger zu erfolgen hat.

2. Ausgabe neuer Aktien

233 Für den Mitteilungszeitpunkt der Ausgabe neuer Aktien ist entscheidend, mit welcher Kapitalmaßnahme neue Aktien ausgegeben werden. Bei der regulären Kapitalerhöhung und dem genehmigten Kapital gelten die Aktien als ausgegeben, wenn die Durchführung der Kapitalerhöhung in das Handelsregister zur Eintragung gelangt ist, § 189 AktG.[109] Beim bedingten Kapital ist entscheidend, wann der Hauptversammlungsbeschluss in das Handelsregister eingetragen worden ist.[109]

3. Vereinbarung oder Ausübung von Umtausch-, Bezugs-, Einziehungs- und Zeichnungsrechten

234 Mitteilungen über die Ausübung von Umtausch-, Bezugs- oder Zeichnungsrechten sind bereits nach den einschlägigen aktienrechtlichen Vorschriften veröffentlichungspflichtig, § 186 Abs. 2, ggf. i.V.m. § 221 Abs. 4 AktG,[110] sodass eine weitere (nochmalige) separate Veröffentlichung entbehrlich ist.[111]

235 Die BaFin setzt den Begriff der „Vereinbarung" gleich mit „jede Regelung". Dazu gehört auch ein entsprechender Ausschluss eines solchen Rechts.[112] Die Wirksamkeit eines Bezugsrechtsausschlusses hängt in der Regel von der wirksamen Eintragung des entsprechenden Beschlusses in das Handelsregister ab, sodass es beim bedingten Kapital und beim genehmigten Kapital nach der Eintragung zu einer Veröffentlichungspflicht kommt.[113]

236 Eine Mitteilung wegen eines Beschlusses nach § 71 Abs. 1 Nr. 8 AktG zum Erwerb eigener Aktien mit Ermächtigung des Vorstands zur Einziehung der Aktien ist laut BaFin nach § 30b Abs. 1 Nr. 2 WpHG als **Vereinbarung** eines Einziehungsrechts bereits mit Beschlussfassung zu veröffentlichen.[114] Macht der Vorstand sodann von der Ermächtigung zur Einziehung Gebrauch, ist dies ebenfalls nach § 30b Abs. 1 Nr. 2 WpHG als **Ausübung** des Einziehungsrechts veröffentlichungspflichtig.[114]

237 Im Zweifel ist zu empfehlen, den direkten telefonischen Kontakt mit der BaFin aufzunehmen und mit ihr abzustimmen, wann welche Veröffentlichung durchzuführen ist.

III. Offenlegung nach § 325 Abs. 1 HGB

238 Nach § 325 Abs. 1 S. 3 HGB haben die gesetzlichen Vertreter von Kapitalgesellschaften für diese u.a. den Beschluss über die Verwendung unter Angabe des Jahresüberschusses oder Jahresfehlbetrags beim Bundesanzeiger einzureichen. In der Aktiengesellschaft, SE und auch der KGaA hat ein Hauptversammlungsbeschluss über die Verwendung des Bilanzgewinns zu erfolgen. Dieser ist als Teil der im Bundesanzeiger zu hinterlegenden Berichte im Bereich der Publikationsplattform „Rechnungslegung/Finanzberichte" mit zu veröffentlichen. Ein Bilanzverlust ist wegen des Wortlauts hingegen nicht von der Veröffentlichungspflicht umfasst.

---

109 *Assmann/Schneider* § 30b Rn. 11c; *BaFin* Emittentenleitfaden 2009, IX.3.3.2, S. 189.
110 *Schwark/Zimmer* § 30b, Rn 10.
111 Vgl. § 30b Abs. 1 S. 2 WpHG.
112 *BaFin* Emittentenleitfaden 2009, IX.3.3.3, Seite 190.
113 *BaFin* Emittentenleitfaden 2009, IX.3.4.2, Seite 191 f.
114 *BaFin* Emittentenleitfaden 2009, IX.3.4.1, S. 191.

F. Besondere Formen der Hauptversammlung

I. Online Hauptversammlung

Ein Schwerpunkt des ARUG war es, die Möglichkeiten zur aktiven Teilnahme an den Entscheidungsprozessen der Hauptversammlung für Aktionäre weiter zu verbessern.[115] So kann gem. § 118 Abs. 1 S. 2 AktG die Satzung vorsehen oder den Vorstand dazu ermächtigen vorzusehen, dass die Aktionäre an der Hauptversammlung auch ohne Anwesenheit an deren Ort und ohne einen Bevollmächtigten teilnehmen und sämtliche oder einzelne ihrer Rechte ganz oder teilweise im Wege elektronischer Kommunikation ausüben können.

Die Satzungsautonomie gewährleistet, alle möglichen Zwischenstufen der Online-Teilnahme umsetzen zu können, z.B. nur Stimmrecht, nur Fragerecht ohne Recht auf Antwort, etc.[116] Insofern kann die Gesellschaft den Grad der elektronischen Teilnahme sehr ausbalanciert nach den jeweiligen Möglichkeiten anbieten.

Die Umsetzung ist freiwillig. Keine Gesellschaft ist verpflichtet, auch nicht durch andere Regelungen (z.B. Corporate Governance Kodex), den Aktionären eine Online-Teilnahme anzubieten.

Die eingeräumte Möglichkeit, eine Versammlung vollständig über das Internet durchzuführen, wurde (Stand April 2013) bislang erst ein Mal genutzt, und zwar durch die EquityStory AG.[117] Zu groß ist offensichtlich die Sorge vor vielfältigen Risiken, wie z.B. einer möglichen Verletzung der Persönlichkeitsrechte durch Öffentlichkeit, unzähligen Fragen aus dem Internet, technischen Problemen, etc.

So variieren derzeit die Übertragungsformen von einer Übertragung der gesamten und offenen Versammlung für alle Internetbesucher, über eine Übertragung der gesamten Versammlung nur nach vorhergehender Anmeldung des Aktionärs über das Aktionärsportal bis hin zu einer Übertragung bis zur Generaldebatte (ebenso wiederum für alle/nur über Aktionärsportal).

Das Risiko einer Anfechtbarkeit der Beschlüsse auf Grund technischer Probleme wurde durch § 243 Abs. 3 Nr. 1 AktG ausgeschlossen. Eine Anfechtung kann nicht auf eine von technischen Störungen verursachte Verletzung von Rechten, die nach § 118 Abs. 1 S. 2, Abs. 2 und § 134 Abs. 3 AktG auf elektronischem Wege wahrgenommen worden sind, gestützt werden, es sei denn, der Gesellschaft ist grobe Fahrlässigkeit oder Vorsatz vorzuwerfen. In der Satzung kann ein strengerer Verschuldensmaßstab bestimmt werden.

Bei der grundsätzlichen Anfechtungsbefugnis gem. § 245 AktG steht der online-teilnehmende Aktionär dem physisch präsenten Aktionär allerdings gleich.

II. Besonderheiten bei Einberufung einer Hauptversammlung auf Grund eines Übernahmeangebotes

Im Rahmen von Übernahmeangeboten kann es zur Information der Aktionäre erforderlich sein, eine außerordentliche Hauptversammlung einzuberufen. Um die Aktionäre zeitnah zu informieren, sind im Wertpapiererwerbs- und Übernahmegesetz gesonderte Fristen für die Einberufung einer diesbezüglichen außerordentlichen Hauptversammlung vorgesehen.

---

115 Gesetzentwurf der Bundesregierung, Entwurf eines Gesetzes zur Umsetzung der Aktionärsrechterichtlinie (ARUG) Drucks. 16/11642 vom 21.1.2009, RegDrucks. 16/11642; S. 20.
116 Bürgers/Körber/*Reger* § 118 Rn. 5a ff.
117 *Gebauer* HV-Magazin 2/2012, „Hauptversammlung 2.0", 22, 23.

247 So hat die Einberufung gem. § 16 Abs. 4 S. 1 WpÜG mindestens 14 Tage vor der Versammlung zu erfolgen, wobei der Tag der Einberufung nicht mitzurechnen ist. § 121 Abs. 7 des AktG gilt entsprechend.

248 Zu beachten ist dabei Folgendes: Wird die 30-tägige Einberufungsfrist gem. § 123 Abs. 1 AktG unterschritten, so müssen zwischen Anmeldung und Versammlung mindestens vier Tage liegen (§ 16 Abs. 4 S. 5 WpÜG). Daraus ergibt sich eine Mindestfrist der Einberufung von 18 Tagen vor der Hauptversammlung.

249 Mitteilungen gem. § 125 Abs. 1 S. 1 AktG sind unverzüglich zu machen. Mitteilungen an die Aktionäre, ein Bericht nach § 186 Abs. 4 S. 2 AktG und fristgerecht eingereichte Anträge von Aktionären sind allen Aktionären zugänglich und in Kurzfassung bekannt zu machen. Die Zusendung von Mitteilungen kann unterbleiben, wenn zur Überzeugung des Vorstands mit Zustimmung des Aufsichtsrats der rechtzeitige Eingang bei den Aktionären nicht wahrscheinlich ist.

250 Abweichend von § 121 Abs. 5 AktG und etwaigen Bestimmungen der Satzung ist die Gesellschaft bei der Wahl des Versammlungsortes frei (§ 16 Abs. 4 S. 4 WpÜG).

III. Besonderheiten bei Einberufung einer Hauptversammlung auf Grund des Finanzmarktstabilisierungsbeschleunigungsgesetzes

251 Auch das Gesetz zur Beschleunigung und Vereinfachung des Erwerbs von Anteilen an sowie Risikopositionen von Unternehmen des Finanzsektors durch den Fonds "Finanzmarktstabilisierungsfonds – FMS" (FMStBG) sieht Möglichkeiten einer verkürzten Einberufung vor.

252 Wird im Zusammenhang mit einer Rekapitalisierung nach § 7 des FMStBG eine Hauptversammlung zur Beschlussfassung über eine Kapitalerhöhung gegen Einlagen einberufen, gilt § 16 Abs. 4 WpÜG entsprechend mit der Maßgabe, dass die Einberufung zur Hauptversammlung spätestens am 21. Tag vor dem Tag der Hauptversammlung erfolgen muss, § 7 Abs. 1 FMStBG. Abweichend von § 123 Abs. 3 S. 3 des AktG hat sich der Nachweis bei börsennotierten Gesellschaften auf den Beginn des 18. Tages vor der Versammlung zu beziehen und muss der Gesellschaft unter der in der Einberufung hierfür mitgeteilten Adresse bis spätestens am vierten Tag vor der Hauptversammlung zugehen, soweit der Vorstand in der Einberufung der Hauptversammlung keine kürzere Frist für den Zugang des Nachweises bei der Gesellschaft vorsieht. Hierbei sind abweichende Satzungsbestimmungen unbeachtlich.

253 Die vorgenannten verkürzten Fristen für die Einberufung von Hauptversammlungen gelten ebenso unter anderem bei Maßnahmen, die in Zusammenhang mit der Rekapitalisierung stehen, also bei der Schaffung eines bedingten Kapitals (§ 7a FMStBG) sowie eines genehmigten Kapitals (§ 7b FMStBG). Gemäß § 7f S. 1 FMStBG besteht auch dann ein Zusammenhang mit der Stabilisierung, einer Rekapitalisierung oder einer anderen Stabilisierungsmaßnahme im Sinne der §§ 7–7b und 7e FMStBG, wenn Beschlüsse der Hauptversammlung des Unternehmens, insbesondere über Kapitalmaßnahmen oder die Ermächtigung des Vorstands zu deren Vornahme dem Zweck dienen,
　1. eine von dem Fonds im Zuge einer solchen Maßnahme bereits erworbene Beteiligung an dem Unternehmen ganz oder teilweise zu übertragen oder zu veräußern,
　2. die Bedingungen der Beteiligung zu ändern,
　3. die Beteiligung des Fonds oder von Dritten nach § 15 Abs. 1 als Einlage in das Unternehmen einzubringen, insbesondere gegen Ausgabe von Aktien oder Wandelschuldverschreibungen,

4. die Beteiligung in vergleichbarer Weise umzustrukturieren, insbesondere aufzuteilen oder als Wertpapier auszugestalten,
5. dem Fonds erstmalig oder zusätzliche Umtausch- und Bezugsrechte einzuräumen und bedingtes Kapital für die Erfüllung der dadurch entstehenden Ansprüche zu schaffen, oder
6. Kapitalerhöhungen gegen Einlagen für die Einhaltung von Eigenmittelanforderungen nach § 10 Abs. 1b S. 2 des Kreditwesengesetzes durchzuführen.

Dasselbe gilt, wenn der Beschluss der Hauptversammlung eine Vereinbarung mit dem Fonds oder eine Erklärung der Geschäftsführung des Unternehmens vorsieht, die aus einer Kapitalmaßnahme dem Unternehmen zufließenden Mittel überwiegend für eine Rückzahlung von dem Unternehmen durch den Fonds zur Verfügung gestelltem Kapital zu verwenden. **254**

G. Mustervorlagen

I. Übersicht wichtiger Fristen im Rahmen der Durchführung einer Hauptversammlung

Übersicht wichtiger Fristen im Rahmen der HV-Durchführung						
		Börsennotiert		**Nichtbörsennotiert**		
Aktion	**Regelung**	**Inhaberaktie**	**Namensaktie**	**Inhaberaktie**	**Namensaktie**	
Übermittlung Einberufungstext an Bundesanzeiger (Umfang bis 25 Text-Seiten; bei > 25 Redaktionsschluss mit BAnz abstimmen; BAnz-AGB beachten)	AGB des Bundesanzeigers	Übermittlung an Bundesanzeiger 2 Werktage vor geplanter Veröffentlichung mindestens bis 14 Uhr				
Mitteilung bei satzungsändernden Beschlüssen an BaFin und Börsenzulassungsstelle	§ 30c WpHG	Ab Beschlussfassung durch Verwaltung bis spätestens vor Einberufung im Bundesanzeiger		nicht relevant		
Einberufung im Bundesanzeiger*	§ 123 Abs. 1 AktG	**Mindestens 30 Tage vor Versammlung/Anmeldefrist**				
Europäische Verbreitung des Einberufungstextes	§ 121 Abs. 4a AktG	Zum Zeitpunkt der Einberufung	nicht relevant	nicht relevant		
Unterlagen zur Einberufung auf der Gesellschaftshomepage bereitstellen	§§ 124a, 175 Abs. 2 S. 4 AktG	Zum Zeitpunkt der Einberufung		nicht relevant, aber bei Beachtung entfällt Auslage- und Übersendungspflicht		
Fristende Ergänzungsanträge*	§ 122 Abs. 2 AktG	Mindestens 30 Tage vor der Versammlung		Mindestens 24 Tage vor der Versammlung		

255

12 Hauptversammlung

Übersicht wichtiger Fristen im Rahmen der HV-Durchführung					
		Börsennotiert		Nichtbörsennotiert	
Aktion	Regelung	Inhaberaktie	Namensaktie	Inhaberaktie	Namensaktie
Versand Mitteilungen Kreditinstitute + Aktionärsvereinigungen*	§ 125 Abs. 1 AktG	Mindestens 21 Tage vor der Versammlung			
Bei Vorliegen Ergänzung der Tagesordnung gem. § 122 Abs. 2 AktG (nach erfolgter Einberufung)*	§ 125 Abs. 1 S. 3 AktG	Mindestens 21 Tage vor der Versammlung		nicht relevant	
Nachweisstichtag / Record Date**	§ 123 Abs. 3 AktG; Satzung	Beginn 21. Tag vor der HV, 0.00 Uhr	nicht relevant	Beginn 21. Tag vor der HV, 0.00 Uhr	nicht relevant
Fristende Gegenanträge / Wahlvorschläge*	§§ 126 Abs. 1, 127 AktG	14 Tage vor der Versammlung			
Versand Mitteilungen an Akionäre bei Namensaktien	§ 125 Abs. 2 S. 1 Var. 2 AktG	nicht relevant	An alle Aktionäre, die am 14. Tag vor HV, 0.00 Uhr im Aktienregister eingetragen sind	nicht relevant	An alle Aktionäre, die am 14. Tag vor HV, 0.00 Uhr, im Aktienregister eingetragen sind
Anmeldefrist***	§ 123 Abs. 2 und 3 AktG; Satzung	6 Tage vor der Versammlung, Satzungsregelung beachten			
Tag der Hauptversammlung		Tag der Hauptversammlung			
Veröffentlichung Abstimmungsergebnisse	§ 130 Abs. 6 AktG	innerhalb von 7 Tagen nach der Versammlung		nicht relevant	

*) Regel zur Berechnung: Der Tag des Ereignisses darf nicht mitzählen
**) Sofern die Satzung der nichtbörsennotierten Gesellschaft die gesetzliche Regelung übernommen hat.
***) Sofern die Satzung eine Anmeldefrist vorsieht und diese der gesetzlichen 6 Tagesfrist entspricht.

II. Präsenzverkündung

256 Nachstehend ein Muster zur Präsenzverkündung auf der Hauptversammlung. Die nicht mehr erforderliche, aber als Zeichen der Dokumentation oft noch vorgenommene Unterzeichnung durch den Versammlungsleiter und den Notar, kann optional hinzugefügt werden.

Ordentliche Hauptversammlung der Muster AG am 30.4.2014
Teilnehmerverzeichnis der erschienenen Aktionäre/innen und Aktionärsvertreter/innen

Erstpräsenz

Vom Grundkapital der Gesellschaft in Höhe von 10 000 000,00 EUR eingeteilt in 10 000 000 Inhaber-Stückaktien sind 6 733 553 Stückaktien mit ebenso vielen Stimmen anwesend.

Dies entspricht 67,34 % des Grundkapitals.

Musterstadt, 30.04.2014

III. Inhalt Teilnehmerverzeichnis

Der Inhalt des Teilnehmerverzeichnisses ist in § 129 Abs. 1 S. 2 AktG geregelt. Dieses ist wie unter Rn. 188 ff. beschrieben mit den genannten Angaben in der Hauptversammlung aufzustellen und auszulegen.

257

Muster:
Teilnehmerverzeichnis Übersicht
Muster AG
Ordentliche Hauptversammlung am 30. April 2014 in Musterstadt
Erstpräsenz – Übersicht

Grundkapital	10 000 000	Stück nennwertlose Stückaktien	= EUR	10 000 000
	10 000 000	Stück Gesamt	= EUR	10 000 000
angemeldet und vertreten	6 733 553	Stück nennwertlose Stückaktien	= EUR	6 733 553
	6 733 553	Stück Gesamt	= EUR	6 733 553
Präsenz	67,34%	% des Grundkapitals		

	Besitzarten			
	Stück	EUR	Karten	Stimmen
Eigenbesitz	6 691 278	6 691 278	4	6 691 278
Fremdbesitz	12 275	12 275	1	12 275
Vollmachtsbesitz	30 000	30 000	1	30 000
Summe	6 733 553	6 733 553	6	6 733 553

258

Muster: Teilnehmerverzeichnis Detail					
Muster AG					
Ordentliche Hauptversammlung am 30. April 2014 in Musterstadt					
Erstpräsenz – Teilnehmerverzeichnis					
Wertpapier DE0001234567 nennwertlose Stammaktien					

SB-Nr.	EK-Nr.	ausgestellt auf	vertreten durch	Aktien	Gattung	Besitz	Änderung
1	12	Großaktionär, Moritz, Hamburg		2 345 600	ST	Eigen	Zugang
2	13	Großaktionär, Moritz, Hamburg		1 500 000	ST	Eigen	Zugang
3	23	Kapital GmbH, Köln	Vertreter, Max, Köln	2 345 678	ST	Eigen	Zugang
4	25	Stamm, Karla, Stade		500 000	ST	Eigen	Zugang
5	27	Vereinigung e.V., Berlin	Sprecherin, Ute, Berlin	30 000	ST	Vollm.	Zugang
6	30	Aktionär, Hans, Kiel	Vertreterin, Paula, Kiel	12 275	ST	Fremd	Zugang
		Summe dieser Seite		6 733 553			
		Übertrag auf nächste Seite		6 733 553			

SB-Nr. Stimmblocknummer
EK-Nr. Eintrittskartennummer
ST = Stammaktien
Änderung: Zugang – Abgang – Vollmachtswechsel

IV. Ergebnisverkündung

1. Langfassung

a) Ergebnisverkündung gem. § 130 Abs. 2 S. 2 Nrn. 1–3 AktG bei börsennotierter Gesellschaft

259 Nachstehend ein Muster für die Ergebnisverkündung gem. § 130 Abs. 2 S. 2 Nr. 1–3 AktG für börsennotierte Gesellschaften.

260 Muster AG   Abstimmungsergebnis zu TOP 2

Ordentliche Hauptversammlung am 30.4.2014

Ich stelle fest, dass der Vorschlag der Verwaltung zu

TOP 2

Beschlussfassung über die Verwendung des Bilanzgewinns des Geschäftsjahres 2013, mit dem Inhalt des Beschlussvorschlags von Vorstand und Aufsichtsrat unter Punkt 2 der Tagesordnung, wie im Bundesanzeiger vom 19. März 2014 veröffentlicht, bei 6 721 278 Aktien der Gesellschaft, für die gültige Stimmen abgegeben worden sind,

das entspricht 67,21 % des Grundkapitals der Gesellschaft,

bei 12 275 Stimmenthaltungen

gegen 30 000 Nein-Stimmen = 0,45 %

mit 6 691 278 Ja-Stimmen = 99,55 %

mit der erforderlichen Mehrheit angenommen worden ist.

Ich verkünde damit diesen Beschluss!

b) Beschlussverkündung bei nichtbörsennotierter Gesellschaft

Nachstehend ein Muster bei nichtbörsennotierten Gesellschaften: **261**

Muster AG　　　　　　　　　　　　　Abstimmungsergebnis zu TOP 2

Ordentliche Hauptversammlung am 30.4.2014

Ich stelle fest, dass der Vorschlag der Verwaltung zu

TOP 2

Beschlussfassung über die Verwendung des Bilanzgewinns des Geschäftsjahres 2013, mit dem Inhalt des Beschlussvorschlags von Vorstand und Aufsichtsrat unter Punkt 2 der Tagesordnung, wie im Bundesanzeiger vom 19.3.2014 veröffentlicht,

bei einer stimmberechtigten Präsenz von 6 733 553 Stimmen,

bei 12 275 Stimmenthaltungen

gegen 30 000 Nein-Stimmen = 0,45 %

mit 6 691 278 Ja-Stimmen = 99,55 %

mit der erforderlichen Mehrheit angenommen worden ist.

Ich verkünde damit diesen Beschluss!

2. Kurzfassung

Muster AG　　　　　　　　　　　　　Abstimmungsergebnis zu TOP 2　**262**

Ordentliche Hauptversammlung am 30.4.2014

Ich stelle fest, dass der Vorschlag der Verwaltung zu

TOP 2

Beschlussfassung über die Verwendung des Bilanzgewinns des Geschäftsjahres 2013, mit dem Inhalt des Beschlussvorschlags von Vorstand und Aufsichtsrat unter Punkt 2 der Tagesordnung, wie im Bundesanzeiger vom 19.3.2014 veröffentlicht,

mit 99,55 % der abgegebenen gültigen Stimmen und damit mit der erforderlichen Mehrheit angenommen worden ist.

Ich verkünde damit diesen Beschluss!

V. Ergebnisübersichten

	Muster AG							
Abstimmungsergebnis der ordentlichen Hauptversammlung am 30. April 2014 in Musterstadt								
Tagesordnungspunkte	Aktien, für die gültige Stimmen abgegebene worden sind	Anteil am Grundkapital in %	Ja	In %	Enthaltungen	Nein	In %	Beschlussvorschlag
TOP 2: Beschlussfassung über die Verwendung des Bilanzgewinns des Geschäftsjahres 2013	6 721 278	67,21%	6 691 278	99,55%	12 275	30 000	0,45%	Angenommen
TOP 3: Beschlussfassung über die Entlastung der Mitglieder des Vorstands	3 456 789	34,57%	3 456 589	99,99%	505	200	0,01%	Angenommen
TOP 4: Beschlussfassung über die Entlastung der Mitglieder des Aufsichtsrats	6 733 403	67,33%,	6 733 203	99,99%	150	200	0,01%	Angenommen

13. Kapitel
Mitarbeiterbeteiligungsmodelle

I. Einführung

Der Deutsche Corporate Governance Kodex empfiehlt, dass die monetären Vergütungsteile für Vorstandsmitglieder fixe und variable Bestandteile umfassen (Ziff. 4.2.3 Abs. 2). Die variablen Bestandteile sollen auch Komponenten mit langfristiger Anreizwirkung und Risikocharakter enthalten.[1] **1**

Mitarbeiterbeteiligungsmodelle werden vielfach als variabler Vergütungsanteil in diesem Sinne eingesetzt. Sie dienen vor allem dazu, die Möglichkeiten für eine erfolgsorientierte Vergütung von Vorstandsmitgliedern und Führungskräften zu verbessern sowie die Interessen des Managements und der Aktionäre einander anzunähern (sog. *Principal-Agent*-Konflikt).[2] **2**

Sie werden aber auch zur Vergütung von weiteren Mitarbeitern des Unternehmens genutzt. Ziele sind hierbei neben der langfristigen Motivations- und Leistungssteigerung vor allem die Stärkung der Mitarbeiteridentifikation mit ihrem Unternehmen, gesellschaftspolitische Aspekte der Vermögensbildung in Arbeitnehmerhand und die Sicherung der gesamtgesellschaftlichen Stabilität.[3] Die Mitarbeiter sollen dazu angeregt werden, weitere Aktien und damit Produktivkapital zu erwerben, was langfristig zu einer Annäherung der Arbeitnehmer an eine Unternehmerstellung führen kann. **3**

Darüber hinaus sind Aktienoptionen im Wettbewerb um Führungskräfte und sonstige Mitarbeiter ein wichtiges Mittel, um die Attraktivität des Unternehmens als Arbeitgeber zu steigern.[4] **4**

Insgesamt lassen sich die Beweggründe für die Einführung von Optionsplänen also mit Motivations-, Bindungs-, Wettbewerbs-, Signal- sowie Liquiditätseffekten beschreiben.[5] Soweit Aktien an Führungskräfte und leitende Mitarbeiter ohne oder gegen geringen Kaufpreis ausgegeben werden, werden diese als Gratifikationsaktien bezeichnet. **5**

Zu den Mitarbeiterbeteiligungsmodellen zählen insbesondere Aktienoptionen, Belegschaftsaktien und Aktien im Sperrdepot. **6**

Aus der Vielzahl der möglichen Gestaltungen bzgl. Aktienoptionen hatte sich in der Praxis zunächst die sog. „nackte" Option (§ 192 Abs. 2 Nr. 3 AktG) durchgesetzt. Inzwischen zeigt sich hingegen ein sehr vielfältiges Bild. Alternative Formen der Umsetzungen von Aktienoptionsprogrammen sind aktienbasierte und virtuelle Optionsprogramme. Hier unterscheidet man in der Ausgestaltung zwischen Wandel- oder Optionsanleihen, eigenen Aktien, Programmkauf und virtuellen Aktienprogrammen (*Phantom Stocks* oder *Stock Appreciation Rights*).[6] **7**

Aktien, die sich als variabler Vergütungsanteil in einem Sperrdepot befinden, sind dagegen für den vergüteten Mitarbeiter für die Dauer der Sperre nicht frei verfügbar. Denn bei einem Sperrdepot wird die Verfügungsbefugnis des Depotinhabers durch eine zugunsten einer bestimmten Person angebrachten Sperre beschränkt.[7] **8**

---
1 *Müller/Rödder/Janssen* Beck'sches Handbuch der AG § 23 Rn. 4.
2 MK-AktG/*Fuchs* § 192 Rn. 65.
3 MK-AktG/*Fuchs* § 192 Rn. 67.
4 Marsch-Barner/Schäfer/*Holzborn* § 53 Rn. 10.
5 Marsch-Barner/Schäfer/*Holzborn* § 53 Rn. 7.
6 MK-AktG/*Fuchs* § 192 Rn. 76 ff.
7 Schimansky/Bunte/Lwowski/*Klanten* § 72 Rn. 132.

9 Die gesellschaftsrechtlichen Grundlagen von Aktienoptionen und Belegschaftsaktien finden sich für die Aktiengesellschaft und die Kommanditgesellschaft auf Aktien im Aktiengesetz. Daneben sind stets die Auswirkungen auf die kapitalmarktrechtliche Compliance zu beachten und zu berücksichtigen. Besonderen Einfluss haben vor allem das Insiderrecht, aber auch die Vorschriften über Ad-hoc-Mitteilungspflichten, Meldepflichten für wesentliche Stimmrechtsbeteiligungen, *Directors' Dealings*, das Verbot von Marktmanipulationen, sowie das Prospektrecht. Die kapitalmarktrechtlichen Compliance-Regelungen sind bei der Ausgabe, der Ausübung und der Veräußerung der Option zu beachten.

10 Im Folgenden werden zunächst im Überblick die gesellschaftsrechtlichen Grundlagen für die Gestaltung und die Voraussetzungen für die Ausgabe von solchen Vergütungselementen dargestellt. Dabei ergeben sich aus diesen Vorgaben über die unmittelbar bei der Einführung geltenden Pflichten hinaus auch organisatorische Pflichten, die während der Laufzeit der Optionen und anderen Vergütungselementen zu beachten und zu überwachen sind. Anschließend wird auf die verschiedenen Fragen hinsichtlich kapitalmarktrechtlicher Compliance bei Aktienoptionen eingegangen.

II. Gesellschaftsrechtliche (Compliance-)Vorgaben

1. Aktienoptionen auf neue oder bestehende Aktien

11 Das Aktiengesetz enthält für Aktiengesellschaften und Kommanditgesellschaften auf Aktien gesellschaftsrechtliche Vorschriften bzgl. der Ausgabe von Aktienoptionen. Die Regelungen zu den Aktienoptionen finden sich in § 193, § 71 Abs. 1 S. 1 Nr. 8 und § 221 Abs. 4 AktG. Die Systematik des Aktiengesetzes ist dabei derart, dass eigentlich nicht die Ausgabe von Aktienoptionen unmittelbar reguliert wird. Vielmehr knüpft der Gesetzgeber daran an, dass bei der Ausübung entsprechender Optionen Aktien geliefert werden müssen und stellt damit auf die Instrumente ab, die hierfür genutzt werden können. Wenn man die Aktienoptionen mit bedingtem Kapital (§ 193 AktG), eigenen Aktien (§ 71 Abs. 1 S. 1 Nr. 8 AktG) oder über Wandel- bzw. Optionsschuldverschreibungen (§ 221 Abs. 4 AktG) bedienen will, so muss man die gesetzlichen Vorgaben beachten, die dann gestellt werden. Bis auf die in der Praxis mit erheblichen Problemen verbundene und damit jedenfalls bei Publikumsgesellschaften nicht relevante Bedienung von Aktienoptionen über eine ordentliche Kapitalerhöhung oder über das genehmigte Kapital sind damit alle Varianten der Bedienung von Optionen den entsprechenden gleichen Grenzen unterworfen. Außer bei Gesellschaften mit einem geschlossenen Aktionärskreis, die Kapitalerhöhungsbeschlüsse unter Verzicht auf Anfechtungsrechte beschließen können oder bei denen Altaktionäre freiwillig Aktien zur Bedienung von Aktienoptionen übertragen können, sind daher diese entsprechenden aktienrechtlichen Vorgaben faktisch immer relevant, weil sonst keine Möglichkeit zur Bedienung der Optionen besteht.

Werden hingegen in den genannten Fällen des geschlossenen – und mitwirkenden – Aktionärskreises bestimmte Gestaltungen gewählt, etwa indem sich die Aktionäre verpflichten, eine Kapitalerhöhung zu nominal unter Verzicht auf Bezugsrechte und Anfechtungsrechte durchzuführen, kann die Einhaltung der entsprechenden Vorgaben vermieden werden. Das ist z.B. bei Venture Capital-finanzierten Gesellschaften relevant, wo man dem engen Korsett des Gesetzes gerne „entflieht", indem etwa die Wartezeit von vier Jahren (vgl. dazu nachstehend Rn. 13) nicht beachtet wird. Im Folgenden sollen die sich aus den vorgenannten Regelungen ergebenden Vorgaben dargestellt werden.

12 Zentrale Vorschrift unter den genannten Normen ist § 193 AktG, worauf § 71 Abs. 1 S. 1 Nr. 8 AktG bzw. § 221 Abs. 4 AktG verweisen. Vorgesehen ist zunächst, dass zur Ausgabe

der Optionen eine Beschlussfassung der Hauptversammlung mit einer Mehrheit von 75 % des bei der Beschlussfassung vertretenen Grundkapitals erforderlich ist. Um dem Vorstand der Gesellschaft die in der Praxis nötige Flexibilität und Handlungsfreiheit zu gewähren, ist es der Hauptversammlung erlaubt, die Entscheidung über die Verwirklichung des Aktienoptionsprogramms in das pflichtgemäße Ermessen des Vorstandes zu stellen.[8]

Folgende Angaben müssen in einem Beschluss der Hauptversammlung zur Ausgabe von Aktienoptionen mit bedingtem Kapital enthalten sein:

1.	Zweck:	Der Zweck der bedingten Kapitalerhöhung zur Bedienung der Aktienoptionen aus dem Mitarbeiterbeteiligungsprogramm muss im Beschluss festgestellt werden (§ 193 Abs. 2 Nr. 1 AktG).
2.	Umfang:	Der Nennbetrag des beschlossenen Kapitals darf nach § 192 Abs. 3 AktG i.V.m. § 182 Abs. 1 S. 5 AktG 10 % der (Stück-)Aktien bzw. des Grundkapitals nicht überschreiten.
3.	Ausgabebetrag:	Der Ausgabebetrag für die neuen Aktien oder die Grundlagen, nach denen dieser Betrag errechnet wird, muss nach § 193 Abs. 2 Nr. 3 AktG ebenfalls im Beschluss feststellbar sein. Dieser Betrag wird häufig auch als Basispreis oder *Strike Price* bezeichnet und ist der Betrag je Aktie, der von den Optionsberechtigten bei Ausübung der Option zu zahlen ist. Die Differenz zwischen diesem Betrag und dem tatsächlichen Wert der Aktie ist dann der Vorteil, den die Optionsinhaber durch die Optionsausübung erhalten. Bei Gesellschaften, deren Aktien im regulierten Markt oder im Freiverkehr börsengehandelt werden, orientiert sich die Festlegung eines Ausgabebetrags am Börsenkurs der Aktie vor dem Zeitpunkt der Ausgabe der Optionen. Hintergrund ist, dass die Aktien analog § 255 Abs. 2 AktG zum fairen/angemessenen Wert ausgegeben werden müssen.[9] Als fairer Wert wird in der Regel der Börsenkurs angenommen.[10] Beispiel: Als Basispreis für die Aktienoptionen gilt der Durchschnitt der Schlusskurse im Xetra-Handelssystem an der Frankfurter Wertpapierbörse (oder eines an dessen Stelle getretenen funktional vergleichbaren Nachfolgesystems) der letzten 10 Handelstage vor dem Tag der Ausgabe der Aktienoptionen, mindestens jedoch der auf die einzelne Stückaktie entfallende anteilige Betrag des Grundkapitals der Gesellschaft. Bei Gesellschaften, deren Aktien nicht börsengehandelt werden, wird als Ausgabebetrag häufig 1,00 EUR festgelegt. 1,00 EUR ist der Mindestbetrag je Aktie der aktienrechtlich einzuzahlen ist. Das ist unabhängig vom tatsächlichen Wert der Aktie dann möglich, wenn alle Aktionäre auf ihr entsprechendes Anfechtungsrecht verzichten, so dass trotz der Unterschreitung des tatsächlichen Werts der Aktie ein entsprechender Ausgabebetrag beschlossen werden kann. Vorsichtshalber sollten in solchen Fällen auch alle Aktionäre ausdrücklich der Ausgabe zu diesem Preis zustimmen und auf eventuelle Schadensersatzansprüche wegen Verletzung ihres Bezugsrechts verzichten.

---

8 MK-AktG/*Fuchs* § 192 Rn. 100.
9 Spindler/Stilz/*Rieckers* AktG § 193 Rn. 17.
10 MK-AktG/*Fuchs* § 193 Rn. 12 ff.; *Hüffer* § 193 Rn. 6 ff.

4.	Aufteilung der Bezugsrechte:	Die Hauptversammlung muss nach § 193 Abs. 2 Nr. 4 AktG über die Aufteilung der Bezugsrechte auf Mitglieder der Geschäftsführung und Mitarbeiter der Gesellschaft, sowie auf Mitglieder der Geschäftsführung verbundener Unternehmen und deren Mitarbeiter beschließen. Eine Angabe der Gruppenaufteilung in Prozentsätzen ist möglich und üblich.[11] Die angegebenen Prozentsätze dürfen jedoch zusammengerechnet den Wert von 100 % nicht überschreiten. Sofern eine laufende Ausgabe von Optionen in einem größeren Konzern stattfindet, z.B. auch über mehrere Gesellschaften hinweg, muss durch organisatorische Maßnahmen gewährleistet werden, dass die entsprechenden Maximalwerte nicht überschritten werden.
5.	Erfolgsziele:	Die Hauptversammlung hat nach § 193 Abs. 2 Nr. 4 AktG über Erfolgsziele zu beschließen, die erreicht werden müssen, um die Optionen ausüben zu können. Der Deutsche Corporate Governance Kodex sieht im Rahmen der Empfehlungen für die Vorstandsvergütung auch Regelungen vor, die durch den Aufsichtsrat hier zu beachten sind. Das gilt jedenfalls für Gesellschaften, deren Aktien im regulierten Markt gehandelt werden oder die aus sonstigen Gründen nach § 161 AktG eine Entsprechenserklärung veröffentlichen müssen. Allerdings wäre denkbar im Rahmen der Entsprechenserklärung eine Abweichung von den entsprechenden Empfehlungen offenzulegen. Hier stellt sich allerdings die Frage, ob nicht eine Abweichung in diesen Punkten vom Deutschen Corporate Governance Kodex unter Umständen sogar als pflichtwidrig eingestuft werden könnte.[12] Denn die entsprechenden Regelungen (zu deren Inhalt sogleich) könnte man schon als Ausdruck allgemein anerkannter Vergütungsgrundsätze ansehen, die ein sorgfältiger Aufsichtsrat zu beachten hat, unabhängig davon, ob diese im Deutschen Corporate Governance Kodex stehen oder nicht.[13] Der Deutsche Corporate Governance Kodex sieht in Ziff. 4.2.3 Abs. 2 vor, dass variable Vergütungsbestandteile, wie Aktienoptionen, auf anspruchsvolle, relevante Vergleichsparameter bezogen sein sollen. Anspruchsvoll sollten die Vergleichsparameter sein, da nur solche überhaupt eine Anreizwirkung entfalten können. Das folgt letztlich auch aus dem Angemessenheitsgebot des § 87 AktG. Relevante Vergleichsparameter sind solche, die jedenfalls auch einen Risikocharakter aufweisen und somit klar zu erkennen geben, dass der Begünstigte auch „im Risiko" steht.[14] Des Weiteren verbietet der Deutsche Corporate Governance Kodex in Ziff. 4.2.3 Abs. 2 eine nachträgliche Änderung der Erfolgsziele.

---

11 MK-AktG/*Fuchs* § 193 Rn. 22; *Henssler/Strohn/Hermanns* Gesellschaftsrecht § 193 Rn. 9.
12 Vgl. zum DCGK und seiner Bindungswirkung auch 7. Kap. Rn. 5 ff.; 8 ff., 73 ff.
13 Vgl. zum Streit über die Wirkung der Regelung des Deutschen Corporate Governance Kodex auch: die Auslegung von § 93 Abs. 1 AktG, 7. Kap. Rn. 73 ff.; Spindler/Stilz/*Fleischer* AktG § 93 Rn. 46 ff.; Ringleb/*Lutter* Rn. 1622 ff., der insbesondere vertritt, dass der Kodex eine Ausstrahlungswirkung auf die Auslegung haben kann bzw. Kodex-Empfehlungen durch Übung mittelbare Auswirkungen entfalten.
14 Ringleb/*Ringleb* Rn. 743.

6.	Erwerbszeiträume:	Im Beschluss müssen nach § 193 Abs. 2 Nr. 4 AktG des Weiteren die Erwerbszeiträume für die Bezugsrechte feststellbar sein, also die Zeiträume, in denen die Aktienoptionen an die Begünstigten ausgegeben werden. Üblich ist dabei eine Aufteilung in mehrere Tranchen. Beispiel: Die Einräumung der Aktienoptionen erfolgt in jährlichen Tranchen, die jeweils innerhalb eines Zeitraums von vier Wochen nach der ordentlichen Hauptversammlung, erstmalig jedoch innerhalb von vier Wochen nach Eintragung des bedingten Kapitals im Handelsregister ausgegeben werden. Hintergrund für die Regelung zu Erwerbszeiträumen sind unter anderem insiderrechtliche Erwägungen. Bei der Ausgabe der Vergütung muss sich die Gesellschaft Gedanken machen, ob nicht gerade die Mitarbeiter einen Wissensvorsprung über aktuelle kurssteigernde Entwicklungen haben und nur deswegen die Optionen erwerben. Allerdings sind die unveräußerlichen Optionsrechte im Rahmen von Mitarbeiterbeteiligungsprogrammen keine Insiderpapiere i.S.d. § 12 WpHG, da sie weder zum Handel im amtlichen oder geregelten Markt zugelassen noch in den Freiverkehr einbezogen werden können. Die Begrenzung von Erwerbszeiträumen dient in diesem Fall zumindest dazu, allgemein die Transparenz und das Vertrauen des Kapitalmarkts zu stärken.[15] Auch in Bezug auf die zugrundeliegenden Aktien liegt kein Insiderhandel wegen Ausgabe und Erwerb eines Finanzinstruments vor.[16] Des weiteren ist denkbar, dass die Berechtigten durch die Wahl des Erwerbszeitpunkts den Ausgabebetrag der Aktien beeinflussen und damit die Verwässerungsgefahr für die Aktionäre erhöhen können, indem sie etwa gezielt einen vorübergehenden Kursrückgang ausnutzen. Diese Gefahr kann durch möglichst enge Erwerbszeiträume, aber auch durch geschickte Wahl des Ausgabebetrags vermieden oder zumindest vermindert werden.[15] In der Praxis ist diese Befürchtung allerdings als eher fernliegend einzustufen.
7.	Ausübungszeiträume:	Ebenfalls nach § 193 Abs. 2 Nr. 4 AktG ist über die Ausübungszeiträume zu beschließen. Es sind also Zeitfenster festzulegen, in denen die Ausübung der Optionsrechte zulässig ist. Hierbei ist einmal denkbar, positiv bestimmte Zeiträume festzulegen (z.B. jeweils vier Wochen nach der Veröffentlichung von Geschäftszahlen) oder Negativzeiträume festzulegen, in denen eine Ausübung nicht möglich sein soll (z.B. jederzeit, außer innerhalb von sechs Wochen vor dem Termin für die Veröffentlichung von Geschäftszahlen). Hintergrund hierfür ist auch, dass unter Umständen die Ausübung in Zeiträumen, in denen Mitarbeiter etwa wegen nahe bevorstehender noch nicht veröffentlichter Geschäftszahlen über ein Sonderwissen verfügen, vermieden werden sollen.[17]

---

15 MK-AktG/*Fuchs* § 193 Rn. 29.
16 Vgl. ausführlich zum Insiderrecht unter Rn. 29 ff.
17 MK-AktG/*Fuchs* § 193 Rn. 35 m.w.N.; Spindler/Stilz/*Rieckers* AktG § 193 Rn. 35 m.w.N.

8.	Wartezeit (Sperrfrist):	Schließlich hat die Hauptversammlung nach § 193 Abs. 2 Nr. 4 AktG über eine Wartezeit zu beschließen, vor deren Ablauf die Aktienoption nicht ausgeübt werden kann. Die Mindestdauer beträgt vier Jahre. Diese Wartefrist soll dazu führen, dass eine langfristige Anreizwirkung entsteht, demgemäß wurde die Sperrfrist von früher zwei auf vier Jahre verlängert.[18] In der Praxis wird das von Mitarbeitern und Vorständen häufig als zu lang empfunden, da gerade bei Führungsmitarbeitern in heutigen Zeiten Verträge nicht selten nur noch für zwei oder drei Jahre abgeschlossen werden.

14 Neben den gesetzlich vorausgesetzten Inhalten empfiehlt es sich teilweise, weitere Regelungen in dem Hauptversammlungsbeschuss festzulegen. Hierzu gehören typischerweise:

9.	*Vesting Period*:	Unter „*Vesting Period*" ist die Frist zu verstehen, nach welcher Unverfallbarkeit eintritt, d.h. gewährte Optionen auch bei Beendigung des Anstellungsverhältnisses fortbestehen. Beispiel: Die Optionsrechte dürfen grundsätzlich nur ausgeübt werden, solange der Bezugsberechtigte in einem ungekündigten Beschäftigungsverhältnis zur Gesellschaft oder einem verbundenem Unternehmen steht oder wenn die Optionsrechte unverfallbar geworden sind. Die Bezugsrechte eines Bezugsberechtigten werden wie folgt unverfallbar: zum 30.6.[2010]: [25] %, zum 30.6.[2011]: weitere [25] %, usw. Für den Fall, dass das Anstellungsverhältnis durch Todesfall, verminderte Erwerbsfähigkeit, Pensionierung, Kündigung oder anderweitig nicht kündigungsbedingt beendet wird, werden häufig Sonderregelungen für den Verfall der Optionen in den Optionsbedingungen vorgesehen.[19] Die Gesellschaft muss sich daher in ihrer Compliance so organisieren, dass beim Ein- und Austritt von Mitarbeitern, insbesondere auch bei Kündigung von Seiten der Gesellschaft und bei Abschluss von Aufhebungsverträgen jeweils geprüft wird, welche Auswirkungen dies aufgrund des aktuellen Status der *Vesting Period* für den betroffenen Mitarbeiter hat. Es darf z.B. nicht übersehen werden, bei Kündigung des Arbeitsverhältnisses sich aus Optionen ergebende Kündigungsrechte (ebenfalls) auszuüben oder in Aufhebungsverträgen Regelungen über das Schicksal der Aktienoptionen zu treffen. Hier trifft nicht nur den Vorstand eine Organisationspflicht, sondern originär auch den Aufsichtsrat, weil er für die Vorstandsvergütung und damit auch für die Überwachung dieser Pflichten, anders als in den sonstigen Fällen, wo ihn nur eine Überwachungspflicht trifft, selbst verantwortlich ist. Auch hierzu bietet sich die Führung entsprechender Optionsregister an, in denen die relevanten Daten auf einen Blick ersichtlich sind und die routinemäßig in den relevanten Fällen konsultiert werden können.

---

[18] Vgl. zu den Gründen und zu Kritik auch MK-AktG/*Fuchs* § 193 Rn. 32 ff. m.w.N.; Spindler/Stilz/*Rieckers* AktG § 193 Rn. 32 f. m.w.N.

[19] Vgl. auch MK-AktG/*Fuchs* § 193 Rn. 37; Spindler/Stilz/*Rieckers* AktG § 193 Rn. 36.

10.	Laufzeit der Optionen:	Eine Festlegung der Laufzeit ist gesetzlich nicht vorgegeben, aber empfehlenswert. Beispiel: Das Recht zur Ausübung der Option endet fünf Jahre nach dem Ausgabetag. Sofern bis zu diesem Zeitpunkt noch nicht vier Hauptversammlungen stattgefunden haben, in deren Anschluss dem Optionsberechtigten eine Ausübung seiner Optionen möglich ist, endet das Recht zur Ausübung der Optionen spätestens mit Ablauf des vierten Ausübungszeitraums seit dem Ausgabetag, in dem die Optionen durch den Berechtigten ausgeübt werden können. Soweit Optionen bis zu diesem Zeitpunkt nicht ausgeübt worden sind, verfallen sie ersatzlos.
11.	Handelsfenster:	Die Vorgabe von Handelsfenstern ist gesetzlich nicht vorgegeben, empfiehlt sich jedoch aus insiderrechtlichen Gesichtspunkten. Unter Handelsfenstern versteht man Vorgaben für Mitarbeiter, dass die durch Ausübung der Optionen erworbenen Aktien nur in bestimmten Zeiträumen veräußert werden dürfen bzw. in bestimmten Zeiträumen nicht veräußert werden dürfen.[20] Beispiel: Zur Vermeidung von Insiderhandel ist die Veräußerung von Aktien aus dem Aktienoptionsprogramm auf bestimmte Zeitfenster beschränkt ("Handelsfenster"). Diese Handelsfenster beginnen jeweils am Tag der Veröffentlichung der Ergebnisse eines Quartals und dauern jeweils [sechs] Wochen.[21]

Üblicherweise erlassen Unternehmen, jedenfalls spätestens mit der Einführung von Optionsprogrammen, interne Compliance-Richtlinien für ihre Mitarbeiterbeteiligungsprogramme. In diesen Compliance-Richtlinien sind Regelungen zu Erwerbszeiträumen, Ausübungszeiträumen, Handelsfenstern sowie die sonstigen anwendbaren Compliance-Vorschriften, etwa aus dem Insiderrecht (vgl. dazu nachstehend Rn. 29 ff.), näher erläutert. Hinzu kommt die Führung der bereits erwähnten Optionsregister für die eine verantwortliche Person ernannt wird, die sich sowohl mit dem Aufsichtsrat hinsichtlich der Vorstandsoptionen, als auch der Personalabteilung hinsichtlich der Mitarbeiteroptionen abstimmt und bei Konzernen zudem, soweit dies relevant ist, eine Abstimmung in Bezug auf die Geschäftsleitung und die Mitarbeiter von Tochtergesellschaften herbeiführt. Bei größeren Unternehmen werden externe Dienstleister, in der Regel Banken, mit der Abwicklung von entsprechenden Mitarbeiterbeteiligungsprogrammen beauftragt, die dann prüfen, ob die Ausübung der entsprechenden Rechte durch die Mitarbeiter zulässig ist. Sie gewährleisten zudem die Abwicklungsmodalitäten und kontrollieren etwa Regelungen zu Ausübungsfenstern etc.

2. Restricted Shares/Belegschaftsaktien

Eine weitere in den letzten Jahren zunehmend zu beobachtende Form der Mitarbeiterbeteiligung sind sogenannte *Restricted Shares*. Hierbei erwerben die Begünstigten bestehende Aktien der Gesellschaft, die dann üblicherweise für eine gewisse Frist gehalten werden müssen.

Bei dieser Form der Mitarbeiterbeteiligung besteht für die Mitarbeiter das Risiko, bei einem Kursrückgang während der Haltefrist, je nach Höhe des ihnen gewährten Abschlags auf den Börsenkurs, auch eigene Verluste zu erleiden. Zudem müssen die Mitarbeiter nach deutschem Steuerrecht den Abschlag auf den Börsenkurs als Arbeitseinkommen meist unmittelbar bei Erwerb versteuern, soweit nicht der steuerliche Zufluss und damit die

---
20 Schwark/Zimmer/*Schwark/Kruse* § 14 Rn. 31 m.w.N.
21 Vgl. auch Rn. 37.

Besteuerung durch entsprechende Gestaltung des *Lock-Up* vermieden werden kann. Andererseits fördert gerade diese Beteiligungsform die Identifikation mit den Interessen der Aktionäre am stärksten.[22] Letztlich ist diese Gestaltungsvariante grundsätzlich nichts Neues. Unter dem Stichwort Belegschaftsaktien ist dies vielmehr in Deutschland seit vielen Jahren bekannt.

18 Allerdings waren Belegschaftsaktien in der Vergangenheit primär auf Mitarbeiter unterhalb der Vorstands- und weiteren Führungsebenen beschränkt. Hierfür kennt das deutsche Gesellschaftsrecht auch Sonderregelungen. Denn nach § 71 Abs. 1 Nr. 2 AktG darf die Gesellschaft eigene Aktien erwerben, wenn die Aktien Personen, die im Arbeitsverhältnis zu der Gesellschaft oder einem mit ihr verbundenen Unternehmen stehen oder standen, zum Erwerb angeboten werden sollen. Ist also die Weitergabe der Aktien an Arbeitnehmer bezweckt, können Belegschaftsaktien als beabsichtigter Vergütungsanteil zulässig am Markt erworben werden. Des Weiteren gibt es vereinfachte Möglichkeiten, Belegschaftsaktien gegen die Einlage von Gewinnbeteiligungen von Arbeitnehmern auszugeben (§ 205 Abs. 5 AktG). Für Vorstände sind diese Regelungen hingegen nicht anwendbar. Soweit entsprechende Aktien Vorständen angeboten werden sollen, handelt es sich um eigene Aktien, die nach § 71 Abs. 1 S. 1 Nr. 8 AktG zurückerworben wurden. Jedenfalls bei der Ausgabe an Vorstände orientiert sich die Abgabe der Aktien in der Regel an dem aktuellen Börsenkurs, die Vorstände bekommen also die Aktien nicht zu einem vergünstigten Preis.[23] Vielmehr sollen die Vorstände durch den Einsatz eigenen Kapitals in die gleiche Position wie Aktionäre gebracht werden, damit hier ein Interessengleichlauf besteht. Teilweise finden sich auch Modelle, bei denen die Vorstände eigenes Kapital einsetzen müssen und ihnen weitere Aktien dann von der Gesellschaft als Vergütungsbestandteil zusätzlich bestellt werden. Hier hat die Praxis vielfältige Varianten entwickelt.

3. Virtuelle Programme (Phantom Stocks und Stock Appreciation Rights)

19 Neben den herkömmlichen Aktienoptionsprogrammen kann ein variables Vergütungssystem mit langfristiger Anreizwirkung auch mittels entsprechenden, virtuellen Programmen ausgestaltet sein. Statt bei Ausübung mit der tatsächlichen Bereitstellung von (realen) Aktien verbunden zu sein, beziehen sich die Geschäfte in diesem Fall auf virtuelle Aktien. Möglich ist dabei die Einräumung sowohl von virtuellen Aktien (sog. *Phantom Stocks*), als auch virtuelle Aktienoptionen (sog. *Stock Appreciation Rights*).

20 Das virtuelle Gegenstück zu Belegschaftsaktien und *Restricted Stocks* stellen die *Phantom Stocks* dar, bei denen ein Aktienbesitz, ggf. einschließlich Dividendenausschüttungen auf vertraglicher Basis nachgebildet wird.[24]

21 Klassisches Gegenstück zu den Aktienoptionen sind die sog. *Stock Appreciation Rights*, die meist mit den gleichen Parametern die finanzielle Seite von Aktienoptionen nachbilden. Statt Aktien erhält der Begünstigte bei Ausübung eine entsprechende Geldzahlung.[25]

22 Die virtuellen Aktienoptionspläne laufen im Ergebnis auf eine Barvergütung hinaus, haben also einen Liquiditätsabfluss zur Folge, mit der Besonderheit, dass die Zahlungshöhe anteilswertorientiert ist.[26] Abgesehen vom Erfordernis der Rücklagenbildung haben sie mangels Eigenkapitalqualität aber grundsätzlich keinen Einfluss auf die Kapitalmarkt-

---

22 *Müller/Rödder/Janssen* Beck'sches Handbuch der AG § 23 Rn. 58.
23 *Hüffer* § 87 Rn. 6a.
24 Marsch-Barner/Schäfer/*Holzborn* § 54 Rn 13; *Müller/Rödder/Janssen* Beck'sches Handbuch der AG § 23 Rn. 63.
25 Marsch-Barner/Schäfer/*Holzborn* § 54 Rn 13; *Müller/Rödder/Janssen* Beck'sches Handbuch der AG, § 23 Rn. 62 f.
26 Spindler/Stilz/*Rieckers* AktG § 192 Rn. 57.

struktur der Gesellschaft und die Zusammensetzung des Gesellschafterkreises.[27] Sie bewirken auch keine unmittelbare Verwässerung des Aktienkurses. Da es sich um rein schuldrechtliche Konstruktionen handelt, sind zudem §§ 71 ff. AktG und §§ 192 ff. AktG weder direkt noch analog anwendbar.[28]

In der Literatur wird deshalb überwiegend angenommen, dass virtuelle Aktienoptionspläne ohne Beteiligung der Hauptversammlung aufgelegt werden könnten.[29] Dagegen wird eingewandt, dass es sich bei *Stock Appreciation Rights* ebenso wie bei *Phantom Stocks* – im Unterschied zu normalen Tantiemen – wegen der sehr weitgehenden Nachbildung typischer Vermögensrechte des Aktionärs materiell um Genussrechte im Sinne des § 221 Abs. 3 AktG handelt.[30] Für ihre Ausgabe sei daher ein Hauptversammlungsbeschluss erforderlich. Zudem müsse das den Aktionären zustehende Bezugsrecht nach § 221 Abs. 4 S. 2 i.V.m. § 186 AktG ausgeschlossen werden. Diese Argumentation ist nicht völlig von der Hand zu weisen, wird der Charakter des Genussrechts doch sowohl in der Literatur als auch in der Rechtsprechung grundsätzlich sehr weit ausgelegt. So fällt es schwer, stichhaltige Gründe zu finden, nach denen diese Argumentation abzulehnen ist. Daher empfiehlt es sich in der Praxis vorsichtshalber einen entsprechenden Hauptversammlungsbeschluss einzuholen, um nicht Schadensersatzrisiken einzugehen.

23

III. Kapitalmarktrechtliche (Compliance-)Vorgaben

Mitarbeiterbeteiligungsprogramme, insbesondere Aktienoptionen haben hinsichtlich kapitalmarktrechtlicher Compliance zahlreiche Auswirkungen. Zu den häufigsten hiervon betroffenen Compliance-Tatbeständen gehören das Insiderrecht, die Vorschriften über Ad-hoc-Mitteilungspflichten, die Meldepflichten für wesentliche Stimmrechtsbeteiligungen, die *Directors' Dealings*, das Verbot von Marktmanipulationen, sowie das Prospektrecht. Die nachfolgende Darstellung konzentriert sich auf Aktienoptionen, da es hier die meisten Probleme gibt.

24

Hinsichtlich der Auswirkungen der kapitalmarktrechtlichen Compliance ist teilweise zwischen der Ausgabe der Aktienoptionen, deren Ausübung und der Veräußerung bezogener Aktien zu unterscheiden.

25

Die Ausgabe von Aktienoptionen wird in der Regel durch einen Optionsvertrag geregelt, der von dem Hauptvertrag auf den Aktienerwerb zu unterscheiden ist. Dieser Vertrag stellt ein eigenständiges Rechtsgeschäft im Vorfeld des Hauptvertrags dar und ist darauf gerichtet, das Optionsrecht zu kreieren und dem Begünstigten zuzuweisen.[31] Auswirkungen im Hinblick auf kapitalmarktrechtliche Compliance sind bereits an dieser Stelle möglich.

26

Mit der Optionsausübung nimmt der Begünstigte seine Rechte zum Erwerb von Aktien zu den festgelegten Optionsbedingungen aus der Zuteilung der Aktienoptionen wahr.

27

Werden die Aktien, die aus der Ausübung von Aktienoptionen entstanden sind, veräußert, so sind auch hier die Auswirkungen auf kapitalmarktrechtliche Compliance zu beachten.

28

---

27 *Klasen* AG 2006, 24, 27 m.w.N.
28 MK-AktG/*Fuchs* § 192 Rn. 86; Spindler/Stilz/*Rieckers* AktG § 192 Rn. 57.
29 Marsch-Barner/Schäfer/*Holzborn* § 54 Rn 37; Spindler/Stilz/*Rieckers* AktG § 192 Rn. 57 mit zahlreichen Nachweisen; *Klasen* AG 2006, 24, 27 m.w.N.
30 MK-AktG/*Fuchs* § 192 Rn. 86 m.w.N.
31 Vgl. *Klasen* AG 2006, 24, 28 m.w.N.

1. Insiderrecht

29 Nach § 14 Abs. 1 Nr. 1 WpHG ist es verboten, unter Verwendung einer Insiderinformation, Insiderpapiere[32] für eigene oder fremde Rechnung oder für einen anderen zu erwerben oder zu veräußern.[33]

Aktienoptionen und somit auch Mitarbeiteroptionen sind Insiderpapiere nach § 12 S. 1 Nr. 3 WpHG.[34] Keine Insiderpapiere gem. § 12 WpHG sind laut BaFin dagegen virtuelle Instrumente wie Wertsteigerungsrechte, *Stock Appreciation Rights* und *Phantom Stocks*, da sie nicht den Finanzinstrumenten zuzurechnen sind.[35]

a) Ausgabe der Option

30 Da die Aktienoptionen Insiderpapiere sind, stellt sich die Frage, ob im Zusammenhang mit der Ausgabe der Optionen unzulässiger Insiderhandel im Sinne von § 14 Abs. 1 Nr. 1 WpHG durch Erwerb eines Insiderpapiers vorliegt. Dies ist abzulehnen sein.

31 Hier stellt sich zunächst die Frage, ob der Begünstigte überhaupt über eine Insiderinformationen verfügt. Man könnte daran denken, dass die Ausgabe der Optionen selber eine Insiderinformation darstellt. Das dürfte aber in den seltensten Fällen gegeben sein, weil die Ausgabe von Optionen, die erst nach mehreren Jahren ausgeübt werden können und in der Regel aufgrund der gesellschaftsrechtlichen Vorgaben maximal 10 % des Grundkapitals ausmachen, meist keine kursrelevante Wirkung haben dürfte.[36] Die alleinige **Ausgabe der Option** begründet noch kein Verwenden einer Insiderinformation. Auch die Teilnahmeerklärung oder Einbeziehung eines Begünstigten in das Optionsprogramm genügt mangels erforderlicher Handlung des Begünstigten nicht für einen Insiderverstoß, denn die Einbeziehung führt nicht automatisch auch zu einer Zuteilung der Tranche.[37] Liegt irgendeine aktive Handlung des begünstigten Mitarbeiters bzw. Vorstands bei Ausgabe der Optionen vor, so wäre wenn er über eine Insiderinformation verfügt, ein Verstoß gegen § 14 Abs. 1 Nr. 1 WpHG denkbar.

32 Es stellt sich also die Frage, ob der Begünstigte durch die Einbeziehung in ein Optionsprogramm oder durch die Zuteilung von Aktienoptionen in strafrechtlich relevanter Weise diese Insiderpapiere „erwirbt" bzw. spiegelbildlich die Gesellschaft diese „veräußert". Dies kann in der Praxis eine erhebliche Rolle spielen, denn wenn man dies bejahen würde, hätten die begünstigten Vorstände und Mitarbeiter zu prüfen, ob sie sich eventuell des strafbaren Insiderhandels aussetzen, wenn sie Optionen erwerben, während es doch darum gehen soll, diese Personen zu motivieren und zu begünstigen und nicht rechtliche Risiken heraufzubeschwören. Demgemäß ist von hoher praktischer Relevanz, ob ein Erwerb der Aktienoptionen „unter Verwendung einer Insiderinformation" erfolgt ist, d.h. der Begünstigte müsste eine ihm vorliegende Insiderinformation bei der Ausgabe der Option gezielt ausnutzen.

33 Nach der Gesetzesbegründung „verwendet" der Insider Insiderinformationen, wenn er in Kenntnis der Informationen handelt und dabei die Informationen in sein Handeln einfließen lässt.[38] Über die Kenntnis hinaus muss also eine weitere Motivation des Begünstigten vorliegen. Es bedarf eines Kausalzusammenhangs zwischen der Insiderkenntnis und der

---

32 Vgl. zum Begriff des „Insiderpapiers" im Einzelnen 27. Kap. Rn. 7 ff.
33 Vgl. dazu im Einzelnen 27. Kap. Rn. 38 ff.
34 *BaFin* Emittentenleitfaden III.1.3 S. 29; so auch: Park/*Hilgendorf* WpHG § 12 Rn. 47; Schwark/*Zimmer/Kruse* WpHG § 12 Rn. 15; a.A. wohl: MK-AktG/*Spindler* § 87 Rn. 60.
35 *BaFin* Emittentenleitfaden III.1.3 S. 29; so auch: Park/*Hilgendorf* WpHG § 12 Rn. 47.
36 Vgl. zu den Anforderungen an die Kursrelevanz 27. Kap. Rn. 29 ff.
37 *Von Dryander/Schröder* WM 2007, 534, 537.
38 Vgl. BT-Drucks. 15/3174, S. 34.

Einbeziehung bzw. Ausübung der Aktienoption oder der Veräußerung bezogener Aktien. Ein solcher liegt nicht vor, wenn die Gesellschaft das Geschäft auch bei Kenntnis der Informationen geschlossen hätte.[39] Teilweise wird darüber hinaus vertreten, dass eine bloße wirtschaftliche Rentabilität für den Begünstigten jedenfalls nicht zur Begründung des Vorliegens eines Kausalzusammenhangs genüge. Denn ein wirtschaftlich vorteilhaftes Geschäft hätte der Begünstigte auch ohne Kenntnis der Insiderinformation getätigt.[40] Dies wird allerdings in der strafrechtlichen Rechtsprechung teilweise anders gesehen.[41] So lasse ein akuter Kapitalbedarf des Insiders das „Ausnutzen" im Sinne des § 14 Abs. 1 Nr. 1 WpHG a.F. nicht entfallen. Der Insider müsse in diesem Fall den ihm zufallenden Sondervorteil aufgeben, indem er die Insiderinformationen früher publiziere. Nach dem EuGH[42] impliziert bereits die Tatsache, dass ein primärer Insider, der eine Insider-Information besitzt, auf dem Markt ein Geschäft mit Finanzinstrumenten tätigt, auf die sich diese Information bezieht, die Nutzung derselben durch diese Person. Diese Vermutung könne vom Insider widerlegt werden.[43] Diese Auffassungen der deutschen und europäischen Rechtsprechung sind abzulehnen. Sie führen faktisch zu einer Umkehr der Beweislast zu Lasten des Insiders und verstoßen damit gegen das zentrale Prinzip *in dubio pro reo*. Die Auffassungen sind auch lebensfremd, da es in der Praxis tatsächlich häufiger Konstellationen gibt, in denen etwa von Vorständen Aktien verkauft werden, um damit Verbindlichkeiten zu erfüllen und diese Form der Kapitalbetrachtung dann unabhängig davon ist, ob gerade Insiderinformationen vorhanden sind oder nicht.

Möglich wird das Verwenden einer Insiderinformation erst, wenn der zu vergütende Mitarbeiter hinsichtlich der **Zuteilung einer Aktienoption** ein eigenes Wahlrecht hat und seine diesbezügliche Entscheidung kausal auf Insiderkenntnis beruht.[44] Werden dem Mitarbeiter nach Ablauf des Programms „automatisch" die Aktien oder Optionen in sein Depot eingebucht oder die Gewinne aus dem virtuellen Optionsprogramm überwiesen, so handelt der Mitarbeiter im Moment der Gutschrift nicht im Sinne des § 14 Abs. 1 Nr. 1 WpHG. Selbst wenn er in diesem Moment die Insiderinformation besäße, wäre dies für das Verbot von Insidergeschäften unbeachtlich.[45] Denn der Begriff des Verwendens enthält ein aktives Element, welchem ein bloß passives Empfangen nicht gerecht wird. Erst durch die Ausübung des Wahlrechts kann der Begünstigte seine Insiderkenntnis aktiv in den Entscheidungsprozess einbringen. Geht man von einem Wahlrecht des Begünstigten und der damit verbundenen Möglichkeit, Insiderinformationen einzubringen, aus, fehlt es aber auch bei der zeitlich der Einbeziehung nachfolgenden Zuteilung der Optionsrechte an dem für einen Insiderverstoß erforderlichen Informationsvorsprung des Begünstigten.[46] Entscheidend ist, dass eine Kausalität zwischen einer Kenntnis von einer Insiderinformation und dem Erwerb einer Option vorliegt.[47] Ein Ausnutzen einer Insiderinformation liegt aber dann nicht vor, wenn der Begünstigte die Transaktion, also den Erwerb der Option, auch ohne die Insiderinformation vorgenommen hätte. Hierbei ist zu bedenken, dass die Optionen, jedenfalls wenn sie aus bedingtem Kapital bedient werden, gem. § 193 Abs. 2 Nr. 4 AktG erst nach einer Wartezeit

---

39 Vgl. *BaFin* Emittentenleitfaden III.2.2.1.4.1 S. 37.
40 Schwark/Zimmer/*Schwark/Kruse* § 14 Rn. 30; *von Dryander/Schröder* WM 2007, 534, 538; vgl. zu der ganzen Thematik auch 27. Kap. Rn. 41 ff.
41 *BGH* NZG 2010, 349.
42 *EuGH* NZG 2010, 107 – Spector Photo Group.
43 A.A.: Assmann/Schneider/*Assmann* WpHG § 14 Rn. 26, der in der Entscheidung keine Aussage zum Kausalitätserfordernis erkennt, sondern nur zum Vorsatzelement.
44 Assmann/Schneider/*Assmann* § 14 Rn. 175; *Klasen* AG 2006, 24, 28 f.; *von Dryander/ Schröder* WM 2007, 534, 537.
45 *BaFin* Emittentenleitfaden III.2.2.1.3 S. 37.
46 Assmann/Schneider/*Assmann* § 14 Rn. 175; *von Dryander/Schröder* WM 2007, 534, 537.
47 Schwark/Zimmer/*Schwark/Kruse* § 14 Rn. 29.

von vier Jahren ausgeübt werden können. Zu diesem Zeitpunkt wird eine entsprechende Insiderinformation längst öffentlich bekannt sein und ihr Potential zur Herbeiführung erheblicher Kursänderungen verloren haben.[48]

b) Ausübung von Optionen

35 Trotz des Vorliegens einer Kausalität zwischen Insiderkenntnis und **Ausübung der Option**, lehnt ein Teil der Literatur[49] eine (unzulässige) Verwendung von Insiderinformationen durch den Begünstigten mit dem Argument ab, dass zwischen dem Begünstigten der Option und der Gesellschaft ein gleicher Informationsstand besteht und es daher zu keiner Markttäuschung kommen kann. Die BaFin verneint in einem anderen, ähnlich gelagerten Fall die Annahme von Insiderverstößen bei Aktienerwerben mit gleichem Informationsstand zwischen Käufer und Verkäufer.[50] Bei Optionsprogrammen scheint sie dies allerdings anders zu bewerten und geht grundsätzlich davon aus, dass Verstöße gegen das Verbot von Insidergeschäften bei Optionsprogrammen – entsprechende Kausalität vorausgesetzt – in Betracht kommen.[51]

36 Die Auffassung der BaFin ist abzulehnen. Es ist nicht verständlich, wieso bei Ausübung der Optionen ein Insiderverstoß denkbar sein soll wenn beide Parteien des Geschäfts den gleichen Informationsstand haben.

37 Da die Ausübung der Optionen und die Veräußerung der Aktien in der Regel zeitlich unmittelbar zusammenhängen, wird zur Vermeidung von Insidergeschäften empfohlen, in den Aktienoptionsprogrammen sog. Handelsfenster einzubauen.[52] Solche Handelsfenster werden in den Optionsbedingungen festgelegt. Typischerweise sehen sie vor, dass die Aktien nur innerhalb bestimmter Zeiträume veräußert werden dürfen, z.B. nach Veröffentlichung der Geschäftszahlen, etwa sechs Wochen nach Veröffentlichung von (vorläufigen) Quartalsergebnissen. Sie können aber auch negativ regeln, dass ein Verkauf für bestimmte Zeiträume ausgeschlossen wird, z.B. vor Veröffentlichung von (vorläufigen) Geschäftsergebnissen, und im Übrigen ein Verkauf zulässig ist, etwa weil vermutet wird, dass innerhalb dieser Zeiträume potentiell bei Führungskräften oder bestimmten Mitarbeitern Insiderinformationen über den Geschäftsverlauf bestehen, wodurch diese einen Wissensvorsprung gegenüber dem Markt erfahren würden. Neben der Verringerung des Risikos von Insidergeschäften wird durch die Handelsfenster auch dem Markt signalisiert, dass der Emittent notwendige Maßnahmen zur Verhinderung von Insidergeschäfte ergreift.

c) Veräußerung der bezogenen Aktien

38 Anders als bei Ausgabe und Ausübung von Aktienoptionen stellen sich bei der **Veräußerung bezogener Aktien** teilweise insiderrechtliche Probleme. Auf die Veräußerung der durch die Ausübung der Option bezogenen Aktien findet das allgemeine Insiderrecht Anwendung.[53]

Entscheidend ist, ob sich die Insiderkenntnis auf negative oder positive Kursentwicklungen bezieht.[54]

---

48 Ebenso: Assmann/Schneider/*Assmann* § 14 Rn. 175.
49 So: *Von Dryander/Schröder* WM 2007, 534, 538.
50 Vgl. für den Fall des Paketerwerbs: *BaFin* Emittentenleitfaden III.2.2.1.4.2 S. 37.
51 Vgl. *BaFin* Emittentenleitfaden III.2.2.1.3 S. 37.
52 Vgl. Schwark/Zimmer/*Schwark/Kruse* § 14 Rn. 31.
53 Assmann/Schneider/*Assmann* § 14 Rn. 177 a.E.
54 Schwark/Zimmer/*Schwark/Kruse* § 14 Rn. 31 f.; *Klasen* AG 2006, 24, 28 f.; *Von Dryander/ Schröder* WM 2007, 534, 538 f.

Kein Insidergeschäft liegt bei der Veräußerung bezogener Aktien in Kenntnis einer bekannten „positiven" Insiderinformation vor, d.h. einer Information, bei deren Bekanntwerden eine Steigerung des Börsenkurses der betreffenden Aktie zu erwarten ist. Denn in diesem Fall realisiert sich die durch die positive Insiderkenntnis erlangte Gewinnaussicht nicht.[55] Lässt sich also der Veräußerer den zu erwartenden Gewinn entgehen, indem er die Aktien trotz Gewinnaussicht veräußert, werden die Insiderinformationen gerade nicht „verwendet" im Sinne des § 14 Abs. 1 Nr. 1 WpHG.[56] **39**

Ebenso unproblematisch ist das Unterlassen eines Verkaufs in Kenntnis von Insiderinformationen, da § 14 Abs. 1 Nr. 1 WpHG ein bloßes Unterlassen nicht sanktioniert. **40**

Dagegen liegt grundsätzlich ein Insidergeschäft im Sinne des § 14 Abs. 1 Nr. 1 WpHG vor, wenn die Veräußerung der Aktien in Kenntnis einer den Kurs negativ beeinflussenden Insiderinformation, also einer solchen Information, die bei ihrem öffentlichen Bekanntwerden voraussichtlich zu einem Kursverlust führen wird, erfolgt. Denn in diesem Fall werden unter Verwendung von Insiderinformationen Gewinne realisiert bzw. drohende Verluste vermieden.[55] **41**

2. Ad-hoc-Mitteilungspflichten

Nach § 15 Abs. 1 WpHG müssen Inlandsemittenten von Finanzinstrumenten Insiderinformationen, die sie unmittelbar betreffen, unverzüglich veröffentlichen. Aktienoptionen sind zwar grundsätzlich Insiderpapiere, die an sich der Ad-hoc-Publizität unterliegen können.[57] Ad-hoc-Mitteilungspflichten liegen jedoch in der Regel weder bei der Ausgabe von Aktienoptionen noch bei deren Ausübung oder der Veräußerung der erworbenen Aktien vor. **42**

Um die sog. Endbesteuerung bei der Ausgabe der Optionen zu erreichen, sind Aktienoptionen in der Praxis nicht als eigenständiges Wertpapier in einem regulierten Markt handelbar.[58] Daher gibt es Ad-hoc-Mitteilungspflichten in Bezug auf die Aktienoptionen nicht unmittelbar. **43**

In Bezug auf die zugrundeliegenden Aktien des Emittenten kommt eine Ad-hoc-Mitteilungspflicht bei Ausgabe von Aktienoptionen mangels erforderlichen Kursbeeinflussungspotentials in der Praxis ebenfalls nicht in Betracht (vgl. § 13 Abs. 1 S. 2 WpHG). Denn in der Regel werden Optionen nur in begrenztem Umfang von nicht mehr als 10 % des aktuellen Grundkapitals ausgegeben. Zudem folgt aus der Ausgabe der Option an sich noch keine entsprechende Ausgabe von Aktien. Vielmehr müssen erst bestimmte Erfolgsziele erfüllt und die Wartefrist von vier Jahren abgelaufen sein (§ 193 Abs. 2 Nr. 4 AktG). Somit tritt die Erhöhung zum einen erst in einem weit in der Zukunft liegenden Zeitpunkt ein. Zum anderen erfolgt sie zu den individuell gewählten Ausübungszeitpunkten der Begünstigten und damit in vielen, kleinen Schritten. Es ist also stets ungewiss, in welchem Maße es wann zu einer Erhöhung der Zahl der Aktien kommt. Ein verständiger Anleger wird sich aus diesen Gründen jedenfalls nicht von der Ausgabe von Aktienoptionen in seinen Entscheidungen beeinflussen lassen. **44**

Entsprechendes gilt für die Ausübung der Aktienoptionen und die Veräußerung bezogener Aktien. Sowohl die **Ausübung der Aktienoptionen** als auch die **Veräußerung der bezogenen Aktien** werden wegen des geringen Aktienvolumens in der Regel kein Preisbeeinflussungspotenzial haben und damit keine Ad-hoc-Mitteilungspflicht auslösen. **45**

---

55 *Von Dryander/Schröder* WM 2007, 534, 538 f.
56 Schwark/Zimmer/*Schwark/Kruse* § 14 Rn. 31.
57 *BaFin* Emittentenleitfaden IV.2.2.2 S. 55.
58 Vgl. zur steuerlichen Behandlung von Optionsgeschäften im Einzelnen *Schmidt/Weber/Grellert* EStG § 20 Rn. 166.

3. Stimmrechtsmitteilungen

46 Gemäß §§ 21 ff. WpHG ist der Erwerb wesentlicher Beteiligungen an börsennotierten Gesellschaften meldepflichtig, wenn Schwellenwerte von 3, 5, 10, 15, 20, 25, 30, 50 oder 75 % der Stimmrechte überschritten werden.[59] Diese Stimmrechtsmitteilungen sind an den Emittenten und an die BaFin zu übersenden. Nach § 25 Abs. 1 S. 1 WpHG gilt dies auch für Finanzinstrumente oder sonstige Instrumente, die ihrem Inhaber das Recht verleihen, einseitig im Rahmen einer rechtlich bindenden Vereinbarung mit Stimmrechten verbundene und bereits ausgegebene Aktien eines Inlandsemittenten zu erwerben. Aktienoptionen können daher grundsätzlich unter die von § 25 WpHG erfassten Finanzinstrumente fallen (zu den Ausnahmen vgl. aber sogleich Rn. 48).

a) Ausgabe von Aktienoptionen

47 Für **Ausgabe von Aktienoptionen** liegt grundsätzlich eine Meldepflicht nach § 25 Abs. 1 S. 1 WpHG vor, sofern keine Meldung nach §§ 21, 22 Abs. 1 S. 1 Nr. 5 WpHG erfolgt ist.

48 Aktienoptionen, die mit einem bedingten Kapital unterlegt sind, sind jedoch vom Anwendungsbereich des § 25 WpHG ausgenommen. § 25 WpHG umfasst nur Optionen auf bereits bestehende Aktien (vgl. § 25 Abs. 1 S. 1 WpHG). Optionen, die nicht mit bedingtem Kapital unterlegt sind, zählen hingegen grundsätzlich zu den von § 25 WpHG betroffenen Finanzinstrumenten, es sei denn, ein Barausgleich findet zwingend statt und eine Lieferung der Aktien erfolgt nicht, weil es zu keinem Erwerb der Stimmrechte kommt.

b) Ausübung der Aktienoption

49 Bei der Ausübung der Aktienoptionen kommt es dann zu einem Erwerb von Aktien und dabei sind die Stimmrechtsmitteilungen nach §§ 21 ff. WpHG zu beachten, wenn die entsprechenden Schwellenwerte überschritten oder erreicht werden.

c) Veräußerung bezogener Aktien

50 Die Meldepflichten nach §§ 21 ff. WpHG für Inhaber wesentlicher Beteiligungen sind an das Erreichen, Über- oder Unterschreiten bestimmter Schwellenwerte[60] geknüpft und bestehen unabhängig davon, ob es sich um „normale" Aktien oder um solche handelt, die durch Optionen bezogen worden sind. Durch die **Veräußerung bezogener Aktien** ist es daher möglich, die Schwellenwerte zu unterschreiten und meldepflichtig zu werden.

51 Im Wesentlichen kann hier auf Ausführungen zu den Stimmrechtsmitteilungen bei der Ausgabe von Aktienoptionen sowie auf die Ergebnisse der Prüfung der Ad-hoc-Mitteilungspflichten verwiesen werden.[61] Zu beachten ist, dass § 21 Abs. 2 WpHG den Anwendungsbereich der Mitteilungspflichten dahingehend einschränkt, dass Inlandsemittenten und Emittenten, für die die Bundesrepublik Deutschland der Herkunftsstaat ist, nur solche Emittenten sind, deren Aktien zum Handel an einem organisierten Markt zugelassen sind. Alle anderen Emittenten sind von den Mitteilungspflichten nach §§ 21 ff. WpHG ausgenommen.

4. Directors' Dealings

52 Personen, die bei einem Emittenten von Aktien Führungsaufgaben wahrnehmen und mit ihnen in einer engen Beziehung stehende Personen sind gem. § 15a Abs. 1 S. 1 WpHG grundsätzlich verpflichtet, eigene Geschäfte mit Aktien des Emittenten oder sich darauf

---

59 Vgl. dazu näher 6. Kap. Rn. 14 ff., 64 ff.
60 Wer 3, 5, 10, 25, 50 oder 75 % der Stimmrechte erreicht, ist gem. § 21 Abs. 1 WpHG zur Mitteilung an die BaFin und die börsennotierte Gesellschaft verpflichtet.
61 Vgl. Rn. 47, 42.

beziehenden Finanzinstrumenten dem Emittenten und der BaFin innerhalb von fünf Werktagen mitzuteilen (sog. *Directors' Dealings*). Ein (Inlands-)Emittent muss daraufhin diese Geschäfte ebenfalls veröffentlichen und der BaFin die Veröffentlichung mitteilen (§ 15a Abs. 4 WpHG).[62] Geschäfte mit Aktienoptionen fallen damit, soweit sie von o.g. Personen ausgeführt werden, grundsätzlich unter die Veröffentlichungspflicht des § 15a WpHG.[63]

Soweit Aktienoptionen auf arbeitsvertraglicher Grundlage oder als Vergütungsbestandteil gewährt werden, scheidet eine Mitteilungspflicht nach § 15a WpHG nach Einschätzung der BaFin unter Berufung auf Erwägungsgrund 26 der EG-MarktmissbrauchsRiLi aus.[64] Weder die **Ausgabe der Optionen** noch die **Ausübung der Optionen** fallen daher unter die Veröffentlichungspflicht des § 15a WpHG. So stellt der Optionsvertrag kein Geschäft mit Finanzinstrumenten dar, das auf einem Entschluss der Führungsperson beruht, sondern folgt einem im Anstellungsvertrag bzw. von der Hauptversammlung festgelegten "Fahrplan".[65] Der Zeitpunkt der Zuteilung der Aktien oder Optionen hängt also nicht von der eigenen Entscheidung des Vorstands ab.[65] Daher stellt der Erwerb der Aktienoptionen kein "eigenes Geschäft" der Person mit Führungsaufgaben dar.[66] Zudem entfaltet die reine Zuteilung von Aktien oder Optionen weder eine Indikationswirkung, noch erfordert sie eine Vorbeugung gegen Insiderhandel. Aufgrund der außerbörslichen und zumeist langfristig festgelegten Vereinbarung zwischen der Gesellschaft und der Führungskraft liegt insgesamt kein Sachverhalt vor, der ein marktmissbräuchliches Verhalten begründen kann.[67]

5. Verbot von Marktmanipulation

Nach § 20a WpHG ist es u.a. verboten, unrichtige oder irreführende Angaben zu machen und wichtige Umstände über Finanzinstrumente zu verschweigen oder sonstige Täuschungshandlungen vorzunehmen.[68]

Hinsichtlich der **Ausgabe von Aktienoptionen** besteht in der Regel keine Gefahr von Marktmanipulation. Das gilt bezüglich der Aktienoptionen selber schon deswegen, weil diese normalerweise nicht börsengehandelt sind. Denn Aktienoptionen sind üblicherweise nicht übertragbar, um die sog. Endbesteuerung zu erreichen, d.h. die Besteuerung des wirtschaftlichen Vorteils aus der Aktienoption erst bei deren Ausübung.[69] Daher kann sich eine Marktmanipulation grundsätzlich nur auf die den Optionen zugrundeliegenden Aktien beziehen.

Hierbei ist jedoch zu beachten, dass Aktienoptionen regelmäßig nur bis zu einer Höhe von maximal 10 % des Grundkapitals ausgegeben werden.[70] Darüber hinaus ist die Ausgabe der Aktien von bestimmten Erfolgszielen sowie der individuellen Entscheidung des Berechtigten abhängig und es existiert eine gesetzliche Wartefrist von vier Jahren zwischen der Aus-

---

62 Vgl. zu den Einzelheiten 5. Kap. Rn. 35 ff.
63 *BaFin* Emittentenleitfaden V.3.7.1.1 S. 100; so auch: Assmann/Schneider/*Sethe* § 15a Rn. 27 ff.; Schwark/Zimmer/*Zimmer/Osterloh* WpHG § 15a Rn. 37 und 51 ff.
64 *BaFin* Emittentenleitfaden V.3.7.1.1 S. 100; vgl. auch: Assmann/Schneider/*Sethe* § 15a Rn. 83; Schwark/Zimmer/*Zimmer/Osterloh* WpHG § 15a Rn. 46; *Engelhart* AG 2009, 856, 860.
65 Assmann/Schneider/*Sethe* § 15a Rn. 83.
66 *BaFin* Emittentenleitfaden V.2.2 S. 89; auch: Assmann/Schneider/*Sethe* WpHG § 15a Rn. 83 m.w.N.; *Koch* DB 2005, 267, 273.
67 *Müller/Rödder/Janssen* Beck'sches Handbuch der AG § 23 Rn. 124.
68 Vgl. dazu unten 28. Kap. Rn. 1 ff.
69 Vgl. zur steuerlichen Behandlung von Optionsgeschäften im Einzelnen *Schmidt/Weber/Grellet* EStG § 20 Rn. 166.
70 Soweit die Optionen als sogenannte nackte Optionen oder Wandelschuldverschreibungen unterlegt mit bedingtem Kapital ausgegeben werden, ergibt sich dies aus § 192 Abs. 3 S. 1 AktG, vgl. vorstehend Rn. 7 und 13.

gabe und der Ausübung der Option (§ 193 Abs. 2 Nr. 4 AktG). Die Beeinflussung der aktuellen Kurse durch die Ausgabe von Optionen erscheint daher äußerst unwahrscheinlich.[71] Eine Marktmanipulation bei der Ausgabe von Optionen kommt somit nicht in Betracht.[72]

57 Wegen des geringen Ausgabevolumens und der individuellen Ausübungszeitpunkte scheidet bei der **Ausübung der Optionen** eine Marktmanipulation im Sinne des § 20a WpHG ebenfalls regelmäßig aus, zumal falsche oder irreführende Signale aus der Ausübung einer Aktienoption kaum erkennbar sein dürften.

58 Schließlich erfüllt auch die **Veräußerung bezogener Aktien** in der Regel den Tatbestand des § 20a WpHG nicht. Unter § 20a Abs. 1 S. 1 Nr. 2 WpHG fallen nur Aktienverkäufe, die geeignet sind, falsche oder irreführende Signale für das Angebot, die Nachfrage oder den Börsen- oder Marktpreis der Aktie zu geben oder ein künstliches Preisniveau herbeizuführen. Dies ist nur bei einer ausreichenden Vielzahl von Aktienverkäufen möglich. Ein inadäquater Kurs in diesem und im Sinne des § 20a Abs. 1 S. 1 Nr. 3 WpHG ist daher allenfalls bei kleinen und liquiden Werten denkbar, da nur dort schon Orders mit einem relativ geringen Volumen zu Kursveränderungen führen können.[73]

6. Prospektpflicht

59 Im Zusammenhang mit der Einführung eines Mitarbeiterbeteiligungsprogramms, in dessen Rahmen Aktienoptionen, Aktien oder sonstige Beteiligungsinstrumente an Mitarbeiter ausgegeben werden, stellt sich die Frage, ob dies die Erstellung eines Wertpapierprospekts nach dem Wertpapierprospektgesetz (WpPG) erfordert. In Betracht käme dies dann, wenn die entsprechenden Instrumente Wertpapiere im Sinne von § 2 Nr. 1 WpPG sind. Dies setzt voraus, dass es sich um übertragbare Wertpapiere handelt, die an einem Markt gehandelt werden können aus.

60 Zwar fallen Bezugsrechte auf Aktien (Optionen) grundsätzlich unter sonstige Wertpapiere im Sinne des § 2 Nr. 1c WpPG.[74] Die allermeisten Optionsprogramme scheiden aber aus dem Anwendungsbereich des Prospektrechts aus, weil die Optionen nicht übertragbar sind.[75] Wesen des Wertpapieres ist nämlich, dass die zugrundeliegenden Rechte durch Übertragung der Urkunde übertragen werden können. Entscheidendes Kriterium für das Vorliegen eines Wertpapieres in diesem Sinne ist also dessen Fungibilität.[76] Wie vorstehend bereits erläutert, ist dies in aller Regel der Fall, weil nur so die sogenannte Endbesteuerung erreicht werden kann.[77] Nicht übertragbare Aktienoptionen erfüllen jedoch nicht die Anforderungen an den Begriff des Wertpapieres im Wertpapierprospektgesetz, weil Wesen des Wertpapieres gerade ist, dass die zugrundeliegenden Rechte durch Übertragung der Urkunde übertragen werden können.[78] Auch virtuelle Programme werden üblicherweise nicht in übertragbarer Form verbrieft und scheiden daher ebenfalls aus dem Anwendungsbereich des WpPG aus.

---

71 *BaFin* Emittentenleitfaden III.2.1.5 S. 34 f.: Danach muss der Kauf- bzw. Verkaufsauftrag selbst geeignet sein, den Preis erheblich zu beeinflussen, etwa wenn der Auftrag aufgrund eines ungewöhnlich hohen Volumens einen Anreiz für den Auftragnehmer darstellt, sich im Vorfeld der Auftragsausführung mit den entsprechenden Insiderpapieren einzudecken oder diese zu veräußern.
72 Kuthe/Rückert/Sickinger/*Kuthe* 11. Kap. Rn. 22.
73 *Knauth/Käsler* WM 2006, 1044.
74 *Müller/Rödder/Janssen* Beck'sches Handbuch der AG § 23 Rn. 102.
75 Lediglich Optionsprogramme mit automatischem Aktienbezug sind übertragbar; *Groß* WpPG § 2 Rn. 8a m.w.N.
76 Regierungsbegründung zum Prospektrichtlinien-Umsetzungsgesetz vom 3.3.2005, BT-Drucks. 15/4999, S. 28; *Müller/Rödder/Janssen* Beck'sches Handbuch der AG, § 23 Rn. 102 m.w.N.
77 Vgl. dazu bereits Rn. 43.
78 Regierungsbegründung zum Prospektrichtlinien-Umsetzungsgesetz vom 3.3.2005, BT-Drucks. 15/4999, S. 28; *Müller/Rödder/Janssen* Beck'sches Handbuch der AG § 23 Rn. 102 m.w.N.

Erfolgt die Ausübung der Option automatisch, liegt ein Angebot von Wertpapieren vor;[79] dies kommt in der Praxis aber äußerst selten vor. In der Literatur wird allerdings diskutiert, ob nicht übertragbare Optionen Vermögensanlagen im Sinne der §§ 6 ff. VermAnlG sind und dann nach diesem Gesetz eine Prospektpflicht entsteht.[80] Das ist jedoch abzulehnen. Nach § 1 VermAnlG sind Vermögensanlagen im Sinne dieses Gesetzes die Anteile, die eine Beteiligung am Ergebnis des Unternehmens gewähren. Die Option gewährt aber gerade keine solche Beteiligung. Sie ist vielmehr ein Derivat, das den Bezug eines Wertpapiers ermöglicht.

Werden allerdings Aktien ausgegeben (*Restricted Stock*) oder ausnahmsweise übertragbare Wertpapiere, ist näher zu prüfen, ob eine Prospektpflicht besteht. Gemäß § 1 Abs. 1 WpPG ist das Wertpapierprospektgesetz (WpPG) auf die Erstellung, Billigung und Veröffentlichung von Prospekten für Wertpapiere anzuwenden, die öffentlich angeboten oder zum Handel an einem organisierten Markt zugelassen werden sollen. Zentrale Frage ist, ob im Rahmen des Mitarbeiterbeteiligungsprogramms Wertpapiere „öffentlich" angeboten werden.

Nach § 2 Nr. 4 WpPG ist ein öffentliches Angebot eine Mitteilung an das Publikum in jedweder Form und auf jedwede Art und Weise, die ausreichende Informationen über die Angebotsbedingungen und die anzubietenden Wertpapiere enthält, um einen Anleger in die Lage zu versetzen, über den Kauf oder die Zeichnung dieser Wertpapiere zu entscheiden.[81] Hinterfragenswert ist, ob Mitarbeiter das Publikum darstellen. Hiergegen lässt sich einwenden, dass sie ein fest definierter, abgegrenzter und dem Emittenten bekannter Personenkreis sind. Damit vergleichbar sind Fälle bei denen Angebote an Aktionäre erfolgen (Bezugsangebote). Auch diese sind ein klar definierter Personenkreis. Für solche Bezugsrechtsemissionen sehen die neuen Anhänge XXIII und XXIV der EU-Prospektverordnung[82] eine Prospektpflicht vor. Daher ist die früher in Deutschland von der herrschenden Meinung vertretene Auffassung,[83] dass Bezugsrechtsemissionen kein öffentliches Angebot darstellen, zwischenzeitlich insbesondere von der BaFin[83] aufgegeben worden. Die BaFin sah aber schon vor dieser Änderung des Prospektrechts die Mitarbeiterbeteiligungsprogramme unter einem funktionalen Gesichtspunkt als eine Form des öffentlichen Angebots an, die Gegenargumentation[84] lässt sich aufgrund der Änderung des Prospektrechts wohl nicht mehr aufrecht erhalten. Sofern also *Restricted Stock* oder übertragbare Aktienoptionen angeboten werden, ist grundsätzlich der Anwendungsbereich des WpPG eröffnet. Allerdings gibt es eine Reihe von Ausnahmeregelungen, die in vielen Fällen eingreifen:

Gemäß § 3 Abs. 2 Nr. 2 WpPG besteht keine Prospektpflicht, wenn das Programm sich an weniger als 150 nicht qualifizierte Anleger pro EWR-Staat richtet. Aus diesem Grund sind Programme von kleinen und mittelgroßen Gesellschaften, die weniger als 150 Begünstigte in ihre Programme aufnehmen, von der Prospektpflicht ausgenommen.

Eine weitere Ausnahme von der Prospektpflicht ist gem. § 3 Abs. 2 Nr. 5 WpPG gegeben wenn der Verkaufspreis für alle innerhalb von zwölf Monaten zu beziehenden Aktien

---

79 Vgl. Beck'sches Handbuch der AG § 23 Rn. 103 m.w.N.
80 So ohne nähere Begründung *Groß* WpPG § 2 Rn. 8a; siehe auch: Assmann/Schlitt/von Kopp-Colomb/ von Kopp-Colomb/Knobloch WpPG § 2 Rn. 33; Schwark/Zimmer/*Heidelbach* WpPG § 2 Rn. 24.
81 Vgl. zum Begriff des öffentlichen Angebots näher 9. Kap. Rn. 4 ff.
82 Eingefügt in die Prospektverordnung durch die DELEGIERTE VERORDNUNG (EU) Nr. 486/2012 DER KOMMISSION vom 30.3.2012 zur Änderung der Verordnung (EG) Nr. 809/2004 in Bezug auf Aufmachung und Inhalt des Prospekts, des Basisprospekts, der Zusammenfassung und der endgültigen Bedingungen und in Bezug auf die Angabepflichten.
83 Vgl. 9. Kap. Rn. 3; *Henningsen* BaFin Journal 9/2012, S. 7.
84 Vgl. dazu *Kuthe/Rückert/Sickinger/Kuthe* 11. Kap. Rn. 44 f.

weniger als 100 000 EUR beträgt. Dies kann bei kostenloser oder vergünstigter Abgabe der Aktien oder kleinen Programmen eingreifen.[85]

66 Des Weiteren hat die Kommission der europäischen Wertpapieraufsichtsbehörden (ESMA) eine Verwaltungspraxis entwickelt, dass Aktienoptionen, die kostenlos, also ohne Gegenleistung, ausgegeben werden, nicht der Prospektpflicht unterliegen, da es an der Schutzbedürftigkeit der Mitarbeiter fehlt. Hier ist jedoch Vorsicht geboten. Denn bei Optionen die als Vergütungsbestandteil gewährt werden ließe sich argumentieren, dass diese nicht kostenlos ausgegeben werden sondern anstelle einer sonst zu zahlenden höheren Vergütung.[86]

67 Nach dem Vorgenannten wird man bei Mitarbeiterbeteiligungsprogrammen in der Praxis nur sehr selten zu einer Prospektpflicht kommen. Sollte das doch einmal der Fall sein, hilft Emittenten deren Aktien zum Handel im regulierten Markt im EWR zugelassen sind eine weitere Ausnahmeregelung im Wertpapierprospektgesetz. § 4 Abs. 2 Nr. 6 WpPG sieht für diese Fälle die Möglichkeit vor, anstelle eines vollständigen Prospektes ein vereinfachtes Informationsdokument zu veröffentlichen. Dieses Dokument muss Informationen über die Anzahl und die Art der Wertpapiere enthalten sowie die Gründe und die Einzelheiten zu dem Angebot darlegen. Es verbleiben danach die Fälle in denen Aktien nicht im regulierten Markt zugelassen sind. Da deutsche Freiverkehrsemittenten meist unter eine der anderen Ausnahmen wegen der Anzahl der Mitarbeiter oder der Größe des Programms fallen betrifft das primär ausländische Konzerne die im EWR nicht im regulierten Markt gehandelte Aktien an deutsche Mitarbeiter in großem Umfang anbieten.

7. Anhang und Lagebericht

68 Gemäß § 285 S. 1 Nr. 9 HGB bzw. § 314 Abs. 1 Nr. 6 HGB müssen Aktiengesellschaften im Anhang zum Jahresabschluss bzw. Konzernabschluss Angaben über die Gesamtbezüge machen, die den Mitgliedern des Vorstands und des Aufsichtsrats im Geschäftsjahr gewährt wurden. Börsennotierte Aktiengesellschaften müssen darüber hinaus im Lagebericht die Grundzüge ihres Vergütungssystems in einem sog. Vergütungsbericht angeben (vgl. § 289 Abs. 2 Nr. 5 S. 1 HGB bzw. § 315 Abs. 2 Nr. 4 S. 1 HGB). Werden dabei auch Angaben zu den individualisierten Vorstandsbezügen entsprechend § 285 S. 1 Nr. 9 lit. a S. 5-9 HGB bzw. § 314 Abs. 1 Nr. 6 lit. a S. 5-9 HGB gemacht, können diese jedoch im Anhang unterbleiben (§ 289 Abs. 2 Nr. 5 S. 2 HGB bzw. § 315 Abs. 2 Nr. 4 S. 2 HGB).

69 Lassen sich anhand der Gesamtbezüge die individuellen Bezüge des einzelnen Vorstandsmitglieds ermitteln, können diese Angaben bei Gesellschaften, die keine börsennotierten Aktiengesellschaften sind, unterbleiben (§ 286 Abs. 4 HGB). Typischer Anwendungsfall hierfür ist der Vorstand, der nur mit einer Person besetzt ist. Die Angaben können ebenfalls unterbleiben, wenn die Hauptversammlung dies mit einer Mehrheit von drei Viertel des bei der Beschlussfassung vertretenen Grundkapitals beschlossen hat (§ 286 Abs. 5 S. 1 HGB).[87] Der Beschluss gilt dann für maximal fünf Jahre (§ 286 Abs. 5 S. 2 HGB).

---

85 Vgl. zu dieser Ausnahme vom Prospektrecht näher: Holzborn/*Holzborn/Israel* WpPG § 3 Rn. 19; *Müller* WpPG § 3 Rn. 7; Schwark/Zimmer/*Heidelbach* § 2 Rn. 21.
86 In diesem Sinne: Schwark/Zimmer/*Heidelbach* § 2 Rn. 24 a.E.: Kostenlosigkeit setzt voraus, dass die Ausgabe der Optionen nicht in Erfüllung eines Entlohnungsanspruches erfolgt; unklar *Groß* WpPG § 2 Rn. 9.
87 Vgl. näher zu diesem sogenannten Opt-Out: MK-HGB/*Poelzig* § 286 Rn. 73 ff.; *Müller/Rödder/Göckeler* Beck'sches Handbuch der AG § 21 Rn. 246.

Im Vergütungsbericht sind somit grundsätzlich auch Angaben zur Ausgestaltung von Aktienoptionen aus Mitarbeiterbeteiligungsprogrammen aufzunehmen. Dabei geht es jeweils um bereits ausgegebene Aktienoptionen. Im Einzelnen sind folgende Informationen aufzunehmen, wenn sämtliche Regelungen für die Offenlegung bei börsennotierten Gesellschaften anwendbar sind: **70**

Aufzunehmen sind zunächst Angaben über die Anzahl der im Geschäftsjahr insgesamt für den Vorstand gewährten Optionen. Abzustellen ist auf den Zeitpunkt, in welchem sie dem Begünstigten gewährt wurden, d.h. ihm eine rechtsverbindliche Zusage hierüber erteilt worden ist, wobei spätere Wertveränderung zu berücksichtigen sind, die auf einer Änderung der Ausübungsbedingungen beruhen (§ 285 S. 1 Nr. 9 lit. a S. 4 HGB bzw. § 314 Abs. 1 Nr. 6 lit. a S. 4 HGB). **71**

Ist die Zusage für die Gewährung von Aktienoptionen von einer im vorhergehenden Geschäftsjahr erbrachten Tätigkeit abhängig, sind die Bezüge in die Angaben des vorhergehenden Geschäftsjahres einzubeziehen, sofern die Gewährung vor Aufstellung des Jahresabschlusses erfolgt ist. **72**

Bei börsennotierten Aktiengesellschaften sind zusätzlich die Bezüge jedes einzelnen Vorstandsmitglieds unter Namensnennung anzugeben (vgl. § 285 S. 1 Nr. 9 lit. a S. 5 HGB bzw. § 314 Abs. 1 Nr. 6 lit. a S. 5 HGB) und zwar aufgeteilt in die folgenden drei Komponenten: **73**

- erfolgsunabhängige Komponenten (Gehälter, feste laufende Vergütungen, feste jährliche Einmalzahlungen Aufwandsentschädigungen, Versicherungsentgelte, Jubiläumszuwendungen, Versorgungszusagen, etc.),
- erfolgsbezogene Komponenten (Gewinnbeteiligungen, gewinn- oder dividendenabhängige Tantiemen, Provisionen aus Geschäftsvermittlungen, Prämien oder Erfindervergütungen), die Erfolgsabhängigkeit ist hierbei nicht nur hinsichtlich des Geschäftsergebnisses zu betrachten, sondern auch in Bezug auf den Erfolg des vom jeweiligen Vorstandsmitglied zu verantwortenden Geschäftsbereichs,
- Komponenten mit langfristiger Anreizwirkung (Ausgabe von Wandelschuldverschreibungen, Aktienoptionen, sonstige aktienbasierte Vergütungen).

Soweit börsennotierte Aktiengesellschaften im Rahmen ihres Jahresabschlusses weitergehende Angaben zu Bezügen gem. lit. a S. 1 machen, sind diese Angaben ebenfalls zu individualisieren. Hierunter fallen Angaben zu Art und Ausmaß der in der Berichtsperiode bestehenden aktienbasierten Vergütungsvereinbarungen (IFRS 2.44) sowie zum in der Berichtsperiode erfassten Gesamtaufwand für anteilsbasierte Vergütungen, die sofort aufwandswirksam verbucht wurden, wobei der Anteil am Gesamtaufwand, der auf anteilsbasierte Vergütungen mit Ausgleich durch Eigenkapitalinstrumente entfällt, gesondert auszuweisen ist (IFRS 2.51a). In diesem Fall sind für jedes Vorstandsmitglied nachfolgende Angaben einzeln darzustellen: **74**

- Beschreibung der einzelnen Arten von aktienbasierten Vergütungsvereinbarungen, die während der Berichtsperiode in Kraft waren, einschließlich der allgemeinen Vertragsbedingungen jeder Vereinbarung, wie Ausübungsbedingungen, maximale Anzahl gewährter Optionen und Form des Ausgleichs (IFRS 2.45a);
- Anzahl und gewichteter Durchschnitt der Ausübungspreise der Aktienoptionen für jede der folgenden Gruppen von Optionen (IFRS 2.45b):
  (i) zu Beginn der Berichtsperiode ausstehende Optionen;
  (ii) in der Berichtsperiode gewährte Optionen;
  (iii) in der Berichtsperiode verwirkte Optionen;
  (iv) in der Berichtsperiode ausgeübte Optionen;
  (v) in der Berichtsperiode verfallene Optionen;
  (vi) am Ende der Berichtsperiode ausstehende Optionen und
  (vii) am Ende der Berichtsperiode ausübbare Optionen;

- bei in der Berichtsperiode ausgeübten Optionen der gewichtete Durchschnittsaktienkurs am Tag der Ausübung bzw. der gewichtete Durchschnittsaktienkurs der Berichtsperiode, wenn die Optionen während der Berichtsperiode regelmäßig ausgeübt wurden (IFRS 2.45c),
- für die am Ende der Berichtsperiode ausstehenden Optionen die Bandbreite an Ausübungspreisen und der gewichtete Durchschnitt der restlichen Vertragslaufzeit, wobei die ausstehenden Optionen bei zu großer Bandbreite der Ausübungspreise in Bereiche unterteilt werden müssen, die zur Beurteilung der Anzahl und des Zeitpunktes der möglichen Ausgabe zusätzlicher Aktien und des bei Ausübung dieser Option realisierbaren Barbetrags geeignet sind, (IFRS 2.45d) und
- der in der Berichtsperiode erfasste Gesamtaufwand für aktienbasierte Vergütungen. (IFRS 2.51a).

75 Aufzunehmen ist des Weiteren der beizulegende Zeitwert der Optionen zum Zeitpunkt ihrer Gewährung, wobei spätere Wertveränderungen, die auf einer Änderung der Ausübungsbedingungen beruhen, zu berücksichtigen sind (§ 285 S. 1 Nr. 9 lit. a S. 4 HGB bzw. § 314 Abs. 1 Nr. 6 lit. a S. 4 HGB). Der Zeitwert ist nach IFRS 2 zu ermitteln.

76 Diese Regelungen zum Vergütungsbericht entsprechen der vergleichbaren Empfehlung der Ziff. 4.2.5 des Deutschen Corporate Governance Kodex, nach welcher die Grundzüge des Vergütungssystems für den Vorstand im Corporate Governance Bericht der Gesellschaft in allgemein verständlicher Form dargestellt werden sollen. Der Deutsche Corporate Governance Kodex empfiehlt (ebenfalls) die Offenlegung der Gesamtvergütung eines jeden Vorstandsmitglieds, aufgeteilt nach fixen und variablen Vergütungsteilen und unter Namensnennung (Ziff. 4.2.4). Danach soll die Darstellung der konkreten Ausgestaltung eines Aktienoptionsplans oder vergleichbarer Gestaltungen für Komponenten mit langfristiger Anreizwirkung und Risikocharakter folgende Angaben umfassen:
- Ausübungsbedingungen;
- Wert der Optionen;
- Wertveränderungen.

77 Nach Ziff. 4.2.5 des Deutschen Corporate Governance Kodex sind darüber hinaus im Vergütungsbericht für die Geschäftsjahre, die nach dem 31.12.2013 beginnen, für jedes Vorstandsmitglied folgende Angaben darzustellen:
- die für das Berichtsjahr gewährten Zuwendungen einschließlich der Nebenleistungen, bei variablen Vergütungsteilen ergänzt um die erreichbare Maximal- und Minimalvergütung,
- der Zufluss im bzw. für das Berichtsjahr aus Fixvergütung, kurzfristiger variabler Vergütung und langfristiger variabler Vergütung mit Differenzierung nach den jeweiligen Bezugsjahren,
- bei der Altersversorgung und sonstigen Versorgungsleistungen der Versorgungsaufwand im bzw. für das Berichtsjahr.

IV. Risikoreduzierte Maßnahmen/Gestaltungsoptionen

78 Als risikoreduzierende Maßnahmen kommen Veräußerungssperren (*buy and hold, trading windows*), der Einsatz von Treuhändern, die Verwendung von virtuellen Optionsprogrammen oder Automatismen[88] in Betracht, wobei es die Prospektpflicht zu berücksichtigen gilt.[89] Vom Insiderhandelsverbot nimmt die BaFin ausdrücklich solche Mitarbeitpro-

---

[88] Z.B. feste Handelstermine, feste Ausübungs- und Verkaufsschemata.
[89] Vgl. Rn. 59 ff.

gramme aus, bei denen dem Mitarbeiter nach Ablauf des Programms „automatisch" die Optionen in sein Depot eingebucht oder die Gewinne aus dem virtuellen Optionsprogramm überwiesen werden, da der Mitarbeiter im Moment der Gutschrift keine Insiderinformationen verwendet, selbst wenn er in diesem Moment Insiderinformationen besäße.[90]

Übersichtstabelle:

Auswirkungen für Mitarbeiterbeteiligungen	Insider-recht § 14 WpHG	Directors, Dealings § 15a WpHG	Ad-Hoc-Mitteilungspflicht § 15 WpHG	Verbot von Marktmanipulation § 20a WpGH	Stimmrechtsmitteilungen §§ 21 ff. WpHG
Ausgabe von Aktienoptionen	idR nicht anwendbar	nicht anwendbar	nicht anwendbar	idR nicht anwendbar	ggf. anwendbar
Ausübung der Aktienoptionen	idR nicht anwendbar	nicht anwendbar	idR nicht anwendbar	idR nicht anwendbar	grds. anwendbar
Veräußerung der bezogenen Aktien	anwendbar	nicht anwendbar	anwendbar	idR nicht anwendbar	ggf. anwendbar

---

90 *BaFin* Emittentenleitfaden III.2.2.1.3 S. 26.

4. Teil
Kreditwesenrechtliche Spezifika

14. Kapitel
Besondere Organisationspflichten von Instituten nach § 25a Abs. 1 KWG[1]

Literatur: *BaFin* Mindestanforderungen an das Risikomanagement (MaRisk) Rundschreiben 10/2012 (BA) v. 14.12.2012 nebst Übersendungsschreiben und Anlagen; *Basler Ausschuss für Bankenaufsicht/Basel Committee on Banking Supervision* Verbesserung der Unternehmensführung in Banken/Principles for enhancing corporate governance for banking organisations, September 1999 bzw. Februar 2006 bzw. Oktober 2010; *ders.* Rahmenkonzept für Interne Kontrollsysteme in Bankinstituten/Framework for Internal Control Systems in Banking Organisations September 1998; *ders.* Compliance and the compliance function in banks, April 2005; *ders.* Internationale Konvergenz der Eigenkapitalmessung und Eigenkapitalanforderungen, Überarbeitete Rahmenvereinbarung/Basel II: International Convergence of Capital Measurement and Capital Standards: A Revised Framework – Comprehensive Version v. Juni 2004 bzw. Juni 2006; *CEBS* Guidelines on the Application of the supervisory review process under Pillar 2 (CP03 revised) v. 25.1.2006; *Dreher* Ausstrahlung des Aufsichtsrechts auf das Aktienrecht – Unter besonderer Berücksichtigung des Risikomanagements, NZG 2010, 496; *Emmenegger* Grundsätze guter Unternehmensführung von Banken aus der Sicht des Baseler Ausschusses und der FINMA, in: Hopt/Wohlmannstetter (Hrsg.), Handbuch Corporate Governance von Banken, 2011; *European Banking Authority (EBA)* Guidelines on Internal Governance (GL 44) v. 27.9.2011; *Habersack* Gesteigerte Überwachungspflichten des Leiters eines „sachnahen" Vorstandsressorts?, WM 2005, 2360; *Hannemann/Schneider* Mindestanforderungen an das Risikomanagement (MaRisk), Kommentar unter Berücksichtigung der Instituts-Vergütungsverordnung (InstitutsVergV), 3. Aufl. 2011; *Hörlin/Nemet* Die neuen „Guidelines on Internal Governance" der EBA (European Banking Authority), ZgK 2012, 368-371; *Hofer* Neue MaRisk BaFinJournal März 2013, S. 15; *Hofer/Bothe* Die Erfolgsgeschichte der MaRisk BaFinJournal August 2012, S. 5; *Hüffer* Kommentar zum Aktienrecht, 10. Auflage 2012; *Krieger/Schneider (Hrsg.)* Handbuch Managerhaftung, 2. Aufl. 2010; *Langenbucher* Vorstandshaftung und Legalitätspflicht in regulierten Branchen, ZBB/JBB 1/13, S. 20; *Luz/Neus/Schaber/Scharp/Schneider/Weber (Hrsg.)* Kreditwesengesetz, Kommentar zum KWG inklusive SolvV, LiqV, GromiKV, MaRisk, 2. Aufl. 2011; *Ohler* Europäisches Bankenaufsichtsrecht, in: Derleder/Knops/Bamberger (Hrsg.), Handbuch zum deutschen und europäischen Bankrecht, 2. Aufl. 2009; *Preußner* Risikomanagement im Schnittpunkt von Bankaufsichtsrecht und Gesellschaft, NZG 2004, 57; *Preußner/Zimmermann* Risikomanagement als Gesamtaufgabe des Vorstands, AG 2002, 657; *Smola* PfandBG, Pfandbriefgesetz mit Barwertverordnung, Beleihungswertverordnungen, §§ 22a-22o KWG, 2012; *The High-Level Group on Financial Supervision in the EU* Report v. 25.2.2009; *Weber-Rey* Ausstrahlungen des Aufsichtsrechts (insbesondere für Banken und Versicherungen) auf das Aktienrecht – oder die Infiltration von Regelungssätzen?, ZGR 2010, 543; *Weber-Rey/Baltzer* Verlautbarungen der EU und der BaFin zur internen Governance von Banken, in: Hopt/Wohlmannstetter (Hrsg.), Handbuch Corporate Governance von Banken, 2011; *Wolf* Wider eine Misstrauenspflicht im Kollegialorgan „Vorstand" , VersR 2005, 1042; *Wundenberg* Compliance und die prinzipiengeleitete Aufsicht über Bankengruppen, 2012.

---

1 Der Beitrag gibt ausschließlich die persönliche Auffassung der Autorin wieder. Den Ausführungen liegt die Rechtslage zum 30.6.2013 zugrunde. Soweit wesentliche rechtliche Entwicklungen zu diesem Zeitpunkt bereits abzusehen waren, wurden sie in dem jeweils betroffenen Regelungszusammenhang dargestellt.

A. Einführung

1 Kredit- und Finanzdienstleistungsinstitute unterliegen dem Sonderrecht des Kreditwesengesetzes (KWG) und der Solvenzaufsicht durch die Bundesanstalt für Finanzdienstleistungsaufsicht (BaFin). Hier gelten, unabhängig von Rechtsform und Kapitalmarktorientierung, besondere **branchenspezifische Organisationspflichten**, die unter anderem darauf abzielen, die Regeltreue des Instituts, der Geschäftsleitung und der Mitarbeiter sicherzustellen. Das KWG enthält somit besondere Vorgaben zur „Compliance"[2], auch wenn das Gesetz diesen Begriff – zumindest in der aktuellen Fassung – nicht verwendet.[3] Dieses Kapitel gibt eine Einführung in die Anforderungen an die Geschäftsorganisation und das Risikomanagement von Instituten nach § 25a Abs. 1 KWG, einer der zentralen Normen des materiellen Bankenaufsichtsrechts.[4]

I. Bedeutung der besonderen Organisationspflichten nach § 25a Abs. 1 KWG

2 Gegenstand von § 25a KWG sind laut der amtlichen Überschrift „Besondere Organisationspflichten von Instituten". Ausgangspunkt ist § 25a Abs. 1 S. 1 KWG. Hiernach sind Institute verpflichtet, eine ordnungsgemäße Geschäftsorganisation sicherzustellen, die die Einhaltung der Gesetze und der betriebswirtschaftlichen Notwendigkeiten gewährleistet. Nach der Systematik des KWG umfasst der Oberbegriff der „ordnungsgemäßen Geschäftsorganisation" insbesondere Vorgaben zum Risikomanagement, welches die Aufgabe hat, die Risikotragfähigkeit des Instituts laufend sicherzustellen und bestimmte Mindestbestandteile beinhalten muss (§ 25a Abs. 1 S. 3 Nr. 1–4 KWG). Die konkrete Ausgestaltung des Risikomanagements wird nicht vorgegeben, vielmehr hängt sie vom Risikoprofil des Instituts ab (§ 25a Abs. 1 S. 4 KWG). Zur Vereinheitlichung der Verwaltungspraxis hat die BaFin ihre Auslegung eines „angemessenen und wirksamen Risikomanagement" i.S.v. § 25a Abs. 1 S. 3 KWG in einem Rundschreiben, den sog. MaRisk, präzisiert. Dieses wird im Hinblick auf neue Entwicklungen laufend angepasst und liegt derzeit in der vierten Novelle[5] vor. Eine ordnungsgemäße Geschäftsorganisation hat darüber hinaus die sonstigen Anforderungen nach § 25a Abs. 1 S. 6 KWG zu erfüllen.

3 Für die ordnungsgemäße Geschäftsorganisation des Einzelinstituts sind dessen Geschäftsleiter aufsichtsrechtlich verantwortlich (§ 25a Abs. 1 S. 2 KWG). Im Hinblick auf die bankenaufsichtsrechtliche Gruppe, für die die Organisationspflichten des § 25a Abs. 1 KWG entsprechend anwendbar sind, liegt die aufsichtsrechtliche Verantwortlichkeit gem. § 25a Abs. 1a S. 1 KWG bei den Geschäftsleitern des übergeordneten Unternehmens.

4 Die Bankenaufsicht[6] hat die Aufgabe, die Ordnungsgemäßheit der Geschäftsorganisation im Sinne des § 25a KWG zu überprüfen. Hierbei sind unterjährige Sachverhalte, die

---

2 Schwennicke/Auerbach/*Langen* § 25a Rn. 54 ff. bezeichnet die Vorgaben nach § 25a Abs. 1 S. 3, S. 6 und S. 7 KWG als die „besondere bankaufsichtsrechtliche Compliance".
3 Ab 1.1.2014 findet sich in § 25a Abs. 1 S. 3 KWG n.F. der Begriff „Compliance" im Hinblick auf die Anforderung an Institute, über eine „Compliance-Funktion" zu verfügen.
4 Die Anforderungen an Auslagerungen nach § 25a Abs. 2 KWG, ab 1.1.2014 in § 25b KWG n.F. geregelt, sind nicht Gegenstand dieses Beitrags.
5 *BaFin* Mindestanforderungen an das Risikomanagement (MaRisk) Rundschreiben 10/2012 (BA) v. 14.12.2012.
6 In Deutschland ist die Bankenaufsicht gemeinsame Aufgabe von BaFin und Deutscher Bundesbank. Die BaFin übt als zuständige Verwaltungsbehörde die Aufsicht über die Institute nach dem KWG aus (§ 6 Abs. 1 KWG). Sie arbeitet dabei mit der Deutschen Bundesbank nach Maßgabe des § 7 KWG und der Aufsichtsrichtlinie zusammen. Hiernach ist die Deutsche Bundesbank insbesondere für die laufende Überwachung der Institute zuständig, die BaFin für den Erlass hoheitlicher Maßnahmen.

Berichte über Jahresabschlussprüfungen und die Feststellungen aus bankgeschäftlichen Sonderprüfungen nach § 44 Abs. 1 KWG zu berücksichtigen. Bei Mängeln kann die BaFin gegenüber dem Institut und/oder den verantwortlichen Geschäftsleitern Maßnahmen zur Sicherstellung bzw. zur Wiederherstellung einer ordnungsgemäßen Geschäftsorganisation ergreifen.

Die Organisationspflichten des § 25a Abs. 1 KWG entfalten darüber hinaus in folgenden **5** Zusammenhängen Bedeutung:
- Nach § 33 Abs. 1 S. 1 WpHG müssen Wertpapierdienstleistungsunternehmen die organisatorischen Pflichten des § 25a Abs. 1 KWG einhalten.[7] Aufgrund dieses Verweises gilt § 25a Abs. 1 KWG auch für Wertpapierdienstleistungsunternehmen. § 25a Abs. 1 KWG diente zudem als Vorbild für entsprechende Regelungen in § 64a des Versicherungsaufsichtsgesetzes (VAG) im Hinblick auf Versicherungsunternehmen. Der Vorschrift wird daher eine „Schrittmacherrolle"[8] im Aufsichtsrecht beigemessen.
- Das sog. Trennbankengesetz[9] führt mit § 54a KWG n.F. erstmals eine Strafvorschrift ein, die bestimmte Verstöße des Geschäftsleiters gegen seine Risikomanagementpflichten sanktioniert (siehe unter Rn. 89 ff. sowie weiterführend 29. Kap. Rn. 32 ff.).
- Im Schrifttum wird seit geraumer Zeit eine „Ausstrahlungswirkung" der speziellen bankenaufsichtsrechtlichen Organisationspflichten nach § 25a KWG auf das allgemeine Gesellschaftsrecht diskutiert. Hierbei geht es insbesondere um die Frage, ob diese zur Konkretisierung der aktienrechtlichen Leitungs- und Sorgfaltspflichten von Vorstandsmitgliedern herangezogen werden können. Das *VG Frankfurt* hat im Jahr 2004 in seinem viel kritisierten Bruderhilfe-Urteil[10] die Anforderungen von § 25a Abs. 1 KWG bei der Auslegung der Pflichten des Vorstandsmitglieds einer Versicherung nach § 34 VAG i.V.m. § 91 Abs. 2 AktG berücksichtigt.[11] Die inzwischen h.M. verneint eine Ausstrahlungswirkung jedenfalls im Hinblick auf die gesellschaftsrechtlichen Pflichten von Geschäftsleitern nicht-regulierter Unternehmen.[12]

---

7 Diejenigen Organisationspflichten, die gleichermaßen auf Institute und Wertpapierdienstleistungsunternehmen Anwendung finden, werden in den besonderen organisatorischen Pflichten für Institute nach § 25a Abs. 1 KWG in Verbindung mit den Verwaltungsvorschriften der BaFin zu den Mindestanforderungen für das Risikomanagement umgesetzt; vgl. Begründung zum Entwurf eines Gesetzes zur Umsetzung der Richtlinie über Märkte für Finanzinstrumente und der Durchführungsrichtlinie der Kommission (Finanzmarkt-Richtlinie-Umsetzungsgesetz), BT-Drucks. 16/4028, S. 70 f.; siehe auch AT 1 Tz. 3 MaRisk.
8 Vgl. 1. Kap. Rn. 1 m.w.N.
9 Gesetz zur Abschirmung von Risiken und zur Planung der Sanierung und Abwicklung von Kreditinstituten und Finanzgruppen v. 7.8.2013, BGBl I S. 3090.
10 WM 2004, 2157.
11 Zur Begründung hat das Gericht angeführt, dass diese Normen sich in ihrer „rechtlichen Bedeutung entsprechen". Mit der Einführung des § 25a KWG im Jahr 1997 und des § 91 Abs. 2 AktG im Jahr 1998 habe der Gesetzgeber die „Gesamtintention" verfolgt, die Verpflichtung der Geschäftsleitung hervorzuheben, Risikofrüherkennungs- sowie Risikoüberwachungssysteme in den Unternehmen einzurichten. Eine solche „Gesamtintention" des Gesetzgebers ablehnend *Langen* Schwennicke/Auerbach § 25a Rn. 9.
12 Mit weiteren Nachweisen siehe u.a. *Hüffer* AktG § 91 AktG Rn. 8; Schwennicke/Auerbach/*Langen* § 25a Rn. 32; Boos/Fischer/Schulte-Mattler/*Braun/Wolfgarten* § 25a Rn 63; *Weber-Rey* S. 564 f.; a.A. *Preußner/Zimmermann* AG 2002, 657, 660; *Preußner* NZG 2004, 57 ff. m.V.a. *Fleischer* ZIP 2003, 110. Ausführlich zur Ausstrahlungswirkung im Hinblick auf Geschäftsleiter eines Aktien-Instituts *Wundenberg* S. 126 ff.; weiterführend auch *Dreher* ZHR 2010, 496.

II. Keine abschließende Regelung der Organisationspflichten

6   § 25a KWG regelt die besonderen Organisationspflichten von Instituten und ihren Geschäftsleitern nicht abschließend (vgl. 3. Kap. Rn. 79 ff.).[13] Sowohl das KWG als auch kreditwesenrechtliche Spezialgesetze[14] enthalten weitere Pflichten. Von besonderer Praxisrelevanz sind dabei die Vorgaben zur Verhinderung von Geldwäsche, Terrorismusfinanzierung und sonstigen strafbaren Handlungen zum Nachteil der Institute[15] (hierzu 15. Kap. Rn. 17 f. sowie 25. Kap.). Durch das sog. Trennbankengesetz[16] wird § 25f KWG n.F. eingefügt, der neue organisatorische Pflichten von Instituten zur Abschirmung von Risiken aus bestimmten Geschäftsbereichen enthält. Ein Wertpapierdienstleistungsunternehmen muss zudem die spezifischen Organisationspflichten des WpHG erfüllen, insbesondere nach § 33 Abs. 1 S. 2 WpHG (hierzu 16. Kap.). Schließlich können weitere gesetzliche (z.B. § 91 Abs. 2 AktG, § 34 GenG) oder aus dem Postulat ordnungsgemäßer Geschäftsführung ableitbare organisatorische Pflichten bestehen.[17]

B. Entwicklung besonderer prinzipienorientierter Organisationsanforderungen für Institute

7   Organisationspflichten sind die gesetzgeberische Reaktion auf spezifische Risikosituationen der betroffenen Wirtschaftsbranche.[18] Die Notwendigkeit besonderer Organisationsanforderungen für Banken liegt darin begründet, dass diese eine wichtige volkswirtschaftliche Aufgabe als Finanzintermediäre und Anbieter von Infrastrukturdienstleistungen wahrnehmen. Der Zusammenbruch einer Bank kann – über die Verluste der Gläubiger bzw. der betroffenen Einlagensicherungssysteme und der Eigentümer hinaus – erhebliche Kosten und Folgen für das Finanzsystem sowie die Allgemeinheit auslösen. Eine gute Unternehmensführung, -steuerung und -kontrolle (Governance) von Banken ist daher von großer Bedeutung für die Funktionsfähigkeit und die Stabilität des einzelnen Instituts wie auch des Finanzsystems als Ganzem.[19] Verschiedene Bankenkrisen und zuletzt die Finanzmarktkrise haben jedoch Mängel und Schwächen in der Unternehmensführung, -steuerung und -kontrolle von Finanzinstituten offenbart. Sie waren Auslöser für internationale Vorschläge zur Verbesserung der Gover-

---

13   Eine Übersicht zu weiteren Organisationspflichten findet sich außerdem bei Schwennicke/Auerbach/*Langen* § 25a Tz. 9.
14   Beispielsweise muss eine Pfandbriefbank nach § 27 Abs. 1 PfandBG über ein geeignetes Risikomanagementsystem für das Pfandbriefgeschäft verfügen, das die speziellen Risiken des Pfandbriefgeschäftes berücksichtigt, wobei § 27 PfandBG zusätzlich zu § 25a KWG zu beachten ist, vgl. *Smola* § 27 Rn. 1.
15   Siehe §§ 25b–i KWG; nach Inkrafttreten des CRD IV-Umsetzungsgesetzes §§ 25f–m KWG n.F.
16   Gesetz zur Abschirmung von Risiken und zur Planung der Sanierung und Abwicklung von Kreditinstituten und Finanzgruppen v. 7.8.2013, BGBl I S. 3090.
17   Vgl. Regierungsbegründung zum Entwurf eines Gesetzes zur Umsetzung der Richtlinie 2002/87/EG des Europäischen Parlaments und des Rates vom 16.12.2002 (Finanzkonglomeraterichtlinie-Umsetzungsgesetz), BT-Drucks. 15/3631, 47.
18   Schwennicke/Auerbach/*Langen* § 25a Rn. 32; zur Notwendigkeit einer Aufsicht über die bankbetrieblichen Prozesse Luz/Neus/Schaber/Scharpf/Schneider/Weber/*Neus* Einführung Rn. 99.
19   Vgl. hierzu bereits *Basler Ausschuss für Bankenaufsicht* Verbesserung der Unternehmensführung in Banken/Principles for enhancing corporate governance for banking organisations von September 1999, überarbeitete Versionen von Februar 2006 und zuletzt von Oktober 2010 (nur in englischsprachiger Fassung verfügbar), dort Tz. 13.

nance von Banken und eine Verschärfung bzw. Konkretisierung der bestehenden Anforderungen durch den europäischen bzw. nationalen Gesetzgeber und die Aufsichtsbehörden. Der nachfolgende Abschnitt beschreibt die Entwicklung prinzipienorientierter besonderer Organisationsanforderungen für Banken.

I. Basler Ausschuss für Bankenaufsicht

Die heutigen Anforderungen an die Geschäftsorganisation von Instituten nach § 25a Abs. 1 KWG gehen wesentlich auf Arbeiten des Basler Ausschusses für Bankenaufsicht zurück. Aufgrund der besonderen Bedeutung von Banken für das (internationale) Finanz- und Wirtschaftssystem hat der Basler Ausschuss für Bankenaufsicht schon seit den Neunziger Jahren des vergangenen Jahrhunderts branchenspezifische Governance- und Compliance-Anforderungen formuliert. Der Ausschuss setzt sich aus hochrangigen Vertretern der Bankaufsichtsbehörden bzw. der Zentralbanken der Mitgliedsstaaten zusammen.

8

1. Veröffentlichungen des Basler Ausschusses für Bankenaufsicht zur Governance und Compliance von Banken

Zur Fortentwicklung und Harmonisierung von Regulierung, Aufsicht und Praxis international tätiger Banken veröffentlicht der Basler Ausschuss für Bankenaufsicht Dokumente zu bankaufsichtlichen Themen, darunter Leitlinien (*„principles"* bzw. *„high level principles"*) und Praxisempfehlungen (*„sound practices"*). Die Veröffentlichungen sind rechtlich nicht verbindlich, sondern internationales *„soft law"*.[20] Da sie die gemeinsame Auffassung der im Ausschuss vertretenen Behörden wiedergeben, kommt ihnen jedoch eine hohe faktische Bindungswirkung zu.[21] Die Inhalte der Veröffentlichungen werden von den Mitgliedsstaaten (und darüber hinaus) regelmäßig in nationales Recht umgesetzt. Bei der Auslegung nationaler bzw. europäischer Gesetze können die Veröffentlichungen des Basler Ausschusses für Bankenaufsicht daher als Erkenntnisquelle herangezogen werden, wenn die Intention des Gesetzgebers, diese in nationales bzw. europäisches Recht umzusetzen, erkennbar ist (z.B. bei entsprechender Bezugnahme in der Gesetzesbegründung).[22] In AT 1.2 MaRisk äußert die BaFin seit der vierten Novelle zudem ihre Erwartung an besonders große, besonders komplexe bzw. besonders international tätige Institute, dass diese die einschlägigen Inhalte der Veröffentlichungen des Basler Ausschusses für Bankenaufsicht eigenverantwortlich in ihre Überlegung zur Ausgestaltung des Risikomanagements einbeziehen.

9

Im Zusammenhang mit der Governance und dem Risikomanagement von Instituten verdienen folgende Veröffentlichungen besondere Erwähnung:

10

– „Verbesserung der Unternehmensführung in Banken" (*„Principles for Enhancing Corporate Governance for Banking Organisations"*) vom September 1999, überarbeitete Versionen von Februar 2006 und zuletzt vom Oktober 2010,[23]
– „Rahmenkonzept für Interne Kontrollsysteme in Bankinstituten" (*„Framework for Internal Control Systems in Banking Organisations"*) vom September 1998,
– *„Compliance and the compliance function in banks"* vom April 2005.

---

20 Zum Rechtscharakter der Regelwerke Hopt/Wohlmannstetter/*Emmenegger* S. 406 f.
21 *Prof. Zeitler* Vortrag „Regulierung der Finanzmärkte" auf dem Seminar der Münchner Juristischen Gesellschaft am 10.2.2011, S. 5 f.; abrufbar unter der Rubrik Reden auf www.bundesbank.de. Dort findet sich auch eine kurze Beschreibung der Arbeitsweise des Basler Ausschusses für Bankenaufsicht.
22 *Wundenberg* S. 17; Derleder/Knops/Bamberger/*Ohler* § 76 Rn. 1.
23 Weiterführend zu diesen Leitlinien Hopt/Wohlmannstetter/*Emmenegger* S. 405 f.

2. Säule zwei von Basel II

11 Ein Meilenstein des internationalen Bankenaufsichtsrechts – nicht nur im Hinblick auf die Organisationsanforderungen für Banken – war die „Überarbeitete Rahmenvereinbarung" des Basler Ausschusses für Bankenaufsicht („Basel II"[24]), die die erste Basler Eigenkapitalvereinbarung von 1988 (sog. „Basler Akkord" oder „Basel I") weiterentwickelte. Sie beruht auf drei Säulen:
- Die erste Säule von Basel II beinhaltet überarbeitete Mindestkapitalanforderungen.
- Sie wurde um die für dieses Kapitel bedeutsame zweite Säule, den bankaufsichtlichen Überprüfungsprozess (*Supervisory Review Process*" oder kurz: „*SRP*"), erweitert.
- Die dritte Säule enthält erweiterte Offenlegungsanforderungen.

12 Da mit den Mindestkapitalanforderungen der ersten Säule von Basel II nicht alle relevanten Risiken (vollständig) erfasst werden, dient die zweite Säule von Basel II dazu, Lücken der Risikobetrachtung zu schließen. Nach Auffassung des Basler Ausschusses für Bankenaufsicht ist ein solides Risikomanagement die Grundlage für eine effektive Beurteilung der Angemessenheit der Kapitalsituation einer Bank. Die Geschäftsleitung muss die Art und den Umfang der von der Bank eingegangenen Risiken sowie deren Beziehung zur angemessenen Eigenkapitalausstattung kennen. Sie ist auch dafür verantwortlich, dass Form und Entwicklungsgrad des Risikomanagements im Hinblick auf das Risikoprofil und den Geschäftsplan angemessen sind.[25] Der bankaufsichtliche Überprüfungsprozess nach der zweiten Säule von Basel II verfolgt dementsprechend zwei Ziele:
- sicherzustellen, dass Banken über angemessenes Eigenkapital (sog. internes oder ökonomisches Kapital) für alle Risiken verfügen, die mit ihrem Geschäft verbunden sind;
- darauf hinzuwirken, dass die Banken ihre Risikomanagementverfahren für die Überwachung und Handhabung ihrer Risiken verbessern, fortentwickeln und für die Steuerung anwenden.[26]

13 Damit wird das Risikomanagement als unternehmensinternes Instrument für aufsichtliche Zwecke nutzbar gemacht. Zur Verwirklichung dieser Ziele besteht eine Verpflichtung der Institute, einen internen Prozess einzurichten, der sicherstellt, dass das Institut im Hinblick auf seine Risiken über angemessenes „internes Kapital" verfügt (*„Internal Capital Adequacy Assessment Process*", kurz: „*ICAAP*"). Die Aufsicht ist ihrerseits verpflichtet, das Risikomanagement der Institute mindestens einmal jährlich zu überprüfen, aktuelle und potentielle Risiken zu bewerten und dabei dem Umfang sowie der Bedeutung der Risiken für das Institut und der Bedeutung des Instituts für das Finanzsystem Rechnung zu tragen (*„Supervisory Review and Evaluation Process*", kurz: „*SREP*").

---

24 *Basler Ausschuss für Bankenaufsicht* Internationale Konvergenz der Eigenkapitalmessung und Eigenkapitalanforderungen, Überarbeitete Rahmenvereinbarung/Basel II: International Convergence of Capital Measurement and Capital Standards: A Revised Framework – Comprehensive Version v. Juni 2004 bzw. Juni 2006.
25 Nach Auffassung des *Basler Ausschusses für Bankenaufsicht* Basel II, Tz. 723 „sollte eine Erhöhung des Eigenkapitals nicht als die einzige Möglichkeit gesehen werden, mit der eine Bank zunehmenden Risiken beggenen kann. Andere Mittel, wie die Stärkung des Risikomanagements, die Anwendung interner Limits, die Stärkung von Rückstellungen und Reserven sowie die Verbesserung interner Kontrollen, müssen ebenfalls erwogen werden. Darüber hinaus sollte Eigenkapital nicht als Ersatz dafür angesehen werden, grundlegend unzureichende Kontroll- oder Risikomanagementverfahren zu verbessern."
26 *Basler Ausschusses für Bankenaufsicht* Basel II, Tz. 720.

II. Europäische Vorgaben

Durch die Neufassung der **Bankenrichtlinie**[27] und der **Kapitaladäquanzrichtlinie**,[28] die wiederum ab dem 1.1.2007 in den EU-Mitgliedsstaaten in nationales Recht umzusetzen waren, hat der europäische Gesetzgeber Basel II in europäisches Recht überführt.[29]

Nach Art. 22 der Bankenrichtlinie wirken die zuständigen Behörden des Herkunftsmitgliedstaats darauf hin, dass jedes Kreditinstitut über eine solide Unternehmenssteuerung verfügt.[30] Gemäß Art. 123 der Bankenrichtlinie müssen die Kreditinstitute angemessene Leitungs-, Steuerungs- und Kontrollprozesse („*Robust Governance Arrangements*") sowie Strategien und Prozesse einrichten, die gewährleisten, dass genügend internes Kapital zur Abdeckung aller wesentlichen Risiken vorhanden ist („*Internal Capital Adequacy Assessment Process*"[31]). Nach Art. 73 Abs. 3 der Bankenrichtlinie gelten diese Anforderungen in der Institutsgruppe entsprechend. Die Qualität der internen Prozesse (ICAAP und Risikomanagement) ist von der Aufsicht gem. Art. 124 der Bankenrichtlinie im Rahmen des bankaufsichtlichen Überwachungsprozesses regelmäßig – mindestens jährlich – zu beurteilen („*Supervisory Review and Evaluation Process*"). Art. 123 und 124 der Bankenrichtlinie schreiben zudem den **Grundsatz der doppelten Proportionalität** europarechtlich fest. „Doppelte Proportionalität" bedeutet, dass sowohl die materiell-rechtlichen Organisationsanforderungen an das Risikomanagement als auch die Intensität der Aufsicht im Verhältnis zu dem institutsspezifischen Risikoprofil stehen müssen.

III. Umsetzung in deutsches Recht

Die qualitativen Anforderungen der zweiten Säule von Basel II bzw. von Art. 22 und 123 der Bankenrichtlinie wurden in Deutschland durch eine Änderung von § 25a KWG in nationales Recht umgesetzt und durch die MaRisk präzisiert (im Einzelnen siehe Rn. 28 ff.). Durch die zweite Säule von Basel II bzw. die umzusetzenden EU-Richtlinien fanden verstärkt Elemente „prinzipienorientierter Regulierung" Eingang in das deutsche Bankenaufsichtsrecht. Dieser seinerzeit neue Regulierungsansatz unterscheidet sich erheblich von der klassischen „regelbasierten Regulierung". Er soll im Folgenden zunächst theoretisch und sodann in seiner Ausprägung durch § 25a KWG bzw. die MaRisk vorgestellt werden.[32]

1. Prinzipienorientierte Regulierung und qualitative Bankenaufsicht

Prinzipien sind Zielnormen mit einem hohen Generalitätsgrad.[33] Sie normieren eine Handlungspflicht der beaufsichtigten Unternehmen und das von diesen zu erfüllende regulatorische Ziel (Normzweck ist Bestandteil des Wortlauts). Grammatikalisch erfolgt dies über

---

27 Richtlinie 2006/48/EG (Bankenrichtlinie) des Europäischen Parlaments und des Rates v. 14.06.2006 über die Aufnahme und Ausübung der Tätigkeit der Kreditinstitute, AblEU Nr. L177/1-200 v. 30.6.2006.
28 Richtlinie 2006/49/EG (Kapitaladäquanzrichtlinie) des Europäischen Parlaments und des Rates vom 14.6.2006 über die angemessene Eigenkapitalausstattung von Wertpapierfirmen und Kreditinstituten, AblEU Nr. L177/201-255 v. 30.6.2006.
29 Das sog. CRD IV-Paket beinhaltet eine Verordnung und eine Richtlinie, mit denen in Umsetzung von Basel III die früheren Eigenkapitalrichtlinien 2006/48/EG und 2006/49/EG ersetzt werden.
30 Das Committee of European Banking Supervisors (CEBS) hat hierzu die *Guidelines on the Application of the supervisory review process under Pillar 2 (CP03 revised)* vom 25.1.2006 veröffentlicht, worin CEBS die Anforderungen an die interne Unternehmenssteuerung nach Art. 22 der Bankenrichtlinie durch 21 Grundsätze konkretisiert.
31 In den MaRisk als „Interner Prozess zur Sicherstellung der Risikotragfähigkeit" bezeichnet.
32 Grundlegende normtheoretische und -systematische Ausführungen bei *Wundenberg* S. 37 ff.
33 *Wundenberg* S. 53.

eine finale Normstruktur und die Verwendung von „um zu"-Sätzen.[34] Dem regulatorischen **Ziel** ist daher bei einer prinzipienorientierten Regulierung in besonderem Maße Rechnung zu tragen.[35] Charakteristisch ist ferner, dass der Gesetzgeber die Wahl der im Einzelfall sachgerechten Mittel und Methoden den Normadressaten überantwortet.[36] Innerhalb des vorgegebenen gesetzlichen Rahmens (hierzu gehört auch die Eignung des Mittels zur Erreichung des bankaufsichtlichen Ziels) bestehen daher typischerweise weite Gestaltungsspielräume. Diese Flexibilität bringt gleichzeitig ein hohes Maß an **Eigenverantwortung** für die Institute und ihre Geschäftsleiter mit sich. Prinzipien erfordern insbesondere eine Gefährdungsanalyse und eine sorgfältige Abwägung zwischen den in Betracht kommenden Handlungsmöglichkeiten.[37] Die Komplexität der Rechtsanwendung ist – gerade in jüngster Zeit – als einer der Nachteile prinzipienorientierter Regulierung kritisiert worden. Daher verwundert es nicht, dass eine Tendenz zu immer stärker detaillierten Regelungen der aufsichtsrechtlichen Risikomanagementpflichten erkennbar ist.

18 Der Begriff der prinzipienorientierten Regulierung ist eng mit dem Begriff der qualitativen Aufsicht verknüpft. „Qualitative Aufsicht" bedeutet, dass sich die Aufsicht auch mit der Qualität der internen Verfahren beschäftigt. Hauptanwendungsfall ist das Governance-System der Institute.[38] Bei Einführung des bankaufsichtlichen Überprüfungsprozess hat die BaFin diesen „als neue Strategie einer präventiv agierenden Aufsicht" beschrieben, die „die Qualität der institutsinternen Verfahren zur Steuerung und Überwachung aller Risiken" verstärkt.[39] Die nationalen Aufsichtsbehörden müssten sich – mehr als bisher – auch aus eigener Anschauung ein Bild über die Qualität dieser Verfahren verschaffen, weshalb von dem SRP ein starker Impuls in Richtung qualitativer Bankenaufsicht ausgehen werde.[39] Mit Inkrafttreten des CRD IV-Umsetzungsgesetzes werden das aufsichtliche Überprüfungs- und Evaluierungsverfahren und die **präventive Aufsichtstätigkeit** durch die Einfügung von § 6b KWG n.F. nochmals gestärkt. Ein weiteres Merkmal der qualitativen Aufsicht ist, dass die maßgeblichen Anforderungen im **Dialog** mit den beaufsichtigten Unternehmen entwickelt und angepasst werden, wohingegen sich die traditionelle „quantitative Aufsicht" auf die Überwachung der vom Normgeber vorgegebenen quantitativen Anforderungen (z.B. Kennzahlen) beschränkt.

2. § 25a KWG als prinzipienorientierte Regulierung

19 Kennzeichnend für § 25a KWG als prinzipienorientierter Regulierung sind eine Vielzahl unbestimmter Rechtsbegriffe, die Vorgabe regulatorischer Ziele und die Festschreibung des Grundsatzes der doppelten Proportionalität. Der Gesetzgeber hat – anders als im Hinblick auf die Anforderungen an die Ausgestaltung der Vergütungssysteme der Institute[40] – für die Angemessenheit des Risikomanagements keine Ermächtigung zum Erlass einer Rechtsverordnung vorgesehen. Die Vorgabe zu starrer Anforderungen an das Risikomanagement, wie z.B. in Verordnungen oder Gesetzen, sei im Hinblick auf die Dynamik

---

34 *Wundenberg* S. 54.
35 Siehe auch *Hannemann/Schneider* S. 22; siehe auch AT 1 Tz. 4 S. 3 MaRisk: „Das Rundschreiben ist gegenüber der laufenden Fortentwicklung der Prozesse und Verfahren im Risikomanagement offen, soweit diese im Einklang mit den Zielen des Rundschreibens stehen."
36 *Wundenberg* S. 57 bezeichnet dies als Delegation der Verantwortung vom Gesetzgeber zum Gesetzesanwender (Institute, Prüfer, Aufsicht).
37 *Wundenberg* S. 56 f. und 88 f.
38 Siehe hierzu *Basel Committee on Banking Supervision* Core Principle for Effective Banking Supervision und *Basel Committee on Banking Supervision* Core Principle Methodology.
39 *BaFin* Schreiben v. 15.4.2004 zur Entwicklung der MaRisk; abgedruckt in *Hannemann/Schneider* Anlage 18, S. 1101.
40 § 25a Abs. 5 S. 1–3 und 5 KWG enthalten eine Verordnungsermächtigung. Hiervon wurde durch Erlass der Instituts-Vergütungsverordnung v. 6.10.2010 Gebrauch gemacht.

finanzwirtschaftlicher Tätigkeit, die laufende Fortentwicklung des Risikomanagements und die Heterogenität der Institute „wenig zweckmäßig"[41]. Die Präzisierung der unbestimmten Rechtsbegriffe des § 25a KWG erfolgt daher auf untergesetzlicher Ebene durch die MaRisk, ein mit der Kreditwirtschaft konsultiertes Rundschreiben der BaFin. Für die Institute bietet dies eine gewisse Rechts- und Planungssicherheit, während die Aufsicht flexibel bleibt, das Regelwerk zu ändern oder anzupassen.

3. MaRisk als prinzipienorientierte Regulierung

Die BaFin hat bei der erstmaligen Veröffentlichung der MaRisk eine Abkehr von der „traditionellen Regel-basierten Aufsicht hin zu einer Prinzipien-orientierten Aufsicht" angekündigt. Dieser „Paradigmenwechsel" werde sowohl Form und Stil der Regulierung als auch die bankenaufsichtliche Praxis verändern.[42] Der Vorteil[43] der prinzipienorientierten Ausrichtung der MaRisk gegenüber einem regelbasierten Ansatz bestehe darin, dass dieser „dem Anwender einen Handlungsrahmen vorgibt, ihm jedoch weitgehende Freiheiten bei der praktischen Umsetzung gibt, soweit diese mit der gesetzlichen Zielsetzung der Angemessenheit und Wirksamkeit des Risikomanagements vereinbar sind."[44]

20

Die Form des Rundschreibens hat sich in Deutschland etabliert; die MaRisk wurden seit ihrer erstmaligen Veröffentlichung im Jahr 2005 mehrfach überarbeitet. Die derzeit aktuelle Fassung (vierte Novelle, auch als MaRisk 5.0 oder MaRisk 2012 bezeichnet) ist zum 1.1.2013 in Kraft getreten.[45] Trotz der immer konkreter werdenden internationalen Vorgaben hat die BaFin auch in jüngerer Zeit betont, dass sie – soweit als möglich – den prinzipienorientierten Aufbau der MaRisk beibehalten wird.[46]

21

a) Merkmale der MaRisk

Die MaRisk stellen – wie der Name besagt – qualitative Mindestanforderungen auf. Sie sind ein umfassendes Regelwerk, das auf der Basis einer ganzheitlichen Risikobetrachtung einen flexiblen und praxisnahen Rahmen für das Management aller wesentlichen Risiken vorgibt.[47] Das Rundschreiben ist dabei der „qualitative Rahmen" für die Umsetzung von Art. 22 und 123 der Bankenrichtlinie (AT 1 Tz. 2 S. 1 MaRisk). Da die Qualität der internen Prozesse von der Aufsicht gem. Art. 124 der Bankenrichtlinie im Rahmen des bankaufsichtlichen Überwachungsprozesses regelmäßig zu beurteilen ist, gibt das Rundschreiben zudem den Regelungsrahmen für „die qualitative Aufsicht" in Deutschland (AT 1 Tz. 2 S. 1 MaRisk).

22

Folgende Merkmale sind kennzeichnend für die MaRisk (vgl. AT 1 Tz. 4–6 MaRisk):
– zahlreiche Öffnungsklauseln, die abhängig von der Größe der Institute, den Geschäftsschwerpunkten und der Risikosituation eine vereinfachte Umsetzung ermöglichen;
– eine grundsätzliche Offenheit gegenüber der laufenden Fortentwicklung der Prozesse und Verfahren im Risikomanagement, soweit diese im Einklang mit den Zielen des Rundschreibens stehen;
– eine (Weiter-)Entwicklung im fortlaufenden Dialog mit der Praxis;
– eine modulare Struktur, so dass notwendige Anpassungen in bestimmten Regelungsfeldern auf die zeitnahe Überarbeitung einzelner Module beschränkt werden können.

23

---

41 *BaFin* Schreiben v. 15.4.2004 zur Entwicklung der MaRisk; abgedruckt in *Hannemann/Schneider* Anlage 18, S. 1101.
42 *BaFin* Übersendungsschreiben zum Rundschreiben 18/2005 (BA) v. 20.12.2005, S. 4.
43 Kritisch zur Verwendung von *soft law* im Hinblick auf die rechtsstaatliche Kompetenzverteilung und die demokratische Legitimation belastender Regelungssätze ohne ausdrückliche gesetzliche Ermächtigung Hopt/Wohlmannstetter/*Weber-Rey/Baltzer* S. 432 f.
44 Vgl. *Hofer/Bothe* BaFinJournal August 2012, S. 6.
45 *BaFin* Übersendungsschreiben zum Rundschreiben 10/12 (BA) v. 14.12.2012, S. 6.
46 Vgl. *Hofer/Bothe* BaFinJournal August 2012, S. 7.
47 *Hannemann/Schneider* S. 5.

24 Die BaFin erwartet von den Prüfern, dass diese ihre Prüfungen auf der Basis eines risikoorientierten Prüfungsansatzes durchführen, so dass der flexiblen Grundausrichtung des Rundschreibens Rechnung getragen wird.

25 Über die nun ausdrückliche Anforderung in AT 1 Tz. 2 MaRisk an große Institute, die Veröffentlichungen internationaler Gremien zum Risikomanagement (namentlich des Basler Ausschusses für Bankenaufsicht und des Financial Stability Board) eigenverantwortlich in ihre Überlegungen einzubeziehen, ist davon auszugehen, dass diese einen noch stärkeren Eingang in die deutsche Aufsichtspraxis finden werden.[48] Die BaFin hat angekündigt, einzelne Aspekte aus den Veröffentlichungen internationaler Gremien, die nicht bereits Eingang in das KWG oder die MaRisk gefunden haben, mit den relevanten Instituten zu diskutieren.[49]

b) Rechtsnatur der MaRisk

26 Die BaFin hat in den MaRisk Pflichten, Anforderungen und Ausnahmeregelungen für die Institute und ihre Geschäftsleiter formuliert. Sie gibt das Inkrafttreten der MaRisk bekannt und gewährt im Hinblick auf einzelne Module oder Anforderungen Umsetzungsfristen. Ungeachtet dieser Begrifflichkeiten handelt es sich bei den MaRisk nicht um Außenrechtsnormen, sondern um interne **Verwaltungsvorschriften** der BaFin. Sie dienen der Vereinheitlichung der Verwaltungspraxis und sind Innenrecht der Verwaltung. Als behördliche Interpretation der unbestimmten Rechtsbegriffe eines angemessenen und wirksamen Risikomanagements im Sinne des § 25a Abs. 1 S. 3 KWG geben die MaRisk den Mitarbeitern der BaFin einen Beurteilungsmaßstab[50] bei der Rechtsanwendung. Aufgrund der einheitlichen Verwaltungspraxis in vergleichbaren Fällen führen sie zu einer Selbstbindung der Verwaltung (Art. 3 Abs. 1 GG) bei der Beurteilung der Angemessenheit des Risikomanagements eines Instituts.

27 Ob die MaRisk Rechtsverbindlichkeit nach außen entfalten, hängt davon ab, ob sie als norminterpretierende oder als normkonkretisierende Verwaltungsvorschriften einzuordnen sind. Der *VGH Kassel*[51] hat zur Verbindlichkeit des BaKred-Rundschreibens 1/2000 „Mindestanforderungen an die Ausgestaltung der Internen Revision der Kreditinstitute" (kurz: MaIR) in einem *obiter dictum* Stellung genommen. In dem konkreten Fall ging es um die Rechtmäßigkeit einer Verwarnung nach § 36 Abs. 2 KWG, die die Behörde gegenüber dem Geschäftsleiter einer Bank wegen zumindest leichtfertiger Verstöße gegen § 25a KWG ausgesprochen hatte. Der VGH Kassel stellte fest, dass einem „solchen Rundschreiben" weder gegenüber den Adressaten noch gegenüber den Gerichten Rechtsverbindlichkeit zukommt, sondern es sich lediglich um die Kundgabe einer Rechtsauffassung der BaFin handelt.[52] Die MaIR sind in den MaRisk aufgegangen,[53] so dass sich diese Auffassung auf die Rechtsnatur der MaRisk übertragen lässt.

---

48 Zu der Vorgängerversion der MaRisk findet sich bei Boos/Fischer/Schulte-Mattler/*Braun*/*Wolfgarten* § 25a Rn. 86 eine Übersicht über Empfehlungen des Basler Ausschusses für Bankenaufsicht, die nach der Auffassung der Autoren bei der Auslegung der MaRisk (2010) zu berücksichtigen sind.
49 *BaFin* Übersendungsschreiben zum Rundschreiben 10/2012 (BA) v. 14.12.2012, S. 2.
50 *BaFin* Übersendungsschreiben zum ersten Entwurf der MaRisk v. 2.2.2005; abgedruckt in *Hannemann/Schneider* Anlage 17, S. 1096.
51 WM 2007, 392.
52 Auf die rechtliche Verbindlichkeit des Rundschreibens kam es in dem Fall nicht entscheidungserheblich an. Nach der Auffassung des *VGH Kassel* ergab sich bereits aus der damals gegenständlichen Gesetzesfassung, die Pflicht zur Einrichtung einer Internen Revision: „... denn in zutreffender Konkretisierung des unbestimmten Rechtsbegriffes „internes Kontrollverfahren" ist hier gefordert, dass jedenfalls im Grundsatz die Aufgabe der Revision in dem Institut besetzt sein muss, wozu insbesondere auch gehört, dass die Stelle mit einem weisungsabhängigen Mitarbeiter des Instituts besetzt wird. Da sich dieses Erfordernis, wie das Verwaltungsgericht zutreffend angenommen hat, bereits hinreichend aus dem Gesetz selbst ergibt, kommt es auf eine rechtliche Verbindlichkeit des Rundschreibens der Beklagten über Mindestanforderungen an die Ausgestaltung der internen Revision nicht an."
53 *BaFin* Übersendungsschreiben zum ersten Entwurf der MaRisk v. 2.2.2005 in Hannemann/Schneider, Anlage 17, S. 1096.

Ein rechtlich bedeutsamer Unterschied zwischen den beiden Rundschreiben könnte jedoch darin bestehen, dass der erste Entwurf der MaRisk – abweichend von dem bis dahin bei Konsultationen verfolgten Verfahren – zunächst einem sog. Fachgremium „zur fachlichen Weiterentwicklung" vorgelegt wurde.[54] Das Fachgremium setzt sich aus Vertretern der Verbände, der Institute, der Prüfer, der Innenrevisoren und der Aufsicht zusammen, ist also sachverständig und pluralistisch besetzt. Jedoch wurde es vom Gesetzgeber nicht mit der Konkretisierung der unbestimmten Rechtsbegriffe des § 25a KWG beauftragt. Das Fachgremium wurde von der BaFin eingerichtet, um durch Transparenz und Praxisnähe bei der Ausarbeitung der Anforderungen die Akzeptanz der Vorgaben zu erhöhen.[55] Den Vertretern der Kreditwirtschaft steht jedoch kein Mitentscheidungsrecht über die Inhalte des Rundschreibens zu. Unabhängig davon stünde die Einordnung der MaRisk als normkonkretisierende Verwaltungsvorschriften mit ihrem Charakter als prinzipienorientierter Regulierung in Widerspruch.[56]

Die MaRisk sind somit als norminterpretierende Verwaltungsvorschriften einzuordnen, die **keine unmittelbare Bindungswirkung** gegenüber den Instituten und den Gerichten entfalten.[57] Die Grenze der behördlichen Norminterpretation bleibt somit der Wortlaut des Gesetzes; die MaRisk begründen keine Rechtspflichten, die nicht bereits in § 25a KWG verankert sind. Aufgrund des Vorbehaltes des Gesetzes kann die BaFin Maßnahmen nicht allein auf eine Nichterfüllung der MaRisk stützen; vielmehr muss ein Verstoß gegen § 25a KWG vorliegen. Das Gericht muss daher im Hinblick auf jede einzelne Anforderung der MaRisk feststellen, ob diese bereits hinreichend in § 25a KWG verankert ist.

c) Faktische Bindungswirkung der MaRisk

Trotz ihrer rechtlichen Unverbindlichkeit haben die MaRisk eine hohe faktische Bindungswirkung.[58] Sie dienen den Instituten in der Praxis als Orientierungshilfe bei der Rechtsanwendung, wobei sich ihre Akzeptanz sich auch daraus erklärt, dass sie unter Beteiligung der Kreditwirtschaft und des Standes der Wirtschaftsprüfer – somit „nicht am grünen Tisch" – entstanden sind. Wichtig ist zudem, dass ihre Einhaltung – wenn auch nur mittelbar und nicht letztverbindlich – **behördlich durchsetzbar** ist. Die BaFin beurteilt – wie oben dargestellt – anhand der MaRisk, ob ein Institut die Organisationspflichten des § 25a KWG einhält, und entscheidet auf dieser Grundlage über bankaufsichtliche Maßnahmen. Eine Nichtbefolgung kann somit einschneidende Folgen haben (siehe unter Rn. 89 ff.). Auch wenn das Institut bzw. der betroffene Geschäftsleiter Maßnahmen der BaFin gerichtlich überprüfen und ggf. die Aufhebung erreichen kann, verbleibt selbst im Erfolgsfall ein nicht unbeachtliches Reputationsrisiko.[59] Zudem ist davon auszugehen, dass das mit dem Rechtsstreit befasste Verwaltungsgericht die MaRisk – trotz ihrer Unverbindlichkeit – als Auslegungs- bzw. Orientierungshilfe für die Entscheidung der Frage zu Rate ziehen wird, ob ein

---

54 *BaFin* Übersendungsschreiben zum ersten Entwurf der MaRisk v. 2.2.2005 in Hannemann/Schneider, Anlage 17, S. 1100.
55 In der Konsultationsphase eines Rundschreibens besteht die Möglichkeit, Kritik, Anregungen und Änderungsvorschläge einzubringen. In der Folgezeit dient das Fachgremium der Klärung von Auslegungsfragen und der Erörterung von prüfungsrelevanten Sachverhalten.
56 Wundenberg S. 92 ff.
57 Vgl. *Hannemann/Schneider* S. 19 und S. 43; *Hofer/Bothe* BaFinJournal August 2012 S. 5; Schwennicke/Auerbach/*Langen* § 25a Rn. 8.
58 Reischauer/Kleinhans/*Bitterwolf* Anhang 1 zu § 25a, AT 1 Tz. 1 Rn. 2; Schwennicke/Auerbach/*Langen* § 25a Rn. 8.
59 *Weber-Rey* S. 556.

Verstoß gegen § 25a KWG vorliegt.[60] Sofern es die Norminterpretation durch die Behörde als zutreffend erachtet, wird es diese unter Umständen sogar zur Begründung seines Urteils heranziehen.[61]

29 Darüber hinaus dienen die MaRisk auch den **Prüfern** (Wirtschaftsprüfern, Verbandsprüfern, Prüfern der Deutschen Bundesbank) als Orientierungshilfe bzw. Maßstab für die Prüfung des Risikomanagements eines Instituts.[62] Die Jahresabschlussprüfer des Instituts haben nach § 29 Abs. 1 S. 2 KWG das Risikomanagement zu prüfen und greifen hierfür auf die MaRisk.[63] Die von der BaFin nach § 44 Abs. 1 S. 2 KWG mit einer bankgeschäftlichen Sonderprüfung der Geschäftsorganisation beauftragten Prüfer der Deutschen Bundesbank legen die MaRisk als „Leitplanke" für ihre Prüfungstätigkeiten an. Die (Nicht-)Einhaltung der Anforderungen der MaRisk wird im Prüfungsbericht entsprechend dargestellt. Das zusammengefasste Prüfungsergebnis zur Ordnungsgemäßheit der Geschäftsorganisation nach § 25a KWG hängt von Anzahl, Schwere und Fortsetzung der Mängel sowie deren Auswirkung(en) auf das ordnungsgemäße Betreiben der Geschäfte und das Risikomanagement ab. Die Feststellungen der Sonderprüfer, die sie sich regelmäßig zu eigen macht, sind die Grundlage, auf der die BaFin über aufsichtliche Maßnahmen entscheidet.[64]

d) Verankerung von Anforderungen der MaRisk im KWG

30 Es ist eine Tendenz erkennbar, im Vorgriff auf Änderungen des KWG die MaRisk anzupassen; dies geschah bspw. in der MaRisk-Novelle 2012 im Hinblick auf den damaligen Entwurf des CRD IV-Umsetzungsgesetzes. Andererseits werden aber auch Anforderungen der MaRisk in das KWG übernommen. Jüngstes Beispiel sind § 25c Abs. 4a und 4b KWG n.F., die durch das sog. Trennbankengesetz eingefügt wurden. Hierin werden umfangreiche und detaillierte „**Sorgetragungspflichten**" von Geschäftsleitern normiert, die diese im Rahmen ihrer Gesamtverantwortung für eine ordnungsgemäße Geschäftsorganisation zu beachten haben, sowie **gesetzliche Mindestanforderungen**.[65] Die in § 25c Abs. 4a und 4b KWG n.F. geregelten Pflichten sind inhaltlich nicht neu; sie geben den von der Verwaltungspraxis angenommenen Geschäftsleiterpflichten nach dem gesetzgeberischen Willen nunmehr Gesetzesrang.[66] Mit Inkrafttreten ab dem 2.1.2014 sind diese Pflichten somit für die Geschäftsleiter von Instituten **unmittelbar verbindlich**.

---

60 Es sei in diesem Zusammenhang darauf hingewiesen, dass der *BGH* hat zur strafrechtlichen Verantwortung von Vorstandsmitgliedern einer Sparkasse die Rundschreiben des Bundesaufsichtsamtes für Kreditwesen, eines der Vorgängerämter der BaFin, zur Konkretisierung der gesetzlichen Vorgaben des § 18 KWG herangezogen hat. Siehe *BGHSt* 47, 148 ff.: „Das BAKred hat das Verfahren nach § 18 Satz 1 KWG in mehreren Rundschreiben konkretisiert, die als Erläuterung der banküblichen Sorgfaltspflichten bei der Kreditwürdigkeitsprüfung – auch für den Tatzeitraum – heranzuziehen sind.... Gravierende Verstöße gegen die bankübliche Informations- und Prüfungspflicht begründen aber eine Pflichtwidrigkeit im Sinne des Mißbrauchstatbestandes des § 266 StGB (vgl. auch *BGH* wistra 1985, 190; wistra 1990, 148). Bei der Frage, ob solche Verstöße vorliegen, kann auch auf die Erläuterungen des BAKred zum Verfahren nach § 18 KWG zurückgegriffen werden. Diese bußgeldbewehrte (§ 56 Abs. 3 Nr. 4 KWG n.F.) gesetzlich geregelte Informationspflicht und die sie erläuternden amtlichen Verlautbarungen des BAKred konkretisieren die Grenzen des rechtlichen Dürfens von Bankleitern bei der Kreditvergabe und machen den Mißbrauchstatbestand damit zugleich hinreichend bestimmt."
61 So offensichtlich das erstinstanzlich befasste Verwaltungsgericht in dem bereits zitierten Fall vor dem *VGH Kassel* (WM 2007, 392).
62 Reischauer/Kleinhans/*Bitterwolf* Anhang 1 zu § 25a, AT 1 Tz. 1 Rn. 2.
63 Boos/Fischer/Schulte-Mattler/*Braun/Wolfgarten* § 25a Rn. 49.
64 Die Abarbeitung der Feststellungen wird von der Fachaufsicht der BaFin bzw. der laufenden Aufsicht der Deutschen Bundesbank überwacht. Gegebenenfalls findet eine sog. Nachschau-Prüfung statt.
65 Entwurf eines Gesetzes zur Abschirmung von Risiken und zur Planung der Sanierung und Abwicklung von Kreditinstituten und Finanzgruppen, BR-Drucks. 378/13.
66 Begründung zum Entwurf eines Gesetzes zur Abschirmung von Risiken und zur Planung der Sanierung und Abwicklung von Kreditinstituten und Finanzgruppen, BT-Drucks. 17/12601, S. 49.

C. Organisationspflichten nach § 25a Abs. 1 KWG ("Compliance-Organisation")

In Deutschland ist § 25a Abs. 1 KWG die zentrale Vorschrift des Bankenaufsichtsrechts im Hinblick auf die Governance von Instituten. In folgendem Abschnitt werden der Normzweck (I.) sowie die Pflichtenprogramme von Instituten (II.) und ihren Geschäftsleitern (III.) erörtert. **31**

I. Zweck der Norm

Die Organisationspflichten des § 25a KWG dienen den Zielen der Bankenaufsicht (siehe AT 2 Tz. 1 MaRisk). Das KWG verfolgt ein „liberales Aufsichtskonzept", das einen ordnungsrechtlichen Rahmen für die Geschäftstätigkeit von Instituten vorgibt, jedoch die „grundsätzliche Freiheit des geschäftspolitischen Entscheidungsspielraums" respektiert.[67] Die Bankenaufsicht wird tätig, um Gefahren für die öffentliche Sicherheit und Ordnung, die von dem Betrieb von Bankgeschäften und dem Erbringen von Finanzdienstleistungen ausgehen, abzuwehren.[68] § 6 Abs. 2 KWG weist daher der BaFin die Aufgabe zu, bestimmten **Missständen** im Kredit- und Finanzdienstleistungswesen entgegenzuwirken. Die Ziele der Bankenaufsicht sind:
– der Schutz der Institutsgläubiger, insbesondere der Einleger, vor Verlusten,
– der Schutz der Funktionsfähigkeit des Finanzwesens und
– der Schutz der Gesamtwirtschaft vor erheblichen Nachteilen. Dabei wird einer präventiven Tätigkeit zunehmend größere Bedeutung beigemessen. **32**

Die Bankenaufsicht wird **ausschließlich im öffentlichen Interesse** tätig wird, wie § 4 Abs. 4 FinDAG klarstellt. Sie schützt die Gläubiger in ihrer Gesamtheit (kollektiver Gläubigerschutz), nicht jedoch Individualinteressen. **33**

II. Pflichten auf Ebene des Einzelinstituts und der Gruppe

§ 25a Abs. 1 KWG enthält Vorgaben zur Geschäftsorganisation für das Einzelinstitut, die § 25a Abs. 1a KWG im Hinblick auf Gruppen für entsprechend anwendbar erklärt. **34**

1. Institute als Normadressaten

Die Normadressaten von § 25a Abs. 1 S. 1 KWG sind Institute im Sinne des KWG.[69] Der Anwenderkreis nach MaRisk (vgl. AT 2.1 MaRisk) ist identisch. Der Begriff des Instituts ist in § 1 Abs. 1b KWG als (inländisches) **Kredit–** und **Finanzdienstleistungsinstitut** legaldefiniert.[70] Kreditinstitute sind Unternehmen, die gewerbsmäßig die in § 1 Abs. 1 S. 2 KWG aufgezählten Bankgeschäfte tätigen (vgl. § 1 Abs. 1 S. 1 KWG). Finanzdienstleistungsinsti- **35**

---

67 Vgl. u.a. die Regierungsbegründung zum Entwurf eines Gesetzes zur Umsetzung der Richtlinie 2002/87/EG des Europäischen Parlaments und des Rates v. 16.12.2002 (Finanzkonglomeraterichtlinie-Umsetzungsgesetz) BT-Drucks. 15/3631, S. 48.
68 *Weber-Rey* S. 547.
69 Zur (entsprechenden) Anwendung für Betreiber organisierter Märkte mit Sitz im Ausland, die als einzige Finanzdienstleistung ein multilaterales Handelssystem im Inland betreiben, sowie Träger einer inländischen Börse siehe § 2 Abs. 12 KWG.
70 Der Begriff des Kreditinstitutes im Sinne des KWG ist weiter als derjenige der europäischen Capital Requirements Regulation (CRR). Letztere beschränkt den Begriff des Kreditinstituts auf Unternehmen, die die Bankgeschäfte des Einlagen- und des Kreditgeschäfts betreiben, wohingegen das KWG noch diverse andere Bankgeschäfte kennt. Auch der Begriff des Finanzdienstleistungsinstituts nach dem KWG ist weiter als derjenige der Wertpapierfirma nach der CRR.

tute sind Unternehmen, die gewerbsmäßig die in § 1 Abs. 1a S. 2 KWG aufgezählten Finanzdienstleistungen erbringen, und kein Kreditinstitut sind (vgl. § 1 Abs. 1a S. 1 KWG). Gemäß dem Grundsatz der Heimatlandkontrolle sind die Anforderungen auch von den rechtlich unselbstständigen Zweigniederlassungen deutscher Institute im Ausland einzuhalten (vgl. AT 2.1 Tz. 1 S. 2 MaRisk).

36 Als Kredit- oder Finanzdienstleistungsinstitut im Sinne des KWG gelten auch rechtlich unselbstständige Zweigstellen von Unternehmen mit Sitz im (Nicht-EWR-)Ausland, sofern die Zweigstelle im Inland Bankgeschäfte betreibt oder Finanzdienstleistungen erbringt (§ 53 Abs. 1 S. 1 KWG). Dies gilt im Hinblick auf den Grundsatz der Heimatlandkontrolle nicht für Zweigniederlassungen von Unternehmen mit Sitz in einem anderen Staat des EWR; diese müssen nur die Dokumentationspflichten nach § 25a Abs. 1 S. 3 Nr. 6 KWG einhalten (§ 53b Abs. 3 S. 1 Nr. 6 KWG; AT 2.1 Tz. 1 S. 4 MaRisk).

37 Für **Wertpapierdienstleistungsunternehmen** (§ 2 Abs. 4 WpHG) sind die Organisationspflichten des § 25a Abs. 1 KWG aufgrund der Rechtsgrundverweisung in § 33 Abs. 1 S. 1 WpHG anwendbar.[71] Die MaRisk enthalten keine speziellen Anforderungen für Wertpapierdienstleistungsunternehmen; die Zielsetzung ist jedoch auf den Schutz der Interessen der Wertpapierdienstleistungskunden erweitert.[72]

2. Gruppen als Anwenderkreis

38 § 25a Abs. 1a S. 1 KWG bzw. § 25a Abs. 1b S. 1 KWG bestimmen, dass die Pflichten des Einzelinstituts nach § 25a Abs. 1 KWG auf Gruppenebene entsprechend gelten; die inhaltlichen Anforderungen an die Ausgestaltung des gruppenweiten Risikomanagements werden nicht näher präzisiert.[73] Bisher wurde auf die aufsichtlichen Gruppenbegriffe des § 10a KWG (Institutsgruppen und Finanzholding-Gruppen) und des § 10b KWG (Finanzkonglomerate) Bezug genommen.[74]

Das übergeordnete Unternehmen durfte nach bisherigem Recht nur insoweit auf das nachgeordnete Unternehmen einwirken, als das allgemeine Gesellschaftsrecht nicht entgegensteht (§ 25a Abs. 1a S. 2 KWG i.V.m. § 10a Abs. 12 S. 1 und 2 KWG bzw. § 25a Abs. 1b S. KWG i.V.m. § 10b Abs. 6 S. 1 und 2 KWG; Erläuterungen zu AT 4.5 Tz. 1 MaRisk). Hier deuten sich im Hinblick auf die Umsetzung von Art. 109 Abs. 2 und 3 CRD IV Änderungen an. Es ist kein grundsätzlicher Vorbehalt zugunsten des Gesellschaftsrechts mehr vorgesehen. In der Regierungsbegründung zu § 25a Abs. 3 KWG n.F. (BT-Drucks. 17/10974, S. 86) heißt es, dass die Einwirkungsmöglichkeiten des übergeordneten Unternehmens uneingeschränkt gelten und auch nicht durch anderweitiges Gesellschaftsrecht beschnitten werden sollen. Nach § 25a Abs. 3 S. 4 KWG n.F. müssen Tochterunternehmen der Gruppe mit Sitz in einem Drittstaat die Pflichten aus der Einbeziehung in das Risikomanagement nur inso-

---

71 Schwennicke/Auerbach/*Langen* § 25a Rn. 15.
72 Reischauer/Kleinhans/*Bitterwolf* Anlage 1 zu § 25a, AT 3 Rn. 1.
73 Eine der Lehren der Finanzmarktkrise war das Fehlen eines gruppenweiten Risikomanagements und gruppenweiter Kontrollstrukturen. Die BaFin hat bei der Überarbeitung der MaRisk in 2009 das zusätzliche Modul „Risikomanagement auf Gruppenebene" aufgenommen. AT 4.5 Tz. 1 S. 2 MaRisk stellt klar, dass sich nach ihrer Auffassung das Risikomanagement auf Gruppenebene auf alle wesentlichen Risiken auch wenn diese nicht bei konsolidierungspflichtigen Unternehmen begründet werden. Dieses richtet sich prinzipienorientiert nach dem Proportionalitätsprinzip (Erläuterungen zu AT 4.5 Tz. 1 MaRisk). Das Gruppenrisikomanagement muss keine einheitlichen Verfahren anwenden; diese dürfen der Wirksamkeit des Risikomanagements auf Gruppenebene jedoch nicht entgegenstehen (AT 4.5 Tz. 1 S. 3 MaRisk).
74 Ausnahmen von der Pflicht zur Einrichtung eines internen Kontrollverfahrens für Institutsgruppen mit Sitz im Inland („*Waiver*") regelt § 2a KWG.

weit beachten, als diese nicht dem Recht des Herkunftsstaats entgegenstehen; *e contrario* gilt dies nicht für Tochterunternehmen mit Sitz innerhalb der EU. Diese müssen die Pflichten aus der Einbeziehung in das Risikomanagement auch bei entgegenstehendem (Gesellschafts-)Recht beachten.

Mit Inkrafttreten des CRD IV-Umsetzungsgesetzes wird zudem der Gruppenbegriff für die Zwecke des Risikomanagements auf alle nachgeordneten Unternehmen – unabhängig von deren Branche – erweitert. § 25a Abs. 3 und Abs. 4 KWG n.F. regeln, dass für Institutsgruppen, Finanzholding-Gruppen, gemischte Finanzholding-Gruppen, Institute nach Art. 21 CRR sowie Finanzkonglomerate die Bestimmungen für das Einzelinstitut nach § 25a Abs. 1 und Abs. 2 KWG n.F. entsprechend gelten. Gemäß § 25a Abs. 3 S. 2 n.F. gehören zu einer Gruppe auch Tochterunternehmen, auf die die CRR und § 1a KWG n.F. keine Anwendung finden. Der Gesetzgeber berücksichtigt damit, dass es für die wirksame Steuerung von Risiken auf Gruppenebene unerheblich ist, ob die Risiken von Tochtergesellschaften mit oder ohne Instituteigenschaft stammen. Die Stärkung des Gruppenrisikomanagements soll zudem der Verlagerung von Bankaktivitäten in unregulierte Tochtergesellschaften (**Shadow Banking**) entgegenwirken (BT-Drucks. 17/10974, S. 86).

3. Pflicht zur Sicherstellung einer ordnungsgemäßen Geschäftsorganisation

Ein Institut ist nach § 25a Abs. 1 S. 1 KWG verpflichtet, über eine „ordnungsgemäße Geschäftsorganisation" zu verfügen, die die Einhaltung der „vom Institut zu beachtenden gesetzlichen Bestimmungen gewährleistet". Prinzipienorientiert enthält § 25a Abs. 1 S. 1 KWG eine Handlungspflicht nebst Zielvorgabe. **39**

a) Gewährleistung von Gesetzeskonformität als Ziel ordnungsgemäßer Geschäftsorganisation

Eine ordnungsgemäße Geschäftsorganisation hat die Gesetzeskonformität zu gewährleisten. Nach dem Gesetzeswortlaut gilt dies mangels Einschränkung für alle vom Institut zu beachtenden Gesetze.[75] Mit dem Begriff „Gesetz" sind Gesetze im materiellen Sinn, somit auch Rechtsverordnungen, gemeint. Der Gesetzgeber hat die Zielrichtung dieser Compliance-Pflicht in einer Gesetzesbegründung zu § 25a KWG präzisiert: hiernach sind die vom Institut einzuhaltenden gesetzlichen Bestimmungen „in erster Linie" die „einschlägigen aufsichtsrechtlichen Gesetze", wobei als Beispiele („insbesondere") hierfür das KWG, das WpHG, das Gesetz über Bausparkassen, das Depotgesetz, das Geldwäschegesetz, das Pfandbriefgesetz und die zur Durchführung dieser Gesetze erlassenen Rechtsverordnungen genannt werden.[76] Klarstellend weist der Gesetzgeber darauf hin, dass darüber hinaus weitere gesetzliche Pflichten bestehen können.[77] Die Pflicht zur Gewährleistung von Gesetzeskonformität bzw. Compliance ist damit weit auszulegen.[78] **40**

---

75 Eine in der Literatur vertretene Auslegung schränkt dies auf bankaufsichtliche Gesetze ein; a.A. mit weiterführenden Nachweisen *Wundenberg* S. 102 f., da diese einschränkende Auslegung weder im Wortlaut noch in den Gesetzesmaterialien eine Stütze findet und dem Zweck der Norm widerspricht. Für eine weite Auslegung sicher auch Boos/Fischer/Schulte-Mattler/*Braun/Wolfgarten* § 25a Rn. 37 ff. mit Hinweis auf die Dokumente des *Basler Ausschusses für Bankenaufsicht Core Principles for effective Banking Supervision und Compliance and the Compliance function in banks*.

76 Vgl. Regierungsbegründung zum Entwurf eines Gesetzes zur Umsetzung der Richtlinie 2002/87/EG des Europäischen Parlaments und des Rates v. 16.12.2002 (Finanzkonglomeraterichtlinie-Umsetzungsgesetz) BT-Drucks. 15/3631, S. 47.

77 Vgl. Regierungsbegründung zum Entwurf eines Gesetzes zur Umsetzung der Richtlinie 2002/87/EG des Europäischen Parlaments und des Rates vom 16.12.2002 (Finanzkonglomeraterichtlinie-Umsetzungsgesetz) BT-Drucks. 15/3631, S. 47.

78 Boos/Fischer/Schulte-Mattler/*Braun/Wolfgarten* § 25a Rn. 35 ff.

b) Einrichtung einer Compliance-Organisation

41 Um die Gesetzeskonformität zu „gewährleisten", ist es erforderlich, dass das Institut umfassende präventive Vorkehrungen ergreift, somit eine Compliance-Organisation einrichtet.[79] Das Gesetz enthält bisher keine ausdrücklichen Vorgaben zu den Elementen einer solchen Compliance-Organisation, so dass die Umsetzung weitgehend der Eigenverantwortung des Instituts überlassen ist.[80] Mit Inkrafttreten des CRD IV-Umsetzungsgesetzes zum 1.1.2014 wird eine Pflicht für Institute eingeführt, eine Compliance-Funktion[81] und einen Whistle-Blower-Prozess einzurichten. Demgegenüber werden weitere Elemente einer Compliance-Organisation (z.B. die Benennung eines Compliance-Beauftragten) und die Anforderungen an die Compliance-Funktion auch zukünftig nicht gesetzlich, sondern lediglich in den MaRisk geregelt.

4. Pflicht zur Einrichtung eines angemessenen und wirksamen Risikomanagements

42 Ein „angemessenes und wirksames Risikomanagement" ist nach § 25a Abs. 1 S. 3 KWG zwingender Kernbestandteil der ordnungsgemäßen Geschäftsorganisation eines Instituts. Die MaRisk präzisieren die Mindestanforderungen an ein angemessenes und wirksames Risikomanagement. Sie beziehen sich auf das Management der wesentlichen Risiken des Instituts, stellen allerdings klar, dass auch für nicht wesentliche Risiken angemessene Vorkehrungen zu treffen sind (AT 2.1 Tz. 1 MaRisk). Das Erfordernis eines „wirksamen" Risikomanagements soll dessen tatsächliche Steuerungsfunktion unterstreichen.[82] Die Angemessenheit und die Wirksamkeit des Risikomanagements sind vom Institut regelmäßig zu überprüfen (§ 25a Abs. 1 S. 5 KWG). Da das Risikomanagement eine Grundlage für die sachgerechte Wahrnehmung der Überwachungsfunktion des Verwaltungs- oder Aufsichtsrats ist, beinhaltet es auch seine angemessene Einbindung (AT 1 Tz. 1 S. 5 MaRisk).

a) Sicherstellung der Risikotragfähigkeit als Ziel des Risikomanagements

43 Als Ziel des Risikomanagements nennt § 25a Abs. 1 S. 3 KWG die laufende Sicherstellung der Risikotragfähigkeit des Instituts.[83] Die Risikotragfähigkeit ist gegeben, wenn die wesentlichen Risiken des Instituts durch das Risikodeckungspotential, unter Berücksichtigung von Risikokonzentrationen, laufend abgedeckt sind (AT 4.1 Tz. 1 MaRisk). Dafür hat das Institut zunächst eine Risikoinventur durchzuführen und die Risiken sämtlicher Organisationseinheiten in einem **Gesamtrisikoprofil** zu erfassen (AT 2.2 Tz.1 S. 2 und 3 MaRisk). Auf dieser Grundlage hat das Institut seine „wesentlichen Risiken" zu identifizieren und zu prüfen, welche Risiken die Vermögens-, die Ertrags- und die Liquiditätslage wesentlich beeinträchtigen können (AT 2.2 Tz. 2 S. 1 MaRisk). Einige Risikoarten, die grundsätzlich als wesentlich einzustufen sind, geben die MaRisk vor (AT 2.2 Tz. 1 S. 4

---

79 *Wundenberg* S. 102
80 Negativ formuliert stellt das Gesetz klar, dass das Institut sich seiner Pflicht zu gesetzeskonformem Handeln nicht entziehen kann: Nach § 25a Abs. 2 S. 5 KWG bleibt es auch bei einer Auslagerung von Tätigkeiten an ein Auslagerungsunternehmen für die Einhaltung der von ihm zu beachtenden gesetzlichen Bestimmungen verantwortlich. Siehe AT 5 Tz. 3 lit d) MaRisk zu Compliance-Regelungen im Organisationshandbuch.
81 Mit weiterführenden Nachweisen zur Literaturmeinung, wonach bereits bisher – ohne ausdrückliche Regelung – eine Pflicht zur Einrichtung einer Compliance-Funktion als Bestandteil des internen Kontrollsystems angenommen wird *Wundenberg* S. 106 f.
82 Regierungsbegründung zum Entwurf eines Gesetzes zur Umsetzung der Richtlinie über Märkte für Finanzinstrumente und der Durchführungsrichtlinie der Kommission (Finanzmarkt-Richtlinie-Umsetzungsgesetz), BT-Drucks. 16/4028, S. 95.
83 Es handelt sich hierbei die Umsetzung der zweiten Säule von Basel II.

MaRisk); darüber hinaus kann das Institut eigenverantwortlich weitere Risikoarten als wesentlich einstufen. Die **wesentlichen Risiken** sind sodann dem zur Verfügung stehenden „**internen Kapital**" gegenüberzustellen. Sofern das interne Kapital die wesentlichen Risiken abdeckt, ist die Risikotragfähigkeit gegeben.

Bei der Beurteilung der Risikotragfähigkeit besteht – im Sinne prinzipienorientierter Regulierung – **Methodenfreiheit**. Jedoch gelten folgende Vorgaben an die Risikoquantifizierungsverfahren (vgl. AT 4.1 Tz. 8 MaRisk): **44**

- Die den Methoden und Verfahren zugrundeliegenden Annahmen sind nachvollziehbar zu begründen;
- wesentliche Elemente der Risikotragfähigkeitssteuerung sowie wesentliche zugrundeliegende Annahmen sind von der Geschäftsleitung zu genehmigen;
- die Angemessenheit der Methoden und Verfahren ist mindestens jährlich zu überprüfen;
- den Grenzen und Beschränkungen der eingesetzten Methoden und Verfahren, der ihnen zugrundeliegenden Annahmen und der in die Risikoquantifizierung einfließenden Daten (Modellrisiken) ist hinreichend Rechnung zu tragen;
- die Aussagekraft der quantifizierten Risiken ist kritisch zu analysieren.

Zur Sicherstellung der Risikotragfähigkeit hat das Institut einen internen Prozess einzurichten (AT 4.1 Tz. 2 S. 1 MaRisk). Zur Umsetzung der Strategien bzw. zur Gewährleistung der Risikotragfähigkeit sind ferner geeignete Risikosteuerungs- und Risikocontrollingprozesse einzurichten (AT 4.1 Tz. 2 S. 3 MaRisk). Die Risikosteuerungs- und Risikocontrollingprozesse haben dabei nach der vierten MaRisk-Novelle sowohl das Ziel der Fortführung des Instituts als auch den Schutz der Gläubiger vor Verlusten angemessen zu berücksichtigen (AT 4.1 Tz. 8 S. 7 MaRisk). Jedoch besteht in der Regel keine zwingende Notwendigkeit, beide Ansätze parallel als steuerungsrelevant zu implementieren.[84] **45**

Das Risikotragfähigkeitskonzept muss schließlich durch einen **zukunftsgerichteten Kapitalplanungsprozess** ergänzt werden (AT 4.1 Tz. 9 MaRisk). Hierüber soll das Institut einen möglichen Bedarf an internem oder regulatorischem Kapital bereits frühzeitig identifizieren, um gegebenenfalls geeignete Maßnahmen einleiten zu können. Die Institute müssen analysieren, wie sich Veränderungen ihrer Geschäftstätigkeit oder der strategischen Ziele sowie Änderungen des wirtschaftlichen Umfeldes auf den Kapitalbedarf auswirken, wobei ein mehrjähriger Zeitraum anzulegen ist. Auch adverse Entwicklungen sind bei der Planung angemessen zu berücksichtigen. **46**

b) Grundsatz der doppelten Proportionalität

Es wird kein bestimmtes Risikomanagement für alle Institute vorgegeben (kein „*one size fits all*"-Ansatz). Über das Tatbestandsmerkmal der „Angemessenheit" des Risikomanagements ist vielmehr die Möglichkeit eröffnet, institutsindividuelle Verhältnisse zu berücksichtigen. § 25a Abs. 1 S. 4 KWG verankert darüber hinaus im deutschen Recht den in der Bankenrichtlinie niedergelegten Grundsatz der doppelten Proportionalität.[85] Die gesetzliche Verankerung erschien ordnungspolitisch notwendig, da die MaRisk die Aufsicht binden, nicht jedoch die Institute.[86] **47**

---

84 Für Einzelheiten siehe den zwischen BaFin und Deutscher Bundesbank abgestimmten Leitfaden zur aufsichtsrechtlichen Beurteilung bankinterner Risikotragfähigkeitskonzepte v. 12.12.2012, insbesondere Rn. 17, 18 und 49.

85 Regierungsbegründung zum Entwurf eines Gesetzes zur Umsetzung der neu gefassten Bankenrichtlinie und der neu gefassten Kapitaladäquanzrichtlinie, BT-Drucks. 16/1335, S. 74; Regierungsbegründung zum Entwurf eines Gesetzes zur Umsetzung der Richtlinie über Märkte für Finanzinstrumente und der Durchführungsrichtlinie der Kommission (Finanzmarkt-Richtlinie-Umsetzungsgesetz), BT-Drucks. 16/4028, S. 95.

86 Regierungsbegründung zum Entwurf eines Gesetzes zur Umsetzung der neu gefassten Bankenrichtlinie und der neu gefassten Kapitaladäquanzrichtlinie, BT-Drucks. 16/1335, S. 74.

aa) Anforderungshöhe an die Institute

48 Das Institut verfügt nach § 25a Abs. 1 S. 4 KWG über ein angemessenes Risikomanagement, wenn dieses proportional zu Art, Umfang, Komplexität und Risikogehalt seiner Geschäftstätigkeit ausgestaltet ist. AT 2.1 MaRisk lässt zudem – als Ausdruck des Grundsatzes der doppelten Proportionalität – zugunsten von Finanzdienstleistungsinstituten (§ 1 Abs. 1a KWG) und Wertpapierhandelsbanken (§ 1 Abs. 3d S. 3 KWG) **Erleichterungen** zu. Diese haben die Vorgaben der MaRisk nur insoweit zu beachten, als es vor dem Hintergrund der Institutsgröße sowie Art, Umfang, Komplexität und Risikogehalt ihre Geschäftsaktivitäten zur Einhaltung der gesetzlichen Pflichten des § 25a KWG geboten erscheint. Dies gilt insbesondere für die Module AT 3 (Gesamtverantwortung der Geschäftsleitung), AT 5 (Organisationsrichtlinien), AT 7 (Ressourcen) und AT 9 (Outsourcing) MaRisk. Zudem enthalten die MaRisk zahlreiche Ausnahmetatbestände (auch als „echte Öffnungsklauseln" bezeichnet) und Proportionalitätsklauseln (auch als „unechte Öffnungsklauseln" bezeichnet).[87]

49 Die BaFin hat im Rahmen der vierten MaRisk-Novelle in AT 1 Tz. 2 MaRisk klargestellt, dass das Prinzip der doppelten Proportionalität nicht nur „nach unten", sondern auch „**nach oben**" gilt. Die Einhaltung der Mindestanforderungen der MaRisk kann im Einzelfall nicht ausreichend sein. Je nach Größe, Geschäftstätigkeit, Internationalität und Risikoexponierung müssen die Institute über die MaRisk hinausgehende Vorkehrungen treffen, sofern dies vor dem gesetzgeberischen Ziel des § 25a KWG – der Sicherstellung der Angemessenheit und Wirksamkeit des Risikomanagements – erforderlich ist. Institute von besonderer Größe oder mit besonderer Geschäftstätigkeit (besonders komplex, besonders international oder besonders risikoexponiert) müssen **weitergehende Vorkehrungen** im Bereich des Risikomanagements treffen als Institute ohne diese Besonderheit(en). Neu hinzugekommen ist die Aufforderung der BaFin an diese Institute, die Inhalte „einschlägiger Veröffentlichungen zum Risikomanagement", namentlich des Basler Ausschusses für Bankenaufsicht und des Financial Stability Board, eigenverantwortlich in ihre Überlegungen zur Ausgestaltung ihres Risikomanagements einzubeziehen. Diese Aufforderung hat (unverbindlichen) Appellcharakter.[88]

50 Für die Institute und ihre Geschäftsleiter bedeutet dies, dass sie sich – auf der Grundlage des Gesamtrisikoprofils – eigenverantwortlich über die sachgerechte Umsetzung des Proportionalitätsprinzips und die Ausnutzung von Öffnungsklauseln klar werden müssen. In diesem Rahmen wird sich die Frage stellen, ob ein bestehender oder in Betracht kommender Ansatz die Erwartungen der Bankenaufsicht erfüllt. Die Rechts- und Planungsunsicherheit für die Institute ist die Kehrseite der größeren Eigenverantwortlichkeit und Flexibilität bei der Erfüllung der Vorgaben. Für die Praxis ist es wichtig, die für die Einhaltung der MaRisk wesentlichen Handlungen und Festlegungen nachvollziehbar zu **dokumentieren** und die Inanspruchnahme wesentlicher Öffnungsklauseln gegebenenfalls zu begründen (vgl. AT 6 Tz. 2 S. 1 und 2 MaRisk). Die Dokumentation schafft intern Transparenz und ist wichtig für spätere Prüfungshandlungen durch die Interne Revision oder Externe.[89]

bb) Beachtung bei Prüfungshandlungen durch die Aufsicht und externe Prüfer

51 Auch im Rahmen von Prüfungshandlungen ist der Grundsatz der doppelten Proportionalität von Bedeutung. Die BaFin ordnet in regelmäßigen Abständen oder aus konkretem Anlass bei den Instituten Sonderprüfungen nach § 44 Abs. 1 S. 2 KWG im Hinblick auf die

---

[87] Eine Übersicht zu den Ausnahmetatbeständen und Proportionalitätsklauseln der MaRisk 2010 findet sich bei Schwennicke/Auerbach/*Langen* S. 36 ff.
[88] *BaFin* Übersendungsschreiben zum Rundschreiben 10/2012 (BA) v. 14.12.2012, S. 3.
[89] Zur Haftung des Vorstands nach § 91 Abs. 2 AktG wegen fehlenden Dokumentation des Risikofrüherkennungssystems siehe *LG München I* AG 2007, 417.

Ordnungsmöglichkeit der Geschäftsorganisation an. Dabei richtet sie die Häufigkeit und Intensität der Prüfung des Risikomanagements proportional nach Art, Umfang, Komplexität und Risikogehalt der Geschäftstätigkeit des Instituts sowie dessen Systemrelevanz aus. Die Grundlage hierfür ist das bankaufsichtliche Risikoprofil. Die Deutsche Bundesbank führt die MaRisk-Prüfung im Auftrag der BaFin anhand eines risikoorientierten Prüfungskonzepts durch und trägt dabei dem Proportionalitätsprinzip Rechnung.

Nach § 29 Abs. 1 S. 2 KWG hat der Jahresabschlussprüfer bei der Prüfung des Jahresabschlusses festzustellen, ob das Institut die Anforderungen an das Risikomanagement (§ 25a Abs. 1 S. 3 KWG), und die Regelungen zur jederzeitigen Bestimmbarkeit der finanziellen Situation des Instituts (§ 25a Abs. 1 S. 6 Nr. 1 KWG) und die Auslagerungen (§ 25a Abs. 2 KWG) erfüllt hat.[90] Entsprechend ist auf Gruppenebene zu prüfen. Die BaFin kann zudem das Risikomanagement oder Teilbereiche hieraus als Prüfungsschwerpunkt nach § 30 KWG im Rahmen der Jahresabschlussprüfung bestimmen. § 10 PrüfBV[91] legt fest, dass der Abschlussprüfer bei der Beurteilung der Angemessenheit des Risikomanagements und der Geschäftsorganisation die Komplexität und den Umfang der von dem Institut eingegangenen Risiken zu berücksichtigen hat.[92]

52

c) Mindestelemente des Risikomanagements

Ein angemessenes und wirksames Risikomanagement beinhaltet nach § 25a Abs. 1 S. 3 KWG insbesondere:
– die Festlegung von Strategien,
– Verfahren zur Ermittlung und Sicherstellung der Risikotragfähigkeit (sog. Risikotragfähigkeitskonzept),
– die Einrichtung angemessener interner Kontrollverfahren,
– eine angemessene personelle und technisch-organisatorische Ausstattung,
– ein Notfallkonzept (insbesondere für IT-Systeme) und
– ein angemessenes, transparentes und auf Nachhaltigkeit gerichtetes Vergütungssystem.[93]

53

aa) Festlegung von Strategien

Die vom Institut festzulegenden Strategien sind bisher nur in den MaRisk näher präzisiert (Geschäftsstrategie und hierzu konsistente Risikostrategie, vgl. AT 4.1 MaRisk). Mit Inkrafttreten des CRD IV-Umsetzungsgesetzes am 1.1.2014 konkretisiert § 25a Abs. 1 S. 3 Nr. 1 KWG n.F., dass dies „insbesondere die Festlegung einer auf die nachhaltige Entwicklung des Instituts gerichteten Geschäftsstrategie und einer damit konsistenten Risikostrategie, sowie die Einrichtung von Prozessen zur Planung, Umsetzung, Beurteilung und Anpassung der Strategien" beinhaltet; siehe zudem § 25c Abs. 4a Nr. 1 KWG i.d.F. der Trennbankengesetze.

54

Der Inhalt der **Geschäftsstrategie** liegt allein in der Verantwortung der Geschäftsleitung und ist nicht Gegenstand von Prüfungshandlungen durch externe Prüfer oder die Interne Revision (Erläuterungen zu AT 4.2 Tz. 1 MaRisk). Die MaRisk fordern aber, dass die Geschäftsstrategie externe und interne Einflussfaktoren berücksichtigt und im Hinblick auf die zukünftige Entwicklung der Einflussfaktoren Annahmen zu treffen sind. Die **Risikostrategie** hat die Ziele der Risikosteuerung der wesentlichen Geschäftsaktivitäten sowie die Maßnahmen zur Erreichung dieser Ziele zu umfassen. Unter Berücksichtigung von Risiko-

55

---

90 Zu weiteren Einzelheiten siehe IDW EPS 525 – Die Beurteilung des Risikomanagement von Kreditinstituten im Rahmen der Abschlussprüfung.
91 Verordnung über die Prüfung der Jahresabschlüsse der Kreditinstitute und Finanzdienstleistungsinstitute sowie die darüber zu erstellenden Berichte.
92 Bei Pfandbriefbanken ist zusätzlich über die Einhaltung von § 27 PfandBG zu berichten.
93 Die Anforderungen an die Vergütungssysteme von Instituten sind in der InstitutsVergV geregelt.

konzentrationen sind für alle wesentlichen Risiken Risikotoleranzen festzulegen (AT 4.2 Tz. 2 MaRisk). Mit der Festlegung von Risikotoleranzen trifft die Geschäftsleitung eine bewusste Entscheidung darüber, in welchem Umfang sie bereit ist, Risiken einzugehen (sog. **Risikoappetit**). Risikotoleranzen können über rein quantitative Vorgaben (z.B. Strenge der Risikomessung, Globallimite, Festlegung von Puffern für bestimmte Stressszenarien) oder qualitative Vorgaben festgelegt werden (z.B. Anforderung an die Besicherung von Krediten, Vermeidung bestimmter Geschäfte). Bei der Überprüfung der Risikostrategie ist die Geschäftsstrategie heranzuziehen, um die Konsistenz zwischen beiden Strategien nachvollziehen zu können; Gegenstand der Prüfung ist außerdem der Strategieprozess (Erläuterungen zu AT 4.2 Tz. 1 MaRisk).

bb) Internes Kontrollsystem und Interne Revision

56 Die in der Praxis entwickelte bankaufsichtliche Systematik interner Überwachungssysteme hat in den Gesetzestext Eingang gefunden.[94] Nach § 25a Abs. 1 S. 3 KWG muss ein Institut über angemessene interne Kontrollverfahren verfügen, die aus zwei Elementen bestehen: einem prozessabhängigen internen Kontrollsystem und einer prozessunabhängigen Internen Revision.

57 Das prozessabhängige interne Kontrollsystem beinhaltet alle Formen von Überwachungsmaßnahmen, die unmittelbar oder mittelbar in die zu überwachenden Arbeitsabläufe integriert sind (auf Einzelgeschäftsebene bspw. Funktionstrennungen, innerbetriebliche Organisationsrichtlinien und das Vier-Augen-Prinzip).[94] Damit das interne Kontrollsystem seiner Aufgabe gerecht werden kann, müssen aufbau- und ablauforganisatorische Regelungen mit klarer Abgrenzung der Verantwortungsbereiche bestehen (§ 25a Abs. 1 S. 3 Nr. 1a) KWG). Aufbau- und ablauforganisatorisch muss sichergestellt werden, dass miteinander unvereinbare Tätigkeiten durch unterschiedliche Mitarbeiter durchgeführt und auch bei Arbeitsplatzwechseln Interessenkonflikte vermieden werden (AT 4.3.1 Tz. 1 MaRisk).

58 Das interne Kontrollsystem umfasst Prozesse zur Identifizierung, Beurteilung, Steuerung sowie Überwachung und Kommunikation der für das Institut wesentlichen Risiken (§ 25a Abs. 1 S. 3 Nr. 1b) KWG). Diese werden auch als **Risikosteuerungs- und Risikocontrollingprozesse** bezeichnet (vgl. AT 1 Tz. 1 und AT 4.3.2 MaRisk). Diese Prozesse sind in eine gemeinsame Ertrags- und Risikosteuerung („Gesamtbanksteuerung") einzubinden. Es ist zu gewährleisten, dass die wesentlichen Risiken und Risikokonzentrationen im Hinblick auf die Risikotragfähigkeit und die Risikotoleranzen wirksam begrenzt und überwacht werden (AT 4.3.2 Tz. 1 S. 3 MaRisk). Ferner ist zu gewährleisten, dass die wesentlichen Risiken frühzeitig erkannt, vollständig erfasst und in angemessener Weise dargestellt werden können (AT 4.3.2 Tz. 2 S. 1 MaRisk). Hierzu hat das Institut geeignete Frühwarnindikatoren abzuleiten, um mögliche Fehlentwicklungen frühzeitig zu erkennen und Gegenmaßnahmen einleiten zu können.

59 Das Institut muss regelmäßig und seit der vierten MaRisk-Novelle auch anlassbezogen **Stresstests** für die wesentlichen Risiken durchführen (AT 4.3.3 Tz. 1 S. 1 MaRisk). Die Stresstests haben auch außergewöhnliche, aber plausibel mögliche Ereignisse abzubilden. Es ist zu ergründen, inwieweit und welcher Handlungsbedarf besteht. Die MaRisk verlangen auch, dass das Institut sog. „*inverse Stresstests*" durchführt (AT 4.3.3 Tz. 3 S. 1 MaRisk). Hierbei werden Szenarien und Parameter untersucht, bei denen die Überlebensfähigkeit des Instituts gefährdet wäre. Diese inversen Stresstests stellen eine Ergänzung der sonstigen Stresstests dar, um die wesentlichen Risikotreiber des Instituts und deren Verkettung

---

94 Regierungsbegründung zum Entwurf eines Gesetzes zur Umsetzung der Richtlinie 2002/87/EG des Europäischen Parlaments und des Rates vom 16.12.2002 (Finanzkonglomeraterichtlinie-Umsetzungsgesetz), BT-Drucks. 15/3631, S. 48.

zu identifizieren. Da hier die kritische Reflexion der Ergebnisse im Vordergrund steht, müssen diese bei der Beurteilung der Risikotragfähigkeit in der Regel nicht berücksichtigt werden.

5. Pflicht zur Einrichtung einer Compliance-Funktion und einer Risikocontrolling-Funktion

Während das KWG die Einrichtung einer Internen Revision seit längerem vorschreibt, sah es bisher keine ausdrückliche Pflicht zur Einrichtung einer Risikocontrolling-Funktion und einer Compliance-Funktion vor. Mit der vierten MaRisk-Novelle hat die BaFin die Anforderungen an das interne Kontrollsystem um die Pflicht zur Einrichtung dieser beiden Funktionen – abhängig von Art, Umfang, Komplexität und Risikogehalt der Geschäftsaktivitäten – erweitert (AT 4.3 bzw. AT 4.4.2 Tz.1 S.1 MaRisk). In dem neuen Modul „**Besondere Funktionen**" (AT. 4.4 MaRisk) finden sich detaillierte Anforderungen an die (bisher nicht ausdrücklich genannte) Risikocontrolling-Funktion (AT 4.4.1 MaRisk), die (neu aufgenommene) Compliance-Funktion (AT 4.4.2 MaRisk) sowie die Interne Revision (AT 4.4.3 MaRisk).[95] **60**

Hintergrund für die Einfügung der neuen Anforderungen war dabei, dass verschiedene Analysen Schwächen der Leitungsfunktion bzw. der internen Steuerungs- und Kontrollprozesse als Verstärker oder Ursache der Finanzmarktkrise identifiziert hatten[96] und als Reaktion hierauf die Anforderungen an die Unternehmensleitung, -steuerung und -kontrolle (*Governance*) von Finanzinstituten weiter verschärft bzw. präzisiert werden sollten. Einerseits stellten sie einen Vorgriff auf die in deutsches Recht umzusetzenden Vorgaben der europäischen Kapitaladäquanzrichtlinie (CRD IV) dar, andererseits sollte hiermit die besondere Bedeutung der Kontrollfunktionen gemäß den EBA Guidelines on Internal Governance vom 27.9.2011 hervorgehoben werden. In diesem Dokument hat die European Banking Authority (EBA) als Nachfolgeorganisation des Committee of European Banking Supervisors (CEBS) frühere Dokumente weiterentwickelt und konsolidiert. Die Leitlinien der EBA folgen dabei dem „Modell der drei Verteidigungslinien".[97] Hiernach besteht die „erste Verteidigungslinie" darin, dass ein Unternehmen wirksame Prozesse etabliert hat, um Risiken identifizieren, messen, beurteilen, überwachen, eingrenzen und berichten zu können. Diese Prozesse werden als Risikomanagement bezeichnet. Als „zweite Verteidigungslinie" dient ein angemessenes internes Kontrollsystem. Dieses umfasst die ganze **61**

---

95 Siehe hierzu jeweils ausführlich die Kommentierung zu den einzelnen Ziffern des Moduls AT 4.4 bei Reischauer/Kleinhans/*Bitterwolf* Anhang 1 zu § 25a (Ergänzungslieferung 2013).
96 Siehe insbesondere den Bericht „The High-Level Group on Financial Supervision in the EU" (sog. de Larosière-Bericht) v. 25.2.2009, Rn. 13 ff., 23 ff., 65 f., 110 f., 122 ff. und 236. Auf europäischer Ebene hat das *Committee of European Banking Supervisors* (*CEBS*) im Jahr 2008 eine Studie zur *internal governance* durchgeführt und Schwachstellen bei der Wahrnehmung der unternehmensinternen Aufsichtsfunktion, dem Risikomanagement und der internen Kontrollumgebung festgestellt, wobei diese Schwächen nicht auf fehlende Regelungen, sondern eine unzureichende und lückenhafte Umsetzung der bestehender Regelwerke zurückzuführen seien. *CEBS* kam zu dem Ergebnis, dass Mängel der internen Steuerungs- und Kontrollprozesse von Instituten zwar keine unmittelbare Ursache für die Finanzmarktkrise waren, deren Entstehen aber begünstigt haben. Die Komplexität der Institutsstrukturen und der von den Instituten – teils grenzüberschreitend – angebotenen Produkte und Dienstleistungen sei nicht durch angemessene interne Kontroll- und Überwachungsstrukturen als Gegengewicht ausgeglichen worden. Das Risikomanagement und die internen Kontrolleinheiten seien intern – innerhalb des Instituts oder der Gruppe – oft nicht hinreichend in risikorelevante Prozesse und Entscheidungen integriert gewesen. Zudem habe es an einer ganzheitlichen Risikosicht gefehlt. Schließlich seien die Kontrollfunktionen personell – im Hinblick auf Anzahl, Expertise und Stellung ihrer Mitarbeiter – für ihre Aufgabenerfüllung nicht angemessen ausgestattet gewesen.
97 *EBA* Guidelines on Internal Governance (GL 44) v. 27.9.2011, I., Rn. 33 f.

Organisation, einschließlich der Geschäftsbereiche, der unterstützenden Bereiche und der Kontrolleinheiten. Die „dritte Verteidigungslinie" ist schließlich die Interne Revision, welche eine unabhängige Überwachung der ersten und zweiten Verteidigungslinie sicherstellt. Die EBA Guidelines on Internal Governance sehen vor, dass die überwachenden Verteidigungslinien jeweils unabhängig von den zu überwachenden Bereichen sein sollen. Um die Funktionsfähigkeit der internen Kontrolle beurteilen zu können, soll sich die Geschäftsleitung auf besondere Kontrollfunktionen verlassen können: als solche werden die Risikocontrolling-Funktion, die Compliance-Funktion und die Interne Revision genannt.

62 Mit Inkrafttreten des CRD IV-Umsetzungsgesetzes am 1.1.2014 sind Institute nach § 25a Abs. 1 S. 3 Nr. 3c KWG n.F. ausdrücklich gesetzlich verpflichtet, eine „Risikocontrolling-Funktion" und eine „Compliance-Funktion" als Bestandteile ihres internen Kontrollsystems einzurichten.[98] Die Begrifflichkeiten betonen die funktionale Bedeutung; gerade bei kleineren Instituten sind daher eigenständige Organisationseinheiten zur Erfüllung dieser Aufgaben nicht obligatorisch. Über eine Compliance-Funktion verfügen viele Institute zwar bereits aufgrund der Vorgabe des § 33 WpHG, diese hat jedoch eine engere Aufgabenstellung als die bankenaufsichtsrechtlich geforderte Compliance-Funktion. Im Folgenden werden die inhaltlichen Anforderungen an diese beiden Funktionen nach der MaRisk dargestellt.

a) Risikocontrolling-Funktion

63 Die inhaltlichen Anforderungen an die Risikocontrolling-Funktion als solche in AT 4.4.1 MaRisk sind „im Kern" nicht neu.[99] Die vierte MaRisk-Novelle hat jedoch die Bedeutung der Leitung der Risikocontrolling-Funktion durch neue Vorgaben zu deren Qualifikation, Stellung und Aufgabe besonders hervorgehoben. Hintergrund hierfür war, dass sowohl die CRD IV als auch die EBA Guidelines on Internal Governance dem Risikocontrolling und ihrem Leiter im Hinblick auf die unternehmensinterne Governance eine entscheidende Rolle beimessen. Ziel der jeweiligen Regulierungsinitiativen ist daher, die Risikocontrolling-Funktion bei wichtigen geschäfts- und risikopolitischen Entscheidungen zu stärken.[100]

aa) Aufgaben

64 Die Risikocontrolling-Funktion ist für die unabhängige und umfassende interne Überwachung und Kommunikation der wesentlichen Risiken des Instituts zuständig (AT 4.4.1 Tz. 1 MaRisk).[101] In der Institutsgruppe obliegt der zentralen Risikocontrolling-Funktion auch die Überwachung der von den Tochtergesellschaften eingegangenen Risiken.[102] Von dieser

---

98 Zur Diskussion, ob nach bisherigem Recht eine Pflicht zur Einrichtung einer Compliance-Funktion besteht *Wundenberg* S. 106 f.; eine solche Pflicht ablehnend *Langen* Schwennicke/Auerbach, § 25a Rn. 49; Boos/Fischer/Schulte-Mattler/*Braun/Wolfgarten* § 25a Rn. 44 vermittelnd „weiter Gestaltungsspielraum".
99 *BaFin* Übersendungsschreiben zum Rundschreiben 10/2012 (BA) v. 14.12.2012, S. 3.
100 *Hofer* BaFinJournal März 2013, S. 17.
101 Siehe auch *EBA* Guidelines on Internal Governance (GL 44) v. 27.9.2011, III., Title II, Rn. 25 Nr. 2: *„The RCF should ensure each key risk the institution faces is identified and properly managed by the relevant units in the institution and a holistic view on all relevant risks is submitted to the management body. The RCF should provide relevant independent information, analyses and expert judgement on risk exposures, and advice on proposals and risk decisions made by the management body and business or support units as to whether they are consistent with the institutions risk tolerance/appetite. The RCF may recommend improvements to the risk management framework and options to remedy breaches of risk policies, procedures and limits."*
102 *EBA* Guidelines on Internal Governance (GL 44) v. 27.9.2011, III., Title II, Rn. 25 Nr. 13: *„The group RCF should monitor the risks taken by the subsidiaries. Inconsistencies with the approved group strategy should be reported to the relevant management body."*

Zuständigkeit bleibt die Primärverantwortung der Geschäfts- und Stabsbereiche bzw. letztlich der Geschäftsleitung für die getroffenen Entscheidungen unberührt.[103] Die Tätigkeiten der Risikocontrolling-Funktion sind in AT 4.4.1 Tz. 2 MaRisk beispielhaft aufgezählt:

- Sie unterstützt die Geschäftsleitung in allen risikopolitischen Fragen,[104] um sicherzustellen, dass Risikogesichtspunkte im Entscheidungsprozess hinreichend berücksichtigt werden.[105] Dies betrifft u.a. die Entwicklung und Umsetzung einer mit der Geschäftsstrategie konsistenten Risikostrategie sowie eines Limitsystems.[106] Zur Konkretisierung der Geschäfts- und Risikostrategie sind für alle wesentlichen Risiken – unter Berücksichtigung von Risikokonzentrationen – Risikotoleranzen festzulegen.
- Die Risikocontrolling-Funktion führt die Risikoinventur durch und erstellt das Gesamtrisikoprofil des Instituts. Das Gesamtrisikoprofil zugrunde legend unterstützt sie die Geschäftsleitung bei der Einrichtung und Weiterentwicklung von Risikosteuerungs- und Risikocontrollingprozessen.
- Die Risikocontrolling-Funktion überwacht laufend die Risikosituation, die Risikotragfähigkeit sowie die Einhaltung der Risikolimite des Instituts und sorgt für die Einrichtung sowie die Weiterentwicklung eines Systems von Risikokennzahlen und eines Risikofrüherkennungssystems.
- Sie erstellt regelmäßig nachvollziehbare und aussagekräftige Risikoberichte an die Geschäftsleitung, die neben einer Darstellung und einer Beurteilung der Risikosituation bei Bedarf auch Handlungsvorschläge enthalten (vgl. AT 4.2. Tz. 3 MaRisk, BTR 1–4 MaRisk). In den Risikoberichten sind die Ergebnisse von Stresstests, die zugrunde liegenden Annahmen sowie die Auswirkungen auf die Risikosituation und das Risikodeckungspotential darzustellen (vgl. AT 4.2 Tz. 4 MaRisk).
- Informationen, die unter Risikogesichtspunkten wesentlich sind, sind unverzüglich an die Geschäftsleitung, die jeweiligen Verantwortlichen und die Interne Revision weiterzugeben, so dass geeignete Maßnahmen oder Prüfungshandlungen eingeleitet werden können (vgl. AT 4.2 Tz. 5 MaRisk). Für die entsprechenden Kommunikationsprozesse trägt die Risikocontrolling-Funktion die Verantwortung (vgl. AT 4.4.1 MaRisk), wenngleich die Fachbereiche für die Übermittlung der jeweiligen Information zuständig sind.[107]

---

103 EBA Guidelines on Internal Governance (GL 44) v. 27.9.2011, III., Title II, Rn. 26 Nr. 5: „However, accountability for the decisions taken should remain with the business and support units and ultimately the management body."
104 EBA Guidelines on Internal Governance (GL 44) v. 27.9.2011, III., Title II, Rn. 26 Nr. 1: „The RCF shall be actively involved at an early stage in elaborating an institution's risk strategy and in all material risk management decisions. The RCF shall play a key role in ensuring the institution has effective risk management processes in place."; EBA Guidelines on Internal Governance (GL 44) v. 27.9.2011, III., Title II, Rn. 26 Nr. 2: „The RCF should provide the management body with all relevant risk related information (e.g. through technical analysis on risk exposure) to enable it to set the institutions risk tolerance/appetite level."
105 EBA Guidelines on Internal Governance (GL 44) v. 27.9.2011, III., Title II, Rn. 26 Nr. 5: „The RCFs involvement in the decision-making processes should ensure risk considerations are taken into account appropriately."
106 EBA Guidelines on Internal Governance (GL 44) v. 27.9.2011, III., Title II, Rn. 26 Nr. 4: „The RCF should share responsibility for implementing an institution's risk strategy and policy with all the institutions business units. While the business units should implement the relevant risk limits, the RCF should be responsible for ensuring the limits are in line with the institutions overall risk appetite/risk tolerance and monitoring on an on-going basis that the institution is not taking on excessive risk."
107 Eine Pflicht zur Information der Internen Revision besteht, wenn nach Einschätzung der Fachbereiche unter Risikogesichtspunkten relevante Mängel zu erkennen oder bedeutende Schadensfälle aufgetreten sind oder ein konkreter Verdacht auf Unregelmäßigkeiten besteht.

bb) Organisation

66 Die Risikocontrolling-Funktion ist als zweite Verteidigungslinie unabhängig von den Geschäfts- und Stabsbereichen anzusiedeln, die sie kontrollieren soll.[108] Daher bestimmt AT 4.4.1 Tz.1 S. 2 MaRisk, dass die Risikocontrolling-Funktion aufbauorganisatorisch bis einschließlich der Ebene der Geschäftsleitung von den geschäftsinitiierenden Bereichen zu trennen ist. Sie ist zudem nicht mit der Internen Revision als dritter Verteidigungslinie zusammenzuführen.[109]

cc) Leitung der Risikocontrolling-Funktion

67 Eine Neuerung stellen die Anforderungen an die Leitung der der Risikocontrolling-Funktion dar. Diese ist bei wichtigen risikopolitischen Entscheidungen der Geschäftsleitung zu beteiligen (AT 4.4.1 Tz. 4 MaRisk), um die Governance-Strukturen in den Instituten und insbesondere die Risikosicht bei wichtigen risikopolitischen Entscheidungen zu stärken.[110] Damit ist jedoch kein Mitentscheidungsrecht gefordert. Die Bezeichnung als „Leitung der Risikocontrolling-Funktion" lässt die Hierarchieebene offen.[111] Prinzipienorientiert verlangt die BaFin, die Leitung der Risikocontrolling-Funktion einer Person auf einer „ausreichend hohen Führungsebene" (AT 4.4.1 Tz. 4 S. 2 MaRisk) zu übertragen.[112] Diese soll genügend Autorität und Unabhängigkeit besitzen, um sich Gehör zu verschaffen. Abhängig von der Größe und von Art, Umfang, Komplexität und Risikogehalt der betriebenen Geschäfte hat die Leitung der Risikocontrolling-Funktion ihre Aufgabe in **exklusiver Weise** auszufüllen (AT 4.4.1 Tz. 4 S. 3 MaRisk).[113] Bei großen, international tätigen Instituten mit komplexen Geschäftsaktivitäten erwartet die BaFin, dass ein Mitglied der Geschäftsleitung

---

108 *EBA* Guidelines on Internal Governance (GL 44) v. 27.9.2011, III., Title II, Rn. 25 Nr. 3: „*The RCF should be an institution's central organisational feature, structured so it can implement risk policies and control the risk management framework. Large, complex and sophisticated institutions may consider establishing dedicated RCFs for each material business line. However, there should be in the institution a central RCF (including where appropriate a Group RCF in the parent company of a group) to deliver a holistic view on all the risks.*"; *EBA* Guidelines on Internal Governance (GL 44) v. 27.9.2011, III., Title II, Rn. 25 Nr. 4: "*The RCF should be independent of the business and support units whose risks it controls but not be isolated from them. It should possess sufficient knowledge on risk management techniques and procedures and on markets and products. Interaction between the operational functions and the RCF should facilitate the objective that all the institutions staff bears responsibility for managing risk.*"
109 *EBA* Guidelines on Internal Governance (GL 44) v. 27.9.2011, III., Title II, Rn. 24 Nr. 5 „*The control functions should be established at an adequate hierarchical level and report directly to the management body. They should be independent of the business and support units they monitor and control as well as organisationally independent from each other (since they perform different functions). However, in less complex or smaller institutions, the tasks of the Risk Control and Compliance function may be combined. The group control functions should oversee the subsidiaries, control functions.*"
110 *BaFin* Übersendungsschreiben zum Rundschreiben 10/2012 (BA) v. 14.12.2012, S. 3.
111 Nach *Hörlin/Nemet* S. 369 f. impliziert dies eine Ebene unterhalb der Geschäftsleitung; hingegen lasse die von den *EBA* Guidelines on Internal Governance (GL 44) gewählte Bezeichnung „Chief Risk Officer" und dessen Alleinverantwortung für die Überwachung des „*risk management framework across the entire organisation*" vermuten, dass ein Mitglied der Geschäftsleitung diese Aufgabe wahrnehmen soll.
112 In der Entwurfsfassung der vierten MaRisk-Novelle v. 26.4.2013 stand diese Anforderung noch in den Erläuterungen, nicht jedoch im Text der MaRisk.
113 *Hofer* BaFinJournal, März 2013, S.17: „Im Einklang mit den Vorgaben der geplanten Bankenrichtlinie und der EBA-Leitlinien soll die Leitung des Risikocontrollings diese Funktion grundsätzlich exklusiv ausüben. Um den Proportionalitätsgrundsatz zu wahren, kann das Institute davon abweichen."

diese Funktion übernimmt.¹¹⁴ Die Benennung eines Risikovorstands soll gewährleisten, dass Risikothemen hochrangig, frühzeitig und mit Nachdruck aufgegriffen werden.¹¹⁵ In diesem Fall ist die Leitung der Risikocontrolling-Funktion somit nicht nur an der Vorbereitung der Entscheidungen beteiligt, sondern auch stimmberechtigt.¹¹⁶ Zu dem neuen Erfordernis einer exklusiven Aufgabenwahrnehmung heißt es im BaFinJournal: „Eine Bündelung der Aufgabenbereiche Risikocontrolling und Finanzen/Rechnungswesen (Chief Financial Officer) in einem Vorstandsressort ist damit bei großen, international tätigen Instituten nun nicht mehr möglich. Bei weiteren Aufgaben, die nicht den Bereichen Markt oder Handel zuzuordnen sind, wird die BaFin im Einzelfall prüfen, inwieweit sie mit der Kernaufgabe des Risikocontrollings, der unabhängigen Überwachung und Kommunikation der Risiken des Instituts, im Einklang stehen und somit beim Risikovorstand angesiedelt sein dürfen."¹¹⁷ Bei den „weiteren Aufgaben", deren Kompatibilität mit dem Bereich Risikocontrolling zu prüfen sein wird, dürfte es sich insbesondere um die Bereiche Marktfolge, Recht, Compliance, Treasury sowie Ertragscontrolling handeln.

68 Die mit der Leitung der Risikocontrolling-Funktion betraute Person hat besonderen qualitativen Anforderungen entsprechend ihres Aufgabengebiets zu genügen.¹¹⁸ Ein Wechsel ist dem Aufsichtsorgan anzuzeigen (AT 4.4.1. Tz. 5 MaRisk).¹¹⁹

dd) Befugnisse

69 Den Mitarbeitern der Risikocontrolling-Funktion sind alle notwendigen Befugnisse und ein uneingeschränkter Informationszugang zu gewähren, soweit dies für die Erfüllung ihrer Aufgaben erforderlich ist (AT 4.4.1 Tz. 3 MaRisk). Die Risikocontrolling-Funktion ist zudem im Rahmen des Neu-Produkte-Prozesses und bei Änderung betrieblicher Prozesse oder Strukturen zu beteiligen (AT 8.1 Tz. 5 MaRisk, AT 8.2 Tz.1 MaRisk).

b) Compliance-Funktion

70 Das Erfordernis, eine Compliance-Funktion einzurichten, dient der Schaffung einer angemessenen Compliance-Organisation und Compliance-Kultur im Institut.¹²⁰ Die Compliance-Funktion soll die institutsinternen Vorkehrungen, die zur Einhaltung der für das Institut wesentlichen rechtlichen Regelungen und Vorgaben getroffen wurden, bewerten und ihre Qualität bzw. Angemessenheit sichern sowie überwachen. Insofern unterstützt sie die

---

114 Vgl. Erläuterungen zu AT 4.4.1 Tz. 4 MaRisk und BaFin Übersendungsschreiben zum Rundschreiben 10/2012 (BA) v. 14.12.2012, S. 3; insofern sind die MaRisk weniger streng als die *EBA* Guidelines on Internal Governance (GL 44) v. 27.9.2011, III. .Title II, Rn. 27 Nr. 1: „*An institution shall appoint a person, the Chief Risk Officer („CRO"), with exclusive responsibility for the RCF and for monitoring the institutions risk management framework across the entire organisation.*"
115 *BaFin* Übersendungsschreiben zum Rundschreiben 10/2012 (BA) v. 14.12.2012, S. 3.
116 Die *EBA* Guidelines on Internal Governance (GL 44) v. 27.9.2011, III., Title II, Rn. 27 Nr. 4 gehen darüber hinaus und regen an, dem *Chief Risk Officer* ein Vetorecht für Entscheidungen einzuräumen, wobei das Institut die Art der hiervon betroffenen Entscheidungen und die Umstände, unter denen das Vetorecht ausgeübt werden kann, in seinen Risikoleitlinien festlegen soll.
117 *Hofer* BaFinJournal, März 2013, S. 17.
118 Erläuterung zu AT 7.1 Tz. 2 MaRisk.
119 Diese Vorgabe wurde im Vergleich zur Entwurfsfassung der vierten MaRisk-Novelle vom 26.4.2013 entschärft, wonach die Einbeziehung des Aufsichtsorgans vor der Entscheidung gefordert war; vgl. auch die weitergehenden Vorgaben der *EBA* Guidelines on Internal Governance (GL 44) v. 27.9.2011, III., Title II, Rn. 27 Nr. 6, wonach es einer vorherigen Zustimmung des Aufsichtsorgans bedarf. Zudem ist der Wechsel des Chief Risk Officers zu veröffentlichen und der Aufsicht unter Nennung von Gründen anzuzeigen. „*If the CRO is replaced it should be done with the prior approval of the management body in its supervisory function. Generally the removal or appointment of a CRO should be disclosed and the supervisory authority informed about the reasons.*"
120 *Hofer* BaFinJournal, März 2013, S. 17 f.

Geschäftsleiter bei der Ausgestaltung und Weiterentwicklung dieser institutsinternen Vorkehrungen. Alle sonstigen Vorgaben zur Compliance-Funktion, die sich aus anderen aufsichtsrechtlichen Normen ergeben, bleiben unberührt, insbesondere § 33 WpHG i.V.m. MaComp sowie § 25c KWG (Erläuterung zu AT 4.4.2 Tz. 1 MaRisk).

aa) Aufgabe

71 Die Compliance-Funktion hat die Aufgabe, den Risiken, die sich aus der Nichteinhaltung rechtlicher Regelungen und Vorgaben ergeben können, entgegenzuwirken (AT 4.4.2 Tz. 1 S. 1 MaRisk). Die Geschäftsleiter und die Geschäftsbereiche bleiben für die Einhaltung rechtlicher Regelungen und Vorgaben jedoch uneingeschränkt verantwortlich (Erläuterung zu AT 4.4.2 Tz. 1 MaRisk). Die Compliance-Funktion gehört zur „zweiten Verteidigungslinie". Die von ihr zu steuernden bzw. zu begrenzenden Risiken werden auch als „**Compliance-Risiken**"[121] bezeichnet. Es handelt sich um Vermögens- und Reputationsrisiken des Instituts aus Rechtsrisiken.[122]

72 Eine der Hauptaufgaben der Compliance-Funktion besteht darin, die für das Institut „wesentlichen rechtlichen Regelungen und Vorgaben" zu identifizieren (AT 4.4.2 Tz. 1 MaRisk). Wesentliche rechtliche Regelungen und Vorgaben sind solche, deren Nichteinhaltung zu einer Gefährdung des Vermögens des Instituts führen kann. Die Kreditwirtschaft hat während der Konsultationsphase der vierten MaRisk-Novelle argumentiert, dass jede Rechtsverletzung, sofern sie mit einem nicht unerheblichen Reputationsrisiko einhergeht, zu einer Gefährdung des Vermögens des Instituts führen könne, und die BaFin aufgefordert, die Formulierung einzugrenzen oder zu konkretisieren. Zwar hat die BaFin den Wortlaut der finalen Fassung nicht geändert, jedoch im Übersendungsschreiben folgende Beispiele genannt: die Vorgaben zu Wertpapierdienstleistungen, zur Verhinderung von Geldwäsche, Terrorismusfinanzierung und strafbaren Handlungen zu Lasten des Instituts sowie zum allgemeinen Verbraucher- und Datenschutz. Gleichzeitig betont die BaFin die Eigenverantwortung der Institute durch den Hinweis, dass weitere Vorgaben für ein Institut als unter Compliance-Aspekten wesentlich einzustufen sein können. Die Compliance-Funktion muss daher eine eigene, risikoorientierte Analyse der wesentlichen Regelungen und der aus Verstößen resultierenden Vermögensgefahren für das Institut vornehmen.

73 Die Compliance-Funktion hat sich über die Ausgestaltung des internen Kontrollsystems, das die Verstöße verhindern soll, einen Überblick zu verschaffen. Sie hat der Geschäftsleitung mindestens jährlich sowie anlassbezogen Bericht zu erstatten (AT 4.4.2 Tz. 6 MaRisk) und darin auf die Angemessenheit und Wirksamkeit der Regelungen zur Einhaltung der wesentlichen Regelungen und Vorgaben einzugehen. Festgestellte Defizite sowie Maßnahmen zu deren Behebung sind zu benennen. Die Berichte sind an das Aufsichtsorgan und die Interne Revision weiterzuleiten. Umgekehrt ist die Compliance-Funktion über Weisun-

---

121 *EBA* Guidelines on Internal Governance (GL 44) v. 27.9.2011, III., Title II, Rn. 28: „*Compliance risk (being defined as the current or prospective risk to earnings and capital arising from violations or non-compliance with laws, rules, regulations, agreements, prescribed practices or ethical standards) can lead to fines, damages and/or the voiding of contracts and can diminish an institution's reputation.*"; ausdrücklich Reputationsrisiken erwähnend *Basler Ausschuss für Bankenaufsicht* Compliance and the compliance function in banks, April 2005, Rn. 1: „*...the risk of legal or regulatory sanctions, material financial loss, or reputation a bank may suffer as a result of its failure to comply with laws, regulations, rules, related self-regulatory organisational standards, and codes of conduct applicable to its banking standards.*"

122 Rechtsrisiken sind dem operationellen Risiko zugeordnet. In § 269 Abs. 1 SolvV heißt es: "Operationelles Risiko ist die Gefahr von Verlusten, die infolge der Unangemessenheit oder des Versagens von internen Verfahren und Systemen, Menschen oder infolge externer Ereignisse eintreten. Diese Definition schließt Rechtsrisiken ein.". Das operationelle Risiko beinhaltet jedoch keine Reputationsrisiken.

gen und Beschlüsse der Geschäftsleitung, die für die Compliance-Funktion wesentlich sind, sowie wesentliche Änderungen der Compliance-Regelungen zu unterrichten. Sie hat auf die Implementierung wirksamer Verfahren und Kontrollen zur Einhaltung der für das Institut wesentlichen Regelungen und Vorgaben hinzuwirken (AT 4.4.2 Tz. 1 MaRisk).

bb) Organisation

Die Compliance-Funktion ist grundsätzlich unmittelbar der Geschäftsleitung unterstellt und dieser berichtspflichtig (AT 4.4.2 Tz. 3 MaRisk). Sie kann an andere Kontrolleinheiten, wie etwa das Risikocontrolling oder den Geldwäschebeauftragten, angebunden sein.[123] Als zweite Verteidigungslinie darf sie jedoch nicht an die Interne Revision oder die Geschäftsbereiche angebunden sein. Größere Institute sollen für die Compliance-Funktion eine eigenständige Organisationseinheit vorsehen. Zur organisatorischen Einbindung heißt es im BaFinJournal: „Es dürfte daher aus Institutssicht sinnvoll erscheinen zu prüfen, inwieweit das erweiterte Compliance-Spektrum in die schon vorhandenen Organisationsstrukturen eingefasst werden kann. Die MaRisk machen dazu keine Vorgaben. Grundsätzlich wird es demnach weiterhin möglich sein, die Compliance-Funktion zentral oder dezentral, also nach Rechtsbereichen getrennt, aufzustellen. Auch eine Anbindung an andere Kontrolleinheiten wie beispielsweise das Risikocontrolling ist im Grundsatz möglich – allerdings müssen die Institute die speziellen Compliance-Vorgaben aus anderen Rechtsbereichen beachten, was die direkte Berichtspflicht und organisatorische Anbindung von Compliance-Beauftragten angeht."[124]

74

cc) Compliance-Beauftragter

Das Institut hat einen Compliance-Beauftragten zu benennen, der für die Erfüllung der Compliance-Aufgaben innerhalb des Instituts bzw. der Gruppe zuständig ist (AT 4.4.2 Tz. 4 MaRisk).[125] Ausnahmsweise – abhängig von der Größe des Instituts und Art, Umfang, Komplexität und Risikogehalt seiner Geschäftstätigkeit – kann diese Funktion ein Geschäftsleiter übernehmen. Der Compliance-Beauftragte hat besonderen qualitativen Anforderungen zu genügen, die seinem Aufgabengebiet entsprechen.[126] Bei einem Wechsel ist das Verwaltungs- bzw. Aufsichtsorgan zu informieren (AT 4.4.2 Tz. 6 MaRisk).

75

dd) Befugnisse

Den Mitarbeitern der Compliance-Funktion sind ausreichende Befugnisse und ein uneingeschränkter Zugang zu allen Informationen einzuräumen, die für die Erfüllung ihrer Aufgaben wesentlich sind (AT 4.4.2 Tz. 5 MaRisk). Die Compliance-Funktion ist im Neu-Produkt-Prozess und bei Änderungen in der Aufbauorganisation sowie in den IT-Systemen zu beteiligen (AT 8.1 Tz. 4 MaRisk, AT 8.2 Tz. 1 MaRisk).[127]

76

---

123 Erläuterung zu AT 4.4.2 Tz. 3 MaRisk; *EBA* Guidelines on Internal Governance (GL 44) v. 27.9.2011, III., Title II, Rn. 28 Nr. 3: „*In smaller and less complex institutions this function may be combined with or assisted by the risk control or support functions (e.g. HR, legal, etc.)*."
124 *Hofer* BaFinJournal, März 2013, S. 17 f.
125 Insofern sind *EBA* Guidelines on Internal Governance (GL 44) v. 27.9.2011, III. Title II, Rn. 28 Nr. 3 weniger streng, da sie die Benennung eines *Compliance Officer* oder *Head of Compliance* lediglich empfehlen („*should*").
126 Erläuterung zu AT 7.1 Tz. 2 MaRisk.
127 *EBA* Guidelines on Internal Governance (GL 44) v. 27.9.2011, III., Title II, Rn. 28 Nr. 6: „*The Compliance function should also verify that new products and new procedures comply with the current legal environment and any known forthcoming changes to legislation, regulations and supervisory requirements.*"

6. Sonstige Anforderungen nach § 25a Abs. 1 S. 6 KWG

77 Darüber hinaus verlangt eine ordnungsgemäße Geschäftsorganisation nach § 25a Abs. 1 S. 6 KWG angemessene Regelungen zur jederzeitigen Bestimmbarkeit der finanziellen Situation des Instituts (**Rechnungslegung** und **Managementinformationssystem**) und eine vollständige Dokumentation der Geschäftstätigkeit, die eine lückenlose Überwachung durch die BaFin für ihren Zuständigkeitsbereich gewährleistet (aufsichtsrechtliche **Aufzeichnungs-** und **Aufbewahrungspflichten**). Mit Inkrafttreten des CRD IV-Umsetzungsgesetzes am 1.1.2014 wird zudem ein **Whistleblower-Prozess** eingeführt. Die Institute sind nach § 25a Abs. 1 S. 6 Nr. 3 KWG n.F. verpflichtet, einen Prozess einzuführen, der es den Mitarbeitern unter Wahrung der Vertraulichkeit ermöglicht, Verstöße gegen Aufsichtsrecht oder etwaige strafbare Handlungen innerhalb des Unternehmens an geeigneter Stelle zu berichten.

III. Gesamtverantwortung der Geschäftsleiter für die ordnungsgemäße Geschäftsorganisation

78 Nachdem die Pflicht der Institute zur Einrichtung einer ordnungsgemäßen Geschäftsorganisation erörtert wurde, geht es nun um die Frage, inwieweit das Aufsichtsrecht zusätzlich einzelne Personen innerhalb des Unternehmens in die Pflicht nimmt. Nach § 25a Abs. 1 S. 2 KWG sind die „Personen i.S.v. § 1 Abs. 2 S. 1 KWG" für die ordnungsgemäße Geschäftsorganisation des Instituts aufsichtsrechtlich verantwortlich. Der Verweis bezieht sich auf die sog. „geborenen" Geschäftsleiter, die aufgrund von Gesetz, Satzung oder Gesellschaftsvertrag zur Vertretung und Führung der Geschäfte des Instituts berufen sind. Das KWG ordnet somit die Gesamtverantwortung aller Geschäftsleiter für die ordnungsgemäße Geschäftsorganisation, insbesondere das Risikomanagement, an.[128] Diese bleibt damit von einer Ressortverteilung zwischen den Geschäftsleitern, mit der z.B. die laufende Durchführung des Risikomanagements einem Mitglied übertragen wird, unberührt.[129]

79 Für die ordnungsgemäße Geschäftsorganisation einer Institutsgruppe und einer Finanzholding-Gruppe sowie für unterkonsolidierungspflichtige Institute nach § 10a Abs. 14 KWG sind die Geschäftsleiter des übergeordneten Unternehmens oder die Leitungsorgane einer (gemischten) Finanzholding-Gesellschaft verantwortlich.[130] Sie sind somit auch für ein angemessenes und wirksames Risikomanagement auf Gruppenebene verantwortlich (AT 3 Tz. 1 S. 4 MaRisk m.V.a. § 25a Abs. 1a KWG). Die Geschäftsleiter des übergeordneten Unternehmens dürfen jedoch zur Erfüllung ihrer Aufgaben nur insoweit auf das nachgeordnete Unternehmen einwirken, als das allgemeine Gesellschaftsrecht nicht entgegensteht (§ 25a Abs. 1a S. 2 KWG i.V.m. § 10a Abs. 12 S. 1 und 2 KWG bzw. § 25a Abs. 1b KWG i.V.m. § 10b Abs. 6 S. 1 und 2 KWG; Erläuterungen zu AT 4.5 Tz. 1 MaRisk). Zu Änderungen siehe Rn. 38.

1. Leitungsaufgabe

80 Sowohl das Gesellschaftsrecht als auch § 25a KWG regeln Leitungs- und Kontrollpflichten der Geschäftsleiter: Ersteres betrifft das zivilrechtliche Innenverhältnis zwischen dem Geschäftsleiter und der Gesellschaft, Zweiteres normiert öffentlich-rechtliche Pflichten der Geschäftsleiter, die von der Aufsicht überwacht und ggfs. durchgesetzt werden. Wie im

---

128 Schwennicke/Auerbach/*Langen* § 25a Rn. 25 mit Verweis auf *LG Berlin* BKR 2002, 989; Reischauer/Kleinhans/*Bitterwolf* § 25a Anhang zu § 25a AT 3 Rn. 1.
129 Nach *Hannemann/Schneider* S. 123 ist jedes einzelne Mitglied der Geschäftsleitung ist für die ordnungsgemäße Geschäftsorganisation verantwortlich.
130 Grundlegend zum Compliance- und Risikomanagement in der Institutsgruppe *Wundenberg* S. 147 ff.; ausführlich auch zu dem hieraus in Gruppenkonstellationen resultierenden Spannungsverhältnis, insbesondere im faktischen Konzern.

Aktienrecht wird auch im Aufsichtsrecht zwischen Leitungsaufgabe und bloßer Geschäftsführung unterschieden. „Leitung" bezeichnet die Führungsfunktion, wobei zu den klassischen Leitungsaufgaben der Geschäftsleitung die Unternehmensplanung, -koordination, -kontrolle und die Besetzung der Führungskräfte gezählt werden.[131] Leitungsaufgaben sind – im Gegensatz zur bloßen Geschäftsführung – nicht delegierbar.[132] Aus dem Aktienrecht ist auch die Regelungstechnik bekannt, dass es sich um eine Leitungsaufgabe handelt, wenn Aufgaben an das Kollegialorgan zugewiesen werden.[133] Diese Technik haben der Gesetzgeber in § 25a Abs. 1 S. 2 KWG und die BaFin in den MaRisk (Erläuterungen zu AT 9 Tz. 4 MaRisk) aufgegriffen.

Das **Delegationsverbot** betrifft sowohl die interne Delegation als auch die externe Delegation durch Auslagerung an ein Auslagerungsunternehmen (vgl. AT 9 Tz. 4 MaRisk nebst Erläuterungen). Die **ressortmäßige Geschäftsverteilung**, die wegen des Erfordernisses der Funktionstrennung bei Instituten der Regelfall ist, hat aufgrund der gesetzlichen Anordnung auf die Gesamtverantwortung der Geschäftsleiter für die ordnungsgemäße Geschäftsorganisation damit keine Auswirkungen.[134] In AT 3 Tz. 1 S. 1 MaRisk stellt die BaFin klar, dass sämtliche Geschäftsleiter, unabhängig von der internen Zuständigkeitsregelung, für die ordnungsgemäße Geschäftsorganisation und deren Weiterentwicklung verantwortlich sind.[135] Unbenommen bleibt es der Geschäftsleitung, sich bei der Ausübung ihrer Leitungsaufgaben (Vorbereitungshandlungen oder Umsetzung von Maßnahmen) der unternehmensinternen Funktionen oder Organisationseinheiten zu bedienen. Sofern die besonderen Bestimmungen für **Auslagerungen** beachtet werden, können operative Aufgaben – innerhalb der vorgegebenen Grenzen – auch an Externe ausgelagert werden.[136]

2. Geschäftsleiterpflichten nach dem KWG

a) Vor 2014

Die Geschäftsleiter haben die Pflicht, eine Geschäftsorganisation einzurichten, die die gesetzlich geforderten Elemente enthält (insbesondere ein umfassendes Risikomanagement) und zur Erreichung der gesetzlichen Zielvorgaben geeignet ist (u.a. Sicherstellung von Gesetzeskonformität und Risikotragfähigkeit). Der Gesamtverantwortung der Geschäftslei-

---

131 *Hüffer* § 76 Rn. 8 m.w.N.; Erläuterungen zu AT 9 Tz. 4 MaRisk.
132 *Hüffer* § 76 Rn. 8; AT 9 Tz. 4 S. 3 MaRisk.
133 *Hüffer* § 76 Rn. 7.
134 Schwennicke/Auerbach/*Langen* § 25a Rn. 25 mit Verweis auf *VG Frankfurt* WM 2004, 2157 und *Habersack* WM 2005, 2361; Boos/Fischer/Schulte-Mattler/*Braun/Wolfgarten* § 25a Rn. 67 f.
135 Bei einer ressortmäßigen Geschäftsverteilung kann sich eine Handlungspflicht des nicht ressortzuständigen Geschäftsleiters in eine Überwachungspflicht bezüglich der ordnungsgemäßen Aufgabenwahrnehmung durch den ressortzuständigen Geschäftsleiter verkürzen. Bei Anhaltspunkten für Missstände in einem Ressort lebt die Handlungspflicht des ressortunzuständigen Geschäftsleiters jedoch wieder auf. Darüber hinausgehend hat das *VG Frankfurt* in seinem sog. Bruderhilfeurteil (WM 2004, 2157) im Hinblick auf die Pflichten von Mitgliedern des Vorstands eines Versicherungsunternehmens eine gesteigerte Überwachungspflicht des Leiters eines „sachnahen Ressorts" angenommen. Eine solche ablehnend: *Habersack* WM 2005, 2360; *Fricke* VersR 2006, 168; *Wolf* VersR 2005, 1042.
136 Die Auslagerung darf weder die Ordnungsgemäßheit der ausgelagerten Geschäfte und Dienstleistungen noch der Geschäftsorganisation beeinträchtigen (§ 25a Abs. 2 S. 2 KWG); zudem darf sie nicht zu einer Delegation der Gesamtverantwortung der Geschäftsleiter an das Auslagerungsunternehmen führen (§ 25a Abs. 2 S. 3 KWG, AT 9 Tz. 4 S. 2 MaRisk). Die Gesamtverantwortung der Geschäftsleiter für die ordnungsgemäße Geschäftsorganisation bezieht sich nach den MaRisk ausdrücklich auch auf die ausgelagerten Aktivitäten und Prozesse (AT 3 Tz. 1 S. 2 MaRisk). Grundsätzlich sind alle Aktivitäten und Prozesse auslagerbar, solange dadurch die Ordnungsmäßigkeit der Geschäftsorganisation gemäß § 25a Abs. 1 KWG nicht beeinträchtigt wird (AT 9 Tz. 4 S. 1 MaRisk).

ter obliegt neben der Einrichtung auch die Fortentwicklung und fortlaufende Überprüfung des Risikomanagements. Innerhalb dieses Rahmens können die Geschäftsleiter ein institutsspezifisches Risikomanagement einrichten und weiterentwickeln, das der individuellen Größe, Struktur und Risikoexposition des Instituts entspricht. Dies eröffnet den Geschäftsleitern einerseits Handlungs- und Gestaltungsspielräume. Andererseits obliegt ihnen damit auch die Letztverantwortung für die Beurteilung, welche Art und welcher Entwicklungsgrad des Risikomanagements im Hinblick auf das Risikoprofil und den Geschäftsplan des Instituts angemessen ist, und für dessen Funktionsfähigkeit.[137]

b) Nach 2014

83 Die gesetzlichen Pflichten der Geschäftsleiter für die ordnungsgemäße Geschäftsorganisation werden ab 2014 konkretisiert und verschärft. Hintergrund hierfür ist – neben den EBA Guidelines on Internal Governance – die nationale Umsetzung der Governance-Regelungen der sog. CRD IV-Richtlinie.[138] Das **CRD IV-Umsetzungsgesetz** fügt in § 25a Abs. 1 S. 2 HS 2 KWG n.F. eine ausdrückliche Handlungspflicht der Geschäftsleiter ein, eine ordnungsgemäße Geschäftsorganisation sicherzustellen: sie haben hiernach die erforderlichen Maßnahmen für die Ausarbeitung der entsprechenden institutsinternen Vorgaben zu ergreifen, sofern nicht das Verwaltungs- oder Aufsichtsorgan entscheidet. § 25c KWG n.F. wird erstmals positiv konkrete Anforderungen an die Geschäftsleiter und ihre Aufgabenwahrnehmung normieren.[139] § 25c Abs. 3 KWG n.F. enthält Vorgaben, die die Gesamtverantwortung der Geschäftsleiter für die ordnungsgemäße Geschäftsorganisation näher konkretisieren. Hiernach müssen die Geschäftsleiter

– Grundsätze einer ordnungsgemäßen Geschäftsführung beschließen, die die erforderliche Sorgfalt bei der Führung des Instituts gewährleisten und insbesondere eine Aufgabentrennung in der Organisation und Maßnahmen festlegen, um Interessenkonflikten vorzubeugen, sowie für die Umsetzung dieser Grundsätze Sorge tragen (§ 25c Abs. 3 Nr. 1 KWG n.F.);
– die Wirksamkeit der festgelegten und umgesetzten Grundsätze überwachen und regelmäßig bewerten; zudem müssen sie angemessene Schritte zur Behebung von Mängeln einleiten (§ 25c Abs. 3 Nr. 2 KWG n.F.);
– der **Festlegung der Strategien** und der **Befassung mit den Risiken**, insbesondere den Adressenausfallrisiken, den Marktrisiken und den operationellen Risiken, **ausreichend Zeit widmen** (§ 25c Abs. 3 Nr. 3 KWG n.F.);
– für eine angemessene und transparente Unternehmensstruktur sorgen, die sich an den Strategien des Unternehmens ausrichtet und der für ein wirksames Risikomanagement erforderlichen Transparenz der Geschäftsaktivitäten des Instituts Rechnung trägt, und die hierfür erforderliche Kenntnis über die Unternehmensstruktur und die damit verbundenen Risiken besitzen; für die Geschäftsleiter eines übergeordneten Unternehmens bezieht sich diese Verpflichtung auch auf die Gruppe (§ 25c Abs. 3 Nr. 4 KWG n.F.).

---

137 Regierungsbegründung zum Entwurf eines Gesetzes zur Umsetzung der neu gefassten Bankenrichtlinie und der neu gefassten Kapitaladäquanzrichtlinie, BT-Drucks. 16/1335, S. 74.
138 Richtlinie 2013/36/EU des europäischen Parlaments und des Rates vom 26.6.2013 über den Zugang zur Tätigkeit von Kreditinstituten und die Beaufsichtigung von Kreditinstituten und Wertpapierfirmen, zur Änderung der Richtlinie 2002/87/EG und zur Aufhebung der Richtlinien 2006/48/EG und 2006/49/EG, ABlEU Nr. L 176/338 v. 27.6.2013.
139 Neben den bereits geltenden Anforderungen an die fachliche Eignung und Zuverlässigkeit der Geschäftsleiter (derzeit im Umkehrschluss § 33 KWG zu entnehmen) wird § 25c KWG Abs. 1 n.F. die Pflicht von Geschäftsleitern enthalten, der Wahrnehmung ihrer Aufgaben ausreichend Zeit zu widmen. Im Gegenzug sollen die Institute angemessene personelle und finanzielle Ressourcen einsetzen müssen, um den Mitgliedern der Geschäftsleitung die Einführung in ihr Amt zu erleichtern und die Fortbildung zu ermöglichen, die zur Aufrechterhaltung ihrer fachlichen Eignung erforderlich ist.

Im Laufe des Gesetzgebungsverfahrens sind als Geschäftsleiterpflichten hinzugekommen, **84**
dass diese

- die Richtigkeit des Rechnungswesens und der Finanzberichterstattung sicherstellen; dies schließt die dazu erforderlichen Kontrollen und die Übereinstimmung mit den gesetzlichen Bestimmungen und den relevanten Standards ein (§ 25c Abs. 3 Nr. 5 KWG n.F.) und
- die Prozesse hinsichtlich Offenlegung sowie Kommunikation überwachen (§ 25c Abs. 3 Nr. 6 KWG n.F.).

Mit dem im August 2013 verkündeten **Trennbankengesetz**[140] werden zudem die **85** umfangreichen § 25c Abs. 4a und 4b KWG n.F. eingefügt, die ab Inkrafttreten am 2.1.2014 die Gesamtverantwortung der Geschäftsleiter für die ordnungsgemäße Geschäftsorganisation des Instituts nach § 25a Abs. 1 S. 2 KWG weiter konkretisieren. Hiernach haben die Geschäftsleiter eines Instituts dafür Sorge zu tragen, dass das Institut über die aufgezählten Strategien, Prozesse, Verfahren, Funktionen und Konzepte verfügt, wobei jeweils Mindestanforderungen zu erfüllen sind. § 25c Abs. 4a und 4b KWG n.F. stellen nach der Regierungsbegründung zum Gesetzesentwurf keine inhaltliche Änderung dar, sondern geben den von der Verwaltungspraxis angenommenen Geschäftsleiterpflichten Gesetzesrang.[141] Im Laufe des Gesetzgebungsverfahrens sind zudem einige wenige Anforderungen hinzugekommen, die über die bisherigen Anforderungen der MaRisk hinausgehen. Neu ist zudem die Befugnis der BaFin nach § 25c Abs. 4c KWG n.F. die Mängelbeseitigung innerhalb angemessener Frist anzuordnen. Die Einhaltung der gesetzlichen Pflichten nach § 25c Abs. 4a und 4b KWG n.F. ist ab Inkrafttreten am 2.1.2014 somit gegenüber den Geschäftsleitern unmittelbar aufsichtsrechtlich durchsetzbar.

3. Geschäftsleiterpflichten nach den MaRisk

Die MaRisk enthalten ein eigenes Modul zur Gesamtverantwortung der Geschäftsleiter **86** (AT 3 MaRisk) und präzisieren diese zudem an verschiedenen Stellen. Die Gesamtverantwortung der Geschäftsleiter für die ordnungsgemäße Geschäftsorganisation bezieht sich nach AT 3 Tz. 1 S. 2 MaRisk auf alle wesentlichen Elemente des Risikomanagements unter Berücksichtigung ausgelagerter Aktivitäten und Prozesse. Die Geschäftsleiter werden ihrer Verantwortung nur gerecht, wenn sie die Risiken beurteilen können sowie die erforderlichen Maßnahmen zu ihrer Begrenzung treffen (AT 3 Tz. 1 S. 3 MaRisk). Damit die Geschäftsleiter die Risiken hinreichend beurteilen können, sehen die MaRisk zahlreiche Berichtspflichten vor (sowohl *top-down* als auch *bottom-up*).[142] Somit betonen die MaRisk die **Risikoverantwortung** der Geschäftsleitung. Es wird von Geschäftsleitern erwartet, dass sie sich in angemessener Weise mit den wesentlichen Risiken und den wesentlichen Elementen des Risikomanagements im Sinne des § 25a Abs. 1 S. 3 KWG auseinandersetzen.[143] Dazu gehört auch, dass sie diesen hinreichend Zeit widmen und gegebenenfalls (rechtzeitig) handeln.

---

140 Gesetz zur Abschirmung von Risiken und zur Planung der Sanierung und Abwicklung von Kreditinstituten und Finanzgruppen v. 7.8.2013, BGBl I S. 3090 (Nr. 47).
141 Begründung zum Regierungsentwurf eines Gesetzes zur Abschirmung von Risiken und zur Planung der Sanierung und Abwicklung von Kreditinstituten und Finanzgruppen, BT-Drucks. 17/12601, S. 49.
142 Siehe die Übersicht bei *Hannemann/Schneider* S. 126 ff. (MaRisk 2010).
143 *Hannemann/Schneider* S. 124.

87 Folgende Aufgaben weisen die MaRisk den Geschäftsleitern explizit zu (nicht abschließend):[144]
- Kenntnis des Gesamtrisikoprofils (AT 2.2. Tz. 1 S. 1 MaRisk),
- Festlegung der wesentlichen Elemente der Risikotragfähigkeitssteuerung und der wesentlichen zugrunde gelegten Annahmen (AT 4.1 Tz. 8 MaRisk),
- Festlegung einer nachhaltigen Geschäftsstrategie sowie deren Anpassung (AT 4.2 Tz. 1 Tz. 3 MaRisk),
- Festlegung einer mit der Geschäftsstrategie konsistenten Risikostrategie sowie deren Anpassung (AT 4.2 Tz. 2, Tz. 3 MaRisk),
- Sicherstellung der Umsetzung der Strategien,
- Einrichtung eines Strategieprozesses (AT 4.2 Tz. 4 MaRisk),
- Pflicht, sich über die Risikosituation berichten zu lassen (AT 4.3.2 Tz. 3 MaRisk),
- Information des Aufsichtsorgans über die Risikosituation (AT 4.3.2. Tz. 6 MaRisk),
- Unterrichtung des Aufsichtsorgans bei schweren Feststellungen durch die Interne Revision gegen Geschäftsleiter (BT 2.4 Tz. 5 MaRisk),
- Unterrichtung des Aufsichtsorgans über schwerwiegende Mängel (BT 2.4 Tz. 6 MaRisk).

88 Das Konzept und die Aufnahme der laufenden Geschäftstätigkeit sind von den zuständigen Geschäftsleitern unter Einbeziehung der für die Überwachung der Geschäfte verantwortlichen Geschäftsleiter zu genehmigen, wobei diese Genehmigungen delegiert werden können, sofern dafür klare Vorgaben erlassen wurden und die Geschäftsleitung zeitnah über die Entscheidungen informiert wird (AT 8.1 Tz. 5 MaRisk).

D. Aufsichtsrechtliche Sanktionen bei Verstößen gegen § 25a Abs. 1 KWG

89 Anhaltspunkte für Verstöße gegen die Organisationspflichten des § 25a Abs. 1 KWG können sich aus einer Vielzahl von Quellen ergeben. In Betracht kommen z.B. Aufsichtsgespräche, Anzeigen und Meldungen oder Prüfungsberichte über den Jahresabschluss des Instituts. Ferner kann die Aufsicht aus der Wahrnehmung ihrer Auskunfts-, Vorlage- und Prüfungsrechte nach § 44 KWG entsprechende Erkenntnisse erhalten. Die wichtigsten aufsichtsrechtlichen Sanktionen, die der BaFin zur Verfügung stehen, wenn ein Institut nicht über eine ordnungsgemäße Geschäftsorganisation i.S.v. § 25a Abs. 1 KWG verfügt, werden unter I. vorgestellt; zudem soll unter II. auf Straf- und Ordnungswidrigkeitstatbestände des KWG hingewiesen werden.[145]

I. Bankenaufsichtsrechtliche Reaktionen und Maßnahmen

90 In der Praxis besteht die häufigste behördliche Reaktion auf Mängel der Geschäftsorganisation darin, mit dem Institut ein **Aufsichtsgespräch** zu führen und/oder dieses mit einem **formlosen Schreiben** zur Mängelbeseitigung aufzufordern. Im Interesse einer präventiven

---

144 Im Hinblick auf die von den MaRisk aufgestellten „Pflichten" der Geschäftsleiter bzw. der Geschäftsleitung ist davon auszugehen, dass die BaFin diese, soweit nicht ausdrücklich anders bestimmt, als nicht delegierbar betrachtet (siehe oben). Dies betrifft insbesondere die Pflichten im Zusammenhang mit der Festlegung der Strategien und der Ausgestaltung des internen Kontrollsystems.
145 Zu den in Betracht kommenden zivil-, straf-, und gesellschaftsrechtlichen Rechtsfolgen von Verstößen gegen § 25a KWG siehe Schwennicke/Auerbach/*Langen* § 25a Rn. 195ff.; weiterführend zur Vorstandshaftung in regulierten Branchen *Langenbucher* ZBB/JBB 1/13, S. 20 ff. sowie zu Haftung und Abberufung von Vorstand und Aufsichtsorgan in Kreditinstituten Krieger/Schneider/*Fischer* § 19.

Gefahrenabwehr stehen der BaFin bei einer nicht ordnungsgemäßen Geschäftsorganisation aber auch formelle Maßnahmen gegen das Institut, die verantwortlichen Geschäftsleiter und ggfs. die Mitglieder des Verwaltungs- bzw. Aufsichtsorgans zur Verfügung. Die BaFin entscheidet nach pflichtgemäßem Ermessen, ob bzw. welche Maßnahmen im Einzelfall zur Wiederherstellung oder Sicherstellung einer ordnungsgemäßen Geschäftsorganisation nach § 25a KWG geeignet, erforderlich und angemessen sind. Dabei wird sie u.a. auch die Schwere, Anzahl und Fortsetzung der Mängel sowie deren Auswirkung auf die Geschäftsorganisation berücksichtigen.

Ab dem 1.1.2014 soll die BaFin jede bestandskräftige Maßnahme und jedes unanfechtbares Bußgeld gegen beaufsichtigte Unternehmen und deren Geschäftsleiter, welche(s) wegen eines Verstoßes gegen Bankenaufsichtsrecht angeordnet bzw. verhängt wurden, nach § 60b KWG Abs. 1 n.F. unverzüglich auf ihrer Internetseite bekanntmachen. Dabei sind auch Informationen zu Art und Charakter des Verstoßes mitzuteilen. § 60b Abs. 4 S. 1 KWG n.F. sieht jedoch Ausnahmetatbestände vor (u.a. Schutz des Persönlichkeitsrechts, der Finanzmarktstabilität und laufender Ermittlungsverfahren), bei deren Vorliegen die Bekanntmachung in anonymisierter Form zu erfolgen hat. Nach § 60b Abs. 4 S. 2 KWG n.F. ist aus bestimmten Gründen (bis zu deren Wegfallen) ein Absehen von der Bekanntmachung nach Abs. 1 möglich. 91

1. Institutsbezogene Maßnahmen

Die BaFin kann nach § 25a Abs. 1 S. 8 KWG[146] gegenüber einem Institut **Einzelfallanordnungen** treffen, die geeignet und erforderlich sind, die ordnungsgemäße Geschäftsorganisation i.S.v. § 25a KWG Abs. 1 S. 3 und Abs. 1 S. 6 KWG sicherzustellen. Aufgrund der Weite dieser Befugnis können neben der Mängelbeseitigung innerhalb angemessener Frist bspw. auch Berichte über diesbezügliche Fortschritte angeordnet werden. 92

§ 45b KWG enthält, worauf bereits die amtliche Überschrift hinweist, einen Katalog von Maßnahmen bei organisatorischen Mängeln. Diese können unabhängig von oder gemeinsam mit Anordnungen nach § 25a Abs. 1 S. 8 KWG ergehen. Verfügt ein Institut nicht über eine ordnungsgemäße Geschäftsorganisation im Sinne des § 25a Abs. 1 KWG, ist die BaFin nach § 45b Abs. 1 S. 1 KWG befugt, insbesondere Folgendes anordnen: 93
- **Maßnahmen zur Reduzierung von Risiken** aus bestimmten Geschäften, Produkten, der Nutzung bestimmter Systeme oder Auslagerungen (Nr. 1),
- Beschränkungen bei der Errichtung von Zweigstellen (Nr. 2),
- **Einlagenannahme- und Kreditverbot** (Nr. 3).

Nach § 45b Abs. 1 S. 2 KWG kann die BaFin anstelle der o.g. Maßnahmen oder zusammen mit diesen auch **erhöhte Eigenmittelanforderungen** festsetzen.[147] Diese Befugnis besteht zusätzlich zur Festsetzung erhöhter Eigenmittelanforderungen nach § 10 Abs. 1b Nr. 2 KWG wegen nicht gegebener Risikotragfähigkeit. Gemäß § 45b Abs. 2 KWG gelten die Anordnungsbefugnisse nach Abs. 1 mit Ausnahme des Kreditverbots für die Gruppe entsprechend; statt des Kreditverbots ist zur Risikobegrenzung aber die Herabsetzung der für die Gruppe insgesamt geltenden Großkreditobergrenzen möglich. Adressat des Verwaltungsaktes ist in diesem Fall das übergeordnete Unternehmen. 94

---

146 Nach Inkrafttreten des CRD IV-Umsetzungsgesetzes in § 25a Abs. 2 S. 2 KWG n.F. geregelt.
147 Hierzu der *Basler Ausschuss für Bankenaufsicht* Basel II Tz. 270: „Mehr Eigenkapital ist nicht immer eine dauerhafte Lösung für die Probleme von Banken. Allerdings kann für manche der erforderlichen Massnahmen (wie Verbesserung der Systeme und Kontrollen) die Umsetzung einige Zeit in Anspruch nehmen. Deshalb kann mehr Eigenkapital eine Zwischenlösung sein, während dauerhafte Massnahmen zur Verbesserung der Lage der Bank ergriffen werden. Sobald diese dauerhaften Massnahmen umgesetzt sind und die Bankenaufsicht ihre Wirksamkeit festgestellt hat, können die vorübergehend erhöhten Kapitalanforderungen wieder zurückgenommen werden."

95 Wenn das Institut nachhaltig gegen näher bestimmte Gesetze (bspw. § 25a KWG, das Geldwäschegesetz, das WpHG) oder die zur Durchführung dieser Gesetze erlassenen Verordnungen oder Anordnungen verstoßen hat, bleibt der BaFin als ultima ratio die Befugnis, die Erlaubnis des Instituts nach § 35 Abs. 2 Nr. 6 KWG aufheben. Nachhaltig ist ein Verstoß dann, wenn er erheblichen Umfang besitzt und sich über einen längeren Zeitraum erstreckt.[148] Zudem dürfen andere Maßnahmen keine Abhilfe versprechen. Weiterhin kommt auch eine **Erlaubnisentziehung** wegen mangelnder Zuverlässigkeit der Geschäftsleiter (§ 35 Abs. 2 Nr. 3 KWG i.V.m. § 33 Abs. 1 S. 1 Nr. 2 KWG) oder fehlender fachlicher Eignung der Geschäftsleiter bzw. Inhaber (§ 35 Abs. 2 Nr. 3 KWG i.V.m. § 33 Abs. 1 Nr. 4 KWG) in Betracht.

96 Widerspruch und Anfechtungsklage gegen Maßnahmen nach § 35 Abs. 2 Nr. 2 und Nr. 3 KWG sowie § 45b Abs. 1 KWG haben gem. § 49 KWG keine aufschiebende Wirkung und sind damit sofort vollziehbar.

2. Geschäftsleiterbezogene Maßnahmen

97 Geschäftsleiterbezogene Maßnahmen kommen in Betracht, wenn die Aufgabenerfüllung durch den Geschäftsleiter sichergestellt oder dieser aus dem Amt entfernt werden soll, und können zusammen mit institutsbezogenen Maßnahmen angeordnet werden. Im Rahmen der Ermessenserwägungen ist dabei der Berufsausübungsfreiheit des betroffenen Geschäftsleiters (Art. 12 GG) Rechnung zu tragen.

98 Die mildeste Reaktion besteht in einem sog. **Belehrungs- und Hinweisschreiben** (je nach Inhalt auch „gravierendes Schreiben" genannt). Mit diesem formlosen Schreiben belehrt die BaFin den Geschäftsleiter über die konkret festgestellten Mängel sowie mögliche aufsichtsrechtliche Maßnahmen bei deren Nichtabstellung. Zudem weist sie den Geschäftsleiter auf die durch ihn zu verantwortenden Normverstöße und seine Pflicht hin, zeitnah bzw. unverzüglich einen gesetzmäßigen Zustand herzustellen.[149]

99 Sofern ein Belehrungs- und Hinweisschreiben als nicht ausreichend erscheint, kann die BaFin gegenüber dem Geschäftsleiter eine **Verwarnung** aussprechen. Es ist seit einiger Zeit höchstrichterlich geklärt, dass die Verwarnung einen Verwaltungsakt im Sinne des § 35 S. 1 VwVfG darstellt.[150] Voraussetzung für ihren Erlass ist, dass ein Geschäftsleiter vorsätzlich oder leichtfertig gegen Aufsichtsrecht verstoßen hat, wobei es sich um keine geringfügige Verfehlung handeln darf (*argumentum ex* § 36 Abs. 2 KWG). Der Vorwurf muss schwerwiegend genug sein, um bei einem fortgesetzten Verhalten ein Abberufungsverlangen begründen zu können. Im Rahmen ihrer Ermessenserwägungen hat die BaFin ein Belehrungs- und Hinweisschreiben als milderes Mittel in Betracht zu ziehen (entsprechende Erwägungen hierzu sollten sich in der Begründung des Verwaltungsaktes finden), muss hierauf jedoch nicht zurückgreifen, sofern es zur Erreichung des aufsichtlichen Ziels nicht gleich geeignet erscheint. Ein Belehrungs- und Hinweisschreiben ist also keine zwingend zu durchlaufende Vorstufe für eine Verwarnung.

---

148 Schwennicke/Auerbach/*Langen* § 35 Rn. 46.
149 Das *Bundesverwaltungsgericht* (NJW-RR 2007, 492) hat Belehrungen und Hinweise der Bankenaufsicht als zum Schutz der Kunden zulässige und gebotene Maßnahmen gesehen. Die rechtliche Zulässigkeit einer „Mißbilligung" hat das *Bundesverwaltungsgericht* aus § 6 Abs. 3 KWG oder als Minus-Maßnahme zur Verwarnung nach § 36 Abs. 2 KWG hergeleitet.
150 Das *Bundesverwaltungsgericht* (NJW-RR 2007, 492) hat entschieden, dass es sich bei der Verwarnung nach § 36 Abs. 2 KWG um einen Verwaltungsakt mit feststellender Wirkung i.S.v. § 35 VwVfG handelt. Es werde hiermit die konkrete Regelverletzung durch den Geschäftsleiter festgestellt.

Sofern ein Geschäftsleiter das beanstandete Verhalten trotz Verwarnung fortsetzt, kann die **100**
BaFin seine Abberufung von den zuständigen Organen des Instituts verlangen (§ 36 Abs. 2
KWG). Adressat des Verwaltungsakts ist das Institut. Ferner kommt eine Abberufung auch
bei Vorliegen bestimmter Erlaubnisversagungsgründe, wie bspw. fehlender Zuverlässigkeit
eines Geschäftsleiters, in Betracht (§ 36 Abs. 1 KWG). Das **Abberufungsverlangen** entfaltet
keine gesellschaftsrechtliche bzw. organschaftliche Wirkung. Der Geschäftsleiter kann das
Institut somit wirksam vertreten, bis seine Bestellung nach den jeweils anwendbaren Vorschriften durch das zuständige Organ widerrufen wird. Soweit der Aufsichtsrat dem Abberufungsverlangen nicht nachkommt, kann die BaFin ggf. einen gerichtlichen Abberufungsantrag stellen (§ 36 Abs. 3 S. 7 KWG bzw. § 36 Abs. 3 S. 3 KWG n.F.).

Geschäftsleitern von Instituten in der Rechtsform einer juristischen Person kann die BaFin **101**
zudem die Ausübung ihrer Tätigkeit untersagen (§ 36 Abs. 1 und Abs. 2 KWG). Eine **Tätigkeitsuntersagung** ist die aufsichtsrechtliche Verpflichtung des Geschäftsleiters, seine
Geschäftsführungs- und Vertretungsbefugnis nicht auszuüben. Sie hat damit sofortige aufsichtsrechtliche (nicht jedoch gesellschaftsrechtliche) Wirkung. Adressat des Verwaltungsakts ist der Geschäftsleiter. Eine Tätigkeitsuntersagung kommt insbesondere dann in
Betracht, wenn eine Weigerung des zuständigen Organs, einem Abberufungsverlangen
nachzukommen oder eine Schädigung des Instituts durch den Geschäftsleiter in der Zeit
bis zur Umsetzung des Abberufungsverlangens absehbar ist. Nach der Verwaltungspraxis
der BaFin wird diese für die gegenwärtige Tätigkeit bei dem konkret betroffenen Institut
ausgesprochen, nicht jedoch für jede zukünftige Tätigkeit bei einem beaufsichtigten Unternehmen. Abberufungsverlangen und Tätigkeitsuntersagung können ferner bei Vorliegen
eines Erlaubnisversagungsgrunds ausgesprochen werden (§ 36 Abs. 1 S. 1 KWG).

Bei Gefahr für die Erfüllung der Verpflichtungen des Instituts gegenüber seinen Gläubigern kommt zudem eine **einstweilige Tätigkeitsuntersagung** bzw. -beschränkung nach § 46 **102**
Abs. 1 S. 1, 2 Nr. 3 KWG in Betracht. Diese Maßnahme ist auch im Hinblick auf Einzelkaufleute und Personenhandelsgesellschaften anwendbar.

Durch das Trennbankengesetz wird § 25a Abs. 4c KWG n.F. eingefügt, wonach die BaFin **103**
(unabhängig von anderen Maßnahmen) anordnen kann, dass geeignete Maßnahmen ergriffen werden, um die festgestellten Mängel innerhalb einer angemessenen Frist zu beseitigen,
wenn sie zu dem Ergebnis kommt, dass das Institut oder die Gruppe nicht über die Strategien, Prozesse, Verfahren, Funktionen und Konzepte nach § 25a Abs. 4a und 4b KWG n.F.
verfügt. Zwar findet sich im Gesetzeswortlaut kein ausdrücklicher Hinweis auf den Adressat einer solchen Maßnahme; die systematische Auslegung spricht jedoch dafür, dass diese
gegenüber einem Geschäftsleiter zu ergreifen ist (amtliche Überschrift von § 25c KWG
„Geschäftsleiter"; Bezugnahme von Abs. 4c auf die Geschäftsleiterpflichten nach Abs. 4a
und 4b; zudem Wortlaut von § 54a Abs. 3 KWG n.F. „dem Täter durch Anordnung nach
§ 25c Absatz 4c").

Widerspruch und Anfechtungsklage gegen Maßnahmen nach § 36 KWG (sowie zukünftig **104**
auch gegen Maßnahmen nach § 25a Abs. 4c KWG n.F.) haben gem. § 49 KWG keine aufschiebende Wirkung und sind damit sofort vollziehbar.

3. Maßnahmen mit Bezug auf ein Mitglied des Aufsichts- oder Verwaltungsrats

Die BaFin kann die oben dargestellten Maßnahmen der Verwarnung, des Abberufungsver- **105**
langens und der Tätigkeitsuntersagung auch gegenüber dem Mitglied eines Aufsichts- oder
Verwaltungsrats ergreifen. Nach § 36 Abs. 3 S. 4 KWG ist dies möglich, wenn diesem
wesentliche Verstöße des Unternehmens gegen die Grundsätze einer ordnungsgemäßen
Geschäftsführung wegen sorgfaltswidriger Ausübung der Überwachungs- und Kontrollfunktion verborgen geblieben sind oder dieses Mitglied nicht alles Erforderliche zur Besei-

tigung festgestellter Verstöße veranlasst hat und dieses Verhalten trotz Verwarnung der Organe des Unternehmens durch die Bundesanstalt fortsetzt.

106 Nach Inkrafttreten des CRD IV-Umsetzungsgesetzes findet sich eine entsprechende Befugnis der BaFin in § 36 Abs. 3 S. 1 KWG n.F., wobei neue Gründe für Maßnahmen hinzukommen (bspw. wenn Tatsachen vorliegen, aus denen sich ergibt, dass das Mitglied des Aufsichts- oder Verwaltungsrats der Wahrnehmung seiner Aufgaben nicht hinreichend Zeit widmet).

107 Widerspruch und Anfechtungsklage gegen Maßnahmen nach § 36 KWG haben keine aufschiebende Wirkung und sind damit sofort vollziehbar.

II. Ordnungswidrigkeit bzw. Strafbarkeit nach KWG

108 Ein Verstoß gegen die Organisationsvorschriften des § 25a Abs. 1 KWG ist derzeit nicht als Ordnungswidrigkeit nach § 56 KWG zu ahnden, es sei denn, es liegt ein Verstoß gegen eine vollziehbare Anordnung der BaFin nach § 25a Abs. 1 S. 8 KWG vor.[151]

109 Mit dem Trennbankengesetz[152] wird die neue Strafvorschrift des § 54a KWG n.F. eingefügt; diese tritt am 2.1.2014 in Kraft. Hiernach können Verstöße eines Geschäftsleiters gegen die Sorgetragungspflichten des § 25c Abs. 4a KWG n.F. oder des § 25c Abs. 4b S. 2 n.F., die zu einer Bestandsgefährdung eines Instituts, des übergeordneten Unternehmens oder eines gruppenangehörigen Instituts führen, eine Strafbarkeit begründen (vgl. 29. Kap. Rn. 32 ff.). Im Laufe des Gesetzgebungsverfahrens ist der Strafausschließungsgrund nach § 54a Abs. 3 KWG n.F. eingefügt worden, wonach sich der Geschäftsleiter nur dann strafbar macht, wenn er einer vollziehbaren Anordnung der BaFin nach § 25c Abs. 4c KWG n.F. zuwider handelt und hierdurch die Bestandsgefährdung herbeigeführt wird.

---

151 Anders bei Verstößen gegen spezielle Normen, wie bspw. § 18 KWG.
152 Gesetz zur Abschirmung von Risiken und zur Planung der Sanierung und Abwicklung von Kreditinstituten und Finanzgruppen v. 7.8.2013, BGBl I S. 3090.

15. Kapitel
Aufbau einer Compliance-Organisation nach § 25a KWG in der Praxis und interne Sicherungsmaßnahmen gem. § 25c KWG[1]

Literatur: *Basel Committee on Banking Supervision* Compliance and the compliance function in banks, Bank for International Settlements 2005, www.bis.org/publ/bcbs113.htm; *Benz/Klindt* Compliance 2020 – ein Blick in die Zukunft, BB 2010, 2977; *Hauschka* Compliance, Compliance-Manager, Compliance-Programme: Eine geeignete Reaktion auf gestiegene Haftungsrisiken für Unternehmen und Management?, NJW 2004, 257; *Hausmaninger/Ketzer* Die neue Emittenten-Compliance-Verordnung, ÖBA 2002, 215; *Hopt/Wohlmannstetter* Handbuch Corporate Governance von Banken, 2011; *Keuper/Neumann* Governance, Risk Management und Compliance: Innovative Konzepte und Strategien, 2010; *Kort* Verhaltensstandardisierung durch Corporate Compliance, NZG 2008, 81; *Kromschröder/Lück* Grundsätze risikoorientierter Unternehmensüberwachung, DB 1998, 1573; *Lösler* Das moderne Verständnis von Compliance im Finanzmarktrecht, NZG 2005, 104; *Mülbert* Bankenaufsicht und Corporate Governance – Neue Organisationsanforderungen im Finanzdienstleistungsbereich, BKR 2006, 349; *Powilleit* Compliance im Unternehmen: Rechtliches Risikomanagement als Wertschöpfungsfaktor, GWR 2010, 28; *Salvenmoser/Hauschka* Korruption, Datenschutz und Compliance, NJW 2010, 331; *Schäfer* Die MaComp und das Erfordernis der Unabhängigkeit, Wirksamkeit und Dauerhaftigkeit von Compliance, BRK 2011, 45; *Schemmel/Minkoff* Wirtschaftsstrafrecht und Compliance, CCZ 2012, 49; *Schneider* Compliance als Aufgabe der Unternehmensleitung, ZIP 2003, 645; *Schwennicke/Auerbach* Kreditwesengesetz, 2009; *Tüllner/Wermelt* Integration von Compliance in die Unternehmenssteuerung – Theorie und Praxis, BB 2012, 2551; *von Busekist/Schlitt* Der IDW PS 980 und die allgemeinen rechtlichen Mindestanforderungen an ein wirksames Compliance Management System (2) – Risikoermittlungspflicht, CCZ 2012, 86.

A. Einleitung

I. Besondere organisatorische Pflichten von Instituten im Sinne des KWG

1. Regelungen gem. § 25a KWG

§ 25a Abs. 1 KWG bestimmt organisatorische Pflichten des Instituts, welche einerseits die gesetzliche Grundlage der Finanzaufsicht darstellen und anderseits Missständen im Kredit- und Finanzdienstleistungswesen bestmöglich präventiv entgegenwirken sollen, da diese die Sicherheit der den Instituten anvertrauten Vermögenswerte gefährden, die ordnungsgemäße Durchführung der Bankgeschäfte oder Finanzdienstleistung beeinträchtigen und zu erheblichen Nachteilen der Gesamtwirtschaft führen können.[2]

1

---

1 Die Autoren danken Herrn Rechtsanwalt Matthias Biersack für seine wertvolle Unterstützung bei der Ausarbeitung dieses Beitrages.
2 Schwennicke/Auerbach/*Langen* § 25a Rn. 3.

2   Diese Organisationspflicht umfasst mithin die Sicherstellung aller institutsspezifischen einschlägigen gesetzlichen und regulatorischen Anforderungen mittels entsprechend angemessener Mittel und Verfahren.[3] Besonderes Gewicht gewinnen die Regelungen, da sie auf die Organisationspflichten der Organe des Instituts abstellen und im Falle eines Versagens die Grundlage für die Prüfung des persönlichen Verschuldens der Mitglieder der Leitungsorgane darstellen. In der Praxis werden Mitglieder der Leitungsorgane von Instituten aufgrund persönlicher aufsichtsrechtlicher, haftungsrechtlicher oder sogar strafrechtlicher Konsequenzen dem Regelungsgehalt des § 25a KWG in ihren Instituten nachdrücklich Bedeutung verschaffen. Das Unternehmen muss sachlich und personell in der Lage sein, dem jeweiligen Geschäftsmodell folgend, seine Geschäfte zu „beherrschen" und inhärenten Risiken präventiv und repressiv begegnen zu können. Dies schließt eine entsprechend notwendige finanzielle Ressourcenausstattung des Bereichs mit ein.[4]

3   Kreditinstitute haben gem. § 25a Abs. 2 KWG „angemessene Datenverarbeitungssysteme" zu betreiben und zu aktualisieren, damit diese zweifelhafte oder ungewöhnliche Geschäftsbeziehungen, einzelne Transaktionen im Zahlungsverkehr, welche auf Geldwäsche, Terrorismusfinanzierung oder sonstige strafbare Handlungen hindeuten, erkennen können. Diese Systeme der Datenverarbeitung müssen grundsätzlich nicht dem jeweiligen Stand der derzeit aktuellen Technik entsprechen. Vielmehr sollten diese dazu geeignet sein, der institutsspezifischen Gefährdungslage folgend, etwaige Risiken zu erkennen und diesen präventiv zu begegnen.[5] Die Datensysteme sind entsprechend neu erlangter Erkenntnisse und der jeweiligen Gefährdungslage laufend anzupassen.[6] Die Praxis zeigt, dass neben dem Vorhandensein von Datensystemen, der Qualität der darin enthaltenen Daten eine besondere Bedeutung zuzumessen ist.

4   Die Prävention von Geldwäsche und sonstigen strafbaren Handlungen sind in den § 25c KWG[7] integriert worden, jedoch sind diese mittelbar als ausdrückliche gesetzliche Anforderung als ein Mindestbestandteil einer ordnungsgemäßen Geschäftsführung zu werten.[8] Gem. § 25a Abs. 3 S. 2 KWG sind Institute angehalten, nach Maßgabe des § 8 GwG die Dokumentationspflichten bei der Geldwäscheprävention und zur Verhinderung von sonstigen strafbaren Handlungen[9] zu beachten. Dies dient sowohl der Darlegungs- und Aufklärungspflicht gegenüber der Finanzaufsicht und den Strafverfolgungsbehörden, als auch der eigenen Kontrolle und Überwachung bzgl. der implementierten Maßnahmen und Prozesse.[10] In der Praxis ist die unzureichende Dokumentation entsprechend compliancerelevanter Vorgänge eine stetige Herausforderung für den Bereich Compliance. Auffällig wird dies beispielsweise im Zuge der Jahresabschlussprüfung, bei Sonderprüfungen, bei der Aufklärung von Verstößen oder bei Untersuchungen durch externe Dienstleister.

5   Bereits zu Beginn einer Kundenbeziehung im Kundenannahmebereich werden häufig gesetzliche, regulatorische und institutseigene Vorgaben weder vollständig beachtet, noch entsprechend dokumentiert. Ursachen hierfür sind u.a. fehlerhafte institutseigene Definitionen und Vorgaben, nicht spezifisch geschulte Mitarbeiter, ungeeignete IT-Systeme, Übertragungsverluste infolge fehlerhafter Prozesse und Strukturen. Es besteht oftmals keine gesamthafte Übersicht im Kundenannahmebereich, vielmehr wird dieser einzeln aus den

---

3   Schimansky/Bunte/Lwowski/*Eisele/Faust* § 109 Rn. 93 ff.
4   Schimansky/Bunte/Lwowski/*Eisele/Faust* § 109 Rn. 97.
5   ZKA Stellungnahme vom 19.11.2007.
6   BR-Drucks. 936/01, 353.
7   Vorbehaltlich der anstehenden Gesetzesänderungen (Stichwort CRD IV).
8   Boos/Fischer/Schulte-Mattler/*Braun* § 25a KWG Rn. 22.
9   Zur Einbeziehung der sonstigen strafbaren Handlungen RegBegr. zum Gesetz zur Umsetzung der Zweiten E-Geld-Richtlinie BT-Drucks. 17/3023.
10 Erbs/Kohlhaas/*Häberle* Strafrechtliche Nebengesetze, § 25c Rn. 4.

jeweiligen „Compliance-Silos" heraus betrachtet und verarbeitet. Auch mögliche bestehende Kontrollen des Risikomanagements werden complianceseitig nur bedingt bzw. gar nicht genutzt.

Dies hat zur Folge, dass beispielsweise Kundendaten kostenintensiv nachbearbeitet und entsprechend den regulatorischen und gesetzlichen Vorgaben angepasst werden müssen. Auch hier zeigt sich in der Praxis, dass selbst bei nachgelagerten Bearbeitungsprozessen eine wiederum nur silohafte Bearbeitung erfolgt, mit dem Ergebnis, dass solche Daten aufgrund verschiedener nationaler und internationaler Anforderungen mehrfach analysiert und angepasst werden müssen. Zudem sind die Compliancebereiche i.d.R. personalseitig auf solche zusätzlichen Aufgaben nicht vorbereitet, was zur Folge hat, dass solche Tätigkeiten durch externe Dienstleister kostenintensiv erbracht werden müssen, um der Finanzaufsicht oder dem Jahresabschlussprüfer zu genügen. Die Ergänzung und erforderliche Überprüfung fehlender Kundeninformationen, wie z.B. zum wirtschaftlich Berechtigten bei komplexen internationalen Eigentümerstrukturen stellen die Institute vor große Herausforderungen bezüglich Ressourcen und Informationsquellen. 6

Einen Lösungsansatz stellt eine gesamthafte Risikobetrachtung dar, welche – basierend auf den festgestellten institutsrelevanten regulatorischen und gesetzlichen Vorgaben – vorgenommen wird, um soweit durchführbar, entsprechend risikoorientierte Maßnahmen zu definieren und Strukturen und Prozesse festzulegen und zu implementieren. Zudem eignet sich dieser Bereich zur Nutzung bereits bestehender Kontrollen des Risikomanagements und folglich zur Schaffung von Synergieeffekten. Vielfach werden noch generelle und thematisch abgegrenzte Schulungen durchgeführt. Dies ist weder zielführend noch nachhaltig, vielmehr wirkt es fehlererzeugend. Folglich sind spezifische themenübergreifende Schwerpunktschulungen unverzichtbar. Mitarbeiter müssen für compliancerelevante Vorgänge, welche ihre Arbeitsbereiche betreffen, sensibilisiert und in die Lage versetzt werden, diese Sachverhalte den intern gesetzten Vorgaben folgend beurteilen und bearbeiten zu können.[11] 7

a) Compliance im Sinne des § 25a Abs. 1 S. 1 KWG

Der Wortlaut des § 25a Abs. 1 S. 1 KWG bestimmt als Ziel der ordnungsgemäßen Geschäftsorganisation die Vorgabe der Einhaltung der gesetzlichen Regelungen und der betriebswirtschaftlichen Notwendigkeiten und definiert folglich die allgemeinen Anforderungen an eine ordnungsgemäße Geschäftsorganisation und mithin auch -führung. Um dieses gewährleisten zu können, hat das Institut über geeignete Regelungen zur Steuerung, Überwachung und Kontrolle von Risiken und der Einhaltung von regulatorischen und gesetzlichen Vorgaben zu verfügen. Der Begriff „Compliance" ist hierbei in der internationalen weiten Auslegung zu verstehen, mithin als „sich im Einklang befinden mit den gesetzlichen Vorschriften".[12] 8

Folglich fallen hierunter alle gesetzlichen Bestimmungen, welche dem Schutz der anvertrauten Vermögenswerte, der ordnungsgemäßen Durchführung der Geschäfte sowie der Vermeidung von Nachteilen für die Gesamtwirtschaft infolge von Missständen im Kredit- und Finanzdienstleistungswesen dienen.[13] Zunächst sind die im KWG geregelten gesetzlichen Anforderungen unzweifelhaft anzuwenden. Hierunter fallen u.a. die Anzeige- und Meldepflichten, die Risikobegrenzungsnormen und auch spezifische Organisationspflichten.[14] Beispielhaft für weitergehende compliancerelevante Regelungen i.S.v. § 25a KWG sind u.a. WpHG, DepotG, GwG, Pfandbriefgesetz, BSpKG, Börsengesetz, Datenschutzgesetz. 9

---

11 Erfahrungen infolge durchgeführter KYC-Projekte bei verschiedenen Finanzinstituten.
12 Zur weiteren Vertiefung wird auf 14. Kap. verwiesen; grundlegend: Boos/Fischer/Schulte-Mattler/*Braun* § 25a KWG, Rn. 34 ff.
13 Darstellung zur Auslegung des § 25a KWG vgl. Boos/Fischer/Schulte-Mattler/*Braun* § 25a KWG Rn. 34 ff.
14 Vgl. zu den zusätzlichen Organisationspflichten Schwennicke/Auerbach/*Langen* § 25a KWG Rn. 10.

10 Die Berücksichtigung der betriebswirtschaftlichen Notwendigkeiten ist keine gesonderte aufsichtsrechtliche Pflicht, sondern liegt vielmehr im Eigeninteresse des Instituts begründet. Diese ergibt sich bereits aus der allgemeinen Verantwortung der Geschäftsführung. Zur Beurteilung sind die aus der Betriebswirtschaftslehre abgeleiteten Erkenntnisse anzuwenden. Teilweise findet sich eine Dokumentation und entsprechende Auslegungen der betriebswirtschaftlichen Notwendigkeiten in den IDW PS 340 bzw. IDW PS 261. Die Standards entfalten zwar keine Bindungswirkung, jedoch sollten diese als Umsetzungs- und Arbeitshinweise verstanden und angewandt werden.[15] Moderne und erfolgreiche Institute erfüllen ihre Compliance-Anforderungen nicht reaktiv und zersplittert in den Silos ihrer Organisationsstrukturen, sondern heben Synergien durch aktiv gesteuerte integrierte Compliance-Management-Systeme. Gerade die Erfüllung betriebswirtschaftlicher Notwendigkeiten macht es erforderlich, Compliance-Anforderungen ganzheitlich zu „managen". Dies bedingt große Investitionen in das erforderliche Change Management und die notwendigen technischen Plattformen. Institute, die diese Investitionen zu lange aufschieben, riskieren, den Anschluss zu verlieren und gehen das Risiko eines Investitionsstaus ein. Die im Rahmen der Finanzkrisen immer schärfer werdenden Eigenkapitalanforderungen an Institute tragen ihren Teil zu diesem Investitionsstau bei.

b) Regelungen der MaRisk

11 Eine Präzisierung der Anforderungen des § 25a KWG an das Risikomanagement seitens der Finanzaufsicht erfolgt insbesondere durch die Mindestanforderungen an das Risikomanagement (MaRisk) bzw. institutsspezifisch durch die MaComp (Mindestanforderung an die Compliance-Funktion). Die MaRisk wiederholt als zentralen Begriff der Definition des Risikomanagements die gesetzliche Abgrenzung: „Das Risikomanagement im Sinne dieses Rundschreibens umfasst unter Berücksichtigung der Risikotragfähigkeit die Festlegung angemessener Strategien sowie die Einrichtung angemessener interner Kontrollverfahren. Die internen Kontrollverfahren bestehen aus dem internen Kontrollsystem und der Internen Revision. Das interne Kontrollsystem umfasst insbesondere:

– Regelungen zur Aufbau- und Ablauforganisation,
– Prozesse zur Identifizierung, Beurteilung, Steuerung, Überwachung sowie Kommunikation der Risiken (Risikosteuerungs- und -controllingprozesse) und
– eine Risikocontrolling-Funktion und eine Compliance-Funktion."[16]

12 Die Regelungen der MaRisk enthalten die Anforderungen der Finanzaufsicht an das Risikomanagement eines Instituts, diese besitzen jedoch keinen Gesetzescharakter.[17] Vielmehr sind die enthaltenen Regelungen als qualitative Anforderungen an das Institut zu verstehen, welche keine konkreten Verfahren, sondern entsprechende „Leitplanken" vorgeben, innerhalb derer das jeweilige Unternehmen bezogen auf das Geschäftsmodell eine Umsetzung und bei internen Änderungen entsprechende Anpassungen vornehmen muss.[18]

c) Regelungen des AT 4.4.2 bzgl. Compliance-Funktion

13 Im Zuge der letztmaligen Überarbeitung und Veröffentlichung der MaRisk wurde unter dem Punkt AT 4.4 Besondere Funktionen, der Abschnitt AT 4.4.2 Compliance-Funktion eingefügt.[19] Diese neue Fassung des AT 4.4.2 ist grundlegend mit der bereits veröffentlichten Regelung der MaComp, welche nur für Wertpapierdienstleistungsinstitute Geltung besitzt, vergleichbar. Jedoch besitzt diese aufgrund ihres Anwenderkreises nicht die „Regelungsweite" der MaComp.

---

15 Schwennicke/Auerbach/*Langen* § 25a KWG Rn. 53.
16 MaRisk, AT 1 Tz. 1.
17 Boos/Fischer/Schulte-Mattler/*Braun* § 25a KWG Rn. 87, 99.
18 Vgl. MaRisk AT 1 Tz. 4.
19 Vgl. *BaFin Rundschreiben* 10/2012 (BA).

Dem AT 4.4.2 folgend hat ein Institut über eine Compliance-Funktion zu verfügen, um den „Risiken, welche sich aus der Nichteinhaltung rechtlicher Regelungen und Vorgaben ergeben können, entgegenzuwirken". Weitere Funktionen sind das Hinwirken bzgl. der Implementierung wirksamer Verfahren und entsprechender Kontrollen zur Einhaltung der institutsspezifischen regulatorischen und gesetzlichen Anforderungen sowie die Unterstützung und Beratung der Geschäftsleitung hinsichtlich der Einhaltung von rechtlichen Vorgaben.[20] Die weiteren Vorgaben bestimmen grundsätzlich die Organisation, eine gewisse Berichtsstruktur und bestimmte Rechte des Bereichs Compliance in Form von Auskunfts- und Informationsrechten.

Eine konkrete Bestimmung des rechtlichen und tatsächlichen Tätigkeitsumfeldes der Funktion Compliance erfolgt nur in der Art, dass „die Compliance-Funktion auf die Implementierung wirksamer Verfahren zur Einhaltung der für das Instituts wesentlichen rechtlichen Regelungen und Vorgaben und entsprechender Kontrollen hinzuwirken hat". Die Definition der Wesentlichkeit von rechtlichen Regelungen und Vorgaben soll unter „Berücksichtigung von Risikogesichtspunkten regelmäßig" durch die Compliance-Funktion erfolgen.[21] Diesen Vorgaben folgend und entsprechend der Geschäftstätigkeit der Unternehmen bzw. der entsprechenden Unternehmensgruppen könnte dies die Compliance-Funktion vor neue Herausforderungen stellen. Der Bereich Compliance wäre bei entsprechender gesamthafter Risikoanalyse aller Geschäftsaktivitäten in weitere Geschäftsfelder analysierend, beratend und auch kontrollierend notwendig mit einzubinden. Diese neuen Betätigungsfelder der Funktion Compliance führen zu komplexeren systemseitigen, prozessualen als auch organisatorischen Tätigkeiten, insbesondere in Anbetracht der zu erwarteten Änderung von regulatorischen und gesetzlichen Vorschriften.

Weitere Konkretisierungen,[22] vergleichbar mit den Anwendungshinweisen für Geldwäsche und Terrorismusfinanzierung,[23] sind aufgrund des Regelungscharakters der MaRisk nur bedingt zu erwarten. Folglich obliegt es u.a. der Compliance-Funktion zunächst im Rahmen einer entsprechenden Risikoanalyse gesamthaft zu klären, welche Regelungen institutsspezifisch einschlägig sind und wie diesen organisatorisch, prozessual und systemseitig zu begegnen ist. Insbesondere der Kostendruck auf die Institute, welcher in den kommenden Jahren noch ansteigen wird, wird einen zu meisternden Spagat zwischen Einhaltung der regulatorischen und gesetzlichen Vorgaben und den einzuhaltenden finanziellen Anforderungen, darstellen. Demnach kommt einem effizient und mithin kostenseitig effektiv geführten Compliancemanagement eine stetig wachsende Bedeutung zu.

II. Regelungsbereich der „sonstigen strafbaren Handlungen"

§ 25c Abs. 1 KWG[24] fordert von Instituten, unbeschadet der Organisationspflichten nach § 25a Abs. 1 KWG, ein angemessenes Risikomanagement sowie Verfahren und Grundsätze, welche neben der Verhinderung von Geldwäsche und Terrorismusfinanzierung auch die Prävention „sonstiger strafbarer Handlungen" beinhalten, die zu einer Gefährdung des Vermögens des Unternehmens führen könnten. Folgend der Gesetzesbegründung ist der unbestimmte Rechtsbegriff der „sonstigen strafbaren Handlungen" bewusst nicht weiter konkretisiert worden. Hiervon sollen alle versuchten oder vollendeten und vorsätzlichen

---

20 Vgl. MaRisk AT 4.4.2 Tz. 1, 2.
21 Vgl. MaRisk Tz 1, 2.
22 Verweis auf MaRisk Anlage 2: Die modulare Struktur der MaRisk.
23 Letztmalige Veröffentlichung: Ergänzende Hinweise zu den Auslegungs- und Anwendungshinweisen der „Deutschen Kreditwirtschaft" vom 25.9.2012; sowie *BaFin* Rundschreiben 1/2012 (GW).
24 Eine Neufassung des § 25c KWG könnte aufgrund von CRD IV erfolgen.

strafbaren Handlungen erfasst werden, die beim Institut ein operationelles Risiko i.S.v. § 269 Abs. 1 SolvV bzw. im Sinne des MaRisk einschließlich Rechts- und Reputationsrisiken begründen können.[25] Der Verweis auf Reputationsschäden verdeutlicht, dass auch eine mittelbare Vermögensgefährdung ausreichend ist.[26]

18 Die Compliance-Funktion hat folgend der geschäftlichen Ausrichtung des Instituts eine Definition dieses Begriffs vorzunehmen und entlang der erhobenen und festgestellten Risiken in der Gefährdungsanalyse entsprechende Maßnahmen und Kontrollprozesse festzulegen oder bestehende zu erweitern. Auch bei neuen Produkten und Prozessen des Unternehmens muss eine Risikoeinschätzung und Bewertung entlang der bestimmten institutsspezifischen Definition vorgenommen werden. Zu den strafbaren Handlungen können insbesondere Betrugs- und Untreuetatbestände nach §§ 263 ff. StGB, Diebstahl (§ 242 StGB), Unterschlagung (§ 246 StGB), Raub und räuberische Erpressung (§§ 249 ff. StGB), bestimmte Delikte des Wirtschaftsstrafrechts (z.B. §§ 264a, 266b StGB), Korruptionsstraftaten (§§ 331 ff. StGB), Steuerstraftaten, Begünstigung (§ 257 StGB), Straftaten gegen den Wettbewerb (§§ 298 ff. StGB) sowie das Ausspähen von Daten (§ 202a StGB) gehören. Zur Vermeidung von Abgrenzungsschwierigkeiten sind hingegen Geldwäsche, Terrorismusfinanzierung, Insiderhandel und Marktmanipulation insoweit nicht erfasst.[27] Es empfiehlt sich bei der institutseigenen Definition des Begriffs der „sonstigen strafbaren Handlungen" zwischen externen und internen strafbaren Handlungen und denen im Zusammenspiel zwischen internen Mitarbeitern und externen Personen zu differenzieren.[28] Hierbei können sich mögliche Vermögensgefährdungen des Instituts z.B. aus Handlungen Dritter (Kunde bzw. Nicht-Kunde) mit betrügerischer Absicht, Veruntreuung von Eigentum, strafrechtlich relevanten Verstößen oder Umgehung von Rechtsvorschriften bis hin zu Delikten bei der Manipulation von Geldautomaten ergeben. Bei internen Handlungen sind z.B. der Sachdiebstahl bis hin zum Diebstahl geistigen Eigentums, was insbesondere bei Finanzinstituten zu großen u.a. wirtschaftlichen Schäden führen kann, verschiedene Arten des Betrugs, wie u.a. Abrechnungs- und Spesenbetrug bis hin zu Untreuetatbeständen, denkbar. Besonders hervorzuheben sind dabei die verschiedenartig vorkommenden Fälle von Handelsmanipulationen, da diese eine Vielzahl strafbewehrter Vorschriften betreffen und zudem ein sehr großes Schadenspotenzial (Strafzahlungen, Prozess- und Rechts- bis hin zu Reputationsrisiken) für das Institut darstellen können.[29] Zudem ist zusätzlich auf den Verstoß oder die Umgehung von Verwaltungs- und internen Vorschriften abzustellen.[30]

19 In der Praxis zeigt sich, dass gerade die Prävention von sonstigen strafbaren Handlungen nicht ausreichend analysiert und beurteilt wird, insbesondere die Bemessung des jeweiligen Risikos erfolgt inhaltlich oder dem Ergebnis nach nicht ausreichend und mithin lückenhaft. Zumeist werden externe strafbare Handlungen begutachtet, die Möglichkeit der Begehung von internen strafbaren Handlungen wird nur bedingt analysiert und bewertet. Erschwerend kommt hinzu, dass dieser Bereich zumeist – noch geprägt vom Denken und Handeln der reinen „Betrugsprävention" – noch im Sinne der zuvor geltenden gesetzlichen Vorgaben verstanden und entsprechend behandelt wird. Folglich werden notwendige und den heutigen Geschäftsfeldern angemessene Analysen und die sich hieraus ergebenden Kontrollmaßnahmen bedingt oder gar nicht durchgeführt. Demnach wurden und werden Themenbereiche

---

25 RegBegr. zum Gesetz zur Umsetzung der Zweiten E-Geld-Richtlinie, BT-Drucks. 17/3023; *BaFin Rundschreiben 7/2011 (GW)*.
26 Boos/Fischer/Schulte-Mattler/*Braun/Achtelik* § 25a KWG Rn. 6.
27 *BaFin Rundschreiben 7/2011 (GW)*.
28 Schwennicke/Auerbach/*Auerbach/Hentschel* § 25c Rn. 12 ff. mit weiteren Beispielen.
29 Erkenntnisse infolge verschiedenartiger Projekt im Finanzumfeld zum Themenkomplex § 25c KWG.
30 Boos/Fischer/Schulte-Mattler/*Braun/Achtelik* § 25a KWG Rn. 8.

nicht ausreichend erkannt und kontrolliert. Dies führt in vielen Fällen zur externen Beauftragung, um eine Neustrukturierung der Gefährdungsanalysen vorzunehmen, Prozesse und Systeme zu analysieren und folgend zu implementieren bis hin zu präventiven internen forensischen Untersuchungen einzelner Vorgänge, Prozesse oder Fachbereiche. Ziel dieser Maßnahmen ist es, die tatsächliche Situation des Unternehmens bezogen auf sonstige strafbare Handlungen zu bewerten und festgestellte Schwachstellen zu beheben.[31]

III. Neue gesetzliche und regulatorische Anforderungen und deren Herausforderungen in der Praxis

Finanzinstitute sind, insbesondere im Zuge der letzten Finanzkrisen, stetigen nationalen und internationalen gesetzlichen und regulatorischen Anforderungen ausgesetzt. Auch in den kommenden Jahren werden sich diese auf neue und zunehmend komplexere regulatorische und gesetzliche Regelungen einstellen müssen.[32] In der Praxis stellen die Umsetzung und die system- und prozessseitige Implementierung solcher Prämissen sowie die kurzfristige Umsetzung regulatorischer Vorgaben die Institute vor große strukturelle, organisatorische, personelle und insbesondere kostenintensive Herausforderungen. **20**

Institute sind bereits in der Entstehungsphase von neuen regulatorischen und gesetzlichen Anforderungen mittelbar durch ihre Interessenverbände und unmittelbar im Zuge von Konsultationsverfahren beteiligt. Bereits in diesen Stadien werden zwar institutsspezifische Anforderungen miteingebracht, jedoch wird oftmals eine gesamthafte Analyse und Bewertung der Vorgaben bezogen auf das eigene Geschäftsmodell unterlassen. Zumeist begegnen die Unternehmen neuen Vorgaben, indem ein Arbeitskreis gebildet und dieser mit der Analyse und der Durchführung beauftragt wird. Dies ist grundlegend ein erfolgversprechender Ansatz, jedoch zeigen Projekterfahrungen, dass die Ergebnisse zwar grundlegend dazu geeignet sind neue Vorgaben umzusetzen, aber diese keine effizienten und effektiven und insbesondere nachhaltigen Lösungen darstellen. Hintergrund ist vielmals ein fehlerhafter gesamthafter Überblick über bestehende bereichsspezifische und bereichsübergreifende Risiken compliancerelevanter Art, sowie eine reine singuläre Betrachtung und Bewertung neuer regulatorischer und gesetzlicher Vorgaben. Mithin wird auch die kommende Fokussierung und Bearbeitung der neuen Vorgaben an dieser silohaften Sichtweise ausgerichtet. Zudem fehlen Struktur- und Prozesskenntnisse des Instituts und seiner Produkte sowie die gesamthafte Übersicht vorhandener und nutzbarer Kontrollen und Strukturen. **21**

Viele interne Umsetzungsprojekte enden damit, dass gesetzliche und regulatorische Vorgaben nur teilweise und nicht immer fristgerecht umgesetzt werden. Dies wird oftmals erst durch die Interne Revision oder letztendlich durch den Abschlussprüfer, der i.d.R. infolge neuer Vorgaben eine Schwerpunktprüfung vornimmt, festgestellt. Daher bedarf es der zeitintensiven Nachbearbeitung der Umsetzungsprojekte, falls personell möglich mittels interner Ressourcen oder unterstützt durch externe Dienstleister.

Grundlage einer erfolgreichen Umsetzung von neuen Vorgaben ist mithin die Kenntnis und das Verständnis aller bereichsübergreifenden compliancerelevanten Produkte, Prozesse, Strukturen und Kontrollen nebst den inhärenten Risiken des Instituts. Nur so lassen sich gegenwärtige und zukünftige Anforderungen regulatorischer und gesetzlicher Art kosten- und personalsensitiv implementieren. **22**

---

31 Erkenntnisse infolge verschiedenartiger Projekt im Finanzumfeld zum Themenkomplex § 25c KWG.
32 Grundlegend wird auf 14. Kap. Rn. 6 ff. und 19 ff. verwiesen.

B. Compliance bei Finanzinstituten in Deutschland

I. Verschiedene Definitionen von Compliance

23 Auf globaler Ebene kursieren zahlreiche unterschiedliche Definitionen des Begriffs Compliance, die sich in einem stetigen Prozess der Veränderung befinden. Der Begriff „Compliance", der ursprünglich aus dem anglo-amerikanischen Raum stammt und während der letzten Jahre Einzug in die deutsche Rechtsterminologie gehalten hat, umschreibt die Einhaltung und Befolgung von sowie die Übereinstimmung mit bestimmten Geboten. In einem ersten Schritt ist darunter zu verstehen, dass Unternehmen und Organe im Einklang mit dem geltenden Recht handeln müssen.[33]

Gleichzeitig umfasst „Compliance" jedoch auch die Frage der Sicherstellung der Einhaltung gesetzlicher Vorschriften und unternehmensinterner Richtlinien sowie die getroffenen Risikofrüherkennungs- und minimierungsmaßnahmen. Bereits aus dieser grundlegenden Definition ist zu entnehmen, dass Compliance ein funktionierendes Risikomanagement benötigt, beziehungsweise beide Faktoren sich gegenseitig bedingen.

24 Compliance kann somit als eine Ausprägung der Corporate Governance gesehen werden und übernimmt im Wesentlichen die Funktion einer Identifizierung, Bewertung und Steuerung („Management") von Compliance-Risiken als Aufgabe, die durch die Geschäftsführung zu erfüllen ist.[34]

25 Bezogen auf die Kreditwirtschaft stammt die ursprüngliche Prägung des Compliance-Begriffs aus den beginnenden Neunzigerjahren und umfasste in seiner damaligen „Ur-Version" die Wahrung der Marktintegrität und die Vermeidung von Interessenkonflikten im Wertpapiergeschäft. So hatten die ersten Compliance-Abteilungen die Aufgabe, eine Einhaltung der wertpapierrechtlichen Bestimmungen sicherzustellen.[35] Diese damalige, sehr enge Auslegung des Begriffs Compliance wurde im Laufe der Jahre, einhergehend mit immer umfassenderen Regulierungstätigkeiten von Gesetzgeber und Aufsichtsbehörden, stetig erweitert. Als ein nächster Meilenstein ist die seit 1993 geschaffene Verpflichtung aus dem Geldwäschegesetz (GwG) zu sehen, in deren Folge immer weitere Regulierungen geschaffen wurden. Die heute gängige, weitaus weitere Auslegung lässt sich zusammenfassen als die Gesamtheit aller Aufsichtsmaßnahmen zur Sicherstellung eines regelgerechten Verhaltens der Unternehmensangehörigen.[36] Hierunter fallen nicht mehr nur die Regelungen des WpHG und GwG, sondern explizit auch die strafrechtlichen Normen aus dem StGB (sogenannte „Criminal Compliance") sowie aufsichtsrechtliche Regularien wie MaRisk, MaComp oder MiFID. Die Einhaltung von Regelungen auf dem Gebiet des Wirtschaftsstrafrechts steht nach der Ansicht einiger Vertreter inzwischen gar im Mittelpunkt des Zielekanons eines funktionierenden Compliance-Management-Systems und beabsichtigt in erster Linie die Vermeidung von Delinquenz im eigenen Unternehmensbereich zur Verhinderung von Straf- und Bußgeldhaftung mit branchenübergreifender Relevanz.[37]

26 Eine zusätzliche Erweiterung dieser weiteren Auslegung beinhaltet zudem die Einhaltung grundsätzlich unverbindlicher Branchen- und Industriestandards wie den Auslegungs- und Anwendungshinweisen der Deutschen Kreditwirtschaft und umfasst Fragen

---

33 Hauschka/*Lampert* § 9 Rn 2.
34 Hopt/Wohlmannstetter/Auerbach/*Jost* S. 652.
35 Park/*Bottmann* Kap. 2 A Rn. 1.
36 Park/*Bottmann* Kap. 2 A Rn. 2.
37 *Schemmel/Minkoff* CCZ 2012, 49.

der Unternehmensethik und der Minimierung von Reputationsrisiken. Insbesondere durch die Einführung der MaComp hat die Zielsetzung der Verhinderung von Reputationsrisiken eine immer größere Bedeutung und Aktualität erlangt. Zudem wurden konkrete Regelungen zur Stellung der Complianceorganisation im Unternehmen getroffen und die Erfordernisse an ihre Einbindung in interne Prozesse stark erweitert. Die BaFin sah sich im Zuge dessen oftmals dem Vorwurf einer „Überdehnung" des Compliance-Begriffs ausgesetzt.[38] So soll die Compliance-Funktion ebenfalls zur Minderung des Risikos aufsichtsrechtlicher Maßnahmen, zur Entgegenwirkung von Schadensersatzansprüchen und zur Schaffung von Integrität und Transparenz beitragen.[39]

27 Im weitesten Sinne überwacht Compliance auch die Einhaltung aller intern festgelegten Regelungen, Richtlinien, Arbeitsanweisungen, Kontrollen, Systemzugriffe in Funktionen wie Handel, Rechnungswesen, Marktfolge, IT etc. und sichert die notwendige Funktionstrennung von Rollen und Verantwortlichkeiten.[40]

28 In Nordamerika wurde die Funktion Compliance in den letzten Jahren viel deutlicher weiterentwickelt als in Deutschland. Die umfassende Begriffsbestimmung dort definiert Compliance als die Fähigkeit einer Organisation zur flexiblen Anpassung an alle sie betreffenden regulatorischen und legislativen Anforderungen, der Übereinstimmung interner Regelungen und Anweisungen mit externen Anforderungen und der Kongruenz der eigenen Geschäftsstandards mit Branchenstandards.[41]

29 Bezogen auf deutsche Institute ist der umfassenden Begriffsbestimmung zu folgen. Mithin definiert sich Compliance als die Fähigkeit einer Organisation zur flexiblen Anpassung an alle sie betreffenden regulatorischen und legislativen Anforderungen, der Übereinstimmung interner Regelungen und Anweisungen mit externen Anforderungen und der Kongruenz der eigenen Geschäftsstandards mit Branchenstandards. Dementsprechend wären für hiesige Institute die folgenden drei wesentlichen Bereiche bedeutsam:

– **Regulatorische Anforderungen**: Bundes- und EU-Anforderungen und Direktiven (z.B. MiFID, europäische Zahlungsverkehrsrichtlinien, KWG, WpHG, GwG, MaRisk, Solvabilitätsverordnung, MaComp)
– **Interne Regelungen und Selbstverpflichtungen**: Arbeitsanweisungen und Wohlverhaltensrichtlinien mit und ohne direkten Gesetzesbezug, die sowohl interne Richtlinien und Regelungen (so Risikomanagementvorgaben, Fehlervermeidungsprozeduren, Selbstverpflichtungen etc.) als auch externe regulatorische und legislative Anforderungen betreffen (beispielhaft so die „Trennung von Aufgabenbereichen", jegliche Vorgaben zu Limiten, genehmigte Transaktionen/Investitionen/Ausgaben, Fortbildungen und Berichterstattung an Behörden)
– **Branchenstandards**: Führende Praktiken, die nicht gesetzlich oder regulatorisch verankert sind, wie Standards von Bankenverbänden (DSGV, BVR, VÖB, BdB, DK, ISDA), Bank of International Settlements (mit dem Basler Ausschuss für Bankenaufsicht), International Organization for Securities Commissions oder dem Institute for International Finance sowie Standards zum Management für ökonomisches Kapital.[42]

30 Folglich müssen, um die erweitere Sicht auf Compliance in einer Struktur darzustellen, Compliance- und Risikomanagement in Verbindung gebracht werden. Die folgende Abbildung zeigt eine weitverbreitete, global ähnliche Organisationsstruktur bei Kredit-

---

38 *Schäfer* BKR 2011, 45.
39 Park/*Schäfer* Teil 2, Kap. 2 B Rn. 75–79.
40 Boos/Fischer/Schulte-Mattler/*Braun* § 25a KWG Rn. 38 ff.
41 *Mossmayer* S. 7 ff.
42 Vgl. Ausführungen in 14. Kap. Rn. 14 ff.

instituten. Im Beispiel wird das Finanzrisikomanagement von einem einzelnen Risikomanager (CRO) abgedeckt, während Abteilungen mit Verantwortlichkeiten für Compliance jeweils einen gesonderten Manager haben; die Compliance beinhaltet dabei alle Aktivitäten, die in Abbildung 1 in den hellen Boxen aufgeführt sind. Häufig hat die dargestellte Organisationsstruktur zur Folge, dass sich über längere Zeiträume abgegrenzte und fragmentierte Prozesse herausbilden müssen, die schon bedingt durch die heterogene Entwicklung der zugrundeliegenden IT-Strukturen der Bereiche Mängel oder Lücken in übergreifenden Funktionen von Compliance- und Risikomanagement verursachen können.

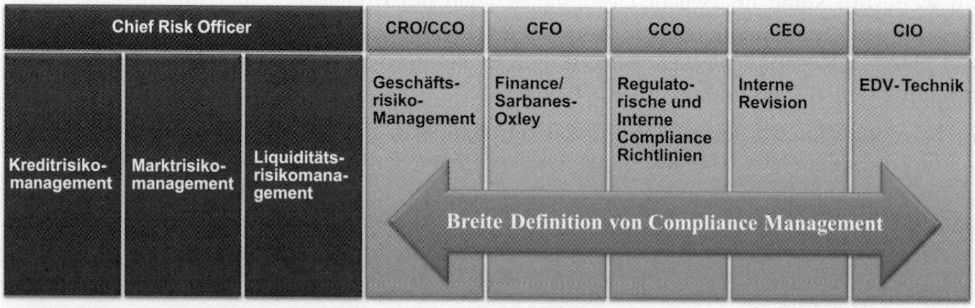

Chief Risk Officer				CRO/CCO	CFO	CCO	CEO	CIO
Kreditrisikomanagement	Marktrisikomanagement	Liquiditätsrisikomanagement		Geschäftsrisiko-Management	Finance/Sarbanes-Oxley	Regulatorische und Interne Compliance Richtlinien	Interne Revision	EDV-Technik

⇐ Breite Definition von Compliance Management ⇒

Abb. 1:   Eine fortentwickelte Definition von Risikomanagement
          Quelle: Deloitte Center for Banking Solutions (CIO-Chief Information Officer; CFO-Chief Financial Officer; CCO-Chief Compliance Officer, CEO-Chief Executive Office)

Notwendige Funktionen für neue und erweiterte Regularien oder funktionale Ebenen werden über zusätzliche Schnittstellen und zusätzliche Kontrollen implementiert. Dies führt in der Konsequenz zu redundanten, sich überlappenden Funktionen, Prozessen und Kontrollen, die zu verschiedenen Zeiten und mit verschiedenen Frequenzen, oft mit verschiedenen Standards und Methoden zu unterschiedlichen Ergebnissen führen können.

II. Konsequenzen aus dem Versagen der Funktion Compliance

Die Ergebnisse einer 2010 veröffentlichten Deloitte Studie[43] zeigten bereits einen deutlichen globalen Anstieg der Kontrollverletzungen um 13 % (vgl. Abb. 2). 31

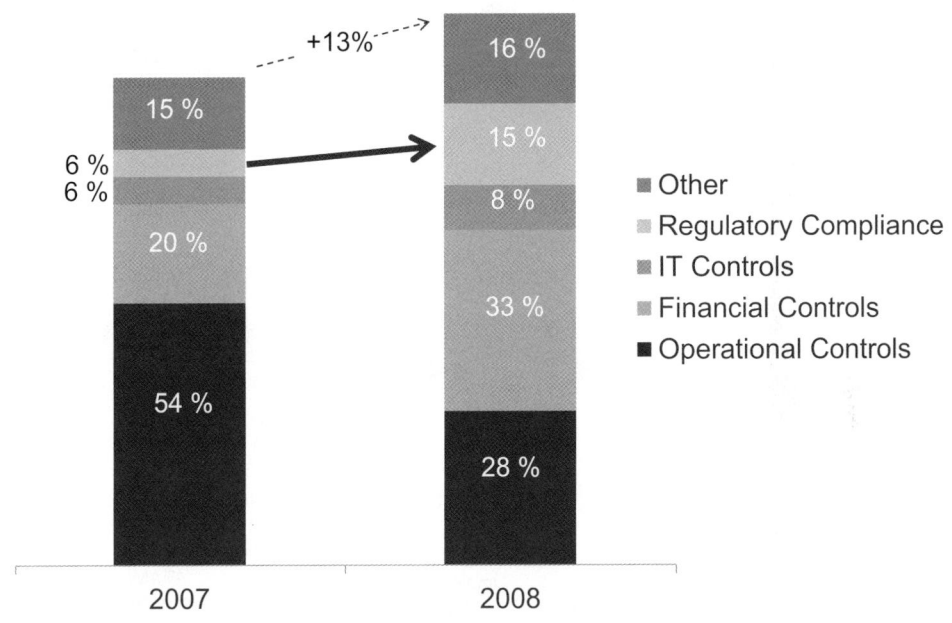

Abb. 2: *Häufigkeit von globalen Versagen der Risikokontrolle und Pflichtverletzungen in Financial Institutions*
Quelle: Deloitte Research

Die Anzahl der Fälle von Kontrollversagen und hieraus resultierenden Complianceverstößen hat seitdem bei Finanzinstituten weiter zugenommen. Mit weitreichenden Konsequenzen von Strafzahlungen, Strafverfahren, möglichen Rechtsrisiken bis hin zu Reputationsschäden.[44] Dies kann Institute sowohl national als auch international deutlich treffen, da Finanzinstitute hier vielfach von unterschiedlichen regulatorischen und gesetzlichen Anforderungen betroffen sind.

---

43 *Deloitte Research* Risk Governance and Controls 2010.
44 Hier wird grundlegend auf das 21. Kap. verwiesen.

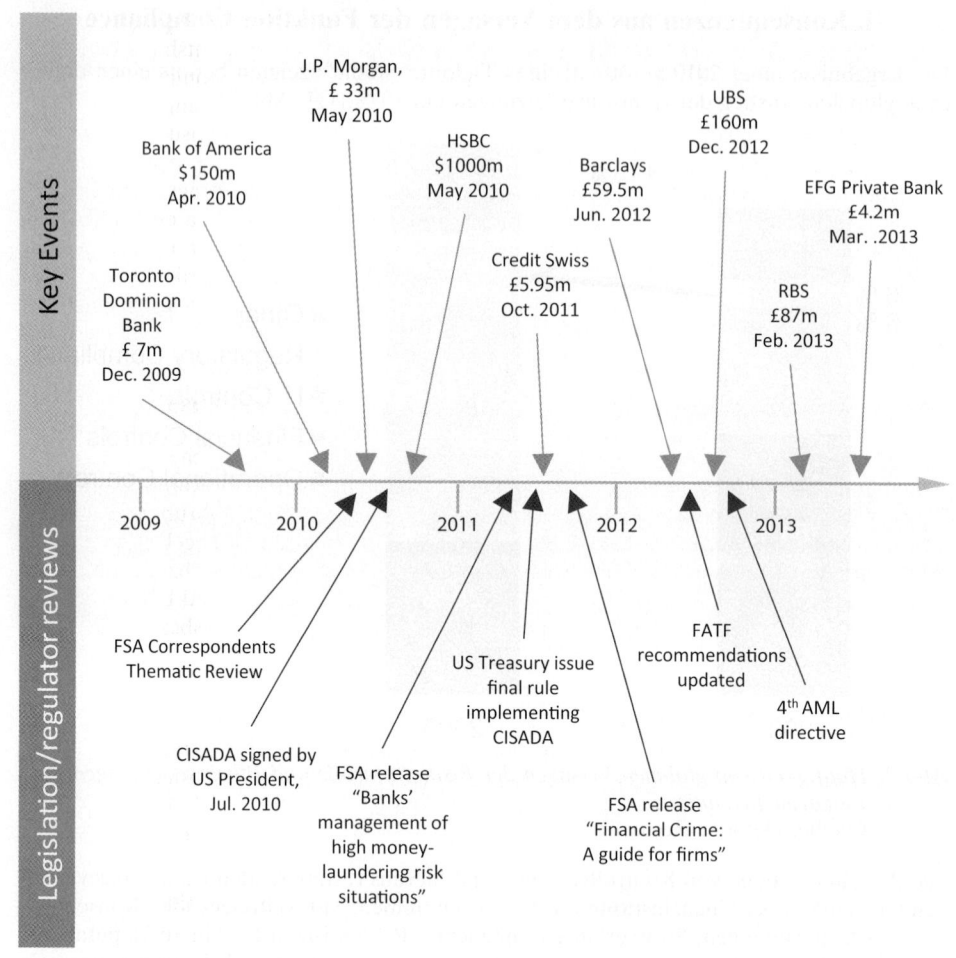

15   Aufbau einer Compliance-Organisation in der Praxis

Key Events:

- Toronto Dominion Bank £7m — Dec. 2009
- Bank of America $150m — Apr. 2010
- J.P. Morgan, £33m — May 2010
- HSBC $1000m — May 2010
- Credit Swiss £5.95m — Oct. 2011
- Barclays £59.5m — Jun. 2012
- UBS £160m — Dec. 2012
- RBS £87m — Feb. 2013
- EFG Private Bank £4.2m — Mar. 2013

Legislation/regulator reviews:

- FSA Correspondents Thematic Review
- CISADA signed by US President, Jul. 2010
- FSA release "Banks' management of high money-laundering risk situations"
- US Treasury issue final rule implementing CISADA
- FSA release "Financial Crime: A guide for firms"
- FATF recommendations updated
- 4th AML directive

Abb. 3: Darstellung eingeführte Regularien und erteilte Strafzahlungen internationaler Finanzaufsichten
Quelle: Deloitte Research/Stand 2013

32 Die obige Abbildung veranschaulicht deutlich die Zunahme der Strafzahlungen, welche von der amerikanischen und britischen Finanzaufsicht gegenüber den Finanzinstituten verhängt wurden. Diese werden von den jeweiligen Finanzaufsichtsbehörden veröffentlicht.[45] Oftmals liegen diesen Fällen, gleich mehrere aufsichtsrechtliche Verstöße zugrunde. Eine Veröffentlichung der deutschen Finanzaufsicht findet nicht statt, mithin kann über ausgesprochene Strafzahlungen auch keine verlässliche Auskunft getroffen werden. Zudem werden anhand der obigen Grafik auch die gesetzgeberischen Reaktionen deutlich, da insbesondere im Zuge der Finanzkrisen, als auch einhergehend mit dem Aufdecken von Verstößen, die regulatorischen und gesetzlichen Vorgaben stetig verschärft worden sind. Es ist davon auszugehen, dass auch zukünftig entsprechende Strafzahlungen verhängt werden. Die erwarteten Sanktionen sollten für Finanzinstitute ebenfalls ein Anreiz sein, sowohl bessere Prozesse als auch Systeme für Risikomanagement und Compliance zu entwickeln und zu implementieren.

---

45 Hierzu wird auf www.sec.org und www.fca.org.uk insbesondere verwiesen.

Neben den Gefahren der „Nicht-Compliance" für das gesamte Institut besteht auch ein persönliches Risiko für den Compliancebeauftragten. Der Bundesgerichtshof stellte erstmals im Jahr 2009 den Umfang der persönlichen Verantwortung des Compliance-Verantwortlichen eines Unternehmens wegen Beihilfe (durch Unterlassen) zum Betrug fest.[46] Dies stellt eine umfangreiche Haftung und mithin ein entsprechendes Risiko dar. Zudem wurde das Tätigkeitsumfeld des Beauftragten durch Regularien, wie beispielhaft die MaComp[47] stetig erweitert. Ferner sind in der Praxis Compliancebeauftragte oftmals auch für die Geldwäscheverhinderung und die Prävention von sonstigen strafbaren Handlungen verantwortlich. Es ist deutlich, dass vermehrt auftretende Verstöße im Bereich Compliance in Verbindung mit zusätzlichen neuen Regulierungen, insbesondere im Risikomanagement, den Bedarf einer effizienten und effektiven Compliance-Funktion notwendig machen.

33

III. Die Kosten eines traditionellen Compliance-Ansatzes

Obgleich Compliance-Abteilungen zumeist eine unabhängige stabsähnliche Funktion darstellen und oftmals nicht im Ablauf des operativen Geschäfts betrachtet werden, sollte ihre Effizienz dennoch allen betrieblichen Erfordernissen entsprechen. Erfahrungsgemäß können Institute die Kosten der Funktion Compliance nicht vollständig angeben bzw. diese nicht korrekt ermitteln, trotz der Budgetanforderungen der MaRisk bzw. MaComp.[48] Jedoch unterliegt auch diese Funktion den ständigen Kostensenkungs- und Effizienzsteigerungszwängen der Finanzbranche. Mithin ist eine Kostentransparenz, insbesondere dieser Funktion unabdingbar.

34

1. Vorgelagerte Kostentransparenz

Kostentransparenz ist im Bereich Compliance, wie in jeder anderen Funktion, die Voraussetzung einer effizienten Steuerung der Funktion. Das Entwickeln des Kostenbewusstseins auch für Compliance und folgend die Entwicklung erster Prozesse und Werkzeuge zum Kostenmanagement ist daher der primäre Schritt hin zu einer effizienteren Compliance-Funktion.[49]

35

Voraussetzung dafür ist die Möglichkeit einer vorgelagerten Kostenermittlung.

36

---

46 *BGH* BB 2009, 2263; vgl. Park/*Bottmann* Rn. 36 ff.
47 Siehe MaComp, BT 1.
48 Erfahrungen infolge durchgeführter Projekte im Bereich Compliance bei Finanzinstituten.
49 Vgl. Ausführungen in Rn. 13 ff.

15 Aufbau einer Compliance-Organisation in der Praxis

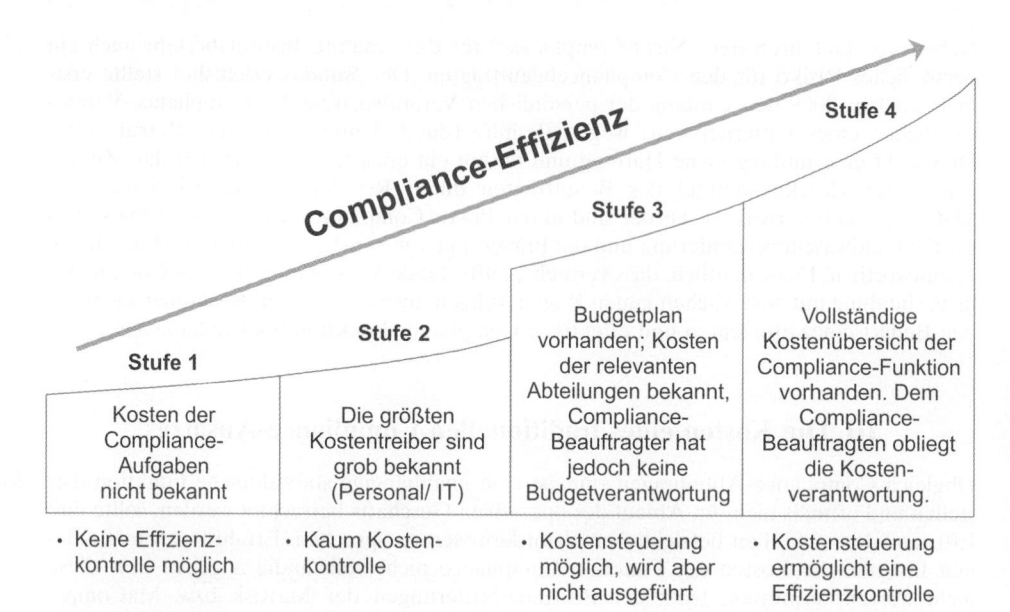

Stufe 1	Stufe 2	Stufe 3	Stufe 4
Kosten der Compliance-Aufgaben nicht bekannt	Die größten Kostentreiber sind grob bekannt (Personal/ IT)	Budgetplan vorhanden; Kosten der relevanten Abteilungen bekannt, Compliance-Beauftragter hat jedoch keine Budgetverantwortung	Vollständige Kostenübersicht der Compliance-Funktion vorhanden. Dem Compliance-Beauftragten obliegt die Kostenverantwortung.
• Keine Effizienzkontrolle möglich	• Kaum Kostenkontrolle	• Kostensteuerung möglich, wird aber nicht ausgeführt	• Kostensteuerung ermöglicht eine Effizienzkontrolle

Abb. 4: Die 4 Stufen des Kostenbewusstseins
Quelle: Deloitte Research

Die Ermittlung der Kosten der Compliance muss mit der korrekten Erfassung der Personalkosten beginnen. Diese stellen in Deutschland im Durchschnitt erfahrungsgemäß etwa zwei Drittel der Gesamtkosten dar. Die beobachtete Gewichtung schwankt jedoch auf Ebene der Einzelinstitute erheblich aufgrund der heterogen und verschiedenartig eingesetzten IT-Systeme. Die IT-Infrastruktur und -Systeme beeinflussen als zweiter großer Kostenblock die Gesamtkosten stark und müssen ebenfalls korrekt abgegrenzt und erfasst werden.

37   Die Compliancebereiche wurden stetig, im Zuge der anwachsenden regulatorischen und gesetzlichen Anforderungen, personalseitig auf- und ausgebaut. Diese Aufstockungen erfolgten oftmals rein fachbezogen. Mithin erscheint dieses Vorgehen ein übliches Mittel der Institute zu sein, um komplexer werdenden Anforderungen zu begegnen. Regelungen, wie das Geldwäschebekämpfungsergänzungsgesetz, die MaComp oder neue Regularien wie MiFiD II und hieraus folgend deutlichen Aufstockungen des Personalbestandes belegen dieses Vorgehen deutlich. Auch gegenwärtig melden diese Bereiche einen Mangel an Mitteln für ausreichend Personal. Jedoch können vielfach Compliancebereiche ihre konkreten personalseitigen Notwendigkeiten nicht konkretisieren bzw. diese mittelfristig planbar darstellen.

Folglich stellen die personalseitigen Planungen der Compliancebereiche einen kurzfristigen und nicht ausreichenden Ansatz dar, welcher nur bedingt dazu geeignet ist, zukünftigen komplexen regulatorischen und gesetzlichen Vorgaben angemessen zu begegnen.[50]

38   Bei der weiteren Ermittlung der Compliance-Kosten stellt die Nutzung von Informationstechnologie, wie oben dargelegt, die zweitgrößte Kostenkomponente dar. Der Anteil der Kosten schwankt erfahrungsgemäß zwischen 5 % und 55 % an den Gesamtkosten sehr stark. Abgesehen von der Anteilsschwankung ist die unterschiedliche Kostenentwicklung der letzten fünf Jahre bei den Finanzinstituten aufschlussreich. Während sich der IT-Kos-

---

50 Erfahrungen infolge durchgeführter Projekte bei Finanzinstituten.

tenanteil bei Sparkassen in den letzten fünf Jahren kaum veränderte, sind bei über drei Vierteln der Privat- und Genossenschaftsbanken die IT-Kosten gestiegen oder sogar stark angestiegen.[51]

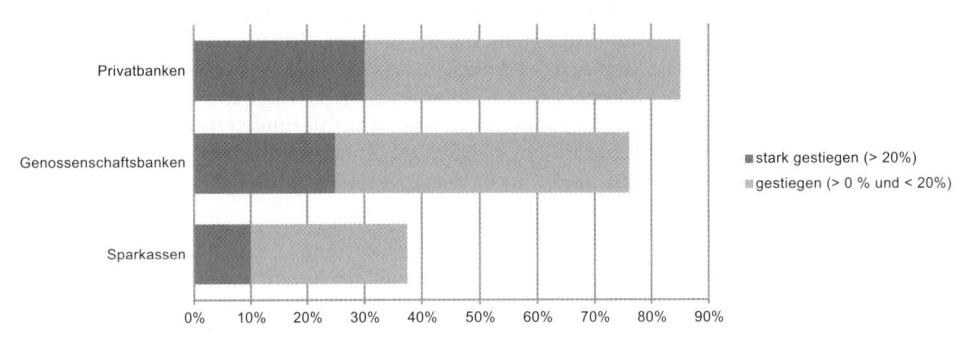

Abb. 5: Veränderung der IT-Kosten von Compliance-Abteilungen in Deutschland (über 5 Jahre)
Quelle: Deloitte Research

Insbesondere in Anbetracht der zunehmend komplexer werdenden nationalen und internationalen Vorgaben ist davon auszugehen, dass Compliance-Prozesse mit Hilfe von vermehrten IT-Investitionen effizienter gestaltet werden können und sich somit die Kosten/Nutzen-Relation einer Compliance-Funktion verbessern lässt. Jedoch wurde in durchgeführten Projekten deutlich, dass der Großteil der Institute erweiterte Anforderungen an Compliance über das Einstellen zusätzlicher Mitarbeiter abdeckt, statt durch Verbesserungen von Prozessen oder vermehrten Einsatz von Technik.

2. Resümee

Die nicht werterhaltende Wahrnehmung des Managements gegenüber der Funktion Compliance ist vielfach darin begründet, dass nicht erkennbare betriebswirtschaftliche Anforderungen, fehlerhafte Kommunikation und fehlende Kostentransparenz in eben diesen Bereichen vorherrschen. Dies führt dazu, dass Compliance mit zu wenigen Ressourcen geplant und nicht als vollwertiger Bestandteil einer Risikomanagementstruktur verstanden wird. Abgesehen von einer ausgeglichenen Arbeitslast in der Funktion ist Risikomanagement in all seinen Facetten für Kreditinstitute als Kernaufgabe und Funktion wesentlich. Es erkennt und quantifiziert Risiken und setzt klare Grenzen, innerhalb derer Risiken akzeptiert werden. Dies sollte auch für die Risiken aus fehlender Compliance, wie zum Beispiel Reputationsrisiken und legale Risiken gelten, wird in vielen Instituten jedoch kaum erkannt oder umgesetzt.

39

IV. Die Nachteile eines traditionellen Compliance-Ansatzes

Bei vielen Kreditinstituten herrscht noch ein sogenannter „traditioneller Compliance-Ansatz" vor. Diese Programme fokussieren meist auf bereits existierende, gut integrierte Prozesse im Umfeld einzelner funktionaler Einheiten. So existieren beispielsweise oftmals eigene Abteilungen für Wertpapier-Compliance, Risikomanagement, IT-Compliance und Prävention von Geldwäsche und sonstigen strafbaren Handlungen während gleichzeitig auch die Interne Revision Sonderaufgaben wahrnimmt und Kontrollen durchführt. Eine

40

---

51 Erfahrung infolge durchgeführter Projekte bei Finanzinstituten.

Folge ist u.a. die Überlastung der Mitarbeiter der Compliance-Funktion. Sie ist das Resultat aus vielfach abgegrenzten und isolierten Unternehmensstrukturen und fehlenden technischen Hilfsmitteln bei der Abdeckung der Anforderungen der Compliance. Gründe hierfür können insbesondere fragmentierte Prozesse, fehlende Kommunikation beziehungsweise Standardisierung, das Fehlen notwendiger Prozessverantwortlichkeiten sowie eine in Teilbereichen fehlende technische Basis sein. Die Möglichkeit einer gemeinsamen Nutzung von homogenen und standardisierten Elementen vieler interner Prozesse und Abläufe wird nicht wahrgenommen und Anforderungen des Aufsichtsrechts werden selten in Prozessen vereinheitlicht betrachtet. Zudem entstehen vielfach Redundanzen sowie intransparente und unnötig komplexe Prozesse in denen relevante Anforderungen der Gesamtorganisation nicht berücksichtigt werden.[52]

41 Ein Lösungsansatz könnte in einem ersten Schritt die informelle Vernetzung der Bereiche Risikomanagement und Compliance sein. Aus informeller Vernetzung können allerdings erst greifbare Effizienzvorteile entstehen, wenn gleichartige Prozesse aus den funktionalen Bereichen Risikomanagement und Compliance formell gemeinsam bearbeitet und genutzt werden. Eine vernetzte Informationsermittlung wird dabei zunehmend unverzichtbar, um den vielen neuen regulatorischen Anforderungen zu begegnen. Oftmals wurden im Risikomanagement faktisch seit Jahren bereits Kontrollen durchgeführt, deren Notwendigkeit erst Jahre später kodifiziert worden ist. Kontrollen im Bereich Compliance führen dann zu unnötigen Mehrkosten, wenn nicht bereits vorhandene Prozesse in der Organisation genutzt, sondern parallele Prozesse zusätzlich aufgesetzt werden. Es ist also unerlässlich, der ansteigenden regulatorischen Komplexität mit einer übersichtlichen Struktur über die Risiko- und Compliance-Prozesse zu begegnen. Große Herausforderungen stellen die Change Management Prozesse dar, da erhebliche Ressourcen benötigt werden und ein Compliance System während der "Reengeneering"-Phase nicht vorübergehend abgeschaltet werden darf.

42 Teilweise wird der Definition von Compliance als Bestandteil des Risikomanagementsystems zwar weitestgehend zugestimmt, jedoch wird teilweise die Gefahr einer „Übernahme schemahafter Formalisierungen" gesehen. Die Compliance-Organisation dürfe nicht den Blick für das Unerwartete und die „Bereitschaft zum Einschreiten im konkreten Einzelfall" verlieren.[53] Compliance wird als Querschnittsfunktion unter dem Bezugsrahmen „Integritätsmanagement" gesehen, die einen „Schutzmechanismus" und eine „Ermöglichungsstrategie" beinhaltet und „Elemente der Regelauslegung, Regelanwendung, Anwendungskontrolle mit Fragen der praktischen Umsetzung wie auch dem Training und der Sensibilisierung von Mitarbeitern" verbindet.[54] Im Extremfall steuert die Compliance-Funktion insoweit, dass traditionelle übergeordnete Bereiche wie z.B. die Rechtsabteilung, funktional in die Compliance-Funktion integriert werden.

43 Abgesehen vom Nachteil, Compliance nicht als Bestandteil des Risikomanagementsystems zu betrachten und somit Synergien nicht zu nutzen, besteht ein weiterer Nachteil traditioneller Compliance-Strukturen in ihrer starken Fragmentierung. Vielfach werden Prozesse gemäß regulatorischen Anforderungen zeitlich gestaffelt innerhalb der Institutsstrukturen angelegt. Mit wachsender Komplexität geht in der Folge der Überblick darüber verloren, inwieweit Strukturen anfänglicher und später zugefügter Anforderungen eine gemeinsame Basis nutzen und gemeinsame Kontrollen und Datenbanken verwendet werden können. Neben der Gefahr von Ineffizienzen wachsen auch Risiken strafrechtlicher Konsequenzen bei Nicht-Einhaltung, aber auch Reputationsschäden, die mit Compliance-Versagen häufig

---

52 Erfahrung infolge durchgeführter Projekte bei Finanzinstituten.
53 Hauschka/*Preusche* § 37 Rn. 12.
54 Hauschka/*Preusche* § 37 Rn. 3.

einhergehen. Wo bei den Kosten eine Prozesskostensicht notwendig ist, ist für eine solche Verbesserung ein Konzept in der Gesamtbanksteuerung mit entsprechenden aufbau- und ablauforganisatorischen Vorgaben und einer entsprechenden homogenen IT-Landschaft notwendige Voraussetzung. Diese fehlt jedoch häufig.

Es entsteht die große Gefahr eines Kostenanstiegs durch die stetige Entwicklung neuer Regularien und einem starken öffentlichen Fokus durch aufkommende Skandale bei gleichzeitig fehlender detaillierter Analyse von organisatorischen Wechselwirkungen und hieraus resultierenden Mängeln an Effizienz und Effektivität. Zudem führen nicht koordinierte Einzelansätze über verschiedene Organisationseinheiten zu negativen Folgen für die Kostenstruktur und Kostenkontrolle.

Eine Fragmentierung lässt sich insbesondere dann beobachten, wenn sich funktionale Gebiete und Geschäftsbereiche überlappen. Viele Unternehmen ernennen zur Bearbeitung von Compliance- und Risikothemen jeweils Spezialisten, sowohl für die Funktion an sich, als auch für den einzelnen Geschäftsbereich. Diese separierten Ressourcen führen dann gleichartige Tätigkeiten aus, ohne sich bei der Erhebung, Analyse und Verarbeitung durchaus gleicher Informationen untereinander abzustimmen.[55]

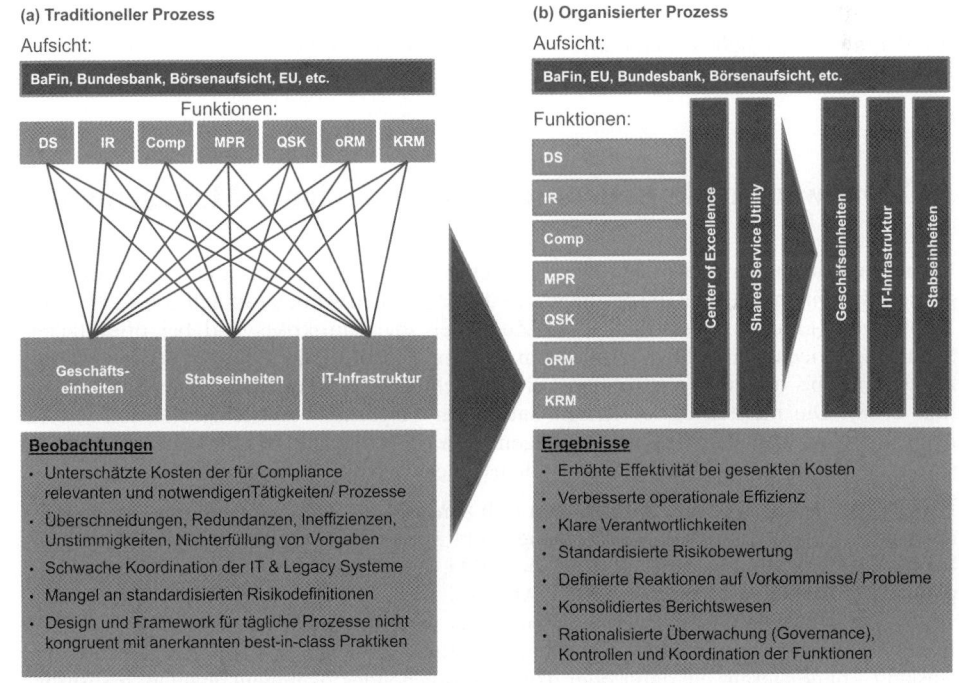

Genutzte Abkürzungen: DS – Datenschutz; IR – Interne Revision; Comp – Compliance; QSK – Qualitätssicherung & -kontrolle; MPR – Marktpreis-Risikomanagement; KRM – Kredit-Risikomanagement; ORM – operationales Risikomanagement

Abb. 6 (a+b): Von einem traditionellen zu einem integrierten Ansatz des Compliance-Managements
Quelle: Deloitte Center for Banking Solutions

---

55 Erfahrungen infolge Umsetzungsprojekten zu neuen regulatorischen und gesetzlichen Vorgaben bei Finanzinstituten.

Die obige Darstellung stellt zwei generische Ansätze von Compliance-Management gegenüber, wobei Abbildung 6a einen traditionellen Ansatz abbildet, welcher bei einer Vielzahl von Finanzinstituten vorherrscht. Der Mangel an Abstimmung und Koordinierung erzeugt verschiedene Ebenen von Compliance-Tätigkeiten. Daraus resultieren unnötige direkte und indirekte Kosten bei gleichzeitig eingeschränkten Fähigkeiten, konsolidierte Informationen bei Bedarf kurzfristig bereitzustellen.

Denn oftmals versäumen es Finanzinstitute, gleichartige Elemente der Regulierung, wie zum Beispiel GwG, SOX und WpHG zu identifizieren und einheitlich zu behandeln. Diese Unterlassung verursacht unnötige Mehrfachaktivitäten und senkt Effizienz und Effektivität einer Organisation. So beinhalten regulatorische und gesetzliche Vorschriften, beispielsweise zur Prävention von sonstigen strafbaren Handlungen, Geldwäsche, Veröffentlichung von Finanzmarkt-Transaktionen (WpHG) und Überprüfung potentieller Terrorismusfinanzierung (Foreign Sanctions), sehr ähnliche Anforderungen bezüglich Tests von internen Kontrollen und Prozessen, des Prozessdesigns und der Implementierung von Prozeduren. Die Nutzung separater Prozesse für die drei genannten Themen verursacht stattdessen Ineffizienzen.[56]

45 Die Abbildung 6b stellt eine stärker integrierte Formation und mithin einen organisierten Prozess dar, welcher die redundanten Aktivitäten weitestgehend eliminiert und die Compliance-Aktivitäten klarer auf die einzelnen Geschäftsbereiche und die gesamte Gesellschaft fokussiert. Folglich ergibt sich ein gesamthafter Überblick über die Risikolage des Institutes, der nunmehr effektiver und effizienter begegnet werden kann.

C. Die wachsende Bedeutung von Compliance-Management

46 Über den Zeitraum der letzten 25 Jahre kam es immer wieder zu krisenhaften Entwicklungen auf den Finanzmärkten, insbesondere in den Bereichen Aktien (aktuell 2007/2008) und Währungen (aktuelle Geschehnisse im Zuge der sog. Eurokrise) und bei öffentlichen Schulden (Griechenland 2010). Außerdem wurden immer wieder Schwierigkeiten in Einzelinstituten bis hin zu deren Totalausfall beobachtet (zum Beispiel Lehman Brothers im Jahr 2008). Die meisten dieser Krisen hatten zur Folge, dass Aufsichtsbehörden jeweils neue regulatorische Pflichten und Auflagen entwarfen, die die Ursachen beseitigen und somit das Risiko des nochmaligen Entstehens solcher Krisen verringern sollten.

47 Den Begriff des Risikos aufgreifend, lässt sich zunächst die These aufstellen, dass Compliance im weiteren Sinne als Risikomanagement verstanden werden kann.[57] Dies belegt bereits ein Blick auf den Wortlaut des § 25a KWG, der als zentrale Norm der Banken Compliance verstanden wird und in dessen Absatz 1 mehrfach das Wort Risikomanagement verwendet wird. Die Compliance-Funktion selbst wird mithin als Bestandteil des internen Kontrollsystems angesehen, die das Compliance Risiko erfassen und beherrschen soll.[57] Im Ausland – ohne hieraus ein dafür oder dagegen sprechendes Argument abzuleiten – ist dieses Zusammenspiel von operationellem Risikomanagement und Compliance bereits häufiger anzutreffen.[58] Daran kann man jedoch erkennen, dass dieser funktionalen Gliederung eine gewisse Praktikabilität innewohnt und eine tiefergehende Befassung mit dieser organisatorischen Maßnahme auch für deutsche Institute Effizienz- und Effektivitätssteigerungen bieten kann.

---

56 Erfahrungen infolge Umsetzungsprojekten zu neuen regulatorischen und gesetzlichen Vorgaben bei Finanzinstituten.
57 Hauschka/*Gebauer/Neumann* § 36 Rn. 4.
58 Hauschka/*Gebauer/Neumann* § 36 Rn. 63.

Die verbesserte Kontrolle und Steuerung von Risiken gehört dabei derzeit zu den am **48** höchsten gehandelten Prioritäten in der Finanzindustrie. Die Institutionalisierung der Risikofrüherkennung und -bekämpfung bildet den Zusammenhang zwischen Risikomanagement und der Funktion Compliance.[59] Beide Funktionen haben das Ziel, durch die Festlegung einheitlicher Standards eine Absicherung der unternehmerischen Tätigkeit gegen Risiken zu erreichen. Zusammen mit verbesserter unternehmensweiter Kostenkontrolle und Kostentransparenz sowie Produktmanagement wird sich das verbesserte Management von Risiken als eines der Kernthemen der nächsten Jahre darstellen.

Die Gründe weitreichender Veränderungen im Compliance- und Risikomanagement lassen **49** sich zusammengefasst hauptsächlich aus fünf Faktoren herleiten:
- drastisches Wachstum der Anzahl und der Komplexität der bekannten Risiken,
- fortgesetzte Konsolidierung und Diversifikation innerhalb des Bankensektors,
- fortschreitende Globalisierung im Bereich Financial Services,
- stärkere Aufsicht durch staatliche Stellen und Aufsichtsbehörden,
- diverse bilaterale geschäftliche Volatilitäten mit systemischen Implikationen.

Diese Faktoren erschweren die Identifikation und Messung von Risiken und sie vergrößern die Gefahren eines Compliance-Verstoßes mit entsprechenden Konsequenzen. Unter zunehmender Bedeutung von Compliance müssen Institute neben aufsichts- und strafrechtlichen Konsequenzen dem Druck der Öffentlichkeit hinsichtlich Geschäfts- und Produkttransparenz begegnen.

I. Herausforderungen bei der Transformation traditioneller Compliance-Funktion

Die traditionelle Compliance-Funktion wird für Kredit-, Finanzdienstleistungsinstitute und **50** Wertpapierdienstleistungsunternehmen maßgeblich bestimmt durch die Vorschriften der § 25a Abs. 1 KWG, § 33 Abs. 1 S. 1 WpHG.[60] Dabei werden der Funktion Compliance – unabhängig von einem traditionellen oder einem neuen Ansatz – vier Zwecksetzungen zugrunde gelegt. Diese sind der Schutzzweck, der Überwachungszweck, der Qualitätssicherungszweck und der Beratungszweck.[61] Mitunter wird Compliance eine fünfte Zwecksetzung, nämlich eine Marketingfunktion, zugesprochen, die den Aspekt der Reputationsrisiken, bzw. deren Vermeidung durch die Funktion Compliance berücksichtigt.[62] Diese fünfte Zwecksetzung soll in diesem Kontext jedoch nur am Rande erwähnt werden.

Der Schutzzweck dient dem Schutz des Instituts selbst und dem der Mitarbeiter. Er wird **51** erfüllt, indem durch Aufklärungsmaßnahmen präventiv bewussten und unbewussten Regelverstößen begegnet wird. Daneben lässt sich der Beratungszweck ansiedeln, der die Funktion Compliance als informatorische Anlaufstelle für die operativen Funktionen, aber auch als beratende Einheit für die oberen Managementebenen in Erscheinung treten lässt. Der Schutzzweck geht eng einher mit dem Überwachungszweck, wonach die Funktion Compliance die Einhaltung aller Pflichten, die sich aus dem Gesetz, gesetzesähnlichen oder institutsinternen Regelwerken ergeben, überwacht. Der Qualitätssicherungszweck wird erreicht, indem die Funktion Compliance sicherstellt, dass die Einhaltung der oben beschriebenen Regularien durch adäquate Vorkehrungen und Maßnahmen hinterlegt ist.[61]

---

59 Hauschka/*Pampel/Glage* § 5 Rn. 18.
60 *Schneider* ZIP 2003, 645, 648.
61 Hopt/*Wohlmannstetter/Auerbach/Jost* S. 653.
62 *Lösler* NZG 2005, 104 f.

52 Grundvoraussetzung für eine konforme Einhaltung des durch KWG und WpHG gesteckten Rahmens und die effiziente Erfüllung der oben genannten Zwecke ist eine angemessene personelle Ausstattung, die nach den Vorgaben des WpHG auch dauerhaft und wirksam sein muss. Die unbestimmten Rechtsbegriffe im Zusammenhang mit den Vorgaben zur Compliance-Funktion sollen eine variable Anpassung an die Art, den Umfang, die Komplexität und den Risikogehalt der Geschäfte des Instituts erlauben.[63] Eine Kernaufgabe ist die regelmäßige, laufende Kontrolle des Risikomanagements gem. § 25a Abs. 1 KWG. Dabei kommt es zu Überschneidungen und Kollisionen zwischen Compliance und Risikomanagement, die Institute in ihrer operativen Tätigkeit beeinträchtigen, wenn nicht sogar lähmen können. Zwar haben Institute auf der Basis einer Analyse des ökonomischen, rechtlichen und politischen Umfelds sowie der sich daraus ergebenden Risiken mit Hilfe einer Risikoinventur ein Gesamtrisikoprofil zu erstellen, womit sichergestellt werden soll, dass die wesentlichen Risiken durch das Risikodeckungspotential laufend abgedeckt sind. In den Teilbereichen wird dieses Gesamtrisikoprofil jedoch verändert und ergänzt. Der Bereich Risikomanagement wird operationelle Risiken anders abbilden als der Bereich Compliance. Das Risikomanagement ist seines Zeichens zuständig für die im Institut quantifizierbaren Risiken wie beispielsweise Markt-, Liquiditäts- oder Adressausfallrisiken, während Compliance die Bewertung gerade jener Risiken obliegt, die nicht quantifizierbar sind. Hierzu gehören Compliance- und Reputationsrisiken.[64] Überschneidungen finden sich jedoch im Bereich des Managements operationeller Risiken.[65] Schon alltägliche Herausforderungen wie Phishing- oder Skimming-Attacken, Kreditkartenbetrug und interne Betrugsszenarien stellen sowohl quantifizierbare als auch nicht quantifizierbare Risiken dar, die einer Bewertung sowohl durch die Funktion Risikomanagement als auch durch die Funktion Compliance erfordern.

53 Für Institute, die oben beschriebene Probleme lösen wollen, bestehen bei den Initiativen zur Kostenkontrolle und Integration für die Bereiche Compliance und Risikomanagement einige wesentliche Herausforderungen, die im Folgenden näher beleuchtet werden sollen.

1. Identifikation und Gruppierung materiellen Risikos

54 Durch staatliche Stellen und Aufsichtsbehörden vorgeschriebene Verpflichtungen zur Erfüllung bestimmter Aufgaben und Vorgaben beinhalten für Finanzinstitute inhärente Risiken, da die Erfüllung der Verpflichtungen und Verantwortlichkeiten und dabei insbesondere deren Kosten, keinen unmittelbar erkennbaren Mehrwert für das Institut schafft. Jedoch wird die Nichteinhaltung solcher in makroökonomischer Hinsicht sehr wohl sinnvoller gesetzlicher bzw. regulatorischer Anforderungen zum Teil sehr stark durch Aufsichtsbehörden – aber auch mittelbar durch den Markt – sanktioniert.

55 Dies stärkt den Ansatz, ein wirksames Risikomanagement als Kernstück einer ordnungsgemäßen Geschäftsorganisation aufzufassen.[66] Untermauert wird dieser Ansatz durch die Zwecke, die durch die Funktion Compliance erfüllt werden. Diese ist ihrem grundsätzlichen Wesen der Vermeidung und Aufdeckung von Regelverstößen verschrieben.[67] Auch hierbei müssen Risiken erkannt und definiert werden. Die Funktion Compliance ermittelt maßgeblich das Compliance-Risiko, also jenes Risiko, das im Zusammenhang mit den Geschäften des Instituts steht.[68] Eine faktisch vollumfängliche Risikoermittlung kann aber letztlich nur in enger Abstimmung mit der Funktion Risikomanagement erfolgen, die eine Gesamtübersicht über die im Institut bestehenden Risikokategorien erstellt und bereit hält.

---

63 Kümpel/Wittig/*Rothenhöfer* Rn. 3.318.
64 Hopt/*Wohlmannstetter/Auerbach/Jost* S. 665.
65 Hopt/*Wohlmannstetter/Auerbach/Jost* S. 666.
66 Kümpel/Wittig/*Rothenhöfer* Rn. 3.311.
67 *Hauschka* NJW 2004, 257, 261.
68 Hopt/*Wohlmannstetter/Auerbach/Jost* S. 671.

Das Risikomanagement beruht grundsätzlich auf vier Säulen. Diese sind Regelungen zur Aufbau- und Ablauforganisation, Risikosteuerung- und Risikocontrollingprozesse.[69] Die Benennung dieser vier Säulen erlangt im weiteren Verlauf im Kontext der zentralen Konzentration der Aufgaben der Funktion Risikomanagement und der Funktion Compliance Bedeutung, denn die Funktion Compliance kann und sollte letztlich im Wesentlichen nur sinnvoll zum Aufbau und zum Erhalt der Säule Risikosteuerung beitragen.

Der wesentliche Anreiz eines Unternehmens bei der Erfüllung der Anforderungen liegt somit nicht bei der Wertvermehrung, sondern beim Werterhalt, also letztlich in der Vermeidung negativer Risiken. Im Gegensatz dazu entstehen positive Risiken (Chancen) aufgrund der geschäftspolitischen Wahlmöglichkeiten von Institutionen mit dem Ziel potenzieller Wertvermehrung. Nur eine Separierung beider Risikogruppen im Bereich Compliance und Risikomanagement ermöglicht die korrekte Ausarbeitung von neuen oder die Identifizierung von gemeinsamen Prozessen.

2. Inkonsistente Risikodefinition

Wenn Risiken auf Ebene der Geschäftsbereiche oder eines Produkts jeweils verschieden definiert werden, ist kein gemeinsamer Standard als Grundlage für Compliance und Risikomanagement gegeben. Dies verhindert ein korrektes Messen, Aggregieren und Priorisieren von Risiken. Die Praxis zeigt vielfach, dass Compliance-Organisationen bereits vor großen Herausforderungen stehen, wenn es darum geht, überhaupt erst einheitliche Produktkategorien in verschiedenen Bereichen der Institute als Basis einer Risikodefinition zu isolieren.

Die Grundlage der Risikodefinition ist die Festlegung der Risikopolitik und die Identifikation und Analyse der Risiken. Bei der Festlegung der Risikopolitik werden die Grenzen der Risiken umschrieben, wodurch ein konzeptioneller Ordnungsrahmen entsteht. Dieser Rahmen wird häufig noch durch die obere Führungsebene vorgegeben, so dass in diesem Stadium häufig noch keine Divergenzen zu verzeichnen sind. Im Zuge der Identifikation und Analyse der Risiken kommt es jedoch häufig aufgrund verschieden gewählter Ansätze zu Unterschieden in der Beurteilung und Normierung des Risikos. Marktrisiken, strategische Risiken, operative Risiken und finanzielle Risiken werden von den zuständigen Funktionen regelmäßig unterschiedlich beurteilt. Im Rahmen des für die Identifikation und Analyse der Risiken notwendigen Risk Assessments findet sich häufig keine konsolidierte Herangehensweise. Vielmehr werden die sich in elementaren Bereichen überschneidenden Risiken von den einzelnen Funktionen selbstständig und individuell identifiziert und bewertet. Der resultierende Verlust von Übersicht und Kontrolle macht es lokalen Managern einfacher, kurzzeitige Geschäftsinteressen der Geschäftsbereiche über Interessen der Gesamtunternehmung zum Risikomanagement zu stellen. Derartige Lücken gilt es zu schließen. Best Practices im Bereich Compliance und Risikomanagement innerhalb der Organisation sind unter den beschriebenen Umständen jedoch deutlich schwieriger zu implementieren.

Des Weiteren kann beispielsweise ein von Sparte A niedrig eingeschätztes Risiko von Sparte B als hohes Risiko betrachtet werden, obwohl es sich um ein identisches Risikopotenzial handelt. Die fehlende Konsistenz in der Risikodefinition macht es schwierig, Synergien aus Best Practice Prozessen und technischer Integration über die Gesamtorganisation zu realisieren. In einer Idealorganisation besteht eine gemeinhin verständliche und allgemein akzeptierte Risikodefinition, die sowohl Werterhalt als auch Wertvermehrung abdeckt und konsistent in der gesamten Organisation angewendet wird.

---

69 *BaFin* Rundschreiben 3/2009 (VA) Ziffer 7.2.

3. Ineffiziente IT

61 § 25a Abs. 1 KWG und – konkretisierend – die BaFin durch die MaRisk[70] erwarten IT-seitig eine angemessene technisch-organisatorische Ausstattung der Institute. Die MaRisk sieht vor, dass die IT-Systeme und die zugehörigen IT-Prozesse die Integrität, die Verfügbarkeit, die Authentizität sowie die Vertraulichkeit der Daten sicherstellen. Doch gerade hinsichtlich der Verfügbarkeit und der Integrität der Daten ist zu bemerken, dass die den Daten zugrunde liegende Technik ineffizient ist, wenn Prozesse redundant oder ineffizient sind. Der Aufbau technischer Compliance Infrastrukturen kann häufig als Zufallsarchitektur bezeichnet werden, was schon daran liegt, dass sich das Portfolio der aufgrund aufsichtsrechtlicher Anforderungen notwendigerweise einzusetzenden, aber auch der angebotenen Software immens erweitert hat. Historisch über Jahre gewachsene nahezu unüberschaubar heterogene IT-Landschaften stellen überwiegend die Wirklichkeit in den Instituten dar. Diese Situation zwingt Mitarbeiter zu manueller Informationsbeschaffung, manueller Informationsverarbeitung und manuellem Berichtswesen. Die Konsequenz daraus sind oft teure, langsame und fehleranfällige Prozesse. Inkompatible und fragmentierte Systeme machen es in vielen Organisationen unmöglich, Berichte und Analysen in akzeptabler Zeit zu erstellen, soweit dies überhaupt in konsolidierter Form gelingen mag. Diese dauerhaften Provisorien stellen folglich aufgrund des nötigen Arbeitseinsatzes und der damit verbundenen Bindung der Mitarbeiter zulasten anderer Aufgaben einen bedeutenden Posten innerhalb der gesamten Compliance Kosten dar. Investitionen in IT-Lösungen, die – einfach gesagt – unterschiedlichste Daten aus unterschiedlichsten Quellen zusammenziehen und verarbeiten können sind empfehlenswert.

4. Redundante funktionale Tätigkeiten

62 In einer traditionellen Compliance Struktur existieren viele, über diverse Geschäftsbereiche verteilte ähnliche Prozesse.[71] So sind alleine mit der Erstellung verschiedener Aspekte des Compliance Risikos die Funktion Compliance selbst, wie aber auch die Funktion Risikomanagement, die Rechtsabteilung und bisweilen – in eingeschränktem Umfang[72] – die interne Revision[73] beteiligt. Doppelzuständigkeiten und nicht abgestimmte Prüfungs- und Kontrollhandlungen führen dazu, dass Test- und Bewertungsaktivitäten zu Compliance und Risikomanagement häufig mehrfach durchgeführt werden, was nicht nur die Mitarbeiter in zeitlicher Hinsicht bindet, sondern auch Kosten verursacht. Darüber hinaus führen redundante Tätigkeiten, also das schlichte Abfragen von Informationen, die an anderer Stelle im Institut bereits vorhanden sind, zu einer schwindenden Akzeptanz der Funktion Compliance,[74] denn dieselben Fragen unterschiedlicher Funktionen frustrieren den befragten Mitarbeiter und werfen die berechtigte Frage nach einer funktionierenden Konzernkommunikation auf.

63 Viele regulatorische Vorschriften enthalten ähnlich gelagerte Elemente (nur beispielhaft: WpHG, MaRisk, KWG, MaComp, GWG), die es erlauben, schon verarbeitete Informationen zu verwenden. Gleichzeitig mangelt es aber am funktionsübergreifenden Controlling, welches Schnittmengen definiert und durchgeführte Analysen sowie erzielte Ergebnisse kanalisiert. Eine Eliminierung von Redundanzen kann dazu beitragen, die Kosten der Compliance Überwachung erheblich zu senken und gleichzeitig die Akzeptanz im Gesamtinstitut zu steigern.[74] Weiterhin kann die Eliminierung der Redundanzen helfen, benötigte Compliance Informationen schneller, umfassender und vollständiger zur Verfügung zu stellen.

---

70 MaRisk, AT 7.2, *BaFin* Rundschreiben 10/2012 (BA).
71 Hauschka/*Gebauer/Niermann* § 36 Rn. 61.
72 Hauschka/*Gebauer/Niermann* § 36 Rn. 62.
73 *Basel Committee on Banking Supervision* Rn. 44.
74 *Benz/Klindt* BB 2010, 2977, 2978.

5. Dauerhafte manuelle Provisorien

Viele Compliance-Tätigkeiten sind zur Automatisierung geeignet, speziell mittels integrierter Datenbanken und Dashboards, die eine standardisierte Übersicht von Risiken, Verantwortlichkeiten und adäquaten Kontrollen über das Gesamtunternehmen bieten. In der Praxis findet man jedoch häufig maximal eine Teilautomatisierung. Es werden zwar bereits die gängigen Tools und Datenbanken eingesetzt, jedoch stammen einzelne Tools von unterschiedlichen Anbietern oder werden in unterschiedlicher Art und Weise auf die institutsspezifischen und vermeintlich funktionsspezifischen Parameter eingestellt. Letztlich ergibt sich daraus eine Vielzahl von Arbeitsergebnissen und Übersichten, die an sich ähnliche Sachverhalte behandeln, eine konsolidierte Betrachtung aber nicht ohne unnötigen Mehraufwand ermöglichen. Entscheidungsträger, die für die Unternehmens-Compliance schon gesetzlich aus § 130 Abs. 1 OWiG verantwortlich sind, erhalten zu gleichartigen Themen unterschiedliche Berichte, auf deren Basis Entscheidungen getroffen werden müssen, die die Kernelemente der Unternehmenssteuerung betreffen.[75] Gerade hierin liegt das Risiko, dass Lücken klaffen, die unter Beachtung der aufsichtsrechtlichen Anforderungen sowie der Vermeidung der oben genannten negativen Risiken nicht bestehen dürften. Ein vollautomatisiertes IT-Cockpit mit allen wesentlichen Risikoparametern zur strategischen Unternehmenssteuerung und Überwachung im Life-Modus könnte am Ende einer Reihe von Weiterentwicklungen der IT-Landschaften der Institute stehen. Ansätze wie „Continuous Auditing" oder die konsequente Integration von Daten und Systemen sind die ersten richtigen Schritte in diese Richtung. 64

6. Kosten

In Compliance- und Risikoprozessen ist häufig eine Vielzahl von Schattenmitarbeitern involviert. Hinzu treten ferner unzählige Datenbanken und Testprozeduren auf individuellen Computern, manuelle Prozesse, redundante Funktionen, Aufgaben und Technik. Diese Insellösungen bringen nicht nur die Balance zwischen Nutzen und Aufwand ins Wanken, sondern belasten das Institut auch mit vermeidbaren Kosten.[76] Aus dem Vorhandensein der Insellösungen folgen letztlich nicht nur periodisch auftretende Einzelkosten, sondern beträchtliche Basiskosten der Compliance Funktion. Finanzinstitute unterschätzen jedoch infolge der genannten Punkte die Kosten von Compliance regelmäßig. Mit einem effektiven Compliance Management Prozess sollen Effizienz und Kosteneffektivität erreicht werden; dabei soll aber eine zeitnahe Adaption an kommende Anforderungen möglich bleiben. Denn in naher Zukunft werden mit Sicherheit höhere Anforderungen an Aufsichts- und Überwachungsfunktionen gestellt werden, die bei nicht oder nicht ausreichend vorbereiteten Instituten zu einem weiteren Kostenanstieg führen, der sich aus der Adressierung der weiter wachsenden und komplexer werdenden Anforderungen ergibt. Dies rückt die Flexibilität und Effizienz jeder Bank Compliance-Funktion in den Fokus. 65

Kosten sind allerdings in ihrer negativen Ausprägung aufgrund ihrer leichten Mess- und Vergleichbarkeit das primäre Instrument der Argumentation, wenn es um eine Konsolidierung oder Straffung der institutsimmanenten Prozesse geht. Daher droht gerade großen Compliance-Abteilungen das permanente Risiko der Kosteneinsparung durch Kostenreduzierung, beispielsweise mittels Personalabbau, sofern der Beitrag des erhöhten Personaleinsatzes zur Wertschöpfung und Wertsteigerung nicht eindeutig belegt werden kann.[77] 66

Die genannten Herausforderungen sind allesamt sowie individuell in sich vielfältig und komplex, insbesondere im Hinblick auf viele andere strategische und operationelle Risi- 67

---

75 *Tüllner/Wermelt* BB 2012, 2551, 2552.
76 *Tüllner/Wermelt* BB 2012, 2551.
77 *Benz/Klindt* BB 2010, 2977 f.

ken. Effizienzsteigerungen sind jedoch durch intelligente Lösungen im Compliance Bereich, namentlich Kostenreduktion, Risikominimierung und Abdeckung erweiterter Anforderungen realisierbar.

II. Konzepte zur Weiterentwicklung der Compliance-Funktion

68 Die eingangs beschriebenen Herausforderungen, die strukturellen Probleme und die momentane – von Hektik und reaktivem Verhalten geprägte – Situation auf den Finanzmärkten verdeutlichen, dass ein neuer Ansatz für finanzielle Risiken im Allgemeinen und compliance-relevante Risiken im Speziellen benötigt wird; ein integriertes System, das das Management in die Lage versetzt, Risiken umfassend, effizient und effektiv zu messen, zu priorisieren und zu behandeln. Solch ein Ansatz muss logischerweise das volle Spektrum aller Risiken eines Instituts erfassen. Zwischenziel zur Erreichung maximaler operativer und finanzieller Effektivität und Effizienz ist es, eine horizontale, vertikale und operative Integration der Funktionen Risikomanagement und Compliance zu erreichen.[78] Die Definition von Compliance- und Risikomanagement als Funktion muss daher aus einem unternehmensweiten Kontext abgeleitet werden, der die aufsichtsrechtlichen Anforderungen und die institutsspezifischen Besonderheiten berücksichtigt. So muss zum einen die Unabhängigkeit von der Internen Revision stets gewährleistet werden, zum anderen ist beispielsweise institutsspezifisch zu beachten, dass Institute mit einer etablierten Funktion Compliance einen anderen Ansatz zur Integration wählen als jene, welche eine neue und noch nicht übergreifend verankerte Funktion Compliance aufweisen.[79] Verallgemeinernd kann jedoch aufgrund der Regelungsdichte (Gesetzgeber und Aufsicht) im Finanzsektor mit Blick auf die Erfahrung aus der Praxis angenommen werden, dass die meisten Institute eine bereits etablierte und übergreifend verankerte Compliance-Funktion bereithalten.

1. Materielles Risiko identifizieren und neu gruppieren

69 Wenn Compliance effizient zur Gruppierung materieller Risiken beitragen soll, dann muss alleine schon deshalb die Funktion Compliance als Bestandteil des Risikomanagements verstanden werden.[80] Dem Bereich kommt dann insbesondere die Aufgabe der Risikosteuerung zu. Gleichwohl darf Compliance ob der engen Verzahnung mit dem Risikomanagement nicht den Fokus auf die eigenen Kernfunktionen verlieren. Zudem stünde – und darauf soll im Folgenden kurz erläuternd eingegangen werden – eine vorbehaltlose Integration auch der vom Gesetz geforderten Unabhängigkeit der Compliance-Funktion entgegen.[81]

70 Die Unabhängigkeit kann unter verschiedenen Gesichtspunkten einschlägig sein. Sie könnte sich disziplinarisch, organisatorisch oder finanziell verstehen lassen.[82] Tatsächlich fasst man die Funktion heutzutage unter alle drei der genannten Gesichtspunkte. Compliance ist disziplinarisch unabhängig. Dies zeigt sich daran, dass Compliance zwar der Geschäftsleitung unmittelbar verantwortlich, im Übrigen aber weisungsfrei ist.[83] Daneben ist die Funktion auch organisatorisch unabhängig, was sich daran ablesen lässt, dass keine horizontale Einbindung in die Geschäfts-, Handels- und Entwicklungsabteilungen erfolgt.[84] Letztlich ist die Funktion finanziell unabhängig. Die finanzielle Ausstattung ist nicht unmit-

---

78 *Kort* NZG 2008, 81, 82.
79 *Tüllner/Wermelt* BB 2012, 2551, 2553 f.
80 *Kümpel/Wittig/Rothenhöfer* Rn. 3.312.
81 Hopt/Wohlmannstetter/*Auerbach/Jost* S. 666; *Mülbert* BKR 2006, 349, 358.
82 *Lösler* NZG 2005, 104, 107.
83 *Hausmaninger/Ketzer* ÖBA 2002, 215, 217.
84 Assmann/Schneider/*Koller* § 33 Rn. 32.

telbar von der Geschäftsentwicklung des Instituts abhängig und die Mitarbeiter erhalten keine von der Geschäftsentwicklung unmittelbar abhängig flexible Vergütung.[85] Zusammenfassend bedeutet dies, dass Compliance dann unabhängig ist, wenn die Aufgaben unabhängig von der Geschäftsentwicklung des Instituts so weit wie möglich selbstbestimmt wahrgenommen werden können, wobei ausreichende Ressourcen vorhanden sein müssen, um die Aufgaben vollständig erledigen zu können.[86]

Gleichwohl steht der Unabhängigkeit der Funktion Compliance die Notwendigkeit gegenüber, dass zur Erreichung des eingangs genannten Ziels in Zusammenarbeit mit der Funktion Risikomanagement eine gemeinsame Sprache entwickelt werden muss, die zunächst die Aufgaben und Zwecke der beiden Funktionen klar definiert. Daraus lässt sich in einem weiteren Schritt ein konsistentes Arbeitspaket entwickeln, mithilfe dessen zwischen den Funktionen einheitliche Risikoeinstufungen, Parameter und Listen für Attribute und Kontrollen sowie deren Frequenz definiert werden können. Die Risiken, die sich aus Compliance ergeben, sind neben den üblichen Risiken strategischer, operationeller, rechtlicher oder finanzieller Natur zu erheben und zu betrachten.[87] **71**

Zur Verhinderung isolierter Arbeitsstränge ist daher von vorneherein eine Arbeitsgruppe einzurichten, die aus Vertretern der zur Erfassung und Definition der Risiken benötigten Funktionen besteht. Soweit eine reibungslose und regelmäßige Kommunikation der Beteiligten gewährleistet ist, kann auf diesem Wege ein solides Fundament für eine wirkungsvolle Zusammenarbeit entstehen, welches einerseits die Unabhängigkeit der Funktion Compliance garantiert, gleichzeitig aber ein Umfeld schafft, das eine produktive Zusammenarbeit zur Erreichung des Ziels, nämlich der Identifikation und Gruppierung materiellen Risikos, ermöglicht. Die „gebündelte Methodenkompetenz"[87] schafft Einheitlichkeit, Effizienz, Transparenz und Akzeptanz. **72**

2. Inkonsistente Risikodefinition vermeiden

Risiken im Sinne der Funktion Compliance sind gemeinhin solche, bei deren Eintritt im Rahmen der Geschäftstätigkeit des Instituts ein Schadenseintritt in einem von der Funktion Compliance zu verantwortenden Risikobereich droht.[88] Risiken der Funktion Risikomanagement sind methodisch parallel zu verstehen und werden als Möglichkeit des Eintritts eines Ereignisses angesehen, welches in den Verantwortungsbereich der Funktion Risikomanagement fällt und negative Auswirkungen auf das Institut hat.[89] **73**

Compliance ist nicht nur in den Zentralbereichen auf Ebene des Risikomanagements verzahnt und die Vermeidung der Risiken spielt sich daher nicht nur in Elfenbeintürmen ab, sondern findet auch Einzug in die einzelnen operativen Geschäftsbereiche und beeinflusst dort auf dieser Basis das tägliche operative Geschäft. Die feste Verankerung in den Prozessen und Geschäftsbereichen ist mithin sogar unerlässlich, um in der täglichen Arbeit regelgerechte Finanzdienstleistungen erbringen zu können.[90] **74**

Um jedoch eine lückenlose Bereitstellung von Compliance bis in die einzelnen operativen Geschäftsbereiche hinein garantieren zu können, müssen für die Identifizierung und Bewertung von Risiken im Unternehmen einheitliche Methoden, Maßstäbe und Bewertungskriterien festgelegt sein. Im Rahmen dessen ist beispielsweise zu definieren, was überhaupt ein „Risiko" ist, welche Arten von Risiken bestehen, wie die Eintrittswahrscheinlich-

---

85 *Basel Committee on Banking Supervision* Rn. 23.
86 *Lösler* NZG 2005, 104, 108.
87 *Tüllner/Wermelt* BB 2012, 2551, 2554.
88 *Von Busekist/Schlitt* CCZ 2012, 86, 89.
89 Grundsätzlich hierzu: *Kromschröder/Lück* DB 1998, 1573.
90 *Lösler* NZG 2005, 104, 106.

keit und das Schadensausmaß auf quantitativer und qualitativer Ebene bestimmt werden oder welche Schwellenwerte für eine Eskalation oder eine Ad-hoc-Berichterstattung bestehen.[91] Dabei ist im Sinne einer vollumfänglichen Risikodefinition von Bedeutung, dass auch Informationen über nachgewiesene Compliance-Verstöße in die Identifikation und Bewertung unternehmensweiter Risiken einfließen.[91] Hierzu können auch bilaterale Gespräche mit der Rechtsabteilung oder der Internen Revision dienen.[92] Gerade an dieser frühen Stelle des Prozesses macht sich letztlich die Vernetzung der Funktionen Compliance- und Risikomanagement bezahlt und bewirkt eine Erweiterung des bestehenden Erkenntnishorizonts zur Förderung einer umfassenderen Institutsabsicherung zum Schutz vor Risiken.

75 Auf dem Weg zur Herstellung einer konsistenten Risikodefinition sollten auch die operativen Bereiche einbezogen werden. Die aus Vertretern der Funktionen Risikomanagement und Compliance bestehende Arbeitsgruppe sollte hierzu eine Herangehensweise entwickeln, die einen Mitarbeiterkreis erfasst, der einerseits eine tiefe Verwurzelung im Institut und damit ein breit gefächertes Wissen über bestehende Institutsabläufe und Risiken hat, andererseits aber auch tatsächlich mit Risiken konfrontiert wird.[93] Ob dieser Mitarbeiterkreis mittels Fragebögen, Interviews oder Diskussionsrunden zu Einschätzungen bezüglich Risiken gehört wird, ist eine Frage der Ausgestaltung des Einzelfalles. Jedenfalls gewährt diese Herangehensweise eine vollumfängliche Erfassung der auf operativer Ebene bestehenden Risiken aus praktischer Sicht. Die Ergebnisse der Gespräche der Arbeitsgruppe sowie der Befassung mit den Einschätzungen der Rechtsabteilung, der Internen Revision und der im operativen Geschäft tätigen Mitarbeiter sind auf deren Plausibilität zu prüfen.[94] Der danach verbleibende Extrakt dient als das Gerüst, anhand dessen eine konsistente, alle Bereiche erfassende und einheitliche Risikodefinition erstellt wird. Best Practice stellen heutzutage neben der institutsinternen Zusammenarbeit die mittlerweile im Finanzsektor etablierten, institutsübergreifenden Netzwerke der Compliance-Bereiche dar, die im regelmäßigen Austausch den beteiligten Praktikern bezüglich verschiedenster Fragestellungen der Risikodefinition einen oftmals neuen und anderen Blickwinkel in die Branche eröffnen.

3. Verbesserungen im IT-Bereich

76 Die auf Provisorien und Einzelfalllösungen basierende IT-Landschaft vieler Institute zwingt diese zu ökonomisch nur bedingt sinnvollen Erhaltungsmaßnahmen, deren Kosten in keinem angemessenen Verhältnis zum Ertrag stehen. Eine derart heterogene IT-Landschaft kann nur durch entweder konsequente Integration oder Eliminierung der Applikationen verbessert werden.

77 Ziel muss es sein, eine voll umfassende gemeinsame Systemunterstützung zur Erfassung der Risiken, der Compliance-Verstöße und der Dokumentation der Kontrollen zu erhalten, die eine effiziente Unterstützung der gesamten Funktion Compliance erbringt. Derartige Leistungen erfordern zwar einerseits einen hohen Kapitaleinsatz und eine intensive Auseinandersetzung mit diversen Einzelfallproblemen, die bei einer institutsweiten Einführung gänzlich neuer Applikationen regelmäßig auftreten. Jedoch kann das Management nach einer erfolgreichen Implementierung auf eine homogene IT-Landschaft blicken, die den aufsichtsrechtlichen Anforderungen nicht nur gewachsen ist, sondern diese auch flexibel antizipieren kann und somit auch ein Instrument der zukünftigen Institutscompliance ist.

---

91 *Tüllner/Wermelt* BB 2012, 2551, 2554.
92 *Von Busekist/Schlitt* CCZ 2012, 86, 91.
93 *Von Busekist/Schlitt* CCZ 2012, 86, 92.
94 *Von Busekist/Schlitt* CCZ 2012, 86, 94.

Die zweite Variante ist die Integration bestehender Anwendungen. Dieser Weg ist einzuschlagen, falls keine gemeinsame systemunterstützende Applikation errichtet wird. Dabei ist besonders darauf zu achten, dass Daten, Analysen und Berichte aus einzelnen Anwendungen ausgewertet und miteinander verknüpft werden können. Nur unter dieser Voraussetzung ist sichergestellt, dass tatsächlich eine Effizienz- und Effektivitätssteigerung eintritt.

Die Neueinführung oder auch die Integration bestehender Anwendungen sollte durch externe Dienstleister unter Einbeziehung der relevanten Funktionen stattfinden. Hierzu zählen in diesem Falle grundsätzlich die Funktionen Risikomanagement und Compliance, aber auch Vertreter der Funktion IT sowie Mitarbeiter aus den operativen Geschäftsbereichen. Der Einsatz externer Dienstleister ermöglicht ein hohes Maß an Flexibilität, da eine ausschließliche Befassung mit der Anwendung gewährleistet ist, die spätere Anpassungen an weitergehende aufsichtsrechtliche Anforderungen ohne weiteres ermöglicht.

4. Redundante funktionale Tätigkeiten eliminieren

Die funktionalen Tätigkeiten im Zusammenhang mit Compliance sind von Doppel-, wenn nicht sogar Mehrfachzuständigkeiten geprägt. Nicht abgestimmte Prüfungs- und Kontrollhandlungen führen zu schwindender Akzeptanz der Funktion und darüber hinaus zu vermeidbaren Kosten. Dabei bietet gerade die Funktion Compliance aufgrund ihrer zentralen Position im Institut die Möglichkeit des Hebens von Synergien, soweit eine Abstimmung mit der Funktion Risikomanagement, aber auch der Rechtsabteilung und der Internen Revision erfolgt. Die Funktionen sind angehalten, regelmäßig zu kommunizieren und sich bei Prüfungs- und Kontrollergebnissen miteinander durch gegenseitige Unterstützung auszutauschen.[95]

Gerade der bereits oben geschilderte Prozess der Identifikation und Bewertung unternehmensweiter Risiken lässt sich aufwandsminiert durch eine gemeinsame Erhebung optimieren.[96] Jahres- und Ad-hoc-Berichte können in Grundzügen einer gemeinsamen Darstellung folgen. Richtlinien und Arbeitsanweisungen lassen sich übergreifend formulieren, insbesondere dann, wenn es sich dabei um Risikobereiche handelt, die sowohl von der Funktion Compliance wie auch der Funktion Risikomanagement betreut werden (zum Beispiel interne Betrugs- und Diebstahlszenarien).[96]

Doch die Vermeidung redundanter Tätigkeiten lässt sich auch wesentlich profaner darstellen: so genügt es bereits, Mitarbeiterschulungen und -fortbildungen zu den Themen Risikomanagement und Compliance aufeinander abzustimmen, zu gemeinsamen Terminen anzubieten und damit ein einheitliches Bild unter Beachtung eines operativ minimalinvasiven Ansatzes zu offerieren.[96] Daneben kann auf diesem Wege auch sichergestellt werden, den geschulten Mitarbeitern ein intensives Schulungspaket zu vermitteln, welches sich gerade nicht durch Wiederholungen, sondern gebotene Stringenz und Kompaktheit auszeichnet.

Die aus dem Abbau der redundanten Tätigkeiten erzielten Vorteile reichen von gesteigerter Produktivität und vermehrter Akzeptanz durch die Mitarbeiter der operativen Geschäftsbereiche bis hin zu einer besseren Unternehmensführung, da dem Management einheitliche und aufeinander abgestimmte Berichte und Arbeitsergebnisse präsentiert werden können, auf deren Basis Entscheidungen getroffen werden, die die geschäftspolitische Ausrichtung des Gesamtinstituts beeinflussen können.

---

95 Hopt/Wohlmannstetter/*Auerbach/Jost* S. 665.
96 *Tüllner/Wermelt* BB 2012, 2551, 2554.

5. Dauerhafte manuelle Provisorien beseitigen

84 Wenn Institute manuelle Provisorien beseitigen und diese durch vollautomatisierte Abläufe ersetzen, dann können Testprozeduren und Resultate aus Compliance- und Risikomessungen wesentlich einfacher kongregiert erfasst werden. Compliance Aktivitäten lassen sich unter Effektivitäts- und Effizienzgesichtspunkten durch den Einsatz von Compliance spezifischen Systemen, wie beispielsweise automatisierten Kontrollsystemen hinsichtlich potentieller Embargoverstöße, dem Monitoring der Konten politisch exponierter Personen oder beispielsweise auch dem Reporting an die Geschäftsleitung, enorm steigern.[97]

85 Dabei werden die identifizierten Problembereiche automatisch entsprechend hervorgehoben. In Einklang mit der vorstehend geschilderten homogenen IT-Landschaft lassen sich nicht nur unternehmensweit mittels einheitlicher Methoden Defizite, Lücken und Risiken erkennen, sondern auch in einer Berichtsform darstellen, die erkennen lässt, dass funktional überlappende Bereiche des Instituts auch systemseitig interagieren. Auf diese Weise vereinheitlichte Berichte erleichtern es den Entscheidungsträgern des Instituts, die aufgrund der Ergebnisse des Berichts gewonnenen Erkenntnisse ohne Zweifel und unmittelbar in entsprechende Handlungen und Anweisungen umzusetzen. Integrierte Datenbanken unterstützen darüber hinaus gemeinsame Informationsstandards und reduzieren redundante und inkonsistente Berichte.

6. Kosten reduzieren

86 Compliance ist nicht nur ein Kosten verursachender, sondern auch ein Kosten einsparender und neue Mittel beschaffender Faktor.

87 Die oben geschilderten Maßnahmen tragen zur Unternehmensstabilität bei und schließen klaffende Risikolücken, die eine immanente finanzielle Bedrohung für Institute darstellen können. Darüber hinaus werden durch die Straffung der Strukturen und die Vermeidung redundanter Tätigkeiten Mittel gespart. Letztlich schafft ein Institut, welches auf eine effiziente und effektive Risikoabwehr durch die ineinander greifenden Funktionen Compliance- und Risikomanagement verweisen kann, ein hohes Maß an Vertrauen gegenüber Eignern und Kunden. Dieser Vertrauenszugewinn kann unmittelbar in die Generierung neuer Mittel umgesetzt werden, wodurch die oben genannten Ansätze und Methoden weiter verfolgt und intensiviert werden können.[98] Gerade die aktuellen Finanzkrise und die mannigfaltigen Skandale in der Finanzbranche erschüttern das Vertrauen der Investoren in die Institute und Finanzmärkte. Steigende Eigenkapitalanforderungen, wie sie derzeit breit diskutiert werden und bisweilen schon umgesetzt sind, können über die Finanzmärkte nur erfüllt werden, wenn die Anleger der Funktionsfähigkeit des Risiko- und Compliance Managements der Institute wieder Vertrauen schenken.

88 Ein weiterer möglicher Ansatz, der insbesondere für kleinere Institute von großer Bedeutung sein kann, wurde im Genossenschaftsbankensektor umgesetzt. Dort wurde auf die sich ändernden Gegebenheiten bereits reagiert und eine zentrale Einrichtung geschaffen, die den einzelnen Banken anbietet, Compliance-Tätigkeiten zu übernehmen. Anhand eines Baukastensystems werden den Instituten die Services der Compliance-Tätigkeiten je nach individuellen Bedürfnissen angepasst. Diese gemeinsame Nutzung von Expertenwissen und Technik ermöglicht insbesondere kleineren und mittleren Instituten, auf dem aktuellen regulatorischen Stand zu bleiben, ohne dabei die Kontrolle und die Übersicht über die entstehenden Kosten zu verlieren.

---

97 *Salvenmoser/Hauschka* NJW 2010, 331, 334.
98 *Powilleit* GWR 2010, 28.

III. Die Vorteile eines neuen Compliance-Ansatzes

Risiko ist niemals vollständig eliminierbar – aufgrund der Absicht zur Gewinnerzielung gilt es, bewusst Risiken zu einem angemessenen Preis einzugehen. Um diesen Preis zu ermitteln, müssen die relevanten Risiken so weit wie möglich bekannt sein. Dafür werden sowohl im Risikomanagement als auch in der Compliance möglichst vollständige Informationen benötigt, die eine hohe Belastbarkeit aufweisen. 89

Wenn gefragt wird, wie die Aufgaben moderner Compliance auszusehen haben, ist zunächst die derzeitige enge Definition von Compliance heranzuziehen, wonach durch Compliance regulatorisches Fehlverhalten und daraus resultierende rechtliche Konsequenzen vermieden werden. Einige gesetzliche und regulatorische Vorschriften geben einen relativ starren Rahmen für die Umsetzung vor. Viele Vorgaben erlauben jedoch einen ausreichenden Gestaltungsspielraum für ein institutsindividuell sinnvolles Risikomanagement. In dieser Konstellation muss eine enge Verflechtung zwischen Risikomanagement und Compliance bestehen, um vorhandene Synergien zu heben. Ein isoliertes Bearbeiten mehrfach nutzbarer Informationen aus gesetzlichen Anforderungen in der Compliance-Abteilung führt entweder zu nochmaliger Informationserhebung im Bereich Risikomanagement und damit zu Zusatzkosten, zur Erlangung divergierender Informationen trotz gleicher Evaluierungsvoraussetzungen oder zum Verlust wertvoller Informationen zur Unterstützung der Steuerung eines Finanzinstituts. Wichtige Ergebnisse der Compliance-Arbeit sollten zeitnah mit weiteren Stellen im Risikomanagement geteilt werden, um Informationsverlust, Informationsdiversifikation und Zusatzkosten zu vermeiden. 90

Im Zusammenhang mit dem Thema „Ausbau der Vernetzung" besteht in deutschen Banken noch erhebliches Potenzial. So werden Vorstände zwar in der Regel mindestens jährlich über den Status der Compliance informiert, allerdings ist der eklatant wichtige Informationsfluss zum Risikomanagement oft ausbaufähig. Hier überschneiden sich Tätigkeiten und Informationserstellung erheblich. Der Aufsichtsrat, der in die Entscheidung über die Risikostrategie mit eingebunden ist und der vom Vorsitzenden des Risikoausschusses – die Debatte über die Personalunion des Aufsichtsratsvorsitzenden als Mitglied oder Vorsitzender des Risikoausschusses soll hier dahin stehen –, über die Gesamtrisikosituation des Instituts informiert werden sollte, bedarf speziell im Hinblick auf neue Anforderungen zur Risikoüberwachung einer intensiveren Information über Compliance-Risiken. Zu diesem Zweck können beispielhaft sogenannte Dashboards und ähnliche Applikationen wie Scorecards eingesetzt werden, die risikorelevante Informationen in Echtzeit an steuernde und überwachende Organe leiten. 91

IV. Bewertung der Compliance-Funktion

Die Einführung einer neuen Compliance-Funktion ist nur dann ökonomisch und organisatorisch sinnvoll, wenn damit Effizienz- und Effektivitätssteigerungen einhergehen. Die Messung solcher Kriterien ist in der Funktion Compliance mit erheblichen Schwierigkeiten verbunden, zumal mithilfe der Funktion Compliance keine Erträge erwirtschaftet werden können und – wenigstens nicht mittelbar – Geld gespart werden kann. Die maximale Skalierung der Funktion lässt sich auch nicht an der Zahl der entdeckten Regelverstöße messen. Ziel ist schließlich, die Regelverstöße – ähnlich dem Vorgehen bei der industriellen Qualitätssicherung – so gering wie möglich zu halten.[99] Dies birgt wiederum das Risiko, eine laxe Geschäftspolitik in der Funktion Compliance zu betreiben, welche die Zahl der Regelverstöße – entgegen der tatsächlichen Geschäftsrealität – gering erscheinen lässt. Die Bewertung hat daher anhand anderer Kriterien zu erfolgen. 92

---

99 Schimansky/Bunte/Lwowski/*Eisele/Faust* § 109 Rn. 124a.

93 Zunächst kämen zur Bewertung qualitative Kriterien in Betracht. Diese lassen sich widerspiegeln durch Mitarbeiterbefragungen hinsichtlich der Akzeptanz der Funktion Compliance in den mit der Funktion in Berührung kommenden Bereichen. Darüber hinaus lässt sich anhand der Vollständigkeit der Compliance-Meldungen oder anhand der seitens der Aufsichtsbehörden geltend gemachten Beanstandungen die Qualität der Funktion messen.[100]

94 Auch lassen sich quantitative Maßstäbe erstellen, anhand derer die Wirksamkeit der Funktion gemessen werden kann. Die Zeitdauer für die Bearbeitung von auftretenden Problemen und Beschwerden ist ein sicherer Indikator für eine effizient arbeitende Compliance-Funktion. Daneben lassen sich finanziell die Summe von Kulanzzahlungen oder die Gesamtkosten der Funktion Compliance im Verhältnis zum Gesamtaufwand heranziehen, um eine sinnvolle Bewertung der Effizienz und Effektivität zu ermöglichen.[101]

95 Bei Umsetzung der oben dargestellten Maßnahmen lässt sich jedenfalls aus den Erfahrungen der bisherigen Praxis erwarten, dass sich sowohl auf quantitativer als auch auf qualitativer Ebene eine positive Bewertung der Funktion Compliance abzeichnet. Die Akzeptanz der Funktion steigt durch die Beseitigung redundanter Tätigkeiten; die Vollständigkeit der Compliance-Meldungen wird durch vollautomatisierte Systeme, die in eine homogenen IT-Landschaft eingebettet sind, gesteigert. Daneben sinken die Kosten wiederum durch die konsequente Vermeidung von Doppelfunktionalitäten und daraus gewonnene positive Synergieeffekte.

V. Projektbeispiel: Der integrierte Ansatz

96 Eine Abfolge von neuen und verstärkten regulatorischen Kontrollen und aufsichtsrechtlichen Anforderungen hat ein Finanzinstitut veranlasst, seine Compliance-Struktur über die Funktionen Finance, SOX und Internal Audit zu analysieren. Das Resultat dieses Analyseprozesses zeigte, dass das Institut mit seiner aktuellen Struktur neue regulatorische Anforderungen nur erfüllen konnte, indem weitere ineffiziente, redundante und sich überschneidende Prozesse und Kontrollen hinzugefügt wurden. Durch den Mangel einer unternehmensweiten Compliance-Struktur wurden Anforderungen, Arbeitsbelastungen und Kosten in jedem individuellen Geschäftsbereich erhöht. Auf der Gegenseite litten die Übersichtlichkeit, die Fehlerfreiheit und die Konsistenz der zur Verfügung gestellten Ergebnisse stark. Auf Basis einer Analyse wurden drei wesentliche Verbesserungsempfehlungen formuliert.

1. Implementierung eines organisationsweiten Standards zur Risikoüberwachung und -kontrolle

97 Multiple Risikobewertungen innerhalb der Organisation fokussierten sich in verschiedenen Bereichen auf ähnliche oder identische Risiken. Die entsprechenden Resultate wurden jedoch in verschiedene Risikokategorien eingeordnet. Daher war es für die Organisation schwierig zu erkennen, ob die Ergebnisse der Bewertungen einen echten Einfluss auf die Risikokontrollen hatten. Die Implementierung eines organisationsweiten Standards zur Risikoüberwachung und -kontrolle beseitigte diesen Mangel und erlaubte eine zukünftig einheitliche Vorgehensweise.

---

100 Schimansky/Bunte/Lwowski/*Eisele/Faust* § 109 Rn. 123.
101 Schimansky/Bunte/Lwowski/*Eisele/Faust* § 109 Rn. 124.

2. Entwicklung eines Shared Service Ansatzes

Zunächst wurden mehrfach vorhandene Compliance relevante Tätigkeiten innerhalb der Organisation identifiziert. Die Kernprozesse benötigten eine Restrukturierung, bevor die mehrfach vorhandenen Prozesse eliminiert, neue Technologie eingesetzt und somit ein Shared Service Design eingeführt werden konnte. **98**

3. Ständige Weiterentwicklung der Compliance-Werkzeuge

Die ständige Weiterentwicklung der Compliance-Werkzeuge hilft, die Effizienz zu steigern, die Prozessüberwachung zu verbessern, konsistente Zahlen und Maßeinheiten zu erheben, den relevanten Service Level zu verbessern und die Kosten zu reduzieren. Jegliche Überlegungen über die Einführung solcher Werkzeuge müssen zuerst mit den strategischen Plänen der Organisation abgeglichen werden. Auf der anderen Seite ermöglicht jedes zusätzliche Werkzeug weitere Standardisierung und dient dazu, Skaleneffekte zu erreichen. Ferner hilft es, sowohl interne als auch externe Anforderungen zu adressieren. **99**

Die Bank erreichte mithilfe der Compliance-Transformation folgende Fortschritte: Aufgrund des Projekts entstand ein verbessertes Verständnis der existierenden Compliance-Struktur. Dazu zählen alle Compliance-Aktivitäten, deren Notwendigkeit, wo und warum diese Tätigkeiten ausgeführt werden und die relevanten Risiken, welche durch den betreffenden Prozess angesprochen werden. Ferner entstand ein verbessertes Verständnis der Compliance-Kosten und ein detaillierter Plan für Kosteneinsparungen. Die historisch gewachsene Compliance-Architektur ließ diverse kurzfristig umsetzbare Anpassungen und nachträglich eingeführte manuelle Prozeduren erkennen, die Kosteneinsparungen von zehn bis 15 % ermöglichten. Letztlich führte die Compliance-Transformation zu einer zukunftssicheren Compliance-Management-Funktion. Ein unternehmensweiter Ansatz zur Überwachung der Organisation in all ihren Einzelteilen wurde mit neuen oder restrukturierten Prozessen kombiniert. So wurde der Organisation geholfen, ihre Compliance- und Risikomanagement Funktion effizient auszuführen und neuen Anforderungen jederzeit korrekt, teilweise sogar antizipierend nachzukommen. **100**

Mit der neu implementierten Compliance-Management-Funktion realisierte die Bank eine sichtbare Verbesserung der Compliance-Effektivität bei gleichzeitig reduzierten Kosten. Die Kostensenkung bewies, dass Compliance-Ressourcen nach dem Projekt konkreter zugeordnet und somit effizienter eingesetzt wurden. Am Anfang wurde die Möglichkeit von Kosteneinsparungen in Höhe von 15 % identifiziert, wenig später wurden die Kosten sogar nachweislich um 30 % gesenkt. Mit gesteigerter Effizienz und Effektivität konnte die Bank am Markt eine einzigartige Position für sich beanspruchen, die sie zum Gewinn neuer Kunden und Geschäftspartner nutzte, so dass nach der Transformation die positiven Effekte im organisatorischen und im operativen Bereich eindeutig zu erkennen sind. **101**

D. Die Integration der Funktion zu einem „Integrated Compliance & Risk Management (ICRM)"

I. ICRM als Lösungsansatz für eine effektive und effiziente Compliancefunktion

1. Ausgangslage

102 Es wurde in den obigen Kapiteln deutlich aufgezeigt, mit welchen internen sowie externen Herausforderungen sich Finanzinstitute in Bezug auf effiziente Compliance-Lösungen konfrontiert sehen. Intern geben insbesondere ineffektive Risiko- und Compliance-Tätigkeiten, stetig steigende Kosten und veraltete Infrastrukturen den Instituten Anlass zum Handeln. Extern fordern sich stetig ändernde regulatorische und gesetzliche Vorgaben sowie die gestiegenen Erwartungen der Anteilseigner an eine erfolgreiche und transparente Institutsführung eine permanente Anpassung von den Instituten.

Um dies darstellen zu können, sind beim Umgang mit compliance-relevanten Risiken und jeglichen anderen Risiken die Effektivität, die Effizienz und die Akzeptanz zu steigern sowie Synergien herzustellen, auch um insbesondere Kosten zu reduzieren. Hierfür ist es notwendig, die Trennung von Risiko- und Compliance-Management aufzuheben und einen neuen kombinierten Systemansatz zu entwickeln und diesen zu implementieren. Der Ansatz mit einem integrierten Compliance und Risk Management befindet sich, insbesondere in der Praxis, noch in einem Anfangsstadium.[102]

2. Grundlegende Überlegungen zum IRCM-Ansatz

103 Compliance- und Risikomanagement zeichnen sich durch methodische Gemeinsamkeiten aus und verfolgen ein gemeinsames Ziel. Letztendlich soll verhindert werden, dass Ereignisse mit negativen Auswirkungen für das Unternehmen sowie für dessen Organe und Mitarbeiter eintreten, des Weiteren soll eine zügige Aufklärung und Aufarbeitung eingetretener Fälle ermöglicht werden. Darüber hinaus dienen diese beiden Funktionen dazu, dem Vorstand und Aufsichtsrat ein adäquates Sicherheitsgefühl zu vermitteln, damit den dadurch festgestellten Risiken effektiv und effizient begegnet werden kann.

104 Der zeitliche Abstand zwischen Produktinnovationen im Finanzsektor verkürzt sich kontinuierlich. Dies fordert sowohl vom Compliance- als auch vom Risikomanagement einen konstanten Wandel und eine ständige Anpassung. Die Funktionen sind mithin gezwungen, nicht nur mit bekannten, sondern mit permanent neuen Risiken umzugehen. Eine umfassende Definition und Kommunikation aller Risiken mit denen ein Institut konfrontiert ist, sollte daher für den Risikovorstand eine absolute Kernpriorität besitzen und im Institut auch als solche gelebt werden. Kreditinstituten ist daher dringend anzuraten, einen unternehmensweiten Complianceansatz zu verfolgen und ihre Kompetenzen im Compliance- und Risikomanagement zu verbessern, zu erweitern und zu kombinieren, um dem auf ihnen lastenden, wachsenden Druck gerecht zu werden.

105 Der Ansatz des „Integrated Compliance & Risk Management" Systems (ICRM) verfolgt das Ziel, das Management eines Instituts in die Lage zu versetzen, Risiken möglichst allumfassend, effizient und effektiv zu messen, zu priorisieren sowie diese zielführend handzuhaben. Der Transformationsprozess eines Integrierten Compliance- und Risikomanagement-Prozesses und dessen Umsetzung wird im Folgenden anhand eines Modells dargestellt.

---

102 *Tüllner/Wermelt* BB 2012, S. 2555.

II. Ansatz und Aufbau eines effizienten Compliance- und Risikomanagement-Prozesses mittels des ICRM Transformationsprozesses

1. Verständnis der Organisation des Institutes und der compliancerelevanten Sachverhalte

Grundlage für einen effizienten und effektiven Compliance- und Risikomanagement-Ansatz, welcher das Institut befähigt, zügig auf regulatorische und gesetzliche Anforderungsänderungen zu reagieren, ist eine verbesserte Organisationsstruktur. In der praktischen Umsetzung sollte eine Aufbau- und Ablauforganisation etabliert werden, die sämtliche Compliance-Tätigkeiten über die Geschäftsbereiche hinweg verknüpft und zudem durch die Etablierung von sogenannten „Shared-Services-Funktionen" bestehende Redundanzen eliminiert. Weiterhin bedarf es zur Umsetzung eines Compliance- und Risikomanagement-Prozessansatzes zwingend der Schaffung eines klaren Verständnisses für die Compliance-Aktivitäten und deren Umgebung innerhalb des Instituts. Darauf aufbauend kann ein solider Restrukturierungsplan des (Compliance-) Geschäfts entwickelt werden. Im Anschluss daran folgt die Ausrichtung und Rationalisierung der Compliance-Tätigkeiten, insbesondere durch eine Neuorganisation der Funktionen, Programme, Prozesse und der Infrastruktur.

Abbildung 7 veranschaulicht beispielhaft das Integrierte Compliance- und Risikomanagement (ICRM), das als Basis für die Verbesserung von Compliance-Effektivität und -Effizienz entwickelt wurde. ICRM ist eines der Hauptwerkzeuge des „Deloitte Risk Intelligence Framework".[103]

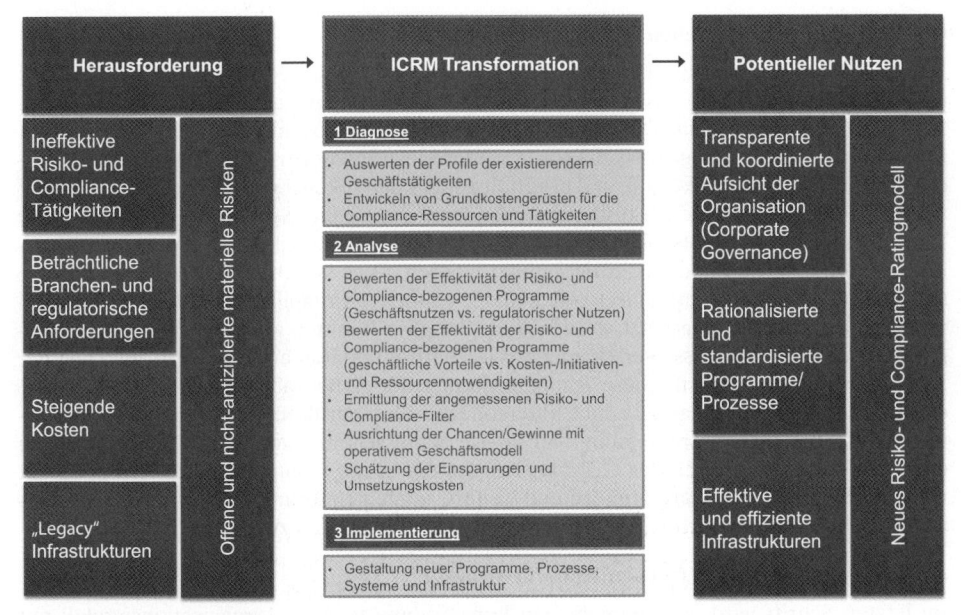

Abb. 7: Integrierter Compliance- und Risikomanagement Prozess
Quelle: Deloitte Center for Banking Solutions

---

103 Weitere Informationen zum „Risk Intelligence Framework" unter www.deloitte.com.

Die erste Säule zeigt die institutsrelevanten Herausforderungen und mithin auch die bereits bekannten Risikofaktoren auf, welchen durch das ICRM begegnet wird. Die mittlere Säule definiert die drei vorzunehmenden Schritte des ICRM-Transformationsprozesses. Demgegenüber dokumentiert die dritte Säule den hauptsächlichen Nutzen des ICRM-Systems, folglich den zu erzielenden Mehrwert für das Institut, um Risiken gegenwärtig und zukünftig effektiv und effizient erfolgreich minimieren zu können.

2. Der ICRM-Transformationsprozess

108 Der in der mittleren Säule dargelegte Transformationsprozess vollzieht sich in drei Schritten, die dazu dienen sollen, Risiken zu erheben und zu bewerten, um anschließend Prozesse definieren und implementieren zu können.

a) Diagnose der Struktur des Instituts

109 Im ersten Schritt des Transformationsprozesses wird durch das Aufzeigen der Rahmenbedingungen eine Entscheidungsgrundlage für das weitere Vorgehen geschaffen. Hierfür wird eine Bewertung des „Ist-Zustands" der derzeitigen Geschäftsprozesse hinsichtlich ihrer jeweils innewohnenden Compliance-Relevanz vorgenommen. Mittels dieses Vorgehens werden Compliance-Ressourcen, die zugehörige IT-Infrastruktur, und Compliance-bezogene Tätigkeiten identifiziert, ferner wird das Ausgangsniveau der Compliance-Kosten ermittelt. Sowohl die festgestellten Risiken als auch die vorhandenen Kontrollprozesse, regulatorischen und gesetzlichen Anforderungen werden in Arbeitsabläufe aufgeteilt und dokumentiert. Mithin definiert dieser Schritt das grundlegende operative Geschäftsmodell des Institutes und stellt gleichzeitig die Ausgangsbasis für die Entwicklung eines neuen Organisationsmodells dar.

b) Analysen der potenziellen „Compliance-Diskrepanzen"

110 Im zweiten Schritt wird die Effektivität existierender Compliance-Programme in Hinblick auf die im ersten Schritt festgestellten aktuellen Risiken und andere institutsspezifische Anforderungen untersucht. Diese Analyse identifiziert die sogenannten „Compliance-Diskrepanzen" (die erkannten Risiken) sowie weitere institutsspezifische Anforderungen, welche derzeit nicht abgedeckt sind, und ermittelt zudem den potenziellen Bedarf weiterer Kontrollen. Durch die Analyse der bisher bestehenden Prozesse und Strukturen, sowie durch die Entwicklung neuer Arbeitsabläufe und deren Gegenüberstellung können potenzielle Synergien ermittelt werden und zukünftig genutzt werden. Dies kann beispielsweise durch eine stärkere Integration bisher isoliert voneinander genutzter Compliance- und Risikomanagement-Organisationen umgesetzt werden. Beispielsweise könnten gleichartige oder überlappende Compliance-Prozesse verschiedener Geschäftsaktivitäten eines Instituts im Zuge der Analyse eliminiert werden. Diese Rationalisierung der Arbeitsabläufe und ihrer Prozesse ermöglicht es darüber hinaus, dass die unterstützende Infrastruktur verschlankt und die Kosteneffizienz gesteigert werden kann. Der zweite Schlüsselschritt der ICRM-Transformation endet mit dem Priorisieren der Geschäftsrisiken, die in der Compliance-Lücke aufgedeckt wurden. Weitere Kosteneinsparungen und weitere Implementierungskosten werden identifiziert und Kapazitäten nach Risiko- und Compliance-Tätigkeiten zugeordnet.

c) Implementierungen der neuen Aufsichtsstruktur

111 Im letzten Schritt wird das nunmehr neu konzeptionierte Ablauforganisationsmodell mit der relevanten Aufsichtsstruktur, welches an die Institutsstrategie angepasst wurde, implementiert. Hierbei ist die Erreichung der festgelegten Leistungsnormen entscheidend. Dazu müssen entsprechende Qualitätsstandards institutsintern definiert, abgestimmt und durch regelmäßige Messungen der aufgesetzten Prozesse und Strukturen durchgeführt werden. Zudem sind Peer Group-Vergleiche mit artverwandten Instituten anzustoßen.

3. Vorteile und Mehrwert der ICRM-Transformation

Die Durchführung dieser drei dargestellten Schritte der ICRM-Transformation wird in der Anwendungspraxis dazu führen, dass sich die Compliance-Effektivität verbessert und gleichzeitig die Kosten gesenkt werden. Das Modell verhilft aufgrund seines modularen Aufbaus dem anwendenden Institut zu hoher Flexibilität. Es ermöglicht dem Institut durch punktuelle Justierung des betreffenden Moduls eine jederzeitige Anpassung an die sich stetig ändernden regulatorischen, gesetzlichen und institutsspezifischen Anforderungen. Periodische Überprüfungen sind infolge neuer Anforderungen vorzunehmen. Anhand der Messung von festgelegten Leistungskennzahlen (sog. „KPI – Key-Performance-Indikator") können die Investitionen in die Compliance-Struktur nicht nur mit einem klareren Verständnis für erwartete Resultate getätigt, sondern kann gleichzeitig auch eine Kontrolle der erwarteten Kostenreduktion ermöglicht werden. Derart lassen sich zukünftig zu treffende Compliance-Investitionen mit dem Verweis auf potentiell zu erreichende Renditen belegbarer rechtfertigen. Dieses ist derzeit bei den meisten Finanzinstituten noch nicht möglich.[104]

112

III. Weiterentwicklung zu einem risikointelligenten operativen Compliance- und Risikomanagement-Organisationsmodell ausgehend vom ICRM-Transformationsprozess

Anschließend an die Strukturierung der Funktion Compliance empfiehlt es sich, ein erweitertes Risikomodell zu entwickeln. Wie sich ein strukturiertes „risikointelligentes" Ablauforganisationsmodell von einem existierenden Basis-Organisationsmodell unterscheidet, stellt die Abbildung 8 beispielhaft dar.

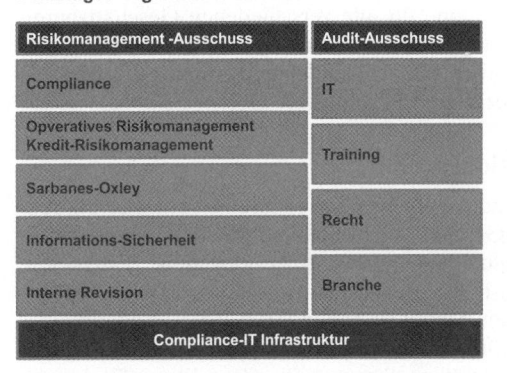

113

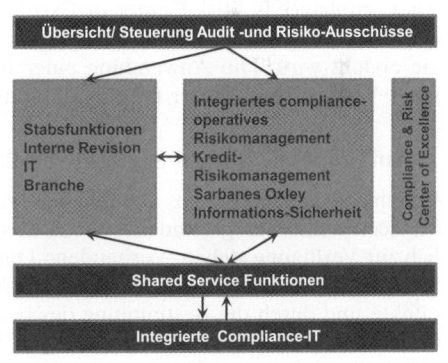

Abb. 8: Vergleich des derzeitigen Modells mit dem Vorschlag eines risikointelligenten Organisationsmodells
    Quelle: Deloitte Center for Banking Solutions

---

104 Die Vorteile eines strukturierten Ansatzes wurden von Deloitte in den zwei Fallstudien „Taking an Integrating Approach" und „Rationalizing Compliance at a Mayor Finance Firm" (erhältlich unter www.deloitte.com) detaillierter dargestellt. In beiden Fällen hat ein Institut sein komplettes Compliance- und Risikomanagement mit den simultanen Zielen der Effektivitätserhöhung und der Kostensenkung mithilfe von Deloitte erfolgreich neu gestaltet und strukturiert.

Das traditionelle und bei den meisten Instituten vorherrschende Modell verfährt nach dem silohaften funktionalen Ansatz. Hierbei erfolgt eine Fokussierung auf die einzelnen Prozesse innerhalb der jeweiligen Funktion ohne jedoch die relevanten Anforderungen der Gesamtorganisation ausreichend zu berücksichtigen. Unmittelbare Folgen dieses Ansatzes sind teils unnötige Kosten, Intransparenz, Komplexität und Ineffizienz durch das Erstellen immer neuer Ebenen von Compliance Anforderungen, Redundanzen, Prozessen und Auflagen innerhalb des Instituts und dessen Organisationsbereichen. Genau diesen Nachteilen begegnet das vorgestellte risikointelligente Organisationsmodell. Indem es gleichartige Funktionen, Prozesse und Strukturen abstimmt, integriert und folglich diese effektiv und effizient kontrolliert. Im Folgenden wird der Unterschied zwischen den beiden Modellen, mithin der zu erzielende Mehrwert verdeutlicht.

1. Die integrierte Compliance-Funktion

114 In dem traditionellen Modell werden spezialisierte Compliance-Funktionen separat organisiert und überwacht. Demgegenüber integriert das risikointelligente Modell die Funktionen vollständig unterhalb eines einzelnen verantwortlichen Managers. Somit wird ein organisationsweit konsistenter Compliance-Managementansatz ermöglicht und die lückenlose Abdeckung von festgelegten internen und externen Standards gewährleistet.

2. Aufbau eines Compliance & Risk Center of Excellence

115 Der Aufbau eines Centers of Excellence liefert durch dessen Spezialisten die Compliance-Unterstützung für die einzelnen Geschäftsbereiche. Durch die Nutzung eines konsistenten Systems von Schlüsselindikatoren wird die einheitliche Kontrolle des Compliance-Managements und des Berichtswesens unterstützt. Im Gegensatz zum existierenden Basis-Modell können die Kontrollen des Compliance-Managements mit einem einheitlichen organisationsweiten Standard bewertet werden, der verschiedenartige und meist individuelle Standards der jeweiligen einzelnen Funktionen ersetzt. Beispielsweise ist anzuraten, dass durch das Compliance & Risk Center of Excellence eine für alle verschiedenen Geschäftsbereiche, Kunden und Einsatzgebiete allgemeingültige und anwendbare Compliance-Terminologie erstellt wird. Die Anwendung einer institutsweit einheitlichen Terminologie führt zu einer Vergleichbarkeit der Risiken und einer klaren Sicht auf die Gesamtrisiken.

3. Aufbau von „Shared-Service"-Funktionen

116 Gleichartige Elemente des Compliance-Managements werden innerhalb zentraler Shared-Service-Funktionen gebündelt, welche den Geschäftsbereichen über Schnittstellen einheitlich zur Verfügung stehen. Vorhandene Duplizierungen sowie nicht notwendige Tätigkeiten werden eliminiert oder zumindest reduziert. Folge ist, dass die Kosten primär über Skaleneffekte und durch die Bestimmung des besten Standorts gemindert werden. Anhand eines definierten gemeinschaftlichen Standards können Prozesse wie beispielsweise die Durchführung von internen Kontrollen oder regelmäßige Prozesstests, Compliance-Funktions- und geschäftsbereichsübergreifend effizient genutzt werden. Beispielweise könnten KYC-Prozesse, die aufgrund von verschiedenen gesetzlichen Regelungen vorgenommen werden, jedoch gemeinsame Anforderungen aufweisen, durch die Shared-Service-Funktion Redundanz vermeidend übernommen werden.

4. Integrierte Compliance-IT

117 Durch eine Prozessrationalisierung und die Bestimmung eindeutiger Prioritäten kann die technische Infrastruktur wesentlich näher an den Bedürfnissen der Compliance-Funktionen ausgerichtet werden. Die Organisation hat die Möglichkeit, manuelle Tätigkeiten zu

automatisieren und mehrfach vorhandene gleichartige Applikationen zu entfernen. Hiermit werden die strukturellen Kosten gesenkt. Die Verwendung einer einheitlichen technologischen Compliance-Plattform führt zu einer Vereinheitlichung der Prozessabbildung und Dokumentation und bewirkt ebenso eine Reduktion der Betriebskosten und Wartungsaufwendungen der systemtechnisch zu unterstützenden Compliance- und Risk-Tätigkeiten.[105]

5. Einführung einer transparenten unternehmensweiten Kommunikationsstruktur

Die Analyse der Beziehungen innerhalb von Berichtsstrukturen und die Integration der Berichte in das Risiko- und Compliance-Management tragen zur Verbesserung der Kommunikation von Risiko- und Compliance-Obliegenheiten bei. Eine höher integrierte und transparentere Struktur optimiert den Informationsaustausch und erhöht das Bewusstsein für Risiko- und Compliance-Ereignisse. Hierdurch wird wiederum eine stärkere Risiko- und Compliance-Managementkultur gefördert. Die neugewonnene Transparenz ermöglicht es Finanzinstituten zudem, Kosten bei Compliance-Geschäftsentscheidungen besser zu quantifizieren. 118

Die aufgeführten Ansatzpunkte ermöglichen der Leitung eines Instituts, je nach Dringlichkeit zusätzliche Mehrwertaktivitäten umzusetzen. Durch den gemeinsamen Rahmen kann eine Vergleichbarkeit der Bedürfnisse der einzelnen Geschäftsbereiche geschaffen werden. Der rationalisierte Ansatz wurde auch entwickelt, um die Belastung der einzelnen Geschäftslinien zu reduzieren, die Institutsleitung mit zeitnahen und detaillierten Informationen zu beliefern und einen institutsweiten Blick auf das Compliance-Risiko und andere Risiken zu ermöglichen. Folglich steigt die Compliance-Effektivität signifikant an und die Kosten können deutlich gesenkt werden. Ein weiterer Mehrwert des ICRM besteht darin, dass mittels der Bedienung nurmehr weniger Indikatoren innerhalb des Instituts eine effiziente Anpassung von neuen regulatorischen und gesetzlichen Vorgaben nebst Implementierung derselben erfolgen kann. 119

IV. Projektbeispiel: Compliance-Rationalisierung in einem Kreditinstitut

1. Ausgangslage

Das Institut aus unserem Beispielszenario sah sich durch verschiedene Geschäftsbereiche, divergierende Kundensegmente und unterschiedliche internationale Einsatzgebiete über die Jahre mit stetig steigenden Compliance-Anforderungen konfrontiert. Durch die Anpassungen an immer neue nationale und internationale regulatorische und gesetzliche Vorgaben entstand ein fragmentiertes System mit überlappenden Compliance-Gruppen und -Prozessen, welche wiederum wachsende Belastungen, Risiken und Kosten für die Organisation mit sich brachten. Managementseitig waren die Problemfelder bekannt, allerdings waren vorangegangene Versuche, hierfür Lösungen zu finden, gescheitert. Die Umsetzung eines übergreifenden und nachhaltigen Ansatzes wurde beschlossen. 120

Das Unternehmen startete mit einem maßgeschneiderten ICRM-Programm zur Identifizierung von Überlappungen und Redundanzen und zur Gestaltung einer gewünschten Zielarchitektur. Die Ziele lauteten, compliance-bezogene Aktivitäten zu vereinfachen, Belastungen der einzelnen Geschäftseinheiten zu reduzieren und Effektivitätslücken nachhaltig zu schließen. 121

---

105 *Keuper/Neumann/Standke* S. 288 f.

2. Projektergebnisse

122 – **Implementierung eines neuen operationalen Ansatzes**
Die Diagnose- und Bewertungsprozesse innerhalb des ICRM-Programms lieferten das Design und den Ansatz zur Entwicklung neuer Geschäftsabläufe. Die ICRM-Analyse zeigte auf, dass mehr als die Hälfte aller Compliance-Prozesse zwischen verschiedenen Geschäftsaktivitäten gleichartig, beziehungsweise überlappend vorlagen.
– **Entwicklung einer allumfassenden Überwachungsstruktur**
Diese war erforderlich, um die Schwerpunkte für die optimale Ressourcenallokation zu bestimmen.
– **Entwicklung einer einheitlichen Terminologie**
Verschiedene Compliance-Gruppen innerhalb der globalen Organisation benutzten verschiedene Sprachen, Methoden und Regelwerke. Dies führte zu einer wenig transparenten Sicht der Compliance-Gesamtrisiken. Zur Koordination des Berichtswesens erstellte das Institut eine allgemein gültige und nutzbare Compliance-Terminologie.
– **Verwendung eines risikobasierten Testprozesses**
Viele Mitarbeiter führten redundante Aufgaben durch. Durch die Implementierung von Testprozessen war es dem Institut möglich, bis zu 80 % der eingesetzten Arbeitskräfte in bestimmten Gebieten einzusparen und dabei gleichzeitig Risikotoleranzmaße und Risikogrenzen in der Organisation konsistenter zu definieren.
– **Verbessertes Berichtswesen**
Der Mangel an definierten und standardisierten Risikoansichten führte in der Vergangenheit dazu, dass die Compliance-Abteilung 20 % der Zeit dazu verwendete, mehr als 200 unterschiedliche Managementberichte zu erstellen. In der aktualisierten Organisationsstruktur nutzt das Institut neu entwickelte Dashboards für verschiedene Managementebenen, wodurch die Anzahl der Berichte stark reduziert wurde bei gleichzeitig verbessertem Fokus auf höchstpriorisierte Themen.

3. Projektfazit

123 Innerhalb des ersten Jahres nach dem Projekt wurden durch die genannten und weitere Anpassungen und Verbesserungen ca. 20 % Einsparungen generiert. Je effizienter die Compliance-Funktion wurde, desto klarer wurde und wird die Sicht auf Risiken und desto größer werden die Möglichkeiten des Managements, Ressourcen entsprechend den Risiken einzusetzen. Dies erlaubte es dem Institut, die Steigerung der Compliance-Effektivität zum Großteil durch Kosteneinsparungen zu finanzieren.

V. Resümee zu den Vorteilen des integrierten Ansatzes

124 Ein institutsweiter integrierter Ansatz unterstützt einen konstanten Dialog innerhalb der einzelnen Risikomanagement-Bereiche, um eine Compliance-Kultur auf allen Ebenen der Organisation zu fördern und eine verbesserte Identifikation von Compliance-Kosten zu erreichen.

125 Der Einsatz eines integrierten risikobasierten Ansatzes fördert zudem die Compliance-Effizienz, setzt wichtige Ressourcen in den relevanten Gebieten ein und verbessert die Transparenz des Zustands der Compliance-Funktion für das Management. Ein effektiver Prozess im Compliance- und Risikomanagement hilft, den Einsatz finanzieller Ressourcen und den Zeiteinsatz des Senior Managements zu reduzieren und somit mehr Zeit und Gelegenheiten für Marktaktivitäten zu geben.

Ein weiterer Vorteil des ICRM besteht in der zunehmenden Flexibilität. Ein integrierter Ansatz von Compliance- und Risikomanagement hilft Instituten zum einen, sich sowohl für zukünftig auftretende, somit unbekannte Risiken zu positionieren, als auch bereits heute die Einflüsse sich verändernder Rahmenbedingungen zu Regulierung und Standardisierung zu antizipieren. Ein organisationsweiter Ansatz unterstützt die kontinuierlichen Verbesserungen durch permanente Kommunikation zwischen den Risikomanagement-Funktionen, unterstützt die Entwicklung und Messung der vollständigen Compliance-Kosten und fördert eine Compliance-Kultur auf allen Ebenen in der gesamten Gesellschaft. **126**

Zudem ermöglicht dieser Ansatz der Institutsleitung, einen gesamthaften Überblick über die verknüpften Bereiche und aller gegenwärtigen Risiken, vorzunehmen. Auf zukünftige nationale und internationale gesetzliche oder regulatorische Änderungen kann durch den Gesamtüberblick schon vor deren verpflichtender Umsetzung reagiert werden. Dieses dient dem Institut direkt und kann zudem zu Marketingzwecken und der Reputationspflege des Instituts nachhaltig eingesetzt werden. **127**

Folglich ist eine vollständige Integration des ICRM in die Organisationsstruktur anzustreben. Eine Umsetzung bringt einige positive Folgen für das einführende Institut mit sich. Mit der Errichtung einer integrierten Ablauforganisation kann eine Anpassung und Vereinheitlichung der bestehenden Methoden zur Risikoerkennung und -bewertung sowie der institutsweiten Berichterstattung erreicht werden. Die integrierte Ablauforganisation sollte durch die weitestmögliche Entfernung von überlappenden Tätigkeiten und Verantwortlichkeiten zudem dazu führen, dass die Effizienz und Akzeptanz im Institut erhöht wird. Letzteres wiederum führt zu einer Qualitätssteigerung und unterstützt die Entwicklung, dass Compliance immer mehr Teil der Institutskultur wird. **128**

5. Teil
Finanzdienstleister-Compliance

16. Kapitel
Aufbau einer Compliance-Funktion bei Finanzdienstleistungsunternehmen

A. Der Compliance-Begriff nach dem Wertpapierhandelsgesetz (WpHG)

I. Wer muss eine Compliance-Funktion vorhalten?

1　Das folgende Kapitel beschreibt den Aufbau einer Compliance-Funktion bei Finanzdienstleistungsunternehmen. Im Gegensatz zur Einrichtung von Compliance-Abteilung außerhalb der Finanzdienstleistungsindustrie besteht hier ein umfassender gesetzlicher und aufsichtsrechtlicher Rahmen, der die Pflichten von Finanzdienstleistungsunternehmen bei der Ausgestaltung ihrer Compliance-Funktion vorgibt. Zunächst werden die Unternehmen innerhalb der Branche aufgezeigt, die nach dem WpHG eine Compliance-Funktion vorhalten müssen, sodann werden mögliche Ausnahmen dargestellt.

2　Adressaten der sogenannten Wohlverhaltensregeln[1] und Organisationspflichten[1] der §§ 31 ff. WpHG, die mit § 33 WpHG die zentrale Vorschrift für die Ausgestaltung der Compliance-Funktion enthalten, sind die Wertpapierdienstleistungsunternehmen. Gem. § 2 Abs. 4 WpHG sind Wertpapierdienstleistungsunternehmen Kreditinstitute[2] und Finanzdienstleistungsinstitute,[3] die Wertpapierdienstleistungen alleine oder zusammen mit Wertpapiernebendienstleistungen erbringen. Den Katalog der Wertpapierdienstleistungen enthält § 2 Abs. 3 WpHG: Insbesondere Kredit- oder Finanzdienstleistungsinstitute, die für ihre Kunden Finanzinstrumente anschaffen und veräußern, sei es als Finanzkommissionsgeschäft (§ 2 Abs. 3 Nr. 1 WpHG) oder als Abschlussvermittlung (§ 2 Abs. 3 Nr. 3 WpHG), in Finanzinstrumente angelegte Vermögen verwalten (Finanzportfolioverwaltung i.S.v. § 2 Abs. 3 Nr. 7 WpHG) oder Anlageberatung erbringen (§ 2 Abs. 3 Nr. 9 WpHG) qualifizieren sich als Wertpapierdienstleistungsunternehmen. Wertpapiernebendienstleistungen sind z.B. das Führen von Depots für die Kundschaft (§ 2 Abs. 3a Nr. 1 WpHG).

3　Erbringt ein Kredit- oder Finanzdienstleistungsinstitut ausschließlich Wertpapiernebendienstleistungen ohne auch eine oder mehrere Wertpapierdienstleistungen anzubieten, ist es kein Wertpapierdienstleistungsunternehmen und muss keine Compliance-Funktion nach den Vorschriften des WpHG einrichten.[4]

4　Ob ein Kredit- oder Finanzdienstleistungsinstitut allerdings mehrere Wertpapierdienstleistungen erbringt oder lediglich eine, ist für die Qualifikation als Wertpapierdienstleistungsunternehmen und damit für die Verpflichtung zur Einrichtung einer Compliance-Funktion unerheblich. Ebenso wenig kommt es auf den Umfang der einzelnen Leistungserbringung an,[5] sofern hierfür nach handelsrechtlichen Verständnis ein in kaufmännischer Weise eingerichteten Gewerbebetrieb erforderlich ist oder die Dienstleistungserbringung gewerbsmäßig erfolgt.

1　Fuchs/*Fuchs* Vor §§ 31–37a Rn. 1.
2　§ 1 Abs. 1 KWG.
3　§ 1 Abs. 1a KWG.
4　Assmann/*Assmann/Schneider* § 2 Rn. 123; Fuchs/*Fuchs* § 2 Rn. 117.
5　*Niermann* ZBB 5/10, 403.

5   Eine gewerbsmäßige Tätigkeit liegt vor, wenn jemand nach außen gerichtet (marktorientiert), selbstständig, planmäßig und mit Gewinnerzielungsabsicht tätig wird.[6] Die Frage nach der Gewerbsmäßigkeit stellt sich regelmäßig bei den sog. Investmentclubs und deren Organen.[7]

6   Auch inländische Zweigstellen[8] ausländischer Unternehmen sind nach § 2 Abs. 4 WpHG Wertpapierdienstleistungsunternehmen, wenn sie als Kredit- oder Finanzdienstleistungsinstitut Wertpapierdienstleistungen erbringen.[9]

7   § 2a Abs. 1 WpHG enthält eine Reihe von Ausnahmen, wann ein Unternehmen trotz Erbringung bestimmter Wertpapierdienstleistungen nicht als Wertpapierdienstleistungsunternehmen einzustufen ist und deshalb keine Compliance-Funktion nach dem WpHG vorhalten muss. Eine Ausnahme besteht, wenn Wertpapierdienstleistungen ausschließlich im Konzern erbracht werden. Aber auch bei der Erbringung von Wertpapierdienstleistungen gegenüber Kunden kann die Einrichtung einer Compliance-Abteilung entbehrlich sein, wenn die gesetzlich festgelegten Voraussetzungen eines Ausnahmefalles nach § 2a Abs. 1 WpHG erfüllt sind.[10]

8   Nach § 2a Abs. 2 WpHG zählen auch vertragliche gebundene Vermittler[11] nicht zu den Wertpapierdienstleistungsunternehmen, wenn sie lediglich Abschlussvermittlung oder Anlagevermittlung, das Platzierungsgeschäft oder die Anlageberatung als Wertpapierdienstleistung erbringen.

9   Abschließend sei darauf hingewiesen, dass auch Kapitalanlagegesellschaften und Investmentaktiengesellschaften eine eigene Compliance-Funktion vorhalten müssen, die Vorgaben hierfür sich aber hauptsächlich aus der InvMaRisk[12] ergeben. Die Wohlverhaltensregeln und Organisationspflichten der §§ 31 ff. WpHG sowie die MaComp[13] sind nur beschränkt anwendbar.[14] Nachfolgende Ausführungen können auf Kapitalanlagegesellschaften und Investmentaktiengesellschaften somit nur insoweit übertragen werden, wie sie sich auf die grundlegenden Vorschriften zur Ausgestaltung der Compliance-Funktion beziehen.

II. Abgrenzung zum Compliance-Begriff des KWG und der MaRisk

10 Der Begriff „Compliance"[15] wurde in das deutsche Recht erstmals aufgrund der durch die MiFID[16] veranlassten Änderungen des WpHG eingeführt.[17] Dies dürfte dafür aus-

---

6   Assmann/Schneider/*Assmann* § 2 Rn. 148.
7   Fuchs/*Fuchs* § 2 Rn. 139 der bei Investmentclubs grds. keine gewerbsmäßige Tätigkeit annimmt, solange die Organe ehrenamtlich handeln. Ausführlich hierzu auch Assmann/Schneider/*Assmann* § 2 Rn. 149 f. und *BaFin* Hinweise zur Erlaubnispflicht von Investmentclubs und ihrer Geschäftsführer nach § 32 KWG vom 9.6.2011, abzurufen unter www.bafin.de.
8   Zum Begriff der Zweigstelle ausführlich Assmann/Schneider/*Assmann* § 2 Rn. 155.
9   Vgl. § 53 Abs. 1 KWG.
10 Ausführlich hierzu Assmann/Schneider/*Assmann* § 2a Rn. 1 ff.
11 § 2 Abs. 10 S. 1 KWG.
12 Rundschreiben 5/2010 (WA) vom 30.6.2010 zu den Mindestanforderungen an das Risikomanagement für Investmentgesellschaften (InvMaRisk); zur Ausgestaltung der Compliance-Funktion dort insb. Abschnitt 10.
13 Rundschreiben 4/2010 (WA) vom 7.6.2010 zu den Mindestanforderungen an die Compliance-Funktion und die Verhaltens-, Organisations- und Transparenzpflichten nach §§ 31 ff. WpHG für Wertpapierdienstleistungsunternehmen (MaComp; Stand: 30.11.2012).
14 InvMaRisk, Abschn. 1 Tz. 4 und MaComp AT 3.1.
15 Zu den verschiedenen Definitionen des Begriffs „Compliance" vgl. z.B. Görling/Inderst/Bannenberg/*Poppe* Rn. 1 ff.
16 Markets in Financial Instruments Directive (MiFID) – dt. Fassung: Richtlinie 2004/39/EG des Europäischen Parlaments und des Rates vom 21.4.2004 über Märkte für Finanzinstrumente.
17 *Schäfer* in Compliance, Rn. 49.

schlaggebend sein, dass in deutschen Banken die sog. „Wertpapier-Compliance" noch immer der Inbegriff von Compliance ist.[18]

Nach der Lehman-Pleite im September 2008 wurde der Compliance-Funktion zunehmend mehr Bedeutung beigemessen. Die Bundesanstalt für Finanzdienstleistungsaufsicht (BaFin) wollte mit Veröffentlichung der MaComp im Jahr 2010 die Stellung der Wertpapier-Compliance innerhalb der Institute ausdrücklich stärken.[19] 2011 wurden durch Änderung des § 25c KWG[20] die Pflichten der Banken zur Verhinderung der Geldwäsche und Terrorismusbekämpfung um die Verpflichtung zur Verhinderung sonstiger strafbarer Handlungen, die zu einer Gefährdung des Vermögens des Instituts führen können, erweitert (§ 25c Abs. 1 KWG) sowie die sogenannte Zentrale Stelle eingeführt, welche die Aufgaben des Geldwäschebeauftragten und die Pflichten zur Verhinderung sonstiger strafbarer Handlungen im Institut einer einheitlichen Stelle zuweist (§ 25c Abs. 9 KWG).[21] Mit der Fassung der MaRisk vom 14.12.2012 wurde die Einrichtung einer Compliance-Funktion für alle Institute verpflichtend. Diese soll nach der Vorgabe von AT 4.4.2 Tz. 1 den Risiken, die sich aus der Nichteinhaltung der rechtlichen Regelungen und Vorgaben ergeben können, entgegenwirken, ohne dass eine Beschränkung auf die Vorschriften des WpHG erfolgt. Diese Entwicklung zeigt, dass heute der Begriff „Compliance" aus dem gesamten aufsichtsrechtlichen und regulatorischen Regelwerk nicht mehr wegzudenken ist. **11**

Für die Banken bedeutet dies zweierlei. Zum einen ist die gesetzliche Verpflichtung, eine Compliance-Funktion einzurichten und dauerhaft vorzuhalten, nicht nur auf die Institute beschränkt, zu deren Dienstleistungsspektrum Wertpapierdienstleistungen zählen. Zum anderen haben Institute mit einer Compliance-Abteilung, die sich ausschließlich mit der Einhaltung der Vorschriften des WpHG beschäftigt, bei weitem noch nicht alles Erforderliche getan, um „compliancemäßig" umfassend aufgestellt zu sein. Alle Banken stehen heute vor der Herausforderung, die unter den vielen Definitionen des Compliance-Begriffs weiteste Lesart, nämlich das Handeln in Übereinstimmung mit den bestehenden Regeln,[22] organisatorisch in den Griff zu bekommen. Die Lösung kann nur über eine klare Aufteilung und Beschreibung von Zuständigkeiten und Verantwortlichkeiten erfolgen. **12**

Nach wie vor wird die Stelle innerhalb eines Instituts, die durch den Compliance-Beauftragten geführt und repräsentiert wird, „die Compliance-Abteilung" sein und sich mit allen Vorgaben zur Wertpapier-Compliance beschäftigen. Die Sicherstellung der Vorgaben zur Verhinderung der Geldwäsche, zur Terrorismusbekämpfung und zur Verhinderung sonstiger strafbarer Handlungen zu Lasten des Instituts sind beim Geldwäschebeauftragten bzw. der Zentralen Stelle[23] angesiedelt. Die Einhaltung der gesellschaftsrechtlichen Vorschriften wird naturgemäß in den Verantwortungsbereich der Rechtsabteilung fallen, die möglicherweise aber auch weitere Sonderaufgaben wie z.B. die Einhaltung von Anzeige- und Meldepflichten nach dem KWG inne hat. Auf die Möglichkeit verschiedene Funktionen personell zu kombinieren wird nachfolgend[24] eingegangen. **13**

---

18 So auch *Schäfer* in Compliance, Rn. 51.
19 Anschreiben der BaFin zur MaComp in der Fassung vom 7.6.2010, S. 2.
20 Art. 2 Gesetz zur Umsetzung der Zweiten E-Geld-Richtlinie (2. EGeldRLUG) G. v. 1.3.2011 BGBl. I S. 288 (Nr. 8).
21 Auch die Vorgaben zur Verhinderung von Geldwäsche, Terrorismusbekämpfung und sonstiger strafbarer Handlungen unterfallen dem Compliance-Begriff, vgl. etwa *Hofer* in BaFin Journal, März 2013, S. 18.
22 Vgl. auch Görling/Inderst/Bannenberg/*Poppe* Rn. 2.
23 Gem. § 25c Abs. 9 KWG sollen die Funktion des Geldwäschebeauftragten und die Pflichten zur Verhinderung der sonstigen strafbaren Handlungen im Institut von einer Stelle wahrgenommen werden. Hierfür hat sich der Begriff der „Zentralen Stelle etabliert. Vgl. hierzu ZK-Auslegungs- und Anwendungshinweise zu § 25c KWG („sonstige strafbare Handlungen") Stand: 1.6.2011, Nr. 3.1.
24 Vgl. Rn. 65 ff.

14 Für die Compliance-Funktion im Sinne des WpHG bedeutet dies, dass sie ihre Aufgaben und Zuständigkeiten innerhalb der Aufbau- und Ablauforganisation sauber definieren muss. Dadurch können Haftungsrisiken vermieden werden, welchen die Compliance-Abteilung durch unsaubere Abgrenzung und zu weit gefasste Formulierungen unbewusst ausgesetzt sein kann. Bei Abfassung der entsprechenden Arbeitsanweisungen ist z.B. bei der Beschreibung der Aufgaben der Compliance-Abteilung darauf zu achten, den Bezug zu den Vorschriften des WpHG immer herzustellen und Allgemeinplätze wie „Einhaltung bestehender Vorschriften" zu vermeiden. Hierauf sollte auch dann höchster Wert gelegt werden, wenn die Compliance-Funktion mit der Geldwäsche-Funktion oder der Rechtsabteilung kombiniert ist.[25] Denn in einem vielbeachteten Urteil aus dem Jahr 2009 geht der BGH bei einem Compliance-Beauftragten regelmäßig von einer strafrechtlichen Garantenstellung im Sinne des § 13 StGB aus, nimmt aber ein solche bei einem Leiter der Rechtsabteilung oder einem Leiter der Innenrevision nicht ohne weiteres an.[26] Insofern sollte der Teil des eigenen Aufgabenbereichs, der zu einer persönlichen strafrechtlichen Verantwortlichkeit führen kann, scharf von den Tätigkeiten abgegrenzt werden, bei denen eine Pflichtverletzung nicht derart weitreichende Haftungskonsequenzen haben kann.

B. Einrichtung der Compliance-Funktion

I. Verpflichtung des Wertpapierdienstleistungsunternehmens zur Einrichtung einer Compliance-Funktion

1. Grundsatz

15 Nach § 33 Abs. 1 S. 2 Nr. 1 WpHG muss jedes Wertpapierdienstleistungsunternehmen eine Compliance-Funktion einrichten. § 33 WpHG als zentrale Norm für die Compliance-Organisation[27] definiert zugleich die wesentlichen Merkmale der Compliance-Funktion und das Hauptziel ihres Wirkens. Die Compliance-Funktion muss auf Dauer eingerichtet sein und ihre Aufgaben unabhängig wahrnehmen können. Die Arbeit der Compliance-Funktion muss darauf ausgerichtet sein, dass das Wertpapierdienstleistungsunternehmen und seine Mitarbeiter die Vorschriften des WpHG einhalten und dass zum Schutze der Kunden bei der Dienstleistungserbringung Interessenkonflikte vermieden werden.

2. Ausnahmen

16 Eine Ausnahme dergestalt, dass Wertpapierdienstleistungsunternehmen unter bestimmten Voraussetzungen die Wohlverhaltensregeln der §§ 31 ff. WpHG gänzlich außer Acht lassen können, gibt es nicht.[28] Lediglich bei Vorliegen bestimmter Umstände, insbesondere wenn die Mitarbeiter in der Regel keinen Zugang zu compliance-relevanten Informationen

---

25 Zur Zulässigkeit der Kombination der Compliance-Funktion mit anderen Bereichen im Institut vergleiche die Ausführungen unten Rn. 65 ff.
26 *BGH* Urteil vom 17.7.2009 – 5 StR 394/08, wenngleich der BGH in dem Urteil aufgrund zusätzlicher Erwägungen auch von einer Garantenstellung des Leiters der Rechtsabteilung bzw. der Innenrevision ausging. Vgl. zu dem Urteil auch 21. Kap. Rn. 61 ff.
27 *Schäfer* in Compliance, Rn. 116.
28 Insofern möglicherweise missverständlich Assmann/Schneider/*Koller* § 33 Rn. 36, der bei Vorliegen der oben angesprochenen Voraussetzungen die Möglichkeit sieht, dass ein Wertpapierdienstleistungsunternehmen keine Compliance-Funktion einrichten und keinen Compliance-Beauftragten benennen braucht.

haben oder wenn es aufgrund der Unternehmensgröße oder aufgrund Art, Umfang, Komplexität oder Risikogehalt der Geschäftstätigkeit bzw. der angebotenen Dienstleistungen unverhältnismäßig wäre, kann nach den Ausführungen der MaComp ggf. auf die Einrichtung einer Compliance-Funktion als eigene Organisationseinheit verzichtet werden.[29] Jedoch ist ein für die Erfüllung der Aufgaben der Compliance-Funktion verantwortlicher Compliance-Beauftragter immer zu benennen.[30] Ist ein Unternehmen so klein, dass es lediglich aus einem Geschäftsleiter und administrativen Hilfskräften besteht, ist es grundsätzlich auch möglich, dass der Geschäftsleiter zugleich Compliance-Beauftragter ist[31] und damit mit dem Grundsatz gebrochen wird, dass ein Compliance-Beauftragter nicht an der Erbringung der Dienstleistungen beteiligt sein darf, die er zu überwachen hat.[32]

II. Der Compliance-Beauftragte

1. Der Compliance-Beauftragte als zentrale Person der Compliance-Funktion

Bei der Einrichtung der Compliance-Funktion muss die Geschäftsleitung gem. § 12 Abs. 4 WpDVerOV einen Compliance-Beauftragten benennen. Nach der gesetzlichen Regelung ist der Compliance-Beauftragte für die Compliance-Funktion verantwortlich. Die MaComp stellt aber in BT 1.1. Tz.3 klar, dass die Gesamtverantwortung der Geschäftsleitung für die Compliance-Funktion unberührt bleibt, die Geschäftsleitung sich also ihrer Verantwortung nicht durch Delegation(vollständig) entziehen kann.

2. Sachkunde und Zuverlässigkeit

Die Geschäftsleitung muss bei der Auswahl der Person des Compliance-Beauftragten bereits aufgrund der großen Bedeutung und Verantwortung, welche das Amt mit sich bringt, auf hohe fachliche Kompetenz und absolute persönliche Integrität achten.[33] Lange Zeit schwieg das Gesetz und die veröffentlichte Verwaltungspraxis zu den an einen Compliance-Beauftragten zu stellenden Anforderungen. Lediglich § 12 Abs. 4 S. 3 WpDVerOV verlangte die für die ordnungsgemäße Aufgabenerfüllung notwendigen Fachkenntnisse. Erst mit Veröffentlichung der MaComp im Jahr 2010 konkretisierte die BaFin ihre Vorstellung von der erforderlichen Fachkenntnis. Mit Einführung des § 34d Abs. 3 WpHG und der konkretisierenden WpHGMaAnzV ist nun gesetzlich detailliert geregelt, welchem Anforderungsprofil der Compliance-Beauftragte entsprechen muss.[34] Nach dem Gesetzestext darf einem Mitarbeiter nur dann die Verantwortlichkeit für die Compliance-Funktion übertragen werden, also zum Compliance-Beauftragten bestellt werden, wenn er sachkundig ist und über die für die Tätigkeit notwendige Zuverlässigkeit verfügt.

a) Sachkunde

§ 3 Abs. 1 WpHGMaAnzV konkretisiert, was unter der nach dem WpHG geforderten Sachkunde zu verstehen ist und unterscheidet hierbei nochmals zwischen Rechtskenntnissen und Fachkenntnissen.

---

29 MaComp BT 1.3.3.4 Tz. 1 f.f.
30 MaComp BT 1.3.3.4 Tz. 4.
31 MaComp BT 1.3.3.4 Tz. 5.
32 MaComp BT 1.3.3.4 Tz. 1.
33 Insofern ist es kaum verständlich, dass noch vor einigen Jahren die Benennung eines Compliance-Beauftragten in vielen Häusern als notwendiges Übel empfunden wurde und als unliebsames Amt einer Person im Institut als zusätzliche Aufgabe übertragen wurde.
34 Die in § 3 Abs. 1 WpHGMaAnzV aufgestellten Anforderungen an die Sachkunde des Compliance-Beauftragten sind weitgehend deckungsgleich mit den Anforderungen der MaComp in BT 1.3.1.3 und 1.3.1.4 an die Sachkunde von Compliance-Mitarbeitern und Compliance-Beauftragte.

16 *Aufbau einer Compliance-Funktion bei Finanzdienstleistungsunternehmen*

20 In rechtlicher Hinsicht muss der Compliance-Beauftragte Kenntnisse besitzen bzgl.
   – der Rechtsvorschriften, die von dem Institut, bei dem er angestellt ist, bei der Erbringung der angebotenen Wertpapier- und Wertpapiernebendienstleistungen einzuhalten sind,
   – der konkretisierenden Verwaltungsvorschriften der BaFin (z.B. der MaComp und anderen Rundschreiben mit Bezug zum WpHG),[35]
   – den Anforderungen und der Ausgestaltung angemessener Prozesse zur Aufdeckung und Verhinderung von aufsichtsrechtlichen Verstößen und
   – den Aufgaben, der Verantwortlichkeit und der Befugnisse der Compliance-Funktion und des Compliance-Beauftragten.

21 Soweit Mitarbeiter des Instituts Kenntnis von Insiderinformationen haben können, benötigt der Compliance-Beauftragte zusätzlich Kenntnisse über die Handelsüberwachung und die Vorschriften des WpHG zur Insiderüberwachung (§§ 12 ff. WpHG).

22 Erbringt das Institut Wertpapierdienstleistungen mit Auslandsbezug, benötigt der Compliance-Beauftragte zusätzlich auch Kenntnisse der hierbei zu beachtenden besonderen rechtlichen Anforderungen.

23 Der Compliance-Beauftragte muss über Fachkenntnisse verfügen bzgl.
   – den Grundzügen der Organisation und den Zuständigkeiten der BaFin,
   – sämtlichen Arten von Wertpapier- und Wertpapiernebendienstleistungen, welche das Institut, bei dem er angestellt ist, erbringt und die von diesen ausgehenden Risiken,
   – der Funktionsweisen und Risiken der Finanzinstrumente, die Gegenstand der vom Institut erbrachten Wertpapier- und Wertpapiernebendienstleistungen sind,
   – dem Erkennen möglicher Interessenkonflikte und ihrer Ursachen und
   – den verschiedenen Ausgestaltungsmöglichkeiten von Vertriebsvorgaben und der Aufbau- und Ablauforganisation des eigenen Instituts als auch von Wertpapierdienstleistungsunternehmen im Allgemeinen.

24 Zum Nachweis der Sachkunde können nach § 4 Abs. 3 WpHGMaAnzV folgende akademische Abschlüsse herangezogen werden:
   – Abschluss eines Studiums der Rechtswissenschaft,
   – Abschluss eines Studiums der Wirtschaftswissenschaften der Fachrichtung Banken, Finanzdienstleistungen oder Kapitalmarkt, oder
   – Abschluss als Bank- oder Sparkassenbetriebswirt einer Bank- oder Sparkassenakademie.

25 Sofern ein rechts- oder wirtschaftswissenschaftliches Studium zum Nachweis der Sachkunde herangezogen werden soll, muss nach § 4 Abs. 3 a. bzw. b. WpHGMaAnzV der Compliance-Beauftragte zusätzlich über eine fachspezifische Berufspraxis verfügen. Nach MaComp BT 1.3.1.4.2. kommt z.B. eine Vortätigkeit des Compliance-Beauftragten in den operativen Bereichen des Wertpapierdienstleistungsunternehmens (z.B. in der Handelsabteilung) oder in Kontrollfunktionen (z.B. bei der Internen Revision) in Betracht. Die Dauer der Vortätigkeit sollte nach Ansicht der BaFin mindestens 6 Monate betragen wobei das Ableisten einer Probezeit mitgezählt werden darf.

26 Lücken in den Rechts- und Fachkenntnissen können durch Schulungs- und Fortbildungsmaßnahmen geschlossen werden.

---

35 MaComp BT 1.3.1.3 führt hier ergänzend die einschlägigen Leitlinien und Standards der European Securities and Marktes Authority (ESMA) an. Von Bedeutung sind hier vor allem die Leitlinien zu einigen Aspekten der MiFID-Anforderungen an die Compliance-Funktion vom 25.6.2012, abrufbar unter www.esma.europe.eu

Für Personen, die seit dem 1.1.2006 ununterbrochen als Compliance-Beauftragter eines **27** Wertpapierdienstleistungsunternehmens beschäftigt sind, enthält § 4 WpHGMaAnzV die sog. „Alte-Hasen-Regelung". Sofern diese Mitarbeiter der BaFin vor dem 1.5.2013 als Compliance-Beauftragte angezeigt wurden, wird deren Sachkunde vermutet. Ein weitergehender Nachweis ist nicht erforderlich.

b) Zuverlässigkeit

Das Zuverlässigkeitserfordernis regelt § 6 WpHGMaAnzV im Wege der Negativabgren- **28** zung. Demnach besitzt die für das Amt des Compliance-Beauftragten erforderliche Zuverlässigkeit nicht, wer in den letzten 5 Jahren vor geplanter Aufnahme der Tätigkeit wegen eines Verbrechens oder wegen Diebstahl, Unterschlagung, Erpressung, Betrug, Untreue, Geldwäsche, Urkundenfälschung, Hehlerei, Wuchers, einer Insolvenzstraftat, Steuerhinterziehung oder aufgrund einer Straftat nach 38 WpHG rechtskräftig verurteilt wurde.

Das Institut überzeugt sich von der Zuverlässigkeit des designierten Compliance-Beauf- **29** tragten am besten durch die Vorlage eines Führungszeugnisses. Bei der Neueinstellung eines jeden Mitarbeiters, egal in welchem Bereich, dürfte die Vorlage eines Führungszeugnisses ohnehin obligatorisch sein. Wird ein bereits im Unternehmen tätiger Mitarbeiter zum Compliance-Beauftragten ernannt, sollte von diesem vor Aufnahme seiner neuen Tätigkeit die Vorlage eines Führungszeugnisses erneut verlangt werden. Weil ein Compliance-Beauftragter, der die Zuverlässigkeit aufgrund einer einschlägigen Verurteilung verliert, die gesetzlichen Voraussetzungen für die Ausübung dieses Amtes nicht mehr erfüllt und die Bank ihn deshalb in seiner Funktion nicht weiterbeschäftigen darf, empfiehlt es sich, vom Compliance-Beauftragten regelmäßig, z.B. jährlich, die Vorlage eines aktuellen Führungszeugnisses zu verlangen. So überzeugt sich das Institut regelmäßig, dass die erforderliche Zuverlässigkeit gegeben ist und kann im Falle von gegenteiligen Erkenntnissen entsprechend reagieren.[36]

3. Bestellung des Compliance-Beauftragten

a) Beschluss der Geschäftsleitung

Die Bestellung des Compliance-Beauftragten erfolgt durch die Geschäftsleitung.[37] Diese **30** muss hierzu einen Beschluss fassen, der den gesellschaftsrechtlichen und satzungsmäßigen Vorgaben für Geschäftsleitungsbeschlüsse genügt. Schon aus Beweisgründen wird der Beschluss schriftlich erfolgen oder protokolliert werden. Der neu bestellte Compliance-Beauftragte sollte sogleich eine Kopie des Bestellungsbeschlusses zu den Compliance-Unterlagen nehmen, da er diesen in der Folgezeit immer wieder wird vorlegen müssen, z.B. bei Prüfungen nach § 36 WpHG oder bei Prüfungen der Internen Revision.

b) Inhalt des Bestellungsbeschlusses

Neben dem obligatorischen Inhalt der Bestellung des Compliance-Beauftragten an sich **31** und zu welchem Datum seine Bestellung in Kraft tritt, können in dem Beschluss einige weitere sinnvolle Regelungen getroffen werden.

Aus der gesetzlichen Ausgestaltung der Compliance-Funktion ergibt sich kein generelles **32** Weisungsrecht des Compliance-Beauftragten gegenüber anderen Abteilungen und Mitarbeitern. Auch die MaComp schweigt hierzu. Eine eigenständige Verbots- oder Anord-

---

36 Zu den weitreichenden Eingriffsrechten der BaFin falls ein Compliance-Beauftragter die gesetzlichen Anforderungen an seine Sachkunde und Zuverlässigkeit nicht erfüllt vgl. § 34d Abs. 4 WpHG.
37 MaComp BT 1.1 Tz. 3.

nungskompetenz wird auch von der BaFin nicht gefordert.[38] Sofern die Geschäftsleitung dem Compliance-Beauftragten derartige Kompetenzen einräumen möchte, sollten diese im Bestellungsbeschluss festgelegt werden. Darin ist auch der Umfang des Weisungsrechts des Compliance-Beauftragten festzulegen.

33 In der Praxis findet man unterschiedliche Ausgestaltungen. Es gibt Unternehmen, die ihrem Compliance-Beauftragten ein umfassendes Weisungsrecht gegenüber den Mitarbeitern einräumen, solange sie dabei in Wahrnehmung der Aufgaben der Compliance-Funktion handeln. Dies ist ein deutliches Zeichen der Geschäftsleitung, welch hohen Stellenwert sie der Compliance-Funktion im Unternehmen einräumt und daher begrüßenswert.

34 Häufiger dürften aber auf bestimmte Sachverhalte begrenzte Weisungsrechte des Compliance-Beauftragten anzutreffen sein, etwa bei Verstößen gegen die Mitarbeiterleitsätze für private Wertpapiergeschäfte, die den Compliance-Beauftragten ermächtigen, einem Mitarbeiter ein unzulässiges Geschäft unmittelbar zu untersagen.[39]

35 Es gibt auch Regelungen, dass der Compliance-Beauftragte in seiner Funktion nach außen vertretungsberechtigt ist und verbindliche Erklärungen abgeben darf. Dies erscheint bereits deshalb sinnvoll, weil der Compliance-Beauftragte oftmals erster Ansprechpartner der Aufsichtsbehörden, der Handelsüberwachung oder der Strafverfolgungsbehörden ist und damit seinen Stellungnahmen in der Kommunikation mit diesen Stellen rechtliche Verbindlichkeit verliehen wird.

36 Hilfreich kann ein kurzer Hinweis sein, von wem der neu bestellte Compliance-Beauftragte das Amt übernimmt. An Hand der Bestellungsbeschlüsse kann somit die Abfolge der einzelnen Compliance-Beauftragten lückenlos nachvollzogen werden.

37 Letztlich sollte der Beschluss eine Regelung zur Dauer der Bestellung enthalten. Zur Unterstützung der Unabhängigkeit des Compliance-Beauftragten empfiehlt die MaComp in BT 1.3.3.4 Tz. 4 eine Bestellung auf mindestens 24 Monate. Damit soll dem Compliance-Beauftragten in zeitlicher Hinsicht der notwendige Spielraum eröffnet werden, seinen Aufgaben gewissenhaft nachkommen zu können, insbesondere auch Missstände im Unternehmen aufdecken zu können und auf deren Abstellung hinzuwirken. Kürzere Bestellungen geben der Geschäftsleitung die Möglichkeit, sich missliebigen Compliance-Beauftragten einfach dadurch zu entledigen, dass sie diese nach Ablauf der Amtszeit nicht wiederbestellen. Eine Abberufung eines amtierenden Compliance-Beauftragten ist zwar durch einen entsprechenden Beschluss der Geschäftsleitung möglich, wird aber nicht ganz ohne eine entsprechende Begründung auskommen können und stellt damit eine gewisse Hürde dar, insbesondere wenn die Geschäftsleitung keine objektiv gerechtfertigten Gründe für die Abberufung angeben kann.[40]

38 Vergleichbarer Schutz des Compliance-Beauftragten dürfte durch eine unbefristete Bestellung erreicht werden,[41] da hier die Beendigung des Mandates des amtierenden Compliance-Beauftragten immer mittels Abberufungsbeschlusses erfolgen muss.

---

38 *Schäfer* in Compliance, Rn. 248.
39 *Schäfer* in Compliance, Rn. 249.
40 Das in BT 1.3 MaComp a.F. (Fassung vom 7.6.2010) enthaltene Erfordernis, gegenüber der BaFin die Abberufung des Compliance-Beauftragten zu begründen ist allerdings in der Fassung vom 30.11.2012 nicht mehr enthalten.
41 *Schäfer* in Compliance, Rn. 180.

4. Anzeige gegenüber der BaFin

a) Erstanzeige

Das Wertpapierdienstleistungsunternehmen hat die Person, die sie mit dem Amt des Compliance-Beauftragten betrauen möchte, gegenüber der BaFin anzuzeigen. Gem. § 34d Abs. 3 S. 2 hat die Anzeige vor tatsächlicher Aufnahme der Tätigkeit zu erfolgen. Wie viel Vorlauf die Anzeige zur Aufnahme der Tätigkeit haben soll, ist nicht geregelt. 39

Es handelt sich um eine reine Anzeigepflicht. Die BaFin muss nicht erst eine positive Antwort geben, bevor der angezeigte Mitarbeiter als Compliance-Beauftragter eingesetzt werden darf. 40

Den Inhalt der Anzeige regelt § 8 WpHGMaAnzV. Anzugeben sind Familienname, ggf. Geburtsname, Vorname, Geburtsort und Geburtsdatum sowie das Datum des Beginns der Tätigkeit des Compliance-Beauftragten. 41

Hinsichtlich der geforderten Sachkunde und Zuverlässigkeit müssen im Anzeigeverfahren gegenüber der BaFin weder Angaben gemacht werden noch diese nachweisende Unterlagen eingereicht werden.[42] Gleichwohl sollen bereits bei der Entscheidung, eine bestimmte Person als Compliance-Beauftragten zu bestellen, die erforderliche Sachkunde und Zuverlässigkeit überprüft und die Umstände, aus den sich diese ergeben, dokumentiert werden. Der Dokumentation sind die entsprechenden Unterlagen und Nachweise beizufügen. Es ist davon auszugehen, dass in der auf die Bestellung des Compliance-Beauftragten folgenden Prüfung nach § 36 WpHG die die Sachkunde und Zuverlässigkeit belegenden Umstände geprüft werden. 42

b) Änderungsanzeige

Änderungen der angezeigten Angaben sind nach § 8 Abs. 3 S. 1 WpHGMaAnzV innerhalb eines Monats nach Eintritt der Änderung als Änderungsanzeige einzureichen. Eine Änderungsanzeige kommt vornehmlich in Betracht, wenn sich der Name des amtierenden Compliance-Beauftragten, z.B. aufgrund von Heirat, geändert hat oder wenn der angezeigte Mitarbeiter das Amt des Compliance-Beauftragten nicht mehr ausübt. In letzterem Fall ist nach § 8 Abs. 3 S. 1 WpHGMaAnzV der Tag der Beendigung der Amtsausübung anzuzeigen. 43

c) Änderungen in der Person des Compliance-Beauftragten

Ernennt das Wertpapierdienstleistungsunternehmen einen neuen Compliance-Beauftragten, ist keine Änderungsanzeige sondern erneut eine Erstanzeige nach § 8 Abs. 1 WpHGMaAnzV abzugeben. 44

d) Anzeigeverfahren

Die Anzeige erfolgt papierlos im Wege des durch die BaFin hierfür eingerichteten elektronischen Verfahrens. Für dieses muss sich das Wertpapierdienstleistungsunternehmen registrieren.[43] 45

---

42 Gemäß BT 1.3 MaComp a.F. (Fassung vom 7.6.2010) musste der Anzeige des Compliance-Beauftragten gegenüber der BaFin noch ein Lebenslauf sowie Qualifikationsnachweise beigefügt werden. Diese Erfordernisse sind in der MaComp in der Fassung vom 30.11.2012 nicht mehr enthalten. Auch die gesetzlichen Regelungen der Anzeigepflicht in § 34d WpHG i.V.m. den Vorschriften der WpHGMaAnzV enthalten keine vergleichbaren Anforderungen.

43 Eine genaue Beschreibung zur Einrichtung des Anzeigeverfahrens enthält das „Fachinformationsblatt zum Mitarbeiter- und Beschwerderegister nach § 34d WpHG, abrufbar unter www.bafin.de.

5. Arbeitsrechtliche Aspekte

a) Besonderer Kündigungsschutz

46 Ein besonderer gesetzlicher Kündigungsschutz für Compliance-Beauftragte existiert nicht. Jedoch macht sich die BaFin zur Stärkung der Position des Compliance-Beauftragten für eine 12-monatige Kündigungsfrist seitens des Arbeitgebers stark.[44]

47 Die Praxis hat auf diese Empfehlung der BaFin zunächst zurückhaltend reagiert.[45] Ob mittlerweile mehrere Institute der Empfehlung der Aufsicht nachkommen ist zweifelhaft. Sofern die Geschäftsleitung zur Umsetzung gewillt wäre, wenn die 12-monatige Kündigungsfrist auch für eine arbeitnehmerseitige Kündigung Geltung haben soll, würden dem höchstwahrscheinlich Vorbehalte der Compliance-Beauftragten entgegenstehen, die damit ihrerseits relativ lange an das jeweilige Institut gebunden wären.

b) Vergütung

48 Die Vergütung des Compliance-Beauftragten soll sich an der Vergütung der Leiter der Internen Revision, des Risikocontrollings oder der Rechtsabteilung des Unternehmens orientieren.[46] Da es sich hierbei jeweils um leitende Positionen handelt, deren Anforderungsprofil hinsichtlich fachlicher Qualifikation und Berufserfahrung vergleichbar ist, dürfte es in vielen Instituten bereits aufgrund allgemeiner gehaltspolitischer Erwägungen zu keinen gravierenden Abweichungen bei den Gehältern in diesen Leitungspositionen kommen. Abweichungen können sich natürlich aufgrund individueller Unterschiede im Verantwortungsbereich der jeweiligen Leitungsfunktion ergeben, nicht zuletzt hinsichtlich des Grades der Personalverantwortung.[46]

49 Bei der Ausgestaltung der Vergütung des Compliance-Beauftragten ist auf die gesetzliche Vorgabe des § 12 Abs. 4 S. 4 WpDVerOV zu achten. Die Art und Weise der Vergütung darf die Unvoreingenommenheit des Compliance-Beauftragten nicht beeinträchtigen. Die MaComp präzisiert diese Vorgabe. Die Vergütung der Mitarbeiter der Compliance-Funktion darf nicht von der Tätigkeit der Mitarbeiter abhängen, deren Tätigkeit sie überwachen, lässt aber ausdrücklich eine erfolgsbezogene Vergütung zu, sofern sie keine Interessenkonflikte begründet.[47]

50 Unproblematisch kann mit dem Compliance-Beauftragten eine variable Vergütung vereinbart werden, welche an die Erreichung von Zielen geknüpft ist, die mit den Aufgaben der Compliance-Funktion in Zusammenhang stehen.[48] Denkbar wären Zielvereinbarungen wie z.B. die im Rahmen der letzten Prüfung nach § 36 WpHG festgestellten Mängel vollumfänglich zu beseitigen, die fristgerechte Umsetzung neuer gesetzlicher Vorgaben mit Bezug zur Compliance-Funktion oder die Einführung neuer Schulungsmaßnahmen für die Mitarbeiter.

51 Problematisch ist ein variabler Vergütungsbestandteil, der sich am Unternehmenserfolg bemisst. Zwar schließen Gesetz und MaComp derartige Vergütungsbestandteile nicht von vornherein aus,[49] allerdings sind dann wirksame Vorkehrungen – einschließlich derer prüfungstechnisch nachvollziehbaren Dokumentation – erforderlich, um den daraus resultierenden Interessenkonflikten entgegen zu wirken. Allerdings ist es schwer vorstellbar, wie ein Interessenkonflikt beim Compliance-Beauftragten, der aufgrund eines am Unternehmenserfolg orientierten Vergütungsbestandteils entsteht, durch entsprechende Maßnah-

---

44 MaComp BT 1.3.3.4 Tz. 4.
45 *Niermann* ZBB 2010, 423.
46 MaComp BT 1.3.3.4 Tz. 5.
47 MaComp BT 1.3.3.4 Tz. 6.
48 *Schäfer* in Compliance, Rn. 177 und *Zingel* BKR 2010, 503.
49 Vgl. § 12 Abs. 4 S. 4, Abs. 5 WpDVerOV und MaComp BT 1.3.3.4 Tz. 6.

men aufgelöst werden soll.[50] Auch der Vorschlag, den Vergütungsbestandteil an den Gesamterfolg des Unternehmens anzuknüpfen,[51] überzeugt nicht, da auch der Erfolg der Wertpapiergeschäfte, welche der Compliance-Beauftragte zu überwachen hat, in den Gesamterfolg einfließen.

6. Stellvertretung

Die Geschäftsleitung muss einen Vertreter des Compliance-Beauftragten bestimmen[52] und einen entsprechenden Beschluss über seine Ernennung fassen. Der Vertreter soll während der Abwesenheit des Compliance-Beauftragten dessen Aufgaben fortführen und muss hierzu ausreichend qualifiziert sein.[52] Dies bedeutet, dass das Wertpapierdienstleistungsunternehmen eine echte Stellvertretung einrichten muss und nicht nur einen nominellen Vertreter benennen kann, um einer aufsichtsrechtlichen Vorgabe formell genüge zu leisten.

Aus der MaComp geht nicht eindeutig hervor, wie hoch die Anforderungen an die fachliche Qualifikation des Stellvertreters sind. Es fehlt ein direkter Verweis auf die diesbezüglichen Vorschriften für Compliance-Mitarbeiter (BT 1.3.13) und den Compliance-Beauftragten (BT 1.3.14). Allerdings kann der Vertreter die ihm zugewiesene Aufgabe nur dann ordnungsgemäß erfüllen, wenn seine Fachkenntnisse in etwa mit denen des Compliance-Beauftragten vergleichbar sind.

In der Praxis spielt diese Frage ohnehin keine Rolle, wenn eine Compliance-Abteilung vorhanden ist und ein Compliance-Mitarbeiter zum stellvertretenden Compliance-Beauftragten ernannt werden soll. Denn auch der Compliance-Mitarbeiter an sich muss über ausreichend Fachkunde verfügen.

Auch kleinere Unternehmen sollten die Schaffung einer weiteren Resource für den Compliance-Bereich in Erwägung ziehen, um eine ordnungsgemäße Stellvertretung zu schaffen. Denn auch in längeren, z.B. urlaubs- oder krankheitsbedingten Abwesenheiten des Compliance-Beauftragten müssen Compliance-Risiken im Unternehmen gesteuert werden und ein kompetenter Ansprechpartner für Mitarbeiter und Externe, insbesondere auch für die Aufsichtsbehörden, vorhanden sein.[53] Das Vorhandensein einer qualifizierten Stellvertretung erweist sich auch dann als sinnvolle Investition, wenn der Compliance-Beauftragte das Unternehmen unvorhergesehen ganz verlassen sollte. Denn wenn im Haus niemand vorhanden ist, der die plötzlich entstehende Lücke zumindest zeitweise füllen kann, besteht die Gefahr von gravierenden Verstößen gegen die Anforderungen an eine ordnungsgemäße Compliance-Funktion.

Der Stellvertreter des Compliance-Beauftragten ist der BaFin nicht anzuzeigen.[54]

III. Stellung des Compliance-Beauftragten im Unternehmen

1. Verhältnis zur Geschäftsleitung

Wurde der Compliance-Beauftragte sorgfältig ausgewählt, ordnungsgemäß gegenüber der BaFin angezeigt und durch die Geschäftsleitung bestellt, muss er innerhalb des Wertpapierdienstleistungsunternehmens organisatorisch verankert werden.

---

50 So auch *Zingel* BKR 2010, 503.
51 *Zingel* BKR 2010, 503 m.w.N.
52 MaComp BT 1.3.2 Tz. 2.
53 *Niermann* ZBB 2010, 425.
54 *Schäfer* BKR 2011, 198.

16 *Aufbau einer Compliance-Funktion bei Finanzdienstleistungsunternehmen*

58 In der Regel wird der Compliance-Beauftragte direkt einem Mitglied der Geschäftsleitung fachlich und disziplinarisch unterstellt sein[55]. Bereits aufgrund des für die Compliance-Funktion wesentlichen Grundgedanken der Vermeidung von Interessenkonflikten und dem daraus folgenden Erfordernis der Unabhängigkeit des Compliance-Beauftragten liegt es nahe, den Compliance-Beauftragten dem Mitglied der Geschäftsleitung zu unterstellen, das keine Verantwortung für die operativen Bereiche des Unternehmens hat.[56] Erbringt das Unternehmen Dienstleistungen, die besonders interessenkonfliktintensiv sind, wie z.B. der Eigenhandel für Dritte, das Emissionsgeschäft oder die Erstellung von Finanzanalysen, empfehlen dies die MaComp ausdrücklich.[57]

59 Das Organigramm und der Geschäftsverteilungsplan müssen die Stellung des Compliance-Beauftragten und seine Anbindung an die Geschäftsleitung entsprechend abbilden.

60 Aus dem Umstand, dass die Gesamtverantwortung der Geschäftsleitung für die Compliance-Funktion bei der Geschäftsleitung liegt[58] und der Compliance-Beauftragte die Aufgaben der Compliance-Funktion in von der Geschäftsleitung abgeleiteter Verantwortung wahr nimmt,[56] wird allgemein die Weisungsgebundenheit des Compliance-Beauftragten gegenüber der Geschäftsleitung angenommen.[56] Allerdings enthält die Neufassung der MaComp die ausdrückliche Feststellung, der Compliance-Beauftragte sei im Rahmen seiner Aufgabenerfüllung nur gegenüber der Geschäftsleitung weisungsgebunden[59] nicht mehr.

61 Allerdings bestand seit dem ersten Inkrafttreten der MaComp bereits eine faktische Beschränkung des Weisungsrechts der Geschäftsleitung gegenüber dem Compliance-Beauftragten, weil diese die klare Anweisung enthält, dass der Compliance-Beauftragte eine Überstimmung seiner wesentlichen Bewertungen und Empfehlungen durch die Geschäftsleitung dokumentieren und in den Bericht des Compliance-Beauftragten aufnehmen muss.[60]

2. Verhältnis zu den Mitarbeitern

62 Unabhängig von den Einzelfragen zum Verhältnis der Compliance-Funktion zu anderen Bereichen und Funktionen im Institut (z.B. den operativen Bereichen oder der Internen Revision), ist allgemein die Stellung des Compliance-Beauftragten gegenüber den einzelnen Mitarbeitern des Unternehmens zu klären.

63 Die Unabhängigkeit der Compliance-Funktion ist eines der in § 33 Abs. 1 Nr. 1 WpHG niedergelegten Grundprinzipien deren Ausgestaltung. Die MaComp gestaltet diese Forderung dahin gehend aus, dass sicherzustellen ist, dass andere Geschäftsbereiche kein Weisungsrecht gegenüber Mitarbeitern der Compliance-Funktion haben und auf deren Tätigkeit auch sonst kein Einfluss genommen werden darf.[61] Die Geschäftsleitung hat dafür Sorge zu tragen, dass dieser Grundpfeiler der Unabhängigkeit der Compliance-Funktion zum Bestandteil der „Compliance-Kultur" im Unternehmen wird. Er ist in den Organisations- und Arbeitsanweisungen des Instituts zu verankern und die Mitarbeiter sind regelmäßig darauf hinzuweisen, z.B. im Rahmen interner Compliance-Schulungen. Natürlich muss die Geschäftsleitung auch sofort einschreiten, sollten ihr Versuche zur Kenntnis gelangen, Mitarbeitern der Compliance-Abteilung oder dem Compliance-Beauftragten Weisungen zu erteilen oder diese anderweitig zu beeinflussen.

---

55 MaComp BT 1.1 Tz. 2.
56 *Niermann* ZBB 2010, 409.
57 MaComp BT 1.3.3.4 Tz. 3.
58 Gesetzlich folgt dies bereits aus § 33 Abs. 1 WpHG i.V.m. § 25a Abs. 1 S. 2 KWG (vgl. *Russo* in Organisation, S. 140, Rz. 8) und wird durch die MaComp in BT 1.1 Tz. 1 bestätigt.
59 Vgl. noch BT 1.1.1 Tz. 1 MaComp a.F. (Fassung vom 7.6.2010).
60 MaComp BT 1.3.3 Tz. 2.
61 MaComp BT 1.3.3 Tz. 1.

Wie bereits dargestellt, gibt es kein generelles Weisungsrecht des Compliance-Beauftragten gegenüber den anderen Mitarbeitern.[62] Hiervon zu unterscheiden sind einzelne Kompetenzen des Compliance-Beauftragten, in gesetzlich definierten Ausnahmefällen.[63]

3. Verhältnis zu anderen Abteilungen

a) Rechtsabteilung

Seit Erscheinen der ersten Fassung der MaComp ist das Verhältnis zwischen Compliance- und Rechtsabteilung und die Frage, inwiefern eine Kombination der beiden Abteilungen zulässig ist, ein großer Diskussionspunkt, auch zwischen den Instituten und der BaFin.[64] Grund hierfür ist sicherlich, dass eine Kombination der beiden Stabsstellen vor Inkrafttreten in vielen Häusern üblich war bzw. heute noch ist.

Mit Veröffentlichung der überarbeiteten MaComp wollte die BaFin möglicherweise selbst zur Entschärfung der Diskussion und Beseitigung von Unsicherheiten beitragen. Sollte nach der alten Fassung aus Gründen der Unabhängigkeit der Compliance-Funktion grundsätzlich keine Anbindung an die Rechtsabteilung erfolgen,[65] lässt die MaComp die Kombination von Compliance-Funktion und Rechtsabteilung unter bestimmten Voraussetzungen nunmehr ausdrücklich zu.[66]

Für eine Kombination von Compliance-Funktion und Rechtsabteilung müssen zwei Voraussetzungen erfüllt sein. Erstens muss es in Ansehung der Größe des Unternehmens oder der Art, Umfang, Komplexität oder Risikogehalt der Geschäftstätigkeit des Unternehmens oder der Art und des Spektrums der angebotenen Dienstleistungen unverhältnismäßig sein, wenn das Unternehmen zwei getrennte Abteilungen vorhalten müsste und zweitens darf die ordnungsgemäße Erfüllung der Compliance-Funktion durch eine kombinierte Abteilung nicht gefährdet werden. Das Vorliegen der beiden Voraussetzungen ist vom Institut zu begründen.[67]

Hierdurch wird insbesondere für kleinere Institute die Möglichkeit geschaffen, beide Funktionen miteinander zu verbinden. Gleichzeit macht die BaFin deutlich, dass die Grenzen der Vereinbarkeit von Compliance- und Rechtsabteilung dort erreicht sind, wo in nicht unerheblichen Umfang Dienstleistungen erbracht werden, die ein besonders hohes Potential an Interessenkonflikten mit sich bringen können und dadurch die Kombination die Unabhängigkeit der Compliance-Funktion unterlaufen wird.[68]

In der Diskussion um die gefährdete Unabhängigkeit der Compliance-Funktion werden immer wieder die sich aus den unterschiedlichen Blickwinkeln der beiden Bereiche ergebenden Interessenkonflikte genannt.[69] So komme es für die Rechtsabteilung alleine darauf an, ob ein bestimmter Sachverhalt, z.B. eine geplante Transaktion oder die Strukturierung eines Produkts, rechtmäßig ist,[70] wohingegen die Compliance-Abteilung über die rein rechtliche Bewertung hinaus auch andere Aspekte, wie z.B. Reputationsinteressen im Auge haben muss.[71]

---

62 Vgl. oben Rn. 32
63 Siehe hierzu unten Rn. 99 f.
64 *Schäfer* BKR 2011, 51.
65 BT 1.1.1 Tz. 4 MaComp a.F. (Fassung vom 7.6.2010), wobei auch hier der Grundsatz erst bei Vorliegen bestimmter Umstände (Erbringung besonders interessenkonfliktträchtiger Dienstleistungen) Gültigkeit hatte und zugleich die Möglichkeit eröffnete wurde, von dem Grundsatz abzuweichen.
66 MaComp BT 1.3.3.3.
67 MaComp BT 1.3.3.3 Tz. 3.
68 MaComp BT 1.3.3.3, Tz. 2.
69 *Birnbaum/Kütemeier* WM 2011, 294.
70 *Niermann* ZBB 2010, 422.
71 *Schmies* in Organisation, S. 72, Rz. 46.

70 Dieser die Unabhängigkeit der Compliance-Funktion gefährdende Interessenkonflikt kann aber z.B. dadurch vermieden werden, dass die rechtliche Beurteilung von Transaktionen und Produkten aus der Rechtsabteilung ausgelagert wird. Eine Auslagerung kann in die operativen Bereiche selbst erfolgen, wenn dort etwa selbst rechtskundige Mitarbeiter sitzen oder an eine externe Kanzlei. Anschließend kann eine unabhängige Begutachtung aus Compliance-Sicht erfolgen, weil man an der rechtlichen Bewertung zuvor nicht beteiligt war.

71 Im Übrigen sollte es aber auch eine kombinierte Compliance- und Rechtsabteilung unterschiedliche Blickwinkel einnehmen können. Im Rahmen von Neuproduktprozessen ist neben der rein rechtlichen Beurteilung auch eine Beurteilung durch Compliance erforderlich.[72] Die nach der MaRisk erforderliche Einbeziehung der Internen Revision in den Neuproduktprozess[73] sollte sicherstellen, dass die Compliance-Funktion ihrer Aufgaben in dem Prozess ordnungsgemäß nachkommt und nicht nur unreflektiert die Auffassung der Rechtsabteilung wieder gibt.

b) Geldwäscheprävention

72 Eine Kombination der Compliance-Funktion mit der Geldwäscheprävention wird grundsätzlich als zulässig erachtet. Die Gründe für die Zusammenlegung sind zu dokumentieren, wobei insbesondere darauf einzugehen ist, warum durch die Kombination die Wirksamkeit und Unabhängigkeit der Compliance-Funktion nicht beeinträchtigt wird.[74]

73 Die Kombinationsmöglichkeit der beiden Kontrollfunktionen steht auch größeren Unternehmen offen.[75] Die aufsichtsrechtlich weitgehende Unbedenklichkeit ergibt sich daraus, dass beide Bereiche aufgrund ihrer Präventions-, Kontroll- und Überwachungsfunktionen vergleichbare Zielsetzungen haben und Interessenkonflikte zwischen beiden Bereichen schwerer vorstellbar sind. Eine Kombination wird mitunter sogar aufgrund der Möglichkeiten eines effizienteren Vorgehens befürwortet z.B. wenn bei der Erstellung der für den jeweiligen Bereich erforderlichen Risikoanalyse die operativen Bereiche hinsichtlich Kunden- und Produktstruktur nur einmal angesprochen werden müssen oder Synergien gehoben werden können, wenn bei der Kontrolle von Kundenakten hinsichtlich Vollständigkeit und Aktualität der KYC-Unterlagen durch die Geldwäscheprävention zugleich für die Compliance-Funktion abgeprüft werden kann, ob die Kundenklassifizierung ordnungsgemäß durchgeführt wurde.[75]

74 Problematisch wird eine Kombination, wenn ein – möglicherweise akut auftretender – erhöhter Arbeitsaufwand in einem Bereich dazu führt, dass der andere Bereich vernachlässigt oder gar zum erliegen kommt.[76] Da letzterer seine gesetzlich vorgeschriebenen Funktion nicht mehr vollständig erfüllen kann, können dem Institut nicht unwesentliche Schäden drohen. Die Geschäftsleitung muss die kombinierten Abteilungen daher genau im Blick haben und die Ausführungen in den Berichten des Compliance-Beauftragten bzw. des Geldwäschebeauftragten zur personellen Ausstattung der jeweiligen Funktion sehr ernst nehmen.

c) Risikocontrolling

75 Aus ähnlichen Überlegungen wie bei der Geldwäscheprävention wird auch eine Kombination zwischen Compliance-Funktion und Risikocontrolling grundsätzlich als zulässig erachtet.[74] Gleichwohl ist diese Kombination weit seltener vorzufinden als die beliebten Kombinationen mit Recht und/oder Geldwäscheprävention, was sicher auch daran liegt, dass die Vorteile eines Zusammenschlusses hier nicht ohne weiteres ersichtlich sind.[75]

---

72 MaComp BT 1.2.4 Tz.3.
73 luvMaRisk AT 8.1 Tz. 4.
74 MaComp BT 1.3.3.2 Tz. 1.
75 *Niermann* ZBB 2010, 422.
76 *Schäfer* BKR 2011, 51.

d) Datenschutz

Teilweise nimmt der Compliance-Beauftragte zugleich das Amt des Datenschutz-Beauftragten wahr. Die Zulässigkeit dieser Kombination wird allgemein angenommen.[77] Allerdings sollte deren Sinnhaftigkeit sowohl von der Geschäftsleitung als auch von dem Mitarbeiter, der beide Funktionen Ausführen soll, genau erwogen werden. Die Ziele beider Funktionen erscheinen mitunter sogar konträr, weil ein Compliance-Beauftragte zu Dokumentationszwecken oftmals sehr viele Daten sammeln und aufbewahren wird, ein Datenschutzbeauftragter nach dem Prinzip der Datensparsamkeit hier eher Zurückhaltung üben muss.[78] Es ist nicht zu übersehen, dass dieser Zielkonflikt bei dem Mitarbeiter, der beide Ämter auf sich vereint, einem nicht vollständig auflösbaren Interessenkonflikt unterliegt.

e) Interne Revision

Eine Kombination von Compliance-Funktion und Interner Revision wird generell als unzulässig erachtet, bereits deshalb, weil die Interne Revision die Tätigkeit der Compliance-Funktion überwachen muss.[79] Aber auch die Unabhängigkeit der Compliance-Funktion wäre gefährdet,[80] etwa weil die Compliance-Abteilung auch die privaten Wertpapiergeschäfte der Mitarbeiter der Revisionsabteilung zu überprüfen hat.[81]

f) Operative Bereiche

Zum Schutz der Unabhängigkeit der Compliance-Funktion dürfen der Compliance-Beauftragte und die Mitarbeiter der Compliance-Funktion nicht an den Wertpapierdienstleistungen beteiligt sein, die sie überwachen.[82] Die MaComp lässt von diesem Grundsatz zwar Ausnahmen zu, diese betreffen aber praktisch nur „Kleinstunternehmen", die neben dem bzw. den Geschäftsleitern allenfalls noch Hilfspersonal beschäftigen. Es gelten hier dieselben Grundsätze wie bei den Fragen, ob das Unternehmen von der Einrichtung einer eigenen Compliance-Funktion absehen kann und der Geschäftsleiter, der auch an der Erbringung von Wertpapierdienstleistungen beteiligt ist, zugleich Compliance-Beauftragter sein kann.[83]

Aufgrund des umfassenden Aufgabenkatalogs der Compliance-Funktion und des damit verbundenen Arbeitspensums dürfte sich die Frage, ob sich Mitarbeiter der Compliance-Abteilung auch an der Erbringung von Wertpapierdienstleistungen beteiligen dürfen bereits aus Zeitgründen erübrigen. Das Verbot kann auch dann relevant werden, wenn freie personelle Resourcen im Unternehmen genutzt werden sollen und ein Mitarbeiter aus einem anderen Bereich mit einem bestimmten Prozentsatz seiner Arbeitszeit der Compliance-Abteilung zur Verfügung gestellt werden soll. Gehört dieser Mitarbeiter den operativen Bereichen ab, darf er nicht zugleich für die Compliance-Abteilung arbeiten.

IV. Auslagerung der Compliance-Funktion

Eine vollständige oder teilweise Auslagerung der Compliance-Funktion ist grundsätzlich zulässig.[84] Es gibt Auslagerungen der Compliance-Funktion von Tocher- an Muttergesellschaften zur Sicherstellung einer konzerneinheitlichen Compliance sowie an Drittdienst-

---

77 *Schäfer* BKR 2011, 51.
78 *Schäfer* BKR 2/2011, 51.
79 MaComp BT 1.3.3.2 Tz. 2 – zur Möglichkeit, dennoch eine Ausnahme in Anspruch nehmen zu können, vgl. MaComp BT 1.3.3.2 Tz. 3.
80 MaComp BT 1.3.3.2 Tz. 2.
81 *Schmies* in Organisation, S. 71, Rn. 44.
82 MaComp BT 1.3.3.1 Tz. 1.
83 Vgl. oben Rn. 17.
84 MaComp BT 1.3.4.

leister, die Compliance-Dienstleistungen als standardisiertes Produkt anbieten.[85] Bei den bereits erwähnten „Kleinstunternehmen", bei denen der an der Erbringung von Wertpapierdienstleistungen beteiligte Geschäftsleiter ggf. auch Compliance-Beauftragter sein kann, legt die MaComp anstelle der Inanspruchnahme dieser Ausnahme sogar die Auslagerung der Compliance-Funktion nahe.[86]

81 In jedem Fall verbleibt die Gesamtverantwortung für die Compliance-Funktion und ihre ordnungsgemäße Aufgabenerfüllung auch im Auslagerungsfall bei der Geschäftsleitung.[87]

82 Bei der Auslagerung der Compliance-Funktion sind alle allgemeinen Anforderungen nach § 25a Abs. 2 KWG und des AT 9 der MaRisk an die Auslagerung von für die Dienstleistungserbringung wesentlicher Bereiche zu berücksichtigen.[88]

83 Die Geschäftsleitung muss das Auslagerungsunternehmen sorgfältig auswählen.[89] Sie muss sich davon überzeugen, dass dieses die Compliance-Funktion im Prinzip wie eine hausinterne Compliance-Abteilung wahr nimmt. Das Auslagerungsunternehmen muss über die erforderliche Kompetenz und Sachkunde verfügen. Die Geschäftsleitung muss dafür Sorge tragen, dass das Auslagerungsunternehmen Zugang zu allen für die Erfüllung der Compliance-Funktion erforderlichen Informationen hat und seine Tätigkeit fortlaufend und nicht nur anlassbezogen ausübt.[90] Eine ordnungsgemäße Gewährleistung der Compliance-Funktion durch ein Auslagerungsunternehmen kann nicht erfolgen, ohne dass Mitarbeiter des Auslagerungsunternehmens in einem angemessenen zeitlichen Umfang regelmäßig auch vor Ort im Institut sind.[91]

84 Während der Auslagerung ist die gesamte Aufgabenerfüllung durch das Auslagerungsunternehmen fortlaufend durch die Geschäftsleitung zu überwachen, die hierfür auch einen Mitarbeiter des Instituts bestimmen kann.[92]

C. Ausstattung der Compliance-Funktion

I. Mittel

1. Grundsatz

85 Die Geschäftsleitung hat die Compliance-Funktion angemessen auszustatten. Dies betrifft die personelle, sachliche und finanzielle Ausstattung. Unter Umständen muss der Compliance-Abteilung ein eigenes Budget zugewiesen werden. Was angemessen ist, ergibt sich für jedes Institut individuell abhängig von seinem Geschäftsmodell, dem Umfang und der Art der erbrachten Dienstleistungen und den daraus resultierenden Aufgaben der Compliance-Funktion.[93]

---

85 *Gebauer* in Organisation, S. 289, Rz. 37.
86 MaComp BT 1.3.3.1 Tz. 6.
87 MaComp BT 1.3.4 Tz. 1.
88 MaComp BT 1.3.4 Tz. 2 – Ausführlich zur Auslagerung im Allgemeinen und zur Auslagerung der Compliance-Funktion im Speziellen: *Gebauer* in Organisation, S. 269 ff.
89 MaComp BT 1.3.4 Tz. 3.
90 MaComp BT 1.3.4 Tz. 3 und 4.
91 Vgl. hierzu auch *Gebauer* in Organisation, S. 289, Rz. 38.
92 MaComp BT 1.3.4 Tz. 5.
93 MaComp BT 1.3.1.1 Tz. 1.

2. Personelle Ausstattung

In den einzelnen Instituten wird es immer wieder zu unterschiedlichen Auffassungen kommen, wann eine Compliance-Abteilung personell angemessen ausgestattet ist. Die Geschäftsleitung wird die Zahl der Beschäftigten, die keinen unmittelbaren Beitrag zum Umsatz des Unternehmens beitragen naturgemäß niedrig halten wollen. Der Leiter der Compliance-Funktion wird hingegen Interesse daran haben, das stetig anwachsende Arbeitspensum, das aus den erhöhten Anforderungen an die Durchführung von Überwachungshandlungen sowie der zunehmenden regulatorischen Dichte und dem daraus resultierende Beratungsbedarf resultiert,[94] auf so viele Köpfe wie möglich zu verteilen. Wahrscheinlich ist auch dies der Grund, warum die Praxis von der BaFin immer wieder einen konkreten „Schlüssel"[95], nachdem sich die Angemessenheit der Personalausstattung in Köpfen bestimmen lässt, fordert.[95]

86

Auch wenn es immer noch Einzelkämpfer gibt, die alleine die gesamten Aufgaben der Compliance-Funktion zu bewältigen versuchen, u.U. auch in Kombination mit der Geldwäscheprävention oder anderen Ämtern, sollte die personelle Grundausstattung einer Compliance-Funktion aus zwei Mitarbeitern bestehen, schon alleine um den Anforderungen der MaComp an das Vorhandensein einer echten Stellvertretung gerecht zu werden.[96]

87

3. Sachliche Ausstattung

Die MaComp hebt hinsichtlich der sachlichen Ausstattung der Compliance-Funktion eine hinreichende IT-Ausstattung hervor.[97] Gemeint sind insbesondere DV-Systeme, welche die Compliance-Funktion bei ihren Überwachungshandlungen unterstützen.[94] Daneben müssen der Compliance-Beauftragte und seine Mitarbeiter ausreichend Zugang zu Fachliteratur und Fortbildungsmaßnahmen haben.[94] Ferner müssen finanzielle Mittel vorhanden sein, damit Vor-Ort-Prüfungen durch die Compliance-Funktion in Niederlassungen und bei Tochtergesellschaften durchgeführt werden können.[94]

88

4. Budget

Vergibt das Institut grundsätzlich Budgets für bestimmte Tätigkeiten oder Bereiche, muss auch der Compliance-Abteilung ein solches zugewiesen werden.[98] Der Compliance-Beauftragte ist in die Festlegung des Budgets einzubinden, wesentliche Kürzungen des Budgets sind durch die Geschäftsleitung schriftlich zu begründen und der Aufsichtsrat hierüber zu informieren.[98]

89

II. Informationszugang

1. Grundsatz

Die MaComp regelt in BT 1.3.1.2 den umfassenden Zugang der Compliance-Abteilung zu allen für ihre Tätigkeit relevanten Informationen im Unternehmen. Dabei wird zwischen aktiven und passiven Informationszugang unterschieden. Sofern erforderlich steht dem Compliance-Beauftragten auch ein Teilnahmerecht an Sitzungen der Geschäftsleitung und des Aufsichtsorgans zu.

90

---

94 *Niermann* ZBB 2010, 425.
95 *Schäfer* in Compliance, S. 49, Rn. 193.
96 Vgl. hierzu oben Rn. 52 ff.
97 BT 1.3.1.1 Tz. 1.
98 MaComp BT 1.3.1.1 Tz. 2.

2. Aktive Informationsverschaffung

a) Auskunfts-, Einsichts- und Zugangsrecht

91 In aktiver Hinsicht hat die Compliance-Abteilung ein uneingeschränktes Auskunfts-, Einsichts- und Zugangsrecht zu sämtlichen Räumlichkeiten und Unterlagen, Aufzeichnungen, Tonbandaufnahmen, Datenbanken und sonstigen IT-Systemen sowie allen anderen Informationen, die für die Aufgabenerfüllung der Compliance-Funktion erforderlich sind.[99] Dieses Recht auf „aktive Informationsverschafffung"[100] sollte in den Organisations- und Arbeitsanweisungen des Instituts ausdrücklich geregelt werden, wobei es sich zur Vermeidung von Missverständnissen empfiehlt, an Hand der konkreten Umstände detailiert zu regeln, was alles von diesem Recht betroffen ist.[101] Kein Mitarbeiter darf gegenüber der Compliance-Abteilung die Herausgabe von Unterlagen oder die Erteilung von compliance-relevanten Auskünften verweigern.[102]

b) Berichte

92 Obwohl durch den Oberbegriff „Unterlagen" bereits erfasst, betont die MaComp, dass der Compliance-Beauftragte Zugang zu internen und externen Prüfberichten oder anderen Berichten an die Geschäftsleitung bzw. das Aufsichtsorgan haben muss.[103] Denkbar sind hier die Berichte über die Prüfung nach § 36 WpHG, die Jahresabschlussprüfung und Berichte der internen Revision, weiterhin durch das Unternehmen beauftragte Sonderprüfungen oder von Dritten erstellte Gutachten zu bestimmten Sach- oder Rechtsfragen. Da die Compliance-Abteilung oftmals in die Prüfungshandlungen selbst eingebunden ist oder bei der Erstellung von Gutachten Information zur Verfügung stellt, dürfte oftmals der Zugang zu diesen Berichten und Gutachten bereits automatisch gewährleistet sein. Dennoch sollte das Zugangsrecht bzw. – besser – eine Regelung zur Weiterleitung der relevanten Berichte an den Compliance-Beauftragten direkt in den Organisations- und Arbeitsanweisungen des Unternehmens getroffen werden.

c) Sitzungen der Geschäftsleitung und des Aufsichtsorgans

93 Teil der aktiven Informationsbeschaffung ist das durch die MaComp geforderte Recht des Compliance-Beauftragten, an Sitzungen der Geschäftsleitung oder des Aufsichtsorgans teilzunehmen, soweit dies für seine Aufgabenerfüllung erforderlich ist.[104] Wird ihm dieses Recht nicht eingeräumt, ist dies schriftlich zu dokumentieren und zu erläutern. Nach dem Wortlaut der MaComp erscheint es möglich, dass dem Compliance-Beauftragten generell das Teilnahmerecht verweigert wird. Eine mögliche Begründung könnte sein, dass dem Compliance-Beauftragten stattdessen Protokolle der Sitzungen zur Verfügung gestellte werden. Eine Begründung der Untersagung ist auch dann notwendig, wenn die Teilnahme im Einzelfall untersagt wird. Um die Rechte des Compliance-Beauftragten nicht unzulässig zu beschneiden, sollte die Geschäftsleitung in Erwägung ziehen, die Anwesenheit des Compliance-Beauftragten nur bei bestimmten Tagesordnungspunkten, die für seine Aufgabenerfüllung ohne Belang sind, nicht zuzulassen.

94 Wird dem Compliance-Beauftragten generell ein Teilnahmerecht zugestanden, soll ihm frühzeitig die geplante Tagesordnung zur Verfügung gestellt werden, dass er sich zunächst selbst ein Bild über die Notwendigkeit seiner Teilnahme machen kann.

---

99 MaComp BT 1.3.1.2 Tz. 1.
100 *Schäfer* in Compliance, S. 52.
101 *Schäfer* in Compliance, S. 53, Rn. 215.
102 MaComp BT 1.3.1.2.
103 MaComp BT 1.3.1.2 Tz. 2.
104 MaComp BT 1.3.1.2 Tz. 2 – Die MaComp in der Fassung vom 7.6.2010 enthielt diese Regelung noch nicht.

3. Passive Informationsverschaffung

Unter der „passiven Informationsverschaffung"[105] versteht man die Verpflichtung des Unternehmens dafür Sorge zu tragen, dass die Compliance-Abteilung in die für ihre Aufgabenerfüllung relevanten Informationsflüsse einbezogen wird.[106] Um dies zu gewährleisten, müssen im Institut wirksame Grundsätze und Verfahren festgelegt werden. Wie diese konkret ausgestaltet werden, folgt aus der konkreten Aufgabenstellung der Compliance-Funktion. 95

Damit Compliance z.B. ihrer Beratungsfunktion zur Einhaltung der Vorschriften der §§ 31 ff. WpHG ausreichend nachkommen kann, bedarf es Informationen z.B. hinsichtlich der im Unternehmen vorhandener oder geplanter Produkte und Dienstleistungen, Geschäftsfelder und Geschäftsstrategien, Vertriebswege und Vergütungsstrukturen.[107] Geeignete Informationskanäle hierfür sind z.B. die vom Institut durchzuführenden Neuproduktprozesse bei der Erschließung neuer Geschäftsfelder, Dienstleistungen und Märkte, die Teilnahme des Compliance-Beauftragten an den Sitzungen der Geschäftsleitung und des Aufsichtsorgans und frühzeitige Einbeziehung der Compliance-Funktion durch die operativen Bereiche außerhalb der Neuproduktprozesse. Damit all dies gewährleistet ist, bedarf es einer gewissen „Sichtbarkeit" der Compliance-Mitarbeiter und des Compliance-Beauftragten im Institut. Die Verpflichtung zur Einbeziehung von Compliance kann und muss zwar in den Organisations- und Arbeitsanweisungen verankert werden, damit Compliance aber trotzdem „nicht vergessen wird"[108] müssen die Compliance-Mitarbeiter bei den übrigen Mitarbeitern im Unternehmen eine gewisse Präsenz haben und die Einbeziehung von Compliance zur Selbstverständlichkeit werden. Die Compliance-Funktion kann hierzu positiv beitragen indem sie ihre Beratungsfunktion ernst nimmt und dabei das ihr oftmals noch anhaftende Image des Verhinderers und Bedenkenträgers widerlegt und den operativen Bereichen hilft, zu compliance-konformen Ergebnissen zu gelangen. 96

Soweit es um die Kernaufgabe der Compliance-Funktion, die Vermeidung von Interessenkonflikten geht, bedarf es der Installation eines Informationssystems, das die Compliance-Abteilung unverzüglich mit den hierfür notwendigen Informationen versorgt. Z.B. muss die Compliance-Abteilung zur Überwachung der Mitarbeitergeschäfte und den Geschäften des Eigenhandels der Bank immer aktuell Kenntnis von potentiellen und bestehenden Mandaten der Bank und den sich hieraus ergebenden compliance-relevanten Informationen haben. Es muss eindeutig festgelegt werden, durch wen und auf welchem Weg Compliance diese Informationen erhält. Die Beschreibung der Verpflichtungen sollte so konkret als möglich sein, damit die zur Informationserteilung verpflichteten Abteilungen und Mitarbeiter eine möglichst verlässliche Handlungsgrundlage haben. Insbesondere ist der Begriff der Compliance-Relevanz von Informationen festzulegen. Als Orientierung kann der Katalog der ad-hoc-pflichtigen Insiderinformationen im Emittentenleitfaden der BaFin dienen.[109] 97

III. Kompetenzen

1. Grundsatz

Wie bereits dargestellt, verfügt der Compliance-Beauftragte über kein generelles Weisungsrecht gegenüber den Mitarbeitern des Unternehmens, es sei denn die Geschäftsleitung hat ihn mit einem solchen für von vornherein definierte Fälle ausgestaltet.[110] 98

---

105 *Schäfer* in Compliance S. 51, Rn. 206.
106 MaComp BT 1.3.1.2 Tz. 1.
107 *Niermann* ZBB 2010, 424.
108 *Schäfer* BKR 2011, 54.
109 Emittentenleitfaden 2009 der BaFin, S. 55 f.f., abrufbar unter www.bafin.de.
110 Vgl. oben Rn. 32 ff., 61 ff.

Stellt der Compliance-Beauftragte Unzulänglichkeiten fest oder sind anderweitig Maßnahmen zu ergreifen, um die Compliance-Konformität des Instituts sicher zu stellen, kann nur die Geschäftsleitung die erforderlichen Maßnahmen ergreifen.[111]

2. Ausnahmen

99   Wird dem Compliance-Beauftragten die Wahrnehmung seiner Informationsrechte verweigert, wird allgemein ein Weisungsrecht gegenüber dem jeweiligen Mitarbeiter angenommen.[112]

100 Eine gesetzlich geregelte Anordnungskompetenz findet sich in § 12 Abs. 3 S. 2 WpDVerOV. Danach darf der Compliance-Beauftragte geeignete und erforderliche Maßnahmen treffen, um eine konkrete Gefahr der Beeinträchtigung von Kundeninteressen bei der Erbringung von Wertpapier- oder Wertpapiernebendienstleistungen zu verhindern.

D. Aufgaben der Compliance-Abteilung

I. Vermeidung von Interessenkonflikten

1. Grundsatz

101 Ein ordnungsgemäßer Umgang mit Interessenkonflikten ist oberste Pflicht jedes Wertpapierdienstleistungsunternehmens. § 31 Abs. 1 WpHG stellt klar, dass Wertpapierdienstleistungen im Interesse des Kunden zu erbringen sind und Interessenkonflikte zu vermeiden sind. Hierzu hat das Unternehmen nach § 33 Abs. 1 S. 2 Nr. 3 WpHG angemessene Maßnahmen zu ergreifen, für die § 13 WpHGDVerOV umfangreiche Vorgaben macht.

102 Im Rahmen eines wirksamen Interessenkonfliktmanagement muss das Wertpapierdienstleistungsunternehmen die potentiellen und bestehenden Interessenkonflikte erkennen, Maßnahmen zu deren Verhinderung bzw. Reduzierung ergreifen und seine Kunden hierüber informieren. Der gesamte Prozess des Interessenkonfliktmanagements wird von der Compliance-Funktion gesteuert.

2. Bestandsaufnahme

103 Ein ordnungsgemäßer Umgang mit Interessenkonflikten setzt voraus, dass potentielle und bestehende Interessenkonflikte des Wertpapierdienstleistungsunternehmens erkannt (§ 13 Abs. 1 WpDVerOV) und geeignete Sicherungsmaßnahmen getroffen werden (§ 13 Abs. 3 WpDVerOV).

104 In aller Regel erfolgt die Bestandsaufnahme unter Leitung der Compliance-Abteilung. Um die Interessenkonflikte vollständig zu erfassen, soll Compliance die operativen Bereiche, in denen die Interessenkonflikte originär entstehen und bestehen, in den Erfassungsprozess einbeziehen. Soweit aufgrund der Größe des Instituts machbar, können die besten Ergebnisse sicherlich in Workshops mit den operativen Bereichen erzielt werden, in denen die praktischen Erfahrungen der Mitarbeiter, welche die Wertpapierdienstleistungen erbringen und das aufsichtsrechtliche Hintergrundwissen der Compliance-Funktion zusammenkommen.

---

111 *Schäfer* BKR 2011, 190.
112 *Schäfer* BKR 2011, 190 und Fuchs/*Fuchs* § 33 Rn. 81.

Die Identifikation und Dokumentation der Interessenkonflikte sowie die zu ihrer Abwehr getroffenen Maßnahmen erfolgt in der Praxis zumeist durch die Erstellung einer Interessenkonfliktmatrix.[113]

a) Interessenkonflikte

Das Vorgehen bei der Identifikation der Interessenkonflikte wird durch § 13 Abs. 1 WpDVerOV vorgegeben.

In personeller Hinsicht muss untersucht werden, ob zwischen dem Unternehmen selbst, seinen Mitarbeiter oder dem Konzern (direkte oder indirekte Kontrollbeziehung nach § 1 Abs. 8 KWG) einerseits und seinen Kunden anderseits Interessenkonflikte bestehen können.

Hinsichtlich der Interessenkonflikte gibt § 13 Abs. 1 WpDVerOV 5 Fallgruppen vor, die zu untersuchen sind. Interessenkonflikte können nach § 13 Abs. 1 WpDVerOV immer dann entstehen, wenn das Wertpapierdienstleistungsunternehmen, seine Mitarbeiter oder Konzernunternehmen

– zu Lasten von Kunden einen finanziellen Vorteil erzielen oder Verlust vermeiden können. Als Beispiele seien hier das sog. *front running* genannt, bei dem das Wertpapierdienstleistungsunternehmen oder ein Mitarbeiter die Kenntnis über das Vorliegen eines Kundenauftrags missbraucht um ein eigenes Geschäft vor Ausführung des Kundenauftrags auszuführen[114] oder die im Bereich *Corporate-Action* vorhandene auf einen Kunden bezogene Insiderinformation, deren Kenntnis die Handelsabteilung oder ein Mitarbeiter für Eigengeschäfte ausnutzt;
– am Ergebnis einer für den Kunden erbrachten Dienstleistung oder eines für diesen getätigten Geschäfts ein Interesse haben, das nicht mit dem Kundeninteresse an diesem Ergebnis übereinstimmt. Als schwerwiegender Interessenkonflikt ist hier z.B. der Fall zu nennen, dass dem Kunden ein bestimmtes Wertpapier empfohlen wird, um den eigenen Bestand des Wertpapierdienstleistungsunternehmens in diesem Papier abzubauen;[115]
– einen finanziellen oder sonstigen Anreiz haben, die Interessen eines Kunden oder einer Kundengruppe über die Interessen anderer Kunden zu stellen. Relevante Interessenkonflikte können in diesem Fall immer dann bestehen, wenn das Institut Großkunden oder besonders wohlhabende Kunden bevorzugt, etwa bei der Auftragsausführung oder der Erteilung von Anlageempfehlungen;
– dem gleichen Geschäft nachgehen wie Kunden. Gemeint sind hier nicht etwa widerstreitende Interessen die daraus resultieren, dass sowohl der Kunde als auch das Wertpapierdienstleistungsunternehmen dasselbe Wertpapier erwerben wollen. Das Fallbeispiel bezieht sich vielmehr auf den Umstand, dass sowohl Kunde als auch Bank derselben geschäftlichen Tätigkeit nachgehen,[116] also z.B. auch der Kunde Wertpapierdienstleistungen für eigene und fremde Rechnung erbringt;
– im Zusammenhang mit der für einen Kunden erbrachten Dienstleistung über die hierfür übliche Provision oder Gebühr hinaus von einem Dritten eine Zuwendung i.S.v. § 31d Abs. 2 des Wertpapierhandelsgesetzes erhalten oder in Zukunft erhalten könnten.

Zur Darstellung der Interessenkonflikte werden die eben beschriebenen Quellen potentieller Interessenkonflikte auf der vertikalen Achse der Interessenkonfliktmatrix angeordnet, während sich auf der horizontalen Achse die vom Institut erbrachten Wertpapier- und Wertpapiernebendienstleistungen befinden.[117]

---

113 Vgl. hierzu und zum Ganzen *Schmies* in Organisation, S. 77, Rn. 58.
114 *Schmies* in Organisation, S. 76, Rn. 56.
115 Fuchs/*Fuchs* § 31 Rn. 81.
116 Fuchs/*Fuchs* § 33 Rn. 95.
117 *Schmies* in Organisation, S. 77, Rz. 58.

b) Maßnahmen

110 Wird mit Hilfe der Interessenkonfliktmatrix ein potentieller Interessenkonflikt identifiziert, ist diesem eine Sicherungsmaßnahme zur Vermeidung oder angemessenen Reduzierung des Interessenkonflikts zuzuordnen. Hierzu macht § 13 Abs. 3 S. 2 WpDVerOV konkrete Vorgaben, wobei es sich hierbei nicht um einen abschließenden Maßnahmenkatalog handelt. Vielmehr kann und muss das Wertpapierdienstleistungsunternehmen jede geeignete Maßnahme heranziehen, um die im Institut bestehenden Interessenkonflikte so gering als möglich zu halten.[118] Die 5 Regelmaßnahmen bestehen aus:

- Vorkehrungen zur wirksamen Verhinderung oder Kontrolle eines Informationsaustauschs zwischen Mitarbeitern. Üblich sind die Schaffung getrennter Vertraulichkeitsbereiche durch sog. Chinese Walls und Regeln für die privaten Wertpapiergeschäfte der Mitarbeiter.[119]
- Unabhängigkeit der Vergütung von Mitarbeitern von der Vergütung anderer Mitarbeiter mit anderen Aufgabenbereichen sowie von den von diesen erwirtschafteten Unternehmenserlösen oder Prämien.
- Verhinderung einer unsachgemäßen Einflussnahme anderer Personen auf die Tätigkeit von Mitarbeitern, die Wertpapierdienstleistungen oder Wertpapiernebendienstleistungen erbringen. Probates Mittel ist z.B. die Schaffung klarer Hierarchien und Berichts- und Weisungswege, die verhindern, dass ein Mitarbeiter den Weisungen eines anderen Mitarbeiters unterworfen ist, der in einem Bereich arbeitet, in dem die verfolgten Interessen konträr zu den Interessen des eigenen Bereichs sind.[120] Vorkehrungen sind ebenfalls gegen unsachgemäße Einflussnahme von außen zu treffen.[121] Die Gefahr von Interessenkonflikten aufgrund der Gewährung von Zuwendungen durch Dritte hat eine umfassende gesetzliche Regelung in § 31d WpHG erfahren.[122]
- Verhinderung oder Kontrolle einer Beteiligung eines Mitarbeiters an verschiedenen Wertpapierdienstleistungen oder Wertpapiernebendienstleistungen in engem zeitlichen Zusammenhang.
- Gesonderte Überwachung von Mitarbeitern, die im Rahmen ihrer Haupttätigkeit potentiell widerstreitende Interessen, insbesondere von Kunden oder des Wertpapierdienstleistungsunternehmens, wahrnehmen.

111 Aufgrund den oben aufgeführten Fallgruppen wird deutlich, dass es in der Regel ein aufeinander abgestimmtes und aufeinander aufbauendes Maßnahmenbündel ist, mit dem Wertpapierdienstleistungsunternehmen Interessenkonflikten in ihrem Haus beggnen. Ausgangspunkt ist die Schaffung von Vertraulichkeitsbereichen, z.B. durch die räumliche Trennung verschiedener Geschäftsbereiche, durch physische Zugangsbeschränkungen und Zugriffsbeschränkungen im EDV-System des Unternehmens, um die Verbreitung von Information, die zu Interessenkonflikten führen können, möglichst gleich zu unterbinden. Daneben muss es eine Reihe von Überwachungshandlungen geben, um zu kontrollieren, ob Informationen innerhalb der Vertraulichkeitsbereiche verbleiben bzw. ob dort, wo dies nicht möglich ist, diese missbräuchlich genutzt werden. An erster Stelle der Überwachungshandlungen steht die Kontrolle der Wertpapiergeschäfte der Mitarbeiter sowie ggf. des Eigenhandels der Bank mithilfe von Beobachtungs- und Sperrlisten. Weiterhin ist es für ein umfassendes Interessenkonfliktmanagement unerlässlich, bestimmte Verbote zu erlassen. Diese reichen vom gesetzlichen Verbot des § 31d WpHG bestimmte Zuwendungen anzunehmen bis zu auf eigenen Risikoabwägungen beruhenden Verboten, z.B. dass bestimmten

---

118 *Schmies* in Organisation, S. 77, Rz. 60.
119 Fuchs/*Fuchs* § 33 Rn. 100.
120 *Schmies* in Organisation, S. 79, Rn. 64 und Assmann/Schneider/*Koller* § 33 Rn. 72.
121 Assmann/Schneider/*Koller* § 33 Rn. 72.
122 *Schmies* in Organisation, S. 79.

Mitarbeitern der private Handel mit Wertpapieren teilweise oder sogar gänzlich untersagt ist. Ergänzt werden diese Maßnahmen durch das Anweisungswesen der Bank und regelmäßigen Schulungen der Mitarbeiter, um diese für Interessenkonflikte und den verantwortungsvollen Umgang mit diesen zu sensibilisieren.

3. Implementierung von Sicherungsmaßnahmen

Stellt Compliance aufgrund der Interessenkonfliktanalyse fest, dass die Maßnahmen des Unternehmens nicht ausreichend sind, um die bestehenden Interessenkonflikte verantwortungsvoll zu steuern, bedarf es der Implementierung weiterer Maßnahmen. Aufgrund der fehlenden generellen Weisungsbefugnis des Compliance-Beauftragten[123] und der Gesamtverantwortung der Geschäftsleitung für die Compliance-Funktion,[124] obliegt es der Geschäftsleitung, diese Maßnahmen zu implementieren. Compliance hat hierzu die erforderlichen Vorschläge zu machen und die Maßnahmen ggf. vorzubereiten. Wurde z.B. festgestellt, dass bestimmte Mitarbeiter mit einem speziellen Handelsverbot zu belegen sind, erstellt Compliance die hierzu erforderliche Organisationsanweisung für diese Mitarbeiter, der Erlass und die In-Kraft-Setzung gegenüber den Mitarbeitern erfolgt durch die Geschäftsleitung.

4. Die „Conflict of Interest Policy"

a) Inhalt

Nach § 13 Abs. 2 S. 1 WpDVerOV muss das Wertpapierdienstleistungsunternehmen seine Grundsätze für den Umgang mit Interessenkonflikten dokumentieren. Ausgehend von den in der Interessenkonfliktanalyse gewonnenen Erkenntnissen erstellt Compliance diese Grundsätze, auch bekannt als „Conflict of Interest Policy".[125]

Die „Conflict of Interest Policy" beschreibt die potentiellen Interessenkonflikte, die bei den vom Institut angebotenen Wertpapierdienst- und Wertpapiernebendienstleistungen entstehen können und die zu deren Vermeidung bzw. Reduzierung implementierten Sicherungsmaßnahmen.

b) Veröffentlichung

Gem. § 31 Abs. 1 WpHG ist die „Conflict of Interest Policy" den Kunden zugänglich zu machen. Dies sollte im Rahmen der allgemeinen Informationserteilung nach § 31 WpHG gegenüber dem Kunden zunächst bei Begründung der Kundenbeziehung erfolgen. Zusätzlich veröffentlichen viele Institute die jeweils aktuelle Fassung der „Conflict of Interest Policy" auf ihrer Website.

c) Regelmäßige Kontrolle und Aktualisierung

Obwohl gesetzlich nicht ausdrücklich gefordert, verlangt ein ordnungsgemäßes Interessenkonfliktmanagement, dass der gesamte Prozess regelmäßig kontrolliert und ggf. aktualisiert wird. D.h., die oben beschriebene Bestandsaufnahme ist in regelmäßigen Abständen (z.B. einmal jährlich) zu überprüfen und ggf. zu ergänzen. Hält Compliance aufgrund der Aktualisierung zusätzliche Sicherungsmaßnahmen für erforderlich, sind diese der Geschäftsleitung vorzuschlagen. Abschließend ist die „Conflict of Interest Policy" anzupassen und in ihrer aktualisierten Form den Kunden erneut zugänglich zu machen.

---

123 Siehe oben Rn. 32.
124 Siehe oben Rn. 17.
125 *Schmies* in Organisation, S. 77.

II. Die Risikoanalyse

117 Neben der Analyse der Interesseninteressenkonflikte ist die Risikoanalyse ein weiteres Instrument der Compliance-Abteilung, um Compliance-Risiken im Institut sichtbar zu machen, deren ausreichende Adressierung festzustellen bzw. weitere Sicherungsmaßnahmen zu implementieren und schließlich angemessenen Kontrollhandlungen abzuleiten.

118 Die Erstellung einer Risikoanalyse für den Compliance-Bereich war lange Zeit nicht verbindlich vorgeschrieben,[126] wenngleich sie vielerorts als sinnvolles Instrument der Complianc-Funktion beschrieben wurde.[127] Wurde die Risikoanalyse in der ersten Fassung der MaComp noch nicht erwähnt, wird sie nunmehr in BT 1.2.1.1 ausdrücklich gefordert.[128]

119 Nach MaComp BT 1.2.1.1 Tz. 1 ergibt sich der Umfang und der Schwerpunkt der Tätigkeit der Compliance-Funktion aus der Risikoanalyse. Sie steht damit zu Beginn allen Arbeitens der Compliance-Funktion. Sie ist regelmäßig zu aktualisieren. Eine jährliche Aktualisierung dürfte angemessen sein. Es ist aber sicher zu stellen, dass im Bedarfsfall Ad-hoc-Überprüfungen statt finden.[129] Dies kann z.B. dadurch erfolgen, dass in der Ablaufbeschreibung von Neuproduktprozessen vorgesehen ist, dass die Risikoanalyse im Hinblick auf das neue Produkt zu aktualisieren ist.

120 Hinsichtlich der Form und der Durchführung der Risikoanalyse hat sich, anders als z.B. bei der Geldwäschegefährdungsanalyse, noch kein allgemeingültiger Standard herausgebildet.[130] Gemäß den Vorgaben der MaComp ist das Risikoprofil des Wertpapierdienstleistungsunternehmens auf Basis von Art, Umfang und Komplexität der angebotenen Wertpapierdienst- und Wertpapiernebendienstleistungen sowie der Art der gehandelten und vertriebenen Finanzinstrumente zu bestimmen[131]. Die Vorschriften des WpHG sowie die bestehenden Organisations- und Arbeitsanweisungen sind ebenso zu berücksichtigen wie Ergebnisse bisheriger Überwachungshandlungen der Compliance-Funktion und Prüfungsergebnisse der internen Revision und externer Prüfer.[131]

121 Um die im Unternehmen vorhandenen Compliance-Risiken klar herausarbeiten zu können, ist eine sinnvolle Herangehensweise zu wählen. Geeignet erscheinen insbesondere zwei Wege. Denkbar ist, wie auch schon bei der Erstellung der Analyse der Interessenkonflikte, eine Abarbeitung entlang der einzelnen Wertpapier- und Wertpapiernebendienstleistungen. Diesen sind die Vorschriften, insbesondere des WpHG und im Speziellen die Verhaltensregeln der §§ 31 ff. WpHG, zuzuordnen, gegen die bei der Erbringung der jeweiligen Dienstleistung verstoßen werden kann. Oder man wählt von vornherein als Bezugspunkt die Vorschriften des WpHG, deren Verstoß eine Ordnungswidrigkeit nach § 39 WpHG bzw. sogar eine Straftat nach § 38 WpHG darstellt oder zu Feststellung eines quantitativen oder

---

126 *Haußwald* in Compliance, S. 83, Rn. 363.
127 *Haußwald* in Compliance, S. 83, Rn. 363; *Niermann* ZBB 2010, 409.
128 Wodurch eine Lücke innerhalb des EU-Rechts geschlossen wird. Die von der ESMA erlassenen *Leitlinien zu einigen Aspekten zu einigen Aspekten der MiFID-Anforderungen an die Compliance-Funktion* vom 25.5.2012 sehen als *Allgemeine Leitlinie 1* zur Bewertung des Compliance-Risikos die Erstellung einer Risikoanalyse vor. Ausweislich des Anschreibens der BaFin zur Fassung der MaComp vom 30.11.2012 dient die Überarbeitung bzw. Ergänzung der MaComp u.a. der Umsetzung der ESMA-Leitlinie in die Verwaltungspraxis der BaFin durch Integration in die MaComp.
129 BT 1.2.1.1 Tz. 1.
130 Eine Beschreibung der einzelnen Schritte zur Erstellung einer Risikoanalyse im Bereich Compliance findet sich in den *Best-Practice-Leitlinien für Wertpapier-Compliance* des Bundesverbands Deutscher Banken, Stand Mai 2011, S. 12. Einen Vorschlag für den Aufbau der Risikoanalyse mit Benennung der einzelnen Compliance-Risiken macht *Welsh* in Organisation, S. 97, Rn. 24 ff.
131 MaComp BT 1.2.1.1 Tz. 2.

qualitativen Mangels in der Prüfung nach § 36 WpHG führt[132]. Bei beiden Vorgehensweisen ist nach Feststellung der für das jeweilige Institut und die jeweilige Wertpapier- bzw. Wertpapiernebendienstleistung einschlägigen Vorschriften zunächst festzuhalten, welche Maßnahmen bereits implementiert sind, um deren Einhaltung sicher zu stellen. Die Bewertung des Risikos kann sich z.B. am Bußgeldrahmen des § 39 Abs. 4 WpHG orientieren.[133] Die nach der MaComp einzubeziehenden Umstände wie z.B. die Ergebnisse eigener Prüfungen oder Prüfungsergebnisse externer Prüfer können als risikoerhöhend berücksichtigt werden, wenn es hier in der Vergangenheit zur Feststellung von Mängeln gekommen ist. Ebenso die Kommunikation mit der BaFin oder den Handelsüberwachungsstellen, wenn diese vermeintliche Missstände zum Gegenstand hatten. Nach der Herausarbeitung der im Institut vorhandenen Maßnahmen zur Einhaltung der einschlägigen Vorschriften, sind die implementierten Prüfungshandlungen festzustellen, die kontrollieren, ob die entsprechenden Maßnahmen im Unternehmen eingehalten und ordnungsgemäß angewandt werden. Es sind alle Prüfungshandlungen aufzunehmen, beginnend mit den Kontrollen der die Dienstleistung erbringenden Abteilung selbst über die Kontrollhandlungen nachgelagerter Bereiche bis hin zu Prüfungshandlungen der Compliance-Funktion. Prüfungen von Compliance können nochmals dahingehend unterschieden werden, ob sie die Durchführung einer vorgeschriebenen Kontrolle durch einen anderen Bereich sicher stellen oder ob sie eine eigenständige Überwachung eines Verfahrens zur Einhaltung der Vorschriften der §§ 31 ff. WpHG darstellen. Beschäftigt sich Compliance in der Risikoanalyse sogleich mit den von ihr durchzuführenden Kontrollhandlungen, ist sogleich der Übergang zu einer weiteren Anforderungen der MaComp an die Compliance-Funktion hergestellt, nämlich die Durchführung von Überwachungshandlungen[134] auf der Grundlage eines schriftlichen Überwachungsplans.[135]

III. Überwachungshandlungen und Überwachungsplan

1. Überwachungshandlungen

a) Ermittlung der notwendigen Überwachungshandlungen

Wie oben dargestellt, ist die Risikoanalyse Ausgangspunkt für die Bestimmung der erforderlichen Überwachungshandlungen. Je detaillierter diese durchgeführt wird, desto leichter lassen sich die erforderlichen Überwachungshandlungen bestimmen. Denn sind die Maßnahmen zur Einhaltung der Vorschriften des WpHG bzw. zur Verhinderung eines Verstoßes hiergegen erst einmal identifiziert und beschrieben, ergeben sich adäquate Überwachungshandlungen meist von selbst. **122**

Stellt z.B. das Wertpapierdienstleistungsunternehmen die für die Geeignetheits- und Angemessenheitsprüfung nach § 31 Abs. 4 und Abs. 5 WpHG erforderliche Informationsbeschaffung beim Kunden dadurch sicher, dass im Rahmen der Konto- und Depoteröffnung ein entsprechender Kundenfragebogen auszufüllen ist, wird Compliance das Vorliegen ordnungsgemäß ausgefüllter Fragebögen zum Gegenstand einer Überwachungshandlung machen. **123**

Wird im Rahmen der Risikoanalyse festgestellt, dass in den operativen Bereichen oder in den nachgelagerten Funktionen bereits Kontrollen zur Einhaltung bestimmter gesetzlicher Vorgaben existieren, kann sich die Compliance-Funktion auf die Überprüfung, ob diese **124**

---

132 So die Herangehensweise von *Welsch* in Organisation, S. 97, Rn. 24 f.f.
133 *Welsch* in Organisation, S. 105.
134 MaComp BT 1.2.1.2.
135 MaComp BT 1.3.2.1.

Kontrollen regelmäßig und ordnungsgemäß ausgeführt werden, beschränken.[136] Wird z.B. die Einhaltung des Leerverkaufsverbot nach der EU-Leerverkaufsverordnung durch die Eigenhandelsabteilung der Bank täglich durch das Back Office überprüft, wäre es nicht angemessen, wenn Compliance parallel dieselbe Überwachungstätigkeit ausführen würde. Aber die Überwachung des Back Offices durch Compliance, ob es die Einhaltung des Leerverkaufsverbots regelmäßig und ordnungsgemäß überprüft, ist eine sinnvolle Ergänzung der bereits implementierten Maßnahme, die Einhaltung des Leerverkaufsverbots sicher zu stellen.

125 In anderen Bereichen wird Compliance auf keinen „Vorprüfungen" durch die Fachabteilungen oder anderen Bereichen aufbauen können. Die MaComp schreibt eigene Prüfungen der Compliance-Funktion und Vor-Ort-Prüfungen auch ausdrücklich vor.[137] So wird z.B. die Überprüfung der Mitarbeitergeschäfte direkt durch Compliance erfolgen. Die Durchführungen von Vor-Ort-Prüfungen ist aus Sicht der BaFin ein wichtiger Bestandteil der Überwachungshandlungen der Compliance-Funktion. Missstände in den Filialen und Zweigstellen z.B. hinsichtlich der verwendeten Werbe- und Informationsmaterialien oder in der Handhabung der Beratungsprotokolle gem. § 34 Abs. 2a WpHG können nur so aufgedeckt werden.[138]

b) Klassische Überwachungsbereiche

126 Abhängig von der Geschäftstätigkeit des Wertpapierdienstleistungsunternehmens sollten die Überwachungshandlungen der Compliance-Funktion folgende Bereiche abdecken:
– Kontrolle der Mitarbeitergeschäfte, insbesondere auf Verstöße gegen eine Sperrliste oder auf den Missbrauch von Insiderinformationen;
– Kontrolle des Eigenhandels, ebenfalls auf Verstöße gegen eine Sperrliste oder auf den Missbrauch von Insiderinformationen, aber auch auf Front- oder Parallelrunning im Verhältnis zu Kundenaufträgen;
– Kontrolle des Kundenhandels hinsichtlich der Einhaltung der Ausführungsgrundsätze der Bank;
– Informationserteilung an die Kunden gem. § 31 Abs. 3 WpHG;
– Einholung von Kundeninformationen nach § 31 Abs. 4 und Abs. 5 WpHG;
– Überwachung des ordnungsgemäßen Ablauf des Beschwerdeverfahrens;
– Überwachung des ordnungsgemäßen Umgangs mit Zuwendungen gem. § 31d WpHG.

c) Feststellung von Defiziten bei der Durchführung von Überwachungshandlungen

127 Stellt die Compliance-Funktion bei ihren Überwachungshandlungen Defizite und Fehler fest, hat sie dies nicht nur zu dokumentieren. Nach MaComp BT 1.2.1.2 hat Compliance die notwendigen Maßnahmen zur Behebung der Missstände zu ermitteln und die Geschäftsleitung hierüber zu informieren. In der Folge ist die Implementierung der Maßnahme zu überwachen und deren Wirksamkeit durch eine erneute Überwachungshandlung zu überprüfen.

2. Überwachungsplan

128 Hat die Compliance-Funktion mit Hilfe der Risikoanalyse festgestellt, welche Prüfungshandlungen sie vorzunehmen hat, muss sie einen schriftlichen Überwachungsplan aufstellen.[139] Die Prüfungen sind wiederkehrend und fortlaufend vorzunehmen,[139] eine einmalige

---

136 MaComp BT 1.2.1.2 Tz. 1.
137 MaComp BT 1.2.1.2 Tz. 2.
138 *Schäfer* BKR 2011, 188 f.
139 MaComp 1.3.2.1 Tz. 1.

Prüfung der Einhaltung von bestimmten Verhaltenspflichten, z.B. die Einhaltung der Ausführungsgrundsätze der Bank bei der Ausführung von Wertpapiergeschäften für ihre Kunden, genügt den Anforderungen der MaComp nicht. Für die Bestimmung des Turnus für die Vornahme einer Überwachungshandlung, soll Compliance Erkenntnisse aus der Risikoanalyse heranziehen,[140] wie z.B. die Höhe des in § 39 WpHG festgelegten Bußgeldes für den Verstoß gegen eine Verhaltenspflicht des WpHG, die Geeignetheit eines Verstoßes zur Feststellung eines qualifizierten oder quantitativen Mangels nach § 2 der WpDPV[141] oder auch institutsspezifische Umstände wie die Feststellung von Unzulänglichkeiten in einem bestimmten Bereich durch eigene Prüfungshandlungen oder externe Prüfer im Rahmen der Prüfung nach § 36 WpHG.

Der kleinste denkbare Turnus ist die Vornahme von täglichen Prüfungshandlungen. Z.B. kann abhängig von der Größe des Instituts und dem damit verbundenen Aufkommen eine tägliche Kontrolle der Zweitschriften der privaten Wertpapiergeschäfte der Mitarbeiter sinnvoll sein. Lediglich jährlich wird Compliance die obligatorische Überprüfung bestimmter im Wertpapierdienstleistungsunternehmen eingerichteter Maßnahmen und Verfahren, z.B. der „Conflict of Interest Policy" oder der „Best Execution Policy", vornehmen. Je nach individueller Risikobewertung in der Compliance-Risikoanalyse erfolgen die übrigen erforderlichen Überwachungshandlungen wöchentlich, monatlich, quartalsweise etc. **129**

Der Überwachungsplan sollte in jedem Fall die Art der Prüfung bezeichnen sowie das Datum der Prüfung und eine Unterschrift oder das Handzeichen des die Prüfung durchführenden Mitarbeiters enthalten. Ob der Überwachungsplan selbst eine Beschreibung des Ablaufs oder des Inhalts der Prüfung, Angaben zum Ort oder Ergebnis der Prüfung enthält, ist eine Frage der Übersichtlichkeit sein. Angaben zum Inhalt und Ergebnis der Prüfungshandlungen sind aufgrund des allgemeinen Erfordernisses der prüfungstechnisch nachvollziehbaren Dokumentation zu machen und können auch im eigentlichen Prüfungsdokument enthalten sein. **130**

Auch der Überwachungsplan ist regelmäßig auf seine Aktualität und Angemessenheit zu überprüfen. Allerdings muss auch gewährleistet sein, dass der Überwachungsplan bei Veränderungen des Risikoprofils des Unternehmens fortlaufend angepasst wird. Ergeben sich aufgrund von Gesetzesänderungen neue Verhaltenspflichten für das Institut, muss deren Einhaltung fortan durch Compliance überprüft werden. Der Überwachungsplan ist daher zeitnah anzupassen. **131**

IV. Überwachung von Mitarbeitergeschäften

1. Grundsatz

Ein Hauptaugenmerk bei der Vermeidung und Überwachung von Interessenkonflikten und des Missbrauchs von Insider- und sonstigen vertraulichen Informationen hat das Wertpapierdienstleistungsunternehmen auf die privaten Wertpapiergeschäfte seiner Mitarbeiter zu legen. Umfassende Vorgaben hierzu macht § 33b WpHG. Die MaComp widmet mit BT 2 der Konkretisierung der gesetzlichen Vorgaben ein eigenes Kapitel. **132**

Nach der MaComp ist die Compliance-Abteilung in die Ausgestaltung der Prozesse zur Überwachung der Mitarbeitergeschäfte einzubeziehen,[142] während die eigentliche Überwachung der Mitarbeitergeschäfte durch jegliche von den Geschäfts-, Handels- und **133**

---

140 MaComp 1.3.2.1 Tz. 4.
141 *Welsch* in Organisation, Rn. 24 ff.
142 MaComp BT 1.2.4 Tz. 6.

Abwicklungsabteilungen unabhängige Stelle vorgenommen werden kann.[143] Gleichwohl wird in der Praxis auch die Überwachung regelmäßig bei der Compliance-Abteilung angesiedelt sein.[144]

134 Ist die Compliance-Funktion für die Überwachung der Mitarbeitergeschäfte verantwortlich, hat sie zunächst den Kreis an Mitarbeitern zu bestimmen, der in die Überwachung einbezogen wird. Sodann sind geeignete Mittel zu ergreifen und Verfahren einzurichten, damit es aufgrund von privaten Wertpapiergeschäfte der Mitarbeiter weder zu Interessenkonflikten kommt, noch hierbei Insiderinformationen ausgenutzt werden. Schließlich sind die Geschäfte daraufhin zu überwachen, ob die zuvor eingerichteten Mittel und Verfahren die gewünschte Wirkung entfalten.

2. In die Überwachung einzubeziehende Mitarbeiter

a) Der Mitarbeiterbegriff des § 33b Abs. 1 WpHG

135 § 33b Abs. 1 WpHG definiert zunächst den Kreis der im bzw. für das Wertpapierdienstleistungsunternehmen tätigen Personen, die für eine Überwachung der privaten Wertpapiergeschäfte grundsätzlich in Frage kommen.

136 Nach § 33b Abs. 1 Nr. 1–Nr. 3 WpHG kommen für eine Überwachung in Betracht die Mitarbeiter des Wertpapierdienstleistungsunternehmens, dessen Leitungsorgane und – sofern vorhanden – die persönlich haftenden Gesellschafter. Dem Wertpapierdienstleistungsunternehmen gleichgestellt sind vertraglich gebundene Vermittler i.S.v. § 2 Abs. 10 Satz 1 WpHG, derer sich das Wertpapierdienstleistungsunternehmen bedient. Mitarbeiter sind sowohl die aufgrund eines Anstellungsvertrags tätigen Personen als auch freie Mitarbeiter,[145] Leiharbeitskräfte, Zeitarbeitnehmer und Praktikanten.[145] Zu den Mitgliedern der Leitungsorgane zählen neben den Geschäftsführern und Vorständen auch die Mitglieder des Aufsichtsrats.[146]

137 Bestehen Auslagerungsverträge, gehören nach § 33b Abs. 1 Nr. 4 WpHG zu dem relevanten Mitarbeiterkreis auch die Mitarbeiter des Auslagerungsunternehmens, die unmittelbar an der ausgelagerten Tätigkeit beteiligt sind.

b) Bestimmung der relevanten Mitarbeiter

138 Nicht alle Mitarbeiter, die von der Definition des § 33b Abs. 1 WpHG erfasst werden, sind per se in die Überwachung einzubeziehen. Das Wertpapierdienstleistungsunternehmen muss selbst festlegen, welche konkreten Mitarbeiter mit ihren Wertpapiergeschäften der Überwachung unterliegen.[147] Das Auswahlkriterium ist nach § 33b Abs. 3 WpHG, ob die Tätigkeit des einzelnen Mitarbeiters Anlass zu einem Interessenkonflikt geben kann oder ob er aufgrund seiner Tätigkeit Zugang zu Insiderinformationen oder anderen vertraulichen Informationen über Kunden oder über Geschäfte, die für oder mit dem Kunden getätigt werden, haben kann.

139 In die Überwachung einzubeziehen sind regelmäßig die Mitarbeiter der operativen Bereiche (z.B. Emissions- und Platzierungsgeschäft, Handel, Abwicklung, Mandantenbetreuung, Anlageberatung, M&A und Research).[148] Daneben sind aufgrund ihres umfassenden Informationszugangs in jedem Falle einzubeziehen die Mitarbeiter Compliance-Abteilung und die Mitglieder der Geschäftsführung. Auch wenn sie in das tägliche Geschäft und den

---

143 MaComp BT 2.4 Tz. 1.
144 *Niermann* ZBB 2010, 419.
145 MaComp BT 2.1 Tz. 1.
146 Assmann/Schneider/*Koller* § 33b Rn. 2; Fuchs/*Zimmermann* § 33b Rn. 8.
147 MaComp BT 2.3 Tz. 1.
148 Assmann/Schneider/*Koller* § 33b Rn. 10.

damit verbundenen Informationsfluss nicht eingebunden sind, spricht vieles dafür, die Mitglieder des Aufsichtsrats in die Überwachung einzubeziehen. Die vielfältigen Informationspflichten der Geschäftsleitung gegenüber dem Aufsichtsrat und die Informationsrechte des Aufsichtsrats werden immer wieder dazu führen, dass die Aufsichtsratsmitglieder im Besitz von Insiderinformationen und vertraulichen Informationen sind. Letztendlich dürfen die Mitarbeiter nicht übersehen werden, die zwar nicht den operativen Bereichen angehören, aber aufgrund ihrer Stellung im Unternehmen zwangsläufig in den Besitz einer Vielzahl compliance-relevanter Informationen kommen können (z.B. Assistenzen der Geschäftsführung) oder hierzu ungehindert Zugang haben (z.B. Mitarbeiter der IT-Abteilung).

Wenngleich das Bestreben, den Kreis der überwachungspflichtigen Mitarbeiter zur Vermeidung eines zu hohen Überwachungsaufwands gering zu halten, verständlich ist, sollte man bei der Bestimmung der relevanten Mitarbeiter lieber großzügiger vorgehen. Letztlich ist es mühsamer, gegenüber einem externen Prüfer oder der Aufsicht zu begründen, warum ein bestimmter Mitarbeiter nicht der Überwachung unterliegt, als diese Person tatsächlich in die Überwachungsabläufe zu integrieren. **140**

Tückisch können E-Mail-Sammelverteiler der einzelnen operativen Bereiche sein, über die Informationen verteilt werden, die von vertraulicher Natur sind oder Insiderinformationen darstellen. Diese Verteiler sollten dahingehend überprüft werden, ob sie tatsächlich nur Mitarbeiter des jeweiligen Bereichs enthalten oder ob dort auch – berechtigterweise oder nicht – Mitarbeiter mit anderen Funktionen enthalten sind. Letztere sind dann ebenfalls in die Überwachung einzubeziehen oder aus dem Verteiler zu nehmen. **141**

Nach MaComp BT 2.3 Tz.2 ist die einmal getroffene Auswahl der relevanten Personen regelmäßig zu überprüfen. Dies betrifft zum einen die Überprüfung ob bestimmte Grundannahmen, z.B. dass alle Mitarbeiter eines bestimmten operativen Bereichs in die Überwachung einzubeziehen sind, noch Gültigkeit haben. Eine solche systematische Überprüfung kann z.B. einmal jährlich erfolgen. Anderseits ist aber auch sicher zu stellen, dass für neu eingestellte Mitarbeiter oder bei hausinternen Wechseln von Mitarbeitern eine umgehende Beurteilung erfolgt, ob diese in die Überwachung einzubeziehen sind. Daher muss die Compliance-Funktion an dieser Stelle mit dem Personalwesen verknüpft werden. **142**

3. Relevante Mitarbeitergeschäfte

Die Pflichten des § 33b Abs. 3 WpHG bestehen sowohl für außerhalb als auch für innerhalb des dem Mitarbeiter zugewiesenen Aufgabenbereichs getätigten Geschäfte mit Finanzinstrumenten. Finanzinstrumente nach § 2 Abs. 2a WpHG sind Wertpapiere, Geldmarktinstrumente, Derivate, Rechte auf Zeichnung von Wertpapieren und Vermögensanlagen im Sinne des § 1 Abs. 2 des Vermögensanlagengesetzes. Ausgenommen sind Mitarbeitergeschäfte im Rahmen einer Finanzportfolioverwaltung oder mit Anteilen an Investmentvermögen nach Maßgabe des § 33b Abs. 7 WpHG. **143**

Handelt der Mitarbeiter innerhalb des ihm zugewiesenen Aufgabenbereichs, als z.B. in seiner Funktion als Wertpapierhändler im Kundenhandel oder als Mitarbeiter der Emissionsabteilung, sind relevant für die Überwachung sowohl die für eigene Rechnung als auch die für in einer besonderen Beziehung zu ihm stehenden Personen getätigten Geschäfte. Zu diesen zählen nach § 33b Abs. 2 Nr. 2 WpHG nahestehende Personen i.S.v. § 15a Abs. 3 WpHG, minderjährige Stiefkinder sowie Personen, bei denen das Interesse des Mitarbeiters am wirtschaftlichen Erfolg des Geschäfts über das Verdienen einer Gebühr oder Provision hinausgeht. Letztere sind von Bedeutung weil der Mitarbeiter hier einem besonderen Interessenkonflikt ausgesetzt ist und einen nahen Verwandten z.B. bei der Zuteilung einer Order oder im Rahmen der Finanzportfolioverwaltung bevorzugen könnte.[149] **144**

---

149 MaComp BT 2.2 Tz. 2.

145 Handelt der Mitarbeiter außerhalb des ihm zugewiesenen Aufgabenbereichs, sind alle Geschäfte für eigene und fremde Rechnung zu kontrollieren. Geschäfte für eigene Rechnung dienen dem eigenen wirtschaftlichen Interesse.[150] Sie können auch von einem Dritten im Namen oder für Rechnung des Mitarbeiters ausgeführt werden.[150] Für Dritte kann der Mitarbeiter z.B. aufgrund einer erteilten Vollmacht handeln.[150] Die Überwachungspflicht ist bei Geschäften außerhalb des Aufgabenbereichs weitreichender, es kann sich um Geschäfte für jeden Dritten handeln.

146 Die Abgrenzung, ob das Geschäft für einen Dritten innerhalb oder außerhalb des eigenen Aufgabebereichs erfolgte, kann damit von Bedeutung sein. Bestehen Zweifel, kann zur Beurteilung z.B. die Stellenbeschreibung des Mitarbeiters herangezogen werden.[151]

4. Organisatorische Anforderungen nach § 33b Abs. 3 und Abs. 4 WpHG

147 Nach § 33b Abs. 3 WpHG und der Konkretisierung in § 33b Abs. 4 WpHG muss das Wertpapierdienstleistungsunternehmen angemessene Mittel und Verfahren einrichten, zum einen um unstatthafte Mitarbeitergeschäfte von vornherein zu verhindern, zum anderen um bereits getätigte Mitarbeitergeschäfte zu überprüfen, ob sie gegen die im Unternehmen geltenden Grundsätze oder gesetzliche Verbote verstoßen.

a) Präventive Maßnahmen

148 Um das unkontrollierte Verbreiten von Insiderinformationen und anderen vertraulichen Informationen im gesamten Unternehmen zu unterbinden, hat sich das Einrichten von verschiedenen Vertraulichkeitsbereichen, auch bekannt unter dem Begriff „Chinese Walls", etabliert. Im Grundsatz gilt, dass eine relevante Information, die in einem Vertraulichkeitsbereich angefallen ist, diesen nicht verlassen darf.

149 Die Unterteilung des Wertpapierdienstleistungsunternehmens in einzelne Vertraulichkeitsbereiche erfolgt an Hand der unterschiedlichen Bereiche und Abteilungen des Unternehmens. Beispiele für eigenständige Vertraulichkeitsbereiche sind z.B. die für den Kundenhandel zuständige Handelsabteilung, die Eigenhandelsabteilung, die Emissionsabteilung, die Kreditabteilung und der Bereich für Finanzanalysen und Research.[152]

150 Sind einzelne Vertraulichkeitsbereiche eingerichtet, müssen Maßnahmen ergriffen werden, damit die in den jeweiligen Vertraulichkeitsbereichen angefallen Informationen auch dort verbleiben. Die dort beschäftigten Mitarbeiter müssen darüber informiert werden, dass sie ihnen bekanntwerdende Insiderinformationen und sonstige vertrauliche Informationen nicht an andere Mitarbeiter im Unternehmen weiter geben dürfen. Diese Informationen sind auch vor unberechtigtem Zugriff durch andere Abteilungen zu schützen. Hierfür kommen verschiedene Maßnahmen in Betracht.

151 Die räumliche Trennung[153] verschiedener Vertraulichkeitsbereiche mit zusätzlichen Zutrittsbeschränkungen[153] schafft einen wirksamen physischen Schutz vor unberechtigter Informationserlangung. Je nach Größe der Bank kann die räumliche Trennung an Hand von einzelnen Gebäuden oder Gebäudeteilen, Stockwerken oder einzelnen Räumen und Büros vollzogen werden.[154] Zutrittsbeschränkungen werden i.d.R. durch verschlossene Türen zu den jeweiligen Vertraulichkeitsbereichen geschaffen, die nur von den dort beschäftigten Mitarbeitern mit entsprechenden Zugangskarten oder –codes geöffnet werden können.

---

150 MaComp BT 2.2 Tz. 1.
151 MaComp BT 2.2 Tz. 3.
152 Assmann/Schneider/*Koller* § 33 Rn. 54.
153 MaComp AT 6.2 Tz. 3a.
154 Assmann/Schneider/*Koller* § 33 Rn. 55.

Zugriffsbeschränkungen schafft man durch den Einsatz von Passwörtern und der Festlegung, welche Abteilungen und Mitarbeiter auf welchen Bereich im EDV-System Zugriff haben[155]sowie in physischer Hinsicht durch die Ablage von Projektunterlagen innerhalb des jeweiligen Vertraulichkeitsbereichs.[155] **152**

Im Einzelfall ist die Durchbrechung von Vetraulichkeitsbereichen notwendig und zulässig, insbesondere bei komplexen Projekten mit hohem Schwierigkeitsgrad, an denen die Mitwirkung von Mitarbeitern unterschiedlicher Vertraulichkeitsbereiche erforderlich ist.[156] Aber auch in diesen Fällen ist die Informationsweitergabe auf das Nötigste zu beschränken („Need-to-know-Prinzip")[156]. Die Mitarbeiter, die auf diese Weise ausnahmsweise Informationen aus einem anderen Vertraulichkeitsbereich erhalten, sind verpflichtet, diese Informationen nicht anderen Abteilungen weiterzugeben und nicht zu eigenen Zwecken zu missbrauchen. **153**

b) Überwachungsmaßnahmen

Zur Überwachung der Mitarbeitergeschäfte hat sich das Führen von Beobachtungs- und Sperrlisten etabliert. **154**

aa) Beobachtungsliste

Auf die Beobachtungsliste, auch als Watch List bekannt, sind von der Compliance-Abteilung alle Finanzinstrumente zu setzen, zu denen im Unternehmen Insiderinformationen oder andere vertrauliche Informationen vorliegen.[157] Die Watch List wird streng vertraulich geführt, d.h. sie wird im Unternehmen nicht veröffentlicht und keinem Mitarbeiter bekannt gegeben und ist laufend zu aktualisieren.[157] **155**

Hinsichtlich der Aktualisierung ist darauf zu achten, dass Werte, zu denen im Unternehmen keine Compliance-relevanten Informationen mehr vorliegen, weil z.B. eine zunächst vertrauliche Information zwischenzeitlich öffentlich bekannt wurde, wieder von der Liste genommen werden, um unzutreffende Schlussfolgerungen und Maßnahmen seitens der Compliance-Abteilung zu vermeiden. Mitarbeiter, die Compliance-relevante Informationen der Compliance-Abteilung zu melden haben, werden darauf sensibilisiert sein, ihrer Meldepflicht unverzüglich bei Erhalt oder Entstehen der Information nachzukommen. Bei Wegfall der Compliance-Relevanz einer Information wird der Impuls, eine Meldung an Compliance zu machen, wesentlich geringer sein. Daher ist zu empfehlen – auch wenn die Mitteilungspflicht bzgl. dem Vorhandensein und dem Wegfall einer compliance-relevanten Information den Mitarbeitern obliegt – die Watch List in regelmäßigen Abständen in Rücksprache mit den Mitarbeiter, welche compliance-relevante Informationen an Compliance gemeldet haben, zu überprüfen. **156**

Mithilfe der Watch List kontrolliert die Compliance-Abteilung die Mitarbeitergeschäfte sowie die Geschäfte des Eigenhandels. Hinsichtlich der auf der Watch List enthaltenen Werte besteht kein generelles Handels- oder Beratungsverbot.[157] Die Watch List dient vielmehr der Aufdeckung von Insidergeschäften und der Kontrolle, ob die Einrichtung von Vertraulichkeitsbereichen ihre Funktion erfüllt.[158] Daher sollten bei der Kontrolle der privaten Mitarbeitergeschäfte keine Geschäfte festzustellen sein, die einen auf der Liste befindlichen Wert zum Gegenstand haben und von einem Mitarbeiter getätigt wurden, der dem Bereich angehört, von dem die compliance-relevante Information gemeldet wurde. Mitarbeiter anderer Abteilungen, die aufgrund der Einrichtung der getrennten **157**

---

155 Assmann/Schneider/*Koller* § 33 Rn. 56.
156 MaComp AT 6.2 Tz. 3b.
157 MaComp AT 6.2 Tz. 3c.
158 *Schmies* in Organisation, S. 63, Rn. 17.

Vertraulichkeitsbereiche von der compliance-relevanten Information keine Kenntnis haben sollten, dürfen mit einem solchen Wert grundsätzlich handeln. Stellt die Compliance-Abteilung hier ein entsprechendes Geschäft fest, wird sie grundsätzlich zunächst nichts weiter unternehmen. Werden aber Häufungen von Geschäften in Werten festgestellt, zu denen der Mitarbeiter eigentlich keine compliance-relevanten Informationen haben sollte, hat die Compliance-Abteilung einen möglichen Verstoß gegen die eingerichteten Vertraulichkeitsbereiche zu überprüfen.[159]

158 Weil mit Hilfe der Watch List insbesondere mögliche Insidergeschäfte aufgedeckt werden sollen, ist die Führung einer dezidierten Liste wichtig. Neben der Aufnahme des betroffenen Finanzinstruments sollten das Datum (ggf. auch die Uhrzeit) der Meldung, der Name des meldenden Mitarbeiters, die betroffene Abteilung bzw. die betroffenen Mitarbeiter, die Compliance-relevante Information selbst und der Grund für deren Erhalt dokumentiert werden.

bb) Sperrliste

159 Die Sperrliste (Restricted List) enthält die Finanzinstrumente, die einem generellen Handelsverbot unterliegen. Sie dient dazu, die Mitarbeiter der Bank oder die Mitarbeiter einzelner Bereiche sowie den Eigenhandel darüber zu informieren, welche Wertpapiergeschäfte den Mitarbeitern gänzlich untersagt sind.[160]

160 Das Wertpapierdienstleistungsunternehmen kann eine oder mehrere Sperrlisten führen.[160] Diese können für unterschiedliche Mitarbeiter oder Bereiche erlassen werden. Im Vordringen begriffen sind auch Sperrlisten, die unabhängig vom aktuellen Vorliegen compliance-relevanter Informationen ein generelles Verbot für private Mitarbeitergeschäfte in Werten von Emittenten verhängen, die von der Bank im Emissions-, Platzierungs- und Corporate-Actions-Bereich betreut werden.

161 Nach § 33b Abs. 4 Nr. 1 WpHG müssen alle in die Überwachung einbezogenen Mitarbeiter die für Mitarbeitergeschäfte geltenden Beschränkungen kennen. Die Restricted List muss daher den Mitarbeitern nicht nur bekannt gegeben werden, das Wertpapierdienstleistungsunternehmen sollte auch ein Verfahren implementieren, das die Kenntnisnahme der Verbotsliste durch die Mitarbeiter nachweislich dokumentiert. Hierzu können die Möglichkeiten der internen, insbesondere der elektronischen Kommunikation im Unternehmen ausgelotet werden. Die Bekanntgabe der jeweils aktuelle Restricted List mittels Einstellen in das Intranet des Unternehmens ist in zweierlei Hinsicht problematisch: Da auf das Intranet in der Regel alle Mitarbeiter den gleichen Zugriff haben, ist diese Methode nicht für Listen geeignet, die nur einzelnen Mitarbeitern oder einzelnen Bereichen bekannt gegeben werden sollen. Zudem ist der Nachweis der Kenntnisnahme schwierig. Hier müsste man mit der hinsichtlich ihrer rechtlichen Wirksamkeit nicht unproblematischen Fiktion arbeiten, dass die Mitarbeiter die im Intranet veröffentlichen Dokumente mit Veröffentlichung zur Kenntnis genommen haben.

162 Rechtlich sicher ist hingegen die Methode, dass die jeweils aktuelle Restricted List per Email verschickt wird und die Mitarbeiter deren Kenntnisnahme mittels Senden einer Lesebestätigung quittieren. Auch wenn das Anfordern und Senden der Lesebestätigung in den Email-Kommunikationssystemen weitgehend automatisiert ist, wird man den vollzähligen Erhalt der Bestätigungen dennoch penibel nachhalten müssen und konsequent mit Fristen und Erinnerungsnachrichten arbeiten müssen.

---

159 *Schmies* in Organisation, S. 63, Rn. 17.
160 MaComp AT 6.2 Tz. 3c.

Um die Mitarbeitergeschäfte gegen die Watch- und Restricted List prüfen zu können, muss die Compliance-Abteilung Kenntnis von den einzelnen Transaktionen der Mitarbeiter haben. Nach § 33b Abs. 1 Nr. 2 WpHG muss das Wertpapierdienstleistungsunternehmen von den Mitarbeitergeschäften unverzüglich Kenntnis erlangen, entweder durch Anzeige des Mitarbeiters selbst oder durch ein anderes Feststellungsverfahren. Die MaComp schlägt hierzu unter BT 2.4 einige mögliche Verfahren vor. Das hiervon geeignetste Verfahren ist sicherlich das Übersenden sogenannter Zweitschriften. Hierbei wird der Compliance-Abteilung durch die depotführende Bank des Mitarbeiters automatisch nach jeder Transaktion eine Zweitschrift der Wertpapierabrechnung zugeschickt. Der Mitarbeiter hat seine depotführende Bank nur einmalig zu instruieren, für jedes von ihm getätigte Wertpapiergeschäft eine Zweitschrift an die Compliance-Abteilung seines Arbeitgebers zu schicken. Dieses Verfahren ermöglicht eine unverzügliche und vollständige Kenntnisnahme durch die kontrollierende Stelle. Sofern der Mitarbeiter seine Depots vollständig offen gelegt hat, kann der Compliance-Beauftragte davon ausgehen, dass er von den Mitarbeitergeschäften umfassend Kenntnis erlangt. **163**

Eine sinnvolle Ergänzung zu diesem Verfahren ist die regelmäßige Einholung einer zusätzlichen Vollständigkeitserklärung der Mitarbeiter. Zum einen können dadurch zusätzliche Transaktionen offengelegt werden, die durch das Zweitschriftenverfahren nicht erfasst werden (z.B. weil diese nicht über ein auf den Namen des Mitarbeiters lautendes Depot laufen), zum anderen kann damit die Wirksamkeit des Zweitschriftenverfahrens kontrolliert werden. Gibt ein Mitarbeiter an, im letzten Quartal private Wertpapiergeschäfte getätigt und diese mittels der Übersendung von Zweitschriften offen gelegt zu haben, liegen der Compliance-Abteilung solche für das abgelaufene Quartal aber nicht vor, leidet möglicherweise der Zweitschriftenversand der Depotbank an einem Fehler, der auf diese Weise entdeckt wird. **164**

Andere nach der MaComp mögliche Verfahren, insbesondere die unaufgeforderte unverzügliche Anzeige der getätigten Geschäfte durch den Mitarbeiter selbst oder deren stichprobenartige Abfrage durch die Compliance-Abteilung, jeweils in Kombination mit einer Vollständigkeitserklärung, bergen die Gefahr, dass – beabsichtigt oder auch nur versehentlich – nicht alle Transaktionen vollständig offen gelegt werden. Umso mehr Bedeutung kommt den Vollständigkeitserklärungen bei diesen Verfahren zu. Allerdings verbleibt der Aufwand und die Problematik der unvollständigen Dokumentation bei Compliance, wenn die Vollständigkeitserklärungen verspätet oder gar nicht abgegeben werden. **165**

Sind die Mitarbeiter eines Auslagerungsunternehmens in die Überwachung der Mitarbeitergeschäfte einbezogen, enthält § 33b Abs. 4 Nr. 3 WpHG eine Erleichterung. Diese Geschäfte können vom Auslagerungsunternehmen selbst dokumentiert werden und müssen Compliance nur auf Verlangen vorgelegt werden. Eine entsprechende Regelung ist in die Auslagerungsvereinbarung aufzunehmen.[161] Allerdings erscheint dies für die Überwachung dieser Mitarbeitergeschäfte nicht ausreichend zu sein. Abgesehen von einer minimalen Präventivwirkung, welche sich bereits daraus ergeben mag, dass dem Mitarbeiter bewusst ist, dass seine privaten Wertpapiergeschäfte dokumentiert werden, bliebe die Einbeziehung der Auslagerungsunternehmen in die Überwachung nach § 33b WpHG ohne größeren Nutzen, wenn die privaten Wertpapiergeschäfte der Mitarbeiter des Auslagerungsunternehmens überhaupt nicht kontrolliert werden würden. Daher wird Compliance in regelmäßigen Abständen von seinem Recht auf Vorlage der Dokumentation der Mitarbeitergeschäfte durch das Auslagerungsunternehmen Gebrauch machen müssen und diese Geschäfte auf Auffälligkeiten hinsichtlich der Watch List oder Verstöße gegen die Restricted List überprüfen müssen. **166**

---

161 *Gaul/Ludwig* in Organisation, S. 221, Rn. 47.

5. Exkurs: Zusätzliche Anforderungen bei der Erstellung von Finanzanalysen

167 Wertpapierdienstleistungsunternehmen, welche Finanzanalysen erstellen, die unter ihren Kunden oder in der Öffentlichkeit verbreitet werden, müssen nach § 33b Abs. 5 WpHG besondere Maßnahmen treffen für die Personen, welche die Analysen erstellen, an deren Erstellung beteiligt sind oder auch nur deren Inhalt und den voraussichtlichen Zeitplan der Veröffentlichung kennen. Mögliche Maßnahmen für diesen Personenkreis reichen von einem absoluten Handelsverbot für die Finanzinstrumente, die Gegenstand der Analysen sind während bestimmten Zeitfenstern bis zu Zustimmungserfordernissen durch die Compliance-Abteilung. Sowohl bei der Bemessung des Zeitrahmens für die absoluten Handelsverbote als auch bei der Genehmigung von Einzelgeschäften lastet eine hohe Verantwortung auf der Compliance-Abteilung. Fehler bei der Beurteilung gehen zu Lasten von Compliance, denn der Mitarbeiter kann sich darauf berufe, mit Zustimmung von Compliance gehandelt zu haben. Zur Vermeidung dieser Verantwortlichkeit sowie den damit einhergehenden hohen zeitlichen Aufwand für die Verhängung und die Aufhebung der Handelsverbote oder der Beurteilung von Einzelsachverhalten, sollte Compliance für die involvierten Personen ein generelles Handelsverbot in allen Werten, die Gegenstand der Finanzanalysen sind, die das Wertpapierdienstleistungsunternehmen erstellt, in Erwägung ziehen.

6. Feststellung von unzulässigen Mitarbeitergeschäften

168 Der Compliance-Mitarbeiter, der Mitarbeitergeschäfte feststellt, die gegen die hierfür aufgestellten Regeln des Unternehmens verstoßen, steht vor der Frage, wie er mit dieser Feststellung weiter umzugehen hat. Zunächst wird er den Sachverhalt weiter ermitteln und dokumentieren müssen. Um sämtliche Missverständnisse auszuschließen, sollte das in Frage stehende Geschäft zunächst mit dem betroffenen Mitarbeiter nochmals verifiziert werden. Liegt ein Geschäft mit einem auf der Watch List befindlichen Wert vor, wird – auch mittels Befragung des Mitarbeiters – dem Verdacht eines verbotenen Insidergeschäfts nachzugehen sein. Alle Erkenntnisse sollen von Compliance genau dokumentiert werden, so dass nicht der Vorwurf erhoben werden kann, die Compliance-Abteilung würde die ihr obliegende Überwachung nicht ernst genug nehmen. Lässt sich der Verdacht eines Insidergeschäfts nicht ausräumen oder wird gar ein klarer Verstoß festgestellt (z.B. der Kauf eines Wertpapieres das Gegenstand der Restricted List ist), wird die Compliance-Abteilung den Vorgang an den disziplinarischen Vorgesetzten des Mitarbeiters melden müssen, denn Compliance selbst fehlt die Befugnis, Verstöße gegen die Vorschriften der Bank zu ahnden. Um den Regeln für Mitarbeitergeschäfte Nachdruck zu verleihen, müssen Verstöße gegebenenfalls auch mit arbeitsrechtlichen Sanktionen geahndet werden. Hierauf sollten die Mitarbeiter im Regelwerk des Unternehmens für Mitarbeitergeschäfte bereits hingewiesen werden.[162] Da eine Kündigung in der Regel zunächst eine Abmahnung voraussetzt,[162] sollte die Compliance-Abteilung auffällige Geschäfte eines Mitarbeiters, von Anfang an den Vorgesetzten melden, damit sich dieser frühzeitig über erforderliche disziplinarische Maßnahmen Gedanken machen kann.

V. Einbeziehung des Compliance-Beauftragten

1. Grundsatz

169 Die MaComp enthält in BT 1.2.4 einen Katalog an Prozessen und Aufgaben in die das Wertpapierdienstleistungsunternehmen die Compliance-Funktion frühzeitig einbinden muss. Dadurch kann die Compliance-Funktion ihre Beratungsfunktion erfüllen und prä-

---

162 *Gaul/Ludwig* in Organisation, S. 237, Rn. 93.

ventiv tätig werden, um Gesetzesverstöße bereits von vornherein bei der Mitwirkung an der Konzeption von Dienstleistungen oder der Implementierung von Prozessen und Verfahren zu verhindern. Allen Punkten dieses Kataloges ist es gemeinsam, dass es sich um interessenkonfliktträchtige Sachverhalte handelt, deren Verhinderung zu den Kernaufgaben der Compliance-Funktion gehört.

Aus dem Wortlaut des BT 1.2.4 geht eindeutig hervor, dass die dort genannten Prozesse und Aufgaben den operativen Bereichen zugeordnet sind und in deren Verantwortung stehen.[163] Die Compliance-Funktion soll darauf achten, dass sie zum einen bestimmte Aufgaben nicht aus falsch verstandenem Verantwortungsgefühl „an sich zieht", zum anderen wird sie sich unter Umständen gegenüber den in den operativen Bereichen immer wieder bestehenden Missverständnissen erwehren müssen, dass etwas doch „Compliance-Sache" sei, weil sich die gesetzliche Grundlage für einen Prozess in den §§ 31 ff. WpHG befindet. Für die richtige Trennung zwischen Verantwortlichkeiten von Compliance und deren reiner Unterstützungsfunktion, bedarf es einer klaren Regelung in den Organisations- und Arbeitsanweisungen des Unternehmens, eine regelmäßige Unterrichtung und Sensibilisierung der operativen Bereiche, z.B. im Rahmen von Schulungen, und einer Geschäftsleitung, die erforderlichenfalls auch interveniert, wenn Angelegenheiten des eigenen Verantwortungsbereichs „bei Compliance abgeladen" werden.

2. Erstellung von Organisations- und Arbeitsanweisungen

Die Compliance-Abteilung ist in die Erstellung interner Organisations- und Arbeitsanweisungen sowie deren Weiterentwicklung einzubeziehen, sofern diese Compliance-Relevanz haben.

Der Grund für die Einbeziehung liegt auf der Hand. Aufgrund ihrer Kenntnisse der gesetzlichen Regelungen und deren Anwendung, leistet die Compliance-Funktion von Beginn an ihren Beitrag, dass die Beschreibung von Verfahren und Prozessen im Einklang mit den aufsichtsrechtlichen Vorgaben erfolgt.

Die Compliance-Relevanz von Organisations- und Arbeitsanweisungen ist in jedem Falle dann gegeben, wenn sie einen Bezug zu den §§ 31 ff. WpHG haben, deren Anforderungen in die Abläufe der Bank umgesetzt werden müssen.[164] Hierzu gehören z.B. Arbeitsanweisungen zur Kundenklassifizierung nach § 31a und § 31b WpHG, zur Bearbeitung von Kundenaufträgen gem. § 31c WpHG, zum Umgang mit Zuwendungen nach § 31d WpHG oder zur Beurteilung der Geeignetheit eines Produkts entsprechend § 31 Abs. 4 WpHG.[164]

Die richtige Verteilung der Verantwortlichkeit im Institut erfolgt dadurch, dass der zuständige operative Bereich (z.B. die Handelsabteilung bzgl. der Bearbeitung von Kundenaufträgen entsprechend § 31c WpHG oder die Anlageberatung bzgl. der Beurteilung der Geeignetheit eines Produkts entsprechend § 31 Abs. 4 WpHG) für die Arbeitsanweisung und deren regelmäßige Aktualisierung verantwortlich zeichnet, während die Compliance-Abteilung bei deren erstmaligen Erstellung und der Turnus gemäßen Überprüfung lediglich einzubeziehen ist.

3. Bestimmung der Compliance-Relevanz von Mitarbeitern

Die Bestimmung der Compliance-Relevanz von Mitarbeitern ist ein Bestandteil des im Unternehmen eingerichteten Verfahrens zur Überwachung der Mitarbeitergeschäfte.[165] Entscheidend kommt es darauf an, ob der Mitarbeiter Zugang zu Insiderinformationen

---

163 MaComp BT 1.2.4 Tz. 2 und Tz. 3.
164 *Niermann* ZBB 2010, 417.
165 Siehe oben Rn. 138 ff.

und anderen vertraulichen Informationen hat oder ob die Tätigkeit eines Mitarbeiters Anlass zu Interessenkonflikten gibt[166] und gehört damit zum klassischen Betätigungsfeld von Compliance.[167]

4. Einrichtung verschiedener Vertraulichkeitsbereiche

176 Hintergrund und Zielrichtung dieser Maßnahme ist eng mit der Bestimmung der Compliance-Relevanz von Mitarbeitern verknüpft.[166] Insofern kann auf das eben Gesagte verwiesen werden.

5. Neuproduktprozess

177 Die Compliance-Abteilung ist sowohl in die Prozesse zur Ausgestaltung und Prüfung neuer Produkte, als auch in die Erschließung neuer Geschäftsfelder, Dienstleistungen, Märkte und Handelsplätze einzubeziehen.[168] Diese Prozesse sind in vielen Unternehmen unter dem Begriff „Neuproduktprozess" etabliert. Kreditinstitute im Sinne von § 1 Abs. 1b KWG sind nach der MaRisk sogar verpflichtet, einen entsprechenden Prozess vorzuhalten.[169]

178 Der Compliance-Funktion kommt hierbei die Aufgabe zu, die Compliance-Risiken des neuen Produkts, des neuen Geschäftsfelds oder der neuen Dienstleistung zu identifizieren,[166] d.h. zu ermitteln, welche der Vorschriften der §§ 31 ff. WpHG bei der Dienstleistungserbringung zu beachten sind. Auf Basis dieser Risikoanalyse wird Compliance zusammen mit den involvierten operativen Bereichen erarbeiten, wie die einschlägigen gesetzlichen Voraussetzungen eingehalten werden.

179 Nach dem Willen der BaFin soll der Compliance-Funktion in diesen Prozessen ein Interventionsrecht zukommen.[168] Fraglich ist, wie ein solches Recht angemessen implementiert wird. Grundsätzlich verfügt Compliance über keine Anordnungsbefugnis gegenüber anderen Bereichen.[170] Ebenso wenig kann der Compliance-Beauftragte verpflichtet sein, unter Umständen ein Produkt zu stoppen, da dies einer Erfolgsabwendungspflicht gleich käme, die jedoch mit der nach der MaComp gewollten prozessbegleitenden Funktion nicht vereinbar wäre.[166] Ein geeigneter Rahmen kann die Dokumentation des Neuproduktprozesses selbst sein, bei der der Compliance-Beauftragte seine Bedenken gegen die geplante Neuerung schriftlich darlegen kann.[171] Hierzu kann das Unternehmen in den Arbeitsanweisungen zur Durchführung von Neuproduktprozessen festlegen, dass die Compliance-Abteilung Einwände gegen die Einführung des neuen Produkts im Rahmen des Neuproduktprozesses schriftlich zu dokumentieren hat und – sollte der Neuproduktprozess nicht ohnehin der Genehmigung der Geschäftsleitung unterliegen – in diesem Fall deren Zustimmung bedürfen.

180 Bei der Frage, wann ein Produkt als „neu" anzusehen ist, so dass ein Genehmigungsprozess durchzuführen ist in den Compliance zwingend einzubeziehen ist, bestehen Unsicherheiten. Es gibt Vorschläge, diese Frage an Hand der Einteilung in Gattungen und Produktlinien zu lösen, so dass Compliance grundsätzlich nicht beteiligt werden muss, solange sich ein geplantes Produkt noch innerhalb einer bereits eingeführten Gattung bewegt, für die es bereits einen Neuproduktprozess unter Beteiligung von Compliance gab.[166] Dies kann aber zu kurz gegriffen sein, z.B. wenn es sich um die Produktlinie Zertifikate handelt.[167] Deshalb müssen klare Regeln innerhalb des Instituts existieren, wann ein Neuproduktprozess

---

166 *Niermann* ZBB 2010, 418.
167 *Schäfer* BKR 2011, 191.
168 MaComp BT 1.2.4 Tz. 3.
169 *Niermann* ZBB 2010, 418 und luvMaRisk AT 8.1.
170 Vgl. oben Rn. 32.
171 Vgl. auch *Niermann* ZBB 2010, 418.

durchzuführen ist und wann darauf verzichtet werden kann. Hierbei kann z.B. festgelegt werden, dass ein Neuproduktprozess nicht durchzuführen ist, wenn ein Produkt in vergleichbarer Form im Haus bereits existiert, die Risiken vergleichbar sind, die Prozesse zum Anbieten und Abwickeln des Produkts bereits existieren und alle an dem Neuproduktprozess zu beteiligen Stellen einschließlich Compliance zustimmen, dass von einer neuerlichen Durchführung abgesehen werden kann. Bei dieser Vorgehensweise kann die Compliance-Abteilung selbst beurteilen, ob das geplante neue Produkt ein erweitertes Risikoprofil aufweist und ein Neuproduktprozess erforderlich ist.

Eindeutiger sind die übrigen Fälle, in denen Compliance nach der MaComp in den Neuproduktprozess einzubeziehen ist. Die Erschließung neuer Geschäftsfelder und Dienstleistungen betrifft die Aufnahme neuer Wertpapierdienst- und Wertpapiernebendienstleistungen im Sinne von § 2 Abs. 3, 3a WpHG , die Erschließung neuer Märkte z.B. den Eintritt in einen ausländischen Markt und die Erschließung neuer Handelsplätze z.B. den Zugang zu einer neuen Börse.[172] **181**

6. Festlegung von Vertriebszielen und Bonuszahlungen von Mitarbeitern

Nach MaComp BT 1.2.4 Tz. 6 ist die Compliance-Abteilung bei der Festlegung der Grundsätze für Vertriebsziele und Bonuszahlungen für Mitarbeiter im Bereich der Wertpapierdienstleistungen und Wertpapiernebendienstleistungen einzubeziehen. Gerade dieser Bereich ist geeignet Interessenkonflikte zu schaffen, insbesondere bei der Anlageberatung.[173] **182**

Sofern im Unternehmen ein Vergütungsausschuss besteht[174] und ein Mitarbeiter der Compliance-Funktion hierin festes Mitglied ist, ist die Frage der Einbeziehung von Compliance bei der Festlegung der Grundsätze bereits gelöst.[173] Besteht ein solcher Ausschuss nicht, muss auf andere Weise sicher gestellt werden, dass das Gremium im Unternehmen, welches die Grundsätze festlegt, Compliance einbezieht, sei es durch die Einladung zu den relevanten Sitzungen oder durch die Weiterleitung der Grundsätze an Compliance mit der Bitte um Stellungnahme bevor diese verabschiedet werden. Sowohl das Wertpapierdienstleistungsunternehmen als auch die Compliance-Funktion müssen beachten, dass es bei der Beteiligung lediglich um die Festlegung – ggf. später auch um die Änderung – der Grundsätze geht und nicht jede einzelne Bonuszahlung über den Tisch von Compliance gehen muss.[172] **183**

7. Festlegung der Grundsätze zur bestmöglichen Auftragsausführung

Die Verpflichtung eines Wertpapierdienstleistungsunternehmens, seinen Kunden die bestmögliche Ausführung ihrer Wertpapierorders zu gewährleisten, ist in § 33a WpHG und BT 4 der MaComp umfangreich geregelt.[175] **184**

Unstreitig muss die Handelsabteilung alle für die Festlegung der Ausführungsgrundsätze erforderlichen Parameter und Marktgegebenheiten in Erfahrung selbst ermitteln. Compliance kann in diesem Prozess einen wichtigen Beitrag leisten. Zum einen, weil Compliance aufgrund seiner Gesetzeskenntnisse den Handel beraten kann, welche Aspekte bei der Ermittlung der bestmöglichen Ausführung zu berücksichtigen sind, zum anderen, weil die **185**

---

172 *Schäfer* BKR 2011, 192.
173 *Niermann* ZBB 2010, 419.
174 Siehe Rundschreiben 22/2009 (BA) *Aufsichtsrechtliche Anforderungen an die Vergütungssysteme von Instituten* vom 21.12.2009 der BaFin zur Verpflichtung, einen Vergütungsausschuss einzurichten.
175 Vgl. dazu ausführlich 19. Kap.

Abfassung der umfangreichen und i.d.R. sehr abstrakten Ausführungsgrundsätze bei einer mit rechtlichen Formulierungen vertrauten Stelle besser aufgehoben ist als bei einer vornehmlich dem Tagesgeschäft verpflichteten operativen Einheit.

VI. Beratung und Schulung der Mitarbeiter

186 Unter der der Compliance-Funktion obliegenden Beratungspflicht versteht die MaComp die Unterstützung bei Mitarbeiterschulungen und die tägliche Betreuung von Mitarbeitern.[176]

187 Auch wenn es nach der MaComp ausreicht, dass Compliance die Wertpapierdienstleistungen erbringenden Bereiche bei der Durchführung von Schulungen lediglich unterstützt,[177] wird Compliance die Schulungen mit compliance-relevanten Inhalten in der Regel selbst durchführen. Die Compliance-Schulungen müssen auf die Anforderungen des WpHG, die einschlägigen Ausführungsverordnungen, die Verlautbarungen der BaFin aus dem Bereich Wertpapieraufsicht und neuerdings auch auf einschlägige Erlasse der ESMA eingehen[177]. Weitere Schwerpunkt der Schulungen sollen die internen Grundsätze und Verfahren des Unternehmens bei der Erbringung von Wertpapierdienstleistungen sein.[177] Somit sollte bei der Konzeption der Schulungen darauf geachtet werden, nicht nur die abstrakte Rechtslage darzustellen, sondern auch deren konkrete Umsetzung im Unternehmen aufzuzeigen. Z.B. können die nach § 31 Abs. 4 und Abs. 5 WpHG beim Kunden abzufragenden Informationen direkt an Hand des vom Unternehmen hierfür verwendeten Unterlagen erklärt werden.

188 Schulungen müssen regelmäßig stattfinden.[178] Eine jährliche Basis-Compliance-Schulung für alle Mitarbeiter mit Bezug zur Erbringung von Wertpapierdienstleistungen dürfte eine ausreichende Grundlage sein. Zusätzliche Schulungen haben nach der MaComp anlassbezogen zu erfolgen.[178] Neue gesetzliche Anforderungen sind meist ohne Übergangsfrist sofort zu beachten. Neben deren Implementierung und Integrierung in die Prozesse und Verfahren des Wertpapierdienstleistungsunternehmens müssen auch die betroffenen Mitarbeiter mit den Änderungen vertraut gemacht werden. Hierfür sind anlassbezogene Schulungen durchzuführen.

189 Aufgrund der Möglichkeiten moderner elektronischer Kommunikationsformen werden Online-Schulungen zunehmend beliebter. In großen Unternehmen ist dies möglicherweise die einzige Möglichkeit, alle relevanten Mitarbeiter mit vertretbarem Aufwand zu erreichen. Soweit aber irgendwie möglich, sollte den Präsenzschulungen Vorrang gegeben werden. Neben der Vermittlung der eigentlichen Schulungsinhalte kann mit den Präsenzschulungen ein nicht zu unterschätzender Mehrwert geschaffen werden. Aufgrund des direkten Kontakts zu den Mitarbeitern wird Compliance im Unternehmen besser wahrgenommen, was sowohl die tägliche Zusammenarbeit als auch das Bewältigen möglicher Konfliktsituationen zwischen Compliance und den operativen Bereichen erleichtert. Zudem kommt es in den Präsenzschulungen immer wieder zu Diskussionen, die wertvolle Aufschlüsse darüber geben, wo es Verständnisschwierigkeiten bei den Mitarbeitern gibt oder an welchen Stellen möglicherweise die Umsetzung aufsichtsrechtlicher Vorgaben nicht praxisgerecht gelungen ist.

190 Wenn die MaComp von der Compliance-Funktion die tägliche Betreuung der Mitarbeiter verlangt, fordert sie damit zwar etwas Selbstverständliches, Compliance sollte diesen Auftrag aber durchaus ernst nehmen und sich durchaus als Dienstleister im Unternehmen verstehen. Zu oft haftet Compliance noch das Image des Verhinderers und der bloßen Kontrollinstanz an. Auch aus diesem Grund ist die eben erwähnte Präsenzschulung eine gute Gelegenheit, das Miteinander von Compliance und den operativen Bereichen zu fördern.

---

176 MaComp BT BT 1.2.3 Tz. 1.
177 MaComp BT BT 1.2.3 Tz. 2.
178 MaComp BT BT 1.2.3 Tz. 3.

VII. Berichterstattung des Compliance-Beauftragten

1. Regelmäßige Berichterstattung

Gem. § 33 Abs. 1 S. 2 Nr. 5 WpHG muss die Compliance-Funktion schriftliche Berichte an die Geschäftsleitung erstellen. MaComp BT 1.2.2 konkretisiert diese Verpflichtung. Die Berichterstattung hat regelmäßig, zumindest einmal jährlich, zu erfolgen. Das Wertpapierdienstleistungsunternehmen legt den internen Turnus in seinen Arbeits- und Organisationsanweisungen fest. **191**

a) Inhalt

MaComp BT 1.2.2 Tz. 6 legt den Mindestinhalt des Compliance-Berichts fest. **192**

Der Bericht muss auf die von der Compliance-Funktion durchgeführten Prüfungs- und Kontrollhandlungen eingehen. Dabei ist anzugeben, ob hierbei Mängel oder Verstöße gegen die aufsichtsrechtlichen oder internen Anforderungen an die jeweiligen Prozesse und Verfahren festgestellt wurden und, sollte dies der Fall sein, welche Maßnahmen im Unternehmen ergriffen wurden, um die Mängel abzustellen oder weitere Verstöße künftig zu vermeiden. Um einen Eindruck von der Aussagekraft der einzelnen Prüfungen zu geben, sollte die Grundgesamtheit der zu überprüfenden Sachverhalte und die Größe der gezogenen Stichprobe angegeben werden, z.B. die Angabe viele Konten und Depots im Berichtszeitraum bei dem Institut eröffnet wurden und wie viele dieser Konto- und Depoteröffnungen dahingehend überprüft wurden , ob zuvor die nach § 31 Abs. 4 und Abs. 5 WpHG erforderlichen Angaben des Kunden ordnungsgemäß eingeholt wurden. **193**

Die Compliance-Funktion muss im Compliance-Bericht die Risiken beschreiben, die sie in den von ihr überwachten Bereichen identifiziert hat. Es liegt daher nahe, unter diesem Punkt insbesondere auf die Compliance-Risikoanalyse einzugehen und auf die Frage, ob die identifizierten Risiken ausreichend adressiert wurden oder ob weitere Maßnahmen zu ergreifen sind, um die identifizierten Risiken vollumfänglich abzudecken. Unter diesem Punkt kann ebenfalls berichtet werden, ob die Risikoanalyse im Berichtszeitraum aufgrund neu hinzugekommener Risiken anzupassen war und welche Maßnahmen zum Management der neuen Risiken ergriffen wurden oder noch zu ergreifen sind. **194**

Der Compliance-Bericht soll eine Darstellung der im Berichtszeitraum eingetretenen relevanten Änderungen und Entwicklungen der regulatorischen Anforderungen sowie deren Umsetzung im Unternehmen enthalten. Die BaFin erachtet diesen Punkt nur als verpflichtend, soweit die Geschäftsleitung hierauf nicht bereits anderweitig hingewiesen wurde. Da der Compliance-Bericht aber auch eine Art Tätigkeitsbericht der Compliance-Funktion ist, empfiehlt es sich, diesen Punkt in jedem Fall in den Bericht aufzunehmen. Der Compliance-Bericht dient bei Prüfungen nach § 36 WpHG oder der Internen Revision als Einstieg und Überblick über die Compliance-Verfassung des Unternehmens im Prüfzeitraum und erleichtert dadurch die Zusammenarbeit zwischen Prüfern und Compliance-Abteilung. **195**

Nach der MaComp ebenso fakultativ aber aus eben dargestellten Erwägungen in jedem Falle erwähnenswert ist der wesentliche Schriftwechsel mit den Aufsichtsbehörden. **196**

Der Compliance-Bericht soll eine Zusammenfassung der wesentlichen Feststellungen aus der Prüfung der Grundsätze und Verfahren des Wertpapierdienstleistungsunternehmens enthalten. Sofern die Feststellungen im Rahmen der regelmäßigen Prüfungstätigkeit der Compliance-Funktion stammen, wird der Bericht hierauf bereits bei der oben dargestellten Beschreibung der Prüfungshandlungen der Compliance-Funktion eingehen. So wird diese Stelle im Compliance-Bericht vor allem Ausführungen zu den im Berichtszeitraum erfolgten Prüfungen nach § 36 WpHG, der Internen Revision und externer Dritter enthalten. **197**

198 Eine Art Auffangtatbestand stellt das Erfordernis zur Angabe sonstiger im Berichtszeitraum aufgetretener wesentlicher Sachverhalte mit Compliance-Relevanz dar, z.B. im Berichtszeitraum eingegangene Kundenbeschwerden im Zusammenhang mit Wertpapierdienstleistungen oder durch das Wertpapierdienstleistungsunternehmen erstattete Verdachtsanzeigen nach § 10 WpHG.

199 Der Bericht soll weiterhin Angaben zur Angemessenheit der Personal- und Sachausstattung der Compliance-Funktion machen.

200 Gem. § 33 Abs. 1 S. 2 Nr. 6 muss Compliance die Angemessenheit und Wirksamkeit der gesamten organisatorischen Maßnahmen zur Einhaltung der Vorschriften der §§ 31 ff. WpHG regelmäßig bewertet werden. Zwar trifft letztere Verpflichtung letztendlich das Wertpapierdienstleistungsunternehmen als solches und damit die Geschäftsleitung. Diese wird aber zunächst auf eine Beurteilung durch die Compliance-Funktion angewiesen sein. Der Compliance-Bericht sollte daher ein Fazit ziehen, wie das Wertpapierdienstleistungsunternehmen compliance-mäßig aufgestellt ist, wo Mängel oder Schwachstellen bestehen und welche Maßnahmen zu deren Beseitigung bereits ergriffen wurden oder noch umzusetzen sind.

b) Adressaten

201 Adressaten des Compliance-Berichts sind nach § 33 Abs. 1 S. 2 Nr. 5 WpHG die Geschäftsleitung und das Aufsichtsorgan. Compliance übermittelt den Bericht an die Geschäftsleitung. Falls ein Aufsichtsorgan vorhanden ist, mithin der Aufsichtsrat einer AG, erfolgt die Übermittlung an dieses grundsätzlich durch die Geschäftsleitung.[179] Es sollte aber möglich sein in den internen Organisationsanweisungen festzulegen, dass eine Übermittlung des Compliance-Berichts durch den Compliance-Beauftragten gleichzeitig an die Geschäftsleitung und das Aufsichtsorgan erfolgt. Eine solche Regelung würde von großer Transparenz in Compliance-Angelegenheit gegenüber dem Aufsichtsrat zeugen. Sie wäre auch insofern zu begrüßen, da durch die Geschäftsleitung veranlasste Änderungen des Berichts eigens zu dokumentieren sind und der Vorsitzende des Aufsichtsorgans hierüber zu informieren ist.[180] Würde der Compliance-Bericht gleichzeitig an Aufsichtsrat übermittelt werden, wäre eine „Abstimmung" des Berichts mit der Geschäftsleitung, bevor er an das Aufsichtsorgan geht, von vornherein nicht möglich.

2. Ad-hoc-Berichterstattung

202 Neben der regelmäßigen Berichterstattung ist die Compliance-Funktion unter bestimmten Umständen auch zu Ad-hoc-Berichten verpflichtet, insbesondere bei der Feststellung schwerwiegender Rechtsverstöße im Unternehmen.[181] Durch die Aufnahme dieser Anforderung in der MaComp wird lediglich sicher gestellt was ohnehin selbstverständlich sein sollte, dass nämlich bei maßgeblichen Missständen im Unternehmen mit Compliance-Bezug die Geschäftsleitung und das Aufsichtsorgan unmittelbar und zeitnah schriftlich unterrichtet werden.

VIII. Kommunikation mit Aufsichtsbehörden und Handelsüberwachungsstellen

203 Die Kommunikation mit Aufsichtsbehörden bzw. Handelsüberwachungsstellen ist gemäß der MaComp für Compliance in zweifacher Hinsicht von Bedeutung. Die Compliance-Funktion ist in diese einzubeziehen[182] und muss auf den wesentlichen Schriftwechsel mit diesen Stellen in ihrem regelmäßigen Bericht eingehen.[183]

---

179 MaComp BT 1.2.2 Tz. 3.
180 MaComp BT 1.2.2 Tz. 4.
181 MaComp BT 1.2.2 Tz. 2.
182 MaComp BT 1.2.4 Tz. 5.
183 MaComp BT 1.2.2 Tz. 6.

In der Praxis ist zu beobachten, dass Anfragen der Aufsichtsbehörden und Handels- 204
überwachungsstellen an das Wertpapierdienstleistungsunternehmen zunehmend unmittelbar an die Compliance-Abteilung adressiert werden. Analog hierzu ist die Koordination der Beantwortung der Anfragen oftmals bei Compliance-Abteilung angesiedelt, so dass Compliance bei Eingang einer Anfrage zunächst das Auskunftsersuchen analysiert und festlegt, welche Fachabteilungen zur Beantwortung des Schreibens herangezogen werden und Auskünfte erteilen müssen. Diese Abteilungen wird Compliance sodann auffordern, die erforderlichen Informationen und Auskünfte zur Verfügung zu stellen. Bei umfangreicheren oder komplexeren Auskunftsersuchen werden ggf. auch Besprechungen mit einzelnen Bereichen abzuhalten sein. Schließlich wird die Compliance-Abteilung einen Entwurf des Antwortschreibens fertigen, den sie mit den involvierten Bereichen vor Versand abstimmt.

Bei der Beantwortung von Auskunftsersuchen unmittelbar durch die Compliance-Abtei- 205
lung ist bei der Abfassung des Antwortextes höchste Vorsicht geboten. Sehr schnell kann es passieren, dass sich Compliance in dem Antwortschreiben als allwissende Stelle geriert. Dies ist falsch und mit der aufsichtsrechtlich vorgesehenen Stellung von Compliance im Unternehmen auch nicht vereinbar. Daher muss Compliance darauf achten, die in dem Antwortschreiben gemachten Aussagen exakt herzuleiten. Die Compliance-Funktion ist an den operativen Tätigkeiten nicht beteiligt und kann daher z.B. Fragen nach der Handelsstrategie hinter einer bestimmten Transaktion nur unter Hinweis auf die Aussage bestimmter Mitarbeiter der Handelsabteilung oder unter Berufung auf entsprechende Aufzeichnungen der Handelsabteilung beantworten.

Auskunftsersuchen der BaFin dienen oftmals der Vorbereitung eines Strafverfahrens 206
wegen Insiderhandel oder Marktmanipulation und die durch das Wertpapierdienstleistungsunternehmen gelieferten Informationen können ein wesentliches Beweismittel darstellen. Kommt es tatsächlich zu einem Gerichtsverfahren, wird das Gericht nicht selten den Mitarbeiter der Bank als Zeugen laden, welcher die schriftliche Auskunft erteilt hat. Zwischen Abfassen des Antwortschreibens und der Zeugenvernehmung können mehrere Jahre liegen, so dass sich der geladene Mitarbeiter wahrscheinlich nicht mehr ohne weiteres an alle Einzelheiten der Beantwortung des Auskunftsersuchens erinnern kann. Mithilfe des Antwortschreibens kann er aber seine Erinnerung schnell auffrischen und vor Gericht schlüssig darlegen, welche Ausführungen im Antwortschreiben er aufgrund welcher Informationsquelle im Unternehmen (Aussagen von Mitarbeiter, Aufzeichnungen, Aktennotizen, Verträge, Wertpapierabrechnungen etc.) gemacht hat.

E. Kontinuität und Regelmäßigkeit der Wertpapierdienstleistungen

Gem. § 33 Abs. 1 S. 2 Nr. 2 WpHG muss das Wertpapierdienstleistungsunternehmen ange- 207
messene Vorkehrungen treffen, um die Kontinuität und die Regelmäßigkeit der Wertpapierdienst- und Wertpapiernebendienstleistungen zu gewährleisten. Nach der MaComp geht es hierbei insbesondere darum, dass bei Systemausfällen und -störungen Verzögerungen bei der Auftragsausführung oder -weiterleitung möglichst gering gehalten werden.[184] Die Erfüllung dieser Anforderung gehört fraglos nicht zum Aufgaben- und Verantwortungsbereich der Compliance-Funktion. Lösungen werden von den Unternehmen heute

---

184 MaComp AT 6.2 Tz. 1 lit b).

oftmals unter dem Stichwort „Business Continuity Management" erarbeitet und haben hierzu teilweise eigene Bereiche oder Arbeitsgruppen eingerichtet, denen Mitglieder u.a. der Bereiche IT, Handel und Risikomanagement angehören.

208 Aufgrund der systematischen Stellung im Gesetz und der Tatsache, dass hinreichende Vorkehrungen bei Systemausfällen oder für andere Notfällen eine unverzichtbare Grundlage dafür sind, dass das Wertpapierdienstleistungsunternehmen seine Dienstleistungen gegenüber ihren Kunden ordnungsgemäß erbringen kann, sollte die Compliance-Funktion beispielsweise im Rahmen einer Überprüfungshandlung sicher stellen, dass im Unternehmen z.B. entsprechende Notfallpläne existieren, welche die Fortführung der Dienstleistungserbringung auch in Notfällen ermöglichen.

F. Ausgestaltung, Umsetzung und Überwachung von Vertriebsvorgaben

209 Ebenso außerhalb der Verantwortlichkeit der Compliance-Funktion steht das Erfordernis, dass das Wertpapierdienstleistungsunternehmen Grundsätze oder Ziele, die den Umsatz, das Volumen oder den Ertrag der im Rahmen der Anlageberatung empfohlenen Geschäfte unmittelbar oder mittelbar betreffen (Vertriebsvorgaben) derart ausgestalten, umsetzen und überwachen muss, dass Kundeninteressen nicht beeinträchtigt werden.

210 Der Bezug zur Compliance-Funktion besteht hier aber insofern, als es sich hier um einen Fall des Interessenkonfliktmanagement handelt, was wiederum Aufgabe von Compliance ist. Hierauf stellt auch die MaComp ab, wenn sie fordert, dass die Compliance-Funktion bei der Festlegung der Grundsätze für Vertriebsziele und Bonuszahlungen im Bereich der Wertpapierdienst- und –Wertpapiernebendienstleistungen zwingend zu beteiligen ist.[185]

G. Beschwerdemanagement

I. Grundsatz

211 Gem. § 33 Abs. 1 S. 2 Nr. 4 WpHG muss das Wertpapierdienstleistungsunternehmen wirksame und transparente Verfahren für eine angemessene und unverzügliche Bearbeitung von Beschwerden durch Privatkunden vorhalten und jede Beschwerde sowie die zu ihrer Abhilfe getroffenen Maßnahme dokumentieren. Die MaComp hat sich zunächst nur auf die reine Wiedergabe dieses Erfordernisses beschränkt.[186] Zwischenzeitlich nimmt die MaComp zum Verhältnis zwischen Compliance-Funktion und Beschwerdemanagement Stellung.[187]

---

185 MaComp BT 1.2.4 Tz. 6.
186 MaComp AT 6.2 Tz. 1 lit. c).
187 MaComp BT 1.2.1.2 Tz. 5.

II. Beschwerdebegriff

Der Beschwerdebegriff ist weder legal definiert, noch hat sich bislang die BaFin hierzu geäußert. Entsprechend haben sich in der Praxis verschiedene Beschwerdedefinitionen etabliert, die sich voneinander dadurch unterscheiden, wie weitreichend sich jeweils sind. Ausgangspunkt ist jeweils eine durch einen Kunden geäußerte Unzufriedenheit mit einer Dienstleistung oder einem Verhalten des Unternehmens. Für das Vorliegen einer Beschwerde ist es nicht ausschlaggebend, auf welchem Weg die potentielle Beschwerde das Unternehmen erreicht, also ob sie mündlich oder fernmündlich, schriftlich oder mittels Email geäußert wird.[188] Auch eine bloße Beschränkung auf Unmutsäußerungen, die sich in einem finanziellen Begehren ausdrücken oder im Falle der Nichtabhilfe in einen Rechtsstreit zu münden drohen, ist nicht sachgerecht.[189]

Eine mögliche Beschwerdedefinition könnte somit lauten: „Unter einer Kundenbeschwerde ist ganz allgemein jegliche Artikulation von Unzufriedenheit zu verstehen, die durch einen Kunden gegenüber dem Wertpapierdienstleistungsunternehmen mit dem Zweck geäußert wird, auf ein subjektiv als schädigend empfundenes Verhalten seitens des Wertpapierdienstleistungsunternehmens aufmerksam zu machen, Wiedergutmachung für erlittene Beeinträchtigungen zu erreichen und/oder eine Änderung des kritisierten Verhaltens zu erreichen."

Aufgrund der umfangreichen Pflichten, die sich aus einem ordnungsgemäß eingerichteten Beschwerdeprozess ergeben, erscheint es aber überlegenswert, ein gewisses Korrektiv einzurichten, um die Zahl der Vorfälle im Unternehmen, die zu dokumentieren, zu analysieren und auch zu überprüfen sind, nicht ins Unverhältnismäßige ansteigen zu lassen. Die Ansicht, Kundenäußerungen, die sich auf Missverständnisse, Irrtümer oder Fehlbearbeitungen beziehen, deren Behebung unmittelbar im ersten Anlauf erfolgt,[190] scheint durchaus vertretbar, zumal wenn es sich um Sachverhalte handelt, die telefonisch oder mittels Email umgehend erledigt werden.

III. Implementierung des Beschwerdeverfahrens im Unternehmen

1. Beschwerdestelle

Auch wenn sie rechtlich nicht ausdrücklich vorgeschrieben ist, wird ein wirksames Beschwerdeverfahren, das eine angemessene und unverzügliche Beschwerdebearbeitung sicher stellt, einer zentralen Beschwerdestelle im Unternehmen erfordern. Die MaComp sieht als Beschwerdestelle nicht in erster Linie die Compliance-Abteilung vor.[191] Die Compliance-Abteilung erscheint als Beschwerdestelle ohnehin ungeeignet, da sie bei der Beschwerdebearbeitung Interessenkonflikten unterworfen sein kann. Denn ähnlich dem grundsätzlichen Spannungsverhältnis zwischen Compliance-Funktion und Rechtsabteilung kann bei der Bearbeitung einer Kundenbeschwerde der Konflikt auftreten, dass der Beschwerde zwar unter Hinweis auf ein rechtmäßiges Verhalten des Unternehmens nicht abgeholfen wird, die Lösung aber dem Kundeninteresse zuwiderläuft und zu Reputationsschäden führen kann.

Die Beschwerdestelle ist in kleineren Instituten oftmals bei der Rechtsabteilung angesiedelt, größere Unternehmen werden möglicherweise sogar eigene Abteilung einrichten, die sich ausschließlich mit Kundenbeschwerden befassen.

---

188 *Schäfer* in Compliance, S. 73, Rn. 324.
189 *Schäfer* in Compliance, S. 73, Rn. 323.
190 *Korinth* in Wertpapiercompliance, S. 435 f.
191 MaComp BT 1.2.1.2 Tz. 5.

217 Für ein effizientes Beschwerdemanagement können die Kontaktdaten der Beschwerdestelle in den Kundeninformationen nach § 31 Abs. 3 S. 3 WpHG angegeben werden.[192]

2. Anweisung an Mitarbeiter

218 Intern müssen der Ablauf einer ordnungsgemäßen Beschwerdebearbeitung und die diesbezüglichen Pflichten aller Mitarbeiter des Unternehmens in Form von Arbeits- und Organisationsanweisungen festgelegt werden.[193] Neben einer eindeutigen Definition des unternehmensinternen Beschwerdebegriffs ist dafür Sorge zu tragen, dass der einzelne Mitarbeiter nicht nur eine Beschwerde als solche erkennt, sondern ihm auch bewusst ist, dass der Eingang einer Beschwerde einen unternehmensinternen Prozess auslöst, bei dem er als „Empfänger" der Beschwerde an erster Stelle steht und nun von ihm – und das unverzüglich – bestimmte Maßnahmen ergriffen werden müssen, insbesondere die Inkenntnissetzung der Beschwerdestelle über das Vorliegen einer Beschwerde.

3. Bearbeitungsverfahren

219 Bei der Festlegung der Bearbeitung von Kundebeschwerden sind zwei Dinge wesentlich. Zum einen sollte zunächst der Kunde über die voraussichtliche Dauer der Beschwerdebearbeitung informiert werden,[193] außer der Beschwerde kann unverzüglich abgeholfen werden. Ist von vornherein klar, dass das Unternehmen dem Kundenverlangen nicht nachkommen wird und wird dies dem Kunden umgehend mitgeteilt, ist eine gesonderte Mitteilung der geschätzten Bearbeitungsdauer ebenfalls entbehrlich. Sollte dies aber nicht innerhalb von zwei Bankarbeitstagen seit Eingang der Beschwerde möglich sein, wird eine Vorabinformation an den Kundenerfolgen müssen.

220 Zum anderen sollten die internen Grundsätze zur Beschwerdebearbeitung alle Mitarbeiterverpflichten, die für die Beschwerdebearbeitung erforderliche Informationen und Unterlagen unverzüglich bereit zu stellen, so dass auch die Bearbeitung von Beschwerden, auf die nicht unmittelbar reagiert werden kann, innerhalb einer angemessen Frist von ca. ein bis zwei Wochen, sicher gestellt ist. Für die Bearbeitung der Beschwerde durch die Beschwerdestelle muss ebenfalls ein verpflichtender Zeitrahmen vorgegeben werden.

IV. Dokumentation

221 Die gesetzlich vorgeschriebene Dokumentation der Beschwerdebearbeitung ist aus mehreren Gründen notwendig und sinnvoll. Eine zentrale Dokumentation der Beschwerdebearbeitung kann den Umgang mit gleichartiger Beschwerden erleichtern und deren Bearbeitung beschleunigen. Zudem wird sichergestellt, dass das Unternehmen auf vergleichbare Beschwerden einheitlich reagiert.[194] Eine regelmäßige Analyse der Beschwerden gibt Aufschlüsse über Schwachstellen oder Missstände im Unternehmen, so dass Wertpapierdienstleistungsunternehmen gezielt Abhilfemaßnahmen ergreifen können[195] und wird dadurch zu einem wesentlichen Baustein des Qualitätsmanagements des Unternehmens.[196] Schließlich sind die im Unternehmen angefallenen Beschwerden und die Art und Weise ihrer Bearbeitung Teil der Prüfung nach § 36 WpHG. Eine zentrale Dokumentation erleichtert dem Wertpapierdienstleistungsunternehmen die Vorbereitung der Prüfungsunterlagen und den externen Prüfern die Prüfungsdurchführung.

---

192 *Schmies* in Organisation, S. 81, Rn. 70.
193 *Schmies* in Organisation, S. 81, Rn. 71.
194 *Schmies* in Organisation, S. 82, Rn. 75.
195 *Schmies* in Organisation, S. 83, Rn. 75.
196 *Schäfer* in Compliance, S. 72, Rn. 321.

V. Die Stellung von Compliance im Beschwerdeverfahren

Wie bereits dargestellt wird die Compliance-Abteilung in der Regel nicht zugleich die Funktion der Beschwerdestelle innehaben oder Beschwerden überwiegend alleine bearbeiten. Sofern die Beschwerden aber einen Bezug zu den Wohlverhaltensvorschriften der §§ 31 ff. WpHG aufweisen, können Einschätzungen von Compliance, ob diese im konkreten Fall eingehalten wurden, im Rahmen der Beschwerdebearbeitung notwendig werden.

Die im Wertpapierdienstleistungsunternehmen eingegangenen Beschwerden sind nach Auffassung der BaFin eine wichtige Erkenntnisquelle für Compliance.[197] Zum einen um über Missstände im Unternehmen generell Aufschlüsse zu erlangen und ggf. Maßnahmen zur Abhilfe einleiten zu können, zum anderen für die risikobasierte Festlegung der compliance-eigenen Überwachungshandlungen. Compliance wird einen Schwerpunkt ihrer Kontrollen in den Bereichen setzen, in denen es gehäuft zu Beschwerden gekommen ist. Auch hierfür ist eine ordentliche und zentrale Dokumentation der Beschwerdebearbeitung hilfreich. Der Compliance-Funktion ist hierzu uneingeschränkter Zugang zu gewähren.[197]

Die Compliance-Funktion muss den Ablauf des Beschwerdeverfahrens überwachen.[197] Compliance muss geeignete Kontrollen aufsetzen, um den ordnungsgemäßen Umgang mit Beschwerden im Unternehmen überprüfen zu können. Sinnvoll wäre eine Prüfung, ob die im Unternehmen eingegangenen Beschwerden auch Eingang in den festgelegten Ablauf der Beschwerdebearbeitung gefunden haben. Hierbei besteht aber oftmals die Schwierigkeit herauszufinden, ob es Beschwerden gab, die nicht den vorgeschriebenen Weg der Bearbeitung genommen haben, weil sie z.B. der Beschwerdestelle erst gar nicht angezeigt wurden. Compliance kann anlassbezogene Stichproben ziehen, wenn es auf anderem Weg auf mögliche Beschwerden aufmerksam wird, z.B. durch Anfragen der BaFin zu bestimmten Sachverhalten oder aufgrund direkt an Compliance gerichtete Beschwerden, dass eine Anfrage an das Unternehmen trotz mehrmaliger Aufforderungen immer noch nicht beantwortet wurde. Auch die in einer Schadensfallsammlung enthaltenen Sachverhalte können Hinweise auf Beschwerden geben, die im Rahmen des Beschwerdeverfahrens dokumentiert sein müssten. In Erwägung zu ziehen sind auch Einzelgespräche mit Mitarbeitern der operativen Bereiche zur Kundenzufriedenheit und zu erhaltenen Reklamationen und der Abgleich der Aussagen mit der vorhandenen Beschwerdedokumentation.

Die dokumentierten Beschwerden und die Art und Weise ihrer Bearbeitung muss Compliance vor allem daraufhin überprüfen, ob hierbei alle Regeln des Unternehmens zur ordnungsgemäßen Beschwerdebearbeitung eingehalten wurden, insbesondere die vorgegebenen Fristen zur Vorabinformation des Kunden und zur Gesamtdauer der Beschwerdebearbeitung. Die Dokumentation der Beschwerde kann auf Vollständigkeit und Nachvollziehbarkeit untersucht werden, insbesondere die Beschwerde und das Antwortschreiben hierauf sowie alle Dokumente, die zur Bearbeitung herangezogen wurden, bei dem Beschwerdevorgang abgelegt wurden.

---

197 MaComp 1.2.1.2 Tz. 5.

17. Kapitel
Organisation des Meldewesens nach § 9 WpHG[1]

Literatur: *Becker/Förschler/Klein (Hrsg.)* MiFID, Umsetzungsanleitung und Umsetzungsprüfung für die Praxis von Banken und Sparkassen, Heidelberg 2007; *Clauth/Lang* MiFID-Praktikerhandbuch, Neue Verhaltenspflichten für Banken und Sparkassen durch Gesetzgeber und Bankenaufsicht, 2007; *Fleischer* Die Richtlinie über Märkte für Finanzinstrumente und das Finanzmarktrichtlinie-Umsetzungsgesetz – Entstehung, Grundkonzeption, Regelungsschwerpunkte –, BKR 2006, 389; *Gomber/Chlistalla/Gsell/Pujol* Status und Entwicklung der MiFID-Umsetzung in der deutschen Finanzindustrie, ZBB 2007, 313; *Weber* Die Entwicklung des Kapitalmarkts im Jahre 2006, NJW 2006, 3685; *Zeitz* Der Begriff des „Geschäfts" im Lichte des § 9 WpHG, WM 2008, 918.

A. Einleitung

Die Meldepflicht nach § 9 WpHG stellt eine überaus komplexe Materie dar, die in technischen und rechtlichen Einzelfragen nicht selten zu Unsicherheiten der jeweiligen Meldepflichtigen und damit einhergehend zu Fehlern bei der Erstellung der erforderlichen Meldungen führt. 1

Auch die Umsetzung der MiFID in deutsches Recht zum 1.1.2008 hat ihren Teil zu dieser Unsicherheit beigetragen, da hierdurch viele zu diesem Zeitpunkt bereits geklärte Einzelfragen erneut aufgeworfen wurden und unter Einbeziehung der neuen Regelungen, teilweise mit anderem Ergebnis überprüft und ggf. angepasst werden mussten.

Mit diesem Beitrag wird versucht, einen Überblick über die sich bei der Erstellung einer korrekten Meldung ergebenden Probleme und „Stolpersteine", zu geben. Natürlich kann im Rahmen dieser Übersicht nicht auf alle Spezialfälle eingegangen werden, die sich durch die Vielschichtigkeit der Geschäftsmodelle und -beziehungen der jeweiligen Institute ergeben. Ziel ist es vielmehr, einen allgemeinen Einblick in die grundlegende Systematik der Meldepflichten zu geben und einige der in der Praxis relevantesten Problemstellungen aufzuzeigen.

Zuletzt sollen in diesem Beitrag noch die bereits abzusehenden Änderungen und Erweiterungen der Meldepflicht durch Art. 9 EMIR und Art. 23 MiFIR dargestellt werden, da diese Änderungen die meldepflichtigen Institute vor Herausforderungen stellen werden, die bis zum Inkrafttreten der jeweiligen Meldepflicht überwunden sein müssen. 2

B. Rechtlicher Rahmen

Die Meldepflicht für Geschäfte von Wertpapierdienstleistungsunternehmen ergibt sich aus § 9 Abs. 1 WpHG. Mit dieser Vorschrift wird die europäische Vorgabe des Art. 25 Abs. 3 MiFID in nationales Recht umgesetzt. In § 9 WpHG wird jedoch nur allgemein die Melde- 3

---

[1] Der Beitrag enthält ausschließlich die persönliche Auffassung des Autors und ist nicht als Aussage der BaFin zu verstehen.

pflicht von Geschäften in Finanzinstrumenten, die zum Handel an einem organisierten Markt zugelassen oder in den regulierten Markt einer inländischen Börse einbezogen sind, geregelt. Weitere Aussagen zur Art und Weise der Abgabe der jeweiligen Meldung werden in dieser Vorschrift nicht getroffen, sodass eine weitere Konkretisierung erforderlich ist.

4 Diese Konkretisierung erfolgt durch § 9 Abs. 4 WpHG i.V.m. den Bestimmungen der Wertpapierhandel-Meldeverordnung (WpHMV), in der umfangreiche Regelungen zu Form und Inhalt der Mitteilung sowie zur Identifizierung des Geschäfts und der an dem Geschäft Beteiligten getroffen werden. In der Anlage zur WpHMV[2] ist zudem ein Meldebogen enthalten, der sämtliche in der Meldung zu füllenden Felder darstellt, wobei die einzelnen Felder in der jeweiligen Feldbeschreibung zudem umfassend erläutert werden.

5 Zuletzt ist in diesem Zusammenhang auf die europäische Verordnung Nr. 1287/2006 zur Durchführung der MiFID (MiFID-DVO) hinzuweisen, die als unmittelbar geltendes Recht ebenfalls Regelungen enthält, die bei der Frage nach dem Vorliegen einer Meldepflicht berücksichtigt werden müssen, wie z.B. die Bestimmung in Art. 5 MiFID-DVO, nach der sich bemisst, ob ein meldepflichtiges Geschäft vorliegt.[3]

6 Trotz dieser umfassenden Regelungen kann es natürlich in Einzelfällen dennoch immer wieder zu Auslegungsfragen und sonstigen Unklarheiten aufgrund neu entwickelter Geschäftskonstellationen oder zu allgemein formulierter Gesetzesbestimmungen kommen. Hier hilft jedoch oft ein Blick auf die Internet-Seite der BaFin weiter, auf der zu solchen ungeklärten Auslegungsfragen bei Bedarf Rundschreiben veröffentlicht werden, in denen die BaFin ihre Sichtweise in den konkreten Fällen darlegt und erläutert.[4]

C. Meldepflichtige Institute

7 Um beantworten zu können, ob der jeweilige Geschäftsvorfall eine Meldepflicht nach § 9 WpHG auslöst, muss das betroffene Institut sich zunächst die Frage stellen, ob es sich bei ihm überhaupt um einen Meldepflichtigen im Sinne des § 9 Abs. 1 WpHG handelt. Dort ist in S. 1 bestimmt, dass eine Meldepflicht **Wertpapierdienstleistungsunternehmen** trifft. Als Wertpapierdienstleistungsunternehmen werden nach § 2 Abs. 4 WpHG Kreditinstitute und Finanzdienstleistungsinstitute definiert, es fallen aber gem. § 53 Abs. 1 KWG auch Zweigniederlassungen von Unternehmen mit Sitz im außereuropäischen Ausland unter diese Bestimmung, wenn sie Wertpapierdienstleistungen erbringen.[5] Wer demnach eine Erlaubnis nach § 32 Abs. 1 S. 1 KWG[6] inne hat, ist grundsätzlich nach § 9 WpHG meldepflichtig. Eine Ausnahme hierzu bildet allerdings die Regelung in § 2a Abs. 1 WpHG. Dort sind in einem umfassenden Katalog Tatbestände normiert, die, wenn sie auf das jeweilige Institut zutreffen, dazu führen, dass dieses nicht als Wertpapierdienstleistungsunternehmen und damit nicht als Meldepflichtiger anzusehen ist. Außerdem zu der Gruppe der Meldepflichtigen gehören nach S. 1 **Zweigniederlassungen** im Sinne des § 53b KWG, also Zweigniederlassungen von Einlagenkreditinstituten oder Wertpapierhandelsunternehmen mit Sitz in einem anderen Staat des Europäischen Wirtschafts-

---

2 Anlage zu Artikel 1 Nr. 11 der Dritten Verordnung zur Änderung der Wertpapierhandel-Meldeverordnung vom 18.12.2007, abgedruckt in: Anlagenband zum BGBl I Nr. 66, G 5702, S. 1 ff.
3 Hierzu auch *Zeitz* WM 2008, 919 ff.
4 Www.bafin.de\Aufsicht\Banken und Finanzdienstleister\Anzeige- und Meldepflichten; vgl. auch die Checkliste bei *Becker/Förschler/Klein* S. 228 f.
5 Dazu ausführlich Assmann/Schneider/*Assmann* § 2 Rn. 154 ff.
6 Zu den Voraussetzungen der Erteilung einer solchen Erlaubnis: Boos/Fischer/Schulte-Mattler/*Fischer* § 32 Rn. 6 ff.; Beck/Samm/Kokemoor/*Samm* § 32 Rn. 23 ff.

raums (EWR). Hierzu zählen auch die halbautonomen Territorien Andorra, Gibraltar und die Färöer Inseln. Nicht zum Europäischen Wirtschaftsraum gehören dagegen bspw. die Kanalinseln Guernsey und Jersey oder die Isle of Man.[7] Im Hinblick auf die Meldepflicht von Zweigniederlassungen sind jedoch einige Besonderheiten zu beachten, auf die unter Rn. 46 noch weiter einzugehen sein wird. Neben den **zentralen Kontrahenten gem. § 9 Abs. 1 S. 3 WpHG, die bei Kaufverträgen innerhalb eines oder mehrerer Finanzmärkte zwischen den Käufer und den Verkäufer geschaltet werden, um als Vertragspartner für jeden der beiden zu dienen**[8] fallen gem. § 9 Abs. 1 S. 4 und 5 auch Unternehmen unter die Meldepflicht, die ihren **Sitz außerhalb Deutschlands** haben. Dabei muss allerdings zwischen solchen Unternehmen, differenziert werden, die ihren Sitz zwar außerhalb Deutschlands, aber innerhalb des EWR haben und solchen, die außerhalb des EWR sitzen. Während Unternehmen mit Sitz außerhalb des EWR ihre Geschäfte an deutschen Märkten sowohl nach § 9 Abs. 1 S. 4 WpHG in der Fassung vor Inkrafttreten des Finanzmarktrichtlinie-Umsetzungsgesetzes (FRUG), als auch nach der neuen Fassung dieses Absatzes an die BaFin melden müssen, ist dies für Institute mit Sitz innerhalb des EWR nicht (mehr) der Fall. Bis zum Inkrafttreten des FRUG am 1.1.2008[9] mussten auch diese Institute gem. § 9 Abs. 1 S. 4 WpHG a.F. sämtliche Geschäftsabschlüsse an deutschen Märkten an die BaFin melden (sog. Aufnahmestaatsprinzip). In diesem Zusammenhang wurde die sog. „Waiver"-Regelung in § 17 Abs. 2 WpHMV relevant, nach der Meldungen dieser ausländischen Teilnehmer an die BaFin zumindest dann unterbleiben konnten, wenn das Geschäft an einem organisierten Markt in einem anderen Mitgliedstaat zustande gekommen war und in diesem Staat eine § 9 WpHG vergleichbare Mitteilungspflicht bestand. Diese Regelung ist mit Inkrafttreten des FRUG am 1.1.2008 entfallen, und das „Aufnahmestaatsprinzip" wurde durch das „Heimatstaatsprinzip" ersetzt, nach dem jedes Institut mit Sitz in einem Staat des Europäischen Wirtschaftsraums Meldungen über abgeschlossene Geschäfte nur noch an seine Heimataufsichtsbehörde abzugeben hat. Dieses Prinzip wird nur durchbrochen für Geschäft in Finanzinstrumenten, die ausschließlich an einem deutschen Freiverkehr gehandelt werden. Da diese Instrumente nicht unter den Anwendungsbereich der MiFID[10] und damit auch nicht unter das Heimatstaatsprinzip fallen, gilt für diese Geschäfte weiterhin das oben erwähnte Aufnahmestaatsprinzip. Für solche Geschäfte bleibt es damit bei der Meldepflicht an die BaFin, wie sich aus der Regelung in § 9 Abs. 1 S. 5 WpHG ergibt.

Zusammenfassend befinden sich daher folgende Institutsgruppen in der Gruppe der nach § 9 WpHG Meldepflichtigen: **8**

– Wertpapierdienstleistungsunternehmen mit Sitz in Deutschland,
– Inländische zentrale Kontrahenten,
– Zweigniederlassungen von Instituten mit Sitz in einem anderen Staat des EWR,
– Zweigniederlassungen von Instituten mit Sitz außerhalb des EWR,
– ausländische Institute mit Sitz außerhalb des EWR für Geschäfte an einer inländischen Börse,
– ausländische Institute mit Sitz innerhalb des EWR für Geschäfte an einer inländischen Börse in Finanzinstrumenten, die ausschließlich an einem deutschen Freiverkehr gehandelt werden.

---

7 Vgl. Rundschreiben der BaFin 11/2008 (WA), Ziff. 3.
8 Vgl. hierzu KölnKomm/*Eufinger* § 9, Rn 19; Assmann/Schneider/*Döhmel* § 9 Rn. 10.
9 Teile des Finanzmarktrichtlinie-Umsetzungsgesetzes traten bereits am 11.11.2007 in Kraft, die Neufassung des § 9 WpHG jedoch gem. Art. 14 Abs. 2 FRUG erst zum 1.1.2008, um der Industrie eine längere Umsetzungsfrist zu gewähren, Begründung des Gesetzesentwurfs der Bundesregierung vom 14.9.2006 zu Art. 13 FRUG; *Weber* NJW 2006, 3685, 3686; *Gomber/Chlistalla/Gsell/Pujol* ZBB 2007, 313, 314 ff.
10 Art. 25 Abs. 3 MiFID sieht für das Entstehen einer Meldepflicht vor, dass das gehandelte Finanzinstrument zum Handel an einem geregelten Markt zugelassen sein muss.

D. Meldepflichtige Geschäfte

9 Handelt es sich bei dem Institut um einen Meldepflichtigen nach der obigen Aufzählung, bedeutet das aber noch nicht zwingend, dass dieses Institut für sämtliche seiner erbrachten Dienstleistungen Meldungen nach § 9 WpHG abgeben muss. Hinzutreten muss vielmehr das Merkmal eines „Geschäfts" in Finanzinstrumenten. Wann ein solches Geschäft vorliegt, wird in § 9 WpHG nicht definiert. Auch die sonstigen Vorschriften des Wertpapierhandelsgesetzes enthalten eine solche Definition nicht. Zurückzugreifen ist daher auf die Bestimmung in Art. 5 S. 1 MiFID-DVO, der als Teil einer EU-Verordnung unmittelbar Anwendung auf das deutsche Meldewesen findet. In dieser Bestimmung ist vorgesehen, dass ein meldepflichtiges Geschäft der Ankauf bzw. Verkauf von Finanzinstrumenten ist.

10 Da das deutsche Meldewesen für die Meldepflicht eines Geschäfts auf den schuldrechtlichen Vertragsabschluss abstellt, bedeutet diese Vorgabe, dass eine Meldepflicht nur für den schuldrechtlichen Abschluss eines Kaufvertrages besteht. Das bedeutet, dass der Meldepflichtige, um eine Meldepflicht des konkreten Vorgangs auszulösen, unmittelbar als Partei in den Abschluss eines solchen Vertrages involviert sein muss. Dies kommt nur in Betracht, wenn der Meldepflichtige im Wege des Eigengeschäfts (§ 2 Abs. 3 S. 2 WpHG), eines Eigenhandels für andere (§ 2 Abs. 3 S. 1 Nr. 2 WpHG) oder eines Finanzkommissionsgeschäfts (§ 2 Abs. 3 S. 1 Nr. 1 WpHG) tätig wird, da er in diesen Fällen stets Partei des abgeschlossenen Kaufvertrages wird.[11] Auch die (börsliche) Abschlussvermittlung im Sinne des § 2 Abs. 3 S. 1 Nr. 3 WpHG fällt unter den Geschäftsbegriff. Der Meldepflichtige wird hier zwar nicht selbst Partei des abgeschlossenen Kaufvertrages, schließt diesen aber als Stellvertreter für den aus dem Geschäft wirtschaftlich Berechtigten ab, wirkt also durch die Abgabe einer eigenen Willenserklärung nach § 164 Abs. 1 BGB unmittelbar an dem Entstehen des Kaufvertrages mit,[12] was für die Geschäftsqualität ausreichend ist.[13] Für den außerbörslichen Bereich verzichtet die BaFin allerdings aus Opportunitätsgründen auf eine Meldung des Abschlussvermittlers, da in dieser kein aufsichtsrechtlicher Mehrwert gesehen wird.[14]

11 Die Anlagevermittlung nach § 2 Abs. 3 S. 1 Nr. 4 WpHG unterfällt dagegen in keinem Fall dem Geschäftsbegriff, da der Anlagevermittler nur gegenläufige Kauf- und Verkaufsinteressen vermittelt, selbst aber nicht unmittelbar an dem Abschluss des Kaufvertrages mitwirkt.[15] Weitere Ausnahmen vom Geschäftsbegriff sieht Art. 5 MiFID-DVO selbst vor, indem dort in S. 2 die Ausübung von Optionen oder Optionsscheinen, Primärmarktgeschäfte und Wertpapierfinanzierungsgeschäfte von der Definition des Ankaufs bzw. Verkaufs ausgenommen werden. Unter den Begriff des Primärmarktgeschäfts wird dabei die Emission, Zuteilung und Zeichnung von Finanzinstrumenten gefasst. Die BaFin konkretisiert den Begriff des nicht meldepflichtigen Primärmarktgeschäfts in ihrem Rundschreiben 1/2009 (WA) weiter, indem sie vorsieht, dass nur dann ein solches nicht meldepflichtiges Geschäft vorliegt, wenn es am Tag der Erstemission zum Emissionskurs abgeschlossen wird. Als Wertpapierfinanzierungsgeschäft werden in Art. 2 Ziff. 10 MiFID-DVO solche Geschäfte definiert, bei denen kein endgültiger Wechsel des wirtschaftlich Begünstigten erfolgt, also beispielsweise Leih- und Verleihgeschäfte sowie Repogeschäfte.

---

11 Schäfer/Hamann/*Schäfer* § 2 WpHG Rn. 49, 58; Assmann/Schneider/*Assmann* § 2 WpHG Rn. 67, 74.
12 Assmann/Schneider/*Assmann* § 2 WpHG Rn. 52.
13 Rundschreiben der BaFin Nr. 12/2007 (WA), Ziff. II.3.d); *Zeitz* WM 2008, 918, 921.
14 Rundschreiben der BaFin Nr. 12/2007 (WA), Ziff. II.3.d).
15 Assmann/Schneider/*Assmann* § 2 Rn. 80 f.; Schäfer/Hamann/*Schäfer* § 2 WpHG Rn. 65.

Zusammenfassend lösen daher folgende Geschäftsvorfälle eine Meldepflicht aus: **12**
- Eigengeschäfte,
- Eigenhandelsgeschäfte (für andere),
- Finanzkommissionsgeschäfte,
- (börsliche) Abschlussvermittlungen.

Keine Meldepflicht besteht dagegen für:
- (außerbörsliche) Abschlussvermittlungen,
- Anlagevermittlungen,
- Primärmarktgeschäfte,
- Wertpapierfinanzierungsgeschäfte,
- Ausübungen von Optionen.

E. Meldepflichtige Finanzinstrumente

Als dritte Voraussetzung muss das Geschäft nach § 9 Abs. 1 S. 1 WpHG „in Finanzinstrumenten" geschlossen worden sein. Die Gruppe der Finanzinstrumente ist in § 2 Abs. 2 b WpHG legal definiert. Von dieser Definition sind neben Wertpapieren auch Geldmarktinstrumente, Derivate und Rechte auf Zeichnung von Wertpapieren umfasst. Auch Kreditderivate und Derivate auf Geldmarktsätze unterfallen damit der Meldepflicht, auch wenn diese keinen zumindest mittelbaren Wertpapierbezug haben, was bis zum 1.1.2008 stets für eine Meldepflicht vorausgesetzt worden war.[16] Auch Derivate auf Waren, Emissionsberechtigungen, Klima- und andere physikalischen Variablen[17] unterfallen nach § 2 Abs. 2 Nr. 2 WpHG damit grundsätzlich der Meldepflicht. Gerade Geschäfte in Instrumenten, die an der Leipziger Strombörse (European Energy Exchange – EEX) geschlossen werden, würden damit eine Meldepflicht auslösen. Hiervon sieht die BaFin allerdings ab und lässt insoweit eine zyklische Meldung durch diese Börse selbst ausreichen, sodass eine zusätzliche Meldung der Handelsteilnehmer an dieser Börse nicht erforderlich ist.[18] **13**

Weiterhin muss das Geschäft in einem Finanzinstrument abgeschlossen worden sein, das zum Handel an einem organisierten Markt zugelassen oder in den regulierten Markt oder Freiverkehr einer inländischen Börse einbezogen ist. Es genügt dabei, wenn das gehandelte Instrument an einem beliebigen europäischen organisierten Markt zum Handel zugelassen worden ist,[19] um eine Meldepflicht auszulösen, unabhängig davon, an welchem Markt das betreffende Geschäft stattgefunden hat. Nutzer von WM-Daten können sich die Meldepflicht eines konkreten Finanzinstruments auch über die Belegung der Felder GD663A und GD663D anzeigen lassen. **14**

---

16 Assmann/Schneider/*Döhmel* § 9 WpHG Rn. 24.
17 Klimavariablen können dabei beispielsweise Messwerte im Hinblick auf die Veränderungen von Temperaturen, Sonnenscheindauer oder Niederschlagsmengen sein. Die diesbezüglichen Termingeschäfte werden auch als „Wetterderivate" bezeichnet, vgl. hierzu Assmann/Schneider/*Assmann* § 2 WpHG Rn. 50.
18 Rundschreiben der BaFin Nr. 12/2007 (WA), Ziff. II. 4.
19 Eine Liste der europäischen organisierten Märkte ist in der MiFID-Datenbank unter http://mifiddatabase.esma.europa.eu verfügbar.

F. Geschäfte unter Beteiligung mehrerer Personen

15 Sind alle drei der genannten Voraussetzungen erfüllt, ist also das betreffende Institut ein Meldepflichtiger nach § 9 Abs. 1 WpHG, erfüllt die betreffende Handlung den Tatbestand des Geschäfts in Art. 5 MiFID-DVO und wurde ein Geschäft in einem meldepflichtigen Finanzinstrument getätigt, so ist eine Meldung nach § 9 Abs. 1 WpHG über das Geschäft abzugeben. Neben den in §§ 2 ff. WpHMV sonst aufgeführten formellen Voraussetzungen für eine solche Meldung ist für das Verständnis der Meldesystematik die Vorgabe entscheidend, dass nach § 6 Abs. 4 S. 1 WpHMV in jeder Meldung der jeweilige Kunde und Kontrahent des Geschäfts anzugeben ist. Diese Vorgabe klingt zunächst nicht problematisch, kann aber dann zu Schwierigkeiten führen, wenn mehrere Institute an einem meldepflichtigen Vorgang beteiligt sind.

I. Außerbörsliches Kundengeschäft

16 Der einfachste Fall einer melderechtlich relevanten Fallkonstellation (mit Kundenbezug) ist der folgende:

Ein Privatkunde (K1) erteilt seinem depotführenden Institut (B1) einen Auftrag zum Erwerb einer bestimmten Menge von Aktien. B1 führt den Auftrag mittels Finanzkommissionsgeschäfts außerbörslich mit einem anderen Institut (B2) aus, das damit einen entsprechenden Verkaufsauftrag eines seiner Privatkunden (K2) erfüllt.

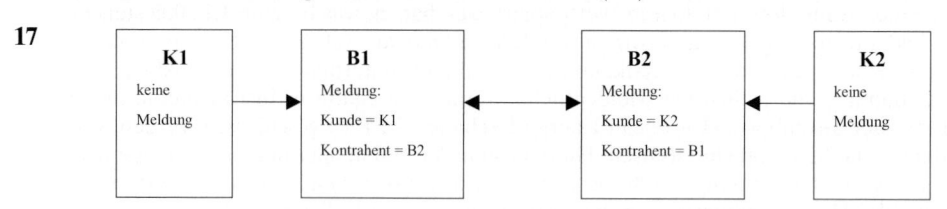

17

K1	B1	B2	K2
keine Meldung	Meldung: Kunde = K1 Kontrahent = B2	Meldung: Kunde = K2 Kontrahent = B1	keine Meldung

18 In diesem Fall ist eine Meldung von K1 und K2 nicht erforderlich, da es sich um Privatpersonen handelt, die nicht der Gruppe der Meldepflichtigen unterfallen. B1 identifiziert als Kontrahenten des Geschäfts B2 und als nicht meldepflichtigen Privatkunden K1 mittels Depot- oder Kundennummer. B2 identifiziert als Kontrahenten B1 und als nicht meldepflichtigen Privatkunden K2. Eine andere Variante der Ausführung stellt der Eigenhandel für andere dar. In dieser Variante schließt das Institut (B1) zunächst ein Geschäft mit B2 gegen seinen Eigenbestand aus und reicht die erworbenen Finanzinstrumente bzw. den erhaltenen Geldbetrag erst mittels eines zweiten Geschäfts auf der Kundenseite an den Kunden weiter. In diesem Fall sind von B1 zwei getrennte Meldungen abzugeben. Mit der ersten Meldung weist er das Geschäft mit B2 als Eigengeschäft aus und meldet in einem zweiten Schritt auch das Kundengeschäft mit K1.

II. Börsliches Kundengeschäft

Vergleichbar stellt sich die Situation dar, wenn der entsprechende Kundenauftrag nicht außerbörslich, sondern über eine Börse, z.B. Xetra ausgeführt wird. **19**

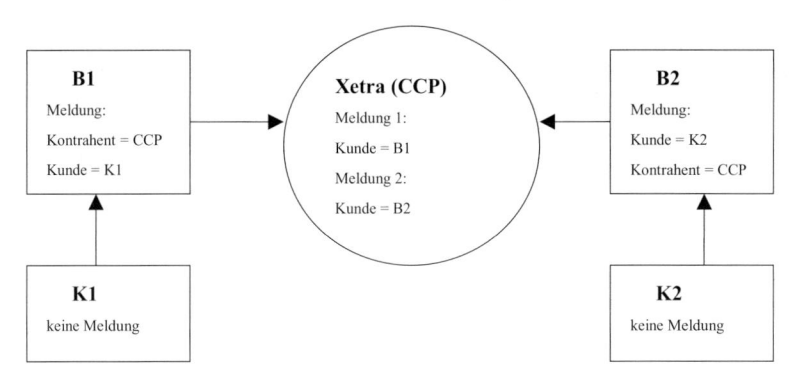

20

```
[B1]                    [Xetra (CCP)]                [B2]
Meldung:                Meldung 1:                   Meldung:
Kontrahent = CCP        Kunde = B1                   Kunde = K2
Kunde = K1              Meldung 2:                   Kontrahent = CCP
                        Kunde = B2

[K1]                                                 [K2]
keine Meldung                                        keine Meldung
```

Die Besonderheit besteht hier darin, dass in einem Geschäft an der Frankfurter Wertpapierbörse nach § 6 Abs. 2 GB FWB[20] die Eurex Clearing AG als sog. Zentraler Kontrahent (Central Counterparty – CCP) auf beiden Seiten als Partei in den Kaufvertrag eingebunden ist, wenn von dem Handel ein sog. CCP-fähiges Papier betroffen ist.[21] **21**

Neben den Meldungen von B1 und B2, in denen als Kontrahent der CCP angegeben wird, erhält die BaFin in diesen Fällen dementsprechend außerdem zwei gegenläufige Meldungen des CCP, in denen B1 und B2 als Kunden ausgewiesen werden.

III. Kettengeschäfte

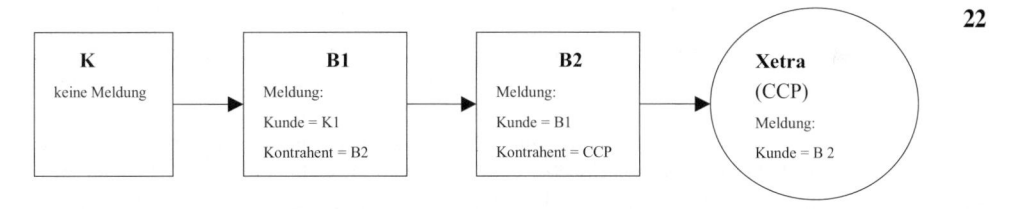

22

```
[K]                [B1]               [B2]               [Xetra (CCP)]
keine Meldung      Meldung:           Meldung:           Meldung:
                   Kunde = K1         Kunde = B1         Kunde = B2
                   Kontrahent = B2    Kontrahent = CCP
```

Komplizierter gestaltet sich der Meldevorgang, wenn auf Kauf- oder Verkaufseite mehr als ein Institut in den Handel involviert ist. **23**

Beispiel: Ein Privatkunde (K) erteilt seiner depotführenden Bank (B1) einen Kaufauftrag. B1 ist es mangels einer eigenen Börsenzulassung jedoch nicht möglich, das Geschäft selbst an der Börse auszuführen. Es beauftragt daher in eigenem Namen eine andere Bank (B2) mit der Ausführung. B2 führt den Auftrag über eine eigene Handelszulassung an Xetra aus. In dieser Konstellation ergibt sich für die Kaufseite des Geschäfts folgendes Bild, das spiegelbildlich auch auf die Verkaufseite übertragen werden kann: **24**

In diesem Fall identifiziert jeder Meldepflichtige aus seiner jeweiligen Sicht den entsprechenden Kunden und Kontrahenten nach der dargestellten Methode. Hierdurch entstehen **25**

---

20 Bedingungen für Geschäfte an der Frankfurter Wertpapierbörse, verfügbar unter www.deutsche-boerse.com/Regelwerke.
21 Vgl. die Auflistung unter http://xetra.com/Marktstruktur & handelbare Werte.

entgegen der gelegentlich auf Seiten der Meldepflichtigen vertretenen Auffassung auch keine überflüssigen Doppelmeldungen, da in diesen Fällen gerade keine identischen Meldungen abgegeben werden, sondern jede abgegebene Meldung durch die wechselseitige Identifizierung der jeweiligen Kunden und Kontrahenten einen unterschiedlichen Inhalt erhält. Die Einhaltung dieser Systematik ist aus aufsichtsrechtlicher Sicht auch unbedingt erforderlich, um den Orderverlauf von der sog. Marktseite bis hin zum wirtschaftlich begünstigten Endkunden nachvollziehen und ermitteln zu können, ob an bestimmten Punkten des Geschäftsverlaufs möglicherweise Möglichkeiten zum Insiderhandel oder zur Marktmanipulation ausgenutzt wurden.

26 Diese Systematik kann und muss auch bei Geschäftsketten beliebiger Länge eingehalten werden. Um bei längeren Kommissionsketten eine Vereinfachung zu erreichen und ein mehrstufiges Kommissionsmodell in einer Meldung abbilden zu können, ist in § 6 Abs. 4 WpHMV und der Feldbeschreibung zu den Feldern 10 und 11 der Anlage zur WpHMV vorgesehen, dass der Kettenverlauf auch durch die Verwendung der Felder „Zwischenkommissionär 1" und „Zwischenkommissionär 2" abgebildet werden kann.

IV. Geschäfte unter Einbeziehung von Finanzportfolioverwaltern

27 Wie die häufigen Nachfragen von Institutsseite bei der BaFin zeigen, treten in diesem Zusammenhang insbesondere im Hinblick auf die Meldepflicht von Geschäften, die unter Einschaltung von Finanzportfolioverwaltern zustande kommen, verstärkt Sachverhalte auf, die Klärungsbedarf erzeugen. Es soll hier daher kurz auf die Systematik der Meldepflicht von Finanzportfolioverwaltern eingegangen werden.

28 Auch für Finanzportfolioverwalter muss zunächst die Frage geklärt werden, ob es sich bei diesen um meldepflichtige Wertpapierdienstleistungsunternehmen nach § 9 Abs. 1 S. 1 WpHG handelt. Da die Finanzportfolioverwaltung nach § 1 Abs. 1a Nr. 3 KWG eine Finanzdienstleistung darstellt und Finanzdienstleistungsunternehmen nach § 2 Abs. 4 WpHG Wertpapierdienstleistungsunternehmen sind, sind Finanzportfolioverwalter grundsätzlich nach § 9 Abs. 1 S. 1 WpHG meldepflichtig, ohne dass eine Differenzierung danach erfolgen würde, ob der Finanzportfolioverwalter über eine Erlaubnis zum Betreiben des Eigenhandels verfügt, wie es in § 9 Abs. 1 S. 1 WpHG in der Fassung vor dem 1.1.2008 vorgesehen war. Die Meldepflicht für einzelne Geschäftsvorfälle hängt daher entscheidend davon ab, ob der Finanzportfolioverwalter ein meldepflichtiges Geschäft im Sinne des Art. 5 MiFID-DVO abgeschlossen hat.

29 Da ein Finanzportfolioverwalter ohne Erlaubnis zum Betreiben des Eigenhandels oder Finanzkommissionsgeschäfts indes von vornherein keine Möglichkeit zum Abschluss meldepflichtiger Geschäfte hat, sondern sich für solche Geschäfte stets eines Dritten bedienen muss, scheidet für solche Finanzportfolioverwalter eine Meldepflicht aus.

30 Hat der Finanzportfolioverwalter dagegen eine Erlaubnis zum Betreiben des Eigenhandels oder Finanzkommissionsgeschäfts, kann er entweder unter Nutzung dieser Erlaubnis das Geschäft selbst ausführen, was eine entsprechende Meldepflicht nach sich zieht oder sich ebenfalls zur Ausführung des Auftrags eines Dritten bedienen, worin in der Regel kein Geschäft des Finanzportfolioverwalters im Sinne des Art. 5 MiFID-DVO zu sehen ist.

31 Es sind folglich nur drei verschiedene Fallkonstellationen denkbar, für die die jeweilige Meldepflicht der Beteiligten kurz dargestellt werden soll.[22]

---

[22] Diese werden ausführlich in dem Rundschreiben der BaFin 1/2009 (WA) zur Meldepflicht von Portfolioverwaltern, Primärmarktgeschäften sowie Meldepflichten von Zweigniederlassungen erläutert.

1. Keine Erlaubnis zum Eigenhandel oder Finanzkommissionsgeschäft

Verfügt der Finanzportfolioverwalter nicht über eine entsprechende Erlaubnis, ist er für seine Handelstätigkeit nicht meldepflichtig nach § 9 WpHG. Das Institut, an das der Finanzportfolioverwalter den Auftrag zur Ausführung weitergibt, identifiziert in seiner Meldung daher zwar den Finanzportfolioverwalter als Kunden, aber nicht als selbst meldepflichtigen, sondern als nicht meldepflichtigen Privatkunden.[23]

2. Finanzportfolioverwaltung für Depotkunden des Kommissionärs

Verfügt der Finanzportfolioverwalter (P) über die entsprechende Erlaubnis und erteilt der Depotbank (D) eines Privatkunden einen Kauf- oder Verkaufsauftrag, führt dieses Vorgehen ebenfalls nicht zu einer Meldepflicht des Finanzportfolioverwalters, da der schuldrechtliche Kaufvertrag in diesem Fall ausschließlich zwischen Kunden und depotführendem Institut zustande kommt. Die BaFin erwartet daher in diesem Fall lediglich eine Meldung der Depotbank unter Identifizierung des Depotkunden mit abweichendem Auftraggeber sowie des entsprechenden Kontrahenten.[24]

3. Finanzportfolioverwaltung für Kunden einer Drittbank

| Privatkunde
keine Meldung | → | P
keine Meldung | → | D
Meldung:
Kunde = Privat
Kontrahent = CCP | → | Xetra |

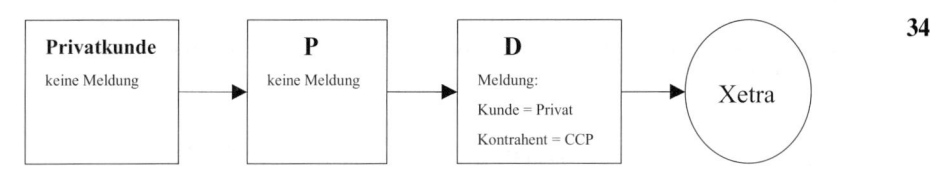

Hiervon zu unterscheiden ist der Fall, in dem der über eine entsprechenden Erlaubnis verfügende Finanzportfolioverwalter das Depot für einen Kunden verwaltet, mit dem Kauf- oder Verkaufsauftrag jedoch nicht die depotführende Bank, sondern eine Drittbank beauftragt, die den entsprechenden Auftrag an Xetra ausführt.

| Privatkunde
keine Meldung | → | P
Meldung:
Kunde = Privat
Kontrahent: B | → | B
Meldung:
Kunde = P
Kontrahent = CCP | → | Xetra |

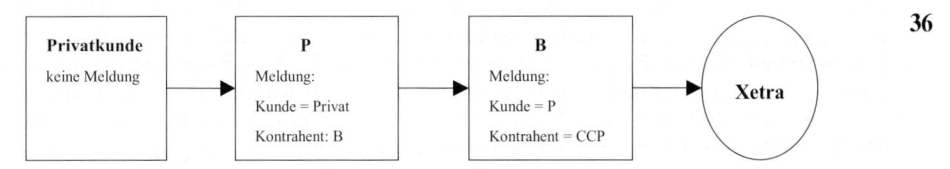

In diesem Fall hat der Finanzportfolioverwalter eine eigene Meldung abzugeben, in der er als Kunden den selbst nicht meldepflichtigen Privatkunden identifiziert, sowie als Kontrahenten das ausführende Institut B. B seinerseits identifiziert als Kunden P, sowie als Kontrahenten den CCP. Die Depotbank des Privatkunden hat in diesem Fall keine eigene Meldung abzugeben, da sie nur in die Abwicklung des Geschäfts, nicht aber in den schuldrechtlichen Vertragsabschluss involviert ist.

---

23 Rundschreiben der BaFin 1/2009 (WA), Fall 1.
24 Rundschreiben der BaFin 1/2009 (WA), Fall 2.

G. Die richtige Identifizierung

38 Allein in der Abgabe einer Meldung unter Angabe des jeweiligen Kontrahenten und Kunden erschöpft sich die Meldepflicht jedoch nicht. Die Wertpapierhandel-Meldeverordnung sieht vielmehr noch weitere Voraussetzungen im Hinblick auf die formelle Richtigkeit der abgegebenen Meldung vor.[25] Diese Vorgaben sind dabei keineswegs Selbstzweck, sondern sind zum einen erforderlich, um es der BaFin zu ermöglichen, in einem automatisierten Verfahren die erhaltenen Meldesätze abzugleichen und Unstimmigkeiten in gegenläufigen Kauf- und Verkaufsmeldungen aufzudecken. Zum anderen tauschen die nationalen Aufsichtsbehörden untereinander Datensätze aus, die sie lokal nach dem Heimatstaatsprinzip empfangen haben. Für diesen Austausch wird das sog. TREM-System verwendet. Damit soll jede Aufsichtsbehörde in die Lage versetzt werden, zumindest auf die Handelsdaten derjenigen Instrumente zugreifen zu können, für die sie Aufsichtsbehörde des liquidesten Marktes[26] ist, auch wenn der jeweils Meldepflichtige die entsprechende Meldung nach dem Heimatstaatsprinzip lokal in einem anderen Staat abgegeben hat.[27] Die Daten werden dabei nur im sog. Minimum Content ausgetauscht, einem Minimalformat, auf das sich die nationalen Aufsichtsbehörden im Rahmen von CESR-Arbeitsgruppen verständigt haben. Da für dieses Verfahren ein einheitliches Identifizierungssystem verwendet wird, das von sämtlichen betroffenen Aufsichtsbehörden benutzt werden muss,[28] ist auch insoweit die Einhaltung bestimmter Identifizierungsvorgaben von entscheidender Bedeutung. Auf einige dabei zu beachtende Besonderheiten soll hier kurz eingegangen werden.

I. Identifizierung der Geschäftsbeteiligten

39 Nach § 6 Abs. 4 S. 1 WpHMV ist, wie bereits dargestellt, in dem Meldesatz nicht nur der jeweilige Meldepflichtige zu identifizieren, sondern darüber hinaus auch dessen Kunde, Kontrahent und ggf. an dem Geschäftsverlauf beteiligte Makler und Zwischenkommissionäre. Hierbei sind die Identifizierungsarten zu verwenden, die in den Beschreibungen zu Feld-Nr. 1, 3, 5, 7, 9 11 der Anlage zur WpHMV abschließend aufgezählt sind. Verwendet werden können beispielsweise der BIC,[29] die deutsche Bankleitzahl, die Kassenvereinsnummer, die Identifikationsnummer der BaFin, um nur einige zu nennen. Gewährleistet sein muss allerdings, dass jeder Meldepflichtige durch einen BIC-Code identifizierbar ist, da dieser Code in dem internationalen Datenaustauschverfahren TREM verwendet wird und daher unverzichtbar ist.[30] Folglich sollte jedes Institut bei der Identifizierung über den BIC-Code nach Möglichkeit stets denselben Code verwenden, auch wenn mehrere zur Verfügung stehen, da dies das Austauschverfahren zwischen den Aufsichtsbehörden wesentlich vereinfacht. Außerdem ist insoweit zu beachten, dass als Kunde bzw. Kontrahent nach § 6 Abs. 4 S. 3 WpHMV nicht nur deutsche Institute zu identifizieren sind, sondern dass sich das Identifizierungserfordernis auf **sämtliche** Institute mit Sitz innerhalb des Europäischen Wirtschaftsraums erstreckt, sofern diese einer § 9 WpHG vergleichbaren Meldepflicht unterliegen. Bei der Identifizierung ist regelmäßig der BIC-Code des jeweiligen Instituts zu

---

25 Eine übersichtliche Darstellung findet sich in KölnKomm/*Eufinger* § 9 Rn. 42 ff.
26 Die Bestimmung des jeweils liquidesten Marktes folgt einem äußerst komplexen Prozess, der in Art. 9 f. MiFID-DVO definiert wird.
27 Vgl. dazu auch Rn. 7.
28 Das hierbei verwendete Format ist in Art. 14 Abs. 2 i.V.m. Anhang I, Tabelle 1 MiFID-DVO definiert.
29 Bank Identifier Code (ISO-Code 9362), der von Swift vergeben und auf deren Internetseite www.swift.com beantragt werden kann.
30 Vgl. Rundschreiben der BaFin 12/2007 (WA), Ziff. III, 2.

verwenden, da ausländische Institute in der Regel die in der Wertpapierhandel-Meldeverordnung sonst vorgesehenen Identifizierungsmerkmale, wie z.B. die deutsche Bankleitzahl oder Kassenvereinsnummer nicht aufweisen werden. Von einer entsprechenden Identifizierung kann nur in den Fällen abgesehen werden, in denen eine Feststellung der Identität des Kunden oder Kontrahenten dem Meldepflichtigen aufgrund äußerer Umstände nicht möglich ist, z.B. weil kein entsprechender BIC-Code ermittelbar ist.

II. Identifizierung des Handelsplatzes

40 Nach § 7 S. 2 WpHMV ist in Feld Nr. 23 außerdem anzugeben, an welchem Handelsplatz das Geschäft abgeschlossen wurde. Hierbei kommen verschiedene Möglichkeiten in Betracht. Ist das Geschäft an einem regulierten Markt oder einem multilateralen Handelssystem innerhalb des Europäischen Wirtschaftsraums abgeschlossen worden, so ist zur Identifizierung der MIC-Code des jeweiligen Marktes zu verwenden. Dabei ist auf die in der MiFID-Datenbank[31] verfügbaren MIC-Codes zurückzugreifen. Gleiches gilt für Geschäfte, die an einem Multilateralen Handelssystem[32] (z.B. Freiverkehr der Frankfurter Wertpapierbörse oder Eurex Bonds) und in den Handelssegmenten Xetra Best und Scoach abgeschlossen werden. Für Scoach ist die Identifikation des Handelsplatzes dabei davon abhängig, ob das gehandelte Produkt dem Freiverkehr oder organisierten Markt zuzuordnen ist. Handelt es sich um ein solches des organisierten Marktes, ist zur Identifizierung der MIC „FRAA" zu verwenden, bei einem solchen des Freiverkehrs der MIC „FRAB".[33] Findet das Geschäft dagegen außerhalb eines solchen Marktes statt, ist die Identifizierung „XOFF" zu verwenden.[34] Dies gilt nach Maßgabe der BaFin auch für die Marktsegmente Xetra-OTC und Eurex-OTC.[35] Wird das Geschäft hingegen auf der Plattform eines systematischen Internalisierers abgeschlossen, ist als Identifizierung des Handelsplatzes der BIC-Code des Internalisierers zu verwenden.[34]

III. Identifizierung des gehandelten Finanzinstruments

41 Auch das gehandelte Finanzinstrument ist exakt zu bezeichnen. Dabei muss gem. § 2 Abs. 2 S. 1 WpHMV die internationale Kennnummer dieses Finanzinstruments angegeben werden. Gem. Feld Nr. 31 des Anhangs zur WpHMV ist für diesen Zweck die ISIN des Finanzinstruments anzugeben. Nur für den Fall, dass eine ISIN nicht verfügbar ist, kann gem. § 2 Abs. 2 S. 2 WpHMV die deutsche Wertpapierkennnummer oder, bei ausländischen Werten, eine nationale Kennnummer verwendet werden. Zusätzlich muss die Art des gehandelten Instruments bezeichnet werden, wobei gem. Feld Nr. 30 der CFI-Code zu verwenden ist.

42 Eine Besonderheit ist bei der Identifizierung von Derivaten zu beachten. Auch hier gilt zwar der Grundsatz der Identifizierung mittels kontraktspezifischer ISIN. Allerdings wird

---

31 Http://mifiddatabase.esma.europa.eu/Regulated Markets.
32 „Multilaterales Handelssystem" ist in § 2 Abs. 3 S. 1 Nr. 8 WpHG definiert als multilaterales System, das die Interessen einer Vielzahl von Personen am Kauf und Verkauf von Finanzinstrumenten innerhalb des Systems und nach festgelegten Bestimmungen in einer Weise zusammenbringt, die zu einem Vertrag über den Kauf dieser Finanzinstrumente führt, vgl. auch *Fleischer* BKR 2006, 389, 393. Die hierfür zu verwendenden MIC-Codes sind unter http://mifiddatabase.esma.europa.eu/Multilateral Trading Facilities verfügbar.
33 Vgl. Rundschreiben der BaFin Nr. 11/2008 (WA), Ziff. 2 b).
34 Beschreibung zu Feld-Nr. 23 in der Anlage zur WpHMV.
35 Vgl. Rundschreiben der BaFin Nr. 11/2008 (WA), Ziff. 2 d).

an einigen Handelsplätzen zur Identifizierung der dort gehandelten Derivate nicht die ISIN verwendet, sondern ein von der Börse vergebener Produktcode. In diesen Fällen ist nicht die ISIN, sondern dieser Produktcode zu verwenden, bei welchen Börsen diese Art der Identifizierung einschlägig ist, kann in der MiFID-Datenbank nachgelesen werden.[36] In beiden Fällen müssen für das gehandelte Derivat zusätzlich das Underlying, der Preismultiplikator, die Währung des Basispreises, der Basispreis, die Notierungsart des Basispreises und die Fälligkeit des Derivats angegeben werden.

H. Die richtige Abgabe einer Meldung

43 Wie diese kurze Auflistung zeigt, ist die Abgabe einer inhaltlich richtigen Meldung gem. § 9 WpHG keineswegs trivial, sondern erfordert die Beachtung zahlreicher Vorgaben. Nicht nur die insgesamt 61 Meldefelder müssen in der richtigen Art und Weise befüllt werden, auch der Versand der Meldung an die BaFin unterliegt standardisierten Vorgaben. Die Meldung darf ausschließlich über die Melde- und Veröffentlichungsplattform der BaFin (MVP) vorgenommen werden, wobei strenge technische Vorgaben beachtet werden müssen.[37] Um der Komplexität der bei der Abgabe einer Meldung zu beachtenden Vorgaben Rechnung zu tragen, sieht § 14 Abs. 1 WpHMV die Möglichkeit vor, die Meldung durch einen geeigneten Dritten abgeben zu können. Zu beachten ist hierbei allerdings, dass der Meldepflichtige gem. § 14 Abs. 2 WpHMV seine Pflicht nicht schon mit der Beauftragung eines Dritten zur Abgabe der Meldung erfüllt hat, sondern erst dann, wenn dieser Dritte die Meldung tatsächlich vollständig, inhaltlich richtig und innerhalb der vorgesehenen Frist abgegeben hat.[38]

I. Geschäfte mit Auslandsbezug

44 Probleme in Bezug auf die Abgabe einer korrekten Meldung können außerdem dann auftreten, wenn das Geschäft einen internationalen Bezug aufweist, also Institute mit Sitz im europäischen oder außereuropäischen Ausland bzw. Zweigniederlassungen solcher Institute in den Geschäftsverlauf involviert sind.

I. Meldepflicht ausländischer Institute

45 Klargestellt werden soll in diesem Zusammenhang zunächst noch einmal, dass § 9 Abs. 1 WpHG eine uneingeschränkte Meldepflicht nur für diejenigen Institute vorsieht, die ihren Sitz in Deutschland oder einem Staat **außerhalb** des europäischen Wirtschaftsraums haben. Institute mit Sitz in einem anderen Mitgliedstaat des Europäischen Wirtschaftsraums sind nach dem Heimatstaatsprinzip verpflichtet, entsprechende Meldungen an die Aufsichtsbehörden ihres Heimatstaates abzugeben, wenn es das gehandelte Instrument zum Handel an einem organisierten Markt zugelassen oder in den regulierten Markt einer inländischen

---

36 Http://mifiddatabase.esma.europa.eu/Regulated markets.
37 Eine Beschreibung dieser Anforderungen kann auf der Internet-Seite der BaFin unter www.bafin.de/Aufsicht/Schnellzugriff/MVP Portal/Meldeplattform heruntergeladen werden.
38 Vgl. hierzu auch KölnKomm/*Eufinger* § 9 Rn. 55 f.

Börse einbezogen ist. Nur für Finanzinstrumente, die ausschließlich an einem deutschen Freiverkehr gehandelt werden, kommt für solche Unternehmen eine Meldepflicht an die BaFin in Betracht.[39] Um zu gewährleisten, dass trotzdem jede Aufsichtsbehörde über die Daten sämtlicher an ihren Börsen abgeschlossenen Geschäfte verfügt, werden die jeweiligen Daten, wie bereits dargestellt,[40] zwischen den Aufsichtsbehörden über das Datenaustauschsystem TREM in einem Minimalformat ausgetauscht.

II. Meldepflicht deutscher Zweigniederlassungen

Diese Vorgabe wird in den Fällen problematisch, in denen zwar die Hauptniederlassung des jeweiligen Instituts ihren Sitz in einem anderen Mitgliedstaat des EWR hat und in Deutschland demnach nur begrenzt meldepflichtig ist, aber in Deutschland eine unselbstständige Zweigniederlassung unterhält. Im Gegensatz zu einer Tochtergesellschaft, der eine eigene Rechtspersönlichkeit zukommt und die daher bereits dem Begriff des Wertpapierdienstleistungsunternehmens unterfallen kann, wenn sie in Deutschland ihren Sitz hat, fehlt diese eigene Rechtspersönlichkeit der Zweigniederlassung. Eine solche ist in Art. 4 Abs. 1 Nr. 26 MiFID als rechtlich unselbstständige Betriebsstelle einer Wertpapierfirma definiert, die nicht selbst Träger von Rechten und Pflichten sein kann,[41] was bereits durch Art. 1 Nr. 3 BankenRL so vorgegeben worden war.[42] Für solche unselbstständigen Zweigniederlassungen statuiert § 9 Abs. 1 S. 1 WpHG jedoch eine eigene Meldepflicht. Diese Meldepflicht greift nach der Vorgabe von Art. 32 Abs. 7 MiFID allerdings nur dann ein, wenn die Zweigniederlassung das Geschäft im Hoheitsgebiet des Mitgliedsstaates abschließt, in dem die Zweigniederlassung ihren Sitz hat. Für alle anderen Geschäfte sind Meldungen an die Aufsichtsbehörde des Heimatstaates der Hauptniederlassung abzugeben.

46

Beispiel: Unterhält eine englische Bank (B1) eine Zweigniederlassung in Deutschland (Z1), so ist diese nur für diejenigen Geschäfte an die BaFin meldepflichtig, die auf deutschem Hoheitsgebiet, also z.B. an Xetra oder Eurex abgeschlossen wurden. Die übrigen Geschäfte, z.B. solche an der Euronext oder London Stock Exchange (LSE) sind an die FSA als für B1 zuständige Aufsichtsbehörde zu melden.[43] Um zu vermeiden, dass die Zweigniederlassung unter dieser Vorgabe zwei unterschiedliche Meldewege aufbauen muss, ist allerdings ein Wahlrecht der Zweigniederlassung vorgesehen. Sie kann sich dafür entscheiden, zusätzlich zu den ohnehin an die lokal für sie zuständige Aufsichtsbehörde (im Beispiel die BaFin) zu meldenden Geschäfte auch alle übrigen Geschäfte an diese Aufsichtsbehörde zu melden. Eine Meldung an die Aufsichtsbehörde des Heimatstaates der Hauptniederlassung (im Beispiel die FSA) kann im Fall der Ausübung dieses Wahlrechts daher vollständig unterbleiben.[44] Eine umgekehrte Ausübung des Wahlrechts dahingehend, dass die Zweigniederlassung sämtliche Geschäfte an die Heimataufsicht ihrer Hauptniederlassung melden darf, ist dagegen nicht möglich.

47

---

39 Siehe oben unter Rn. 7.
40 Siehe oben unter Rn. 38.
41 So auch Assmann/Schneider/*Assmann* § 2 Rn. 155; Boos/Fischer/Schulte-Mattler/*Vahldiek* § 53b Rn. 155; Schwennicke/*Auerbach* § 53 Rn. 9; Clouth/Lang/*Renz/Dippel* Rn. 924 f.; *Zeitz* WM 2008, 918, 922.
42 Dort wurde die Zweigniederlassung allerdings noch als „Zweigstelle" bezeichnet, vgl. Boos/Fischer/Schulte-Mattler/*Braun* § 24a Rn. 33.
43 Ziff. 8 ff. der CESR Level 3 Guidelines on MiFID Transaction reporting vom 29.5.2007, Ref: CESR/07-301, verfügbar unter www.esma.europa.eu/Documents.
44 Ziff. 13 der CESR Level 3 Guidelines on MiFID Transaction reporting, vgl. hierzu auch das Rundschreiben der BaFin Nr. 5/2008 (WA) zur Meldepflicht von Zweigniederlassungen europäischer Meldepflichtiger (branches) nach § 9 WpHG, das auch in englischer Sprache auf der Internetseite der BaFin zum Download verfügbar ist.

48 Die Feststellung alleine, dass es sich bei der Zweigniederlassung um eine grundsätzlich an die BaFin meldepflichtige „Person" handelt, hilft für sich genommen jedoch noch nicht viel weiter. Nicht ganz leicht zu beantworten ist nämlich die weitere Frage, für welche Fälle diese Meldepflicht tatsächlich eingreift, weil auch die Voraussetzung eines meldepflichtigen **Geschäfts** im konkreten Fall erfüllt sein muss.

49 Als bewertbare Handlungsweisen der Zweigniederlassung kommen in melderechtlicher Hinsicht
- die Entgegennahme von Kundenaufträgen und deren Weiterleitung an die Hauptniederlassung,
- die Entgegennahme von Kundenaufträgen und deren selbstständige Ausführung durch die Zweigniederlassung im Wege des Kommissionsgeschäfts oder Eigenhandels (für andere) und
- die Ausführung von Eigengeschäften ohne Kundenbezug

in Betracht.

50 Als melderechtlich relevant können diese Vorgänge nur dann eingestuft werden, wenn es sich bei diesen um Geschäfte im Sinne des Art. 5 MiFID-DVO, also um schuldrechtliche Kaufvertragsabschlüsse handelt. Hier stellt sich das Problem, dass eine Zweigniederlassung aufgrund ihrer fehlenden Rechtspersönlichkeit keine rechtlich bindenden Erklärungen abgeben und damit nicht Partei eines schuldrechtlichen Vertrages werden kann, was aber nach Art. 5 MiFID-DVO für das Vorliegen eines meldepflichtigen Geschäfts erforderlich wäre. Schuldrechtlich verpflichtet wird durch den Geschäftsabschluss vielmehr immer die Hauptniederlassung. Diese rechtliche Vorgabe ignoriert Art. 32 Abs. 7 MiFID jedoch und sieht trotzdem eine eigenständige Meldepflicht für Zweigniederlassungen vor. Der Begriff des „Geschäfts" ist daher in Bezug auf die Handlungen von Zweigniederlassungen untechnisch zu verstehen, sodass eine Meldepflicht der Zweigniederlassung immer dann besteht, wenn die vorgenommene Handlung unmittelbar zu dem letztlichen Vertragsabschluss führt, auch wenn durch diesen die Hauptniederlassung rechtlich verpflichtet wird. In den Fällen b) und c) besteht daher eine Meldepflicht der Zweigniederlassung, während im Fall a) die bloße Weiterleitung des Auftrags an die Hauptniederlassung nicht unmittelbar in den Vertragsschluss mündet und daher der letztlich abgeschlossene Kaufvertrag als ein Geschäft der Hauptniederlassung anzusehen ist, das nur für diese eine Meldepflicht auslöst.[45]

51 Trotz der Feststellung, dass ein meldepflichtiges Geschäft abgeschlossen wurde, kann es bisweilen schwierig sein, abzugrenzen, ob es sich bei diesem Geschäft um ein solches handelt, das durch die Zweig- oder die Hauptniederlassung abgeschlossen wurde, da in der Praxis oft dieselben Orderrouting- und Handelssysteme von Zweig- und Hauptniederlassung verwendet werden, die Mitarbeiter der Zweigniederlassung über die Börsenzulassung der Hauptniederlassung handeln, etc. Dem Leser ein Abgrenzungsinstrumentarium an die Hand zu geben, das in allen in Betracht kommenden Einzelfällen Verwendung finden kann, würde den Rahmen dieser Bearbeitung bei weitem sprengen, allerdings können einige klare, in allen Einzelfällen gültige Abgrenzungskriterien aufgestellt werden. Zum einen ist, wie bereits erwähnt, für die Abgrenzung von Geschäften der Zweig- und Hauptniederlassung vollständig irrelevant, wer aus dem Geschäft rechtlich verpflichtet wird. Zum anderen ist irrelevant, wo die betreffenden Kundendepots geführt werden und welche Börsenzulassung für den Handel verwendet wird. Da rechtliches Zuordnungsobjekt stets die Hauptniederlassung ist, würde man unter Zugrundelegung dieser Abgrenzungskriterien nie zu einer eigenständigen Meldepflicht der Zweigniederlassung gelangen, was nicht dem Sinn und Zweck des Art. 32 Abs. 7 MiFID entsprechen würde. Vielmehr ist der Blick allein auf die Frage nach der tatsächlichen Tätigkeit im Rahmen des Geschäftsabschlusses zu richten.

---

45 Vgl. hierzu auch das Rundschreiben der BaFin Nr. 5/2008 (WA).

Schließt die Zweigniederlassung eigenständig Geschäfte für eigene Rechnung oder mit Kundenbezug ab, ohne dass die Hauptniederlassung in den Orderfluss involviert ist oder auf den Geschäftsabschluss Einfluss nehmen kann, liegt zweifelsfrei ein Geschäft der Zweigniederlassung vor. Dagegen handelt es sich insbesondere dann um ein Geschäft der Hauptniederlassung, wenn der erhaltene Kundenauftrag über ein elektronisches Orderrouting-System bzw. telefonisch an die Hauptniederlassung weitergegeben und dort ausgeführt bzw. von Mitarbeitern der Zweigniederlassung direkt in das Handelssystem der Hauptniederlassung eingegeben wird.[46]

J. Meldepflicht gem. Art. 9 EMIR

Neben die Meldepflicht gem. § 9 WpHG tritt mit Art. 9 EMIR eine weitere Meldepflicht für Derivategeschäfte, die im Folgenden kurz beleuchtet werden soll. **52**

Die Verordnung (EU) Nr. 648/2012 über OTC-Derivate, zentrale Gegenparteien und Transaktionsregister ist zum 16.8.2012 in Kraft getreten und enthält neben zahlreichen anderen Regelungen über Clearingpflichten und Zugangsvoraussetzungen zu Handelsplätzen sowie zentralen Kontrahenten in Art. 9 eine Meldepflicht für den Abschluss von Derivatekontrakten. Auch wenn der Titel der Verordnung etwas anderes vermuten lässt, beschränkt sich diese Meldepflicht nicht auf OTC-Derivate, sondern greift für sämtliche Derivate,[47] ob börslich oder außerbörslich gehandelt, ein. **53**

Diese Meldepflicht enthält einige wesentliche Unterschiede zu der gem. § 9 WpHG. Während von § 9 WpHG nur der schuldrechtliche Vertragsabschluss erfasst wird und eine Meldepflicht an die BaFin auslöst, erfasst die Meldepflicht gem. Art. 9 EMIR nicht nur den Abschluss von Derivatekontrakten, sondern auch deren Änderung und vorzeitige Beendigung. Alle diese Ereignisse sind von den Kontrahenten des Derivatekontrakts nicht an die BaFin, sondern an ein Transaktionsregister zu melden. Erst in einem zweiten Schritt nimmt die BaFin Zugriff auf die in diesem Register gespeicherten Daten, um diese für ihre Aufsichtszwecke zu verwenden. Ein weiterer wesentlicher Unterschied liegt im Anwendungsbereich beider Vorschriften im Hinblick auf die meldepflichtigen Unternehmen. Während § 9 WpHG eine Meldepflicht für Wertpapierdienstleistungsunternehmen, Zweigniederlassungen, zentrale Kontrahenten und ausländische Handelsteilnehmer normiert,[48] greift die Meldepflicht gem. Art. 9 EMIR für finanzielle und nicht-finanzielle Gegenparteien ein. Der Begriff der finanziellen Gegenpartei ist in Art. 2 Nr. 8 abschließend definiert und enthält neben Wertpapierfirmen[49] u.a. Versicherungsunternehmen und Investmentfonds. Unter den Begriff der nicht-finanziellen Gegenpartei fallen dagegen alle Unternehmen, die innerhalb der EU errichtet wurden und keine finanzielle Gegenpartei sind. **54**

Die Aufteilung in finanzielle und nicht-finanzielle Gegenparteien hat auf der einen Seite zur Folge, dass von der neuen Meldepflicht gem. Art. 9 EMIR wesentlich mehr Unternehmen betroffen sein werden, als von der gem. § 9 WpHG. Auf der anderen Seite führt sie dazu, dass Wertpapierdienstleistungsunternehmen sowohl in den Anwendungsbereich von **55**

---

46 Vgl. zu dieser Abgrenzung auch das Rundschreiben der BaFin Nr. 5/2008 (WA) sowie *Zeitz* WM 2008, 918, 922 f.
47 Art. 2 Nr. 5 EMIR verweist insoweit auf die Auflistung in Anhang I Abschnitt C Nr. 4–10 der MiFID.
48 Siehe oben Rn 7 ff.
49 Der Begriff „Wertpapierfirma" entstammt der MiFID (Art. 4 Abs. 1 Nr. 1) und ist in § 2 Abs. 4 WpHG als „Wertpapierdienstleistungsunternehmen" in deutsches Recht umgesetzt worden.

§ 9 WpHG fallen, als auch in den von Art. 9 EMIR. Diese Unternehmen werden daher mit einer doppelten Meldepflicht konfrontiert, zumindest insoweit, als börsengehandelte Derivate betroffen sind, die sowohl gem. § 9 WpHG an die BaFin, als auch gem. Art. 9 EMIR an ein Transaktionsregister zu melden sind. Um dieser Doppelung der Meldepflicht entgegenzuwirken, sieht die Entwurfsfassung von Art. 23 MiFIR vor, dass die Meldung eines Geschäfts gem. Art. 9 EMIR an ein Transaktionsregister ggf. ausreichen kann, um auch die Meldepflicht an die Aufsichtsbehörde als ausreichend anzusehen.[50]

56 Im Gegensatz zu der Meldepflicht gem. § 9 WpHG handelt es sich bei Art. 9 EMIR um eine Regelung in einer europäischen Verordnung, die unmittelbar gilt, ohne zuvor in deutsches Recht umgesetzt werden zu müssen. Demzufolge besteht nicht die Möglichkeit, auf nationaler Ebene Vorgaben vergleichbar der Wertpapierhandel-Meldeverordnung zu erlassen, mit denen der Inhalt der Meldung, insbesondere die zu befüllenden Meldefelder definiert werden. Diese Konkretisierung ist stattdessen auf europäischer Ebene erfolgt, indem dort technische Standards entwickelt wurden, denen ebenfalls der Status einer unmittelbar geltenden europäischen Verordnung zukommt. Diese technischen Standards sind unterteilt in einen regulatorischen[51] und einen technischen[52] Teil. Während in dem regulatorischen Teil Vorgaben zum Inhalt der abzugebenden Meldung enthalten sind, gibt der technische Teil konkrete Anweisungen, wie die einzelnen der insgesamt 85 Meldefelder technisch zu befüllen sind (z.B. im Hinblick auf zu verwendende ISO-Standards, Feldlängen etc.).

K. Ausblick: Überarbeitung der MiFID

57 Derzeit befindet sich die MiFID in Überarbeitung. Zum Redaktionsschluss liegt noch keine finale Fassung des neuen Regelwerks vor, es sind aber schon einige richtungsweisende Punkte absehbar, die hier kurz dargestellt werden sollen.

I. Neufassung der Meldepflicht in Art. 23 MiFIR

58 Eine entscheidende Neuerung liegt in der vorgesehenen Unterteilung des Regelwerks in einen Richtlinien- und einen Verordnungsteil. Während einige Bereiche weiterhin in der MiFID geregelt bleiben werden und damit der Umsetzung in nationales Recht bedürfen, wird der derzeit geltende Art. 25 Abs. 3 MiFID, der durch § 9 WpHG in deutsches Recht umgesetzt worden ist, durch die Regelung in Art. 23 MiFIR ersetzt werden. Die Meldepflicht wird dementsprechend aus der Richtlinie herausgelöst und zukünftig Teil einer unmittelbar geltenden EU-Verordnung, die nicht in deutsches Recht umgesetzt wird, sondern unmittelbar im gesamten EU-Raum gelten wird. Dieses neue Konzept wird zum einen dazu führen, dass das Meldewesen innerhalb Euro-

---

50 Siehe dazu unten Rn. 58.
51 Delegierte Verordnung (EU) Nr. 148/2013 der Kommission vom 19.12.2012 zur Ergänzung der Verordnung (EU) Nr. 648/2012 des Europäischen Parlaments und des Rates über OTC-Derivate, zentrale Gegenparteien und Transaktionsregister bezüglich technischer Regulierungsstandards für die Mindestangaben der Meldungen an Transaktionsregister, abgedruckt in AblEU Nr. L 52/1.
52 Durchführungsverordnung (EU) Nr. 1249/2012 der Kommission vom 19.12.2012 zur Festlegung technischer Durchführungsstandards im Hinblick auf das Format der gemäß der Verordnung (EU) Nr. 648/2012 des Europäischen Parlaments und des Rates über OTC-Derivate, zentrale Gegenparteien und Transaktionsregister von zentralen Gegenparteien aufzubewahrenden Aufzeichnungen, abgedruckt in AblEU Nr. L 352/32.

pas weitgehend harmonisiert wird, da dieselben Vorgaben zukünftig in sämtlichen Mitgliedsstaaten einheitlich gelten werden. Zum anderen wird damit aber auch der Raum für die Berücksichtigung nationaler Besonderheiten erheblich eingeschränkt, die z.B. durch unterschiedliche Rechtssysteme, unterschiedliche Marktstrukturen und unterschiedliche Handelskonzepte der jeweiligen nationalen Marktteilnehmer bedingt sind. Auch insoweit ist vorgesehen, technische Regulierungsstandards zu verschiedensten Fragen auf europäischer Ebene zu erlassen, um dort eine einheitliche Handhabung zahlreicher Punkte, wie z.B. die Kunden-Identifizierung, oder die Meldepflichten von Zweigniederlassungen zu regeln.

II. Vermeidung von Doppelmeldungen gem. Art. 23 MiFIR und Art. 9 EMIR

Zentrale Bedeutung wird der Regelung zukommen, die vorgesehen ist, um Doppelmeldungen unter Art. 23 MiFIR und Art. 9 EMIR zu vermeiden.[53] In Art. 23 Nr. 6 MiFIR-E ist vorgesehen, dass eine Meldung gem. Art. 9 EMIR an ein Transaktionsregister dann ausreichend sein soll, um die Meldepflicht gem. Art. 23 Abs. 1 MiFIR als erfüllt anzusehen, wenn die Meldung an das Transaktionsregister inhaltlich den in Art. 23 MiFIR gestellten Anforderungen genügt und das Transaktionsregister die Meldung an die zuständige Aufsichtsbehörde weitergeleitet hat. Unter welchen Voraussetzungen die inhaltliche Vergleichbarkeit der Meldungen hergestellt werden kann und welche Anforderungen an die Versendung der Meldung durch das Transaktionsregister zu stellen sind, wird noch auf europäischer Ebene in den entsprechenden Arbeitsgruppen zu erörtern sein.

59

---

53 Siehe oben Rn. 54.

18. Kapitel
Wertpapierdienstleistungen: Kundenberatung

A. Einleitung: Anlageberatung von Kunden im Spannungsfeld

Die Anlageberatung von Kunden,* also die Kundenberatung, ist eine sehr komplexe Angelegenheit. Anlageberater* arbeiten in einem Spannungsfeld zwischen der Erfüllung aufsichts- und zivilrechtlicher Anforderungen im Sinne des Anlegerschutzes und geschäftlichem Erfolg.[1] Es macht die professionelle Kunst des Anlageberaters aus, die Vielzahl der Kunden im Rahmen dieses Spannungsfeldes in jedem Einzelfall möglichst gut zu beraten, ohne die wirtschaftlichen Aspekte aus dem Auge zu verlieren. Was charakterisiert dieses Spannungsfeld, das in der Praxis oft zu sehr unterschiedlichen Bewertungen führt, ob eine Anlageberatung überhaupt durchgeführt worden ist, ob sie den rechtlichen Anforderungen genügt hat und wie genau sie dokumentiert werden muss? Anleger, interne sowie externe Prüfer und das Wertpapierdienstleistungsunternehmen selbst kommen häufig zu sehr divergenten Ergebnissen.

I. Die erste Seite des Spannungsfelds: Die Erfüllung der rechtlichen Anforderungen

Die vielfältigen aufsichts- und zivilrechtlichen Regelungen bilden die erste Seite des Spannungsfelds. Das Wertpapierdienstleistungsunternehmen, das Anlageberatung für Kunden anbietet und durchführt, ist in erster Linie der Adressat dieser Anforderungen. Sie müssen erfüllt werden, um rechtliche Nachteile zu vermeiden. Der Anlageberater ist dabei derjenige, der in der Praxis handelt und dessen Handeln dem Wertpapierdienstleistungsunternehmen zugerechnet wird. Auf den Berater, seine Professionalität und Sorgfalt kommt es maßgeblich bei der Erfüllung der rechtlichen Anforderungen an.

1. Aufsichtsrechtliche Aspekte

Das für die Anlageberatung maßgebliche Aufsichtsrecht ist seit jeher ständig im Fluss, ohne dass ein Ende abzusehen wäre. Es folgt dem Grundsatz der stetigen Verbesserung und Optimierung des Anlegerschutzes. Seit Inkrafttreten des Wertpapierhandelsgesetzes (abgekürzt: WpHG) ist die Anlageberatung „im Interesse des Kunden" zu erbringen; in der aktuellen Fassung findet sich dieser Grundsatz ausdrücklich in § 31 Abs. 1 Nr. 1 WpHG. Dies hat einen sehr nachvollziehbaren Grund: Der Anleger braucht Unterstützung in seinen Vermögensangelegenheiten und wendet sich an das Wertpapierdienstleistungsunternehmen und den Anlageberater seiner Wahl. Die Anlageberatung ist hierbei eine sehr persönliche und wichtige Angelegenheit, da sie die Vermögensinteressen des Anlegers direkt betrifft. Damit sind die Professionalität des Wertpapierdienstleistungsunternehmens und die Sachkunde und Zuverlässigkeit des Beraters wichtige Voraussetzungen, damit das Vertrauen des Anlegers gerechtfertigt ist.

---

* Kunden des Wertpapierdienstleistungsunternehmens sind in diesem Kapitel die Anleger. Kunde und Anleger wird in der Regel synonym verwandt. Unter Kundenberatung wird die Anlageberatung nach WpHG verstanden. Auch wenn von einer Tätigkeit des Beraters die Rede ist, bleibt die Erfüllung der Pflicht eine solche des Wertpapierdienstleistungsunternehmens.
Männliche und weibliche Formen werden nachfolgend aus Verständlichkeitsgründen nur in einer Form genannt.

1 *Theißen* in Böhlen/Kan (Hrsg.), MiFID-Kompendium, 2008, S. 194 f.

4 Zur Sachkunde des Anlageberaters gehört es, die zahlreichen, sich kontinuierlich ändernden Anforderungen des Aufsichtsrechts an seine Tätigkeit zu kennen, um dem Anlegerschutz Rechnung tragen zu können. Zum Aufsichtsrecht gehören nicht nur das WpHG, sondern auch verschiedene Verordnungen und Rundschreiben der Aufsichtsbehörden, insbesondere die MaComp.[2] Weiterhin ist der Gesetzgeber im Bereich Anlegerschutz sehr aktiv. Exemplarisch sind seit der Umsetzung der MiFID in deutsches Recht im Jahre 2007 zu nennen[3]

- die Einführung des Beratungsprotokolls,
- die Einführung der Produktinformationsblätter,
- die Erweiterung des Anwendungsbereichs des WpHG auf Vermögensanlagen,
- die WpHG-Mitarbeiteranzeigeverordnung.[4]

Ein Ende ist nicht in Sicht: Die MiFID II ist bereits auf dem Weg.[5]

5 Bereits diese kurze Einführung zeigt, dass es zur professionellen Beratung der Kunden nach WpHG erforderlich ist, den Beratungsprozess den wechselnden Anforderungen anzupassen. Dies ist bei der Schnelligkeit der rechtlichen Änderungen kein leichtes Unterfangen, mit Umsetzungsaufwand und Anforderungen an den Berater persönlich verbunden. Die aufsichtsrechtlichen Fragestellungen lassen sich unter dem Gesichtspunkt der obersten Maxime des Aufsichtsrechts, des Anlegerschutzes, meist lösen. Unbestritten ist, dass die Folgen eines Verstoßes gegen das Aufsichtsrecht aus naheliegenden Gründen zu vermeiden sind. Anders gewendet ist die Einhaltung der aufsichtsrechtlichen Regelungen aber auch kein Selbstzweck. Vielmehr kann sie andere positive Effekte nach sich ziehen: die Kundenzufriedenheit steigt, wenn es gelingt, dem Kunden die auch für ihn nicht immer einfachen Anforderungen des Aufsichtsrechts (Thema: Beratungsprotokoll bei Privatkunden) unter dem Gesichtspunkt des Anlegerschutzes nahezubringen. Neben den Schutz des Kunden tritt zusätzlich der Schutz des eigenen Hauses und des Beraters für den Fall, dass Kunden unberechtigte Beschwerden oder Klagen führen.

2. Zivilrechtliche Aspekte

6 Neben dem Aufsichtsrecht spielen auch zivilrechtliche Aspekte bei der Anlageberatung eine Rolle.[6] Der Anlageberatungsvertrag ist gesetzlich nicht geregelt. Seit der Bond-Entscheidung des BGH[7] gelten die Grundsätze der anleger- und anlagegerechten Beratung. Diese berühmte Entscheidung war der Anfang einer unzähligen Anzahl von Gerichtsentscheidungen. Es besteht Anlass für die Wertpapierdienstleistungsunternehmen und für die Berater, sich in sehr schneller Taktung mit den Änderungen der Rechtsprechung zu befassen. Beispielhaft sei hier die sog. „Kick-Back"-Rechtsprechung des BGH[8] genannt, deren Ende noch nicht abzusehen ist. Zukünftig sind stets neue Aspekte eher wahrscheinlich, wie die BGH-Rechtsprechung zu Swaps[9] zeigt. Der Wandel und die Anforderungen, denen die Anlageberatung zu entsprechen hat, sind auch in diesem Bereich hoch.

---

2 Rundschreiben 4/2010 WA – Mindestanforderungen an die Compliance-Funktion und die weiteren Verhaltens-, Organisations- und Transparenzpflichten nach §§ 31 ff. WpHG für Wertpapierdienstleistungsunternehmen, zu finden unter www.bafin.de.
3 Siehe zu den gesetzlichen Regelungen unten Rn. 15.
4 BGBl I 2011, 3116.
5 Siehe unten Rn. 312 ff.
6 Siehe unten Rn. 305 ff.
7 *BGH* Urteil vom 6.7.1993, Az. XI ZR 12/93, BB 1993, 1903.
8 Ausführliche Darstellung der Kick-Back-Rechtsprechung bei Ellenberger/Schäfer/Clouth/Lang/ *Ellenberger* Praktikerhandbuch Wertpapier- und Derivategeschäft, Rn. 1028 ff.
9 Kritisch zur Swap-Rechtsprechung: *Herresthal* ZIP 2013, 1049 ff.

3. Auswirkungen auf die Praxis

Die Anlageberatung ist geprägt durch fließende Anforderungen, die rund um den Fixpunkt der Verbesserung des Anlegerschutzes entwickelt werden. Der bei der Umsetzung dieser Anforderungen anfallende Aufwand ist eine notwendige Konsequenz des – an sich – guten Grundsatzes des Schutzes der Anleger, auf deren finanzielle Mittel und Vermögen, zumindest teilweise, die Kundenberatung Einfluss hat. Das anlageberatende Wertpapierdienstleistungsunternehmen und die Anlageberater sind selbst gut beraten, sich hier professionell aufzustellen, die rechtlichen Anforderungen mit der gebotenen Sorgfalt zu erfüllen und den sich aus der Umsetzung ergebenden Aufwand in ihr Geschäftsmodell einzukalkulieren.

II. Die zweite Seite des Spannungsfelds: Das geschäftliche Interesse

Anlageberatung für Kunden ist kein Selbstzweck. Sie ist eine Dienstleistung, die zwar im Interesse des Anlegers zu erbringen ist, die aber auch einen Geschäftszweig der Wertpapierdienstleistungsunternehmen darstellt, der zu Einnahmen für das Unternehmen führen soll. Anlageberater sind selbstverständlich von ihren Unternehmen, für die sie arbeiten, dazu angehalten, effektiv und wirtschaftlich zu arbeiten und im Rahmen der Beratung auch zu Geschäftsabschlüssen zu kommen, welche Einnahmen für das Unternehmen generieren. Hierzu gehört auch das Thema der Honorarberatung, das nunmehr durch das Gesetz zur Förderung und Regulierung einer Honorarberatung über Finanzinstrumente geregelt wird.[10] Die Honorarberatung ist zukünftig neben der provisionsbasierten Anlageberatung möglich.

Wie ist nun das geschäftliche Interesse mit den rechtlichen Anforderungen der Anlageberatung in die Waage zu bringen? Stellt der Berater den Vertrieb von Produkten, das Marketing und den wirtschaftlichen Erfolg der Anlageberatung in den Vordergrund, dann läuft er Gefahr, die Anforderungen an die Information und Aufklärung des Kunden, insbesondere im Hinblick auf die Risiken des empfohlenen Produktes, weniger zu gewichten. Ein rechtlich erhebliches Risiko ist die Folge. Stellt der Berater andererseits die Erfüllung der rechtlichen Anforderungen in den Vordergrund, ohne einen Blick auf die geschäftliche Seite der Anlageberatung zu haben, besteht die Gefahr, dass er unwirtschaftlich arbeitet. Die professionelle Kunst im Rahmen der Anlageberatung besteht also darin, beide Seiten in Einklang zu bringen.

III. Das richtige Maß in der Praxis zwischen den beiden Seiten des Spannungsfelds

Wie findet man in der Praxis der Anlageberatung das richtige Maß in diesem Spannungsfeld? Die oberste Maxime bei der Beantwortung von Zweifelsfragen ist das vom Gesetzgeber benannte Ziel des Anlegerschutzes. Die Einhaltung der gesetzlichen Regelungen, nicht als Selbstzweck, sondern als wohlverstandener Maßstab für die Anlageberatung und der Schutz des Vertrauens, das der Anleger seinem Berater bei der Beratung entgegenbringt, sind die Leitlinien.

Die tägliche Arbeit des Beraters wird erleichtert, wenn ihm das Spannungsfeld bewusst ist und er Unterstützung seitens des Wertpapierdienstleistungsunternehmens erfährt. Hierzu gehört auch die Förderung des Verständnisses des Beraters für die komplexen Zusammen-

---

10 Verabschiedet im Bundestag am 25.4.2013, BT-Drucks. 17/13131.

18 *Wertpapierdienstleistungen: Kundenberatung*

hänge und die sich stets wandelnden Anforderungen. Vom professionellen Handeln des Beraters und seiner Sorgfalt hängt es entscheidend ab, das richtige Maß zwischen der Beachtung der gesetzlichen Rahmenbedingungen und dem erfolgreichen Geschäft mit den Kunden zu finden, die dem Wertpapierdienstleistungsunternehmen ihr Vermögen ein Stück weit anvertrauen. Sorgfalt in der Anwendung der gesetzlichen Regelungen und Achtsamkeit gegenüber dem Vertrauen, das die Kunden ihrem Berater entgegenbringen, sind wichtige Ansatzpunkte für das richtige Maß zum Ausgleich des Spannungsfeldes.

B. Aufsichtsrechtliche Anforderungen an die Anlageberatung

12   Die rechtlichen Anforderungen des Aufsichtsrechts an die Anlageberatung sind umfangreich und in stetem Wandel. Daher handelt es sich bei diesem Kapitel um eine Zusammenfassung der aufsichtsrechtlichen Rahmenbedingungen. Gleich vorweg sei betont, dass die Einhaltung dieser Pflichten sehr sorgfältig vorgenommen werden muss, zum einen aus Gründen des professionellen Selbstverständnisses, zum anderen aus Gründen der Erhaltung des Vertrauens der Anleger. Ein Pflichtenverstoß hätte darüber hinaus auf beiden Ebenen Konsequenzen: § 39 Abs. 2 WpHG sieht Bußgelder in unterschiedlicher Höhe vor, wenn gegen die Pflichten im Zusammenhang mit der Anlageberatung verstoßen wird.[11] Der Anleger, dem gegenüber die Anlageberatung nicht ordnungsgemäß erbracht wird, wird als Kunde (wohl) verloren sein.

I. Die rechtlichen Grundlagen des Aufsichtsrechts

13   Die rechtlichen Grundlagen, aus denen sich die aufsichtsrechtlichen Pflichten des Anlageberaters ergeben, resultieren primär aus Gesetzen und Verordnungen, sind also gestuft. Hinzu kommen Rundschreiben und Veröffentlichungen der BaFin als Aufsichtsbehörde. Die Vielzahl der anzuwendenden Regelungen ist einer der Gründe, warum nicht immer Konsens in der Frage besteht, was im Einzelfall einer konkreten Anlageberatung zu tun und zu unterlassen ist. Dies erklärt auch, warum Anlageberater häufiger darüber klagen, dass Prüfer, seien es interne oder auch externe Prüfer, im Einzelfall unterschiedliche Auffassungen über die ordnungsgemäße Erfüllung der einzelnen Pflichten haben. Im Einzelnen:

1. Wertpapierhandelsgesetz

14   Das WpHG ist für die Anlageberatung im deutschen Recht die gesetzliche Ausgangsregelung. Es definiert die Anlageberatung in § 2 Abs. 3 Nr. 9 WpHG und legt die aufsichtsrechtlichen Pflichten fest, insbesondere im 6. Abschnitt.

15   In der Vergangenheit ist das WpHG immer wieder durch andere Gesetze inhaltlich geändert worden. Sie alle hatten das Ziel, den Anlegerschutz weiter zu verbessern. Die Taktung ist seit der MiFID im November 2007 sehr hoch. Als Beispiele seien angeführt:
– das Gesetz zur Neuregelung der Rechtsverhältnisse bei Schuldverschreibungen aus Gesamtemissionen und zur verbesserten Durchsetzbarkeit von Ansprüchen von Anlegern aus Falschberatung vom 31.7.2009,[12] das insbesondere die Pflicht zur Erstellung eines Beratungsprotokolls bei der Beratung von Privatkunden ab dem 1.1.2010 mit dem Ziel regelt, die Beweissituation des Anlegers zu verbessern;

---
11 Siehe unten Rn. 300.
12 BGBl I 2009, 2512 ff.

– das Gesetz zur Stärkung des Anlegerschutzes und zur Verbesserung der Funktionsfähigkeit des Kapitalmarkts vom 5.4.2011,[13] das insbesondere Änderungen im Hinblick auf den Einsatz von Produktinformationsblättern ab dem 1.7.2011 enthält;
– das Finanzanlagenvermittler- und Vermögensanlagengesetz vom 6.12.2011, das Vermögensanlagen als Finanzinstrumente qualifiziert und die Pflichten der §§ 31 ff. WpHG damit ab dem 1.6.2012 auf Vermögensanlagen erstreckt und z.B. geschlossene Fonds oder Beteiligungen in den Anwendungsbereich des WpHG aufnimmt.[14]

2. Verordnungen

Ergänzt wird das WpHG durch eine Vielzahl von Verordnungen, welche die gesetzlichen Vorgaben weiter konkretisieren, insbesondere sind die folgenden Verordnungen von praktischer Bedeutung: **16**

a) WpDVerOV

Für die Anlageberatung ist die Verordnung zur Konkretisierung der Verhaltensregeln und Organisationsanforderungen für Wertpapierdienstleistungsunternehmen (abgekürzt: WpDVerOV) besonders wichtig.[15] Sie ergänzt insbesondere die allgemeinen Verhaltensregeln der §§ 31 ff. WpHG und enthält u.a. konkretisierende Regelungen für die Gestaltung von Informationen,[16] die an Privatkunden verteilt werden, im Hinblick auf die Einholung von Kundenangaben im Vorfeld der Anlageberatung[17] und die Anforderungen an das Beratungsprotokoll[18] einschließlich der Gestaltung und den Einsatz vom Produktinformationsblättern. **17**

b) WpHG-Mitarbeiteranzeigeverordnung

Am 1.11.2012 ist die WpHG-Mitarbeiteranzeigeverordnung (abgekürzt: WpHGMaAnzV)[19] in Kraft getreten, die § 34d WpHG konkretisiert. Sie legt die Voraussetzungen fest, unter denen ein Mitarbeiter bei einem Wertpapierdienstleistungsunternehmen als Anlageberater tätig sein darf. Weiterhin regelt sie die Anzeigen zum Mitarbeiter- und Beschwerderegister und die Sanktionen bei Verstößen. Der Adressat dieser Verordnung ist in erster Linie das Wertpapierdienstleistungsunternehmen und nicht der Anlageberater selbst. Dennoch rückt der Anlageberater persönlich durch diese Verordnung mehr in den Fokus der Aufsichtsbehörde. **18**

c) WpDPV

Die Verordnung über die Prüfung der Wertpapierdienstleistungsunternehmen nach § 36 WpHG[20] (abgekürzt: WpDPV) regelt die Prüfungstätigkeit der externen Prüfer und der Wertpapieraufsicht. Hierzu gehört auch die Einhaltung der Pflichten im Rahmen der Anlageberatung, wie sich aus der Regelung zum Prüfungsbericht in § 6 WpDPV ergibt. **19**

3. MaComp und Anlageberatung

Für die ordnungsgemäße Durchführung der Anlageberatung ist ein Rundschreiben der BaFin, die sog. MaComp[21], von besonderer Bedeutung. Sie ist insbesondere auf alle Wert- **20**

---

13 BGBl I 2011, 538.
14 BGBl I 2011, 2481.
15 BGBl I 2007, 1432, zuletzt geändert durch Art. 5 des Gesetzes vom 5.4.2011 (BGBl I S. 538).
16 Siehe unten Rn. 83 ff., 243 ff.
17 Siehe unten Rn. 104 ff.
18 Siehe unten Rn. 177 ff.
19 Siehe unten Rn. 268 ff.
20 BGBl I 2004, 3515, geändert durch Art. 1 der Verordnung vom 14.5.2013, BGBl I S. 1264.
21 Mindestanforderungen an die Compliance-Funktion und die weiteren Verhaltens-, Organisations- und Transparenzpflichten nach §§ 31 ff. WpHG für Wertpapierdienstleistungsunternehmen (MaComp) vom 7.6.2010, zuletzt geändert am 7.12.2012.

papierdienstleistungsunternehmen im Sinne von § 2 Abs. 4 WpHG anzuwenden[22] und bietet nach eigener Zielsetzung, wie sie im AT 1 MaComp zum Ausdruck kommt, eine Orientierungshilfe für die Praxis, um der Förderung des Vertrauens der Anleger, der Stärkung der Kapitalmärkte sowie dem Schutz des Wertpapierdienstleistungsunternehmens und seiner Mitarbeiter zu dienen. Weiterhin soll durch die Einführung angemessener Maßnahmen das Risiko von aufsichtsrechtlichen Maßnahmen, Schadensersatzansprüchen und Reputationsschäden für Unternehmen gemindert werden.

21 Die MaComp stellt als Rundschreiben der BaFin die Verwaltungspraxis und das Verständnis der Aufsichtsbehörde zu einzelnen Regelungen des WpHG dar, das regelmäßig aktualisiert wird und über die Homepage der BaFin[23] öffentlich zugänglich ist. Die Erläuterungen in der MaComp werden allerdings von der BaFin selbst nach AT 1 Nr. 4 MaComp nicht als vollständig angesehen. Der fortlaufende Dialog mit der Praxis soll ausdrücklich fortgeführt werden und kann (und wird auch) zukünftig zu Anpassungen führen. Das Rundschreiben enthält Anforderungen, die nach der Verwaltungspraxis zwingend sind, darüber hinaus aber auch Empfehlungen als unverbindliche Vorschläge, wie einzelne Maßgaben praktisch umgesetzt werden können. Darüber hinaus gilt der sog. Proportionalitätsgrundsatz des AT 3.2 MaComp auch hier: Bei Ermittlung der jeweils angemessenen Vorkehrungen sind Art, Umfang, Komplexität und Risikogehalt des jeweiligen Geschäfts sowie Art und Spektrum der angebotenen Wertpapierdienstleistungen zu berücksichtigen. Die Flexibilität im Einzelfall bleibt, trotz Wahrung des Standards, erhalten.

22 Für die Anlageberatung enthält die MaComp ebenfalls wichtige Regelungen für die Praxis, insbesondere in AT 8 MaComp zu den Aufzeichnungspflichten, in BT 6 MaComp zum Beratungsprotokoll und in BT 7 MaComp zur Geeignetheitsprüfung sowie zur Einholung von Informationen. Die Einzelheiten werden inhaltlich bei den jeweiligen Pflichten erläutert.

4. Weitere Rundschreiben der BaFin

23 Zusätzlich ergeben sich Konkretisierungen der Pflichten im Rahmen der Anlageberatung durch Rundschreiben der BaFin,[24] wenn sie zu einzelnen Fragestellungen Erläuterungen zur Verfügung stellt. Diese sind für die Praxis hilfreich, um die Auslegung der BaFin als Aufsichtsbehörde zu kennen und im Rahmen der Durchführung der Anlageberatung berücksichtigen zu können. Inhaltlich werden diese Rundschreiben bei der Erläuterung der jeweiligen Pflichten berücksichtigt.

5. Hinweis für die Praxis

24 Die Vielzahl der zu beachtenden Regelungen, auch wenn sie eine unterschiedliche rechtliche Qualität haben, lässt die Situation für das Wertpapierdienstleistungsunternehmen und den Anlageberater in der Praxis komplex und gelegentlich auch unübersichtlich erscheinen. Der Berater benötigt die interne Unterstützung durch die Bereiche Recht und Compliance, um die sich ändernden rechtlichen Rahmenbedingungen jeweils zu verstehen und rechtzeitig anwenden zu können. Nur dann kann die Anlageberatung professionell für den Kunden durchgeführt und das vorgenannte Spannungsfeld in Einklang gebracht werden.

---

22 Zu Besonderheiten des Anwenderkreises und weiteren Einzelheiten, siehe auch AT 3.1 MaComp.
23 Siehe www.bafin.de.
24 Die Rundschreiben und Informationsblätter der BaFin werden auf der Homepage veröffentlicht: www.bafin.de.

II. Abgrenzung der Anlageberatung im aufsichtsrechtlichen Sinne

In der Praxis ist es für den Anlageberater wichtig, zu jedem Zeitpunkt des Kundengesprächs sicher feststellen zu können, ob er sich gerade in einer Anlageberatung mit dem Kunden befindet, ein beratungsfreies Geschäft durchführt, gegebenenfalls sogar als Execution-Only-Geschäft, dem Kunden „nur" eine Information übermittelt oder mit einem Interessenten spricht. Warum ist das so wichtig?

An die unterschiedlichen Situationen im Kundengespräch knüpfen sich unterschiedliche aufsichtsrechtliche Pflichten. Auch innerhalb eines Gesprächs mit dem Kunden können unterschiedliche Situationen auftreten. Bewertet der Anlageberater die Situation für sich im aufsichtsrechtlichen Sinne nicht korrekt, etwa weil er von der Übermittlung einer Information an seinen Kunden ausgeht, tatsächlich aber eine Anlageempfehlung anzunehmen ist, dann ist der Verstoß gegen aufsichtsrechtliche Pflichten vorprogrammiert. Hier lassen sich viele Missverständnisse und Fehler in der Praxis vermeiden, wenn der Berater sich bewusst und sicher in den unterschiedlichen Pflichtenkreisen der Anlageberatung, des beratungsfreien Geschäfts einschließlich des Execution-Only-Geschäfts und der „reinen" Information an den Anleger bewegen kann. Unter Risikogesichtspunkten ist es in jedem Fall geboten, dass der Anlageberater weiß, wie er auch in nicht eindeutigen Situationen „auf die sichere Seite" kommt. Folgende Unterscheidungen sind zu treffen:

1. Gesetzliche Definition der Anlageberatung in § 2 Abs. 3 Nr. 9 WpHG

Die Anlageberatung ist in § 2 Abs. 3 Nr. 9 WpHG definiert. Nach dieser Legaldefinition ist die Anlageberatung die Abgabe von persönlichen Empfehlungen an Kunden oder deren Vertreter, die sich auf Geschäfte mit bestimmten Finanzinstrumenten beziehen, sofern die Empfehlung auf eine Prüfung der persönlichen Umstände des Anlegers gestützt oder als für ihn geeignet dargestellt wird und nicht ausschließlich über Informationsverbreitungskanäle oder für die Öffentlichkeit bekannt gegeben wird. Sie ist eine Wertpapierdienstleistung. Konkretisierungen ergeben sich aufgrund des „Gemeinsamen Informationsblattes der BaFin und der Bundesbank zum Tatbestand der Anlageberatung".[25]

a) Die Empfehlung als zentrales Element

Das zentrale Element der Anlageberatung ist die persönliche Empfehlung.[26] Der Anlageberater beurteilt, ob ein bestimmtes Produkt für den konkreten Kunden geeignet ist, d.h. ob das empfohlene Produkt mit den Angaben des Kunden, abhängig von seiner Klassifizierung, in Einklang gebracht werden kann.[27] Zunächst informiert der Anlageberater den Kunden und klärt ihn insbesondere über die Wirkungsweise des Produktes, seine Chancen und Risiken und die mit dem Produkt verbundenen Kosten im Rahmen des Beratungsgespräches auf. Diese Information und Aufklärung ermöglicht es dem Kunden, das empfohlene Produkt zu verstehen und auf dieser informierten Grundlage seine Anlageentscheidung zu treffen. Die Anlageberatung als Empfehlung geht aber noch darüber hinaus und enthält ein wertendes Element.[28] Aus der Anlageberatung als Empfehlung folgen mehrere Aspekte,[26] die für die Praxis wichtig sind:

– Das Anlageberatungsgespräch ist zwar ein zentraler Punkt der Anlageberatung. Der Berater muss aber sorgfältig feststellen, ob und wie viele Empfehlungen er in diesem Gespräch abgegeben hat; dies kann von gar keiner Empfehlung bis hin zu mehreren Empfehlungen für die jeweiligen Anliegen des Kunden reichen.

---

25 Abrufbar auf www.bafin.de.
26 Assmann/Schneider/*Assmann* § 2 Rn. 113.
27 Siehe unten Rn. 158 ff., 172 ff.
28 Ellenberger/Schäfer/Clouth/Lang/*Braun/Lang/Loy*, Praktikerhandbuch Wertpapier- und Derivategeschäft, Rn. 283 mit weiteren Verweisen.

- Es ist unerheblich, auf wessen Initiative hin die Empfehlung abgegeben wird, ob auf Initiative des Wertpapierdienstleistungsunternehmens, auf Initiative des Kunden oder auf Initiative eines Dritten.
- Es ist weiterhin unerheblich, ob die Empfehlung aufgrund vertraglicher Verpflichtungen erteilt wird oder nicht. Entscheidend ist vielmehr, ob es sich nach dem objektiven Empfängerhorizont, also aus Sicht des Kunden, um eine Empfehlung handelt oder nicht.
- Schließlich kommt es nicht darauf an, ob der Kunde der Empfehlung des Beraters folgt oder ob sich an die Beratung ein Geschäft anschließt oder nicht.

b) Die persönliche Empfehlung, Abgrenzung zur bloßen Information

29 Die Empfehlung im Sinne der aufsichtsrechtlichen Anlageberatung muss eine persönliche Empfehlung sein. Dieses Merkmal bedeutet, dass der Berater die Empfehlung an den Kunden oder seinen Vertreter richten muss und die Empfehlung auf die persönlichen Umstände des Anlegers gestützt oder als für den Anleger geeignet dargestellt wird. Es kommt nicht darauf an, ob die persönlichen Umstände des Anlegers tatsächlich geprüft wurden.[29] Ausreichend ist nach dem objektiven Empfängerhorizont des Anlegers, dass dieser die Erklärungen so verstehen durfte, eine Prüfung seiner persönlichen Umstände sei erfolgt. Auch aus dem Merkmal der persönlichen Empfehlung lassen sich für die Praxis Rückschlüsse ziehen:

- Erhält ein Kunde allgemeine Anlagetipps, auch wenn ihm diese unaufgefordert zugesandt werden, ist es vertretbar anzunehmen, dass er hierauf nicht die Erwartung stützen kann, es handle sich um eine Empfehlung im Rahmen einer Anlageberatung. Dies gilt entsprechend für andere allgemeine Informationen wie z.B. Börsenbriefe oder Kapitalanlagemagazine.[30]
- Bei öffentlichen Veranstaltungen, bei denen bestimmte Finanzinstrumente oder Vermögensanlagen einem größeren Kreis von Personen vorgestellt werden,[30] ohne dass der Veranstalter die besonderen persönlichen Umstände kennt, fehlt es grundsätzlich ebenfalls an der persönlichen Empfehlung. Das kann unter Umständen sogar dann gelten, wenn die persönlichen Verhältnisse der Anwesenden dem Wertpapierdienstleistungsunternehmen rudimentär bekannt sind.
- Anders gewendet: Verschickt das Wertpapierdienstleistungsinstitut an ausgesuchte Kunden gleichlautende Empfehlungen, die ein oder mehrere bestimmte Produkte betreffen, kann dies eine persönliche Empfehlung sein, die als Anlageberatung zu qualifizieren ist, muss es aber nicht. Es kann sich auch um eine reine Information handeln. Das ist eine Frage der konkreten Ausgestaltung.

30 Entscheidend ist also der Einzelfall. Die Fragestellung, ob nach dem objektiven Empfängerhorizont ein Kunde davon ausgehen durfte, er erhalte eine Anlageberatung oder nicht, enthält ein Wertungselement. Bereits die Definition der Anlageberatung in § 2 Abs. 3 Nr. 9 WpHG sieht vor, dass diese nicht bei einer Information angenommen werden kann, die ausschließlich über Informationsverbreitungskanäle oder für die Öffentlichkeit bekannt gegeben wird.

31 Weiterhin folgt aus dem gesetzlichen Erfordernis der persönlichen Empfehlung, dass bloße Informationen über Finanzinstrumente allgemein oder über einzelne Finanzinstrumente sowie einzelne Aspekte von Finanzinstrumenten, wie z.B. Renditen, Preise oder Zinssätze, keine Empfehlungen im Sinne einer Anlageberatung sind, solange sich damit nicht konkrete Anlagevorschläge verbinden.[31] Auch hier kommt es wieder auf den objektiven Empfängerhorizont an.

---

29 Assmann/Schneider/*Assmann* § 2 Rn. 115.
30 Assmann/Schneider/*Assmann* § 2 Rn. 116.
31 Assmann/Schneider/*Assmann* § 2 Rn. 113.

c) Hinweis für die Praxis

Es ist in der Praxis wichtig, mit dem Kunden unmissverständlich zu kommunizieren und sich bewusst zu sein, ob eine Anlageberatung durchgeführt wird oder nicht. Nur dann besteht auch Klarheit darüber, welche aufsichtsrechtlichen Pflichten zu erfüllen sind. Wird „nur" eine Information übermittelt, ist hier ebenfalls eine klare Kommunikation erforderlich. Das kann durch ausdrückliche und schriftliche Hinweise auf den zur Verfügung gestellten Flyern und Unterlagen erfolgen, etwa durch entsprechende Disclaimer,[32] die verdeutlichen, dass es sich gerade nicht um eine Anlageberatung handelt. Dies gilt ebenfalls für Gespräche mit interessierten Kunden. Auf Kundenveranstaltungen sollten die Berater ausdrücklich kommunizieren, wenn mit der Veranstaltung eine Anlageberatung im WpHG-Sinne nicht verbunden ist. Hier ist die Abgrenzung zur „gefühlten Beratung" sehr wichtig.[33]

2. Abgrenzung der Anlageberatung zu anderen Geschäften

Der Berater muss in der Lage sein, bei den Gesprächen mit den Kunden sicher zu unterscheiden, ob hinsichtlich eines bestimmten Finanzinstruments eine Anlageberatung, ein beratungsfreies Geschäft oder ein Execution-Only-Geschäft betroffen ist. Die Entscheidung, „welche Schublade" geöffnet ist, ist entscheidend für die Frage, welche Pflichten der Anlageberater für das Wertpapierdienstleistungsunternehmen zu erfüllen hat; die jeweiligen Pflichten unterscheiden sich vom Inhalt und Umfang her sehr stark. Im Verlaufe eines Gesprächs können durchaus für unterschiedliche Finanzinstrumente unterschiedliche „Schubladen" in Betracht kommen. Die Anlageberatung ist daher vom beratungsfreien Geschäft und vom Execution-Only-Geschäft abzugrenzen.

a) Abgrenzung zum beratungsfreien Geschäft

Das beratungsfreie Geschäft ist zwar nicht ausdrücklich in § 31 Abs. 5 WpHG genannt. Es ist jedoch die Erbringung einer anderen als den „in Absatz 4 genannten Wertpapierdienstleistungen zur Ausführung von Kundenaufträgen", also eine andere Wertpapierdienstleistung als Anlageberatung und Portfolioverwaltung. Das beratungsfreie Geschäft beinhaltet, wie der Name schon sagt, keine Beratung des Kunden, sondern ist die Ausführung eines Geschäfts ohne Beratung. Beim beratungsfreien Geschäft geht das WpHG davon aus, dass der Anleger ein höheres Maß an Eigenverantwortung für sich in Anspruch nimmt. Der Prüfungsumfang des Wertpapierdienstleistungsunternehmens und damit der Schutz des Anlegers sind daher beim beratungsfreien Geschäft gegenüber der Anlageberatung vermindert.

Das Wertpapierdienstleistungsunternehmen ist beim beratungsfreien Geschäft nach § 31 Abs. 5 S. 2 WpHG verpflichtet, für den als Privatkunden klassifizierten Kunden eine sog. Angemessenheitsprüfung durchzuführen. Die Angemessenheitsprüfung ist im Vergleich zur Geeignetheitsprüfung weniger umfangreich. Die Angemessenheitsprüfung ist erforderlich, um zu prüfen, ob der Anleger die Auswirkungen und Risiken des beabsichtigen Geschäfts versteht und es seinen Kenntnissen und Erfahrungen entspricht. Anlageziele und die finanziellen Verhältnisse des Kunden spielen hier – anders als bei der Anlageberatung – keine Rolle. Gelangt das Wertpapierdienstleistungsunternehmen zu dem Ergebnis, der Anleger versteht die mit dem Geschäft einhergehenden Risiken und verfügt auch über genügend Erfahrungen, dann kann das Wertpapierdienstleistungsunternehmen das Geschäft ausführen. Fehlen jedoch die erforderlichen Informationen seitens des Anlegers für eine Angemessenheitsprüfung oder kommt das Wertpapierdienstleistungsunternehmen

---

32 Siehe unten Rn. 41 ff.
33 Siehe unten Rn. 39 ff.

zu einem negativen Ergebnis im Rahmen der Angemessenheitsprüfung, dann muss es nach § 31 Abs. 5 S. 3 und 4 WpHG den Anleger darauf aufmerksam machen, dass die erforderlichen Informationen fehlen bzw. das Geschäft für den Anleger als nicht angemessen erachtet wird. In diesen Fällen ist das Wertpapierdienstleistungsunternehmen verpflichtet, den Anleger zu warnen. Dieser Warnhinweis kann nach § 31 Abs. 5 S. 5 WpHG standardisiert erfolgen. Besteht der Anleger trotz der Warnung auf der Ausführung des Geschäfts, dann kann das Geschäft ausgeführt werden.

36 Beim beratungsfreien Geschäft mit professionellen Kunden und geeigneten Gegenparteien ist eine Angemessenheitsprüfung nicht erforderlich. Die Anforderungen an das beratungsfreie Geschäft werden im Rahmen dieses Kapitels nicht weiter vertieft.

b) Abgrenzung zum Execution-Only-Geschäft

37 Es gibt die Möglichkeit, Kundenaufträge ohne Beratung und ohne die Pflichten des beratungsfreien Geschäfts auszuführen. Dies gilt für alle Kundenklassifizierungen.[34] Hierbei handelt es sich um das sog. Execution-Only-Geschäft nach § 31 Abs. 7 WpHG. Ein Execution-Only-Geschäft liegt vor, wenn das Wertpapierdienstleistungsunternehmen auf Veranlassung des Kunden Finanzkommissionsgeschäfte, Eigenhandel, Abschlussvermittlung oder Anlagevermittlung in Bezug auf Aktien, die zum Handel an einem organisierten Markt oder einem gleichwertigen Markt zugelassen sind, Geldmarktinstrumente, Schuldverschreibungen und andere verbriefte Schuldtitel, in die kein Derivat eingebettet ist, den Anforderungen der Richtlinie 2009/65/EG entsprechende Anteile an Investmentvermögen oder in Bezug auf andere nicht komplexe Finanzinstrumente erbringt.

38 Der Gesetzgeber geht bei dieser Regelung davon aus, bei sog. nicht-komplexen Finanzinstrumenten sei der Schutz des Anlegers nicht erforderlich, den der Anleger im Rahmen einer Anlageberatung durch die Geeignetheitsprüfung oder im Rahmen eines beratungsfreien Geschäfts durch die Angemessenheitsprüfung erfährt. Dies ist gerechtfertigt, wenn der Kunde selbst auf seine Veranlassung hin ein Execution-Only-Geschäft im Hinblick auf die genannten Finanzinstrumente wünscht. Der Anleger darf in keinem Fall in das Execution-Only-Geschäft gedrängt werden. Weiterhin ist der Anleger darüber zu informieren, dass keine Angemessenheitsprüfung vorgenommen wird, damit er das niedrigere Schutzniveau kennt. Diese Information kann auch in standardisierter Form erfolgen.

3. Sonderthema: „Die gefühlte Beratung" des Anlegers

39 Die Kommunikation zwischen Anlageberater und Kunden führt, insbesondere bei andauernder Geschäftsbeziehung, in der Regel zu einem Vertrauensverhältnis. Im Rahmen dieses Vertrauensverhältnisses besteht die Gefahr, dass beide – also Anlageberater und Anleger – nicht mehr sauber unterscheiden, ob sie im konkreten Fall eine Anlageberatung oder ein beratungsfreies Geschäft durchführen oder gegebenenfalls nur eine Information austauschen. Dies gilt für die Beratung aller Kunden, seien es Privatkunden, professionelle Kunden oder geeignete Gegenparteien. Problematisch wird es dann, wenn etwa der Berater nur eine Information übermitteln möchte, für den Anleger aber „mitschwingt", die Produkte, über die er informiert wird, seien „von seinem Berater speziell für ihn als Kunden" ausgesucht worden. Hier ist für den Anlageberater Vorsicht geboten. Fühlt der Kunde sich tatsächlich beraten, ohne dass tatsächliche eine Beratung mit allen gesetzlich geforderten Facetten durchgeführt wird (sog. „gefühlte Beratung"), und kommt es zu Unstimmigkeiten, dann besteht das Risiko gerichtlicher Auseinandersetzungen und die weitere Gefahr, das Vertrauensverhältnis zwischen Berater und Anlageberater nachhaltig zu stören. Das gilt insbesondere dann, wenn nach der subjektiven Wahrnehmung des Kunden eine Beratung

---

34 Siehe unten Rn. 48 ff.

stattgefunden hat, der Berater – nach dem Empfinden des Kunden – aber nicht über alle Risiken des Finanzinstrumentes aufgeklärt hat und das Produkt an Wert verliert. In diesen Fällen wird der Kunde versuchen zu begründen, dass nicht nur nach „seinem Gefühl", sondern auch nach dem objektiven Empfängerhorizont eine Anlageberatung durchgeführt und nicht nur eine bloße Information ausgetauscht worden ist. Hier kommt es etwa auf die zu berücksichtigenden Erwartungen des Kunden und das Auftreten des Beraters an.[35] Die Folge sind in der Praxis kontroverse Gespräche mit dem Kunden, die einer guten geschäftlichen Beziehung nicht förderlich sind. In diesen Fällen ist der Schritt, zivilrechtliche Schadensersatzansprüche[36] zu prüfen, für den Kunden nicht mehr weit. Ob es dem Kunden gelingt, im Einzelfall zur Überzeugung des Gerichts den Abschluss eines Beratungsvertrages und der weiteren Anspruchsvoraussetzungen vorzutragen, bleibt dann abzuwarten. Diese Probleme aufgrund einer „gefühlten Beratung" gilt es zu vermeiden.

Als bewährte Vorgehensweise in der Praxis gilt: **40**

Da die Anlageberatung und das beratungsfreie Geschäft unterschiedliche Pflichten zur Folge haben, sollte der Berater stets sicher sein, welche Dienstleistung er gerade anbietet oder ausführt. Ist er sich nicht sicher, ist in der Praxis dringend zu empfehlen, „kommunikativ auf die sichere Seite" zu gehen, d.h. ausdrücklich mit dem Kunden zu besprechen, ob nun gerade eine Anlageberatung, ein beratungsfreies Geschäft oder eine Information Gegenstand des Gespräches ist. Gut beraten ist das Wertpapierdienstleistungsunternehmen dann, wenn der Inhalt der Gespräche zwischen Berater und Kunden zu einem späteren Zeitpunkt, wenn es zu Unstimmigkeiten mit dem Anleger kommen sollte, auch nachweisbar ist. Zweifel sind an dieser Stelle möglichst zu vermeiden.

4. Sonderthema: Disclaimer

In der Praxis stellt sich die Frage, in welchen Fällen Disclaimer ein geeignetes Mittel sind, um Unklarheiten gegenüber dem Kunden zu begegnen und damit das Risiko zu begrenzen, gegen aufsichtsrechtliche Vorschriften zu verstoßen oder zivilrechtlich zu haften. **41**

Disclaimer helfen eher nicht bei der Beurteilung, ob eine Anlageberatung im Sinne des WpHG tatsächlich stattgefunden hat oder nicht. Das hängt einzig und allein davon ab, ob der Berater eine Empfehlung im Sinne des § 2 Abs. 3 Nr. 9 WpHG abgegeben hat und dies entsprechend nachgewiesen werden kann. Hier sind die tatsächlichen Gegebenheiten maßgebend. **42**

Auch zivilrechtlich führt ein Disclaimer, für Fehler im Rahmen der Anlageberatung nicht zu haften, nur zu einer scheinbaren Sicherheit. Die Beratung stellt im Rahmen eines Beratungsvertrages eine wesentliche Pflicht dar. Wesentliche Pflichten, die sich aus der Natur des Vertrages ergeben, dürfen nach § 307 Abs. 2 Nr. 2 BGB aber nicht so eingeschränkt werden, dass die Erreichung des Vertragszwecks gefährdet ist.[37] Anderenfalls stellt dies eine unangemessene Benachteiligung dar; eine entsprechende Allgemeine Geschäftsbedingung wäre im Zweifel nach § 307 Abs. 1 S. 1 BGB unwirksam. Zu beachten ist dieser Punkt auch für die in der Praxis gängigen Disclaimer in Präsentationen: Unterstützt die Präsentation den Berater im Rahmen eines Beratungsgesprächs, dann kommt es auf die tatsächlichen Vorgänge in dem Gespräch an, ob eine Empfehlung und damit eine Anlageberatung durchgeführt worden ist oder nicht. Der Disclaimer in der Präsentation, der den Ausschluss der Anlageberatung enthält, kann nicht alleine dafür herangezogen werden, dass tatsächlich gar keine Anlageberatung stattgefunden hat. **43**

---

35 Assmann/Schneider/*Assmann* § 2 Rn. 113.
36 Siehe unten Rn. 306 ff.
37 Palandt/*Grüneberg* § 307 Rn. 37, § 309 Rn. 48.

44 Hilfreich sind Disclaimer aber bei der Versendung schriftlicher Informationen, wie z.B. Präsentationen oder Informationsmaterial, die „an sich" keine Empfehlung darstellen, sondern den Kunden nur über ein bestimmtes Produkt unterrichten sollen. In diesen Fällen empfiehlt es sich, um Unklarheiten, Missverständnissen und auch der „gefühlten Beratung"[38] vorzubeugen, die jeweilige Unterlage mit einem Disclaimer zu versehen, der zweifelsfrei zum Ausdruck bringt, dass es sich bei der überlassenen Unterlage ausschließlich um eine Information handelt, eine Anlageberatung oder Empfehlung mit der Überlassung aber gerade nicht verbunden ist, und der Kunde sich bitte separat an seinen Berater wendet, wenn er eine Anlageberatung im Hinblick auf das vorgestellte Produkt wünscht.

5. Besonderheit: Der Discount-Broker

45 Bei der Vielzahl der aufsichtsrechtlichen und auch zivilrechtlichen Pflichten, die Anlageberater zu erfüllen haben, wird recht häufig die Frage gestellt: „Warum ist das Geschäft der Discount-Broker so viel einfacher?". Der Pflichtenumfang scheint geringer, z.B. beim Beratungsprotokoll. Das Discount-Broking ist ein besonderer Vertriebsweg, den der Kunde nur nach Abschluss einer besonderen Vereinbarung nutzen kann. Diese Vereinbarung enthält eine Regelung, aufgrund derer der Kunde zwar die einzelnen Kauf- und Verkaufsaufträge telefonisch, per Fax oder mit elektronischen Medien erteilen kann, der Discount-Broker bei den einzelnen Geschäften aber keine Beratung erbringt.[39] Die Aufklärung des Kunden erfolgt standardisiert und darf sich darauf beschränken, die typische Funktionsweise und Risikostruktur der Anlage zu beschreiben.[40] Da keine Empfehlung im Sinne einer Anlageberatung durch den Discount-Broker erbracht und auch kein Anlageberatungsvertrag abgeschlossen wird, kommen auch die dementsprechenden Regeln des Aufsichtsrecht und der zivilrechtlichen Haftung nicht zum Zuge.

6. Hinweis für die Praxis

46 Für den Berater ist es in der Praxis wichtig, stets sein Augenmerk darauf zu richten, welche Art der Dienstleistung er mit seinem Kunden tatsächlich durchführt: eine Anlageberatung, ein beratungsfreies Geschäft oder ein Execution-Only-Geschäft mit den jeweils unterschiedlichen Pflichtenkreisen. Ist sich der Berater nicht sicher, in welcher „Schublade" er sich bewegt, steigt das Risiko von Fehlern, die im aufsichtsrechtlichen, aber auch im zivilrechtlichen Bereich zu vermeiden sind. Anders gewendet: Nur wer sich sicher in den einzelnen Kategorien bewegt, kann die jeweiligen Pflichten sorgfältig erfüllen. Also ist es wichtig, die vorstehend getroffene Unterscheidung sicher in der Praxis „leben" zu können.

III. Aufsichtsrechtlicher Anwendungsbereich der Anlageberatung

47 Das WpHG normiert für die Wertpapierdienstleistung der Anlageberatung zum Teil unterschiedliche Pflichten, die gegenüber Kunden erfüllt werden müssen, die von der sog. Klassifizierung des Kunden abhängig sind. Weiterhin finden die aufsichtsrechtlichen Regelungen der Anlageberatung nur dann Anwendung, wenn bestimmte Produkte Gegenstand der Anlageberatung sind. Der persönliche und der sachliche Anwendungsbereich sind für den Berater wichtig, um zu entscheiden, welche konkreten Pflichten er für das Wertpapierdienstleistungsunternehmen nach dem WpHG im Einzelfall erfüllen muss.

---

38 Siehe oben Rn. 39.
39 Ellenberger/Schäfer/Clouth/Lang/*Braun/Lang/Loy* Praktikerhandbuch, Rn. 313.
40 *BGH* ZIP 1999, 1915, 1916.

1. Die Kundenklassifizierung

Noch bevor das Wertpapierdienstleistungsunternehmen für den Kunden tätig wird, ist es verpflichtet, den Kunden zu klassifizieren. Kunden sind gem. § 31a Abs. 1 WpHG zunächst alle natürlichen und juristischen Personen, für die das Wertpapierdienstleistungsunternehmen Wertpapierdienstleistungen erbringt, also auch Anlageberatung, beratungsfreies Geschäft und Execution-Only-Geschäft. Sodann differenziert das WpHG bei der Kundenklassifizierung nach Privatkunden, professionellen Kunden und geeigneten Gegenparteien. Hierbei besteht für den Privatkunden der umfassendste Anlegerschutz. Die Klassifizierung erfolgt nach folgenden gesetzlichen Maßgaben: 48

a) Privatkunden

Nach § 31a Abs. 3 WpHG sind Privatkunden alle Kunden, die keine professionellen Kunden sind. Dies zeigt bereits, dass das WpHG von einem als Privatkunden klassifizierten Kunden ausgeht (!). Der Privatkunde in diesem Sinne ist nicht identisch etwa mit dem Verbraucher im Sinne des § 13 BGB. Er muss auch nicht zwingend eine natürliche Person sein. Auch juristische Personen können als Privatkunden klassifiziert sein, wenn sie die Voraussetzungen an einen professionellen Kunden im Sinne des § 31a Abs. 2 WpHG nicht erfüllen. Bei Privatkunden ist der aufsichtsrechtlich vorgesehene Anlegerschutz am umfangreichsten. 49

Darüber hinaus kann das Wertpapierdienstleistungsunternehmen geeignete Gegenparteien und professionelle Kunden nach § 31a Abs. 5 WpHG als Privatkunden einseitig einstufen; es muss den jeweiligen Kunden hierüber informieren. Dies ist entsprechend zu dokumentieren. Weiterhin können geeignete Gegenparteien und professionelle Kunden durch Vereinbarung mit dem Wertpapierdienstleistungsunternehmen von der Möglichkeit des „opt-down"[41] Gebrauch machen, um als Privatkunde behandelt zu werden. 50

b) Professionelle Kunden

Professionelle Kunden sind nach § 31a Abs. 2 WpHG Kunden, bei denen das Wertpapierdienstleistungsunternehmen davon ausgehen kann, dass sie über ausreichende Erfahrungen, Kenntnisse und Sachverstand verfügen, um ihre Anlageentscheidungen zu treffen und die damit verbundenen Risiken angemessen beurteilen zu können. 51

Sodann führt § 31a Abs. 2 WpHG auf, welche Unternehmen professionelle Kunden kraft Gesetzes (sog. geborene professionelle Kunden) sind. Es handelt sich nach der gesetzlichen Definition beispielsweise um bestimmte zulassungs- und aufsichtspflichtige Unternehmen, wie z.B. Versicherungen, andere Wertpapierdienstleistungsunternehmen, Börsenhändler oder um Unternehmen, die eine bestimmte Bilanzsumme, Umsatzerlöse oder Eigenmittel überschreiten, oder um andere Kunden, die ebenfalls hinsichtlich ihrer Kenntnisse, ihres Sachverstands und ihrer Erfahrungen ebenso eingestuft werden. 52

Darüber hinaus gibt es zwei Fallgruppen, die zu einer Klassifizierung als sog. gekorener professioneller Kunde führen: 53

Zum einen kann ein Wertpapierdienstleistungsunternehmen einseitig aufgrund § 31a Abs. 5 WpHG geeignete Gegenparteien als professionelle Kunden einstufen. In diesem Fall muss das Wertpapierdienstleistungsunternehmen seinen Kunden über die erfolgte Änderung der Einstufung informieren. Wichtig ist auch hier die entsprechende Dokumentation der Einstufung. 54

Zum anderen besteht umgekehrt auch die Möglichkeit nach § 31a Abs. 7 WpHG für als Privatkunden klassifizierte Kunden, sich als professionelle Kunden behandeln zu lassen. Dieses sog. „opt-up" erfordert ein besonderes Verfahren, da das Schutzniveau professioneller Kunden in der Anlageberatung niedriger zu bewerten ist als das Schutzniveau, das für Privatkunden gilt. 55

---

41 Siehe unten Rn. 58 ff.

56 Für die Anlageberatung professioneller Kunden, seien es geborene oder gekorene professionelle Kunden, gelten im Vergleich zur Anlageberatung von Privatkunden Erleichterungen, z.B. im Rahmen der Einholung von Informationen, hinsichtlich des Umfangs der Geeignetheitsprüfung und auch im beratungsfreien Geschäft.

c) Geeignete Gegenparteien

57 Geeignete Gegenparteien sind eine Untergruppe der professionellen Kunden. § 31b WpHG legt Besonderheiten für einzelne Geschäfte mit geeigneten Gegenparteien fest, wie z.B für das Finanzkommissionsgeschäft und den Eigenhandel. Die Anlageberatung ist dort nicht aufgezählt. Daher werden geeignete Gegenparteien für die Anlageberatung wie professionelle Kunden behandelt.

d) Die Umklassifizierung mit der Folge eines geänderten Schutzniveaus

58 Das WpHG sieht die Möglichkeit vor, zwischen den einzelnen Kundenklassifizierungen zu wechseln. Das ist durch den Wechsel in eine niedrigere Kundengruppe möglich (sog. „opt-down"), um ein höheres Schutzniveau zu erreichen. Der umgekehrte Weg des Wechsels in eine höhere Kundengruppe (sog. „opt-up"), um ein niedrigeres Schutzniveau zu erreichen, ist ebenfalls vorgesehen.

59 Nach § 31a Abs. 6 WpHG kann ein professioneller Kunde mit dem Wertpapierdienstleistungsunternehmen eine Einstufung als Privatkunde vereinbaren (sog. „opt-down"). Die Vereinbarung über die Änderung der Einstufung bedarf der Schriftform. Das Wertpapierdienstleistungsunternehmen muss professionelle Kunden am Anfang einer Geschäftsbeziehung darauf hinweisen, dass sie als professionelle Kunden eingestuft sind und die Möglichkeit einer Änderung der Einstufung als Privatkunde besteht. Entsprechendes gilt für geeignete Gegenparteien. Diese Umklassifizierung kommt in der Praxis durchaus vor, weil Kunden das höhere Schutzniveau, das mit der Klassifizierung als Privatkunde verbunden ist, für sich nutzen möchten. Der Berater muss zuverlässig und schnell feststellen können, ob eine solche Umklassifizierung stattgefunden hat, damit er dem für Privatkunden erweiterten Pflichtenkreis Rechnung tragen kann, selbst dann, wenn er es mit einer Versicherung oder einem großen Unternehmenskunden zu tun hat.

60 Umgekehrt kann nach § 31a Abs. 7 WpHG ein als Privatkunde klassifizierter Kunde auf Antrag oder durch Festlegung des Wertpapierdienstleistungsunternehmens als professioneller Kunde eingestuft werden (sog. „opt-up"), und damit ein niedrigeres Schutzniveau erreichen. Der Änderung der Einstufung hat eine Bewertung durch das Wertpapierdienstleistungsunternehmen vorauszugehen, ob der Kunde aufgrund seiner Erfahrungen, Kenntnisse und seines Sachverstandes in der Lage ist, generell oder für eine bestimmte Art von Geschäften eine Anlageentscheidung zu treffen und die damit verbundenen Risiken angemessen zu beurteilen. Eine Änderung der Einstufung kommt nur in Betracht, wenn der Privatkunde mindestens zwei der drei gesetzlichen Kriterien erfüllt, welche auf seine Professionalität im Sinne des WpHG schließen lassen. Hierzu zählen seine Geschäftstätigkeit (Tätigung von durchschnittlich zehn Geschäften erheblichen Umfangs im Quartal während des letzten Jahres), sein Vermögen (Bankguthaben und Finanzinstrumente im Wert von mehr als 500 000 EUR) und sein Beruf (Ausübung eines Berufes am Kapitalmarkt für mindestens ein Jahr, der Kenntnisse über die in Betracht kommenden Geschäfte, Wertpapierdienstleistungen und Wertpapiernebendienstleistungen voraussetzt). Hinsichtlich des Berufes kommen etwa Portfolio- oder Anlagemanager oder auch Händler in Finanzinstrumenten in Betracht.[42]

---

42 Ellenberger/Schäfer/Clouth/Lang/*Clouth/Seyfried* Praktikerhandbuch, Rn. 102 mit weiteren Beispielen.

Weiterhin ist § 2 Abs. 2 WpDVerOV zu beachten: Eine Einstufung des Privatkunden als 61
professioneller Kunde darf nur erfolgen, wenn der Kunde zumindest in Textform beantragt
hat, als professioneller Kunde eingestuft zu werden, und vom Wertpapierdienstleistungsunternehmen auf einem dauerhaften Datenträger eindeutig auf die rechtlichen Folgen der Einstufungsänderung hingewiesen worden ist. Weiterhin muss der Kunde seine Kenntnisnahme der erforderlichen Hinweise in einem gesonderten Dokument bestätigt haben.

e) Hinweis für die Praxis

Noch bevor die Wertpapierdienstleistung überhaupt begonnen werden kann, muss das 62
Wertpapierdienstleistungsunternehmen den Kunden sorgfältig klassifizieren. Das gilt
besonders in den Fällen, in denen der Kunde von den eingeräumten Wechselmöglichkeiten
„nach oben" oder „nach unten" Gebrauch gemacht hat. Nur bei Beachtung der Kundenklassifizierung können die unterschiedlichen Pflichten, die sich daran anknüpfen, von dem
Wertpapierdienstleistungsunternehmen richtig wahrgenommen werden. Das gilt insbesondere für die Klassifizierung von professionellen Kunden und geeigneten Gegenparteien als
Privatkunden. Wird der Status als Privatkunde nicht beachtet, ist das Risiko, aufsichtsrechtliche Pflichten zu missachten, praktisch nicht mehr zu vermeiden. Hier ist entsprechende Sorgfalt geboten.

2. Sachlicher Anwendungsbereich: Die Finanzinstrumente

Der zweite wichtige Bezugspunkt für den Anlageberater ist neben der Beachtung der Kun- 63
denklassifizierung das Produkt, auf das sich die beabsichtigte Wertpapierdienstleistung
bezieht. Nur dann, wenn das WpHG dieses Produkt sachlich in seinen Anwendungsbereich
einbezieht, sind auch die Pflichten nach dem WpHG einzuhalten. Bereits aus dem Begriff
der Anlageberatung in § 2 Abs. 3 Nr. 9 WpHG ergibt sich, dass sie sich auf Finanzinstrumente bezieht. Hierzu gehören auch Vermögensanlagen. Ist ein anderes Produkt Gegenstand einer Beratung, etwa ein Kredit, dann sind zwar rechtliche Anforderungen an diese
Beratung zu stellen, die Pflichten des WpHG sind aber nicht eröffnet, da der Kredit nicht
zu den Finanzinstrumenten oder Vermögensanlagen gehört. Die Finanzinstrumente sind in
§ 2 Abs. 2b WpHG definiert, die Vermögensanlagen im Vermögensanlagengesetz. Im Rahmen der Beratung ist jeweils zu prüfen, ob das Produkt, das Gegenstand der Anlageberatung ist, zu den gesetzlich aufgeführten Kategorien gehört oder nicht.

a) Wertpapiere

Wertpapiere im Sinne des § 2 Abs. 1 WpHG sind alle Gattungen von übertragbaren Wert- 64
papieren mit Ausnahme von Zahlungsinstrumenten, die ihrer Art nach auf den Finanzmärkten handelbar sind. Hierzu gehören nach der gesetzlichen Definition, die keine
abschließende Aufzählung ist, insbesondere

- Aktien,
- andere Anteile an in- oder ausländischen juristischen Personen, Personengesellschaften und sonstigen Unternehmen, soweit sie Aktien vergleichbar sind, sowie Zertifikate, die Aktien vertreten,
- Schuldtitel, insbesondere Genussscheine, Inhaberschuldverschreibungen (also auch Bundesanleihen und Unternehmensanleihen) und Orderschuldverschreibungen sowie Zertifikate, die Schuldtitel vertreten,
- Anteile an Investmentvermögen, die von einer Kapitalanlagegesellschaft oder einer ausländischen Investmentgesellschaft ausgegeben werden.

b) Geldmarktinstrumente

65 Geldmarktinstrumente nach § 2 Abs. 1a WpHG sind alle Gattungen von Forderungen, die kein Wertpapier im Sinne des § 2 Abs. 1 WpHG sind und üblicherweise am Geldmarkt gehandelt werden, mit Ausnahme von Zahlungsinstrumenten. Es muss also bereits ein Markt für diese Produkte bestehen.[43] Zu dieser Kategorie gehören z.b. kurzfristige Schuldscheindarlehen.[44] Tagesgelder und Termingelder gehören jedoch nicht dazu.[44]

c) Derivate

66 Die Definition der Derivate nach § 2 Abs. 2 WpHG trägt der ständigen Weiterentwicklung auf diesem Gebiet Rechnung und umfasst daher eine Vielzahl von Finanzinstrumenten:

67 Nach dessen Nr. 1 gehören dazu als Kauf, Tausch oder anderweitig ausgestaltete Fest- oder Optionsgeschäfte, die zeitlich verzögert zu erfüllen sind und deren Wert sich unmittelbar oder mittelbar vom Preis oder Maß eines Basiswertes ableitet (Termingeschäfte). Sie haben einen Bezug zu unterschiedlichen Basiswerten, wie z.B. Wertpapieren oder Geldmarktinstrumenten, Devisen oder Rechnungseinheiten, Zinssätzen oder andere Erträgen, Indices der Basiswerte der vorgenannten Beispiele, anderen Finanzindices, Finanzmessgrößen oder Derivaten selbst als Basiswert.

68 Nr. 2 erfasst weiterhin Termingeschäfte mit Bezug zu Waren, Frachtsätzen, Emissionsberechtigungen, Klima- oder anderen physikalischen Variablen, Inflationsraten oder anderen volkswirtschaftlichen Variablen oder sonstigen Vermögenswerten, Indices oder Messwerten als Basiswerte, deren Voraussetzungen in § 2 Abs. 2 Nr. 2 WpHG weiter konkretisiert werden.

69 Nach Nr. 3 bis 5 gehören auch finanzielle Differenzgeschäfte, Kreditderivate und weitere Termingeschäfte zu den Derivaten und damit zu den Finanzinstrumenten.

d) Rechte auf Zeichnung von Wertpapieren

70 § 2 Abs. 2b WpHG bezieht auch die Rechte auf Zeichnung von Wertpapieren in den Kreis der Finanzinstrumente mit ein. Hierunter fallen z.B. Bezugsrechte und Optionen auf Zeichnung von Aktien, etwa nach § 185 Abs. 1 AktG oder nach § 198 AktG, oder auch andere Erklärungen über den Bezug von Aktien, auf die sich eine Option bezieht.[45]

e) Vermögensanlagen

71 Zu den Finanzinstrumenten gehören nach der gesetzlichen Definition in § 2 Abs. 2b WpHG auch die Vermögensanlagen im Sinne des § 1 Abs. 2 des Vermögensanlagengesetzes (abgekürzt: VermAnlG). Diese Ergänzung erfolgte mit Art. 3 des Gesetzes zur Novellierung des Finanzanlagenvermittler- und Vermögensanlagerechts, der am 1.6.2012 in Kraft getreten ist.[46] Die damit verbundene Einbeziehung der Vermögensanlagen in die Finanzinstrumente eröffnet den Anwendungsbereich des WpHG und führt zu einer weiteren Vereinheitlichung des Regelungsniveaus. Sie dient damit der Verbesserung des Anlegerschutzes im Bereich des sogenannten Grauen Kapitalmarkts. Als Folge sind für die Anlageberatung in Bezug auf Vermögensanlagen grundsätzlich die gleichen Pflichten vom Anlageberater zu beachten wie in der Anlageberatung in Bezug auf die bisherigen, bereits vor Inkrafttreten des vorgenannten Gesetzes definierten Finanzinstrumente. So ist z.B. bei der Beratung von Privatkunden in Bezug auf Vermögensanlagen ein Beratungsprotokoll nach den dafür geltenden Regelungen zu erstellen und ein sog. Vermögensanlagen-Informationsblatt auszuhändigen.

---

43 Assmann/Schneider/*Assmann* § 2 Rn. 36.
44 Assmann/Schneider/*Assmann* § 2 Rn. 37 mit weiteren Verweisen.
45 Assmann/Schneider/*Assmann* WpHG, § 2 Rn. 60.
46 BGBl I 2011, S. 2481.

aa) Was sind Vermögensanlagen?

Bei Vermögensanlagen handelt es um die folgenden, in § 1 Abs. 2 VermAnlG definierten **72** Produkte, die nicht in Wertpapieren im Sinne des Wertpapierprospektgesetzes verbrieft sind:
- Unternehmensbeteiligungen,
- Treuhandvermögen,
- Anteile an sonstigen geschlossenen Fonds,
- Genussrechte und
- Namensschuldverschreibungen.

Im Einzelnen:

(1) Unternehmensbeteiligungen

§ 1 Abs. 2 Nr. 1 VermAnlG definiert die Unternehmensbeteiligungen als Anteile, die eine **73** Beteiligung am Ergebnis eines Unternehmens gewähren. Eine nähere Konkretisierung erfolgt nicht. Es lassen sich aber darunter fassen: Anteile an Personengesellschaften wie z.B. Kommanditanteile, stille Beteiligungen und Beteiligungen an ausländischen Unternehmen.

(2) Treuhandvermögen

§ 1 Abs. 2 Nr. 2 VermAnlG versteht unter Treuhandvermögen die Anteile an einem Vermö- **74** gen, das der Emittent oder ein Dritter in eigenem Namen für fremde Rechnung hält oder verwaltet. Hierunter fallen sowohl die sog. echte Treuhand, bei welcher der Treuhänder der Rechtsinhaber wird, als auch die sog. unechte oder Verwaltungstreuhand, bei der der Treugeber der Inhaber des Rechts bleibt. Vor allem Publikumsgesellschaften fallen unter den Begriff des Treuhandvermögens, unabhängig davon, ob es sich bei den Anlegern um Direktkommanditisten handelt oder der Treuhänder für die Anleger die Beteiligung treuhänderisch hält.

(3) Anteile an sonstigen geschlossenen Fonds

Geschlossene Fonds sind ebenfalls in den Anwendungsbereich der Vermögensanlagen **75** nach § 1 Abs. 2 Nr. 3 VermAnlG einbezogen. Der Anleger erwirbt beim geschlossenen Fonds einen Anteil und hält damit eine unternehmerische Beteiligung. Gegenstand des geschlossenen Fonds sind häufig Immobilien, Schiffe oder Flugzeuge. Es dürfte in der Praxis durchaus vorkommen, dass ein konkreter Fonds nicht nur als geschlossener Fonds eingeordnet werden kann, sondern auch als unternehmerische Beteiligung oder Treuhandvermögen. In der rechtlichen Bewertung handelt es sich bei diesem Produkt in jedem Fall um eine Vermögensanlage, die den Regelungen des WpHG über Finanzinstrumente unterliegt. Daher dürfte § 1 Abs. 2 Nr. 3 VermAnlG eher die Bedeutung eines Auffangtatbestandes zukommen.

(4) Genussrechte

Nach § 1 Abs. 2 Nr. 4 VermAnlG gehören auch Genussrechte zu den Vermögensanlagen. **76** Sie sind nicht näher definiert. Sie sind zu unterscheiden von den Genussscheinen, die bereits nach § 2 Abs. 1 S. 1 Nr. 3 WpHG zu den Finanzinstrumenten gehören. Eine Definition des Genussrechts fehlt, obwohl das Genussrecht rechtlich anerkannt ist. So wird es z.B. in § 221 Abs. 3 AktG oder § 8 Abs. 3 S. 2 KStG verwendet. Genussrechte können als Genussscheine in Form von Inhaber- oder Namenspapieren wertpapiermäßig verbrieft werden. Der Unterschied zwischen Genussschein und Genussrecht liegt also in der Verbriefung und der damit verbundenen Handelbarkeit.

77 Das Genussrecht hat seine Grundlage in einem Genussrechtsvertrag. Darin verpflichtet sich der Genussrechtsinhaber, dem Genussrechtsemittenten das Genussrechtskapital zur Verfügung zu stellen. Im Gegenzug erhält der Inhaber des Genussrechts seinerseits bestimmte Rechte, wie z.B. Vermögensrechte, eine gewinnabhängige Vergütung, eine Beteiligung am Liquidationserlös oder Optionsrechte. Verwaltungsrechte, wie z.B. Stimmrechte erhält der Genussrechtsinhaber dagegen nicht. Die Ausgestaltung unterliegt der Privatautonomie der Parteien.

(5) Namensschuldverschreibungen

78 Namensschuldverschreibungen fallen ebenfalls nach § 1 Abs. 2 Nr. 5 VermAnlG unter die Vermögensanlagen. Allerdings ist hier die Ausnahme des § 2 Abs. 2b WpHG zu beachten: Ausgenommen als Finanzinstrument sind Namensschuldverschreibungen, die mit einer vereinbarten festen Laufzeit, einem unveränderlich vereinbarten festen positiven Zinssatz ausgestattet sind, bei denen das investierte Kapital ohne Anrechnung von Zinsen ungemindert zum Zeitpunkt der Fälligkeit zum vollen Nennwert zurückgezahlt wird, und die von einem Einlagenkreditinstitut im Sinne des § 1 Abs. 3d S. 1 KWG, dem eine Erlaubnis nach § 32 Abs. 1 KWG erteilt worden ist, ausgegeben werden, wenn das darauf eingezahlte Kapital im Falle des Insolvenzverfahrens über das Vermögen des Instituts oder der Liquidation des Instituts nicht erst nach Befriedigung aller nicht nachrangigen Gläubiger zurückgezahlt wird. WpHG-pflichtig sind also nachrangige Namensschuldverschreibungen; ausgenommen von den Finanzinstrumenten sind nicht nachrangige Namensschuldverschreibungen mit fester Laufzeit und festem Zinssatz, welche die vorgenannten weiteren Voraussetzungen erfüllen.

bb) Weitere Ausnahmen von den Vermögensanlagen

79 Das WpHG selbst schränkt den Kreis der Vermögensanlagen, die nicht seinem Anwendungsbereich unterfallen, wieder ein. Ausgenommen sind neben bestimmten Namensschuldverschreibungen auch Anteile an einer Genossenschaft im Sinne des § 1 GenG.

f) Hinweis für die Praxis

80 Noch bevor die eigentliche Anlageberatung mit dem Kunden begonnen hat, ist es für den Berater wichtig, für sich zu entscheiden, ob seine Empfehlung ein Produkt betrifft, das in sachlicher Hinsicht den Pflichtenkreis des WpHG eröffnet, weil es als Finanzinstrument zu qualifizieren ist oder nicht. Bei einer Vielzahl von Produkten dürfte die Einschätzung sich von selbst verstehen, bei komplexeren oder strukturierten Produkten kann die Entscheidung, ob es sich um ein Finanzinstrument handelt oder nicht, im Einzelfall schwierig sein. Aber diese Entscheidung muss getroffen werden.

3. Zusammenfassung

81 Bevor es um die Frage geht, welche aufsichtsrechtlichen Pflichten im konkreten Fall einer Anlageberatung zu erfüllen sind, hat der Berater sich darüber vergewissert, dass sein Kunde in einer der Kundengruppen des WpHG klassifiziert ist und ob es sich bei den Produkten, die für eine Empfehlung seinerseits ins Auge gefasst werden, um Finanzinstrumente im Sinne des WpHG unter Einschluss der Vermögensanlagen handelt. Er weiß nun, dass der Anwendungsbereich des WpHG eröffnet ist, und er kann differenzieren, welche der WpHG-relevanten Wertpapierdienstleistungen im Einzelfall in Betracht kommen können.

IV. Aufsichtsrechtliche Pflichten im Rahmen der Anlageberatung

Hat der Anlageberater im Vorfeld seiner Beratung geprüft, ob der Anwendungsbereich des WpHG eröffnet ist, welche Kundenklassifizierung sein Kunde erfüllt und ob er Produkte beraten wird, welche dem WpHG unterfallen, dann hat er im Rahmen der Anlageberatung umfangreiche aufsichtsrechtliche Pflichten zu erfüllen. Diese Pflichten beginnen – noch vor der eigentlichen Anlageberatung – bei einer allgemeinen Information des Anlegers, nehmen den Weg über die Einholung von Kundeninformationen hin zum Herzstück der Anlageberatung, der Geeignetheitsprüfung und der Empfehlung des konkreten Finanzinstruments, weiter zur Aushändigung verschiedener Unterlagen, um in umfassenden Dokumentations- und Aufbewahrungspflichten zu enden. Bereits diese kurze Auflistung zeigt, dass die Anlageberatung eine professionelle Angelegenheit ist, die die besondere Sorgfalt und Sachkunde des Beraters erfordert. Dies ist eigentlich eine Selbstverständlichkeit. Zuletzt greift BT 7.2 Nr. 5 MaComp diesen Punkt nochmals auf und weist auf die Pflicht der Wertpapierdienstleistungsunternehmen hin, durch entsprechende Grundsätze und Verfahren sicherzustellen, dass Anlagen nur empfohlen oder im Namen ihrer Kunden getätigt werden, wenn der Berater die Merkmale des betreffenden Produkts bzw. Finanzinstruments versteht. Der Berater muss also von einer Vielzahl von Produkten die jeweilige Wirkungsweise sowie die generellen und speziellen Chancen und Risiken kennen, um für den Kunden das geeignete Produkt zu finden und den Kunden hinsichtlich dieses Produkts richtig und vollständig aufklären und beraten zu können. Neben dieser genauen Kenntnis der rechtlichen Rahmenbedingungen und der Produkte darf nicht vergessen werden, dass der Berater sich in jedem Gespräch auf einen anderen Kunden, mit anderen Zielen, einer anderen Kommunikation und persönlichen Besonderheiten einzustellen hat und Menschen mit unterschiedlichen Persönlichkeiten berät. Dies stellt sowohl für den Berater wie auch für das Wertpapierdienstleistungsunternehmen eine echte Herausforderung dar. Dieses Kapitel beschränkt sich auf die Darstellung und Erläuterung der rechtlichen Aspekte, beginnend mit der allgemeinen Informationspflicht bis hin zur Aufbewahrungspflicht.

1. Allgemeine Informationspflichten gegenüber dem Kunden als Anleger

Bereits zu Beginn der Geschäftsbeziehung mit einem Anleger, der eine Wertpapierdienstleistung wie die Anlageberatung nachfragt, muss das Wertpapierdienstleistungsunternehmen darauf achten, dem Kunden die gesetzlich notwendigen Informationen rechtzeitig und in geeigneter Art und Weise zur Verfügung zu stellen.

a) Umfang der allgemeinen Information

Das Wertpapierdienstleistungsunternehmen ist nach § 31 Abs. 3 WpHG verpflichtet, Kunden rechtzeitig und in verständlicher Form Informationen zur Verfügung zu stellen, die angemessen sind, damit die Kunden nach vernünftigem Ermessen die Art und die Risiken der ihnen angebotenen oder von ihnen nachgefragten Arten von Finanzinstrumenten oder Wertpapierdienstleistungen verstehen und auf dieser Grundlage ihre Anlageentscheidungen treffen können.

Der Sinn und Zweck dieser Informationspflichten ist unmittelbar einleuchtend: Es geht darum, dem Anleger zu ermöglichen, auf informierter Grundlage seine spätere Anlageentscheidung treffen zu können. Bereits zu diesem frühen Zeitpunkt der Kundenbeziehung zieht das WpHG den Rahmen für den Anlegerschutz: Der Kunde entscheidet sich „am Ende des Tages" aufgrund der Anlageberatung, aber der Anlageberater hat dafür Sorge zu tragen, dass der Anleger diese Entscheidung auf informierter Grundlage vornehmen kann. Nur bei ausreichender Informationsgrundlage ist der Kunde in der Lage, die Wirkungsweise des empfohlenen Produktes, seine Chancen und Risiken vernünftig einzuschätzen und dies seiner Entscheidung für oder gegen das empfohlene Produkt zu Grunde zu legen.

Anders gewendet: Der Anlageberater bzw. das Wertpapierdienstleistungsunternehmen ist nicht für die zukünftige Entwicklung und den Erfolg des empfohlenen Produktes verantwortlich, aber sehr wohl für die Unterstützung und Beratung des Kunden im Hinblick auf die gesetzlich geforderten Aspekte. Hierzu gehört, zeitlich zu Beginn der Gespräche, die Erfüllung der vorgenannten Informationspflicht.

86 Die Informationen müssen sich nach § 31 Abs. 3 S. 3 Nr. 1–4 WpHG auf das Wertpapierdienstleistungsunternehmen und seine Dienstleistungen, die Arten von Finanzinstrumenten und vorgeschlagenen Anlagestrategien einschließlich damit verbundener Risiken, die Ausführungsplätze sowie die Kosten und Nebenkosten beziehen. Diese Informationen können auch in standardisierter Form zur Verfügung gestellt werden, wie § 31 Abs. 3 S. 2 WpHG ergänzt durch BT 7.1 Nr. 3 MaComp klarstellt.

87 Die Auflistung der Informationspflichten in § 31 Abs. 3 WpHG ist nicht abschließend. Soweit im Einzelfall weitere Informationen für den Kunden erforderlich sind, um auf informierter Grundlage seine Anlageentscheidung zu treffen, muss das Wertpapierdienstleistungsunternehmen dem Kunden diese Informationen rechtzeitig zur Verfügung stellen. Hier kommen z.B. Informationen über Vermittler in Betracht.[47]

88 Weitere ausführlich geregelte Besonderheiten für die Erfüllung der allgemeinen Informationspflicht gegenüber allen Kunden ergeben sich aus § 5 WpDVerOV. Hierbei konkretisiert § 5 Abs. 1 WpDVerOV die Pflicht zur Beschreibung der Art und der Risiken der Finanzstrumente in Abhängigkeit von der jeweiligen Kundengruppe. Hierbei müssen die Beschreibungen insbesondere das Schutzniveau des Privatkunden berücksichtigen, soweit die Informationen für Privatkunden Verwendung finden. Zusätzlich werden für Privatkunden die Anforderungen des § 31 Abs. 3 S. 3 Nr. 1, 2 und 4 WpHG durch § 5 Abs. 2 WpDVerOV weiter umfassend konkretisiert. Die sich hieraus ergebenden Einzelheiten[48] sind bei der Ausgestaltung der Informationen zu beachten.

89 Zusätzliche Anforderungen im Hinblick auf die allgemeinen Informationspflichten ergeben sich aus der MaComp. Nach BT 7.1 Nr. 2 MaComp müssen Informationen über die Anlageberatung als Dienstleistung auch Informationen über die Geeignetheitsprüfung enthalten. Hiermit ist der gesamte Prozess der Einholung der Kundeninformationen bis zur Prüfung der Geeignetheit des konkreten Produktes zu verstehen. Weiterhin sieht BT 7.1 Nr. 3 MaComp die Verpflichtung vor, den Kunden darauf aufmerksam zu machen, dass vollständige und korrekte Informationen unerlässlich sind, um überhaupt im Rahmen der Anlageberatung die Empfehlung eines konkreten Produktes abgeben zu können. Dies soll dem Verständnis des Kunden im Hinblick auf den auch aus Kundensicht vielschrittigen (von der Information über die Anlageberatung bis hin zum Beratungsprotokoll bei Privatkunden) und mit zeitlichem Aufwand verbundenen Beratungsprozess dienen. Versteht der Kunde, aus welchen Gründen der Berater vielfältige Informationen an den Kunden gibt und später auch vielfältige Informationen einholt, um den Kunden im Rahmen des auf Anlegerschutz gerichteten Prozesses zu beraten, dann wird er bereit sein, seine erforderlichen Mitwirkungshandlungen vorzunehmen, um so zu einer fundierten Empfehlung zu gelangen. Weiterhin muss es im Nachhinein kontrollierbar sein, ob dem Kunden die vorgenannte Information über die Geeignetheitsprüfung erteilt worden ist.

90 In der Praxis verwenden die Wertpapierdienstleistungsunternehmen zur Erfüllung der Informationspflichten standardisierte Unterlage: dem Kunden werden Kunden- bzw. Informationsbroschüren und die sogenannten „Basisinformationen über Vermögensanlagen in Wertpapieren" oder, falls erforderlich, auch die spezielleren Basisinformationen über Investmentfonds und Termingeschäfte ausgehändigt, die standardisiert die gesetzlich gefor-

---

47 Assmann/Schneider/*Koller* § 31 Rn. 109.
48 Siehe im Einzelnen hierzu die ausführlichen Regelungen in § 5 Abs. 2 S. 2 Nr. 1–5 WpDVerOV.

derten Informationen enthalten und den Kunden über die aufsichtsrechtlich erforderlichen Einzelheiten informieren. Selbstverständlich sind die Informationen in den Kundenbroschüren und den Basisinformationen sowohl im Hinblick auf die aufsichtsrechtlichen Anforderungen wie auch in tatsächlicher Hinsicht aktuell zu halten; dies ergibt sich bereits aus § 5 Abs. 4 WpHG.

b) Zeitpunkt der allgemeinen Information

Zeitlich sieht § 31 Abs. 3 S. 1 WpHG vor, dass der Kunde rechtzeitig vor einer vertraglichen Bindung zu informieren ist. Das zeitliche Merkmal der Rechtzeitigkeit ist auslegungsbedürftig. Rechtzeitig bedeutet nicht sofort, nicht unverzüglich und auch nicht gleichzeitig. Dem Kunden muss genügend Zeit für seine Entscheidung verbleiben, sobald er alle Informationen hat, die er für seine Entscheidung auf informierter Grundlage braucht. Die Zeitspanne, was im Einzelfall rechtzeitig ist, ist also nach Maßgabe verschiedener Aspekte festzulegen. So spielt z.B. eine Rolle, welche Zeit der Kunde im Einzelfall benötigt, um die Information verstehen und in seine Entscheidung mit einbeziehen zu können, die Komplexität des Finanzinstruments oder die Erfahrungen des Kunden. Eine definitiv richtige Zeitspanne für die Rechtzeitigkeit zwischen Information und Geschäft gibt es nicht; sie ist abhängig von den Umständen des Einzelfalls. 91

c) Form der allgemeinen Information

Das WpHG und ergänzend die WpDVerOV regeln ebenfalls, auf welche Art und Weise, also in welcher Form, dem Kunden Informationen zur Verfügung gestellt werden müssen. 92

aa) Grundsatz: Der dauerhafte Datenträger

Die erforderlichen Informationen müssen dem Kunden, also nicht nur dem Privatkunden, nach § 3 Abs. 1 und 2 WpDVerOV grundsätzlich auf einem dauerhaften Datenträger zur Verfügung gestellt werden. Als dauerhafter Datenträger wird vor allem die Papierform, aber auch CD-ROM, angesehen. Dies ist in der Praxis in vielen Fällen auch „das Mittel der Wahl". Bei persönlichem Kontakt mit dem Kunden können die Informationen problemlos als Broschüre, auf Papier oder CD-ROM ausgehändigt oder geschickt werden. In der immer schnelllebigeren Zeit stellt sich jedoch auch die Frage nach der Nutzung elektronischer Medien.[49] 93

bb) Ausnahmen, insbesondere elektronische Übermittlung von Informationen

Die Verwendung eines anderen dauerhaften Datenträgers als Papier ist nach § 3 Abs. 2 WpDVerOV nur zulässig, wenn dies aufgrund der Rahmenbedingungen, unter denen das Geschäft ausgeführt wird, angemessen ist und der Kunde sich ausdrücklich für diese andere Form der Bereitstellung von Informationen entschieden hat. Als „andere Form" und Ausnahme vom Grundsatz der Verwendung eines dauerhaften Datenträgers bietet sich auch die Kommunikation per E-Mail oder per Telefax an, insbesondere dann, wenn ein schneller Kommunikationsweg eröffnet werden soll. Für die Praxis sind mehrere Punkte hierbei sorgfältig zu beachten: 94

Um den Nachweis erbringen zu können, dass der Kunde der Bereitstellung der Information auf elektronischem Wege zugestimmt hat, sollte mit dem Kunden eine schriftliche Vereinbarung geschlossen werden, welche die Zulässigkeit und die Modalitäten der Übersendung von Informationen per E-Mail oder per Telefax regelt. Diese Vereinbarung sollte ausdrücklich die exakte E-Mail-Adresse bzw. die Faxnummer nennen, welche für die Informationsübermittlung an den Kunden zur Verfügung stehen. Weiterhin sollte 95

---

49 Siehe unten Rn. 94 ff.

diese Vereinbarung Hinweise dazu enthalten, dass die Übersendung per E-Mail oder per Fax nicht die gleiche Sicherheit und Vertraulichkeit aufweist wie die Übersendung per Post. Um keinen unangemessenen Handlungsdruck zu erzeugen, sollte der Kunde stets mehrere Möglichkeiten der Informationsübermittlung zur Auswahl haben. Ist der Kunde einverstanden und wird die Vereinbarung geschlossen, kann auch dieser „moderne Weg" der Informationsübermittlung gewählt werden.

96 Diese schriftliche Vereinbarung dient aber nicht nur dem Nachweis der Einhaltung der Erfordernisse des § 3 Abs. 2 WpDVerOV. Hinzu kommt, dass aber auch bei der Übermittlung von Informationen an den Kunden Aspekte des Datenschutzes und des Bankgeheimnisses betroffen sein können. Dies ist insbesondere bei der Übermittlung persönlicher oder geschäftlicher Daten der Fall. Um einer Verletzung dieser Vorschriften vorzubeugen, ist es ebenfalls empfehlenswert, die Einwilligung des Kunden in die Übermittlung der Daten auf elektronischem Wege einzuholen und nachweisen zu können.

97 In die vorgenannte Vereinbarung kann auch die Zustimmung für die Veröffentlichung von Informationen auf der Internetseite des Wertpapierdienstleistungsunternehmens aufgenommen werden.[50]

cc) Veröffentlichungen auf der Internetseite des Wertpapierdienstleistungsunternehmens

98 Veröffentlichungen auf der Internetseite des Wertpapierdienstleitungsunternehmens sind nach § 3 Abs. 3 WpDVerOV zulässig. Eine auf aktuellem Stand zu haltende Veröffentlichung auf einer Internetseite genügt für die Bereitstellung von Informationen, wie etwa in § 5 Abs. 5 WpDVerOV vorgesehen, soweit diese Informationen nicht an den Kunden persönlich gerichtet sind. Weiterhin muss die Bereitstellung der betreffenden Informationen über dieses Medium den Rahmenbedingungen, unter denen das Geschäft zwischen dem Wertpapierdienstleistungsunternehmen und dem Kunden ausgeführt wird, angemessen sein. Eine Bereitstellung von Informationen über das Internet gilt nach § 3 Abs. 4 WpDVerOV insbesondere dann als angemessen, wenn der Kunde nachweislich über regelmäßigen Zugang zum Internet verfügt. Der Nachweis ist geführt, wenn der Kunde für die Bereitstellung von Informationen oder im Zusammenhang mit Wertpapierdienstleistungen eine E-Mail-Adresse angegeben hat.

99 Weiterhin muss der Kunde für die Zulässigkeit der Veröffentlichung der Information auf der Internetseite der Bereitstellung der Informationen in dieser Form ausdrücklich zugestimmt haben. Die Adresse der Internetseite, auf der die Informationen bereitgestellt werden, muss dem Kunden zumindest auf einem dauerhaften Datenträger mitgeteilt worden sein. Schließlich ist es erforderlich, die Informationen auf der Internetseite laufend zur Verfügung zu stellen und so lange eingestellt zu lassen, wie dies nach billigem Ermessen für den Kunden zu erwarten ist.

d) Adressat der Information auf Seiten des Kunden

100 Normalerweise ist der Kunde auch Depotinhaber, sodass die vorgenannte Informationspflicht ihm gegenüber besteht. Sie orientiert sich am generellen Verständnis der Kundengruppe, zu welcher der Kunde aufgrund der Klassifizierung gehört[51]. Das gilt für die Erfüllung der Informationspflicht auch dann, wenn der Kunde einen Vertreter hat, der selbst als professioneller Kunde klassifiziert ist.[51] Hat der Kunde weitere Verfügungsberechtigte benannt, dann besteht keine Verpflichtung, die Verfügungsberechtigten zusätzlich zu informieren.

---

50 Siehe unten Rn. 98 ff.
51 Assmann/Schneider/*Koller* § 31a Rn. 22.

Bei gesetzlichen Vertretern, z.B. bei Eltern minderjähriger Kinder, ist darauf zu achten, **101** dass die Informationspflicht gegenüber dem gesetzlichen Vertreter erfüllt wird. Bei rechtsgeschäftlichen Vertretern bleibt der Kunde Adressat der Informationspflicht, es sei denn, die Vertretungsbefugnis umfasst die Informationserteilung über den Vertreter.

Als Hinweis sei angemerkt, dass die Frage des richtigen Adressaten bei der Informationserteilung von der Frage zu unterscheiden ist, ob auf den Vertretenen oder den Vertreter bei der Bestimmung der vom Kunden einzuholenden Informationen abzustellen ist. **102**

e) Hinweis für die Praxis

Die allgemeinen Informationspflichten sind der eigentlichen Anlageberatung vorgelagert. **103** Dennoch muss der Berater auf sie „ein Auge" haben und dem Anleger (bzw. seinem Vertreter) die aufsichtsrechtlich geforderten Informationen rechtzeitig und in der richtigen Form aushändigen. Insbesondere beim Thema „elektronische Übermittlung" unter Nutzung von E-Mails oder dem Internet ist insbesondere das Einverständnis des Kunden nachweisbar einzuholen, also am besten schriftlich.

2. Einholung von Informationen vom Kunden

Um die Anlageberatung qualitativ gut erbringen zu können, ist es erforderlich, vor der **104** Erbringung dieser Wertpapierdienstleistung bestimmte Informationen vom Kunden einholen. Dies ist gegenüber der Information gegenüber dem Kunden[52] der umgekehrte Informationsweg.

Der Umfang der vom Kunden einzuholenden Informationen hängt bei der Anlageberatung **105** entscheidend von der Kundenklassifizierung ab. Da beim Privatkunden das Schutzniveau des WpHG am höchsten ist, ist folglich auch die Grundlage der Anlageberatung, d.h. der Umfang der vom Kunden einzuholenden Informationen, am umfassendsten. Im Folgenden wird zunächst der Umfang der für Privatkunden maßgeblichen Informationen dargestellt, sodann der Umfang der Informationseinholung bei professionellen Kunden einschließlich geeigneter Gegenparteien. Weiterhin muss das Wertpapierdienstleistungsunternehmen die Einholung der Kundenangaben dokumentieren.

a) Privatkunden

Ein Wertpapierdienstleistungsunternehmen ist nach § 31 Abs. 4 WpHG verpflichtet, von **106** dem Kunden alle Informationen über seine Kenntnisse und Erfahrungen in Bezug auf Geschäfte mit bestimmten Arten von Finanzinstrumenten oder Wertpapierdienstleistungen einzuholen, darüber hinaus die Anlageziele des Kunden und seine finanziellen Verhältnisse zu erfragen. Diese Informationspflicht findet ihre Grenze darin, ob die Informationen erforderlich sind, um dem Kunden ein für ihn geeignetes Finanzinstrument oder eine für ihn geeignete Wertpapierdienstleistung empfehlen zu können. Diese Vorschrift bezieht sich auf als Privatkunden klassifizierte Kunden, weil § 31 Abs. 9 WpHG für die professionellen Kunden eine Teilmenge dieser Informationen als erforderliche Angaben ausreichen lässt.

§ 31 Abs. 4 WpHG wird ergänzt durch § 6 WpDVerOV. Weiterhin hat die Bafin in den BT **107** 7.4 bis BT 7.7 MaComp die Anforderungen an den Umfang der vom Kunden einzuholenden Informationen, die Zuverlässigkeit der Informationen, die Aktualisierungserfordernisse und den Sonderfall der Informationseinholung von juristischen Personen und Gruppen konkretisiert.

---

52 Siehe oben Rn. 83 ff.

aa) Informationen von Privatkunden

108 Bevor Wertpapierdienstleistungsunternehmen Empfehlungen im Rahmen der Anlageberatung abgeben, müssen sie auf jeden Fall die notwendigen Informationen über die Kenntnisse und Erfahrungen des Kunden, seine finanziellen Verhältnisse und seine Anlageziele einholen. Sie dürfen den Kunden nicht dazu verleiten, Angaben zurückzuhalten, § 6 Abs. 2 WpDVerOV. Die Dokumentation dieser Kundenangaben erfolgt, soweit es sich um allgemeine Informationen handelt, im sog. WpHG-Bogen.[53] Soweit es sich um Angaben handelt, die nur für ein konkretes Geschäft Relevanz haben, erfolgt die Dokumentation im Beratungsprotokoll.[54]

(1) Kenntnisse und Erfahrungen

109 Zu den Kenntnissen und Erfahrungen des Kunden, die nach § 31 Abs. 4 WpHG einzuholen sind, gehören nach § 6 Abs. 2 WpDVerOV Angaben zu den Arten von Wertpapierdienstleistungen oder Finanzinstrumenten, mit denen der Kunde vertraut ist, die Art, der Umfang, die Häufigkeit und der Zeitraum zurückliegender Geschäfte des Kunden mit Finanzinstrumenten, seine Ausbildung sowie die gegenwärtigen und relevanten früheren beruflichen Tätigkeiten des Kunden.

110 Diese Informationen müssen jedoch nicht „um jeden Preis" eingeholt werden, sondern nur, soweit ein sachverständiges und sorgfältig arbeitendes Wertpapierdienstleistungsunternehmen sie für die Empfehlung des Finanzinstrumentes benötigt.[55] Viele Kunden sind nicht unbedingt bereit, etwa ihre Ausbildung und ihre frühere berufliche Tätigkeit dem Berater zu nennen. Daher sind diese Informationen „nur" einzuholen, soweit sie in Abhängigkeit von der Einstufung des Kunden, der Art und des Umfanges der Wertpapierdienstleistung, der Art der Finanzinstrumente und der jeweils damit verbundenen Komplexität und Risiken erforderlich sind. Es besteht also rechtlich die Möglichkeit, mit nachvollziehbaren Gründen von einer Einholung der vorgenannten Informationen zu Kenntnissen und Erfahrungen abzusehen, wenn dies im Sinne des § 6 Abs. 2 WpDVerOV nicht erforderlich ist.

(2) Anlageziele

111 Weiterhin muss der Berater Informationen hinsichtlich der Anlageziele des Kunden einholen. Hierzu gehören nach § 6 Abs. 1 Nr. 2 WpDVerOV die Angaben des Kunden über die Anlagedauer, seine Risikobereitschaft und den Zweck der Anlage. Auch im Hinblick auf die Einholung dieser Kundenangaben gilt, dass dies nur erfolgen soll, soweit es für die Anlageberatung erforderlich ist.

112 Als Anlagezweck kommen sehr unterschiedlich Gesichtspunkte für den Kunden in Betracht. Zweck der Anlage kann z.B. sein:
– die Altersvorsorge:
  die angelegten Gelder des Kunden sollen zur Absicherung des Lebensstandards im Ruhestand dienen;
– die Liquiditätsvorsorge:
  die angelegten Gelder des Kunden dienen der schnellen Liquiditätsbeschaffung und müssen eher kurzfristig verfügbar sein;
– die Bildung von Rücklagen:
  die angelegten Gelder des Kunden haben keinen besonderen Verwendungszweck, sondern sind eher mittel- bis langfristige Anlagen;

---

53 Siehe unten 175 ff.
54 Siehe unten 177 ff.
55 Assmann/Schneider/*Koller* § 31 Rn. 142.

- die Spekulation als eine Art kurzfristiger Gewinnerzielung:
  bei den anzulegenden Geldern des Kunden steht der Spekulationsgedanke im Vordergrund, um durch schnellen An- und Verkauf den Ertrag zu steigern; dies setzt insbesondere eine entsprechende Risikobereitschaft des Kunden voraus;
- die Liquiditätsbeschaffung:
  der Kunde beabsichtigt den Verkauf von Anlagen, um sich Liquidität zu beschaffen.

Wichtig ist weiterhin die Anlagedauer, d.h. für welchen Zeitraum der Anleger seine Gelder anlegen möchte. Hier empfiehlt es sich, konkrete Zeiträume abzufragen, z.B. unter drei Jahre, bis fünf Jahre, oder ähnliches. 113

Schließlich müssen im Rahmen der Anlageziele Informationen zur Risikobereitschaft des Kunden eingeholt werden. In der Praxis erfolgt die Einstufung des Kunden in Risikogruppen. Hierbei ist zu beachten, dass der Kunde eine Vorstellung davon haben muss, was genau die jeweilige Gruppe bedeutet. Begriffe wie hohes, mittleres oder niedriges Risiko geben hier, wenn keine genaue und nachvollziehbare Erläuterung erfolgt, dem Kunden keine hinreichende Information.[56] In der Praxis ist eine Empfehlung, die nicht nachweisbar der Risikobereitschaft des Kunden entspricht, häufig Anlass für Beschwerden oder die Geltendmachung von Schadensersatzansprüchen des Kunden. Daher ist die Risikobereitschaft des Kunden eine sehr wichtige Information für die spätere Empfehlung des Finanzinstrumentes, das in jedem Fall für die Risikobereitschaft des Kunden geeignet sein muss. 114

(3) Finanzielle Verhältnisse

Zu den Informationen, die im Hinblick auf die finanziellen Verhältnisse des Kunden einzuholen sind, gehören nach §6 Abs.1 Nr.1 WpDVerOV Angaben über die Grundlage und die Höhe regelmäßiger Einkommen und regelmäßiger finanzieller Verpflichtungen sowie über vorhandene Vermögenswerte, insbesondere Barvermögen, Kapitalanlagen und Immobilienvermögen. Diese Angaben dienen dazu, den Berater in die Lage zu versetzen, zu beurteilen, ob das empfohlene Finanzinstrument für den Kunden finanziell tragbar ist. 115

Auch im Hinblick auf die Einholung dieser Kundenangaben gilt, dass sie nur erfolgen soll, soweit es erforderlich ist. Es ist unmittelbar einsichtig, dass Informationen im Hinblick auf die finanziellen Verhältnisse und die Fähigkeit des Kunden, das Risiko der ins Auge gefassten Anlage tragen zu können, sehr wichtig für den Berater sind, sich mit nachvollziehbaren Gründen im Klaren darüber zu sein, warum fehlende Angaben zu den finanziellen Verhältnissen für die Empfehlung eines Finanzinstrumentes nicht erforderlich sind. Es gibt hierfür durchaus nachvollziehbare Gründe, z.B. wenn der Kunde nur einen geringen Teil des dem Berater aus dem eigenen Hause bekannten Vermögens des Kunden anlegen möchte; in diesem Fall kann es entbehrlich sein, das gesamte Vermögen des Kunden zu kennen. Die Entscheidung, ob auf Angaben im Bereich der finanziellen Verhältnisse verzichtet werden kann, weil sie nicht erforderlich sind, muss auf jeden Fall sorgfältig getroffen werden. Die Entscheidung und die Gründe sollten entsprechend im WpHG-Bogen und/oder im Beratungsprotokoll dokumentiert werden. 116

(4) Weitere Informationen des Kunden

Nach BT 7.2 Nr.3 MaComp gehören zu den für die Durchführung einer Geeignetheitsprüfung erforderlichen Informationen weitere Aspekte, die sich auf die finanziellen Verhältnisse des Kunden oder seine Anlageziele auswirken können, z.B.: 117
- der Familienstand, insbesondere die Befugnis des Kunden, über Vermögenswerte zu verfügen, an denen der Ehepartner Miteigentümer ist;

---

56 Assmann/Schneider/*Koller* § 31 Rn.140; Ellenberger/Schäfer/Clouth/Lang/*Braun/Lang/Loy* Praktikerhandbuch, Rn.341 ff.

- die familiäre Situation oder Veränderungen in der familiären Situation eines Kunden, die sich auf seine finanziellen Verhältnisse auswirken können, z.B. die Geburt oder der Studienbeginn eines Kindes;
- die berufliche Situation, etwa ein drohender Arbeitsplatzverlust oder die bevorstehende Pensionierung können sich auf die finanziellen Verhältnisse oder die Anlageziele des Kunden auswirken;
- der Bedarf an Liquidität bei bestimmten Anlagen;
- das Alter des Kunden.

118   Die Ausführungen in der MaComp zeigen, wie wichtig es ist, möglichst viele für die Anlageberatung relevante Informationen des Kunden zu erhalten, um eine möglichst breite und sichere Grundlage für die spätere Durchführung der Geeignetheitsprüfung zu schaffen.

(5) Hinweis für die Praxis

119   Die Einholung der Kundenangaben trägt dem Prinzip Rechnung, seinen Kunden nur dann gut beraten zu können, wenn man ihn bzw. die für die Anlageberatung relevanten Informationen kennt. Es gilt der Grundsatz: Ausgangspunkt der Beratung ist der Kunde und nicht das Produkt. Das Aufsichtsrecht geht unter dem Gesichtspunkt des Anlegerschutzes davon aus, dass Kunden beraten werden und nicht – in erster Linie – Produkte verkauft werden müssen.

120   Diese Haltung im Hinblick auf die ordnungsgemäße Durchführung der Anlageberatung hilft, über die gesetzliche Anordnung hinaus den Sinn dieser aufsichtsrechtlichen Anforderungen für das Wertpapierdienstleistungsunternehmen, den Berater und auch den Kunden transparent zu machen und Verständnis dafür zu erhalten, dass die Erfüllung der aufsichtsrechtlichen Pflichten notwendig und der dafür erforderliche Aufwand „gut angelegt" ist. Es geht um die Schaffung der Voraussetzungen einer guten Beratung, aber nicht darum, Informationen und Daten abzugreifen. Die Kunst des Beraters besteht im Rahmen der sich anschließenden Geeignetheitsprüfung darin, für die dann später gewichteten Anliegen des Kunden ein Finanzinstrument zu finden, das er dem Kunden als zu ihm passend empfehlen kann.

bb) Erforderlichkeit und Verhältnismäßigkeit als Maßstab des Pflichtenumfangs

121   Der Umfang der Pflicht zur Einholung der Informationen vom Kunden wird stetig weiter, wie die Ergänzung der Pflichten durch die MaComp, etwa BT 7.2 Nr. 3 MaComp, zeigt. Daher ist eine Begrenzung dieser Pflicht erforderlich, um ein Ausufern der Pflicht und die damit verbundene Rechtsunsicherheit für das Wertpapierdienstleistungsunternehmen zu vermeiden. Zur Erinnerung: Die Informationen des Kunden bilden die Grundlage für die spätere Geeignetheitsprüfung und die Empfehlung des Finanzinstruments. Stimmt diese Grundlage bereits nicht, ist die Empfehlung mit hoher Wahrscheinlichkeit ebenfalls nicht richtig. In dieser Situation gibt BT 7.4 MaComp der Praxis eine wichtige Hilfestellung. Es ist danach ausreichend, die Informationen einzuholen, die im richtigen Verhältnis zur angebotenen Dienstleistung und dem empfohlenen Finanzinstrument stehen. Der Verhältnismäßigkeitsgrundsatz dient also als Korrektiv.

122   Bei der Frage der Erforderlichkeit der Information für die Durchführung der Geeignetheitsprüfung spielen nach BT 7.4 Nr. 3 MaComp die Art und Komplexität des zu empfehlenden Finanzinstruments sowie die Höhe des Risikos, die Art und der Umfang der Dienstleistungen, die das Wertpapierdienstleistungsunternehmen erbringt und, besonders wichtig, die Kundenklassifizierung sowie Anliegen und persönliche Verhältnisse des Kunden eine Rolle. Bieten Wertpapierdienstleistungsunternehmen beispielsweise Finanzinstrumente an, die komplex oder risikobehaftet sind, müssen sie nach BT 7.4 Nr. 5 MaComp sorgfältig prüfen, ob sie ausführlichere Informationen über den Kunden einholen müssen als in anderen Fällen, in denen es sich um weniger komplexe oder riskante Finanzinstrumente handelt.

Nur so können die Unternehmen die Fähigkeit des einzelnen Kunden beurteilen, die mit diesen Finanzinstrumenten verbundenen Risiken zu verstehen und finanziell tragen zu können.

Bei illiquiden Finanzinstrumenten haben die „notwendigen Informationen" die Angabe zu enthalten, wie lange der Kunde die Anlage zu halten beabsichtigt. Bei illiquiden oder riskanten Finanzinstrumenten können detailliertere Angaben zu den finanziellen Verhältnissen, den Vermögenswerten und den regelmäßigen finanziellen Verpflichtungen des Kunden erforderlich sein, um beurteilen zu können, ob es die finanzielle Situation des Kunden gestattet, diese Finanzinstrumente zu erwerben.[57]

123

Wird die Anlageberatung erbracht, müssen die Unternehmen nach BT 7.4 Nr. 6a MaComp ausreichende Informationen einholen, um beurteilen zu können, ob der Kunde in der Lage ist, die Risiken und die Art der jeweiligen Finanzinstrumente einschätzen zu können, die ihm das Unternehmen empfehlen möchte. Über Kunden, die eine Anlageberatung für ihr gesamtes Anlageportfolio wünschen, sieht BT 7.4 Nr. 7 MaComp eine umfassendere Informationspflicht vor als bei Kunden, die sich speziell bei der Anlage eines bestimmten Betrags beraten lassen wollen, der nur einen relativ kleinen Teil ihres Gesamtportfolios ausmacht. Ausführlichere Informationen sind nach BT 7.4 Nr. 8 MaComp grundsätzlich bei Kunden einzuholen, die erstmals Anlageberatungsdienste in Anspruch nehmen. Auch die Anliegen und persönlichen Verhältnisse des Kunden sind nach BT 7.4 Nr. 10 MaComp ausschlaggebend dafür, welche Informationen benötigt werden. So sind grundsätzlich – anders als bei einer kurzfristigen und sicheren Anlage – ausführlichere Informationen über die finanziellen Verhältnisse des Kunden erforderlich, wenn dieser mehrere und/oder langfristige Anlageziele verfolgt.

124

Die Unternehmen dürfen von dieser Verpflichtung nicht zu Lasten des Kunden abweichen. Diese Konkretisierung der MaComp folgt dem Grundsatz, dass beim Anlegerschutz der individuelle Kunde als Anleger und seine persönliche Risikosituation im Vordergrund stehen.

125

cc) Verlässlichkeit der Kundeninformationen

Die Einholung der Kundeninformationen stellt die Basis für die spätere Empfehlung eines Finanzinstrumentes für den Kunden und die Vornahme der Geeignetheitsprüfung dar. Sind die Informationen des Kunden nicht richtig oder nicht vollständig, dann besteht die Gefahr einer nicht ordnungsgemäßen Anlageberatung. Daher ist es sehr wichtig festzulegen, auf welche Informationen des Kunden sich das Wertpapierdienstleistungsunternehmen verlassen darf und wie möglichst sichergestellt werden kann, dass die Informationen des Kunden fehlerfrei und vollständig sind. Das WpHG und die WpDVerOV geben dazu keine weiteren Maßgaben. Aber BT 7.5 MaComp regelt diesen Punkt genauer:

126

Die MaComp verpflichtet die Wertpapierdienstleistungsunternehmen, geeignete Maßnahmen für die Verlässlichkeit der Informationen zu treffen. Die Hilfsmittel der Unternehmen, z.B. die Fragen an den Kunden, müssen geeignet sein, die erforderlichen Informationen zu erhalten. BT 7.5 Nr. 1a MaComp weist ausdrücklich darauf hin, Fragen nicht in einer bestimmten Art und Weise zu stellen, die den Kunden auf eine spezifische Anlageart hinführen. Fragen müssen so gestellt werden, dass sie aller Wahrscheinlichkeit nach richtig verstanden werden, BT 7.5 Nr. 2 MaComp. Weiterhin ist die Schlüssigkeit und Zuverlässigkeit der Kundenangaben zu gewährleisten. Als Mindestprüfungsmaßstab muss der Berater beurteilen, ob die Angaben des Kunden offensichtliche Unstimmigkeiten enthalten.

127

Der Berater soll nicht einfach auf die Selbsteinschätzung des Kunden und die von ihm gemachten Angaben über Kenntnisse und Erfahrungen, Anlageziele und finanzielle Ver-

128

---
57 Siehe BT 7.4 Nr. 5 MaComp zu den Einzelheiten der einzuholenden Informationen.

hältnisse vertrauen, sondern er muss sich ein eigenes Bild machen, BT 7.5 Nr. 1c MaComp. Die Empfehlung der BaFin in BT 7.5. Nr. 3 MaComp geht dahin, die Selbsteinschätzung des Kunden durch objektive Kriterien und offene Fragen zu validieren.

129 Weiterhin besteht für das Wertpapierdienstleistungsunternehmen nach BT 7.5 Nr. 4 und 5 MaComp die Pflicht, sicherzustellen und zu prüfen, ob die von ihnen eingesetzten Methoden und Instrumente zweckdienlich sind und zu zufriedenstellenden Ergebnissen führen. Auch wenn die MaComp in BT 7.5 Nr. 2 MaComp die Erwartungshaltung an die Kunden formuliert, korrekte, aktuelle und vollständige Informationen zu geben, bleibt die Verantwortung bei den Wertpapierdienstleistungsunternehmen, die notwendige Informationsgrundlage für die Geeignetheitsprüfung zu haben. Der Berater muss die Informationen in ihrer Gesamtheit betrachten, um Widersprüche in den Kundenangaben zu erkennen. Er ist aufgefordert, im Fall von Unstimmigkeiten diese mit dem Kunden zu klären. Ausdrücklich nennt BT 7.5 Nr. 6 MaComp den Fall eines Kunden, der nur über geringe Kenntnisse und Erfahrungen verfügt, ein konservatives Anlageprofil aufweist, aber ehrgeizige Anlageziele verfolgt.

130 Hier erfordert es die Sorgfalt des Anlageberaters, für eine ausreichende Informationsgrundlage im Vorfeld der Geeignetheitsprüfung zu sorgen und Zweifel zu beseitigen. Die Ausführungen der MaComp zur Verlässlichkeit der Kundenangaben verdeutlichen die Rolle, die dem Wertpapierdienstleistungsunternehmen und seinem Berater bei der Anlageberatung zukommt: Sie begleiten mit Sachkunde den Beratungsvorgang im Interesse ihrer Kunden. Der Berater muss im Rahmen seiner Erfahrung eine Bewertung vornehmen, ob für ihn die Angaben des Kunden hinreichend, verlässlich und widerspruchsfrei sind; seine Professionalität und Sorgfalt sind eine wichtige Voraussetzung für eine qualitativ gute Anlageberatung. Das Wertpapierdienstleistungsunternehmen stellt hierfür die Rahmenbedingungen und Kontrollmechanismen zur Verfügung.

131 Einen Sonderfall stellt § 31e WpHG dar. Erhält ein Wertpapierdienstleistungsunternehmen über ein anderes Wertpapierdienstleistungsunternehmen einen Auftrag, Wertpapierdienstleistungen oder Wertpapiernebendienstleistungen für einen Kunden zu erbringen, ist das entgegennehmende Wertpapierdienstleistungsunternehmen nicht verpflichtet, Kundenangaben und Kundenanweisungen, die ihm von dem anderen Wertpapierdienstleistungsunternehmen übermittelt werden, auf ihre Vollständigkeit und Richtigkeit zu prüfen. Es darf sich darauf verlassen, dass Empfehlungen in Bezug auf die Wertpapierdienstleistung dem Kunden von dem anderen Wertpapierdienstleistungsunternehmen im Einklang mit den gesetzlichen Vorschriften gegeben wurden.

dd) Aktualisierung der Kundeninformationen

132 Wertpapierdienstleistungsunternehmen müssen nach BT 7.6 Nr. 1 MaComp geeignete Verfahren einrichten, um die Aktualität der Informationen jederzeit in ausreichendem Umfang sicherzustellen. Unterstützung für die Aktualisierung von Kundeninformationen bieten die Allgemeinen Geschäftsbedingungen, da sie den Kunden in der Regel dazu verpflichten, von sich aus auf Änderungen seiner Umstände hinzuweisen.

133 Die vorgenannten Verfahren müssen erkennen lassen, welche der eingeholten Informationen zu aktualisieren sind, wie häufig eine Aktualisierung erfolgen muss und wie die Aktualisierung erfolgen soll. Weiterhin muss das Unternehmen zusätzliche oder aktualisierte Informationen entsprechend verarbeiten können. Stellt der Kunde die geforderten Informationen nicht bereit, ist weiterhin festzulegen, wie hierauf reagiert werden soll bzw. muss.

134 Auch zu diesem Punkt gibt es nur begrenzt standardisierte Vorgehensweisen. Wie häufig aktualisiert werden muss, kann je nach Risikoprofil und persönlicher Situation des Kunden variieren. Hierbei erfordert ein höheres Risikoprofil nach BT 7.6 Nr. 3 MaComp grundsätzlich eine häufigere Aktualisierung als ein niedrigeres Profil. Auch bestimmte Ereignisse können Anstoß für

eine Aktualisierung sein, beispielsweise der Eintritt des Kunden in den Ruhestand. Auch hier bietet der Ankerpunkt des Anlegerschutzes eine Auslegungshilfe für die Frage im Einzelfall, ob eine Aktualisierung der Informationen erforderlich ist oder nicht. Die Aktualisierung kann aber anlässlich der Gespräche mit dem Kunden oder durch Zusendung von Fragebögen zur Aktualisierung der Kundenangaben vorgenommen werden. Die sich hieraus ergebenden Erkenntnisse sind bei der folgenden Anlageberatung zu berücksichtigen.

ee) Veränderung von Kundeninformationen

Selbstverständlich sind Wertpapierdienstleistungsunternehmen verpflichtet, bei Veränderungen der als erforderlich erachteten Informationen die Auswirkungen der Veränderungen einzelner Informationen auf die Geeignetheitsprüfung bei zukünftigen Anlageberatungen zu berücksichtigen. Dies ergibt sich aus BT 7.2 Nr. 4 MaComp. **135**

ff) Dokumentation der Kundeninformationen

Die Dokumentation der allgemeinen Informationen, die von Privatkunden eingeholt worden sind, erfolgt im sog. WpHG-Bogen, die Dokumentation der konkreten Anlageberatung im Beratungsprotokoll. Die Einzelheiten dieser Dokumentationspflicht und das Verhältnis von WpHG-Bogen und Beratungsprotokoll werden detailliert im Rahmen der Erläuterung der Dokumentationspflichten dargestellt.[58] **136**

b) Professionelle Kunden

Bei den professionellen Kunden ist der Umfang der Informationen, die eingeholt werden müssen, geringer als bei Privatkunden. Dies hat seinen Grund in der vom Gesetz vorgesehenen geringeren Schutzbedürftigkeit der professionellen Kunden. Sie basiert auf ihrer größeren Erfahrung und ihrer wirtschaftlichen Tragkraft, die das Gesetz in § 31 Abs. 9 WpHG vermutet. **137**

aa) Informationen von professionellen Kunden

§ 31 Abs. 9 WpHG erlaubt den Wertpapierdienstleistungsunternehmen davon auszugehen, dass professionelle Kunden für die Produkte, Geschäfte oder Dienstleistungen, für die sie als professionelle Kunden eingestuft sind, über die erforderlichen Kenntnisse und Erfahrungen verfügen, um die mit den Geschäften einhergehenden Risiken zu verstehen, und dass für sie etwaige mit dem Geschäft einhergehende Anlagerisiken entsprechend ihren Anlagezielen finanziell tragbar sind. Damit sind grundsätzlich von professionellen Kunden nur Informationen über ihre Anlageziele einzuholen. Voraussetzung ist jedoch nach BT 7.4 Nr. 8 MaComp, dass der professionelle Kunde korrekt klassifiziert worden ist, also kein „unentdeckter" Privatkunde ist. Hier ist also ebenfalls Sorgfalt gefragt. **138**

Bei der Entscheidung, ob Informationen zu den finanziellen Verhältnissen des professionellen Kunden tatsächlich entbehrlich sind, weist BT 7.4 Nr. 9 MaComp zu Recht darauf hin, dass dies zwar grundsätzlich wegen der gesetzlichen Wertung so gesehen werden kann, im Einzelfall aber dennoch die Einholung der Informationen zu den finanziellen Verhältnissen geboten ist, wenn die Anlageziele des Kunden dies erfordern. Möchte der Kunde beispielsweise ein Risiko absichern, benötigt das Unternehmen detaillierte Informationen über dieses Risiko, um ein wirksames Sicherungsinstrument vorschlagen zu können. **139**

Auch zur Erfüllung der Informationspflicht bei professionellen Kunden, die grundsätzlich geringer ausgestaltet ist als bei Privatkunden, ist also der Einzelfall sorgfältig zu berücksichtigen. Die Beschränkung auf die Einholung von Informationen zu den Anlagezielen gilt nur „grundsätzlich", aber nicht ausschließlich. **140**

---

58 Siehe unten Rn. 213 ff.

bb) Umfang der Informationseinholung, Verlässlichkeit und Aktualität

141 Bei der Anlageberatung professioneller Kunden stellt sich ebenfalls die Frage, in welchem Umfang die Einholung der Anlageziele und der im Einzelfall erforderlichen weiteren Informationen geboten ist. Der Grundsatz der Verhältnismäßigkeit als Maßstab des Pflichtenumfangs, die Ausführungen zur Verlässlichkeit und Aktualität der Kundeninformationen sowie die Vorgehensweise bei Veränderungen dürfte für professionelle Kunden unter Berücksichtigung der gesetzlichen Vermutungen entsprechend gelten.[59]

cc) Dokumentation der Kundeninformationen

142 Eine Dokumentation der allgemeinen Informationen des professionellen Kunden oder der konkreten Anlageberatung in einem Beratungsprotokoll, das den gesetzlichen Maßgaben entspricht, ist aufsichtsrechtlich nicht erforderlich. Es gilt auch hier § 34 Abs. 1 WpHG und damit die Pflicht, über die Anlageberatung Aufzeichnungen anzufertigen, welche die Einhaltung der Pflichten des 6. Abschnitts des WpHG ermöglichen.[60]

c) Besondere Situationen in der Praxis: Was tun?

143 In der Praxis kommen häufiger besondere Situationen zum Tragen, die sich von der normalen Beratungssituation zwischen Berater und Anleger unterscheiden, sei es etwa, dass besondere Vertretungsverhältnisse zu berücksichtigen sind, oder sei es auch, dass der Austausch der Informationen nicht reibungslos abläuft.

aa) Juristische Personen oder Gruppen, Vertretungsverhältnisse

144 Ein Privatkunde muss nicht notwendigerweise eine Einzelperson sein. Anleger können auch juristische Personen, Gruppen oder Eheleute sein, also Personenmehrheiten. Dann ist es für die Informationseinholung als Grundlage der später durchzuführenden Geeignetheitsprüfung entscheidend, auf wessen Kenntnisse und Erfahrungen, Anlageziele und finanzielle Verhältnisse im konkreten Fall bei Privatkunden abzustellen ist. Dies gilt umso mehr, wenn die persönlichen Kenntnisse und Erfahrungen der handelnden Personen auf Kundenseite unterschiedlich sind.

(1) Feststellung des Rechtsrahmens

145 Zunächst ist das Wertpapierdienstleistungsunternehmen nach BT 7.7 Nr. 1 MaComp gehalten festzustellen, für wen die Geeignetheitsprüfung durchgeführt werden muss, wenn eine juristische Person oder eine Gruppe von zwei oder mehr natürlichen Personen Kunde der Anlageberatung ist. Hierbei ist der geltende Rechtsrahmen anzuwenden, um anhand der gesetzlichen oder rechtsgeschäftlichen Vertretungsregeln zunächst festzustellen, wer für den Kunden handeln kann und tatsächlich handelt.

(2) Einigung über die für die Anlageberatung relevanten Personen

146 Fehlen Anhaltspunkte für den geltenden Rechtsrahmen, muss sich das Wertpapierdienstleistungsunternehmen nach BT 7.7 Nr. 2 MaComp auf der Grundlage einer zuvor festgelegten Strategie mit den betreffenden Personen darüber einigen, für wen die Prüfung durchgeführt werden soll und wie sie praktisch vorgenommen wird. Das gilt insbesondere für den oder die Vertreter, die eine juristische Person oder natürliche Personen vertreten, wie z.B. bei Geschäftsführern einer GmbH oder unter Eheleuten. Es ist zu entscheiden, wer die für die Anlageberatung relevante Person in diesen Fällen ist. Diese Entscheidung oder auch Vereinbarung, soweit sie mit dem Kunden und/oder den handelnden Personen getroffen wird, ist aufzuzeichnen.

---

59 Siehe oben Rn. 51.
60 Siehe unten Rn 216 ff.

(3) Welche Informationen betreffen den Vertreter, welche den Vertretenen?

Steht fest, wer der Vertretene und der Vertreter im Rahmen der Anlageberatung ist, ist zu beachten, welche Informationen vom Vertretenen bzw. der für ihn handelnden Person und welche Informationen vom Vertreter eingeholt werden müssen. Dies ist nicht notwendigerweise die gleiche Person. Beispiel: Eine GmbH ist der Kunde; sie wird vertreten durch den Geschäftsführer; dieser kann eine andere Person benennen und bevollmächtigen, welche die Anlageberatung mit dem Wertpapierdienstleistungsunternehmen durchführt. 147

Die Person des Vertreters bzw. die für den Kunden handelnde Person steht bei den Erfahrungen und Kenntnissen im Vordergrund. Es geht um die Beurteilung, ob der Handelnde das empfohlene Finanzinstrument versteht, einschließlich der mit dem Geschäft verbundenen Risiken für den Vertretenen. Hinsichtlich der finanziellen Verhältnisse und Anlageziele sind jedoch die Informationen des Vertretenen maßgeblich, wenn er als Privatkunde klassifiziert ist. Dies gilt jedenfalls nach BT 7.7 Nr. 3 MaComp für kleinere Rechtspersönlichkeiten und eine (!) natürliche Person, die von einem Dritten vertreten wird. 148

Handelt es sich bei dem Kunden um eine juristische Person oder eine Gruppe von zwei oder mehr natürlichen Personen, die durch eine andere natürliche Person vertreten werden, dann soll das Wertpapierdienstleistungsunternehmen nach BT 7.7 Nr. 4 MaComp festlegen, wer die maßgebliche Person für die Prüfung ist. Dabei ist dem Interesse und dem Schutzbedürfnis aller beteiligten Personen bestmöglich Rechnung zu tragen. 149

Bleiben mehrere Personen als die für die Geeignetheitsprüfung maßgebliche Personen übrig, dann müssen dennoch von allen maßgeblichen Personen die relevanten Informationen eingeholt werden. Bei der späteren Geeignetheitsprüfung ist dann unter dem Aspekt der Schutzbedürftigkeit auf denjenigen mit den geringsten Kenntnissen und Erfahrungen bzw. mit den geringsten finanziellen Mitteln abzustellen. 150

Sind zwei oder mehr Personen berechtigt, gemeinsam Geschäfte im Namen der Gruppe zu tätigen (wie es bei Gemeinschaftskonten der Fall sein kann), soll nach BT 7.7 Nr. 6 MaComp das vom Unternehmen erstellte Kundenprofil Auskunft über die Fähigkeit der einzelnen Personen geben, Anlageentscheidungen zu treffen, und die möglichen Auswirkungen solcher Entscheidungen auf die jeweiligen finanziellen Verhältnisse und Anlageziele widerspiegeln. 151

(4) Vollmacht und Vertretungsberechtigung

Wird der Kunde im Rahmen der Anlageberatung vertreten, sei es rechtsgeschäftlich durch eine Vollmacht oder organschaftlich durch ein Vertretungsorgan, ist es für das Wertpapierdienstleistungsunternehmen sehr wichtig festzustellen, ob der Vertreter auch innerhalb seiner Vertretungsmacht handelt. Selbst wenn alle Informationen nach WpHG ordnungsgemäß eingeholt worden sind, die Vollmacht bzw. die Vertretungsberechtigung das Handeln des Vertreters für den Vertretenen aber nicht erfasst, dann ergeben sich aus zivilrechtlichen Gründen zusätzliche Risiken für das Wertpapierdienstleistungsunternehmen. Handelt der Vertreter ohne Vertretungsmacht, kann er den Vertretenen bei Abschluss des Geschäftes nicht wirksam vertreten. Das gilt auch für die gesetzliche Vertretungsmacht von Eltern für ihre minderjährigen Kinder, die sehr unterschiedlich ausgestaltet sein kann, je nach Ausgestaltung des Sorgerechts. Es ist also zur Minimierung von Risiken wichtig, in Vertretungsfällen festzustellen, ob die Vollmacht bzw. die Berechtigung zur Vertretung zum Zeitpunkt der Anlageberatung und zum Zeitpunkt des Geschäftsabschlusses noch besteht. 152

(5) Hinweis für die Praxis

Der vorgenannten Verpflichtung kann der Anlageberater in der Praxis gut entsprechen, wenn er auf den Beratungstermin vorbereitet ist. Es empfiehlt sich, wenn möglich, vorher 153 im Gespräch mit dem Kunden bzw. seinem Vertreter festzustellen, wer genau derjenige ist, der für den Kunden als Anleger beraten wird. Ist es eine Person? Sind es mehrere Personen? Sind diese Personen und die auf sie entfallenden erforderlichen Informationen dem Berater bereits bekannt? Bringen der Kunde bzw. sein Vertreter weitere Personen mit, die zwar am Beratungsgespräch teilnehmen, aber nicht beraten werden? Wie sind diese anderen Personen zu behandeln? Es ist also sinnvoll und zur Minimierung des sonst entstehenden Risikos geboten festzustellen, auf welche Personen es im Rahmen der Anlageberatung und für die Durchführung der Geeignetheitsprüfung ankommt.

bb) Fehlende Informationen

154 Liegen dem Wertpapierdienstleistungsunternehmen die erforderlichen Informationen vom Kunden nicht vor, etwa weil der Kunde bestimmte Informationen nicht geben möchte, darf es im Zusammenhang mit einer Anlageberatung kein Finanzinstrument empfehlen, § 31 Abs. 4 S. 3 WpHG. Dem Berater bleiben jedoch die folgenden beiden Möglichkeiten:

155 § 31 Abs. 4 S. 3 WpHG geht davon aus, dass nicht alle erforderlichen Informationen vom Kunden mitgeteilt worden sind. Fehlen also Informationen, ist der Berater aufgefordert zu prüfen und zu entscheiden, ob die fehlenden Informationen für die Anlageberatung erforderlich sind. Sind die ihm bereits vorliegenden Informationen ausreichend, um eine Geeignetheitsprüfung durchzuführen zu können, und die fehlende Information damit nicht erforderlich, dann kann das Finanzinstrument empfohlen werden, soweit es für den Kunden geeignet ist. Ist im umgekehrten Fall die fehlende Information nach der begründeten Auffassung des Beraters allerdings erforderlich für die Geeignetheitsprüfung, dann kann eine Empfehlung nicht abgegeben werden.

156 In diesem Fall hat der Berater aber die weitere Möglichkeit, den Kunden auf die vorgenannten Konsequenzen hinzuweisen. Dann kann der Kunde seine Entscheidung ändern und die fehlenden Informationen dem Berater zugänglich machen. Bleibt der Kunde dabei, die fehlende und erforderliche Information nicht zu nennen, dann bleibt als letzte Möglichkeit das beratungsfreie Geschäft, soweit die fehlende Information nicht die Kenntnisse und Erfahrungen des Privatkunden betrifft und daher im Rahmen der Angemessenheitsprüfung[61] benötigt wird. Dem Kunden ist in diesem Fall aber zu verdeutlichen, dass dies eine andere Art der Wertpapierdienstleistung ist als eine Anlageberatung und eine Beratung mit dem entsprechenden Anlegerschutz nunmehr gerade nicht durchgeführt wird.[62] Um spätere Unstimmigkeiten mit dem Kunden zu vermeiden, ist hier auf eine klare Kommunikation und Dokumentation Wert zu legen.

3. Die Geeignetheitsprüfung

157 Die Geeignetheitsprüfung ist der eigentliche Kern der Anlageberatung. Aufsichtsrechtlich ist die Geeignetheitsprüfung als Pflicht des Wertpapierdienstleistungsunternehmens verankert und betrifft sowohl die Beratung von Privatkunden als auch von professionellen Kunden. Sie kann nur durchgeführt werden, wenn dem Berater die hierfür erforderlichen Informationen des Kunden vorliegen.[63] Die Prüfung der Geeignetheit durch den Berater ermöglicht es, aus der Vielzahl der am Markt vorhandenen Produkte das für den konkreten Kunden in seiner konkreten Situation geeignete Finanzinstrument zu finden.

---

61 Siehe oben Rn 35.
62 Siehe oben Rn 34 f.
63 Siehe oben Rn. 104 ff.

a) Die Geeignetheitsprüfung bei Privatkunden

Für die Beratung von Privatkunden ergibt sich die Pflicht zur Durchführung einer Geeignetheitsprüfung aus § 31 Abs. 4 S. 2 WpHG. Die Geeignetheit eines konkreten Finanzinstruments für einen konkreten Kunden beurteilt sich danach, ob das konkrete Geschäft, das dem Privatkunden empfohlen wird, den Anlagezielen des betreffenden Kunden entspricht, die hieraus erwachsenden Anlagerisiken für den Kunden finanziell tragbar sind und der Kunde mit seinen Kenntnissen und Erfahrungen die hieraus erwachsenden Anlagerisiken verstehen kann. Auch zu diesem wichtigen Aspekt der Anlageberatung konkretisiert die MaComp, insbesondere im BT 7, die aufsichtsrechtlichen Anforderungen.

aa) Verständnis des Kunden für die Geeignetheitsprüfung

Ein wichtiger Faktor für die in der Praxis erfolgreiche Anlageberatung ist das Verständnis des Kunden, dass die Geeignetheitsprüfung in seinem Interesse erfolgt und dazu dient, das für seine individuelle Situation passende Finanzinstrument zu finden. Versteht der Kunde die Funktion der Geeignetheitsprüfung als ein Instrument, das seinen Vermögensinteressen und letztlich seinem Schutz dient, dann kann er nachvollziehen, dass der Berater hierzu seine persönlichen Informationen benötigt und wird – im Idealfall – auch bereit sein, diese Informationen vollständig und richtig zu geben. Der Kunde wird es dann nicht als neugierig oder zeitraubend empfinden, mit dem Berater den Stand seiner Kenntnisse und Erfahrungen, seine Anlageziele, insbesondere seine Risikobereitschaft, zu besprechen und seine finanziellen Verhältnisse offen zu legen.

Das Bemühen des Beraters, das Verständnis des Kunden für die Geeignetheitsprüfung zu wecken, dient aber nicht nur der Erlangung der faktischen Voraussetzungen, eine Geeignetheitsprüfung überhaupt durchführen zu können. Sie stellt auch eine aufsichtsrechtliche Notwendigkeit dar. BT 7.1 MaComp stellt in Nr. 1 und Nr. 5 unmissverständlich klar, dass die Verantwortung für die Beurteilung der Geeignetheit bei dem jeweiligen Wertpapierdienstleistungsunternehmen liegt. Es dürfen keine Missverständnisse oder Unklarheiten beim Kunden darüber entstehen, dass für die Empfehlung des geeigneten Produktes das Wertpapierdienstleistungsunternehmen zuständig ist.

bb) Verständnis des Kunden für das Finanzinstrument

Ein zentraler Punkt der Anlageberatung ist das Verständnis des Kunden hinsichtlich des Risikos des empfohlenen Produktes. Auch diese Maßgabe beruht auf dem Prinzip des Anlegerschutzes, der den Kunden nur auf informierter Grundlage seine Anlageentscheidung treffen lässt.

BT 7.1 Nr. 4 MaComp sieht daher für die Wertpapierdienstleistungsunternehmen vor, Maßnahmen zu treffen, die den Kunden in die Lage versetzen, das Anlagerisiko und auch das Verhältnis von Risiko und Rendite besser zu verstehen. Ziel ist es, sich ein besseres Bild von der tatsächlichen Risikobereitschaft des Kunden machen, um dann für ihn geeignete Finanzinstrumente bestimmen zu können. Als mögliche Vorgehensweise sieht die MaComp vor, dem Kunden anhand von Beispielen zu erläutern, wie hoch mögliche Verluste in Abhängigkeit von der Höhe des eingegangenen Risikos sein können. Die Reaktion des Kunden auf diese Erläuterungen lässt dann für den Berater den Schluss im Einzelfall zu, wie der Kunde tatsächlich auf Verluste und Risiken vorbereitet ist und welche er tatsächlich einzugehen bereit ist.

cc) Die Gewährleistung der Geeignetheit

Damit die Wertpapierdienstleistungsunternehmen die Geeignetheit des Finanzinstrumentes für den individuellen Kunden überhaupt praktisch darstellen können, ist es nach BT 7.2 Nr. 1 und 7.8 Nr. 1 MaComp für die Wertpapierdienstleistungsunternehmen erforderlich,

Grundsätze aufzustellen und Verfahren einzurichten, die sicherstellen, dass die für die Anlageberatung wichtigen Aspekte sicher und kontinuierlich Berücksichtigung finden.

164 Diese einzurichtenden Grundsätze und Verfahren geben – neben der Erfüllung der aufsichtsrechtlichen Anforderung – dem Berater eine wichtige Unterstützung. Die Situationen im Rahmen der Anlageberatung, die der Berater berücksichtigen muss, sind vielfältig, um nicht zu sagen „unendlich": Eine Vielzahl weltweit verfügbarer Produkte steht einer Vielzahl von Privatkunden mit unterschiedlichen Kenntnissen und Erfahrungen, Anlagezielen und finanziellen Verhältnissen gegenüber. In dieser Situation das geeignete Finanzinstrument empfehlen zu können, ist die professionelle Aufgabe, die es zu erfüllen gilt. Das gilt selbst dann, wenn das Wertpapierdienstleistungsunternehmen von vornherein die Produktpalette der zu empfehlenden Finanzinstrumente begrenzt und den Anleger hierüber auch informiert. Folgende Aspekte sind in den Grundsätzen und Verfahren des Wertpapierdienstleistungsunternehmens umzusetzen:

(1) Berücksichtigung der über den Kunden vorliegenden Informationen

165 Zunächst steht der Kunde im Fokus. Nach BT 7.8 Nr. 1a MaComp muss durch die gewählten Grundsätze und Verfahren sichergestellt sein, dass alle (!) verfügbaren Informationen über den Kunden, die bei der Beurteilung der Geeignetheit einer Anlage sachdienlich sein können, einschließlich des aktuellen Anlageportfolios des Kunden (und der Mischung der Vermögenswerte innerhalb dieses Portfolios) berücksichtigt werden. Weiterhin müssen nach BT 7.8 Nr. 3 MaComp die Grundsätze und Verfahren folgende Aspekte gewährleisten, die den Kunden betreffen:

– Für den Kunden muss ein angemessenes Maß an Risikodiversifizierung berücksichtigt werden.
– Dem Kunden muss die Beziehung zwischen Risiko und Rendite ausreichend bewusst sein. In diesem Zusammenhang steht insbesondere im Vordergrund, dass dem Kunden bekannt ist, mit risikolosen Vermögenswerten sei zwangsläufig ein geringer Ertrag verbunden. Weiterhin sind die Rolle des Zeithorizonts und die Auswirkungen der Kosten auf die Anlage zu verdeutlichen.
– Die finanziellen Verhältnisse des Kunden müssen die Finanzierung der Anlagen gestatten. Hierzu ist es wichtig, dass der Kunde alle etwaigen Verluste aus den Anlagen tragen kann.
– Schließlich muss gewährleistet sein, dass im Zusammenhang mit illiquiden Finanzinstrumenten bei allen persönlichen Empfehlungen und Geschäften, die im Verlaufe der Anlageberatung oder der Finanzportfolioverwaltung abgegeben bzw. getätigt werden, berücksichtigt wird, wie lange der Kunde die Anlage zu halten beabsichtigt.

166 Hier zeigt die von der BaFin als Aufsichtsbehörde gewählte Verwendung des Begriffs der „Gewährleistung", dass die Wertpapierdienstleistungsunternehmen für die Einhaltung der Anforderungen einzustehen haben. Im Sinne des Anlegerschutzes handelt es sich jedenfalls um wichtige Aspekte für die Schaffung der Grundlage einer informierten Entscheidung des Anlegers.

(2) Berücksichtigung der Informationen über Finanzinstrumente

167 Weiterhin stehen bei den vom Wertpapierdienstleistungsunternehmen einzurichtenden Grundsätzen und Verfahren natürlicherweise die Finanzinstrumente als Gegenstand der Anlageberatung im Fokus. Nach BT 7.8 Nr. 1b MaComp sind alle wesentlichen Merkmale der Anlagen im Rahmen der Geeignetheitsprüfung, einschließlich aller relevanten Risiken und der direkten und indirekten Kosten für den Kunden, zu berücksichtigen.

(3) Interessenkonflikte

Nach BT 7.8 Nr. 3e MaComp müssen die Grundsätze und Verfahren weiterhin nachteilige Auswirkungen von Interessenkonflikten auf die Qualität der Geeignetheitsprüfung vermeiden helfen. **168**

(4) Software und Instrumentarien

Wertpapierdienstleistungsunternehmen lassen sich im Rahmen der Geeignetheitsprüfung durch bestimmte Instrumentarien unterstützen. So können etwa Portfoliomodelle, Software für die Portfolioaufteilung oder Instrumente zur Erstellung von Risikoprofilen für potenzielle Anlagen hilfreich sein, den Anleger interessengerecht zu beraten und das richtige Finanzinstrument als Anlage zu finden. In diesem Fall haben Wertpapierdienstleistungsunternehmen nach BT 7.8 Nr. 2 MaComp mittels geeigneter Systeme und Kontrollen zu gewährleisten, dass diese Instrumente tatsächlich zweckdienlich sind und zu zufriedenstellenden Ergebnissen führen. Die Instrumente sind daher so zu gestalten, dass sie alle maßgeblichen Besonderheiten der einzelnen Kunden und Finanzinstrumente berücksichtigen. Hierbei wird beispielsweise der ausschließliche Einsatz von Instrumenten, bei denen eine sehr weit gefasste Einteilung der Kunden oder Finanzinstrumente vorgenommen wird, als diesem Zwecke nicht dienlich angesehen. **169**

(5) Zusammenfassung

Die Grundsätze und Verfahren unterstützen das Wertpapierdienstleistungsunternehmen und den Berater, die vielfältige Informationen über den Kunden und die in Betracht kommenden Finanzinstrumente in der Praxis zu berücksichtigen, um die Geeignetheitsprüfung überhaupt vornehmen zu können. **170**

Weiterhin zielen die zu treffenden Maßnahmen auch auf die Erhöhung des Kundenverständnisses. Das ist wichtig, weil der Kunde die erforderlichen Informationen eher richtig und vollständig zur Verfügung stellen wird, wenn er die Gründe hierfür kennt und versteht, dass dies im Sinne des Anlegerschutzes und damit seines eigenen Schutzes notwendig ist. Mit der Verbesserung des Kundenverständnisses ist aber nicht nur der Erfüllung der aufsichtsrechtlichen Anforderungen gedient, sondern auch zivilrechtlich das Risiko, einem erfolgreichen Schadensersatzprozess eines unzufriedenen Kunden ausgesetzt zu sein, verkleinert. Diese Minimierung des rechtlichen Risikos setzt ein gutes Gegengewicht zu dem mit der Implementierung der Maßnahmen und Grundsätze unzweifelhaft verbundenen Aufwand, den das Wertpapierdienstleistungsunternehmen in personeller und finanzieller Hinsicht und der Berater in persönlicher Hinsicht haben. **171**

b) Die Geeignetheitsprüfung bei professionellen Kunden

Die Geeignetheitsprüfung bei der Beratung professioneller Kunden bezieht sich ausschließlich auf die Geeignetheit des empfohlenen Finanzinstruments im Hinblick auf die einzuholenden Informationen des professionellen Kunden. Ist der professionelle Kunde ordnungsgemäß als solcher klassifiziert worden, dann sind grundsätzlich nur die Anlageziele zu berücksichtigen. Das empfohlene Finanzinstrument muss also zum Anlagezweck, zur Risikobereitschaft des Anlegers und zur Anlagedauer „passen". **172**

4. Die Dokumentation der Anlageberatung

Die Anlageberatung und die Einhaltung der diesbezüglichen Pflichten ist nach § 34 Abs. 1 WpHG, ergänzt durch § 14 WpDVerOV und die MaComp, zu dokumentieren, unabhängig davon, ob es sich um Privatkunden oder professionelle Kunden handelt. Der Maßstab für die Dokumentationspflicht ist es, der BaFin zu ermöglichen, die Ein- **173** haltung der aufsichtsrechtlichen Pflichten zu prüfen. Zwischen Privatkunden und professionellen Kunden bestehen im Hinblick auf den Umfang der Dokumentation jedoch erhebliche Unterschiede.

a) Dokumentation der Beratung von Privatkunden

174 Die vom Kunden einzuholenden Informationen und die Informationen, die im Rahmen der Anlageberatung an den Kunden weitergegeben werden, sind zu dokumentieren. Hier ist es wichtig zu unterscheiden, welche Informationen im WpHG-Bogen und welche Informationen im Beratungsprotokoll dokumentiert werden. Weiterhin ist zu berücksichtigen, welche Wechselwirkungen zwischen WpHG-Bogen und Beratungsprotokoll bestehen.

aa) Der WpHG-Bogen

175 Der WpHG-Bogen dient dazu, die allgemeine Situation abzubilden, soweit sie grundsätzlich für die Anlageberatung relevant ist. Er dokumentiert Informationen des Privatkunden hinsichtlich seiner bereits vorhandenen Kenntnisse und Erfahrungen, seiner Anlageziele und seiner finanziellen Verhältnisse sowie weiterer für die Anlageberatung grundsätzlich relevanter Informationen. Diese Angaben des Kunden machen seine grundsätzliche Einstellung deutlich, die bei einer einzelnen konkreten Anlageberatung durchaus abweichen kann, etwa im Bereich der Anlageziele. Der WpHG-Bogen ist auf jeden Kunden individuell bezogen, auch wenn es sich um ein standardisiertes Formular handelt.

176 Der WpHG-Bogen ist ein bewährtes Dokumentationsmittel, das bereits vor der Einführung des Beratungsprotokolls eingesetzt wurde. Er trägt aber auch der Dokumentationspflicht in BT 7.2 Nr. 2 MaComp Rechnung, weil er der Einholung der relevanten Informationen vom Kunden dient. Der WpHG-Bogen ist eine Art Basis für das Beratungsprotokoll. Über den WpHG-Bogen hinaus ist es aufgrund BT 7.2 Nr. 2 MaComp empfehlenswert, Fragebögen einzusetzen, die vom Kunden selbst oder im Verlaufe des Gesprächs ausgefüllt werden. Sie dienen dazu, ein genaueres Bild der Vorstellungen des Kunden zu erhalten.

bb) Das Beratungsprotokoll

177 Die Dokumentation der Anlageberatung bei Privatkunden erfolgt seit dem 1.1.2010 durch ein umfassendes Beratungsprotokoll. Das Ziel des Beratungsprotokolls besteht nach der Vorstellung des Gesetzgebers darin, im Sinne der Verbesserung des Anlegerschutzes den Anleger vor Falschberatung zu schützen und die allgemeine Beratungsqualität zu erhöhen. Jedenfalls stellt das Beratungsprotokoll ein gutes Medium auch für das Wertpapierdienstleistungsunternehmen dar, eine gute Anlageberatung entsprechend aussagekräftig und nachvollziehbar zu dokumentieren.

(1) Anwendungsbereich des Beratungsprotokolls

178 Das Wertpapierdienstleistungsunternehmen ist nach § 34 Abs. 2a S. 1 WpHG seit dem 1.1.2010 verpflichtet, über jede Anlageberatung bei einem Privatkunden ein schriftliches Protokoll anzufertigen, das sogenannte Beratungsprotokoll. Ergänzend gelten § 14 Abs. 6 WpDVerOV und BT 6 MaComp. Das bedeutet im Umkehrschluss, dass bei Durchführung eines beratungsfreien Geschäfts und beim Execution-Only-Geschäft sowie bei der Beratung von professionellen Kunden kein Beratungsprotokoll zu erstellen ist.

(2) Inhalt des Beratungsprotokolls

179 Der Inhalt des Beratungsprotokolls ist in § 14 Abs. 6 WpDVerOV festgelegt. Auslegungshilfen ergeben sich aus BT 6.2 MaComp. Das Beratungsprotokoll ist dabei das Hilfsmittel für die Dokumentation, um das Spannungsfeld zwischen einem standardisierten Formular und den Besonderheiten des konkreten und individuellen Beratungsgesprächs in Einklang zu

bringen. Neben allgemeinen Angaben wie dem Namen des Kunden oder auch seines Vertreters, dem Namen des Beraters und dem Tag der Ablageberatung muss das Protokoll die folgenden aufsichtsrechtlich vorgegebenen Angaben enthalten:

- **Anlass der Beratung**

Das Beratungsprotokoll muss Angaben über den Anlass der Beratung enthalten, § 14 Abs. 6 S. 1 Nr. 1 WpDVerOV. Es muss weiterhin nach BT 6.2 Nr. 1 MaComp Aufschluss darüber geben, ob das Gespräch auf Initiative des Wertpapierdienstleistungsunternehmens oder des Kunden erfolgt ist. Vertriebsmaßnahmen, die den Absatz bestimmter Finanzinstrumente oder bestimmter Arten von Finanzinstrumenten zu fördern beabsichtigen, sind anzugeben. Hiermit sind Vorgaben des Wertpapierdienstleistungsunternehmens gegenüber seinen Mitarbeitern gemeint, Kunden auf bestimmte Finanzinstrumente anzusprechen. Zur Dokumentation von zentralen Vertriebsmaßnahmen empfiehlt BT 6.2 Nr. 1 MaComp, einen entsprechend vorformulierten Gesprächsanlass in den Protokollvordruck aufzunehmen. **180**

Angaben über den Anlass der Anlageberatung müssen weiterhin Aufschluss darüber geben, ob der Kunde in einer besonderen persönlichen Situation (wie beispielsweise dem Eintritt ins Berufsleben oder einer Eheschließung/Scheidung) oder auf Informationen hin, die er von dritter Seite erhalten hat, wie beispielsweise Informationen aus der Presse oder Werbung, um Beratung nachsucht und dieses seinem Berater entsprechend mitteilt. **181**

- **Dauer der Beratung**

Das Beratungsprotokoll erfordert weiterhin nach § 14 Abs. 6 S. 1 Nr. 2 WpDVerOV die Angabe über die Dauer des Beratungsgesprächs. Ob und inwieweit dieses in jedem Fall geeignet ist, einen Rückschluss auf die Qualität des Beratungsgespräches zu erlauben, ist eine Frage des Einzelfalls. **182**

- **Informationen, die der Beratung zugrunde liegen**

Das Beratungsprotokoll dient dazu, die Informationen, die der Anleger anlässlich einer konkreten Anlageberatung dem Berater gibt, ordnungsgemäß zu dokumentieren. § 14 Abs. 6 S. 1 Nr. 3 WpDVerOV nimmt hierbei Bezug auf die Informationen, die nach § 31 Abs. 4 S. 1 WpHG einzuholen sind. In der Praxis sind verschiedene Situationen denkbar: **183**

Der Kunde wünscht eine Beratung im Rahmen seiner bekannten und nicht veränderten persönlichen Situation; die Kenntnisse und Erfahrungen, die Anlageziele und die finanziellen Verhältnisse sind unverändert. In diesem Fall berücksichtigt der Berater die ihm bekannten Informationen und dokumentiert dies entsprechend im Beratungsprotoll. Die Angaben im WpHG-Bogen und im Beratungsprotokoll stimmen dann überein. **184**

Es ist jedoch auch möglich, dass der Kunde dem Berater im Beratungsgespräch Informationen gibt, die sich von den allgemeinen Informationen im WpHG-Bogen unterscheiden. Hier sind in der Praxis viele Varianten denkbar: Ein „eigentlich" konservativer Ableger wünscht etwa einen konkreten Betrag risikofreudiger bis hin zu spekulativ anzulegen. Auch der umgekehrte Fall ist möglich: Ein risikofreudiger Anleger hat für einen konkreten Betrag das Anlageziel, sein Geld konservativ und sicher anzulegen. Das Beratungsprotokoll bietet die Möglichkeit, diese individuellen Besonderheiten für eine konkrete Anlageberatung unabhängig von den allgemeinen Angaben im WpHG-Bogen zu berücksichtigen. Damit wird die Grundlage für die Geeignetheitsprüfung und die Empfehlung eines bestimmten Finanzinstruments gelegt, das zur konkreten Situation des Anlegers passt. Ob und inwieweit diese abweichenden Angaben eine Änderung im WpHG-Bogen erfordern, ist eine andere Frage.[64] **185**

---

64 Siehe unten Rn. 213 ff.

186 Welche Informationen müssen im Beratungsprotokoll erfasst werden? Dies sind zunächst die nach § 31 Abs. 4 S. 1 WpHG einzuholenden Informationen über die Kenntnisse und Erfahrungen des Kunden, seine Anlageziele und die finanziellen Verhältnisse. Nach BT 6.2 Nr. 2 MaComp sind zusätzliche Angaben des Kunden über seine persönliche Situation aufzuzeichnen, soweit diese Angaben für die Anlageberatung relevant sind. Das Beratungsprotokoll muss zu diesem Zweck ein entsprechendes Freitextfeld vorsehen, das auch in der Fassung des Beratungsprotokolls für den Kunden sichtbar ist. Das Freitextfeld muss so gekennzeichnet sein, dass für den Kunden erkennbar ist, dass in diesem Freitextfeld weitere Angaben zu seiner persönlichen Situation aufgezeichnet werden können. Dies dient dem Zweck, beim Kunden darauf hinzuwirken, dem Berater auch weitere Informationen zu seinen persönlichen Verhältnissen zu geben, die im Rahmen der Geeignetheitsprüfung von Bedeutung sein können. Letztlich dient es damit der Qualität der Anlageberatung und dem Schutz des Anlegers.

- **Wesentliche Anliegen des Kunden und deren Gewichtung**

187 Über die in § 31 Abs. 4 S. 1 WpHG zu erhebenden Informationen hinaus muss das Wertpapierdienstleistungsunternehmen nach § 14 Abs. 6 S. 1 Nr. 3 WpDVerOV, BT 6.2 Nr. 3 MaComp ergänzend weitere individuelle Angaben des Kunden zu seinen wesentlichen Anliegen und deren Gewichtung einholen. Hierbei handelt es sich um Informationen, die über die persönliche Situation hinausgehen, für deren Angabe ebenfalls ein Freitextfeld vorgesehen ist.[65] Da die Angabe der wesentlichen Anliegen und ihre Gewichtung sehr individuelle Angaben sind, ist hierzu ebenfalls ein Freitextfeld zu nutzen.

188 Der Gewichtung der Anliegen des Kunden kommt insbesondere Bedeutung zu, wenn die vom Kunden genannten Anliegen widerstreitend sind (wie beispielsweise die Anlageziele „hohe Rendite" und „hohe Sicherheit"), BT 6.2 Nr. 3 MaComp. Dies ist auch für den Berater ein wichtiger Punkt, weil er nur dann ein Finanzinstrument als geeignet empfehlen kann, wenn feststeht, welches Anliegen des Kunden der Bezugspunkt ist (im vorgenannten Beispiel: die Rendite oder die Sicherheit).

189 Die Aufzeichnungen über die Anliegen des Kunden und ihre Gewichtung müssen gem. BT 6.2 Nr. 3 MaComp ferner Rückschluss darauf geben, ob der Kunde im Verlauf der Anlageberatung seine Anliegen und deren Gewichtung geändert hat. Hierzu ist ein Freitextfeld vorzusehen, das für den Kunden sichtbar ist und für ihn deutlich macht, dass in diesem Freitextfeld weitere Angaben zu seinen Anliegen und deren Gewichtung aufgezeichnet werden können.

190 Zur Dokumentation ergänzender Angaben des Kunden über seine persönliche Situation sowie seine wesentlichen Anliegen und deren Gewichtung kann auch ein einziges, entsprechend überschriebenes Freitextfeld verwendet werden.

- **Empfehlungen, ihre wesentlichen Gründe und ihre Gewichtung**

191 Das Beratungsprotokoll enthält auch die jeweilige Empfehlung des Beraters, die er aufgrund der Anliegen des Kunden getroffen hat, und ihre wesentlichen Gründe. Ergänzt wird diese Regelung in § 14 Abs. 6 S. 1 Nr. 4 WpDVerOV durch BT 6.2 Nr. 6 MaComp. Es müssen die vom Berater tatsächlich genannten Gründe für die erteilten Empfehlungen aufgezeichnet werden, mit denen er den Kunden von seiner Empfehlung überzeugen möchte, etwa durch den Verweis auf die Wertentwicklung, die besondere Expertise des Fondsmanagements, eine besondere steuerliche Gestaltung oder die Sicherheit des empfohlenen Finanzinstruments. Zur Dokumentation ist ein entsprechendes Freitextfeld vorzusehen, das für den Kunden sichtbar ist und für ihn deutlich macht, dass in diesem Freitextfeld die vom Berater tatsächlich genannten Gründe für die erteilten Empfehlungen aufgezeichnet werden müssen.

---

65 Siehe oben Rn. 186.

- **Information über das Finanzinstrument**
Der Berater ist im Rahmen der Anlageberatung verpflichtet, dem Kunden die wesentlichen Eigenschaften des empfohlenen Finanzinstrumentes, seine Chancen und insbesondere seine Risiken zu erläutern. Hilfreich in der Praxis ist die Verwendung entsprechender Produktunterlagen für das Finanzinstrument, die nach § 31 Abs. 3a WpHG ohnehin dem Kunden rechtzeitig vor dem Abschluss eines Geschäfts über Finanzinstrumente zur Verfügung gestellt werden müssen:

192

- **Produktinformationsblatt (PIB)**
Die Wertpapierdienstleistungsunternehmen sind seit dem 1.7.2011 gem. § 31 Abs. 3a S. 1 WpHG verpflichtet, im Rahmen der Anlageberatung Produktinformationsblätter (abgekürzt: PIB) zu verwenden, wenn Kaufempfehlungen abgegeben werden. Nach § 5a WpDVerOV muss das PIB die wesentlichen Informationen über das jeweilige Finanzinstrument in übersichtlicher und leicht verständlicher Weise enthalten. Die PIB müssen so verfasst sein, dass der Kunde sie „auf erstes Lesen" hin verstehen kann.[66] Der Kunde muss die Art und Funktionsweise des Finanzinstruments, die Risiken und Kosten und die Aussichten für die Kapitalrückzahlung und Erträge unter verschiedenen Marktbedingungen einschätzen und mit den Merkmalen anderer Finanzinstrumente bestmöglich vergleichen können. Das Informationsblatt darf sich jeweils nur auf ein Finanzinstrument beziehen und keine werbenden oder sonstigen, nicht dem vorgenannten Zweck dienenden Informationen enthalten. Die Länge des PIB ist auf zwei bis drei DIN-A-4-Seiten begrenzt, je nach Komplexität.

193

- **Wesentliche Anlegerinformation (WA)**
Statt des vorgenannten Produktinformationsblattes ist bei den folgenden Produkten nach § 31 Abs. 3a S. 3 Nr. 1–6 WpHG die wesentlichen Anlegerinformationen (abgekürzt: WA) nach den jeweils für das genannte Produkt geltenden Vorschriften zu verwenden. Es handelt sich um

194

- Anteile oder Aktien an OGAW oder an offenen Publikums-AIF (WA nach §§ 164 und 166 Kapitalanlagegesetzbuch);
    unter AIF werden Alternative Investmentfonds (abgekürzt: AIF) verstanden; bei OGAW handelt es sich um spezielle Investmentfonds, die in gesetzlich definierte Arten von Wertpapieren und anderen Finanzinstrumenten investieren; OGAW ist die Abkürzung für „Organismus für gemeinsame Anlagen in Wertpapieren",
- Anteile oder Aktien an geschlossenen Publikums-AIF (WA nach §§ 268 und 270 Kapitalanlagegesetzbuch),
- EU-AIF und ausländische AIF (WA nach § 318 Abs. 5 Kapitalanlagegesetzbuch),
- EU-OGAW (die WA, die nach § 298 Abs. 1 S. 2 Kapitalanlagegesetzbuch in deutscher Sprache veröffentlicht worden sind),
- inländische Investmentvermögen im Sinne des Investmentgesetzes in der bis zum 21. Juli 2013 geltenden Fassung, die für den in § 345 Abs. 6 S. 1 Kapitalanlagegesetzbuch genannten Zeitraum noch weiter vertrieben werden dürfen (die WA, die nach § 42 Abs. 2 Investmentgesetz in der bis zum 21.7.2013 geltenden Fassung erstellt worden sind), und
- ausländische Investmentvermögen im Sinne des Investmentgesetzes in der bis zum 21. Juli 2013 geltenden Fassung, die für den in § 345 Abs. 8 S. 2 oder § 355 Abs. 2 S. 10 Kapitalanlagegesetzbuch genannten Zeitraum noch weiter vertrieben werden dürfen (die WA, die nach § 137 Abs. 2 Investmentgesetzes in der bis zum 21.7.2013 geltenden Fassung erstellt worden sind).

Die WA muss dem Anleger in jedem Fall bei einer Kaufempfehlung rechtzeitig vor dem Abschluss des Geschäfts zur Verfügung gestellt werden; bei einer Halte- oder Verkaufsempfehlung ist sie verzichtbar.

195

---

66 Assmann/Schneider/*Koller* § 1 Rn 126.

– Vermögensanlagen-Informationsblatt (VIB)

196 Bei Vermögensanlagen im Sinne des § 1 Abs. 2 VermAnlG ist nach § 31 Abs. 3a S. 3 Nr. 7 WpHG das Vermögensanlagen-Informationsblatt nach § 13 VermAnlG zu verwenden, soweit der Anbieter der Vermögensanlagen zur Erstellung eines solchen Vermögensanlagen-Informationsblatts (abgekürzt: VIB) verpflichtet ist. Das VIB muss wie das PIB nach § 5a WpDVerOV übersichtliche und leicht verständliche Informationen über die Art und Funktionsweise des Finanzinstruments, die damit verbundenen Risiken und Kosten und die Aussichten für die Kapitalrückzahlung und Erträge unter verschiedenen Marktbedingungen enthalten.

– Hinweis für die Praxis

197 Der Berater muss darauf achten, ob er gegenüber dem Kunden im Beratungsgespräch Angaben zu dem empfohlenen Finanzinstrument macht, die über die Informationen hinausgehen, die sich aus den – später auch auszuhändigenden – Produktunterlagen ergeben. Diese zusätzlichen Angaben sollten in einem Freitextfeld im Beratungsprotokoll dokumentiert werden. Der Berater sollte allerdings vermeiden, dem Kunden Informationen zu geben, die widersprüchlich zu den Produktunterlagen sind oder diese relativieren. Dies gilt insbesondere in Bezug auf die Wirkungsweise und das Risiko des jeweiligen Produkts.

• Angaben über Finanzinstrumente und Wertpapierdienstleistungen

198 Weiterhin sind nach BT 6.2 Nr. 5 MaComp die Angaben des Beraters über Wertpapierdienstleistungen in das Beratungsprotokoll aufzunehmen, etwa wenn der Berater die Finanzportfolioverwaltung vorstellt.

• Information über Zuwendungen

199 In das Beratungsprotokoll sollten auch die Angaben zu Zuwendungen im Sinne von § 31d WpHG aufgenommen werden, um den Kunden hierüber entsprechend zu unterrichten. Damit wird nicht nur eine aufsichtsrechtliche Pflicht erfüllt. Unter zivilrechtlichen Gesichtspunkten erfüllt das Wertpapierdienstleistungsunternehmen mit dieser Angabe eine Aufklärungspflicht gegenüber dem Kunden, die bei Nichterfüllung zu zivilrechtlichen Schadensersatzansprüchen führen kann.[67]

• Bezugnahme auf weitere Unterlagen durch das Beratungsprotokoll

200 Wenn bereits eine längere Geschäftsbeziehung zu dem Kunden besteht, die persönliche Situation des Kunden gleichgeblieben ist oder der Kunde wiederholt gleiche Finanzinstrumente nach erfolgter Beratung kauft, dann stellt sich die praktische Frage, ob und in welchem Umfang im Beratungsprotokoll auf Unterlagen verwiesen werden kann. Die Bezugnahme auf Unterlagen, die zu einem früheren Zeitpunkt erstellt worden sind, einschließlich der nach § 31 Abs. 4 S. 1 WpHG einzuholenden Informationen, ist nach BT 6.2 Nr. 4 MaComp unter folgenden Voraussetzungen möglich:

– Aus der Bezugnahme muss auch für einen Dritten ersichtlich sein, um welche zu einem früheren Zeitpunkt gefertigte Aufzeichnung es sich handelt; hierzu sind die genaue Bezeichnung sowie das Erstellungsdatum der Unterlagen im Protokoll anzugeben.
– Weiterhin müssen die in Bezug genommenen Unterlagen dem Kunden auf einem dauerhaften Datenträger zur Verfügung gestellt worden sein.
– Die in Bezug genommene frühere Aufzeichnung ist so lange aufbewahren wie das Beratungsprotokoll.

201 Bei der Bezugnahme auf frühere Unterlagen ist darauf zu achten, dass die Dokumentation ergänzender Angaben des Kunden über seine persönliche Situation sowie seine wesentlichen Anliegen und deren Gewichtung trotzdem nachvollziehbar erfolgt.

---

67 Siehe unten Rn. 306.

- **Die Unterzeichnung des Beratungsprotokolls**
Bei der Unterzeichnung des Protokolls ist nach der Pflicht des Beraters zur Unterschrift und der Erforderlichkeit der Kundenunterschrift zu unterscheiden: 202

– **Die Unterschrift des Beraters**
Der Berater, der die Anlageberatung durchgeführt hat, ist nach § 34 Abs. 2a S. 2 WpHG verpflichtet, das Beratungsprotokoll zu unterschreiben. Dies gilt sowohl für das Exemplar des Kunden als auch für das Exemplar des Wertpapierdienstleistungsunternehmens. Hierzu ist eine Originalunterschrift oder eine faksimilierte Unterschrift des Beraters erforderlich. Die Angabe der Unterschrift per Faksimile ist nach BT 6.2 Nr. 7 MaComp nur ausreichend, wenn technisch sichergestellt ist, dass die Unterschrift erst nach Fertigstellung des Protokolls in das elektronische Dokument eingefügt werden kann. Im Zusammenhang mit der Unterzeichnung müssen auch das Datum und der Zeitpunkt der Fertigstellung des Protokolls erkennbar sein. 203

– **Die Unterschrift des Kunden**
Der Kunde ist gesetzlich nicht verpflichtet, das Beratungsprotokoll zu unterschreiben. Dennoch kann es sinnvoll sein, auf eine Unterzeichnung des Protokolls durch den Kunden hinzuwirken. Es handelt sich eher um einen psychologischen Vorteil. Wird der Kunde aufgefordert, das Beratungsprotokoll zu unterschreiben, wird er sich – da das Protokoll in der Praxis ein sehr umfängliches Dokument sein kann – nach aller Lebenserfahrung dieses genauer ansehen, wenn er es unterschreiben soll, als wenn ihm das Beratungsprotokoll „nur" übergeben wird. 204

Rechtlich hat die Unterschrift des Kunden nicht die Bedeutung, die ihr gelegentlich beigemessen wird. Unterschreibt der Kunde das Beratungsprotokoll, wird der Kunde nicht mehr die Kenntnis von seinem Inhalt und die Zurverfügungstellung des Protokolls bestreiten können. Mit seiner Unterschrift bestätigt der Kunde aber nicht, dass die Beratung ordnungsgemäß erfolgt sei; spätere Einwände des Kunden bleiben also möglich. 205

Daher muss das Wertpapierdienstleistungsunternehmen geschäftspolitisch entscheiden, ob es eine Unterschrift des Kunden einholt oder nicht. Beides ist rechtlich vertretbar. 206

- **Hinweis für die Praxis**
Das Beratungsprotokoll ist ein gutes Mittel, um das Spannungsfeld zwischen dem individuellen Kundengespräch und einer möglichst standardisierten und technisch unterstützten Dokumentation der Beratung in Einklang zu bringen. Es bietet nicht nur für den Kunden, sondern auch für das beratende Wertpapierdienstleistungsunternehmen Vorteile, auch wenn der ursprüngliche Ansatz des Gesetzgebers die Verbesserung des Anlegerschutzes war und der Fokus auf dem Kunden lag. Eine gute und aussagekräftige Dokumentation der Empfehlung eines Finanzinstrumentes und deren Gründe, die geeignet ist für die individuell festgestellte Situation eines Kunden, erleichtert es auch dem Wertpapierdienstleistungsunternehmen nachzuweisen, dass seine Berater eine qualitativ gute Anlageberatung leisten, generell und auch in jedem Einzelfall. Dies gelingt besonders über die Nutzung der Freitextfelder. Aus dem Protokoll wird dann erkennbar, dass die Beratung der Kunden unter Berücksichtigung seiner persönlichen Umstände im Vordergrund steht. 207

Der mit der Erstellung des Beratungsprotokolls verbundene Aufwand ist, da es sich um gesetzliche Anforderungen handelt, de lege lata ohnehin nicht diskutierbar. Daher sind die Wertpapierdienstleistungsunternehmen und der Berater selbst gut beraten, wenn sie die auch für sie durchaus positiven Seiten des Beratungsprotokolls entsprechend nutzen. Es ist allerdings darauf zu achten, dass die Beratungsprotokolle aus sich heraus und damit auch für einen Dritten (z.B. einen Prüfer oder einen Richter) verständlich sind, der nicht an der Beratung teilgenommen hat. 208

(3) Zurverfügungstellung des Beratungsprotokolls

209 Das Protokoll ist dem Kunden nach § 34 Abs. 2a S. 2 WpHG unverzüglich nach Abschluss der Anlageberatung, jedenfalls vor einem auf der Beratung beruhenden Geschäftsabschluss, in Papierform oder auf einem anderen dauerhaften Datenträger zur Verfügung zu stellen; die Zurverfügungstellung ist zu dokumentieren.

210 Weiterhin darf ein auf der Anlageberatung beruhender Geschäftsabschluss erst erfolgen, nachdem das Protokoll dem Kunden zur Verfügung gestellt wurde, damit dieser Gelegenheit zur Kenntnisnahme hat. Eine Ausnahme ist nur beim Einsatz von Fernkommunikationsmitteln bei Erbringung der Anlageberatung zulässig[68]. Weitere Ausnahmen bestehen nicht.

211 Die Protokollpflicht knüpft an die Anlageberatung an und ist unabhängig davon, ob ein Geschäftsabschluss zustande kommt oder nicht. Dies gilt auch für Personen, die noch nicht Kunde des Wertpapierdienstleistungsunternehmens sind. Soweit die Anlageberatung gegenüber einem Bevollmächtigten erbracht wird, ist das Protokoll diesem, somit der Person, die das jeweilige Gespräch geführt hat, zur Verfügung zu stellen.

212 Darüber hinaus besteht für das Wertpapierdienstleistungsunternehmen nach BT 6.1 Nr. 2 MaComp die Pflicht, angemessene und wirksame organisatorische Vorkehrungen zur Einhaltung der Pflicht zum Erstellen und Zurverfügungstellung des Beratungsprotokolls bei Anlageberatungen gegenüber Privatkunden vorzuhalten sowie die Angemessenheit und Wirksamkeit dieser organisatorischen Vorkehrungen zu überwachen und regelmäßig zu bewerten. Dies gilt auch für den Fall, wenn durchgeführte Anlageberatungen nicht zu einem Geschäftsabschluss führen.

cc) Das Zusammenspiel von WpHG-Bogen und Beratungsprotokoll

213 Der WpHG-Bogen und das Beratungsprotokoll enthalten beide persönliche Angaben des Kunden im Hinblick auf die Anlageberatung. Sie haben beide ihren speziellen Anwendungsbereich und spielen dennoch zusammen. Der WpHG-Bogen dokumentiert die allgemeinen Informationen des Kunden. Das Beratungsprotokoll dokumentiert die einzelne Anlageberatung. Es ist nach § 31 Abs. 4, Abs. 4a WpHG sowie AT 8.3 MaComp für die Aufzeichnung der Geeignetheit des empfohlenen Finanzinstrumentes ausreichend, um eine spätere Prüfung der Ordnungsgemäßheit und der Einhaltung der aufsichtsrechtlichen Pflichten durchführen zu können.

214 Die allgemeinen Angaben im WpHG-Bogen können die Datenbasis für eine konkrete Anlageberatung sein. Sind die allgemeinen Daten im WpHG-Bogen nicht vollständig, haben sie sich verändert oder sind nicht mehr aktuell, dann sind diese Daten im WpHG-Bogen zu ändern. Die geänderten Informationen sind dann die Grundlage für die Angaben im Beratungsprotokoll.

215 Der Kunde ist durchaus berechtigt, für die Beratung im konkreten Fall seine persönlichen Informationen zu ändern oder zu ergänzen. Beispielsweise ist ein konservativer Anleger berechtigt, für ein konkretes Geschäft risikofreudiger oder sogar spekulativ zu agieren. In diesem Fall dokumentiert das Beratungsprotokoll bei den Anlagezielen die Risikobereitschaft für dieses Geschäft. Der WpHG-Bogen ist nicht zu ändern, wenn sich die grundsätzliche Risikobereitschaft des Anlegers gar nicht geändert hat und die grundsätzliche Einstellung weiterhin eine konservative Einstellung ist. Es empfiehlt sich allerdings, diese besondere Situation in einem Freitextfeld im Beratungsprotokoll festzuhalten, um sie zu einem späteren Zeitpunkt nachvollziehen zu können. Diese Situation ist durchaus auch umgekehrt denkbar, dass ein grundsätzlich risikofreudiger Anleger für eine einzelne Beratung konservativ und sicher anlegen möchte. Der WpHG-Bogen gibt dann die allgemeine Situation wieder und das Beratungsprotokoll die konkrete Beratung.

---

68 Siehe unten Rn. 220 ff.

Je häufiger diese Sonderfälle gegeben sind, desto wichtiger wird es für den Berater zu prüfen, ob eine Anpassung der allgemeinen Daten im WpHG-Bogen erforderlich ist. In der Praxis empfiehlt es sich, auch mit dem Kunden zu besprechen, ob sich seine allgemeinen Daten, wie z.B. seine Risikofreudigkeit, geändert haben. Vor dem Hintergrund, dass das WpHG von der Beratung der Kunden und nicht vom Verkauf von Produkten ausgeht, ist davor zu warnen, bei der Beratung und der Dokumentation die persönlichen Angaben des Kunden den Erfordernissen des Produktes anzupassen.

b) Dokumentation der Beratung professioneller Kunden

Für professionelle Kunden müssen zur Durchführung der Anlageberatung weniger Informationen eingeholt werden als bei Privatkunden, weil das Gesetz davon ausgeht, dass professionelle Kunden die entsprechenden Kenntnisse und Erfahrungen und die finanzielle Tragfähigkeit besitzen.[69] Die Erstellung eines ausführlichen Beratungsprotokolls ist für professionelle Kunden gesetzlich nicht vorgesehen und damit auch nicht erforderlich.

Dennoch ist die Anlageberatung eines professionellen Kunden als Wertpapierdienstleistung aufzeichnungspflichtig, § 34 Abs. 1 WpHG, § 14 Abs. 1 WpDVerOV. Nach AT 8.3 MaComp, der die aufsichtsrechtlichen Maßgaben konkretisiert, hat ein Wertpapierdienstleistungsunternehmen alle relevanten Informationen zur Geeignetheitsprüfung aufzuzeichnen, wie etwa die Informationen über den Kunden (auch zur Art und Weise, wie diese Informationen zur Bestimmung des Risikoprofils des jeweiligen Kunden genutzt und ausgelegt wurden) sowie die Informationen über die Finanzinstrumente, die dem Kunden empfohlen oder in seinem Namen gekauft wurden. Weiterhin müssen die nach AT 8.3 Nr. 1 MaComp erforderlichen Aufzeichnungen alle vom Unternehmen vorgenommenen Änderungen hinsichtlich der Geeignetheitsprüfung, insbesondere Änderungen am Anlagerisikoprofil des Kunden, enthalten und darüber hinaus auch die Art von Finanzinstrumenten, die auf dieses Profil passen, eine Begründung hierfür sowie sämtliche Änderungen und die Gründe dafür.

Auch wenn bei professionellen Kunden ein Beratungsprotokoll im Sinne des § 14 Abs. 6 WpDVerOV nicht verwendet werden muss, sind Aufzeichnungspflichten zu erfüllen. In der Praxis ist es wie bei Privatkunden empfehlenswert, die Dokumentation der Beratung eines professionellen Kunden ausführlich und aus sich heraus verständlich zu verfassen. Sie dient dann nicht nur als Erfüllung der aufsichtsrechtlichen Aufzeichnungspflichten, sondern auch als Grundlage für die Feststellung des Sachverhaltes, wenn es zu einem späteren Zeitpunkt zu Unstimmigkeiten mit dem Kunden kommen sollte, etwa über seine konkrete Risikobereitschaft bei einem einzelnen Geschäft. Nach längeren Zeiträumen ist der Sachverhalt nur noch mit Hilfe einer aussagekräftigen Dokumentation aufklärbar. Dies dürfte im Sinne des Wertpapierdienstleistungsunternehmens und im Sinne des Beraters sein, um zu einem späteren Zeitpunkt eine gute Anlageberatung mittels einer aussagekräftigen Dokumentation auch nachweisen zu können.

5. Sonderthema: Die telefonische Beratung von Privatkunden

In der Praxis kommt es häufig vor, dass Kunden telefonisch im Hinblick auf Finanzinstrumente beraten werden. In diesem Fall ist der Kunde nicht persönlich anwesend. Sollte es sich um einen Privatkunden handeln, kann ihm das Protokoll grundsätzlich nicht, wie eigentlich vorgesehen, unverzüglich nach Abschluss der Beratung zu Verfügung gestellt werden. § 34 Abs. 2a WpHG sieht für diesen Fall vor, dass der Geschäftsabschluss auf ausdrücklichen Wunsch des Kunden zwar vor Erhalt des Protokolls erfolgen kann. Allerdings muss das Wertpapierdienstleistungsunternehmen dem Kunden für den Fall, dass das Proto-

---

69 Siehe oben Rn. 51.

koll nicht richtig oder nicht vollständig ist, ausdrücklich ein innerhalb von einer Woche nach dem Zugang des Protokolls auszuübendes Recht zum Rücktritt von dem auf der Beratung beruhenden Geschäft einräumen. Der Kunde muss auf das Rücktrittsrecht und die Frist hingewiesen werden. Bestreitet das Wertpapierdienstleistungsunternehmen das Recht zum Rücktritt nach § 34 Abs. 2a S. 4 WpHG, hat es die Richtigkeit und die Vollständigkeit des Protokolls zu beweisen. Die Dokumentation der Einräumung des Rücktrittsrechts erfolgt im Beratungsprotokoll.

221 Der Sinn dieser Regelung besteht darin, dem Kunden die Prüfung des Protokolls vor dem Abschluss des Geschäfts zu ermöglichen und so die Situation mit einem bei der Beratung persönlich anwesenden Kunden vergleichbar zu machen.

222 Zu beachten ist, dass dem Kunden das PIB, die WA oder das VIB zwingend vor Geschäftsabschluss zur Verfügung gestellt werden muss. In diesem Fall kann ein schneller Weg per E-Mail oder durch Zugriff auf einen im Internet zur Verfügung gestellten Bereich ermöglicht werden. Allerdings sind die Besonderheiten,[70] insbesondere das Vorliegen des Einverständnisses des Kunden, zu beachten.

6. Weitere Aspekte der Aufzeichnungspflichten

223 Für die Anlageberatung gegenüber Privatkunden und professionellen Kunden gilt nach AT 8.3 MaComp, dass angemessene Vorkehrungen für die Aufzeichnung und Aufbewahrung festgelegt werden, um eine ordnungsgemäße und transparente Dokumentation der Geeignetheitsprüfung zu gewährleisten, einschließlich aller Anlageberatungen und aller getätigten Geschäfte. Weiterhin muss das Wertpapierdienstleistungsunternehmen dafür Sorge tragen, die Vorkehrungen für die Aufzeichnung so zu gestalten, dass die Aufdeckung von Fehlern bei der Geeignetheitsprüfung (wie etwa der Vertrieb ungeeigneter Produkte) im Nachgang zur Aufzeichnung möglich ist. Unter Präventionsgesichtspunkten sind weiterhin in ausreichendem Maße Verfahren vorzusehen, um Mängeln oder Einschränkungen der Vorkehrungen für die Aufzeichnungen entgegenzuwirken.

224 Die Wertpapierdienstleistungsunternehmen müssen ihr Regelwerk hinsichtlich der Aufzeichnungen so gestalten, dass sie im Nachhinein in die Lage versetzt werden, feststellen zu können, warum eine Anlage getätigt wurde, AT 8.3 Nr. 2 MaComp.

7. Sonderthema: Zuwendungen

225 Es ist nach § 31d S. 1 WpHG grundsätzlich verboten, als Wertpapierdienstleistungsunternehmen im Zusammenhang mit der Anlageberatung Zuwendungen von Dritten anzunehmen oder an Dritte zu gewähren. Eine Ausnahme ist nach § 31d S. 1 Nr. 1 WpHG möglich, wenn die Zuwendung darauf ausgelegt ist, die Qualität der für den Kunden erbrachten Anlageberatung zu verbessern, und die Zuwendung der ordnungsgemäßen Erbringung der Anlageberatung im Interesse des Kunden nicht entgegensteht. Auch in diesem Zusammenhang spielt das Interesse des Kunden eine Rolle. Weiterhin muss die Zuwendung dem Kunden nach § 31d Abs. 1 S. 1 Nr. 2 WpHG in umfassender, zutreffender und verständlicher Weise deutlich offengelegt werden.

a) Begriff der Zuwendung

226 Der Begriff der Zuwendung ist weit zu verstehen und umfasst alle Arten von geldwerten Vorteilen,[71] wie z.B. Zahlung von Vertriebs-, Bestands- oder Vermittlungsprovisionen, Überlassung von Hard- oder Software, Überlassung von Werbe- oder Informationsmate-

---

70 Siehe oben Rn. 94 ff.
71 Assmann/Schneider/*Koller* § 31d Rn. 6.

rial, Schulungen u.s.w. Die Offenlegung und der Umgang mit Zuwendungen ist dabei nicht nur ein aufsichtsrechtliches, sondern wegen der weit gefassten Rechtsprechung des BGH ebenfalls ein zivilrechtliches Thema.

b) Qualitätsverbesserung der Anlageberatung durch Zuwendungen

In seiner ursprünglichen Fassung sah § 31d Abs. 4 WpHG eine gesetzliche Vermutung vor. Erfolgte die Zuwendung im Zusammenhang mit der Anlageberatung, wurde vermutet, dass die Zuwendung darauf ausgelegt ist, diese Dienstleistung zu verbessern. Diese Vermutung wurde mit Wirkung zum 8.4.2011 gestrichen,[72] weil nach Auffassung des Gesetzgebers das Merkmal der Qualitätsverbesserung von den Wertpapierdienstleistungsunternehmen gegenüber der Aufsichtsbehörde dargelegt werden soll.[73] Nach der Streichung dieser Vermutung stellt sich für das Wertpapierdienstleitungsunternehmen die Frage, unter welchen Voraussetzungen eine Zuwendung der Verbesserung der Qualität der Anlageberatung dient. Nur wenn diese Frage positiv beantwortet werden kann, ist der Erhalt oder die Zahlung einer Zuwendung zulässig. 227

Es ist nach überwiegender Auffassung ausreichend, wenn die Zuwendung objektiv geeignet ist, die Qualität der Dienstleistung zu verbessern. Hierbei genügt es, wenn die fixen oder variablen Kosten der Dienstleistung abgedeckt werden, wie etwa Schulungen für Berater oder die Aufrechterhaltung eines Filialnetzes.[74] Zusätzlich gibt die MaComp wichtige Hinweise zu dieser Frage. AT 8.2.2 Nr. 2 MaComp enthält einen Katalog für anerkannte Verwendungen.[75] AT 8.2.3 MaComp ergänzt, dass als Verbesserung der Qualität der Anlageberatung auch die Qualitätssicherung anzusehen ist. Hierzu gehört auch die Verwendung für Sachmittel, Personalressourcen oder sonstige Infrastruktur, die das Wertpapierdienstleistungsunternehmen mitunter ohnehin nach § 25a Abs. 1 KWG oder § 33 Abs. 1 WpHG vorzuhalten verpflichtet ist, wie beispielsweise die Compliance-Funktion oder andere Kontrolleinheiten. 228

c) Aufzeichnungspflichten bei Zuwendungen

Wertpapierdienstleistungsunternehmen sind gem. § 14 Abs. 2 Nr. 5 WpDVerOV verpflichtet, die Umstände aufzuzeichnen, aus denen sich ergibt, dass eine Zuwendung darauf ausgelegt ist, die Qualität der für die Kunden erbrachten Dienstleistungen im Sinne des § 31d Abs. 1 S. 1 Nr. 1 WpHG zu verbessern. Diese Aufzeichnungspflicht wird durch AT 8.2 MaComp näher konkretisiert. Es ist sowohl ein Zuwendungsverzeichnis als auch ein Verwendungsverzeichnis zu erstellen: 229

aa) Zuwendungsverzeichnis

Im Zuwendungsverzeichnis sind nach AT 8.2.1 MaComp neben anderen Zuwendungen auch die Zuwendungen zu erfassen, die Wertpapierdienstleistungsunternehmen von Dritten im Zusammenhang mit der Anlageberatung gegenüber Kunden annehmen. Das Verzeichnis muss in der Darstellung zwischen monetären und nicht-monetären Zuwendungen unterscheiden. Unter monetären Zuwendungen versteht man etwa Zuwendungen aus Vertriebs-, Bestands- oder auch Vermittlungsprovisionen. Die monetären Zuwendungen sind betragsmäßig aufzuführen. Nicht-monetäre Zuwendungen sind Zuwendungen, die einen geldwerten Vorteil haben. Beispiele hierfür sind Dienstleistun- 230

---

[72] Die Streichung erfolgte mit dem AnsFuG, BGBl I 2011 S. 538.
[73] BT-Drucks. 17/3628, 22.
[74] Assmann/Schneider/*Koller* § 31d Rn. 32; a.A.: Ellenberger/Schäfer/Clouth/Lang/*Ellenberger* Praktikerhandbuch, Rn. 1087, der auf eine Bewertung im Einzelfall unter Berücksichtigung des Nutzens für den Kunden abstellt.
[75] Siehe die Aufzählung unten Rn. 232.

gen an das Wertpapierdienstleistungsunternehmen, wie z.B. kostenlose Schulungen der Berater, die Übermittlung von Finanzanalysen oder die vergünstigte Überlassung von IT-Hardware bzw. Software.

bb) Verwendungsverzeichnis

231 Bei monetären Zuwendungen sind die Wertpapierdienstleistungsunternehmen weiterhin nach AT 8.2.2 MaComp jährlich verpflichtet, ein gesondertes Verwendungsverzeichnis zu erstellen. Hierfür gilt ebenfalls die Frist einer unverzüglichen Erstellung nach Abschluss des Geschäftsjahres. Das Verwendungsverzeichnis muss betragsmäßig oder unter Verwendung prozentualer Angaben die Maßnahmen beziffern, für welche die Zuwendungen verwendet worden sind. Eine Schätzung ist möglich, wenn die genaue Bezifferung nicht erfolgen kann.

232 AT 8.2.2 Nr. 1 MaComp stellt einen Maßnahmenkatalog auf, der anerkannte Verwendungszwecke nennt; der Katalog ist nicht abschließend. Hier einige Beispiele aus AT 8.2.2 Nr. 2 MaComp:
– effiziente und hochwertige Infrastruktur, etwa mit der Aufrechterhaltung eines weit verzweigten Filialsystems, oder der Bereitstellung von Kommunikationseinrichtungen, oder
– Personalressourcen, etwa die Beschäftigung und Vergütung qualifizierter Mitarbeiter im Bereich der Anlageberatung, Kundenbetreuung sowie in qualitätsverbessernden Funktionen wie der Rechtsabteilung, Compliance-Funktion, interner Revision, oder
– Qualifizierung und Information der Mitarbeiter, z.B. durch Schulungen, Bereitstellung von Fortbildungsunterlagen, Einsatz von E-Learning-Systemen, Produktinformationsveranstaltungen, oder
– Information der Kunden, Erstellung, Aktualisierung und Vorhaltung von Produktinformationsunterlagen, Bereitstellung und Pflege leistungsfähiger Internetportale mit aktuellen Marktdaten, Charts, Research-Material, Renditerechner, Kundeninformationsveranstaltungen, oder
– Qualitätssicherungs- und -verbesserungsprozesse.

233 Sind mehr Zuwendungen vereinnahmt worden als für die Qualitätsverbesserung der Anlageberatung verwendet worden sind, dann ist dies im Verwendungsverzeichnis auszuweisen. Nicht verbrauchte Zuwendungen können auch im Folgejahr für Maßnahmen der Qualitätsverbesserung verwendet werden. Die Frage der Zuwendungen und ihrer Verwendung muss aber vom Wertpapierdienstleistungsunternehmen so aufbereitet sein, dass die ordnungsgemäße Verwendung der monetären Zuwendungen im Einzelnen gegenüber der BaFin auf Nachfrage dargelegt werden kann.

8. Sonderthema: Interessenten

234 Im Rahmen der Anlageberatung bestehen aufsichtsrechtliche Pflichten nicht nur gegenüber Kunden, sondern auch gegenüber den sogenannten Interessenten. Wer im Gegensatz zum Kunden ein Interessent ist, legen WpHG und WpDVerOV nicht fest. Die BaFin hat die Anforderungen an den Umgang mit Interessenten in ihrem Schreiben vom 1.11.2010 formuliert;[76] BT 6.1 Nr. 2 MaComp konkretisiert diese Anforderungen weiter:

a) Begriff des Interessenten

235 Interessenten sind nach Auffassung der BaFin in dem vorgenannten Schreiben vom 1.11.2010 Privatkunden, die vor Erbringung der Anlageberatung noch keine Geschäftsverbindung zu dem beratenden Wertpapierdienstleistungsunternehmen unterhalten haben

---

76 Veröffentlicht unter www.bafin.de.

und im Anschluss an die Anlageberatung kein auf der Beratung beruhendes Geschäft abschließen. Es handelt sich also um Privatkunden, die als potentielle Neukunden das Gespräch über Möglichkeiten der Anlageberatung mit den Wertpapierdienstleistungsunternehmen suchen. Fragt man sich, wer dies sein könnte, der ein individuelles Interessentengespräch führt, ohne bereits Kunde zu sein, so kommen allenfalls Personen in Betracht, die sich zunächst informieren möchten, oder auch Testkäufer. Eine Anlageberatung ist in diesen Fällen durchaus denkbar, da § 2 Abs. 3 S. 1 Nr. 9 WpHG die Empfehlung eines Finanzinstrumentes ausreichen lässt, ohne dass es auf einen Geschäftsabschluss ankommt.[77]

Die BaFin legt in dem vorgenannten Schreiben Dokumentationspflichten hinsichtlich der Gespräche mit Interessenten und potentiellen Neukunden fest. Wertpapierdienstleistungsunternehmen müssen nach der Anlageberatung eines Interessenten ein schriftliches Beratungsprotokoll nach § 34 Abs. 2a S. 1 und S. 2 WpHG anfertigen und dem Interessenten zur Verfügung stellen. Hierbei ist es nach allgemeinen Grundsätzen nicht entscheidend, ob der Interessent aufgrund der Anlageberatung ein Geschäft tätigt oder nicht. Dies ist nachvollziehbar. **236**

Darüber hinaus legt das Schreiben der BaFin aber fest, eine Protokollpflicht bestehe auch dann, wenn ein Wertpapierdienstleistungsunternehmen nicht die erforderlichen Informationen vom Kunden eingeholt hat und dennoch ein konkretes Finanzinstrument empfiehlt. Diese Regelung ist aus folgendem Grund nicht nachvollziehbar: Die aufsichtsrechtlichen Anforderungen in § 31 Abs. 4 S. 1 WpHG erlegen dem Wertpapierdienstleistungsunternehmen die Pflicht auf, erst alle erforderlichen Informationen vom Kunden einzuholen und sich mit dessen individuellen Gegebenheiten zu befassen.[78] Liegen die erforderlichen Informationen des zu beratenden Privatkunden – sei er Interessent oder bereits Kunde – nicht vor, darf aufsichtsrechtliche nach § 31 Abs. 4 S. 3 WpHG gar keine Empfehlung abgegeben werden. Daher kann es bei korrekter Anwendung der aufsichtsrechtlichen Vorschriften diesen Fall eigentlich nicht geben. Unabhängig davon, ob man diese Einschätzung teilt oder nicht, ist das Schreiben der BaFin in der Praxis zu beachten. **237**

b) Angemessene und wirksame organisatorische Vorkehrungen

Das Wertpapierdienstleistungsunternehmen muss weiterhin aufgrund des Schreibens der BaFin und BT 6.1 Nr. 2 MaComp die organisatorischen Vorkehrungen treffen, um die Pflicht zur Anfertigung und Zurverfügungstellung des Beratungsprotokolls bei Interessenten sicherzustellen. Weiterhin muss sichergestellt werden, dass auch sämtliche individuellen Interessentengespräche über Geldanlagen in Finanzinstrumenten mit potentiellen Neukunden, die nicht zu einem Geschäftsabschluss führen, im Unternehmen festgehalten werden, beispielsweise in Terminkalendern oder Listen, sodass ein Abgleich mit den erstellten Beratungsprotokollen möglich ist. **238**

c) Überwachung und Kontrolle der organisatorischen Vorkehrungen

Weiterhin bezieht das Auslegungsschreiben der BaFin, ergänzt um BT 6.2 MaComp, die Überwachungspflicht des § 33 Abs. 1 S. 2 Nr. 6 WpHG auch auf die vorstehenden Pflichten bei der Beratung bzw. den Gesprächen mit Interessenten. Danach sind Wertpapierdienstleistungsunternehmen verpflichtet, die Angemessenheit und Wirksamkeit der organisatorischen Vorkehrungen zu überwachen und regelmäßig zu bewerten sowie die erforderlichen Maßnahmen zur Beseitigung von Unzulänglichkeiten zu ergreifen. Zu den Überwachungshandlungen gehören regelmäßige Kontrollhandlungen durch die operativen Bereiche selbst, z.B. durch das Back-Office oder den Filialleiter, sowie die regelmäßig risikobasiert erfolgende Überwachung dieser Kontrollhandlungen durch die Compliance-Funktion nach AT 6 Nr. 2 MaComp. **239**

---

77 Siehe oben Rn. 28.
78 Siehe oben Rn. 104 ff.

d) Hinweis für die Praxis

240 Die vorgenannten Differenzierungen und die Erweiterung der Pflichten des Wertpapierdienstleistungsunternehmens führen in der Praxis zu der Frage, wie mit Interessenten bzw. potentiellen Neukunden umgegangen werden soll. Auf der einen Seite erhöhen sich die aufsichtsrechtlichen Pflichten und der Aufwand ihrer Umsetzung. Auf der anderen Seite handelt es sich bei Interessenten und potentiellen Neukunden um solche Kunden, mit denen die Durchführung von Anlageberatungen künftig die Möglichkeit eröffnet, Geschäftsabschlüsse zu tätigen und Einnahmen für das Wertpapierdienstleistungsunternehmen zu generieren.

241 Um dieses Spannungsfeld in Einklang zu bringen, kann es eine praktische Lösung für das Wertpapierdienstleistungsunternehmen sein, Interessentengespräch zu führen und die aufsichtsrechtlichen Dokumentationspflichten und Anforderungen zu erfüllen, je nachdem, ob eine Anlageberatung erbracht wird oder nicht. Es besteht dann die Möglichkeit, den Interessenten bzw. potentiellen Kunden zukünftig als Kunden zu gewinnen. Weiterhin steht dem Wertpapierdienstleistungsunternehmen die Möglichkeit offen, das Interessentengespräch nicht zu führen und den Kunden darauf zu verweisen, vor der Erbringung einer Anlageberatung sei es geschäftspolitisch erforderlich, zunächst eine Kundenbeziehung aufzubauen, den Anleger kennenzulernen und die erforderlichen Informationen persönlicher Natur von ihm einzuholen. Geht der Interessent darauf ein und wird er durch den Beginn der Geschäftsbeziehung ein Kunde, dann ist er kein Interessent mehr. Die Besonderheiten des vorgenannten Schreibens der BaFin entfallen.

242 Hier muss das Wertpapierdienstleistungsunternehmen geschäftspolitisch abwägen, ob zur Minimierung rechtlicher Risiken zunächst eine Geschäftsbeziehung aufgebaut werden soll, um den Kunden und seine Anliegen kennenzulernen und ihn dann auch gut beraten zu können, oder ob von den Möglichkeiten des Schreibens der BaFin bei Interessenten Gebrauch gemacht wird. Die je nach Entscheidung unterschiedlichen Folgen einschließlich der zu treffenden organisatorischen Maßnahmen und Überwachungen sind zu beachten.

9. Sonderthema: Werbung, Materialien und „selbstgemachte" Informationen

243 Im Zusammenhang mit der Anlageberatung spielen Werbematerialien und andere Informationen, die dem Kunden ausgehändigt werden, eine wichtige Rolle. Es versteht sich von selbst, dass Informationen redlich, eindeutig und nicht irreführend sein müssen, § 31 Abs. 2 S. 1 WpHG.

a) Bedeutung der Kundenklassifizierung für die Information

244 § 31 Abs. 2 S. 1 WpHG gilt für alle Informationen gegenüber Privatkunden und professionellen Kunden.[79] Auf geeignete Gegenparteien findet § 31 Abs. 2 S. 1 WpHG gem. § 31b WpHG keine Anwendung. Bei Informationen gegenüber Privatkunden gelten Besonderheiten, weil die Anforderungen an Informationen durch § 4 WpDVerOV und auch BT 3 MaComp konkretisiert werden. Daraus folgt, dass Informationen an Privatkunden in erster Linie an § 4 WpDVerOV, solche an professionelle Kunden allein an § 31 Abs. 2 WpHG zu messen sind. Wegen des weiten Kundenbegriffs sind auch potentielle Kunden von der Pflicht zur redlichen, eindeutigen und nicht irreführenden Information nach BT 3.2 Nr. 1 MaComp erfasst.

---

79 Assmann/Schneider/*Koller* § 31 Rn. 56.

b) Begriff der Information

Es kommen eine Vielzahl von Informationen in Betracht, die das Wertpapierdienstleistungsunternehmen seinen Kunden aushändigen kann. Einen Großteil machen in der Praxis Produktinformationen aus. Hierauf sind die Regelungen aber nicht beschränkt.

aa) Eigene und fremde Informationen

Entscheidend ist nach der gesetzlichen Maßgabe, dass die Information dem Kunden von dem Wertpapierdienstleistungsunternehmen zugänglich gemacht wird. Es kommt hierbei nicht darauf an, ob es sich ursprünglich um eine eigene Information des Wertpapierdienstleistungsunternehmens handelt oder eine von einem Dritten zur Verfügung gestellte Information. Dies ist insbesondere bei der Überlassung von Produktinformationen der Fall, die dem beratenden Wertpapierdienstleistungsunternehmen vom Emittenten zur Verfügung gestellt werden. Auch im letzten Fall ist das Wertpapierdienstleistungsunternehmen somit für die Einhaltung der Vorschriften der § 31 Abs. 2 WpHG und § 4 WpDVerOV grundsätzlich zunächst in vollem Umfang selbst verantwortlich. Dies gilt nach BT 3.2 Nr. 3 MaComp insbesondere dann, wenn das Drittunternehmen dem Wertpapierdienstleistungsunternehmen zuzurechnen ist. Die Zurechenbarkeit hängt in solchen Fällen davon ab, ob die Information aus Sicht des Kunden als solche des Wertpapierdienstleistungsunternehmens erscheint bzw. ob der Dritte selbst ein Absatzinteresse hat und daher dem Lager des Wertpapierdienstleistungsunternehmens zuzurechnen ist. Hiervon ist regelmäßig nicht nur bei Werbematerialien, sondern auch bei produktspezifischen Informationen von Emittenten auszugehen.

Eine Erleichterung gilt nach BT 3.2 Nr. 3 MaComp für den Fall, wenn es sich bei dem Dritten, der die Informationen für den Kunden zur Verfügung stellt, ebenfalls um ein Wertpapierdienstleistungsunternehmen aus dem Europäischen Wirtschaftsraum handelt und sich die Informationen an Kunden richten, für die identische Anforderungen gelten. Dann darf sich das Wertpapierdienstleistungsunternehmen, das diese Informationen erhält und daraufhin Kunden zugänglich macht, in der Regel darauf verlassen, dass die zugelieferten Informationen (von offensichtlichen Verstößen abgesehen) gesetzeskonform sind. Dies gilt indes nur, sofern die Informationen in unveränderter Form weitergegeben werden und ausschließlich als solche des dritten Wertpapierdienstleistungsunternehmens erscheinen.[80]

bb) Informationen allgemein

Die vorgenannten Vorschriften gelten grundsätzlich für sämtliche Informationen, die Finanzinstrumente betreffen, die von Wertpapierdienstleistungsunternehmen an Kunden gerichtet werden. Hierbei kommt es nicht darauf an, ob diese werblicher Art sind oder nicht.

cc) Werbliche Informationen

§ 31 Abs. 2 S. 2 WpHG normiert für werbliche Informationen, dass diese eindeutig als solche erkennbar sein müssen. Bei einer Werbemitteilung handelt es sich um eine Information, welche die Adressaten zum Erwerb eines Finanzinstruments oder zur Beauftragung einer Wertpapierdienstleistung bewegen will. Ihr Ziel ist nach BT 3.1.1 Nr. 1 MaComp die Absatzförderung. Dafür reicht die Verwendung einer Information im Rahmen einer Beratungssituation alleine noch nicht unbedingt aus. Neutrale Produktinformationen, die im Rahmen der Erfüllung von Verpflichtungen zur anlage- und anlegergerechten Beratung zugänglich gemacht werden, fallen nicht unter den Begriff der Werbung. Eine Pflicht zur ausdrücklichen Kennzeichnung ergibt sich aus dem Gesetz nur dann, wenn der werbliche

---

80 Beispiel und weitere Einzelheiten, siehe BT 3.1.1 Nr. 1 MaComp.

Charakter der Information ansonsten nicht eindeutig erkennbar ist. Die Erkennbarkeit kann sich aus Art und Form der Darstellung der Information oder aus ihrem Inhalt ergeben. Bei der Beurteilung handelt es sich regelmäßig um eine Frage des Einzelfalls. Reine Imagewerbung ist von den Vorschriften nicht erfasst.

250 Als Beispiele nennt die MaComp Beiträge in Kundenzeitschriften, die nur scheinbar einen objektiven Charakter haben, jedoch tatsächlich der Absatzförderung dienen sollen, und auch Schreiben an Kunden, die den Erwerb bestimmter Finanzinstrumente nahelegen, sofern es sich nicht um eine Anlageberatung handelt. Diese Informationen sind zu unterscheiden von den Finanzanalysen, die keinen werblichen Charakter haben, sondern eine objektive und unabhängige Empfehlung darstellen sollen. Ihre ordnungsgemäße Darstellung richtet sich nach der Verordnung über die Analyse von Finanzinstrumenten (abgekürzt: FinAnV). BT 3.1.2 MaComp stellt nochmals die weitere Anwendung des § 15 WpPG neben § 31 Abs. 2 WpHG und § 4 WpDVerOV klar.

dd) Informationen auf Internetseiten

251 Besonders im Zusammenhang mit Informationen auf Internetseiten trifft das Wertpapierdienstleistungsunternehmen nach BT 3.2 Nr. 4 MaComp eine besondere Verpflichtung. Da die Anforderungen an Informationen für Privatkunden und professionelle Kunden, wie gezeigt,[81] unterschiedlich sind, muss sichergestellt sein, dass Informationen für professionelle Kunden oder geeignete Gegenparteien und Informationen für Privatkunden jeweils getrennt zugänglich sind. Diese Trennung kann etwa durch eine Freischaltung infolge eines Passwortes oder durch einen gut sichtbaren, zu bestätigenden Hinweis erfolgen, dass die Informationen nicht für Privatkunden eingestellt wurden. Ist eine solche Trennung nicht möglich, besteht der rechtlich sichere Weg darin, nur solche Informationen auf die Internetseite einzustellen, die auch alle Anforderungen für Privatkunden, also insbesondere § 4 WpDVerOV, erfüllen.

c) Besonderheiten für Privatkunden

252 § 4 WpDVerOV enthält für Informationen, die Privatkunden zugänglich gemacht werden, detaillierte Vorschriften im Hinblick auf Inhalt und Darstellung der Information. Sie konkretisieren den Grundsatz des § 31 Abs. 1 S. 2 WpHG, wonach Informationen redlich, eindeutig und nicht irreführend sein dürfen. Dies gilt aufgrund des hohen Schutzniveaus für Privatkunden in besonderem Maße. Die Informationen an Privatkunden müssen den folgenden, in Kürze dargestellten Gesichtspunkten genügen:

aa) Ausreichende und verständliche Darstellung

253 Maßstab für eine ausreichende und verständliche Darstellung ist nach BT 3.3.1 Nr. 2 MaComp der zu erwartende Verständnishorizont des durchschnittlichen Angehörigen der angesprochenen Kundengruppe; für ihn müssen die Informationen ausreichend und verständlich sein. Je komplizierter ein Produkt oder eine Dienstleistung (einschließlich ihrer Risiken) ist, umso mehr Erklärungen müssen hierzu in der Regel in der Produktinformation enthalten sein. Das bedeutet nach BT 3.3.1 Nr. 3 MaComp weiterhin, dass die sprachliche Darstellung umso einfacher und allgemeinverständlicher sein muss, je weniger Wissen und Erfahrung bei den angesprochenen Kunden vorausgesetzt werden kann. Weiterhin dürfen nach BT 3.3.1 Nr. 4 MaComp durch die Art und Weise der Darstellung wichtige Punkte, Aussagen oder Warnungen nicht verschleiert, abgeschwächt oder unverständlich gemacht werden. Wesentliche Informationen dürfen nach BT 3.3.1 Nr. 1 MaComp nicht unerwähnt bleiben.

---

81 Siehe oben Rn. 244 und unten Rn. 252 ff.

bb) Aktualität der Darstellung

In der Praxis stellt sich weiterhin die Frage nach der Aktualität der dem Anleger zur Verfügung gestellten Informationen. Auch dies bestimmt sich gem. § 31 Abs. 2 S. 1 WpHG nach dem Grundsatz der Redlichkeit, dem Irreführungsverbot und dem Verhältnismäßigkeitsprinzip. **254**

Online-Datenbanken als schnelles Medium müssen stets aktuell sein. Dies gilt nach BT 3.3.2 Nr. 1 MaComp insbesondere für Prospektmaterial zum Herunterladen. Für Informationen in Papierform, die in Filialen physisch ausliegen, gelten geringere Anforderungen an die Aktualität der Daten. Es ist eine Einzelfallentscheidung, ob Informationen nicht weiter vertrieben werden dürfen oder zu aktualisieren sind, um dem Irreführungsverbot und dem Verhältnismäßigkeitsgrundsatz Rechnung zu tragen. **255**

Mit Rücksicht auf das Gebot der Eindeutigkeit, Redlichkeit und Nichtirreführung ist ein leicht erkennbarer Hinweis auf das Erstellungsdatum der Information in jedem Fall empfehlenswert und sinnvoll. Bei Unterlagen, die nach Ablauf der Zeichnungsfrist zur Verfügung gestellt werden, wird dem Informationsinteresse der Anleger nach BT 3.3.2 Nr. 2 MaComp hinreichend Rechnung getragen, wenn das Erstellungsdatum der Information gut erkennbar ist. Eine Aktualisierung nach dem Ablauf der Zeichnungsfrist ist dann nicht mehr erforderlich. **256**

cc) Darstellung von Vorteilen und Risiken

Bei der Darstellung von Vorteilen und Risiken des Finanzinstruments sind bei Privatkunden die Voraussetzungen des § 4 Abs. 2 WpDVerOV, ergänzt durch BT 3.3.3 MaComp, zu beachten. Danach dürfen mögliche Vorteile einer Wertpapierdienstleistung oder eines Finanzinstruments nur hervorgehoben werden, wenn gleichzeitig eindeutig auf etwaige damit einhergehende Risiken verwiesen wird. Hierbei gilt der Grundsatz der Proportionalität, d.h. Umfang und Genauigkeit von Vorteils- und Risikodarstellung müssen in ausgewogenem Verhältnis zueinander stehen. Je mehr und je umfassender also Vorteile hervorgehoben werden, umso mehr und umfassender ist auch auf eventuelle Risiken einzugehen. Das bedeutet nicht, dass die Anzahl der dargestellten Vorteile und Risiken immer gleich sein muss. **257**

Wichtig ist bei der Darstellung der Chancen und Risiken, dass die Art und Weise der Darstellung wichtige Punkte, Aussagen oder Warnungen nicht verschleiert, abschwächt oder unverständlich macht. Eine klare und direkte Darstellungsweise ist erforderlich; eine Darstellung „nur" der Umstände, die ein Risiko begründen, ist nicht ausreichend. Vielmehr muss das Risiko nach BT 3.3.3 Nr. 3 MaComp selbst benannt werden. Die gleichzeitige Darstellung von Chancen und Risiken hat für gedruckte Informationen zur Folge, dass sich die Risikohinweise im selben Dokument befinden müssen wie die Vorteilsdarstellung. Eine Verweisung auf einen anderen Ort (insbesondere eine Internetseite oder andere Informationsmaterialien) oder die Möglichkeit eines Beratungsgesprächs sind nach BT 3.3.3 Nr. 4 MaComp nicht ausreichend. **258**

Als Risiken nennt BT 3.3.3 Nr. 5 MaComp beispielhaft das Emittentenausfallrisiko bei Zertifikaten, das Garantenausfallrisiko, das Wechselkursrisiko, das Risiko marktbedingter Kursschwankungen, die Möglichkeit eingeschränkter/fehlender Handelbarkeit, mögliche Nachschusspflichten oder Sonderkündigungsrechte des Emittenten. Auf diese Risiken, so sie bei Finanzinstrumenten relevant sind, ist daher in jedem Fall hinzuweisen. Es handelt sich jedoch ausdrücklich um eine beispielhafte Aufzählung. **259**

dd) Weitere Angaben zur Wertentwicklung

Auch bei den weiteren Angaben zur Wertentwicklung sind Besonderheiten zu beachten, die hier nur exemplarisch aufgeführt werden. Sie müssen aber bei Informationen, die Privatkunden zur Verfügung gestellt werden, aufsichtsrechtlich beachtet werden. Einzelheiten **260** ergeben sich aus § 4 WpDVerOV und BT 3.3.4 MaComp. Dies gilt sowohl für vergangenheits- als auch für zukunftsbezogene Angaben.

261 Weitere Maßgaben für vergangenheitsbezogene Angaben finden sich in BT 3.3.4.1 MaComp. Sie dürfen grundsätzlich nicht den hervorstechendsten Punkt der Information darstellen, § 4 Abs. 4 S. 1 WpDVerOV. Hinweise, die auf die vergangene Wertentwicklung bezogen sind, dürfen weder drucktechnisch, noch inhaltlich durch die gewählte Reihenfolge ihrer Erwähnung, den Umfang ihrer Darstellung oder auf sonstige Weise in den Vordergrund gerückt werden. Weiterhin müssen sie folgende Anforderungen erfüllen:

- Sie müssen für die Darstellung der Wertentwicklung geeignet sein, § 4 Abs. 4 Nr. 1 WpDVerOV, BT 3.3.4.1.1 MaComp.
- Die Angaben zur Wertentwicklung müssen sich grundsätzlich auf die letzten fünf Jahre, d.h. Zwölfmonatszeiträume und nicht Kalenderjahre, beziehen, § 4 Abs. 4 Nr. 1 WpDVerOV, BT 3.3.4.1.2 MaComp. Sollte dies nicht möglich sein, stellen BT 3.3.4.1.3 bis BT 3.3.4.1.5 MaComp die Ausnahmen hierzu dar. Beispiele finden sich im Anhang nach BT 3.7 MaComp.[82]
- Auch ergänzende Angaben zu den gesetzlich vorgegebenen Angaben sind nach BT 3.3.4.1.6 MaComp möglich. Allerdings dürfen die gesetzlichen Angaben in Inhalt und Form nicht in den Hintergrund gedrängt werden, sondern müssen mindestens gleichwertig herausgehoben sein.
- Auswirkungen von Provisionen, Gebühren und anderen Entgelten auf Bruttowerte müssen nach Maßgabe des § 4 Abs. 4 Nr. 4 bzw. Abs. 5 S. 2 bzw. Abs. 6 S. 2 WpDVerOV, BT 3.3.4.1.7 MaComp bei der Darstellung von Wertentwicklungen angegeben werden. Allgemeine Angaben sind nicht ausreichend, vielmehr muss eine qualifizierte Angabe erfolgen. Ist dies nicht möglich, ist es aufgrund BT 3.3.4.1.7 Nr. 2 MaComp in der Praxis möglich, sich durch die Angabe typischerweise anfallender Belastungen zu helfen, oder bei Online-Angeboten einen Wertentwicklungsrechner einzusetzen, in dem der Anleger die relevanten Eingaben selbst tätigt.
- Simulationen früherer Wertentwicklungen oder Verweise hierauf dürfen sich nach BT 3.3.4.1.8 MaComp nur auf ein Finanzinstrument, auf den einem Finanzinstrument zugrunde liegenden Basiswert oder einen Finanzindex beziehen, § 4 Abs. 5 S. 1 WpDVerOV. Dieser Katalog möglicher Gegenstände einer Simulation ist abschließend.

262 Weitere Maßgaben für zukunftsbezogene Angaben finden sich in § 4 Abs. 6 WpDVerOV, BT 3.3.4.2 MaComp. Angaben zur künftigen Wertentwicklung dürfen nicht auf einer simulierten früheren Wertentwicklung beruhen oder auf eine solche Simulation Bezug nehmen. Die Angaben müssen auf angemessenen, durch objektive Daten gestützten Annahmen beruhen und für den Fall, dass sie auf der Bruttowertentwicklung beruhen, deutlich angeben, wie sich Provisionen, Gebühren und andere Entgelte auswirken.

ee) Steuerliche Hinweise

263 Informationen zu einer bestimmten steuerlichen Behandlung müssen nach § 4 Abs. 8 WpDVerOV, BT 3.4 MaComp einen deutlichen Hinweis enthalten, dass die steuerliche Behandlung von den persönlichen Verhältnissen des jeweiligen Kunden abhängt und künftig Änderungen unterworfen sein kann.

ff) Übereinstimmung von Werbung und Produktinformation

264 § 4 Abs. 9 WpDVerOV, BT 3.5 MaComp regelt eine Selbstverständlichkeit. Unter dem Gesichtspunkt der redlichen Information soll kein Widerspruch zwischen Informationen in Werbeaussagen zu Informationen, die das Wertpapierdienstleistungsunternehmen dem Kunden zur Verfügung stellt, bestehen. Aus diesem Prinzip der Widerspruchsfreiheit ergibt

---

82 Siehe Anhang zur MaComp, ab S. 71 ff. MaComp, zum Balken-, Linien- und Kurvendiagramm.

sich insbesondere, dass Angaben in Verkaufsprospekten oder sonstigen Informationsmaterialien im Einklang mit den Angaben stehen müssen, die im Rahmen der Werbung gemacht werden.

gg) Angaben mit Bezug zur Aufsichtsbehörde

Der Name einer zuständigen Behörde im Sinne des WpHG darf nach § 4 Abs. 11 WpDVerOV, BT 3.6 MaComp nicht in einer Weise genannt werden, die so verstanden werden kann, dass die Produkte oder Dienstleistungen des Wertpapierdienstleistungsunternehmens von der betroffenen Behörde gebilligt oder genehmigt werden oder worden sind. Es ist auch alles zu unterlassen, das geeignet ist, beim Kunden den Eindruck hervorzurufen, die BaFin habe das Finanzinstrument als solches ausdrücklich gebilligt oder genehmigt.

265

hh) Dokumentation von Werbemitteilungen

Bei Werbemitteilungen bedarf es nach BT 3.7 MaComp neben der Aufbewahrung eines Exemplars der Werbemitteilung keiner weiteren Aufzeichnung, soweit aus der Werbemitteilung hervorgeht, an welchen Kundenkreis sich die Mitteilung richtet, vgl. § 14 Abs. 7 WpDVerOV. Sofern die Werbemitteilung wiederkehrend nach einem bestimmten inhaltlichen Standard-Muster erstellt wird, genügt die Aufbewahrung eines Beispiel-Exemplars dieser standardisierten Information, Werbemitteilung oder Finanzanalyse, wenn sich die Erstellung der einzelnen Dokumente aus der ergänzenden Dokumentation rekonstruieren lässt.

266

d) Hinweis für die Praxis

Bei der Erteilung von Informationen an Kunden ist besondere Sorgfalt zu verwenden, wenn es sich um Privatkunden handelt. Auch in diesem Zusammenhang kommt das hohe Schutzniveau im Rahmen der Anlageberatung zum Tragen. Jegliche Information sollte, bevor sie ausgehändigt wird, an dem hohen aufsichtsrechtlichen Maßstab geprüft werden. Nicht nur bei klassischen Werbeinformationen, sondern bei allen Informationen (!), die dem Kunden ausgehändigt werden, sind die Unterlagen auf die Einhaltung der aufsichtsrechtlichen Anforderungen zu prüfen.

267

10. Die Mitarbeiteranzeigeverordnung

Die Qualität der Anlageberatung hängt davon ab, dass die vom Wertpapierdienstleistungsunternehmen mit dieser Tätigkeit betrauten Mitarbeiter sachkundig und zuverlässig sind. Um dies zu gewährleisten, ist am 1.11.2012 durch das AnsFuG der § 34d WpHG neu eingefügt worden. Die Regelung wird durch die Mitarbeiter-Anzeigeverordnung (abgekürzt: WpHGMaAnzV)[83] sowie BT 7.3 der MaComp ergänzt. Inhaltlich sind folgende Maßgaben zu beachten:

268

a) Anzeigepflichtige Mitarbeiter

Anzeigepflichtig nach § 34d Abs. 1 WpHG[84] sind diejenigen Mitarbeiter, die in der Anlageberatung tätig sind. Ob dies der Fall ist, beantwortet sich danach, ob die Tätigkeit dieser Mitarbeiter eine Anlageberatung im Sinne der Legaldefinition in § 2 Abs. 3 Nr. 9 WpHG ist oder nicht.[85] Nicht anzuzeigen sind nach § 34d Abs. 5a WpHG diejenigen Anlageberater, die ausschließlich in einer Zweigniederlassung im Sinne des § 24a KWG oder in mehreren solcher Zweigniederlassungen tätig sind. In der Praxis ist es wichtig, nur die Mitarbeiter in der Anlageberatung einzusetzen, die der BaFin auch angezeigt worden sind.

269

---

83 Veröffentlicht auf www.bafin.de.
84 Die Regelungen in § 34d Abs. 2 WpHG für Vertriebsbeauftragte und in § 34d Abs. 3 WpHG für Compliance-Beauftragte werden hier nicht weiter behandelt.
85 Siehe oben Rn. 27 ff.

b) Die Sachkunde der Berater und der Sachkundenachweis

270 Anlageberater müssen aus naheliegenden Gründen sachkundig sein, um die Qualität der Anlageberatung zu gewährleisten. Die Anforderungen an die Sachkunde und die Festlegung der Nachweise, die aufsichtsrechtlich als ausreichend angesehen werden, ergeben sich aus § 1 WpHGMaAnzV.

aa) Sachkunde

271 Die Sachkunde der Anlageberater nach § 1 Abs. 1 WpHGMaAnzV umfasst insbesondere Kenntnisse und die praktische Anwendung in folgenden Sachgebieten:
- Kundenberatung:
  Dies schließt die Bedarfsermittlung, das Finden von Lösungsmöglichkeiten für den Kunden, die Produktdarstellung und -information sowie die Serviceerwartungen des Kunden, die Besuchsvorbereitung, Kundenkontakte, Kundengespräch und Kundenbetreuung mit ein.
- Rechtliche Grundlagen der Anlageberatung:
  Hier sind insbesondere Vertragsrecht und die Vorschriften des Wertpapierhandelsgesetzes von Bedeutung, die bei der Anlageberatung oder der Anbahnung einer Anlageberatung zu beachten sind.
- Fachliche Grundlagen:
  Dies schließt die Funktionsweise der Finanzinstrumente, die Risiken der Finanzinstrumente sowie die Gesamtheit aller im Zusammenhang mit den Geschäften anfallenden Kosten ein.
  Die hier geforderten Kenntnisse müssen sich auf die Arten von Finanzinstrumenten beziehen, die Gegenstand der Anlageberatung des Mitarbeiters sein können.

272 Verfügt ein Mitarbeiter nach § 1 WpHGMaAnzV über die erforderliche Sachkunde, so erfüllt er nach BT 7.3 Nr. 1 MaComp auch die weiteren, dort in Nr. 2 bis 4 aufgeführten Anforderungen. Hierzu gehören unter anderen die notwendigen Fähigkeiten, Kenntnisse und Erfahrungen, einschließlich hinlänglicher Kenntnisse des rechtlichen Rahmens und der entsprechenden Verfahren, damit die Anlageberater ihrer Verantwortung gerecht werden, die Verhältnisse der Kunden einzuschätzen und über ausreichende Fachkenntnisse im Bereich der Finanzmärkte verfügen, damit sie die im Namen des Kunden zu erwerbenden Finanzinstrumente verstehen und danach beurteilen können, ob die Merkmale des Instruments auf die Bedürfnisse und Verhältnisse des Kunden abgestimmt sind.

bb) Nachweis des Sachkunde

273 In der Praxis stellt sich die Frage, wie der Nachweis hinsichtlich der erforderlichen Sachkunde erbracht werden kann. § 4 WpHGMaAnzV legt dies durch eine beispielhafte Aufzählung von Berufsqualifikationen und deren Vorläufer- oder Nachfolgeberufe fest. Hierzu zählen nach § 4 Nr. 1 WpHGMaAnzV etwa das Abschlusszeugnis eines wirtschaftswissenschaftlichen Studiengangs der Fachrichtung Banken, Finanzdienstleistungen oder Kapitalmarkt (Hochschul- oder Fachhochschulabschluss oder gleichwertiger Abschluss), wenn darüber hinaus eine fachspezifische Berufspraxis nachgewiesen werden kann, die gewährleistet, dass der Mitarbeiter den an die Sachkunde zu stellenden Anforderungen genügt. Nach § 4 Nr. 2 WpHGMaAnzV kann der Nachweis weiterhin durch Zeugnisse für Ausbildungen erfolgen, bei denen die in § 1 WpHGMaAnzV genannten Kenntnisse vermittelt werden:
- Abschlusszeugnis als Bank- oder Sparkassenbetriebswirt oder -wirtin einer Bank- oder Sparkassenakademie oder
- Abschlusszeugnis als Sparkassenfachwirt oder -wirtin (Sparkassenakademie) oder Bankfachwirt oder -wirtin (Sparkassenakademie),
- Abschlusszeugnis als Geprüfter Bankfachwirt oder Geprüfte Bankfachwirtin, Fachwirt oder -wirtin für Finanzberatung (IHK), Investment-Fachwirt oder -wirtin (IHK), Fach-

berater oder -beraterin für Finanzdienstleistungen (IHK) oder als Geprüfter Fachwirt oder Geprüfte Fachwirtin für Versicherungen und Finanzen sowie
– Abschlusszeugnis als Bank- oder Sparkassenkaufmann oder -frau, Investmentfondskaufmann oder -frau oder als Kaufmann oder -frau für Versicherungen und Finanzen Fachrichtung Finanzdienstleistungen.

Die WpHGMaAnzV erkennt an, dass Sachkunde auch durch die Berufspraxis erworben werden kann. Als Nachweis der Sachkunde dient dann nach § 1 Abs. 1 WpHGMaAnzV das Abschluss- oder Arbeitszeugnis, gegebenenfalls in Verbindung mit Stellenbeschreibungen, Schulungsnachweisen oder anderen vergleichbaren Nachweisen. **274**

Weiterhin sieht § 4 S. 2 WpHGMaAnzV eine sog. „Alte-Hasen-Regelung" vor. Hier besteht eine Vermutung für das Bestehen der erforderlichen Sachkunde. Bei Personen, die seit dem 1.1.2006 ununterbrochen als Mitarbeiter in der Anlageberatung eines Wertpapierdienstleistungsunternehmens tätig waren, wird vermutet, dass sie jeweils die erforderliche Sachkunde haben, wenn die Anzeigen nach § 34d Abs. 1–3 WpHG bis zum 1.5.2013 eingereicht worden sind. Diese Vermutung gilt auch dann, wenn die entsprechende Berufserfahrung ganz oder teilweise bei Zweigniederlassungen im Sinne des § 53b KWG, die die Wertpapierdienstleistung der Anlageberatung erbringen, erworben wurde. **275**

Bei dieser „Alte-Hasen-Regelung" ist zu beachten, dass die Tätigkeit seit dem 1.1.2006 ununterbrochen bestehen muss. Hier stellt sich die Frage, wie Unterbrechungen der Tätigkeit als Anlageberater zu bewerten sind, etwa durch Urlaub, Krankheit oder Mutterschutz. Das Merkmal „ununterbrochen" wird durch die WpHGMaAnzV nicht definiert. Es ist allerdings davon auszugehen, dass kurzfristige Pausen in der Tätigkeit des Anlageberaters für die Annahme einer ununterbrochenen Tätigkeit unerheblich sein dürften, wenn mit dieser zeitlichen Unterbrechung keine Einschränkung der Sachkunde verbunden ist. **276**

c) Die Zuverlässigkeit der Mitarbeiter

Für eine qualitativ gute Anlageberatung wird auch die Zuverlässigkeit der Anlageberater als wichtiges Merkmal angesehen. § 6 WpHGMaAnzV stellt hier an Anlageberater die gleichen Anforderungen wie an Vertriebs- und Compliance-Beauftragte. Geregelt ist ein sogenannter Negativkatalog. Mitarbeiter verfügen dann nicht über die erforderliche Zuverlässigkeit nach § 34d Abs. 1 S. 1 WpHG, wenn sie in den letzten fünf Jahren vor Beginn einer anzeigepflichtigen Tätigkeit wegen eines Verbrechens oder wegen Diebstahls, Unterschlagung, Erpressung, Betruges, Untreue, Geldwäsche, Urkundenfälschung, Hehlerei, Wuchers, einer Insolvenzstraftat, einer Steuerhinterziehung oder aufgrund des § 38 WpHG rechtskräftig verurteilt worden sind. **277**

Diese Anforderung gilt immer zum Zeitpunkt der Ausübung der Tätigkeit. Werden Mitarbeiter also unzuverlässig im Sinne des § 6 WpHGMaAnzV, dann dürfen sie zukünftig nicht mehr als Anlageberater eingesetzt werden. **278**

Im Hinblick auf die Prüfung der Zuverlässigkeit der Anlageberater findet sich weder in der MaComp noch in der WpHGMaAnzV eine Erleichterung. Folglich muss eine Prüfung der Zuverlässigkeit bei allen Anlageberatern vorgenommen werden. Weiterhin fehlen auch exakte Vorschriften, wie der Nachweis der Zuverlässigkeit praktisch zu führen ist. Hier kommen als Nachweis ein Führungszeugnis oder Erklärungen des Anlageberaters in Betracht, dass derzeit kein Ermittlungsverfahren gegen ihn anhängig ist. **279**

d) Aktualisierungspflichten im Hinblick auf Sachkunde und Zuverlässigkeit

Eine konkrete Frist, nach deren Ablauf das Wertpapierdienstleistungsunternehmen verpflichtet ist, die Prüfung der Sachkunde und der Zuverlässigkeit des Anlageberaters erneut vorzunehmen und die Angaben zu aktualisieren, besteht nicht. Auch eine Nachforschungspflicht gegenüber dem Anlageberater ist nicht vorgesehen. **280**

281 Für die Frage der Aktualisierung im Rahmen der Sachkunde des Anlageberaters greift damit die allgemeine Regel des § 33 WpHG in Verbindung mit § 25a Abs. 1 S. 3 Nr. 2 KWG ein. Danach besteht die Verpflichtung, nur qualifizierte und entsprechend geschulte Mitarbeiter mit den jeweiligen Aufgaben zu betrauen. Hier bietet sich die Durchführung von internen und/oder externen Fortbildungsmaßnahmen und Schulungen an, um die Mitarbeiter über die sich im Bereich der Anlageberatung schnell ändernden gesetzlichen Regelungen „auf dem neuesten Stand" zu halten. Dies ist – zum Nachweis der Erfüllung der vorgenannten Pflicht – zu dokumentieren.

282 Für die Frage der Aktualisierung im Rahmen der Zuverlässigkeit der Anlageberater können die Wertpapierdienstleistungsunternehmen grundsätzlich auf die Angaben des Anlageberaters vertrauen. Dies gilt nur dann nicht, wenn Indizien gegeben sind, die Zweifel an der Zuverlässigkeit des Anlageberaters aufkommen lassen, etwa durch Hinweise Dritter oder öffentliche Berichte in den Medien. Es ist daher sinnvoll, den Anlageberater zu verpflichten, das Wertpapierdienstleistungsunternehmen als Arbeitgeber über Umstände zu unterrichten, die Zweifel an der Zuverlässigkeit im Sinne der WpHGMaAnzV rechtfertigen.

e) Meldung der Anlageberater in das Mitarbeiter- und Beschwerderegister

283 Die Mitarbeiter, welche die Anlageberatung für das Wertpapierdienstleistungsunternehmen durchführen, sind zu ermitteln und der BaFin nach § 34d Abs. 1 WpHG anzuzeigen. Die BaFin führt, wie in § 34d Abs. 5 WpHG vorgesehen, eine interne Datenbank, das sog. Mitarbeiter- und Beschwerderegister. Für die Durchführung der Anzeigen an die BaFin steht ein entsprechendes Tool bei der BaFin zur Verfügung. Einzelheiten ergeben sich aus den veröffentlichten Informationsblättern der BaFin.[86]

f) Anzeige von Beschwerden zum Mitarbeiter- und Beschwerderegister

284 Wertpapierdienstleistungsunternehmen haben nach § 33 Abs. 1 S. 2 Nr. 4 WpHG wirksame und transparente Verfahren für eine angemessene und unverzügliche Bearbeitung von Beschwerden durch Privatkunden (!) vorzuhalten und jede Beschwerde sowie die zu ihrer Abhilfe getroffenen Maßnahmen zu dokumentieren. Diese Regelungen bleiben von der WpHGMaAnzV unberührt. Über diese Regelung hinaus führt die BaFin nach § 34d Abs. 5 WpHG über die anzuzeigenden Anlageberater sowie die ihnen zugeordneten Beschwerdeanzeigen nach § 34d Abs. 1 S. 4 WpHG und die Anordnungen nach § 34d Abs. 4 WpHG eine interne Datenbank, das bereits vorgenannte Mitarbeiter- und Beschwerderegister. § 8 Abs. 4 WpHGMaAnzV legt hierbei den Inhalt der Anzeige fest.

aa) Definition der Beschwerde eines Privatkunden

285 Die Anzeigepflicht betrifft ausschließlich Beschwerden von Kunden, die als Privatkunden klassifiziert sind, also weder professionelle Kunden, noch geeignete Gegenparteien. Die Beschränkung auf Privatkunden ergibt sich aus der Verweisung in § 34d Abs. 1 S. 4 WpHG auf § 33 Abs. 1 S. 2 Nr. 4 WpHG, der ausdrücklich nur Beschwerden von Privatkunden zum Gegenstand hat.

286 Die zentrale Frage besteht darin, was genau unter einer Beschwerde zu verstehen ist, da eine gesetzliche Definition fehlt. Anknüpfungspunkt ist der Sinn und Zweck der Vorschrift. Mit der zentralen Erfassung der Beschwerden sollen Anhaltspunkte für Missstände und pflichtwidriges Verhalten in der Anlageberatung möglichst früh erkennbar und damit vermeidbar werden. Letztlich dient auch das Melde- und Beschwerderegister dem Anlegerschutz als Kontrollinstrument für Auffälligkeiten. Daher dürfte der Begriff der Beschwerde

---

86 Informationsblatt „Technische Fragen und Antworten zum Mitarbeiter- und Beschwerderegister nach § 34d WpHG", und „Fachinformationsblatt zum Mitarbeiter- und Beschwerderegister nach § 34d WpHG", beide verfügbar unter www.bafin.de.

weit auszulegen sein. Unter Beschwerde ist damit jede Äußerung einer Unzufriedenheit eines Privatkunden im Zusammenhang mit einer Anlageberatung zu sehen. Hierbei sind die Form der Beschwerde, der „Streitwert" und auch die Bezeichnung für die Charakterisierung als Beschwerde unerheblich. Allerdings fallen Unmutsäußerungen über Marktentwicklungen nicht unter den Beschwerdebegriff. Auch dann, wenn auf die Äußerung des Kunden unmittelbar eine Berichtigung oder Klarstellung erfolgen kann, dürften diese Irrtümer oder Fehlbearbeitungen noch nicht unter den Beschwerdebegriff fallen. Dies ist jedoch eine Frage des Einzelfalls.

bb) Form und Frist der Meldung

Soweit Beschwerden von Privatkunden nach dem 1.11.2012, dem Inkrafttreten der WpHGMaAnzV, erhoben worden sind, sind diese anzeigepflichtig, auch wenn der zugrunde liegende Sachverhalt ganz oder teilweise zu einem früheren Zeitpunkt stattgefunden hat. Die Beschwerde ist auch dann anzeigepflichtig, wenn der betroffene Anlageberater nicht mehr in dem Wertpapierdienstleistungsunternehmen tätig ist, beispielsweise weil er ausgeschieden, in Elternzeit befindlich oder im Ruhestand ist. 287

Die Beschwerdeanzeige muss nur das Eingangsdatum der Beschwerde, den Namen des Anlageberaters, seine alphanumerische BaFin-Kennnummer und seinen Einsatzort zum Zeitpunkt des Beschwerdeeingangs dokumentieren. Da es der BaFin hier nicht um den Inhalt der Beschwerde geht, sondern „nur" um ihre Anzahl, ist das Beschwerdeschreiben des Kunden nicht zu übermitteln. Beschwert sich der Privatkunde mehrfach über denselben Sachverhalt, ist nur eine Beschwerdeanzeige erforderlich. Maßgeblich ist der Lebenssachverhalt. 288

Die Form der Beschwerdeanzeige ist nach § 7 WpHGMaAnzV gewahrt, wenn sie elektronisch über das von der BaFin bereitgestellte Verfahren erfolgt. Die technischen Einzelheiten ergeben sich auch hier aus dem Informationsblatt der BaFin „Technische Fragen und Antworten zum Mitarbeiter- und Beschwerderegister nach § 34d WpHG".[87] 289

Die Frist der Anzeige beträgt nach § 8 Abs. 4 S. 2 WpHGMaAnzV längstens sechs Wochen nach Eingang der Beschwerde beim Wertpapierdienstleistungsunternehmen. Hierbei besteht die Möglichkeit von Sammelanzeigen, wenn das Beschwerdeaufkommen erhöht sein sollte. 290

g) Die Datenbank der BaFin

Die in der Datenbank zu den Erst- und Änderungsanzeigen der Anlageberater gespeicherten Informationen ergeben sich aus § 8 Abs. 1 bis 3 WpHGMaAnzV, die gespeicherten Daten bei Beschwerdeanzeigen aus § 8 Abs. 4 WpHGMaAnzV. Weitere Inhalte ergeben sich aus § 9 WpHGMaAnzV. Auch wenn die BaFin die Datenbank führt, trägt das Wertpapierdienstleistungsunternehmen nach § 10 WpHGMaAnzV die Verantwortung für die Vollständigkeit, die Richtigkeit und die Aktualität der von ihm angezeigten und automatisiert in die Datenbank eingestellten Angaben. Erforderliche Berichtigungen sind unter Verwendung des elektronischen Anzeigeverfahrens vorzunehmen. 291

Eintragungen nach § 8 Abs. 4 und § 9 Abs. 2 Nr. 7 WpHGMaAnzV sind nach § 11 WpHGMaAnzV fünf Jahre nach Ablauf des Jahres, in dem die Beschwerde gegenüber der BaFin angezeigt worden ist, oder fünf Jahre nach dem Tag, an dem die Anordnung erlassen worden ist, durch die BaFin aus der Datenbank zu löschen. Alle übrigen Eintragungen sind fünf Jahre nach Ablauf des Jahres, in dem die Beendigung der Tätigkeit für das anzeigende Wertpapierdienstleistungsunternehmen angezeigt worden ist, durch die BaFin aus der Datenbank zu löschen. 292

---

87 Siehe www.bafin.de.

h) Sanktionen der BaFin

293 Setzt das Wertpapierdienstleistungsunternehmen Mitarbeiter ein, die nicht hinreichend sachkundig oder zuverlässig sind, dann hat die BaFin nach § 34d Abs. 4 S. 1 Nr. 1 WpHG das Recht, dem Wertpapierdienstleistungsunternehmen den Einsatz des Mitarbeiters als Anlageberater zu untersagen. Dies gilt nur, solange der Mitarbeiter die gesetzlichen Anforderungen nicht erfüllt.

294 Verstößt der Mitarbeiter gegen die aufsichtsrechtlichen Pflichten des 6. Abschnitts des WpHG, also die vorstehend normierten vielfältigen Pflichten im Rahmen der Anlageberatung, dann kann die BaFin das Wertpapierdienstleistungsunternehmen verwarnen oder dem Wertpapierdienstleistungsunternehmen untersagen, den Mitarbeiter für die Dauer von zwei Jahren als Anlageberater zu beschäftigen. Diese Sanktionsmöglichkeit richtet sich in erster Linie gegen das Wertpapierdienstleistungsunternehmen, auch wenn der Mitarbeiter durch diese Maßnahme natürlich selbst betroffen ist. Das Beschäftigungsverbot nach § 34d Abs. 4 S. 1 Nr. 2 Buchstabe b WpHG soll aber die ultima ratio bei besonders schweren Pflichtverstößen des Mitarbeiters sein. Hierin ist kein Berufsverbot zu sehen,[88] da das Wertpapierdienstleistungsunternehmen den Mitarbeiter anderweitig beschäftigen muss. Arbeitsrechtliche Implikationen sind im Einzelfall möglich, aber eigenständig zu prüfen. Da das Beschäftigungsverbot einen Verwaltungsakt darstellt, kann das Wertpapierdienstleistungsunternehmen hiergegen mittels Widerspruch und Anfechtungsklage vorgehen, die jedoch nach § 34d Abs. 4 S. 4 WpHG keine aufschiebende Wirkung haben. Der betroffene Mitarbeiter hat die Möglichkeit, gegen das Beschäftigungsverbot mittels einer Feststellungsklage vorzugehen.[88]

295 Weiterhin hat die BaFin nach § 34d Abs. 4 S. 1 Nr. 2 Buchstabe a WpHG die Möglichkeit, den Mitarbeiter selbst zu verwarnen. Hierbei handelt es sich um schlichtes Verwaltungshandeln, das keine unmittelbaren Rechtsfolgen nach sich zieht.[89] Mitarbeiter sind nicht Adressaten des WpHG, auch wenn sie durch die Sanktionsmöglichkeiten persönlich von den Maßnahmen betroffen sind.

i) Hinweis für die Praxis

296 Bei den Daten und Nachweisen, die von den Anlageberatern nach Maßgabe der vorgenannten Regelungen eingeholt werden müssen, handelt es sich um personenbezogene Daten der Mitarbeiter, die dem besonderen Schutz des BDSG unterliegen. Es empfiehlt sich daher, diesen besonderen Schutz zu beachten, und die Erhebung und Verwaltung dieser Daten durch einen entsprechenden Geschäftsbereich, z.B. den Bereich Personal, vornehmen zu lassen.

297 Im Hinblick auf die Anzeige der Beschwerden von Privatkunden ist im Rahmen der erforderlichen Einzelfallprüfung die Unmutsäußerung des Kunden – nicht nur unter rechtlichen Gesichtspunkten – ernst zu nehmen und genau zu prüfen, ob diese Äußerung die „Sprunghöhe" zur Beschwerde überschreitet. Wird der Beschwerdebegriff zu eng ausgelegt, kann dies einen Verstoß gegen die Anzeigepflicht des § 34d Abs. 1 S. 4 WpHG zur Folge haben.

298 Kritisch zu sehen sind die Sanktionsmöglichkeiten, welche die Mitarbeiter mittelbar persönlich betreffen. Auch wenn es sich nicht um ein Berufsverbot handelt, wird diese Sanktionsmöglichkeit von Mitarbeitern als Verschärfung der Haftungssituation empfunden. Wertpapierdienstleistungsunternehmen, die in erster Linie Adressat des WpHG sind, sind daher gut beraten, ihre Anlageberater nicht nur fachlich so zu schulen, dass sie die Kenntnisse haben, ihre Pflichten gut zu erfüllen, sondern ihnen auch das Gefühl zu geben, dass die Wertpapierdienstleistungsunternehmen „hinter ihren Beratern stehen" und sie unterstützen. Sorgen der Mitarbeiter sollten ernst genommen und – soweit möglich – vermieden werden.

---

88 Assmann/Schneider/*Koller* § 34d Rn. 22.
89 Assmann/Schneider/*Koller* § 34d Rn. 4.

11. Aufzeichnungspflichten

Nach § 34 Abs. 1 WpHG muss das Wertpapierdienstleistungsunternehmen Aufzeichnungen über die Anlageberatung als Wertpapierdienstleistung erstellen. Die Einzelheiten hierzu sind bereits bei den einzelnen Pflichten im Rahmen der Anlageberatung erörtert worden, insbesondere im Zusammenhang mit dem nach § 34 Abs. 2a WpHG zu erstellenden Beratungsprotokoll. Weiterhin ergibt sich der Mindestumfang der gesetzlich vorgegebenen Dokumentationen gem. § 34 Abs. 5 WpHG aus dem Verzeichnis der Mindestaufzeichnungspflichten der BaFin.[90]

299

12. Ordnungswidrigkeiten

Beachtet das Wertpapierdienstleistungsunternehmen die aufsichtsrechtlichen Anforderungen im Rahmen der Anlageberatung nicht, handelt es sich nach § 39 Abs. 2 WpHG bei vorsätzlichem oder fahrlässigem Handeln um eine Ordnungswidrigkeit, insbesondere bei folgenden Pflichtverstößen:

300

- entgegen § 31 Abs. 3a WpHG ein PIB, eine WA oder ein VIB gar nicht, nicht richtig, nicht vollständig oder nicht rechtzeitig zur Verfügung zu stellen,
- entgegen § 31 Abs. 4 S. 3 WpHG im Rahmen der Geeignetheitsprüfung ein Finanzinstrument zu empfehlen,
- entgegen § 31 Abs. 4a S. 1 WpHG ein Finanzinstrument oder eine Wertpapierdienstleistung zu empfehlen,
- entgegen § 31 Abs. 5 S. 3 oder 4 WpHG einen Hinweis oder eine Information nicht oder nicht rechtzeitig zu geben,
- entgegen § 31d Abs. 1 S. 1 WpHG eine Zuwendung anzunehmen oder zu gewähren.

Soweit Verstöße gegen die aufsichtsrechtlichen Pflichten vorsätzlich erfolgen, kommt je nach Ausgestaltung des Einzelfalls auch die Prüfung strafrechtlicher Vorschriften in Betracht. Hier ist jedoch zu beachten, dass der Vorwurf strafrechtlich relevanten Verhaltens nicht ohne Weiteres erhoben werden kann, sondern die Voraussetzungen der einzelnen Straftatbestandselemente sorgfältig zu prüfen sind.

301

V. Die Honoraranlageberatung

Mit dem Gesetz zur Förderung und Regulierung einer Honorarberatung über Finanzinstrumente (abgekürzt Honoraranlageberatungsgesetz), wird die Honorarberatung neben der provisionsbasierten Beratung etabliert.[91] Hiermit sind u.a. auch Änderungen der Vorschriften des WpHG verbunden, die überwiegend zum 1.8.2014 in Kraft treten. § 31 Abs. 4b WpHG n.F. regelt die Voraussetzungen der Honorarberatung. Ein Wertpapierdienstleistungsunternehmen, das die Anlageberatung als Honorarberatung erbringt, muss den Kunden rechtzeitig vor der Beratung hierüber unterrichten. Dies kann auch in standardisierter Form geschehen. Darüber hinaus muss der Honorar-Anlageberater nach § 31 Abs. 4c WpHG n.F. über einen hinreichenden Marktüberblick verfügen und darf sich nicht auf eigene oder auf Finanzinstrumente von ihm nahestehenden Anbietern beschränken. Empfiehlt der Honorarberater doch Finanzinstrumente, deren Anbieter das Wertpapierdienstleistungsunternehmen selbst oder ein ihm nahestehender Anbieter ist, dann muss dies entsprechend § 31 Abs. 4d WpHG n.F. dem Kunden gegenüber offengelegt werden. Weiterhin darf der Honorarberater grundsätzlich alleine eine Vergütung durch den Kunden erhalten und keine Zuwendungen; Ausnahmen ergeben sich aus § 31 Abs. 4b Nr. 3 WpHG n.F.

302

---

90 Veröffentlicht unter www.bafin.de; Verweis hierauf in AT 8.1 MaComp.
91 Veröffentlich am 18.7.2013, BGBl I 2013, 2390 ff.

303 Nach § 33 Abs. 1 Nr. 3a WpHG n.F. muss das Wertpapierdienstleistungsunternehmen sich entweder entscheiden, ausschließlich die Honorarberatung anzubieten. Alternativ besteht die Möglichkeit, die provisionsbasierte Anlageberatung neben der Honorarberatung anzubieten. Dann müssen allerdings beide Bereiche organisatorisch, funktionell und personell getrennt sein. Für die Honorarberatung gelten nach § 31 Abs. 4c WpHG im Übrigen die Anforderungen für die Anlageberatung.

304 Die Honorarberater werden nach § 36c WpHG in ein öffentliches Register eingetragen, das ebenfalls bei der BaFin geführt wird und über die Internetseite öffentlich zugänglich ist. Auch bei der Regelung der Honorarberatung zeigt sich, dass der Gesetzgeber weiter den Grundsatz der Informiertheit des Anlegers als Grundlage der Anlageberatung und der Anlageentscheidung fortführt. Die Themen im Rahmen der zukünftigen praktischen Umsetzung bleiben abzuwarten.

C. Zivilrechtliche Anforderungen an die Anlageberatung

305 Neben den umfangreichen aufsichtsrechtlichen Pflichten spielt in der Praxis der Anlageberatung die zivilrechtliche Haftung des Wertpapierdienstleistungsunternehmens eine große Rolle. Anleger, die mit der Entwicklung der ihnen empfohlenen Anlageprodukte unzufrieden sind, prüfen häufig die Erfolgsaussichten rechtlicher Schritte gegen das beratende Wertpapierdienstleistungsunternehmen bis hin zur Einleitung eines gerichtlichen Verfahrens. Finden sie Ansatzpunkte für einen Schadensersatzanspruch, insbesondere im Hinblick auf die Verletzung von Pflichten aus dem Beratungsvertrag, stellt sich die wirtschaftlich bedeutende Frage, ob der Schadensersatzanspruch auch beweisbar ist. Anders gewendet: Für das in Anspruch genommene Wertpapierdienstleistungsunternehmen ist entscheidend, ob es auch längere Zeit nach der erfolgten Beratung, idealerweise bis zum Ablauf von Verjährungsfristen, auf eine aussagekräftige Dokumentation zurückgreifen kann, um den Sachverhalt aufklären zu können, welcher der Anlageberatung zu Grunde lag. Hier spielen Aufsichtsrecht und Zivilrecht für das Wertpapierdienstleistungsunternehmen durchaus zusammen.

I. Anspruchsgrundlagen

306 Für Schadensersatzansprüche der Anleger gegen das beratende Wertpapierdienstleistungsunternehmen kommen sowohl auf dem Anlageberatungsvertrag beruhende Anspruchsgrundlagen wie § 280 Abs. 1 BGB oder auch deliktische Anspruchsgrundlagen wie etwa § 823 Abs. 1 BGB in Betracht.

307 Der Anleger, der auf dem zivilrechtlichen Wege Schadensersatz von dem Wertpapierdienstleistungsunternehmen verlangt, sieht sich auf diesem Weg von einer ihm günstigen Rechtsprechung begleitet. Hierbei hat das Bond-Urteil[92] die bis heute gültigen Grundsätze hergeleitet, nach denen die Beratung eines Anlegers anlegergerecht und anlagegerecht zu erfolgen habe. Eine anlegergerechte Beratung muss „den Anleger" berücksichtigen; das empfohlene Finanzinstrument muss mit dem Wissens- und Kenntnisstand, der Risikobereitschaft und dem Anlageziel des Anlegers vereinbar sein. Die anlage- oder objektgerechten Beratung betrifft die Eigenschaften und Wirkungsweisen des Finanzinstruments sowie seine allgemeinen und besonderen Chancen und Risiken und alle weiteren für die Anlageentscheidung erforderlichen Informationen.

---

92 *BGH* Urteil vom 6.7.1993, Az. XI ZR 12/93, BB 1993, 1903.

Seit dem Bond-Urteil hat der Bundesgerichtshof bis in die aktuelle Vergangenheit eine Vielzahl von Urteilen zu einer Vielzahl von Aspekten der Haftung bei Anlageberatungen erlassen, deren Darstellung der einzelnen Tatbestandsmerkmale unter Berücksichtigung und der differenzierten Rechtsprechung den Rahmen dieses Kapitels sprengen würde. Bei jedem der einzelnen Tatbestandsmerkmale und der jeweiligen Darlegungs- und Beweislast, beginnend mit dem Abschluss des Beratungsvertrags in Abgrenzung zur Vermittlung und bloßen Information, dem Pflichtenverstoß, der Kausalität und der Vermutung aufklärungsrichtigen Verhaltens, dem Vertretenmüssen, der Schadensberechnung, etwa der Frage der Berücksichtigung von Steuervorteilen, und schließlich den Fragen der Verjährung, besteht eine sehr differenzierte und stetig fortschreitende Rechtsprechung.[93] Hier ist es im Einzelfall erforderlich und auch sehr hilfreich, den konkreten Sachverhalt mit Hilfe der vorliegenden Dokumentation, etwa des Beratungsprotokolls bei der Beratung von Privatkunden, genau festzustellen. Hervorgehoben sei die sog. Kick-Back-Rechtsprechung des BGH,[94] mit Hilfe derer Anleger ihre Schadensersatzansprüche auf eine nicht erfolgte Aufklärung über Rückvergütungen und sog. Kick-Backs stützen, welche die Wertpapierdienstleistungsunternehmen erhalten haben (sollen). In jüngster Zeit erfährt die sich seit dem Bond-Urteil ausweitende Rechtsprechung am Beispiel der Swap-Rechtsprechung Kritik.[95] Die weitere Entwicklung der Rechtsprechung bleibt abzuwarten. **308**

II. Verhältnis des Aufsichtsrechts zum Zivilrecht

Zwischen den aufsichtsrechtlichen Anforderungen und den zivilrechtlichen Voraussetzungen der Haftung bestehen Parallelen, z.B. hinsichtlich der aufsichtsrechtlich einzuholenden Informationen und den Voraussetzungen einer anlegergerechten Beratung aufgrund des Beratungsvertrages. Daher stellt sich die Frage nach dem Verhältnis von Aufsichts- und Zivilrecht. **309**

Wegen der Einheit der Rechtsordnung wird die Meinung vertreten, die aufsichtsrechtlichen Pflichten strahlten auf den zivilrechtlichen Bereich aus und konkretisierten die Pflichten im Rahmen des Beratungsvertrages.[96] Aus dieser Ausstrahlungswirkung folgt, dass das Aufsichtsrecht den Schutz der Anleger im Rahmen des Beratungsvertrages beeinflusst, andererseits aber die Vertragsfreiheit und die Besonderheiten des Zivilrechts gewahrt bleiben.[97] Die Ausstrahlungswirkung des Aufsichtsrechts zeigt aber auch, dass Wertpapierdienstleistungsunternehmen bei der sorgfältigen Erfüllung ihrer aufsichtsrechtlichen Pflichten bereits ein sehr hohes Maß an Sicherheit hinsichtlich der zivilrechtlichen Vermeidung von erfolgreichen Ansprüchen der Anleger haben. Insbesondere die Beachtung der Einholung der Informationen vom Kunden, die Empfehlung von Finanzinstrumenten, die für den Kunden geeignet sind, die Risikoaufklärung des Kunden und die anschließende Dokumentation sind auch für die Abwendung von Schadensersatzansprüchen nützlich. **310**

Daher ist es in Praxis sehr hilfreich, dass die aufsichtsrechtlichen Pflichten auf das Zivilrecht die vorgenannte Ausstrahlungswirkung haben. Werden die aufsichtsrechtlichen Pflichten ordnungsgemäß erfüllt, d.h. ist die Anlageberatung unter Beachtung der persönli- **311**

---

93 Ausführliche Darstellung zu den zivilrechtlichen Anspruchsvoraussetzungen siehe z.B. Ellenberger/ Schäfer/Clouth/Lang/*Braun/Lang/Loy* Praktikerhandbuch, Rn. 486 ff.
94 Ausführliche Darstellung zu den Grundsätzen der Kick-Back-Rechtsprechung, siehe Ellenberger/ Schäfer/Clouth/Lang*Braun/Lang/Loy* Praktikerhandbuch, Rn. 1028 ff.
95 Siehe hierzu kritisch *Herresthal* ZIP 2013, 1049 ff.
96 Assmann/Schneider/*Koller* Vor § 31 Rn. 3; Ellenberger/Schäfer/Clouth/Lang/*Braun/Lang/Loy* Praktikerhandbuch, Rn. 486 ff.
97 Assmann/Schneider/*Koller* Vor § 31 Rn. 3 und 6.

chen Informationen des Kunden durchgeführt und dokumentiert worden, dann ist dem Kunden ein Finanzinstrument empfohlen worden, das für ihn geeignet ist. Ist darüber hinaus die Aufklärung über die Wirkungsweise, die generellen und speziellen Risiken des Produkts erfolgt und hat der Anleger sich auf dieser informierten Grundlage zu einem bestimmten Geschäft entschieden, dann wird ein zivilrechtlicher Anspruch in der Regel ausgeschlossen sein. Vor diesem Hintergrund hat die ordnungsgemäße Umsetzung der aufsichtsrechtlichen Pflichten positive Auswirkungen auf die zivilrechtliche Haftungssituation des Wertpapierdienstleistungsunternehmens.

D. Ausblick

312 Der Anlegerschutz wird auch weiterhin im Fokus des Gesetzgebers und der Rechtsprechung stehen. Die MiFID (Markets im Financial Instruments Directive) als europäische Richtlinie, die zum 1.11.2007 zu erheblichen Änderungen im deutschen Recht, insbesondere im WpHG geführt hat, wird überarbeitet. Die Europäische Kommission hat im Rahmen von MiFID II einen Vorschlag für eine Richtlinie über Märkte für Finanzinstrumente zur Aufhebung der Richtlinie 2004/39/EC des Europäischen Parlaments und des Rates, und eine Verordnung über Märkte für Finanzinstrumente und zur Änderung der Verordnung über OTC-Derivate, zentrale Gegenparteien und Transaktionsregister (MiFIR) angenommen. Ihr Ziel besteht neben der Stärkung des Anlegerschutzes darin, die Finanzmärkte effizienter, widerstandsfähiger und transparenter zu machen und die Aufsichtsbefugnisse der Regulierungsbehörden auszuweiten. Änderungen[98] sind insbesondere zu erwarten im Bereich der Kundenklassifizierung, der Erweiterung des Kreises der Finanzinstrumente, der Erweiterung der Informationspflichten gegenüber dem Kunden und einer Unterscheidung zwischen abhängiger und unabhängiger Kundenberatung.

313 Es bleibt also spannend auf dem Gebiet der Beratung von Kunden. Das eingangs aufgezeigte Spannungsfeld wird ebenfalls bleiben. Die Maxime des Anlegerschutzes und das Verständnis der Wertpapierdienstleistungsunternehmen und der Unterstützung der Berater bleiben eine wichtige Handlungsgrundlage für die Kundenberatung. Die Achtsamkeit hinsichtlich der Wahrung des Vertrauens der Anleger und der Unterstützung der Berater bei der Erbringung der komplexen Aufgaben sollte seitens des Wertpapierdienstleistungsunternehmens bei aller Komplexität der Regelungen und des Umsetzungsaufwands nicht aus den Augen verloren werden. Dann besteht eine gute Chance, das bestehende Spannungsfeld zwischen der Erfüllung der rechtlichen Anforderungen und wirtschaftlichem Arbeiten[99] im Gleichgewicht zu halten, zum Wohle des Anlegers, zum Wohle des Beraters und letztlich zum Wohle des Wertpapierdienstleistungsunternehmens.

---

98 *Geier/Schmitt* WM 2013, 915.
99 Siehe oben Rn. 1.

E. Tabellarische Zusammenfassung der Kundenberatung

Es folgt eine tabellarische Zusammenfassung der einzelnen Pflichten des Wertpapierdienstleistungsunternehmens im Rahmen der Anlageberatung: **314**

Kunden- bzw. Anlageberatung: Einzelne Themen	Einzelheiten	Norm	Rn.
Das Spannungsfeld der Anlageberatung	Spannungsfeld zwischen der Beachtung der rechtlichen Anforderungen und wirtschaftlichem Arbeiten		2 ff.
	Ausgleich erfolgt durch den Maßstab des Anlegerschutzes: Unterstützung des Beraters, Achtsamkeit gegenüber dem Anleger		10 f.
Aufsichtsrechtliche Anforderungen an die Anlageberatung			12 ff.
	Rechtliche Grundlagen: Wertpapierhandelsgesetz Verordnungen MaComp Weitere Rundschreiben	WpHG WpDVerOV u.a.	14 f. 16 ff. 20 ff. 23
Abgrenzung der Anlageberatung			25 ff.
	Definition der Anlageberatung	§ 2 Abs. 3 Nr. 9 WpHG	27 ff.
	Abgrenzung zur Information		29 ff.
	Abgrenzung zum beratungsfreien Geschäft	§ 31 Abs. 5 WpHG	34 ff.
	Abgrenzung zum Execution-Only-Geschäft	§ 31 Abs. 7 WpHG	37 f.
	Die „gefühlte Beratung"		39 ff.
Disclaimer			41 ff.
Discount-Broker			45
Aufsichtsrechtlicher Anwendungsbereich der Anlageberatung			47 ff.
	Kundenklassifizierung Privatkunden Professionelle Kunden	§ 31a WpHG	48 ff.
	Geeignete Gegenparteien	§ 31b WpHG	
	Umklassifizierung	§ 31a Abs. 6, 7 WpHG	58 ff.
	Finanzinstrumente	§ 2 WpHG	63 ff.
	Vermögensanlagen	§ 2 Abs. 2 Buchstabe b WpHG	71 ff.

Kunden- bzw. Anlageberatung: Einzelne Themen	Einzelheiten	Norm	Rn.
Aufsichtsrechtliche Pflichten im Rahmen der Anlageberatung			82 ff.
	Allgemeine Informationspflichten gegenüber dem Kunden	§ 31 Abs. 3 WpHG, § 5 WpDVerOV MaComp	83 ff.
	Einholung von Informationen vom Kunden	§ 31 Abs. 4 WpHG, § 6 WpDVerOV MaComp	104 ff.
	Geeignetheitsprüfung	§ 31 Abs. 4 S. 2 WpHG	157 ff.
	Dokumentation WpHG-Bogen Beratungsprotokoll Verhältnis beider Dokumente	§ 34 Abs. 1 WpHG § 14 Abs. 6 WpDVerOV MaComp	173 ff.
	Sonderthema: telefonische Beratung	§ 34 Abs. 2a WpHG	219 ff.
	Sonderthema: Zuwendungen Zuwendungsverzeichnis Verwendungsverzeichnis	§ 31d WpHG MaComp	224 ff.
	Sonderthema: Interessenten	MaComp	233 ff.
	Sonderthema: Werbung, Materialien und andere Informationen	§ 31 Abs. 2 WpHG § 4 WpDVerOV MaComp	242 ff.
WpHG-Mitarbeiteranzeigeverordnung		WpHG-MaAnzV	267 ff.
	Sachkunde und Sachkundenachweis		270 ff.
	Zuverlässigkeit der Mitarbeiter		276 ff.
	Mitarbeiter- und Beschwerderegister		282 ff.
	Sanktionen der BaFin		292 ff.
Aufzeichnungspflichten		§ 34 WpHG	298
Ordnungswidrigkeiten		§ 39 WpHG	299 f.
Honoraranlageberatung			301 ff.
Zivilrechtliche Anforderungen			304 ff.
	Anspruchsgrundlagen	§ 280 BGB, §§ 823 ff. BGB	305 ff.
	Verhältnis Aufsichtsrecht/Zivilrecht		308 ff.
Ausblick			311 ff

19. Kapitel
Wertpapierdienstleistungen: Auftragsausführung

Literatur: *Aderhold/Grunewald/Klingberg* FS H. P. Westermann, 2008; *Clouth/Lang (Hrsg.)* MIFID Praktikerhandbuch, 2007; *Schwintowski* Bankrecht, 3. Aufl. 2010; *Spindler/Kasten* Der neue Rechtsrahmen für den Finanzdienstleistungssektor – Die MiFID und ihre Umsetzung (Teil 2), WM 2006, 1797; *Zingel* Die Verpflichtung zur bestmöglichen Ausführung von Kundenaufträgen nach dem Finanzmarkt-Richtlinie-Umsetzungsgesetz, BKR 2007, 173.

A. Begriff der Auftragsausführung

Neben der Anlageberatung ist die Ausführung von Aufträgen zum Erwerb oder zur Veräußerung von Finanzinstrumenten eine der wichtigsten Wertpapierdienstleistungen, die Wertpapierdienstleistungsunternehmen für ihre Kunden erbringen. Kunden, die selbst keinen unmittelbaren Marktzugang haben, seien es Kleinanleger oder institutionelle Kunden wie Versicherungen oder Versorgungswerke, bedienen sich dabei der Wertpapierdienstleistungsunternehmen, um ihre Aufträge an den entsprechenden Handelsplätzen ausführen zu lassen oder um im Wege des Festpreisgeschäfts selbst mit dem Dienstleister zu kontrahieren. Dabei kann der Auftrag von einem Mitarbeiter des Wertpapierdienstleistungsunternehmens bearbeitet werden oder es werden lediglich (wie z.B. bei den sogenannten Direktbrokern) Systeme für die Kunden bereitgestellt, die die Aufträge automatisch weiterleiten. 1

Die Abgrenzung zur Anlageberatung kann zuweilen schwierig sein. Erteilt ein Kunde einen Auftrag, nachdem er mit einem Mitarbeiter des Wertpapierdienstleistungsunternehmens gesprochen und von diesem Informationen bekommen hat, stellt sich die Frage, ob der Kunde tatsächlich bloß informiert oder nicht doch beraten wurde. Die richtige rechtliche Einordnung der Dienstleistung ist von erheblicher Bedeutung, da die Verhaltenspflichten, die das Wertpapierdienstleistungsunternehmen zu erfüllen hat, bevor es den erteilten Auftrag tatsächlich ausführen darf, bei der Anlageberatung deutlich höher sind als bei der reinen Auftragsausführung. 2

Die Anlageberatung wird in § 2 Abs. 3 S. 1 Nr. 9 WpHG definiert als die Abgabe von persönlichen Empfehlungen an Kunden oder deren Vertreter, die sich auf Geschäfte mit bestimmten Finanzinstrumenten beziehen, sofern die Empfehlung auf eine Prüfung der persönlichen Umstände des Anlegers gestützt oder als für ihn geeignet dargestellt wird und nicht ausschließlich über Informationsverbreitungskanäle oder für die Öffentlichkeit bekannt gegeben wird. Kernelement der Beratung ist die persönliche Empfehlung, die auf ein bestimmtes Finanzinstrument bezogen sein muss. Um eine Empfehlung handelt es sich dabei, wenn dem Anleger zu einer bestimmten Handlung als in seinem Interesse liegend geraten wird.[1] Keine Beratung liegt daher vor, wenn es an einer Empfehlung fehlt, wenn es sich nur um eine allgemeine, nicht an eine bestimmte Person gerichtete Empfehlung handelt (z.B. wenn eine Finanzanalyse im Sinne des § 34b WpHG Vgl. zu dem Begriff 18. Kap. Rn. 29, „Anlagetipps" oder Werbemittel verbreitet werden) oder wenn sich die Empfehlung nicht auf bestimmte Finanzinstrumente bezieht. Eine bloße Information, z.B. wenn der Dienstleister dem Kunden lediglich Erläuterungen über bestimmte Finanzinstrumente 3

---

1 *BaFin* Merkblatt Anlageberatung, Stand Juli 2013, www.bafin.de. S. 1.

gibt, ohne dabei konkrete Anlagevorschläge zu unterbreiten, stellt ebenfalls keine Anlageberatung dar.[2] Gleiches gilt, wenn der Dienstleister bei seiner Empfehlung keine bestimmten Finanzinstrumente oder zumindest eine Reihe konkreter Finanzinstrumente, sondern nur bestimmte Arten von Finanzinstrumenten, benennt.[3]

4 Die Abgrenzung kann im Einzelfall schwierig sein, z.B. wenn sich Kunde und Dienstleister über den Markt allgemein unterhalten, und die Übergänge sind fließend. Entscheidend ist am Ende nicht, wie die Dienstleistung bezeichnet wurde, sondern wie der Kunde das Gesagte vernünftigerweise verstehen durfte.

5 Eine Unterart des reinen Ausführungsgeschäfts ist das „execution-only-Geschäft" im Sinne des § 31 Abs. 7 WpHG, das mit wesentlich weniger Pflichten auf Seiten des Wertpapierdienstleistungsunternehmens verbunden ist. Es handelt sich hierbei um eine Auftragsausführung, die zum einen auf Veranlassung des Kunden erfolgt und sich zum anderen nur auf Geschäfte in sog. „nicht-komplexen" Finanzinstrumenten bezieht. Auf Veranlassung des Kunden erfolgt die Geschäftsausführung, wenn das Wertpapierdienstleistungsunternehmen nicht in qualifizierter Weise auf sie hingewirkt hat (z.B durch Unterbreitung bestimmter Angebote).[4] Zu den „nicht-komplexen" Finanzinstrumenten zählen nach § 31 Abs. 7 Nr. 1 WpHG insbesondere Aktien, die zum Handel an einem organisierten Markt oder einem gleichwertigen Markt zugelassen sind, Geldmarktinstrumente, Schuldverschreibungen und andere verbriefte Schuldtitel, in die kein Derivat eingebettet ist. Weitere „nicht-komplexe" Finanzinstrumente sind in § 7 WpDVerOV definiert. Wichtig in der Praxis ist, dass kein „nicht-komplexes" Finanzinstrument und damit kein bloßes „execution-only-Geschäft" vorliegt, wenn das Finanzinstrument eine wie auch immer geartete derivative Komponente enthält.

B. Rechtliche Ausgestaltung der Auftragsausführung

6 Im Hinblick auf die rechtliche Ausgestaltung kann eine „Auftragsausführung" in einer von vier Varianten erfolgen:

Zum einen als Finanzkommissionsgeschäft im Sinne des § 2 Abs. 3 Nr. 1 WpHG, bei dem das Wertpapierdienstleistungsunternehmen die Finanzinstrumente im eigenen Namen und für Rechnung des Kunden erwirbt. Es handelt sich hierbei um Kommissionsgeschäfte im Sinne des §§ 383 ff. HGB oder um diesen hinreichend ähnliche Geschäfte.[5] Sonderregeln für die Einkaufskommission finden sich in §§ 18 ff. DepotG. Das Finanzkommissionsgeschäft ist in den *Sonderbedingungen für Wertpapiergeschäfte* als eine (von zwei) möglichen Ausführungsarten für Wertpapiergeschäfte zwischen Bank und Kunde ausdrücklich aufgeführt.

7 Die zweite Möglichkeit der Auftragsausführung, die ebenfalls in den Sonderbedingungen für Wertpapiergeschäfte genannt ist, ist die im Wege eines Eigengeschäfts (sog. Festpreisgeschäft) i.S.v. § 2 Abs. 3 S. 1 Nr. 2 WpHG. Hier schließen ein Wertpapierdienstleistungsunternehmen unmittelbar mit dem Kunden einen Kaufvertrag über Finanzinstrumente.[6] Dem

---

2 *BaFin* Merkblatt Anlageberatung, Stand Juli 2013, www.bafin.de. S. 2
3 *BaFin* Merkblatt Anlageberatung, Stand Juli 2013, S. 2, www.bafin.de; Assmann/Schneider/*Assmann* § 2 Rn. 118.
4 Assmann/Schneider/*Koller* § 31 Rn. 190.
5 Assmann/Schneider/*Assmann* § 2 Rn. 67 f; Schwark/Zimmer/*Kumpan* § 2 WpHG Rn. 63.
6 Assies/Beule/Heise/Strube/*Böhm* Kap. 7, Rn. 384; Assmann/Schneider/*Assmann* § 2 Rn. 74 f.

Wertpapierdienstleistungsunternehmen bleibt es dabei überlassen, ob es die Finanzinstrumente für den Eigenbestand erwirbt bzw. aus dem Eigenbestand liefert oder ob es ein Deckungsgeschäft im Markt abschließt.[7]

Nach den Sonderbedingungen für Wertpapiergeschäfte werden Wertpapiergeschäfte zwischen Bank und Kunde grundsätzlich als Festpreisgeschäfte oder als Kommissionsgeschäfte abgeschlossen. **8**

Davon abweichend kann das Geschäft auch als Abschlussvermittlung nach § 2 Abs. 3 S. 1 Nr. 3 WpHG, also als Geschäft im Namen und für Rechnung des Kunden (offene Stellvertretung), ausgeführt werden. In der Praxis wird diese Form des Ausführungsgeschäfts etwa im Rahmen von (Primär- oder Sekundär-)Platzierungen ohne feste Übernahme oder dem Blockerwerb außerhalb der Börse genutzt.[8] Auch Geschäfte des Vermögensverwalters fallen hierunter.[9] Darüber hinaus hat die Abschlussvermittlung in der Praxis aufgrund der o.g. Regelung in den Sonderbedingungen für Wertpapiergeschäfte keine Bedeutung.[9] **9**

Schließlich bleibt als letzte Alternative die Anlagevermittlung nach § 2 Abs. 3 S. 1 Nr. 4 WpHG, d.h. die Vermittlung von Geschäften über die Anschaffung und die Veräußerung von Wertpapieren. Diese Geschäftsart ist dadurch gekennzeichnet, dass das Wertpapierdienstleistungsunternehmen entweder mit beiden Vertragsparteien in Verbindung tritt oder diese zusammenführt, wobei die Tätigkeit über den bloßen Nachweis der Gelegenheit zum Vertragsschluss hinausgehen muss.[10] Da hierbei der eigentliche Vertrag über die Anschaffung oder Veräußerung von Finanzinstrumenten nicht zwischen dem Kunden und dem Vermittler geschlossen wird (sondern zwischen Kunde und dem vermittelten Kontrahenten), handelt es sich hierbei nicht um Auftragsausführung im engeren Sinn, so dass diese Geschäftsart in diesem Beitrag nicht weiter behandelt werden soll. **10**

C. Kundenkategorie als Basis des Pflichtenprogramms

Welche Pflichten ein Wertpapierdienstleistungsunternehmen bei der Ausführung von Kundenaufträgen zu erfüllen hat, hängt maßgeblich davon ab, um welche Art von Kunde es sich handelt, d.h. in welche durch das WpHG vorgegebene Kundenkategorie dieser einzuordnen ist. Das WpHG unterscheidet grundsätzlich Privatkunden, professionelle Kunden und geeignete Gegenparteien. Das durchzuführende Pflichtenprogramm und das damit für den Kunden verbundene Schutzniveau sind für Privatkunden am umfangreichsten, für geeignete Gegenparteien am geringsten. **11**

Die Definitionen der verschiedenen Kundenkategorien finden sich in § 31a WpHG.[11] Nach § 31a Abs. 2 S. 1 WpHG sind professionelle Kunden solche, bei denen das Wertpapierdienstleistungsunternehmen davon ausgehen kann, dass sie über ausreichende Erfahrungen, Kenntnisse und Sachverstand verfügen, um ihre Anlageentscheidungen zu treffen und die damit verbundenen Risiken angemessen beurteilen zu können. Bei wem dies der Fall ist, führt § 31a Abs. 2 S. 2 WpHG enumerativ auf. Zu den professionellen Kunden zählen dem- **12**

---

7 Assies/Beuel/Heise/Strube/*Böhm* Kap. 7, Rn. 385.
8 Assmann/Schneider/*Assmann* § 2 Rn. 79; Assies/Beule/Heise/Strube/*Böhm* Kap. 7, Rn. 389.
9 Assmann/Schneider/*Assmann* § 2 Rn. 79.
10 Assmann/Schneider/*Assmann* § 2 Rn. 81.
11 § 31a WpHG nimmt eine Kategorisierung der Kunden entsprechend dem Anhang II in Verbindung mit Artikel 4 Abs. 1 Nr. 10–12 und Artikel 24 der Finanzmarktrichtlinie vor. Vgl. zu den Begriffen auch 19. Kap. Rn. 12, 14, 15.

nach insbesondere zulassungs- oder aufsichtspflichtige Unternehmen wie Wertpapierdienstleistungsunternehmen, sonstige Finanzinstitute, Versicherungsunternehmen, Kapitalanlagegesellschaften, nationale und regionale Regierungen, Zentralbanken, aber auch Unternehmen, sofern sie mindestens zwei der drei in § 31a Abs. 2 S. 2 Nr. 2 WpHG genannten Größenkriterien erfüllen.

13 Zwei Punkte sind für die Praxis von besonderer Bedeutung: Zum einen können Unternehmen, die die Größenvorgaben des § 31a Abs. 2 S. 2 Nr. 2 WpHG nicht erfüllen, zunächst einmal nicht als professionelle Kunden eingestuft werden, sondern sind als Privatkunden zu klassifizieren. Das gilt auch dann, wenn das Unternehmen zu einem größeren Konzern gehört, da jede rechtliche Einheit selbstständig und unabhängig von verbundenen Unternehmen einzustufen ist. Zum anderen hat die BaFin – entgegen den Ausführungen in der Gesetzesbegründung[12]– in einem Schreiben vom 25.6.2010[13] an die Verbände der Finanzdienstleistungsunternehmen und der Kreditwirtschaft ausgeführt, dass Kommunen (Gemeinden, Landkreise und kreisfreie Städte) nicht als regionale Regierungen und damit nicht als professionelle Kunden im Sinne des § 31a Abs. 2 S. 2 Nr. 3, sondern als Privatkunden anzusehen sind.

14 Geeignete Gegenparteien sind gem. § 31a Abs. 4 WpHG eine Unterkategorie der professionellen Kunden, die als besonders qualifiziert angesehen werden und bei denen das Schutzniveau deshalb noch weiter heruntergefahren wird (§ 31b WpHG).[14]

15 Alle Kunden, die keine professionellen Kunden sind, sind Privatkunden, § 31 Abs. 3 WpHG.

16 Von dieser, durch das Gesetz vorgegebenen Kundenklassifizierung kann unter bestimmten Voraussetzungen sowohl auf Wunsch des Kunden als auch auf Initiative des Wertpapierdienstleistungsunternehmens abgewichen werden.[15]

17 Wichtigste Grundregel ist, dass die Herabstufung des Kunden auf ein höheres Schutzniveau (z.B. vom professionellen Kunden zum Privatkunden) durch das Wertpapierdienstleistungsunternehmen stets möglich ist, § 31a Abs. 5 S. 1 WpHG. Zudem kann ein professioneller Kunde gem. § 31a Abs. 6 S. 1 WpHG mit dem Wertpapierdienstleistungsunternehmen eine Herabstufung vereinbaren.

18 Eine Heraufstufung ist demgegenüber wegen des damit für den Kunden verbundenen Verlustes von Schutzrechten nur unter sehr eingeschränkten Voraussetzungen zulässig.[16] In der Praxis stellt sich vor allem häufiger die Frage, ob Unternehmen, die die Größenkriterien für einen professionellen Kunden nach § 31a Abs. 2 S. 2 Nr. 2 WpHG nicht erfüllen, zu professionellen Kunden heraufgestuft werden können. Dies ist unter den Voraussetzungen des § 31a Abs. 7 WpHG möglich. Die Zulässigkeit einer solchen Heraufstufung steht neben der Einhaltung des in § 31a Abs. 7 WpHG i.V.m. § 2 Abs. 2 S. 2 WpDVerOV beschriebenen formalisierten Verfahrens unter der Bedingung, dass der Kunde mindestens zwei der drei in Abs. 7 festgelegten Kriterien erfüllt (während des letzten Jahres durchschnittlich 10 Geschäfte von erheblichem Umfang im Quartal; Bankguthaben und Finanzinstrumente im Wert von mehr als 500 000 EUR und mindestens ein Jahr einen Beruf am Kapitalmarkt ausgeübt). In Betracht kommt hiernach eine Heraufstufung zum professionellen Kunden insbesondere bei kleineren Konzernunternehmen, die die Größenkriterien des § 31a Abs. 2 S. 2 Nr. 2 WpHG nicht erfüllen, deren Geschäfte in Finanzinstrumenten aber von einem

---

12 Begr. RegE FRUG, BT-Drucks. 16/4028, S. 66.
13 Gz.: WA 31 – Wp 2002 – 2007/0127.
14 Die Kategorie der geeigneten Gegenparteien gibt es im Rahmen der Dienstleistungen Anlageberatung und Vermögensverwaltung nicht (siehe § 31b WpHG). Bei diesen Dienstleistungen sind geeignete Gegenparteien daher als professionelle Kunden zu behandeln.
15 Vgl. hierzu auch 19. Kap. Rn. 17 ff.
16 Siehe § 31 Abs. 4 S. 2 WpHG; § 31a Abs. 7 WpHG.

erfahrenen Finanzexperten aus einer Muttergesellschaft heraus gesteuert werden. In diesem Zusammenhang ist auch § 2 Abs. 3 WpDVerOV von Bedeutung, wonach es ausreicht, wenn die in § 31a Abs. 7 S. 3 Nr. 1 oder 3 WpHG genannten Kriterien durch eine von der Gesellschaft benannte Person erfüllt werden, die befugt ist, die von der Änderung der Einstufung umfassten Geschäfte im Namen der Gesellschaft zu tätigen.

D. Die Pflichten bei der Auftragsausführung im Einzelnen

Bei der Auftragsausführung hat ein Wertpapierdienstleistungsunternehmen verschiedene Pflichten zu erfüllen, deren Umfang in erster Linie davon abhängt, in welche Kundenkategorie der jeweilige Kunde gehört. Erfüllt das Geschäft die Voraussetzungen eines „execution-only"-Geschäfts im Sinne des § 31 Abs. 7 WpHG, gelten diese Pflichten gar nicht oder nur eingeschränkt.

I. Informationspflichten

Das Wertpapierdienstleistungsunternehmen hat zunächst seine Informationspflichten aus § 31 Abs. 1 WpHG zu erfüllen. Diese gelten gegenüber Privatanlegern und eingeschränkt gegenüber professionellen Kunden; geeignete Gegenparteien sind nach § 31b Abs. 1 S. 1 WpHG hiervon ausgenommen.

Privatkunden sind die in § 31 Abs. 3 WpHG aufgeführten Informationen, die durch § 5 WpDVerOV konkretisiert werden, vollumfänglich zur Verfügung zu stellen. Sie betreffen zum einen das Wertpapierdienstleistungsunternehmen und seine Dienstleistungen, die Arten von Finanzinstrumenten, vorgeschlagene Anlagestrategien einschließlich der damit verbundenen Risiken, Ausführungsplätze sowie Kosten und Nebenkosten, § 31 Abs. 3 S. 3 WpHG. In der Praxis werden diese Informationen meist mittels einer gesonderten Informationsbroschüre zur Verfügung gestellt. Darüber hinaus müssen rechtzeitig und in verständlicher Form Informationen zur Verfügung gestellt werden, damit die Kunden nach vernünftigem Ermessen die Art und die Risiken der ihnen angebotenen oder von ihnen nachgefragten Arten von Finanzinstrumenten oder Wertpapierdienstleistungen verstehen und auf dieser Grundlage ihre Anlageentscheidung treffen können, § 31 Abs. 3 S. 1 WpHG. Da diese Informationen auch in standardisierter Form zur Verfügung gestellt werden können (§ 31 Abs. 3 S. 2 WpHG), werden den Kunden in der Praxis zur Erfüllung dieser Verpflichtung die von den Verbänden der Kreditwirtschaft entwickelten sog. „Basisinformationsbroschüren" ausgehändigt. Gem. § 5 Abs. 2 S. 1 WpDVerOV gehören zu den Informationen nach § 31 Abs. 3 S. 1 gegenüber Privatkunden zudem auch Informationen über die Vertragsbedingungen.

Bei professionellen Kunden kann in der Regel davon ausgegangen werden, dass sie über die nach § 31 Abs. 3 WpHG zur Verfügung zu stellenden Informationen verfügen oder sich diese Informationen aus eigener Initiative besorgen.[17] Sind Informationsdefizite ersichtlich, sind auch professionelle Kunden entsprechen den Anforderungen des § 5 Abs. 1 WpDVerOV aufzuklären.[18]

---

17 Erwägungsgrund Nr. 44 der Durchführungsrichtlinie; Assmann/Schneider/*Koller* § 31 Rn. 112.
18 Assmann/Schneider/*Koller* § 31 Rn. 112.

II. Einholung von Kundenangaben und Angemessenheitsprüfung

1. Privatkunden

23 Nach § 31 Abs. 5 S. 1 WpHG hat das Wertpapierdienstleistungsunternehmen vor der Erbringung anderer Dienstleistungen als der Anlageberatung oder der Finanzportfolioverwaltung zur Ausführung von Kundenaufträgen (in der Praxis also der Auftragsausführung im Wege des Kommissionsgeschäfts, des Festpreisgeschäfts oder der Abschlussvermittlung) von den Kunden Informationen über deren Kenntnisse und Erfahrungen in Bezug auf Geschäfte in bestimmten Arten von Finanzinstrumenten oder Wertpapierdienstleistungen einzuholen; die vom Wertpapierdienstleistungsunternehmen erhobenen Informationen müssen ausreichend sein, um beurteilen zu können, ob die Art der vom Kunden selbst in Betracht gezogenen Finanzinstrumente oder Wertpapierdienstleistungen für den Kunden angemessen sind. Die Angemessenheit beurteilt sich gem. § 31 Abs. 5 S. 2 WpHG danach, ob der Kunde die Risiken des der Art nach gewünschten Finanzinstruments oder der Wertpapierdienstleistung angemessen beurteilen kann. Anders als bei der Anlageberatung hat kein Abgleich mit den Anlagezielen oder den finanziellen Verhältnissen des Kunden zu erfolgen. Es reicht, dass der Kunde die Risiken selbst ausreichend beurteilen kann. Nicht erforderlich ist, dass die angefragte Dienstleistung in dem Sinne „zu ihm passt", dass sie auch seinen finanziellen Verhältnissen und seinen Anlagezielen entspricht.[19] Liegen die Informationen bereits vor, müssen sie nicht nochmals eingeholt werden.[20] Aktualitätsprobleme stellen sich meist nicht, weil einmal erworbene Kenntnisse und Erfahrungen höchstens nach längerer Zeit an Wert verlieren.[20] Details in Bezug auf die einzuholenden Informationen finden sich in § 6 Abs. 2 S. 1 WpDVerOV. Danach gehören zu den einzuholenden Informationen Angaben zu Arten von Wertpapierdienstleistungen oder Finanzinstrumenten, mit denen der Kunde vertraut ist, Art, Umfang, Häufigkeit und Zeitraum zurückliegender Geschäfte des Kunden mit Finanzinstrumenten sowie Ausbildung und gegenwärtige und relevante frühere berufliche Tätigkeiten des Kunden. In der Praxis erfolgt die Erhebung der erforderlichen Daten mittels standardisierter Fragebögen.

24 Die Informationen sind grundsätzlich vor Erbringung der Dienstleistung einzuholen. Dies erfordert ein Tätigwerden, bevor der Kunde sich unwiderruflich vertraglich bindet, einschließlich einer angemessenen Bedenkzeit.[21]

25 Den befragten Kunden steht es grundsätzlich frei, ob sie die abgefragten Informationen zur Verfügung stellen wollen. Verweigert ein Kunde – aus welchem Grunde auch immer – die erforderlichen Informationen ganz oder teilweise, so hat das Wertpapierdienstleistungsunternehmen ihn darüber informieren, dass es eine Prüfung, ob der Kunde die mit dem Geschäft verbundenen Risiken beurteilen kann, nicht durchführen kann, § 31 Abs. 5 S. 4 WpHG. Das vom Kunden beauftragte Geschäft darf es nach Erteilung dieser Information, die auch in standardisierter Form erfolgen kann (§ 31 Abs. 5 S. 5 WpHG), dennoch ausführen. Wertpapierdienstleistungsunternehmen dürften ihre Kunden allerdings nicht dazu verleiten, die angefragten Informationen zurückzuhalten, § 6 Abs. 2 S. 2 WpDVerOV.

26 Fehlerhafte oder unvollständige Angabe des Kunden hat das Wertpapierdienstleistungsunternehmen nicht zu vertreten, es sei denn, ihm ist die Fehlerhaftigkeit oder Unvollständigkeit bekannt und infolge grober Fahrlässigkeit unbekannt, § 31 Abs. 6 WpHG. Daraus folgt, dass das Wertpapierdienstleistungsunternehmen grundsätzlich auf die erhaltenen Informationen vertrauen kann und es, abgesehen von Fällen, in denen die Fehlerhaftigkeit oder Unvollständigkeit offensichtlich ist, keine Nachforschungs- oder Verifizierungspflichten trifft.

---

19 Fuchs/*Fuchs* § 31 Rn. 280; 284; Assmann/Schneider/*Koller* § 31 Rn. 177.
20 Assmann/Schneider/*Koller* § 31 Rn. 175.
21 Assmann/Schneider/*Koller* § 31 Rn. 176.

Erlangt das Wertpapierdienstleistungsunternehmen alle erforderlichen Informationen und kommt es nach Prüfung der Angemessenheit des der Art nach gewünschten Instruments oder der Dienstleistung zu dem Schluss, dass das Gewünschte für den Kunden nicht angemessen ist, so hat es den Kunden darauf hinzuweisen, § 31 Abs. 5 S. 3 WpHG. Eine Warnung ist auch dann erforderlich, wenn das Wertpapierdienstleistungsunternehmen zwar vom Kunden alle Informationen erhalten hat, es aber nur über unzureichende Informationen über das gewünschte Finanzinstrument und insbesondere dessen Risiken verfügt und aus diesem Grunde keine Angemessenheitsprüfung durchführen kann.[22] Die Warnung kann ebenfalls standardisiert erfolgen (§ 31 Abs. 5 S. 5 WpHG) 27

2. Professionelle Kunden und geeignete Gegenparteien

In analoger Anwendung des § 31 Abs. 9 WpHG ist bei professionellen Kunden davon auszugehen, dass sie für die Produkte, Geschäfte oder Dienstleistungen, für die sie als professionelle Kunden eingestuft sind, über die erforderlichen Kenntnisse und Erfahrungen verfügen, um die mit den Geschäften einhergehenden Risiken zu verstehen.[23] 28

Gegenüber geeigneten Gegenparteien **gelten** die Pflichten aus § 31 Abs. 5 WpHG nicht (§ 31b Abs. 1 S. 1 WpHG). Das bedeutet, für diese Kundengruppe können Aufträge zum Erwerb oder zur Veräußerung von Finanzinstrumenten ausgeführt werden, ohne dass von ihnen Informationen über ihre Kenntnisse und Erfahrungen einzuholen oder eine Angemessenheitsprüfung durchzuführen wären. Etwas anderes gilt nur dann, wenn vereinbart wurde, dass die geeignete Gegenpartei für alle oder einzelne Geschäfte als professioneller Kunde oder Privatkunde zu behandeln ist (§ 31b Abs. 1 S. 2 WpHG). 29

3. Besonderheiten beim Execution-Only-Geschäft

Sind die Voraussetzungen eines „execution-only-Geschäfts" erfüllt, bezieht sich der Auftrag also insbesondere auf ein „nicht-komplexes" Finanzinstrument, hat das Wertpapierdienstleistungsunternehmen vom Kunden weder Informationen über Kenntnisse und Erfahrungen einzuholen noch eine Angemessenheitsprüfung durchzuführen. Allerdings muss es den Kunden darüber informieren (auch in standardisierter Form möglich), dass eine solche Prüfung nicht durchgeführt wird, § 31 Abs. 7 Nr. 2 WpHG. 30

Da bei professionellen Kunden und geeigneten Gegenparteien ohnehin keine Angemessenheitsprüfung erforderlich ist, ist das „execution-only"-Geschäft praktisch nur bei Privatkunden von Relevanz. 31

III. Bearbeitung von Kundenaufträgen, § 31c WpHG

§ 31c WpHG konkretisiert die allgemeinen Verhaltensregeln nach § 31 WpHG, indem er Grundsätze (im Sinne von organisatorischen Vorgaben)[24] zur Bearbeitung von Kundenaufträgen festlegt.[25] 32

---

22 Assmann/Schneider/*Koller* § 31 Rn. 178.
23 Fuchs/*Fuchs* § 31 Rn. 277; Assmann/Schneider/*Koller* § 31 Rn. 175; a.A. MK-HGB/*Ekkenga* Effektengeschäft, Rn. 382.
24 Schwark/Zimmer/*Koch* § 31c WpHG Rn. 3 f; Assmann/Schneider/*Koller* § 31c Rn. 1; a.A. Fuchs/*Fuchs* § 31c Rn. 2ff (unmittelbar gegenüber dem Kunden zu beachtende Einzelpflichten).
25 Begr. RegE FRUG, BT-Drucks. 16/4028, S. 67.

33 Der Anwendungsbereich des § 31c WpHG bezieht sich auf professionelle Kunden[26] und Privatkunden; gegenüber geeigneten Gegenparteien gelten die Pflichten nicht (§ 31b Abs. 1 S. 1 WpHG).

34 § 31c Abs. 1 Nr. 1 WpHG verlangt geeignete Vorkehrungen, um Kundenaufträge unverzüglich und redlich im Verhältnis zu anderen Kundenaufträgen und den Handelsinteressen des Wertpapierdienstleistungsunternehmens auszuführen oder an Dritte weiterzuleiten. Dahinter verbirgt sich die Pflicht, sorgfältig und gewissenhaft und bei Interessenkonflikten nicht zum Nachteil des Kunden zu handeln, die sich aufsichtsrechtlich auch aus § 31 Abs. 1 WpHG und zivilrechtlich aus dem kommissionsrechtlichen Vorschriften ergibt.[27] Neben der unverzüglichen (d.h. ohne schuldhaftes Zögern durchzuführenden)[28] Auftragsausführung verlangt § 31c Abs. 1 Nr. 1 WpHG, dass diese redlich zu erfolgen hat. Verboten ist damit eine willkürliche Ungleichbehandlung von Kunden.[29] In der Praxis kann dieses Verbot vor allem bei der Zuteilung ihm Rahmen von überzeichneten Neuemissionen zum Tragen kommen,[30] wobei allerdings eine Ungleichbehandlung, die dem Wunsch des Emittenten entspricht, grundsätzlich unbedenklich ist.[31]

35 § 31c Abs. 1 Nr. 2 WpHG enthält die Verpflichtung, geeignete Vorkehrungen zu treffen, damit vergleichbare Kundenaufträge grundsätzlich nach der Reihenfolge ihres Eingangs bearbeitet werden (Prioritätsprinzip). Betroffen von dieser Regelung sind lediglich konkurrierende Kundenorders, also solche, bei denen die Ausführung einer Order die Konditionen der Ausführung der anderen Order beeinflussen könnte.[32] Nicht vergleichbar im Sinne der Regelung sind weiterhin Kundenaufträge, die über unterschiedliche Kommunikationsmittel (Post, E-Mail, Telefon, online-Banking) eingehen und nicht der Reihe nach bearbeitet werden können.[33] Durchbrochen werden kann der Prioritätsgrundsatz aufgrund vorherrschender Marktbedingungen oder eines anderweitigen Interesses des Kunden (§ 31c Abs. 1 Nr. 2 a.E. WpHG). Der Vorbehalt vorherrschender Marktbedingungen umfasst insbesondere den Vorbehalt der Durchführbarkeit des Auftrags (z.B. bei Limitierungen).[34]

36 Nach § 31c Abs. 1 Nr. 3 WpHG sind organisatorische Vorkehrungen zu treffen, um sicherzustellen, dass Kundengelder und Kundenfinanzinstrumente korrekt verbucht werden.

37 § 31c Abs. 1 Nr. 4 WpHG verpflichtet zu geeigneten Vorkehrungen, um bei Zusammenlegung von Kundenaufträgen mit anderen Kundenaufträgen oder mit Aufträgen für eigene Rechnung des Wertpapierdienstleistungsunternehmens die Interessen aller beteiligten Kunden zu wahren. Durch die Zusammenlegung können Sammelaufträge gebildet werden, die rationalisierungsbedingte Vorteile (insbesondere Preisvorteile) für Kunden und Wertpapierdienstleistungsunternehmen mit sich bringen können.[35] Aus diesem Grund ist sie – trotz Kollision mit dem Prioritätsgrundsatz und dem Grundsatz der unverzüglichen Ausführung – grundsätzlich erlaubt, jedoch verbunden mit der Maßgabe, dass die Interessen aller beteiligten Kunden gewahrt werden. Welche Voraussetzungen dafür mindestens zu erfüllen sind, wird in § 10 WpDVerOV konkretisiert.

---

26 Ausnahme: Die Pflicht zur Information über wesentliche Probleme bei der Auftragsausführung (§ 31c Abs. 1 Nr. 6 WpHG) beschränkt sich auf Privatkunden.
27 Schwark/Zimmer/*Koch* § 31c WpHG Rn. 6; Assmann/Schneider/*Koller* § 31c Rn. 2.
28 Fuchs/*Fuchs* § 31c Rn. 6; Schwark/Zimmer/*Koch* § 31c WpHG Rn. 6.
29 Schwark/Zimmer/*Koch* § 31c WpHG Rn. 7; Assmann/Schneider/*Koller* § 31c Rn. 2.
30 Fuchs/*Fuchs* § 31c WpHG Rn. 8; Schwark/Zimmer/*Koch* § 31c WpHG Rn. 7.
31 Schwark/Zimmer/*Koch* § 31c WpHG Rn. 8.
32 Schwark/Zimmer/*Koch* § 31c WpHG Rn. 10; Assmann/Schneider/*Koller* § 31c, Rn. 3.
33 Erwägungsgrund Nr. 78 S. 1 der Richtlinie 2006/73/EG der Kommission vom 10.8.2006.
34 Schwark/Zimmer/*Koch* § 31c WpHG Rn. 13.
35 Schwark/Zimmer/*Koch* § 31c WpHG Rn. 19.

Nach § 10 Abs. 1 WpDVerOV ist für die Zusammenlegung von Kundenaufträgen zumin- **38** dest erforderlich, dass (1) eine Benachteiligung jedes einzelnen[36] betroffenen Kunden durch die Zusammenlegung unwahrscheinlich ist, (2) jeder betroffene Kunde rechtzeitig darüber informiert wird, dass eine Zusammenlegung für einen einzelnen Auftrag nachteilig sein kann und (3) das Wertpapierdienstleistungsunternehmen Grundsätze der Auftragszuteilung niederlegt und umsetzt, in denen die ordnungsgemäße Zuteilung zusammengelegter Aufträge und Geschäfte, unter Berücksichtigung des Einflusses von Volumen und Preis auf die Zuteilung und Teilausführung von Aufträgen, geregelt wird, und (4) jede Teilausführung eines aus zusammengelegten Aufträgen bestehenden Sammelauftrags im Einklang mit diesen Grundsätzen zugeteilt wird. Es ist also festzulegen und zu dokumentieren, wie die Zuteilung zu erfolgen hat und tatsächlich erfolgt.[37] Besondere formale Anforderungen an die zu erstellenden Grundsätze existieren nicht, insbesondere ist keine Pflicht zur Veröffentlichung vorgesehen. Zusätzlich ist erforderlich, dass das getätigte Geschäft bereits im Zeitpunkt der Ausführung einem bestimmten Kundenauftrag zugewiesen wird; eine nachträgliche Zuordnung würde Missbrauch durch Berücksichtigung späterer Kursentwicklungen ermöglichen (z.B. bei sog. Ansagegeschäften).[38] Schließlich müssen die durch die Zusammenlegung erreichten Vorteile allen beteiligten Kunden gleichermaßen zukommen.[39]

Für die Zusammenlegung von Kundenaufträgen mit Eigengeschäften des Wertpapier- **39** dienstleistungsunternehmens enthält § 10 Abs. 2 WpDVerOV weitere Vorgaben: Es ist zu gewährleisten, dass (1) die Sammelaufträge nicht in einer für den Kunden nachteiligen Weise zugeteilt werden, (2) bei der Teilausführung eines Sammelauftrags die Kundenaufträge gegenüber den Eigengeschäften bevorzugt werden und (3) in den Grundsätzen der Auftragszuteilung Verfahren vorgesehen sind, die eine Änderung der Zuteilung von Eigengeschäftsaufträgen zum Nachteile von Kunden verhindert, deren Aufträge damit zusammengelegt ausgeführt werden. Abweichend von Anforderung (2) ist eine anteilige Zuteilung zulässig, soweit Kundenaufträge erst durch die Zusammenlegung überhaupt oder für den Kunden wesentlich vorteilhafter ausführbar sind (§ 10 Abs. 2 S. 2 WpDVerOV).

Eine für die Praxis überaus wichtige Regel enthält § 31c Abs. 1 Nr. 5 WpHG. Die Regelung **40** verlangt, geeignete Vorkehrungen zu treffen, um sicherzustellen, dass Informationen im Zusammenhang mit noch nicht ausgeführten Kundenaufträgen nicht missbraucht werden. Ziel ist es, die abstrakte Gefährdung der Kunden durch missbräuchliches Verhalten seitens des Wertpapierdienstleistungsunternehmens auszuschließen.[40] Unterbunden werden sollen missbräuchliche Praktiken wie das sog. Vor-, Mit- und Gegenlaufen, bei denen die Kenntnis von Kundenaufträgen durch Eigengeschäfte zum eigenen Nutzen des Wertpapierdienstleistungsunternehmens verwendet wird. Beim Vorlaufen („Front-Running") erteilt das Wertpapierdienstleistungsunternehmen einen eigenen Auftrag in dem Finanzinstrument, in dem auch der Kunden einen Auftrag erteilt hat, bevor der Auftrag des Kunden ausgeführt wird. Insbesondere bei Großaufträgen in marktengen Papieren, in denen die Ausführung des Kundenauftrags zu einer Kursbewegung führt, können so erhebliche Gewinne erzielt werden.[41] Beim Mitlaufen („Parallel running") führt das Wertpapierdienstleistungsunternehmen ein Eigengeschäft parallel zu einem Kundenauftrag aus. Es hofft dabei darauf, dass die Kumulation der Aufträge zu einer Kursveränderung führt, von der es profitieren

---

36 Schwark/Zimmer/*Koch* § 31c WpHG Rn. 21; Assmann/Schneider/*Koller* § 31c Rn. 7.
37 *Assmann/Sethe* in: FS für H.P. Westermann, 2008, S. 67, 74.
38 Schwark/Zimmer/*Koch* § 31c WpHG Rn. 23; Assmann/Schneider/*Koller* § 31c Rn. 7.
39 Assmann/Schneider/*Koller* § 31c WpHG Rn. 7.
40 Schwark/Zimmer/*Koch* § 31c WpHG Rn. 35; Assmann/Schneider/*Koller* § 31c Rn. 9.
41 Schwark/Zimmer/*Koch* § 31c WpHG Rn. 28.

kann.[42] Beim Gegenlaufen reagiert das Wertpapierdienstleistungsunternehmen auf eine limitierte Kundenorder gezielt mit einer gegenläufigen Order, um so das gesetzte Limit abzuschöpfen; der vom Kunden zu erzielende Preis trifft dann zwar sein Limit, die gegenläufige Order nimmt ihm aber die Chance, dahinter zurückzubleiben.[43] Statt für sich selbst kann das Wertpapierdienstleistungsunternehmen in allen Fallgruppen die Kenntnis von der Kundenorder auch zum Vorteil eines anderen Kunden verwenden.[44]

41 Werden Aufträge unter Einhaltung der Voraussetzungen des § 31c Abs. 1 Nr. 4 WpHG zusammengelegt, ist jeder betroffene Kunde hierüber und über damit verbundene Risiken zu informieren; weiterhin sind betroffene Privatkunden unverzüglich über alle dem Wertpapierdienstleistungsunternehmen bekannte wesentliche Probleme (jeglicher Art) bei der Auftragsausführung (nicht nur bei zusammengelegten Aufträgen)[45] zu informieren (§ 31c Abs. 1 Nr. 6 WpHG). Risiken können sich bei Sammelaufträgen insbesondere daraus ergeben, dass die Wahrscheinlichkeit oder die Schnelligkeit der Auftragsausführung sinkt.[46] Umstritten ist, ob ein Hinweis auf diese Risiken bereits pauschal im Rahmenvertrag zur Ausgestaltung der Kundenbeziehung enthalten sein kann[47] oder bei Auftreten konkreter Risiken im Einzelfall[48] erfolgen muss. Der die Anforderung konkretisierenden Vorschrift des § 10 Abs. 1 Nr. 2 WpDVerOV, wonach „jeder betroffene Kunde" rechtzeitig zu informieren ist, wäre nach dem Wortlaut auch durch eine „Vorabinformation" im Rahmenvertrag Genüge getan. Zudem genügt auch zur Erfüllung anderer Hinweispflichten, z.B. im Rahmen des „execution-only"-Geschäfts, ein Hinweis zu Beginn der Geschäftsbeziehung, so dass auch hier ein Hinweis im Rahmenvertrag ausreichen sollte.

42 Schließlich sieht § 31c Abs. 2 S. 1 WpHG vor, dass das Wertpapierdienstleistungsunternehmen limitierte Kundenaufträge in Bezug auf an einem organisierten Markt zugelassene Aktien, die aufgrund der Marktbedingungen nicht unverzüglich ausgeführt werden können, unverzüglich so bekannt macht, dass sie anderen Marktteilnehmern leicht zugänglich sind. Etwas anderes gilt nur dann, wenn der Kunde eine andere Weisung erteilt hat. Von diesem Weisungsrecht machen Kunden insbesondere dann Gebrauch, wenn sie aufgrund der Größe ihrer Order keine Bekanntmachung wünschen. Die Verpflichtung zur Bekanntmachung gilt als erfüllt, wenn die Aufträge an einen organisierten Markt oder ein mulitlaterales Handelssystem weitergeleitet werden, § 31c Abs. 2 S. 2 WpHG. Neben dem elektronischen Handel stellt dabei auch der so genannte Skontroführerhandel eine geeignete Möglichkeit der Weiterleitung dar.[49] Nach § 31c Abs. 2 S. 3 WpHG kann die BaFin die Pflicht zur Weiterleitung von nicht ausführbaren Kundenlimitaufträgen, die den marktüblichen Geschäftsumfang[50] erheblich überschreiten, aufheben.

---

42 *Schwark/Zimmer/Koch* § 31c WpHG Rn. 30.
43 *Schwark/Zimmer/Koch* § 31c WpHG Rn. 31.
44 *Assmann/Schneider/Koller* § 31c Rn. 9; *Schwark/Zimmer/Koch* § 31c WpHG Rn. 32.
45 *Fuchs/Fuchs* § 31c Rn. 22; *Assmann/Schneider/Koller* § 31c, Rn. 11; *Schwark/Zimmer/Koch* § 31c WpHG Rn. 41.
46 *Assmann/Schneider/Koller* § 31c Rn. 12.
47 So *Schwark/Zimmer/Koch* § 31c WpHG Rn. 40.
48 So *Assmann/Schneider/Koller* § 31c Rn. 12.
49 RegE FRUG, BT-Drucks. 16/4028, S. 67.
50 § 10 Abs. 3 WpDVerOV konkretisiert diese Schwelle durch Verweis auf Anhang II Tabelle 2 der Verordnung (EG) Nr. 1287/2006 der Kommission vom 10.8.2006 zur Durchführung der Richtlinie 2004/39/EG des Europäischen Parlaments und des Rates.

IV. Bestmögliche Ausführung, § 33a WpHG

1. Allgemeines

Bereits § 31 Abs. 1 Nr. 1 WpHG normiert die grundsätzliche Verpflichtung, Wertpapierdienstleistungen mit der erforderlichen Sachkenntnis, Sorgfalt und Gewissenhaftigkeit im Interesse des Kunden zu erbringen, wozu auch das Bemühen um eine kostengünstige Ausführung gehört; § 33a WpHG konkretisiert diese Verpflichtung durch die Vorgabe detaillierter Pflichten in Bezug auf die bestmögliche Ausführung von Kundenaufträgen.[51] Eine weitere Konkretisierung von § 33a WpHG findet sich in § 11 WpDVerOV. Hintergrund für die Einführung dieser Regelung, die auf die Umsetzung der Finanzmarktrichtlinie[52] zurückgeht, war, dass sich aufgrund der Finanzmarktrichtlinie die Zahl der Ausführungsplätze und Ausführungsformen stark erhöht hat und daher eine Zersplitterung der Liquidität an den einzelnen Ausführungsplätzen mit nachteiligen Folgen für die Kunden drohte.[53] § 33a WpHG soll dieser Gefahr durch Zwang zur Wahl der bestmöglichen Ausführung entgegenwirken.[54] Die in einigen Ländern bestehenden Konzentrationsregeln, die z.B. in Deutschland mit § 22 Abs. 1 BörsG a.F. einen grundsätzlichen Vorrang der börslichen gegenüber der außerbörslichen Ausführung vorsahen, wurden durch die Finanzmarktrichtlinie abgeschafft.[55]

43

Im Kern verlangt § 33a WpHG, dass Wertpapierdienstleistungsunternehmen, die Aufträge von Kunden zum Kauf oder Verkauf von Finanzinstrumenten im Rahmen von Finanzkommissionsgeschäften, Eigenhandel und Abschlussvermittlung ausführen, angemessene Vorkehrungen treffen, um das bestmögliche Ergebnis für ihre Kunden zu erreichen.[56] Zu diesen Vorkehrungen gehören insbesondere die Aufstellung von Grundsätzen zur Auftragsausführung, die sicherstellen, dass das bestmögliche Ergebnis erreicht werden kann; zudem ist dafür Sorge zu tragen, dass bei der Ausführung eines jeden Kundenauftrags nach diesen Grundsätzen verfahren wird (§ 33a Abs. 1 WpHG).

44

Auch Festpreisgeschäfte unterliegen den Regelungen zur bestmöglichen Ausführung.[57] Da Auswahlmöglichkeiten hinsichtlich der Konditionen bei Festpreisgeschäften nicht bestehen und die Regelungen zur bestmöglichen Ausführung nur dazu dienen, die Auftragsausführung im Interesse des Kunden zu optimieren, nicht aber zu einem Vergleich der Leistungen verschiedener Wertpapierdienstleistungsunternehmen zu zwingen, kann die Verpflichtung zur bestmöglichen Ausführung bei Festpreisgeschäften nur so ausgelegt werden, dass die

45

---

51 RegE FRUG, BT-Drucks. 16/4028, S. 72; Schwark/Zimmer/*v.Hein* § 33a WpHG Rn. 24; zivilrechtlich ergibt sich beim Kommissionsgeschäft eine Pflicht zum Bemühen um eine kostengünstige Ausführung auch aus § 384 Abs. 1 HGB.
52 Richtlinie 2004/39/EG des Europäischen Parlaments und des Rates vom 21.4.2004 über Märkte für Finanzinstrumente („MiFID").
53 *Spindler/Kasten* WM 2007, 1797, 1801; *Zingel* BKR 2007, 173, 173; Schwark/Zimmer/*v.Hein* § 33a WpHG Rn. 3; Assmann/Schneider/*Koller* § 33a Rn. 1.
54 Assmann/Schneider/*Koller* § 33a WpHG Rn. 1.
55 *Zingel* BKR 2007, 173, 176; Fuchs/*Zimmermann* § 33a WpHG Rn. 3; Schwark/Zimmer/*v.Hein* § 33a WpHG Rn. 6.
56 Die Pflicht gilt somit bei allen Arten der Ausführung von Kundenaufträgen, insbesondere auch beim Festpreisgeschäft. (So ausdrücklich RegE FRUG, BT-Drucks. 16/4028, S. 72.)
57 Erwägungsgrund 69 der Richtlinie 2006/73/EG der Kommission vom 10.8.2006 zur Durchführung der Richtlinie 2004/39/EG des Europäischen Parlaments und des Rates in Bezug auf die organisatorischen Anforderungen an Wertpapierfirmen und die Bedingungen für die Ausübung ihrer Tätigkeit sowie in Bezug auf die Definition bestimmter Begriffe für die Zwecke der genannten Richtlinie; RegE FRUG, BT-Drucks. 16/4028, S. 73; Schwark/Zimmer/*v.Hein* § 33a WpHG Rn. 21; Fuchs/*Zimmermann* § 33a WpHG Rn. 7.

Konditionen der Marktlage entsprechen, also „marktgerecht" sein müssen.[58] Im Hinblick auf die nach § 33a Abs. 1 WpHG zu erstellenden Ausführungsgrundsätze reicht es bei Festpreisgeschäften im Normalfall aus, wenn das Wertpapierdienstleistungsunternehmen in den Grundsätzen darauf hinweist, dass es (zumindest bei bestimmten Finanzinstrumenten) ausschließlich Geschäfte mit ihm selbst oder einem demselben Konzern oder Finanzverbund angehörenden Institut anbietet.[59]

46 Von entscheidender Bedeutung für das Verständnis von § 33a WpHG ist, dass die Pflicht zur Erzielung des bestmöglichen Ergebnisses nicht bedeutet, dass bei jedem einzelnen ausgeführten Kundenauftrag tatsächlich das bestmögliche Ergebnis erzielt werden muss.[60] Das Wertpapierdienstleistungsunternehmen schuldet damit keinen Leistungserfolg im Sinne von Erzielung des bestmöglichen Ergebnisses im Einzelfall, sondern nur das Bemühen darum durch ordnungsgemäße Erfüllung der in § 33a WpHG vorgegebenen Leistungshandlungen (insbesondere Erstellung und Einhaltung von Grundsätzen zur Auftragsausführung).[61]

47 Keine Anwendung findet § 33a WpHG gegenüber geeigneten Gegenparteien (§ 31b WpHG).

2. Vorrang der Kundenweisung

48 § 33a Abs. 4 WpHG enthält Regelungen zur Auftragsausführung aufgrund einer ausdrücklichen Kundenweisung. Der Kunde kann sowohl Einzelweisungen als auch generelle Weisungen zur Auftragsausführung erteilen, solange es sich um individuelle (also nicht in AGB integrierte) Absprachen handelt.[60] Formerfordernisse sind nicht vorhanden, so dass eine Weisung auch telefonisch oder per E-Mail erteilt werden kann.[62] Führt das Wertpapierdienstleistungsunternehmen einen Auftrag gemäß einer ausdrücklichen Kundenweisung aus, gilt die Pflicht zur Erzielung des bestmöglichen Ergebnisses als erfüllt, § 33a Abs. 4 WpHG.

49 Weisungen des Kunden kann das Unternehmen daher beachten, auch wenn sie nicht zu einer optimalen Ausführung des Auftrags führen. Privatkunden muss es nach § 33a Abs. 6 Nr. 2 WpHG jedoch darauf hinweisen, dass es im Fall einer Kundenweisung den Auftrag der Weisung entsprechend ausführt und insoweit nicht verpflichtet ist, den Auftrag zum bestmöglichen Ergebnis auszuführen. Erteilt ein Kunden aus freien Stücken und ordnungsgemäß aufgeklärt eine Weisung, die nicht seinem Interesse entspricht und erkennt das Wertpapierdienstleistungsunternehmen dies, so muss es nicht eingreifen, da andernfalls der mit § 33a Abs. 4 WpHG bezweckte Entlastungszweck nicht eintreten könnte.[63] Fraglich ist, ob das Wertpapierdienstleistungsunternehmen in einem solchen Fall von der Weisung abweichen darf. Im Hinblick auf die Privatautonomie des Kunden ist dies zu verneinen.[64]

50 Das Wertpapierdienstleistungsunternehmen darf den Kunden jedoch nicht explizit oder implizit zu einer Weisung veranlassen, wenn es nach vernünftigem Ermessen wissen sollte, dass eine derartige Weisung ihn wahrscheinlich daran hindert, das bestmögliche Ergebnis

---

58 RegE FRUG, BT-Drucks. 16/4028, S. 72; Schwark/Zimmer/*v. Hein* § 33a WpHG Rn. 57; Assmann/Schneider/*Koller* § 33a Rn. 10; Fuchs/*Zimmermann* § 33a WpHG Rn. 31.
59 Fuchs/*Zimmermann* § 33a WpHG Rn. 9; Schwark/Zimmer/*v. Hein* § 33a WpHG Rn. 18;
60 RegE FRUG, BT-Drucks. 16/4028, S. 72.
61 Schwark/Zimmer/*v. Hein* § 33a WpHG Rn. 5; MK-HGB/*Ekkenga* Effektengeschäft, Rn. 444.
62 Fuchs/*Zimmermann* § 33a WpHG Rn. 32; Schwark/Zimmer/*v. Hein* § 33a WpHG *Rn. 54*.
63 Schwark/Zimmer/*v. Hein* § 33a WpHG *Rn. 5;* MK-HGB/*Ekkenga* Effektengeschäft, Rn. 446.
64 Schwark/Zimmer/*v. Hein* § 33a WpHG Rn. 55; Ebenroth/Boujong/Joost/Strohn/*Grundmann* § 33 WpHG Rn. VI332; MK-HGB/*Ekkenga* Effektengeschäft, Rn. 445; a.A. Assmann/Schneider/*Koller* § 33a, Rn. 37.

zu erzielen.⁶⁵ Das Wertpapierdienstleistungsunternehmen ist jedoch nicht daran gehindert, einen Kunden zwischen zwei oder mehreren angegebenen Ausführungsplätzen wählen zu lassen, wenn diese mit den Grundsätzen der Auftragsausführung vereinbar sind.⁶⁶

Zulässig ist es auch, wenn Wertpapierdienstleistungsunternehmen die Ausführung von Kundenaufträgen nur auf Basis von ausdrücklichen Weisungen zu Ausführungsplätzen vorsehen.⁶⁷ Auch Wertpapierdienstleistungsunternehmen, die Aufträge ausschließlich aufgrund von Kundenweisungen ausführen, müssen jedoch Grundsätze zur Auftragsausführung aufstellen und dem Kunden auf der Grundlage dieser Ausführungsgrundsätze Ausführungsplätze zur Wahl stellen.⁶⁸ Außerdem müssen sie ihre Kunden nach § 33a Abs. 6 Nr. 1 WpHG über die Ausführungsplätze informieren. 51

3. Anforderungen an die Ausführungsgrundsätze („Execution Policy")

Regeln für die Aufstellung der Ausführungsgrundsätze, insbesondere die zu berücksichtigenden Kriterien und deren Gewichtung, finden sich in § 33a Abs. 2 WpHG (für professionelle Kunden) und § 33a Abs. 3 WpHG (Privatkunden) sowie § 33a Abs. 5 WpHG. 52

Nach § 33a Abs. 2 WpHG hat das Wertpapierdienstleistungsunternehmen bei der Aufstellung seiner Grundsätze zur Auftragsausführung alle relevanten Kriterien zur Erzielung des bestmöglichen Ergebnisse zu berücksichtigen, insbesondere die Preise der Finanzinstrumente, die mit der Auftragsausführung verbundenen Kosten, die Geschwindigkeit, die Wahrscheinlichkeit der Ausführung und die Abwicklung des Auftrags sowie den Umfang und die Art des Auftrags. Die Kriterien sind unter Berücksichtigung der Merkmale des Kundenauftrags, des Finanzinstruments und des Ausführungsplatzes zu gewichten. Bei Privatkunden müssen die Grundsätze Vorkehrungen enthalten, dass sich das bestmögliche Ergebnis am Gesamtentgelt orientiert. Neben den in § 33a Abs. 2 und 3 WpHG aufgeführten Kriterien, die zwingend zu berücksichtigen sind,⁶⁹ dürfen weitere Faktoren berücksichtigt werden, soweit sie nicht der Verpflichtung zuwider laufen, das bestmögliche Ergebnis für den Kunden zu erreichen.⁷⁰ Den Wertpapierdienstleistungsunternehmen steht bei der Einbeziehung weiterer relevanter Kriterien ein Ermessensspielraum zu.⁷¹ Insbesondere können auch qualitative Faktoren der Ausführungsplätze wie Anschlusskosten, Überwachung, die Handelszeiten, das Beschwerdemanagement, die Auswahl an Orderzusätzen und Ausführungsarten, Abwicklungssicherheit etc. zu berücksichtigen sein.⁷² Bei der Auf- 53

---

65 Erwägungsgrund 68 der Richtlinie 2006/73/EG der Kommission vom 10.8.2006 zur Durchführung der Richtlinie 2004/39/EG des Europäischen Parlaments und des Rates in Bezug auf die organisatorischen Anforderungen an Wertpapierfirmen und die Bedingungen für die Ausübung ihrer Tätigkeit sowie in Bezug auf die Definition bestimmter Begriffe für die Zwecke der genannten Richtlinie; Assmann/Schneider/*Koller* § 33a Rn. 38.
66 Erwägungsgrund 68 der Richtlinie 2006/73/EG der Kommission vom 10.8.2006 zur Durchführung der Richtlinie 2004/39/EG des Europäischen Parlaments und des Rates in Bezug auf die organisatorischen Anforderungen an Wertpapierfirmen und die Bedingungen für die Ausübung ihrer Tätigkeit sowie in Bezug auf die Definition bestimmter Begriffe für die Zwecke der genannten Richtlinie.
67 RegE FRUG, BT-Drucks. 16/4028, S. 73; Assmann/Schneider/*Koller* § 33a Rn. 39.
68 RegE FRUG, BT-Drucks. 16/4028, S. 73.
69 Schwark/Zimmer/*v.Hein* § 33a WpHG Rn. 27.
70 *BaFin* Rundschreiben 4/2010(WA), Mindestanforderungen an die Compliance-Funktion und die weiteren Verhaltens-, Organisations- und Transparenzpflichten nach §§ 31 ff. WpHG für Wertpapierdienstleistungsunternehmen (MaComp), BT 4.1 ZIff. 2.
71 Schwark/Zimmer/*v.Hein* § 33a WpHG Rn. 38.
72 *BaFin* Rundschreiben 4/2010(WA), Mindestanforderungen andie Compliance-Funktion und die weiteren Verhaltens-, Organisations- und Transparenzpflichten nach §§ 31 ff. WpHG für Wertpapierdienstleistungsunternehmen (MaComp)BT 4.1 Ziff. 2; Schwark/Zimmer/*v.Hein* § 33a WpHG Rn. 38; Assmann/Schneider/*Koller* § 33a Rn. 17.

stellung von Ausführungsgrundsätzen sind daher im ersten Schritt alle für das jeweilige Wertpapierdienstleistungsunternehmen relevanten Kriterien zu ermitteln.[73]

54 In einem zweiten Schritt sind die ermittelten Kriterien zu gewichten.[74] Bei der Gewichtung kann nach Untergruppen, Auftragsmerkmalen, Arten von Finanzinstrumenten und Ausführungsplätzen differenziert werden.[75]

55 Bei der Auswahl der Ausführungsplätze durch Gewichtung der genannten Kriterien steht dem Wertpapierdienstleistungsunternehmen ein breites Ermessen zu.[76] Es ist aber verpflichtet, von dem ihm eingeräumten Ermessen Gebrauch zu machen und im Rahmen der Ermessensausübung alle relevanten Ausführungsplätze und alle wesentlichen Faktoren zu berücksichtigen, die zur Bestimmung des bestmöglichen Ergebnisses von Bedeutung sind.[77] Der Vergleich und die Bewertung der verschiedenen Ausführungsplätze haben nach einheitlichen und nicht diskriminierenden Kriterien zu erfolgen.[78]

56 Inhaltlich haben sich die Ausführungsgrundsätze nach Art und Umfang (insbesondere Detaillierungsgrad und Regelungstiefe) an dem Geschäft des Wertpapierdienstleistungsunternehmens und seiner Kundenstruktur zu orientieren.[79] Notwendig ist zumindest eine Unterscheidung nach Finanzinstrumenten (§ 33a Abs. 5 S. 1 Nr. 1 WpHG), wodurch sich die Frage stellt, wie viele Arten von Finanzinstrumenten das Unternehmen in den Ausführungsgrundsätzen unterscheiden will.[80] Das Gesetz selbst gibt keine Einteilung in Gattungen vor, sodass auch insoweit von einem Ermessensspielraum der Wertpapierdienstleistungsunternehmen auszugehen ist.[81] Das frühere Committee of European Securities Regulators (CESR) hat hier seinerzeit einen Mindeststandard definiert, der eine Unterscheidung nach Aktien, Schuldverschreibungen, börsengehandelten und nicht-börsengehandelten Derivaten vorsieht.[82] Enthalten sein müssen mindestens auch die Ausführungsplätze, an denen das Wertpapierdienstleistungsunternehmen gleichbleibend die bestmöglichen Ergebnisse bei der Ausführung von Kundenaufträgen erzielen kann (§ 33 Abs. 5 S. 1 Nr. 2 WpHG). Die Ausführungsgrundsätze müssen zudem die wesentlichen Faktoren, die für die Auswahl der aufgeführten Ausführungsplätze entscheidend waren, angeben.[83]

57 Hier stellt sich nun die Frage, welche der grundsätzlich in Betracht kommenden Ausführungsplätze bei der Erstellung der Ausführungsgrundsätze zu berücksichtigen sind. Grundsätzlich gilt: Es müssen nicht alle verfügbaren Ausführungsplätze berücksichtigt

---

73 Schwark/Zimmer/v.*Hein* § 33a WpHG Rn. 28.
74 Fuchs/*Zimmermann* § 33a WpHG Rn. 16;Schwark/Zimmer/v.*Hein* § 33a WpHG Rn. 28.
75 Schwark/Zimmer/v.*Hein* § 33a WpHG Rn. 39 ff.
76 Schwark/Zimmer/v.*Hein* § 33a WpHG Rn. 27.
77 *BaFin*Rundschreiben 4/2010(WA), Mindestanforderungen an die Compliance-Funktion und die weiteren Verhaltens-, Organisations- und Transparenzpflichten nach §§ 31 ff. WpHG für Wertpapierdienstleistungsunternehmen (MaComp), BT 4.1, Ziff.1
78 *BaFin* Rundschreiben 4/2010(WA),Mindestanforderungen an die Compliance-Funktion und die weiteren Verhaltens-, Organisations- und Transparenzpflichten nach §§ 31 ff. WpHG für Wertpapierdienstleistungsunternehmen (MaComp), BT 4.1 Ziff. 1
79 *BaFin* Rundschreiben 4/2010(WA), Mindestanforderungen an die Compliance-Funktion und die weiteren Verhaltens-, Organisations- und Transparenzpflichten nach §§ 31 ff. WpHG für Wertpapierdienstleistungsunternehmen (MaComp), BT 4.2 Ziff. 1.
80 *Zingel* BKR 2007, 173, 175 f.
81 Schwark/Zimmer/v.*Hein* § 33a WpHG Rn. 41; Assmann/Schneider/*Koller* § 33a Rn. 13.
82 CESR „Best execution under MiFID", Ref: CESR/07-320, Nr. 7.3.
83 *BaFin* Rundschreiben 4/2010 (WA),Mindestanforderungen an die Compliance-Funktion und die weiteren Verhaltens-, Organisations- und Transparenzpflichten nach §§ 31 ff. WpHG für Wertpapierdienstleistungsunternehmen (MaComp), BT 4.2, Ziff. 2.

werden,⁸⁴ sondern nur die, an denen nach der pflichtgemäßen Bewertung und Auswahl des Wertpapierunternehmens gleichbleibend ein bestmögliches Ergebnis erzielt werden kann.⁸⁵ Die Plätze, die diese Kriterien wahrscheinlich erfüllen können, sind deshalb in die Untersuchung einzubeziehen. Kommen danach mehrere Ausführungsplätze in Betracht, müssen diese in die Ausführungsgrundsätze aufgenommen werden. Das schließt jedoch nicht aus, für jede Gattung von Finanzinstrumenten lediglich einen einzigen Ausführungsplatz vorzusehen, falls z.B. die Kosten, die mit der Bereithaltung mehrerer Ausführungsplätze verbunden sind und die an die Kunden weitergegeben werden, die Vorteile überwiegen, die die Kunden über einen angemessenen Zeitraum hinweg gewinnen können.⁸⁶

4. Einwilligungs-/Zustimmungserfordernisse

Nach § 33a Abs. 6 Nr. 1 WpHG muss das Wertpapierdienstleistungsunternehmen seine Kunden vor der erstmaligen Erbringung von Wertpapierdienstleistungen über seine Ausführungsgrundsätze informieren und seine Zustimmung zu diesen Grundsätzen einholen. Die Information muss nicht alle Details der Grundsätze enthalten.⁸⁷ Welche Angaben enthalten sein müssen, findet sich in § 11 Abs. 4 S. 1 WpDVerOV. Sie sind auf einem dauerhaften Datenträger zur Verfügung zu stellen, § 11 Abs. 4 S. 2 WpDVerOV. Die Veröffentlichung im Internet genügt unter den Voraussetzungen des § 3 Abs. 2 WpDVerOV. **58**

Durch die Information und Zustimmung des Kunden werden die Ausführungsgrundsätze Bestandteil des Vertrages zwischen dem Wertpapierdienstleistungsunternehmen und dem Kunden.⁸⁸ Rechtstechnisch werden die Ausführungsgrundsätze in Form von Allgemeinen Geschäftsbedingungen vereinbart, die von den deutschen Banken jeweils über Nr. 2 der Sonderbedingungen für Wertpapiergeschäfte in die Verträge einbezogen werden.⁸⁹ **59**

Wesentliche Änderungen der Ausführungsgrundsätze sind den Kunden unverzüglich mitzuteilen, § 33a Abs. 6 Nr. 3 WpHG. Als wesentlich sind Änderungen anzusehen, die ein Kunde für die Entscheidung benötigt, ob er weiterhin Dienste des Wertpapierdienstleistungsunternehmens in Anspruch nehmen möchte.⁹⁰ Nr. 2 S. 4 der Sonderbedingungen für Wertpapiergeschäfte sieht eine solche Information der Kunden über Änderungen vor. Nr. 2 S. 1 und 2 der Sonderbedingungen für Wertpapiergeschäfte enthalten darüber hinaus eine dynamische Verweisung auf die Ausführungsbestimmungen in ihrer jeweils geltenden Fassung. Zudem ist die Bank nach Nr. 2 S. 3 der Sonderbedingungen berechtigt, die Ausführungsgrundsätze entsprechend den aufsichtsrechtlichen Vorgaben zu ändern, ohne dass es jeweils einer erneuten Zustimmung des Kunden bedarf. Auf diesem Wege werden auch geänderte Ausführungsgrundsätze ohne allzu großen Aufwand Bestandteil des zwischen Kunde und Wertpapierdienstleistungsunternehmen geschlossenen Vertrages. **60**

---

84 Erwägungsgrund 66 der Richtlinie 2006/73/EG der Kommission vom 10.8.2006 zur Durchführung der Richtlinie 2004/39/EG des Europäischen Parlaments und des Rates in Bezug auf die organisatorischen Anforderungen an Wertpapierfirmen und die Bedingungen für die Ausübung ihrer Tätigkeit sowie in Bezug auf die Definition bestimmter Begriffe für die Zwecke der genannten Richtlinie.
85 Schwark/Zimmer/*v.Hein* § 33a WpHG Rn. 43.
86 *CESR* „Best execution under MiFID", Ref. CESR/07-320, Ziff. 8.2; Schwark/Zimmer/*v.Hein* § 33a WpHG Rn. 44.
87 *Zingel* BKR 2007, 173, 176.
88 Fuchs/*Zimmermann* § 33a WpHG Rn. 13; Schwark/Zimmer/*v.Hein* § 33a WpHG Rn. 25.
89 Schwark/Zimmer/*v.Hein* § 33a WpHG Rn. 25.
90 *CESR* "Best execution under MiFID", Ref. CESR/07-320, Ziff *18.1;* Schwark/Zimmer/*v.Hein* § 33a WpHG Rn. 65.

61 Lassen die Ausführungsgrundsätze auch eine Auftragsausführung außerhalb organisierter Märkte oder multilateraler Handelssysteme zu, muss das Wertpapierdienstleistungsunternehmen seine Kunden auf diesen Umstand gesondert hinweisen und ihre ausdrückliche Einwilligung generell oder in Bezug auf jedes Geschäft einholen, bevor die Kundenaufträge an diesen Ausführungsplätzen ausgeführt werden, § 33a Abs. 5 S. 2 WpHG. Die Einwilligung ist formlos möglich.[91]

5. Bewertungsverfahren und Überprüfung der Ausführungsgrundsätze

62 Nach § 33a Abs. 1 Nr. 1 WpHG müssen die Wertpapierdienstleistungsunternehmen die von ihnen getroffenen Vorkehrungen und damit insbesondere auch die Grundsätze zur Auftragsausführung mindestens einmal jährlich überprüfen. Dies beinhaltet zum einen die Überprüfung, ob die Ausführungsgrundsätze im Lichte der Marktentwicklung gegebenenfalls angepasst werden müssen.[92] Dies hat anhand von aktuellen aussagefähigen Marktdaten zu erfolgen.[93] Die BaFin empfiehlt diesbezüglich, durch aussagefähige Stichproben zu überprüfen, ob die Ausführung von Wertpapieraufträgen an einem anderen Handelsplatz zu einer besseren Ausführung geführt hätte („Back Testing").[94]

63 Treten unterjährig wesentliche Veränderungen des Geschäftsmodells des Wertpapierdienstleistungsunternehmens oder des Marktumfeldes auf, hat das Wertpapierdienstleistungsunternehmen zusätzlich zur jährlichen Überprüfung eine zeitnahe Überprüfung und gegebenenfalls eine Anpassung der eigenen Ausführungsgrundsätze vorzunehmen (§ 11 Abs. 3 S. 1 WpDVerOV).[95] Das Wertpapierdienstleistungsunternehmen muss zu diesem Zweck das Marktgeschehen an den maßgeblichen Ausführungsplätzen beobachten und darf nicht darauf vertrauen, von Veränderungen zufällig Kenntnis zu erlangen.[96]

64 Die jährliche Überprüfung umfasst neben der Überprüfung der Ausführungsgrundsätze auch die Frage, ob die bestehenden Ausführungsgrundsätze eingehalten wurden, d.h. ob die einzelnen Kundenaufträge unter Einhaltung der Ausführungsgrundsätze abgewickelt wurden.[97] Eine Prüfung in Form von Stichproben ist ausreichend.[98] In Einzelfällen sind Abweichungen von den Ausführungsgrundsätzen zulässig, z.B. wenn ein ungewöhnliches Finanzinstrument an einem nicht in den Ausführungsgrundsätzen aufgenommenen Ausführungsplatz gehandelt wird und dort ein besseres Ergebnis zu erzielen ist.[99]

65 Nach § 33a Abs. 7 WpHG muss das Wertpapierdienstleistungsunternehmen in der Lage sein, einem Kunden auf Anfrage darzulegen, dass sein Auftrag entsprechend den Ausführungsgrundsätzen ausgeführt wurde.

---

91 Fuchs/*Zimmermann* § 33a WpHG Rn. 30; Schwark/Zimmer/*v. Hein* § 33a WpHG Rn. 66.
92 Schwark/Zimmer/*v. Hein* § 33a WpHG Rn. 49; Assmann/Schneider/*Koller* § 33a Rn. 51.
93 *BaFin* Rundschreiben 4/2010(WA), Mindestanforderungen an die Compliance-Funktion und die weiteren Verhaltens-, Organisations- und Transparenzpflichten nach §§ 31 ff. WpHG für Wertpapierdienstleistungsunternehmen (MaComp), BT 4.3 Nr. 2.
94 *BaFin* Rundschreiben 4/2010(WA), Mindestanforderungen an die Compliance-Funktion und die weiteren Verhaltens-, Organisations- und Transparenzpflichten nach §§ 31 ff. WpHG für Wertpapierdienstleistungsunternehmen (MaComp), BT 4.3 Ziff. 2.
95 *BaFin* Rundschreiben 4/2010 (WA), Mindestanforderungen an die Compliance-Funktion und die weiteren Verhaltens-, Organisations- und Transparenzpflichten nach §§ 31 ff. WpHG für Wertpapierdienstleistungsunternehmen (MaComp), BT 4.3 Ziff. 3; Schwark/Zimmer/*v. Hein* § 33a WpHG Rn. 50.
96 Schwark/Zimmer/*v. Hein* § 33a WpHG Rn. 50; a.A. Assmann/Schneider/*Koller* § 33a Rn. 53.
97 Schwark/Zimmer/*v. Hein* § 33a WpHG Rn. 49, 51.
98 *Zingel* BKR 2007, 173, 177; Ebenroth/Boujong/Joost/Strohn/*Grundmann* § 33b WpHG Rn. VI 334.
99 *CESR* „Best execution under MiFID", Ref. CESR/07-320, Ziff. 4.3; Schwark/Zimmer/*v. Hein* § 33a WpHG Rn. 51; Assmann/Schneider/*Koller* § 33a WpHG Rn. 36.

E. Aufgaben von Compliance und Fragen in der Praxis

§ 33 Abs. 1 S. 2 Nr. 1 WpHG verpflichtet Wertpapierdienstleistungsunternehmen, angemessene Grundsätze aufzustellen, Mittel vorzuhalten und Verfahren einzurichten, die darauf gerichtet sind, sicherzustellen, dass das Wertpapierdienstleistungsunternehmen selbst und seine Mitarbeiter den Verpflichtungen des WpHG nachkommen.[100] Dies erfordert insbesondere die Einrichtung einer dauerhaften und wirksamen Compliance-Funktion, die ihre Aufgaben unabhängig wahrnehmen kann.[101] Die aufgestellten Grundsätze und eingerichteten Verfahren haben die effektive Durchführung der erforderlichen Kontrollhandlungen sicherzustellen.[102] Hierbei sind zunächst die operativen Bereiche für die Einhaltung der Vorschriften und die Durchführung von (Selbst-)Kontrollen verantwortlich; zusätzlich haben – zumindest stichprobenartig – Überwachungshandlungen durch andere Bereiche zu erfolgen.[103] Compliance hat hierbei die zur Einhaltung der Vorschriften des WpHG, insbesondere der §§ 31 ff. WpHG getroffenen Vorkehrungen zu überwachen.[104] Compliance hat zum einen zu überprüfen, ob die in den Fachbereichen vorgesehenen Selbstkontrollhandlungen regelmäßig und ordnungsgemäß durchgeführt werden.[105]

66

Zusätzlich hat Compliance eigene Prüfungen vorzunehmen.[106] Art und Umfang der Überwachungshandlungen sind risikobasiert zu gestalten.[107] Im Einzelnen bedeutet diese folgendes:

67

Compliance hat zum einen stichprobenartig die Klassifizierung der Kunden und die den Kunden aufgrund ihrer Klassifizierung übermittelten Informationen zu überprüfen. Die richtige Einstufung der Kunden ist die Grundlage dafür, dass bei der Auftragsausführung die richtigen Pflichten beachtet werden.

Die Überprüfung, ob die dem jeweiligen Kunden gegenüber erbrachte Dienstleistung korrekterweise als Auftragsausführung entsprechend obiger Definition eingestuft wurde, gestaltet sich in der Praxis schwierig. Wie ausgeführt, ist für die Einordnung nicht die Bezeichnung des Geschäfts maßgeblich, sondern das, was zwischen den Vertragsparteien tatsächlich besprochen wurde. Bei Gesprächen zwischen dem Kunden und seinem Kundenbetreuer sind in der Regel keine weiteren Mitarbeiter der Bank anwesend. Compliance muss daher für die Prüfung, sofern vorhanden, auf Gesprächsnotizen oder ähnliches zurückgreifen. Alternativ bliebe das Abhören von etwaigen Tonbandaufzeichnungen.

68

---

100 Vgl. dazu ausführlich 16. Kap. Rn. 15 ff.
101 Vgl. zur Einrichtung der Compliance Funktion 16. Kap. Rn. 15 ff.
102 *BaFin* Rundschreiben 4/2010(WA), Mindestanforderungen an die Compliance-Funktion und die weiteren Verhaltens-, Organisations- und Transparenzpflichten nach §§ 31 ff. WpHG für Wertpapierdienstleistungsunternehmen (MaComp), AT 6 Ziff. 2; vgl. dazu auch 16. Kap. Rn. 122 ff.
103 *BaFin* Rundschreiben 4/2010(WA), Mindestanforderungen an die Compliance-Funktion und die weiteren Verhaltens-, Organisations- und Transparenzpflichten nach §§ 31 ff. WpHG für Wertpapierdienstleistungsunternehmen (MaComp), AT 6 Ziff. 2; vgl. dazu auch 16. Kap. Rn. 124.
104 *BaFin* Rundschreiben 4/2010(WA), Mindestanforderungen an die Compliance-Funktion und die weiteren Verhaltens-, Organisations- und Transparenzpflichten nach §§ 31 ff. WpHG für Wertpapierdienstleistungsunternehmen (MaComp), AT 6, Ziff. 3.
105 *BaFin* Rundschreiben 4/2010(WA), Mindestanforderungen an die Compliance-Funktion und die weiteren Verhaltens-, Organisations- und Transparenzpflichten nach §§ 31 ff. WpHG für Wertpapierdienstleistungsunternehmen (MaComp), BT 1.2.1.2 Ziff. 1.
106 *BaFin* Rundschreiben 4/2010(WA), Mindestanforderungen an die Compliance-Funktion und die weiteren Verhaltens-, Organisations- und Transparenzpflichten nach §§ 31 ff. WpHG für Wertpapierdienstleistungsunternehmen (MaComp), BT 1.2.1.2 Ziff. 2.
107 *BaFin* Rundschreiben 4/2010(WA), Mindestanforderungen an die Compliance-Funktion und die weiteren Verhaltens-, Organisations- und Transparenzpflichten nach §§ 31 ff. WpHG für Wertpapierdienstleistungsunternehmen (MaComp), BT 1.2.1 Ziff. 2.

69 Im Hinblick auf die vom Kunden einzuholenden Informationen und die Durchführung des gegebenenfalls erforderlichen Angemessenheitstests ist eine stichprobenartige Prüfung der entsprechenden (papierhaften oder elektronischen) Dokumentationsunterlagen erforderlich. Diese müssen vollständig, die Angemessenheitsprüfung ordnungsgemäß durchgeführt und dem Kunden, sofern erforderlich, entsprechende Warnhinweise gegeben worden sein.

70 Von den Regelungen zur Bearbeitung von Kundenaufträgen in § 31c WpHG ist für die Überwachungspraxis § 31c Abs. 1 Nr. 5 WpHG von besonderer Relevanz. Die Vorschrift verlangt Vorkehrungen um sicherzustellen, dass Informationen im Zusammenhang mit noch nicht ausgeführten Kundenaufträgen nicht durch Praktiken wie Vor-, Mit- und Gegenlaufen seitens des Wertpapierdienstleistungsunternehmens missbraucht werden. Die Einhaltung dieser Vorschrift ist insofern von besonderer Bedeutung, als Informationen über Kundenaufträge in vielen Fällen Insiderinformationen[108] im Sinne des § 13 WpHG darstellen, ein Handeln des Wertpapierdienstleistungsunternehmens unter Verwendung dieser Informationen mithin (neben einem Verstoß gegen § 31c Abs. 1 Nr. 5 WpHG) schnell in den Bereich des verbotenen Insidergeschäfts kommen kann. Um dieser Gefahr vorzubeugen, werden von den Wertpapierdienstleistungsunternehmen in der Praxis zusätzliche Vorkehrungen getroffen: Zum einen wird der Eigenhandel (personell und häufig auch räumlich) streng vom Kundenhandel durch eine sog. „Chinese Wall" getrennt, deren Einhaltung Compliance zu überwachen hat. Zum anderen werden die Handelsaktivitäten von Compliance überwacht, so dass ein Fall des Vor-, Mit- oder Gegenlaufens aufgedeckt würde. Zur Erleichterung dieser Handelsüberwachung wird häufig zusätzlich die Handelsabteilung verpflichtet, eingehende Großorders von Kunden unverzüglich an Compliance zu melden.

71 In Bezug auf die Anforderungen des § 33a WpHG stehen die Maßnahmen und Kontrollen durch die Handelsabteilung selbst im Vordergrund. Compliance kann bei der Erstellung der Ausführungsgrundsätze beraten und unterstützen, entwickeln kann sie jedoch nur der Handel selbst, da nur er die Marktgegebenheiten in ausreichendem Umfang kennt. Entsprechend muss auch der Handel selbst prüfen, ob Änderungen der Marktlage Anlass zu Änderungen in den Ausführungsgrundsätzen bieten. Für die Überprüfung, ob die Vorgaben der Ausführungsgrundsätze eingehalten werden, bietet sich der Bereich an, der auch für die Marktgerechtigkeitsprüfung zuständig ist. Dort sind das erforderliche Know-how sowie die entsprechenden System vorhanden. Eine zusätzliche Kontrolle durch Compliance kann etwa in der Art erfolgen, dass festgestellte Abweichungen von den Ausführungsgrundsätzen an Compliance berichtet und dort überprüft werden. Werden Mängel bei der Einhaltung der Ausführungsgrundsätze aufgedeckt, hat Compliance geeignete Maßnahmen zu ergreifen, um diese für die Zukunft zu beseitigen.

72 Wichtig ist zudem eine ordnungsgemäße Dokumentation der Einhaltung der Ausführungsgrundsätze, um – den Anforderungen des § 31a Abs. 7 WpHG entsprechend – dies dem Kunden auf Nachfrage auch darlegen zu können.

---

108 Vgl. zum Thema Insiderinformationen 4. Kap. Rn. 9 ff. und 27. Kap. Rn. 10 ff.

F. Rechtsfolgen bei Verstößen

I. Öffentlich-rechtliche Sanktionen

Die Einhaltung der im 6. Abschnitt des WpHG geregelten Pflichten wird durch die Bundesanstalt für Finanzdienstleistungsaufsicht (BaFin) überwacht (§ 4 Abs. 2–4 WpHG, §§ 35–36b WpHG). 73

Nach § 36 Abs. 1 S. 1 WpHG ist die Einhaltung einmal jährlich durch einen geeigneten Prüfer (insbesondere Wirtschaftsprüfer oder Wirtschaftsprüfungsgesellschaft) zu prüfen. Die BaFin kann Bestimmungen über den Inhalt der Prüfung treffen, die vom Prüfer zu berücksichtigen sind; sie kann insbesondere Prüfungsschwerpunkte festsetzen, § 36 Abs. 3 S. 1 und 2 WpHG. Der Prüfer hat unverzüglich nach Beendigung der Prüfung der Bundesanstalt und der Deutschen Bundesbank einen Prüfungsbericht einzureichen, § 36 Abs. 1 S. 7 WpHG. Bei schwerwiegenden Verstößen ist die Bundesanstalt unverzüglich zu unterrichten, § 36 Abs. 3 S. 3 WpHG. 74

In der Praxis bedeutet dies, dass einmal jährlich die Einhaltung sämtlicher in diesem Kapitel angesprochener Verhaltenspflichten von einem externen Prüfer, in der Regel einer großen Wirtschaftsprüfungsgesellschaft, geprüft wird. Werden dabei Verstöße festgestellt, werden diese mit einer Bewertung ihrer Bedeutung in den Prüfungsbericht an die BaFin aufgenommen. Die BaFin greift diese Beanstandungen auf, adressiert sie ihrerseits an das geprüfte Unternehmen, und fordert Maßnahmen zu ihrer Beseitigung. Kommt das Wertpapierdienstleistungsunternehmen dem nicht oder nicht in ausreichendem Maße nach, steht der BaFin der Maßnahmenkatalog des KWG (im äußersten Fall bis zum Entzug der Erlaubnis) offen. 75

Darüber hinaus sind Verstöße gegen einzelne hier angesprochene Verhaltenspflichten als Ordnungswidrigkeiten ausgestaltet. Dazu gehören (vorsätzliche oder fahrlässige) Verstöße gegen die „Warnpflichten" aus § 31 Abs. 5 S. 3 oder S. 4 WpHG (§ 39 Abs. 2 Nr. 17 WpHG) sowie in Bezug auf die Ausführungsgrundsätze Verletzungen der Pflichten aus § 33a Abs. 5 S. 2 oder Abs. 6 Nr. 1 oder 2 WpHG bzw. § 33a Abs. 6 Nr. 3 WpHG (§ 39 Abs. 2 Nr. 18 und 19 WpHG). 76

II. Zivilrechtliche Schadensersatzansprüche

Werden durch Verletzung von Verhaltenspflichten bei der Auftragsausführung Kunden geschädigt, kommen grundsätzlich vertragliche, vorvertragliche sowie deliktische Schadensersatzansprüche in Betracht.[109] 77

Die §§ 31 ff. WpHG dienen sowohl dem öffentlichen Interesse an der Funktionsfähigkeit des Kapitalmarkts als auch dem individuellen Schutz der Wertpapierkunden.[110] Die Rechtsnatur der Regelungen ist umstritten,[111] die ganz h.M geht jedoch zumindest von einer Ausstrahlungswirkung der Verhaltensregeln auf das Zivilrecht aus.[112] Der vertragliche und vor- 78

---

109 Assmann/Schneider/*Koller* Vor § 31 WpHG Rn. 17; Fuchs/*Fuchs* Vor §§ 31–37a WpHG Rn. 77; Schwark/Zimmer/*Schwark* Vor § 31 WpHG Rn. 19.
110 *BT-Finanzausschuss* BT-Drucks. 12/7918, S. 87; Schwark/Zimmer/*Schwark* Vor § 31 WpHG Rn. 11; Fuchs/*Fuchs* Vor §§ 31–37a WpHG Rn. 51.
111 Zum Meinungsstand siehe Fuchs/*Fuchs* Vor §§ 31–37a WpHG Rn. 57 ff.
112 Assmann/Schneider/*Koller* Vor § 31 WpHG Rn. 3; Fuchs/*Fuchs* Vor §§ 31–37a WpHG Rn. 58 ff.; Schwark/Zimmer/*Schwark* Vor §§ 31 ff. WpHG Rn. 16.

vertragliche Pflichtenkatalog der Wertpapierdienstleistungsunternehmen wird somit durch die §§ 31 ff. WpHG – soweit diese anlegerschützenden Charakter besitzen – konkretisiert.[113] Dies gilt auch für die Pflichten zur Orderausführung, soweit sie die Verhaltensregeln des § 31 WpHG ausfüllen.[114] Umstritten ist, ob die Zivilgerichte bei einer Beurteilung im Einzelfall von den Anforderungen der §§ 31 ff. WpHG abweichen dürfen, d.h. im konkreten Fall höhere Anforderungen stellen oder die Erfüllung geringerer Standards genügen lassen dürfen.[115] Im Hinblick auf die Pflichten aus § 33a WpHG ist zu beachten, dass die Ausführungsgrundsätze über die erforderliche Zustimmung des Kunden Bestandteil des zwischen Kunden und Wertpapierdienstleistungsunternehmen geschlossenen Vertrags werden, so dass bei Nichteinhaltung der Grundsätze vertragliche Schadensersatzansprüche in Betracht kommen.[116] Zu beachten ist dabei, dass allein der Umstand, dass im Einzelfall nicht das für den Kunden beste Ergebnis erzielt wurde, keine Vertragsverletzung begründet.[117]

79 Ob deliktische Schadensersatzansprüche bestehen, hängt maßgeblich davon ab, ob die Verhaltensregeln der §§ 31 ff. WpHG, sofern sie individualschützend sind, Schutzgesetze im Sinne des § 823 Abs. 2 BGB darstellen. Die §§ 31 ff. WpHG dienen nicht nur dem öffentlichen Interesse an der Funktionsfähigkeit der Wertpapiermärkte, sondern auch dem individuellen Schutz der Wertpapierkunden.[118] Nach der wohl überwiegende Ansicht in der Literatur können die §§ 31 ff. WpHG, abhängig von der jeweiligen Vorschrift, daher auch als Schutzgesetze im Sinne des § 823 Abs. 2 BGB angesehen werden.[119] Die Rechtsprechung hat hingegen im Hinblick auf verschiedene Einzelnormen die – wohl verallgemeinerungsfähige[120] – Ansicht vertreten, diese seien nicht als Schutzgesetze zu qualifizieren.[121] Im Hinblick auf § 33a WpHG kann die Einstufung als Schutzgesetz letztlich dahinstehen, weil die Ausführungsgrundsätze Bestandteil des mit dem Kunden geschlossenen Vertrages werden und bei ihrer Verletzung daher schon auf vertraglicher Grundlage Schadensersatz zu leisten ist.[122]

80 Unabhängig von der Anspruchsgrundlage dürften in der Praxis für die Kunden erhebliche Beweisschwierigkeiten insbesondere im Hinblick auf den geltend gemachten Schaden bestehen.[123]

---

113 Schwark/Zimmer/*Schwark* Vor § 31 WpHG Rn. 15; Fuchs/*Fuchs* Vor §§ 31–37a WpHG Rn. 59 ff.
114 Schwarz/Zimmer/*Schwark* Vor § 31 WpHG Rn. 19.
115 Siehe hierzu die Ausführungen bei Schwarz/Zimmer/*Schwark* Vor § 31 WpHG Rn. 16 f.; Fuchs/*Fuchs* Vor §§ 31–37a WpHG Rn. 61.
116 *Clouth/Lang/Irmen* Rn. 769; Fuchs/*Zimmermann* § 33a WpHG Rn. 13; Schwark/Zimmer/*v. Hein* § 33a WpHG Rn. 73.
117 Schwark/Zimmer/*v.Hein* § 33a WpHG Rn. 73.
118 H.M.: Fuchs/*Fuchs* Vor §§ 31–37a WpHG Rn. 51, 53; Assmann/Schneider/*Koller* Vor § 31 WpHG Rn. 8 ff.
119 Fuchs/*Fuchs* Vor §§ 31–37a WpHG Rn. 78; MK-HGB/*Ekkenga* Effektengeschäft, Rn. 283; *Schwintowski* Bankrecht, 703; a.A. Schwark/Zimmer/*Schwark* Vor § 31 WpHG Rn. 21.
120 Assmann/Schneider/*Koller* Vor § 31 WpHG Rn. 7.
121 *BGH* ZIP 2010, 1433; *BGH* ZBB 2007, 193; *OLG Frankfurt* vom 17.6.2009 – 23 U 34/08; *OLG Schleswig* vom 23.5.2013 – 5 U 140/12.
122 Schwark/Zimmer/*v. Hein* § 33a WpHG Rn. 73.
123 Fuchs/*Zimmermann* § 33a WpHG Rn. 13.

20. Kapitel
Finanzanalyse

Literatur: *Baulig* Compliance, Konsequenzen verschärfter Vorgaben aus WpHG und Bankaufsicht, 4. Aufl. 2012; *Becker/Berndt/Klein* Neue MaComp: Mindestanforderungen an die Compliance-Funktion und Verhaltens-, Organisations- und Transparenzpflichten, 2. Aufl. 2011; *Egbers/Tal* Die Zivilrechtliche Haftung von Wertpapieranalysten – Notwendigkeit einer spezialgesetzlichen Haftungsregel, BKR 2004, 219 ff.; *Gaede/Mühlbauer* Wirtschaftsstrafrecht zwischen europäischem Primärrecht, Verfassungsrecht und der richtlinienkonformen Auslegung am Beispiel des Scalping, wistra 2005, 9 ff.; *Göres* MiFID – neue (Organisations-)Pflichten für die Ersteller von Finanzanalysen, BKR 2007, 85 ff.; *Hettermann/Althoff* Rechtliche Anforderungen an Finanzanalysen, WM 2006, 265 ff.; *Kämmerer/Veil* Analyse von Finanzinstrumenten (§ 34b WpHG und journalistische Selbstregulierung, BKR 2005, 379 ff.; *Möllers/Lebherz* Fehlerhafte Finanzanalysen – die Konkretisierung inhaltlicher Standards, BKR 2007, 349 ff.; *Mühlbauer* Zur Einordnung des Scalping durch Anlageberater als Insiderhandel nach dem WpHG, wistra 2003, 169 ff.; *Renz/Hense* Wertpapier-Compliance in der Praxis – Eine Kommentierung aktueller Rechtspflichten, 2010; *Schäfer* Wertpapierhandelsgesetz, 2012; *Seibt* Finanzanalysten im Blickfeld von Aktien- und Kapitalmarktrecht, ZGR 2006, 501 ff.; *Spindler* Finanzanalyse vs. Finanzberichterstattung: Journalisten und das AnSVG, NZG 2004, 1138 ff., 1144; *Wohlers/Mühlbauer* Finanzanalysten, Wirtschaftsjournalisten und Fondsmanger als Primär- oder Sekundärinsider, wistra 2003, 41 ff.

A. Einleitung

Finanzanalysten sind die modernen Propheten des Kapitalmarkts – ihren Empfehlungen folgen unzählige Anleger. Der Einfluss der Analysten ist enorm: Als Informationsintermediäre[1] sammeln, verarbeiten und bewerten sie vorhandene Informationen und wandeln sie konzentriert in ein Ergebnis und Kursziel um, dass an die Anleger weitergegeben wird. Diese wiederum vertrauen bevorzugt in die unabhängige Sachkunde der Experten und nutzen die Finanzanalyse als Entscheidungsgrundlage.[2] So gehen ca. 17,4 % der Kursveränderungen und 16,1 % der Handelsumsätze auf die Empfehlungen im Rahmen der Finanzanalysen zurück.[3] Durch die Schaffung von Information und Transparenz nehmen die Finanzanalysten eine wichtige Funktion zur Effizienzsteigerung im Kapitalmarkt ein. **1**

Dieser Einfluss hat aber auch seine Schattenseiten und eine Reihe von Wirtschaftsskandalen machten die Missbrauchsgefahr gerade nach dem Platzen der dotcom-Blase evident.[4] Daher haben die Regulatoren und Aufsichtsbehörden weltweit gesetzliche und aufsichtsrechtliche Maßnahmen erlassen, um die Sorgfalt, Unvoreingenommenheit und Unabhängigkeit der Analysten zu schützen[5] und die Integrität der Kapitalmärkte zu bewahren. **2**

---

1 Vgl. *Möllers/Lebherz* BKR 2007, 349 ff., 350; *Baulig* Rn. 793.
2 Begründung zur FinAnV, Dezember 2004, S. 1.
3 Vgl. *Möllers/Lebherz* BKR 2007, 349, 350 m.w.N.
4 Vgl. *Baulig* Rn. 793 mit namhaften Beispielen, wie etwa der Fall des ehemaligen Chefanalysten von Merrill Lynch, der eine zum Kauf empfohlene Aktie in privaten E-Mails als „piece of shit" bezeichnet hat.
5 Vgl. *Schäfer* § 34b WpHG Rn. 1.

20 *Finanzanalyse*

3 Neben den schon länger existierenden US-aufsichtsrechtlichen Vorschriften sind in den letzen Jahren auch die harmonisierten europarechtlichen Bestimmungen in der Marktmissbrauchsrichtlinie und der sogenannten MiFID eingeführt worden und in Deutschland im Rahmen des § 34b WpHG umgesetzt worden.

4 Im Folgenden werden kurz die rechtlichen Grundlagen und Begriffsbestimmungen erläutert, um die regulatorischen Rahmenbedingungen für Erstellung und Weitergabe von Finanzanalysen darzustellen. Besonderer Schwerpunkt liegt dabei auf den praktischen Anwendungsfragen im Rahmen der Aufbauorganisation von Unternehmen und Wertpapierdienstleistern und der tatsächlichen Umsetzung und Überwachung durch die Compliance-Funktion.

B. Rechtliche Grundlagen

I. Entwicklung des § 34b WpHG

5 Die Bestimmungen zur Analyse von Finanzinstrumenten in § 34b WpHG ist erstmals 2002 durch das 4. Finanzmarktförderungsgesetz[6] in das Wertpapierhandelsgesetz eingefügt worden. Damit wurden erstmals Sorgfaltsmaßstäbe für die Erstellung von Wertpapieranalysen aufgestellt und die Offenlegung von Interessenskonflikten normiert.[7] Im Interesse der Funktionsfähigkeit des Finanzplatzes Deutschland sollte so das Vertrauen der Anleger in die Sorgfalt, Neutralität und Integrität der Ersteller bzw. Verbreiter von Finanzanalysen gestärkt werden.[8]

6 Durch seine Neufassung in 2004 ist die Vorschrift an die Bestimmungen der europäischen Marktmissbrauchsrichtlinie (MAD)(2003/6/EG) und ihrer Durchführungsrichtlinie angepasst worden,[9] die den Schutz der Marktintegrität bezwecken. Eine Finanzanalyse im Sinne der Marktmissbrauchsrichtlinie lag demnach aber nur vor, wenn die Empfehlung für die Informationsverbreitungskanäle oder für die Öffentlichkeit bestimmt ist[10] und sich auf börsennotierte Finanzinstrumente bezieht.

7 Die Umsetzung der Richtlinie über Märkte in Finanzinstrumente (MiFID)[11] führte im November 2007 zu weiteren Verschärfungen, um das Schutzniveau der Anleger bei Inanspruchnahme von Wertpapierdienstleistungen zu verbessern. Wie in Art. 13 MiFID und der entsprechenden Durchführungsrichtlinie wird die Erstellung, Verbreitung und Weitergabe von Finanzanalysen als Wertpapiernebendienstleistung gem. § 2 Abs. 3a Nr. 5 WpHG qualifiziert.

8 Aufgrund dieser beiden unterschiedlichen Schutzrichtungen, also Marktintegrität einerseits und Anlegerschutz andererseits, besteht im WpHG nun ein zweigeteilter Finanzanalysebegriff, nämlich die Finanzanalyse im engeren Sinne (§ 34b Abs. 1 S. 1 und Abs. 3 WpHG) als Empfehlung an einen unbestimmten Personenkreis, die sich auf Finanzinstrumente im

---

6 BGBl I, 2002, 2010 ff.
7 *Hettermann/Althoff* WM 2006, 265.
8 *Koller* in Assmann/Schneider, § 34b WpHG Rn. 1.
9 Durchführungsrichtlinie (DRiL) zur Marktmissbrauchsrichtlinie 2003/125/EG (nachfolgend auch Marktmissbrauchs-Durchführungsrichtlinie), in Deutschland umgesetzt durch das Anlegerschutzverbesserungs-Gesetz (AnSVG), vgl. die Begründung zum Regierungsentwurf des AnSVG in der BT-Drucks. 15/3174; 38 f.; *Koller* in Assmann/Schneider, § 34b WpHG Rn. 1.
10 Vgl. die Begriffsbestimmung in Art. 1 Nr. 3 und 4 der DRiL 2003/125/EG.
11 EU Richtlinie 2004/39/EG in Verbindung mit der Durchführungsrichtlinie 2006/73/EG (nachfolgend auch MiFID-Durchführungsrichtlinie) zur Markets in Financial Instruments Directive (MiFID).

Sinne des § 34b Abs. 3 oder deren Emittenten bezieht; und die Finanzanalyse im weiteren Sinn (§ 34b Abs. 5 S. 3 WpHG), für die die Verbreitung an die Kunden bereits ausreichend ist, solange sich die Analyse auf Finanzinstrumente im Sinne des § 2 Abs. 2b WpHG oder deren Emittenten bezieht (siehe ausführlich unter C).

II. Konkretisierende Vorschriften

Gemäß § 34b Abs. 8 WpHG hat das Bundesministerium der Finanzen die Finanzanalyseverordnung erlassen, die die Bestimmungen über die sachgerechte Erstellung und Darbietung, der Interessenskonflikte, deren Offenlegung sowie die angemessene Organisation nach § 34b Abs. 5 WpHG konkretisiert. Die Verordnung über die Analyse von Finanzinstrumenten (Finanzanalyseverordnung – FinAnV) vom 17.12.2004[12] ist aktuell in der Fassung vom 20.7.2007. 9

Eine weitere verwaltungsrechtliche Konkretisierung erfolgt durch das Auslegungsschreiben der Bundesanstalt für Finanzdienstleistungsaufsicht (nachfolgend auch BaFin) zu den einzelnen Begriffen der § § 31 Abs. 2 S. 4, 34b WpHG in Verbindung mit der Finanzanalyseverordnung vom 21.12.2007.[13] 10

Die organisatorischen Mindestanforderungen an die Compliance-Funktion und die weiteren Verhaltens-, Organisations- und Transparenzpflichten nach §§ 31 ff. WpHG für Wertpapierdienstleistungsunternehmen regelt das Rundschreiben der BaFin 4/2010 (WA) (sogenannte MaComp).[14] Neben allgemeinen Anforderungen an Wertpapierdienstleistungsunternehmen und die Aufgaben der Compliance-Funktion wurden am 7.12.2012 auch das vorbezeichnete Auslegungsschreiben zur Auslegung einzelner Begriffe der §§ 31 Abs. 2 S. 4, 34b WpHG in Verbindung mit der Finanzanalyseverordnung wortgleich in die MaComp unter BT 5 übernommen worden. Der Einfachheit wird im Text auch auf die MaComp verwiesen. 11

III. Anwendungsbereich

1. Adressaten

§ 34b WpHG bezieht sich seit seiner Neufassung durch das Anlegerschutzverbesserungs-Gesetz (AnSVG) grundsätzlich auf alle Finanzanalysen, die im Rahmen einer Berufs- oder Geschäftstätigkeit erstellt oder weitergegeben werden. Damit erfasst die Norm grundsätzlich alle Arten von juristischen und natürlichen Personen.[15] Allerdings knüpfen einzelne Tatbestände des § 34b WpHG an unterschiedlichen Voraussetzungen an, und die Organisationspflichten in § 34b Abs. 5 gelten beispielsweise nur für Unternehmen.[16] 12

---

12 Vom 17.12.2004, BGBl I, 3522 ff., geändert durch die Erste Verordnung zur Änderung des Finanzanalyseverordnung vom 20.7.2007 (BGBl I, 1430 ff.).
13 Schreiben der Bundesanstalt für Finanzdienstleistungsaufsicht vom 21.12.2007 zur Auslegung einzelner Begriffe der §§ 31 Abs. 2 S. 4, 34b WpHG in Verbindung mit der Verordnung über die Analyse von Finanzinstrumenten (Finanzanalyseverordnung – FinAnV), Geschäftszeichen WA 36 – Wp-2002-2007/0006, das die seit Einführung der gesetzlichen Regelungen zur Finanzanalyse ergangenen Auslegungsschreiben vom 16.12.2003 (Übernahme von Reise- und Unterbringungskosten der Wertpapieranalysten durch Emittenten im Rahmen von Analystenkonferenzen und –Veranstaltungen), 1.9.2005 (Schreiben der BaFin zur Auslegung einzelner Begriffe des § 34b WpHG in Verbindung mit der Finanzanalyseverordnung) und 8.2.2006 (Information der Verbände über die geänderte Verwaltungspraxis zu § 34b WpHG – Auslandssachverhalte und unbestimmte Rechtsbegriffe) ersetzt.
14 Geschäftszeichen WA 31-Wp 2002-2009/0010 vom 7.6.2010 in der Fassung vom 7.12.2012.
15 *Koller* in Assmann/Schneider, § 34b WpHG Rn. 6.
16 *Fuchs* in Fuchs, § 34b WpHG Rn. 6.

13 Konkretisiert wird die Vorschrift vor allem durch die Finanzanalyseverordnung. Gem. § 1 Abs. 2 FinAnV sind Adressaten der Vorschrift insbesondere:
1. Kreditinstitute, Finanzdienstleistungsinstitute, deutsche Zweigstellen oder Zweigniederlassungen von Unternehmen im Ausland nach § 53 Abs. 1 S. 1 KWG und § 53b Abs. 1 KWG,
2. Unabhängige Finanzanalysten,
3. Unternehmen, die mit Unternehmen der Nr. 1 und 2 verbunden sind,
4. Personen oder Unternehmen, deren Haupttätigkeit in der Erstellung von Finanzanalysen besteht,
5. Natürliche Personen, die für die Adressaten Nr. 1–4 auf Grund eines Arbeits-, Geschäftsbesorgungs- oder Dienstverhältnisses tätig sind.

14 In Ziffer 5 wird ausdrücklich klargestellt, dass gerade auch die einzelnen Finanzanalysten den Vorschriften unterliegen. Es wird erwartet, dass sie sich gegen eine unsachgemäße Beeinflussung ihrer Analysetätigkeit seitens ihrer Arbeitgeber oder Auftraggeber, wie etwa durch Anweisungen oder Anreize, entsprechend erwehren.[17]

15 Die FinAnV stellt damit auch im Sinne der europarechtlichen Auslegung klar, dass sich der Begriff „Geschäfts- oder Berufstätigkeit" nicht nur auf eine unternehmerische oder freiberufliche Tätigkeit beschränkt, sondern auch eine abhängige Beschäftigung als Arbeitnehmer umfasst,[18] sofern diese Person bei einem der vorbezeichneten Unternehmen angestellt oder von diesem beauftragt worden ist. Generell nicht anwendbar sind die Vorschriften nur in der rein private Sphäre,[19] etwa im Fall einer Veröffentlichung einer Finanzanalyse auf einer privaten Internetseite ohne kommerzielles Interesse.

16 Soweit im Folgenden auf „relevante Personen" verwiesen wird, umfasst der Begriff sowohl den oder die Ersteller als auch das verantwortliche Unternehmen (siehe auch Rn. 45 ff.).

2. Privilegierung von Journalisten gemäß § 34b Abs. 4, § 34c S. 6 WpHG

17 Nicht zu den Adressaten gehören Journalisten, soweit sie einer vergleichbaren Selbstregulierung einschließlich wirksamer Kontrollmechanismen unterliegen, vgl. § 34b Abs. 4 WpHG. Damit trägt die Marktmissbrauchs-Durchführungsrichtlinie EG 2003/125/EG und der deutsche Gesetzgeber dem Schutz der Pressefreiheit und der freien Meinungsäußerung Rechnung.[20] Allerdings fehlen konkrete Angaben, wie diese Selbstregulierung zu strukturieren sei.[21]

18 Nach Ansicht der Bundesanstalt für Finanzdienstleistungsaufsicht (BaFin) entspricht der Kodex des Deutschen Presserates samt den „Journalistischen Verhaltensgrundsätzen und Empfehlungen des Deutschen Presserates zur Wirtschafts- und Finanzmarktberichterstattung" vom 2.3.2006 in der Fassung vom 3.12.2008 den Anforderungen des § 34b WpHG.[22] Dabei muss der betreffende Journalist nicht unbedingt selbst Mitglied einer Selbstregulierungsorganisation sein. Es würde auch ausreichen, wenn er sich vertraglich, zum Beispiel

---

17 *Fuchs* in Fuchs, § 34b WpHG Rn. 7.
18 Vgl. Art 1 Nr. 4a und 5 der Marktmissbrauchs-Durchführungsrichtlinie 2003/125/EG; *Koller* in Assmann/Schneider, § 34b WpHG Rn. 7; *Fuchs* in Fuchs, § 34b WpHG Rn. 8.
19 *Fuchs* in Fuchs, § 34b WpHG Rn. 8.
20 Vgl. 11. Erwägungsgrund der Durchführungsrichtlinie 2003/125/EG; Begründung des Regierungsentwurfs des AnSVG, BT-Drucks. 15/3174, 39; *Spindler* NZG 2004, 1138 ff., 1144; *Koller* in Assmann/Schneider, § 34b WpHG Rn. 137.
21 *Kämmerer/Veil* BKR 2005, 379.
22 *BaFin* Jahresbericht 2008, S. 146; wiederholt Jahresbericht 2010, S. 211; *Koller* in Assmann/Schneider, § 34b WpHG Rn. 143.

gegenüber dem Verleger, verpflichtet, die Verhaltens- und Organisationsstandards einzuhalten und der wirksamen Selbstkontrolle durch interne Verhaltensrichtlinien des Medienunternehmens unterliegt.[23]

3. Grenzüberschreitende und ausländische Finanzanalysen

Gemäß § 1 Abs. 2 WpHG sind die Vorschriften zur Finanzanalyse in §§ 34b und c WpHG auch anzuwenden auf Handlungen und Unterlassungen, die im Ausland vorgenommen werden, sofern sie Finanzinstrumente betreffen, die an einer inländischen Börse gehandelt werden. Damit sind auch im Ausland erstellte Finanzanalysen, die an deutsche Kunden weitergegeben oder öffentlich verbreitet werden, den Vorschriften des § 34b WpHG unterworfen. Dies betrifft insbesondere auch grenzüberschreitende Publikationen oder Internetveröffentlichungen, die im Ausland erstellt werden und deutsche Anleger über inländisch gehandelte Finanzinstrumente informieren.[24]

Gemäß § 36a WpHG sind die Vorschriften des § 34b WpHG (mit Ausnahme von Absatz 5) entsprechend auf Zweigniederlassungen von Kreditinstituten oder Wertpapierhandelsunternehmen mit Sitz in einem Vertragsstaat des Europäischen Wirtschaftsraumes gem. § 53b Abs. 1 KWG anzuwenden. Dies umfasst auch Zweigniederlassungen von Unternehmen mit Sitz in einem anderen EU Mitgliedstaat oder grenzüberschreitende Wertpapierdienstleistungen oder Wertpapiernebendienstleistungen aus einem anderen EU Mitgliedstaat oder EWR Vertragsstaat heraus, § 36a Abs. 4 WpHG.

Dies folgt dem in Art. 32 und 62 der MiFID festgelegten Prinzip, dass für die Organisationspflichten wie § 34b Abs. 5 WpHG zwar das Prinzip der Herkunftslandaufsicht gilt, für die Wohlverhaltensregeln der §§ 31 ff. WpHG (und damit auch § 34b WpHG) aber grundsätzlich die Regeln des Landes gelten, in dem die Wertpapierdienstleistung erbracht wird bzw. die Kunden oder Empfänger der Wertpapierdienstleistung ihren gewöhnlichen Aufenthalt oder ihre Geschäftsleitung haben. Daher ist der Aufnahmemitgliedstaat, wie hier Deutschland, zuständig, die Einhaltung der Wohlverhaltensregeln sowie der speziellen Rechts- und Verwaltungsvorschriften zum Funktionieren des Finanzmarktes und des Anlegerschutzes zu überwachen und durchzusetzen,[25] wenn die Finanzanalyse in Deutschland veröffentlicht oder verbreitet wird.

Allerdings kann ein inländischer Weitergeber gem. BT 5.4 Ziffer 6 der MaComp darauf vertrauen, dass die Finanzanalyse ordnungsgemäß erstellt wurde, sofern das für die Erstellung verantwortliche Unternehmen der Aufsicht eines anderen Mitgliedstaats des Europäischen Wirtschaftsraumes (EWR) unterliegt.

In Fällen wiederum, in denen die Finanzanalyse weder in einem anderen Mitgliedstaat des EWR erstellt, weitergegeben oder zuvor öffentlich verbreitet wurde,[26] bleibt derjenige, der die Finanzanalyse in Deutschland weitergibt oder öffentlich verbreitet dafür verantwortlich, dass die Finanzanalyse den Vorgaben des § 34b WpHG und der FinAnV entspricht. Sofern dies nicht der Fall ist, ist eine öffentliche Verbreitung oder Weitergabe im Inland gem. § 34b Abs. 1 S. 2 WpHG unzulässig.

---

23 Begründung des Regierungsentwurfs des AnSVG, BT-Drucks. 15/3174, 39; *Koller* in Assmann/Schneider, § 34b WpHG Rn. 144; *Fuchs* in Fuchs, § 34b WpHG, Rn. 13; so auch schon *Kämmerer/Veil* S. 379 ff., S. 384.
24 Vgl. Jahresbericht der BaFin 2010, S. 211.
25 *Döhmel* in Assmann/Schneider, § 36a WpHG Rn. 2.
26 In diesen Fällen ist eine Überwachung der Einhaltung der europäischen Vorgaben durch eine zuständige Stelle nicht sichergestellt, vgl. MaComp BT 5.4 Ziffer 7.

C. Begriff der Finanzanalyse

24 Wie eingangs erwähnt, führen die unterschiedlichen Rechtsquellen für die Entstehung des § 34b WpHG zu einem zweigeteilten Analysebegriff, nämlich die Finanzanalyse im engeren und im weiteren Sinne.

I. Finanzanalyse im engeren Sinne

25 Eine Finanzanalyse im engeren Sinne liegt nur vor, wenn die Voraussetzungen des §§ 34b Abs. 1 und 3 WpHG erfüllt sind. Schutzzweck der Normen ist in erster Linie der Schutz der Marktintegrität und Funktionsfähigkeit des Finanzmarktes im Sinne der Marktmissbrauchsrichtlinie. Grundsätzlich gewähren die Vorschriften zur Finanzanalyse im engeren Sinne keinen Individualschutz des einzelnen Anlegers.[27]

26 Eine Finanzanalyse liegt nach dem Wortlaut des Gesetzes vor, wenn
– eine Information über ein oder mehrere Finanzinstrumente (im Sinne der § 2 Abs. 2b WpHG, eingeschränkt durch § 34b Abs. 3 WpHG) oder deren Emittenten
– eine direkte oder indirekte Empfehlung für eine bestimmte Anlageentscheidung (z.B. Kaufen, Verkaufen oder Halten) enthält
– und einem unbestimmten Personenkreis zugänglich gemacht werden soll (Verbreitung in der Öffentlichkeit).

Im Einzelnen:

1. Finanzinstrumente

27 Finanzinstrumente sind definiert gem. § 2 Abs. 2b WpHG als:
– Wertpapiere
  – Aktien,
  – vergleichbare Unternehmensanteile,
  – Schuldtitel wie Inhaberschuldverschreibungen, Genussscheine, Zertifikate
  – Anteile an Investmentvermögen
– Geldmarktinstrumente
– Derivate
– Rechte auf Zeichnungen von Wertpapieren und Vermögensanlagen (zum Beispiel Bezugsrechte, Optionen auf Zeichnung junger Aktien, Mitarbeiteroptionsprogramme, Options- und Wandelanleihen[28])
– Vermögensanlagen im Sinne des § 1 Abs. 2 Vermögensanlagengesetzes (z.B. Anteile an geschlossenen Fonds, Treuhandvermögen, Ergebnis eines Unternehmens, Genussrechte, Namensschuldverschreibungen [allerdings keine Plain-Vanilla-Sparbriefe von Einlagenkreditinstituten]), also Anlageformen, die bisher als „Grauer Kapitalmarkt" bekannt waren.[29]

28 Für den engen Finanzanalysebegriff schränkt aber § 34b Abs. 3 Nr. 1 WpHG den Anwendungsbereich ein. So ist für die Finanzanalyse im engeren Sinn erforderlich, dass sich die Finanzinstrumente zum Handel entweder:
1. an einer inländischen Börse (im Sinne von § 2 BörsG) zugelassen sind oder in den regulierten Markt (§ 33 BörsG) oder den Freiverkehr (§ 48 BörsG) einbezogen sind oder

---

27 Str., so jedenfalls *Koller* in Assmann/Schneider, § 34b WpHG Rn. 1 und Fn. 2; siehe ausführlicher in Rn. 343 ff.
28 *Assmann* in Assmann/Schneider, § 2 WpHG Rn. 60; *Fuchs* in Fuchs, § 2 WpHG Rn. 69 m.w.N.
29 Vgl. *Assmann* in Assmann/Schneider, § 2 WpHG Rn. 60.

2. in einem anderen Mitgliedstaat der Europäischen Union oder Vertragsstaat des Europäischen Wirtschaftsraum zum Handel an einen organisierten Markt im Sinne von § 2 Abs. 5 WpHG) zugelassen sind

oder zumindest der entsprechende Zulassungs- oder Einbeziehungsantrag gestellt sind.

2. Information

Der Begriff der Information im Sinne des § 34b Abs. 1 WpHG ist grundsätzlich weit zu interpretieren und leitet sich europarechtlich aus der Markmissbrauchs-Durchführungsrichtlinie 2003/125/EG ab.[30] Danach ist von einer Analyse oder sonstigen für die Öffentlichkeit bestimmten expliziten oder impliziten Information bzw. von „Research" die Rede. Der deutsche Gesetzgeber hat bei der Legaldefinition der Finanzanalyse darauf verzichtet, weitere einschränkende Tatbestandsmerkmale festzulegen. Daher ist als Information zunächst jede Mitteilung einer äußeren oder inneren Tatsache anzusehen.[31] Darunter fallen nicht nur empirisch feststellbare Tatsachen, sondern grundsätzlich auch die Mitteilung eigener Empfindungen oder die Beurteilung des aktuellen oder künftigen Kurses eines Finanzinstruments.[32]

Dieser weite Informationsbegriff wird dadurch eingeschränkt, dass die Information den Eindruck erwecken muss, dass sich der Ersteller dieser Information inhaltlich mit dem Finanzinstrument oder seinem Emittenten auseinandergesetzt hat.

3. Inhaltliche Auseinandersetzung mit dem Finanzinstrument

Im Allgemeinen bedeuten die Begriffe „Research" oder Analyse eine Untersuchung im Sinne einer besonderen Sichtung oder Auswertung von bestimmten relevanten Daten, die ausreichend vertieft ist, um hierauf eine Investmententscheidung zu treffen.[33] Auf die Methode der Untersuchung (fundamental, marktpsychologisch, markttechnisch oder quantitativ) kommt es dabei nicht an.[34] Jedoch muss der Eindruck hervorgerufen werden, dass sich der Ersteller der Information inhaltlich mit dem Finanzinstrument oder seinem Emittenten auseinandergesetzt hat. Dafür ist nicht zwingend erforderlich, dass Unternehmensfinanz- oder Markthandelsdaten analysiert werden. Es reicht bereits aus, wenn durch die Tatsachen, Meinungen oder Kommentare, die im Zusammenhang mit der Empfehlung ausgesprochen werden, der Anschein einer entsprechenden inhaltlichen Auseinandersetzung vermittelt wird.[35]

Daher reicht eine bloße Empfehlung ohne den Eindruck einer inhaltlichen Auseinandersetzung nicht aus, um eine Information als Finanzanalyse zu qualifizieren (z.B. der „Gute Rat unter Freunden").

4. Empfehlung zur Anlageentscheidung

Als weitere Voraussetzung des § 34b WpHG muss eine Finanzanalyse eine Empfehlung für eine bestimmte Anlageentscheidung enthalten. Maßgeblich hierfür ist der objektive Empfängerhorizont eines durchschnittlichen verständigen Anlegers.[36]

---

30 Richtlinie 2003/125/EG vom 22.12.2003, ABlEU Nr. L 339/73 v. 24.12.2003; *Koller* in Assmann/Schneider, § 34b WpHG Rn. 9.
31 *Fuchs* in Fuchs, § 34b WpHG, Rn 21.
32 Vgl. Art. 1 Nr. 3 der Richtlinie 2003/125/EG; *Koller* in Assmann/Schneider, § 34b WpHG Rn. 12; *Fuchs* in Fuchs, § 34b WpHG, Rn. 22.
33 *Koller* in Assmann/Schneider, § 34b WpHG Rn. 10; *Fuchs* in Fuchs, § 34b WpHG, Rn 22.
34 *Koller* in Assmann/Schneider, § 34b WpHG Rn. 10.
35 Vgl. *BaFin* Auslegungsschreiben zur Finanzanalyse vom 21.12.2007, S. 2, Ziffer 2.
36 *Fett* in Schwark/Zimmer, § 34b WpHG Rn. 6.

34 Eine typische direkte Empfehlung für eine bestimmte Anlageentscheidung ist eine explizite, kurze und konkrete Handlungsanweisung, etwa ein bestimmtes Instrument zu kaufen, verkaufen oder zu halten.[37]

35 Eine indirekte Empfehlung liegt vor, wenn sie bei dem angesprochenen Kreis der Anleger naheliegend ein für direkte Empfehlungen typisches Verhalten provozieren,[38] also zum Beispiel, wenn bestimmte Kursziele genannt werden. Erforderlich dafür ist allerdings, dass hinreichend deutlich zum Ausdruck kommt, wie der aktuelle oder zukünftige Kurs eines Finanzinstruments beurteilt wird. Unerheblich ist dabei, ob die Adressaten der indirekten Empfehlung auch tatsächlich die richtigen Schlüsse ziehen würden.[38]

36 Folgende Aussagen können nach Ansicht der BaFin (bei Vorliegen der weiteren Voraussetzungen) eine indirekte Anlageempfehlung darstellen:[39]
– die Aktie ist überbewertet/unterbewertet,
– hohes Erholungspotential,
– Outperformer/Underperformer/Top Player,
– bullisch/bärisch,
– Tipp des Tages/Trading Idee.

37 Reine vergangenheitsbezogene Analysen, die keine Prognose zum gegenwärtigen oder zukünftigen Wert darstellen, stellen keine indirekte Anlageempfehlung dar,[40] wie zum Beispiel Berichte über abgeschlossene Transaktionen oder Reports von Fonds- oder Vermögensverwalter oder die Aufstellung über die Depotentwicklung. Ebenso wenig die Empfehlungen von Rating-Agenturen, die ausschließlich die Kreditwürdigkeit eines Emittenten beurteilen.[41]

5. Einem unbestimmten Personenkreis zugänglich machen

38 Eine Finanzanalyse im engeren Sinn setzt zudem voraus, dass sie einem unbestimmten Personenkreis zugänglich gemacht werden soll. Dies ist dann der Fall, wenn die Finanzanalyse nicht lediglich für interne Zwecke sondern für die Öffentlichkeit oder die Informationsverbreitungskanäle bestimmt ist.

39 Die Informationsverbreitungskanäle werden durch die EU Richtlinie 2003/125/EG genauer definiert. Ein Verbreitungskanal ist ein Kanal, der die Finanzanalyse einer entsprechend großen und unbestimmten Anzahl von Personen zugänglich macht, so dass es einer Verbreitung an die Öffentlichkeit gleichkommt. Dabei wird der Begriff der Öffentlichkeit mit einer großen Anzahl an Personen gleichgesetzt.[38] Dies ist beispielsweise gegeben bei der Auslegung in den Geschäftsräumen der Banken, Internet, sonstige Medien, aber auch ein entsprechend großer Email- oder Postverteiler an zum Beispiel alle Kunden eines Wertpapierdienstleisters.[42] Regelmäßig wird auch schon der Email-Verteiler an alle Sales Kunden eines Wertpapierdienstleister ausreichen können, wenn dieser mehr als zum Beispiel 100 Kunden umfasst.

---

37 *Koller* in Assmann/Schneider, § 34b WpHG Rn. 16; *Fuchs* in Fuchs, § 34b WpHG, Rn. 23; vgl. *BaFin* Auslegungsschreiben zur Finanzanalyse vom 21.12.2007, S. 3, Ziffer 2, nunmehr BT 5.2 Nr. 6 der MaComp.
38 *Koller* in Assmann/Schneider, § 34b WpHG Rn. 16.
39 Vgl. *BaFin* Auslegungsschreiben zur Finanzanalyse vom 21.12.2007, S. 3, Ziffer 2, nunmehr BT 5.2 Nr. 8 der MaComp.
40 Vgl. *BaFin* Auslegungsschreiben zur Finanzanalyse vom 21.12.2007, S. 3, Ziffer 2, nunmehr BT 5.2 Nr. 7 der MaComp.
41 *Fett* in Schwark/Zimmer, § 34b WpHG Rn. 6.
42 MaComp BT 5.3 Nr. 1; *Fuchs* in Fuchs, § 34b WpHG Rn. 26.

Daher ist gerade die individuelle Anlageberatung aus dem Anwendungsbereich des § 34b **40** WpHG ausgenommen, die als persönliche Empfehlung gegenüber einem bestimmten Kunden der Öffentlichkeit wahrscheinlich nicht zugänglich gemacht werden soll.[43]

Eine Finanzanalyse liegt dementsprechend nicht vor, wenn eine konkrete und individuelle **41** Anlageempfehlung an einen Kunden ausgesprochen wird, die dessen persönliche Verhältnisse berücksichtigt und zum Beispiel im Rahmen eine Anlageberatung erfolgt.

Für die Qualifizierung als Anlageberatung reicht es aber nicht allein aus, dass gegenüber **42** Kunden im Rahmen eines personalisierten Anschreibens finanzielle, persönliche oder steuerliche Verhältnisse berücksichtigende Empfehlungen ausgesprochen werden. Entscheidend für die Anlageberatung und daher gegen die Finanzanalyse spricht, wenn die der Empfehlung zugrunde liegenden Erwägungen inhaltlich die Situation der konkreten Kundengruppe bereits bei der Erstellung der Empfehlung berücksichtigen und sich dies in einer persönlichen Empfehlung niederschlägt.[44]

Andere Informationen, die typischerweise nicht der Öffentlichkeit zugänglich gemacht **43** werden sollen und daher nicht als Finanzanalyse zu qualifizieren sind, sind beispielsweise Bewertungsgutachten für Emittenten[45] oder interne Empfehlungslisten, die nur innerhalb eines Konzerns verbreitet werden.

Zu beachten ist dabei, dass ein bloßer Disclaimer oder kleingedruckter Hinweis, die Information sei nicht für die Öffentliche Verbreitung bestimmt, das Tatbestandsmerkmal der öffentlichen Verbreitung nicht verhindern kann, wenn die entsprechenden Tatsachen vorliegen.[46] **44**

II. Finanzanalyse im weiteren Sinne

Neben der zuvor definierten Finanzanalyse im engeren Sinne ist die Finanzanalyse im weiteren Sinn in § 34b Abs. 5 S. 3 WpHG und § 5a Abs. 1 S. 1 FinAnV geregelt. Die Voraussetzungen der Finanzanalyse im weiteren Sinn stammen aus Art. 13 Abs. 3 MiFID, der anordnet, dass Wertpapierfirmen auf Dauer wirksame organisatorische Vorkehrungen treffen müssen, um zu verhindern, dass Interessenskonflikte zu Lasten der Kundeninteressen ausgetragen werden. Damit bezwecken die Vorschriften zur Finanzanalyse im weiteren Sinn primär den Schutz der Kundeninteressen und gerade nicht der Marktintegrität im Sinne der Marktmissbrauchsrichtlinie. **45**

Die Finanzanalyse im weiteren Sinne: **46**
- umfasst grundsätzlich auch Finanzanalysen im engeren Sinne;
- betrifft alle Analysen über Finanzinstrumente gem. § 2 Abs. 2b WpHG einschließlich nicht-börsengehandelte Finanzinstrumente (keine Einschränkung durch § 34b Abs. 3 WpHG, siehe oben) und deren Emittenten;
- gilt ausschließlich für Wertpapierdienstleistungsunternehmen im Sinne des § 2 Abs. 4 WpHG;
- eine Weitergabe an die Kunden des Wertpapierdienstleisters oder die Wahrscheinlichkeit einer Verbreitung in der Öffentlichkeit ist bereits ausreichend.

---

43 Vgl. 3. Erwägungsgrund der Richtlinie 2003/125/EG; *Koller* in Assmann/Schneider, § 34b WpHG Rn. 22.
44 Vgl. *BaFin* Auslegungsschreiben zur Finanzanalyse vom 21.12.2007, S. 4, Ziffer 3, nunmehr MaComp BT 5.3 Nr. 2.
45 *Koller* in Assmann/Schneider, § 34b WpHG Rn. 22.
46 Vgl. MaComp BT 5.4 Nr. 1; *Koller* in Assmann/Schneider, § 34b WpHG Rn. 24.

47 Die Unterscheidung zwischen engem und weitem Analysebegriff ist relevant, weil sie zu unterschiedlichen Rechtsfolgen führt. So sind die Anforderungen an die Organisationspflichten bei der Finanzanalyse im engeren Sinne ungleich höher als bei der Finanzanalyse im weiteren Sinne. Im letzten Fall sind lediglich die Organisationspflichten des § 34b Abs. 5 S. 3 in Verbindung mit § 5a FinAnV sowie die Anforderungen an die Mitarbeitergeschäfte gem. § 33b Abs. 5 und 6 WpHG einzuhalten, nicht jedoch die spezifischen Anforderungen der FinAnV insbesondere zur Offenlegung von Interessenskonflikten gem. § 5 FinAnV (siehe unten).

48 Zu beachten ist allerdings, dass § 2 Abs. 3a Nr. 5 WpHG die Erstellung, Verbreitung oder Weitergabe von Finanzanalysen oder anderen Informationen über Finanzinstrumente oder deren Emittenten, die direkt oder indirekt eine Empfehlungen für eine bestimmte Anlageentscheidung enthalten, als Wertpapiernebendienstleistung qualifizieren, so dass das Wertpapierdienstleistungsunternehmen auch die Vorschriften der §§ 31 ff. WpHG einhalten muss,[47] soweit diese auf die Finanzanalyse im weiteren Sinne passen.

49 Zu den Adressaten der Vorschrift gehören alle Wertpapierdienstleistungsunternehmen, die als verantwortliche Unternehmen die Finanzanalyse erstellen oder erstellen lassen. Dem steht gleich, wenn die Verantwortung für die Erstellung der Finanzanalyse ein anderes Mitglied der gleichen Unternehmensgruppe trägt, der auch das Wertpapierdienstleistungsunternehmen angehört, vgl. § 13 Abs. 2 S. 2 WpDVerOV. In diesem Zusammenhang gehören gem. § 13 Abs. 2 S. 3 WpDVerOV zu einer Unternehmensgruppe Mutter- und Tochterunternehmen im Sinne des § 290 HGB, alle Unternehmen, die an diesen eine Beteiligung im Sinne von § 271 Abs. 1 HGB halten[48] sowie alle Unternehmen, die unter einer einheitlichen Leitung stehen.

III. Abgrenzung zu anderen Information

1. Werbemitteilungen

50 Sofern Informationen über Finanzinstrumente oder Emittenten gegeben werden, die direkt oder indirekt eine allgemeine Empfehlung für eine bestimmte Anlageentscheidung enthalten, bestimmt § 31 Abs. 2 S. 4 WpHG die Verpflichtung, dass entweder bei deren Erstellung die Organisationsvorschriften des § 33b Abs. 5 und 6 WpHG sowie der § 34b Abs. 5 WpHG, ggf. in Verbindung mit § 5a FinAnV oder vergleichbare ausländische Vorschriften beachtet werden müssen oder dass eine eindeutige Kennzeichnung als Werbemitteilung erfolgen muss.

51 Damit muss insbesondere zwischen folgenden drei Publikationsformen unterschieden werden:[49]
1. unabhängige objektive Finanzanalysen
2. Finanzanalysen als Werbemitteilung, also eine objektive Darstellung, bei der nicht alle Organisationspflichten zur Sicherung der Unabhängigkeit eingehalten werden
3. reine Werbemitteilungen, die einen voreingenommenen, werbenden Eindruck hervorrufen (vgl. § 4 WpDVerOV, redlich und nicht irreführend).

52 Für die Abgrenzung ist die Fallgruppe (2) insbesondere bedeutend.

---

47 Vgl. auch *Koller* in Assmann/Schneider, § 34b WpHG Rn. 177.
48 Gemäß § 271 HGB gilt als Beteiligung, wenn mehr als 20 % des Nennkapitals eines anderen Unternehmens dauerhaft gehalten werden.
49 Vgl. *Göres* BKR 2007, 85 ff., 88.

a) Finanzanalyse als Werbemitteilung

Kennzeichnend für eine Finanzanalyse als Werbemitteilung im Sinne von § 31 Abs. 2 S. 4 Nr. 2 WpHG sind:
- Informationen über Finanzinstrumente oder Emittenten
- eine direkte oder indirekte Anlageempfehlung
- Bezeichnung als Finanzanalyse oder ähnliches, oder zumindest Darstellung als objektive oder unabhängige Erläuterung.

aa) Kennzeichnung und Hinweistext

Gemäß § 31 Abs. 2 S. 4 Nr. 2 WpHG müssen in diesem Fall die Informationen deutlich als *Werbemitteilung* gekennzeichnet sein. Diese Kennzeichnung muss nach Ansicht der BaFin am Anfang des Dokuments in räumlicher Nähe zur übrigen Betitelung erfolgen.[50] Ein Vermerk am Ende des Textes, wenn auch im Fettdruck, ist dementsprechend nicht ausreichend.

Zusätzlich muss die Publikation mit einem Hinweis versehen werden, dass sie nicht allen gesetzlichen Anforderungen zur Gewährleistung der Unvoreingenommenheit von Finanzanalysen genügt und einem Verbot des Handels vor der Veröffentlichung der Analyse nicht unterliegt.[51]

Auf diese Weise soll dem Empfänger verdeutlicht werden, dass es sich bei dieser Anlageempfehlung um eine reine Marketingmaßnahme handelt[52] und nicht um eine unabhängige Analyse der behandelten Finanzinstrumente oder Emittenten, die spezifischen Organisationspflichten unterliegt.[53]

Damit unterliegen diese Publikationen auch nicht den zusätzlichen organisatorischen Vorkehrungen zur Gewährleistung eines hinreichenden Grades an Unabhängigkeit bei der Erstellung und Verbreitung von Finanzanalysen nach §§ 33b Abs. 5 und 6 WpHG und § 34b Abs. 5 WpHG in Verbindung mit § 5a FinAnV.[54]

bb) Anforderungen nach FinAnV

Zu beachten ist allerdings, dass diese Art der Finanzanalysen trotz der Kennzeichnung als Werbemitteilung den weiteren Pflichtangaben der FinAnV unterliegt. Daher sind die Publikationen mit den weiterhin notwendigen Informationen nach §§ 2–5 und 7 FinAnV zu versehen und damit die erforderliche Transparenz für den Empfänger zu schaffen,[55] und die sonstigen Vorschriften gem. § 34b WpHG in Verbindung mit der FinAnV einzuhalten.

Darüber hinaus ist zu beachten, dass gem. § 31 Abs. 2 WpHG alle Informationen, also auch die Werbemitteilungen, die ein Wertpapierdienstleister einem Kunden zugänglich macht, redlich, eindeutig und nicht irreführend sein müssen.[56] Hier ist ein objektiver Bewertungsmaßstab entscheidend, so dass jede Information grundsätzlich sachlich zutreffend und so eindeutig sein muss, dass nicht mehrere Auslegungen gleichermaßen naheliegend erscheinen.[57]

---

50 Ausführlich dazu *Baulig* Rn. 807.
51 Vgl. *BaFin* Auslegungsschreiben zur Finanzanalyse vom 21.12.2007, S. 5, Ziffer 5, nunmehr MaComp BT 5.5 Nr. 1; *Gehrke* in Renz/Hense, Finanzanalyse, Rn. 7 f.
52 *Fuchs* in Fuchs, § 31 WpHG Rn. 110.
53 Vgl. *Göres* BKR 2007, 85 ff., 89.
54 Vgl. die Begründung zur Ersten Verordnung zur Änderung der Finanzanalyseverordnung vom 1.10.2007, S. 6 f.
55 Vgl. die Begründung zur Ersten Verordnung zur Änderung der Finanzanalyseverordnung vom 1.10.2007, S. 3 und S. 7; MaComp BT 5.5 Ziffer 1.
56 Vgl. auch Art. 19 Abs. 2 MiFID (Richtlinie 2004/39/EG);
57 *Fuchs* in Fuchs, § 31 WpHG Rn. 97 ff.

cc) Anforderungen nach § 4 WpDVerOV

60 Weiterhin ist strittig, ob auch die Vorgaben des § 4 WpDVerOV zur Anwendung kommen, wenn eine Finanzanalyse als Werbemitteilung gekennzeichnet ist. § 4 WpDVerOV sieht vor, dass alle Informationen einschließlich Werbemitteilungen, die ein Wertpapierdienstleistungsunternehmen an Privatkunden zugänglich macht, ausreichend und für den Kundenkreis verständlich dargestellt sein müssen. Insbesondere sind neben den Vorteilen auch auf die Risiken eines Finanzinstruments zu verweisen. Besondere Vorgaben bestehen für die Darstellung von Wertentwicklungen und Simulationen.

61 Gegen die zusätzlichen Erfordernisse spricht zwar, dass die als Werbemitteilung gekennzeichneten Finanzanalysen bereits den Spezialvorschriften der FinAnV unterliegen,[58] die insoweit eine objektive und sachgerechte Darstellung regeln.

62 Andererseits bestimmt die BaFin in der Begründung zur FinAnV an anderer Stelle eindeutig, dass für alle Informationen, die als Werbemitteilung gekennzeichnet sind, zudem in Umsetzung von Art. 24 Abs. 2 der MiFID-Durchführungsrichtlinie[59] in jedem Fall die besonderen Pflichten in Bezug auf Werbemitteilungen gem. §§ 31 Abs. 2 WpHG und 4 WpDVerOV gelten.[60] Dies wird auch schon so bereits in der MiFID-Durchführungsrichtlinie angelegt, die sowohl in Art. 24 Abs. 2 wie auch in Art. 27 MiFID-DR die Pflichten bei Verbreitung von "Marketingmaterial" festlegt. Da Art. 27 MiFID-DR wiederum durch § 4 WpDVerOV umgesetzt wurde,[61] ergibt sich auch aus der europarechtlichen Ableitung, dass auf Finanzanalysen in der Gestalt von Werbemitteilungen sowohl die §§ 2–5 und 7 FinAnV, als auch der § 4 WpDVerOV anwendbar sind. Hier wäre eine Klarstellung aus Gründen der Praktikabilität wünschenswert.

b) Reines Werbematerial

63 Reines Werbematerial ist zum Beispiel Werbung und sonstiges Informationsmaterial zur Vertriebsunterstützung,[62] das den Empfänger dazu verleiten soll, eine bestimmte Wertpapier(neben)dienstleistung in Anspruch zu nehmen.[63] Dieses erweckt von vorneherein einen voreingenommenen oder gar anpreisenden Eindruck und ist daher schon inhaltlich klar von Finanzanalysen zu unterscheiden.

64 Prinzipiell bedürfte das Werbematerial eigentlich keiner besonderen Kennzeichnung und auch keinen besonderen Hinweis gem. § 31 Abs. 2 S. 4 Nr. 2 WpHG.[64]

65 Voraussetzung ist allerdings, dass die Werbung eindeutig als solche erkennbar sein muss (vgl. auch § 31 Abs. 2 S. 2 WpHG). Im Zweifelsfall sollten Anzeigen in Printmedien oder im Internet eindeutig als solche gekennzeichnet werden und, wie auch im Rundfunk und Fernsehen, von den redaktionellen Beiträgen deutlich getrennt sein.[65] Auch im Printbereich wird generell empfohlen, Werbemitteilungen klar als solche zu bezeichnen und mit dem

---

58 So weist die Begründung zur Ersten Verordnung zur Änderung der Finanzanalyseverordnung vom 1.10.2007, S. 7 darauf hin, dass mit den erforderlichen Informationen gem. §§ 2–5, 7 FinAnV bereits die erforderliche Transparenz geschaffen wird; vgl. auch *Göres* BKR 2007, 85 ff., 89, der eine ersatzlose Streichung dieses Satzes fordert.
59 Durchführungsrichtlinie zur MIFID, 2006/73/EG.
60 Begründung zur Ersten Verordnung zur Änderung der Finanzanalyseverordnung vom 1.10.2007, S. 7.
61 Begründung zur Verordnung zur Konkretisierung der Verhaltensregeln und Organisationsanforderungen für Wertpapierdienstleistungsunternehmen (WpDVerOV) vom 1.10.2007, S. 5.
62 Vgl. MaComp BT 5.2 Ziffer 5.
63 *Fuchs* in Fuchs, § 31 WpHG Rn. 107.
64 Vgl. MaComp, BT 5.5 Ziffer 2.
65 Höchstrichterliche Rechtsprechung, auch zum § 4 Nr. 3 UWG, z.B. in BGH Z 110, 278, 287; *Fuchs* in Fuchs, § 31 WpHG Rn. 108.

deutlichen Hinweis zu versehen, dass es sich weder um eine Anlageberatung noch um eine Anlageempfehlung handelt.[66]

Zu beachten ist, dass gem. § 31 Abs. 2 WpHG alle Informationen, also auch die Werbemitteilungen, die ein Wertpapierdienstleister einem Kunden zugänglich macht, redlich, eindeutig und nicht irreführend sein müssen.[67] Hier ist ein objektiver Bewertungsmaßstab entscheidend, so dass jede Information grundsätzlich sachlich zutreffend und so eindeutig sein muss, dass nicht mehrere Auslegungen gleichermaßen naheliegend erscheinen.[68] 66

Konkretisiert wird diese Vorschrift in § 4 WpDVerOV, der jedenfalls auf die Werbemitteilungen eines Wertpapierdienstleister anwendbar ist (siehe oben), die sich an Anleger richten. Allerdings sind einzelne Regelungen im Kern auch auf Mitteilungen an professionelle Kunden übertragbar, wie zum Beispiel der Grundsatz der ausgewogenen Darstellung, der Widerspruchsfreiheit und das Verbot, den Namen der Aufsichtsbehörde zu Werbezwecken zu missbrauchen.[69] 67

2. Anlageberatung als persönliche Empfehlung

Nicht unter den Finanzanalysebegriff fallen ferner die persönlichen Empfehlungen im Rahmen einer individuellen Anlageberatung, die ihrerseits gem. § 2 Abs. 3 Ziff. 9 WpHG eine Wertpapierdienstleistung darstellt. 68

Kennzeichnend für die Anlageberatung ist gerade die Berücksichtigung der individuellen Verhältnisse eines bestimmten Kunden, also eine auf die individuelle Situation des Beratenen zugeschnittene und dessen persönliche, finanzielle oder steuerlichen Verhältnisse berücksichtigende Empfehlung.[70] 69

Gemäß § 2 Abs. 3 Nr. 9 WpHG ist wichtiges Unterscheidungsmerkmal, dass bei der Anlageberatung die Empfehlung gerade nicht ausschließlich über die Informationsverbreitungskanäle oder für die Öffentlichkeit bekannt gegeben wird. 70

Bei personalisierten Anschreiben an bestimmte Kundengruppen qualifiziert die BaFin dieses nur dann als individuelle Anlageberatung, wenn die der Empfehlung zu Grunde liegenden Erwägungen inhaltlich die Situation des konkreten Kunden bzw. der konkreten Kundengruppe bereits bei der Erstellung der Empfehlung berücksichtigen und sich dies in einer persönlichen Empfehlung niederschlägt (zum Beispiel Mailingaktionen für bestimmte Art von Kunden).[71] 71

Andererseits wird sich im Falle einer zivilrechtlichen Inanspruchnahme auf fehlerhafte Anlageberatung das Institut im Verhältnis zum Anleger gerade nicht darauf berufen können, dass die Mailingaktion keine Anlageberatung darstelle. Insoweit äußert die europäische CESR[72] im Konsultationspapier zur Anlageberatung nach MiFID[73], dass ein Kunde, der seinem Wertpapierdienstleister die für eine Beratung erforderlichen persönlichen Angaben gemacht hat, auch erwarten wird, dass er von diesem Wertpapierdienstleister auch nur anlegergerechte Empfehlungen erhalte. 72

---

66 *Fuchs* in Fuchs, § 31 WpHG Rn. 108.
67 Vgl. auch Art. 19 Abs. 2 MiFID (2004/39/EG).
68 *Fuchs* in Fuchs, § 31 WpHG Rn. 97 ff.
69 Vgl. im Einzelnen und mit weiteren Beispielen: *Fuchs* in Fuchs, § 31 WpHG Rn. 113 f.
70 Vgl. *Baulig* Rn. 798; *Göres* BKR 2007, 85 ff., 89; siehe MaComp BT 5.3 Ziffer 2.
71 Siehe MaComp BT 5.3 Ziffer 2.
72 Committee of European Securities Regulators, der Ausschuss der europäischen Wertpapieraufsichtsbehörden einschließlich der BaFin.
73 CESR, Consultation Paper, Understanding the definition of advice under MiFID vom 14.10.2009 (Ref. CESR /09-665), Ziffer 19 f., 51 ff. und 63 ff. sowie CESR, Response to the Consultation Paper vom 19.4.2010 (Ref. CESR/10-294), Ziffer 38 ff.

73 Zur Vermeidung von Ansprüchen aus fehlerhafter Anlageberatung sollte daher das Wertpapierdienstleistungsunternehmen bei solchen Mailingaktionen nochmals explizit (und ungeachtet weiterer Disclaimer in der jeweiligen Finanzanalyse selbst) im Kundenanschreiben darauf hinweisen, dass die Übermittlung der Finanzanalyse lediglich der Information des Kunden dient und gerade keine seine persönlichen Verhältnisse berücksichtigende Empfehlung darstellt[74] und der Kunde sich bei Interesse an seinen Anlageberater wenden soll.

74 So wird auch, wenn im Anschluss an ein Beratungsgespräch der Anlageberater seinem Kunden ein Researchpapier zu den empfohlenen Finanzinstrumenten mitgibt, diese Publikation weiterhin als Finanzanalyse zu qualifizieren sein, da sie zum Zeitpunkt ihrer Erstellung nicht mit Hinblick auf die persönliche Situation dieses Kunden erstellt wurde.[75]

3. Sales Notes

75 Abzugrenzen sind ferner kurzfristige Anlageempfehlungen eher informeller Natur, die aus der Verkaufs-, Handels-oder Strukturierungseinheit eines Wertpapierdienstleistungsunternehmens stammen.[76] Diese sogenannten Sales- oder Morning Notes werden regelmäßig nur intern verwendet oder lediglich an die eigenen Kunden herausgegeben und sind daher nicht als Finanzanalysen zu qualifizieren. Allerdings könnte eine Finanzanalyse im weiteren Sinne dann vorliegen, wenn die Morning Notes der Öffentlichkeit oder einer großen Anzahl von Personen[77] zugänglich gemacht werden sollen oder wahrscheinlich zugänglich gemacht werden, also zum Beispiel allen Kunden einer größeren Bank.

4. Interne und andere Informationen

a) Reine Branchenberichte

76 Ebenfalls keine Finanzanalyse sind reine Branchenberichte[78] oder politische, volkswirtschaftliche oder marktumfeldbezogene Sektoranalysen, die keine Empfehlung für einen bestimmten Wert oder Emittenten enthalten. Dabei ist allerdings die Branche bzw. der Sektor so groß zu wählen, dass der Bericht de facto nicht nur ein Unternehmen oder nur einen Emittent erfasst.

b) Interne Informationen

77 Interne Informationen, wie z.B. Beraterunterunterlagen, die allgemeine Empfehlungen für die Berater im Rahmen einer individuelle Anlageberatung enthalten, müssen ausdrücklich als internes Dokument gekennzeichnet sein und dürfen nicht weitergegeben werden. Hier empfiehlt sich eine deutliche Kennzeichnung wie zum Beispiel „Nur für internen Gebrauch – nicht zur Weitergabe bestimmt".

c) Weitere Regelbeispiele der BaFin

78 Im Auslegungsschreiben der BaFin zur Finanzanalyse finden sich weitere Beispiele, wann gerade keine Finanzanalyse vorliegt.[79] Keine Finanzanalysen sind demnach:

---

74 Vgl. *Baulig* Compliance, Rn. 798.
75 *Göres* BKR 2007, 85 ff., 89.
76 Vgl. Begründung zur Finanzanalyseverordnung vom Dezember 2004, S. 2.
77 *Koller* in Assmann/ Schneider, § 34b WpHG Rn. 23 m.w.N.
78 Jedoch kann ein Branchenreport, der mehrere Unternehmen behandelt und eine Empfehlung beinhaltet, durchaus eine Finanzanalyse sein, vgl. *BaFin* Auslegungsschreiben zur Finanzanalyse vom 21.12.2007, S. 2, Ziffer 2, nunmehr BT 5.2 Ziffer 4.
79 Vgl. *BaFin* Auslegungsschreiben zur Finanzanalyse vom 21.12.2007, S. 2 f., Ziffer 2, nunmehr BT 5.2 Ziffer 5 der MaComp.

- rein technisch orientierte Betrachtungen eines Finanzinstruments oder Kurscharts eines Index, solange keine künftige Entwicklung abgeleitet oder ein zukünftiger Kursverlauf prognostiziert wird;
- Musterdepots, solange kein Eindruck einer inhaltlichen Auseinandersetzung mit den Finanzinstrumenten oder deren Emittenten erweckt wird;
- Optionsscheinrechner, die mit Hilfe von Algorithmen statistische Daten auswerten;
- Reine Produktbeschreibungen oder Produktinformationsblätter;
- Unternehmensbeschreibungen oder reine Wiedergabe von Unternehmensnachrichten ohne Anlageempfehlung;
- Portfolioempfehlungen, die sich auf keine einzelnen Finanzinstrumente oder deren Emittenten beziehen;
- gesetzliche Pflichtinformationen wie Ad-Hoc-Mitteilungen (§ 15 WpHG), Börsenzulassungs- oder Verkaufsprospekte oder Informationen nach dem InvestmentG;
- die bloße Zusammenstellung eigener Empfehlungen (Empfehlungslisten) oder Empfehlungen ohne erkennbare inhaltliche Auseinandersetzung mit dem Finanzinstrument; allerdings sind bei Zusammenfassung von Empfehlungen Dritter die Voraussetzungen von § 34b Abs. 2 WpHG zu beachten (vgl. Rn. 199 ff.).

D. Erstellung und Darbietung von Finanzanalysen

I. Begriffsbestimmung

1. Erstellen der Finanzanalyse

Erstellen einer Finanzanalyse bedeutet,[80] dass die Finanzanalyse

- inhaltlich erarbeitet,
- äußerlich gestaltet,
- inhaltlich wesentlich verändert oder
- in ihrem äußeren Erscheinungsbild wesentlich modifiziert wird.

a) Ersteller als natürliche Person

Ersteller sind grundsätzlich nur die natürlichen Personen, die im Rahmen ihrer Berufs- oder Geschäftstätigkeit eine Finanzanalyse erarbeiten,[81] und damit zunächst die natürlichen Personen, die darüber faktisch entscheiden, welche Information und in welcher Gewichtung zur Grundlage der Empfehlung gemacht werden sollen.[82] Sofern es sich bei diesen natürlichen Personen um abhängig Beschäftigte handelt, ist zudem die Identität des für die Erstellung verantwortlichen Unternehmens offenzulegen. Ein Unternehmen gilt dann als verantwortlich, wenn die Finanzanalyse zur Veröffentlichung oder Weitergabe als Produkt dieses Unternehmens bestimmt ist.[81]

Ersteller ist auch derjenige, der den Inhalt einer Finanzanalyse durch Weisungen wesentlich beeinflusst.[83] Damit sind bei einer Erstellung im Team alle Teammitglieder als Ersteller zu qualifizieren, sofern sie über die Empfehlung maßgeblich mitentscheiden.[84]

---

80 Begründung des Regierungsentwurfs, BT-Drucks. 15/3174, 38; *Koller* in Assmann/Schneider, § 34b WpHG Rn. 27.
81 Begründung zur FinAnV vom Dezember 2004, zu § 2 FinAnV, S. 4.
82 *Koller* in Assmann/Schneider, § 34b WpHG Rn. 31 m.w.N.
83 *Koller* in Assmann/Schneider, § 34b WpHG Rn 27.
84 *Baulig* Rn. 837.

82 Ebenso wird derjenige als Ersteller qualifiziert, der eine fremde Finanzanalyse im eigenen Namen weitergibt.[85] Sofern eine Analyse zunächst ausschließlich für interne Zwecke oder für einen bestimmten Kunden erarbeitet wurde und erst aufgrund eines erneuten Beschlusses veröffentlicht oder verbreitet werden soll, so gilt derjenige als Ersteller, der diesen erneuten Beschluss fasst und umsetzt.[86]

b) Verantwortliches Unternehmen

83 Ein Unternehmen ist immer dann für die Finanzanalyse verantwortlich, wenn sie in dem Unternehmen erarbeitet worden ist,[87] oder die Unternehmensorgane aufgrund eines Arbeits- oder Geschäftsbesorgungsverhältnisses Weisungen bezüglich der Inhalte der Analyse hätten geben können. Dabei kommt es nicht darauf an, ob tatsächlich Weisungen erteilt worden sind oder das Unternehmen nur einen groben Rahmen für die Erstellung von Analysen im Allgemeinen vorgibt.

84 Sofern ein Unternehmen ein anderes Unternehmen mit der Erstellung der Finanzanalyse beauftragt, so ist grundsätzlich der Auftragnehmer für die Erstellung verantwortlich im Sinne des § 2 Abs. 1 FinAnV. Dies gilt auch dann, wenn beide Unternehmen dem gleichen Konzern oder Finanzverbund angehören.[88] Voraussetzung ist allerdings, dass auch der Auftragnehmer von der öffentlichen Verbreitung oder Weitergabe an einen unbestimmten Personenkreis ausging; vgl. auch Rn. 178 ff.

85 Davon abzugrenzen sind allerdings die sogenannten White-Label-Analysen, bei denen die Finanzanalyse nach den engen inhaltlichen Vorgaben des Auftraggebers erstellt wird, der so die Finanzanalyse zu verantworten hat.[89] Typisch für die White-Label-Analyse ist unter anderem, dass die Finanzanalyse allein unter dem Logo bzw. der Firmierung des Auftraggebers erscheint und dieser allein entscheiden kann, ob und wie die Analyse veröffentlicht bzw. zugänglich gemacht wird. In diesen Fällen wird der Auftraggeber als Ersteller angesehen.

2. Darbieten von Finanzanalyse

86 Die Darbietung der Finanzanalyse umfasst nach der Erarbeitung der Empfehlung das „Aussehen" dieses Arbeitsergebnisses.[90] Die Darbietung hat nicht notwendigerweise schriftlich zu erfolgen, im heutigen Zeitalter wird sie häufig elektronisch als Email oder im Internet erfolgen. Auch eine mündliche Darbietung ist möglich zum Beispiel im Rahmen eines öffentlichen Vortrags an eine unbestimmte Zuhörerschaft oder ein Podcast, wenn dabei die gesamte Information einschließlich Empfehlung übermittelt wird.[91] Ein Zugänglichmachen liegt auch dann vor, wenn die Adressaten selbst noch aktiv werden müssen, wie zum Beispiel bei einem Faxabruf.[92]

---

85 *Koller* in Assmann/Schneider, § 34b WpHG Rn 27; KölnKomm-WpHG/*Möllers* § 34b Rn. 93, 97.
86 Im Falle des Dritten, der die gezielte Analyse veröffentlicht und dadurch zu Finanzanalyse macht: *Fuchs* in Fuchs, § 34b WpHG Rn. 29; *Koller* in Assmann/Schneider, § 34b WpHG Rn. 28; im Falle der internen Analyse, die durch Beschluss des Unternehmens öffentlich verbreitet wird: *Koller* in Assmann/Schneider, § 34b WpHG Rn. 32; KölnKomm-WpHG/*Möllers* § 34b Rn 88.
87 *Koller* in Assmann/Schneider, § 34b WpHG Rn 33.
88 Vgl. Begründung zur FinAnV vom Dezember 2004, S. 4–5.
89 Vgl. Begründung zur FinAnV vom Dezember 2004, S. 5; siehe auch ausführlicher zu White-Label-Analysen unter Rn. 178 ff.
90 Begründung des Regierungsentwurfs, BT-Drucks. 15/3174, 38; *Hettermann/Althoff* WM 2006, 265, 268.
91 Zur Offenlegung der Pflichtangaben bei mündlicher Darbietung von Finanzanalysen vgl. Rn. 159 ff.
92 *Koller* in Assmann/Schneider, § 34b WpHG Rn 37.

II. Qualifikation des Analysten

Besonderes Augenmerk ist auf die Qualifikation des Analysten zu richten, ob er die erforderliche Sachkenntnis zur fachgerechten Erstellung der Analysen besitzt. In Deutschland ist die Berufsbezeichnung „Finanzanalyst" oder „financial analyst" nicht weiter gesetzlich konkretisiert. Grundsätzlich kann sich jede Person Finanzanalyst nennen, so dass die Missbrauchsgefahr groß ist.[93] **87**

Gemäß § 34b Abs. 1 S. 1 und 2 WpHG sind die Finanzanalysen mit der erforderlichen Sachkenntnis, Sorgfalt und Gewissenhaftigkeit sachgerecht zu erstellen und darzubieten. Diese unbestimmten Rechtsbegriffe werden in der FinAnV konkretisiert und führen zu bestimmten Mindeststandards. Der Analyst muss demnach über die notwendigen Kenntnisse verfügen, um eine Finanzanalyse sachgerecht erstellen zu können. **88**

Grundsätzlich ist Voraussetzung, dass die Analysten Bilanzen lesen und betriebswirtschaftliche oder wirtschaftswissenschaftliche Kenntnisse haben.[94] In der Regel fordern daher die Wertpapierdienstleistungsunternehmen ein entsprechendes Hochschulstudium und ein zusätzliches Aus- oder Fortbildungsprogramm oder eine Zusatzqualifikation.[95] Zusätzlich ist es für die Analysten erforderlich, ihre Fachkenntnis durch laufende Weiterbildung zu aktualisieren und auf dem jeweils neuesten Stand zu halten. **89**

Die angemessene Qualifikation ist gem. § 6 Abs. 1 Nr. 17 Wertpapierdienstleistungs-PrüfungsVO Gegenstand der jährlichen Prüfung der Wertpapierdienstleistungsunternehmen gem. § 36 WpHG. Organisatorisch sollte ein Wertpapierdienstleistungsunternehmen daher die Qualifikation eines Analysten gründlich prüfen und die entsprechenden Nachweise zur Fort- und Weiterbildung laufend kontrollieren und entsprechend dokumentieren (beispielsweise über die Compliance-Funktion, vgl. Rn. 317 ff.). **90**

III. Sachgerechte Erstellung und Darbietung

Die Grundsätze der sachgerechten Erstellung und Darbietung gem. § 34b Abs. 1 S. 2 WpHG werden vor allem in §§ 3 und 5 FinAnV konkretisiert. **91**

1. Unabhängigkeit und Objektivität

Da die Empfehlung des Analysten grundsätzlich ein subjektives Werturteil darstellt, ist es umso wichtiger, dass die Zusammenstellung der Informationen, auf denen die Empfehlung beruht, mit der größtmöglichen Unabhängigkeit und Objektivität erfolgt. Ein Analyst hat daher darauf zu achten, dass mögliche Interessenskonflikte sich nicht auf die Erstellung der Analyse auswirken. Er darf sich nicht durch sachfremde Interessen, wie zum Beispiel Interessen des Emittenten oder seines Arbeit- oder Auftraggebers oder dessen Weisungen leiten lassen.[93] **92**

Ergeben sich Anhaltspunkte für die abstrakte Gefahr einer eingeschränkten Unabhängigkeit[96] sind Angaben dazu bereits unter dem Gesichtspunkt der Vollständigkeit und Gewissenhaftigkeit erforderlich. **93**

---

93 *Möllers/Lebherz* BKR 2007, 349 ff., 352.
94 *Baulig* Rn. 811; vgl. ausführlich *Möllers/Lebherz* BKR 2007, 349 ff., 352.
95 Beispielsweise der „Certified Financial Analyst" des DVFA (Deutsche Vereinigung für Finanzanalyse und Asset Management) oder GCFAS.
96 *Fuchs* in Fuchs, § 34b WpHG, Rn. 35.

94 Zur Offenlegung von Interessenskonflikten und entsprechende Organisationspflichten des Wertpapierdienstleistungsunternehmen gem. §§ 5 und 5a FinAnV siehe Rn. 108 ff. und 208 ff.

2. Angaben über Tatsachen und Werturteile

95 Gemäß § 3 Abs. 1 FinAnV ist insbesondere zwischen Tatsachenangaben sowie fremden (z.B. Interpretationen und Schätzungen) und eigenen Werturteilen wie Preisziele, Hochrechnungen und Vorhersagen zu unterscheiden und diese entsprechend kenntlich zu machen. Im Falle eigener Werturteile sind die wesentlichen Grundlagen und Maßstäbe anzugeben,[97] die zur entsprechenden Urteilsbildung führen.

3. Zuverlässigkeit der Informationsquellen

96 Ein wichtiger Aspekt ist die Vollständigkeit und Richtigkeit der zugrundeliegenden Daten sowie die Zuverlässigkeit der verwendeten Informationsquellen.

97 Grundsätzlich hat der Analyst sämtliche relevanten und verfügbaren Daten in seine Empfehlung mit einzubeziehen.[98] Dabei ist der Analyst gem. § 3 Abs. 2 FinAnV verpflichtet, sich im Rahmen des Zumutbaren die Daten zu verschaffen und deren Richtigkeit zu verifizieren. Zumutbar ist dabei insbesondere, sich publizitätspflichtige Informationen über einen Emittenten zu verschaffen, die im elektronischen Unternehmensregister einsehbar sind.[98] In der Regel wird der Analyst auch über Investor Relations, Road Shows und Analysten-Konferenzen erforderliche Informationen bekommen.

98 Grundsätzlich sind mit zumutbaren Mitteln auch die Richtigkeit der Daten und Quellen zu überprüfen. Insbesondere bei Zukunftsprognosen sollte sich der Analyst nicht auf die eigene Einschätzung eines Emittenten verlassen sondern muss die Angaben zum Beispiel mit Marktdaten oder Vergleichszahlen von Wettbewerbern verifizieren.[99] Auch bei am Markt etablierten Informationsquellen (wie zum Beispiel die Informationsdienste Bloomberg oder Reuters) besteht keine grundsätzliche Zuverlässigkeitsvermutung.[100] Sofern der Analyst trotz aller Aufklärungsversuche noch Zweifel an der Zuverlässigkeit seiner Quellen hat, hat er gem. § 3 Abs. 2 S. 2 FinAnV darauf hinzuweisen. Dies gilt insbesondere auch wenn Gerüchte zitiert werden, soweit für die Verwendung hinreichend sachliche Gründe bestehen. Allerdings dürfen keine Informationen berücksichtigt werden, die offensichtlich falsch sind.[99]

99 Im Übrigen ist auch die Zuverlässigkeit der Informationsquellen angemessen zu dokumentieren.[101] So haben insbesondere die für die Erstellung verantwortlichen Unternehmen die sachgerechte Erstellung festzuhalten, um diese auf Verlangen der BaFin nachvollziehbar darlegen zu können, vgl. § 3 Abs. 3 FinAnV.

100 Gemäß § 4 Abs. 2 FinAnV sind alle wesentlichen Informationsquellen in der Finanzanalyse zu nennen (siehe unter Rn. 131 ff. – Pflichtangaben).

---

97 *Hettermann/Althoff* WM 2006, 265, 268; vgl. auch Begründung zur Finanzanalyse, Dezember 2004, S. 5.
98 *Möllers/Lebherz* BKR 2007, 349 ff., 353.
99 *Möllers/Lebherz* BKR 2007, 349 ff., 355.
100 *Hettermann/Althoff* WM 2006, 265, 268; *Fuchs* in Fuchs, § 34b WpHG, Rn. 35.
101 Begründung zur FinAnV Dezember 2004, S. 6; *Hettermann/Althoff* WM 2006, 265, 268.

4. Bewertung aufgrund öffentlich bekannter Umstände
a) Insiderinformation

Andererseits darf der Analyst keine nicht-öffentlichen Informationen verwenden, die zum Beispiel als Insiderinformationen im Sinne des § 13 WpHG zu qualifizieren sind. Dies hätte zur Folge, dass die Analyse selbst zur Insiderinformation wird und die Privilegierung nach § 13 Abs. 2 WpHG verliert. Nach dieser Vorschrift gilt nämlich eine Bewertung, die ausschließlich aufgrund öffentlich bekannter Umstände erstellt wird, gerade nicht als Insiderinformation, auch wenn sie den Kurs der behandelten Finanzinstrumente erheblich beeinflussen kann. 101

Dementsprechend kann jeder unter Verwendung einer sachgerechten Finanzanalyse die betroffenen Finanzinstrumente erwerben oder veräußern oder empfehlen oder die Finanzanalyse weitergeben, ohne gegen das Insiderhandelsverbot gem. § 14 WpHG zu verstoßen.[102] Im Umkehrschluss bedeutet dies, dass eine Finanzanalyse, die auf nicht-öffentlichen Informationen basiert und selbst eine kurserhebliche Wirkung hat, auch dann als Insiderinformation gilt, wenn die nicht-öffentlichen Informationen für sich genommen nicht preisbeeinflussend wären.[103] Damit würden jegliche Verfügungen und Empfehlungen, die aufgrund einer solchen Finanzanalyse getätigt werden, unter das Verbot des Insiderhandels gem. § 14 WpHG fallen und diese Analyse dürfte nicht weitergegeben werden. Die Finanzanalyse wäre für ihren Zweck praktisch unbrauchbar. 102

Daher ist bei den vorgenannten Investor Relations, Management Gesprächen oder Betriebsbesichtigungen immer besondere Vorsicht geboten. Dabei erhalten die Analysten oftmals nicht öffentliche Informationen über den Emittenten, die dieser auch durchaus weitergeben darf, solange sie nicht preiserheblich auf dessen Finanzinstrumente sind. Genau diese Informationen dürfen aber in der Analyse selbst nicht kausal für die konkrete Bewertung verwendet werden.[104] 103

Zu unterscheiden ist hier aber noch die Information, dass die Veröffentlichung einer Finanzanalyse unmittelbar bevorsteht. Diese kann ebenfalls Kursbeeinflussungspotential haben, ist aber nicht von der Privilegierung des § 13 Abs. 2 WpHG geschützt, sondern stellt dann eine eigene Compliance-relevante Information dar,[105] die im Bereich Mitarbeitergeschäfte gem. § 33b Abs. 5 WpHG speziell überwacht wird. 104

b) Geschäfts- oder Bankgeheimnisse

Auch nicht verwendet werden sollten Informationen, die dem Geschäfts- oder Bankgeheimnis unterliegen, um Schadensersatzansprüche aufgrund der Veröffentlichung zu vermeiden. Daher sind Informationen, die ein Wertpapierdienstleistungsunternehmen bei Erbringung einer anderen Wertpapier- oder Bankdienstleistung oder aufgrund einer Vertraulichkeitsvereinbarung erhält, grundsätzlich dem zivilrechtlichen Schutz dieser Vereinbarung unterworfen. Dies gilt beispielsweise für Informationen, die ein Emittent im Rahmen der Kreditvergabe liefert oder geplante Transaktionen wie Unternehmensübernahmen, die von dem Institut begleitet werden. Dem Bankgeheimnis unterliegen alle Informationen aus der Kundenbeziehung einer Bank, und bereits die Tatsache, dass jemand Kunde der Bank ist. Neben erheblichen Reputationsrisiken für die betroffenen Banken bestehen auch hier erhebliche Haftungsrisiken und die Analysten sollten tunlichst vermeiden, auf diese Art von Informationen ihre Bewertung zu stützen. 105

---

102 *Mennicke/Jakovu* in Fuchs, § 13 WpHG Rn. 175.
103 Im Ergebnis ebenso *Mennicke/Jakovu* in Fuchs, § 13 WpHG Rn. 176; *Assmann* in Assmann/Schmidt, § 13 WpHG Rn. 75 m.w.N.
104 *Mennicke/Jakovu* in Fuchs, § 13 WpHG Rn. 176.
105 Zu den besonderen Organisationspflichten zum Schutz dieser Art von Insiderinformation siehe Rn. 229 ff.

5. Nachvollziehbarkeit

106 Zudem wird eine Nachvollziehbarkeit der Finanzanalyse gefordert. Dies ergibt sich aus dem oben zitierten § 3 Abs. 3 FinAnV, wonach ein Unternehmen die sachgerechte Erstellung nachvollziehbar darlegen können muss. Daher schließen viele aus der Dokumentationspflicht auch eine zugrundeliegende Verhaltenspflicht.[106] Im Ergebnis wird man auch aus dem Gebot der sachgerechten Erstellung auf eine nachvollziehbare Bewertung folgern können. Daher muss, aus Sicht des Empfängerhorizontes, sich die Empfehlung aus den zugrundeliegenden Daten schlüssig ableiten lassen.

6. Deutlichkeitsgebot

107 Gemäß § 6 Abs. 1 S. 1 FinAnV muss die Finanzanalyse hinsichtlich aller Angaben inhaltlich so eindeutig und klar erstellt sein, dass keine Fehlinterpretationen möglich sind.[106] Zur besonderen Hervorhebung der Pflichtangaben nach dem Deutlichkeitsgebot und die Anforderungen an die Drucktechnik vgl. Rn. 158.

IV. Offenlegung möglicher Interessenskonflikte

108 Gemäß §§ 34b Abs. 1 S. 2 Nr. 2, 5 Abs. 1 FinAnV sind Interessenskonflikte offenzulegen, soweit sie die Unvoreingenommenheit der Ersteller, der für die Erstellung verantwortlichen oder mit diesen verbundenen Unternehmen oder sonstigen mitwirkenden Personen oder Unternehmen[107] gefährden können. Dabei ist bereits die Möglichkeit eines Konfliktes offenzulegen,[108] auch wenn noch kein direkter Einfluss auf das Ergebnis der Analyse nachgewiesen wird. Die Vorschrift trägt Rechnung, dass Wertpapierdienstleister oft auch andere Geschäftsfelder bedienen, die von einer positiven Empfehlung profitieren könnten. Zudem haben gute Analysen oft erhebliches Kursbeeinflussungspotential, das zum Beispiel auch im Eigenhandel oder bei Mitarbeitergeschäften nutzbar wäre.

1. Gefährdung der Unvoreingenommenheit

109 Gemäß § 5 Abs. 1 FinAnV sind Umstände oder Beziehungen offenzulegen, die Interessenskonflikte begründen können, weil sie die Unvoreingenommenheit der Ersteller oder weitere relevanter Personen gefährden können.

110 Dieser allgemeine Offenlegungstatbestand ist sehr weit gefasst und betrifft auch alle Personen und Unternehmen, die an der Erstellung der Finanzanalyse mitwirken oder im Rahmen eines Dienst- oder Auftragsverhältnisses für das verantwortliche Unternehmen tätig sind und auf die Finanzanalyse Einfluss nehmen können.[109]

2. Ausnahme „Chinese Walls" gemäß § 5 Abs. 2 FinAnV

111 Eine Ausnahme der Offenlegung besteht dann, wenn ein Unternehmen organisatorische Maßnahmen, wie zum Beispiel die "Chinese Walls" oder sogenannte Informationsbarrieren eingerichtet hat, die die Unabhängigkeit derjenigen Personen sicherstellen, die über Einwirkungs- und Einsichtsmöglichkeit bezüglich der Finanzanalyse verfügen.[110] Diese Informationsbarrieren sind nicht nur für einen organisatorisch abgegrenzten Research-

---

106 *Möllers/Lebherz* BKR 2007, 349 ff., 356.
107 Nachfolgend auch gemeinsam als „relevante Personen bezeichnet.
108 *Fuchs* in Fuchs, § 34b WpHG Rn. 41.
109 Vgl. Begründung zur FinAnV vom Dezember 2004, S. 9; *Fuchs* in Fuchs, § 34b WpHG Rn. 42.
110 *Hettermann/Althoff* WM 2006, 265, 269; Begründung zur FinAnV vom Dezember 2004, S. 9.

Bereich erforderlich. Auch weitere Bereiche, die Kenntnis von oder Einfluss auf die Finanzanalyse haben können, wie zum Beispiel Compliance-Funktion oder das Back-Office, müssen über Informationsbarrieren verfügen, damit Interessenskonflikte vermieden werden können. Zu den weiteren Einzelheiten und Anforderungen an Chinese Wall und Überwachung des Informationsflusses siehe Rn. 230 ff. zu Organisationspflichten.

Allerdings gilt diese Ausnahme nicht für einzelne natürliche Personen, die als unabhängige Analysten tätig sind, da diese notwendigerweise Zugang und Kenntnis von allen ihnen vorhandenen Informationen haben.[111] **112**

3. Regelbeispiele des § 5 Abs. 3 FinAnV

Bei den Regelbeispielen des § 5 Abs. 3 FinAnV wird eine abstrakte Gefahr vermutet, so dass die Offenlegung für die Adressaten gem. § 1 Abs. 2 FinAnV unabhängig davon gilt, ob sie tatsächlich Zugang oder Einfluss zu den Informationen haben.[112] Eine Berufung auf die Chinese Walls ist hierbei nicht ausreichend. Die Offenlegung ist gem. § 6 Abs. 1 S. 2 FinAnV drucktechnisch deutlich hervorzuheben. **113**

a) Wesentliche Beteiligungen

Offenzulegen sind wesentliche Beteiligungen zwischen den für die Erstellung relevanten Personen und dem Emittenten, § 5 Abs. 3 S. 1 Nr. 1 FinAnV. Eine wesentliche Beteiligung ist jedenfalls dann gegeben, wenn die für die Erstellung relevanten Personen mehr als 5 % des Grundkapitals am Emittenten halten; oder umgekehrt, wenn der Emittent mehr als 5 % an einer für die Erstellung relevanten Person hält.[113] Gemäß S. 2 darf die Beteiligung auch unter 5 % angegeben werden, soweit sie 0,5 % überschreitet[114] und der genaue Prozentsatz offengelegt wird, § 5 Abs. 3 S. 3 FinAnV. **114**

b) Bedeutende finanzielle Interessen in Bezug auf den Emittenten

Ebenfalls offenzulegen sind gem. § 5 Abs. 3 S. 1 Nr. 2 FinAnV Tätigkeiten, die bedeutende finanzielle Interessen in Bezug auf die besprochenen Emittenten nach sich ziehen. **115**

Dazu gehört insbesondere die Funktion als **116**
– Market Maker oder Designated Sponsor gem. § 5 Abs. 3 S. 1 Nr. 2a FinAnV;
– Lead Manager oder Co-Lead für eine Emission der Emittenten innerhalb der vorangegangen 12 Monate gem. § 5 Abs. 3 S. 1 Nr. 2b FinAnV;
– Erbringung von Investment-Banking-Dienstleistungen gem. § 5 Abs. 3 S. 1 Nr. 2c FinAnV, wie zum Beispiel die Betreuung von Übernahmen oder das Emissionsgeschäft;[115]
– Vereinbarung mit dem Emittenten zur Erstellung einer Finanzanalyse gem. § 5 Abs. 3 S. 1 Nr. 2d FinAnV, wobei die tatsächliche Höhe einer Vergütung nicht genannt werden muss;[116]
– alle sonstigen bedeutenden finanziellen Interessen in Bezug auf die Emittenten als Auffangtatbestand gem. § 5 Abs. 3 S. 1 Nr. 2e FinAnV.

Zu beachten ist auch hier, dass sich die Offenlegungspflicht auf Interessenskonflikte in der Person der Ersteller und der verantwortlichen oder mitwirkenden Unternehmen bezieht. **117**

---

111 Begründung zur FinAnV vom Dezember 2004, S. 9; *Fuchs* in Fuchs, § 34b WpHG Rn. 42.
112 Begründung zur FinAnV vom Dezember 2004, S. 9; *Fuchs* in Fuchs, § 34b WpHG Rn. 43; *Hettermann/Althoff* WM 2006, 265, 269.
113 Vgl. § 5 Abs. 3 S. 2 FinAnV; Begründung zur FinAnV vom Dezember 2004, S. 10.
114 Die Untergrenze von 0,5 % soll verhindern, dass eine große Beteiligung durch die Angabe einer Vielzahl von minimalen Beteiligungen gleichsam verschleiert wird, vgl. Begründung zur FinAnV vom Dezember 2004, S. 11.
115 Begründung zur FinAnV vom Dezember 2004, S. 10, 11.
116 Begründung zur FinAnV vom Dezember 2004, S. 11.

4. Besondere Offenlegungspflichten für Kreditinstitute

118 § 5 Abs. 4 FinAnV fasst weitere Offenlegungspflichten zusammen, die nur für Kreditinstitute, Finanzdienstleistungsinstitute, ausländische Kreditinstitute und Zweigniederlassungen gelten und zumindest mittelbar der Transparenz von Interessenskonflikten dienen. Diese betreffen die organisatorischen Vorkehrungen zur Vermeidung oder Behandlung von Interessenkonflikten in allgemeiner Weise. Gemäß § 6 Abs. 2 FinAnV werden hier die Angaben zumeist so umfangreich und allgemein sein, dass diese Offenlegung im Sinne eines Verweises erfolgen wird.[117]

a) Vergütung aus Investmentbanking-Geschäften

119 Gemäß § 5 Abs. 4 Nr. 2 FinAnV ist offenzulegen, ob die Vergütung der relevanten Personen von dem Erfolg der Investmentbanking-Geschäften von eigenen oder verbundenen Unternehmen abhängt, so dass der Analyseempfänger einschätzen kann, ob der Ersteller zu positiven Empfehlungen incentiviert wird. Dementsprechend ist auch anzugeben, ob die Mitwirkenden Anteile oder Finanzinstrumente, die Gegenstand der Analyse sind, halten oder erwerben, einschließlich wann die Anteile erworben wurden und zu welchem Preis.[118]

b) Quartalsübersicht

120 Zudem ist gem. § 5 Abs. 4 Nr. 3 FinAnV ein Quartalsbericht über die in den eigenen Analysen enthaltenen Empfehlungen zu erstellen. Damit soll für den Analyseempfänger erkennbar sein, ob Geschäftspartner aus dem Investmentbanking möglicherweise bevorzugt werden oder sich sonst auffällige Tendenzen ergeben.[119]

121 Die Quartalsübersicht stellt die jeweiligen Empfehlungen Halten, Kaufen oder Verkaufen für die Emittenten gegenüber, für die das Institut innerhalb der letzten zwölf Monate Investmentbanking-Geschäft erbracht hat.

122 Der Wortlaut des § 5 Abs. 4 Nr. 3 FinAnV legt nahe, die Quartalsübersichten rein auf die Analysen in Bezug auf institutionelle Kunden zu begrenzen, um die diesbezüglichen Offenlegungspflichten transparent zu machen. Demgegenüber fordert die BaFin auch die Angabe von Empfehlungen bezüglich Emittenten, die für den Retailbereich analysiert werden, um in der aggregierten Auflistung generelle Tendenzen transparent zu machen, wie etwa die unausgewogene Häufung von Kaufempfehlungen.[120] Sachgerecht wäre es wohl, die Darstellung der Quartalsübersicht in verschiedenen Listen zu dokumentieren.

123 Auch die Quartalsübersicht wird regelmäßig über einen Verweis gem. § 6 Abs. 2 FinAnV auf der Internet-Seite des Kreditinstituts zugänglich sein.

V. Pflichtangaben

124 Die Vorschriften zu den Pflichtangaben ergeben sich hauptsächlich aus der FinAnV. § 6 Abs. 1 FinAnV enthält die Grundregel, dass alle erforderlichen Angaben inhaltlich klar sowie in der Darbietung nicht versteckt, sondern für den Empfänger deutlich wahrnehm-

---

117 Vgl. Begründung zur FinAnV vom Dezember 2004, Seite 12.
118 Vgl. Begründung zur FinAnV vom Dezember 2004, S. 12; die Standesregeln der Finanzanalysten sehen darüber hinaus auch die Offenlegung einer anderweitigen finanziellen Beteiligung oder finanziellen Interessen vor, wie zum Beispiel die Gewährung von Darlehen oder Halten von Unternehmensanleihen;
119 Vgl. Begründung zur FinAnV vom Dezember 2004, S. 13; *Fuchs* in Fuchs, § 34bWpHG Rn. 45.
120 Vgl. ausführlich *Baulig* Rn. 843.

bar gemacht werden müssen.[121] Die Angaben müssen ein Teil der Finanzanalyse sein, also bei schriftlichen Analysen Teil des einheitlichen Dokuments bilden. In der Regel werden die Pflichtangaben am Ende des Dokuments im Rahmen des sogenannten Disclaimers / Offenlegung erläutert. Im Einzelnen sind folgende Angaben erforderlich:

1. Ersteller und Verantwortliche

Gemäß § 2 FinAnV müssen der Ersteller, die Bezeichnung ihrer Berufe und das für die Erstellung verantwortliche Unternehmen angegeben werden. 125

a) Ersteller

Ersteller ist die natürliche Person, die im Rahmen ihrer Berufstätigkeit eine Finanzanalyse erarbeitet. Wird die Analyse im Team erarbeitet, so sind alle maßgeblichen Personen als Ersteller anzugeben, die den Inhalt der Analyse entsprechend mitbestimmt haben,[122] siehe ausführlich Rn. 79 ff. 126

b) Beruf des Erstellers

Anzugeben ist die Berufsbezeichnung des Erstellers, wobei bislang noch keine entsprechende Definition dieses Begriffs erfolgt ist. Abzustellen ist jedoch auf die spezifische Funktion und nicht die hierarchische Stellung, in der der Ersteller tätig geworden ist.[123] Nach der Begründung zur FinAnV[124] sollen mit der Berufsangabe dem Empfänger der Analyse Rückschlüsse auf die Sachkunde des Erstellers ermöglicht werden. Insoweit sind die Hinweise auf die relevanten Zusatzqualifikationen als Finanzanalyst oder Research Analyst aussagekräftiger als die reine Angabe eines Hochschulstudiums.[125] 127

c) Verantwortliches Unternehmen

Ein Unternehmen ist für die Erstellung der Finanzanalyse i.S.v. § 2 Abs. 1 und 4 Abs. 1 FinAnV verantwortlich, wenn seine Organe oder der Inhaber kraft Arbeits- oder Geschäftsbesorgungsrecht Weisungen bezüglich des Inhalts geben konnten oder die Oberaufsicht innehatten,[126] siehe ausführlich Rn. 83 ff. 128

Sofern das Unternehmen ein Kreditinstitut, Finanzdienstleistungsinstitut oder ein gem. § 53 Abs. 1 KWG tätiges Unternehmen ist, muss zusätzlich die zuständige Aufsichtsbehörde angegeben werden.[127] Bei größeren Instituten mit unterschiedlichen Geschäftssparten und unterschiedlichen Research-Abteilungen (zum Beispiel Investment-Banking und Private Banking) ist zudem empfehlenswert, auch den für die Erstellung verantwortlichen Bereich anzugeben.[128] Dies ist insbesondere dann hilfreich, wenn es im Einzelfall zu unterschiedlichen Bewertungen kommt. 129

2. Zusätzliche Angaben gemäß § 4 FinAnV

Gemäß § 4 Abs. 1 FinAnV müssen weitere Angaben in der Finanzanalyse enthalten sein, sofern eine in § 1 Abs. 2 Nr. 1-5 FinAnV genannte Person und Unternehmen für die Erstellung der Finanzanalyse verantwortlich ist. Diese Angaben sollen dem Anleger die Nach- 130

---

121 Vgl. Begründung zur FinAnV vom Dezember 2004, S. 14.
122 *Koller* in Assmann/Schneider, § 34b WpHG Rn. 31; *Baulig* Rn 837.
123 *Koller* in Assmann/Schneider, § 34b WpHG Rn. 46.
124 Vgl. Begründung zur FinAnV vom Dezember 2004, S. 4.
125 Im Ergebnis ebenso: *Baulig* Rn. 837.
126 *Koller* in Assmann/Schneider, § 34b WpHG Rn. 33.
127 *Baulig* Rn. 838; in Deutschland ist das die Bundesanstalt für Finanzdienstleistungsaufsicht.
128 *Baulig* Rn. 838.

vollziehbarkeit der Finanzanalyse und ihre sachgerechte Erstellung erleichtern, so dass auch ein fachkundiger Dritter basierend auf den Daten und bei gleicher Methodik und Logik auf dasselbe Empfehlungsergebnis kommen kann.[129]

a) Wesentliche Informationsquellen und Emittenten

131 Gemäß § 4 Abs. 2 FinAnV sind alle wesentlichen Informationsquellen zu nennen. Dabei genügt es regelmäßig, wenn die Informationsquellen ihrer Gattung nach bezeichnet werden.[130] Wesentlich sind diejenigen Informationsquellen, die für den Inhalt der Analyse von entscheidender Bedeutung sind.[131]

132 Diese Vorschrift bezieht sich vor allem auch auf die entsprechenden Emittenten, die entweder selbst oder deren Finanzinstrumente Gegenstand der Finanzanalyse sind.

133 Damit hat der Gesetzgeber deutlich gemacht, dass der Emittent selbst eine bedeutende Informationsquelle für den Finanzanalysten darstellt. Die Überprüfung und Bestätigung der zugrundeliegenden Tatsachen durch den Emittenten liegt durchaus auch im Interesse des Kapitalmarktes und dient der sorgfältigen Erstellung der Finanzanalyse.[132] Jedoch knüpft der Gesetzgeber daran besondere Offenlegungspflichten. Daher ist insbesondere deutlich zu machen, ob der betroffene Emittent aktiv Informationen für die entsprechende Finanzanalyse bereitgestellt hat oder nur passiv als Informationsquelle gedient hat,[133] wie zum Beispiel durch Bezugnahme auf eine ad-hoc-Mitteilung, Geschäftszahlen, Unternehmensnachrichten des Emittenten.

134 Gemäß § 4 Abs. 2 FinAnV ist anzugeben, ob die Finanzanalyse den betroffenen Emittenten zugänglich gemacht wurde und danach noch geändert wurde, bevor sie veröffentlicht oder weitergegeben wurde. Hier kommt es entscheidend auf die zeitliche Abfolge an.[134] Nach der Begründung zur FinAnV soll dabei ein kausaler Zusammenhang unerheblich sein, so dass es nicht darauf ankäme, dass der Ersteller die Finanzanalyse abgeändert hat, weil der Emittent auf die Änderung hingewirkt hat.[135] Änderungen rein redaktioneller Art sind nicht zu berücksichtigen,[136] ebenso ist eine „Negativangabe" zu machen, wenn der Emittent zwar Zugang zur Finanzanalyse hatte, danach aber keine Änderungen mehr vorgenommen wurden.

135 In diesem Zusammenhang ist allerdings § 5a Abs. 2 Nr. 4 FinAnV zu beachten, dass Entwürfe, die bereits eine Empfehlung oder einen Zielpreis enthalten, vor Weitergabe oder Veröffentlichung gerade nicht dem Emittenten oder Dritten zugänglich gemacht werden dürfen. Damit darf dem Emittenten allein der Sachverhalt, dem die Empfehlung zugrunde liegt, zur Verifizierung der Tatsachen übermittelt werden.

136 Außerdem darf dem Emittenten gem. § 5a Abs. 2 Nr. 3 FinAnV keine für ihn günstige Empfehlung versprochen werden.

---

129 *Möllers/Lebherz* BKR 2007, 349 ff., 355 f.; hier wird auch auf den DVFA Standard 2.6 verwiesen, wonach als Qualitätsmanagement ein qualifizierter Berufsangehöriger die Finanzanalyse gegenzulesen und auf Plausibilität zu überprüfen hat; *Baulig* Rn. 823 und 825.
130 *Fuchs* in Fuchs, § 34b WpHG Rn. 35; *Koller* in Assmann/Schneider, § 34b WpHG Rn. 79.
131 *Koller* in Assmann/Schneider, § 34b WpHG Rn. 79; *Baulig* Rn 814.
132 *Baulig* Rn. 814.
133 Begründung zur FinAnV, Dezember 2004, S. 6; *Baulig* Rn. 814.
134 Begründung zur FinAnV, Dezember 2004, S. 6; *Fuchs* in Fuchs, § 34b WpHG Rn. 35.
135 Begründung zur FinAnV, Dezember 2004, S. 6 f.
136 Begründung zur FinAnV, Dezember 2004, S. 7; *Fuchs* in Fuchs, § 34b WpHG Rn. 35.

b) Zusammenfassung der Bewertungsgrundlagen oder –methoden

Werden in der Analyse Finanzinstrumente oder Emittenten bewertet oder Preisziele berechnet, so müssen gem. § 4 Abs. 3 FinAnV die dabei angewandten Bewertungsmethoden sowie die der Bewertung zugrundeliegenden Informationen in angemessener Weise zusammengefasst und dargestellt werden.[137] So muss für den Leser ersichtlich sein, ob es sich um Primär- oder Sekundärresearch handelt, oder eine Fundamental-, marktpsychologische, markttechnische oder quantitative Chartanalyse handelt oder eine Mischform vorliegt. Sofern sich die Art der Analyse noch nicht offensichtlicherweise aus der Darbietung selbst ergibt, wird es in der Regel ausreichen, auf die Analysemethode hinzuweisen und ihren Grundgedanken kurz zu erläutern.[138]

137

Grundsätzlich wird unterschieden zwischen einer technischen oder Chartanalyse, die primär das Anlegerverhalten an der Börse beobachtet[139] und versucht, auf Basis vergangener Kurse über Trends eine künftige Kursentwicklung vorherzusagen. Dagegen untersucht die Fundamentalanalyse Unternehmenszahlen und versucht, den inneren Wert eines Unternehmens zu ermitteln, an den sich der Börsenkurs bei vollkommenen Märkten langfristig annähern müsste.[140]

138

Vor allem sind hier gem. § 4 Abs. 3 S. 2 FinAnV auch der empfohlene Anlagezeitraum, die Anlagerisiken und die Sensitivität und Zuverlässigkeit der Bewertungsparameter zu erläutern. Diese Erläuterung muss dem Durchschnittsleser der Zielgruppe ein hinreichend klares Bild von der Aussagekraft der Analyse liefern[141] und die Empfehlung hinreichend konkretisieren, um Missverständnisse seitens des Empfängers zu vermeiden. Dabei müssen auch die Anlagespezifischen Risiken so erläutert werden, dass die Anleger ausreichend gewarnt werden.

139

c) Wichtige zeitliche Angaben gemäß § 4 Abs. 4 FinAnV

Gemäß § 4 Abs. 4 FinAnV sind deutlich hervorzuheben:
- das Datum der ersten Veröffentlichung,
- Datum und Uhrzeit der angegebenen Preise,
- zeitliche Bedingungen vorgesehener Aktualisierungen und
- frühere Veröffentlichungen in den vorangegangenen zwölf Monaten, die sich auf dieselben Finanzinstrumente oder Emittenten beziehen und eine abweichende Empfehlung enthalten.

140

Zusätzlich bestimmt § 6 Abs. 1 S. 2 FinAnV, dass die Angaben im ersten und vierten Spiegelstrich drucktechnisch hervorzuheben sind, also etwa durch Farbe, größere Schrift, Fettdruck oder Ähnliches.[142] Dies muss die Angaben in nicht zu übersehender Weise aus dem sonstigen Text hervorheben und für den Leser deutlich wahrnehmbar machen. Über die drucktechnische Hervorhebung hinaus macht eine weitere Differenzierung zur „deutlichen Hervorhebung" im Sinne des § 4 Abs. 4 FinAnV keinen Sinn, da in schriftlichen Texten die Hervorhebung sowieso nur durch Druck erfolgen kann.[143]

141

---

137 Begründung zur FinAnV, Dezember 2004, S. 7.
138 *Baulig* Rn. 825.
139 *Möllers/Lebherz* BKR 2007, 349 ff, 351.
140 *Möllers/Lebherz* BKR 2007, 349 ff., 351 mit weiteren Verweisen.
141 *Koller* in Assmann/Schneider, § 34b WpHG Rn 83.
142 *Koller* in Assmann/Schneider, § 34b WpHG Rn. 92; *Fuchs* in Fuchs, § 34b WpHG Rn. 36.
143 Vgl. auch *Koller* in Assmann/Schneider, § 34b WpHG Rn. 92.

Im Einzelnen:

aa) Datum der ersten Veröffentlichung

142 Das Datum der ersten Veröffentlichung soll es dem Adressaten erlauben, die Aktualität der Analyse richtig zu beurteilen,[144] und dabei einschätzen zu können, wann erstmalig die Anleger auf die Analyse reagieren konnten. Dies soll Rückschlüsse ermöglichen, ob die vorgenommenen Bewertungen bereits in die aktuellen Kurse eingepreist sind. Daher kommt es nicht entscheidend auf das Datum der Erstellung der Analyse an sich an.

bb) Datum und Uhrzeit der angegebenen Preise der Finanzinstrumente

143 Auch die Angabe des Datums und der Uhrzeit der Preise erlaubt dem Leser den Rückschluss auf die Aktualität der Finanzanalyse. In der Regel wird auf die Schlusskurse der dargestellten Finanzinstrumente abgestellt. In diesem Fall ist aber die Angabe der Uhrzeit überflüssig.[145] Je nach Art der Analyse erfolgt aber auch die Angabe von Tageshöchstkurse und Volatilitäten. Diese wiederum erfordern aber dann die exakte Zeitangabe.

144 Weiterhin hilfreich wäre auch die Angabe der jeweiligen Börse[146] oder weiterer Handelsplätze, auf die sich die angegebenen Preise beziehen, da die Kurse je nach Liquidität erheblich variieren können. Dies ist allerdings noch keine verpflichtende Angabe.

cc) Zeitliche Bedingungen vorgesehener Aktualisierungen

145 Die zeitlichen Bedingungen vorgesehener Aktualisierungen bedeuten zum Beispiel einen regelmäßigen Aktualisierungsturnus, die angestrebte Häufigkeit der Aktualisierungen oder die Abhängigkeit einer Aktualisierung von gewissen Ereignissen,[147] wie zum Beispiel die Bilanzpressekonferenz eines Unternehmens.

146 Anzugeben ist auch, wenn sich bereits angekündigte Aktualisierungen zeitlich ändern oder eine gänzliche Einstellung entgegen der vorherigen Ankündigung erfolgt.

dd) Hinweis auf frühere Veröffentlichungen

147 Auf Abweichungen von eigenen Finanzanalysen innerhalb der letzten zwölf Monate ist hinzuweisen. Dies umfasst alle früheren Veröffentlichungen, die die gleichen Finanzinstrumente oder Emittenten analysieren. Die Vorschrift gilt theoretisch auch bei Überschneidungen von Analyseteilen, sofern jeweils dieselben Finanzinstrumente empfohlen werden. Die Angabe ist nur erforderlich, wenn eine abweichende Empfehlung für eine bestimmte Anlageentscheidung gegeben wird, also eine Herauf- oder Herabstufung in den Kategorien Halten, Kaufen oder Verkaufen erfolgt.[148] Dabei sind die Änderungen kurz zu bezeichnen und das Erstveröffentlichungsdatum der früheren Analyse(n) zu nennen. Prinzipiell gilt eine Empfehlung zwar noch nicht als abweichend, wenn lediglich ein anderes Kursziel bestimmt wird. Allerdings wäre hier auch aus Gründen der Transparenz eine entsprechende Offenlegung wünschenswert.

148 Fraglich ist, auf was sich die Angabe der „eigenen" Finanzanalyse bezieht. Dies könnte man auf die Person des Erstellers begrenzen, da in der Regel der führende Finanzanalyst als Ersteller angegeben ist und die Empfehlung persönlich prägt. Richtigerweise wird man hier aber alle Empfehlungen des verantwortlichen Unternehmens mit einbeziehen. Zum einen ergibt sich dies aus dem Wortlaut von § 4 Abs. 1 FinAnV, zum anderen wird gerade bei Wertpapierdienstleistern das Unternehmen an sich als Ersteller und Herausgeber des Analysereports wahrgenommen.

---

144 *Koller* in Assmann/Schneider, § 34b WpHG Rn. 84; *Baulig* Rn. 833.
145 *Baulig* Rn. 834; *Koller* in Assmann/Schneider, § 34b WpHG Rn. 84.
146 *Baulig* Rn. 834.
147 Begründung zur FinAnV, Dezember 2004, S. 7.
148 Vgl. auch *Baulig* Rn. 836; *Hettermann/Althoff* WM 2006, 265, 269.

3. Pflichtangaben zu den Interessenkonflikten gemäß § 5 FinAnV

Die Pflicht zur Vermeidung von Interessenskonflikten wird ausführlich in Rn. 208 ff. erläutert.[149]

Allerdings ist es nicht in allen Fällen möglich oder zumutbar, die bestehenden oder potentiellen Interessenskonflikte zu vermeiden. Daher bestimmt § 5 Abs. 1 FinAnV, dass die Umstände oder Beziehungen, die Interessenskonflikte bei den Beteiligten begründen und damit ihre Unvoreingenommenheit gefährden könnten, transparent und deutlich offenzulegen sind. Damit soll der Markt vor dem Eindruck geschützt werden, dass die Finanzanalyse allein aufgrund der unabhängigen Würdigung objektiver Informationen erstellt wurde, während sich in Wirklichkeit weitere Interessen oder gar Interessenskonflikte auf die Meinung und Schlussfolgerung ausgewirkt haben.[149] Daher sind potentielle Interessenskonflikte gem. § 5 FinAnV transparent und deutlich offenzulegen.

Wichtig ist, dass § 5 FinAnV (unbeschadet von § 5a FinAnV) für alle Finanzanalysen nach § 34b Abs. 1 WpHG gilt, auch wenn diese als eine Werbemitteilung gem. § 31 Abs. 2 S. 4 WpHG gekennzeichnet ist.[150]

Folgende Besonderheiten gelten im Rahmen der Offenlegungsplichten für potentielle Interessenskonflikte:

a) Offenlegung ohne Preisgabe der Identität, § 5 Abs. 5 FinAnV

§ 5 Abs. 5 FinAnV erlaubt den für die Erstellung verantwortlichen Unternehmen die Offenlegung eines potentiellen Interessenkonflikts, ohne dass die Identität des Lieferanten der Finanzanalyse gegenüber den Anlegern offenbart werden muss. Daher reicht allein die Erklärung der Tatsachen für den Interessenkonflikt, ohne dass genau bestimmt wird, bei welchem Ersteller oder verbundenen Unternehmen dieser Interessenkonflikt eingetreten ist.

Daher ist es nicht erforderlich, dass die Beauftragung zur Erstellung einer Finanzanalyse an Dritte offengelegt wird, solange die Anleger über alle Interessenskonflikte, die die Unvoreingenommenheit jeglicher an der Erstellung mitwirkenden Personen beinträchtigen könnten, informiert werden.[151] Daher können diese Interessenskonflikte als eigene oder als solche der eingebundenen Personen oder Unternehmen offengelegt werden.

b) Konflikte bei Offenlegungen

Denkbar ist zudem, dass die Offenlegung eines Interessenkonfliktes dazu führen würde, dass das Unternehmen eine Kundenbeziehung preisgeben würde. So unterliegen Banken generell dem allgemeinen Grundsatz des Bankgeheimnisses, der auch schon die Tatsache des Bestehens einer Kundenbeziehung zu einem bestimmten Kunden schützt. Häufig sind außerdem gerade im Investmentbanking die Vertraulichkeitsvereinbarungen oder Non-Disclosure-Agreements, die es den Parteien untersagen, eine Transaktion oder Teile daraus zu veröffentlichen oder diesbezügliche Informationen weiterzugeben.

In der Regel werden allerdings bedeutende Transaktionen entsprechend veröffentlicht worden sein und die Kunden dieser Transaktionen gegebenenfalls der Offenlegung zugestimmt haben.

Zudem besteht der Schutz des Bankgeheimnisses oder sonstiger vertraulicher Informationen immer nur so weit, wie es der gesetzliche Rahmen zulässt. Da es hier klare gesetzliche Vorgaben gibt, dass die Interessenskonflikte offenzulegen sind, hat sich auch die Bank danach zu richten und muss gegebenenfalls auch Geschäftsbeziehungen angeben, soweit dies zur transparenten und verständlichen Darstellung möglicher Interessenskonflikten erforderlich ist. Dies gilt ins-

---

149 Begründung zur FinAnV, Dezember 2004, S. 8.
150 Begründung zur Ersten Verordnung zur Änderung der FinAnV vom 1.10.2007, S. 3; vgl. die Erläuterungen zu den Werbemitteilungen in Rn. 50 ff.
151 Begründung zur FinAnV, Dezember 2004, S. 13.

besondere bei den abstrakten Gefährdungstatbeständen gem. § 5 Abs. 3 FinAnV. Sofern der Kunde allerdings der Offenlegung nicht zustimmt, muss das Institut auf die Erstellung oder Verbreitung von Finanzanalysen bezogen auf diesen Kunden/Emittenten verzichten.

c) Drucktechnische Hervorhebung

158 Die Angaben nach § 5 Abs. 3 FinAnV sind wiederum drucktechnisch deutlich hervorzuheben, § 6 Abs. 1 S. 2 FinAnV. Auf die Ausführungen Rn. 140 ff. wird verwiesen.

4. Gebot der Verhältnismäßigkeit

159 § 6 Abs. 2 FinAnV bestimmt für Finanzanalysen, die in Textform dargeboten werden, folgendes Verhältnismäßigkeitsgebot: Soweit die hier aufgeführten Pflichtangaben im Vergleich zum Gesamtumfang der Finanzanalyse unverhältnismäßig wären, können diese in der Finanzanalyse durch eine deutliche Nennung einer Internetseite oder eines anderen Ortes, an dem diese Angaben unmittelbar und leicht zugänglichen sind, ersetzt werden.[152]

160 In diesem Zusammenhang regelt § 6 Abs. 3 FinAnV, dass bei mündlichen dargebotenen Finanzanalysen die Pflichtangaben nicht mit vorgetragen werden müssen, es genügt, wenn ebenfalls mündlich, die Stelle bezeichnet wird, an der die Pflichtangaben entsprechend nachgelesen werden können,[153] wie zum Beispiel eine Website; oder während der Darbietung ein entsprechender deutlich wahrnehmbarer Text eingeblendet wird.

161 Nachfolgende CHECKLISTE gibt einen Überblick über die erforderlichen Pflichtangaben:

Vorschrift	Angabe	Check	Kommentar
§ 34b Abs. 1 S. 2 Nr. 1 WpHG	Identität der Person, die für Weitergabe oder Verbreitung der Finanzanalyse verantwortlich ist		Drucktechnisch hervorgehoben
§ 2 Abs 1 FinAnV	Namen der Ersteller		Drucktechnisch hervorgehoben
§ 2 Abs. 1 FinAnV	Berufsbezeichnung der Ersteller, in deren Ausübung die Finanzanalyse erstellt wird		Drucktechnisch hervorgehoben
§ 2 Abs. 1 FinAnV	Verantwortliches Unternehmen		Drucktechnisch hervorgehoben
§ 2 Abs. 2 S. 1 FinAnV	Zuständige Aufsichtsbehörde, ggf. auch die der Zweigniederlassung		
§ 2 Abs. 2 S. 2 FinAnV	Vorschriften der Selbstregulierung bei anderen Erstellern		
§ 3 Abs. 1 FinAnV	Deutliche Unterscheidung zwischen Tatsachenangaben und eigenen sowie fremden Werturteilen (Interpretationen, Schätzungen, Vorhersagen und Preisziele)		
§ 3 Abs. 2 FinAnV	Zuverlässigkeit der Informationsquelle oder bestehende Zweifel		
§ 4 Abs. 2 S. 1 FinAnV	Wesentliche Informationsquellen, insbesondere die Emittentin		
§ 4 Abs. 2 S. 2 FinAnV	Änderung nach der Durchsicht des Emittenten		

---

152 Vgl. Wortlaut von § 6 Abs. 2 FinAnV.
153 Begründung zur FinAnV vom Dezember 2004, S. 14; *Fuchs* in Fuchs § 34b WpHG Rn 38.

Vorschrift	Angabe	Check	Kommentar
§ 4 Abs. 3 FinAnV	Erläuterung der Anlagerisiken Anlagezeitraum Bewertungssensitivität		
§ 4 Abs. 4 Nr. 1 FinAnV	Datum der ersten Veröffentlichung		Drucktechnisch hervorgehoben
§ 4 Abs. 4 Nr. 3 FinAnV	Zeitliche Bedingungen vorgesehener Aktualisierungen		Deutlich hervorgehoben
§ 4 Abs. 4 Nr. 2 FinAnV	Datum und Uhrzeit der angegebenen Preise		Deutlich hervorgehoben
§ 4 Abs. 4 Nr. 4 FinAnV	Abweichende Empfehlungen in den letzten 12 Monaten		Drucktechnisch hervorgehoben
§ 5 Abs. 1 S. 3 FinAnV	Nennenswerte finanzielle Interessen am Emittenten		Nur Kreditinstitute etc.
§ 5 Abs. 3 FinAnV	Angaben zu den Interessenskonflikten – Nr. 1: Wesentliche Beteiligungen – Nr. 2: – Market Maker oder Designated Sponsor – Lead Manager oder Co-Lead für eine Emission der Emittenten innerhalb der vorangegangen 12 Monate – Erbringung von Investment-Banking-Dienstleistungen; – Vereinbarung mit dem Emittenten zur Erstellung einer Finanzanalyse – alle sonstigen bedeutenden finanziellen Interessen in Bezug auf die Emittenten		Drucktechnisch hervorgehoben
§ 5 Abs. 4 Nr. 2 FinAnV	Vergütung in Abhängigkeit von Investmentbanking Geschäften und Eigenerwerb vom Emittenten (einschließlich Erwerbszeitpunkt und Preis)		Nur für Wertpapierdienstleister
§ 5 Abs. 4 Nr. 2 FinAnV iVm Standesregeln	Eigenbestände oder andere finanzielle Beteiligungen oder Interessen der an der Erstellung mitwirkenden Analysten		
§ 5 Abs. 4 Nr. 3 FinAnV	Quartalsübersicht aller in Finanzanalysen enthaltenen Empfehlungen		Nur für Wertpapierdienstleister
§ 6 Abs. 2 FinAnV	Verweis auf Quelle oder Internetseite		Drucktechnisch hervorgehoben
§ 7 Abs. 1 Nr. 1 iVm § 5 Abs. 3 u. 4 FinAnV	Offenlegungspflichten bei Weitergabe		nur für Kreditinstitute
§ 7 Abs. 1 Nr. 2, § § 2-5 FinAnV	Offenlegung bei Weitergabe einer wesentlich veränderten Finanzanalyse		Nur für Kreditinstitute
§ 34b Abs. 2 WpHG	Bei Zusammenfassungen: Verweis auf den Ort, wo die Offenlegung des Erstellers leicht zugänglich ist		
§ 31 Abs. 2 Nr. 2	Hinweis auf Werbemitteilung und ausführlicher Hinweistext		Bei Werbemitteilungen

E. Öffentliche Verbreitung und Weitergabe einer Finanzanalyse

162 Die Anforderungen an die Veröffentlichung oder Weitergabe einer Finanzanalyse durch den Ersteller oder dritte Personen wird in § 34b Abs. 1 S. 2, Abs. 2 WpHG geregelt. Die Vorschrift wird durch § 7 FinAnV und MaComp BT 5.4 ergänzt.[154]

163 Grundsätzlich wird unterschieden zwischen
- Öffentliche Verbreitung oder Weitergabe der selbst erstellten Finanzanalyse (siehe Rn. 164 ff.)
- Weitergabe einer im Wesentlichen unveränderten Finanzanalyse Dritter (siehe Rn. 169 ff., 174 ff.)
- Weitergabe einer wesentlich veränderten Finanzanalyse Dritter (siehe Rn. 185 ff.)
- Weitergabe einer Zusammenfassung (siehe Rn. 199 ff.).

I. Öffentliche Verbreitung und Weitergabe

1. Öffentlich verbreiten

164 Eine Finanzanalyse wird gem. § 34b Abs. 1 S. 2, Abs. 5 S. 3 WpHG öffentlich verbreitet, wenn sie der Öffentlichkeit oder einer großen Anzahl von Personen zugänglich gemacht wird. Dies kann gem. BT 5.4 Ziffer 1 der MaComp zum Beispiel über Postversand (Mailings), per E-Mail, durch Einstellen ins Internet oder anderweitig erfolgen. Die Regelbeispiele, vor allem das Merkmal Postversand machen bereits deutlich, dass eine „große Anzahl von Personen" im Sinne der MaComp bereits dann gegeben ist, wenn ein Wertpapierdienstleister die Finanzanalyse an seinen Kundenkreis oder auch nur an einen Teil seines Kundenkreises weiterleitet.[155] Unerheblich ist dabei, ob die Finanzanalyse dem Empfänger bereits bekannt ist oder ob er auch tatsächlich von ihr Kenntnis nimmt.[156] Außerdem genügt es bereits, dass das Erreichen der Öffentlichkeit wahrscheinlich ist,[157] so dass das Zugänglichmachen gegenüber einer großen Zahl von Empfängern bereits ausreicht.

2. Weitergabe

165 Nach MaComp 5.4 Ziffer 3 wird die Finanzanalyse dann weitergegeben, wenn diese von einer anderen Person als derjenigen, die für die Erstellung verantwortlich ist, zugänglich gemacht wird. Die Zahl der Empfänger ist bei der Weitergabe nicht entscheidend.

166 Entgegen der Ansicht der BaFin soll es nach einigen vertretenen Meinungen für die Weitergabe nicht ausreichen, wenn die Finanzanalyse nur einzelnen Personen oder einem beschränkten Personenkreis zugänglich gemacht wird. Denn der Schutzzweck von § 34b WpHG ist die Integrität des Kapitalmarkts und der Schutz des Anlegerpublikums,[158] so dass auch bei der Weitergabe die Zugänglichmachung an eine große Anzahl von Personen gefordert ist (z.B. alle Kunden eines Wertpapierdienstleisters). Zumindest muss die Finanz-

---

154 *Schäfer* § 34b WpHG Rn. 9.
155 *Scholz* in Becker/Berndt/Klein, Rn. 494.
156 *Fett* in Schwark/Zimmer, § 34b Rn. 13.
157 Richtlinienkonforme Auslegung des § 34b WpHG unter Berücksichtigung von Art. 6 Abs. 5 der Marktmissbrauchsrichtlinie 2003/6/EG i in Verbindung mit Art. 1 Nr. 3 und 7 der Durchführungsrichtlinie 2003/125/EG; vgl. *Fuchs* in Fuchs, § 34b WpHG Rn. 31; *Scholz* in Becker/Berndt/Klein, Rn. 493.
158 *Fett* in Schwark/Zimmer, § 34b Rn. 13; *Fuchs* in Fuchs, § 34b WpHG Rn. 31; *Koller* in Assmann/Schneider, § 34b WpHG Rn. 21 ff.

analyse bei ihrer Erstellung auf Verbreitung angelegt worden sein.[159] Damit unterscheiden sich die beiden Merkmale „Verbreiten" und „Weitergabe" hauptsächlich dadurch, dass die Weitergabe immer durch eine andere Person als den Ersteller erfolgt.[160]

Keine Weitergabe liegt vor, wenn der ursprüngliche Ersteller der Information nur ein internes Dokument erstellen wollte und daher die Anforderungen von § 34b WpHG offensichtlich nicht eingehalten hat.[161] Wird diese Analyse nun an einen externen Kunden übermittelt, so kann gem. § 34b Abs. 5 S. 3 WpHG eine Finanzanalyse im weiteren Sinne vorliegen, § 34b Abs. 1 WpHG ist jedoch nicht einschlägig. Gibt nun dieser Kunde die Finanzanalyse an einen unbestimmten Personenkreis weiter, so wird er als Ersteller der Finanzanalyse behandelt[162] und hat alle Anforderungen von § 34b Abs. 1 WpHG einzuhalten.

167

Das Tatbestandsmerkmal „Weitergabe" setzt außerdem nicht voraus, dass die Finanzanalyse noch nicht verbreitet worden ist.[163] Presseberichte über eine von Dritten erstellte Empfehlung oder Finanzanalyse stellen ebenfalls keine Weitergabe dar.[164]

168

II. Sachgerecht erstellte Finanzanalyse

Eine Finanzanalyse darf nur weitergegeben oder öffentlich verbreitet werden, wenn sie sachgerecht erstellt und dargeboten wird und die weiteren Angaben zusammen mit ihr offengelegt werden.

169

Grundsätzlich muss sich derjenige, der eine Finanzanalyse weitergibt oder verbreitet, vergewissern, dass die Sorgfaltspflichten bei der Erstellung und Darstellung beachtet wurden.[165]

170

Allerdings dürfte es oftmals für einen Dritten schwierig zu prüfen sein, ob beispielsweise die internen Organisationspflichten bei der Erstellung von Research entsprechend eingehalten wurden. Daher bestimmt die MaComp, dass der Weitergeber grundsätzlich darauf vertrauen kann, dass die Erstellung der Analyse sorgfältig und sachgerecht erfolgt ist, wenn die Analyse durch ein von der BaFin beaufsichtigtes Wertpapierdienstleistungsunternehmen oder durch eine nach § 34c WpHG angezeigten Personen[166] oder durch im Europäischen Wirtschaftsraum beaufsichtigtes Unternehmen erstellt worden ist.[167]

171

In diesen Fällen muss also das für die Weitergabe verantwortliche Unternehmen und die jeweils tätige natürliche Person prüfen, ob:
- die Finanzanalyse aus einer zuverlässigen, d.h. der Aufsicht unterliegenden Quelle stammt,
- die Weitergabe prinzipiell vom Ersteller erlaubt wurde,
- die Finanzanalyse nicht evident fehlerhaft ist, und
- die notwendigen Pflichtangaben enthalten.[168]

172

---

159 Vgl. *Koller* in Assmann/Schneider, § 34b WpHG Rn. 107.
160 *Fuchs* in Fuchs, § 34b WpHG Rn. 31; *Fett* in Schwark/Zimmer, § 34b Rn. 13; *Koller* in Assmann/Schneider, § 34b WpHG Rn. 106.
161 Vgl. MaComp BT 5.4 Ziffer 5.
162 *Koller* in Assmann/Schneider, § 34b WpHG Rn. 108 und 28; *Fett* in Schwark/Zimmer, § 34b Rn. 12.
163 *Koller* in Assmann/Schneider, § 34b WpHG Rn. 108; a.A. *Spindler* NZG 2004, 1138 ff., 1146.
164 *Koller* in Assmann/Schneider, § 34b WpHG Rn. 108.
165 *Eisele/Faust* in Schimanski/Bunte/Lwowski, § 109 Rn. 88d.
166 Vgl. MaComp BT 5.4 Nr. 4.
167 Vgl. MaComp BT 5.4 Nr. 6; zu grenzüberschreitenden Finanzanalysen siehe auch Rn. 19 ff.
168 *Koller* in Assmann/Schneider, § 34b WpHG Rn. 110 m.w.N.

173 Dies gilt allerdings nicht in Fällen, in denen die Finanzanalyse außerhalb des europäischen Wirtschaftsraumes erstellt, weitergegeben oder veröffentlicht worden ist. In diesem Fall bleibt derjenige, der die Finanzanalyse in Deutschland weitergibt oder öffentlich verbreitet dafür verantwortlich, im Rahmen des ihm Möglichen selbst zu prüfen, ob die Finanzanalyse die gesetzlichen Vorgaben erfüllt.[169] Sofern dies nicht der Fall ist, ist eine öffentliche Verbreitung oder Weitergabe in Deutschland unzulässig.

III. Offenlegungspflichten gemäß § 34b Abs. 1 S. 2 WpHG

174 Weiterhin darf die Finanzanalyse nur weitergegeben oder öffentlich verbreitet werden, wenn die Identität der verantwortlichen Personen und die potentiellen Interessenskonflikte offengelegt werden.

1. Identität der Person, die für die Weitergabe oder Verbreitung verantwortlich ist

175 § 34b Abs. 1 S. 2 WpHG wird durch § 2 FinAnV konkretisiert. Daher müssen die Namen der Ersteller, ihre Berufsbezeichnung und die Bezeichnung des für die Erstellung verantwortlichen Unternehmens angegeben werden (zu den Einzelheiten siehe auch zuvor in Rn. 79 ff. und die Erläuterungen zu den Pflichtangaben in Rn. 125 ff.).

Darüber hinaus ist gem. § 34b Abs. 1 S. 2 Nr. 1 WpHG die Identität der Person anzugeben, die für die Weitergabe oder Verbreitung verantwortlich ist. Dabei sind auch die natürlichen Personen anzugeben, die tatsächlich über die Weitergabe entscheiden.[170]

2. Identität des verantwortlichen Unternehmens

176 Zudem ist auch die Identität des für die Erstellung und Weitergabe verantwortlichen Unternehmens anzugeben. Diese Verantwortlichkeit ist gegeben, wenn die Finanzanalyse zur Veröffentlichung oder Weitergabe als Produkt dieses Unternehmens zählt.[171] Das ist der Fall, wenn die Finanzanalyse von Personen erstellt wurde, denen die Organe des Unternehmens kraft Arbeitsrecht Weisungen bezüglich des Inhalts der Analyse geben durften oder über die sie die Oberaufsicht hatten.[172]

177 Gemäß § 2 Abs. 2 S. 1 FinAnV müssen[173] Unternehmen wie Kreditinstitute und Finanzdienstleister zudem die öffentlichen Stellen angeben, deren Aufsicht sie unterliegen. Wird zum Beispiel die Finanzanalyse von einem Wertpapierdienstleister mit Sitz im Ausland gem. § 53 Abs. 1 KWG erstellt und von seiner inländischen Niederlassung weitergegeben, so sind sowohl die Aufsichtsbehörden des Heimatstaats als auch die des Aufnahmestaats anzugeben.[174]

3. Beauftragung und White Labelling

178 Erstellt ein Unternehmen die Finanzanalyse und liefert diese dann an ein anderes Unternehmen, das die Finanzanalyse weitergibt oder veröffentlicht, so ist das liefernde Unter-

---

169 Vgl. MaComp BT 5.4 Nr. 7, da hier nicht sichergestellt ist, dass eine Überwachung der Einhaltung der europäischen Vorgaben durch eine zuständige Stelle erfolgt.
170 *Koller* in Assmann/Schneider, § 34b WpHG Rn. 113.
171 Begründung zur FinAnV vom Dezember 2004, S. 4.
172 *Koller* in Assmann/Schneider, § 34b WpHG Rn. 33.
173 Gemäß § 2 Abs. 2 S. 1 FinAnV gilt dies auch für Unternehmen gem. § 53 Abs. 1 KWG und Zweigniederlassungen gem. § 53b KWG.
174 Vgl. *Fett* in Schwark/Zimmer, § 34b Rn. 22.

nehmen stets als Ersteller zu qualifizieren. Dies gilt auch dann, wenn der Ersteller und der Weitergeber demselben Konzern oder Finanzverbund (wie zum Beispiel bei Sparkassen) angehören.[175]

Damit gilt aber auch die Lieferung der Finanzanalyse vom Beauftragten an den Auftraggeber nicht als Weitergabe im Sinne des § 34b Abs. 1 S. 2 WpHG. **179**

Anders ist die Sachlage nur zu beurteilen, wenn der Ersteller lediglich im Rahmen eines Auftragsverhältnisses als reiner Subunternehmer des Auftraggebers handelt. Erforderlich ist, dass der Beauftragte kein eigenes Analyseprodukt erstellt, sondern lediglich nach den Vorgaben des Auftraggebers den Inhalt einer vom Auftraggeber zu verantwortenden Finanzanalyse liefert.[176] Bei diesen sogenannten White-Label-Analysen bestimmt der Auftraggeber die zu analysierenden Finanzinstrumente oder Emittenten und legt fest, zu welchem Zeitpunkt die Analyse verbreitet oder veröffentlicht ist. Dies wird regelmäßig unter der „Marke" (Label) des Auftraggebers erfolgen. Daher wird der Auftraggeber als für die Erstellung verantwortliche Person angesehen und ist folgerichtig in der Finanzanalyse auch als Ersteller zu benennen.[177] Damit ist er auch für die sachgerechte Erstellung und Darbietung verantwortlich, auch wenn die Erstellung eigentlich durch ein anderes Unternehmen oder Person erfolgt. **180**

4. Offenlegung von Interessenskonflikten bei Weitergabe

a) Allgemeine Offenlegungspflichten gemäß § 34b Abs. 1 S. 2 Nr. 2 WpHG in Verbindung mit § 5 Abs. 1 FinAnV

Diese Vorschrift betrifft die Interessenskonflikte, die den Ersteller direkt betreffen und die offenzulegen sind. Regelmäßig werden diese Interessenskonflikte bereits hinlänglich in der Finanzanalyse bei ihrer Erstellung offengelegt.[178] Zu den einzelnen Erfordernissen wird auf Rn. 108 ff. und 149 ff. verwiesen. **181**

b) Offenlegungstatbestände für bestimmte Adressaten, § 7 Abs. 1 FinAnV

Kreditinstitute, Finanzdienstleister und Unternehmen oder Zweigniederlassungen gem. § 53 Abs. 1 bzw. § 53b KWG haben darüber hinaus auch eigene Interessenkonflikte offenzulegen, einschließlich der Konflikte der natürlichen Personen, die über die Weitergabe entscheiden (vgl. § 7 Abs. 1 FinAnV). Dies betrifft insbesondere die Angaben der abstrakten Interessenskonflikte gem. § 5 Abs. 3 und 4 FinAnV. **182**

Einzelheiten zu diesen Offenlegungspflichten für mögliche Interessenskonflikte werden in Rn. 108 ff. erläutert. **183**

Auf diese Offenlegung kann nur dann verzichtet werden, wenn die Finanzanalyse bereits vom Ersteller veröffentlicht wurde, § 7 Abs. 1 Nr. 1 FinAnV,[179] da hier bereits unabhängig von einer weiteren Entscheidung des Weitergebers die Öffentlichkeit informiert wurde und daher der Einfluss des Weitergebers auf die bereits zuvor veröffentlichte, im wesentlichen unveränderte Finanzanalyse gering sein wird. **184**

---

175 Begründung zur FinAnV vom Dezember 2004, S. 5; *Koller* in Assmann/Schneider, § 34b WpHG Rn. 34; *Fuchs* in Fuchs, § 34b WpHG Rn. 40.
176 Begründung zur FinAnV vom Dezember 2004, S. 5; *Fuchs* in Fuchs, § 34b WpHG Rn. 40; *Koller* in Assmann/Schneider, § 34b WpHG Rn. 35.
177 Begründung zur FinAnV vom Dezember 2004, S. 5.
178 *Koller* in Assmann/Schneider, § 34b WpHG Rn. 114.
179 *Fuchs* in Fuchs, § 34b WpHG Rn. 46; *Koller* in Assmann/Schneider, § 34b WpHG Rn. 115.

IV. Weitergabe von wesentlich veränderten Finanzanalysen Dritter, § 7 Abs. 2 FinAnV

185 Die wesentliche Veränderung einer Finanzanalyse ist eigentlich ein Unterfall der Erstellung, auf die § 34b Abs. 1 WpHG anwendbar wäre. Dies schränkt § 7 Abs. 2 FinAnV aber erheblich ein.

1. Weitergabe als Analyse Dritter

186 Voraussetzung ist, dass es sich um eine Finanzanalyse eines Dritten handelt und diese auch als solche weitergegeben wird.

187 Falls sich der Weitergebende die Analyse zu eigen macht, gilt er als Ersteller, auch wenn die Analyse als Plagiat erkennbar wäre.[180]

2. Wesentliche Veränderung

188 Voraussetzung von § 7 Abs. 2 FinAnV ist, dass entweder die die Form bzw. die Darbietung oder der Inhalt der Finanzanalyse wesentlich geändert wurde. Wesentlich verändert gilt eine Analyse, wenn die Empfehlung in die andere Richtung geht[181] oder wenn die Informationsquellen oder Bewertungsgrundlagen so verändert werden, dass ein neues Durchdenken der Analyse angebracht ist, wie zum Beispiel Änderung der Kennzahlen, Unternehmensdaten oder Prognosen.[182]

189 Falls die Änderung so grundlegend ist und neue Tatsachen eine neue Beurteilung des Finanzinstruments begründen, kann sie sogar als Neuerstellung qualifiziert werden.[183]

3. Pflichten bei wesentlichen Veränderung

190 Folgende Pflichten sind bei einer wesentlichen Veränderung einer Finanzanalyse zu beachten:

a) Kennzeichnung

191 Gemäß § 7 Abs. 2 S. 1 FinAnV sind die Änderungen der Finanzanalyse vor der Weitergabe genau zu kennzeichnen. Bestellt die Änderung in einer abweichenden Empfehlung, müssen die für die Weitergabe verantwortlichen Personen die Pflichtangaben gem. §§ 2–6 FinAnV mit weitergeben.[184]

b) Sorgfaltspflicht wie bei Neuerstellung

192 Hinsichtlich der geänderten Teile besteht die gleiche Pflicht zur sachgerechten und sorgfältigen Erstellung wie bei einer erstmaligen Erstellung[182] (Einzelheiten vgl. Rn. 91 ff.).

c) Zugang zur unveränderten Finanzanalyse

193 Außerdem müssen die Weitergeber einer wesentlich veränderten Analyse dafür sorgen, dass den Empfängern gleichzeitig die unveränderte Analyse einschließlich ihrer Angaben unmittelbar und leicht zugänglich ist, soweit diese Angaben öffentlich verfügbar sind (§ 7 Abs. 3 FinAnV). Wichtig ist, dass diese Organisationsanforderung intern schriftlich zu fixieren ist.

---

180 *Koller* in Assmann/Schneider, § 34b WpHG Rn. 118.
181 *Fuchs* in Fuchs, § 34b WpHG Rn. 46; *Baulig* Rn. 853.
182 *Koller* in Assmann/Schneider, § 34b WpHG Rn. 120.
183 Begründung zur FinAnV vom Dezember 2004, S. 16; *Fett* in Schwark/Zimmer, § 34b WpHG Rn. 33; *Koller* in Assmann/Schneider, § 34b WpHG Rn. 118.
184 *Fett* in Schwark/Zimmer, § 34b WpHG Rn. 33.

4. Angaben zu Interessenskonflikten bei der Weitergabe veränderter Finanzanalysen

Bei der Weitergabe einer wesentlich veränderten Finanzanalyse sind besondere Konstellationen zur Angaben von Interessenskonflikten erforderlich. 194

a) Interessenkonflikte bezüglich des ursprünglichen Erstellers

Bereits in der ursprünglichen Analyse sollten die Angaben zu den Interessenskonflikten des ursprünglichen Erstellers oder der verantwortlichen Person enthalten sein (ausführlich siehe in Rn. 108 ff., 149 ff.). 195

b) Interessenkonflikte bezüglich des unverändert weitergegebenen Teils der Analyse

Hinsichtlich der Interessenskonflikte im unverändert weitergegebenen Teil gelten die vorbezeichneten Pflichtangaben, da § 7 Abs. 1 Nr. 1 FinAnV kumulativ zu Nr. 2 zu lesen ist.[185] Daher sind auch im Verhältnis des Weitergebers zum unveränderten Teil die abstrakten Interessenskonflikte gem. § 5 Abs. 3 und 4 FinAnV anzugeben. 196

c) Interessenkonflikte bezüglich der wesentlichen Veränderungen

Da die wesentlichen Veränderungen als eingeschränkte Neuerstellung gelten, bestimmt § 7 Abs. 1 Nr. 2 FinAnV dass in Ansehung der wesentlichen Veränderungen die Angaben im Sinne der §§ 2–5 FinAnV beizufügen sind. Daher sind alle Konflikte offenzulegen, die die unvoreingenommene Abänderung der Finanzanalyse beeinträchtigen könnten.[186] 197

Ebenso ist gem. § 2 FinAnV die Identität der Personen, die die Finanzanalyse wesentlich verändert haben bzw. die wesentlichen Veränderungen zu verantworten haben, zu benennen und die Angaben im Sinne von §§ 3, 4 FinAnV zu machen (siehe oben Rn. 108 ff. zur Offenlegung möglicher Interessenskonflikte und Rn. 124 ff. zu den weiteren Pflichtangaben). 198

V. Weitergabe der Zusammenfassung von Drittanalysen, § 34b Abs. 2 WpHG

Gemäß § 34b Abs. 2 WpHG gelten besondere Plichten bei der Weitergabe einer von Zusammenfassung einer Finanzanalyse. 199

1. Abgrenzung zu § 7 FinAnV

Grundsätzlich sind die Bestimmungen von § 7 FinAnV nicht einschlägig, da dieser nur die Weitergabe der ungekürzten Analysen betrifft.[187] 200

2. Tatbestandsmerkmale

Auch wenn die Formulierung des § 34b Abs. 2 WpHG auf ein „Ausgangsdokument" hinweist, erstreckt sich die Vorschrift auf alle Darbietungsformen der Finanzanalyse, also auch auf die nicht schriftlich dargebotenen Analysen.[188] 201

---

185 *Koller* in Assmann/Schneider, § 34b WpHG Rn. 123.
186 *Koller* in Assmann/Schneider, § 34b WpHG Rn. 124.
187 *Hettermann/Althoff* WM 2006, 265 ff., 271.
188 *Koller* in Assmann/Schneider, § 34b WpHG Rn. 131.

202 Eine Zusammenfassung liegt vor, wenn eine von einem Dritten erstellte Analyse bei unveränderter Sachverhaltsgrundlage auf ihre wesentlichen Aussagen reduziert wird.[189] Die Zusammenfassung muss aber die beiden Hauptelemente einer Finanzanalyse enthalten, nämlich die „Information", zumindest im Kernbestand, und die „Empfehlung".[190] Insbesondere erfolgt bei Medienberichterstattung eine Zusammenfassung der ursprünglichen Finanzanalyse, die aber insoweit dem Journalistenprivileg gemäß § 34b Abs. 4 WpHG unterliegt (vgl. Rn. 17 ff.).

3. Voraussetzungen

203 Die Zusammenfassung unterliegt folgenden Voraussetzungen:[191]
– es muss erkennbar sein, dass eine Finanzanalyse eines Dritten weitergegeben wird,
– Textänderungen lassen den Tenor der Empfehlungen unberührt,
– die Finanzanalyse wurde in unveränderter Form bereits veröffentlicht oder weitergegeben,
– auf das Ausgangsdokument und die dortigen Offenlegung wird leicht zugänglich verwiesen,
– Gebot der Klarheit und Verbot der Irreführung sind einzuhalten, und
– die Zusammenfassung wird weitergegeben bzw. einem (un)bestimmten Personenkreis zugänglich gemacht.

204 Zulässig ist auch die sogenannte Weitergabekette, bei der eine von Dritten erstellte Zusammenfassung weitergegeben wird oder eine weitergegebene Zusammenfassung nochmals weitergegeben wird.[192]

4. Pflichtangaben

205 Anzugeben ist prinzipiell, dass es sich bei der Publikation lediglich um die Zusammenfassung einer Finanzanalyse eines Dritten handelt.

206 Sofern das Ausgangsdokument öffentlich verbreitet wurde, so ist auf die Pflichtangaben (§§ 2–5 FinAnV) der Ursprungsfassung in leicht zugänglicher Form zu verweisen.

207 Angaben zur Person des Zusammenfassenden oder des Weitergebenden brauchen darüber hinaus nicht gemacht werden.[193] Allerdings empfiehlt sich aus Gründen der Transparenz und nicht zuletzt Visibilität gegenüber den eigenen Kunden eine Angabe des weitergebenden Unternehmens einschließlich der zuständigen Aufsichtsbehörde, soweit anwendbar.

F. Organisationspflichten der Unternehmen

208 Gemäß § 2 Abs. 3a Nr. 5 WpHG ist die Erstellung, Weitergabe und Verbreitung einer Finanzanalyse als Wertpapiernebendienstleistung qualifiziert. Neben den spezifischen Pflichten nach §§ 34b WpHG und §§ 5, 5a FinAnV sind daher auch die allgemeinen Organisationspflichten der Wertpapierdienstleistungsunternehmen gem. §§ 33 ff. WpHG zu beach-

---

189 *Baulig* Rn. 856.
190 *Fett* in Schwark/Zimmer, § 34b WpHG Rn. 34; *Fuchs* in Fuchs, § 34b WpHG Rn. 48; *Koller* in Assmann/Schneider, § 34b WpHG Rn. 132; bloße Empfehlungen gelten nicht als Zusammenfassung.
191 Vgl. *Baulig* Rn. 857.
192 *Koller* in Assmann/Schneider, § 34b WpHG Rn. 134.
193 *Baulig* Rn. 857; *Koller* in Assmann/Schneider, § 34b WpHG Rn. 136.

ten, soweit diese auf die jeweilige Art der Analyse anwendbar sind. Dabei ist zu beachten, dass allein die Erbringung einer Wertpapiernebendienstleistung ein Unternehmen noch nicht zum Wertpapierdienstleister qualifiziert, da die Begriffsbestimmung in § 2 Abs. 4 WpHG zumindest die Erbringung einer Wertpapierdienstleistungen, und dies wiederum in einem erheblichen Umfang, erfordert.

I. Unterscheidung nach Art der Finanzanalyse

Bei den Organisationspflichten ist prinzipiell danach zu unterscheiden, ob es sich um eine Finanzanalyse im engeren oder im weiteren Sinne handelt. Prinzipiell gelten für die Finanzanalysen im **engeren** Sinne nur die § 34b Abs. 5 S. 1 und 2 WpHG und § 5 FinAnV. 209

Für Finanzanalysen im **weiteren** Sinne gem. § 34b Abs. 5 S. 3 sind hingegen noch die besonderen Anforderungen des § 5a FinAnV einzuhalten. Diese beiden Vorschriften gelten nur für Wertpapierdienstleistungsunternehmen. 210

Die Unterscheidung liegt wie in Kapitel B.I erläutert in der Entstehungsgeschichte der Norm. Während die Regeln des § 34b WpHG auf der Marktmissbrauchsrichtlinie[194] beruhen und dem Schutz des Kapitalmarktes dienen, gehen die Sätze 3 und 4 des § 34b Abs. 5 WpHG auf die MiFID zurück und haben wie § 5a FinAnV den Anlegerschutz im Vordergrund.[195] 211

Für Finanzanalysen, die sowohl den engeren wie auch den weiteren Analysebegriff erfüllen, sind alle Vorschriften kumulativ anzuwenden.[196] Damit haben Wertpapierdienstleister, die eine Finanzanalyse im engeren Sinn erstellen und auch an ihre Kunden weitergeben, die Organisationspflichten gem. §§ 34b Abs. 5 WpHG und §§ 5 und 5a FinAnV voll zu erfüllen. 212

Sofern keine Analyse vorliegt, weil keine Weitergabe der Information an die Öffentlichkeit oder die Kunden erfolgt – also zum Beispiel Sales Notes oder Morning Notes für die rein interne Verwendung – sind § 34b WpHG, § 5a FinAnV nicht anzuwenden.[197] 213

Anders allerdings, wenn eine von Dritten erstellte Analyse wesentlich verändert wurde und dann an die Öffentlichkeit weitergegeben wird. Hier unterliegen die Wertpapierdienstleistungsunternehmen grundsätzlich § 5a FinAnV.[198] 214

§ 5a FinAnV gilt auch nicht für Finanzanalysen, die eindeutig als Werbemitteilung gekennzeichnet sind und den deutlichen Hinweis nach § 31 Abs. 2 S. 4 Nr. 2 WpHG enthalten, vgl. § 5a Abs. 4 FinAnV. 215

II. Finanzanalyse im engeren Sinne

Die Organisationspflichten bei Erstellung und Verbreitung einer Finanzanalyse im engeren Sinne richten sich nach § 34b WpHG, § 5 FinAnV. Die weiteren Vorschriften des WpHG bleiben hier außer Betracht, solange es sich bei dem Unternehmen nicht um einen Wertpapierdienstleister im Sinne von § 2 Abs. 4 WpHG handelt. 216

---

194 Richtlinie 2003/6/EG.
195 MiFID, Richtlinie 2004/39/EG; vgl. Art. 24 Abs. 1 und Erwägungsgrund 28 der MiFID-Durchführungsrichtlinie 2006/73/EG; vgl. auch *Fett* in Schwark/Zimmer, § 34b WpHG Rn. 35.
196 Begründung zur ersten Verordnung zur Änderung der FinAnV vom 1.10.2007, S. 3; *Koller* in Assmann/Schneider, § 34b WpHG Rn. 179; *Göres* BKR 2007, 85 ff., S. 87.
197 Siehe ausführlich in Rn. 76 ff.
198 Begründung zur ersten Verordnung zur Änderung der FinAnV vom 1.10.2007, S. 3.

Im Einzelnen:

1. Interessenskonfliktmanagement

217 Gemäß § 34b Abs. 5 S. 1 WpHG müssen Unternehmen, die Finanzanalysen erstellen oder weitergeben, so organisiert sein, dass die Interessenskonflikte möglichst gering sind. Dieser Grundsatz gilt für alle Unternehmen, also auch für die klassischen Analystenhäuser, die außer der Erstellung der Finanzanalyse keine weiteren Wertpapier(neben-)dienstleistungen erbringen.

218 Dabei gilt bei Interessenskonflikten der Grundsatz, dass zunächst die Interessenskonflikte vermieden und minimiert werden müssen, bevor sie hilfsweise offengelegt werden.[199] Die Vermeidung der Interessenkonflikte ist allerdings nur soweit erforderlich, soweit die Maßnahmen noch zumutbar sind.

219 Daher hat jedes Unternehmen die erforderlichen Maßnahmen zu ergreifen, um die Unabhängigkeit und Unvoreingenommenheit der Finanzanalysten zu sichern und insbesondere den Informationsaustausch zwischen den einzelnen Abteilungen des Unternehmens zu steuern.[200] Der Umfang dieser Maßnahmen ist dabei abhängig von Größe, Struktur und Geschäftsmodell des Unternehmens.[201] Daher werden auch im Ergebnis die Unterschiede nach §§ 34b Abs. 5 S. 1 und 2 einerseits zu S. 3 und 4 WpHG andererseits bei großen Häusern vergleichsweise gering sein.

220 Die gängigen Maßnahmen zur Vermeidung und Verringerung von Interessenkonflikten sind dabei die Trennung in der Aufbauorganisation und das Interessenkonfliktmanagement in der Person des Erstellers.

2. Aufbauorganisation

a) Kontroll- und Hierarchiestrukturen

221 Grundsätzlich ist die Unternehmensorganisation so aufzubauen, dass Interessenskonflikte vermieden werden. Dabei ist die Research-Abteilung von den anderen Abteilungen so zu trennen, dass der Informationsfluss entsprechend kontrollierbar ist und ein unsachgemäßer Einfluss verhindert wird.

222 Der Researchbereich ist dabei von anderen Geschäftsbereichen aufbauorganisatorisch zu trennen und die disziplinarische Führung der angestellten Analysten muss unabhängig von den Handels- und Investmentbanking-Abteilungen sein. Die Analysten müssen unvoreingenommen ihre Analysen erstellen können. So dürfen zum Beispiel wegen unvorteilhafter Analysen keine Kündigungen ausgesprochen werden. Ebenfalls ist es nicht zulässig, dass die Analysen vor Veröffentlichung einem anderen Geschäftsbereich vorgelegt oder gar von diesem genehmigt werden müssen.[202]

223 Auch das Entlohnungssystem für Analysten ist möglichst interessenskonfliktfrei auszugestalten, um eine unvoreingenommene Analyse zu ermöglichen. Die Vergütung darf sich nicht an dem Verkaufserfolg der empfohlenen Finanzinstrumente bemessen oder am Umsatz der mittelbar oder unmittelbar analysierten Emittenten.[203]

---

199 *Koller* in Assmann/Schneider, § 34b WpHG Rn. 145 und § 33 Rn. 46 f.; *Fuchs* in Fuchs, § 33 WpHG Rn. 94 ff.
200 *Fuchs* in Fuchs, § 34b WpHG Rn 54; *Koller* in Assmann/Schneider, § 34b WpHG Rn. 146.
201 *Fuchs* in Fuchs, § 34b WpHG Rn. 55; *Fett* in Schwark/Zimmer, § 34b WpHG Rn. 36.
202 *Koller* in Assmann/Schneider, § 34b WpHG Rn. 147.
203 Siehe auch nachfolgend in Rn. 256 ff., dessen Grundsätze auch auf Finanzanalysen im engeren Sinne zu übertragen sind; *Koller* in Assmann/Schneider, § 34b WpHG Rn. 148.

Zusätzlich sollten die Analysten schriftliche Arbeitsanweisungen bekommen, die die Sorgfaltspflichten erläutern und die Verhaltensregeln bei Interessenskonflikten darlegen.[204]

b) Vertraulichkeitsbereiche

Generell sollten die Finanzanalysten eigene Vertraulichkeitsbereiche haben, die entsprechend über Zutrittsbarrieren geschützt sind. Auch innerhalb der Researchabteilung ist der Informationsfluss zu kontrollieren und eine Informationsweitergabe nur anhand des „Need-to Know" Prinzips zulässig.

3. Interessenskonfliktmanagement in der Person des Erstellers

Besonderes Augenmerk ist auch auf die Gefahr von Interessenskonflikten in der Person des Erstellers zu legen, um eine voreingenommene Bewertung zu vermeiden. Über entsprechende Anweisungen oder Klauseln im Arbeitsvertrag sollte es dem Analysten verboten sein, Geschenke oder Vergütungen von den mittelbar oder unmittelbar analysierten Emittenten[205] oder von mit diesen verbundenen Unternehmen anzunehmen.

Ebenso sollte es den Analysten untersagt sein, Organfunktionen (zum Beispiel Geschäftsführer, Vorstandsposten oder Aufsichtsratsposition) beim analysierten Emittenten oder einem mit ihm verbundenen Unternehmen anzunehmen.[206]

Auch bei Finanzanalysen im engeren Sinne sind die Geschäfte des Analysten in den analysierten Finanzinstrumenten zu kontrollieren. Auch wenn § 33b Abs. 5 und 6 WpHG die strikte Überwachung und Sicherstellung der Mitarbeitergeschäfte nur den Wertpapierdienstleistern auferlegt, so ist auch bei Analystenhäusern oder Einzelpersonen der Erwerb von betreuten Finanzinstrumenten oder entsprechenden Derivaten schon aus standesrechtlichen Gründen und Reputationsgesichtspunkten zu verbieten.[207] Dies dient nicht nur zur Vermeidung von Interessenskonflikten, damit sollen auch strafrechtliche Tatbestände wie zum Beispiel Scalping, Insiderhandel oder Betrug vermieden werden. Darüber hinaus wäre es auch empfehlenswert, abgesehen von evidenten Notlagen in extremen Einzelfällen, den Analysten die Veräußerung von analysierten Finanzinstrumenten im Eigenbestand zu verbieten.[208]

III. Finanzanalysen im weiteren Sinne: Weitere Organisationspflichten für Wertpapierdienstleister

Zusätzlich bestimmt § 5a FinAnV weitere konkrete Vorgaben für Wertpapierdienstleister, die Finanzanalysen erstellen (lassen), um die Unabhängigkeit der Mitarbeiter, die an der Erstellung beteiligt sind, sicherzustellen. Daher sind vor allem in folgenden Bereichen wirksame Vorkehrungen zu treffen:

---

204 Zur Research Policy siehe auch genauer unter Rn. 307 ff.; *Koller* in Assmann/Schneider, § 34b WpHG Rn. 149.
205 *Koller* in Assmann/Schneider, § 34b WpHG Rn. 151; *Baulig* Rn. 812 f.
206 *Koller* in Assmann/Schneider, § 34b WpHG Rn. 151.
207 *Koller* in Assmann/Schneider, § 34b WpHG Rn. 152; vgl. beispielsweise Ziffer 4 des Verhaltenskodex des DVFA.
208 Vgl. CESR Technical Advice on possible implementation of Measures of the directive 2004/39/EC (Ref. CESR/05-290 b), S. 21.

1. Aufbauorganisation

a) Kontroll- und Hierarchiestruktur

230 § 5a Abs. 1 FinAnV verpflichtet alle betroffenen Wertpapierdienstleister zu einem besonderen Interessenkonfliktmanagement, das die Unabhängigkeit der Mitarbeiter, die an der Erstellung der Finanzanalyse beteiligt sind, sicherstellt.

231 Um diese Unabhängigkeit sicherzustellen, muss die Researchabteilung hierarchisch und disziplinarisch von den anderen Geschäftsbereichen getrennt sein, mit denen regelmäßig erhebliche Interessenskonflikte auftreten.[209] Diese Geschäftsbereiche sind beispielsweise der Marktbereich, Corporate Finance und die Beteiligungsabteilung. Research sollte daher eine unabhängige Berichtslinie von diesen Bereichen zur Geschäftsleitung haben.[210]

232 Konkret darf von diesen Bereichen keine Weisungsbefugnis in Richtung der Finanzanalysten gehen, die es ermöglichen würde, den Inhalt der Analysen zu beeinflussen. Auch Kündigungen einzelner Analysten oder Vergütungsfragen sind nicht von diesen Abteilungen mitzuentscheiden (vgl. auch zuvor Rn. 221 ff.).

233 Durch eine entsprechende Kontroll- und Hierarchiestruktur muss verhindert werden, dass die Research-Abteilung von den Interessen anderer Geschäftsbereiche beeinflusst wird.[211] So dürfen gerade Investmentbanking-Abteilungen die Analysen nicht kontrollieren oder Vorgaben zu deren Erstellung machen.

b) Vertraulichkeitsbereiche und Chinese Walls

234 Ein effizientes Mittel um Interessenkonflikte zu minimieren und den Informationsfluss zu steuern ist die Errichtung von Vertraulichkeitsbereichen[212] durch sogenannte Informationsbarrieren oder „Chinese Walls". Dabei werden einzelne Abteilungen und Unternehmensbereiche organisatorisch und informatorisch so voneinander abgegrenzt, dass die bereichsintern anfallenden Informationen nur unter besonderen Bedingungen diesen Bereich verlassen dürfen. Hierdurch soll die ununterbrochene und uneingeschränkte interessenskonfliktfreie Handlungsfähigkeit der einzelnen Bereiche des Wertpapierdienstleisters sichergestellt werden, indem das in einem Bereich entstehende compliancerelevante Informationsaufkommen auf diesen Bereich beschränkt wird.[213]

235 Die Ausgestaltung der Informationsbarrieren bleibt dem Unternehmen selbst überlassen. Regelmäßig erfolgt eine räumlich getrennte Unterbringung in Vertraulichkeitsbereiche mit physischen Zugangsbeschränkungen.[214]

236 Über Zugriffsberechtigungen auf bestimmte Daten lässt sich auch eine EDV-mäßige getrennte Datenverwaltung aufsetzen, die die jeweiligen Laufwerke der einzelnen Bereiche vor dem Zugriff aus anderen Bereichen schützt.

237 Die Größe der Vertraulichkeitsbereiche wird regelmäßig abteilungsweise bestimmt werden, so dass die Mitarbeiter mit der gleichen Funktion in der gleichen Organisationseinheit innerhalb des Vertraulichkeitsbereichs effizient miteinander kommunizieren können aber gegenüber den anderen Abteilungen informatorisch abgeschottet sind.

238 Die tatsächliche Beachtung der Informationsbarrieren ist über ein Bündel von Maßnahmen umzusetzen, über das zumeist die Compliance-Funktion wachen wird. Zum einen ist

---

209 *Görres* BKR 2007, 85 ff., 91.
210 *Eisele/Faust* in Schimanski/Bunte/Lwowski, § 109 Rn. 157.
211 *Fuchs* in Fuchs, § 34b WpHG Rn. 55.
212 Vgl. AT 6.2 Ziffer 3 MaComp; *Fuchs* in Fuchs, § 34b WpHG Rn. 55.
213 AT 6.2 Ziffer 3a MaComp.
214 *Fuchs* in Fuchs, § 33 WpHG Rn. 109; AT 6.2 Ziffer 3a MaComp.

durch Arbeitsanweisung die Einrichtung der Vertraulichkeitsbereiche und deren Schutzwirkungen festzulegen und entsprechende Verhaltensanweisungen nahezubringen. Essentiell sind dabei auch die Schulung der Mitarbeiter sowie die laufende Beratung. Zum anderen ist auch die regelmäßige Kontrolle der Anweisungslage und Überwachung ihrer Einhaltung durch Compliance gefordert (im Einzelnen siehe nachfolgend Rn. 272 ff., 297 ff.).

c) Vertraulichkeitsbereich-überschreitender Informationsfluss

Allerdings ist es bei den arbeitsteilig aufgestellten großen Wertpapierdienstleistungsunternehmen oftmals erforderlich, Informationen aus dem einen Vertraulichkeitsbereich in den anderen weiterzugeben. Gerade bei komplexen Transaktionen ist es erforderlich, Mitarbeiter mit Know-how aus anderen Bereichen einzubeziehen oder eine größere Produktpalette anzubieten.[215] Auch im Researchbereich kann es sinnvoll sein, dass ein Analyst ein gewisses Marktsounding aus dem Handelsbereich einholt, allerdings ohne dabei die konkrete Analyse preiszugeben. Umgekehrt ist das Know-how eines auf einen bestimmten Sektor spezialisierten Analysten hilfreich bei der Strukturierung und Bewertung von komplexen Transaktionen, soweit damit keine konkrete Finanzanalyse verbunden wird.

239

Dieser bereichsüberschreitende Informationsfluss, auch Wall Crossing genannt, ist nur unter folgenden Voraussetzungen zulässig:

240

1. die Informationsweitergabe dient einem gerechtfertigten (interessenskonfliktfreien) Zweck,
2. die Weitergabe ist für diesen Zweck erforderlich und
3. die Weitergabe wird auf das notwendige Maß beschränkt.

Dieses Need-to-know-Prinzip gibt den zulässigen Rahmen vor, innerhalb dessen compliance-relevante Informationen weitergegeben werden dürfen.

241

Die Einhaltung der Informationsbarrieren und der Regeln zu ihrem Überschreiten ist laufend durch eine unabhängige Einheit, wie die Compliance-Funktion, zu kontrollieren.[216]

242

d) Überwachung des Informationsflusses

Die Überwachung des Informationsflusses erfolgt regelmäßig über die Beobachtungsliste (Watch List) und die Sperrliste (Restricted List).

243

aa) Watch List

Wichtig ist in diesem Zusammenhang die sogenannte Watch List. Diese enthält eine laufend zu aktualisierende Zusammenstellung von Finanzinstrumenten, über die dem Wertpapierdienstleistungsunternehmen compliance-relevante Informationen vorliegen. Hierzu zählen insbesondere kurserhebliche Insiderinformationen, aber auch sonstige compliance-relevante Informationen wie Kenntnisse über bevorstehende Kundenaufträge, Großorder oder Eigengeschäfte.[217]

244

Diese Liste wird regelmäßig von der Compliance-Funktion streng vertraulich geführt und ermöglicht ihr die Kontrolle der Mitarbeiter- oder Eigenhandelsgeschäfte mit diesen Finanzinstrumenten.[218] So kann auch die Einhaltung der Vertraulichkeitsbereiche überprüft werden. Grundsätzlich unterliegen die vermerkten Werte aber keiner Handels- oder Beratungsbeschränkung.

245

---

215 Vgl. AT 6.2 Ziffer 3b MaComp.
216 *Fuchs* in Fuchs, § 33 WpHG Rn. 109.
217 *Fuchs* in Fuchs, § 33 WpHG Rn. 133.
218 AT 6.2 Ziffer 3c MaComp.

246 Die einzelnen Mitarbeiter des Wertpapierdienstleisters sind verpflichtet, bei Erhalt von compliance-relevanten Informationen unverzüglich eine Meldung zur Watch List zu veranlassen.

247 Die Compliance-Funktion überprüft so zum Beispiel vor Veröffentlichung einer Finanzanalyse die intern vorhandene Compliance-relevante Information zu den analysierten Finanzinstrumenten anhand der Watch List und kann dadurch potentielle Interessenskonflikte oder gar Missbräuche identifizieren und entsprechend kontrollieren.

bb) Restricted List (Sperrliste)

248 Eine weitere Vorkehrung stellt die sogenannte Restricted List oder Sperrliste dar. Die Restricted List ist ebenfalls eine ständig zu aktualisierende Liste von Finanzinstrumenten (oder Emittenten). Im Gegensatz zur Watch List ist die Restricted List aber unternehmensintern bekannt und dient dazu, etwaige Beschränkungen für Mitarbeiter- und Eigengeschäfte sowie Beratungsgeschäfte mitzuteilen.[219] Die auf der Restricted List befindlichen Informationen sind in der Regel bereits öffentlich bekannt, bei den betroffenen Wertpapieren besteht aber aufgrund der Informationslage im Unternehmen ein stark erhöhtes Risiko von Insiderverstößen oder Interessenskonflikten.[220] So werden beispielsweise im Rahmen von Börseneinführungen (IPO) unter den Konsortialführern eine gewisse Black-Out-Periode vereinbart, innerhalb derer keine Empfehlung veröffentlicht wird.[221]

249 Die Mitarbeiter dürfen grundsätzlich in den auf der Restricted List aufgeführten Werten keine Geschäfte, auch nicht privat, tätigen[222] oder Kunden- oder Beratungsgeschäfte ausführen, mit Ausnahme solcher Kundengeschäft, die ohne vorherige Beratung auf Initiative des Kunden erfolgen.[219] In der Regel wird hier auch ein Verbot oder eine Einschränkung bezüglich der Veröffentlichung und Weitergabe von Research aufgenommen sein oder gegebenenfalls ein Black-Out Periode vermerkt werden.

2. Besondere Anforderungen zur Ablauforganisation und Kommunikationsregeln

a) Informationsaustausch mit Analysten

250 Gemäß § 5a Abs. 1 Nr. 1 FinAnV ist der Informationsaustauch zwischen den Analysten und anderen Mitarbeitern, deren Tätigkeit einen Interessenskonflikt nach sich ziehen könnte, zu kontrollieren und gegebenenfalls zu unterbinden. Dies betrifft vor allem den Informationsaustausch zwischen Analysten und Mitarbeitern der Corporate Finance Bereiche, des Handels und der Beteiligungsabteilung.

251 Maßnahmen zur Kontrolle oder Verhinderung eines derartigen Informationsaustausches sind insbesondere die Errichtung von Vertraulichkeitsbereichen mit Chinese Walls (Informationsbarrieren), die die Finanzanalysten von den anderen Mitarbeitern trennen.[223] Diese Informationsbarrieren bestehen beispielsweise in Zutrittsbeschränkungen (abgeschlossener Researchbereich) und EDV-technisch getrennte Datenzugriffe auf Laufwerke (vgl. hier Rn. 230 ff.).

252 Einerseits besteht ein gewisses Interesse und auch die Sorgfaltsplicht des Analysten, sachdienliche Hinweise zum Beispiel über aktuell vorherrschende Marktbedingungen oder Anlegererwartungen von den entsprechenden Kollegen in den Geschäftsbereichen einzuholen.

---

219 Vgl. AT 6.2 Ziffer 3c MaComp.
220 *Fuchs* in Fuchs, § 33 WpHG Rn. 137 f.
221 Vgl. *Baulig* Rn. 883.
222 *Fuchs* in Fuchs, § 33 WpHG Rn. 137.
223 *Eisele/Faust* in Schimanski/Bunte/Lwowski, § 109 Rn. 157; *Baulig* Rn. 862; vgl. auch MaComp AT 6.2 Ziffer 3.

Andererseits besteht bei diesem Informationsaustausch immer die Gefahr, dass der Händler „verbrannt" wird, weil er zum Beispiel durch allzu konkrete Nachfragen unmittelbar darauf schließen kann, dass die Veröffentlichung einer Finanzanalyse zu bestimmten Papieren oder Emittenten kurz bevorsteht. Da es sich hierbei um eine compliance-relevante Information gem. § 33b Abs. 5 Nr. 1 WpHG handelt, darf der Händler keine Eigengeschäfte oder private Transaktionen in diesen Werten mehr tätigen, bis die Analyse entsprechend veröffentlicht ist. 253

Zudem könnte es hier zur ungewollten direkten oder indirekten Einflussnahme auf den Analysten kommen, um eine zu positive Analyse zu den betreuten Werten zu veranlassen oder den Analysten gar entsprechend zu manipulieren, damit beispielsweise eine positive Analyse den Abverkauf eines größeren Aktienpakets beschleunigt.[224] 254

Daher ist prinzipiell geraten, den Informationsaustausch zwischen den Analysten und anderen Vertraulichkeitsbereichen durch eine unabhängige Abteilung wie die Compliance-Funktion zu steuern. Über die Erkenntnisse der Watch List kann Compliance frühzeitig auch Großorder oder andere insiderrelevante Transaktionen erkennen und entsprechend in den Informationsfluss eingreifen. Daher sehen viele Wertpapierdienstleister im Wall Crossing Verfahren (vgl. Rn. 239 ff., 302 ff.) auch eine Genehmigung durch die Compliance-Funktion vor. 255

b) Vergütung der Analysten

Gemäß § 5a Abs. 1 Nr. 2 FinAnV hat die Vergütung der Finanzanalysten unabhängig von der Vergütung anderer Mitarbeiter oder von den erwirtschafteten Unternehmenserlösen oder Prämien zu sein, sofern diese einen Interessenskonflikt auslösen können. Daher darf die Vergütung nicht direkt gekoppelt werden an Einzeltransaktionen, Handelsergebnisse[225] oder gar die Umsatzerlöse der empfohlenen Finanzinstrumente. 256

Grundsätzlich zulässig wäre dabei ein Bonus, der sich in Abhängigkeit vom Gesamtergebnis des Wertpapierdienstleisters bemisst.[226] Dies wäre jedoch gem. § 5 Abs. 4 Nr. 2 FinAnV offen zu legen. Auch die persönliche Leistung des Mitarbeiters kann in die Bonusbewertung mit einfließen, die etwa durch Analyseranking oder Beurteilung des Vorgesetzten ermittelt wird.[227] Grundsätzlich ist die Compliance-Funktion bei der Festlegung der Grundsätze für die Bonusvergütung einzubeziehen.[228] Weitere Einzelheiten werden in Rn. 288 ff.) erläutert. 257

c) Unsachgemäße Einflussnahmen

Gemäß § 5a Abs. 1 Nr. 3 FinAnV ist eine unsachgemäße Einflussnahme auf die Tätigkeit der Analysten zu verhindern. Das bedeutet grundsätzlich eine Weisungsunabhängigkeit des Researchs und eine vom Handel und Investmentbanking getrennte Berichtslinie[225] zur Geschäftsleitung (vgl. zuvor unter Rn. 230 ff. Aufbauorganisation). Die Verhinderung der unsachgemäßen Einflussnahme gilt aber auch gegenüber externen Personen,[229] wie zum Beispiel Kunden oder Emittenten. 258

---

224 Vgl. ausführlich *Baulig* Rn. 881.
225 *Eisele/Faust* in Schimanski/Bunte/Lwowski, § 109 Rn. 157.
226 Begründung zur Ersten Verordnung zur Veränderung der FinAnV vom 1.10.2007, S. 4; *Fuchs* in Fuchs, § 34b WpHG Rn. 54.
227 *Baulig* Rn. 869.
228 MaComp BT 1.2.4 Ziffer 6; *Baulig* Rn. 870.
229 Begründung zur Ersten Verordnung zur Veränderung der FinAnV vom 1.10.2007, S. 4.

d) Beteiligung an anderen Wertpapier(neben)dienstleistungen

259 Gemäß § 5a Abs. 1 Nr. 4 FinAnV ist eine Beteiligung des Analysten an anderen Wertpapierdienstleistungen im engen zeitlichen Zusammenhang mit der Erstellung einer Finanzanalyse zu verhindern oder zu kontrollieren. Dies gilt insbesondere bei Tätigkeiten im Investmentbanking,[230] wie zum Beispiel die Teilnahme an Roadshows und anderen Marketingaktivitäten des Emittenten, Unternehmensfinanzierungen, oder Ausschreibungen zum Akquirieren von Neugeschäft (sog. Pitches).[231]

260 Allerdings spricht die Verordnung hier kein absolutes Verbot aus, vielmehr kann die Beteiligung des Analysten auch kontrolliert werden, in der Regel durch eine unabhängige Einheit wie der Compliance-Funktion.[232]

261 Daher ist auch das sogenannte Deal-Related Research innerhalb eines eng kontrollierten Rahmens zulässig. Dabei werden die Analysten regelmäßig bei Börseneinführungen (IPOs) oder Kapitalerhöhungen einbezogen, um die Aktienbewertung zu erklären und die Investoren zu unterstützen.[233] Dafür sollten allerding bestimmte Verhaltensregeln vorab fixiert (zum Beispiel in einer Research Policy, vgl. Rn. 307 ff.) und mit dem Emittenten vereinbart werden. Wesentliche Regelungsinhalte bei der Beteiligung von Analysten innerhalb eines IPOs sind etwa:[234]

– Analyst darf nicht an der Roadshow des Emittenten teilnehmen,
– keine Analystenbeteiligung bei Festlegung der Preisspannen
– Darstellung der Methoden zur Wertermittlung des im Fokus stehenden Finanzinstrumentes,
– keine Empfehlung, Kursziel oder Wert der Aktie (so dass eigentlich keine Finanzanalyse im Sinne des § 34b WpHG vorliegt), diese dürfen auch nicht indirekt ableitbar sein,
– es dürfen nur öffentliche Informationen oder Informationen, die auch im Prospekt veröffentlich werden, verwendet werden,
– Schätzungen über künftige Geschäftsentwicklung sollten einen Prognosezeitraum von drei bis fünf Jahren nicht überschreiten,
– Black-Out Periode, innerhalb derer nach der Börseneinführung keine Finanzanalyse erstellt oder verbreitet werden darf. Hier werden in Anlehnung an die US-Vorschriften Reg S üblicherweise 10-40 Tage nach Aufnahme des Handels vereinbart.[235]

262 Zur Überwachung der Einhaltung dieser Regeln ist es allerdings unabdingbar, dass der entsprechende IPO und seine genauen Zeitabläufe an die Restricted List gemeldet werden.

e) Überwachungspflichten

263 Gemäß § 5a Abs. 1 Nr. 5 FinAnV sind die Finanzanalysten gesondert auf ihre Unabhängigkeit und Unvoreingenommenheit zu überwachen. Auch dies wird in der Regel durch die Compliance-Funktion[236] mit den üblichen Maßnahmen wie Überwachung der Vergütungsrichtlinien und Eigenverantwortlichkeit der Analysten (ausführlicher unter G.i.2) sowie Einrichtung des Vertraulichkeitsbereichs, Chinese Walls, Restricted List[237] und Überwachung des Wall Crossings erfüllt (ausführlich unter Rn. 302 ff.).

---

230 Begründung zur Ersten Verordnung zur Veränderung der FinAnV vom 1.10.2007, S. 4 f.; *Fuchs* in Fuchs § 34b WpHG Rn. 54.
231 *Göres* BKR 2007, 85 ff., 91 f.
232 Vgl. *Göres* BKR 2007, 85 ff., 92.
233 *Baulig* Rn. 866.
234 Vgl. auch *Baulig* Rn. 867.
235 Die Dauer der Black-Out-Period wird je nach Asset Class (Schuldverschreibungen, Aktien, Derivate) und Art des Emittenten (beispielsweise frequent issuer) stark variieren, vgl. auch nachfolgend unter Rn. 307 ff.
236 Vgl. auch *Fuchs* in Fuchs, § 34b WpHG Rn. 54 m.w.N.
237 Vgl. MaComp AT 6.2 Ziffer 3 lit. c Bullet „Sperrliste".

3. Weitere Organisationspflichten

§ 5a Abs. 2 FinAnV schreibt Wertpapierdienstleistern weitere Organisationspflichten vor. Diese gelten als abstrakte Gefährdungstatbestände unabhängig davon, ob konkrete Risiken bestehen könnten.

a) Annahme von Zuwendungen

Gemäß § 5a Abs. 2 Nr. 2 FinAnV müssen die Wertpapierdienstleister insbesondere gewährleisten, dass weder sie selbst noch ihre Analysten Zuwendungen im Sinne des § 31d Abs. 2 WpHG von Personen annehmen, die ein wesentliches Interesse am Inhalt der Finanzanalysen haben.

Nicht unter den Zuwendungsbegriff fällt die geschuldete Gegenleistung bei einer beauftragten Finanzanalyse.[238] Allerdings wäre diese gem. § 5 Abs. 3 Nr. 2 d FinAnV als potentieller Interessenskonflikt offen zu legen.

In der Regel werden hier kleinere Einladungen, wie zum Beispiel ein Mittagsbuffet im Rahmen einer Analystenkonferenz, zulässig sein. Allerdings ist auch hier zu empfehlen, nicht nur den Vorgesetzten, sondern auch die Compliance-Funktion bei der Annahme von Einladungen und Geschenken hinzuzuziehen.[239]

Klargestellt hat die BaFin auch, dass die Emittenten wegen des Auftretens möglicher Interessenskonflikte grundsätzlich keine Reise- oder Unterbringungskosten übernehmen sollten. Auch Geschenke von Emittenten an Analysten sind grundsätzlich abzulehnen.[240] Vielmehr sind diese Kosten vom Analysten selbst oder dem Wertpapierdienstleistungsunternehmen zu tragen.

b) Günstige Anlageempfehlung für den Emittenten

Gemäß § 5a Abs. 2 Nr. 3 FinAnV sind Absprachen untersagt, bei denen ein Wertpapierdienstleistungsunternehmen oder seine Mitarbeiter den Emittenten eine für sie günstige Empfehlung versprochen wird. Sofern dem Emittenten die ihn betreffende Finanzanalyse zur Überprüfung der aufgelisteten Unternehmensinformationen gesendet wird, muss sichergestellt sein, dass die Analyse zu diesem Zeitpunkt keine Anlageempfehlung oder Kursziel enthält, vgl. § 5a Abs. 2 Nr. 4 FinAnV, vgl. nachfolgend, und sämtliche Änderungen gem. § 4 Abs. 3 FinAnV offengelegt werden, vgl. Rn. 130 ff.

c) Entwürfe von Finanzanalysen

Gemäß § 5a Abs. 2 Nr. 4 FinAnV sollen die Entwürfe der Finanzanalysen nicht Dritten zugänglich gemacht werden, soweit sie schon eine Empfehlung oder einen Zielpreis enthalten. Dies gilt nicht nur im Verhältnis zum analysierten Emittenten. Zu beachten ist, dass als Dritter hier auch Mitarbeiter des verantwortlichen Unternehmens gelten, solange sie nicht an der Erstellung der Analyse beteiligt sind.[241] Eine Ausnahme besteht nur bei Weiterleitung an die Compliance-Funktion oder andere zuständige Abteilung zur Prüfung der Einhaltung der gesetzlichen Anforderungen,[242] hier ist die Prüfung des vollständigen Entwurfs der Finanzanalyse erlaubt und auch erfordert.

---

238 *Baulig* Rn. 870; *Göres* BKR 2007, 85 ff., 92.
239 *Baulig* Rn. 870.
240 Schreiben der BaFin zur Auslegung einzelner Rechtsbegriffe vom 21.12.2007, S. 6, Ziffer 7, nunmehr BT 5.7 Ziffer 1 der MaComp.
241 *Fuchs* in Fuchs, § 34b WpHG Rn. 54.
242 Begründung zur Ersten Verordnung zur Änderung der FinAnV vom 1.10.2007, S. 6; *Fuchs* in Fuchs, § 34b WpHG Rn. 54.

271 Zulässig ist es im Umkehrschluss, den Entwurf der Sachverhaltsdarstellung der Analyse weiterzugeben, solange er noch keine Kursziele, Preisprognose oder Anlageempfehlung enthält.[243] Bei einer Weitergabe an den Emittenten zur Prüfung der zugrundeliegenden Unternehmensdaten ist aber § 4 Abs. 2 FinAnV zu beachten und eine etwaige Änderung der Analyse nach der Prüfung durch die Emittenten offenzulegen, ausführlich siehe Rn. 131 ff.

4. Überwachung der Mitarbeitergeschäfte, § 33b Abs. 5 und 6 WpHG

a) Allgemeines Verbot des § 33b Abs. 5 Nr. 1 WpHG

272 Grundsätzlich müssen Wertpapierdienstleister, die Finanzanalysen erstellen, organisatorisch so aufgestellt sein, dass Mitarbeiter, die den Inhalt und wahrscheinlichen Zeitplan der noch unveröffentlichten Finanzanalysen kennen, keine Geschäfte mit den in der Analyse beurteilten Finanzinstrumenten tätigen, bis die Empfänger der Finanzanalyse ausreichend Gelegenheit für eine Reaktion hatte (§ 33b Abs. 5 Nr. 1 WpHG).[244] Ausgenommen von diesem Verbot sind hier nur die Market Maker, die in dieser Eigenschaft handeln, und die ihnen gleichgestellten Skontroführer[245] oder auch die Ausführung eines nicht selbst initiierten Kundenauftrags.

273 Dieses Verbot bezieht sich nur auf die konkreten Finanzinstrumente, von denen der jeweilige Mitarbeiter wusste, dass sie in einer Finanzanalyse analysiert werden.[246] Kann das Wertpapierdienstleistungsunternehmen aber sicherstellen, dass ein Ersteller aufgrund von Chinese Walls und sonstigen Vertraulichkeitsbereichen nichts von den Finanzanalysen von anderen Research-Kollegen erfährt, so unterliegt er nur hinsichtlich seiner eigenen Analysen dem Handelsverbot. Daher wird generell die Errichtung der Vertraulichkeitsbereiche als eines der Mittel anerkannt, die Einhaltung des Handelsverbotes sicherzustellen.

274 Allerdings werden regelmäßig die Informationsbarrieren innerhalb der Researchabteilung nicht so hoch sein, wie zwischen Research und zum Beispiel dem Eigenhandel. Oftmals werden die Kollegen in einem insgesamt abgetrennten Raum sitzen und innerhalb der gleichen Berichtslinie disziplinarisch verantwortet. Daher ist hier aus reinem Vorsichtsprinzip zu empfehlen, das gesamte Coverage Universum der Researchabteilung mit dem Handelsverbot für alle Analysten zu unterwerfen, da der Informationsaustausch unter nächsten Kollegen sehr schwer zu steuern und noch schwerer zu kontrollieren ist.

275 So hat sich auch der allgemeine Verhaltensstandard durchgesetzt, dass die Unternehmen über die gesetzlichen Anforderungen hinaus für den gesamten Researchbereich den Analysten ein Handelsverbot in den Finanzinstrumenten oder Emittenten auflegen, die sie in ihrem Team analysieren.[247]

276 Fraglich ist, wie lange "*ausreichend Gelegenheit für eine Reaktion*" definiert ist. Grundsätzlich ist das dann anzunehmen, wenn mindestens die Bereichsöffentlichkeit durch Veröffentlichung über ein weit verbreitetes elektronisch betriebenes Informationsverbreitungssystem hergestellt worden ist.[248]

---

243 Begründung zur Ersten Verordnung zur Änderung der FinAnV vom 1.10.2007, S. 6.
244 Umsetzung von Art. 25 Abs. 2a MiFID Durchführungsrichtlinie 2006/73/EG; vgl. *Koller* in Assmann/Schneider, § 33b WpHG Rn. 19 ff.
245 Vgl. BT 2.5 der MaComp; *BaFin* Rundschreiben 8/2008 zur Überwachung von Mitarbeitergeschäften gem. § 33 WpHG und § 25 KWG, S. 4 Ziffer 5.
246 *Göres* BKR 2007, 85 ff., 90.
247 *Baulig* Rn. 871; vgl. auch die entsprechenden Empfehlungen der DVFA.
248 Vgl. *Göres* BKR 2007, 85 ff., 90; *Koller* in Assmann/Schneider, § 33b WpHG Rn. 20.

b) Weitere Maßnahmen zur Sicherstellung, Pre-Clearing

Zur Verhinderung von Verstößen gegen das Insiderhandelsverbot und Vermeidung von Interessenskonflikten empfiehlt sich zudem die generelle Einführung eines Pre-Clearing Verfahrens.[249] Dabei beantragt der betroffene Mitarbeiter vorab bei der Compliance-Funktion die Zustimmung oder Freigabe zum Erwerb oder der Veräußerung von bestimmten Finanzinstrumenten. Die unabhängige Clearance-Stelle, in der Regel Compliance, überprüft dann anhand einer von Research erstellten Liste von anstehenden Finanzanalysen, der Watch List und der Restricted List, ob ein Interessenskonflikt oder ggf. Insiderverstoß vorliegen würde. 277

Grundsätzlich sollten die Anforderungen an die Mitarbeitergeschäfte und deren Überwachung in einer Betriebsvereinbarung im Sinne des § 87 Abs. 1 Nr. 1 BetrVG festgelegt werden, um für den einzelnen Mitarbeiter verbindlich zu sein.[250] Weitere Anforderungen an die Mitarbeitergeschäfte hat die BaFin in ihrem Rundschreiben zu § 33b WpHG, § 25 KWG veröffentlicht.[251] 278

c) Geschäft entgegen der Empfehlung, § 33b Abs. 5 Nr. 2 WpHG

Gemäß § 33b Abs. 5 Nr. 2 WpHG dürfen die Mitarbeiter, die an der Erstellung von Finanzanalysen beteiligt sind, nur in Ausnahmefällen ein Mitarbeitergeschäft gegen die aktuelle Empfehlung tätigen.[252] Auch hier empfiehlt sich eine vorherige Zustimmung (Pre-Clearing) durch Compliance, um die Gefahr des sogenannten Frontrunning zu vermeiden.[253] Davon ausgenommen sind nur Fälle, in denen die Empfehlung nicht mehr aktuell ist, weil sich zum Beispiel die zugrundegelegten Marktbedingungen so wesentlich geändert haben, dass die Empfehlung in ihren Grundannahmen erschüttert wurde. 279

d) Überwachungspflichten bei Weitergabe, § 33b Abs. 6 WpHG

Die Überwachungspflichten gelten gem. § 33b Abs. 6 WpHG, abgesehen von einigen Ausnahmen, auch für die Mitarbeiter von Wertpapierdienstleistern, die von Dritten erstellten Finanzanalysen öffentlich verbreiten oder an ihre Kunden weitergeben. 280

G. Besondere Anforderungen an die Compliance-Funktion

Gerade im regulatorisch intensiven Bereich wie Research spielt die Compliance-Funktion bei den Wertpapierdienstleistungsunternehmen eine wichtige Bedeutung. Neben der klassischen Kontrollfunktion weist die MaComp der Compliance auch eine wichtige Beratungsfunktion zu. Als unabhängige Einheit können ihr darüber hinaus auch aufbauorganisatorische Funktionen zugewiesen werden. 281

I. Beratung der Analysten und Geschäftsbereiche

Generell sollten Wertpapierdienstleistungsunternehmen eine beratende Compliance-Funktion haben, die im Sinne eines unabhängigen Dritten nicht nur die Einhaltung der Vorschriften überwacht, sondern zugleich die Geschäftsbereiche über die gesetzlichen Bestim- 282

---

249 Vgl. Ausführlich *Baulig* Rn. 873 ff.
250 *Baulig* Rn. 871.
251 *BaFin* Rundschreiben 8/2008 zur Überwachung von Mitarbeitergeschäften gem. § 33 WpHG und § 25 KWG.
252 *Baulig* Rn. 818; *Koller* in Assmann/Schneider, § 33b WpHG Rn. 21.
253 So ist gem. § 5 Abs. 1 FinAnV ja auch als Interessenskonflikt offenzulegen, wenn der Analyst selbst die betroffenen Finanzinstrumente besitzt.

mungen und Organisations- und Arbeitsanweisungen[254] und ihre Auslegung berät. Dazu zählen gem. MaComp BT 1.2.3 insbesondere die Unterstützung bei Mitarbeiterschulungen, die tägliche Betreuung von Mitarbeitern und die Mitwirkung bei der Erstellung neuer Grundsätze und Verfahren.[255]

1. Einordnung der Analysen, Werbemitteilungen und sonstigen Marketing Materialien

283 Ein Kernbereich der beratenden Compliance-Tätigkeit ist zunächst die Einordnung, ob bei einer Information eine Finanzanalyse im engeren oder im weiteren Sinne vorliegt[256] oder ob es sich um eine nicht unabhängig erstellte Werbemitteilung handelt oder gar um bloße Marketingmaterialien im Sinne von Kundeninformation. Sofern eine Werbemitteilung vorliegt, die nicht alle Anforderungen an die Unabhängigkeit und Objektivität der Finanzanalysen erfüllt, so ist zu prüfen, ob diese ausreichend als solche gekennzeichnet ist und den erforderlichen Hinweistext[257] enthält und entsprechend der Vorschriften der §§ 2–5, 7 FinAnV und § 4 WpDVerOV gestaltet ist.

284 Soweit eine Finanzanalyse vorliegt, wird geprüft, ob diese erstellt und verbreitet oder als Finanzanalyse weitergegeben wird, oder ob eine wesentliche Veränderung oder eine Zusammenfassung weitergegeben wird.

285 Je nach Einordnung berät Compliance über die entsprechende Offenlegung der Pflichtangaben und prüft die Möglichkeit des Verweises auf eine Internetseite. Wird von der Verweismöglichkeit Gebrauch gemacht, so sind Prozesse zu etablieren, die sicherstellen, dass die Internetseite rechtzeitig aktualisiert wird und die Angaben korrekt und vollständig erfolgen.[258] Wichtig ist gerade bei der Offenlegung der Interessenskonflikte, dass diese bezogen auf den Zeitpunkt der Erstellung der Analyse nachvollziehbar erläutert werden. In diesem Fall wäre ein reiner Verweis auf eine Internetseite nicht dienlich, auf der zwar die aktuellen Interessenskonflikte offengelegt werden, aber keine Referenzierung auf die vorliegenden Konflikte gerade zum Zeitpunkt der Erstellung erfolgt.[258]

2. Wahrung der Unabhängigkeit der Finanzanalysten

286 Grundsätzlich hat die Compliance-Funktion auch die Unabhängigkeit der Analysten zu wahren.

a) Aufbauorganisatorische Trennung

287 Zuvorderst wird die Unabhängigkeit der Analysten gewahrt, in dem die Research-Abteilung aufbauorganisatorisch von den Handelseinheiten getrennt ist. Dabei ist für die Research-Abteilung ein eigener Vertraulichkeitsbereich zu bilden. Nach dem Prinzip der organisatorischen Unabhängigkeit sollte der Bereich gem. § 5a Abs. 1 FinAnV disziplinarisch unabhängig von den Geschäftsbereichen sein, mit denen regelmäßig erhebliche Interessenskonflikte auftreten.[259] Insbesondere ist eine getrennte disziplinarische Linie von Corporate Finance, Beteiligungen und Wertpapiereigenhandel zur Geschäftsleitung erforderlich (siehe ausführlich in Rn. 230 ff.). Die Einrichtung der Vertraulichkeitsbereiche und Berichtslinien ist von Compliance zu beraten und zu überwachen.

---

254 MaComp BT 1.2.3 Ziffer 5.
255 Vgl. Art. 6 Abs. 2a MiFID-Durchführungsrichtlinie 2006/73/EG; MaComp BT 1.2.3 Ziffer 1.
256 Vgl. auch *Baulig* Rn. 859.
257 Vgl. § 31 Abs. 2 S. 4 Nr. 2 WpHG; vgl. Rn. 50 ff.
258 *Baulig* Rn. 860.
259 *Eisele/Faust* in Schimanski/Bunte/Lwowski, § 109 Rn. 157; vgl. die Ausführungen zur Aufbauorganisation in Rn. 230 ff.

b) Vergütung der Analysten

Die Compliance-Funktion soll auch in die Festlegung der Vergütung der Analysten gem. § 5a Abs. 1 S. 2 Nr. 2 FinAnV eingebunden sein, um die erforderliche Unabhängigkeit (vgl. auch Rn. 256 f. zu den Organisationspflichten) sicherzustellen. Nach MaComp BT 1.2.4 Nr. 6 ist die Compliance-Funktion grundsätzlich bei der Festlegung der Grundätze für die Vertriebsziele und Bonuszahlungen für Mitarbeiter im Bereich der Wertpapier(neben)-dienstleistungen einzubeziehen. In der Regel wird diese Einbindung über einen Vergütungssauschuss gewährleistet, der die einzelnen Bonuskriterien bzw. Töpfe für die Geschäftsbereiche festlegt, ohne jedoch die konkrete Höhe für die einzelnen Mitarbeiter festzulegen. **288**

Die Vergütungs- und Bonusregeln der Analysten dürfen nicht abhängig von den Ergebnissen einzelner Geschäftsbereiche sein. Keinesfalls dürfen sie direkt von Einzeltransaktionen, Handelsergebnissen oder Anlageprovisionen (vgl. § 5a Abs. 1 S. 2 Nr. 2 und Nr. 3 FinAnV) beeinflusst werden (siehe ausführlich unter Rn. 256 f.). **289**

Zulässig ist es dagegen, den variablen Teil der Vergütung eines Analysten an Erfolgsparameter wie Anzahl der erstellten Analysen, inhaltliche Qualität und zeitgerechte Lieferung zu knüpfen. Ebenso ist es zulässig, die Vergütung an das Gesamtergebnis eines Wertpapierdienstleistungsunternehmens zu knüpfen, wenn das Unternehmen so groß ist, dass auch beeinflussbare Einzeltransaktionen im Rahmen des Gesamtergebnisses nicht ins Gewicht fallen würden. **290**

Neben den WpHG-Vorschriften ist für Kreditinstitute auch die Institutsvergütungsverordnung, die aufgrund § 25a Abs. 5 des KWG erlassen wurde, relevant. Gemäß § 3 Abs. 3 InstitutsVergV ist die Vergütung der Mitarbeiter von Kreditinstitute angemessen auszugestalten, so dass Anreize für die Eingehung unverhältnismäßig hoher Risiken verhindert werden und die Überwachung der Kontrolleinheiten nicht zuwider laufen. **291**

Auf Europarechtlicher Ebene sind die Guidelines on remuneration policies and practices (MiFID)[260] auch auf Finanzanalysten anwendbar und empfehlen im Bereich der Wertpapier(neben)dienstleistung und gerade im Hinblick auf Finanzanalysten eine interessenskonfliktfreie Ausgestaltung der fixen und variablen Vergütung, die insbesondere positive Anreize für regelkonformes Verhalten setzen soll. **292**

c) Eigenverantwortlichkeit des Analysten

Durch die Offenlegung der für die Weitergabe und Verbreitung der verantwortlichen Person gem. § 34b Abs. 1 S. 2 Nr. 1 WpHG wird die Eigenverantwortlichkeit des Analysten an sich gestärkt. Sofern durch, z.B. disziplinarische Vorgesetzte oder einflussreiche Kollegen aus der Vertriebseinheit, eine unzulässige Einflussnahme auf das Analyseurteil erfolgt, hat der Analyst ein Eskalationsrecht bzw. sogar eine Meldepflicht.[261] **293**

Auch hier sollte der Analyst jederzeit seinen zuständigen Compliance Officer einschalten können, der diese Einflussnahmemöglichkeit unterbindet[262] und entsprechende Verfahrensgrundsätze oder Prozessänderungen einführen kann, um weiter Einflussnahmen zu verhindern. **294**

---

260 *ESMA* Final Report – Guidelines on remuneration policies and practices (MiFID), 11.6.2013, Ref. ESMA/2013/606.
261 *Eisele/Faust* in Schimanski/Bunte/Lwowski, § 109 Rn. 157.
262 Vgl. auch die Standesregeln der Finanzanalysten wie beispielsweise Ziffer 2 des DVFA Verhaltenskodex.

295 Sofern der Druck auf den Analysten zu groß wird, sollte auch eine anonyme Meldung über die Whistle Blowing Hotline[263] möglich sein, die ihrerseits eine unabhängige Untersuchung der gemeldeten Verdachtsfälle, auch unter Einbindung von Compliance, sicherstellt.

296 Nicht vereinbar mit der Unabhängigkeit eines Analysten wäre es ferner, dass dieser eine Organfunktionen (zum Beispiel als Geschäftsführer oder Aufsichtsrat) bei einem analysierten Emittenten oder einem mit ihm verbundenen Unternehmen ausübt.[264] Hier wird regelmäßig bereits arbeitsvertraglich die Einholung einer Nebentätigkeitsgenehmigung vereinbart sein. Im Falle von Finanzanalysten sollten die Nebentätigkeitsgenehmigungen nur nach vorheriger Rücksprache mit der Compliance-Funktion erteilt werden, die dann ihrerseits die konkrete Konfliktsituation prüfen kann.

II. Überwachung des Compliance-relevanten Informationsflusses

297 Wie in den Organisationspflichten in Rn. 230 ff. ausführlich beschrieben, hat jeder Wertpapierdienstleister Verfahren und Maßnahmen zur Überwachung des compliance-relevanten Informationsflusses einzuführen. Als unabhängige Funktion ist es üblicherweise Aufgabe von Compliance im Sinne von AT 6.2 Ziffer 3 der MaComp, die Effektivität dieser Maßnahmen zu überwachen und periodisch zu kontrollieren, vgl. BT1.2.1 Ziffer 3 der MaComp.

1. Definition der Vertraulichkeitsbereiche

298 Compliance ist einzubeziehen in die Definition und Einrichtung der Vertraulichkeitsbereiche.[265] Dabei geht es insbesondere um die Festlegung, welchen Umfang die einzelnen Vertraulichkeitsbereiche haben sollen. In der Regel wird die Festlegung der Vertraulichkeitsbereiche abteilungsweise erfolgen, um den Mitarbeiter mit gleicher Funktion einen effizienten Informationsaustausch zu ermöglichen (vgl. Rn. 234 ff.).

299 Gerade bei großen Research-Abteilungen kann es aber sinnvoll sein, innerhalb der Abteilung weitere Vertraulichkeitsbereiche zu errichten, um den Informationsfluss und das Interessenkonfliktmanagement besser steuern zu können und die Anzahl der Mitarbeiter möglichst gering zu halten, die i.S.v. § 33b Abs. 5 Nr. 1 WpHG den Inhalt und wahrscheinlichen Zeitplan der einzelnen Analysen kennen. Beispielsweise könnte hier eine Trennung nach Ländern oder Sektoren erfolgen, oder nach Produktgruppen wie Credit Research und Equity Research.

2. Prüfung der Chinese Walls

300 Im Rahmen der Überwachungshandlung muss Compliance periodisch die bestehenden Chinese Walls überprüfen und die Wirksamkeit der funktionalen und räumlichen Trennung der Vertraulichkeitsbereiche testen.

301 Dabei sind insbesondere die physischen Zutrittsbarrieren auf Wirksamkeit zu untersuchen. Regelmäßig ist die Researchabteilung eines Wertpapierdienstleistungsunternehmens in einem abgetrennten Raum mit Zutrittsbeschränkungen untergebracht, um einen unabsicht-

---

263 Whistleblower sind Hinweisgeber, die auf Missstände wie Insiderhandel und Regelverstöße bei ihrem Arbeitgeber hinweisen. Zur Entgegennahme der Hinweise haben viele Kreditinstitute eine unabhängige Hotline installiert, bei der die Hinweisgeber anrufen können und über die dann eine unabhängige Kommission eine entsprechende Untersuchung der Hinweise initiieren kann.
264 *Koller* in Assmann/Schneider, § 34b WpHG Rn. 151; vgl. Rn. 226 ff. zu Interessenskonflikten in der Person des Erstellers.
265 Gemäß BT 1.2.1 Ziffer 6 der MaComp.

lichen Informationsaustausch, wie zum Beispiel Liegenlassen von Dokumenten oder unabsichtliches Mithören bei Gesprächen, zu vermeiden.

3. Wall Crossing Verfahren

In der Steuerung des Informationsflusses selbst nimmt die Compliance-Funktion eine wichtige Rolle ein: Als unabhängige Einheit führt Compliance die zuvor erläuterte Watch List und Restricted List[266] und ist daher als Genehmiger bei Wall Crossings einzuschalten. Wichtig ist daher, dass alle insider- und compliance-relevanten Tatsachen schnellstmöglich an Compliance gemeldet werden. Die Compliance-Meldung schließt regelmäßig auch den Beginn der Erstellung einer Finanzanalyse sowie das unmittelbare Bevorstehen der Veröffentlichung oder Weitergabe von Finanzanalysen mit ein. 302

Möchte nun ein Mitarbeiter eines Vertraulichkeitsbereichs einem Mitarbeiter eines anderen Vertraulichkeitsbereichs compliance-relevante Informationen weitergeben, muss er zuvor eine Freigabe von Compliance erbitten. Dies gibt Compliance die Möglichkeit zu prüfen, ob durch die Informationsweitergabe Interessenskonflikte entstehen, Insiderinformationen und compliance-relevante Informationen analog zum Need-to-know-Prinzip weitergegeben werden oder die Mitarbeitergeschäftsüberwachung auf die entsprechenden Kollegen ausgedehnt werden muss. 303

Zudem ist es sinnvoll, wenn zusätzlich zum Compliance-Clearing eine Freigabe auf der Geschäftsseite des Vertraulichkeitsbereichs erfolgt, um die Handlungsfähigkeit der beteiligten Personen zu erhalten. Wenn zum Beispiel ein Händler zur Abarbeitung einer kursrelevanten Großorder den unabhängigen Rat eines Analysten sucht, kommt der Analyst durch die Weitergabe dieser Informationen in einen potentiellen Interessenskonflikt, der ihn gegebenenfalls an der Erstellung einer unabhängigen Analyse hindert. In diesem Fall wäre es hilfreich, vorab einen Genehmiger auf der Researchseite einzuschalten, der entscheidet, welcher Analyst für diese Fragestellung "verbrannt" werden kann.[267] 304

In der Regel wird Compliance die Prozesse und Maßnahmen rund um das Insidermonitoring und Wall Crossing im Sinne der schriftlich fixierten Ordnung in Arbeitsanweisungen oder verbindlichen Policies festhalten. Auch diese sollten, um die einzelnen Mitarbeiter fest zu binden, in den Rahmen einer Betriebsvereinbarung gem. § 87 Nr. 1 BetrVG niedergelegt werden. 305

4. Chaperoning durch Compliance

Soll der Informationsfluss zwischen Research und den damit besonders konfliktträchtigen Abteilungen wie Handel, Corporate Finance oder Beteiligungen erfolgen, empfiehlt sich darüber hinaus auch die direkte Einbeziehung von Compliance dergestalt, dass ein Compliance Officer an derartigen Gesprächen teilnimmt (sogenanntes Chaperoning). So würde zum Beispiel bei einem internen 360° Review eines Kunden zuerst der Finanzanalysten unter Beisein von Compliance zum Kunden und dessen Marktumfeldes referieren,[268] bevor sich die Investmentbankingabteilungen (ohne weitere Beteiligung von Research) weiter über Investmentstrategien und Corporate Finance für den Kunden austauschen. Die 306

---

266 Vgl. ausführlich zu den Funktionen der Listen und der grundsätzlichen Organisationspflicht in Rn. 243 ff.
267 Diese Business Approver/ Above the wall-Genehmiger sind Prozesse, die hauptsächlich in Investmentbanken etabliert sind.
268 Die Tatsache, dass ein entsprechender Emittent auch Kunde eines Wertpapierdienstleisters ist wird dem Finanzanalysten regelmäßig über die Offenlegungspflicht bekannt sein.

Anwesenheit von Compliance ist sinnvoll, um sicherzustellen, dass der Analyst auch nicht versehentlich von etwa geplanten Transaktionen oder Finanzierungsstrategien erfährt, die ihrerseits Insiderinformation wäre[269] und einen Interessenskonflikt[270] auslösen könnten.

III. Research Policy

307 Nach dem Prinzip der schriftlich fixierten Ordnung in § 25a Abs. 1 KWG haben die Kreditinstitute ihre Geschäftsaktivitäten aufgrund von Organisationsrichtlinien zu betreiben[271] und die Geschäfts- und Überwachungstätigkeiten nachvollziehbar zu dokumentieren.[272] Generell erforderlich im Sinne dieser schriftlich fixierten Ordnung ist das Vorhandensein einer Leitlinie für die Finanzanalysten oder eine sogenannte Research Policy.

308 Auch hier ist die Compliance-Funktion, sollte sie nicht schon Urheber dieser Leitlinien sein, eng in die Erstellung und Weiterentwicklung der entsprechenden Organisation- und Arbeitsanweisungen einzubinden[273] und ihre Überwachungstätigkeit entsprechend zu dokumentieren.

309 Folgende Inhalte sollten regelmäßig in einer Research Policy abgebildet werden:[274]
– Grundsätze der Erstellung von Finanzanalysen und Qualifikation des Analysten,
– umgehende Meldungen zur Watch List oder Restricted List, wie etwa der Beginn einer Analyse, Zeitplan der Veröffentlichung, Erhalt von Insiderinformationen,
– Maßnahmen zur Sicherung der Unvoreingenommenheit der Finanzanalysten, wie etwa die deutliche Anweisung, keine Zuwendungen anzunehmen und die Errichtung der Vertraulichkeitsbereiche mit Chinese Walls,
– Verbot, Insiderinformationen zu nutzen und die Anweisung, das Wall Crossing Verfahren einzuhalten,
– Anweisung, die Veröffentlichung oder Verbreitung an alle Kunden zeitgleich sicherzustellen und keine Analyseteile vorab zu verbreiten,
– Regelung der Beziehung zum Emittenten (lediglich Entwurf ohne Empfehlung und Kursziel, Angabe der nachträglichen Änderungen etc.),
– Umgang mit Medien und Presse (bei über die Presse veröffentlichten Analysen sollten die Pflichtangaben über die Homepage des Erstellers zugänglich sein),
– Anforderungen an die sachgerechte Erstellung (keine Plagiate, Darstellung der Empfehlung, angemessene Sprache,[275] Kenntlichmachung von Zweifeln und Gerüchten etc., vgl. die Ausführungen unter Rn. 91 ff.),
– Freigabe von Finanzanalysen vor der Veröffentlichung, in der Regel erfolgt neben dem Peer und dem Management Review auch eine Compliance-Freigabe (Abgleich mit Watch und Restricted List),

---

269 Vgl. zur Wertlosigkeit einer Finanzanalyse, die auf Insiderinformation beruht, die Ausführungen zu § 13 Abs. 2 WpHG unter Rn. 101 ff.
270 Allein durch die Kenntnis der geplanten Transaktion könnte der Finanzanalyst schon beeinflusst sein, zum Vorteil des Kunden oder seines Unternehmens eine zu positive Analyse zu schreiben oder den Zeitplan der Veröffentlichung entsprechend zu terminieren.
271 Vgl. Rundschreiben 10/2012 (BA) der BaFin vom 14.12.2012 zu den Mindestanforderungen an das Risikomanagement – MaRisk in AT5.
272 Siehe AT 6 der MaRisk.
273 MaComp BT 1.2.4 Ziffer 1.
274 Vgl. Ausführlich *Bauling* Rn 885.
275 Vgl. das „plain English" Gebot der SEC, nachdem die Sprache der Analyse für den Empfängerhorizont leicht verständlich sein muss; dabei ist auch auf angemessene Formulierung zu achten.

- Offenlegung von Interessenskonflikten (vgl. Rn. 108 ff., 124 ff.) und Grundsätze zur Verbreitung der Analysen,
- Anweisung zu den Mitarbeitergeschäften (Verbot und Pflicht zur Offenlegung der eigenen Bestände),
- Festlegung der Einbindung von Analysten in andere Wertpapierdienstleistungen, wie zum Beispiel Verhaltensanweisung bei Börseneinführung und IPO (siehe auch die ausführlichen Anmerkungen in Rn. 263), Sales Briefings (morgendlicher Vortrag oder Report zu den erwarteten Reaktionen des Marktes, wie etwa Morning Notes),
- Festlegung der Black Out Periods, innerhalb derer kein Research veröffentlicht oder verbreitet werden darf.

Die Dauer der Black-Out-Periode wird je nach Asset Class (Schuldverschreibungen, Aktien, Derivate) und Art des Emittenten (beispielsweise Daueremittenten oder sogenannte Frequent Issuer, die regelmäßig Anleihen begeben) stark variieren, vgl. auch zuvor Rn. 263. Bei einem IPO/Börseneinführung wird eine lange Black Out Periode, oftmals in Anlehnung an die US-amerikanische Reg S X, von 30–40 Tagen angemessen sein. Hingegen werden bei der Bondemissionsbegleitung eines sogenannten Frequent Issuers die durch die Emission gegebenenfalls auftretenden Marktbewegungen bereits nach zwei bis zehn Tagen nicht mehr ausschlaggebend sein, so dass das Kreditinstitut nach einer kurzen Black-Out-Periode wieder interessenskonfliktfrei Finanzanalysen erstellen und verbreiten kann. **310**

IV. Kontrollhandlungen durch Compliance

Die Compliance-Funktion hat durch regelmäßige risikobasierte Überwachungshandlungen darauf hinzuwirken, dass die vom Wertpapierdienstleistungsunternehmen aufgestellten Grundsätze, Verfahren und organisatorische Struktur eingehalten werden und den Mitarbeitern, die Wertpapierdienstleistungen erbringen, die Compliance-Risiken und einschlägigen Anforderungen bewusst sind.[276] **311**

1. Vorortprüfungen im Sinne der MaComp

Die Vorortprüfungen im Sinne des BT 1.2.1.2 Ziffer 2 der MaComp (sogenannte Desk Reviews oder auch Themenreviews) haben grundsätzlich auch den Research-Bereich zu umfassen. Prüfungshandlungen und Schwerpunkte dieser Prüfung sind zum einen die Regelprüfung auf Einhaltung der Prozesse, zum anderen die stichprobenbasierte Prüfung, ob die regulatorischen Anforderungen an den Geschäftsbereich im Ergebnis eingehalten werden. So können Verstöße aufgedeckt und etwaige Kontrolllücken identifiziert werden. **312**

2. Weitere Second Level Kontrollen

Außerdem hat die Compliance-Funktion Second Level Kontrollen durchzuführen, die strichprobenartig und in kürzeren zeitlichen Abständen die Einhaltung der Regeln im Geschäftsbereich prüft. Dabei wird gemäß MaComp BT 1.2.1.2 Ziffer 1 geprüft, ob die in den Arbeitsanweisungen aufgeführten Kontrollhandlungen durch die Fachabteilungen (hier Research) auch regelmäßig und ordnungsgemäß durchgeführt werden. **313**

---

276 MaComp BT 1.2.1. Ziffer 2; *Schmitt* in Becker/Berndt/Klein, Rn. 320.

20 Finanzanalyse

Als Second Level Kontrollen bieten sich hier insbesondere an:

a) Überprüfung der Pflichtangaben und Abgleich mit der Datenbank der Interessenskonflikte

314 Zu prüfen ist insbesondere, ob die jeweiligen Pflichtangaben/Disclaimer in der Finanzanalyse die aktuellen Interessenkonflikte vollständig und rechtzeitig enthält, oder ob etwa der Meldeprozess Schwächen enthält, die zu zeitlichen Verzögerungen und dadurch sogar zu unrichtigen Angaben führen können. Es müssen jeweils die Interessenkonflikte, die zum Zeitpunkt der Erstellung der Finanzanalyse bestanden haben, erläutert werden.[277] Daher ist zum einen die Konvergenz der Pflichtangaben mit der Interessenkonfliktdatenbank zu prüfen. Zum anderen müssen Zusatzkontrollen zur Plausibilisierung der Vollständigkeit durchgeführt werden, wie zum Beispiel abgleich der Interessenkonfliktdatenbank mit der Watch List oder Deal Pipe Line. Hier käme auch eine regelmäßige Befragung der relevanten Investmentbanking-Abteilungen in Betracht, um sicherzustellen, dass alle für die Offenlegung relevanten Transaktionen rechtzeitig gemeldet werden.

b) Verweisungen im Sinne von § 6 Abs. 2 FinAnV

315 Grundsätzlich hat Compliance zu prüfen, ob die Verweisungen im Sinne von § 6 Abs. 2 FinAnV genützt werden können. Sind diese implementiert, so hat die Compliance-Funktion regelmäßig zu prüfen, ob die Internetseite entsprechend zugänglich ist und im Rahmen ihre Second Level Kontrollen prüfen, ob sie vollständig die erforderlichen Inhalte[277] (siehe Rn. 159 ff.) enthält.

c) Zutrittsbeschränkungen

316 Erforderlich sind auch regelmäßige Kontrollen der Berechtigungen zum Zutritt in den abgegrenzten Research-Bereich. Dies ist insbesondere wichtig, um zu überprüfen, dass Mitarbeitern, die intern ihre Funktion wechseln, die Berechtigung entzogen wird.

3. Laufende Kontrolltätigkeiten

317 Grundsätzlich ist die Überwachung der mit Erstellung oder Weitergabe betrauten Finanzanalysten von einer unabhängigen Kontrollabteilung zu übernehmen. Dies könnte zum Beispiel von der Compliance-Funktion übernommen werden, soweit das nicht als First Level Kontrolle im Geschäftsbereich selbst ausgestaltet ist.

318 Dabei ist vor allem die Qualität der Finanzanalysen zu überwachen und zu prüfen, ob die an der Erstellung der Finanzanalyse beteiligten Personen ihren Unterlassungs- und Meldepflichten nachgekommen sind.[278]

319 Außerdem ist zu prüfen, ob die Ersteller, die unter der Verantwortung des Unternehmens tätig werden, den Prozess der sachgerechten Erstellung der Finanzanalyse nachvollziehbar gem. § 3 Abs. 3 FinAnV aufzeichnen.

320 Auch die Anforderungen an die Qualifikation der Analysten sind regelmäßig zu verifizieren. Dies betrifft zum einen, ob neu eingestellte oder in den Research-Bereich versetzte Personen die Qualifikationsanforderungen erfüllen. Andererseits sollte kontrolliert werden, ob die bestehenden Analysten ihre Kenntnisse aktuell halten und entsprechend an Fort- und Weiterbildungsmaßnahmen und auch internen Schulungen teilnehmen (vgl. Rn. 87 ff.).

---

277 *Baulig* Rn. 860.
278 *Koller* in Assmann/Schneider, § 34b WpHG Rn. 156.

V. Interessenskonfliktmanagement

Generell vergleiche zum Interessenskonfliktmanagement die Ausführungen zu § 5a FinAnV in Rn. 229 ff. **321**

Die Compliance-Funktion hat auch eine wichtige Funktion beim Management und Klärung von Interessenskonflikten, da über die Compliance frühzeitig eine neutrale und unabhängige Klärung erfolgen kann. Damit können die Gefahr von Insiderhandel, Benachteiligung von Kundeninteressen und eventuelle Haftungsfolgen aus der Wissenszurechnung vermieden werden.[279] **322**

Interessenskonflikte, die jeweils im Zeitpunkt der Erstellung der Analyse bestehen, müssen nachvollziehbar und zeitpunktgerecht offengelegt werden.[280] **323**

Im Rahmen eines wirkungsvollen Interessenskonfliktmanagements bieten sich der Compliance-Funktion verschiedene Handlungsoptionen, die im Rahmen eines risikobasierten Ansatzes und nach Lage des Einzelfalls zum Einsatz kommen können. Zu denken ist beispielsweise an die Begleitung von Rückkaufprogrammen, IPOs, Kapitalerhöhungen, sonstigen Emissionen, Platzierung von Großorders im Markt, Aktienrückkaufprogramme. Das Reputationsrisiko besteht zumeist in dem Vorwurf einer gezielten Empfehlung als „Verkauf" oder „Kauf", schlimmstenfalls der Veröffentlichung unter Verwendung einer Insiderinformation. **324**

Typische Compliance-Instrumente sind in diesem Zusammenhang u.a.: **325**
– Die Aussetzung der Veröffentlichung für einen gewissen Zeitraum (Festlegung einer Black out Period). Allerdings ist bei diesen Maßnahmen zu bedenken, dass ein Aussetzen der Veröffentlichung zu einem vom Markt erwartenden Zeitpunkt u.U. den Marktteilnehmer eine Indikation für bevorstehende Transaktion sein könnte.
– Die Veröffentlichung unter Verzicht eines Zielpreises bzw. Empfehlung („Factual-Only-Reports") zum Beispiel im Rahmen vom sog. deal-related Research.

Compliance selbst kann dabei in einen Interessenskonflikt geraten, wenn die Funktion auf der einen Seite über die Watch List Informationen zu bedeutenden Transaktionen eines Emittenten bekommt, und andererseits aber über ein gegebenenfalls sogar gegenläufiges Research informiert wird. Auch wenn dieser Interessenskonflikt eher ein positives Zeichen für gut funktionierende Chinese Walls ist, so steckt darin doch ein erhebliches Reputationsrisiko für den Wertpapierdienstleister, der dann offensichtlich falsches Research verbreitet. **326**

Daher wird Compliance in der Regel die Aufnahme der Erstellung einer Finanzanalyse vorab freigeben. Im Zweifel kann hier auf die beiden vorgenannten Handlungsalternativen (Aussetzen des Research oder „Factual Only") verwiesen werden. **327**

Weiterhin ist darauf zu achten, dass die Aussagen, die ein Unternehmen im Zusammenhang mit Finanzinstrumenten und/oder Emittenten trifft insgesamt konsistent sind. Soweit Kunden beispielsweise in einer Anlageberatung eine diesbezügliche Empfehlung erhalten, sollte im Rahmen einer Routinekontrolle gewährleistet werden, dass die Aussagen des Anlageberaters nicht diametral zu den Aussagen der Analysten stehen oder in zeitlicher Hinsicht überholt sind (vgl. insoweit auch § 4 Abs. 9 WpDVerOV, der im Rahmen von Werbemitteilungen die Widerspruchsfreiheit zu den sonstigen dem Kunden zu Verfügung gestellten Informationen statuiert). **328**

---

279 *Eisele/Faust* in Schimanski/Bunte/Lwowski, § 109 Rn. 160a.
280 *Baulig* Rn. 860.

329 Auch hier wird es Aufgabe der Compliance-Funktion sein, die Konsistenz der Empfehlungen über die verscheidenden Geschäftsbereiche hinaus zu beraten und gegebenenfalls über einheitliche Empfehlungslisten sicherzustellen.

VI. Mitarbeitergeschäfte der Finanzanalysten und beteiligten Personen

330 Besonderer Bedeutung kommt gem. BT 2 der MaComp der Überwachung von Mitarbeitergeschäften nach § 33b WpHG durch Compliance zu. Zu den Compliance-spezifischen Aufgaben wird auf G.II verwiesen.

VII. Schulungsmaßnahmen

331 MA Comp BT 1.2.3 Ziffer 3 bestimmt, dass Schulungen in regelmäßigen Abständen und erforderlichenfalls auch anlassbezogen durchgeführt werden müssen. Die Schulungen sind je nach Bedarf an alle Mitarbeiter, einzelne Geschäftsbereiche oder einzelne Mitarbeiter gerichtet.

332 Im Bereich der Finanzanalyse kommen insbesondere regelmäßige Schulungen über die Vertraulichkeitsbereiche, Wall Crossing Verfahren und Überwachung der Mitarbeitergeschäfte in Betracht. Ein zentraler Punkt wird auch hier die Schulung über die Interessenskonflikte und entsprechende Maßnahmen zu ihrer Vermeidung sein.

333 Die Research-Abteilung selbst sollte in regelmäßigen Abständen über die Inhalte der Research Policy und Verhaltensanweisungen geschult werden.

334 Gerade mit den zur Researchabteilung konfliktträchtigen Geschäftsbereichen Corporate Finance, Eigenhandel etc. sollten regelmäßige Veranstaltungen zur Schulung über Vertraulichkeitsbereiche und Need-to-know-Prinzip stattfinden.

VIII. Risikoanalyse

335 Gemäß MaComp BT 1.2.1.1 Nr. 1 ist der Schwerpunkt der Compliance-Tätigkeiten auf Basis einer Risikoanalyse festzulegen. Die Risikoanalyse wird in regelmäßigen Abständen durchgeführt, um einerseits Aktualität und Angemessenheit der Festlegung zu prüfen und das Risikoprofil entsprechend zu verifizieren.

336 Bei einer solchen Risikoermittlung und -bewertung ist auch die Erstellung und Weitergabe von Finanzanalysen mit einzubeziehen.

337 Bei der Ermittlung des Gesamtrisikos sind aber auch das Vorhandensein und die Qualität risikomindernde Maßnahmen zu berücksichtigen,[281] wie zum Beispiel implementierte Vertraulichkeitsbereiche, Pre-Clearing von Research, Schulungsmaßnahmen und Arbeitsanweisungen.

---

281 *Baulig* Rn. 891.

Nachfolgende CHECKLISTE gibt einen Überblick über die Aufgaben der Compliance-Funktion: **338**

Vorschrift	Thema	Prüfungspunkte	Check	Kommentar
§ 34b Abs. 1 WpHG	Finanzanalyse im engeren Sinn	– liegt eine Finanzanalyse im engeren Sinne vor – Finanzinstrument gem. § 34b Abs. 3 WpHG – direkte oder indirekte Anlageempfehlung – unbestimmten Personenkreis zugänglich		
§ 34b Abs. 5 S. 3 WpHG	Finanzanalyse im weiteren Sinn	– Finanzinstrument gem. § 2 Abs. 2b WpHG – direkte oder indirekte Anlageempfehlung – an Kunden des WpDU		
§ 31 Abs. 2 S. 4 Nr. 2 WpHG, § 4 WpD VerOV	Abgrenzung zu Werbemitteilung	– deutliche Kennzeichnung als Werbemitteilung – deutlicher Hinweistext – zusätzliche Beachtung des § 4 WpDVerOV		
§ 2 Abs. 3 Nr. 9 WpHG	Abgrenzung zu Anlageberatung	deutlicher Ausschluss im Disclaimer		
§ 2 ff FinAnV	Richtiger und vollständiger Disclaimer	vgl. die Checkliste Pflichtangaben		
§ 5a Abs. 1 FinAnV AT 6.2 MaComp	Chinese Walls (Informationsbarrieren)	Zutrittsbeschränkungen zum Research-Bereich		
§ 5a Abs. 1 S. 1 FinAnV	Aufbauorganisation	separierte Berichtslinie zur Geschäftsleitung		
MaComp AT 6.2	Insidermonitoring	Pre-Check: Abgleich mit Watch List		
MaComp AT 6.2	Interessenskonflikte	Abgleich mit Restricted List, Watch List, Deal Pipeline, Interessenskonflikt-Datenbank		
MaComp BT 1.2	Vorortprüfungen nach MaComp	Desk Reviews im Research-Bereich		
	Second Level Kontrollen	– Offenlegung der Interessenskonflikte – Zutrittsbeschränkungen		
§ 31d WpHG	Inducements (Zuwendungen)	Anweisung und Prozesse vorhanden?		
§ 5a Abs. 2 FinAnV, BT 5.7 MaComp	Beziehung zum Emittenten	Zuwendungen, Reisekosten, Unterbringungskosten		
§ 5a Abs. 2 Nr. 4 FinAnV		Zugänglichmachen der Analyse ohne Preisziel und Empfehlung		

Vorschrift	Thema	Prüfungspunkte	Check	Kommentar
§ 4 Abs. 2 FinAnV		Nachträgliche Änderung und deutliche Angabe		
	Beteiligung and WpDL, z.B. IPO	Erwerb eigener Aktien – Offenlegung Zeitpunkt und Preis		
	IPO	– Übermittlung Zeitplan – Black Out auf Restricted List vermerkt		
§ 33b Abs. 5 WpHG, BT 2 MaComp	Mitarbeitergeschäfte	Wirksames Monitoring installiert		
		Pre-Deal Clearing wirksam		
		Eigenbestände der Ersteller – Offenlegung		
§ 25a KWG	schriftlich fixierte Ordnung	– Research Policy – Mitarbeitergeschäfte – Leitlinien – Wall Crossing Policy		
Research Policy	Freigabe der Analyse durch Compliance			
§ 7 Abs. 3 FinAnV	Weitergabe wesentlich veränderter Analysen	Ist ursprüngliche/unveränderte Analyse leicht zugänglich? Schriftliche Fixierung der entsprechenden Organisationsregel?		

H. Sonstiges

I. Anzeigepflicht gemäß § 34c WpHG

339 Unternehmen oder natürliche Personen, die Finanzanalysen in Ausübung ihres Berufes oder im Rahmen ihrer Geschäftstätigkeit erstellen oder weitergeben, haben dies der BaFin unverzüglich gem. § 34c WpHG anzuzeigen.

340 Von der Anzeigepflicht ausgenommen sind Wertpapierdienstleistungsunternehmen gem. § 2 Abs. 4 WpHG und Kapitalverwaltungsgesellschaften gem. § 17 KAGB, da diese bereits der Regulierung durch die BaFin unterliegen.[282] Ebenso gilt die Ausnahme für Journalisten gem. § 34c S. 6 WpHG entsprechen dem § 34b Abs. 4 WpHG (vgl. die Ausführungen in Rn. 17 ff.).

---

282 Vgl. Begründung zum Regierungsentwurf zum AnSVG, BT-Drucks. 15/3174, 39 zu den Kapitalanlagegesellschaften, nunmehr Kapitalverwaltungsgesellschaften, sowie § 20 KAGB; *Fuchs* in Fuchs, § 34c WpHG Rn. 3.

Anzuzeigen ist sowohl die Aufnahme dieser Tätigkeit als auch deren Einstellung. Während für die Aufnahme die „unverzügliche" Anzeige geregelt ist, also ohne schuldhaftes Zögern, gibt es für die Mitteilung der Einstellung keine ausdrückliche Vorgabe. Es ist davon auszugehen, dass die Bestimmung zur Anzeige von Datenänderungen in § 34c S. 5 WpHG, also die Vier-Wochen-Frist, für die Abmeldung analog gilt. 341

Anzuzeigen ist auch, ob beim Anzeigepflichtigen oder bei verbundenen Unternehmen (im Sinne von § 15 AktG) Interessenskonflikte bestehen könnten. 342

Nach allgemeiner Ansicht soll die Anzeige gem. § 34c WpHG lediglich der BaFin die Überwachung der Finanzanalysten erleichtern und stellt kein Schutzgesetz zugunsten einzelner Anleger dar.[283]

II. Rechtsfolgen bei Verstößen

1. Zivilrechtliche Haftung

a) Vertragliche Ansprüche

Grundsätzlich besteht bei der öffentlichen Verbreitung von Empfehlungen kein Vertrag zwischen dem Anleger und dem verantwortlichem Analysten. 343

Anders wäre die Sachlage zu beurteilen, wenn ein institutioneller Anleger einen Analysten oder einen Wertpapierdienstleister direkt mit der Erstellung einer Analyse beauftragt hätte. Dann wäre es sehr wohl denkbar, vertragliche Pflichtverletzungen aus dem Beauftragungsverhältnis mit dem Pflichtenmaßstab des § 34b WpHG zu messen.[284] 344

Ebenso sind Ersatzansprüche aus fehlerhafter Anlageberatung denkbar, wenn ein Kunde bei seiner Bank aufgrund einer fehlerhaften, also nicht sorgfältig oder sachgerecht erstellten Finanzanalyse, falsch beraten wird oder eine derartige Finanzanalyse als Wertpapiernebendienstleistung erhält. Hier richten sich die zivilrechtlichen Ansprüche gegen das Wertpapierdienstleistungsunternehmen[285] und nicht gegen den Finanzanalysten direkt. 345

b) Deliktische Ansprüche gemäß § 823 Abs. 2 BGB

Nach wie vor ist noch nicht abschließend geklärt, welche zivilrechtlichen Ansprüche bei einem Verstoß gegen die hier diskutierten Vorschriften gegeben sind. Gemäß § 823 Abs. 2 BGB bestünde ein Schadensanspruch insbesondere dann, wenn jemand widerrechtlich und schuldhaft gegen ein Gesetz verstößt, dass den Schutz eines anderen bezweckt. Der Diskussionspunkt ist hier, ob § 34b WpHG als ein derartiges Schutzgesetz im Sinne des § 823 Abs. 2 BGB qualifiziert werden kann. 346

Hier kommt es entscheidend darauf an, ob § 34b WpHG auch den Individualschutz des einzelnen Anlegers bezweckt.[286] Einerseits sprechen vor allem die deutlichen Parallelen zu den anlegerschützenden Pflichten in § 31 Abs. 1 Nr. 1 WpHG, der allgemein als Schutzgesetz anerkannt ist,[287] dafür, auch dem § 34b Abs. 1 und 2 WpHG neben dem Schutz des Kapitalmarkts einen mehr als reflexartigen Individualschutz anzuerkennen.[288] So stehen 347

---

283 *Fuchs* in Fuchs, § 34c WpHG Rn. 7.
284 Im Ergebnis ebenso: *Egbers/Tal* BKR 2004, 219 ff., 221.
285 *Fuchs* in Fuchs, § 31 WpHG Rn 242 ff. zur zivilrechtlichen Haftung bei Anlageberatung im Rahmen einer Empfehlung m.w.N.
286 *Spindler* NZG 2004, 1138 ff., 1147 mit weiteren Verweisen zu den jeweiligen Ansichten.
287 Z.B. *Fuchs* in Fuchs, Vor §§ 31 WpHG Rn. 82 m.w.N.
288 So *Spindler* NZG 2004, 1138 ff., 1147.

der Individualanlegerschutz und der Schutz der Funktionsfähigkeit der Kapitalmärkte in enger Wechselwirkung[289] und strahlen auch in das Zivilrecht hinein.[290]

348 Andererseits fordert § 823 Abs. 2 BGB, dass der Individualschutz im Zweck des Gesetzes verankert ist. Allerdings liegt nach den Formulierungen vor allem hinsichtlich „öffentlich verbreiten" und „einem unbestimmten Personenkreis zugänglich" gerade kein abgrenzbarer und bestimmbarer Personenkreis vor, vielmehr ist die Gesamtheit der Anleger betroffen.[291] Damit kann man zumindest für die aktuelle Fassung des § 34b WpHG den Anwendungsbereich eines Schutzgesetzes und damit Ansprüche gem. § 823 Abs. 2 BGB verneinen.[292]

2. Reputationsrisiken

349 Nicht zu vernachlässigen sind die Reputationsrisiken, die sich aus einem Verstoß gegen die § 34b WpHG in Verbindung mit der FinAnV ergeben können.

350 Das Basel Committee on Banking Supervision[293] definiert das Reputationsrisiko als die Gefahr, dass eine negative Wahrnehmung, ob zutreffend oder nicht, von Kunden, Handelspartnern, Investoren, Analysten und andere relevanten Stakeholdern oder Aufsichtsbehörden die Fähigkeit der Bank beeinträchtigt, Geschäftsbeziehungen aufrecht zu erhalten oder neu einzugehen und den Zugang zum Kapitalmarkt zu erhalten.

351 Auch wenn die Reputationsrisiken tendenziell schwer zu beziffern sind, so sind die Auswirkungen bei ihrer Realisierung doch gravierend: Insoweit kann gerade eine nicht sachgerechte Erstellung einer Finanzanalyse nicht nur den einzelnen Analysten, sondern auch den weitergebenden Wertpapierdienstleister in den Verruf bringen, nicht sorgfältig und ordentlich zu arbeiten oder schlampig zu recherchieren.

352 Werden die bestehenden Interessenskonflikte zu Lasten der Kunden entschieden oder sogar vertrauliche Informationen des Kunden genutzt, geht das Vertrauen der Kunden verloren und damit die Fähigkeit, Geschäftsbeziehungen aufrecht zu erhalten. Die Nutzung von Insiderinformation oder gar die eingangs erwähnten Analystenskandale können eine Marke schnell zerstören und am Kapitalmarkt ins Abseits positionieren. Das wird zukünftige Investoren abschrecken und die Aufsichtsbehörden zu verstärkten Kontrollen und Überwachungshandlungen anhalten.

3. Ordnungswidrigkeiten und Bußgeldtatbestände

353 Gemäß § 39 Abs. 1 Nr. 5 WpHG handelt ordnungswidrig, wer entgegen § 34b Abs. 1 S. 2 WpHG in Verbindung mit der FinAnV eine Finanzanalyse weitergibt oder öffentlich verbreitet, oder, gem. § 39 Abs. 1 Nr. 6 WpHG, entgegen § 34b Abs. 2 in Verbindung mit der FinAnV eine Zusammenfassung einer Finanzanalyse weitergibt. Zu beachten ist, dass sich

---

289 *Fuchs* in Fuchs, Vor §§ 31 ff. WpHG Rn. 54.
290 *Fuchs* in Fuchs, Vor §§ 31 ff. WpHG Rn. 60.
291 *Egbers/Tal* BKR 2004, 219 ff., 224; *Koller* in Assmann/Schneider, § 34b WpHG Rn. 1 und Fn. 2; *Fuchs* in Fuchs, § 34b WpHG Rn. 3.
292 Im Ergebnis ebenso: *Fett* in Schwark/Zimmer, § 34b WpHG Rn. 49; *Seibt* ZGR 2006, 501 ff., 530 f.
293 Der Basler Ausschuss für Bankenaufsicht definiert im „Enhancement to the Basel II Framework" von Juli 2009 das Reputationsrisiko wie folgt: Reputational risk can be defined as the risk arising from negative perception on the part of customers, counterparties, shareholders, investors, debt-holders, market analysts, other relevant parties or regulators that can adversely affect a bank's ability to maintain existing, or establish new, business relationships and continued access to sources of funding (e.g. through the interbank or securitization markets). Reputational risk is multidimensional and reflects the perception of other market participants, vgl. www.bis.org/publ/bcbs157.pdf, S. 19.

die Ordnungswidrigkeit bereits aus der Erfüllung des objektiven Verstoßtatbestands ergibt, ohne dass vorsätzliches, leichtfertiges oder fahrlässiges Handeln dafür erforderlich ist.

Im Fall der Weitergabe oder öffentlichen Verbreitung der Finanzanalyse beträgt das Bußgeld gem. § 39 Abs. 4 WpHG bis zu 200 000 EUR, bei einem Verstoß bei der Weitergabe einer Zusammenfassung immerhin noch bis zu 50 000 EUR. 354

Gemäß § 39 Abs. 2 Nr. 21 WpHG handelt ordnungswidrig, wer vorsätzlich oder leichtfertig die Anzeige gem. § 34c WpHG nicht, nicht richtig, nicht vollständig oder nicht rechtzeitig erstattet. Gemäß § 39 Abs. 4 WpHG kann das Bußgeld in diesem Fall bis zu 50 000 EUR betragen. 355

4. Strafrechtliche Folgen

Auch strafrechtlich können Verstöße gegen § 34b WpHG relevant sein, wie man am Beispiel von Scalping, Marktmanipulation oder Betrugstatbeständen sieht. 356

a) Scalping

Bei den sogenannten Scalping-Fällen deckt sich ein Finanzanalyst vor einer Kaufempfehlung mit den betreffenden Wertpapieren ein (oder veräußert sie im Falle einer Verkaufsempfehlung) und partizipiert so an den empfehlungsbedingten Kurssteigerungen.[294] Zudem besteht die Gefahr, dass ein Analyst seine eigenen Aktienbestände durch zu positive Empfehlungen aufwerten möchte.[295] 357

Während die juristische Literatur und Gericht bis 2003 davon ausgingen, dass Scalping strafbar gem. § 38 Abs. 1 S. 1 Nr. 1 WpHG sei, wenn der Finanzanalyst als Insider im Sinne des § 13 WpHG die entsprechenden Finanzinstrumente entgegen dem Verbot des Insiderhandels in § 14 WpHG erwirbt oder veräußert,[296] hat der BGH nun höchstrichterlich festgestellt, dass Scalping als Marktmanipulation gem. § 20a WpHG zu werten ist.[297] Damit wird es als Ordnungswidrigkeit mit einer Geldbuße bis zu 1 Mio. EUR geahndet. Sofern ein vorsätzlicher Verstoß vorliegt, wird Scalping als Straftat sogar mit Freiheitsstrafe sanktioniert. 358

Für die Einordnung als Insiderhandel sprach, dass die eigene Absicht des Analysten, eine Kaufempfehlung auszusprechen, als Insiderinformation gem. § 13 WpHG gesehen werden könnte, wenn diese Kaufempfehlung zu einer erheblichen Änderung des Marktpreises der zugrundeliegenden Finanzinstrumente führen könnte. Dies widerspricht auch nicht dem in Rn. 101 ff. besprochenen § 13 Abs. 2 WpHG, der nur die Finanzanalyse selbst privilegiert, sofern sie ausschließlich auf öffentlichen Umständen beruht. Denn hier liegt die kurserhebliche Information gerade nicht im Inhalt der Finanzanalyse, sondern in der Tatsache ihrer geplanten Verwendung bzw. Veröffentlichung.[298] 359

Erforderlich im Sinne der Kausalität wäre weiterhin, dass bereits zum Zeitpunkt des Erwerbs der Wertpapiere die Absicht bestand, den Kauf im Rahmen der Finanzanalyse zu empfehlen,[299] und diesen Erwerb vorsätzlich durchzuführen. 360

---

294 Vgl. *Mühlbauer* wistra 2003, 169 ff. m.w.N.
295 Vgl. dazu *BGH* Urt. v. 6.11.2003 – DB 2004, 64 ff.; mit Anm. von *Fleischer* DB 2004, 51 ff.; *Egbers/Tal* BKR 2004, 219.
296 Str., vgl. *BGH* wistra 2004, 109, 110, der diesen Sachverhalt auch bei einer objektiv vertretbaren Empfehlung unter Marktmanipulation gem. § 20a WpHG subsumiert; *Gaede/Mühlbauer* wistra 2005, 9 f.; *Mühlbauer* wistra 2003, 169 f.
297 Vgl. dazu *BGH* Urt. v. 6.11.2003 – DB 2004, 64 ff.; mit Anm. von *Fleischer* DB 2004, 51 ff.
298 Vgl. *Mennicke/Jakovou* in Fuchs, § 13 WpHG Rn. 179 mit weiteren Nennungen; *Mühlbauer* wistra 2003, 170.
299 So z.B. *OLG Frankfurt* NJW 2001, 982; *LG Stuttgart* wistra 2003, 153.

361 Jedoch hat nun die Rechtsprechung klargestellt, dass die eigene Absicht keine Insiderinformation darstellt[300] und ordnet nun das Scalping als Marktmanipulation ein. Dies lässt jedoch außer Acht, dass den Beschuldigten zumeist kein Vorsatz zur Kursbeeinflussung nachgewiesen werden kann. Laut BGH liegt die Täuschung des Markts darin, dass mit der Anlageempfehlung nicht über den Interessenskonflikt des Analysten aufgeklärt wird, dass er selbst eine entsprechende Verfügung in den entsprechenden Wertpapieren getroffen hat und nun durch die Empfehlung hervorgerufenen Preissteigerungen profitieren möchte.

362 Angesichts der erheblichen Reputationsrisiken für die Unternehmen und persönlichen Folgen eines drohenden Strafverfahrens wird jedem Analyst empfohlen, von Transaktionen in betreuten Werten Abstand zu nehmen und jegliche Bestände genau offen zu legen,[301] entsprechend dem Grundsatz „disclose or abstain".

b) Marktmanipulation

363 Gemäß § 20a Abs. 1 WpHG ist es verboten, unrichtige oder irreführende Angaben über Umstände zu machen, die für die Bewertung eines Finanzinstruments erheblich sind, wenn die Angaben geeignet sind, auf den Börsen- oder Marktpreis des Finanzinstruments einzuwirken.

364 Dieser Tatbestand ist zum Beispiel bei der Wiedergabe von falschen Tatsachen im Rahmen einer Finanzanalyse erfüllt, wenn dadurch der Preis des Finanzinstruments bei Veröffentlichung oder Weitergabe der Finanzanalyse beeinflusst wird.[302]

365 Sofern dies vorsätzlich geschieht, um etwa gezielt eine Preissteigerung herbeizuführen und über den Verkauf von entsprechenden Werten davon zu profitieren, liegt gem. § 39 Abs. 1 Nr. 1 und 2 WpHG sogar eine strafbare Handlung vor, die mit Geld- oder Freiheitsstrafe geahndet wird.

366 Ebenso kann die unterlassene Angabe des eigenen Aktienbesitzes als Marktmanipulation gedeutet werden, wenn die entsprechenden Finanzinstrumente zum Kauf empfohlen werden.[303] Zur Strafbarkeit des Scalpings als Marktmanipulation siehe die Ausführungen zuvor.

367 Auch hier zeigt sich, wie wichtig die Einhaltung der Vorschriften zur sorgfältigen und sachgerechten Erstellung der Finanzanalyse ist und alle Informationsquellen entsprechend sauber zu zitieren und bei Zweifeln an der Zuverlässigkeit der Quelle deutlich darauf hinzuweisen. Ansonsten besteht schnell die Gefahr, eine ordnungswidrige oder fahrlässige Marktmanipulation zu begehen.

368 Sonderregeln gelten wieder für Journalisten gem. § 20a Abs. 6 WpHG, solange sie ihre beruflichen Standesregeln beachten und keinen direkten oder indirekten Nutzen aus unrichtigen oder irreführenden Angaben ziehen.

c) Betrug

369 Gemäß § 263 StGB könnte eine falsche Finanzanalyse den Betrugstatbestand erfüllen. Beim Betrug schädigt der Täter das Vermögen eines anderen und bereichert sich, indem er durch Vorspiegelung falscher oder Entstellung wahrer Tatsachen einen Irrtum erregt.

370 Im Bereich der Finanzanalyse wäre der Tatbestand erfüllt, wenn ein Finanzanalyst vorsätzlich eine falsche Analyse erstellt, um eine Kursveränderung herbeizuführen. So könnten im Fall einer absichtlich zu positiven Analyse, die auf der Vorspiegelung falscher Tatsachen

---

300 Vgl. *BGH* wistra 2004, 109, 110, *Gaede/Mühlbauer* wistra 2005, S. 9 f.
301 Vgl. § 5 Abs. 4 Nr. 2 FinAnV, siehe Rn. 118 ff.
302 Vgl. zum Scalping *BGH* wistra 2004, 109, 110 f.
303 Vgl. den Fall Straub, der vor dem *LG München I* mit Urteil vom 20.3.2012 zu einer Freiheitsstrafe und Geldstrafe verurteilt wurde.

beruht, Anleger zu einer erhöhten Nachfrage des analysierten Finanzinstruments verleitet werden. Von diesen gesteigerten Kursen könnte dann der Analyst oder ein Dritter profitieren, indem die zuvor erworbenen Finanzinstrumente in Bereicherungsabsicht veräußert werden.

III. Befugnisse der Aufsicht

1. Überwachung der Verhaltensregeln

Gemäß § 35 Abs. 1 WpHG kann die BaFin zur Überwachung der Einhaltung der Pflichten gem. §§ 31 WpHG (einschließlich § 34b WpHG) Prüfungen auch ohne Anlass vornehmen. Dies bedeutet, dass keine Anhaltspunkte für Verstöße Vorliegen müssen,[304] um eine Prüfung durchzuführen.   371

Prüfung bedeutet zum einen, dass die BaFin einerseits Auskünfte und die Vorlage von Unterlagen verlangen kann. Möglich sind aber auch sogenannte Überraschungsprüfungen, bei der die BaFin ohne vorherige oder nur nach kurzfristiger Ankündigung vor Ort Auskünfte und Einsicht verlangt.[305] Sie kann sich aber hinsichtlich dieser Sonderprüfungen gem. § 4 Abs. 3 FinDAG[306] auch anderer Personen oder Einrichtungen bedienen, wie zum Beispiel eine Wirtschaftsprüfungsgesellschaft. Die Kosten der Prüfung sind in diesem Fall von dem betroffenen Unternehmen zu tragen, § 15 Abs. 1 Nr. 2 FinDAG.   372

Gemäß § 34b Abs. 7 S. 1 WpHG kann die BaFin diese Befugnisse nach § 35 WpHG auf alle Verpflichteten aus § 34b WpHG anwenden, auch wenn diese kein Wertpapierdienstleistungsunternehmen[307] oder anderes Unternehmen im Sinne von § 35 WpHG sind.   373

2. Jährliche Prüfung

Gemäß § 34b Abs. 7 S. 2 WpHG kann die jährliche Prüfung der Verhaltenspflichten gem. § 36 WpHG auch auf die Pflichten gem. § 34b WpHG entsprechend angewendet werden, wenn ein Wertpapierdienstleister die Finanzanalysen erstellt, anderen zugänglich macht oder öffentlich verbreitet. Ebenso soll die Vorschrift analog für Wertpapierdienstleister gelten, die Zusammenfassungen von Finanzanalysen im Sinne des § 34b Abs. 2 WpHG weitergeben.[308] Auf andere Unternehmen als Wertpapierdienstleistungsunternehmen ist § 34b Abs. 7 S. 2 in Verbindung mit § 36 WpHG allerdings nicht anzuwenden.   374

I. Fazit

Finanzanalysen sind aus regulatorischer Sicht ein hoch sensibler Bereich mit einem sehr engmaschigen Netz an Vorschriften und Verhaltensregeln. Die Unternehmen, die Finanzanalysen erstellen, veröffentlichen oder verbreiten, müssen ein besonderes Augenmerk auf die organisatorischen Anforderungen haben. Dies gilt umso mehr für Wertpapierdienstleistungsunternehmen, die für ihre Research-Abteilung gesteigerte Organisations- und Überwachungspflichten erfüllen müssen.   375

---

304 *Fuchs* in Fuchs, § 35 WpHG Rn. 4.
305 Vgl. Entwurfsbegründung zum Richtlinienumsetzungsgesetz, BT Drucks. 13/7142, 111.
306 Finanzdienstleistungsaufsichtsgesetz vom 22.4.2002 in der Fassung vom 22.7.2013.
307 Vgl. Begründung des Regierungsentwurfs zum AnSVG, BT-Drucks. 15/3174, 39; *Wehowsky* in Erbs/Kohlhaas, § 34b WpHG Rn. 40.
308 *Koller* in Assmann/Schneider, § 34b WpHG Rn. 184; *Fuchs* in Fuchs, § 34b WpHG Rn. 59.

376 Besondere Herausforderungen stellen sich dabei für die Compliance-Funktion von Wertpapierdienstleistern. Neben der Überwachung des Compliance-relevanten Informationsflusses und der Mitarbeitergeschäfte sollte ein besonderes Augenmerk auch auf die Vor-Ort Prüfungen und Second Level Kontrollen gelegt werden, um die Prozesse und Abläufe im Research-Bereich umfassend und ganzheitlich zu prüfen. Im Fokus steht auch hier das Management der Interessenskonflikte von der Vermeidung bis hin zur umfassenden Offenlegung.

377 Wichtig ist insbesondere die beratende Funktion der Compliance, um von vornherein die Prozesse regelkonform aufzustellen und die Mitarbeiter entsprechend zu schulen. Dadurch können nicht nur Verstöße gegen die Vorschriften und damit Ordnungswidrigkeiten verhindert werden. Auch geschäftsschädigende Reputationsrisiken werden somit verhindert.

6. Teil
Strafrechtliche Kapitalmarkt Compliance

6. Teil

21. Kapitel
Allgemeine straf- und ordnungswidrigkeitenrechtliche Grundsätze

Literatur: *Bader/Wilkens* Untreue bei spekulativen Derivaten im öffentlichen Sektor, wistra 2013, 81 ff.; *Bank* Das Insiderhandelsverbot in M&A-Transaktionen, NZG 2012, 1337; *Bauckhage-Hoffer/Katko* Compliance-System und Datentransfer im Konzern, WM 2012, 486 ff.; *Bohnert* OWiG, 3. Aufl. 2010; *Fleischer/Schmolke* Finanzielle Anreize für Whistleblower im Europäischen Kapitalmarktrecht? – Rechtspolitische Überlegungen zur Reform des Marktmissbrauchsregimes, NZG 2012, 361, 362; *Göhler* OWiG, 16. Aufl. 2012; *Grützner/Behr* Die Haftung von Compliance Officer, Vorstand und Aufsichtsrat bei Rechtsverstößen von Mitarbeitern, DB 2013, 561; *Grützner/Leisch* §§ 130, 30 OWiG – Probleme für Unternehmen, Geschäftsleitung und Compliance-Organisation, DB 2012, 787, 789; *Helmrich* Straftaten von Mitarbeitern zum Nachteil des „eigenen" Unternehmens als Anknüpfungstaten für eine Verbandsgeldbuße?, wistra 2010, 331; *Jobst/Kapoor* Paradoxien im Ratingsektor – Vertrauendürfen und Vertrauenmüssen von Vorstand, Aufsichtsrat und Abschlussprüfer auf Ratings erworbener Finanzprodukte, WM 2013, 680; *Kalss* Wie scharf werden die Zähne des europäischen Kapitalmarktrechts?, EuZW 2012, 361; *Krause/Brellochs* Insiderrecht und Ad-hoc-Publizität bei M&A- und Kapitalmarkttransaktionen im europäischen Rechtsvergleich, AG 2013, 309 ff.; *Maunz/Dürig* Grundgesetz-Kommentar, Loseblatt; *Moosmayer* Zehn Thesen zum Compliance, NJW 2012, 3013; *Ransiek* Zur prozessualen Durchsetzung des Insiderrechts, DZWiR 1995, 53; *Retemeyer* Gewinnabschöpfung im Ordnungswidrigkeitenrecht, wistra 2012, 56; *Schröder* Handbuch Kapitalmarktstrafrecht, 2. Aufl. 2010; *Schulz/Kuhnke* Insider-Compliance-Richtlinien als Baustein eines umfassenden Compliance-Konzeptes, BB 2012, 143; *Szesny* Finanzmarktaufsicht und Strafprozess. Die Ermittlungskompetenzen der BaFin nach Kreditwesengesetz, Wertpapierhandelsgesetz und Börsengesetz und ihr Bezug zum Strafprozessrecht, 2008; *ders.* § 4 Abs. 3 WpHG: Mitwirkungspflicht trotz Selbstbezichtigungsgefahr?, BB 2010, 1995 ff.; *Theile* Strafbarkeitsrisiken der Unternehmensführung aufgrund rechtswidriger Mitarbeiterpraktiken, wistra 2010, 457 ff.

A. Die Rolle des Straf- und Ordnungswidrigkeitenrechts in der Kapitalmarktregulierung und der Kapitalmarkt Compliance

I. Vermeidung von Straftaten und Ordnungswidrigkeiten als Kern der Kapitalmarkt Compliance

Compliance-relevante Fragen ergeben sich nicht nur aus dem Kapitalmarktrecht im engeren Sinne, also dem kapitalmarktbezogenen Zivil- und Aufsichtsrecht. Da der Strafgesetzgeber auch in diesem Bereich immer stärker regulierend eingreift und einzelne Verhaltensweisen für ethisch missbilligenswert hält, hat er straf- und bußgeldrechtliche Sanktionen geschaffen, die im Falle von Verstößen verhängt werden. Compliance ist damit immer auch auf die Einhaltung desjenigen Kapitalmarktrechts gerichtet, das im Falle des Verstoßes straf- und bußgeldrechtliche Folgen für börsennotierte Unternehmen, aber auch Kreditinstitute, Wertpapier- und Zahlungsdienstleister sowie Finanzanalysten und sonst kapitalmarktorientierte Einheiten und deren Mitarbeiter vorsieht.[1] Mit Blick auf die empfindli- 1

---
1 Vgl. *Schröder* Rn. 1015.

chen *persönlichen* Sanktionsrisiken wird die strafrechtliche Compliance zu Recht als der **harte Kern** der Compliance bezeichnet.[2]

2 Das Kapitalmarktstrafrecht besteht zunächst aus **Straftaten**, also – nach Auffassung des Gesetzgebers – strafwürdige und strafbedürftige Verhaltensweisen, die mit Geld- und Freiheitsstrafen geahndet werden. Im Bereich des Kapitalmarktstrafrechts sind zu unterscheiden
- Kapitalmarktstraftaten im engeren Sinne, also solche, die in den Kapitalmarktgesetzen geregelt sind (§ 38 WpHG, §§ 54 ff. KWG, § 26 BörsG, §§ 34 f. DepotG),
- Kapitalmarktstraftaten außerhalb des Kapitalmarktrechts (Kapitalanlagebetrug, § 264a StGB) sowie
- Straftaten, die Kapitalmarktbezug aufweisen können, z.B. Betrug (§ 263), Untreue (§ 266 StGB), Geldwäsche (§ 267 StGB), Korruptionsdelikte (§§ 299, 331 ff. StGB); Steuerhinterziehung (§ 370 AO); Bilanzdelikte (§§ 331 HGB, 400 AktG) u.a.

3 Teilweise wird zwischen (mutmaßlich) unternehmensnützigen Straftaten (z.B. Korruption zur Auftragserlangung oder Insidergeschäfte im Eigenhandel) und unternehmensschädigenden Straftaten (z.B. Untreue zum Nachteil des kreditgebenden Instituts) unterschieden.[3] Diese Differenzierung spielt für die Compliance-Praxis allerdings eine allenfalls eher untergeordnete Rolle, weil Unternehmen grundsätzlich ein Interesse daran haben, Straftaten zu vermeiden. Sowohl (mutmaßlich) unternehmensnützige wie auch unternehmensschädigende Straftaten können negative rechtliche wie wirtschaftliche Folgen für das Unternehmen haben.[4] Ein Criminal Compliance-Konzept trifft eine solche Differenzierung demgemäß nicht; der Ansatz ist vielmehr formal-rechtlich: Zu vermeiden sind jegliche Verstöße gegen straf- und bußgeldbewehrte Regelungen. Übersehen werden darf freilich nicht, dass die Unterscheidung zwischen unternehmensschädigenden und – mutmaßlich – unternehmensnützigen Taten bei der Entscheidung über die Prüfung und Durchsetzung etwaiger zivilrechtlicher Ansprüche infolge einer (mutmaßlich schädigenden) Tat von Relevanz ist. Das Unterlassen einer solchen Prüfung bzw. der Durchsetzung derartiger Ansprüche kann eine strafbare Untreue begründen und ist damit ebenfalls haftungsrelevant.

4 Zu den Kapitalmarktstraftaten kommt ein unübersichtlicher Katalog an **Ordnungswidrigkeiten**, die nicht mit Geld- oder Freiheitsstrafe, sondern mit einem Bußgeld geahndet werden können. Sanktionen und Nebenfolgen im Kapitalmarktstraf- und -ordnungswidrigkeitenrecht können wie folgt abgebildet werden:

Rechtsfolgen von Straftaten	Rechtsfolgen von Ordnungswidrigkeiten
– Freiheitsstrafe je nach Tatbestand bis zu zehn Jahren (nur für Einzelpersonen) – Geldstrafe (nur für Einzelpersonen) – Verfall des durch die Tat Erlangten, §§ 73 ff. StGB – Einziehung von Tatinstrumenten und Tatprodukten, §§ 74 f. StGB	– Geldbuße je nach Tatbestand bis 10 Mio. EUR, ggf. darüber hinaus, wenn zur Gewinnabschöpfung erforderlich (auch gegen Unternehmen, dann bis zu 10 Mio. EUR)[5] – Verfall des durch die Tat Erlangten, § 29a OWiG – Einziehung von Tatinstrumenten und Tatprodukten, §§ 22 ff. OWiG

---

2 *Moosmayer* NJW 2012, 3013, 3014.
3 Vgl. die Nachweise bei *Bock* Criminal Compliance, S. 23 f.
4 HWSt/*Rotsch* 1. Teil, Kap. 4 Rn. 9; vgl. *Bock* Criminal Compliance, S. 24 f.
5 Das jeweilige Höchstmaß kann überschritten werden, wenn dies erforderlich ist, um die aus der Tat erwirtschafteten Gewinne abzuschöpfen, § 17 Abs. 4 StGB. Zur Neufassung dieser Regelung siehe www.finance-magazin.de/risiko-it/compliance/neuregelung-der-unternehmensgeldbusse-hoechstgrenze-verzehnfacht/.

Auf die Rechtsfolgen von Kapitalmarktstraftaten und -ordnungswidrigkeiten wird an anderer Stelle noch ausführlicher eingegangen.[6]

Wegen des in Deutschland herrschenden **Schuldprinzips** (*nulla poena sine culpa*) können Strafen nur gegen natürliche Personen verhängt werden, da nur ihnen das jeweilige Verhalten als schuldhaft persönlich vorwerfbar ist. Strafen im engeren Sinne (Geld- oder Freiheitsstrafen) sind im deutschen Strafrecht für Unternehmen nicht vorgesehen. Ob die derzeitige Diskussion um die Schaffung eines Unternehmensstrafrechts dazu führt, dass auch Personenmehrheiten in diesem Sinne bestraft werden können, erscheint momentan fraglich. Es ist allerdings nicht zu übersehen, dass es bereits heute möglich ist, Unternehmen mit Sanktionen und Maßnahmen empfindlich zu treffen.[7]

Dort wo das Kapitalmarktrecht sich an bestimmte Unternehmen, z.B. Emittenten, Kreditinstitute etc., und damit in der Regel nicht an natürliche Personen richtet, bietet das deutsche Straf- und Ordnungswidrigkeitenrecht Möglichkeiten einer besonderen **Zurechnung** dieser Rechtsposition des Unternehmens zum unternehmensbezogenen Verhalten natürlicher Personen, und zwar in doppelter Weise,[8] nämlich

– durch die Zurechnung straftatbegründender Sonderrollen des Unternehmens (z.B. „Inlandsemittent" oder „Kreditinstitut") auf die handelnden Personen („**Merkmalsüberwälzung**") gem. §§ 14 StGB, 9 OWiG und
– den Bußgeldtatbestand der **Aufsichtspflichtverletzung** in § 130 OWiG, der eine Sanktionierung von Aufsichtspflichtverletzungen durch Führungspersonen ermöglicht, durch die betriebsbezogenes strafbares oder ordnungswidriges Verhalten anderer Unternehmensangehöriger erleichtert oder ermöglicht wurde.

Obwohl eine Sanktionierung von Regelverstößen als selbstverständlich erscheint, muss sich der Rechtsanwender doch klar sein, dass die Grenzen zwischen strafbarem und straflosem Verhalten im Einzelfall verschwimmen können.[9] Unter welchen Umständen z.B. die Ausreichung eines Großkredits eine strafbare Untreue (§ 266 StGB) darstellt oder erlaubtes Risiko, die Selbstbefreiung von der Ad hoc-Mitteilungspflicht (§ 15 Abs. 3 WpHG) zulässig oder ob eine kapitalmarktrechtlich geforderte Veröffentlichung „richtig" ist, bestimmt sich nach den individuellen Gegebenheiten. Diese bedürfen einer rechtlichen Bewertung, die wiederum nicht nur von der Gesetzeslage abhängig ist, sondern auch von der Rechtsprechung, die sich insbesondere im Bereich des Kapitalmarkt(straf)rechts in geradezu dramatischer Dynamik befindet und sich dem zunehmenden Einfluss der EU-Gesetzgebung ausgesetzt sieht. Nicht wenige Regelungsbereiche sind insoweit noch ein weißes Feld: Rechtsprechung existiert teilweise, wenn überhaupt, nur rudimentär, sodass Betroffene wie auch Aufsichts- und Verfolgungsbehörden verlässliche Leitlinien nicht zur Verfügung haben.

Die Ahndung kapitalmarktrechtlicher Verstöße mit Strafen ist freilich seit jeher möglich. Der als Börsenbetrug ursprünglich im BörsG lozierte Straftatbestand der Marktmanipulation existiert bereits seit 1896. Hingegen existiert ein deutsches Insiderstrafrecht erst seit der Schaffung des WpHG im Jahre 1995.[10] Inzwischen ist das Strafrecht in der Wirtschaft und auch im Kapitalmarkt auf dem Vormarsch: Die Finanzkrisen der vergangenen Jahre haben den Ruf nach intensiverer staatlicher Regulierung und stärkerer Sanktionierung von Fehlverhalten stetig lauter werden lassen, sodass die Bedeutung des Strafrechts im Rahmen der Kapitalmarkt Compliance ständig gestiegen ist. Das Strafrecht wird insbesondere im

---

6 Rn. 124 ff.
7 Näher Rn. 131 ff.
8 HWSt/*Achenbach* 1. Teil, Kap. 1 Rn. 3.
9 Park/*Bottmann* T2 Kap. 2 Rn. 3.
10 Zur Entwicklung der Insiderüberwachung *Szesny* Finanzmarktaufsicht und Strafprozess, S. 13 f., zur Rechtssituation vor Inkrafttreten des WpHG *Otto* Bankentätigkeit und Strafrecht, 1983, S. 40 ff.

Bereich des Kapitalmarkts als wirtschaftspolitisches Steuerungsinstrument inzwischen bewusst und breitflächig eingesetzt, sodass an der sog. „ultima ratio"-Funktion des Strafrechts (i.e. das Strafrecht als letztes aller staatlichen Mittel) durchaus Zweifel angemeldet werden können. Nicht umsonst wird das Kapitalmarktrecht mit seiner beachtlichen Regelungsdichte als Ausgangspunkt der gesamten Compliance-Diskussion gesehen.[11]

10 Welche Verhaltensweisen als Straftat und welche „nur" als Ordnungswidrigkeit geahndet werden sollen, liegt im Ermessen des Gesetzgebers.[12] Mit der Schaffung von Bußgeldtatbeständen hat der Gesetzgeber die Möglichkeit geschaffen, missbilligenswertes Verhalten, das er zwar als sanktionswürdig, nicht aber als strafbedürftig und strafwürdig erachtet, als **Ordnungswidrigkeit** zu ahnden. Die Sanktion besteht hier in der Verhängung eines **Bußgeldes**. Anders als im Strafrecht herrscht im Ordnungswidrigkeitenrecht das **Opportunitätsprinzip**. Das bedeutet, dass es im Ermessen der zuständigen Behörde steht, ob sie die Tat verfolgt (§ 47 Abs. 1 S. 1 OWiG). Allerdings wäre es verfehlt, Ordnungswidrigkeiten als bloßen **Verwaltungsungehorsam** zu qualifizieren. Zwar werden Ordnungswidrigkeitstatbestände gerade im Kapitalmarktrecht dazu eingesetzt, die Verhaltensanordnungen der Aufsichtsregelungen durchzusetzen. (Es finden sich auch heute noch Stimmen, die eine Ahndung von Verstößen z.B. gegen die Insiderverbote durch Ordnungswidrigkeiten für effektiver erachten als durch Strafnormen[13].) Die Rechtsfolgen sind dabei allerdings nicht unempfindlich: Angeordnet werden Geldbußen von bis zu einer Million EUR, bei Unternehmensgeldbußen beträgt das Höchstmaß neuerdings gar zehn Millionen EUR, wenn sie an eine betriebsbezogene Straftat oder eine Aufsichtspflichtverletzung anknüpft, die eine solche Straftat begünstigt hat. Dieses Höchstmaß kann gem. § 17 Abs. 4 OWiG sogar noch überschritten werden, wenn die Geldbuße nicht ausreicht, um den durch die Ordnungswidrigkeit generierten Gewinn abzuschöpfen.[14] Die Kapitalmarktordnungswidrigkeiten sind Gegenstand des gesonderten 31. Kapitels.

II. Ziele und Instrumente kapitalmarktstrafrechtlicher Compliance

11 Ein Ziel jedes Compliance-Konzepts muss die **Vermeidung** straf- und bußgeldrechtlich relevanter Verhaltensweisen durch Schaffung entsprechender unternehmensinterner Instrumente sein. Wo dies nicht gelingt – gerade weil auch das beste Compliance-Konzept nicht vor bewusster Umgehung durch Unternehmensmitarbeiter gefeit ist –, muss es auch um die Vermeidung strafrechtlicher **Verantwortlichkeit** insbesondere von Unternehmensverantwortlichen gehen;[15] die Rede ist bzgl. des straf- und bußgeldrechtlich orientierten Teils der Compliance von „Criminal Compliance"[16]. Im Falle strafrechtlicher Verantwortlichkeit gerät nicht nur der jeweils handelnde Mitarbeiter in die Gefahr der Sanktionierung, sondern insbesondere auch **Führungskräfte** – denkbar ist eine strafrechtliche Haftung unter dem Gesichtspunkt der Unterlassensstrafbarkeit (§ 13 StGB), der mittelbaren Täterschaft (§ 25 Abs. 1 2. Alt. StGB), der Mittäterschaft (§ 25 Abs. 2 StGB), der Anstiftung (§ 26 StGB) und der Beihilfe (§ 27 StGB). Zu einer Sanktion führen können auch **Mängel in der**

---

11 *Buck-Heeb* CCZ 2009, 18; Knierim/Rübenstahl/Tsambikakis/*Szesny* 30 Kap. Rn. 1.
12 Vgl. grundlegend *BGHSt* 11, 263, 264.
13 *Ransiek* DZWiR 1995 53 ff.; a.A. *Kalss* EuZW 2012, 361, 362.
14 Daher ist die Begründung des Gesetzgebers (BT-Drucks. 17/11053, S. 20), die Verzehnfachung des Höchstmaßes sei erforderlich, um bei Unternehmen die Tatvorteile vollständig abschöpfen zu können, nicht nachvollziehbar. Diese Möglichkeit bestand nämlich schon vor der Neuregelung. Es geht bei der Anhebung der Obergrenze allein um den rein „sanktionierenden" Teil der Unternehmensgeldbuße, nicht um den „abschöpfenden".
15 Ähnlich HWSt/*Rotsch* 1. Teil, Kap. 4 Rn. 25.
16 Vgl. HWSt/*Rotsch* 1. Teil, Kap. 4 Rn. 6.

Arbeitsorganisation, die als Aufsichtspflichtverletzung i.S.v. § 130 OWiG ebenfalls einer Bußgeldandrohung unterliegt. Dies wiederum kann zur Anordnung einer **Verbandsgeldbuße** führen (§ 30 OWiG), deren Höchstmaß – wie bereits erwähnt – jüngst auf 10 Mio. EUR verzehnfacht wurde.

Um strafrechtliche Verantwortlichkeit zu vermeiden, muss zunächst analysiert werden, welche Risiken rechtswidrigen Verhaltens vom Unternehmen ausgehen können und welche ihm selbst drohen. Diese Analyse muss sorgfältig, ehrlich und umfassend erfolgen.[17] Bestandteil dieser Analyse ist eine Antizipation, welche Verhaltensweisen von Mitarbeitern des Unternehmens überhaupt sanktioniert werden können.[18] Diese **Antizipation** bedingt, dass börsennotierte Gesellschaften, Finanzdienstleister Kreditinstitute oder sonst am Kapitalmarkt tätige Unternehmen ihre kapitalmarktrechtlichen Pflichten kennen und für deren Einhaltung Sorge tragen müssen.[19] Einen **Überblick** über die kapitalmarktrechtliche Pflichtenposition zu gewinnen, ist aus zwei Gründen herausfordernd: Zum einen ist die Anzahl kapitalmarktrechtlicher Ver- und Gebote beeindruckend – und nahezu alle dieser Vorschriften sind straf- oder bußgeldbewehrt.[20] Die Identifikation der auf das jeweilige Unternehmen unter welchen Umständen anwendbaren Regelungen bedarf eines großen Arbeits-, Analyse- und Dokumentationseinsatzes. Allein das WpHG enthält über hundert Ordnungswidrigkeitentatbestände. Zweitens unterliegt das Kapitalmarktrecht einer erheblichen **Dynamik**. Beeinflusst von der europäischen Gesetzgebung und auch Rechtsprechung[21] unterliegen die nationalen Regelungen einer stetigen Änderung; teilweise hat der Gesetzgeber sich sogar darauf zurückgezogen, in Bußgeldvorschriften unmittelbar auf europäische Verordnungen zu verweisen, sodass auch die Rechtsentwicklungen außerhalb des nationalen Straf- und Bußgeldrechts stetig zu beachten sind.

12

Im Bereich des Wirtschaftsstrafrechts und hier insbesondere im Kapitalmarktstrafrecht besteht das Problem, dass sich die strafrechtliche Relevanz bestimmter unternehmerischer Verhaltensweisen kaum zuverlässig vorhersagen lässt. Dies wird eindrücklich im Kapitalanleger-Musterverfahren zum Rücktritt des damaligen Vorstandsvorsitzenden der Daimler AG, *Schrempp*, illustriert, in dem seit Jahren eine bis zur Drucklegung dieses Buches nicht vollständig abgeschlossene Rechtsdiskussion darüber geführt wird, wie ad hoc-rechtlich mit **gestreckten Entscheidungsvorgängen** umzugehen ist.[22] Diese inzwischen vom OLG Stuttgart, dem Bundesgerichtshof und dem EuGH behandelte Frage ist insofern von Bedeutung, als Verstöße gegen die Ad hoc-Mitteilungspflicht bußgeldbedroht sind, als Marktmanipulation aber auch strafrechtliche Relevanz entfalten können, was wiederum eine zivilrechtliche Haftung gem. § 826 BGB begründen kann. Ein weiteres Beispiel für eine unklare Rechtslage ist die Frage, ob sog. **scalping** in mittelbarer Täterschaft, also durch Personen begangen werden kann, die nicht selbst in dem von ihnen empfohlenen Finanzinstrument engagiert sind.[23] Nichts anderes gilt für das vor dem Hintergrund der sog. *Lehman-Brothers-Pleite* immer noch in Diskussion befindliche Problem, inwieweit sich Vorstände, Aufsichtsräte, Abschlussprüfer, Mitarbeiter im Eigenhandel einer Bank und Vermögensverwalter beim Erwerb von Finanzprodukten überhaupt auf **Ratings** verlassen dürfen,[24] ohne sich bei Scheitern der Anlage wegen strafbarer Untreue (§ 266 StGB) verantworten zu müssen. Unternehmen mit

13

---

17 *Moosmayer* NJW 2012, 3013, 3014.
18 HWSt/*Rotsch* 1. Teil, Kap. 4 Rn. 7.
19 *Schröder* Rn. 1017.
20 *Schröder* Rn. 1017; siehe zu den zahllos anmutenden Ordnungswidrigkeitentatbeständen 31. Kap.
21 Beispielsweise führte die Entscheidung *EuGH* Slg. 2009, 12100 (Spector Photo Group) zu einer extensiven Auslegung des Begriffs der „Verwendung" von Insiderinformationen in § 14 WpHG und damit zu einer Erweiterung des Verbots- und damit auch des Bußgeld- bzw. Straftatbestandes.
22 Näher etwa *Hirte/Haider* GWR 2012, 429 ff.; *Parmentier* WM 2013, 970 ff.; 4. Kap. Rn. 2; 27 ff.
23 Näher Rn. 41 ff.
24 Näher *Jobst/Kapoor* WM 2013, 680 ff.; zur Untreue 23. Kap.

Tätigkeitsfeldern, in denen die Rechtslage nicht vollends geklärt und damit auch die Grenzen zwischen strafbaren und straflosen Verhalten diffus ist, müssen sich beim Aufbau einer Compliance-Infrastruktur zunächst am „worst case" der Strafbarkeit orientieren, sodann eine Entscheidung treffen, welches Risiko sie bereit sind hinzunehmen und ggf. in die Gefahr eines Strafverfahrens zu geraten. Unabdingbar ist freilich die Einholung spezialisierten Rechtsrates,[25] was zwar vor strafrechtlicher Sanktionierung schützen kann, nicht aber – wenn Strafverfolgungsbehörden eine andere Auffassung vertreten als der angerufene Berater – vor den erheblichen Belastungen, die bereits ein Ermittlungsverfahren mit sich bringt.

14 Auf welche Art und Weise die Risikominderung erfolgt, liegt grundsätzlich im Ermessen des jeweiligen Unternehmens.[26] Im Kapitalmarktrecht existieren mit den §§ 25a KWG, § 33 WpHG und die Verordnung zur Konkretisierung der Verhaltensregeln und Organisationsanforderungen für Wertpapierdienstleistungsunternehmen zwar verbindliche Vorgaben,[27] die den Unternehmen bei der Umsetzung allerdings noch erheblichen Gestaltungsspielraum belassen.[28] Hingegen sind andere, immer wieder genannte Quellen wie etwa der Deutsche Corporate Governance Kodex (DCGK)[29] oder der UK Bribery Act 2010 als Richtschnur für konkrete Maßnahmen nicht geeignet, weil sie naturgemäß nur allgemein anwendbare Zielbestimmungen formulieren, aufgrund der Unterschiede in den von ihnen erfassten Unternehmen aber keine Umsetzungshinweise geben können.

15 In organisatorischer Hinsicht ist es essentiell, eine für die Schaffung und Verwaltung der **Compliance-Funktion** verantwortliche Stelle zu schaffen. Ob dies auf Vorstandsebene erfolgt oder etwa in der Rechtsabteilung, ist dem Unternehmen überlassen. Die Compliance-Stelle kann als Abteilung, bereichsübergreifendes Gremium oder durch die Benennung eines bestimmten Mitarbeiters organisiert werden. Die Anbindung der Compliance-Funktion an die Interne Revision macht indes wenig Sinn, weil diese auch das Compliance-System zu prüfen hat und insoweit ein unternehmensinterner Interessenkonflikt produziert würde. (Hingegen spricht nichts dagegen, die interne Revision an der Durchführung einer Internal Investigation zu beteiligen.) Die Compliance-Stelle muss über strafrechtliche Expertise verfügen, jedenfalls aber sich des stetigen Zugriffs auf einen kapitalmarktstrafrechtlichen Spezialisten bedienen können. Dies spielt zum einen im Rahmen der Aufdeckung etwaigen Fehlverhaltens und einer potenziell drohenden strafrechtlichen Krisensituation eine besondere Rolle. Hier muss unter Einbeziehung strafrechtlicher Expertise zunächst festgestellt werden, wie wahrscheinlich ein straf- oder ordnungswidrigkeitenrechtsrelevanter Verstoß überhaupt ist und welche Folgen er für den individuell Handelnden auf der einen und das Unternehmen auf der anderen Seite haben kann. Sodann ist darüber zu befinden, ob bzw. zu welchem Zeitpunkt Aufsichts- und Strafverfolgungsbehörden in den Sachverhalt eingeweiht werden sollen. Strafprozessuale Expertise in diesem Bereich ist deshalb gefordert, als sie die Begleitung und Koordination etwaig drohender strafprozessualer Maßnahmen gewährleisten kann. Aber auch beim Aufbau der Compliance-Infrastruktur ist strafrechtsspezifischer Rat vonnöten, der die strafrechtliche Risikolage inklusive der Sanktionsrisiken für handelnde Mitarbeiter, Führungspersonen inklusive Organmitglieder sowie das Unternehmen selbst konkret identifiziert. Diese Analyse ist Grundlage dafür, ob und welche Vermeidungsstrategien im Unternehmen eingeführt werden.

---

25 Dazu Rn. 91.
26 HWSt/*Rotsch* 1. Teil, Kap. 4 Rn. 18; *Moosmayer* NJW 2012, 3013, 3014.
27 Näher dazu 14., 15. und 16. Kap.; vgl. auch Knierim/Rübenstahl/Tsambikakis/*Szesny* 30. Kap. Rn. 11 ff. hinsichtlich der Frage nach einer kapitalmarktrechtlichen Pflicht zur Durchführung unternehmensinterner Ermittlungen.
28 Vgl. in Bezug auf den Umgang mit Insiderinformationen *Schulz/Kuhnke* BB 2012, 143, 144.
29 Abrufbar unter www.corporate-governance-code.de. Näher 7. Kap.

Zur Implementierung einer Struktur zur Einhaltung des identifizierten Rechts gehört zunächst die **Kommunikation** des gesetzlichen Pflichtenprogramms gegenüber den jeweils betroffenen Mitarbeitern, wobei hier schriftliche Anleitungen regelmäßig nicht genügen dürften; es bedarf vielmehr einer konkreten **Schulung**,[30] bei der sich der Schulende und der Pflichtenadressat persönlich gegenüberstehen, Unsicherheiten besprochen und offene Fragen konkret beantwortet werden. Grundlage dieser Schulung ist ein konkreter, auf das jeweilige Rechtssubjekt angepasster **Leitfaden** zur Einhaltung des jeweils anwendbaren Kapitalmarktrechts, weil – wie *Schröder* es auf den Punkt bringt – im Bereich dieses gerade für den Laien unübersichtlichen Rechtsgebiets „der moralische Appell, sich rechtstreu zu verhalten, allein nicht genügt"[31]. Eine derartige allgemeine Maßnahme reicht weder, um Mitarbeitern eine verlässliche Verhaltensanleitung zu geben, noch eine Haftung wegen Aufsichtsverschuldens zu verhindern.[31] Sind die einschlägigen Regelungen inklusive rechtlicher Risikofelder, die sich mangels Rechtsprechung bzw. durch eine noch nicht abgeschlossene Meinungsbildung im Schrifttum ergeben, identifiziert, muss sich das Compliance-Programm auf die **Vermeidung** der darin beschriebenen Pflichtwidrigkeiten konzentrieren. Angesichts der oftmals versteckten und daher für Mitarbeiter nicht ohne weiteres erkennbaren Rechtsvorschriften ist eine organisierte und thematisch konkretisierte Hilfestellung, die über die bloße allgemeine Anweisung, sich rechtstreu zu verhalten, hinausgeht, unabdingbar. 16

Neben der Kommunikation des Pflichtenprogramms sind dementsprechend Hinweise an die Unternehmensmitarbeiter zur Umsetzung der Leitlinien erforderlich. Die Einführung bestimmter Arbeitsabläufe durch konkrete **Handlungsanweisungen** oder **Checklisten** ist hier Mittel der Wahl; die Einhaltung der darin enthaltenen Vorgaben ist wiederum zu **kontrollieren**. Die konkrete Umsetzung bleibt dem Unternehmen überlassen und ist abhängig von der Größe, des Geschäftsgegenstandes und der Struktur des Unternehmens. 17

Bei der Einführung von Richtlinien – z.B. **Insiderrichtlinien**[32] – sind arbeitsrechtliche Vorgaben zu beachten; insbesondere ist ggf. der Betriebsrat einzubinden. Ob und inwieweit eine Einbindung von Compliance-Regeln in den Arbeitsvertrag von Mitarbeitern opportun ist, obliegt der Entscheidung des Unternehmens. 18

Die bloße Existenz eines Richtlinienwerkes garantiert dessen Beachtung im Unternehmen freilich nicht. Auch decken Handlungsanweisungen nicht jegliches potentiell strafrechtliches Verhalten ab – es werden immer gewisse Lücken bleiben. Soweit aber grundsätzliche Kritik an der Schaffung von Unternehmensrichtlinien geäußert wird, weil diese kaum in der Lage seien, kriminelles Verhalten zu verhindern – dies schon deshalb, weil sich strafrechtliche Verantwortlichkeit in weiten Bereichen des Wirtschaftsstrafrechts nicht antizipieren lasse[33] –, übersieht diese Kritik, dass Richtlinien für Unternehmensmitarbeiter immer auch eine **Informations- und Orientierungsfunktion** haben, die nicht unterschätzt werden darf. Das gilt bereits für das in seiner legislativen Struktur noch vergleichsweise übersichtliche Korruptionsstrafrecht und dem hier in der Beratungspraxis immer wieder anzutreffenden Missverständnis über die Reichweite der Auslandsbestechung oder der Korruption im geschäftlichen Verkehr – ganz zu schweigen von den Diskussionen über noch zulässige oder schon unlautere Zuwendungen im Bereich des Korruptionsstrafrechts (Stichwort: „Sozialadäquanz"). 19

---

30 *Schröder* Rn. 1033.
31 *Schröder* Rn. 1023.
32 Zum Insiderrecht 27. Kap., näher zur Implementierung von Insiderrichtlinien *Schulz/Kuhnke* BB 2012, 143.
33 So HWSt/*Rotsch* 1. Teil, Kap. 4 Rn. 45.

20 Erst recht im unübersichtlichen Kapitalmarktrecht ist diese **Informations- und Orientierungsfunktion** von zentraler Bedeutung. Richtlinien und konkrete Handlungsanweisungen gewährleisten dem Anwender **Sicherheit** in nur auf den ersten Blick neutralen Abläufen, in denen er sich bei objektiver Betrachtung aber einem erheblichen Sanktionsrisiko aussetzt. Wer z.B. bei der Veräußerung einer Beteiligung eine Mitteilung über Stimmrechtsveränderungen übersieht, sieht sich einer Bußgeldandrohung von bis zu 1 Mio. EUR ausgesetzt – „nur", weil er sein Aktienpaket verkauft. Aus diesem Grunde ist Kreditinstituten, Wertpapier- und Finanzdienstleistern, die Eigenhandel betreiben, aber auch kleineren Beteiligungsgesellschaften dringend anzuraten, **Abläufe** zu definieren und in **Checklisten** festzuhalten, damit vermeintliche „Standardvorgänge" wie die Veräußerung oder der Erwerb von Finanzinstrumenten nicht aufgrund einer zufällig übersehenen Publizitätspflicht zu einer empfindlichen Geldbuße führen. Die Beratungspraxis zeigt: Gerade kleinere Unternehmen – z.B. börsennotierte Familien-AGs – übersehen essentielle wertpapierhandelsrechtliche Vorschriften. Ein weiteres Beispiel sind die nicht ohne weiteres zu erkennenden erheblichen Risiken, die sich aus dem Insiderrecht im Zusammenhang mit **M&A-Transaktionen** ergeben.[34] Auch sie bedürfen der Eindämmung durch Sensibilisierung von Mitarbeitern für die Existenz einer solchen Problematik und Aufstellung klarer „do's and don'ts" in diesem Zusammenhang.

21 Neben der **Prävention** sanktionsbegründender Verstöße sind Instrumente zur **Aufdeckung von Fehlverhalten** und dessen **Ahndung** gleichwertige Ziele einer effektiven Compliance-Organisation.[35] Bei der Aufdeckung von Verstößen kommt sog. **Hinweisgebersystemen** eine zentrale Rolle zu. Insbesondere für Unternehmen mit einem breiten Kundenkreis oder einer großen Mitarbeiterzahl ist die Einrichtung einer neutralen Stelle zur Sammlung von Hinweisen denkbar. Unternehmensmitarbeiter wie auch außenstehende Dritte (Kunden, Lieferanten, Wettbewerber, aber auch Unbeteiligte, die eher zufällig Kenntnis von Missständen erhalten) haben so die Möglichkeit, Vermutungen oder Hinweise auf potentiell rechtswidriges Verhalten zu äußern, die durch den **neutralen Mittler** bewertet und – ggf. unter Verschweigen der Herkunft der Information – an die Unternehmensleitung oder die Compliance-Stelle weitergegeben werden, sofern sie aus seiner Sicht substantiiert erscheinen. Es handelt sich um die Funktion eines **Ombudsmanns**, deren Einführung und Ausgestaltung fakultativ und daher dem Unternehmen überlassen ist. Der Ombudsmann sollte über die unternehmensinternen Strukturen, die Risikofelder und sensible Themen im Unternehmen informiert sein und stetigen Kontakt zur Compliance-Stelle halten.

22 Die Aufdeckung von Fehlverhalten kann zudem durch regelmäßige, anlassunabhängige **Kontrollen** erfolgen, wie dies bereits aus der internen Revision bekannt ist. Des Weiteren kommt die Entdeckung von Fehlverhalten von Mitarbeitern durch anonyme Mitteilungen oder Meldungen aus dem Kunden-, Geschäftspartner- oder Wettbewerberkreis in Betracht. Bei Anhaltspunkten von Verstößen stellt sich die Frage nach internen Sonderuntersuchungen. Solche **Internal Investigations** sind derzeit Gegenstand der rechtswissenschaftlichen Diskussion, viele Einzelheiten sind noch ungeklärt.[36] Dass es aber zu den Pflichten der Geschäftsführungsorgane gehört, alle rechtlich zulässigen Maßnahmen zu ergreifen, um (weitere) Schäden vom Unternehmen abzuwenden bzw. potentielle Ansprüche zu identifizieren, ist mit Blick auf die kaufmännische Sorgfaltspflicht und die ansonsten drohenden zivil- und auch strafrechtlichen (§ 266 StGB, § 130 OWiG) Konsequenzen unzweifelhaft. Interne Ermittlungen gehören zu diesen – grundsätzlich zulässigen – Maßnahmen.[37] In Bezug auf kapitalmarktrechtliche Verstöße ist zu beachten, dass KWG und WpHG die Schaffung einer

---

34 Dazu *Krause/Brellochs* AG 2013, 309 ff.; *Bank* NZG 2012, 1337 ff.
35 *Moosmayer* NJW 2012, 3013, 3014. Näher dazu 32. und 33. Kap.
36 Siehe zum Ganzen *Knierim/Rübenstahl/Tsambikakis*.
37 *Moosmayer* NJW 2012, 3013, 3014 unter Hinweis auf § 130 OWiG.

Infrastruktur, die die Ermittlung von Verdachtsfällen überhaupt erst ermöglicht, sogar voraussetzen.[38] Insbesondere in von der BaFin durchgeführten Sonderprüfungen im Sinne des §§ 44 Abs. 1, 44c Abs. 1 KWG, 4 Abs. 3 WpHG ist es zur Beantwortung der teils umfangreichen Fragenkataloge schon faktisch erforderlich, eine interne Sachverhaltsaufarbeitung vorzunehmen, um überhaupt eine Beantwortung der Fragen der Aufsichtsbehörden zu ermöglichen.[39] Die internen Untersuchungen sind jedenfalls unter Berücksichtigung etwaiger Aufklärungsinteressen von behördlicher Seite zu koordinieren.[40] Zu beachten sind in diesem Zusammenhang auch kapitalmarktrechtliche Publizitäts- und Mitteilungspflichten: Führen (Zwischen-) Ergebnisse von Aufklärungsmaßnahmen zu einem Geldwäsche- oder Marktmissbrauchsverdacht, sehen die §§ 11 GwG, 10 WpHG diesbezügliche **Anzeigepflichten** vor. Je nach Art des aufgedeckten Verstoßes kann eine Ad hoc-Mitteilungspflicht gem. § 15 WpHG entstehen. Dieser muss allerdings eine gewisse Intensität aufweisen. So nennt der Emittentenleitfaden der BaFin den Verdacht einer Bilanzmanipulation als Beispiel für einen ad hoc-mitteilungspflichtigen Umstand. Führt die Aufdeckung von Verstößen zu **personaldisziplinarischen Maßnahmen**, insbesondere die Abberufung von Geschäftsleitern, kommt eine kreditwesengesetzliche Anzeigepflicht gem. § 24 KWG in Betracht.[41] Im Unternehmen folgt die **Ahndung** kapitalmarkt(straf)rechtswidrigen Verhaltens – wie auch in anderen Wirtschaftsunternehmen – den Regeln des Arbeitsrechts.

III. Kosten kapitalmarktstrafrechtlicher Compliance

Compliance wird in vielen Unternehmen zunächst – negativ besetzt – als reiner **Kostenfaktor** angesehen, weil Compliance einen wirtschaftlich greifbaren und damit anrechenbaren unmittelbaren Gegenwert nicht hat. Mangels unmittelbarer Verpflichtung zur Einführung einer Straftaten vermeidenden Compliancestruktur (**Criminal Compliance**) sparen sich – nicht nur kapitalmarktorientierte – Unternehmen diesen vermeintlichen Luxus: Gängig ist es, bereits in anderen Unternehmen praktizierte Systeme auf die eigene Gesellschaft zu übertragen, was ohne Anpassung auf die spezifischen Bedürfnisse des Unternehmens aber Lücken im Compliance-System verursacht und damit letzlich scheitern muss. Oder es bleibt beim Verfassen eines allgemeinen **Code of Conduct**, der den einzelnen Mitarbeitern ohne weitere konkreten Handleitung in der Regel aber nicht weiterhilft, sondern lediglich den Eindruck nach außen erwecken soll, dass man über ein Compliancesystem verfügt. Gerade in kapitalmarktorientierten Unternehmen ist das fatal. Kommt es dann zu geradezu unvermeidlichen Regelverstößen, schlägt die Kostenfalle zu: interne Ermittlungen zur Aufklärung des Sachverhalts, behördliche Sonderuntersuchungen, eventuelle Aufsichts-, Ordnungswidrigkeiten- oder Strafverfahren und damit verbundene Anwalts- und Beraterkosten, Übernahme von (Geld-) Sanktionen für die Mitarbeiter, ggf. durchzuführende arbeitsgerichtliche Verfahren, Schadenersatzprozesse und die (Wieder-) Herstellung eines rechtlich verlässlichen Geschäftskonzepts verschlingen Gelder, die in einem umfassenden und effektiven Compliance-Programm sinnvoller angelegt sind. Hinzu kommen im Krisenfall **Reputationsverluste**: Insbesondere börsennotierte Unternehmen erleben zunehmend, dass sich Compliance rechnen kann, weil sie in besonderem Maße im Blickpunkt der Öffentlichkeit, nämlich ihrer Anleger und sonstigen Bezugsgruppen stehen. Verstöße gegen Rechtsregeln schlagen sich nicht zuletzt über die wertpapierhandelsrechtlichen Publizitätsvorschriften in massiver Rufschädigung und damit verbundenen negativen Fol-

---

38 Knierim/Rübenstahl/Tsambikakis/*Szesny* 30. Kap. Rn. 21.
39 *Behrens* RIW 2009, 22, 29 f.; Knierim/Rübenstahl/Tsambikakis/*Szesny* 30. Kap. Rn. 20.
40 Knierim/Rübenstahl/Tsambikakis/*Szesny* 30. Kap. Rn. 56 ff.
41 Knierim/Rübenstahl/Tsambikakis/*Szesny* 30. Kap. Rn. 47 ff.

gen etwa für den Vertrieb nieder. Die Suche nach Investoren gestaltet sich schwieriger, der Aktienkurs stagniert oder sinkt.[42] Dies gilt insbesondere dann, wenn strafrechtliche Verstöße in Rede stehen – in diesem Falle ist die Öffentlichkeit regelmäßig besonders aufmerksam.

24 Unabhängig von den Kosten von *Non-Compliance* ist Compliance jedenfalls ein unnötiger Kostenfaktor, wenn sie ineffektiv bleibt. Das ist besonders dann der Fall, wenn das Compliance-Programm nicht auf das jeweilige Unternehmen zugeschnitten und an dessen operativer Tätigkeit gleichsam „vorbei" läuft – eine häufig zu beobachtende Symptomatik. Compliance dient keinem Selbstzweck, sie darf nicht lediglich „der guten Ordnung" halber eingeführt werden.[43] Von „One Size fits all"-Lösungen ist daher dringend abzuraten. Derartige Konzepte, die teilweise nur der Hilflosigkeit der Unternehmensleitung angesichts der Beraterflut und der zahllosen Angebote auf dem Compliance-Markt geschuldet sein mag, sind nicht nur ineffektiv; sie werden von Aufsichts- und Strafverfolgungsbehörden oftmals als bloß vorgeschobene Aktivität verstanden werden, was in der **strafrechtlichen Krise** durchaus nachteilig wirken kann. Stoßen Strafverfolgungsbehörden auf derartige „Placebo"-Compliance-Strukturen, wird dies nicht nur deren Verfolgungseifer wecken.[44] Die Existenz eines solchen halbherzigen Compliance-Programms führt gleichzeitig zu der Annahme, dass der jeweils Verantwortliche für die Erforderlichkeit einer Compliance-Infrastruktur zwar sensibilisiert war, diese aber nur unzureichend umgesetzt hat, was sich angesichts der damit faktisch verbundenen Vermutung vorsätzlichen Handelns (jedenfalls hinsichtlich einer Aufsichtspflichtverletzung gem. § 130 OWiG) sanktionsbegründend oder sanktionsschärfend auswirken kann. Keinesfalls darf dies auf Seiten der Unternehmen aber zu dem Rückschluss „Ganz oder gar nicht" führen, denn die Nicht-Existenz haftungsvermeidender Maßnahmen wird kaum zur erfolgreichen Verteidigung gegen den Verdacht einer Aufsichtspflichtverletzung i.S.v. § 130 OWiG führen können.[45] Insofern hat die Einführung eines effektiven Compliance-Systems de facto durchaus entlastenden Charakter für Unternehmensverantwortliche. Im bereits erwähnten UK Bribery Act 2010, der unter bestimmten Umständen auch für deutsche Unternehmen Geltung beansprucht,[46] sind konkrete Maßnahmen umschrieben, die sich als *defence* sanktionsmildernd für das Unternehmen auswirken. Im deutschen Recht existiert eine solche Regelung nicht, allerdings erschwert die Einführung von Compliance-Maßnahmen die Annahme eines Aufsichts- oder Organisationsverschuldens. In der Gesetzesbegründung der 8. GWB-Novelle deutet der deutsche Gesetzgeber erstmals ausdrücklich an, dass das Vorhandensein eines Compliance-Konzepts sich bei der Entscheidung über die Bemessung der Unternehmensgeldbuße mildernd auswirken kann.[47]

IV. Kapitalmarktstrafrechtliche Compliance im öffentlichen Unternehmen

25 Dass sich auch **öffentliche Unternehmen** dem Erfordernis einer effektiven Compliance-Organisation im Hinblick auf das Kapitalmarktstrafrecht nicht entziehen können, ergibt sich bereits aus dem ausdrücklichen Hinweis in § 130 Abs. 2 OWiG, demzufolge der Buß-

---

42 Vgl. *Schröder* Rn. 1022.
43 Vgl. *Moosmayer* NJW 2012, 3013, 3014, der vor „Schön-Wetter-Compliance" warnt; *Schröder* Rn. 1025.
44 Vgl. *Schröder* Rn. 1026.
45 Ebenso HWSt/*Rotsch* 1. Teil, Kap. 4 Rn. 8: „nicht mehr zu leugnende Notwendigkeit einer wirksamen Compliance".
46 Zu Recht krit. HWSt/*Rotsch* 1. Teil, Kap. 4 Rn. 24.
47 BT-Drucks. 17/11053 S. 21 (Beschlussempfehlung des Ausschusses für Wirtschaft und Technologie).

geldtatbestand der Aufsichtspflichtverletzung auch für öffentliche Unternehmen gilt.[48] Öffentliche Unternehmen unterliegen denn auch spezifischen (auch kapitalmarktrechtlichen) Risiken: Zu nennen ist zunächst das straf- und bußgeldrechtliche Instrumentarium zur Regelung der Korruption auf dem Kapitalmarkt: Die Straftatbestände zur **Amtsträgerkorruption** der §§ 331 ff. StGB können insbesondere auf öffentliche **Sparkassen** und **Landesbanken** Anwendung finden, aber auch für andere kommunale oder sonst öffentliche Beteiligungsunternehmen. Für den privaten Bereich ist § 299 StGB einschlägig. Einen für Wertpapierdienstleistungsunternehmen – private wie öffentliche – geltenden Bußgeldtatbestand, der schon weit im Vorfeld korruptiven Verhaltens greift, enthält § 31d WpHG.[49] Der öffentliche Sektor und das Kapitalmarktstrafrecht haben auch im Zuge der Aufarbeitung gescheiterter Investments eine gewisse Schnittmenge: Der Ankauf spekulativer Derivate durch öffentliche Kommunen wurde – im Lichte des späteren Totalausfalls dieses Engagements – teilweise als strafbare Untreue bewertet.[50] Dass für öffentliche Aktiengesellschaften sowie Wertpapierhandelsunternehmen und Finanzdienstleister die allgemeinen aktien- und kapitalmarktrechtlichen Vorschriften gelten, versteht sich von selbst.

V. Europäische Dimension des Kapitalmarktstrafrechts

Das Kapitalmarktstrafrecht unterliegt zunehmend dem Einfluss des europäischen Rechts: Zwar behalten sich die Mitgliedstaaten ein letztes Stück Souveränität gegenüber dem europäischen Gesetzgeber im Bereich des Strafrechts vor, das durch Auslegungsentscheidungen des EuGH allerdings immer kleiner wird, was sich etwa an der EuGH-Entscheidung zur Auslegung des Tatbestandsmerkmals der Insiderinformation im Fall *Schrempp* deutlich zeigt.[51] Aber auch hinsichtlich des Sanktionsrechts gibt Europa Vorgaben: 26

Art. 14 Abs. 1 der **Marktmissbrauchsrichtlinie**[52] verpflichtet die Mitgliedstaaten (unbeschadet deren Recht, strafrechtliche Sanktionen zu erlassen) dazu, entsprechend ihrem jeweiligen innerstaatlichen Recht dafür zu sorgen, dass bei Verstößen gegen Vorschriften der Richtlinie (insbesondere Publizitätspflichten, Insiderverbote, Marktmanipulationsverbote) gegen die verantwortlichen Personen geeignete Verwaltungsmaßnahmen ergriffen oder im Verwaltungsverfahren zu erlassende Sanktionen verhängt werden können. Diese Maßnahmen sollen „wirksam, verhältnismäßig und abschreckend" sein. Offenbar sieht der europäische Gesetzgeber die seitdem erlassenen nationalen Regeln indes als nicht ausreichend an: Zuletzt hat das Europäische Parlament und der Rat den Vorschlag einer Änderung der **EU-Transparenzrichtlinie** vorgelegt,[53] der in einem neuen Kapitel VIa über Sanktionen eine Erweiterung der Sanktionsbefugnisse der nationalen Behörden und – gemessen am deutschen Recht – auch neuartige, typisch unternehmensbezogene Sanktionen vorsieht. 27

---

48 Näher im Allgemeinen *Otto/Fonk* CCZ 2012, 161 ff.
49 Näher 26. Kap. Rn. 100 ff.
50 Vgl. etwa *Bader/Wilkens* wistra 2013, 81 ff.
51 *EuGH* NJW 2012, 784 = GWR 2012, 292 mit Anm. *Szesny* = NZWiSt 2012, 303 mit Anm. *Löffler*; näher zum Begriff der Insiderinformation 4. Kap. Rn. 9 ff. und 27. Kap. Rn. 10 ff.
52 Richtlinie 2003/6/EG des Europäischen Parlaments und des Rates vom 28.1.2003 über Insider-Geschäfte und Marktmanipulation (AblEU Nr. L 96/16), zuletzt geändert durch Art. 3 ÄndRL 2010/78/EU vom 24.11.2010 (AblEU Nr. L 331/120).
53 Vorschlag einer Richtlinie des Europäischen Parlaments und des Rates zur Änderung der Richtlinie 2004/109/EG zur Harmonisierung der Transparenzanforderungen in Bezug auf Informationen über Emittenten, deren Wertpapiere zum Handel auf einem geregelten Markt zugelassen sind, sowie der Richtlinie 2007/14/EG der Kommission, 2011/0307 COD (abrufbar unter http://ec.europa.eu/internal_market/securities/docs/transparency/modifying-proposal/20111025-provisional-proposal_de.pdf). Die Richtlinie ist nunmehr als Richtlinie 2013/50/EU erlassen worden.

Nach Zustimmung des Rates ist am 22.10.2013 die entsprechende Richtlinie 2013/50/EU erlassen worden. Diese sieht insbesondere vor, gegen das Unternehmen verhängte Sanktionen zu **veröffentlichen**. Dies sei wichtig, um die Transparenz zu steigern und das Vertrauen in die Finanzmärkte zu wahren. Dies formuliert Art. 14 Abs. 4 der Marktmissbrauchsrichtlinie in der aktuellen Fassung noch ganz anders: Danach haben die Mitgliedstaaten vorzusehen, dass die zuständige Behörde Maßnahmen oder Sanktionen öffentlich bekannt geben *kann*. Von diesem **Prangerinstrument** wurde in Deutschland lediglich in § 34d Abs. 4 S. 2 WpHG Gebrauch gemacht. Und auch diese Regelung sieht lediglich eine Ermessensentscheidung vor: Danach *kann* die BaFin rechtskräftige Anordnungen, mit denen einem Wertpapierdienstleistungsunternehmen untersagt wird, dass ungeeignete Mitarbeiter in der Anlageberatung, als **Compliancebeauftragte** oder Vertriebsbeauftragte eingesetzt werden, öffentlich bekannt machen.

28 Jenseits des materiellen Rechts formuliert der europäische Verordnungsgeber auch Ideen zur Compliance-Infrastruktur: Zuletzt hat die Europäische Kommission die Einführung (staatlicher) **finanzieller Anreize** für Informanten über Verstöße gegen die in der Marktmissbrauchsverordnung geregelten Vorschriften vorgeschlagen.[54] Als Vorbild diente offensichtlich der US-amerikanische *Dodd Frank Act*, durch den im Jahr 2010 das Belohnungsprogramm für die Strafanzeige von Kapitalmarktdelikten in den USA ausgeweitet wurde.[55] Unabhängig davon, wie man zu diesem Vorschlag stehen mag, zeigt er doch, dass der Durchsetzung des Kapitalmarktrechts auf staatlicher Ebene oberste Priorität eingeräumt wird, worauf sich Emittenten und andere kapitalmarktorientierte Unternehmen einzurichten haben.

29 Auch zukünftig wird der europäische Verordnungs- und Richtliniengeber die nationalen Regeln über die Kapitalmarktaufsicht intensiv beeinflussen. Dies hat sowohl mittelbar als auch unmittelbar Auswirkungen auf das diesbezügliche Sanktionssystem. Insbesondere die neuen Sanktionsformen, wie sie der neuen EU-Transparenzrichtlinie zu entnehmen sind, werden Einzug in das deutsche Rechtssystem halten; dem mag man kritisch gegenüberstehen, aufzuhalten dürfte dies letztlich nicht mehr sein.

B. Grundlagen der Strafbarkeit

30 Ein Compliance-Programm muss sich – und das gilt angesichts empfindlichster Sanktionen im Kapitalmarktrecht erst recht – immer auch auf die Vermeidung der straf- und bußgeldrechtlichen Sanktionierung von Einzelpersonen und Unternehmen richten. Hierzu ist es unabdingbar, sich über die allgemeinen Grundsätze der Strafbarkeit zu informieren. Nachfolgend werden die wesentlichen Aspekte der strafrechtlichen Sanktionierung in Unternehmen überblicksartig dargestellt. Sie finden Anwendung auf alle kapitalmarktrechtlichen Straftatbestände, wie sie in den nachfolgenden Kapiteln thematisiert werden, sowie in Teilen auch auf die zahllosen Bußgeldtatbestände. Letztere werden systematisch im 31. Kapitel behandelt.

---

54 EU-Kommission, Begründung des Vorschlags für Verordnung des Europäischen Parlaments und des Rates über Insider-Geschäfte und Marktmanipulation (Marktmissbrauch), KOM (2011) 651 endg. v. 20.10.2011, Ziff. 3.4.5.2 sowie Art. 29.
55 Näher *Fleischer/Schmolke* NZG 2012, 361, 362.

I. Täterschaft und der Teilnahme

1. Allgemeines

Das Strafrecht unterscheidet – im Gegensatz zum Ordnungswidrigkeitenrecht[56] – bei den Vorsatztaten zwischen zwei Formen der Beteiligung. Je nach Grad der Beteiligung an der jeweiligen Straftat ist der Beteiligte als **Täter** (§ 25 StGB) der Tat qualifiziert oder lediglich als **Teilnehmer**, wobei die Teilnahme wiederum in Anstiftung (§ 26 StGB) oder Beihilfe (§ 27 StGB) bestehen kann. Während der Anstifter gleich dem Täter zu bestrafen ist, ist beim Gehilfen die Strafe im Vergleich zur Strafe für den Täter zu mildern. Eine Teilnahme an fahrlässigen oder leichtfertigen Taten kommt nicht in Betracht. 31

Maßgeblich für die Compliance-Aufgabe in kapitalmarktorientierten Unternehmen ist neben der Verhinderung rechtswidrigen Verhaltens an sich, in welchem Maße strafbares unternehmensbezogenes Verhalten von Mitarbeitern Führungskräften zugerechnet werden kann, unter welchen Umständen letztere also als **Straftäter**, **Anstifter** oder **Gehilfen** in Betracht kommen. Mitarbeiter und Führungskräfte eines Unternehmens sind auch für diese Beteiligungsformen zu sensibilisieren. Es wird nachfolgend deutlich werden, dass nicht nur die „eigenhändige" Tatbegehung zu strafrechtlichen Sanktionen führen kann, sondern das Strafrecht vielmehr Zurechnungsmechanismen bereithält, die eine Verantwortlichkeit übergeordneter Stellen für strafbares Handeln auf unteren Hierarchieebenen ermöglichen. 32

Gem. § 25 Abs. 1 StGB handelt als Täter, wer die Tat *selbst* (§ 25 Abs. 1 1. Alt. StGB) oder *durch einen anderen* (§ 25 Abs. 1 2. Alt. StGB) begeht. Während die erstgenannte Rechtsfigur der **unmittelbaren Täterschaft** der landläufigen Vorstellung der Täterschaft entspricht, ist die zweite Alternative der **mittelbaren Täterschaft** Nicht-Strafjuristen kaum bekannt. Zentrale Voraussetzung der Täterschaft in beiden Alternativen ist nach heute h.M. und der Rechtsprechung die **Tatherrschaft**.[57] 33

Im Wirtschaftsleben und damit auch im Kapitalmarkt spielt die Rechtsfigur der **mittelbaren Täterschaft** eine erhebliche Rolle. Sie zeichnet sich durch einen „Defekt" des unmittelbar Handelnden aus. Dieser führt die Tathandlung zwar aus, kann selbst aber nicht bestraft werden, weil ihm entweder die täterschaftsbegründende Sonderrolle fehlt oder er ohne den tatbestandlich vorausgesetzten Vorsatz handelt. Die Rechtsfigur der mittelbaren Täterschaft führt dazu, dass sich der Hintermann strafrechtlicher Verantwortung nicht dadurch entziehen kann, dass er einen unvorsätzlich handelnden oder sonst nicht tätertauglichen Dritten die Tat ausführen lässt. Von der mittelbaren Täterschaft sind z.B. **Anweisungsfälle** erfasst, in denen der Anweisende Umstände kennt, die dem Anweisungsempfänger unbekannt sind. 34

Beispiel: A ist Finanzvorstand der börsennotierten X-AG. Er bittet den Leiter der IR-Abteilung L, eine Ad hoc-Mitteilung zu dem angeblich jüngst abgeschlossenen Liefervertrag mit der Y-GmbH zu verfassen und zu veröffentlichen. Der Liefervertrag führe, wie er dem L mitteilt, zu einer voraussichtlichen Umsatzsteigerung von 15 % im kommenden Quartal. Tatsächlich sind die Vertragsverhandlungen noch im Gange, und A will durch die (falsche) Ad hoc-Mitteilung die Y öffentlich unter Druck setzen. L weiß dies nicht und publiziert die Mitteilung. 35

Insoweit ist der handelnde Vordermann – L – ein **vorsatzlos handelndes Werkzeug**, *durch das* der Hintermann – A – i.S.v. § 25 Abs. 1 2. Alt. StGB handelt. A ist auch tauglicher Täter des entsprechenden Bußgeldtatbestandes (§ 39 Abs. 2 Nr. 5 lit. a WpHG), da er Vorstand 36

---

56 Vgl. dazu 31. Kap. Rn. 9 ff.
57 Vgl. HWSt/*Achenbach* 1. Teil Kap. 3 Rn. 2, ausf. zu den einzelnen Täterschaftstheorien NK/*Schild* § 25 Rn. 23 ff., 37 f.

der X-AG ist und deren Inlandsemittenteneigenschaft gem. § 9 OWiG auf ihn „überwälzt" werden kann.[58] Darüber hinaus kommt auch eine Sanktionierung wegen Marktmanipulation als Ordnungswidrigkeit (§ 39 Abs. 2 Nr. 11 i.V.m. § 20a Abs. 1 Nr. 1 WpHG) oder Straftat (§ 38 Abs. 2 WpHG) in Betracht.

37 Denkbar ist auch ein Defekt des Vordermannes insoweit, als er nicht die tatbestandlich erforderliche Tätertauglichkeit aufweist. Hier ist vom **qualifikationslosen Werkzeug** die Rede. Dies ist dann der Fall, wenn der Straftatbestand für die Täterschaft eine bestimmte Subjektstellung voraussetzt. Einzelne Straftatbestände können in strafbarer Weise nicht durch jedermann, sondern nur durch Personen mit bestimmten Subjektsqualitäten in täterschaftlicher Weise begangen werden. Zentrale Voraussetzung für die Strafbarkeit ist das Vorliegen persönlicher strafbegründender Merkmale (§ 28 Abs. 1 StGB). Insofern ist von **Sonderdelikten** die Rede, die im Kapitalmarktstrafrecht typisch sind.[59] Im Gegensatz dazu setzen **Jedermannsdelikte** keine besonderen persönlichen Merkmale beim Täter voraus. Handelt das qualifikationslose Werkzeug vorsätzlich, kommt immerhin noch Beihilfe zur Straftat des Hintermannes in Betracht.

2. „Überwälzung" von Pflichten des Unternehmens auf Führungspersonen

38 Richtet sich eine Ge- oder Verbotsnorm des Kapitalmarktrechts lediglich an einen bestimmten Personenkreis, so gilt diese beschränkte Adressierung auch für den auf die jeweilige Vorschrift Bezug nehmenden Straf- bzw. Bußgeldtatbestand: Sanktioniert werden kann also nur derjenige, den auch die kapitalmarktrechtliche Pflicht, z.B. zur Veröffentlichung einer Ad hoc-Mitteilung, trifft. Gerade im Kapitalmarktrecht handelt es sich hierbei regelmäßig um juristische Personen oder Personenmehrheiten, z.B. Emittenten, Institute, Wertpapierhandelsunternehmen etc. Nach deutschem Strafrecht können sich wegen des **Schuldprinzips** (*nulla poena sine culpa*) jedoch nur natürliche Personen strafbar machen. §§ 14 StGB, 9 OWiG ermöglichen es aber, die bei der juristischen Person bzw. Personenmehrheit vorliegenden strafbegründenden Merkmale auf bestimmte Leitungspersonen[60] zu „überwälzen". Hinsichtlich **Geschäftsführungsorganen** und sonstigen **Vertretern** bestimmt § 14 Abs. 1 StGB, dass „besondere persönliche Eigenschaften, Verhältnisse oder Umstände (besondere persönliche Merkmale)" auf den Vertreter anzuwenden sind, wenn diese Merkmale beim Vertretenen (also dem Unternehmen) vorliegen und der Vertreter (1.) als **vertretungsberechtigtes Organ** einer juristischen Person oder als Mitglied eines solchen Organs, (2.) als vertretungsberechtigter Gesellschafter einer rechtsfähigen Personengesellschaft oder (3.) als gesetzlicher Vertreter eines anderen gehandelt hat. Dasselbe gilt gem. § 14 Abs. 2 StGB für den sog. **Betriebsbeauftragten**.

39 Richtet sich ein kapitalmarktrechtliches Gebot, z.B. eine Publizitätspflicht, an eine juristische Person, kommt – unter Anwendung der „Merkmalsüberwälzung" des § 14 Abs. 1 StGB – als tauglicher Täter z.B. deren Vorstand in Betracht.[61] Im Ordnungswidrigkeitenrecht regelt § 9 OWiG Entsprechendes.

40 **Beispiel:** So kann den Ordnungswidrigkeitentatbestand des § 39 Abs. 2 Nr. 5 lit. a) WpHG, der einen Verstoß gegen die Ad hoc-Mitteilungspflicht des § 15 Abs. 1 WpHG mit einem Bußgeld sanktioniert, nur ein Inlandsemittent von Finanzinstrumenten begehen. Hierbei handelt es sich regelmäßig um eine Aktiengesellschaft und damit eine juristische Person. Gem. § 9 Abs. 1 Abs. 1 OWiG ist die Bußgeldnorm allerdings auch auf Mitglieder vertretungsberechtigter **Organe** einer juristischen Person, auf vertretungsberechtige **Gesellschaf-**

---
58 Näher Rn. 38 ff.
59 Siehe dazu unten Rn. 38 ff.
60 Zum Adressatenkreis detailliert HWSt/*Achenbach* 1. Teil Kap. 3 Rn. 8 ff.
61 Näher HWSt/*Achenbach* 1. Teil Kap. 3 Rn. 6 ff.

ter einer rechtsfähigen Personengesellschaft und **gesetzliche Vertreter** anzuwenden, wenn die täterschaftsbegründenden Merkmale (hier: die Inlandsemittenteneigenschaft) zwar nicht bei ihm, aber bei dem Vertretenen (also dem Unternehmen) vorliegen. Dasselbe gilt für den vom Betriebsinhaber oder einem sonstigen Befugten mit der Betriebsleitung oder der Wahrnehmung bestimmter Aufgaben **Beauftragten**, § 9 Abs. 3 OWiG.

3. Exkurs: Täterschaftliche Begehung des Scalping

Gerade bei neueren Straftatbeständen ist nicht stets von vornherein klar, ob es sich um ein **Jedermannsdelikt** oder ein **Sonderdelikt** handelt. Die Einordnung ist jedenfalls im Strafrecht erforderlich zur Beantwortung der Frage, ob der Handelnde als Täter oder ggf. lediglich als Teilnehmer zu behandeln ist, wie sich aus folgendem Beispiel ergibt: 41

Beispiel: F ist Finanzanalyst. Von A erhält er den Auftrag, die Aktie der Z-AG zu analysieren. Als Honorar wird ein Betrag von EUR 5 000 vereinbart. Zu diesem Zeitpunkt hat A Aktien der Z-AG in seinem Depot, und hofft, die Analyse des F falle positiv aus. F erstellt die Analyse, die tatsächlich – sachlich begründet –mit der Bewertung „buy" endet, also eine Kaufempfehlung enthält. Wie mit A besprochen, veröffentlicht F die Analyse im von ihm verlegten Newsletter. Infolge der Veröffentlichung der Analyse steigt der Kurswert der Z-Aktie um 5 %, und A verkauft. Die BaFin stellt gegen F Strafanzeige wegen des Verdachts der Marktmanipulation. 42

Hinter der Strafanzeige der BaFin wegen Marktmanipulation steht das Verbot des *Scalping*, das gem. § 4 Abs. 3 Nr. 2 MaKonV als sonstige Täuschungshandlung unter das Verbot der „sonstigen Täuschungshandlungen" in § 20a Abs. 1 Nr. 3 WpHG i.V.m. § 4 Abs. 3 Nr. 2 MaKonV fällt: Wer in Bezug auf ein Finanzinstrument eine Empfehlung abgibt, muss etwaig vorliegende Interessenkonflikte bekannt geben, und ein Verstoß hiergegen begründet den Vorwurf des *Scalpings*. 43

Läge im Interessenkonflikt des A ein persönliches strafbegründendes Merkmal (§ 28 Abs. 1 StGB), käme nur er, nicht aber F als Täter in Betracht. In diesem Falle hätte A *durch* F, der tatbestandsloses Werkzeug wäre, gehandelt. Das OLG München hingegen erkennt den Interessenkonflikt nicht als persönlich strafbegründend an, sondern qualifiziert die Marktmanipulation durch *Scalping* als Jedermannsdelikt.[62] Es begründet seine Auffassung damit, dass arbeitsteiliges Handeln ansonsten zur Straflosigkeit führe, „was das Verbot in der Praxis nahezu wirkungslos machen würde". Diese Ansicht begegnet schon deshalb Zweifeln, weil zentrales Merkmal des *Scalping*-Verbots das Interesse an der Kursentwicklung des Täters ist, das der Finanzanalyst gerade nicht hat. Anderes mag gelten, wenn der Analyst ein von der Kursentwicklung abhängiges Honorar erhielte, denn dann bestünde ein vom *Scalping*verbot erfasster Interessenkonflikt auch bei ihm. Zudem übersieht das OLG München, dass der Analyst als Teilnehmer der durch ihn begangenen Marktmanipulation sanktioniert werden könnte.[63] Schließlich läuft – wenn man der Auffassung des OLG folgt – der Bußgeldtatbestand des § 39 Abs. 1 Nr. 5 i.V.m. § 34b Abs. 1 S. 2 WpHG leer. Es spricht daher einiges dafür, *Scalping* als Sonderdelikt zu qualifizieren, das täterschaftlich nur derjenige begehen kann, der ein eigenes Interesse an der Entwicklung des Preises des jeweils in Rede stehenden Finanzinstruments hat. 44

---

62 *OLG München* NZG 2011, 1228.
63 Näher zum *Scalping* als Form der Marktmanipulation 27. Kap.

II. Verantwortlichkeit von Führungspersonen für schädigendes Verhalten von Unternehmensmitarbeitern

45 Unter welchen Umständen eine strafrechtliche Pflicht zur Verhinderung fremder Straftaten oder sonst schädigendes Verhalten Dritter bejaht werden kann, ist außerordentlich umstritten. Diese Frage ist durch unterschiedliche höchstrichterliche Entscheidungen ins Zentrum der strafrechtlichen Compliance-Diskussion gerückt, von einer abschließenden Beantwortung allerdings noch weit entfernt. Die Rechtsprechung befasst sich mit diesem Thema im Wesentlichen anhand der strafrechtlichen Unterlassungshaftung.[64] Es darf aber nicht übersehen werden, dass auch eine Haftung für aktives Tun in Betracht kommt.[65] Relevanz hat diese Unterscheidung in der Rechtsfolge: Beim Unterlassen kann die Strafe gemildert werden (§ 13 Abs. 2 StGB, § 8 OWiG).

1. Aktive Aufrechterhaltung einer fehlerhaften Unternehmensorganisation

46 Führt eine **fehlerhafte Unternehmensorganisation** zu straf- oder bußgeldrechtlich relevanten Verhaltensweisen der Mitarbeiter, kommt eine Haftung der Unternehmensverantwortlichen, insbesondere der Geschäftsleitungsorgane,[66] neben der Straf- bzw. Bußbarkeit der Mitarbeiter in Betracht: Die aktive Führung eines gefährlichen Systems, das gerade darauf angelegt ist, die einschlägigen Regeln zu umgehen und letztlich zwangsläufig zu Regelverstößen durch Mitarbeiter führt, wird von der strafgerichtlichen Rechtsprechung als aktives Tun bewertet.[67] Derartige Fälle dürften im Bereich des (geregelten) Kapitalmarktes allerdings schon wegen der relativ intensiven Aufsicht die Ausnahme darstellen. Jedenfalls wären solche Systeme von einer kurzen Dauer, weil sie schnell entdeckt und mit aufsichtsrechtlichen Maßnahmen beendet würden. Im sog. „grauen Kapitalmarkt", der dem strengen Regelungsregime des WpHG nicht unterliegt, mag anderes gelten – hier haben die Aufsichtsbehörden allerdings nicht diejenigen Eingriffs- und Entdeckungsmöglichkeiten wie im geregelten Verkehr.

2. Unterlassen

a) Allgemeines

47 Nicht nur durch **aktives Tun**, sondern auch durch **Unterlassen** können Straftaten verwirklicht werden. Das spielt im Rahmen arbeitsteiligen Handelns und damit auch insbesondere in Unternehmen eine gewichtige Rolle. Der Grundsatz „Wer nichts macht, macht nichts verkehrt" ist damit – jedenfalls im Strafrecht – nicht uneingeschränkt richtig. Zu unterscheiden sind Delikte, in denen sich ein Unterlassen nur dann strafrechtlich auswirkt, wenn eine Rechtspflicht zum Handeln besteht (sog. „unechte Unterlassungsdelikte") und solche, bei denen das Unterlassen allein strafbegründend ist, also unabhängig vom Bestehen einer Handlungspflicht Strafbarkeit nach sich zieht (sog. „echte Unterlassungsdelikte").

48 Das Unterlassen ist im Kapitalmarktrecht von hoher Relevanz, insbesondere weil gerade im Bereich der **Publizität** zahlreiche Melde-, Mitteilungs-, Anzeige- und Veröffentlichungspflichten bestehen, deren Unterlassen mit Bußgeld, ggf. auch mit Strafe geahndet werden kann.[68] Hierbei handelt es sich um echte Unterlassungsdelikte. In den Bereich der unechten Unterlassungsdelikte fallen hingegen u.a. sämtliche Konstellationen, in denen der Täter

---

64 Hierzu Rn. 47 ff.
65 Hierzu sogleich Rn. 46.
66 Den Compliance Officer insoweit ausnehmend *Moosmayer* NJW 2012, 3013, 3014.
67 *LG Nürnberg-Fürth* NJW 2006, 1824, 1825.
68 Näher zu den einzelnen Delikten 27. und 28. Kap. (Insiderhandel, Marktmanipulation) sowie 31. Kap. (Ordnungswidrigkeiten).

nicht gegen Verfehlungen Dritter einschreitet; sie spielen unter der Überschrift der **Aufgabendelegation** und der **Überwachung** in Wirtschaftsbetrieben, also im Bereich der sog. „Geschäftsherrenhaftung" eine wesentliche Rolle.

Die gesetzliche Grundlage der **unechten Unterlassungsdelikte** findet sich in §§ 13 Abs. 1 StGB, 8 OWiG. Danach macht sich derjenige, der es unterlässt, einen straf- bzw. ordnungswidrigkeitentatbestandlichen Erfolg (sprich: eine Rechtsgutsverletzung) abzuwenden, nur dann strafbar bzw. verhält sich ordnungswidrig, wenn er rechtlich dafür einzustehen hat, dass der Erfolg nicht eintritt, und wenn das Unterlassen der Verwirklichung des gesetzlichen Tatbestandes durch ein Tun entspricht. Hierdurch wird eine **Garantenstellung** umschrieben, also eine besondere Pflichtenstellung, die auf sich vielfältig überschneidende Entstehungsgründe zurückgeführt wird. Im Bereich der Wirtschaft sind besonders relevant Garantenstellungen aufgrund **Gesetzes**, aufgrund **freiwilliger und tatsächlicher Übernahme** sowie aufgrund **pflichtwidrigen Vorverhaltens.**[69] Die Bejahung einer Garantenstellung entscheidet indes noch nicht darüber, ob der Garant sich strafbar gemacht hat. Sie rückt ihn zunächst nur in die Position des Normadressaten, an den sich das Verhaltensgebot des jeweils in Rede stehenden Straftatbestandes richtet. Erst wenn er diesem Verhaltensgebot schuldhaft nicht nachkommt, haftet der Garant strafrechtlich.[70]

b) Strafbarkeit durch Unterlassen der Einführung eines Compliance-Systems

Eine grundsätzliche – kapitalmarktspezifische – Pflicht zur Schaffung eines Compliance-Systems besteht *de lege lata* gem. der §§ 25a, 33 WpHG. Diese Pflicht ist jedenfalls bußgeldbewehrt, sodass die Nichteinhaltung dieser grundlegenden organisatorischen Vorgabe mit der Festsetzung einer Geldbuße gegen die Verantwortlichen und das Unternehmen selbst geahndet werden kann. Aus der Pflicht des Vorstandes eine AG aus § 91 Abs. 2 AktG, ein Überwachungssystem einzurichten, damit den Fortbestand der Gesellschaft gefährdende Entwicklungen früh erkannt werden, mag man darüber hinaus eine allgemeine Pflicht zur Einführung eines Compliance-Systems entnehmen lassen. Allerdings ist nicht zu übersehen, dass § 91 Abs. 2 AktG vor allem wirtschaftliche Negativeffektive im Blick hat, die es zu kontrollieren gilt. Zudem bleibt die Vorschrift insgesamt zu vage, als dass man ihr eine allgemeine Pflicht zu Compliance entnehmen könnte. Eine Verletzung von § 91 Abs. 2 AktG kann freilich darin liegen, dass mangels Compliance-Organisation Verhaltensweisen mit Relevanz zum Gesellschaftsvermögen nicht verhindert werden und auf diese Weise der Fortbestand der Gesellschaft gefährdet wird. Insoweit ist jedenfalls denkbar, an die Nichteinführung von Compliancemaßnahmen mit (nahezu) existenzvernichtenden Folgen eine Strafbarkeit wegen Untreue durch Unterlassen (§ 266 StGB) zu knüpfen.[71]

In bußgeldrechtlicher Hinsicht kann eine Aufsichtspflichtverletzung als Ordnungswidrigkeit gem. § 130 OWiG sanktioniert werden.[72] Erkennt man in der Einführung von Compliance-Systemen eine Aufsichtspflicht, führte deren Nichterfüllung also zur Bebußung gem. § 130 OWiG; dies allerdings nur dann, wenn eine hierauf zurückzuführende betriebsbezogene Anknüpfungstat begangen wurde.

c) Pflicht zum Einschreiten gegen schädigendes Verhalten von Unternehmensmitarbeitern

Besonders intensiv wird die Unterlassungsstrafbarkeit im Zusammenhang mit Schädigungshandlungen von Unternehmensangehörigen diskutiert. Hier stellt sich die Frage, ob bzw. inwieweit eine Pflicht von Geschäftsführung, Vorstand, aber auch Compliance-Verant-

---

69 Näher Lackner/*Kühl* § 13 Rn. 7 ff.
70 *BGH* NJW 1990, 2560, 2563 f. = *BGHSt* 37, 106 ff. – Ledersgpray.
71 So *Theile* wistra 2010, 457, 459 f., der im Ergebnis mangels Vermögensnachteils eine Untreue indes ablehnt.
72 Näher dazu Rn. 73 ff.

wortlichen besteht, gegen solche Schädigungen einzuschreiten.[73] Diese Frage betrifft die sog. **Geschäftsherrenhaftung**, deren Reichweite und Grenzen seit Jahrzehnten Gegenstand eines lebhaften Diskurses ist.

53 Der Bundesgerichtshof hat in seiner grundlegenden „**Lederspray**"-Entscheidung[74] aus dem Jahr 1990 entschieden, dass, wer als Hersteller oder Vertriebshändler Produkte in den Verkehr bringt, die derart beschaffen sind, dass deren bestimmungsgemäße Verwendung für die Verbraucher – entgegen ihren berechtigten Erwartungen – die Gefahr des Eintritts gesundheitlicher Schäden begründet, zur Schadensabwendung verpflichtet ist. Aus dieser Garantenstellung des Herstellers oder Vertriebshändlers aus **gefährlichem Vorverhalten** ergebe sich die Verpflichtung zum Rückruf bereits in den Handel gelangter, gesundheitsgefährdender Produkte. Das Unterlassen des Rückrufs kann dementsprechend zur Strafbarkeit der Verantwortlichen wegen fahrlässiger Körperverletzung führen.

54 Wo im Bereich der *Gesundheits*schäden die Rechtsprechung seit dem „Lederspray"-Urteil also eindeutig und anerkannt ist, herrscht im Bereich der *Vermögens*schäden Unklarheit: Im vieldiskutierten „**Berliner Stadtreinigungsbetriebe**"-Fall[75] hat der BGH entschieden, dass den Leiter der Innenrevision die Verpflichtung treffe, gegen die von ihm erkannte Stellung überhöhter Rechnungen an Kunden der Stadtreinigungsbetriebe einzuschreiten. Dass der BGH diese Pflicht mit dem aus Art. 20 Abs. 4 GG folgenden **Grundsatz der gesetzmäßigen Verwaltung** – das in Rede stehende Unternehmen war als Anstalt des öffentlichen Rechts (AöR) organisiert – begründet, darf nicht missverstanden werden als Sonderrechtsprechung für öffentlich-rechtliche Organisationsformen. Vielmehr dürfte diese Rechtsprechung auf alle Unternehmen Anwendung finden, die als „verlängerter Arm" des Staates Verwaltungsaufgaben wahrnehmen, und zwar unabhängig von der Organisationsform des Unternehmens. Hierfür spricht nicht zuletzt die gesetzliche Wertung in § 11 Abs. 1 Nr. 2 c) StGB, der ausdrücklich die Wahl der Gesellschaftsform keine Bedeutung für die Frage der Zugehörigkeit zur Verwaltung beimisst („unbeschadet zur Aufgabenerfüllung gewählten Organisationsform"). Auch in den Rechtsformen einer GmbH oder AG organisierte Unternehmen, die wegen ihrer Tätigkeit und ihrer öffentlich geprägten Gesellschafterstruktur der öffentlichen Verwaltung zuzuordnen sind, unterliegen Art. 20 Abs. 4 GG, sodass es nahe liegt, die obige Rechtsprechung auf sie anzuwenden.

55 Der *VI. Zivilsenat* des Bundesgerichtshofs verneint wiederum eine generelle Pflicht zum Einschreiten gegen Vermögensschädigungen Dritter ausdrücklich: Allein aus der Stellung als Geschäftsführer einer GmbH bzw. Mitglied des Vorstands einer AG ergebe sich keine Garantenpflicht gegenüber außenstehenden Dritten, eine Schädigung ihres **Vermögens** zu verhindern. Die Pflichten aus der Organstellung zur ordnungsgemäßen Führung der Geschäfte der Gesellschaft aus § 43 Abs. 1 GmbHG, § 93 Abs. 1 AktG, zu denen auch die Pflicht gehört, für die Rechtmäßigkeit des Handelns der Gesellschaft Sorge zu tragen, bestünden grundsätzlich nur dieser gegenüber und ließen bei ihrer Verletzung Schadensersatzansprüche grundsätzlich nur der Gesellschaft entstehen.[76]

56 Der Rechtsprechung des *5. Strafsenats* im Fall „Berliner Stadtreinigungsbetriebe" steht diese Entscheidung nicht entgegen: Sie macht vielmehr deutlich, dass nur ganz ausnahmsweise die Überwachungspflicht des Angeklagten über das hinausging, was im rein privaten Unternehmen Gegenstand dieser Pflicht ist: Es gehe dort nicht nur um die Gewinnerzielung (i.e. Schutz des Vermögens des Unternehmens), sondern auch um den Gesetzesvoll-

---

73 Generell kritisch zur insoweit extensiven Rechtsprechung Lackner/*Kühl* § 13 Rn. 14 f. m.w.N.
74 *BGHSt* 37, 106 ff. – Lederspray.
75 *BGH* NStZ 2009, 506 ff.
76 *BGH* WiJ 2013, 33 ff. mit Anm. *Szesny*.

zug, den der Senat als „Kernstück" der Tätigkeit der Stadtreinigungsbetriebe bezeichnete.[77] Auf rein wirtschaftlich orientierte Unternehmen ist diese Rechtsprechung also nicht anwendbar.

Zu beachten ist auch eine Entscheidung des *4. Strafsenats* des BGH aus dem Jahr 2011, der eine Garantenstellung allenfalls im Hinblick auf **betriebsbezogene Straftaten** bejaht.[78] Straftaten, die nur bei Gelegenheit der Berufsausübung begangen werden, können damit unter keinen Umständen zur Strafbarkeit von Führungspersonen führen. Das dürfte insbesondere für **Insiderdelikte** gelten, die typischerweise nicht in Ausübung des Berufs begangen werden, sondern lediglich bei Gelegenheit. Eine Rückausnahme besteht allerdings für solche Personen, die berufsmäßig Finanzinstrumente erwerben und veräußern wie etwa Fondsmanager oder Vermögensverwalter. 57

Insgesamt bestehen also erhebliche Unsicherheiten bei der Beantwortung der Frage, ob und inwieweit Straftaten von Betriebsangehörigen durch Führungspersonen entgegenzutreten ist.[79] Es spricht einiges dafür, eine Pflicht zur Eindämmung von Gefahrenquellen im eigenen Organisationsbereich nach den Grundsätzen des „Lederspray"-Urteils anzuerkennen, eine darüber hinausreichende Garantieverantwortung für das eigenverantwortliche Handeln von Betriebsangehörigen allerdings abzulehnen.[80] Es reicht gerade nicht aus, dass die Geschäftsführung an der Spitze eines Unternehmens steht und faktisch in der Lage ist, das Verhalten der ihr untergebenen Mitarbeiter zu bestimmen. Dieses Direktionsrecht begründet keine Pflicht der Geschäftsleitung, das anordnungsgetreue Verhalten der Unterworfenen dem Unternehmen oder gar Dritten gegenüber zu *garantieren*.[81] 58

Mit guten Gründen wird vertreten, dass es ausreicht, zur Sanktionierung von Führungspersonen auf das Instrumentarium der Merkmalsüberwälzung im Sinne der §§ 14 StGB, 9 OWiG, der Aufsichtspflichtverletzung gem. § 130 OWiG und der Beteiligungsformen der §§ 25 ff. StGB zurückzugreifen. Die Diskussion ist allerdings noch lange nicht abgeschlossen; vielmehr scheint sich die Tendenz zu verstärken, strafrechtliche (Täter-)Verantwortlichkeit nicht lediglich vom unmittelbar Handelnden auf höhere Hierarchiestufen zu verlagern, sondern eine strafrechtliche Verantwortlichkeit von Führungspersonen zusätzlich zur Strafbarkeit des unmittelbar Handelnden zu konstruieren. So hat sich der Bundesgerichtshof für die Anwendbarkeit einer Konstruktion auch im Wirtschaftsstrafrecht ausgesprochen, die ursprünglich für Ausnahmegestaltungen unrechtmäßiger Herrschaft entwickelt worden ist, nämlich die mittelbare Täterschaft kraft eines organisatorischen Machtapparates.[82] Danach sei eine mittelbare Täterschaft auch dann möglich, wenn der Vordermann zwar ohne den für die mittelbare Täterschaft erforderlichen „Defekt" handelt, die von ihm begangene Tatbestandsverwirklichung allerdings Folge von Rahmenbedingungen ist, die durch Organisationsstrukturen bewusst geschaffen und vom Hintermann ausgenutzt worden sind. Ausdrücklich will der Bundesgerichtshof diese Rechtsfigur des „**Täters hinter dem Täter**" nicht lediglich in Fällen staatlicher Machtapparate und mafiöser Organisationen angewendet wissen, sondern auch zur Lösung des Problems der Verantwortlichkeit beim Betrieb wirtschaftlicher Unternehmen.[83] 59

---

77 *Szesny* WiJ 2013, 33, 37.
78 *BGH* NJW 2012, 1237 = GWR 2012, 48 mit Anm. *Kindler.*
79 Schönke/Schröder/*Stree/Bosch* § 13 Rn. 53.
80 Schönke/Schröder/*Stree/Bosch* § 13 Rn. 53; MK-GmbHG/*Joecks* vor § 82 Rn. 216.
81 Ebenso *Grützner/Behr* DB 2013, 561, 565.
82 *BGHSt* 40, 218 ff. – Mauerschützen.
83 *BGHSt* 40, 218, 237.

d) Zur strafrechtlichen Unterlassungshaftung des Compliance Officers

60 Die schon erwähnte Entscheidung des 5. *Strafsenats* im Fall „Berliner Stadtreinigungsbetriebe" hat vor allem deshalb für Aufsehen gesorgt, weil der *Senat* im Schrifttum überwiegend so verstanden wird, dass sich aus der Übernahme einer Compliance-Funktion, deren Aufgabe es (auch) ist, Straftaten Unternehmensangehöriger zu verhindern, eine Garantenpflicht i.S.v. § 13 StGB in Bezug auf außenstehende Dritte ergibt.[84] Das bedeutet nichts anderes, als dass der Compliance Officer als Täter oder Gehilfe[85] strafrechtlich zur Verantwortung gezogen werden können soll, wenn er gegen von ihm erkannte Straftaten anderer Unternehmensmitarbeiter nicht einschreitet. Insoweit wird er als sog. **Überwachergarant** qualifiziert.[86] Sofern sich diese Garantenstellung aus einer Verantwortungsdelegation durch die Unternehmensleitung ergeben soll, setzt diese Annahme eine Verpflichtung der Unternehmensleitung voraus, (betriebsbezogene) Straftaten der Mitarbeiter zu verhindern.[87] Soweit es um Straftaten zum Nachteil außenstehender Dritter geht, ist dies aber – wie oben bereits dargestellt[88] – in dieser Allgemeinheit zweifelhaft.[89] Und auch die Urteilslektüre lässt an einer solch extensiven Auslegung zweifeln: Dem 5. *Strafsenat* zufolge geht es bei der Implementierung der Compliance-Funktion darum, *dem Unternehmen selbst* erhebliche Nachteile und Haftungsrisiken oder Ansehensverlust durch deliktisches Verhalten seiner Mitarbeiter zu ersparen.[90] Es ist kaum anzunehmen, dass der BGH mit seinem *obiter dictum* eine neue Fallgruppe einer Garantenpflicht im Hinblick auf die Rechtsgüter Dritter eröffnen wollte.[91] Richtigerweise kann eine Garantenpflicht aufgrund der insoweit zu unspezifischen Aufgabe des Compliance Officers, *generell* Straftaten im Unternehmen zu verhindern, daher nicht allein auf dessen Funktion begründet werden.[92]

61 Hinzu kommt, dass es dem Compliance-Verantwortlichen im Regelfall am für die Verhinderung des tatbestandlichen Erfolges erforderlichen Eingriffsinstrumentarium fehlen dürfte. Selbst wenn die Compliance-Funktion in einem eigens hierfür geschaffenen Vorstandsressort untergebracht ist, wie sich dies in Unternehmen beobachten lässt, die eine strafrechtliche Krise gerade hinter sich gebracht haben und durch eine solche Maßnahme die Compliance-Funktion intern wie extern hervorzuheben suchen, hängt die Existenz von Eingriffs- und Weisungsbefugnissen von der konkreten Aufgabenteilung im Geschäftsführungsorgan ab. Erst recht dürfte der unterhalb der Vorstands- bzw. Geschäftsführung angeordnete Compliance Officer keine unmittelbaren Eingriffsbefugnisse haben. Dies wird zu recht als Argument gegen eine Garantenstellung des Compliance Officers zur Verhinderung von Straftaten von Unternehmensmitarbeitern angebracht.[93]

---

84 Vgl. nur *Franz/Steiner* CCZ 2012, 211, 212; *Loritz/Wagner* DStR 2012, 2189, 2194; *Wessing/Hugger/Dann* in: Renz/Hense, Wertpapier Compliance in der Praxis, Kap. I. 9 Rn. 19.
85 Zur Abgrenzung zwischen Täterschaft und Teilnahme durch Unterlassen *BGH* NStZ 2009, 321. *Grützner/Behr* DB 2013, 561 bezeichnen die Gehilfenstrafbarkeit durch Unterlassen als das „größte Risiko" des Compliance Officers, ohne allerdings auf die Möglichkeiten und Risiken der Täterschaft einzugehen.
86 *Ransiek* AG 2010, 177; HWSt/*Rotsch* Teil 1 Kap. 4 Rn. 33.
87 Vgl. zu einer solchen Pflicht HWSt/*Rotsch* Teil 1 Kap. 4 Rn. 32.
88 Oben Rn. 58 f.
89 *Szesny* WiJ 2013, 33, 37.
90 *BGH* NJW 2009, 3173, 3175 Rn. 27; anders allerdings *Raum* CCZ 2012, 197.
91 *Stoffers* NJW 2009, 3173, 3176; *Szesny* WiJ 2013, 33, 37; vgl. grundlegend zu den Entstehungsgründen für Garantenpflichten Schönke/Schröder/*Stree/Bosch* § 13 Rn. 15 m.w.N.
92 Vgl. i.E. ebenso *Gehrmann* GWR 2012, 370 („nur in besonderen Konstellationen"); *Rübenstahl* NZG 2009, 1341 ff.; *Kraft/Winkler* CCZ 2009, 29, 32; HWSt/*Rotsch* Teil 1 Kap. 4 Rn. 39; *Schröder* Rn. 1017; *Szesny* WiJ 2013, 33, 38.
93 HWSt/*Rotsch* Teil 1 Kap. 4 Rn. 39.

Ganz unabhängig von der nach wie vor ungeklärten Frage, ob und inwieweit den Compliance Officer eine strafbewehrte Pflicht zur Verhinderung von Straftaten trifft, kommt ihm jedenfalls die Aufgabe zu, im Rahmen seiner rechtlichen Möglichkeiten auf Compliance-relevante Sachverhalte zu reagieren. Zumindest ist von einer **Informationspflicht** hinsichtlich erkannter Verstöße oder eines konkreten Verdachts gegenüber dem zuständigen Geschäftsführungsorgan auszugehen. Welche weiteren Pflichten ihn im Falle eines Verdachts- oder Verstoßfalls treffen, hängt von seiner gesellschafts- und arbeitsrechtlichen Pflichtenstellung im Unternehmen ab.[94] 62

Eine Strafbarkeit wegen Beihilfe durch Unterlassen des Einschreitens gegen Straftaten Dritter kommt – die entsprechende Garantenstellung vorausgesetzt – jedenfalls nur bei entsprechendem Vorsatz des Compliance Officers in Betracht. Bei der Täterschaft durch Unterlassen gilt hingegen Anderes: Hier ist – je nach Delikt – auch die Verfolgung fahrlässigen Nichteinschreitens denkbar.[95] 63

e) Zur Unterlassungshaftung des Aufsichtsrates

Aufsichtsratsmitglieder haben eine Garantenstellung im Sinne des § 13 StGB hinsichtlich des Vermögens des Unternehmens.[96] Ein Aufsichtsratsmitglied trifft daher z.B. die Pflicht, Vermögensschädigungen durch andere Aufsichtsratsmitglieder zu verhindern. Erlangt der Aufsichtsratsvorsitzende Kenntnis von bevorstehenden, satzungswidrigen Zahlungen an andere Aufsichtsratsmitglieder, muss er in Erfüllung seiner Garantenpflicht den Aufsichtsrat gem. § 110 Abs. 1 AktG einberufen, um einen Beschluss zu erwirken, der den Vorstand zur Änderung der rechtswidrigen Vorgehensweise abhält. Einfache Vorstandsmitglieder sollen nach neuer Rechtsprechung dazu gehalten sein, den Aufsichtsratsvorsitzenden zur Einberufung des Kontrollgremiums zu veranlassen oder – bei Weigerung des Vorsitzenden – den Aufsichtsrat selbst gem. § 110 Abs. 2 AktG einzuberufen. In der Sitzung selbst müssen sie durch ihr Abstimmungsverhalten alles Zumutbare tun, um die zur Abwendung der rechtswidrigen Verhaltensweisen erforderlichen Kollegialentscheidungen herbeizuführen; sie können sich dabei insbesondere nicht darauf berufen, dass die Stimmenmehrheit unabhängig vom eigenen Abstimmverhalten verfehlt worden wäre.[97] Ansonsten liegt eine strafbare Untreue (§ 266 StGB) vor.[98] Entsprechendes gilt, wenn von dem Geschäftsführungsorgan Schädigungen des Unternehmens drohen oder bereits eingetreten sind. 64

Eine Garantenpflicht zur Verhinderung von Rechtsverletzungen bei außenstehenden Dritten hat der Aufsichtsrat hingegen nicht,[99] soweit dem Unternehmen hierdurch nicht Nachteile (z.B. durch Sanktionen) entstehen. 65

f) Grenzen der Unterlassenshaftung und Möglichkeiten der Compliance

Wie weit man auch den Verantwortungsbereich für (potentiell) schädigendes Verhalten Dritter definieren mag, zieht das Strafrecht Grenzen der Haftung, die in der (Compliance-)Diskussion teilweise übersehen werden: Zum einen muss bei der Unterlassungshaftung die gebotene Verhinderungshandlung, also das Einschreiten gegen das deliktische Verhalten des Mitarbeiters, mit an Sicherheit grenzender Wahrscheinlichkeit dessen Zuwiderhandlung verhindert haben[100] (sog. **Quasi-Kausalität**). Hier sind allerdings die Besonderheiten bei Gremienentscheidungen zu beachten.[101] 66

---

94 *Grützner/Behr* DB 2013, 561, 562.
95 A.A. *Grützner/Behr* DB 2013, 561, 562, die allein ein Vorsatzstrafbarkeitsrisiko erkennen.
96 *OLG Braunschweig* wistra 2013, 73 mit Anm. *Reichard* GWL 2012, 437.
97 *OLG Braunschweig* wistra 2013, 73; vgl. *BGHSt* 36, 107 ff. – Lederspray.
98 Zur Untreuestrafbarkeit s. 23. Kap.
99 MK-GmbHG/*Joecks* Vor § 82 Rn. 217.
100 HWSt/*Achenbach* 1. Teil Kap. 3 Rn. 36 m.w.N.
101 Siehe Rn. 68 ff.

67 Zudem muss der Unterlassungstäter das deliktische Verhalten für möglich gehalten und billigend in Kauf genommen haben, sofern man ihm **Vorsatz** vorhalten will. Für eine **Fahrlässigkeit**shaftung ist jedenfalls die subjektive Vorhersehbarkeit der konkreten Verhaltensweise des Dritten erforderlich, die jedoch keineswegs selbstverständlich ist.[102] Letztlich muss dem Verantwortlichen das Eingreifen möglich und auch **zumutbar** sein. Die Pflichterfüllung ist nur dann unzumutbar, wenn durch sie eigene billigenswerte Interessen in einem dem drohenden Erfolg nicht angemessenen Umfang gefährdet würden.[103] Die widerstreitenden Interessen sind gegeneinander abzuwägen, wobei die Lage des Einzelfalls maßgeblich ist.[104]

3. Strafrechtliche Verantwortung bei Entscheidungen mehrköpfiger Geschäftsleitungsgremien

68 Ist ein strafrechtlich relevanter Erfolg – z.B. eine Körperverletzung oder ein Vermögensschaden – auf eine **Gremienentscheidung** zurückzuführen, stellt sich die Frage nach der strafrechtlichen Verantwortung der einzelnen Gremienmitglieder.

69 Beispiel: Ein auf den Markt gebrachtes neues Produkt wird im Nachhinein als potentiell gesundheitsgefährdend erkannt. Die dreiköpfige Geschäftsleitung entscheidet sich bei einer Stimmenthaltung des – für den entsprechenden Produktbereich nicht zuständigen – Geschäftsführers G gegen den Rückruf des Produkts.[105]

70 Unterstellt man eine Garantenstellung der Geschäftsleitung, stellt sich hier die Frage, wie der sich enthaltende Geschäftsführer strafrechtlich zu behandeln ist, wenn es durch den weiteren Produktvertrieb zu Gesundheitsschäden bei Kunden kommt. Grundsätzlich knüpft die Pflichtenstellung des Geschäftsführers im Allgemeinen an den von ihm betreuten Geschäfts- und Verantwortungsbereich an. Doch nimmt die Rechtsprechung einen **Grundsatz der Generalverantwortung und Allzuständigkeit** der Geschäftsleitung an, wo – wie etwa in Krisen- und Ausnahmesituationen – aus besonderem Anlass das Unternehmen als Ganzes betroffen ist; dann ist die Geschäftsführung insgesamt zum Handeln berufen. Liegt also ein „ressortüberschreitendes Problem" vor, ist die Verantwortungsdelegation aufgehoben. Das führt nach der grundlegenden Entscheidung des BGH im „Lederspray"-Fall dazu, dass zwar nicht ein ressortgrenzenüberschreitendes Eingreifen verlangt werden kann, jeder Geschäftsführer aber „dazu verpflichtet [ist], unter vollem Einsatz seiner Mitwirkungsrechte das ihm Mögliche und Zumutbare zu tun, um einen Beschluss der Gesamtgeschäftsführung [...] zustandezubringen", der den Eintritt des strafrechtlichen Erfolgs verhindert.[106] Das bedeutet, dass eine Stimmenthaltung mit dem Einwand, ein abweichendes Stimmverhalten hätte an der Entscheidung nichts geändert, strafrechtlich unbeachtlich ist.[107]

71 Diese Grundsätze der „Lederspray"-Rechtsprechung lassen sich auf Fälle aktiven Tuns übertragen, und auch auf Konstellationen im Kapitalmarkt:

72 Beispiel: Der als aufgrund eines Redaktionsversehens teilweise inhaltsfalsch erkannte Prospekt wird, weil bereits 5 000 Exemplare gedruckt sind, aufgrund eines Vorstandsbeschlusses gleichwohl verbreitet. Nur Finanzvorstand F hat ausdrücklich gegen die Entscheidung der Mehrheit gestimmt.

---

102 HWSt/*Achenbach* 1. Teil Kap. 3 Rn. 37.
103 Lackner/*Kühl* § 13, Rn. 5.
104 Schönke/Schröder/*Stree/Bosch* Vor §§ 13 ff. Rn. 156.
105 Angelehnt an *BGHSt* 37, 106 ff. – Lederspray.
106 *BGH* NJW 1990, 2560, 2565 = *BGHSt* 37, 106 ff. – Lederspray.
107 *BGH* NJW 1990, 2560, 2566 = *BGHSt* 37, 106 ff. – Lederspray.

4. Aufsichtspflichtverletzung, § 130 OWiG

Ein bußgeldrechtliches Sanktionsrisiko für Führungspersonen ergibt sich schließlich aus § 130 Abs. 1 OWiG. Gem. dieser Vorschrift handelt der Inhaber eines Betriebes oder Unternehmens ordnungswidrig, der vorsätzlich oder fahrlässig die Aufsichtsmaßnahmen unterlässt, die erforderlich sind, um in dem Betrieb oder Unternehmen straf- oder bußgeldbedrohte Zuwiderhandlungen (Vortat) gegen den Betriebsinhaber treffende Pflichten zu verhindern. Weitere Voraussetzung ist, dass eine Vortat begangen wurde, die durch gehörige Aufsicht verhindert oder wesentlich erschwert worden wäre („**Quasi-Kausalität**"). 73

Betriebs-/Unternehmensinhaber ist eine natürliche Person, der die Erfüllung der betrieblichen Pflichten obliegt.[108] Ist Inhaber des Betriebs eine juristische Person – was bei kapitalmarktorientierten Unternehmen die Regel ist –, ist § 130 OWiG über die Merkmalsüberwälzung des § 9 OWiG anwendbar. Zu beachten ist, dass § 130 OWiG auch auf **öffentliche Unternehmen** anwendbar ist (§ 130 Abs. 2 OWiG), was im Bereich des Kapitalmarktes insbesondere für öffentliche **Sparkassen** und **Landesbanken** von Relevanz ist. 74

Sanktioniert wird, dass der Betroffene die zur Verhinderung der Zuwiderhandlung erforderlichen Aufsichtsmaßnahmen, die ihn als Inhaber als solchen treffen, aufgrund vorsätzlichen oder fahrlässigen Unterlassens nicht ergriffen hat.[109] Welche Aufsichtspflichten den Betroffenen im Einzelnen treffen, hängt von den Umständen des Einzelfalls, insbesondere den Eigenheiten des Betriebes, dessen Organisation und der Vielfalt und Bedeutung der ihn treffenden Vorschriften ab.[109] Verbindliche Vorgaben in der Rechtsprechung fehlen. Als typische Aufsichtsmaßnahmen sind regelmäßig zu nennen: 75

– eine sorgfältige **Personalauswahl** bei Einstellung und Beförderung,
– eine vor dem Hintergrund der personellen, organisatorischen und finanziellen Möglichkeiten des Unternehmens ausgerichtete, aber auch sachgerechte betriebliche Organisation und **Aufgabenverteilung**,
– eine angemessene **Einweisung**, Aufklärung und Schulung,
– eine ausreichende **Überwachung** und Kontrolle des Betriebsablaufs, wobei keine flächendeckende Pflicht zur Personalkontrolle besteht,
– ein angemessenes **Einschreiten** bei Fehlverhalten.[110]

Zu einer bußgeldrechtlichen Sanktionierung kann das Unterlassen solcher Aufsichtsmaßnahmen nur dann führen, wenn sie **erforderlich** und dem Betroffenen **möglich** und **zumutbar** waren.[111] Insoweit gilt hier nichts Anderes als in der allgemeinen Unterlassungsdogmatik. 76

Damit umschreibt § 130 OWiG bei Lichte betrachtet nichts anderes als die Anforderungen an ein Compliance-Programm. Aus diesem Grunde wird aus § 130 OWiG teilweise eine Verpflichtung zur Einführung eines Compliance-Programms gefolgert. Im Kapitalmarktrecht, insbesondere im WpHG, sind diesbezügliche Pflichten bereits gesetzlich niedergelegt. Im Finanzsektor werden durch die **MaComp** die einzelnen Handlungspflichten im Bereich Compliance sehr genau definiert, so dass auf diese Kriterien als Auslegungshilfe und Messfigur zurückgegriffen werden muss. Diese Grundsätze beeinflussen mittelbar die Anforderungen, die an den Aufsichtspflichtigen zu stellen sind.[112] Die **Zuverlässigkeit** und **fachliche Eignung von Geschäftsleitern** von Instituten wird von der BaFin überprüft, die Einführung von Compliance-Systemen ist zumindest zum Zwecke der Liquiditätssicherung 77

---

108 *Bohnert* § 130 Rn. 8.; kritisch zum Inhaberbegriff *Groß/Reichling* wistra 2013, 89, 90.
109 Park/*Bottmann* T2 Kap. 2 Rn. 18; Göhler/*Gürtler* § 130 Rn. 9.
110 Vgl. KölnKomm-OWiG/*Rogall* § 130 Rn. 40; *Wessing/Hugger/Dann* in Renz/Hense, Wertpapier-Compliance in der Praxis, Kap. I.9 Rn. 59; Park/*Bottmann* T2 Kap. 2 Rn. 19.
111 Park/*Bottmann* T2 Kap. 2 Rn. 19.
112 Park/*Bottmann* T2 Kap. 2 Rn. 20; zu MaComp und den finanzmarktspezifischen Compliance-Anforderungen siehe 3. Kap. Rn. 80, 16. Kap.

und der Vermeidung erheblicher Missstände gesetzlich vorgeschrieben. **Anzeige- und Meldepflichten** sorgen für eine zügige Bekanntmachung bei den Aufsichtsbehörden und anderen Kapitalmarktteilnehmern sowie Anlegern. Was dem Kapitalmarktrecht naturgemäß nicht zu entnehmen ist, sind ausdrückliche Regelungen zur Unterweisung von Mitarbeitern. Diese ist insbesondere im Bereich der Criminal Compliance aber unerlässlich, weil nur auf diese Art und Weise auf **verdeckte Sanktionsrisiken** hingewiesen werden kann.

78 Gem. § 130 Abs. 3 S. 1 OWiG kann die Aufsichtspflichtverletzung mit einer Geldbuße bis zu 1 Mio. EUR geahndet werden, wenn die ihr zugrundeliegende Pflichtverletzung eine Straftat darstellt. Handelt es sich bei der Bezugstat um eine Ordnungswidrigkeit, bestimmt sich das Höchstmaß der Geldbuße wegen der Aufsichtspflichtverletzung nach dem für die Pflichtverletzung angedrohten Höchstmaß der Geldbuße (§ 130 Abs. 3 S. 2 OWiG). Mit Blick auf die vergleichsweise hohen Bußgeldandrohungen im Kapitalmarktordnungswidrigkeitenrecht,[113] die bis zu 1 Mio. EUR reichen, können auch Aufsichtspflichtverletzungen, die „nur" eine Ordnungswidrigkeit ermöglicht haben, zu einer höchstempfindlichen Sanktionierung führen.

79 Zu beachten ist, dass eine Ordnungswidrigkeit nach § 130 OWiG als Anknüpfung für eine **Verbandsgeldbuße** i.S.v. § 30 OWiG dienen kann.[114]

III. Vorsatz, Leichtfertigkeit und Fahrlässigkeit

80 Gemäß § 15 StGB ist nur vorsätzliches Handeln strafbar, es sei denn, das Gesetz bedroht fahrlässiges Handeln ausdrücklich mit Strafe. Eine Begriffsbestimmung von Vorsatz und Fahrlässigkeit enthält das Gesetz nicht. Die Straf- und Bußgeldtatbestände erfassen vorsätzliches, teilweise auch leichtfertiges und fahrlässiges Verhalten.

1. Vorsatz

81 In einer Kurzformel wird der Vorsatz als „Wissen und Wollen der zum gesetzlichen Tatbestand gehörenden objektiven Merkmale" definiert.[115] Das **Wissenselement** des Vorsatzes erfordert die Kenntnis der dem Unrechtstypus der Tat konstituierenden Merkmale. Das bedeutet, dass der Täter die die Strafbarkeit begründenden Umstände kennen muss (vgl. § 16 Abs. 1 StGB). Vorsatz setzt nicht voraus, dass der Täter absichtlich gehandelt hat. Dementsprechend ist für die strafrechtliche Haftung von Führungskräften (etwa wegen des Nichteinschreitens gegen Straftaten ihrer Mitarbeiter[116]) nicht erforderlich, dass diese positive Kenntnis von der fremden Tat haben oder sie sogar billigen.[117] Erforderlich ist auch nicht, dass ebenfalls der Täter um die Strafbarkeit seines Tuns weiß. Auf der intellektuellen Ebene muss die Vorstellung des Täters alle Tatumstände umfassen, die der Tatbestand als Ausgangslage voraussetzt, ferner die Vornahme der Tathandlung selbst, den künftigen tatbestandsmäßigen Erfolg und den in ihn mit der Handlung verbindenden Kausalverlauf. Es genügt dabei ein solches Maß an Konkretisierung, dass sich der wesentliche Gehalt der im objektiven Sachverhalt auffindbaren Tatumstände in der Tätervorstellung widerspiegelt.[118] Die Bandbreite des Vorsatzes ist dabei beachtlich: Der Täter kann die Tatbestandsverwirklichung sicher kennen oder als sicher voraussehen (Gewissheitsvorstellung), oder er hält

---

113 Hierzu näher 31. Kap.
114 Dazu näher Rn. 132 ff.
115 Schönke/Schröder/*Sternberg-Lieben* § 15 Rn. 9.
116 Näher dazu Rn. 52 ff.
117 Vgl. *Wessing/Hugger/Dann* in Henz/Rense, Wertpapier-Compliance in der Praxis, Kap. I.9 Rn. 3.
118 Lackner/*Kühl* § 15 Rn. 10 m.w.N.

das Vorliegen von Tatumständen nur für möglich oder rechnet mit der Möglichkeit ihres Eintritts (Möglichkeitsvorstellung). Beide Symptomatiken unterfallen dem Vorsatz im Sinne des StGB.[119]

Das **Wollenselement** setzt eine Willensentscheidung des Täters für die Vornahme einer das tatbestandliche Unrecht des Delikts realisierenden Handlung oder Unterlassung voraus.[120] Insoweit verlangt der Vorsatz eine bestimmte psychische (emotionale) Einstellung des Täters zur Tatbestandsverwirklichung. Diese kann in Form der Absicht erfüllt sein, sich allerdings auch in der bloßen billigenden Inkaufnahme darstellen.[121]

82

Wissen und Wollen müssen sich auf die Tatbestandsverwirklichung, d.h. auf diejenigen Merkmale (Tatumstände) erstrecken, die nach dem jeweiligen Deliktstypus den objektiven Tatbestand bilden.[122] Es wird vor diesem Hintergrund zwischen drei Vorsatzarten unterschieden:

83

– Von **direktem Vorsatz 1. Grades** (oder *dolus directus* 1. Grades) ist die Rede, wenn der Täter absichtlich handelt.
– Handelt der Täter, obwohl er weiß oder als sicher voraussieht, dass er einen Straftatbestand verwirklicht, liegt **direkter Vorsatz 2. Grades** (oder *dolus directus* 2. Grades) vor. Dabei kommt es nicht darauf an, ob dem Täter die Straftatbegehung erwünscht oder willkommen ist.
– Mit **bedingten Vorsatz** (sog. *dolus eventualis*) handelt, wer die Tatbestandsverwirklichung für möglich hält und sie billigend in Kauf nimmt.[123] Bereits hier liegt bei Nichtjuristen und auch im Bereich des Kapitalmarktes ein Quell von Missverständnissen: Nichtjuristen gehen oftmals davon aus, dass vorsätzliches Verhalten Absicht oder gar eine Art „Kriminelle Attitüde" voraussetze. Tatsächlich geht – wie gesehen – der Vorsatzbegriff des StGB viel weiter; die Hürden sind (für Nichtjuristen oftmals überraschend) niedrig.

Bei **Risikogeschäften** sind an die Feststellung des Vorsatzes erhöhte Anforderungen zu stellen. Der BGH hat jüngst unterstrichen, dass die bewusste Eingehung eines immanenten Risikos (z.B. bei Kreditvergabe oder bei einer risikobehafteten Kapitalanlage) für sich genommen für den Vorsatznachweis nicht ausreichen kann, weil Risiken wesentliche Strukturelemente im marktwirtschaftlichen System sind und die Eingehung von Risiken notwendiger Bestandteil unternehmerischen Handelns ist[124].[125]

84

2. Fahrlässigkeit und Leichtfertigkeit

Ebenso wie der Vorsatzbegriff ist auch der Begriff der **Fahrlässigkeit** im StGB nicht geregelt. Fahrlässigkeit setzt nach herrschender Meinung eine objektive Sorgfaltspflichtverletzung sowie die objektive Voraussehbarkeit der Tatbestandsverwirklichung voraus.[126] Anknüpfungspunkt für eine objektive Sorgfaltspflichtverletzung kann jegliche Verhaltensvorschrift, aber auch ein allgemeiner Erfahrungssatz sein.[127] Auch hier sind die Einzelheiten nicht völlig geklärt; insbesondere die Abgrenzung zwischen (bedingtem) Vorsatz und

85

---

119 Lackner/*Kühl* § 15 Rn. 18.
120 Schönke/Schröder/*Sternberg-Lieben* § 15 Rn. 10 f.
121 Vgl. Lackner/*Kühl* § 15 Rn. 19 ff.
122 Lackner/*Kühl* § 15 Rn. 4.
123 St. Rspr., *BGHSt* 36, 1, 9; jüngst *BGH* DB 2013, 1779; näher zu den Einzelheiten mit zahlreichen Nachweisen Lackner/*Kühl* § 15 Rn. 23 ff.
124 *BGH* DB 2013, 1779, 1780 – Berliner Bankenkonsortium.
125 Dies spielt insbesondere für die strafrechtliche Beurteilung eines Risikogeschäfts unter dem Gesichtspunkt der Untreue i.S.v. § 266 StGB eine Rolle; s. dazu 23. Kap.
126 Lackner/*Kühl* § 15 Rn. 36.
127 Lackner/*Kühl* § 15 Rn. 39.

(bewusster) Fahrlässigkeit bereitet Mühen. Sie wird dann wichtig, wenn das tatbestandsmäßige Verhalten nur dann strafbar ist, wenn es vorsätzlich erfolgt, weil eine Fahrlässigkeitsstrafbarkeit gerade nicht angeordnet ist. Unbewusst fahrlässig handelt, wer nicht erkennt oder voraussieht, dass er durch sein pflichtwidriges Verhalten die Tatbestandsverwirklichung herbeiführt; bewusst fahrlässig handelt, wer die Möglichkeit der Tatbestandsverwirklichung zwar erkennt, jedoch ernsthaft darauf vertraut, dass der Taterfolg nicht eintreten werde.[128]

86 **Leichtfertigkeit** ist eine Sonderform der Fahrlässigkeit, nämlich ein erhöhter Grad derselben.[129] Sie entspricht objektiv der groben Fahrlässigkeit des bürgerlichen Rechts.[130] Erforderlich ist, dass der Täter die sich ihm aufdrängende Möglichkeit der Tatbestandsverwirklichung aus besonderem Leichtsinn oder besonderer Gleichgültigkeit außer Acht lässt.[131]

87 Im Kapitalmarktstraf- und Ordnungswidrigkeitenrecht finden sich zahlreiche Vorschriften, die leichtfertiges Verhalten mit Strafe oder Bußgeld ahnden. Hierzu gehören insbesondere in § 39 Abs. 2 WpHG bußgeldbewehrten Melde- und Mitteilungspflichten.[132] In der Praxis wird Leichtfertigkeit erfahrungsgemäß jedenfalls dann schnell angenommen, wenn sich der Vorwurf gegen Personen richtet, die für Wertpapierdienstleistungsunternehmen, Kreditinstitute, Emittenten (usw.) handeln. Von diesen Unternehmen, die sich schon aufgrund ihrer Tätigkeit dem Regelungsregime des WpHG insgesamt unterwerfen, wird verlangt, dass sie sich mit den Pflichten, die ihnen nach dem WpHG obliegen, umfassend vertraut machen und in Zweifelsfällen professionellen Rat einholen müssen.[133] Daraus folgt im Umkehrschluss, dass von Personen und Unternehmen, die nicht dem vorgenannten Kreis angehören, eine derart intensive Informationspflicht hinsichtlich des gesamten wertpapierrechtlichen Regelungswerks nicht verlangt werden kann. Die Annahme von Leichtfertigkeit muss sich hier aus weiteren äußeren Anhaltspunkten ergeben, aufgrund derer sich dem Betroffenen die jeweilige Pflicht hätte geradezu aufdrängen müssen. Ein Hinweis, der Betroffene habe sich mit seiner Handlung unter eine wertpapierhandelsrechtliche Regelung begeben und sich dementsprechend informieren müssen, reicht hier zur Bejahung der Leichtfertigkeit nicht aus, sondern vermag allenfalls einfache Fahrlässigkeit zu begründen.

IV. Verbotsirrtum

88 Keine Frage des Vorsatzes ist die Kenntnis der Strafbarkeit des Verhaltens. Wer über die Strafbarkeit seines Verhaltens nicht weiß, handelt in einem **Verbotsirrtum** (§ 17 StGB). In diesem Falle *kann* die Strafe gemildert werden (§ 17 S. 1 StGB), wenn der Täter den Irrtum vermeiden konnte. Konnte er den Irrtum nicht vermeiden, entfällt die Schuld, also die persönliche Vorwerfbarkeit. Dies schließt die Ahndung wegen der Straftat aus (*nulla poena sine culpa*, vgl. § 20 StGB).

89 Die Anforderungen an die **Unvermeidbarkeit** des Verbotsirrtums sind allerdings hoch. Allgemein gilt, dass der Täter zunächst zur gehörigen Gewissensanspannung unter Aufbietung seiner intellektuellen Erkenntniskräfte verpflichtet ist, um dadurch das Unrechtmäßige sei-

---

128 Für das Kapitalmarkt-Ordnungswidrigkeitenrecht KölnKomm-WpHG/*Altenhain* § 39 Rn. 34.
129 MK-StGB/*Duttge* § 15 Rn. 188.
130 *BGHSt* 14, 240, 255; *BGHZ* 106, 204; Lackner/*Kühl* § 15 Rn. 55; MK-StGB/*Duttge* § 15 Rn. 192 m.w.N.
131 Lackner/*Kühl* § 15 Rn. 55 m.w.N.
132 Näher 31. Kap. Rn. 53 ff.
133 Fuchs/*Waßmer* § 39 Rn. 91 und 96; BT-Drucks. 12/6679, S. 48; Erbs/Kohlhaas/*Wehowsky* § 39 Rn. 33.

ner Handlung zu erkennen.[134] Das Maß der erforderlichen Gewissensanspannung richtet sich nach den Umständen des Einzelfalles, wobei auf den Lebens- und Berufskreis des Täters[135] sowie auf seine individuellen Fähigkeiten abzustellen ist.[136] Mit Blick auf die kapitalmarktspezifischen Anordnungen zur Schaffung einer Compliance-Organisation (§§ 25a, 33 WpHG) erscheinen die Hürden an die Unvermeidbarkeit eines Verbotsirrtums besonders hoch zu sein: Denn die gesetzlich geforderte Compliance-Infrastruktur soll gerade gewährleisten, dass der Normadressat seine Pflichten in der unübersichtlichen Regelungsflut des Kapitalmarktrechts erkennt und dementsprechend handelt.

Für den Aufbau einer Compliance-Organisation bedeutet dies, dass der Verantwortliche sich in einem ersten Schritt einen Überblick über die für ihn bzw. sein Unternehmen einschlägigen Rechtsvorschriften Klarheit verschaffen muss, diese auf seine Tätigkeit anwenden muss und auf dieser Grundlage Regeln schaffen muss, die – regelmäßig sanktionierbare – Pflichtenverstöße vermeiden hilft. Erforderlich ist in diesem Zusammenhang ein **Monitoring** der Rechtslage, und zwar nicht nur hinsichtlich der deutschen Regelungen, sondern auch hinsichtlich der europäischen Rechtsetzung. In Zweifelsfällen ist Rechtsrat einzuholen, auf dessen Grundlage die Compliance-Struktur gestaltet wird. Hier muss der Betreffende bei einer sachkundigen, vertrauenswürdigen, für die Frage zuständigen Person, die ohne Eigeninteresse handelt, die erforderlichen (Rechts-) Auskünfte einholen.[137] Dies gilt umso mehr, wenn dem Verantwortlichen bewusst ist, dass er sich in einem strafrechtlichen Grenzbereich bewegt.[138]

90

Dasselbe gilt in besonderen Einzelfällen, die von der Compliance-Infrastruktur nicht erfasst werden, weil sie nicht zu den üblichen Abläufen gehören und daher einer individuellen Klärung bedürfen. (Anwaltlicher) Rat führt auch hier nicht ohne weiteres deshalb zu einer Exkulpation, weil er von einer kraft ihrer Berufsstellung vertrauenswürdigen Person erteilt worden ist. Der Rechtsrat muss, so hat der BGH erst jüngst unterstrichen, aus Sicht des Anfragenden nach eingehender sorgfältiger Prüfung erfolgen und von der notwendigen Sachkenntnis getragen sein. So genannte „**Gefälligkeitsgutachten**" oder allgemein solche Gutachten, die erkennbar vordergründig und mangelhaft sind oder ihre „Feigenblattfunktion" allzu leicht offenbaren, scheiden als Grundlage für einen unvermeidbaren Verbotsirrtum aus. Sie schaden dem Ratsuchenden nur, da er mit der Beauftragung zu erkennen gibt, dass er die potenzielle strafrechtliche Relevanz seines geplanten Verhaltens erkannt hatte.[139] Vielmehr muss der Beratende vollständige Sachverhaltskenntnis haben, und insbesondere bei komplexen Sachverhalten und erkennbar schwierigen Rechtsfragen ist regelmäßig ein detailliertes, schriftliches Gutachten erforderlich, um einen unvermeidbaren Verbotsirrtum zu begründen.[140] Die Erteilung eines solchen Rechtsrates stellt damit nicht zu unterschätzende Anforderungen an den Ratgebenden.[139] Insofern ist anzuraten, einen mit der Rechtsmaterie vertrauten Spezialisten hinzuziehen und diesen mit umfassenden Sachverhaltsinformationen zu versorgen.

91

---

134 BeckOK-StGB/*Heuchemer* Ed. 22, Stand: 8.3.2013, § 17 Rn. 35.
135 *BGHSt* 2, 194, 201.
136 *BGHSt* 3, 366.
137 *BGHSt* 4, 5; *BGH* NStZ 1993, 594; *BGHSt* 40, 264; *BGH* NJW 2013, 93, 97 Rn. 70; Schönke/Schröder/*Cramer/Sternberg-Lieben* § 17 Rn. 18; BeckOK-StGB/*Heuchemer* Ed. 22, Stand: 8.3.2013, § 17 Rn. 36.
138 Vgl. *BGH* NJW 2013, 93, 97 Rn. 66.
139 *Gehrmann* GWR 2013, 14.
140 *BGH* NJW 2013, 93, 97 Rn. 74 m.w.N.

C. Exkurs: Das Strafverfahren

92 Bestehen – trotz funktionierender oder wegen ineffektiver Compliance – zureichende tatsächliche Anhaltspunkte dafür, dass eine Straftat begangen worden ist und gelangen diese nicht nur unternehmensinternen Stellen, sondern auch Strafverfolgungsbehörden zur Kenntnis, sind diese verpflichtet, ein Ermittlungsverfahren zur Aufklärung dieses **Anfangsverdachts** einzuleiten.

93 Werden potenziell straf- oder bußgeldrelevante Verhaltensweisen zunächst nur unternehmensintern bekannt, gilt Folgendes: Strafverfolgungsbehörden können auf vielen Wegen von potenziellen Straftaten erfahren. Regelmäßig sind (teilweise anonyme) Anzeigen von Unternehmensangehörigen, aber auch Kunden oder Wettbewerbern der Ursprung für die Einleitung eines strafrechtlichen Ermittlungsverfahrens. Anhaltspunkte für eine Straftat können sich auch aus anderen Ermittlungsverfahren, z.B. gegen Geschäftspartner des Unternehmens, ergeben. Zudem bieten die Betriebsprüfungen der Finanzämter nicht selten wertvolle Erkenntnisquellen für Strafverfolgungsbehörden. Insoweit besteht sogar eine Anzeigepflicht der Finanzämter, sofern die im Rahmen der Betriebsprüfung erhobenen Tatsachen den Verdacht einer Korruptionsstraftat oder -ordnungswidrigkeit begründen (§ 4 Abs. 5 S. 1 Nr. 10 EStG).

94 Dem Unternehmen selbst obliegt außerhalb des Anwendungsbereichs des § 138 StGB keine **Anzeigepflicht** gegenüber Strafverfolgungsbehörden. Allerdings sehen kapitalmarktrechtliche Vorschriften (§§ 10 Abs. 1 WpHG, 11 GwG) spezifische Anzeigepflichten an die BaFin bzw. die für Geldwäschebekämpfung zuständigen Stellen vor, die ihrerseits die Strafverfolgungsbehörden zu unterrichten haben (§§ 4 Abs. 5 WpHG, 14 GwG). Diese Pflichten betreffen allerdings Kapitalmarktstraftaten und Geldwäsche, nicht z.B. Korruption oder allgemeine Vermögensdelikte (Betrug, Kapitalanlagebetrug, Untreue etc.). Bei Letzteren ist zu prüfen, ob bzw. zu welchem Zeitpunkt es im unternehmerischen Interesse liegt, Strafverfolgungsbehörden einzuschalten. Ggf. kann es opportun sein, zunächst eigene interne Ermittlungen durchzuführen, um dann den aufbereiteten Sachverhalt den Verfolgungsbehörden zu übergeben – oder dies zu unterlassen.

95 Das Ermittlungsverfahren ist das erste Stadium des Strafverfahrens, in dem allerdings bereits einschneidende Ermittlungsbefugnisse wie Durchsuchung von Wohn- und Geschäftsräumen (auch Unverdächtiger), Sicherstellung und Beschlagnahme von Beweismitteln, die Durchsicht umfassenden Papier- und Datenmaterials,[141] Zeugen- und Beschuldigtenvernehmung zulässig sein können. Bereits das Strafverfahren ist mit erheblichen Belastungen nicht nur für die Beschuldigten, sondern auch für das betroffene Unternehmen verbunden, die sich etwa im (vorübergehenden, aber ggf. lang andauernden) Verlust beschlagnahmter Arbeitsdokumente (auch in Dateiform), einer negativen Öffentlichkeitswirkung sowie in dem mit der Bewältigung eines Strafverfahrens verbundenen Kostenaufwand niederschlagen.

96 Dies macht deutlich, dass die Aufgabe von Compliance nicht nur darin besteht, die **Begehung** von Straftaten zu verhindern, sondern schon die **Verhinderung** des bloßen Eindrucks, dass strafbares Verhalten im Unternehmen stattfindet. Die entsprechende Integrität des Unternehmens auch aus der Sicht von Aufsichts- und Strafverfolgungsbehörden lässt sich durch die hierzu erforderliche Transparenz und ein entsprechendes Kommunikationsverhalten mit den Bezugsgruppen optimieren. Eine Abstimmung mit Rechtsabteilung, Investor Relations-Abteilung und Public Relations-Abteilung des Unternehmens bietet sich hier an.

---

141 Hierzu näher *Szesny* WiJ 2012, 228 ff.; *Schilling/Rudolph/Kunze* HRRS 2013, 207 ff.

I. Durchsuchung und Beschlagnahme

Die Durchsuchung in kapitalmarktorientierten Unternehmen, insbesondere in Kreditinstituten, weist Besonderheiten auf, auf die in den Rn. 106 ff., 111 ff. übersichtsartig eingegangen wird. **97**

Im Allgemeinen sind Durchsuchungen beim **Verdächtigen** (§ 102 StPO) und bei **anderen Personen** (§ 103 StPO) möglich. Unternehmen gehören zu den anderen Personen i.S.v. § 103 StPO, da sie wegen des Schuldprinzips, demzufolge Straftaten nur durch natürliche Personen begangen werden können, nicht verdächtig sein können. Die für Unternehmen maßgebliche Durchsuchung bei anderen Personen richtet sich – dem Wortlaut der Vorschrift zufolge – nach strengeren Regeln als die Durchsuchung beim Verdächtigen; in der Praxis verschwimmt die Differenzierung indes. Gleichwohl ist der Compliance-Beauftragte bzw. der für das Krisenmanagement der Durchsuchungssituation Verantwortliche gut beraten, im Ernstfall die Voraussetzungen der Durchsuchung gründlich zu prüfen: **98**

- Die Durchsuchung muss **gerichtlich angeordnet** worden sein. Nur im absoluten Ausnahmefall der **Gefahr im Verzug** ist eine Anordnung durch die Staatsanwaltschaft oder ihre Ermittlungspersonen zulässig.[142]
- Der Durchsuchungsbeschluss darf vor nicht länger als sechs Monaten erlassen worden sein. Spätestens danach ist er nicht mehr wirksam und darf nicht mehr vollzogen werden.[143] Hat sich vor Ablauf der sechs Monate die Ermittlungslage so geändert, dass sie eine Durchsuchung nicht mehr gerechtfertigt, kommt ein früherer Ablauf in Betracht.[144]
- Der Durchsuchungsbeschluss muss die zu durchsuchenden **Räumlichkeiten** präzise beschreiben.
- Die Durchsuchung bei anderen ist *1.* nur zur **Ergreifung** des Beschuldigten oder zur **Verfolgung** von Spuren einer Straftat oder zur **Beschlagnahme bestimmter Gegenstände** und *2.* nur dann zulässig, wenn **Tatsachen** vorliegen, aus denen zu schließen ist, dass die gesuchte Person, Spur oder Sache sich in den zu durchsuchenden Räumen befindet (§ 103 Abs. 1 S. 1 StPO). Diese Tatsachen muss der Durchsuchungsbeschluss ausweisen.
- Der Beschluss muss die zu beschlagnahmenden Gegenstände **bestimmen**. Es genügt also nicht die Bezeichnung „beweisrelevante Unterlagen" o.Ä.
- Besonderheiten beim Vollzug von Durchsuchungs- und Sicherstellungsmaßnahmen ergeben sich bei **grenzüberschreitenden Ermittlungen**. Zuständig für die Durchführung der jeweiligen Maßnahme ist die im jeweiligen Staat zuständige Ermittlungsbehörde. Ein durch ein deutsches Gericht erlassener Durchsuchungs- und Beschlagnahmebeschluss kann im Ausland also nur im Rahmen der **Rechtshilfe** durch die dortigen Behörden vollstreckt werden; Voraussetzung hierfür ist ein entsprechendes Rechtshilfeersuchen der deutschen Behörden an die ausländischen Behörden. Umgekehrt sind deutsche Behörden damit befasst, ausländische Ermittlungsakte zu vollziehen, sofern die entsprechenden Voraussetzungen vorliegen. Unter welchen Umständen und in welchem Staat Rechtsschutz gegen die jeweilige Maßnahme möglich ist, ist teilweise unsicher. Auf Einzelheiten kann an dieser Stelle nicht eingegangen werden, sodass auf die entsprechende Spezialliteratur verwiesen wird.[145]

Liegen diese Voraussetzungen nicht vor, müssen die die Durchsuchung vollziehenden Beamten darauf hingewiesen werden. Um sich die **Rechtsschutz**möglichkeiten offenzuhalten, sollte gegen die Durchsuchung ausdrücklich Widerspruch erhoben werden; das- **99**

---

142 Grundlegend zu den Anforderungen *BVerfG* NStZ 2001, 382 ff.
143 *BVerfG* NStZ 1997, 502.
144 *LG Osnabrück* NStZ 1987, 522.
145 Z.B. *Schomburg/Lagoduy/Gleß/Hackner* Internationale Rechtshilfe in Strafsachen, 5. Aufl. 2012; *Ahlbrecht/Böhm/Esser/Hugger/Kirsch/Rosenthal* Internationales Strafrecht in der Praxis, 2008.

selbe gilt in Bezug auf die Sicherstellung von Gegenständen, Unterlagen, Papieren und Daten. Jedenfalls wenn kein Rechtsanwalt vor Ort ist, sollten freiwillige Herausgaben unterbleiben.

100 Dasselbe gilt für **Gespräche** mit den Beamten, soweit sie über bloß oberflächlichen *small talk* hinausgehen. Gespräche über den Verfahrensgegenstand finden Eingang in die Ermittlungsakte durch Vermerke, die die Kriminalbeamten im Anschluss an die Durchsuchungsmaßnahme fertigen und die deren Erinnerung an die Unterhaltung wiedergeben, ohne dass eine Korrekturmöglichkeit des Gesprächspartners besteht. Dies kann mindestens zu Missverständnissen führen, im *worst case* zur Dokumentation von Auskünften, deren Bedeutung im Zeitpunkt der Auskunft dem Betroffenen erst später klar wird und bei deren Kenntnis er sich dieser möglicherweise eher enthalten hätte. Eine Pflicht, sich gegenüber Kriminalbeamten zur Sache zu äußern besteht nicht, und an der Zulässigkeit sog. „**Spontanvernehmungen**" durch vor Ort befindliche Staatsanwälte noch während der Durchsuchung muss mit Blick auf den besonderen psychischen Druck und die Ausnahmesituation der mit der Maßnahme konfrontierten Person gezweifelt werden.

101 Auf der anderen Seite muss den Strafverfolgungsbehörden **Kommunikations- und Kooperationsbereitschaft** im Hinblick auf die *Durchführung* der Durchsuchung signalisiert werden und dann auch durchgeführt werden. Auf diese Weise werden Durchsuchungen meist im Mindestmaß geordnet ablaufen. Im Hinblick auf den *Gegenstand* des Verfahrens ist bei der Kommunikation hingegen Zurückhaltung geboten. Die Faustregel lautet insbesondere, wenn betriebsbezogene Straftaten in Rede stehen, dass keine Äußerungen zum Gegenstand des Strafverfahrens ohne vorherige Einsicht in die Ermittlungsakte gemacht werden sollten!

102 Es ist ohnehin dringend anzuraten, im Falle des Erscheinens von Ermittlungsbeamten sofort einen in (Wirtschafts-) Strafsachen versierten **Rechtsanwalt** zu verständigen. Dieser ist mit dem Ablauf von Durchsuchungsmaßnahmen vertraut, findet schnell eine Kommunikationsbasis mit den Ermittlungsbeamten, sichert die Rechtsschutzmöglichkeiten, „moderiert" zwischen Beamten und von der Durchsuchung Betroffenen und fungiert als erster Ansprechpartner sowohl für die Strafverfolgungsbehörden als auch für das betroffene Unternehmen.

103 Ob und unter welchen Umständen Unterlagen durch das Unternehmen **freiwillig herausgegeben** werden, eine Beschlagnahme im formellen Sinne also nicht erfolgt, muss im Einzelfall entschieden werden. Dies sollte nicht ohne anwaltliche Beratung geschehen, kann im Einzelfall aber durchaus opportun sein. Insofern ist die Herausgabe während einer Durchsuchungsmaßnahme dazu geeignet, dieselbe erheblich abzukürzen – dies insbesondere dann, wenn sich das Ermittlungsverfahren auf Straftaten bezieht, die nicht von Unternehmensmitarbeitern, sondern von Dritten (gegebenenfalls auch zum Nachteil des Unternehmens) begangen worden sein sollen.

104 Der Rechtsanwalt prüft zudem, ob Akteneinsichtsrechte des Unternehmens bestehen (z.B. weil das Unternehmen durch die mutmaßlichen Taten geschädigt ist oder weil es zivilrechtliche Ansprüche gegen die mutmaßlichen Täter anhand der Strafakte zu eruieren hat). Er wird diese Akteneinsichtsrechte – soweit die Voraussetzungen bestehen – gegenüber den Strafverfolgungsbehörden durchsetzen. Eine Akteneinsichtnahme ohne Einschaltung eines Rechtsanwalts sieht das Gesetz nicht vor. Das hat den Hintergrund, dass der Rechtsanwalt als Organ der Rechtspflege einen Aktenverlust (z.B. durch Vernichtung) zu verhindern hat. Aus diesem Grunde wird der Anwalt dem von ihm beratenen Unternehmen die Akte nicht im Original, sondern in Kopie übersenden und die Rücksendung des Originals an die die Akteneinsicht gewährende Behörde zügig sicherstellen.

II. Weitere Maßnahmen im Ermittlungsverfahren

Neben Durchsuchung, Sicherstellung und Beschlagnahme kommt als weitere Ermittlungsmaßnahme vor allem die **Vernehmung** von Zeugen und Beschuldigten in Betracht. Diese sollten anwaltlich begleitet werden. Zwangsmaßnahme auch im Kapitalmarktstrafverfahren im Falle der Flucht- oder Verdunkelungsgefahr ist, wenn dringender Tatverdacht vorliegt, die Anordnung der **Untersuchungshaft**; Vermögenswerte können zum Zwecke der Sicherung von Schadenersatzansprüchen Dritter bzw. des staatlichen Verfalls sichergestellt bzw. arrestiert werden. 105

III. Bank- und Berufsgeheimnisse

Das sog. **Bankgeheimnis** gilt im Strafverfahren nicht. Bankmitarbeiter haben – anders als z.B. Ärzte, Steuerberater oder Rechtsanwälte – auch kein Zeugnisverweigerungsrecht. Auch § 30a AO, der den Finanzbehörden die Verpflichtung auferlegt, bei der Ermittlung von Sachverhalten auf das besondere Vertrauensverhältnis zwischen den Kreditinstituten und deren Kunden besondere Rücksicht zu nehmen, bietet keinen Schutz gegen steuerstrafrechtliche Ermittlungen.[146] 106

Hingegen sieht die Strafprozessordnung gewisse Grenzen für Ermittlungsmaßnahmen, die sich gegen **Berufsgeheimnisträger**, also Geistliche, Verteidiger, Rechtsanwälte und Parlamentarier richten, vor: Insbesondere ob und inwieweit anwaltliche Schriftsätze, Begutachtungen und sonstige Dokumente dem Zugriff von Aufsichts- und Strafverfolgungsbehörden entzogen sind, wird derzeit leidenschaftlich diskutiert. Virulent wird diese Frage etwa in solchen Fällen, in denen ein Rechtsanwalt für seine Mandantin analysiert, ob das dort eingerichtete Compliance-System greift, und ein Gutachten zum Erfordernis von Anpassungsmaßnahmen erstattet. Diskutiert wird auch die Frage, ob Strafverfolgungsbehörden Interviewprotokolle, die im Rahmen einer internen Untersuchung durch die beauftragte Rechtsanwaltskanzlei angefertigt wurde, beschlagnahmen dürfen.[147] 107

Im **Strafverfahren** bestimmt § 160a Abs. 1 S. 1 StPO, dass eine Ermittlungsmaßnahme unzulässig ist, die sich gegen einen Rechtsanwalt richtet und voraussichtlich Erkenntnisse erbringen würde, über die diese das Zeugnis verweigern dürften. Dennoch erlangte Erkenntnisse dürfen gem. § 160a Abs. 1 S. 2 StPO nicht verwendet werden. Besteht allerdings gegen den Anwalt der Verdacht einer Beteiligung an der Tat oder der diesbezüglichen Strafvereitelung oder Hehlerei, ist das Privileg gem. § 160a Abs. 3 StPO nicht auf ihn anwendbar. 108

Umstritten, für die Compliance-Beratung aber von zentraler Bedeutung ist, ob sich das Anwaltsprivileg auch auf Unterlagen bezieht, die sich nicht im Gewahrsamsbereich des Rechtsanwalts, sondern beim Mandanten befinden. Die Rechtsprechung sieht im Beschlagnahmeverbot des § 97 StPO die speziellere und damit § 160a StPO vorgehende Regelung und kommt mit Blick auf § 97 Abs. 2 StPO zu dem Ergebnis, dass nur Gegenstände im Gewahrsam des Rechtsanwalts dem Anwaltsprivileg unterliegen.[148] Das bedeutet, dass z.B. Interviewmitschriften aus Internal Investigations dem Zugriff durch Strafverfolgungsbehörden durch Beschlagnahme offen stehen, wenn sie sich im Unternehmen befinden. 109

---

146 Näher zum Ganzen *Park* Durchsuchung und Beschlagnahme, 2. Aufl. 2009, Rn. 849 f.
147 *LG Hamburg* NJW 2011, 942 mit Anm. *von Galen* = GWR 2011, 169 mit Anm. *Szesny* = NZWiSt 2012, 26 mit Anm. *Schuster*. Die Entscheidung erging noch zu § 160a StPO a.F.
148 *LG Mannheim* NZWiSt 2012, 424 mit zust. Anm. *Schuster* = WiJ 2013, 102 ff. mit zust. Anm. *Wimmer* = WiJ 2013, 30 ff. mit abl. Anm. *von Saucken*.

110 Nur **Verteidigungsunterlagen** genießen umfassenden Schutz vor Zugriff durch Strafverfolgungsbehörden, und zwar bereits vor Einleitung eines formellen Ermittlungsverfahrens.[149] Das Verteidigungsverhältnis betrifft indes nur das Verhältnis zwischen dem Beschuldigten und seinem Verteidiger, nicht dagegen das Mandat zwischen der Gesellschaft und ihrem Unternehmensanwalt.

IV. Die Rolle der BaFin im Strafverfahren

111 Strafrechtliche Ermittlungen ziehen insbesondere im regulierten Bereich die Aufmerksamkeit der Aufsichtsbehörden auf sich, soweit diese nicht ohnehin durch eine Strafanzeige das Strafverfahrens ins Rollen gebracht haben.

1. Beteiligung der BaFin in Strafverfahren

112 Die BaFin ist an strafrechtlichen Ermittlungen zu beteiligen. Die Beteiligung der BaFin in Strafverfahren wegen Straftaten nach § 38 WpHG bzw. §§ 54 ff. KWG regeln § 40a WpHG bzw. § 60a KWG. Die Staatsanwaltschaft hat gem. § 40a Abs. 1 S. 1 WpHG die BaFin über die Einleitung eines Ermittlungsverfahrens, das Straftaten nach § 38 WpHG betrifft, zu informieren. Sie muss die BaFin zudem die Anklageschrift bzw. den Antrag auf Erlass eines Strafbefehls mitteilen (§ 40a Abs. 1 S. 3 WpHG). Kommt es zur Hauptverhandlung, muss die Staatsanwaltschaft der BaFin den Termin zur Hauptverhandlung mitteilen (§ 40a Abs. 2 WpHG).

113 Auch unabhängig von Vorstehendem kommt der BaFin im Kapitalmarktstrafverfahren eine gewichtige Rolle zu. Wo es der ermittelnden Staatsanwaltschaft an erforderlicher Sachkenntnis fehlt, kann sie auf das spezialisierte Know-how der BaFin zurückgreifen. Dies ist von Vorteil, zumal es vielen Staatsanwälten an vertiefter kapitalmarkt(straf)rechtlicher Kenntnis fehlt. Insbesondere mit Blick auf die dem einzelnen Staatsanwalt für die Bearbeitung einzelner Verfahren eingeräumten Zeit, die angesichts erheblicher Einsparungen der Länder zunehmend restriktiv bemessen wird, ist es diesem faktisch kaum möglich, sich aus Anlass eines (gerade in ländlichen Landgerichtsbezirken) möglicherweise vereinzelten Kapitalmarktstrafverfahrens ohne Vorkenntnisse Zugang zu der komplizierten Materie zu verschaffen.

114 Die Staatsanwaltschaft kann fachkundige Angehörige der BaFin im Ermittlungsverfahren als **Sachverständige** hinzuziehen (§ 40a Abs. 1 S. 2 WpHG). **Akteneinsicht** erhält die BaFin indes nur auf Antrag, sofern nicht schutzwürdige Interessen des Betroffenen entgegenstehen oder der Untersuchungserfolg der Ermittlungen gefährdet wird (§ 40a Abs. 3 WpHG).

115 Der Vorteil, sich die Expertise der BaFin zunutze machen zu können, verkehrt sich aber dann in sein Gegenteil, wenn die BaFin ihrer strafrechtlichen Würdigung eine aufsichtsrechtliche und damit präventive Sichtweise zugrunde legt. Dies ist insbesondere in solchen Fällen zu beobachten, in denen die äußeren Umstände zwar eine kapitalmarktrechtliche Verfehlung *indizieren*, der konkrete Sachverhalt aber unter Berücksichtigung der (strafrechtlichen) Auslegungsregeln das Vorliegen eines Verbots- und Straftatbestandes zumindest zweifelhaft erscheinen lässt. Auch wenn die BaFin Anzeigeerstatterin ist oder parallel als Bußgeldbehörde tätig, ist ihre Einschaltung als Sachverständige unglücklich.

116 Beispiel: A erwirbt 1 000 Stück Anleihen der E-AG. Als die Anleihen im Wert steigen, veräußert er sie wieder in der Hoffnung, der erzielte Handelsgewinn werde ihm gutgeschrieben. Dabei übersieht er die Kapitalertragsteuer, die seinen Gewinn entsprechend

---

149 *LG Gießen* WiJ 2013, 104 mit Anm. *Michalke* = wistra 2012, 409.

schmälert. Als er dies beim Blick in die ihm von seiner Bank per Email nach dem Geschäft übersandte Abrechnung erkennt, kauft er die Anleihen zurück mit der Folge der Rückerstattung der Kapitalertragsteuer gem. § 43a Abs. 3 S. 2 EStG. Die BaFin stellt Strafanzeige wegen des Verdachts eines *wash sales*, die Staatsanwaltschaft leitet ein Strafverfahren wegen Marktmanipulation ein. Die BaFin hält auch nach Kenntnisnahme des den Geschäften zugrunde liegenden Sachverhalts an ihrer Auffassung fest, dass es sich um ein *wash sale* i.S. von § 3 Abs. 1 Nr. 3 MaKonV handele und der Verbotstatbestand des § 20a WpHG erfüllt sei. Dass § 3 Abs. 1 Nr. 3 MaKonV lediglich ein Indiz umschreibt, lässt sie unerwähnt; die Staatsanwaltschaft fühlt sich nicht in der Lage, eine Entscheidung zu treffen.

Die Staatsanwaltschaft muss sich ihre eigene Meinung bilden, eine strafrechtsspezifische Würdigung abfassen und darf sich nicht „blind" auf die Einschätzung der BaFin verlassen. Das Beispiel zeigt aber, dass ein tatsächlich rechtlich unproblematischer Sachverhalt (Kauf und Rückkauf eines Wertpapiers binnen kurzer Zeit zur zulässigen Vermeidung steuerlicher Nachteile) zu einem Strafverfahren führen kann. Da die Staatsanwaltschaft die BaFin anhören muss, wenn sie die Einstellung des Verfahrens erwägt (§ 40a Abs. 1 S. 4 WpHG), ist der Einfluss der BaFin in Verfahren wegen Kapitalmarktstraftaten nicht zu unterschätzen. 117

Führt die BaFin parallel zum strafrechtlichen Ermittlungsverfahren eine Untersuchung, etwa eine **Sonderprüfung** nach § 44 oder § 44c KWG durch, ist eine unternehmensinterne Begleitung beider Verfahren absolutes Muss. Die Abstimmung erfordert größte Aufmerksamkeit, weil sich die Pflichtenpositionen des Unternehmens im Aufsichtsverfahren und im Strafverfahren unterscheiden können. Dasselbe gilt erst recht, wenn die Untersuchungsgegenstände nicht deckungsgleich sind.[150] 118

2. Informierung der BaFin über Strafverfahren gegen Leitungspersonen

Wird ein Strafverfahren gegen Inhaber oder Geschäftsleiter von Wertpapierdienstleistungsunternehmen oder deren gesetzliche Vertreter oder persönlich haftende Gesellschafter geführt, muss die Staatsanwaltschaft der BaFin die das Verfahren abschließende Entscheidung mit Begründung sowie ggf. die Anklageschrift oder den Antrag auf Erlass eines Strafbefehls zukommen lassen. Dies gilt nicht nur für Straftaten nach § 38 WpHG, sondern auch für Straftaten zum Nachteil von Kunden und solche, die sonst im Zusammenhang mit dem Betrieb des Wertpapierdienstleistungsunternehmens stehen. Eine Einschränkung enthält die Mitteilungspflicht im Hinblick auf Fahrlässigkeitsdelikte: Hier sollen die Anklageschrift (oder eine an ihre Stelle tretende Antragsschrift) bzw. der Antrag auf Erlass eines Strafbefehls der BaFin nur zugehen, wenn aus der Sicht der übermittelnden Stelle unverzüglich Entscheidungen oder andere Maßnahmen der BaFin geboten sind (§ 40a Abs. 4 S. 2 WpHG). Gem. § 40a Abs. 5 S. 1 WpHG sollen Strafverfolgungs- und -vollstreckungsbehörden der BaFin solche Tatsachen, die sonst in einem Strafverfahren bekannt werden und die auf Missstände in dem Geschäftsbetrieb eines Wertpapierhandelsunternehmens hindeuten, mitteilen, wenn deren Kenntnis aus Sicht der übermittelnden Stelle für aufsichtsrechtliche Maßnahmen nach dem WpHG erforderlich sind. Diese Mitteilungspflicht gilt dann nicht, soweit nicht für die übermittelnde Stelle erkennbar ist, dass schutzwürdige Interessen des Betroffenen überwiegen. Bei dieser Beurteilung ist gem. § 40a Abs. 5 S. 2 WpHG zu berücksichtigen, wie gesichert die zu übermittelnden Erkenntnisse sind. 119

Für kreditwesenspezifische Strafverfahren sieht § 60a Abs. 1 KWG eine entsprechende Mitteilungspflicht vor. Werden in anderen Strafverfahren – d.h. Strafverfahren gegen andere Personen als die in Abs. 1 genannten oder wegen anderer Straftaten – Tatsachen bekannt, die auf Missstände hinweisen, müssen auch diese erforderlichenfalls der BaFin übermittelt werden. Schließlich kommt der BaFin ein Akteneinsichtsrecht gem. § 60a Abs. 3 KWG zu. 120

---

150 Knierim/Rübenstahl/Tsambikakis/*Szesny* 30. Kap. Rn. 64 ff.

121 Die Vorschriften dienen ersichtlich **Aufsichtszwecken**, nämlich der Überprüfung der Zuverlässigkeit und der Eignung von Geschäftsleitern und der Frage, ob und inwieweit die ggf. einmal erteilte Erlaubnis noch Bestand haben kann.

3. Erhebung strafrechtlich relevanter Informationen im Aufsichtsverfahren

122 Die BaFin hat im Aufsichtsverfahren Erkenntnismöglichkeiten, die sie mittels Verwaltungszwangs durchsetzen kann. So kann die BaFin gem. § 4 Abs. 3 WpHG von jedermann **Auskünfte**, die Vorlage von Unterlagen[151] und die Überlassung von Kopien verlangen, soweit dies aufgrund von Anhaltspunkten[152] für die Überwachung der Einhaltung eines Ver- oder Gebots erforderlich ist. Eine entsprechende Regelung enthält § 44c Abs. 1 KWG. Danach hat ein Unternehmen, bei dem Tatsachen die Annahme rechtfertigen, dass es Bankgeschäfte oder Finanzdienstleistungen ohne die erforderliche Erlaubnis oder verbotene Geschäfte i.S.v. §§ 3, 32 KWG betreibt, ein Mitglied seiner Organe oder sonst Beschäftigter dieses Unternehmens sowie sonst in die Abwicklung der Geschäfte einbezogene oder einbezogen gewesene Unternehmen auf Verlangen der BaFin Auskünfte über die Geschäftsangelegenheiten zu erteilen und Unterlagen vorzulegen. Für den Fall, dass der Adressat eines Auskunftsersuchens sich oder einen Angehörigen durch dessen Beantwortung belasten würde, ist ein **Auskunftsverweigerungsrecht** vorgesehen (§ 4 Abs. 9 WpHG bzw. § 44c Abs. 5 S. 2 i.V.m. § 44 Abs. 6 KWG). Dieses greift allerdings nicht, wenn das Auskunftsersuchen an einen anderen Mitarbeiter des Unternehmens gerichtet wird (z.B. einen anderen Vorstand oder Geschäftsleiter), der sich durch die Beantwortung nicht selbstbezichtigen würde. Und auch das Unternehmen selbst hat nach h.M. ein Auskunftsverweigerungsrecht nicht, selbst wenn ihm eine Sanktionierung z.B. durch eine Verbandsgeldbuße oder Drittverfall droht.[153] In derartigen Fällen wird ein Ausweg darin gesucht, dass der Adressat des Ersuchens zwar Informationen erteilt, die für die präventive Tätigkeit der Aufsichtsbehörde von Belang sind, nicht aber eine Darstellung über die Verantwortlichkeiten im Unternehmen für etwaige Missstände.[154] Eine andere Auffassung billigt auch Unternehmen ein Verweigerungsrecht zu.[155]

123 Ein Recht, auch die **Unterlagenvorlage** zu verweigern, besteht *de lege lata* nicht im WpHG und KWG. Dies wird von der h.M. damit begründet, dass in der Unterlagenvorlage kein Selbstbezichtigungsakt liege, sondern lediglich eine der Selbstbelastungsfreiheit nicht unterfallende Duldung der Einsichtnahme in ggf. belastende Dokumente. An dieser Auffassung bestehen schon deshalb Zweifel, weil das Heraussuchen und Zusammenstellen der Dokumente zu Zwecken der Vorlage nicht als passives Geschehenlassen qualifiziert werden kann. Auf der anderen Seite ist nicht zu bestreiten, dass die Einsichtnahme in Geschäftsdokumentationen für die Aufsichtstätigkeit der BaFin unerlässlich ist. Deshalb spricht viel dafür, eine Unterlagenvorlagepflicht auch bei Selbstbezichtigungsgefahr anzunehmen, wenn die Einsichtnahme in die entsprechenden Dokumente für die Durchführung von Aufsichtszwecken

---

151 Zum Unterlagenbegriff vgl. Boos/Fischer/Schulte-Mattler/*Lindemann* § 44c Rn. 31; Schwark/*Beck* BörsG, § 2 Rn. 5.
152 Ob der Begriff der Anhaltspunkte in Anlehnung an den strafprozessualen Anfangsverdacht zu definieren ist, ist umstritten (dafür *Rauscher* Das Bundesaufsichtsamt für den Wertpapierhandel und seine Kompetenzen bei der Verfolgung von Insidergeschäften, 1999, S. 99; *Habetha* WM 1996, 2133, 2140; *Szesny* Finanzmarktaufsicht und Strafprozess, S. 46 ff.; dagegen Wabnitz/Janovsky/*Benner* (2. Aufl.) 9. Kap. Rn. 140).
153 *BVerfG* 95, 220, 242; a.A. *Szesny* Finanzmarktaufsicht und Strafprozess, S. 78 ff. unter Hinweis auf den auch-repressiven Zweck der Verbandsgeldbuße und den Strafcharakter des (Dritt-) Verfalls.
154 29. Kap. Rn. 8.
155 *Szesny* Finanzmarktaufsicht und Strafprozess, S. 78 ff.

erforderlich ist.[156] Um der Selbstbezichtigungsfreiheit Rechnung tragen zu können, dürften die so erlangten Informationen in einem Strafverfahren allerdings nicht verwertet werden.[157] Beschränkt sich das Vorlageersuchen allerdings lediglich auf die Aufklärung abgeschlossener Sachverhalte – wie dies etwa bei Anhaltspunkten für Insiderverstößen der Fall wäre – ist nach hier vertretener Auffassung ein Vorlageverweigerungsrecht anzunehmen.[158]

D. Sanktionierung fehlerhafter Compliance

Verstöße gegen kapitalmarktrechtliche Vorschriften ziehen nicht nur Sanktionen (also Strafen und Geldbußen) nach sich. Sie haben darüber hinaus auch Nebenfolgen sowohl für Einzelpersonen als auch für die hinter ihnen stehenden Unternehmen. Die nachfolgende Übersicht illustriert die **Notwendigkeit von Compliance** angesichts des ansonsten bestehenden Risikos der Bestrafung und der mit der Bestrafung ggf. verbundenen Nebenfolgen für nicht verhinderte Verfehlungen an sich, aber auch mangelnde Compliance. 124

I. Folgen fehlerhafter Compliance für Einzelpersonen

1. Geld- und Freiheitsstrafen

Rechtsfolge einer strafgerichtlichen Verurteilung sind naturgemäß **Geld- und Freiheitsstrafen** für den Täter und den Teilnehmer (Anstifter, Gehilfe) der Straftat. Haben Leitungspersonen durch eine **Aufsichtspflichtverletzung** die Straftat ermöglicht oder erleichtert, droht ihnen ein Bußgeld (§ 130 OWiG)[159]; ggf. haften sie – je nach ihrer Pflichtposition – auch als Unterlassungs-Straftäter, wenn sie gegen erkannte oder für möglich gehaltene Straftaten von Mitarbeitern des Unternehmens pflichtwidrig nicht eingeschritten sind. Unter welchen Umständen eine solche Pflichtenstellung allerdings zu bejahen ist, ist heftig umstritten.[160] 125

Doch selbst wenn es nicht zu einer strafgerichtlichen Verurteilung kommt, bedeutet die **Durchführung des Strafverfahrens** eine erhebliche emotionale und mit Blick auf die erforderlichen Anwalts- und weiteren, z.B. mit der internen Aufklärung der verbundenen Kosten auch wirtschaftliche Anstrengung. Soll das Verfahren – was in Wirtschaftsstrafverfahren nicht selten ist – mit einer Einstellung gegen Auflagen und Weisungen gem. § 153a StPO enden, steht in der Regel die Zahlung einer empfindlichen **Geldauflage**, der nach oben keine gesetzliche Grenze gesetzt ist, in Rede. 126

Sowohl an die Straftat als auch an die ordnungswidrige Aufsichtspflichtverletzung kann eine **Verbandsgeldbuße** geknüpft werden.[161] 127

2. Berufsverbote und personenbezogene aufsichtsrechtliche Maßnahmen

Die Schaffung einer Infrastruktur zur Vermeidung von Verstößen gegen kapitalmarktrechtliche Vorschriften ist schon deshalb vonnöten, weil bereits Anhaltspunkte für Missstände im Kapitalmarkt zu einschneidenden personenbezogenen Maßnahmen führen können: So 128

---

156 Näher *Szesny* Finanzmarktaufsicht und Strafprozess, S. 109 ff.
157 Näher *Szesny* Finanzmarktaufsicht und Strafprozess, S. 125 ff.
158 Näher *Szesny* Finanzmarktaufsicht und Strafprozess, S. 117 ff.
159 Siehe dazu Rn. 73 ff.
160 Siehe oben Rn. 60 ff.
161 Siehe dazu unten Rn. 132 ff.

müssen **Geschäftsleiter** eines Kreditinstituts **zuverlässig** sein und über die zur Führung der Geschäfte erforderliche **fachliche Eignung** verfügen, vgl. § 1 Abs. 2 KWG. Entsprechendes gilt für andere dem KWG unterfallende Institute (z.B. Finanzholdinggesellschaften, § 2d Abs. 1 KWG). Liegt die Zuverlässigkeit nicht vor, droht die Versagung bzw. die Aufhebung der gem. § 32 KWG erforderlichen kreditwesenrechtlichen Erlaubnis (§ 33 Abs. 1 S. 2 KWG). Anstelle der Aufhebung kann die BaFin u.a. bei Unzuverlässigkeit des Geschäftsleiters dessen **Abberufung** verlangen und diesem die Ausübung seiner Tätigkeit bei Instituten in der Rechtsform einer juristischen Person untersagen (§ 36 Abs. 1 KWG). Bei Verstößen gegen kapitalmarktrechtliche Vorschriften und Wiederholung dieses Verhaltens trotz Verwarnung durch die BaFin ist ein Abberufungsverlangen ebenfalls möglich, ohne dass ein Erlaubnisversagungsgrund für das Institut an sich vorliegen muss (§ 36 Abs. 2 KWG). Auch **Mitglieder von Verwaltungs- oder Aufsichtsorganen** eines Instituts, einer Finanzholding-Gesellschaft oder gemischten Finanzholding-Gesellschaft müssen zuverlässig sein und die zur Wahrnehmung der Kontrollfunktion sowie zur Beurteilung und Überwachung der Geschäfte, die das Unternehmen betreibt, erforderliche Sachkunde besitzen (§ 36 Abs. 3 S. 2 KWG). Liegen Tatsachen vor, aus denen sich ergibt, dass Verwaltungs-/Aufsichtsorganmitglieder nicht zuverlässig sind oder nicht die erforderliche Sachkunde besitzen, kann die BaFin von den Organen des betroffenen Unternehmens verlangen, diese abzuberufen oder ihnen die Ausübung ihrer Tätigkeit zu untersagen (§ 36 Abs. 3 S. 3 KWG). Dasselbe gilt, wenn dem Organmitglied „wesentliche Verstöße des Unternehmens gegen die Grundsätze einer ordnungsgemäßen Geschäftsführung wegen sorgfaltswidriger Ausübung ihrer Überwachungs- und Kontrollfunktion verborgen geblieben sind" oder „sie nicht alles Erforderliche zur Beseitigung festgestellter Verstöße veranlasst hat und dieses Verhalten trotz Verwarnung der Organe des Unternehmens durch die BaFin fortsetzt" (§ 36 Abs. 3 S. 4 KWG). Die Neuregelung des § 36 KWG im Jahr 2009 erfolgte in Konsequenz der beginnenden Finanzmarktkrise der Jahre 2008 ff.[162]

129 Kommt es zu einer Verurteilung wegen eines kapitalmarktbezogenen Delikts, sieht § 70 StGB sogar die Möglichkeit der Verhängung eines **Berufsverbots** vor. Voraussetzung ist, dass der Täter die Straftat unter Missbrauch seines Berufs oder Gewerbes oder unter grober Verletzung der mit ihnen verbundenen Pflichten begangen hat. Das Berufsverbot wird im Strafurteil zeitlich befristet, in Ausnahmefällen für immer angeordnet. **Insiderverbotsverstöße** können in Regel nicht zu einem Berufsverbot führen, weil sie nicht unter bewusster und planmäßiger Ausnutzung der sich aus dem Beruf ergebenden allgemeinen Pflichten begangen werden, sondern allenfalls bei Gelegenheit der Berufsausübung.[163] Hinsichtlich anderer kapitalmarktbezogener Straftaten ist die Anordnung eines Berufsverbots grundsätzlich denkbar, wegen der erheblichen Einschränkung der Berufsausübung aber aus Verhältnismäßigkeitsgründen auf absolute Ausnahmefälle zu beschränken.

130 Wer aufgrund eines gerichtlichen Urteils oder einer vollziehbaren Entscheidung einer Verwaltungsbehörde einen Beruf, einen Berufszweig, ein Gewerbe oder einen Gewerbezweig nicht ausüben darf, darf für fünf Jahre nicht Geschäftsführer einer GmbH bzw. Vorstand einer AG sein (§ 6 Abs. 2 S. 2 Nr. 2 GmbHG bzw. § 76 Abs. 2 S. 2 Nr. 2 AktG). Die Rede ist von der sog. **Inhabilität**. Entsprechendes gilt für denjenigen, der wegen bestimmter vorsätzlich begangener Straftaten verurteilt worden ist (§ 6 Abs. 2 S. 2 Nr. 3 GmbHG bzw. § 76 Abs. 2 S. 2 Nr. 3 AktG). Zu diesen Straftaten gehören u.a. kapitalmarktbezogene Delikte, nämlich die Falschangabedelikte der §§ 400 AktG, 331 HGB, 313 UmwG und 17 PublG sowie die Betrugs- und betrugsähnlichen Delikte der §§ 263–264a StGB[164] und die Untreue gem. § 266 StGB.

---

162 Boos/Fischer/Schulte-Mattler/*Fischer* § 36 Rn. 94.
163 Vgl. Park/*Hilgendorf* T3 Kap. 3 Rn. 283 f.; *Fischer* StGB § 70 Rn. 3.
164 Näher zur Inhabilität diesbezüglich 22. Kap. Rn. 197 ff.

II. Folgen fehlerhafter Compliance für Unternehmen

Als Rechtsfolge strafrechtlich relevanter Verhaltensweisen wird intuitiv regelmäßig an die Geld- oder Freiheitsstrafe gedacht, die allerdings wegen des Schuldprinzips nur gegen natürliche Personen verhängt werden kann. Es wurde bereits angedeutet, dass das deutsche Recht aber auch Sanktionen und Nebenfolgen gegen Unternehmen bereit hält. Neben Geldsanktionen kommen auch Abschöpfungs-, Einziehungs- und sogar Prangermaßnahmen in Betracht; die strafrechtsdogmatische Einordnung dieser Rechtsfolgen spielt eine allenfalls untergeordnete Rolle[165] – das Unternehmen wird sie stets als „Strafe" empfinden. 131

1. Verbandsgeldbuße (§ 30 OWiG)

Das zentrale Sanktionsrisiko für am Kapitalmarkt tätige Unternehmen liegt in der Verbandsgeldbuße. Verstöße gegen kapitalmarktrechtliche Pflichten können nicht nur Sanktionen gegen natürliche Personen nach sich ziehen, sondern zusätzlich wirtschaftliche Folgen z.B. für den dahinter stehenden Emittenten. Diese sind – nach einer jüngsten Gesetzesänderung – noch einmal empfindlich verschärft worden. Im Einzelfall drohen bis zu 10 Millionen EUR Buße, ggf. auch mehr. 132

a) Voraussetzungen der Verhängung einer Verbandsgeldbuße

Obwohl eine Strafe im engeren Sinne gegen Personenmehrheiten nach deutschem Recht nicht verhängt werden kann, sieht die allgemeine Regelung des § 30 OWiG eine **Verbandsgeldbuße** vor, die als Rechtsfolge einer Straftat oder Ordnungswidrigkeit einer natürlichen Person festgesetzt werden kann. Normadressaten sind juristische Personen (AG, GmbH, eG, eingetragener Verein), aber auch alle rechtsfähigen Personengesellschaften (oHG, KG, GmbH & Co. KG, EWIV, GbR)[166]. 133

Neuerdings – seit dem 30.6.2013 – kann die Verbandsgeldbuße im Falle einer **Gesamtrechtsnachfolge** oder einer partiellen Gesamtrechtsnachfolge durch Aufspaltung gegen den oder die Rechtsnachfolger festgesetzt werden (§ 30 Abs. 2a OWiG). Dies war nach alter Rechtslage nur sehr eingeschränkt, nämlich bei wirtschaftlicher Identität von Rechtsnachfolger und Rechtsvorgänger zulässig.[167] Diese Gesetzeslücke wurde nunmehr geschlossen. 134

Anknüpfungspunkt für die Verbandsgeldbuße kann zum einen die **Verletzung betriebsbezogener Pflichten** sein, also solcher Pflichten, die die juristische Personen oder die Personenvereinigung treffen. Dies ist ein weiter Begriff. Gemeint sind in erster Linie Pflichten, die für den Verband aus seinem besonderen Wirkungskreis resultieren, wie etwa als Arbeitgeber, als Betreiber einer Anlage, aber auch die in § 130 OWiG vorausgesetzte Aufsichtspflicht. Auch jedermann treffende Pflichten gehören dazu, wenn sie sich für den Verband im Zusammenhang mit der Führung des Betriebes ergeben.[168] Diese Pflichtverletzung muss einen **Straf- oder Ordnungswidrigkeitentatbestand** erfüllen. Erleidet das Unternehmen durch die Pflichtverletzung einen wirtschaftlichen Nachteil, etwa weil die Tat zu seinem Nachteil begangen wurde, spricht Einiges dafür, die Verhängung einer Verbandsgeldbuße nicht zuzulassen.[169] Die Geldbuße kann hier weder Abschöpfungs- noch Präventionsfunktionen erfüllen; zudem widerspricht es dem Gerechtigkeitsempfinden, ein Unternehmen, dem bereits Schaden zugefügt wurde, durch ein Bußgeld ein weiteres Übel aufzuerlegen. Dies gilt jedenfalls dort, wo Mitarbeiter das Unternehmen bewusst hintergangen haben, etwa durch vorsätzlichen Verstoß gegen Compliance-Regeln. 135

---

165 Vgl. *Ransiek* NZWiSt 2012, 45, 47.
166 Vgl. näher HWSt/*Achenbach* 1. Teil 2. Kap. Rn. 4 f. m.w.N.
167 *BGH* NJW 2012, 164 mit Anm. *Reichling* = NZWiSt 2012, 184 mit Anm. *Waßmer*.
168 Vgl. näher HWSt/*Achenbach* 1. Teil 2. Kap. Rn. 7.
169 Ebenso *Grützner/Leisch* DB 2012, 787, 789; *Helmrich* wistra 2010, 331, 335.

136 Die Verbandsgeldbuße kommt auch dann in Betracht, wenn durch die Straftat oder Ordnungswidrigkeit zwar keine betriebsbezogene Pflicht verletzt, aber die juristische Person oder Personenvereinigung **bereichert** wurde oder bereichert werden sollte.

137 In beiden Fällen muss die Tat von einer in § 30 Abs. 1 Nr. 1–5 OWiG genannten Person mit **Leitungsfunktion** in Ausübung dieser Funktion[170] begangen worden sein, also

- **als** vertretungsberechtigtes Organ einer juristischen Person oder als Mitglied eines solchen Organs,
- **als** Vorstand eines nicht rechtsfähigen Vereins oder als Mitglied eines solchen Vorstandes,
- **als** vertretungsberechtigter Gesellschafter einer rechtsfähigen Personengesellschaft,
- **als** Generalbevollmächtigter oder in leitender Stellung als Prokurist oder Handlungsbevollmächtigter einer juristischen Person oder einer in Nummer 2 oder 3 genannten Personenvereinigung oder
- **als** sonstige Person, die für die Leitung des Betriebs oder Unternehmens einer juristischen Person oder einer in Nummer 2 oder 3 genannten Personenvereinigung verantwortlich handelt, wozu auch die Überwachung der Geschäftsführung oder die sonstige Ausübung von Kontrollbefugnissen in leitender Stellung gehört.

138 Erforderlich sind also Feststellungen dazu, welcher einzelne Mitarbeiter gehandelt oder unterlassen hat, jedenfalls aber, *dass* ein unter den o.g. Katalog fallende Person sich in straf- oder bußgeldrechtlich relevanter Weise verhalten hat.[171] Bei einer Mehrzahl verantwortlicher Personen (z.B. mehrköpfiger Geschäftsleitung) kommt es hier auf die innerbetriebliche Aufgabenzuweisung an,[172] wobei die strafgerichtliche Rechtsprechung in besonderen Situationen von einer **Allzuständigkeit** aller Gremienmitglieder ausgeht.[173] Zudem ist erforderlich, dass der Vertreter im Interesse des Vertretenen handelt („**Interessentheorie**")[174].

139 Zum 30.6.2013 hat der Gesetzgeber das **Höchstmaß** der Verbandsgeldbuße auf zehn Mio. EUR (im Falle einer vorsätzlichen Straftat) bzw. 5 Mio. EUR (im Falle einer fahrlässigen Straftat) verzehnfacht; knüpft die Verbandsgeldbuße an eine Ordnungswidrigkeit an, bestimmt sich ihr Höchstmaß am für die jeweilige Ordnungswidrigkeit angedrohten Höchstmaß der Geldbuße.

Beispiel: Finanzvorstand F der börsennotierten B-AG verheimlicht einen Gewinneinbruch, ohne dass sich die B-AG von der Ad hoc-Mitteilungspflicht gem. § 15 Abs. 3 WpHG selbst befreit hat. Damit begeht er gleichzeitig eine Marktmanipulation (§ 20a Abs. 1 Nr. 1 WpHG). Da die B-AG von den Anlegern schon seit Längerem nicht beachtet wird – es findet kein Umsatz in den Aktien der B-AG statt –, führt auch das spätere Bekanntwerden des Gewinneinbruchs nicht zu einer neuen Kursfestsetzung. F handelte damit (i.V.m. § 9 OWiG) *ordnungswidrig* i.S.v. § 39 Abs. 2 Nr. 11 WpHG und kann mit einem Bußgeld bis zu 1 Mio. EUR sanktioniert werden. Da durch die unterlassene Veröffentlichung einer Ad hoc-Mitteilung Pflichten der B-AG verletzt wurden, kann gegen die B-AG eine Verbandsgeldbuße i.H.v. bis zu 1 Mio. EUR festgesetzt werden. Hätte die unterlassene Gewinnwarnung hingegen eine Kursänderung zur Folge gehabt, läge eine *strafbare* Marktmanipulation vor, sodass in diesem Fall eine Verbandsgeldbuße bis zu einer Höhe von 10 Mio. EUR verhängt würde.

140 Die Verbandsgeldbuße dient einerseits der **Sanktionierung** des Unternehmens, soll andererseits allerdings auch den wirtschaftlichen Vorteil abschöpfen, den es durch die Vortat der Leitungsperson erlangt hat. In der Rechtspraxis hat sich diesbezüglich der Begriff der

---

170 HWSt/*Achenbach* 1. Teil 2. Kap. Rn. 11.
171 Vgl. *Ransiek* NZWiSt 2012, 45, 49, der hierin einen Nachteil des § 30 OWiG im Vergleich zu amerikanischen und europäischen Regelungsmodellen erkennt.
172 HWSt/*Achenbach* 1. Teil 2. Kap. Rn. 12.
173 *BGHSt* 37, 106, 124 ff. – Lederspray.
174 Fuchs/*Waßmer* Vor §§ 38–40b Rn. 36 m.w.N.

Gewinnabschöpfung eingebürgert, weil der Vorteilsbegriff mit dem Gewinn identifiziert wird.[175] Reicht das Höchstmaß der Verbandsgeldbuße nicht aus, um dem Unternehmen den wirtschaftlichen Vorteil zu entziehen, den es aus der Vortat gezogen hat, abzuschöpfen, darf es gem. § 30 Abs. 2 i.V.m. § 17 Abs. 4 S. 2 OWiG diesen überschreiten.

Die Verbandsgeldbuße kann auch ohne Verurteilung wegen der Anknüpfungstat festgesetzt werden (§ 30 Abs. 4 OWiG, sog. **selbstständige Festsetzung** der Verbandsgeldbuße). Es ist also nicht erforderlich, dass die Leitungsperson wegen der ihr vorgeworfenen überhaupt sanktioniert wird; ebensowenig muss der Täter der Vortat ermittelt sein (sog. „**anonyme Verbandsgeldbuße**"[176]). **141**

Ob und inwieweit die Unternehmensgeldbuße auch innerhalb eines **Konzerns** gesellschaftsübergreifend Anwendung finden kann, ist bislang ungeklärt. Dass eine Konzernobergesellschaft Aufsichtspflichten i.S.v. § 130 OWiG gegenüber ihren Tochtergesellschaften hat, erscheint zumindest denkbar.[177] So wird im Kartellrecht eine Haftung der Obergesellschaft für Verstöße der Tochtergesellschaft bejaht.[178] Auch Strafverfolgungsbehörden tendieren dazu, eine Aufsichtspflicht der Obergesellschaft jedenfalls dann anzunehmen, wenn sie faktische und rechtliche (§ 308 AktG) Einflussmöglichkeiten auf die Tochtergesellschaft(en) hat.[179] Insoweit folgt der **Organisationsmacht** auch eine rechtlich relevante **Organisationsverantwortung** – ohne Rücksicht auf die Rechtspersönlichkeit der Tochtergesellschaft. Eine solche Sicht der Dinge dürfte insbesondere maßgeblich sein für angelsächsisch geprägte Konzerngesellschaften, deren internationale Unternehmensmatrix oftmals von einem „Durchregieren" der Obergesellschaft geprägt ist, was nicht immer in Übereinstimmung zu bringen ist mit der gesellschaftsrechtlichen Struktur des deutschen Konzernteils. **142**

b) Erweiterung der Verbandsgeldbuße nach KWG

Gem. § 59 KWG gilt § 30 OWiG auch für Unternehmen i.S.v. § 53b Abs. 1 S. 1 und Abs. 7 S. 1 KWG, die über eine Zweigniederlassung oder im Wege des grenzüberschreitenden Dienstleistungsverkehrs im Inland tätig sind. Erfasst sind damit sog. „gekorene" Geschäftsleiter, die mit zum gesetzlichen Vertretungsorgan des Instituts gehören. Seit Erweiterung des Anwendungsbereichs des § 30 OWiG auf Generalbevollmächtigte, Prokuristen und sonst mit Leitungs- und Kontrollbefugnissen betraute Personen ist die Vorschrift praktisch ohne Anwendungsbereich.[180] **143**

c) Verbandsgeldbuße und Doppelbestrafungsverbot

Die Sanktionierung sowohl des Verbandes als auch seiner Repräsentanten verstößt wegen der unterschiedlichen Subjektsqualität der Personen grundsätzlich nicht gegen das **Doppelbestrafungsverbot** des Art. 103 Abs. 3 GG (*ne bis in idem*)[181]. Insbesondere in kleinen Gesellschaften stellt sich allerdings die Frage, ob sich die Sanktionierung sowohl des Verbandes als auch des die Ordnungswidrigkeit oder Straftat begehenden Vertreters für diesen nicht als unverhältnismäßig darstellt. **144**

Beispiel: G ist Alleingesellschafter der C-Beteiligungs GmbH, über die er Aktien an diversen Gesellschaften hält. Aus Altersgründen möchte er die Beteiligungen abbauen und verkauft Aktienpakete. Dabei unterschreitet er sukzessive die in § 21 WpHG enthaltenen **145**

---

175 Vgl. nur HWSt/*Achenbach* 1. Teil 2. Kap. Rn. 15; für einen weiteren Vorteilsbegriff dagegen Köln-Komm-OWiG/*Mitsch* § 17 Rn. 113 und 117 ff.
176 HWSt/*Achenbach* 1. Teil 2. Kap. Rn. 18.
177 Ebenso *Grützner/Leisch* DB 2012, 787, 791.
178 *EuGH* EuZW 2009, 816.
179 Vgl. zur konzernweiten Compliance-Organisation *Bauckhage/Hoffer/Katko* WM 2012, 486, 487 f.
180 Boos/Fischer/Schulte-Mattler/*Lindemann* § 59 Rn. 1.
181 *Bohnert* § 30 Rn. 46.

Stimmrechtsanteile, übersieht aber leichtfertig, die Unterschreitungen der BaFin und dem jeweiligen Emittenten anzuzeigen. Die BaFin erlässt gegen ihn einen Bußgeldbescheid wegen einer Ordnungswidrigkeit gem. § 39 Abs. 2 Nr. 2 e) WpHG und setzt zusätzlich eine Verbandsgeldbuße in gleicher Höhe gegen die C-Beteiligungs GmbH fest.

Das Doppelbestrafungsverbot macht bei allen staatlichen Maßnahmen mit Sanktionscharakter eine vertiefte **Verhältnismäßigkeitsprüfung** erforderlich.[182] Sie muss nach der Notwendigkeit einer Wiederholung der Sanktion zu fragen.[183] Mit Sanktion ist dabei nicht lediglich Strafe i.e.S. gemeint, sondern auch Ordnungsmaßnahmen, Vollstreckungsakte und behördliche Präventivmaßnahmen.[184] Zwar gibt es keinen allgemeinen Rechtssatz, dass aus ein und demselben Vorgang nicht zweimal nachteilige Folgen gezogen werden können,[185] weil der Staat entsprechend seiner unterschiedlichen Schutzaufträge nicht auf eine einzige Art der Reaktion festgelegt bleiben muss.[184] Liegen allerdings die mit den Sanktionen verfolgten Ziele nahe beieinander, liegt ein Verbot solcher Doppelbestrafung nahe. *Schmidt-Aßmann* konstatiert insoweit sehr klar: „Die mehrfache Ahndung desselben Vorgangs mit der gleichen oder einer weitgehend gleichartigen Maßnahme ist verboten."[186] Daraus ergibt sich, dass bei der Festsetzung der Sanktion gegen das Organ berücksichtigt werden muss, inwieweit es selbst durch die Geldbuße gegen den Verband eine Einbuße erlitten hat.[187] Dies kann naheliegender Weise durch eine **Anrechnung** der Verbandsgeldbuße auf die gegen das Organ verhängte Geldbuße geschehen.[188]

2. Einziehung

146 §§ 74 ff. StGB, 22 ff. OWiG sieht die staatliche **Einziehung von Gegenständen** vor, die durch die Straftat hervorgebracht oder zu ihrer Begehung oder Vorbereitung gebraucht worden sind (*producta sceleris* und *instrumenta sceleris*). Die Einziehung kann gem. §§ 75 StGB, 29 OWiG auch das Unternehmen treffen, wenn eine Leitungsperson die der Einziehung zugrundeliegende Tat begangen hat.

3. Verfall

147 Eine weitere unternehmensbezogene Sanktion stellt der **Verfall** im Sinne des §§ 73 ff. StGB, 29a OWiG dar. Verfall meint den Übergang des Eigentums zugunsten des Staates an solchen Vermögensgegenständen, die der Täter für seine Tat oder aus ihr erlangt hat. Der Täter soll also von seiner „Beute" nicht profitieren. Die Anordnung des Verfalls kann sich auch gegen einen Dritten, insbesondere Unternehmen richten, wenn der Täter für diesen gehandelt hat und der andere dadurch selbst etwas erlangt hat (§ 73 Abs. 3 StGB, § 29a OWiG). Der Begriff des „Erlangten" geht deutlich über den des „wirtschaftlichen Vorteils" in § 30 OWiG hinaus.[189]

148 **Ausgeschlossen** ist der Verfall, wenn dem Verletzten der Tat – dem „Opfer" – ein Anspruch erwachsen ist, dessen Erfüllung dem Täter oder Teilnehmer den Wert des aus der Tat Erlangten entziehen würde (§ 73 Abs. 1 S. 2 StGB). Das betrifft im Bereich des Kapitalmarkts insbesondere **Betrugs-, betrugsähnliche und Untreuedelikte**, also Straftatbe-

---

182 *OLG Frankfurt* WiJ 2013, 39 ff. mit Anm. *Görtz* = BeckRS 2012, 10887.
183 Maunz/Dürig/*Schmidt-Aßmann* Art. 103 Rn. 277.
184 Maunz/Dürig/*Schmidt-Aßmann* Art. 103 Rn. 278.
185 *BVerwGE* 83, 1, 17.
186 Maunz/Dürig/*Schmidt-Aßmann* Art. 103 Rn. 280.
187 Göhler/*Gürtler* § 30 Rn. 29.
188 Maunz/Dürig/*Schmidt-Aßmann* Art. 103 Rn. 280 unter Hinweis auf den Rechtsgedanken des § 86 Abs. 2 OWiG.
189 Vgl. nur *Retemeyer* wistra 2012, 56, 57.

stände, die jedenfalls vornehmlich individuelles Vermögen schützen. Soweit ein Verstoß gegen das **Marktmanipulationsverbot** zu einem Anspruch aus § 826 BGB führt, ist auch insoweit der Verfall ausgeschlossen.[190] Dagegen ist die Anordnung von Verfall bei Verstößen gegen das **Insiderverbot** grundsätzlich möglich, weil § 14 WpHG weder Individualinteressen noch das Vermögen einzelner Kapitalanleger, sondern ausschließlich die Funktionsfähigkeit des Kapitalmarkts insgesamt schützt.[191] Ausnahmsweise kann der Verfall allerdings auch hier ausgeschlossen sein, wenn der Insiderverbotsverstoß sich aus demselben historischen Sachverhalt herleitet, der auch der Verwirklichung einer **Marktmanipulation** zugrunde liegt.[190]

Gegenstand des Verfalls ist das **Erlangte**. Dessen Bestimmung bereitet in der Praxis erhebliche Probleme. Der Bundesgerichtshof hat in erfreulicher Klarheit deutlich gemacht, dass das **Bruttoprinzip** für die Bestimmung des Erlangten, von dem dann keine Abzüge gemacht werden dürfen, unerheblich ist.[192] Hinsichtlich eines Verstoßes gegen das **Insiderverbot** des § 14 Abs. 1 Nr. 1 WpHG vertritt die Rechtsprechung entgegen der zuvor h.M., dass das Erlangte in dem **insiderspezifischen Sondervorteil** liegt.[193] Da Erwerbs- und Veräußerungsgeschäfte in Finanzinstrumenten nicht *an sich* verboten sind, sondern beim Insiderhandel lediglich die *Art und Weise* der Durchführung, liege das Erlangte nicht im Gesamtsaldo der in Rede stehenden Geschäfte, sondern nur im Vergleich zu uninformierten Marktteilnehmern realisierten Sondervorteil.[194] Bei Marktmanipulation kommt die Anordnung des Verfalls nur bei sog. handelsgestützten Tathandlungen in Betracht.[195] **149**

Soweit potentiellen Verletzten ein deliktischer Anspruch aus einer **Marktmanipulation** nicht erwächst, ist die Bestimmung des Erlangten mangels höchstrichterlicher Rechtsprechung bisher nicht geklärt. Das OLG Stuttgart vertritt die extensive Ansicht, dass bei einer (handelsgestützten) Marktmanipulation der durch die manipulativen Geschäfte erzielte gesamte Verkaufserlös für verfallen zu erklären sei.[196] Das ist zweifelhaft, lässt sich diese Sichtweise doch kaum mit der Rechtsprechung des Bundesgerichtshofs zum Verfall bei Insiderstraftaten in Einklang bringen.[197] **150**

III. Aufsichtsrechtliche Folgen

Faktisch als Sanktion wirkt auch die Veröffentlichung einer Anordnung der BaFin, den Einsatz eines ungeeigneten Mitarbeiters in den Bereichen Anlageberatung, Vertrieb und Compliance zu untersagen (§ 34d Abs. 4 S. 2 WpHG). Auch Sanktionen mit Prangerwirkung sind nunmehr Gegenstand europäischer Richtlinienentwürfe, sodass davon auszugehen ist, dass diese dem deutschen Rechtssystem eher fremde Sanktionsfigur jedenfalls im Bereich des Kapitalmarktstrafrechts mittelfristig auch in Deutschland eingeführt wird.[198] **151**

---

190 *BGH* NStZ 2010, 326.
191 *LG Augsburg* NStZ 2005, 109, 111; Park/*Hilgendorf* T3 Kap. 3 Rn. 282.
192 Vgl. *BGH* NJW 2010, 882, 884; anders *OLG Stuttgart* NJW 2011, 3667, 3670.
193 *BGH* NJW 2010, 882, 884; a.A. Park/*Hilgendorf* T3 Kap. 3 Rn. 282.
194 *BGH* NJW 2010, 882, 884; *Kudlich/Noltensmeier* wistra 2007, 121, 123.
195 Böttger/*Szesny* Kap. 6 Rn. 260; Park/*Sorgenfrei* T3 Kap. 4 Rn. 247.
196 *OLG Stuttgart* NJW 2011, 3667, 3670.
197 Ebenso *Gehrmann* GWR 2011, 551.
198 Siehe oben Rn. 27.

IV. Zivilrechtliche Folgen

152 Strafrechtliche Compliance darf die zivilrechtlichen Folgen potentiell strafbedrohten Verhaltens nicht missachtet lassen.

153 Hinweisen ist zunächst auf die zivilrechtliche Haftung wegen **unterlassener Kapitalmarktinformation** gem. §§ 37b f. WpHG. Dazu tritt die deliktische Haftung wegen **Marktmanipulation**. Zwar ist § 20a WpHG nicht Schutzgesetz i.S.v. § 823 Abs. 2 BGB.[199] Eine zivilrechtliche Haftung gem. § 823 Abs. 2 BGB kommt naturgemäß jedoch in Frage, wenn eine strafbare **Untreue** im Zusammenhang mit der marktmanipulativen Handlung steht; dies ist etwa dann denkbar, wenn die (handelsgestützte) Marktmanipulation mit Fremdmitteln begangen wird und dem Treugeber hierdurch ein unvertretbares Verlustrisiko aufgebürdet wird.[200] Darüber hinaus kommt eine Haftung wegen **vorsätzlicher sittenwidriger Schädigung** gem. § 826 BGB in Betracht. Hierfür reicht die bloße Erfüllung des Verbotstatbestandes indes nicht aus, und auch ein diesbezüglicher (strafgerichtlicher) Schuldspruch genügt nicht.[201] Es muss sich vielmehr eine **besondere Verwerflichkeit** des Verhaltens aus dem verfolgten Ziel, den eingesetzten Mitteln, der zu Tage getretenen Gesinnung oder den eingetretenen Folgen ergeben.[202] Der Bundesgerichtshof erkennt ein Indiz für das Vorliegen dieser besonderen Verwerflichkeit in einer direkt vorsätzlich unlauteren Beeinflussung des Sekundärmarktpublikums durch wiederholte grob unrichtige Ad hoc-Mitteilungen;[203] allerdings bedarf es immer einer Gesamtbetrachtung aller maßgeblichen Umstände.[204] Zudem ist ein Kausalitätsnachweis zwischen der Tathandlung und der Anlegerentscheidung erforderlich.

154 Ob Verstöße gegen das **Insiderverbot** eine zivilrechtliche Haftung auslösen, ist zumindest zweifelhaft,[205] da § 14 WpHG kein Individualrechtsgut schützt und damit auch als Schutzgesetz i.S.v. § 823 Abs. 2 BGB nicht in Betracht kommt.

V. Unternehmensinterne Konsequenzen

155 Erkannte Compliance-Verstöße müssen zu unternehmensinternen Konsequenzen führen, die nachfolgend nur im Überblick dargestellt werden sollen: Zunächst bedürfen die identifizierten Handlungen der Aufklärung. Das aktuelle Stichwort in diesem Zusammenhang sind sog. **Internal Investigations**, mittels derer ein Unternehmen selbst Aufklärungsmaßnahmen unternimmt, um potentiell bestehende zivilrechtliche Ansprüche zu identifizieren und durchsetzen zu versuchen, arbeitsrechtliche Maßnahmen zu ergreifen und ggf. auch Strafanzeige gegen eigene Mitarbeiter oder Dritte zu stellen. Rechtliche Bedenken gegen die Durchführung von Internal Investigations bestehen nicht grundsätzlich,[206] über die Details wird indes leidenschaftlich diskutiert. Hierzu gehören etwa die Frage nach der strafprozessualen Verwertbarkeit von Mitarbeiteraussagen, die im Rahmen eines betriebsinternen Interviews protokolliert wurden (Problem der Kollision der Wahrheitspflicht des Arbeitnehmers gegenüber dem Arbeitgeber mit der Selbstbelastungsfreiheit im Strafpro-

---

199 *BGH* NJW 2012, 1800, 1802; KölnKomm-WpHG/*Mock/Stoll/Eufinger* § 20a Rn. 426 f. mit Fn. 561 f.; Böttger/*Szesny* Kap. 6 Rn. 252.
200 Böttger/*Szesny* Kap. 6 Rn. 254.
201 Böttger/*Szesny* Kap. 6 Rn. 252.
202 *BGH* NJW 2004, 2668, 2670; *BGH* NJW 2012, 1800, 1803 („IKB").
203 *BGH* NJW 2004, 2668, 2670 f.
204 *BGH* NJW 2012, 1800, 1803 – IKB.
205 Böttger/*Szesny* Kap. 6 Rn. 251.
206 HWSt/*Rotsch* Teil 1 Kap. 4 Rn. 51.

zess²⁰⁷), die Reichweite und Grenzen des Datenschutz- und Telekommunikationsrechts im Zusammenhang mit der Erhebung von in gespeicherten Daten abgelegten Informationen (Festplatte, E-Mails, Serververzeichnisse), aber auch der Organisation des Informationsaustauschs innerhalb der Gesellschaft und des Konzerns.²⁰⁸ Strafverfolgungsbehörden sehen in der Durchführung von Internal Investigations nicht selten die Gefahr einer „Beweismittelverschlechterung". Die Durchführung interner Aufklärungsmaßnahmen bedarf auch in vermeintlich kleinen Fällen sorgfältiger Vorbereitung durch ein eigens hierfür zusammengestelltes Team, das auf flankierenden Rechtsrat externer Spezialisten zurückgreifen kann.

156 Zur Vergangenheitsbewältigung gehört neben **personaldisziplinarischen Maßnahmen**²⁰⁹ und Aktivitäten zur Beseitigung der durch den Compliance-Verstoß entstandenen Missstände (z.B. durch Korrekturbuchungen, nachträgliche Meldungen, Steuerberichtigungen, Kundenansprachen usf.) auch eine **Anpassung der Compliance-Struktur** im Unternehmen. Die Neuausrichtung der Compliance-Organisation erfordert zunächst die Zusammenstellung eines entsprechenden Teams, zu dem neben den Compliance-Verantwortlichen auch Angehörige des betroffenen Bereichs sowie Mitarbeiter der Rechtsabteilung gehören sollten. Hierzu ist zunächst zu identifizieren, worauf der entdeckte Verstoß beruht. Denkbar sind viele Ursachen. Die häufigsten werden die folgenden sein:
- Unkenntnis der Rechtsgrundlagen bei Compliance-Verantwortlichen, z.B. wegen einer übersehenen Änderung des Rechts oder der Rechtsprechung;
- Unkenntnis der Rechtsgrundlagen bei anderen Mitarbeitern;
- unzureichende Compliance-Organisation, z.B. wegen lückenhafter Vorgaben, mangelnder Verständlichkeit von Compliance-Regelungen oder unzureichendem Konkretisierungsgrad von Leitlinien;
- bewusste Umgehung von Compliance-Regelungen durch Mitarbeiter infolge mangelnder Kontrolle:

157 Auf dieser Analyse gründet dann die Neufassung bzw. Überarbeitung von Regelwerken und Leitlinien, die Erstellung von Schulungsinhalten und die Durchführung konkreter Ansprachen an die betroffenen Bereiche.

158 Auch in personeller und struktureller Hinsicht muss Verbesserungsbedarf eruiert und die als erforderlichen Maßnahmen auch umgesetzt werden: Genügt es z.B. nicht, aufgrund der Ausweitung eines Geschäftsbereichs die Compliance-Funktion ausschließlich zentral agieren zu lassen, müssen dezentrale Compliance-Stellen eingerichtet werden – dies wiederum unter Einsatz von mehr Personal.

---

207 HWSt/*Rotsch* Teil 1 Kap. 4 Rn. 51.
208 Dazu *Bauckhage-Hoffer/Katko* WM 2012, 486 ff.
209 Vgl. hierzu Knierim/Rübenstahl/Tsambikakis/*Idler/Waeber* 20. Kap. Rn. 61 ff.

22. Kapitel
Betrug, Kapitalanlagebetrug und Kreditbetrug, §§ 263, 264a, 265b StGB[1]

A. Einführung

I. Einleitung

Die Betrugsdelikte, darunter insbesondere der Betrug (§ 263 StGB), der Kapitalanlagebetrug (§ 264a StGB) und der Kreditbetrug (§ 265b StGB), gehören nach einhelliger Auffassung zu den wichtigsten Vermögensstraftaten. Durch sie werden jährlich Schäden in Milliardenhöhe verursacht. Geschädigte, d.h. Opfer oder Verletzte[2] der Straftaten, sind sowohl die Kunden von Unternehmen als auch die Unternehmen selbst. Aus diesem Grunde gewinnt die sog. „Kapitalmarkt-Compliance" stetig an Bedeutung. Was ist erlaubt? Wann wird die Grenze zur verbotenen Geschicklichkeit überschritten? Was sind die Rechtsfolgen für den Einzelnen und das Unternehmen? 1

Durch den Aufbau und die Verbesserung ihrer Compliance-Strukturen demonstrieren Unternehmen, dass eigene Ethikkodizes und Leitbilder wie gesetzliche Vorschriften ernst genommen werden. Über die Betrugsprävention wird auch das Vertrauen der Anleger bzw. Kunden in den Kapitalmarkt und die Unternehmen gestärkt. Hingegen müssen Unternehmen, die Standards und Vorgaben nicht einhalten, mit erheblichen Konsequenzen rechnen. Hierzu zählen insbesondere die straf- und ordnungswidrigkeitenrechtliche Ahndung von Verstößen, aber z.B. auch Schadensersatzklagen geschädigter Anleger, die regelmäßig mit einem verheerenden Medienecho einhergehen. 2

Die nachfolgenden Abschnitte widmen sich nach einer Darstellung der praktischen Bedeutung des Betruges und seiner Entwicklung auf nationaler und internationaler Ebene zunächst seinen unterschiedlichen Erscheinungsformen, die anhand ausgewählter Einzelbeispiele vertieft erörtert werden. Anschließend werden die lauernden Gefahren sowie mögliche Abwehrmaßnahmen aufgezeigt. Am Ende wird auf die gravierenden Folgen von Betrugsstraftaten hingewiesen. 3

II. Praktische Bedeutung des Betruges und Entwicklung auf nationaler und internationaler Ebene

Bereits aus der Polizeilichen Kriminalstatistik lässt sich die besondere kriminalpolitische Bedeutung des Betruges ablesen. Auffällig ist, dass die Zahl der Verfahrenserledigungen aus Opportunitätsgesichtspunkten (§§ 153, 153a StPO) gewaltig ist. Im Bereich der schweren Betrugskriminalität wird oftmals von der Möglichkeit verfahrensbeendigender Absprachen (sog. „Deals") Gebrauch gemacht.[3] 4

---

1 Besonderer Dank gilt Herrn Rechtsanwalt *Dr. Matthias Sartorius* und Herrn Rechtsanwalt *Dr. Tilman Reichling* für ihre Unterstützung bei der Erstellung dieses Kapitels.
2 Der Begriff des „Verletzten" ist nicht legal definiert. Er ist aus dem jeweiligen Funktionszusammenhang abzuleiten, *OLG Koblenz* NStZ 1988, 89, 90; StV 1988, 332; NStZ 1988, 89, 90; *Meyer-Goßner* Vor § 406d Rn. 2.
3 *Fischer* § 263 Rn. 4. Zur Verfassungsmäßigkeit der gesetzlichen Regelung zur Verständigung im Strafprozess *BVerfG* NJW 2013, 1058.

5 Das Bundeslagebild 2011 „Wirtschaftskriminalität"[4] des Bundeskriminalamtes, das in gestraffter Form die aktuellen Erkenntnisse zu Lage und Entwicklung in diesem Bereich enthält, zeigt indes einen deutlichen Rückgang der Fallzahlen in den Bereichen Betrug (-37 %), Anlage- und Finanzierungsdelikte (-36 %) sowie Betrug/Untreue im Zusammenhang mit Kapitalanlagen (-38 %).[5] Bei den Anlage- und Finanzierungsdelikten ist der registrierte Schaden um 40 % auf 555 Mio. EUR gesunken.[6] Dagegen ist der registrierte Schaden bei Betrugs- und Untreuehandlungen im Zusammenhang mit Beteiligungen und Kapitalanlagen lediglich um knapp 3 % von 610 auf 594 Mio. EUR zurückgegangen.[7] Dementsprechend weist die oberste Polizeibehörde des Bundes in ihrer Gesamtbewertung darauf hin, dass „aufgrund der sich ständig weiterentwickelnden technischen Rahmenbedingungen und der dadurch ermöglichten Tatgelegenheiten insbesondere bei Betrugsdelikten ... mit weiterhin hohen Fallzahlen zu rechnen [ist], bei denen das Internet als Tatmittel genutzt wird."[8] Auch diese Einschätzung unterstreicht die besondere Bedeutung der Kapitalmarkt-Compliance.

6 **Nicht quantifizierbare immaterielle Schäden (nach Bundeslagebild 2011 „Wirtschaftskriminalität", S. 9):**
 – Wettbewerbsverzerrungen durch Wettbewerbsvorsprünge des mit unlauteren Mitteln arbeitenden Wirtschaftsstraftäters;
 – Gefahr, dass infolge finanzieller Abhängigkeiten und Verflechtungen bei einem wirtschaftlichen Zusammenbruch auch jene Geschäftspartner betroffen sein können, die an den kriminellen Handlungen der Täter keinen Anteil hatten;
 – nicht unerhebliche Reputationsverluste von einzelnen Unternehmen oder auch ganzen Wirtschaftszweigen;
 – mögliche Vertrauensverluste in die Funktionsfähigkeit der bestehenden Wirtschaftsordnung.

7 Auf internationaler Ebene machte insbesondere der sog. „Libor-Betrug" Schlagzeilen. Hiernach soll der Referenzzinssatz Libor (London Interbank Offered Rate)[9] systematisch manipuliert worden sein. Die Royal Bank of Scotland musste deshalb eine Geldbuße in Höhe von 615 Mio. USD zahlen.[10] Besondere öffentliche Aufmerksamkeit erregte – im Hinblick auf außerhalb von Unternehmen begangene Straftaten – zuletzt z.B. auch die Mitteilung, dass 50 000 Griechen die Renten toter Verwandten bezogen haben sollen.[11] Die vorgenannten Beispiele zeigen, dass Betrügereien in vielerlei Erscheinungsformen auftreten können, weshalb auch ihre Bekämpfung mit erheblichen Schwierigkeiten verbunden ist.

---

4 Www.bka.de/nn_193376/SharedDocs/Downloads/DE/Publikationen/JahresberichteUndLagebilder/Wirtschaftskriminalitaet/wirtschaftskriminalitaetBundeslagebild2011,templateId=raw,property =publicationFile.pdf/wirtschaftskriminalitaetBundeslagebild2011.pdf (Abruf: 13.3.2013). In Deutschland existiert keine Legaldefinition der Wirtschaftskriminalität. Bei der Zuordnung von Straftaten richten sich die Polizeibehörden daher nach dem Katalog des § 74c Abs. 1 Nr. 1–6b GVG.
5 Bundeslagebild 2011 „Wirtschaftskriminalität", S. 7, unter Hinweis auf den Abschluss eines niedersächsischen Umfangsverfahrens wegen bandenmäßigen Betruges.
6 Bundeslagebild 2011 „Wirtschaftskriminalität", S. 11.
7 Bundeslagebild 2011 „Wirtschaftskriminalität", S. 12.
8 Bundeslagebild 2011 „Wirtschaftskriminalität", S. 18.
9 Hierbei handelt es sich um den täglich festgelegten Referenzzinssatz im Interbankengeschäft, der an jedem Arbeitstag um 11:00 Uhr Londoner Zeit fixiert wird.
10 „615 Millionen Dollar Strafe für RBS", Manager Magazin vom 6.2.2013, www.manager-magazin.de/unternehmen/banken/0,2828,881817,00.html (Abruf: 13.3.2013).
11 „Betrugsfälle 2012: 50.000 Griechen kassierten Renten toter Verwandter", SPIEGEL vom 14.1.2013, www.spiegel.de/wirtschaft/soziales/50-000-griechen-kassierten-renten-toter-verwandter-a-877503.html (Abruf: 13.3.2013).

B. Materielles Recht

I. Betrug, § 263 StGB

Gemäß § 263 Abs. 1 StGB macht sich wegen Betruges strafbar, wer in der Absicht, sich oder einem Dritten einen rechtswidrigen Vermögensvorteil zu verschaffen, das Vermögen eines anderen dadurch beschädigt, dass er durch Vorspiegelung falscher oder durch Entstellung oder Unterdrückung wahrer Tatsachen einen Irrtum erregt oder unterhält. Die Tat wird mit Freiheitsstrafe bis zu fünf Jahren oder mit Geldstrafe bestraft. Auch der Versuch ist nach Abs. 2 strafbar. Durch das Sechste Gesetz zur Reform des Strafrechts vom 26.1.1998[12] sind Regelbeispiele für besonders schwere Fälle (Gewerbs- und Bandenmäßigkeit, großer Vermögensverlust bzw. große Zahl von Tatopfern, wirtschaftliche Not, Missbrauch von Zugangsmöglichkeiten, Versicherungsbetrug)[13] eingefügt worden, deren Indizwirkung aber widerlegt werden kann. Hierfür kann z.B. das Fehlen unternehmensinterner Kontrollen sprechen.[14]

1. Rechtsgut

Betrug ist nach der Rechtsprechung des BGH „kein bloßes Vergehen gegen die Wahrheit", sondern eine Vermögensstraftat.[15] Geschütztes Rechtsgut ist ausschließlich das Individualvermögen in seiner Gesamtheit,[16] nicht aber „Treu und Glauben" im Geschäftsverkehr oder das „Recht auf Wahrheit".[17] Berücksichtigt werden dürfen zudem ausschließlich diejenigen Gewinnaussichten, denen ein eigenständiger Geldwert zukommt.[18] Auch die Dispositionsfreiheit des Vermögensinhabers ist lediglich insoweit geschützt, als sie ihrerseits einen geldwerten Vorteil enthält.[19]

2. Grundtatbestand

Betrug ist – mit anderen Worten – Vermögensschädigung durch Täuschung eines anderen in Bereicherungsabsicht. Er setzt im objektiven Tatbestand eine Täuschungshandlung des Täters, einen Irrtum des Getäuschten, eine Vermögensverfügung des Getäuschten und einen Vermögensschaden des Getäuschten oder eines anderen voraus, im subjektiven Tatbestand einen erstrebten, nicht notwendig erreichten rechtswidrigen Vermögensvorteil des Täters oder eines Dritten. Alle Merkmale des objektiven Tatbestandes müssen zudem in einem kausalen und funktionalen Zusammenhang zueinander stehen, wie auch zwischen dem Schaden und dem Vorteil sog. „Stoffgleichheit" bestehen muss, d.h. der Vorteil muss sich als Kehrseite des Schadens darstellen.[20]

---

12 BGBl I 1998, 164.
13 Dazu *Fischer* § 263 Rn. 209 ff.
14 *Fischer* § 263 Rn. 227. Andererseits sind auch unbenannte besonders schwere Fälle denkbar, z.B. bei besonderer Skrupellosigkeit des Täters, Ausnutzung besonderen Vertrauens oder Verursachung erheblicher immaterieller Tatfolgen, vgl. *AG Düsseldorf* NStZ-RR 2011, 206.
15 *BGHSt* 16, 220, 221.
16 *Fischer* § 263 Rn. 3; vgl. zum öffentlichen Vermögen *BGHSt* 31, 93, 95.
17 NK/*Kindhäuser* § 263 Rn. 12; Schönke/Schröder/*Cramer/Perron* § 263 Rn. 1/2.
18 *BGH* NJW 1991, 2573.
19 *Fischer* § 263 Rn. 3.
20 *Lackner/Kühl* § 263 Rn. 1.

a) Täuschung

11 Tathandlung ist die Täuschung über Tatsachen.[21]

12 Dabei meint „Täuschung" nach herrschender Meinung jedes Verhalten, das objektiv irreführt oder einen Irrtum unterhält und damit auf die Vorstellung eines anderen einwirkt.[22]

13 Eine „Tatsache" ist nach der Rechtsprechung „etwas Geschehenes oder Bestehendes, das zur Erscheinung gelangt und in die Wirklichkeit getreten und daher dem Beweis zugänglich ist".[23] Damit erfasst der Tatsachenbegriff nicht nur äußere Vorgänge oder Zustände der Vergangenheit oder Gegenwart (äußere Tatsachen), sondern nach herrschender Meinung auch psychische Gegebenheiten und Abläufe, wie z.B. Wissen, Vorstellungen, Überzeugungen, Motive und Absichten (innere Tatsachen).[24]

14 Beim Kreditkauf ist danach z.B. die zukünftige Zahlungsfähigkeit keine Tatsache im Sinne des § 263 StGB, wohl aber die Erkenntnis oder Überzeugung, trotz gegenwärtiger Zahlungsunfähigkeit eine versprochene Leistung termingerecht erbringen zu können.[25] Als Tatsache sind auch kundenschädigende Äußerungen in Fernsehinterviews zur Kreditwürdigkeit angesehen worden[26] oder der Wille des Schuldners zur Rückzahlung eines Darlehens.[27]

15 Keine Tatsachen sind dagegen allgemein lobende Redewendungen oder reklamehafte Anpreisungen, bloße Rechtsausführungen, Meinungsäußerungen oder Werturteile.[28] Häufig enthalten Werturteile aber nach der Verkehrsanschauung einen Tatsachenkern bzw. nehmen auf eine Tatsachengrundlage Bezug. Der BGH hält daher die Aussage, eine Kapitalanlage sei „sicher", lediglich dann für nicht täuschungsrelevant, wenn der Anleger zuvor über die relevanten betriebswirtschaftlichen Daten aufgeklärt wurde.[29]

16 Tatsachen
- Bei der Prüfung einer Täuschungshandlung sind äußere bzw. innere Tatsachen von lobenden Redewendungen, bloßen Rechtsausführungen, Meinungsäußerungen oder Werturteilen abzugrenzen.
- Häufig enthalten scheinbare Werturteile aber für die Verkehrsauffassung wichtige Tatsachen („einmalige" Chance, „erfahrener" Berater, „sichere" Kapitalanlage, „konkurrenzloses" Produkt).[30]

17 Bei Prognosen, insbesondere über Erträge, Marktchancen oder zukünftige Wertentwicklungen, ist eine Abgrenzung mitunter schwierig: Entscheidend ist, „ob die Voraussage nach ihrem Sinngehalt hinreichend bestimmte Behauptungen über gegenwärtige tatsächliche Bedingungen ihres Eintrittes enthält".[31] Solches ist z.B. in der Anlageberatung,[32] etwa durch Verschweigen eines Provisionsaufschlages, durch den die Gewinnchance bei Warentermingeschäften drastisch reduziert wird, oder im Handel mit Optionen auf Warenterminkontrakte[33] von praktischer Bedeutung.[31] Bei der Vermittlung von Börsentermingeschäften

---

21 *Lackner/Kühl* § 263 Rn. 3.
22 *BGH* NJW 2001, 2187, 2188; *Fischer* § 263 Rn. 14; *Lackner/Kühl* § 263 Rn. 6.
23 *RGSt* 55, 129, 131; vgl. auch LK/*Tiedemann* § 263 Rn. 9; MK-StGB/*Hefendehl* § 263 Rn. 53.
24 *Lackner/Kühl* § 263 Rn. 4.
25 *OLG Braunschweig* NJW 1959, 2175, 2176; *OLG Stuttgart* NJW 1958, 1833.
26 Vgl. die zivilrechtliche Entscheidung des *LG München I* NJW 2003, 1046 – Kirch/Deutsche Bank AG und Breuer mit zust. Bespr. *Tiedemann* NJW 2003, 2213 ff.
27 *BGHSt* 15, 24, 26; *Lackner/Kühl* § 263 Rn. 4.
28 *Fischer* § 263 Rn. 9 ff.
29 *BGHSt* 48, 331, 344 f.
30 *Fischer* § 263 Rn. 10.
31 *Fischer* § 263 Rn. 12.
32 *Fischer* § 263 Rn. 29 m.w.N.
33 Park/*Zieschang* Teil 3 Kap. 1 § 263 StGB Rn. 6 ff., 161 ff.; vgl. auch *BGH* wistra 2008, 149 ff.

ist z.B. die Behauptung eines Verlustrisikos als Tatsache angesehen worden,[34] ebenso die Behauptung von Aufträgen in erheblichem Umfang beim Unternehmensverkauf.[35]

Soweit durch die Insolvenz der amerikanischen Muttergesellschaft Lehman Brothers Inc. auch deutsche Anleger geschädigt wurden, die Zertifikate der niederländischen Tochtergesellschaft Lehman Brothers Treasury Inc. erworben hatten, scheidet ein Betrug indes aus, weil die Prognose zum Zeitpunkt des Vertragsschlusses nicht unwahr war. Denn bis zuletzt war nicht voraussehbar, dass die US-amerikanische Investmentbank am 15.9.2008 infolge der Finanzkrise würde Insolvenz beantragen müssen.[36]

aa) Täuschungsarten

Eine Täuschung ist sowohl durch positives Tun als auch durch Unterlassen möglich.

Freilich ist Hauptanwendungsfall das „Vorspiegeln falscher Tatsachen", d.h. das unwahre Behaupten von Umständen, die in Wahrheit nicht gegeben sind. Dabei sind nach herrschender Meinung auch Gesten oder Zeichen als Tatsachen anzusehen.[37]

bb) Konkludente Erklärungen

Allgemein anerkannt ist in Rechtsprechung und Literatur, dass neben der ausdrücklichen Begehung, namentlich durch bewusst unwahre Behauptungen, eine Täuschung auch durch schlüssiges Vorspiegeln möglich ist, d.h. durch ein irreführendes Verhalten, das nach der Verkehrsanschauung als stillschweigende Erklärung zu werten ist. Hiervon ist auszugehen, wenn der Täter die Unwahrheit zwar nicht ausdrücklich äußert, sie aber nach der Verkehrsanschauung durch sein Verhalten miterklärt.[38]

(1) Ausnutzen von Aufmerksamkeitsmängeln

Konkludente Täuschung ist das gezielte Ausnutzen von Aufmerksamkeitsmängeln („suggestive Irrtumserregung").[39] Wer z.B. Angebotsschreiben planmäßig durch Verwendung typischer Rechnungsmerkmale dergestalt abfasst, dass der Eindruck einer Zahlungspflicht etwa durch die Angabe einer Zahlungsfrist entsteht, täuscht, wenn demgegenüber das „Kleingedruckte" (die Hinweise auf den Angebotscharakter) völlig in den Hintergrund tritt.[40]

(2) Beispiel: Anlageberatung

Zu den wichtigsten praxisrelevanten Erscheinungsformen des Betruges gehört der Betrug durch Bankmitarbeiter in der Anlageberatung.

Der BGH hat in seiner Entscheidung zum Betrug beim Handeln mit Optionen auf Warenterminkontrakte eine Täuschung darin erkannt, dass ein Händler durch Verschweigen der Zusammensetzung seines Optionspreises die Unwissenheit seiner Kunden ausnutzte und sie dadurch zu einer unrichtigen Gewinnerwartung brachte.[41] Der Schaden für die Optionskäufer sei in der Differenz zwischen dem vereinbarten Preis und dem tatsächlichen Wert der Option (Marktpreis) zu sehen.[42]

---

34 *BGH* NStZ 2008, 96, 98.
35 *BGH* NStZ-RR 2010, 146.
36 *Gerst/Meinicke* StraFo 2011, 29, 31; *Witte/Mehrbrey* ZIP 2009, 744, 746.
37 *Fischer* § 263 Rn. 18; *Lackner/Kühl* § 263 Rn. 7.
38 *BGH* NJW 2001, 2187, 2188; *Fischer* § 263 Rn. 21 ff.
39 *Fischer* § 263 Rn. 28.
40 *BGH* NStZ 2001, 430.
41 *BGHSt* 30, 177 ff.
42 *BGH* NJW 1983, 292.

25 Freilich können auch die Zinskonditionen Gegenstand einer Täuschungshandlung sein. Soweit ab Juni 2012 aber der Vorwurf jahrelanger Manipulationen des Libor durch Barclays PLC, Bank of America Corp., K.K. Mitsubishi UFJ Financial Group, Citigroup Inc., Credit Suisse AG, Deutsche Bank AG, HSBC, JPMorgan Chase & Co., Lloyds Banking Group, Royal Bank of Scotland und UBS AG erhoben wurde, dürfte ein Betrug zu Lasten der Kunden regelmäßig ausscheiden. Denn die einzelnen Bankmitarbeiter dürften jeweils keine Kenntnis von den Manipulationen gehabt haben.

Täuschungsarten

26 Eine Täuschung ist sowohl durch aktives Tun als auch durch konkludente Erklärungen oder durch Unterlassen möglich. Wer die Unwissenheit seiner Kunden ausnutzt, um sie zu einer unrichtigen Gewinnerwartung zu veranlassen, kann sich grundsätzlich wegen Anlagebetruges strafbar machen.

cc) Täuschung durch Unterlassen

27 Eine Täuschung kann nach herrschender Meinung auch durch Unterlassen begangen werden.[43] Hierfür reicht aber nicht jede Pflichtwidrigkeit aus. Vielmehr muss Zweck der Handlungspflicht, gegen die der Täter verstößt, die Abwendung des tatbestandlichen Erfolges im Sinne des § 13 Abs. 1 StGB sein. Dem Täter muss mithin eine sog. „Garantenpflicht" zur Wahrung desjenigen Rechtsguts auferlegt sein, das der Straftatbestand schützen soll.[44] Außerdem muss die Aufklärung möglich und zumutbar sein.[45]

(1) Garantenstellung durch Gesetz

28 Eine Garantenpflicht kann zunächst durch Gesetz auferlegt sein (vgl. §§ 264 Abs. 1 Nr. 2, 265b Abs. 1 Nr. 2 StGB, §§ 666, 713 BGB, § 60 SGB I).[46]

(2) Aufklärungspflicht aus Vertrag

29 Des Weiteren kann sich eine Aufklärungspflicht aus Vertrag ergeben. Sofern die Aufklärungs- und Hinweispflichten nicht schon vertragliche Hauptpflichten darstellen, was grundsätzlich für Beraterverträge gelten dürfte,[47] ist die ausdrückliche Vereinbarung einer solchen Pflicht auch aufgrund des Grundsatzes der Privatautonomie unproblematisch möglich.[48] Das gilt umso mehr, als z.B. die Interessenten bei Warentermingeschäften auf gewisse Auskünfte angewiesen sind, um sich ein Bild über die tatsächlichen Chancen und Risiken machen zu können, da sie regelmäßig keine Möglichkeit haben, sich die notwendigen Informationen selbst zu verschaffen.[49]

30 Keine Aufklärungspflicht über die für die Kreditwürdigkeit maßgeblichen Eigenschaften und Umstände des Kreditnehmers wird indes für gewöhnliche Kreditgeschäfte angenommen. Insbesondere müssen Vermögensverschlechterungen nach Darlehensaufnahme nicht ungefragt mitgeteilt werden.[50] Etwas anderes soll aber dann gelten, wenn der Kreditnehmer die Veränderungen der Kreditbedingungen während der Kreditlaufzeit anfragt.[51] Auch die Unterhaltung eines Girokontos begründet in der Regel noch keine über das bloße Vertragsverhältnis hinausgehende Vertrauensbeziehung gegenüber der Bank.[48]

---

43 *OLG Saarbrücken* NJW 2007, 2868, 2869 mit Bespr. *Kargl* ZStW 119 (2007), 250 ff.; *Fischer* § 263 Rn. 38.
44 *BGHSt* 39, 392, 398; 43, 82, 84; *OLG Saarbrücken* NJW 2007, 2868, 2869.
45 *Fischer* § 263 Rn. 38.
46 *Fischer* § 263 Rn. 40.
47 *Fischer* § 263 Rn. 45; NK/*Kindhäuser* § 263 Rn. 160.
48 *BGHSt* 39, 392, 399.
49 *BGH* NJW 1981, 1266.
50 LK/*Tiedemann* § 263 Rn. 65; Schönke/Schröder/*Cramer/Perron* § 263 Rn. 26.
51 *Lampe* Kreditbetrug, 1980, S. 17.

(3) Aufklärungspflicht aus Treu und Glauben

Schließlich kann sich eine Aufklärungspflicht auch außerhalb von Vertragsverhältnissen **31**
aus dem allgemeinen Grundsatz von Treu und Glauben gem. § 242 BGB ergeben.[52] Allerdings ist die weite Auslegung in der früheren Rechtsprechung vom BGH inzwischen aufgegeben worden. Erforderlich ist nunmehr ein besonderes Vertrauensverhältnis, namentlich „besondere Umstände im zwischenmenschlichen Bereich". Allein auf die Höhe des drohenden Schadens lässt sich eine Offenbarungspflicht mithin nicht stützen.[53] Folglich spielt der Grundsatz von Treu und Glauben für die Annahme einer Garantenstellung nur noch eine begrenzte Rolle. Letztlich beschränkt sich seine Bedeutung darauf, bei der Auslegung vertraglicher Nebenpflichten im Rahmen bestehender oder sich anbahnender vertraglicher und gesetzlicher Beziehungen zu einer interessengerechten Zuteilung der Informationsrisiken zu gelangen.[54]

Beispiel: Kapitalanlagemodelle. Der im sog. „grauen Kapitalmarkt" publizierte Emissionsprospekt muss die Umstände, die für die Anlageentscheidung von Bedeutung sind, richtig und vollständig darstellen. Bei einer Änderung der Umstände nach Herausgabe des Prospektes sind Berichtigungs- und Hinweispflichten in Betracht zu ziehen. **32**

b) Irrtumserregung

Als Spiegelbild der Täuschung muss durch die Täuschungshandlung ein Irrtum einer anderen Person erregt oder unterhalten werden.[55] **33**

Dabei ist Irrtum jeder Widerspruch zwischen Vorstellung und Wirklichkeit.[56] Er wird **34**
erregt, wenn die Fehlvorstellung verursacht oder auch bloß mitverursacht wird.[57] Der Irrtum wird unterhalten, wenn seine Aufklärung erschwert oder verhindert wird sowie nach herrschender Meinung auch durch das Bestärken einer bestehenden Fehlvorstellung.[58] Unerheblich ist, ob der Getäuschte bei Anwendung der üblichen Aufmerksamkeit den Irrtum hätte vermeiden können, so dass auch Leichtgläubigkeit oder Naivität der Annahme eines Irrtumes grundsätzlich nicht entgegenstehen.[59]

Dennoch wird insbesondere im Bereich des Kapitalanlagenvertriebes immer wieder die **35**
Frage aufgeworfen, inwieweit ein Käufer schutzwürdig ist, wenn er offenkundig übertriebenen Anpreisungen Glauben schenkt.[60] Gleichwohl sind trotz der insofern aufkeimenden Fragen nach den Grenzen des strafrechtlichen Schutzes für den Leichtgläubigen Annäherungen der Rechtsprechung an die viktimodogmatischen,[61] d.h. die Opfermitverantwortlichkeit aufgreifenden Ansätze im Schrifttum äußerst selten. Auch wenn erhebliche Zweifel vorliegen, wird dem Opfer oftmals noch ein Irrtum zugestanden.[62] Geschützt wird auch der „exquisit Dumme".[63]

---

52 *Fischer* § 263 Rn. 51.
53 *BGHSt* 39, 392, 400 f.
54 Vgl. NK/*Kindhäuser* § 263 Rn. 165.
55 *Fischer* § 263 Rn. 53.
56 *Fischer* § 263 Rn. 53; Schönke/Schröder/*Cramer/Perron* § 263 Rn. 33.
57 *Lackner/Kühl* § 263 Rn. 20.
58 *Fischer* § 263 Rn. 65; *Lackner/Kühl* § 263 Rn. 20; LK/*Tiedemann* § 263 Rn. 95.
59 *OLG Hamburg* NJW 1956, 392; *Lackner/Kühl* § 263 Rn. 20; NK/*Kindhäuser* § 263 Rn. 51 f.; Schönke/Schröder/*Cramer/Perron* § 263 Rn. 32; vgl. auch *BGHSt* 34, 199, 201.
60 *Gerst/Meinicke* StraFo 2011, 29, 32; *Soyka* wistra 2007, 127 ff.; vgl. dazu *BGH* NStZ 2009, 330, wonach bei einer vermeintlich bankgarantierten Anlage bis zu 50 % Rendite versprochen worden war.
61 MK-StGB/*Hefendehl* § 263 Rn. 22 ff.
62 *BGHSt* 24, 257, 260.
63 *Samson* JA 1978, 469, 471.

36 Allerdings wurde auch von der Rechtsprechung eine Opferverantwortlichkeit in Einzelfällen angenommen: Bei der Vermittlung von Warentermingeschäften verneinte der 2. Strafsenat des BGH etwa einen Betrug, weil das in Vermögensgeschäften erfahrene Opfer eine Überprüfung der unwahren Äußerungen anhand von schriftlichen Unterlagen hätte vornehmen können.[64] Auch lehnte der 1. Strafsenat eine Verurteilung wegen Betruges im Falle einer Kreditvergabe an einen ersichtlich nicht hinreichend leistungsfähigen Schuldner ab.[65]

37 Eindeutig sind dagegen Fälle, in denen der Adressat der Täuschung sich überhaupt keine Gedanken über die Richtigkeit der getätigten Angaben macht. Hier ist ein Irrtum denklogisch ausgeschlossen.

c) Vermögensverfügung

38 Als weitere Voraussetzung des Betruges muss eine Vermögensverfügung vorliegen.

39 Vermögensverfügung ist jedes Handeln, Dulden oder Unterlassen des Getäuschten, das unmittelbar eine Vermögensminderung im wirtschaftlichen Sinne bei dem Getäuschten selbst oder einem Dritten herbeiführt.[66]

40 Sofern der Verfügende und der Geschädigte nicht personenidentisch sind, ist ein Fall des sog. „Dreiecksbetruges" denkbar. Solchenfalls muss ein Näheverhältnis zwischen dem Verfügenden und dem Geschädigten vorliegen. Nach herrschender Meinung muss der Verfügende dafür „im Lager des Geschädigten" stehen. Er muss mithin dessen Vermögen näher stehen als ein beliebiger Dritter, so dass eine faktische Einwirkungsmöglichkeit besteht.[67]

d) Schaden

41 Schließlich muss ein Schaden entstanden sein.

42 Ob infolge der Vermögensverfügung ein Schaden eingetreten ist, richtet sich objektiv nach dem Prinzip einer bilanzierenden Gesamtbewertung. Demnach liegt ein Vermögensschaden vor, wenn der Vergleich des Gesamtwertes des Vermögens vor und nach der Vermögensverfügung einen negativen Saldo ergibt.[68] Entsprechend sind unmittelbar mit der Vermögensverfügung im Zusammenhang stehende wirtschaftliche Kompensationen in den Vermögensvergleich einzubeziehen.[69]

aa) Anlagebetrug

43 Beim Anlagebetrug wird ein Schaden insbesondere dann angenommen, wenn die Anlage wertlos oder minderwertig ist,[70] jedenfalls dann, wenn eine Gegenüberstellung ergibt, dass die eingegangenen Verpflichtungen und sonstigen Nachteile durch die Vorteile nicht ausgeglichen werden und sich dadurch eine nachhaltige Beeinträchtigung der sonstigen Lebensführung ergibt.

44 Beim Erwerb von Beteiligungen an einem Bauträgermodell liegt ein Vermögensschaden vor, wenn die Mieteinnahmen und die Steuerersparnis die Kosten nicht decken und die übersteigenden Aufwendungen nicht durch eine Wertsteigerung der Immobilie aufgewogen werden.[71]

---

64 *BGH* wistra 1989, 223.
65 *BGH* StV 2002, 132 f.
66 *BGHSt* 14, 170, 171.
67 Die Rspr. verlangt Gewahrsam oder Mitgewahrsam, *BGHSt* 18, 221, 223 f.; *OLG Düsseldorf* NJW 1994, 3366, 3367; zu den abweichenden Ansätzen vgl. *Fischer* § 263 Rn. 81 f.
68 *BVerfG* NStZ 1998, 506; *BGHSt* 30, 388.
69 Zum Prinzip der Gesamtsaldierung *Langrock* wistra 2005, 46 ff.; MK-StGB/*Hefendehl* § 263 Rn. 442 ff.
70 *Fischer* § 263 Rn. 124.
71 *BGH* NStZ 1999, 555 f.

Das Verschweigen verdeckter Innenprovisionen in Vermittlungsverhältnissen stellt einen **45** Vermögensschaden dar, wenn der Erwerber über das Verhältnis von Anlagewert und Dienstleistungsverhältnis getäuscht wird,[72] ebenso die täuschungsbedingte Zahlung von Maklerprovisionen für nichtige Versicherungsverträge.[73]

Begründet ist ein Vermögensschaden auch beim Betrug durch Fondsanlagen im Umfang **46** der gesamten vertraglichen Bindung und Leistung, wenn die Anleger über Art, Zweck und Qualität der prospektierten Anlageform schlechthin getäuscht wurden.[74] Bereits in Fällen der betrügerischen Vermittlung von Warenterminoptionsgeschäften hatte der BGH einen Schaden in Höhe der Gesamtleistung des Anlegers angenommen, wenn der Anleger über Eigenart und Risiko des Geschäftes derart getäuscht wurde, dass er etwas völlig anderes erwarb, als er erwerben wollte („aliud"), d.h. die empfangene Leistung für ihn in vollem Umfang unbrauchbar war.[75]

Bei Risikogeschäften ist eine täuschungs- und irrtumsbedingte Verlustgefahr anzunehmen, **47** wenn sie das vertraglich zu Grunde gelegte Maß überschreitet.[76]

Compliance-Prüfung:
– Enthält der dem Kunden überlassene Prospekt unwahre Angaben? **48**
– Erfolgte der telefonische Erstkontakt *nach* Aufforderung durch den Kunden?
– Ergeben sich Anhaltspunkte für interessenwidrige, sachwidrige oder treuwidrig getätigte Geschäfte zum Nachteil des Anlegers?
– Finden übermäßige Umschichtungen in dem Anlagekonto statt, die nicht im Interesse des Anlegers durchgeführt werden?
– Halten die prognostizierten Erträge und Kosten einer genauen Prüfung stand?
– Ist das Anlagekonzept für den vom Kunden gewünschten Zweck geeignet (z.B. Altersvorsorge)?
– Lässt sich das für den Kunden getätigte Anlagegeschäft in vollem Umfang nachvollziehen?
– Sind die Kosten für Prospekterstellung, Vertrieb, Vermittlung und Verwaltung von Bankkrediten angegeben worden?
– Sind die wesentlichen Dokumente vor Vertragsunterzeichnung, insbesondere vor Ablauf der Widerspruchsfrist, überreicht worden?
– Stützen sich die gegenüber dem Kunden abgegebenen Prognosen und Wertentscheidungen hinreichend auf Tatsachen?
– Welches Recht ist zur Anwendung gelangt (inländisches oder ausländisches)?

bb) Kreditbetrug

Beim Kreditbetrug ist die Werthaltigkeit des Rückzahlungsanspruches des Darlehensge- **49** bers zum einen von der Bonität des Schuldners abhängig, zum anderen von der Werthaltigkeit der vertraglich vereinbarten Sicherheiten. Folglich entsteht spätestens mit der Auszahlung der Darlehensvaluta ein Schaden, wenn die vorgespiegelte Rückzahlung tatsächlich nicht möglich ist oder die eingebrachten Sicherheiten wertlos oder minderwertig sind. Allerdings ist nach herrschender Meinung eine Kompensation der Minderwertigkeit des Rückzahlungsanspruches aufgrund mangelnder Bonität des Schuldners durch den Wert hinreichend werthaltiger und liquider Sicherheiten möglich.[77]

---

72 *Fischer* § 263 Rn. 126.
73 *BGH* NStZ 1999, 353, 354; *Fischer* § 263 Rn. 126.
74 *BGHSt* 51, 10, 15; *Fischer* § 263 Rn. 128.
75 Vgl. *BGHSt* 51, 10, 15 f.
76 *BGH* NJW 2011, 2675, 2676.
77 *Fischer* § 263 Rn. 133.

cc) Anwartschaften und Erwartungen

50 § 263 StGB schützt als Vermögen nicht lediglich privatrechtlich rechtsbeständige Güter, sondern auch Anwartschaften, wenn sie einen eigenständigen wirtschaftlichen Wert aufweisen, weil sie mit Wahrscheinlichkeit einen Vermögenszuwachs erwarten lassen.[78] Dagegen haben unbestimmte Aussichten und Gewinnerwartungen in der Regel keinen selbstständigen Vermögenswert.[79] Infolgedessen stellt die „bloße" Vereitelung einer Vermögensmehrung keinen Betrug dar.[80]

dd) Persönlicher Schadenseinschlag

51 Eine Ausnahme von dem Grundsatz, dass ein die Vermögensminderung ausgleichender Vermögenszufluss den Schaden entfallen lässt, definiert die sog. „Lehre vom persönlichen Schadenseinschlag". Hiernach kann ein Schaden trotz objektiv gleichwertiger Gegenleistung von Seiten des Täuschenden vorliegen, sofern diese unter Berücksichtigung der individuellen und wirtschaftlichen Bedürfnisse und Verhältnisse des Getäuschten sowie der von ihm verfolgten Zwecke subjektiv wertlos ist.[81] In solchen (Ausnahme-)Fällen erfolgt eine Korrektur des Wertes der Leistung für den Getäuschten, dessen Bestimmung grundsätzlich stets objektiv anhand des Markwertes vorgenommen wird,[82] nach den Grundsätzen des personalen Schadenseinschlages. Auf diese Weise wird dem Umstand genügt, dass viele Leistungen nicht für alle Menschen gleich brauchbar und daher gleichermaßen werthaltig sind.[83]

Folgende Fallgruppen sind anerkannt, die auch im Bereich des Kapitalmarktes Bedeutung erlangen können:

52
- Der Geschädigte wird durch die eingegangene Verpflichtung zu weiteren vermögensschädigenden Maßnahmen genötigt,[84] z.B. indem ein Kunde beim Abschluss einer wirtschaftlich vernünftigen Anlageinvestition zur Aufnahme eines für ihn wirtschaftlich ungünstigen hochverzinsten Darlehens gezwungen wird.
- Das Opfer kann die (wirtschaftlich gleichwertige) Gegenleistung nicht oder nicht in vollem Umfang zu dem vertraglich vorausgesetzten Zweck oder in anderer Weise verwenden.[85] Hier ist an den Verkauf von Versicherungen oder sonstiger Sicherungsmittel zur Abdeckung eines nicht existierenden Risikos zu denken oder an das Andienen einer im Hinblick auf die Gewinnchancen lohnenswerten Investition, die aber ein den Bedürfnissen und Wünschen des Kunden nicht entsprechendes Risikolevel aufweist.
- Dem Geschädigten werden Mittel entzogen, die für die ordnungsgemäße Erfüllung seiner sonstigen Verbindlichkeiten sowie für seine angemessene Wirtschafts- und Lebensführung unerlässlich sind,[86] z.B. weil er seine Zahlungsverpflichtungen nicht mehr erfüllen kann oder er nicht mehr die Mittel für elementare Bedürfnisse zur Verfügung hat.

---

78 *BGHSt* 17, 147, 148; *Fischer* § 263 Rn. 92.
79 *BGH* NStZ 1996, 191 für hochspekulative, riskante und damit gefahrenträchtige Geschäfte; *OLG Düsseldorf* NJW 1993, 2694, 2695 mit Anm. *Ranft* JR 1994, 523 für den erhofften Wiederverkaufsgewinn; *BayObLG* NJW 1994, 208 für erwartete Anschlussgeschäfte; *Fischer* § 263 Rn. 93.
80 *BGHSt* 16, 220, 223; *BGH* NJW 2004, 2603, 2604; *Fischer* § 263 Rn. 93.
81 *BGHSt* 16, 321, 325 f.
82 *BGH* NJW 1977, 155.
83 *BGHSt* 16, 321, 325 f.; *BGH* StV 2011, 728, 732.
84 *BGHSt* 16, 321, 328.
85 *BGHSt* 23, 300; *BGH* NJW 1976, 1222.
86 *BGH* wistra 1999, 299, 300.

e) Subjektiver Tatbestand

Der subjektive Tatbestand des Betruges setzt neben dem Vorsatz in Bezug auf alle objektiven Tatbestandsmerkmale zudem die Absicht rechtswidriger Bereicherung voraus. 53

aa) Der Vorsatz muss sich zunächst auf alle objektiven Tatbestandsmerkmale einschließlich deren kausaler Verbindung beziehen, wobei Eventualvorsatz ausreicht.[87] 54

Hinsichtlich der Täuschung über Tatsachen ist erforderlich, dass der Täter Kenntnis von der Unwahrheit der falschen Tatsachendarstellung hat bzw. deren Unwahrheit billigend in Kauf nimmt.[88] Das gilt auch für Behauptungen, die „ins Blaue hinein" erfolgen.[89] Die vage Hoffnung, zum Zeitpunkt der Fälligkeit einer Forderung zahlungsfähig zu sein, schließt den Täuschungsvorsatz im Hinblick auf die erklärte uneingeschränkte Zahlungsfähigkeit nicht aus.[90] 55

Bei der konkludenten Täuschung muss der Täter gerade um die Verkehrsanschauung wissen, aus welcher seinem Verhalten ein gewisser Aussagewert zugerechnet wird.[91]

Bei einer Täuschung durch Unterlassen wird wiederum vorausgesetzt, dass der Täter um seine Aufklärungspflicht und ihren Umfang weiß. Bei unvollständigen Angaben handelt daher lediglich derjenige vorsätzlich, der weiß, dass seine Angaben entgegen seiner Aufklärungspflicht unvollständig sind.[92] 56

Abgesehen von dem Vorsatz in Bezug auf die Täuschung muss der Täter weiter das Bewusstsein aufweisen, durch die Irrtumserregung eine Vermögensverfügung des Getäuschten zu veranlassen und dadurch jemanden unmittelbar in seinem Vermögen zu schädigen. Hinsichtlich einer schadensgleichen Vermögensgefährdung genügt, dass der Täter Kenntnis von den Umständen hat, aus denen die Gefährdung des Vermögens resultiert und er sich mit dem Risiko abfindet.[93] Sofern der Täter z.B. in Kauf nimmt, dass über die Grenzen des vertraglich vorausgesetzten Risikos die Rückzahlung der Einlage eines Anlegers gefährdet ist, liegt die Annahme eines Schädigungsvorsatzes nahe.[94] Hingegen ist der Schädigungsvorsatz zu verneinen, wenn der vermeintliche Täter davon ausgeht, dass das Anlagekapital ordnungsgemäß zurückgeführt werden kann.[95] 57

Grundsätzlich gilt, dass die bloße Hoffnung, das erkannte Risiko eines Vermögensverlustes werde sich nicht realisieren, den Schädigungsvorsatz nicht entfallen lässt.[96] Dementsprechend handelt z.B. der bei der Auszahlung der Darlehenssumme insolvente Darlehensnehmer vorsätzlich, auch wenn er darauf hofft, zum Zeitpunkt der Fälligkeit der Darlehenssumme zu deren Rückzahlung im Stande zu sein.[97] 58

bb) Durch das Merkmal der Bereicherungsabsicht erlangt der Betrug den Charakter eines Vermögensverschiebungsdeliktes. Der Bereicherungserfolg selbst muss nicht eingetreten sein. Er ist lediglich Kriterium für die Beendigung des Tatbestandes. Die Bereicherungsabsicht, die als finaler Erfolgswille zu verstehen ist,[98] muss vielmehr lediglich Ziel des Täters sein, so dass der Betrug als „kupiertes Erfolgsdelikt" anzusehen ist.[99] 59

---

87 *RGSt* 28, 189, 190; 48, 331, 346 f.
88 *Fischer* § 263 Rn. 180; LK/*Tiedemann* § 263 Rn. 242 m.w.N.
89 SSW/*Satzger* § 263 Rn. 218.
90 *Fischer* § 263 Rn. 180.
91 MK-StGB/*Hefendehl* § 263 Rn. 689.
92 MK/*Hefendehl* § 263 Rn. 689; SSW/*Satzger* § 263 Rn. 218.
93 *BGH* wistra 1996, 261, 262.
94 *BGHSt* 48, 331, 347.
95 *BGH* NStZ 2003, 264.
96 *BGHSt* 48, 331, 346; *Fischer* § 263 Rn. 180.
97 *BGHSt* 48, 331, 346.
98 Schönke/Schröder/*Cramer/Perron* § 263 Rn. 176.
99 NK/*Kindhäuser* § 263 Rn. 352.

60 Zur Vollendung des Tatbestandes muss der Täter in der Absicht handeln, sich oder einem Dritten einen rechtswidrigen, stoffgleichen Vermögensvorteil zu verschaffen. Der Vermögensvorteil, auf den es dem Täter im Sinne eines dolus directus 1. Grades (Vorsatz in der Form der Absicht) ankommen muss,[100] stellt das spiegelbildliche Gegenstück zum Vermögensvorteil dar und erfasst jede zumindest vorübergehende günstigere Gestaltung der Vermögenslage.[101]

61 Bei der Rechtswidrigkeit des Vermögensvorteils handelt es sich dogmatisch um ein objektives Tatbestandsmerkmal, das wegen seines unmittelbaren Bezuges zum Merkmal der Bereicherungsabsicht regelmäßig im subjektiven Tatbestand geprüft wird.[102] Die Rechtswidrigkeit entfällt, wenn der Täter einen aus dem Bürgerlichen oder Öffentlichen Recht ableitbaren fälligen und einredefreien Anspruch auf den von ihm erstrebten Vermögensvorteil hat.[103] Bezüglich der Rechtswidrigkeit des Vermögensvorteiles genügt in subjektiver Hinsicht Eventualvorsatz.[104]

62 Schließlich muss zwischen dem Vermögensvorteil und dem Vermögensschaden Stoffgleichheit bestehen, d.h. der Täter muss den Vorteil unmittelbar aus dem Vermögen des Geschädigten erstreben. Dabei muss der Vorteil die Kehrseite des Schadens darstellen.[105] Ausreichend ist, wenn Vorteil und Schaden auf derselben Verfügung beruhen und der Vorteil zu Lasten des geschädigten Vermögens geht.[106]

63 Hierbei kommt dem Merkmal der Stoffgleichheit besondere Bedeutung zu, wenn der Vertreter einer Bank oder eines anderen Unternehmens einen Kunden durch Täuschung zu einem Vertragsabschluss verleitet, um von seinem Arbeit- bzw. Auftraggeber die Provision zu generieren.[107] Solchenfalls scheidet ein eigennütziger Betrug aus, weil sich der Vorteil in Gestalt der Provision nicht unmittelbar aus dem Schaden des Kunden ergibt.[108] Da der Täter die Provision aber lediglich erlangt, wenn seinem Arbeitgeber ein stoffgleicher, aus dem Vermögen des Täters herrührender Vorteil zufließt, liegt in dem vorbenannten Fall regelmäßig ein Betrug mit Drittbereicherungsabsicht zu Gunsten des Arbeitgebers vor.[109] Des Weiteren ist ein zielgerichtetes Handeln gegeben, wenn der Drittvorteil für den Täter lediglich ein notwendiges Durchgangsstadium zur Erlangung der eigentlich erstrebten Provision darstellt.[110]

64 Geht der Kundenberater bzw. Provisionsvertreter davon aus, der Kunde werde den Vertrag nach erkannter Täuschung anfechten, ist ein Betrug zu Lasten des Arbeitgebers in Betracht zu ziehen, wenn der Täter diesen zur Auszahlung der Provision auffordert, ohne den wahren Sachverhalt offenzulegen.[111]

---

100 *BGHSt* 16, 1, 6; SSW/*Satzger* § 263 Rn. 226.
101 LK/*Tiedemann* § 263 Rn. 250 f.
102 *BGHSt* 42, 268, 271; *BGH* NStZ 2003, 663, 664.
103 *BGHSt* 20, 136, 137.
104 *BGHSt* 31, 178, 181; MK-StGB/*Hefendehl* § 263 Rn. 728.
105 *BGH* NStZ-RR 2005, 180, 181.
106 *BGHSt* 6, 115, 116.
107 Vgl. *BGHSt* 21, 384; *OLG Celle* NJW 1959, 399.
108 Schönke/Schröder/*Cramer*/*Perron* § 263 Rn. 169.
109 *BGH* NJW 1961, 684; NStZ 2003, 264.
110 *BGHSt* 21, 384; NK/*Kindhäuser* § 263 Rn. 365.
111 *BGHSt* 21, 384, 385; *Achenbach* Jura 1984, 602, 604 f.; Schönke/Schröder/*Cramer*/*Perron* § 263 Rn. 169.

3. Verjährung

Gemäß § 78 Abs. 3 Nr. 4 StGB beträgt die Verjährungsfrist fünf Jahre. Die Frist richtet sich nach § 78 Abs. 4 StGB nach der Strafdrohung des Gesetzes, dessen Tatbestand die Tat verwirklicht, ohne Rücksicht auf Schärfungen oder Milderungen, die nach den Vorschriften des Allgemeinen Teils oder für besonders schwere oder minder schwere Fälle vorgesehen sind. Die Verjährung beginnt, sobald die Tat beendet ist. Tritt ein zum Tatbestand gehörender Erfolg erst später ein, so beginnt die Verjährung mit diesem Zeitpunkt (§ 78a StGB). Beendet ist der Betrug nach der Rechtsprechung, wenn der Vorteil tatsächlich erlangt ist.[112] Beim Fortwirken einer nach Vertragsschluss begangenen Täuschung liegt mit Abschluss des Verpflichtungsgeschäfts ein vollendeter Eingehungsbetrug vor. Hier tritt Beendigung nach Rechtsprechung und herrschender Meinung durch endgültigen Vermögensverlust durch die (täuschungsbedingte) Erfüllung ein.[113] Sofern lediglich ein versuchter Betrug im Sinne des § 263 Abs. 2 StGB vorliegt, beginnt die Verjährung mit dem Abschluss der Täuschungshandlung.[114] Wird die Tat vollendet, aber nicht beendet, beginnt die Verjährung mit dem Vollendungszeitpunkt.[115]

65

Betrug, § 263 StGB:
- Täuschung: jede intellektuelle Einwirkung auf das Vorstellungsbild eines anderen mit dem Ziel der Irreführung über Tatsachen;
- Irrtum: jede Fehlvorstellung über Tatsachen, die Gegenstand der Täuschung sind;
- Vermögensverfügung: jedes Tun, Dulden oder Unterlassen, das sich unmittelbar vermögensmindernd auswirkt;
- Vermögensschaden: Verringerung des wirtschaftlichen Gesamtwertes des Vermögens nach dem Saldierungsprinzip und keine Kompensation;
- Vorsatz/Bereicherungsabsicht: bedingter Vorsatz genügt, Absicht rechtswidriger Bereicherung erforderlich.

66

4. Relevante Regelbeispiele und Qualifikationen

Die Rechtsfolgen sind in § 263 Abs. 1, 3–7 StGB abgestuft.

67

a) § 263 Abs. 3 StGB enthält einen erhöhten Strafrahmen für besonders schwere Fälle des Betruges (Freiheitsstrafe von sechs Monaten bis zehn Jahren). Aufgrund der Indizwirkung der Regelbeispiele ist ein besonders schwerer Fall „in der Regel" anzunehmen, wenn die in den Nr. 1–5 genannten objektiven Umstände vorliegen und der Täter in analoger Anwendung des § 15 StGB vorsätzlich gehandelt hat. Die Indizwirkung kann aber z.B. widerlegt werden, wenn der Schaden gering ausfällt[116] oder der Geschädigte bei einer Kapitalanlage besonders sorglos ist.[117] Allerdings kann spiegelbildlich dazu auch ein unbenannter besonders schwerer Fall vorliegen, wenn keines der genannten Regelbeispiele vorliegt, aber der Täter etwa besonders skrupellos vorgeht.[118]

68

Für den Bereich des Kapitalmarktes sind § 263 Abs. 3 S. 2 Nr. 1–3 StGB von Bedeutung.

69

aa) Gemäß § 263 Abs. 3 S. 2 Nr. 1 Alt. 1 StGB liegt ein besonders schwerer Fall vor, wenn der Täter gewerbsmäßig agiert. Das ist der Fall, wenn er in der Absicht handelt, sich durch eine wiederholende Tatbegehung eine fortlaufende Einnahmequelle von einiger Dauer und

70

---
112 *OLG Stuttgart* NJW 1974, 914.
113 *Fischer* § 263 Rn. 201.
114 NK/*Kindhäuser* § 263 Rn. 384.
115 *RGSt* 42, 171, 174; NK/*Kindhäuser* § 263 Rn. 384.
116 *BGH* wistra 2001, 303.
117 Vgl. *LG Gera* NStZ-RR 1996, 167.
118 SSW/*Satzger* § 263 Rn. 292.

einigem Umfang zu verschaffen.[119] Denkbar wäre, dass der Täter im Rahmen einer Anlageberatung gegenüber verschiedenen Kunden stets falsche Angaben macht, um sie zu einem nachteiligen Geschäft zu veranlassen.

71 bb) § 263 Abs. 3 S. 2 Nr. 1 Alt. 2 StGB statuiert einen besonders schweren Fall, sofern der Täter als Mitglied einer Bande handelt. Für eine Bande muss ein Zusammenschluss von mindestens drei[120] Personen vorliegen, die sich in dem Willen verbunden haben, künftig für eine gewisse Dauer mehrere Straftaten desselben Deliktstyps zu begehen.[121] Auch dieses Regelbeispiel wird im Kapitalmarktstrafrecht häufig wiederzufinden sein, da umfangreichere Manipulationen und Täuschungen regelmäßig von mehr als einem Täter begangen werden.

72 cc) Das wichtigste Regelbeispiel im Bereich des Kapitalmarktstrafrechts stellt § 263 Abs. 3 S. 2 Nr. 2 Alt. 1 StGB dar, wonach ein besonders schwerer Fall vorliegt, wenn der Täter einen Vermögensverlust großen Ausmaßes herbeiführt. Dabei ist anders als z.B. im Fall des § 264 Abs. 2 S. 2 Nr. 1 StGB nicht der erlangte Vermögensvorteil entscheidend. Vielmehr ist maßgeblich, ob das Opfer einen Vermögensverlust erleidet, der das für § 263 StGB typische Maß übersteigt.[122] Hinsichtlich der Höhe lässt das Gesetz einen hinreichenden Spielraum, der von der Rechtsprechung auszufüllen ist,[123] wobei auf objektive Kriterien und nicht auf die subjektive Ansicht des Geschädigten abzustellen ist.[124] Ab einer Höhe von 50 000 EUR wird regelmäßig von einem großen Ausmaß des Vermögensverlustes auszugehen sein.[125] Sofern nach den Grundsätzen der natürlichen Handlungseinheit mehrere Betrugshandlungen eine Tat ergeben, sind die Einzelschäden zu addieren.[126]

73 dd) Bei der täuschungsbedingten Verleitung zu extensiven und riskanten Kapitalmarktanlagen kann zudem das Regelbeispiel des § 263 Abs. 3 S. 2 Nr. 3 StGB einschlägig sein, wenn eine Person durch die Investitionen in wirtschaftliche Not gebracht wird. Dabei ist wirtschaftliche Not im Sinne des Betrugstatbestandes mehr als eine bloß wirtschaftliche Bedrängnis. Sie ist anzunehmen, wenn der Geschädigte in eine Mangellage gerät, in der für ihn oder unterhaltspflichtige Personen der Lebensunterhalt ohne Hilfe Dritter nicht mehr gewährleistet ist.[127] Wichtig ist, dass Abs. 3 auch Schäden einschließt, die nicht stoffgleich im Sinne des Abs. 1 sind und in der Folge auch Dritte erfasst werden, die nicht Opfer des Betruges sind, aber z.B. als Gläubiger des Geschädigten in Not geraten.[128]

Besonders schwere Fälle des Betruges nach dem Regelbeispielskatalog des § 263 Abs. 3 S. 2 StGB

74 – Nr. 1: gewerbsmäßiges Handeln oder bandenmäßige Begehung;
– Nr. 2: Herbeiführung eines großen Vermögensverlustes oder die Gefahr eines Verlustes von Vermögenswerten für eine große Zahl von Menschen;
– Nr. 3: Bringen einer anderen Person in wirtschaftliche Not;
– Nr. 4: Amtsmissbrauch;
– Nr. 5: Vortäuschen eines Versicherungsfalles nach Brandlegung oder Schiffszerstörung.

---

119 *BGH* NStZ-RR 2011, 373.
120 *BGH* wistra 2002, 21.
121 MK-StGB/*Hefendehl* § 263 Rn. 768.
122 *Fischer* § 263 Rn. 215.
123 MK-StGB/*Hefendehl* § 263 Rn. 777.
124 *Fischer* § 263 Rn. 215a.
125 BGHSt 48, 360; *BGH* wistra 2009, 236, 237; *Peglau* wistra 2004, 7, 9.
126 NK/*Kindhäuser* § 263 Rn. 394.
127 SSW/*Satzger* § 263 Rn. 307.
128 MK-StGB/*Hefendehl* § 263 Rn. 781.

b) § 263 Abs. 5 StGB erhebt die Kombination der vorbenannten Regelbeispiele „gewerbs- 75
mäßig" und „bandenmäßig" zu einem Qualifikationstatbestand. Liegen beide Voraussetzungen kumulativ vor, erhält § 263 StGB die Deliktsqualität eines Verbrechens und sieht
der Strafrahmen Freiheitsstrafe von einem Jahr bis zu zehn Jahren vor. In minder schweren
Fällen gilt ein Strafrahmen von sechs Monaten bis zu fünf Jahren, was aber nichts an der
Einordnung als Verbrechen ändert (vgl. § 12 Abs. 3 StGB).

Da eine Bande, die sich zur fortgesetzten Tatbegehung zusammengeschlossen hat, regelmä- 76
ßig gewerbsmäßig agieren wird, stellt sich die Frage der Abgrenzung zu § 263 Abs. 3 S. 2
Nr. 1 Alt. 2 StGB. Insofern ist dem LG Berlin zuzustimmen, das für Abs. 5 erhöhte Anforderungen an den Organisationsgrad der Bande stellt. Denn wenn jeder Mittäter auch ohne
besondere Abrede Bandenmitglied wäre, würde § 263 Abs. 3 S. 2 Nr. 1 Alt. 2 StGB praktisch
leerlaufen, was der gesetzgeberischen Systematik und Intention widerspräche.[129]

5. Ausgewählte Einzelbeispiele

Anhand ausgewählter Einzelbeispiele sollen die praktische Bedeutung des Betruges und 77
die Verbindung zwischen Kapitalmarkt und Compliance näher dargestellt werden.

a) Churning (Provisionsschneiderei)

Unter „Churning" (Provisionsschneiderei) wird die wiederholte Umstrukturierung von 78
Kapitalanlagen und Krediten zur Erzielung erhöhter Gebühren verstanden. Es handelt sich
um einen dem US-amerikanischen Rechtsraum entstammenden, zwischenzeitlich auch vom
BGH übernommenen Begriff.

Immer öfter gehen Börsentermingeschäfte schief, die private Anleger über Anlageberater 79
oder -vermittler mit Brokern tätigen, weil das vom Anleger eingesetzte Kapital durch in
Folge häufigen Umschlages des Anlagekontos anfallende Provisionen aufgezehrt wird. Ist
dieser Umschlag nicht durch das Interesse des Kunden gerechtfertigt, sondern allein durch
den Willen des Anlageberaters oder Brokers geprägt, sich zu Lasten der Gewinnchancen
seines Kunden Provisionseinnahmen zu verschaffen, wird von „Provisionsschinderei" oder
„Churning" gesprochen.[130] Wörtlich lässt sich Churning mit „drehen" oder „buttern" übersetzen.[131] Denn so wie bei der Butterherstellung die Milch umgerührt und der Rahm
abschöpft wird, nimmt der Wertpapierdienstleister verschiedene, nicht im Kundeninteresse
liegende Umschichtungen im verwalteten Portfolio vor, um anschließend den dadurch entstandenen Gewinn in Gestalt der Provisionen abzuschöpfen.[132]

Bezogen auf § 263 StGB sind insoweit verschiedene Sachverhaltskonstellationen denkbar: 80

aa) Sofern das Verhalten des Vermögensverwalters bereits bei Abschluss des Vermögens- 81
verwaltungsvertrages von der Absicht geprägt ist, eine Provisionsschinderei zu begehen,
liegt bei Vertragsschluss eine Täuschung über die Motivationslage vor.[133] Solchenfalls ist
mit Vertragsschluss und damit noch vor der ersten Transaktion das Vermögen des Anlegers
infolge der geplanten Provisionsabschöpfungen gefährdet, so dass ein Vermögensschaden
in Gestalt der schadensgleichen Vermögensgefährdung gegeben ist.[134]

bb) Schwieriger gestaltet sich die Situation, wenn der Vermögensverwalter erst nach dem 82
Abschluss des Vermögensverwaltungsvertrages die Entscheidung trifft, Anlagegeschäfte
ausschließlich zur Provisionserziehung zu tätigen. Da der die Anlagegeschäfte regelmäßig

---

129 *LG Berlin* StV 2004, 545; a.A. *Fischer* § 263 Rn. 229.
130 *BGH* BB 2004, 2038; vgl. auch *LG Regensburg* WM 2009, 847, 849.
131 *Hilgard* WM 2006, 406, 409.
132 *Gerlach* VuR 2011, 134.
133 Park/*Zieschang* Teil 3 Kap. 1 § 263 Rn. 100; *Rössner/Arendts* WM 1996, 1517, 1525.
134 Park/*Zieschang* Teil 3 Kap. 1 § 263 Rn. 100.

selbstständig vornehmende Vermögensverwalter vor einzelnen Geschäften zumeist keine Rücksprache mit seinem Kunden hält, scheidet mangels Kontaktes eine ausdrückliche oder konkludente Täuschung aus. Allerdings ist eine Unterlassensstrafbarkeit gem. §§ 263, 13 StGB in Betracht zu ziehen, da sich die dafür erforderliche Garantenstellung aus dem Vermögensverwaltungsvertrag ergibt.[135]

83 cc) Schließlich ist denkbar, dass der Vermögensverwalter entgegen dem Regelfall die einzelnen Transaktionen mit dem Anleger abspricht. Auch insoweit kann der Verwalter in jedem Einzelfall über die innere Tatsache täuschen, dass er die Transaktion ausschließlich zum Zweck der Provisionserzielung vornimmt. Entgegen einer anderen Ansicht in der Literatur[136] dürfte in solchen Fällen eine Strafbarkeit wegen Betruges zu verneinen sein. Denn Aufgabe des Betrugstatbestandes ist gerade nicht, die Redlichkeit des Geschäftsverkehrs zu schützen.[137] Sofern der Kunde über die zu tätigenden Transaktionen informiert ist und um entsprechende Provisionsvereinbarungen weiß, kann ihm alleine aus dem „bösen Willen" seines Beraters kein Schaden entstehen.

b) Front Running

84 Beim sog. „Front Running" handelt es sich um Eigengeschäfte in Kenntnis von Kundenaufträgen, d.h. der Täter nutzt seine Kenntnis einer Kauf- oder Verkaufsorder vor deren Ausführung zu eigenen An- oder Verkäufen des entsprechenden Wertpapieres aus.[138] Empfehlungen, die unrichtige Tatsachen enthalten oder tatsächliche Umstände rechtswidrig verschweigen, unterfallen § 38 Abs. 1 Nr. 4 WpHG. Gegenüber § 263 StGB wird mithin auch die Mitteilung wahrer Tatsachen unter Täuschung über die Motive sowie die möglicherweise marktwirksame Verlautbarung von „selbsterfüllenden Vorhersagen" erfasst.[139]

85 Der typische Fall des „Front Running" liegt vor, wenn der Wertpapierhändler einen umfangreichen Kundenauftrag erhält und sodann unmittelbar vor Ausführung der entsprechenden Ordner ein Eigengeschäft tätigt. Dabei geht er davon aus, durch die spätere Kundenorder eine Kurssteigerung zu erzielen und mit dem Wiederverkauf seiner zuvor erworbenen Papiere entsprechende Gewinne zu generieren. Der Nachteil für den Kunden ergibt sich aus dem Umstand, dass die Preise für die Aktien durch die vorgezogenen Eigenkäufe des Wertpapierhändlers anziehen und er letztlich einen höheren Kurspreis zahlen muss.

86 Für den Fall, dass der Wertpapierhändler dem Kunden zu der Investition rät und schon zu diesem Zeitpunkt den Entschluss gefasst haben sollte, ein vorgezogenes Eigengeschäft zu tätigen, ist eine aktive bzw. konkludente Täuschung über die eigenen Absichten in Betracht zu ziehen.

87 Sofern der Entschluss, ein Eigengeschäft zu tätigen, erst nach der Kundenorder gefasst wird, ist eine Täuschung durch Unterlassen möglich. Die insoweit erforderliche Garantenstellung könnte sich aus dem Vermögensverwaltungsvertrag ergeben.[140] Jedenfalls dann, wenn das Eigengeschäft im unmittelbaren Zusammenhang mit der Kundenorder steht, dürfte sich die aus der Garantenstellung ergebene Aufklärungspflicht auf das vorgeschaltete Eigengeschäft beziehen.[141]

---

135 Park/*Zieschang* Teil 3 Kap. 1 § 263 Rn. 99. Zur Garantenstellung bei Verträgen über die Betreuung von Wertpapiergeschäften vgl. auch *RGSt* 70, 45, 46 f.; MK-StGB/*Hefendehl* § 263 Rn. 164; NK/ *Kindhäuser* § 263 Rn. 161.
136 Park/*Zieschang* Teil 3 Kap. 1 § 263 Rn. 98.
137 MK-StGB/*Hefendehl* § 263 Rn. 167.
138 *BGHSt* 48, 373, 378; vgl. Erwägungsgrund Nr. 19 der EG-Richtlinie 2003/6/EG vom 28.1.2003, ABlEG Nr. L 096 vom 12.4.2003, 16 ff., siehe Interessenkonflikte 16. Kap. Rn. 106 ff.
139 *Fischer* § 263 Rn. 13.
140 Siehe zur Aufklärungspflicht aus Vertrag Rn. 29.
141 Zur Garantenstellung bei Verträgen über die Betreuung von Wertpapiergeschäften vgl. *RGSt* 70, 45, 46 f.; MK-StGB/*Hefendehl* § 263 Rn. 164; NK/*Kindhäuser* § 263 Rn. 161.

Größere Schwierigkeiten als die Frage von Täuschung und Irrtum wird in der Praxis indes das Tatbestandsmerkmal des Vermögensschadens aufwerfen. Zwar wäre ein solcher Vermögensschaden anzunehmen, wenn nachgewiesen werden kann, dass der Kunde ohne das vorgezogene Eigengeschäft des Wertpapierhandelsunternehmens einen geringeren Preis für das Wertpapier hätte zahlen müssen. Jedoch wird dieser Nachweis in der Praxis wegen der unzähligen auf die Kursentwicklung Einfluss nehmenden Faktoren regelmäßig nicht oder lediglich in Einzelfällen möglich sein. **88**

Weitere Schwierigkeiten auf dem Weg zu einer Betrugsstrafbarkeit resultieren aus der Notwendigkeit der Stoffgleichheit zwischen dem angestrebten Vermögensvorteil und dem möglichen Schaden des Kunden.[142] Denn der erstrebte Vermögensvorteil liegt in der Wertsteigerung der Papiere, die durch das vorgezogene Eigengeschäft erworben wurden, bzw. in deren gewinnbringender Veräußerung. Diese Wertsteigerung bzw. Weiterveräußerung ist aber nicht das spiegelbildliche Gegenstück zum möglichen Schaden des Kunden in Gestalt des durch das Eigengeschäft erhöhten Kaufpreises. Insofern wäre allenfalls ein drittbegünstigender Betrug zugunsten des Wertpapierverkäufers denkbar. Sofern teilweise vertreten wird, eine diesbezügliche Absicht werde regelmäßig nicht nachzuweisen sein,[143] könnte dem die Rechtsprechung des BGH zu den Provisionsfällen entgegengehalten werden. Denn ähnlich wie in den Provisionsfällen ist auch im Fall des „Front Running" der Vorteil des Verkäufers in Gestalt der erhöhten Verkaufserlöse ein notwendiges Zwischenziel für den Täuschenden. Bei den Provisionsfällen erachtete der BGH ein solches notwendiges Zwischenziel als ausreichend, um einen Betrug mit Drittbereicherungsabsicht anzunehmen.[144] **89**

c) Scalping

Das sog. „Scalping" stellt einen Sonderfall des „Front Running" dar. Es handelt sich um Manipulationen im Wertpapierhandel mit dem Ziel, an den durch eigene Kauf- und Verkaufsempfehlungen ausgelösten Kursschwankungen durch eigene Geschäfte zu partizipieren.[145] **90**

Dabei ist ein „Scalper" eine Person, der die Fähigkeit zukommt, mittels Empfehlungen in Bezug auf gehandelte Wertpapiere Einfluss auf den Kurs dieser Vermögenswerte zu nehmen. Hierzu können alle in der Finanzwelt anerkannten Analysten, Experten, aber auch Journalisten etc. zählen. Der Scalper selbst erwirbt Wertpapiere, um diese sodann in einem zweiten Schritt gegenüber einem großen Personenkreis anzupreisen, z.B. durch Publikationen in Fachzeitschriften oder in Fernsehauftritten. Dabei legt er seinen eigenen zuvor getätigten Erwerb nicht offen. Sofern in der Folge die erwartete Kurssteigerung eintritt, weil die Marktteilnehmer der Empfehlung gefolgt sind, nutzt der Scalper in einem dritten Schritt die Beeinflussung aus und realisiert seine eigenen Anteile, indem er diese mit Gewinn veräußert. **91**

Bislang ist sowohl in der Rechtsprechung als auch in der Literatur in erster Linie die Frage diskutiert worden, ob das skizzierte Verhalten einen strafbaren Verstoß gegen das Insiderhandelsverbot gem. §§ 14, 38 Abs. 1–3 WpHG darstellt oder ob, wie die herrschende Meinung annimmt, ein Verstoß gegen das Verbot der Kurs- und Marktpreismanipulation nach § 20a Abs. 1 WpHG vorliegt, der in § 29 Abs. 1 Nr. 4 WpHG mit Geldbuße bedroht ist.[146] **92**

---

142 Siehe zur sog. „Stoffgleichheit" Rn. 10, 62.
143 Park/*Zieschang* Teil 3 Kap. 1 § 263 Rn. 116.
144 *BGH* NJW 1961, 684; NStZ 2003, 264. Siehe obige Rn. 63.
145 *BGHSt* 48, 373, 378 f.; Fischer § 263 Rn. 13.
146 *BGH* NStZ 2004, 285; *OLG München* NZG 2011, 1228 ff.; *Kudlich* JR 2004, 191 ff.; *Pananis* NStZ 2004, 287 ff.; *Vogel* NStZ 2004, 252 ff.; *Weber* NJW 2004, 28, 31; NJW 2000, 562 ff., siehe 2. Kap. Rn. 357 ff.

93 Die Frage, ob bzw. unter welchen Voraussetzungen Scalping den Betrugstatbestand im Sinne des § 263 StGB erfüllt, wurde lediglich vereinzelt erörtert.[147]

94 Gleichwohl dürfte ein Täuschen über Tatsachen jedenfalls dann unproblematisch vorliegen, wenn der Empfehlende seine Anpreisung mit unrichtigen Fakten unterlegt, d.h. er etwa unzutreffende Jahresabschlusszahlen nennt oder wahrheitswidrig über sonstige kursbeeinflussende Faktoren Bericht erstattet, z.B. eine in Aussicht stehende Unternehmensübernahme.

95 Sofern der Scalper dagegen eine reine Empfehlung dahingehend abgibt, ein bestimmtes Papier biete sich zum Kauf an, gilt zunächst der Grundsatz, dass Prognosen über künftige Wertermittlungen, Marktchancen und Erträge dann einen Tatsachenkern enthalten, wenn die Voraussage nach ihrem Sinngehalt hinreichend bestimmte Behauptungen über tatsächliche gegenwärtige Bedingungen des Eintritts umfasst.[148]

96 Außerdem erklärte der BGH in einer der meistbeachteten Entscheidungen zum Scalping vom 6.11.2003, dass eine Empfehlung eines anerkannten Experten regelmäßig die stillschweigende Erklärung enthalte, dass die Empfehlung nicht mit dem sachfremden Ziel der Kursbeeinflussung zu eigennützigen Zwecken bemakelt ist.[149] Dabei ist das Nichtoffenlegen der eigentlichen Zielsetzung dogmatisch nicht als Unterlassen einzuordnen, sondern stellt vielmehr ein aktives Täuschen durch eine konkludente Erklärung dar.[150]

97 Bei Bejahung einer Täuschung unter Berücksichtigung der vorgenannten Grundsätze wird indes die Frage des Vermögensschadens schwer zu überwindende Beweisprobleme aufwerfen, da eine tatsächliche Kursmanipulation nachgewiesen werden müsste, infolge derer die Anleger die Aktien zu einem zu teuren Preis erworben hätten. Solches wird wegen unzähliger die Kursentwicklung beeinflussender Faktoren regelmäßig nicht möglich sein.[151]

d) Spekulationsgeschäfte

98 Obgleich das Verleiten von Anlegern zu Börsenspekulationsgeschäften vorrangig von § 49 BörsG in Verbindung mit § 26 Abs. 1 BörsG erfasst ist, kann in Ausnahmefällen auch § 263 StGB einschlägig sein.

99 Eine Täuschung kann grundsätzlich immer dann vorliegen, wenn der Täter ausdrücklich, konkludent oder durch Unterlassen den Charakter des Geschäftes als Spekulationsgeschäft verschweigt, z.B. indem er die Möglichkeit eines Verlustes ausschließt.[152]

100 Bezüglich des Irrtums ist insoweit entscheidend, welche Kenntnisse der Investierende von dem Inhalt des Geschäftes hatte und ob bzw. in welchem Umfang er über die Risiken informiert war. Hierbei ist auf die Person des Anlegers sowie die Anpreisungen des Wertpapieres im Einzelnen abzustellen. Zwar schützt der Tatbestand des Betruges grundsätzlich auch den Leichtgläubigen, jedoch kann auch anderen Gesichtspunkten entscheidende Bedeutung zukommen: Handelte es sich bei dem potenziellen Opfern um einen am Kapitalmarkt erfahrenen Anleger? Stand das Gewinnversprechen ersichtlich in keinem Verhältnis zu der angeblichen Risikofreiheit des Geschäftes? War die die Unwahrheit der Äußerung leicht nachvollziehbar?[153]

---

147 Eingehend Park/*Zieschang* Teil 3 Kap. 1 § 263 Rn. 147 ff.
148 *Fischer* § 263 Rn. 12. Siehe obige Rn. 17.
149 *BGH* NStZ 2004, 285, 286.
150 Dagegen Park/*Zieschang* Teil 3 Kap. 1 § 263 Rn. 151.
151 Siehe Rn. 88.
152 Park/*Zieschang* Teil 3 Kap. 1 § 263 Rn. 156.
153 Dazu auch *BGH* wistra 1989, 223.

Hinsichtlich des Tatbestandmerkmales des Vermögensschadens kann schon im Zeitpunkt 101
des Abschlusses des Anlagegeschäftes infolge des Verlustrisikos, über das zuvor getäuscht
wurde, eine schadensgleiche Vermögensgefährdung und damit ein vollendeter Eingehungsbetrug vorliegen. Auf die Frage, ob sich das Risiko am Ende realisiert, käme es dann nicht mehr an.

Problematisch sind aber die Fälle, in denen die Risiken eines Vermögensverlustes zwar 102
erheblich größer sind, als sie dargestellt wurden, das erworbene Wertpapier indes unter
Abwägung aller Chancen und Risiken seinen Preis wert ist. Nach den allgemeinen Grundsätzen der Gesamtsaldierung wäre ein Schaden in diesen Fällen grundsätzlich zu verneinen.
Solchenfalls kann ein für den Betrug konstitutiver Vermögensschaden lediglich über die
Grundsätze des persönlichen Schadenseinschlages begründet werden,[154] wenn die Wertpapieranlage vom Irrenden nicht mehr zu dem von ihm angestrebten Zweck, z.B. zu einer
langsamen, weniger effektiven, aber dafür sicheren Kapitalsteigerung genutzt werden
kann.

Falls der Täuschende nicht zugleich der Wertpapierinhaber ist und der Vermögensschaden 103
des Anlegers entsprechend nicht unmittelbar die Kehrseite seines eigenen (zumeist in Provisionen liegenden) Vorteils darstellt, mangelt es im Hinblick auf einen eigennützigen
Betrug an der erforderlichen Stoffgleichheit. Allerdings ist ein drittnütziger Betrug zugunsten des Inhabers in Betracht zu ziehen, dessen Bereicherung regelmäßig als notwendiges
Zwischenziel zur Erlangung der eigenen Vergütung erstrebt wird.[155]

e) Warentermingeschäfte

Bei Warentermingeschäften erwirbt der Käufer bzw. Optionsnehmer das Recht, während 104
einer vertraglich vereinbarten Laufzeit zu einem im Zeitpunkt des Vertragsschlusses definierten Basispreis von seinem Geschäftspartner, dem Optionsgeber oder Stillhalter, Waren
bestimmter Art und Menge zu erwerben (Kaufoption) oder zu verkaufen (Verkaufsoption). Steigt sodann der Wert der Waren, kann der Optionsnehmer einen Gewinn erzielen,
wobei er dem Stillhalter für diese Option eine Prämie bzw. den sog. „Optionspreis" zahlen
muss, der in jedem Fall verloren geht. Außerdem muss der Optionsnehmer regelmäßig
noch eine Provision an den das Warentermingeschäft vermittelnden Broker zahlen. Daher
kann er einen Nettogewinn lediglich erzielen, wenn der Kurs derart steigt, dass die Differenz zum Basispreis höher ist als die Summe des Optionspreises einschließlich der Brokerprämie. Bei der Verkaufsoption gilt dasselbe im Hinblick auf eine Kurssenkung.

Eine mögliche Betrugsstrafbarkeit im Kontext mit Warentermingeschäften war mehr- 105
fach Gegenstand höchstrichterlicher Entscheidungen.[156] Dabei liegt eine ausdrückliche
Täuschung zunächst vor, wenn der Optionsgeber nicht über die zur Option angebotenen Warenkontrakte verfügt.[157] Hier wird ausdrücklich oder konkludent die Teilnahme
am Börsenhandel vorgespiegelt, während tatsächlich überhaupt keine Anlage erfolgt
oder „nackte" Privatoptionen vermittelt werden.[158] Eine ausdrückliche Täuschung wird
zudem angenommen, wenn dem Optionsnehmer im Falle von Warentermingeschäften
die Risiken wahrheitswidrig als besonders gering und die Gewinnchancen entsprechend als sehr hoch geschildert werden.[159] Solches gilt umso mehr, wenn der Kunde
vom Berater auf besondere Erfahrungen und Erfolge des Anbieters hingewiesen wird,

---

154 Siehe zur sog. „Lehre vom persönlichen Schadenseinschlag" Rn. 51 f.
155 Siehe zur sog. „Stoffgleichheit" Rn. 10, 62 f.
156 *BGH* wistra 1989, 19 ff.; NStZ 2000, 36 ff.; wistra 2002, 22 f.; wistra 2008, 149.
157 *BGHSt* 29, 152 ff.
158 LK/*Tiedemann* § 263 Rn. 49.
159 *BGH* NStZ 2000, 36, 37.

welche die Gewinnchance angeblich erhöhen sollen.[160] Spätestens dann sind die in Aussicht gestellten Prognosen nicht mehr als Werturteile aufzufassen, sondern weisen den erforderlichen Tatsachenbezug auf.[161]

106 Bei Warentermingeschäften liegt ein typischer Betrugsfall zudem vor, wenn die Risiken in den Aufklärungsbroschüren und schriftlichen Dokumenten zutreffend dargestellt sind, die Informationen aber in der mündlichen, meist am Telefon stattfindenden Kundenwerbung stark verharmlost und als bloße Formalitäten zur Erfüllung gesetzlicher Pflichten abgetan werden.[162] Solchenfalls kann sich der Anbieter nach neueren gerichtlichen Entscheidungen nicht auf das Argument zurückziehen, in den Broschüren sei auf das Risiko hingewiesen worden.[163] Dagegen wurde der Betrug noch in älteren Entscheidungen verneint, sofern in den schriftlichen Unterlagen auf das Risiko eines Totalverlustes hingewiesen worden war.[164]

107 Sofern entsprechend der vorstehenden Maßstäbe von einer Täuschung ausgegangen wird, müsste zudem ein Irrtum vorliegen, wobei der Erfahrung des Käufers insoweit eine nicht unmaßgebliche Stellung zukommt. In denjenigen Fällen, in denen der BGH eine Verurteilung aufrecht hielt, waren zumeist am Finanzmarkt unerfahrene Akteure geschädigt worden, deren Unerfahrenheit ganz bewusst ausgenutzt wurde.[163] Im Umkehrschluss wies der BGH in einer die Betrugsstrafbarkeit verneinenden Entscheidung darauf hin, dass in die Betrachtung stets einzubeziehen sei, ob der Kunde nach Kenntnisnahme erster Fehlschläge weitere Warentermingeschäfte abgeschlossen habe. Solchenfalls dränge sich der Eindruck auf, der Kunde habe trotz ausreichender Kenntnis eine Abwägung unterlassen bzw. den Gedanken an weitere Verluste zugunsten weniger realistischer Gewinnerwartungen in den Hintergrund gedrängt.[165] Auch unterstrich der BGH an anderer Stelle, dass Täuschungen im Sinne des Betrugstatbestandes im Kontext mit Warentermingeschäften deshalb selten seien, weil die Optionsnehmer regelmäßig Kenntnis von den Besonderheiten der Warentermingeschäfte hätten.[166]

108 Letztlich liegt der für den Betrug erforderliche Vermögensschadens zunächst unproblematisch in Höhe der gesamten Einzahlung bei den Kunden vor, deren Optionsverträge überhaupt nicht ausgeführt wurden.[167]

109 Ansonsten sind für die Berechnung zwei Anknüpfungspunkte möglich: Bei Geschäften mit Warenterminoptionen tritt nach dem ersten in der Rechtsprechung vertretenen Ansatz ein Schaden für die Anleger ein, wenn sie bei Zahlung nicht den der Optionsprämie objektiv entsprechenden Gegenwert erhalten.[168] Der Schaden liegt in der Differenz zwischen dem vereinbarten Optionspreis und dem wirklichen Wert der Option in Gestalt des Marktpreises.[169]

110 Basierend auf dem Gesichtspunkt des persönlichen Schadenseinschlages[170] soll nach Ansicht des 1. Strafsenates des BGH ein Schaden in voller Höhe des vom Kunden gezahlten Optionspreises vorliegen, wenn dieser über die Eigenarten und Risiken des Warentermingeschäftes derart getäuscht wurde, dass er mit der Option etwas völlig anderes erwarb,

---

160 *BGH* NStZ 2008, 149, 150.
161 Siehe Rn. 15.
162 *BGH* wistra 2002, 22 ff.; wistra 2008, 149 ff.
163 *BGH* NStZ 2008, 149 ff.
164 *BGH* wistra 1989, 223.
165 *BGH* wistra 1989, 19 ff.
166 *BGHSt* 32, 22, 23.
167 *BGH* wistra 1986, 299. Ausführlich zum Vermögensschaden bei Warentermingeschäften *Rose* wistra 2009, 289, 290 ff.
168 *BGHSt* 30, 177, 181.
169 *BGHSt* 30, 388, 389; *OLG München* NStZ 1986, 168, 169.
170 *BGHSt* 32, 22; *BGH* wistra 2002, 22, 23; wistra 2008, 149, 150 f. Siehe obige Rn. 51 f.

als er erwerben wollte. Solchenfalls könne die Option für den Erwerber völlig unbrauchbar und damit wertlos sein.[171] Dieser Ansatz wurde zuletzt auch vom 3. Strafsenat aufgegriffen.[172] Dabei stellte das Gericht insbesondere auf die von dem Vermittler zuvor besonders hervorgehobenen eigenen Fähigkeiten und Erfahrungen bzw. Kompetenzen ab, aufgrund derer der Vermittler eben nicht allein die Vermittlung von Börsentermingeschäften schuldete. Vielmehr schuldete er die eigens angepriesene überwiegende Gewinnwahrscheinlichkeit, die er nicht zu leisten imstande war, was letztlich darin mündete, dass der Anspruch des Kunden gänzlich wertlos war.[173]

f) Verdeckte „Kick-backs" in der Anlageberatung

Bezeichnet wird mit dem Begriff des „Kick-backs" allgemein ein Verhalten, wonach der Empfänger einer Leistung einen Teil des Erhaltenen im Laufe der Geschäftsbeziehung an einen Dritten zurückspielt.[174] **111**

Die Tatsache, dass der Begriff „Kick-back" über die letzten Jahre vermehrt Einzug in die rechtswissenschaftlichen Diskussionen gehalten hat, ist primär der Rechtsprechung der Zivilsenate zur Aufklärungspflichten über Rückvergütungen in der Anlageberatung geschuldet.[175] Dagegen wurden „Kick-backs" im Strafrecht weniger im Kontext mit Anlageberatungen thematisiert. Vielmehr waren sie mit aufsehenerregenden Schmiergeldaffären verknüpft, wie beim Kölner Müllskandal[176] oder im Fall des Rüstungslobbyisten Karlheinz Schreiber.[177] **112**

Beim Handel mit Kapitalanlagen ist eine Betrugsstrafbarkeit durch die Zahlung von „Kickbacks" auch deshalb nicht thematisiert worden, weil regelmäßig keine Täuschung durch aktives bzw. konkludentes Tun vorliegt. Insoweit mangelt es an einer stillschweigenden Erklärung über das Nichtvorliegen einer Rückvergütung.[178] Sofern es sich um marktübliche Provisionen handelt, ist nicht erkennbar, warum einem Berater die konkludente Erklärung zugeschrieben werden sollte, es gäbe keine derartigen Provisionen.[179] Denkbar wäre indes eine Täuschung durch Unterlassen, wobei die Verpflichtung zur Aufklärung über „Kickback"-Zahlungen aus dem Beratervertrag mit der Bank resultieren könnte.[180] **113**

Besondere Aufmerksamkeit erlangte eine zivilrechtliche Entscheidung des OLG Stuttgart zur möglichen Strafbarkeit von Bankverantwortlichen im Kontext mit „Kick-backs" in der Anlageberatung.[181] Hiernach verlangte ein Kunde von seiner Bank Schadensersatz im Zusammenhang mit einer Anlageberatung, die zur Zeichnung von 540 Anteilen eines offenen Investmentfonds geführt hatte. Der Kunde zahlte bei Erwerb der Anlage einen Ausgabeaufschlag in Höhe von 3,75 % und eine jährliche Verwaltungsgebühr in Höhe von 1,25 % an die Fondsgesellschaft. Die Bank klärte den Kunden nicht darüber auf, dass sie selbst für dieses Geschäft von der Fondsgesellschaft eine Provision in Höhe von 3,4 % sowie eine **114**

---

171 *BGHSt* 32, 22, 23.
172 *BGH* wistra 2008, 149, 150 f.
173 *BGH* wistra 2008, 149, 150.
174 *Rönnau* FS Kohlmann, 2003, 239, 240; *Rößler* NJW 2008, 554.
175 Dazu *Fullenkamp* NJW 2011, 421 ff.
176 *BGHSt* 50, 299 ff. Hierbei ging es um die Einnahme von „Spenden" durch die Kölner SPD in den Jahren 1994 bis 1999 zur Sicherung deren Zustimmung zum Bau der umstrittenen Müllverbrennungsanlage Köln-Niehl.
177 *BGHSt* 49, 317 ff. Schreiber bestach den Staatssekretär Ludwig-Holger Pfahls mit 3,8 Mio. DM, um eine schnelle Lieferung von Fuchs-Transportpanzern nach Saudi-Arabien zu ermöglichen.
178 Vgl. *BGH* NStZ 2004, 568, 569.
179 *Gerst/Meinicke* CCZ 2011, 96, 98.
180 *Fischer* § 263 Rn. 45.
181 *OLG Stuttgart* NZG 2011, 634 ff.

jährliche Verwaltungsprovision von 0,41 % erhält. In den Entscheidungsgründen wird ausgeführt, dass sowohl der Tatbestand der Untreue (§ 266 StGB) als auch der Tatbestand des Betruges (§ 263 StGB) in Betracht komme. Die Entscheidung ist indes Kritik ausgesetzt: Denn eine aktive Täuschung scheidet von Anfang an aus. Auch die Weiterleitung der Provisionen durch die Fondsgesellschaften an die Bank dürfte nicht zur Geschäftsgrundlage der vertraglichen Beziehungen zwischen Bank und Kunde geworden sein, so dass eine konkludente Täuschung ebenfalls entfällt. Schließlich ist auch keine Täuschung durch Unterlassen gegeben, weil kein besonderes Vertrauensverhältnis, namentlich „besondere Umstände im zwischenmenschlichen Bereich",[182] vorliegt.

115 Unabhängig von Täuschung und Irrtum dürfte in Fällen von „versteckten" „Kick-back"-Zahlungen regelmäßig kein Vermögensschaden vorliegen, der im Sinne einer Gesamtsaldierung eine negative Differenz zwischen dem Wert der Leistung des Verfügenden und der von diesem erworbenen Gegenleistung voraussetzt. Denn wird die empfohlene Anlage zum am Markt üblichen und damit angemessenen Preis verkauft und ist ihr Geld wert, scheidet ein Vermögensschaden aus.[183]

g) Falschmeldungen

116 Falschmeldungen sind durch eine Vielzahl von Verhaltensweisen denkbar. Fraglich aber ist, ob in diesen Fällen tatsächlich falsche Tatsachen behauptet werden oder lediglich Prognosen, insbesondere über Erträge, Marktchancen oder zukünftige Wertentwicklungen, abgegeben werden, die nicht immer als Täuschungshandlung im Sinne des § 263 Abs. 1 StGB angesehen werden müssen.[184] Typische Falschmeldungen sind z.B. unzutreffende ad-hoc-Meldungen von Emittenten im Sinne des § 15 WpHG. Sofern von einer Täuschung ausgegangen wird, muss des Weiteren geprüft werden, ob die Falschmeldung für eine irrtumsbedingte Vermögensverfügung ursächlich war. Hierzu müsste die Falschmeldung Auswirkungen auf den Kurs der Aktie gehabt haben. Schließlich ist die Feststellung des Vermögensschadens nicht unproblematisch, weil eingewandt werden könnte, dass der Käufer einer Aktie in Form des zum Börsenkurs erworbenen Wertpapieres ein wirtschaftliches Äquivalent erhält. Folglich wird nachzuweisen sein, dass der Geschädigte keinen marktadäquaten Gegenwert erhielt.

117 Sofern die Täuschung erfolgt, um nach einer Kurssteigerung eigene Aktien teurer verkaufen zu können, wird sich der eigene Vorteil regelmäßig nicht als unmittelbare Kehrseite des Schadens anderer Kapitalmarktteilnehmer darstellen, welche die Aktien aufgrund der Falschmeldungen zuvor zu teuer erwarben.[185] Allerdings ist eine Strafbarkeit wegen informationsgestützter Marktmanipulation gem. § 20a Abs. 1 S. 1 Nr. 1 WpHG in Betracht zu ziehen.

II. Kapitalanlagebetrug, § 264a StGB

118 Jährlich verlieren zahlreiche Anleger in Deutschland, die durch hohe Renditeversprechen und niedrige Zinsen gelockt wurden, Gelder durch Anlagebetrug oder riskante Finanzinstrumente. Der Grundsatz, je höher die Rendite, desto höher das Risiko, ist in diesen Fällen oftmals ausgeblendet worden.

---

182 *BGHSt* 39, 392, 400 f. Siehe zur Aufklärungspflicht aus Treu und Glauben Rn. 31.
183 *Gerst/Meinicke* CCZ 2011, 96, 98; *Witte/Hillebrand* DStR 2009, 1759, 1766.
184 Siehe Rn. 17.
185 *Park/Zieschang* Teil 3 Kap. 1 § 263 StGB Rn. 106 ff.

Als einer der größten Fälle von Kapitalanlagebetrug in der deutschen Nachkriegsgeschichte gilt der Fall „Phoenix Kapitaldienste GmbH", einer Wertpapierhandelsbank mit Sitz in Frankfurt am Main, die Gelder der Anleger nicht in Optionsgeschäfte, sondern größtenteils in ein illegales Schneeballsystem investierte.[186] Besondere internationale Bedeutung erlangte der Fall „Madoff", wonach 4 800 Geschädigte einen Vermögensnachteil in Höhe von insgesamt 65 Mrd. USD erlitten.[187] **119**

Gemäß § 264a Abs. 1 StGB macht sich wegen Kapitalanlagebetruges strafbar, wer im Zusammenhang mit dem Vertrieb von Wertpapieren, Bezugsrechten oder von Anteilen, die eine Beteiligung an dem Ergebnis eines Unternehmens gewähren sollen, oder dem Angebot, die Einlage auf solche Anteile zu erhöhen, in Prospekten oder in Darstellungen oder Übersichten über den Vermögensstand hinsichtlich der für die Entscheidung über den Erwerb oder die Erhöhung erheblichen Umstände gegenüber einem größeren Kreis von Personen unrichtige vorteilhafte Angaben macht oder nachteilige Tatsachen verschweigt. Die Tat wird mit Freiheitsstrafe bis zu drei Jahren oder mit Geldstrafe bestraft. Der Strafaufhebungsgrund der tätigen Reue nach § 264a Abs. 3 StGB gilt lediglich für Taten nach Abs. 1 und 2, nicht für zugleich begangene andere Delikte.[188] **120**

Beim Kapitalanlagebetrug gem. § 264a StGB handelt es sich um ein abstraktes Gefährdungsdelikt im Vorfeld des Betruges,[189] das sowohl auf den Eintritt eines Vermögensschadens als auch auf eine Bereicherungsabsicht des Täters verzichtet. Schutzgut sind nach herrschender Meinung sowohl das Vermögen der Anleger als auch das Allgemeininteresse an der Funktionsfähigkeit des Kapitalmarktes.[190] Die Vorschrift in der Fassung des Zweiten Gesetzes zur Bekämpfung der Wirtschaftskriminalität vom 15.5.1986[191] wurde eingeführt, weil sich in Bezug auf § 263 StGB regelmäßig Schwierigkeiten in der Beweisführung im Hinblick auf Kausalität und Vorsatz ergaben und die sondergesetzlichen Schutznormen unerfahrene Anleger nicht umfassend schützten.[192] **121**

Soweit in der Literatur ausgeführt wird, dass die praktische Bedeutung des Tatbestandes sehr gering sei,[193] wird dem entgegengehalten, dass die meisten Verfahren von Beteiligungs- und Kapitalanlagebetrug nach dem allgemeinen Betrugstatbestand abgewickelt und abgeschlossen werden. Außerdem wird auf die prozessuale Auffangfunktion des Tatbestandes hingewiesen, wie auch auf die präventive Wirkung der Vorschrift.[194] **122**

---

186 Am 10.3.2005 wurde dem Unternehmen von der Bundesanstalt für Finanzdienstleistungsaufsicht (BaFin) die Fortführung des Geschäftsbetriebes untersagt. Am 14.3.2005 eröffnete das AG Frankfurt am Main das Insolvenzverfahren. Als weiteres Beispiel ist der „European Kings Club" mit Sitz in Gelnhausen zu nennen. Durch das Pyramidsystem verloren 80 000 Anleger aus Deutschland, Österreich und der Schweiz insgesamt 1,6 Mrd. CHF.
187 Bernard L. Madoff, der Vorsitzender der Technologiebörse NASDAQ war, wurde am 29.6.2009 zu einer Freiheitsstrafe von 150 Jahren verurteilt.
188 *Fischer* § 264a Rn. 21.
189 *Lackner/Kühl* § 264a Rn. 2; NK/*Hellmann* § 264a Rn. 11.
190 *Lackner/Kühl* § 264a Rn. 1.
191 BGBl 1986 I, 721.
192 *Fischer* § 264a Rn. 1; vgl. z.B. § 61 i.V.m. § 23 Abs. 1 BörsG für die Verleitung zu Börsenspekulationen, §§ 14, 15a WpHG zu Insidergeschäften, § 20a i.V.m. §§ 38 Abs. 1 Nr. 1 und 4, 39 Abs. 1 Nr. 1 und 2 WpHG zur Kurs- und Marktmanipulationen sowie zum sog. „Scalping".
193 *Fischer* § 264a Rn. 2a.
194 LK/*Tiedemann* § 264a Rn. 8: Am Tag ihres Inkrafttretens seien praktisch sämtliche Wertpapierprospekte vom Markt zurückgezogen gewesen. Hierfür möge aber auch der Verunsicherungseffekt ursächlich gewesen sein.

1. Bezugsobjekte

123 Der Anwendungsbereich des § 264a StGB ist eröffnet, wenn die Täuschungshandlung im Zusammenhang mit dem Vertrieb von Wertpapieren, Bezugsrechten oder von Anteilen, die eine Beteiligung an dem Ergebnis eines Unternehmens gewähren sollen, erfolgt (Abs. 1 Nr. 1) oder im Zusammenhang mit dem Angebot, die Einlage auf solche Anteile zu erhöhen steht (Abs. 1 Nr. 2). Über § 264a Abs. 2 StGB werden auch echte Treuhandbeteiligungen erfasst.[195]

124 a) Der Begriff des Wertpapiers ist in § 264a StGB nicht legal definiert. Die Auslegung lehnt sich daher zunächst an die zivilrechtliche Definition des Wertpapiers als „Urkunde, die ein privates Recht derart verbrieft, dass zur Geltendmachung des Rechts die Innehabung der Urkunde erforderlich ist", an.[196] Die weitere Konkretisierung erfolgt durch die Aufzählungen in § 151 StGB, § 1 Abs. 1 DepotG und § 2 Abs. 1 WpHG. Hiernach sind Wertpapiere Aktien, andere Anteile an in- oder ausländischen juristischen Personen, Personengesellschaften und sonstigen Unternehmen, soweit sie Aktien vergleichbar sind, sowie Zertifikate, die Aktien vertreten, Schuldtitel etc.

125 b) Bezugsrechte sind nach herrschender Meinung gesellschaftsrechtliche Leistungsrechte aus der Mitgliedschaft (z.B. Bezugsrechte nach § 186 AktG, Leistungsbezugsrechte), soweit sie unverbrieft und nicht untrennbar mit der Mitgliedschaft verbunden sind (Teilschuldverschreibungen, Wandelschuldverschreibungen nach § 221 Abs. 1 AktG).[197]

126 c) Anteile, die eine Beteiligung am Ergebnis eines Unternehmens gewähren sollen, sind Geschäfts- oder Gesellschaftsanteile an Kapital- oder Personengesellschaften, Kommanditanteile an Abschreibungsgesellschaften in der Rechtsform der GmbH & Co. KG, stille Beteiligungen sowie Beteiligungen an geschlossenen Immobilienfonds, die der Finanzierung einzelner festgelegter Objekte dienen und nur einer begrenzten Anzahl von Anlegern offen stehen. Ob auch Bauherren-, Bauträger- und Erwerbermodelle sowie partiarische Darlehen erfasst sind, ist umstritten.[198]

2. Vertrieb von Anlagewerten oder Angebot zu Kapitalerhöhungen

127 Tathandlung ist das Machen unrichtiger vorteilhafter Angaben oder das Verschweigen nachteiliger Tatsachen durch schriftliche oder mündliche Äußerungen gegenüber einem größeren Kreis potentieller Anleger, die aufgrund ihres unrichtigen Inhalts geeignet sind, bei diesen Fehlvorstellungen über die Anlagerisiken bzw. Anlagechancen zu erzeugen.[199]

128 a) Unrichtig sind die Angaben, wenn sie mit der Wahrheit nicht übereinstimmen, d.h. wenn nicht gegebene Umstände als gegeben oder gegebene Umstände als nicht gegeben dargestellt werden.[200] Prognosen und Wertentscheidungen sind unrichtig, wenn die ihnen zugrundeliegenden Tatsachen nicht zutreffen oder nicht hinreichend auf Tatsachen gestützt sind.[201] Dabei erfolgt die Bestimmung auf der Basis eines objektiven Maßstabes,[202] der insbesondere das gesamte Sekundärwissen über Kapitalanlagen mit einbezieht.[203] Diejenigen, die auf die Auffassung und das Verständnis des angesproche-

---

195 NK/*Hellmann* § 264a Rn. 13.
196 MK-StGB/*Wohlers* § 264a Rn. 17.
197 *Fischer* § 264a Rn. 7.
198 Dazu MK-StGB/*Wohlers* § 264a Rn. 25 ff.
199 BeckOK/*Momsen* § 264a Rn. 11.
200 *Fischer* § 264a Rn. 14; NK/*Hellmann* § 264a Rn. 38.
201 BeckOK/*Momsen* § 264a Rn. 12.
202 NK/*Hellmann* § 264a Rn. 38.
203 *Jacobi* Der Straftatbestand des Kapitalanlagebetrugs, 2000, S. 45 ff.

nen Personenkreises abstellen wollen,[204] verkennen, dass es im Fall der § 264a StGB gerade nicht auf einen Irrtum und infolgedessen auch nicht auf eine Eignung zur Irrtumserregung ankommt.[205]

b) Das Verschweigen nachteiliger Tatsachen im Sinne des § 264a StGB erfordert ein wissentliches „Nichtsagen" oder Verheimlichen. Eine zivilrechtliche Handlung des prospektverantwortlichen Vorstandes einer AG nach § 823 Abs. 2 BGB in Verbindung mit § 264a StGB wird aber abgelehnt, wenn die nachteiligen Tatsachen in einem Verkaufsprospekt zu Inhaberteilschuldverschreibungen (auch unverständlich oder versteckt) enthalten sind.[206] **129**

Bei § 264a StGB gilt uneingeschränkt der Tatsachenbegriff des § 263 StGB. Hiernach stellen reine Rechtsausführungen ohne die Behauptung anspruchsbegründender Umstände keine Tatsachen, sondern Werturteile dar.[207] Das Unterlassen eines Hinweises auf die rechtlichen Auswirkungen eines Gewinnabführungs- und Beherrschungsvertrages erfüllt damit z.B. nicht die zweite Tatbestandsalternative des § 264a Abs. 1 Nr. 1 StGB (Verschweigen nachteiliger Tatsachen). Auch der Hinweis auf die wirtschaftlichen Auswirkungen eines Gewinnabführungs- und Beherrschungsvertrages, namentlich dass die Rückzahlung einer Anleihe von der im Prospekt nicht dargelegten Fähigkeit des Herausgebers zum Verlustausgleich abhängt, betrifft ebenfalls keine Tatsache im Sinne des § 263 StGB, weil dadurch lediglich auf dessen zukünftige Zahlungsfähigkeit abgestellt wird.[208] **130**

3. Werbeträger

Tatmittel sind die in § 264a Abs. 1 StGB aufgezählten Werbeträger. **131**

a) Dabei sind „Prospekte" nicht lediglich die in §§ 30 Abs. 3 Nr. 2, Abs. 4 und 5, 32 Abs. 1 Nr. 2 und 3, 33 Abs. 4, 34 Abs. 3, 35 BörsG genannten Werke, sondern jede Werbe- und Informationsschrift, die dazu dient, das Interesse des Lesers an der angebotenen Kapitalanlage zu wecken und ihm den Gedanken einer Beteiligung nahezulegen.[209] **132**

b) Der Begriff der „Darstellungen" ist in einem untechnischen Sinne zu verstehen und schließt auch mündliche Darstellungen[210] und solche auf Bild- und Tonträgern ein.[211] **133**

c) Die „Übersichten über den Vermögensgegenstand" entsprechen den Vermögensübersichten in § 265b Abs. 1 Nr. 1a StGB.[212] **134**

4. Subjektiver Tatbestand

Hinsichtlich aller Tatbestandsmerkmale ist Vorsatz erforderlich, wobei bedingter Vorsatz genügt.[213] **135**

---

204 LK/*Tiedemann* § 264a Rn. 38.
205 MK-StGB/*Wohlers* § 264a Rn. 33.
206 *OLG Dresden* 30.8.2012 – 8 U 1546/11, BeckRS 2012, 20211.
207 Siehe Rn. 15.
208 *BGH* NZG 2013, 436.
209 *BGHSt* 40, 385, 388.
210 A.A. NK/*Hellmann* § 264a Rn. 29, da sie grundsätzlich nicht den Eindruck der vollständigen Wiedergabe des Vermögensstandes erwecken.
211 BeckOK/*Momsen* § 264a Rn. 10; *Fischer* § 264a Rn. 12.
212 BeckOK/*Momsen* § 264a Rn. 10.
213 *Fischer* § 264a Rn. 20. Zu den Anforderungen an den Vorsatz bei § 264a StGB vgl. auch *BGH* NZG 2010, 1031 ff.

5. Verjährung

136 Die Verjährungsfrist beträgt gem. § 78 Abs. 3 Nr. 4 StGB fünf Jahre. Bei § 264a StGB handelt es sich aber um ein Presseinhaltsdelikt.[214] Bei der Veröffentlichung und Verbreitung von Druckwerken sind daher nach der Rechtsprechung des BVerfG[215] die Landespressegesetze vorrangig. Allerdings enthält die Mehrzahl der Landespressegesetze Ausnahmen für gewerbliche Druckschriften, so dass sich regelmäßig keine Änderung ergibt.[216]

137 Bei § 264a StGB ist der für die Frage der Verjährung maßgebende Zeitpunkt der Beendigung erreicht, sobald die die unrichtigen Angaben enthaltenden Prospekte einem größeren Kreis von potenziellen Anlegern auf Grund eines Handelns des Täters zugänglich sind.[217] Die von den Strafverfolgungsbehörden oftmals vertretene Auffassung, die Tat sei erst beendet, wenn der erste Anleger Zahlungen erbringt,[218] verkennt, dass der Tatbestand einen Schadenseintritt gerade nicht voraussetzt.[219] Die Regelung über die tätige Reue (§ 264a Abs. 3 StGB) lässt als Ausnahmevorschrift insoweit keinen Rückschluss auf die Frage der Beendigung im Sinne des § 78a StGB zu.[220]

Kapitalanlagebetrug, § 264a StGB:
138 – abstraktes Gefährdungsdelikt, das der Sicherung von Lauterkeit, Ehrlichkeit und Fairness im Kapitalmarktverkehr dient;
  – Schutz vor Kriminalität am „grauen Kapitalmarkt";
  – Bedeutung als Schutzgesetz im Sinne des § 823 Abs. 2 BGB;
  – Geschäftsgegenstand: Vertrieb von Wertpapieren, Anteile oder Bezugsrechten sowie Erhöhungsangebote, sachlicher und zeitlicher Zusammenhang;
  – Tathandlung: unrichtige unvorteilhafte Angaben oder Verschweigen nachteiliger Tatsachen;
  – Tatmittel: Prospekte, Darstellungen oder Vermögensübersichten;
  – Vorsatz: bedingter Vorsatz genügt.

III. Kreditbetrug, § 265b StGB

139 Beim Kreditbetrug sind Kreditinstitute Opfer der Tat, so dass unter Compliance-Gesichtspunkten insbesondere die Vermeidung (weiterer) wirtschaftlicher Schäden für die Unternehmen in den Blick zu nehmen ist. Insoweit wird die Geschäftsführung des geschädigten Institutes durchsetzbare (Schadensersatz-)Ansprüche grundsätzlich zu verfolgen haben. Davon darf nur dann ausnahmsweise abgesehen werden, wenn gewichtige Gründe des Gesellschaftswohls dagegen sprechen und diese Umstände die Gründe, die für eine Rechtsverfolgung sprechen, überwiegen oder ihnen zumindest gleichwertig sind.[221] Wer keine vernünftige am Interesse der Gesellschaft ausgerichtete Entscheidung trifft,[222] läuft Gefahr, sich wegen Untreue zum Nachteil des Unternehmens gem. § 266 Abs. 1 StGB strafbar zu machen. Denn pflichtwidrig handelt, wer die ihm übertragene Geschäftsbesorgung nicht oder nicht ordnungsgemäß ausführt.[223]

---

214 Vgl. *BGHSt* 40, 387.
215 Vgl. *BVerfGE* 7, 29.
216 BeckOK/*Momsen* § 264a Rn. 19.
217 *OLG Köln* wistra 1999, 348, 349.
218 Vgl. *Gatzweiler* FS Rieß, 2002, S. 677, 684.
219 *OLG Naumburg* OLGR 2005, 235 ff.; *Fischer* § 264a Rn. 18 m.w.N.
220 *OLG Köln* wistra 1999, 348, 349 f.
221 BGHZ 135, 244 ff. – ARAG/Garmenbeck; vgl. zum Ermessensspielraum der Gesellschafter auch BGHZ 111, 224, 227.
222 Vgl. *Thomas* FS Rieß, S. 795, 806 f.
223 Schönke/Schröder/*Perron* § 266 Rn. 35a; siehe zur Untreue bei der Kreditvergabe 23. Kap. 96 ff.

Compliance-Hinweis:
Bei Kreditbewilligungen sind die KWG-Grundsätze einzuhalten und die Kreditunterlagen sorgfältig zu prüfen.

140

Anhaltspunkte für eine Treupflichtverletzung können sein: Vernachlässigung von Informationspflichten, Handeln außerhalb der Entscheidungsbefugnis oder zum eigenen Nutzen, Überschreitung von Höchstkreditgrenzen, Verschleierungshandlungen oder unrichtige Angaben gegenüber Mitverantwortlichen oder Aufsichtsorganen, bewusstes Handeln entgegen kaufmännischer Sorgfalt bei äußerst gesteigertem Verlustrisiko[224] sowie Eingehen von „Klumpenrisiken".[225]

Sofern Falschangaben der Kreditnehmer bei sorgfältiger Prüfung erkennbar gewesen wären, liegt unbeschadet des Umstandes, dass ein Institut „Kreditbetrügern aufsitzt", ein gravierender Verstoß gegen die bankenübliche Informations- und Prüfungspflicht vor, der eine Pflichtwidrigkeit im Sinne des Missbrauchstatbestandes des § 266 StGB begründet.[226]

Gemäß § 265b Abs. 1 StGB macht sich wegen Kreditbetruges strafbar, wer einem Betrieb oder Unternehmen im Zusammenhang mit einem Antrag auf Gewährung, Belassung oder Veränderung der Bedingungen eines Kredits für einen Betrieb oder ein Unternehmen oder einen vorgetäuschten Betrieb oder ein vorgetäuschtes Unternehmen über wirtschaftliche Verhältnisse unrichtige oder unvollständige Angaben macht, die für den Kreditnehmer vorteilhaft und für die Entscheidung über einen solchen Antrag erheblich sind, oder solche Verschlechterungen der in den Unterlagen oder Angaben dargestellten wirtschaftlichen Verhältnisse bei der Vorlage nicht mitteilt, die für die Entscheidung über einen solchen Antrag erheblich sind. Die Tat wird mit Freiheitsstrafe bis zu drei Jahren oder mit Geldstrafe bestraft. Der Versuch des Kreditbetruges ist nicht strafbar, wie sich aus § 23 Abs. 1 StGB ergibt.

141

1. Allgemeines

§ 265b StGB stellt als abstraktes Gefährdungsdelikt[227] vorsätzliche Täuschungshandlungen im Kontext mit der Beantragung von Betriebskrediten im Vorfeld des Betruges unter Strafe.[228] Auf die Gewährung von Krediten an Private und von Privaten ist § 265b StGB unabhängig vom Kreditvolumen dagegen nicht anwendbar.[229] Die Vorschrift wurde durch das Erste Gesetz zur Bekämpfung der Wirtschaftskriminalität vom 19.7.1976 eingeführt, weil der Unrechtsgehalt von Kreditbetrügereien größeren Ausmaßes durch § 263 StGB als nicht hinreichend angesehen wurde. Außerdem sollte eine Bestrafung von erschlichenen Krediterlangungen in solchen Fällen gewährleistet werden, in denen eine Bestrafung nach § 263 StGB wegen Beweisschwierigkeiten auf Ebene des objektiven und subjektiven Tatbestandes scheiterte.[228] Denn im Bereich der Täuschungshandlung und der Vermögensschädigung werde von den Strafverfolgungsbehörden der Nachweis verlangt, dass die Forderung des Kreditgebers gegenüber der von ihm erbrachten Leistung minderwertig war. Hierfür müsse zunächst die Vermögenssituation des Kreditnehmers vollständig aufgeklärt und sodann dargelegt werden, dass die pünktliche Erfüllung der Forderung – bei Berücksichtigung aller die künftige Entwicklung voraussehbar bestimmenden Faktoren – nicht gewährleistet war. Insbesondere bei den komplizierten Vermögensverhältnissen der faulen Kreditkunden sei dieser Nachweis nahezu unmöglich.[230]

142

---

224 *BGH* StV 2004, 424.
225 *Fischer* § 266 Rn. 71.
226 *BGH* NStZ 2002, 262, 264.
227 *BayObLG* NJW 1990, 1677, 1678; *OLG Hamm* NZG 2004, 289, 290; *Fischer* § 265b Rn. 2; Schönke/Schröder/*Perron* § 265b Rn. 4; anders LK/*Tiedemann* § 265b Rn. 12.
228 BT-Drucks. 7/5291, S. 14.
229 BeckOK/*Momsen* § 265b Rn. 1.
230 *Lampe* Kreditbetrug, S. 32 f.

143 Das Delikt ist kein Antragsdelikt, so dass abweichend von § 263 Abs. 4 StGB die §§ 247, 248a StGB nicht entsprechend anwendbar sind.[231]

2. Rechtsgut und allgemeine Anwendungsvoraussetzungen

144 Geschütztes Rechtsgut des Kreditbetruges ist in erster Linie die Funktionsfähigkeit der Kredit- und Volkswirtschaft insgesamt sowie das Vermögen des einzelnen Kreditgebers.[232]

145 a) Dabei unterfallen dem Anwendungsbereich der Vorschrift lediglich solche Kreditfälle, in denen sowohl der Kreditgeber als auch der Kreditnehmer ein Betrieb oder Unternehmen im Sinne des § 265b Abs. 3 Nr. 1 StGB sind.[233] Dem tatsächlich existierenden Betrieb oder Unternehmen wird in § 265b Abs. 1 StGB der nur vorgetäuschte Betrieb oder das vorgetäuschte Unternehmen gleichgestellt. Dabei muss der Täter die Existenz eines Betriebes oder Unternehmens vortäuschen, das bzw. der die Voraussetzungen des § 265b Abs. 3 Nr. 1 StGB erfüllen würde.[234]

146 b) Der Begriff des Kredites wird abweichend von § 19 KWG abschließend in § 265b Abs. 3 Nr. 2 StGB definiert.[235] Er umfasst nicht nur Kredite im rechtlichen Sinne (Darlehen), sondern auch andere Rechtsgeschäfte, durch die dem Kreditnehmer Geld oder geldwerte Mittel im weiteren Sinne zur Verfügung gestellt werden.[236] Bei Gelddarlehen aller Art handelt es sich um die zeitweise Überlassung von Geld an einen Vertragspartner, das dieser wieder zurückzahlen muss.[237] Der Akzeptkredit ist eine Kreditleihe, bei der sich ein Kreditinstitut für einen Kunden durch Wechselakzept verpflichtet. Beim entgeltlichen Erwerb von Forderungen erwirbt der eine Geschäftspartner gegen Entgelt Forderungen, die dem anderen einem Dritten gegenüber zustehen. Eine Stundung von Geldforderungen, die insbesondere bei Warenkrediten von Bedeutung ist, liegt vor, wenn die Fälligkeit einer Abrede terminlich verschoben wird.[238] Die Diskontierung von Wechseln und Schecks ist der Ankauf noch nicht fälliger Wechsel und Schecks, wobei der Verkäufer den aus dem Wechsel oder Scheck sich ergebenden Betrag abzüglich des Zwischenzinses (Diskont) für die Zeit bis zum Fälligkeitstag sowie der Unkosten und der Provision erhält.[239] Durch die Übernahme einer Bürgschaft nach § 765 BGB wird der Bürge gegenüber dem Gläubiger eines Dritten verpflichtet, für die Erfüllung der Verbindlichkeit einzustehen. Durch die Übernahme einer Garantie verpflichtet sich der Garant gegenüber dem Garantieempfänger in Bezug auf den Eintritt eines Erfolges, wobei er im anderen Falle zum Ersatz verpflichtet ist. Sonstige Gewährleistungen sind z.B. der Schuldbeitritt, der Kreditauftrag nach § 778 BGB, die Scheckbürgschaft im Sinne des § 27 ScheckG, die Wechselbürgschaft nach Art. 32 WG sowie Akkreditive im Auslandszahlungsverkehr.[240]

147 c) § 265b Abs. 1 Nr. 1 StGB ist kein Sonderdelikt.[241] Täter kann jedermann sein, der in sachlichem und zeitlichem „Zusammenhang" mit einem Kreditantrag „für einen Betrieb oder ein Unternehmen" handelt, d.h. neben dem Kreditnehmer auch dessen Vertreter im weiteren Sinne, mithin Angestellte, Bürgen, an der Kreditgewährung interessierte Geschäftspartner,

---

231 *Lackner/Kühl* § 265b Rn. 9; MK-StGB/*Wohlers* § 265b Rn. 51.
232 *OLG Celle* wistra 1991, 359.
233 BeckOK/*Momsen* § 265b Rn. 5.
234 Leipold/Tsambikakis/Zöller/*Gercke* AnwaltKommentar StGB § 265b Rn. 5.
235 BeckOK/*Momsen* § 265b Rn. 8.
236 Schönke/Schröder/*Perron* § 265b Rn. 11.
237 BeckOK/*Momsen* § 265b Rn. 9.
238 BeckOK/*Momsen* § 265b Rn. 11 f.
239 Schönke/Schröder/*Perron* § 265b Rn. 16.
240 BeckOK/*Momsen* § 265b Rn. 14 f.
241 *Lackner/Kühl* § 265b Rn. 4; LK/*Tiedemann* § 265b Rn. 24.

Gutachter (Bewertungsgutachten) und Berater.[242] Die Beihilfe ist bis zum Erbringen der letzten Leistung möglich.[243] Dabei hängt von der Art des beantragten Kredits ab, wann die Leistung als erbracht anzusehen ist.[244] Bei § 265b Abs. 1 Nr. 2 StGB handelt es sich dagegen um ein Sonderdelikt. Hiernach kann Täter lediglich sein, wer die Unterlagen vorlegt oder die Angaben macht. Somit scheiden Mittäterschaft oder mittelbare Täterschaft aus.[245]

d) Die Tat muss im Zusammenhang mit einem Antrag auf Gewährung, Belassung oder Veränderung der Bedingungen eines Krediates begangen werden. Dabei meint „Gewähren" das Erbringen der erbetenen Kreditleistung und „Belassen" den Verzicht auf die sofortige Rückforderung einer Leistung. Eine „Veränderung" der Bedingungen kann auch vorliegen, wenn mit einer Verbesserung (längere Laufzeit) eine gewisse Verschlechterung (höherer Zinssatz) einhergeht.[246]

3. Tathandlung

Tathandlung des § 265b Abs. 1 Nr. 1 StGB ist das Vorlegen unrichtiger oder unvollständiger Unterlagen über die wirtschaftlichen Verhältnisse (lit. a) und die schriftliche Vornahme unrichtiger oder unvollständiger Angaben (lit. b). Bei § 265b Abs. 1 Nr. 2 StGB gibt der Täter eine für den Antrag erhebliche Verschlechterung der wirtschaftlichen Lage nicht an, die in den gemachten Angaben dargestellt und erheblich ist.[247] Sämtliche Tatvarianten des § 265b Abs. 1 StGB setzen voraus, dass die unrichtigen oder unvollständigen Unterlagen bzw. Angaben für die Entscheidung über den Kreditantrag erheblich sind.

4. Subjektiver Tatbestand

Hinsichtlich des subjektiven Tatbestandes ist bedingter Vorsatz ausreichend.[248] Je nach den Voraussetzungen der einzelnen Begehungsformen muss er umfassen: die Unrichtigkeit oder Unvollständigkeit der Unterlagen oder Angaben (Abs. 1 Nr. 1 a und b), ihre Entscheidungserheblichkeit und ihre Vorteilhaftigkeit (Abs. 1 Nr. 1 a und b), die Schriftlichkeit der Angaben (Abs. 1 Nr. 1 b), den Zusammenhang mit einem Kreditantrag sowie Art und Umfang der auf Kreditgeber- und -nehmerseite notwendigen Betriebe oder Unternehmen (Abs. 3 Nr. 1).[249] Einer Bereicherungsabsicht bedarf es ebenso wenig wie eines Schädigungsvorsatzes, obgleich sich solches unter Strafzumessungsgesichtspunkten strafschärfend auswirken dürfte.

5. Tätige Reue

Da die Tat mit Zugang der Unterlagen bzw. Kenntnisnahme der Angaben vollendet ist, normiert § 265b Abs. 2 StGB die Möglichkeit der Strafbefreiung durch eine Erfolgsverhinderung, die von ihren Voraussetzungen an § 24 StGB angelehnt ist. Hiernach wird nach § 265b Abs. 1 StGB nicht bestraft, wer freiwillig verhindert, dass der Kreditgeber auf Grund der Tat die beantragte Leistung erbringt. Wird die Leistung ohne Zutun des Täters nicht erbracht, so wird er straflos, wenn er sich freiwillig und ernsthaft bemüht, das Erbringen der Leistung zu verhindern.

---

242 LK/*Tiedemann* § 265b Rn. 24.
243 *Fischer* § 265b Rn. 40.
244 *BGH* wistra 2010, 219, 220.
245 LK/*Tiedemann* § 265b Rn. 96.
246 BeckOK/*Momsen* § 265b Rn. 18; *Fischer* § 265b Rn. 17.
247 BeckOK/*Momsen* § 265b Rn. 25 f.
248 LK/*Tiedemann* § 265b Rn. 97.
249 *Lackner/Kühl* § 265b Rn. 7. Dabei ist der Irrtum über die Mitteilungspflicht ein Gebotsirrtum im Sinne des § 17 StGB, MK-StGB/*Wohlers* § 265b Rn. 37.

6. Verjährung

152 Die Verjährungsfrist beträgt gem. § 78 Abs. 3 Nr. 4 StGB fünf Jahre und beginnt ab Beendigung der Tat, d.h. mit Erbringung der Kreditleistung.[250]

Kreditbetrug, § 265b StGB:

153
- abstraktes Gefährdungsdelikt im Vorfeld des Betruges, um Beweisschwierigkeiten zu überwinden;
- Tathandlung: Vorlage unrichtiger oder unvollständiger Unterlagen über wirtschaftliche Verhältnisse, Erteilung unrichtiger oder unvollständiger Angaben über wirtschaftliche Verhältnisse, Unterlassen einer Mitteilung über Verschlechterungen der in den vorgelegten Unterlagen oder erteilten Angaben dargestellten wirtschaftlichen Verhältnisse;
- Bezug: bei einem Antrag eines Betriebes oder Unternehmens auf Kreditgewährung, bei einem Antrag auf Kreditbelassung, bei einem Antrag auf Verlängerung der Bedingungen für einen Kredit;
- Vorsatz: bedingter Vorsatz reicht aus.

IV. Konkurrenzen

154 Der Kapitalanlagebetrug tritt hinter § 263 StGB zurück, wenn aufgrund der unrichtigen Angaben im Sinne des § 264a StGB bei einem konkreten Anleger zugleich die Voraussetzungen des Betruges erfüllt sind.[251]

155 Auch der Kreditbetrug gem. § 265b StGB tritt nach Ansicht der Rechtsprechung und einer Mindermeinung im Schrifttum gegenüber Vollendung und Versuch des § 263 StGB zurück.[252] Denn die Verwirklichung der Tatbestandsmerkmale des Betruges schließe „denknotwendig eine Gefährdung der Kreditwirtschaft ein."[253] Dagegen argumentiert die herrschende Meinung, dass § 265b StGB wegen seines zusätzlichen Schutzzweckes zum Betrug in Tateinheit steht, wenn zugleich dessen Voraussetzungen erfüllt sind (Irrtum, Schaden, Schädigungsvorsatz), ebenso zum Betrugsversuch.[254]

156 Zwischen Betrug und Untreue nach § 266 StGB ist Tateinheit möglich, wenn der Täter im Rahmen einer schon bestehenden Vermögensbetreuungspflicht die Vermögensschädigung durch eine Täuschungshandlung bewirkt hat.[255] Sofern aber Untreuehandlungen durch gesonderte Handlungen gegenüber dem Treugeber verschleiert werden und dadurch ein weitergehender Schaden eintritt, kann Tatmehrheit angenommen werden.[256]

---

250 SSW/*Satzger* § 265b Rn. 18.
251 *BGH* 9.9.2003 – 1 StR 335/03, BeckRS 2003, 08279; *Fischer* § 264a Rn. 24; a.A. (Idealkonkurrenz, § 52 StGB) LK/*Tiedemann* § 264a Rn. 82; Schönke/Schröder/*Perron* § 264a Rn. 41.
252 *BGHSt* 36, 130; *Fischer* § 265b Rn. 41.
253 *BGHSt* 36, 130, 132.
254 MK-StGB/*Wohlers* § 263 Rn. 50; Schönke/Schröder/*Perron* § 265b Rn. 51; ebenso BeckOK/*Momsen* § 265b Rn. 31, wonach lediglich eine Tat vorliegt, wenn zugleich mehrere Alternativen des Abs. 1 verwirklicht werden.
255 *BGH* NStZ 2008, 340.
256 *BGH* NStZ 2011, 280, 281; *Fischer* § 263 Rn. 235.

C. Gefahrenpotentiale und Compliance

I. Gefahrenpotentiale

Die Gefahrenpotentiale für Betrug, Kapitalanlagebetrug und Kreditbetrug sind äußerst vielfältig. Besondere Aufmerksamkeit sollte anfälligen Geschäftsbereichen, in denen eine erhöhte Kontrolldichte gefordert ist, aber durchaus auch dem Betrug durch eigene Mitarbeiter gelten, weil durch eine effektive Betrugsprävention rechtzeitig sinnvolle Abwehrmaßnahmen getroffen werden können. Freilich ist darauf hinzuweisen, dass Fehlverhalten Einzelner naturgemäß niemals gänzlich auszuschließen sein wird. 157

1. Anfällige Geschäftsbereiche

Vermögensstraftaten sind in ganz unterschiedlichen Geschäftsbereichen denkbar, z.B. in der Anlageberatung, im Eigenhandel oder auch im Kreditgeschäft. Besonders gefahrgeneigte Bereiche im Bankensektor sind das standardisierte Privatkundengeschäft (Retail Banking) und der Wertpapierhandel. Dagegen ist der Firmenkundenhandel seltener tangiert.[257] Beim Einkauf von Waren und Dienstleistungen treten der Betrug und die Veruntreuung von Vermögenswerten am häufigsten auf. Daneben sind gefälschte oder geschönte Zahlen im Finanzreporting nicht selten. Es liegt auf der Hand, dass die Überprüfung betrugsaffiner Geschäftsbereiche durch Compliance und Innenrevision öfter erfolgen sollte. 158

2. Betrug durch eigene Mitarbeiter

Die großen internationalen Bankbetrugsfälle der vergangenen Jahre zeigen eindrucksvoll die Gefahr einer Schädigung auch durch eigene Händler. Insoweit ist insbesondere auf die Fälle Nick Leeson (1995, Barings, Schaden: 1,4 Mrd. USD) Kweku Adoboli (2011, UBS, 2 Mrd. USD), Yasuo Hamanaka (1996, Sumitomo, 2,6 Mrd. USD), Brian Hunter (2006, Amaranth Advisors, 6,4 Mrd. USD) und Jérôme Kerviel (2008, Société Générale, 7,2 Mrd. USD) hinzuweisen. 159

Begründet liegen vorgenannte Betrugsfälle sicherlich auch in dem Umstand, dass eigene Mitarbeiter regelmäßig gut über interne Kontrollmechanismen informiert sein dürften. Aus diesem Grunde sollte die Bedeutung und Notwendigkeit unangekündigter Compliance-Prüfungen oder Prüfungen durch die Innenrevision nicht unterschätzt werden. 160

II. Abwehrmaßnahmen

Allein die Umsetzung gesetzlicher Vorgaben wird nicht ausreichend vor Betrug schützen. Eine zutreffende Einschätzung der konkreten unternehmensspezifischen Compliance-Risiken und eine entsprechende Schwerpunktsetzung des Compliance-Programmes sind daher von grundlegender Bedeutung für dessen Wirksamkeit.[258] Die Unternehmen müssen Eigeninitiative zeigen und insbesondere in den gefährdeten Bereichen wirksame Vorkehrungen treffen. Flankiert werden sollte eine umfassende Betrugsprävention auch durch geeignete organisatorische und personelle Maßnahmen. Hierzu zählen z.B. Compliance-Prüfungen und Prüfungen durch die Innenrevision, IT-gestützte Monitoring-Systeme, regelmäßige Mitarbeiterschulungen, Ombudsmänner oder Whistleblowing-Hotlines.[257] Solches erscheint auch in Bezug auf die Aufsichtspflichten nach § 130 OWiG geboten. 161

---

257 „Betrugsfälle in deutschen Banken nehmen zu", Compliance Magazin vom 17.1.2012.
258 *Rübenstahl/Skoupil* wistra 2013, 209, 212.

162 Prävention: Einführung ethischer Kodizes, interne und externe Vorgaben (z.B. Compliance-Richtlinien, Vier-Augen-Prinzip), E-Learning-Module, Schulungsmaßnahmen;

Aufdeckung: Hinweisgebersysteme (Ombudsmänner, Whistleblowing-Hotlines), IT-gestützte Monitoring-Systeme, Interne Revision;

Aufarbeitung: Krisenmanagement, Sonderuntersuchungen.

1. Aufsichtspflichten, auch im Hinblick auf § 130 OWiG

163 Gemäß § 130 Abs. 1 OWiG handelt ordnungswidrig, wer als Inhaber eines Betriebes oder Unternehmens vorsätzlich oder fahrlässig die Aufsichtsmaßnahmen unterlässt, die erforderlich sind, um in dem Betrieb oder Unternehmen Zuwiderhandlungen gegen Pflichten zu verhindern, die den Inhaber treffen und deren Verletzung mit Strafe oder Geldbuße bedroht ist, wenn eine solche Zuwiderhandlung begangen wird, die durch gehörige Aufsicht verhindert oder wesentlich erschwert worden wäre. Zu den erforderlichen Aufsichtsmaßnahmen gehören auch die Bestellung, sorgfältige Auswahl und Überwachung von Aufsichtspersonen.

164 Die Sanktionierung der Aufsichtspflichtverletzung soll gewährleisten, dass in Betrieben und Unternehmen ordnungsgemäße und hinreichende Vorkehrungen gegen die Begehung betriebsbezogener Zuwiderhandlungen getroffen werden.[259]

165 § 130 OWiG verlangt zwei unterschiedliche Pflichtverletzungen: zum einen den Verstoß gegen eine Aufsichtspflicht, zum anderen eine Zuwiderhandlung.[260] Begeht der Inhaber selbst die Zuwiderhandlung, ist er nicht Täter des § 130 OWiG, sondern wird nach der von ihm verletzten Vorschrift sanktioniert.[261]

166 Die Aufsichtspflichten werden in § 130 OWiG nicht näher definiert. Sie können sich aus Spezialvorschriften, aus Gerichtsentscheidungen zur Konkretisierung von Sorgfaltspflichten oder auch daraus ergeben, dass jemand für das Verhalten anderer Personen aufgrund gewisser Autoritäts- und Lebensverhältnisse verantwortlich ist.[262]

167 Die Aufsichtsmaßnahmen müssen zur Abwendung oder wesentlichen Erschwerung der Zuwiderhandlung[263] geeignet und objektiv zumutbar sein. Dabei ist eine Handlung zumutbar, wenn der Aufwand der Aufsichtsmaßnahme und die Wahrscheinlichkeit einer Normverletzung nach den Umständen des Einzelfalles verhältnismäßig sind.[264]

Außer der eigenen Aufmerksamkeit nach § 130 Abs. 1 OWiG gehören zu den erforderlichen Maßnahmen insbesondere:

168 – die sorgfältige Auswahl, Bestellung und Überwachung von Aufsichtspersonen, wobei die Oberaufsicht dem Betriebsinhaber verbleibt, so dass er sich seiner in § 130 Abs. 1 OWiG normierten Aufsichtspflicht nicht dadurch vollständig entziehen kann, dass er in seinem Betrieb eine Aufsichtsperson mit der Überwachung der Beschäftigten beauftragt;[265]
– die Unterrichtung der Mitarbeiter über die gesetzlichen Vorschriften, deren Beachtung in dem jeweiligen Betrieb erforderlich ist;[266]

---

259 BeckOK/*Beck* § 130 Rn. 4. Umfassend zur „ordnungsgemäßen" Organisation eines Unternehmens *Rettenmaier/Palm* NJOZ 2010, 1414 ff.; siehe 21. Kap. Rn. 73 ff.
260 *Bohnert* OWiG, 3. Aufl. 2010, § 130 Rn. 16.
261 *Bohnert* OWiG, 3. Aufl. 2010, § 130 Rn. 8.
262 *Bohnert* OWiG, 3. Aufl. 2010, § 130 Rn. 17; Schönke/Schröder/*Stree/Bosch* § 13 Rn. 51.
263 KK-OWiG/*Rogall* § 130 Rn. 101.
264 *OLG Düsseldorf* wistra 1999, 116; *Bohnert* OWiG, 3. Aufl. 2010, § 130 Rn. 20, 23.
265 *BayObLG* NJW 2002, 766 f.
266 *Göhler* § 130 Rn. 12.

- die Durchführung stichprobenartiger, überraschender Prüfungen;²⁶⁷
- die Androhung und Verhängung betrieblicher Sanktionen für den Fall der Nichtbeachtung (Rüge, Ermahnung, Abmahnung, Kündigung etc.);²⁶⁸
- die genaue Aufteilung der Verantwortlichkeiten unter den einzelnen Mitarbeitern und Aufsichtspersonen, gegebenenfalls auch die Einrichtung einer Revisionsabteilung.²⁶⁹

Überdies ist darauf hinzuweisen, dass eine effektive Compliance-Organisation eine für alle Mitarbeiter wahrnehmbare compliance-konforme Grundeinstellung und entsprechende grundlegende Äußerungen der Geschäftsleitung und der Aufsichtsgremien („tone from the top") erfordert.²⁷⁰ **169**

2. Begrenzte Wirkung regulatorischer Bestimmungen

Unternehmen und ihre Mitarbeiter sollen ihre Geschäftstätigkeit im Einklang mit dem geltenden Recht ausüben. Dabei werden ihnen durch verschiedene regulatorische Bestimmungen Grenzen gesetzt. **170**

Die Geschäftsleitung einer Bank oder Versicherung ist nach allgemeinen gesellschaftsrechtlichen Grundsätzen zur Einrichtung eines ordnungsgemäßen Geschäftsbetriebes und zur Hinwirkung auf ein rechtskonformes Handeln des Unternehmens sowie seiner Mitarbeiter verpflichtet, wie sich aus §§ 76, 93 Abs. 1 AktG für den Vorstand einer AG, § 43 Abs. 1 GmbHG für den Geschäftsführer einer GmbH und §§ 27 Abs. 1, 34 Abs. 1 GenG für den Vorstand einer genossenschaftlich organisierten Bank ergibt. Konkretisiert werden die Pflichten u.a. durch § 91 Abs. 2 AktG und den Deutschen Corporate Governance-Kodex (DCGC).²⁷¹ **171**

Weiterhin sind Vorschriften der Europäischen Union oder Antikorruptionsgesetze mit internationaler Ausstrahlungskraft zu nennen, wie der US-amerikanische Foreign Corrupt Practices Act (FCPA) oder der UK Bribery Act, ein Antikorruptionsgesetz des Vereinigten Königreiches, das im April 2010 verabschiedet wurde und am 1.7.2011 in Kraft trat. Hinzu treten unternehmensinterne Vorschriften (etwa Verhaltenskodizes, Richtlinien für Zuwendungen, Vermögensschutz oder Interessenkonflikte). **172**

Gleichwohl ist die Wirkung dieser regulatorischen Bestimmungen begrenzt: Das liegt zum einen an dem Umstand, dass solche Bestimmungen generell-abstrakt für eine Vielzahl von Fällen entwickelt und getroffen werden müssen und daher nicht jeder Einzelfall gesondert geregelt werden kann, zum anderen ist auch nicht jedes Fehlverhalten Dritter voraussehbar. **173**

Überdies wird das geschriebene Wort in der Praxis nicht immer in gleicher Weise gelebt, obgleich die Führungskräfte und Organe durch die intensive Berichterstattung der Medien über die gesellschaftliche Verantwortung von Unternehmen und Verstöße gegen geltende Gesetze und Compliance-Vorschriften stärker sensibilisiert worden sind. **174**

3. Mindestanforderungen an das Risikomanagement

Die Mindestanforderungen an das Risikomanagement sind in den vergangenen Jahren stetig gewachsen. Beeinflusst wurde die Entwicklung auch durch die internationale Gesetzgebung, z.B. den UK Bribery Act. **175**

---

267 *OLG Köln* wistra 1994, 315.
268 KK-OWiG/*Rogall* § 130 Rn. 61 f.
269 *BGH* wistra 1982, 34; *OLG Köln* wistra 1994, 315; *Bohnert* OWiG, 3. Aufl. 2010, § 130 Rn. 20; KK-OWiG/*Rogall* § 130 Rn. 53 f.
270 *Rübenstahl/Skoupil* wistra 2013, 209, 211; siehe 3. Kap. Rn. 9 ff.
271 Park/*Bottmann* Teil 2 Kap. 2 Rn. 6, 8; siehe 7. Kap.

176 Sofern ein Unternehmen danach nicht zur Verantwortung gezogen werden kann, wenn es über „adequate procedures" verfügt, um Korruptionsstraftaten im Unternehmen zu verhindern, lassen sich die vom Lord Chancellor and Secretary of State for Justice, Kenneth Clarke, in einem Leitfaden niedergelegten Maßnahmen auch auf die Betrugsprävention übertragen.

Präventionsmaßnahmen

177 – Risikobeurteilung;
– Verpflichtung der Mitarbeiter durch das Top-Management zur Betrugsprävention;
– Beachtung der gebührenden Sorgfalt bei der Auswahl und Überwachung von Geschäftspartnern;
– klare, praktische und verfügbare Richtlinien und Vorgehensweisen;
– effektive Einführung bzw. Umsetzung des Compliance-Programmes;
– Überwachung und (externe) Überprüfung des Compliance-Programmes.

178 In diesem Zusammenhang ist darauf hinzuweisen, dass das Institut der Wirtschaftsprüfer in Deutschland (IDW) im April 2011 den Prüfungsstandard „Grundsätze ordnungsgemäßer Prüfungen von Compliance-Management-Systemen" (IDW PS 980) veröffentlichte, in dem die Anforderungen und Strukturen an ein Compliance-Management-System dargelegt sind, das den Unternehmen aber ausreichend Freiraum in der individuellen Ausgestaltung lässt.

4. Weitere personelle und organisatorische Maßnahmen

179 Bei der Implementierung und Verwaltung von Präventionsmaßnahmen gewinnt die Automatisierung von Prozessabläufen immer stärker an Bedeutung. Durch die Speicherung relevanter elektronischer Daten erfüllen Unternehmen zum einen ihre Dokumentationspflichten, zum anderen stehen die Daten IT-gestützten Monitoring-Systemen zur Verfügung. Hierdurch wird der Gefahr vorgebeugt, dass missbräuchliches Verhalten Einzelner in den Papierarchiven verloren geht.

180 Die Mitarbeiter sollten regelmäßig in compliance-relevanten Fragestellungen geschult werden. Sie sollten angehalten werden, eine Vermischung dienstlicher und privater Interessen zu vermeiden und etwaige Interessenkonflikte unverzüglich anzuzeigen. Dabei erscheint eine umfassende Schulung jedes einzelnen Mitarbeiters in gleichem Umfang weder erforderlich noch geboten. Vielmehr verwässert eine undifferenzierte Informationskultur, die jedwede sinnvolle Schwerpunktsetzung vermissen lässt und Führungskräfte wie Mitarbeiter unterschiedslos über abstrakt-generelle Vorschriften in Kenntnis setzt, den wesentlichen Gehalt der eigentlichen Botschaft für den jeweiligen Arbeitsbereich. Denn Bankberater, Finanzmakler etc. sind unterschiedlichen straf- und ordnungswidrigkeitenrechtlichen Risiken ausgesetzt.

181 Flankiert werden sollte das Präventionsprogramm durch ein Ombudsmann- und/oder ein elektronisches Hinweisgebersystem. Der Ombudsmann sollte die Aufgaben einer unabhängigen Person erfüllen, die interne oder externe Hinweise auf Betrugsfälle entgegennimmt.

III. Folgen von Betrugsstraftaten

182 Die Folgen einer strafrechtlichen Verurteilung wegen Betruges, Kapitalanlagebetruges oder Kreditbetruges gem. §§ 263, 264a, 265b StGB sind mitunter erheblich. Hierbei sind neben den wirtschaftlichen Folgen insbesondere das Berufsverbot nach §§ 61 Nr. 6, 70 StGB, die Inhabilität nach § 6 Abs. 2 Nr. 3e GmbHG, die Gewerbeuntersagung wegen

Unzuverlässigkeit nach § 35 GewO und die aufsichtsrechtlichen Folgen, insbesondere § 36 Abs. 1 S. 1 KWG, zu nennen. Außerdem sind die Reputationseinbußen in den Blick zu nehmen, die dadurch entstehen, dass die Gesellschaft oder einzelne Verantwortliche z.B. durch eine negative Medienberichterstattung in Misskredit geraten.

1. Wirtschaftliche Folgen

Bezüglich der wirtschaftlichen Folgen sind zum einen die Gewinnabschöpfung über §§ 30, 17 Abs. 4 OWiG, zum anderen die vorläufige Vermögenssicherung von Bedeutung.   **183**

a) Gewinnabschöpfung über §§ 30, 17 Abs. 4 OWiG

§ 30 OWiG normiert, ohne selbst Bußgeldtatbestand zu sein, die sog. „Unternehmensgeldbuße" (Verbandsgeldbuße). Die Vorschrift eröffnet die Möglichkeit, wie der Formulierung „kann" in Abs. 1 zu entnehmen ist, gegen sog. „sanktionsfähige Verbände", d.h. juristische Personen und diesen gleichgestellten Personenvereinigungen, gegen die eine Kriminalstrafe nach deutschem Recht nicht ausgesprochen wird, eine Sanktion in Form einer Geldbuße zu verhängen. Hierbei ist eine Straftat oder Ordnungswidrigkeit einer ihrer Leitungspersonen Voraussetzung. Die sog. „Anknüpfungs- oder Bezugstat" muss in einem Zurechnungszusammenhang zum Unternehmen stehen. Durch sie müssen entweder Pflichten, insbesondere Aufsichtspflichten im Sinne des § 130 OWiG, der juristischen Person oder Personenvereinigung verletzt worden sein oder sollte eine Bereicherung der juristischen Person oder Personenvereinigung erreicht werden. Für die Festsetzung der Geldbuße, die sich aus einem Ahndungsteil (§ 30 Abs. 2 OWiG) und einem Abschöpfungsteil durch den dem Verband zugeflossenen wirtschaftlichen Vorteil (§ 30 Abs. 3 in Verbindung mit § 17 Abs. 4 OWiG) zusammensetzt, gilt das Opportunitätsprinzip.[272]   **184**

Bei der Bemessung des Abschöpfungsanteils spricht die intendierte Gleichstellung mit den Verfallsregelungen gem. §§ 73 ff. StGB nach der Mindermeinung für eine Anwendung des Bruttoprinzips.[273] Dagegen wendet die herrschende Meinung das Nettoprinzip an.[274] Hiernach sind von dem „Erlangten", wozu auch ersparte Aufwendungen zählen,[275] die eingesetzten Aufwendungen unabhängig von deren Billigung durch die Rechtsordnung abzuziehen. Hypothetische Einkünfte, z.B. aus der Fortsetzung legalen Verhaltens,[276] müssen außer Betracht bleiben,[277] ebenso mögliche zivilrechtliche Ersatzansprüche Dritter.[278]   **185**

Gemäß § 30 Abs. 2 S. 1 OWiG beträgt die Geldbuße im Hinblick auf den Ahndungsteil im Falle einer vorsätzlichen Straftat bis zu 1 Mio. EUR, im Falle einer fahrlässigen Straftat bis zu 500 000 EUR. Im Falle einer Ordnungswidrigkeit bestimmt sich das Höchstmaß der Geldbuße nach S. 2 nach dem für die Ordnungswidrigkeit angedrohten Höchstmaß der Geldbuße. S. 2 gilt auch im Falle einer Tat, die gleichzeitig Straftat und Ordnungswidrigkeit ist, wenn das für die Ordnungswidrigkeit angedrohte Höchstmaß der Geldbuße das Höchstmaß nach S. 1 übersteigt.   **186**

Der Deutsche Bundestag nahm in seiner 198. Sitzung vom 18.10.2012 den von der Bundesregierung eingebrachten Entwurf eines Achten Gesetzes zur Änderung des Gesetzes gegen Wettbewerbsbeschränkungen (8. GWB-Novelle)[279] an, mit der auf einen Diskussionsent-   **187**

---

272 BeckOK/*Meyberg* § 30 Vor Rn. 1.
273 BeckOK/*Meyberg* § 30 Rn. 100; *Brenner* NStZ 2004, 256, 259.
274 *Bohnert* OWiG, 3. Aufl. 2010, § 30 Rn. 42; KK-OWiG/*Rogall* § 30 Rn. 122.
275 *OLG Düsseldorf* wistra 1995, 75; *Krumm* NJW 2011, 196.
276 *BayObLG* wistra 1995, 362.
277 BeckOK/*Meyberg* § 30 Rn. 100; KK-OWiG/*Rogall* § 30 Rn. 125.
278 BeckOK/*Meyberg* § 30 Rn. 100; KK-OWiG/*Rogall* § 30 Rn. 127.
279 BT-Drucks. 17/9852.

wurf des Bundesministeriums der Justiz zurückgehenden Ergänzung,[280] dass auch § 30 OWiG und § 130 OWiG geändert werden. Nunmehr sind Bußgelder bis zu 10 Mio. EUR bzw. bis zu 5 Mio. EUR möglich.

b) Vorläufige Vermögenssicherung

188 Während im StGB die materiellen Voraussetzungen des Verfalls (§§ 73 ff. StGB) und der Einziehung (§ 74 StGB) geregelt sind, sind die prozessualen Möglichkeiten in §§ 111b ff. StPO normiert. Hiernach erfolgt die vorläufige Sicherstellung entweder durch Beschlagnahme (§§ 111b Abs. 1, 111c StPO) oder durch dinglichen Arrest (§§ 111b Abs. 2, 111d StPO).

189 Die Beschlagnahme eines Gegenstandes nach § 111c Abs. 1–4 StPO hat die Wirkung eines Veräußerungsverbotes im Sinne des § 136 BGB, wobei das Verbot auch andere Verfügungen als Veräußerungen umfasst.

190 Beim dinglichen Arrest entsteht mit der Vollstreckungsmaßnahme bei beweglichen Sachen und Forderungen ein Arrestpfandrecht mit Pfändungsrang, das nachfolgenden Gläubigern vorgeht (§ 804 Abs. 1 und Abs. 3 in Verbindung mit §§ 930 Abs. 1 S. 2, 931 Abs. 1 S. 2 ZPO, 111d Abs. 2 StPO). Gleichzeitig bewirkt die Verstrickung ein relatives Verfügungsverbot (§§ 135, 136 BGB). An Immobilien erlangt der Justizfiskus eine Sicherungshypothek.

191 Die Anordnung steht jeweils im pflichtgemäßen Ermessen der Strafverfolgungsbehörden. Gemäß § 111b Abs. 5 StPO können neben der Sicherung zugunsten des Staates im Wege der sog. „Rückgewinnungshilfe" auch Geschädigtenansprüche gesichert werden.

2. Berufsverbot, §§ 61 Nr. 6, 70 StGB

192 Wird jemand wegen einer rechtswidrigen Tat, die er unter Missbrauch seines Berufs oder Gewerbes oder unter grober Verletzung der mit ihnen verbundenen Pflichten begangen hat, verurteilt oder nur deshalb nicht verurteilt, weil seine Schuldunfähigkeit erwiesen oder nicht auszuschließen ist, so kann ihm das Gericht gem. § 70 Abs. 1 StGB die Ausübung des Berufs, Berufszweiges, Gewerbes oder Gewerbezweiges für die Dauer von einem Jahr bis zu fünf Jahren verbieten, wenn die Gesamtwürdigung des Täters und der Tat die Gefahr erkennen lässt, dass er bei weiterer Ausübung des Berufs, Berufszweiges, Gewerbes oder Gewerbezweiges erhebliche rechtswidrige Taten der bezeichneten Art begehen wird. Das Berufsverbot kann für immer angeordnet werden, wenn zu erwarten ist, dass die gesetzliche Höchstfrist zur Abwehr der von dem Täter drohenden Gefahr nicht ausreicht.

193 a) Zweck dieser Vorschrift ist, die Allgemeinheit gegen die spezifische Gefahr zu schützen, die mit der Ausübung eines Berufes oder Gewerbes verbunden ist. Das Berufsverbot ist eine reine Maßregel der Besserung und Sicherung.[281] Grundlage der Anordnung und der Festsetzung der Dauer dürfen daher lediglich spezialpräventive Erwägungen sein,[282] nicht aber der Schuldausgleich, das Sühnebedürfnis oder generalpräventive Gesichtspunkte.[283] Die Anlasstaten, die das Berufsverbot auslösen, liegen überwiegend im Bereich der Vermögensdelikte (Betrug und Untreue). Allerdings wird die Maßnahme in der Praxis selten angewendet.[284] Vorsätzliche Verstöße gegen das Berufsverbot sind nach § 145c StGB strafbar.

---

280 BT-Drucks. 17/11053; dazu *Achenbach* NZWiSt 2012, 321, 328; *Höll/Reichling* PStR 2012, 167.
281 *OLG Karlsruhe* StV 1993, 403, 405; BeckOK/*Stoll* § 70 Rn. 1; Schönke/Schröder/*Stree/Kinzig* § 70 Rn. 1.
282 *OLG Karlsruhe* StV 1993, 403, 405.
283 BeckOK/*Stoll* § 70 Rn. 1; Schönke/Schröder/*Stree/Kinzig* § 70 Rn. 1.
284 LK/*Hanack* § 70 Rn. 4 unter Hinweis auf die Kriminalstatistik (Statistisches Bundesamt) (1995: 129 Verurteilungen, 1998: 174, 2000: 234, 2001: 155, 2002: 137, 2003: 155, 2004: 129).

b) Formelle Voraussetzung ist zunächst eine rechtswidrige, d.h. nicht notwendig schuldhafte Tat. Verfolgungsverjährung im Sinne des § 78 Abs. 1 S. 1 StGB darf noch nicht eingetreten sein.[285] Der Täter muss die ihm durch Beruf gegebene Möglichkeit bei seiner Berufstätigkeit bewusst und planmäßig zu Straftaten ausgenutzt haben[286] oder durch die Tat den Pflichten erheblich zuwidergehandelt haben, die ihm für die Ausübung seines Berufes oder Gewerbes durch Gesetz, Vertrag oder öffentlich-rechtliche Anstellungsverfügung auferlegt sind.[287] **194**

Hinzutreten muss als materielle Voraussetzung zudem eine ungünstige Gefahrenprognose, die aufgrund einer Gesamtwürdigung des Täters und der Tat zum Zeitpunkt der Entscheidung zu treffen ist.[288] Die erforderliche berufstypische Verbindung kann z.B. bei der Hinterziehung betrieblicher Steuern insbesondere dann gegeben sein, wenn diese mit schwerwiegenden Verletzungen der Buchführungs- und Aufzeichnungspflichten einhergeht.[289] **195**

c) Die Anordnung des Berufsverbotes steht nach § 70 Abs. 1 S. 1 StGB im richterlichen Ermessen, wobei dem Gericht vom Gesetzgeber bewusst ein weiter Ermessensspielraum zur Verfügung gestellt wurde, um unbillige Ergebnisse bei dieser schwerwiegenden Rechtsfolge zu vermeiden.[290] Gemäß § 62 StGB muss der Grundsatz der Verhältnismäßigkeit gewahrt werden. **196**

3. Inhabilität, § 6 Abs. 2 S. 2 Nr. 3e GmbHG

Das GmbH-Recht wurde zuletzt durch das Gesetz zur Modernisierung des GmbH-Rechts und zur Bekämpfung von Missbräuchen (MoMiG) vom 23.10.2008 grundlegend reformiert. Hierbei wurde auch der Katalog der gesetzlichen Ausschlussgründe für Geschäftsführer erweitert. Während zuvor lediglich Insolvenzstraftaten (§§ 283–283d StGB) erfasst waren, wurden nunmehr auch Vermögensdelikte (§§ 263–264a und 265b bis 266a StGB), die vorsätzliche Insolvenzverschleppung sowie die Verurteilung wegen vorsätzlicher falscher Angaben im Sinne der §§ 82 GmbH, 399 AktG bzw. der vorsätzlichen unrichtigen Darstellung im Sinne der §§ 400 AktG, 331 HGB, 313 UmwG und § 17 PublG erweitert und um die Einbeziehung ausländischer Verurteilungen wegen vergleichbarer Straftaten ergänzt.[291] Zweck dieser besonderen gesetzlichen Ausschlussgründe ist jedenfalls der Schutz der Gläubiger und der Allgemeinheit.[292] **197**

Gemäß § 6 Abs. 2 S. 2 Nr. 3e GmbHG kann nach alledem nicht Geschäftsführer sein, wer wegen einer oder mehrerer vorsätzlich begangener Betrugsdelikte nach §§ 263–264a StGB oder verwandter Delikte nach §§ 265b–266a StGB, d.h. Kreditbetruges, Untreue oder Vorenthaltens und Veruntreuens von Arbeitsentgelt, zu einer Freiheitsstrafe von mindestens einem Jahr verurteilt worden ist. Dieser Ausschluss gilt für die Dauer von fünf Jahren seit der Rechtskraft des Urteils, wobei die Zeit nicht eingerechnet wird, in welcher der Täter auf behördliche Anordnung in einer Anstalt verwahrt worden ist. **198**

Gesellschafter, die vorsätzlich oder grob fahrlässig einer Person, die nicht Geschäftsführer sein kann, die Führung der Geschäfte überlassen, haften nach § 6 Abs. 5 GmbHG der Gesellschaft solidarisch für den Schaden, der dadurch entsteht, dass diese Person die ihr gegenüber der Gesellschaft bestehenden Obliegenheiten verletzt. **199**

---

285 *Lackner/Kühl* § 70 Rn. 2.
286 *OLG Frankfurt am Main* NStZ-RR 2003, 113.
287 *OLG Hamburg* NJW 1955, 1568, 1569.
288 NK/*Pollähne* § 70 Rn. 20.
289 *BGH* NStZ 1995, 124.
290 *BGH* wistra 2008, 58, 60; Schönke/Schröder/*Stree/Kinzig* § 70 Rn. 14.
291 Baumbach/Hueck/*Fastrich* § 6 Rn. 2, siehe 21. Kap. Rn. 130.
292 Baumbach/Hueck/*Fastrich* § 6 Rn. 11: wohl auch der Schutz der gutgläubigen Mitgesellschafter.

200 Bezüglich derjenigen Geschäftsführer, deren Bestellung vor Inkrafttreten der neu in den Katalog aufgenommenen Straftaten erfolgt ist, ist § 6 Abs. 2 S. 2 Nr. 3e GmbHG nach § 3 Abs. 2 S. 1 EGGmbHG nicht anwendbar, wenn die Verurteilung vor dem 1.11.2008 rechtskräftig geworden ist.[293]

201 Für Vorstände einer AG liegt mit § 76 Abs. 3 S. 2 Nr. 3 AktG eine inhaltsgleiche Regelung vor.

4. Gewerbeuntersagung wegen Unzuverlässigkeit, § 35 GewO

202 Gemäß § 35 Abs. 1 S. 1 und 2 GewO ist die Ausübung eines Gewerbes von der zuständigen Behörde ganz oder teilweise zu untersagen, wenn Tatsachen vorliegen, welche die Unzuverlässigkeit des Gewerbetreibenden oder einer mit der Leitung des Gewerbebetriebes beauftragten Person in Bezug auf dieses Gewerbe dartun, sofern die Untersagung zum Schutze der Allgemeinheit oder der im Betrieb Beschäftigten erforderlich ist. Die Untersagung kann auch auf die Tätigkeit als Vertretungsberechtigter eines Gewerbetreibenden oder als mit der Leitung eines Gewerbebetriebes beauftragte Person sowie auf einzelne andere oder auf alle Gewerbe erstreckt werden, soweit die festgestellten Tatsachen die Annahme rechtfertigen, dass der Gewerbetreibende auch für diese Tätigkeiten oder Gewerbe unzuverlässig ist.

203 a) Die Bestimmung des § 35 GewO ermöglicht die allgemeine Einschränkung der Gewerbefreiheit für den Fall ihres Missbrauchs. Sie gilt für erlaubnisfreie und erlaubnispflichtige Gewerbe, soweit die Rücknahme wegen Unzuverlässigkeit nicht spezialgesetzlich geregelt ist. Die Gewerbeuntersagung verfolgt den Zweck, Arbeitnehmer, Kunden, Lieferanten und die Öffentlichkeit vor Schäden zu schützen, die durch unzuverlässige Gewerbetreibende verursacht werden können. Eine abstrakte Gefährdung ist ausreichend. Allerdings muss der Grundsatz der Verhältnismäßigkeit gewahrt werden, wie sich aus dem Wort „erforderlich" in § 35 Abs. 1 S. 1 GewO ergibt.[294]

204 b) Die Untersagung muss auf die Unzuverlässigkeit des Gewerbetreibenden gestützt sein, im Fall des § 35 Abs. 7a GewO auf die Unzuverlässigkeit des Vertretungsberechtigten oder der mit der Leitung des Gewerbebetriebes beauftragten Person. Eine solche Unzuverlässigkeit liegt vor, wenn der Gewerbetreibende nach dem Gesamteindruck seines Verhaltens nicht die Gewähr dafür bietet, dass er sein Gewerbe künftig ordnungsgemäß betreibt.[295] Hierbei sind das Gesamtbild der Persönlichkeit des Gewerbetreibenden, seine Eigenschaften und Fähigkeiten maßgeblich.[296] Außerdem stellen die einzelnen Gewerbearten unterschiedliche Anforderungen an die Zuverlässigkeit des Gewerbetreibenden.[297] Entscheidend ist z.B. in welche Beziehungen der Unternehmer zu den Kunden tritt, ob er von ihnen Vermögenswerte entgegennimmt etc.[298]

5. Aufsichtsrechtliche Folgen

205 § 36 KWG normiert Eingriffsbefugnisse für die BaFin. Sie wird durch § 36 Abs. 1 und 2 KWG ermächtigt, unmittelbar auf die Geschäftsleitung eines Kreditinstitutes einzuwirken, indem die Abberufung der verantwortlichen Geschäftsleiter verlangt und diesen Geschäfts-

---

293 Vgl. zur Inhabilität des strafrechtlich verurteilten Geschäftsführers nach MoMiG *Böttcher/Hassner* GmbHR 2009, 1321.
294 Erbs/Kohlhaas/*Ambs* § 35 GewO Rn. 1, 8.
295 *BVerwG* GewA 1982, 233, 294, 298.
296 *OVG Bremen* GewA 1987, 334.
297 *BVerwG* GewA 1973, 243; GewA 1975, 388.
298 Erbs/Kohlhaas/*Ambs* § 35 GewO Rn. 9 ff.

leitern auch die Ausübung ihrer Tätigkeit bei Instituten in der Rechtsform einer juristischen Person untersagt werden kann. Die Eingriffsbefugnisse wurden als Konsequenz aus der Finanzkrise 2009 auf die Mitglieder der Verwaltungs- und Aufsichtsorgane erweitert.

Unbeschadet dessen ist auch die Bestellung eines Sonderbeauftragten nach § 45c KWG möglich.[299] **206**

6. Weitere negative Folgen

Abgesehen von den vorgenannten wirtschaftlichen Folgen für das Unternehmen sowie den persönlichen Folgen für den Einzelnen sind diverse weitere negative Folgen denkbar:[300] Erinnert sei in diesem Kontext an die Medienberichterstattung über (angebliche) Falschberatungen zu Swap-Geschäften.[301] Auch das Beispiel der sog. „Siemens-Affäre" zeigt die Bedeutung des Reputationsschadens. Bei einer Umfrage des Manager-Magazins erreichte die Siemens AG im Januar 2006 den 26. Platz unter 152 Unternehmen. Im Jahr 2008 rutschte das Unternehmen nach Bekanntwerden der Unregelmäßigkeiten auf Platz 82 ab. Hinzu tritt, dass regelmäßig aufwendige Ermittlungen getätigt werden müssen, die einem zügigen Abschluss der Verfahren entgegenstehen. **207**

Auch in dem Bundeslagebild 2011 „Wirtschaftskriminalität" des Bundeskriminalamtes wird ausgeführt, dass die nicht quantifizierbaren immateriellen Schäden wesentliche Faktoren für die Bewertung des Schadenspotentials der Wirtschaftskriminalität sind, darunter auch nicht unerhebliche Reputationsverluste von einzelnen Unternehmen oder auch ganzen Wirtschaftszweigen.[302] **208**

---

299 Erbs/Kohlhaas/*Häberle* § 36 KWG Rn. 1. Dabei stellt eine Verwarnung gem. § 36 Abs. 2 KWG einen Verwaltungsakt dar, *VG Frankfurt am Main* NJW 2004, 1059. Zur Sachkunde, Zuverlässigkeit und persönlichen Ausschlussgründen von Aufsichtsräten gem. § 36 Abs. 3 KWG *Lehrl* BKR 2010, 485.
300 Zum Krisenmanagement bei Wirtschaftskriminalität *Kirf/Parsow/Vedder* ZIR 2012, 224 ff.
301 Insoweit wird von einem „Swap" gesprochen, wenn ein Betrag in Fremdwährung an einem bestimmten Tag ge- oder gekauft wird und gleichzeitig ein Geschäft abgeschlossen wird, diesen Betrag an einem bestimmten Tag in der Zukunft wieder zu verkaufen bzw. wieder zurückzukaufen.
302 Bundeslagebild 2011 „Wirtschaftskriminalität", S. 9. Siehe Rn. 6.

23. Kapitel
Untreue

Literatur: *Fleischer* Verantwortlichkeit von Bankgeschäftsleitern und Finanzmarktkrise, NJW 2010, 1504; *Habbe/Köster* Neue Anforderungen an Vorstand und Aufsichtsrat von Finanzinstituten, BB 2011, 265; *Jobst/Kapoor* Paradoxien im Ratingsektor, WM 2013, 680; *Rohwetter* Was heißt hier untreu?, www.zeit.de/2012/44/Prozess-Nuerburgring-Minister-Berater.

A. Einleitung

I. Verfolgungstätigkeit und Presseberichterstattung

Spätestens seit Beginn des Mannesmann-Prozesses vor dem Düsseldorfer Landgericht im Jahr 2004 berichten Tagespresse und Nachrichtenmagazine kontinuierlich über mehr oder minder große Wirtschaftsstrafverfahren wegen des Verdachts der Untreue. Hinzu trat Berichterstattung über Ermittlungsverfahren gegen Bankvorstände/-mitarbeiter, regelmäßig – aber nicht ausschließlich – gestützt auf den Vorwurf strafbarer Untreue. Öffentlichkeitswirksam ist von spektakulären Fällen und oftmals von nicht minder spektakulären Ermittlungsverfahren deutscher Staatsanwaltschaften die Rede. Der Eindruck einer in diesem Bereich massiven Ermittlungs- und Verfolgungstätigkeit durch deutsche Strafverfolger trügt nicht. Tatsächlich hat Strafverfolgung wegen mutmaßlicher Untreuestraftaten seit Jahren Hochkonjunktur. 1

Aus dem Banken- und Finanzbereich muss sich aktuell etwa Ex-HSH-Chef Nonnenmacher vor Gericht wegen Untreue verantworten; die Staatsanwaltschaft Köln soll gegen den Chef der NRW Bank und ehemaligen Vorstand der Sparkasse Köln Bonn ermitteln; auch gegen Verantwortliche der Privatbank Sal. Oppenheim wird ein Verfahren wegen Untreue geführt. Untreueverfahren gegen den früheren WestLB-Verantwortlichen Sengera und gegen den damaligen Vorstandsvorsitzenden der IKB-Bank sind zwischenzeitlich beendet worden. Strafverfahren gegen Verantwortliche der SachsenLB laufen noch. Aus den Reihen der früheren WestLB stehen aktuell noch zwei Aktienhändler in Untreueverfahren. Die Liste ließe sich fortsetzen. Doch neben den großen und prominenten Banken sind es auch kleinere Institute, deren Entscheidungsträger sich ebenfalls wegen Untreue zu verantworten haben, so nach Presseangaben bspw. ein ehemaliger Filialleiter der VR-Bank Schwäbisch Hall-Crailsheim. 2

Die hinter den einzelnen Untreueverfahren stehenden Sachverhalte sind vielgestaltig; ein einheitliches Tatbild gibt es nicht. Allerdings geht es nur vereinzelt darum, dass Bankmitarbeiter aus Eigennutz „in die Kasse gegriffen haben" sollen; häufiger sind beispielsweise Verfahren wegen der Vergabe eines später notleidend gewordenen Darlehens an einen Bankkunden oder wegen verlustreicher Wertpapiergeschäfte im Eigenhandel der Bank. Untreuevorwürfe können in diesen Fällen erhoben werden, sofern sich Anhaltspunkte dafür ergeben, bankseitig seien Kreditausfall- oder Kursrisiken aufgrund nachlässiger und damit fehlerhafter Prüfungen nicht erkannt oder falsch eingeschätzt worden. 3

Gerade seit der Finanzkrise in 2008 und den vorausgegangenen Entwicklungen auf dem U.S.-amerikanischen Immobilienmarkt haben auch solche Untreueverfahren Konjunktur, in denen der Frage nachgegangen wird, ob die Bank im Eigenhandel Papiere mit unver- 4 hältnismäßig hohem Risikopotential erworben hat. Insbesondere dann, wenn in der Folge bankseitig erheblicher Wertberichtigungsbedarf entstanden ist, stellen Strafverfolger die Frage, ob ein solcher Kursverfall nicht zumindest als möglich hätte vorausgesehen werden und die Bank hätte veranlassen müssen, vom Erwerb entsprechender Papiere abzusehen. Es liegt auf der Hand, dass Untreueverfahren der vorgenannten Prägung regelmäßig hohe Schadensvolumina zum Gegenstand haben.

5 Zur Ermittlungs- und Verfolgungspraxis deutscher Staatsanwaltschaften wegen des Verdachts der Untreue formulierte *Die Zeit* – wenngleich im Rahmen der Berichterstattung über ein aktuelles Großverfahren außerhalb des Bankensektors:

6 „Die weit gefasste Formulierung im Gesetzestext macht den Vorwurf der Untreue bei Staatsanwälten sehr beliebt, wenn es um Managerhaftung geht [...] Das Problem: Fast jede unternehmerische Fehlentscheidung lässt sich zur Untreue umdeuten. Geht zum Beispiel eine Investition schief, kann man dem Verantwortlichen fast immer vorhalten, er habe die Risiken nicht genau genug abgewogen. Die Wahrscheinlichkeit, staatsanwaltschaftliche Ermittlungen auszulösen, ist für Vorstände und Geschäftsführer also recht hoch."[1]

7 Dem ist nichts hinzuzufügen.

II. Fallgestaltungen

8 Eine stark vergröbernde Analyse der den verschiedenen Untreueverfahren zugrunde liegenden zahlreichen Fallgestaltungen zeigt:
  – In den zahlreichen Untreueverfahren geht es mehrheitlich um Sachverhalte, in denen die beschuldigten Mitarbeiter einer Bank oder eines sonstigen Finanzdienstleisters weder sich selbst, noch das Kreditinstitut oder sonstige Dritte haben unrechtmäßig bereichern wollen.
  – Der oder die verantwortlichen Entscheidungsträger innerhalb der Banken waren oftmals der Auffassung, im vermeintlich besten Interesse der arbeitgebenden Bank gehandelt zu haben.
  – Man habe selbstverständlich zu keinem Zeitpunkt beabsichtigt, der Bank, dem Kunden oder einem sonstigen Dritten einen Vermögensschaden zufügen.

III. Subjektive Fehleinschätzungen

9 Zumindest drei wesentliche Ursachen der subjektiven Fehleinschätzung sind schnell gefunden. Sie resultieren sowohl aus der gesetzlichen Formulierung des Unrechtsbestandes der Untreue in § 266 StGB als auch in der Auslegung, die diese Vorschrift durch die Rechtsprechung erfährt:
  – Untreue ist ein reines Vermögensschädigungsdelikt und setzt gerade nicht voraus, dass mit der Tat eine unrechtmäßige Bereicherung erstrebt wird. Der Einwand, man habe durch die Tät keinerlei unrechtmäßigen Vorteil erstreben wollen, ist daher prinzipiell unbeachtlich.
  – Ein für die Untreue erforderlicher Vermögensschaden kann bereits dann vorliegen, wenn das Vermögen „nur" gefährdet und noch nicht konkret gemindert war. Der Einwand, es sei doch noch gar kein Vermögensverlust eingetreten, kann daher im Einzelfall ebenfalls unbeachtlich sein.

---

1 *Rohwetter* Was heißt hier untreu?, www.zeit.de/2012/44/Prozess-Nuerburgring-Minster-Berater.

– Schließlich kann auch der vermeintlich gute Wille – regelmäßig in Form der Erwartung, dass es am Ende doch nicht zu einem Schaden kommen werde – oftmals nicht entlasten. Wer fremdes Vermögen (unverhältnismäßig) hohem Risiko aussetzt, kann prinzipiell selbst dann Untreuevorwürfen ausgesetzt sein, wenn am Ende eine Vermögensmehrung eintritt. Dies gilt jedenfalls dann, wenn die Eingehung des hohen Risikos nicht von den Direktiven des Treugebers gedeckt ist, der handelnde Treunehmer aber seinerseits das erhöhte Risiko erkannt hatte. Der Einwand, man habe doch einen Schaden nicht gewollt, sondern vielmehr – altruistisch – eine erhebliche Rendite und damit einen Vermögenszuwachs erwartet, schützt vor einem Untreuevorwurf daher ebenfalls nicht.

IV. Aufklärung durch Compliance

Denjenigen Bankmitarbeiter, der – um eines eigenen unrechtmäßigen Vorteils willen – Fremdvermögen vorsätzlich schädigt, wird Compliance nicht erreichen können. Ihm ist der strafgesetzliche Normbefehl bekannt, doch setzt sich der Täter bewusst über dieses Verbot hinweg. Compliance-Programme werden diesen Täter vermutlich nicht von der Tat abhalten. **10**

Zielgruppe strafrechtlicher Compliance sind daher Unternehmensmitarbeiter, leitende Kräfte ebenso wie Mitarbeiter unterer Hierarchieebenen, deren Tätigkeit bei Nachlässigkeit oder bei falscher Rücksichtnahme auf – oftmals fremde – Interessen strafrechtliche Risiken birgt. **11**

Die nachfolgende Darstellung will daher die prinzipiell rechtstreuen Mitarbeiter von Banken und anderen Finanzdienstleistungsunternehmen durch Sensibilisierung in die Lage versetzen, Risikosituationen frühzeitig zu erkennen, um sodann Maßnahmen ergreifen und Entscheidungen treffen zu können, mit denen etwaig drohende Strafbarkeitsrisiken wirksam vermieden werden können. **12**

B. Unrechtstatbestand

I. Untreuerisiken

Auf einen Satz verkürzt meint Untreue ein Verhalten, mit dem sich der Treuhänder über Direktiven des Treugebers hinwegsetzt und hierdurch – vorsätzlich – dem betreuten Fremdvermögen einen Nachteil zufügt. **13**

Für Untreue ist es nicht erforderlich, dass der ungetreue Treuhänder mit der Tat eigene oder wirtschaftliche Interessen Dritter verfolgt. Im Umkehrschluss bedeutet dies, dass auch derjenige vor einem Untreuevorwurf nicht geschützt ist, dessen Handeln keinen (unlauteren) Gewinninteressen dient. Die sog. Treupflichtverletzung und ein hierdurch verursachter Vermögensnachteil beim Treugeber sind zwar nicht die einzigen wohl aber die zentralen Bestandteile des in § 266 StGB formulierten Straftatbestandes der Untreue. **14**

Im Bereich der Banken und der sonstigen Finanzdienstleistungsunternehmen sind untreuegefährdete Bereich schnell ausgemacht, denn bei nahezu allen Bankgeschäften geht es entweder um das Geld von Kunden oder um jenes der Bank. In beiden Fällen handelt es sich nicht um Privatvermögen einzelner Bankmitarbeiter. Die berufliche Tätigkeit von Bankmitarbeitern besteht regelmäßig im Umgang mit fremdem Geld. Im Geschäftsbereich von Banken und Finanzdienstleistungsunternehmen ist es vor diesem Hintergrund schwierig, überhaupt Bereiche zu identifizieren, in denen Untreuerisiken per se nicht bestehen. **15**

16 So kann im Bereich der Banken etwa eine riskante Anlagestrategie im Eigenhandel ebenso in ein Untreueverfahren münden, wie die „eigenmächtige" Verwaltung eines Kundendepots. Auch die Gewährung von Darlehen bei erkanntermaßen – oder unter Umständen auch bei nur erkennbar – zu hohem Kreditausfallrisiko kann die Einleitung von Strafverfahren wegen mutmaßlicher Untreue nach sich ziehen.

17 In Einzelfällen kann es dabei zu Abgrenzungsschwierigkeiten zwischen Untreue und Betrug kommen. Dies gilt insbesondere dann, wenn der Verdacht einer kollusiven Zusammenarbeit zwischen dem betrügerischen Kunden und einem Bankmitarbeiter zum Nachteil der darlehensgebenden Bank im Raum steht.

II. Die Voraussetzungen strafbarer Untreue

18 Um im täglichen Geschäft entstehende Untreuerisiken erkennen zu können, ist eine zumindest ansatzweise Erörterung der einzelnen Tatbestandsmerkmale der Untreue unerlässlich.

19 Die gesetzliche Unrechtsumschreibung der Untreue findet sich in § 266 Abs. 1 StGB. Dort heißt es:

20 „Wer die ihm durch Gesetz, behördlichen Auftrag oder Rechtsgeschäft eingeräumte Befugnis, über fremdes Vermögen zu verfügen oder einen anderen zu verpflichten, missbraucht oder die ihm kraft Gesetzes, behördlichen Auftrags, Rechtsgeschäfts oder eines Treueverhältnisses obliegende Pflicht, fremde Vermögensinteressen wahrzunehmen, verletzt und dadurch dem, dessen Vermögensinteressen er zu betreuen hat, Nachteil zufügt, wird [...] bestraft."

21 Der rechtliche Laie wird der Vorschrift auf den ersten Blick kaum entnehmen können, was ihm durch die Vorschrift nun genau unter Strafdrohung verboten wird.

22 Zunächst enthält der Tatbestand zwei alternative Varianten. Während im ersten Teil von einem Missbrauch die Rede ist, spricht die Norm in ihrer zweiten Hälfte von einer Verletzung fremder Vermögensinteressen.

23 Untreue kann einerseits als sog. Missbrauchsuntreue andererseits aber auch als sog. Treubruchsuntreue begangen werden.

1. Tatvariante 1: Missbrauchsuntreue

24 Die Missbrauchsvariante der Untreue verlangt zunächst, dass der Täter (1.) die Befugnis hat, über fremdes Vermögen zu verfügen oder einen Dritten zu verpflichten und der Täter (2.) diese Befugnis missbraucht.

25 Danach kann die Missbrauchsuntreue prinzipiell von all denjenigen Mitarbeitern eines Unternehmens begangen werden und damit auch von Mitarbeitern einer Bank oder eines sonstigen Finanzdienstleisters, denen durch Rechtsgeschäft (Vertrag) die Befugnis erteilt wurde, über fremdes Vermögen – etwa jenes der Bank – zu verfügen oder einen anderen – bspw. die Bank – (schuldrechtlich) zu verpflichten, etwa die Befugnis zur rechtswirksamen Vergabe von Darlehen. Gemeint sind hiermit Vollmachten zum rechtsverbindlichen Handeln gegenüber externen Dritten, also eine dem jeweiligen Entscheidungsträger eingeräumte Befugnis, gegenüber externen Dritten die Bank/das Finanzdienstleistungsunternehmen rechtswirksam verpflichten zu können. Fehlt es an einer solchen Befugnis, kommt eine Missbrauchsuntreue nicht in Betracht. (In diesen Fällen kann dann allerdings u.U. eine sog. Treubruchsuntreue im Sinne von § 266 Abs. 1 Var. 2 StGB vorliegen.)

Die Formulierung „Befugnis, ... einen anderen zu verpflichten", meint die dem Täter eingeräumte Rechtsmacht, rechtswirksam Verbindlichkeiten des Treugebers gegenüber externen Dritten begründen zu können.[2] Alternativ reicht es aus, wenn ihm die Rechtsmacht eingeräumt wurde, über Vermögen des Treugebers zu verfügen, beispielsweise rechtswirksam (Fremd)Geld an Dritte auszahlen zu dürfen. 26

Nun begeht derjenige, der von dieser Rechtsmacht Gebrauch macht, keineswegs stets einen Missbrauch, denn ein solcher Missbrauch setzt stets weiter voraus, dass sich der Täter über Direktiven/Anweisungen und dergleichen hinwegsetzt, die ihm im sog. Innenverhältnis, also letztlich vom Treugeber erteilt wurden.[3] Bewegt sich der Täter im konkreten Fall noch im Rahmen des „rechtlichen Könnens", also im Rahmen seiner nach außen bestehenden Vollmachten, setzt er sich aber mit seinem Handeln über ein strengeres Innenrecht (dem sog. „rechtlichen Dürfen") hinweg, liegt ein Missbrauch vor. 27

Gründe der oftmals unterschiedlichen Reichweite von Außenvollmacht und Pflichtenbindung im Innenverhältnis sind letztlich die im Interesse des Rechtsverkehrs standardisierten Außenvollmachten. So soll sich der externe Dritte (der Rechtsverkehr) darauf verlassen dürfen, dass Geschäftsführer und Prokurist zur Vertretung des Unternehmens befugt sind. Ob diese aber gegenüber dem Unternehmen, für das sie auftreten, im Innenverhältnis verpflichtet sind, im Rahmen der Vertretung des Unternehmens besondere Regularien einzuhalten, erschließt sich dem externen regelmäßig Dritten nicht und braucht ihn auch nicht zu interessieren. 28

Missbrauch: Handeln im Rahmen des rechtlichen Könnens (wirksames Handeln im Außenverhältnis) unter Überschreitung der Grenzen des rechtlichen Dürfens (Verletzung der Pflichten im Innenverhältnis) 29

Missbrauchskonstellationen können sich beispielsweise bei der (rechtswirksamen) Vergabe von Darlehen an Dritte ergeben. 30

Beispiel: Der Niederlassungsleiter einer kleinen Bankfiliale gewährt dem seit Jahren bekannten Bankkunden einen beantragten Kleinkredit i.H.v. 5 000 EUR. Angesichts des bereits langjährig bestehenden geschäftlichen Kontakts zum Darlehensnehmer unterlässt es der Filialleiter pflichtwidrig, eine für die Kreditvergabe erforderliche zweite Unterschrift seines Stellvertreters einzuholen. Der Filialleiter ist im Außenverhältnis, d.h. gegenüber dem externen Kunden berechtigt, Kredite in der genannten Höhe zu vergeben. Intern bestand dagegen die Pflicht zur Einholung einer weiteren Unterschrift. Diese internen Regularien kennt der Kunde nicht und sie brauchen ihn auch nicht zu interessieren. Daher handelt der Filialleiter hier zwar im Rahmen des rechtlichen Könnens (Außenverhältnis), allerdings überschreitet er seine Befugnisse im Innenverhältnis. 31

Auf dem Banken- und Finanzdienstleistungssektor sind die (verantwortlichen) Mitarbeiter der Banken und Finanzdienstleistungsinstitute vielfältigen Regularien unterworfen, die letztlich in ihrer Gesamtheit jene Pflichtenbindung ergeben, die in der Diktion der Untreue das Innenverhältnis und damit das „rechtliche Dürfen" darstellt. Rechtsquellen sind bspw. Arbeits- und Dienstverträge, bankinterne Richtlinien (wie etwa von der Bank für verpflichtend erklärte Compliance-Richtlinien), Verlautbarungen und sonstige für den Finanzdienstleistungssektor verbindliche Regularien, allen voran Rundschreiben und Verlautbarungen der BAFin, (etwa die Mindestanforderungen an das Risikomanagement, kurz: MaRisk) etc. Ein Verstoß oder eine Außerachtlassung von derlei Vorgaben kann einen Verstoß gegen die interne Pflichtenbindung darstellen und damit – unter den weiteren Voraussetzungen des § 266 StGB – in eine Untreue münden. 32

---

2 Vgl. *Fischer* StGB, § 266 Rn. 24 m.w.N.
3 Vgl. *Fischer* StGB, § 266 Rn. 28 m.w.N.

33 Der Missbrauchstatbestand des § 266 StGB setzt weiterhin voraus, dass den Täter eine Betreuungs- bzw. Fürsorgepflicht für das fremde Vermögen trifft. Da dieses Merkmal zugleich Kernbestandteil der nachfolgend geschilderten Treubruchsuntreue im Sinne von § 266 Abs. 1 Var. 2 StGB ist, wird insoweit auf die nachfolgende Darstellung verwiesen.

34 Die Missbrauchsvariante der Untreue setzt weiterhin voraus, dass dem Täter eine Vermögensbetreuungspflicht obliegt und er diese durch sein Verhalten verletzt hat.

2. Tatvariante 2: Treubruchsuntreue

35 Fehlt es im konkreten Fall an einem wirksamen rechtsgeschäftlichen Verhalten im Außenverhältnis, kommt zwar eine sog. Missbrauchsuntreue nicht in Betracht, wohl aber eine sog. Treubruchsuntreue.

36 Diese setzt zunächst voraus, dass der konkrete Täter verpflichtet ist, fremde Vermögensinteressen wahrzunehmen; Rechtsprechung und Schrifttum sprechen insoweit von einer Vermögensbetreuungs- oder Vermögensfürsorgepflicht.[4] Stets geht es hierbei um Betreuung von oder Fürsorge für Fremdvermögen.

37 **Treubruch:** Treubruchsuntreue kommt bei Verletzung einer Vermögensbetreuungspflicht in Betracht. Ein (rechtswirksames) Handeln im Außenverhältnis ist nicht erforderlich.

38 Für Bankmitarbeiter und Angestellte sonstiger Finanzdienstleistungsunternehmen ist sowohl das Geld der (arbeitgebenden) Bank/des (arbeitgebenden) Finanzdienstleistungsinstituts fremd als auch Geld von Kunden, bspw. Kontoguthaben. Zwar stellen Rechtsprechung und Literatur hohe Anforderungen an das Bestehen einer Vermögensbetreuungspflicht[5], doch ist im Banken- und Finanzdienstleistungssektor rundheraus davon auszugehen, dass sämtliche Mitarbeiter – soweit sie Entscheidungen über die Verwendung von Kundenguthaben oder finanziellen Mitteln der Bank allein oder im Einvernehmen mit anderen Stellen im Hause zu treffen haben – vermögensbetreuungspflichtig sind. Wird diese Pflicht verletzt und resultiert daraus ein Schaden, kommt Untreue in Form der Treubruchsuntreue in Betracht.

39 Treubruchsfälle liegen etwa vor beim Griff des Mitarbeiters in die Kasse.

3. Verletzung einer Vermögensbetreuungspflicht

40 Untreue kommt – in ihren beiden Varianten – nur in jenen Fällen in Betracht, in denen der Täter eine Vermögensbetreuungspflicht verletzt hat. Daher ist zunächst festzustellen, ob der Mitarbeiter (1.) eine Pflicht verletzt hat und ob es sich (2.) bei der verletzten Pflicht um eine Vermögensbetreuungspflicht handelt.

41 Wenngleich zahlreiche Mitarbeiter von Banken/Finanzdienstleistungsunternehmen Adressaten fremdnütziger Vermögensbetreuungspflichten sein werden, heißt dies dennoch nicht, dass jegliche Pflichtverletzung durch Bankmitarbeiter eine Verletzung bestehender Vermögensfürsorgepflichten darstellt. Mitarbeitern von Banken und Finanzdienstleistungsunternehmen obliegen zahlreiche Pflichten. Untreuerelevant sind dabei nur Verletzungen solcher Pflichten, die spezifisch der Fürsorge/der Betreuung von Fremdvermögen dienen.[6]

42 Obliegt etwa einem Bankmitarbeiter eine bestimmte Dokumentationsverpflichtung aus bspw. rein buchhalterischen Gründen, hat eine solche Pflicht regelmäßig nicht den Charakter einer Vermögensbetreuungspflicht. Hier ist jeweils eine konkrete Prüfung des Einzelfalls erforderlich.

---

4 Vgl. *Fischer* StGB, § 266 Rn. 33 m.w.N.
5 Etwa *BGH* wistra 1998, 61.
6 Etwa *BGHSt* 47, 295, 297 ff.

Es ist im Bereich der Banken und anderer Finanzdienstleister davon auszugehen, dass sämtliche Mitarbeiter, die entweder über Vermögen der Bank allein oder unter Beteiligung Dritter verfügen dürfen oder die allein oder unter Beteiligung Dritter die Bank/das Finanzdienstleistungsunternehmen verpflichten dürfen, gegenüber der Bank bzw. dem Finanzdienstleistungsunternehmen vermögensbetreuungspflichtig sind.

4. Handeln durch (pflichtwidriges) Unterlassen

In den vorangegangenen Abschnitten wurden verschiedene Handlungen/Verhaltensweisen genannt, die sich vor dem Hintergrund des § 266 StGB als strafbare Untreue darstellen können. Der Einfachheit halber sind dort nur aktive Handlungen beschrieben, wie etwa der Ankauf von Wertpapieren im Eigenhandel, der Griff in die Kasse, die Ausreichung eines Darlehens, die Anlage von Kundengeldern, die Umstrukturierung eines Kundendepots etc.

Untreue kann jedoch auch durch schlichtes Nichtstun – im strafrechtlichen Sprachgebrauch: durch ein Unterlassen – begangen werden. Unterlassen, also Nichtstun kann allerdings nur dann eine (Vermögensbetreuungs-) Pflichtverletzung darstellen, wenn eine solche Pflicht vom Unterlassenden verlangt haben würde, durch aktives Tun, einem (ansonsten) eintretenden Schaden entgegenzutreten. Es sind daher folglich Fälle vorstellbar, in denen der Einwand eines Beschuldigten, „er habe doch nichts gemacht", nicht entlastet, sondern belastet.

Untreue durch Unterlassen kommt insbesondere in jenen Bereichen in Betracht, in denen Mitarbeiter Kontroll- oder Prüfungspflichten haben, die dem Schutz fremden Vermögens dienen. Es liegt auf der Hand, dass strafrechtlich für den Eintritt eines Vermögensschadens verantwortlich sein kann, wer seine Pflicht etwa zu einer ordnungsgemäßen Risikoanalyse durch das Unterlassen jener Analyse oder durch das Versäumen einzelner Prüfungsschritte verletzt.

5. Vermögensnachteil

Ein weiteres Merkmal des § 266 StGB ist der Eintritt eines Vermögensnachteils. Untreue ohne einen solchen Vermögensschaden (am anvertrauten Fremdvermögen) kann es weder in Form der Missbrauchs- (§ 266 Abs. 1 Var. 1 StGB), noch in Form der Treubruchsvariante (§ 266 Abs. 1 Var. 2 StGB) geben.

Ob ein Vermögensschaden eingetreten ist, wird anhand eines Vermögensvergleichs vor und nach Vornahme der (mutmaßlich) schädigenden Handlung ermittelt.[7] Ist das Vermögen nach Vornahme der Handlung geringer als es vor der vorgenommenen Handlung war, ist dies ein Indiz für einen Vermögensschaden.

Das Ergebnis einer solchen Prüfung kann im Einzelfall offensichtlich sein:

Beispiel: Unter einem Vorwand veranlasst der vermögensbetreuungspflichtige Mitarbeiter die Buchhaltung des arbeitgebenden Unternehmens, eine private Handwerkerrechnung des Mitarbeiters zu zahlen. Hier ist es zu einem Vermögensabfluss beim Unternehmen gekommen, ohne dass dieses eine Gegenleistung erhalten hat. Ein Vermögensschaden liegt vor.

Etwas komplexer gestaltet sich die Ermittlung eines Vermögensnachteils bei sog. Risikogeschäften. Kennzeichen jener Geschäfte ist es, dass im Zeitpunkt des Geschäftsabschlusses prinzipiell ein Verlustrisiko bestand, sich ein Verlust zu diesem Zeitpunkt aber noch nicht realisiert hat. Die Konstellationen lassen sich noch etwas genauer umschreiben: Nach Geschäftsabschluss tritt beim Unternehmen ein Mittelabfluss ein. Es besteht die Erwar-

---

7 *BGHSt* 47, 295, 301 f.; *Fischer* StGB, § 266 Rn. 115a m.w.N.

23 Untreue

tung, dass die Mittel zu einem späteren Zeitpunkt und gegebenenfalls nach Eintritt u.U. mehrerer Bedingungen mit Ertrag zurückfließen. Das Risiko jener Risikogeschäfte liegt daher in der Regel darin begründet, dass im Zeitpunkt des Vermögensabflusses nicht mit letzter Gewissheit prognostiziert werden kann, ob zu einem späteren Zeitpunkt ein Mittelrückfluss in zumindest gleicher Höhe erfolgen wird (etwa: Tilgung von Darlehensvergaben, Amortisation einer Investitionen, Ausbleiben von Kursverlusten gekaufter Wertpapiere etc.). Im Zeitpunkt der Tathandlung, also dem Abschluss von Verträgen, der Auszahlung von Mitteln, etc. ist die Realisierbarkeit des Rückzahlungsanspruchs als Vermögensbestandteil unsicher, was eine Vermögensgefährdung darstellen kann.

52 Rechtsprechung und Literatur gehen (unter Anlehnung an die zum Betrug entwickelten Grundätze) davon aus, dass auch bei der Untreue prinzipiell schon eine Vermögensgefährdung unter bestimmten Voraussetzung einen Vermögensschaden darstellen kann.[8]

53 Lange Zeit wurde ein sog. Gefährdungsschaden angenommen, wenn „Geschäfte betrieben werden, die von dem Gebot kaufmännischer Sorgfalt weit abweichen, indem einer aufs Äußerste gesteigerten Verlustgefahr nur eine höchst zweifelhafte Aussicht auf einen günstigen Verlauf gegenübersteht, durch die der Beschuldigte wie beim Glücksspiel ‚alles auf eine Karte setzt‘,[9] oder wenn der Täter „nach Art eines Spielers bewusst und entgegen den Regeln kaufmännischer Sorgfalt eine auf Äußerste gesteigerte Verlustgefahr auf sich nimmt, nur um eine höchst zweifelhafte Gewinnaussicht zu erlangen".[10] Das BVerfG[11] hat diese Art und Weise der Schadensermittlung als verfassungswidrig eingestuft. Vielmehr fordert es ein, dass auch ein im Einzelfall bestehender Vermögensschaden sorgfältig errechnet und beziffert wird.[12]

54 Daher ist bei Risikogeschäften ein Schaden in der Regel wie anhand des nachfolgenden Beispiels zu ermitteln.

55 **Beispiel:** Es wird ein Kredit über 1 Mio. EUR gewährt; besichert durch eine Grundschuld an einer Immobilie, deren Marktwert nach Angaben des Darlehensnehmers 1,5 Mio. EUR betragen soll. Der Sachbearbeiter prüft die Angaben des Darlehensnehmers nicht. Nachdem 100 000 EUR getilgt worden sind, wird das Darlehen notleidend. Im Rahmen der nach Darlehenskündigung erfolgten Verwertung der Immobilie stellt sich heraus, dass diese nie einen Wert von 1,5 Mio. EUR hatte, sondern allenfalls 700 000 EUR

56 Mit Abschluss des Darlehensvertrages – spätestens mit Valutierung – flossen 1,0 Mio. EUR aus dem Bankvermögen ab. Demgegenüber wurde auf der Aktivseite der Bilanz die entstandene Forderung auf Zins und Tilgung eingebucht. Wenn und soweit aber nach Lage der Dinge der einzubuchende Anspruch auf Rückzahlung nicht in Höhe des Nennwerts werthaltig gewesen sein sollte und eine Wertberichtigung hätte vorgenommen werden müssen, so ergäbe sich – schon bei Vertragsschluss, spätestens aber bei der Valutierung – ein (Gefährdungs-)Schaden in Höhe derjenigen Differenz, um die der Nominalwert des Rückzahlungsanspruchs die Höhe der tatsächlich zu erwartenden Rückzahlung überschreitet. Etwa verbleibende Prognose- und Beurteilungsspielräume seien, so das BVerfG[13], durch vorsichtige Schätzung auszufüllen. Im Zweifel müsse freigesprochen werden.

57 In die Beurteilung einzubeziehen wäre hier auch die Verwertung geleisteter Sicherheiten, so dass im Beispielsfall der Schaden jedenfalls nicht höher als 200 000 EUR gewesen sein kann, da in Höhe von 700 000 EUR Sicherheiten geleistet wurden und das Darlehen i.H.v. 100 000 EUR getilgt werden konnte.

---

8 *Fischer* StGB, § 266 Rn. 150 m.w.N.
9 *RGSt* 61, 211, 213; 66, 255, 262.
10 *BGH* NJW 1975, 1234, 1236.
11 *BVerfG* NJW 2010, 320 ff.
12 So auch schon *BGH* Beschluss v. 20.3.2008 – 1 StR 488/07, Rn. 19.
13 *BVerfG* NJW 2010, 3209, 3220.

> **Vermögensnachteil bei Risikogeschäften:** Der Schaden (bei sog. Risikogeschäften) ist die Differenz zwischen dem Nennwert der entstandenen Forderungen und dem wertberichtigten Rückzahlungsanspruch unter Berücksichtigung erfolgter Rückflüsse und etwaigen Erlösen aus der Verwertung von Sicherheiten.

58

Anmerkung: Auf den ersten Blick scheint das o.g. Beispiel eher einen Betrugsfall darzustellen, da die Bank vom Darlehensnehmer über den Wert der Grundschuld und der Immobilie getäuscht wurde. Da sich der Bankmitarbeiter – im Beispielsfall – hinsichtlich der Beurteilung des Wertes der Sicherheit jedoch pflichtwidrig auf Angaben des Darlehensnehmers verlassen hat, würde dieser Fall von den Ermittlungsbehörden durchaus (auch) als Untreue gewertet werden können:[14]

59

In besonders gelagerten Fällen kann selbst in Fällen wirtschaftlicher Ausgeglichenheit von Leistung und Gegenleistung ein Schaden vorliegen. Der Schaden ergibt sich hier nicht rechnerisch, sondern ausschließlich unter individuellen Gesichtspunkten:[15] Man spricht vom sog. subjektiven Schadenseinschlag.

60

Beispiel: Der Geschäftsleiter einer Bank veranlasst – unter Verstoß gegen interne Richtlinien – auf Kosten der Bank
– die Anschaffung eines mehrere tausend Euro teuren Aquariums für sein Büro oder
– die Anschaffung von Bildern, Plastiken für die Besprechungsräume im Wert von über 100 000 EUR oder
– die Anschaffung alter Weine zur Bewirtung vermögender Privatkunden.

61

In diesen Beispielen erwirbt die Bank mit dem Aquarium/den Kunstgegenständen/dem Wein Gegenstände, für deren Erwerb tatsächlich nur übliche – d.h. dem Wert der Ware angemessene – Marktpreise aufgewandt wurden. Die Bilanz ist damit ausgeglichen; unter rein rechnerischen Gesichtspunkten ergibt sich ein Schaden daher nicht. Da aber dem Geschäftsleiter die Anschaffung von derlei Gegenständen jedenfalls in den im Beispiel genannten Preiskategorien nicht gestattet war, diente die Anschaffung des Gegenstände nicht (mehr) den Interessen der Bank.

62

In – den seltenen – Fällen dieser Art kommt daher Untreue zum Nachteil der Bank in Betracht, obwohl rein rechnerisch ein Schaden nicht zu ermitteln ist.

63

Die vorstehenden Beispiele setzten sich mit der Frage auseinander, ob ein (nicht durch werthaltige Gegenleistung kompensierter) Vermögensabfluss eingetreten war, der strafrechtlich als Schaden zu begreifen ist. Gleichwohl kann – insbesondere in Untreuesachverhalten – ein Schaden auch dann vorliegen, wenn das pflichtwidrige Verhalten eines Vermögensbetreuungspflichtigen dazu führt, dass eine Vermögensmehrung nicht eintritt. Im Unterschied zu den zuvor behandelten Konstellationen geht es hier also nicht um einen Abfluss bereits vorhandener Mittel und seine Kompensation durch eine Gegenleistung, sondern um ein Ausbleiben einer Mehrung der Mittel.

64

Beispiel: Mitglied A des Kreditausschusses verhindert durch seine pflichtwidrige Weigerung, der avisierten Kreditvergabe zuzustimmen, die Ausreichung eines verzinslichen und hinreichend besicherten Darlehens in Höhe von 1 000 000 EUR an den solventen Unternehmer B.

65

Durch sein Verhalten hat A die Ursache dafür gesetzt, dass die Bank Zinsforderungen aus diesem Darlehen nicht hat herleiten können. Die rechtlich entscheidende Frage in Fällen dieser Kategorie richtet sich darauf, ob sich die Aussicht auf Gewinn/Ertrag im konkreten Fall schon soweit verdichtet hat, dass die Expektanz auf eine eventuelle Vermögensmeh-

66

---

14 Näher zur Kreditvergabe Rn. 96 ff.
15 *Fischer* StGB, § 266 Rn. 125 m.w.N.

rung schon selbst Vermögensqualität hat. Dies ist jedenfalls dann nicht der Fall, wenn die Hoffnung auf Gewinn vage und kaum verlässlich prognostizierbar ist. Hat sich die Chance jedoch schon hinreichend verdichtet, und besteht eine gesicherte Aussicht auf ihre Realisierung, kann eine solche Expektanz im Einzelfall schon Vermögensqualität haben:[16]. Ein Verhalten (auch ein pflichtwidriges Unterlassen), welches zum Verlust einer solchen Expektanz führt, kann folglich einen Vermögensschaden darstellen und als Untreue strafbar sein.

67 **Beispiel:** Aktienhändler A wird vom Kunden angewiesen, für einen bestimmten Betrag Aktien der X-AG zu erwerben. A kommt dieser Weisung nicht nach. In den folgenden Tagen machen die Aktien der X-AG einen erheblichen Kurssprung. Hat sich A wegen Untreue strafbar gemacht, da sein Verhalten dazu geführt hat, dass der Kunde nicht am Kursgewinn partizipieren konnte? Der Kurs einer Aktie – jedenfalls ein erheblicher Kursgewinn – ist nicht verlässlich prognostizierbar. Dass hier die Erwartung des Kunden tatsächlich eingetreten ist, lässt die unsichere Prognose vom Vortag gleichwohl nicht verlässlich werden. Ein Vermögensschaden ist daher nicht eingetreten.

6. Ursächlichkeit

68 Strafbarkeit wegen Untreue setzt weiterhin voraus, dass der Schaden durch das Handeln bzw. das pflichtwidrige Unterlassen des vermögensbetreuungspflichtigen Täters verursacht worden ist. Im Falle aktiven Handelns wird diese Ursächlichkeit durch folgende Überlegung festgestellt:

69 Das aktive Tun des Täters ist für den Eintritt des Vermögensschadens dann ursächlich, wenn das Verhalten des Täters nicht hinweggedacht werden kann, ohne dass auch der Vermögensschaden entfiele. Oder anders gewendet: Wäre der Schaden auch dann eingetreten, wenn der Täter nicht gehandelt hätte? Nur dann, wenn die Frage zu verneinen ist, war die Handlung des Täters ursächlich.

70 Ein (pflichtwidriges) Unterlassen ist dagegen ursächlich, wenn es nicht hinzugedacht werden könnte, ohne dass der Erfolg entfiele.

71 Diese Voraussetzungen sind regelmäßig gegeben, so dass diese Kausalitätsprüfung in der Praxis kaum zu einer Auslese strafloser Fälle führt.

7. Pflichtwidrigkeitszusammenhang

72 Neben die vorbeschriebene „tatsächliche" Kausalitätsprüfung, wie sie vorstehend unter Rn. 68 ff. beschrieben ist, tritt eine Art „rechtliche Kausalitätsprüfung". Diesem Prüfungsschritt kommt bei der Feststellung, ob im Einzelfall eine Untreuetat begangen wurde, erhebliche Bedeutung zu. So kann vollendete Untreue nur vorgeworfen werden, wenn feststeht, dass der Schaden bei pflichtgemäßem Verhalten nicht eingetreten wäre:[17] Damit findet hier eine Kausalitätsprüfung nicht nur in tatsächlicher sondern auch in rechtlicher Hinsicht statt. Anders als vorstehend unter Rn. 68 ff. wird hier gedanklich das vermögenspflichtverletzende Handeln hinweg und an seiner Stelle ein hypothetisches pflichtgemäßes Verhalten hinzugedacht. Ergibt die Überlegung, dass der Vermögensschaden selbst bei pflichtgemäßem Verhalten eingetreten wäre, ist jedenfalls die Pflichtverletzung des Vermögensbetreuungspflichtigen nicht ursächlich für den Eintritt eines Vermögensnachteils. Strafbare Untreue läge dann nicht vor.

---

16 *Fischer*, StGB, § 266 Rn. 116.
17 *BGH* WM 2000, 1256, 1257 unter Berufung auf *BGH* wistra 1989, 142; vgl. auch NK/*Kindhäuser* § 266 Rn. 99.

Beispiel: Händler H der Bank B hat den Auftrag, Wertpapiere für den eigenen Bestand   73
der Bank zu erwerben. Dabei hat er vor Erwerb der jeweiligen Papiere ein aus 10 Prüfungsschritten bestehendes Prüfprogramm abzuarbeiten. Händler H hat es eilig und will noch vor dem Ende des Handelstages aus seiner Sicht erfolgversprechende Papiere für das Depot der Bank erwerben. Nach Abarbeiten von lediglich 2 der insgesamt zehn Prüfungspunkte bricht er die Prüfung ab und erwirbt die Papiere zum Preis von 200 000 EUR. Nach etwa 3 Monaten haben die Papiere 50 % ihres Wertes verloren.

Händler H war vermögensbetreuungspflichtig. Er hat im Außenverhältnis rechtswirksam   74
für die Bank Papiere erworben. Bei dem Erwerb hat er sich über seine internen Pflichten hinweggesetzt, denn der Erwerb von Wertpapieren war ihm erst nach vollständigem Durchlaufen des vorgesehenen Prüfprogramms gestattet. Die weitere Kursentwicklung führt zu einer Vermögensminderung.

Die Kausalität kann nicht schon unter Hinweis auf den Umstand bejaht werden, dass es zur   75
Vermögensminderung nicht gekommen wäre, wenn H nicht – unter Überschreitung seiner Befugnisse im Innenverhältnis – die Papiere erworben haben würde. Hinzutreten muss die rechtliche Kausalitätskontrolle anhand eines gedachten rechtmäßigen Alternativverhaltens: Wäre es zu der Vermögensminderung auch (dann) gekommen, wenn H regelkonform das vorgesehene Prüfprogramm abgearbeitet haben würde? Hierzu wäre festzustellen, zu welchem Resultat die vollständige Prüfung geführt haben würde; hätte an deren Ende eine Empfehlung für den Produkterwerb oder jedenfalls kein Ausweis von Red-Flag-Items gestanden, hätte H den Kauf der Papiere nach sorgfältiger Prüfung durchführen können. Da die Papiere auch in diesem Fall in der Folge an Wert verloren haben würden, war seine Pflichtverletzung daher für die spätere Vermögensminderung nicht ursächlich. H hätte sich dann nicht wegen Untreue strafbar gemacht.

8. Keine Zustimmung des Vermögensträgers

Sind alle vorerwähnten Merkmale des Untreuetatbestandes erfüllt, ist eine strafbare   76
Untreue gleichwohl nicht gegeben, wenn der – verfügungsbefugte – Treugeber der vom Vermögensbetreuungspflichtigen durchgeführten Maßnahme im Zeitpunkt der Vornahme der Handlung zugestimmt hat. Liegt eine solche Zustimmung vor, begeht der Treuhänder mit der von ihm durchgeführten Handlung keine Treupflichtverletzung. Im Fall einer solchen Zustimmung setzt sich der Handelnde gerade nicht über die Direktiven des dispositionsbefugten Treugebers hinweg. Dies gilt auch für eine Zustimmung zu Risikogeschäften:[18]

Beispiel: Der Kunde beauftragt einen Wertpapierhändler der Bank, das Kundendepot   77
umzustrukturieren und die bisher im Bestand gehaltenen (konservativen) Papiere der X-AG durch bestimmte hochspekulative Papiere zu ersetzen. Die Bank kommt dem Auftrag nach. Bereits nach wenigen Tagen verlieren die Risikopapiere 50 % ihres Wertes.

Selbstverständlich hat der Bankmitarbeiter in diesem Beispielsfall keine Untreue begangen, da er mit seinem Handeln exakt den ihm erteilten Auftrag ausführte.   78

Entsprechendes gilt auch dann, wenn sich der Kunde mehr oder weniger pauschal entscheidet, die konservative Risikostruktur seines Depots zugunsten einer riskanteren aufzugeben. In solchen Fällen wird man jedoch von der Bank erwarten, dass sich diese – möglichst klar – beim Kunden über dessen genaue Vorstellungen erkundigt. Präzisiert der Kunde sodann seine Angaben, liegt eine Untreue auch bei (erheblichem) Kursverfall nicht vor, sofern sich die Bank bei der Umstrukturierung an den Kundenauftrag hält.   79

---

18 *Fischer* StGB, § 266 Rn. 91.

80 Empfiehlt jedoch initiativ der Anlageberater dem Kunden ein bestimmtes Finanzprodukt und legt der Bankmitarbeiter dem Kunden ein gegebenenfalls erhöhtes Kursverfallsrisiko pflichtwidrig nicht oder nicht zutreffend dar, ist eine vom Kunden gleichwohl erteilte Zustimmung rechtlich bedeutungslos und nicht in der Lage, eine strafbare Untreue des Anlageberaters zu verhindern.

81 Denn eine Zustimmung des Treugebers zu einer vermögensschädigenden/riskanten Maßnahme hat stets nur dann strafbefreiende Wirkung, wenn die Zustimmung willensmangelfrei erteilt wurde;[19] der Treugeber also weder durch Zwang noch durch Täuschung zur Erteilung seiner Zustimmung veranlasst wurde. Angesichts des Informationsgefälles zwischen den „Fachleuten" der Bank auf der einen und dem in der Regel weniger gut informierten Kunden auf der anderen Seite, ist die Bank in der Pflicht, den Kunden hinreichend über etwa erhöhte Kursverlustrisiken aufzuklären. Es versteht sich von selbst, dass derlei aufklärende Maßnahmen zu dokumentieren sind.

82 Eine die Strafbarkeit ausschließende Wirkung hat die Zustimmung schließlich dann nicht, wenn der Zustimmende sie nicht hätte erteilen dürfen, weil etwa die in der Zustimmung liegende „Gefährdung" wirtschaftlicher Interessen der Disposition des Zustimmenden entzogen war.

9. Vorsatz

83 Da § 266 StGB fahrlässiges Handeln nicht gesondert unter Strafe stellt, kann nur vorsätzliches Handeln den Tatbestand der Untreue verwirklichen (vgl. § 15 StGB).

84 Landläufig wird unter Vorsatz „das Wissen und Wollen der Tatbestandsverwirklichung" verstanden. Diese Definition ist jedoch schon aus zwei Gründen schlicht falsch. Erstens erfordert Vorsatz nicht ein „Wissen vom gesetzlichen Tatbestand". So wird bspw. kaum einem Straftäter bekannt sein, wie der gesetzliche Straftatbestand lautet, gegen den er verstößt. Das Wissen bzw. Wollen richtet sich nicht auf eine gesetzliche Formulierung, sondern primär auf jene Fakten und zum Teil rechtliche Gesichtspunkte, die der Richter in einem Strafprozess unter den Straftatbestand subsumieren würde. Zweitens setzt Vorsatz gerade nicht stets ein „Wollen" im Sinne einer zielgerichteten Absicht und ein „Wissen" im Sinne einer sicheren Kenntnis voraus.

85 Vielmehr unterscheidet man drei Formen des Vorsatzes.[20]
– Absicht: Dem Täter kommt es zielgerichtet auf den Erfolg an, er ist aber nicht sicher, ob dieser eintritt,[21]
– Direkter Vorsatz:[22] Der Täter weiß sicher, dass der Erfolg eintreten wird. Unter dieser Voraussetzung liegt Vorsatz selbst dann vor, wenn der Täter den Erfolg nicht innerlich gutheißt („ihn nicht will");
– Bedingter Vorsatz:[23] Der Täter hält einen Erfolgseintritt nicht für sicher, aber immerhin für möglich; darüber hinaus nimmt er den Erfolg billigend in Kauf.

86 In der Praxis spielt der bedingte Vorsatz die bedeutendste Rolle. Es liegt auf der Hand, dass waghalsige Kreditvergaben, riskante Spekulationen und andere Risikogeschäfte regelmäßig nicht von der Absicht getragen sind, der Bank oder den Kunden Schaden zuzufügen. Desgleichen werden jene riskanten Handlungen nicht in der sicheren Erwartung eines Vermögensschadens vorgenommen. Praktisch relevant ist daher der bedingte Vorsatz.

---

19 Vgl. etwa MK-StGB/*Dierlamm* § 266 Rn. 130; *Fischer* StGB, § 266 Rn. 92.
20 Näher Kap. 21 Rn. 81 ff.
21 Vgl. *Fischer* StGB, § 266, § 15 Rn. 6.
22 Vgl. *Fischer* StGB, § 266, § 15 Rn. 7.
23 Vgl. *Fischer* StGB, § 266, § 15 Rn. 9, 9b.

Die Bedeutung der beiden Elemente des bedingten Vorsatzes 87
- Fürmöglichhalten des Erfolgseintritts (kognitive Komponente) und
- innere Billigung (voluntative Komponente)

verschiebt sich allerdings je nach Fallkonstellation: Je höher das erkannte Risiko, desto 88
geringere Anforderungen werden an die „innere Billigung" gestellt. Ist das vom Täter
erkannte Risiko des Eintritts des deliktischen Erfolges – bei der Untreue also die Wahrscheinlichkeit des Eintritts eines Schadens am betreuten Fremdvermögen – hoch, die
Handlung also erkanntermaßen „extrem gefährlich", werden an die innere Billigung keine
hohen Anforderungen gestellt.

In Strafverfahren wird stets aus der Rückschau darüber entschieden, ob im Tatzeitpunkt – 89
und nur hierauf kommt es an – Vorsatz vorgelegen hat. In diesem Zusammenhang spielt
der Grad der Wahrscheinlichkeit, mit der der Täter den Schaden als möglich prognostiziert
hat, eine zentrale Rolle. Die Praxis zeigt – ohne dass dies strafrechtlich immer veranlasst
wäre –, dass in der Regel nur solche Fälle vor das Strafgericht gebracht werden, die bereits
zu (erheblichen) Vermögensschäden führten. In diesen Fällen aber zeigt bereits die Entwicklung der Tat, dass sich das vom Täter (mit)gesteuerte Geschehen zu einem Schaden
fortentwickelt hat. Es liegt auf der Hand, dass die Strafjustiz vielfach versucht sein wird,
die Einlassung des Beschuldigten, er habe nicht ernsthaft mit dem Eintritt des Schadens
gerechnet, und ihn schon gar nicht billigend in Kauf genommen, als Schutzbehauptung
abzutun. Ihm wird entgegengehalten werden, dass er mit seinem Handeln „in einer jegliche
kaufmännische Sorgfalt außer Acht lassenden Weise unverantwortliche und sich geradezu
aufdrängende Risiken eingegangen" sei.

Bereits aus dieser knappen Darstellung der verschiedenen Vorsatzformen und den 90
rechtlichen Anforderungen des bedingten Vorsatzes bzw. genau genommen seines
strafgerichtlichen Nachweises wird deutlich, dass diejenigen Fälle, in denen der Vorwurf der Untreue aus Gründen fehlenden Vorsatzes fallen gelassen wird, in der Praxis
die Ausnahme darstellen.

Tatsächlich ist beispielsweise in dem Strafverfahren gegen Verantwortliche der IKB – ein- 91
geleitet ursprünglich wegen des Erwerbs mutmaßlich hochriskanter und im Ergebnis verlustreicher Papiere – nicht wegen (insoweit begangener) Untreue angeklagt worden. Dem
Vernehmen nach habe die Staatsanwalt in ihren mehrjährigen Ermittlung keine zureichenden Anhaltspunkte für die Annahme feststellen können, dass man der Bank (und sei es
auch nur bedingt) vorsätzlich habe Schaden zufügen wollen.

Auf das Delikt der Untreue übertragen, wird sich die Vorsatzsituation häufig wie folgt dar- 92
stellen:

Der Täter wird in der Regel positiv wissen, dass er mit Fremdgeld umgeht, für welches 93
er Sorge trägt. Er wird regelmäßig auch erkennen, wenn er eine ihm im Interesse des
Fremdvermögens obliegende Pflicht verletzt. Oftmals wird der Täter auch wissen, dass
Verträge/Geschäfte oder andere Sachverhalte, an denen er mitwirkt, finanzielle Risiken für das betreute Fremdvermögen bedeuten können. Er wird aber möglicherweise
keine exakte und zutreffende Vorstellung darüber haben, wie hoch bzw. wie wahrscheinlich die Risiken im Einzelfall sind. Genau an diesem Punkt der ermittlungsbehördlichen/strafgerichtlichen Vorsatzprüfung beginnt die Diskussion der Verteidigung
mit Staatsanwaltschaft bzw. Strafgericht. Als innere Tatsache kann Vorsatz – neben
einem Geständnis – letztlich nur durch Indizien bewiesen werden. Nicht selten ist der
gerichtliche Vorsatznachweis bzw. dessen Behauptung argumentativ schwach, der
Beschuldigte aber seinerseits außerstande, die gerichtlichen Annahmen in einer das
Gericht überzeugenden Weise zu erschüttern. Vor diesem Hintergrund empfiehlt es
sich, eigene Entscheidungen, ihre Hinter- und Beweggründe sowie die wesentlichen

Fakten, auf denen die Entscheidung basiert, zeitnah schriftlich zu fixieren. Selbstverständlich sind derlei Aufzeichnungen für die Arbeitshypothesen einer Staatsanwaltschaft oder den Richterspruch eines Strafgerichts nicht bindend, doch konservieren sie zum einen die Beweggründe und stellen die Strafverfolgungsbehörden immerhin vor die Notwendigkeit, quasi den Gegenbeweis führen zu müssen.

C. Risikofelder in der Praxis

I. Risikogeschäfte im Allgemeinen

94 Unter Risikogeschäften versteht man prinzipiell ein rechtsgeschäftliches Handeln, das für den Treugeber das Risiko eines Verlustes beinhaltet:[24] Zahlreiche Bankgeschäfte fallen in diese Kategorie. Der durch eine Grundschuld besicherte Kleinkredit beinhaltet zwar kein Adressausfallrisiko und stellt trotz der Ungewissheit, ob der Darlehensnehmer bei Fälligkeit zur Tilgung in der Lage sein wird, kein wirtschaftliches Risiko dar, sofern mit der Grundschuld eine die Zins- und Tilgungsforderung deckende Sicherung vorhanden ist. Bei Großkrediten und einer Vielzahl anderer Kredite stellt sich die Situation jedoch u.U. anders dar. Nachdem das Darlehen valutiert ist, hat der Darlehensgeber i.d.R. keine vollständige Gewissheit, dass der Kredit bei Fälligkeit zurückgeführt wird. Entsprechendes gilt bei Wertpapierkäufen: Erwirbt die Bank Aktien oder andere Papiere zur Übernahme in den eigenen Bestand oder aufgrund eines Kundenwunsches in dessen Depot, kann im Zeitpunkt des Erwerbs nicht sicher prognostiziert werden, ob die Papiere (kontinuierlich) im Wert gleichbleiben oder gar steigen werden. Jede Investition ist letztlich ein Risikogeschäft, da Erträge erst zeitlich (u.U. weit) später und/oder nach dem zukünftigen Eintritt oftmals einer Vielzahl von Bedingungen erzielt werden können. Bei Vornahme des Investments besteht i.d.R. keine gesicherte Prognose über dessen Rentabilität.

95 Selbstverständlich verbietet das strafgesetzliche Verbot der Untreue solche Risikogeschäfte nicht prinzipiell. Es zieht aber Schranken ein. Genau genommen ist es dabei nicht das Strafgesetz, welches die Schranken ausspricht, sondern jenes Recht, welches das Innenverhältnis zwischen Treugeber und Treunehmer konkretisiert. Dies können ebenso zivilrechtliche Vereinbarungen sein, wie (verbindliche) Vorgaben der Verwaltung (BAFin). Soweit Risikogeschäfte toleriert sind, und toleriert werden müssen, können „gerade noch erlaubte" und „schon unzulässige" Risiken kaum abstrakt und allgemeingültig beschrieben und voneinander abgegrenzt werden. Bei den in den einzelnen Bereichen geltenden Vorschriften zur Risikominimierung/zur Risikoprävention handelt es sich einerseits um Verfahrensvorschriften, die dem Treupflichtigen im Interesse des betreuten Fremdvermögens bestimmte Prüfungsprogramme auferlegen, nach deren Durchlauf eine mutmaßlich verlässliche Risikobewertung stattfinden kann. Liegen sodann Erkenntnisse über das jeweilige Risiko vor, mag es im Einzelfall Vorgaben geben, die dem Treunehmer Auskunft darüber geben, welches Risiko für das betreute Fremdvermögen gerade noch begründet werden darf und welches schon nicht mehr.

---

24 *Fischer* StGB, § 266 Rn. 63.

II. Kreditvergabe

1. Allgemeines

Kreditgeschäfte sind stets Risikogeschäfte, denn im Zeitpunkt der Valutierung, d.h. im Zeitpunkt des Abflusses von Vermögen fließt der Bank keine wirtschaftlich gleichwertige Gegenleistung zu. Die Bank hat unmittelbar nach Ausreichung zunächst nur einen – aufschiebend bedingten – Anspruch auf Zins bzw. Tilgung. Ferner hat sie bei einem besicherten Kredit die Möglichkeit, auf Sicherheiten zuzugreifen und diese zu verwerten, wenn der Kapitaldienst nicht erbracht wird. Klar ist, dass Banken – wie auch andere Wirtschaftsunternehmen – entsprechende Risikogeschäfte vornehmen dürfen, ohne dass dies eine Untreue darstellt.

So hat eine Entscheidung des 1. Strafsenats des BGH vom 6.4.2000 klar und verständlich ausgeführt.[25]

„Jede Kreditbewilligung ist ihrer Natur nach ein mit einem Risiko behaftetes Geschäft. Bei einer Kreditvergabe sind auf der Grundlage umfassender Information diese Risiken gegen die sich daraus ergebenen Chancen abzuwägen. Ist diese Abwägung sorgfältig vorgenommen worden, kann eine Pflichtverletzung nicht deshalb angenommen werden, weil das Engagement später notleidend wird."[26]

Diese Formulierung in der Entscheidung bedeutet jedoch zunächst nur, allein der Umstand, dass ein Kredit notleidend wird, sich also das anfangs zu bewertende Risiko realisiert, führe jedenfalls dann nicht zu einer Untreue, wenn alle Prüfungspflichten im Zusammenhang mit der Kreditvergabe zuvor ordnungsgemäß erfüllt worden waren.

Art, Umfang und Sorgfalt der Risikoprüfung entscheiden damit letztlich über das Vorliegen einer Untreue im Sinne des § 266 StGB. In der zitierten Entscheidung definiert der *BGH* zunächst in groben Zügen, unter welchen Voraussetzungen eine der Kreditvergabeentscheidung vorausgehende Risikoprüfung als nicht ausreichend und damit als mutmaßlich untreuerelevante Pflichtwidrigkeit betrachtet werden könnte:

Derlei Pflichtwidrigkeiten liegen danach vor:

- **bei der Verletzung von Informationspflichten**
  Hiernach besteht ein Untreuerisiko, wenn im Rahmen der Kreditbewilligung die bekannt gewordenen Fakten zwar für sich genommen zutreffend bewertet worden sind, die Bank bzw. ihre Mitarbeiter es aber versäumt haben, alle Erkenntnisquellen, zu deren Ausschöpfung eine Verpflichtung bestanden hätte, zu nutzen. In der Praxis hat sich gezeigt, dass gerade diesem Gesichtspunkt eine hervorgehobene Bedeutung zukommt. Die Bank bzw. der Mitarbeiter verteidigt sich regelmäßig damit, er habe Alles, was man ihm mitgeteilt habe, sorgfältig aufbereitet und ausgewertet. Diejenigen Gesichtspunkte, die zum Ausfall des Kredits geführt haben, wären bei Vergabe jedoch nicht bekannt gewesen. Für die Annahme einer (schadensursächlichen) Pflichtwidrigkeit kommt es jetzt darauf an, ob diese Fakten bereits bei Kreditvergabe vorlagen und ob die Bank diese bei pflichtgemäßer Kreditprüfung hätte erkennen können.
- **Entscheidungsträger besaßen nicht die erforderliche Befugnis**
  Diese Variante spielt in der Praxis nahezu keine Rolle.
- **Im Zusammenhang mit der Kreditgewährung wurden unrichtige oder unvollständige Angaben gegenüber Mitverantwortlichen oder zur Aufsicht befugten oder berechtigten Personen gemacht.**

---

25 Die wesentlichen Inhalte der BGH-Entscheidung zur Frage nach Pflichtwidrigkeiten bei einer Kreditvergabe wurden durch das BVerfG nicht beanstandet, vgl. *BVerfG* NJW 2010, 3209, 3218.
26 *BGH* NJW 2000, 2364, 2365.

Es kann davon ausgegangen werden, dass in der Praxis zahlreiche Kredite mit teils unwahren oder zumindest unvollständigen Erklärungen der Kreditnehmer „erschlichen" worden sind. Dies sind jedoch prima vista keine Fälle der Untreue durch Bankmitarbeiter, sondern vielmehr solche des Betruges/Kreditbetruges durch Darlehensnehmer. Zur Untreue durch Bankmitarbeiter wird ein solcher Fall aber dann, wenn der Täuschung durch den Kreditnehmer eine Pflichtverletzung oder -versäumnis des Bankmitarbeiters korrespondiert, der Bankmitarbeiter bei sorgfältiger Abarbeitung des Prüfungsprogramms also hätte erkennen können, dass die Angaben des Kreditnehmers nicht zutreffen. In einer späteren Entscheidung des BGH vom 15.11.2001 stellt der 1. Strafsenats[27] ausdrücklich fest, dass eine Untreue durch Bankmitarbeiter selbst dann in Betracht komme, wenn der Kredit zugleich vom Darlehensnehmer erschwindelt worden ist und dieser sich daher eines Betruges strafbar gemacht hat. Im Urteil des BGH heißt es wörtlich:

„Zwar sind die Angeklagten in beiden Komplexen ‚Kreditbetrügern aufgesessen'. Das Landgericht hat aber zu Recht ausgeführt – und dies auch konkret belegt –, dass die Falschangaben der Kreditnehmer bei sorgfältiger Prüfung erkennbar gewesen wären."[28]

Hier zeigt sich die besondere Tücke der Argumentation: „Erkennbar gewesen wären" bedeutet nichts anderes als Pflichtverletzung. Niemand wirft den Angeklagten in jenem Verfahren vor, sie hätten die Falschangaben aktuell erkannt, sondern lediglich, dass sie diese – bei Anwendung der „gebotenen" Sorgfalt – hätten erkennen können.

– **Die vorgegebenen Verwendungszwecke werden nicht eingehalten.**

Auch diese Fälle sind aus der Praxis bekannt. Sie treten bspw. auf, wenn ein Immobilienkredit zum Erwerb etwa eines Wohnhauses gewährt wird, die Valuta jedoch zum Teil abweichend verwendet wird, was bspw. in solchen Fällen möglich ist, in denen von den Parteien des Kaufvertrages bewusst fälschlich ein zu hoher und tatsächlich nicht gewollter Kaufpreis notariell beurkundet wurde, bspw. gerade in der Absicht, entgegen den geltenden Beleihungsrichtlinien (mindestens) eine Vollfinanzierung zu erreichen. Zwar liegt hierin zunächst ein Betrug des Kreditnehmers gegenüber der Bank, doch kann auch durch Bankmitarbeiter einer Untreue verwirklicht sein, sofern bankseitig bekannt war oder ohne weiteres hätte aufgedeckt werden können, dass der beurkundete Kaufpreis tatsächlich nicht dem Willen der Parteien des Kaufvertrages entsprach. In Fällen dieser Art ist oftmals auch die grundbuchlich bestellte Sicherheit nicht voll werthaltig.

– **Die Höchstkreditgrenzen wurden überschritten.**

In diesen Fällen kommt Untreue in Betracht; etwas anderes gilt allenfalls dann, wenn aufgrund der Sicherheitssituation im Einzelfall ein Ausfallrisiko nicht bestand.

– **Die Entscheidungsträger handelten eigennützig.**

Diese Fallgruppe scheint in der Praxis kaum eine Rolle zu spielen, kommt aber beispielsweise dann in Betracht, wenn der Kreditnehmer Verantwortlichen Entscheidungsträgern der Bank Vorteile in Aussicht stellt oder zukommen lässt, um die Bank zur Darlehensvergabe zu bewegen, obwohl die Bank unter Zugrundelegung ihrer eigenen Regularien den Kredit nicht hätte vergeben dürfen.

2. Insbesondere: Großkredite gem. §§ 13 ff. KWG

102 Mit Abstand die größte praktische Bedeutung hat in der Praxis die Vernachlässigung von Informationspflichten. In diesem Zusammenhang bringt die Entscheidung des 1. Strafsenats des BGH vom 15.11.2001 weitergehende Klärung. So heißt es dort:

103 „Für die Pflichtverletzung im Sinne des Missbrauchstatbestandes des § 266 StGB bei einer Kreditvergabe ist maßgebend, ob die Entscheidungsträger bei der Kreditvergabe ihre bankübliche Informations- und Prüfungspflicht bezüglich der wirtschaftlichen Verhältnisse

---

27 *BGH* NJW 2002, 1211.
28 *BGH* NJW 2002, 1211, 1214.

des Kreditnehmers gravierend verletzt haben. Aus der Verletzung der in § 18 Satz 1 KWG normierten Pflicht zum Verlangen nach Offenlegung der wirtschaftlichen Verhältnisse können sich Anhaltspunkte dafür ergeben, dass der banküblichen Informations- und Prüfungspflicht nicht ausreichend genüge getan wurde."[29]

Die Vorschrift des § 18 KWG ist Ausfluss des anerkannten bankkaufmännischen Grundsatzes, Kredite nur nach umfassender und sorgfältiger Bonitätsprüfung zu gewähren und bei bestehenden Kreditverhältnissen die Bonität des Kreditnehmers laufend zu überwachen. Die Vorschrift dient dem Schutz des einzelnen Kreditinstituts und seiner Einleger. Sie hält die Kreditinstitute über die Kreditwürdigkeitsprüfung zu einem risikobewussten Vergabeverhalten an. Dies hat die BaFin mehrfach in diversen Schreiben ausgeführt. In verschiedenen Rundschreiben hat die BAFin – zuvor BAKred – bereits das nach § 18 S. 1 KWG einzuhaltende Verfahren konkretisiert. Danach hat vor der Vergabe des Kredits eine dreischrittige Prüfung stattzufinden: 104

– Vorlage der erforderlichen Unterlagen
– Auswertungen
– Dokumentation.

Diese Rechtspflichten folgen unmittelbar aus § 18 S. 1 KWG. Der Regelungsgegenstand der Vorschrift erschöpft sich jedoch nicht etwa in der Vorlage der erforderlichen Unterlagen. Erst wenn das Kreditinstitut die Unterlagen ausgewertet und sich die Anforderungen weiterer Unterlagen aufgrund der Auswertung als entbehrlich erwiesen hat, liegen dem Kreditinstitut die wirtschaftlichen Verhältnisse des Kreditnehmers offen. Die Verpflichtung des § 18 S. 1 KWG besteht überdies während der gesamten Dauer des Engagements. Das Kreditinstitut muss daher die wirtschaftliche Entwicklung des Kreditnehmers während der gesamten Dauer des Kreditverhältnisses kontinuierlich beobachten und analysieren. 105

Es reicht auch nicht stets aus, sich vom Darlehensnehmer Unterlagen, ggf. Jahresabschlüsse vorlegen zu lassen; unter bestimmten Voraussetzungen ist die Bank sogar gefordert, eigene Ermittlungen anzustellen. „In Zweifelsfällen", so der BGH in der angesprochenen Entscheidung, „insbesondere im Bereich der Bewertung von Vermögensgegenständen, muss das Kreditinstitut eigene Ermittlungen anstellen. [...] erst wenn die mit der Auswertung betraute Stelle in der Bank zu der Beurteilung gelangt, dass ein klares Bild von den wirtschaftlichen Verhältnissen des Kreditnehmers besteht, kann auf der Grundlage dieses Bildes der Kredit von dem dazu berufenen Entscheidungsträger gewährt oder fortgesetzt werden."[30] 106

– Informationspflichten, deren Vernachlässigung eine Pflichtwidrigkeit im Sinne des Untreuetatbestandes begründen, und die Pflicht zum Verlangen nach Offenlegung der wirtschaftlichen Verhältnisse nach § 18 KWG sind nicht vollständig deckungsgleich. Wird im Einzelfall eine fehlende Information durch eine andere gleichwertige Information ersetzt, kann die Pflichtwidrigkeit im Sinne des § 266 StGB entfallen, auch wenn nach § 18 KWG etwa die Vorlage von Bilanzen geboten gewesen wäre. Doch begründen gravierende Verstöße gegen bankübliche Informations- und Prüfungspflichten in der Regel eine Pflichtwidrigkeit im Sinne des Missbrauchstatbestandes des § 266 StGB. Zur Beantwortung der Frage, ob im Einzelfall solche Verstöße vorliegen, kann auch auf die Erläuterung der BAFin zum Verfahren nach § 18 KWG zurückgegriffen werden. Diese gesetzlich geregelte Informationspflicht und die sie erläuternden amtlichen Verlautbarungen der BAFin konkretisieren die Grenzen des rechtlichen Dürfens von Bankleitern bei der Kreditvergabe und machen den Missbrauchstatbestand damit zugleich hinreichend bestimmt. Im Vorlagefall sah der BGH Informationsdefizite aus folgenden Gründen:
– Die Bank habe sich nicht erkundigt, warum andere Banken bislang gewährte Kredite bereits fällig gestellt hatten.

---

29 *BGH* NJW 2002, 1211 (Leitsatz).
30 *BGH* NJW 2002, 1211, 1214.

- Es fehle eine Ermittlung des Bautenstandes, und es sei keine ausreichende Befassung mit den Vermögensverhältnissen erfolgt.
- Eine Mittelverwendungskontrolle sei nicht veranlasst worden.
- Zwar wurde ein Sachverständiger mit der Grundstücksbewertung beauftragt, doch seien dessen Angaben nicht überprüft und dessen Kompetenz nicht in Frage gestellt worden.
- Ferner sei das Objekt nicht besichtigt worden und man habe die Angaben des Darlehensnehmers zum tatsächlichen Wert von Grundstücken ungeprüft akzeptiert.

107 Spätestens hier zeigt sich, dass die Strafjustiz von erheblichen und weitreichenden Prüfungspflichten ausgeht.

3. Insbesondere: Sanierungskredite

108 Sanierungskredite bergen besondere Risiken, da sie in der Regel vom Kreditnehmer nicht (mehr) mit Sicherheiten unterlegt werden können. Auf der anderen Seite besteht bankseitig unter Umständen ein erhebliches Interesse an der Gewährung eines Sanierungskredits, da ohne dessen Gewährung frühere Darlehen notleidend und uneinbringlich würden.

109 Wenn schon im allgemeinen Kreditgeschäft unter den vorstehend genannten Voraussetzungen Untreue in Betracht kommt, stellt sich im Zusammenhang mit Sanierungskrediten die Frage, ob nicht dort angesichts noch weitergehender Risiken besondere Prüfungspflichten bestehen oder die Gewährung sog. Sanierungskredite gar regelmäßig eine Untreue darstellt. Dies vor dem Hintergrund, weil die Bank bei Sanierungskrediten vom Darlehensnehmer letztlich gedrängt wird, dessen unternehmerisches Risiko zu übernehmen. Dennoch ist auch hier eine Darlehensgewährung nicht rundheraus ausgeschlossen. Auch hochriskante Folgekredite können legal ausgereicht werden, wenn sie Erfolg bei der Sanierung eines gesamten Kreditengagements versprechen. Dies ist nach Auffassung des *BGH* insbesondere bei einem wirtschaftlich vernünftigen Gesamtplan der Fall, der auf einen einheitlichen Erfolg angelegt ist und bei dem erst nach einem Durchgangsstadium – der Sanierung – ein Erfolg erzielt wird. Bestehen dagegen durchgreifende Zweifel am wirtschaftlichen Überleben des Darlehensnehmers, wäre eine gleichwohl erfolgende Darlehensausreichung als Untreue zu beurteilen, denn der Anspruch auf Zins- und Tilgung wäre bereits im Zeitpunkt der Valutierung nicht mit dem Nennwert zu bewerten.[31]

III. Korruptive Geschäfte

110 Gemeint sind „Kick-back-Geschäfte" dergestalt, dass Schmiergeldzahlungen in der Regel an verantwortliche Entscheidungsträger derjenigen juristischen Person erfolgen, mit denen ein Vertragsverhältnis eingegangen wird. Refinanziert werden Kickback-Geschäfte regelmäßig durch eine Einpreisung des Schmiergeldbetrages in den Preis, den die (in der Regel juristische) Person als Vertragspartner zahlt. Gestaltungen dieser Art stellen oftmals eine Untreue dar. Sie ist nur in jenen – wohl seltenen – Konstellationen ausgeschlossen, in denen der Schmiergeldempfänger nach dem für ihn geltenden Innenrecht berechtigt ist, einen entsprechenden Vorteil anzunehmen.[32]

111 In der Regel veranlasst der den unlauteren Vorteil erhaltende Vertreter des Geschäftspartners den Abschluss des regelmäßig verdeckt „provisionierten" Geschäfts oder votiert zumindest für einen derartigen Vertragsschluss. Hierdurch veranlasst er die Eingehung eines Vertragsverhältnisses, dessen Gegenleistung üblicherweise zumindest um den Betrag

---

31 Siehe *BGH* ZIP 2002, 346, 350, vgl. auch *Nack* in Müller-Gugenberger/Bieneck, Wirtschaftsstrafrecht, § 66 Rn. 93.
32 Näher zu den Korruptionstatbeständen, insbesondere auch zur kapitalmarktspezifischen Regelung des § 31d WpHG s. 26. Kap.

des Schmiergeldes überhöht ist.[33] Da jedoch auch der Schmiergeldgeber Profit erwirtschaften will, sind jene Vertragsverhältnisse oftmals nicht nur um den Betrag des Schmiergeldes überhöht, sondern entsprechen auch ohne Berücksichtigung des eingepreisten Schmiergeldes nicht marktüblichen Konditionen. Zum Vertragsschluss kommt es meist nur deswegen, weil dieser von Kundenseite durch den Kickback-Empfänger nachhaltig protegiert wird, der seinerseits mit der Erwartung des versprochenen Kickbacks sachfremde Erwägungen in die Entscheidung über den Vertragsschluss einfließen lässt.

Zumindest berufsrechtswidrig sind (verdeckte) Provisionszahlungen von Banken an Steuerberater/Wirtschaftsprüfer/Rechtsanwälte, sofern diese auf Grund einer zugesagten Provision Mandanten zu Vertragsschlüssen mit den provisionszahlenden Banken bewegen. Für die Annahme strafbarer Untreue bleibt in diesen Fällen nur Raum, wenn der Steuerberater/Wirtschaftsprüfer/Rechtsanwalt aufgrund der konkreten Mandatsbeziehung (ausnahmsweise) vermögensbetreuungspflichtig gegenüber dem Kunden ist und die konkret bestehende Vermögensbetreuungspflicht durch Zahlungen der vorbezeichneten Art verletzt wird. **112**

IV. Riskante Anlagegeschäfte/zur Bedeutung von Ratings

Banken dürfen Risikogeschäfte betreiben. Diese sind integraler Bestandteil ihrer geschäftlichen Tätigkeit. Mit der Finanzkrise und dem anschließenden Fall der IKB ist jedoch die Frage aufgeworfen, inwieweit sich Banken/Finanzdienstleister in Risiken begeben dürfen, deren Ermittlung sie unter Umständen nicht vollständig selbst vorgenommen haben, sondern die Entscheidung über den Erwerb „im Ergebnis riskanter" Papiere insbesondere auf Ratings der großen U.S.-amerikanischen Agenturen Moody's, Standard & Poor's und Fitch Ratings gestützt haben. Es ist dabei unumstritten, dass jenen Ratings am Kapitalmarkt besondere Bedeutung zukommt und sich der Rechtsverkehr prinzipiell auf solche Ratings soll stützen können. Dies zeigt sich schon an der Funktion des Ratings als Voraussetzung für den Gang zum Kapitalmarkt. Im Rahmen der Finanzkrise und ihrer nachfolgenden Aufarbeitung zeigte sich jedoch, dass selbst hohe Ratingklassen keine Gewähr für die fortdauernde Bonität des aus der Schuldverschreibung verpflichteten Schuldners bieten. Es verbleibt daher das Risiko, dass die in dem Rating liegende Meinungsäußerung der Agentur über die Bonität letztlich nicht zutrifft. Was bedeutet dies nun für die Frage, ob bzw. inwieweit sich eine Bank bei Investmententscheidungen auf derlei Ratings verlassen darf, wissend, dass sie selber nicht in der Lage ist, im Detail die verbrieften Risiken aus eigener Anschauung nachzuvollziehen? Die aus diesem Thema resultierenden Fragestellungen sind bis dato nicht einhellig beantwortet. Allerdings hat das *Oberlandesgericht Düsseldorf*[34] im Fall der IKB eine Entscheidung getroffen, in der die Justiz in diesem Themenkomplex Position bezog. Soweit der *Senat* beanstandete, dass sich die IKB mit ihrem großvolumigem Engagement im Verbriefungssegment außerhalb ihres satzungsmäßigen Unternehmensgegenstandes bewege und dass die IKB weiterhin durch das Volumen dieses Engagements unzulässigerweise Klumpenrisiken geschaffen habe, die im Fall ihrer Realisierung die Existenz der Bank gefährdeten, sind dies Gesichtspunkte, die im Umfang der betriebenen Geschäfte im Einzelfall wurzeln, und daher von der grundsätzlichen Frage nach einem berechtigten oder unberechtigten Vertrauen in Ratings zu trennen sind. **113**

Mit Blick auf die verfahrensgegenständlichen Papiere stellt das *OLG* zunächst quasi als Ausgangspunkt für die weitere Argumentation fest: „Bereits die übermäßige Komplexität und Intransparenz des Verbriefungssegments bedingte nahezu die Unmöglichkeit für den **114**

---

33 Etwa *BGH* NJW 2005, 300, 305; NJW 2006, 925, 931.
34 *OLG Düsseldorf* ZIP 2010, 28 ff.

Vorstand, Entscheidungen auf ausreichender Informationsgrundlage zu treffen."[35] „Die mehrfach hintereinander geschaltete Strukturierung des Portfolios hatte zur Folge, dass schließlich kaum mehr abschätzbar war, welche Risiken aus den Investments resultierten."[35] Soweit das Gericht hierin konzediert, dass die Verantwortungsträger der Bank die Risiken selber aus eigener Anschauung gar nicht hätten beurteilen können, spricht das Gericht sodann der Bank die Befugnis ab, sich auf Ratings verlassen zu dürfen. „Die externen Ratings der amerikanischen Rating-Agenturen konnten den Vorstand von der Pflicht zu eigener Information nicht entbinden. [...] Sollten die Ratings der Agenturen zur allein maßgeblichen Informationsquelle für Anlageentscheidungen erhoben worden sein, stellt dies einen erheblichen Verstoß gegen die Pflicht des Vorstands dar, alle verfügbaren Erkenntnisquellen auszuschöpfen."[35] Zur Begründung verweist der *Senat* in diesem Zusammenhang darauf, dass die Agenturen ihrerseits stets jegliche Gewähr für die Richtigkeit des Ratings ausschlössen, dass sie letztlich nicht unabhängig arbeiteten und sie schließlich – hinsichtlich der verfahrensgegenständlichen Papiere – wenig Erfahrungen hatten. Die Literatur setzt sich mit dieser Entscheidung durchaus kritisch auseinander.[36] Doch obwohl die zentralen Fragen in diesem Zusammenhang bis dato noch nicht abschließend geklärt sind, wird im Rahmen von Investmententscheidungen der Beschluss des *OLG Düsseldorf* nicht ignoriert werden dürfen.

115 In strafrechtlicher Hinsicht, d.h. bezogen auf mögliche Untreuevorwürfe, würde ein unberechtigtes Vertrauen in die Richtigkeit eines Ratings die dem Strafgesetz vorgelagerte Frage der (Treu-)Pflichtwidrigkeit betreffen. Von daher ist gegenwärtig der Blick auf das laufende SachsenLB-Verfahren beim Landgericht Leipzig zu richten, dessen Fortgang möglicherweise klärende Hinweise liefert.

V. Verwaltung von Kundendepots/Wertpapiergeschäfte im Kundenauftrag

116 Strukturiert die Bank das Depot des Kunden in dessen Auftrag, kommt Untreue zunächst in Betracht, wenn sich die Bank über die Direktiven des Kunden hinwegsetzt und beispielsweise die vom Kunden gewünschte konservative Anlagestrategie verlässt und stattdessen hochspekulative Titel für den Kunden erwirbt. Ob es in der Folge dann tatsächlich zu einem Kursverlust der riskanten Papiere kommt, ist zwar für die Frage der Untreue nicht von Belang, dennoch wird aber faktisch bei einer positiven Entwicklung des Kundendepots grundsätzlich nicht mit staatsanwaltschaftlicher Verfolgungstätigkeit zu rechnen sein, zumal der Kunde in diesem Fall die Bank vielleicht auf die Eingehung nicht tolerierter Risiken hinweisen und eine Rückkehr zu konservativen Anlagestrategie einfordern, aber kaum Anlass sehen wird, per Strafanzeige die Einleitung eines Ermittlungsverfahren wegen Untreue zu veranlassen. Daher werden in der Praxis – faktisch – nur solche Fälle relevant, in denen eigenmächtiges Handeln von Bankangestellten zu Vermögensverlusten beim Kunden führt. In Fällen dieser Art bestimmt der Kunde die Struktur seines Depots. Hält sich die Bank im Rahmen seiner Direktiven bleibt für die Annahme einer Pflichtverletzung prinzipiell kein Raum.

117 Aber: Nicht selten wird der Kunde dem Anlagerat seines Beraters folgen. Geht der Kunde nach vorheriger Abstimmung mit seinem bei der Bank beschäftigten Berater Risiken ein, die in der Folge zu einem Verlust führen, liegt zwar seitens des Kunden ein Einverständnis

---
35 *OLG Düsseldorf* ZIP 2010, 31.
36 Etwa: *Habbe/Köster* BB 2011, 266 ff.; *Fleischer* NJW 2010, 1504, hierzu instruktiv *Jobst/Kapoor* WM 2013, 680 ff.

vor; dies führt jedoch nur dann zur Straffreiheit des Beraters, wenn die der Erteilung der Zustimmung vorausgegangene Beratung hinreichend und ordnungsgemäß war. Der BGH (in Zivilsachen) hat an eine derartige Beratung des Kunden durch die Bank hohe Voraussetzungen geknüpft. So heißt es in einer Entscheidung aus dem Jahr 1997, die die bisherige Rechtsprechungstradition fortsetzt: „Eine Bank hat bei der Anlageberatung den – gegebenenfalls zu erfragenden – Wissensstand des Kunden über Anlagegeschäfte der vorgesehenen Art und dessen Risikobereitschaft zu berücksichtigen („anlegergerechte" Beratung); das von ihr danach empfohlene Anlageobjekt muss diesen Kriterien Rechnung tragen („objektgerechte" Beratung). „Eine Bank", so führt der Senat weiter aus, „die ausländische Wertpapiere in ihr Anlageprogramm aufgenommen hat, muss diese Papiere, die sie ihren Kunden als Anlage empfiehlt, einer eigenen Prüfung unterziehen; sie darf sich nicht auf eine Börsenzulassung verlassen und sich damit begnügen, des Inhalt eines Zulassungsprospekts zur Kenntnis zu nehmen."[37] Eine Beratung, die diesen Erfordernissen nicht gerecht wird, läuft Gefahr als unzureichend beurteilt zu werden. Daraus ergäbe sich dann, dass ein gleichwohl erteiltes Einverständnis des Kunden als unbeachtlich bewertet würde und sich der Bankberater dem Risiko eines Untreueverfahrens aussetzt.

VI. Strafrechtliche Verantwortlichkeit bei Gremienentscheidungen/ Hierarchien

In der Praxis der Banken und Finanzdienstleister werden Entscheidungen von erheblicher wirtschaftlicher Tragweite für die Bank oder das Finanzdienstleistungsunternehmen in der Regel von mehrköpfigen Gremien beschlossen. Trifft nun ein solches Gremium unter Verletzung entgegenstehender Vermögensbetreuungspflichten eine Entscheidung, die ein erhebliches wirtschaftliches Risiko begründet, welches sich in der Folge zudem realisiert, stellt sich die Frage, ob gegen einzelne Mitglieder des über die Maßnahme entscheidenden Gremiums der Vorwurf der Untreue erhoben werden kann. Diese wichtige Thematik – in der strafrechtlichen Literatur regelmäßig unter dem Thema „strafrechtliche Verantwortlichkeit bei Kollegialentscheidungen" behandelt – ist bis dato weder abschließend noch auch nur zufriedenstellend geklärt.[38] **118**

Man wird gegenwärtig[39] davon auszugehen haben, dass sich in derartigen Fallkonstellationen prinzipiell jedes Gremiumsmitglied wegen Untreue zu verantworten hat, welches durch seine (vorsätzliche) Zustimmung zu der avisierten – pflichtwidrigen – Maßnahme beiträgt. Der Beschuldigte kann in diesen Fällen seine Verantwortlichkeit nicht mit der Erwägung in Abrede stellen, dass selbst seine – hypothetische – Stimmenthaltung oder sogar seine – hypothetische – Gegenstimme die Tat wegen einer vorhandenen Stimmenmehrheit nicht vereitelt haben würde. **119**

Hierdurch überholt ist die noch weitergehende Verantwortungszuschreibung, nach der selbst die überstimmte Gegenstimme einen Tatbeitrag sollte darstellen können. In einer solchen Konstellation – wenngleich in einem anderen Kontext – hat das OLG Stuttgart[40] eine strafbare Mitwirkung des „Abweichlers" an der gesamten Abstimmung gesehen. Seine Auffassung begründet das Gericht mit der Erwägung, der „Abweichler" habe sich bereits mit seiner Teilnahme an der Kollektiventscheidung der Mehrheitsmeinung unterworfen. Insoweit erwachse bereits hieraus seine Mitverantwortlichkeit für die Entscheidung. In der **120**

---

37 *BGHZ* 123, 126.
38 Näher 21. Kap. Rn. 120 ff.
39 Im Anschluss an die sog. Ledersprayentscheidung des *BGH* NJW 1990, 2560.
40 *OLG Stuttgart* MDR 1981, 163, 164.

Literatur wird diese weitgreifende Verantwortlichkeitszuschreibung abgelehnt,[41] denn schließlich habe jener „Abweichler" mit seiner Gegenstimme in der Gremiensitzung alles ihm Mögliche und Zumutbare getan, um eine Entschließung des Organs zur Vornahme eines pflichtwidrigen Beschlusses zu verhindern.

121 Betrifft das Abstimmungsverhalten bei Gremienentscheidungen die Zusammenarbeit auf einer horizontalen Ebene, stellt die Zusammenarbeit unterschiedlicher Ebenen der innerbetrieblichen Hierarchie Fälle der vertikalen Arbeitsteilung dar. In letzteren Konstellationen stellen sich ebenfalls Fragen nach einer (straf)rechtlichen Verantwortlichkeit. Auch insoweit hat sich die Rechtsprechung bereits geäußert. So heißt es in einer Entscheidung des BGH vom 15.11.2001[42] in Fortführung der früheren Rechtsprechung[43]:

122 „Die Bankleiter können sich grundsätzlich auf den Bericht des federführenden Vorstandsmitglieds oder des als zuverlässig bekannten Kreditsachbearbeiters verlassen. Ergeben sich jedoch Zweifel oder Unstimmigkeiten, ist Rückfrage oder eigene Nachprüfung geboten. Eine eigene Nachprüfung ist auch dann erforderlich, wenn die Kreditvergabe ein besonders hohes Risiko – insbesondere für die Existenz der Bank – beinhaltet, oder wenn bekannt ist, dass die Bonität des Kunden eines hohen Kredits ungewöhnlich problematisch ist."

123 Danach ist es nicht ausgeschlossen, dass beispielsweise ein Vorstandsmitglied trotz seiner ausdrücklichen Zustimmung zur Bewilligung eines – objektiv pflichtwidrigen – Kredits nicht vorwerfbar handelt, wenn und soweit er sich im Einzelfall auf scheinbar plausible Kreditvoten einzelner als zuverlässig geltender Mitarbeiter berufen kann. Unter diesen Voraussetzungen kann ein Untreuevorwurf daher nicht erhoben werden.

D. Verfahrensgesichtspunkte

124 Obwohl bis zur richterlichen Schuldfeststellung im Rahmen eines Strafverfahrens für sämtliche Beschuldigte die Unschuldsvermutung streitet, ist nicht zu verkennen, dass bereits ein eingeleitetes staatsanwaltschaftliches Ermittlungsverfahren jedenfalls faktisch erhebliche negative Konsequenzen entfaltet. Diese treffen die einzelnen beschuldigten Personen ebenso wie die arbeitgebende Bank oder das arbeitgebende Finanzdienstleitungsunternehmen. Es bedarf keiner vertiefenden Darstellung, dass allein Presseberichterstattung über derlei Verfahren zu massiver Rufschädigung der Bank und zur Desavouierung namentlich benannter beschuldigter Personen vor allem in leitenden Positionen führen kann.

125 Darüber hinaus darf die Staatsanwaltschaft – in der Regel nach richterlicher Prüfung – bereits im Ermittlungsverfahren Räumlichkeiten, Fahrzeuge, etc. durchsuchen und Beweismittel beschlagnahmen. Dass die Bank als juristische Person im Kontext eines gegen Mitarbeiter geführten Strafverfahrens externe Dritte ist, steht solchen Ermittlungsmaßnahmen, bspw. einer Durchsuchung der Räumlichkeiten der Bank nicht entgegen. Auch können Zeugen vernommen werden; neben Angestellten der Bank kommt – je nach Eigenart des Falles – auch eine Vernehmung externer Personen in Betracht, so dass die Bank die Kommunikation von Informationen über das Verfahren gegenüber der Öffentlichkeit kaum wird kontrollieren können.

---

41 Vgl. MK-StGB/*Dierlamm* § 266 Rn. 254.
42 *BGH* ZIP 2002, 346, 351.
43 *BGH* ZIP 2000, 1210, 1212.

Darüber hinaus ist die Bank als juristische Person im Rahmen von Untreueverfahren nicht **126** selten Adressat von Schadensersatzansprüchen Dritter. Zwar sind derlei Ansprüche durch (externe) Geschädigte primär auf dem Zivilrechtsweg zu verfolgen, doch bietet die Strafprozessordnung im Wege der sog. Rückgewinnungshilfe Möglichkeiten, Haftungsmasse, die zur Tilgung solcher Ansprüche erforderlich ist, bei der Bank durch Arrest zu sichern.

Schließlich kann zwar die Bank als juristische Person nicht Beschuldigte eines Strafverfahrens werden, doch ist es unter den Voraussetzungen des § 30 OWiG möglich, gegen die Bank ein Bußgeldverfahren wegen betriebsbezogener Verfehlungen durch ihre Organe – und sei es auch nur durch ein Überwachungsverschulden, § 130 OWiG – einzuleiten. Die hier gegebenenfalls zu erwartenden Bußgelder können von beträchtlicher Höhe sein.[44] **127**

Vor diesem Hintergrund wird die Notwendigkeit von Compliance evident. Ihr geht es **128** daher primär nicht darum, im konkreten Einzelfall eine Bestrafung von Verantwortlichen oder einen Bußgeldbescheid gegen die Bank selbst zu vermeiden, sondern schon im Vorfeld dem Eintritt solcher Situationen entgegen zu wirken, die von den Strafverfolgungsbehörden als hinreichender Anlass für die Einleitung eines Ermittlungsverfahrens betrachtet werden.

---

44 Näher 21. Kap. Rn. 133 ff.

24. Kapitel
Steuerliche Verfehlungen

Literatur: *Flore/Tsambikakis* Steuerstrafrecht 2013; *Gehm* NJW 2012, 1257; *Holenstein* Das Steuerabkommen mit der Schweiz: ein Meilenstein oder roter Teppich für Steuersünder – oder beides?, DStR 2012, 153; *Jehke/Dreher* Was bedeutet „unverzüglich" i.S.v. § 153 AO?, DStR 2012, 2467; *Lohmar* Steuerstrafrechtliche Risiken typischer Bankgeschäfte, 2002; *Quedenfeld/Füllsack* Verteidigung in Steuerstrafsachen, 4. Aufl. 2012; *Riegel/Kruse* Strafbefreiende Selbstanzeige nach § 371 AO durch Bankmitarbeiter, NStZ 1999, 325; *Sahan/Ruhmannseder* Steuerstrafrechtliche Risiken für Banken und ihre Mitarbeiter bei Kapitaltransfers in die Schweiz, IStR 2009, 715; *Schäfer/Sander/van Gemmeren* Praxis der Strafzumessung, 5. Aufl. 2012.

Kommt es wegen steuerlicher Verfehlungen zur Einleitung strafrechtlicher Ermittlungen, betreffen diese regelmäßig auch Banken. Dabei sind Banken aus Sicht der Strafverfolgungsbehörden nicht ausschließlich als Quelle für verfahrensrelevante Informationen interessant. Vielmehr waren es in jüngerer Zeit vermehrt die Banken selbst, die Subjekt von Ermittlungsverfahren und Sanktionen wurden.[1] Die Legislative ist ebenfalls nicht untätig. Der Entwurf eines Gesetzes zur Bekämpfung von Steuerstraftaten im Bankenbereich vom 3.7.2013[2] nennt das **„Anbieten von Steuersparmodellen"** über den gesetzlichen Rahmen hinaus" oder „die **Entwicklung komplizierter Modelle zur Steuerumgehung** mit Auslandsbezug" als Anlässe für regulatorischen Handlungsbedarf. Mit dem Entwurf werden insbesondere erweiterte Aufsichtsmaßnahmen bis zur Aufhebung der Erlaubnis nach § 32 KWG vorgeschlagen. Die Verschärfungen erfassen Fälle, in denen Verantwortliche der Bank „nachhaltig" Steuerstraftaten begangen oder daran teilgenommen haben und in denen das Institut diese strafbaren Handlungen begünstigt hat. Überdies erfassen sie das Versagen von Mechanismen der Risikokontrolle oder zur Verhinderung von Steuerstraftaten eingerichteter Compliance-Systeme. Ob hieraus gesetzliche Realität wird, kann dahinstehen. Der Entwurf macht jedenfalls deutlich, dass steuerliche Verfehlungen auch für den Bankensektor zunehmend mit Risiken verbunden sind.

1

A. Steuerstraftaten und Steuerordnungswidrigkeiten

I. Anwendbare Vorschriften

Steuerliche Verfehlungen können gegen **Individualpersonen** als Straftat mit Kriminalstrafe (Geld- oder Freiheitsstrafe) oder als Ordnungswidrigkeit mit Bußgeld geahndet werden.

2

Gegen **juristische Personen** und damit auch gegen **Banken** können unternehmensbezogene Sanktionen (z.B. Verfallsanordnung, Verbandsgeldbuße) verhängt werden. Voraussetzung ist insbesondere, dass aus der Bank heraus sog. Anknüpfungstaten begangen werden. Insoweit kommt unter anderem die Verletzung solcher Aufsichtspflichten in Betracht, die Rechtsverstöße verhindert oder wesentlich erschwert hätten (§ 130 OWiG).[3]

3

---

1 Vgl. *LG Düsseldorf* 21.11.2011 – 10 KLs 14/11: Verurteilung einer Schweizer Bank zu einer Geldbuße von 149 Mio. EUR wegen des Vorwurfs der Unterstützung von Kunden bei deren Steuerhinterziehungen.
2 BR-Drucks. 17/14324.
3 Vgl. *LG Düsseldorf* 21.11.2011 – 10 KLs 14/11.

4 Die **Kerntatbestände** des Steuerstrafrechts sind die Steuerhinterziehung nach § 370 AO und die leichtfertige Steuerverkürzung nach § 378 AO.[4] Die jeweils verwendeten Merkmale „steuerlich erhebliche Tatsachen" und „Steuern verkürzt" werden durch die Vorschriften der Einzelsteuergesetze ausgefüllt.[5] Das Steuerstrafrecht ist folglich Blankettstrafrecht, das lediglich die Sanktion regelt und inhaltlich eng mit dem materiellen Steuerrecht verwoben ist.

5 Materiell gelten im Steuerstrafrecht nach § 369 Abs. 2 AO die allgemeinen Gesetze, soweit die Strafvorschriften der Steuergesetze nichts anderes bestimmen.[6] Ein **allgemeines Gesetz** in diesem Sinne ist insbesondere das **StGB**. Weil die Steuergesetze keine besonderen Vorschriften etwa zu Täterschaft und Teilnahme (§§ 25, 26 und 27 StGB), zum Versuch (§§ 22, 23 StGB), zur Vollendung und Beendigung (§ 78a StGB) von Steuerstraftaten, zu Vorsatz (§ 15 StGB) und Irrtum (§§ 16, 17 StGB) oder zur Strafzumessung (§ 46 StGB) enthalten, gelten insbesondere insoweit die allgemeinen Vorschriften des StGB. Demgegenüber enthalten insbesondere die Vorschriften zur Selbstanzeige nach § 371 AO und der Verjährungsunterbrechung nach § 376 Abs. 2 AO besondere Regelungen i.S.v. § 369 Abs. 2 AO.

6 Prozessual gelten gem. § 385 Abs. 1 AO ebenfalls die allgemeinen Gesetze, namentlich die **StPO** und das GVG. Damit sind insbesondere die strafprozessualen Vorschriften über die Rechte von Zeugen (§§ 48 ff. StPO) sowie über Beschlagnahmen (§§ 94 ff. StPO) und Durchsuchungen (§§ 102 ff.) anzuwenden.

II. Das Ermittlungsverfahren in Steuerstrafsachen

1. Zuständigkeiten

7 Das Ermittlungsverfahren in Steuerstrafsachen liegt weitgehend in der Hand der **Finanzbehörden**.[7]

– Die **Finanzbehörde** ermittelt bei Verdacht einer Steuerstraftat den Sachverhalt.[8] Stellt die Tat ausschließlich eine Steuerstraftat dar, führt die Finanzbehörde – die **Straf- und Bußgeldsachenstelle** (StraBu bzw. BuStra[9]) – das Ermittlungsverfahren mit den Befugnissen der Staatsanwaltschaft durch („Steuerstaatsanwaltschaft").[10] Damit ist die Finanzbehörde nach dem Legalitätsprinzip[11] verpflichtet, bei Vorliegen eines Anfangsverdachtes einzuschreiten, den Sachverhalt zu ermitteln und alle zulässigen Maßnahmen zu ergreifen, die geeignet und erforderlich sind, die Straftat aufzuklären.[12] Die StraBu bzw. BuStra ist Herrin des Ermittlungsverfahrens und kann der Steuerfahndung Anweisungen erteilen.

– Die **Staatsanwaltschaft** kann das Verfahren jederzeit an sich zu ziehen (sog. Evokation).[13] Ebenso kann die Finanzbehörde die Sache jederzeit an die Staatsanwaltschaft abgeben.[14] In bestimmten Konstellationen ist sie zur frühzeitigen Benachrichtigung der Staatsanwaltschaft verpflichtet, damit diese über eine mögliche Evokation entscheiden kann.[15]

---

4 Die AO enthält zahlreiche weitere Bußgeldtatbestände, die vor allem Gefährdungen des Steueraufkommens erfassen und sog. Vorfeldtatbestände zu Steuerstraftaten oder Steuerordnungswidrigkeiten sind; vgl. §§ 379–383a AO.
5 *BGH* 12.5.2008 – 1 StR 718/08.
6 *Klein* AO § 369 Rn. 1, 10.
7 *Klein* AO § 386 Rn. 1.
8 § 386 Abs. 1 S. 1 AO.
9 Hierbei handelt es sich um besondere Abteilungen der Finanzämter.
10 § 386 Abs. 2 Nr. 1, § 399 Abs. 1 AO; vgl. auch *Quedenfeld/Füllsack* Rn. 151.
11 § 152 StPO.
12 *BVerfG* NStZ 1996, 45.
13 § 386 Abs. 4 S. 2 AO.
14 § 386 Abs. 4 AO.
15 *BGHSt* 55, 180; Nr. 22 Abs. 2 AStBV (St) 2013.

– Die **Steuerfahndung** hat insoweit eine Doppelaufgabe, als sie im Steuerstrafverfahren für die Ermittlung der Straftat und für die Ermittlung des steuerlich relevanten Sachverhalts zuständig ist.[16] Im Steuerstrafverfahren hat die Steuerfahndung dieselben strafprozessualen Befugnisse wie die Polizei („Steuerpolizei").[17] Betreffen die Ermittlungen einen Sachverhalt, der sowohl steuerlich als auch strafrechtlich relevant ist, hat die Steuerfahndung die steuerlichen und die strafrechtlichen Befugnisse.[18]

2. Typische Ermittlungshandlungen

Als **Ermittlungshandlungen**, mit denen Banken im Steuerstrafverfahren typischerweise konfrontiert werden, kommen insbesondere in Betracht:
- Durchsuchungen,
- Beschlagnahmen von Unterlagen oder elektronischen Daten,
- Vernehmungen,
- Auskunftsersuchen.

Richtet sich der Tatverdacht auf besonders schwere Steuerstraftaten sind auch vorläufige Festnahmen, die Anordnung von Untersuchungshaft oder Maßnahmen der Telekommunikationsüberwachung nicht ausgeschlossen.

a) Durchsuchungen

Durchsuchungen bedürfen grundsätzlich der richterlichen Anordnung. Die Beschlüsse ergehen in der Regel nach § 103 StPO gegen die Bank als Durchsuchung bei Dritten, wenn Ermittlungsverfahren gegen Kunden geführt werden. An die Rechtmäßigkeit solcher Durchsuchungen sind wegen der Schwere des Eingriffs hohe Anforderungen zu stellen. Besteht jedoch ein Verdacht von Steuerstraftaten gegen Mitglieder von Organen der Bank, ist eine Durchsuchung unter den prinzipiell niedrigeren Anforderungen von § 102 StPO zulässig.[19] Allerdings zeigt die Praxis, dass Durchsuchungen nicht selten ohne hinreichend gründliche Prüfung der Verdachtsgründe oder der Verhältnismäßigkeit angeordnet werden. Die Justizpraxis bleibt bei Durchsuchungsanordnungen nicht selten hinter den Anforderungen zurück, die sich aus dem Gesetz und der Rechtsprechung ergeben. Daher empfiehlt sich eine sorgfältige Prüfung des gerichtlichen Beschlusses.[20]

b) Vernehmungen

Nicht selten kommt es im Rahmen von Durchsuchungen zu **Vernehmungen** von Bankmitarbeitern. Hierbei besteht das Risiko, dass die Strafverfolgungsbehörden anschließend strafrechtliche Vorwürfe (z.B. Beihilfe) gegen den vernommenen Mitarbeiter oder andere Personen erheben. Daher sollte sofort ein **Zeugenbeistand** beigezogen und ggf. ein umfassendes Auskunftsverweigerungsrecht (§ 55 StPO) geltend gemacht werden.[21] Vernehmungen in einer Durchsuchungssituation können besondere Gefahren bergen. Ein geübter Ermittler gewinnt auch aus einer informal erscheinenden Situation u.U. Erkenntnisse, die möglicherweise nicht zutreffen, gleichwohl aber zunächst in der Akte dokumentiert werden und ggf. das weitere Verfahren prägen. Es ist regelmäßig nicht hilfreich, wenn verunsicherte Mitarbeiter ihnen gestellte Fragen sofort beant-

---

16 Vgl. ergänzend zu den Ermittlungskompetenzen der Steuerfahndung und anderer Behörden Knierim/Rübenstahl/Tsambikakis/*Piel/Rübenstahl* 21. Kap. Rn. 521 ff.
17 § 404 S. 1 AO, § 152 GVG; vgl. auch *Quedenfeld/Füllsack* Rn. 151.
18 § 393 Abs. 1 S. 1 AO.
19 Vgl. *Quedenfeld/Füllsack* Rn. 820 m.w.N.
20 Vgl. auch *Adick* PStR 2012, 205 ff.; *ders.* PStR 2010, 239 ff.
21 Vgl. *Quedenfeld/Füllsack* Rn. 822 m.w.N.

worten, z.B. weil sie meinen, „alles erklären" und so die Situation schnell beenden zu können. Die Qualität so erlangter Erkenntnisse ist zweifelhaft. Eine ggf. später zu führende Diskussion über mögliche Verstöße gegen Belehrungspflichten oder Verwertungsverbote kann vermieden werden, wenn ein Zeugenbeistand auf die Einhaltung der Förmlichkeiten achtet und im Interesse aller Verfahrensbeteiligten einen professionellen Ablauf der Vernehmung unterstützt.

c) Auskunftsersuchen

11 Ein **Bankgeheimnis** existiert in Deutschland allenfalls insoweit, als Banken zivilrechtlich gegenüber ihren Kunden verpflichtet sind, keine Auskünfte an Dritte zu erteilen.[22] Deshalb können Strafverfolgungsbehörden von Banken durchaus verfahrensrelevante Informationen über Kunden erlangen. Insoweit kommen in Betracht:
- **Abgabenrechtliche** Herausgabeverlangen: Nach § 93 AO können die Finanzbehörden von „anderen Personen", also auch von Banken, Auskünfte verlangen; nach § 97 AO können sie zudem die Herausgabe von Unterlagen verlangen. Erforderlich ist stets, dass die Finanzbehörden den sog. „hinreichenden Anlass" ihrer Anfrage darlegen.[23] Die in § 97 AO geregelte Subsidiarität des Herausgabeverlangens wird in der Praxis oftmals nicht gewahrt.
- **Strafrechtliche** Herausgabeverlangen: Nach § 95 Abs. 1 StPO ist verpflichtet, einen Gegenstand herauszugeben, der als Beweismittel in Betracht kommt (§ 94 StPO). Die früher vertretene Ansicht, dass nur der Richter ein Herausgabeverlangen stellen kann, ist nicht mehr unumstritten.[24] Bei unberechtigter Weigerung können Ordnungs- und Zwangsmittel verhängt werden, § 95 Abs. 2 StPO.
- **Auskunftsersuchen**: Darüber hinaus gibt es – gesetzlich nicht geregelte – Auskunftsersuchen, die oftmals als Fragenkatalog an die Bank gesandt werden.[25] Ihre Beantwortung ist zwar nicht mit Zwangsmitteln durchsetzbar, allerdings besteht bei einer Weigerung ein nicht unerhebliches Risiko, dass eine Durchsuchungs- und Beschlagnahmeanordnung gegen die Bank ergehen könnte. Daher dürfte eine Beantwortung des Auskunftsersuchens regelmäßig weniger einschneidend sein. Allerdings bietet eine richterliche Anordnung durch Beschluss ggf. ein erhöhtes Maß an Rechtssicherheit auch im Verhältnis zum Kunden.

d) Information des Kunden

12 Liegt ein Auskunftsersuchen vor oder wurde ein Durchsuchungsbeschluss vollzogen, stellt sich oftmals die Frage, ob die Bank ihre betroffenen **Kunden informieren** darf. Schließlich ist nicht ausgeschlossen, dass der betroffene Kunde anschließend Maßnahmen ergreift, die das Verfahren beeinträchtigen (z.B. Vernichten von Beweismitteln etc.). In diesem Fall könnte das Risiko bestehen, dass gegen die zuständigen Mitarbeiter der Vorwurf einer Begünstigung (§ 257 StGB) oder Strafvereitelung (§ 258 StGB) erhoben wird. Soweit ersichtlich, existiert hierzu keine Rechtsprechung. Die Literatur nimmt jedoch zutreffend an, dass die **bloße Information** des Kunden über eine Durchsuchung oder ein Auskunftsersuchen keinen entsprechenden Tatverdacht begründet.[26]

---

22 *Quedenfeld/Füllsack* Rn. 816.
23 Vgl. im Einzelnen *Schimansky/Bunte/Lwowsky* § 39 Rn. 247.
24 Vgl. *Quedenfeld/Füllsack* Rn. 818 m.w.N.
25 *Quedenfeld/Füllsack* Rn. 819.
26 *Quedenfeld/Füllsack* Rn. 823 m.w.N.

III. Steuerhinterziehung

Die Zentralvorschrift des Steuerstrafrechts ist die **Steuerhinterziehung** nach § 370 AO. Der Tatbestand schützt das rechtzeitige und vollständige Steueraufkommen. Er stellt unterschiedliche Täuschungshandlungen unter Strafe, die in einer Beeinträchtigung des Steueraufkommens münden. Die in der Praxis häufigsten Tathandlungen bestehen darin, dass den zuständigen Behörden über steuerlich erhebliche Tatsachen unrichtige oder unvollständige Angaben gemacht werden (Nr. 1) oder dass sie pflichtwidrig über steuerlich erhebliche Tatsachen in Unkenntnis gelassen werden (Nr. 2). In subjektiver Hinsicht setzt die Steuerhinterziehung vorsätzliches Verhalten voraus, wobei keine Absicht oder direkter Vorsatz vorliegen müssen, sondern bedingter Vorsatz genügt.   13

1. Objektiver Tatbestand

Der objektive Tatbestand des § 370 Abs. 1 AO kann durch aktives Tun oder durch Unterlassen verwirklicht werden.[27]   14

a) Aktives Tun

Eine Steuerhinterziehung durch aktives Tun setzt nach § 370 Abs. 1 Nr. 1 AO voraus, dass der Täter gegenüber den Finanzbehörden (§ 6 Abs. 2 AO) oder anderen Behörden über steuerlich erhebliche Tatsachen unrichtige oder unvollständige Angaben gemacht hat.[28]   15

aa) Tauglicher Täter

Täter einer Steuerhinterziehung durch aktives Tun kann jedermann sein.[29] Insbesondere setzt die Strafbarkeit in der Variante von § 370 Abs. 1 Nr. 1 AO keine besondere Pflichtenstellung voraus. Täter kann sein, wer in der Lage ist, auf die Erhebung, Festsetzung oder Vollstreckung des Steueranspruchs Einfluss zu nehmen. Demnach können neben dem Steuerpflichtigen als (Allein-)Täter (§ 25 Abs. 1 Var. 1 StGB) auch Dritte wegen Steuerhinterziehung strafbar sein, wenn sie als Mittäter (§ 25 Abs. 2 StGB) oder mittelbare Täter (§ 25 Abs. 1 2. Var. StGB) anzusehen sind.[30]   16

bb) Tatsachen

Tatsachen sind reale, dem Beweise zugängliche äußere oder innere Zustände der Vergangenheit oder Gegenwart.[31] Sie sind daher abzugrenzen von bloßen **Rechtsausführungen**, die den Tatbestand der Steuerhinterziehung nicht erfüllen. Für das Steuerstrafrecht ist diese Abgrenzung zuweilen besonders problematisch. Denn insbesondere bei der Abgabe von Steuererklärungen auf den amtlichen Erklärungsvordrucken (§ 150 Abs. 1 AO) ist jeder Eintrag einer Zahl das Ergebnis einer steuerrechtlichen Bewertung.[32]   17

(1) Abweichende Rechtsansicht, Scheingeschäfte und Gestaltungsmissbrauch

Der Steuerpflichtige darf die für ihn **günstigste Rechtsansicht** zu Grunde legen.[33] Nach der Rechtsprechung steht es dem Steuerpflichtigen zudem frei, einen Sachverhalt steuerlich so zu gestalten, dass er eine möglichst geringe Steuerbelastung auslöst. Insbesondere macht   18

---

27 *Klein* AO § 370 Rn. 1.
28 *Klein* AO § 370 Rn. 40 ff.
29 *Kohlmann/Ransiek/Schauf* § 370 Rn. 204.
30 Flore/Tsambikakis/*Flore* § 370 Rn. 32 ff.
31 Flore/Tsambikakis/*Flore* § 370 Rn. 161.
32 Flore/Tsambikakis/*Flore* § 370 Rn. 130 ff.
33 Flore/Tsambikakis/*Flore* § 370 Rn. 133.

das Motiv, Steuern zu sparen, eine rechtliche Gestaltung noch nicht unangemessen.[34] Auch ist niemand verpflichtet, einen Sachverhalt so zu gestalten, dass ein Steueranspruch entsteht.[35] Gleichwohl erweisen sich tatsächliche oder rechtliche Gestaltungen häufig als problematisch, die als Scheingeschäfte oder als Missbrauch rechtlicher Gestaltungsmöglichkeiten verstanden werden können:

19 – Auch **Scheingeschäfte** i.S.v. Gestaltungen, deren Folgen die Parteien ausschließlich steuerlich, nicht aber zivilrechtlich gelten lassen wollen, sind steuerstrafrechtlich zunächst nicht relevant. Eine Strafbarkeit kommt aber in Betracht, wenn der Steuerpflichtige seiner Erklärung allein das Scheingeschäft zu Grunde legt und das verdeckte Geschäft verschweigt. Beispielhaft ist der zu niedrig beurkundete Kaufpreis für ein Grundstück.
– Strafrechtliche Risiken birgt ferner der **Missbrauch rechtlicher Gestaltungsmöglichkeiten**. Zwar ist eine Steuergestaltung unbedenklich, die durch Ausübung rechtmäßiger steuerlicher Wahlrechte erfolgt. Auch die **Steuerumgehung**, die auf einem Missbrauch steuerlicher Gestaltungsmöglichkeiten i.S.v. § 42 Abs. 2 AO beruht, ist nicht per se strafbar. Die Grenze zur strafbaren Steuerhinterziehung nach § 370 Abs. 1 Nr. 2 AO wird aber überschritten, wenn der Steuerpflichtige in seiner Erklärung die **Umgehung der Steuer verschleiert**, indem er die Finanzbehörde über den Missbrauch in Unkenntnis lässt.

20 Um das Risiko strafrechtlicher Vorwürfe insoweit zu reduzieren, empfiehlt es sich in möglichen Zweifelsfällen und insbesondere dann, wenn der Steuerpflichtige eine von der Ansicht der Finanzverwaltung abweichende Rechtsansicht vertritt, den **Sachverhalt vollständig und transparent mitzuteilen**, um der Finanzbehörde eine eigene Bewertung zu ermöglichen. Wenn die Finanzverwaltung eine andere Rechtsansicht einnimmt, kann Einspruch erhoben und nötigenfalls das Finanzgericht angerufen werden. Nach der Rechtsprechung ist es dem Steuerpflichtigen regelmäßig möglich und auch zumutbar, offene Fragen nach vollständiger und wahrheitsgemäßer Offenlegung im Besteuerungsverfahren zu klären.

(2) Unrichtigkeit und Unvollständigkeit

21 **Unrichtig** sind Angaben, wenn sie objektiv nicht mit der Wirklichkeit übereinstimmen;[36] **unvollständig** sind sie, wenn bei ansonsten wahrheitsgemäßen Angaben ggf. durch schlüssiges Verhalten der unzutreffende Eindruck erzeugt wird, dass sie vollständig sind.[37] In der Praxis kann darüber hinaus die Abgrenzung zwischen dem Machen unvollständiger Angaben und dem Unterlassen problematisch sein. Die überwiegende Ansicht geht von unvollständigen Angaben aus, wenn der Steuerpflichtige lediglich einzelne Sachverhalte nicht mitteilt. Hingegen geht sie von einem Unterlassen aus, wenn er überhaupt keine Erklärung abgibt. Erklärt der Steuerpflichtige z.B. seine inländischen Einkünfte aus Kapitalvermögen und verschweigt er im Ausland erzielte Kapitaleinkünfte, ist seine Erklärung insoweit unvollständig.[38]

(3) Steuerliche Erheblichkeit

22 **Steuerlich erheblich** sind Tatsachen, wenn sie zur Ausfüllung eines Besteuerungstatbestandes erforderlich sind. Dies ist grundsätzlich der Fall, wenn sie notwendig sind, um Grund und Höhe des materiellen Steueranspruchs zu bestimmen. Darüber hinaus genügt es, wenn sie für die Finanzbehörde relevant sind, um über den bereits feststehenden Steueranspruch zu disponieren (z.B. ihn zu stunden oder zu vollstrecken).[39]

---

34 BFH NJW 1996, 2327; DStRE 2007, 673, 674.
35 Klein/*Ratschow* § 42 Rn. 42 m.w.N.
36 *Klein* AO § 370 Rn. 41; Flore/Tsambikakis/*Flore* § 370 Rn. 138 f.
37 Flore/Tsambikakis/*Flore* § 370 Rn. 140.
38 Flore/Tsambikakis/*Flore* § 370 Rn. 142.
39 Vgl. *Kohlmann/Ransiek* § 370 Rn. 436 m.w.N.

b) Unterlassen

Eine Steuerhinterziehung durch Unterlassen setzt nach § 370 Abs. 1 Nr. 2 AO voraus, dass der Täter die Finanzbehörden über steuerlich erhebliche Tatsachen **pflichtwidrig** in Unkenntnis lässt. In dieser Variante kann Täter nur sein, wen eine besondere Pflicht zur Aufklärung der Finanzbehörde trifft.[40] Die Steuergesetze kennen eine Vielzahl von **Erklärungs- und Offenbarungspflichten**.[41] Besonders relevant ist die steuerliche Anzeige- und Berichtigungspflicht aus § 153 AO. Erkennt der Steuerpflichtige – oder eine für ihn handelnde Person – nachträglich, dass steuerliche Erklärungen unrichtig oder unvollständig waren und es hierdurch zu einer Steuerverkürzung gekommen ist oder kommen könnte, hat er dies unverzüglich anzuzeigen und die erforderlichen Korrekturen vorzunehmen. Eine Verletzung der Pflicht zur unverzüglichen Anzeige kann eine Strafbarkeit wegen Steuerhinterziehung begründen.

c) Kenntnis der Finanzbehörde

Die Steuerhinterziehung setzt nach Ansicht der Rechtsprechung keine gelungene Täuschung der Finanzbehörde voraus. Selbst wenn die Finanzverwaltung die zutreffenden Besteuerungsgrundlagen kennt, kann also eine Strafbarkeit wegen – vollendeter – Steuerhinterziehung gegeben sein.[42] Selbst auf der Ebene der Strafzumessung wird der Kenntnisstand der Finanzbehörde nur zurückhaltend berücksichtigt. Eine Strafmilderung soll auch dann nicht infrage kommen, wenn die Finanzbehörden die Steuerstraftat ohne weiteres hätten verhindern können.

d) Taterfolg

Die Steuerhinterziehung ist ein **Erfolgsdelikt** und setzt den Eintritt einer **Steuerverkürzung** voraus. Als Taterfolg von § 370 Abs. 1 AO kommen sowohl die Steuerverkürzung als auch die Erlangung eines nicht gerechtfertigten Steuervorteils in Betracht. Tritt der Erfolg nicht ein, kommt allenfalls ein nach § 370 Abs. 2 AO strafbarer Versuch der Steuerhinterziehung in Betracht.[43]

aa) Steuerverkürzung

Eine Steuerverkürzung liegt nach § 370 Abs. 4 AO vor, wenn Steuern **nicht, nicht rechtzeitig** oder **nicht vollständig** festgesetzt werden. Damit steht die Vermögensgefährdung im Festsetzungsverfahren dem Vermögensschaden gleich. Eine Steuerhinterziehung ist aber nicht nur im Festsetzungsverfahren möglich, sondern auch im Beitreibungsverfahren. Die Höhe der Steuerverkürzung ergibt sich dann aus einem Vergleich zwischen der Soll- und der Ist-Steuer.[44] Dies wirft die Frage auf, zu welchem Zeitpunkt der Vergleich zwischen Soll- und Ist-Steuer anzustellen ist:

– Bei **Veranlagungssteuern** ist die Steuerhinterziehung durch **aktives Tun** im Festsetzungsverfahren vollendet, wenn aufgrund unrichtiger Angaben zu niedrige Festsetzungen getroffen und wirksam werden. Da bei Veranlagungssteuern die Festsetzung regelmäßig durch Bescheid erfolgt (§§ 155, 157 AO), ist die Tat vollendet, sobald der unrichtige **Steuerbescheid** dem Steuerpflichtigen **bekannt gegeben** wird (§ 124 AO). Im Fall der Steuerhinterziehung durch **Unterlassen** ist die Tat in dem Zeitpunkt vollendet, indem ein Schätzungsbescheid mit zu niedrigen Festsetzungen bekannt gegeben wird. Ergeht kein Steuerbescheid, ist die Steu-

---

40 *Klein* AO § 370 Rn. 61.
41 Vgl. die Aufzählung bei *Graf/Jäger/Wittig* § 370 AO Rn. 33 ff. oder *Klein* AO § 370 Rn. 62.
42 *BGH* 6.6.2007 – 5 StR 127/07; 12.1.2005 – 5 StR 191/04.
43 *Klein* AO § 370 Rn. 85.
44 *Klein* AO § 370 Rn. 80.

erhinterziehung durch Unterlassen erst zu dem Zeitpunkt vollendet, zu dem bei ordnungsgemäßer Abgabe der Steuererklärung auch der unterlassende Täter spätestens veranlagt worden wäre.[45] Nach der Rechtsprechung des BGH ist dies der Fall, wenn die Veranlagungsarbeiten im Veranlagungsbezirk des FA für die betreffende Steuerart im Veranlagungszeitraum im Großen und Ganzen abgeschlossen sind.
- Bei **Fälligkeitssteuern**, die wie z.B. die USt (vgl. § 18 Abs. 1, Abs. 3 UStG) als Anmeldungssteuer ausgestaltet sind, kommt es auf die Steueranmeldung (vgl. § 150 Abs. 1 S. 3 AO) an, bei der der Steuerpflichtige die Steuer selbst zu berechnen hat. Liegt die Steueranmeldung zum Fälligkeitszeitpunkt nicht vor, ist eine Steuerhinterziehung durch Unterlassen nach § 370 Abs. 1 Nr. 2 AO gegeben.

bb) Nicht gerechtfertigter Steuervorteil

28 Der Begriff des Steuervorteils ist nicht gesetzlich definiert. Nach § 370 Abs. 4 S. 2 AO stellen jedenfalls **Steuervergütungen**, die auf Grund eines steuerrechtlich erheblichen Verhaltens zu Unrecht gewährt oder belassen wurden, Steuervorteile dar. Als Steuervorteile kommt insbesondere die Erstattung von Vorsteuern in Betracht. Daneben können aber auch **verfahrensrechtliche Vergünstigungen** wie die Gewährung einer Wiedereinsetzung in den vorigen Stand, Fristverlängerung zur Abgabe der Steuererklärung oder die Stundung einer Steuer tatbestandsmäßig sein.[46]

cc) Kompensationsverbot

29 Nach § 370 Abs. 4 S. 3 AO ist unerheblich, ob die Steuer aus anderen Gründen hätte ermäßigt oder der Steuervorteil aus anderen Gründen hätte beansprucht werden können. Dieses sog. Kompensationsverbot soll sicherstellen, dass der Strafrichter nicht den gesamten Steuerfall darauf nachprüfen muss, ob sich nicht eventuell aus bisher nicht berücksichtigten Umständen eine Steuerermäßigung ergibt, die den durch die Hinterziehung erzielten Vorteil wieder egalisiert.[47]

dd) Vollendung und Beendigung

30 Die **Vollendung** ist abhängig davon, ob die Steuerstraftat sich auf eine Veranlagungssteuer oder eine Fälligkeitssteuer bezieht.
- Bei **Veranlagungssteuern** ist die Steuerhinterziehung durch aktives Tun im Festsetzungsverfahren vollendet, wenn aufgrund unrichtiger Angaben zu niedrige Festsetzungen getroffen und wirksam werden.[48] Die Steuerhinterziehung durch Unterlassen nach § 370 Abs. 1 Nr. 2 AO ist in dem Zeitpunkt vollendet, indem ein Schätzungsbescheid mit zu niedrigen Festsetzungen bekannt gegeben wird. Ergeht kein Steuerbescheid, z.B. weil der Steuerpflichtige dem Finanzamt nicht bekannt ist, ist die Steuerhinterziehung durch Unterlassen erst zu dem Zeitpunkt vollendet, zu dem bei ordnungsgemäßer Abgabe der Steuererklärung auch der unterlassende Täter spätestens veranlagt worden wäre.[49]
- Bei **Fälligkeitssteuern** kommt es, jedenfalls wenn sie (wie die USt.) als Anmeldesteuern ausgestaltet sind, auf die Fälligkeit der Steueranmeldung an. Mit Ablauf der Frist ist die Steuerhinterziehung durch Unterlassen vollendet. Wird die Steueranmeldung mit unrichtigem Inhalt abgegeben, liegt eine Steuerhinterziehung durch aktives Tun vor. Führt die unrichtige Anmeldung zu einem Erstattungsanspruch, ist die Tat erst mit Zustimmung der Finanzbehörde vollendet.[50]

---

45 *BGH* wistra 1999, 385.
46 *Klein* AO § 370 Rn. 120 ff.
47 *Klein* AO § 370 Rn. 130.
48 *Klein* AO § 370 Rn. 90.
49 *Klein* AO § 370 Rn. 91.
50 *Klein* AO § 370 Rn. 106.

Von der Vollendung zu unterscheiden ist die **Beendigung** der Tat. Durch die Beendigung wird das tatbestandsmäßige Unrecht tatsächlich abgeschlossen. Sie ist insbesondere relevant für den Beginn der strafrechtlichen **Verfolgungsverjährung** relevant, die nach §§ 369 Abs. 2 AO i.V.m. § 78a StGB mit der Beendigung beginnt. Ferner kann nach der Beendigung keine Beihilfe (§ 27 StGB) mehr geleistet werden.

2. Subjektiver Tatbestand

Nach ständiger Rechtsprechung gehört zum Vorsatz der Steuerhinterziehung, dass der Täter den **Steueranspruch** dem Grunde und der Höhe nach **kennt** oder zumindest **für möglich hält** und ihn auch verkürzen will.[51] Für eine Strafbarkeit wegen Steuerhinterziehung bedarf es dabei keiner Absicht oder eines direkten Hinterziehungsvorsatzes; es genügt, dass der Täter die Verwirklichung der Merkmale des gesetzlichen Tatbestands für möglich hält und billigend in Kauf nimmt (**Eventualvorsatz**). Der Hinterziehungsvorsatz setzt deshalb weder dem Grunde noch der Höhe nach eine sichere Kenntnis des Steueranspruchs voraus;[52] ausreichend ist eine Parallelwertung in der Laiensphäre. In der Praxis ergeben sich regelmäßig erhebliche Schwierigkeiten bei der Abgrenzung zwischen (bedingt) vorsätzlichem und ggf. leichtfertigem Handeln, das lediglich als Ordnungswidrigkeit (§ 378 AO) geahndet werden kann.

3. Besonders schwere Fälle

Nach § 370 Abs. 3 AO verschiebt sich der Strafrahmen in besonders schweren Fällen auf Freiheitsstrafe von sechs Monaten bis zu zehn Jahren. Ein besonders schwerer Fall kommt insbesondere in Betracht, wenn eines der in § 370 Abs. 3 Nr. 1–5 AO genannten **Regelbeispiele** vorliegt. Es besteht dann eine widerlegbare Vermutung für einen besonders schweren Fall; diese kann jedoch in einer Gesamtwürdigung der strafzumessungsrelevanten Umstände entfallen.[53] In der Praxis spielt die Steuerverkürzung „**in großem Ausmaß**" nach § 370 Abs. 3 Nr. 1 AO eine zentrale Rolle. Nach der Rechtsprechung liegt ein großes Ausmaß bei einer Steuerverkürzung ab **50 000 EUR** vor.[54] Beschränkt sich das Verhalten des Täters darauf, die Finanzbehörden pflichtwidrig über steuerlich erhebliche Tatsachen in Unkenntnis zu lassen (§ 370 Abs. 1 Nr. 2 AO) und gefährdet er hierdurch den Steueranspruch, ist das große Ausmaß erst ab einem Betrag von **100 000** EUR erreicht.[55] Ob nach den genannten Werten ein besonders schwerer Fall vorliegt, kann insbesondere für die folgenden Gesichtspunkte eine wichtige Rolle spielen:

- **Strafzumessung:** Nach der Rechtsprechung des BGH soll bei Verkürzungsbeträgen von mehr als 100 000 EUR eine **Geldstrafe** nur dann noch tat- und schuldangemessen sein, wenn gewichtige Milderungsgründe vorliegen; bei Verkürzungsbeträgen von mehr als 1 Mio. EUR soll eine **bewährungsfähige Freiheitsstrafe** nur verhängt werden können, wenn besonders gewichtige Milderungsgründe vorliegen.
- **Verfolgungsverjährung:** Liegt ein besonders schwerer Fall i.S.v. § 370 Abs. 3 Nr. 1–5 AO vor, verlängert sich die Strafverfolgungsfrist gem. § 376 Abs. 1 AO auf 10 Jahre.
- **Selbstanzeige:** Bei einer Selbstanzeige tritt ggf. die Straffreiheit nicht ein (§ 370 Abs. 2 Nr. 3 AO), sondern es wird erst nach Zahlung eines Geldbetrages von 5 % an die Staatskasse von der Verfolgung abgesehen (§ 398a AO).

---

51 Vgl. *BGH* 13.11.1953 – 5 StR 342/53, BGHSt 5, 90, 91 f.; *BGH* 5.3.1986 – 2 StR 666/85, wistra 1986, 174; *BGH* 16.12.2009 – 1 StR 491/09 Rn. 37, HFR 2010, 866; *BGH* BGHR AO § 370 Abs. 1 Vorsatz 2, 4, 5.
52 Vgl. *BGH* 16.12.2009 – 1 StR 491/09 Rn. 37, HFR 2010, 866; a.A. *OLG München* 15.2.2011 – 4 St RR 167/10 mit Anm. *Roth* StRR 2011, 235.
53 *Klein* AO § 370 Rn. 277.
54 *BGH* 2.12.2008 – 1 StR 416/08.
55 *BGH* 2.12.2008 –1 StR 416/08; Quedenfeld/Füllsack/*Krauter* Rn. 205.

34 Diese Rechtsprechung hat zu einer spürbaren Verschärfung des Steuerstrafrechts beigetragen. Die genannten Beträge als starre Wertgrenzen zu interpretieren ist mit der Rechtsprechung indes nicht vereinbar.[56] Ein striktes Abstellen auf den Verkürzungsbetrag kann insbesondere dann zu nicht sachgerechten Ergebnissen führen, wenn regelmäßig Geschäfte in einem großen Volumen getätigt und mögliche Verfehlungen (vorsätzlich oder unvorsätzlich) sofort hohe Steuerschäden verursachen. Die Relation von Geschäftsvolumen und Steuerschaden kann daher Bedeutung für das Gewicht des Hinterziehungsbetrages bei der Strafzumessung haben. Sie kann auch bei einer Gesamtwürdigung berücksichtigt werden, ob trotz Vorliegens eines benannten Regelbeispiels im Einzelfall ein besonders schwerer Fall gegeben ist.[57]

IV. Leichtfertige Steuerverkürzung

35 Die leichtfertige Steuerverkürzung nach § 378 AO erfasst die Fälle, in denen eine nach § 370 Abs. 1 AO tatbestandsmäßige Handlung begangen wurde und der Erfolg eingetreten ist, aber sich ein vorsätzliches Handeln nicht feststellen lässt. Nach der Rechtsprechung wirkt § 378 AO in solchen Fällen wie ein Auffangtatbestand.[58] **Leichtfertig** handelt, wer die **Sorgfalt** außer Acht lässt, zu der er nach den besonderen Umständen des Einzelfalls und seinen persönlichen Fähigkeiten und Kenntnissen verpflichtet und imstande ist, obwohl sich ihm aufdrängen musste, dass dadurch eine Steuerverkürzung eintreten wird.[59] Das Ausmaß der erforderlichen Sorgfalt ist damit individuell. Nach dem BGH muss sich jeder Steuerpflichtige über diejenigen steuerlichen Pflichten unterrichten, die ihn im Rahmen seines Lebenskreises treffen. Dies gilt in besonderem Maße in Bezug auf solche steuerrechtlichen Pflichten, die aus der Ausübung eines Gewerbes oder einer freiberuflichen Tätigkeit erwachsen. Bei einem **Kaufmann** sind deshalb jedenfalls bei Rechtsgeschäften, die zu seiner kaufmännischen Tätigkeit gehören, **höhere Anforderungen** an die Erkundigungspflichten zu stellen als bei anderen Steuerpflichtigen.[60] In **Zweifelsfällen** hat er von sachkundiger Seite **Rat einzuholen**. Dies gilt insbesondere dann, wenn er die erkannte Steuerpflichtigkeit eines Geschäfts durch eine modifizierte Gestaltung des Sachverhaltes zu vermeiden sucht.

B. Teilnahme an Steuerstraftaten

36 Die Verwaltung und Betreuung vermögender Kunden gehört zum Kerngeschäft vieler Banken. Insbesondere in diesem Bereich und grenzüberschreitend tätige Bankmitarbeiter sind dem Risiko ausgesetzt, bei steuerlichen Verfehlungen ihrer Kunden unter dem Gesichtspunkt strafbarer Teilnahme persönlich in das Visier der Strafverfolgungsbehörden zu geraten. Diese Gefahr kann etwa bestehen, wenn der Name des Bankmitarbeiters auf Unterlagen steht, die bei einem steuerunehrlichen Kunden gefunden werden. Auch ist nicht selten, dass sich mancher Kunde mit der Behauptung zu rechtfertigen sucht, „die Bank" habe ihn zu steuerunehrlichem Verhalten verleitet.

---

56 Vgl. aber *Schäfer/Sander/van Gemmeren* Rn. 1842: „quasigesetzliche Richtlinien zur Strafzumessung".
57 *Klein* AO § 370 Rn. 282; Quedenfeld/Füllsack/*Krauter* Rn. 210.
58 *BGH* 13.1.1988 – 3 StR 450/87, BGHR AO § 378 Leichtfertigkeit 1; *BGH* 23.2.2000 – 5 StR 570/99, NStZ 2000, 320, 321; *BGH* 16.12.2009 – 1 StR 491/09 Rn. 39 ff., HFR 2010, 866.
59 *BGH* 16.12.2009 – 1 StR 491/09 Rn. 39 ff.
60 Vgl. *BFH* 19.2.2009 – II R 49/07 m.w.N., BFHE 225, 1.

I. Beihilfe

Wegen Beihilfe wird nach § 27 Abs. 1 StGB bestraft, wer einem anderen zu dessen vorsätzlich begangener rechtswidriger Tat Hilfe leistet. **37**

1. Objektive Voraussetzungen

Als **Hilfeleistung** i.S.v. § 27 StGB ist grundsätzlich jede Handlung anzusehen, welche die Herbeiführung des Taterfolgs durch den Täter **objektiv fördert**, ohne dass sie für den Erfolg selbst ursächlich sein muss. Die Hilfeleistung kann **physischer** oder **psychischer** Art sein; psychische Beihilfe kann in einer Bestärkung des Entschlusses des Haupttäters liegen, eine Straftat zu begehen. Für die Annahme psychischer Beihilfe kann es demnach ausreichen, wenn der Haupttäter beraten wird, ihm im Vorfeld der Straftat Unterstützung bei deren Durchführung oder Verdeckung zugesagt wird oder indem ihm der Eindruck erhöhter Sicherheit oder zustimmender Bestärkung im Tatentschluss vermittelt wird.[61] **38**

2. Subjektive Voraussetzungen

a) Grundsatz

Strafbare Beihilfe setzt vorsätzliches Handeln des Gehilfen hinsichtlich der Haupttat und des eigenen Tatbeitrages voraus. Ein solcher „**doppelter**" **Gehilfenvorsatz** liegt nach der Rechtsprechung des Bundesgerichtshofs vor, wenn der Gehilfe die Haupttat in ihren wesentlichen Merkmalen kennt und in dem Bewusstsein handelt, durch sein Verhalten das Vorhaben des Haupttäters zu fördern; Einzelheiten der Haupttat braucht er nicht zu kennen.[62] Es reicht, dass die Hilfe an sich geeignet ist, die fremde Haupttat zu fördern oder zu erleichtern, und der Hilfeleistende dies weiß. **39**

Eine abschließende Aufzählung oder eine starre Grenze zwischen „erlaubt" und „verboten" gibt es ebenso wenig wie einen Korridor stets strafloser, weil „berufsneutraler" Handlungen.[63] Das Spektrum von Handlungen, die zumindest anfänglich den Verdacht einer Beihilfe begründen können, ist breit.[64] **40**

b) Die Rechtsprechung

Nach der Rechtsprechung gelten für die Beihilfestrafbarkeit von Bankmitarbeitern die folgenden Kriterien:[65] **41**

– Zielt das Handeln des Kunden ausschließlich darauf ab, eine strafbare Handlung zu begehen, und hat der Bankmitarbeiter hiervon **positive Kenntnis**, so ist sein Tatbeitrag als Beihilfehandlung zu werten. **42**

– Hat der Bankmitarbeiter keine positive Kenntnis davon, dass der Kunde sein Tun zur Begehung einer Straftat nutzen wird, sondern **hält** er dies lediglich **für möglich**, so ist sein Handeln regelmäßig noch nicht als strafbare Beihilfehandlung zu beurteilen, es sei denn, das von ihm erkannte Risiko strafbaren Verhaltens des Kunden war derart hoch, dass er sich mit seiner Hilfeleistung „die Förderung eines **erkennbar tatgeneigten** Täters angelegen sein" ließ.

Insbesondere aus dem Kriterium der „erkennbaren Tatneigung" folgt, dass die Gefahr von Beihilfevorwürfen umso größer ist, je besser ein bestimmtes Produkt oder Vorgehen sich dazu eignet, steuerlich erhebliche Tatsachen (z.B. Erträge, Schenkungen etc.) vor den Finanzbehörden zu **verschleiern**. Exemplarisch heißt es in der Entscheidung des FG Düs- **43**

---

61 *Fischer* StGB, § 27 Rn. 11 f.
62 *BGH* 1.8.2000 – 5 StR 624/99 = BGHSt 46, 107 ff. = NJW 2000, 3010 ff.
63 *BGH* 1.8.2000 – 5 StR 624/99 Rn. 17; *Klein* AO § 399 Rn. 61 m.w.N.
64 Vgl. auch die zahlreichen Nachweise bei *Sahan/Ruhmannseder* IStR 2009, 715 ff.
65 *BGHSt* 46, 107 ff.; *BGH* NJW 2003, 2996 ff.

seldorf vom 10.2.2009: „Ferner ist nicht erkennbar, dass die Motivation dieser Kunden für den anonymen Transfer eine andere hätte sein können (...) zumal ein steuerehrlicher Kunde kein Interesse an einem seine Identität verschleiernden Wertpapiertransfer unter ausschließlicher Angabe eines Kennwortes oder einer Nummer hat. Die Entstehung der Steuerschuld und das Vorliegen einer Steuerhinterziehung (...) erachtet das Gericht für so wahrscheinlich, dass kein vernünftiger, die Lebensverhältnisse klar überschauender Mensch, Zweifel daran haben könnte."[66]

44 Die von der Rechtsprechung vertretene **Abgrenzung** nach dem **subjektiven Vorstellungsbild des Bankmitarbeiters** begegnet den tatsächlichen Schwierigkeiten, die mit der Feststellung innerer Tatsachen (Wissen, Wollen, Für-Möglich-Halten etc.) immer einhergehen. Wenn von äußeren Umständen auf innere Tatsachen geschlossen werden muss, ist dies zum einen nur eingeschränkt prüfbar. Zum anderen schafft es die Gefahr einer aus der Kenntnis des späteren Verlaufs geprägten Bewertung des Geschehens. Ist ein Bankkunde der Steuerhinterziehung überführt, scheint der Schluss nahe zu liegen, dass der Bankmitarbeiter aus dem Verhalten des Kunden die Tatneigung erkannt und sie gebilligt hat. Übersehen wird zuweilen, dass ein vermeintlich suspektes **Verhalten** des Kunden auch **außersteuerlich motiviert** sein kann. Die an internationalen Bankplätzen wie Luxemburg, Schweiz etc. ansässigen Institute gelten bei vielen Anlegern als professionell und bieten im Privatkundengeschäft oftmals andere oder mehr Leistungen an. Auch die Lebenssituation des Kunden kann die Entscheidung für eine Vermögensanlage im Ausland mitbestimmen. Gläubigern ist der Zugriff auf Auslandsvermögen erschwert; Familienmitglieder können über den Wert des zu erwartenden Nachlasses oder andere bisher unbekannte Tatsachen im Unklaren gelassen werden etc. Die Bandbreite möglicher Motive für einen Wunsch nach Heimlichkeit ist groß[67] und das jeweils gegebene Motiv zu ergründen für den Bankmitarbeiter keine leichte Aufgabe.

45 Ferner ist zu berücksichtigen, dass Hierarchien und bankinterne Strukturen wie etwa eine Trennung zwischen Produktentwicklung und Vertrieb dazu führen, dass Bankmitarbeiter mit direktem Kundenkontakt (Kundenberater, Client Relationship Manager etc.) oftmals nur **enge Entscheidungsspielräume** haben. Weil diese Umstände nach den geltenden Grundsätzen auf Tatbestandsebene kaum berücksichtigt werden können, ist zur Vermeidung unbilliger Ergebnisse die individuelle Position des Bankmitarbeiters in einer Weisungskette auf der Ebene der persönlichen Vorwerfbarkeit zu berücksichtigen. Eine solche **Differenzierung** nach individuellem Grad von Verantwortung wird in der Literatur z.B. auch bei der Wahl der an eine Durchsuchungsanordnung zu stellenden Anforderungen vorgenommen. Richtet sich der Teilnahmeverdacht gegen Bankmitarbeiter unterhalb der Leitungsebene, soll eine Durchsuchung nur unter den strengen Voraussetzungen von § 103 StPO zulässig sein.[68]

c) Exemplarische Konstellationen

aa) Kapitalanlagefälle

46 Die Rechtsprechung hat bisher insbesondere Fälle im Bereich der Hinterziehung von Ertragsteuern durch Bankkunden entschieden und z.B. die folgenden Handlungen als mögliche Beihilfehandlung angesehen:[69]

47 – das Einrichten von CpD-Konten oder Nummernkonten,[70]
– der anonymisierte Transfer von Tafelpapieren in das Ausland,[71]

---

66 *FG Düsseldorf* 10.2.2009 – 8 V 2459/08 A (H) = BeckRS 2009, 26026882.
67 Vgl. auch *Lohmar* S. 99 f.
68 Vgl. *Quedenfeld/Füllsack* Rn. 820 m.w.N.
69 Vgl. *Quedenfeld/Füllsack* Rn. 275: „gesicherte Kriterien für eine Beihilfehandlung im Bankenbereich".
70 *LG Düsseldorf* 29.9.1984 – III Qs 121-123/84; *Klein/Rätke* AO § 154 Rn. 7.
71 *LG Bielefeld* 14.1.99 – Qs 701/98;

- Bargeldtransfers durch bankeigene Kuriere,[72]
- der Vertrieb von Produkten zur „Steueroptimierung",
- Verstöße gegen die Kontenwahrheitspflicht aus § 154 AO,[73]
- systematische Anonymisierung von Kunden.[74]

Unter steuerstrafrechtlichen Gesichtspunkten risikobehaftet können nach den Umständen des Einzelfalls auch Strukturen sein, die für sich betrachtet legitim sind, aber es dem wirtschaftlich Berechtigten (und ggf. Steuerpflichtigen) erleichtern, nicht als solcher in Erscheinung zu treten. Insoweit kommen insbesondere in Betracht: **48**

- **Lebensversicherungsmäntel** („Wraps"): Hierbei handelt es sich um Versicherungen, die lediglich einen minimalen Versicherungsschutz vorsehen, deren Aus- oder Rückzahlungsbedingungen nicht auf Tod, Invalidität oder Krankheit beschränkt sind und die eine individualisierte Verwaltung des vom Versicherungsnehmer – oftmals in Form einer Einmalzahlung – eingebrachten Vermögens vorsehen.[75] **49**
- **Trusts, Stiftungen** etc: Insoweit kommt es auf die konkrete Gestaltung an. Denn Vermögenswerte von Personenverbindungen, Vermögenseinheiten, Trusts und Stiftungen werden nur dann bestimmten natürlichen Personen zugerechnet, wenn diesen an den Vermögenswerten eine feststehende wirtschaftliche Berechtigung zusteht. Dies ist beispielsweise nicht der Fall bei Vereinbarungen mit Ermessenscharakter (Ermessensstiftungen, Discretionary Trusts). Um als solche anerkannt zu werden, muss die Struktur unwiderruflich errichtet sein. Bei widerruflichen Konstruktionen wie Revocable Trusts bzw. widerruflichen Stiftungen, gelten die widerrufsberechtigten Personen als wirtschaftlich Berechtigte.[76]

Angesichts der Vielgestaltigkeit solcher und anderer Strukturen ist stets eine **Einzelfallbetrachtung** erforderlich. Abstrakte Aussagen zur steuerstrafrechtlichen Relevanz sind insoweit nicht verlässlich zu treffen. **50**

bb) Umsatzsteuerkarusselle

Nicht allein die klassische Steuerhinterziehung durch Privatkunden, sondern auch Umsatzsteuerbetrug kann erhebliche Gefahren begründen. Schon wegen der regelmäßig hohen Geschäftsvolumina bergen Geschäftsbesorgungen, bei denen die Bank (ggf. unbemerkt) in ein **USt.-Karussell** eingebunden wird, Strafbarkeits- und Haftungsrisiken. Diese Gefahr ist in Märkten besonders hoch, in denen mit hochpreisigen und leicht transportablen Gütern und grenzüberschreitend mit anderen EU-Mitgliedsstaaten gehandelt wird. Ziel eines USt.-Karussells ist es, durch die Einschaltung von Unternehmen, die keine USt. abführen, für deren Waren die Empfänger jedoch nach § 15 UStG die Vorsteuer in Abzug bringen, Steuern zu sparen. Die durch die Nichtentrichtung ersparte USt. wird dabei in die Kalkulation der Warenpreise einbezogen und führt so zu einer Verbilligung der Ware.[77] **51**

Die **Funktionsweise** eines grenzüberschreitenden Umsatzsteuerkarussells lässt sich wie folgt skizzieren: **52**

- Ein in einem EU-Mitgliedsstaat tätiger Händler (Initiator) verkauft ein Wirtschaftsgut an einen Händler in einem anderen EU-Mitgliedsstaat. Dieser verschwindet, ohne dass er die geschuldete USt. entrichtet, oder er benutzt eine entwendete USt.-Id.-Nr. (sog. Missing Trader).[78] **53**

---

72 *Sahan/Ruhmannseder* IStR 2009, 715, 716.
73 *Wabnitz/Janovsky/Kummer* 18. Kap. Rn. 66.
74 Vgl. die Nachweise aus der straf- und finanzgerichtlichen Rspr. bei *Klein/Jäger* AO § 399 Rn. 64.
75 Vgl. *Holenstein* DStR 2012, 153, 155.
76 *Holenstein* DStR 2012, 153, 154.
77 *Klein/Jäger* AO § 370 Rn. 373.
78 *BGH* NJW 2003, 2924; *Gehm* NJW 2012, 1257.

- Weil er die nicht entrichtete USt. einpreist, kann der Missing Trader die Ware zu einem unter dem Bruttoeinkaufspreis liegenden Preis an eine Puffergesellschaft (sog. Buffer I) verkaufen.
- Diese verkauft wiederum an einem in demselben Mitgliedsstaat ansässige Puffergesellschaft (sog. Buffer II).
- Der letzte Buffer verkauft das Zertifikat schließlich an den letzten inländischen Erwerber der Leistungskette (sog. Distributor).

54 Auch Banken können in USt.-Karusselle involviert werden. Das Landgericht **Frankfurt am Main**[79] entschied im Jahr 2011 über ein Hinterziehungssystem im Handel mit **Emissionszertifikaten**, mit dem über 260 Mio. EUR hinterzogen wurden. Die Zertifikate waren aus einem anderen EU-Mitgliedsstaat an einen inländischen Missing Trader verkauft worden, um danach an Buffer weiterverkauft zu werden. **Distributor** war nach den Feststellungen eine deutsche **Großbank**. Sie erwarb Zertifikate von den Buffern, wobei ein Bankmitarbeiter jeweils mitteilte, welche Zertifikatmengen die Bank zu welchen Preisen kaufe. Der Ankauf durch den Buffer erfolgte, sobald der Weiterverkauf gesichert war. Zahlungen leistete der Buffer ohne Risiko, nachdem er seinerseits den Kaufpreis vereinnahmt hatte.[80] Aus Medienberichten geht hervor, dass die Strafverfolgungsbehörden gegen Mitarbeiter der als Distributor tätigen Bank im Zusammenhang mit unrichtigen Umsatzsteuererklärungen Vorwürfe erheben.

cc) Strukturelle Beihilfe als Anknüpfungspunkt für unternehmensbezogene Sanktionen

55 Jenseits persönlicher Strafbarkeitsrisiken insbesondere für Organmitglieder oder leitende Bankmitarbeiter bestehen erhebliche Sanktionsrisiken für die Bank, wenn der Verdacht auf **systematische** Unterstützung steuerunehrlichen Verhaltens aufkommt.

56 In seiner Entscheidung vom 21.11.2011, mit der es gegen eine Schweizer Bank eine Geldbuße von rd. 149 Mio. EUR verhängte, hat das Landgericht Düsseldorf insbesondere die folgenden Aspekte hervorgehoben:
- (Gebührenpflichtiges) Angebot, keine Erträgnisaufstellungen nach Deutschland zu senden;
- Erteilung des Rates, kein Vermögen persönlich in die Schweiz mitzunehmen und Angebot, dies stattdessen über Kundenbetreuer zu erledigen;
- Führung zweier Konten, von denen eines deklariert wird;
- gezielte Ansprache mutmaßlich an Hinterziehung interessierter Kunden in eigens grenznah eingerichteten Filialen mit besonderen Ansprechpartnern;
- Vermeidung von Datenaustausch zwischen in- und ausländischen Teilbereichen der Bank.

Insbesondere aufgrund dieser Feststellungen bejahte das Landgericht Düsseldorf eine Aufsichtspflichtverletzung nach § 130 OWiG. Wird eine strukturelle Unterstützung steuerunehrlichen Verhaltens festgestellt, drohen zudem aufsichtsrechtliche Maßnahmen.[81]

3. Anstiftung

57 Nach § 26 StGB wird wegen Anstiftung bestraft, wer vorsätzlich einen anderen zu dessen vorsätzlicher rechtswidriger Tat bestimmt hat. Bestimmen heißt, den **Tatentschluss** in einem anderen **hervorzurufen**.[82] Demnach scheidet eine Anstiftung aus, wenn der andere bereits entschlossen war, die Tat zu begehen.

---

79 *LG Frankfurt/Main* 15.8.2011 – 5/2 KLs 4/11 7510 Js 258673/09 Wl.
80 *BGH* 21.12.2012 – 1 StR 319/12, UStB 2013, 115.
81 Vgl. *Wegner* SteuK 2013, 64.
82 *Fischer* StGB, § 26 Rn. 3 m.w.N.

Eine Anstiftung zur Steuerhinterziehung durch Bankmitarbeiter dürfte indes der **Ausnah-** 58
mefall sein. Vieles spricht dafür, dass ein Kunde, der an Produkten interessiert ist, die steuerunehrliches Verhalten ermöglichen, den Tatentschluss zur Steuerhinterziehung bereits gefasst hat und folglich nicht mehr angestiftet werden kann.[83] Möglich bleibt in diesen Fällen allerdings die (psychische) Beihilfe.[84]

II. Steuerliche Haftung

Nach § 71 AO haftet für die verkürzten Steuern sowie für die zu Unrecht gewährten 59
Steuervorteile und die Zinsen nach § 235 AO, wer an einer Steuerhinterziehung teilnimmt. Der Steuerschuldner muss eine der in § 370 Abs. 1 AO beschriebenen Tathandlungen mit Vorsatz begangen und dadurch Steuern verkürzt haben. Der Gehilfe muss dazu vorsätzlich Hilfe geleistet haben. Insoweit wird auf die vorstehenden Ausführungen verwiesen.[85]

Steuerrechtlich setzt die Haftung voraus, dass der Anspruch aus dem Steuerschuldverhält- 60
nis noch existiert (**Akzessorietät** der Haftung).

Ob die für den Erlass eines Haftungsbescheides nach § 71 AO erforderlichen Tatsa- 61
chen vorliegen, entscheidet das Finanzgericht aufgrund seiner freien, aus dem Gesamtergebnis des Verfahrens gewonnenen Überzeugung. Eine **Feststellung strafrechtlicher Schuld** durch ein Strafgericht ist **keine Voraussetzung** für die Annahme steuerlicher Haftung durch ein Finanzgericht. Ebenso wenig schützt eine strafbefreiende Selbstanzeige vor der steuerlichen Haftung. Verbleiben Zweifel am Vorliegen einer Steuerhinterziehung, gehen diese zulasten des Finanzamtes. Beachtung verdient insoweit eine Entscheidung des Bundesfinanzhofs vom 15.1.2013.[86] Das Finanzamt hatte den Kläger, einen **leitenden** Bankmitarbeiter, auch für Fälle in Haftung genommen, bei denen Kunden nachweislich Wertpapiere nach Luxemburg transferiert hatten, aber nicht identifiziert worden waren. Der Kläger und seine Mitarbeiter hätten ein System entwickelt, das einen anonymen Kapitaltransfer ins Ausland und die Umgehung der Zinsabschlagsteuer ermöglicht habe. Der Kläger habe dieses Verfahren **angeordnet**. Ihm sei auch bekannt gewesen, dass die Kunden den anonymen Transfer zur Steuerhinterziehung nutzen wollten. Die Summe der Haftung berechnete das Finanzamt auf der Grundlage der Ermittlungsergebnisse in der Vergleichsgruppe der enttarnten Kunden. Diese hätten durchschnittlich jährliche Kapitalerträge von 8 % erzielt. Der durchschnittliche Einkommensteuersatz habe bei 35 % gelegen. Unter Berücksichtigung eines Sicherheitsabschlages von 25 % berechnete das Finanzamt für die Gruppe der anonym gebliebenen Kunden die Haftungssumme. Das Finanzgericht hob den Haftungsbescheid auf; der Bundesfinanzhof bestätigte die Aufhebung. Ein reduziertes Beweismaß anhand eines Sicherheitszuschlages genüge nicht; vielmehr sei eine Steuerhinterziehung in jedem Einzelfall festzustellen.[87]

---

83 Vgl. MK-StGB/*Schmitz* § 370 AO Rn. 355.
84 *Fischer* StGB, § 26 Rn. 4 m.w.N.
85 Vgl. Rn. 37 ff.
86 *BFH* Urt. v. 15.1.2013, VIII R 22/10 = PStR 2013, 146 mit Anm. *Adick/Höink*.
87 Vgl. im Einzelnen *Adick/Höink* PStR 2013, 146, 148.

C. Korrektur steuerlicher Verfehlungen

62 Das Gesetz eröffnet mehrere Möglichkeiten zur Korrektur steuerlicher Verfehlungen. Für i.S.v. § 370 AO strafbare Verfehlungen steht die Selbstanzeige offen; für ordnungswidrige Verfehlungen eröffnet § 378 AO die Möglichkeit einer bußgeldbefreienden Selbstanzeige. Beruht die steuerliche Verfehlung nicht auf Vorsatz oder Leichtfertigkeit, besteht nach § 153 AO eine Anzeige- und Korrekturpflicht.

I. Selbstanzeige

63 Die Selbstanzeige ist ein **persönlicher Strafaufhebungsgrund**[88] und führt zum nachträglichen Wegfall der Strafbarkeit. Demnach ist § 371 AO eine strafrechtliche Ausnahmeregel und nach der Rechtsprechung des BGH eng auszulegen.[89]

1. Nacherklärung

a) Inhalt

64 Nach § 371 Abs. 1 AO wird wegen Steuerstraftaten nach § 370 AO nicht bestraft, wer gegenüber der Finanzbehörde

- zu allen unverjährten Steuerstraftaten,
- einer Steuerart,
- in vollem Umfang

die unrichtigen Angaben berichtigt, die unvollständigen Angaben ergänzt oder die unterlassenen Angaben nachholt (Nacherklärung). Die Nacherklärung muss demnach **vollständig** sein; andernfalls ist sie als sog. Teilselbstanzeige nicht geeignet, strafbefreiende Wirkung zu entfalten.[90]

b) Selbstanzeige auf Schätzbasis

65 Insbesondere wenn der Steuerpflichtige zeitlichem Druck ausgesetzt und eine detaillierte steuerliche Aufarbeitung nicht sofort möglich ist, empfiehlt sich eine Nacherklärung auf Grundlage einer **Schätzung** der Besteuerungsgrundlagen. Die Schätzung sollte großzügig sein und ggf. einen Risikozuschlag beinhalten, damit die Nacherklärung in keinem Fall zu niedrig ausfällt. Liegt die so zustande gekommene Nacherklärung dem Finanzamt vor, können anschließend die Besteuerungsgrundlagen im Detail ermittelt werden, so dass eine zutreffende Veranlagung möglich ist.

c) Persönlicher Schutzkreis

66 Weil die Selbstanzeige ein persönlicher Strafaufhebungsgrund ist, wirkt sie ausschließlich für den, der sie erstattet. Dies können neben dem Täter auch Anstifter oder Gehilfen sein. Die Selbstanzeige eines Dritten führt jedoch nicht zur Straffreiheit. Insbesondere im Bankensektor ist dies nicht unproblematisch. Gibt der Kunde eine Selbstanzeige ab, können die Strafverfolgungsbehörden bei entsprechendem Anfangsverdacht gegen die zuständigen **Bankmitarbeiter** nach wie vor den Vorwurf der **Beihilfe** erheben. Somit befinden sich die Bankmitarbeiter ggf. in einem **Dilemma**: Liegt die Selbstanzeige des Bankkunden eher vor, könnten die Strafverfolgungsbehörden bei späterem Eingang einer Selbstanzeige des Bankmitarbeiters den Standpunkt einnehmen, die Beihilfetat sei entdeckt gewesen (§ 371

---

[88] *Klein/Jäger* AO § 371 Rn. 6.
[89] *Klein/Jäger* AO § 371 Rn. 3 ff.
[90] Flore/Tsambikakis/*Wessing* § 371 Rn. 73.

Abs. 2 AO). Gibt der Bankmitarbeiter jedoch zeitlich vor dem Kunden eine Selbstanzeige ab, könnte derselbe Sperrgrund für die Selbstanzeige des Kunden angenommen werden.[91] Eine vollständig befriedigende Lösung scheint es nicht zu geben. Wollen alle Betroffenen sicher Straffreiheit erlangen, sind zeitlich und inhaltlich **koordinierte** Selbstanzeigen erforderlich.[92] Im Hinblick auf die ggf. unterschiedlichen Inhalte der Selbstanzeigen und die erforderliche Abstimmung zwischen Kunde und Bankmitarbeiter wird dies mit Schwierigkeiten verbunden sein. Zudem wird regelmäßig der Einwand erhoben, dass eine Selbstanzeige des Bankmitarbeiters nicht nur ihn persönlich, sondern auch die Bank gegenüber den Strafverfolgungsbehörden exponiert. Zwar greift für den Bankmitarbeiter nach der Selbstanzeige die Straffreiheit. Es ist aber nicht auszuschließen, dass die Strafverfolgungsbehörden die Selbstanzeige zum Anlass nehmen könnten, Ermittlungen zu möglichen Anknüpfungstaten für eine gegen die Bank bezogene Sanktion (z.B. Verbandsgeldbuße) einzuleiten, insbesondere wenn und soweit sie unterstellen, es könne ein System zur Erleichterung steuerunehrlichen Verhaltens gegeben haben.

2. Kein Sperrgrund

In § 371 Abs. 2 AO sind mehrere **Sperrgründe** geregelt, bei deren Vorliegen die Selbstanzeige keine strafbefreiende – ggf. jedoch strafmildernde – Wirkung hat. Im Überblick: 67

- Bekanntgabe einer Prüfungsanordnung i.S.v. § 196 AO; 68
- Bekanntgabe der Einleitung eines Straf- oder Bußgeldverfahrens;
- ein Amtsträger war zur steuerlichen Prüfung, zur Ermittlung einer Steuerstraftat oder Steuerordnungswidrigkeit bereits erschienen;
- die Steuerstraftat war bereits entdeckt und der Steuerpflichtige wusste dies oder musste bei verständiger Würdigung damit rechnen;
- die verkürzte Steuer oder erlangter Steuervorteil übersteigen den Betrag von 50 000 EUR.

Die Sperrgründe wurden im Jahr 2011 erheblich erweitert.[93] Besonders relevant ist im **Bankensektor** der Sperrgrund der **Tatentdeckung** nach § 371 Abs. 2 Nr. 2 AO. Dieser Sperrgrund kommt insbesondere im Zusammenhang mit dem Erwerb von **Datenträgern** („Steuer-CDs") in Betracht. Ebenso ist an eine mögliche Tatentdeckung zu denken, wenn **Bankunterlagen** (z.B. Konto- oder Depotauszüge, Erträgnisaufstellungen etc.) an den Kunden **versandt** oder durch den Kunden persönlich **mitgenommen** werden. Sobald die Behörden, etwa Zollbehörden an einer Staatsgrenze, die Unterlagen auffinden, besteht das Risiko, dass die Finanzbehörden anschließend den Standpunkt vertreten, die Tat sei entdeckt und eine Selbstanzeige damit gesperrt gewesen. Richtigerweise wird man von einer Entdeckung der Tat frühestens dann ausgehen können, wenn aufgrund der Kontrollmitteilung ein Abgleich mit den Erklärungen des Steuerpflichtigen stattgefunden hat und feststeht, dass zuvor erzielte Einkünfte nicht erklärt wurden. 69

II. Steuerliche Berichtigungserklärung

Aus § 153 AO ergibt sich eine **Anzeige- und Korrekturpflicht** für den Fall, dass der Steuerpflichtige **nachträglich** erkennt, dass eine von ihm oder für ihn abgegebene Steuererklärung unrichtig oder unvollständig ist und es hierdurch zu einer Verkürzung von Steuern kommen kann oder bereits gekommen ist.[94] Die Anzeige ist der Finanzbehörde **unverzüglich** zu 70

---

91 Vgl. *Riegel/Kruse* NStZ 1999, 325, 326.
92 *Kohlmann/Schauf* § 371 AO Rn. 65.4.
93 Vgl. im Einzelnen Flore/Tsambikakis/*Wessing* § 371 Rn. 80.
94 Flore/Tsambikakis/*Flore* § 370 Rn. 168 ff.

erstatten. Unverzüglich bedeutet hierbei ebenso wie im Zivilrecht „ohne schuldhaftes Zögern", so dass – je nach Komplexität des Falles – einige Tage oder Wochen nach Kenntniserlangung als ausreichend anzusehen sind.[95] Auf die anschließende Korrekturpflicht bezieht sich die Unverzüglichkeit nicht.

71 Die Anzeige- und Korrekturpflicht besteht nicht, wenn der Steuerpflichtige die Unrichtigkeit oder Unvollständigkeit der Steuererklärung bereits bei Abgabe kannte; in diesem Fall **dolosen** Verhaltens kommt eine Strafbarkeit wegen Steuerhinterziehung in Betracht und steht ggf. der Weg der **Selbstanzeige** offen.

72 Eine **Verletzung** der Pflicht aus § 153 AO kann als Steuerhinterziehung durch Unterlassen nach § 371 Abs. 1 Nr. 2 AO strafbar sein.[96]

73 In der Praxis werden Anzeigen nach § 153 AO von den Finanzbehörden nicht selten in Selbstanzeigen nach § 371 AO **umgedeutet**, weil mit dem Eingang einer Korrekturanzeige oftmals ein Anfangsverdacht der Steuerhinterziehung bejaht wird. Es empfiehlt sich daher, auch die Anzeige nach § 153 AO vorsorglich an den strengeren Anforderungen des § 371 AO auszurichten.

74 Im Bankensektor werden Erklärungen nach § 153 AO oft relevant, wenn der wirtschaftlich Berechtigte verstirbt und das Vermögen auf einen **Erben** übergeht. Dieser tritt als Gesamtrechtsnachfolger in die steuerliche Pflichtenstellung des Erblassers ein und ist ggf. verpflichtet, die Unrichtigkeit der Steuererklärungen des Erblassers unverzüglich anzuzeigen und die Erklärungen zu berichtigen.

D. Mögliche Maßnahmen zur Vermeidung von Risiken

75 Für Maßnahmen zur Vermeidung steuerlichen Fehlverhaltens oder hieraus entstehender Risiken für Individual- oder juristische Personen gibt es keine gesetzlichen Vorgaben. Auch verbindliche Standards haben sich bisher, soweit ersichtlich, nicht etabliert. Selbstverständlich ist zunächst die Erkenntnis, dass es einen umfassenden Schutz, der steuerstrafrechtlich relevantes Verhalten mit Sicherheit verhindert, nicht gibt. Der anzulegende Maßstab für die internen Systeme kann nur sein, was möglich und zumutbar ist. Oder, in Anlehnung an § 130 OWiG: es sind Maßnahmen zu ergreifen, die steuerliches **Fehlverhalten verhindern** oder **wesentlich erschweren**. Hierzu gehören insbesondere ein klares Bekenntnis der Leitung der Bank zu rechtstreuem Verhalten und das Einrichten von Strukturen, die es ermöglichen, steuerliches Fehlverhalten zu entdecken und darauf zu reagieren.

76 Als wesentliche Elemente eines – im Fall von Vorwürfen ggf. auch gegenüber Behörden und Gerichten zu dokumentierenden – Bemühens, steuerliches Fehlverhalten möglichst zu verhindern, kommen daher insbesondere, aber nicht ausschließlich, in Betracht:
– ausdrückliches und ernsthaftes Verbot, steuerunehrliches Verhalten zu unterstützen,
– Einführung interner Strukturen auf der Ebene der Rechts-, Steuer- oder Compliance-Abteilung mit eindeutigen Überwachungs- und Kontrollbefugnissen,
– Schulung und Sensibilisierung von Bankmitarbeitern unter Berücksichtigung des jeweiligen Tätigkeitsbereiches und der hieraus entstehenden spezifischen Risiken,

---

95 Vgl. *Jehke/Dreher* DStR 2012, 2467, 2470.
96 *Klein/Rätke* AO § 153 Rn. 21.

- keine Entwicklung und kein Vertrieb von Produkten, die zur Verschleierung von Vermögen oder zur Anonymisierung des Steuerpflichtigen geeignet sind (z.B. Angebot banklagernder Post, anonymer Datentransfer etc.),
- Kontrolle und Dokumentation der Steuerehrlichkeit von Kunden jedenfalls in besonders risikogeneigten Fällen (z.B. Versicherung ordnungsgemäßer Versteuerung durch den Kunden, ggf. Nachweis durch Vorlage geeigneter Unterlagen),
- Einführung von Strukturen auf der Ebene der Mitarbeiter, die Förderung steuerunehrlichen Verhaltens erschweren (z.B. Mitzeichnungserfordernisse, Berichtspflichten gegenüber der Compliance-Abteilung etc.),
- Regelmäßige Kontrollen der Bankmitarbeiter,
- Ahndung von Verstößen.

Erkennt die Bank, dass Verhaltensweisen aus der Vergangenheit das Risiko steuerstrafrechtlicher Vorwürfe (z.B. der systematischen Beihilfe) begründen können, ist es unumgänglich, diese Sachverhalte gezielt aufzuarbeiten und bestehende Strukturen zu ändern. Falls Vorwürfe gegen die Bank erhoben werden, sind zwischenzeitlich geänderte Strukturen und das nachweisbare Bemühen um künftige Vermeidung steuerlichen Fehlverhaltens zumindest für die Zumessung einer Sanktion ein bestimmender Faktor. **77**

Auch deshalb gehen insbesondere Banken an internationalen Bankplätzen mit deutschen Kunden verstärkt dazu über, potenziell riskante Geschäftsbeziehungen zu prüfen und ggf. umzugestalten (sog. „**Weißgeldstrategien**"). In der praktischen Umsetzung solcher Projekte können auf mehreren Ebenen Schwierigkeiten entstehen. Zuweilen gelingt es schon intern nicht auf Anhieb, einen Wandel der Beratungskultur so zu transportieren, dass alle Mitarbeiter ihn mit gleicher Überzeugung im Alltag leben. Auch Kunden, die z.T. über mehrere Jahrzehnte bestimmte Beratungsangebote wie z.B. banklagernde Post genutzt haben, reagieren häufig ablehnend, wenn diese Leistungen künftig nicht mehr angeboten werden. Sowohl den intern Verantwortlichen als auch den Bankmitarbeitern mit Kundenkontakt wird insoweit ein erhebliches Maß an Feingefühl, aber auch an Konsequenz abverlangt. Ferner ist sicherzustellen, dass Bankmitarbeiter sich nicht aus Sorge um die Erreichung eigener wirtschaftlicher Ziele innerlich von der Strategie distanzieren. Insoweit kann es sich etwa anbieten, die Mitwirkung der Bankmitarbeiter als Teil der Zielvorgaben zu definieren. **78**

Als mögliche Schritte kommen insbesondere in Betracht: **79**
- Information der Bankmitarbeiter über die Strategie der Bank und über die geplante Umsetzung,
- Angebot klar definierter Arbeitsprozesse (z.B. Zuständigkeiten, Dokumentationsanforderungen, Handlungsempfehlungen etc.),
- interne Analyse des steuerstrafrechtlichen Risikopotenzials von Kundenbeziehungen (ggf. Einteilung in Risikogruppen),
- aktive Ansprache von Kunden auf Optionen steuerlicher Korrekturen, insbesondere auf die Möglichkeit einer Selbstanzeige,
- Unterstützung von Kunden im Vorfeld und bei der Selbstanzeige (insbesondere Empfehlung geeigneter Berater, effizienter Prozess zur Bereitstellung der erforderlichen Unterlagen etc.).

Die Beratung von Kunden im Zusammenhang mit einer Selbstanzeige dürfte das wesentliche Instrument sein, wenn der Bank tatsächliche Anhaltspunkte für steuerunehrliches Verhalten vorliegen. Hat der Kunde zunächst Vorbehalte gegen eine Selbstanzeige, beruhen diese nicht selten auf Fehlinformationen über den Ablauf und können in aller Regel ausgeräumt werden. Weigert der Kunde sich nachhaltig, die ordnungsgemäße Versteuerung nachzuweisen oder durch eine nachträgliche Deklaration zu ermöglichen, bleibt – wenn steuerstrafrechtliche Risiken sicher vermieden werden sollen – zur Beendigung der Geschäftsbeziehung kaum eine Alternative.

25. Kapitel
Geldwäsche

Literatur: *Barton* Das Tatobjekt der Geldwäsche: Wann rührt ein Gegenstand aus einer der im Katalog des § 261 I Nr. 1-3 StGB genannten Straftaten her, NStZ 1993, 159; *Basse-Simonsohn* Geldwäschereibekämpfung und organisiertes Verbrechen – Die Sorgfaltspflichten der Finanzintermediäre und deren Konkretisierungen durch Selbstregulierung, 2002; *Burr* Geldwäsche – Eine Untersuchung zu § 261 StGB, 1995; *Diergarten* Der Geldwäscheverdacht – Gezielt erkennen – angemessen reagieren, 2007; *Ehlscheid/Pfeiffer* Handbuch Geldwäscheprävention, 2012; *Fabel* Geldwäsche und tätige Reue, 1997; *Fischer* Die Strafbarkeit von Mitarbeitern der Kreditinstitute wegen Geldwäsche, 2011; *Flatten* Zur Strafbarkeit von Bankangestellten bei der Geldwäsche, 1996; *Herzog* Geldwäschegesetz, 2010; *Herzog/Mülhausen* Geldwäschebekämpfung und Gewinnabschöpfung, 2006; *Höchte/Rößler* Das Gesetz zur Optimierung der Geldwäscheprävention und die Kreditwirtschaft, WM 2012, 1505; *Hoyer/Klos* Regelungen zur Bekämpfung der Geldwäsche und ihre Anwendung in der Praxis, 2. Aufl. 1998; *Hund* Der Geldwäschetatbestand – missglückt oder missverstanden?, ZRP 1996, 163; *Leip* Der Straftatbestand der Geldwäsche – Zur Auslegung des § 261 StGB, 2. Aufl. 1999; *Leip/Hardtke* Der Zusammenhang von Vortat und Gegenstand der Geldwäsche unter besonderer Berücksichtigung der Vermengung von Giralgeld, wistra 1997, 281; *Löwe/Krahl* Das Geldwäschegesetz – ein taugliches Instrumentarium zur Verhinderung der Geldwäsche?, wistra 1994, 121; *Möhrenschlager* Das OrgKG – eine Übersicht nach amtlichen Materialien, wistra 1992, 281; *Rübenstahl/Stapelberg* Anwaltliche Forderungsbeitreibung in bemakeltes Vermögen – grundsätzlich keine Geldwäsche!, NJW 2010, 3692; *Ruppert* Gesetz zur Optimierung der Geldwäscheprävention: Neue Pflichten für Steuerberater, DStR 2012, 100; *Salditt* Der Tatbestand der Geldwäsche, StraFo 1992, 121; *Schimansky/Bunte/Lwowski* Bankrechts-Handbuch, Bd. 1, 2007; *Stauder* Praktische Folgen der neuen Geldwäschegesetzgebung für Unternehmen und Rechtsanwälte, GWR 2012, 146; *Ungnade* Rechtliche Aspekte bei der Umsetzung des OrgKG und des Geldwäschegesetzes in der Kreditwirtschaft, WM 1993, 2069; *Werner* Bekämpfung der Geldwäsche in der Kreditwirtschaft, 1996; *Wöß* Geldwäscherei und Banken – Methoden und Formen, Europarecht, Anpassungsbedarf für Österreichs Banken, 1994.

A. Einführung

Geldwäsche, d.h. die Einschleusung illegal erwirtschafteter Gelder in den legalen Finanz- und Wirtschaftskreislauf, ist ohne den Kapitalmarkt schlicht nicht möglich. Jede wirtschaftlich sinnvolle, legale Tätigkeit kann zur Geldwäsche genutzt werden. **1**

Nach Einschätzung der Financial Action Task Force (FATF), dem „Geldwäsche-Arbeitskreis" der OECD, werden allein in Deutschland jährlich 50 Mrd. EUR gewaschen, zur Höhe der weltweit gewaschenen Summe kursieren Zahlen bis 1 500 Mrd. USD jährlich.[1] Verlässliche Angaben existieren naturgemäß nicht. Auf diese Weise nehmen die Täter sukzessive Teile der Wirtschaftswelt für sich ein mit der Folge, dass sich die Wirtschaftsstrukturen weltweit verändern und zu Lasten der legal agierenden Marktteilnehmer gehen. **2**

Heutzutage ist eine umfassende Kapitalmarkt-Compliance ohne entsprechende Vorkehrungen gegen den Missbrauch durch Geldwäscher nicht mehr denkbar. Die in der Vergangenheit mehrfach erfolgten Gesetzesänderungen und die Ankündigungen des Gesetzgebers, weitere Regelungen zur größtmöglichen Bekämpfung der Geldwäsche **3**

---

1 *Fischer* S. 19; Herzog/Mülhausen/*Vogt* § 1 Rn. 28 m.w.N.

verabschieden zu wollen, stellen die Verpflichteten des Kapitalmarkts vor große Herausforderungen. In dem Dschungel der zahlreichen Verpflichtungen gelingt es kaum, den Durchblick zu behalten.

4 Das nachfolgende Kapitel versucht, diesen Schwierigkeiten zu begegnen und einen Überblick zur Geldwäsche als Bestandteil von Kapitalmarkt-Compliance zu geben. Zunächst wird das Phänomen der Geldwäsche (Teil B.) kurz beleuchtet, bevor näher auf die geldwäscherelevanten Vorschriften (Teil C.) eingegangen wird. Schließlich runden einige praktische Ausführungen zu der Ausgestaltung einer Anti-Money-Laundering (AML) Compliance in der Praxis (Teil D.) das Kapitel ab.

B. Darstellung der Geldwäsche

I. Einführung

5 **Geldwäsche** wird umschrieben als die Einschleusung illegal erwirtschafteter Gelder in den legalen Finanz- und Wirtschaftskreislauf, um die Summen fortan für neue Unternehmungen einsetzen zu können und sie so vor staatlichem Zugriff zu schützen.

6 Geldwäsche geschieht im Verborgenen und häufig grenzüberschreitend. Entwicklungen neuer Dienstleistungen und Produkte bieten nicht nur legal agierenden Marktteilnehmern neue Möglichkeiten, sondern führen auch dazu, dass die Geldwäscher sich dies zu Nutze machen. Der Umstand, dass die **Methoden und Techniken** der Geldwäscher einem **ständigen Änderungsprozess** unterworfen sind, stellen den Gesetzgeber vor zusätzliche Herausforderungen.

7 Seit Jahrzehnten versucht er, mit Hilfe immer umfassenderer und weiter greifender Regelungen dem Phänomen des Geldwaschens Herr zu werden. Doch die Täter sind immer einen Schritt voraus. Dem Einfallsreichtum sind dabei keine Grenzen gesetzt: Neben den Klassikern des Glücksspiels in Spielhallen oder Kasinos oder dem Handel mit zeitgenössischer Kunst und Antiquitäten ist in den letzten Jahren auch die Durchführung fingierter bzw. manipulierter Schiedsverfahren oder Rechtsstreitigkeiten als beliebte Geldwäschemethode zu beobachten, ebenso entsprechende Aktivitäten im Bereich des Profisports.[2] Hinzu kommen die verstärkt zu beobachtende Betätigung der Täter im Internet, zuletzt die Geldwäschevorwürfe im Zusammenhang mit dem An- und Verkauf der digitalen Währung „Liberty Reserve."[3] Stets sind Kreditinstitute bzw. der Kapitalmarkt im weiteren Sinne involviert.

8 Längst hat es eine Abkehr von dem ursprünglich mit der Geldwäsche einhergehenden Kriminalitätstypus der Organisierten Kriminalität gegeben. Sie tritt nicht mehr nur im Bereich des Organisierten Verbrechens aus, sie ist mittlerweile auch im Bereich der kleinen und

---

2 Als Beispiel sei hier nur der Wechsel von Carlos Tevez und Javier Mascherano zu West Ham United im August 2006 genannt. Vgl. zu den Details www.focus.de/sport/fussball/wm-2010/protagonisten/tid-18910/wm-2010-carlos-tevez-stuermer-aus-argentinien-im-schwitzkasten-zum-grossen-sieg_aid_526047.html, abgerufen am 2.5.2013; www.transfermarkt.de/de/mafia-geldwaesche-und-schattenmaenner/topic/quellen_6_97672_seite, abgerufen am 2.5.2013.

3 Ausführlich zu dem System der Geldwäsche mittels digitaler Zahlungsmittel: www.faz.net/aktuell/wirtschaft/geldwaesche-skandal-so-funktionierte-das-system-liberty-reserve-12200062.html; www.stern.de/politik/internet-geldwaesche-in-milliardenhoehe-aufgedeckt-2017494.html; www.nzz.ch/aktuell/wirtschaft/wirtschaftsnachrichten/us-justiz-erhebt-klage-gegen-banditenbank-im-cyberspace-1.18089284, sämtlich abgerufen am 29.5.2013.

mittleren Kriminalität sowie in allen wirtschaftlichen Bereichen zu beobachten: vom Rauschgift- und Waffenhandel über Geld- und Wertzeichenfälschung, Kfz-Verschiebungen ins Ausland, allen denkbaren Delikten im Zusammenhang mit dem Rotlichtmilieu sowie illegalem Glücksspiel und Schutzgelderpressungen.

Darüber hinaus ist es in der Vergangenheit regelmäßig zu Verurteilungen sog. **Finanzagenten** wegen Geldwäsche gekommen und auch die erst kürzlich aufgedeckten Offshore-Leaks lassen vermuten, dass sich in den sog. **Steueroasen** zahlreiche Geldwäscher getummelt haben.

II. Phasen der Geldwäsche

In der Regel lässt sich das „Weißwaschen" des Geldes in **drei Phasen** unterteilen, die sog. Platzierungs- („*placement*"), Verschleierungs- („*layering*") und Integrationsphase („*integration*").

1. Platzierung

In dieser ersten Phase („*placement*") werden zunächst die aus Vortaten des § 261 StGB erlangten Vermögenswerte auf den verschiedensten Wegen in den Finanzkreislauf eingeschleust mit dem Ziel, die Erträge auf Konten im In- oder Ausland zu platzieren.[4]

Dies geschieht in der Regel durch Einzahlung bei Banken, wobei das Bargeld entweder in Buchgeld umgewandelt oder aber zum Erwerb von kurzfristig liquidierbaren Vermögensgegenständen verwendet wird. Um die im Gesetz vorgesehenen Schwellenbeträge, ab denen eine Identifizierung bei der Einzahlung auf ein Konto vorgesehen ist (§ 3 GwG), zu umgehen, splitten die Täter das Geld entweder in mehrere Kleinbeträge auf („*Structuring*")[5] oder zahlen das Bargeld in mehreren Tranchen bei unterschiedlichen Banken auf verschiedene Konten ein („*Smurfing*")[6].

Erfolgt keine unmittelbare, sondern eine mittelbare Einbringung der inkriminierten Summen in den Finanzkreislauf, bedienen sich die Täter gerne der Methode des Vorwaschens über „**Frontgesellschaften**" („*front-companies*"), was nichts anderes bedeutet, als dass sie die illegal erworbenen Gelder zunächst in von ihnen selbst betriebene bargeldintensive Unternehmen einschleusen, beispielsweise Restaurants, Spielkasinos, Wechselstuben oder Import-Export-Geschäfte.[7] Bei derart frequentierten Geschäften bleibt die Ausstellung fiktiver Rechnungen häufig unerkannt und es ist in der Regel nicht ersichtlich, dass legal erwirtschaftetem Geld Illegales beigemischt und gegenüber der Bank insgesamt als legal erwirtschafteter Gewinn ausgewiesen wird.[8]

---

4 *Ehlscheid/Pfeiffer* S. 43.
5 Schimansky/Bunte/Lwowski/*Bruchner/Fischbeck* § 42 Rn. 7; *Werner* S. 13.
6 *Ehlscheid/Pfeiffer* S. 44.
7 Beliebte Unternehmen bei den Tätern sind darüber hinaus Unternehmen der Sicherheitsbranche, Gebrauchtwagenhandel, Speditionen, Sonderpostenmärkte, in der Reisebranche ansässige Unternehmen oder Wechselgeschäfte jeglicher Couleur, also das Wechseln des Geldes in Fremdwährungen, in größere Einheiten derselben Währung oder der Wechsel in andere leicht zu übertragene Werttträger wie Edelmetalle oder Inhaberpapiere, vgl. Gesetzliche und bankinterne Vorschriften zur Geldwäscheverhinderung, Schulung der Mitarbeiter von Genossenschaftsbanken, Stand 2006; *Flatten* S. 4.
8 *Fischer* S. 20.

2. Verschleierung

14 In einem zweiten Schritt erfolgt sodann die „Verschleierung", auch als *layering* bezeichnet. Intention ist die Verbreitung der im Rahmen der ersten Phase platzierten Gelder zur Verwischung beziehungsweise Unterbrechung der „Papierspur" (*paper trail*).[9]

15 In der Praxis werden hierzu **komplexe Finanztransaktionen**, entweder im Inland mittels einer Vielzahl verwirrender und scheinbar nicht zusammenhängender Überweisungen durch Verschiebung von Beträgen zwischen verschiedenen Konten, durchgeführt, oder aber auf eine länderübergreifende Abwicklung, zumeist unter Einbeziehung von „**Offshore-Banken**" und **Scheingesellschaften**, zurückgegriffen.

16 Die Täter greifen dabei gerne auf die Hilfe unverdächtiger Dritter zurück, beispielsweise Anwälte, Treuhänder oder Scheinfirmen, vermöge derer die Verschleierung der Herkunft aufgrund der Zwischenschaltung noch besser gelingt.

3. Integration

17 In der dritten und letzten Phase („*integration*") werden diejenigen Vermögenswerte, die die vorgenannten Phasen durchlaufen haben, in den regulären Wirtschaftskreislauf geführt, wodurch der Eindruck erweckt wird, das Kapital stamme aus rechtmäßiger, geschäftlicher Tätigkeit.[10]

18 Wie auch in der zweiten Phase ist ein Vorgehen ohne Zuhilfenahme des Kapitalmarktes hier nicht möglich, denn nur auf diesem Weg erlangen die Geldwäscher den für sie von elementarer Bedeutung erforderlichen legalen Herkunftsnachweis.

III. Beispielsfälle für Verschleierungstechniken

19 Angesichts der Vielfalt der Möglichkeiten – jede wirtschaftlich sinnvolle, legale Tätigkeit kann zur Geldwäsche genutzt werden – ist es beinahe unmöglich, die von den Tätern genutzten **Verschleierungstechniken** auszumachen und zu typologisieren. In der Vergangenheit haben sich jedoch verschiedene Erscheinungsformen herausgebildet, die, immer wieder leicht abgewandelt, zur Umwandlung von illegalem in legale Finanzmittel genutzt werden.

20 Die folgenden Beispiele erheben freilich nicht den Anspruch einer umfassenden und abschließenden Darstellung, sondern sollen vielmehr einen ersten Überblick und ein Gespür für häufige Erscheinungsformen des Phänomens der Geldwäsche liefern.[11]

21 Wenngleich sich der unbare Zahlungsverkehr immer weiter verbreitet und die Barzahlungen mehr und mehr aus dem Alltag verdrängt werden, gibt es nach wie vor **bargeldintensive Geschäftsfelder**, die sich die Kriminellen zu Nutze machen, so etwa die Betäubungsmittelkriminalität, die Prostitution oder der (illegale) Glücksspielsektor. Um diese inkriminierten Zahlungsmittel rein zu waschen und in sauberes (Buch-) Geld umzuwandeln, bedienen sich die Täter gerne der verschiedenen Möglichkeiten, die der **Bankensektor** für diese Umwandlung bietet. Exemplarisch sei hier nur der Ankauf von Wertpapieren[12] oder der Währungstausch angeführt.

---

9 Werner S. 14.
10 Herzog/Mülhausen/Vogt § 2 Rn. 4.
11 Zahlreiche weitere Beispiele finden sich im Jahresbericht 2011 der FIU, S. 23 ff.; bei *Ehlscheid/Pfeiffer* S. 47 ff.; *Hoyer/Klos* S. 15 ff.; Herzog/Mülhausen/Vogt § 2 Rn. 8 ff.; speziell zum Bankensektor *Fischer* S. 22 ff.
12 Zur Geldwäschestrafbarkeit im Zusammenhang mit Wertpapiergeschäften vgl. *Fischer* S. 27, 89 ff.

Bei dem primär auf Vertrauen basierenden sog. **„Hawala Banking"** handelt es sich um eine 22 Form des „Schattenbanksystems"; für den (internationalen) Geldtransfer nutzen die Täter hier Strukturen außerhalb des offiziellen Systems von Banken- und Finanztransferdienstleistern aus.[13]

Beispiel: A unterhält in Berlin einen türkischen Lebensmittelladen und steht in einer 23 Beziehung zu dem Lebensmittelhändler L in Anatolien. Der türkische Staatsbürger S sucht A mit einer größeren Summe Bargeld auf und zahlt diese für seinen in der Türkei lebenden Angehörigen bei A ein. Nur wenige Minuten später zahlt L den gewechselten Gegenwert der von A in Berlin eingezahlten Summe in bar an dessen Angehörigen in Anatolien aus.

In der Regel funktioniert dieses System wechselseitig, d.h. türkische Staatsbürger transfe- 24 rieren ihrerseits Geld auf dieselbe Weise nach Deutschland, so dass kaum ein physischer Transport der Gelder nötig ist. Die Geschäfte zwischen den Anbietern werden dabei über Telefon und Telefax abgewickelt.

Eine weitere, häufig praktizierte Methode der Geldwäsche ist das sog. **„loan-back-Sys-** 25 **tem"**. Hier wird das deliktisch erlangte Geld zunächst bei einer Bank, die ihren Sitz in der Regel im Ausland hat, als Garantie für eine Investition oder Finanzierung angelegt. Anschließend nimmt der Geldwäscher einen Kredit in entsprechender Höhe auf, um diesen dann mit dem im Ausland platzierten Geld zu tilgen. Mittels dieses Vorgangs – er leiht sich praktisch sein eigenes Geld von der Bank – erlangt er einen legalen Herkunftsnachweis.[14]

Nicht erst seit der jüngsten Aufdeckung durch Journalisten des Internationalen Konsorti- 26 ums für investigative Journalisten (ICIJ)[15] bekannt ist das beliebte Vorgehen der **Kapitalflucht.**

Die Täter nutzen für dieses Vorgehen die mannigfachen Möglichkeiten, die ihnen sog. 27 **Steueroasen** bzw. **Offshore-Paradiese** bieten. Nicht zuletzt die moderaten gesellschaftsrechtlichen Regelungen in diesen Ländern[16] begünstigen das Vorgehen der Täter, kriminell erlangte Gelder über komplexe Firmenkonstruktionen, zwischengeschaltete Trusts und Stiftungen zu waschen und in den legalen Finanzkreislauf zurückzuführen. Hinzu kommen die fehlende Buchführungspflicht und Bankenaufsicht, die nur unzureichende Steuerkontrolle sowie unzureichende Rechtshilfebestimmungen und mangelnde Strafvorschriften der jeweiligen Länder, die es den Tätern ermöglichen, große Summen Geld zu waschen.[17]

Neben den zahlreichen, bekannten Methoden der Geldwäsche im Finanzsektor bietet 28 auch der weltweite **Handel mit Waren aller Art** verschiedene Möglichkeiten, inkriminierte Finanzmittel wieder in den legalen Wirtschaftskreislauf zu schleusen. Dieser unterliegt bislang nicht den gleichen strengen Kontrollen wie der Zahlungsverkehr.[18] Die Geldwäsche erfolgt hier über **fiktive Handels- oder Warengeschäfte** oder eine **Über- bzw. Unterfakturierung**.[19]

---

13 Herzog/Mülhausen/*Vogt* § 2 Rn. 35.
14 *Basse-Simonsohn* S. 38 Fn. 108; Herzog/Mülhausen/*Vogt* § 2 Rn. 16; *Wöß* S. 31 ff.
15 Vgl. statt aller nur: www.sueddeutsche.de/thema/OffshoreLeaks, abgerufen am 14.5.2013.
16 Z.B. Cayman-Islands, Isle of Man, Kanalinseln, Malta, Niederländische Antillen, Panama u.v.a.
17 Eine entsprechende „Anleitung", wie man seine Gelder in sog. Offshore-Paradiesen verstecken und waschen kann, findet sich unter: www.icij.org/offshore/interactive-stash-your-cash, abgerufen am 14.5.2013.
18 *Ehlscheid/Pfeiffer* S. 47 f.
19 Entsprechende Beispiele für diese Methoden finden sich bei *Hoyer/Klos* S. 18; Herzog/Mülhausen/*Vogt* § 2 Rn. 16 ff.

C. Geldwäschevorschriften

29 Zentrale Säulen der Geldwäschevorschriften sind § 261 StGB sowie das **Geldwäschegesetz** (GwG). Darüber hinaus finden sich auch in anderen Gesetzen vereinzelt Vorschriften im Zusammenhang mit der Bekämpfung der Geldwäsche.

I. Entwicklung der Geldwäschegesetzgebung

30 Der Grundstein für die Geldwäschegesetzgebung und -bekämpfung wurde im Jahr 1992 gelegt. Die Bundesrepublik Deutschland stand seinerzeit in der Pflicht, eine EG-Richtlinie zur Bekämpfung der Organisierten Kriminalität umsetzen zu müssen, einen Kriminalitätstypus, den man unmittelbar mit der Geldwäsche in Verbindung brachte. Man sah das Land aufgrund seiner florierenden Wirtschaft, der stabilen Währung sowie der geographisch günstigen Lage als besonders prädestiniert für eine Gefährdung durch die Organisierte Kriminalität.[20]

31 Darüber hinaus bestand die Verpflichtung, Kreditinstituten sowie vergleichbaren Unternehmen, die dem Missbrauch zur Geldwäsche ausgesetzt sein können, bestimmte Pflichten im Hinblick auf geldwäscheverdächtige Geschäftsvorgänge aufzuerlegen.[21]

32 Zur Erreichung der vorgenannten Ziele fuhr man zweigleisig, nämlich sowohl repressiv als auch präventiv: Neben dem „Gesetz zur Bekämpfung des illegalen Rauschgifthandels und anderer Erscheinungsformen der organisierten Kriminalität" (OrgKG), dessen „Herzstück" die Vorschrift des § 261 StGB war, verabschiedete die Bundesrepublik im Rahmen der Richtlinienumsetzung auch das „Gesetz über das Aufspüren von Gewinnen aus schweren Straftaten" (GwG).

II. § 261 StGB

1. Allgemeines

33 Der Straftatbestand der Geldwäsche ist als **Anschlussdelikt** ausgestaltet und wurde seit seiner Einführung im Jahre 1992 bereits zahlreichen Überarbeitungen unterzogen. Die Norm zeichnet sich neben dieser Unbeständigkeit in erster Linie durch ihre Unübersichtlichkeit aus. Die fortwährenden Überarbeitungen führen aufgrund der ständig erweiterten Katalogtaten zu einer immer weiter ausufernden Strafbarkeit. Längst hat eine Abkehr von der ursprünglichen Zielsetzung, der Bekämpfung der organisierten Kriminalität, stattgefunden.

34 Nach dem geltenden § 261 StGB genügen mittlerweile Delikte der Alltagskriminalität als taugliche Vortat. Zudem ist neben die ursprüngliche Zielsetzung ein weiteres Anliegen getreten; seit den Terroranschlägen in den USA im September 2001 soll die Geldwäschebekämpfung zugleich der Bekämpfung der Finanzierung des Terrorismus dienen.

35 Konsequenz der ständigen Erweiterungen ist, dass die Vorschrift des § 261 StGB zu erheblichen **Auslegungsschwierigkeiten** führt und überdies der betriebene Aufwand bei der Geldwäschebekämpfung statistisch gesehen in krassem Missverhältnis zum Erfolg steht.

36 Der Umstand, dass jede wirtschaftlich sinnvolle, legale Tätigkeit zur Betreibung der Geldwäsche genutzt werden kann, gestaltet die Handhabung mit dem Tatbestand im alltäglichen Handels- und Geschäftsverkehr schwierig. Durch die Vielfalt der unter Strafe gestellten Tathandlungen, gepaart mit einer in subjektiver Hinsicht nur unzureichend einzugrenzenden Leichtfertigkeitsstrafbarkeit besteht für nahezu jedweden Umgang mit einem deliktsbehafteten Gegenstand ein Strafbarkeitsrisiko.

---

20 *Möhrenschlager* wistra 1992, 281 (282).
21 *Fischer* S. 50.

Vor diesem Hintergrund besteht ein **erhöhtes Risiko** für **verantwortlich Handelnde**, sich 37
einem **Anfangsverdacht** der **Geldwäsche** ausgesetzt zu sehen. Ermittlungsbehörden neigen
oftmals dazu, vom Vorliegen der objektiven Tatumstände auch auf die subjektive Kenntnis
der beteiligten Personen zu schließen. Stellt sich die Beweislage prima facie so dar, dass
objektiv Anhaltspunkte einer Geldwäsche vorliegen, wird die Ausräumung dieses einmal
erhobenen Verdachts insbesondere dann schwierig und mühevoll, wenn ausschließlich Kriterien und Umstände vorgetragen werden können, die die subjektive Tatseite tangieren.
Für die Frage der Unschuld des Beschuldigten ist insoweit die richterliche Überzeugung
bzw. die Überzeugung der Staatsanwälte von erheblicher Bedeutung, so dass das Restrisiko
einer Verurteilung immer besteht.

Steht der Verdacht der Verwirklichung des Tatbestands der Geldwäsche einmal im Raum, 38
drohen nicht nur die mögliche Verhängung einer **Freiheits- oder Geldstrafe** gegen die handelnde Person, sondern weitere Nebenfolgen, die auch empfindliche Konsequenzen für ein
involviertes Unternehmen nach sich ziehen können. Die Verhängung einer **Unternehmensgeldbuße** oder alternativ die Abschöpfung der durch die Geldwäsche erlangten Vermögensvorteile (sog. **Verfall**) sind dabei zwei mögliche Instrumentarien.[22] Schließlich droht
dem Unternehmen ein nicht zu unterschätzender **Reputationsverlust** und die Gefährdung,
wenn nicht der **Verlust** bestehender **Geschäftsbeziehungen**.

2. Objektiver Tatbestand

Tauglicher Täter einer Geldwäsche kann **jedermann** sein.[23] 39

a) Taugliches Tatobjekt

Taugliche Tatobjekte sind sämtliche **Gegenstände**, die aus einer der in § 261 Abs. 1 S. 2 40
StGB genannten Straftaten (sog. Vortaten) herrühren. Bei den aus diesen Vortaten herrührenden Gegenständen kann es sich sowohl um Geld wie auch um andere Objekte handeln,
sofern sie verkehrsfähig sind, einen Vermögenswert besitzen und rechtlich einer bestimmten Person zuzuordnen sind.[24] Umfasst sind alle vermögenswerten Gegenstände, auch Forderungen.[25] Unerheblich für eine Strafbarkeit nach § 261 StGB ist zudem, dass der Täter
den Gegenstand aus der Vortat möglicherweise auf Grund eines rechtmäßigen Anspruchs
erlangt.[26]

b) Aus Katalogtat stammend

Die Gegenstände müssen aus einer im Katalog des § 261 StGB genannten Straftat herrühren. 41

Dabei ist unerheblich, ob die Vortat täterschaftlich begangen wurde. Auch die Teilnahme 42
an einer solchen kann grundsätzlich taugliche Vortat einer Geldwäsche sein. Soweit die
Akzessorietät greift, haben Anstiftung und Beihilfe denselben Deliktscharakter wie die
Haupttat, vgl. § 12 i.V.m. § 11 Abs. 1 Nr. 5 StGB.[27]

aa) Vortatenkatalog

Der Katalog der in § 261 StGB aufgeführten zahlreichen **Vortaten** ist abschließend. Neben 43
Verbrechen, also Straftaten, die im Mindestmaß mit einer Freiheitsstrafe von einem Jahr
bedroht sind, vgl. § 12 Abs. 1 StGB, sind dort u.a. auch Delikte wie gewerbs- oder banden-

---

22 Näher zum strafrechtlichen Sanktionsinstrumentarium 21. Kap. Rn. 124 ff.
23 *Kindhäuser/Neumann/Paeffgen/Altenhain* § 261 Rn. 19.
24 *Graf/Jäger/Wittig/Eschelbach* § 261 StGB Rn. 10; *Hund* ZRP 1996, 163 (164).
25 *Fischer* § 261 Rn. 6.
26 *Rübenstahl/Stapelberg* NJW 2010, 3692 (3694).
27 Zu Täterschaft und Teilnahme siehe 21. Kap. Rn. 31 ff.

mäßige Begehung von Bestechung und Bestechlichkeit, Diebstahl, Unterschlagung, Erpressung, Betrug, Untreue, Hehlerei und Steuerhinterziehung, aber auch spezielle Umweltdelikte aufgeführt. Ferner wurde der Vortatenkatalog im Jahr 2011 u.a. um die Tatbestände der Marktmanipulation und des Insiderhandels, sofern banden- oder gewerbsmäßig begangen, erweitert.[28]

(1) Auswirkungen in der Praxis

44 Der immense Vortatenkatalog des § 261 StGB hat für die Ermittlungsbehörden einen willkommenen Nebeneffekt: Die Maxime, strafprozessuale Maßnahmen als schwerwiegende Eingriffe nur zurückhaltend anzuwenden, wird ausgehebelt, denn durch die Aufnahme einer Vielzahl von Delikten in den Vortatenkatalog des § 261 StGB stehen den Ermittlern **weitreichende prozessuale Befugnisse** zu, die sie nicht anwenden dürfen, wenn sie ausschließlich die in § 261 StGB genannte Vortat ermitteln müssten.[29] Durch die „Verknüpfung" der Vortaten mit dem Geldwäschetatbestand werden ihnen so weitreichende Befugnisse im Hinblick auf die **Durchführung von Strafverfolgungsmaßnahmen** eingeräumt.

45 Die Praxis zeigt, dass Verfolgungsbehörden gerade im Zusammenhang mit Ermittlungen von Geldwäsche dazu neigen, bereits in einem **sehr frühen Stadium erheblich** in die **Rechte Dritter einzugreifen**, häufig bereits zu einem Zeitpunkt, zu dem ein Verdacht alles andere als hinreichend konkret ist.

46 In diesem Zusammenhang ist auf eine Entscheidung des Landgerichts München[30] vom 13.7.2005 hinzuweisen, die die niedrige Verdachtshürde für Ermittlungsmaßnahmen wegen Geldwäsche illustriert. Im darin behandelten Sachverhalt kam es zu einer Durchsuchung der Geschäftsräume einer GmbH und der Wohnungen der Geschäftsführer aufgrund eines im Raum stehenden Verdachts der Geldwäsche. Das Landgericht führt in dem gegen die Durchsuchung gerichteten Beschwerdebeschluss insoweit wörtlich aus:

47 „Naturgemäß konnte sich der gegen die Betroffenen gerichtete Verdacht in diesem Stadium der Ermittlungen nicht auf eine genau bestimmbare Vortat im Sinne des § 261 Abs. 1 StGB richten. Dies war auch nicht erforderlich, da wegen der vorbezeichneten Tatsachen zu vermuten war, dass jedenfalls eine Vortat im Sinne des § 261 Abs. 1 StGB begangen worden war. Der Verdacht einer strafbaren Geldwäschehandlung [...] lag damit nahe. Die Durchsuchungsanordnung, die gerade der Ermittlung diente, ob eine und ggf. welche Vortat der verdächtigen Transaktion voraus ging, kann nicht davon abhängig gemacht werden, dass die Strafverfolgungsbehörden schon vorher wissen, was gerade erst ermittelt werden soll. [...] Auch dies lässt nur den Schluss zu, dass Ermittlungen der Strafvollstreckungsbehörden schon zu einem Zeitpunkt zulässig sein müssen, in dem eine konkrete Vortat zwar nahe liegt jedoch nicht benannt werden kann, da jedenfalls eine versuchte Geldwäsche inmitten steht."[31]

48 Diese Entscheidung zeigt, dass die deutsche Rechtsprechung zumindest Ermittlungsmaßnahmen, insbesondere die Durchsuchung von Geschäftsräumen und die Beschlagnahme von Beweisgegenständen, für zulässig hält, selbst wenn in diesem Zeitpunkt noch unklar ist, ob das Geld „verschmutzt" ist, also aus einer Straftat herrührt.

49 In der Praxis besteht damit für den Betroffenen zu einem verhältnismäßig frühen Zeitpunkt die **Gefahr**, sich zunächst einmal **staatlichen Zwangsmaßnahmen** der Verfolgungsbehörden in einem Ermittlungsverfahren wegen eines Geldwäscheverdachts ausgesetzt zu sehen, selbst wenn sich der Verdacht der Begehung einer Straftat im Ergebnis nicht erhärtet oder sich eine solche nicht nachweisen lässt.

---

28 Vgl. zu den materiell-rechtlichen Voraussetzungen der einzelnen Delikte 27. und 28. Kap.
29 Vgl. hierzu ausführlich *Fischer* S. 57 f. m.w.N.
30 *LG München* wistra 2005, 398 f.
31 *LG München* wistra 2005, 398 (399).

(2) Gewerbsmäßigkeit der Vortat

Ein weiterer Hinweis dafür, dass der Tatbestand der Geldwäsche sehr weit ausgelegt wird, zeigt sich an den Ausführungen der Rechtsprechung zu den Anforderungen an die **Gewerbsmäßigkeit** der Vortat.

Die in § 261 Abs. 1 S. 2 Nr. 4 StGB genannten Delikte gelten nur dann als taugliche Vortat, sofern sie banden- oder gewerbsmäßig begangen wurden. Hiervon erfasst werden seit dem Jahr 2011 auch die Straftatbestände der Marktmanipulation und des Insiderhandels.

Rechtsprechung, die sich explizit mit der Frage beschäftigt, wann der Täter einer Marktmanipulation oder des Insiderhandels gewerbsmäßig handelt, existiert bislang nicht. In der Begründung des im Wesentlichen angenommenen Gesetzesentwurfs heißt es hierzu:

„Für sie gilt daher aus Gründen der Verhältnismäßigkeit – wie für alle Vergehen unter dieser Nummer –, dass sie nur dann Vortaten der Geldwäsche sind, wenn sie gewerbsmäßig [...] begangen worden sind."[32]

Der Verweis auf „alle Vergehen unter dieser Nummer" deutet darauf hin, dass die bisherigen Grundsätze der Gewerbsmäßigkeit auf die vorgenannten Delikte des WpHG übertragen werden können.

Gewerbsmäßig handelt, wem es darauf ankommt, sich aus wiederholter Begehung eine fortlaufende Haupt- oder Nebeneinnahmequelle von einigem Umfang und einiger Dauer zu verschaffen.[33] Der BGH hat in jüngerer Vergangenheit zum gewerbsmäßigen Handeln wörtlich ausgeführt:

„Liegt diese Absicht vor, ist bereits die erste Tat als gewerbsmäßig begangen einzustufen, auch wenn es entgegen der ursprünglichen Intention des Täters zu weiteren Taten nicht kommt. Eine Verurteilung wegen gewerbsmäßiger Deliktsbegehung setzt daher schon im Grundsatz nicht notwendig voraus, dass der Täter zur Gewinnerzielung mehrere selbstständige Einzeltaten der jeweils in Rede stehenden Art verwirklicht hat. Ob der Angeklagte gewerbsmäßig gehandelt hat, beurteilt sich vielmehr nach seinen ursprünglichen Planungen sowie seinem tatsächlichen, strafrechtlich relevantem Verhalten über den gesamten ihm anzulastenden Tatzeitraum. Erforderlich ist dabei stets, dass sich seine Wiederholungsabsicht auf dasjenige Delikt bezieht, dessen Tatbestand durch das Merkmal der Gewerbsmäßigkeit qualifiziert ist."[34]

Im Zusammenhang mit der gewerbsmäßigen Steuerhinterziehung – die ebenfalls als taugliche Vortat einer Geldwäsche gilt – wird vertreten, dass bei einer **auf Gewinne abzielenden** Steuerhinterziehung das Merkmal der **Gewerbsmäßigkeit** regelmäßig als **erfüllt** anzusehen ist.[35] Damit wird faktisch jede der in § 261 Abs. 1 S. 2 Nr. 4 StGB genannten Taten bereits in ihrem Grundtatbestand zur tauglichen Geldwäschevortat. Denn es ist nur schwer vorstellbar, dass es beispielsweise einem Täter einer Marktmanipulation nicht auf die Erzielung eines Gewinns ankommt. Eine solche Auslegung widerspricht der gesetzgeberischen Intention, mittels des § 261 StGB die organisierte Kriminalität bekämpfen zu wollen.[36]

Es ist vor dem Hintergrund der vorgenannten Ausführungen nicht auszuschließen, dass Ermittlungsbehörden in konkreten Fällen mit der Annahme ein gewerbsmäßiges Vorgehen „schnell bei der Hand" sind. Dies umso mehr angesichts der oben aufgeführten Möglichkeiten, die den Ermittlungsbehörden über § 261 StGB eingeräumt werden.

---

32 BT-Drucks. 17/4182, 5.
33 St. Rspr. *BGH* NStZ 2004, 265; Lackner/Kühl/*Kühl* vor § 52 Rn. 20.
34 *BGH* BeckRS 2011, 05172.
35 Herzog/*Herzog* § 261 StGB Rn. 80.
36 *Fischer* S. 13.

(3) Auslandstaten, § 261 Abs. 8 StGB

59 § 261 Abs. 8 StGB normiert die Ausdehnung des Vortatenkatalogs des § 261 StGB auf Geltungsbereiche, die räumlich außerhalb des Strafgesetzbuchs gelegen sind.

60 Soweit es sich bei der im Ausland begangenen Tat um eine solche nach dem Katalog des § 261 Abs. 1 S. 2 Nr. 1–5 StGB handelt und diese Straftat auch am Ort der Tatbegehung mit Strafe bedroht ist, ist diese **Auslandstat** taugliche Vortat einer Geldwäsche.

bb) Herrühren

61 Der taugliche Tatgegenstand muss aus einer Vortat des § 261 StGB **herrühren**.

62 Die Begrifflichkeit des „Herrührens" umschreibt dabei – vereinfacht ausgedrückt – das „Entstammen" aus einer der in der Norm aufgeführten Straftaten. Der Gesetzgeber hat damit den seinerzeit bestehenden Unzulänglichkeiten bei der Bekämpfung des Phänomens der Geldwäsche begegnen und mit dieser Wortwahl sicherstellen wollen, dass zunächst einmal grundsätzlich jede denkbare Transaktion vom Geldwäschetatbestand erfasst werden kann.[37]

63 Beispiel 1: Zahlt eine Person Gewinne aus Drogengeschäften auf ein Bankkonto ein, führt dies dazu, dass das Bankguthaben als aus der Vortat herrührend gilt.

64 Beispiel 2: Die Zinsen, die eine Bank auf das inkriminierte Bankguthaben zahlt, gelten gleichfalls als aus der Vortat herrührend.

65 Diese weite Interpretation des Merkmals „Herrühren" führt dazu, dass ein beachtlicher Kreis an tauglichen Tatobjekten dem Straftatbestand unterfällt und binnen kürzester Zeit die Gefahr eines verschmutzten Wirtschaftsverkehrs besteht.

66 Dies führt in der Praxis regelmäßig zu **Abgrenzungsschwierigkeiten**, haben es die Ermittlungsbehörden oder die Berater doch regelmäßig nicht mit der Beurteilung einfach gelagerter Fälle zu tun. Überwiegend gilt es zu bewerten, ob auch in Fallgestaltungen, in denen es zu einer Vermischung illegaler mit legalen Finanzmitteln gekommen ist, das Tatbestandsmerkmal des „Herrührens" noch zu bejahen ist. Diese Frage wird nach wie vor rege diskutiert.[38]

67 Beispiel 1: Der Täter eröffnet ein Bankkonto, auf das er den Erlös einer Katalogstraftat, z.B. einer gewerbsmäßigen Bestechung, einzahlt. Mittels dieses Guthabens erwirbt er nachfolgend u.a. Wertpapiere, die er dann in einem weiteren Schritt als Sicherheit für ein neu aufgenommenes Darlehen anbietet. Durch diesen Kredit finanziert er sodann ein Grundstück.

68 Beispiel 2: Der Täter zahlt erlangtes Bargeld auf ein bereits bestehendes Bankkonto mit redlich erworbenem Habensaldo ein und erwirbt mit diesem „vermischten" Guthaben einen hochpreisigen Artikel oder begleicht Forderungen eines Dritten für erbrachte Leistungen.

69 In der Literatur finden sich sowohl Stimmen, die eine Kontamination immer annehmen, wenn es zu einer Vermischung gekommen ist (sog. **Totalkontamination**)[39], als auch solche, die den Gegenstand als aus der Vortat stammend ansehen, wenn er mit einem bestimmten **prozentualen Anteil inkriminierten Vermögens** erworben wurde, wobei in Bezug auf die Höhe des Prozentsatzes zwischen 0,1 % und 50 % alles vertreten wird.[40]

---

37 BT-Drucks. 12/989, 27.
38 Vgl. zu den Einzelheiten *Fischer* S. 65, 72 ff. m.w.N.
39 *Leip/Hardtke* wistra 1997, 281 (283 f.).
40 Schimansky/Bunte/Lwowski/*Bruchner/Fischbeck* § 42 Rn. 79; *Leip*, S. 109, *Barton* NStZ 1993, 159 (163); *Salditt* StraFo 1992, 121 (124).

Auch die Rechtsprechung, die sich in der Vergangenheit mit der vorgenannten Problematik auseinanderzusetzen hatte,[41] konnte mit ihrer Entscheidung jedenfalls nicht für die Klarheit sorgen, die sich die Praxis gewünscht hätte.[42]

c) Tathandlungen

§ 261 StGB stellt drei **Tathandlungen** unter Strafe:
- Verschleierungstatbestand, § 261 Abs. 1 S. 1 1. Alt. StGB,
- Vereitelungstatbestand, § 261 Abs. 1 S. 1 2. Alt. StGB,
- Isolierungstatbestand, § 261 Abs. 2 StGB.

aa) Verschleierungstatbestand, § 261 Abs. 1 S. 1 1. Alt. StGB

Nach § 261 Abs. 1 S. 1 1. Alt. StGB macht sich strafbar, wer einen aus einer in § 261 Abs. 1 S. 2 StGB aufgeführten Straftat herrührenden Gegenstand **verbirgt** oder dessen Herkunft verschleiert.

Verschleiert wird die Herkunft des Gegenstands, wenn mittels irreführender Machenschaften der Eindruck erweckt wird, der Gegenstand stamme gerade nicht aus einer der in § 261 Abs. 1 S. 2 StGB genannten Taten.[43]

Beispiel: Illegal erlangte Gelder werden in ein Unternehmen mit hohem Bargeldaufkommen, beispielsweise Pizzerien oder Wechselstuben, eingebracht.

bb) Vereitelungstatbestand, § 261 Abs. 1 S. 1 2. Alt. StGB

Den **Vereitelungstatbestand** des § 261 Abs. 1 S. 1 2. Alt. StGB erfüllt, wer die Ermittlung der Herkunft, das Auffinden, den Verfall, die Einziehung oder die Sicherstellung eines aus einer Katalogstraftat herrührenden Gegenstands vereitelt oder gefährdet.

Diese Handlungsvariante der Geldwäsche ist erfüllt, wenn der Gegenstand von den Ermittlungsbehörden bereits gesucht wird und der Täter durch seine Handlung den Zugriff der Strafverfolgungsbehörden auf den Gegenstand zu verhindern sucht oder Handlungen vornimmt, die diesen Zugriff für eine geraume Zeit unverwirklicht lassen oder behindern.[44]

Beispiel: Ein Bankangestellter führt die Überweisung eines inkriminierten Gegenstandes in Form eines Buchgeldauftrages auf ein ausländisches Bankkonto durch. Dadurch besteht für die Strafverfolgungsbehörden – wenn überhaupt – nur unter erheblichem Aufwand die Möglichkeit, auf den überwiesenen Betrag zuzugreifen.

cc) Isolierungstatbestand, § 261 Abs. 2 StGB

Der sog. **Isolierungstatbestand** des § 261 Abs. 2 StGB teilt sich in zwei Untertatbestände auf:

Bestraft wird zum einen, wer einen aus einer Katalogstraftat herrührenden Gegenstand sich oder einem Dritten verschafft, § 261 Abs. 2 Nr. 1 StGB.

Zudem ist die Verwahrung oder Verwendung für sich oder einen Dritten strafbar, wenn der Täter die illegale Herkunft des Gegenstandes zum Zeitpunkt der Erlangung gekannt hat, vgl. § 261 Abs. 2 Nr. 2 StGB.

---

41 *OLG Karlsruhe* wistra 2005, 189 ff.
42 Vgl. zu den Einzelheiten der Entscheidung und einer kritischen Auseinandersetzung *Fischer* S. 75 ff.
43 *Fischer* § 261 Rn. 21.
44 *Herzog/Nestler* § 261 StGB Rn. 84.

(1) Verschaffen

81 Der Täter **verschafft** sich einen Gegenstand, wenn er über diesen die tatsächliche Verfügungsgewalt durch Übertragung für sich oder einen Dritten erlangt.[45]

82 **Beispiel:** Ein Unternehmen hält ein Konto vor, auf das eine Vermögensmasse aus illegalen Geschäften gutgeschrieben wird. Die verantwortlich Handelnden des Unternehmens erlangen durch die Überweisung Verfügungsgewalt an dem Geld.

83 **Beispiel:** Ein Unternehmen nimmt (Buch-) Gelder von unbekannten Firmen aus verschiedenen Ländern an, mit denen – ggf. auch in gesplitteten Beträgen – Forderungen des Unternehmens gegen seine Kunden, die nicht identisch mit den zahlenden Firmen sind, erfüllt werden.

(2) Verwahren und Verwenden

84 „**Verwahren**" bezeichnet das Ingewahrsamnehmen und –halten des jeweiligen Tatobjekts, um es für sich oder Dritte zur Verfügung zu halten.[46] Die **Verwendung** des tauglichen Tatobjekts umfasst jegliche bestimmungsgemäße Nutzung einschließlich ihrer Veräußerung und Weitergabe an Dritte.[47]

85 **Beispiel 1:** Der Geschäftsführer eines Unternehmens nutzt die auf dem Unternehmenskonto gutgeschriebene kontaminierte Vermögensmasse, um seinerseits Forderungen des Unternehmens gegenüber Dritten zu begleichen.

86 **Beispiel 2 (nachgebildet einem bislang noch nicht rechtskräftigen Urteil des LG Frankfurt/Oder vom 30.6.2011):** Der Täter nutzt Gegenstände und Waren, u.a. einen Kühlschrank und ein Bügeleisen, die seine Lebensgefährtin aufgrund eines gewerbsmäßigen Betruges erlangt hatte.

87 Sowohl für das Verwahren als auch für das Verwenden gilt die Einschränkung, dass der Täter die illegale Herkunft des Gegenstandes zum Zeitpunkt des Erlangens **gekannt** haben muss, vgl. § 261 Abs. 2 Nr. 2 a.E. StGB. Kenntnis in diesem Sinne meint nicht nur sicheres Wissen, es genügt vielmehr ein „Für-möglich-Halten" im Sinne eines Eventualvorsatzes.[48]

88 **Zu Beispiel 1:** Bei dem soeben aufgezeigten Beispiel 1 kommt die Verwirklichung des objektiven Tatbestands des § 261 StGB nur dann in Betracht, wenn der Geschäftsführer des Unternehmens es im Zeitpunkt der Gutschrift auf das Konto für möglich gehalten und billigend in Kauf genommen hat, dass das erhaltene Geld aus illegalen Geschäften stammt.

89 **Zu Beispiel 2:** Dasselbe gilt für das dargestellte Beispiel 2. Hier erfolgte eine Verurteilung wegen Geldwäsche, da der Täter im Zeitpunkt der Nutzung der Gegenstände Kenntnis ihrer illegalen Herkunft hatte.

(3) Einschränkung des Isolierungstatbestands, § 261 Abs. 6 StGB

90 Der Isolierungstatbestand ist sehr weit gefasst. Aus Praktikabilitätsgründen werden diejenigen Fälle von der **Strafbarkeit ausgenommen**, in denen ein Dritter zuvor das Tatobjekt tatsächlich erlangt hat, ohne eine Straftat zu begehen, vgl. § 261 Abs. 6 StGB.

91 Auf ausdrücklichen Willen des Gesetzgebers gilt diese Einschränkung ausschließlich für den Isolierungstatbestand des § 261 Abs. 2 StGB, nicht jedoch für die anderen, unter Strafe gestellten Tathandlungen des § 261 StGB.[49]

---

45 Schönke/Schröder/*Stree*/*Hecker* § 261 Rn. 16.
46 Lackner/Kühl/*Kühl* § 261 Rn. 8.
47 *Fischer* § 261 Rn. 26.
48 Herzog/*Nestler* § 261 StGB Rn. 94; Schönke/Schröder/*Stree*/*Hecker* § 261 Rn. 16; näher zu den Vorsatzformen 21. Kap Rn. 80 ff.
49 BT-Drucks. 12/989, 28.

Die praktische Bedeutung des § 261 Abs. 6 StGB ist gering, da die durch den Isolierungstatbestand erfassten Handlungen häufig auch zugleich nach § 261 Abs. 1 StGB strafbar sind.[50] **92**

3. Subjektiver Tatbestand

Üblicherweise kann wegen eines Vermögensdelikts nur bestraft werden, wer den objektiven Tatbestand vorsätzlich verwirklicht, d.h. wer den Taterfolg mindestens für möglich hält und ihn billigend in Kauf nimmt. Anders indes bei der Geldwäsche. Die Vorschrift des § 261 StGB enthält insoweit eine Besonderheit, als das neben dem vorsätzlichen Handeln auch das leichtfertige Handeln unter Strafe gestellt ist. **93**

a) Vorsatz

Vom **Vorsatz** des § 261 StGB umfasst ist jede Vorsatzform, d.h. Handeln mit dolus directus 1. Grades,[51] dolus directus 2. Grades[52] sowie Handeln mit Eventualvorsatz.[53] **94**

b) Leichtfertigkeit

Von weitaus größerer Bedeutung für den Kapitalmarkt ist die Besonderheit der **Leichtfertigkeit**. § 261 Abs. 5 StGB bestraft auch denjenigen, der hinsichtlich der Tathandlungen mit Eventualvorsatz handelt,[54] hinsichtlich des Tatobjekts und seiner Herkunft jedoch leichtfertig verkennt, dass der Gegenstand aus einer Katalogstraftat herrührt. **95**

aa) Definition

Vom leichtfertigen Handeln erfasst wird ein Handeln des Täters, trotz dass sich ihm die Herkunft des Gegenstandes aufdrängt, er diese aber aus besonderer Gleichgültigkeit oder grober Unachtsamkeit außer Acht lässt.[55] Hierbei sind stets auch die persönlichen Kenntnisse und Fähigkeiten des Täters zu berücksichtigen[56], etwaiges **Sonderwissen** wirkt sich somit unter Umständen strafschärfend aus. **96**

Die Leichtfertigkeit wird nicht dadurch ausgeschlossen, dass es dem Täter nicht möglich war, sich Gewissheit über die Herkunft des Gegenstandes zu verschaffen.[57] **97**

Um einer zu ausufernden Strafbarkeit wegen leichtfertiger Geldwäsche entgegenzutreten, fordert die Rechtsprechung jedoch, dass sich dem Täter nicht nur die deliktische Herkunft der Gelder im Allgemeinen aufdrängt, sondern gerade auch deren Herkunft aus einer Katalogtat.[58] Der Täter muss konkrete Umstände kennen, aus denen sich eine Katalogstraftat nach § 261 Abs. 1 S. 1 Nr. 1–5 StGB ergibt.[59] **98**

An dieser Stelle offenbaren sich die Schwierigkeiten, verschwimmt der Bezug zu einer Katalogtat doch im Nebel zwischen bloßer Vermutung und Verdacht.[60] Ob ein „auffälliges **99**

---

50 Herzog/*Nestler* § 261 StGB Rn. 114 mit entsprechenden Beispielen.
51 Dem Täter kommt es gerade auf den Eintritt des tatbestandlichen Erfolges an, das Willenselement steht im Vordergrund, vgl. *Fischer* § 15 Rn. 6.
52 Der Täter weiß oder hält es für sicher, dass sein Handeln einen Erfolg im Sinne des Tatbestandes herbeiführt, das Wissenselement überwiegt, vgl. *Fischer* § 15 Rn. 7.
53 Der Täter hält den Taterfolg für möglich und nimmt diesen billigend in Kauf, vgl. *Fischer* § 15 Rn. 9 ff.
54 *OLG Karlsruhe* NStZ 2009, 269 (269); Kindhäuser/Neumann/Paeffgen/*Altenhain* § 261 Rn. 137 ff.
55 BT-Drucks. 12/989, 28; *Burr* S. 83.
56 *Ungnade* WM 1993, 2069 (2072).
57 *BGH* NJW 2008, 2516 (2517 f.); NJW 1997, 3323 (3326).
58 *OLG Hamburg* NStZ 2011, 523 (524); *LG Berlin* NJW 2003, 2694 (2694 f.); *LG Darmstadt* ZUM 2006, 876 (878).
59 *LG Darmstadt* ZUM 2006, 876 (878).
60 Graf/Jäger/Wittig/*Eschelbach* § 261 StGB Rn. 67.

Geschäft" mit einem Gegenstand vorliegt, dessen Bemakelung sich aufdrängt, ist im Einzelfall unter Berücksichtigung der konkreten Transaktionsmodalitäten, der hieran beteiligten Personen sowie weiterer Anhaltspunkte festzustellen.[61]

bb) Konkretisierung im Geldwäschebereich

100 Unter Beteiligung verschiedener Institutionen stellen die Financial Intelligence Unit (**FIU**)[62] und die **BaFin** den mit Geldwäsche konfrontierten Berufsgruppen – speziell den Kreditinstituten – in regelmäßigen Abständen entsprechende **Anhaltspunktepapiere** zur Verfügung, anhand derer die Mitarbeiter eine erste Einschätzung der verschieden gelagerten Sachverhalte vornehmen können. Aus diesen Papieren ergeben sich eine Reihe von **Indizien** für die sich aufdrängende **deliktische Herkunft** aus einer Katalogstraftat.[63]

101 BaFin und FIU betonen jedoch unisono, dass diese „Konzept-Papiere" keine abschließende Aufzählung sämtlicher Indizien beinhalten, da dies weder realisierbar noch den sich permanent verändernden Geldwäschemethoden angemessen ist.[64]

102 Die Indizien lassen sich in drei große Kategorien einteilen, die wiederum zahlreiche Verdachtsmerkmale „beherbergen":

(1) Das Geschäft passt nicht zu den bekannten wirtschaftlichen Verhältnissen des Kunden

103 Anzeichen, dass das Geschäft nicht zu den bekannten wirtschaftlichen Verhältnissen des Kunden passt, können sein:
- regelmäßig wiederkehrende Bareinzahlungen auf dasselbe Konto durch den Verfügungsberechtigten oder einen Dritten, ohne dass dies mit dem Geschäftsbetrieb des Kunden in Einklang steht;
- Wertpapiertransaktionen, die zum Vermögen oder der Geschäftstätigkeit außer Verhältnis stehen;
- Überweisungen, die bei Berücksichtigung des wirtschaftlichen Hintergrunds das übliche Maß nicht nachvollziehbar überschreiten;
- Überweisungen, deren Verwendungszweck mit den geschäftlichen oder finanziellen Aktivitäten nicht in Einklang steht.

(2) Das angetragene Geschäft ergibt aus wirtschaftlicher Sicht keinen Sinn

104 Indizien für die wirtschaftliche Unsinnigkeit einer angetragenen Transaktion sind beispielsweise:
- beträchtliche Überweisungen gehen auf ein – zuvor häufig ruhendes oder inaktives Konto – ein und werden dann in unmittelbarem zeitlichen Anschluss in bar abgehoben,
- Eintauschen großer Summen Bargeld von Banknoten niedrigen Nennwerts in solche höheren Nennwerts,
- häufige Überweisungen hoher Beträge aus dem oder in das Ausland,
- Auslandsüberweisung bei anschließender Rücküberweisung des gleichen Betrags,
- Veräußerung von Wertpapieren, Aktien etc. zu einem unter Renditegesichtspunkten ungünstigen Zeitpunkt,
- Kostenintensität, d.h. eine Transaktion wird über mehrere Ländergrenzen vorgenommen, obwohl ein direkterer und kostengünstigerer Überweisungsweg zur Verfügung steht.

---

61 Schönke/Schröder/*Stree*/*Hecker* § 261 Rn. 23.
62 Hierbei handelt es sich um die Zentralstelle für Verdachtsanzeigen beim Bundeskriminalamt.
63 *Fischer* S. 98 ff. mit Hinweisen auf die Ausführungen der BaFin und der FIU; Fülbier/Aepfelbach/Langweg/*Fülbier* § 11 GwG Rn. 99 m.w.N., Anh. III.5; Graf/Jäger/Wittig/*Eschelbach* § 261 StGB Rn. 67.
64 *Fischer* S. 99.

(3) Sonstige Auffälligkeiten

Der Kategorie sonstige Auffälligkeiten unterfallen: 105
- auffälliges Unterschreiten des Schwellenwertes zur Vermeidung einer Identifizierung,
- auffälliges Verhalten bei Bargeldeinzahlungen,
- Geschäftspartner bittet im Rahmen von am Schalter ausgeführten Überweisungen darum, seinen Namen als Auftraggeber nicht zu nennen,
- Geschäftspartner kann auf Nachfrage keine Erklärung für sein auffälliges Verhalten geben,
- Überweisungen von oder auf Nummernkonten,
- unangekündigte, vorzeitige Kreditrückführung,
- Kreditrückführung mit Bargeld,
- Kenntnis über etwaige laufende Ermittlungen gegen den Geschäftspartner,
- Geschäftsbeziehungen und Transaktionen mit sog. Risikoländern bzw. Herkunft der Gelder aus Ländern, die sich auf Grund ihrer mangelnden Überwachungssysteme, ihrer Struktur, ihres Finanzsystems und ihrer Gesetze erfahrungsgemäß als Umschlagplatz „schmutziger Gelder" eignen.[65]

Je mehr der genannten möglichen Indizien im konkreten Fall einschlägig sind, umso sorgfältiger muss der Mitarbeiter vorgehen, um sich nicht dem Vorwurf der Leichtfertigkeit im Sinne des § 261 Abs. 5 StGB ausgesetzt zu sehen. 106

Sämtliche Anzeichen sind für Ermittlungsbehörden erfahrungsgemäß sog. „red flags", die den Anfangsverdacht einer Geldwäsche begründen und die Einleitung von Ermittlungen nach sich ziehen. 107

Die vorgenannten Indizien spielen darüber hinaus nicht nur für die Frage des leichtfertigen Handelns eine Rolle, sondern auch im Zusammenhang mit der Meldung von Verdachtsfällen gem. § 11 GwG.[66] 108

4. Strafaufhebungs- und Strafausschließungsgründe

a) § 261 Abs. 9 StGB

Die Vorschrift des § 261 Abs. 9 S. 1 Nr. 1 StGB normiert einen **Strafaufhebungsgrund** für denjenigen, der freiwillig bei der zuständigen Behörde die Tat anzeigt oder eine solche Anzeige veranlasst hat. 109

Sofern der Täter vorsätzlich gehandelt hat, kann er Straffreiheit nur unter der zusätzlichen Voraussetzung erlangen, dass er die Sicherstellung des bemakelten Gegenstandes bewirkt, § 261 Abs. 9 S. 1 Nr. 2 StGB. Ein ernsthaftes, im Ergebnis aber erfolgloses Bemühen um die Sicherstellung genügt hierfür nicht.[67] 110

Entsprechend dem Vorbild der steuerstrafrechtlichen Selbstanzeige darf die Geldwäsche im Zeitpunkt der Anzeige noch nicht entdeckt sein und der Täter muss dies wissen bzw. darf keinen Anlass haben, anzunehmen, dass die Tat entdeckt ist.[68] 111

---

65 Vgl. insoweit die Aufzählung unter www.fatf-gafi.org/dataoecd/34/28/44636196.pdf; Information der FATF v. 24.6.2011, R 10/2011 FATF-Erklärung Iran u.a. = beck-online; *Herzog/Mülhausen* Geldwäschebekämpfung und Gewinnabschöpfung, Rn. 262 m.w.N. Das *LG München* hat in einer Entscheidung exemplarisch die Länder Libanon, Virgin Islands, Lettland und Ukraine angeführt, vgl. *LG München* wistra 2005, 398 (398).
66 Vgl. hierzu die Ausführungen unter Rn. 244 ff.
67 MK-StGB/*Neuheuser* § 261 Rn. 106.
68 *Fischer* § 261 Rn. 51.

112 In der Praxis gewinnt der Strafaufhebungsgrund des § 261 Abs. 9 StGB unter anderem dann Bedeutung, wenn ein **Verpflichteter** im Sinne des § 2 GwG aufgrund bestimmter Anhaltspunkte eine Verdachtsmeldung nach § 11 GwG veranlassen muss. Da die **Verdachtsmeldung** nach § 11 GwG für sich gesehen keine strafbefreiende Wirkung hat,[69] kann ein Verpflichteter einer potentiellen Strafbarkeit unter Umständen nur dann entgehen, wenn er neben seiner sich aus dem GwG ergebenden Pflicht zugleich auch freiwillig gegenüber den Ermittlungsbehörden eine Anzeige erstattet.[70]

113 So soll die Anzeige eines Dritten, beispielsweise des Geldwäschebeauftragten eines Finanzdienstleisters, dem Täter oder Teilnehmer nur zugutekommen, wenn dieser ihn zur Erstattung der Anzeige veranlasst hat.[71]

114 **Beispiel**: Ein Angestellter einer Bank hat aufgrund verschiedener Anhaltspunkte den Verdacht, dass ein Kunde inkriminiertes Vermögen über das Kreditinstitut wäscht. Er führt die ihm angetragenen Transaktionen aus und informiert im Nachgang den Geldwäschebeauftragten, der aufgrund dieser Mitteilung eine Verdachtsmeldung im Sinne des § 11 GwG erstattet.[72]

115 Haben mehrere Mitarbeiter eines Verpflichteten Anhaltspunkte für eine Geldwäschehandlung eines Vertragspartners und wendet sich lediglich einer von mehreren Beteiligten an den Geldwäschebeauftragten, der daraufhin die Anzeige erstattet, so schließt dies die Anwendung des Strafaufhebungsgrundes des § 261 Abs. 9 S. 1 StGB für die übrigen Mitarbeiter aus.

116 **Beispiel:** wie oben (Rn. 114), aber diesmal haben mehrere Angestellte den Verdacht, dass der Kunde inkriminiertes Vermögen über das Kreditinstitut wäscht. Sie waren allesamt in der Vergangenheit mit der Durchführung verdächtigter Transaktionen betraut. Nur einer der Mitarbeiter wendet sich an den Geldwäschebeauftragten, der aufgrund dieser Mitteilung eine Verdachtsmeldung im Sinne des § 11 GwG erstattet. In diesem Fall kann ausschließlich der sich an den Geldwäschebeauftragten wendende Mitarbeiter Straffreiheit erlangen.

117 Anderes gilt nur, wenn sich die weiteren beteiligten Mitarbeiter vor der Erstattung der Verdachtsmeldung nach § 11 GwG ebenfalls an den Geldwäschebeauftragten wenden oder sie diesem auf dessen Nachfrage ihr Wissen preisgeben.[73]

b) Straflosigkeit wegen Vortatbeteiligung

118 Schließlich wird wegen Geldwäsche nicht bestraft, wer wegen Beteiligung an der Vortat strafbar ist, § 261 Abs. 9 S. 2 StGB.

119 Voraussetzung der Straflosigkeit ist, dass der Täter sich nach deutschem Recht wegen **Beteiligung an der Vortat** strafbar gemacht hat.[74] § 261 Abs. 9 S. 2 StGB hat keine Auswirkungen auf die Tatbestandsmäßigkeit und Rechtswidrigkeit der Geldwäschehandlungen der Vortatbeteiligten[75] mit der Konsequenz, dass einer Strafbarkeit von an der Vortat unbeteiligten Personen wegen Beteiligung an den Geldwäschehandlungen des Vortäters nichts im Wege steht.

---

69 *Löwe-Krahl* wistra 1994, 121 (126).
70 Vgl. zu den Einzelheiten dieser Frage und den damit verbundenen Problemen *Fischer* S. 105 ff., 110 ff., jeweils mit zahlreichen weiteren Nachweisen.
71 *Kindhäuser/Neumann/Paeffgen/Altenhain* § 261 Rn. 152.
72 *Fabel* S. 112.
73 *Fülbier/Aepfelbach/Schröder/Textor* § 261 StGB Rn. 107.
74 MK-StGB/*Neuheuser* § 261 Rn. 112.
75 *Herzog/Nestler* § 261 StGB Rn. 137.

5. Einziehung und Verfall

§ 261 Abs. 7 S. 1, 2 StGB ermöglicht die Einziehung der Gegenstände, auf die sich die Straftat bezieht. Bei gewerbs- oder bandenmäßigem Handeln sieht § 261 Abs. 7 S. 3 StGB die Anordnung des erweiterten **Verfalls** nach § 73d StGB vor. Die Möglichkeit der Einziehung und des Verfalls besteht selbst dann, wenn der Täter wegen Beteiligung an der Vortat nicht wegen Geldwäsche bestraft werden kann. 120

III. GwG

Mit der zweiten Säule der Geldwäschebekämpfung, dem GwG, beabsichtigte der Gesetzgeber, die Geldwäsche möglichst umfassend und in alle erdenklichen Richtungen zu unterbinden. Hierfür setzte er an der Stelle an, ohne die eine Umwandlung der illegalen Zahlungsmittel heutzutage nicht mehr denkbar ist, dem Kapitalmarkt. 121

Durch das GwG werden den Verpflichteten zahlreiche Aufgaben im Hinblick auf geldwäscheverdächtige Geschäftsvorgänge auferlegt, die der präventiven Bekämpfung der Geldwäsche dienen sollen. Schwerpunkt des GwG ist die Verpflichtung der Kreditinstitute und anderer Finanzdienstleister, durch Identifizierung der Kunden bzw. Feststellung des wirtschaftlich Berechtigten die mögliche Papierspur der Geldwäscher kenntlich zu machen. 122

Sie sind auf diese Weise angehalten, als „verlängerter Arm" der Ermittlungsbehörden an der Kriminalitätsbekämpfung mitzuwirken; den Strafverfolgungsbehörden sollen Anhaltspunkte für Geldwäschetransaktionen zur Verfügung gestellt werden, von denen sie anderweitig keine Kenntnis erlangen würden.[76] 123

Auf Druck der OECD hat der Gesetzgeber zuletzt im Jahr 2011 die bestehenden gesetzlichen Regelungen des GwG im Kampf gegen die Geldwäsche erneut verschärft. Sorgfalts- und Meldepflichten wurden, ebenso wie der Kreis der Verpflichteten, erweitert, ferner werden Zuwiderhandlungen gegen die im GwG normierten Pflichten mit empfindlichen Bußgeldern fortan noch stärker geahndet.[77] 124

1. Verpflichtete

§ 2 GwG nimmt zahlreiche Berufsgruppen in die Pflicht, wobei nachfolgend ein besonderes Augenmerk auf diejenigen **Verpflichteten** gelegt wird, die ausschließlich oder überwiegend Tätigkeiten im Bereich des Kapitalmarkts ausüben. 125

a) Kreditinstitute

aa) GwG

Nach § 2 Abs. 1 Nr. 1 GwG unterfallen **Kreditinstitute** dem Kreis der Verpflichteten des GwG. Kreditinstitute sind Unternehmen, die Bankgeschäfte gewerbsmäßig oder in einem Umfang betreiben, der einen in kaufmännischer Weise eingerichteten Geschäftsbetrieb erfordert, vgl. § 1 Abs. 1 KWG. Erfasst werden hiervon auch die im Inland gelegenen Zweigstellen und Zweigniederlassungen von Kreditinstituten, die ihren Sitz im Ausland haben, ferner die Deutsche Bundesbank und die Kreditanstalt für Wiederaufbau.[78] Die beiden letztgenannten Einrichtungen gelten ausschließlich als Kreditinstitut im Sinne des GwG, nicht jedoch nach der Definition des KWG (§ 2 Abs. 1 Nr. 1, Nr. 2 KWG). Eine abschließende Aufzählung, was als Bankgeschäft gilt, findet sich in § 1 Abs. 1 S. 2 Nr. 1–12 KWG. 126

Beispiel: Einlagengeschäfte, Kreditgeschäfte, Depotgeschäfte 127

---
76 Fischer S. 52 m.w.N.
77 Vgl. zu den Einzelheiten Höchte/Rößler WM 2012, 1505 ff.; Stauder GWR 2012, 146 ff.
78 Herzog/Warius § 2 Rn. 4 f.

bb) KWG

128 Neben den auferlegten Pflichten durch das GwG gelten für Kreditinstitute darüber hinaus ergänzende Regelungen nach dem KWG.[79]

b) Finanzdienstleistungsinstitute

aa) GwG

129 Auch **Finanzdienstleistungsinstitute** unterfallen dem Adressatenkreis des GwG, vgl. § 2 Abs. 1 Nr. 2 GwG. Finanzdienstleistungsinstitute sind ausweislich § 1 Abs. 1a S. 1 KWG Unternehmen, die Finanzdienstleistungen für andere gewerbsmäßig oder in einem Umfang erbringen, der einen in kaufmännischer Weise eingerichteten Geschäftsbetrieb erfordert, und die keine Kreditinstitute sind. Sofern die Deutsche Bundesbank und die Kreditanstalt für Wiederaufbau Finanzdienstleistungen im Sinne des § 1 Abs. 1a KWG erbringen, unterfallen sie auch dem Kreis der Verpflichteten nach § 2 Abs. 1 Nr. 2 GwG,[80] wenngleich sie nach der Definition des KWG gerade nicht als Finanzdienstleistungsinstitute zu qualifizieren sind (§ 2 Abs. 6 Nr. 1, Nr. 2 KWG). Eine Legaldefinition zum Begriff der Finanzdienstleistungen findet sich in § 1 Abs. 1a S. 2 Nr. 1–11 KWG.

130 Beispiel: Sortengeschäft, Anlageberatung und -vermittlung von Finanzinstrumenten

bb) KWG

131 Auch für Finanzdienstleistungsinstitute gelten neben den Pflichten des GwG ergänzende Regelungen nach dem KWG.[79]

c) Institute nach Zahlungsdiensteaufsichtsgesetz

aa) GwG

132 Noch nicht allzu lange gelten ferner **Zahlungsinstitute** (§ 1 Abs. 1 Nr. 5 ZAG) und **E-Geld-Institute** (§ 1a Abs. 1 Nr. 5 ZAG) sowie im Inland gelegene Zweigstellen und Zweigniederlassungen dieser Institute mit Sitz im Ausland als Verpflichtete, § 2 Abs. 1 Nr. 2a GwG i.V.m. § 1 Abs. 2a ZAG.

(1) Zahlungsinstitute

133 Zahlungsinstitute sind Unternehmen, die gewerbsmäßig oder in einem Umfang, der einen in kaufmännischer Weise eingerichteten Geschäftsbetrieb erfordert, Zahlungsdienste erbringen. Hiervon erfasst werden die im Katalog des § 1 Abs. 2 Nr. 1–6 ZAG abschließend aufgeführten Geschäfte.

134 Beispiel: Ein- und Auszahlungsgeschäft, Überweisungs- oder Lastschriftgeschäft

(2) E-Geld-Institute[81]

135 E-Geld-Institute betreiben Geschäfte mit **E-Geld**, vgl. § 1a Abs. 1 Nr. 5 ZAG. E-Geld ist jeder elektronisch, darunter auch magnetisch, gespeicherte monetäre Wert in Form einer Forderung gegenüber dem Emittenten, der gegen Zahlung eines Geldbetrages ausgestellt wird, um damit Zahlungsvorgänge im Sinne des § 675f Abs. 3 S. 1 BGB durchzuführen, und der auch von anderen natürlichen oder juristischen Personen als dem Emittenten ange-

---

79 Im Einzelnen sind dies §§ 25b–25f KWG, vgl. hierzu auch die Ausführungen unter Rn. 197; Rn. 213 ff.; Rn. 243.
80 *Ehlscheid/Pfeiffer* S. 129.
81 Weiterführende Hinweise zur Geldwäscheaufsicht über E-Geld-Produkte bietet der nachgenannte Artikel der BaFin: www.bafin.de/SharedDocs/Veroeffentlichungen/DE/Fachartikel/fa_bj_2012_06_e-geld.html; abgerufen am 12.5.2013.

nommen wird, § 1a Abs. 3 ZAG. Im allgemeinen Sprachgebrauch ist E-Geld mithin das auf dem Chip oder Magnetstreifen einer Karte gespeicherte Geld, das im Handel für Zahlungen eingesetzt werden kann.

Beispiel für E-Geld: GeldKarte, Prepaid-Kreditkarten[82]   **136**

bb) Zahlungsdiensteaufsichtsgesetz (ZAG)

Für Zahlungsinstitute und E-Geld-Institute sieht das ZAG über die Verpflichtungen des GwG hinaus weitere geldwäscherechtliche Pflichten vor, die in § 22 ZAG niedergelegt sind. So müssen sie u.a. besondere organisatorische Pflichten erfüllen und entsprechende Sicherungsmaßnahmen gegen Geldwäsche einrichten, ferner über eine ordnungsgemäße Geschäftsorganisation verfügen, vgl. § 22 Abs. 1 Nr. 1–4 ZAG. Schließlich gelten die nachfolgend genannten Regelungen des KWG für Zahlungsinstitute und E-Geld-Institute entsprechend, vgl. § 22 Abs. 2 ZAG.   **137**

- § 25c Abs. 1 S. 3 KWG (Entwicklung spezieller Strategie- und Sicherungsmaßnahmen),
- § 25c Abs. 4 KWG (Bestellung eines Geldwäschebeauftragten),
- § 25d Abs. 1, Abs. 2 KWG (vereinfachte Sorgfaltspflichten),
- § 25f KWG (verstärkte Sorgfaltspflichten),
- § 25i KWG (Sorgfalts- und Organisationspflichten beim E-Geld-Geschäft).

d) Agenten und E-Geld-Agenten[83]

Auch **Agenten** und **E-Geld-Agenten** unterfallen dem Adressatenkreis des GwG, vgl. § 2 Abs. 1 Nr. 2b GwG.   **138**

aa) Agent

Ein Agent ist jede natürliche oder juristische Person, die als selbstständiger Gewerbetreibender im Namen eines Zahlungsinstituts oder eines E-Geld-Instituts Zahlungsdienste ausführt; seine Handlungen werden dem Zahlungsinstitut oder dem E-Geld-Institut zugerechnet, § 1 Abs. 7 ZAG. Es handelt sich bei dem Agenten um einen Vermittler oder Handelsvertreter, der sein Handeln für das Zahlungsinstitut nach außen erkennbar durchführt und dem Dritten gegenüber seine Stellvertretung offenbart.[84]   **139**

Bedient sich ein Zahlungsinstitut eines Agenten, ist es gem. § 19 Abs. 1 ZAG verpflichtet, der BaFin und der Deutschen Bundesbank   **140**

– Name und Adresse des Agenten,
– eine Beschreibung der von ihm zur Erfüllung der Anforderungen des GwG angewendeten internen Kontrollmechanismen,
– die Namen der Geschäftsleiter und der für die Geschäftsleitung eines Agenten verantwortlichen Personen, die zur Erbringung von Zahlungsdiensten eingesetzt werden sollen und
– den Nachweis, dass diese zuverlässig und fachlich geeignet sind,

zu übermitteln.

Im Hinblick auf die von den Agenten zu erbringenden **Sorgfaltspflichten** nach dem GwG gilt eine **Besonderheit**: Sofern sie bei der Erbringung von Zahlungsdiensten für Zahlungsinstitute oder E-Geld-Institute Bargeld annehmen, besteht die Pflicht zur Durchführung der allgemeinen Sorgfaltspflichten, § 3 Abs. 1 GwG, und die Aufzeichnungs- und Aufbewahrungspflicht, § 8 Abs. 1–3 GwG, ungeachtet der im GwG geltenden Schwellenwerte, vgl. § 22 Abs. 3 i.V.m. Abs. 3a ZAG.   **141**

---

82 Weitere Beispiele und nähere Erläuterungen bei *Ehlscheid/Pfeiffer* S. 147 f.
83 Weiterführende Hinweise enthält das nachgenannte Merkblatt der BaFin: www.bafin.de/SharedDocs/Veroeffentlichungen/DE/Merkblatt/mb_120420_25i_KWG_gw.html; abgerufen am 12.5.2013.
84 *Ehlscheid/Pfeiffer* S. 152.

bb) E-Geld-Agent

142 E-Geld-Agent ist, wer als natürliche oder juristische Person selbstständig gewerbetreibend ist und im Namen eines E-Geld-Instituts beim Vertrieb und Rücktausch von E-Geld tätig ist, § 1a Abs. 6 ZAG.

143 Ausweislich § 23c Abs. 1 ZAG können sich E-Geld-Institute für den Vertrieb und den Rücktausch von E-Geld eines E-Geld-Agenten bedienen. In diesen Fällen sind sie verpflichtet, der BaFin und der Deutschen Bundesbank
  – Namen und Adresse des E-Geld-Agenten sowie
  – eine Beschreibung der von ihm zur Erfüllung der Anforderungen des GwG angewendeten internen Kontrollmechanismen

mitzuteilen, vgl. § 23c Abs. 1, 19 Abs. 1 ZAG.

e) Vertrieb oder Rücktausch von E-Geld

144 Ferner sind auch Unternehmen und Personen, die im Namen eines E-Geld-Instituts beim **Vertrieb und Rücktausch von E-Geld** tätig sind, als Verpflichtete im Sinne des GwG anzusehen, § 2 Abs. 1 Nr. 2c GwG. Hiervon erfasst werden sowohl Verkaufsstellen, die E-Geld-Karten ausgeben und aufladen, aber auch solche, die gegen (Bar-)Zahlung Coupons, Chips oder Gutscheine ausgeben, mit deren Nutzung ein E-Geld-Instrument eines E-Geld-Emittenten aufgeladen werden kann.[85]

145 Bekanntestes Beispiel für E-Geld ist die **GeldKarte**. Derartige E-Geld-Karten können an zahlreichen Verkaufsstellen wie Supermärkten, Tankstellen und Kiosken aufgeladen werden. Diese Verkaufsstellen vertreiben auch die genannten Coupons, Chips oder Gutscheine, die zum Aufladen der E-Geld-Karte genutzt werden können.[86]

146 **Beispiel:** Ein Kunde will bei einem Tankstellenbetreiber seine E-Geld-Karte mit einem Betrag von 150,00 EUR aufladen. Der Tankstellenbetreiber ist vor Bezahlung verpflichtet, die ihm nach dem GwG auferlegten Sorgfaltspflichten zu erfüllen.

147 Von der Erfüllung der genannten Pflichten ist abzusehen, wenn der auf dem E-Geld-Träger gespeicherte Betrag 100 EUR oder weniger pro Kalendermonat beträgt und besondere Sicherheitsvorkehrungen getroffen werden, § 25i Abs. 2 KWG. Für die Ermittlung des Höchstbetrages von 100 EUR werden mehrere Erwerbsvorgänge zusammenaddiert, sofern Anhaltspunkte vorliegen, dass zwischen den einzelnen Vorgängen eine Verbindung besteht.[86]

148 **Beispiel:** Der Kunde betritt den Supermarkt und lädt seine E-Geld-Karte zunächst mit einem Betrag von 50 EUR auf. Unmittelbar im Anschluss bittet er um eine Aufladung in Höhe von 80 EUR. Einer Identifizierung widerspricht er. Sofern für den Gewerbetreibenden erkennbar ist, dass zwischen diesen beiden Aufladevorgängen eine Verbindung besteht, muss die zweite Aufladung unterbleiben, da beide Aufladevorgänge zusammen den Betrag von 100 EUR übersteigen.

149 Abweichend von den zu erfüllenden allgemeinen Sorgfaltspflichten des GwG sind Agenten oder E-Geld-Agenten ausweislich § 3 Abs. 2 S. 3 GwG angehalten, bei der Ausgabe von E-Geld
  – die Identifizierung des Vertragspartners,
  – die kontinuierliche Überwachung der Geschäftsbeziehung und
  – die Aufzeichnungs- und Aufbewahrungspflichten

ungeachtet des Schwellenwerts von 15 000 EUR zu erfüllen.

---

85 BT-Drucks. 17/6804, 26.
86 Hierzu und dem nachfolgenden Beispiel *Stauder* GWR 2012, 146 f.

f) Finanzunternehmen

Darüber hinaus sind **Finanzunternehmen**, soweit deren Haupttätigkeit einer der in § 1 Abs. 3 S. 1 KWG genannten Haupttätigkeiten oder einer Haupttätigkeit eines durch Rechtsverordnung nach § 1 Abs. 3 S. 2 KWG bezeichneten Unternehmens entspricht, Adressaten der Pflichten des GwG, ebenso wie im Inland gelegenen Zweigstellen und Zweigniederlassungen solcher Unternehmen mit Sitz im Ausland, § 2 Abs. 1 Nr. 3 GwG. 150

Finanzunternehmen sind Unternehmen, die keine Kredit- und Finanzdienstleistungsinstitute und keine Kapitalanlagegesellschaften oder Investmentaktiengesellschaften sind und deren Haupttätigkeit darin besteht, 151
– Beteiligungen zu erwerben und zu halten,
– Geldforderungen entgeltlich zu erwerben,
– Leasing-Objektgesellschaft im Sinne des § 2 Abs. 6 S. 1 Nr. 17 zu sein,
– mit Finanzinstrumenten für eigene Rechnung zu handeln,
– andere bei der Anlage in Finanzinstrumenten zu beraten,
– Unternehmen über die Kapitalstruktur, die industrielle Strategie und die damit verbundenen Fragen zu beraten sowie bei Zusammenschlüssen und Übernahmen von Unternehmen diese zu beraten und ihnen Dienstleistungen anzubieten oder
– Darlehen zwischen Kreditinstituten zu vermitteln (Geldmaklergeschäfte).

Obschon Finanzunternehmen nicht als Institute im Sinne des KWG gelten, sind sie befugt, in einschlägigen Fällen die in § 25d KWG genannten vereinfachten Sorgfaltspflichten[87] entsprechend anzuwenden, vgl. § 5 Abs. 2 S. 2 GwG. 152

g) Versicherungsunternehmen

aa) GwG

Versicherungsunternehmen unterfallen gem. § 2 Abs. 1 Nr. 4 GwG dem Anwendungsbereich des GwG, soweit sie Geschäfte betreiben, die unter die Richtlinie 2002/83/EG des Europäischen Parlaments und des Rates vom 5.11.2002 über Lebensversicherungen (ABlEG Nr. L 345/1) fallen, ferner, wenn sie Unfallversicherungsverträge mit Prämienrückgewähr anbieten. Auch die im Inland gelegenen Zweigstellen und Zweigniederlassungen von Versicherungsunternehmen mit Sitz im Ausland sind Adressaten des GwG. 153

Beispiel: Von der genannten Richtlinie erfasste typische Geschäfte sind Lebensversicherungsverträge, Kapitalisierungsgeschäfte und sonstige, den Lebensversicherungen gleichgestellte Geschäfte.[88] 154

Angesichts der besonderen Vertriebsstrukturen in der Versicherungsbranche – in der Regel werden die Geschäfte über einen Vermittler getätigt, so dass kein persönlicher Kontakt zwischen Kunde und Versicherung besteht – ist sie für Geldwäscher besonders attraktiv.[89] 155

bb) Versicherungsaufsichtsgesetz (VAG)

Darüber hinaus enthalten §§ 80c–80g VAG weitere, für Versicherungsunternehmen geltende Pflichten zur Verhinderung von Geldwäsche, wie die Einrichtung entsprechender interner Sicherungsmaßnahmen, vereinfachte und verstärkte Sorgfaltspflichten. 156

---

87 Vgl. hierzu die Ausführungen unter Rn. 197.
88 Herzog/*Warius* § 2 Rn. 82.
89 Weiterführende Hinweise und Beispiele liefern *Ehlscheid/Pfeiffer* S. 157 f.

h) Bundesrepublik Deutschland – Finanzagentur GmbH

aa) GwG

157 Die **Bundesrepublik Deutschland – Finanzagentur GmbH** (Finanzagentur) gilt gleichfalls als Verpflichtete gem. § 2 Abs. 1 Nr. 4a GwG. Diese Institution ist zentraler Dienstleister für die Kreditaufnahme und das Schuldenmanagement der Bundesrepublik, sie nimmt Aufgaben der öffentlichen Schuldenverwaltung des Bundes wahr, vgl. § 1 BSchuWG. Da die Finanzagentur u.a. Konten im Rahmen des Bundesschuldbuches führt, sah der Gesetzgeber sie Geldwäscherisiken ausgesetzt, weshalb sie seit dem Jahr 2011 ebenfalls dem Anwendungsbereich des GwG unterfällt.[90]

bb) KWG

158 Ausweislich § 2 KWG handelt es sich bei der Finanzagentur grundsätzlich nicht um ein Kredit- oder Finanzdienstleistungsinstitut. Soweit es jedoch die Einrichtung interner Sicherungsmaßnahmen betrifft, gilt sie als Institut im Sinne des § 25c Abs. 1–5 KWG, weshalb sie die Vorgaben des § 25c Abs. 7 KWG entsprechend anzuwenden hat.[91]

i) Versicherungsvermittler

159 § 2 Abs. 1 Nr. 5 GwG wendet sich an **Versicherungsvermittler** im Sinne des § 59 VVG, soweit sie Lebensversicherungen oder Dienstleistungen mit Anlagezweck vermitteln, mit Ausnahme der gem. § 34d Abs. 3 oder Abs. 4 GewO tätigen Versicherungsvermittler, sowie die im Inland gelegenen Niederlassungen entsprechender Versicherungsvermittler mit Sitz im Ausland.

160 Der Oberbegriff Versicherungsvermittler erfasst gem. § 59 VVG sowohl Versicherungsvertreter als auch Versicherungsmakler. Während erstgenannte Person von einem Versicherungsunternehmen beauftragt und als dessen Erfüllungsgehilfe im Sinne des § 278 BGB tätig wird, handelt der Versicherungsmakler als Erfüllungsgehilfe des Kunden, er vermittelt in der Regel nicht ausschließlich für einen bestimmten Versicherer.[92]

161 Die Pflichten nach dem GwG sind dann zu erfüllen, wenn der Vermittler Lebensversicherungen oder Dienstleistungen mit Anlagezweck vermittelt. Hiervon werden die in § 3 Abs. 1 Nr. 4 GwG genannten Lebensversicherungen und Unfallversicherungen mit Prämienrückgewähr erfasst.[93]

162 Keine Verpflichteten sind Versicherungsvertreter im Sinne des § 34d Abs. 3, Abs. 4 GewO. Dies betrifft sowohl sog. gebundene Versicherungsvermittler, die ihre Vermittlungstätigkeit ausschließlich im Auftrag eines oder, wenn die Produkte nicht in Konkurrenz stehen, mehrerer im Inland zum Geschäftsbetrieb befugten Versicherungsunternehmen ausüben und die Unternehmen die uneingeschränkte Haftung für seine Vermittlertätigkeit übernehmen (§ 34d Abs. 4 GewO). Darüber hinaus unterfallen solche Versicherungsvertreter den Verpflichtungen des GwG nicht, die Versicherungen lediglich ergänzend im Rahmen ihrer Haupttätigkeit, die in der Vermittlung von Waren oder Dienstleistungen besteht, vermitteln und gebundenen Vermittlern gleichgestellt sind (§ 34d Abs. 3 GewO).[94]

---

90 BT-Drucks. 17/3023, 70.
91 Vgl. hierzu die Ausführungen unter Rn. 243.
92 Herzog/*Warius* § 2 Rn. 100 f.
93 BT-Drucks. 16/9038, 31; *Ehlscheid/Pfeiffer* S. 165.
94 Herzog/*Warius* § 2 Rn. 102.

j) Investmentaktien- und Kapitalanlagegesellschaften

Ferner unterfallen Investmentaktien- und Kapitalanlagegesellschaften dem Adressatenkreis des GwG (§ 2 Abs. 1 Nr. 6 GwG). Letztgenannte Gesellschaften sind auch dann angehalten, die Pflichten nach dem GwG zu erfüllen, wenn es sich um im Inland gelegene Zweigniederlassungen vergleichbarer Unternehmen mit Sitz im Ausland handelt. **163**

aa) Investmentaktiengesellschaften

Investmentaktiengesellschaften sind inländische Unternehmen, deren Unternehmensgegenstand nach der Satzung auf die Anlage und Verwaltung ihrer Mittel nach dem Grundsatz der Risikomischung zur gemeinschaftlichen Kapitalanlage in bestimmte Vermögensgegenstände (§ 2 Abs. 4 Nr. 1–4, 7, 9, 10, 11 InvG) beschränkt ist, und bei denen die Anleger das Recht zur Rückgabe ihrer Aktien haben, § 2 Abs. 5 InvG. **164**

Eine Überprüfung, ob die Investmentaktiengesellschaft die ihr obliegenden Pflichten nach dem GwG eingehalten hat, ist Teil der Jahresabschlussprüfung, vgl. § 110a InvG. **165**

bb) Kapitalanlagegesellschaften

Kapitalanlagegesellschaften sind inländische Unternehmen, deren Hauptzweck in der Verwaltung inländischen Investmentvermögens oder EU-Investment-vermögens sowie der individuellen Vermögensverwaltung besteht, § 2 Abs. 6 InvG. Ausweislich § 6 Abs. 5 InvG gelten für Kapitalanlagegesellschaften im Zusammenhang mit der Bekämpfung der Geldwäsche und Terrorismusfinanzierung neben den Regelungen des GwG auch die Vorschriften der §§ 25c–25h KWG entsprechend. Auch im Rahmen der Prüfung des Jahresabschlusses einer Kapitalanlagegesellschaft ist gem. § 19f InvG die Einhaltung der Pflichten nach dem GwG zu kontrollieren. **166**

k) Weitere Verpflichtete

Darüber hinaus nimmt das GwG **zahlreiche weitere Berufsstände** in die Pflicht, so beispielsweise Rechtsanwälte, Patentanwälte, Notare, nicht verkammerte Rechtsbeistände, Wirtschaftsprüfer, vereidigte Buchprüfer, Steuerberater, Immobilienmakler, Dienstleister, Spielbanken, Veranstalter und Vermittler von Internet-Glücksspielen sowie Personen, die gewerblich mit Gütern handeln, vgl. § 2 Abs. 1 Nr. 7–13 GwG. **167**

2. Sorgfaltspflichten

Den Verpflichteten obliegen gegenüber ihren Kunden und Vertragspartnern verschiedene, im Gesetz näher bestimmte Pflichten. Im Einzelnen handelt es sich um **168**
– allgemeine, vereinfachte oder verstärkte Sorgfaltspflichten, §§ 3, 5, 6 GwG,
– Pflicht, interne Sicherungsmaßnahmen zu ergreifen, § 9 GwG,
– Meldepflicht von Verdachtsfällen, § 11 GwG,
– Aufzeichnungs- und Aufbewahrungspflicht, § 8 GwG.

a) Allgemeine Sorgfaltspflichten

Verpflichteten obliegen gem. § 3 Abs. 1 GwG gewisse, unter den Begriff „**Know Your Customer**" zu fassende **allgemeine Sorgfaltspflichten**. Hierzu zählen **169**
– die Identifizierung ihrer Vertragspartner,
– die Einholung von Informationen über Zweck und Art der Geschäftsbeziehung,
– die Abklärung, ob dieser für einen wirtschaftlich Berechtigten handelt bzw. – soweit der Vertragspartner keine natürliche Person ist – die Pflicht, die Eigentums- und Kontrollstruktur des Vertragspartners mit angemessenen Mitteln in Erfahrung zu bringen sowie
– die kontinuierliche Überwachung der Geschäftsbeziehung.

170 Die einzelnen Modalitäten der Vornahme und Durchführung der genannten Sorgfaltspflichten sind in § 4 GwG geregelt.

aa) Identifizierung des Vertragspartners

171 Die Anforderungen an die **Identifizierungspflicht** sind davon abhängig, ob es sich bei dem Vertragspartner um eine natürliche oder eine juristische Person handelt.

(1) Natürliche Person

172 Handelt es sich bei dem Vertragspartner um eine **natürliche Person**, muss der Verpflichtete gem. § 3 Abs. 1 Nr. 1 GwG i.V.m. § 4 Abs. 3 GwG zur Feststellung der Identität des Vertragspartners folgende Daten erheben und aufzeichnen:
– Name,
– Geburtsort und Geburtsdatum,
– Staatsangehörigkeit und
– Anschrift.

173 Die Angaben hat der Verpflichtete gem. § 4 Abs. 4 Nr. 1 GwG anhand eines gültigen Personalausweises oder Reisepasses zu verifizieren, wobei es erforderlich ist, dass die Art des Ausweises, die Nummer und die ausstellende Behörde explizit erfasst werden.

(2) Juristische Person

174 Handelt es sich bei dem Vertragspartner um eine **juristische Person**, muss der Verpflichtete gem. § 3 Abs. 1 Nr. 1 GwG i.V.m. § 4 Abs. 3 GwG zur Feststellung der Identität des Vertragspartners folgende Daten erheben und aufzeichnen:
– die Firma,
– Namen oder Bezeichnung,
– Rechtsform,
– Registernummer oder vergleichbare Nummer (soweit vorhanden),
– Anschrift des Sitzes oder der Hauptniederlassung und Namen der Mitglieder des Vertretungsorgans oder der gesetzlichen Vertreter

und, soweit ein Mitglied des Vertretungsorgans oder der gesetzliche Vertreter selbst eine juristische Person ist (beispielsweise eine GmbH & Co. KG),
– deren Firma, Name oder Bezeichnung, Rechtsform, Registernummer und Anschrift des Sitzes oder der Hauptniederlassung.

175 Diese Angaben muss der Verpflichtete anhand eines Auszugs aus dem Handels- oder Genossenschaftsregister oder vergleichbarer amtlicher Register oder Verzeichnisse überprüfen, § 4 Abs. 4 S. 1 Nr. 2 GwG.

176 Das Gesetz spricht zudem davon, dass eine solche Überprüfung auch anhand eines Auszugs der Gründungsdokumente oder gleichwertiger beweiskräftiger Dokumente erfolgen kann, § 4 Abs. 4 S. 1 Nr. 2 GwG. Auf diese anderen Dokumente sollte indes nur hilfsweise zurückgegriffen werden.[95]

(3) Zeitpunkt und Entbehrlichkeit der Identifizierung

177 Zeitlich muss der Verpflichtete die Identifizierung **vor Begründung der Geschäftsbeziehung** bzw. vor Durchführung der Transaktion erfüllen, § 4 Abs. 1 S. 1 GwG. § 4 Abs. 1 S. 2 GwG gewährt ihm die Möglichkeit, die Identifizierung auch noch **während** der Begrün-

---

[95] Auslegungs- und Anwendungshinweise der Deutschen Kreditwirtschaft zur Verhinderung von Geldwäsche, Terrorismusfinanzierung und „sonstigen strafbaren Handlungen", Stand 16.12.2011, Tz. 12.

dung der Geschäftsbeziehung abschließen, wenn dies erforderlich ist, um den normalen Geschäftsablauf nicht zu unterbrechen. Die Identifizierung muss jedenfalls abgeschlossen sein, bevor der Vertragspartner eine **Abverfügungsmöglichkeit** erhält, d.h. bevor Vermögen an ihn ausgezahlt wird.[96]

Die genannte Ausnahme regelt § 25e KWG explizit für Verpflichtete nach § 2 Abs. 1 Nr. 1 und Nr. 2 GwG (Kredit- und Finanzdienstleistungsinstitute). Diese dürfen die Identitätsüberprüfung des Vertragspartners bzw. des wirtschaftlich Berechtigten auch noch nach der Eröffnung des Kontos oder Depots abschließen, sofern sichergestellt ist, dass es noch nicht zu einer Abverfügung von Geldern gekommen ist. **178**

Von einer Identifizierung kann **abgesehen** werden, wenn der Verpflichtete seinen Vertragspartner bereits zu einer früheren Gelegenheit identifiziert und die seinerzeit erhobenen Angaben aufgezeichnet hat, vgl. § 4 Abs. 2 GwG. **179**

bb) Zweck und Art der Geschäftsbeziehung

Im Rahmen der durchzuführenden Obliegenheiten ist der Verpflichtete ferner zur Einholung von Informationen über den **Zweck und** die angestrebte **Art der Geschäftsbeziehung** angehalten, es sei denn, der Zweck ergibt sich zweifelsfrei aus der Geschäftsbeziehung, vgl. § 3 Abs. 1 Nr. 2 GwG. Dies ist dann der Fall, wenn die vom Vertragspartner gewählten Produkte den Zweck identifizieren.[97] **180**

Beispiel: Errichtung eines Depotkontos zur Verwaltung von Wertpapieren, Eröffnung eines Kontokorrentkontos zur Zahlungsabwicklung[98] **181**

cc) Überprüfung des wirtschaftlich Berechtigten

Daneben besteht gem. § 3 Abs. 1 Nr. 3 GwG die Verpflichtung, den **wirtschaftlich Berechtigten** zu ermitteln. Wirtschaftlich Berechtigter ist nach der Legaldefinition des § 1 Abs. 4 S. 1 GwG immer eine natürliche Person. **182**

Zur Feststellung der Identität des wirtschaftlich Berechtigten hat der Verpflichtete zumindest dessen Namen zu identifizieren, § 4 Abs. 5 S. 1 1. HS GwG. Geburtsdatum, Geburtsort und Anschrift des wirtschaftlich Berechtigten dürfen, müssen aber nicht erhoben werden, § 4 Abs. 5 S. 2 GwG. Demgegenüber sind weitere Identifizierungsmerkmale zu erheben, wenn dies angesichts bestehender Geldwäscherisiken erforderlich erscheint, vgl. § 4 Abs. 5 S. 1 2. HS GwG. Folglich kann der weitere Umfang der Maßnahmen zur Identitätsprüfung risikoangemessen ausgestaltet werden.[99] Handelt es sich bei dem Vertragspartner um eine Gesellschaft, ist gleichfalls der Name der natürlichen Person zu ermitteln, in deren Eigentum oder unter deren Kontrolle der Vertragspartner letztlich steht. Eine Kontrolle bzw. Eigentum wird gesetzlich vermutet, wenn eine Person über 25 % der Stimmrechts- oder Kapitalanteile unmittelbar oder mittelbar kontrolliert (§ 1 Abs. 6 S. 2 Nr. 1 GwG). Die Erfassung der Eigentums- bzw. Kontrollstruktur ist durch schriftliche Aufzeichnungen oder schematische Darstellungen zu dokumentieren. In der Praxis wird hinter dem Vertragspartner häufig keine natürliche Person, sondern eine weitere juristische Person stehen oder der Verpflichtete sieht sich gar mit mehrstufigen Beteiligungsstrukturen konfrontiert. **183**

---

96 Auslegungs- und Anwendungshinweise der Deutschen Kreditwirtschaft zur Verhinderung von Geldwäsche, Terrorismusfinanzierung und „sonstigen strafbaren Handlungen", Stand 16.12.2011, Tz. 13.
97 Herzog/*Warius* § 3 Rn. 11; Auslegungs- und Anwendungshinweise der Deutschen Kreditwirtschaft zur Verhinderung von Geldwäsche, Terrorismusfinanzierung und „sonstigen strafbaren Handlungen", Stand 16.12.2011, Tz. 16.
98 Weitere Beispiele bei Herzog/*Warius* § 3 Rn. 11.
99 Vgl. auch *Ruppert* DStR 2012, 101.

(1) Einbindung weiterer juristischer Person

184 Steht der Vertragspartner nicht im Eigentum/unter der Kontrolle einer natürlichen Person, sondern ist eine **juristische Person** in die Eigentumsstruktur „eingebunden", so muss grundsätzlich durch diese hindurch auf die dahinter stehende natürliche Person gesehen werden.[100] Hintergrund dieser Regelung ist, dass der Gesetzgeber glaubt, auf diese Weise den wahren wirtschaftlichen Eigentümer in Erfahrung bringen zu können.

185 In derartigen Fällen besteht die Abklärungspflicht des wirtschaftlich Berechtigten aus zwei Elementen:
– Ermittlung derjenigen Person, die Eigentümer des Kunden ist/diesen kontrolliert bzw. unter Anwendung der Vermutungsregel als kontrollierend zu betrachten ist und
– Erfassung der Eigentums- und Kontrollstrukturen mit angemessenen Mitteln.

186 Hierzu kann zunächst die Befragung des Kunden nach den Eigentums- und Kontrollstrukturen durchgeführt werden, von deren Richtigkeit der Verpflichtete grundsätzlich ausgehen kann. Der Geschäftspartner ist verpflichtet, entsprechende Nachweise für die von ihm getätigten Angaben zu liefern. Sollte der Verpflichtete gleichwohl Zweifel an den Angaben hegen oder kann der Geschäftspartner keine eindeutigen Angaben machen, sind Überprüfungsmaßnahmen anhand öffentlich zugänglicher Informationsquellen, beispielsweise Registerauszügen, durchzuführen.

(2) Mehrstufige Beteiligungsstruktur

187 In Fällen der **mehrstufigen Beteiligungsstruktur** (wenn Anteile an der Vertragspartnerin wiederum von juristischen Personen gehalten werden), ist es erforderlich, sämtliche, hinter den „zwischengeschalteten" Gesellschaften stehenden natürlichen Personen zu ermitteln, sofern die zwischengeschaltete Gesellschaft mehr als 25 % der Anteile am Vertragspartner hält. Als wirtschaftlich Berechtigter im Falle mehrstufiger Beteiligungsstrukturen gilt die natürliche Person, die entweder die Mehrheit der Anteile an der zwischengeschalteten Gesellschaft kontrolliert oder diese Gesellschaft faktisch kontrolliert.[100] Die Erfassung der Eigentums- bzw. Kontrollstruktur erfolgt auf einem risikobasierten Ansatz und ist durch schriftliche Aufzeichnungen oder schematische Darstellungen, bspw. ein Schaubild, zu dokumentieren. Im Rahmen einer risikoorientierten Erfassung der Beteiligungsstruktur sollten Angaben zu den Eigentumsverhältnissen bei allen wesentlichen Beteiligungen erfasst werden. Eine wesentliche Beteiligung liegt in der Regel vor, wenn die Beteiligung 25 % der Anteile übersteigt.

188 **Beispiel:** Bei ihrem Vertragspartner handelt es sich um ein Joint Venture eines deutschen und eines ausländischen Unternehmens

189 Zur Ermittlung des wirtschaftlich Berechtigten bei mehrstufigen Beteiligungsstrukturen ist wie folgt vorzugehen:
– Eigentums- bzw. Kontrollverhältnisse sämtlicher beteiligter Unternehmen anhand der vorstehenden Vorgaben abklären und anhand vorliegender bzw. öffentlich zugänglicher Informationsquellen überprüfen;
– schriftliche Aufzeichnung oder Dokumentation anhand schematischer Darstellung der so erhaltenen Informationen.

190 Insbesondere bei **komplexen Beteiligungsstrukturen** kann es faktisch unmöglich sein, den wirtschaftlich Berechtigten zu ermitteln. Ist dies der Fall, sollten die veranlassten Schritte und Gründe für die Nichtermittlung hinreichend dokumentiert werden, um das Risiko der Begehung einer Ordnungswidrigkeit zu minimieren.[101]

---

100 Auslegungs- und Anwendungshinweise der Deutschen Kreditwirtschaft zur Verhinderung von Geldwäsche, Terrorismusfinanzierung und „sonstigen strafbaren Handlungen", Stand 16.12.2011, Tz. 24.
101 Vgl. hierzu sogleich die Ausführungen unter Rn. 254 ff.

dd) Kontinuierliche Überwachung der Geschäftsbeziehung

Schließlich folgt aus § 3 Abs. 1 Nr. 4 GwG die Pflicht, die **Geschäftsbeziehung** sowie die in ihrem Verlauf durchgeführten Transaktionen laufend zu **überwachen**, um sicherzustellen, dass diese mit den beim Verpflichteten vorhandenen Informationen über den Vertragspartner und gegebenenfalls über den wirtschaftlich Berechtigten, deren Geschäftstätigkeit und Kundenprofil und – soweit erforderlich – mit den vorhandenen Informationen über die Herkunft ihrer Vermögenswerte übereinstimmen. In diesem Zusammenhang ist es unabdingbar, die jeweiligen Dokumente, Daten oder Informationen in angemessenen zeitlichen Abständen zu aktualisieren. 191

ee) Sorgfaltspflichten auslösende Ereignisse

Die Durchführung der vorgenannten allgemeinen Sorgfaltspflichten trifft die unter § 2 GwG aufgeführten Personen immer dann, wenn sie 192
- eine Geschäftsbeziehung begründen,
- im Rahmen einer Transaktion, die außerhalb einer bestehenden Geschäftsbeziehung anfällt, Bargeld im Wert von 15 000 EUR oder mehr annehmen. Dies gilt auch, wenn mehrere Transaktionen durchgeführt werden, die zusammen einen Betrag im Wert von 15 000 EUR oder mehr ausmachen, sofern Anhaltspunkte dafür vorliegen, dass zwischen ihnen eine Verbindung besteht,
- Tatsachen feststellen, die einen Verdacht auf eine Straftat nach § 261 StGB oder eine Terrorismusfinanzierung begründen oder
- Zweifel hegen, ob die auf Grund der Bestimmungen des GwG erhobenen Angaben zur Identität des Vertragspartners oder des wirtschaftlich Berechtigten zutreffend sind.

b) Vereinfachte Sorgfaltspflichten

Einige Sachverhalte werden vom Gesetzgeber als risikoarm erachtet, weshalb das Gesetz für diese Fälle **vereinfachte Sorgfaltspflichten** vorsieht. 193

aa) § 5 GwG

Ausweislich § 5 GwG kann in **vier** abschließend genannten **Fallgruppen** ein geringes Risiko vorliegen: 194
- bei Transaktionen von oder zugunsten von und bei Begründung von Geschäftsbeziehungen mit Verpflichteten im Sinne von § 2 Abs. 1 Nr. 1–6 (Kredit- und diversen Finanzdienstleistungsinstituten),
- bei Transaktionen von oder zugunsten von und bei Begründung von Geschäftsbeziehungen mit börsennotierten Gesellschaften, deren Wertpapiere zum Handel auf einem organisierten Markt im Sinne des § 2 Abs. 5 WpHG zugelassen sind sowie mit börsennotierten Gesellschaften aus Drittstaaten, die Transparenzanforderungen im Hinblick auf Stimmrechtsanteile unterliegen, die denjenigen des Gemeinschaftsrechts gleichwertig sind,
- bei Anderkonten von Rechtsanwälten und Notaren ausschließlich zur Feststellung der Identität des wirtschaftlich Berechtigten, sofern das kontoführende Institut vom Inhaber des Anderkontos die Angaben über die Identität des wirtschaftlich Berechtigten auf Anfrage erhalten kann sowie
- bei Transaktionen von oder zugunsten von inländischen und – unter den in § 5 Abs. 2 S. 1 Nr. 4 GwG aufgeführten Voraussetzungen – mit ausländischen Behörden.

In den vorgenannten Fällen genügt es grundsätzlich, wenn der Verpflichtete folgende vereinfachten Pflichten erfüllt: 195
- Identifizierung des Vertragspartners bzw. des wirtschaftlich Berechtigten
- Kontinuierliche Überwachung der Geschäftsbeziehung

196 Liegen dem Verpflichteten im Hinblick auf eine konkrete Transaktion oder Geschäftsbeziehung indes Informationen vor, die auf ein Geldwäscherisiko hindeuten, kann er die Ausnahmeregelung der vereinfachten Sorgfaltspflichten nicht für sich beanspruchen, vgl. § 5 Abs. 3 GwG. Er hat dies stets anhand einer Risikobewertung aufgrund der jeweiligen Umstände im Einzelfall zu entscheiden.

bb) § 25d KWG

197 Darüber hinaus sieht § 25d KWG ergänzende Regelungen für Verpflichtete gem. § 2 Abs. 1 Nr. 1 und Nr. 2 GwG (Kredit- und Finanzdienstleistungsinstitute) vor, in denen es diesen bei Vorliegen risikoarm einzustufender Sachverhalte ebenfalls erlaubt ist, die vorgenannten vereinfachten Sorgfaltspflichten anzuwenden. Die entsprechenden Fallgestaltungen sind in § 25d KWG normiert.

c) Verstärkte Sorgfaltspflichten

198 Soweit erhöhte Risiken bezüglich der Begehung einer Geldwäsche oder der Terrorismusfinanzierung bestehen, erachtet der Gesetzgeber die allgemeinen Sorgfaltspflichten für nicht ausreichend. Der Verpflichtete hat in solchen Fällen zusätzliche, dem erhöhten Risiko angemessene **verstärkte Sorgfaltspflichten** zu erfüllen.

aa) § 6 GwG

199 § 6 GwG normiert die Durchführung verstärkter Sorgfaltspflichten für die nachfolgend genannten **vier Fallgruppen**:
– Politisch exponierte Personen
– Persönlich nicht anwesender Vertragspartner
– Zweifelhafte oder ungewöhnliche Transaktion
– Staaten mit erhöhtem Risiko

(1) Politisch exponierte Person

200 Der Verpflichtete muss in einem angemessenen, risikoorientierten Verfahren feststellen, ob es sich bei dem Kunden oder dem wirtschaftlich Berechtigten, sofern ein solcher vorhanden ist, um eine **politisch exponierte Person** (sog. **PEP**) handelt. § 6 Abs. 2 Nr. 1 S. 1 GwG definiert PEPs als Personen, die ein wichtiges öffentliches Amt im Ausland oder auf Bundesebene im Inland ausüben oder zuvor ausgeübt haben, miterfasst werden auch unmittelbare Familienmitglieder bzw. der PEP nahestehende Personen. Der Verpflichtete hat in den Fällen der Aufnahme oder Aufrechterhaltung von Geschäftsbeziehungen zu PEPs die nachfolgenden **Pflichten** zu erfüllen:
– Feststellung der PEP-Eigenschaft
– Einholen der Zustimmung der übergeordneten Führungsebene vor Begründung einer Geschäftsbeziehung, § 6 Abs. 2 Nr. 1 S. 4 GwG
– Ergreifen angemessener Maßnahmen zur Ermittlung der Herkunft des Vermögens
– Verstärkte kontinuierliche Überwachung der Geschäftsbeziehung

201 Der PEP-Status einer Person kann anhand der Angaben des Kunden abgeklärt werden, eine Verpflichtung der Nutzung von am Markt angebotenen, speziellen PEP-Datenbanken besteht nicht.[102]

---

[102] Auslegungs- und Anwendungshinweise der Deutschen Kreditwirtschaft zur Verhinderung von Geldwäsche, Terrorismusfinanzierung und „sonstigen strafbaren Handlungen", Stand 16.12.2011, Tz. 46 m.w.N.

Die Pflicht zur Überprüfung, ob der Vertragspartner oder der wirtschaftlich Berechtigte einer PEP nahesteht, geht nur soweit, als diese Beziehung öffentlich bekannt ist oder der Verpflichtete Grund zu der Annahme hat, dass eine derartige Beziehung besteht; er ist indes nicht zur Anstellung von Nachforschungen verpflichtet, vgl. § 6 Abs. 2 Nr. 1 S. 3 GwG.

Wird der Kunde erst im Laufe der Geschäftsbeziehung ein PEP oder erfährt der Verpflichtete erst nach Begründung der Geschäftsbeziehung von der Stellung als PEP, tritt an die Stelle der Zustimmung der übergeordneten Führungsebene dessen Genehmigung zur Fortführung der Geschäftsbeziehung, vgl. § 6 Abs. 2 Nr. 1 S. 5 GwG.

Nach früherer Rechtslage galten Personen, die seit mindestens einem Jahr kein wichtiges öffentliches Amt mehr ausübten, nicht länger als PEP. Nunmehr sieht das Gesetz in derartigen Fällen vor, dass der Verpflichtete zunächst eine Risikoabwägung im Einzelfall durchführen muss, bevor er künftig nur noch die allgemeinen Sorgfaltspflichten gem. § 3 GwG anzuwenden braucht.

Als angemessene Maßnahmen zur **Ermittlung** der **Herkunft** des **Vermögens** kann in einem ersten Schritt eine entsprechende Befragung des Vertragspartners durchgeführt werden, ferner können Kundenfragebögen Aufschluss zur Herkunft von Vermögenswerten und laufenden Einkünften geben. Hegt der Verpflichtete Zweifel an den Angaben des Vertragspartners, können weitergehende Schritte ergriffen werden, etwa eine Internetrecherche oder gar eine Überprüfung vor Ort.[103]

(2) Persönlich nicht anwesender Vertragspartner

Ist der Vertragspartner eine natürliche Person und zur Feststellung der Identität nicht persönlich anwesend, sog. **Fernidentifizierung**, so muss dessen Identität entweder anhand
- eines Dokuments nach § 4 Abs. 4 S. 1 Nr. 1 GwG (Reisepass, Personalausweis o.Ä.),
- einer beglaubigten Kopie eines solchen Dokuments,
- einer qualifizierten elektronischen Signatur gem. § 2 Nr. 3 SigG oder
- des elektronischen Identitätsnachweises gem. § 18 PAuswG

durch den Verpflichteten überprüft werden.

Zudem muss in den drei erstgenannten Fällen die erste Transaktion unmittelbar über ein auf den Namen des Vertragspartners lautendes Konto im Sinne des § 1 Abs. 3 ZAG abgewickelt werden, das bei einem Kreditinstitut oder Institut im Sinne des § 1 Abs. 2a ZAG oder bei einem Kreditinstitut in einem gleichwertigen Drittstaat geführt wird.

Als gleichwertiger Drittstaat gilt gem. § 1 Abs. 6a GwG jeder Staat, in dem mit den Maßgaben des GwG gleichwertige Anforderungen gelten, die Verpflichteten einer gleichwertigen Aufsicht in Bezug auf deren Einhaltung unterliegen und in dem für diese gleichwertige Marktzulassungsvoraussetzungen bestehen.

Hintergrund dieser Regelung ist, dass der Gesetzgeber Fällen, in denen eine Geschäftsbeziehung postalisch, telefonisch oder elektronisch aufgenommen wird, ein erhöhtes Risiko zuweist, weshalb stärkere Sorgfaltspflichten zu erfüllen sind.

(3) Zweifelhafte oder ungewöhnliche Transaktion

Sofern der **Sachverhalt** als **zweifelhaft** oder **ungewöhnlich** anzusehen ist, sieht § 6 Abs. 1 Nr. 3 GwG die verstärkte Untersuchung durch den Verpflichteten vor, um das Risiko der jeweiligen Geschäftsbeziehung oder Transaktionen überwachen, einschätzen und gegebenenfalls das Vorliegen einer Pflicht zur Meldung nach § 11 Abs. 1 GwG prüfen zu können.

---

103 Herzog/*Achtelik* § 6 Rn. 22 mit weiteren Beispielen.

Bei Vorliegen eines solchen Sachverhalts wird eine über die „normale" Sorgfaltspflichterfüllung hinausgehende, besondere Untersuchungspflicht ausgelöst, die den Verpflichteten zu erhöhter Aufmerksamkeit anhält.[104]

211 Voraussetzung für das Entstehen der Pflicht ist ausdrücklich nicht, dass diese, im Einzelfall noch ungeprüften Ungewöhnlichkeiten oder Auffälligkeiten bereits die Qualität eines meldepflichtigen Sachverhalts im Sinne des § 11 GwG haben.[104] Bloße **Ungewöhnlichkeiten** und **Auffälligkeiten** liegen beispielsweise bereits dann vor, wenn für einen Verpflichteten oder seinen Beschäftigten auf Grund seines Erfahrungswissens über die Abläufe im Unternehmen und ohne weitere Abklärung, Aufbereitung oder Anreicherungen des Sachverhalts Abweichungen vom üblichen Geschäftsgebaren eines Kunden oder sonstigen Dritten bzw. ungewöhnliche Abwicklungsformen von Geschäften festzustellen sind.[104]

(4) Staaten mit erhöhtem Risiko

212 Schließlich gewährt § 6 Abs. 1 Nr. 4 GwG der zuständigen Aufsichtsbehörde im Sinne des § 16 GwG die Befugnis, bei Geschäftsbeziehungen mit Vertragspartnern aus **Staaten mit erhöhtem Risiko**[105] zusätzliche Anordnungen[106] zu treffen. Sie kann beispielsweise anordnen, dass der Verpflichtete eine Transaktion oder eine Geschäftsbeziehung, insbesondere die Herkunft der eingebrachten Vermögenswerte eines Kunden mit Sitz in einem solchen Staat, die im Rahmen der Geschäftsbeziehung oder Transaktion eingesetzt werden, einer verstärkten Überwachung unterzieht oder zusätzliche, dem Risiko angemessene Sorgfaltspflichten durchführt.

bb) § 25f KWG

213 Über § 6 GwG hinaus obliegt Verpflichteten gem. § 2 Abs. 1 Nr. 1 und Nr. 2 GwG (Kredit- und Finanzdienstleistungsinstitute) die Erfüllung verstärkter Sorgfaltspflichten auch bei der Abwicklung des Zahlungsverkehrs bei Geschäftsbeziehungen zu Korrespondenzinstituten mit Sitz in einem Drittstaat und bei Korrespondenzinstituten mit Sitz in einem Staat des Europäischen Wirtschaftsraums vorbehaltlich einer Beurteilung durch das Institut als verstärktes Risiko, § 25f Abs. 1 S. 1 KWG.

214 **Korrespondenzinstitute** sind aus Sicht eines inländischen Instituts regelmäßig ausländische Banken, mit denen ein dauerhafter Zahlungs- oder Verrechnungsverkehr besteht oder mit denen im Rahmen einer Vereinbarung bestimmte andere Bankdienstleistungen ausgetauscht werden.[107] Liegen Geschäftsbeziehungen zu Korrespondenzinstituten vor, normiert § 25f Abs. 2 KWG die weitergehenden Verpflichtungen.

d) Mitwirkungspflicht des Vertragspartners

215 Für die Erfüllung sämtlicher vorgenannter Sorgfaltspflichten normiert das Gesetz in § 4 Abs. 6 GwG entsprechende **Offenlegungs- und Mitwirkungspflichten** des Vertragspartners. Er ist verpflichtet, die zur Erfüllung der aufgeführten Identifikationspflichten erforderlichen Informationen und Unterlagen zur Verfügung zu stellen und sich im Laufe der Geschäftsbeziehung ergebende Änderungen unverzüglich anzuzeigen. Desgleichen hat der Vertragspartner offenzulegen, ob er die Geschäftsbeziehung oder die Transaktion für einen

---

104 BT-Drucks. 17/6804, 31.
105 Eine entsprechende Liste mit Staaten, denen gewichtige Defizite hinsichtlich der Geldwäsche- und Terrorismusbekämpfung nachgesagt werden, gibt die FATF in regelmäßigen Abständen heraus, vgl.: www.fatf-gafi.org/topics/high-riskandnon-cooperativejurisdictions/documents/improvingglobalamlcftcomplianceon-goingprocess-22february2013.html.
106 Die Anordnung trifft sie kraft Allgemeinverfügung oder Einzelverwaltungsakt, vgl. BT-Drucks. 17/6804, 31.
107 Herzog/*Achtelik* § 25f KWG Rn. 4.

wirtschaftlich Berechtigten begründen, fortsetzen oder durchführen will. Mit der Offenlegung hat er dem Verpflichteten auch die Identität des wirtschaftlich Berechtigten nachzuweisen. Sollte der Vertragspartner die Mitwirkung verweigern, darf der Verpflichtete ausweislich § 3 Abs. 6 S. 1 GwG die **Geschäftsbeziehung nicht begründen** oder fortsetzen und **keine Transaktion durchführen**. Eine bereits bestehende Geschäftsbeziehung ist durch **Kündigung** oder auf andere Weise zu beenden, vgl. § 3 Abs. 6 S. 2 GwG.

e) Weiterführende Hinweise zu den Sorgfaltspflichten

Angesichts der mannigfachen Erscheinungsformen ist es nicht möglich, die im konkreten Fall durchzuführenden Sorgfaltspflichten in ihren Einzelheiten darzustellen. Zu diversen Fallgestaltungen finden sich **weiterführende Hinweise** in den Auslegungs- und Anwendungshinweisen der deutschen Kreditwirtschaft zur Verhinderung von Geldwäsche, Terrorismusfinanzierung und „sonstigen strafbaren Handlungen", die über das Internet abgerufen werden können.   216

3. Ausführung durch Dritte

§ 7 Abs. 1 GwG ermöglicht es dem Verpflichteten, die nachfolgend genannten allgemeinen Sorgfaltspflichten auf einen in der Norm näher genannten **Dritten** zu **übertragen**, wenngleich die Verantwortung der Erfüllung der Sorgfaltspflichten bei dem Verpflichteten verbleiben. Der Dritte kann   217

– die Identifizierung des Vertragspartners,
– die Einholung von Informationen über Zweck und Art der Geschäftsbeziehung und
– die Abklärung des wirtschaftlich Berechtigten

übernehmen.

Einzig die Pflicht zur kontinuierlichen Überwachung der Geschäftsbeziehung kann nicht auf Dritte abgewälzt werden.   218

Als **Dritter** gelten vor allem in den Mitgliedsstaaten der EU ansässige Kreditinstitute, Versicherungsunternehmen, Rechtsanwälte, Notare, Wirtschaftsprüfer und Steuerberater, vgl. § 7 Abs. 1 S. 3 GwG.   219

Zusätzlich besteht auch die Möglichkeit, die o.g. Sorgfaltspflichten durch vertragliche Vereinbarung auf eine andere Person zu übertragen, § 7 Abs. 2 GwG. Verfährt der Verpflichtete nach dieser Möglichkeit, hat er sich vor Beginn und auch während der Zusammenarbeit von der Zuverlässigkeit des Dritten und durch Stichproben über die Angemessenheit und Ordnungsmäßigkeit der von ihm getroffenen Maßnahmen zu überzeugen. Auch in diesen Fällen bleibt der Verpflichtete für die Erfüllung der Sorgfaltspflichten verantwortlich.   220

Beispiel: Durchführung des Post-Ident-Verfahrens bei einer Kontoeröffnung durch die Deutsche Post AG.   221

4. Interne Sicherungsmaßnahmen

Zur Abwendung des Missbrauchs zur Geldwäsche und zur Terrorismusfinanzierung sind Verpflichtete nach dem GwG angehalten, angemessene **interne Sicherungsmaßnahmen** zu treffen. Entsprechende Vorschriften hierzu finden sich sowohl in § 9 GwG als auch in § 25c KWG.   222

a) GwG

223 Als interne Sicherungsmaßnahmen gelten ausweislich § 9 Abs. 2 GwG nachfolgende Maßnahmen:
- Bestellung eines der Geschäftsleitung unmittelbar nachgeordneten Geldwäschebeauftragten,
- Entwicklung und Aktualisierung angemessener geschäfts- und kundenbezogener Sicherungssysteme und Kontrollen, die der Verhinderung der Geldwäsche und der Terrorismusfinanzierung dienen,
- Unterrichtung der Beschäftigten über Typologien und aktuelle Methoden der Geldwäsche und der Terrorismusfinanzierung,
- Zuverlässigkeitsprüfung.

224 Zur **Durchführung** der vorstehenden internen Sicherungsmaßnahmen darf sich der Verpflichtete mit vorheriger Zustimmung der nach § 16 Abs. 2 GwG zuständigen Behörde eines **Dritten** bedienen, wenn dieser Gewähr dafür bietet, dass die Maßnahmen ordnungsgemäß durchgeführt und die Steuerungsmöglichkeiten der Verpflichteten und die Kontrollmöglichkeiten der zuständigen Behörde nicht beeinträchtigt werden, vgl. § 9 Abs. 3 GwG.

aa) Bestellung Geldwäschebeauftragter

225 Finanzunternehmen, Spielbanken und Veranstalter und Vermittler von Glücksspielen im Internet müssen einen der Geschäftsleitung unmittelbar nachgeordneten **Geldwäschebeauftragten** bestellen. Für den Fall seiner Verhinderung ist dem Geldwäschebeauftragten ein Stellvertreter zuzuordnen, § 9 Abs. 2 Nr. 1 GwG.

226 Für Personen, die gewerblich mit Gütern handeln, soll die nach § 16 Abs. 2 GwG zuständige Aufsichtsbehörde die Bestellung eines Geldwäschebeauftragten anordnen, wenn deren Haupttätigkeit im Handel mit hochwertigen Gütern liegt, § 9 Abs. 3 S. 3 GwG. Nach der Legaldefinition des § 9 Abs. 3 S. 4 GwG zeichnen sich **hochwertige Güter** dadurch aus, dass sie aufgrund ihrer Beschaffenheit, ihres Verkehrswertes, ihres bestimmungsgemäßen Gebrauchs oder aufgrund ihres Preises keine Alltagsanschaffung darstellen.

227 **Beispiel:** Edelmetalle (Gold, Silber, Platin), Edelsteine, Schmuck, Kunstgegenstände, Antiquitäten, Kraftfahrzeuge, Schiffe, Flugzeuge

228 Schließlich kann die nach § 16 Abs. 2 GwG zuständige Aufsichtsbehörde anordnen, dass Verpflichtete gem. § 2 Abs. 1 Nr. 2b, 2c, 5, 7–10, 13 GwG (Agenten, E-Geld-Agenten, Finanzunternehmen, Versicherungsvermittler, Rechtsanwälte, Wirtschaftsprüfer, vereidigte Buchprüfer, Steuerberater und Steuerbevollmächtigte, Dienstleister für Gesellschaften und Treuhandvermögen oder Treuhänder, Immobilienmakler und Personen, die gewerblich mit Gütern handeln), einen Geldwäschebeauftragten zu bestellen haben, wenn sie dies für angemessen erachtet, § 9 Abs. 4 S. 1 GwG.

229 Kredit- und Finanzdienstleistungsinstitute sind ausweislich § 25c Abs. 4 KWG zur Bestellung eines der Geschäftsleitung unmittelbar nachgeordneten Geldwäschebeauftragten verpflichtet.[108]

230 Der Geldwäschebeauftragte bekleidet eine **leitende Funktion** im Unternehmen, wie sich bereits aus der Formulierung „der Geschäftsleitung unmittelbar nachgeordnet" ergibt. Zudem muss er berechtigt sein, das Unternehmen im Rahmen seines Aufgabengebietes nach außen hin zu vertreten.[109] Aufgrund des geltenden Grundsatzes der Funktionstren-

---

108 Vgl. hierzu die Ausführungen im 15. Kap.
109 Fülbier/Aepfelbach/Langweg/*Langweg* § 14 Rn. 25 ff.

nung soll es sich bei der Person des Geldwäschebeauftragten nicht um ein Vorstandsmitglied handeln, auch eine Tätigkeit in der Innenrevision steht einer Bestellung entgegen.[110] Bevor ein leitender Mitarbeiter zum Geldwäschebeauftragten ernannt wird, sollte immer überprüft werden, ob zwischen der Tätigkeit im jeweiligen Fachbereich und der als Geldwäschebeauftragter eine **Interessenkollision** besteht – im Zweifel ist dann von der Bestellung Abstand zu nehmen.

Er selber ist in allen Angelegenheiten im Zusammenhang mit der Geldwäschebekämpfung und der Verhinderung der Terrorismusfinanzierung **weisungsunabhängig**, ist aber zugleich in diesem Aufgabenbereich befugt, Weisungen gegenüber Mitarbeitern zu erteilen.[111] 231

Dem Geldwäschebeauftragten obliegt die **Implementierung** und **Überwachung** der Einhaltung sämtlicher geldwäscherelevanter Vorschriften im Unternehmen; auch organisatorische Maßnahmen, die Erstellung einer individuellen **Gefährdungsanalyse** und das Abhalten von **Schulungen** unterfällt seinem Aufgabenbereich. Daneben ist er Ansprechpartner für die Mitarbeiter und die Aufsichts- und Ermittlungsbehörden.[112] Ferner hat er die **Bearbeitung** von **Verdachtsfällen** nach § 11 GwG inklusive der Entscheidung, ob eine solche Meldung an die zuständigen Ermittlungsbehörden weitergegeben wird, zu übernehmen.[113] Zu diesen Zwecken ist ihm gem. § 9 Abs. 2 Nr. 1 GwG ungehinderter Zugang zu sämtlichen Informationen, Daten, Aufzeichnungen und Systemen zu verschaffen, die im Rahmen der Erfüllung seiner Aufgaben von Bedeutung sein können. Die Verwendung der Daten und Informationen ist dem Geldwäschebeauftragten ausschließlich zur Erfüllung seiner Aufgaben gestattet. Ihm sind ausreichende Befugnisse zur Erfüllung seiner Funktion einzuräumen. 232

Sowohl die Bestellung des Geldwäschebeauftragten als auch seine Abberufung ist der jeweils zuständigen Aufsichtsbehörde unter Mitteilung des Namens und des Datums mitzuteilen, bei einer Abberufung ist darüber hinaus auch eine Begründung für dieses Vorgehen darzulegen.[114] 233

bb) Interne Sicherungssysteme

Eine Reihe der im Gesetz näher bezeichneten Verpflichteten (Agenten, E-Geld-Agenten, Personen und Unternehmen, die E-Geld vertreiben oder zurücktauschen, Finanzunternehmen, Versicherungsvermittler, Rechtsanwälte, Wirtschaftsprüfer, vereidigte Buchprüfer, Steuerberater und Steuerbevollmächtigte, Dienstleister für Gesellschaften und Treuhandvermögen oder Treuhänder, Immobilienmakler, Spielbanken und Veranstalter und Vermittler von Internet-Glücksspielen) sind gem. § 9 Abs. 2 Nr. 2 GwG angehalten, **angemessene geschäfts- und kundenbezogene Sicherungssysteme** und Kontrollen, die der Verhinderung der Geldwäsche und der Terrorismusfinanzierung dienen, zu entwickeln und zu aktualisieren. 234

Für Kredit- und Finanzdienstleistungsinstitute folgt diese Pflicht aus § 25c Abs. 1 KWG.[115] 235

Einzelheiten, was die Verpflichteten intern leisten müssen, sind gesetzlich nicht geregelt, sie müssen dem Wortlaut des Gesetzes nach **angemessen** sein. Dies sind sie, wenn sie sich an der Größe und der Struktur des Unternehmens sowie dessen Geschäfts- und Kundenstruktur orientieren und die damit einhergehenden Risikosituation hinreichend abdecken.[116] 236

---

110 Fülbier/Aepfelbach/Langweg/*Langweg* § 14 Rn. 52 ff. mit einer Abwägung der Vor- und Nachteile, welcher Unternehmensbereich sich für die Tätigkeit als Geldwäschebeauftragter eignet.
111 Herzog/*Warius* § 9 Rn. 15.
112 Zum vorstehenden Absatz Fülbier/Aepfelbach/Langweg/*Langweg* § 14 Rn. 21 f.; Herzog/*Warius* § 9 Rn. 11 f.
113 *Diergarten* S. 63.
114 Herzog/*Warius* § 9 Rn. 17.
115 Vgl. hierzu die Ausführungen im 15. Kap.
116 Fülbier/Aepfelbach/Langweg/*Langweg* § 14 Rn. 74; Herzog/*Warius* § 9 Rn. 22.

237 Um entsprechend effektive Sicherungssysteme und Kontrollen durchführen zu können, ist zunächst eine **Gefährdungsanalyse** zu erstellen, anhand derer das spezifische Risiko für den Missbrauch zur Geldwäsche ermittelt wird. Hieran schließt sich in einem zweiten Schritt die Erarbeitung konkreter, speziell auf das Unternehmen angepasster Maßnahmen an. In diesem Rahmen haben die Verpflichteten u.a. **organisatorische Vorkehrungen** zu treffen. Hierunter gefasst wird die Erarbeitung und Aktualisierung von Organisations- und Verhaltensrichtlinien, Arbeitsablaufbeschreibungen (z.B. für Identifizierung, Verdachtsmeldung) und dem Verhalten im Hinblick auf sog. Hochrisiko-Konstellationen (z.B. Geschäftsbeziehung mit Vertragspartnern aus Risikoländern). Auch das **Monitoring** von Kundenbeziehungen – immer der jeweiligen Geschäftssituation angepasst – unterfällt den einzurichtenden internen Sicherungsmaßnahmen.[117] Schließlich beinhalten die adäquaten Sicherungssysteme auch eine **kontinuierliche Kontrolle** ihrer Effektivität. Diese wird sowohl durch die Innenrevision und den Geldwäschebeauftragten als auch durch den Jahresabschlussprüfer und die Aufsichtsbehörden gewährleistet.[118]

238 Sind Mängel ersichtlich oder ergibt sich aufgrund veränderter Lebenswirklichkeiten Änderungsbedarf, so sind die implementierten Sicherungssysteme entsprechend anzupassen und zu aktualisieren.

cc) Unterrichtungspflicht

239 Sämtliche, in § 2 Abs. 1 GwG genannte Personen und Unternehmen müssen ihre Beschäftigten über Typologien und aktuelle Methoden der Geldwäsche und der Terrorismusfinanzierung und die zur Verhinderung von Geldwäsche und Terrorismusfinanzierung bestehenden Pflichten durch geeignete Maßnahmen **unterrichten** und **informieren**, § 9 Abs. 2 Nr. 3 GwG. Die in regelmäßigen Abständen erfolgende Unterrichtung kann durch **Präsenzschulungen** oder sog. **E-Learning-Programme** erfolgen, immer sind auch **schriftliche Informationen** auszuhändigen. Die Beschäftigten sollen zum einen im Hinblick auf die zahlreichen und sich stetig ändernden Typologien der Geldwäsche sensibilisiert werden, zum anderen sind ihnen auch die ihnen obliegenden Pflichten nach dem GwG näher zu bringen.[119]

dd) Zuverlässigkeitsprüfung

240 § 9 Abs. 2 Nr. 4 S. 1 GwG sieht zudem die regelmäßige **Überprüfung der Zuverlässigkeit** der Beschäftigten vor. Nach § 9 Abs. 2 Nr. 4 S. 2 GwG ist zuverlässig, wer die Gewähr dafür bietet, dass er die Pflichten nach diesem Gesetz, sonstige geldwäscherechtliche Pflichten und die beim Verpflichteten eingeführten Grundsätze, Verfahren, Kontrollen und Verhaltensrichtlinien zur Verhinderung der Geldwäsche und Terrorismusfinanzierung sorgfältig beachtet, Tatsachen im Sinne des § 11 Abs. 1 GwG dem Vorgesetzten oder Geldwäschebeauftragten, soweit ein solcher bestellt ist, meldet und sich nicht selbst an zweifelhaften Transaktionen oder Geschäften aktiv oder passiv beteiligt. Bei Begründung des Arbeitsverhältnisses kann der Pflicht zur Zuverlässigkeitsprüfung etwa durch Heranziehung polizeilicher Führungszeugnisse und Schufa-Auskünften nachgekommen, in einem bestehenden Beschäftigungsverhältnis kann auf Personalbeurteilungen zurückgegriffen werden.[120]

---

117 Vgl. hierzu die ausführliche Darstellung bei Herzog/*Warius* § 9 Rn. 26 ff.
118 Fülbier/Aepfelbach/Langweg/*Langweg* § 14 Rn. 111 ff.; Herzog/*Warius* § 9 Rn. 64 ff.
119 Zu den Einzelheiten vgl. Fülbier/Aepfelbach/Langweg/*Langweg* § 14 Rn. 144 ff.; Herzog/ *Warius* § 9 Rn. 81 ff.
120 Herzog/*Warius* § 9 Rn. 77 f.

ee) Einzelfallentscheidung der zuständigen Aufsichtsbehörde

Schließlich räumt § 9 Abs. 5 GwG der nach § 16 Abs. 2 GwG zuständigen Aufsichtsbehörde die Möglichkeit ein, im Einzelfall die nachfolgenden Anordnungen treffen zu können: 241
- Schaffung geeigneter und erforderlicher interner Sicherungsmaßnahmen, wie die Entwicklung und Aktualisierung angemessener geschäfts- und kundenbezogener Sicherungssysteme und Kontrollen,
- Anwendung risikoangemessener interner Sicherungsmaßnahmen durch einzelne oder Gruppen der Verpflichteten im Sinne des § 2 Abs. 1 GwG aufgrund der Art der von diesen betriebenen Geschäfte und der Größe des Geschäftsbetriebs unter Berücksichtigung der Anfälligkeit der Geschäfte für einen Missbrauch zur Geldwäsche oder Terrorismusfinanzierung.

Die nach § 16 Abs. 2 Nr. 9 GwG zuständige Behörde kann bestimmen, dass von der Bestellung eines Geldwäschebeauftragten abgesehen werden kann, wenn sichergestellt ist, dass die Gefahr von Informationsverlusten und -defiziten auf Grund arbeitsteiliger Unternehmensstruktur nicht besteht und nach risikobasierter Bewertung anderweitige Vorkehrungen getroffen werden, um Geschäftsbeziehungen und Transaktionen, die mit Geldwäsche oder Terrorismusfinanzierung zusammenhängen. 242

b) § 25c KWG

Neben den durch das GwG vorgeschriebenen internen Sicherungsmaßnahmen normiert § 25c KWG solche Sicherungsmaßnahmen für Kredit- und Finanzdienstleistungsinstitute.[121] 243

5. Meldung von Verdachtsfällen

Verpflichtete müssen der Zentralstelle für Verdachtsmeldungen beim BKA und der zuständigen Strafverfolgungsbehörde unter bestimmten Voraussetzungen **Verdachtsfälle** melden. 244

a) Meldepflicht

Diese Pflicht besteht immer dann, wenn Tatsachen vorliegen, die darauf hindeuten, dass es sich bei Vermögenswerten, die mit einer Transaktion oder Geschäftsbeziehung im Zusammenhang stehen, um den Gegenstand einer Straftat nach § 261 StGB handelt oder die Vermögenswerte im Zusammenhang mit Terrorismusfinanzierung stehen, § 11 Abs. 1 GwG. 245

Solche **Tatsachen** liegen vor, wenn Auffälligkeiten mit Bezug zu Geldwäschetransaktionen bei der Abwicklung von Finanztransaktionen oder Abweichungen vom gewöhnlichen Geschäftsgebaren der Beteiligten zu erkennen sind. Dabei muss keinesfalls Gewissheit über den Bezug zur Geldwäsche bestehen, vielmehr reichen konkrete, d.h. objektiv erkennbare Anhaltspunkte für einen Verdacht aus. Es bedarf in diesem Zusammenhang keines Rückgriffs auf die Anforderungen an den Anfangsverdacht im Sinne des § 152 Abs. 2 StPO.[122] 246

Der Meldepflichtige soll den Sachverhalt nach allgemeinen Erfahrungen und seinem beruflichen Erfahrungswissen unter dem Blickwinkel seiner Ungewöhnlichkeit und Auffälligkeit im jeweiligen geschäftlichen Kontext würdigen. Die **Meldepflicht** besteht bereits dann, wenn objektiv Tatsachen vorliegen, die darauf hindeuten, dass es sich bei den Vermögenswerten um Erträge krimineller Aktivitäten handelt.[123] Es ist keinesfalls erforderlich, dass der Verpflichtete die Vortat der Geldwäsche kennt; ausreichend ist vielmehr, wenn die 247

---

121 Vgl. hierzu die Ausführungen im 15. Kap.
122 BT-Drucks. 17/6804, 35 f. Vor Änderung des GwG im Jahr 2011 wurde die Ansicht vertreten, dass es eines Anfangsverdachts im Sinne des § 152 Abs. 2 StPO bedarf: Fülbier/Aepfelbach/Langweg/*Fülbier* § 11 Rn. 51 ff.; Herzog/*Herzog* § 11 Rn. 21.
123 BT-Drucks. 17/6804, 35 f.

Umstände und auf Tatsachen beruhenden Verdachtsmomente ausreichen, um eine Vortat im Sinne von § 261 StGB zu vermuten.[124] Die Voraussetzungen der Geldwäsche wie auch der relevanten Vortat sind nicht im Einzelnen zu prüfen.[125] Der **Verdacht** kann sich dabei auf das Verhalten des Identifizierenden beziehen wie auch auf die Eigenheiten der Transaktion; **Kriterien** sind Ungewöhnlichkeiten und Auffälligkeiten, die sich in Besonderheiten der Person, dessen finanziellen Verhältnissen und der Herkunft der einzubringenden Vermögenswerte äußern können.[126] Der Verpflichtete hat im Rahmen dessen das gesamte, aus der Geschäftsbeziehung mit dem Kunden vorhandene Wissen zu berücksichtigen.[127]

248 In diesem Zusammenhang gewinnen die andernorts aufgeführten Kriterien Bedeutung, bieten sie dem Verpflichteten doch Anhaltspunkte für eine sich aufdrängende deliktische Herkunft aus einer Katalogstraftat.[128]

249 Stellt der einzelne Mitarbeiter entsprechende Tatsachen fest, wendet er sich an den Geldwäschebeauftragten, der nach gründlicher Prüfung des Sachverhalts entscheidet, ob es sich um einen meldepflichtigen Vorgang handelt oder nicht. Dabei kommt dem Geldwäschebeauftragten ein **Beurteilungsspielraum** zu, der einer umfassenden gerichtlichen Kontrolle nicht zugänglich ist. Nur in den Fällen, in denen von falschen Tatsachen ausgegangen wurde, sachfremde Erwägungen eine Rolle spielten oder allgemein gültige Bewertungsmaßstäbe nicht angelegt wurden, liegt eine Fehlentscheidung vor.[129]

250 Eine Meldepflicht besteht gleichfalls, wenn Tatsachen darauf schließen lassen, dass der Vertragspartner seiner Offenlegungspflicht gem. § 4 Abs. 6 S. 2 GwG[130] zuwidergehandelt hat.

b) Form und Zeitpunkt der Meldung

251 Hegt der Verpflichtete einen entsprechenden Verdacht, hat er die entsprechende Transaktion – ungeachtet ihrer Höhe – oder die Geschäftsbeziehung nach § 11 Abs. 1 GwG **unverzüglich** mündlich, telefonisch, fernschriftlich oder durch elektronische Datenübermittlung an die genannten Behörden zu melden. Er darf die ihm angetragene Transaktion frühestens durchführen, wenn ihm die **Zustimmung** durch die Staatsanwaltschaft übermittelt wurde oder der zweite Werktag nach Abgangstag der Meldung verstrichen ist, ohne dass die Durchführung der Transaktion von der Staatsanwaltschaft untersagt wurde, § 11 Abs. 1a S. 1 GwG. In **Eilfällen**, d.h., wenn ein Aufschub der Transaktion nicht möglich ist oder die Verfolgung der Nutznießer einer mutmaßlichen strafbaren Handlung behindert werden würde, darf die Transaktion durchgeführt werden; die Meldung ist unverzüglich nachzuholen, § 11 Abs. 1a S. 2 GwG. Ein entsprechendes **Formular** zur Verdachtsmeldung und weitere Informationen rund um die Anforderungen an eine solche Meldung bietet die Zentralstelle für Verdachtsmeldungen beim BKA an.

c) Verwendungsvorbehalt

252 § 11 Abs. 6 GwG normiert einen **Verwendungsvorbehalt**. Der Inhalt der Verdachtsmeldung darf ausschließlich für die in § 15 Abs. 1, Abs. 2 S. 3 GwG genannten Strafverfahren, für solche wegen einer Straftat, die im Höchstmaß mit einer Freiheitsstrafe von mehr als drei Jahren bedroht ist, für Besteuerungsverfahren und für die Aufsichtsaufgaben der nach § 16 Abs. 2 GwG zuständigen Behörden sowie zum Zweck der Gefahrenabwehr verwendet werden.

---

124 *LG München* wistra 2005, 398 (399).
125 Herzog/*Herzog* § 11 Rn. 24.
126 Fülbier/Aepfelbach/Langweg/*Fülbier* § 11 Rn. 54.
127 Herzog/*Herzog* § 11 Rn. 29.
128 Vgl. hierzu die Ausführungen unter Rn. 100 ff.
129 Herzog/*Herzog* § 11 Rn. 20.
130 Vgl. die Ausführungen unter Rn. 215 ff.

6. Aufzeichnungs- und Aufbewahrungspflichten

In § 8 GwG findet sich die Verpflichtung der **Aufzeichnung** und **Aufbewahrung** der erhobenen Kundendaten, um diese entsprechenden Unterlagen im Fall der Fälle den Strafverfolgungsbehörden zugänglich machen zu können. Die im Rahmen der Sorgfaltspflichten erhobenen Angaben und Informationen haben die Verpflichteten ausweislich § 8 Abs. 1 GwG aufzuzeichnen und mindestens fünf Jahre aufzubewahren, § 8 Abs. 3 GwG. 253

7. Bußgeldvorschriften

Verstößt ein Verpflichteter gegen eine der ihm auferlegten Pflichten des GwG, kann dies mit einer **Geldbuße** bis zu 100 000 EUR geahndet werden, § 17 Abs. 2 GwG. Die einzelnen Pflichtverletzungen sind dem Katalog des § 17 Abs. 1 GwG zu entnehmen. Für die Verwirklichung einer der dort genannten **Ordnungswidrigkeiten** bedarf es keines vorsätzlichen Handelns, es genügt bereits **grob sorgfaltswidriges** Handeln. 254

Beispiel: Ein Verpflichteter hat die Identifizierung seines Vertragspartners erst durchgeführt, nachdem dieser bereits eine Abverfügungsmöglichkeit des Geldes hatte. Hierin liegt ein Verstoß gegen § 17 Abs. 1 Nr. 1 GwG, da die Identifizierung verspätet erfolgte. 255

Mit der Ahndung der Ordnungswidrigkeiten ist sachlich diejenige Verwaltungsbehörde betraut, die durch Gesetz bestimmt wird, § 36 OWiG. Die sachliche Zuständigkeit für die Kreditanstalt für Wiederaufbau und die Bundesrepublik Deutschland – Finanzagentur GmbH obliegt dem **Bundesfinanzministerium**, § 16 Abs. 2 Nr. 1 GwG. Nach § 17 Abs. 3 i.V.m. § 16 Abs. 2 Nr. 2 GwG ist die **BaFin** für die nachfolgend genannten Verpflichteten sachlich zuständig: 256
– die übrigen Kreditinstitute mit Ausnahme der Deutschen Bundesbank,
– Finanzdienstleistungsinstitute,
– Zahlungsinstitute und E-Geld-Institute,
– im Inland gelegene Zweigstellen und Zweigniederlassungen von Kreditinstituten, Finanzdienstleistungsinstituten und Zahlungsinstituten mit Sitz im Ausland,
– Investmentaktien- und Kapitalanlagegesellschaften,
– im Inland gelegene Zweigniederlassungen von EU-Verwaltungsgesellschaften im Sinne des § 2 Abs. 6a InvG,
– Agenten und E-Geld-Agenten sowie
– Unternehmen und Personen, die im Namen eines E-Geld-Instituts beim Vertrieb und Rücktausch von E-Geld tätig sind.

Für Versicherungsunternehmen und im Inland gelegene Niederlassungen solcher Unternehmen ist die jeweils zuständige Aufsichtsbehörde für das Versicherungswesen sachlich zuständig, vgl. § 17 Abs. 3 i.V.m. § 16 Abs. 2 Nr. 3 GwG. Soweit nach § 16 Abs. 2 Nr. 9 GwG die jeweils nach Bundes- oder Landesrecht zuständige Stelle zuständig ist, ist sie zugleich Verwaltungsbehörde im Sinne des § 36 Abs. 1 Nr. 1 OWiG, vgl. § 17 Abs. 3 GwG. 257

8. Internationale Normen zur Geldwäschebekämpfung

Neben den deutschen Gesetzestexten, die im Rahmen der Geldwäscheprävention zu beachten sind, finden sich auch in internationalen Gesetzen entsprechende Vorschriften zur Geldwäschebekämpfung, so zum Beispiel im **US PATRIOT Act**. Dieser kann für ausländische Banken und Finanzdienstleister von Bedeutung sein.[131] 258

---

131 Vgl. zu den Einzelheiten die Ausführungen bei *Ehlscheid/Pfeiffer* S. 323 ff.

D. AML-Compliance

259 Jeder Verpflichtete hat die im vorstehenden Kapitel aufgeführten Sorgfaltspflichten zu erfüllen.

260 Wie eine entsprechende Geldwäscheprävention (**AML-Compliance**) in der Praxis implementiert und umgesetzt werden kann, richtet sich immer auch nach der Größe und der Struktur des Unternehmens sowie dessen Geschäfts- und Kundenstruktur und der damit einhergehenden Risikosituation. Es verbieten sich allgemeingültige Handlungsanweisungen oder schablonenhafte Richtlinien und Checklisten.

261 Im Rahmen einer AML-Compliance kann es sinnvoll sein, den Mitarbeitern des Verpflichteten im Wege eines knapp gefassten **Merkblatts** zunächst die ihnen obliegenden Pflichten nach dem GwG aufzuzeigen. Zusätzlich zu einer Übersicht der bestehenden Pflichten bietet sich darüber hinaus die Erarbeitung von **Richtlinien** an, insbesondere für
– das Vorgehen bei Begründung einer Geschäftsbeziehung,
– eine am jeweiligen Geschäftsfeld des Verpflichteten orientierte Auflistung entsprechender Indizien, die den Verdacht einer Geldwäsche begründen können,
– das Vorgehen, wenn der Mitarbeiter Tatsachen feststellt, die einen Verdacht einer Geldwäsche begründen.

262 Korrespondierend zu den entsprechenden Richtlinien sollten den Mitarbeitern **Checklisten** bzw. **Formulare** zur Verfügung gestellt werden, anhand derer dokumentiert wird, was im konkreten Fall aus welchen Gründen veranlasst wurde.

263 Mittels dieser Schriftstücke kommt der Verpflichtete nicht nur den ihm obliegenden Aufzeichnungspflichten nach, sondern wahrt zugleich gegenüber den Strafverfolgungsbehörden – sollte es einmal zu Ermittlungen wegen eines Geldwäscheverdachts kommen – die Transparenz, kann er doch detailliert darlegen, welche Maßnahmen er in der konkreten Situation aus welchem Grund veranlasst hat.

264 Im Anhang finden sich beispielhaft zwei Dokumente, die zur Erfüllung der allgemeinen Sorgfaltspflichten herangezogen werden können.

Allgemeine Sorgfaltspflichten: Checkliste Identifizierung – Kunde ist natürliche Person

265

Identifizierung auslösendes Ereignis:

    ❏ Begründung Geschäftsbeziehung

    ❏ Transaktion außerhalb einer Geschäftsbeziehung oberhalb von 15 000 EUR

    ❏ Zweifel anlässlich der Angaben zum Vertragspartner/wirtschaftlich Berechtigten

    ❏ Verdacht einer Geldwäsche

        Bei Verdacht einer Geldwäsche Veranlassung der Meldung nach § 11 GwG? ❏ nein ❏ ja

❏ Identitätsfeststellung

    ❏ Name, Anschrift, Geburtsort, Geburtsdatum, Staatsangehörigkeit

    ❏ Legitimationspapier (beglaubigte Kopie)

        ❏ Reisepass   ❏ Personalausweis

        Nummer   _____

        Ausstellende Behörde   _____

        Datum der Ausstellung   _____

Handelt der Vertragspartner für einen wirtschaftlich Berechtigten? ❏ nein ❏ ja

    Vor- und Zuname _____

    Ggf. weitere Identifizierungsmerkmale _____

Handelt es sich bei dem Vertragspartner/wirtschaftlich Berechtigten um eine PEP? ❏ nein ❏ ja

    ❏ Zustimmung Vorgesetzter

    ❏ Herkunft des Vermögens ermittelt

    ❏ Geschäftsbeziehung wird verstärkt überwacht

❏ kontinuierliche Überwachung der Geschäftsbeziehung

❏ Aufzeichnung der erhobenen Informationen

❏ Aufbewahrung der aufgezeichneten Informationen

Allgemeine Sorgfaltspflichten: Checkliste Identifizierung – Kunde ist juristische Person

266

Identifizierung auslösendes Ereignis:

❏ Begründung Geschäftsbeziehung

❏ Transaktion außerhalb einer Geschäftsbeziehung oberhalb von 15 000 EUR

❏ Zweifel anlässlich der Angaben zum Vertragspartner/wirtschaftlich Berechtigten

❏ Verdacht einer Geldwäsche

Bei Verdacht einer Geldwäsche Veranlassung der Meldung nach § 11 GwG? ❏ nein ❏ ja

❏ Identitätsfeststellung

❏ Firma, Name/Bezeichnung, Rechtsform, Anschrift Sitz/Hauptniederlassung, Registernummer

❏ Namen der Mitglieder des Vertretungsorgans/Namen der gesetzlichen Vertreter

❏ sofern gesetzlicher Vertreter juristische Person, Informationen zu deren Firma, Name/Bezeichnung, Rechtsform, Anschrift Sitz/Hauptniederlassung, Registernummer

Legitimation: ❏ Handelsregister ❏ Genossenschaftsregister

❏ sonstiges, nämlich_____

Handelt der Vertragspartner für einen wirtschaftlich Berechtigten? ❏ nein ❏ ja

Vor- und Zuname _____

Ggf. weitere Identifizierungsmerkmale _____

Handelt es sich bei dem Vertragspartner/wirtschaftlich Berechtigten um eine PEP? ❏ nein ❏ ja

❏ Zustimmung Vorgesetzter

❏ Herkunft des Vermögens ermittelt

❏ Geschäftsbeziehung wird verstärkt überwacht

❏ kontinuierliche Überwachung der Geschäftsbeziehung

❏ Aufzeichnung der erhobenen Informationen

❏ Aufbewahrung der aufgezeichneten Informationen

26. Kapitel
Korruption

Literatur: *Assmann* Interessenkonflikte aufgrund von Zuwendungen, ZBB 2008, 21; *Battis* Bundesbeamtengesetz, 4. Aufl. 2009; *Buchert* Der externe Ombudsmann – ein Erfahrungsbericht – Hinweisgeber brauchen Vertrauen und Schutz, CCZ 2008, 148; *Bürger* Bestechungsgelder im privaten Wirtschaftsverkehr - doch noch steuerlich abzugsfähig?, DStR 2003, 1421; *Deister/Geier* Der UK Bribery Act 2010 und seine Auswirkungen auf deutsche Unternehmen, CCZ 2011, 12; *Ebersoll/Stork* Smart Risk Assessment: Mehr Effizienz durch Screening, CCZ 2013, 129; *Eidam* Unternehmen und Strafe, 2008; *Fett/Theusinger* Compliance im Konzern - Rechtliche Grundlagen und praktische Umsetzung, BB 2010, 6; *Fullenkamp* Kick-Back – Haftung ohne Ende?, NJW 2011, 421; *Göhler* Ordnungswidrigkeitengesetz, 16. Aufl. 2012; *ders.* Zum Gesetz über Ordnungswidrigkeiten, NStZ 1991, 73; *Grützner/Jakob* Compliance von A-Z, 2010; *Heybey* Die neuen Bestimmungen über Interessenkonflikte bei Wertpapiergeschäften, insbesondere über Zuwendungen unter besonderer Berücksichtigung von Provisionsrückvergütungen, BKR 2008, 353; *Hugger/Röhrich* Der neue UK Bribery Act und seine Geltung für deutsche Unternehmen, BB 2010, 2643; *Kaetzler* Anforderungen an die Organisation der Geldwäscheprävention bei Bankinstituten – ausgewählte Einzelfragen, CCZ 2008, 174; *Kappel/Ehling* Wie viel Strafe ist genug? - Deutsche Unternehmen zwischen UK Bribery Act, FCPA und StGB, BB 2011, 2115; *Krause/Vogel* Bestechungsbekämpfung im internationalen Geschäftsverkehr. Umsetzung des OECD-Übereinkommens in Deutschland, RIW 1999, 488; *Marschlich* Praxis der Compliance-Organisation: Geschenke und Einladungen, CCZ 2010, 110; *Martinek/Semler/Habermeier/Flohr (Hrsg.)* Handbuch des Vertriebsrechts, 3. Aufl. 2010; *Moosmayer* Straf- und bußgeldrechtliche Aspekte des Wertpapiererwerbs- und Übernahmegesetzes, wistra 2004, 401; *Müller-Bonanni/Mehrens* Neue Vergütungsregeln für Banken – Entwurf der Instituts-Vergütungsverordnung, NZA 2010, 792; *Odenthal* Der „geschäftliche Betrieb" als Leistungsempfänger nach § 299 StGB, wistra 2005, 170; *Pelz* Die Bekämpfung der Korruption im Auslandsgeschäft, StraFo 2000, 302; *Pörnbacher/Mark* Auswirkungen des UK Bribery Act 2010 auf deutsche Unternehmen, NZG 2010, 1372; *Rozok* Tod der Vertriebsprovisionen oder Alles wie gehabt? Die Neuregelungen über Zuwendungen bei der Umsetzung der Finanzmarktrichtlinie, BKR 2007, 217; *Scheint* Korruptionsbekämpfung nach dem UK Bribery Act 2010, NJW-Spezial 2011, 440; *Schröder* Anforderungen an einen Compliance-/CSR-Prozess im Lieferantenmanagement (Compliance-Risiko: Korruption), CCZ 2013, 74; *Senge (Hrsg.)* Karlsruher Kommentar zum Gesetz über Ordnungswidrigkeiten, 3. Aufl. 2006; *Taschke* Die Bekämpfung der Korruption in Europa auf Grundlage der OECD-Konvention, StV 2001, 78; *Teicke/Mohssani* Facilitation Payments – Haftungsrisiken für Unternehmen nach deutschem Recht, FCPA und UK Bribery Act, BB 2012, 911; *Withus/Hein* Prüfung oder Zertifizierung eines Compliance Management Systems - Voraussetzungen und mögliche Rechtsfolgen, CCZ 2011, 125; *Wolfsberg* Anti-Corruption Guidance, The Wolfsberg Group 2011.

A. Materielles Recht

I. Einleitung

Klassischer und wohl am weitesten verbreiteter Anwendungsbereich von Compliance-Maßnahmen sind – neben Kartellverstößen – Korruptionsdelikte. Sie stellen angesichts der zunehmenden Sensibilisierung und der verstärkten Ermittlungsintensität heute ein erhebliches potentielles Risiko für Unternehmen dar. Korruption wird in Verhaltenskodices und **Einladungsrichtlinien** thematisiert. Ergebnis ist ein geändertes Verhalten in Bezug auf Ein- 1 ladungen und den Versand von (Weihnachts-) Präsenten im geschäftlichen und im öffentlichen Bereich. Im Kapitalmarktbereich haben vor allem auch Kreditinstitute verstärkten Bedarf nach Korruptionsprävention. Nicht zuletzt, da sich ihre Vertriebsmodelle auch an den wertpapierhandelsrechtlichen Vorgaben zur Vermeidung von Interessenkonflikten der § 31 ff. WpHG messen lassen müssen. Nachfolgend wird – vor den Hinweisen zur Implementierung konkreter Compliance-Maßnahmen zur Korruptionsprävention – ein Überblick über das materielle Recht gegeben. Dabei wird neben den Regelungen zur **Amtsträgerkorruption** und zur **Korruption im geschäftlichen Verkehr** im Kernstrafrecht auch das wertpapierhandelsrechtliche **Zuwendungsverbot** in den Blick genommen.

II. Amtsträgerkorruption, §§ 331 ff. StGB

1. Allgemeines

2   Welches Rechtsgut die §§ 331 ff. StGB schützen und, ob ihnen überhaupt ein einheitliches Schutzgut zu Grunde liegt, ist umstritten. Das Reichsgericht und – bis in die 1960er Jahre hinein – auch der BGH haben es als die **Reinheit der Amtsführung** definiert.[1] Die Bestechungstatbestände dienten dazu, die Amtsreinheit zu erhalten und das Beamtentum von sachfremden Einflüssen bei der Amtsausübung fernzuhalten. Daneben wurden als Rechtsgüter die Unverletzlichkeit der Dienstpflicht, die Unentgeltlichkeit der Amtsführung und die Ordnung des staatlichen Gebühren- und Abgabenwesens diskutiert.[2] Im Laufe der Zeit hat sich das Verständnis der durch die Vorschriften über die Amtsträgerkorruption geschützten Rechtsgüter gewandelt. Neben der schlichten Ordnungsgemäßheit der Amtsführung gewann auch der Aspekt des Vertrauens der Allgemeinheit in eben die Ordnungsgemäßheit an Bedeutung. Dieser neue Aspekt wurde durch den Gesetzgeber in unterschiedlichen Reformen der Vorschriften über die Amtsträgerkorruption betont.[3] Entsprechend sieht die höchstrichterliche Rechtsprechung heute die Sachgerechtigkeit und **Lauterkeit des öffentlichen Dienstes** sowie das Vertrauen der Bevölkerung in eben diese Lauterkeit als Normzweck der §§ 331 ff. StGB.[4] In der Kommentarliteratur wird als Schutzgut vielfach der **Schutz der Funktionsfähigkeit der staatlichen Verwaltung** genannt.[5] Dabei ist auch in der Literatur mittlerweile anerkannt – dies war längere Zeit umstritten[6] – dass der Schutz des Vertrauens der Allgemeinheit in die sachgemäße Dienstausübung selbstständig neben die sachgemäße Dienstausübung tritt.[7]

3   Entsprechend werden von den Vorschriften über die Amtsträgerkorruption – und dies stellt einen Gegensatz zum Schutzkonzept des § 299 StGB dar – nicht nur die Lauterkeit des Verhaltens, sondern das entsprechende Vertrauen der Allgemeinheit in diese Lauterkeit geschützt. Die §§ 331 StGB ff. wollen schon den **bösen Schein der Käuflichkeit** verhindern.[8] Denn bereits der böse Schein der Käuflichkeit ist dazu geeignet, das Vertrauen der Allgemeinheit in die Funktionsfähigkeit des Staates zu erschüttern. Auch dies kann wiederum die tatsächliche Funktionsfähigkeit des Staatsapparates beeinträchtigen. Entsprechend dieser Rechtsgutsbestimmung sind die Vorschriften über die Amtsträgerkorruption abstrakte Gefährdungsdelikte.[9]

---

1   *BGH* NJW 1957, 1078, 1079; NJW 1958, 1101, 1102.
2   MK-StGB/*Korte* § 331 Rn. 3 mit zahlreichen weiteren Nachweisen.
3   BT-Drucks. 4/650, 649; BT-Drucks. 13/5584, 16.
4   *BGH* NStZ 2003, 423; NJW 2002, 2801, 2805; NStZ 1987, 326, 327.
5   MK-StGB/*Korte* § 331 Rn. 8; *Fischer* § 331 Rn. 2. Schönke/Schröder/*Heine* § 331 Rn. 3.
6   Siehe dazu MK-StGB/*Korte* § 331 Rn. 7.
7   MK-StGB/*Korte* § 331 Rn. 8; *Fischer* § 331 Rn. 2; Schönke/Schröder/*Heine* § 331 Rn. 3.
8   *BGH* NStZ 2005, 334, Ls.
9   *Fischer* § 331 Rn. 2; MK-StGB/*Korte* § 331 Rn. 10.

Die §§ 331 und 332 StGB sind sog. **echte Amtsdelikte**. Taugliche Täter sind ausschließlich 4
Amtsträger oder für den öffentlichen Dienst besonders Verpflichtete. Entsprechend kann
eine Person, die weder Amtsträger noch für den öffentlichen Dienst besonders Verpflichteter ist, nur Anstifter oder Gehilfe zu einer Tat gem. §§ 331, 332 StGB sein, hingegen weder
Mittäter noch mittelbarer Täter. Die Strafe des Teilnehmers ist daher gem. § 28
Abs. 1 StGB zu mildern.

2. Vorteilsannahme und Vorteilsgewährung, § 331 und § 333 StGB
a) Amtsträger oder für den öffentlichen Dienst besonders Verpflichteter

Die **Vorteilsannahme** gem. § 331 StGB ist ein Sonderdelikt, das nur von einem **Amtsträger** 5
oder **für den öffentlichen Dienst besonders Verpflichteten** begangen werden kann. Die
Tätereigenschaft muss zum Tatzeitpunkt bestehen.[10] Spiegelbildlich dazu kann Begünstigter einer **Vorteilsgewährung** gem. § 333 StGB nur ein Amtsträger oder für den öffentlichen
Dienst besonders Verpflichteter sein. Wer Amtsträger bzw. für den öffentlichen Dienst
besonders Verpflichteter ist, bestimmt sich nach § 11 Abs. 1 Nr. 2 und Nr. 4 StGB. Trotz der
Legaldefinition in § 11 StGB ist die Frage, wer als Amtsträger bzw. für den öffentlichen
Dienst besonders Verpflichteter gilt, Gegenstand einer lebhaften Diskussion und verschiedener Judikate des Bundesgerichtshofes. Im Einzelnen:

aa) Amtsträger

Amtsträger sind gem. § 11 Abs. 1 Nr. 2 StGB Personen, die nach deutschem Recht a) 6
Beamte oder **Richter** sind oder b) in einem sonstigen **öffentlich-rechtlichen Amtsverhältnis**
stehen oder c) sonst dazu bestellt sind, bei einer Behörde oder sonstigen Stelle oder in
deren Auftrag Aufgaben der öffentlichen Verwaltung unbeschadet der zur Aufgabenerfüllung gewählten Organisationsform wahrzunehmen.

Beamter im Sinne der Nr. 2 a) des § 11 StGB ist, wer in einem öffentlich-rechtlichen Dienst 7
und Treueverhältnis zum Staat oder einer juristischen Person des öffentlichen Rechts steht
und nach Maßgabe des Beamtenrechts förmlich zur Ausübung dieses Amtes berufen ist.[11]
Der Begriff des Beamten ist verwaltungsrechtsakzessorisch und betrifft nur den sog. Beamten im staatsrechtlichen Sinne.[12] Auf Grund der strengen Verwaltungsrechtsakzessorietät des
Beamtenbegriffs ist nicht erforderlich, dass der Beamte auch öffentlich-rechtliche Hoheitsaufgaben wahrnimmt. So sind z.B. verbeamtete **Vorstandsmitglieder kommunaler Sparkassen** – soweit eine Verbeamtung nach den einzelnen Landessparkassengesetzen überhaupt
noch vorgenommen wird, hier handelt es sich regelmäßig um „Altfälle"[13] – Beamte im staatsrechtlichen Sinne und somit auch Beamte im strafrechtlichen Sinne.[14] Die rechtliche Organisation des Anstellungsbetriebes spielt keine Rolle.[15] Die Beamteneigenschaft richtet sich
somit ausschließlich nach den entsprechenden Bundes- und Landesgesetzen. Voraussetzung
ist, dass eine wirksame Ernennung zum Beamten nach diesen Gesetzen vorliegt. Hierzu zählen Beamte auf Lebenszeit, auf Probe, auf Widerruf und auch die Wahlbeamten.[16] Das Beamtenverhältnis endet gem. § 30 BBG mit Entlassung, Verlust der Beamtenrechte, Entfernung
aus dem Beamtenverhältnis nach dem Bundesdisziplinargesetz oder Eintritt oder Versetzung
in den Ruhestand. Anderes soll jedoch bei der Versetzung in den einstweiligen Ruhestand,

---

10 *BGH* NStZ 2004, 564; NJW 1958, 1101, 1102.
11 Vgl. §§ 4 f. und 10 ff. BBG.
12 Kindhäuser/Neumann/Paeffgen/*Saliger* § 11 Rn. 19.
13 Vgl. z.B. Übergangsregelung in § 30 SpkG RLP.
14 *Fischer* § 11 Rn. 13.
15 *BGH* NJW 1958, 1932, 1933.
16 *BGH* NJW 1988, 2547, 2548.

§ 54 ff. BBG, gelten.[17] Dies mag damit begründet werden können, dass der im einstweiligen Ruhestand befindliche Beamte gem. § 57 BBG dazu verpflichtet ist, erneut in einem Beamtenverhältnis auf Lebenszeit einzutreten, wenn dieses im Bereich seines früheren Dienstherrn liegt und das Amt mit mindestens demselben Endgrundgehalt verbunden ist. Entsprechend besteht noch ein gewisses Band zwischen dem im einstweiligen Ruhestand befindlichen Beamten und dem Staatsapparat. Jedoch sind die Pflichten des im einstweiligen Ruhestand befindlichen Beamten ebenso wie die Pflichten der Ruhestandsbeamten gem. § 77 Abs. 2 BBG eingeschränkt.[18] Daher ist fragwürdig, ob Beamte im einstweiligen Ruhestand nicht während der Zeit des Ruhestandes von den höheren strafrechtlichen Pflichten entbunden sein müssten. Hiergegen spricht allerdings die strenge Verwaltungsrechtsakzessorietät. § 30 BBG, welcher die Beendigungsgründe eines Beamtenverhältnisses normiert, nennt nur die endgültige Versetzung in den Ruhestand als Beendigungsgrund. Von dieser strengen Verwaltungsrechtsakzessorietät hat der BGH jedoch bereits in einem anderen Fall eine Ausnahme gemacht: Er hat einen beurlaubten Beamten nicht als Beamten im Sinne des § 11 Abs. 1 Nr. 2 StGB angesehen, der anderweitig einen privat-rechtlichen Anstellungsvertrag geschlossen hatte. Denn für das den Amtsdelikten innewohnende Sonderunrecht sei wesensbestimmend, dass der Beamte gerade in seiner Rechtsstellung als Beamter und nicht als Arbeitnehmer einer privatrechtlichen Gesellschaft handele.[19] Dieser dem Beamtenbegriff „immanenten"[19] Beschränkung ist zuzustimmen.

8 Die sog. **Kirchenbeamten** sind hingegen keine Beamten im staatsrechtlichen Sinne, da sie nicht auf Grund eines beamtenrechtlichen Aktes, sondern auf Grund einer Übernahme des Beamtenrechts seitens der Kirche als Beamte bezeichnet werden können.[20]

9 Richter im Sinne des § 11 Abs. 1 Nr. 2 a) StGB ist gem. § 11 Abs. 1 Nr. 3 StGB, wer nach deutschem Recht Berufsrichter oder ehrenamtlicher Richter ist.

10 Die Inhaberschaft eines sonstigen öffentlich-rechtlichen Amtes gem. § 11 Abs. 1 Nr. 2 b) StGB bestimmt sich in Abgrenzung zum Beamtenverhältnis der Nr. 2 a) und der sonstigen Bestellung zur Wahrnehmung von Aufgaben der öffentlichen Verwaltung im Auftrag einer Behörde oder einer sonstigen Stelle nach Nr. 2 c). Diese Bestimmung des sonstigen öffentlich-rechtlichen Amtsverhältnisses über eine Abgrenzung zu den übrigen Formen der Amtsträgerschaft ergibt sich daraus, dass auch Nr. 2 b) ein eigenständiger, von den anderen Begriffen trennbarer Regelungsbereich zukommen muss.[21]

11 Aus der Formulierung „*sonstiges öffentlich-rechtliches Amtsverhältnis*" folgt, dass zwischen dem Amtsträger und dem Staat ein vergleichbares Treueverhältnis wie bei Beamten bestehen muss. Die Abgrenzung zum Beamtenverhältnis ergibt sich dabei aus dem Fehlen eines förmlichen Bestellungsaktes. Der Begriff des öffentlich-rechtlichen Amtsverhältnisses wird dementsprechend auch in diversen gesetzlichen Einzelregelungen zur Bestimmung des Verhältnisses zwischen nicht verbeamteten Personengruppen und dem Staat genutzt: Demnach stehen z.B. Notare (§ 1 BNotO), Minister der Bundesregierung sowie der Bundeskanzler (§ 1 BMinG) und die parlamentarischen Staatssekretäre (§ 1 Abs. 3 ParlStG), der Wehrbeauftragte der Bundesregierung (§ 15 Abs. 1 WBeauftrG) oder auch die Vorsteher der nach den landesgesetzlichen Regelungen zusammengeschlossenen **Zweckverbandssparkassen**[22] in einem öffentlich-rechtlichen Amtsverhältnis.

---

17 *Fischer* § 11 Rn. 14; MK–StGB/*Radtke* § 11 Rn. 29.
18 *Battis* BBG, § 54 Rn. 6.
19 *BGH* NStZ 2004, 677.
20 *BGH* NJW 1991, 367; MK–StGB/*Radtke* § 11 Rn. 22.
21 MK–StGB/*Radtke* § 11 Rn. 32.
22 Vgl. *BGH* NStZ 2004, 564; zu den Zweckverbandssparkassen: Art. 17 SpkG Bay § 7 NSpG; § 27 SpkG NW; *Fischer* § 11 Rn. 16; Kindhäuser/Neumann/Paeffgen/*Saliger* § 11 Rn. 24.

Ebenfalls ist Amtsträger, wer sonst dazu bestellt ist, bei einer Behörde oder einer sonstigen Stelle oder in deren Auftrag Aufgaben der öffentlichen Verwaltung unbeschadet der zur Aufgabenerfüllung gewählten Organisationsform wahrzunehmen, § 11 Abs. 1 Nr. 2 c) StGB. Die Nr. 2 c) unterscheidet demnach zwischen Personen die Aufgaben der öffentlichen Verwaltung bei einer Behörde oder bei einer sonstigen Stelle oder in deren Auftrag wahrnehmen. **12**

Eine **Behörde** ist eine organisatorische Einheit von Personen oder Sachmitteln *„die mit einer gewissen Selbstständigkeit ausgestattet und dazu berufen ist, unter öffentlicher Autorität für die Erreichung der Zwecke des Staates oder von ihm geförderter Zwecke tätig zu sein"*.[23] Ob sich der Behördenbegriff im Strafrecht signifikant von dem des § 1 Abs. 4 VwVfG unterscheidet, ist umstritten.[24] Im Ergebnis wird weitestgehend davon ausgegangen, dass der Behördenbegriff im Strafrecht im konkreten Normzusammenhang zu interpretieren sei.[25] So wird darauf verwiesen, dass der Begriff der führerscheinausstellenden Behörde in § 44 StGB offenkundig enger zu verstehen ist, als der der beleidigungsfähigen Behörde in § 194 Abs. 3 StGB.[24] Bei der Bestimmung des Behördenbegriffs in § 11 Abs. 1 Nr. 2c) StGB hilft dies jedoch nicht weiter, einer Orientierung an der genannten Definition des BVerwG bietet sich daher an. Im Ergebnis ist dies jedoch eine logische Folge der verwaltungsrechtlichen Regelungen und nicht einer dem Normzweck entsprechenden Interpretation des Behördenbegriffs. Insofern ist die Definition des Bundesverwaltungsgerichts besser geeignet, um sich dem Begriff der Behörde zu nähern, als in der Strafnorm nach weiteren Anhaltspunkten zu suchen. **13**

Sonstige Stellen sind, wie der Gesetzgeber klargestellt hat, ohne Rücksicht auf ihre rechtliche Organisationsform,[26] Stellen, die ohne eigene Behördeneigenschaft dazu befugt sind, bei der Ausführung von Gesetzen mitzuwirken.[27] Die Gleichstellung mit Behörden ist jedoch nur dann gerechtfertigt, wenn die sonstigen Stellen Aufgaben der öffentlichen Verwaltung wahrnehmen und sie dabei derart der staatlichen Steuerungen unterliegen, dass sie als *„verlängerter Arm des Staates"* angesehen werden können.[28] **Körperschaften** und **Anstalten des öffentlichen Rechts** sind nicht stets als sonstige Stellen im Sinne des § 11 Abs. 1 Nr. 2 c) StGB zu begreifen, dieser öffentlich-rechtlichen Organisationsform kommt nach der Rechtsprechung jedoch eine indizielle Wirkung zu.[29] **14**

Gerade bei **privatrechtlich organisierten Unternehmen unter kommunaler Beteiligung** stellt sich die Frage, ob diese als sonstige Stellen einzuordnen sind. De facto gestatten viele Gemeindeordnungen eine privatrechtliche Betätigung der Gemeinde nur noch unter engen Voraussetzungen.[30] Trotzdem ist in vielen, gerade großstädtischen Kommunen eine rege Beteiligung an privaten Gesellschaften zu beobachten. Oftmals auch in Form der Aktiengesellschaft, was vielfach gegen die kommunalrechtlichen Vorschriften (z.B. § 108 Abs. 4 GO NW) verstößt. Auch die Einordnung dieser **kommunalen AGs** als sonstige Stellen im Sinne des § 11 Abs. 1 Nr. 2 c) StGB richtet sich nach zwei Elemente: Zum einen, ob die AG Aufgaben der öffentlichen Verwaltung wahrnimmt. Zum anderen, ob sie tatsächlich der staatlichen Steuerung unterliegt. **15**

---

23 *BVerwG* NJW 1991, 2980, 2980 m.w.N.
24 Kindhäuser/Neumann/Paeffgen/*Saliger* § 11 Rn. 64.
25 MK–StGB/*Radtke* § 11 Rn. 125; Kindhäuser/Neumann/Paeffgen/*Saliger* § 11 Rn. 64.
26 BT- Drucks. 13/5584, 9 und 12.
27 *BGH* NJW 2010, 784, 786; NJW 2007, 2932, 2933; NJW 2004, 3129, 3130.
28 *BGH* NJW 2004, 3129, 3130; NJW 2001, 2102, 2104.
29 *BGH* NJW 2010, 784, 786.
30 So z.B. §§ 107 ff. GO NW, §§ 102 ff. GemO BW und Art. 86 ff. BayGO.

16 Als Aufgaben der öffentlichen Verwaltung werden vor allem Tätigkeiten im Bereich der **Daseinsvorsorge** angesehen.[31] Hierzu zählen etwa die Müllentsorgung,[32] der Personen- und Güterverkehr mit der Eisenbahn,[33] der öffentliche Personennahverkehr[34] oder die Fernwärmeversorgung.[35] Nicht hingegen die städtische Wohnungsverwaltung, wenn die Stadt nur einer von vielen Anbietern am Wohnungsmarkt ist,[36] oder die als GmbH organisierte medizinisch-psychologische Begutachtungsstelle.[37]

17 Eine staatliche Steuerung der AG ergibt sich hingegen nicht alleinig daraus, dass sie im kommunalen Eigentum steht. Vielmehr ist nach der Rechtsprechung erforderlich, dass eine Gesamtbetrachtung aller relevanten Umstände die Gleichstellung mit einer Behörde im Einzelfall rechtfertigt.[32] Die staatliche Steuerung muss ihren Niederschlag in einer kontrollierenden Anbindung an den Staat durch die Organisation des Unternehmens und seine gesellschaftsrechtlichen Verhältnissen finden. Insofern spielt folgerichtig für die Einordnung als sonstige Stelle im Sinne des § 11 Abs. 1 Nr. 2 c) StGB auch eine Rolle, wie hoch der Einfluss anderer privater Aktionäre auf das kommunale Unternehmen ist. Der BGH hat im sog. **Kölner Müllskandal** offen gelassen, ob nicht sogar jede Beteiligung eines Privaten – egal in welcher Größenordnung – eine Einordnung von Unternehmen als sonstige Stelle hindert.[32] Im konkreten Fall kam es auf diese Frage nicht an: Nach dem Gesellschaftsvertrag hatte der Private mit einer Beteiligung in Höhe von 25,1 % eine **Sperrminorität** und konnte damit wesentliche Entscheidungen wie etwa die Veräußerung von Geschäftsanteilen oder die Abberufung des Geschäftsführers blockieren.[38] Der BGH ging richtigerweise davon aus, dass derart weitgehende Einflussmöglichkeiten auf die wesentlichen Entscheidungen des Unternehmens eine staatliche Steuerung und damit die Einordnung als sonstige Stelle im Sinne des § 11 Abs. 1 Nr. 2 c) StGB hindern.[32] Wesentlich ist daher nicht nur die Höhe der Beteiligung eines Privaten an einem „kommunalen" Unternehmen, sondern auch das Innenrecht der Gesellschaft, welches in Satzungen, Geschäftsordnungen und Gesellschaftsverträgen über die staatliche Einflussmöglichkeit bestimmt.

18 Zur Begründung der Amtsträgereigenschaft ist auch eine Bestellung zur Wahrnehmung von öffentlichen Aufgaben bei der Behörde oder sonstigen Stelle oder in deren Auftrag erforderlich. Dieser Bestellungsakt bedarf im Gegensatz zur Bestellung zum Beamten oder zur Bestellung gem. § 11 Abs. 1 Nr. 4 StGB keiner besonderen Form.[39] Bestellung bedeutet insofern die formfreie Heranziehung zu einer längerfristigen Tätigkeit oder die Einbindung in eine Behördenstruktur.[40]

19 Als sonstige Stellen sind von der Rechtsprechung z.B. die Rechtsanwaltsversorgungswerke,[41] Stadtwerke,[42] öffentlich-rechtliche Rundfunkanstalten,[43] eine **Sparkassenzentralbank**[44] oder eine **AG**, die über eine Beteiligungsgesellschaft im kommunalen Eigentum steht und Aufgaben im öffentlichen Nahverkehr vollzieht,[45] eingeordnet worden.

---

31 *Fischer* § 11 Rn. 22a.
32 *BGH* NStZ 2006, 210, 211.
33 *BGH* NJW 2004, 3129, 3130.
34 *OLG Düsseldorf* NStZ 2008, 459, Ls.
35 *BGH* NJW 2004, 693, 693.
36 *BGH* NJW 2932, Ls.
37 *BGH* NStZ 2009, 562, 564.
38 *BGH* NStZ 2006, 210, 212.
39 *BGH* NJW 1998, 2373, 2373; NStZ 1997, 540, Ls.
40 *BGH* NJW 1998, 2373, 2373; NStZ 1997, 540, Ls.; *Fischer* § 11 Rn. 20.
41 *BGH* NJW 2009, 3248, 3249.
42 *BGH* NStZ 2006, 628, 629.
43 *BGH* NJW 2010, 784, 786.
44 *BGH* NStZ 1984, 501 f.
45 *OLG Düsseldorf* NStZ 2008, 495 f.

bb) Für den öffentlichen Dienst besonders Verpflichtete

Taugliche Täter einer Vorteilsannahme gem. § 331 StGB ist jedoch nicht nur der Amtsträger, sondern auch der für den öffentlichen Dienst besonders Verpflichtete.

Gem. § 11 Abs. 1 Nr. 4 StGB sind dies Personen, die, ohne Amtsträger zu sein, bei einer Behörde oder bei einer sonstigen Stelle, die Aufgaben der öffentlichen Verwaltung wahrnimmt, Nr. 4 a) StGB, oder bei einem Verband oder sonstigen Zusammenschluss, Betrieb oder Unternehmen, die für eine Behörde oder für eine sonstige Stelle Aufgaben der öffentlichen Verwaltung ausführen, Nr. 4 b), beschäftigt oder für sie tätig und auf die gewissenhafte Erfüllung ihrer Obliegenheiten aufgrund eines Gesetzes förmlich verpflichtet sind.

Wer Amtsträger ist, kann demnach – negativ abgegrenzt – kein für den öffentlichen Dienst besonders Verpflichteter sein. Die förmliche **Verpflichtung** aufgrund eines Gesetzes ist die Verpflichtung nach § 1 VerpflG.[46] Diese förmliche Verpflichtung legitimiert die Gleichstellung mit den Amtsträgern im Korruptionsstrafrecht. Der Wortlaut des § 11 Abs. 1 Nr. 4 StGB verlangt jedoch die Verpflichtung im Hinblick auf die öffentlichen Verwaltungsaufgaben.[47] Insofern unterfallen z.B. die öffentlich bestellten Sachverständigen nicht dem Anwendungsbereich des § 11 Abs. 1 Nr. 4 StGB.

Aus Nordrhein-Westfalen ist bekannt, dass die **Mitarbeiter der Sparkassen** in kommunaler Trägerschaft regelmäßig nach dem VerpflG verpflichtet sind. Sie sind demnach taugliche Täter der §§ 331 f. StGB. Auf der anderen Seite haben sich die Gerichte auch schon öfter mit der Frage beschäftigt, ob **Vorstände, Aufsichtsräte und Mitarbeiter von Sparkassen und Landesbanken** gem. § 11 Abs. 1 Nr. 2 c) StGB als Amtsträger anzusehen sind. Im Falle eines Vorstandes der früheren WestLB hat der BGH 1983 die Amtsträgereigenschaft bejaht.[48] Der BGH verwies darauf, dass die Landesbank nach den gesetzlichen Vorschriften die Aufgaben einer Staats- und **Kommunalbank** sowie einer **Sparkassenzentralbank** wahrnimmt. Dies seien Aufgaben der öffentlichen Verwaltung. Auf der anderen Seite sei es der Landesbank auch gestattet, Bankgeschäfte aller Art vorzunehmen. In diesem Bereich sei die Landesbank nicht von anderen Geschäftsbanken unterscheidbar. Da den Vorstand jedoch nach den konkreten gesetzlichen Vorschriften eine Gesamtverantwortung für alle Geschäftsbereiche treffe, müsse er als Amtsträger eingeordnet werden. Die unterschiedlichen Geschäftsbereiche der Bank seien verflechtet und stünden in einer Wechselbeziehung. Demnach beziehe sich die Gesamtverantwortung eines Vorstands auch auf Bereiche der öffentlichen Daseinsvorsorge, selbst, wenn er nach der Geschäftsverteilung für den Geschäftskundenbereich zuständig sei. Aus diesem Judikat ergibt sich jedoch sogleich, dass andere Mitarbeiter der Landesbanken, die nicht die Gesamtverantwortung eines Vorstandes trifft, nur dann als Amtsträger einzuordnen sind, wenn ihre Tätigkeit dem Bereich der Daseinsvorsorge zuzuordnen sind. Nicht hingegen, wenn sie z.B. ausschließlich im Privatkundengeschäft tätig sind.

Ähnliche Wertungen können auch für die Frage, ob **Mitarbeiter und Vorstände von Sparkassen** als Amtsträger einzuordnen sind, fruchtbar gemacht werden. Zunächst spricht vieles dafür, dass die Sparkassen auch heute noch im Bereich der Daseinsvorsorge tätig sind, insofern sie im Rahmen ihrer gesetzlichen Zweckbestimmung tätig werden. Diese Zweckbestimmung ergibt sich aus den verschiedenen Landessparkassengesetzen. Gem. § 2 Abs. 1 des SpkG NW[49] dient die Sparkasse der *„geld- und kreditwirtschaftlichen Versorgung der Bevölkerung und der Wirtschaft insbesondere des Geschäftsgebietes und ihres Trägers"*. Dabei ist gem. § 2 Abs. 3 S. 2 des SpkG NW die Gewinnerzielung nicht der Hauptzweck des

---

46 *Fischer* § 11 Rn. 26; Kindhäuser/Neumann/Paeffgen/*Saliger* § 11 Rn. 52.
47 Schönke/Schröder/*Eser/Hecker* § 11 Rn. 35.
48 *BGH* NStZ 1984, 501 ff.
49 Die meisten anderen Sparkassengesetze nehmen ähnliche Wertungen vor.

Geschäftsbetriebes einer Sparkasse. Vielmehr soll sie die kaufmännischen Grundsätze und ihren öffentlichen Auftrag beachten. Dem entsprechen auch die Kontrahierungspflichten des § 5 SpkG NW. Die Sparkassen fördern gem. § 2 Abs. 2 S. 2 SpkG NW die *„finanzielle Eigenversorgung und Selbstverantwortung"*. Insofern wird deutlich, dass sich die Sparkassen auch heute noch von anderen Banken und Kreditinstituten unterscheiden. Jedoch ist zu beachten, dass sie unabhängig von den gesetzlichen Zweckbestimmungen, auch alle anderen Geschäfte im Banken- und Kreditsektor vornehmen. So bieten die Sparkassen auch für Privatkunden – über das reine Sparen auf z.B. Sparbüchern oder Tagesgeldkonten – ebenfalls andere Anlageformen, wie z.B. die Investition in Fonds oder Wertpapiere, an. Hinsichtlich der Wahrnehmung öffentlicher Aufgaben durch die Sparkassen besteht demnach eine Diskrepanz zwischen der konkreten Tätigkeit im Rahmen ihres öffentlichen Auftrags und dem allgemeinen Bankgeschäft, in dem die Tätigkeit der Sparkassen nicht von der Tätigkeit anderer Banken unterschieden werden kann. Allerdings deutet § 2 Abs. 4 SpkG NW darauf hin, dass die Tätigkeit im Rahmen ihres öffentlichen Auftrags der Tätigkeit im übrigen Bankengeschäft übergeordnet ist. Nach § 2 Abs. 4 SpkG NW dürfen Sparkassen *„im Rahmen dieses Gesetzes und den nach diesem Gesetz erlassenen Leitvorschriften alle banküblichen Geschäfte betreiben"*. Dies spricht dafür, dass die banküblichen Geschäfte und das bankübliche Geschäftsgebaren nur im Rahmen der öffentlichen Zweckbestimmungen erlaubt sein sollen. Insgesamt zeigt die Regelungsdichte im Sparkassengesetz Nordrhein-Westfalens, dass den Sparkassen eine öffentliche Aufgabe überantwortet ist. Nach einer Gesamtschau der Umstände ist daher davon auszugehen, dass Sparkassen Aufgaben der öffentlichen Verwaltung wahrnehmen.

25 Auch eine staatliche Steuerung der Sparkassen kann nicht negiert werden. Zum einen stehen die Sparkassen regelmäßig zu 100 % in kommunaler Trägerschaft. Zum anderen sehen schon die unterschiedlichen Landessparkassengesetze eine Kontrolle durch den Staat vor. Die Beiräte oder Verwaltungsräte sind regelmäßig vorwiegend mit kommunalen Mandatsträgern zu besetzen, regelmäßig sitzt der Bürgermeister diesem Rat qua Gesetz – als „geborenes Mitglied" – vor. Zudem gibt es zahlreiche Einwirkungsmöglichkeiten durch die kommunalen Aufsichtsbehörden.

26 Hinsichtlich der Frage, welche Mitarbeiter bei den Sparkassen auch tatsächlich dazu bestellt sind, öffentliche Aufgaben wahrzunehmen und damit als Amtsträger einzuordnen sind, kann auf die Differenzierung des BGH in Bezug auf den Vorstand der ehemaligen WestLB 1983 Bezug genommen werden: Dem Vorstand der Sparkasse kommt eine Gesamtverantwortung zu. Er ist grundsätzlich als Amtsträger anzusehen. Bei den einzelnen Mitarbeitern wird dies jedoch nur der Fall sein, wenn sie in einem Bereich tätig werden, welcher der Daseinsvorsorge zuzuordnen ist.

b) Vorteil

27 Die Tathandlung der Vorteilsannahme besteht in dem Annehmen, Sich-Versprechen-Lassen oder Fordern eines Vorteils für die Dienstausübung. Spiegelbildlich dazu ist Tathandlung einer Vorteilsgewährung das Anbieten, Versprechen oder Gewähren eines Vorteils für die Dienstausübung.

28 Ein **Vorteil** ist jede Leistung des Zuwendenden, die den Empfänger oder einen Dritten materiell oder immateriell in seiner wirtschaftlichen, rechtlichen oder auch nur persönlichen Situation besser stellt und auf die er keinen rechtlich begründeten Anspruch hat.[50]

29 Die materielle Besserstellung des Bestechungsadressaten spielt in der Praxis die größte Rolle. Als materielle Vorteile gelten z.B. **Geld**, **Wertgegenstände**, **Rabatte**,[51] **Einladungen**

---

50 *BGH* NJW 2002, 2801, 2804; NJW 1983, 2509, 2512; *Fischer* § 331 Rn. 11a.
51 *BGH* NJW 2001, 2558, 2559.

zu Veranstaltungen, Urlaubsreisen oder Kongressen,[52] **Freikarten** für Sportereignisse,[53] die Gewährung eines Darlehens[54], das **Sponsoring** eines Fußballvereins, der Abschluss eines Nebentätigkeitsvertrages[55] oder auch die Gewährung von Mitteln zu Forschungszwecken.[56]

Umstritten ist, inwieweit immaterielle Vorteile von § 331 StGB erfasst sein sollen. Der Gesetzgeber hat bei einer Änderung des Tatbestandswortlautes von *„Geschenke oder andere Vorteile"* in die heutige Fassung deutlich gemacht, dass entgegen einer bis dahin in der Literatur vertretenen Meinung, auch immaterielle Vorteile vom Tatbestand erfasst sein sollen.[57] Von der Rechtsprechung wurden teilweise rein emotionale Vorteile, wie z.B. die Befriedigung der Eitelkeit[58] oder des Geltungsbedürfnisses[59] als Vorteile angesehen. Die Literatur geht hingegen davon aus, dass auch ein immaterieller Vorteil messbar sein muss.[60] Dem ist zuzustimmen. Der Vorteil muss noch über die Innenwelt des Adressaten hinaus spürbar sein.[61] Der BGH hat schließlich 2002 in einem obiter dictum darauf verwiesen, dass der Vorteil messbar sein muss und die Einbeziehung von Motiven wie der Befriedigung des Ehrgeizes eher fernliegend sei.[62] Als immaterielle Vorteile können nach all dem z.B. die berufliche Besserstellung,[52] die Einladung zu bestimmten gesellschaftlichen Ereignissen oder die Gewährung sexueller Zuwendung[63] angesehen werden.

c) Sog. Unrechtsvereinbarung

Der Empfänger muss den materiellen oder immateriellen Vorteil *„für die Dienstausübung"* fordern, sich versprechen lassen oder annehmen, § 331 Abs. 1 StGB. Spiegelbildlich hierzu muss der Zuwendende im Rahmen der Vorteilsgewährung gem. § 333 Abs. 1 StGB den Vorteil *„für die Dienstausübung"* anbieten, versprechen oder gewähren. Erforderlich ist somit in beiden Tatbeständen eine inhaltliche Verknüpfung zwischen dem Vorteil und einer zukünftigen[64] Dienstausübung. Diese *„unrechte Beziehung"*[65] zwischen Vorteil und Dienstausübung wird als sog. **Unrechtsvereinbarung** bezeichnet. Sie macht das Verhalten strafwürdig und ist der *„Kern des Tatbestandes"*[66]. In der Rechtsprechung wird die Verknüpfung teilweise als Gegenleistungsverhältnis bezeichnet.[67] Eine Art vertragliche Vereinbarung ist hiermit jedoch nicht gemeint, auch wenn teilweise auf das Erfordernis einer *„vertragsmäßigen Willensübereinstimmung beider Teile"*[68] abgestellt wird. Diese Willensübereinstimmung – und dies ist der Unterschied zu einem synallagmatischen Verhältnis – muss sich nur darauf beziehen, dass der Vorteil für die Dienstausübung gewährt wird. Nicht hingegen –

---

52 *BGH* NStZ 2003, 158.
53 *BGH* NJW 2008, 3580, 3581.
54 *BGH* NJW 1960, 159.
55 *BGH* NStZ-RR 2007, 309, 310.
56 *BGH* NJW 2002, 2801, Ls.
57 Siehe dazu MK-StGB/*Korte* § 331 Rn. 65 mit zahlreichen weiteren Fundstellen zu dieser Diskussion.
58 *BGH* NJW 1690, 971, 973.
59 *OLG Karlsruhe* NStZ 2001, 654, 655.
60 *Fischer* § 331 Rn. 11e; MK-StGB/Korte § 331 Rn. 68 m.w.N.
61 So auch *Fischer* § 331 Rn. 11 f., der darauf abstellt, ob sich der Vorteil als *„emotionales Internum"* darstellt oder tatsächlich mit einer wahrnehmbaren sozialen Besserstellung verbunden ist.
62 *BGH* NJW 2002, 2801, 2804.
63 *BGH* NJW 1989, 914, Ls.
64 So auch *Fischer* § 331 Rn. 10, dies ergibt sich aus einem Umkehrschluss zu §§ 331 Abs. 2, 332 Abs. 1 und 2 StGB.
65 *BGH* NStZ 2003, 158, 159.
66 *Fischer* § 331 Rn. 21.
67 *BGH* NStZ-RR 2007, 309, 310; NStZ 2005, 334 f.; NStZ 2005, 509 ff.
68 *OLG Hamm* NStZ, 2002, 38, 39.

andersherum – das die Dienstausübung für den Vorteil gewährt wird.[69] Das Wechselverhältnis ist asymmetrisch.[70] Nur der Vorteil muss zweckbestimmt „als Gegenleistung" für die Dienstausübung gewährt werden. Entsprechend fehlt es an einer Unrechtsvereinbarung, wenn der Amtsträger ohne Zweckbestimmung einen Vorteil erhält und sich später durch eine Dienstausübung dafür revanchieren möchte.[71]

32 Die Verknüpfung zwischen Vorteil und Dienstausübung muss beiden Seiten bewusst sein.[72] Eine stillschweigende Übereinkunft ist hierfür ausreichend.[73] Für die Strafbarkeit des Vorteilsempfängers ist demnach – insbesondere, da schon die Erzeugung des bösen Scheins der Käuflichkeit[74] strafwürdig ist – lediglich erforderlich, dass der Empfänger erkennt, dass eine Verknüpfung erfolgt. Sein innerer Vorbehalt, nicht entsprechend Handeln zu wollen, ist vor diesem Hintergrund unbeachtlich.[75]

33 Der Begriff der **Dienstausübung** bezeichnet alle Handlungen, die der dienstlichen Obliegenheit unterliegen und in amtlicher Eigenschaft ausgeführt werden. Gem. § 336 StGB ist dabei das Unterlassen einer Diensthandlung der Vornahme einer entsprechenden Handlung gleichgestellt. Nicht erforderlich ist, dass der Vorteilsempfänger im Rahmen seiner formalen gesetzlichen Zuständigkeit handelt. Es reicht vielmehr aus, dass dem Empfänger das Handeln gerade aufgrund seiner amtlichen Stellung möglich ist.[76]

34 Die Vorteilsannahme und die Vorteilsgewährung unterscheiden sich von der Bestechlichkeit und der Bestechung gem. §§ 332, 334 StGB, dadurch, dass die Dienstausübung des (potenziellen) Vorteilsempfängers nicht pflichtwidrig sein muss. Der Vorteilsempfänger macht sich wegen Vorteilsannahme bereits dann strafbar, wenn er eine pflichtgemäße Dienstausübung mit dem Vorteil verknüpft. Er kann demnach so handeln, wie er es ohnehin getan hätte, und erfüllt damit den Tatbestand. Allein entscheidend ist, dass dem Zuwendenden und dem Empfänger bewusst war, dass eben dieses Verhalten für die Gewährung des Vorteils erwartet wird.

35 Ein weiterer Unterschied zu Bestechlichkeit und Bestechung besteht darin, dass sich die Unrechtsvereinbarung lediglich auf die allgemeine Dienstausübung beziehen muss. Es ist nicht erforderlich, dass eine oder mehrere konkretisierte **Diensthandlungen** in Bezug genommen werden. Dieser wesentliche Unterschied folgt aus den insoweit divergierenden Tatbestandsfassungen: § 331 und § 333 StGB sprechen von der Zuwendung *„für die Dienstausübung"*. §§ 332 und 334 StGB verlangen hingegen eine Zuwendung dafür, dass der Empfänger *„eine Diensthandlung vorgenommen hat oder künftig vornehme und dadurch seine Dienstpflichten verletzt hat oder verletzen würde"*. Damit ist Tatbestandsvoraussetzung, dass sich die Unrechtsvereinbarung auf eine konkrete Diensthandlung bezieht, durch die der Täter seine Dienstpflichten verletzt oder verletzen würde. Hingegen wird von den Tatbeständen der Vorteilsannahme und -gewährung schon eine pflichtgemäße Dienstausübung im Gegenzug für einen Vorteil unter Strafe gestellt. Entsprechend kann schon ein Vorteil, der das allgemeine Wohlwollen im Hinblick auf die Dienstausübung sichern soll, die sog. Klimapflege, vom Tatbestand erfasst sein.[77] Dies darf jedoch nicht davon ablenken, dass eine Verknüpfung zwischen dem Vorteil und der Dienstausübung bestehen muss. Insofern ein Vorteil für das Wohlwollen oder die Geneigtheit eines Amtsträgers gewährt wird,

---

69 *Fischer* § 331 Rn. 23.
70 Kindhäuser/Neumann/Paeffgen/*Kuhlen* § 331 Rn. 93.
71 BGH NJW 1985, 391; Kindhäuser/Neumann/Paeffgen/*Kuhlen* § 331 Rn. 93.
72 BGH NStZ-RR 2008, 13, 14.
73 BGH NJW 2007, 3446, 3448; NStZ 2005, 214, 215; NStZ 1984, 24, 25; NJW 1961, 469, Ls.
74 BGH NStZ 2005, 334, Ls.
75 BGH NJW 1960, 2154, Ls; NStZ 1984, 24, 25.
76 BGH NJW 1961, 1316; *Fischer* § 331 Rn. 6; Kindhäuser/Neumann/Paeffgen/*Kuhlen* § 331 Rn. 67.
77 *Fischer* § 331 Rn. 24.

besteht eine Strafbarkeit nur, wenn beidseitig auch tatsächlich eine Verknüpfung zwischen Vorteil und Dienstausübung hergestellt wird. Andernfalls fehlt es an einer Unrechtsvereinbarung.[78] Freilich ist die Frage, ob die Beteiligten eine derartige Verknüpfung anstellen, schwer nachweisbar. Entsprechend werden von der Rechtsprechung Indizien, wie die Interessenlage des Zuwendenden und die Einflussmöglichkeiten des Zuwendungsempfängers in den Blick genommen.

d) Sozialadäquanz

Die Tatbestände der Vorteilsannahme und der Vorteilsgewährung würden nach dem oben Gesagten auch eine Reihe von sozialüblichen Verhaltensweisen, wie z.B. kleinere Aufmerksamkeit zu Jubiläen oder zu Weihnachten, umfassen. Die Einbeziehung der sog. **Klimapflege** in die Strafbarkeit führt zu einer Ausweitung des Tatbestandes und einigen Unschärfen hinsichtlich der Abgrenzung von sozialen Gepflogenheiten zur strafbaren Vorteilsannahme.[79] Aus diesem Grund geht die h.M. davon aus, dass ein normatives Korrektiv erforderlich ist, um strafwürdiges von nicht strafwürdigen Verhalten zu unterscheiden. Diese Korrektur erfolgt unter dem Gesichtspunkt der **Sozialadäquanz** des Vorteils. Der Unrechtszusammenhang zwischen der Dienstausübung und der Zuwendung fehlt, wenn sich die Zuwendung im Bereich des Sozialadäquaten bewegt.

36

Zuwendungen, die den allgemeinen Regeln der Höflichkeit entsprechen und sozial üblich sowie gebilligt sind, können als sozialadäquat betrachtet werden. Hierzu zählen regelmäßig geringwertige Aufmerksamkeiten zu persönlichen Festtagen sowie auch gelegentliche geringwertige **Bewirtungen**.[80] Ob einzelne Zuwendungen als sozialadäquat anzusehen sind, hängt naturgemäß auch vom sozialen Umfeld und den darin herrschenden Gepflogenheiten der beteiligten Personen ab. Entscheidend ist, ob der Vorteil den Charakter einer Gegenleistung hat und daher zu der Vermutung führt, dass eine unzulässige Vermischung von dienstlichen und privaten Belangen erfolgt.[81]

37

Eine feste Wertgrenze für sozialadäquate Zuwendungen gibt es nicht. Zuwendungen in einem Bereich von 35 bis 50 EUR wurden von der Rechtsprechung als sozialadäquat angesehen.[82] Diese Werte entsprechen der allgemeinen Grenze für eine wirtschaftliche Geringfügigkeit im deutschen Strafrecht. Gem. § 4 Abs. 5 S. 1 Nr. 1 EStG dürfen zudem Geschenke bis zu einem Wert von 35 EUR p.a. gewinnmindernd geltend gemacht werden. Da der Staat betrieblich veranlasste Geschenke bis zu 35 EUR steuerlich anerkennt, würde es der Einheit der Rechtsordnung widersprechen, diese nicht als sozialadäquat anzusehen.[83] Im Übrigen ist die Rechtsprechungskasuistik vielfältig: So wurden umfangreiche **Bewirtungen von Vorstandsmitgliedern öffentlicher Sparkassen durch kreditsuchende Kunden** als sozialüblich eingestuft.[84] Ein leitender städtischer Angestellter machte sich hingegen durch die Annahme von zwei Essen und einigen alkoholischen Getränken in einem Nachtclub strafbar.[85] Ebenso ein Polizeibeamter in 90 Fällen, da er neunzig Mal jeweils zwei Glas Bier angenommen hatte.[86]

38

---

78 Vgl. *BGH* NStZ 2005, 509, 513; NStZ 1994, 488, 489; NStZ 1984, 24.
79 *Fischer* § 331 Rn. 24a.
80 So auch *BGH* NStZ 2005, 334, 335; NJW 2003, 763, 765.
81 *Fischer* § 331 Rn. 25 m.w.N.
82 *OLG Hamburg* StV 2001, 277, 282; *OLG Frankfurt* NJW 1990, 2074, 2075; *Fischer* § 331 Rn. 26a mit zahlreichen weiteren Nachweisen.
83 *Böttger/Böttger* Kap. 5 Rn. 90.
84 *BGH* NJW 1983, 2509, 2512.
85 *BGH* NStZ-RR 2002, 272 ff.
86 *BGH* NStZ 1998, 194.

39 Diese Beispiele zeigen bereits, dass die Bestimmung des Sozialüblichen in der Rechtsprechungspraxis nicht allein an Hand des Wertes der Zuwendung erfolgt. Vielmehr wird eine Gesamtschau aller im Einzelfall vorliegenden Indizien vorgenommen.[87] Hierzu gehören insbesondere die Stellung des Amtsträgers, die Art, der Wert und die Zahl der Vorteile, die Plausibilität einer anderen – behaupteten oder sonst in Betracht kommenden – Zielsetzung, dienstliche Berührungspunkte zwischen Vorteilsgeber und -empfänger sowie die Heimlichkeit des Vorgehens.[88] Mithin kann für die Frage der Sozialadäquanz einer Rolle spielen, ob Geschenke, Einladungen und Bewirtungen in ihrem Wert den gewöhnlichen Lebenszuschnitt des Empfängers überschreiten, ob die Einladung zu, z.B. einem Fachkongress, neben dem fachlichen Anteil auch einen hohen, ggf. kostspieligen, Freizeitcharakter hat, wofür regelmäßig die Miteinladung von Ehegatten und Partnern ein Indiz ist, und, ob eine Einladung in ein Restaurant oder etwa in einen Nachtclub erfolgt.

40 Zuwendungen an Führungspersonen aus Politik und Wirtschaft können im Einzelfall zu Zwecken der **Repräsentation** zulässig sein.[89] Ein Energieversorgungsunternehmen hatte zur Fußball-Weltmeisterschaft 2006 Freikarten an Mitglieder der Bundes- und Landesregierung versendet. Der BGH ging davon aus, dass im konkreten Fall keine Anhaltspunkte dafür bestanden, dass die Regierungsmitglieder von dem Energieversorgungsunternehmen durch die Vergabe der Freikarten zu einer bestimmten Dienstausübung veranlasst werden sollten. Zudem sah er eine sachliche Rechtfertigung der Zuwendung an die Amtsträger darin, dass das Unternehmen den Empfängern die Gelegenheit zur Repräsentation bei der **Fußballweltmeisterschaft** geben und ihre Teilnahme zu Werbezwecken nutzen wollte, um die Veranstaltung aufzuwerten und die Rolle des Unternehmens als Sponsor der Fußballweltmeisterschaft hervorzuheben.[87]

41 Unternehmen sollten ihr Sponsoringverhalten generell auch unter dem Gesichtspunkt einer möglichen Korruptionsstrafbarkeit betrachten. Risiken einer Strafbarkeit sind vor allem gegeben, wenn der Sponsor und der Sponsoringnehmer über das **Sponsoring** hinaus durch geschäftliche Beziehungen verbunden sind. Hier kann der Eindruck entstehen, dass das Sponsoring dazu dient, den Sponsoringnehmer, z.B. bei einer Vergabeentscheidung für sich zu gewinnen. Im öffentlichen Bereich muss sorgsam geprüft werden, ob die öffentliche Hand von dem Sponsoring durch eine entsprechende Entlastung der öffentlichen Kassen oder auch nur unter Reputationsgesichtspunkten besser gestellt wird. Denn dies kann zu der Annahme führen, dass sie sich bei Verwaltungsentscheidungen von diesem Gedanken leiten lässt.

e) Tathandlung

42 Die Tathandlungen der Tatbestände der Vorteilsannahme und -gewährung lassen sich in drei Tatstufen unterteilen: Die erste Stufe ist die Verhandlungsstufe (Fordern/Anbieten), die zweite Stufe ist die Vereinbarungsstufe (Versprechen-Lassen/Versprechen) und die dritte Stufe ist die Leistungsstufe (Annehmen/Gewähren).[90]

aa) Fordern, sich versprechen lassen oder annehmen

43 Der Amtsträger oder für den öffentlichen Dienst besonders Verpflichtete muss den Vorteil im Rahmen des Tatbestandes der Vorteilsannahme fordern, sich versprechen lassen oder annehmen. Fordern ist dabei jedes ausdrückliche oder konkludente erkennen lassen, dass der Amtsträger den Vorteil für die Dienstausübung begehrt.[91] Dementsprechend ist jedes

---

87 *BGH* NJW 2008, 3580, 3583.
88 Vgl. *BGH* NStZ 2008, 216, 218; NStZ-RR 2007, 309, 311; NStZ 2005, 334, 335.
89 Näheres hierzu: Renz/Hense/*Waagemann* II 27 Rn. 11.
90 *Böttger/Böttger* Kap. 5 Rn. 86; *Fischer* § 333 Rn. 4.
91 *BGH* NJW 1957, 1078 ff.

Verhalten tatbestandlich erfasst, durch welches zum Ausdruck kommt, dass er gerne einen Vorteil für die Dienstausübung erhalten möchte. Das Sich-versprechen-lassen besteht darin, das Angebot eines anderen auf einen künftigen Vorteil ausdrücklich oder schlüssig anzunehmen. Auf einer dritten Stufe ist schließlich die tatsächliche Annahme eines Vorteils strafbar. Annehmen eines Vorteils ist das Empfangen des Vorteils oder die Weitergabe an einen Dritten.[92]

bb) Anbieten, versprechen oder gewähren

Der Zuwendende muss den Vorteil im Rahmen des Tatbestandes der Vorteilsgewährung anbieten, versprechen oder gewähren. Anbieten ist spiegelbildlich zum Fordern jedes ausdrückliche oder konkludente erkennen lassen, dass der Zuwendende bereit ist einen Vorteil für die Dienstausübung zu gewähren. Es zielt demnach auf eine Unrechtsvereinbarung ab. Nicht erforderlich ist auf dieser ersten Stufe der möglichen Tathandlungen, dass es tatsächlich zu einer Unrechtsvereinbarung kommt. Vielmehr reicht ein Angebot aus, welches auf den Abschluss einer Unrechtsvereinbarung abzielt.[93] Versprechen bezeichnet schließlich die Vereinbarung über die Zuwendung selbst. Das Gewähren ist abschließend, die tatsächliche Zuwendung an den Amtsträger oder einen Dritten. **44**

f) Subjektiver Tatbestand

In subjektiver Hinsicht erfordern die Vorteilsannahme und die Vorteilsgewährung vorsätzliches Handeln. Der Vorsatz muss sich dabei auch auf die Amtsträgereigenschaft oder die besondere Verpflichtung beziehen. Umstritten ist dabei, welche Kenntnis von der Amtsträgerstellung und der mit ihr verbundenen Pflichtenstellung erforderlich ist. Der BGH hat geurteilt, dass der Empfänger zumindest ein sachgedankliches Mitbewusstsein dahingehend haben muss, dass ihm möglicherweise aufgrund seiner Stellung herausgehobene Pflichten zu kommen.[94] In der Literatur wird dieser Ansatz zu Recht kritisiert.[95] Bei normativen Tatbestandsmerkmalen muss der Täter den Bedeutungsgehalt nach einer Parallelwertung in der Laiensphäre richtig erfassen.[96] Dies muss auch für die Amtsträgereigenschaft gelten. Wie oben dargestellt bestehen auch im Bereich der Tätertauglichkeit schwierige Abgrenzungsfragen. Eine stringente Rechtsprechung ist zu vielen Fragen noch nicht ersichtlich. Auch aus diesem Grund wäre es höchst fragwürdig, auf ein sachgedankliches Mitbewusstsein abzustellen. **45**

g) Genehmigung gem. § 331 Abs. 3 und § 333 Abs. 3 StGB

Gem. § 331 Abs. 3 StGB ist die Vorteilsannahme nicht strafbar, wenn der Täter einen nicht von ihm geforderten Vorteil sich versprechen lässt oder annimmt und die zuständige Behörde im Rahmen ihrer Befugnisse entweder die Annahme vorher genehmigt hat oder der Täter unverzüglich bei ihr Anzeige erstattet und sie die Annahme genehmigt. Das Vorliegen einer wirksamen **Genehmigung** ist ein Rechtfertigungsgrund.[97] Spiegelbildlich hierzu lässt die Genehmigung auch eine Strafbarkeit wegen Vorteilsgewährung entfallen, vgl. § 333 Abs. 3 StGB. **46**

Die Genehmigung muss von der *zuständigen Behörde im Rahmen ihrer Befugnisse* erteilt werden. Zu ihrer Gültigkeit muss sie demnach nicht nur formell, sondern auch materiell rechtmäßig sein. Dadurch wird dem Strafrichter die Möglichkeit gegeben, zu prüfen, ob die **47**

---

92 *Fischer* § 331 Rn. 20.
93 *BGH* NStZ 2008, 33, 34.
94 *BGH* NStZ 2010, 207, 209.
95 *Böttger/Böttger* Kap. 5 Rn. 90.
96 *BGH* NJW 1953, 113, Ls; *OLG Düsseldorf* NJW 2001, 167; *OLG Hamburg* NJOZ 2008, 4082, 4111.
97 *BGH* NStZ 1984, 501, 503; *Fischer* § 331 Rn. 32.

Grenzen der Genehmigungsbefugnis eingehalten worden sind.[98] Die Zuständigkeit für die Genehmigung bestimmt sich verwaltungsrechtsakzessorisch. Sie ergibt sich aus den entsprechenden landes- und bundesgesetzlichen Regelungen, z.B. dem BBG, den Sparkassengesetzen oder dem Bundesministergesetz. Auch hinsichtlich der Genehmigungsfähigkeit finden sich oftmals Regelungen in den einschlägigen verwaltungsrechtlichen Vorgaben. So bestimmt z.B. § 7 Abs. 1 der Nebentätigkeitsverordnung NW, dass eine genehmigungspflichtige **Nebentätigkeit** als allgemein genehmigt gilt, wenn sie insgesamt einen geringen Umfang hat, dienstliche Interessen nicht beeinträchtigt, außerhalb der Arbeitszeit ausgeübt wird und nicht oder mit weniger als 100 EUR monatlich vergütet wird. Vorteile, die sich unter diesen Tatbestand subsumieren lassen, werden also regelmäßig auch genehmigungsfähig sein.

3. Bestechlichkeit und Bestechung, § 332 und § 334 StGB

48   Die Tatbestände der **Bestechlichkeit** gem. § 332 StGB und der **Bestechung** gem. § 334 StGB weisen große strukturelle Ähnlichkeiten zu den Tatbeständen der Vorteilsannahme und Vorteilsgewährung auf: Die Bestechlichkeit setzt u.a. voraus, dass ein Amtsträger oder für den öffentlichen Dienst besonders Verpflichteter einen Vorteil für eine Diensthandlung fordern, sich versprechen lässt oder annimmt. Spiegelbildlich dazu ist Tatbestandsvoraussetzung der Bestechung, dass der Zuwendende einem Amtsträger oder für den öffentlichen Dienst besonders Verpflichteten einen Vorteil für eine Diensthandlung anbietet, verspricht oder gewährt. Insofern kann auf das oben zu den Begriffen des Amtsträgers oder für den öffentlichen Dienst besonders Verpflichteten und zu den Begriffen des Vorteils und der Unrechtsvereinbarung ausgeführte verwiesen werden.

a) Pflichtwidrige Diensthandlung

49   Bei der Bestechlichkeit und der Bestechung muss sich die Unrechtsvereinbarung auf eine konkrete Diensthandlung beziehen, durch welche der Amtsträger seine Dienstpflichten verletzt oder verletzen würde. Vorteilsannahme und Vorteilsgewährung stellen hingegen bereits das Fordern bzw. Anbieten usw. eines Vorteils für die pflichtgemäße Dienstausübung unter Strafe. Die **Unrechtsvereinbarung** bei der Vorteilsannahme und -gewährung muss sich demnach nur auf die die allgemeine Dienstausübung, z.B. das Wohlwollen im Hinblick auf die Vergabe von noch nicht näher konkretisierten Aufträgen an ein bestimmtes Unternehmen, beziehen. Hingegen erfordern die Tatbestände der Bestechlichkeit und Bestechung, dass im Rahmen der Unrechtsvereinbarung einzelne oder mehrere, konkretisierte pflichtwidrige Diensthandlungen, z.B. die Manipulation einer konkreten Vergabeentscheidung, in den Blick genommen werden. Bestechlichkeit und Bestechung sind insofern die Delikte mit dem höheren Unrechtsgehalt, der Amtsträger nimmt nicht lediglich eine pflichtgemäße Diensthandlung vor, sondern lässt sich für eine pflichtwidrige Diensthandlung „entlohnen" bzw. wird dafür belohnt. Dieser höhere Unrechtsgehalt kommt auch in der höheren Strafandrohung zum Ausdruck. Da die Verletzung der Dienstpflicht Tatbestandsvoraussetzung ist, ist auch eine Genehmigung oder Zustimmung zur Annahme des Vorteils durch den Dienstvorgesetzten nicht vorgesehen.

50   Eine Diensthandlung ist pflichtwidrig, wenn dem Täter durch Rechtssatz, Dienstvorschrift oder Anordnung die Entschließung über die Vornahme oder das Unterlassen einer Diensthandlung vorgegeben ist und er von diesen Vorgaben abweicht.[99] Insofern der Amtsträger keine gebundene Entscheidung, sondern eine Ermessensentscheidung zu treffen hat, ihm also die pflichtgemäße Handlung nicht im Detail vorgegeben ist, ist seine Diensthandlung

---
98 *Böttger/Böttger* Kap. 5 Rn. 111; MK-StGB/*Korte* § 331 Rn. 157.
99 *Fischer* § 332 Rn. 8.

nicht nur bei einer fehlerhaften Ermessensausübung pflichtwidrig, sondern bereits, wenn er sich bei seiner Ermessensausübung von dem gewährten oder zu erwartenden Vorteil beeinflussen lässt.[100] Nicht ausreichend für eine Strafbarkeit wegen Bestechlichkeit ist, dass der Zuwendende unzutreffend von einer Pflichtwidrigkeit der in Bezug genommenen Diensthandlung ausgeht.[101]

Im Gegensatz zur Vorteilsannahme und -gewährung beziehen sich die Tatbestände der Bestechlichkeit und Bestechung dem Wortlaut nach nicht nur auf zukünftige, sondern auch auf vergangene Diensthandlungen. **51**

b) Sich-Bereit-Zeigen zu bzw. bestimmen zu künftigen Diensthandlungen, § 332 Abs. 3 und § 334 Abs. 3 StGB

§ 332 Abs. 3 StGB normiert, dass der Tatbestand des § 332 Abs. 1 StGB bereits anzuwenden ist, wenn der Amtsträger sich dem anderen gegenüber bereit gezeigt hat, künftig bei einer Diensthandlung seine Pflichten zu verletzen oder, soweit die Handlung in seinem Ermessen steht, sich bei Ausübung des Ermessens durch den Vorteil beeinflussen zu lassen. **52**

Das Sich-Bereit-Zeigen bezieht sich auf die Unrechtsvereinbarung. Wer den Anschein der Käuflichkeit erweckt, und damit das Vertrauen der Allgemeinheit in die Lauterkeit der Staatsverwaltung gefährdet, soll bereits einer Strafbarkeit ausgesetzt sein. Diese besteht z.B., wenn der Täter lediglich vorgibt, eine pflichtwidrige Diensthandlung vornehmen zu wollen. Ebenfalls ausreichend ist, dass der Amtsträger sich zu einer pflichtwidrigen Diensthandlung bereit erklärt, die er de facto aufgrund seiner Zuständigkeit oder Einflussmöglichkeiten nicht vornehmen kann. **53**

Gem. § 334 Abs. 3 StGB macht sich wegen vollendeter Bestechung bereits strafbar, wer einen Amtsträger zu bestimmen versucht bei einer künftigen Diensthandlung seine Pflichten zu verletzen (Nr. 1) oder soweit eine Ermessensentscheidung in den Blick genommen wird, sich bei der Ausübung des Ermessens durch einen Vorteil beeinflussen zu lassen (Nr. 2). Insofern ist für eine Strafbarkeit ausreichend, dass der Amtsträger das Angebot des Täters zur Kenntnis nimmt. **54**

4. Besonders schwerer Fall der Bestechung und Bestechlichkeit, § 335 StGB

Die Strafandrohung der Bestechung und der Bestechlichkeit erhöht sich bei einem besonders schweren Fall. Gem. § 335 Abs. 2 StGB liegt ein solcher in der Regel vor, wenn sich 1. die Tat auf einen Vorteil großen Ausmaßes bezieht, 2. der Täter fortgesetzt Vorteile annimmt, die er als Gegenleistung dafür gefordert hat, dass er eine Diensthandlung künftig vornehme, oder 3. der Täter gewerbsmäßig oder als Mitglied einer Bande handelt, die sich zur fortgesetzten Begehung solcher Taten verbunden hat. **55**

Als Untergrenze für den Begriff des Vorteils großen Ausmaßes werden in der Literatur Werte zwischen 10 000 und 25 000 EUR diskutiert.[102] **56**

Das Regelbeispiel Nr. 2 betrifft ausweislich der Gesetzesbegründung Fälle, in denen sich der Amtsträger „*aus eigenem Antrieb ständig für die Verletzung von Dienstpflichten bezahlen lässt und damit das Vertrauen der Öffentlichkeit in die Lauterkeit des öffentlichen Dienstes besonders nachhaltig schädigt*".[103] Die Straferhöhung tritt demnach ein, wenn der Täter in einer Mehrzahl von selbstständigen Fällen, also „fortgesetzt", gehandelt hat.[104] **57**

---

100 *BGH* NJW 2002, 2257.
101 *BGH* NStZ 1984, 24, Ls.
102 *Fischer* § 335 Rn. 6 mit zahlreichen weiteren Nachweisen.
103 BR-Drucks. 553/96, 38.
104 *Fischer* § 335 Rn. 7; MK-StGB/*Korte* § 335 Rn. 13.

58 Die Auslegung des dritten und vierten Regelbeispiels in § 335 Nr. 3 StGB – gewerbsmäßig (1. Alt.) oder als Mitglied einer Bande, die sich zur fortgesetzten Begehung solcher Taten verbunden hat (2. Alt.), handelnd – kann sich an der Auslegung dieser Merkmale im Rahmen anderer Tatbestände, z.B. § 263 Abs. 3 Nr. 1 StGB, orientieren.

5. Auslandsstrafbarkeit

59 Bei Korruptionsdelikten ist regelmäßig auch die Frage der Strafbarkeit von im Ausland ausgeführten Handlungen von Bedeutung. Im Gegensatz zur Praxis in vielen anderen europäischen Ländern können in Deutschland auch im Ausland begangene Straftaten Gegenstand der Strafverfolgung sein. Der deutsche Gesetzgeber hat die internationalen Vorgaben der EU und der OECD zur Korruptionsbekämpfung im **EU-Bestechungsgesetz** (EUBestG) bzw. im Gesetz zur Bekämpfung der **internationalen Bestechung** (IntBestG) umgesetzt.

60 Art. 2 §§ 1 und 2 EUBestG stellen Bestechungshandlungen, die von Deutschen im Ausland begangen werden unabhängig vom Recht des Tatorts, unter Strafe. Sie erweitern die Anwendbarkeit der §§ 332, 334, 335, 336 und 338 StGB, soweit die Unrechtsvereinbarung eine künftige und pflichtwidrige Diensthandlung zum Gegenstand hat. Die lediglich nachträgliche Belohnung einer bereits vorgenommenen pflichtwidrigen Diensthandlung ist von der Strafbarkeitserweiterung durch das EUBestG nicht erfasst.[105] Auch die Tatbestände der Vorteilsannahme und der Vorteilsgewährung sind nicht erfasst.

61 Art. 2 § 1 Abs. 1 Nr. 2 EUBestG stellt den Amtsträger im Sinne des § 11 Abs. 1 Nr. 2 StGB die Amtsträger eines anderen EU-Mitgliedstaates, Gemeinschaftsbeamte und Mitglieder der Europäischen Kommission sowie des Rechnungshofs der Europäischen Gemeinschaft gleich.[106] Ob der Amtsträger eines EU-Mitgliedstaates tauglicher Bestechungsadressat ist, wird jedoch davon abhängig gemacht, ob seine Stellung der eines deutschen Amtsträgers gem. § 11 Abs. 1 Nr. 2 StGB entspricht. Somit ist zum einen erforderlich, dass der Bestechungsadressat nach dem Recht seines Heimatstaates Amtsträger ist, zum anderen muss seine Stellung der eines Amtsträgers im Sinne des § 11 Abs. 1 Nr. 2 StGB entsprechen.

62 Über die europäischen Grenzen hinaus kommt das IntBestG zur Anwendung. Die Regelung des IntBestG können auch herangezogen werden, wenn eine Strafbarkeit nach dem EUBestG nicht in Betracht kommt. Dem EUBestG kommt insofern in seinem Anwendungsbereich keine Sperrwirkung zu.[107] Der Anwendungsbereich des IntBestG ist oftmals größer:

63 Im Gegensatz zur Strafbarkeitserweiterung durch das EUBestG werden im IntBestG internationale Amtsträger nur für den Straftatbestand der aktiven Bestechung gem. § 334 StGB, ggf. in Verbindung mit den §§ 335, 336 und 338 Abs. 2 StGB, den deutschen Amtsträgern gleichgestellt.

64 Eine Entsprechungsklausel, welche vorsieht, dass der ausländische Amtsträger eine Stellung haben muss, die dem eines deutschen Amtsträger gem. § 11 Abs. 1 Nr. 2 StGB entspricht – wie sie das EUBestG vorsieht – statuiert das IntBestG nicht. Ob sich die Amtsträgereigenschaft im Sinne des IntBestG nach der jeweiligen ausländischen nationalen Rechtsordnung bestimmt[108] oder aber eine völkerrechtlich autonome Bestimmung des Amtsträgerbegriffs erfolgen muss, hat der BGH zugunsten der letzteren Auffassung entschieden.[109] Er hält die Amts-

---

105 Wabnitz/Janovsky/*Bannenberg* Kap. 10 Rn. 109.
106 *Böttger/Böttger* Kap. 5 Rn. 173.
107 *Böttger/Böttger* Kap. 5 Rn. 180; das Verhältnis von IntBestG und EUBestG ausdrücklich offen lassend *BGH* NJW 2009, 89, 95.
108 So *Krause/Vogel* RIW 1999, 488, 492; *Pelz* StraFo 2000, 302, 303; *Taschke* StV 2001, 78, 79.
109 So *BGHSt* 53, 323 ff. = NJW 2009, 89, 94.

trägerdefinition des **OECD-Übereinkommens über die Bekämpfung der Bestechung ausländischer Amtsträger im internationalen Geschäftsverkehr** vom 17.12.1997[110] für maßgeblich. Hiernach bezeichnet der Ausdruck „ausländischer Amtsträger" *„eine Person, die in einem anderen Staat durch Ernennung oder Wahl ein Amt im Bereich der Gesetzgebung, Verwaltung oder Justiz innehat, eine Person, die für einen anderen Staat einschließlich einer Behörde oder eines öffentlichen Unternehmens öffentliche Aufgaben wahrnimmt und einen Amtsträger oder Bevollmächtigten einer internationalen Organisation."*

Art. 2 § 1 IntBestG sieht vor, dass sich die Bestechungshandlung auf eine künftige Diensthandlung bezieht, die begangen wird, *„um sich oder einem Dritten einen Auftrag oder einen unbilligen Vorteil im internationalen geschäftlichen Verkehr zu verschaffen oder zu sichern"*. Der Begriff des „geschäftlichen Verkehrs" ist ausweislich der Gesetzesbegründung weit auszulegen und im Sinne der Verwendung des Begriffes im UWG zu verstehen.[111] „International" wird der geschäftliche Verkehr dadurch, dass er grenzüberschreitend oder auslandsbezogen ist, dabei ist ausreichend, wenn es sich um ein Geschäft mit einer internationalen Organisation handelt, die ihren Sitz im Inland hat.[111]

65

III. Bestechung und Bestechlichkeit im geschäftlichen Verkehr, § 299 StGB

1. Allgemeines

Durch das Korruptionsbekämpfungsgesetz wurden die Tatbestände der sog. **Angestelltenbestechung**, § 299 Abs. 1 StGB, und **Angestelltenbestechlichkeit**, § 299 Abs. 2 StGB, 1997 in das Strafgesetzbuch übertragen. Bis dahin waren Bestechungshandlungen im geschäftlichen Verkehr nur eingeschränkt nach § 12 UWG a.F. strafbar. Dieser war als absolutes Antragsdelikt ausgestaltet, umfasste eine Drittbegünstigung nicht, und die Strafandrohung war mit einer Höchststrafe von einem Jahr Freiheitsstrafe deutlich geringer. Da ansonsten jedoch kaum inhaltliche Änderungen bei der Verlagerung des Tatbestandes vorgenommen wurden, sind die zu § 12 UWG a.F. vorgenommenen Wertungen bei der Auslegung des § 299 StGB zu berücksichtigen.[112]

66

§ 299 StGB schützt den freien und **lauteren Wettbewerb**. Damit dient er den Interesse der Allgemeinheit am freien, lauteren Wettbewerb[113] sowie dem Schutz der Interessen von Mitbewerbern am freien, lauteren Wettbewerb.[114] Daneben schützt § 299 StGB auch die Interessen des Geschäftsherrn vor schädigenden Handlungen seiner Angestellten oder Beauftragten, dieser Schutz ist aber mehr ein mittelbarer Reflex des allgemeinen Schutzes des freien Wettbewerbes, als einer Zielrichtung des Tatbestandes.[115] Durch § 299 Abs. 3 StGB wird klargestellt, dass auch der ausländische Wettbewerb geschützt ist.[116] Auf den Eintritt eines Schadens bei dem Geschäftsherrn oder eines Vermögensvorteils oder einer Bevorzugung bei einem Mitbewerber kommt es jedoch zur Tatbestandserfüllung nicht an. § 299 StGB ist vielmehr ein abstraktes Gefährdungsdelikt.[117]

67

---

110 BGBl II 1998, 2329.
111 BT-Drucks. 13/10428, 6.
112 Kindhäuser/Neumann/Paeffgen/*Dannecker* § 299 Rn. 2.
113 *BGH* NJW 1957, 1604, 1607; NJW 1956, 588, der auf einen Schutz vor „*Wettbewerbsauswüchsen"* aller Art im Interesse der Allgemeinheit abstellt.
114 *BGH* NJW 1983, 1919, 1920; NJW 1956, 588; MK-StGB/*Diemer/Krick* § 299 Rn. 2.
115 *BGH* NJW 1983, 1919, 1920; *Fischer* § 299 Rn. 2.
116 MK-StGB/*Diemer/Krick* § 299 Rn. 2; *Fischer* § 299 Rn. 2a.
117 MK-StGB/*Diemer/Krick* § 299 Rn. 2; *Fischer* § 299 Rn. 2b.

2. Angestellter oder Beauftragter

68 Täter einer Bestechlichkeit gem. § 299 Abs. 1 StGB bzw. taugliche Bestechungsadressaten einer Bestechung gem. § 299 Abs. 2 StGB können nur Angestellten oder Beauftragte eines geschäftlichen Betriebes sein. Nicht hingegen der Betriebsinhaber.[118]

69 Angestellter ist, wer in einem zumindest faktischen Dienstverhältnis zum Geschäftsherrn steht und dessen Weisungen unterworfen ist. Die Beschäftigung muss nicht dauerhaft oder entgeltlich sein, es ist jedoch eine gewisse Einflussmöglichkeit erforderlich. Auch der Geschäftsführer der GmbH ist Angestellter in diesem Sinne, sofern er nicht als Alleingesellschafter Betriebsinhaber ist.[119] Ebenfalls ist der Beamte einer öffentlich-rechtlichen Körperschaft Angestellter im Sinne des § 229 StGB, wenn er fiskalisch tätig wird.[120]

70 Beauftragter ist, wer ohne Angestellter zu sein, befugtermaßen für den Betrieb geschäftlich tätig wird.[121] Der Begriff des Beauftragten ist weit auszulegen. Er hat eine Auffangfunktion und ist nach den tatsächlichen Verhältnissen zu bestimmen, anstatt an bürgerlich-rechtlichen Kriterien zu verhaften. So sind z.B. **Aufsichtsratsmitglieder** Beauftragte.[122] Beauftragter kann auch ein Außenstehender sein. Es ist allein entscheidend, dass die Person aufgrund der ihr eingeräumten Position eine gewisse Einflussmöglichkeit auf betriebliche Entscheidungen hat. Bloße untergeordnete Hilfstätigkeiten reichen nicht aus.[123] Demnach können z.B. Unternehmensberater,[124] Architekten, Makler oder ein Handelsvertreter, der an die Interessen eines Vertragsteils gebunden ist[125] als Beauftragte des Unternehmens, für welches sie tätig sind, angesehen werden.

71 Umstritten ist, ob der **Vorstand einer AG** als Angestellter oder als Beauftragter einzuordnen ist. Mangels Weisungsunterworfenheit geht ein Teil der Literatur davon aus, dass der Vorstand Beauftragter sei.[126] Andere gehen davon aus, dass die Weisungsabhängigkeit zum Geschäftsherrn eben doch bestehe und der Vorstand damit Angestellter im Sinne des § 299 StGB sei.[127] Der Vorstand leitet zwar die Geschäfte der AG in eigener Verantwortung, vgl. § 76 Abs. 1 S. 1 AktG, jedoch ist er im Verhältnis zu den Geschäftsherrn, welche durch die Hauptversammlung ihren Willen äußern, § 118 AktG, bestimmten Weisungen in wesentlichen Fragen unterworfen, vgl. § 119 AktG. Insofern besteht eine gewisse Weisungsabhängigkeit, die für die Einordnung als Angestellter im Sinne des § 299 StGB spricht.

3. Geschäftlicher Betrieb

72 Der Begriff des geschäftlichen Betriebes umfasst jede auf gewisse Dauer angelegte regelmäßige Teilnahme am Wirtschaftsverkehr mittels des Austausches von Leistungen.[128] Eine Gewinnerzielungsabsicht ist nicht erforderlich.[129] Auch freiberufliche Tätigkeiten sind erfasst.[130] Ebenso können öffentliche Unternehmen oder Behörden als geschäftliche

---

118 MK-StGB/*Diemer/Krick* § 299 Rn. 4.
119 *Odenthal* wistra 2005, 170, 171 m.w.N.
120 MK-StGB/*Diemer/Krick* § 299 Rn. 4; *Fischer* § 299 Rn. 9.
121 *BayObLG* NJW 1996, 268, 270 m.w.N.; *Fischer* § 299 Rn. 10.
122 Kindhäuser/Neumann/Paeffgen/*Dannecker* § 299 Rn. 23; *Moosmayer* wistra 2004, 401, 407.
123 *Fischer* § 299 Rn. 10 ff.
124 *OLG Karlsruhe* BB 2000, 635 f.; Müller-Gugenberger/Bieneck/*Blessing* § 53, Rn. 64.
125 *Böttger/Böttger* Kap. 5 Rn. 144; *Fischer* § 299 Rn. 10a.
126 So MK-StGB/*Diemer/Krick* § 299 Rn. 5; *Fischer* § 299 Rn. 10 ff.; Schönke/Schröder/*Heine* § 299 Rn. 8; *Moosmayer* wistra 2004, 401, 407.
127 So *Bürger* DStR 2003, 1421, 1423; Kindhäuser/Neumann/Paeffgen/*Dannecker* § 299 Rn. 20.
128 Schönke/Schröder/*Heine* § 299 Rn. 6; *Fischer* § 299 Rn. 4.
129 Schönke/Schröder/*Heine* § 299 Rn. 6 mit zahlreichen weiteren Nachweisen.
130 Kindhäuser/Neumann/Paeffgen/*Dannecker* § 299 Rn. 24 f.; MK-StGB/*Diemer/Krick* § 299 Rn. 7.

Betriebe angesehen werden, sofern sie am Wirtschaftsleben durch den Austausch von Leistungen teilnehmen und dabei nach den Grundsätzen eines Erwerbsgeschäfts arbeiten. Entsprechend werden z.B. die Beschaffungsämter als geschäftliche Betriebe im Sinne des § 299 StGB eingeordnet.[131] Der Begriff des geschäftlichen Betriebes dient insoweit der Abgrenzung zu rein privatem oder hoheitlichem Handeln.[132]

4. Vorteil

Vorteil ist jede unentgeltliche Leistung materieller oder immaterieller Art, welche die wirtschaftliche, rechtliche oder persönliche Lage des Vorteilsempfängers objektiv verbessert und auf die er keinen Anspruch hat.[133] Als materielle Vorteile gelten die Einräumung von **Rabatten** und **Sonderkonditionen**,[134] **Rückvergütungsrabatte**,[135] **Provisionen**,[136] **Verkaufsprämien**,[137] Honorarzahlungen[138] oder auch der Verzicht auf die Geltendmachung von Ansprüchen.

Bei bestehenden gegenseitigen Verträgen, kann ein Vorteil in dem höheren Wert der Leistung im Vergleich zur Gegenleistung liegen. Ein Vorteil kann jedoch auch bereits im Abschluss eines Vertrages liegen, auf den kein Rechtsanspruch besteht, selbst, wenn Leistung und Gegenleistung in einem angemessenen Verhältnis stehen.[139] Denn auch die Möglichkeit gegen Bezahlung eine Leistung zu erbringen ist ein Vorteil.

Viele Bestechungskonstellationen sind dadurch gekennzeichnet, dass ein Vermittler oder Berater Provisionen oder ähnliche Vorteile dafür erhält, dass er das Produkt eines Unternehmens gegenüber seinen Kunden vermittelt. In derartigen Konstellationen kommen regelmäßig auch Strafbarkeiten wegen Betruges oder Untreue in Betracht. Ein typischer Fall ist die Beratung von Bankkunden zu Gunsten eines Anlageproduktes, für dessen Verkauf der Berater Provisionen erhält. Insofern die Provisionen in den Preis des Anlageprodukts eingepreist werden, ist an eine Strafbarkeit wegen Untreue zu denken. Insofern ein täuschendes Verhalten über die zu erwartende Provision oder auch über die Merkmale des Produktes zu einem Vertragsschluss geführt hat, kommt eine Betrugsstrafbarkeit in Betracht.

Hinsichtlich des Begriffs des immateriellen Vorteils kann auf das oben zum Vorteilsbegriff bei der Amtsträgerkorruption durchgeführte verwiesen werden.

5. Tathandlung

Tathandlung des § 299 Abs. 1 StGB ist – wie auch bei der Vorteilsannahme und der Bestechlichkeit – das Fordern, Sich-Versprechen-Lassen oder Annehmen eines Vorteils. Spiegelbildlich dazu setzt der Tatbestand der Bestechung im geschäftlichen Verkehr das Anbieten, Versprechen oder Gewähren eines Vorteils voraus. Im Hinblick auf die Tathandlung kann daher ebenfalls auf die obigen Ausführungen verwiesen werden.

---

131 Schönke/Schröder/*Heine* § 299 Rn. 6; *Fischer* § 299 Rn. 6.
132 Vgl. dazu Kindhäuser/Neumann/Paeffgen/*Dannecker* § 299 Rn. 24 f.
133 *BGH* NJW 2003, 2997 f.; Schönke/Schröder/*Heine* § 299 Rn. 11 mit zahlreichen weiteren Nachweisen.
134 *BGH* wistra 2001, 260, 261.
135 *BGH* GRUR 1973, 382 f.
136 *BGH* GRUR 1968, 587, 588.
137 *RGSt* 48, 291, 296 f.
138 *BGH* NJW 1983, 1919, 1920 f.
139 *BGH* NJW 1983, 2509, 2512; MK-StGB/*Korte* § 331 Rn. 72 ff. jeweils in Bezug auf die §§ 331 ff. StGB.

6. Handeln im geschäftlichen Verkehr

78 Die Tathandlung muss im geschäftlichen Verkehr erfolgen. Hierzu zählt jede Tätigkeit, die der Förderung eines eigenen oder fremden Geschäftszweckes dient. Der Begriff wird weit ausgelegt. Er erfasst jede wirtschaftliche, auch freiberufliche sowie künstlerische oder wissenschaftliche[140] Tätigkeit, durch die eine Teilnahme am Erwerbsleben zum Ausdruck kommt.[141] Dies bedeutet, dass rein private oder hoheitliche Handlungen nicht erfasst sind. Nach h.M. nehmen jedoch auch staatliche Stellen am geschäftlichen Verkehr teil, wenn sie zu Erwerbszwecken tätig werden, auf dem Boden des Privatrechts handeln und sich ihr Handeln nicht rein hoheitlich darstellt.[142] Eine Abgrenzung zwischen dem Handeln im geschäftlichen Verkehr und hoheitlichem Handeln kann im Einzelfall danach erfolgen, in welcher Form die behördliche Seite nach außen auftritt. Der Abschluss rein privatrechtlicher Verträge über den Austausch von Leistungen spricht für ein Handeln im geschäftlichen Verkehr, während ein Handeln durch Verwaltungsakt für das Bestehen eines Subordinationsverhältnisses zwischen den Beteiligten spricht, welches ein hoheitliches Handeln naheliegen lässt.

7. Unrechtsvereinbarung

79 Der Vorteil muss für eine **unlautere Bevorzugung im Wettbewerb** gefordert (Abs. 1) usw. oder angeboten (Abs. 2) usw. werden. Es muss insofern zwischen den Beteiligen eine zumindest stillschweigende Übereinkunft dahingehend bestehen, dass die Vorteilszuwendung aufgrund einer angestrebten Bevorzugung erfolgt, sog. Unrechtsvereinbarung.[143] Eine Zuwendung zur Erreichung des Wohlwollens im Rahmen der sog. Klimapflege ist – im Gegensatz zu den Tatbeständen der §§ 331, 333 StGB – nicht ausreichend. Auch sind Zuwendungen als Belohnung für vergangene Bevorzugungen nicht erfasst, es sei denn der Bevorzugung ist gerade eine darauf gerichtete Unrechtsvereinbarung vorangegangen.[144] Die ins Auge gefasst Bevorzugung muss ausweislich der Rechtsprechung *„nach ihrem sachlichen Gehalt in groben Umrissen erkennbar und festgelegt"*[145] sein. Nicht erforderlich ist, dass die Bevorzugung en detail, z.B. einzelne vertragliche Regelungen eines Provisions- oder Rabattsystems, feststeht.

80 Entscheidend für die Frage nach der Strafbarkeit gem. § 299 StGB ist, ob die intendierte bzw. geplante Bevorzugung unlauter ist. Über den Begriff der **Unlauterkeit** und seine konkrete Ausgestaltung herrscht Unsicherheit. Er ist dem Wettbewerbsrecht entnommen, so dass die wettbewerbsrechtlichen Wertungen auf seine Auslegung im Einzelfall größeren Einfluss haben können. Im Allgemeinen wird eine Bevorzugung als unlauter bewertet, wenn sie geeignet ist, Mitbewerber unter Verletzung der Regeln des fairen Wettbewerbs auszuschalten, wenn die Bevorzugung also **nicht auf sachlichen Erwägungen**, gemessen am „freien" Wettbewerb, gründet, sondern durch den ungesetzlich verlangten Vorteil geleitet ist.[146]

81 Einprägsam liest sich bei *Blessing*: *„Unlauter handelt, wer sich **wegen** des versprochenen, verlangten oder gewährten Vorteils für einen Anbieter oder Abnehmer entscheidet, sich also*

---

140 Vgl. *OLG Karlsruhe* Urteil vom 2.12.1976 – 4 U 56/75.
141 MK-StGB/*Diemer/Krick* § 299 Rn. 8 m.w.N. aus der Rechtsprechung.
142 MK-StGB/*Diemer/Krick* § 299 Rn. 8; Kindhäuser/Neumann/Paeffgen/*Dannecker* § 299 Rn. 28 ff.
143 *Böttger/Böttger* Kap. 5 Rn. 151; MK-StGB/*Diemer/Krick* § 299 Rn. 15; *Fischer* § 299 Rn. 13.
144 Kindhäuser/Neumann/Paeffgen/*Dannecker* § 299 Rn. 47 f.; *Fischer* § 299 Rn. 13; vgl. auch MK-StGB/*Diemer/Krick* § 299 Rn. 15.
145 *BGH* Beschluss vom 14.7.2010 – 2 StR 200/10 = BeckRS 2010, 21228.
146 *BGH* NJW 2004, 3129, 3133; NJW 2003, 2996, 2997; Schönke/Schröder/*Heine* § 299 Rn. 19.

von sachfremden Erwägungen leiten lässt."[147] Entsprechend ist unerheblich, dass „Schmieren" in bestimmten Branchen und Ländern üblich ist und de facto zum Abschluss von Verträgen unerlässlich erscheinen mag.[148]

Die Unrechtsvereinbarung muss auf eine **Bevorzugung im Wettbewerb** gerichtet sein. Hierunter fällt jede Besserstellung im Wettbewerb, gegenüber zumindest einem Mitbewerber.[149] Dieser Mitbewerber muss zum Zeitpunkt der Tat noch nicht bekannt sein.[150] Die Bevorzugung muss nicht tatsächlich vollzogen werden, nach dem Tatbestand ist es ausreichend, wenn sie Gegenstand der vom Täter angestrebten Unrechtsvereinbarung ist.[151] Die Besserstellung muss im Wettbewerb erfolgen. Voraussetzung ist demnach, dass zwischen dem, der die Bevorzugung intendiert bzw. erhalten soll und zumindest einem Mitbewerber eine Wettbewerbslage besteht. Als Mitbewerber gelten dabei alle Marktteilnehmer, die Waren oder gewerbliche Leistungen gleicher oder ähnlicher Art anbieten und entsprechend um Aufträge oder einen bestimmten Kundenkreis konkurrieren könnten.[152] Der Begriff des Wettbewerbs ist entsprechend weit auszulegen.[153] Nicht erforderlich ist, dass der Mitbewerber sich im konkreten Fall, um einen Auftrag oder den Absatz seiner Waren bemüht.[154] Dies ist Ausfluss der Fassung des Tatbestandes als abstraktes Gefährdungsdelikt. **82**

Da jede Besserstellung im Wettbewerb eine Bevorzugung darstellt, kann eine Besserstellung bereits in der **Manipulation von Auftragsausschreibungen** liegen. Nicht erforderlich ist, dass es zu einer tatsächlichen Auftragsvergabe kommt. Schon die Aufnahme in den Bieterkreis im vergaberechtlichen **Zulassungsverfahren** stellt eine Bevorzugung dar. Denn durch die Zulassung entsteht eine Verbesserung der Wettbewerbssituation des Anbieters und zwar nicht nur gegenüber anderen Konkurrenten, die sich ebenfalls um eine Zulassung bemühen, sondern auch gegenüber den Konkurrenten, die bereits zum Verfahren zugelassen sind.[155] **83**

Die Bevorzugung muss bei dem Bezug von Waren oder gewerblichen Leistungen erfolgen oder intendiert sein. Die Begriffe der Waren und gewerblichen Leistungen sind weit zu verstehen und aus dem Wettbewerbsrecht herzuleiten.[156] Waren sind demnach alle wirtschaftlichen Güter, die Gegenstand des Handels sein können. Etwa Sachen, Grundstücke oder Immaterialrechtsgüter.[156] Der Begriff der gewerblichen Leistung umfasst alle geldwerten Leistungen des gewerblichen oder geschäftlichen Lebens. Etwa Beratungsleistungen,[157] kreative Leistungen oder auch die Gewährung von Darlehen.[158] **84**

In der Unternehmenspraxis stellt sich regelmäßig die Frage, ob die Vereinbarung von **Sonderkonditionen** mit bestimmten Vertragspartnern innerhalb einer **Handelskette** auf eine unlautere Bevorzugung gerichtet sein könnte. Durch die Einräumung von Rabatten oder **Rückvergütungen** erlaubt der eine Vertragspartner dem anderen einen höheren Handelsgewinn, insofern dieser den Rabatt etc. nicht an den Endkunden bzw. das nächste Unternehmen in der Handelskette weiterreicht. In der Ermöglichung eines höheren Handelsgewinns ist ein Vorteil zu sehen, der auf eine unlautere Bevorzugung im Wettbewerb gerichtet sein **85**

---

147 Müller-Gugenberger/Bieneck/*Blessing* § 53 Rn. 77 (Hervorhebung im Original).
148 Schönke/Schröder/*Heine* § 299 Rn. 19.
149 Achenbach/Ransiek/*Rönnau* 3. Teil, Kap. 2 Rn. 31.
150 *BGH* NStZ 2004, 677, 678; NJW 1957, 1604, 1607.
151 *BGH* NJW 2003, 2996, 2997; Achenbach/Ransiek/*Rönnau* 3. Teil, Kap. 2 Rn. 34.
152 Vgl. *BGH* NJW 1991, 367, 370.
153 Kindhäuser/Neumann/Paeffgen/*Dannecker* § 299 Rn. 46b m.w.N.
154 *BGH* NJW 2003, 2996, 2997; Kindhäuser/Neumann/Paeffgen/*Dannecker* § 299 Rn. 46b.
155 *BGH* NStZ 2004, 677, 678.
156 Kindhäuser/Neumann/Paeffgen/*Dannecker* § 299 Rn. 54.
157 *Fischer* § 299 Rn. 14.
158 Siehe hierzu ausführlich Kindhäuser/Neumann/Paeffgen/*Dannecker* § 299 Rn. 54 ff.

kann. In derartigen Konstellationen werden regelmäßig alle Umstände des konkreten Falls einzubeziehen sein, wenn es um die Frage geht, ob eine unlautere Bevorzugung seitens des Vorteilsgewährenden intendiert ist bzw., ob der Vorteilsempfänger diese vornehmen wird.

86 So sind z.B. **Mengenrabattierungen** im geschäftlichen Verkehr Gang und Gäbe. Hinsichtlich gestaffelter Mengenrabatte wird im Schrifttum vertreten, dass diese mit Blick auf den Verkehrskreis regelmäßig nicht dazu geeignet sind, geschäftliche Entscheidungen zu beeinflussen.[159] Auch der EuGH hat geurteilt, dass Mengenrabatte wettbewerbsrechtlich zulässig sind, wenn sie ausschließlich an der Menge der bezogenen Produkte ausgerichtet sind und nicht dazu dienen, den Käufer vom Bezug von anderen Lieferanten abzuhalten.[160] Es ist richtigerweise in einem marktwirtschaftlichen System kaum vermeidbar, dass ein Zwischenhändler bei verschiedenen konkurrierenden Produkten oder Dienstleistungen, die er einem Endkunden anbieten kann, unterschiedliche Gewinnspannen hat und deshalb dem Kunden bevorzugt ein Produkt verkaufen möchte, bei welchem seine eigene Gewinnspanne größer ist.[161] Insofern wäre der Wettbewerb auch nur beeinträchtigt, wenn aufgrund der Rabattierung dem Endkunden ein Produkt empfohlen oder verkauft wird, dass für seine Bedürfnisse schlechter geeignet ist, als ein anderes Produkt. Nicht hingegen, z.B., wenn Produkte sich extrem ähneln und von gleicher Qualität sind.

87 Etwas anderes wird in der wettbewerbsrechtlichen Literatur und Rechtsprechung jedoch angenommen, wenn die **umsatzabhängigen Prämien** einen hohen, ins Gewicht fallenden Wert haben und damit für den Zwischenhändler einen erheblichen Anreiz bilden, ein bestimmtes Produkt zu bevorzugen.[162] Denn dann kann angenommen werden, dass der Zwischenhändler seine Kunden nicht mehr nach sachgerechten Kriterien berät, sondern sich von den eigenen Prämieninteressen leiten lässt.[163] Wann eine Prämie derartig ins Gewicht fällt, wird regelmäßig von der Branchenüblichkeit einer Rabattierung und ihrer üblichen Höhe abhängen.

88 Allerdings darf, bei der Bewertung, ob sich ein Verhalten als unlauter bezeichnen lässt, nicht allein auf Branchenüblichkeit und ggf. bestehende anerkannte Marktregeln abgestellt werden. Diese anerkannten Marktregeln spielen ausweislich der wettbewerbsrechtlichen Rechtsprechung bei der Beurteilung einer wettbewerbsrechtlichen Unlauterkeit nur noch eine indizielle Rolle.[164] Insofern dies für das Wettbewerbsrecht gilt, gilt es umso mehr für das Strafrecht als ultima ratio des staatlichen Eingreifens.

89 Wie bei den Tatbeständen der Amtsträgerkorruption wird auch im Bereich der Bestechung bzw. Bestechlichkeit im geschäftlichen Verkehr davon ausgegangen, dass keine Unrechtsvereinbarung besteht, wenn der gewährte Vorteil **sozialadäquat** ist. Denn in diesem Fall ist der Vorteil nicht wettbewerbsgefährdend, da er regelmäßig nicht dazu geeignet ist eine Bevorzugung zu erreichen bzw. auszulösen.[165] In der Literatur wird zu Recht darauf hingewiesen, dass die Grenzen für sozialadäquate Zuwendung im Bereich des geschäftlichen Verkehrs weiter zu ziehen sind, als im Bereich des öffentlichen Dienstes.[166] Feste von der Rechtsprechung anerkannte Grenzen existieren allerdings auch im Bereich des geschäftlichen Verkehrs nicht. Es wird eine Einzelfallbetrachtung notwendig sein, um zu entschei-

---

159 MK-StGB/*Diemer/Krick* § 299 Rn. 20; Schönke/Schröder/*Heine* § 299 Rn. 20.
160 *EuGH* Urteil vom 9.11.1983 – Rs. C-322/81 – Slg. 1983, 3461 (Michelin I).
161 So auch *OLG Oldenburg* GRUR-RR 2004, 209 ff.
162 *OLG Oldenburg* GRUR-RR 2004, 209 f. m.w.N.; *OLG Frankfurt* Urteil vom 17.8.2000 – 6 U 74/00 = OLGR 2000, 308.
163 *OLG Frankfurt* Urteil vom 17.8.2000 – 6 U 74/00 = OLGR 2000, 308.
164 *BGH* NJW 2006, 2627, 2629.
165 MK-StGB/*Diemer/Krick* § 299 Rn. 20.
166 Kindhäuser/Neumann/Paeffgen/*Dannecker* § 299 Rn. 39; *Fischer* § 299 Rn. 16a.

den, ob ein Vorteil als sozialadäquat anzusehen ist. Hierbei spielen regelmäßig die Stellung des Vorteilsempfängers und sein gewöhnlicher Lebenszuschnitt eine Rolle.[167] Unbedenklich sind anerkanntermaßen die Gewährung von geringwertigen Geschenken anlässlich von Festtagen oder Jubiläen, die Überreichung von geringwertigen Werbegeschenken oder die Einladung zu einem Geschäftsessen.[168]

8. Subjektiver Tatbestand

In subjektiver Hinsicht setzen die Tatbestände der Bestechlichkeit und der Bestechung im geschäftlichen Verkehr zumindest bedingten Vorsatz in Bezug auf alle Tatbestandsmerkmale voraus. In den Tathandlungsalternativen des Forderns (Abs. 1) und des Anbietens (Abs. 2) muss es dem Handelnden zudem darauf ankommen, dass der andere den Vorteil als Gegenleistung für eine Bevorzugung versteht. Im Falle der aktiven Bestechung muss der Täter in **Wettbewerbsabsicht** handeln. Dies setzt voraus, dass sein Handeln darauf zielt den eigenen oder den Absatz eines Dritten zu fördern.[169]

90

9. Besonders schwerer Fall der Bestechlichkeit und Bestechung im geschäftlichen Verkehr, § 300 StGB

Gem. § 300 StGB ist die Bestechung und die Bestechlichkeit im geschäftlichen Verkehr in einem besonders schweren Fall mit einer Freiheitsstrafe von drei Monaten bis zu fünf Jahren bedroht. Ein besonders schwerer Fall soll in der Regel vorliegen, wenn sich 1. die Tat auf einen Vorteil großen Ausmaßes bezieht oder 2. der Täter gewerbsmäßig oder als Mitglied einer Bande handelt, die sich zur fortgesetzten Begehung solcher Taten verbunden hat.

91

Ein Vorteil großen Ausmaßes liegt vor, wenn sich der Umfang des Vorteils deutlich von durchschnittlichen Fällen abhebt.[170] Bei der Bemessung kommt es nicht auf den Grad der Wettbewerbswidrigkeit, sondern den wirtschaftlich messbaren Vorteil an. Auf Grund der unterschiedlichen Schutzzwecke des § 299 StGB im Vergleich zu den Vermögensdelikten, kann jedoch keine Parallele zu den entsprechenden Werten für den besonders schweren Fall z.B. des Betruges gem. § 263 Abs. 3 Nr. 2 StGB gezogen werden. In der Literatur werden bestimmte Untergrenzen für die Annahme eines besonders schweren Falles diskutiert. Diese liegen im Bereich von 25 000 EUR und – im Einzelfall – nur 10 000 EUR.[171] Aus dem Gesetzeswortlaut ergibt sich zudem, dass entscheidend ist, welcher Vorteil von den Tätern in den Blick genommen worden ist, selbst wenn der tatsächlich gewährte Vorteil später geringer ausfällt.

92

Die Auslegung der weiteren Regelbeispiele des § 300 Nr. 2 StGB – gewerbsmäßig (1. Alt.) oder als Mitglied einer Bande, die sich zur fortgesetzten Begehung solcher Taten verbunden hat (2. Alt.), handelnd – kann sich an der Auslegung dieser Merkmale im Rahmen anderer Tatbestände, z.B. § 263 Abs. 3 Nr. 1 StGB, orientieren.

93

10. Auslandsstrafbarkeit nach § 299 Abs. 3 StGB

Durch die Einführung des § 299 Abs. 3 StGB im Jahre 2002 wurde klargestellt, dass auch Handlungen im ausländische Wettbewerb vom Schutz der Bestechungstatbestände im geschäftlichen Verkehr erfasst sind. Ob allerdings eine Strafbarkeit in Betracht kommt, bestimmt sich nach dem deutschen Strafanwendungsrecht der §§ 3 ff. StGB. Maßgeblich für

94

---

167 MK-StGB/*Diemer/Krick* § 299 Rn. 20.
168 Kindhäuser/Neumann/Paeffgen/Dannecker § 299 Rn. 39 mit zahlreichen weiteren Nachweisen zu dieser Problematik; MK-StGB/*Diemer/Krick* § 299 Rn. 20.
169 *Böttger/Böttger* Kap. 5 Rn. 157; *Fischer* § 299 Rn. 22.
170 *BGH* wistra 1987, 148; *Böttger/Böttger* Kap. 5 Rn. 161; MK-StGB/*Diemer/Krick* § 300 Rn. 22.
171 *Fischer* § 300 Rn. 4 mit zahlreichen Nachweisen zu dieser Diskussion.

die Anwendbarkeit des deutschen Rechts ist dabei der Ort an dem der Täter gehandelt hat bzw. an dem der Erfolg eingetreten ist, §§ 3 und 9 StGB, sowie die Staatsangehörigkeit des Täters, vgl. § 5 Nr. 12 f. StGB, und die Strafbarkeit der Handlung nach der ausländischen Rechtsordnung, § 7 Abs. 2 Nr. 1 StGB. Sofern die Voraussetzungen der §§ 3 ff. StGB vorliegen, kommt auch bei Handlungen im ausländischen Wettbewerb eine Strafbarkeit in Betracht.

95 Neben den deutschen Straftatbeständen ist bei Auslandssachverhalten jedoch auch an etwaige Sanktionen nach dem Recht des ausländischen Staates zu denken. Eine der strengsten und globalsten Korruptionsstrafgesetze ist der zum 1.7.2011 in Kraft getretene **UK Bribery Act** des Vereinigten Königreiches. Der UK Bribery Act sieht für Unternehmen theoretisch Strafen in unbegrenzter Höhe vor, verantwortliche Mitarbeiter können mit Freiheitsstrafe bis zu zehn Jahren belegt werden.[172] Dabei fallen deutsche Unternehmen bereits dann in den Anwendungsbereich des UK Bribery Acts, wenn sie auf dem Territorium des Vereinigten Königreiches Geschäfte betreiben.

96 Der UK Bribery Act stellt Bestechungshandlungen unter Strafe, die denen der §§ 299 f., 331 ff. StGB ähnlich sind.[173] Darüber hinaus schafft der UK Bribery Act einen eigenen, verschuldensunabhängigen Unternehmensstraftatbestand für das Versäumnis, Bestechungen durch für das Unternehmen tätige Personen, sog. „associated persons", nicht verhindert zu haben.[174] „**Associated Persons**" können sowohl Angestellte, externe Beauftragte (wie beispielsweise Vermittler) oder Tochtergesellschaften sein, sofern ein hinreichender Bezug nach Großbritannien vorliegt.[175] Hierfür sollen schon reine Exportgeschäfte ausreichen.[176]

97 Eine Haftungsbegrenzung kann das Unternehmen nur durch Compliance-Maßnahmen erreichen. So sieht der UK Bribery Act vor, dass ein Unternehmen, welches über sog. „adequate procedures" zur Verhinderung von Bestechungstaten verfügt, und diese Abläufe nachweisen kann, nicht zur Verantwortung gezogen wird.[177] Als Anhaltspunkte für das Vorhandensein dieser „adequate procedures" werden folgende Instrumentarien beschrieben: Analyse der Risiken des Unternehmens, Verpflichtung der Mitarbeiter zu präventiven Maßnahmen im Rahmen von praxistauglichen Richtlinien und Handlungsanweisungen, sorgfältige Auswahl und Überwachung von Geschäftspartnern, Implementierung und Effektivierung eines Compliance-Programms sowie dessen Überwachung und regelmäßige (externe) Überprüfung.[178]

98 Für börsennotierte Unternehmen ist schließlich die Beachtung des US-amerikanischen **Foreign Corrupt Practies Act** (**FCPA**) von Bedeutung.[179] Der FCPA verpflichtet börsennotierte Unternehmen ihre Transaktionen umfänglich und korrekt zu dokumentieren.[180] Dies wird bei Schmiergeldzahlungen nicht erfolgen können. Zudem verbietet der FCPA jedem Unternehmen und den für das Unternehmen handelnden Personen – unabhängig von einer Notierung an den **US-Börsen** – Zahlungen und Wertgeschenke an ausländische Amtsträger, Vertreter einer internationalen Organisation, ausländische politische Parteien, Parteienvertreter oder Kandidaten für politische Ämter im Ausland zum Zweck des Zuschlags eines Geschäfts oder zur Aufrechterhaltung von Geschäftsbeziehungen.

---

172 *Scheint* NJW-Spezial 2011, 440, 440.
173 Siehe zu den einzelnen Tatbeständen: *Deister/Geier* CCZ 2011, 12 ff.; *Pörnbacher/Mark* NZG 2010, 1372 f.
174 *Kappel/Ehling* BB 2011, 2115, 2116.
175 *Fett/Theusinger* BB 2010, 6, 7; *Pörnbacher/Mark* NZG 2010, 1372, 1374.
176 *Moosmayer* S. 10.
177 *Scheint* NJW-Spezial 2011, 440; *Hugger/Röhrich* BB 2010, 2643, 2645.
178 *Deister/Geier* CCZ 2011, 12, 16 f.; *Fett/Theusinger* BB Special 4/2010, 6, 8; *Hugger/Röhrich* BB 2010, 2643, 2645 f.; *Pörnbacher/Mark* NZG 2010, 1372, 1375.
179 Hierzu umfänglich Knierim/Rübenstahl/Tsambikakis/*Dervan/Piel/Rübenstahl* 21. Kap. Rn. 262 ff.
180 *Böttger/Böttger* Kap. 5 Rn. 168.

Verboten sind solche Zuwendungen, deren Ziel es ist, einem Unternehmen oder einer Person einen Geschäftsabschluss zu verschaffen, eine bestehende Geschäftsbeziehung zu verlängern oder ein Geschäft an jemanden weiterzugeben. Adressat des FCPA sind Privatpersonen, Unternehmen, Beamte, (einfache) Angestellte oder vom Unternehmen beauftragte Mittler und Anteilseigner, die für das Unternehmen handeln.[181] Die Strafbarkeit nach dem FCPA erfordert – wie im deutschen Recht – keinen Erfolgseintritt, das Anbieten oder Versprechen einer Zuwendung ist ausreichend.

IV. Ordnungswidriges Gewähren und Annehmen von Zuwendungen, § 39 Abs. 2 Nr. 17a i.V.m. § 31d WpHG

1. Allgemeines

§ 31d WpHG verbietet **Wertpapierdienstleistungsunternehmen** im Zusammenhang mit der Erbringung von Wertpapierdienstleistungen oder **Wertpapiernebendienstleistungen**, Zuwendungen von Dritten anzunehmen oder anderen zu gewähren. Von diesem Verbot der Zuwendung werden einige Ausnahmen aufgestellt. Gem. § 39 Abs. 2 Nr. 17a WpHG handelt ordnungswidrig, wer vorsätzlich oder leichtfertig entgegen § 31d Absatz 1 S. 1 WpHG eine Zuwendung annimmt oder gewährt.

Das Zuwendungsverbot des § 31d WpHG ist eine Konkretisierung der von § 31 WpHG aufgestellten allgemeinen Verhaltensregeln. Durch das Zuwendungsverbot sollen Interessenkonflikte verhindert werden, die naturgemäß auftreten können, wenn Zuwendungen, vor allem **Provisionen**, in Zusammenhang mit dem Vermittlungsgeschäft stehen. Der Kunde soll davor geschützt werden, dass Personen seine Investitionsentscheidung beeinflussen, die von eigenen finanziellen Interessen geleitet sind.[182] Über § 39 Abs. 2 Nr. 17a WpHG wird ein Verstoß gegen das Zuwendungsverbot zur Ordnungswidrigkeit erhoben. Eine starke Anwendungspraxis des § 39 Abs. 2 Nr. 17a i.V.m. § 31d Abs. 1 S. 1 WpHG ist derzeit nicht zu beobachten. Es ist jedoch nicht auszuschließen, dass Ermittlungsbehörden die Norm für sich entdecken, insofern hinsichtlich der Bestechungsstraftatbestände Nachweisschwierigkeiten bestehen. Im Rahmen des § 39 Abs. 2 Nr. 17a i.V.m. § 31d Abs. 1 S. 1 WpHG ist zum Beispiel keine Unrechtsvereinbarung zwischen dem Zuwendenden und dem Zuwendungsempfänger erforderlich. Ausreichend ist, dass eine Zuwendung angenommen oder gewährt wird, die dazu geeignet ist, den oben genannten Interessenkonflikt hervorzurufen.

2. Adressaten der Norm

§ 31d WpHG richtet sich an alle Arten von Wertpapierdienstleistungsunternehmen im Sinne des § 2 Abs. 4 WpHG. Eine Ausnahme hiervon ist in § 37 WpHG niedergelegt. Demnach gilt § 31d WpHG nicht für Geschäfte, die an organisierten Märkten oder in multilateralen Handelssystemen zwischen Wertpapierdienstleistungsunternehmen oder zwischen diesen und sonstigen Mitgliedern oder Teilnehmern dieser Märkte oder Systeme geschlossen werden. Zudem gilt § 31d WpHG gem. § 31b Abs. 1 WpHG für Geschäfte mit sog. geeigneten Gegenparteien nur, wenn diese mit dem Wertpapierdienstleistungsunternehmen vereinbart haben, als professionelle Kunden oder als Privatkunden behandelt zu werden. Für die von § 2 Abs. 4 WpHG nicht erfassten Kapitalanlagegesellschaften und ihre Zweigniederlassungen wird eine analoge Anwendung des § 31d WpHG in den § 5 Abs. 3 und 13 Abs. 4 InvG angeordnet. Der freie, nicht bankgebundene Anlageberater ist nicht

---

181 Vgl. Martinek/Semler/Habermeier/Flohr/*Passarge* Rn. 94 ff.
182 Schwark/Zimmer/*Koch* § 31d Rn. 2.

Adressat der Norm.¹⁸³ Dies wird in der Literatur kritisiert, da auch er in einen zu vermeidenden Interessenkonflikt geraten kann.¹⁸⁴ Für den Bereich der **Finanzanalysten** enthält § 5a Abs. 2 Nr. 2 FinAnV den Hinweis, dass diese organisatorische Vorkehrungen zu treffen haben, die gewährleisten, dass sie selbst und ihre Mitarbeiter keine Zuwendung im Sinne des § 31d Abs. 2 WpHG von Personen annehmen, die ein wesentliches Interesse am Inhalt der Finanzanalyse haben. Hieraus lässt sich jedoch keine analoge Anwendung des Ordnungswidrigkeitentatbestandes auf Finanzanalysten herleiten.

103 § 31d WpHG verpflichtet nur Unternehmen. Aus den §§ 9 und 14 OWiG folgt jedoch die Anwendung des korrespondierenden Bußgeldtatbestandes auf natürliche Personen: § 9 OWiG führt zu eine Überwälzung des Merkmals „Wertpapierdienstleistungsunternehmen" auf Vertreter (§ 9 Abs. 1 OWiG) und Beauftragte (§ 9 Abs. 2 OWiG), die eine korrespondierende Pflichtenüberwälzung zur Folge hat.¹⁸⁵ Im Ordnungswidrigkeitenrecht herrscht gem. § 14 Abs. 1 S. 1 OWiG das sog. Einheitstätersystem.¹⁸⁶ Es wird nicht zwischen Tätern und Teilnehmern differenziert. Aufgrund der Regelung des § 14 Abs. 1 S. 2 OWiG handelt zudem jeder Beteiligte – unabhängig davon, ob besondere persönliche Merkmale bei ihm vorliegen – ordnungswidrig. Ausreichend ist insofern, dass das besondere persönliche Merkmal bei einer der beteiligten Personen vorliegt.¹⁸⁷ Im Ergebnis führt dies dazu, dass nur einer der in § 9 OWiG genannten Verantwortlichen an der Ordnungswidrigkeit beteiligt sein muss, damit alle Beteiligten gem. § 39 Abs. 2 Nr. 17a i.V.m. § 31d WpHG zur Verantwortung gezogen werden können.

3. Begriff der Zuwendung im Sinne des § 31d WpHG

104 Der Begriff der Zuwendung ist in § 31d Abs. 2 WpHG legal definiert. Danach sind Zuwendungen im Sinne dieser Vorschrift Provisionen, Gebühren oder sonstige Geldleistungen sowie alle geldwerten Vorteile. Diese Definition des Zuwendungsbegriffs legt zunächst nahe, dass der Gesetzgeber nur materielle Vorteile erfassen wollte. Nach der herrschenden Meinung sind jedoch auch immaterielle Vorteile erfasst.¹⁸⁸ Dies wird auf die Gesetzesbegründung zurückgeführt, die Zuwendungen *„aller Art einschließlich [...] immaterieller Leistungen"* vom Begriff der Zuwendungen umfasst sieht.¹⁸⁹ Insofern besteht ein gewisser Widerspruch zwischen dem Wortlaut und der Gesetzesbegründung. Nach dem Sinn und Zweck der Vorschrift und unter Berücksichtigung der Tatsache, dass auch andere Normen im deutschen Rechtssystem, welche sich – verkürzt gesagt – gegen die Zuwendung von Vorteilen richten, immaterielle Vorteile erfassen, ist jedoch mit der h.M. davon auszugehen, dass auch nicht materielle Vorteile erfasst sind. Von dem Begriff der Provisionen in § 31d Abs. 2 WpHG sind sowohl **Vertriebsprovisionen**, die an einen bestimmten Vermittlungsvorgang anknüpfen, als auch **Vertriebsfolgeprovisionen**, welche zeitlich nach dem Vermittlungsvorgang gezahlt werden, erfasst. Hierzu zählen auch die sog. **Bestandspflegeprovisionen**, welche ein Vermittler erhält, wenn der Kunde ein Produkt längere Zeit in seinem Portfolio behält. Als Beispiel für weitere geldwerte Vorteile nennt die Gesetzesbegründung *„die Erbringung von Dienstleistungen, die Übermittlung von Finanzanalysen, das Überlassen von IT-Hardware oder Software oder die Durchführung von Schulungen"*.¹⁹⁰

---

183 *Fullenkamp* NJW 2011, 421, 422.
184 *Fullenkamp* NJW 2011, 421, 424.
185 Assmann/Schneider/*Vogel* § 39 Rn. 56; Erbs/Kohlhaas/*Wehowsky* § 39 Rn. 5.
186 Näher zum Ordnungswidrigkeitenrecht 31. Kap., zum Einheitstätersystem 31. Kap. Rn. 9 ff.
187 Assmann/Schneider/*Vogel* § 39 Rn. 54; Erbs/Kohlhaas/*Wehowsky* § 39 Rn. 6.
188 Assmann/Schneider/*Koller* § 31d Rn. 7; Schwark/Zimmer/*Koch* § 31d Rn. 17.
189 BT-Drucks. 16/4028, 67.
190 BT-Drucks 16/4028, 67.

4. Zusammenhang zwischen Zuwendung und Wertpapierdienstleistung

Das Verbot der Annahme bzw. der Gewährung von Zuwendungen besteht nur *„im Zusammenhang mit der Erbringung von Wertpapierdienstleistungen oder Wertpapiernebendienstleistungen"*. Aus dieser Gesetzesformulierung ergibt sich, dass die Zuwendung nicht auf ein konkretes Wertpapiergeschäft bezogen sein muss.[191] Umstritten ist, ob auch ein sog. mittelbarer Zusammenhang zwischen der Erbringung von Wertpapierdienstleistungen und der Zuwendung ausreicht. Ein derartiger mittelbarer Zusammenhang wird etwa bestehen, wenn der Anbieter bestimmter Finanzdienstleistungen finanzielle Unterstützung für eine Kundenveranstaltung bei dem Wertpapierdienstleistungsunternehmen leistet und auf dieser Veranstaltung nicht unmittelbar Wertpapierdienstleistungen erbracht werden.[192] Der Zweck des § 31d WpHG besteht darin, die Kundenbeziehungen weitestgehend von Interessenkonflikten freizuhalten. Ein solcher Interessenkonflikt kann auch bestehen, wenn die Zuwendung nicht unmittelbar an die Beratung des Kunden hinsichtlich einer bestimmten Wertpapierdienstleistung geknüpft ist. Aus diesem Grund ist davon auszugehen, dass auch derartige mittelbare Zuwendungen von § 31d WpHG erfasst sind. Hierfür spricht, wie *Koch* ausführt, auch dass die Gesetzesbegründung z.B. Schulungen explizit als Beispiel für eine Zuwendung gegenüber dem Wertpapierdienstleistungsunternehmen aufführt.[193] Eine Schulung wird jedoch selten an einem konkreten Ermittlungserfolg geknüpft werden, vielmehr wird sie im Rahmen der allgemeinen Zusammenarbeit zur Verfügung gestellt, um den Mitarbeitern des Wertpapierdienstleistungsunternehmens das Produkt näher zu bringen und so eine bessere Vermittlung zu erreichen.

105

5. Eignung zum Interessenkonflikt

Sofern man einen derartigen mittelbaren Zusammenhang ausreichen lässt, ist der Verbotstatbestand sehr weit gefasst und wird einschränkend ausgelegt. Nach dem Sinn und Zweck der Regelungen wird darauf rekurriert, ob die Zuwendung dazu geeignet ist, bei der Erbringung der Wertpapierdienstleistungen einen **Interessenkonflikt** zwischen dem Wertpapierdienstleistungsunternehmen und dem Kunden zu begründen.[194] Ein derartiger Interessenkonflikt kann immer dann auftreten, wenn die Zuwendung einen Kundenbezug hat. Sofern dies der Fall ist, darf sie nicht so gestaltet sein, dass die das Wertpapierdienstleistungsunternehmen oder seine Mitarbeiter dazu verleitet, die Interessen des Kunden zu vernachlässigen und sich bei der Beratung von der Zuwendung leiten zu lassen. In diesem Zusammenhang unterfallen auch sozialadäquate Zuwendungen, wie z.B. Werbegeschenke oder kleinere Aufmerksamkeiten zu Geburtstagen etc., nicht dem Zuwendungsverbot. Sie sind nicht dazu geeignet einen Interessenkonflikt hervorzurufen.[195]

106

6. Tathandlung

Tathandlung der Ordnungswidrigkeit ist das Annehmen von oder das Gewähren der Zuwendung an Dritte, *„die nicht Kunde der Dienstleistung sind"*. Im Gegensatz zu den Bestechungsstraftatbeständen, liegt eine Ordnungswidrigkeit demnach nicht schon bei einem Versprechen oder dem Sich-Bereit-Zeigen eine Zuwendung anzunehmen oder zu gewähren vor. Vielmehr muss die Zuwendung das Wertpapierdienstleistungsunternehmen final erreichen bzw. verlassen, damit der Ordnungswidrigkeitentatbestand erfüllt ist.

107

---

191 Assmann/Schneider/*Koller* § 31d Rn. 10.
192 Assmann/Schneider/*Koller* § 31d Rn. 11 hält einen derartigen mittelbaren Zusammenhang für ausreichend; ebenso Schwark/Zimmer/*Koch* § 31d Rn. 28.
193 Schwark/Zimmer/*Koch* § 31d Rn. 28.
194 Schwark/Zimmer/*Koch* § 31d Rn. 28; *Assmann* ZBB 2008, 21, 25.
195 *Heybey* BKR 2008, 353, 361; Schwark/Zimmer/*Koch* § 31d Rn. 12

108 Hinsichtlich der Auslegung der Begriffe des Annehmens und des Gewährens kann auf die Ausführungen zu den Bestechungsstraftatbeständen verwiesen werden. Demnach liegt ein Annehmen der Zuwendung in ihrem Empfangen oder der Weitergabe an einen anderen. Das Gewähren ist die tatsächliche Überreichung der Zuwendung.

109 Das Gewähren betrifft vor allem Fallgestaltungen, in denen das Wertpapierdienstleistungsunternehmen an einen externen Dritten eine Zuwendung für den Fall versprochen hat, dass andere Personen mit dem Unternehmen kontrahieren. So zum Beispiel, wenn einem Vermögensberater eine Provision gewährt wird, nachdem seinen Kunden durch das Wertpapierdienstleistungsunternehmen neue Anlageprodukte vermittelt worden.[196]

110 Das Annehmen oder Gewähren muss auch von bzw. gegenüber einem Dritten erfolgen. Nach der Gesetzesbegründung sind dies alle Personen und Unternehmen, die außerhalb des Verhältnisses zwischen dem Wertpapierdienstleistungsunternehmen und dem Dritten stehen.[197] Dies ist nicht der Fall, wenn eine dritte Person von dem Kunden beauftragt oder bevollmächtigt ist.

111 Umstritten ist, ob von § 31d WpHG auch **unternehmensinterne Zuwendungen** erfasst sind. Diese Fragestellung betrifft vor allem umsatzabhängige Provisionen oder Provisionen für bestimmte Vertragsabschlüsse, die Teil der Entlohnung der Mitarbeiter sind. Teilweise wird darauf abgestellt, dass ein Interessenkonflikt des konkreten Beraters auch dann auftreten kann, wenn das Unternehmen selbst für bestimmte Abschlüsse eine Provision gewährt.[198] Andere gehen davon aus, dass unternehmensinterne Zuwendungen nicht vom Wortlaut erfasst seien. Entsprechende Zahlungen an Mitarbeiter könnten der in § 31d Abs. 5 WpHG geregelten Ausnahme von dem Zuwendungsverbot unterfallen.[199] Ob unternehmensinterne Zuwendungen dem Zuwendungsverbot unterfallen ist daran zu messen, ob sie dazu geeignet sind den Interessenkonflikt hervorzurufen, der von § 31d WpHG verhindert werden soll. Entsprechend sind Provisionen, die an dem Gesamtumsatz eines Mitarbeiters orientiert werden, weniger kritisch zu beurteilen, als Provisionen, die nur für den Vertrieb von bestimmten Produkten gewährt werden. Letztere könnten zu einem Interessenkonflikt des Mitarbeiters führen und die Beratung des Kunden beeinträchtigen.

7. Durchbrechung des Zuwendungsverbots

112 Der Grundsatz des Verbots von Zuwendungen wird im Rahmen des § 31d WpHG mehrfach durchbrochen.

a) Durchbrechung gem. § 31d Abs. 1 S. 1 WpHG

113 § 31d Abs. 1 S. 1 WpHG stellt eine Ausnahme von dem Zuwendungsverbot auf. Hierfür ist es erforderlich, dass die in § 31d Abs. 1 Nr. 1 und 2 WpHG genannten Voraussetzungen kumulativ vorliegen. Gem. § 31d Abs. 1 Nr. 1 WpHG muss die Zuwendung darauf ausgelegt sein, die Qualität der für den Kunden erbrachten Dienstleistung zu verbessern und sie darf der ordnungsgemäßen Erbringung der Dienstleistung im Interesse des Kunden im Sinne des § 31 Abs. 1 Nr. 1 WpHG nicht entgegenstehen. § 31d Abs. 1 Nr. 2 WpHG setzt zudem voraus, dass Existenz, Art und Umfang der Zuwendung dem Kunden vor der Erbringung der Dienstleistung in umfassender, zutreffender und verständlicher Weise deutlich offengelegt werden. Im Ergebnis umfasst die in § 31d Abs. 1 S. 1 aufgestellte Ausnahme von dem Zuwendungsverbot also **drei Voraussetzungen**: Die geplante Qualitätsverbesserung, die Nichtbeeinträchtigung des Kundeninteresses und die Offenlegung.

---

196 *BGH* NJW 2001, 962 ff.
197 BT-Drucks. 16/4028, 67.
198 So *Assmann* ZBB 2008, 21, 26; Schwark/Zimmer/*Koch* § 31d Rn. 22.
199 Assmann/Schneider/*Koller* § 31d Rn. 17.

Die **Qualitätsverbesserung** muss sich nicht auf die konkrete Wertpapierdienstleistung, in **114** deren Zusammenhang die Zuwendung erfolgt, beziehen. Es ist vielmehr ausreichend, dass die Qualitätsverbesserung einem Kunden der von § 31d Abs. 1 WpHG erfassten Wertpapierdienstleistungen zukommt.[200] Bereits aus der Gesetzesbegründung ergibt sich, dass die Anforderungen an das Vorliegen einer Qualitätsverbesserung nicht besonders hoch sind. Die Gesetzesbegründung sieht eine Qualitätsverbesserung, etwa im Aufbau oder der Erhaltung einer hochwertigen Infrastruktur für den Erwerb und die Veräußerung von Finanzinstrumenten.[201] In der Literatur wird darauf abgestellt, dass auch z.B. die Bereitstellung eines flächendeckenden Beratungs- und Filialnetzes oder die Beschäftigung kompetenter Berater, welche durch die Zuwendung ermöglicht wird, derartige Qualitätsverbesserungen seien.[202]

Nach dem Gesetzeswortlaut muss die Zuwendung lediglich darauf ausgelegt sein, die Quali- **115** tät der Dienstleistung zu verbessern. Dementsprechend ist eine tatsächliche, objektive Verbesserung nicht erforderlich. Insofern dürften sich hier zumindest keine Streitigkeiten über die Eignung bestimmter Maßnahmen zur Qualitätsverbesserung ergeben. Voraussetzung ist jedoch, dass die Zuwendung durch das Wertpapierdienstleistungsunternehmen eine Zweckbestimmung zur Qualitätsverbesserung erhält.[203] Gem. § 14 Abs. 2 Nr. 5 WpDVerOV (Wertpapierdienstleistungs-Verhaltens- und Organisationsverordnung) müssen Wertpapierdienstleistungsunternehmen die Umstände, aus denen sich ergibt, dass eine Zuwendung darauf ausgelegt ist, die Qualität der für den Kunden erbrachten Dienstleistungen zu verbessern, dokumentieren. Sofern eine entsprechende Dokumentierung nicht erfolgt, kann dies im Ordnungswidrigkeitenverfahren dazu führen, dass entlastende Beweise nicht vorgelegt werden können. Zu beachten ist jedoch, dass es sich auch hier um eine zivilrechtliche Vorschrift handelt und in einem Ordnungswidrigkeitenverfahren – zumindest wenn dies gegen eine natürliche Person geführt wird – auf das Wissen des konkreten Beraters um die Zweckbestimmung der Zuwendung abzustellen ist. Insofern hier Dokumentationspflichten nicht eingehalten worden, kann dies zu Unternehmensgeldbußen führen, die Verantwortlichkeit natürlicher Personen muss jedoch im Detail geprüft werden.

§ 31d Abs. 1 S. 1 Nr. 2 WpHG stellt zudem die Voraussetzung auf, dass die Zuwendung der **116** ordnungsgemäßen Erbringung der Dienstleistung im Interesse des Kunden im Sinne des § 31 Abs. 1 Nr. 1 WpHG nicht entgegensteht. Selbst wenn die Zuwendung ausschließlich für die Qualitätsverbesserung zweckbestimmt ist, besteht die Möglichkeit, dass eine Zuwendung – gerade im Hinblick auf ihre Höhe – trotzdem dazu geeignet ist, Interessenkonflikte hervorzurufen. Entsprechende Interessenkonflikte können insbesondere auftreten, wenn die Gewährung der Zuwendung von bestimmten Gesamterfolgen abhängig gemacht wird.[204] Auch hier müssen die Verantwortlichen sich die Frage stellen, ob eine Zuwendung trotz Zweckbestimmung zur Qualitätsverbesserung und Offenlegung dazu geeignet ist, die Beratung gegenüber dem Kunden in eine bestimmte Richtung zu leiten.

Wesentliche Voraussetzung der Ausnahme von dem Zuwendungsverbot ist die **Offenle-** **117** **gung der Zuwendung** gegenüber dem Kunden. Der Kunde ist dabei über die Existenz, die Art und den Umfang der Zuwendung vollumfänglich aufzuklären. Die Aufklärung über die Art der Zuwendung hat sich darauf zu beziehen, ob die Zuwendung in Form von pauschalen Geldbeträgen, Sachzuwendungen oder immateriellen Vorteilen erfolgt. Zudem ist darüber aufzuklären, an welche Voraussetzungen eine Provisionszahlung gekoppelt ist. Zum Beispiel, ob eine einmalige Vertriebsprovision oder eine Vertriebsfolgeprovision

---

200 Erbs/Kohlhaas/*Wehowsky* § 31d Rn. 7; Schwark/Zimmermann/*Koch* § 31d Rn. 38.
201 BT-Drucks. 16/4028, 67.
202 *Rozok* BKR 2007, 217, 221.
203 Erbs/Kohlhaas/*Wehowsky* § 31d Rn. 7.
204 Schwark/Zimmer/*Koch* § 31d Rn. 45.

gewährt werden soll.²⁰⁵ Die Aufklärung über den Umfang der Provision kann nach verbreiteter Ansicht sowohl in absoluten Zahlen als auch in Prozentangaben erfolgen. Sofern der Umfang der Provision noch nicht bestimmbar ist, können stattdessen – dies stellt auch der Gesetzeswortlaut klar – die Art und Weise der Berechnung offengelegt werden. Die Zuwendung muss deutlich, umfassend, zutreffend und verständlich sein. Die Frage, ob die Information diesen Anforderungen entspricht, hängt im Wesentlichen auch von den Kenntnissen des Kunden ab. Ein Privatanleger, welcher im Wertpapiergeschäft nicht erfahren ist, wird eher eine umfangreichere Aufklärung benötigen als ein professioneller Wertpapierhändler. Zwischen einer umfassenden und einer verständlichen Offenlegung kann teilweise – je nachdem wie kompliziert die Berechnungsmethode von z.B. Provisionen ist – ein Konflikt bestehen. Insofern ist ein Mittelweg zu finden, der beiden Anliegen gerecht wird.²⁰⁶ Die Aufklärung kann – da gesetzlich nichts anderes vorgeschrieben ist – mündlich oder schriftlich erfolgen. Gemäß § 31d Abs. 3 WpHG kann die Offenlegung auch in Form einer Zusammenfassung der wesentlichen Bestandteile der Vereinbarung über die Zuwendung erfolgen, sofern das Wertpapierdienstleistungsunternehmen dem Kunden die Offenlegung näherer Einzelheiten anbietet und auf Nachfrage gewährt. Diese Möglichkeit der schriftlichen korrekten Offenlegung mit dem Hinweis auf die Möglichkeit, Nachfragen zu stellen, scheint auch aus Beweisgründen für etwaige spätere Zivil- oder Strafverfahren praktikabel.

118 Die Offenlegung hat vor der Erbringung der Wertpapierdienstleistung oder Wertpapiernebendienstleistung zu erfolgen. Denn der Aufklärungszweck kann nur erfüllt werden, wenn der Kunde vor dem Vertragsschluss umfassend informiert wird. Im Gesetzestext ist keine bestimmte Abstandsfrist verankert, insofern ist die Offenlegung direkt vor dem Geschäftsabschluss ausreichend. Umstritten ist, ob die Offenlegung vor jeder Dienstleistung neu vorgenommen werden muss oder, ob eventuell jährliche oder gar eine einmalige Aufklärung des Kunden²⁰⁷ ausreichen. Da diese Frage nicht abschließend geklärt ist, empfiehlt sich bereits eine Offenlegung vor jedem Vertragsschluss.²⁰⁸

b) Durchbrechung gem. § 31d Abs. 1 S. 2 WpHG

119 Gem. § 31d Abs. 1 S. 2 WpHG liegt eine verbotene Zuwendung nicht vor, wenn das *„Wertpapierdienstleistungsunternehmen diese von einem Dritten, der dazu von dem Kunden beauftragt worden ist, annimmt oder sie einem solchen Dritten gewährt."*

120 Diese Ausnahme von dem Zuwendungsverbot ist vor dem Hintergrund des Normzwecks zu verstehen: Sofern der Dritte nicht im Lager des Wertpapierdienstleistungsunternehmens, sondern auf Seiten des Kunden steht scheinen die Interessenkonflikte, welche § 31d WpHG verhindern will, ausgeschlossen. Insofern gilt die Ausnahme von dem Zuwendungsverbot unbestritten für Personen, welche eindeutig auf der Seite des Kunden stehen. Hierzu zählen z.B. Vermögensverwalter oder Rechtsanwälte, die für den Kunden tätig werden.²⁰⁹

121 Die Regelung ist allerdings problematisch, wenn der Dritte nicht eindeutig dem Lager des Kunden zuzuordnen ist. Dies gilt z.B. in dem Dreiecksverhältnis zwischen Dienstleister, Kunden und Emittent. Oftmals werden dem Kunden von dem Wertpapierdienstleistungsunternehmen formularmäßig vorformulierte Beauftragungen zur Unterschrift vorgelegt.

---

205 *Rozok* BKR 2007, 217, 224; Erbs/Kohlhaas/*Wehowsky* § 31d Rn. 9; Schwark/Zimmer/*Koch* § 31d Rn. 49.
206 Erbs/Kohlhaas/*Wehowsky* § 31d Rn. 9.
207 *Rozok* BKR 2007, 217, 225.
208 So im Ergebnis auch Schwark/Zimmer/*Koch* § 31d Rn. 52; Assmann/Schneider/*Koller* § 31d Rn. 11; Erbs/Kohlhaas/*Wehowsky* § 31d Rn. 10.
209 Schwark/Zimmer/*Koch* § 31d Rn. 31 m.w.N.

Durch diese wird der Emittent verpflichtet, anfallende Gebühren an das Wertpapierdienstleistungsunternehmen zu zahlen, das den Kunden vermittelt hat. In der zivilrechtlichen Literatur wird umfassend diskutiert, wie derartige Fälle zu behandeln sind. Die überwiegende Meinung geht davon aus, dass sich derartige formularmäßige Beauftragungen und ihre Gültigkeit an einer AGB-Inhaltskontrolle gem. § 307 Abs. 1 BGB zu messen haben.[210] Dies mag für die zivilrechtliche Beurteilung, ob ein Verstoß gegen das Zuwendungsverbot vorliegt, welche im Rahmen etwaiger Zivilrechtsstreitigkeiten vorzunehmen ist, sinnvoll sein. Aus strafrechtlicher Sicht stellt sich jedoch die Frage, wie mit einer derartigen formularmäßigen Beauftragung umzugehen ist. Sofern der Kunde die Beauftragung unterschreibt, dürfen der handelnde Mitarbeiter und die verantwortlich Handelnden davon ausgehen, dass eine rechtsgültige Beauftragung vorliegt. Anderes würde lediglich dann in Betracht kommen, wenn der Kundenberater den Kunden über den Inhalt der Vereinbarung in irgendeiner Weise getäuscht hat. Sofern diese Vereinbarung keine zivilrechtliche Gültigkeit hat, könnte in strafrechtlicher Hinsicht ein Verbotsirrtum gem. § 17 StGB in Betracht kommen.

c) Durchbrechung gem. § 31d Abs. 5 WpHG

Gem. § 31d Abs. 5 WpHG sind Gebühren und Entgelte, welche die Erbringung von Wertpapierdienstleistungen erst ermöglichen oder dafür notwendig sind, und ihrer Art nach nicht geeignet sind die Erfüllung der Pflichten nach § 31 Abs. 1 S. 1 Nr. 1 WpHG zu gefährden, von dem Verbot der Zuwendung ausgenommen. Ausweislich der Gesetzesbegründung zählen hierzu vor allem Entgelte für die Verwahrung von Finanzinstrumenten, die Abwicklung von Geschäften oder die Nutzung von Handelsplätzen sowie behördliche Kosten oder gesetzliche Gebühren.[211] Entsprechend erfasst das Zuwendungsverbot keine Depotgebühren, Handelsgebühren, Steuern und Abgaben oder die Kosten der Durchführung von Hauptversammlungen.[212] Ohne diese Gebühren und Entgelte wäre es dem Wertpapierdienstleistungsunternehmen nicht möglich, seine Dienstleistungen auszuführen. Sie fallen ihrer Natur nach bei der Erbringung von Wertpapierdienstleistungen an und sind aus diesem Grund nicht dazu geeignet, einen Interessenkonflikt hervorzurufen.

8. Vorsätzlich oder leichtfertig, § 39 Abs. 2 WpHG

Die Ordnungswidrigkeit kann vorsätzlich oder leichtfertig begangen werden. Leichtfertiges Handeln setzt im Ordnungswidrigkeitenrecht objektiv einen besonders schweren Sorgfaltspflichtverstoß und subjektiv besonderen Leichtsinn oder Gleichgültigkeit voraus. Erforderlich ist insofern, dass der Handelnde die gebotene Sorgfalt in ungewöhnlich hohem Maße verletzt und dabei Umstände nicht beachtet, die sich hätten aufdrängen müssen.[213]

9. Rechtsfolge

Die Ordnungswidrigkeit kann gem. § 39 Abs. 4 WpHG mit einer Geldbuße bis zu 100 000 EUR geahndet werden. Im Falle des fahrlässigen Handelns, liegt das Höchstmaß gem. § 17 Abs. 2 OWiG bei 50 000 EUR. Die Höchstmaße können zur Abschöpfung der durch die Ordnungswidrigkeit erlangten wirtschaftlichen Vorteile überschritten werden, § 17 Abs. 4 ggf. i.V.m. § 30 Abs. 3 OWiG.

---

210 Schwark/Zimmer/*Koch* § 31d Rn. 32 ff.
211 BT-Drucks. 16/4028, 68.
212 Assmann/Schneider/*Koller* § 31d Rn. 21.
213 Assmann/Schneider/*Vogel* § 39 Rn. 65.

10. Zusammentreffen von Straftat und Ordnungswidrigkeit, § 21 OWiG

125 Sofern in einem Verstoß gegen § 31d WpHG gleichzeitig eine Straftat nach § 299 StGB zu sehen ist, geht die Anwendung des Strafgesetzes gem. § 21 Abs. 1 OWiG vor. Erforderlich ist insofern eine Tateinheit zwischen Straftat und Ordnungswidrigkeit.[214] Eine ausnahmsweise Verdrängung des Strafgesetzes durch eine Ordnungswidrigkeit als lex specialis kommt vorliegend nicht in Betracht, denn eine derartige Spezialität ist nur in engen Ausnahmefällen anzunehmen.[215] Sie setzt voraus, dass der Grundtatbestand und der Schutzzweck beider Gesetze übereinstimmen und der Bußgeldtatbestand besondere Umstände mildernder Art enthält.[216] § 31d WpHG und § 299 StGB stimmen allerdings in ihrem Schutzzweck nicht überein. Während § 299 StGB den freien Wettbewerb schützt, ist § 31d StGB darauf gerichtet, Interessenkonflikte bei der Beratung durch Wertpapierdienstleistungsunternehmen zu vermeiden und insofern den Kunden vor nicht interessengerechten Entscheidungen zu schützen.

B. Korruptionsprävention im Unternehmen

126 Das heutige Verständnis des Begriffs Compliance ist auch in der Banken- und Versicherungsbranche nicht mehr beschränkt auf die Einhaltung der Verpflichtungen aus dem Wertpapierhandelsrecht. Vielmehr ist Compliance Teil des Risikomanagements und soll die Einhaltung der zu beachtenden gesetzlichen Bestimmungen gewährleisten. Hierzu gehören entsprechend die vorgenannten Korruptionstatbestände. Zur Verhinderung von Korruptionsstraftaten aus dem Unternehmen heraus sind die erforderlichen, zumutbaren und geeigneten Aufsichtsmaßnahmen zu ergreifen. Erfolgt dies nicht genügend oder gar lückenhaft, erhöht sich das Risiko einer Bebußung des Unternehmens nach § 30 OWiG und der Organmitglieder aus dem Ordnungswidrigkeitenrecht, dem WpHG und Gesellschaftsrecht. Mitglieder der Organe der Gesellschaft sind daher aufgefordert, Aufsichtsmaßnahmen zu ergreifen, zum Schutz des Unternehmens und zu ihrem eigenen. Bei der Verhinderung von Korruptionsstraften ist zu unterscheiden zwischen den täterschaftlich begehbaren Straftaten durch Mitarbeiter und ihrer Teilnahme an Straftaten von Kunden (z.B. Geldwäsche, Steuerhinterziehung). Die folgende Darstellung behandelt die Verhinderung der im ersten Abschnitt dargelegten, durch Mitarbeiter des Unternehmens täterschaftlich begehbaren Korruptionsstraftaten.

127 Korruption ist weder ein Phänomen unserer Zeit noch unserer oder anderer Kulturen, noch der Wirtschaft oder bestimmter Branchen. Sie findet immer wieder neue Wege, wenn bisherige versperrt wurden. Um Korruption begegnen zu können, sollten Führungskräfte ein Gefühl für mögliche Ursachen von Korruption haben und sich der allgemeinen gesellschaftlichen Faktoren bewusst sein, die aus kriminologischer Sicht in der heutigen Zeit den Nährboden für kriminelle Energien darstellen:[217]

1. Wertewandel innerhalb der Gesellschaft und Akzeptanzwerte (verstärktes Streben nach bedenkenloser Selbstentfaltung, gesteigerte Freizügigkeit, verstärkte Orientierung an materiellen Werten);
2. Aushöhlung des Unrechtsbewusstseins (mangelhaftes Vorbildverhalten von Führungskräften, Anwendung zweifelhafter Praktiken im Geschäftsablauf, Kompensation von Einkommensunterschieden auf unlauterem Wege);

---

214 KK-OWiG/*Bohnert* § 21 Rn. 2.
215 *BayOLG* NStZ 1990, 440; KK-OWiG/*Bohnert* § 21 Rn. 7 mit zahlreichen weiteren Nachweisen; Göhler NStZ 1991, 73, 74.
216 Göhler/*Gürtler* § 21 Rn. 7.
217 *LKA Nordrhein-Westfalen* Korruptionsprävention für Banken und Wirtschaftsunternehmen, Ziffer 1.

3. begünstigende Organisationsstrukturen (extensive Entscheidungsspielräume, kontrollfreie Räume, fehlende oder veraltete Regelungen, unzureichende Prävention, mangelnde Sanktionierung von Fehlverhalten, fehlendes Unternehmensleitbild);
4. unzureichende Aufsicht bzw. Kontrolle (fehlende/nicht angewandte Kontrollmechanismen, fachliche Inkompetenz, „blindes" Vertrauen gegenüber langjährigen Mitarbeitern, Hinnahme von Arbeitsüberlastung, räumliche Zersplitterung von Arbeitsbereichen und abgeschottete Bereiche).

Es ist nicht die Aufgabe eines Unternehmens, die Gesellschaft und ihre Werte aktiv zu verändern. Aber es ist Aufgabe des Unternehmens und seines Managements, fehlerhafte Entwicklungen und Motive bei ihren Mitarbeitern zu erkennen und, zumindest insofern hieraus strafrechtlich relevantes Verhalten droht, ihm aktiv zu begegnen. **128**

Die Bekämpfung der Korruption bleibt eine globale Herausforderung für Regierungen und Konzerne. Zu diesem nicht unerwarteten Schluss kommt die Nichtregierungsorganisation *Transparency International* in einer Studie über Anti-Korruptionsprogramme der 105 weltgrößten Aktiengesellschaften. Der Transparenzbericht für 2011 bescheinigt den Konzernen generell zwar Fortschritte bei der Bekämpfung des Nährbodens von Wirtschaftsstraftaten wie Bestechlichkeit oder illegalen Preisabsprachen. Dennoch stellt er insbesondere 24 weltweit tätigen Banken und Versicherungen schlechte Zeugnisse aus. Sie erreichen von 10 möglichen Transparenzpunkten im Schnitt nur 4,2 Zähler.[218] **129**

I. Risikoanalyse Korruptionsstraftaten

Bevor konkrete Maßnahmen zur Verhinderung von Korruption geplant und umgesetzt werden können, ist zunächst eine Korruptions-Risikoanalyse für den Tätigkeitsbereich des jeweiligen Unternehmens erforderlich.[219] Diese kann zunächst durch eine Feststellung der grundsätzlichen Risikoexposition der Gesellschaften des Unternehmens bezüglich des jeweiligen Korruptionsrisikos erfolgen, die auf zentral erfassten Daten beruht; auf dieser Risikobewertung aufbauend erfolgt die vertiefende individuelle Analyse.[220] Schon die gemeinsam mit den jeweiligen Fachabteilungen und den operativen Ansprechpartnern, möglicherweise auch mit externen Beratern, durchgeführte Analyse ist Teil der Korruptions-Prävention und schärft das Bewusstsein aller Beteiligten für die bestehenden Risiken. Ihre Bedeutung kann daher nicht überschätzt werden. Regelmäßige oder anlassbezogene Analysen ergänzen und verfeinern das Verständnis der jeweiligen Gefährdungslage und erhöhen entsprechend die Präzision zu ergreifender Maßnahmen. Die Bereiche des Unternehmens, die höheren Korruptionsrisiken ausgesetzt sind, sind häufiger zu prüfen. **130**

Grundsätzliche Indikatoren[221] für die Einschätzung des Korruptionsrisikos sind: **131**
1. lokales Korruptionsrisiko (insbesondere auf Basis des „*Corruptions Perception Index*" (CPI) von *Transparency International* einzuschätzen);
2. Geschäftsmodell, insbesondere Vertriebsstruktur und Einsatz von Vertriebsmittlern und Bedeutung öffentlicher Auftraggeber;
3. unternehmensinterne Erfahrungen (z.B. Korruptionsfälle in der Vergangenheit);
4. bestehende Überwachungsmöglichkeiten, Aufgabenbeschreibung und faktische Aufgabenbereiche der Mitarbeiter.[222]

---

218 Transparency International, Transparency in Corporate Reporting 2012, S. 36.
219 Hauschka/*Greeve* § 25 Rn. 130; *Ebersoll/Stork* CCZ 2013, 129, 130.
220 Siehe zu einem derartigen zweistufigen Vorgehen der Feststellung des Korruptionsrisikos *Ebersoll/Stork* CCZ 2013, 129 ff.
221 *Ebersoll/Stork* CCZ 2013, 129, 132.
222 *Wolfsberg* S. 3.

1. Gefährdete Arbeitsbereiche

132 Jeder Unternehmensbereich, der in vertraglichen Beziehungen mit Dritten steht, bei denen materielle oder immaterielle Vorteile ausgetauscht werden, ist potenziell korruptionsgefährdet. Das Risiko steigert sich bei Entscheidungen, die von erheblicher finanzieller und/oder existenzieller Bedeutung sind.[223] Das LKA NRW geht bei Banken und Versicherungen insbesondere von folgenden gefährdeten Arbeitsbereichen aus:[224]

1. Arbeitsbereiche, in denen Zahlungsverpflichtungen festgesetzt bzw. Zahlungsmittel belegt werden;
2. Einkaufs-, Beschaffungs- und Auftragsvergabestellen;
3. Arbeitsbereiche, in denen Sach- und /oder Dienstleistungen gewährt oder versagt werden;
4. Arbeitsbereiche für die Vergabe, Ausführung und Abrechnung für Dienst- und Bauleistungen aller Art;
5. Arbeitsbereiche, in denen Kontrolltätigkeiten ausgeführt werden.

a) Buchhaltung

133 In der Buchhaltung können Zahlungsflüsse gesteuert und somit auch umgeleitet werden. Soweit einzelne Mitarbeiter die Möglichkeit zur Manipulation der vorgesehenen Zahlungswege haben, besteht die Gefahr, dass sie von Kunden oder sonstigen Dritten zu abweichenden Zahlungen aufgefordert werden – zumeist gegen eine Beteiligung an den Erlösen der Tat in Form von „kick-backs".[225]

b) Vertrieb, insbesondere Vertriebsmittler

134 Die unmittelbare Aufgabe des Vertriebs ist die Erlangung von neuen Aufträgen. Hieran wird er gemessen, hieran orientiert sich seine Entlohnung. Das Risiko, Aufträge um jeden Preis erlangen zu wollen, ist entsprechend hoch. Strafbare Zuwendungen drohen schon bei der Anbahnung der neuen Geschäfte zur Erleichterung des gemeinsamen Kennenlernens.

135 Denselben Ansporn zur Herbeiführung eines riskanten Vertragsschlusses haben Vertriebsmittler (Makler). Vertriebsmittler sind alle vom Unternehmen eingesetzten selbstständig tätigen Geschäftspartner, die direkt oder indirekt den Kontakt mit Geschäftspartnern herstellen oder vertiefen, um Aufträge zu vermitteln und hierfür eine Provision erlangen. Ob und wie viel der Vertriebsmittler von der ihm gezahlten Provision nutzt, um sie an einen Mitarbeiter des Kunden weiterzuleiten, ist durch das Unternehmen kaum ersichtlich. Dem Unternehmen droht dabei die Haftung für korruptives Verhalten des beauftragten Vertriebsmittlers nach deutschem (siehe oben unter A.III.2), aber auch nach internationalem Recht (insbesondere nach dem US-amerikanischen *Foreign Corrupt Practices Act* („FCPA") und dem britischen *UK Bribery Act*). Die Höhe der Provision ist von der Art und Volumen des Geschäfts, der Ortsüblichkeit und dem inhaltlichen Aufwand abhängig. Welche Höhe dabei angemessen ist, soll sich nach der lokalen Üblichkeit richten, steht jedoch zumeist im Ermessen der Vertragsparteien. Meist werden Vertriebsmittler zudem in Ländern eingesetzt, in denen der Auftraggeber keine oder nur eine kleine eigene Niederlassung hat. Somit entfällt auch die Kenntnis der Ortsüblichkeit und der besonderen Bedingungen auf einem lokalen Markt. Schon der Vertragsschluss selbst kann eine unzulässige Vergünstigung darstellen, wenn diese z.B. einem Amtsträger zu Gute kommt, dessen Gegenleistung nicht eingefordert wird.[226]

---

223 *LKA NRW* Korruptionsprävention für Banken und Geschäftsunternehmen, Ziffer 6; *Eidam* Unternehmen und Strafe, Rn. 1954.
224 *LKA NRW* Korruptionsprävention für Banken und Geschäftsunternehmen, Ziffer 6.
225 Soweit ohne äußere Anregung Zahlungsströme zu Gunsten des Mitarbeiters umgeleitet werden, handelt es sich um Untreue und damit nicht im engeren Sinne um Korruption.
226 *Schröder* CCZ 2013, 74, 75.

c) Einkauf/Beschaffungs- und Auftragsvergabestellen

Bei der Vergabe von Aufträgen, z.B. Erwerb einer neuen IT-Software, können Anbieter versuchen, die für die Entscheidung zuständigen Mitarbeiter des Unternehmens zu bestechen. Bei der Anlage von bankeigenen oder Kundengeldern in Vermögenswerte (Geschäftsanteile, Immobilien, Anleihen, Derivate, etc.) können Anbieter der Vermögenswerte die Geldanlage durch die Zahlung von Geldern oder anderen Zuwendungen in Form von „kick backs" an Mitarbeiter des Unternehmens vorantreiben. **136**

d) Beteiligungserwerb/-veräußerung

Korruptionsrisiken beim unmittelbaren Beteiligungserwerb/-veräußerung durch Banken haben sich in den letzten Jahren in Deutschland z.T. spektakulär verwirklicht. Dies betrifft zum einen Beteiligungen mit hohen Korruptionsrisiken, die erst nach dem Erwerb bekannt werden. Das bekannteste Beispiel hierfür ist der Erwerb der Hypo Alpe Adria durch die Bayern LB, bei dem Risiken vertuscht oder verschwiegen wurden.[227] Zum anderen betrifft es die Risiken von Interessenkonflikten bei Erwerb/Veräußerung von Beteiligungen, insbesondere mit dem Einsatz von Vertriebsmittlern oder Beratern. So wurde ein Vorstandsmitglied der Bayern LB zu achteinhalb Jahren Freiheitsstrafe verurteilt, nachdem er 44 Mio. USD im Zuge der Veräußerung der von der Bayern LB gehaltenen Geschäftsanteile an der Formel 1 erhalten hatte. Im Gegenzug soll er die Anteile unter Wert verkauft haben. Zudem hatte das Vorstandsmitglied noch einen Vertriebsmittlervertrag zugunsten des indirekt aus dem Geschäft Begünstigten mit einer Provision in Höhe von 41 Mio. USD durchgesetzt.[228] **137**

e) Kontrolltätigkeiten

In einer Vielzahl von möglichen Sachverhalten bestehen weitreichende Kontrollpflichten von Banken und Versicherungen. So hat vor der Vergabe von Krediten eine Bonitätsprüfung des Kunden zu erfolgen. Schutzmaßnahmen gegen Geldwäsche sind zu ergreifen.[229] Vor Überweisung von Geldern ist zu prüfen, ob der Empfänger auf einer Anti-Terror- oder sonstigen Boykottliste steht. Abschlussprüfer sollen ihr Testat für den Jahresabschluss erteilen. Mitarbeiter des Unternehmens können in Versuchung kommen, unlautere Zahlungen anzunehmen, um im Gegenzug den positiven Ausgang einer Kontrolle herbeizuführen. **138**

2. Personenbezogene Warnhinweise

Bereichsübliche Korruptionsrisiken können durch die persönliche Situation eines Mitarbeiters verstärkt werden. Es gibt kaum charakteristische Täterprofile, Führungskräfte und Mitarbeiter können unter bestimmten Umständen jedoch dazu neigen, sich korrupt zu verhalten.[230] Daher sollte das Unternehmen Motive nicht ignorieren, die zu einem unternehmensschädigen Verhalten führen können.[231] Die Motive für korruptives Verhalten der sog. Nehmer können – wie kriminologische Studien gezeigt haben – von sehr unterschiedlicher Natur sein, z.B.: Süchte, persönliches Geltungsbedürfnis, Prestigedenken, materielles Berei- **139**

---

227 Die BayernLB hatte 2007 die österreichische Bank Hypo Alpe Adria gekauft, die anschließend Verluste von 3,7 Milliarden EUR einbrachte. Ende 2009 verkaufte die BayernLB ihre Tochter für einen EURO an Österreich. Weitere begleitende Delikte werden regelmäßig angeklagt, so z.B. wurde ein Gutachter, der ein völlig übertreuertes Gutachten über den Wert der Bank für 6 Mio. EUR erstellte, zu drei Jahren Haft verurteilt. Mit dem Geld soll zudem eine unzulässige Parteienfinanzierung erfolgt sein.
228 *BGH* 2.5.2013 – 1 StR 96/13.
229 *Kaetzler* CCZ 2008, 174.
230 PWC/Martin-Luther-Universität, Wirtschaftskriminalität 2011, S. 62
231 *Eidam* Rn. 1955.

cherungsstreben (auch für Dritte), Kompensationsdenken (subjektiv empfundene Unterbezahlung), Unzufriedenheit am Arbeitsplatz, fehlende Anerkennung, steigender Wettbewerbsdruck. Finanzielle Probleme sind bei Korruptionsstraftaten ein übliches Motiv, um sich selbst zu bereichern – Hinweise hierauf geben persönliche Krisen wie Scheidungen/Trennungen, Spielsucht, Trinksucht etc. Auch ein sich plötzlich ändernder Lebensstil, insbesondere wenn er mit dem Einkommen nicht erklärbar ist, kann einen Hinweis darstellen.[232] Zu einer angestrebten Schädigung des Unternehmens, bei einer gleichzeitigen eigenen Bereicherung, führen Situationen aus dem beruflichen Bereich wie z.B. eine als ungerecht empfundene Zurücksetzung oder Degradierung, despotisches oder erniedrigendes Verhalten von Vorgesetzten, eine Umsetzung oder der Entzug von Verantwortung. Dem Handeln aus den vorgenannten Motiven ist gemeinsam, dass es sich um ein von Unternehmen schon immer ungewünschtes Verhalten handelt und entsprechend bei Aufdeckung geahndet wurde. Als statistische, und im Einzelfall nicht hilfreiche, Kenntnis mag noch erwähnt werden, dass eher langjährige Mitarbeiter in gehobenen Positionen im Alter zwischen 31 und 50 Jahren bewusst zu Lasten des Unternehmens handeln.[233]

140 Besonderes Augenmerk muss eine Compliance-Abteilung, bzw. die für die Aufklärung von Sachverhalten zuständige Abteilung, auf Täter legen, die glauben, mit ihrem Fehlverhalten dem Unternehmen zu dienen und in der Vergangenheit unternehmensseitig belohnt wurden. Hierzu zählt die Auftragserlangung durch Bestechung, insbesondere von Amtsträgern im Ausland. In der Vergangenheit wurde dieses Verhalten in Deutschland nicht nur von den Unternehmern, sondern auch vom Staat und den Gerichten toleriert oder gefördert. So entschied der BGH 1985, dass Angestellte eines Unternehmens nicht gegen ihre Dienst- und Vertragspflichten verstießen, wenn sie im Ausland „ortsübliche" Schmiergelder zahlten.[234] Bis 1995 durften Unternehmen Schmiergelder steuerlich als Auslagen absetzen.[235] Mit dem Steuerentlastungsgesetz 1999/2000/2002 entfiel das Erfordernis einer rechtskräftigen Verurteilung und die Finanzbehörde selbst kann entscheiden, ob sie die Straftat als verwirklicht ansieht.[236] Mit dem IntBestG (Gesetz zur Bekämpfung internationaler Bestechung) wurde zum 15.2.1999 die Bestechung ausländischer Amtsträger unter Strafe gestellt. Erst im Jahr 2002 erfolgte dann die Erweiterung des § 299 StGB auf Handlungen im ausländischen Wettbewerb. Diese Entwicklung wurde in der Wirtschaft nicht immer als richtig betrachtet, vielmehr seien die lokalen Marktverhältnisse zu beachten[237] – zu denen auch Bestechung gehören soll. Allerdings sind auch im Ausland in den letzten Jahren gleichartige Anti-Korruptionsgesetze erlassen und Schwerpunktstaatsanwaltschaften[238] errichtet worden, die vermehrt sowohl die öffentliche, als auch die privatwirtschaftliche Korruption unter Strafe stellen.

3. Legale Kundenpflege – Korruption?

a) Einladungen und Geschenke

141 Unternehmen vergeben Einladungen und Geschenke (im Folgenden gemeinsam „Zuwendungen") an eine Vielzahl von Personen, unter ihnen bestehende und potentielle Kunden, Gesellschafter, Mitarbeiter und auch Amtsträger. Zuwendungen gehören zum Geschäftsalltag eines jeden Unternehmens und sind zulässig, soweit sie gewohnheitsrechtlich anerkannt

---

232 *LKA NRW* Korruptionsprävention für Banken und Geschäftsunternehmen, Ziffer 7.3.
233 PWC/Martin-Luther-Universität, Wirtschaftskriminalität 2011, S. 62.
234 *BGH* NJW 1985, 2405.
235 Siehe § 4 Abs. 5 Nr. 1 EStG a.F.
236 *Eidam* Rn. 1932.
237 Müller-Gugenberger/*Bieneck* § 53, Rn. 57.
238 Bsp. Österreich mit der Errichtung der Schwerpunktstaatsanwaltschaft zum 1.1.2011.

und sozial adäquat sind (s. oben).²³⁹ Im privatwirtschaftlichen Bereich ist die sogenannte Klimapflege durch Zuwendungen zulässig, soweit sie den Empfänger der Zuwendung nicht bei seiner Entscheidungsfindung beeinflussen.²⁴⁰ Ab welchem Wert bzw. Art der Zuwendung ein Empfänger bereit ist, eine Gegenleistung zu gewähren, hängt von seiner privaten und beruflichen Situation ab und ist entsprechend im Einzelfall abzuwägen. Sicherlich beginnt der problematische Bereich erst außerhalb der geringwertigen Zuwendungen.²⁴⁰

142 Bei mehrtägigen Veranstaltungen, die von den Unternehmen organisiert werden (z.B. Road-Shows), tragen die Unternehmen häufig die Kosten von Teilnehmern für Reise, Unterbringung und Unterhaltung. Auch hier stellt sich die Frage, wann die Übernahme der Kosten als Gebot der Höflichkeit oder sozial adäquat erfolgt und wann es sich um eine unlautere Einflussnahme handelt.

143 Bei Amtsträgern ist in jedem Fall eine Einzelabwägung vorzunehmen.²⁴¹ Der BGH hat Abgrenzungskriterien entwickelt, aus deren Gesamtschau fehlende sozialadäquate und eine mögliche Einflussnahme auf die Dienstausübung gefolgert werden kann.²⁴² Zudem sind die jeweiligen nationalen und behördlichen Vorgaben²⁴³ sowie dienstrechtliche Vorgaben²⁴⁴ zu beachten. So gilt für alle Beschäftigten der Bundesverwaltung ein grundsätzliches Verbot, Belohnungen, Geschenke oder sonstige Vorteile (Zuwendungen) anzunehmen. Dies gilt unabhängig davon, ob es sich um Beamte oder Tarifbeschäftigte handelt. Für Beschäftigte der Bundesverwaltung gilt § 71 Bundesbeamtengesetz (BBG) bzw. § 3 Abs. 2 des Tarifvertrages für den öffentlichen Dienst (TVöD). Eine Zuwendung darf nur angenommen werden, wenn die zuständige Dienststelle dem ausdrücklich oder stillschweigend zustimmt. Eine Zustimmung ist jedoch nur in begrenztem Umfang und unter Abwägung der Umstände des Einzelfalles möglich. Dies kann selbst bei einer strafrechtlich nicht relevanten Zuwendung dazu führen, dass die Genehmigung zur Annahme nicht erteilt und der Amtsträger die Zuwendung nicht annehmen darf.

144 Wenn ein Unternehmen Konferenzen, Seminare oder andere geschäftsorientierte Veranstaltungen fördert, ist es üblich, externen Rednern, auch Amtsträgern, einen Dank zukommen zu lassen. Dies ist ebenfalls zulässig, soweit die Angemessenheit gewahrt bleibt.

b) Spenden und Sponsoring

145 Bei **Spenden** und **Sponsoring** hat der Geber grundsätzlich keinen Anspruch auf eine Gegenleistung im vollen Wert der selbst gewährten Leistung; während bei einer Spende eine unmittelbare Gegenleistung *per se* ausgeschlossen ist, erhält der Geber beim Sponsoring nur einen geringeren Wert an Leistungen zurück (z.B. Eintrittskarten oder Marketingleistungen, die jedoch nicht den Wert der gezahlten Leistung erreichen).²⁴⁵ Spenden und Sponsoring können zu enge Verbindungen zwischen Empfänger und Geber herbeiführen und ein Anfüttern darstellen. In über 90 % der dem LKA NRW bekannt gewordenen Fälle war das Anfüttern die Ausgangsposition für spätere Korruption.²⁴⁶ Gewährt der Empfänger oder eine ihm nahestehende Person zudem eine mit der Spende/Sponsoring im Zusammenhang stehende Gegenleistung, ist die strafrechtliche Relevanz unmittelbar gegeben.

---

239 Müller-Gugenberger/*Bieneck* § 53, Rn. 19, für Amtsträger, jedoch übertragbar auf Nicht-Amtsträger.
240 Görling/Inderst/Bannenberg/*Bannenberg/Dierlamm* Kap. 5 Rn. 77.
241 Siehe oben Rn. 6 ff.
242 *BGH* NJW 2008, 3580; siehe im Detail unter Rn. 36 ff.
243 *Wolfsberg* S. 11.
244 S20, Hospitality und Strafrecht 2012, S. 4.
245 *Grützner/Jakob* Compliance A-Z, Spenden/Sponsoring.
246 *LKA NRW* Korruptionsprävention 2006, Rn. 4.

146 Eine Sonderrolle spielen politische Spenden. Diese werden weltweit verschieden gesetzlich geregelt. Angesichts der medialen Beachtung der Bestechung von Politikern und der damit verbundenen Folgen gehen die Auswirkungen schon bei einem Tatverdacht über die Folgen einer möglichen Bestechung im privatwirtschaftlichen Bereich deutlich hinaus.

c) *Facilitation Payments*/Beschleunigungszahlungen

147 In vielen Ländern ist es immer noch üblich, dass Amtsträger den ihnen obliegenden rechtlichen Verpflichtungen nur gegen Zahlung kleinerer Beträge nachkommen. Diese als Beschleunigungszahlungen oder auch *Facilitation Payments* bezeichneten Zahlungen werden weltweit gesetzlich verschieden behandelt. Zudem ist kaum erkennbar, wann ein Beamter die Diensthandlung bewusst verschleppt oder lediglich auf die tatsächlich übliche längere Bearbeitung verweist.[247] Nach deutschem Recht verwischt die Abgrenzung zwischen straflosem Handeln (bei rechtmäßigen Diensthandlungen eines ausländischen Amtsträgers), Bestechung/Vorteilsgewährung (bei rechtswidrigen Diensthandlungen sowie rechtmäßigen Diensthandlungen eines deutschen Amtsträgers)[247] und Erpressung (durch den Nehmer); das Risiko einer strafbaren Einordnung von Geben und Nehmen ist hoch. Im *FCPA*[248] werden die zulässigen Zahlungen ausdrücklich definiert – die Unternehmen sind gleichzeitig verpflichtet, die erfolgten Zahlungen in der Bilanz offen zu legen und zu versteuern, damit sie nicht gegen Steuerrecht verstoßen. Im *UK Bribery Act* wiederum gibt es keine Ausnahmeregelung für *Facilitation Payments*, die als Bestechungszahlungen gelten. Allerdings haben die für die Verfolgung zuständigen Behörden erklärt, unter bestimmten Umständen diese Zahlungen für eine Übergangszeit nach Inkrafttreten des *UK Bribery Act* nicht zu verfolgen.[249]

148 Die OECD bemüht sich, gemeinsam mit Ländern, Entwicklungsbanken und auch internationalen Großkonzernen, diese übliche Behördenpraxis im Rahmen regionaler Anti-Korruptions-Programme einzudämmen;[250] ein baldiges Ende dieses Dilemmas ist jedoch nicht zu erwarten.

d) Interessenkonflikte

149 Widerstreitende Interessen können bei Mitarbeitern zu Konflikten führen und Korruption erleichtern.[251] Die Loyalität gegenüber dem Arbeitgeber tritt in den Wettbewerb mit Loyalitäten gegenüber der Familie, Freunden und anderen nahestehenden Personen, insbesondere wenn sie als Kunden des Unternehmens auftreten – häufig unterliegt in diesem Fall die Loyalität gegenüber dem Arbeitgeber. Dies wird noch verstärkt, wenn dem Arbeitgeber selbst scheinbar unmittelbar kein Schaden entsteht, wie z.B. bei der Weitergabe von kursrelevanten Informationen gegen Geld oder andere Zuwendungen.[252]

e) Einstellungen/HR

150 Das Risiko für ein Unternehmen, sich durch die Einstellung belasteter Mitarbeiter zu schaden, auch ohne dass es zu einem neuen Verstoß kommt, ist insbesondere bei der Einstel-

---

247 *Teicke/Mohsseni* BB 2012, 911, 912.
248 15 U.S.C. §§ 78dd-1(b) und (f)(3) FCPA.
249 *Schröder* CCZ 2013, 74, 75; *Teicke/Mohsseni* BB 2012, 911, 915.
250 Siehe verschiedene bestehende Programme der OECD in Asien-Pazifik, Ost-Europa/Zentralasien, Mittlerer Osten/Afrika und Lateinamerika.
251 Hauschka/*Gebauer/Niermann* § 36 Rn. 24.
252 Hier wird nicht eingegangen auf die gesetzlich in § 31 Abs. 1 Nr. 2 WpHG geregelten Interessenkonflikte zwischen den Interessen des Unternehmens und seiner Kunden, insbesondere beim Eigenhandel (siehe dazu Hauschka/*Gebauer/Niermann* § 36 Rn. 24 ff.).

lung von Führungskräften hoch. Der Fokus der Medien ist bei prominenten Wechseln im Management-Bereich auf etwaige Verfehlungen konzentriert.[253]

Bonusregelungen und Anreizsysteme sind übliche Gehaltsanteile im Unternehmen. Bei der Erarbeitung von Entlohnungssystemen sollte die Geschäftsführung sich bewusst sein, dass Mitarbeiter hohe Boni als Aufforderung verstehen können, ihre Ziele „um jeden Preis" zu erreichen. Dies ist insbesondere der Fall, wenn die Anreize unmittelbar im Zusammenhang mit bestimmten Vertriebs- und Umsatzzielen stehen und an Provisionen, Vorschüsse, Bonuszahlungen oder andere Einmalzahlungen gekoppelt sind.[254]

II. Maßnahmen zur Minderung festgestellter Risiken

1. Compliance-Organisation

Obwohl im Bankenbereich in verschiedenen Gesetzen (KWG, VAG, WpHG) Anforderungen an die Compliance-Funktion gestellt werden, enthalten diese keine starren Vorgaben, wie die geforderten Ziele zu erreichen sind.[255] Gem. § 25c KWG müssen Finanzinstitutionen ein angemessenes Risikomanagement sowie über Verfahren und Grundsätze verfügen, die u.a. auch der Verhinderung strafbarer Handlungen, die zu einer Gefährdung des Vermögens des Instituts führen können, dienen.[256] Dies erfasst somit auch Straftaten aus dem Korruptionsbereich. Sie haben hierfür angemessene geschäfts- und kundenbezogene Sicherungssysteme zu schaffen, zu aktualisieren sowie Kontrollen durchzuführen. Die Deutsche Kreditwirtschaft (vormals der Zentrale Kreditausschuss (ZKA)) hat Auslegungs- und Anwendungshinweise ausgearbeitet, wie die Forderungen des Gesetzgebers umzusetzen sind. Diese hat die BaFin als Rundschreiben 7/2011 (GW) am 16.6.2011 veröffentlicht, dem die ZKA-Richtlinie als Anlage verbindlich beigefügt ist.

Sowohl in dem BaFin-Rundschreiben als auch in den ZKA-Leitlinien wird darauf hingewiesen, dass ein angemessenes Risikomanagement und die dafür angemessen geschäfts- und kundenbezogenen Sicherungssysteme geschaffen werden müssen. Für die Umsetzung wurde den Instituten eine Frist bis zum 31.3.2012 eingeräumt. Auch mit dieser Richtlinie bleibt Compliance im Bankensektor „eine organisatorische Herausforderung".[257]

Die Compliance-Abteilung muss die Kenntnisse, Erfahrung und Verantwortung für die Verwaltung des Anti-Korruptions-Programms haben und mit den hierfür erforderlichen Ressourcen ausgestattet sein. In Unternehmen ohne Compliance-Abteilung (oder mit anderer Aufgabenverteilung) bieten sich andere unabhängige Abteilungen wie Recht oder Interne Sicherheit als Ansprechpartner an. Je nach Unternehmensgröße, Expertise und Größe der Abteilungen kann auch eine Trennung der Aufgaben zwischen den Abteilungen erfolgen.

---

253 Siehe als Beispiel den medial stark beachteten Wechsel des vormaligen MAN Diesel & Turbo Vorstandsvorsitzenden Klaus Stahlmann als CEO des Schweizer Unternehmens Sulzer im Februar 2012. Stahlmann wurde beschuldigt, sich an einem korrupten Projekt beteiligt zu haben; das Verfahren wurde gegen Zahlung von 275 000 EUR eingestellt.
254 *Wolfsberg* S. 15.
255 Görling/Inderst/Bannenberg/*Weber-Rey* Kap. 7 Rn. 203.
256 Siehe 3. Kap.
257 Görling/Inderst/Bannenberg/*Weber-Rey* Kap. 7 Rn. 206.

2. Unternehmensführung

155 Entscheidend für die Wirksamkeit einer Compliance-Organisation bleibt, trotz aller Sicherungsprozesse, das Vorbild des Managements und der von dort aus gelebte *„Tone from the Top"*. Ein fehlendes Unternehmensleitbild bezüglich der Einstellung des Unternehmens zu Korruption gilt immer noch als weit verbreitet. Die Lauterkeit der Führungsebene stellt eine hohe Barriere gegen Korruption dar; eine fehlende Vorbildfunktion verleitet im umgekehrten Fall zu Korruption auf allen nachgeordneten Ebenen. Es genügt nicht, über Compliance zu sprechen, die Ziele müssen durch das Management vorgelebt werden (*„Walk the talk"*).[258] Entsprechend sollte die Entwicklung und Umsetzung eines Compliance-Systems durch das höhere Management erfolgen.[259] Die höheren Führungskräfte sollten eine Kultur aufbauen, in der Bestechungen strikt verboten sind und Mitarbeiter und Führungskräfte verpflichtet sind, integer zu arbeiten.[260] Für die Umsetzung des Anti-Korruptions-Programms im Unternehmen sollte ein hochrangiges Mitglied der Geschäftsführung verantwortlich sein. Die Geschäftsführung ist regelmäßig über das Programm zu informieren, ebenso kontrollierende Organe wie der Aufsichtsrat (bzw. sein Prüfungsausschuss). Die Verantwortung für die Umsetzung des Programms im täglichen Geschäft tragen die operativen Führungskräfte.

156 Die Bedeutung einer Anti-Korruptionskultur sollte öffentlich erklärt werden, zum Beispiel als Teil der **Corporate Social Responsibility**[259]; dies stärkt neben der Außenwahrnehmung die interne Verpflichtung, sich an diesen Maßstäben messen zu lassen und keine kurzfristigen Wertewandel zuzulassen.

3. Verhaltenskodex

157 Der Verhaltenskodex (auch **Code of Conduct**, **Verhaltensgrundsätze** usw.) stellt die Verfassung des Unternehmens dar und greift dessen Leitbild auf. Er erfasst alle für das jeweilige Unternehmen relevanten Bereiche und erläutert in verständlichen Worten die Erwartungen des Unternehmens und das zugrundeliegende Recht. Er ist der schriftlich verkörperte *„Tone from the Top"* durch das Management und sollte die **Zero Tolerance**-Vorgaben, also die Sanktionierung aller beweisbaren Verstöße zumindest im Bereich Korruption, enthalten.[261] Ein Verhaltenskodex muss an die Risiken und Firmenkultur der jeweiligen Gesellschaft angepasst werden, es gibt kein für alle Unternehmen gleichbleibendes Format.[262] Hierzu gehört die wichtige Aufgabe der Compliance-Organisation als Übersetzerin der gesetzlichen Regelungen in verständliche Handlungsanweisungen für den Mitarbeiter. Diese Regelungen müssen, mit Ausnahme von lokalen rechtlichen Sondersituationen, weltweit im Unternehmen gelten;[263] anderenfalls ist eine konsequente Umsetzung von Compliance mit klaren, nachvollziehbaren Regelungen und eine verbindende Unternehmenskultur ausgeschlossen. Es liegt in der Natur der Sache, dass sich die meisten Unternehmen dabei auf den rechtlichen und kulturellen Hintergrund ihres Hauptsitzes stützen. Die hierdurch erzeugten Konflikte mit lokal üblichen Verhaltensweisen und Erwartungen sind vorab zu analysieren und möglichst schon im Verhaltenskodex aufzugreifen.

158 Der Verhaltenskodex darf sich bei international tätigen Unternehmen zudem nicht auf die deutsche Gesetzeslage beschränken, sondern muss die Regelungen zumindest einiger anderer wichtiger Rechtsordnungen aufgreifen. Neben dem üblicherweise beachteten *FCPA* hat

---

258 Görling/Inderst/Bannenberg/*Weber-Rey* Kap. 4 Rn. 122 f.
259 *Wolfsberg* S. 5.
260 *Wolfsberg* S. 2.
261 *Wolfsberg* S. 7.
262 Görling/Inderst/Bannenberg/*Weber-Rey* Kap. 4 Rn. 115.
263 Görling/Inderst/Bannenberg/*Weber-Rey* Kap. 4 Rn. 14.

der weitreichende *UK Bribery Act* größere Bedeutung erlangt. Das US-amerikanische **Department of Justice** (*DOJ*) und die **Security and Exchange Commission** (*SEC*) klären Verstöße internationaler Unternehmen mit großem Aufwand auf und erlassen nach dem Abschöpfen etwaiger Gewinne aus den durch Korruption erlangten Geschäften hohe Bußgelder und ggfs. noch weiterreichende Auflagen wie z.B. einen *Compliance Monitor*, der die weitere Umsetzung von Compliance-Auflagen begleitet. Die örtliche Reichweite des *UK Bribery Act* ist möglicherweise noch weiter als die des FCPA – allerdings hat das mit der Umsetzung betraute **Serious Fraud Office** seit Inkrafttreten des *Acts* nur wenige Fälle aufgegriffen. International bietet die OECD Konvention gegen Bestechung in internationalen Transaktionen eine gute Orientierung bezüglich der korruptionsrechtlichen Gesetzeslage, da ihre Bestimmungen in vielen OECD-Mitgliedstaaten umgesetzt wurden.[264]

a) Amtsträger

Weltweit ist das strafrechtliche Risiko bei Kontakten mit Amtsträgern höher als in der Privatwirtschaft. Viele Länder haben erst jüngst die Strafbarkeit von Korruption in der Privatwirtschaft eingeführt. Die Mitarbeiter sollten angesichts des erhöhten Risikos dabei sensibilisiert werden, wenn sie mit Amtsträgern zusammenarbeiten. Auch für national tätige Unternehmen kann die Feststellung, ob es sich bei ihrem Ansprechpartner um einen Amtsträger handelt, schwierig sein. Wer Amtsträger ist, bestimmt sich nach lokalem Recht, eine verbindliche Definition für alle Amtsträger in einem zentralen Dokument wie den Verhaltenskodex kann daher nicht erfolgen. Die Darstellung sollte diese offene Definition berücksichtigen, möglichst weit gefasst sein, zumindest die nationalen Amtsträger ausdrücklich erfassen und ergänzend auf die lokale rechtliche Thematik hinweisen. Insbesondere das Risiko, dass Mitarbeiter oder Organe in Unternehmen als Amtsträger gelten können, wenn diese im staatlichen Besitz oder staatlich kontrolliert sind, ist hervorzuheben. Die Regelungen sollten einen Prozess enthalten, mit dem der Staatsanteil am Geschäftspartner festgestellt werden kann und dieser möglicherweise als staatliche Institutionen gilt. Rechtliche Sicherheit bei Zweifelsfragen kann nur lokaler anwaltlicher Rat bringen. Gegebenenfalls ist der Mitarbeiter des Kunden zu fragen, ob er nach lokalem Recht als Amtsträger gilt. **159**

Als Amtsträger kommen – wie oben beschrieben wurde – auch die Mitarbeiter und Führungskräfte öffentlicher Sparkassen und Landesbanken in Betracht. Ein Verhaltenskodex für diese muss daher auch die strengen gesetzlichen Regeln bzgl. der Annahme von Zuwendungen für Amtsträger berücksichtigen.[265] **160**

b) Umgang mit Zuwendungen

Eine der täglichen Aufgaben einer Compliance-Organisation ist die Regelung des Empfangs/der Vergabe von Zuwendungen. Dabei sind kulturelle Unterschiede aufzugreifen und im Spannungsfeld der Unternehmensinteressen und der lokalen Bräuche aufzulösen. Angesichts der großen kulturellen Unterschiede multinationaler Unternehmen sind die dabei bestehenden Komplexitäten im Sinne einer möglichst schnellen und einfachen Lösung zu bevorzugen. Im Verhaltenskodex oder einer begleitenden Richtlinie sollte das übliche Vorgehen für die Vergabe und den Empfang von Zuwendungen geregelt werden. Angesichts der bestehenden Unsicherheiten gibt es verschiedene Initiativen, die sich bemühen, Orientierungshilfen zu bieten, damit weiterhin rechtssicher Zuwendungen verteilt werden können. Obwohl die rechtliche Abwägung im Einzelfall schwierig ist, ist es Aufgabe einer Compliance-Organisation, den Mitarbeitern eine Hilfestellung im alltäglichen Geschäft und damit eine legale Lösung zu bieten. **161**

---

264 40 Länder haben die OECD Konvention unterzeichnet, ratifiziert und in nationales Gesetz umgesetzt (Stand: 20.11.2012).
265 Siehe oben Rn. 143.

162 Angesichts der erhöhten Risiken bei Amtsträgern sollte zwischen privaten und öffentlich-rechtlichen Empfängern unterschieden werden. Auch wenn die Gerichte und Staatsanwaltschaften (jedenfalls in Deutschland) bisher keinen Mindestwert für eine Strafbarkeit festgelegt haben, beinhalten die meisten Verhaltensgrundsätze zur Vereinfachung bestimmte Wertgrenzen. In Deutschland kann bei Geschenken üblicherweise von einer Wertgrenze von ca. 30–50 EUR und bei Einladungen von ca. 100 EUR/Person ausgegangen werden.[266] Bei Amtsträgern gelten wiederum niedrigere Wertgrenzen von ca. 10–15 EUR. Bargeldzuwendungen sind auszuschließen. Die Wertgrenzen können sich zudem nach Ländern, Regionen und Branchen richten. Die Regelungen sollten zudem definieren, in welcher Häufigkeit einzelne Personen Einladungen erhalten oder annehmen dürfen (verbreitet ist nicht mehr als zwei Mal im Jahr). Hierzu gehören auch Leistungen an Ehegatten oder Familienmitglieder des Geschäftspartners, die nur unter besonderen Bedingungen zulässig sein sollten (z.B. üblich bei Theater- und Konzertbesuchen oder Wohltätigkeitsveranstaltungen). Jedes Unternehmen muss für sich entscheiden, welche Prozesse ab Erreichen der Wertgrenzen greifen sollen (z.B. reine Dokumentations- oder Meldepflichten bis hin zu Zustimmungen von Vorgesetzten, Geschäftsführungen oder auch der Compliance-Abteilung). Eine endgültige Rechtssicherheit ist durch diese Wertgrenzen nicht erreicht, da weder Behörden noch Gerichte diese als allgemeingültig anerkennen. Die Wertgrenze gibt den Mitarbeitern jedoch die Sicherheit, dass ihnen bei Einhalten der vorgegebenen Regeln zumindest keine unternehmensseitigen Sanktionen drohen.

163 Der Eingeladene kann aufgefordert werden, die Einladung vor der Annahme gegenüber seinem Vorgesetzten anzuzeigen. Transparenz vermindert wie immer das Korruptionsrisiko. Die größte Absicherung bietet insbesondere bei Amtsträgern eine vorab eingeholte schriftliche Bestätigung des Empfängers bzw. seines Vorgesetzten, dass er die Zuwendung entgegennehmen darf.[267] Angesichts der umfassenden internen dienstlichen Regelungen stellt dies zumindest für die deutschen Behörden keinen ungewöhnlichen Vorgang mehr da. Eine geringere, und aufwendiger zu erlangende, Absicherung bietet insbesondere bei internationalem Bezug ein externes Rechtsgutachten, mit dem die Üblichkeit und Angemessenheit einer Zuwendung bestätigt wird. Wenn diese Maßnahmen nicht möglich sind, sollten im Grundsatz nur kleine Werbegeschenke übergeben werden.

164 Zuwendungen sollten nicht im engen zeitlichen Zusammenhang mit geschäftlichen Entscheidungen oder Kontrollen stehen. Buchhalterisch sind die Ausgaben für Zuwendungen transparent und korrekt aufzuführen; vor Freigabe und/oder Zahlung einer Rechnung bzw. Rückerstattung einer Auslage sollte die zuständige Stelle prüfen, ob die intern erforderlichen Prozesse für Zuwendungen eingehalten wurden.

165 Soweit Unternehmen zu Seminaren/Roadshows oder sonstigen Veranstaltungen einladen, sollten sie in ihren Leitlinien und Prozessen erläutern, in welchen typischen Situationen sie diese Kosten übernehmen;[268] ggf. sollte die Kostenübernahme auch ausdrücklich in Verträgen mit den Teilnehmern geregelt werden. Veranstaltungen, die über das Wochenende andauern und ohne ausdrückliche inhaltlichen Geschäftstreffen organisiert werden, sollten vermieden werden. Dies trifft insbesondere, zu wenn die Einladung auch auf den Partner/die Partnerin ausgeweitet wird. Hier eignet sich, wie auch in anderen Einzelfällen zur Prüfung der Angemessenheit von Zuwendungen, der „Öffentlichkeitstest": wie wäre die Reaktion, wenn die Einladung mit Kostenübernahme in den Medien veröffentlicht würde? Was würde der Nachbar sagen?

---

266 Siehe oben Rn. 38; *Marschlich* CCZ 2010, 110.
267 *Börner* GWR 2011, 28, 29.
268 *Wolfsberg* S. 7.

c) Umgang mit Spenden/Sponsoring

Die Unternehmen sollten klare und transparente Prozesse bezüglich der Auswahl von Empfängern von Spenden und Sponsoring aufsetzen und die erfolgten Zahlungen präzise in den Büchern aufführen und prüfen. Bei Spenden sind grundsätzlich Spendenbescheinigungen zu verlangen. Angesichts der deutlich schärferen Haftung bei Amtsträgern sollte zwischen Spenden/Sponsoring im Zusammenhang mit Amtsträgern und sonstigen Dritten unterschieden werden. Es ist schon der Eindruck zu vermeiden, dass es zu einer „unsachlichen Koppelung"[269] von Leistungen eines Amtsträgers im zeitlichen Zusammenhang mit Sponsoring/Spenden kommt. Bei der Auswahl der Empfänger und der geförderten Ziele sollten klare und transparente Vorgaben bestehen, die im Einklang mit dem Unternehmensleitbild stehen und möglichst festen Wertgrenzen unterliegen. Etwaige Empfänger sollten zudem, abhängig vom Wert der Spende/des Sponsoring und der Nähe zum Geschäft des Unternehmens, im Vorfeld angemessen geprüft werden. Die Freigabe für Spenden und Sponsoring sollte eingeschränkt erfolgen und/oder zumindest nur von hochrangigen Organen des Unternehmens freigegeben werden. Besondere Vorsicht gilt insbesondere für die Freigabe von politischen Spenden, um hier den Eindruck einer gezielten Beeinflussung zu vermeiden.

166

d) Facilitation Payments

Für die Unternehmen ergibt sich bei *Facilitation Payments* in der Praxis ein Dilemma. Die übliche Empfehlung lautet, jede Form von *Facilitation Payments* in den Verhaltensgrundsätzen ausdrücklich zu verbieten, vielleicht mit Ausnahme von Situationen, bei denen Mitarbeitern Gefahr an Leibe und Leben droht.[270] Eine Strafbarkeit des Einzelnen kann somit ausgeschlossen werden – wenn er sich an die Regelung hält. Ein Unternehmen kann es sich jedoch nicht leisten, mit einem bloßen Verbot zu arbeiten und gleichzeitig vom lokalen Mitarbeiter/Projektleiter zu fordern, seine Aufgaben autonom zu lösen. Die Entscheidung wird auf den lokalen Mitarbeiter verlagert, der sich, angesichts der zumeist geringen Höhe der Forderung, schließlich zur Zahlung entscheidet und dies gegenüber dem Unternehmen verschweigt. Eine Hilfesgestaltung beim Umgang mit Facilitation Payments bietet die gemeinsame Erklärung des Serious Fraud Office und der Public Prosecution zur strafrechtlichen Verfolgung dieser Art von Zahlungen.[271] Eine Möglichkeit zur Lösung des Dilemmas kann die Flankierung des Verbots von *Facilitation Payments* mit einer internen Meldepflicht sein. Der Mitarbeiter teilt seinem Arbeitgeber mit, wenn er sich durch seine Arbeit in einer Zwangslage fand, die er nur durch die Zahlung eines Geldbetrages lösen konnte. Dem Unternehmen wird erst so ermöglicht, gegen derartige Forderungen vorzugehen (durch *Collective Actions*, der Unterstützung weiterer Unternehmen, der Botschaft, Berufsverbänden („**Kartell der Guten**"). Auch die verstärkten kollektiven Präventionsstrategien, basierend auf Initiativen der Weltbank und Transparency International, helfen Unternehmen, international ihre Anti-Korruptionsstandards durch Integritätsvereinbarungen durchzusetzen.[272]

167

---

269 Wabnitz/Janovsky/*Bannenberg* 10. Kap. Rn. 72 ff.
270 Siehe *Wolfsberg* S. 7.
271 Siehe umfassend *Teicke/Mohsseni* BB 2012, 913, 915.
272 Mit Integritätsvereinbarungen verpflichten sich Unternehmen innerhalb einer Branche oder eines Marktsegments zu Transparenz. Siehe zur Umsetzung PWC/Martin-Luther Universität, Wirtschaftskriminalität 2011, S. 33.

4. Prozesse/Dokumentation

168 Das Unternehmen sollte klare, praktikable und angemessene Richtlinien und Prozesse einrichten, um die Korruptionsrisiken zu verringern.[273] Finanzmakler, Immobilienmakler, Rechtsanwälte, Buchhalter, Wirtschaftsprüfer und andere Drittparteien werden von den Kreditunternehmen zur Abwicklung und Erweiterung ihrer Geschäfte eingesetzt. Alle eingesetzten Drittparteien sollten zumindest erklären, dass sie sich an die Anti-Korruptionsgesetze halten. Alternativ kommt eine gegenseitige Anerkennung von Compliance-Systemen in Frage. Die Drittpartei sollte ausdrücklich erklären, auf die Zahlung von Bestechungsgeldern zu verzichten. Dem Unternehmen sollte eine einseitige außerordentliche Kündigungsmöglichkeit bei Zahlung von Bestechungsgeldern gewährt werden.

169 Anti-Korruptions-Regeln müssen in den Einkaufs-/Beschaffungsrichtlinien enthalten sein. Ein klarer Beschaffungsprozess mit **Mehraugenprinzip** verringert das Korruptionsrisiko. Die Regelungen zur verpflichtenden Ausschreibung unter der Verwendung spezifischer Auswahlkriterien sind ebenso aufzuführen wie die Hinweise und Meldungen zu Interessenkonflikten und der Gefahr der Annahme von Zuwendungen durch Einkaufs-Mitarbeiter.

170 Zahlungsvorgänge sollten korruptionsfest entwickelt werden. Rechnungen, Zahlungsbestätigungen und unterstützende Dokumentation (Vertrag, Protokolle etc.) sind aufzubewahren und den Zahlungen für erbrachte Leistungen, Reisekosten und sonstige Auslagen sowie Zuwendungen zu Grunde zu legen. Das 4-Augen-Prinzip ist einzuhalten. Barzahlungen sollten ausdrücklich ausgeschlossen werden.

171 Die Geschäftsführung sollte regelmäßig zu den Entwicklungen des Anti-Korruptions-Programms informiert werden; nur so kann sie ihrer Verantwortung gerecht werden und weitere erforderliche Maßnahmen ergreifen oder Entscheidungen zu Compliance-Sachverhalten treffen. Die Berichtsfrequenz sollte so angelegt sein, dass die dauerhafte Kontrolle der Wirksamkeit des Anti-Korruptionsprogramms sichergestellt ist. Es ist Aufgabe der zuständigen Abteilung, die für eine Bewertung erforderlichen Informationen regelmäßig einzusammeln.[274]

5. Due Diligence

a) Beteiligungserwerb/-veräußerung

172 Eine Due Diligence bei dem Erwerb von Beteiligungen zielt darauf ab, eine möglichst umfassende Risikoeinschätzung im Vorfeld zu erlangen. Gleichzeitig müssen die unternehmensinternen Regelungen beim Erwerb eingehalten werden – auch diese dienen der Korruptionseinschränkung. Wenn Mitarbeiter beim Erwerbsvorgang ausdrücklich auf das Durchbrechen interner Abläufe oder eine Beschleunigung unter Umgehung vorsorglicher Regelungen drängen, bestehen möglicherweise Eigeninteressen am Geschäftsabschluss.[275] Die Führungskräfte des Zielunternehmens sollten ebenso wie Schlüsselangestellte einer persönlichen Prüfung unterzogen werden. Soweit möglich, sollten lokale Verbindungen zu Amtsträgern und Parteien geprüft werden (z.B. Sponsoring/Spenden, Kreditverträge).

173 Eine Prüfung vor Erwerb kann nur eingeschränkte Ergebnisse bringen; daher sollte eine vertiefte Prüfung (Kreditorenscan, *Fraud Check*) unmittelbar im Anschluss an den Erwerb durchgeführt werden, wenn weiterreichende Möglichkeiten hierzu bestehen. Das *Department of Justice* (*DOJ*) hat in mehreren Einzelfallentscheidungen Anforderungen an eine mögliche Nachprüfung gestellt, die innerhalb eines angemessenen Zeitraums zu erfolgen hat; Unternehmen hatten mehrfach das DOJ im Rahmen einer geplanten Transaktion, bei

---

273 *Wolfsberg* S. 2.
274 *Wolfsberg* S. 6.
275 Als Beispiel dient hier die Veräußerung der Geschäftsanteile an der Formel 1, siehe oben.

denen sie den Erwerb von Korruptionsrisiken befürchteten, kontaktiert. Die erwerbenden Unternehmen verpflichteten sich zu zeitnahen definierten Compliance-Maßnahmen und das DOJ verpflichtete sich im Gegenzug, bei Einhaltung der Auflagen bei etwaigen Verstößen aus der Vergangenheit nicht gegen den Erwerber vorzugehen.[276]

Eine vergleichbar vertiefte Prüfung sollte bei **Joint Venture** Partnern erfolgen; hierbei ist zudem sicherzustellen, dass ausreichend Einfluss auf die Arbeit des Joint Venture im Bereich der Korruptionsverhinderung besteht. 174

b) Zusammenarbeit mit Geschäftspartnern

Unternehmen und auch einzelne Mitarbeiter können für Korruptionshandlungen und andere Wirtschaftsdelikte ihrer Geschäftspartner verantwortlich gemacht werden. So sehen es die gesetzlichen Bestimmungen, vom Handelsgesetzbuch über das Aktien- und Bilanzrechtsmodernisierungsgesetz bis hin zum Sarbanes-Oxley-Act vor. Geschäftspartner sollten daher, zumindest unter Beachtung bestimmter Risikokriterien, vor Beginn einer Geschäftsbeziehung geprüft werden. Viele Unternehmen verwenden hierfür IT-tools mit festgelegten Risikokriterien (z.B. Branche, Land, Geschäftsmodell, Volumen) und einer automatisierten Bewertung in Verbindung mit den erforderlichen internen Genehmigungsprozessen.[277] Auch während der laufenden Vertragsbeziehung bleibt eine Beobachtung des Geschäftspartners erforderlich. Dies kann in der Prüfung der tatsächlich erbrachten Gegenleistungen oder auffälliger oder überhöhter Auslagen bestehen. Abhängig von Risikofaktoren können im Einzelfall auch Rechte auf Buchprüfungen des Vertragspartners vereinbart werden. 175

c) Insbesondere: Vertriebsmittler

Ein besonders intensiv im Vorfeld zu prüfendes und während der Vertragsbeziehung zu begleitendes Risiko stellen Vertriebsmittler dar. Vor ihrem Einsatz sollten folgende Prüfungen erfolgen: 176

– Ist ihr Einsatz wirtschaftlich erforderlich?
– Handelt es sich bei Mitarbeitern/Geschäftsführern oder dem Vertriebsmittler selbst um Amtsträger (direkt oder indirekt)?
– Welche Referenzen bestehen für seine Tätigkeit?
– Wahrscheinlichkeit der Beteiligung von Amtsträgern mit einem das Unternehmen betreffenden Ermessensspielraum;
– Länderrisiko (insbesondere CPI);
– Branchenrisiko;
– Ruf des Vertriebsmittlers;
– Vermittelte Produkte und Höhe/Art der Provision.[278]

Basierend auf diesen Punkten kann das Risiko eingeschätzt und über eine vertiefte Prüfung und ggf. die weitere Eskalation entschieden werden. Wenn bei der Prüfung *red flags* entdeckt werden, sind weitere Maßnahmen abzuwägen. Als *red flags* kommen insbesondere in Frage,[279] wenn der Vertriebsmittler 177

– einen angeschlagenen Ruf hat,
– ein erst kürzlich ausgeschiedener höherrangiger Mitarbeiter des Kunden/der Behörde ist, mit dem/der ein Vertrag abgeschlossen werden soll,

---

276 Siehe insbesondere Halliburton FCPA Opinion Release 8-02 des DOJ, aber auch Johnson & Johnson Deferred Prosecution Agreement mit dem DOJ vom 8.4.2011.
277 *Schröder* CCZ 2013, 74, 75.
278 *Wolfsberg* S. 9.
279 Siehe dazu ICC Guidelines on Agents, Intermediaries and other third parties, 19.11.2010.

- er von einem mit dem Geschäft verbundenen Amtsträger vorgeschlagen wurde,
- enge familiäre, wirtschaftliche oder persönliche Verbindungen mit einem mit dem Geschäft verbundenen Amtsträger hat,
- sich gegen Anti-Korruptionsklauseln oder Compliance-Klauseln in seinem Vertrag sperrt,
- keine Adresse oder Niederlassung in dem Land hat, in dem sich der Kunde oder das Geschäft befinden,
- eine Mantelgesellschaft ist oder sonstige nicht transparente gesellschaftsrechtliche Strukturen aufweist,
- (teilweise) Vorabzahlung der Provision oder ihre sofortige Zahlung bei Zuschlag des Auftrags fordert,
- Ungewöhnliche Vertragsklauseln fordert, die möglicherweise gegen lokales Recht verstoßen oder
- Barzahlungen, Vorauszahlungen, Zahlungen an Nicht-Vertragspartner, auf ein Nummernkonto oder ein nicht vom Vertragspartner geführtes Konto verlangt oder in ein Land, das nicht der Erstsitz des Vertriebsmittlers ist bzw. außerhalb des Landes, in dem das Geschäft abgewickelt wird.[280]

178 Vertriebsmittler sollten immer einer vertieften Prüfung unterliegen. Je nach Risikoklasse kann dies auch die Beauftragung einer externen Prüfung erforderlich machen. Eine Medienrecherche sollte in jedem Fall erfolgen, um offensichtliche und öffentliche bekannte Risiken auszuschließen. Im Vertrag sind Anti-Korruptionsklauseln und Compliance-Klauseln einzufügen, die es bei einem Vertragsbruch erlauben, den Vertrag zu beenden und Schadensersatz, möglicherweise auch eine Vertragsstrafe, zu fordern. Durch regelmäßige schriftliche Leistungsnachweise ist sicherzustellen, dass der Vertriebsmittler tatsächlich für die Erlangung des Auftrags arbeitet. Die Leistungsnachweise sollten, ebenso wie die Zahlungsströme, regelmäßig geprüft werden. Wenn möglich, sollte der Vertriebsmittler aktiv über das bestehende Compliance-Verständnis des Unternehmens geschult werden. Finanzinstitutionen sollten Register mit den von ihnen eingesetzten Vertriebsmittlern mit den jeweiligen Vertragsbedingungen, insbesondere der Provisionshöhe und dem Einsatzbereich, führen. Der Vertragsschluss mit Vertriebsmittlern sollte höheren Anforderungen unterliegen und hochrangige Mitarbeiter des Unternehmens sollten bei der Genehmigung einbezogen sein.

6. Einstellungen

179 Die Prüfung von Bewerbern für Schlüsselpositionen sollte strafrechtliche oder sonstige auffällige Verfehlungen erfassen. Es sollte zudem ausdrücklich ausgeschlossen sein, dass eine Einstellung oder ein Praktikum als Belohnung oder Anreiz dient, um einen nicht gerechtfertigten Geschäftsvorteil zu erlangen oder Behörden zu beeinflussen. Die Einstellungen sollten lediglich auf Grund der Fähigkeiten und Referenzen des Mitarbeiters/Praktikanten erfolgen.

7. Abgrenzung zu anderen Unternehmensabteilungen

180 Die Organisation zur Verhinderung von Korruption sollte mit den gesetzlich im Bankwesen vorgeschriebenen Compliance-Funktionen verbunden werden (insbesondere § 25 KWG). Die Verhinderung der aus Korruptionsverstößen drohenden Risiken kann mit der Aufgabe anderer Abteilungen mit vergleichbarer Zielrichtung kollidieren oder sich überlagern – dies führt entweder zu gegenläufigen Interessen zwischen der Compliance-Abteilung und weiterer Abteilungen (z.B. Wertpapierhandel, M&A-Transaktionen, Eigenhan-

---

280 *Wolfsberg* S. 10.

del) oder zu Doppelarbeit bei der Abwehr/Minderung eines Risikos (z.B. Rechtsabteilung, Controlling, Interne Revision). In den internen Richtlinien sind die Ziele und Zuständigkeiten möglichst umfassend formal und inhaltlich abzugrenzen; soweit sich dennoch Konflikte ergeben, sollte auch die Eskalation der Konfliktlösung geregelt sein. Bewährt haben sich hierbei Compliance-Komitees, bei denen die Leiter betroffener Abteilungen regelmäßigen zusammenkommen um sich abzustimmen.[281]

8. Vergütungssysteme

Vergütungssysteme setzen Anreize und steuern Mitarbeiter. Wenn der Vorgesetzte bei Mitarbeitern mit **Boni** als hohem Gehaltsbestandteil keine aktiv lenkende Rolle wahrnimmt und sie mit der Art der Zielerreichung alleine lässt, entsteht ein hohes Risiko des Missbrauchs. Die BaFin hat (in Reaktion auf die Finanzkrise, weniger zur Korruptionsverhinderung) für Banken und Versicherungen in ihren Rundschreiben im Dezember 2009 Anforderungen für Vergütungssysteme dargelegt.[282] Diese Rundschreiben wurden mit Wirkung zum 13.10.2010 durch die Instituts-Vergütungsverordnung (InstitutsVergV) und die Versicherungs-Vergütungsverordnung abgelöst. Hierin werden die Einzelheiten zu Vergütungssystemen festgelegt. Weiterreichende Anforderungen gelten für besondere Unternehmen.[283] Die Vergütungssysteme sind angemessen ausgestaltet, wenn u.a. Anreize zur Eingehung unverhältnismäßig hoher Risiken und Interessenkonflikte vermieden werden. Unzulässige Anreize liegen insbesondere vor, wenn Geschäftsleiter und Mitarbeiter signifikant von einer variablen Vergütung abhängig sind.[284] Der bei besonderen Unternehmen einzurichtende Vergütungsausschuss nach § 6 Abs. 1 InstitutsVergV soll die Angemessenheit des Vergütungssystems überwachen – Mitglieder des Ausschusses sollen nach § 6 Abs. 2 InstitutsVergV auch Mitarbeiter aus den geschäftsinitiierenden Organisationseinheiten und den Kontrolleinheiten sein (bspw. Risikocontrolling, Compliance-Funktion oder Interne Revision). Diese Regelungen und ihre Überwachung unterstützen ebenfalls die Verringerung des Korruptionsrisikos, indem fehlerhafte Anreize vermindert werden.

181

9. Kommunikation

Ein Anti-Korruptions-Programm bleibt ein Papiertiger, wenn die Botschaft und die Prozesse nicht gegenüber den Mitarbeitern umfassend kommuniziert werden. Die Einführung und Begleitung der Umsetzung sollte hochrangigen Mitarbeitern des Unternehmens als Aufgabe übertragen werden. Die Mitarbeiter und auch relevante Geschäftspartner sind in die Umsetzung aktiv einzubeziehen. Ein Programm, das die Mitarbeiter nicht erreicht, wird in den Geschäftsabläufen nicht beachtet und kann weder Straftaten aus dem Unternehmen heraus noch die Verantwortung der Unternehmensleitung für diese Straftaten verhindern. Die Grundlage bei Einführung und Umsetzung des Programms stellt der „*tone from the top*" durch die Geschäftsführung und Vorgesetzte dar. Die Bedeutung der Werte und Regelungen für das Geschäft des Unternehmens ist auf den verschiedenen Kommunikationswegen mitzuteilen (Intranet, Mitarbeiterzeitschriften, Videobotschaften, Ansprachen an Mitarbeiter, Führungskräftetreffen etc.). Die Anti-Korruptionsregelungen sind den Mitarbeitern zu übergeben, z.B. als schriftliches Dokument zusammen mit der Gehaltsbeschei-

182

---

281 Siehe auch Hauschka/*Gebauer/Niermann* § 36 Rn. 61.
282 Rundschreiben 22/2009 (BA) – Aufsichtsrechtliche Anforderungen an die Vergütungssystems von Instituten vom 21.12.2009; Rundschreiben 23/2009 (VA) – Anforderungen an Vergütungssysteme im Versicherungsbereich v. 21.12.2009.
283 Institute, deren Bilanzsumme im Durchschnitt zu den jeweiligen Stichtagen der letzten drei abgeschlossenen Geschäftsjahre 40 Milliarden EUR erreicht oder überschritten hat, sind regelmäßig als bedeutend anzusehen.
284 *Müller-Bonanni/Mehrens* NZA 2010, 792, 794.

nigung oder als elektronisches Dokument. Angesichts der Flut an E-Mails im Alltag ist allerdings fraglich, ob eine rein elektronische Verbreitung von Unterlagen inhaltlich ausreichend wahrgenommen wird. Die Regelungen stellen zumeist dienstliche Weisungen des Arbeitgebers dar; eine ausdrückliche beidseitige Vereinbarung mit dem Mitarbeiter ist daher nicht erforderlich. Die ausdrückliche schriftliche Bestätigung der Regelungen durch den Mitarbeiter kann jedoch die Bedeutung erhöhen und fördert die Auseinandersetzung mit ihnen. Zudem können einzelne Regelungen mit arbeitsrechtlichen oder datenschutzrechtlichen lokalen Gesetzen kollidieren und besonderen Auflagen unterliegen. Dies ist ggf. im Vorfeld zu prüfen.

183 Die Botschaft der Unternehmensführung kann durch Poster, give-aways, aber auch Cartoons verbreitet werden – alle Mittel, mit denen das Bewusstsein des Mitarbeiters geschärft wird, sollten genutzt und kreativ erweitert werden.

184 Extern kann die Kommunikation von Anti-Korruptions-Programmen z.B. im jährlichen Nachhaltigkeitsbericht erfolgen, unter Berücksichtigung der Hinweise im *UN Global Compact TI Reporting Guidance on the 10th Principle against Corruption*. Die Bedeutung der externen Kommunikation ist dabei nicht zu unterschätzen, prägt sie doch das Bild eines Unternehmens in der Öffentlichkeit und bei Geschäftspartnern.[285]

10. Schulungen

185 Die Unternehmenswerte und die Compliance-Prozesse zur Verhinderung von Korruption sind mit Schulungen zu vermitteln. Diese sollten bei Eintritt ins Unternehmen erfolgen und entsprechend der Risikoexposition vertieft oder wiederholt werden. Inhaltlich sollten die Anti-Korruptions-Schulungen die Begrifflichkeiten (Korruption, Bestechung/Bestechlichkeit, Amtsträger etc.) erläutern, auf interne Regelungen und Prozesse verweisen, die grundsätzliche strafrechtliche Bedeutung darlegen und praktische Beispiele enthalten, wie sie üblicherweise im Unternehmen bzw. in einzelnen Bereichen auftreten. Des Weiteren ist der Mitarbeiter zu informieren, welche Verpflichtungen ihm obliegen, wann und wo er Rat finden oder eine Frage eskalieren bzw. einen Verstoß melden kann und wie Hinweisgeber geschützt werden. Die Durchführung der Schulungen ist zu kontrollieren und schriftlich festzuhalten, so dass sie später nachvollzogen werden können (z.B. durch die Revision oder die Compliance-Abteilung). Zielgruppen mit erhöhter Korruptionsrisiko-Exposition sollten definiert und mit zugeschnittenen Trainings geschult werden. Zu diesen Zielgruppen zählen alle Führungskräfte auf Geschäftsführerebene oder mit Generalvollmacht/Prokura, Projekt- und Vertriebsleiter, insbesondere wenn sie bei der Geschäftsentwicklung Vertriebsmittler einsetzen, sowie Mitarbeiter, die mit Amtsträgern Kontakte pflegen.[286]

186 Eine immer stärker verbreitete Schulungsart sind Compliance **E-learnings**, die auf die Bedürfnisse des jeweiligen Unternehmens angepasst entwickelt werden. Je internationaler ein Unternehmen aufgestellt ist, desto aufwendiger und kostspieliger ist dabei die Umsetzung. Allein die Übersetzung von E-learning-Programmen und die Sicherstellung der korrekten Übersetzung ist zeitaufwendig, aber erforderlich. Ausreichende Kapazitäten der verwendeten IT-Systeme sind vorab sicherzustellen. Hilfreich sind auch Videokonferenzen und webbasierte Schulungen, besonders wenn es sich um einzelne Spezialthemen oder homogene Mitarbeitergruppen handelt. Den höchsten Trainingseffekt erreichen lokale Präsenzschulungen, insbesondere wenn sie nicht nur durch die Fachabteilung, sondern durch

---

285 Siehe die Veröffentlichung des geplanten Kulturwandels der Deutsche Bank AG, bei dem die Einführung sogenannter "Roter Karten" für Mitarbeiter bei Verstößen gegen die neuen Regeln zu weitreichenden Diskussionen führte (Süddeutsche Zeitung vom 25.7.2013).
286 *Wolfsberg* S. 14.

Vorgesetzte oder lokale Geschäftsführungen erfolgen. Compliance ist keine auf eine Abteilung ausgelagerte Aufgabe, sondern wird von den Mitarbeitern nur akzeptiert, wenn sie durch die Führungskräfte vorgelebt wird.

11. Kenntniserlangung

Ein Unternehmen, das ernsthaft an der Aufklärung von Verstößen interessiert ist, muss **Hinweisgebern** Möglichkeiten anbieten, etwaige Verstöße vertraulich zu melden und Fragen zu Compliance stellen zu können. Dies gilt nicht nur für eigene Mitarbeiter, sondern auch für Geschäftspartner und sonstige Dritte, die Kontakt zum Unternehmen haben. Hinweise stammen häufig von Personen aus dem betrieblichen oder sozialen Umfeld, die das Vorgehen nicht länger hinnehmen.[287] Der sorgsame und vertrauliche Umgang mit Hinweisen ist zu gewährleisten. Die Vorwürfe sollten durch die verantwortliche Abteilung/Person entgegengenommen und an die zuständige Abteilung/Person zur weiteren Untersuchung vertraulich weitergeleitet werden.[288] Die Regelungen sollten verdeutlichen, wie Hinweise untersucht werden, wer intern und extern zu informieren ist und welche lokalen und internen Prozesse einzuhalten sind. **187**

Technisch betrachtet sind Hinweisgebern verschiedene Wege für Meldungen zur Verfügung zu stellen und die Möglichkeiten entsprechend zu kommunizieren. Hierzu gehören gebührenfreie weltweite Telefonnummern, internet- und intranetbasierte Hinweisgeberportale, interne und externe **Ombudspersonen** und/oder die Compliance-Abteilung/Consultation Desks. Bei Banken und Versicherungen soll der Implementierungsgrad dieser Instrumente im Vergleich zu anderen Branchen geringer ausgeprägt sein,[289] weitere Aktivitäten sind daher gerade bei den kleineren und mittleren Instituten erforderlich. **188**

Der Schutz des Hinweisgebers ist eine der vordringlichen Sorgen. Der vertrauliche Umgang mit seinen Hinweisen, und noch mehr mit seiner Person, ist Voraussetzung für eine aktive Hinweisgeberkultur; Informationen sollten daher nur auf der erforderlichen Basis weitergeleitet werden. Vielen Hinweisgebern drohen bei Offenlegung ihrer Identität persönliche Repressalien.[290] Das Unternehmen muss deutlich erklären, dass derjenige, der einen Compliance-Verstoß meldet, unternehmensseitig gestützt wird, selbst wenn der Vorwurf entgegen der Überzeugung des Hinweisgebers im Lauf der Untersuchung widerlegt wird. Zum Schutz der Mitarbeiter vor anonymen Vorwürfen ist jedoch ebenfalls sicher zu stellen, dass fahrlässig oder gar vorsätzlich unrichtige Vorwürfe einen eigenständigen Verstoß gegen die Compliance-Regeln darstellen und entsprechend geahndet werden. **189**

12. Kontrollen

Ein wirksames Anti-Korruptions-Programm erfordert die ständige Kontrolle und Überarbeitung, um Prozesse zu optimieren und neue Erkenntnisse einzuarbeiten. Das Unternehmen muss ausreichende Mittel zur Verfügung stellen, um die eingeführten Maßnahmen zu prüfen, Mängel zu beseitigen und neue Risiken aufzudecken. **190**

Wenn es einem Unternehmen ernst ist mit dem Wunsch nach der Verhinderung von Korruption und damit der Errichtung eines wirksamen Systems, sollten die strittigen Fragen des anerkannten Prüfungsmaßstabs und der Enthaftungswirkung[291] nicht die Entscheidung zur Kontrolle beeinflussen. Eine gesetzliche Verpflichtung zur Prüfung von Compliance- **191**

---

287 *LKA NRW* Korruptionsprävention für Banken und Geschäftsunternehmen, Ziffer 4.
288 *Wolfsberg* S. 13.
289 *Alvarez&Marsal* Studie Compliance-Organisation und Strategie 2011, S. 17.
290 *Buchert* CCZ 2008, 148.
291 Siehe stellvertretend für diese Fragen *von Busekist/Hein* CCZ 2012, 41, 42.

Management-Systemen gibt es derzeit in Deutschland jedenfalls nicht.[292] Anders ist die Situation jedoch für Unternehmen, die international agieren. So sehen die *US Sentencing Guidelines* und der *UK Bribery Act 2010* explizit strafvermindernde oder sogar strafbefreiende Wirkungen von wirksamen CMS vor und geben Hinweise, wie ein CMS ausgestaltet sein muss.[293] Hier empfiehlt sich eine umfassende rechtliche Beratung bei der Umsetzung.

192 Die Kontrolle des Anti-Korruptions-Systems kann auf internen eigenen Standards mit Hilfe der Revision oder extern durch Wirtschaftsprüfer, z.B. auf der Basis des IPW PS 980, erfolgen. Es bleibt abzuwarten, ob und wie deutsche Behörden und Gerichte zukünftig bei der Prüfung der möglichen Aufsichtspflichtverletzung das Vorhandensein eines bestimmten Prüfsiegels bewerten werden. Sollten hier die ersten Urteile zu Gunsten bestimmter Standards und ihrer Enthaftungswirkung gesprochen werden, ist mit einer schnellen Anpassung der Kontrollen zu rechnen.

---

292 *Grüninger* Der Aufsichtsrat 10/2010, 141, 142.
293 *Withus/Hein* CCZ 2011, 125.

27. Kapitel
Insiderhandel

Literatur: *Assmann* Insiderrecht und Kreditwirtschaft, WM 1996, 1337; *Bachmann* Kapitalmarktrechtliche Probleme bei der Zusammenführung von Unternehmen, ZHR 172 (2008), 603; *ders.* Ad-hoc-Publizität nach „Geltl", DB 2012, 2206; *Buck-Heeb* Insiderwissen, Interessenkonflikte und Chinese Walls bei Banken, FS Hopt 2010, S. 1667; *Bussian* Die Verwendung von Insiderinformationen, WM 2011, 8; *Caspari* Die geplante Insiderregelung in der Praxis, ZGR 1994, 540; *Claussen/Florian* Der Emittentenleitfaden, AG 2005, 745; *Fleischer/Bedkowski* Aktien- und kapitalmarktrechtliche Probleme des Pilot Fishing bei Börsengängen und Kapitalerhöhungen, DB 2009, 2195; *Gehrmann* Das versuchte Insiderdelikt, 2009; *ders.* Das Spector-Urteil des EuGH – Zur Beweislastumkehr im Insiderstrafrecht, ZBB 2010, 48; *Götz* Die unbefugte Weitergabe von Insidertatsachen, DB 1996, 1949; *Hannich* Quo vadis, Kapitalmarktinformationshaftung? Folgt aufgrund des IKB-Urteils nun doch die Implementierung des KapInHaG?, WM 2013, 449; *Hasselbach* Die Weitergabe von Insiderinformationen bei M&A-Transaktionen mit börsennotierten Aktiengesellschaften – Unter Berücksichtigung des Gesetzes zur Verbesserung des Anlegerschutzes vom 28.10.2004, NZG 2004, 1087; *Kert* Vorschläge für neue EU-Instrumente zur (strafrechtlichen) Bekämpfung von Insiderhandel und Marktmanipulation, NZWiSt 2013, 252; *Kocher* Ad-hoc-Publizität und Insiderhandel bei börsennotierten Anleihen, WM 2013, 1305; *Kocher/Widder* Die Bedeutung von Zwischenschritten bei der Definition von Insiderinformationen, BB 2012, 2837; *Parmentier* Insiderinformation nach dem EuGH und vor der Vereinheitlichung, WM 2013, 970; *Popp* Das Rätsel des § 38 Abs. 5 WpHG – Transnationales Regelungsbedürfnis und Gesetzgebungstechnik im Nebenstrafrecht, wistra 2011, 169; *Rodewald/Tüxen* Neuregelung des Insiderrechts nach dem Anlegerschutzverbesserungsgesetz (AnSVG) – Neue Organisationsanforderungen für Emittenten und ihre Berater, BB 2004, 2249; *U.H. Schneider* Investigative Maßnahmen und Informationsweitergabe im konzernfreien Unternehmen und im Konzern, NZG 2010, 1201; *Schneider/Singhof* Die Weitergabe von Insidertatsachen in der konzernfreien Aktiengesellschaft, insbesondere im Rahmen der Hauptversammlung und an einzelne Aktionäre, FS Kraft, 1998, S. 585; *Schork/Reichling* Neues Strafrecht aus Brüssel? – Europäische Kommission forciert Verschärfung des Kapitalmarktstrafrechts und Einführung eines Unternehmensstrafrechts, StraFo 2012, 125; *Schröder* Aktienhandel und Strafrecht, 1994; *ders.* Europäische Richtlinien und deutsches Strafrecht, 2002; *ders.* Strafrechtliche Risiken für den investigativen Journalismus? – Die Meinungs- und Pressefreiheit und das Wertpapierhandelsgesetz, NJW 2009, 465; *Seibt* Europäische Finanzmarktregulierung zu Insiderrecht und Ad-hoc-Publizität, ZHR 177 (2013), 388; *Seibt/Bremkamp* Erwerb eigener Aktien und Ad-hoc-Publizitätspflicht, AG 2008, 469; *Sethe* Die Verschärfung des insiderrechtlichen Weitergabeverbots, ZBB 2006, 243; *Singhof* Insiderinformationen im Unterordnungskonzern, ZGR 2001, 146; *Stemper* Marktmissbrauch durch Ratingagenturen?, WM 2011, 1740; *Sturm* Die kapitalmarktrechtlichen Grenzen journalistischer Arbeit, ZBB 2010, 20; *Weber* Die Entwicklung des Kapitalmarktrechts im Jahre 2012, NJW 2013, 275; *ders.* Die Entwicklung des Kapitalmarktrechts im ersten Halbjahr 2013, NJW 2013, 2324; *Widder/Kocher* Die Zeichnung junger Aktien und das Insiderhandelsverbot, AG 2009, 654.

A. Einleitung und Systematik

1 Die Insiderhandelsverbote gem. § 14 Abs. 1 WpHG sind aus sanktionsrechtlicher Sicht neben dem Marktmanipulationsverbot gem. § 20a Abs. 1 WpHG die zentralen Verhaltensnormen des WpHG. Danach ist es verboten,
- unter Verwendung einer Insiderinformation Insiderpapiere für eigene oder fremde Rechnung oder für einen anderen zu erwerben oder zu veräußern (Nr. 1),
- einem anderen eine Insiderinformation unbefugt mitzuteilen oder zugänglich zu machen (Nr. 2),
- einem anderen auf der Grundlage einer Insiderinformation den Erwerb oder die Veräußerung von Insiderpapieren zu empfehlen oder einen anderen auf sonstige Weise dazu zu verleiten (Nr. 3).

2 Das Gesetz sanktioniert den vorsätzlichen Verstoß gegen die Insiderhandelsverbote mit Kriminalstrafe gem. § 38 Abs. 1 WpHG. Dies gilt allerdings nicht für sog. Sekundärinsider, die Kenntnis von einer Insiderinformation nicht aufgrund der Nähe zu einem Emittenten oder aufgrund deliktischer Verhaltensweisen erlangt haben und die gegen das Mitteilungs- bzw. Empfehlungs- und Verleitungsverbot verstoßen. Solche Verstöße werden gem. § 39 Abs. 2 Nr. 3, 4 WpHG als Ordnungswidrigkeiten bebußt. Überdies ist der leichtfertige Insiderhandel nach § 38 Abs. 4 WpHG strafbar.

3 Rechtsgut der Insiderdelikte ist die Chancengleichheit der Anleger am Kapitalmarkt und nicht das Vermögen der einzelnen Anleger.[1]

4 Aus dem Gesetz erschließt sich die Reichweite der Sanktionsnormen nicht ohne weiteres, da diese als Blankettgesetze ausgestaltet und durch zahlreiche Verweisungsebenen geprägt sind.[2] Verfassungsrechtliche Bedenken gegen diese Regelungstechnik greifen jedoch nicht durch.

5 Ausschlaggebend für die Einführung eines Insiderhandelsverbots und seiner Sanktionierung war die Umsetzungspflicht der europäischen Insiderhandelsrichtlinie[3] vom 13.11.1989. Durch das Gesetz über den Wertpapierhandel und zur Änderung börsenrechtlicher und wertpapierrechtlicher Vorschriften (2. Finanzmarktförderungsgesetz) erfolgte in Umsetzung der Insiderrichtlinie die Einführung eines Wertpapierhandelsgesetzes (WpHG) in das nationale Recht. Das WpHG enthielt schon in seiner ersten Fassung nicht nur das Verbot des Insiderhandels,[4] sondern sah auch seine straf- oder bußgeldrechtliche Sanktionierung vor.[5] Die bis zur heutigen Fassung erfolgten Änderungen der §§ 14, 38, 39 Abs. 2 Nr. 3, 4 WpHG sind vorwiegend europarechtlich geprägt. Hervorzuheben ist das Anlegerschutzverbesserungsgesetz (AnSVG) vom 28.10.2004.[6] In Umsetzung der Marktmissbrauchsrichtlinie 2003/6/EG[7] vom 28.10.2003 erfolgte eine Neufassung von § 38 WpHG. Seitdem sind sowohl der Versuch als auch die leichtfertige Begehung strafbar. Zudem wurde die „Insidertatsache" durch die „Insiderinformation" in § 13 WpHG ersetzt.[8] Mit der Änderung vom

---

1 Ausführlich dazu die Darstellung bei *Gehrmann* Das versuchte Insiderdelikt, S. 61 ff.
2 Vgl. *Schröder* Kapitalmarktstrafrecht, Rn. 110; *Böttger/Szesny* Wirtschaftsstrafrecht, Kap. 6 Rn. 42.
3 Richtlinie des Rates vom 13.11.1989 zur Koordinierung der Vorschriften betreffend Insider-Geschäfte, AblEG Nr. L 334/30 vom 18.11.1989.
4 BGBl I 1994, 1749, 1753.
5 BGBl I 1994, 1749, 1759 f.; s. auch die Begr. RegE 2. FFG BT-Drucks. 12/6679.
6 BGBl I 2004, 2630 f.
7 ABlEG Nr. L 96/16 vom 12.4.2003. S. dazu auch die Durchführungsrichtlinie 2003/124/EG vom 22.12.2003 AblEG Nr. L 339/70 sowie 2004/72/EG vom 29.4.2004 ABlEG Nr. L 162/70.
8 BGBl I 2004, 2637; s. auch die Begr. des RegE BT-Drucks. 15/3174, 33 f.

13.12.2011 schloss der Gesetzgeber eine Strafbarkeitslücke.[9] Nach § 38 Abs. 2a WpHG sind Treibhausgasemissionszertifikate in den Anwendungsbereich der Insiderdelikte einbezogen worden, so dass die Verwendung von Insiderinformationen bei deren Versteigerung und Handel sanktioniert ist.[10] Die gesetzgeberische Aktivität hält mit unverminderter Intensität an. So liegen mittlerweile ein Kommissionsvorschlag für eine Marktmissbrauchs Verordnung und ein Kommissionsvorschlag für eine Richtlinie über strafrechtliche Sanktionen für Insiderhandel und Marktmanipulationen in einem fortgeschrittenen Entwurfsstadium vor.[11] Das europäische Parlament hat sich zwischenzeitlich ebenfalls hierzu geäußert, so dass mit einer Beschlussfassung in nächster Zeit gerechnet werden kann. Die vorliegenden Entwürfe enthalten für das Insiderstrafrecht zum Teil erhebliche Neuerungen im Bereich der Insiderinformation, der Unterscheidung zwischen Primär- und Sekundärinsidereigenschaft, die aufgegeben werden soll, sowie der Unterlassenstrafbarkeit beim Insiderhandel.[12] Wann und wie diese europäischen Vorgaben in deutsches Strafrecht umgesetzt werden, bleibt abzuwarten.

Der europäische Ursprung der Insiderdelikte erfordert eine richtlinienkonforme Auslegung, die jedoch durch Art. 103 Abs. 2 GG insbesondere durch das Analogieverbot und das Bestimmtheitsgebot begrenzt wird.[13]

6

B. Insiderpapiere, § 12 WpHG

§ 14 Abs. 1 Nr. 1 WpHG verbietet den Erwerb oder Verkauf von Insiderpapieren unter Verwendung einer Insiderinformation und § 14 Abs. 1 Nr. 3 WpHG die Empfehlung eines Geschäfts mit einem Insiderpapier auf Grund einer Insiderinformation. Nach § 12 S. 1 WpHG sind Insiderpapiere solche Finanzinstrumente, die

7

1. an einer inländischen Börse zum Handel zugelassen oder in den regulierten Markt oder in den Freiverkehr einbezogen sind,
2. in einem anderen Mitgliedstaat der Europäischen Union oder einem Vertragsstaat des Abkommens über den Europäischen Wirtschaftsraum zum Handel an einem organisierten Markt zugelassen sind oder
3. deren Preis unmittelbar oder mittelbar von Finanzinstrumenten nach Nummer 1 oder Nummer 2 abhängt.

Nach § 12 S. 2 WpHG sind auch solche Finanzinstrumente Insiderpapiere, bei denen der Antrag auf Zulassung oder Einbeziehung gestellt oder öffentlich angekündigt ist.

In § 12 S. 1 WpHG findet sich mithin allein das Tatbestandsmerkmal der Handelszulassung zu bestimmten Märkten, welches ein Finanzinstrument zu einem Insiderpapier qualifiziert. Das Finanzinstrument selbst wird in § 2 Abs. 2b WpHG legal definiert. Hierunter sind sämtliche Wertpapiere, Geldmarktinstrumente, Derivate, Rechte auf Zeichnung von Vermö-

8

---

9   Assmann/Schneider/*Vogel* § 38 Rn. 47a.
10 S. BGBl I 2011, 2481, 2492; s. Gesetzbeschluss zum RegE eines Gesetzes zur Novellierung des Finanzanlagenvermittler- und Vermögensanlagenrechts BR-Drucks. 674/11, 21.
11 Für den Vorschlag der Verordnung s. KOM (2011) S. 651 ff. endg., geändert durch COM (2012), 2011/0295 (COD) v. 25.7.2012, für den Richtlinienvorschlag s. KOM (2011) S. 654 endg. vom 20.11.2011, geändert durch COM (2012), 2011/0297 (COD) v. 25.7.2012.
12 Zu den Einzelheiten dieses Vorschlags: Park/*Sorgenfrei* §§ 20a, 38 Abs. 2, 39 Abs. 1 Nr. 1–2; Abs. 2 Nr. 11, Abs. 4 WpHG Rn. 12 ff.; *Seibt* ZHR 177 (2013), 388, 409 ff.; *Schork/Reichling* StraFo 2012, 125 ff.; *Weber* NJW 2013, 275, 280 f.; *ders.* NJW 2013, 2324, 2327; *Kert* NZWiSt 2013, 252 ff.
13 *Schröder* Europäische Richtlinien und deutsches Strafrecht, S. 321 ff., 396 ff.

gensanlagen sowie Namensschuldverschreibungen zu subsumieren. Diese Begrifflichkeiten werden ihrerseits in § 2 Abs. 1–2 WpHG legal definiert. Zusammenfassend lässt sich feststellen, dass § 12 WpHG einen breiten Anwendungsbereich hat und eine Vielzahl unterschiedlichster Kapitalmarktprodukte erfasst. Hintergrund ist das Bemühen des Gesetzgebers „das Netz des Insiderrechts über alles zu werfen, was an Börsen gehandelt wird, und über vieles, was sich außerbörslich auf Objekte des Börsenhandels bezieht"[14]. Ziel dieser weiten Definition ist die Zukunftsfestigkeit des Gesetzes, so dass mit der hohen Innovationsfreude des Kapitalmarktes Schritt gehalten und die Ausnutzung unberechtigter Informationsasymmetrien mittels neuer innovativer Finanzprodukte verhindert werden kann.

9 Insiderpapiere klassischer Prägung sind Aktien gem. § 12 i.V.m. § 2 Abs. 2b i.V.m. § 2 Abs. 1 S. 1 Nr. 1 WpHG sowie Derivate, deren Wert sich aus einem der in § 2 Abs. 2 Nr. 1 WpHG aufgeführten Basiswerte ableitet. Erfasst sind ferner Derivate auf Waren (auch Strom) oder Edelmetalle gem. § 2 Abs. 2 Nr. 2 WpHG.[15] Darüber hinaus können nach § 12 S. 1 Nr. 3 WpHG auch außerbörslich gehandelte Finanzinstrumente Insiderpapiere sein, sofern deren Preis unmittelbar oder mittelbar von Insiderpapieren abhängt, die in § 12 S. 1 Nr. 1 und 2 WpHG genannt sind. Angesprochen sind damit insbesondere Optionsverträge sowie *clickoptions*.[16] Dagegen sind sog. junge Aktien vor beantragter Börsenzulassung oder Einbeziehung in den Freiverkehr keine Insiderpapiere.[17] Ebenfalls keine Insiderpapiere sind Wertsteigerungsrechte, *stock appreciation rights* und *phantom stocks*, da es hier an der Eigenschaft als Finanzinstrument fehlt.[18]

C. Insiderinformation, § 13 WpHG

10 Das Tatbestandsmerkmal der „Insiderinformation" findet im WpHG erst seit dem Anlegerschutzverbesserungsgesetz (AnSVG) Verwendung[19] und löste das zuvor verwendete Tatbestandsmerkmal der „Insidertatsache" ab.[20] Hintergrund hierfür waren Strafbarkeitslücken in der Gesetzesanwendung, die daraus resultierten, dass der deutsche Gesetzgeber sich gegen den in Art. 1 Nr. 1 EG-Insiderrichtlinie verwendeten Begriff der „Insiderinformation" entschieden hatte, ohne auf ein abweichendes inhaltliches Verständnis hinzuweisen.[21] Dies hatte auf Grund des strengen strafrechtlichen Analogieverbotes gem. Art. 103 Abs. 2 GG, nach dem der Wortlaut die äußerste Auslegungsgrenze für Strafgesetze darstellt, zur Folge, dass Werturteile und Prognosen sowie zukünftige Geschehnisse nicht unter den Begriff der Insidertatsache zu subsumieren waren. Dieses enge Verständnis, nachdem Insidertatsachen ausschließlich Sachverhalte oder Umstände der Gegenwart oder Vergangenheit sein können, die dem Beweis zugänglich sind – war vielfach gerügt worden.[22] Um Rechtsklarheit zu schaffen und um den europäischen Vorgaben aus der Marktmissbrauchsrichtlinie zu genügen, spricht § 13 WpHG nunmehr von Insiderinformation.[23]

---

14 *Schröder* Kapitalmarktstrafrecht, Rn. 123.
15 *BaFin* Emittentenleitfaden 2009, S. 28.
16 *BaFin* Emittentenleitfaden 2009, S. 29 mit weiteren Erläuterungen.
17 Ausführlich *Widder/Kocher* AG 2009, 654, 656 f.; *Fuchs/Mennicke* § 12 WpHG Rn. 38.
18 *BaFin* Emittentenleitfaden 2009, S. 29.
19 S. BGBl I 2004, 2630, 2637.
20 Zu den einzelnen Gründen s. Begr. des RegE AnSVG BT-Drucks. 15/3174, 33 f.
21 S. Begr. RegE 2. FFG BT-Drucks. 12/6679, 34, 47 f. zur Umsetzung der EG-Insiderrichtlinie AblEG Nr. L 334/30 v. 18.11.1989.
22 *BGHSt* 48, 373, 378, es komme nur eine richtlinienkonforme Auslegung des Begriffs in Betracht.
23 S. dazu Begr. RegE AnSVG BT-Drucks. 15/3174, 33 f.

Eine Insiderinformation ist nach § 13 Abs. 1 S. 1 WpHG eine konkrete Information über nicht öffentlich bekannte Umstände, die sich auf einen oder mehrere Emittenten von Insiderpapieren oder auf die Insiderpapiere selbst beziehen und die geeignet sind, im Falle ihres öffentlichen Bekanntwerdens den Börsen- oder Marktpreis der Insiderpapiere erheblich zu beeinflussen. § 13 Abs. 1 S. 3 WpHG erfasst daneben auch erst zukünftig mit hinreichender Wahrscheinlichkeit eintretende Umstände. § 13 Abs. 1 S. 4, Abs. 2 WpHG verdeutlichen, dass nur nicht öffentlich bekannte Umstände eine Insiderinformation sein können. **11**

I. Konkrete Information

Nach § 13 Abs. 1 S. 1 WpHG muss eine Insiderinformation zunächst eine konkrete Information über Umstände sein. Damit weicht der Gesetzgeber sprachlich erneut von den Vorgaben des europäischen Gesetzgebers ab, der von einer präzisen Information über Ereignisse in Art. 1 Abs. 1 S. 1 der Marktmissbrauchsrichtlinie spricht. Es besteht jedoch Einigkeit darüber, dass damit kein unterschiedliches Begriffsverständnis verbunden ist.[24] **12**

Nach Art. 1 Abs. 1 S. 1 Marktmissbrauchsrichtlinie i.V.m. Art. 1 Abs. 1 und Erwägungsgrund 3 der Durchführungsrichtlinie 2003/124/EG ist eine Information präzise bzw. konkret, wenn „damit eine Reihe von Umständen gemeint ist, die bereits existieren oder bei denen man mit hinreichender Wahrscheinlichkeit davon ausgehen kann, dass sie in Zukunft existieren werden, oder ein Ereignis, das bereits eingetreten ist oder mit hinreichender Wahrscheinlichkeit in Zukunft eintreten wird, und diese Information darüber hinaus spezifisch genug ist, dass sie einen Schluss auf die mögliche Auswirkung dieser Reihe von Umständen oder dieses Ereignisses auf die Kurse von Finanzinstrumenten oder damit verbundenen derivativen Finanzinstrumenten zulässt." **13**

Dem Merkmal der Konkretheit der Information kommt mithin eine tatbestandseinschränkende Funktion dergestalt zu, dass die Information ausreichenden Bezug zu einem Emittenten oder dem Insiderpapier selbst aufweisen muss, um eine Entscheidung darüber zu erlauben, ob die Information kurserheblich sein könnte (sog. Kursspezifität).[25] **14**

II. Über Umstände

Der Begriff des Umstandes in § 13 Abs. 1 S. 1 WpHG erfasst zunächst sämtliche gegenwärtigen kursspezifischen Tatsachen. Tatsachen sind der äußeren Wahrnehmung erkennbare Geschehnisse oder Zustände der Außenwelt und des menschlichen Innenlebens, die dem Beweis zugänglich sind.[26] § 13 Abs. 1 S. 3 WpHG stellt darüber hinaus ausdrücklich klar, dass nicht nur gegenwärtige und vergangene Tatsachen insiderrechtliche Relevanz haben, sondern auch solche zukünftigen Ereignisse, deren Eintritt hinreichend wahrscheinlich ist. **15**

1. Äußere Tatsachen

Zu den äußeren Tatsachen zählen alle betriebswirtschaftlich wichtigen Daten wie Ertragsausfall und Dividendenerhöhung.[27] Als potentielle Insiderinformationen kommen daneben in Betracht: Übernahmeangebote, Aufbau wesentlicher Beteiligungen, Erschließung neuer oder Rückzug aus Kerngeschäftsfeldern, Schließung von Kreditlinien, wesentliche Kapital- **16**

---

24 Statt aller Assmann/Schneider/*Assmann* § 13 WpHG Rn. 6; Fuchs/*Mennicke/Jakovou* § 13 WpHG Rn. 25; je m.w.N.
25 Vgl. Park/*Hilgendorf* § 13 WpHG Rn. 68; Assmann/Schneider/*Assmann* § 13 WpHG Rn. 8.
26 Vgl. *Fischer* § 263 Rn. 6 ff.; SK-StGB/*Hoyer* § 263 Rn. 12; je m.w.N.
27 *Schröder* Kapitalmarktstrafrecht, Rn. 130.

maßnahmen, der überraschende Wechsel des Wirtschaftsprüfers oder die Verweigerung eines Testats, tiefgreifende Restrukturierungsmaßnahmen, Rechtsstreitigkeiten von besonderer Bedeutung sowie der Ausfall wesentlicher Handelspartner oder Schuldner. Unglücks- und Haftungsfälle können ebenso wie eine anlassbezogene Überprüfung der Rechnungslegung eines Unternehmens i.S.v. § 342b Abs. 2 S. 3 HGB oder die Aufdeckung krimineller Machenschaften im Unternehmen, sofern höhere Leitungsebenen des Unternehmens betroffen sind, eine Insiderinformation darstellen.[28] Auch Personalfragen können eine Insiderinformation sein, insbesondere wenn es zu einem überraschenden Wechsel auf Schlüsselpositionen des Unternehmens kommt.[29] Schließlich kann auch eine kurserhebliche Orderlage eine Insiderinformation darstellen.[30]

Zu beachten ist, dass bei mehrstufigen Entscheidungsprozessen jede einzelne Stufe auf ihre Relevanz hinsichtlich § 13 WpHG zu prüfen ist.[31] So kann beispielsweise bei einem Unternehmenskauf nicht nur der unterzeichnete Kaufvertrag eine Insiderinformation darstellen, sondern auch die auf diesem Weg notwendigen Gremienbeschlüsse, der Ausgang der *due diligence*, etc.

2. Innere Tatsachen

17 Innere Tatsachen sind vor allem Absichten, Pläne und Überzeugungen.[32] Klassische Beispiele sind das Vorhaben einer leitenden Person aus dem Unternehmen auszuscheiden oder aber die Absicht eines wesentlichen Vertragspartners des Emittenten, die Vertragsbeziehung mit dem Emittenten aufzulösen.[33] Umstritten ist, ob die eigene Absicht hinsichtlich eines zukünftigen Verhaltens – etwa das spätere Empfehlen von im eigenen Besitz befindlichen Wertpapieren – eine Insiderinformation sein kann. Der BGH[34] verneint dies wegen fehlendem Drittbezug der Information, während der EuGH mit einem Teil der Literatur[35] hierin eine Insiderinformation erblicken möchte. Die Bedeutung des Meinungsstreits erschließt sich, wenn man bedenkt, dass nach einer weiten Auslegung auch die Absicht, eine wesentliche Unternehmensbeteiligung über Aktien zu erwerben, eine Insiderinformation darstellen kann und ohne ad-hoc-Publizierung dieser Absicht durch die Umsetzung gegen das Insiderhandelsverbot verstoßen werden könnte. Zur Vermeidung unbilliger und praxisfremder Ergebnisse verneinen jedoch Vertreter der zweiten Ansicht eine Verwendung im Sinne des § 14 Abs. 1 Nr. 1 WpHG bei der Umsetzung selbstgeschaffener Tatsachen.[36]

3. In der Zukunft liegende Ereignisse

18 § 13 Abs. 1 S. 3 WpHG stellt ausdrücklich klar, dass nicht nur bereits eingetretene äußere Tatsachen insiderrechtliche Relevanz haben, sondern auch solche, deren Eintritt hinreichend wahrscheinlich ist. Der EuGH hat in seiner „Geltl"-Entscheidung nunmehr festgestellt, dass eine hinreichende Wahrscheinlichkeit jedenfalls dann vorliegt, wenn eine umfassende Würdigung der bereits verfügbaren Anhaltspunkte ergibt, dass tatsächlich erwartet

---

28 S. hierzu ausführlich *Schröder* Kapitalmarktstrafrecht, Rn. 130 f. sowie *BaFin* Emittentenleitfaden 2009, S. 32 f. mit weiteren Beispielen. Vgl. auch Knierim/Rübenstahl/Tsambikakis/*Szesny* 30. Kap. Rn. 31.
29 *EuGH* ZIP 2012, 1282.
30 Weitere Beispiele: *BaFin* Emittentenleitfaden 2009, S. 56.
31 Vgl. *EuGH* ZIP 2012, 1282; krit. dazu *Parmentier* WM 2013, 970, 973 ff.
32 Vgl. Assmann/Schneider/*Assmann* § 13 WpHG Rn. 20; Park/*Hilgendorf* § 13 WpHG Rn. 80.
33 S. *Schröder* Kapitalmarktstrafrecht, Rn. 140 f.
34 *BGHSt* 48, 373.
35 *BGH* NZG 2007, 749.
36 Fuchs/*Mennicke* § 14 WpHG Rn 65, anders *Hellmann/Beckemper* Wirtschaftsstrafrecht, Rn. 171.

werden kann, dass sie in Zukunft existieren oder eintreten werden.[37] Weder sei eine hohe Eintrittswahrscheinlichkeit erforderlich noch könne eine niedrige Eintrittswahrscheinlichkeit durch eine besondere Kursrelevanz des Umstandes ausgeglichen werden. Obgleich auch diese Formulierung Fragen offen lässt, wird das Tatbestandsmerkmal erfüllt sein, wenn eine Eintrittswahrscheinlichkeit von über 50 % besteht.[38] Denn jenseits dieser Eintrittswahrscheinlichkeit kann kaum mehr von einer tatsächlichen Erwartung des Ereigniseintritts gesprochen werden.[39]

4. Weitere Umstände

Werturteile, Ansichten, Meinungen, Tipps, Empfehlungen und Ratschläge sind keine Tatsachen, werden aber gleichwohl von dem Begriff des Umstandes erfasst und können eine Insiderinformation darstellen.[40] Deutlich wird dies auch in der Ausnahmeregelung des § 13 Abs. 2 WpHG, der einer Bewertung eines Emittenten oder eines Insiderpapiers die Qualität als Insiderinformation abspricht, wenn die Bewertung allein auf Grund öffentlich bekannter Informationen erstellt wurde. **19**

Dagegen erfüllen Gerüchte das Merkmal der Insiderinformation nach überwiegender Ansicht nur dann, sofern sie einen Tatsachenkern enthalten.[41] **20**

5. Unwahre Information

Eine unwahre Information kann keine Insiderinformation sein. Sofern gegen diese Ansicht eingewendet wird, dass der Sinn und Zweck des Insiderhandelsverbotes – nämlich zu verhindern, dass Informationsasymetrien ausgenutzt werden –, erfordere, auch unwahre Information von § 13 WpHG erfasst zu sehen,[42] ist dies nicht mit dem strafrechtlichen Analogieverbot des Art. 103 Abs. 2 GG zu vereinbaren.[43] Eine Schutzlücke entsteht hierdurch auch nicht, da entweder eine Versuchsstrafbarkeit gem. § 38 Abs. 3 WpHG in Betracht kommt[44] oder das Wissen über die Unwahrheit selbst eine Insiderinformation darstellt.[45] **21**

III. Emittentenbezug

Nach § 13 Abs. 1 S. 1 WpHG ist weitere Voraussetzung einer Insiderinformation, dass sich die Umstände auf einen oder mehrere Emittenten von Insiderpapieren oder auf die Insi- **22**

---

37 *EuGH* ZIP 2012, 1282 mit Bespr. *Bachmann* DB 2012, 2206 diesem zust. *Kocher/Widder* BB 2012, 2837, 2840; zum bisherigen Meinungsstand: Assmann/Schneider/*Assmann* § 13 WpHG Rn. 25 ff; vgl. auch zu gestreckten Vorgängen *Bachmann* ZHR 172 (2008), 597, 604 ff.
38 Vgl. oben 4. Kap. Rn. 36.
39 *BGH* NJW-RR 2008, 865, 866; Momsen/Grützner/*Hohn* Kap 6B, Rn. 28; enger: MK-StGB/*Pananis* § 38 WpHG Rn. 41. So soll auch das sog. *pilot fishing* i.d.R. noch keine Insiderinformation darstellen, s. dazu *Fleischer/Bedkowski* DB 2009, 2195, 2198.
40 *Schröder* Kapitalmarktstrafrecht, Rn. 155 ff.; MK-StGB/*Pananis* § 38 WpHG Rn. 39; ausdrücklich bereits Begr. RegE AnSVG BT-Drucks. 15/3741, 33.
41 Vgl. dazu *BaFin* Emittentenleitfaden 2009, S. 31; Kuthe/Rückert/Sickinger/*Rückert* Compliance-Hdb Kapitalmarktrecht 4. Kap. Rn. 7 f.; *Schröder* Kapitalmarktstrafrecht, Rn. 157 f.; a.A. Assmann/Schneider/*Assmann* § 13 WpHG Rn. 17 f.
42 Fuchs/*Mennicke/Jakovou* § 13 WpHG Rn. 35.
43 Park/*Hilgendorf* § 13 WpHG Rn. 89; Graf/Jäger/Wittig/*Diversy* § 38 WpHG Rn. 50.
44 MK-StGB/*Pananis* § 38 WpHG Rn. 37.
45 Erbs/Kohlhaas/*Wehowsky* § 13 WpHG Rn. 6.

derpapiere selbst beziehen.⁴⁶ Emittent ist eine Person oder Gesellschaft, die Wertpapiere begibt oder zu begeben beabsichtigt, § 2 Nr. 9 WpPG⁴⁷.

23 Sämtliche Informationen zu unternehmensinternen Vorgängen weisen einen Emittentenbezug auf. Erfasst sind damit Kennzahlen, die Auskunft über die wirtschaftliche Lage des Unternehmens geben wie Umsatz und Erträge aber auch Kapitalerhöhungen oder der Erwerb/Verkauf wesentlicher Beteiligungen des Unternehmens.⁴⁸ Ebenso können Umstände, die aus der Interaktion des Emittenten mit der Außenwelt hervorgehen, einen Emittentenbezug aufweisen.⁴⁹ Produkthaftungsfälle, gerichtliche Entscheidungen, Verschmelzungen oder Übernahmen von Unternehmen, Kartellverfahren und Vertragsverhandlungen haben sogar überwiegend Bezug zu mehreren Emittenten.

Insiderpapierbezogene Informationen können beispielsweise die bestehende Orderlage über eine kurserhebliche Menge von Wertpapieren oder die Änderung eines Dividendensatzes sein.⁵⁰

24 Eine Insiderinformation können auch solche Umstände sein, die nur einen mittelbaren Bezug zum Emittenten oder dem Insiderpapier aufweisen. In Betracht kommen legislative Maßnahmen ebenso wie Informationen des Wirtschafts- und Finanzmarktes (Marktdaten)⁵¹. Umstände im letzteren Sinne sind insbesondere plötzliche Änderungen des Leitzinses durch Notenbanken, Embargo-Beschlüsse sowie die Änderung von Rohstoffpreisen aufgrund von Naturvorkommnissen oder kriegerischen Auseinandersetzungen aber auch Daten und Informationen, die sich auf den Wertpapierhandel des einzelnen Insiderpapiers beziehen.⁵²

Diese Umstände sind jedoch nur dann als eine Insiderinformation im Sinne des § 13 Abs. 1 S. 1 WpHG zu qualifizieren, sofern sie einen Branchenbezug aufweisen.⁵³

IV. Nicht-öffentlich bekannt

25 Eine Insiderinformation liegt ferner nur vor, wenn die konkreten Umstände nicht-öffentlich bekannt sind. Öffentlich bekannt ist ein Umstand, wenn er einem breiten Anlegerpublikum und damit einer unbestimmten Zahl von Personen zugänglich gemacht wurde.⁵⁴ Das Gesetz geht in diesem Zusammenhang von einem Konzept der Bereichsöffentlichkeit aus. Danach ist eine Information öffentlich bekannt, wenn der Inlandsemittent seinen Pflichten zur unverzüglichen Veröffentlichung der Insiderinformation nach § 15 Abs. 1 S. 1

---

46 Zur Frage der eigenständigen Bedeutung des Merkmals Assmann/Schneider/*Assmann* § 13 WpHG Rn. 46.
47 S. das Gesetz zur Umsetzung der Richtlinie 2003/71/EG ... betreffend den Prospekt, der beim öffentlichen Angebot von Wertpapieren oder bei deren Zulassung zum Handel zu veröffentlichen ist, und zur Änderung der Richtlinie 2001/34/EG ..., BGBl I 2005, 1698, 1700 (Umsetzung von Art. 2 Abs. 1 lit. h Prospektrichtlinie).
48 Zu weiteren Beispielen Fuchs/*Mennicke/Jakovou* § 13 WpHG Rn. 110, 115.
49 Park/*Hilgendorf* § 13 WpHG Rn. 104; Habersack/Mülbert/Schlitt/*Lösler* Hdb Kapitalmarktinformation § 2 Rn. 32 f.
50 Fuchs/Mennicke/*Jakovou* § 13 WpHG Rn. 114, 113; vgl. auch KölnKomm-WpHG/*Pawlik* § 13 Rn. 41.
51 Einschränkend für den Insiderpapierbezug „nur speziellere Informationen" Assmann/Schneider/*Assmann* § 13 WpHG Rn. 47; a.A. *Caspari* ZGR 1994, 540.
52 S. Begr. RegE AnSVG BT-Drucks. 15/3174, 33; *BaFin* Emittentenleitfaden 2009, S. 33; KölnKomm-WpHG/*Pawlik* § 13 Rn. 40.
53 So *BaFin* Emittentenleitfaden 2009, S. 32; ferner MK-StGB/*Pananis* § 38 WpHG Rn. 46.
54 S. nur *BaFin* Emittentenleitfaden 2009, S. 32; Derleder/Knops/Bamberger/*Frisch* Hdb dt. und europ. Bankrecht § 52 WpHG Rn. 59.

WpHG⁵⁵ nachgekommen und den Marktteilnehmern entsprechend den Vorschriften der WpAIV zur Herstellung der Ad-hoc-Publizität die Möglichkeit eröffnet hat, die Information zur Kenntnis zu nehmen.⁵⁶ Die WpAIV sieht hierfür die Nutzung verbreiteter elektronischer Informationssysteme vor. Ob die Information neben dem Anlegerpublikum auch zugleich die „breite" Öffentlichkeit erreicht, ist unerheblich.

Die Veröffentlichung einer Ad-hoc Mitteilung nach § 15 WpHG i.V.m. WpAIV ist allerdings nicht die einzige Möglichkeit, eine Information öffentlich bekannt zu machen. Die Verbreitung der Information über die Massenmedien macht einen Umstand ebenfalls öffentlich bekannt, da die Information durch die Veröffentlichung gleichfalls in den Bereich einer unbestimmten Anzahl von Personen des Anlegerpublikums gelangt.⁵⁷ Zu beachten ist hierbei, dass die Verbreitung über die Massenmedien nicht von der Pflicht zur Ad-hoc Mitteilung befreit.⁵⁵ **26**

Das Konzept der Bereichsöffentlichkeit setzt allein voraus, dass das Anlegerpublikum die Möglichkeit der Kenntnisnahme der Information hat.⁵⁸ Ob das Anlegerpublikum die Information tatsächlich zur Kenntnis nimmt, ist nicht entscheidungserheblich. **27**

In diesem Zusammenhang sollte man sich verdeutlichen, dass der Umstand erst ab dem Zeitpunkt öffentlich bekannt – und mithin keine Insiderinformation mehr – ist ab dem die Information in den Print- oder elektronischen Medien erschienen ist, so dass sie nach dem gewöhnlichen Lauf der Dinge einer unbestimmten Vielzahl von Personen zugänglich gemacht wurde.⁵⁹ Die bloße Weitergabe einer Information an Personen, die für eine Veröffentlichung Sorge tragen sollen, etwa Nachrichtenagenturen oder Redaktionen, macht die Information nicht öffentlich im Sinne des § 13 Abs. 1 S. 1 WpHG. Gleiches gilt auch für die Bekanntgabe an abgegrenzte Personenkreise, wie etwa in Pressekonferenzen, Analystenvorträgen und Hauptversammlungen, da jeweils nur eine bestimmte Anzahl von Marktteilnehmern Zugang zur Information erhält. Dies soll selbst dann gelten, wenn die Hauptversammlung im Internet übertragen wird.⁶⁰

Nach § 13 Abs. 2 WpHG ist eine Bewertung, die ausschließlich auf Grund öffentlich bekannter Umstände erstellt wird, keine Insiderinformation, selbst wenn sie den Kurs von Insiderpapieren erheblich beeinflussen kann. In der Praxis finden sich solche Bewertungen etwa als Analysen über Emittenten, ihre Finanzinstrumente oder Markteinschätzungen. Sie werden erstellt von Finanzanalysten, Rankingunternehmen, Journalisten, Wirtschaftsprüfern und Anlegern.⁶¹ **28**

Hervorzuheben ist, dass die Frage, ob allein öffentlich bekannte Umstände für die Bewertung verwandt wurden, über das Vorliegen einer Insiderinformation entscheidet. Anders gewendet: Gelangt in die Bewertung ein Umstand, der nicht öffentlich bekannt ist, findet die Ausnahme des § 13 Abs. 2 WpHG keine Anwendung.⁶² Nicht übersehen

---

55 Ausführlich oben 4. Kap.
56 *Schröder* Kapitalmarktstrafrecht, Rn. 173; MK-StGB/*Pananis* § 38 WpHG Rn. 48; vgl. auch *BaFin* Emittentenleitfaden 2009, S. 67 ff.; zum Verhältnis von Ad-hoc-Publizitätspflicht und Insiderinformation nach dem Vorschlag der Europäischen Kommission für eine Verordnung über Insider-Geschäfte und Marktmanipulation s. *Parmentier* WM 2013, 970, 977.
57 Vgl. KölnKomm-WpHG/*Pawlik* § 13 Rn. 41 m.w.N.; *Schröder* Kapitalmarktstrafrecht, Rn. 173.
58 *Schröder* Kapitalmarktstrafrecht, Rn. 173; Park/*Hilgendorf* § 13 WpHG Rn. 99; je m.w.N.
59 Vgl. RegE 2. FFG BT-Drucks. 12/6679 S. 46; Assmann/Schneider/*Assmann* § 13 WpHG Rn. 34, 38.
60 *BaFin* Emittentenleitfaden 2009, S. 32.
61 S. hier Erwägungsgrund 31 RL 2003/6/EG, ABlEU Nr. 96/18; Fuchs/*Mennicke/Jakovou* § 13 WpHG Rn. 175 f.
62 Einschränkend Fuchs/*Mennicke/Jakovou* § 13 WpHG Rn. 177, nur wenn der nicht öffentlich bekannte Umstand maßgeblichen Einfluss im Sinne von conditio sine qua non auf die Bewertung hatte, entfällt 13 Abs. 2 WpHG und entsteht eine insiderrechtliche Relevanz.

werden sollte zudem, dass eine Insiderinformation selbst bei einer Bewertung, die ausschließlich auf Grundlage öffentlich bekannter Umstände erstellt wurde, vorliegen kann. Und zwar in solchen Fällen, in denen die Veröffentlichung der Bewertung geeignet ist, den Kurs zu beeinflussen. Die Tatsache der Veröffentlichung und ihr Zeitpunkt wären hier die Insiderinformation[63]

V. Eignung zur erheblichen Kursbeeinflussung

29 Eine Insiderinformation gem. § 13 Abs. 1 S. 1 WpHG setzt weiter voraus, dass der Umstand im Fall seines Bekanntwerdens geeignet ist, den Börsen- oder Marktpreis der Insiderpapiere erheblich zu beeinflussen. Einen Hinweis wann eine Eignung vorliegt, gibt § 13 Abs. 1 S. 2 WpHG. Danach müsste ein verständiger Anleger die Information bei seiner Anlageentscheidung berücksichtigen.

30 Vor der Überarbeitung des § 13 Abs. 1 S. 2 WpHG durch das AnSVG war nach verbreiteter Ansicht die Eignung zur erheblichen Kursbeeinflussung an Hand bestimmter Schwellenwerte zu bestimmen.[64] Danach wäre jede Information zur Kursbeeinflussung geeignet gewesen, die bei Bekanntwerden zu einer Veränderung des Kurse im Bereich von 2, 5 oder 10 % geführt hätte.[65] Der Vorteil solcher starren Schwellenwerte liegt offensichtlich in der einfachen Auslegung des Merkmals. Allerdings werden solche Schwellenwerte angesichts der Volatilität der verschiedenen Marktsegmente dem Einzelfall nicht gerecht und haben deshalb die Tendenz, Sachverhalte nicht dem Insiderstrafrecht zu unterwerfen, in denen das dem Insiderhandel typische Unrecht gleichwohl verwirklicht ist.

31 Stattdessen hat sich der Gesetzgeber ausweislich § 13 Abs. 1 S. 2 WpHG für eine sog. Theorie des Handelsanreizes entschieden, nach der eine Eignung zu erheblichen Preisbeeinflussung dann vorliegen soll, wenn die Information für einen „verständigen Anleger" einen Kauf- oder Verkaufsanreiz bietet.[66] Welcher Maßstab in diesem fiktiven Dritten zum Ausdruck kommt, ist in der Literatur umstritten.[67] Über das Gesetz in § 31a Abs. 2 und 3 WpHG ist eine erste Annäherung möglich, das zwischen dem Privatkunden und dem professionellen Kunden unterscheidet. Privatkunden verfügen in den Augen des Gesetzgebers ohne geeignete Aufklärung stets über unzureichende Erfahrungen, unzulängliche Kenntnisse und über nicht ausreichenden Sachverstand, um eine Anlageentscheidung selbständig zu treffen und die damit verbundenen Risiken angemessen beurteilen zu können. Nur professionelle Kunden sollen hierzu in der Lage sein, weshalb ihnen gegenüber nur herabgesetzte Aufklärungs- und Informationspflichten gem. § 31 Abs. 9 WpHG bestehen.[68] Die Systematik des Gesetzes spricht daher dafür, den verständigen Anleger in den Reihen der professionellen Kunden im Sinne des § 31a Abs. 2 S. 1 WpHG zu suchen.[69] Nur diese sind – jedenfalls nach der gesetzgeberischen Konzeption – in der Lage, die Auswirkungen des Bekanntwerdens einer Information auf den Kursverlauf zuverlässig zu prognostizieren.

---

63 Ausführlich Assmann/Schneider/*Assmann* § 13 WpHG Rn. 76; s. auch *Schröder* Kapitalmarktstrafrecht, Rn. 195 f.; a.A. Assmann/Schütze/*Sethe* Hdb Kapitalanlagerecht, § 12 Rn. 36.
64 Ausführlich dazu Assmann/Schneider/*Assmann* § 13 WpHG Rn. 62 f.
65 Nach wie vor befürwortend: Park/*Hilgendorf* § 13 WpHG Rn. 113.
66 Ausführlich: Fuchs/*Mennicke/Jakovou* § 13 WpHG Rn. 159 ff. und Assmann/Schneider/*Assmann* § 13 WpHG Rn. 64 ff.; für die abweichenden Anforderungen an die Kurserheblichkeit bei börsennotierten Anleihen *Kocher* WM 2013, 1305, 1306 ff.
67 Vgl. jüngst *Klöhn* ZHR 177, 349.
68 Assmann/Schneider/*Koller* § 31 WpHG Rn. 8.
69 A.A. *OLG Stuttgart* AG 2009, 454.

Der verständige Anleger – gedacht als professioneller Kunde mit Kenntnissen und Erfahrungen **32** in allen Marktsegmenten – wird in einer Information jedenfalls dann einen Handlungsanreiz erblicken, wenn er einen sicheren Gewinn aus dem Kauf oder Verkauf erwartet. Zu dieser Vorausschau ist der verständige Anleger jedoch nur befähigt, wenn er über umfassende Kenntnis in den einzelnen Marktsegmenten verfügt.[70] Ein sicheres Geschäft verspricht die Information überdies nur dort, wo der erwartete Gewinn die Transaktionskosten einbringt und von solcher Bedeutung für das Marktgeschehen ist, dass die üblichen Schwankungsbreiten zuverlässig übertroffen werden bzw. die Information nicht im allgemeinen „Marktrauschen" untergeht.[71]

Methodisch wird die Eignung zur erheblichen Kursbeeinflussung im Wege einer objektiv- **33** nachträglichen[72] Prognose aus der Sicht ex ante bestimmt.[73] Auf den tatsächlichen Eintritt einer Kursveränderung nach Bekanntwerden der Insiderinformation kommt es nicht an,[74] auch wenn dies in der gerichtlichen Praxis ein maßgebliches Indiz für die Eignung der Information zur Kursbeeinflussung ist.[75] Maßgeblicher Beurteilungszeitpunkt ist allein der des ggf. insiderrechtlich relevanten Verhaltens. In die Prognose fließen neben dem Umstand selbst auch alle zu diesem Zeitpunkt öffentlich bekannten Umstände, die die Preisbeeinflussung potentiell erhöhen oder senken können.[76] Auf dieser Grundlage ist sodann liegt ein Wahrscheinlichkeitsurteil zu fällen. Erforderlich und ausreichend ist eine überwiegende Wahrscheinlichkeit, dass die Umstände im Falle ihres Bekanntwerdens zu erheblichen Kursbeeinflussungen führen und somit einen Handlungsanreiz für den verständigen Anleger bilden.[77]

Diese Auslegungshinweise können aber nicht darüber hinwegtäuschen, dass eine rechtssi- **34** chere Gesetzesanwendung gerade in dem Bereich fraglich ist, wo aus der Insiderinformation nur niedrige Gewinne in Aussicht stehen.[78] So ist gerade nicht geklärt, wo die Grenze zu einem Bagatellbereich zu ziehen ist, in der nicht mehr von einer Eignung der Information zur erheblichen Kursbeeinflussung gesprochen werden kann. Die strafgerichtliche Rechtspraxis behilft sich angesichts dieser tatsächlichen und rechtlichen Schwierigkeiten mit einer ex-post Betrachtung und leitet aus dem tatsächlichen Kursverlauf ein gewichtiges Indiz ab, dass die Information auch bei ex-ante Betrachtung für die Anlageentscheidung des verständigen Anlegers bedeutsam gewesen wäre.[79] Dies ist – zumindest mit Blick auf das Insiderstrafrecht – insbesondere praktikabel vor dem Hintergrund, dass eine Überprüfung seitens der BaFin gerade auf Grundlage auffälliger Kursausschläge ausgelöst wird.

Überdies bietet der Emittentenleitfaden der BaFin einen Katalog für in der Regel kursrele- **35** vante Informationen, der zur Orientierung bestens geeignet ist.[80] Daraus sind hervorzuheben:
– Veräußerung von Kerngeschäftsfeldern,
– Verschmelzungsverträge, Eingliederungen, Ausgliederungen, Umwandlungen, Spaltungen sowie andere wesentliche Strukturmaßnahmen, Kapitalmaßnahmen (inkl. Kapitalberichtigungen),

---

70 *OLG Düsseldorf* wistra 1984, 436 ff.; *Schröder* Kapitalmarktstrafrecht, Rn. 183; Assmann/Schneider/*Assmann* § 13 WpHG Rn. 58; Fuchs/*Mennicke/Jakovou* § 13 WpHG Rn. 162.
71 Assmann/Schneider/*Assmann* § 13 WpHG Rn. 66; Erbs/Kohlhaas/*Wehowsky* § 13 WpHG Rn. 13.
72 *BGH* AG 2010, 249 – freenet; vgl. etwa bereits RegE 2. FFG BT-Drucks. 12/6679, 48.
73 Park/*Hilgendorf* § 13 WpHG Rn. 108 m.w.N; Derleder/Knops/Bamberger/*Frisch* Hdb dt. und europ. Bankrecht § 52 Wertpapierhandelsgesetz Rn. 60.
74 *BGH* AG 2010, 249 – freenet mit Anm. *Vogel* JZ 2010, 370 und *Gehrmann* wistra 2010, 346.
75 *BGH* AG 2010, 249; *BaFin* Emittentenleitfaden 2009, S. 33
76 *BaFin* Emittentenleitfaden 2009, S. 34; vgl. auch *Schröder* Kapitalmarktstrafrecht, Rn. 177.
77 Assmann/Schneider/*Assmann* § 13 WpHG Rn. 60 m.w.N.; *Bachmann* ZHR 172 (2008), 597, 603.
78 *Schröder* Kapitalmarktstrafrecht, Rn. 188.
79 *BaFin* Emittentenleitfaden 2009, S. 33; *BGH* NJW 2010, 802 mit Anm. *Vogel* JZ 2010, 370 und *Gehrmann* wistra 2010, 346.
80 Zum nicht abschließenden Katalog *BaFin* Emittentenleitfaden 2009, S. 55 f.

- erhebliche außerordentliche Aufwendungen (z.B. nach Großschäden oder Aufdeckung krimineller Machenschaften) oder erhebliche außerordentliche Erträge,
- Rechtsstreitigkeiten von besonderer Bedeutung,
- überraschende Veränderung in Schlüsselpositionen des Unternehmens (z.B. Vorstandsvorsitzender, Aufsichtsratsvorsitzender, überraschender Ausstieg des Unternehmensgründers),
- Beschlussfassung des Vorstandes, von der Ermächtigung der Hauptversammlung zur Durchführung eines Rückkaufprogramms Gebrauch zu machen.

Zu beachten ist, dass die Aufzählung nicht abschließend ist und aus der Betrachtung des Einzelfalls andere kursrelevante Umstände folgen können.[81]

VI. Regelbeispiele, § 13 Abs. 1 S. 4 WpHG (*frontrunning*, Warenderivate)

36 § 13 Abs. 1 S. 4 WpHG enthält zwei Regelbeispiele für Insiderinformationen. Gem. § 13 Abs. 1 S. 4 Nr. 1 WpHG ist eine Insiderinformation die Kenntnis über Aufträge von anderen Personen über den Kauf oder Verkauf von Finanzinstrumenten.[82] Der Gesetzgeber hatte bei der Einführung dieses Beispiels insbesondere das sog. *frontrunning* vor Augen.[83] Hierbei nimmt ein Mitarbeiter eines Wertpapierdienstleistungsunternehmens in Kenntnis einer erheblichen Kundenorder vor Ausführung des Kundenauftrags selbst ein Geschäft für das Wertpapierdienstleistungsunternehmen oder sich vor. Dabei verfolgt er das Ziel, von dem bevorstehenden Kursausschlag durch die Kundenorder zu profitieren.

37 § 13 Abs. 1 S. 4 Nr. 2 WpHG normiert ein weiteres Beispiel. Eine Insiderinformation ist auch eine solche Information über nicht öffentliche bekannte Umstände, die sich auf Derivate nach § 2 Abs. 2 Nr. 2 WpHG mit Bezug auf Waren bezieht und bei der Marktteilnehmer erwarten würden, dass sie diese Information in Übereinstimmung mit der zulässigen Praxis an den betreffenden Märkten erhalten würden. Erfasst sind von dem Regelbeispiel ausschließlich Derivate gem. § 2 Abs. 2 Nr. 2 WpHG, die sich auf Waren i.S.v. § 2c WpHG wie Strom, landwirtschaftliche Produkte sowie Erze und Legierungen beziehen. § 13 Abs. 1 S. 4 Nr. 2 letzter HS WpHG meint mit bekanntzugebenden Informationen bezüglich der zulässigen Praxis an betreffenden Märkten solche, die in Anwendung von Rechts- und Verwaltungsvorschriften, Handelsregeln, Verträgen oder auch sonstigen Regeln, die auf dem Markt, auf dem die Warenderivate gehandelt werden, bzw. auf der jeweils zu Grunde liegenden Warenbörse üblich sind.[84] Der Emittentenleitfaden benennt zum besseren Verständnis des § 13 Abs. 1 S. 4 Nr. 2 WpHG zwei Beispiele. So können Informationen über Kraftwerksausfälle und beschränkte Leistungskapazitäten Insiderinformationen über Derivate auf Strom und Informationen zu Seuchen oder Änderungen der Subventionspolitik Insiderinformationen über Derivate auf Lebensmittel darstellen.

---

81 Vgl. hierzu den Hinweis *BaFin* Emittentenleitfaden 2009, S. 56 Fn. 25. In Betracht soll auch der Beschluss über die Durchführung einer Internal Investigation kommen, Knierim/Rübenstahl/Tsambikakis/*Szesny* 30. Kap. Rn. 31; zur Einordnung eines Ratings als Insiderinformation ausführlich *Stemper* WM 2011, 1740, 1742 f.
82 Zu Bedenken hinsichtlich der Weite des Anwendungsbereichs siehe Nachweise und Ausführungen bei Assmann/Schneider/*Assmann* § 13 WpHG Rn. 70, 72.
83 S. RegE AnSVG BT-Drucks. 15/3174, 34.
84 Assmann/Schneider/*Assmann* § 13 WpHG Rn. 73 f.; krit. *Claussen/Florian* AG 2005, 747, 748, 750.

D. Die einzelnen Verbotstatbestände

I. Erwerbs- und Veräußerungsverbot gem. § 14 Abs. 1 Nr. 1 WpHG

Nach § 14 Abs. 1 Nr. 1 WpHG ist es verboten, unter Verwendung einer Insiderinformation Insiderpapiere für eigene oder fremde Rechnung oder für einen anderen zu erwerben oder zu veräußern **38**

1. Erwerb oder Veräußerung

Nach h.M. liegt ein Erwerb oder eine Veräußerung bei einer Vertragsgestaltung vor, die sicherstellt, dass der Insider den erwarteten Gewinn realisieren kann.[85] Entscheidend ist allein das vertragliche Schuldverhältnis, nicht hingegen das dingliche Verfügungsgeschäft. Ein Insiderhandel kann mithin vorliegen, ohne dass der Insider Eigentum an den Insiderpapieren begründet oder verliert. Durch das Insiderhandelsverbot sind damit neben den typischen Aktienkäufen/-verkäufen auch Pensionsgeschäfte, Wertpapierleihen sowie die Ausübung einer Option oder eines Wandlungsrechts erfasst.[86] Im Unterschied dazu erfüllen Geschäfte noch nicht den Verbotstatbestand des § 14 Abs. 1 Nr. 1 WpHG, die an eine Bedingung im Sinne von § 158 BGB geknüpft sind, deren Eintritt oder Ausbleiben noch von einem Verhalten des Vertragspartners abhängt. In diesen Konstellationen ist dem Insider sein Gewinn gerade noch nicht sicher. Letztwillige Verfügungen, die Erbschaft selbst und Schenkungen werden durch den Verbotstatbestand nicht erfasst.[87] **39**

2. Für eigene oder fremde Rechnung oder für einen anderen

Der Erwerb oder die Veräußerung müssen für eigene oder fremde Rechnung oder für einen anderen erfolgen. Mit dieser Formulierung ist sichergestellt, dass der Verbotstatbestand sämtliche Eigengeschäfte des Insiders und solche erfasst, die der Insider für einen Dritten in unmittelbar offener oder mittelbar verdeckter Stellvertretung tätigt. Erfasst sind damit Geschäfte von Vermögensverwaltern für ihre Kunden, die in Deutschland in offener Stellvertretung agieren, ebenso wie typische Effektenkommissionsgeschäfte, die Wertpapierdienstleistungsunternehmen in eigenem Namen jedoch auf fremde Rechnung durchführen.[88] Für einen anderen handeln Personen, die über eine Konto- oder Depotvollmacht verfügen sowie Organe einer Gesellschaft hinsichtlich der Gesellschaft.[89] **40**

3. Unter Verwendung einer Insiderinformation

Solche Geschäfte sind jedoch nur dann gem. § 14 Abs. 1 Nr. 1 WpHG verboten, wenn der Insider unter Verwendung einer Insiderinformation" handelt. Das Merkmal ersetzt das vor dem Anlegerschutzverbesserungsgesetz im Tatbestand enthaltene Merkmal „unter Ausnutzung einer Insiderinformation". **41**

---

85 S. nur Erbs/Kohlhaas/*Wehowsky* § 14 WpHG Rn. 3; krit. Fuchs/*Mennicke* § 14 WpHG Rn. 23 ff.
86 Assmann/Schneider/*Assmann* § 14 WpHG Rn. 15 m.w.N. Zu Besonderheiten beim Erwerb junger Aktien und Ausübung eigener Optionen Widder/*Kocher* AG 2009, 654, 655 f.; zu börsennotierten Anleihen *Kocher* WM 2013, 1305 ff.
87 *BaFin* Emittentenleitfaden 2009, S. 36; Park/*Hilgendorf* § 14 WpHG Rn. 133 mit Nachweisen.
88 Assmann/Schneider/*Assmann* § 14 WpHG Rn. 21 m.w.N.; Graf/Jäger/*Wittig/Diversy* § 38 WpHG Rn. 13.
89 Assmann/Schneider/*Assmann* § 14 WpHG Rn. 21 m.w.N.

a) Vom Ausnutzen zum Verwenden

42 Vor der Neufassung des Verbotstatbestandes setzte das Gesetz statt einer Verwendung ein Ausnutzen des Insiderwissens voraus. Dies wurde mit Blick auf die Gesetzesbegründung so verstanden, dass das Insiderwissen zum einen kausal für das Geschäft sein und zum anderen dem Insider die Absicht nachgewiesen werden musste, die Insidertatsache genutzt zu haben, um einen Sondervorteil zu erzielen.[90] Das Insiderhandelsverbot konnte nur dort greifen, wo der Sondervorteil das prägende Motiv des Insiders für das Geschäft war.

Diese erhöhte Beweisanforderung hinsichtlich des Vorstellungsbildes des Insiders wurde als Schwachstelle des Insiderhandelsverbotes ausgemacht, weil den Strafverfolgungsbehörden der Nachweis eines maßgeblich auf den Sondervorteil ausgerichteten Vorstellungsbildes des Insiders zu wenig zu gelingen schien.[91] Das Anlegerschutzverbesserungsgesetz sollte dieses Hindernis des Vollzuges des Insiderhandelsverbotes beseitigen. Nunmehr ist das Geschäft bereits verboten, wenn es „unter Verwendung einer Insiderinformation" vorgenommen wird. Ausreichen soll nunmehr, dass der Insider die Insiderinformation in sein Vorstellungsbild einfließen lässt. Zwar muss damit nicht mehr prägendes Motiv des Insiders sein, einen Sondervorteil zu erlangen.[92] Einer (psychischen) Kausalität zwischen Insiderinformation und Geschäft bedarf es aufgrund des eindeutigen Wortlautes gleichwohl.[93] Ob daher das gesetzgeberische Ziel einer erleichterten Beweisführung tatsächlich erreicht wurde, ist umstritten. Denn für die Feststellung eines schuldhaften Verstoßes gegen das Insiderhandelsverbot in einem deutschen Strafprozess wird es nach wie vor darauf ankommen, dass dem Insider nachgewiesen werden kann, dass er sein Insiderwissen in seine Entscheidung hatte einfließen lassen. Aus der Kenntnis einer Insiderinformation kann – trotz der vielbeachteten „Spector"-Entscheidung des EuGH[94] – jedenfalls nicht im Wege einer Beweislastumkehr auf deren Verwendung geschlossen werden. Eine solche Beweislastumkehr ist mit dem Grundsatz „in dubio pro reo" und dem Bestimmtheitsgrundsatz aus Art. 103 Abs. 2 GG nicht vereinbar.[95]

b) Gesetzlich normierte Tatbestandsausnahmen

43 Nach § 14 Abs. 2 WpHG fallen der Handel mit eigenen Aktien im Rahmen von Rückkaufprogrammen (Nr. 1) und Maßnahmen zur Stabilisierung des Preises von Finanzinstrumenten (Nr. 2) nicht unter das Insiderhandelsverbot. Diese sog. *safe-harbour*-Regelungen begründen eine Verbotsausnahme nur, wenn die Rückkaufprogramme und Kursstabilisierungsmaßnahmen gem. der VO EG Nr. 2273/2003 erfolgen.[96]

c) Gesetzlich nicht ausdrücklich normierte Tatbestandsausnahmen

44 Bereits in der Marktmissbrauchsrichtlinie sind Fallgruppen aufgeführt, die von dem Insiderhandelsverbot nicht erfasst sein sollen. Diese – gesetzlich nicht ausdrücklich normierten – Tatbestandsausnahmen sind im Wege der richtlinienkonformen Auslegung auch für den deutschen Verbotstatbestand des § 14 Abs. 1 Nr. 1 WpHG zu beachten.

---

90 *BGH* NZG 2010, 349, 350; *Schröder* Kapitalmarktstrafrecht Rn. 197; je m.w.N.
91 Begr. RegE AnsVG BT-Drucks. 15/3174, S. 34
92 *Schröder* Kapitalmarktstrafrecht, Rn. 198.
93 Assmann/Schneider/*Assmann* § 14 WpHG Rn. 14; MK-StGB/*Pananis* § 38 WpHG Rn. 65; Fuchs/*Waßmer* § 38 WpHG Rn. 13; Böttger/*Szesny* Wirtschaftsstrafrecht, Kap. 6 Rn. 88; *Gehrmann* ZBB 2010, 49 f.; a.A: Erbs/Kohlhaas/*Wehowsky* § 14 WpHG Rn. 5.
94 *EuGH* NZG 2010, 107 mit Bespr. *Gehrmann* ZBB 2010, 48; *Schulz* ZIP 2010, 209; *Ransiek* wistra 2011, 1.
95 *Gehrmann* ZBB 2010, 48; Graf/Jäger/Wittig/*Diversy* § 38 WpHG Rn. 63; Assmann/Schneider/*Assmann* § 14 WpHG Rn. 61a; Schwark/Zimmer/*Schwark/Kruse* § 14 WpHG Rn. 16a; zu Fallgruppen der Widerlegbarkeit dieser Vermutung *Bussian* WM 2011, 8, 11 ff.
96 Ausführlich dazu KölnKomm-WpHG/*Pawlik* § 14 WpHG Rn. 70 ff. sowie *Schröder* Kapitalmarktstrafrecht Rn. 220 ff.

aa) Art. 2 Abs. 3 RL 2003/6/EG – Mitarbeiterprogramme/Eindeckungsgeschäfte

Nach Art. 2 Abs. 3 RL 2003/6/EG liegt kein Verstoß gegen das Insiderhandelsverbot vor, **45** sofern der Insider eine fällig gewordene Verpflichtung zum Erwerb oder zur Veräußerung von Finanzinstrumenten erfüllt, die auf einer Vereinbarung beruht, deren Abschluss vor dem Zeitpunkt lag, zu dem ihm die Insiderinformation zur Kenntnis gelangte.[97] Hier fehlt es an einer Kausalität zwischen Kenntnis der Insiderinformation und Abschluss des Verpflichtungsgeschäftes. Somit verstößt derjenige Teilnehmer eines Mitarbeiterprogramms nicht gegen das Insiderhandelsverbot, der im Zuge eines Aktienoptions automatisch Insiderpapiere zugeteilt bekommt, sofern er bei der Erklärung zur Teilnahme an dem Aktienoptionsprogramms nicht über relevantes Insiderwissen verfügte.[98] Gleiches gilt für ein Eindeckungsgeschäft, mit dem sich derjenige Insiderpapiere verschafft, um ein zuvor ohne Insiderinformation abgeschlossenes Geschäft zu erfüllen, bei dem er sich zur Lieferung der Insiderpapiere zu einem bestimmten Termin und zu einem bestimmten Preis verpflichtet hatte („Leerverkauf").[99] Zu Recht weist die BaFin im Übrigen daraufhin, dass die Kenntnisnahme von einer Insiderinformation nach Ordererteilung, aber noch vor Ausführung keinen Verbotsverstoß darstellt.[100] Im Grundsatz erlaubt sind deshalb auch sog. *standing order*.

bb) Erwägungsgrund 18 RL 2003/6/EG – berufskonformes Verhalten

Market-maker, Stellen, die befugt sind, als Gegenpartei aufzutreten, oder Personen mit **46** einer Börsenzulassung, die im Rahmen ihrer berufsmäßigen Tätigkeiten Kundengeschäfte ausführen, begehen bei Ausführung dieser Geschäfte nach Erwägungsgrund 18 RL 2003/6/EG keinen Verstoß gegen das Insiderhandelsverbot. Dieser Personenkreis verwendet solange kein eigenes Insiderwissen, sofern er bei der Ausführung der Order über keinen eigenen Entscheidungsspielraum über Ausführungszeitpunkt und –höhe verfügt.[101] Eine aussagekräftige Dokumentation der ordnungsgemäßen Berufsausübung ist hier dringend anzuraten.[102] Denn ein Verstoß gegen das Insiderhandelsverbot liegt gemäß Erwägungsgrund 19 RL 2003/6/EG dann vor, wenn der Bankmitarbeiter Eigengeschäfte in Kenntnis von Kundenaufträgen vornimmt (sog. *frontrunning*) oder Kundenaufträge an ihn interessewahrend erteilt werden. In beiden Fällen lässt der Insider Informationen in das von ihm getätigte Geschäft einfließen und verwendet damit Insiderinformationen. Der Insider muss die Annahme eines solchen Auftrages jedoch nicht verweigern, sondern kann den Auftrag an einen anderen Mitarbeiter weitergeben, der über keine Insiderinformationen verfügt.[103]

Zu beachten ist schließlich, dass derjenige Bankmitarbeiter, der einen Auftrag eines Kunden in dem sicheren Wissen ausführt, dass der Kunde einen strafbaren Insiderhandel begeht, sich dem Risiko einer Beihilfestrafbarkeit[104] nach § 27 StGB aussetzt.[105]

---

97 *BaFin* Emittentenleitfaden 2009, S. 36; *Schröder* Kapitalmarktstrafrecht Rn. 201 f.
98 *BaFin* Emittentenleitfaden 2009, S. 36; Momsen/Grützner/*Hohn* Kap 6B Rn. 54; *Schröder* Kapitalmarktstrafrecht, Rn. 200 f.; ausführlich: Assmann/Schneider/*Assmann* § 14 WpHG Rn. 172. Zum weiteren Beispiel der Ausübung des Bezugsrechts bei Zeichnung junger Aktien krit. Widder/*Kocher* AG 2009, 654, 657 f. m.w.N.
99 *Schröder* Kapitalmarktstrafrecht, Rn. 203; weitere Fallgruppen bei Renz/Hense/*Knauth* Wertpapier-Compliance, II.10 Rn. 29.
100 *BaFin* Emittentenleitfaden 2009, S. 36 f.
101 S. hier auch Erwägungsgrund 18 RL 2003/6/EG; *EuGH* AG 2010, 74, 78; Schwark/Zimmer/ Schwark/*Kruse* § 14 WpHG Rn. 21; Park/*Hilgendorf* § 14 WpHG Rn. 144 m.w.N.
102 *Assmann/Schneider* § 14 WpHG, Rn. 53; zust. Fuchs/*Mennicke* § 14 WpHG Rn. 143.
103 Siehe Begr. RegE 2. FFG BT-Drucks. 12/6679, S. 47; Assmann/Schneider/*Assmann* § 14 WpHG Rn. 54.
104 Vgl. 21. Kap. Rn. 31 ff.
105 Siehe nur Graf/Jäger/Wittig/*Diversy* § 38 WpHG Rn. 119; *BGHSt* 46, 107; *BGH* NStZ 2001, 364.

cc) Erwägungsgrund 29 der Richtlinie 2003/6/EG – Übernahmeangebote

47 Nach Erwägungsgrund 29 RL 2003/6/EG ist auch der Zugang zu Insiderinformationen über andere Gesellschaften und deren Verwendung bei einem öffentlichen Übernahmeangebot im Sinne eines Kontrollerwerbs der Gesellschaft oder einer Verschmelzung von Gesellschaften kein Verstoß gegen das Insiderhandelsverbot gem. § 14 Abs. 1 S. 1 WpHG. Hier sind im Einzelnen die Vorschriften des WpÜG zu beachten.[106] Ein Verstoß gegen § 14 Abs. 1 Nr. 1 WpHG liegt hingegen vor, wenn Organmitglieder, Unternehmensmitarbeiter oder Berater diese Insiderinformation für eigene Geschäfte nutzen.

(dd) Erwägungsgrund 30 der Richtlinie 2003/6/EG – Umsetzung eigener Absichten und Pläne

48 Ausdrücklich soll auch kein Verwenden einer Insiderinformation in der Entscheidung zum Erwerb oder der Veräußerung der Person liegen, die dem eigentlichen Erwerb oder der Veräußerung voraus geht. Gemeint sind damit Fälle, in denen eine Person durch ihre Kaufs- oder Verkaufsentscheidung eine Insiderinformation schafft.[107] Beispiele sind etwa unternehmerische Entscheidungen sowie die Veränderung von Beteiligungen durch Kauf oder Verkauf von Aktien.[108] Auch die Entscheidung eines Anlegers im größeren Umfang Aktien zu erwerben, die an der Börse nur geringe Umsätze erzielen, fällt unter den Tatbestandsausschluss.[109]

d) Weitere Einzelfälle

49 Verwertet ein Kreditunternehmen gepfändete Sicherheiten in Form von Insiderpapieren, so liegt im Grundsatz keine Verwendung von Insiderinformationen vor. Denn typischerweise enthält die Verpfändungsvereinbarung der Sicherheiten bereits die Möglichkeit ihrer Verwertung. Allein von dieser Rechtsposition macht das Kreditinstitut im Zeitpunkt des Zahlungsausfalls Gebrauch.[110]

50 Ebenfalls an einer Verwendung von Insiderinformationen fehlt es regelmäßig bei der Übernahme von Unternehmen, sofern diese Informationen im Zuge einer *due-diligence*-Prüfung erlangt werden und der ursprünglich gefasste Entschluss unverändert umgesetzt wird. Hinsichtlich der Einzelheiten wird auf das 10. Kap. verwiesen. Ein Insiderhandelsverstoß liegt allerdings vor, sofern auf Grund der Insiderinformation über den ursprünglichen Plan hinaus Aktien erworben werden (sog. *alongside purchase*).[111]

51 Schließlich liegt bei außerbörslichen *face-to-face*-Geschäften ein Verstoß gegen § 14 Abs. 1 Nr. 1 WpHG nicht vor, wenn beide Parteien[112] Kenntnis von der Insiderinformation haben.[113] Die Chancengleichheit ist bei solchen Geschäften nicht beeinträchtigt, weil ein Sondervorteil aus dem Insiderwissen nicht erlöst werden kann.

---

106 *BaFin* Emittentenleitfaden 2009, S. 38.
107 Vgl. 17. Kap.
108 Fuchs/*Mennicke* § 14 WpHG Rn. 65 keine teleologische Reduktion, sondern lediglich Subsumtion des Tatbestands.
109 S. *Schröder* Kapitalmarktstrafrecht, Rn. 205 m.w.N.; *BaFin* Emittentenleitfaden 2009, S. 40; vgl. auch *Seibt/Bremkamp* AG 2008, 469, 475.
110 Ausführlich *Schröder* Kapitalmarktstrafrecht, Rn. 217.
111 Zum Bekanntwerden einer *due diligence* Prüfung und in diesem Zusammenhang bekannt gewordene Informationen s. 10. Kap Rn. 8.
112 Bei Kenntnis nur einer Partei liegt Kausalität vor. Ein Versuch gem. § 38 Abs. 3 WpHG kommt in Betracht, wenn der Insider nicht weiß, dass die andere Partei auch Kenntnis von der Insiderinformation hat, s. dazu Assmann/Schneider/*Assmann* § 14 WpHG Rn. 28.
113 S. hier auch den Sonderfall eines *management buy-outs* im Einzelnen dazu Fuchs/*Mennicke* § 14 WpHG Rn. 82 f. m.w.N.

II. Mitteilungsverbot gem. § 14 Abs. 1 Nr. 2 WpHG

Nach § 14 Abs. 1 Nr. 2 WpHG ist es verboten, einem anderen unbefugt eine Insiderinformation mitzuteilen oder zugänglich zu machen. Das Mitteilungsverbot untersagt Verhaltensweisen, die im Vorfeld des eigentlichen Insiderhandels liegen. Untersagt werden soll die Weitergabe von Insiderinformationen an Dritte, um widerrechtliche Informationsasymetrien zwischen den Anlegern zu verhindern und der Gefahr der Ausnutzung solcher Informationsaysmetrien möglichst frühzeitig zu begegnen.[114]

1. Weitergabe

Die Mitteilung ist die aktive Weitergabe einer Insiderinformation. Nach überwiegender Ansicht soll eine Insiderinformation einem anderen bereits zugänglich gemacht worden sein, sobald der Insider die Möglichkeit geschaffen hat, dass ein Dritter die Information zur Kenntnis nehmen kann. Danach soll es weder darauf ankommen, ob der Dritte die Insiderinformation tatsächlich sinnlich wahrnimmt oder die Insiderinformation intellektuell als solche erkennt.[115] Eine Insiderinformation soll bereits zugänglich gemacht worden sein, wenn der Insider geeignete Sicherheitsmaßnahmen unterlässt, um die Kenntnisnahme durch unbefugte Dritte zu verhindern.[116] Dies kann etwa der Fall sein, wenn der Insider geschäftliche Unterlagen nicht ordnungsgemäß verschließt oder nicht durch Passwörter vor dem Zugriff Dritter schützt. Allerdings ist eine Insiderinformation dann nicht weitergegeben oder zugänglich gemacht, wenn die Information dem Dritten bereits bekannt ist.[117]

Noch nicht abschließend höchstrichterlich geklärt ist, ob eine verbotene Mitteilung auch dann vorliegt, wenn einem Dritten Kenntnisse über eigene kurserhebliche Absichten mitgeteilt werden. Nach Ansicht des BGH scheidet in diesen Fällen eine verbotene Mitteilung aus, da es am Drittbezug der Information und damit an einer Insiderinformation fehlt.[118] Dem steht jedoch das Verständnis des EuGH entgegen der gerade keinen Drittbezug für eine Insiderinformation voraussetzt.[119] Ein Verstoß gegen das Weitergabeverbot käme danach in Betracht.

2. Unbefugt

Unbefugt im Sinne des § 14 Abs. 1 Nr. 2 WpHG ist die Weitergabe einer Insiderinformation, wenn keine Erlaubnis für das Handeln besteht.[120] Ob eine Befugnis vorliegt, bestimmt sich allein aus der Perspektive des Weitergebenden.[121] Die Verschwiegenheitsverpflichtung eines Dritten ist für die Beurteilung, ob der Weitergebende befugt handelt, danach ohne Belang.[122]

---

114 Zweifel an der Legitimität der Sanktionierung des Mitteilungsverbotes in der gegenwärtigen Form: *Gehrmann* Das versuchte Insiderdelikt, S. 174 ff.
115 Assmann/Schneider/*Assmann* § 14 WpHG Rn. 65; Kümpel/Wittig/*Rothenhöfer* Rn. 3.549; *Sethe* ZBB 2006, 243, 246 f.
116 Fuchs/*Mennicke* § 14 WpHG Rn. 191.
117 *Gehrmann* Das versuchte Insiderdelikt, S. 135; Graf/Jäger/Wittig/*Diversy* § 38 WpHG Rn. 94; a.A. Fuchs/*Mennicke* § 14 WpHG Rn. 195; KölnKomm-WpHG/*Pawlik* § 14 Rn. 12.
118 *BGHSt* 48, 373, 378.
119 *EuGH* NZG 2007, 749.
120 Fuchs/*Waßmer* § 38 WpHG Rn. 26; Habersack/Mülbert/Schlitt/*Löser* Hdb Kapitalmarktinformation § 2 Rn. 54; Kuthe/Rückert/Sickinger/*Rückert* Compliance-Hdb Kapitalmarktrecht 4. Kap. Rn. 80.
121 Vgl. nur *Schröder* Kapitalmarktstrafrecht, Rn. 289.
122 *BaFin* Emittentenleitfaden 2009, S. 41; Park/*Hilgendorf* § 14 WpHG Rn. 167; a.A. *Götz* DB 1995, 1949, 1950; *Rodewald/Tüxen* BB 2004, 2249, 2250.

56 Die Weitergabe von Insiderinformationen ist jedenfalls befugt, sofern gesetzliche Informations- und Mitteilungspflichten erfüllt werden.[123] Dabei ist sorgfältig zu prüfen, dass die Voraussetzungen der Erlaubnisnorm auch tatsächlich vorliegen.

57 Gesetzliche Informations- und Weitergabepflichten bestehen etwa zwischen Mitgliedern eines Leitungsorgans oder zwischen Aufsichtsrat und Vorstand gem. §§ 90 Abs. 1 und 3, 170, 337 AktG, sofern ein sachlicher Zusammenhang mit der Aufsichts- und Überwachungsfunktion des Aufsichtsrates besteht.[124] Im Unterschied dazu enthält § 131 Abs. 1 S. 1 AktG nach h.M. keine gesetzliche Offenbarungspflicht.[125]

58 Befugt ist ferner die Weitergabe von Informationen in Personalangelegenheiten an den Betriebsrat, §§ 80 Abs. 2, 90, 92, 111 BetrVG.[126] Zu beachten ist aber auch hier, dass die Voraussetzungen der §§ 80 Abs. 2, 106 Abs. 2 BetrVG tatsächlich vorliegen. Dies wäre etwa nicht der Fall, sofern die Weitergabe zu einer Gefährdung von Betriebs- und Geschäftsgeheimnissen des Unternehmens führt.[127]

59 Befugt ist natürlich auch die Erfüllung der Ad-hoc-Publizitätspflicht nach § 15 Abs. 1 S. 1 WpHG, solange die Insiderinformation gemäß dem Verfahren der § 15 Abs. 1 S. 1 Nr. 1 i.V.m. §§ 3a bis c, 4 ff. WpAIV veröffentlicht wird.[128]

60 Eine Weitergabebefugnis kann überdies aus sämtlichen gesellschaftsrechtlichen, kapitalmarktrechtlichen und kartellrechtlichen Informations- und Mitteilungspflichten wie etwa § 21 AktG, §§ 21 ff. WpHG, § 39 GWB resultieren.[129] Aus § 44 BörsG, §§ 8f, 8g VerkProspG i.V.m. VermVerkProspV folgt hingegen keine Offenbarungsbefugnis.[130]

61 In einem zivilgerichtlichen Verfahren kann die Mitteilung einer Insiderinformation an die Verfahrensbeteiligten befugt sein, sofern sie für die Wahrheitsfindung erforderlich ist. Die Parteien unterliegen der Wahrheitspflicht nach § 138 ZPO. Für Zeugen und Sachverständige ergibt sich diese Wahrheitspflicht aus §§ 153 ff. StGB. Allerdings sind diese nicht zur Aussage verpflichtet sofern sie ein Zeugnisverweigerungsrecht – vgl. § 383 Abs. 1 ZPO, § 408 Abs. 1 S. 1 ZPO, §§ 53 ff. StPO, § 76 Abs. 1 S. 1 StPO und § 84 Abs. 1 FGO i.V.m. § 102 AO – haben.

62 Solange eine gesetzliche Pflicht nicht bzw. nur eingeschränkt besteht, ist eine Abwägung zwischen den Zielen des Insiderrechts und den Interessen der an dem Kommunikationsprozess beteiligten Personen vorzunehmen.[131] Dass eine Weitergabe jenseits gesetzlich normierter Weitergabe- und Informationspflichten befugt sein kann, ergibt sich bereits aus Art. 3 lit. a) RL 2003/6/EG. Danach soll die Weitergabe nur verboten sein, „soweit dies nicht im normalen Rahmen der Ausübung ihrer Arbeit oder ihres Berufes oder der Erfüllung ihrer Aufgaben geschieht;".[132] Mithin sind solche Weitergaben von Insiderinformationen erlaubt, die im Zusammenhang mit berufs- oder aufgabentypischen Vorgängen stehen.[133]

---

123 *Renz/Hense/Knauth* Wertpapier-Compliance, II. 10 Rn. 49.
124 Fuchs/*Mennicke* § 14 WpHG Rn. 234.
125 Assmann/Schneider/*Assmann* § 14 WpHG Rn. 84; *Schröder* Kapitalmarktstrafrecht, Rn. 290.
126 Graf/Jäger/Wittig/*Diversy* § 38 WpHG Rn. 99.
127 Erbs/Kohlhaas/*Wehowsky* § 14 WpHG Rn. 14; so auch Park/*Hilgendorf* § 14 WpHG Rn. 171 m.w.N.
128 Assmann/Schneider/*Assmann* § 14 WpHG Rn. 106; Graf/Jäger/Wittig/*Diversy* § 38 WpHG Rn. 98. Zur Befugnis einer Vorabmitteilung eines Ratings durch die Ratingagentur gegenüber dem Emittenten *Stemper* WM 2011, 1740, 1744.
129 KölnKomm-WpHG/*Pawlik* § 14 Rn. 51; MK-StGB/*Pananis* § 14 WpHG Rn. 117.
130 Vgl. Assmann/Schneider/*Assmann* § 14 WpHG Rn. 111.
131 *Schröder* Kapitalmarktstrafrecht, Rn. 289 m.w.N.
132 Hierunter sollen auch Insiderinformationen fallen, die für ein (un-)beauftragtes Rating benötigt und hierfür freiwillig übermittelt werden s. *Stemper* WM 2011, 1740, 1741 f. m.w.N.
133 Vgl. dazu *Schröder* Kapitalmarktstrafrecht, Rn. 289.

Der EuGH hat jedenfalls sprachlich den Bereich der erlaubten Weitergabe von Insi- **63**
derinformationen eingeschränkt. So führt das Gericht in der Entscheidung Grøngaard/
Bang aus, dass eine Weitergabe nur dann befugt sei, wenn sie für die Ausübung der
Arbeit oder des Berufes oder für die Erfüllung der Aufgaben unerlässlich ist und
zusätzlich der Grundsatz der Verhältnismäßigkeit beachtet wird.[134] Ob damit tatsächlich auch eine inhaltliche Verschärfung des Weitergabeverbots verbunden ist, wurde
bislang nicht zweifelsfrei geklärt.[135] Die BaFin scheint jedenfalls nicht von einer signifikanten Ausweitung des Weitergabeverbotes in Folge der Entscheidung auszugehen.
Ausweislich des Emittentenleitfadens 2009 soll die Weitergabe befugt sein, wenn die
Information zur Erfüllung der Aufgaben tatsächlich benötigt wird bzw. wenn sie im
üblichen Rahmen der Arbeit oder des Berufes oder in Erfüllung von Aufgaben des
Insiders für den Emittenten geschieht.[136]

Das Verbot der Weitergabe von Insiderinformationen darf den unternehmensinternen **64**
Informationsfluss sowie den Informationsfluss zu externen Dritten nicht in einer Weise
beeinträchtigen, dass innerbetriebliche Abläufe und Entscheidungsprozesse unangemessen verkompliziert werden. Von einer Befugnis zur Weitergabe wird auszugehen sein,
solange die Weitergabe von Insiderinformationen erforderlich, zeitlich geboten und vernünftig ist.[137] Eine Unterscheidung zwischen unternehmensinterner und -externer Informationsweitergabe ist im Gesetz nicht angelegt. Sie sind am gleichen Maßstab zu messen. Der
unternehmerische Ermessensspielraum bei der Beurteilung, ob eine Weitergabe erforderlich ist, findet seine Grenze jedoch dort, wo den Insiderverboten in einer Weise Rechnung
getragen werden kann, die die Effizienz der Betriebsabläufe in vertretbarer Weise unbeeinträchtigt lässt; etwa durch die Einrichtung besonderer Vertraulichkeitsbereiche (*chinese
walls*) oder Erlass unternehmensinterner Verhaltensrichtlinien. Die Weitergabe von Insiderinformationen ist somit auf solche Mitarbeiter zu beschränken, die die Informationen
tatsächlich zur Wahrnehmung ihrer Aufgaben benötigen.[138]

Die Weitergabe von Insiderinformationen zwischen Abteilungen oder Mitarbeitern, die **65**
die Insiderinformation für ihre Aufgabe nicht benötigen, ist regelmäßig unbefugt. Dies
gilt insbesondere dort, wo *chinese walls* die Weitergabe einer Insiderinformation zwischen
einzelnen Vertraulichkeits- oder Geschäftsbereichen gerade verhindern sollen.[139] Allerdings besteht auch Einigkeit darüber, dass von diesen Grundsätzen in begründeten Ausnahmefällen abzuweichen ist, etwa wenn Geschäftsbereiche für die Erstellung einer Risikoprognose über die Unternehmenssituation zusammenarbeiten müssen.[140] Hinsichtlich
der Einzelheiten betrieblicher Organisation im Lichte des Mitteilungsverbotes kann auf
das 3. und 16. Kap. verwiesen werden. Die Rolle der Compliance-Abteilung wird im 16.
Kap. erläutert.

---

134 *EuGH* ZIP 2006, 123.
135 Vgl. MK-StGB/*Pananis* § 14 WpHG Rn. 114.
136 *BaFin* Emittentenleitfaden 2009, S. 41.
137 *Schröder* Kapitalmarktstrafrecht, Rn. 292; Assmann/Schneider/*Assmann* § 14 WpHG Rn. 89, Fuchs/*Mennicke* § 14 WpHG Rn. 89 ff, 246; vgl. auch *Schneider/Singhof* FS Kraft, S. 585, 590; *Sethe* ZBB 2006, 243, 250.
138 Für eine Übertragung der Grundsätze zur Befugtheit von *EuGH* ZIP 2006, 123 auf Erkenntnisse aus einer Internal Investigation Knierim/Rübenstahl/Tsambikakis/*Szesny* Internal Investigations 30. Kap. Rn. 85 f.
139 S. hierzu die immer noch für die Praxis Hinweis gebende, jedoch aufgehobene Compliance-Richtlinie der BAWe vom 25.10.1999, insbesondere unter Punkt 3; abrufbar unter www.BaFin.de/SharedDocs/Downloads/DE/Rundschreiben/dl_rs_1004_MaComp_Compliance-Richtlinie.html (zuletzt aufgerufen am 20.8.2013).
140 Zum sog. *wall-crossing* bei Banken *Buck-Heeb* FS Hopt, 2010, S. 1667 ff.

66 Das Weitergabeverbot muss auch im Konzernverbund beachtet werden. Entsprechend den oben skizzierten Grundsätzen wird eine Weitergabe dort befugt sein, wo der Informationsaustausch für die Funktionsfähigkeit des Konzerns notwendig ist.[141] Dies ist regelmäßig bei der Weitergabe von Informationen des abhängigen an das beherrschende Unternehmen der Fall. Die Befugnis ergibt sich hier aus der Leitungsfunktion des Mutterunternehmens. Entsprechend können auch Informationen im Rahmen der Konzernüberwachung weitergegeben werden.[142] Hingegen kann es[143] an einer Befugnis zum Informationsaustausch fehlen, wenn Informationen zwischen Tochtergesellschaften ausgetauscht werden.[144] In diesen Fällen wird man sich nicht ohne weiteres darauf berufen können, dass dieser Informationsaustausch für die Funktionsfähigkeit des Konzerns unerlässlich gewesen sei.

67 Hohe praktische Bedeutung hat das Weitergabeverbot ferner bei Unternehmenstransaktionen. Dem insiderrechtlichen Weitergabeverbot kommt nicht die Aufgabe zu, solche Unternehmensbeteiligungen zu verhindern. Daher ist im Rahmen einer *due-diligence*-Prüfung die Weitergabe von Insiderinformationen jedenfalls dann erlaubt, wenn dies der Absicherung des geplanten Erwerbs einer Beteiligung oder eines Aktienpaketes dient. Hinsichtlich der Einzelheiten kann auf die Ausführungen im 11. Kap. verwiesen werden. Für die Vorbereitung eines öffentlichen Erwerbs- und Übernahmeangebotes gelten die dargestellten Grundsätze entsprechend.[145]

68 Wertpapierdienstleistungsunternehmen werden auch in der Beratung ihrer Kunden durch das Weitergabeverbot des § 14 Abs. 1 Nr. 2 WpHG gebunden. Im Grundsatz treten die Informationspflichten des § 31 WpHG hinter das Weitergabeverbot zurück.[146] Ein Recht zur Weitergabe von Insiderinformationen ergibt sich – von eng umgrenzten Ausnahmen aufgrund eines Nothilferechts abgesehen – auch nicht aus der vertraglichen Beziehung zwischen dem Wertpapierdienstleistungsunternehmen und dem Kunden, denn es gibt „keinen Individualanspruch eines Kunden auf Erlangung von Insiderinformationen, der sich gegenüber dem Anspruch aller Marktteilnehmer auf die Wahrung ihrer informationellen Chancengleichheit (…) durchsetzen könnte"[147]. Der Anlageberater macht sich allerdings de lege lata nicht strafbar, wenn er – ohne eine Insiderinformation weiterzugeben – von einer Transaktion abrät.[148] Hinsichtlich der Einzelheiten wird auf die Kap. 19 und 20 verwiesen.

III. Empfehlungsverbot – § 14 Abs. 1 Nr. 3 WpHG

69 Nach § 14 Abs. 1 Nr. 3 WpHG ist es verboten, einem anderen auf der Grundlage einer Insiderinformation den Erwerb oder die Veräußerung von Insiderpapieren zu empfehlen oder einen anderen auf sonstige Weise dazu zu verleiten. Die Weitergabe der Insiderinformation

---

141 S. nur Graf/Jäger/Wittig/*Diversy* § 38 WpHG Rn. 103; Park/*Hilgendorf* § 14 WpHG Rn. 173; krit. im Zusammenhang mit Compliance-Maßnahmen und den Anforderungen an die „Unerlässlichkeit" ihrer Weitergabe *U.H. Schneider* NZG 2010, 1201, 1203.
142 Fuchs/*Mennicke* § 14 WpHG Rn. 255; Schwark/Zimmer/*Schwark/Kruse* § 14 WpHG Rn. 54; Assmann/Scheider/*Assmann* § 14 WpHG Rn. 95.
143 Vgl. aber *Singhof* ZGR 2001, 146, 171 f.
144 MK-StGB/*Pananis* § 38 WpHG Rn. 124; Schwark/Zimmer/*Schwark/Kruse* § 14 WpHG Rn. 124.
145 Fuchs/*Mennicke* § 14 WpHG Rn. 317 f.; Graf/Jäger/Wittig/*Diversy* § 38 WpHG Rn. 105; *Hasselbach* NZG 2004, 1087, 1089, 1093.
146 S. nur Kümpel/Wittig/*Rothenhöfer* Rn. 3.557; KölnKomm-WpHG/*Pawlik* § 14 WpHG Rn. 58; je m.w.N.
147 Assmann/Schneider/*Assmann* § 14 WpHG Rn. 108; Fuchs/*Mennicke* § 14 WpHG Rn. 336; s. bereits *Assmann* WM 1996, 1337, 1352.
148 So MK-StGB/*Pananis* § 38 WpHG Rn. 129; KölnKomm-WpHG/*Pawlik* § 38 WpHG Rn. 61; Assmann/Schneider/*Assmann* § 14 WpHG Rn. 110.

durch die Empfehlung ist gerade nicht erforderlich, so dass das Empfehlungs- und Weiterleitungsverbot verhindern, dass Insiderwissen genutzt wird, ohne dass der Insider selbst eine Transaktion durchführt oder sein Insiderwissen weitergibt.

1. Empfehlen

Nach überwiegender Ansicht ist die Empfehlung eine einseitige Erklärung, die an eine oder mehrere andere Personen gerichtet und geeignet ist, den Willen aufgrund der positiven Darstellung eines zukünftigen Verhaltens zu beeinflussen.[149] Diese Definition ist deckungsgleich mit dem kartellrechtlichen Verständnis von einer Empfehlung.[150] 70

Unerheblich soll überdies sein, ob der Empfehlungsempfänger in Folge der Empfehlung eine Transaktion in dem Insiderpapier tätigt.[151] Dies überzeugt allerdings mit Blick auf Wortlaut, Systematik und der Strafdrohung nicht. Zunächst spricht das Gesetz von „empfehlen oder sonst verleiten", so dass sprachlich bereits ein Erfolg in Gestalt des Tätigwerdens erforderlich ist, um den Verbotstatbestand zu erfüllen. Ferner ist nicht einsichtig, weshalb die bloße Empfehlung mit dem gleichen Strafrahmen bedroht wird wie der Insiderhandel, obgleich durch die folgenlose Empfehlung weder die Chancengleichheit verletzt noch eine Insiderinformation weitergegeben und damit das Risiko gesetzt wird, dass Dritte diese Information widerrechtlich nutzen können.[152] 71

2. Verleiten

Auf sonstige Weise verleiten ist jede Verhaltensweise, deren Zweck darin besteht, den Willen eines anderen im Hinblick auf den Erwerb oder die Veräußerung von Insiderpapieren zu beeinflussen.[153] Das Verleiten setzt wie das Empfehlen voraus, dass die Kenntnis der Insiderinformation kausal für das Verleiten ist.[154] Schließlich ist auch hier der Verbotstatbestand nur erfüllt, wenn der verleitete Dritte eine Transaktion in dem Insiderpapier durchgeführt hat.[155] 72

E. Täterschaft und Teilnahme

Eines Insiderhandels strafbar machen kann sich jedermann gem. § 38 Abs. 1 Nr. 1 WpHG, der unter Verwendung einer Insiderinformation Insiderpapiere für eigene oder fremde Rechnung oder für einen anderen erwirbt oder veräußert. Im Übrigen gelten die allgemeinen Regeln für Täterschaft und Teilnahme, die im 21. Kap. Rn. 31 ff. ausführlich dargestellt 73

---

149 Vgl. nur *Schröder* Kapitalmarktstrafrecht, Rn. 300; Assmann/Schneider/*Assmann* § 14 WpHG Rn. 119.
150 Fuchs/*Mennicke* § 14 WpHG Rn. 366 mit Verweis auf *BGHSt* 14, 55, 57; 27, 196, 200 für § 38 Abs. 1 Nr. 10 a.F. GWB und Immenga/Mestmäcker/*Sauter* § 23 GWB Rn. 14 ff. für §§ 22, 23 GWB m.w.N.
151 KölnKomm-WpHG/*Pawlik* § 14 Rn. 63; Kümpel/Wittig/*Rothenhöfer* Rn. 3.566.
152 Gehrmann S. 182 ff.; a.A. *Schröder* Kapitalmarktstrafrecht, Rn. 301; Böttger/*Szesny* Wirtschaftsstrafrecht, Kap. 6 Rn. 118.
153 Begr. RegE AnSVG BT-Drucks. 15/3174, 34; *BaFin* Emittentenleitfaden 2009, S. 41; Kuthe/Rückert/Sickinger/*Rückert* Compliance-Hdb Kapitalmarktrecht 4. Kap. Rn. 81.
154 Assmann/Schneider/*Assmann* § 14 WpHG Rn. 127; Habersack/Mülbert/Schlitt/*Lösler* Hdb Kapitalmarktinformation § 2 Rn. 61; einschränkend KölnKomm-WpHG/*Pawlik* § 14 Rn. 65, 67 (Mitursächlichkeit genügt).
155 S. *Schröder* Kapitalmarktstrafrecht, Rn. 301; a.A. s. nur Park/*Hilgendorf* § 14 WpHG Rn. 192; MK-StGB/*Pananis* § 38 WpHG Rn. 139.

worden sind. So kann sich derjenige, der einen Insider bei dessen Insiderhandel unterstützt, ohne selbst über Insiderwissen zu verfügen, einer Beihilfe nach § 27 StGB strafbar machen. Dies gilt auch für sog. berufstypische Handlungen, wenn etwa der Bankmitarbeiter positive Kenntnis hat, dass die auszuführende Order ein strafbarer Insiderhandel des Bankkunden ist. Die Insidereigenschaft wird nach überwiegender Ansicht als besonderes persönliches Merkmal im Sinne von § 28 Abs. 1 StGB angesehen.[156] Dies hat zur Folge, dass die Strafe des Teilnehmers nach § 49 Abs. 1 StGB zu mildern ist.

74 Eines Verstoßes gegen das Weitergabe – oder Empfehlungsverbot nach § 38 Abs. 1 Nr. 2 WpHG macht sich hingegen nur strafbar, wer Primärinsider ist. Der Verstoß des Sekundärinsiders gegen diese Verbote wird als Ordnungswidrigkeit gem. § 39 Abs. 2 Nr. 3 und 4 WpHG bebußt. Der Kreis der Primärinsider ist in § 38 Abs. 1 Nr. 2 a–d WpHG abschließend aufgeführt. Danach ist Primärinsider, wer die Insiderinformation entweder auf Grund einer besonderen Nähe zu einem Emittenten – sei es aufgrund von Status, Beteiligung oder Tätigkeit – oder auf Grund der Vorbereitung oder Begehung einer Straftat erlangt hat. Sämtliche anderen Personen, die auf anderem Weg Kenntnis von Insiderinformationen erlangt haben, sind Sekundärinsider.

75 Primärinsider bleibt auch derjenige, der nach Kenntniserlangung seine Nähe zum Emittenten verliert. So verändert beispielsweise das Ausscheiden aus dem Vorstand eines Emittenten nichts an der Primärinsidereigenschaft, die bis zur öffentlichen Bekanntgabe der Information fort gilt.[157]

I. Nr. 2 lit. a – statusbedingte Primärinsider

76 Als sog. statusbedingter Primärinsider bezeichnet das Gesetz solche Personen, die als Mitglieder des Geschäftsführungs- oder Aufsichtsorgans oder als persönlich haftender Gesellschafter des Emittenten oder eines mit dem Emittenten verbundenen Unternehmens handeln. Klassischerweise sind dies die Mitglieder des Vorstands und des Aufsichtsrats einer AG, der Geschäftsführer einer GmbH und der geschäftsführende Gesellschafter einer Personengesellschaft.[158] Darüber hinaus sind insbesondere auch faktische und nicht ordnungsgemäß bestellte Organe erfasst.[159] Als persönlich haftende Gesellschafter kommen solche einer KGaA, OHG, KG oder GbR nur in Betracht, wenn sie Insiderpapiere namentlich Schuldverschreibungen emittieren.[160] Verbundene Unternehmen sind in § 15 AktG legal definiert. Ein verbundenes Unternehmen liegt bereits vor, wenn sich eine GmbH im mehrheitlichen Besitz einer börsennotierten AG befindet.[161]

77 Überdies ist nach § 38 Abs. 1 Nr. 2 lit. a WpHG Primärinsider nur, wer „als" Mitglied oder persönlich haftender Gesellschafter über eine Insiderinformation verfügt. Mithin muss das Insiderwissen kausal auf Grund des Status erlangt worden sein.[162] Eine Kenntniserlangung aus dem privaten Umfeld begründet die Primärinsidereigenschaft nicht.

---

156 Fuchs/*Waßmer* § 38 WpHG Rn. 70; Erbs/Kohlhaas/*Wehowsky* § 38 WpHG Rn. 21; Graf/Jäger/Wittig/*Diversy* § 38 WpHG Rn. 118; a.A. Assmann/Schneider/*Vogel* § 38 Rn. 76.
157 Fuchs/*Waßmer* § 38 WpHG Rn. 17; KölnKomm-WpHG/*Altenhain* § 38 WpHG Rn. 51; a.A. MK-StGB/*Pananis* § 38 WpHG Rn. 94.
158 Ausführlich Assmann/Schneider/*Vogel* § 38 WpHG Rn. 12 ff.
159 S. nur Graf/Jäger/Wittig/*Diversy* § 38 WpHG Rn. 86; a.A. MK-StGB/*Pananis* § 38 WpHG Rn. 92.
160 Assmann/Schneider/*Vogel* § 38 WpHG Rn. 14; im Ergebnis auch Erbs/Kohlhaas/*Wehowsky* § 38 WpHG Rn. 10.
161 Fuchs/*Waßmer* § 38 WpHG Rn. 18.
162 *Schröder* Kapitalmarktstrafrecht, Rn. 255; Park/*Hilgendorf* § 38 WpHG Rn. 229.

II. Nr. 2 lit. b – Beteiligungsbedingter Primärinsider

Beteiligungsbedingter Primärinsider ist, wer auf Grund seiner Beteiligung am Kapital des Emittenten oder eines mit dem Emittenten verbundenen Unternehmens eine Insiderinformation erlangt. Erfasst wird ausschließlich eine unmittelbare Beteiligung bspw. als Aktionär einer AG oder Gesellschafter einer GmbH.[163] Für das verbundene Unternehmen gelten erneut die Voraussetzungen von § 15 AktG. Die Beteiligung an einem vor- bzw. zwischengeschalteten Unternehmen ist keine unmittelbare Beteiligung.[164] Die Höhe der Beteiligung ist unerheblich, so dass auch sog. Kleinanleger Primärinsider sein können, sofern sie die Information „auf Grund" ihrer Beteiligung erlangt haben. Auch hier muss zwischen Beteiligung und Erlangung der Insiderinformation Kausalität bestehen.[165]

78

III. Nr. 2 lit. c – Tätigkeitsbezogene Primärinsider

Tätigkeitsbezogener Primärinsider ist, wer auf Grund seines Berufs oder seiner Tätigkeit oder seiner Aufgabe bestimmungsgemäß über Insiderinformationen verfügt. Nach dem Wortlaut ist auch hier Ursächlichkeit („auf Grund") zwischen der Tätigkeit und der Kenntnis von der Insiderinformation erforderlich.[166] Hinzu tritt, dass der Insider „bestimmungsgemäß" in den Besitz der Information gelangt sein muss, um Primärinsider im Sinne des § 38 Abs. 1 Nr. 2c WpHG zu sein. Eine bestimmungsgemäße Kenntniserlangung liegt nur vor, wenn die Information nicht nur bei Gelegenheit, sondern gerade im Rahmen der Tätigkeit erlangt wurde und mit ihr in einem inneren Zusammenhang steht.[167]

79

Danach sind tätigkeitsbezogenen Primärinsider beispielsweise Unternehmensangehörige wie Angestellte oder Beiräte und Mitglieder ähnlicher Beratungsgremien des Emittenten, unternehmensexterne Dritte wie Anwälte, Notare, Wirtschafts- und Unternehmensberater, Steuerberater, Bankmitarbeiter, IT-Dienstleister und auch Finanzanalysten, sofern sie vom Unternehmen beauftragt sind und mit Insiderinformationen („bestimmungsgemäß") in Berührung kommen.[168] Unternehmensexterne Dritte wie Journalisten, Analysten und Familienmitglieder (ohne Beteiligung am Unternehmen), die durch Gespräche, Recherchen oder Besprechungen Insiderinformationen erfahren, erlangen Insiderinformationen nicht bestimmungsgemäß.[169] Vielmehr dürfen sie sich darauf verlassen, dass ihre Gesprächspartner sich an die Insiderverbote halten und ihnen kein Insiderwissen verschaffen.

80

---

163 S. nur KölnKomm-WpHG/*Altenhain* § 38 Rn. 61.
164 Vgl. Assmann/Schneider/*Vogel* § 38 WpHG Rn. 18; Park/*Hilgendorf* § 38 WpHG Rn. 41.
165 *BaFin* Emittentenleitfaden 2009, S. 43; Erbs/Kohlhaas/*Wehowsky* § 38 WpHG Rn. 13; anders Kuthe/Rückert/*Sickinger/Rückert* Compliance-Hdb Kapitalmarktrecht 4. Kap. Rn. 87 (mindestens Mitursächlichkeit).
166 *BaFin* Emittentenleitfaden 2009, S. 43; Fuchs/*Waßmer* § 38 WpHG Rn. 20.
167 S. Begr. RegE 2. FFG BT-Drucks. 12/6679, 46; Graf/Jäger/Wittig/*Diversy* § 38 WpHG Rn. 90; enger Assmann/Schneider/*Vogel* § 38 WpHG Rn. 23 ff.
168 Ausführlich *Schröder* Kapitalmarktstrafrecht, Rn. 259 ff.; für Ratingagenturen *Stemper* WM 2011, 1740, 1744.
169 S. MK-StGB/*Pananis* § 38 WpHG Rn. 102; KölnKomm-WpHG/*Altenhain* § 38 WpHG Rn. 72; a.A. für Journalisten und Finanzanalysten Fuchs/*Waßmer* § 38 WpHG Rn. 21 m.w.N.; *Schröder* NJW 2009, 465 f.; *Sturm* ZBB 2010, 20, 27; vgl. in diesem Zusammenhang auch die „Journalistische(n) Verhaltensgrundsätze des Presserats zu Insider- und anderen Informationen mit potentiellen Auswirkungen auf Wertpapierkurse" abrufbar unter www.presserat.info/en/inhalt/dokumentation/pressemitteilungen/pm/article/journalistischen-verhaltensgrundsaetze-des-presserats-zu-insider-und-anderen-informationen-mit-pote.html.

IV. Nr. 2 lit. d – Deliktische Primärinsider

81 Deliktische Primärinsider sind Personen, die auf Grund der Vorbereitung oder der Begehung einer Straftat über eine Insiderinformation verfügen. Der Wortlaut verlangt erneut eine Kausalitätsbeziehung zwischen der Erlangung der Insiderinformation und der Vorbereitung oder Begehung einer Straftat.[170] Eine Eingrenzung auf bestimmte Straftaten nimmt § 38 Abs. 1 Nr. 2 lit. d WpHG nicht vor. Die größte praktische Relevanz dürften Delikte gegen den persönlichen Geheimnis- und Lebensbereich sowie Korruptionsstraftaten besitzen.[171]

F. Subjektive Voraussetzungen

I. Vorsatz

82 Nach § 38 Abs. 1 WpHG macht sich strafbar, wer vorsätzlich im Sinne des § 15 StGB handelt.[172] Der Vorsatz muss sich auf alle Elemente des objektiven Tatbestandes beziehen. Für einen strafbaren Insiderhandel ist Vorsatz in Gestalt des bedingten Vorsatzes ausreichend, so dass der Täter es nur für möglich halten und sich damit abfinden muss, gegen § 38 Abs. 1 Nr. 1 WpHG zu verstoßen.[173] Ebenso macht sich der Primärinsider einer Weitergabe von Insiderinformationen strafbar, wenn er zumindest mit bedingtem Vorsatz handelt.

83 Im Unterschied dazu fordert die überwiegende Ansicht in der Literatur für einen strafbaren Verstoß gegen das Empfehlungs- und Verleitensverbot gem. § 38 Abs. 1 Nr. 2 WpHG Absicht. Es reicht somit nicht aus, wenn der Täter sicher weiß, dass er einem Dritten eine Empfehlung bezüglich eines Insiderpapiers gibt, sondern Ziel seines Handelns muss es gerade sein, den Willen des Dritten zu beeinflussen.[174]

II. Leichtfertigkeit

84 Strafbar ist nach § 38 Abs. 4 WpHG auch der leichtfertige Verstoß gegen das Erwerbs- oder Veräußerungsverbot des § 14 Abs. 1 Nr. 1 WpHG. Ähnlich der leichtfertigen Steuerhinterziehung dient die Vorschrift als Auffangtatbestand bei Beweisschwierigkeiten im subjektiven Bereich. Ausweislich der Gesetzesbegründung sollte § 38 Abs. 4 WpHG insbesondere Fälle unter Strafe stellen, in denen der Insider leichtfertig verkennt, dass die ihm vorliegende Information eine Insiderinformation ist. Dies wäre etwa in Konstellationen der Fall, in denen der Insider von einer bereits bestehenden Bereichsöffentlichkeit der Information ausgeht oder das tatsächliche Kursbeeinflussungspotential verkennt.[175] Allerdings erfasst

---

170 S. nur Fuchs/*Waßmer* § 38 WpHG Rn. 23. Anders hingegen MK-StGB/*Pananis* § 38 WpHG Rn. 107. Ausführlich und krit. zum europarechtlichen Rahmen und der nationalen Umsetzung von Art. 14 Abs. 1, Art. 2 Abs. 1 Unterabsatz 2d), Art. 4 der Marktmissbrauchsrichtlinie 2003/6/EG Assmann/Schneider/*Vogel* § 38 WpHG Rn. 33 ff.
171 Begr. RegE AnSVG BT-Drucks. 15/3174, 40; Habersack/Mülbert/Schlitt/*Lösler* Hdb Kapitalmarktinformation § 2 Rn. 74.
172 Vgl. 21. Kap. Rn. 81 ff.
173 Fuchs/*Waßmer* § 38 WpHG Rn. 14; Schwark/Zimmer/*Zimmer/Cloppenburg* § 38 WpHG Rn. 16.
174 S. nur Erbs/Kohlhaas/*Wehowsky* § 38 WpHG Rn. 22; MK-StGB/*Pananis* § 38 WpHG Rn. 140; a.A. Park/*Hilgendorf* § 38 WpHG Rn. 184.
175 KölnKomm-WpHG/*Altenhain* § 38 WpHG Rn. 47; *Schröder* Kapitalmarktstrafrecht, Rn. 245.

der Wortlaut auch Konstellationen, in denen der Täter leichtfertig nicht erkennt mit einem Insiderpapier zu handeln oder seine Order leichtfertig in den Geschäftsverkehr eingehen lässt und zur Ausführung bringt.[176]

Leichtfertigkeit ist ein gesteigerter Grad der bewussten und unbewussten Fahrlässigkeit und steht dem Begriff der groben Fahrlässigkeit des Zivilrechts sehr nahe.[177] Leichtfertig handelt, wer die ihm gebotene Sorgfalt in ungewöhnlich hohem Maße verletzt.[178] Dies soll der Fall sein, wenn der Täter die sich ihm ex ante aufdrängende Möglichkeit der Tatbestandsverwirklichung aus besonderem Leichtsinn oder aus besonderer Gleichgültigkeit außer Acht lässt.[179] Die Leichtfertigkeit muss sich wie beim vorsätzlichen Handeln auf alle objektiven Tatbestandsmerkmale sowie auf die verweisenden Merkmale beziehen. Sonderwissen oder -fähigkeiten des Täters werden im Rahmen der persönlichen Vorwerfbarkeit individuell berücksichtigt.[180] **85**

III. Irrtümer

Auf die Ausführungen im 21. Kap. Rn. 81 ff. und 85 ff. wird verwiesen. **86**

G. Unterlassen

Komplexe rechtliche Fragen stellen sich hinsichtlich der Frage einer Unterlassensstrafbarkeit. Gemeint sind dabei weniger solche Konstellationen, in denen jemand aufgrund von Insiderwissen eine geplante Transaktion mit Insiderpapieren unterlässt. De lege lata verstößt der Insider durch dieses Unterlassen eines Geschäfts nicht gegen das Erwerbs- und Veräußerungsverbot in § 14 Abs. 1 S. 1 WpHG.[181] Gleiches gilt, wenn der Insider einem Dritten empfiehlt, von einer Transaktion Abstand zu nehmen, ohne dabei sein Insiderwissen preiszugeben. **87**

Die Frage einer Unterlassensstrafbarkeit stellt sich insbesondere in Gestalt der sog. Geschäftsherrenhaftung, wenn beispielsweise Mitarbeiter eines Unternehmens Straftaten begehen und die Geschäftsleitung das strafrechtlich relevante Verhalten nicht unterbindet. Auf die Ausführungen im 21. Kap. Rn. 47 ff. ist an dieser Stelle zu verweisen.

H. Versuchsstrafbarkeit, § 38 Abs. 3 WpHG

Gem. § 38 Abs. 3 WpHG ist der Versuch verbotener Insidergeschäfte nach § 38 Abs. 1 WpHG strafbar. Die rechtspolitische Notwendigkeit der Ausweitung der Strafbarkeit bleibt im Dunkeln. Es scheint, als hätte sich der deutsche Gesetzgeber aufgrund – tatsäch- **88**

---

176 Assmann/Schneider/*Vogel* § 38 WpHG Rn. 45; vgl. auch Park/*Hilgendorf* § 38 WpHG Rn. 269.
177 S. Begr. RegE AnSvG BT-Drucks. 15/3174, 40 unter Bezugnahme auf Art. 4 i.V.m. Art. 2 und 3 MiFID.
178 *BaFin* Emittentenleitfaden 2009, S. 44.
179 MK-StGB/*Pananis* § 38 WpHG Rn. 88; Schwark/Zimmer/*Schwark/Kruse* § 14 WpHG Rn. 68.
180 *BGHSt* 40, 341, 348; *Schröder* Kapitalmarktstrafrecht, Rn. 245.
181 *Assmann/Schneider/Vogel* § 38 WpHG Rn. 78.

lich jedoch nicht bindender – europäischer Vorgaben gehalten gesehen, die Versuchsstrafbarkeit einzuführen.[182] Obgleich sich der Gesetzgeber hier im Irrtum befand, greifen verfassungsrechtliche Bedenken gegen die Norm angesichts der weiten Einschätzungsprärogative des Gesetzgebers nicht durch.[183]

89 Eines Versuchs macht sich gem. §§ 22, 23 Abs. 1 StGB strafbar, wer zur Deliktsverwirklichung unmittelbar ansetzt. Solange sich der Täter im Versuchsstadium befindet und der Versuch nicht bereits fehlgeschlagen ist, kann der Täter noch strafbefreiend zurücktreten gem. § 24 StGB, wenn er freiwillig die weitere Ausführung der Tat aufgibt oder deren Vollendung verhindert. Es finden die allgemeinen Regeln Anwendung.[184]

90 Praktische Relevanz entfaltet die Versuchsstrafbarkeit beispielsweise bei einer Ordererteilung, wenn diese nicht durch das depotführende Wertpapierdienstleistungsunternehmen ausgeführt wurde.[185] Eine Versuchsstrafbarkeit kommt ferner bei einer Ordererteilung in der Vorstellung in Betracht, diese basiere auf einer Insiderinformation, obgleich die Information tatsächlich ohne die Kenntnis des Täters vor Ausführung ad-hoc mitgeteilt wurde.[186] Für § 38 Abs. 1 Nr. 2 WpHG nennt der Emittentenleitfaden[185] die Konstellation, dass unter Verwendung einer Insiderinformation Handlungen vorgenommen werden, die unmittelbar dazu führen sollen, dass ein Dritter die Insiderinformation erhält bzw. ein Insiderpapier erwirbt oder veräußert, ohne dass es hierzu in der Folge tatsächlich kommt. Zu beachten ist auch die Strafbarkeit des untauglichen Versuchs gem. § 23 Abs. 3 StGB.[187]

I. § 38 Abs. 5 WpHG

91 Nach § 38 Abs. 5 WpHG sind ausländische Verbotsvorschriften den inländischen gleichgestellt, sofern sich diese inhaltlich entsprechen. Dies ist der Fall, wenn der zu beurteilende Sachverhalt sowohl nach deutschem als auch ausländischem Kapitalmarktrecht verboten ist. Sofern das ausländische Verbot jedoch nicht auf die Bekämpfung des Insiderhandels gerichtet, sondern beispielsweise auf die des Betruges oder des Geheimnisverrates, so entsprechen sich beide Verbote nicht im Sinne des § 38 Abs. 5 WpHG.[188]

92 Der Zweck der Vorschrift liegt darin, den von einem Deutschen vom Ausland aus begangenen Insiderhandel strafrechtlich zu erfassen. Dies wäre ohne § 38 Abs. 5 WpHG nicht immer möglich, da die kapitalmarktrechtlichen Verbote als Verwaltungsnormen zunächst auf das Inland beschränkt sind und auch gem. § 1 Abs. 2 WpHG nur eingeschränkte Wirkung im Ausland beanspruchen können. Auch die Grundsätze über die Geltung deutschen Strafrechts im Ausland gem. §§ 3 ff. StGB bewirken keine Ausdehnung der Bezugsnorm, sondern bestimmen allein den Anwendungsbereich der Strafnorm. Mit anderen Worten wird die Anwendung des deutschen Kapitalmarktstrafrechts durch § 38 Abs. 5 WpHG über den des deutschen Kapitalmarktrechts hinaus ermöglicht.[189] Einen Einfluss auf den Anwendungsbereich des deutschen Kapitalmarktrechts hat die Norm nicht. In einem ers-

---

182 *Gehrmann* Das versuchte Insiderdelikt, S. 223 ff.
183 *Sethe* ZBB 2006, 243, 246; ausführlich: *Gehrmann* Das versuchte Insiderdelikt, S. 225 f.
184 Ausführlich *Fischer* § 22 Rn. 3 ff.
185 *BaFin* Emittentenleitfaden 2009, S. 44.
186 *Schröder* Kapitalmarktstrafrecht, Rn. 315 f.
187 S. dazu *Fuchs/Waßmer* § 38 WpHG Rn. 33; ausführlich auch *Schröder* Kapitalmarktstrafrecht, Rn. 325.
188 MK-StGB/*Pananis* § 38 WpHG Rn. 225.
189 Ausführlich: Assmann/Schneider/*Vogel* § 38 WpHG Rn. 61 ff.; *Popp* wistra 2011, 169 ff.

ten Schritt ist deshalb zu prüfen, ob die in Bezug genommene Verbotsnorm des § 14 WpHG nicht bereits über § 1 Abs. 2 WpHG auf ausländische Sachverhalte Anwendung findet. Erst wenn dies nicht der Fall ist, ist § 38 Abs. 5 WpHG zu prüfen. Sofern danach gegen ein Verbot des Insiderhandels verstoßen wurde, ist die Frage, ob deutsches Strafrecht Geltung beanspruchen kann, nach §§ 3–7 StGB zu beantworten.

J. § 38 Abs. 2a, 3, 4 WpHG Strafbarkeit von Insidergeschäften im Zusammenhang mit der Versteigerung von Treibhausgasemissionszertifikaten

Das Gesetz vom 13.12.2011[190] weitete den Anwendungsbereich des § 38 WpHG auf Transaktionen im Zusammenhang mit der Versteigerung von Treibhausgasemissionszertifikaten aus. Zuvor konnte man sich bei dem Handel mit Emissionszertifikaten sowie darauf bezogener derivativer Produkte (Swaps, Futures etc.) keines Insiderhandels strafbar machen, da diese Instrumente keine Insiderpapiere gem. § 12 WpHG gewesen waren. Hervorzuheben ist hier, dass – anders als in § 38 Abs. 1 Nr. 1 WpHG – auch die Rücknahme eines Gebotes und damit ein unterlassener Erwerb nach § 38 Abs. 2a Nr. 1 WpHG strafrechtlich sanktioniert ist.

93

K. Rechtsfolgen (Verfall und Einziehung, Berufsverbot)

I. Strafrahmen

Der gesetzliche Strafrahmen des § 38 Abs. 1 WpHG sieht eine Geldstrafe oder eine Freiheitsstrafe bis zu fünf Jahren vor. § 38 Abs. 4 WpHG bedroht den leichtfertigen Insiderhandel mit einer Geldstrafe oder Freiheitsstrafe bis zu einem Jahr. Die Strafzumessung richtet sich nach § 46 StGB.[191]

94

II. Verfall

Nach §§ 73 ff. StGB kann das aus einer oder für eine Straftat erlangte Etwas abgeschöpft werden, sofern nicht Ansprüche des Verletzten eine Sperrwirkung entfalten. Bei der Bestimmung des Verfallsgegenstandes ist zunächst das Erlangte zu bestimmen.[192] Dabei werden nur solche Vorteile erfasst, die der Tatteilnehmer oder Dritte nach dem Schutzzweck der Strafnorm nicht erlangen und behalten dürfen soll, weil sie von der Rechtsordnung – einschließlich der verletzten Strafvorschrift – als Ergebnis einer rechtswidrigen Vermögensverschiebung bewertet werden.[193] In einem zweiten Schritt findet das Bruttoprinzip Anwendung, demgem. sämtliche zugeflossenen Vermögenswerte der Abschöpfung unterliegen, ohne dass die Aufwendungen in Ansatz gebracht werden dürfen.[194]

95

---

190 S. bereits Rn. 5.
191 Vgl. oben 21. Kap. Rn. 125.
192 *BGH* NJW 2010, 882 = wistra 2010, 142 ff.
193 *BGHSt* 57, 79.
194 *Fischer* StGB, § 73 Rn. 7.

Sperrwirkung für eine Verfallsanordnung kann beispielsweise ein Anspruch aus §§ 37b, c[195] WpHG oder § 826 BGB[196] entfalten.[197] Es ist daher sorgsam zu prüfen, ob ein solcher Anspruch eines Anlegers in Betracht kommt.

96 Liegen solche Ansprüche – wie regelmäßig der Fall – nicht[198] vor, so ist die Höhe des erlangten Etwas zu bestimmen. Der BGH hat in seiner Leitentscheidung hierzu ausgeführt, dass aus dem Insidergeschäft nur der insiderspezifische Sondervorteil erlangt sei, weil nur in dieser Höhe das Geschäft verboten sei. Diese Rechtsprechung überzeugt[199] und ist mittlerweile höchstrichterlich bestätigt worden.[200] Gleichwohl ist zu beobachten, dass einige Staatsanwaltschaften sich dieser Rechtsprechung dann nicht anschließen, wenn Verdachtsmomente vorliegen, dass nicht nur der Verkauf aufgrund von Insiderwissen, sondern bereits der Ankauf zum Zwecke des alsbaldigen Verkaufs erfolgte. Hierdurch sollen die Erlöse aus dem gesamten Verkaufsvorgang und nicht nur der insidertypische Sondervorteil bemakelt sein.

III. Berufsverbot, börsen- und kreditwesenrechtliche Sanktion

97 In Betracht kommt die Verhängung eines Berufsverbots gem. § 70 StGB. Diese Maßregel der Besserung und Sicherung wird verhängt, wenn der Täter wegen einer rechtswidrigen Tat verurteilt wird und bei Tatbegehung unter Missbrauch seines Berufs oder Gewerbes oder unter grober Verletzung der mit ihnen verbundenen Pflichten gehandelt hat. Weiter ist eine Gesamtwürdigung des Täters und seiner Tat erforderlich. Sie muss die Gefahr erkennen lassen, dass der Täter im Rahmen seiner Berufs- oder Gewerbeausübung weitere erhebliche rechtswidrige Taten begehen wird. Zu beachten ist, dass die Strafverfolgungsbehörden bereits ein vorläufiges Berufsverbot nach § 132a StPO anordnen können.[201]

98 Neben einer Verurteilung wegen des Verstoßes gegen das Insiderhandelsverbot gem. § 38 Abs. 1, 3, 4 WpHG können auch börsenrechtliche Sanktionen im Sinne eines Verweises, Ordnungsgeldes bis zu einer Höhe von 250 000 EUR oder Ausschlusses von der Börse bis 30 Sitzungstage gem. § 22 Abs. 2 BörsG gegen Handelsteilnehmer oder die für sie tätigen Hilfspersonen verhängt werden. Voraussetzung ist ein fahrlässiger oder vorsätzlicher Verstoß ausschließlich gegen börsenrechtliche Vorschriften. Darüber hinaus kommt auch das Ruhenlassen der Zulassung eines Börsenhändlers für bis zu sechs Monate nach § 19 Abs. 8 BörsG in Betracht. Die dafür notwendigen Zweifel an seiner Zuverlässigkeit, § 19 Abs. 8 i.V.m. 19 Abs. 5 BörsG, können beispielsweise wegen einer Verurteilung wegen des Verstoßes gegen das Insiderhandelsverbot bestehen.[202] Das gilt auch für den Skontroführer gem. § 27 Abs. 3 i.V.m. Abs. 1 BörsG. Liegt tatsächlich ein Verstoß vor, kann auch der Widerruf der Börsenzulassung erfolgen, § 19 Abs. 9 und § 27 Abs. 2 BörsG.

Die rechtskräftige Verurteilung wegen eines Insiderhandels kann auch zum Widerruf der Waffenbesitzkarte führen.[203]

---

195 Vgl. *BGHZ* 192, 90 ff. (für einen Verstoß gegen § 20a WpHG).
196 *BGH* NStZ 2010, 326 = wistra 2010, 141 f.
197 *Hannich* WM 2013, 449 ff., 454 ff. für eine allgemeine Haftungsnorm für fehlerhafte Kapitalmarktinformationen de lege ferenda.
198 Fuchs/*Mennicke* § 14 WpHG Rn. 442 ff.
199 *Gehrmann* wistra 2010, 346; a.A. *Vogel* JZ 2010, 367 und Assmann/Schneider/*Vogel* § 38 WpHG Rn. 94.
200 *BGH* NJW 2012, 1159.
201 I.d.S. Fuchs/*Waßmer* § 38 WpHG Rn. 85.
202 S. dazu Assmann/Schneider/*Vogel* § 38 WpHG Rn. 97 m.w.N.
203 *BayVGH* KommunalPraxis BY 2012. 145 = *BayVGH* Beschluss vom 25.1.2012 – 21 ZB 11.2612 –, juris.

L. Verjährung

Für die Verfolgungsverjährung ist zwischen den vorsätzlichen und den leichtfertigen Insiderstraftaten zu unterscheiden. Gem. § 78 Abs. 3 Nr. 4 StGB verjähren die vorsätzlich begangenen Insidertaten innerhalb von fünf Jahren, die leichtfertig begangenen nach § 78 Abs. 3 Nr. 5 StGB innerhalb von drei Jahren. Der Verjährungsbeginn ist an die Beendigung der Tat gekoppelt. Bei den Insiderstraftaten sind das der Erwerb oder die Veräußerung, die Weitergabe oder die Empfehlung der Insiderpapiere.[204] Ausschließlich für den Fall des § 38 Abs. 1 Nr. 2 WpHG sind die möglichen kürzeren Verjährungsfristen der Landespressegesetze zu berücksichtigen.[205]

99

---

204 Fuchs/*Waßmer* § 38 WpHG Rn. 89.
205 Fuchs/*Waßmer* § 38 WpHG Rn. 88; MK-StGB/*Pananis* § 38 WpHG Rn. 242; je m.w.N.

28. Kapitel
Marktmanipulation

Literatur: *Altenhain* Die Neuregelung der Marktpreismanipulation durch das Vierte Finanzmarktförderungsgesetz, BB 2002, 1874; *Bisson/Kunz* Die Kurs- und Marktpreismanipulation nach Inkrafttreten des Gesetzes zur Verbesserung des Anlegerschutzes vom 28.10.2004 und der Verordnung zur Konkretisierung des Verbots der Marktmanipulation vom 1.3.2005, BKR 2005, 186; *Fleischer* Das Vierte Finanzmarktförderungsgesetz, NJW 2002, 2977; *Fleischer/Bueren* Die Libor-Manipulation zwischen Kapitalmarkt- und Kartellrecht, DB 2012, 2561; *Hannich* Quo vadis, Kapitalmarktinformationshaftung? Folgt aufgrund des IKB-Urteils nun doch die Implementierung des KapInHaG?, WM 2013, 449; *Jaskulla* Angemessenheit und Grenzen börslicher Mistrade-Regeln in Zeiten des Hochfrequenzhandels am Beispiel der Eurex Deutschland, WM 2012, 1708; *Klöhn* Marktmanipulation auch bei kurzfristiger Kursbeeinflussung – das „IMC Securities"-Urteil des EuGH, NZG 2011, 934; *Knauth/Käsler* § 20a WpHG und die Verordnung zur Konkretisierung des Marktmanipulationsverbotes (MaKonV), WM 2006, 1041; *Lenzen* Reform des Rechts zur Verhinderung der Börsenkursmanipulation, WM 2000, 1131; *Möllers/Heiler* Systembrüche bei der Anwendung strafrechtlicher Grundprinzipien auf das kapitalmarktrechtliche Marktmanipulationsverbot, FS U. H. Schneider, 2011, S. 831; *Otto* Die strafrechtliche Erfassung von Marktmanipulationen im Wertpapierhandel, wistra 2011, 401; *Park* Einige verfassungsrechtliche Gedanken zum Tatbestand der Marktmanipulation, FS Rissing-van-Saan, 2011, S. 405; *Schork/Reichling* Neues Strafrecht aus Brüssel? – Europäische Kommission forciert Verschärfung des Kapitalmarktstrafrechts und Einführung eines Unternehmensstrafrechts, StraFo 2012, 125; *Schröder* Aktienhandel und Strafrecht, 1994; ders. Strafrechtliche Risiken für den investigativen Journalismus? – Die Meinungs- und Pressefreiheit und das Wertpapierhandelsgesetz, NJW 2009, 465; *Seibt* Europäische Finanzmarktregulierung zu Insiderrecht und Ad-hoc-Publizität, ZHR 177 (2013), 388; *Sorgenfrei* Zum Verbot der Kurs- oder Marktpreismanipulation nach dem 4. Finanzmarktförderungsgesetz, wistra 2002, 321; *Spindler* Finanzanalyse vs. Finanzberichterstattung: Journalisten und das AnSVG, NZG 2004, 1138; *Stemper* Marktmissbrauch durch Ratingagenturen?, WM 2011, 1740; *Streinz/Ohler* § 20a WpHG in rechtsstaatlicher Perspektive – europa- und verfassungsrechtliche Anforderungen an das Verbot von Kurs- und Marktmanipulationen, WM 2004, 1309; *Ziouvas* Das neue Recht gegen Kurs- und Marktpreismanipulation im 4. Finanzmarktförderungsgesetz, ZGR 2003, 113.

A. Einleitung und Systematik

Neben dem Insiderhandelsverbot in § 14 WpHG ist das Verbot der Marktmanipulation gem. § 20a WpHG aus sanktionsrechtlicher Sicht die zentrale Verhaltensnorm des WpHG. Danach ist es verboten, auf den Kurs von bestimmten Finanzinstrumenten und Waren im Wege der informationsgestützen oder handelsgestützen oder sonstigen Manipulation einzuwirken. War die strafbare Marktmanipulation zunächst in § 88 BörsG geregelt, erfolgte durch das 4. Finanzmarktförderungsgesetz[1] und damit noch vor der eigentlichen gemeinschaftsrechtlichen Verpflichtung durch die Marktmissbrauchsrichtlinie eine Aufspaltung der Norm in einen Verbots-, Straf- und Ordnungswidrigkeitentatbestand. Seit dem 20.10.2011 liegen nunmehr ein Vorschlag der Europäischen Kommission für eine Verord-

1

---

1 BGBl I 2002, 2010; s. nur *Fleischer* NJW 2002, 2977 ff. m.w.N.

28 *Marktmanipulation*

nung über Insider-Geschäfte und Marktmanipulation[2] und für eine Richtlinie über strafrechtliche Sanktionen für Insider-Geschäfte und Marktmanipulation[3] vor, die unter anderem die Einführung einer Versuchsstrafbarkeit der Marktmanipulation zum Gegenstand haben soll.[4] Ob sich dieser Vorschlag durchsetzen wird, ist derzeit noch nicht absehbar.

Nach geltendem Recht sind insbesondere folgende Verhaltensweisen untersagt:
- unrichtige oder irreführende Angaben über Umstände zu machen, die für die Bewertung eines Finanzinstruments erheblich sind, oder solche Umstände entgegen bestehenden Rechtsvorschriften zu verschweigen, wenn die Angaben oder das Verschweigen geeignet sind, auf den inländischen Börsen- oder Marktpreis eines Finanzinstruments oder auf den Preis eines Finanzinstruments an einem organisierten Markt in einem anderen Mitgliedstaat der Europäischen Union oder in einem anderen Vertragsstaat des Abkommens über den Europäischen Wirtschaftsraum einzuwirken (sog. Verbot der informationsgestützten Marktmanipulation, § 20a Abs. 1 S. 1 Nr. 1 WpHG),
- Geschäfte vorzunehmen oder Kauf- oder Verkaufsaufträge zu erteilen, die geeignet sind, falsche oder irreführende Signale für das Angebot, die Nachfrage oder den Börsen- oder Marktpreis von Finanzinstrumenten zu geben oder ein künstliches Preisniveau herbeizuführen (sog. Verbot der handelsgestützten Marktmanipulation, § 20a Abs. 1 S. 1 Nr. 2 WpHG),
- sonstige Täuschungshandlungen vorzunehmen, die geeignet sind, auf den inländischen Börsen- oder Marktpreis eines Finanzinstruments oder auf den Preis eines Finanzinstruments an einem organisierten Markt in einem anderen Mitgliedstaat der Europäischen Union oder in einem anderen Vertragsstaat des Abkommens über den Europäischen Wirtschaftsraum einzuwirken (sog. Verbot der sonstigen Marktmanipulation, § 20a Abs. 1 S. 1 Nr. 3 WpHG).

2 Diese Handlungen sind jedoch nicht durchweg verboten, sondern das Marktmanipulationsverbot wird durch zwei Ausnahmen durchbrochen. So soll nach § 20a Abs. 3 WpHG eine Manipulationshandlung nicht vorliegen, wenn entsprechend der VO EG Nr. 2273/2003 eigene Aktien im Rahmen von Rückkaufprogrammen oder Maßnahmen zur Stabilisierung des Preises von Finanzinstrumenten bei Einhaltung der hierzu erlassenen Verfahrensvorschriften gehandelt werden. Die zweite Verbotsausnahme in § 20a Abs. 2 WpHG betrifft schon nach dem Wortlaut nur das Verbot der handelsgestützten Marktmanipulation und erlaubt Handlungen, die mit der zulässigen Marktpraxis vereinbar sind und für die der Handelnde legitime Gründe vorweisen kann.

3 Ein Verstoß gegen das Marktmanipulationsverbot kann verschiedene Rechtsfolgen nach sich ziehen. Ebenso wie beim Insiderhandelsverbot weisen die Vorschriften des Straf- und Ordnungswidrigkeitenrechts die größte praktische Relevanz auf. Die §§ 38 Abs. 2, 39 Abs. 1 Nr. 1, 2, Abs. 2 Nr. 11 WpHG sind als Blankettgesetze ausgestaltet und folgen mehreren Verweisungsebenen. § 39 Abs. 1 Nr. 1, 2 Abs. 2 Nr. 11 WpHG verweist sowohl auf die Verbotsnorm des § 20a WpHG als auch auf die Legaldefinition des Finanzinstruments in § 2 Abs. 2b WpHG. Zudem ermöglicht § 20a Abs. 5 WpHG den Erlass von Rechtsverordnungen, um einzelne Tatbestandsmerkmale des § 20a WpHG weiter zu konkretisieren. Von dieser Möglichkeit ist im Wege der Verordnung zur Konkretisierung des Verbotes der Marktmanipulation (MaKonV)[5] Gebrauch gemacht und so eine weitere Verweisungsebene außerhalb des WpHG geschaffen worden. Die Sanktionsnorm des § 38 Abs. 2 WpHG verweist ihrerseits auf § 39 Abs. 1 Nr. 1, 2 und Abs. 2 Nr. 11 WpHG.

---

2 Der ursprüngliche Vorschlag KOM (2011) S. 651 ff. endg. wurde geändert durch COM (2012), 2011/0295 (COD) vom 25.7.2012.
3 KOM (2011) S. 654 endg. vom 20.11.2011.
4 S. zum Ganzen Park/*Sorgenfrei* §§ 20a, 38 Abs. 2, 39 Abs. 1 Nr. 1–2; Abs. 2 Nr. 11, Abs. 4 WpHG Rn. 12 ff.; *Seibt* ZHR 177 (2013), 388 (409 ff.); *Schork/Reichling* StraFo 2012, 125 ff.
5 S. BGBl I 2005, 515 ff.

Daneben treten aber auch börsenrechtliche, berufsrechtliche und vermögensrechtliche Sanktionen. Es droht bei einer strafgerichtlichen Verurteilung wegen Marktmanipulation sogar der Entzug der Waffenkarte.

Allerdings bestehen Zweifel an der verfassungsrechtlichen Zulässigkeit der strafrechtlichen Sanktionsnorm der Marktmanipulationsverbote, die sich aus den verschiedenen Verweisungsebenen und der Verwendung zahlreicher unbestimmter Rechtsbegriffe speisen.[6] Der Normbefehl ist für den juristischen Laien bei einfacher Lektüre des Gesetzes kaum zu erschließen.[7] Der Versuch, die Verbotsnorm des § 20a Abs. 1 S. 1 WpHG über die MaKonV zu konkretisieren und so Zweifel an der Bestimmtheit der Norm i.S.v. Art. 103 Abs. 2 GG zu beseitigen, wirft die weitere Frage auf, ob hier der Gesetzgeber tatsächlich selbst die Entscheidung über die wesentlichen Voraussetzungen der Strafbarkeit getroffen hat.[8] Allerdings hat die Rechtsprechung diese Zweifel bislang nicht aufgegriffen.[9]   **4**

Der allgemeinen Verweisungstechnik im WpHG folgend werden vorsätzliche und fahrlässige Verstöße gegen die Verbote der handelsgestützten und sonstigen Marktmanipulation in § 20a Abs. 1 S. 1 Nr. 2 und 3 WpHG zunächst als Ordnungswidrigkeit nach § 39 Abs. 1 Nr. 1, 2 WpHG mit Bußgeld bis zu 1 Mio. EUR sanktioniert. § 39 Abs. 2 Nr. 11 WpHG bebußt den vorsätzlich oder leichtfertig begangenen Verstoß gegen das Verbot der informationsgestützten Manipulationshandlung.   **5**

Eine Straftat liegt nach § 38 Abs. 2 WpHG vor, wenn zusätzlich zu den Marktmanipulationshandlungen der § 39 Abs. 1 Nr. 1, 2 und Abs. 2 Nr. 11 WpHG eine kausale Einwirkung auf den Kurs des Papiers festgestellt werden kann. Somit ist die strafbare Marktmanipulation ein sog. Erfolgsdelikt und zugleich ein sog. Verletzungsdelikt, da die Wahrheit der Preisbildung verletzt wird.[10]   **6**

Ebenso wie das Geldwäschegesetz sieht auch das WpHG eine In-Dienstnahme Privater bei der Strafverfolgung vor und durchbricht so den allgemeinen Grundsatz, dass Private nur zur Anzeige geplanter schwerster Straftaten nach § 138 StGB verpflichtet sind. Liegen bestimmte Tatsachen vor, die den Verdacht einer Marktmanipulation begründen, so sind Wertpapierdienstleistungsunternehmen, andere Kreditinstitute, Kapitalanlagegesellschaften und Betreiber von außerbörslichen Märkten, an denen Finanzinstrumente gehandelt werden, nach § 10 Abs. 1 WpHG verpflichtet, diesen Verdacht der BaFin unverzüglich zu melden.[11]   **7**

Aufgabe der Compliance wird es angesichts der in der Sache ohnehin schwierigen, aber überdies auch überaus kompliziert formulierten Verbotsnorm sein, die Mitarbeiter durch geeignete Schulungen und Handreichungen für die Marktmanipulationsverbote zu sensibilisieren und ihnen die Rechtslage intensiv zu erläutern. Der Verweis auf den Gesetzeswortlaut ist untauglich. Ferner sind geeignete Verfahren zu implementieren, die sicherstellen, dass keine irreführenden Angaben verbreitet oder bestimmte Handelspraktiken genutzt werden („Transaktionsmonitoring").[12] Die Mitarbeiter sind zudem anzuweisen, Verdachtsfälle der Marktmanipulation zu melden.   **8**

---

6 *Möllers/Heiler* FS U. H. Schneider, S. 831 ff. („Normbabylon").
7 Vgl. *Schröder* Kapitalmarktstrafrecht, Rn. 396a ff. und Assmann/Schneider/*Vogel* § 38 WpHG Rn. 48, 83 f. mit umf. Nachw.
8 *Park* FS Rissing-van-Saan, S. 405 ff.; so bereits zur KuMakV Streinz/*Ohler* WM 2004, 1309, 1314 f.; ausführliche Zusammenfassung zu den verfassungsrechtlichen Bedenken s. nur Park/*Sorgenfrei* §§ 20a, 38 Abs. 2, 39 Abs. 1 Nr. 1–2; Abs. 2 Nr. 11, Abs. 4 WpHG Rn. 61 ff.; Schwark/Zimmer/*Schwark* § 20a Rn. 5 f. je m.w.N.
9 *BGH* wistra 2011, 467, 468.
10 Vgl. zur dogmatischen Einordnung: Fuchs/*Waßmer* § 38 WpHG Rn. 5 m.w.N.; a.A. KölnKomm-WpHG/*Altenhain* § 38 Rn. 83 (abstraktes Gefährdungsdelikt).
11 S. dazu unten 21. Kap. Rn. 94.
12 S. dazu 16. Kap.

B. Anwendungsbereich der Marktmanipulationsverbote

I. Finanzinstrumente, Waren, Emissionsberechtigungen und ausländische Zahlungsmittel

9   Die Verbotstatbestände des § 20a Abs. 1 S. 1 WpHG gelten gem. § 20a Abs. 1 S. 2 WpHG für Finanzinstrumente, die an einer inländischen Börse zum Handel zugelassen oder in den regulierten Markt oder in den Freiverkehr einbezogen oder in einem anderen Mitgliedstaat der Europäischen Union oder einem anderen Vertragsstaat des Abkommens über den Europäischen Wirtschaftsraum zum Handel an einem organisierten Markt zugelassen sind.[13] Sachlich stimmt diese Regelung mit § 12 S. 1 Nr. 1 und 2 WpHG überein, die die Legaldefinition der Insiderpapiere bereit hält.[14] Der sog. „Graue Kapitalmarkt" wird nicht erfasst.[15]

10 Nach § 20a Abs. 1 S. 3 unterliegen auch solche Finanzinstrumente dem Verbot der Marktmanipulation, die zwar noch nicht zugelassen oder sonst in den regulierten Markt einbezogen sind, bei denen jedoch bereits der Antrag auf Zulassung oder Einbeziehung gestellt oder öffentlich angekündigt ist.

11 Schließlich erweitert § 20a Abs. 4 WpHG den Anwendungsbereich noch auf Waren im Sinne des § 2 Abs. 2c WpHG, Emissionsberechtigungen im Sinne des § 3 Nr. 3 des Treibhausgas-Emissionshandelsgesetzes und ausländische Zahlungsmittel im Sinne des § 51 des Börsengesetzes, die an einer inländischen Börse oder einem vergleichbaren Markt in einem anderen Mitgliedstaat der Europäischen Union oder in einem anderen Vertragsstaat des Abkommens über den Europäischen Wirtschaftsraum gehandelt werden. Allerdings ist hier zu beachten, dass diese Regelung erst durch Art. 5 Nr. 4 des Gesetzes zur Änderung des Einlagensicherungs- und Anlegerentschädigungsgesetzes und anderer Gesetze[16] mit Wirkung zum 20.6.2009 in Kraft getreten ist. Zuvor waren Manipulationshandlungen, die sich auf Waren, Emissionsberechtigungen und ausländische Zahlungsmittel bezogen, allenfalls als Ordnungswidrigkeiten sanktioniert. § 2 Abs. 3 StGB findet Anwendung.[17]

II. Preise

12 Verboten sind Handlungen, die geeignet sind, auf den Börsen- oder Marktpreis eines Finanzinstruments, einer Ware, einer Emissionsberechtigung oder eines ausländischen Zahlungsmittels einzuwirken.

1. Börsenpreis

13 Der Börsenpreis wird in § 24 Abs. 1 S. 1 BörsG legaldefiniert. Danach sind Börsenpreise Preise, die während der Börsenzeit an einer Börse festgestellt werden. In § 2 BörsG ist der Börsenbegriff definiert. Wesentliche Merkmale einer Börse sind die Ausgestaltung in Form einer teilrechtsfähigen Anstalt des öffentlichen Rechts. Diese überwacht und regelt multilaterale Systeme im Sinne des Börsengesetzes, die mit der Maßgabe betrieben werden, die

---

13 Zur Einbeziehung von börsengehandelten Zinsderivaten und Ausklammerung von OTC-Zins-Swaps *Fleischer/Bueren* DB 2012, 2561, 2563.
14 MK-StGB/*Pananis* § 38 WpHG Rn. 142.
15 *Schröder* Kapitalmarktstrafrecht, Rn. 380.
16 BGBl I 2009, 1528, 1532.
17 Graf/Jäger/Wittig/*Diversy* § 38 WpHG Rn. 183.

Kaufs- oder Verkaufsinteressen bezüglich des Handels mit und dort zugelassenen Wirtschaftsgütern und Rechten einer Vielzahl von Personen zusammenzuführen oder dieses zu fördern.[18]

§ 2 Abs. 2 und 3 WpHG unterscheiden zwischen Wertpapier- und Warenbörsen. An Wertpapierbörsen werden Wertpapiere und Derivate, aber auch andere Finanzinstrumente und Edelmetalle gehandelt. Waren und darauf gerichtete Termingeschäfte sowie Termingeschäfte i.S.v. § 2 Abs. 2 Nr. 2 WpHG werden an Warenbörsen gehandelt, so dass das Verbot der Marktmanipulation auch die Preisbildung von Derivaten und Termingeschäften schützt. Nach § 24 Abs. 1 S. 2 BörsG erfasst das Verbot schließlich auch die im Freiverkehr einer Wertpapierbörse festgestellten Preise.[19]

2. Marktpreis

Marktpreis ist der sich aus Angebot und Nachfrage ergebende Gleichgewichtspreis.[20] In Abgrenzung zum Börsenpreis werden über den Marktpreis die Preise des außerbörslichen Handels wie außerbörslicher multilateraler Handelssysteme gem. § 2 Abs. 3 S. 1 Nr. 8 WpHG und des telefonischen Interbankenhandels in das Verbot der Marktmanipulation einbezogen.[21] Geschützt sind sowohl der börsliche als auch der außerbörsliche Handel.

C. Die einzelnen Verbotstatbestände

I. § 20a Abs. 1 S. 1 Nr. 1 WpHG – Verbot der informationsgestützten Marktmanipulation

Nach § 20a Abs. 1 S. 1 Nr. 1 WpHG ist die sog. informationsgestützte Marktmanipulation untersagt.

1. Verbotsadressat

Jedermann kann gegen das Verbot der informationsgestützten Marktmanipulation verstoßen, sofern er unrichtige oder irreführende Angaben über Umstände macht, die für die Bewertung eines Finanzinstrumentes erheblich sind. Dahingegen kann Adressat in der Tatvariante des Verschweigens solcher Umstände nur die Person sein, die eine Offenbarungspflicht auf Grund einer Rechtsvorschrift trifft. Insoweit handelt es sich um ein sog. Sonderdelikt.[22]

2. Tathandlungen

§ 20a Abs. 1 S. 1 Nr. 1 WpHG verbietet das Machen unrichtiger oder irreführender Angaben über bewertungserhebliche Umstände sowie das Verschweigen solcher Umstände entgegen bestehender Rechtsvorschriften, die geeignet sind, auf den Börsen- oder Marktpreis einzuwirken.

---

18 Vgl. nur Schwark/Zimmer/*Beck* § 2 BörsG Rn. 15.
19 S. dazu *Groß* Kapitalmarktrecht § 24 BörsG Rn. 5; Erbs/Kohlhaas/*Wehowsky* § 38 WpHG Rn. 30..
20 *Sorgenfrei* wistra 2002, 321, 326; Habersack/Mülbert/Schlitt/*Haouache* Hdb Kapitalmarktinformation § 27 Rn. 10; *Schröder* Kapitalmarktstrafrecht, Rn. 382.
21 *Schröder* Kapitalmarktstrafrecht, Rn. 382; Park/*Sorgenfrei* §§ 20a, 38 Abs. 2, 39 Abs. 1 Nr. 1-2; Abs. 2 Nr. 11, Abs. 4 WpHG Rn. 111; s. auch *Ziouvas* ZGR 2003, 113, 124.
22 Assmann/Schneider/*Vogel* § 20a WpHG Rn. 55; Graf/Jäger/Wittig/*Diversy* § 38 WpHG Rn. 130.

a) Machen von Angaben (§ 20a Abs. 1 S. 1 Nr. 1 Var. 1 WpHG)

aa) Bewertungserhebliche Umstände

19 Umstände sind nach allgemeinem Verständnis sowohl Tatsachen als auch Werturteile und Prognosen, sofern diese einen überprüfbaren Tatsachenkern enthalten.[23] Eine weitergehende Ansicht möchte auch solche Werturteile und Prognosen erfassen, die nicht auf einen harten Tatsachenkern zurückzuführen sind.[24] In den Anwendungsbereich einbezogen werden sollen hierdurch insbesondere Äußerungen bedeutsamer Akteure am Kapitalmarkt – etwa einflussreiche Fondsmanager, Finanzanalysten oder Börsenjournalisten – über das Potential eines Finanzinstruments.[25] Die Bedeutung dieser Unterscheidung tritt in den Hintergrund, wenn man bedenkt, dass ein Werturteil ohne Tatsachenkern eine falsche innere Tatsache dann sein kann, wenn ein Börsenjournalist oder Finanzanalyst – im Jargon gerne „Börsenguru" genannt – seine geäußerte Einschätzung („Chartrakete") selbst nicht teilt. Gerüchte sind keine Umstände i.S.d. § 20a WpHG, obgleich auch hier zu prüfen sein wird, ob eine innere Tatsache vorliegt.[26] Die praktischen Auswirkungen dieser Abgrenzungen sind gering, da die Streuung von Gerüchten eine sonstige Täuschungshandlung i.S.d. § 20a Abs. 1 Nr. 3 WpHG darstellen soll.[27]

20 Nach § 2 Abs. 1 MaKonV sind Tatsachen und Werturteile bewertungserheblich, sofern ein verständiger Anleger sie bei seiner Anlageentscheidung berücksichtigen würde. Das gilt nach § 2 Abs. 1 S. 2 MaKonV auch für solche Umstände, bei denen mit hinreichender Wahrscheinlichkeit davon ausgegangen werden kann, dass sie in Zukunft eintreten werden. Die Bewertungserheblichkeit soll – ebenso wie in der insiderrechtlichen Regelung des § 13 Abs. 1 S. 2 WpHG – aus dem Blickwinkel eines verständigen Anlegers bestimmt werden. Als Beurteilungsmaßstab ist danach ein Anleger heranzuziehen, der in dem jeweiligen Finanzinstrument die übliche Fachkunde besitzt und mit den Marktgegebenheiten vertraut ist.[28] Damit kann die Bewertungserheblichkeit weder an der Einschätzung eines durchschnittlichen Anlegers, der beispielsweise mit verschiedenen Marktsegmenten nicht vertraut ist, noch an der eines mit allen Märkten vertrauten Anlegers gemessen werden.[29] Letzterer wäre auf Grund der Vielgestaltigkeit der gehandelten Finanzinstrumente und Märkte gar nicht denkbar.[30]

21 § 2 MaKonV zählt in den Absätzen 2 bis 4 eine Reihe von Fallgestaltungen solcher bewertungserheblichen Umstände auf. Gem. § 2 Abs. 2 MaKonV sind regelmäßig bewertungserheblich nach § 15 Abs. 1 S. 1 WpHG zu veröffentlichende Insiderinformationen[31] oder gem. § 10 oder § 35 WpÜG zu veröffentlichende Entscheidungen und Kontrollerwerbe.[32] § 2

---

[23] *LG München I* NJW 2003, 328; *LG Düsseldorf* AG 2011, 722; *BaFin* Emittentenleitfaden 2009, S. 89; Graf/Jäger/Wittig/*Diversy* § 38 WpHG Rn. 133.
[24] *Fleischer* ZBB 2008, 137, 140; KölnKomm-WpHG/*Mock/Stoll/Eufinger* § 20a Rn. 156; *Schröder* Kapitalmarktstrafrecht, Rn. 387.
[25] Assmann/Schneider/*Vogel* § 20a WpHG Rn. 70.
[26] Begr. RegE 4. FFG, BT-Drucks. 14/8017, 90; BaFin Emittentenleitfaden 2009, S. 108; MK-StGB/*Pananis* § 38 WpHG Rn. 156 f.
[27] Begr. RegE 4. FFG, BT-Drucks. 14/8017, 90; vgl. auch Renz/Hense/*Knauth* Wertpapier–Compliance in der Praxis, II.10 Rn. 109 Fn. 107.
[28] Assmann/Schneider/*Vogel* § 20a WpHG Rn. 86; *Schröder* Kapitalmarktstrafrecht, Rn. 404 f.; so auch Habersack/Mülbert/Schlitt/*Haouache* Hdb Kapitalmarktinformation § 27 Rn. 33; je m.w.N. auch zum Begriff des verständigen Anlegers.
[29] Siehe zu Letzterem *LG Düsseldorf* AG 2011, 722, 723: kein „allwissender Idealanleger".
[30] Hierzu *Schröder* Kapitalmarktstrafrecht, Rn. 404 f.; vgl. auch Assmann/Schneider/*Vogel* § 20a WpHG Rn. 85.
[31] Siehe dazu ausführlich 4. Kap Rn. 6 ff.
[32] Siehe dazu ausführlich 10. Kap Rn. 35 ff.

Abs. 3 und 4 MaKonV enthalten zudem jeweils nicht abschließende Kataloge für bewertungserhebliche Umstände.

So sind nach § 2 Abs. 3 MaKonV „insbesondere" bewertungserhebliche Umstände: **22**
- bedeutende Kooperationen, der Erwerb oder die Veräußerung von wesentlichen Beteiligungen sowie der Abschluss, die Änderung oder die Kündigung von Beherrschungs- und Gewinnabführungsverträgen und sonstigen bedeutenden Vertragsverhältnissen (Nr. 1),[33]
- Liquiditätsprobleme, Überschuldung oder Verlustanzeige nach § 92 des Aktiengesetzes (Nr. 2),
- bedeutende Erfindungen, die Erteilung oder der Verlust bedeutender Patente und Gewährung wichtiger Lizenzen (Nr. 3),[34]
- Rechtsstreitigkeiten und Kartellverfahren von besonderer Bedeutung (Nr. 4),
- Veränderungen in personellen Schlüsselpositionen des Unternehmens (Nr. 5),[35]
- Strategische Unternehmensentscheidungen, insbesondere der Rückzug aus oder die Aufnahme von neuen Kerngeschäftsfeldern oder die Neuausrichtung des Geschäfts (Nr. 6).[36]

Im Unterschied dazu zählt § 2 Abs. 4 MaKonV Umstände auf, die Anlass zur Prüfung **23** geben, ob bewertungserhebliche Umstände i.S.d. § 20a Abs. 1 S. 1 Nr. 1 WpHG vorliegen:
- Änderungen in den Jahresabschlüssen und Zwischenberichten und den hieraus üblicherweise abgeleiteten Unternehmenskennzahlen (Nr. 1),
- Änderungen der Ausschüttungen, insbesondere Sonderausschüttungen, eine Dividendenänderung oder die Aussetzung der Dividende (Nr. 2),
- Übernahme-, Erwerbs- und Abfindungsangebote, soweit nicht von Absatz 2 erfasst (Nr. 3),
- Kapital- und Finanzierungsmaßnahmen (Nr. 4).[37]

Da weder § 2 Abs. 3 noch Abs. 4 MaKonV eine abschließende Aufzählung für bewer- **24** tungserhebliche Umstände enthalten, stellt sich die Frage, welche sonstigen bewertungserheblichen Umstände denkbar sind. In Betracht kommen sämtliche Umstände, die ein verständiger Anleger als bewertungserheblich ansehen würde. Diese Umstände können sowohl wertpapier- als auch marktbezogen sein. So hat beispielsweise die Aufnahme der Aktie eines Emittenten in den Dax regelmäßig unmittelbare Auswirkungen auf den Kurs der Aktie bzw. auf solche Finanzinstrumente, die den Dax abbilden, und wäre damit wahrscheinlich bewertungserheblich.[38] Die Bewertungserheblichkeit kann sich auch auf Umstände des Finanzinstruments – also deren Ausgestaltung – beziehen. So können bei Optionen bspw. die Laufzeit und der Bezugspreis entscheidend sein; bei ABS-Anleihen ist es die Verbriefung selbst.[39] Schließlich können auch sonstige Umstände bewertungserheblich sein: beispielsweise kann sich ein Wandel in der ethisch oder weltanschaulich politisch motivierten Beurteilung eines Unternehmens in

---

33 Krit. in Bezug auf die Unschärfe des Begriffs „bedeutend" *Schröder* Kapitalmarktstrafrecht, Rn. 408; *Park/Sorgenfrei* §§ 20a, 38 Abs. 2, 39 Abs. 1 Nr. 1–2; Abs. 2 Nr. 11, Abs. 4 WpHG Rn. 97; zu weiteren Einzelheiten s. auch *Knauth/Käsler* WM 2006, 1041, 1043; KölnKomm-WpHG/*Mock/Stoll/Eufinger* § 20a Anhang 1 zu § 2 MaKonV Rn. 21.
34 Erneut krit. in Bezug auf die fehlende Bestimmung der Begriffe „bedeutend" und „wichtig" *Park/Sorgenfrei* §§ 20a, 38 Abs. 2, 39 Abs. 1 Nr. 1–2; Abs. 2 Nr. 11, Abs. 4 WpHG Rn. 99; *Schröder* Kapitalmarktstrafrecht, Rn. 410.
35 Einzelne Beispiele bei Assmann/Schneider/*Vogel* § 20a WpHG Rn. 95.
36 KölnKomm-WpHG/*Mock/Stoll/Eufinger* § 20a Anhang 1 zu § 2 MaKonV Rn. 27; Schwark/Zimmer/*Schwark* § 20a Rn. 25.
37 Zur Kritik an § 2 Abs. 4 MaKonV s. nur *Schröder* Kapitalmarktstrafrecht Rn. 419 f.
38 Siehe erneut *Schröder* Kapitalmarktstrafrecht Rn. 424; MK-StGB/*Pananis* § 38 WpHG Rn. 156.
39 Hierzu und zu weiteren Beispielen *Schröder* Kapitalmarktstrafrecht, Rn. 429a, 426 f. Zur Bewertungserheblichkeit im Rahmen der Manipulation des Liborzinssatzes siehe *Fleischer/Bueren* DB 2012, 2561, 2563.

der Bewertung des Finanzinstruments niederschlagen. Beispiele wären hier der Umgang des Emittenten mit einer Umweltkatastrophe oder die gewandelte Beurteilung der Chancen und Risiken der Atomkraft.[40]

bb) Unrichtige oder irreführende Angaben machen

25 Weitere Voraussetzung von § 20a Abs. 1 S. 1 Nr. 1 Var. 1 WpHG ist, dass über die bewertungserheblichen Umstände unrichtige oder irreführende Angaben gemacht werden.

26 Angaben sind Erklärungen jeder Art und Weise. Sie müssen lediglich einen Bezug zum Bestehen oder Nichtbestehen eines bewertungserheblichen Umstands enthalten. In Betracht kommen zum Beispiel schriftliche und mündliche Erklärungen, per E-Mail übersandte oder aus Rechnungslegungen oder Verkaufsprospekten hervorgehende Erklärungen.[41]

27 Angaben sind unrichtig, wenn sie nicht den Tatsachen entsprechen. Maßgeblich ist der objektive Empfängerhorizont. Werturteile oder Prognosen – klassisches Beispiel: Ratings[42] und Analysen – sind falsch, wenn diese nicht vertretbar sind, weil sie auf unzureichender Tatsachenprognose beruhen, gegen Denkgesetze oder gegen allgemeine Erfahrungssätze verstoßen oder der Ersteller der Prognose die gebotene Zurückhaltung außer Acht lässt.[43] Demnach soll auch die Behauptung „ins Blaue hinein" unrichtig im vorstehenden Sinne sein.[44] Schwierig zu beurteilen ist, ob bloß unvollständige Angaben der Alt. 1 unterfallen oder ein Verbot erst dort greift, wo der Mitteilende eine Rechtspflicht zur Offenbarung hat. Nach wohl herrschender Meinung soll ein Machen unrichtiger Angaben vorliegen, „wenn positive Angaben gemacht werden, in Bezug auf diese aber Teilangaben weggelassen werden, so dass ein eindeutig falsches Gesamtbild entsteht".[45] Maßstab ist erneut der verständige Anleger.[46] Zudem wäre auch zu prüfen, ob die Angaben nicht irreführend sind.

28 Irreführend sind Angaben, „welche zwar inhaltlich richtig sind, jedoch aufgrund ihrer Darstellung beim Empfänger der Information eine falsche Vorstellung über den geschilderten Sachverhalt nahelegen".[47] Maßstab für die Feststellung, ob Angaben irreführend oder nur geschickt formuliert sind, ist der umsichtig, kritisch und verständig handelnde Anleger, der über die Bereitschaft verfügt, vorhandene Informationen in seinen Meinungsfindungsprozess aufzunehmen.[48] Werden normative Maßstäbe wie Vorschriften zur Rechnungslegung eingehalten, sind die Angaben nicht irreführend.[49]

---

40 Vgl. *Schröder* Rn. 430 f.; Assmann/Schneider/*Vogel* § 20a WpHG Rn. 79.
41 *BaFin* Emittentenleitfaden 2009, S. 107; Graf/Jäger/Wittig/*Diversy* § 38 WpHG Rn. 134; s. auch die Beispiele bei Derleder/Knops/Bamberger/*Frisch* Hdb. dt. und europ. Bankrecht § 52 WpHG Rn. 90; je m.w.N.
42 Zur Abgabe gezielt negativer Bewertungen über die Kreditwürdigkeit von Ländern im Sinne falscher oder irreführender Angaben *Stemper* WM 2011, 1740, 1744 f.
43 Park/*Park* § 264a StGB Rn. 188.
44 *BaFin* Emittentenleitfaden 2009, S. 108.
45 Assmann/Schneider/*Vogel* § 20a WpHG Rn. 61; a.A. KölnKomm-WpHG/*Mock/Stoll/Eufinger* § 20a Rn. 161, 163 („irreführende Angaben").
46 Fuchs/*Fleischer* § 20a WpHG Rn. 24, 26.
47 Begr. RegE AnSVG BT-Drucks. 14/3174, 37; i.d.S. auch *BGH* wistra 2011, 467; zur Überschneidung der Anwendungsbereiche „unrichtig" und „irreführend s. nur Renz/Hense/*Knauth* Wertpapier-Compliance in der Praxis, II.10 Rn. 101 m.w.N.
48 Assmann/Schneider/*Koller* § 31 WpHG Rn. 4; Assmann/Schneider/*Vogel* § 20a WpHG Rn. 62.
49 Assmann/Schneider/*Vogel* § 20a WpHG Rn. Rn. 63; mit Kritik dazu *Schröder* Kapitalmarktstrafrecht, Rn. 392d.

b) Bewertungserhebliche Umstände verschweigen

Als eigenständige Begehungsvariante in § 20a Abs. 1 S. 1 Nr. 1 Var. 2 WpHG ist das Verschweigen bewertungserheblicher Umstände trotz bestehender Rechtsvorschriften verboten. Es handelt sich um ein echtes Unterlassungsdelikt, da ein Verbot des Verschweigens nur beim Bestehen entsprechender Offenbarungspflichten auf Grund von Rechtsvorschriften besteht.[50] Ausdrücklich benannt sind die Rechtsvorschriften in § 20a Abs. 1 Nr. 1 WpHG nicht. Eine Begrenzung dieser Rechtsvorschriften auf solche des WpHG ist dem Wortlaut nicht zu entnehmen.[51] Vielmehr bezieht sich die Vorschrift als sog. echtes dynamisches Blankett auf sämtliche materielle Rechtsvorschriften.[52]

29

aa) Verschweigen

Angaben über bewertungserhebliche Umstände werden verschwiegen, wenn sie nicht, nicht vollständig oder nicht dem in der Rechtsvorschrift genannten Personenkreis offengelegt werden.[53] Ein Verschweigen kann auch in der nicht rechtzeitigen Mitteilung, beispielsweise im Zuge der ad-hoc-Pflicht nach § 15 Abs. 1 WpHG liegen. Besondere Aufmerksamkeit verdienen hier die sog. mehrstufigen Entscheidungsprozesse. In seiner sog. „Geltl"-Entscheidung führt der EuGH dazu aus, dass bereits den zu einer veröffentlichungspflichtigen Insiderinformation führenden notwendigen Zwischenschritten unter bestimmten Umständen selbst die Qualität einer Insiderinformation zugesprochen werden kann mit der Folge, dass bereits vor dem endgültigen Ereignis eine Pflicht zur Mitteilung dieser Zwischenschritte gem. § 15 Abs. 1 WpHG bestehen könne.[54] Ist hingegen keiner der auf das Endergebnis hinführenden Vorgänge eine Insiderinformation, so entsteht eine Veröffentlichungspflicht erst mit dem endgültigen Ereignis, also der Insiderinformation. Kommt der Emittent seiner Veröffentlichungspflicht vorbehaltlich § 15 Abs. 3 WpHG nicht nach, so läge ab diesem Zeitpunkt eine verspätete Offenbarung und damit ein Verschweigen vor.[55]

30

bb) Offenbarungspflichten auf Grund von Rechtsvorschrift

Rechtsvorschrift i.S.v. § 20a Abs. 1 Nr. 1 WpHG meint jedes materielle Gesetz. In Betracht kommen daher Offenbarungspflichten, die in Gesetzen und Rechtsverordnungen verankert sind. Werden solche Pflichten privatrechtlich begründet, genügen sie den Anforderungen an das Merkmal Rechtsvorschrift nicht.[56] Obliegt einer juristischen Person eine Offenbarungspflicht, erstreckt sie sich auch auf alle natürlichen Personen des Unternehmens, die für die Erfüllung dieser Pflicht innerhalb des Unternehmens zuständig sind.[57] Allgemeine Rechtspflichten, wie sie aus § 13 StGB folgen, sind nach überwiegender Ansicht keine Publizitätspflichten.[58] Das ergibt sich auch aus Sinn und Zweck der Vorschrift, die einen ausdrücklichen Bezug der Offenbarungspflicht zu der Bewertungserheblichkeit für das Finanzinstrument fordert. Eine Pflicht zur Korrektur falscher oder irreführender Angaben im Sinne einer allgemeinen kommunikativen Verkehrssicherungspflicht jenseits der ausdrücklich gesetzlich normierten Korrekturpflichten – etwa § 15 Abs. 2 S. 2 WpHG – besteht nicht und ein darauf

31

---

50 S. nur Fuchs/*Fleischer* § 20a WpHG Rn. 35 m.w.N.; a.A. Ziouvas ZGR 2003, 113, 126; wohl *Bernsmann* FS Richter II, 2006, S. 51, 53 f.; diff. Assmann/Schneider/*Vogel* § 20a WpHG Rn. 98 m.w.N.
51 So ausdrücklich Assmann/Schneider/*Vogel* § 20a WpHG Rn. 100.
52 Park/*Sorgenfrei* §§ 20a, 38 Abs. 2, 39 Abs. 1 Nr. 1-2; Abs. 2 Nr. 11, Abs. 4 WpHG Rn. 117; *Schröder* Kapitalmarktstrafrecht, Rn. 450; Fuchs/*Fleischer* § 20a WpHG Rn. 37.
53 Vgl. Park/*Sorgenfrei* §§ 20a, 38 Abs. 2, 39 Abs. 1 Nr. 1-2; Abs. 2 Nr. 11, Abs. 4 WpHG Rn. 120.
54 Vgl. oben 4. Kap. Rn. 27 ff. und 27. Kap. Rn. 18.
55 Vgl. vor der „Geltl"-Entscheidung Assmann/Schneider/*Vogel* § 20a WpHG Rn. 102: Zuwarten.
56 Siehe nur KölnKomm-WpHG/*Mock/Stoll/Eufinger* § 20a Rn. 166 m.w.N. in Fn. 228.
57 *BaFin* Emittentenleitfaden 2009, S. 106; Görling/Inderst/Bannenberg/*Weber-Rey* 7. Kap. Rn. 314.
58 Assmann/Schneider/*Vogel* § 20a WpHG Rn. 106; a.A. *Hopt* 30. Aufl. § 88 BörsG Rn. 1.

gerichtetes Unterlassen zieht keine Strafbarkeit nach sich.[59] Es ist nicht einsichtig, weshalb – offenbar ausschließlich – am Kapitalmarkt eine solche Pflicht bestehen soll,[60] die über die ausdrücklich normierten kapitalmarktrechtlichen Pflichten zur Korrektur hinausgeht. Nach den allgemeinen Regeln lässt sich allenfalls eine Korrekturpflicht aufgrund eines pflichtwidrigen Vorverhaltens annehmen (Garantenstellung aus Ingerenz).[61]

32 Die praktisch wohl relevantesten Rechtspflichten zur Offenbarung enthält § 15 WpHG.[62] Die Ad-hoc-Publizitätspflicht fordert von einem Inlandsemittenten, Insiderinformationen über ein Finanzinstrument, die ihn unmittelbar betreffen, unverzüglich zu veröffentlichen. Einen ersten Hinweis, wann ein unmittelbarer Emittentenbezug zu einer Insiderinformation vorliegt, kann den Empfehlungen des Komitees der europäischen Aufsichtbehörden (CESR-Empfehlungen)[63] und den von der BaFin aufgezählten Fallgruppen[64] entnommen werden.[65] Zu beachten ist, dass die in § 15 Abs. 3 WpHG geregelte Befreiung von der Ad-hoc-Publizitätspflicht lediglich eine zeitlich begrenzte Befreiung („solange") ist. Ob ein Schutz der berechtigten Interessen des Emittenten erforderlich, keine Irreführung der Öffentlichkeit zu befürchten ist und der Emittent die Vertraulichkeit der Insiderinformation gewährleisten kann, obliegt der Prüfung des Emittenten.[66] §§ 6, 7 WpAIV enthalten hierfür weitere inhaltliche Anforderungen.[67] Eine weitere Offenbarungspflicht folgt aus § 15 Abs. 2 S. 2 WpHG. Verstößt die für den Emittenten handelnde Person gegen die Berichtigungspflicht unwahrer Ad-hoc-Mitteilungen werden in aller Regel zugleich bewertungserhebliche Umstände verschwiegen.[68]

33 Weitere Rechtspflichten zur Offenbarung sind den §§ 3a ff. WpAIV zu entnehmen.[69] Sie enthalten Angaben über die Art und Weise der Veröffentlichung von Insiderinformationen sowie Form und Inhalt einer Ad-hoc-Meldung.[70]

34 Nach § 15a Abs. 4 S. 1 WpHG trifft den Emittenten eine unverzügliche Offenbarungspflicht für Geschäfte, die Personen mit Führungsaufgaben bei dem Emittenten mit Aktien des Emittenten oder darauf bezogenen Finanzinstrumenten getätigt haben.[71] Erfasst sind zudem Geschäfte, die von diesen Personen nahestehenden Personen getätigt werden.

35 Praktisch bedeutsam ist ferner die Offenbarungspflicht nach § 16 Abs. 1 S. 1 WpPG.[72] Danach ist der Emittent verpflichtet, neue Umstände oder unrichtige Angaben, die bewertungserheblich sind und die nach Billigung des Prospekts und vor dem endgültigen Schluss des öffentlichen Angebots oder der Einführung in den Handel an einem organisierten Markt neu auftreten oder festgestellt werden, im Prospekt nachzutragen.[73]

---

59 *Schröder* Kapitalmarktstrafrecht, Rn. 395; a.A. BaFin Emittentenleitfaden 2009, S. 109; Assmann/Schneider/*Vogel* § 20a WpHG Rn. 67; Erbs/Kohlhaas/*Wehowsky* § 38 WpHG Rn. 33.
60 Vgl. LK/*Weigend* § 13 Rn. 51 ff.
61 Schönke/Schröder/*Stree/Bosch* § 13 Rn. 32 ff.
62 Im Einzelnen 4. Kap.; zur Ad-hoc-Mitteilungspflicht von Internal Investigations sowie ihrer Ursachen Knierim/Rübenstahl/Tsambikakis/*Szesny* 30. Kap. Rn. 31 ff.
63 Abgedruckt in BaFin Emittentenleitfaden 2009, S. 54.
64 *BaFin* Emittentenleitfaden 2009, S. 54.
65 Ausführlich 4. Kap. Rn. 49 ff.
66 Vgl. *Schröder* Kapitalmarktstrafrecht, Rn. 464; Kuthe/Rückert/Sickinger/*Kuthe/Rückert* Compliance-Hdb Kapitalmarktrecht 5. Kap. Rn. 43 ff.
67 Ausführlich 11. Kap. Rn. 119.
68 Vgl. ausführlich 4. Kap. Rn. 25 und *Schröder* Kapitalmarktstrafrecht, Rn. 472 f.
69 Ausführlich oben 3. Kap. Rn. 42.
70 Siehe dazu Beispiel in BaFin Emittentenleitfaden 2009, S. 110.
71 Siehe dazu Böttger/*Szesny* 6. Kap. Rn. 165 m.w.N; ausführlich oben 5. Kap.
72 Vgl. hierzu oben 4. Kap. Rn. 71.
73 Zur auch möglichen Erfassung über § 264a StGB ausführlich *Schröder* Aktienhandel und Strafrecht, S. 5 ff., 15 f.

Neben den bereits genannten Vorschriften des WpHG und WpPG existieren weitere **36** Offenbarungspflichten:
- §§ 21, 25, 25a, 26, 30b, 30e, 37w, 37x WpHG (Publizitätspflichten bei Stimmrechtsänderungen),[74]
- § 34b Abs. 1 S. 2 WpHG (Offenbarungspflicht bei Interessenkonflikte im Rahmen einer Finanzanalyse),[75]
- §§ 131 Abs. 3, 161 S. 1, 399 Abs. 1, 400 Abs. 2 AktG (gesellschaftsrechtliche Offenbarungspflichten),
- §§ 325 ff. i.V.m. §§ 264 ff. HGB (Publizitätspflicht auf Grund Bilanzrecht),
- §§ 10, 35, 27 Abs. 3 WpÜG (Publizitätspflichten bei Übernahmen).[76]

Für etwaige Offenbarungspflichten im Zusammenhang mit der Eröffnung eines Insolvenz- **37** verfahrens bei Zahlungsunfähigkeit oder Überschuldung eines Emittenten findet jedenfalls § 15 Abs. 1 S. 1 WpHG Anwendung.

c) Eignung der Tathandlungen zur Kursbeeinflussung

Ferner muss das Machen von Angaben oder das Verschweigen geeignet sein, den Kurs des **38** Finanzinstruments kausal zu beeinflussen.[77]

Die Bestimmung der Eignung zur Kursbeeinflussung erfolgt über eine objektiv nachträgli- **39** che Prognose aus der Perspektive ex-ante.[78] Grundlage bildet wie schon bei der Bestimmung des Kursbeeinflussungspotentials bei § 13 Abs. 1 S. 1 WpHG ein verständiger, börsenkundiger und über das betroffene Finanzinstrument informierter Anleger.[79] Nachträglich erlangtes Wissen sollte Eingang in diese Eignungsprüfung finden, wenn dieses Wissen dazu führt, dass die Eignung zur Kursbeeinflussung entfällt.[80] Andernfalls käme eine Verurteilung in Betracht, weil auf Grund eines unvollständigen Bildes im Zeitpunkt der Angabe von einer Bewertungserheblichkeit ausgegangen werden musste, obgleich diese Bewertungserheblichkeit tatsächlich nie bestand. Sollte nachträglich erlangtes Wissen dazu führen, dass die Eignung zur Kursbeeinflussung besteht, so fehlt es ohnehin am Vorsatz bzw. einem vorwerfbaren Verhalten i.S.d. Fahrlässigkeit.[81] Mithin stellt sich die Frage der Einbeziehung dieses Wissen aus sanktionsrechtlicher Sicht nicht.

Eine Eignung zur Kursbeeinflussung liegt schon vor, wenn die „ernstzunehmende" Mög- **40** lichkeit der Kursbeeinflussung besteht.[82] Ausreichend ist eine allgemeine Eignung den Kurs zu beeinflussen, ohne dass – wie z.B. bei § 13 WpHG – hiervon – da nicht erheblich – ein Handlungsreiz ausgehen müsste.[83] Im Ergebnis hat dieses Tatbestandsmerkmal daher nahezu keine Filterfunktion. Ausgeschieden werden damit allenfalls Bagatellen. Auch

---

74 Ausführlich 6. Kap. Rn. 18; s. auch zu §§ 21, 25, 26 WpHG Görling/Inderst/Bannenberg/*Weber-Rey* 7. Kap. Rn. 333 ff.
75 Siehe hierzu *Spindler* NZG 2004, 1138 ff; im Einzelnen oben 21. Kap. Rn. 10.
76 Siehe die Übersicht BaFin Emittentenleitfaden 2009, S. 110; Assmann/Schneider/*Vogel* § 20a WpHG Rn. 110 f.
77 BaFin Emittentenleitfaden 2009, S. 111 (i.S. e. generellen Tauglichkeit); Fuchs/*Fleischer* § 20a WpHG Rn. 33.
78 *Schröder* Kapitalmarktstrafrecht, Rn. 434 f.
79 LG Düsseldorf AG 2011, 722; vgl. auch OLG Düsseldorf wistra 2004, 436; s. hier bereits 26. Kap. Rn. 29 ff.
80 Assmann/Schneider/*Vogel* § 20a WpHG Rn. 118; so auch Park/*Sorgenfrei* §§ 20a, 38 Abs. 2, 39 Abs. 1 Nr. 1-2; Abs. 2 Nr. 11, Abs. 4 WpHG Rn. 116.
81 *Schröder* Kapitalmarktstrafrecht Rn. 455.
82 *BaFin* Emittentenleitfaden 2009, S. 112; vgl. auch *Altenhain* BB 2002, 1874, 1877.
83 *BaFin* Emittentenleitfaden 2009, S. 111; s. auch Görling/Inderst/Bannenberg/*Weber-Rey* 7. Kap. Rn. 315.

kommt es nicht auf die Beeinflussungsweise an. Ob der Kurs erhöht, gesenkt oder stabilisiert werden könnte, ist für die Eignung der Kursbeeinflussung unerheblich. Insgesamt sind (noch) geringere Anforderungen als bei § 13 Abs. 1 S. 1 WpHG an das Vorliegen dieses Tatbestandsmerkmals zu stellen.[84]

3. Tatbestandseinschränkung gem. § 20a Abs. 6 WpHG: Journalistenprivileg

41 Für Journalisten findet eine Einschränkung des Verbots der informationsgestützten Marktmanipulation für die Variante des Machens unrichtiger oder irreführender Angaben[85] gem. § 20a Abs. 6 WpHG Anwendung. Danach ist das Verhalten dieses Personenkreises unter Berücksichtigung der berufsständischen Regeln zu beurteilen, wenn in Ausübung des Berufes gehandelt wird. Art. 5 Abs. 1 S. 2 GG, Art. 10 EMRK untersagen eine Einschränkung der Privilegierung auf einen bestimmten Kreis von Journalisten oder einen bestimmten Medienbereich.[86] Ausschließlich rein privates Handeln löst die Privilegierung nicht aus.[87] Ein in sich geschlossenes System berufsständischer Regeln für Journalisten existiert allerdings nicht. Verwiesen werden kann jedoch auf Ziffer 7 Pressekodex[88] des Deutschen Presserats und auf die „Journalistische(n) Verhaltensgrundsätze des Presserats zu Insider- und anderen Informationen mit potentiellen Auswirkungen auf Wertpapierkurse"[89] sowie auf die Rechtsprechung zum Presserecht.[90]

42 Eine Rückausnahme zu dieser Privilegierung besteht für Fälle, in denen aus den unrichtigen oder irreführenden Angaben direkt oder indirekt ein Nutzen gezogen oder ein Gewinn abgeschöpft wurde. Grundsätzlich gilt hier, solange die Person ihrer journalistischen Sorgfaltspflicht genügt, bleibt die Tatbestandseinschränkung erhalten.[91]

4. Safe harbours in § 20a Abs. 3 und Abs. 5 S. 1 Nr. 4 WpHG

43 Eine Verbotsausnahme ist in § 20a Abs. 3 und Abs. 5 S. 1 Nr. 4 WpHG i.V.m. § 5 MaKonV normiert. Unter bestimmten Voraussetzungen ist danach der Handel mit eigenen Aktien im Rahmen von Rückkaufprogrammen sowie Maßnahmen der Kurspflege erlaubt.[92]

44 Der Handel mit eigenen Aktien bei Rückkaufprogrammen ist jedoch ausschließlich bei Einhaltung der Art. 3–6 der Verordnung (EG) Nr. 2273/2003 erlaubt. Zulässige Maßnahmen der Kurspflege müssen unter Beachtung von Art. 7–11 der Verordnung (EG) Nr. 2273/2003 vorgenommen werden.[93] Bei beiden Verbotsausnahmen ist auf eine angemessene Transparenz und Publizität der Maßnahmen Acht zu geben.[94]

---

84 Vgl. hier *BaFin* Emittentenleitfaden 2009, S. 112; i.d.S. ferner *Sorgenfrei* wistra 2002, 321, 326 f.
85 Siehe Assmann/Schneider/*Vogel* WpHG, § 20a Rn. 131; a.A. KölnKomm-WpHG/*Mock/Stoll/Eufinger* § 20a Rn. 414.
86 Vgl. nur Fuchs/*Fleischer* § 20a WpHG Rn. 143 m.w.N.
87 Graf/Jäger/Wittig/*Diversy* § 38 WpHG Rn. 131.
88 Download des Pressekodexes als pdf-Dokument unter www.presserat.info/inhalt/der-pressekodex/einfuehrung.html (Stand 13.3.2013).
89 Als pdf-Dokument abrufbar unter www.presserat.info/en/inhalt/dokumentation/pressemitteilungen/pm/article/journalistischen-verhaltensgrundsaetze-des-presserats-zu-insider-und-anderen-informationen-mit-pote.html (Stand 24.3.2006).
90 Insgesamt krit. zu § 20a Abs. 6 WpHG *Schröder* Kapitalmarktstrafrecht, Rn. 439a; *ders.* NJW 2009, 465, 468; zum Ganzen bereits *Spindler* NZG 2004, 1138, 1139 ff., 1143 f.
91 Eingehend zu den Voraussetzungen Assmann/Schneider/*Vogel* § 20a WpHG Rn. 138; vgl. auch Derleder/Knops/Bamberger/*Frisch* Hdb. dt. und europ. Bankrecht § 52 WpHG Rn. 95.
92 Vgl. hierzu ausführlich 11. Kap. Rn. 123.
93 Kümpel/Wittig/*Oulds* Rn. 14.326 ff. m.w.N.
94 Ausführlich Assmann/Schneider/*Vogel* § 20a WpHG Rn. 252 ff.

Gem. § 20a Abs. 5 S. 1 Nr. 4 WpHG i.V.m. § 6 MaKonV fallen auch ausländische Stabilisierungsmaßnahmen in Bezug auf ein Finanzinstrument nicht unter das Manipulationsverbot des § 20a Abs. 1 Nr. 1 WpHG. Vorausgesetzt wird auch hier, dass entweder Art. 7–11 der Verordnung (EG) Nr. 2273/2003 erfüllt sind oder aber hierzu gleichwertige internationale Regeln über Stabilisierungsmaßnahmen existieren und eingehalten wurden.[95]

II. § 20a Abs. 1 S. 1 Nr. 2 WpHG – Verbot der handelsgestützten Marktmanipulation

Die handelsgestützte Marktmanipulation ist gem. § 20a Abs. 1 S. 1 Nr. 2 WpHG verboten. Danach ist untersagt, Geschäfte vorzunehmen oder Kauf- oder Verkaufsaufträge zu erteilen, die geeignet sind, falsche oder irreführende Signale für das Angebot, die Nachfrage oder den Börsen- oder Marktpreis von Finanzinstrumenten zu geben oder ein künstliches Preisniveau herbeizuführen. Eine Verbotsausnahme regelt § 20a Abs. 2 WpHG für Handlungen, die der legitimen Marktpraxis entsprechen und für die der Handelnde nachvollziehbare Gründe hat. § 20a Abs. 1 Nr. 2 WpHG wurde 2004 durch das AnSVG in die Verbotstatbestände der Marktmanipulation aufgenommen und setzt Art. 1 Nr. 2a MiFID um.[96]

Die handelsgestützte Manipulation ist insbesondere geeignet, die Effekte der informationsgestützten Manipulation zu verstärken, in dem zu den falschen Angaben noch falsche Handelssignale und mithin ein gesteigertes Interesse in der Aktie vorgetäuscht wird.[97] Ferner ist zu beobachten, dass mit der handelsgestützten Manipulation auch Konstellationen erfasst werden, in denen der Handelnde kapitalmarktfremde Ziele verfolgt und eine Manipulation des Börsenkurses weder anstrebt noch bezwecken möchte. Dies ist beispielsweise der Fall, wenn ein Akteur aufeinander abgestimmt über zwei von ihm kontrollierte Depots handelt, um Kursverluste steuerlich abzubilden.[98]

Die Erscheinungsformen der handelsgestützten Manipulation sind vielfältig.[99] So spricht man beispielsweise von *washed-sales*, wenn hinter dem Geschäft bei wirtschaftlicher Betrachtung nur eine Person steht. Stimmen zwei oder mehr Personen ihr Marktverhalten ab, liegen *matched orders* vor. Solche *matched orders* werden vornehmlich zum sog. *pump and dump* genutzt. Die Manipulatoren versuchen hierbei, die Kurse künstlich hochzutreiben, um im Anschluss die eigenen Papiere gewinnbringend zu veräußern.

1. Verbotsadressat

Eine Einschränkung des Personenkreises, an den sich das Verbot richtet, enthält § 20a Abs. 1 S. 1 Nr. 2 WpHG nicht. Es handelt sich mithin um ein sog. Jedermann-Verbot.

2. Tathandlungen

Verboten ist die Vornahme von Geschäften oder die Erteilung von Kauf- oder Verkaufsaufträgen, die zur Irreführung oder Herbeiführung eines künstlichen Preisniveaus geeignet sind.

---

95 Assmann/Schneider/*Vogel* § 20a WpHG Rn. 293.
96 S. Begr. RegE AnSVG 15/3174, 37; hierzu *Bisson/Kunz* BKR 2005, 186, 187 f.
97 I.d.S. auch Renz/Hense/*Knauth* Wertpapier–Compliance in der Praxis, II.10 Rn. 118.
98 Vgl. *OLG Stuttgart* NJW 2011, 3667 mit Anm. *Woodtli* NZWiSt 2012, 51; zur Relevanz der handelsgestützten Marktmanipulation bei Wertpapierdienstleistungsunternehmen und Kreditinstituten bei internen Ermittlungen s. Knierim/Rübenstahl/Tsambikakis/*Szesny* 30. Kap. Rn. 154.
99 Überblick bei *Schröder* Kapitalmarktstrafrecht, Rn. 487 ff.

28 *Marktmanipulation*

a) Vornahme von Geschäften oder Erteilung von Kauf- oder Verkaufsaufträgen

aa) Geschäft

51 Sämtliche Transaktionen in einem Wertpapier sind ein Geschäft i.S.d. § 20a Abs. 1 S. 1 Nr. 2 WpHG. Ein Vollrechtserwerb oder -verlust ist nicht erforderlich, so dass auch Sicherungs- und Treuhandgeschäfte dem Verbotstatbestand unterfallen.[100] Irrelevant ist, ob die Geschäfte im eigenen oder fremden Namen oder für eigene oder fremde Rechnung durchgeführt werden. Ein solches Geschäft ist vorgenommen, sobald es ausgeführt wurde. Unmittelbar einsichtig ist dies bei Vollzug effektiver Transaktionen. Erfasst werden darüber hinaus auf Grund vergleichbarer Gefährdungslage auch – vgl. § 3 Abs. 1 Nr. 3 MaKonV – Scheingeschäfte i.S.d. § 116, 117 BGB, sobald diese „tatsächlich" vollzogen werden und als Scheingeschäfte somit nicht zu erkennen sind.[101] Auch Leerverkäufe sollen nach herrschender Ansicht Geschäfte i.S.d. § 20a Abs. 1 S. 1 Nr. 2 WpHG sein, da es in richtlinienkonformer Auslegung von § 20a Abs. 1 Nr. 2 WpHG ausschließlich auf den Abschluss des Geschäfts ankommt (vgl. Art. 1 Nr. 2a MiFID).[102]

52 Das Verbot findet sowohl für börsliche als auch außerbörsliche Geschäfte Anwendung.[103] Hingegen ist das Unterlassen eines Geschäfts trotz zunächst bestehender Absicht nicht vom Verbot erfasst.[104]

bb) Auftrag

53 Aufträge sind im Wege einer kapitalmarktrechtlichen Auslegung als Orders zu verstehen, die auf den Erwerb- oder die Veräußerung von Wertpapieren gerichtet sind. Hierunter fallen sowohl Kauf- und Verkaufsaufträge als auch die Wertpapierleihe.[105] Erfasst sind damit die Effektenorder – meist als kommissionsrechtliche Kauf- und Verkaufsaufträge des Kunden an die Bank – als auch Vermittlungsaufträge an den Skontroführer im Pakethandel und bindende Aufträge im elektronischen Handel.[105] Erteilt ist der Auftrag, wenn er dem Adressaten zugeht.[106] Es kommt weder darauf an, ob der Auftrag ins Orderbuch eingestellt wurde, noch darauf, ob der Auftrag unter bestimmten Bedingungen oder Befristungen erteilt wurde. Die Stornierung eines Auftrags ist keine Erteilung. Dahingegen sind zum Schein erteilte Aufträge wie die Vornahme von Geschäften zu behandeln. Aufträge sind dann auch solche unter einem inneren Vorbehalt.[107]

b) Eignung zur Irreführung oder Herbeiführung eines künstlichen Preisniveaus

54 Das Geschäft oder der Auftrag müssen lediglich eine Eignung aufweisen, entweder falsche oder irreführende Signale für das Angebot, die Nachfrage oder den Preis von Finanzinstrumenten zu geben oder ein künstliches Preisniveau herbeizuführen. Das Gesetz fordert keine irreführenden Signale oder gar die Herbeiführung eines künstlichen Preisniveaus. Es genügt die bloße Eignung des Geschäfts oder des Auftrags. Das Verbot der handelsgestützten Marktmanipulation greift damit bereits im Vorfeld. Eine Einschränkung über eine „Erheblichkeitsschwelle" der Eignung sieht die Verordnungsbegründung ausdrücklich nicht vor.[108]

---

100 Assmann/Schneider/*Vogel* § 20a WpHG Rn. 145; KölnKomm-WpHG/*Mock/Stoll/Eufinger* § 20a Rn. 187.
101 Fuchs/*Fleischer* § 20a WpHG Rn. 44; Assmann/Schneider/*Vogel* § 20a WpHG Rn. 145.
102 Hierzu Assmann/Schneider/*Vogel* § 20a WpHG Rn. 146; KölnKomm-WpHG/*Mock/Stoll/Eufinger* § 20a Rn. 188.
103 Assmann/Schneider/*Vogel* § 20a WpHG Rn. 146a.
104 Assmann/Schneider/*Vogel* § 20a WpHG Rn. 146b „auch keine lock-up-agreements".
105 Assmann/Schneider/*Vogel* § 20a WpHG Rn. 147.
106 *OLG Stuttgart* NJW 2011, 3667 mit Anm. *Woodtli* NZWiSt 2012, 51.
107 Siehe Assmann/Schneider/*Vogel* § 20a WpHG Rn. 148.
108 Siehe Begr. der Verordnung zur Konkretisierung des Verbotes der Marktmanipulation (MaKonV) BR-Drucks. 18/05, 13.

Ein Signal für das Angebot, die Nachfrage oder den Preis setzt die Eignung des Geschäfts **55**
oder Auftrags voraus, das Angebots- oder Nachfrageverhalten auf dem Markt bzw. den
Preis zu beeinflussen. Wie auch bei § 13 Abs. 1 S. 1 WpHG und der Kursbeeinflussungseignung bei § 20a Abs. 1 S. 1 Nr. 1 WpHG sind sämtliche Änderungen sowie Stabilisierungen
des Kurses auch in Bezug auf Angebot und Nachfrage erfasst.[109] Unterschieden werden falsche und irreführende Signale. Letzteres ist der Fall, wenn die Signale geeignet sind, bei
einem verständigen Anleger eine Fehlvorstellung über die wahren wirtschaftlichen Marktverhältnisse bezüglich des Finanzinstruments hervorzurufen. Falsch sind Signale, wenn sie
diesen Verhältnissen nicht entsprechen.[110]

Auch in Bezug auf die Herbeiführung eines künstlichen Preisniveaus genügt eine hier- **56**
auf gerichtete Eignung des Geschäfts oder Auftrags, die keiner Erheblichkeitsschwelle
unterliegt.[111] Ein künstliches Preisniveau bildet nicht die wahren wirtschaftlichen Verhältnisse oder den marktgerechten Preis ab, sondern ist durch die Manipulation verursacht.[112] Die Ermittlung der Eignung erfolgt methodisch – wie schon bei der informationsgestützten Marktmanipulation – über eine objektiv nachträgliche Prognose aus der
Perspektive ex-ante.[113]

c) § 3 MaKonV

§ 3 MaKonV setzt Art. 4 der Durchführungsrichtlinie 2003/124/EG um und soll den Tatbe- **57**
stand des § 20a Abs. 1 Nr. 2 WpHG konkretisieren.[114] Zweifel bestehen, dass dieser Zweck
erreicht wurde, da weder Abs. 1 noch 2 abschließend weitere Manipulationshandlungen
aufzählen. § 3 MaKonV enthält darüber hinaus unbestimmte Rechtsbegriffe, die die weiten
Tatbestandsmerkmale des § 20a Abs. 1 S. 1 Nr. 2 WpHG nicht zureichend konkretisieren.
Ausschließlich die Erkenntnis, dass über § 3 MaKonV hinausgehende Manipulationshandlungen nicht dem Verbot von § 20a Abs. 1 Nr. 2 WpHG unterliegen, bedeutet einen Schritt
in Richtung größere Bestimmtheit des Tatbestands.[115]

aa) § 3 Abs. 2 MaKonV

Absatz 2 enthält – nicht abschließend – weitere Beispiele für irreführende Signale. **58**
Geschäfte oder Kauf- oder Verkaufsaufträge senden solche Signale aus, wenn
– diese geeignet sind, über Angebot oder Nachfrage bei einem Finanzinstrument im Zeitpunkt der Feststellung eines bestimmten Börsen- oder Marktpreises, der als Referenzpreis für ein Finanzinstrument oder andere Produkte dient, zu täuschen, insbesondere
wenn durch den Kauf oder Verkauf von Finanzinstrumenten bei Börsenschluss Anleger,
die aufgrund des festgestellten Schlusspreises Aufträge erteilen, über die wahren wirtschaftlichen Verhältnisse getäuscht werden (Nr. 1),

---

109 Assmann/Schneider/*Vogel* § 20a WpHG Rn. 150.
110 Fuchs/*Fleischer* § 20a WpHG Rn. 47; a.A. KölnKomm-WpHG/*Mock/Stoll/Eufinger* § 20a Rn. 191:
 beide Merkmale sind gleichbedeutend.
111 Begr. der Verordnung zur Konkretisierung des Verbotes der Marktmanipulation (MaKonV)
 BR-Drucks. 18/05, 13.
112 Krit. Assmann/Schneider/*Vogel* § 20a WpHG Rn. 151; MK-StGB/*Pananis* § 38 WpHG Rn. 174:
 „unvereinbar mit dem Bestimmtheitsgebot".
113 Siehe bereits Rn. 38.
114 Begr. der Verordnung zur Konkretisierung des Verbotes der Marktmanipulation (MaKonV) BR-Drucks. 18/05, 3, 16 f.
115 Krit. *Knauth/Käsler* WM 2006, 1041, 1045; mit erheblichen Bedenken auch *Schröder* Kapitalmarktstrafrecht, Rn. 485 f.; Park/*Sorgenfrei* §§ 20a, 38 Abs. 2, 39 Abs. 1 Nr. 1-2; Abs. 2 Nr. 11, Abs. 4
 WpHG Rn. 136; anders Assmann/Schneider/*Vogel* § 20a WpHG Rn. 153: „durch restriktive Handhabung noch hinreichend bestimmt".

- diese zu im Wesentlichen gleichen Stückzahlen und Preisen von verschiedenen Parteien, die sich abgesprochen haben, erteilt werden, es sei denn, diese Geschäfte wurden im Einklang mit den jeweiligen Marktbestimmungen rechtzeitig angekündigt (Nr. 2), oder
- diese den unzutreffenden Eindruck wirtschaftlich begründeter Umsätze erwecken (Nr. 3).

59 Die Einwirkung auf Referenzpreise erfasst § 3 Abs. 2 Nr. 1 MaKonV. § 3 Abs. 2 Nr. 2 MaKonV behandelt Absprachen bei Geschäften, die mit dem Ziel vorgenommen werden, den Preis eines Finanzinstruments in eine bestimmte Richtung zu lenken.[116] Hierzu zählen sog. *matched orders* und das *circular trading*.[117] § 3 Abs. 2 Nr. 3 MaKonV stellt einen im Ergebnis eng auszulegenden Auffangtatbestand dar. Ein Anwendungsbereich soll etwa dort bestehen, wo effektive Geschäfte umgesetzt werden, die keinem Investmentplan folgen. So etwa, wenn die Aufteilung einer großen Order in zahlreiche kleine Order nur mit dem Ziel erfolgt, den Eindruck lebhafter Umsätze zu erwecken, um die Nachfrage künstlich zu heben (*painting the tape*).[118]

bb) § 3 Abs. 1 MaKonV

60 § 3 Abs. 1 MaKonV enthält eine nicht abschließende Aufzählung („insbesondere") von Anzeichen für irreführende Signale. Aus dem Wortlaut lässt sich der Schluss ziehen, dass der Verordnungsgeber der Konkretisierung der irreführenden Signale ein Prüfraster zur Seite stellen wollte, das Indizien für eine handelsgestützte Marktmanipulation enthält.[119] Dagegen spricht jedoch, dass § 3 Abs. 1 MaKonV auch Fälle aufführt, die die Manipulationshandlung selbst beschreiben.[120] Jedenfalls können die aufgeführten Fälle den Aufsichts- und Ermittlungsbehörden Anlass geben, weitere Nachforschungen anzustellen.

61 Nach § 3 Abs. 1 Nr. 1 MaKonV können Anzeichen für irreführende oder falsche Signale oder ein künstliches Preisniveau von Geschäften mit oder Kauf- oder Verkaufsaufträgen über Finanzinstrumenten ausgehen,
- die an einem Markt einen bedeutenden Anteil am Tagesgeschäftsvolumen dieser Finanzinstrumente ausmachen, insbesondere wenn sie eine erhebliche Preisänderung bewirken (lit. a),[121]
- durch die Personen erhebliche Preisänderungen bei Finanzinstrumenten, von denen sie bedeutende Kauf- oder Verkaufspositionen innehaben, oder bei sich darauf beziehenden Derivaten oder Basiswerten bewirken (lit. b),[122]
- mit denen innerhalb kurzer Zeit Positionen umgekehrt werden und die an einem Markt einen bedeutenden Anteil am Tagesgeschäftsvolumen dieser Finanzinstrumente ausmachen und die mit einer erheblichen Preisänderung im Zusammenhang stehen könnten (lit. c),
- die durch ihre Häufung innerhalb eines kurzen Abschnitts des Börsentages eine erhebliche Preisänderung bewirken, auf die eine gegenläufige Preisänderung folgt (lit. d),

---

116 *Lenzen* WM 2000, 1131, 1132 ff.; *Schröder* HWStR, 1972, Rn. 55; *ders.* Kapitalmarktstrafrecht, Rn. 523 m.w.N.
117 Park/*Sorgenfrei* §§ 20a, 38 Abs. 2, 39 Abs. 1 Nr. 1–2; Abs. 2 Nr. 11, Abs. 4 WpHG Rn. 157.
118 Siehe bereits Begr. der Verordnung zur Konkretisierung des Verbotes der Kurs- und Börsenmanipulation (KuMaKV) BR-Drucks. 639/03, 12; weitere Beispiele bei Renz/Hense/*Knauth* Wertpapier–Compliance in der Praxis, II.10 Rn. 132 f.; zur wirtschaftlichen Sinnhaftigkeit *Schröder* Kapitalmarktstrafrecht, Rn. 493 ff.
119 Assmann/Schneider/*Vogel* § 20a WpHG Rn. 153.
120 *Schröder* Kapitalmarktstrafrecht, Rn. 486.
121 Im Sinne einer „Mehr als das „übliche" Handelsgeschehen" Renz/Hense/*Knauth* Wertpapier–Compliance in der Praxis, II.10 Rn. 122 Fn. 117.
122 Siehe die Erläuterungen bei Renz/Hense/*Knauth* Wertpapier–Compliance in der Praxis, II.10 Rn. 122 Fn. 118.

– die nahe zu dem Zeitpunkt der Feststellung eines bestimmten Preises, der als Referenzpreis für ein Finanzinstrument oder andere Vermögenswerte dient, erfolgen und mittels Einwirkung auf diesen Referenzpreis den Preis oder die Bewertung des Finanzinstruments oder des Vermögenswertes beeinflussen (lit. e).

§ 3 Abs. 1 Nr. 1 a) MaKonV erfasst Transaktionen mit einem bedeutenden Anteil am Tagesgeschäftsvolumen. Deutlich ist der Begründung zur MaKonV zu entnehmen, dass die Tatsache der Vornahme einer solchen Transaktion allein nicht für die Annahme eines manipulationsrelevanten Verhaltens genügt, sondern lediglich ein „Anzeichen" ist. Notwendig ist vielmehr eine Prüfung des Einzelfalls unter Heranziehung aller Umstände. Für die Aufsichts- und Ermittlungsbehörden könnte hierfür eine Plausibilitätsprüfung des Auftretens derart großer Volumina hilfreich sein. Plausibel sind danach zunächst der rege Handel eines Marktteilnehmers in einem Finanzinstrument sowie das Ansteigen der Transaktionen nach einer Ad-hoc-Meldung. Dagegen können Zweifel an der Plausibilität und somit Signale sowohl bei *matched oders*, *circular trading* oder aber auch bei *wash-sales* praktisch bei jeder Manipulationsart bestehen.[123]

62

Geschäfte, die erhebliche Preisänderungen bei Finanzinstrumenten bewirken, bei denen der Handelnde Kauf- oder Verkaufspositionen innehat, werden gem. § 3 Abs. 1 Nr. 1 b) MaKonV ebenfalls als Anzeichen für eine handelsgestützte Marktmanipulation betrachtet. Unklar ist, was damit gemeint sein soll. Denkbar wäre, dass Kauf- oder Verkaufspositionen die im Markt offenen Aufträge oder sonstige bestehende Forderungen oder Verbindlichkeiten mit Bezug zu Finanzinstrumenten bezeichnen (vgl. Art. 4 lit b) RL 2003/124/EG).[124]

Nach § 3 Abs. 1 Nr. 1 lit. c) MaKonV soll das gegenläufige Handeln in einem Finanzinstrument Anzeichen für eine Marktmanipulation sein. Ein solches gegenläufiges Handeln liegt vor, wenn innerhalb kürzester Zeit Umsätze und Handelsaktivitäten künstlich generiert werden und so auf den Börsen- oder Marktpreis eingewirkt werden soll.[125] Nicht gemeint sein können sog. *matched-orders*, die bereits von § 3 Abs. 2 Nr. 2 MaKonV erfasst sind. Auch bei diesem Indiz ist der Grat zwischen erlaubtem und manipulativem Verhalten schmal. Ein Wechseln der Seiten ist zunächst einmal nicht verboten. Ausschließlich ein voluntatives Element i.S. e. Absicht zur Vortäuschung tatsächlich nicht vorhandener Handelsaktivität durch die Umkehrung (Gegenläufigkeit) hervorzurufen, ermöglicht eine Abgrenzung zum erlaubten Verhalten. In Ergänzung dazu nennt § 3 Abs. 1 Nr. 1 lit. d MaKonV den Fall, dass zunächst ein Trend herbeigeführt wird und danach ein gegenläufiges Handeln folgt. Hier erzeugt eine Person durch verstärkten Kauf oder Verkauf eines Finanzinstruments innerhalb einer kurzen Zeitspanne ein künstliches Preisniveau, wenn es ihr darauf ankommt, kurze Zeit später entgegen diesem von ihm gesetzten Trend die Finanzinstrumente wieder abzustoßen oder zu erwerben (z.B. *pumping and dumping* u.U. auch *advancing the bid*).[126] Ferner kann die Einwirkung auf einen Schluss- oder Referenzkurs Signal für eine Marktmanipulation nach § 3 Abs. 1 Nr. 1 lit. e MaKonV sein. Damit soll die faire Bildung von Referenzpreisen geschützt werden.[127]

§ 3 Abs. 1 Nr. 2 MaKonV nennt als Anzeichen für irreführende oder falsche Signale oder ein künstliches Preisniveau auf Finanzinstrumente bezogene Geschäfte oder Kauf- oder Verkaufsaufträge, die auf die den Marktteilnehmern ersichtliche Orderlage, insbesondere

63

---
123 *Schröder* Kapitalmarktstrafrecht, Rn. 510.
124 *Schröder* Kapitalmarktstrafrecht Rn. 512; vgl. auch Park/*Sorgenfrei* §§ 20a, 38 Abs. 2, 39 Abs. 1 Nr. 1-2; Abs. 2 Nr. 11, Abs. 4 WpHG Rn. 146.
125 Begr. BaFin MaKonV S. 5 abrufbar unter www.bafin.de/SharedDocs/Downloads/DE/Aufsichtsrecht/dl _makonv_beg_wa.html (Stand: 7.5.2013).
126 Vgl. *Schröder* Kapitalmarktstrafrecht Rn. 514; MK-StGB/*Pananis* § 38 WpHG Rn. 181.
127 Vgl. Assmann/Schneider/*Vogel* § 20a WpHG Rn. 160.

auf die zur Kenntnis gegebenen Preise der am höchsten limitierten Kaufaufträge oder der am niedrigsten limitierten Verkaufsaufträge, einwirken und vor der Ausführung zurückgenommen werden.[128] § 3 Abs. 1 Nr. 3 MaKonV nennt außerdem Geschäfte, die zu keinem Wechsel des wirtschaftlichen Eigentümers eines Finanzinstruments führen. Sowohl für Nr. 2 als auch für Nr. 3 gilt der Hinweis, dass ein falsches oder irreführendes Signal nicht aus der Erfüllung der dort genannten Merkmale folgt. So ist es nicht per se manipulativ, eine limitierte Order zu stornieren. Auch sind Limits erlaubterweise änderbar. Auch muss der fehlende Wechsel des wirtschaftlichen Eigentümers kein falsches oder irreführendes Signal sein. So etwa, wenn zum Beispiel zwei Händler einer Bank ein Geschäft tätigen.[129]

3. Besonderheit – Verbotsausnahme des § 20a Abs. 2 WpHG

64   § 20a Abs. 2 WpHG regelt eine Ausnahme vom Verbot der handelsgestützten Marktmanipulation. Erlaubt sind Handlungen, die mit der zulässigen Marktpraxis auf dem betreffenden organisierten Markt oder in dem betreffenden Freiverkehr vereinbar sind und für die der Handelnde legitime Gründe hat. Auf der europäischen MiFID beruhend,[130] führt diese sog. *safe harbour*-Regelung zum Ausschluss des Tatbestands der handelsgestützten Marktmanipulation. Der zulässigen Marktpraxis entsprechen nach § 20a Abs. 2 S. 2 WpHG Gepflogenheiten, die nach vernünftigem Ermessen auf dem Markt erwartet werden können. Nicht ausreichend ist es, wenn die Marktpraxis nur üblich ist. Einzelne Kriterien für die Anerkennung einer zulässigen Marktpraxis enthält § 8 MaKonV. Für die Anerkennung einer Marktpraxis bedarf es jedoch eines Feststellungsaktes i.S.d. §§ 7–10 MaKonV durch die BaFin, der bislang für keine Marktpraxis erfolgte. Der Zeitpunkt der Anerkennung durch die BaFin hat unmittelbare Auswirkungen auf die Strafbarkeit des Handelnden. Auf Grund von § 2 Abs. 3 StGB würde bis zur gerichtlichen Entscheidung das mildere Gesetz Anwendung finden.

65   § 20a Abs. 2 WpHG setzt weiter das Vorliegen legitimer Gründe voraus. Nach der Gesetzesbegründung fehlen solche Gründe, wenn der Handelnde in manipulativer oder betrügerischer Absicht handelt.[131]

III. § 20a Abs. 1 S. 1 Nr. 3 WpHG – Verbot sonstiger Marktmanipulationen

66   § 20a Abs. 1 S. 1 Nr. 3 WpHG verbietet sonstige Marktmanipulationen. Im Verhältnis zu den Verboten der § 20a Abs. 1 S. 1 Nr. 1 und 2 WpHG handelt es sich um einen Auffangtatbestand. Der Gesetzeswortlaut bewegt sich wenigstens am Rande des mit Blick auf das Bestimmtheitsgebotes aus Art. 103 Abs. 2 GG gerade noch Zulässigen.

1. Verbotsadressent

67   § 20a Abs. 1 S. 1 Nr. 3 WpHG verbietet jedermann sonstige Täuschungshandlungen durch aktives Tun. Die Begehung durch Unterlassen setzt eine Rechtspflicht zum Tätigwerden voraus und ist insoweit Sonderdelikt.[132]

---

128 Ausführlich mit Beispielen *Schröder* Kapitalmarktstrafrecht, Rn. 517; zu den nicht erfassten sog. mistrades im Hochfrequenzhandel *Jaskulla* WM 2012, 1708 ff.; Park/*Sorgenfrei* §§ 20a, 38 Abs. 2, 39 Abs. 1 Nr. 1–2; Abs. 2 Nr. 11, Abs. 4 WpHG Rn. 150.
129 *Schröder* Kapitalmarktstrafrecht, Rn. 520.
130 Begr. RegE AnSVG BT-Drucks. 15/3174, 37; MK-StGB/*Pananis* § 38 WpHG Rn. 191; *Bisson/Kunz* BKR 2005, 186, 188.
131 Begr. RegE AnSVG BT-Drucks. 15/3174, 37; krit. dazu nur Fuchs/*Fleischer* § 20a WpHG Rn. 79 m.w.N.
132 Fuchs/*Waßmer* § 38 WpHG Rn. 55.

2. Tathandlungen

68 § 20a Abs. 1 S. 1 Nr. 3 WpHG enthält das Verbot sonstiger Täuschungshandlungen, die geeignet sind, den Kurs eines Finanzinstruments zu beeinflussen.

a) Sonstige Täuschungshandlungen

69 Der Begriff der sonstigen Täuschungshandlung soll durch § 4 MaKonV konkretisiert werden.

aa) Begriff der sonstigen Täuschungshandlungen, § 4 Abs. 1 MaKonV

70 § 4 Abs. 1 MaKonV definiert den Begriff der sonstigen Täuschungshandlungen als Handlungen oder Unterlassungen, die geeignet sind, einen verständigen Anleger über die wahren wirtschaftlichen Verhältnisse, insbesondere Angebot und Nachfrage in Bezug auf ein Finanzinstrument, an einer Börse oder einem Markt in die Irre zu führen und den inländischen Börsen- oder Marktpreis eines Finanzinstruments oder den Preis eines Finanzinstruments an einem organisierten Markt in einem anderen Mitgliedstaat der Europäischen Union oder einem anderen Vertragsstaat des Abkommens über den Europäischen Wirtschaftsraum hoch- oder herunterzutreiben oder beizubehalten.[133]

71 Der sonstigen Täuschungshandlung muss kein gesonderter kommunikativer Erklärungswert zukommen. Auch ist ein Täuschungserfolg nicht Voraussetzung. Es genügt die Eignung der Handlung oder Unterlassung, bei einem verständigen Anleger eine Fehlvorstellung über die wahren wirtschaftlichen Verhältnisse hervorzurufen.[134] Hierunter soll auch die Fehlvorstellung fallen, beide Vertragspartner beabsichtigen die Ausführung effektiver Geschäfte, obgleich es Ihnen in Wahrheit ausschließlich um das Erreichen der Preiseinwirkung geht.[135] § 4 Abs. 1 MaKonV erfasst auch das Unterlassen von Täuschungshandlungen, sofern – wie auch bei § 20a Abs. 1 Nr. 1 Var. 2 WpHG – eine Rechtsvorschrift zu einem aktiven Tun verpflichtet.[136]

bb) Beispiele sonstiger Täuschungshandlungen, § 4 Abs. 3 MaKonV

72 § 4 Abs. 3 MaKonV führt nicht abschließend („insbesondere") zwei Beispiele sonstiger Handlungen i.S.v. Absatz 1 auf:
– die Sicherung einer marktbeherrschenden Stellung über das Angebot von oder die Nachfrage nach Finanzinstrumenten durch eine Person oder mehrere in Absprache handelnde Personen mit der Folge, dass unmittelbar oder mittelbar Ankaufs- oder Verkaufspreise dieser Finanzinstrumente bestimmt oder nicht marktgerechte Handelsbedingungen geschaffen werden (§ 4 Abs. 3 Nr. 1 MaKonV),
– die Nutzung eines gelegentlichen oder regelmäßigen Zugangs zu traditionellen oder elektronischen Medien durch Kundgabe einer Stellungnahme oder eines Gerüchtes zu einem Finanzinstrument oder dessen Emittenten, nachdem Positionen über dieses Finanzinstrument eingegangen worden sind, ohne dass dieser Interessenkonflikt zugleich mit der Kundgabe in angemessener und wirksamer Weise offenbart wird (§ 4 Abs. 3 Nr. 2 MaKonV).

---

133 Siehe die Bedenken hinsichtlich des verfassungsrechtlichen Bestimmtheitsgebots, statt vieler *Schröder* Kapitalmarktstrafrecht, Rn. 543 ff. m.w.N.; zust. Knierim/Rübenstahl/Tsambikakis/*Szesny* 30. Kap. Rn. 155.
134 So die Begr. BaFin MaKonV S. 7 abrufbar unter www.bafin.de/SharedDocs/Downloads/DE/Aufsichtsrecht/dl_makonv_beg_wa.html (Stand: 7.5.2013).
135 Begr. BaFin MaKonV S. 7; Assmann/Schneider/*Vogel* § 20a WpHG Rn. 226; die Einordnung der Libormanipulation als sonstige Täuschungshandlung im Ergebnis ablehnend *Fleischer/Bueren* DB 2012, 2561, 2563 f.
136 *Schröder* Kapitalmarktstrafrecht, Rn. 550; so auch Fuchs/*Waßmer* § 38 WpHG Rn. 56.

(1) § 4 Abs. 3 Nr. 1 MaKonV

73 § 4 Abs. 3 Nr. 1 MaKonV sieht in der Sicherung einer marktbeherrschenden Stellung über das Angebot von und die Nachfrage nach Finanzinstrumenten eine sonstige Täuschungshandlung. Erreicht werden kann diese durch eine oder mehrere zusammen handelnde Personen. Folge der marktbeherrschenden Stellung ist das Hervorrufen nicht marktgerechter Handelsbedingungen oder die Bestimmung von Preisen des Finanzinstruments.[137] Hierunter fallen insbesondere das sog. *cornering* sowie das sog. *abusive squeeze*. Solche Manipulationen dürften allerdings nur in engen Märkten[138] oder aber bei einer künstlichen Verknappung von Finanzinstrumenten möglich sein.[139] Zudem soll das Einstellen von Kaufs- und Verkaufsaufträgen durch den Emittenten oder einem mit ihm verbundenen Unternehmen, die erst den Handel mit dem Finanzinstrument ermöglichen in der Regel keine Sicherung einer marktbeherrschenden Stellung und damit keine sonstige Täuschungshandlung sein.[140]

(2) § 4 Abs. 3 Nr. 2 MaKonV

74 Unter § 4 Abs. 3 Nr. 2 MaKonV werden Manipulationshandlungen wie das sog. *scalping* eingeordnet. Hierbei nehmen Personen, die auf Grund ihrer medialen Präsenz viel beachtete Empfehlungen zu einem Finanzinstrument abgeben – sog. „Börsengurus" –, Einfluss auf den Kurs des Finanzinstruments, ohne auf den eigenen Aktienbestand in dem Finanzinstrument oder ein sonstiges eigenes Interesse an der Empfehlung hinzuweisen. Die Nichtaufklärung des Anlegerpublikums über den Interessenkonflikt des Empfehlenden soll die Empfehlungen in den Augen des Gesetzgebers zu einer sonstigen Täuschungshandlung qualifizieren. Der Empfehlende kann sich dem Verbot nur entziehen, indem er den Interessenkonflikt in seiner Empfehlung offenlegt.[141] Der Offenbarungspflicht soll erst genügt sein, wenn der Interessenkonflikt konkret bezeichnet wird. Hierfür reicht der Hinweis „kann Papiere halten" in der Empfehlung regelmäßig nicht.[142]

75 Jedenfalls für einen Finanzanalysten ist eine Einschränkung zu diesem Verbot zu beachten. Denn § 5 Abs. 3 Nr. 1 FinAnV fordert die Offenbarung eines Interessenkonflikts erst bei einem eigenen Aktienbestand von 5 % des Grundkapitals des Unternehmens, die Gegenstand der Empfehlung sind. Damit besteht eine ausdrücklich normierte Rechtspflicht für die Tätigkeit von Finanzanalysten, die den allgemeinen Regelungen der § 4 Abs. 3 Nr. 2 MaKonV als lex specialis vorgeht. Somit trifft Finanzanalysten unterhalb eines Aktienbestands von 5 % des Grundkapitals keine Offenbarungspflicht, wenn sie ein Finanzinstrument empfehlen. Weshalb Börsenjournalisten nicht in den Genuss dieser Privilegierung kommen sollten, ist mit Blick auf die Pressefreiheit nicht ersichtlich. Richtigerweise muss § 5 Abs. 3 Nr. 1 FinAnV jedenfalls analog Anwendung für Börsenjournalisten finden.

76 Mit Blick auf § 4 Abs. 2 Nr. 2 MaKonV dürften auch Konstellationen als *scalping* erfasst werden, bei denen die medial Einfluss nehmende Person zunächst eine negative Empfeh-

---

[137] Krit. zur Weite und zu einer möglichen Kollision mit WpHG, AktG und WpÜG Vorschriften siehe Assmann/Schneider/*Vogel* § 20a WpHG Rn. 231 f.
[138] Hierzu für das sog. *cornering Schröder* Kapitalmarktstrafrecht, Rn. 503 f., für das *abusive squeeze ders.* Kapitalmarktstrafrecht, Rn. 505.
[139] Vgl. Begr. der Verordnung zur Konkretisierung des Verbotes der Kurs- und Börsenmanipulation (KuMaKV) BR-Drucks. 639/03 S. 12; Assmann/Schneider/*Vogel* § 20a WpHG Rn. 231.
[140] S. Begr. der Verordnung zur Konkretisierung des Verbotes der Marktmanipulation (MaKonV) BR-Drucks. 18/05, 17; vgl. ferner Renz/Hense/*Knauth* Wertpapier – Compliance in der Praxis, II.10 Rn. 150 Fn. 142.
[141] *BGHSt* 48, 373, 380 f.
[142] *OLG München* NJW 2011, 3664, 3665; zu weit: *Schröder* Kapitalmarktstrafrecht, Rn. 560.

lung abgibt, mit der Folge, dass durch vermehrten Verkauf der Papiere der Kurs sinkt, sich die Person mit den Papieren zu einem geringen Kurs eindeckt und bis zur Kursstabilisierung mit dem Verkauf abwartet.[143]

cc) Anzeichen für sonstige Täuschungshandlungen, § 4 Abs. 2 MaKonV

Im Unterschied zu § 4 Abs. 3 MaKonV werden – der allgemeinen Regelungstechnik der MaKonV folgend – in § 4 Abs. 2 MaKonV keine Beispiele, sondern lediglich Anzeichen für sonstige Täuschungshandlungen im Rahmen von Transaktionen mit Finanzinstrumenten aufgezählt. Der personelle Anwendungsbereich wird beschränkt auf die Vertragsparteien oder Auftraggeber oder diesen nahestehenden Personen. Inhaltlich müssen diese Personen vor oder nach der Transaktion entweder unrichtige oder irreführende Informationen weitergegeben haben (Nr. 1) oder unrichtige, fehlerhafte, verzerrende oder von wirtschaftlichen Interessen beeinflusste Finanzanalysen oder Anlageempfehlungen erstellt oder weitergegeben haben (Nr. 2). Der Anwendungsbereich von § 4 Abs. 2 Nr. 1 MaKonV wird sich auf fehlerhafte Informationen in Bezug auf Umstände beschränken, die nicht bereits von § 20a Abs. 1 Nr. 1 WpHG erfasst sind (bspw. Marktdaten).[144] Auch § 4 Abs. 2 Nr. 2 MaKonV weist Überschneidungen mit der handelsgestützten Marktmanipulation auf. Die Merkmale Finanzanalyse und Anlageempfehlung erfassen Angaben über bewertungserhebliche Umstände i.S.v. § 20a Abs. 1 Nr. 1 WpHG. Wann eine Finanzanalyse unrichtig, fehlerhaft, verzerrend oder von wirtschaftlichen Interessen[145] beeinflusst ist, sollte unter Berücksichtigung der Maßstäbe von § 34b Abs. 1 WpHG bestimmt werden.[146] Zu berücksichtigen ist ferner, dass das bloße Erstellen einer Finanzanalyse oder Anlageempfehlung noch keine Preiseinwirkung hervorrufen kann, hierfür wird immer eine Weitergabe notwendig sein.[147]

b) Einwirkungseignung

Genauso wie § 20a Abs. 1 Nr. 1 und 2 WpHG bedarf es der Eignung der sonstigen Täuschungshandlungen auf den Börsen- oder Marktpreis einzuwirken. Das bis zum AnSVG im Wortlaut enthaltene Merkmal der Absicht auf den Börsen- oder Marktpreis einzuwirken wurde auf Grund erheblicher Beweisschwierigkeiten aufgegeben.[148] Auf die Ausführungen zur Preiseinwirkungseignung in Rn. 38 wird verwiesen.

D. Taterfolg: Einwirkung auf den Börsen- und Marktpreis

Die vorsätzlich begangene Manipulationshandlung qualifiziert sich zu einer Straftat, wenn es zu einer Preiseinwirkung kommt, die jedenfalls mitursächlich auf der Manipulationseinwirkung beruht. Auf den Börsen- und Marktpreis ist eingewirkt, wenn zumindest kurzfris-

---

143 Assmann/Schneider/*Vogel* § 20a WpHG Rn. 235; *Schröder* Kapitalmarktstrafrecht, Rn. 562. Die Empfehlung von Aktien und das Eingehen von *Contract for Difference* (CFD) ist vom Wortlaut des § 4 Abs. 3 Nr. 2 MaKonV nicht erfasst *Otto* wistra 2011, 401, 404.
144 Siehe Assmann/Schneider/*Vogel* § 20a WpHG Rn. 228.
145 Hier für eine restriktive Auslegung des Begriffs unter Verweis auf Art. 5 lit. b) RL 2003/124/EG *Schröder* Kapitalmarktstrafrecht, Rn. 553.
146 Siehe Begr. der Verordnung zur Konkretisierung des Verbotes der Marktmanipulation (MaKonV) BR-Drucks. 18/05, 17; ausführlich Assmann/Schneider/*Vogel* § 20a WpHG Rn. 229 und oben 20. Kap. Rn. 1.
147 KölnKomm-WpHG/*Mock/Stoll/Eufinger* § 20a Anh. I § 4 MaKonV Rn. 14; Graf/Jäger/Wittig/*Diversy* § 38 WpHG Rn. 168.
148 Siehe hierzu Begr. RegE AnSVG BT-Drucks. 15/3174, 37; Fuchs/*Fleischer* § 20a WpHG Rn. 70.

tig ein künstliches Preisniveau herbeigeführt wird.[149] Ein künstliches Preisniveau liegt vor, wenn sich der Kurs in Folge der Manipulationshandlung nach oben oder nach unten bewegt oder gehalten wird.[150] Nicht erforderlich ist eine Preisänderung. Auch kommt es nicht auf die Erheblichkeit der Preiseinwirkung an.[151] Es genügt jede Einwirkung.[152] Einer Auswirkung auf den weiteren Kursverlauf über eine einmalige Kursfestsetzung hinaus oder auf andere Marktteilnehmer soll es nach überwiegender Ansicht nicht bedürfen.[153]

Der Nachweis des Einwirkungserfolgs wird sich auf Grund der verschiedenen Faktoren, die auf die Preisbildung Einfluss nehmen regelmäßig schwierig gestalten.[154] In der strafgerichtlichen Praxis sollen an die Feststellung des Einwirkungserfolges nach Ansicht des BGH zumindest keine übersteigerten Anforderungen zu stellen sein. Der Nachweis der Kurseinwirkung könne bereits durch Vergleiche von bisherigem Kursverlauf und Umsatz, der Kurs- und Umsatzentwicklung des betreffenden Papiers am konkreten Tag sowie der Ordergröße hinreichend belegt werden.[155] Reagiert der Markt zeitnah auf eine Manipulationshandlung, so liegt die Kausalität der Handlung für die Kursreaktion nahe.[156] Dennoch wird die Einholung eines Sachverständigengutachtens zu dieser Frage in den überwiegenden Fällen nicht zu umgehen sein.[157]

E. Vorsatz und Leichtfertigkeit

80 Strafbar nach § 38 Abs. 2 WpHG macht sich, wer vorsätzlich i.S.d. § 15 StGB handelt.[158] Der Vorsatz muss sich auf alle Elemente des objektiven Tatbestandes beziehen. Dolus eventualis ist ausreichend, so dass der Täter es nur für möglich halten und sich damit abfinden muss, gegen § 38 Abs. 2 WpHG zu verstoßen. Dies gilt nicht für die handelsgestützte Manipulation, die mittels effektiver Geschäfte vorgenommen wird. Hier ist, obgleich der Wortlaut nicht länger eine Preiseinwirkungsabsicht voraussetzt, eine Abgrenzung zwischen erlaubten und manipulativen Geschäften nur nach der Zielrichtung des jeweiligen Geschäfts möglich. Es bedarf mithin der direkten Absicht zur Manipulation (dolus directus 1. Grades).[159]

---

149 *EuGH* NZG 2011, 951 mit Anm. *Gehrmann* GWR 2011, 385, mit Anm. *Waßmer* ZBB 2011, 288 ff.
150 *BaFin* Emittentenleitfaden 2009, S. 112; vgl. auch *BGHSt* 48, 373, 381 f., 384.
151 KölnKomm-WpHG/*Altenhain* § 38 Rn. 94; Graf/Jäger/Wittig/*Diversy* § 38 WpHG Rn. 125. Etwaige Bagatellfälle werden regelmäßig an der Nachweisbarkeit scheitern oder es kann von der prozessualen Möglichkeit der §§ 153, 153a StPO Gebrauch gemacht werden, Fuchs/*Waßmer* § 38 WpHG Rn. 40; vgl. auch MK-StGB/*Pananis* § 38 WpHG Rn. 222; a.A. eine teleologische Restriktion für Bagatellfälle fordert Assmann/Schneider/*Vogel* § 38 WpHG Rn. 51; im Ergebnis auch *Schröder* Kapitalmarktstrafrecht, Rn. 586.
152 *OLG Stuttgart* NJW 2011, 3667, 3669; *Schröder* Kapitalmarktstrafrecht, Rn. 586.
153 *OLG Stuttgart* NJW 2011, 3667, 3669; *Woodtli* NZWiSt 2012, 51; a.A *Kudlich* wistra 2011, 361, 364.
154 Ausführlich dazu und zur Feststellung der Einwirkung *Schröder* Kapitalmarktstrafrecht, Rn. 572, 586 f.; siehe dazu auch Schwark/Zimmer/*Cloppenburg* § 38 WpHG Rn. 11; *Klöhn* NZG 2011, 934, 935 f. Bespr. von *EuGH* NZG 2011, 951.
155 *BGHSt* 48, 373, 384; krit. Böttger/*Szesny* 6. Kap. Rn. 145: zudem bedürfe es der Einbeziehung des Marktumfelds.
156 *OLG Stuttgart* NJW 2011, 3667, 3670.
157 Graf/Jäger/Wittig/*Diversy* § 38 WpHG Rn. 126.
158 Vgl. Kap 21 Rn. 81.
159 MK-StGB/*Pananis* § 38 WpHG Rn. 224; a.A. Erbs/Kohlhaas/*Wehowsky* § 38 WpHG Rn. 32.

Handelt der Täter leichtfertig, so macht er sich ggf. bußgeldpflichtig gem. § 39 WpHG.[160] **81**
Eine vorsätzliche Marktmanipulation begeht nicht, wer einem Tatumstandsirrtum gem. § 16 Abs. 1 StGB unterliegt.[161] Danach handelt nicht vorsätzlich, wer bei Begehung der Tat einen Umstand nicht kennt, der zum gesetzlichen Tatbestand gehört. So fehlt es an einer vorsätzlichen informationsgestützten Marktmanipulation in der Variante des Machens unrichtiger oder irreführender Angaben, wenn der Täter die Bewertungserheblichkeit nicht kennt.[162] Irrt der Täter hingegen nicht über Tatsachen, sondern über Rechtsvorschriften, so liegt ein Verbotsirrtum gem. § 17 StGB vor.[163] Beispielsweise soll derjenige, der bewertungserhebliche Angaben entgegen Rechtsvorschriften gem. § 20a Abs. 1 S. 1 Nr. 1 Var. 2 WpHG verschweigt, nach herrschender Ansicht keinem Tatumstandsirrtum gem. § 16 StGB unterliegen, sondern sich in einem Verbotsirrtum befinden.[164] Dieser lässt die Schuld und damit die Strafbarkeit nur dann entfallen, wenn der Verbotsirrtum unvermeidbar i.S.d. § 17 S. 1 StGB war.

F. Täterschaft und Teilnahme

Auf die Ausführungen im 21. Kap. Rn. 31 ff. kann verwiesen werden. Entgegen der Ansicht **82**
des OLG München[165] ist derjenige, bei dem ein Interessenkonflikt i.S.d. § 20a Abs. 1 Nr. 3 WpHG in seiner Person nicht besteht, auch bei „arbeitsteiliger Vorgehensweise" kein Täter des § 38 Abs. 2 WpHG.[166]

G. § 38 Abs. 5 WpHG

Auf die Ausführungen im 27. Kap. Rn. 91 f. kann verwiesen werden. **83**

H. Verjährung

Die Verfolgungsverjährungfrist beträgt gem. § 78 Abs. 3 Nr. 4 StGB fünf Jahre. Die Verjäh- **84**
rungsfrist beginnt mit Beendigung der Tat. Bei der Marktmanipulation ist das der Zeit-

---

160 Vgl. 21. Kap. Rn. 86.
161 Siehe das Beispiel bei Böttger/*Szesny* 6. Kap. Rn. 183: Finanzvorstand handelt dann ohne Vorsatz auf die Verletzung seiner ad-hoc-Mitteilungspflicht, wenn sein Assistent den gefertigten Entwurf zur Zulassung einer Aktie zum Börsenhandel bereits gestellt hat und der Finanzvorstand mangels Kenntnis auf eine mögliche Gewinnwarnung verzichtet. Vgl. auch ausführlich oben 21. Kap Rn. 81.
162 *Schröder* Kapitalmarktstrafrecht, Rn. 592.
163 Vgl. dazu ausführlich 21. Kap. Rn. 88.
164 Siehe nur Assmann/Schneider/*Vogel* § 20a WpHG Rn. 129; *Schröder* Kapitalmarktstrafrecht, Rn. 595; a.A. *Schwark* § 88 BörsG Rn. 11 (Vorsatzausschluss bei Irrtum über Bestehen der Offenbarungspflicht).
165 *OLG München* NZG 2011, 1228.
166 Ausf. 21. Kap. Rn. 43 f.

punkt, in dem eine Einwirkung auf den Kurs erfolgt,[167] d.h. zugleich die Vollendung der Tat. Zu beachten sind an dieser Stelle mögliche kürzere Verjährungsfristen auf Grund von Landespressegesetzen.[168]

I. Rechtsfolgen (Verfall und Einziehung, Berufsverbot)

I. Strafrahmen

85   § 38 Abs. 2 WpHG sieht für die Marktmanipulation einen Strafrahmen von Geldstrafe bis zu einer Freiheitsstrafe von fünf Jahren an. Die Strafzumessung richtet sich nach § 46 StGB.

II. Verfall

86   Nach §§ 73 ff. StGB kann das aus einer oder für eine Straftat erlangte Etwas abgeschöpft werden, sofern nicht Ansprüche des Verletzten – etwa aus § 37b, c WpHG[169] oder § 826 BGB[170] – eine Sperrwirkung entfalten.[171] Es gilt das Bruttoprinzip, nachdem sämtliche zugeflossenen Vermögenswerte der Abschöpfung unterliegen, ohne dass die Aufwendungen in Ansatz gebracht werden dürfen.[172] Dabei werden allerdings nur solche Vorteile erfasst, die der Tatteilnehmer oder Dritte nach dem Schutzzweck der Strafnorm nicht erlangen und behalten dürfen soll, weil sie von der Rechtsordnung – einschließlich der verletzten Strafvorschrift – als Ergebnis einer rechtswidrigen Vermögensverschiebung bewertet werden.[173]

87   Bestehen Schadensersatzansprüche Dritter nicht, so muss hinsichtlich des erlangten Etwas der einzelnen Tatbestandsvarianten des Marktmanipulationsdeliktes unterschieden werden. Entsprechend der Rechtsprechung des BGH zur Verfallsanordnung beim Insiderhandel wird bei der informationsgestützten und sonstigen Manipulation nur der durch die Manipulationshandlung erzielte Sondervorteil das erlangte Etwas der Tat sein.[174] Im Fall der handelsgestützten Manipulation mittels effektiver Geschäfte werden hingegen die zugeflossenen Vermögenswerte als erlangtes Etwas zu betrachten sein.[175]

III. Berufsverbot und börsenrechtliche Sanktionen

88   Neben einer Geld- oder Gefängnisstrafe kommt auch die Verhängung eines Berufsverbots gem. § 70 StGB in Betracht. Diese Maßregel der Besserung und Sicherung wird verhängt, wenn der Täter eine rechtswidrige Tat begangen und dabei unter Missbrauch seines Berufs

---

167   Fuchs/*Waßmer* § 38 WpHG Rn. 89; KölnKomm-WpHG/*Altenhain* § 38 Rn. 139.
168   Siehe nur Park/*Sorgenfrei* §§ 20a, 38 Abs. 2, 39 Abs. 1 Nr. 1–2; Abs. 2 Nr. 11, Abs. 4 WpHG Rn. 299.
169   *BGHZ* 192, 90 ff.; *Hannich* WM 2013, 449, 454 ff. für eine allgemeine Haftungsnorm für fehlerhafte Kapitalmarktinformationen de lege ferenda.
170   *BGH* NStZ 2010, 326; vgl. auch *LG Berlin* WM 2008, 1470, 1472 f.
171   Siehe auch 27. Kap. Rn. 95.
172   Zuletzt: *BGH* NStZ 2012, 265.
173   *BGHSt* 57, 79.
174   Vgl. *BGH* NJW 2010, 883 mit Bespr. *Vogel* JZ 2010, 367 und *Gehrmann* wistra 2010, 346; vgl. auch Assmann/Schneider/*Vogel* § 38 WpHG Rn. 95.
175   *OLG Stuttgart* NJW 2011, 3667; Assmann/Schneider/*Vogel* § 38 WpHG Rn. 95.

oder Gewerbes oder unter grober Verletzung der mit ihnen verbundenen Pflichten gehandelt hat. Zu beachten ist, dass die Strafverfolgungsbehörden bereits ein vorläufiges Berufsverbot nach § 132a StPO anordnen können. Die praktische Bedeutung wird wie bei den Insiderhandelsstraftaten allerdings als gering erachtet.[176]

Ferner kommen die börsenrechtlichen Sanktionen gem. § 22 Abs. 2 BörsG in Betracht. **89** Angeordnet werden können ein Verweis, Ordnungsgeld bis zu einer Höhe von 250 000 EUR oder der Ausschluss von der Börse bis 30 Sitzungstage gegen Handelsteilnehmer oder die für sie tätigen Hilfspersonen. Notwendig ist ein fahrlässiger oder vorsätzlicher Verstoß ausschließlich gegen börsenrechtliche Vorschriften. Darüber hinaus kommt auch das Ruhenlassen der Zulassung eines Börsenhändlers für bis zu sechs Monate nach § 19 Abs. 8 BörsG in Betracht.[177] Das gilt auch für den Skontroführer gem. § 27 Abs. 3 i.V.m. Abs. 1 BörsG. Der Widerruf der Börsenzulassung kann bei einem tatsächlichen Verstoß erfolgen, § 19 Abs. 9 und § 27 Abs. 2 BörsG. Schließlich droht der Widerruf der Waffenkarte.[178] Hinzuweisen ist schließlich darauf, dass die Begehung einer vorsätzlichen Marktmanipulation eine fristlose Kündigung des Arbeitsverhältnisses nach sich ziehen kann.[179]

---

176 Siehe Park/*Sorgenfrei* §§ 20a, 38 Abs. 2, 39 Abs. 1 Nr. 1-2; Abs. 2 Nr. 11, Abs. 4 WpHG Rn. 302; Fuchs/*Waßmer* § 38 WpHG Rn. 85.
177 Siehe dazu Assmann/Schneider/*Vogel* § 38 WpHG Rn. 97 m.w.N.
178 *BayVGH* Beschluss vom 25.1.2012 – 21 ZB 11.2612 –, juris.
179 *LG Düsseldorf* Urteil vom 20.6.2013 – 32 O 90/08 U.

29. Kapitel
Straftaten nach dem KWG

I. Einleitung

Die Straftaten nach dem Kreditwesengesetz spielten bislang in der praktischen Anwendung von Staatsanwaltschaften und Polizei regelmäßig hinter den vertrauteren Wirtschaftsstraftaten, insbesondere Betrug und Untreue, eher eine untergeordnete Rolle. Die polizeiliche Kriminalstatistik erfasst für das Jahr 2011[1] gerade einmal 107 Ermittlungsverfahren bundesweit, dies gegenüber 24.805 Straftaten gegen strafrechtliche Nebengesetze auf dem Wirtschaftssektor insgesamt. Der Jahresbericht der BaFin für 2011[2] verzeichnet 576 Prüfungsverfahren wegen Verstoßes gegen Straftaten nach dem KWG, insgesamt wurden von der BaFin in diesem Zeitraum 689 Ermittlungsverfahren geführt, in acht Fällen veranlasste die BaFin Durchsuchungen.

Mit der letzten Änderung aus Juni 2013 wurde das Kreditwesengesetz seit seiner Einführung im Jahr 1984 fünfundachtzigmal geändert, seit 2010 allein einundzwanzigmal.[3] Diese Regelungswut ist Ausdruck eines Spannungsverhältnisses zwischen grundrechtlich geschützter Unternehmerfreiheit und wirtschaftspolitischer Regulierung, das die gesetzgeberischen Aktivitäten mal zur einen, mal zur anderen Seite ausschlagen lässt.[4] Derzeit und vor dem Hintergrund der Finanzmarktkrise geht die Tendenz hin zu einer Stärkung der Regulierungstätigkeit.[5]

Die Normen des KWG dienen dem Schutz des Vertrauens in die Leistungsfähigkeit der Kreditwirtschaft und dessen tatsächliches Funktionieren hinsichtlich bestimmter Mindestbedingungen.[6] Das Kreditwesengesetz enthält Gründungsvorschriften, Kapitalerhaltungs- und Betriebsführungsvorschriften, Normen über die Bilanzierung und den Jahresabschluss sowie Normen, die die Funktionsfähigkeit der Aufsicht sicherstellen sollen.[7] Da die Normen der ersten, dritten und vierten Kategorie nicht als Anknüpfungspunkt für allgemein strafrechtliche ausfüllungsbedürftige Tatbestände, insbesondere § 266 StGB, geeignet sind (dieser bezweckt allein den Individualrechtsgüterschutz, anders als die meisten Normen des KWG), hat der Gesetzgeber im Kreditwesengesetz eigene Ordnungswidrigkeiten und Straftatbestände geschaffen.[8]

Von einem statistisch relevanten Dunkelfeld wird in diesem Deliktsbereich angesichts der hohen Kontrolldichte nicht ausgegangen.[9] Die bloße Betrachtung der polizeilichen Kriminalstatistik dürfte allerdings auch irreführend sein. Diese kann vielmehr nur einen groben Anhalt bieten. Die statistische Erfassung dieser Übersicht ist oft nicht ganz zutreffend. Straftaten nach dem KWG können sich auch hinter typischen Begleitstraftaten, z.B. § 263 StGB[10] verbergen.[11]

---

1 Download unter: www.bmi.bund.de.
2 Download unter: www.bafin.de.
3 Änderungshistorie bei juris.
4 *Prost* NJW 1977, 227.
5 Graf/Jäger/Wittig/*Bock* KWG Vorb. Rn. 1.
6 Graf/Jäger/Wittig/*Bock* Vorb. Rn. 3.
7 Wabnitz/Janowski/*Knierim* S. 528.
8 Wabnitz/Janowski/*Knierim* S. 528; BR-Drucks. 94/13, 2 f.
9 Graf/Jäger/Wittig/*Bock* § 54 KWG, Rn. 4.
10 Oder Einordnungsfehlern, etwa § 15a InsO statt § 55 KWG oder § 203 StGB statt §§ 55a/b KWG.
11 Graf/Jäger/Wittig/*Bock* § 54 KWG Rn. 5.

5 Gerade mit Blick auf das Bank- und Finanzwesen ist die Arbeit der Strafverfolger in den letzten Jahren deutlich effektiver geworden,[12] was auf das gestiegene öffentliche Interesse im Rahmen der Finanzmarktkrise und zahlreiche gesetzlich neu eingeführte Kontrollmechanismen sowie eine zunehmende Professionalisierung der Aufsichts- und Verfolgungsbehörden zurückzuführen ist.

6 Die Straftaten nach dem KWG verjähren seit der Gesetzesänderung vom 1.3.2011[13] einheitlich innerhalb von fünf Jahren (§ 78 Abs. 3 Nr. 4 StGB). Dabei ist zu beachten, dass die Verjährungsfrist der Dauerdelikte, also solche Taten, deren Unrecht in der Aufrechterhaltung eines rechtswidrigen Organisationszustands liegt[14], erst zu laufen beginnt, wenn dieser Zustand beseitigt ist.[15]

7 Zentrale Aufsichtsbehörde ist seit dem 1.5.2002 die BaFin in ihrer Funktion als Allfinanzaufsicht.[16] Diese steht hinsichtlich ihrer Aufgaben in einer bemerkenswerten Doppelrolle: Bei bestehendem Anfangsverdacht hinsichtlich einer Straftatbegehung nach §§ 54 ff. KWG, kann die BaFin strafprozessual ermitteln, u.a. Auskünfte und Unterlagen verlangen. Soweit dies erforderlich ist, kann die BaFin darüber hinaus Prüfungen in den Räumen des Unternehmens sowie ggf. Durchsuchungen durchführen.[17] Neben diese strafprozessualen Ermittlungsmöglichkeiten treten die präventiven Informationsbefugnisse des Aufsichtsrechts (insb. §§ 44 ff. KWG).

8 Dabei stehen den betroffenen natürlichen Personen Auskunftsverweigerungsrechte in den Fällen zu, in denen sie sich oder ihre Angehörigen durch die Beantwortung von Fragen der BaFin in die Gefahr strafrechtlicher Verfolgung begeben müssten. Dieses Auskunftsverweigerungsrecht gilt nach landläufiger Meinung nicht für die Unternehmen selbst. Probleme ergeben sich immer dann, wenn das Unternehmen wegen einer aufsichtsrechtlichen Forderung der BaFin von seinem gegenüber der BaFin auskunftsverweigerungsberechtigten Mitarbeiter straftatrelevante Informationen einfordert. Gegenüber seinem Arbeitgeber wird der Mitarbeiter regelmäßig kein gleich weitgehendes Auskunftsverweigerungsrecht haben.[18] Gibt das Unternehmen die so erhobenen Informationen an die BaFin weiter, kann diese (Doppelfunktionalität, präventive und repressive Tätigkeit) den entsprechenden Mitarbeiter der Strafverfolgung unterwerfen. Soweit im Rahmen der rein aufsichtsrechtlichen Tätigkeit Informationen vom Unternehmen angefordert werden, liegt daher eine Umgehung der Schutzvorschriften in § 44 Abs. 6/§ 44b Abs. 3 KWG nahe. Es kann auf diese Weise vorkommen, dass die BaFin auf dem Weg ihrer aufsichtsrechtlichen (präventiven) Tätigkeit Informationen abschöpft, die sie für ihre repressive Tätigkeit verwendet, die sie aber im rein repressiven Verfahren nicht hätte erlangen können. Für die Betroffenen bedeutet dies, dass schon auf Ebene der Informationserhebung durch die BaFin im aufsichtsrechtlichen Verfahren der nemo tenetur-Grundsatz genau beachtet werden muss.[19] Dabei ist in den Blick zu nehmen, dass die BaFin aufsichtsrechtlich rein präventiv tätig ist. Mit diesem Instrumentarium kann sie also lediglich Informationen vom Unternehmen verlangen, die für die präventive Tätigkeit als Aufsichtsbehörde relevant sind. Dies sind beispielsweise Darstellungen von einzelnen persönlichen Verantwortlichkeiten regelmäßig nicht. Nur diese Verpflichtung wird das Unternehmen an seine Mitarbeiter weitergeben können. Eine Umgehung der Auskunftsverweigerungsrechte kann so vermieden werden.

---

12 Wabnitz/Janowski/*Knierim* S. 446.
13 Gesetz zur Umsetzung der E-Geld-Richtlinie, BGBl I 2011, 288 ff.
14 Zur Verjährung bei Dauerdelikten: *OLG München* NStZ 2006, 630 (juris, Rn. 14).
15 MK-StGB/*Janssen* Nebenstrafrecht II, § 54 KWG Rn. 16.
16 Park/*Janssen* Teil 3, Kap. 10, Vorb. Rn. 4.
17 Im Einzelnen: Beck/Samm/Kokemoor/*Wegner* § 54 Rn. 74 ff.
18 Vgl. etwa *BAG* DB 1996, 634-635; MünchArbR-*Blomeyer* § 49 Rn. 16 ff.
19 Vgl. zum Parallelproblem bei den Regulierungsbehörden *Eggers* ZNER 2010, 10 (15 f.).

II. Straftatbestände nach dem KWG

1. § 54 KWG (Geschäftliche Tätigkeit trotz Verbotes oder ohne Erlaubnis)

§ 54 Abs. 1 Nr. 1 KWG stellt das vorsätzliche und (Abs. 2) fahrlässige Betreiben von nach § 3 KWG verbotenen Geschäften unter Strafe. Der Straftatbestand ermöglicht es den Strafverfolgungsbehörden, die Strafverfolgung bereits im Vorfeld einer konkreten Vermögensschädigung aufzunehmen.[20]

Der Vorschrift wird eine nicht quantifizierbare generalpräventive Wirkung zugeschrieben, denen im Wirtschaftsstrafrecht allgemein eine große Bedeutung beigemessen wird. Verwiesen wird insoweit auf allgemeinökonomische Theorien menschlichen Entscheidungsverhaltens.[21] Komplementiert wird die rein strafrechtliche Konsequenz aus Verstößen gegen § 3 KWG durch die aufsichtsrechtlichen Folgen nach § 37 ff. KWG.[22] Bei dem Straftatbestand handelt es sich um eine unechte Blankettnorm,[23] der eine Reaktion auf die Erfahrung mit Banken-Zusammenbrüchen in den 1930er Jahren darstellt. Das Verbot gilt sowohl für inländische als auch für über § 53b Abs. 3 S. 1 KWG in den Blick genommene Zweigniederlassungen ausländischer Institute.[24] Für Tätigkeiten im Wege des grenzüberschreitenden Dienstleistungsverkehrs gilt § 54 KWG angesichts eines fehlenden Verweises auf § 53b Abs. 3 S. 3 KWG nicht.[25]

§ 54 KWG ist ein Jedermannsdelikt.[26] Strafbar macht sich derjenige, der die Geschäfte tatsächlich betreibt oder die Dienstleistungen tatsächlich erbringt, unabhängig davon, ob er nach den internen Regeln zur Geschäftsführung oder Vertretung berufen ist.[27] Ist ein Geschäftsbetrieb so organisiert, dass nicht alle Mitglieder der Geschäftsleitung an den eigentlichen Geschäftsabschlüssen beteiligt sind, kommt eine mittelbare Täterschaft (Organisationsherrschaft)[28] oder eine Mittäterschaft i.S.v. § 25 Abs. 2 StGB in Betracht.[29] Wesentlich für die Bewertung sind das Interesse des Handelnden am Taterfolg, der Umsatz seiner Tatbeteiligung und seine Tatherrschaft.

a) § 54 Abs. 1 Nr. 1 KWG (Verbotene Geschäfte)

Das Gesetz kennt Geschäfte, die so sehr der allgemeinen Ordnung des Kreditwesens widersprechen, dass sie schlichtweg verboten sind, d.h. auch nicht von der BaFin erlaubt werden können (**verbotene Geschäfte**).[30] Der in Bezug genommene § 3 KWG zählt dazu drei Arten von Bankgeschäften, die entweder die Sicherheit der anvertrauten Gelder in einem solchen Maß gefährden (Nr. 1 und 2) oder die Währungs-, Geld- und Kreditpolitik stören (Nr. 3), dass der Gesetzgeber für diese Geschäfte nicht einmal Einzelkonfessionen ausgeben kann.[31] Diese Verbote gelten für jedermann. Es kommt nicht auf eine Gewerbs-

---

20 Beck/Samm/Kokemoor/*Reschke* § 3 Rn. 69.
21 Graf/Jäger/Wittig/*Bock* § 54 KWG Rn. 6; *Adams/Shavell* GA 90, 337, 341.
22 Vgl. insoweit Beck/Samm/Kokemoor/*Reschke* § 3 Rn. 65 ff.
23 Eine unechte Blankettnorm bezieht sich auf einen Verweis innerhalb desselben Gesetzes, während sich eine echte Blankettnorm auf ein anderes Gesetz bezieht.
24 Graf/Jäger/Wittig/*Bock* § 54 KWG, Rn. 11.
25 Als gesetzgeberisches Versäumnis bezeichnet dies *Erbs/Kohlhaas/Häberle* Band 2, § 54 KWG, Rn. 7.
26 Park/*Janssen* Teil 3, Kapitel 10, Rn. 15.
27 Beck/Samm/Kokemoor/*Wegner* § 54 Rn. 51.
28 Zur Täterschaft von Vorständen und Geschäftsleitungsgremien bei Arbeitsteilung: Görling/Inderst/Bannenberg/*Dierlamm* S. 473 ff.; vgl. auch 21. Kap. Rn. 68 ff.
29 Beck/Samm/Kokemoor/*Wegner* § 54, Rn. 54 f.
30 BT-Drucks. 3/1114, 28.
31 Beck/Samm/Kokemoor/*Reschke* § 3 Rn. 5; Luz/Neus/Scharpf/Schneider/Weber/*Weber* Kreditwesengesetz (KWG), § 3 Rn. 3.

mäßigkeit oder den Umfang der Geschäfte an.[32] Zum 31.1.2014 erfährt der Tatbestand eine Erweiterung (Absätze 2–4) durch das Trennbankengesetz.[33]

aa) Verbotsnorm: § 3 Nr. 1 KWG (Werkssparkassen)

13 § 3 Nr. 1 KWG untersagt den Betrieb eines Einlagengeschäfts (Legaldefinition: § 1 Abs. 1 Nr. 1 KWG), wenn der Kreis der Einleger überwiegend aus Betriebsangehörigen besteht, sog. **Werkssparkassen**, und nicht sonstige Bankgeschäfte betrieben werden, die den Umfang des Einlagengeschäfts mit Betriebsangehörigen übersteigen. Das Verbot geht auf die Wirtschaftskrise in den 1920er und 1930er Jahren zurück, in denen viele größere Unternehmen ihre Angestellten dazu veranlassten, ihrem Arbeitgeber Lohnanteile als Einlagen zur Verfügung zu stellen. Wenn solche Unternehmen dann später in eine Schieflage gerieten, konnten die Sparer zusätzlich zu ihren damit verbundenen Einkommenskürzungen nicht einmal auf die Einlagen zurückgreifen. Mit dem Arbeitsplatz ging damit oft der Verlust der Ersparnisse einher.[34] Damit wirkten sich also nicht nur die allgemeinen Risiken des Bankensektors aus, der immerhin einer Bankenaufsicht unterliegt, sondern zusätzlich auch, gleichsam als Multiplikator, die Risiken des Unternehmens, bei denen der Sparer beschäftigt war. Auf diese hatte eine Bankeneinsicht grundsätzlich keinen Einfluss.[35]

14 Das Verbot betrifft auch gemeinnützige Unternehmen sowie Kirchen und staatliche Institutionen, wie Gemeinden und Gemeindeverbände, nicht aber Bund und Länder selbst (§ 2 KWG), da diese nicht Adressaten des KWG sind.[36]

15 Handelt es sich bei dem Geschäft um ein Einlagengeschäft[37] im Sinne des § 1 Abs. 1 S. 2 Nr. 1 KWG, ist das Unternehmen auch dann als Werkssparkasse einzustufen, wenn er dieses Geschäft in der Mehrzahl mit Betriebsangehörigen betreibt. Auch die Umwandlung von Gehaltsgutschriften in gewinnabhängige aber unbedingt rückzahlbare, als Namensgewinnschuldverschreibung ausgestaltete Mitarbeiterbeteiligungen fallen unter das Verbot.[38] Die Mehrheit der Einleger muss allerdings aus Betriebsangehörigen bestehen. Ist dies nicht der Fall, greift auch das Verbot nicht. Dabei soll es nach überwiegender Auffassung genügen, wenn das Unternehmen sich objektiv darauf ausrichtet, das Einlagengeschäft in der Mehrzahl mit Betriebsangehörigen zu betreiben.[39] Nach hier vertretener Auffassung wird das Verbot jedoch erst dann ausgelöst, wenn die Betriebsangehörigen unter den Einlegern zahlenmäßig überwiegen. Eine andere Auslegung ließe sich mit dem Wortlaut nicht vereinbaren.

16 Dem Gesetz nach kann diesem Verbot dadurch begegnet werden, dass ein Unternehmen im Konzern rechtlich selbstständige Kreditinstitute gründet, deren Einleger es in der Mehrzahl stellt. In diesem Fall muss allerdings das konzernangehörige Kreditinstitut[40] darauf achten, dass die bei ihm angestellten Arbeitnehmer nicht die Mehrzahl der Einleger bilden, oder dass jedenfalls das Bankgeschäft mit nicht Betriebsangehörigen das Einlagengeschäft

---

32 Beck/Samm/Kokemoor/*Reschke* § 3 Rn. 8; dies im Unterschied zu § 54 Abs. 1 Nr. 2 KWG.
33 BR-Drucks. 378/13.
34 Beck/Samm/Kokemoor/*Reschke* § 3 Rn. 10.
35 Beck/Samm/Kokemoor/*Reschke* § 3 Rn. 13; u.V.a. *Paersch* in Untersuchung des Bankwesens (1933), I. Teil, zweiter Band, S. 31 ff. Park/*Janssen* Teil 3, Kapitel 10, Rn. 26; *Schröder* Kapitalmarktstrafrecht, Rn. 958.
36 Beck/Samm/Kokemoor/*Reschke* § 3 Rn. 17 m.w.N.
37 Einzelheiten: Beck/Samm/Kokemoor/*Reschke* § 3 Rn. 18; Beck/Samm/Kokemoor/*Samm* § 1 Rn. 64 ff.
38 Beck/Samm/Kokemoor/*Reschke* § 3 Rn. 20; noch zur alten Rechtslage vor der sechsten KWG-Novelle anders: *BVerwGE* 69, 120, 130.
39 Beck/Samm/Kokemoor/*Reschke* § 3 Rn. 23 m.w.N.
40 Ausführlicher zum Punkt der konzernangehörigen Werkssparkasse: Beck/Samm/Kokemoor/ *Reschke* § 3 Rn. 32 u.V.a. Ruland-Bericht, besonderer Teil, §§ 1–4, Ziff. 3, BT-Drucks. 3/2563, 4; Luz/Neus/Scharpf/Schneider/Weber/*Fahrmann* Kreditwesengesetz § 3 Rn. 9.

mit Betriebsangehörigen überwiegt.[41] Dabei geht es nicht um das Volumen der Einlagen,[42] sondern um die Anzahl der Betriebsangehörigen (Wortlaut).

Wird die 50 %-Grenze nicht überschritten, handelt es sich um ein gewöhnliches Einlagengeschäft, das der Erlaubnis der BaFin nach § 32 Abs. 1 KWG bedarf, aber nicht per se verboten ist.[43] **17**

Das Verbot greift zudem dann nicht, wenn die Werkssparkasse noch sonstige Bankgeschäfte betreibt, die den Umfang des Einlagengeschäfts übersteigen. Dabei sind die Geschäfte, die nicht unter den Tatbestand eines Bankgeschäft (§ 1 Abs. 1 S. 2 KWG) fallen, außer Betracht zu lassen.[44] **18**

Soweit ein Arbeitgeber bestimmte Lohnanteile seines Betriebsangehörigen unverzüglich an ein berechtigtes Kreditinstitut abführt, statt sie auszuzahlen, um dem Mitarbeiter jeweils ein Spargutdhaben aufzubauen (Spareinlagenannahmegelegenheiten), fällt ein solches Verhalten ebenfalls nicht unter das Verbot nach § 3 Nr. 1 KWG, wenn es von Beginn an das lizensierte Kreditinstitut ist, das die Rückzahlung der Gelder schuldet, der Arbeitgeber also mit Vollmacht des Kreditinstituts das Geld entgegennimmt.[45] Werden die Einlagen der Betriebsangehörigen jedoch zunächst intern auf besonderen Konten gesammelt, um diese zu bestimmten Terminen auf Treuhändergemeinschaftskonten zu überweisen, liegt regelmäßig eine verbotene Werkssparkasse vor, natürlich nur, sofern nicht sonstige Bankgeschäfte betrieben werden, die den Umfang des Einlagengeschäfts übersteigen.[46] Unbedenklich werden solche Einrichtungen nur dann, wenn die entgegengenommenen Gelder unverzüglich bei den Banken eingezahlt werden. Andernfalls würde in der Zwischenzeit allein das Unternehmen als Haftungsschuldner für die Spareinlagen dienen. **19**

bb) Verbotsnorm: § 3 Nr. 2 KWG (Zwecksparunternehmen)

Verboten ist nach § 3 Nr. 2 KWG auch die Annahme von Geldbeträgen, wenn der überwiegende Teil der Einleger einen Rechtsanspruch darauf hat, dass ihnen aus diesen Einlagen Darlehen gewährt oder Gegenstände auf Kredit verschafft werden (**Zwecksparunternehmen**). Eine Ausnahme gilt historisch bedingt für Bausparkassen. Diese Regelung stellt keine Einschränkung des sog. Individualsparens dar, bei dem jeder Sparer gesondert für sich einen Zweck mit dem Sparen verfolgt. Verboten ist nur der Fall des kollektiven Zwecksparens. Diese Regelung ist inhaltlich aus den 30er Jahren des 20. Jahrhunderts tradiert und beruht darauf, dass kollektives Zwecksparen Risiken beinhaltet, die durch eine laufende Bankenaufsicht nicht abgesichert werden können, und die deshalb vollständig verboten sein sollen.[47] **20**

Das Verbot von Zwecksparunternehmen greift, wenn der überwiegende Teil der Geldgeber (nach Köpfen gezählt) einen Rechtsanspruch auf Gewährung von Darlehen oder Verschaffung von Gegenständen auf Kredit hat.[48] Die Zählung nach Köpfen verhindert, dass ein Großanleger eine gewöhnliche Einlage von 51 % des Gesamteinlagenbestandes abdeckt, im Übrigen aber Geschäfte eines Zwecksparunternehmens betrieben werden. Es reicht aus, dass der überwiegende Teil der Geldgeber einen rechtlichen Anspruch auf Darlehens- **21**

---

41 Beck/Samm/Kokemoor/*Reschke* § 3 Rn. 26.
42 Weiterführend: *Schröder* Kapitalmarktstrafrecht, Rn. 960 ff.
43 *Bähre-Schneider* KWG-Kommentar, § 3 Rn. 2; Beck/Samm/Kokemoor/*Reschke* § 3 Rn. 27.
44 Beck/Samm/Kokemoor/*Reschke* § 3 Rn. 29; zur Methodik der Berechnung der Relation der Werkssparkassengeschäfte zu sonstigen Geschäften: Beck/Samm/Kokemoor/*Reschke* § 3 Rn. 30.
45 Beck/Samm/Kokemoor/*Reschke* § 3 Rn. 35; *Demgensky/Erm* WM 2001, 1445 (1448).
46 Beck/Samm/Kokemoor/*Reschke* § 3 Rn. 37.
47 Ruland Bericht, besonderer Teil, §§ 1–4, Ziff. 3, BT-Drucks. 3/2563, 4.
48 Beck/Samm/Kokemoor/*Reschke* § 3 Rn. 44 f.; Boos/Fischer/Schulte-Mattler/*Schäfer* § 3 Rn. 15.

gewährung oder kreditweise Verschaffung von Gegenständen hat, selbst wenn Bedingungen vereinbart wurden, die den Anspruch faktisch entwerten würden.[49]

cc) Verbotsnorm: § 3 Nr. 3 KWG (Missbrauch bargeldlosen Zahlungsverkehrs)

22 § 3 Nr. 3 KWG untersagt den Betrieb eines Kreditgeschäfts oder Einlagengeschäfts, wenn es durch Vereinbarung oder auch nur geschäftliche Gepflogenheiten zumindest erheblich erschwert ist, über einen Kreditbetrag oder die Einlagen *durch Barabhebung* zu verfügen (**Missbrauch des bargeldlosen Zahlungsverkehrs**). Auf eine etwaige Gewerbsmäßigkeit des Betriebes oder den Geschäftsumfang kommt es nicht an.[50] Das Verbot richtet sich an jedermann. Es dient dazu, einer „missbräuchlichen Ausnutzung der Möglichkeiten des bargeldlosen Zahlungsverkehrs und damit einer Störung der finanziellen Stabilität der Volkswirtschaft entgegenzuwirken".[51] Nach Ansicht des Gesetzgebers könnten Kreditinstitute ohne dieses Verbot währungspolitische Maßnahmen insbesondere der Bundesbank vermeiden, wenn die Kreditinstitute nicht mit Barabhebungen rechnen müssen und deshalb für ihre Auszahlungspflichten keine Liquidität vorhalten müssen.[52] Dabei ist das Verbot nur auf die Bildung geschlossener unabhängiger Zahlungskreise gerichtet, die vom allgemeinen Geldverkehr abgekoppelt sind.[53] Mittel, die das Institut nicht für die Schaffung von Giralgeld, sondern als Refinanzierungsmittel erhält (insb. Termin- oder Spareinlagen) bleiben bei dem Verbot außer vor.[53] Auch das E-Geld-Geschäft bleibt unberührt. § 3 Nr. 3 untersagt Kreditinstituten allerdings nicht, in Einzelfällen, die Barabhebung des Kreditbetrages auszuschließen. Nicht in jedem Fall handelt es sich um ein Einlagengeschäft. Die Frage, ob ein Unternehmen fremde Gelder als Einlagen annimmt und dadurch Bankgeschäfte betreibt, ist vielmehr aufgrund einer Wertung aller Umstände des einzelnen Falles unter Berücksichtigung der bankwirtschaftlichen Verkehrsauffassung zu entscheiden.[54] Nicht jede Annahme von fremden Geldern ist ein Einlagengeschäft. Selbst wenn fremde Gelder aufgrund typisierter Verträge und ohne Bestellung banküblicher Sicherheiten entgegengenommen worden sind, lässt dies keine abschließende Bewertung dahin zu, dass diese Vorgänge bei umfassender Würdigung aller Umstände des Einzelfalles unter Berücksichtigung der bankwirtschaftlichen Verkehrsauffassung als Einlagengeschäfte anzusehen sind.[55] Es kann insofern sachliche Gründe geben, die nicht darauf zielen, den Liquiditätsbedarf des Instituts gering zu halten und sich damit kreditpolitischen Maßnahmen der Bundesbank oder der EZB zu entziehen.[56] Die Bewertung bleibt also Sache des Einzelfalls.

dd) Verbotsnorm: § 3 Abs. 2–4 KWG n.F.

23 Im Dezember 2010 hatte der Baseler Ausschuss für Bankenaufsicht den aufsichtsrechtlichen Rahmen für die Bankenaufsicht überarbeitet. Die Ausarbeitung wurde von der EU-Kommission übernommen und resultierte in einer in nationales Recht umzusetzenden Richtlinie (Capital Requirement Directive = CRD)[57] und einer unmittelbar anzuwendenden Verordnung (Capital Requirement Regulation = CRR).[58] Der deutsche Gesetzgeber hat hierauf u.a. mit dem Trennbankengesetz[59] reagiert, mit dem er die Abschirmung von Risiken aus riskan-

---

49 Beck/Samm/Kokemoor/*Reschke* § 3 Rn. 46.
50 *BGH* NJW 1995, 1494 ff.; *Fohrmann* in: Luz/Neus/Scharpf/Schneider/Weber/*Fohrmann* Kreditwesengesetz § 3 Rn. 15.
51 *BGH* NJW 2005, 833, 835; Beck/Samm/Kokemoor/*Reschke* § 3 Rn. 53.
52 BT-Drucks. 17/3023.
53 Beck/Samm/Kokemoor/*Reschke* § 3 Rn. 55.
54 *BGH* NJW 1994, 1801, 1805; *BVerwG* WM 1984, 1364, 1367; *OVG Berlin* WM 1984, 865, 867.
55 *BGHZ* 129, 90, 93.
56 *BGHZ* 129, 90, 97; Schimansky/Bunte/Lwowski/*Fischer* Bd. 3, § 127 Rn. 62.
57 2006/49/EC.
58 VO (EU) Nr. 575/2013 AblEU 2013 L 176 v. 26.6.2013.
59 BT-Drucks. 17/13541.

ten Geschäften eines CRR-Kreditinstituts (= der CRR unterfallendes Institut[60]) erreichen will. Insbesondere ist angeordnet, dass spekulative Geschäfte und andere risikoreiche Geschäfte von einem rechtlich und wirtschaftlich eigenständigen Konzernunternehmen betrieben werden müssen.[61] CRR-Kreditinstitute und -gruppen, denen ein solches angehört, sind wegen ihrer speziellen Risikosituation Eigengeschäfte und besonders spekulative Geschäfte verboten, wenn die Institute eine gewisse Größe erreichen. Die (sprachlich völlig hypertrophen) neuen Abs. 2–4 des § 3 KWG lauten auszugsweise:

„(2) CRR-Kreditinstituten und Unternehmen (...) dem ein CRR-Kreditinstitut angehört, ist das Betreiben der in Satz 2 genannten Geschäfte nach Ablauf von 12 Monaten nach Überschreiten eines der folgenden Schwellenwerte verboten, wenn
1. bei [nach IRLS...] bilanzierenden CRR-Kreditinstituten und Institutsgruppen (...), die in den Kategorien als zu Handelszwecken und zur Veräußerung verfügbarer finanzieller Vermögenswerte eingestuften Positionen (...) den Wert von 100 Mrd. Euro übersteigen oder, wenn die Bilanzsumme (...) zum Abschlussstichtag der letzten drei Geschäftsjahre jeweils mindestens 90 Mrd. Euro erreicht, 20 % der Bilanzsumme (...) übersteigen, es sei denn, die Geschäfte werden in einem Finanzhandelsinstitut [... getrenntes Institut im Sinne des § 25f Abs. 1 ...] betrieben, oder
2. Bei den sonstigen der [HGB-Rechnungslegung] unterliegenden CRR-Kreditinstituten und Institutsgruppen (...) die dem Handelsbestand (...) und der Liquiditätsreserve (...) zuzuordnenden Positionen zum Abschlussstichtag des vorangegangenen Geschäftsjahres den Wert von 100 Mrd. Euro übersteigen oder, wenn die Bilanzsumme (...) zum Abschlussstichtag der letzten drei Geschäftsjahre jeweils mindestens 90 Mrd. Euro erreicht, 20 % der Bilanzsumme des CRR-Kreditinstituts (...) des vorausgegangenen Geschäftsjahres übersteigen, es sei denn, die Geschäfte werden in einem Finanzhandelsinstitut (...) betrieben.
Nach Maßgabe von Satz 1 verbotene Geschäfte sind
1. Eigengeschäfte; 2. Kredit- und Garantiegeschäfte mit
a) Hedgefonds (...) [bzw.] mit deren Verwaltungsgesellschaften;
b) AIF (...), die in beträchtlichem Umfang Leverage (...) einsetzen (...);
2. Der Eigenhandel im Sinne des § 1 (Abs. 1a S. 2 Nr. 4 Lit d) mit Ausnahme der Market-Making-Tätigkeiten (...); die Ermächtigung der Bundesanstalt zu Einzelfallregelung nach Abs. 4 S. 1 bleibt unberührt.
Nicht unter die Geschäfte im Sinne des Satzes 2 fallen:
1. Geschäfte zur Absicherung von Geschäften mit Kunden außer AIF oder Verwaltungsgesellschaften im Sinne von S. 2 Nr. 2;
2. Geschäfte, die der Zins-, Währungs-, Liquiditäts-, und Kreditrisikosteuerung des CRR-Kreditinstituts (...) dienen (...);
3. Geschäfte im Dienste des Erwerbs und der Veräußerung langfristig angelegter Beteiligungen sowie Geschäfte, die nicht zu dem Zweck geschlossen werden, bestehende oder erwartete Unterschiede zwischen den Kauf- und Verkaufspreisen oder Schwankungen von Marktkursen, -Preisen, -Werten oder Zinssätzen kurzfristig zu nutzen, um so Gewinne zu erzielen.
(3) CRR-Kreditinstitute (...) haben
1. Binnen sechs Monaten nach dem Überschreiten eines der Schwellenwerte anhand einer Risikoanalyse zu ermitteln, welche ihrer Geschäfte im Sinne des Absatzes 2 S. 1 verboten sind, und

---

60 Ausgenommen sind nach der Richtlinie insbesondere: Zentralbanken, Postscheckämter, die KfW, Unternehmen die als Organe der staatliche Wohnungspolitik oder als gemeinnützige Wohnungsunternehmen anerkannt sind (Art. 1, Ziff. 3 der CRD).
61 BR-Drucks. 378/13, 31.

2. Binnen zwölf Monaten nach dem Überschreiten eines der Schwellenwerte die nach S. 1 Nr. 1 ermittelten bereits betriebenen verbotenen Geschäfte zu beenden oder auf ein Finanzhandelsinstitut zu übertragen.

Die Risikoanalyse nach S. 1 Nr. 1 hat plausibel, umfassend und nachvollziehbar zu sein und ist schriftlich zu dokumentieren. 3Die Bundesanstalt kann die Frist (...) um bis zu 12 Monate verlängern (...).

(4) Die Bundesanstalt kann einem CRR-Kreditinstitut (...) die nachfolgenden Geschäfte verbieten und anordnen, dass die Geschäfte einzustellen oder auf ein Finanzhandelsinstitut im Sinne des § 25f Abs. 1 zu übertragen sind, wenn zu besorgen ist, dass diese Geschäfte, insbesondere gemessen am sonstigen Geschäftsvolumen, am Ertrag oder an der Risikostruktur des CRR-Kreditinstituts (...) die Solvenz des CRR-Kreditinstituts (...) zu gefährden drohen:

1. Market-Making-Tätigkeiten;
2. sonstige Geschäfte im Sinne von Abs. 2 S. 2 oder Geschäfte mit Finanzinstrumenten, die ihrer Art nach in der Risikointensität mit den Geschäften des Abs. 2 S. 2 oder des S. 1 Nr. 1 vergleichbar sind.

Die Bundesanstalt hat bei der Anordnung im Sinne des S. 1 dem Institut eine angemessene Frist einzuräumen."

24 CRR-Kreditinstituten und Gruppen, denen ein solches angehört, wird untersagt, bestimmte spekulative Geschäfte, insbesondere solche mit Finanzinstrumenten im Sinne des § 1 Abs. 11 KWG auf eigene Rechnungen zu betreiben. Eine Ausnahme besteht dann, wenn die spekulativen Geschäfte abgetrennt und von einem anderen Unternehmen des Konzernverbundes betrieben werden (Finanzhandelsinstitute). Diese Finanzhandelsinstitute unterliegen dann dem Erlaubnisvorbehalt nach § 32 Abs. 1 S. 1 KWG. Wegen des mit diesen Geschäften verbundenen Risikos gilt dies auch dann, wenn sich die Geschäfte nicht als Dienstleistung für andere darstellen. Solche Geschäfte waren bislang erlaubnisfrei. Unternehmen allerdings, die nur das Eigengeschäft betreiben und nicht einer Institutsgruppe mit einem CRR-Kreditinstitut angehören, unterfallen auch zukünftig nicht der Erlaubnispflicht nach dem KWG.[62]

b) § 54 Abs. 1 Nr. 2, Abs. 1a KWG (Handeln ohne Erlaubnis bzw. ohne Zulassung)

25 Bank- oder Finanzdienstleistungen, die gewerbsmäßig oder in einem Umfang betrieben oder erbracht werden, die einen in kaufmännischer Weise eingerichteten Geschäftsbetrieb erfordern, bedürfen (wenn sie nicht nach § 3 KWG per se verboten sind) der Erlaubnis. Liegt eine solche (§ 32 Abs. 1 S. 1 KWG) nicht vor, steht das Betreiben des Geschäfts oder das Erbringen der Finanzdienstleistungen unter Strafe (bis zu fünf Jahren oder Geldstrafe). Seit der 6. KWG Novelle ist der Beweis nicht mehr nötig, dass der Umfang der Bankgeschäfte einen voll kaufmännisch eingerichteten Gewerbebetrieb erforderlich macht. Stattdessen genügt es, dass die Geschäfte gewerbsmäßig oder in einem Umfang betrieben werden, der einen kaufmännisch eingerichteten Betrieb erfordert. Dies stellt insofern eine Beweiserleichterung dar, weil gewerbsmäßig auch derjenige handeln kann, der nicht die strengen Anforderungen an den Geschäftsbetrieb erfüllt.[63] Die bislang weniger bekannte Norm des Nebenstrafrechts dürfte mit der zunehmenden Spezialisierung der Strafverfolgungsbehörden in Schwerpunktstaatsanwaltschaften mehr und mehr in den Fokus rücken.[64]

26 Das Gesetz listet die einzelnen Bankgeschäfte, die in § 1 Abs. 1 S. 2 Nr. 1–12 normiert sind, auf und definiert sie. Auffällig ist, dass nicht jedes Geschäft, das gemeinhin als Bankgeschäft bezeichnet wird, auch ein solches des KWG ist.[65] Wegen der Einzelheiten der teilweise umstrittenen Definitionen wird auf die einschlägige Kommentierung verwiesen.[66]

---

62 BR-Drucks. 94/13, 50.
63 Achenbach/Ransiek/*Schröder* X, 3, Rn. 19; Beck/Samm/Kokemoor/*Wegner* § 54 Rn. 25.
64 Beck/Samm/Kokemoor/*Wegner* § 54 Rn. 26.
65 MK-StGB/*Janssen* § 54 KWG Rn. 47.
66 Vgl. etwa Park/*Janssen* Teil 3, Kapitel 10, Rn. 34 ff.; Graf/Jäger/Wittig/*Bock* § 54 KWG Rn. 24 ff.

§ 32 KWG definiert das Erfordernis einer schriftlichen Erlaubnis der BaFin. Dabei ist es **27** für die Tatbestandserfüllung irrelevant, ob zum Zeitpunkt der Tathandlung ein noch nicht genehmigter Antrag bei der BaFin vorlag, dem stattzugeben gewesen wäre, oder ob inzwischen zum Zeitpunkt einer richterlichen Bewertung eine Erlaubnis vorläge. Beides würde den Tatbestand erfüllen. Dasselbe gilt für die Situation, dass die Erlaubnis rechtswidrig versagt und inzwischen eingeklagt worden ist.[67] Diese Situationen werden regelmäßig auf der Rechtsfolgenseite betrachtet. In vielen Fällen wird sich eine Einstellung aus Opportunitätsgründen (§ 153 ff. StPO) anbieten. Liegt eine schriftliche Genehmigung deshalb nicht vor, weil sie gem. § 44 VwVfG nichtig ist, kann dies den Tatbestand allerdings nur dann erfüllen, wenn die schriftliche Erlaubnis aus materiellen Gründen nichtig ist. Bei einer bloßen formellen Nichtigkeit fehlt es an einem strafrechtlichen Rechtsgutbezug.[68] Ist die Erlaubnis unerkannt nichtig, fehlt es jedenfalls an einem vorsätzlichen Fehlverhalten.[69] Liegt eine Erlaubnis vor, ist diese aber rechtswidrig, so schließt dies den Tatbestand aus.[70] Wurde eine Erlaubnis durch unrichtige Angaben erschlichen, ist sie aber nicht nichtig, so muss sie richtigerweise (Verwaltungsrechtsakzessorietät) ebenfalls Wirkung entfalten.[71]

Die von der BaFin zu erteilende Erlaubnis kann auch unter Auflagen erteilt werden. Die **28** Nichterfüllung einer bloßen Nebenbedingung – anders als die einer echten Inhaltsbestimmung – berührt die Wirksamkeit der Erlaubniserteilung nicht.[70] Die Nichterfüllung einer Auflage führt also nicht zur Strafbarkeit. Allerdings wird die BaFin die Nichterfüllung oft zum Anlass nehmen, über eine Rücknahme der Erlaubnis nachzudenken. Daneben stellt der Verstoß gegen eine Auflage u.U. eine Ordnungswidrigkeit nach § 56 Abs. 3 Nr. 8 KWG dar, die unter den Gesichtspunkt von § 130, 30 OWiG[72] auch durchaus ernst zu nehmen ist.

Einen Sonderfall beschreibt § 35 Abs. 1 KWG: Ohne Erlaubnis handelt auch, wer zwar eine **29** Erlaubnis gem. § 32 KWG erhalten hat, diese jedoch erloschen ist, weil von ihr nicht innerhalb eines Jahres seit der Erteilung Gebrauch gemacht worden ist. Auf eine Erlaubnis kann sich darüber hinaus nicht derjenige stützen, dessen Erlaubnis aufgehoben wurde, sofern die Aufhebung sofort vollziehbar ist. Sollte Widerspruch eingelegt worden sein, kann die BaFin die Vollziehung aussetzen oder das Gericht die aufschiebende Wirkung ganz oder teilweise wieder herstellen. Geschieht dies nicht, liegt keine Erlaubnis gem. § 32 KWG vor.[73]

c) Tathandlungen (Betreiben, Erbringen)

Als Tathandlungen nennt § 54 KWG jeweils das Betreiben oder Erbringen eines Geschäfts oder **30** einer Dienstleistung. Unter Betreiben wird dabei jede Tätigkeit verstanden, die darauf gerichtet ist, die verbotenen Geschäftshandlungen mit Wiederholungsabsicht auszuführen.[74] Bei einem bloßen Werben für ein Geschäft oder dem Machen eines bloßen Angebots hat das Betreiben selbst noch nicht begonnen.[75] Zum Abschluss eines konkreten Geschäfts muss es also bereits gekommen sein.[76] Eine andere Sichtweise würde den Anwendungsbereich des § 54 KWG auf Vorbereitungshandlungen ausdehnen, obwohl der Gesetzgeber selbst den Versuch straflos gelassen hat.[77] Es ist jeweils im Einzelfall zu prüfen, ob hinsichtlich der konkreten ver-

---

67 Erbs/Kohlhaas/*Häberle* § 54 KWG, Rn. 10.
68 Beck/Samm/Kokemoor/*Wegner* § 54, Rn. 39; für das Umweltstrafrecht: NK/*Ransiek* § 324, Rn. 24.
69 Luz/Neus/Scharpf/Schneider/Weber/*Redenius-Hövermann* Kreditwesengesetz § 54 Rn. 5.
70 Beck/Samm/Kokemoor/*Wegner* § 54 Rn. 41.
71 Andere Auffassung: Beck/Samm/Kokemoor/*Wegner* § 54 Rn. 40.
72 Dazu ausführlich: Görling/Inderst/Bannenberg/*Schrödel* S. 484 ff.
73 Beck/Samm/Kokemoor/*Wegner* § 54 Rn. 48.
74 Graf/Jäger/Wittig/*Bock* § 54 KWG Rn. 9; *Hellmann*/Beckemper Wirtschaftsstrafrecht, Rn. 122.
75 Park/*Janssen* Kapitel 10 Rn. 22.
76 A.A. *Knierim* in W/J, 8/322; Erbs/Kohlhaas/*Häberle* § 54 KWG Rn. 3.
77 Ebenso: Park/*Janssen* Teil 3, Kapitel 10, Rn. 22; *Schröder* Kapitalmarktstrafrecht, Rn. 892; Graf/Jäger/ Wittig/*Bock* § 54 KWG Rn. 9.

fahrensgegenständlichen Geschäftsart von einem Betreiben oder Erbringen auszugehen ist.[78] Für einen Anfangsverdacht[79] allerdings, mag eine werbende Tätigkeit im Einzelfall bei tatsächlich bestehenden Anhaltspunkten[80] bereits ausreichen, so dass hierauf unter Umständen auch Eingriffsmaßnahmen, wie etwa Durchsuchungen, gestützt werden können.[81] Ein Anfangsverdacht besteht freilich nicht, wenn sich hinreichende Indizien dahin ergeben, dass es ausschließlich bei einer werbenden Tätigkeit geblieben ist.

d) Subjektiver Tatbestand

31 Vorsätzliches Handeln setzt zumindest voraus, dass der Täter eine Tatbestandsverwirklichung für möglich hält. Eine bestimmte Absicht ist im Rahmen des § 54 KWG nicht notwendig. Kannte ein Täter zum Zeitpunkt der Tat einen Umstand nicht, der zum objektiven Tatbestand gehört, handelt er nicht vorsätzlich. In diesem Fall kommt ggf. fahrlässiges Handeln in Betracht. Kennt jemand die Erlaubnispflicht für ein bestimmtes Geschäft nicht, liegt ein Tatbestandsirrtum vor, der die Strafbarkeit ausschließt.[82] Anderes gilt freilich, wenn sich der Täter bewusst oder fahrlässig in einem Zustand der Unwissenheit hält. In diesem Fall knüpft die strafbare Handlung an das fahrlässige Verkennen einer Informationspflicht an und es kann ein Verbotsirrtum vorliegen,[83] der nur dann zur Straflosigkeit führt, wenn er unvermeidbar war (§ 17 S. 2 StGB). Die Unvermeidbarkeit des Verbotsirrtums kann sich daraus ergeben, dass der Handelnde sein Geschäftsmodell vor Aufnahme der Tätigkeit durch einen fachkundigen Experten, beispielsweise Fachanwälte für Kapitalmarktrecht, prüfen lässt.[84] Auch Auskünfte der BaFin, wenn sie denn erteilt werden, können zur Unvermeidbarkeit eines Verbotsirrtums führen.[85]

2. § 54a KWG n.F.[86] (Verstoß gegen Organisationspflichten)

32 Das KWG soll gewährleisten, dass im Kreditgewerbe Verhältnisse herrschen, die das Vertrauen der Bevölkerung verdienen.[87] Da dieses Vertrauen durch die Finanzkrise erschüttert wurde, hat der Bundestag am 17.5.2013 das „Gesetz zur Abschirmung von Risiken und zur Planung der Sanierung und Abwicklung von Kreditinstituten und Finanzgruppen", sog. „Trennbankengesetz" verabschiedet.[88] Der Bundesrat hat auf eine Einberufung des Vermittlungsausschusses verzichtet und das Gesetzesvorhaben in seiner Sitzung vom 7.6.2013 gebilligt. Das Gesetz umfasst verschiedene Regelungsbereiche und wurde als Artikelgesetz konzipiert. Art. 3 des

---

78 Beck/Samm/Kokemoor/*Wegner* § 54 Rn. 11; wesentliche zum Vertragsschluss hinführende Schritte einbeziehend: *BVerwG* WM 2009, 1553, dies allerdings nur mit Blick auf § 32 KWG.
79 Zum Begriff des notwendigen Anfangsverdachts für Zwangsmaßnahmen: *Park* in Handbuch Durchsuchung und Beschlagnahme, Rn. 35 ff.
80 Vgl. zur Notwendigkeit tatsächlicher Anhaltspunkte als Grundlage einer Durchsuchung, *Park* Handbuch Durchsuchung und Beschlagnahme, Rn. 15 ff.
81 Ebenso Beck/Samm/Kokemoor/*Wegner* § 54 Rn. 14.
82 In diesem Sinne: Erbs/Kohlhaas/*Häberle* § 54 KWG Rn. 11; allgemein zum Vorsatz 21. Kap. Rn. 81.
83 Beck/Samm/Kokemoor/*Wegner* § 54 Rn. 62.
84 Zu den Anforderungen an solche Gutachten siehe 21. Kap. Rn. 91.
85 Boos/Fischer/Schulte-Mattler/*Lindemann* § 54 Rn. 14; Beck/Samm/Kokemoor/*Wegner* § 54 Rn. 63.
86 Da für die Norm bislang nicht auf eine umfangreiche Kommentierung zurückgegriffen werden kann, soll auf sie etwas ausführlicher eingegangen werden.
87 Vgl. hierzu *BGH* NStZ 2007, 647.
88 Zur Gesetzgebungshistorie: BT-Drucks. 17/12601; BT-Drucks. 17/13035; BT-Drucks. 17/13539; BR-Drucks. 378/13; in BT-Drucks. 17/13539, 8 wird darauf hingewiesen, dass der vorliegende Entwurf in die gleiche Richtung weist, wie das Gesetz zur Restrukturierung und geordneten Abwicklung von Kreditinstituten, zur Errichtung eines Restrukturierungsfonds für Kreditinstitute und zur Verlängerung der Verjährungsfrist der aktienrechtlichen Organhaftung (Restrukturierungsgesetz), BGBl I 2010, 1900 ff. Der Gesetzgeber versucht mit der Schaffung einer weiteren Strafvorschrift die strafrechtliche Aufarbeitung der Finanzkrise abzuschließen.

Gesetzes enthält mit § 54a KWG eine Strafvorschrift, die es ermöglicht, Geschäftsleiter von Banken bei Verstößen gegen Risikomanagementvorschriften strafrechtlich zur Verantwortung zu ziehen, wenn sich diese Verstöße in einer Gefährdung der Existenz von Kreditinstituten auswirken. Art. 3 des Gesetzes tritt am 2.1.2014 in Kraft.[89]

Die Einführung der neuen Strafnorm wurde fast durchgängig kritisiert.[90] Die wesentliche Schwäche des neuen Tatbestands liegt darin, dass er als Blankettnorm nicht auf Regeln, sondern lediglich auf viel unbestimmtere Organisations*prinzipien* verweist. Damit dürfte der Tatbestand für eine Strafvorschrift nicht hinreichend bestimmt sein.[91]

33

a) Neuregelung, Deliktsstruktur

Der Gesetzgeber führt zur Begründung aus, dass das Ziel des Gesetzes zur Abschirmung von Risiken und zur Planung der Sanierung und Abwicklung von Kreditinstituten und Finanzgruppen sei, „auf Grundlage der bestehenden Vorgaben für das Risikomanagement der Institute (§ 25a KWG) [...] konkrete Sicherstellungspflichten der Geschäftsleiter in Bezug auf das Risikomanagement als Mindeststandard [zu regeln]. Zur Einhaltung dieser Sicherstellungspflichten soll die BaFin Anordnungen treffen können. Zuwiderhandlungen gegen diese Anordnungen sollen als Ordnungswidrigkeit mit Bußgeldern bis zur Höhe von 200 000 EUR geahndet werden. Pflichtverletzungen der Geschäftsleiter im Risikomanagement sollen strafrechtlich geahndet werden, wenn in der Folge das Institut in seinem Bestand [...] gefährdet ist. [...]".[92] § 54a KWG dient der Stabilität des Finanzsystems und der Vermeidung von Nachteilen für die Gesamtwirtschaft durch Missstände im Kreditfinanzdienstleistungs- und Versicherungswesen.[93] Der Gesetzgeber verfolgt nicht nur repressive Zwecke. Vielmehr soll § 54a KWG gerade maßgeblich präventiv wirken, indem er Geschäftsleiter in den Banken und Versicherungsunternehmen zur Vermeidung zukünftiger Unternehmenskrisen durch Missstände in Risikomanagement anhalten soll.[94]

34

§ 54a KWG n.F. lautet[95]:

35

Mit Freiheitsstrafe bis zu fünf Jahren oder mit Geldstrafe wird bestraft, wer entgegen § 25c Abs. 4a oder § 25c Abs. 4b S. 2 nicht dafür Sorge trägt, dass ein Institut oder eine dort genannte Gruppe über eine dort genannte Strategie, einen dort genannten Prozess, ein dort genanntes Verfahren, eine dort genannte Funktion oder ein dort genanntes Konzept verfügt, und hierdurch eine Bestandsgefährdung des Instituts, des übergeordneten Unternehmens oder eines gruppenangehörigen Instituts herbeiführt.

Wer in den Fällen des Absatzes 1 die Gefahr fahrlässig herbeiführt, wird mit Freiheitsstrafe bis zu zwei Jahren oder mit Geldstrafe bestraft.

Die Tat ist nur strafbar, wenn die Bundesanstalt dem Täter durch Anordnung nach § 25c Abs. 4c die Beseitigung des Verstoßes gegen § 25 Abs. 4 b S. 2 aufgegeben hat, der Täter dieser vollziehbaren Anordnung zuwiderhandelt und hierdurch die Bestandsgefährdung herbeigeführt hat.

Zentraler Gedanke dieses neuen Straftatbestandes ist die Ermöglichung einer Strafbarkeit von Pflichtverletzungen der Geschäftsleiter im Risikomanagement. Die Regelung ist, wie alle Straftatbestände des KWG, als Blankettnorm ausgestaltet. Der eigentliche Pflichtenkatalog ergibt sich also nicht aus der Strafnorm selbst, sondern aus seiner Bezugsnorm: § 25c Abs. 4 lit. a–c KWG.

36

---

89 BR-Drucks. 378/13, 24.
90 Vgl. Überblick bei *Kasiske* ZIS 2013, 257 ff.
91 *Kasiske* ZIS 2013 257 (265).
92 BT-Drucks. 17/13539, 4.
93 BT-Drucks. 17/12601, 28 f.
94 BT-Drucks. 17/12601, 29.
95 BR-Drucks. 378/13.

37 Der in Bezug genommene § 25c Abs. 4 lit. a–c KWG n.F. lautet auszugsweise[96]:

„(4a) Im Rahmen ihrer Gesamtverantwortung für die ordnungsgemäße Geschäftsorganisation des Instituts nach § 25a Absatz 1 Satz 2 haben die Geschäftsleiter eines Instituts dafür Sorge zu tragen, dass das Institut über folgende Strategien, Prozesse, Verfahren, Funktionen und Konzepte verfügt:

1. eine auf die nachhaltige Entwicklung des Instituts gerichtete **Geschäftsstrategie und eine damit konsistente Risikostrategie** sowie Prozesse zur Planung, Umsetzung, Beurteilung und Anpassung derStrategien nach § 25a Absatz 1 Satz 3 Nummer 1, mindestens haben die Geschäftsleiter dafür Sorge zu tragen, dass

a) jederzeit das Gesamtziel, die Ziele des Instituts für jede wesentliche Geschäftsaktivität sowie die Maßnahmen zur Erreichung dieser Ziele dokumentiert werden;

b) die Risikostrategie jederzeit die Ziele der Risikosteuerung der wesentlichen Geschäftsaktivitäten sowie die Maßnahmen zur Erreichung dieser Ziele umfasst;

2. Verfahren zur Ermittlung und **Sicherstellung der Risikotragfähigkeit** nach § 25a Absatz 1 Satz 3 Nummer 2, mindestens haben die Geschäftsleiter dafür Sorge zu tragen, dass

a) die wesentlichen Risiken des Instituts, insbesondere Adressenausfall-, Marktpreis-, Liquiditäts- und operationelle Risiken, regelmäßig und anlassbezogen im Rahmen einer Risikoinventur identifiziert und definiert werden (Gesamtrisikoprofil);

b) im Rahmen der Risikoinventur Risikokonzentrationen berücksichtigt sowie mögliche wesentliche Beeinträchtigungen der Vermögenslage, der Ertragslage oder der Liquiditätslage geprüft werden;

3. **interne Kontrollverfahren** mit einem internen Kontrollsystem und einer internen Revision nach § 25a Absatz 1 Satz 3 Nummer 3 Buchstabe a bis c, mindestens haben die Geschäftsleiter dafür Sorge zu tragen, dass

a) im Rahmen der Aufbau- und Ablauforganisation Verantwortungsbereiche klar abgegrenzt werden, wobei wesentliche Prozesse und damit verbundene Aufgaben, Kompetenzen, Verantwortlichkeiten, Kontrollen sowie Kommunikationswege klar zu definieren sind und sicherzustellen ist, dass Mitarbeiter keine miteinander unvereinbaren Tätigkeiten ausüben;

b) eine grundsätzliche Trennung zwischen dem Bereich, der Kreditgeschäfte initiiert und bei den Kreditentscheidungen über ein Votum verfügt (Markt), sowie dem Bereich Handel einerseits und dem Bereich, der bei den Kreditentscheidungen über ein weiteres Votum verfügt (Marktfolge), und den Funktionen, die dem Risikocontrolling und die der Abwicklung und Kontrolle der Handelsgeschäfte dienen, andererseits besteht;

c) das interne Kontrollsystem Risikosteuerungs- und -controllingprozesse zur Identifizierung, Beurteilung, Steuerung, Überwachung und Kommunikation der wesentlichen Risiken und damit verbundener Risikokonzentrationen sowie eine Risikocontrolling-Funktion und eine Compliance-Funktion umfasst;

d) in angemessenen Abständen, mindestens aber vierteljährlich, gegenüber der Geschäftsleitung über die Risikosituation einschließlich einer Beurteilung der Risiken berichtet wird;

e) in angemessenen Abständen, mindestens aber vierteljährlich, seitens der Geschäftsleitung gegenüber dem Verwaltungs- oder Aufsichtsorgan über die Risikosituation einschließlich einer Beurteilung der Risiken berichtet wird;

f) regelmäßig angemessene Stresstests für die wesentlichen Risiken sowie das Gesamtrisikoprofil des Instituts durchgeführt werden und auf Grundlage der Ergebnisse möglicher Handlungsbedarf geprüft wird;

g) die interne Revision in angemessenen Abständen, mindestens aber vierteljährlich, an die Geschäftsleitung und an das Aufsichts- oder Verwaltungsorgan berichtet;

4. eine angemessene **personelle und technisch-organisatorische Ausstattung** des Instituts nach § 25a Absatz 1 Satz 3 Nummer 4, mindestens haben die Geschäftsleiter dafür Sorge zu

---

96 BR-Drucks. 94/17, 22 ff.

tragen, dass die quantitative und qualitative Personalausstattung und der Umfang und die Qualität der technisch-organisatorischen Ausstattung die betriebsinternen Erfordernisse, die Geschäftsaktivitäten und die Risikosituation berücksichtigen;

5. für Notfälle in zeitkritischen Aktivitäten und Prozessen **angemessene Notfallkonzepte** nach § 25a Absatz 1 Satz 3 Nummer 5, mindestens haben die Geschäftsleiter dafür Sorge zu tragen, dass regelmäßig Notfalltests zur Überprüfung der Angemessenheit und Wirksamkeit des Notfallkonzeptes durchgeführt werden und über die Ergebnisse den jeweils Verantwortlichen berichtet wird;

6. im Fall einer **Auslagerung** von Aktivitäten und Prozessen **auf ein anderes Unternehmen** nach § 25b Absatz 1 Satz 1 mindestens angemessene Verfahren und Konzepte, um übermäßige zusätzliche Risiken sowie eine Beeinträchtigung der Ordnungsmäßigkeit der Geschäfte, Dienstleistungen und der Geschäftsorganisation im Sinne des § 25a Absatz 1 zu vermeiden.

(4b) Absatz 4a gilt für Institutsgruppen, Finanzholding-Gruppen, gemischte Finanzholding-Gruppen (…) mit der Maßgabe, dass [deren] Geschäftsleiter (…) verantwortlich sind, wenn das übergeordnete Unternehmen Mutterunternehmen ist, das beherrschenden Einfluss (…) über andere Unternehmen der Gruppe ausübt (…).

(4c) Wenn die Bundesanstalt zu dem Ergebnis kommt, dass das Institut oder die Gruppe nicht über die Strategien, Prozesse, Verfahren, Funktionen und Konzepte nach Absatz 4a und 4b verfügt, kann sie, unabhängig von anderen Maßnahmen nach diesem Gesetz, anordnen, dass geeignete Maßnahmen ergriffen werden, um die festgestellten Mängel innerhalb einer angemessenen Frist zu beseitigen."

Diese Gesetzgebungstechnik ist im Hinblick auf die Normenbestimmtheit und die Normenklarheit[97] nicht unproblematisch, da sich für den Normadressaten teilweise nur sehr schwer bestimmen lässt, welches Verhalten strafbedroht ist.[98] Voraussetzung für deren Wirksamkeit ist, dass die Blankettvorschriften den strengen Anforderungen des Art. 103 Abs. 2 GG genügen.[99] Ein Verstoß gegen das Gebot der Normenklarheit liegt bei Normen vor, die zu kompliziert oder in sich widersprüchlich sind,[100] oder bei denen es allein Experten möglich ist, sämtliche Eingriffsvoraussetzungen mit vertretbarem Aufwand zu erkennen.[101] Insbesondere eine unübersichtliche Verweisungstechnik kann mit Blick auf die Normenklarheit verfassungsrechtlich unzulässig sein.[102] Diesen Kritikpunkten sieht sich auch § 54a KWG ausgesetzt.[103] **38**

Ausgangspunkt für die strafrechtliche Verantwortlichkeit in § 54a KWG ist die Verpflichtung der Geschäftsleiter, sicherzustellen, dass ihr Unternehmen über im Gesetzesentwurf ausführlich beschriebene Strategien, Prozesse, Verfahren, Funktionen und Konzepte des Risikomanagements verfügt. Eine genauere Konkretisierung dieser Begriffe unterblieb, da die gesetzliche Verankerung der neu geschaffenen Organisationspflichten[104] in § 25c Abs. 4a **39**

---

97 Zu den Begriffen: *BVerfGE* 118, 161.
98 Park/*Eggers* Teil 4, Kap. 1, Rn. 1 f.
99 *BVerfGE* 78, 374 (381).
100 *BVerwG* NVwZ 1990, 867 (867 f.).
101 *BVerfGE* 110, 33-76.
102 *BVerfGE* 127, 335; *Satzger* JuS 2004, 943 ff.
103 Hierzu ausführlich: *Krause/Vogel* BRAK-Stellungnahme zum strafrechtlichen Teil des „Gesetzes zur Abschirmung von Risiken und zur Planung der Sanierung und Abwicklung von Kreditinstituten und Finanzgruppen; Stellungnahme des Deutschen Anwaltsvereins durch den Ausschuss Strafrecht zum strafrechtlichen Teil des „Entwurfs eines Gesetzes zur Abschirmung von Risiken und zur Planung der Sanierung und Abwicklung von Kreditinstituten und Finanzgruppen" (BT-Drucks. 17/12601); *Kasiske* ZIS 2013, 257 ff.
104 Um Missverständnisse zu vermeiden („Sicherstellung" hat im Strafrecht ansonsten eine völlig andere Bedeutung), wird statt des vom Gesetzgeber verwandten Begriffs der „Sicherstellungspflicht" der Begriff der „Organisationspflicht" verwandt.

und Abs. 4b S. 2 KWG erfolgte.[105] Die Bestimmtheitsanforderungen die für § 54a KWG gelten, erstrecken sich somit auch auf die in § 25c Abs. 4a und Abs. 4b S. 2 KWG geregelten Organisationspflichten. Die Organisationspflichten des § 25c Abs. 4a und Abs. 4b S. 2 KWG wiederum orientieren sich an den bestehenden gesetzlichen Vorgaben zum Risikomanagement, die in § 25a Abs. 1 KWG enthalten sind, und konkretisieren diese.

40 Die Ausgestaltung von Pflichten der Geschäftsleitung im Risikomanagement erfolgte bisher über die Verwaltungsvorschriften der BaFin in Form von Rundschreiben zu den Mindestanforderungen an das Risikomanagement (MaRisk). Die Verwaltungsvorschriften der MaRisk sind größtenteils identisch mit den neuen Organisationspflichten in § 25c Abs. 4a und Abs. 4b S. 2 KWG.[106] Ein zentraler Aspekt der erneuten Novellierung des KWG war, neben der Schaffung des Straftatbestandes in § 54a KWG, die Erhebung der Mindestanforderungen an das Risikomanagement in den Gesetzesrang.[107] Hierbei wurden gerade die Vorgaben übernommen, bei denen es sich um die „wesentlichen Pflichten der Geschäftsleiter, bei deren Verletzung von gravierenden Missständen im Risikomanagement des betreffenden Institutes auszugehen ist"[108], handelt. Mit der Erhebung der Pflichten des § 25a Abs. 4a und Abs. 4b S. 2 KWG in den Gesetzesrang wurden keine neuen inhaltlichen Anforderungen an die Geschäftsleiterebene verbunden.[107] Nur bei § 25a Abs. 4a Nr. 3 f. KWG ist der Gesetzgeber über die gegenwärtigen Anforderungen der MaRisk hinausgegangen, da dort vorausgesetzt wird, dass Stresstests auch für das Gesamtrisikoprofil des Instituts durchgeführt werden müssen.[109] Auf Grund der Komplexität der Formulierungen wird, selbst unter Berücksichtigung eines bei den Geschäftsleitern zumindest im Grundsatz vorhandenen Expertenwissens, bezweifelt, dass § 25a Abs. 4a und Abs. 4b S. 2 KWG geeignet sind, Grenzen der Handlungsfreiheit hinreichend erkennbar abzustecken.[110]

41 Aufgrund der Beschränkung sowohl in § 25c Abs. 4a KWG als auch in § 25c Abs. 4b KWG auf den Geschäftsleiter, handelt es sich bei § 54a KWG um ein Sonderdelikt. Dieses kann daher nur von einem Geschäftsleiter im Sinne des KWG verwirklicht werden. Geschäftsleiter im Sinne des KWG sind gem. § 1 Abs. 2 S. 1 KWG diejenigen natürlichen Personen, die nach Gesetz, Satzung oder Gesellschaftsvertrag zur Führung der Geschäfte und zur Vertretung eines Instituts berufen sind (sog. geborene Geschäftsleiter). Geschäftsleiter im Sinne des § 1 Abs. 2 S. 2 und 3 KWG sind auch andere mit der Führung der Geschäfte betraute und zur Vertretung ermächtigte Personen, soweit sie in „Ausnahmefällen" von der Bundesanstalt als Geschäftsleiter bezeichnet werden (sog. gekorene Geschäftsleiter).[111]

42 Entgegen der Entwurfsfassung des Gesetzes, in der ausdrücklich vorgesehen war, dass jeder Geschäftsführer im Rahmen seiner Gesamtverantwortung für die ordnungsgemäße Geschäftsorganisation sicherzustellen hat, dass das Institut/Unternehmen über das geforderte Risikomanagement verfügt, hat der Gesetzgeber den Wortlaut in § 25c Abs. 4a und Abs. 4b KWG auf „die Geschäftsleiter" angepasst. Der Angleichung des § 25c Abs. 4a und Abs. 4b KWG lag der Pflichtenmaßstab der MaRisk und die im Strafrecht geltenden Grundsätze zu den Auswirkungen der arbeitsteiligen Ressortverteilung zugrunde.[110] Durch die Änderung entsprach der Gesetzgeber, auch wenn die Ressortverteilung nicht zu einer

---

105 Zur Frage, ob es sich bei § 25c Abs. 4a und Abs. 4b S. 2 KWG um eine prinzipienorientierte Norm des Aufsichtsrechts handelt und ob diese Anknüpfungspunkt für eine Strafvorschrift sein kann: *Kasiske* ZIS 2013, 258 f.
106 Dazu näher 3. Kap.
107 BT-Drucks. 17/12601, 29.
108 Vgl. BT-Drucks. 17/12601, 31.
109 BT-Drucks. 17/13539, 17.
110 *Krause/Vogel* NZG 2013, 577.
111 Beck/Samm/Kokemoor/*Samm* § 1 Rn. 779.

organisierten Unverantwortlichkeit führen darf, dem verfassungsrechtlich vorgegebenen Schuldprinzip.[112] Eine strafrechtliche Verantwortlichkeit kann nur vorliegen, wenn die Tat dem Geschäftsleiter persönlich vorgeworfen werden kann.[113]

Der Tatbestand ist als echtes Unterlassungsdelikt konzipiert. Der Gesetzgeber wollte mit § 54a KWG ein abstraktes Gefährdungsdelikt schaffen.[114] Dieser Versuch ist missglückt. § 54a Abs. 1 KWG verlangt, ohne genauere Konkretisierung, die Bestandsgefährdung des Instituts, der übergeordneten Unternehmen oder eines gruppenangehörigen Instituts. Da der Anwendungsbereich der Strafnorm nicht auf systemrelevante Banken beschränkt ist, welche für den Ausbruch bzw. das Ausmaß einer Finanzkrise verantwortlich sein können, sondern sich auf alle Institute i.S.v. § 1 Abs. 1b KWG – unabhängig von deren Größe und wirtschaftlicher Bedeutung – erstreckt, wird eine rein abstrakte Gefährdung in den meisten Fällen nicht ausreichen, da die Bestandsgefährdung eines einzelnen Instituts i.S.v. § 1 Abs. 1b KWG nach dem Wortlaut bereits eine konkrete Gefahr darstellt. **43**

Die Einordnung als abstraktes Gefährdungsdelikt ist lediglich in einem Fall einer sog. Systemgefährdung im Sinne des § 48b Abs. 2 KWG möglich, sofern sich die konkrete Gefahr der Bestandsgefährdung für ein systemrelevantes Institut zu einer Systemgefährdung im Sinne des § 48b Abs. 2 KWG fortgesetzt hat. In diesem Fall würde es dann zu einer gesetzlichen Kombination von konkretem und abstraktem Gefährdungsdelikt kommen, da eine Systemgefährdung notwendigerweise zunächst eine abstrakte Gefahr eines Institutes voraussetzt.[115] **44**

b) Tatobjekt und Tathandlungen

Der Anwendungsbereich des § 54a KWG im Hinblick auf das gefährdete Tatobjekt erstreckt sich auf alle Institute i.S.v. § 1 Abs. 1b KWG, unabhängig von deren Größe und wirtschaftlicher Bedeutung, also auf alle Kreditinstitute und Finanzdienstleistungsinstitute. Daneben sind übergeordnete Unternehmen und gruppenangehörige Institute angesprochen (§ 48o KWG).[116] Das übergeordnete Unternehmen ist in § 10a Abs. 1 KWG legaldefiniert (Unternehmen, das keinem anderen Institut mit Sitz im Inland nachgeordnet ist). Bei einem gruppenangehörigen Institut handelt es sich um ein Institut, das als nachgeordnetes Unternehmen Teil einer Institutsgruppe nach § 10a Abs. 1 KWG oder Teil einer horizontalen Institutsgruppe nach § 10a Abs. 2 KWG ist.[117] Voraussetzung ist jedoch, dass sowohl das betroffene Institut als auch das übergeordnete Institut seinen Sitz im Inland hat. § 25c Abs. 4b KWG erweitert die für diese genannten Pflichten inhaltlich auf „Institutsgruppen, Finanzholding-Gruppen, gemischte Finanzholdinggruppen (…)". **45**

Aufgrund der Ausgestaltung als echtes Unterlassungsdelikt besteht die Tathandlung des § 54a Abs. 1 KWG aus einem Nicht-Erfüllen eines Handlungsgebotes in § 25c Abs. 4a/b KWG. Ein solches ist nicht erfüllt, wenn das Institut, das übergeordnete Unternehmen oder das gruppenangehörige Institut des Täters nicht über eine in § 25c Abs. 4a oder **46**

---

112 *Krause/Vogel* NZG 2013, 577.
113 Zur strafrechtlichen Verantwortlichkeit bei horizontaler oder vertikaler Aufgabenverteilung in Führungsgremien: Görling/Inderst/Bannenberg/*Dierlamm* S. 470 ff.
114 BT-Drucks. 17/12601, 44.
115 Stellungnahme des *DAV* NZG 2013, 577, 581.
116 Anders als im Gesetzesentwurf BT-Drucks. 17/12601, 24 hat der Gesetzgeber in dem überarbeiteten Gesetzesentwurf BT-Drucks. 17/13523, 60 die Ausführung von „eine dort genannte Gruppe" hin zu übergeordneten Unternehmen oder gruppenangehörigen Instituten konkretisiert. Damit folgt der Gesetzgeber der Kritik in der Stellungnahme des *DAV* NZG 2013, 577, 580. Der DAV trug vor, dass begrifflich auf die Bestandsgefährdung von gruppenangehörigen Instituten abzustellen sei, was schon anhand der differenzierten Regelung des § 48o KWG deutlich werden würde.
117 Boos/Fischer/Schulte-Mattler/*Boos* § 2a Rn. 5.

Abs. 4b KWG genannte Strategie, einen dort genannten Prozess, ein dort genanntes Verfahren, eine dort genannte Funktion oder ein dort genanntes Konzept verfügt und der Beschuldigte dies zu vertreten hat. Dies hat er etwa nicht, wenn es keine Anordnung der BaFin nach § 25c Abs. 4c KWG getroffen hat. Darüber hinaus muss neuen Mitgliedern der Geschäftsleitung eine Einarbeitungszeit zugestanden werden, in der sie sich überhaupt erst einen Überblick über die bestehenden Strategien und Konzepte verschaffen können.

47 Nach § 25c Abs. 4a und b KWG i.V.m. § 25a Abs. 1 S. 2 KWG hat jeder Geschäftsleiter im Rahmen seiner Gesamtverantwortung für die ordnungsgemäße Geschäftsorganisation zu sorgen. Der hierauf aufbauende § 25c Abs. 4a KWG ist in fünf Nummern unterteilt. Die von einem Geschäftsleiter zu beachtenden Organisationspflichten sind hierbei als Mindestanforderungen ausgestaltet. Nur, sofern diese nicht eingehalten werden, kann ein tatbestandliches Unterlassen vorliegen.

c) Herbeiführung der Bestandsgefahr für die Tatobjekte

48 Eine Strafbarkeit kommt selbst bei Feststellung einer Organisationspflichtverletzung iSd. § 25c Abs. 4a/b KWG nur in Betracht, wenn durch sie eine Bestandsgefährdung für ein Institut, ein übergeordnetes Unternehmen oder ein gruppenangehöriges Institut oder eine Systemgefährdung eintritt. Mit dem Tatbestandsmerkmal der Bestandsgefahr/Systemgefahr knüpft der Gesetzgeber an in § 48b KWG bzw. § 48o Abs. 1 KWG aufsichtsrechtlich im KWG verankerte Begriffe an.[118] Eine Bestandsgefährdung ist die Gefahr eines insolvenzbedingten Zusammenbruchs eines Kreditinstituts für den Fall des Unterbleibens korrigierender Maßnahmen (§ 48b Abs. 1 KWG). Die Strafbarkeit der Verursachung einer Bestandsgefährdung wird deshalb nicht dadurch ausgeschlossen, dass durch staatliche Maßnahmen die Realisierung der Gefahr verhindert wird.

49 Eine Systemgefährdung besteht,

„wenn zu besorgen ist, dass sich die Bestandsgefährdung des Kreditinstituts in erheblicher Weise negativ auf andere Unternehmen des Finanzsektors, auf die Finanzmärkte oder auf das allgemeine Vertrauen der Einleger und anderen Marktteilnehmer in die Funktionsfähigkeit des Finanzsystems auswirkt. Dabei sind insbesondere zu berücksichtigen:
1. Art und Umfang der Verbindlichkeiten des Kreditinstituts gegenüber anderen Instituten und sonstigen Unternehmen des Finanzsektors,
2. der Umfang der von dem Institut aufgenommenen Einlagen,
3. die Art, der Umfang und die Zusammensetzung der von dem Institut eingegangenen Risiken sowie die Verhältnisse auf den Märkten, auf denen entsprechende Positionen gehandelt werden,
4. die Vernetzung mit anderen Finanzmarktteilnehmern
5. die Verhältnisse auf den Finanzmärkten, insbesondere die von den Marktteilnehmern erwarteten Folgen eines Zusammenbruchs des Instituts auf andere Unternehmen des Finanzsektors, auf den Finanzmarkt und das Vertrauen der Einleger und Marktteilnehmer in die Funktionsfähigkeit des Finanzmarktes."

(§ 48b Abs. 2 KWG)

50 Eine Systemgefährdung beinhaltet also zwingend eine Bestandsgefährdung eines Instituts. Gleichwohl handelt es sich bei der Systemgefährdung nicht um eine tatbestandliche Qualifikation. Nach dem Willen des Gesetzgebers soll der Eintritt einer Systemgefährdung viel-

---

118 BT-Drucks. 17/12601, 44; kritisch hierzu die Stellungnahme des DAV, a.a.O., S. 580: Da die §§ 48b, 48o KWG selbst erst mit Wirkung zum 1.1.2011 in das KWG eingefügt wurden (BGBl I 1900) könne man nicht von einem aufsichtsrechtlich im KWG verankerten Begriff sprechen; a.A. *Kasiske* ZIS 2013, 261.

mehr im richterlich festzusetzenden Strafmaß zum Ausdruck kommen.[119] Ob eine solche Gefahr vorliegt, wird gem. § 48b Abs. 3 KWG von der BaFin nach Anhörung der deutschen Bundesbank festgestellt. Bindungswirkung für ein Gericht hat diese Einschätzung der BaFin freilich nicht.

Der Organisationsmangel muss kausal für die Bestands- oder Systemgefährdung geworden sein. Angesichts der Komplexität der wirtschaftlichen und gesellschaftlichen Verhältnisse eines Finanzinstituts und der Multikausalität finanzieller Schieflagen eines Finanzinstituts, wird ein solcher (zwingender[120]) Nachweis kaum zu führen sein.[121] Darüber hinaus können Geschäftsleiter von Finanzinstituten auf von ihnen erkannte Mängel im Risikomanagement durch unterschiedliche Maßnahmen reagieren. Voraussetzung für einen Kausalitätsnachweis ist, dass sämtliche, alternativ zur Wahl stehende (ordnungsgemäße) Handlungsoptionen mit Sicherheit die Bestandsgefährdung verhindert hätten.[121] **51**

d) Subjektiver Tatbestand

Hinsichtlich der mangelhaften Errichtung des Risikomanagementsystems setzt § 54a KWG stets Vorsatz voraus. Erfolgt demnach die Verletzung der Organisationspflichten durch ein fahrlässiges Verhalten, bleibt nur die Ahndung als Ordnungswidrigkeit gem. § 56 Abs. 2 Nr. 3 Buchstabe f KWG i.V.m. § 25a Abs. 2 S. 2 KWG bei einem Verstoß gegen eine Anordnung der BaFin. Dies beruht auf einer Änderung des § 25a Abs. 2 S. 2 KWG, in dem die Beachtung der Geschäftsleiterpflichten im Sinne des § 25c Abs. 4a und 4b KWG ergänzt wurden.[122] **52**

Die Herbeiführung einer Bestandsgefährdung kann dagegen auch fahrlässig erfolgen (§ 54a Abs. 2 KWG). Entscheidend ist dabei, ob der Geschäftsleiter überhaupt in der Lage war, eine Bestandsgefährdung vorherzusehen.[121] Auf Grund des Deliktscharakters von § 54a KWG und der in § 54a Abs. 2 KWG verankerten Fahrlässigkeitsstrafbarkeit, hat der Gesetzgeber im KWG somit die selten anzutreffende Deliktskategorie des fahrlässigen Gefährdungsdelikts unter Strafe gestellt.[123] Der Erfolg muss nicht nur im Ergebnis sondern auch im Geschehensablauf vorhersehbar sein. Die Rechtsprechung stellt an die Vorsehbarkeit geringe Anforderungen.[124] Sie ist erst dann zu verneinen, wenn der zum Erfolg führende Kausalverlauf außerhalb jeder Lebenserfahrung liegt.[125] **53**

Gleichwohl: Die Beurteilung der Sorgfaltspflicht hat **ex ante** zu erfolgen. In der Rückschau überschätzen Menschen oft, was ex ante vorhersehbar war. Menschen meinen, dass andere den Ausgang eines Ereignisses viel besser hätten vorhersehen müssen, als dies tatsächlich der Fall.[126] Je intensiver und detaillierter sich die Erkenntnislage nach dem Ereignis darstellt, desto stärker wird dabei in der Retrospektive die Vorhersehbarkeit bejaht.[127] Dieser kognitiven Täuschung unterliegen auch erfahrene Juristen. So haben beispielsweise **54**

---

119 BT-Drucks. 17/12601, 44.
120 Eine bloße Risikoerhöhung genügt nicht. Die Risikoerhöhungslehre *Roxins* (ZStW (1962), 411 ff.; ders. Strafrecht Allgemeiner Teil, Band I, § 11 Rn. 74) ist bislang von der Rechtsprechung nicht umgesetzt worden und wird auch in der Literatur in weiten Teilen abgelehnt (*BGHSt* 37, 127; *OLG Koblenz* OLGSt Nr. 15 zu § 222 StGB; *Fischer* StGB, vor § 13 Rn. 26; Kindhäuser/Neumann/ Paeffgen/*Puppe* vor §§ 13 ff. Rn. 205; MK-StGB/*Duttge* § 15 Rn. 178.
121 *Krause/Vogel* NZG 2013, 577.
122 BT-Drucks. 17/12601, 22; 43.
123 Stellungnahme des *DAV* NZG 2013, 577, S. 581.
124 *BGHSt* 12, 75 (78 f.).
125 *BGH* NJW 1958, 1980, 1981.
126 *Schweizer* Kognitive Täuschungen vor Gericht, S. 209.
127 Vgl. *Pohl* Hindsight bias, in Pohl (Hrsg.), Cognitive illusions: A handbook on fallacies and biases in thinking, judgment and memory, S. 363 (369).

Schweizer Richter, nachdem sie den Ausgang eines Verfahrens erfuhren, zu 81,5 % angegeben, der tatsächliche Ausgang sei der wahrscheinlichste gewesen. In einer Kontrollgruppe, in der die Richter den Ausgang des Verfahrens nicht kannten, lag dieser Anteil bei 40,4 % bzw. 27,8 %.[128] In Kenntnis dieses Phänomens hat das Schweizer Bundesgericht den Grundsatz aufgestellt, dass die Voraussehbarkeit eines Erfolges dann zu verneinen ist, wenn die Fachwelt allgemein oder eine anerkannte Fachperson im Zeitpunkt der schädigenden Handlung den Erfolg nicht vorhersehen konnte.[129] Angesichts der Schwierigkeit, die Finanzmärkte in der heutigen Zeit zu prognostizieren, dürfte es in vielen Fällen schon an einer tatsächlichen objektiven wie subjektiven Vorhersehbarkeit der Gefährdung (in ihrer konkreten Gestalt) fehlen.

e) Strafausschließungsgrund § 54a Abs. 3 KWG

55 Hinzu kommt, dass die Strafbarkeit vom Vorliegen einer vorherigen vollziehbaren Anordnung der BaFin nach § 25c Abs. 4c KWG (Beseitigung der dort angeführten Organisationsmängel) abhängt, zuwider derer der Beschuldigte gehandelt haben müsste.

56 Die als Strafausschließungsgrund bezeichnete Regelung wurde erst in der zweiten Entwurfsbegründung in den § 54a KWG eingefügt.[130] Der Gesetzgeber hatte erkannt, dass die MaRisk, bzw. die auf der MaRisk beruhenden Organisationspflichten die mit dem § 25c Abs. 4a und Abs. 4b KWG in das KWG eingefügt wurden, nicht hinreichend klar gefasst worden waren, um einen eindeutigen Anknüpfungspunkt für die strafrechtliche Sanktionen zu bietet.[131] Durch die Zwischenschaltung der Anordnungsbefugnis erhoffte sich der Gesetzgeber eine – insbesondere dem Bestimmtheitserfordernis genügende – Regelung gefunden zu haben. Hierbei hat der Gesetzgeber allerdings erneut Art. 103 Abs. 2 GG nicht beachtet. Die durch § 54a Abs. 3 KWG geschaffene Zuständigkeitskonzentration bei der BaFin ist mit dem in Art. 103 Abs. 2 GG garantierten Gesetzesvorbehalt und dem dahinter stehenden Grundsatz der Gewaltenteilung nicht vereinbar.[132] So hat es die Aufsichtsbehörde in der Hand, durch den Erlass eines Verwaltungsaktes darüber zu entscheiden, ob ein Versäumnis im Risikomanagement die Schwelle der Strafwürdigkeit erreicht oder nicht. Der BaFin obliegt es somit, sowohl über den Inhalt der Strafnorm als auch über ihre Anwendung im Einzelfall zu entscheiden.[133] Die BaFin hat es in der Hand, besondere Anforderungen an eine ordnungsgemäße Geschäftsorganisation auszusprechen. Um den Straftatbestand auszulösen genügt es, dass die BaFin dem Adressaten aufgibt, die zu beschreibenden nichtordnungsgemäßen Zustände zu beseitigen. Sie hat ihm nicht Mittel und Wege vorzugeben, wie er diese Anforderungen umzusetzen hat. Vielmehr soll es ausreichen, den Mangel der Geschäftsorganisation nachvollziehbar darzulegen.[134] Ein Institut ist gleichwohl gut beraten, die angedachten Organisationsschritte vorab mit der BaFin zu besprechen, um nicht Gefahr zu laufen, dass diese die Beseitigungsmaßnahmen im Nachhinein als nicht hinreichend bewertet und damit jeder neue Verstoß ein Straftatbestand auszulösen vermag.

57 Problematisch ist ferner, wie die vom Gesetzgeber gewählte Bezeichnung „Strafausschließungsgrund" einzuordnen ist. Bei einem Strafausschließungsgrund handelt es sich um einen Umstand, dessen Vorliegen von vornherein zur Straflosigkeit des Täters führt, der aber bereits bei Tatbegehung vorgelegen haben muss. Da es sich bei § 54a KWG jedoch

---

128 *Schweizer* Kognitive Täuschungen vor Gericht, S. 216 ff.
129 *BGE* 64 II 202.
130 BT-Drucks. 17/13539.
131 So in BT-Drucks. 17/13539, 8.
132 *Kasiske* ZIS 2013, 261.
133 *Kasiske* a.a.O., S. 261.
134 BR-Drucks. 94/13, 55.

nicht um ein abstraktes Gefährdungsdelikt handelt, kommt § 54a Abs. 3 KWG nicht als strafrechtliches Korrektiv in Betracht, um die an sich uneingeschränkte Strafwürdigkeit in § 54a Abs. 1 KWG einzugrenzen. § 54a Abs. 3 KWG ist als verwaltungsakzessorische Strafbestimmung einzuordnen, die eine wirksame und vollziehbare Anordnung durch die BaFin voraussetzt. Der Gesetzgeber knüpft hierbei an eine, vor allem aus dem Umweltstrafrecht (§§ 324 ff. StGB) bekannte Regelung an.[135] Die Rechtmäßigkeit dieser Anordnung ist nicht zwingend erforderlich,[136] sanktioniert wird ein Handeln gegen einen rechtskräftigen Verwaltungsakt oder gegen eine sofort vollziehbare Auflage.[135] Gegen die Einordnung des Gesetzgebers wird eingewandt, dass § 54a Abs. 3 KWG als Teil des Tatbestandes anzusehen sei, da sich die dort geregelten Merkmale auf den Vorsatz beziehen müssten.[135] Dies ist einem Strafausschließungsgrund jedoch fremd.

3. § 55 KWG (Unterlassene Anzeige von Insolvenzgründen)

§ 55 Abs. 1 KWG stellt das vorsätzliche Versäumen der Anzeigenpflicht gegenüber der BaFin unter Strafe. Der In Bezug genommene § 46b KWG verdrängt die Insolvenzantragspflicht des § 15a InsO, um sicherzustellen, dass nur die BaFin für bestimmte Institute einen Insolvenzantrag stellen kann. Das Ziel der Strafnorm ist daher nicht der Schutz der Insolvenzgläubiger, sondern vielmehr die Sicherstellung eines Prüfungsverfahrens für die Stellung eines Insolvenzantrags durch die BaFin.[137] Abs. 2 der Norm stellt die fahrlässige Versäumung dieser Anzeigenpflicht unter Strafe.

58

a) Tatobjekt und Tathandlung

Eine Verpflichtung besteht für Institute (§ 1 Abs. 1 S. 1 KWG) und Finanzholdinggesellschaften (§ 1 Abs. 3a S. 1 KWG). Diese haben eine Anzeigenpflicht gegenüber der BaFin für den Fall, dass sie entweder (zumindest drohend) zahlungsunfähig oder überschuldet sind. Dabei ist Zahlungsunfähigkeit (es gilt § 17 Abs. 2 S. 1 InsO) das nach außen in Erscheinung tretende, auf den Mangel an Zahlungsmitteln beruhende voraussichtlich andauernde Unvermögen des Unternehmens, seine fälligen Geldschulden noch im Wesentlichen zu befriedigen. Dies wird in der Regel anzunehmen sein, wenn der Schuldner seine Zahlungen ohne einen anderen rechtlichen Grund als die Unmöglichkeit eingestellt hat. Überschuldung (vgl. § 19 Abs. 2 InsO) ist gegeben, wenn das Vermögen des Schuldners die bestehenden Verbindlichkeiten nicht mehr deckt und zudem die Fortführung des Unternehmens nicht überwiegend wahrscheinlich ist.

59

Im Unterschied zu § 15a InsO statuiert § 46b KWG eine Anzeigenpflicht auch für die drohende Zahlungsunfähigkeit (vgl. zur Definition: § 18 Abs. 2 InsO: wenn der Schuldner voraussichtlich nicht in der Lage sein wird, die bestehenden Zahlungsverbindlichkeiten im Zeitpunkt der Fälligkeit zu erfüllen.). Liegt einer der genannten Anzeigegründe vor, hat das verpflichtete Unternehmen eine Anzeige gegenüber der BaFin mit der Bitte um Prüfung eines Antrags auf Eröffnung des Insolvenzverfahrens zu stellen. Eine bestimmte Form des Antrags ist nicht vorgesehen. Soweit § 46b KWG die Beifügung aussagekräftiger Unterlagen verlangt, kann die Verletzung dieser Beibringungspflicht keine Strafbarkeit begründen.[138] Dies ist mit Blick auf Art. 103 Abs. 2 GG, § 1 StGB zwingend, denn der Gesetzgeber hat die Anforderung an „aussagekräftige" Unterlagen nicht definiert. Zudem wird die BaFin durch die rechtzeitige Unterrichtung einer möglichen Insolvenz in die Lage versetzt, alle notwendigen Informationen zeitnah zu erheben. Zudem dürfte es unzumutbar sein,

60

---

135 Krause/Vogel NZG 2013, 577.
136 Vgl. zu dieser Problematik, Schönke/Schröder/Lenckner/Sternberg-Lieben Vorb. zu den §§ 32 ff. Rn. 130.
137 Graf/Jäger/Wittig/Bock § 55 Rn. 3; Park/Janssen Teil 3, Kapitel 10, Rn. 53.
138 Erbs/Kohlhaas/Häberle § 55 Rn. 8; a.A. Graf/Jäger/Wittig/Bock § 55 KWG Rn. 18.

vom Anzeigeverpflichteten zu verlangen, mit der Anzeige zuzuwarten, bis etwaig aussagekräftige Unterlagen zusammengestellt sind, um nicht den Straftatbestand des § 55 KWG dadurch zu verwirklichen, dass man in der Eile unzureichende Unterlagen zusammengestellt hat.

61 Die Anzeige hat unverzüglich zu erfolgen. Die Maximalfrist vom drei Wochen, die § 15a InsO für die übrigen Fälle kennt, gilt im Rahmen des § 55 KWG allerdings nicht. Die Unverzüglichkeit ist vielmehr entsprechend § 121 BGB zu bestimmen.

62 Zu den gesetzlich Verpflichteten gehören die Geschäftsleiter (vgl. § 1 Abs. 1 KWG), von denen jeder verantwortlich ist. Aufsichtsratsmitglieder oder bloße Beschäftigte sind nicht taugliche Täter des § 55 KWG.[139] Daneben sind Inhaber eines als Einzelkaufmann betriebenen Instituts Personen, die die Geschäfte der Finanzholding-Gesellschaft tatsächlich führen (faktische Geschäftsführer!), sowie Zweigstellenleiter.[140]

b) Subjektiver Tatbestand

63 Die Straftat kann vorsätzlich, aber auch fahrlässig verwirklicht werden. Im Rahmen der für die Fahrlässigkeitsbegehung notwendigen Sorgfaltswidrigkeit einer Nichtanzeige spielt die horizontale Arbeitsteilung[141] eine Rolle. Die Geschäftsleitungsorgane müssen sicherstellen, dass sie von den für Zahlungsunfähigkeit, Überschuldung oder drohende Zahlungsunfähigkeit notwendigen Informationen Kenntnis erhalten. Dies wird üblicherweise im Wege der Delegation[142] von Verantwortlichkeiten gewährleistet. Daneben kann die Geschäftsleitung untereinander eine horizontale Arbeitsteilung einrichten, wobei die Kontrolle der Anzeigegründe delegiert werden kann.[143]

4. § 55a/§ 55b KWG (Unbefugte Verwertung/Offenbarung von Angaben über Millionenkredite)

64 Die §§ 55a und 55b KWG wurden bereits 1997 durch die 6. KWG Novelle in das Gesetz aufgenommen. Sie sollen den Angaben über Millionenkredite, die anzeigenpflichtige Unternehmen nach § 14 Abs. 2 KWG der Bundesbank zu übermitteln haben, besonderen Schutz gewähren.[144] Schutzgut beider Normen ist das Geheimhaltungsinteresse der Kreditnehmer.[145] Sie stellen Schutzgesetze im Sinne des § 823 Abs. 2 BGB dar.[146] Die Vorschriften spielen – es handelt sich um absolute Antragsdelikte – in der Praxis eine untergeordnete Rolle.[147] Die polizeiliche Kriminalstatistik kennt bisher keine Verfahren wegen Verstößen gegen §§ 55a/b KWG. Dies mag daran liegen, dass die Antragberechtigten häufig vom Wohlwollen der Bank, bei der möglicherweise Verstöße geschehen, abhängig sind.[148]

---

139 Park/*Janssen* Teil 3, Kapitel 10, Rn. 61.
140 Graf/Jäger/Wittig/*Bock* § 55 KWG Rn. 22 ff.
141 Hierzu Görling/Inderst/Bannenberg/*Dierlamm* S. 473 ff.
142 Zur Wirksamkeit und Bedeutung der Delegation im Unternehmensrecht: Hauschka/*Schmidt-Husson* § 7.
143 So wohl Graf/Jäger/Wittig/*Bock* § 55 KWG Rn. 35; u.V.a. Achenbach/Ransiek/*Schröder* X, 3, Rn. 103; Park/*Janssen* Teil 3, Kap. 10, Rn. 64.
144 Graf/Jäger/Wittig/*Bock* § 55a KWG, Rn. 1.
145 *Hellmann/Beckemper* a.a.O., Rn. 532.
146 Park/*Janssen* Teil 3, Kapitel 10, Rn. 71.
147 Was auch daran liegen mag, dass es sich bei der Strafnorm bis 2007 um einen gesetzgeberischen Fehlverweis handelte. Ausführlich: *Schröder* Kapitalmarktstrafrecht, Rn. 999 ff.
148 Graf/Jäger/Wittig/*Bock* § 55a KWG, Rn. 6 unter Hinweis auf Wabnitz/Janowski/*Knierim* 8/329.

a) Regelungsgegenstand

Kreditinstitute, Finanzdienstleistungsinstitute und Finanzunternehmen[149] sind verpflichtet, **65** der Deutschen Bundesbank vierteljährlich Kreditnehmer zu melden, deren Verschuldungsgrad mindestens 1,5 Mio. EUR beträgt. Die Meldung erfolgt an die sog. Evidenzzentrale bei der Deutschen Bundesbank.[150] Die Meldepflicht ergibt sich aus § 14 Abs. 1 S. 1 KWG. Die insgesamt sehr komplizierte Vorschrift des § 14 Abs. 2 KWG wird durch eine Rechtsverordnung zu Einzelheiten in diesem Melde- und Mitteilungsverfahren konkretisiert.[151] Ergibt sich bei der Evidenzzentrale, dass einem Kreditnehmer von mehreren Instituten Millionenkredite gewährt wurden, werden diese Institute benachrichtigt. Dieser Vorgang stellt einen signifikanten Eingriff in das Datenschutzrecht der Kreditnehmer dar. Es kommt zu einer obligatorischen Weitergabe besonders sensibler Daten an Personen, die nicht der behördlichen Verschwiegenheitspflicht unterliegen.[152]

b) Tathandlungen

Den Tatbestand können nur Personen verwirklichen, die bei einem am Millionenkredit- **66** meldeverfahren nach § 14 KWG teilnehmenden Institut beschäftigt sind. Auf ihre Funktion im Unternehmen kommt es nicht an.[153]

aa) Verwerten

Mangels weiterer Erläuterungen des Merkmals des Verwertens in den Gesetzesmaterialien **67** wird in Anlehnung an § 204 Abs. 1 StGB die Verwertung als wirtschaftliche Nutzung des in dem Geheimnis verkörperten Wertes zum Zweck der Gewinnerzielung definiert, egal ob eigen- oder fremdnützig.[154] Nicht erfasst ist freilich die bankinterne Verwertung, die § 14 KWG gerade voraussetzt. Der Tatbestand ist allerdings nicht beschränkt auf die unbefugte Preisgabe gegen ein Entgelt. Vielmehr liegt eine unbefugte Verwertung nur vor, wenn die von der Bank übermittelten Informationen in einer von § 14 KWG nicht gedeckten Weise für eigene oder fremde Zwecke nutzbar gemacht werden.[155] Zusätzlich geht der BGH allerdings davon aus, dass der Täter auch ein gewinnorientiertes Ziel damit verfolgen müsse.[156] Die Verwertung der Informationen in hinreichend anonymisierter Form als Grundlagenmaterial für wissenschaftliche Zwecke erfüllt den Tatbestand daher nicht.[157] Nicht erforderlich ist es allerdings, dass der mit der Verwertung erstrebte sekundäre Zweck tatsächlich erreicht wird.[158]

bb) Offenbaren

Ein Offenbaren liegt vor, wenn eine in dem anzeigenpflichtigen Unternehmen beschäftigte **68** Person solche Angaben einem anderem in der Weise zugänglich macht, dass dieser die Möglichkeit hat, von ihr Kenntnis zu nehmen.[159] Eine direkte Kommunikation zwischen Sender und Empfänger ist nicht erforderlich. Auch ein anonymes Weitergeben von Daten

---

149 Zu den Begriffen: § 1 Abs. 1a S. 2 Nr. 4, Nr. 9, Nr. 10 KWG und § 1 Abs. 3 S. 1 Nr. 2 sowie für sonstige Unternehmen § 2 Abs. 2 KWG.
150 *Schröder* Kapitalmarktstrafrecht, Rn. 994.
151 GroMiKV vom 29.12.1997, BGBl I 1997, 3418.
152 *Schröder* Kapitalmarktstrafrecht, Rn. 995 f.
153 Beck/Samm/Kokemoor/*Samm* § 55a Rn. 22.
154 *Schröder* Kapitalmarktstrafrecht, Rn. 1004; Graf/Jäger/Wittig/*Bock* § 55a KWG, Rn. 19; Beck/Samm/Kokemoor/*Samm* § 55a Rn. 16.
155 *BGH* ZIP 2006, 317, 325; Beck/Samm/Kokemoor/*Samm* § 55a Rn. 17.
156 *BGH* ZIP 2006, 317, 325, zustimmend: *Schröder* Kapitalmarktstrafrecht, Rn. 1006.
157 Beck/Samm/Kokemoor/*Samm* § 55a Rn. 20.
158 *Schröder* Kapitalmarktstrafrecht, Rn. 1008.
159 *Achenbach/Schröder* ZBB 2005, 135, 140; *BGH* ZIP 2006, 317, 325.

erfüllt den Tatbestand.[160] Eine Offenbarung liegt allerdings nicht vor, wenn dem Empfänger die Daten bereits bekannt sind. Dabei kommt es darauf an, dass dem Empfänger Einzelangaben mitgeteilt werden. Handelt es sich nur um einen aus den nach § 14 KWG zu übermittelnden Informationen gezogenen Schluss, etwa, dass ein Unternehmen insolvent ist, liegt kein Verstoß gegen § 55b KWG vor.[161] Schlussfolgerungen sind gerade keine Angaben nach § 14 KWG.

c) Subjektiver Tatbestand, Qualifikation, Strafantrag

69 Sowohl § 55a als auch § 55b KWG können nur vorsätzlich begangen werden. Dies entspricht konsequenterweise auch den übrigen Geheimnisschutzdelikten nach dem UWG und dem StGB.

70 § 55b Abs. 2 sieht eine Strafschärfung in Form eines Qualifikationstatbestands vor, wenn der Täter gegen Entgelt handelt. Eine entsprechende Qualifikation war für § 55a KWG nicht erforderlich, weil das wirtschaftliche Interesse bereits Teil des Tatbestandes ist und die Strafandrohung des § 55a der der Qualifikation des § 55b entspricht.

71 Bei beiden Tatbeständen handelt es sich um absolute Antragsdelikte (§ 55a Abs. 2, § 55b Abs. 3 KWG).

III. Bedeutung der KWG-Straftaten für das Compliance-Management-System

72 Ein funktionierendes Compliance-Management-System (CMS) dient der Verhinderung von Normverstößen. Dies setzt zunächst die Erkennbarkeit solcher Verstöße voraus. An dieser Stelle sollen nicht katalogartig alle Einzelpflichten dargestellt werden, die sich aus den möglichen strafrechtlichen KWG-Verstößen ergeben. Sie sind aus der einschlägigen Kommentierung und nicht zuletzt auch aus den in der Praxis unausweichlichen Veröffentlichungen der BaFin (Emittentenleitfaden, Rundschreiben etc.) ersichtlich.[162] Es geht vielmehr darum aufzuzeigen, dass die sehr komplexen und intransparenten Regelungen des KWG Risiken bergen, die den Normadressaten in hohem Maße unbekannt sind. Die KWG-Straftaten, wie auch andere Straftatbestände des Kapitalmarktstrafrechts, lassen eine empfundene Apellwirkung des Deliktstatbestandes vermissen: Andere Tatbestände, wie etwa Totschlag oder Diebstahl, lassen den Normadressaten das Unrecht der Tat sofort und unmittelbar begreifen. Die Straftaten des Kapitalmarktstrafrechts sind jedoch derart komplex aufgebaut und über teilweise mehrfache Verweisungsebenen für den Nichtjuristen als Anwender kaum zu durchdringen, dass sie sich vom Kernbereich eines selbsterklärenden Unrechts weit entfernt haben. Es fehlt also an einem Gleichlauf zwischen ethischem Empfinden und tatsächlichen strafrechtlichen Risiken.[163] Damit ist das Thema der Sensibilisierung für die oben dargestellten Straftatbestände angesprochen. Eine solche ist erforderlich, um das Recht in der Praxis anwendbar zu machen.

73 Eine rechtliche Sensibilisierung genügt allerdings nicht, um Normeinhaltung zu erreichen. Vielmehr müssen die für eine Subsumtion unter die Tatbestände erforderlichen Informationen auch an die Normadressaten gelangen. Dies betrifft die Einrichtung einer hinreichenden Sensorik, die die Rechtsanwendung überhaupt erst ermöglicht.

---

160 *Schröder* Kapitalmarktstrafrecht, Rn. 1009; u.V.a. Schönke/Schröder/*Lenckner* § 203 Rn. 19.
161 Anders *Tiedemann* in FS Kohlmann, S. 307, 314; wie hier: *Schröder* Kapitalmarktstrafrecht, Rn. 1010.
162 Eine Darstellung der Compliance-Verpflichtungen nach § 25a KWG finden sich im 14. Kap.
163 Dies stellt *Schröder* Kapitalmarktstrafrecht Rn. 1028 f. für den Bereich des WPHG ausführlich dar.

Diese Erkenntnis bleibt im Unternehmen jedoch ebenfalls wirkungslos, wenn es an einer tatsächlichen Verantwortungsübernahme durch Normadressaten fehlt. Nur, wer sich der eigenen Verantwortung bewusst ist, wird sich überhaupt um eine Compliance mit den geltenden Regelwerken kümmern. Dies setzt eine klare Zuständigkeitsverteilung und die (wirksame) Delegation[164] von Verantwortung sowie die Geltung eines Ethikcodes[165] voraus.

Will man sich diesen Fragen nähern, kommt man nicht umhin, zunächst die besonderen Risikofelder und die Risikosituation im Bereich der KWG-Straftaten für sein Unternehmen zu bestimmen.[166] Diese Aufgabe kommt der Compliance-Funktion des Unternehmens zu. Die folgende Darstellung soll insoweit Hilfestellungen gerade mit Blick auf die Gefahren geben, die sich aus den KWG-Straftaten ableiten.

1. Rolle der Compliance-Funktion

Die Compliance-Funktion kann nicht losgelöst von anderen bestehenden Unternehmensbereichen unterhalten werden. Bei ihr handelt es sich um eine Weiterentwicklung des bestehenden Risikomanagement mit koordinativen Aufgaben und Kontrollmöglichkeiten bezogen auf alle Unternehmensabteilungen. Unbeschadet der Aufgaben einer Compliance-Funktion sollen Geschäftsleiter und Geschäftsbereiche für die Einhaltung rechtlicher Regelungen und Vorgaben in erster Linie verantwortlich bleiben.[167] Dies bedeutet freilich nicht, dass die Geschäftsleitung keine Compliance-Aufgaben verantwortungsbefreit delegieren könnte. Vielmehr trifft diese die operative Verantwortung und, wie in jedem Unternehmen, weiterhin die Aufgabe einer regelgerechten Überwachung nachgeordneter Stellen.[168] Die Compliance-Funktion tritt lediglich daneben. Sie hat die Aufgabe, wesentliche Risiken (rechtliche Risiken, wirtschaftliche Risiken und Reputationsrisiken), die sich aus Regelverstößen ergeben, zu identifizieren und auf deren systemische Vermeidung hinzuwirken.

Die Compliance-Stelle soll unmittelbar der Geschäftsleitung unterstellt und berichtspflichtig sein. Sie kann auch anderen Kontrolleinheiten angeboten werden, etwa dem Risikocontrolling oder dem Geldwäschebeauftragten, nicht jedoch der internen Revision.[169] Die Institute haben jeweils einen Compliance-Beauftragten zu benennen, dem ausreichende Befugnisse und uneingeschränkter Zugang zu allen Informationen für die Erfüllung seiner Aufgaben einzuräumen ist. Mindestens jährlich soll der Compliance-Beauftragte der Geschäftsleitung Bericht erstatten.

2. Bestimmungen der Risikofelder

Die Arbeit der Compliance-Abteilungen soll ausdrücklich risikobasiert erfolgen. Mit Blick auf das KWG und die Straftaten des KWG rücken damit die unter II. genannten Pflichten in den Vordergrund.

Problematisch dürften sich dabei insbesondere die Pflichten nach § 25c Abs. 4a-c KWG n.F. darstellen. Dies deshalb, weil die strafrechtliche Norm nicht auf konkrete Regelungsinhalte, sondern vielmehr auf bloße Regelungsprinzipien verweist, die für den Rechtsanwender deut-

---

164 Ausführlich: Hauschka/*Hauschka* § 1 Rn. 30 ff.; Hauschka/*Schmidt-Husson* § 7.
165 Vgl. zum Problem insgesamt: Hauschka/*Mengel* § 12 Rn. 30.
166 Vgl. Hauschka/*Gebauer/Niermann* § 36 Rn. 19.
167 Anlage 1 zur MaRisk vom 14.12.2012, Erläuterungen, AT 4.4.2 Compliance-Funktion, Ziff. 1.
168 Vgl. im Einzelnen: Görling/Inderst/Bannenberg/*Dierlamm* S. 470 ff. m.w.N.
169 Anlage 1 zur MaRisk vom 14.12.2012, Erläuterungen, AT 4.2.2 Compliance-Funktion, Ziff. 3; BR-Drucks. 94/13, 56 weist darauf hin, dass auch der neue § 25c Abs. 3 KWG materiell keine Neuerungen darstellt. Ausdrücklich werden die Ausführungen der BaFin zur MaRisk in Bezug genommen.

lich schwerer zu fassen sind.¹⁷⁰ Der Gesetzgeber hat sich damit beholfen, die Strafbarkeit von einer vorherigen Anordnung der BaFin zur Beseitigung eines Organisationsmangels abhängig zu machen, um für den Normadressaten hinreichend deutlich werden zu lassen, welche Pflicht er genau hat. Diese Anordnung setzt für die Arbeit einer in erster Linie präventiv tätigen Compliance-Funktion freilich zu spät an, weil schon die Anordnung der BaFin vermieden werden sollte, denn ein weiterer Verstoß gegen eines der in § 25c Abs. 4a–c KWG genannten Prinzipien kann ggf. unmittelbar die Strafbarkeit nach § 54a KWG auslösen. Die Risikobetrachtung und fortlaufende Risikoaktualisierung muss auf eine stetige Kommunikation mit der BaFin setzen, um etwaige Verstöße im Vorfeld einer solchen Anordnung abzufangen. Nur auf diese Weise kann frühzeitig und präventiv auf etwaige Organisationsmängel reagiert werden. Teilweise wird sogar vorgeschlagen, konkrete Anfragen ob der Geeignetheit organisatorischer Maßnahmen bei der BaFin zu stellen.¹⁷¹

80 Immerhin: Der Gesetzgeber wollte mit § 25c Abs. 4a–c KWG inhaltlich keine neuen Anforderungen schaffen, sondern lediglich die Vorgaben der MaRisk in Gesetzesform gießen.¹⁷² § 25c KWG soll daher – wie zuvor die entsprechenden Regelungen der MaRisk – lediglich die Compliance-Anforderungen des § 25a KWG konkretisieren.¹⁷³

81 Wesentlicher Teil der Compliance-Arbeit wird die ständige systematische Beobachtung der Geschäftsstrategie und der damit konsistenten Risikostrategie (§ 25c Abs. 4a Nr. 1) sein. Vorgaben für die strategische Risikoerfassung und Berichterstattung ergeben sich insbesondere aus den Empfehlungen des Baseler Ausschusses vom 28.9.2012.¹⁷⁴

82 Eine Risikoanalyse unterteilt sich üblicherweise in die folgenden Einzelprozesse:¹⁷⁵
 – Identifizierung der Geschäftsmodelle,
 – Identifizierung und Bewertung der im Unternehmen aufgestellten Grundsätze und eingerichteten Verfahren,
 – Identifizierung der Compliance-Risiken auf der Grundlage des zu definierenden Aufgabenbereichs der Compliance-Abteilung,
 – Zuordnung von Indikatoren zum jeweiligen Compliance-Risiko,
 – Bewertung der Höhe des Risikos,
 – Bewertung der Eintrittswahrscheinlichkeit des Risikos,
 – Benennung von Prioritäten bei der Risikoüberwachung (beispielsweise Setzen von Schwellenwerten, Scoring),
 – Zuordnung möglicher Maßnahmen zur Beseitigung oder Reduzierung von Risiken,
 – Dokumentation des Risikoanalyseprozesses,
 – Berichterstattung.

83 Für die laufende Risikoüberwachung werden insbesondere red-flag-Analysen des operativen Prozessmonitorings und des internen Kontrollsystems erfolgen, die bereits jetzt Standard im Bankenbereich sind. Im Zentrum der auf die Vermeidung von Straftaten nach dem KWG abzielenden Compliance spielen vor allem Instrumente zur Identifizierung verbotener oder erlaubnispflichtiger Geschäfte eine große Rolle. Immer wieder werden Fälle

---

170 Zum Problem der Bestimmtheit der Norm als Ausgangspunkt der Strafbarkeit nach §54a KWG s.o. Rn.38.
171 *Schröder* Kapitalmarktstrafrecht, Rn. 1036: Diese Vorgehensweise – so wünschenswert sie sein mag – dürfte sich als kaum praktikabel erweisen. Die Festlegungsbereitschaft der BaFin hinsichtlich solcher Auskünfte ist wohl eher gering einzuschätzen.
172 BR-Drucks. 94/13, 33 f.
173 Für Einzelheiten zu den Compliance-Anforderungen nach § 25a KWG s. 14. Kap.
174 Principals for effective risk data aggregation and risk reporting, Basel Committee on Banking Supervision.
175 Best-Practice-Leitlinien für Wertpapier-Compliance, Bundesverband Deutscher Banken, Juni 2011.

aktenkundig, in denen der Betroffene sich gar nicht gewahr ist, dass er überhaupt ein Bankgeschäft betreibt. Das hindert die Annahme des Vorsatzes indes nicht und wirkt sich auch nicht strafbefreiend aus, da es sich insoweit regelmäßig um einen vermeidbaren Verbotsirrtum handeln dürfte.

Neben den unter den Straftatbeständen skizzierten Risiken wird die Compliance-Abteilung zudem auf etwaige Begleitstraftaten und sonstige Straftaten zu achten haben. Dies ergibt sich bereits unmittelbar aus § 25c Abs. 1 KWG, der Verfahren einfordert, die tauglich sind, Geldwäsche, Terrorismusfinanzierung oder sonstige strafbare Handlungen zu verhindern.[176] Beobachtet werden müssen laufend u.a. die Abgabe von Verdachtsmeldungen, Kundensorgfaltspflichten, der Umgang mit den sog. Politicaly Exposed Persons (PEP) und unbare Transaktionen.[177]

84

3. Sensibilisierung: Regelschaffung und Schulungen

In präventiver Hinsicht ist die Compliance-Abteilung für die Erstellung der Compliance-spezifischen Regelwerke (Compliance-Handbücher, Verhaltensrichtlinien etc.) verantwortlich[178] ist. Sie berät und unterstützt die Geschäftsleitung und Geschäftsbereiche bei der Selbstorganisation im Hinblick auf die Einhaltung der compliance-relevanten gesetzlichen und regulatorischen Verpflichtungen und berät hinsichtlich der gesetzeskonformen Ausgestaltung von Geschäftsprozessen.[179] Sie berät außerdem mit Blick auf Kontrollerfordernisse im Interesse der Vermeidung von Interessenkonflikten. Dabei werden die wesentlichen Inhalte der geschaffenen Regelungen in Form von Schulungen vermittelt, die risikoorientiert lokalisiert und frequentiert werden. Neben Präsenzschulungen kommen auch IT-gestützte Schulungsformen in Betracht.

85

4. Sensorik und Informationsmanagement

Die Compliance-Abteilung ist dafür verantwortlich, ein System zu schaffen, in dem alle compliance-relevanten Informationen bei ihr zusammengeführt werden können.[180] Dafür muss zunächst analysiert werden, an welchen Stellen Compliance-relevante Informationen überhaupt generiert werden. Darüber muss ein Berichtswesen gelegt werden, das alle wesentlichen Informationen in zumindest aggregierter Form an die Compliance-Abteilung weiterleitet. Mit Blick auf die KWG-Straftaten wird dabei zu bewerten sein, an welchen Stellen und in welchen Prozessen Informationen zu verbotenen Geschäften, Erlaubnissen der BaFin (§ 54 KWG), Risikomanagement und Geschäftsstrategien sowie Verantwortungsdelegation und Organisationsabläufen (§ 54a KWG n.F.), (drohender) Zahlungsunfähigkeit und Überschuldung auch von Untereinheiten (§ 55 KWG) sowie zu den Angaben nach § 14 KWG über Millionenkredite generiert werden. Dies können je nach Blickrichtung die einzelnen Geschäftsbereiche, das interne Kontrollsystem oder bestimmte Schlüsselmitarbeiter sein. Auch Informationen der internen Revision und Informationen über Sonderprüfungen müssen in die KWG-Sensorik eingebunden werden.[181] Hat man die Informationsträger identifiziert,

86

---

176 Ausführlich zu den Anforderungen des – nicht in die Strafvorschrift des § 54a KWG einbezogenen – § 25c Abs. 1 KWG: *Zentes/Wybitul* CCZ 2011, 90 ff.
177 Vgl. zur Compliance-Organisation in der Banken-Branche ausführlich: Hauschka/*Gebauer/Niermann* § 36.
178 Eine Auflistung der Risikobereiche findet sich bei *Schmitt* in: Görling/Inderst/Bannenberg/*Schmitt* S. 245 ff.
179 Anlage 1 zur MaRisk vom 14.12.2012, Erläuterungen, AT 4.2.2 Compliance-Funktion, Ziff. 3.
180 Ausführlich: Hauschka/*Hauschka* § 1 Rn. 25 ff.
181 Beschreibung eines internen Kontrollsystems, beispielhaft: Hauschka/*Klöpper* Rn. 300 ff.

muss ein Berichtswesen sichergestellt werden, das alle relevanten Informationen über die Compliance-Abteilung spiegelt. Dies kann in den meisten Fällen (üblicherweise) EDV-gestützt und automatisiert erfolgen.

IV. Besonderheiten bei Compliance-Untersuchungen mit Blick auf KWG-Delikte

87 Soweit ein Compliance-Verstoß erkannt wird oder vermutet wird, wird regelmäßig zunächst eine interne Aufarbeitung erfolgen (bis eine abschließende Bewertung möglich ist oder sich eine unmittelbare Meldepflicht an die Aufsichtsbehörde ergibt, etwa im Geldwäschebereich oder bei ad-hoc-Mitteilungen), um die Belastbarkeit der Vorwürfe und die sich daraus ergebenden Mitteilungspflichten zu eruieren. Diese Compliance-Untersuchungen dienen dazu, der Geschäftsleitung ein Bild von der Gravität und dem tatsächlichen Vorliegen eines Regelverstoßes zu vermitteln. Zum Ablauf einer solchen Compliance-Untersuchung wird auf die einschlägige Literatur verwiesen.[182]

88 Mit Blick auf die KWG-Straftaten wird man im Rahmen der Compliance-Untersuchung das Bankgeheimnis als Topos berücksichtigen müssen. Tatsächlich ergeben sich daraus in der Praxis aber keine Probleme, da die Informationen, die zu erheben sind, durch die Compliance-Untersuchungen die Bank selbst nicht verlassen und deshalb das Bankgeheimnis nicht eingreift.[183] Dasselbe gilt für die besonderen Geheimhaltungspflichten, die sich aus §§ 14, 55a/b KWG ergeben.

89 Die wesentlichen Informationsquellen mit Bezug auf KWG-Straftaten liegen in der Vertragsdokumentation und den Auswertungen des IKS sowie des operativen Prozessmonitorings, insgesamt aber alle Unterlagen, die auch eine Prüfung nach § 44 KWG berücksichtigen würde (nicht nur alle Kundenunterlagen, wie Verträge, Schriftverkehr, Gesprächsnotizen etc., sondern auch bankinterne Unterlagen wie Beschlüsse, Sitzungsprotokolle, interne Anweisungen, E-Mails, Stellungnahmen usw. Es ist daher dringend anzuraten, alle internen Unterlagen stets so zu verfassen, dass sie Prüfern jederzeit vorgelegt werden können.). Daneben bilden Mitarbeiterinterviews und die Auswertung von Kommunikationsdaten eine wesentliche Fundstelle für Compliance-Untersuchungen. Dabei ergeben sich keine weitergehenden Besonderheiten mit Blick auf KWG-Straftaten.[184]

---

182 Vgl. insbesondere Volk/*Park*; *Knierim/Rübenstahl/Tsambikakis*.
183 Vgl. zum Umfang und zur Reichweite des Bankgeheimnisses in Deutschland: Hauschka/*Sieg/Zeidler* Rn. 39.; *Eckl* DZWIR 2004, 221 ff., *Bunte* in: ders., AGB-Banken, Teil 1, C, Nr. 2, I, Rn. 79 f.
184 Auf die allgemeine Literatur (bspw. *Knierim/Rübenstahl/Tsambikakis*) zur Durchführung von Compliance-Untersuchungen kann daher vollumfänglich verwiesen werden.

30. Kapitel
Strafbares Verleiten zu Börsenspekulationsgeschäften, §§ 26, 49 BörsG

A. Grundsätzliche Bedeutung für Compliance

I. Überblick über das Delikt und seine Bedeutung

§ 49 BörsG ist die letzte verbliebene **Strafvorschrift des BörsG**[1] und nimmt als Blankett- 1
strafgesetz Bezug auf § 26 BörsG als Ausfüllungsnorm.[2] Dadurch wird es unter Strafe
gestellt, **Menschen, die in Börsenspekulationsgeschäften unerfahren sind, unter Ausnutzung dieser Unerfahrenheit zum Abschluss von Börsenspekulationsgeschäften (oder der Beteiligung hieran) zu verleiten.**

Das Delikt wird als strafrechtlich **praktisch wenig bedeutsam**[3] bis bedeutungslos[4] angese- 2
hen. Da es aber auch noch in der jüngeren Vergangenheit zu Gerichtsverfahren gekommen
ist und sich auch aktuellere höchstrichterliche Rechtsprechung hierzu finden lässt,[5] hat
diese Strafbarkeit jedenfalls eine **gewisse Relevanz**.[6] Daraus ergibt sich auch ihre –
gewisse – Bedeutung für Fragen der **Compliance**. Allerdings ist die Strafvorschrift weithin
wenig bekannt. Sogar unter Börsenpraktikern und Mitarbeitern der Aufsichtsbehörden
scheint sie mitunter unbekannt zu sein. Der ersten Aufgabe von Compliance, Bewusstsein
für das geltende Recht zu schaffen und die Mitarbeiter von Unternehmen zu schulen,
kommt daher im Hinblick auf diese Strafvorschrift besondere Bedeutung zu.

II. Überblick über die Darstellung

Um zu evaluieren, über welche Kenntnisse Unternehmensangehörige verfügen, die als 3
potentielle Täter oder Teilnehmer in Betracht kommen, muss im Anschluss zunächst dieser
Personenkreis definiert werden (dazu sogleich Rn. 4). Dieser Personenkreis ist sodann zu
schulen und über die konkreten persönlichen und unternehmensbezogenen Strafbarkeits-
bzw. Haftungsrisiken zu informieren bzw. für diese zu sensibilisieren, die deshalb im
Anschluss beleuchtet werden (Rn. 5–11). Im Anschluss daran werden die übrigen Merkmale des objektiven Tatbestands beleuchtet. Um die Frage, wie die Strafbarkeit vermieden

---

1 *Park* BB 2003, 1513 (1517); Wabnitz/Janovsky/*Benner* 9. Kap. Rn. 221; Graf/Jäger/Wittig/*Waßmer* Vorb. § 23 BörsG Rn. 4.
2 Vgl. *Hagemann* „Grauer Kapitalmarkt" und Strafrecht, 395 f.; Erbs/Kohlhaas/*Wehowsky* B 155, Anm. zu § 26 BörsG. Zur geschichtlichen Entwicklung *Bröker* wistra 1993, 161 f.; Park/*Park* Teil 3 Kap. 4 Rn. 316 f.; *Schröder* Kapitalmarktstrafrecht, Rn. 770; *Szesny* in Böttger, Wirtschaftsstrafrecht, Kap. 6 Rn. 190; Erbs/Kohlhaas/*Wehowsky* B 155, § 49 BörsG Rn. 1.
3 *Park* wistra 2002, 107; Park/*Park* Teil 3 Kap. 4 Rn. 321; Schwark/Zimmer/*Schwark* § 26 BörsG Rn. 1; *Szesny* in Böttger, Wirtschaftsstrafrecht, Kap. 6 Rn. 188; Graf/Jäger/Wittig/*Waßmer* Vor § 23 BörsG Rn. 5 und § 49 Rn. 5; vergleichbar *Bröker* wistra 1993, 161; *Otto* WM 1988, 729 (736).
4 Wabnitz/Janovsky/*Benner* 9. Kap. Rn. 221 ff., vor allem Rn. 231.
5 Vgl. etwa *BGH* wistra 2008, 149; *BGH* wistra 2002, 22; *BGH* NStZ 2000, 36; s. auch die Übersicht über die OLG-Rechtsprechung zu Beginn der 1990er Jahre von *Bröker* wistra 1993, 161 (165 f.).
6 So auch *Gehrmann/Zacharias* WiJ 2012, 89 (90); *Hagemann* „Grauer Kapitalmarkt" und Strafrecht, 395; Park/*Park* Teil 3 Kap. 4 Rn. 321; *ders.* BB 2003, 1513 (1517); Graf/Jäger/Wittig/*Waßmer* § 49 BörsG Rn. 5; ebenso schon *Bröker* wistra 1993, 161.

werden kann, beantworten zu können, wird dabei zunächst die Tathandlung genau betrachtet (Rn. 16–42). Zentrale Bedeutung kommt dabei dem Merkmal der „Unerfahrenheit in Börsenspekulationsgeschäften" zu, das deshalb nicht isoliert von der Tathandlung untersucht werden kann. Aus den Ergebnissen ergeben sich dann die Anforderungen, die an eine die **Haftung vermeidende Aufklärung** zu stellen sind (Rn. 44–58) und daher für Schulungen und auch sonstige Compliance-Maßnahmen besonders interessant sein dürften. Danach werden die übrigen Merkmale des objektiven Tatbestands (Rn. 59–70) und des subjektiven Tatbestands (Rn. 71–77) vorgestellt, die den Anwendungsbereich aufgrund der weitergehenden Anforderungen, die sie formulieren, zum Teil einschränken und sich dann als **Ausnahmen** verstehen lassen. Liegen diese Ausnahmen vor, dann besteht kein Strafbarkeits- bzw. Haftungsrisiko. Im Rahmen der Risiko-Evaluation ist es daher sinnvoll, auf diese Merkmale genaues Augenmerk zu richten, um zu ermitteln, ob überhaupt ein relevanter Anwendungsbereich für (weitergehende) Compliance-Maßnahmen eröffnet ist.

B. Unternehmensbezüge: Täterschaft, Teilnahme, unternehmensbezogene Haftung

I. Tätereigenschaft

4 Gleich zu Beginn soll darauf hingewiesen werden, dass das Verleiten zum Börsenspekulationsgeschäft **ein Sonderdelikt** in Bezug auf das Merkmal „**gewerbsmäßig**" ist, da dieses beim Täter vorliegen muss (dazu ausführlich unten unter Rn. 77).[7] Im Übrigen handelt es sich aber um ein **Allgemeindelikt**.[8] Typischerweise werden als Täter zwar Mitarbeiter von Finanzdienstleistungsunternehmen bzw. Banken in Betracht kommen, die Kunden ein Börsenspekulationsgeschäft vermitteln oder bei dessen Abschluss beraten.[9] Darüber hinaus kann das Delikt aber auch von **jedermann** sonst begangen werden.[10] Sorgfältige Compliance wird sich daher nicht auf diese typischen Berufsfelder beschränken, sondern auch sonstige Betätigungsfelder prüfend in den Blick nehmen, um auszuschließen, dass es in diesen Bereichen zu strafrechtlich relevanten Verstößen kommt.

II. Verantwortlichkeit der Geschäftsleitung

5 Die **Beteiligung** richtet sich nach den allgemeinen Regeln der §§ 25 ff. StGB.[11] In Unternehmen wird als Täter zunächst nur der Mitarbeiter in Betracht kommen, der einen Kunden tatsächlich zum Börsenspekulationsgeschäft verleitet (vgl. Rn. 4). Handeln die Mitarbeiter auf Anweisung der **Geschäftsleitung**, dann kommt für die Mitglieder der Leitungsebene zumindest eine **Anstiftung** in Betracht, möglicherweise auch – insbesondere wenn sie dadurch eine eigene Einnahmequelle erschließen wollen (vgl. Rn. 73) – bei entsprechendem Tatbeitrag eine Form der **Mittäterschaft**.

---

7 *Hagemann* „Grauer Kapitalmarkt" und Strafrecht, 405; Erbs/Kohlhaas/*Wehowsky* B 155, § 49 BörsG Rn. 14.
8 Graf/Jäger/Wittig/*Waßmer* § 49 BörsG Rn. 9.
9 Park/*Park* Teil 3 Kap. 4 Rn. 358; *Schröder* Kapitalmarktstrafrecht, Rn. 855; Schwark/Zimmer/ *Schwark* § 26 BörsG Rn. 1; Graf/Jäger/Wittig/*Waßmer* § 49 BörsG Rn. 9.
10 Park/*Park* Teil 3 Kap. 4 Rn. 358; *Schröder* Kapitalmarktstrafrecht, Rn. 855; *Szesny* in Böttger, Wirtschaftsstrafrecht, Kap. 6 Rn. 188; Graf/Jäger/Wittig/*Waßmer* § 49 BörsG Rn. 9.
11 *Schröder* Kapitalmarktstrafrecht, Rn. 855; Graf/Jäger/Wittig/*Waßmer* § 49 BörsG Rn. 73.

Werden die Mitarbeiter mit Kundenkontakt gar nicht oder nur sehr schlecht geschult, kann dies im Einzelfall dazu führen, dass sie gar nicht erkennen, dass sie einen Unerfahrenen verleiten, weil sie selbst unerfahren sind (s. dazu unten Rn. 35). In diesem Fall nutzen sie die Unerfahrenheit der Kunden nicht bewusst aus, handeln insoweit nicht tatbestandsmäßig. Häufiger werden unzureichend geschulte Mitarbeiter die Umstände zwar verstehen, sich aber nicht bewusst sein, eine Straftat zu begehen. Sie unterliegen dann einem – möglicherweise vermeidbaren – Verbotsirrtum nach § 17 StGB. In beiden Konstellationen besteht ein gewisses **Strafbarkeitsdefizit der Mitarbeiter**. Macht sich die Geschäftsleitung ein solches Defizit zunutze, dann kommt eine Strafbarkeit wegen **mittelbarer Täterschaft** nach §§ 26 Abs. 1, 49 BörsG, 25 Abs. 1 Alt. 2 StGB in Betracht. Fehlt ein solches Strafbarkeitsdefizit bei den Mitarbeitern, machen sich also selbst als Täter strafbar, dann scheidet eine mittelbare Täterschaft i.d.R. aus.[12] 6

Allerdings wird vertreten, dass die **Täterschaft kraft Organisationsherrschaft** auch auf §§ 26, 49 BörsG angewandt werden kann, wenn die Geschäftsleitung die Verleitung von Unerfahrenen zu Börsenspekulationsgeschäften zum Gegenstand der Geschäftstätigkeit macht und die Mitarbeiter im Rahmen einer ausgeprägten Hierarchie als austauschbare Teile einer Maschinerie erscheinen.[13] Voraussetzung wäre dann – wie stets für diese Form der mittelbaren Täterschaft –, dass die Geschäftsleitung aufgrund ihrer starken Leitungsmacht und den an die nachrangigen Hierarchiestufen weitergegebenen Anweisungen das Gesamtgeschehen lenkend in den Händen hält, das „deliktische Geschehen maßgeblich prägt und beeinflusst".[14] Diese Rechtsfigur des „Täters hinter dem Täter" ist allerdings höchst umstritten und eigentlich für mafiöse Organisationsformen und staatliche Machtapparate entwickelt worden.[15] Ob ein gewöhnliches Wirtschaftsunternehmen damit vergleichbar ist, ist eine Frage des Einzelfalls, der man mit großer Skepsis entgegenblicken kann. Die Konsequenzen dieser Rechtsfigur wären zum einen, dass eine strafrechtliche Haftung selbst dann angenommen werden kann, wenn die Geschäftsleitung keine Kenntnis von den konkreten einzelnen Verleitungen hat.[16] Zum anderen wird erwogen, dass die Haftung unabhängig davon eintritt, ob der einzelne Mitarbeiter selbst vorsätzlich den Kunden verleitet.[17] 7

Duldet die Geschäftsleitung das Vorgehen einzelne Mitarbeiter lediglich (vorsätzlich), ohne es selbst angestoßen zu haben oder zu fördern, so scheidet sowohl eine Haftung wegen Anstiftung als auch wegen (psychischer) Beihilfe aus.[18] Allerdings ist dann an eine Strafbarkeit wegen **Unterlassens** zu denken. Die wegen § 13 StGB notwendige Rechtspflicht zum Tätigwerden ließe sich mit dem Gedanken der **Geschäftsherrenhaftung** begründen.[19] Der BGH hat in seiner jüngeren Rechtsprechung Tendenzen gezeigt, eine daraus resultierende Rechtspflicht zum Tätigwerden anzunehmen.[20] Für den Fall, dass ein Mitarbeiter unter Nutzung der betrieblichen Infrastruktur im Interesse des Unternehmens Kunden zu Börsenspekulationsgeschäften verleitet, dürfte das Kriterium der Betriebsbezogenheit der Tat nicht zweifelhaft sein.[21] 8

---

12 Zur mittelbaren Täterschaft 21. Kap. Rn. 34 ff.
13 Vgl. *Schröder* Kapitalmarktstrafrecht, Rn. 857; Graf/Jäger/Wittig/*Waßmer* § 49 BörsG Rn. 74.
14 *Schröder* Kapitalmarktstrafrecht, Rn. 857; vgl. Graf/Jäger/Wittig/*Waßmer* § 49 BörsG Rn. 74.
15 Zur Täterschaft kraft Organisationsherrschaft 21. Kap. Rn. 59 („Täter hinter dem Täter").
16 *Schröder* Kapitalmarktstrafrecht, Rn. 857.
17 Vgl. *BGHSt* 48, 331 (342); 40, 218 ff.
18 Vgl. *Schröder* Kapitalmarktstrafrecht, Rn. 856; Graf/Jäger/Wittig/*Waßmer* § 49 BörsG Rn. 74.
19 So auch Graf/Jäger/Wittig/*Waßmer* § 49 BörsG Rn. 74.
20 *BGH* NJW 2012, 1237 ff.
21 Vgl. *Haas* in Matt/Renzikowski, StGB, § 13 Rn. 73.

9   Liegen die Voraussetzungen der Geschäftsherrenhaftung nicht vor (oder lehnt man diese Figur ab), so kommt für die Geschäftsleitung eine Ordnungswidrigkeit nach § 130 Abs. 1 OWiG (ggf. unter Einbeziehung von § 9 OWiG) wegen **Aufsichtspflichtverletzung** in Betracht.[22] Die Pflicht zur Aufklärung Unerfahrener ist eine betriebsbezogene Pflicht, die den Inhaber trifft, der in diesem Fall vorsätzlich (ggf. auch nur fahrlässig) Aufsichtsmaßnahmen über seine Mitarbeiter, die Kunden zu Börsenspekulationsgeschäften verleitet haben, unterlassen hat.

III. Rechtsfolgen für Unternehmen

1. Unternehmensgeldbuße

10   An § 130 OWiG anknüpfend, aber ggf. unmittelbar aus §§ 26, 49 BörsG folgend (wenn das Delikt durch ein Organmitglied oder eine Person in leitender Stellung begangen oder dessen Begehung vorsätzlich trotz Garantenstellung nicht verhindert wurde),[23] ist bei **juristischen Personen bzw. Personenvereinigungen zusätzlich eine Geldbuße** nach § 30 OWiG möglich. Diese kann nach § 30 Abs. 4 OWiG auch isoliert gegen die juristische Person bzw. Personengesellschaft verhängt werden, wenn der Täter nicht verfolgt wird oder werden kann. Sofern die Geldbuße an §§ 26, 49 BörsG, also an eine Vorsatztat (Rn. 71), anknüpft, liegt ihre Obergrenze nach § 30 Abs. 2 S. 1 Nr. 1 OWiG bei **zehn Mio. EUR**. Reicht dieses Höchstmaß nicht aus, um die Gewinne, die durch die Verleitung zu Börsenspekulationsgeschäften erzielt wurden, zu übersteigen, so kann wegen §§ 17 Abs. 4 S. 2, 30 Abs. 3 OWiG diese Grenze auch überschritten werden.[24]

2. Zivilrechtliche Haftung und Schutzgesetzeigenschaft

11   Die Vorgängerstrafnorm des § 89 a.F. BörsG ist als **Schutzgesetz** i.S.v. § 823 Abs. 2 BGB eingestuft worden.[25] Für die nun in §§ 26, 49 BörsG geregelte Strafbarkeit wird dies ebenso gesehen,[26] wobei hier genau genommen § 26 BörsG als Schutzgesetz ausreicht. Das Vorsatzerfordernis, das über § 49 BörsG (wegen § 15 StGB) hinzutritt, lässt sich auch aus dem Begriff des „Ausnutzens" ableiten (vgl. dazu unten Rn. 35). Daraus ergeben sich zivilrechtliche Haftungsrisiken für Vermögensschäden der Verleiteten.[27]

C. Schutzzweck im Regelungskontext

I. Gesetzlicher Kontext: BörsG statt WpHG

12   Um die Merkmale des objektiven und subjektiven Tatbestandes im Folgenden (ab Rn. 16) so genau wie möglich bestimmen zu können, um daraus die Anforderungen an wirksame Compliance-Maßnahmen ableiten zu können, sind zunächst einige grundlegende Überlegungen zum Schutzzweck (und damit zum strafrechtlich geschützten Rechtsgut) erforderlich. Denn auf diesen wird bei der Auslegung der Tatbestandsmerkmale immer wieder

---

22 Darauf weist auch Graf/Jäger/Wittig/*Waßmer* § 49 BörsG Rn. 74, hin.
23 Darauf stellt Graf/Jäger/Wittig/*Waßmer* § 49 BörsG Rn. 86, ab.
24 Näher zur Verbandsgeldbuße 21. Kap. Rn. 132 ff.
25 Wabnitz/Janovsky/*Benner* 9. Kap. Rn. 223; *Bröker* wistra 1993, 161; *Hagemann* „Grauer Kapitalmarkt" und Strafrecht, 395.
26 Schwark/Zimmer/*Schwark* § 26 BörsG Rn. 8; Graf/Jäger/Wittig/*Waßmer* § 49 BörsG Rn. 3.
27 Diese werden allerdings zum Teil als für die Praxis wenig bedeutsam angesehen, vgl. die kritische Bestandsaufnahme von Wabnitz/Janovsky/*Benner* 9. Kap. Rn. 223.

zurückgegriffen. Einen ersten Anhaltspunkt dazu liefert der gesetzliche Kontext, in dem die Strafvorschrift steht. Der früher ebenfalls im BörsG geregelte Kursbetrug[28] wurde 2002 durch Art. 2 des 4. FFG[29] als Verbot der Kurs- und Marktpreismanipulation in §§ 20a, 38 WpHG neu geregelt.[30] Auch der Straftatbestand des Insiderhandels ist im WpHG geregelt. Deshalb wird § 49 BörsG teilweise als Fremdkörper angesehen, der ebenfalls **in das WpHG gehöre**.[31] Im deutlichen Unterschied zu den Strafnormen des WpHG schützen §§ 26, 49 BörsG aber nicht ein abstraktes Rechtsgut wie die Funktionsfähigkeit des Kapitalmarktes oder ein darauf bezogenes Vertrauen.[32] Sie dienen auch nicht einem überindividuellen Vermögensschutz.[33] Anders als bei den Straftaten des WpHG geht es bei §§ 26, 49 BörsG nicht darum, ein abstraktes Schutzniveau zu errichten, indem die Einhaltung von Mindeststandards strafrechtlich durchgesetzt und so für alle Interessierten ein chancengleicher Markt erzeugt wird. Stattdessen steht im Vordergrund der Schutz des Einzelnen.[34] Denn mit dem Merkmal der „Unerfahrenheit in Börsenspekulationsgeschäften" stellt das Gesetz auf ein **individuelles Merkmal** ab. Spekulanten sollen davor geschützt werden, Vermögensschäden dadurch zu erleiden, dass sie sich verspekulieren.[35]

II. Deliktsstruktur und Rechtsgut

Aus diesem Grund ist einer Ansicht, die die Börse als durch diese Strafvorschrift (zumindest auch) geschützt ansieht,[36] eine Absage zu erteilen.[37] Nach h.M. schützt die Vorschrift das **Vermögen** der Verleiteten.[38] Der Eintritt eines Vermögensschadens wird vom Gesetz allerdings nicht verlangt.[39] Der objektive Tatbestand ist vielmehr auch erfüllt, wenn der Verleitete Gewinne aus dem Börsenspekulationsgeschäft erzielt.[40] Die Norm ist daher als ein **abstraktes Vermögensgefährdungsdelikt** angesehen worden.[41] Das Gesetz sieht ange-

13

---

28 Dazu ausführlich *Schröder* Börsenhandel und Strafrecht, 59 ff.; vgl. *Park* BB 2003, 1513.
29 Gesetz zur weiteren Fortentwicklung des Finanzplatzes Deutschland (Viertes Finanzmarktförderungsgesetz) vom 21.06.2002, BGBl I 2002, 2010.
30 Graf/Jäger/Wittig/*Waßmer* Vor § 23 BörsG Rn. 4; vgl. *Park* BB 2003, 1513.
31 *Szesny* in Böttger, Wirtschaftsstrafrecht, Kap. 6 Rn. 188; vgl. Wabnitz/Janovsky/*Benner* 9. Kap. Rn. 221 f. und Rn. 236; Graf/Jäger/Wittig/*Waßmer* § 49 BörsG Rn. 8; wertungsfrei *Gehrmann/Zacharias* WiJ 2012, 89 (90), die es lediglich bemerkenswert finden, dass diese Strafvorschrift nicht in das WpHG überführt wurde.
32 *Gehrmann/Zacharias* WiJ 2012, 89. Dazu, dass die Strafnormen des WpHG dies schützen, *Schröder* Kapitalmarktstrafrecht, Rn. 109 (für die Insiderdelikte) und Rn. 372 (für die Marktmanipulation), m.w.N.
33 Dieser wird für die Insiderdelikte und die Marktmanipulation angenommen von *Schröder* Kapitalmarktstrafrecht, Rn. 109 und Rn. 373.
34 Vgl. Park/*Park* Teil 3 Kap. 4 Rn. 318: „Die Strafvorschrift dient dem Schutz von Personen [...]".
35 Park/*Park* Teil 3 Kap. 4 Rn. 318; *Schröder* Kapitalmarktstrafrecht, Rn. 771.
36 *Schlüchter* 2. WiKG, 150.
37 Vergleichbar Park/*Park* Teil 3 Kap. 4 Rn. 319, der darauf hinweist, dass Börsenspekulationsgeschäfte nach § 26 Abs. 2 BörsG nicht an einer Börse geschlossen werden müssen. Graf/Jäger/Wittig/*Waßmer* § 49 BörsG Rn. 3, sieht im Schutz des Börsenwesens nur einen Reflex.
38 *Gehrmann/Zacharias* WiJ 2012, 89; Park/*Park* Teil 3 Kap. 4 Rn. 318; *Schlüchter* 2. WiKG, 150; *Schröder* Kapitalmarktstrafrecht, Rn. 771 f.; *Szesny* in Böttger, Wirtschaftsstrafrecht, Kap. 6 Rn. 189; Graf/Jäger/Wittig/*Waßmer* § 49 BörsG Rn. 3.
39 *Gehrmann/Zacharias* WiJ 2012, 89; Park/*Park* Teil 3 Kap. 4 Rn. 320; Achenbach/Ransiek/*Schröder* 10. Teil Kap. 2 Rn. 231; *ders.* Kapitalmarktstrafrecht, Rn. 772; *Szesny* in Böttger, Wirtschaftsstrafrecht, Kap. 6 Rn. 189.
40 Park/*Park* Teil 3 Kap. 4 Rn. 339; *Schröder* Kapitalmarktstrafrecht, Rn. 772; Graf/Jäger/Wittig/*Waßmer* § 49 BörsG Rn. 4.
41 *Gehrmann/Zacharias* WiJ 2012, 89; Park/*Park* Teil 3 Kap. 4 Rn. 320; *Schröder* Kapitalmarktstrafrecht, Rn. 772; *Szesny* in Böttger, Wirtschaftsstrafrecht, Kap. 6 Rn. 189; Graf/Jäger/Wittig/*Waßmer* § 49 BörsG Rn. 4.

sichts dieser Vorverlagerung in § 49 BörsG **keine Versuchsstrafbarkeit** vor, der Versuch ist daher wegen § 23 Abs. 1 StGB straflos.[42] Allerdings muss man sich fragen, ob das Vermögen das (zumindest einzige) geschützte Rechtsgut sein kann. Denn die Gefährdung des Vermögens ist ebenso wenig Tatbestandsmerkmal. Zwar lässt sich annehmen, dass Spekulationsgeschäfte aufgrund ihrer Komplexität risikobehaftet und für eine Kapitalanlage ungeeignet sind,[43] sodass man eine latente Vermögensgefährdung jedem Geschäftsabschluss unterstellen kann. Andererseits muss man bedenken, dass weder das Verleiten an sich verboten ist,[44] noch dass dem einzelnen versagt ist, aus eigenen Antrieb zu spekulieren. Die Vermögensgefahr muss in diesen Fällen aber nicht geringer sein.

14 Das Delikt enthält eine **eigennützige Komponente** des Täters dadurch, dass dieser **gewerbsmäßig** handeln muss (dazu detailliert unten unter Rn. 73–76).[45] Daraus kann, muss aber keine gesteigerte Gefährlichkeit für das Vermögen des Verleiteten erwachsen. Der Einschätzung, §§ 49, 26 BörsG schützten (nur) das Vermögen, liegt daher wohl die nicht ausgesprochene Vermutung zugrunde, dass die Tathandlung – insbesondere im Merkmal des Ausnutzens der Unerfahrenheit – auf eine Übervorteilung oder Benachteiligung des Opfers abzielt.[46] Möglicherweise werden die mit der „Gewerbsmäßigkeit" zusammenhängenden angestrebten Einkünften auch als Kehrseite eines Verlustes beim Verleiteten gesehen,[47] wie es der Betrug nach § 263 Abs. 1 StGB im Merkmal der „Stoffgleichheit" von Schaden und erstrebter Bereicherung voraussetzt.

15 Beides ist indessen **nicht zwingend** der Fall. Wer etwa für Spekulationsempfehlungen oder die Vermittlung von Geschäften eine **Gewinnbeteiligung** erhält (oder sogar für Verluste einstehen muss), wird an einem positiven Ausgang des Geschäfts (und gerade nicht an einer Benachteiligung des Verleiteten, da diese ihn selbst ebenfalls benachteiligen würde) interessiert sein.[48] Auch bei einem unabhängig vom Geschäftsausgang zu entrichtenden Entgelt wird es im Interesse des Täters liegen, dass das Geschäft für den Verleiteten Gewinne bringt, wenn der Täter den Verleiteten als Interessenten für weitere Empfehlungen oder Vermittlungen halten will und an einer langfristigen Kundenbeziehung interessiert ist. In derartigen Provisionsfällen fehlt es zudem an jeglicher Stoffgleichheit des Vorteils des Täters mit einem etwaigen Nachteil des Verleiteten. Denkbar ist zudem, dass der Täter vom sicheren positiven Ausgang eines Spekulationsgeschäftes (und damit von dessen relativer Risikolosigkeit) überzeugt ist, das Opfer aber aufgrund einer generellen Ablehnung von Finanz- oder Börsengeschäften vor dem Geschäft zurückschreckt.[49] Auch in solchen Fällen strebt der Täter keine Schädigung des Opfers an, sondern eher dessen **Vorteil**. Gerade weil das Verleiten nur unter Ausnutzung der Unerfahrenheit strafbar ist,[50] spricht daher einiges dafür, die **Willens- und Entschließungsfreiheit** des Opfers als zumindest mitgeschützt anzusehen.

---

42 Park/*Park* Teil 3 Kap. 4 Rn. 320; Graf/Jäger/Wittig/*Waßmer* § 49 BörsG Rn. 4.
43 So etwa *Schröder* Kapitalmarktstrafrecht, Rn. 772. Park/*Park* Teil 3 Kap. 4 Rn. 337, stellt heraus, dass es sich bei Börsenspekulationsgeschäften nicht um eine Form der Kapitalanlage handelt.
44 Park/*Park* Teil 3 Kap. 4 Rn. 344; *Schlüchter* 2. WiKG, 150.
45 Erbs/Kohlhaas/*Wehowsky* B 155, § 49 BörsG Rn. 11.
46 So ist etwa auch der „typische Anwendungsfall" gebildet, den Park/*Park* Teil 3 Kap. 4 Rn. 322, in seiner Kommentierung wiedergibt.
47 Vgl. auch dazu Park/*Park* Teil 3 Kap. 4 Rn. 322.
48 Eine solche Situation deutet *Schröder* Kapitalmarktstrafrecht, Rn. 787, für Banken an, die ihren Kunden Termingeschäfte an Terminbörsen vermitteln, für die Sicherheiten zu leisten sind. Da die Bank selbst das Ausfallrisiko tragen könnte, werde die Bank darauf achten, dass das Risiko für ihren Kunden kalkulierbar sei.
49 Ähnlich Erbs/Kohlhaas/*Wehowsky* B 155, § 49 BörsG Rn. 11.
50 Darin sieht Graf/Jäger/Wittig/*Waßmer* § 49 BörsG Rn. 1, den „Unrechtskern" dieses Delikts.

D. Merkmale des objektiven Tatbestands

I. Tathandlung: Verleiten unter Ausnutzen der Unerfahrenheit

1. Überblick

Um die für Compliance-Bestrebungen relevante Frage beantworten zu können, welche 16
Anforderungen an ein regelkonformes Verhalten zu stellen sind, sodass strafrechtliche
Risiken vermieden werden, ist eine genaue Betrachtung des einzuhaltenden Verbotes
unentbehrlich. § 26 Abs. 1 BörsG verbietet es, einen anderen Menschen unter Ausnutzung
von dessen Unerfahrenheit in Börsenspekulationsgeschäfte zum Abschluss solcher
Geschäfte oder zur Beteiligung daran gewerbsmäßig zu verleiten. Dieses **Verleiten** ist also
die **pönalisierte Tathandlung**. Regelkonform und strafrechtlich unbeachtlich ist daher die
Empfehlung, ein Börsenspekulationsgeschäft abzuschließen, bereits dann, wenn niemand
unter Ausnutzung seiner Unerfahrenheit hierzu verleitet wird.[51]

2. Allgemeines zur Unerfahrenheit

§ 26 Abs. 1 BörsG setzt beim Opfer eine „**Unerfahrenheit in Börsenspekulationsgeschäf-** 17
ten" voraus. Der gesetzliche Wortlaut bezieht die Unerfahrenheit also **nicht auf eine Fertigkeit** („erfahrener Börsenspekulant", „erfahren im Spekulieren an der Börse"),[52] sondern
auf ein Geschäft, also eine spezifische Form des Vertrags. Dieser ist das Ergebnis eines Verhandlungs- oder Überzeugungsprozesses, der in einem Vertragsschluss mündet. Die Präposition „in" passt zu einem solchen Ergebnis nicht recht. Wir sprechen auch nicht davon,
dass jemand „in Testamenten", „in Gedichten", „in Bauwerken", „im Lotto" oder „in
Kleinkindern" erfahren oder unerfahren sei. Dies zeigt, dass der Begriff nicht glücklich
gewählt wurde und auslegungsbedürftig ist.[53] In der Literatur ist **umstritten**, ob dieser
Begriff eher als fehlende Übung oder als fehlende Kenntnis auszulegen ist.

Auf **fehlende Übung** stellt *Park* ab.[54] Er will nämlich Unerfahrenheit als einen „Mangel an 18
Erlebnissen, aus denen man Einsichten und Erkenntnisse sammelt", verstehen.[55] *Park*
begründet dies, indem er die Erfahrenheit in Börsenspekulationsgeschäften mit dem
Begriff der Erfahrenheit, wie er im Hinblick auf eine übungsintensive manuelle Fertigkeit
wie Klavierspielen angewandt wird, vergleicht und für den letzteren herausstellt, dass die
bloße theoretische Kenntnis über bestimmte Stücke und das Klavierspiel niemanden zu
einem erfahrenen Pianisten mache.[55]

Denkt man das Beispiel von *Park* weiter, so muss man sagen, dass man einen Menschen,
der sich seit Jahren müht, das Klavierspiel zu erlernen, aber trotz täglichen Übens und
umfänglichen Wissens keine nennenswerten Fortschritte macht und die Stücke nur sehr
langsam und fehlerhaft spielen kann, allerdings auch nicht als *erfahrenen* Pianisten oder
Interpreten dieser Werke bezeichnen würde.[56] Ein Mangel an Erlebnissen, aus denen man

---

51 Vgl. auch Park/*Park* Teil 3 Kap. 4 Rn. 346, der betont, dass das Verleiten nur strafbar ist, wenn dazu
die Unerfahrenheit ausgenutzt wird.
52 Ungenau daher *Achilles-Baumgärtel* NStZ 1998, 603 (605), die vom Begriff des „unerfahrenen Spekulanten" her argumentiert.
53 Vgl. auch *Park* BB 2003, 1513 (1517); *Schröder* Kapitalmarktstrafrecht, Rn. 840; zust. Graf/Jäger/
Wittig/*Waßmer* § 49 BörsG Rn. 45.
54 *Park* wistra 2002, 107; *ders.* BB 2003, 1513 (1517).
55 Park/*Park* Teil 3 Kap. 4 Rn. 341.
56 Ähnlich Graf/Jäger/Wittig/*Waßmer* § 49 BörsG Rn. 45; Erbs/Kohlhaas/*Wehowsky* B 155, § 49 BörsG
Rn. 7.

Einsichten und Erkenntnisse sammelt, besteht für diesen Menschen indes nicht. Übung oder die Zahl der Erlebnisse können für sich genommen daher nicht maßgeblich sein. Das Beispiel von *Park* ist deshalb unglücklich gewählt, weil es das Börsenspekulationsgeschäft mit einer Fertigkeit gleichsetzt. Darum geht es aber gerade nicht, weshalb der Vergleich nicht tragfähig ist.

19 Gegen eine Auslegung des Begriffs, die sich an mangelnden Erlebnissen und mangelnder Übung orientiert, sprechen auch die konkreten **Konsequenzen bei wiederholtem Abschluss von Spekulationsgeschäften**.[57] Zu Anfang fehlt es immer an Übung und Erlebnissen, demzufolge wäre bei seinem ersten Börsenspekulationsgeschäft zwangsläufig jeder „unerfahren".[58] Ab einer gewissen Zahl von Erlebnissen müsste aber jeder erfahren sein. Wer sich trotz verlustreicher Erlebnisse wiederholt auf ein Börsenspekulationsgeschäft einlässt, soll demgemäß nicht unerfahren, sondern schlicht unvernünftig sein, weil er aus den Erfahrungen nichts gelernt hat.[59] Dem ist insoweit zuzustimmen, als dass sich selbstverständlich mit diesen Erlebnissen auch eine „Erfahrenheit" einstellen kann.[60] Wer dann trotz vorangegangener Verluste erneut Börsenspekulationsgeschäfte abschließt, handelt möglicherweise unvernünftig. Tatsächlich gibt es Spekulanten, die große Erfahrung mit Börsenspekulationsgeschäften gesammelt, oft verloren und doch – **wie ein Spieler** – immer wieder mit hohen Einsätzen bewusst hohe Risiken eingehen.[61] Doch auch bei **wiederholten Spekulationen** ist es durchaus möglich, dass derjenige, der das Geschäft abschließt, die Risiken nicht überblickt, weil er sie nicht versteht.[62] Eine solche Person könnte meinen, dass die Risiken an sich gering (bzw. die Gewinnchancen hoch) waren (und sind), sich aber wider Erwarten bislang immer verwirklicht haben.[63] Wer davon überzeugt ist, mag sogar sehr motiviert sein, ein neues Spekulationsgeschäft abzuschließen, da er der Ansicht sein könnte, dass die Wahrscheinlichkeit, dass sich das geringe Risiko erneut realisiert, verschwindend gering sein müsse.[64] Dass es demgegenüber auch versierte „Zockernaturen"[65] gibt, die bewusst Risiken trotz wiederholter Verluste eingehen, stellt daher nicht infrage, dass andere Menschen aus wiederholten Verlusten keinen Erfahrungsgewinn schöpfen (können).[66] Eine hinreichende Sensibilisierung für „die" Risiken und möglichen Konsequenzen für das Vermögen hat eben nicht, wer sich nur der „Möglichkeit des Verlusts" bewusst war, ohne die Risiken auch nur annähernd in ihrem Umfang erfassen und daher einschätzen zu können.[67] Stattdessen zeigen diese verschiedenen Fallgruppen nur, dass man

---

57 Ebenso Graf/Jäger/Wittig/*Waßmer* § 49 BörsG Rn. 45.
58 *Park* wistra 2002, 107; vgl. auch *BGH* NStZ 2000, 36 (37); *Bröker* wistra 1993, 161 (163); Park/*Park* Teil 3 Kap. 4 Rn. 342. Kritisch zu solch einer Annahme Schwark/Zimmer/*Schwark* § 26 BörsG Rn. 6; ebenso *Achilles-Baumgärtel* NStZ 1998, 603 (605), die zutreffend darauf hinweist, dass eine Person, die sich zuvor intensiv informiert und geschult habe, auch bei ihrem ersten Spekulationsgeschäft nicht zwingend unerfahren sein müsse. Kritisch auch Graf/Jäger/Wittig/*Waßmer* § 49 BörsG Rn. 45 und Rn. 55.
59 Park/*Park* Teil 3 Kap. 4 Rn. 344; vgl. *Bröker* wistra 1993, 161 (163); im Ansatz begrüßen diese Unterscheidung auch *Gehrmann/Zacharias*WiJ 2012, 89 (93).
60 Dazu Park/*Park* Teil 3 Kap. 4 Rn. 344.
61 Darauf stellt Park/*Park* Teil 3 Kap. 4 Rn. 344, wesentlich ab.
62 Vergleichbar auch *BGH* wistra 2002, 22; Wabnitz/Janovsky/*Benner* 9. Kap. Rn. 226 und Rn. 230; *Gehrmann/Zacharias*WiJ 2012, 89 (93 f.); *Hagemann* „Grauer Kapitalmarkt" und Strafrecht, 400; *Schröder* Kapitalmarktstrafrecht, Rn. 841; Müller-Gugenberger/Bieneck/*Schumann* § 68 Rn. 12; Graf/Jäger/Wittig/*Waßmer* § 49 BörsG Rn. 47 f.; a.A., allerdings ohne nähere Begründung, *Achilles-Baumgärtel*, NStZ 1998, 603 (605).
63 Vgl. *Hagemann* „Grauer Kapitalmarkt" und Strafrecht, 400.
64 Ähnlich *BGH* NStZ 2008, 96 (97); Graf/Jäger/Wittig/*Waßmer* § 49 BörsG Rn. 48.
65 Park/*Park* Teil 3 Kap. 4 Rn. 344.
66 So argumentiert aber Park/*Park* Teil 3 Kap. 4 Rn. 344; vergleichbar schon *Bröker* wistra 1993, 161 (163).
67 So aber *Szesny* in Böttger, Wirtschaftsstrafrecht, Kap. 6 Rn. 194; vgl. *Achilles-Baumgärtel* NStZ 1998, 603 (605).

den Einzelfall würdigen muss[68] und die Erfahrenheit bzw. Unerfahrenheit nicht pauschal anhand der Zahl der getätigten Geschäfte feststellen kann.[69] Dann kommt es auch nicht zur von der Gegenansicht befürchteten Überdehnung des strafrechtlichen Schutzes auf Fälle ohne hinreichende Schutz- bzw. Strafbedürftigkeit.[70]

Für den Fall, dass sich bislang nicht das große Risiko, sondern die geringe Gewinnchance verwirklicht hat, sodass bisherige Spekulationsgeschäfte **profitabel** waren, muss man erst recht hinterfragen, ob aus diesem Erlebnis etwas gelernt werden kann.[71] Wer dreimal erfolgreich spekuliert hat, wird vielmehr eher geneigt sein, dieselben Risiken erneut (oder sogar noch größere Risiken) einzugehen. Das ist im Übrigen beim ersten Mal ebenso vernünftig oder unvernünftig wie beim dritten oder zehnten Mal. Und das Erlebnis, Pech oder Glück mit einem Geschäft gehabt zu haben, über das man zumindest im Grundsatz weiß, dass es einem – wie stark auch immer ausgeprägten – Risiko unterliegt, lässt an sich nicht viele Erkenntnisse über die Vernünftigkeit eines solchen Geschäfts zu. Nur wer dachte, das Geschäft sei risikolos, wird sicher eines besseren belehrt – und das auch nur, wenn er verliert.[72] Deshalb muss man fragen, welcher Sinn sich hinter einer Konzeption verbergen soll, die bei erstmaliger Geschäftstätigkeit tendenziell die Unerfahrenheit und daher die Schutzbedürftigkeit bejaht, nach mehrmaliger Geschäftstätigkeit aber das Risiko, aus – negativen wie positiven – Geschäften nichts gelernt zu haben, dem nun „Erfahrenen" überantwortet und ihn – ohne Ansehung der Umstände – als nicht mehr schutzbedürftig ansieht.[73]   20

Wie viele Erlebnisse, wie viel Übung ein Unerfahrener benötigt, um erfahren zu werden, lassen die Vertreter dieser Ansicht zudem offen.[74] Eine Grenzziehung ist daher nicht möglich. Hinzu kommt, dass wiederholte Erlebnisse mit einer Art von Börsenspekulationsgeschäften nichts darüber aussagen, wie es um die Erfahrenheit mit ganz anders gearteten Börsenspekulationsgeschäften beschaffen ist.[75] Dieser quantitativ orientierte Maßstab ist deshalb nicht geeignet zu erklären, warum solche Risiken nicht verstanden werden.[76] All diese Argumente lassen das Kriterium der fehlenden Übung als ungeeignet erscheinen, tatbestandliches von tatbestandslosem Verhalten abzugrenzen.   21

Demgegenüber betont die Gegenansicht das Element der **Unkenntnis**.[77] *Schröder* will die Unerfahrenheit mit Blick auf die ratio der Norm so verstanden wissen, dass das Opfer nicht weiß, welche Risiken es mit dem konkreten Börsenspekulationsgeschäft eingeht.[78] Ausdrücklich stellt er auf die fehlende „Kenntnis der geschäftstypischen Risiken" ab, infolge derer dem Opfer die Einsicht in die Tragweite des konkreten Börsenspekulations-   22

---

68 Dies fordert – insoweit inkonsequent – allerdings auch *Szesny* in Böttger, Wirtschaftsstrafrecht, Kap. 6 Rn. 194; ebenso *Achilles-Baumgärtel* NStZ 1998, 603 (605).
69 *Bergmann* ZBB 2008, 160 (170); vgl. *Gehrmann/Zacharias* WiJ 2012, 89 (93 f.).
70 So aber Park/*Park* Teil 3 Kap. 4 Rn. 344; vgl. *Gehrmann/Zacharias* WiJ 2012, 89 (94).
71 A.A. *Achilles-Baumgärtel* NStZ 1998, 603 (605), die bei wiederholtem Geschäftsabschluss immer Erfahrenheit annehmen will – unabhängig vom Geschäftsausgang.
72 Insoweit ist *Bröker* wistra 1993, 161 (163), zuzustimmen. Dies gilt auch für *Szesny* in Böttger, Wirtschaftsstrafrecht, Kap. 6 Rn. 194.
73 In diesem Sinne auch *Gehrmann/Zacharias* WiJ 2012, 89 (94).
74 *Park* wistra 2002, 107 f., räumt selbst ein, dass jedenfalls die einmalige Vornahme eines Geschäftes die Unerfahrenheit nicht sicher beseitige, und verlangt – etwas inkonsistent – „ein oder mehrere Börsenspekulationsgeschäfte". Grundsätzlich kritisch *Gehrmann/Zacharias* WiJ 2012, 89 (93 f.); vgl. *Bröker* wistra 1993, 161 (163).
75 Dies räumt *Park* wistra 2002, 107 f., allerdings selbst ein, insoweit will er wohl Unerfahrenheit hinsichtlich der anderen Geschäfte annehmen.
76 Vgl. *Schröder* Kapitalmarktstrafrecht, Rn. 845; *Bergmann* ZBB 2008, 160 (170).
77 So etwa Wabnitz/Janovsky/*Benner* 9. Kap. Rn. 227; *Groß* Kapitalmarkrecht, § 26 BörsG Rn. 4; Erbs/Kohlhaas/*Wehowsky* B 155, § 49 BörsG Rn. 7.
78 *Schröder* Kapitalmarktstrafrecht, Rn. 841.

geschäftes fehlt, es diese daher weder überblicken noch einschätzen kann.[79] Unerfahrenheit besteht nach dieser Konzeption somit auf den ersten Blick aus zwei Komponenten: aus **fehlendem Wissen** (Unkenntnis) **über die Risiken** des Geschäfts und aus dem **Unvermögen, die Tragweite des Geschäfts einzuschätzen**. Mit der „Tragweite des Geschäfts" können aber nur die Gefahren hinsichtlich finanzieller Verluste gemeint sein, die sich mit den „Risiken des Geschäfts" gleichsetzen lassen. Um diese Risiken einschätzen zu können, greifen wir auf erworbene Kenntnisse zurück. Die Risikoeinschätzung erscheint dann als Folge und Ausprägung der Risikokenntnis. Unerfahrenheit im Sinne dieser Ansicht wird daher zusammenfassend mit mangelnder Kenntnis wiedergegeben.[80]

23 Gegen eine Gleichsetzung von Unerfahrenheit mit Unkenntnis spricht jedoch schon der Gesetzeswortlaut.[81] Zwar können Kenntnisse durch Lernprozesse erlangt werden, insoweit sind sie in gewisser Weise also auch „Erfahrungen".[82] Die Aufnahme von Kenntnissen durch die Lektüre eines Textes kann man aber schon nicht mehr als „Machen von Erfahrungen" umschreiben. Das Bild des „erfahrenen Autofahrers" oder des „erfahrenen Börsenspekulanten" spiegelt deshalb nicht primär Wissen wider, auch nicht eine Mehrzahl von Erlebnissen. Bei (manuellen wie rein intellektuellen) Fertigkeiten knüpft der Begriff der Erfahrenheit (und im negativen Sinne der der Unerfahrenheit) stattdessen immer an ein gewisses Fertigkeitspotenzial an („erfahrener Redner", „erfahrener Prüfer", „erfahrener Rechtsanwalt", „erfahrener Klausurenschreiber"). Die Erfahrenheit ist dabei zwar keine Garantie für ein Gelingen, doch man traut einem „erfahrenen Klausurenschreiber" zu, überlegt vorzugehen und in einer Stresssituation zu bestehen, an der ein „unerfahrener Klausurenschreiber" mit höherer Wahrscheinlichkeit scheitern wird. Es geht also um das „**Know-how**". Der erfahrene Autofahrer „kann" einigermaßen gut und sicher fahren, der erfahrene Börsenspekulant „kann" einigermaßen erfolgreich spekulieren. Ein gewisses Maß an Übung oder Kenntnis sind dafür sicherlich hilfreich, aber nicht notwendig. Manchmal genügt Talent.

24 Überträgt man diese Betrachtung auf Börsenspekulationsgeschäfte, so ist zunächst zu berücksichtigen, dass ein Geschäft keine Fertigkeit ist. Also geht es nicht um das „Abschließen" von Geschäften (denn es geht nicht um den „erfahrenen Börsenspekulanten"), sondern tatsächlich um das **Einschätzungsvermögen** in Bezug auf Ablauf, Risiken und Mechanismen eines Börsenspekulationsgeschäftes.[83] Der Erfahrene durchschaut das Geschäft und kann es deshalb einschätzen. **Unerfahren ist jemand also dann, wenn er die Tragweite seiner Spekulationsentscheidung nicht einzuschätzen vermag.**[84]

---

79 *Schröder* Aktienhandel und Strafrecht, 102; *ders.* Kapitalmarktstrafrecht, Rn. 841; vgl. Wabnitz/Janovsky/*Benner* 9. Kap. Rn. 227; *Hagemann* „Grauer Kapitalmarkt" und Strafrecht, 400; *Groß* Kapitalmarktrecht, § 26 BörsG Rn. 4.
80 Kritisch in diesem Sinne Park/*Park* Teil 3 Kap. 4 Rn. 341. Aber auch *Schröder* Kapitalmarktstrafrecht, Rn. 841 f., spricht selbst in diesem Zusammenhang von „mangelnden Kenntnissen".
81 Darauf, dass das Gesetz gerade nicht eine „Ausnutzung der *Unkenntnis*" verlangt, nimmt schon *Park* wistra 2002, 107, Bezug; ebenso *ders.* BB 2003, 1513 (1517); Park/*Park* Teil 3 Kap. 4 Rn. 341; zust. *Gehrmann/Zacharias*WiJ 2012, 89 (93).
82 Vgl. auch Park/*Park* Teil 3 Kap. 4 Rn. 341.
83 Dies betont auch das *OLG Bremen* wistra 1990, 163 f.; vgl. *BGH* wistra 2002, 22 f.; Wabnitz/Janovsky/*Benner* 9. Kap. Rn. 224 ff.; *Bröker* wistra 1993, 161 (163); *Hagemann* „Grauer Kapitalmarkt" und Strafrecht, 399 f.; Park/*Park* Teil 3 Kap. 4 Rn. 342; *Schröder* Kapitalmarktstrafrecht, Rn. 841; Graf/Jäger/Wittig/*Waßmer* § 49 BörsG Rn. 45.
84 *BGH* NStZ-RR 2002, 84; vgl. auch Wabnitz/Janovsky/*Benner* 9. Kap. Rn. 225; *Bröker* wistra 1993, 161 (163); *Hagemann* „Grauer Kapitalmarkt" und Strafrecht, 400; *Schröder* Kapitalmarktstrafrecht, Rn. 841; Park/*Park* Teil 3 Kap. 4 Rn. 342; Graf/Jäger/Wittig/*Waßmer* § 49 BörsG Rn. 45; Müller-Gugenberger/Bieneck/*Schumann* § 68 Rn. 12; *Szesny* in Böttger, Wirtschaftsstrafrecht, Kap. 6 Rn. 194.

Gefahren und Risiken sind dabei immer das Ergebnis einer Prognose zukünftiger Entwicklungen, einer Bewertung. Um diese Bewertung für ein Börsenspekulationsgeschäft vornehmen zu können, genügt nicht das Verständnis, wie das Geschäft funktioniert.[85] Hinzu treten muss das Wissen, von welchen Ereignissen die Wertentwicklung abhängt und wie sich diese auf das Börsenspekulationsgeschäft auswirkt. Für diese Ereignisse muss die zukünftige Entwicklung prognostiziert werden.[86] Erst wenn diese Prognose vorgenommen wurde, kann man eine realistische Einschätzung des Risikos vornehmen. Ein Optionsgeschäft beispielsweise, das für den Fall, dass der Ölpreis deutlich steigt, erhebliche Gewinne abwirft, hingegen für den Fall, das der Preis gleich bleibt oder sinkt, den Einsatz verfallen lässt, lässt sich in seiner Funktion nachvollziehen und für die einzelnen Möglichkeiten der Preisentwicklung durchrechnen. Die Frage aber, welches Risiko dieses Geschäft tatsächlich birgt, hängt davon ab, wie sich der Ölpreis entwickeln wird. Prognosen hierauf müssen etwa die politische Stabilität erdölexportierender Länder, deren Preispolitik, die Menge noch verfügbaren Erdöls, die erwartete Nachfrage, die Entdeckung und Erschließung von Erdölvorkommen und die technologische Entwicklung berücksichtigen. Auch erfahrene Börsenhändler werden die Daten, die sie für derartige Prognosen benötigen, nicht vollumfänglich kennen, sondern sich aus (zum Teil allgemein verfügbaren) Quellen damit versorgen. Die Schwierigkeit besteht aber darin, daraus die richtigen Schlussfolgerungen zu ziehen. Damit aus potenziellen Risiken konkrete Risiken werden können, bedarf es also einer **Einschätzung komplexer Vorgänge und Abhängigkeiten**. Wem dies gelingt, der kann als erfahren in diesem Börsenspekulationsgeschäft gelten.

25

Diese Maßstab zeigt auf, dass die Unerfahrenheit in Börsenspekulationsgeschäften ein Merkmal ist, das **von einer allgemeinen Unerfahrenheit** oder Naivität in geschäftlichen Dingen **zu unterscheiden** ist.[87] Ein erfahrener Geschäftsmann kann in Börsenspekulationsgeschäften völlig unerfahren sein.[88] Gehören dagegen Börsenspekulationsgeschäfte zum Gewerbebetrieb eines Geschäftsmannes, kann davon ausgegangen werden, dass er in diesen Börsenspekulationsgeschäften erfahren ist.[89] Zu Recht weisen *Gehrmann* und *Zacharias* in diesem Zusammenhang darauf hin, dass gewisse Kunden von Wertpapierdienstleistungsunternehmen nach § 31a Abs. 2 WpHG als „professionelle Kunden" (unter die unter den Voraussetzungen des § 31a Abs. 7 WpHG auch Privatanleger fallen können) gelten, bei denen ein Wertpapierdienstleistungsunternehmen genügend Erfahrung und Sachverstand für eigenständige Anlageentscheidungen annehmen darf.[90]

26

Auf der anderen Seite kann die Erfahrenheit in dem einen Börsenspekulationsgeschäft bei **anderen Geschäften** an ihre Grenzen stoßen.[91] Denn die Entwicklung des Ölpreises annähernd einschätzen zu können, bedeutet nicht, die Kursentwicklung einer Aktie (etwa eines Telekommunikationsunternehmens) einschätzen zu können. Die Forderung, dass die Erfahrenheit oder Unerfahrenheit nicht auf Börsenspekulationsgeschäfte an sich, sondern auf das konkret abgeschlossene Börsenspekulationsgeschäft bezogen werden muss, leuch-

27

---

85 Ebenso im Ergebnis Schwark/Zimmer/*Schwark* § 26 BörsG Rn. 6; vgl. Erbs/Kohlhaas/*Wehowsky* B 155, § 49 BörsG Rn. 8.
86 Vgl. auch *Achilles-Baumgärtel* NStZ 1998, 603 (605).
87 So auch Park/*Park* Teil 3 Kap. 4 Rn. 342; *Schröder* Aktienhandel und Strafrecht, 102; *ders.* Kapitalmarktstrafrecht, Rn. 842; *Szesny* in Böttger, Wirtschaftsstrafrecht, Kap. 6 Rn. 194; Graf/Jäger/Wittig/ *Waßmer* § 49 BörsG Rn. 46; vgl. Erbs/Kohlhaas/*Wehowsky* B 155, § 49 BörsG Rn. 2.
88 Park/*Park* Teil 3 Kap. 4 Rn. 342; *Schröder* Kapitalmarktstrafrecht, Rn. 845; Graf/Jäger/Wittig/*Waßmer* § 49 BörsG Rn. 47 und Rn. 49.
89 Schwark/Zimmer/*Schwark* § 26 BörsG Rn. 6; *Gehrmann/Zacharias* WiJ 2012, 89 (92).
90 *Gehrmann/Zacharias* WiJ 2012, 89 (92).
91 *Hagemann* „Grauer Kapitalmarkt" und Strafrecht, 400; *Schröder* Aktienhandel und Strafrecht, 102; anders wohl *Bröker* wistra 1993, 161 (164), der allerdings auch lediglich auf Warentermingeschäfte abstellt.

tet daher unmittelbar ein. Neben einer Vielfalt von Bezugsgrößen gibt es allerdings auch eine Vielfalt von Börsenspekulationsgeschäften mit zum Teil sehr eigenen Risikostrukturen, die ihrerseits erst einmal verstanden werden müssen, um nachvollziehen zu können, wie sich der Abschluss eines solchen Geschäftes für den Fall verschiedener zukünftiger Entwicklungen der Bezugsgröße (z.B. des Ölpreises) auswirkt. Das Vermögen, die Risiken des einen Geschäftsmodells einschätzen zu können, bedingt daher noch nicht die Fähigkeit, dies auch für ganz andere Modellen zu können.[92] Auch unter diesem Gesichtspunkt muss die Unerfahrenheit immer auf das konkret abgeschlossene Geschäft bezogen werden.

28 Andererseits bedarf es noch einer Ausweitung des Fokus. Das Gesetz spricht von der „Unerfahrenheit in Börsenspekulationsgeschäften", nimmt also gerade nicht Bezug auf das konkret abgeschlossene Geschäft.[93] Um tatsächlich die Tragweite einer Entscheidung einschätzen zu können, ist es in einem ersten Schritt erforderlich, die Risiken des konkret abgeschlossenen Geschäftes in der zuvor aufgezeigten Weise einschätzen zu können.[94] Die **Tragweite eines Entscheidung** umfasst aber **sämtliche ihrer Konsequenzen**.[95] Mit der Entscheidung für einen Geschäftsabschluss geht zwingend auch die Entscheidung einher, gewisse alternative Geschäftsmöglichkeiten ungenutzt verstreichen zu lassen. Wer die Entwicklung des Ölpreises einigermaßen einzuschätzen vermag und deshalb die Risiken eines bestimmten Spekulationsgeschäftes als erträglich bewertet, könnte bei gleicher Preisprognose möglicherweise einträglichere Geschäfte abschließen. Denkbar ist es auch, dass die Möglichkeit besteht, bei gleicher Preisprognose weniger ertragreiche, dafür aber auch weniger risikoreiche Geschäfte abzuschließen. Dies setzt eine Kenntnis der Alternativen voraus. Ohne die Fähigkeit, unter verschiedenen Ausgestaltungsmöglichkeiten die der eigenen Prognose und vor allem der eigenen Risikostrategie angemessene Alternative auswählen zu können, ist der Spekulant nicht in der Lage, die Tragweite seiner Spekulationsentscheidung zu überblicken. Dieser Aspekt steht zwar nicht in unmittelbaren Zusammenhang mit den spezifischen Gefahren von Spekulationsgeschäften, sondern eher mit einer allgemeinen Unerfahrenheit in Bezug auf Börsengeschäfte. Bei entsprechend starker Ausprägung – wenn eine Person gar keine Erfahrungen mit Börsengeschäften und Spekulationsgeschäften hat, ausgenommen ein einziges spezifisches Finanzprodukt – würde man aber eine Unerfahrenheit **auch in Bezug auf dieses konkrete Börsenspekulationsgeschäft** insoweit annehmen müssen, als dass diese Person die Tragweite ihrer Entscheidung für ihr Vermögen nicht überblicken kann, wenn sie keine Alternativen erkennt und sich insoweit **gar nicht frei entschließen** kann. In der Praxis wird eine solche Konstellation aber vermutlich nur in den wenigsten Fällen – etwa bei der Empfehlung von Produkten an in Börsen- wie Geschäftsfragen (mit dieser Ausnahme) völlig unerfahrenen Rentnern, die ihr Leben lang in einem völlig anderen Bereich tätig gewesen sind – relevant werden.

29 Der Maßstab für die Unerfahrenheit wurde bislang als **absolut** dargestellt: Jemand ist erfahren oder unerfahren. Für die Praxis führt eine solche Sichtweise zu der Schwierigkeit einer konkreten Grenzziehung, die für eine effektive Compliance aber notwendig ist. Bis zu welchem Punkt eine Person unerfahren und ab welchem Punkt sie erfahren in Börsenspekulationsgeschäften ist, lässt sich vor dem Hintergrund des bisher Gesagten kaum sicher festmachen. Auch die Vermutung, dass ein **durchschnittlicher Privatanleger grundsätzlich**

---

92 A.A. wohl noch *Bröker* wistra 1993, 161 (164), der allerdings im Schwerpunkt auf Warentermingeschäfte abstellt.
93 Vgl. Graf/Jäger/Wittig/*Waßmer* § 49 BörsG Rn. 50.
94 Erbs/Kohlhaas/*Wehowsky* B 155, § 49 BörsG Rn. 8. A.A. *Szesny* in Böttger, Wirtschaftsstrafrecht, Kap. 6 Rn. 194, der eine „Einsicht in die spezifische Funktionsweise der konkreten Geschäftsart" gerade nicht verlangt wissen will.
95 Ähnlich Graf/Jäger/Wittig/*Waßmer* § 49 BörsG Rn. 50 f.; vgl. Erbs/Kohlhaas/*Wehowsky* B 155, § 49 BörsG Rn. 8.

unerfahren sei,[96] hilft insoweit wenig weiter, weil dadurch letztlich die Beantwortung der Frage, ob jemand durchschnittlicher Privatanleger ist, gerade auch von seiner Erfahrenheit bzw. Unerfahrenheit in Börsenspekulationsgeschäften abhängt. Um also die „Durchschnittlichkeit" praktisch zu ermitteln, muss im Rahmen effektiver Compliance gerade nach der „Erfahrenheit" gefragt werden.

3. Unerfahrenheit im Kontext der Tathandlung

Um diese Schwierigkeiten zu überwinden, bietet es sich an, einen Schritt zurückzutreten. Anstatt die Merkmal der „Unerfahrenheit", „Verleiten" und „Ausnutzen" isoliert zu betrachten,[97] sollen daher diese drei Merkmale stärker als Teile einer einheitlichen Tatbegehung verstanden werden. Das Gesetz verbietet die **Verleitung unter Ausnutzung der Unerfahrenheit**. Es genügt also nicht, dass jemand unerfahren ist und zudem verleitet wird.[98] Stattdessen müssen die Merkmale ineinandergreifen. In der Literatur wird dies strukturell mit den Merkmalen des Raubes verglichen, für den es ebenfalls nicht ausreicht, dass Gewalt und Wegnahme schlicht nebeneinander vorliegen.[99]

4. Funktion des Ausnutzens und inhaltliche Anforderungen

Mit dem „Ausnutzen" beschreibt das Gesetz daher diese inhaltliche Modalität, die **inhaltliche Verknüpfung** der Unerfahrenheit mit dem Verleiten. Diese Verknüpfung ist allerdings anders als im Beispiel des Raubes nicht finaler Natur. Vielmehr muss das **Verleiten** eine bestimmte **Modalität haben**, es muss „durch" die Unerfahrenheit erfolgen.[100]

Eine frühere Gesetzesfassung verlangte – wie heute noch § 291 Abs. 1 StGB – ein „**Ausbeuten**" der Unerfahrenheit.[101] Dieser Begriff ist negativ besetzt.[102] Er beschreibt nicht lediglich eine bloße objektive Verknüpfung zwischen Verleiten und Unerfahrenheit, sondern beinhaltet eine subjektive Komponente.[103] Vertreten wird, im Ausbeuten nach § 291 Abs. 1 StGB ein besonders anstößiges Ausnutzen zu sehen, das in einem besonders rücksichtslosen Verhalten zum Ausdruck kommen kann.[104] Sieht man im Ausbeuten ein auf den persönlichen Eigennutz abzielendes Verhalten, so muss man sich fragen, ob dies für das von § 26 Abs. 1 BörsG nunmehr verlangte „Ausnutzen" auch gelten kann. Auch dieses beinhaltet ein subjektives Element, das ein bewusstes Handeln (i.S.v. bedingtem Vorsatz) ver-

---

96 Davon gehen aus: *Imo* Börsentermin- und Börsenoptionsgeschäfte, Bd. 1, Rn. 1517; Park/*Park* Teil 3 Kap. 4 Rn. 342; *Schröder* Aktienhandel und Strafrecht, 102; *ders.* Kapitalmarktstrafrecht, Rn. 842; Erbs/Kohlhaas/*Wehowsky* B 155, § 49 Rn. 7. Relativierend Graf/Jäger/Wittig/*Waßmer* § 49 BörsG Rn. 55, der nur „häufig" (nicht aber grundsätzlich) eine Unerfahrenheit annimmt, weil sich der Privatanleger zuvor durchaus intensiv vorgebildet haben könne und dann nicht mehr unerfahren sei.
97 Dieser Darstellungsform folgen die meisten der gängigen Kommentierungen, vgl. etwa Park/*Park* Teil 3 Kap. 4 Rn. 341 ff.; *Schröder* Kapitalmarktstrafrecht, Rn. 836 ff.
98 Park/*Park* Teil 3 Kap. 4 Rn. 347; *Schröder* Aktienhandel und Strafrecht, 104; *ders.* Kapitalmarktstrafrecht, Rn. 849.
99 Deutlich *Schröder* Aktienhandel und Strafrecht, 104; *ders.* Kapitalmarktstrafrecht, Rn. 850, der in diesem Zusammenhang auf die finale Verknüpfung von Gewalt und Wegnahme hinweist.
100 Ganz ähnlich *Schlüchter* 2. WiKG, 154; vgl. auch *Schröder* Aktienhandel und Strafrecht, 104; *ders.* Kapitalmarktstrafrecht, Rn. 850; *Szesny* in Böttger, Wirtschaftsstrafrecht, Kap. 6 Rn. 196.
101 Vgl. Park/*Park* Teil 3 Kap. 4 Rn. 348.
102 Vgl. auch *Fischer* StGB, § 291 Rn. 14; *Wietz* in Matt/Renzikowski, StGB, § 291 Rn. 9.
103 *Wietz* in Matt/Renzikowski, StGB, § 291 Rn. 9: bewusstes Missbrauchen; vergleichbar *Schlüchter* 2. WiKG, 153.
104 *Heine* in Schönke/Schröder StGB, § 291 Rn. 28; ähnlich wohl Graf/Jäger/Wittig/*Waßmer* § 49 BörsG Rn. 57; a.A. *Wietz* in Matt/Renzikowski, StGB, § 291 Rn. 9.

langt.[105] Es wird vertreten, dass auch dem „Ausnutzen" eine darüber hinausgehende **moralische Komponente** innewohnt.[106] Zum Teil wird verlangt, die Tat müsse „unlautere Züge" aufweisen.[107]

33 Allerdings lässt sich der Begriff auch so auslegen, dass ein bloßes „Nutzen", ein **„In-den-Dienst-Stellen"** gemeint ist.[108] Ein moralischer Vorwurf ist dann gerade nicht damit verbunden.[109] Es geht lediglich darum, dass die Unerfahrenheit für das Verleiten instrumentalisiert wird.[110] Die Unerfahrenheit ermöglicht dem Täter erst die Verleitung zum Geschäftsabschluss, dafür nutzt er sie aus.[111] Die Unerfahrenheit muss also (mit-)ursächlich im Prozess des Verleitens wirken.[112] Nur so kann das Verleiten gewissermaßen „durch" die Unerfahrenheit erfolgen.

5. Konsequenzen für den Begriff der Unerfahrenheit

34 Trotz aller Uneinigkeit über die Natur der Unerfahrenheit lässt sich allerdings feststellen, dass Unerfahrenheit einen Mangel, ein **Fehlen von etwas** („Erfahrenheit") beschreibt. Es fragt sich daher, inwieweit das Fehlen von etwas ursächlich im Verleiten wirken (und damit ausgenutzt werden) kann. Denn ursächlichen Einfluss auf einen Geschehensablauf nehmen kann zunächst einmal nur etwas, das *da* ist. Nicht-Existenz bewirkt nichts.

35 *Schröder* hat in diesem Zusammenhang allerdings darauf hingewiesen, dass ein **Unerfahrener** zwar einen anderen Unerfahrenen verleiten, er aber **nicht dessen Unerfahrenheit ausnutzen** könne.[113] Das leuchtet ein, zumal wenn man auf das Vorsatzerfordernis abstellt und ein Ausnutzungsbewusstsein verlangt (dazu unten Rn. 71). Denn dieses setzt das **Bewusstsein** voraus, dass das **Opfer unerfahren** ist.[114] Des fehlenden Einschätzungsvermögens und des fehlenden Wissens eines anderen kann man sich aber kaum wirklich bewusst sein, wenn man selbst nicht über dieses Einschätzungsvermögen und auch Wissen verfügt.

36 Dies alles zeigt aber auch auf, dass es eigentlich nicht darum geht, dass der Verleitete unerfahren ist, sondern darum, dass der Täter über einen **Vorsprung** verfügt,[115] der es ihm

---

105 Park/*Park* Teil 3 Kap. 4 Rn. 354; *Schröder* Kapitalmarktstrafrecht, Rn. 858; *Szesny* in Böttger, Wirtschaftsstrafrecht, Kap. 6 Rn. 196; Graf/Jäger/Wittig/*Waßmer* § 49 BörsG Rn. 57 f.
106 Müller-Gugenberger/Bieneck/*Schumann* § 68 Rn. 11, verlangt die Ausnutzung „in anstößiger Weise". In diesem Sinne möglicherweise auch *Szesny* in Böttger, Wirtschaftsstrafrecht, Kap. 6 Rn. 196, der ein „überschießendes Moment" verlangt. A.A. *Schröder* Kapitalmarktstrafrecht, Rn. 851; Graf/Jäger/Wittig/*Waßmer* § 49 BörsG Rn. 57.
107 *LG Düsseldorf* WM 1988, 1557 (1559); *Achilles-Baumgärtel* NStZ 1998, 603 (604); *Park* wistra 2002, 107 (108); *Schröder* Kapitalmarktstrafrecht, Rn. 851; *Schröder* Aktienhandel und Strafrecht, 104 f.; vergleichbar Müller-Gugenberger/Bieneck/*Schumann* § 68 Rn. 11; ablehnend allerdings Graf/Jäger/Wittig/*Waßmer* § 49 BörsG Rn. 58; ebenso wohl Schwark/Zimmer/*Schwark* § 26 BörsG Rn. 6.
108 So etwa *OLG Düsseldorf* wistra 1989, 115 (118); Park/*Park* Teil 3 Kap. 4 Rn. 347; *Schlüchter* 2. WiKG, 150; vergleichbar *Bergmann*, ZBB 2008, 160 (170); Erbs/Kohlhaas/*Wehowsky* B 155, § 49 Rn. 11; Graf/Jäger/Wittig/*Waßmer* § 49 BörsG Rn. 57; im Ergebnis ebenso *Schröder* Kapitalmarktstrafrecht, Rn. 851.
109 Park/*Park* Teil 3 Kap. 4 Rn. 348. So auch im Ergebnis *Schröder* Kapitalmarktstrafrecht, Rn. 851.
110 Graf/Jäger/Wittig/*Waßmer* § 49 BörsG Rn. 57 f.
111 Vgl. auch *Schlüchter* 2. WiKG, 154.
112 *Bröker* wistra 1993, 161 (164); *Gehrmann/Zacharias*WiJ 2012, 89 (91); Park/*Park* Teil 3 Kap. 4 Rn. 347; *Schlüchter* 2. WiKG, 154; Graf/Jäger/Wittig/*Waßmer* § 49 BörsG Rn. 57; Erbs/Kohlhaas/*Wehowsky* B 155, § 49 BörsG Rn. 11; vgl. *Bergmann* ZBB 2008, 160 (170): „mitursächlich zunutze macht". Dies hält *Szesny* in Böttger, Wirtschaftsstrafrecht, Kap. 6 Rn. 196, für nicht ausreichend.
113 *Schröder* Kapitalmarktstrafrecht, Rn. 852; zust. Graf/Jäger/Wittig/*Waßmer* § 49 BörsG Rn. 59; wohl auch Park/*Park* Teil 3 Kap. 4 Rn. 348.
114 Vgl. auch Park/*Park* Teil 3 Kap. 4 Rn. 353 f.; *Schlüchter* 2. WiKG, 154.
115 In diesem Sinne auch Müller-Gugenberger/Bieneck/*Schumann* § 68 Rn. 11, der auf einen „Wissensvorsprung" abstellt, den der Täter ausnutzt.

ermöglicht, den weniger „Erfahrenen" zu verleiten. Die **Unerfahrenheit** sollte daher **relativ im Verhältnis zum Täter** gewertet werden, der die Tragweite eines Geschäftes besser durchschaut und einzuschätzen vermag als der Verleitete. Diesen Umstand erkennt der Täter und macht ihn sich zunutze.[116] Er kann das Opfer bewusst täuschen und etwa Risiken herunterspielen,[117] was das Opfer dann gerade infolge seines schlechteren Einschätzungsvermögens nicht zu durchschauen vermag. Es reicht jedoch aus, wenn der Täter erkennt, in welchem Punkt das Opfer die Tragweite nicht zu überblicken vermag bzw. auf welche Punkte sich das Einschätzungsvermögen des Opfers stützt, und diese Punkte gezielt betont, um so das Opfer zu einer – erkannt falschen – Einschätzung und dadurch zum Geschäftsabschluss zu verleiten.[118]

Beispiel: Ausreichen dürfte es daher etwa, wenn der Täter erkennt, dass das Opfer eine konkrete Vorstellung über die Entwicklung eines bestimmten Bezugswertes (z.B. des Ölpreises) hat, aber die verschiedenen Finanzinstrumente, die zu Spekulationszwecken angeboten werden, nicht kennt. Der Täter präsentiert dem Opfer nun ein Finanzinstrument, dessen Risiken er dem Opfer aber nicht erläutert. Das Opfer bewertet den Abschluss aufgrund der von ihm prognostizierten Entwicklung des Bezugspreises als lukrativ und schließt das Geschäft ab. Allerdings konnte das Opfer nicht alle Risiken einschätzen, weil es die spezifischen Reaktionen des Finanzinstruments auf verschiedene Entwicklungen des Ölpreises nicht überblicken konnte. Außerdem wusste das Opfer nicht, dass Geschäfte angeboten werden, die für die von ihm prognostizierte Kursentwicklung deutlich höhere Rendite abwerfen.[119] Verschiedene Spekulationsgeschäfte bilden ein Geflecht von wechselseitigen Absicherungen.[120] Da das Opfer dieses Zusammenspiel nicht durchschaute, konnte es die Tragweite der eigenen Spekulationsentscheidung und daher auch des konkreten Spekulationsgeschäftes insgesamt nicht einschätzen. Der Täter nutzt hier sein Mehr an Erfahrenheit gezielt aus. Er täuscht zwar nicht, aber verschweigt bewusst und gezielt, sodass er das Opfer zu einer Einschätzung verleitet, die in einen Geschäftsabschluss mündet. Auch wenn der Ölpreis sich so wie vom Opfer prognostiziert entwickelt und es einen Gewinn mit dem Spekulationsgeschäft erzielt, ist es unter Ausnutzung seiner Unerfahrenheit zu dessen Abschluss verleitet worden.

6. Funktion des Verleitens und inhaltliche Anforderungen

Dieses Beispiel zeigt, dass das Opfer in gewissem Sinne einen **Defizit** aufweist, den der Täter sich zunutze macht. *Schröder* spricht hinsichtlich des Ausnutzens der Unerfahrenheit von einem „täuschungsähnlichen Gesamtcharakter des Täterverhaltens".[121] Die Konstellation gleich daher in gewisser Weise der **mittelbaren Täterschaft**. Das **Mehr an Erfahrenheit**, das der Täter aufweisen muss, begründet eine Position, die mit der **Wissensherrschaft** der mittelbaren Täterschaft **vergleichbar** ist. Das Verleiten unter Ausnutzung des Erfahrungsvorsprungs durch den Täter führt also dazu, dass das Opfer gegen seinen eigentlichen Willen bzw. gegen seine eigentlichen Interessen handelt, ohne dies zu merken. So lässt sich auch das von *Achilles-Baumgärtel, Bröker* und *Schwark* geforderte Kriterium verstehen, dass die Tat mit unlauteren Mitteln begangen werden muss.[122] Mit den „unlauteren Mit-

---

116 Vgl. auch Graf/Jäger/Wittig/*Waßmer* § 49 BörsG Rn. 57 f.
117 Vgl. Graf/Jäger/Wittig/*Waßmer* § 49 BörsG Rn. 62.
118 Vergleichbar Park/*Park* Teil 3 Kap. 4 Rn. 361, der das Unterlassen gebotener Aufklärung für ein Ausnutzen ausreichen lässt; ebenso Graf/Jäger/Wittig/*Waßmer* § 49 BörsG Rn. 47 f.
119 Vgl. etwa das instruktive Beispiel von *Schröder* Kapitalmarktstrafrecht, Rn. 790.
120 Dies gilt jedenfalls für die Terminmärkte, vgl. *Schröder* Kapitalmarktstrafrecht, Rn. 782 f.
121 *Schröder* Kapitalmarktstrafrecht, Rn. 851.
122 *Achilles-Baumgärtel* NStZ 1998, 603 (604); *Bröker* wistra 1993, 161 (164); Schwark/Zimmer/*Schwark* § 26 BörsG Rn. 4; ähnlich ist auch Müller-Gugenberger/Bieneck/*Schumann* § 68 Rn. 11, zu verstehen, der verlangt, dass der Täter seinen Vorsprung „in anstößiger Weise vorsätzlich ausnutzt".

teln" ist aber eigentlich das Ausnutzen gemeint (siehe dazu Rn. 32).[123] Darüber hinausgehende unlautere Züge muss das Verleiten nicht aufweisen.[124]

39 Das Verleiten wird überwiegend mit einem **Bestimmen** im Sinne des Anstiftung (§ 26 StGB) gleichgesetzt.[125] Dies deckt sich mit dem Begriffsverständnis des Bestimmens in § 357 Abs. 1 StGB.[126] Allerdings handelt es sich bei § 357 StGB um eine Sondervorschrift zur Teilnahme, die diese zu einer Form der Täterschaft heraufstuft.[127] Demgegenüber lässt sich für das Verleiten im Sinne des § 26 Abs. 1 BörsG eher ein Gleichlauf mit in selbstständigen Strafnormen geregelten Formen mittelbarer Täterschaft erkennen, etwa dem Verleiten zur Falschaussage nach § 160 Abs. 1 StGB.[128] Verleiten setzt auch im Sinne des § 26 Abs. 1 BörsG eine (Mit-)**Ursächlichkeit** voraus, hier bezogen auf den Abschluss bzw. die Beteiligung an einem Börsenspekulationsgeschäft.[129] Diese Verursachung muss durch eine entsprechende **Beeinflussung des Willens** geschehen.[130] Der Wille zum Geschäftsabschluss bzw. zur Beteiligung an einem Geschäft muss folglich durch die Tathandlung geweckt werden,[131] und zwar durch Ausnutzung des Erfahrungsvorsprungs des Täters.

40 Aus alledem folgt zwangsläufig, dass bei demjenigen, der bereits ein Börsenspekulationsgeschäft abschließen will (**„omnimodo facturus"**), kein Wille mehr geweckt, er also nicht mehr verleitet werden kann.[132] Ist diese Person unerfahren in Börsenspekulationsgeschäften, kann dieser Umstand von anderen Menschen zwar immer noch ausgenutzt werden,

---

123 Deutlich *Schröder* Aktienhandel und Strafrecht, 104 f.; ganz ähnlich Erbs/Kohlhaas/*Wehowsky* B 155, § 49 BörsG Rn. 6; vgl. schon *Park* wistra 2002, 107 (108). *Gehrmann/Zacharias*WiJ 2012, 89 (91), weisen darauf hin, dass der Begriff des „Verleitens" in anderen Strafgesetzen ebenfalls nicht im Sinne des Einsatzes unlauterer Mittel ausgelegt wird.
124 *Gehrmann/Zacharias*WiJ 2012, 89 (91); Park/*Park* Teil 3 Kap. 4 Rn. 350; Graf/Jäger/Wittig/*Waßmer* § 49 BörsG Rn. 61; Erbs/Kohlhaas/*Wehowsky* B 155, § 49 BörsG Rn. 6; offen gelassen von *Hagemann* „Grauer Kapitalmarkt" und Strafrecht, 404; a.A. *Achilles-Baumgärtel* NStZ 1998, 603 (604).
125 Vgl. *OLG Düsseldorf* WM 1989, 175 (180); *Hagemann* „Grauer Kapitalmarkt" und Strafrecht, 403; Park/*Park* Teil 3 Kap. 4 Rn. 350; *Schröder* Aktienhandel und Strafrecht, 100; Schwark/Zimmer/*Schwark* § 26 BörsG Rn. 3; Müller-Gugenberger/Bieneck/*Schumann* § 68 Rn. 11; *Szesny* in Böttger, Wirtschaftsstrafrecht, Kap. 6 Rn. 193; Graf/Jäger/Wittig/*Waßmer* § 49 BörsG Rn. 60.
126 Dazu *Sinner* in Matt/Renzikowski, StGB, § 357 Rn. 4; vgl. auch Müller-Gugenberger/Bieneck/*Schumann* § 68 Rn. 11.
127 Näheres bei *Sinner* in Matt/Renzikowski, StGB, § 357 Rn. 1 f.
128 Dazu, dass § 160 StGB eine Sonderregelung mittelbarer Täterschaft enthält, vgl. *Fischer* StGB, § 160 Rn. 2; vgl. *Norouzi* in Matt/Renzikowski, StGB, § 160 Rn. 1.
129 BGH NStZ-RR 2002, 84; *Hagemann* „Grauer Kapitalmarkt" und Strafrecht, 403; *Groß* Kapitalmarktrecht, § 26 BörsG Rn. 3; Graf/Jäger/Wittig/*Waßmer* § 49 BörsG Rn. 60; Schwark/Zimmer/*Schwark* § 26 BörsG Rn. 4; Müller-Gugenberger/Bieneck/*Schumann* § 68 Rn. 11; Erbs/Kohlhaas/*Wehowsky* B 155, § 49 BörsG Rn. 6. In diesem Sinne lässt sich auch die Einordnung von *Bröker* wistra 1993, 161 (164), verstehen, wonach ein „cold calling", also ein unvorbereiteter und unverlangter Telefonanruf, i.d.R. ein Verleiten sein soll. Vgl. allgemein zum Verleiten *Fischer* StGB, § 160 Rn. 3; *Norouzi* in Matt/Renzikowski, StGB, § 160 Rn. 5.
130 *OLG Düsseldorf* WM 1989, 175 (180); *Bröker* wistra 1993, 161 (164); *Groß* Kapitalmarktrecht, § 26 BörsG Rn. 23; Park/*Park* Teil 3 Kap. 4 Rn. 350; *Schlüchter* 2. WiKG, 151; *Schröder* Kapitalmarktstrafrecht, Rn. 846; *ders*. Aktienhandel und Strafrecht, 100 f.; Erbs/Kohlhaas/*Wehowsky* B 155, § 49 BörsG Rn. 6; vgl. allgemein zum Begriff des Verleitens *Lenenbach* Kapitalmarktrecht und kapitalmarktrelevantes Gesellschaftsrecht, Rn. 13.172.
131 Vgl. Park/*Park* Teil 3 Kap. 4 Rn. 350; *Schröder* Kapitalmarktstrafrecht, Rn. 846; vgl. Müller-Gugenberger/Bieneck/*Schumann* § 68 Rn. 11; Erbs/Kohlhaas/*Wehowsky* B 155, § 49 BörsG Rn. 6.
132 *Achilles-Baumgärtel* NStZ 1998, 603 (604); *Bröker* wistra 1993, 161 (164); *Imo* Börsentermin- und Börsenoptionsgeschäfte, Bd. 1, Rn. 1509; Park/*Park* Teil 3 Kap. 4 Rn. 351; *Schröder* Aktienhandel und Strafrecht, 101; *ders*. Kapitalmarktstrafrecht, Rn. 846; Schwark/Zimmer/*Schwark* § 26 BörsG Rn. 4; *Szesny* in Böttger, Wirtschaftsstrafrecht, Kap. 6 Rn. 193; Graf/Jäger/Wittig/*Waßmer* § 49 BörsG Rn. 63.

aber eben nicht für ein Verleiten.[133] Auch derjenige, der einem anderen den **Abschluss** von Börsenspekulationsgeschäften lediglich **ermöglicht** (indem er etwa einen elektronischen Zugang eröffnet), beeinflusst und weckt keinen Willen, verleitet also nicht.[134]

Wird für diese Möglichkeit geworben und dadurch erst der Wille geweckt, kommt ein Verleiten zumindest in Betracht.[135] Kritisch soll das Verhalten immer dann sein, wenn aktiv an den später Verleiteten herangetreten wird (etwa durch unverlangte Anrufe oder Vertreterbesuche).[136] Bei einer allgemeinen **Werbung**, die nur auf Möglichkeiten der Spekulation hinweist, wird allerdings kein Erfahrungsvorsprung ausgenutzt.[137] Dies ist erst der Fall, wenn die Werbung Gewinnchancen überbetont, Risiken herunterspielt oder vorgibt, Insiderwissen zu vermitteln.[138] **41**

Dasselbe gilt für individuelle **Beratungen** oder **Empfehlungen**.[139] Hier genügt es, dass ein Berater seinen Erfahrungsvorsprung gegenüber seinem Gegenüber erkennt und ein Spekulationsgeschäft bewusst so vorstellt, dass sein (risikoaverses) Gegenüber die Risiken falsch einschätzt und das Geschäft abschließt (vgl. Rn. 36–37).[140] **42**

II. Anknüpfungspunkt für Compliance: Die Aufklärung

1. Wirkung

Als Konsequenz aus alledem folgt, dass das rechtmäßige Alternativverhalten in einer **Aufklärung** des Unerfahrenen besteht. Fraglich ist, ob durch die Aufklärung die Unerfahrenheit beseitigt wird.[141] Näher liegt es, davon auszugehen, dass die Einschätzungsdefizite des Unerfahrenen im Verhältnis zum Täter auch nach einer Aufklärung bestehen bleiben, letzterer diesen dann aber nicht mehr durch Ausnutzung dieses Vorsprungs verleitet. Der Täter baut das Moment der Herrschaft, mittels dessen er den Unerfahrenen verleitet, ab. Er nutzt die Unerfahrenheit also nicht aus.[142] Gleichwohl wird man davon sprechen können, dass die Aufklärung die **Wirkung der Unerfahrenheit kompensiert**.[143] **43**

---

133 Park/*Park* Teil 3 Kap. 4 Rn. 351, weist darauf hin, dass dann ein – allerdings strafloser – untauglicher Versuch vorliegen könne.
134 Park/*Park* Teil 3 Kap. 4 Rn. 350; *Schröder* Kapitalmarktstrafrecht, Rn. 847; Graf/Jäger/Wittig/*Waßmer* § 49 BörsG Rn. 63.
135 *Schröder* Kapitalmarktstrafrecht, Rn. 847.
136 *Achilles-Baumgärtel* NStZ 1998, 603 (604).
137 Vgl. *Achilles-Baumgärtel* NStZ 1998, 603 (604); Park/*Park* Teil 3 Kap. 4 Rn. 346; Graf/Jäger/Wittig/ *Waßmer* § 49 BörsG Rn. 60; Schwark/Zimmer/*Schwark* § 26 BörsG Rn. 4; ebenso *Schröder* Kapitalmarktstrafrecht, Rn. 847, der solches Verhalten als „nicht tatbestandsmäßig" einstuft.
138 Vergleichbar *BGH* NStZ 2000, 36; *Schröder* Kapitalmarktstrafrecht, Rn. 848.
139 Vgl. *Schröder* Kapitalmarktstrafrecht, Rn. 848; Graf/Jäger/Wittig/*Waßmer* § 49 BörsG Rn. 60.
140 Im Ergebnis ebenso Graf/Jäger/Wittig/*Waßmer* § 49 BörsG Rn. 57.
141 So *OLG Düsseldorf* wistra 1989, 115; *OLG Bremen* wistra 1993, 36; *Bröker* wistra 1993, 161 (163); Gehrmann/Zacharias WiJ 2012, 89 (94); *Szesny* in Böttger, Wirtschaftsstrafrecht, Kap. 6 Rn. 195; Müller-Gugenberger/Bieneck/*Schumann* § 68 Rn. 12; *Schröder* Aktienhandel und Strafrecht, 103. In diese Richtung deutet auch die Einschätzung von *dems.* Kapitalmarktstrafrecht, Rn. 843; vergleichbar auch Wabnitz/Janovsky/*Benner* 9. Kap. Rn. 227; *Hagemann* „Grauer Kapitalmarkt" und Strafrecht, 401; Graf/Jäger/Wittig/*Waßmer* § 49 BörsG Rn. 50 f. und Rn. 53.
142 Im Ergebnis ebenso Park/*Park* Teil 3 Kap. 4 Rn. 345 und Rn. 347.
143 *Hagemann* „Grauer Kapitalmarkt" und Strafrecht, 401; Park/*Park* Teil 3 Kap. 4 Rn. 345; *Schröder* Aktienhandel und Strafrecht, 103; *ders.* Kapitalmarktstrafrecht, Rn. 843; vgl. *OLG Düsseldorf* wistra 1989, 115 ff.; Wabnitz/Janovsky/*Benner* 9. Kap. Rn. 225.

2. Anforderungen an eine wirksame Aufklärung

a) Allgemeine Konsequenzen aus den Ergebnissen zur Tathandlung

44 Einfach gesagt muss der Unerfahrene **soweit aufgeklärt werden, dass der potentielle Täter keinen Einschätzungsvorsprung mehr ausnutzen kann.**[144] Dies folgt aus der Struktur dieses Delikts, aber auch aus den Überlegungen zum Rechtsgut (Rn. 13–15). Daraus ergibt sich das Erfordernis, gestuft vorzugehen: Zunächst ist herauszufinden, ob und in welcher Weise ein Vorsprung besteht. Dann ist dieser qualifiziert abzubauen.

45 Um zu ermitteln, ob bzw. inwieweit der Gegenüber erfahren oder unerfahren ist, sind dessen Einschätzungsvermögen und damit auch dessen **individuelle Kenntnisse und Fertigkeiten** zu **evaluieren**. Bezugspunkt ist dabei das konkrete Geschäft, auf dessen Abschluss oder Beteiligung daran hingewirkt werden soll.[145] Es kann sinnvoll sein, hierzu einen Fragebogen zu verwenden, zumal dies im Nachhinein eine entsprechende Dokumentation zulässt. Der Fragebogen muss allerdings hinreichend konkret sein, um nicht nur einen allgemeinen Erfahrungsschatz abzufragen, sondern das Einschätzungsvermögen in Bezug auf die konkret in Betracht kommenden Geschäfte. Ein allgemein gehaltener Fragebogen kann aber vorselektieren: Ob jemand gar kein Einschätzungsvermögen hat, wird man so herausfinden können. Bei partieller Erfahrenheit wird man differenziert weiter fragen müssen.

46 Auf dieser Grundlage muss der Unerfahrene **über die konkreten Risiken des Börsenspekulationsgeschäfts aufgeklärt** werden.[146] Dazu müssen Informationen über den **konkreten Geschäftstypus**, um den es gehen soll, übermittelt werden.[147] Da der Unerfahrene selbst die Tragweite seiner Entscheidung nicht einschätzen kann, muss ihm diese Einschätzung abgenommen und so transparent erläutert werden, dass er die **Risiken nachvollziehen** und sich auf dieser Grundlage dafür (oder auch dagegen) entscheiden kann, diese einzugehen.[148] Die erforderliche Transparenz soll dann geschaffen worden sein, wenn das Verhältnis der Risiken zu den Gewinnaussichten (unter Einbeziehung der zu entrichtenden Gebühren bzw. Provisionen) eingeschätzt werden kann.[149] Dazu muss zunächst deutlich werden, dass es bei dem in Rede stehenden Geschäft nicht um eine Kapitalanlage, sondern um eine Spekulation mit den damit verbundenen Wirkungsweisen und Risiken (vgl. Rn. 19–20) geht (**Spekulationsrisiko**).[147] Transparent werden muss dem Unerfahrenen sodann, in welcher Höhe das Risiko droht, das eingesetzte Vermögen durch das Geschäft zu verlieren (**Verlustrisiko**) bzw. ob und unter welchen Voraussetzungen es vollständig verloren gehen kann (**Risiko des Totalverlustes**).[147] Der Unerfahrene muss zudem verstanden haben, ob und unter welchen Voraussetzungen das Risiko besteht, über einen Totalverlust hinausgehend noch zur Nachzahlung verpflichtet sein zu können und welchen Umfang diese Nachzahlungen maximal haben können (**Risiko der Nachschussverpflichtung**).[147] Diese Risiken betreffen alle die Struktur des Börsenspekulationsgeschäftes.

47 Darüber hinaus muss der Unerfahrene darüber aufgeklärt werden, von welchen **Bezugswertentwicklungen** es abhängt, ob das Spekulationsgeschäft ertragreich ist. Er muss also nachvollziehen können, wie sich der Wert entwickeln muss, damit das Geschäft für ihn zu einem Gewinn oder Verlust führt. Deshalb muss er insbesondere darüber aufgeklärt wer-

---

144 Vgl. auch *Schröder* Kapitalmarktstrafrecht, Rn. 843, wonach ein Kunde wissen müsse, „was er tut". Ähnlich Graf/Jäger/Wittig/*Waßmer* § 49 BörsG Rn. 50: „Der Anleger muss die Risiken des konkreten Börsenspekulationsgeschäfts tatsächlich verstanden haben".
145 Vgl. Graf/Jäger/Wittig/*Waßmer* § 49 BörsG Rn. 54, der die Informationspflichten hierauf bezieht.
146 *Schröder* Kapitalmarktstrafrecht, Rn. 844; Graf/Jäger/Wittig/*Waßmer* § 49 BörsG Rn. 50 f.
147 Graf/Jäger/Wittig/*Waßmer* § 49 BörsG Rn. 54.
148 *Schröder* Kapitalmarktstrafrecht, Rn. 843; vgl. Park/*Park* Teil 3 Kap. 4 Rn. 345 und Rn. 349; Graf/Jäger/Wittig/*Waßmer* § 49 BörsG Rn. 50 ff.
149 Park/*Park* Teil 3 Kap. 4 Rn. 349; Graf/Jäger/Wittig/*Waßmer* § 49 BörsG Rn. 50.

den, welche **Aufschläge in welcher Höhe** gezahlt werden müssen, da diese wieder abgezogen werden müssen, bevor das Geschäft Gewinne abwerfen kann.[150]
Die **bloße Übergabe allgemeinen Informationsmaterials** genügt diesen Anforderungen nicht.[151] **48**
Vielmehr muss der Unerfahrene die Informationen auch **verstanden** haben.[152] Hat jemand noch keine Börsenspekulationsgeschäfte abgeschlossen und ist im Übrigen völlig uninformiert, dann bestehen demzufolge gesteigerte Anforderungen an eine wirksame Aufklärung, damit ein Ausnutzen des Erfahrungsvorsprungs ausgeschlossen werden kann.[153]

b) Bedeutung der Informations- und Erkundigungspflichten nach § 31 WpHG

Eine Vorgehensweise, die den allgemein skizzierten Anforderungen (Rn. 44–48) sehr **49** ähnelt, ist für **Wertpapierdienstleistungsunternehmen** auch in **§ 31 WpHG** gegenüber ihren Kunden vor der Erbringung von Wertpapierdienstleistungen vorgeschrieben.[154] Nach § 31 Abs. 4 WpHG muss das Unternehmen sich darüber informieren, welche „Kenntnisse und Erfahrungen" die Kunden mit „bestimmten Arten von Finanzinstrumenten oder Wertpapierdienstleistungen" haben.[155] Erst danach darf es Empfehlungen im Rahmen der Anlageberatung oder Portfolioverwaltung aussprechen.[156] Sollen andere Wertpapierdienstleistungen erbracht werden, muss das Unternehmen nach § 31 Abs. 5 WpHG sich in gleicher Weise informieren.[157] Diese Informationen bilden die Grundlage, auf der das Unternehmen bewerten muss, welche Finanzinstrumente oder Wertpapierdienstleistungen nach § 31 Abs. 4 und 5 WpHG geeignet bzw. angemessen für den Kunden sind.[158] Ein Ausschlusskriterium liegt nach dieser Regelung dann vor, wenn der Kunde die Anlagerisiken mit seinen Erfahrungen und Kenntnissen nicht verstehen bzw. nicht angemessen beurteilen kann. Dieser Maßstab entspricht im Wesentlichen dem oben (Rn. 24) vorgestellten Maßstab für die Frage, ob eine Person in Börsenspekulationsgeschäften unerfahren ist.

Außerdem sind die Wertpapierdienstleistungsunternehmen nach § 31 Abs. 3 S. 1 WpHG **50** dazu verpflichtet, ihren Kunden **Informationen zur Verfügung zu stellen,** mittels derer sie „die Art und Risiken der […] Finanzinstrumente oder Wertpapierdienstleistungen verstehen und auf dieser Grundlage ihre Entscheidung treffen können". Auch diese Pflicht zielt daher darauf ab, dass der Anleger die „Tragweite und Folgen eines Geschäftes" verstehen zu können.[159] Die Norm definiert die Mindestinhalte, Details sind in § 5 WpDVerOV geregelt.[160] Der Kunde muss wegen § 31 Abs. 3 S. 3 Nr. 2 WpHG über die vorgeschlagenen Anlagestrategien damit verbundenen Risiken in Bezug auf das konkrete Finanzinstrument erhalten.[156] § 5 Abs. 1 S. 2 Nr. 1 WpDVerOV konkretisiert dies und verlangt, Kunden über **Verlust-** und **Totalverlustrisiken** sowie über etwaige Hebelwirkungen und somit auch über das **Spekulationsrisiko** zu informieren.[161] § 5 Abs. 1 S. 2 Nr. 3 und Nr. 4 verpflichtet zur Aufklärung über etwaige **Risiken der Nachschussverpflichtung.**[161] Auch zur Information über

---

150 Vgl. *BGH* NStZ 2000, 36 (37); Graf/Jäger/Wittig/*Waßmer* § 49 BörsG Rn. 54.
151 *Hagemann* „Grauer Kapitalmarkt" und Strafrecht, 402; *Schröder* Kapitalmarktstrafrecht, Rn. 843 f.; *Szesny* in Böttger, Wirtschaftsstrafrecht, Kap. 6 Rn. 195; Graf/Jäger/Wittig/*Waßmer* § 49 BörsG Rn. 51.
152 Vgl. Wabnitz/Janovsky/*Benner* 9. Kap. Rn. 230; *Hagemann* „Grauer Kapitalmarkt" und Strafrecht, 402; Park/*Park* Teil 3 Kap. 4 Rn. 345; Graf/Jäger/Wittig/*Waßmer* § 49 BörsG Rn. 51 f.
153 Vgl. Park/*Park* Teil 3 Kap. 4 Rn. 346.
154 Vergleichbar schon zu § 31 WpHG a.F. Wabnitz/Janovsky/*Benner* 9. Kap. Rn. 227 f.
155 Detailliert *Gehrmann/Zacharias* WiJ 2012, 89 (97); Graf/Jäger/Wittig/*Waßmer* § 49 BörsG Rn. 52; vgl. dazu auch Erbs/Kohlhaas/*Wehowsky* B 155, § 49 BörsG Rn. 7.
156 *Gehrmann/Zacharias* WiJ 2012, 89 (97).
157 *Gehrmann/Zacharias* WiJ 2012, 89 (98).
158 Vgl. auch Graf/Jäger/Wittig/*Waßmer* § 49 BörsG Rn. 52; *Gehrmann/Zacharias* WiJ 2012, 89 (97).
159 Graf/Jäger/Wittig/*Waßmer* § 49 BörsG Rn. 52; vgl. *Gehrmann/Zacharias* WiJ 2012, 89 (94 und 97).
160 *Gehrmann/Zacharias* WiJ 2012, 89 (96).
161 Vgl. *Gehrmann/Zacharias* WiJ 2012, 89 (96).

die Kostenstruktur und damit über die **Höhe etwaiger Aufschläge** ist das Unternehmen verpflichtet, ebenso zu einer allgemeinen Beschreibung des **Kursrisikos**.[162] Inhaltlich deckt dies Verpflichtung somit die zuvor umrissenen Verpflichtungen (Rn. 46) hinsichtlich der wesentlichen relevanten Risiken ziemlich exakt ab.[163]

51 Für Fälle der **Anlageberatung**[164] verlangt § 31 Abs. 3a S. 1 WpHG, dass dem Kunden vor Geschäftsabschlüssen ein „kurzes und leicht verständliches Informationsblatt" zum empfohlenen Geschäft zu übergeben ist. Dadurch soll das konkret empfohlene Geschäft in seinen Risiken transparenter werden.[165] Außerdem soll der beratene Anleger dadurch in die Lage versetzt werden, das empfohlene Geschäft besser mit anderen Geschäften, für die er ebenfalls ein solches Informationsblatt erhalten hat, vergleichen zu können.[166] Im Vordergrund steht also auch bei dieser Regelung, dem Anleger die Tragweite seiner Entscheidung vor Augen zu führen und ihn dadurch zu einer eigenverantwortlichen Entscheidung (vgl. Rn. 15 und Rn. 24) zu befähigen.

52 Diese eben aufgezeigten Informations- und Aufklärungspflichten nach dem WpHG füllen allerdings den zuvor gezogenen Rahmen (Rn. 46–48) nicht völlig aus, da die Informationen auch formularmäßig (vgl. § 31 Abs. 3 S. 2 WpHG: in standardisierter Form) zur Verfügung gestellt werden können. Der Kunde muss nach § 31 Abs. 3 S. 1 WpHG die Risiken eben nur verstehen können, nicht aber auch tatsächlich verstanden haben.[167] Die **ordnungsgemäße Erfüllung der Informations- und Aufklärungspflichten nach dem WpHG kann daher die Unerfahrenheit kompensieren, im Einzelfall aber auch unzureichend** sein.[168]

53 Daher ist es gerade kein Widerspruch, dass die Erfüllung der Informations- und Aufklärungspflichten nach dem WpHG nicht automatisch auch zu einer Erfüllung der Aufklärungspflichten, die sich aus § 26 BörsG ergeben, führt.[169] Einer solchen Sichtweise ist von *Gehrmann* und *Zacharias* entgegengehalten worden, dass strafrechtlich nicht verboten sein könne, was kapitalmarktrechtlich erlaubt sei.[170] Strafrechtlich könne keine Verpflichtung bestehen, die kapitalmarktrechtlich nicht existiere.[171] Doch zum einen handelt es sich bei § 49 BörsG nur um eine Blankostrafvorschrift, die zur Ausfüllung auf die – kapitalmarktrechtliche –[172] Norm des § 26 BörsG verweist. Die Aufklärungspflichten, die sich aus dem Verbot des § 26 Abs. 1 BörsG ergeben, sind daher **primär kapitalmarktrechtlicher Natur**. Die entsprechende strafrechtliche Verpflichtung knüpft also gerade an eine kapitalmarktrechtliche Verpflichtung an. Die unterschiedliche Zielrichtung der Pflichten nach § 31 WpHG und nach § 26 BörsG macht es zudem erforderlich, hier inhaltlich zu differenzieren. Die **Zielsetzung des WpHG** besteht darin, einen einheitlichen Markt mit transparenter Informationslage zu schaffen, zu dem jeder chancengleichen Zugang finden kann (vgl. Rn. 12).[173] Demgegenüber besteht die **Zielsetzung von § 26 BörsG** darin, das Vermögen oder die Entschließungsfreiheit des Einzelnen zu schützen (s. dazu Rn. 13–15). Zudem wird der Täter der §§ 26, 49 BörsG **nicht wegen einer schlichten Pflichtverletzung im Sinne einer**

---

162 Vgl. *Gehrmann/Zacharias* WiJ 2012, 89 (96).
163 Vgl. auch die Einschätzung von *Gehrmann/Zacharias* WiJ 2012, 89 (97).
164 Näher hierzu 18. Kap. Rn. 82 ff.
165 Ähnlich *Gehrmann/Zacharias* WiJ 2012, 89 (97 f.).
166 *Gehrmann/Zacharias* WiJ 2012, 89 (98).
167 So schon Wabnitz/Janovsky/*Benner* 9. Kap. Rn. 228; *Gehrmann/Zacharias* WiJ 2012, 89 (99).
168 Ebenso Graf/Jäger/Wittig/*Waßmer* § 49 BörsG Rn. 52.
169 Einen solchen Widerspruch nehmen aber *Gehrmann/Zacharias* WiJ 2012, 89 (98), an, wenn die Pflichten des BörsG nicht im Wege der Auslegung mit denen nach dem WpHG gleichgesetzt werden.
170 In diesem Sinne *Gehrmann/Zacharias* WiJ 2012, 89 (99).
171 *Gehrmann/Zacharias* WiJ 2012, 89 (99).
172 Diese Einordnung nehmen *Gehrmann/Zacharias* WiJ 2012, 89 (98), gerade selbst vor.
173 Vgl. dazu auch Graf/Jäger/Wittig/*Waßmer* § 49 BörsG Rn. 52.

Unterlassung (unterlassene Aufklärung, unterlassene Erkundigung) bestraft, sondern wegen eines Tuns: des Verleitens. Mit dem Betrugstatbestand existieren durchaus sogar strafrechtliche Normen, die – um der Verhinderung eines Vermögensschadens willen – bei der Kommunikation (in Form der Täuschung als ein Tun) Pflichten zur Wahrheit auferlegen, die sich im Zivilrecht nicht finden. Als Beispiele sollen hier nur die Fälle der sozialen Zweckverfehlung des Bettel- oder Spendenbetrugs genannt werden, in denen etwa ein Bettler um Geld bittet, das er aber statt zur Stillung seines Hungers für Alkohol ausgibt, oder in denen ein Verwandter um eine Schenkung zur Begleichung von Steuerschulden oder zur Zahlung von Bußgeldern bittet, das Geld aber dann zur Begleichung anderer Schulden verwendet.[174]

Vertreten wird auch, dass eine **Verletzung lediglich der Erkundigungspflichten** aus § 31 Abs. 4 WpHG für §§ 26, 49 BörsG **nicht relevant** sein könne, solange dem Anleger die nach § 31 Abs. 3 WpHG notwendigen Informationen verschafft worden seien.[175] Dem ist schon insoweit zuzustimmen, als dass es ohnehin nicht darum geht, ob Verhaltenspflichten nach dem WpHG verletzt wurden. Stattdessen steht im Vordergrund, ob ein Unerfahrener ausreichend aufgeklärt wurde, sodass ein Erfahrungsvorsprung nicht zum Verleiten ausgenutzt wird. Der Täter muss sich nicht an das Pflichtenprogramm des WpHG halten, um dem Normbefehl der §§ 26, 49 BörsG zu entsprechen. Andererseits ist es kein Argument, dass die Verletzung der Pflichten aus § 31 Abs. 3a, Abs. 4 und Abs. 4a WpHG bereits wegen § 39 WpHG mit einem Bußgeld geahndet werden kann, der Gesetzgeber daher für derartige Pflichtverstöße eine Ordnungswidrigkeit als ausreichend erachtet habe und daher eine strafrechtliche Sanktion wegen der sich dann ergebenden Diskrepanz nicht daran geknüpft werden dürfe.[175] Denn hiergegen muss eingewandt werden, dass es für die Ordnungswidrigkeit etwa nach § 39 Abs. 2 Nr. 15a WpHG ausreicht, dass dem Anleger kein Informationsblatt nach § 31 Abs. 3a WpHG ausgehändigt wurde. Für den Fall, dass dem Anleger ein Börsenspekulationsgeschäft angeraten wurde, er aber dessen Tragweite ohne das Informationsblatt ohne Probleme erfassen konnte und sich unter Abwägungen der Risiken für den Geschäftsabschluss entschied, wurde kein Unerfahrener verleitet. Für den Fall, dass der Anleger unerfahren war, ihm aber alle nötigen Informationen mündlich mitgeteilt wurden, sodass er trotz seiner Unerfahrenheit eine eigenverantwortliche Entscheidung treffen konnte, wurde dieser Unerfahrene verleitet, aber nicht unter Ausnutzung der Unerfahrenheit. Für diese Fälle genügt es tatsächlich, ein Bußgeld nach § 39 Abs. 2 Nr. 15a WpHG zu verhängen, damit hat es dann auch sein Bewenden. Hat die Pflichtverletzung aber zur Folge, dass der Tatbestand von §§ 26, 49 BörsG erfüllt ist, dann liegen zwangsläufig weitere unrechtskonstitutive Merkmale jenseits der bloßen Pflichtverletzung vor, die eine strafrechtliche Sanktion im Interesse des Schutzes der sonst beeinträchtigten Rechtsgüter (Rn. 13–15) rechtfertigen.

Hinzu kommt, dass die Pflichten aus § 31 WpHG nur für **Wertpapierdienstleistungsunternehmen** gelten. Der Kreis dieser in § 2 Abs. 4 WpHG geregelten Unternehmen deckt sich zwar mit den typischerweise auf der **Täterseite** der §§ 26, 49 BörsG agierenden Unternehmen. Allerdings handelt als Täter niemals ein Unternehmen, sondern zwingend ein **Mensch**, den diese Verpflichtung zudem möglicherweise nicht einmal mittelbar trifft, weil diese Tat von jedermann (insbesondere ohne jeglichen Unternehmensbezug) begangen werden kann (Rn. 6). Gleichwohl ist **für eine wirksame Aufklärung immer anzuraten**, sich den in **§ 31 WpHG** geregelten Standard und damit „fein austarierte Wohlverhaltenspflichten" zunutze zu machen und umzusetzen, weil das BörsG selbst keinerlei konkrete Regelungen hierzu enthält.[176] Demgegenüber finden sich zu den Pflichten nach dem WpHG inzwischen zahlreiche Kommentierungen, Erläuterungen und auch Gerichtsentscheidun-

---

174 Details bei *Saliger* in Matt/Renzikowski, StGB, § 263 Rn. 214 ff., insbesondere Rn. 218.
175 *Gehrmann/Zacharias* WiJ 2012, 89 (100).
176 *Gehrmann/Zacharias* WiJ 2012, 89 (99).

gen, auf die zur Konkretisierung und bei Zweifelsfragen zurückgegriffen werden kann. Effektive Compliance wird sich an diesen Pflichten daher selbst dann orientieren, wenn den Einzelnen gar keine Pflicht aus § 31 WpHG trifft.

c) Schlussfolgerungen für eine wirksame Aufklärung

56 Um die **aufgezeigte Lücke** (Rn. 52–53) zwischen der Erfüllung der Pflichten nach dem WpHG und den Pflichten nach § 26 BörsG zu schließen, ist es vor allem notwendig, **bei Rückfragen** weitere Informationen zu übermitteln, um diese zu beantworten. Gewinnt der Verleitende zudem den Eindruck, der Unerfahrene habe die Informationen nicht bzw. falsch verstanden, so darf er sich diesen Umstand gerade nicht zunutze machen, sondern muss entweder **weiter aufklären oder das Verleiten abbrechen**. Geht der Verleitende schon vor der Übermittlung der nach dem WpHG verlangten Informationen davon aus, dass der Unerfahrene diese nicht verstehen wird, dann muss der Verleitende bereits zu diesem Zeitpunkt auf die Situation reagieren und die Informationen so aufbereiten, dass sie für den Adressaten verständlich sind. Ein Beispiel für eine solche Situation ist ein Mensch, der so grundsätzliche Defizite in der Allgemeinbildung aufweist, dass er die im Ursprungstext verwendeten Begriff nicht verstehen kann. Ein anderes Beispiel ist ein Mensch hohen Alters, der infolge drastisch abgesunkener geistiger Kapazität nicht mehr in der Lage ist, einen Text zu erfassen, wenn dieser nicht aus ganz einfachen, kurzen Sätzen besteht. Die Schutzbedürftigkeit liegt in derartigen Beispielfällen auf der Hand.[177] Allerdings dürfte die Ansicht, in solchen Situationen seien die Unerfahrenen durch den Wuchertatbestand des § 291 StGB geschützt,[178] zu kurz greifen. Denn Wucher verlangt neben einer – wohl tatsächlich anzunehmenden – spezifischen Schwächeposition wie Unerfahrenheit oder einem Mangel an Urteilsvermögen,[179] dass ein Austauschgeschäft vorgenommen wird, bei dem ein auffälliges Missverhältnis zwischen Leistung und Gegenleistung besteht.[180] Das strafbare Verleiten zum Börsenspekulationsgeschäft erfasst aber gerade auch Fälle, in denen das Geschäft Gewinne für den Unerfahrenen abwirft. Außerdem kann der erteilte Ratschlag – selbst wenn das Börsenspekulationsgeschäft zu Verlusten führt – das dafür zu zahlende Entgelt objektiv wert sein. § 291 StGB verlangt also viel engere Voraussetzungen als §§ 26, 49 BörsG, die in zahlreichen Fallkonstellationen gerade nicht erfüllt sind.

d) Nachweis

57 Allerdings ist es angesichts des für das Strafrecht maßgeblichen Grundsatzes „in dubio pro reo" zweifelhaft, ob Aufklärungsmängel **nachgewiesen** werden können, wenn einem Unerfahrenen zum einen umfangreiches oder doch zumindest adäquates Aufklärungsmaterial überlassen wurde und von diesem zum anderen die **schriftliche Bestätigung** eingeholt wurde, **alles verstanden** zu haben.[181] *Gehrmann* und *Zacharias* weisen darauf hin, dass nach dem WpHG den Kunden eines Wertpapierdienstleistungsunternehmens die Obliegenheit trifft, das überlassene Aufklärungsmaterial auch zu lesen.[182] Schon objektiv kann in diesem Fall der Beweis des Verleitens unter Ausnutzung der Unerfahrenheit scheitern.[183] Anders wird die Bewertung dann ausfallen, wenn die überlassenen Unterlagen unverständlich oder ohne Hintergrundwissen nicht nach-

---

177 Dies räumen auch *Gehrmann/Zacharias* WiJ 2012, 89 (101), ein.
178 So die Ansicht von *Gehrmann/Zacharias* WiJ 2012, 89 (101).
179 Dazu *Wietz* in Matt/Renzikowski, StGB, § 291 Rn. 8.
180 Details bei *Wietz* in Matt/Renzikowski, StGB, § 291 Rn. 2 und Rn. 5.
181 Ebenso *Szesny* in Böttger, Wirtschaftsstrafrecht, Kap. 6 Rn. 195; Graf/Jäger/Wittig/*Waßmer* § 49 BörsG Rn. 56. Kritisch zu einer solchen Praxis und den damit einhergehenden Beweisschwierigkeiten Park/*Park* Teil 3 Kap. 4 Rn. 349.
182 *Gehrmann/Zacharias* WiJ 2012, 89 (95 f.).
183 Vergleichbar Park/*Park* Teil 3 Kap. 4 Rn. 349; *Szesny* in Böttger, Wirtschaftsstrafrecht, Kap. 6 Rn. 195; Graf/Jäger/Wittig/*Waßmer* § 49 BörsG Rn. 55.

vollziehbar sind und zudem die schriftliche Bestätigung den Eindruck vermittelt, pro forma[184] erteilt oder abgerungen[185] worden zu sein. Daher sollte im Sinne einer effektiven Compliance gerade die Bestätigung, die ein Kunde abgibt, sicherheitshalber nicht nur den Vermerk enthalten, aufgeklärt worden zu sein, sondern differenziert aufzeigen, dass entweder eine gewisse Verarbeitung stattgefunden hat oder keine Fragen offengeblieben sind.[186] Hierzu kann es sich anbieten, anstatt lediglich eine vorgefertigte Erklärung abzeichnen zu lassen, den Kunden um konkrete schriftliche Aussagen zur Qualität und zum Stand der Aufklärung zu bitten oder ihm zumindest mehrere Optionen zur Auswahl – etwa zum Ankreuzen – vorzugeben. Hilfreich könnte es auch sein, eine Bewertung der Aufklärung einzuholen, die z.B. durch Ankreuzen auf einer Skala (0 = völlig unverständlich, 10 = sehr verständlich, ohne dass Fragen offen geblieben wären) abgegeben wird. Gerade dann, wenn zusätzlich zu Informationsmaterial (oder anstelle dessen) eine mündliche Aufklärung erfolgt ist, kann eine solche Dokumentation einen Eindruck erzeugen, der sich durch Beweis nur sehr schwer widerlegen lässt. Zumindest hinsichtlich des Ausnutzungsbewusstseins dürften sich für die Ermittlungsbehörden große Nachweisschwierigkeiten ergeben (vgl. dazu Rn. 72).

e) Verzicht auf Aufklärung

Die Pflicht zur Aufklärung schützt – wie das Verbot, unter Ausnutzung der Unerfahrenheit zu verleiten, – die Willens- und Entschließungsfreiheit des Einzelnen (vgl. Rn. 15). Daher steht es ihm frei, auf Aufklärung zu **verzichten**. Dieser Verzicht hat zur Folge, dass der Unerfahrene nicht unter Ausnutzung seiner Unerfahrenheit verleitet wird.[187] Es handelt sich somit um ein **tatbestandsausschließendes Einverständnis**. Allerdings darf der Unerfahrene auch nicht zu solch einem Einverständnis verleitet werden. Über die grundsätzlichen Dimensionen seiner Unerfahrenheit und der damit einhergehenden Risiken muss sich der Unerfahrene daher bewusst sein, um wirksam seinen Willen fassen zu können. Wer beispielsweise einen bestimmten Geldbetrag riskieren möchte und bereit ist, damit unter Inkaufnahme beliebiger Risiken zu „zocken", der muss wissen, ob ihm z.B. weitergehende Verluste durch Nachschusspflichten drohen. Ein Einverständnis sollte schriftlich erklärt werden und unzweifelhaft die Freiheit von etwaigen Willensmängeln (insbesondere, zu dieser Erklärung verleitet worden zu sein) dokumentieren.

58

III. Bezug: Börsenspekulationsgeschäfte

1. Begriff des Börsenspekulationsgeschäfts

Das Verbot des Verleitens aus §§ 26, 49 BörsG gilt nur für **Börsenspekulationsgeschäfte**. Diese werden durch § 26 Abs. 2 BörsG zunächst einmal als **Differenzgeschäfte** umrissen:[188] Sie müssen darauf abzielen, „aus dem Unterschied zwischen dem für die Lieferzeit festgelegten Preis und dem zur Lieferzeit vorhandenen Börsen- oder Marktpreis einen Gewinn zu erzielen". Das Spekulative solcher Geschäfte besteht gerade darin, dass nur der „festgelegte Preis" bekannt ist, der „zur Lieferzeit vorhandene Börsen- oder Marktpreis" aber allenfalls prognostiziert werden kann.[189] Er kann daher unterhalb des „festgelegten Prei-

59

---

184 Kritisch gegenüber einer „formularmäßigen Bestätigung" auch *Hagemann* „Grauer Kapitalmarkt" und Strafrecht, 402 f.; Graf/Jäger/Wittig/*Waßmer* § 49 BörsG Rn. 55.
185 Graf/Jäger/Wittig/*Waßmer* § 49 BörsG Rn. 55, spricht in diesem Zusammenhang von vorgetäuschten oder erschlichenen Aufklärungen bzw. Bestätigungen.
186 Ähnlich im Ergebnis wohl auch Graf/Jäger/Wittig/*Waßmer* § 49 BörsG Rn. 55.
187 Vgl. dazu auch Park/*Park* Teil 3 Kap. 4 Rn. 348 a.E.
188 *Schlüchter* 2. WiKG, 150; *Schröder* Aktienhandel und Strafrecht, 181; Graf/Jäger/Wittig/*Waßmer* § 49 BörsG Rn. 12; Erbs/Kohlhaas/*Wehowsky* B 155, § 49 BörsG Rn. 4.
189 Vgl. Graf/Jäger/Wittig/*Waßmer* § 49 BörsG Rn. 13.

ses" liegen, darüber, aber auch mit diesem identisch sein. Der Spekulant trägt also das Risiko, ob er die Preisentwicklung richtig einschätzt, sodass die sich ergebende Differenz zu dem „festgelegten Preis" für ihn einen Gewinn abwirft.[190]

60 Typische Geschäfte dieser Art sind **Börsentermingeschäfte**, die auf Waren (Warentermingeschäfte[191]), Devisen (Devisentermingeschäfte) oder Finanzinstrumente (Financial Futures)[192] abgeschlossen werden.[193] Diesen liegen Verträge nach gleichartigen Bedingungen zugrunde, die von beiden Parteien erst zu einem im Vertrag bestimmten späteren Zeitpunkt zu erfüllen sind und eine Beziehung zu einem Terminmarkt haben, der es ermöglicht, jederzeit ein Gegengeschäft abzuschließen.[194] § 2 Abs. 2 WpHG definiert mit den „Derivaten" eine vergleichbare Gruppe von Geschäften,[195] zumal § 2 Abs. 2 Nr. 3 WpHG ausdrücklich „finanzielle Differenzgeschäfte" als Untergruppe benennt. Von § 37e S. 2 WpHG werden diese Derivaten mit den Optionsscheinen dann zu den „Finanztermingeschäften" zusammengefasst (allerdings ausdrücklich nur für die Verwendung dieses Begriffs in den §§ 37e–37h WpHG). Hierauf lässt sich § 26 Abs. 1 Nr. 1 BörsG grundsätzlich beziehen.[196]

61 Allerdings sind Termingeschäfte dann nicht spekulativ, wenn der Gegenstand des Geschäftes tatsächlich gehandelt werden soll (z.B. Kauf oder Verkauf von Erdgas oder Aktien) und das Termingeschäft dazu dient, den Preis zu **stabilisieren** (sog. **Hedgegeschäft**).[197] Für Händler, die erst in einiger Zeit den Geschäftsgegenstand (z.B. Erdgas oder Aktien) benötigen oder veräußern wollen, sich aber bereits jetzt einen bestimmten Preis sichern und dadurch einer allzu großen Unsicherheit hinsichtlich der Preisentwicklung vorbeugen wollen, ist der Terminhandel „**Ausdruck kaufmännischer Vorsicht**".[198] Derartige Händler streben nicht danach, aus der Differenz zum „zur Lieferzeit vorhandenen Börsen- oder Marktpreis" einen Gewinn zu erzielen.[199] Sie wollen stattdessen zum „festgelegten Preis" liefern bzw. entgegennehmen und dadurch den „zur Lieferzeit vorhandenen" Preis eliminieren.[200] Für sie spielt dieser planmäßig gar keine Rolle, sie spekulieren nicht darauf.[201] Dies gilt im Übrigen auch für Privatpersonen, die z.B. erst

---

190 Vgl. auch Park/*Park* Teil 3 Kap. 4 Rn. 324; *Schröder* Aktienhandel und Strafrecht, 82 f.; *Szesny* in Böttger, Wirtschaftsstrafrecht, Kap. 6 Rn. 191; Graf/Jäger/Wittig/*Waßmer* § 49 BörsG Rn. 15.
191 Dazu ausführlich Park/*Park* Teil 3 Kap. 4 Rn. 326; Achenbach/Ransiek/*Schröder* 10. Teil Kap. 2 Rn. 236 und Rn. 241 ff.
192 Zum Begriff – auch in notwendiger Abgrenzung zum „Finanztermingeschäft" – *Schröder* Kapitalmarktstrafrecht, Rn. 776 und Rn. 788; demgegenüber spricht Park/*Park* Teil 3 Kap. 4 Rn. 327, noch unscharf auch von „Finanztermingeschäften", die in §§ 37e f. WpHG den Oberbegriff beider Arten von Termingeschäften bilden.
193 Instruktiver Überblick bei Achenbach/Ransiek/*Schröder* 10. Teil Kap. 2 Rn. 236.
194 *BGHZ* 92, 317 (320); 114, 177 (179); 142, 345 (350); 149, 294 (301); 150, 164 (168); *Schröder* Aktienhandel und Strafrecht, 82; *ders*. Kapitalmarktstrafrecht, Rn. 801; vgl. Park/*Park* Teil 3 Kap. 4 Rn. 326; Graf/Jäger/Wittig/*Waßmer* § 49 BörsG Rn. 24.
195 Detailliertere Darstellung bei *Schröder* Kapitalmarktstrafrecht, Rn. 803; zust. *Szesny* in Böttger, Wirtschaftsstrafrecht, Kap. 6 Rn. 192.
196 *Schröder* Kapitalmarktstrafrecht, Rn. 803 und 805; *Szesny* in Böttger, Wirtschaftsstrafrecht, Kap. 6 Rn. 192.
197 Dazu insgesamt ausführlich *Schröder* Kapitalmarktstrafrecht, Rn. 774 ff., Rn. 802; Park/*Park* Teil 3 Kap. 4 Rn. 327; Schwark/Zimmer/*Schwark* § 26 BörsG Rn. 3; *Bergmann* ZBB 2008, 160 (169); Erbs/Kohlhaas/*Wehowsky* B 155, § 49 BörsG Rn. 4; *Hagemann* „Grauer Kapitalmarkt" und Strafrecht, 397; *Groß* Kapitalmarktrecht, § 26 BörsG Rn. 2; *Szesny* in Böttger, Wirtschaftsstrafrecht, Kap. 6 Rn. 192; Graf/Jäger/Wittig/*Waßmer* § 49 BörsG Rn. 26 und Rn. 38; Müller-Gugenberger/Bieneck/*Schumann* § 68 Rn. 10.
198 Treffend und anschaulich *Schröder* Kapitalmarktstrafrecht, Rn. 774 ff., mit detaillierten weiteren Beispielen; zust. Park/*Park* Teil 3 Kap. 4 Rn. 324 und 327; Graf/Jäger/Wittig/*Waßmer* § 49 BörsG Rn. 38.
199 Ein derartiges Streben macht das Spekulationsgeschäft aus, vgl. *Schröder* Kapitalmarktstrafrecht, Rn. 781; Park/*Park* Teil 3 Kap. 4 Rn. 326 f.; Graf/Jäger/Wittig/*Waßmer* § 49 BörsG Rn. 14 und Rn. 25.
200 Vgl. Park/*Park* Teil 3 Kap. 4 Rn. 327.
201 *Schröder* Kapitalmarktstrafrecht, Rn. 774.

in einiger Zeit Aktien beziehen oder veräußern wollen, aber bereits jetzt in einem Termingeschäft für diesen Zeitpunkt den Preis festlegen, sodass sie gerade **keinen Gewinn aus der Differenz** zum tatsächlichen späteren Marktpreis anstreben.[202]

Dasselbe gilt für die in § 26 Abs. 2 BörsG genannten **Optionsgeschäfte**.[203] Für den Fall, dass ein realer Austausch von Waren angestrebt wird, zielt auch der Erwerb oder die Veräußerung einer Option über ein Warentermingeschäft nicht darauf ab, aus der Differenz zum späteren Markt- oder Börsenpreis Gewinne zu erzielen.[204] Für Privatanleger können auf Aktien bezogene Optionsgeschäfte die Risiken für den späteren Erwerb oder die späteren Veräußerung von Aktien reduzieren,[205] insbesondere etwa in einem Depot enthaltene Aktien gegen den Kursverfall gegenüber einem späteren Verkaufszeitpunkt absichern.[206] Optionsgeschäfte auf Aktien können aber auch rein spekulativ sein, etwa wenn ein Privatanleger eine Kaufoption verkauft für Aktien, die er gar nicht hat.[207] Entwickelt sich der Aktienkurs nun so, dass er den in der Option vereinbarten Preis ganz deutlich übersteigt, wird der Optionskäufer die Option wahrnehmen und vom Privatanleger den Verkauf der Aktien zu ebendiesem Preis verlangen, die der Privatanleger mit erheblichen Verlusten zum Kurspreis kaufen muss.[208]   **62**

Die in § 37e S. 2 WpHG genannten **Optionsscheine** werden zwar als Wertpapiere nicht auf Termin, sondern am **Kassamarkt** gehandelt.[209] Deren Veräußerung oder Erwerb ist somit kein Termingeschäft, sondern ein sofort zu erfüllendes Kassageschäft.[210] In diesen Wertpapieren sind aber Optionsgeschäfte verbrieft, sodass sie auch vergleichbare Risiken aufweisen und somit ebenfalls Börsenspekulationsgeschäfte sein können.[211] Optionsscheine, die sich an Index-Entwicklungen orientieren und das (fiktive) Recht zum Gegenstand haben, einen Index zu einem bestimmten Preis kaufen oder verkaufen zu dürfen, eignen sich nur unter engen Voraussetzung für Hedgegeschäfte, bergen ansonsten hohe Spekulationsrisiken.[212] Besonders spekulativ sind die sogenannten **Exotischen Optionsscheine**, die zwar zumeist hohe Gewinnchancen versprechen, aber auch mit hohen Risiken verbunden sind, etwa indem das Optionsrecht bei bestimmten Kursentwicklungen verfällt („Knock-out-Optionsschein") oder die Option im Bezug anderer Optionsscheine besteht („Turbo-Optionsschein").[213]   **63**

Maßgeblich für die Frage, ob ein Geschäft **Spekulationscharakter** hat oder nicht, ist somit die **Zielsetzung**, die damit verfolgt wird, und der **wirtschaftliche Kontext**, in dem das   **64**

---

202 *Schröder* Kapitalmarktstrafrecht, Rn. 773; Graf/Jäger/Wittig/*Waßmer* § 49 BörsG Rn. 38.
203 *Schröder* Aktienhandel und Strafrecht, 83 f.; *ders.* Kapitalmarktstrafrecht, Rn. 778; vgl. Park/*Park* Teil 3 Kap. 4 Rn. 329.
204 Graf/Jäger/Wittig/*Waßmer* § 49 BörsG Rn. 29; vgl. *Schröder* Aktienhandel und Strafrecht, 85.
205 Deutlich *Schröder* Kapitalmarktstrafrecht, Rn. 793, mit Beispielen.
206 *Schröder* Aktienhandel und Strafrecht, 86; *ders.* Kapitalmarktstrafrecht, Rn. 802 und Rn 809 f., mit einem ausführlichen Beispiel.
207 Park/*Park* Teil 3 Kap. 4 Rn. 329; *Schröder* Kapitalmarktstrafrecht, Rn. 794; vgl. *dens.* Aktienhandel und Strafrecht, 102; *BGHZ* 147, 343 ff.; Graf/Jäger/Wittig/*Waßmer* § 49 BörsG Rn. 29.
208 Ausführlich *Schröder* Aktienhandel und Strafrecht, 87 f.; *ders.* Kapitalmarktstrafrecht, Rn. 794; vgl. Graf/Jäger/Wittig/*Waßmer* § 49 BörsG Rn. 29.
209 *Schröder* Kapitalmarktstrafrecht, Rn. 805 und 813; vgl. Park/*Park* Teil 3 Kap. 4 Rn. 330.
210 *BGHZ* 114, 177 (180); 133, 200 (206); Park/*Park* Teil 3 Kap. 4 Rn. 331; *Schröder* Aktienhandel und Strafrecht, 91 ff., insbesondere 96 f.; *ders.* Kapitalmarktstrafrecht, Rn. 816; *Schwark* WM 1988, 921 (923 ff.).
211 *Schröder* Aktienhandel und Strafrecht, 88 ff.; *ders.* Kapitalmarktstrafrecht, Rn. 805 und ausführlich Rn. 813 ff.; vergleichbar Park/*Park* Teil 3 Kap. 4 Rn. 331; Graf/Jäger/Wittig/*Waßmer* § 49 BörsG Rn. 32 f.
212 Ausführlich *Schröder* Kapitalmarktstrafrecht, Rn. 820 ff.; vgl. *ders.* Aktienhandel und Strafrecht, 86 ff., für die vergleichbaren Optionen auf Indizes.
213 Detailliert *Schröder* Kapitalmarktstrafrecht, Rn. 824 und 829.

Geschäft erfolgt.²¹⁴ Sollen z.B. nur kurssichernde Hedgegeschäfte abgeschlossen werden, was etwa den Besitz von Aktien oder eine reale Nachfrage nach Rohstoffen als wirtschaftlichen Kontext voraussetzen kann, kann ein Verleiten zum Abschluss eines bestimmten derartigen Geschäftes schon grundsätzlich nicht nach §§ 26, 49 BörsG strafbar sein. Da die Zielsetzung und der wirtschaftliche Kontext von ganz individuellen Faktoren abhängen und für verschiedene Basiswerte, auf die sich das Geschäft bezieht, ganz unterschiedlich ausfallen können, muss dieser Rahmen für eine wirksame Compliance individuell für jeden Einzelfall in Erfahrung gebracht werden.²¹⁵ Wird einer Person statt zu einem Hedgegeschäft zu einem Termingeschäft in Waren geraten, deren realer Austausch für sie nicht in Betracht kommt, dann wird diese Person gerade durch diese Empfehlung möglicherweise zu einem Börsenspekulationsgeschäft verleitet. Strebt eine Person von Anfang an an, aus Preisdifferenzen infolge von Kursschwankungen Gewinne zu erzielen, dann kann eine Empfehlung zu einem bestimmten Geschäft, dessen Risiken nicht offengelegt werden, ein tatbestandsmäßiges Verleiten sein.²¹⁶

65 Für **Optionsscheine**, die einer Kaufoption entsprechen, hat *Schröder* die Formel aufgestellt, dass es sich dabei **dann um Börsenspekulationsgeschäfte** handelt, wenn es „einen entsprechenden Parallelmarkt an den organisierten Terminbörsen gibt" und „der Bezugspreis der zugrunde liegende Aktie, Devise usw. im Zeitpunkt des Erwerbs des Optionsscheins über dem aktuellen Aktien- bzw. Devisenkurs usw. liegt und die Restlaufzeit des Optionsscheins im Zeitpunkt des Kaufes nicht die maximalen Laufzeiten von Optionen an den organisierten Terminbörsen überschreitet."²¹⁷ Ist in der Praxis die Ausstellung und Auslieferung der Bezugsgegenstände (Aktien, Waren etc.) ohnehin durch die Optionsbedingungen ausgeschlossen,²¹⁸ spricht dies ebenfalls dafür, dass das Geschäft rein spekulativen Charakter hat.²¹⁹

66 Auch **andere Kassageschäfte** als der Handel mit Optionsscheinen werden daher als Börsenspekulationsgeschäfte angesehen, wenn sie die Zielsetzung verfolgen, aus Preisdifferenzen Gewinne zu erzielen.²²⁰ Ein Beispiel hierfür ist der **Kauf von Aktienbezugsrechten**, wenn der Käufer gar keine Aktien beziehen, sondern lediglich aus einer Differenz zwischen Bezugspreis und Tageskurs der Aktie Gewinn schöpfen will, weil dieses Risikogestaltung der einer Option entspricht.²²¹ Dasselbe gilt für **Leerverkäufe von Aktien**.²²² Da inzwischen

---

214 *Schröder* Aktienhandel und Strafrecht, 183; *ders.* Kapitalmarktstrafrecht, Rn. 808 ff. und Rn. 830; ihm folgend Park/*Park* Teil 3 Kap. 4 Rn. 327; Graf/Jäger/Wittig/*Waßmer* § 49 BörsG Rn. 15 und Rn. 38; vgl. *Hagemann* „Grauer Kapitalmarkt" und Strafrecht, 397; *Lenenbach* Kapitalmarktrecht und kapitalmarktrelevantes Gesellschaftsrecht, Rn. 1.65 f.
215 Vergleichbar *Schröder* Kapitalmarktstrafrecht, Rn. 808 und 812.
216 Vgl. *Schröder* Kapitalmarktstrafrecht, Rn. 810.
217 Achenbach/Ransiek/*Schröder* 10. Teil Kap. 2 Rn. 267; *ders.* Kapitalmarktstrafrecht, Rn. 828; vgl. Graf/Jäger/Wittig/*Waßmer* § 49 BörsG Rn. 33.
218 Dazu *Schröder* Aktienhandel und Strafrecht, 97 f.; vgl. Park/*Park* Teil 3 Kap. 4 Rn. 329.
219 So auch Park/*Park* Teil 3 Kap. 4 Rn. 329 ff.
220 BGHZ 58, 1 (2); 149, 294 ff.; Park/*Park* Teil 3 Kap. 4 Rn. 330 und Rn. 332; *Schröder* Aktienhandel und Strafrecht, 81 f.; *ders.* Kapitalmarktstrafrecht, Rn. 813 ff.; Schwark/Zimmer/*Schwark* § 26 BörsG Rn. 2; *Szesny* in Böttger, Wirtschaftsstrafrecht, Kap. 6 Rn. 192; Graf/Jäger/Wittig/*Waßmer* § 49 BörsG Rn. 30; Erbs/Kohlhaas/*Wehowsky* B 155, § 49 BörsG Rn. 4; a.A. noch *Imo* Börsentermin- und Börsenoptionsgeschäfte, Bd. 1, Rn. 1503.
221 Ausführlich *Schröder* Aktienhandel und Strafrecht, 99 f.; *ders.* Kapitalmarktstrafrecht, Rn. 831; zust. Park/*Park* Teil 3 Kap. 4 Rn. 332; Graf/Jäger/Wittig/*Waßmer* § 49 BörsG Rn. 36.
222 Dazu ausführlich Park/*Park* Teil 3 Kap. 4 Rn. 333; *Schröder* Aktienhandel und Strafrecht, 100; *ders.* Kapitalmarktstrafrecht, Rn. 832 ff.; Schwark/Zimmer/*Schwark* § 26 BörsG Rn. 2; Graf/Jäger/Wittig/*Waßmer* § 49 BörsG Rn. 36; vgl. *Lenenbach* Kapitalmarktrecht und kapitalmarktrelevantes Gesellschaftsrecht, Rn. 7.8.

durch Art. 12 f. Verordnung (EU) Nr. 236/2012[223] der Handel mit ungedeckten Leerverkäufen von Aktien und öffentlichen Schuldtiteln eingeschränkt wurde und diese Beschränkungen nach § 30h WpHG überwacht werden, dürften Leerverkäufe nur noch nach vorheriger Wertpapierleihe bzw. ähnlicher Absicherungen gem. Art. 12 Abs. 1 Buchst. a–c Verordnung (EU) Nr. 236/2012 abgeschlossen werden.[224] Dadurch wird das Risiko zwar für den Erfüllungszeitpunkt gesenkt, doch mit Blick auf den Zeitpunkt, an dem „geliehene" Aktien zurückgegeben werden müssen, verlagert sich letztlich nur der zeitliche Bezugspunkt, das Geschäft bleibt unter diesem Gesichtspunkt spekulativ.[225]

Auch der Erwerb eines **Zertifikates**, also eines Wertpapiers, das letztlich ein verzinstes Kreditgeschäft verbrieft, ist ein Kassageschäft.[226] Bildet das Zertifikat die Risiken eines Optionsgeschäftes ab, dann kann es wie ein solches Geschäft zu Hedgezwecken genutzt sein.[227] In gleicher Weise ist aber auch die Spekulation möglich. Auch hier richtet sich die Einordnung also nach den Gegebenheiten des Einzelfalls. Gegenüber den Risiken eines Optionsgeschäfts trägt der Käufer eines Zertifikats allerdings noch das durch die ehemalige Bank Lehman Brothers bekannt gewordene Risiko, dass der Emittent des Zertifikats insolvent wird.[228] Außerdem steht dem Käufer des Zertifikats – anders als bei einem vergleichbaren Optionsgeschäft – der „Kaufpreis" des Zertifikats (eigentlich ein dem Verkäufer gewährter Kredit) während der Laufzeit des Papiers nicht zur Verfügung. Der Verkäufer des Zertifikats eliminiert also sein Risiko, dass sein Vertragspartner insolvent werden könnte, und erhält zugleich die Mittel, um am Terminmarkt ein Gegengeschäft zu tätigen. Verbunden mit Knock-out-Kriterien, ggf. sogar an mehreren Bezugswerten orientiert, können sich die Verlustrisiken für den Käufer so erhöhen, dass dieser nach Ende der Laufzeit lediglich den Zins, nicht aber auch die Einlage zurückerhält.[229] Angesichts dieser Risiken ist ein solches Geschäft nicht nur als Börsenspekulationsgeschäft einzustufen. Vielmehr ist zudem davon auszugehen, dass der Käufer die alternativen Möglichkeiten, ein vergleichbares Optionsgeschäft abzuschließen und dadurch einen Teil der Risiken zu reduzieren, nicht gesehen hat und sich insoweit der Tragweite seiner Spekulationsentscheidungen nicht bewusst war.

2. Börsenbezug des Spekulationsgeschäfts

Hinzu kommt, dass Börsenspekulationsgeschäfte nur einen **Bezug zu einem Börsen- oder Marktpreis** als Basiswert[230] haben müssen.[231] Sie müssen – anders als Börsentermingeschäfte – nach § 26 Abs. 2 BörsG aber **nicht zwingend an einer Börse abgeschlossen** werden, auch ein außerbörslicher Abschluss („over the corner") ist möglich.[232]

---

223 Verordnung (EU) Nr. 236/2012 des Europäischen Parlaments und des Rates vom 14.3.2012 über Leerverkäufe und bestimmte Aspekte von Credit Default Swaps, AblEU Nr. L 86/1 vom 24.3.2012.
224 Überblick bei Park/*Park* Teil 3 Kap. 4 Rn. 333.
225 Park/*Park* Teil 3 Kap. 4 Rn. 333; *Schröder* Kapitalmarktstrafrecht, Rn. 833.
226 Park/*Park* Teil 3 Kap. 4 Rn. 330 und Rn. 334.
227 Vgl. Park/*Park* Teil 3 Kap. 4 Rn. 334; Graf/Jäger/Wittig/*Waßmer* § 49 BörsG Rn. 35 a.E.
228 Emittentenausfallrisiko, vgl. *Schröder* Kapitalmarktstrafrecht, Rn. 835a.
229 Beispiele bei *Schröder* Kapitalmarktstrafrecht, Rn. 835a f.; vgl. Graf/Jäger/Wittig/*Waßmer* § 49 BörsG Rn. 35.
230 Zum Begriff *Schröder* Kapitalmarktstrafrecht, Rn. 811.
231 *Bröker* wistra 1993, 161 (162); Park/*Park* Teil 3 Kap. 4 Rn. 336; Müller-Gugenberger/Bieneck/*Schumann* § 68 Rn. 10; Graf/Jäger/Wittig/*Waßmer* § 49 BörsG Rn. 17 f.
232 Graf/Jäger/Wittig/*Waßmer* § 49 BörsG Rn. 17; Schwark/Zimmer/*Schwark* § 26 BörsG Rn. 2. Zur abweichenden früheren Auslegung, bevor das Gesetz diese klarstellende Regelung enthielt, vgl. *Bröker* wistra 1993, 161 (162).

IV. Geschäftsabschluss und unmittelbare Beteiligung daran

69 Das Verleiten muss insoweit kausal zu einem **Erfolg** führen, als dass der Verleitete das Börsenspekulationsgeschäft **abschließt**.[233] Handelt es sich bei diesem Geschäft um ein Börsengeschäft, dann muss der Täter dieses tätigen.[234] Tätigt er es mit anderen zusammen (auch über ein Sammelkonto), ist dies als **unmittelbare Beteiligung** am Geschäftsabschluss ebenfalls von § 26 Abs. 2 BörsG umfasst.[235] Handelt es sich um ein Geschäft, das lediglich auf ein Börsengeschäft Bezug nimmt (welches etwa vom Täter oder einem Dritten abzuschließen ist), so kommt es nicht darauf an, ob dieses Börsengeschäft ebenfalls abgeschlossen wurde.[236] Auch lediglich vorgetäuschte Börsenspekulationsgeschäfte sollen ausreichen.[237] Allerdings wird man auch hierfür verlangen müssen, dass der Verleitete eine Handlung vornimmt, die einem Geschäftsabschluss entspricht.[238]

V. Mittelbare Beteiligung am Geschäftsabschluss

70 Auch eine **mittelbare Beteiligung** am Geschäftsabschluss genügt nach § 26 Abs. 2 BörsG als Erfolg des Verleitens. Dazu genügt es, rein schuldrechtlich an den Spekulationserfolgen anderer zu partizipieren, etwa durch Beteiligung an einem Fonds, dessen Anlageziel und Anlageschwerpunkt darin besteht, Börsenspekulationsgeschäfte abzuschließen.[239] Ein Beispiel hierfür kann die Beteiligung an einem **Hedgefonds** sein.[240] Möglich ist auch die Gründung oder der Erwerb von Anteilen einer (Kapital-)Gesellschaft, die ihrerseits Börsenspekulationsgeschäfte abschließt.[241] Auch bei einem Sammelkonto, das von einem Dritten gemanagt wird und dessen Mittel er in eigenem Namen in Börsenspekulationsgeschäfte investiert, während die Einleger nur einen schuldrechtlichen Anspruch auf Gewinnbeteiligung haben, liegt eine nur mittelbare Beteiligung vor.[242] Die Beteiligung am Fonds, Sammelkonto oder an der Gesellschaft genügt, ohne dass die angestrebten Börsenspekulationsgeschäfte schon abgeschlossen sein müssten.[243]

---

233 Park/*Park* Teil 3 Kap. 4 Rn. 352; Erbs/Kohlhaas/*Wehowsky* B 155, § 49 BörsG Rn. 16; Graf/Jäger/Wittig/*Waßmer* § 49 BörsG Rn. 71 f., betont, dass das Delikt sonst im (straflosen) Versuch steckenbleibt.
234 *Schröder* Kapitalmarktstrafrecht, Rn. 836.
235 *Schröder* Kapitalmarktstrafrecht, Rn. 836 f.
236 Park/*Park* Teil 3 Kap. 4 Rn. 335; deutlich Achenbach/Ransiek/*Schröder* 10. Teil Kap. 2 Rn. 231; *ders.* Kapitalmarktstrafrecht, Rn. 846; vgl. Schwark/Zimmer/*Schwark* § 26 BörsG Rn. 2.
237 *Hagemann* „Grauer Kapitalmarkt" und Strafrecht, 398; Graf/Jäger/Wittig/*Waßmer* § 49 BörsG Rn. 19; *Szesny* in Böttger, Wirtschaftsstrafrecht, Kap. 6 Rn. 192; Erbs/Kohlhaas/*Wehowsky* B 155, § 49 BörsG Rn. 5.
238 Vergleichbar Graf/Jäger/Wittig/*Waßmer* § 49 BörsG Rn. 19, der die „Vereinbarung des Geschäfts" verlangt; ebenso Erbs/Kohlhaas/*Wehowsky* B 155, § 49 BörsG Rn. 5.
239 *Hagemann* „Grauer Kapitalmarkt" und Strafrecht, 397 f.; Park/*Park* Teil 3 Kap. 4 Rn. 340; *Schröder* Aktienhandel und Strafrecht, 99; *ders.* Kapitalmarktstrafrecht, Rn. 839; Schwark/Zimmer/*Schwark* § 26 BörsG Rn. 4; *Szesny* in Böttger, Wirtschaftsstrafrecht, Kap. 6 Rn. 192; Graf/Jäger/Wittig/*Waßmer* § 49 BörsG Rn. 40 ff.; Erbs/Kohlhaas/*Wehowsky* B 155, § 49 BörsG Rn. 5.
240 Ausführlich Graf/Jäger/Wittig/*Waßmer* § 49 BörsG Rn. 43; s. auch *Hagemann* „Grauer Kapitalmarkt" und Strafrecht, 397 Fn. 158; Park/*Park* Teil 3 Kap. 4 Rn. 337; *Schröder* Kapitalmarktstrafrecht, Rn. 839.
241 *Bergmann* ZBB 2008, 160 (170).
242 *Hagemann* „Grauer Kapitalmarkt" und Strafrecht, 397 f.; *Schröder* Kapitalmarktstrafrecht, Rn. 838; Graf/Jäger/Wittig/*Waßmer* § 49 BörsG Rn. 41; vgl. Park/*Park* Teil 3 Kap. 4 Rn. 340.
243 *Bergmann* ZBB 2008, 160 (170); *Hagemann* „Grauer Kapitalmarkt" und Strafrecht, 398; Park/*Park* Teil 3 Kap. 4 Rn. 340; Achenbah/Ransiek/*Schröder* 10. Teil Kap. 2 Rn. 232.

E. Merkmale des subjektiven Tatbestands

I. Vorsatz

Die Tat ist ein **Vorsatzdelikt**, wobei bedingter Vorsatz ausreicht.[244] Dieser muss bei der Tathandlung, also zum Zeitpunkt des Verleitens, vorliegen.[245] Eigennützigkeit ist für diesen Vorsatz nicht erforderlich (vgl. aber Rn. 14 und Rn. 75 unter dem Gesichtspunkt „gewerbsmäßigen Handelns").[246] Ist sich ein Berater der Möglichkeit bewusst, dass sein Gegenüber die Risiken ihm vorgeschlagener Spekulationsgeschäfte nicht einschätzen könnte, und nimmt er es billigend in Kauf, diesen Umstand dazu auszunutzen, den Gegenüber zum Abschluss eines Börsenspekulationsgeschäftes zu bewegen, so genügt dies.[247] Gerade ein **professioneller Berater**, der beruflich Kunden in Fragen von Geldanlagen, aber auch Spekulationen berät, wird im Kundengespräch nicht nur mit der Unerfahrenheit eines Kunden rechnen, sondern angesichts des Gesprächsverlaufes möglicherweise sogar darum sicher wissen (dolus directus 1. Grades).[248] Es ist daher anzunehmen, dass Staatsanwaltschaft und Strafgericht einer Einlassung, damit überhaupt nicht gerechnet zu haben, wenig Glauben schenken wird. Zwar wird berichtet, die Staatsanwaltschaft Frankfurt gehe davon aus, dass eine fehlende Risikobelehrung eines Beraters gegenüber seinem Kunden den Schluss zulasse, der Berater sei von der Erfahrenheit des Kunden ausgegangen und habe insoweit keinen bedingten Vorsatz gehabt.[249] Auf eine derartige Bewertung fehlender Aufklärung zu vertrauen ist aber ein Wandeln auf schmalem Grad. Zwar kann im Einzelfall tatsächlich ein Berater von der Erfahrenheit seines Kunden ausgegangen sein, sodass es tatsächlich am für die Strafbarkeit erforderlichen Vorsatz fehlen wird. In einem solchen Fall mag – neben anderen Indizien – auch die fehlende Aufklärung für diesen Umstand sprechen. Die Schlussfolgerung, eine Risikoaufklärung sei besser zu unterlassen, dann werde im Zweifel von fehlendem Vorsatz aufgegangen werden, lässt sich daraus aber gerade nicht ziehen. Erst recht darf dies nicht zum Anlass genommen werden, vorsätzlich den Kunden im Bewusstsein seines fehlenden Risikoeinschätzungsvermögens nicht aufzuklären. Denn gerade das wäre dann das vorsätzliche Verleiten unter Ausnutzung des Erfahrungsvorsprunges.

Hier kann eine **Dokumentation** sinnvoll sein, um zu untersetzen, dass nicht nur Aufklärungsmaterial überreicht wurde, sondern im Vertrauen darauf, dass die Aufklärungsbemühungen fruchtbar waren, die Beratung durchgeführt bzw. fortgesetzt wurde.[250] An diese Dokumentation sind aber gewisse inhaltliche Anforderungen zu stellen. Lässt der Berater lediglich eine Bestätigung abzeichnen, Informationsmaterial erhalten zu haben und über die Risiken aufgeklärt zu sein, reicht dies unter Umständen nicht aus, um einen dolus eventualis klar vernei-

---

244 Wabnitz/Janovsky/*Benner* 9. Kap. Rn. 235; *Bröker* wistra 1993, 161 (165); *Hagemann* „Grauer Kapitalmarkt" und Strafrecht, 405; Park/*Park* Teil 3 Kap. 4 Rn. 353; *Schröder* Kapitalmarktstrafrecht, Rn. 858; Schwark/Zimmer/*Schwark* § 26 BörsG Rn. 7; *Szesny* in Böttger, Wirtschaftsstrafrecht, Kap. 6 Rn. 198; Graf/Jäger/Wittig/*Waßmer* § 49 BörsG Rn. 64.
245 Schwark/Zimmer/*Schwark* § 26 BörsG Rn. 7; Park/*Park* Teil 3 Kap. 4 Rn. 354, stellt darauf ab, dass der Täter den Vorsatz „bei Eingehung der Geschäftsverbindung" gefasst haben muss. Auf den Zeitpunkt der bloßen Kontaktaufnahme abzustellen, dürfte allerdings zu früh ansetzen. Graf/Jäger/Wittig/*Waßmer* § 49 BörsG Rn. 69, nimmt zum Tatzeitpunkt einen vorsatzausschließenden Irrtum an, wenn der Täter erst nach dem Abschluss des Geschäfts die Unerfahrenheit des Verleiteten erkennt.
246 Wabnitz/Janovsky/*Benner* 9. Kap. Rn. 235.
247 Vgl. auch *Bröker* wistra 1993, 161 (165); Park/*Park* Teil 3 Kap. 4 Rn. 353; *Schröder* Kapitalmarktstrafrecht, Rn. 858; Graf/Jäger/Wittig/*Waßmer* § 49 BörsG Rn. 65.
248 Zu den Vorsatzformen 21. Kap. Rn. 83.
249 Wabnitz/Janovsky/*Benner* 9. Kap. Rn. 228.
250 Vgl. dazu Park/*Park* Teil 3 Kap. 4 Rn. 349; Graf/Jäger/Wittig/*Waßmer* § 49 BörsG Rn. 53 und Rn. 59; Schwark/Zimmer/*Schwark* § 26 BörsG Rn. 7.

nen zu können.²⁵¹ Als ausgeschlossen soll dieser nur gelten, wenn ein Berater durch Rückfragen sichergestellt hat, dass solche Unterlagen auch verstanden wurden und der Beratene die Risiken des empfohlenen Geschäfts einzuschätzen vermag.²⁵² Werden solche Rückfragen hingegen dokumentiert, dann dürfte zumindest das **Ausnutzungsbewusstsein** hinsichtlich der erkannten Unerfahrenheit nicht zweifelsfrei nachzuweisen sein.²⁵³

II. Gewerbsmäßigkeit

73 Als weiteres subjektives Merkmal²⁵⁴ setzt das Gesetz **gewerbsmäßiges Handeln** voraus. Dies ist immer dann anzunehmen, wenn der Täter sich eine „fortlaufende Einnahmequelle" durch die Begehung weiterer Taten für die Zukunft zu erschließen plant.²⁵⁵ Zielt der Täter von Vornherein nur darauf ab, einmal zu handeln und dadurch einen finanziellen Vorteil zu erlangen, so genügt dies also nicht.²⁵⁶ Die Art der Einnahmequelle legt das Gesetz gerade nicht fest. Wichtig ist, darauf hinzuweisen, dass „gewerbsmäßig" **nicht mit „gewerblich" gleichzusetzen** ist.²⁵⁷ Sowohl ein Handeln im Rahmen einer freiberuflichen Tätigkeit kann daher umfasst sein als auch jede sonstige Tätigkeit, auch außerhalb einer beruflichen Beratung, da die Tat von jedermann begangen werden kann (vgl. Rn. 4).

74 In der Literatur wird in diesem Zusammenhang oft von **Vermittlungsprovisionen** ausgegangen.²⁵⁸ Dies ist ein möglicher, aber kein zwingender Weg, um von der Verleitung zum Börsenspekulationsgeschäft zu profitieren. Die Verleitung muss nicht unmittelbar selbst mit der Quelle der geplanten Einnahmen verknüpft sein, wie dies bei Provisionen der Fall wäre – selbst wenn sie zunächst unmittelbar einem Vermittlungsunternehmen zuflössen, für das der Täter arbeitet und von dem er mittelbar eine eigene Abschlussprovision erhält.²⁵⁹

---

251 *Hagemann* „Grauer Kapitalmarkt" und Strafrecht, 405; vgl. Park/*Park* Teil 3 Kap. 4 Rn. 353; Graf/Jäger/Wittig/*Waßmer* § 49 BörsG Rn. 65; zu den Vorsatzformen Kap. 21 Rn. 83.

252 *OLG Bremen* WM 1990, 1703 ff.; Park/*Park* Teil 3 Kap. 4 Rn. 353; Graf/Jäger/Wittig/*Waßmer* § 49 BörsG Rn. 65. Demgegenüber hält *Bröker* wistra 1993, 161 (165), solche Erfordernisse für zu weit gehend; ebenso *Szesny* in Böttger, Wirtschaftsstrafrecht, Kap. 6 Rn. 198.

253 Park/*Park* Teil 3 Kap. 4 Rn. 349 und Rn. 354; vergleichbar *Szesny* in Böttger, Wirtschaftsstrafrecht, Kap. 6 Rn. 197.

254 Zu dieser Einordnung Park/*Park* Teil 3 Kap. 4 Rn. 356; *Schröder* Kapitalmarktstrafrecht, Rn. 858; Graf/Jäger/Wittig/*Waßmer* § 49 BörsG Rn. 66. Demgegenüber sortiert *Szesny* in Böttger, Wirtschaftsstrafrecht, Kap. 6 Rn. 197, die Gewerbsmäßigkeit ohne Begründung unter die Merkmale des objektiven Tatbestands ein.

255 *Hagemann* „Grauer Kapitalmarkt" und Strafrecht, 405; *Schröder* Kapitalmarktstrafrecht, Rn. 854; *ders.* Aktienhandel und Strafrecht, 101: „fortlaufende Einnahmequelle von einigem Umfang und einiger Dauer"; *Bröker* wistra 1993, 161 (164); Park/*Park* Teil 3 Kap. 4 Rn. 356; Schwark/Zimmer/*Schwark* § 26 BörsG Rn. 5; *Szesny* in: Böttger, Wirtschaftsstrafrecht, Kap. 6 Rn. 197; Graf/Jäger/Wittig/*Waßmer* § 49 BörsG Rn. 66.

256 Ebenso *Schröder* Aktienhandel und Strafrecht, 101; *ders.* Kapitalmarktstrafrecht, Rn. 854; Schwark/Zimmer/*Schwark* § 26 BörsG Rn. 5; vgl. *Bröker* wistra 1993, 161 (164); Graf/Jäger/Wittig/*Waßmer* § 49 BörsG Rn. 67.

257 Ganz ähnlich auch Graf/Jäger/Wittig/*Waßmer* § 49 BörsG Rn. 68.

258 Vgl. etwa *Schröder* Kapitalmarktstrafrecht, Rn. 854; ähnlich Park/*Park* Teil 3 Kap. 4 Rn. 339 und Rn. 357, der auch die Gebührenschneiderei (sog. „Churning") anspricht; *Bröker* wistra 1993, 161 (165); deutlich dagegen der Hinweis von Achenbach/Ransiek/*Schröder* 10. Teil Kap. 2 Rn. 231, dass das Delikt nicht auf derartige Fallkonstellationen beschränkt ist.

259 Vgl. dazu auch *Bröker* wistra 1993, 161 (164 f.); *Schröder* Kapitalmarktstrafrecht, Rn. 854; *Szesny* in Böttger, Wirtschaftsstrafrecht, Kap. 6 Rn. 197; Müller-Gugenberger/Bieneck/*Schumann* § 68 Rn. 13; Graf/Jäger/Wittig/*Waßmer* § 49 BörsG Rn. 67 f.; Erbs/Kohlhaas/*Wehowsky* B 155, § 49 BörsG Rn. 12.

Bereits eingangs (Rn. 15) wurde die Möglichkeit angesprochen, über eine **Gewinnbeteiligung** von erfolgreichen Spekulationsgeschäften zu profitieren. Dieses Beispiel zeigt, dass die Interessen des Täters und des Opfers nicht zwangsläufig in unterschiedlichen Richtungen laufen müssen. Außerdem ist die Gewerbsmäßigkeit nicht zwingend so zu verstehen, dass der Täter von einem Schaden des Opfers profitieren wollen oder überhaupt auf eine finanzielle Schädigung des Opfers abzielen müsste.[260]

Die **Eigennützigkeit**, die dem Merkmal der Gewerbsmäßigkeit innewohnt, beschränkt sich vielmehr unter Umständen lediglich darauf, (auch) einen Vorteil zu erzielen, ohne dass dies dem Opfer in irgendeiner Form zum Nachteil gereichen müsste. Es ist dann dieser Vorteil, der den Täter motiviert, das Opfer dazu zu verleiten, Risiken einzugehen, die es nicht überblicken kann. Denkt der Täter nur an seinen Vorteil, dann kann dies dazu führen, dass er auf eine etwaige Risikoabneigung des Opfers wenig Rücksicht nimmt und diesem – **ohne jeglichen Schädigungsvorsatz** – eine Spekulation „aufschwatzt", deren Risiko der andere gar nicht durchschaut und auf deren positiven Ausgang der Täter vertraut. Auch dies wäre gewerbsmäßiges Handeln, selbst wenn die Spekulationen wieder und wieder scheitern. Denn es kommt nur auf den Willen an, sich durch wiederholtes Verleiten eine Einnahmequelle zu erschließen,[261] ohne dass der Täter tatsächlich Einnahmen verzeichnen müsste.

75

Im Umkehrschluss bedeutet dies aber auch, dass dann, wenn ein Vermittler oder Berater ein **Festgehalt** bezieht, ohne zumindest mittelbar davon zu profitieren, andere zur Börsenspekulation verleitet zu haben, dieses Verhalten nicht gewerbsmäßig sein kann.[262] Die zuvor beschriebene Gefahr, durch die Aussicht auf eigenen Profit die Belange des Kunden hintanzustellen, kann sich dann nicht verwirklichen. Der Täter verleitet sozusagen nur bei Gelegenheit[263] seines (sonstigen) gewerbsmäßigen Handelns, aber nicht final damit verknüpft.

76

Die Gewerbsmäßigkeit kann als subjektives Merkmal nicht zugerechnet werden, sondern muss in der Person des Täters vorliegen.[264] Wer **nur einem anderen** eine fortlaufende Einnahmequelle erschließen will, ohne selbst davon profitieren zu wollen, handelt **nicht gewerbsmäßig** im Sinne des §§ 26, 49 BörsG.[265] Er kann allenfalls Teilnehmer sein (dazu Rn. 5).[266] Die Strafbarkeit ist dann wegen § 28 Abs. 1 StGB zu mildern.[267]

77

---

260 Park/*Park* Teil 3 Kap. 4 Rn. 354 f.
261 Vgl. zur Anforderung an das Willenselement bei der Gewerbsmäßigkeit *BGHSt* 19, 63 (76); Park/*Park* Teil 3 Kap. 4 Rn. 356; *Schröder* Kapitalmarktstrafrecht, Rn. 858.
262 Erbs/Kohlhaas/*Wehowsky* B 155, § 49 BörsG Rn. 12; *Bröker* wistra 1993, 161 (165); zust. *Szesny* in Böttger, Wirtschaftsstrafrecht, Kap. 6 Rn. 197; *Schröder* Kapitalmarktstrafrecht, Rn. 854; a.A. Graf/Jäger/Wittig/*Waßmer* § 49 BörsG Rn. 68.
263 Vgl. *Schröder* Aktienhandel und Strafrecht, 101, wonach eine „nur gelegentlich erfolgte" Verleitung nicht ausreicht.
264 *Hagemann* „Grauer Kapitalmarkt" und Strafrecht, 405; vgl. *Schröder* Kapitalmarktstrafrecht, Rn. 855; *Szesny* in Böttger, Wirtschaftsstrafrecht, Kap. 6 Rn. 197; Graf/Jäger/Wittig/*Waßmer* § 49 BörsG Rn. 66: besonderes persönliches Merkmal.
265 *Szesny* in Böttger, Wirtschaftsstrafrecht, Kap. 6 Rn. 197; *Schröder* Kapitalmarktstrafrecht, Rn. 855; anders wohl aber noch *ders.* Aktienhandel und Strafrecht, 101; daran anknüpfend *Hagemann* „Grauer Kapitalmarkt" und Strafrecht, 405; a.A. auch Graf/Jäger/Wittig/*Waßmer* § 49 BörsG Rn. 67; *Schlüchter* 2. WiKG, 154.
266 Vgl. *Hagemann* „Grauer Kapitalmarkt" und Strafrecht, 405; *Schröder* Kapitalmarktstrafrecht, Rn. 855; Graf/Jäger/Wittig/*Waßmer* § 49 BörsG Rn. 73.
267 Graf/Jäger/Wittig/*Waßmer* § 49 BörsG Rn. 75.

31. Kapitel
Kapitalmarktordnungswidrigkeiten

Literatur: *Bohnert* Kommentar zum Ordnungswidrigkeitengesetz, 3. Aufl. 2010; *Senge* (Hrsg.), Karlsruher Kommentar zum Ordnungswidrigkeitengesetz, 3. Aufl. 2006; *Schröder* Handbuch Kapitalmarktstrafrecht, 2. Aufl. 2010; *Szesny* Finanzmarktaufsicht und Strafprozess. Die Ermittlungskompetenzen der BaFin nach Kreditwesengesetz, Wertpapierhandelsgesetz und Börsengesetz und ihr Bezug zum Strafprozessrecht, 2008; *ders.* § 4 Abs. 3 WpHG: Mitwirkungspflicht trotz Selbstbezichtigungsgefahr?, BB 2010, 1995.

A. Einführung und allgemeine Prinzipien[1]

I. Einführung

Kapitalmarktrechtliche Compliance schließt die Vermeidung ordnungswidrigen Verhaltens ein. Unter einer **Ordnungswidrigkeit** ist eine rechtswidrige und vorwerfbare Handlung zu verstehen, die den Tatbestand eines Gesetzes verwirklicht, das die Ahndung mit einer Geldbuße zulässt, § 1 Abs. 1 OWiG. Ordnungswidrigkeiten sind Delikte, deren Sanktionierung der Gesetzgeber zuerst der Verwaltung aufträgt,[2] nicht – wie dies bei Straftaten der Fall ist – den Strafverfolgungsbehörden. Bebußt wird missbilligtes Verhalten, das von geringerem sozialethischen Gewicht ist als eine Straftat. Letztere gilt als sozialethisch besonders unwert; sie werden durch Straftatbestände im Strafgesetzbuch (sog. **Kernstrafrecht**) und in anderen Gesetzen (sog. **Nebenstrafrecht**) erfasst.[3] Die Grenzen zwischen Straftaten und Ordnungswidrigkeiten sind nicht klar abzustecken; die Entscheidung, ob ein missbilligtes Verhalten strafwürdig und strafbedürftig und damit dem Strafrecht zuzuordnen ist oder lediglich dem Ordnungswidrigkeitenrecht, obliegt dem Gesetzgeber.[4]

1

1. Begriff der Ordnungswidrigkeit

Entgegen der ursprünglichen Vorstellung des BGH[5] ist eine Ordnungswidrigkeit indes mehr als bloßer **Verwaltungsungehorsam**. Insbesondere mit Blick auf die immensen Bußgeldhöhen etwa im Kartellrecht lässt sich die Ordnungswidrigkeit jedenfalls auf der Rechtsfolgenebene nicht mehr eindeutig von der Straftat unterscheiden. Auch das Kapitalmarktordnungswidrigkeitenrecht enthält Geldbußen in beträchtlicher Höhe bereit. So kann eine Marktmanipulation i.S.v. § 20a Abs. 1 gem. § 39 Abs. 1 Nr. 1 und 2, Abs. 2 Nr. 11 WpHG mit einem Bußgeld von immerhin bis zu 1 Mio. EUR geahndet werden (strafbar ist sie dann, wenn sich die manipulativen Handlung im Preis niederschlägt[6]). Auch umgekehrt können Bagatelldelikte einer Bestrafung unterliegen,[7] was sich insbesondere in der gerade im Bereich des Wirtschaftsstrafrechts zu beobachtenden Fülle abstrakter Gefährdungsdelikte zeigt.

2

---

1 Der *Verf.* ist Frau Rechtsassessorin *Jeanne-I. Wimmers* für die hilfreiche Unterstützung bei der Vorbereitung dieses Beitrags zu Dank verpflichtet.
2 *Bohnert* § 1 Rn. 1.
3 Vgl. *Bohnert* § 1 Rn. 3.
4 Vgl. Beck/Samm/Kokemoor/*Wegner* § 56 Rn. 5.
5 *BGHSt* 11, 263, 264.
6 Näher hierzu Kap. 27.
7 Vgl. zum Ganzen *Szesny* Sanktionierung von Submissionsabsprachen in der Vergangenheit, Gegenwart und Zukunft, 2001, S. 138 ff.

3 Die Abgrenzung zwischen Straftat und Ordnungswidrigkeit erfolgt vor diesem Hintergrund zuverlässig nur anhand der gesetzlich vorgesehenen Sanktion: Findet sich im Ahndungstatbestand der Begriff „Geldbuße", handelt es sich um eine Ordnungswidrigkeit (§ 1 Abs. 1 OWiG). Entsprechendes gilt für die Formulierung „ordnungswidrig handelt" sowie – für Straftaten – „wird bestraft".

4 Für das Verhältnis von Straftaten und Ordnungswidrigkeiten gilt: Trifft eine Straftat tateinheitlich mit einer Ordnungswidrigkeit zusammen, wird nur das Strafgesetz angewendet, § 21 Abs. 1 OWiG. Die Verfolgung als OWiG lebt aber wieder auf, wenn eine Strafe nicht verhängt wird (etwa weil das Verfahren gem. §§ 170 Abs. 2, 153, 153a StPO eingestellt oder von der Strafverfolgung abgesehen wird), § 21 Abs. 2 OWiG. Denkbar ist dies etwa bei der Marktmanipulation[8], aber auch im Insiderhandel.

2. Systematik der Kapitalmarktordnungswidrigkeiten

5 Die systematische Implementierung der Ordnungswidrigkeiten in das Kapitalmarktrecht ist missglückt. Die maßgeblichen Kapitalmarktgesetze – hier werden WpHG, KWG, WpÜG und WpPG behandelt – enthalten jeweils eine zentrale Bußgeldvorschrift, die blankettartig auf im jeweiligen Gesetz verstreute Ge- und Verbotsnormen verweisen, teilweise auch **dynamische Verweisungen** auf EU-Rechtsverordnungen enthalten (sog. **Verwaltungsakzessorietät**)[9]. Für den Rechtsanwender geht der Überblick hier schnell verloren, und insbesondere in Eilfällen dürfte hierin eine erhebliche Fehlerquelle liegen – dies nicht nur bei Gerichten und Behörden,[10] sondern auch beim Rechtsanwender selbst. Dogmatische Bedenken gegen die Schaffung von **Blanketttatbeständen** bestehen generell vor dem Hintergrund des **Bestimmtheitsgebots** (Art. 103 Abs. 2 GG); diese werden allerdings von der verfassungsgerichtlichen Rechtsprechung im Ergebnis nicht geteilt.[11] Mit Blick auf die teilweise empfindlichen Bußgelder, aber auch die aufsichtsrechtlichen Nebenfolgen von Verfehlungen, sind die Ordnungswidrigkeiten im Compliance-Programm zwingend zu berücksichtigen.

3. Aufsicht und Verfolgung

6 Für die **Verfolgung** von Ordnungswidrigkeiten nach dem WpHG, dem KWG, dem WpÜG und dem WpPG ist die BaFin zuständig (§ 40 WpHG; § 60 KWG; § 61 WpÜG; § 35 Abs. 4 WpPG). Sie hat nicht nur dieselben Rechte und Pflichten wie die Staatsanwaltschaft bei der Verfolgung von Straftaten (§ 46 Abs. 2 OWiG). Hinzu kommen die Befugnisse etwa gem. § 4 WpHG, insbesondere dessen Abs. 3[12], §§ 44 ff. KWG, § 26 WpPG und § 40 WpÜG. **Rechtsbehelf** gegen einen Bußgeldbescheid ist zunächst der Einspruch gem. § 67 OWiG, der anhand einer aktuellen Bußgeldakte, deren Einsicht bei der BaFin gem. §§ 147 StPO, 46 Abs. 1 OWiG beantragt wird, zu begründen ist.

7 Nicht zuständig für die Ahndung von Kapitalmarktordnungswidrigkeiten sind die europäischen Aufsichtsbehörden (sog. European Supervisory Authorities [ESA]: European Banking Authority, Europäische Aufsichtsbehörde für das Versicherungswesen und die betriebliche Altersversorgung [EIOPA], Europäische Wertpapier- und Börsenaufsichtsbehörde [ESMA]).[13]

---

8 Assmann/Schneider/*Vogel* § 39 Rn. 83.
9 Näher hierzu Beck/Samm/Kokemoor/*Wegner* § 56 Rn. 29 ff.
10 Park/*Eggers* T4, Kap. 1 Rn. 2.
11 *BVerfGE* 14, 174, 185 ff. (st. Rspr.).
12 Näher hierzu *Szesny* BB 2010, 1995 ff.; *Szesny* Finanzmarktaufsicht und Strafprozess, S. 45 ff.
13 Park/*Eggers* T4 Kap. 1 Rn. 4 f.

II. Allgemeine Prinzipien des Ordnungswidrigkeitenrechts

Da Ordnungswidrigkeitenrecht „Strafrecht im weiteren Sinne" ist, gelten die Grundsätze des materiellen Wirtschaftsstrafrechts auch hier. Dies gilt etwa für die Verantwortlichkeit im Rahmen von Gremienentscheidungen,[14] Begehung durch Unterlassen,[15] Vorsatz und Fahrlässigkeit[16] oder die Differenzierung zwischen Jedermanns- und Sonderdelikten. Insoweit wird auf die Ausführungen in Kap. 21 verwiesen. Die nachfolgende Darstellung bezieht sich auf die Besonderheiten im Ordnungswidrigkeitenrecht und Abweichungen vom Strafrecht. 8

1. Einheitstäterschaft und Merkmalsüberwälzung gem. § 9 OWiG

Anders als das Strafrecht, das zwischen Täterschaft (§ 25 StGB) und Teilnahme (Anstiftung, Beihilfe im Sinne des §§ 26 f. StGB) differenziert, herrscht im Ordnungswidrigkeitenrecht das **Einheitstäterprinzip**. Gem. § 14 Abs. 1 S. 1 OWiG ist jeder, der an der Begehung einer Ordnungswidrigkeit beteiligt ist, als Täter anzusehen. 9

Eine Beteiligung an der Ordnungswidrigkeit eines anderen, die nach dem Einheitstäterprinzip zur Täterschaft des Beteiligten und entsprechender Sanktionierung führt, setzt voraus, dass die „Haupttat" des anderen **vorsätzlich** begangen wurde.[17] Und auch der Beteiligte muss vorsätzlich handeln; insoweit gilt nichts anderes als im Strafrecht, wo die Teilnahme nach den §§ 26, 27 StGB Vorsatz voraussetzt.[18] Wenn Führungskräfte also Vorsatz in Bezug auf Ordnungswidrigkeiten von Mitarbeitern aufweisen, können sie wegen des Einheitstäterprinzips als Mittäter haften.[19] Allerdings genügt bei Führungskräften **fahrlässiges Handeln**, wenn sie nicht als (Mit-) Täter der Tat auch eines anderen in Rede stehen, sondern als Nebentäter, etwa wegen der Unterlassung gebotenen Einschreitens gegen die Tat eines Mitarbeiters. Dies gilt jedoch nur dann, wenn fahrlässiges Verhalten ausdrücklich mit Geldbuße bedroht ist (§ 10 OWiG). 10

Obliegen die bußgeldbewehrten Pflichten einer Personenmehrheit oder einer juristischen Person (etwa einem Emittenten, einem Wertpapierdienstleistungsunternehmen oder einem Kreditinstitut), kann diese sanktionsbegründende Pflichtenposition aber – wie bei § 14 StGB[20] – **„überwälzt"** werden: Gem. § 9 Abs. 1 OWiG ist ein Gesetz, nach dem besondere persönliche Eigenschaften, Verhältnisse oder Umstände (besondere persönliche Merkmale) die Möglichkeit der Ahndung begründen, auch auf den Vertreter anzuwenden, wenn diese Merkmale zwar nicht bei ihm, aber bei dem Vertretenen vorliegen. Entsprechendes gilt gem. § 9 Abs. 2 OWiG für sog. Betriebsleiter und Betriebsbeauftragte. 11

Beispiel: V ist Vorstandsvorsitzender der X-AG. Er unterlässt es entgegen § 15 WpHG, eine Gewinnwarnung ad hoc zu veröffentlichen. Gem. § 39 Abs. 2 Nr. 5 lit. a) WpHG ist der Verstoß gegen die Ad-hoc-Mitteilungspflicht des § 15 Abs. 1 S. 1 WpHG mit einer Geldbuße von bis zu 1 Mio. EUR bedroht. Die Pflicht des § 15 WpHG richtet sich dem Wortlaut der Vorschrift allerdings nicht an natürliche Personen, sondern an Inlandsemittenten. Da die X-AG Inlandsemittentin und V ihr gesetzlicher Vertreter ist, lässt sich gem. § 9 OWiG die Pflicht des § 15 WpHG und damit auch die Bußgeldnorm des § 39 Abs. 2 Nr. 5 lit. a) WpHG auf den V anwenden. 12

---

14 21. Kap. Rn. 68 ff.
15 21. Kap. Rn. 47 ff.
16 21. Kap. Rn. 80 ff.
17 *BGHSt* 31, 309 mit zahlreichen Nachweisen.
18 *BGHSt* 31, 309; Beck/Samm/Kokemoor/*Wegner* § 56 Rn. 18; a.A. Henz/Rense/*Wessing/Hugger/Dann* Kap. I.9 Rn. 4, die bei Führungskräften Fahrlässigkeit ausreichen lassen wollen.
19 Henz/Rense/*Wessing/Hugger/Dann* Kap. I.9 Rn. 3.
20 Siehe dazu oben 21. Kap. Rn. 38 ff.

13 Diese **Merkmalsüberwälzung** gilt auch dann, wenn das Vertretungs- bzw. Auftragsverhältnis unwirksam begründet wurde (§ 9 Abs. 3 OWiG). Es reicht für die Täterschaft allerdings nicht aus, unabhängig von den Voraussetzungen des § 9 OWiG festzustellen, dass der Einzelne an der Pflichterfüllung im normalen Geschäftsgang des Instituts hätte mitwirken müssen und er dies eben nicht getan hat.[21]

14 Die Vorschrift des § 9 OWiG ist im Kapitalmarktordnungswidrigkeitenrecht von hoher Bedeutung: Denn im Regelfall richten sich die bußgeldbewehrten Pflichten an juristische Personen und Personenvereinigungen, im KWG insbesondere an Institute,[22] im WpHG an Emittenten und Wertpapierdienstleistungsunternehmen. Wo sich die Vorschriften an natürliche Personen richten (z.B. „Personen, die bei einem Emittenten von Aktien Führungsaufgaben wahrnehmen" bei § 15a WpHG), bedarf es der Merkmalsüberwälzung des § 9 OWiG nicht.

15 Bußgeldrechtliche Konsequenzen für natürliche Personen können sich damit auch aus Verletzungen von Pflichten ergeben, die sich an juristische Personen oder Personenvereinigungen richten. Hieraus ergibt sich, dass es bei der kapitalmarktrechtlichen Compliance nicht nur um die Vermeidung aufsichts- oder zivilrechtlicher Haftung geht, sondern für die jeweils Verantwortlichen auch um die Verhinderung **persönlicher Sanktionierung**.

16 In den unter Rn. 33 ff. abgedruckten Tabellen ist der jeweilige Normadressat genannt. Ist dieser eine natürliche Person, kommt er selbst als Adressat der Bußgeldandrohung in Betracht. Ist dagegen etwa vom „Emittenten" die Rede, sind über § 9 OWiG die dort genannten Führungspersonen des Normadressaten als Täter in Betracht.

2. Vorsatz und Fahrlässigkeit

17 Die Ordnungswidrigkeiten des Kapitalmarktrechts sind stets ahndbar, wenn sie vorsätzlich begangen worden sind. Soweit ausdrücklich angeordnet, ist auch die leichtfertige oder fahrlässige Begehungsweise ahndbar (§ 10 OWiG). Hieraus ergibt sich folgende Struktur:

Übersicht: Vorsatz- und Fahrlässigkeitsbußgeldtatbestände

	Vorsatz	Vorsatz und Leichtfertigkeit	Vorsatz und Fahrlässigkeit
WpHG	§ 39 Abs. 1 WpHG	§ 39 Abs. 2–2e WpHG	§ 39 Abs. 3 WpHG
KWG	§ 56 Abs. 1 KWG	§ 56 Abs. 2 KWG	§ 56 Abs. 3 KWG
WpÜG	–	§ 60 Abs. 1 WpÜG	§ 60 Abs. 2 WpÜG
WpPG	–	§ 35 Abs. 1 WpPG	§ 35 Abs. 2 WpPG

18 Die Vorsatz- und Fahrlässigkeitsbegriffe des Ordnungswidrigkeitenrechts entsprechen dem des Strafrechts, sodass auf die Ausführungen im 21. Kap.[23] verwiesen wird. Insbesondere gilt hinsichtlich der blankettmäßig systematisierten Ordnungswidrigkeitentatbestände, dass der Täter die die Bußgeldnorm ausfüllende Ver- oder Gebotsnorm selbst nicht kennen muss, um vorsätzlich zu handeln, sondern nur die tatsächlichen Umstände, die zur Tatbestandserfüllung führen (vgl. § 11 Abs. 1 OWiG).[24] Um vorsätzlich zu handeln, muss der Täter beispielsweise nicht wissen, dass es ein Verbot von Insidergeschäften oder Marktmanipulation überhaupt gibt oder welchen Inhalt es

---

21 So auch Beck/Samm/Kokemoor/*Wegner* § 56 Rn. 12; a.A. Graf/Jäger/Wittig/*Bock* § 56 Rn. 9.
22 Beck/Samm/Kokemoor/*Wegner* § 56 Rn. 12.
23 Kap. 21 Rn. 80 ff.
24 Zur Geltung der allgemeinen Grundsätze insoweit KK-OWiG/*Rengier* § 11 Rn. 24 ff.

hat.[25] Der Täter kann sich also nicht mit dem Ziel des Vorsatzausschlusses darauf berufen, er habe nicht gewusst, dass sein Verhalten ordnungswidrig sei.[26]

Zu den Vorsatzerfordernissen bei der Beteiligung Mehrerer an einer Ordnungswidrigkeit s.o. Rn. 10. **19**

3. Verbotsirrtum

Die Kenntnis um die Existenz einer Vorschrift, insbesondere eines straf- oder bußgeldbewehrten Ge- oder Verbots, ist vielmehr eine Frage des **Verbotsirrtums**. § 11 Abs. 2 OWiG zufolge handelt der Täter nicht vorwerfbar, wenn ihm bei Begehung der Handlung die Einsicht fehlt, etwas Unerlaubtes zu tun, namentlich weil er das Bestehen oder die Anwendbarkeit einer Rechtsvorschrift nicht kannte – dies allerdings nur dann, wenn er diesen Irrtum nicht vermeiden konnte. Die Unkenntnis der Sanktionsnorm führt also nicht ohne weiteres zum Haftungsausschluss, sondern nur dann, wenn diese Unkenntnis unvermeidbar war. Auch insoweit gelten auch hier dieselben Grundsätze wie im Strafrecht.[27] **20**

4. Fragen der Auslegung

Dabei ergeben sich bei der **Auslegung** der Blanketttatbestände Friktionen zwischen der straf- und bußgeldrechtlichen, am Wortlaut der Norm zu orientierenden, Auslegung auf der einen und der öffentlich-rechtlichen Auslegung auf der anderen Seite. Insbesondere soll das strafrechtliche Analogieverbot im Aufsichtsrecht nicht gelten. Eine Differenzierung der Auslegungsarten nach Verfahrensart ist jedoch abzulehnen.[28] Soweit ein Straf- oder Bußgeldtatbestand auf die jeweilige kapitalmarktrechtliche Verhaltensnorm verweist, diese also blankettartig ausfüllt, müssen die strafrechtlichen Auslegungsgrundsätze gelten, und zwar auch im reinen Aufsichtsverfahren. Das bedeutet, dass eine entsprechende (sinngemäße) Anwendung von Bußgeldtatbeständen auf andere als die vom Wortlaut des Tatbestandes umrissene Verhaltensweisen nicht in Betracht kommt, auch wenn dies „sinnvoll" oder „wünschenswert" erscheint. Insoweit gilt – auch wenn der Blankettbußgeldtatbestand auf eine außerstrafrechtliche Norm verweist – das Bestimmtheitsgebot des Art. 103 Abs. 2 GG, § 1 StGB. Hierdurch etwaig entstehende Ahndungslücken hat der Gesetzgeber auszufüllen. **21**

5. Rechtfertigungs- und Entschuldigungsgründe

Auch wenn für die Ordnungswidrigkeitentatbestände die allgemeinen strafrechtlichen Regeln über Rechtswidrigkeit und Schuld gelten, spielen Rechtfertigungs- und Entschuldigungsgründe in der Praxis nahezu keine Rolle. **22**

Die für die Sanktionierung erforderliche Rechtswidrigkeit des tatbestandlichen Verhaltens entfällt, wenn der Täter sich auf einen Rechtfertigungsgrund berufen kann, also Notwehr oder Notstand oder einen anderen, ggf. ungeschriebenen. **23**

Die Schuld entfällt bei einem – grundsätzlich schuldhaft handelnden – Täter, wenn Entschuldigungsgründe greifen, etwa ein entschuldigender Notstand i.S.v. § 35 StGB. **24**

---

25 Park/*Eggers* T4, Kap. 1 Rn. 20 m.w.N.
26 So jedenfalls die herrschende Schuldtheorie entgegen der Vorsatztheorie, die einen Vorsatzausschluss bejaht. Näher KK-OWiG/*Rengier* § 11 Rn. 4 ff.
27 Näher 21. Kap. Rn. 88 ff.
28 Park/*Eggers* T4, Kap. 1 Rn. 3 m. N. zu den im Einzelnen vertretenen Auffassungen.

III. Die Bedeutung von Ordnungswidrigkeiten im Bereich der Kapitalmarkt-Compliance

25 Die Ordnungswidrigkeitentatbestände im Kapitalmarktrecht sanktionieren im Wesentlichen Ge- und Verbotsverstöße, die weit im Vorfeld einer Rechtsgutsschädigung liegen. Sie sollen sicherstellen, dass der jeweilige Adressat der Ge- oder Verbotsnorm seine Pflichten erfüllt, die ihm das Kapitalmarktverwaltungsrecht auferlegt. Die Bußgeldvorschriften zielen also auf die Einhaltung der grundsätzlichen kapitalmarktrechtlichen Verhaltensvorschriften ab, während die Straftatbestände missbilligtes Verhalten von höherem – strafwürdigen und strafbedürftigen – Gewicht repressiv sanktionieren. Mit Blick auf die teilweise empfindliche Höhe der angedrohten Bußgelder ist die Vermeidung von Ordnungswidrigkeiten für den jeweiligen Normadressaten aber nicht weniger wichtig als die Vermeidung von Straftaten, zumal sich ordnungswidriges Verhalten ständig im operativen Geschäft zeigen kann.

26 Neben die Verfolgung der spezifischen Ordnungswidrigkeiten tritt die Möglichkeit der Sanktionierung von **Aufsichtspflichtverletzungen**. Wer als Inhaber des Betriebes Aufsichtsmaßnahmen unterlässt und hierdurch weitere Pflichtverletzungen (etwa von Mitarbeitern) ermöglicht oder zumindest begünstigt, handelt gem. § 130 OWiG ordnungswidrig. Die Einzelheiten dieses nicht unkomplizierten Tatbestandes sind umstritten; gleichwohl ist die Vorschrift von hoher Praxisrelevanz. Sie ermöglicht nämlich nicht nur die Bebußung der aufsichtspflichtigen **Leitungspersonen**, unter deren Verantwortung Unternehmensmitarbeiter Pflichtenverstöße – zum Beispiel gegen Publizitätspflichten des WpHG – begehen.[29] Sie dient zudem als Anknüpfungspunkt für empfindliche **Unternehmensgeldbußen**, die immer dann verhängt werden können, wenn durch Straftaten oder Ordnungswidrigkeiten Pflichten des Unternehmens verletzt wurden oder das Unternehmern bereichert wurde oder werden sollte (§ 30 OWiG)[30].

27 Alle betroffenen Emittenten, Kredit- und Finanzdienstleistungsinstitute und Wertpapierhandelsunternehmen dürften sich ihrer zentralen Pflichten bewusst sein; die Fallstricke liegen jedoch im Detail und in jenseits des Alltagsgeschäfts liegenden Situationen.[31] Bei der Schaffung eines **Regelwerks** zur Vermeidung von Verstößen ist – neben dem eigentlichen Gesetzestext – die jeweils konkretisierende **Verordnung** zu beachten, z.B. die MaKonV oder die WpAIV, aber auch Veröffentlichungen der BaFin, insbesondere der **Emittentenleitfaden** und **Rundschreiben**, die jeweils kostenlos auf der Internetseite der BaFin abrufbar sind. Sie sind dem Compliance-Programm zugrundezulegen und damit stetig auf Aktualität zu überprüfen. Dementsprechend kommt dem **Monitoring der Rechtslage** bei der Kapitalmarkt Compliance eine wesentliche Bedeutung zu.

IV. Exkurs: Das Bußgeldverfahren

28 Kommt es zu einem Bußgeldverfahren, sind also die Compliance-Bemühungen insoweit gescheitert oder wurde das Compliance-Konzept durch einen oder mehrere Mitarbeiter bewusst umgangen, ist eine Verteidigung nicht nur der einzelnen Personen, sondern auch des Unternehmens gegen den Vorwurf der Ordnungswidrigkeit bzw. die Verhängung einer Verbrauchsgeldbuße durch spezialisierten anwaltlichen Beistand unumgänglich. Die Schnittstelle zwischen Kapitalmarkt- und Ordnungswidrigkeitenrecht (und damit Strafrecht im weiteren Sinne) macht es ggf. erforderlich, dass Kapitalmarkt- und Strafrechtler zusammenarbeiten.

---

29 Näher 21. Kap. Rn. 73 ff.
30 Näher 21. Kap. Rn. 135.
31 *Schröder* Handbuch Kapitalmarktstrafrecht Rn. 1039 hinsichtlich der Ad-hoc-Publizität.

Denn im Bußgeldverfahren gelten, soweit das OWiG nichts anderes bestimmt, sinngemäß die Vorschriften der allgemeinen Gesetze über das Strafverfahren, namentlich der Strafprozessordnung, des Gerichtsverfassungsgesetzes und des Jugendgerichtsgesetzes (§ 46 Abs. 1 OWiG); es handelt sich also um Strafverfahrensrecht im weiteren Sinne.

Probleme im Kapitalmarktbußgeldverfahren bereiten oftmals die Interdependenzen mit dem **Aufsichtsrecht**: Eine Verteidigung im Bußgeldverfahren muss immer die Präventivbefugnisse der BaFin berücksichtigen.[32] **29**

V. Sanktionierung

Ordnungswidrigkeiten werden mit Geldbußen sanktioniert, deren Mindestmaß 5 EUR beträgt. Das Höchstmaß liegt bei 1 000 EUR, wenn nichts anderes bestimmt ist (§ 17 Abs. 1 OWiG). Gerade im Kapitalmarktrecht finden sich aber ausdrücklich angeordnete Höchstmaße, die deutlich darüber liegen. Im WpHG finden sich ausschließlich Ordnungswidrigkeiten, die im Höchstmaß mit 50 000 EUR oder mehr geahndet werden können. So kann eine vorsätzlich begangene Marktmanipulation i.S.v. § 39 Abs. 1 Nr. 1 i.V.m. § 20a Abs. 1 S. 1 Nr. 2 WpHG mit einer Geldbuße von bis zu 1 Mio. EUR sanktioniert werden (§ 39 Abs. 4 WpHG). Im Falle leichtfertigen oder fahrlässigen Verhaltens ist das Höchstmaß auf die Hälfte reduziert (§ 17 Abs. 2 OWiG). Die Bemessung der Geldbuße richtet sich primär nach der Schwere des Pflichtverstoßes, Grad und Ausmaß der Gefährdung bzw. Beeinträchtigung der Rechtsgüter und die aus der Tat resultierenden Konsequenzen (vgl. § 17 Abs. 3 OWiG).[33] Daneben spielen die Häufigkeit gleichartiger Verstöße, Art der Ausführung, Dauer der Ordnungswidrigkeit,[34] aber auch besondere in der Person des Täters liegende Umstände (Geständnis, Reue, Handeln aus Not, Zwangslage, besonders verwerfliche Motive des Betroffenen)[35] eine Rolle. Schließlich sind die wirtschaftlichen Verhältnisse des Täters zu berücksichtigen (§ 17 Abs. 3 S. 2 OWiG). **30**

Reicht das gesetzliche Höchstmaß nicht aus, um den wirtschaftlichen Vorteil, den der Täter aus der Ordnungswidrigkeit gezogen hat, zu übersteigen, erlaubt § 17 Abs. 4 S. 2 OWiG, dieses sogar noch zu überschreiten. Der dortige Begriff des **wirtschaftlichen Vorteils** erfasst nicht lediglich den Gewinn i.e.S., sondern auch andere tatsächliche wirtschaftliche Vorteile wie die Erlangung einer verbesserten Marktposition oder Gebrauchsvorteile, die auf einen sicheren Gewinn schließen lassen.[36] Er ist damit aber enger als der Begriff des Erlangten im Verfallsrecht des StGB (§§ 73 ff. StGB), das – prinzipiell – auf der Grundlage des sog. „Bruttoprinzips" zu bestimmen ist. Im Bereich der wirtschaftsbezogenen Ordnungswidrigkeiten hat die durch § 17 Abs. 4 OWiG eröffnete Möglichkeit der **Gewinnabschöpfung** erhebliche Bedeutung, dies insbesondere im Zusammenspiel mit der **Verbands-** oder **Unternehmensgeldbuße** (§ 30 OWiG).[37] **31**

Daraus wird deutlich: Das Kapitalmarktordnungswidrigkeitenrecht hält eine Reihe empfindlicher Sanktionen bereit, die mitunter existenzbedrohend sein können. Mit Blick auf die weit über hundert Ordnungswidrigkeitentatbestände, die allein in WpHG, KWG, BörsG, WpPG und WpÜG zu finden sind, liegt hierin ein erhebliches Risikopotential für Kapitalmarktteilnehmer. Es ist eine Selbstverständlichkeit, dass der Aufbau einer Compliance-Organisation die für das jeweilige Unternehmen einschlägigen Tatbestände **32**

---

32 Näher hierzu Knierim/Rübenstahl/Tsambikakis/*Szesny* 30. Kap. Rn. 66 ff.
33 KK-WpHG/*Altenhain* § 39 Rn. 62.
34 Fuchs/*Waßmer* § 39 Rn. 102.
35 Park/*Eggers* T4 Kap. 1 Rn. 31.
36 KK-OWiG/*Mitsch* § 17 Rn. 113 und 117 ff. m.w.N.
37 Näher zur Verbandsgeldbuße 21. Kap. Rn. 132 ff.

zunächst **identifiziert**. Erforderlich ist darüber hinaus aber auch eine **Risikobewertung**, in die neben die Wahrscheinlichkeit eines Verstoßes (abhängig vom jeweiligen Betätigungsfeld) auch die Sanktionshöhe und deren Auswirkung im *worst case* ihrer Verhängung einzufließen hat. Das bedeutet freilich nicht, dass vergleichsweise gering bebußte Verstöße hinnehmbar wären. Gleichwohl wird eine Compliance-Organisation je nach Größe des Unternehmens und Art und Weise seiner Tätigkeit Schwerpunkte setzen müssen, die sich auch am Sanktionspotential orientieren müssen. In den nachfolgenden Tabellen ist daher stets das gesetzliche Höchstmaß der jeweilig angedrohten Geldbuße angegeben; zu beachten ist, dass dieses gem. § 17 Abs. 4 OWiG zum Zwecke der Gewinnabschöpfung noch überschritten werden darf. Auf dieser Grundlage ist sodann das Compliance-Programm zu konzipieren, etwa eine Insiderrichtlinie, Einrichtung eines Monitors für kapitalmarktrechtliche Rechtsänderungen, Checklisten für Standardabläufe, Verhaltensleitfäden für stets wiederkehrende aufsichtsrelevante Situationen usf.

B. Ordnungswidrigkeiten nach dem WpHG

33 Nachfolgende Tabellen ermöglichen eine systematische Übersicht über die Ordnungswidrigkeitentatbestände des WpHG. In fünf Spalten wird der **Bußgeldtatbestand**, die maßgebliche **Bezugsnorm**, auf die der Grundtatbestand verweist, eine Kurzbeschreibung der **Tathandlung**, der **Normadressat** sowie das gesetzlich angeordnete **Höchstmaß der Geldbuße** dargestellt.

34 Ordnungswidrigkeiten gem. § 39 Abs. 1 WpHG erfordern Vorsatz, Ordnungswidrigkeiten nach § 39 Abs. 2–2d WpHG Vorsatz oder Leichtfertigkeit, für Verstöße i.S.v. § 39 Abs. 3 WpHG genügt vorsätzliches oder fahrlässiges Verhalten.[38]

I. Verstöße gegen das Marktmanipulationsverbot

35

Bußgeldtatbestand	Bezugsnorm	Tathandlung	Normadressat	gesetzliches Höchstmaß
§ 39 Abs. 1 Nr. 1 WpHG	§ 20a Abs. 1 S. 1 Nr. 2	Handelsgestützte Marktmanipulation	Jedermann	EUR 1 000 000
§ 39 Abs. 1 Nr. 2	§ 20a Abs. 1 Nr. 3	Marktmanipulation durch sonstige Täuschungshandlung	Jedermann	EUR 1 000 000
§ 39 Abs. 2 Nr. 11	§ 20a Abs. 1 Nr. 1	Informationsgestützte Marktmanipulation	Jedermann	EUR 1 000 000

36 Das Verbot der **Marktmanipulation** i.S.v. § 20a Abs. 1 WpHG ist bußgeldbewehrt; grundsätzlich wird ein Verstoß je nach einschlägiger Tathandlung als Ordnungswidrigkeit gem. § 39 Abs. 1 Nr. 1 und 2 sowie Abs. 2 Nr. 11 WpHG verfolgt. In allen Fällen kann ein Bußgeld in Höhe von 1 Mio. EUR verhängt werden. Schlägt sich die manipulative Handlung im Kurs nieder, erstarkt die Ordnungswidrigkeit zur Straftat gem. § 38 Abs. 2 WpHG.[39]

---

38 Zu den Begriffen Vorsatz, Fahrlässigkeit und Leichtfertigkeit siehe 21. Kap. Rn. 80 ff.
39 Hierzu 27. Kap.

II. Verstöße gegen Insiderverbote

Bußgeldtatbestand	Bezugsnorm	Tathandlung	Normadressat	gesetzliches Höchstmaß
§ 39 Abs. 2 Nr. 3	§ 14 Abs. 1 Nr. 2	eine Insiderinformation mitteilen oder zugänglich machen	Jedermann	EUR 200 000
§ 39 Abs. 2 Nr. 4	§ 14 Abs. 1 Nr. 3	den Erwerb oder die Veräußerung eines Insiderpapiers empfehlen oder auf sonstige Weise dazu verleiten	Jedermann	EUR 200 000

Während ein Verstoß gegen das Insiderhandelsverbot des § 14 Abs. 1 Nr. 1 WpHG für jedermann strafbar ist, gilt dies hinsichtlich des Weitergabeverbots des § 14 Abs. 1 Nr. 2 WpHG und des Empfehlungsverbots des § 14 Abs. 1 Nr. 3 WpHG nur für die in § 38 Abs. 1 Nr. 2 lit. a) bis d) WpHG genannten Personen. Insoweit handelt es sich also um ein **Sonderdelikt**.[40] Wer die dort genannten persönlichen Merkmale nicht erfüllt, macht sich zwar nicht strafbar, kann aber gem. § 39 Abs. 2 Nr. 3 und 4 WpHG mit einer Geldbuße bis zu 200 000 EUR bebußt werden. Die Ordnungswidrigkeit muss jeweils vorsätzlich oder leichtfertig begangen werden.

Der Prävention von Insiderverstößen kommt im WpHG ein besonderer Stellenwert zu. Dies dürfte mit der Entstehungsgeschichte des WpHG zu tun haben, die ganz im Zeichen der Entwicklung der Behandlung von Insiderverstößen in den Jahren vor dem Inkrafttreten des Gesetzes (1994)[41] stand. Ziel der Einführung des WpHG war vornehmlich die Verhinderung von Insideraktivitäten.[42] Das WpHG hat seitdem eine extreme Erweiterung erfahren, womit sich auch die Schwerpunkte verschoben haben. Auch in der Praxis der Verfolgung von Straftaten und Ordnungswidrigkeiten laufen Verfahren wegen des Verdachts von Verstößen gegen das Verbot der Marktmanipulation solchen wegen eines Insiderverstoßes inzwischen den Rang ab.

Ein auf die Verstöße von Insiderverboten gerichtetes Compliance-System[43] muss zunächst die spezifischen Regeln WpHG befolgen, etwa zur **Ad hoc-Publizität**, zur Publizität hinsichtlich **directors' dealings** oder zum Führen eines **Insiderverzeichnisses**. Diese Pflichten sind bußgeldbewehrt; auf sie ist später noch einzugehen.[44]

Klassische Präventionsmaßnahme gegen Insiderhandel im Unternehmen ist darüber hinaus die Einführung einer **Insiderrichtlinie**, die im Rahmen eines allgemeinen Compliance-Programms vom Geschäftsführungsorgan erlassen werden sollte. Der Informationsaspekt einer solchen Richtlinie liegt darin, die etwaig betroffenen Mitarbeiter über ihre Pflichtenposition, etwa auch darüber zu informieren, dass sie auch dann taugliche Täter einer nach Straf- oder Ordnungswidrigkeitenrecht ahndbaren Insidertat sind, wenn sie nicht Primärin-

---

40 Näher 27. Kap. Rn. 73 ff.
41 Die Ursprungsversion des WpHG findet sich in BGBl I 1994, 1749 ff. Zur Rechtssituation vor Inkrafttreten des WpHG *Otto* Bankentätigkeit und Strafrecht, S. 40 ff.
42 *Szesny* Finanzmarktaufsicht und Strafprozess, S. 13.
43 Zum gesetzlichen Gesamtkonzept ausführlich *Villeda* Prävention und Repression von Insiderhandel, S. 271 ff.
44 Rn. 40 f. zum Insiderverzeichnis; Rn. 52 ff. zu *Ad hoc*-Mitteilungen und *directors' dealings*.

sider sind. Damit wäre bereits ein weit verbreitetes Missverständnis beseitigt. Auch der Hinweis, dass ein sanktionierbares Verhalten nicht allein im Handel liegt, sondern auch in der Weitergabe und der Empfehlung, darf hierin nicht fehlen. Primärinsidern sollten Sperrzeiten insbesondere im Zusammenhang mit Unternehmensveröffentlichungen auferlegt werden, in denen sie nicht in Papieren des betreffenden Unternehmens oder in diesbezüglichen Derivaten handeln dürfen. Die Einzelheiten hängen vom Unternehmen ab: Regeln für Insider beim Emittenten selbst gestalten sich z.B. anders als Regeln der die Emittenten betreuenden Kreditinstituten.

III. Dokumentations- und Aufzeichnungspflichten

1. Insiderverzeichnis

42

Bußgeldtatbestand	Bezugsnorm	Tathandlung	Normadressat	gesetzliches Höchstmaß
§ 39 Abs. 2 Nr. 8	§ 15b Abs. 1 S. 1 i.V.m. einer Rechtsverordnung nach Abs. 2 S. 1 Nr. 1 oder 2 (WpAIV)	ein Verzeichnis nicht, nicht richtig oder nicht vollständig führen	Inlandsemittenten von Finanzinstrumenten (Inlandsemittenten im Sinne dieser Vorschrift sind auch solche für deren Finanzinstrumente erst ein Antrag auf Zulassung gestellt ist) und Personen, die in ihrem Auftrag oder für ihre Rechnung handeln	EUR 50 000
§ 39 Abs. 2 Nr. 9	§ 15b Abs. 1 S. 2	das Verzeichnis nicht oder nicht rechtzeitig übermitteln	Inlandsemittenten von Finanzinstrumenten (Inlandsemittenten im Sinne dieser Vorschrift sind auch solche für deren Finanzinstrumente erst ein Antrag auf Zulassung gestellt ist) und Personen, die in ihrem Auftrag oder für ihre Rechnung handeln	EUR 50 000

43 Das WpHG fordert von Inlandsemittenten die Führung eines **Insiderverzeichnisses** (§ 15b WpHG). Wer dieser Pflicht nicht, nicht richtig oder nicht vollständig nachkommt, handelt ordnungswidrig. Nach h.M. werden von § 39 Abs. 2 Nr. 8 WpHG auch Verstöße gegen die in der **WpAIV** statuierten Pflichten erfasst, insbesondere Verstöße gegen die Bestimmungen zur Aufbewahrung und Vernichtung von Insiderverzeichnissen.[45] Diese Auffassung mag hinsichtlich der Aktualisierungspflicht („nicht richtig") vertretbar sein,

---

45 Assmann/Schneider/*Sethe* § 15b Rn. 78; Fuchs/*Pfüller* § 15b Rn. 100; KölnKomm-WpHG/*Heinrich* § 15b Rn. 61; Park/*Eggers* T4 Kap. 2 Rn. 2.

ist im Übrigen aber abzulehnen. § 39 Abs. 2 Nr. 8 WpHG verweist nur auf § 15b Abs. 1 S. 1 WpHG, der als Tathandlung das unterlassene und fehlerhafte Führen des Insiderverzeichnisses nennt und schon insoweit eine klare Wortlautgrenze setzt, die gemäß dem Bestimmtheitsgebot des Art. 103 Abs. 2 GG nicht überschritten werden darf. Hinzu kommt, dass § 39 Abs. 2 Nr. 8 WpHG die WpAIV durch den Verweis auf § 15 Abs. 2 S. 1 Nr. 1 und 2 WpHG lediglich hinsichtlich des Umfangs und der Form der Verzeichnisse sowie die in den Verzeichnissen enthaltenen Daten in Bezug nimmt, die Aktualisierungen und sonstige Pflichten aber ausdrücklich außen vor bleiben.[46]

Eine Straftat kann durch einen Verstoß gegen § 15b WpHG in Form der **Begünstigung** oder **Strafvereitelung** bzgl. der Insiderstraftat eines Dritten begangen werden.[47] Ob das Nichtführen eines Insiderverzeichnisses Mittäterschaft oder Beihilfe zur Insiderstraftat eines Dritten begründen kann,[48] erscheint hingegen zweifelhaft. Dasselbe gilt für die Ansicht, dass eine Ordnungswidrigkeit nach § 39 Abs. 2 Nr. 8 WpHG tateinheitlich mit einem Insiderdelikt begangen werden kann.[49]

44

§ 15b Abs. 1 S. 3 WpHG verpflichtet die Inlandsemittenten dazu, die in den Verzeichnissen geführten Personen über die rechtlichen Pflichten, die sich aus dem Zugang zu Insiderinformationen ergeben, sowie über die Rechtsfolgen von Verstößen **aufzuklären**. Dieses Gebot ist nicht sanktionsbewehrt. Es entspricht aber **fairer und transparenter Compliance** sowie der Fürsorgepflicht des Arbeitgebers (sofern Angestellte betroffen sind), das Gebot gleichwohl zu befolgen. Die BaFin stellt hierzu ein Musterschreiben zur Verfügung, mittels dessen allerdings eine angemessene Aufklärung im Sinne des Transparenzprinzips nicht möglich ist, weil etwa nur das Insider*handels*verbot erwähnt, nicht aber das Weitergabeverbot. Der Verweis auf § 14 WpHG im Musterschreiben erscheint angesichts des dem Nichtjuristen nicht erkennbar unvollständigen Aufklärungstextes unzureichend.[50]

45

2. Aufzeichnungs-, Protokollierungs- und Aufbewahrungspflichten
a) Aufzeichnungspflichten

Bußgeldtatbestand	Bezugsnorm	Tathandlung	Normadressat	gesetzliches Höchstmaß
§ 39 Abs. 2 Nr. 10 lit. a	§ 16 S. 1	eine Aufzeichnung nicht, nicht richtig, nicht vollständig oder nicht rechtzeitig erstellen	Wertpapierdienstleistungsunternehmen sowie Unternehmen mit Sitz im Inland, die an einer inländischen Börse zur Teilnahme am Handel zugelassen sind	EUR 50 000

46

---

46 Schwark/*Zimmer* § 15b Rn. 38.
47 Ebenso Schwark/*Zimmer* § 15b Rn. 43.
48 So Schwark/*Zimmer* § 15b Rn. 39.
49 So Schwark/*Zimmer* § 15b Rn. 41.
50 Ebenso *Schröder* Handbuch Kapitalmarktstrafrecht, Rn. 1069.

Bußgeldtatbestand	Bezugsnorm	Tathandlung	Normadressat	gesetzliches Höchstmaß
§ 39 Abs. 2 Nr. 10 lit. b	§ 34 Abs. 1 oder Abs. 2 S. 1 oder S. 2, jeweils i.V.m. einer Rechtsverordnung nach § 34 Abs. 4 S. 1	eine Aufzeichnung nicht, nicht richtig, nicht vollständig oder nicht rechtzeitig erstellen	Wertpapierdienstleistungsunternehmen	EUR 50 000
§ 39 Abs. 2a	Art. 7 f. der EG-Finanzinstrumente-Aufzeichnungs-Durchführungsverordnung	eine Aufzeichnung nicht, nicht richtig, nicht vollständig oder nicht rechtzeitig erstellen	Wertpapierfirmen	EUR 200 000

47 Wertpapierdienstleistungsunternehmen sowie Unternehmen mit Sitz im Inland, die an einer inländischen Börse zur Teilnahme am Handel zugelassen sind, haben gem. § 16 S. 1 WpHG vor Durchführung von Aufträgen mit Insiderpapieren den **Auftraggeber zu identifizieren** und die entsprechenden Aufzeichnungen sechs Jahre lang aufzubewahren. Des Weiteren stellt § 34 WpHG umfassende Aufzeichnungspflichten hinsichtlich der Wertpapierdienstleistung auf. Vorsätzliche und leichtfertige Verstöße können gem. § 39 Abs. 2 Nr. 10 lit. a und b WpHG mit Geldbuße bis zu 50 000 EUR geahndet werden.

48 Gem. Art. 7 und 8 der **EG-Finanzinstrumente-Aufzeichnungspflichts-Durchführungsverordnung**[51] hat eine Wertpapierfirma zu jedem von einem Kunden eingegangenen Auftrag und für jede Handelsentscheidung betreffend die Erbringung einer Portfolioverwaltungs-Dienstleistung sowie im Nachgang des ausgeführten Auftrages unverzüglich eine **Aufzeichnung** der dort näher spezifizierten Angaben zu erstellen. Was eine **Wertpapierfirma** ist, definiert Art. 4 Abs. 1 der **EG-Finanzinstrumenterichtlinie**[52] als jede juristische Person, die im Rahmen ihrer üblichen beruflichen oder gewerblichen Tätigkeit gewerbsmäßig eine oder mehrere Wertpapierdienstleistungen für Dritte erbringt und/oder eine oder mehrere Anlagetätigkeiten ausübt. Darüber hinaus können die Mitgliedstaaten unter bestimmten Voraussetzungen als Wertpapierfirma auch Unternehmen, die keine juristischen Personen sind, definieren. Ein vorsätzlicher oder leichtfertiger Verstoß gegen diese Aufzeichnungspflicht kann gem. § 39 Abs. 2a WpHG mit einem Bußgeld bis zu 200 000 EUR geahndet werden.

---

51 Verordnung (EG) Nr. 1287/2006 zur Durchführung der Richtlinie 2004/39/EG des Europäischen Parlaments und des Rates vom 10.8.2006 betreffend die Aufzeichnungspflichten für Wertpapierfirmen, die Meldung von Geschäften, die Markttransparenz, die Zulassung von Finanzinstrumenten zum Handel und bestimmte Begriffe im Sinne dieser Richtlinie (ABlEU Nr. L 241/1).
52 Richtlinie 2004/39/EG des Europäischen Parlaments und des Rates vom 21.4.2004 über Märkte für Finanzinstrumente (ABlEU 2004 Nr. L 145/1, ber. ABlEU 2005 Nr. L 45/18), zuletzt geändert durch Art. 6 ÄndRL 2010/78/EU vom 24.11.2010 (ABlEU 2010 Nr. L 331/120).

b) Protokollführungspflichten

Bußgeldtatbestand	Bezugsnorm	Tathandlung	Normadressat	gesetzliches Höchstmaß
§ 39 Abs. 2 Nr. 19a	§ 34 Abs. 2a S. 1 i.V.m. einer Rechtsverordnung nach § 34 Abs. 4 S. 1 (WpDVerOV)	ein Protokoll nicht, nicht richtig, nicht vollständig oder nicht rechtzeitig anfertigen	Wertpapierdienstleistungsunternehmen	EUR 50 000
§ 39 Abs. 2 Nr. 19b	§ 34 Abs. 2a S. 2	eine Ausfertigung des Protokolls nicht, nicht vollständig, nicht in der vorgeschriebenen Weise oder nicht rechtzeitig zur Verfügung stellen	Wertpapierdienstleistungsunternehmen	EUR 50 000
§ 39 Abs. 2 Nr. 19c	§ 34 Abs. 2a S. 3 und 5 i.V.m. einer Rechtsverordnung nach § 34 Abs. 4 S. 1 (WpDVerOV)	eine Ausfertigung des Protokolls nicht, nicht vollständig, nicht in der vorgeschriebenen Weise oder nicht rechtzeitig zusenden	Wertpapierdienstleistungsunternehmen	EUR 50 000

Zur Protokollierung von Wertpapierdienstleistungen verpflichtet § 34 Abs. 2a WpHG. Ordnungswidriges Verhalten liegt vor, wenn das Wertpapierdienstleistungsunternehmen vorsätzlich oder leichtfertig kein, ein unrichtiges oder ein unvollständiges Protokoll erstellt oder ein **Protokoll** nicht rechtzeitig erstellt. Nicht von dem Tatbestand erfasst sind die Fälle, in denen ein Wertpapierdienstleistungsunternehmen ein Protokoll erstellt, ohne dass ein Beratungsgespräch stattgefunden hat.[53]

c) Aufbewahrungspflichten

Bußgeldtatbestand	Bezugsnorm	Tathandlung	Normadressat	gesetzliches Höchstmaß
§ 39 Abs. 2 Nr. 20	§ 34 Abs. 3 S. 1	eine Aufzeichnung nicht oder nicht mindestens fünf Jahre aufbewahrt	Wertpapierdienstleistungsunternehmen	EUR 50 000

Die gem. § 34 WpHG erstellten Aufzeichnungen müssen – bußgeldbewehrt – mindestens fünf Jahre lang aufbewahrt werden.

---

53 Park/*Schäfer* T4 Kap. 2 Rn. 31.

IV. Melde- und Mitteilungspflichten

53 Im Bereich der Kapitalmarkt-Compliance spielt das **Informationsmanagement** eine gewichtige Rolle. Insbesondere bei den Publizitätspflichten besteht ein dichtes Regelungsgefüge, das strenger Kontrolle durch die BaFin unterliegt. Verstöße gegen Publizitätspflichten werden empfindlich bebußt.[54]

54 Das WpHG unterscheidet vom Wortlaut der einschlägigen Normen her Melde-, Mitteilungs-, Informations-, Anzeige- und Auskunftspflichten. Eine genaue Definition der einzelnen Begriffe existiert nicht, auch eine Abgrenzung ist nicht möglich. Von einer Auskunft spricht das Gesetz immer im Zusammenhang mit entsprechenden Ersuchen der Aufsichtsbehörden.[55] Information, Meldung und Mitteilung erfolgen demgegenüber proaktiv, also ohne vorherige Aufforderung durch die Aufsichtsbehörden aufgrund entsprechender Vorschriften. Zwischen Meldungen und Mitteilungen differenziert das Gesetz nicht inhaltlich. So spricht § 9 WpHG eine *Melde*pflicht aus, die gem. § 39 Abs. 2 Nr. 2 lit. a) WpHG bußgeldbewehrt ist, wo allerdings von *Mitteilungen* die Rede ist. Hierbei handelt es sich um nicht mehr als eine grammatikalische Ungenauigkeit; an der hinreichenden Bestimmtheit der Sanktionsnorm bestehen angesichts des eindeutigen Bezugs der Bußgeldanordnung gleichwohl keine Zweifel. Auch die Anzeigepflicht bezüglich Insider- und Marktmanipulationsverstößen wird im Gesetzeswortlaut als Mitteilung beschrieben, wohingegen in der amtlichen Überschrift der Begriff der Anzeige verwendet wird. Da unter einer Anzeige die Mitteilung eines Sachverhalts verstanden wird,[56] besteht inhaltlich kein Unterschied auch zwischen diesen beiden Begriffen.

55 Die Melde-, Mitteilungs- und Anzeigepflichten des WpHG sind bußgeldbewehrt. Gem. § 39 Abs. 2 Nr. 2 lit. a) bis q) WpHG handelt ordnungswidrig, wer eine nach den jeweils in Bezug genommenen Vorschriften die gebotene Mitteilung vorsätzlich oder leichtfertig nicht (also gänzlich unterlässt), nicht richtig (also unwahre Angaben macht), nicht vollständig (also eine nicht alle erforderlichen Angaben enthaltende Mitteilung macht), nicht in der vorgeschriebenen Weise oder nicht rechtzeitig macht.[57] Soweit in der jeweiligen Bezugsnorm **Unverzüglichkeit** verlangt wird, ist auf § 121 Abs. 1 S. 1 BGB zu rekurrieren.[58]

56 **Leichtfertigkeit** soll bei Verstößen gegen die Mitteilungspflichten weitgehend mit der Begründung zu vermuten sein, da die betroffenen Adressaten ihre gesetzlichen Pflichten kennen müssen und in Zweifelsfällen zur Einholung von Rechtsrat verpflichtet sind.[59] Eine solche Vermutung steht indes im Widerspruch zu strafrechtlichen Beweisregeln. Es bedarf vielmehr tatsächlicher Umstände, die auf ein besonders sorgfaltswidriges Verhalten schließen lassen.[60]

---

54 Zum kapitalmarktrechtlichen Informationsmanagement bei Internal Investigations Knierim/Rübenstahl/Tsambikakis/*Szesny* 30. Kap.
55 Hierzu Rn. 75 ff.
56 Vgl. für das Strafprozessrecht *Meyr-Gaßner* StPO, 56. Aufl. 2013, § 158 Rn. 2.
57 Vgl. Erbs/Kohlhaas/*Wehowsky* § 39 Rn. 33; Assmann/Schneider/*Vogel* § 39 Rn. 12.
58 Fuchs/*Waßmer* § 39 Rn. 33; vgl. *Szesny* Finanzmarktaufsicht und Strafprozess, S. 194 hinsichtlich § 15 WpHG.
59 BT-Drucks. 12/6679, S. 48; Erbs/Kohlhaas/*Wehowsky* § 39 Rn. 33.
60 Siehe auch 21. Kap. Rn. 87.

1. Vor- und Nachhandelstransparenz für multilaterale Handelssysteme

Bußgeldtatbestand	Bezugsnorm	Tathandlung	Normadressat	gesetzliches Höchstmaß
§ 39 Abs. 1 Nr. 3	§ 31g Abs. 1	eine Veröffentlichung von Preisen und Volumina nicht, nicht richtig, nicht vollständig oder nicht rechtzeitig vornehmen	Betreiber eines multilateralen Handelssystems	EUR 200 000

57

2. Mitteilung von Geschäften

Bußgeldtatbestand	Bezugsnorm	Tathandlung	Normadressat	gesetzliches Höchstmaß
§ 39 Abs. 2 Nr. 2 lit. a	§ 9 Abs. 1 S. 1, auch i.V.m. S. 2, jeweils auch i.V.m. S. 3, 4 oder 5, jeweils auch i.V.m. einer Rechtsverordnung nach Abs. 4 Nr. 1 oder 2	eine Mitteilung über Geschäfte nicht, nicht richtig, nicht vollständig, nicht in der vorgeschriebenen Weise oder nicht rechtzeitig machen	Wertpapierdienstleistungsunternehmen und Zweigniederlassungen i.S.d. § 53 KWG; inländische zentrale Gegenparteien i.S.d. § 1 Abs. 31 KWG; Unternehmen, die ihren Sitz in einem Staat haben, der nicht Mitgliedstaat der EU oder Vertragsstaat des Abkommens über den Europäischen Wirtschaftsraum ist; Unternehmen, die ihren Sitz in einem anderen Mitgliedstaat der EU oder einem anderen Vertragsstaat des Abkommens über den Europäischen Wirtschaftsraum haben und an einer inländischen Börse zur Teilnahme am Handel zugelassen sind	EUR 200 000

58

§ 9 WpHG stellt gemeinsam mit den Mitteilungspflichten der §§ 15 f. WpHG eine wichtige, möglicherweise die wichtigste Informationsquelle für die Aufsicht im Hinblick auf Insiderverstöße und (handelsgestützte) Marktmanipulationen dar.[61] Normadressat des § 39 Abs. 2 Nr. 2 lit. a) WpHG sind die in § 9 WpHG genannten Unternehmen.[62] Diese sind verpflich-

59

---

61 Vgl. *Szesny* Finanzmarktaufsicht und Strafprozess, S. 32 sowie 173 ff.
62 Zur Organisation des Meldewesens i.S.v. § 9 WpHG siehe 17. Kap.

31 *Kapitalmarktordnungswidrigkeiten*

tet, der BaFin jedes Geschäft in Finanzinstrumenten im regulierten Bereich mitzuteilen. Die Mitteilungspflichten sind jederzeit und täglich selbstständig von den Meldepflichtigen zu erfüllen,[63] und zwar ohne Aufforderung oder Ersuchen der BaFin[64].[65]

60 Vorsätzliche oder leichtfertige Verstöße gegen die Mitteilungspflicht können mit Bußgeld bis zu 200 000 EUR geahndet werden.

3. Ad hoc-Mitteilungen, directors' dealings

61

Bußgeldtatbestand	Bezugsnorm	Tathandlung	Normadressat	gesetzliches Höchstmaß
§ 39 Abs. 2 Nr. 2 lit. c	§ 15 Abs. 3 S. 4, Abs. 4 S. 1 oder Abs. 5 S. 2, jeweils auch i.V.m. einer Rechtsverordnung nach Abs. 7 S. 1 Nr. 2 (WpAIV)	eine Mitteilung über die Selbstbefreiung von der Ad-hoc-Mitteilungspflicht nicht, nicht richtig, nicht vollständig, nicht in der vorgeschriebenen Weise oder nicht rechtzeitig machen	Emittenten	EUR 200 000
§ 39 Abs. 2 Nr. 2 lit. d	§ 15a Abs. 1 S. 1, auch i.V.m. S. 2, Abs. 4 S. 1, jeweils auch i.V.m. einer Rechtsverordnung nach Abs. 5 S. 1 (WpAIV)	eine Mitteilung über directors' dealings nicht, nicht richtig, nicht vollständig, nicht in der vorgeschriebenen Weise oder nicht rechtzeitig machen	Personen, die bei einem Emittenten von Aktien Führungsaufgaben wahrnehmen; Inlandsemittenten	EUR 100 000
§ 39 Abs. 2 Nr. 5 lit. a	§ 15 Abs. 1 S. 1, auch i.V.m. S. 2, § 15 Abs. 1 S. 4 oder 5, jeweils auch i.V.m. einer Rechtsverordnung nach Abs. 7 S. 1 Nr. 1 (WpAIV)	eine Veröffentlichung nicht, nicht richtig, nicht vollständig, nicht in der vorgeschriebenen Weise oder nicht rechtzeitig vornehmen oder nicht oder nicht rechtzeitig nachholen	Inlandsemittenten von Finanzinstrumenten (Inlandsemittenten i.d.S. sind auch solche für deren Finanzinstrumente erst ein Antrag auf Zulassung gestellt ist); Emittenten oder Personen, die in deren Auftrag oder auf deren Rechnung handeln	EUR 1 000 000

---

63 *Szesny* Finanzmarktaufsicht und Strafprozess, 174 m.w.N.
64 Vgl. *Schröder* Handbuch Kapitalmarktstrafrecht Rn. 716.
65 Näher 17. Kap.

Bußgeldtatbestand	Bezugsnorm	Tathandlung	Normadressat	gesetzliches Höchstmaß
§ 39 Abs. 2 Nr. 5 lit. b	§ 15a Abs. 4 S. 1 i.V.m. einer Rechtsverordnung nach Abs. 5 S. 1 (WpAIV)	eine Veröffentlichung nicht, nicht richtig, nicht vollständig, nicht in der vorgeschriebenen Weise oder nicht rechtzeitig vornehmen oder nicht oder nicht rechtzeitig nachholen	Inlandsemittenten	EUR 100 000
§ 39 Abs. 2 Nr. 7	§ 15 Abs. 5 S. 1	eine Veröffentlichung vornehmen	Inlandsemittenten von Finanzinstrumenten	EUR 1 000 000

Von besonderer praktischer Bedeutung ist die **Ad-hoc-Mitteilungspflicht** des § 15 WpHG.[66] Die systematische Auswertung dieser Mitteilungen steht bei der Aufsicht über die Einhaltung des Insiderhandelsverbots im Vordergrund. Ad hoc-Mitteilungen haben damit nicht nur eine die Markttransparenz erhöhende Funktion, sondern sind wichtiges Element bei der Verfolgung von Insiderstraftaten und -ordnungswidrigkeiten.

62

Auch wenn der Umstand, *dass* eine solche Pflicht besteht, den Emittenten bekannt sein dürfte, sind doch die Einzelheiten der Pflichterfüllung oftmals nicht ohne Weiteres vergegenwärtigt[67]. Neben der Erfassung der Pflichten ist die **Sensibilisierung der zuständigen Stellen** im Unternehmen eine der Hauptaufgaben im Bereich der auf die Erfüllung der Pflichten gem. § 15 WpHG gerichteten Compliance: Potenziell veröffentlichungspflichtige Informationen müssen möglichst frühzeitig an die zuständigen Stellen weitergeleitet werden, damit eine rechtzeitige Veröffentlichung erfolgen kann. Es geht also um die Einrichtung effektiver Kommunikationswege und die planmäßige Einbindung der für die Ad-hoc-Publizität zuständigen Personen, etwa der Investor Relations-Abteilung.

63

Ein vorsätzlicher oder leichtfertiger Verstoß gegen die Ad hoc-Mitteilungspflicht zieht nicht nur ein Bußgeld bis zu 1 Mio. EUR gem. § 39 Abs. 2 Nr. 5 lit. a) WpHG nach sich, sondern kann auch als (informationsgestützte) Marktmanipulation i.S. von § 20a Abs. 1 Nr. 1 WpHG sanktioniert werden (§ 39 Abs. 2 Nr. 11 WpHG). Wirkt sich die fehlerhafte oder unterbliebene Ad-hoc-Mitteilung auf den Kurs des einschlägigen Papiers aus, droht sogar eine Bestrafung wegen **Marktmanipulation**.[68] Bußgeldbedroht ist auch die fehlerhafte Mitteilung über die Gründe für eine Selbstbefreiung gem. § 15 Abs. 3 WpHG (§ 39 Abs. 2 Nr. 2 lit. c) WpHG). Dabei sind freilich die Insiderverbote des § 14 WpHG zu beachten.

Ordnungswidrig handelt auch, wer gegen die Mitteilungspflicht bzgl. sog. *directors' dealings* verstößt (§ 15a WpHG). Da die Pflicht nach § 15a Abs. 1 S. 1 WpHG nicht besteht, solange die Gesamtsumme der Geschäfte einer Person mit Führungsaufgaben und der mit dieser Person in einer engen Beziehung stehenden Personen *insgesamt* einen Betrag von 5 000 Euro bis zum Ende des Kalenderjahrs nicht erreicht, ist es eine besondere Aufgabe der Compliance, die *directors' dealings* zu erfassen und so zu dokumentieren, dass bei Überschreitung der im Gesetz genannten Grenze die Mitteilung erfolgt.

64

---

66 Näher 4. Kap.
67 Vgl. *Schröder* Handbuch Kapitalmarktstrafrecht Rn. 1040.
68 Näher zum Verbot der Marktmanipulation und den strafrechtlichen Folgen 28. Kap.

4. Stimmrechtsveränderung

65

Bußgeldtatbestand	Bezugsnorm	Tathandlung	Normadressat	gesetzliches Höchstmaß
§ 39 Abs. 2 Nr. 2 lit. e	§ 21 Abs. 1 S. 1 oder 2 oder Abs. 1a, jeweils auch i.V.m. einer Rechtsverordnung nach § 21 Abs. 3	eine Mitteilung über eine Stimmrechtsveränderung oder Stimmrechtsinhaberschaft nicht, nicht richtig, nicht vollständig, nicht in der vorgeschriebenen Weise oder nicht rechtzeitig machen	Meldepflichtige, also Personen die durch Erwerb, Veräußerung oder auf sonstige Weise 3 %, 5 %, 10 %, 15 %, 20 %, 25 %, 30 %, 50 % oder 75 % der Stimmrechte an einem Emittenten, für den die Bundesrepublik Deutschland der Herkunftsstaat ist, erreicht, überschreitet oder unterschreitet (bei Zertifikaten, die Aktien vertreten, ausschließlich der Inhaber der Zertifikate) Personen denen im Zeitpunkt der erstmaligen Zulassung der Aktien zum Handel an einem organisierten Markt 3 % oder mehr der Stimmrechte an einem Emittenten zustehen, für den die Bundesrepublik Deutschland der Herkunftsstaat ist	EUR 1 000 000
§ 39 Abs. 2 Nr. 2 lit. f	§ 25 Abs. 1 S. 1	eine Mitteilung über das Recht zum Erwerb von Stimmrechtsanteilen nicht, nicht richtig, nicht vollständig, nicht in der vorgeschriebenen Weise oder nicht rechtzeitig machen		EUR 1 000 000

Bußgeldtatbestand	Bezugsnorm	Tathandlung	Normadressat	gesetzliches Höchstmaß
§ 39 Abs. 2 Nr. 2 lit. g	§ 26 Abs. 2	eine Mitteilung nicht, nicht richtig, nicht vollständig, nicht in der vorgeschriebenen Weise oder nicht rechtzeitig machen	Inlandsemittenten	EUR 500 000
§ 39 Abs. 2 Nr. 2 lit. h	§ 26a S. 1	eine Mitteilung nicht, nicht richtig, nicht vollständig, nicht in der vorgeschriebenen Weise oder nicht rechtzeitig machen	Inlandsemittenten	EUR 500 000
§ 39 Abs. 2 Nr. 2 lit. i	§ 29a Abs. 2 S. 1	eine Mitteilung nicht, nicht richtig, nicht vollständig, nicht in der vorgeschriebenen Weise oder nicht rechtzeitig machen	Emittenten	EUR 500 000

Veränderungen von Stimmrechtsanteilen sind der BaFin unter bestimmten Umständen mitzuteilen,[69] ein Verstoß gegen die entsprechende Mitteilungspflicht ist bußgeldbedroht, wenn er vorsätzlich oder leichtfertig erfolgt. Die entsprechenden Bußgeldtatbestände finden sich in § 39 Abs. 2 Nr. 2 lit. e–i WpHG.

---

69 Näher 6. Kap.

5. Änderungen der Rechtsgrundlage des Emittenten und andere Angaben

67

Bußgeldtatbestand	Bezugsnorm	Tathandlung	Normadressat	gesetzliches Höchstmaß
§ 39 Abs. 2 Nr. 2 lit. j	§ 30c	eine Mitteilung nicht, nicht richtig, nicht vollständig, nicht in der vorgeschriebenen Weise oder nicht rechtzeitig machen	Emittenten zugelassener Wertpapiere für die die Bundesrepublik Deutschland der Herkunftsstaat ist; Emittenten, für die nicht die Bundesrepublik Deutschland, sondern ein anderer Mitgliedstaat der Europäischen Union oder Vertragsstaat des Abkommens über den Europäischen Wirtschaftsraum der Herkunftsstaat ist, wenn ihre Wertpapiere zum Handel an einem inländischen organisierten Markt zugelassen sind und ihr Herkunftsstaat für sie keine den §§ 30a–30c entsprechenden Vorschriften vorsieht (§ 30d)	EUR 50 000
§ 39 Abs. 2 Nr. 2 lit. k	§ 30e Abs. 1 S. 1, auch i.V.m. einer Rechtsverordnung nach § 30e Abs. 2	eine Mitteilung nicht, nicht richtig, nicht vollständig, nicht in der vorgeschriebenen Weise oder nicht rechtzeitig machen	Inlandsemittenten	EUR 50 000
§ 39 Abs. 2 Nr. 2 lit. l	§ 30f Abs. 2	eine Mitteilung nicht, nicht richtig, nicht vollständig, nicht in der vorgeschriebenen Weise oder nicht rechtzeitig machen	Emittenten, denen die Bundesanstalt eine Befreiung nach § 30f Abs. 1 erteilt hat	EUR 50 000

68 Emittenten zugelassener Wertpapiere müssen gem. § 30c WpHG beabsichtigte Änderungen ihrer Satzung oder ihrer sonstigen Rechtsgrundlagen, die die Rechte der Wertpapierinhaber berühren, der BaFin und den Zulassungsstellen der inländischen oder ausländischen organisierten Märkte, an denen ihre Wertpapiere zum Handel zugelassen sind, unverzüglich nach der Entscheidung, den Änderungsentwurf dem Beschlussorgan, das über die Änderung beschließen soll, vorlegen, spätestens aber zum Zeitpunkt der Einberufung des Beschlussorgans mitteilen. Dies gilt gem. § 30d WpHG nicht nur für Emittenten, für den die Bundesrepublik Herkunftsstaat ist, sondern auch für Emittenten aus EU-Mitgliedstaaten und Vertragsstaaten des Abkommens über den Europäischen Wirtschaftsraum.

69 Zu den **Rechtsgrundlagen** im Sinne des Vorschrift gehören Satzungen und Gesellschaftsverträge. Bei US-amerikanischen Unternehmen zählen hierzu auch die Articles of Incorporation und die sog. By-Laws. Bei öffentlich-rechtlich organisierten Emittenten zählen zu

den Rechtsgrundlagen alle Rechtsakte, die die Rechtsbeziehungen des Emittenten im Außen- und Innenverhältnis regeln.[70]

Eine geplante **Satzungsänderung** kann im Einzelfall – je nach Inhalt – eine Insiderinformation darstellen, die zusätzlich eine Publizitätspflicht nach § 15 Abs. 1 WpHG auslöst.[71] § 30e WpHG verpflichtet zur Bekanntmachung weiterer Angaben, § 30f Abs. 2 WpHG enthält eine Mitteilungspflicht gegenüber der BaFin hinsichtlich Informationen, die der Emittent aufgrund einer Befreiung nicht dem Unternehmensregister bekannt machen muss. Ein vorsätzlicher oder leichtfertiger Verstoß gegen diese Pflicht kann ein Bußgeld von bis zu EUR 50 000 nach sich ziehen. 70

6. Hinweisbekanntmachungen

Bußgeldtatbestand	Bezugsnorm	Tathandlung	Normadressat	gesetzliches Höchstmaß
§ 39 Abs. 2 Nr. 2 lit. n	§ 37v Abs. 1 S. 3, auch i.V.m. § 37y, jeweils auch i.V.m. einer Rechtsverordnung nach § 37v Abs. 3 Nr. 2	eine Mitteilung nicht, nicht richtig, nicht vollständig, nicht in der vorgeschriebenen Weise oder nicht rechtzeitig machen	Unternehmen die als Inlandsemittenten Wertpapiere begeben; Mutterunternehmen, die verpflichtet sind einen Konzernabschluss und einen Konzernlagebericht aufzustellen	EUR 200 000
§ 39 Abs. 2 Nr. 2 lit. o	§ 37w Abs. 1 S. 3, auch i.V.m. § 37y, jeweils auch i.V.m. einer Rechtsverordnung nach § 37w Abs. 6 Nr. 3 (TranspRLDV)	eine Mitteilung nicht, nicht richtig, nicht vollständig, nicht in der vorgeschriebenen Weise oder nicht rechtzeitig machen	Unternehmen die als Inlandsemittenten Aktien oder Schuldtitel im Sinne des § 2 Abs. 1 S. 1 begeben; Mutterunternehmen, die verpflichtet sind, einen Konzernabschluss und einen Konzernlagebericht aufzustellen	EUR 200 000
§ 39 Abs. 2 Nr. 2 lit. p	§ 37x Abs. 1 S. 3, auch i.V.m. § 37y, jeweils auch i.V.m. einer Rechtsverordnung nach § 37x Abs. 4 Nr. 2	eine Mitteilung nicht, nicht richtig, nicht vollständig, nicht in der vorgeschriebenen Weise oder nicht rechtzeitig machen	Unternehmen die als Inlandsemittenten Aktien begeben; Mutterunternehmen, die verpflichtet sind, einen Konzernabschluss und einen Konzernlagebericht aufzustellen	EUR 200 000
§ 39 Abs. 2 Nr. 2 lit. q	§ 37z Abs. 4 S. 2	eine Mitteilung nicht, nicht richtig, nicht vollständig, nicht in der vorgeschriebenen Weise oder nicht rechtzeitig machen	Unternehmen mit Sitz in einem Drittstaat, die als Inlandsemittenten Wertpapiere begeben	EUR 200 000

71

---

70 Assmann/Schneider/*Mülbert* § 30c Rn. 4.
71 Assmann/Schneider/*Mülbert* § 30c Rn. 13; Park/*Eggers* T4 Kap. 3 Rn. 22.

72 Die §§ 37v–37z WpHG regeln die Pflichten zu Mitteilungen der Emittenten hinsichtlich des **Jahresfinanzberichts**, des **Halbjahresfinanzberichts**, Zwischenmitteilungen der Geschäftsführung, des **Konzernabschlusses** und diesbezügliche Ausnahmen. Vorsätzliche und leichtfertige Verstöße gegen diese Publizitätspflicht können mit einem Bußgeld bis zu 200 000 EUR geahndet werden.

7. Sonstige Veröffentlichungs- und Mitteilungspflichten

73 Das WpHG statuiert eine Reihe weiterer Veröffentlichungs- und Mitteilungspflichten, deren vorsätzlicher oder leichtfertiger Verstoß einer Bußgeldandrohung unterliegt[72].

74

Bußgeldtatbestand	Bezugsnorm	Tathandlung	Normadressat	gesetzliches Höchstmaß
§ 39 Abs. 2 Nr. 5 lit. c	§ 26 Abs. 1 S. 1, auch i.V.m. S. 2, jeweils in Verbindung mit einer Rechtsverordnung nach § 26 Abs. 3 Nr. 1, oder entgegen § 26a S. 1 oder § 29a Abs. 2 S. 1	eine Veröffentlichung nicht, nicht richtig, nicht vollständig, nicht in der vorgeschriebenen Weise oder nicht rechtzeitig vornehmen oder nicht oder nicht rechtzeitig nachholen	Inlandsemittenten	EUR 200 000
§ 39 Abs. 2 Nr. 5 lit. d	§ 30b Abs. 1 oder 2, jeweils auch i.V.m. § 30d	eine Veröffentlichung nicht, nicht richtig, nicht vollständig, nicht in der vorgeschriebenen Weise oder nicht rechtzeitig vornehmen oder nicht oder nicht rechtzeitig nachholen	Emittenten von zugelassenen Aktien für die die Bundesrepublik Deutschland der Herkunftsstaat ist; Emittenten zugelassener Schuldtitel i.S.v. § 30a Abs. 1 Nr. 6 für die die Bundesrepublik Deutschland der Herkunftsstaat ist; Emittenten, für die nicht die Bundesrepublik Deutschland, sondern ein anderer Mitgliedstaat der Europäischen Union oder Vertragsstaat des Abkommens über den Europäischen Wirtschaftsraum der Herkunftsstaat ist, wenn ihre Wertpapiere zum Handel an einem inländischen organisierten Markt zugelassen sind und ihr Herkunftsstaat für sie keine den §§ 30a–30c entsprechenden Vorschriften vorsieht	EUR 200 000

---

[72] Aufgeführt sind nur solche Mitteilungspflichten, die nicht in anderem, themenspezifischen Zusammenhang bereits genannt wurden.

Ordnungswidrigkeiten nach dem WpHG

Bußgeldtatbestand	Bezugsnorm	Tathandlung	Normadressat	gesetzliches Höchstmaß
§ 39 Abs. 2 Nr. 5 lit. e	§ 30e Abs. 1 S. 1 i.V.m. einer Rechtsverordnung nach § 30e Abs. 2 oder entgegen § 30f Abs. 2	eine Veröffentlichung nicht, nicht richtig, nicht vollständig, nicht in der vorgeschriebenen Weise oder nicht rechtzeitig vornehmen oder nicht rechtzeitig nachholen	Inlandsemittenten (soweit sie nicht durch die BaFin von ihren Pflichten nach §§ 30a, 30b und 30e Abs. 1 S. 1 Nr. 1 und 2 freigestellt wurden)	EUR 200 000
§ 39 Abs. 2 Nr. 5 lit. g	§ 37v Abs. 1 S. 2 i.V.m. einer Rechtsverordnung nach § 37v Abs. 3 Nr. 1, jeweils auch i.V.m. § 37y, oder entgegen § 37z Abs. 4 S. 2	eine Veröffentlichung nicht, nicht richtig, nicht vollständig, nicht in der vorgeschriebenen Weise oder nicht rechtzeitig vornehmen oder nicht rechtzeitig nachholen	Unternehmen, die als Inlandsemittenten Wertpapiere begeben; Mutterunternehmen, die verpflichtet sind, einen Konzernabschluss und einen Konzernlagebericht aufzustellen	EUR 200 000
§ 39 Abs. 2 Nr. 5 lit. h	§ 37w Abs. 1 S. 2 i.V.m. einer Rechtsverordnung nach § 37w Abs. 6 Nr. 2, jeweils auch i.V.m. § 37y	eine Veröffentlichung nicht, nicht richtig, nicht vollständig, nicht in der vorgeschriebenen Weise oder nicht rechtzeitig vornehmen oder nicht rechtzeitig nachholen	Unternehmen, die als Inlandsemittenten Aktien oder Schuldtitel im Sinne des § 2 Abs. 1 S. 1 begeben; Mutterunternehmen, die verpflichtet sind, einen Konzernabschluss und einen Konzernlagebericht aufzustellen	EUR 200 000
§ 39 Abs. 2 Nr. 5 lit. i	§ 37x Abs. 1 S. 2 i.V.m. einer Rechtsverordnung nach § 37x Abs. 4 Nr. 1, jeweils auch i.V.m. § 37y	eine Veröffentlichung nicht, nicht richtig, nicht vollständig, nicht in der vorgeschriebenen Weise oder nicht rechtzeitig vornehmen oder nicht rechtzeitig nachholen	Unternehmen, die als Inlandsemittenten Aktien begeben; Mutterunternehmen, die verpflichtet sind, einen Konzernabschluss und einen Konzernlagebericht aufzustellen	EUR 200 000

Bußgeldtatbestand	Bezugsnorm	Tathandlung	Normadressat	gesetzliches Höchstmaß
§ 39 Abs. 2 Nr. 6	§ 15 Abs. 1 S. 1, § 15a Abs. 4 S. 1, § 26 Abs. 1 S. 1, § 26a S. 2, § 29a Abs. 2 S. 2, § 30e Abs. 1 S. 2, § 30f Abs. 2, § 37v Abs. 1 S. 3, § 37w Abs. 1 S. 3 oder § 37x Abs. 1 S. 3, jeweils auch i.V.m. § 37y, oder entgegen § 37z Abs. 4 S. 3	eine Information oder eine Bekanntmachung nicht oder nicht rechtzeitig übermitteln	Inlandsemittenten von Finanzinstrumenten (Inlandsemittenten im Sinne dieser Vorschrift sind auch solche, für deren Finanzinstrumente erst ein Antrag auf Zulassung gestellt ist); Unternehmen, die als Inlandsemittenten Aktien oder Schuldtitel im Sinne des § 2 Abs. 1 S. 1 begeben etc.[73]	EUR 200 000
§ 39 Abs. 2 Nr. 10a	§ 19 Abs. 2	eine Mitteilung nicht oder nicht rechtzeitig machen	nichtfinanzielle Gegenparteien im Sinne des Art. 2 Abs. 9 der Verordnung (EU) Nr. 648/2012	EUR 100 000
§ 39 Abs. 2 Nr. 24	§ 37v Abs. 1 S. 4, § 37w Abs. 1 S. 4 oder § 37x Abs. 1 S. 4, jeweils auch i.V.m. § 37y	einen Jahresfinanzbericht einschließlich der Erklärung gem. § 37v Abs. 2 Nr. 3 und der Eintragungsbescheinigung oder Bestätigung gem. § 37v Abs. 2 Nr. 4, einen Halbjahresfinanzbericht einschließlich der Erklärung gem. § 37w Abs. 2 Nr. 3 oder eine Zwischenmitteilung nicht oder nicht rechtzeitig übermitteln	Unternehmen, die als Inlandsemittenten Wertpapiere begeben; Inlandsemittenten die Aktien oder Schuldtitel im Sinne des § 2 Abs. 1 S. 1 begeben; Mutterunternehmen die verpflichtet sind Konzernabschlüsse oder Konzernlageberichte aufzustellen	EUR 50 000

---

[73] Der Normadressat ist aus der jeweilig in Bezug genommenen Norm zu ersehen; an dieser Stelle ist kein Raum für die vollständige Darstellung.

V. Pflichten im Zusammenhang mit der Durchführung von Aufsichtsmaßnahmen der BaFin

1. Mitwirkungspflichten

Der BaFin kommen im Aufsichtsverfahren nach dem WpHG umfassende **Aufklärungsbefugnisse** zu, die in der zentralen Aufsichtsnorm des § 4 WpHG geregelt sind. Zuwiderhandlungen gegen ein **Auskunfts- oder Unterlagenvorlageersuchen** der BaFin sowie der Ladung und Vernehmung werden mit Bußgeld geahndet.

75

Bußgeldtatbestand	Bezugsnorm	Tathandlung	Normadressat	gesetzliches Höchstmaß
§ 39 Abs. 3 Nr. 1a	§ 4 Abs. 3 S. 1	Zuwiderhandlung gegen ein Auskunfts- oder Vorlageersuchen bzw. der Ladung und Vernehmung	Jedermann	EUR 200 000

76

Gegenstand der Bebußung kann nur die Zuwiderhandlung gegen ein rechtmäßiges Ersuchen der BaFin sein. Voraussetzung für die Ermittlungen nach § 4 Abs. 3 S. 1 WpHG sind **Anhaltspunkte** für einen Verstoß gegen ein Ge- oder Verbot des WpHG. Was unter Anhaltspunkten zu verstehen ist, definiert das Gesetz nicht[74]. Es spricht entgegen der h.M.[75] Einiges dafür, diesen im Sinne des § 152 Abs. 2 StPO auszulegen, da die Aufsichtsbefugnisse der BaFin in solchen Fällen nicht lediglich präventiv, sondern auch repressiv einzuordnen sind. Dies gilt jedenfalls, soweit die Untersuchungen sich auf einen (ggf. strafbedrohten) Verstoß gegen das Insider- oder Marktmanipulationsverbot richten.[76]

77

Zu beachten sind die gesetzlichen **Grenzen der Mitwirkung** im Aufsichtsverfahren: Gem. § 4 Abs. 9 WpHG kann der zur Erteilung einer Auskunft Verpflichtete die Auskunft auf solche Fragen verweigern, deren Beantwortung ihn selbst oder einen Angehörigen der Gefahr strafgerichtlicher Verfolgung oder eines Verfahrens nach dem OWiG aussetzen würde (**Auskunftsverweigerungsrecht**). Ob dieses Recht entsprechend auf **belastende Unterlagen**, die im Rahmen eines Vorlageersuchens angefordert werden, Anwendung findet, ist umstritten, wird von der h.M. aber abgelehnt.[77] Da die BaFin aber verpflichtet ist, strafrechtlich relevantes Unterlagenmaterial an Strafverfolgungsbehörden weiterzuleiten (§ 4 Abs. 5 WpHG), die letztere vom Betroffenen nur im Wege einer Beschlagnahme erlangen könnten, ist richtigerweise von einem **Vorlageverweigerungsrecht** auszugehen. Ansonsten würde der Grundsatz, dass der sich durch die Unterlagenherausgabe selbst Bezichtigende nicht zur Herausgabe gezwungen werden darf (§ 95 Abs. 2 S. 2 StPO analog), umgangen.[78] Eine solche Mitwirkungspflicht ist auch aus aufsichtsrechtlichen (präventiven) Gründen nicht erforderlich, weil der zu ermittelnde Verstoß bereits abgeschlossen ist. Anderes gilt im KWG: Da die Unterlagenvorlage i.S.v. § 44c KWG – jedenfalls auch – präventiven Zwecken dient, darf sie nicht verweigert werden.[79] Allerdings ist dann ein Verwertungsverbot geboten – dies freilich nur, wenn der Betroffene selbst sich durch die Unterlagenvorlage bezichtigt.[80]

78

---

74 *Szesny* Finanzmarktaufsicht und Strafprozess, S. 46; vgl. *Spindler* NJW 2004, 3449, 3450.
75 *Schröder* Handbuch Kapitalmarktstrafrecht Rn. 728 m.w.N.
76 *Szesny* Finanzmarktaufsicht und Strafprozess, S. 47.
77 BVerfGE 56, 37 ff. (Gemeinschuldnerbeschluss); *VG Berlin* NJW 1988, 1105 ff.
78 Näher *Szesny* Finanzmarktaufsicht und Strafprozess, S. 87 ff.
79 Vgl. insoweit ebenso *VG Berlin* NJW 1988, 1105.
80 *Szesny* Finanzmarktaufsicht und Strafprozess, S. 109 ff., 125 ff.

2. Duldungspflichten

Bußgeldtatbestand	Bezugsnorm	Tathandlung	Normadressat	gesetzliches Höchstmaß
§ 39 Abs. 3 Nr. 2	§ 4 Abs. 4 S. 1 oder 2, § 37o Abs. 5 S. 1	Nichtdulden des Betretens von Grundstücken und Geschäftsräumen zu Aufsichts- bzw. Prüfungszwecken	der nach § 4 zur Auskunft Verpflichtete	EUR 100 000

80 Wer das **Betreten** von Grundstücken und Geschäftsräumen durch Bedienstete der BaFin zur Wahrnehmung ihrer allgemeinen Aufgaben (§ 4 Abs. 2 S. 1 WpHG) bzw. zur Prüfung der Rechnungslegung (§ 37o Abs. 5 S. 1 WpHG) nicht gestattet, kann mit einem Bußgeld von bis zu 100 000 EUR belegt werden. Die Ordnungswidrigkeit muss vorsätzlich oder fahrlässig begangen werden. Dasselbe gilt für die Nichtduldung des Betretens außerhalb der Arbeitszeiten bzw. von in einer Wohnung befindlichen Geschäftsräumen. Diese Maßnahme ist allerdings nur zur Verhütung von dringenden Gefahren für die Sicherheit und Ordnung erforderlich; zudem müssen bei der auskunftspflichtigen Person Anhaltspunkte für einen Verstoß gegen ein Verbot oder Gebot des WpHG vorliegen (§§ 4 Abs. 2 S. 2, 37a Abs. 5 S. 2 WpHG).

81 Es empfiehlt sich, eine **Checkliste** für Aufsichtsmaßnahmen der BaFin (entsprechend den inzwischen schon üblichen „Notfalllisten" für den Fall einer strafprozessualen Durchsuchung) aufzustellen, in der auf die Duldungspflichten hinzuweisen ist. Des Weiteren sollten Hinweise angebracht werden, wie mit Auskunfts- und Vorlageersuchen der BaFin umzugehen ist, insbesondere wer als **Ansprechpartner** dieser Ersuchen im jeweiligen Unternehmen betraut ist.[81]

3. Vertraulichkeitspflichten

Bußgeldtatbestand	Bezugsnorm	Tathandlung	Normadressat	gesetzliches Höchstmaß
§ 39 Abs. 2 Nr. 1	§ 4 Abs. 8 § 10 Abs. 1 S. 2	Mitteilung von Aufsichtsmaßnahmen gem. § 4 Abs. 2–4 WpHG bzw. einer Anzeige gem. § 10 Abs. 1 WpHG	Adressaten von Maßnahmen nach § 4 Abs. 2 bis 4	EUR 200 000

83 Gem. § 4 Abs. 8 und § 10 Abs. 1 S. 2 WpHG dürfen Informationen über laufende Aufsichtsmaßnahmen der BaFin, die sich auf Verstöße gegen die Insiderverbote oder das Marktmanipulationsverbot sowie sonstige Geschäftsverbote beziehen, nicht nach außen weitergegeben werden. Aus diesem Grund dürfen die von den Aufsichtsmaßnahmen gem. § 4 Abs. 2 bis 4 WpHG Betroffenen hierüber keine Mitteilung an andere Personen außer staatlichen Stellen oder Berufsverschwiegenheitsverpflichtete machen (§ 4 Abs. 8 WpHG)[82]; dasselbe gilt hinsichtlich **Verdachtsanzeigen** i.S.v. § 10 Abs. 1 S. 1 WpHG. Damit soll das ungestörte Vorgehen der BaFin abgesichert werden; weder sollen die potentiellen Täter gewarnt noch

---

81 Vgl. näher 21. Kap. Rn. 97 ff.
82 Zu den Aufsichtsbefugnissen der BaFin nach WpHG *Szesny* Finanzmarktaufsicht und Strafprozess, S. 45 ff.

Unschuldige verunsichert werden.[83] Vorsätzliche und leichtfertige Verstöße können mit Bußgeld von bis zu EUR 200 000 geahndet werden.

Im Falle von **Aufsichtsmaßnahmen** der BaFin sind die mit der Bearbeitung der entsprechenden Auskunfts- oder Vorlageverlagen usf. befassten Mitarbeiter darauf hinzuweisen, dass sie eine Geheimhaltungspflicht hinsichtlich der Maßnahmen trifft. Da gerade in größeren Instituten Aufsichtsmaßnahmen gem. § 4 Abs. 2-4 WpHG immer wieder stattfinden werden, bietet sich die Aufnahme eines entsprechenden Hinweises in ein Compliance-Handbuch oder eine **Checkliste** an, die entsprechende Anweisungen für das richtige Verhalten im Falle von BaFin-Maßnahmen enthält. Dasselbe gilt für die mit der Abfassung einer gem. § 10 Abs. 1 WpHG anzufertigenden Verdachtsanzeige. 84

VI. Anzeige von Verdachtsfällen

Bußgeldtatbestand	Bezugsnorm	Tathandlung	Normadressat	gesetzliches Höchstmaß
§ 39 Abs. 2 Nr. 2 lit. b	§ 10 Abs. 1 S. 1, auch i.V.m. einer Rechtsverordnung nach Abs. 4 S. 1	eine Anzeige von Verdachtsfällen u.a. hinsichtlich Verbotsverstößen im Sinne der §§ 14, 20a WpHG (Insiderverbot, Marktmanipulationsverbot) nicht, nicht richtig, nicht vollständig, nicht in der vorgeschriebenen Weise oder nicht rechtzeitig machen	Wertpapierdienstleistungsunternehmen; andere Kreditinstitute; Kapitalanlagegesellschaften; Betreiber von außerbörslichen Märkten, an denen Finanzinstrumente gehandelt werden	EUR 50 000

85

Gem. § 10 Abs. 1 WpHG haben die dort genannten Unternehmen bei der Feststellung von Tatsachen, die den Verdacht begründen, dass mit einem Geschäft über Finanzinstrumente gegen das Insider- oder Marktmanipulationsverbot oder Geschäftsverbote, verstoßen wird, diese unverzüglich der BaFin mitzuteilen. Hierüber dürfen sie andere als die zuständigen Stellen und Verschwiegenheitsverpflichtete nicht informieren. Bloße Vermutungen reichen für eine Anzeigenpflicht nicht aus; vielmehr müssen die verdachtsbegründenden Tatsachen festgestellt und beim Anzeigepflichtigen verfügbar sein (§ 2 WpAIV). Ob der Verdachtsbegriff autonom kapitalmarktrechtlich[84] oder in Anlehnung an den strafprozessualen Anfangsverdacht[85] zu bestimmen ist, ist umstritten[86], dürfte mit Blick auf die ohnehin niedrige Verdachtsschwelle im Strafprozessrecht in der Praxis aber nur selten eine Rolle spielen. 86

Die Vorschrift ist im Regelungszusammenhang mit den §§ 9, 15 f. WpHG zu sehen; sie fungiert insoweit als ergänzende Informationspflicht gegenüber den Aufsichtsbehörden.[87] 87

---

83 Erbs/Kohlhaas/*Wehowsky* § 39 Rn. 16.
84 So Park/*Eggers* T4 Kap. 3 Rn. 18; Assmann/Schneider/*Vogel* § 10 Rn. 41.
85 So *Szesny* Finanzmarktaufsicht und Strafprozess, S. 207 sowie 46 ff.; *Spindler* NJW 2004, 3449, 3450.
86 Siehe dazu bereits oben Rn. 62.
87 Vgl. *Szesny* Finanzmarktaufsicht und Strafprozess, S. 206.

VII. Finanzanalyse

88

Bußgeldtatbestand	Bezugsnorm	Tathandlung	Normadressat	gesetzliches Höchstmaß
§ 39 Abs. 1 Nr. 5	§ 34b Abs. 1 S. 2 i.V. einer Rechtsverordnung nach Abs. 8 S. 1 (FinanzanalyseVO)	Eine Finanzanalyse weitergeben oder veröffentlichen	Personen, die im Rahmen ihrer Berufs- oder Geschäftstätigkeit eine Information über Finanzinstrumente oder deren Emittenten erstellen	EUR 200 000
§ 39 Abs. 1 Nr. 6	§ 34b Abs. 2 i.V.m. einer Rechtsverordnung nach Abs. 8 S. 1 (FinanzanalyseVO)	§ 34b Abs. 2 in Verbindung mit einer Rechtsverordnung nach Abs. 8 S. 1	Jedermann	EUR 50 000
§ 39 Abs. 2 Nr. 21	§ 34c S. 1, 2 oder 4	eine Anzeige nicht, nicht richtig, nicht vollständig oder nicht rechtzeitig erstatten	andere Personen als Wertpapierdienstleistungsunternehmen, Kapitalanlagegesellschaften oder Investmentaktiengesellschaften, die in Ausübung ihres Berufes oder im Rahmen ihrer Geschäftstätigkeit für die Erstellung von Finanzanalysen oder deren Weitergabe verantwortlich sind	EUR 50 000

VIII. Best practice in Wertpapierdienstleistungsunternehmen

1. Informationspflichten

89

Bußgeldtatbestand	Bezugsnorm	Tathandlung	Normadressat	gesetzliches Höchstmaß
§ 39 Abs. 2 Nr. 15	§ 31 Abs. 1 Nr. 2	einen Interessenkonflikt nicht, nicht richtig, nicht vollständig oder nicht rechtzeitig darlegen	Wertpapierdienstleistungsunternehmen	EUR 50 000
§ 39 Abs. 2 Nr. 15a lit. a	§ 31 Abs. 3a S. 1 i.V.m. einer Rechtsverordnung nach § 31 Abs. 11 S. 1 Nummer 2a (WpDerOV)	ein Informationsblatt nicht, nicht richtig, nicht vollständig oder nicht rechtzeitig zur Verfügung stellen	Wertpapierdienstleistungsunternehmen	EUR 50 000

Bußgeldtatbestand	Bezugsnorm	Tathandlung	Normadressat	gesetzliches Höchstmaß
§ 39 Abs. 2 Nr. 15a lit. b	§ 31 Abs. 3a S. 3 i.V.m. S. 1	die wesentlichen Anlegerinformationen nicht, nicht richtig, nicht vollständig oder nicht rechtzeitig zur Verfügung stellen	Wertpapierdienstleistungsunternehmen	EUR 50 000
§ 39 Abs. 2 Nr. 15a lit. c	§ 31 Abs. 3a S. 4 i.V.m. S. 1	ein Vermögensanlagen-Informationsblatt nicht, nicht richtig, nicht vollständig oder nicht rechtzeitig zur Verfügung stellen	Wertpapierdienstleistungsunternehmen	EUR 50 000
§ 39 Abs. 2 Nr. 16	§ 31 Abs. 4 S. 3	ein Finanzinstrument empfehlen oder im Zusammenhang mit einer Finanzportfolioverwaltung eine Empfehlung abgeben	Wertpapierdienstleistungsunternehmen	EUR 100 000
§ 39 Abs. 2 Nr. 16a	§ 31 Abs. 4a S. 1	ein Finanzinstrument oder eine Wertpapierdienstleistung empfehlen	Wertpapierdienstleistungsunternehmen	EUR 200 000
§ 39 Abs. 2 Nr. 17	§ 31 Abs. 5 S. 3 oder 4	einen Hinweis oder eine Information nicht oder nicht rechtzeitig geben	Wertpapierdienstleistungsunternehmen	EUR 50 000

Gem. § 31 Abs. 3a S. 1 WpHG ist im Falle einer **Anlageberatung** dem Kunden rechtzeitig vor dem Abschluss eines Geschäfts über Finanzinstrumente ein kurzes und leicht verständliches **Informationsblatt** über jedes Finanzinstrument zur Verfügung zu stellen, auf das sich eine Kaufempfehlung bezieht. Bei Anteilen an in und ausländischen Investmentvermögen treten gem. § 31 Abs. 3a S. 3 WpHG an die Stelle des Informationsblattes die nach dem InvG jeweils einschlägigen wesentlichen Anlegerinformationen, bei Vermögensanlagen gem. § 31 Abs. 3a S. 4 WpHG das Vermögensanlagen-Informationsblatt. Das Wertpapierdienstleistungsunternehmen hat zudem gem. § 31 Abs. 1 Nr. 2 WpHG etwaige **Interessenkonflikte** darzulegen.[88] Ein vorsätzlicher oder leichtfertiger Verstoß gegen diese Pflichten kann mit Bußgeld bis zu 50 000 EUR geahndet werden.

2. Einrichtung von Compliance-Funktion und Beschwerdeverfahren

Ein Wertpapierdienstleistungsunternehmen muss angemessene **Grundsätze** aufstellen, Mittel vorhalten und **Verfahren** einrichten, die darauf ausgerichtet sind sicherzustellen, dass

---

[88] Näher zur Kundenberatung durch Wertpapierdienstleistungsunternehmen 18. Kap.

das Wertpapierdienstleistungsunternehmen selbst und seine Mitarbeiter den Verpflichtungen dieses Gesetzes nachkommen, wobei insbesondere eine dauerhafte und wirksame **Compliance-Funktion**[89] einzurichten ist, die ihre Aufgaben unabhängig wahrnehmen kann (§ 33 Abs. 1 S. 2 Nr. 1 WpHG). Es muss – neben den weiteren in § 33 Abs. 1 S. 2 Nr. 2–3a, 5 ff. WpHG genannten Maßnahmen – zudem wirksame und transparente Verfahren für eine angemessene und **unverzügliche Bearbeitung von Beschwerden** durch Privatkunden vorhalten und jede Beschwerde sowie die zu ihrer Abhilfe getroffenen Maßnahmen dokumentieren (§ 33 Abs. 1 S. 2 Nr. 4 WpHG). Wer dies in seiner Eigenschaft als Verantwortlicher eines Wertpapierdienstleistungsunternehmens vorsätzlich oder leichtfertig unterlässt, handelt gem. § 39 Abs. 2 Nr. 17b und 17c WpHG ordnungswidrig und kann mit einer Geldbuße bis 200 000 EUR belegt werden.

92

§ 39 Abs. 2 Nr. 17b	§ 33 Abs. 1 S. 2 Nr. 1 auch i.V.m. einer Rechtsverordnung nach § 33 Abs. 4 (WpDVerOV)	eine Compliance-Funktion nicht einrichtet	Wertpapierdienstleistungsunternehmen	EUR 200 000
§ 39 Abs. 2 Nr. 17c	§ 33 Abs. 1 S. 2 Nr. 4, auch i.V.m. einer Rechtsverordnung nach § 33 Abs. 4 (WpDVerOV)	ein dort genanntes Verfahren nicht vorhalten oder eine dort genannte Dokumentation nicht vornehmen	Wertpapierdienstleistungsunternehmen	EUR 200 000

3. Anti-Korruption

93

Bußgeldtatbestand	Bezugsnorm	Tathandlung	Normadressat	gesetzliches Höchstmaß
§ 39 Abs. 2 Nr. 17a	§ 31d Abs. 1 S. 1	eine Zuwendung annimmt oder gewähren	Wertpapierdienstleistungsunternehmen	EUR 100 000

94 Das WpHG enthält ein bußgeldbewehrtes **Korruptionsverbot**, das – ähnlich den Amtsträgerkorruptionsvorschriften – weit im Vorfeld einer unlauteren Beeinflussung greift.[90]

---

89 Näher hierzu 16. Kap.
90 Näher 26. Kap. Rn. 100 ff.

4. Weitere best practice-Vorgaben

Bußgeldtatbestand	Bezugsnorm	Tathandlung	Normadressat	gesetzliches Höchstmaß
§ 39 Abs. 2 Nr. 18	§ 33a Abs. 5 S. 2 oder Abs. 6 Nr. 1 oder 2	einen Hinweis oder eine Information nicht oder nicht rechtzeitig geben oder eine Einwilligung oder Zustimmung nicht oder nicht rechtzeitig einholen	Wertpapierdienstleistungsunternehmen, die Aufträge ihrer Kunden für den Kauf oder Verkauf von Finanzinstrumenten im Sinne des § 2 Abs. 3 S. 1 Nr. 1–3 ausführen	EUR 200 000
§ 39 Abs. 2 Nr. 19	§ 33a Abs. 6 Nr. 3	eine Mitteilung nicht richtig oder nicht vollständig machen	Wertpapierdienstleistungsunternehmen	EUR 50 000
§ 39 Abs. 2 Nr. 22	§ 34d Abs. 1 S. 1, Abs. 2 S. 1 oder Abs. 3 S. 1, jeweils i.V.m. einer Rechtsverordnung nach § 34d Abs. 6 S. 1 Nr. 2 (WpHGMaAuzV)	einen Mitarbeiter mit einer dort genannten Tätigkeit betrauen	Wertpapierdienstleistungsunternehmen	EUR 200 000
§ 39 Abs. 2 Nr. 23 lit. a	§ 34d Abs. 1 S. 2 oder S. 3, Abs. 2 S. 2 oder S. 3 oder Abs. 3 S. 2 oder S. 3, jeweils auch i.V.m. einer Rechtsverordnung nach § 34d Abs. 6 S. 1 Nr. 1 (WpHGMaAuzV)	eine Anzeige nicht, nicht richtig, nicht vollständig oder nicht rechtzeitig erstatten	Wertpapierdienstleistungsunternehmen	EUR 50 000
§ 39 Abs. 2 Nr. 23 lit. b	§ 34d Abs. 1 S. 4 i.V.m. einer Rechtsverordnung nach § 34d Abs. 6 S. 1 Nr. 1 (WpHGMaAuzV)	eine Anzeige nicht, nicht richtig, nicht vollständig oder nicht rechtzeitig erstatten	Wertpapierdienstleistungsunternehmen	EUR 50 000

IX. Besondere Vorschriften für den Handel mit Treibhausgasemissionszertifikaten im Sinne des VO (EU) Nr. 1031/2010

Hinsichtlich Versteigerungen von **Treibhausgasemissionszertifikaten** gemäß der Richtlinie 2003/87/EG[91] hat der europäische Gesetzgeber besondere **Insiderregeln** geschaffen, deren Verletzung nach deutschem Recht mit Strafe oder Geldbuße bedroht ist. Maßgebliche Rechtsgrundlage ist die Verordnung (EU) Nr. 1031/2010.

---

91 Richtlinie 2003/87/EG des Europäischen Parlaments und des Rates vom 13.10.2003 über ein System für den Handel mit Treibhausgasemissionszertifikaten in der Gemeinschaft und zur Änderung der Richtlinie 96/61/EG des Rates (ABlEU 2003 Nr. L 275/32), zuletzt geändert durch Anh. III 8. 1. ÄndEU-BeitrAkt2013 vom 9.12.2011 (ABlEU 2012 Nr. L 112/21).

97 Hintergrund der Regelung ist, dass die allgemeinen Vorschriften der §§ 14 ff., 38 WpHG sich auf den geregelten Markt und die an ihm Beteiligten beziehen. Eine Sonderregelung für den Handel mit Treibhausgasemissionszertifikaten war demnach erforderlich[92], um Insiderverhalten im Rahmen der entsprechenden Versteigerungen sanktionieren zu können.

1. Insiderverbote

98

Bußgeldtatbestand	Bezugsnorm	Tathandlung	Normadressat	gesetzliches Höchstmaß
§ 39 Abs. 2c Nr. 1 lit. a	Art. 39 lit. a Verordnung (EU) Nr. 1031/2010	als Person nach Art. 40 eine Insiderinformation weitergeben	Personen, für die das Verbot des Art. 38 gilt	EUR 50 000
§ 39 Abs. 2c Nr. 1 lit. b	Art. 39 lit. b Verordnung (EU) Nr. 1031/2010	als Person nach Art. 40 die Einstellung, Änderung oder Zurückziehung eines Gebotes empfehlen oder eine andere Person hierzu verleiten	Personen, für die das Verbot des Art. 38 gilt	EUR 50 000

99 § 39 Abs. 2c Nr. 1 WpHG bedroht vorsätzliche oder leichtfertige Verstöße von **Sekundärinsidern**[93], also von Personen, die nicht zu dem in Art. 38 Abs. 1 UAbs. 2 VO (EU) Nr. 1031/2010[94] beschriebenen Primärinsiderkreis gehören, aber über Insider-Informationen verfügen und wissen oder wissen müssten, dass es sich um Insider-Informationen handelt, gegen das Weitergabe- (§ 39 Abs. 2c Nr. 1 lit. a WpHG), Empfehlungs- und Verleitungsverbot (§ 39 Abs. 2c Nr. 1 lit. b WpHG) mit Geldbuße.

100 Hält man sich die Systematik der Insiderverbote der VO (EU) Nr. 1031/2010 vor Augen, werden die Parallelen zur Systematik der allgemeinen Insiderverbote, die der deutsche Gesetzgeber in § 14 WpHG umgesetzt hat, augenfällig: Im Einzelnen enthält Art. 38 Abs. 1 VO (EU) Nr. 1031/2010 das Verbot, unter Nutzung einer Insiderinformation Gebote einzustellen, zu ändern oder zurückzuziehen und damit das *pendant* zum **Insiderhandelsverbot** des § 14 Abs. 1 Nr. 1 WpHG für den Handel mit Zertifikation über Treibhausgasemissionen. Art. 39 Abs. 1 VO (EU) Nr. 1031/2010 enthält ein § 14 Abs. 1 Nr. 2 WpHG entsprechendes **Weiterleitungs– und Empfehlungsverbot**. Beide Verbote richten sich zunächst an den in Art. 38 Abs. 1 UAbs. 2 VO (EU) Nr. 1031/2010 genannten Adressatenkreis. Hierbei handelt es sich um **Primärinsider**, nämlich solche Personen, die über Insiderinformationen verfügen
– als Mitglied eines Verwaltungs-, Leitungs- oder Aufsichtsorgans der Auktionsplattform, des Auktionators oder der Auktionsaufsicht, oder
– durch ihre Beteiligung am Kapital der Auktionsplattform, des Auktionators oder des Auktionsaufsicht, oder

---

92 Zur Erforderlichkeit der Anwendung von Insidervorschriften über den geregelten Markt hinaus auf die Versteigerung von Treibhausgasemissionszertifikation vgl. Erwägungsgrund Nr. 31 der Verordnung (EU) Nr. 1031/2010.
93 Assmann/Schneider/*Vogel* § 39 Rn. 37g.
94 Verordnung (EU) Nr. 1031/2010 der Kommission vom 12.11.2010 über den zeitlichen und administrativen Ablauf sowie sonstige Aspekte der Versteigerung von Treibhausgasemissionszertifikaten gemäß der Richtlinie 2003/87/EG des Europäischen Parlaments und des Rates über ein System für den Handel mit Treibhausgasemissionszertifikaten in der Gemeinschaft (ABl. Nr. L 302/1), zuletzt geändert durch VO (EU) Nr. 1042/2012 der Kommission vom 7.11.2012 (ABl. Nr. L 310/19).

- dadurch, dass sie aufgrund ihrer Arbeit, ihres Berufs oder ihrer Aufgaben Zugang zu der betreffenden Information haben, oder
- aufgrund von kriminellen Tätigkeiten.

Art. 40 VO (EU) Nr. 1031/2010 erweitert den Kreis der tauglichen Täter für sämtliche Verbote der Art. 38, 39 VO (EU) Nr. 1031/2010, sodass es sich bei Lichte betrachtet um an **Jedermann** gerichtete Verbote handelt. Die Unterscheidung, ob es sich beim Täter um einen Primär- oder einen Sekundärinsider handelt, wird erst bei der Frage relevant, wie der jeweilige Verstoß sanktioniert wird: | 101

Der Verbotsverstoß i.S.v. Art. 38 Abs. 1 VO (EU) Nr. 1031/2010 sowie der von einem **Primärinsider** begangene Verstoß gegen das Weiterleitungs-, Empfehlungs- und Verleitungsverbot des Art. 39 VO (EU) Nr. 1031/2010 ist gem. § 38 Abs. 2a WpHG strafbar.[95] Diese Strafvorschrift wird durch § 39 Abs. 2c WpHG ergänzt, die eine Bußgeldandrohung für die übrigen Fälle enthält. | 102

Hinweis: Zur Vermeidung von Insiderverstößen schreibt Art. 42 Abs. 2 VO (EU) Nr. 1031/2010 das Führen eines Insiderverzeichnisses vor.[96] | 103

2. Insiderverzeichnis

Bußgeldtatbestand	Bezugsnorm	Tathandlung	Normadressat	gesetzliches Höchstmaß
§ 39 Abs. 2c Nr. 2	Art. 42 Abs. 1 S. 2 oder S. 3 Verordnung (EU) Nr. 1031/2010	das Verzeichnis nicht, nicht richtig, nicht vollständig oder nicht rechtzeitig übermitteln	Auktionsplattformen, Auktionatoren, Auktionsaufsichten	EUR 50 000

| 104

Art. 42 VO (EU) Nr. 1031/2010 bestimmt besondere Anforderungen zur Minimierung des Risikos von Marktmissbrauch. Gem. Art. 42 Abs. 1 S. 1 VO (EU) müssen die Auktionsplattform, der Auktionator und die Auktionsaufsicht jeweils ein Verzeichnis der Personen aufstellen, die auf der Grundlage eines Arbeitsvertrages oder anderweitig für sie tätig sind und Zugang zu Insiderinformationen haben (**Insiderverzeichnis**). Die Auktionsplattform bringt dieses Verzeichnis regelmäßig auf den neuesten Stand und übermittelt es der zuständigen Behörde des Mitgliedstaats, in dem sie niedergelassen ist, auf Anfrage (§ 42 Abs. 1 S. 2 VO (EU) Nr. 1031/2010); die Auktionsplattform, der Auktionator und die Auktionsaufsicht aktualisieren ihr Verzeichnis regelmäßig und übermitteln es gemäß den Verträgen zu ihrer Bestellung der zuständigen Behörde des Mitgliedstaats, in dem die Auktionsplattform niedergelassen ist und dem Mitgliedstaat, in dem der Auktionator oder die Auktionsaufsicht niedergelassen sind, auf Anfrage (§ 42 Abs. 1 S. 3 VO (EU) Nr. 1031/2010). | 105

Wer das Verzeichnis nicht, nicht richtig, nicht vollständig oder nicht rechtzeitig i.S.v. Art. 42 Abs. 1 S. 2 VO (EU) Nr. 1031/2010 übermittelt oder eine Unterrichtung i.S.v. Art. 42 Abs. 1 S. 3 VO (EU) Nr. 1031/2010 nicht, nicht richtig oder nicht innerhalb von fünf Werktagen vornimmt, handelt – wenn vorsätzliches oder leichtfertiges Verhalten – ordnungswidrig (§ 39 Abs. 2c Nr. 2 WpHG). Die Ordnungswidrigkeit kann mit einem Bußgeld von bis zu 50 000 EUR geahndet werden. | 106

Die Vorschrift ergänzt demgemäß § 15b WpHG, der die Pflicht zur Führung eines Insiderverzeichnisses für den geregelten Markt enthält, um eine entsprechende Pflicht für den Handel mit Treibhausgasemissionszertifikaten. | 107

---

95 Hierzu 27. Kap. Rn. 93 ff.
96 Zum Insiderverzeichnis siehe Rn. 42 ff.

3. Mitteilung von directors' dealings

108

Bußgeldtatbestand	Bezugsnorm	Tathandlung	Normadressat	gesetzliches Höchstmaß
§ 39 Abs. 2c Nr. 3	Art. 42 Abs. 2 Verordnung (EU) Nr. 1031/2010	eine Unterrichtung nicht, nicht richtig oder nicht innerhalb von fünf Werktagen vornehmen	Personen die bei einer Auktionsplattform, beim Auktionator oder bei der Auktionsaufsicht Führungsaufgaben wahrnehmen	EUR 50 000

109 Ordnungswidrig handelt ebenso, wer vorsätzlich oder leichtfertig als Führungsperson bei einer Auktionsplattform, beim Auktionator oder bei der Auktionsaufsicht (sowie gegebenenfalls in enger Beziehung zu ihnen stehende Personen) die gem. Art. 42 Abs. 2 VO (EU) Nr. 1031/2010 vorgeschriebene Unterrichtung der BaFin über Gebote, die sie auf eigene Rechnung für Auktionsobjekte, deren Derivate oder andere damit verbundene Finanzinstrumente eingestellt, geändert oder zurückgezogen haben, nicht, nicht richtig oder nicht innerhalb von fünf Werktagen vornimmt (§ 39 Abs. 2c Nr. 3 WpHG).

4. Verdachtsanzeige

110

Bußgeldtatbestand	Bezugsnorm	Tathandlung	Normadressat	gesetzliches Höchstmaß
§ 39 Abs. 2c Nr. 4	Art. 42 Abs. 5 Verordnung (EU) Nr. 1031/2010	die Behörde nicht, nicht richtig, nicht vollständig oder nicht rechtzeitig informieren	in Art. 59 Abs. 1 genannte Person	EUR 50 000

111 Gem. Art. 42 Abs. 2 VO (EU) Nr. 1031/2010 haben Personen, die berechtigt sind, für andere zu bieten, den begründeten Verdacht, dass eine Transaktion ein Insidergeschäft oder eine Marktmanipulation darstellen könnte, unverzüglich die BaFin zu informieren. Die Anzeigepflicht erfasst Personen i.S.v. Art. 59 Abs. 1 lit. a und b VO (EU) Nr. 1031/2010, der wiederum auf Art. 18 Abs. 2 bzw. Art. 18 Abs. 1 lit. b und c VO (EU) Nr. 1031/2010 verweist. Dies sind
– Personen, die i.S.v. Art. 2 Abs. 1 lit. i der EG-Finanzinstrumente-Richtlinie[97] für eigene Rechnung mit Finanzinstrumenten handeln oder Wertpapierdienstleistungen in Bezug auf Warenderivate oder bestimmte Derivatkontrakte für die Kunden ihrer Haupttätigkeit erbringen und gem. Art. 59 VO (EU) Nr. 1031/2010 zugelassen sind;
– gemäß Richtlinie 2004/39/EG zugelassene Wertpapierfirmen, die auf eigene Rechnung oder im Namen ihrer Kunden bieten;
– gemäß Richtlinie 2006/48/EG zugelassene Kreditinstitute, die auf eigene Rechnung oder im Namen ihrer Kunden bieten;

112 Wer dieser Pflicht vorsätzlich oder leichtfertig nicht, nicht richtig, nicht vollständig oder nicht rechtzeitig nachkommt, handelt gem. § 39 Abs. 2c Nr. 4 WpHG ordnungswidrig. In Bezug auf die verpflichteten Wertpapierfirmen und Kreditinstitute kommt eine Ahndung der für sie i.S.v. § 9 OWiG tätigen Personen in Betracht. Der Verstoß kann mit einem Bußgeld bis zu EUR 50 000 geahndet werden.

---

97 Richtlinie 2004/39/EG des Europäischen Parlaments und des Rates vom 21.4.2004 über Märkte für Finanzinstrumente, zur Änderung der Richtlinien 85/611/EWG und 93/6/EWG des Rates und der Richtlinie 2000/12/EG des Europäischen Parlaments und des Rates und zur Aufhebung der Richtlinie 93/22/EWG des Rates (ABlEU 2000 Nr. L 145/1, ber. ABlEU 2005 Nr. L 45/18), zuletzt geändert durch Art. 6 ÄndRL 2010/78/EU vom 24.11.2010 (ABlEU 2010 Nr. L 331/120).

X. Sonstiges

1. Umgang mit Ratings

Bußgeldtat-bestand	Bezugsnorm	Tathandlung	Normadressat	gesetzliches Höchstmaß
§ 39 Abs. 2b Nr. 6	Art. 4 Abs. 1 UAbs. 2 Verordnung (EG) Nr. 1060/2009[98]	nicht gewährleisten, dass die dort genannten Informationen im Prospekt enthalten sind	Emittenten; Anbieter; Personen, die die Zulassung zum Handel an einem geregelten Markt beantragen	EUR 200 000

113

Gem. Art. 4 Abs. 1 UAbs. 1 der EU-VO über **Ratingagenturen**[99] hat ein Emittent, Anbieter oder die Person, die die Zulassung zum Handel an einem geregelten Markt beantragt, zu gewährleisten, dass ein **Prospekt**,[100] der einen Verweis auf ein **Rating** oder mehrere Ratings enthält, klare und unmissverständliche Informationen darüber enthält, ob diese Ratings von einer Ratingagentur mit Sitz in der Union abgegeben wurden, die im Einklang mit dieser Verordnung registriert wurde. Wer hiergegen vorsätzlich oder leichtfertig verstößt, handelt ordnungswidrig.

114

Bußgeldtat-bestand	Bezugsnorm	Tathandlung	Normadressat	gesetzliches Höchstmaß
§ 39 Abs. 2b Nr. 5	Art. 4 Abs. 1 UAbs. 1 Verordnung (EG) Nr. 1060/2009	ein Rating für aufsichtsrechtliche Zwecke verwendet	Kreditinstitute; Wertpapierfirmen; Versicherungsunternehmen; Rückversicherungsunternehmen; Organismen für gemeinsame Anlagen in Wertpapieren (OGAW)	EUR 200 000

115

Kreditinstitute, Wertpapierfirmen, Versicherungsunternehmen, Rückversicherungsunternehmen, Einrichtungen der betrieblichen Altersversorgung, Verwaltungs- und Investmentgesellschaften, Verwalter alternativer Investmentfonds und zentrale Gegenparteien dürfen gem. Art. 4 Abs. 1 der **EU-Ratingagentur-Verordnung** für aufsichtsrechtliche Zwecke nur Ratings von Ratingagenturen verwenden, die ihren Sitz in der Union haben und gemäß dieser Verordnung registriert sind. Ein vorsätzlicher oder leichtfertiger Verstoß gegen diese Pflicht kann mit Geldbuße

116

---

98 Verordnung (EG) Nr. 1060/2009 des Europäischen Parlaments und des Rates vom 16.9.2009 über Ratingagenturen (ABlEU Nr. L 302/1, ber. ABlEU Nr. L 350/59, ber. ABlEU 2011 Nr. L 145/57), zuletzt geändert durch Art. 1 ÄndVO (EU) 462/2013 vom 21.5.2013 (ABlEU Nr. L 146/1).
99 Verordnung (EG) Nr. 1060/2009 des Europäischen Parlaments und des Rates vom 16.9.2009 über Ratingagenturen (ABlEU Nr. L 302/1 vom 17.11.2009).
100 Zu den Ordnungswidrigkeiten nach dem WpPG siehe noch unten Rn. 151 ff.

2. OTC-Prüfung

117

Bußgeldtat-bestand	Bezugsnorm	Tathandlung	Normadressat	gesetzliches Höchstmaß
§ 39 Abs. 2 Nr. 10b	§ 20 Abs. 1 S. 1	die dort genannten Tatsachen nicht oder nicht rechtzeitig prüfen und bescheinigen lassen	Kapitalgesellschaften die weder kleine Kapitalgesellschaften im Sinne des § 267 Abs. 1 des Handelsgesetzbuchs noch finanzielle Gegenparteien im Sinne des Art. 2 Nummer 8 der Verordnung (EU) Nr. 648/2012	EUR 100 000
§ 39 Abs. 2 Nr. 10c	§ 20 Abs. 4 S. 1	eine Bescheinigung nicht oder nicht rechtzeitig übermitteln	Kapitalgesellschaften, die weder kleine Kapitalgesellschaften im Sinne des § 267 Abs. 1 des Handelsgesetzbuchs noch finanzielle Gegenparteien im Sinne des Art. 2 Nummer 8 der Verordnung (EU) Nr. 648/2012 sind	EUR 100 000

118 Bestimmte Kapitalgesellschaften haben unter den in § 20a Abs. 1 WpHG genannten Voraussetzungen durch einen geeigneten Prüfer prüfen und bescheinigen zu lassen, dass sie über geeignete Systeme verfügen, die die Einhaltung der Anforderungen der **EU-OTC-Verordnung**[101] sicherstellen. Die entsprechende Bescheinigung muss gem. § 20a Abs. 4 WpHG der BaFin übermittelt werden, wenn sie Feststellungen über Mängel enthält. Vorsätzliche und leichtfertige Verstöße gegen diese Bestimmungen können mit Bußgeld bis zum 100 000 EUR geahndet werden.

3. Emittentenpflichten gegenüber Wertpapierinhabern

119 § 30a WpHG regelt **Emittentenpflichten gegenüber Wertpapierinhabern**, deren vorsätzliche oder leichtfertige Verletzung mit Bußgeld geahndet wird.

120

Bußgeldtat-bestand	Bezugsnorm	Tathandlung	Normadressat	gesetzliches Höchstmaß
§ 39 Abs. 2 Nr. 12	§ 30a Abs. 1 Nr. 2, auch i.V.m. Abs. 3 oder § 30d	nicht sicherstellen, dass Einrichtungen und Informationen im Inland öffentlich zur Verfügung stehen	Jedermann	EUR 100 000

---

101 Verordnung (EU) Nr. 648/2012 des Europäischen Parlaments und des Rates vom 4.7.2012 über OTC-Derivate (ABlEU Nr. L 201/1).

Bußgeldtatbestand	Bezugsnorm	Tathandlung	Normadressat	gesetzliches Höchstmaß
§ 39 Abs. 2 Nr. 13	§ 30a Abs. 1 Nr. 3, auch i.V.m. Abs. 3 oder § 30d	nicht sicherstellen, dass Daten vor der Kenntnisnahme durch Unbefugte geschützt sind	Emittenten, für die die Bundesrepublik Deutschland der Herkunftsstaat ist; Inhaber Aktien vertretender Zertifikate; Emittenten, für die nicht die Bundesrepublik Deutschland, sondern ein anderer Mitgliedstaat der Europäischen Union oder Vertragsstaat des Abkommens über den Europäischen Wirtschaftsraum der Herkunftsstaat ist, wenn ihre Wertpapiere zum Handel an einem inländischen organisierten Markt zugelassen sind und ihr Herkunftsstaat für sie keine den §§ 30a–30c entsprechenden Vorschriften vorsieht	EUR 100 000
§ 39 Abs. 2 Nr. 14	§ 30a Abs. 1 Nr. 4, auch i.V.m. Abs. 3 oder § 30d	nicht sicherstellen, dass eine dort genannte Stelle bestimmt ist	Emittenten, für die die Bundesrepublik Deutschland der Herkunftsstaat ist; Inhaber Aktien vertretender Zertifikate; Emittenten, für die nicht die Bundesrepublik Deutschland, sondern ein anderer Mitgliedstaat der Europäischen Union oder Vertragsstaat des Abkommens über den Europäischen Wirtschaftsraum der Herkunftsstaat ist, wenn ihre Wertpapiere zum Handel an einem inländischen organisierten Markt zugelassen sind und ihr Herkunftsstaat für sie keine den §§ 30a–30c entsprechenden Vorschriften vorsieht	EUR 100 000

4. Verhaltenspflichten für systematische Internalisierer

121

Bußgeldtat-bestand	Bezugsnorm	Tathandlung	Normadressat	gesetzliches Höchstmaß
§ 39 Abs. 1 Nr. 4	§ 32d Abs. 1 S. 1	Einen Zugang nicht gewähren	Systematische Internalisierer im Sinne des § 32 S. 1	EUR 50 000

122 **Systematische Internalisierer** sind Unternehmen, die häufig regelmäßig und auf organisierte und systematische Weise Eigenhandel außerhalb organisierter Märkte und multilateraler Handelssysteme betreiben (§ 2 Abs. 10 WpHG). Die §§ 32 ff. WpHG regeln die diesbezüglichen Verhaltenspflichten. Gem. § 32d Abs. 1 S. 1 WpHG hat ein systematischer Internalisierer den Zugang zu den von ihm veröffentlichten Quotes in objektiver und nicht diskriminierender Weise zu gewähren. Verstößt er vorsätzlich gegen diese Pflicht, handelt er ordnungswidrig.

C. Ordnungswidrigkeiten nach dem KWG

123 Neben Straftaten[102] sieht das KWG eine Reihe von Ordnungswidrigkeiten vor, die insbesondere die Durchsetzung des Aufsichtsrechts sicherstellen sollen. Mit Inkrafttreten der Sechsten KWG-Novelle sind die Bußgelder erheblich erhöht worden – teilweise um das Zehnfache.[103] Die nachfolgenden Tabellen stellen die kreditwesengesetzlichen Ordnungswidrigkeitentatbestände übersichtlich dar:

I. Zuwiderhandlungen gegen aufsichtsrechtliche Maßnahmen i.S.v. § 36 KWG

124

Bußgeldtat-bestand	Bezugsnorm	Tathandlung	Normadressat	gesetzliches Höchstmaß
§ 56 Abs. 1	§ 36 Abs. 1 oder 2 S. 1	einer vollziehbaren Anordnung nach § 36 Abs. 1 oder 2 zuwiderhandeln	Geschäftsleiter	EUR 500 000

125 Besonders einschneidende aufsichtsrechtliche Maßnahmen sind die **Abberufung** von Geschäftsführern, die Übertragung von Organbefugnissen auf **Sonderbeauftragte** und die Abberufung von Mitgliedern der Geschäftsführungs- und Aufsichtsorgane gem. § 36 Abs. 1 KWG. Diese Maßnahmen stehen der BaFin nach den Vorschriften des VwVfG offen, wenn ihr Tatsachen bekannt werden, die die Versagung der Erlaubnis gem. § 33 Abs. 1 S. 1 Nr. 1–8 oder Abs. 3 Nr. 1–3 KWG rechtfertigen würden (insbesondere unzureichende Eigenmittel, Verdacht auf **Unzuverlässigkeit**, mangelnde fachliche Eignung, mangelnde Bereitschaft oder Fähigkeit zur Einrichtung der für die Durchführung des Geschäftsbetriebes erforderlichen Vorkehrungen, mangelnde wirtschaftliche Transparenz etc.), wenn Gefahr für die Erfüllung der Verpflichtungen des Instituts gegenüber seinen Gläubigern, insbesondere für die Sicherheit der dem Institut anvertrauten Vermögenswerte, besteht, oder wenn das Insti-

---
102 Dazu 29. Kap.
103 Boos/Fischer/Schulte-Mattler/*Lindemann* § 56 Rn. 1.

tut nachhaltig gegen Bestimmungen des KWG, des GwG,[104] des WpHG oder die zur Durchführung dieser Gesetze erlassenen Verordnungen oder Anordnungen verstoßen hat (§§ 35 Abs. 1 Nr. 3, 4 und 6 KWG). Sie stellen insoweit das mildere Mittel zur Aufhebung der Erlaubnis und Untersagung der Tätigkeit dar.

Wer sich einer entsprechenden **vollziehbaren Anordnung** der BaFin vorsätzlich widersetzt, kann mit einem Bußgeld bis 500 000 EUR sanktioniert werden. Ob eine Anordnung **vollziehbar** ist, richtet sich danach, ob der Betroffene Rechtsmittel eingelegt hat, die aufschiebende Wirkung haben, und ob die BaFin oder das angerufene Verwaltungsgericht diesbezüglich Entscheidungen getroffen haben (vgl. § 80 VwGO, § 49 KWG)[105]. **126**

II. Erwerb bedeutender Beteiligungen

Bußgeldtatbestand	Bezugsnorm	Tathandlung	Normadressat	gesetzliches Höchstmaß
§ 56 Abs. 2 Nr. 1	§ 2c Abs. 1 S. 1, 5 oder 6, jeweils auch in Verbindung mit einer Rechtsverordnung nach § 24 Abs. 4 S. 1 (ErstAnzV, ErgAnzV, AnzV, KWG-VermittlerV, InhaberKontrollV)	eine Anzeige nicht, nicht richtig, nicht vollständig oder nicht rechtzeitig erstatten	Jeder, der beabsichtigt eine bedeutende Beteiligung an einem Unternehmen zu erwerben; Inhaber einer bedeutenden Beteiligung	EUR 200 000
§ 56 Abs. 2 Nr. 2	Rechtsverordnung nach § 2c Abs. 1 S. 3 (ErstAnzV, ErgAnzV, AnzV, KWG-VermittlerV, InhaberKontrollV)	einer Rechtsverordnung nach § 2c Abs. 1 S. 3 (Inhaberkontrollv) zuwiderhandeln soweit sie für einen bestimmten Tatbestand auf diese Bußgeldvorschrift verweisen	Jeder, der beabsichtigt, eine bedeutende Beteiligung an einem Unternehmen zu erwerben	EUR 200 000
§ 56 Abs. 2 Nr. 3 lit. a)	§ 2c Abs. 1b S. 1 oder Abs. 2 S. 1	einer vollziehbaren Untersagung oder Anordnung nach § 2c Abs. 1b S. 1 oder Abs. 2 zu Insiderhandel zuwiderhandelt	Jeder, der beabsichtigt eine bedeutende Beteiligung an einem Unternehmen zu erwerben; Inhaber einer bedeutenden Beteiligung	EUR 500 000

127

Der Erwerb bedeutender **Beteiligungen** an Instituten (i.e. Kreditinstitute und Finanzdienstleistungsinstitute, § 1 Abs. 1b KWG) unterliegt strengen Regeln. Wer beabsichtigt, allein oder im Zusammenwirken mit anderen Personen oder Unternehmen eine bedeutende Beteiligung an einem Institut zu **erwerben** (interessierter Erwerber), hat dies der BaFin **128**

---

104 Zur geldwäschevermeidenden Compliance siehe 25. Kap.
105 Boos/Fischer/Schulte-Mattler/*Lindemann* § 56 Rn. 4.

und der Deutschen Bundesbank unverzüglich schriftlich anzuzeigen (§ 2c Abs. 1 S. 1 KWG). Der Inhaber einer bedeutenden Beteiligung hat jeden neu bestellten gesetzlichen oder satzungsmäßigen Vertreter oder neuen persönlich haftenden Gesellschafter mit den für die Beurteilung von dessen **Zuverlässigkeit** wesentlichen Tatsachen der BaFin und der Deutschen Bundesbank unverzüglich schriftlich anzuzeigen (§ 2c Abs. 1 S. 5 KWG). Der Inhaber einer bedeutenden Beteiligung hat der BaFin und der Deutschen Bundesbank ferner unverzüglich schriftlich anzuzeigen, wenn er beabsichtigt, allein oder im Zusammenwirken mit anderen Personen oder Unternehmen den Betrag der bedeutenden Beteiligung so zu **erhöhen**, dass die Schwellen von 20 vom Hundert, 30 vom Hundert oder 50 vom Hundert der Stimmrechte oder des Kapitals erreicht oder überschritten werden oder dass das Institut unter seine Kontrolle kommt (§ 2c Abs. 1 S. 6 KWG).

129 Der Zweck dieser Regelung besteht darin, die BaFin über jede relevante Veränderung der Inhaberstruktur von Instituten zu informieren. Damit sollen die BaFin und die Deutsche Bundesbank vor allem die Möglichkeit haben, der Übernahme von bedeutenden Beteiligungen durch Personen aus der **organisierten Kriminalität** oder der Einspeisung inkriminierter Gelder in das Finanzsystem entgegenzuwirken (**Geldwäschebekämpfung**)[106]. Ein weiteres Ziel der Vorschrift ist es, durch die darin vorgegebenen Eingriffsmöglichkeiten die Solvenz des einzelnen Instituts zu sichern. Darüber hinaus soll den Gefahren für die Funktionsfähigkeit von Instituten und den Gläubigerschutz begegnet werden, die sich aus einer Neuordnung eines Instituts ergeben können.[107]

130 Ein vorsätzlicher oder leichtfertiger Verstoß gegen diese **Anzeigepflichten** kann gem. § 56 Abs. 2 Nr. 1 KWG mit einem Bußgeld bis 200 000 EUR geahndet werden. Dass der Gesetzgeber dieser Anzeigepflicht besondere Bedeutung beimisst, wird durch den Vergleich mit der Sanktionierung von Verstößen gegen andere kreditwesengesetzliche Anzeigepflichten deutlich: Diese können mit einem Bußgeld bis zu „nur" 50 000 EUR geahndet werden.[108] Die Einzelheiten der vorgenannten Anzeigepflichten regelt die **Inhaberkontrollverordnung**[109] (§ 2c Abs. 1 S. 3 KWG).[110]

131 **Hinweis:** Die BaFin stellt diese auf ihrer Website (www.bafin.de) zur Verfügung. Die Anlagen 1 bis 5 zur Inhaberkontrollverordnung enthalten **Formulare**, deren Verwendung die Einhaltung der o.g. Vorschriften sicherstellen kann.[111]

132 Mit Geldbuße bis zu 500 000 EUR können schließlich vorsätzliche und leichtfertige Verstöße gegen **Untersagungsverfügungen** der BaFin gem. § 2c Abs. 1b und Abs. 2 KWG geahndet werden (§ 56 Abs. 2 Nr. 3 KWG).

---

106 Boos/Fischer/Schulte-Mattler/*Schäfer* § 2c Rn. 2.
107 Boos/Fischer/Schulte-Mattler/*Schäfer* § 2c Rn. 3.
108 S. Rn. 134.
109 BGBl I S. 562, ber. BGBl I S. 688, zuletzt geändert durch Art. 1 Erste ÄndVO vom 25.5.2012 (BGBl I S. 1239).
110 Ein vorsätzlicher oder leichtfertiger Verstoß gegen die Regeln dieser Verordnung, „die auf diesen Bußgeldtatbestand verweisen", soll ebenfalls mit einem Bußgeld bis 200 000 EUR sanktioniert werden können. Allerdings findet sich in der Inhaberkontrollverordnung keine Vorschrift, die auf § 56 Abs. 2 Nr. 2 KWG verweist.
111 Www.bafin.de/SharedDocs/Aufsichtsrecht/DE/Verordnung/InhKontrollV.html.

III. Zuwiderhandlung gegen die Untersagung der Beteiligung an bzw. Beziehung zu ausländischen Unternehmen

Bußgeldtatbestand	Bezugsnorm	Tathandlung	Normadressat	gesetzliches Höchstmaß
§ 56 Abs. 2 Nr. 3 lit. b)	§ 12a Abs. 2 S. 1	Zuwiderhandlung gegen eine vollziehbare Untersagung der Fortführung der Beteiligung oder Unternehmensbeziehung nach § 12a Abs. 2 S. 1	Unternehmen oder Institute i.S.v. § 10a Abs. 14	EUR 200 000

133

IV. Verstoß gegen Anzeigepflichten (§ 56 Abs. 2 Nr. 4 KWG)

Gem. § 56 Abs. 2 Nr. 4 KWG sind vorsätzliche und leichtfertige Verstöße gegen die dort genannten zahlreichen **Anzeigepflichten** mit Bußgeld bis zu 50 000 EUR bedroht. 134

Bußgeldtatbestand	Bezugsnorm	Tathandlung	Normadressat	gesetzliches Höchstmaß
§ 56 Abs. 2 Nr. 4	§ 2c Abs. 3 S. 1 oder 4, § 10 Abs. 8 S. 1 oder 3, § 12a Abs. 1 S. 3, § 13 Abs. 1 S. 1, auch i.V.m. Abs. 4, Abs. 2 S. 5 oder 8, jeweils auch i.V.m. § 13a Abs. 2, § 13 Abs. 3 S. 2 oder 6, § 13a Abs. 1 S. 1, auch i.V.m. Abs. 6, Abs. 3 S. 2 oder 6, § 14 Abs. 1 S. 1 i.V.m. einer Rechtsverordnung nach § 22 S. 1 Nr. 13, § 14 Abs. 1 S. 2, jeweils auch i.V.m. § 53b Abs. 3 S. 1, § 15 Abs. 4 S. 5, § 24 Abs. 1 Nr. 4–10, 12, 13, 14, 15 oder 16, Nr. 5 oder 7 jeweils auch i.V.m. § 53b Abs. 3 S. 1, § 24 Abs. 1a, § 24 Abs. 3 S. 1 oder Abs. 3a S. 1 Nr. 1 oder 2 oder S. 2, jeweils auch i.V.m. S. 5, § 24 Abs. 3a S. 1 Nr. 3, § 24a Abs. 1 S. 1, auch i.V.m. Abs. 3 S. 1, oder Abs. 4 S. 1, auch i.V.m. S. 2, jeweils auch in Verbindung mit einer Rechtsverordnung nach § 24a Abs. 5, § 28 Abs. 1 S. 1 oder § 53a S. 2 oder 5, jeweils auch in Verbindung mit einer Rechtsverordnung nach § 24 Abs. 4 S. 1	eine Anzeige nicht, nicht richtig, nicht vollständig oder nicht rechtzeitig erstatten	*Der in der jeweiligen Bezugsnorm genannte Adressat*[112]	EUR 50 000

135

---

112 Eine Aufführung der jeweiligen Normadressaten würde an dieser Stelle den Rahmen sprengen, da es sich bei § 56 Abs. 2 Nr. 4 KWG um eine themenübergreifende Bußgeldandrohung für Anzeigenpflichtverstöße handelt.

V. Berichtspflichten

136 Gem. § 56 Abs. 2 Nr. 5 KWG werden Verstöße gegen die Pflicht, vollständige **Lage- und Prüfberichte, Zwischen- und Jahresabschlüsse** und **Monatsausweise** rechtzeitig und auch sonst vorschriftsgemäß bei den Aufsichtsbehörden einzureichen, mit Bußgeld bis zu 50 000 EUR sanktioniert, wenn der Pflichtenverstoß vorsätzlich oder leichtfertig erfolgt.

137

Bußgeldtatbestand	Bezugsnorm	Tathandlung	Normadressat	gesetzliches Höchstmaß
§ 56 Abs. 2 Nr. 5	§ 10 Abs. 3 S. 3 oder S. 4, § 10a Abs. 10 S. 4 oder S. 5, § 25 Abs. 1 S. 1 oder Abs. 2 S. 1, jeweils i.V.m. einer Rechtsverordnung nach Abs. 3 S. 1, jeweils auch i.V.m. § 53b Abs. 3 S. 1, oder entgegen § 26 Abs. 1 S. 1, 3 oder 4 oder Abs. 3	einen Zwischenabschluss, eine Bescheinigung über die prüferische Durchsicht des Zwischenabschlusses, einen Monatsausweis, einen Jahresabschluss, einen Lagebericht, einen Prüfungsbericht, einen Konzernabschluss oder einen Konzernlagebericht nicht, nicht richtig, nicht vollständig oder nicht rechtzeitig einreichen	Institute; Institutsgruppen; Finanzholdinggruppe; übergeordnete Unternehmen	EUR 50 000

VI. Ausreichung von Krediten

138

Bußgeldtatbestand	Bezugsnorm	Tathandlung	Normadressat	gesetzliches Höchstmaß
§ 56 Abs. 2 Nr. 6	§ 13 Abs. 3 S. 1 oder § 13a Abs. 3 S. 1	einen Kredit gewähren oder nicht sicherstellen, dass die Anlagebuch-Gesamtposition die dort genannte Obergrenze nicht überschreitet	Nichthandelsbuchinstitute; Handelsbuchinstitute	EUR 500 000

Bußgeldtatbestand	Bezugsnorm	Tathandlung	Normadressat	gesetzliches Höchstmaß
§ 56 Abs. 3 Nr. 4	§ 18 Abs. 1 S. 1	einen Kredit gewähren, ohne sich von dem Kreditnehmer die wirtschaftlichen Verhältnisse, insbesondere durch Vorlage der Jahresabschlüsse, offen legen gelassen zu haben	Kreditinstitute	EUR 200 000

139 Die Ausreichung von Krediten, die über der sog. **Großkreditobergrenze** des § 13 Abs. 3 S. 1 KWG liegen, unterliegt einem Zustimmungsvorbehalt der BaFin (§§ 13 Abs. 3 S. 1, 13a Abs. 3 S. 1 KWG). Dieser ist gem. § 56 Abs. 2 Nr. 6 KWG bußgeldbewehrt: Wer vorsätzlich oder leichtfertig ohne die erforderliche Zustimmung einen solchen Kredit ausgibt, kann mit einer Geldbuße von bis zu 500 000 EUR sanktioniert werden. Zudem wird mit Bußgeld bis zu 200 000 EUR belegt, wer entgegen § 18 Abs. 1 KWG einen Großkredit gewährt, ohne sich vom Kreditnehmer dessen wirtschaftliche Verhältnisse offen legen zu lassen. (§ 56 Abs. 3 Nr. 4 KWG).

140 Virulent ist § 18 Abs. 1 S. 1 KWG auch für die Frage, ob eine Kreditausreichung den Straftatbestand der **Untreue** erfüllt.[113] Eine Verletzung der Informierungspflicht des § 18 Abs. 1 S. 1 KWG führt – wie der BGH ausgeführt hat – nicht automatisch zu einer Pflichtverletzung im Sinne des § 266 StGB, entfaltet aber eine gewichtige **Indizwirkung**.[114] Wird die Tat als strafbare Untreue verfolgt, kann sie nicht gleichzeitig als Ordnungswidrigkeit i.S.v. § 56 Abs. 3 Nr. 4 KWG geahndet werden (§ 21 Abs. 1 OWiG). Kommt es indes nicht zur Verhängung einer Strafe, oder liegen die den Bußgeldtatbestand „überschießenden" Merkmale des Untreuetatbestandes, insbesondere der Vermögensschaden, nicht vor, kommt eine Ahndung als Ordnungswidrigkeit allerdings wieder in Betracht (§ 21 Abs. 2 OWiG).[115]

VII. Repräsentanz eines Auslandsinstitutes im Inland

141

Bußgeldtatbestand	Bezugsnorm	Tathandlung	Normadressat	gesetzliches Höchstmaß
§ 56 Abs. 2 Nr. 8	§ 53a S. 4	die Tätigkeit aufnehmen	Institute	EUR 50 000

142 Die Errichtung einer **Repräsentanz** im Inland durch ein ausländisches Institut ist unter den in § 53a S. 1 KWG genannten Bedingungen ohne weiteres möglich; die Aufnahme der Tätigkeit bedarf allerdings der ausdrücklichen Bestätigung der BaFin, § 53a S. 4 KWG. Wer vorsätzlich oder fahrlässig die Tätigkeit ohne diese Bestätigung aufnimmt, kann mit einem Bußgeld von bis zu 50 000 EUR belegt werden.

---

113 Hierzu 23. Kap.
114 *BGHSt* 46, 30,32; 47, 148, 150; näher 23. Kap.
115 Siehe oben Rn. 4.

VIII. Sonstiges

1. § 56 Abs. 3 KWG

143

Bußgeldtat-bestand	Bezugsnorm	Tathandlung	Normadressat	gesetzliches Höchstmaß
§ 56 Abs. 3 Nr. 1	§ 6a Abs. 1	einer vollziehbaren Anordnung nach zuwiderhandeln	Institute	EUR 50 000
§ 56 Abs. 3 Nr. 1a	§ 10 Abs. 5 S. 7 oder Abs. 5a S. 7, jeweils auch i.V.m. einer Rechtsverordnung nach § 24 Abs. 4 S. 1	eine Anzeige nicht, nicht richtig, nicht vollständig oder nicht rechtzeitig erstatten	Institute	EUR 50 000
§ 56 Abs. 3 Nr. 2	§ 12 Abs. 1 S. 1 oder 2	eine qualifizierte Beteiligung halten	Einlagekreditinstitute	EUR 50 000
§ 56 Abs. 3 Nr. 3	§ 12 Abs. 2 S. 1 oder 2	nicht sicherstellen, dass die Gruppe keine qualifizierte Beteiligung hält	Einlagekreditinstitute	EUR 50 000
§ 56 Abs. 3 Nr. 4a	§ 22i Abs. 3 S. 1, auch i.V.m. § 22n Abs. 5 S. 4	Leistungen vornehmen	Verwalter sowie seine Stellvertreter	EUR 200 000
§ 56 Abs. 3 Nr. 5	§ 23 Abs. 1, auch i.V.m. § 53b Abs. 3 S. 1, § 25a Abs. 1 S. 8, auch i.V.m. einer Rechtsverordnung nach § 25a Abs. 5 S. 1 und 2, § 25a Abs. 3 S. 1, § 26a Abs. 3, § 45 Abs. 1–4 oder § 45a Abs. 1 S. 1	einer vollziehbaren Anordnung zuwiderhandeln	Institute; Zweigniederlassungen; Finanzholding-Gesellschaften an der Spitze einer Finanzholding-Gruppe im Sinne des § 10a Abs. 3 S. 1 oder 2 oder § 13b Abs. 2	EUR 200 000
§ 56 Abs. 3 Nr. 6	§ 23a Abs. 1 S. 3, auch i.V.m. § 53b Abs. 3	einen Hinweis nicht, nicht richtig, nicht vollständig, nicht in der vorgeschriebenen Weise oder nicht rechtzeitig geben	Institute die Bankgeschäfte im Sinne des § 1 Abs. 1 S. 2 Nr. 1, 4 oder 10 betreiben oder Finanzdienstleistungen im Sinne des § 1 Abs. 1a S. 2 Nr. 1–4 erbringen; Zweigniederlassungen im Sinne des § 53b Abs. 1 S. 1 und 2	EUR 200 000

Bußgeldtatbestand	Bezugsnorm	Tathandlung	Normadressat	gesetzliches Höchstmaß
§ 56 Abs. 3 Nr. 7	§ 23a Abs. 2, auch i.V.m. § 53b Abs. 3	einen Kunden, die BaFin oder die Deutsche Bundesbank nicht, nicht richtig, nicht vollständig, nicht in der vorgeschriebenen Weise oder nicht rechtzeitig unterrichten	Institute die Bankgeschäfte im Sinne des § 1 Abs. 1 S. 2 Nr. 1, 4 oder 10 betreiben oder Finanzdienstleistungen im Sinne des § 1 Abs. 1a S. 2 Nr. 1 bis 4 erbringen; Zweigniederlassungen im Sinne des § 53b Abs. 1 S. 1 und 2	EUR 200 000
§ 56 Abs. 3 Nr. 7a	§ 24c Abs. 1 S. 1	eine Datei nicht, nicht richtig oder nicht vollständig führen	Kreditinstitute	EUR 200 000
§ 56 Abs. 3 Nr. 7b	§ 24c Abs. 1 S. 5	nicht dafür sorgen, dass die BaFin Daten jederzeit automatisch abrufen kann	Kreditinstitute	EUR 200 000
§ 56 Abs. 3 Nr. 7c	§ 25h Nr. 1	eine Korrespondenzbeziehung oder eine sonstige Geschäftsbeziehung mit einer Bank-Mantelgesellschaft aufnehmen oder fortführen	Institute	EUR 200 000
§ 56 Abs. 3 Nr. 7d	§ 25h Nr. 2	ein Konto errichten oder führen	Institute	EUR 200 000
§ 56 Abs. 3 Nr. 7e	§ 25i Abs. 4	einer vollziehbaren Anordnung zuwiderhandelt	Institute; Geschäftsleitung der Institute	EUR 200 000
§ 56 Abs. 3 Nr. 8	§ 32 Abs. 2 S. 1	einer vollziehbaren Anordnung zuwiderhandeln	Jeder, der im Inland gewerbsmäßig oder in einem Umfang, der einen in kaufmännischer Weise eingerichteten Geschäftsbetrieb erfordert, Bankgeschäfte betreiben oder Finanzdienstleistungen erbringen will	EUR 200 000

Bußgeldtatbestand	Bezugsnorm	Tathandlung	Normadressat	gesetzliches Höchstmaß
§ 56 Abs. 3 Nr. 9	§ 44 Abs. 1 S. 1, auch i.V.m. § 44b Abs. 1 oder § 53b Abs. 3 S. 1, § 44 Abs. 2 S. 1 oder § 44c Abs. 1, auch i.V.m. § 53b Abs. 3 S. 1	eine Auskunft nicht, nicht richtig, nicht vollständig oder nicht rechtzeitig erteilen oder eine Unterlage nicht, nicht richtig, nicht vollständig oder nicht rechtzeitig vorlegen,	*Der in der jeweiligen Bezugsnorm genannte Adressat*[116]	EUR 200 000
§ 56 Abs. 3 Nr. 10	§ 44 Abs. 1 S. 4, auch i.V.m. § 44b Abs. 2 oder § 53b Abs. 3, Abs. 2 S. 4, Abs. 4 S. 3, Abs. 5 S. 4 oder § 44c Abs. 5 S. 1, auch i.V.m. § 53b Abs. 3	eine Maßnahme nicht dulden	*Der in der jeweiligen Bezugsnorm genannte Adressat*[117]	EUR 200 000
§ 56 Abs. 3 Nr. 11	§ 44 Abs. 5 S. 1	eine dort genannte Maßnahme nicht oder nicht rechtzeitig vornehmen	Institute und Finanzholding-Gesellschaften in der Rechtsform einer juristischen Person	EUR 50 000
§ 56 Abs. 3 Nr. 12	§ 46 Abs. 1 S. 1, auch i.V.m. § 53b Abs. 3 S. 1	einer vollziehbaren Anordnung nach zuwiderhandeln	Institute; Inhaber und Geschäftsleiter der Institute; Zweigniederlassungen im Sinne des § 53 Abs. 1 S. 1 und 2	EUR 500 000
§ 56 Abs. 3 Nr. 13	Rechtsverordnung nach § 47 Abs. 1 Nr. 2 oder 3 oder § 48 Abs. 1 S. 1	Zuwiderhandlung gegen die Rechtsverordnung nach, soweit sie für einen bestimmten Tatbestand auf diese Bußgeldvorschrift verweist	Kreditinstitute	EUR 50 000

---

[116] Eine Aufführung der jeweiligen Normadressaten würde an dieser Stelle den Rahmen sprengen, da es sich bei § 56 Abs. 3 Nr. 9 KWG um eine themenübergreifende Bußgeldandrohung für Anzeigenpflichtverstöße handelt.

[117] Eine Aufführung der jeweiligen Normadressaten würde an dieser Stelle den Rahmen sprengen, da es sich bei § 56 Abs. 3 Nr. 10 KWG um eine themenübergreifende Bußgeldandrohung für Anzeigenpflichtverstöße handelt.

2. Verstöße gegen die Geldtransferverordnung

Bußgeldtatbestand	Bezugsnorm in der GeldtransferVO	Tathandlung	Normadressat	gesetzliches Höchstmaß
§ 56 Abs. 4 Nr. 1	Art 5. Abs. 1	bei Geldtransfers nicht sicherstellen, dass der vollständige Auftraggeberdatensatz übermittelt wird	Zahlungsverkehrsdienstleister	EUR 50 000
§ 56 Abs. 4 Nr. 2	Art. 5 Abs. 2, auch i.V.m. Abs. 4	eine dort genannte Angabe zum Auftraggeber nicht oder nicht rechtzeitig überprüfen	Zahlungsverkehrsdienstleister	EUR 50 000
§ 56 Abs. 4 Nr. 3	Art. 7 Abs. 1	den Auftraggeberdatensatz nicht, nicht richtig oder nicht vollständig übermitteln	Zahlungsverkehrsdienstleister	EUR 50 000
§ 56 Abs. 4 Nr. 4	Art. 8 S. 2	nicht über ein wirksames Verfahren zur Feststellung des Fehlens der dort genannten Angaben verfügen	Zahlungsverkehrsdienstleister	EUR 50 000
§ 56 Abs. 4 Nr. 5	Art. 9 Abs. 1 S. 1	den Transferauftrag nicht oder nicht rechtzeitig zurückweisen oder einen vollständigen Auftraggeberdatensatz nicht oder nicht rechtzeitig anfordern	Zahlungsverkehrsdienstleister	EUR 50 000
§ 56 Abs. 4 Nr. 6	Art. 11 oder Art. 13 Abs. 5	eine Angabe zum Auftraggeber nicht mindestens fünf Jahre aufbewahren	Zahlungsverkehrsdienstleister des Begünstigten; zwischengeschaltete Zahlungsverkehrsdienstleister	EUR 50 000
§ 56 Abs. 4 Nr. 7	Art. 12	nicht dafür sorgen, dass alle Angaben zum Auftraggeber, die bei einem Geldtransfer übermittelt werden, bei der Weiterleitung erhalten bleiben	zwischengeschaltete Zahlungsverkehrsdienstleister	EUR 50 000

144

145 § 54 Abs. 4 Nr. 1–7 KWG enthält Bußgeldanordnungen für die Verstöße von Pflichten, die sich **unmittelbar** aus EG-**GeldtransferVO**[118] ergeben.

146 Die GeldtransferVO legt fest, welche Angaben zum Auftraggeber zur Prävention, Ermittlung und Aufdeckung von **Geldwäsche** und **Terrorismusfinanzierung** bei Geldtransfers zu übermitteln sind (Art. 1 GeldtransferVO). Es geht damit um die Vermeidung von **Schwarzgeldströmen** in diesem Zusammenhang.[119] Sie richtet sich an **Zahlungsverkehrsdienstleister**, also natürliche oder juristische Personen, zu deren gewerblicher Tätigkeit die Erbringung von Geldtransferdienstleistungen gehört (Art. 2 Nr. 5 GeldtransferVO). Unmittelbar auf die Regelungen der GeldtransferVO beziehen sich Ordnungswidrigkeitentatbestände des § 56 Abs. 4 Nr. 1–7 KWG. Vorsätzliche und fahrlässige Verstöße können mit Geldbuße bis 50 000 EUR geahndet werden.

147 Gem. der Erwägungsgründe 11 und 17 der GeldtransferVO besteht die Pflicht zur Überprüfung der Richtigkeit der Angaben zum Auftraggeber und die Pflicht, Informationen zum Auftraggeber zu übermitteln, nur bei Transfers, die den Betrag von 1 000 EUR übersteigen. Damit können Ordnungswidrigkeiten nur dann verwirklicht werden, wenn dieser Wert überschritten ist.[120]

148 **Hinweis:** Die BaFin hat in ihrem Rundschreiben 9/2009 (abrufbar unter www.bafin.de) **Anwendungshinweise** zu den Pflichten der GeldtransferVO veröffentlicht.

D. Ordnungswidrigkeiten nach dem WpÜG

149 Ordnungswidrigkeiten nach § 60 Abs. 1 WpÜG können vorsätzlich oder leichtfertig, solche nach § 60 Abs. 2 WpÜG vorsätzlich oder fahrlässig begangen werden.

150

Bußgeldtatbestand	Bezugsnorm	Tathandlung	Normadressat	gesetzliches Höchstmaß
§ 60 Abs. 1 Nr. 1 lit. a)	§ 10 Abs. 1 S. 1, § 14 Abs. 2 S. 1 oder § 35 Abs. 1 S. 1 oder Abs. 2 S. 1	eine Veröffentlichung nicht, nicht richtig, nicht vollständig, nicht in der vorgeschriebenen Weise oder nicht rechtzeitig vornehmen	Bieter; jeder, der mittelbar oder unmittelbar die Kontrolle über eine Zielgesellschaft erlangt	EUR 1 000 000
§ 60 Abs. 1 Nr. 1 lit. b)	§ 21 Abs. 2 S. 1, § 23 Abs. 1 S. 1 oder Abs. 2 S. 1 oder § 27 Abs. 3 S. 1	eine Veröffentlichung nicht, nicht richtig, nicht vollständig, nicht in der vorgeschriebenen Weise oder nicht rechtzeitig vornehmen	Bieter; jeder, der mittelbar oder unmittelbar die Kontrolle über eine Zielgesellschaft erlangt; Vorstand und Aufsichtsrat der Zielgesellschaft	EUR 500 000

---

118 Verordnung (EG) Nr. 1781/2006 des Europäischen Parlaments und des Rates vom 15.11.2006 über die Übermittlung von Angaben zum Auftraggeber bei Geldtransfers (ABlEU 2006 Nr. L 345/1).
119 Erbs/Kohlhaas/*Häberle* § 56 Rn. 48.
120 Erbs/Kohlhaas/*Häberle* § 56 Rn. 48; BR-Drucks. 168/08 S. 199.

Bußgeldtat-bestand	Bezugsnorm	Tathandlung	Normadressat	gesetzliches Höchstmaß
§ 60 Abs. 1 Nr. 1 lit. c)	§ 1 Abs. 5 S. 2 i.V.m. einer Rechtsverordnung nach § 1 Abs. 5 S. 3	eine Veröffentlichung nicht, nicht richtig, nicht vollständig, nicht in der vorgeschriebenen Weise oder nicht rechtzeitig vornehmen	Zielgesellschaften im Sinne des § 2 Abs. 3 Nr. 2	EUR 200 000
§ 60 Abs. 1 Nr. 2 lit. a)	§ 10 Abs. 2 S. 1, auch i.V.m. § 35 Abs. 1 S. 4, § 14 Abs. 1 S. 1 oder § 35 Abs. 2 S. 1	eine Mitteilung, Unterrichtung oder Übermittlung nicht, nicht richtig, nicht vollständig, nicht in der vorgeschriebenen Weise oder nicht rechtzeitig vornehmen	Bieter; jeder, der unmittelbar oder mittelbar die Kontrolle über eine Zielgesellschaft erlangt	EUR 500 000
§ 60 Abs. 1 Nr. 2 lit. b)	§ 10 Abs. 5, auch i.V.m. § 35 Abs. 1 S. 4, oder § 14 Abs. 4, auch i.V.m. § 21 Abs. 2 S. 2 oder § 35 Abs. 2 S. 2	eine Mitteilung, Unterrichtung oder Übermittlung nicht, nicht richtig, nicht vollständig, nicht in der vorgeschriebenen Weise oder nicht rechtzeitig vornehmen	Bieter; jeder, der unmittelbar oder mittelbar die Kontrolle über eine Zielgesellschaft erlangt	EUR 200 000
§ 60 Abs. 1 Nr. 2 lit. c)	§ 27 Abs. 3 S. 2	eine Mitteilung, Unterrichtung oder Übermittlung nicht, nicht richtig, nicht vollständig, nicht in der vorgeschriebenen Weise oder nicht rechtzeitig vornehmen	Vorstände und die Aufsichtsräte von Zielgesellschaften	EUR 200 000
§ 60 Abs. 1 Nr. 3	§ 10 Abs. 3 S. 3, auch i.V.m. § 35 Abs. 1 S. 4, oder § 14 Abs. 2 S. 2, auch i.V.m. § 35 Abs. 2 S. 2	eine Veröffentlichung vornehmen oder eine Angebotsunterlage bekannt geben	Bieter; jeder, der unmittelbar oder mittelbar die Kontrolle über eine Zielgesellschaft erlangt	EUR 1 000 000
§ 60 Abs. 1 Nr. 4	§ 10 Abs. 4 S. 1, auch i.V.m. § 35 Abs. 1 S. 4	seine Veröffentlichung nicht, nicht richtig, nicht vollständig oder nicht rechtzeitig übersenden	Bieter; jeder, der unmittelbar oder mittelbar die Kontrolle über eine Zielgesellschaft erlangt	EUR 500 000

Bußgeldtatbestand	Bezugsnorm	Tathandlung	Normadressat	gesetzliches Höchstmaß
§ 60 Abs. 1 Nr. 5	§ 14 Abs. 3 S. 2, auch i.V.m. § 21 Abs. 2 S. 2, § 23 Abs. 1 S. 2 oder § 35 Abs. 2 S. 2, oder entgegen § 27 Abs. 3 S. 3	eine Mitteilung nicht, nicht richtig oder nicht rechtzeitig machen	Bieter; jeder, der unmittelbar oder mittelbar die Kontrolle über eine Zielgesellschaft erlangt; Vorstände und Aufsichtsräte der Zielgesellschaften	EUR 200 000
§ 60 Abs. 1 Nr. 6	§ 15 Abs. 3	eine Veröffentlichung vornehmen	Bieter	EUR 1 000 000
§ 60 Abs. 1 Nr. 7	§ 26 Abs. 1 S. 1 oder 2	ein Angebot abgeben	Bieter	EUR 200 000
§ 60 Abs. 1 Nr. 8	§ 33 Abs. 1 S. 1 oder § 33a Abs. 2 S. 1	eine dort genannte Handlung vornehmen,	Vorstände und Aufsichtsräte der Zielgesellschaften	EUR 1 000 000
§ 60 Abs. 1 Nr. 9	§ 33a Abs. 3, § 33b Abs. 3 oder § 33c Abs. 3 S. 3	eine Unterrichtung nicht, nicht richtig, nicht vollständig oder nicht rechtzeitig vornehmen	Vorstände der Zielgesellschaften	EUR 200 000
§ 60 Abs. 1 Nr. 10	§ 33c Abs. 3 S. 4	eine Veröffentlichung nicht, nicht richtig, nicht vollständig, nicht in der vorgeschriebenen Weise oder nicht rechtzeitig vornimmt	Vorstände der Zielgesellschaften	EUR 200 000
§ 60 Abs. 2 Nr. 1	vollziehbare Anordnung nach § 28 Abs. 1 oder § 40 Abs. 1 S. 1	zuwiderhandeln	Jedermann	EUR 200 000
§ 60 Abs. 2 Nr. 2	§ 40 Abs. 2 S. 1 oder 2	ein Betreten nicht gestatten oder nicht dulden	Jedermann	EUR 200 000

E. Ordnungswidrigkeiten nach dem WpPG

151 Das Wertpapierprospektgesetz (WpPG) regelt die **Erstellung**, **Billigung** und **Veröffentlichung von Prospekten** in Bezug auf Wertpapiere, die entweder öffentlich angeboten werden oder an einem organisierten Markt zum Handel zugelassen werden.[121] Der Gesetzgeber misst Verstößen gegen das WpPG hohe Bedeutung zu, was sich im vergleichsweise

---

121 Vgl. näher *Müller* § 1 Rn. 1 ff.

hohen Bußgeldrahmen von bis zu 500 000 EUR niederschlägt. Strafnormen enthält das WpPG nicht. Allerdings ist im Rahmen der Prospektwerbung die Strafnorm des § 264a StGB (Kapitalanlagebetrug)[122] zu beachten, die im Gegensatz zu den Bußgeldvorschriften des WpPG nicht die *formelle* Verstöße bei der Prospektierung ahndet, sondern *inhaltliche* Unrichtigkeiten.

§ 35 Abs. 1 und 2 WpPG enthalten die Ordnungswidrigkeitentatbestände des Wertpapierprospektgesetzes. Tathandlungen des Abs. 1 müssen vorsätzlich oder leichtfertig begangen werden; einfache Fahrlässigkeit genügt hier nicht. Bei Abs. 2 reicht hingegen vorsätzliches oder (einfach) fahrlässiges Verhalten aus. **152**

Bei allen Tatbeständen handelt es sich um **Jedermannsdelikte**, die sich praktisch allerdings immer nur an denjenigen wenden, der ein Wertpapier anbietet oder prospektiert bzw. der Adressat einer Anordnung der BaFin i.S.v. § 35 Abs. 2 WpPG ist. **153**

I. Publizitätspflichten

Bußgeldtatbestand	Bezugsnorm	Tathandlung	Normadressat	gesetzliches Höchstmaß
§ 35 Abs. 1 Nr. 1	§ 3 Abs. 1	ein Wertpapier anbieten	Jedermann	EUR 500 000
§ 35 Abs. 1 Nr. 2	§ 8 Abs. 1 S. 6 oder 7	den Emissionspreis oder das Emissionsvolumen nicht, nicht richtig, nicht in der vorgeschriebenen Weise oder nicht rechtzeitig veröffentlichen	Jedermann	EUR 50 000
§ 35 Abs. 1 Nr. 3	§ 8 Abs. 1 S. 9	den Emissionspreis oder das Emissionsvolumen nicht oder nicht rechtzeitig hinterlegen	Jedermann	EUR 50 000
§ 35 Abs. 1 Nr. 5	§ 13 Abs. 1 S. 1	einen Prospekt veröffentlichen	Jedermann	EUR 500 000
§ 35 Abs. 1 Nr. 6	§ 14 Abs. 1 S. 1, auch i.V.m. S. 2	einen Prospekt nicht, nicht richtig, nicht vollständig, nicht in der vorgeschriebenen Weise oder nicht rechtzeitig veröffentlichen	Jedermann	EUR 100 000

154

---

122 Näher dazu 22. Kap. Rn. 118 ff.

Bußgeldtat-bestand	Bezugsnorm	Tathandlung	Normadressat	gesetzliches Höchstmaß
§ 35 Abs. 1 Nr. 7	§ 14 Abs. 3	eine Mitteilung nicht, nicht richtig, nicht vollständig, nicht in der vorgeschriebenen Weise oder nicht rechtzeitig machen	Jedermann	EUR 50 000
§ 35 Abs. 1 Nr. 8	§ 14 Abs. 5	eine Papierversion des Prospekts nicht zur Verfügung stellen	Jedermann	EUR 50 000
§ 35 Abs. 1 Nr. 9	§ 16 Abs. 1 S. 5	einen Nachtrag nicht, nicht richtig, nicht vollständig, nicht in der vorgeschriebenen Weise oder nicht rechtzeitig veröffentlichen	Jedermann	EUR 50 000

II. Anordnungen der BaFin

Bußgeldtat-bestand	Bezugsnorm	Tathandlung	Normadressat	gesetzliches Höchstmaß
§ 35 Abs. 2 Nr. 1	vollziehbare Anordnung der BaFin nach § 15 Abs. 6 S. 1 oder 2 oder § 26 Abs. 2 S. 1	Zuwiderhandlung gegen die Aussetzung bzw. Untersagung von Werbung, Zuwiderhandlung gegen Auskunftsersuchen	Jedermann	EUR 50 000
§ 35 Abs. 2 Nr. 2	vollziehbare Anordnung nach § 26 Abs. 4 S. 1 oder 2	Zuwiderhandlung gegen die Aussetzung bzw. Untersagung eines öffentlichen Angebots	Jedermann	EUR 500 000

7. Teil
Aufdeckung und Aufarbeitung vergangener Verstöße

2. Teil:

32. Kapitel
Interne Untersuchungen in einem börsennotierten Unternehmen[1]

Das nachfolgende Kapitel befasst sich mit der effizienten und zielgerichteten Durchführung **1** von internen Untersuchungen in international agierenden Großunternehmen. Um dies umfassend betrachten zu können, muss man sich zunächst der internen und externen Rahmenbedingungen bewusst werden: angefangen von den innerbetrieblichen organisatorischen Voraussetzungen bis hin zu den unterschiedlichen rechtlichen Rahmenbedingungen und der Bedrohungslage, welchen Unternehmen heute ausgesetzt sind. Aus diesen Faktoren ergibt sich eine Vielzahl von Risiken durch dolose Handlungen gegen die Unternehmen.

Daraus resultiert für die Unternehmen die Notwendigkeit, die entsprechenden Gover- **2** nance-Strukturen zu schaffen. Hierzu gehört auch eine Infrastruktur, die die Aufklärung von Verdachtsfällen gewährleistet. Wurden interne Untersuchungen in der Vergangenheit meist von der Internen Revision und/oder spezialisierten Abteilungen der Wirtschaftsprüfungsgesellschaften durchgeführt, sind die großen Unternehmen heute vermehrt dazu übergegangen, eigene, auf Fraud Management spezialisierte Abteilungen aufzubauen. Die Eingliederung einer solchen Abteilung in die Governance-Struktur des Unternehmens ist ein maßgeblicher Faktor für die erfolgreiche Aufarbeitung von Fraud-Fällen und langfristige Verbesserung der Compliance-Kultur.

I. Organisatorische Voraussetzungen und Rahmenbedingungen

Eine Rechtsgrundlage für die Durchführung von internen Untersuchungen im Unterneh- **3** men ist § 91 Abs. 2 AktG, der den Vorstand von Aktiengesellschaften verpflichtet, ein entsprechendes Risikofrüherkennungssystem zur Abwehr bestandsgefährdender Risiken einzurichten. Dazu gehören unter anderem eine funktionierende Compliance-Organisation, eine Interne Revision, der Rechtsbereich und die Konzernsicherheit. Für kapitalmarktorientierte, insbesondere börsennotierte Aktiengesellschaften spielt dies auch im Hinblick auf die Publizitätsvorschriften des Wertpapierhandelsrechts eine Rolle: Denn wo Bestandsgefährdungen sichtbar werden, ist stets zu prüfen, ob die diese Gefährdungen begründenden Umstände ggf. ad hoc mitzuteilen sind (§ 15 WpHG). Dies dürfte bei gefestigten Unternehmen eher die Ausnahme sein, ist aber immer im Hinterkopf zu behalten.

Um die Rechte der Personen und Unternehmen, die Gegenstand einer internen Untersu- **4** chung geworden sind, zu wahren und die Verwertbarkeit der Ergebnisse zu gewährleisten, sind die Anforderungen des deutschen Arbeitsrechts, des Steuerrechts, des Straf(prozess)-rechts und des Datenschutzrechts zu beachten.[2]

Für ausländische Tochtergesellschaften sind die entsprechenden Landesgesetze maßgeblich. **5** Hier ergeben sich bei grenzüberschreitenden Fällen häufig komplexe Fragestellungen aus den Unterschieden hinsichtlich des Arbeitsrechts, des Datenschutzes und des Steuerrechts. Hinzu kommt, dass einige Staaten sehr umfassende und strenge Antikorruptionsgesetze implementiert haben, die auch außerhalb des Staatsgebietes des gesetzgebenden Landes Anwendung finden können. Zu nennen sind hier unter anderem der **US Foreign Corrupt Practices Act (FCPA)** und der **UK Bribery Act**. Auch das deutsche Korruptionsstrafrecht

---
1 Der Verfasser bedankt sich bei Herrn *Holger Beyer* für hilfreiche Hinweise und Unterstützung bei der Erstellung des Beitrages.
2 Näher dazu Knierim/Rübenstahl/Tsambikakis/*Bock/Gerhold* 5. Kap. Rn. 1 ff.; Knierim/Rübenstahl/Tsambikakis/*Wybitul* 11. Kap. Rn. 1 ff.

ist – soweit dies im Bereich der Amtsträgerkorruption durch das **Internationale Bestechungsgesetz** und das **Europäische Bestechungsgesetz** ausdrücklich angeordnet ist – auf Auslandssachverhalte anwendbar.

6 Sofern ein Unternehmen auch in Schwellen- und Entwicklungsländern investiert und operiert, ist in strategischer Hinsicht zudem die jeweilige Rechtssicherheit im Land und auch die mögliche Zeit der Rechtsdurchsetzung zu beachten.

1. Bedrohungslage des Unternehmens

7 Um international als Unternehmen agieren zu können, sind zunächst umfassende Investitionen in den Aufbau der Vertriebsstätten zu tätigen. Gleichzeitig ist ein funktionierendes Beschaffungswesen mit Einkauf, Logistik, Lagerhaltung und Qualitätsmanagement aufzubauen. Der Vertrieb der Waren erfolgt über relativ personalintensive Vertriebsstätten. Diese Investitionen in Vertriebs- und Beschaffungsstrukturen bringen vielfältige Risiken und Bedrohungen für das Unternehmen mit sich. Gerade in Schwellen- und Entwicklungsländern mit einer hohen Anfälligkeit für Korruption ist mit großer Sorgfalt vorzugehen.

8 Es ist zu unterscheiden zwischen inneren und äußeren Bedrohungen. In beiden Fällen hat dies unter anderem negative Auswirkungen auf die Wettbewerbsfähigkeit der Unternehmen. Als äußere Bedrohung sind beispielsweise so genannte „facilitation payments" zu betrachten, die gerade in Schwellen- und Entwicklungsländern von lokalen Verwaltungen vom Unternehmen im Zusammenhang mit der Errichtung einer Betriebsstätte gefordert werden. Die entsprechenden Grundstücke sind zu erwerben, die Gebäude sind zu errichten und die entsprechenden Bau- und Betriebsgenehmigungen sind zu erlangen. Häufig werden Unternehmen hierbei seitens der lokalen Verwaltung in Dilemmasituationen gebracht, Genehmigungsprozesse können ohne entsprechende „facilitation payments" über Monate oder Jahre hinausgezögert werden.

9 Innere Bedrohungen entstehen zumeist durch kollusives Zusammenwirken von Mitarbeitern mit externen Lieferanten und Dienstleistern, wodurch viele Unternehmen Opfer von Betrug im geschäftlichen Verkehr werden. Darüber hinaus zählen dolose Handlungen, die ausschließlich durch eigene Mitarbeiter begangen werden, zu den Facetten der inneren Bedrohungen.

10 Nachfolgend wird auf einzelne handelsspezifische Bedrohungen eingegangen:

Im Gegensatz zu Industrieunternehmen sind Handelsunternehmen anfälliger für dolose Handlungen. Dies begründet sich aus der großen Anzahl der einzelnen Waren und somit der Anzahl der Lieferanten. Ein flächendeckendes Vertriebsnetz, welches häufig hunderte von Vertriebsstätten in einem Land umfasst, erfordert darüber hinaus eine entsprechend komplexe Logistik. Die Zahl der Fraud-anfälligen Prozesse ist somit höher als beispielsweise in Industriebetrieben mit einigen wenigen Produktionsstätten. Die Schäden die durch Fraud im Einzelvorfall entstehen, sind im Handel zwar geringer als bei Industriebetrieben oder gar Finanzdienstleistern, jedoch in der Häufigkeit der Vorfälle höher.

11 Besondere Aufmerksamkeit muss im Handel den Einkaufskonditionen geschenkt werden. Da die Verkaufspreise im harten Wettbewerb je nach Produkt und Qualität sehr ähnlich sind, erzielt der Handel seine Marge im Einkauf. Entsprechend sorgfältig achtet der Handel darauf, den individuellen Bezugspreis nicht für die Allgemeinheit transparent zu geben. Es existieren hunderte von unterschiedlichen Mengenbezugsrabatten. Diese werden bei Erreichen einer bestimmten Bezugsmenge an das einkaufende Unternehmen seitens der Hersteller oder Distributoren erstattet. Jedes Handelsunternehmen verhandelt individuell Konditionen mit den Herstellern, und zwar für fast jedes Produkt. Diese gewollte Intransparenz steigert die Anfälligkeit für dolose Handlungen und erhöht somit das Risiko für das Unternehmen.

Mengenbezugsrabatte bergen noch weitere Risiken, da sie Teil der individuellen Zielvereinbarungen der Einkäufer sind. Zum Jahresende erhöht sich der Druck hinsichtlich der Zielerreichung, so dass Einkäufer bei den Herstellern oder Lieferanten entsprechend große Mengen bestellen um die entsprechenden Rabatte zu erreichen und somit ihren Jahresbonus sicherzustellen.

Abschließend sei noch die Bedrohung von Handelsunternehmen durch **Umsatzsteuerkarusselle** genannt. Die Europäische Union ermöglicht Unternehmen, die innerhalb ihrer Mitgliedstaaten Handel tätigen, den umsatzsteuerfreien Verkehr von Waren. Ehrliche Kunden nutzen diese Möglichkeit, um in dem für sie günstigsten Land einzukaufen und die Waren in einem entsprechend ertragsstarken Land zu vertreiben. Eine Minderheit an unehrlichen Kunden nutzt jedoch die Möglichkeit, umsatzsteuerfrei Waren zu erwerben um sie meist im gleichen Land mit dem Preisvorteil der fehlenden Umsatzsteuer anzubieten. So werden gefälschte oder falsch ausgestellt Fracht- und Zollpapiere genutzt, um die Waren zu erwerben. Die Schäden sind für die betroffenen Volkswirtschaften enorm. Die betroffenen Unternehmen müssen nachweisen können, die entsprechende Sorgfalt bei der umsatzsteuerfreien Abgabe der Güter nachweisen können. Die ansonsten drohenden Strafen sind hoch, und die Finanzbehörden verfolgen die Umsatzsteuerkarusselle intensiv.

Sofern die dargestellten Bedrohungen Realität werden, haben diese eine Auswirkung auf das Rechnungswesen der betroffenen Unternehmen und somit auf das Vertrauen der **Stakeholder**. Beim börsennotierten Unternehmen kommt ein weiterer Aspekt negativer Außenwirkung hinzu: Werden die Umstände bekannt, werden auch **Shareholder** verunsichert, ggf. sinkt auch hier das Vertrauen in die seinerzeit getätigte Anlage.

2. Fraud Management Team

Um Bedrohungen gegen das Unternehmen durch Fraud entgegenzutreten, sind die meisten Unternehmen dazu übergegangen, spezialisierte Fraud Management Teams aufzubauen. Diese Teams werden mit der Durchführung interner Untersuchungen beauftragt, die sowohl präventiven als auch investigativen Charakter haben.

Organisatorisch sind Fraud Management Teams häufig als Abteilung in den Revisions- oder Sicherheitsbereich integriert. Zunehmend finden sich diese Abteilungen auch in der Compliance-Funktion wieder. Die Compliance-Funktion sollte jedoch nicht selbst ermitteln. Vielmehr ist es in dieser Hinsicht Aufgabe der Compliance-Funktion, die **Whistleblower**-Eingaben zu verwalten und aus den Ergebnissen der internen Untersuchungen das Regelwerk des Unternehmens zu schaffen und auf dem laufenden Stand zu halten.

Auch wenn die Prüfungen der klassischen Internen Revision oder die Tätigkeiten der Konzernsicherheit sich an vielen Stellen mit denen der internen Untersuchungen überschneiden, hat die Erfahrung jedoch gezeigt, dass der Unterschied in der tatsächlichen Spezialisierung liegt. Ist die Interne Revision nach modernem Verständnis eher im Aufgabengebiet der Prozess- und Ergebnisverbesserung aktiv, so ist das Fraud Management Team primär damit befasst, Schaden durch dolose Handlungen gegen das Unternehmen abzuwenden beziehungsweise Sachverhalte aufzuarbeiten. Der Fokus liegt hierbei jenseits der bestehenden Prozesse vielmehr auf Personen und auf deren Handlungen. Das Lesen kleiner Details, die umfassende Recherche zu handelnden Personen und Unternehmen, Ähnlichkeiten von Orten, Kontaktdaten und ausführenden Personen ist in der täglichen Arbeit von deutlich größerer Bedeutung.

Diese speziellen Anforderungen erfordern eine besondere Zusammensetzung des Fraud Management Teams. Unabhängig von der Ausbildung oder dem akademischen Hintergrund werden Mitarbeiter benötigt, die individuelle komplexe Sachverhalte miteinander verknüpfen können. Detailverliebtheit und Menschenkenntnis, insbesondere die Fähigkeit, sich in die Perspektiven unterschiedlicher Handelnder hineinzuversetzen, sind unverzichtbar. Ferner benötigt man ein sehr beständiges Team, denn Unternehmen, die eine solche Abteilung intern einrichten, haben stets eine bestimmte Mindestgröße und somit eine gewisse Grundkomplexität. Bis ein Fraud Management Team die Stakeholder, die unterschiedlichen Prozesse und Gegebenheiten im Unternehmen kennt, vergehen Monate, wenn nicht gar Jahre. Zudem muss ein solches Team diverse interne Untersuchungen durchgeführt haben, um entsprechende Einzelvorfälle zu einem Handlungsmuster verknüpfen zu können.

18   Gute Erfahrungen bestehen mit interdisziplinären Teams. Diese setzen sich in der Basis aus Betriebswirten und Juristen, idealerweise ergänzt um ehemalige Ermittlungsbeamte zusammen. In Zeiten der vernetzten Welt und der IT-gestützten Prozesse stellt sich darüber hinaus die Frage, ob die Integration von **IT-Forensikern** in ein Fraud Management Team sinnvoll ist. Grundsätzlich sind diese zwar für eine interne Untersuchung unabdingbar, können aber im Gegensatz zu den anderen Disziplinen auch bei Bedarf extern hinzugekauft und in das bstehende Team integiert werden. Aufgrund ihres äußerst spezialisierten Einsatzbereiches kann diese Leistung erfahrungsgemäß nicht durch Mitarbeiter der regulären EDV-Abteilung des Unternehmens abgedeckt werden.

19   In international agierenden Unternehmen spielt selbstverständlich auch die sprachliche Kompetenz eine wichtige Rolle. Je umfangreicher und tiefer die sprachlichen Fähigkeiten der Mitarbeiter ausgeprägt sind, desto zielgenauer kann beispielsweise bei einer **Datenanalyse** mit **Schlagworten** gesucht und ausgewertet werden. Darüber hinaus spielt auch die mit der Sprachkompetenz einhergehende internationale Erfahrung und interkulturelle Kompetenz eine wichtige Rolle, um Informationen in ihrem jeweiligen Zusammenhang richtig einschätzen zu können. Welche Sprachen für das Unternehmen und die internen Untersuchungen von Bedeutung sind, ist individuell festzustellen. Ebenso gilt es festzustellen, an welchen Standorten des Unternehmens das Fraud Management Team Außenstellen unterhalten sollte.

20   Im Rahmen einer internen Untersuchung sollte stets mit der notwendigen Sorgfalt, Verschwiegenheit und Besonnenheit vorgegangen werden. Um Personen die in den Fokus einer internen Ermittlung geraten sind, vor vorschnellen Verurteilungen und dadurch entstehenden Reputationsschaden zu schützen, ist mit der entsprechenden sozialen Kompetenz und Vorsicht vorzugehen. Erleichtert wird dies durch ein gewachsenes Netz an Informations- und „Plausibilisierungsstellen" im Unternehmen. Sollte ein Mitarbeiter beispielsweise beschuldigt worden sein, Geld von einem Lieferanten angenommen zu haben, dieser Lieferant aber seit längerem keine Umsätze mit den Unternehmen haben, so lässt sich dies leicht nachprüfen, und dem Hinweis ist ggf. nicht weiter nachzugehen. Erfahrungsgemäß zielt gut die Hälfte der anonym eingehenden Hinweise lediglich auf eine Rufschädigung der jeweiligen Person ab.

21   Von Bedeutung ist an dieser Stelle auch die Vernetzung des Fraud Management Teams mit den anderen Stabsstellen im Unternehmen. Eine vertrauensvolle Zusammenarbeit mit den Bereichen Revision, Sicherheit, Recht, Steuern, Personal, Compliance und Datenschutz ist die Basis für eine ordnungsgemäße, verwertbare und zeitnahe interne Untersuchung. Ferner kann von Fall zu Fall unterschiedlich benötigtes Spezialistenwissen hinzugezogen werden.

3. „Make or Buy"

22   Aus betriebswirtschaftlicher Sicht dürfte es für die meisten Unternehmen nicht sinnvoll sein, alle für die Durchführung interner Untersuchungen notwendigen Disziplinen „vorrätig" zu haben. So ist für viele Unternehmen das Unterhalten einer eigenen IT-Forensik nicht wirtschaftlich, bedenkt man, dass mindestens zwei akademische Mitarbeiter benötigt

werden, welche sich stets fortbilden und ihre Kenntnisse auf dem neusten technischen und datenschutzrelevanten Stand halten. Ferner ist kostspielige Hard- und Software anzuschaffen. Auch diese sollte immer dem aktuellsten Stand der Technik entsprechen. Je nach Aufgabenstellung können allein für die technische Ausrüstung schnell sechsstellige Euro-Beträge pro Jahr fällig werden. Das Zukaufen dieser Dienstleistungen ist in der Regel wirtschaftlicher und erlaubt dem Unternehmen eine gewisse Flexibilität. Bedenkt man, dass in international agierenden Unternehmen IT-forensische Analysen häufig nicht in Deutschland durchgeführt werden, ist es durchaus von Vorteil, einen ebenfalls international agierenden Partner für IT-Forensik zu haben. Dieser kennt die lokalen Gegebenheiten und Gesetze ebenso wie die Landessprache und ist bereits vor Ort. Die Reisekosten für eine In-house-Lösung entfallen somit und rechnen sich gegen die externe Unterstützung.

Die Aufarbeitung komplexer Fraud-Fälle verlangt nach großen multidisziplinären Teams, die im Idealfall an mehreren Orten gleichzeitig interne Untersuchungen durchführen können. Diverse Wirtschaftsprüfungsgesellschaften haben sich bereits vor Jahren auf forensische Dienstleistungen spezialisiert und verfügen über globale Forensik-Servicelines. Hier bietet es sich an, die entsprechenden operativen Fähigkeiten und benötigten Sprachen punktuell zuzukaufen und unter der Leitung eines erfahrenen In-house-Ermittlers für die Dauer eines Projektes in das Fraud Management Team einzubinden. Somit werden die Kosten in einem überschaubaren Rahmen gehalten und Auslastungsspitzen für die eigenen Mitarbeiter abgefangen. 23

Grundsätzlich gilt, dass interne Untersuchungen auch von internen Ressourcen durchgeführt werden sollten. Dies hält das Know-how im Unternehmen und ermöglicht von Fall zu Fall ein stetig wachsendes Wissen im Fraud Management Team und eine schnellere und zielgerichtetere Aufarbeitung. Mit einem rein externen Team wäre dies nur möglich, wenn stets die gleichen Personen zur Verfügung stehen würden. In der betrieblichen Praxis fast aller Forensik-Beratungen ist dies wohl nicht denkbar. 24

Die Zusammenarbeit mit Rechtsanwälten sei an dieser Stelle nur kurz angesprochen. Es empfiehlt sich, langfristige Beziehungen zu versierten Compliance-Anwälten aufzubauen und zu pflegen. In der anwaltlichen Beratung überwiegen die Vorteile externer Anbieter. Zu bedenken ist hier die anwaltliche Schweigepflicht, die Vertretung vor Gericht und die Spezialisierung der externen Juristen. Ferner sind externe Anwälte im Gegensatz zu ihren unternehmensinternen Kollegen meist auch besser mit Strafverfolgungsbehörden vernetzt, was bei der Rechtsdurchsetzung von Vorteil sein kann. 25

4. Stakeholder Management

Die fachlich stärkste Abteilung für interne Untersuchungen ist langfristig nicht erfolgreich, wenn sie das Management ihrer Stakeholder vernachlässigt. Die **Stakeholder** eines Fraud Management Teams sind zu allererst die Organe einer Gesellschaft. Vorstand und Aufsichtsrat müssen die Dienstleistung schätzen und einen Mehrwert für sich und das Unternehmen sehen. Hinzu kommen Landesgeschäftsführer, Bereichs- und Abteilungsleiter der Verwaltungs- und Governance-Funktionen des Unternehmens ebenso sowie der Betriebsrat und die Belegschaft im Allgemeinen. 26

Basis des Stakeholder Managements ist Vertrauen in die Dienstleistung und die handelnden Personen. Die Organe der Gesellschaft – ob auf Ebene der Unternehmenszentrale oder der Landesgesellschaften – müssen wissen, dass keine falschen Erkenntnisse in Umlauf gebracht werden und dass eventuelle vertrauensvolle Hinweise und Gespräche auch genau in dem dafür gedachten Kreis verbleiben. Ferner sind für die Feststellungen die durch eine interne Untersuchung aufgedeckt werden auch stets pragmatische Lösungen zu präsentieren. Pragmatisch bedeutet in diesem Fall, dass im Einklang mit bestehenden 27

Gesetzen und unternehmenseigenen Richtlinien Lösungen präsentiert werden, die einen weiteren reibungslosen betrieblichen Ablauf sicherstellen und das Unternehmen zukünftig besser vor dolosen Handlungen schützen.

28 Um ein erfolgreiches Stakeholder Management betreiben zu können, ist ein direkter Zugang zum Vorstand sowie zu den Landesgeschäftsführern unabdingbar. Nur durch einen regelmäßigen und intensiven Kontakt lassen sich langfristige und vertrauensvolle Beziehungen aufbauen.

29 Wer mit der Durchführung interner Untersuchungen beauftragt wird, sollte sich stets über seine Außenwirkung im Klaren sein und daran arbeiten, Berührungsängste anderer Mitarbeiter abzubauen. Das Fraud Management Team steht auf der Seite aller ehrlichen Mitarbeiter und Lieferanten und trägt durch den Schutz des Unternehmens zum langfristigen Fortbestehen und Erfolg desselbigen bei.

II. Durchführung interner Untersuchungen

1. Präventive und investigative Untersuchungen

30 In der Praxis unterscheiden wir zwischen präventiven und investigativen Untersuchungen. Während **präventive Untersuchungen** üblicherweise basierend auf so genanten **Red-Flag-Analysen** geplant und durchgeführt werden, haben **investigative Untersuchungen** häufig Eigenschaften einer „ad hoc"-Untersuchung. Dies ist unter anderem dadurch bedingt, dass investigative Untersuchungen üblicherweise veranlasst werden durch akut aufkommende Informationen oder Vorwürfe, beispielsweise durch **Whistleblower**.

31 Dabei sind auch die Zielsetzungen beider Arten von Untersuchungen unterschiedlich. Bei **investigativen Untersuchungen** besteht vielfach akuter Handlungsbedarf, um beispielsweise Unternehmenswerte **unmittelbar** zu schützen beziehungsweise Straftaten zu unterbinden. Dabei steht die vollständige und ergebnisoffene Untersuchung angeblicher doloser Handlungen im Vordergrund. Sofern eine investigative Untersuchung ein Fehlverhalten bestätigt, besteht ein weiteres Ziel darin, die Grundursache dafür zu identifizieren sowie Empfehlungen auszusprechen um eine Wiederholung zu vermeiden.

32 Bei **präventiven Untersuchungen** steht häufig kein konkreter Vorwurf im Raum, sondern die Untersuchung dient vor allem der Einschätzung, in welchem Maß das Unternehmen beziehungsweise eine Unternehmenseinheit einem Fraud-Risiko ausgesetzt ist. Sie werden auf Basis bekannter Handlungsmuster sowie unter Berücksichtigung lokaler Gegebenheiten geplant. Bezogen auf die Bereiche die im Rahmen der Untersuchung im Fokus stehen schließt dies auch eine Einschätzung der Wirksamkeit interner Kontrollen mit ein.

Die Ergebnisse präventiver Untersuchungen dienen sodann als Informationsgrundlage für die Einführung entsprechender Schutzmaßnahmen durch das Unternehmen. Darüber hinaus führen präventive Untersuchungen in der Regel zur Empfehlung einer weiteren Prüfung durch die Interne Revision oder zur Durchführung einer investigativen Untersuchung.

33 Beide Arten der Untersuchungen haben das übergeordnete Ziel, das Unternehmen basierend auf den gewonnenen Erkenntnissen weiterzuentwickeln und vor Fraud zu schützen.

2. Auslöser

34 Auslöser für investigative Untersuchungen sind für gewöhnlich Hinweise durch anonyme oder bekannte Hinweisgeber. Diese können beispielsweise durch ein bestehendes Hinweisgebersystem (**Whistleblower**-Hotline, **Ombudsmann**) eingehen; in diesem Fall bleiben die

Hinweisgeber zumeist anonym und die Anschuldigungen sind zum Teil eher vage. Die Etablierung von Hinweisgebersystemen hat jedoch auch verstärkt dazu geführt, dass Mitarbeiter die Möglichkeit haben sich frei und offen zu Missständen äußern können. Interne Untersuchungen in der Vergangenheit haben gezeigt, dass durch das Fehlen eines solchen sicheren Kommunikationswegs Mitarbeiter zu Missständen geschwiegen haben, weil sie keine Möglichkeit sahen dies ohne Kenntnis ihrer jeweiligen Vorgesetzten zu tun. Dadurch wurde die Aufdeckung doloser Handlungen die durch eben jene Vorgesetzte begangen worden waren erheblich verzögert.

Gegner von Hinweisgebersystemen kritisieren, dass diese lediglich dazu dienten, persönliche Konflikte auszutragen und den Leumund von Mitarbeitern zu beschädigen. Zwar treten solche Fälle auch immer wieder auf, diese können jedoch durch eine Vorabplausibilisierung herausgefiltert werden. Der weit überwiegende Teil der Informationen die durch Hinweisgebersysteme gemeldet werden ist authentisch und zeigt damit den Mehrwert den die Etablierung solcher Systeme für das Unternehmen bietet. Eine enge Zusammenarbeit zwischen den Unternehmensbereichen die diese Informationen in Empfang nehmen (Compliance, Ombudsmann) und dem die Untersuchung durchführenden Fraud Management Team ist dabei unabdingbar.

Eine weitere Hinweisquelle, die zu internen Untersuchungen führen kann, ist der direkte Kontakt mit Kollegen. Im Gegensatz zu Informationen, die aus anonymen Quellen stammen sind diese überwiegend sehr konkret und erlauben darüber hinaus direkte Rückfragen durch das Fraud Management Team. Zu unterscheiden sind hierbei Fälle, in denen beispielsweise ein Geschäftsführer einer Landesgesellschaft aufgrund ihm vorliegender Informationen und Verdachtsmomente eine interne Untersuchung anfordert. Darüber hinaus gibt es Fälle, in denen die Quelle zwar bekannt ist, der Hinweis jedoch als vertraulich zu werten ist, da aufgrund der Position des Kollegen eine direkte Anforderung einer internen Untersuchung nicht möglich ist. Dabei handelt es sich beispielsweise um Kollegen aus Landesgesellschaften oder aus anderen Fachbereichen der Unternehmenszentrale. Unabdingbar ist in beiden Fällen das gute Vertrauensverhältnis zwischen den Hinweisgebern und dem Fraud Management Team. Dies erleichtert den Informationsfluss und führt zu Hinweisen, die andernfalls möglicherweise unerwähnt geblieben wären. Entsprechend ist die Vernetzung des Fraud Management Teams mit allen Unternehmensbereichen von großer Bedeutung.

Eine weitere Gruppe von Hinweisgebern stammt nicht aus dem Unternehmen und kontaktiert üblicherweise direkt den Vorstand bzw. den Aufsichtsrat. Hierbei handelt es sich um Bürger, die beispielsweise ihren Ängsten vor der fortschreitenden Globalisierung der Weltwirtschaft Ausdruck geben wollen. Häufig weisen sie in ihren Schreiben darauf hin, dass sie sich auch an andere börsennotierte Konzerne oder zum Teil auch an die Bundesregierung gewandt haben. Diese Hinweisgeber kontaktieren die Unternehmensleitung oft mehrfach und stellen dabei teilweise auch Verbindungen zwischen angeblicher Korruption und internationalen Verschwörungen her. Informationen, die von diesen Hinweisgebern stammen, werden soweit wie möglich verifiziert, sind aber mehrheitlich ohne Bedeutung für interne Untersuchungen.

Unabhängig davon, aus welcher Quelle Hinweise beim Fraud Management Team eingehen, ist zunächst eine Vorabplausibilisierung der jeweiligen Vorwürfe vorzunehmen. Dies dient unter anderem dazu zu vermeiden, dass rufschädigende Behauptungen aufgestellt werden mit dem Ziel, persönliche Konflikte auszutragen oder gar bewusst von anderen negativen Themen abzulenken. Dazu wird beispielsweise zunächst überprüft, ob gegebenenfalls genannte Personen tatsächlich Mitarbeiter sind oder waren beziehungsweise ob weitere Personen oder Unternehmen existieren und gegebenenfalls in einem Geschäftsverhältnis zum eigenen Unternehmen stehen oder standen. Sollte dies der Fall sein und ist darüber hinaus von möglichen substantiellen Schäden für das Unternehmen auszugehen, ist eine interne Untersuchung durchzuführen. Hierbei sind jedoch nicht nur potentielle wirtschaftliche Schäden für das Unternehmen ausschlaggebend, sondern immer auch drohende Reputationsschäden.

38 Auslöser für präventive Untersuchungen basieren üblicherweise auf **Red-Flag-Analysen**, die sich zumeist aus mehreren Faktoren zusammensetzen. Dazu gehören primär Auffälligkeiten, die im Rahmen klassischer Revisionsprüfungen beziehungsweise einer präventiven Untersuchung des Fraud Management Teams festgestellt wurden, wie zum Beispiel:
- mangelhafte oder vollständig fehlende Dokumentation über Vergabeverfahren,
- wiederholte ausschließliche Vergaben an einen Anbieter,
- fehlende oder mangelhafte Überprüfung von Geschäftspartnern,
- nicht nachvollziehbare Preisunterschiede bei Verträgen mit unterschiedlichen Anbietern bei vergleichbaren Leistungsgegenständen,
- hohe Altwarenbestände bei geringen Abschreibungen,
- hoher Anteil von sog. Sonderboni oder Mengenrabatte, welche nicht eindeutig spezifiziert sind,
- nicht nachvollziehbare Budgets, aus denen Incentive-Maßnahmen beglichen werden,[3]
- Durchführung außerordentlicher Geschäfte,
- mangelhaftes Kontrollumfeld.

39 Weitere Faktoren die zur Entscheidung für eine präventive Untersuchung führen, können zum Beispiel aus dem Umfeld der betroffenen Vertriebsstätte gezogen werden. Dazu gehört die Einschätzung des allgemeinen Fraud-Risikos im jeweiligen Land beziehungsweise Wirtschaftssektor (auffälliger Wert im **Corruption Perceptions Index**, große Immobilienskandale, etc.). Darüber hinaus ist auch die Bedeutung der Landesgesellschaft für den Gesamtkonzern zu berücksichtigen – je höher das Investitionsvolumen, desto größer die Gefahr für das Unternehmen durch dolose Handlungen geschädigt zu werden.

3. Zu involvierende Organe und Fachbereiche

40 In der Vorbereitung einer internen Untersuchung ist zunächst der Vorstand zu informieren und ein Untersuchungsauftrag einzuholen. Ansprechpartner im Vorstand für alle Untersuchungen ist der Vorstandsvorsitzende, der immer informiert wird, sowie der Personalvorstand. Hinzu kommt das jeweilige für das betroffene Ressort verantwortliche Vorstandsmitglied.

Bei präventiven Untersuchungen ist sodann auch die jeweilige lokale Geschäftsführung zu informieren. Bei investigativen Untersuchung wird, abhängig davon, ob der Fokus auf Mitarbeiter- oder auf Geschäftsführungsebene liegt, der Kreis der informierten Personen entsprechend eingegrenzt.

41 Parallel dazu werden die Fachbereiche Recht und Personal hinzugezogen, damit diese das Fraud Management Team im Hinblick auf arbeits-, zivil- und strafrechtliche Aspekte unterstützen. Diese Unterstützung ist trotz der multidisziplinären Zusammensetzung des Fraud Management Teams unabdingbar, da es sich oft um sehr spezielle und komplexe Themenbereiche handelt. Beispielsweise wird ein Fall von Korruption untersucht, in dem ein Lieferant in drei verschiedenen Landesgesellschaften gelistet ist und sich jeweils durch Bestechung von Einkäufern Vorteile verschafft hat. Somit sind drei verschiedene Rechtsräume betroffen. Die Koordination dieses Teils der Untersuchung erfolgt dann durch das Fraud Management Team, dem ein fester Ansprechpartner im Bereich Recht/Personal zur Verfügung steht.

---

3 Schon das Vorenthalten erheblicher Vermögenswerte unter Errichtung sog. „schwarzer Kassen" kann den Straftatbestand der Untreue erfüllen (*BGH* NJW 2009, 89 ff. mit Anm. *Ransiek*).

Bei investigativen Untersuchungen fällt dem Rechtsbereich auch die weitere Aufgabenstellung zu, im Bedarfsfall Kontakt mit den jeweiligen örtlichen Strafverfolgungsbehörden aufzunehmen. **42**

Hinzu kommt die Involvierung des Fachbereichs Kommunikation, um das Unternehmen auf eine mögliche Berichterstattung in den Medien vorzubereiten und ggf. die Erfüllung von Publizitätspflichten hinsichtlich der im Rahmen der Untersuchung auftretenden Umstände sicherzustellen. **43**

In börsennotierten Unternehmen ist die Einbindung der Investor Relations-Abteilung von besonderer Bedeutung. Angesichts der empfindlichen Sanktionierung von Publizitätsverstößen, die – soweit sie sich marktmanipulativ auswirken – sogar als Straftat geahndet werden können, ist im Rahmen einer internen Untersuchung laufend zu prüfen, in welchem Stadium der Untersuchung ein ad-hoc-mitteilungspflichtiger Sachverhalt gegeben sein kann. In der Durchführung einer Untersuchung selbst liegt grundsätzlich kein gem. § 15 WpHG publizitätspflichtiger Umstand.[4] Die BaFin sieht aber bereits den Verdacht auf eine Bilanzmanipulation als ad-hoc-mitteilungspflichtig an. Auch der Verdacht auf deliktisches Verhalten, dessen Verifizierung zu einer wesentlichen Berichtigung des Jahresabschlusses führen oder zu erheblichen Rückstellungen zwingen würde, kann unter Umständen ad-hoc-mitteilungspflichtig sein. Es ist in derart schwer wiegenden Fällen zu entscheiden, ob die internen Ermittlungen durch externe Wirtschaftsprüfungsgesellschaften durchgeführt werden sollten. Bestehen Verdachtsmomente gegen Geschäftsführungsorgane der Muttergesellschaft, müssen die internen Ermittlungen durch den **Aufsichtsrat** beauftragt und durch Externe durchgeführt werden. Wegen der Weisungsunterworfenheit der internen Abteilungen und der intern vorgesehenen Berichtslinien ist es diesen nicht möglich und auch nicht zumutbar, die Ermittlungen durchzuführen.

Es empfiehlt sich, einen grundsätzlichen Informations- und Meinungsaustausch ganz unabhängig von einer aktuellen Untersuchung mindestens alle vier Wochen im Rahmen eines **Jour Fixe** zu absolvieren. Hier sollten alle eingebundenen Abteilungen die laufenden oder „drohenden" internen Untersuchungen diskutieren, soweit diese sich nicht lediglich im Bagatellbereich (z.B. Annahme kleinerer Geschenke unter Verstoß entsprechender Richtlinien, sog. „petty crimes") bewegen. Derartige Informationsaustauschinstrumente müssen von der Rechtsabteilung und der Investor Relations-Abteilung genutzt werden, etwaige kapitalmarktrechtliche Handlungserfordernisse rechtzeitig zu erkennen. **44**

Sämtliche Organe und Fachbereiche die in die interne Untersuchung involviert sind werden durch das Fraud Management Team kontinuierlich über den Fortgang der Untersuchung informiert. **45**

4. Informationsbeschaffung und Plausibilisierung

Nach Schaffung der entsprechenden Rahmenbedingungen für eine interne Untersuchung (Vorabplausibilisierung von Vorwürfen, Involvierung der entsprechenden Organe und Fachbereiche) sind die einzelnen Untersuchungsschritte festzulegen. Hierbei werden üblicherweise weitere Fachbereiche in die Untersuchung involviert, beispielsweise zur Durchführung von **Datenanalysen**. Dabei handelt es sich um die Auswertung von Kreditorenstammdaten, Daten aus Warenwirtschaftssystemen und der Finanzbuchhaltung. Ebenso werden **Hintergrundrecherchen** angestoßen mit dem Ziel, mögliche Verflechtungen zwischen Personen und Unternehmen aufzudecken. Quellen für **Hintergrundrecherchen** sind ausschließlich öffentlich zugängliche Informationsquellen, wie zum Beispiel Handelsregis- **46**

---

4 Vgl. auch zu den Ausnahmen von diesem Grundsatz Knierim/Rübenstahl/Tsambikakis/*Szesny* 30. Kap. Rn. 31; näher 4. Kap.

ter und andere Datenbanken sowie die Medien. Erfahrungsgemäß ist ein entscheidender Faktor bei der Durchführung von Hintergrundrecherchen jedoch nicht so sehr die Art und Menge der Informationsquellen als vielmehr der Spürsinn des Recherchierenden. Hierbei kommt es sehr stark darauf an, die ermittelten Fakten in ihrem Kontext zu betrachten und auch „zwischen den Zeilen" lesen zu können. Daraus abgeleitete Hypothesen können Brücken zwischen augenscheinlich nicht miteinander verbundenen Informationen bilden und schlussendlich die Recherche in eine Richtung führen, die entsprechende Informationslücken schließt.

47 Zur weiteren Plausibilisierung von Feststellungen, die aus den Datenanalysen und Hintergrundrecherchen gewonnen wurden, werden in einer nächsten Untersuchungsphase **Informationsgespräche** mit Mitarbeitern geführt. Aus diesen Interviews gegebenenfalls erlangte weitere Informationen lassen sich sodann durch tiefer gehende Datenanalysen und Hintergrundrecherchen gegenprüfen.

48 Je nach Informationslage erfolgen im letzten Untersuchungsschritt **Konfrontationsgespräche** mit mutmaßlichen Verursachern doloser Handlungen. Diese dienen nicht zuletzt auch dem Schutz der jeweiligen Mitarbeiter, denn bei aller Genauigkeit der Untersuchung kann auch eine eindeutige Indizienlage durch zusätzliche Informationen in einem anderen Licht erscheinen.

5. Berichterstattung und Folgemaßnahmen

49 Die abschließende Berichterstattung erfolgt an den Vorstand als Auftraggeber der internen Untersuchung sowie an weitere zuständige Organe und Personen im Unternehmen. Hierbei ist hervorzuheben, dass die Berichterstattung neutral erfolgt und die Sachlage und Hintergründe so kurz und präzise wie möglich darlegt. Gleichzeitig muss die Berichterstattung so gestaltet sein, dass sie dem Vorstand eine geeignete Grundlage bietet, über entsprechende Folgemaßnahmen zu entscheiden. Die Kernbotschaft der Berichterstattung sollte sich aus folgenden Punkten zusammensetzen:
– Ausgangslage des Sachverhalts,
– Ergebnisse und Schadenssumme,
– Risiken für das Unternehmen,
– Empfehlungen bezüglich Folgemaßnahmen.

Diese Folgemaßnahmen, wie zum Beispiel:
– organisatorische Maßnahmen,
– rechtliche Maßnahmen,
– Veranlassung von Folgeprüfungen,
– Involvierung von Strafverfolgungsbehörden.

liegen zu keiner Zeit beim Fraud Management Team. Die Trennung der Durchführung der Untersuchung und die Entscheidung über Folgemaßnahmen bildet die Grundlage für die Ergebnisoffenheit und Fairness jeder internen Untersuchung.

III. Praxisfall

1. Ausgangslage und Einsatz von Reaktionsplänen

50 Um die oben beschriebenen Ausführungen zu internen Untersuchungen in einem börsennotierten Unternehmen bildlicher darzustellen, wird nachstehend ein Praxisfall geschildert. Darin wird die Vorgehensweise bei der Durchführung einer investigativen Untersuchung von der Erstinformation, der Handhabung verschiedener Reaktions-

pläne sowie der Umsetzungen aus den Erkenntnissen dargestellt. Ers ist an dieser Stelle daraufhinzuweisen, dass es sich bei den nachstehenden Ausführungen um einen zwar praxisnahen, jedoch fiktiven Sachverhalt handelt.

Auslöser der internen Untersuchung war ein anonymes Schreiben, das über die im Unternehmen eingerichtete Compliance-Hotline einging. Entsprechend der von dem Fachbereich Compliance durchzuführenden Vorgehensweise wurde das Schreiben in die Compliance-Datenbank aufgenommen und in einer rechtlichen Voruntersuchung plausibilisiert. 51

Die in dem Whistleblower-Schreiben gemachten Angaben bezogen sich auf ein ausländisches Tochterunternehmen. Ein Mitarbeiter aus dem Einkaufsbereich wurde beschuldigt, gemeinsam mit zwei Lieferanten die Landesgesellschaft zu schädigen. Allgemein wurden die Umgehung von Ausschreibungen, wesentlich höhere Einkaufspreise im Vergleich zu Drittlieferanten sowie Kick-back-Zahlungen an den Mitarbeiter genannt. Detaillierte Angaben, wie zum Beispiel Rechnungsbeträge, Artikelbezeichnungen oder Art der Kickbacks, waren nicht aufgeführt. Die Namen des Mitarbeiters und der Lieferanten wurden einschließlich deren Adressen genannt. 52

Die rechtliche Prüfung des Fachbereichs Compliance ergab, dass es sich um eine mögliche Straftat handeln könnte. Des Weiteren habe nach Einschätzung des Fachbereichs Compliance eine Verletzung der weltweit gültigen Einkaufsrichtlinien des Unternehmens vorgelegen. 53

Im Rahmen des Reaktionsplans des Fachbereichs Compliance wurde das Fraud Management Team hinzugezogen, und gemeinsam wurde der Sachverhalt nochmals eruiert. Folgende erste Schritte wurden festgelegt: 54
– Der Vorstand wird über den Sachverhalt und die weitere Vorgehensweise in schriftlicher Form zeitnah unterrichtet.
– Der Sachverhalt wird durch das Fraud Management Team bezüglich der genannten zwei Lieferanten analysiert.
– Die Leitung der internen Untersuchung obliegt dem Fraud Management Team.
– Eine Information über das Whistleblower-Schreiben an den Geschäftsführer der Landesgesellschaft erfolgt zeitnah.
– Das vom Fachbereich Compliance eingerichtete Whistleblower-System wird genutzt, um dem Absender des Schreibens zu antworten und eine mögliche persönliche Kontaktaufnahme anzubieten mit dem Ziel, weitere Informationen zu erlangen.
– Zeitnah erfolgt in den folgenden zwei Monaten eine angekündigte präventive Untersuchung in der betroffenen Landesgesellschaft im Einkauf. Im Rahmen dieser Untersuchung soll verdeckt der Sachverhalt überprüft werden.

Im Rahmen der Rechnungsprüfung (Kreditoren) stellte das Fraud Management Team fest, dass die genannten Lieferanten gelistet und deren Umsätze nicht unwesentlich waren. Über den Fachbereich Personal konnte ermittelt werden, dass der im Whistleblower-Schreiben genannte Mitarbeiter seit drei Monaten nicht mehr im Unternehmen beschäftigt war. Es handelte sich dabei um den ehemaligen Abteilungsleiter Einkauf. 55

Zeitgleich zu diesen Analysen ging über die Whistleblower-Hotline ein weiteres Schreiben hinsichtlich desselben Sachverhaltes ein. In diesem Schreiben beschrieb der Absender gezielt einen bestimmten Einkaufssachverhalt. Die beigefügten Dokumentationen untermauerten den Sachverhalt und bestätigten den Verdacht von dolosen Handlungen zum Nachteil des Unternehmens. Gleichzeitig bot der Absender ein Treffen an, um weitere Sachverhalte zu nennen und als Beweise die entsprechenden Belege mitzubringen. 56

57 Die dem Whistleblower-Schreiben beigefügten Rechnungen wurden durch das Fraud Management Team analysiert und mit der aktuellen Rechnungslegung der Landesgesellschaft abgeglichen. Folgende Feststellungen wurden getroffen:
- Die Dokumentationen standen in Übereinstimmung mit der aktuellen Finanzbuchhaltung und beschrieben einen Einkauf im hohen fünfstelligen Euro-Bereich.
- Die weitere Untersuchung ergab, dass diese Art von Investition im Rahmen der Rechnungslegung zu aktivieren ist. Sollten sich die Anschuldigungen bezüglich einer dolosen Handlung bestätigen, wäre eine **Korrektur im Jahresabschluss** unumgänglich. **Steuerliche Korrekturen** würden sich anschließen.
- Die Dokumentationen zur Eingangsrechnung und Zahlungsanweisung waren korrekt zweifach abgezeichnet. Bei einer der Unterschriften handelte es sich um ein Mitglied der Geschäftsführung der Landesgesellschaft. Nach Einschätzung des Fraud Management Teams war neben **Mitarbeiter-Fraud** auch **Management-Fraud** nicht auszuschließen. Zumindest waren Hinweise auf **Management Override of Controls** (bewusstes Außerkraftsetzen von internen Kontrollmechanismen durch leitende Mitarbeiter eines Unternehmens) gegeben.

58 Gemeinsam mit dem Fachbereich Compliance wurde im Rahmen des vom Fraud Management Team entwickelten „Fraud Response Plan" folgende weitere Vorgehensweise abgestimmt:
- die geplante präventive Untersuchung wird sofort in eine investigative Untersuchung umgewandelt und durchgeführt;
- der Vorstand wird sofort über den aktuellen Sachstand und die neue Vorgehensweise informiert;
- über den Fachbereich Compliance wird der Kontakt zum Whistleblower hergestellt und ein Treffen mit diesem organisiert. Die Anonymität des Whistleblowers soll gewahrt bleiben.

59 Als Zeitrahmen der Sonderuntersuchung wurden drei Tage vor Ort eingeplant. Im Ergebnis dieser „Voruntersuchung" waren folgende Fragen zu beantworten:
- Handelt es sich bei dem Sachverhalt tatsächlich um Fraud? Gibt es darüber hinaus noch weitere Sachverhalte, die ähnlich gelagert sind?
- Wie hoch ist die mögliche Schadenssumme?
- Wer war wann, wo und wie daran beteiligt?
- Wie konnte es zu den dolosen Handlungen kommen, und welche Umstände ermöglichten diese?
- Welche konkreten Maßnahmen sind einzuleiten?
- *Lessons learned*? (*Lessons learned* bezeichnet das systematische Sammeln und Bewerten von Erfahrungen, Fehlern, Risiken etc. eines abgeschlossenen Projektes sowie die Aufzeichnung/Archivierung der so gewonnenen Erkenntnisse. Folge ist ein *Lessons learned*-Prozess mit dem Ziel, dass die darin genannten Punkte in zukünftigen ähnlich gelagerten Projekten zugänglich sind und genutzt werden können).

2. Organisation der Voruntersuchung, Einbindung anderer Fachbereiche

60 Der Fraud Response Plan sah die folgende sachgerechte Planung für die Untersuchung vor:
- ausreichende Teamkompetenz und Teamverfügbarkeit in Form eines Untersuchungsleiters und erfahrener Assistenten;
- Schaffung eines ausreichenden zeitlichen Rahmens mit einer Vor-Ort-Untersuchung;
- Erstellung und regelmäßige Aktualisierung des auf den Sachverhalt zugeschnittenen Arbeitsprogramms;

- Gewährleistung einer laufenden Gerichtsverwertbarkeit von der Planung bis zum Reporting;
- Abstimmung der rechtlichen Rahmenbedingungen, zum Beispiel Datenschutz, mit den entsprechenden Beauftragten des Unternehmens;
- Reporting an den Vorstand in seiner Rolle als Auftraggeber der Untersuchung zwecks Abstimmung der Vorgehensweise und möglicher durchzuführender Sofortmaßnahmen.

Grundlage der operativen Untersuchungshandlungen war die regelmäßige Abstimmung der Fachbereiche Compliance und des Fraud Management Teams. Der Bereich Personal war regelmäßig beratend tätig und wurde in die Planung einbezogen.

In dem vorliegenden Sachverhalt war es wichtig, dass das Fraud Management Team die involvierten Fachbereiche bündelt und gezielt in die Untersuchung einbezieht, um beispielsweise die Einflussnahme externer Dritter zu verhindern. Als Beispiel seien hier die „Störversuche" der Rechtsanwälte des im Fokus stehenden ehemaligen Mitarbeiters und der Lieferanten genannt.

3. Erste Untersuchungsschritte und Ergebnisse der Voruntersuchung

Im Rahmen der „investigativen Voruntersuchung" wurden effiziente und umfassende Untersuchungshandlungen bezüglich der genannten Vorwürfe durchgeführt. Bezogen auf die im Whistleblower-Schreiben genannten Lieferanten umfassten diese Untersuchungshandlungen:
- vollständige Auswertung der Kreditorenstammdaten von der Anlage bis zu vorgenommenen Änderungen im Rechnungswesen;
- stichprobenhafte Prüfung ausgewählter Geschäftsvorfälle anhand der Dokumentationen von der Bestellung, der Lieferung beziehungsweise der erbrachten Leistung, dem Rechnungseingang und dem Bezahlvorgang auf Basis der unternehmenseigenen Richtlinien und Vorgaben;
- Datenanalyse hinsichtlich der Übereinstimmung der Daten im eingesetzten Warenwirtschaftssystem und im Rechnungswesen;
- Inaugenscheinnahme von im Fokus der Untersuchung stehenden Anlagegütern, unabhängig vom wirtschaftlichen Wert.

Der örtliche **Datenschutzbeauftragte** und der **Betriebsrat** wurden zeitnah in die Untersuchung eingebunden. Diese Abstimmungen erfolgten in enger Zusammenarbeit mit dem entsprechenden Gegenpart der Landesgesellschaft in der Unternehmenszentrale. Das Fraud Management Team koordinierte die Zusammenarbeit mit den Fachbereichen Recht, Personal und Interne Revision.

Neben diesen Untersuchungshandlungen konnte ein Gespräch mit dem Whistleblower geführt werden. In diesem Gespräch stellte der **Whistleblower** – wie angekündigt – neben dem bereits bekannten Sachverhalt noch weitere Geschäftsvorfälle vor. Die entsprechenden Dokumentationen als Beweise konnte er in Form von Originalen nachweisen. Der potentielle Schaden betrug nach einer ersten Hochrechnung mehrere hunderttausend Euro.

Weitere Hinweise des Whistleblowers betrafen neben den geschäftlichen Informationen auch die privaten Beziehungen des ehemaligen Mitarbeiters zu den beschuldigten Lieferanten. Hier konnte er die Geschäftsbeteiligung des ehemaligen Mitarbeiters an einem weiteren Unternehmen eines der beschuldigten Lieferanten anhand von Dokumentationen beweisen.

Die dem Fraud Management Team vorgelegten Dokumente und die zugehörigen mündlichen Informationen ließen darauf schließen, dass der Whistleblower ein Mitarbeiter der betroffenen Landesgesellschaft ist. Im Laufe des Gesprächs identifizierte sich der Whistleblower als Mitarbeiter des Controllings. Das Fraud Management Team sicherte ihm die weitere Anonymität zu.

68 Die bisherigen Anschuldigungen und die vorliegenden Beweise erforderten sofortige weitergehende Untersuchungsschritte. Diese wurden mit der Internen Revision und dem Fachbereich Compliance wie folgt abgestimmt:
– Erörterung des Sachverhaltes und des Untersuchungsvorgehens mit dem Geschäftsführer der Landesgesellschaft;
– Einbindung des örtlichen CFO in die Untersuchungshandlungen;
– Gespräche mit dem Abteilungsleiter Finanzen zum Sachverhalt;
– Einholung der Originalunterlagen aus der Finanzbuchhaltung;
– Plausibilisierung der vom Whistleblower genannten Sachverhalte im Warenwirtschaftssystem und im Rechnungswesen.

69 In Vorbereitung der Plausibilisierung erfolgte eine Abstimmung mit dem Abteilungsleiter der Finanzbuchhaltung der Landesgesellschaft. Es wurde dem Fraud Management Team erklärt, dass die beschuldigten Lieferanten als Zwischenhändler fungieren. Der Ausgleich der eingereichten Rechnungen erfolge über Abschlagszahlungen. Diese seien vertraglich über Bankbürgschaften der Lieferanten abgesichert.

70 Der Abteilungsleiter der Finanzbuchhaltung konnte weder entsprechende Bankbürgschaften noch Lieferantenverträge vorlegen und verstrickte sich in den weiteren Gesprächen in Widersprüche. So waren weder das Warenwirtschaftssystem mit dem Rechnungswesen abgestimmt, noch konnte eine Offene-Posten-Liste für diese Lieferanten vorgelegt werden. Des Weiteren war im Laufe der Gespräche nicht mehr von angeblich vertraglich vereinbarten Sicherheiten in Form von Bankbürgschaften die Rede, sondern von durch die Lieferanten ausgestellte und hinterlegte Bankschecks. Für jede Anzahlung sollte ein Scheck als Sicherheit hinterlegt worden sein. Die daraufhin angeforderten Protokolle für die Aufnahme von Schecks und Bargeld zeigten Differenzen und entsprachen darüber hinaus nicht den Vorgaben des Unternehmens.

71 Die Analyse der Daten aus dem Rechnungswesen ergaben ein fragwürdiges Verhältnis zwischen Bestellung, Wareneingang und geleisteten Zahlungen von 2:1:5. Insbesondere die nicht durch Bestellung und Wareneingang abgedeckten Anzahlungen bewegten sich im einstelligen Millionen-Euro-Bereich und konnten nicht durch hinterlegte Bankschecks gesichert werden. Zugehörige Rechnungen der Lieferanten waren nicht vorhanden oder konnten nicht abgestimmt werden.

72 Im weiteren Verlauf der Untersuchung stellte sich heraus, dass der Abteilungsleiter der Finanzbuchhaltung ein enger Freund des beschuldigten ehemaligen Leiters der Einkaufsabteilung war und im Freundeskreis der genannten Lieferanten verkehrte. Zudem stellte der Abteilungsleiter der Finanzbuchhaltung im Nachgang zu bereits abgeschlossenen Gesprächen „vollständige" Kassenprotokolle und Bankschecks zur Verfügung, welche die Anzahlungen nahezu abdeckten. Mitarbeiter aus der Finanzbuchhaltung verwiesen das Fraud Management Team auf Manipulationen durch den Abteilungsleiter. Diese Manipulationen konnten nachvollzogen werden, und es wurde festgestellt, dass die Bankschecks erst in den letzten vierundzwanzig Stunden durch einen Kurier vom Lieferanten an die Landesgesellschaft geschickt worden waren.

73 Im Zuge dieser Auffälligkeiten wurden stichprobenhaft Anlagegüter auf ihr tatsächliches Vorhandensein in Augenschein genommen. So stellte sich im Laufe der Vor-Ort-Untersuchung heraus, dass Anlagegüter nicht vorhanden waren beziehungsweise nicht den jeweiligen zugeordneten Rechnungen entsprechen. Nach Informationen eines Mitarbeiters der Finanzbuchhaltung wurden in den letzten Jahren keinerlei Inventuren der Güter des Anlagevermögens in der Landesgesellschaft durchgeführt.

Die bisherigen Ergebnisse der internen Untersuchung wurden umgehend an die Unternehmenszentrale berichtet. In Abstimmung mit dem Fachbereich Personal wurde beschlossen, dass:
- der Abteilungsleiter der Finanzbuchhaltung bis zum Ende der weiteren Untersuchung beurlaubt wird;
- die Untersuchung aufgrund der zu besprechenden weiteren Vorgehensweise kurzfristig unterbrochen wird;
- der Vorstand über den bisherigen Sachstand informiert und die weitere Vorgehensweise abgestimmt wird.

Sowohl das Fraud Management Team als auch der Fachbereich Compliance sahen aufgrund folgender Ergebnisse eine Ausweitung der Untersuchungshandlungen als zwingen notwendig an:
- Bestätigung von dolosen Handlungen im Bereich Einkauf durch Mitarbeiter im Zusammenspiel mit Lieferanten;
- fehlende vertragliche Grundlagen im Einkaufsbereich;
- nicht vorhandene Waren beziehungsweise Anlagegüter;
- nicht durch Sicherheiten abgedeckte Anzahlungen;
- Verdacht der Manipulation von Unterlagen der Finanzbuchhaltung;
- Verdacht auf Zahlungen von nicht erhaltenen Leistungen und Lieferungen;
- mögliche Schadenssumme im Millionen-Euro-Bereich;
- mögliche negative Auswirkung auf den Jahresabschluss der Landesgesellschaft.

4. Ausweitung des Untersuchungszeitraums, weitere Untersuchungshandlungen und deren Ergebnisse

Die Ergebnisse der „Voruntersuchung" erforderten eine schnellstmögliche Reaktion aller bisher beteiligten Fachbereiche. Unter Führung des Fraud Management Teams wurde gemeinsam mit den involvierten Fachbereichen Interne Revision, Recht, Compliance, Personal, Finanzen und Steuern festgelegt, dass die im Fokus der Untersuchung stehenden Lieferanten einer Vollprüfung bezogen auf die vorangegangenen drei Jahre unterzogen wird. Des Weiteren wurden weitere Untersuchungen beschlossen:
- Anlageninventur auf Grund der Hinweise von nicht vorhandenen Anlagegütern beziehungsweise nicht durchgeführten Investitionen,
- Aufnahme der Handelswaren auf Basis einer vorgezogenen Jahresabschlussinventur.

Das Fraud Management Team wurde um zwei Mitarbeiter aus dem Fachbereich Interne Revision erweitert. Grund für diese Erweiterung waren die zeitlichen Rahmenbedingungen zur Vorbereitung und Durchführung der Inventuren und die gleichzeitige Weiterführung der internen Untersuchung.

Neben den oben genannten Untersuchungshandlungen waren Interviews und Informationsgespräche in den betroffenen Organisationsebenen der Landesgesellschaft erforderlich.

Nach Beendigung aller Untersuchungshandlungen wurden die wesentlichen Ergebnisse an den Vorstand kommuniziert:
- Mitarbeiter-Fraud im Bereich Einkauf durch kollusives Handeln mit Lieferanten,
  - Geleistete Anzahlungen ohne Rechtsgrund,
  - Scheinrechnungen,
  - Manipulation von Rechnungsunterlagen,
  - Bezahlungen von nicht erhaltenen Leistungen und Lieferungen,
- hoher finanzieller Schaden im Millionen-Euro-Bereich mit Auswirkung auf den Jahresabschluss der Landesgesellschaft,

- Prozessschwächen in der operativen Ebene der Landesgesellschaft und damit verbunden Lücken im Internen Kontrollsystem,
- Organisationsverschulden des Managements der Landesgesellschaft.

79 Gegen die beiden Mitarbeiter und die Lieferanten wurde bei den zuständigen Behörden Strafanzeige gestellt. Des Weiteren wurden arbeitsrechtliche beziehungsweise zivilrechtliche Schritte gegen die beiden Mitarbeiter eingeleitet. Zivilrechtliche Maßnahmen gegenüber den Lieferanten erfolgten erst nach Abschluss des Strafverfahrens.

80 Es ist an dieser Stelle nochmals erwähnenswert, dass die über den Zeitraum der Untersuchung geführte gerichtsverwertbare Dokumentation und das damit verbundene Reporting genutzt werden konnte, um die rechtlichen Maßnahmen ohne Zeitverzug im Sinne des Unternehmens zu steuern. Die zeitnahe Zusammenarbeit mit dem Fachbereich Recht ermöglichte bereits vor der Beendigung der Untersuchung die erfolgreiche Bearbeitung der rechtlichen Konsequenzen. Das galt auch für Maßnahmen hinsichtlich betroffener Prozesse auf der Ebene der Landesgesellschaft, die entweder sofort oder Schritt für Schritt umgesetzt werden mussten. Der Fachbereich Interne Revision konnte die dazu erforderlichen Änderungen in den Prozessen beziehungsweise im Internen Kontrollsystem der Landesgesellschaft steuern und überwachen.

5. „Wie konnte es zu diesen dolosen Handlungen kommen?"

81 Eine berechtigte Frage des Vorstands. Die festgestellten Prozessschwächen und damit im Zusammenhang stehenden Mängel im internen Kontrollsystem ermöglichten den beiden Mitarbeitern, gemeinsam mit Lieferanten dolose Handlungen durchzuführen. Die Mängel und Schwächen auf der Ebene der Organisation in der Landesgesellschaft führten im Anschluss zu arbeitsrechtlichen Maßnahmen hinsichtlich der verantwortlichen Führungskräfte.

6. Zusammenfassung

82 Eine erfolgreiche und schnelle Erreichung der Ziele der internen Untersuchung konnte nur mit Umsetzung folgender Maßnahmen erreicht werden:
- Führung und Steuerung der Sonderuntersuchung durch das Fraud Management Team,
- regelmäßige Abstimmung mit den für den Sachverhalt erforderlichen Fachbereichen unter Verwendung der im Konzern entwickelten Reaktionspläne,
- Einbeziehung der Fachbereiche in spezifische Fachthemen,
- laufende Kommunikation zum Auftraggeber der Sonderuntersuchung hinsichtlich des Reportings,
- zeitnahe und sachgerechte Kommunikation mit externen Dritten wie Behörden und Rechtsanwälten,
- laufende gerichtsverwertbare Beweissicherung und Dokumentation.

IV. Fazit

83 Ziel interner Untersuchungen in börsennotierten Unternehmen ist es, materielle und immaterielle Vermögensschäden schnell und effektiv abzuwenden. Dies gelingt jedoch nur, wenn das Fraud Management Team als ein wesentlicher Bestandteil in die Governance-Landschaft des Unternehmens eingebunden und akzeptiert ist. Voraussetzung hierfür ist eine entsprechende Professionalität und Leistungsfähigkeit. Somit wird maßgeblich dazu beigetragen, den Anforderungen des Aktiengesetzes zu entsprechen und versetzt den Vorstand in die Lage, den Compliance-Anforderungen des Kapitalmarktes gerecht zu werden.

33. Kapitel
Ermittlung durch Externe

Literatur: zu untersuchungssystematischen Aspekten: *Patzak/Rattay* Projektmanagement, 5. Aufl. 2008; *Kuster/Huber/Lippmann/Schmid/Schneider/Witschi/Wüst* Handbuch Projektmanagement, 3. Aufl. 2011; *LitkeKunow/Schulz-Wimmer* Projektmanagement, 2010.

Weiterführende Literaturhinweise zu rechtlichen Aspekten: *Annuß/Pelz* Amnestieprogramme – Fluch oder Segen?, BB Special 4 (zu BB 2010, Heft 50); *Baker&McKenzie* Global Privacy Handbook, 2011; *Behrens* Interne Untersuchungen: Hintergründe und Perspektiven anwaltlicher „Ermittlungen" in deutschen Unternehmen, RIW 2009, 22; *Breßler/Kuhnke/Schulz/Stein* Inhalte und Grenzen von Amnestien bei Internal Investigations, NZG 2009, 721; *Brouwer* Compliance im Wirtschaftsverband, CCZ 2009, 161; *Dann/Gastell* Geheime Mitarbeiterkontrollen: Straf- und arbeitsrechtliche Risiken bei unternehmensinterner Aufklärung, NJW 2008, 2945; *Dzida/Grau* Verwertung von Beweismitteln bei Verletzung des Arbeitnehmerdatenschutzes, NZA 2010, 1201; *Gerst* Unternehmensinteresse und Beschuldigtenrechte bei Internal Investigations – Problemskizze und praktische Lösungswege, CCZ 2012, 1; *Göpfert/Merten/Siegrist* Mitarbeiter als „Wissensträger", NJW 2008, 1703; *Momsen/Grützner (Hrsg.)* Wirtschaftsstrafrecht, 2013; *Klengel/Mückenberger* Internal Investigations – typische Rechts- und Praxisprobleme unternehmensinterner Ermittlungen, CCZ 2009, 81; *Lomas/Kramer (Hrsg.)* Corporate Internal Investigation – An International Guide, 2008; *Mengel* Compliance und Arbeitsrecht, 2009; *Mengel/Ullrich* Arbeitsrechtliche Aspekte unternehmensinterner Investigations, NZA 2006, 240; *Momsen* Internal Investigations zwischen arbeitsrechtlicher Mitwirkungspflicht und strafprozessualer Selbstbelastungsfreiheit, ZIS 2011, 508; *Momsen/Grützner* Verfahrensregeln für interne Ermittlungen – Kritische Würdigung der Thesen der BRAK zum Unternehmensanwalt, DB 2011, 1792; *Moosmayer/Hartwig (Hrsg.)* Interne Untersuchungen – Praxisleitfaden für Unternehmen, 2012; *Reichert* Reaktionspflichten und Reaktionsmöglichkeiten der Organe auf (möglicherweise) strafbares Verhalten innerhalb des Unternehmens, ZIS 2011, 113; *Rübenstahl* Internal Investigations (Unternehmensinterne Ermittlungen) – status quo Teil 1: Interviews in Internal Investigations und deren prozessuale Verwertbarkeit, WiJ 2012, 17; *Rübenstahl/Debus* Strafbarkeit verdachtsabhängiger E-Mail- und EDV-Kontrollen bei Internal Investigations?, NZWiSt 2012, 129; *Rübenstahl/Skoupil* Internal Investigations, Status Quo – Pflicht zur Strafanzeige?, WiJ 2012, 177; *dies.* Anforderungen der US-Behörden an Compliance-Programme nach dem FCPA und deren Auswirkung auf die Strafverfolgung von Unternehmen – Modell für Deutschland, wistra 2013, 209; *Schürrle/Olbers* Compliance-Verantwortung in der AG – Praktische Empfehlungen zur Haftungsbegrenzung an Vorstände und Aufsichtsräte, CCZ 2010, 102; *Sidhu/von Saucken/Ruhmannseder* Der Unternehmensanwalt im Strafrecht und die Lösung von Interessenkonflikten, NJW 2011, 881; *Wisskirchen/Glaser* Unternehmensinterne Untersuchungen – Eine praktische Anleitung (Teil I und Teil II), DB 2011, 1392 und 1447; *Wisskirchen/Körber/Bissels* „Whistleblowing-" und „Ethikhotlines", BB 2006, 1567; *Wybitul* Das neue Bundesdatenschutzgesetz: Verschärfte Regeln für Compliance und interne Ermittlungen, BB 2009, 1582; *ders.* Wie viel Arbeitnehmerdatenschutz ist erforderlich, BB 2010, 1085; *Zimmer/Heymann* Beteiligungsrechte des Betriebsrates bei unternehmensinternen Ermittlungen, BB 2010, 1853.

A. Planung, Organisation, Steuerung, Durchführung der Ermittlung durch Externe

I. Einführung

1 Der Begriff der unternehmensinternen Untersuchung ist ein weiter, auch etwas unbestimmter Begriff. Von einem informellen Gespräch mit einem einzelnen Mitarbeiter zur Sachverhaltsklärung über die Sonderprüfung der Konzernrevision mit (oder ohne) Unterstützung anderer Zentralabteilungen und externer Berater, bis hin zur groß angelegten konzernweiten Untersuchung durch mehrere arbeitsteilig vorgehende externe Beratungsunternehmen und Rechtsanwaltskanzleien mit Befragungen ganzer Abteilungen kann vieles unter diesen Begriff gefasst werden.[1] Naheliegend ist, dass sowohl die Organisationsanforderungen als auch Komplexität der rechtlichen rahmenbedingungen mit dem Umfang der Untersuchung korrelieren. Es sind die in der voranstehenden Aufzählung zuletzt genannten Untersuchungen, die als Leitbild den nachfolgenden Darlegungen zu Grunde liegen.

1. Ausgangssituation

2 Eine unternehmensinterne Aufdeckung und Aufarbeitung von zurückliegenden Compliance-Verstößen durch externe Sachverständige, wie beispielsweise Rechtsanwälte und Wirtschaftsprüfer, zeichnet sich typischerweise durch eine höhere Komplexität aus, als eine (nur) von der bestehenden Linienorganisation des Unternehmens (z.B. der Corporate Forensic-Abteilung) durchgeführte Compliance-Untersuchung. Denn gerade aufgrund der besonderen Anforderungen der Aufgabenstellung (in Frage kommende Tatbestände, betroffene Zeiträume, involvierte Personen) werden externe Fachberater hinzugezogen. Die Planung einer solchen internen Untersuchung ist deshalb mit besonderer Sorgfalt vorzunehmen. Es gilt die Tätigkeit dieser Berater – aus ggf. unterschiedlichen Fachrichtungen – untereinander sowie das Zusammenwirken mit den eingebundenen Fachabteilungen des Unternehmens (Interne Revision, Compliance-Abteilung) zu koordinieren.

3 Ziel und Zwecke (bspw. im Hinblick auf Ad-Hoc-Mitteilungen) der internen Untersuchung sind sorgsam zu formulieren. Der rechtliche Referenzrahmen muss festgelegt werden, d.h. zu prüfenden Tatbestände. Unterschiedliche Beratungsansätze, divergierende Interessen und Kompetenzen müssen aufeinander abgestimmt werden. Vorgaben an die Methodik zur Ermittlung der Tatsachenbasis sowie zu den fachlichen Mindestanforderungen sind erforderlich. Termine, benötigte Ressourcen und Budgets sind zu planen. Der Informationsaustausch ist zu organisieren und die Art der Ergebnisdokumentation sowie das Maß an Ergebnissicherheit müssen festgelegt werden.

4 Zusammengenommen kann sich aus Art und Umfang der Planungsaufgabe das Erfordernis einer gesonderten Projektorganisation ergeben. Grundlagen einer solchen Projektorganisation sowie Hinweise zur konkreten Umsetzung werden nachfolgend ab Rn. 41 erörtert.

2. Recht und Pflicht zur Durchführung von unternehmensinternen Untersuchungen (am Beispiel der Aktiengesellschaft)

5 Zuvor soll jedoch der Frage nachgegangen werden, ob ein Unternehmen zur Durchführung einer Untersuchung berechtigt oder verpflichtet ist und welches Organ hierfür zuständig ist. Beispielhaft soll dies hier anhand der kapitalmarktnächsten Rechtsform, der Aktienge-

---

[1] Knierim/Rübenstahl/Tsambikakis/*Nestler* Kap. 1 Rn. 1 ff.; Görling/Inderst/Bannenberg/*Dierlamm* Kap. 6 Rn. 41 ff.; Knierim/Rübenstahl/Tsambikakis/*Potinecke/Block* Kap. 3 Rn. 154.

sellschaft (AG) demonstriert werden.² Die Darstellung von Untersuchungen in AGs ist auch deshalb von besonderer Relevanz, weil diese Gesellschaftsform über eine gesetzlich genau und im Wesentlichen zwingend geregelte Organstruktur verfügt.³

a) Der Vorstand

Die Berechtigung und Verpflichtung des Vorstands zur Durchführung von internen Ermittlungen ergibt sich im Wesentlichen aus §§ 76 Abs. 1, 93 Abs. 1 AktG.⁴ Dem Vorstand obliegt nach § 76 Abs. 1 AktG die alleinige Verantwortlichkeit für die Geschäftsführung der Gesellschaft; diese Zuständigkeit erstreckt sich auch auf unternehmensinterne Untersuchungen.⁵ Zur Leitung gehört nämlich auch die Unternehmensüberwachung. Es ist insoweit Aufgabe des Vorstands, für die Einhaltung der Gesetze und unternehmensinternen Richtlinien zu sorgen.⁶ Die Wahrnehmung der Leitungsverantwortung ist die Pflicht des Vorstands.⁷ Somit ist er zum Einschreiten verpflichtet, wenn und soweit Anhaltspunkte für schwerwiegende Rechtsverletzungen in der Gesellschaft vorliegen.⁸ § 93 Abs. 1 S. 1 AktG bestimmt, das Vorstandsmitglieder bei der Geschäftsführung die Sorgfalt eines ordentlichen und gewissenhaften Geschäftsleiters anzuwenden haben; als Teil dieser Leitungssorgfalt wird die Pflicht gesehen, Hinweisen auf Gesetzesverletzungen unverzüglich nachzugehen.⁹ Die Vorstandsmitglieder müssen also Hinweisen auf Gesetzesverletzungen und andere Unregelmäßigkeiten durch Mitarbeiter immer und unverzüglich nachgehen.¹⁰

6

Sofern der Vorstand die Pflicht, bei Verdacht auf Gesetzesverstöße unternehmensinterne Untersuchungen durch Unternehmensangehörige durchzuführen, nicht befolgt, setzt er sich einem erheblichen Haftungsrisiko aus.¹¹ Dieses Risiko würde relativiert, wenn für die Entscheidung über das Einleiten von Untersuchungen (das "Ob") die sog. **Business Judgment Rule** aus § 93 Abs. 1 S. 2 AktG Anwendung fände. Diese schreibt vor, dass dann keine Pflichtverletzung im Sinne des § 93 Abs. 1 S. 1 AktG vorliegt, wenn der Vorstand eine unternehmerische Entscheidung trifft, bei der er zum Wohle der Gesellschaft ohne Beachtung von Sonderinteressen und sachfremder Einflüsse, auf Grundlage angemessener Information und in gutem Glauben handelt. Dann hätte der Vorstand einen gerichtlich nur eingeschränkt überprüfbaren Ermessensspielraum.¹¹ Der Vorstand darf in solchen Fällen grds. risikobehaftete Geschäfte vornehmen, sofern diese im Interesse der Gesellschaft sind, ohne dass dies schon eine Pflichtwidrigkeit darstellt.¹² Die Rspr. des BGH¹³ legt jedoch nahe, dass ein unternehmerisches Ermessen allein im Handlungs-, hingegen nicht im Erkenntnis-

7

---

2 Zu den dem WpHG unterworfenen Unternehmen Knierim/Rübenstahl/Tsambikakis/*Szesny* Kap. 30 Rn. 6–23.
3 Knierim/Rübenstahl/Tsambikakis/*Potinecke/Block* Kap. 3 Rn. 5.
4 Eine Pflicht zur Durchführung unternehmensinterner Untersuchungen lässt sich zwar unter Umständen auch aus der Pflicht des Vorstands zur Einrichtung eines Überwachungssystems herleiten: Nach § 91 Abs. 2 AktG hat der Vorstand geeignete Maßnahmen zu treffen, insbesondere ein Überwachungssystem einzurichten, damit den Fortbestand der Gesellschaft gefährdende Entwicklungen früh erkannt werden; hierdurch würden aber nur existenzbedrohende Risiken erfasst, vgl. Knierim/Rübenstahl/Tsambikakis/*Potinecke/Block* Kap. 3 Rn. 14.
5 Knierim/Rübenstahl/Tsambikakis/*Potinecke/Block* Kap. 3 Rn. 6, unstr.
6 Deutscher Corporate Governance Kodex, 4.1.3.; Knierim/Rübenstahl/Tsambikakis/*Potinecke/Block* Kap. 3 Rn. 7.
7 MK-AktG/*Spindler* § 76 Rn. 15; Spindler/Stilz/*Fleischer* § 76 Rn. 10.
8 *Wagner* CCZ 2009, 8, 12; *Fleischer* AG 2003, 291, 294.
9 *BGH* GmbHR 1985, 143; *Fleischer* AG 2003, 291, 294; ders. Handbuch des Vorstandsrechts, § 8 Rn. 35; Knierim/Rübenstahl/Tsambikakis/*Potinecke/Block* Kap. 3 Rn. 8.
10 *Fleischer* § 8 Rn. 35.
11 Knierim/Rübenstahl/Tsambikakis/*Potinecke/Block* Kap. 3 Rn. 9.
12 *BGHZ* 135, 244, 253 ARAG/Garmenbeck = NJW 1997, 1926, 1927 ff.
13 *BGHZ* 135, 244, 253 ff. = NJW 1997, 1926, 1927 f.

bereich zugesprochen werden kann; bei der Entscheidung, ob verdächtige Sachverhalte überhaupt zu ermitteln sind, dürfte allenfalls ein **begrenzter Beurteilungsspielraum** bestehen.[14] Gegen ein breites Entschließungsermessen nach Maßgabe der **Business Judgment Rule** spricht entscheidend, dass die von § 93 Abs. 1 S. 2 AktG geforderte "angemessene Informationsgrundlage" regelmäßig erst durch die Untersuchung geschaffen werden muss. Der Vorstand muss sich im Verdachtsfall aufgrund belastbarer Ergebnisse einer sachgerecht durchgeführten Untersuchung informieren.[15] Bezüglich der Entschließung zur Durchführung von Untersuchungen ist dem Vorstand jedenfalls beim konkreten Verdacht von Gesetzesverletzungen also kein Ermessensspielraum eingeräumt.[15]

8 Auch als Teil der allgemeinen Compliance-Aufgabe des Vorstands, die ebenfalls aus § 76 Abs. 1 AktG abzuleiten ist, ist eine Pflicht zur Durchführung verdachtsabhängiger interner Untersuchungen anzunehmen.[16] Unternehmensinterne Untersuchungen sind als Teil der Schutzfunktion von Compliance zu betrachten, denn erst durch die Untersuchungen wird das Unternehmen in die Lage versetzt, mit Aussicht auf Belohnung mit Behörden zu kooperieren und so größeren Schaden für das Unternehmen abzuwenden und durch eine abschreckende Wirkung weitere Verstöße zu verhindern.[17] Es ist auch schlüssig, unternehmensinterne Untersuchungen der Überwachungsfunktion zuzuordnen.[17] Dann muss man unter Überwachung, gerade auch die Aufnahme von Ermittlungen bei einem Verdacht auf Compliance-Verstöße, verstehen.[18] Auch Aspekte der Reputationssicherung und der Marketing-Funktion werden durch unternehmensinterne Untersuchungen teilweise erfüllt.[19]

9 Regelmäßig ist der Vorstand berechtigt, die Durchführung der Untersuchung zu delegieren; er ist dann nur noch für die Auswahl, Einweisung und Kontrolle der Ermittler zuständig. Bei Verdachtsmomenten bzgl. Personen, deren Auswahl dem Vorstand obliegt – Mitarbeiter der oberen Führungsebene – ist ausnahmsweise von einer Sachverhaltsermittlungspflicht des Vorstands auszugehen, da deren Überwachung auch gleichzeitig die Prüfung der Eignung für das jeweilige Amt darstellt.[20] Auch wenn der betreffende Sachverhalt – insbesondere bei Verdacht auf die organisierte Begehung zahlreicher Straftaten aus dem Unternehmen – erhebliche, insbesondere potentiell existentielle, Bedeutung für das Unternehmen und damit auch für die weiteren Leitungsentscheidungen des Vorstands hat, muss dieser selbst die Untersuchung verantwortlich leiten.[21] Der Vorstand darf und wird die Untersuchung daher der Compliance-, Revisions- oder Rechtsabteilung zur Aufklärung solcher Verstöße übertragen oder externe Berater mit der Durchführung beauftragen, aber diese anleiten.[22] Dies bedeutet zudem keine Entlastung des Vorstands von seiner Überwachungspflicht, die sich als Pflicht zur ordnungsgemäßen Auswahl, Einweisung und Kontrolle der handelnden Personen definieren lässt.[23]

10 Die Leitung der Geschäfte – und damit auch die Entscheidung über die Durchführung und die Beaufsichtigung von unternehmensinternehmen Untersuchungen – obliegt nach dem Grundsatz der **Gesamtverantwortung**, § 77 Abs. 1 S. 1 AktG, dem Vorstand als Ganzes. Es

---

14 Knierim/Rübenstahl/Tsambikakis/*Potinecke/Block* Kap. 3 Rn. 9; *Wagner* CCZ 2009, 8, 16 unter Verweis auf *BGHZ* 135, 244, 254 = NJW 1997, 1926, 1928.
15 Knierim/Rübenstahl/Tsambikakis/*Potinecke/Block* Kap. 3 Rn. 9.
16 Knierim/Rübenstahl/Tsambikakis/*Potinecke/Block* Kap. 3 Rn. 26.
17 *Wagner* CCZ 2009, 8, 11; Knierim/Rübenstahl/Tsambikakis/*Potinecke/Block* Kap. 3 Rn. 25.
18 Görling/Inderst/Bannenberg/*Rieder/Falge* Kap. 2 Rn. 57.
19 *Lösler* NZG 2005, 104, 105.
20 *Wagner* CCZ 2009, 8, 12; *Hüffer* § 76 Rn. 8; Knierim/Rübenstahl/Tsambikakis/*Potinecke/Block* Kap. 3 Rn. 10.
21 *Wagner* CCZ 2009, 8, 12.
22 Knierim/Rübenstahl/Tsambikakis/*Potinecke/Block* Kap. 3 Rn. 28.
23 *BGHZ* 127, 336, 347; *Fleischer* § 8 Rn. 28; *ders.* AG 2003, 291, 292; *Wellhöfer/Peltzer/Müller* § 4 Rn. 183; Knierim/Rübenstahl/Tsambikakis/*Potinecke/Block* Kap. 3 Rn. 29.

ist üblich, dass der Vorstand einzelnen Vorstandsmitgliedern im Rahmen der **Ressortverantwortung** – etwa im Rahmen einer Geschäftsordnung – einzelne Aufgaben überträgt.[24] So kann einem einzelnen Vorstandsmitglied im Rahmen der Personalverantwortung auch die potentielle Entscheidung über die Einleitung unternehmensinterner Untersuchungen übertragen werden.[25] Die Delegation von Aufgaben auf einzelne Vorstandsmitglieder – etwa für Compliance bzw. spezifisch für Internal Investigations – entlastet die anderen Vorstandsmitglieder insoweit, als Ihnen gegenüber den anderen Ressorts nur eine **Restverantwortung** in Form einer einzelfallbezogen unterschiedlich intensiv auszuübende Überwachungspflicht verbleibt.[26] Wenn ein konkreter Anhaltspunkt für einen Sorgfaltsverstoß des für unternehmensinterne Untersuchungen zuständigen Vorstands vorliegt, muss diesem nachgegangen werden.[27] Bei Verdacht auf – insbesondere auch hinsichtlich der unternehmensbezogenen Rechtsfolgen – schwerwiegenden und besonders bei verbreiteten und umfassenden Rechtsverletzungen wird man von einer die Gesamtverantwortung des Vorstands aktualisierenden Ausnahme- und Krisensituation für die Gesellschaft[28] ausgehen müssen, mit der Folge, dass auch ressortfremde Vorstände verpflichtet sind, Aufklärungs- und Abhilfemaßnahmen einzuleiten, sofern dies nicht ohnehin geschieht.[29]

b) Der Aufsichtsrat

11 Die Überwachungspflichten des Aufsichtsrats erstrecken sich im gesetzlichen Regelfall nicht auf die Überwachung der Gesellschaft insgesamt, sondern nach § 111 Abs. 1 AktG nur auf die **Überwachung der Geschäftsführung** durch den Vorstand. Der Aufsichtsrat selbst muss also unternehmensinterne Untersuchungen grundsätzlich nur bei dem Verdacht auf Verstöße durch den Vorstand oder einzelne Vorstandsmitglieder einleiten.[30] Untersuchungen des Aufsichtsrats beim Verdacht von Compliance-Verstößen nur durch Mitarbeiter unterhalb der (Organ-)Vorstandsebene bedürfen entweder einer spezifischen Rechtsgrundlage über § 111 Abs. 1 AktG hinaus oder müssen sich der Sache gerade als die Ausübung der Kontrollpflicht – wegen mangelhafter Erledigung der Compliance-Aufgaben durch den Vorstand – darstellen. Sie sind stets besonders begründungsbedürftig, da sie tendenziell die gesetzliche Aufgabenverteilung der Organe der Aktiengesellschaft zu durchbrechen.

12 Hat der Aufsichtsrat den Verdacht, dass der Vorstand selbst im Rahmen der Geschäftsführung gegen Gesetze oder unternehmensinterne Richtlinien verstößt, so hat er wegen § 111 Abs. 1 AktG hiergegen einzuschreiten.[31] Nach § 91 Abs. 2 AktG muss der Aufsichtsrat zudem insbesondere auch das Risikomanagement des Vorstands überwachen.[32] Da es Teil der Leitungsaufgabe des Vorstands ist, bei dem Verdacht auf Unregelmäßigkeiten Untersuchungen einzuleiten und zu steuern bzw. zu überwachen (s.o.), obliegt dem Aufsichtsrat die Kontrolle, ob der Vorstand diese Aufgabe erfüllt und seiner Pflicht zur Sachverhaltsaufklärung nachkommt.[31] Besteht der Verdacht, dass nur einzelne Vorstandsmitglieder Verstöße gegen Gesetze oder interne Richtlinien begangen haben, so besteht grds. eine **doppelte Zuständigkeit** des Aufsichtsrats als Überwachungsorgan und des Vorstands aufgrund der Pflicht der

---

24 Knierim/Rübenstahl/Tsambikakis/*Potinecke/Block* Kap. 3 Rn. 30.
25 Spindler/Stilz/*Fleischer* § 77 Rn. 48.
26 Spindler/Stilz/*Fleischer* § 77 Rn. 49, 51; Knierim/Rübenstahl/Tsambikakis/*Potinecke/Block* Kap. 3 Rn. 31.
27 *Lücke/Schaub* § 6 Rn. 397 f.; Spindler/Stilz/*Fleischer* § 77 Rn. 52.
28 *BGHSt* 37, 106, 123 = NStZ 1990, 588, 590.
29 Knierim/Rübenstahl/Tsambikakis/*Potinecke/Block* Kap. 3 Rn. 32.
30 Vgl. Knierim/Rübenstahl/Tsambikakis/*Potinecke/Block* Kap. 3 Rn. 31.
31 Knierim/Rübenstahl/Tsambikakis/*Potinecke/Block* Kap. 3 Rn. 35.
32 *Schüppen/Schaub*/Offerhaus § 18 Rn. 41.

Vorstandsmitglieder zur gegenseitigen Leistungskontrolle.[33] Es ist in der Lit. – einschlägige Rspr. ist nicht feststellbar – strittig, ob primär die übrigen Vorstandsmitglieder für die Sachverhaltsaufklärung zuständig sind und der Aufsichtsrat sich primär an den Vorstand als Gesamtorgan zu wenden hat, oder letzteren selbst ermitteln darf.[34] Jedenfalls wird man annehmen dürfen, dass eine mögliche Involvierung eines Vorstandsmitglieds zu einer intensivierten Überwachung der internen Ermittlungen seitens des Aufsichtsrats führen muss,[34] da dann nicht von vornherein ausgeschlossen erscheint, dass weitere Mitglieder des Vorstands involviert gewesen sein könnten oder diese jedenfalls die ggs. Kontrollpflichten vernachlässigt haben könnten. Dies impliziert vielfach, dass der Aufsichtsrat selbstständig Rechtsrat einholen sollte und sich im Rahmen der Untersuchung bzw. bei der Überwachung der Untersuchung des Vorstands eigenständig anwaltlich vertreten lassen sollte, damit seine Kompetenzen effektiv wahrgenommen werden. Für den Aufsichtsrat besteht eine Anwendbarkeit der Business Judgment Rule gem. § 116 i.V.m. § 93 Abs. 1 S. 2 AktG grundsätzlich nach denselben Voraussetzungen wie für den Vorstand. Da bei der vergangenheitsbezogenen Überwachung der unternehmerische Charakter der Maßnahme allerdings grundsätzlich zu verneinen ist,[35] findet für die Einleitung von unternehmensinternen Untersuchungen die Business Judgment Rule daher wie beim Vorstand keine Anwendung. Bei hinreichenden Anhaltspunkten für Pflichtverletzungen des Vorstandes ist der Aufsichtsrat somit zur Aufklärung verpflichtet, ohne dass ihm hinsichtlich des "Ob" ein Ermessensspielraum zukommt. Hinsichtlich des „Wie" ist zu berücksichtigen, dass er – bei Verdacht nur gegen einzelne Vorstandsmitglieder – primär die Untersuchung des Gesamtvorstands steuern und überwachen und diese erst bei erkennbarer Mangelhaftigkeit oder Zögerlichkeit an sich ziehen sollte.[36]

13 Ein Initiativ- oder Weisungsrecht gegenüber dem Vorstand steht dem Aufsichtsrat im Hinblick auf die Aufklärung von vermuteten Gesetzesverstößen von *Mitarbeitern* im Regelfall – d.h. wenn kein Verdacht gegen Vorstandsmitglieder besteht – nicht zu.[37] Der Aufsichtsrat kann und muss jedoch selbstverständlich seine Kompetenzen aus den §§ 90 und 111 Abs. 2 AktG – Berichtsanforderungs-, Einsichts- und Prüfungsrechte – auch im Hinblick auf die Einleitung und Durchführung unternehmensinterner Untersuchungen wahrnehmen, sofern Anhaltspunkte für Gesetzesverstöße durch Vorstandsmitglieder bestehen; bzgl. des konkreten Vorgehens besteht Ermessen im Sinne des § 93 Abs. 1 S. 2 AktG.[38]

14 Wahrzunehmen hat der Aufsichtsrat(-svorsitzende) in diesem Zusammenhang seine Rechte gem. § 90 Abs. 1 S. 3, Abs. 3 S. 2 AktG auf die Sonderberichterstattung des Vorstands ihm gegenüber. Nach § 90 Abs. 1 S. 3 AktG hat der Vorstand "aus sonstigen wichtigen Anlässen" die Pflicht, dem Aufsichtsratsvorsitzenden zu berichten. Nach § 90 Abs. 3 S. 2 AktG kann weiterhin jedes einzelne Aufsichtsratsmitglied den Vorstand um einen Bericht – an den Aufsichtsrat insgesamt – über die Angelegenheiten der Gesellschaft auffordern.

15 Ergänzend hat der Aufsichtsrat sein **Einsichts- und Prüfungsrecht** nach § 111 Abs. 2 AktG hinsichtlich Form und Ausmaß nach seinem pflichtgemäßen Ermessen gem. § 93 Abs. 1 S. 2 AktG wahrzunehmen.[39] Erforderlich ist ein bestimmter Prüfungsauftrag,[40] der durch

---

33 *Fleischer* § 8 Rn. 7 ff.; *Hüffer* § 77 Rn. 15.
34 Näher dazu Knierim/Rübenstahl/Tsambikakis/*Potinecke/Block* Kap. 3 Rn. 37 f.
35 *Hüffer* NZG 2007, 47, 48 unter Verweis auf *BGHZ* 135, 244, 255 = NJW 1997, 1926.
36 Knierim/Rübenstahl/Tsambikakis/*Potinecke/Block* Kap. 3 Rn. 39; 37 f.
37 Münch. Hdb. AG/*Hoffmann-Becking* § 29 Rn. 10.
38 *Wellhöfer/Peltzer/Müller* § 19 Rn. 17; *Hüffer* NZG 2007, 47, 49; *Lutter* Information und Vertraulichkeit im Aufsichtsrat, § 13 Rn. 383; MK-AktG/*Habersack* § 111 Rn. 50; Knierim/Rübenstahl/Tsambikakis/ *Potinecke/Block* Kap. 3 Rn. 40.
39 *Spindler/Stilz* § 111 Rn. 34, 40; Knierim/Rübenstahl/Tsambikakis/*Potinecke/Block* Kap. 3 Rn. 44.
40 MK-AktG/*Semler* 2. Aufl. § 111 Rn. 301; KölnKomm-AktG/*Mertens* § 111 Rn. 47.

Beschluss des Aufsichtsrats festgesetzt wird.[41] Es besteht die Möglichkeit der Beauftragung einzelner Mitglieder bzw. eines Prüfungsausschusses aus der Mitte des Aufsichtsrats.[42] Der Aufsichtsrat darf danach die Bücher und Schriften der Gesellschaft sowie deren Vermögensgegenstände aus konkretem Anlass[43] einsehen und prüfen, was ihm erlaubt, sich auch ohne Mitwirkung des Vorstands Informationen über die Ordnungsgemäßheit der Vorstandstätigkeit beschaffen.[44] Umfasst ist auch die Einsicht in elektronische Informationssysteme sowie die Besichtigung von Geschäftsräumen und Betrieben, und im Zusammenhang hiermit soweit zum Verständnis erforderlich auch die Befragung von Mitarbeitern[45] sowie das Recht, den Vorstand zu laufenden Untersuchungen zu befragen bzw. um Stellungnahme zu bitten.[46] Fragen, die im Zusammenhang mit dem Thema der Einsicht und Prüfung auf Aufsichtsratsbeschluss stehen, muss der Vorstand selbst beantworten oder zumindest beantworten lassen.[47]

16 Der Aufsichtsrat kann sich hierbei gem. § 111 Abs. 2 S. 2 Fall 2 AktG **externer Sachverständiger** – Wirtschaftsprüfer, Unternehmensberater oder Rechtsanwälte – für die Ausführung "bestimmter Aufgaben" auch im Zusammenhang mit der Überprüfung unternehmensinterner Untersuchungen bedienen.[48] Grundsätzlich muss der Aufsichtsrat den Vorstand um die Beschaffung und Überlassung der gewünschten Informationen bitten. Ein Direktzugriff – auch durch eigene Sachverständige des Aufsichtsrats – ist unzulässig, da der Vorstand Verpflichteter des Anspruchs des Aufsichtsrats ist.[49] Der Vorstand ist verpflichtet, die für den Aufsichtsrat relevanten und angeforderten Unterlagen herauszusuchen; der Aufsichtsrat wäre trotz externer Beratung hierzu meistens auch nicht in der Lage.[50]

17 Nach inzwischen verbreiteter, aber nicht unstrittiger Meinung ist der Aufsichtsrat unter bestimmten, eng umschriebenen Umständen berechtigt, **„über den Kopf des Vorstands hinweg" zu ermitteln**. Er soll z.B. ein Recht haben, sich bei Mitarbeitern nach § 40 AktG zu informieren, wenn der Vorstand seine Pflichten schwerwiegend verletzt hat[51] und über den restlichen Vorstand keine Abhilfe zu erlangen ist.[52] Diesbezüglich muss nach h.Lit. ein "dringender" oder "begründeter", auf konkreten Tatsachen basierender Verdacht bestehen.[53] Eine reine Vermutung oder ein bloßer Anfangsverdacht soll hingegen nicht genügen, um ein Recht zur Befragung der bzw. Berichterstattung durch die Angestellten zu begründen.[54] Dasselbe soll gelten, wenn das Vertrauensverhältnis zwischen Aufsichtsrat und Vorstand schon erheblich gestört ist oder der Vorstand sich weigert, gewünschte Informationen

---

41 *Spindler/Stilz* § 111 Rn. 39.
42 *Hüffer* § 111 Rn. 12; Münch. Hdb. AG/*Hoffmann-Becking* § 29 Rn. 34; KölnKomm/*Mertens* § 111 Rn. 46; MK-AktG/*Habersack* § 111 Rn. 71.
43 Erfurter Kommentar-ArbR/*Oetker* § 111 AktG Rn. 6; KölnKomm/*Mertens* § 111 Rn. 42.
44 *Kustor* S. 56; MK-AktG/*Habersack* § 111 Rn. 66.
45 *Spindler/Stilz* § 111 Rn. 38; *Lücke/Schaub* § 4 Rn. 37; Münch. Hdb. AG/*Hoffmann-Becking* § 29 Rn. 33; *Henssler/Strohn* § 111 Rn. 10; KölnKomm/*Mertens* § 111 Rn. 45; *Brandi* ZIP 2000, 173 ff.; *Dreher* FS Ulmer 2003, S. 87, 96 f.; *Roth* AG 2004, 1, 8 f.
46 MK-AktG/*Habersack* § 111 Rn. 65; KölnKomm-AktG/*Mertens* § 111 Rn. 45; *Henssler/Strohn* § 111 Rn. 11; Münch. Hdb. AG/*Hoffmann-Becking* § 29 Rn. 33.
47 KölnKomm/*Mertens* § 111 Rn. 45; Knierim/Rübenstahl/Tsambikakis/*Potinecke/Block* Kap. 3 Rn. 44.
48 Im Einzelnen Knierim/Rübenstahl/Tsambikakis/*Potinecke/Block* Kap. 3 Rn. 45.
49 *Hüffer* § 111 Rn. 11; KölnKomm-AktG/*Mertens* § 111 Rn. 42; Knierim/Rübenstahl/Tsambikakis/ *Potinecke/Block* Kap. 3 Rn. 46 f.
50 KölnKomm-AktG/*Mertens* § 111 Rn. 42.
51 *Kropff* NZG 2003, 346, 349; KölnKomm-AktG/*Mertens* § 90 Rn. 44; MK-AktG/*Spindler* § 90 Rn. 38; *Hüffer* § 90 Rn. 11; GroßKomm-AktG/*Hopt/Roth* § 111 Rn. 511.
52 MK-AktG/*Spindler* § 90 Rn. 38.
53 *Hüffer* § 90 Rn. 11; *Schenk* NZG 2002, 64, 66.
54 GroßKomm-AktG/*Hopt/Roth* § 111 Rn. 511; *Brandi* ZIP 2000 173, 175; Knierim/Rübenstahl/Tsambikakis/*Potinecke/Block* Kap. 3 Rn. 51.

zu beschaffen,[55] zumindest, wenn im Raum steht, dass der Vorstand selbst an aufzudeckenden Unregelmäßigkeiten beteiligt ist oder war.[56] Eine direkte Befragung der Mitarbeiter der Gesellschaft dürfe der Aufsichtsrat eigenmächtig nur vornehmen, wenn er gegen den Vorstand ermittelt.[57] Es ist jedoch selbstverständlich denkbar, dass der Vorstand freiwillig einwilligt, den Aufsichtsrat oder dessen Berater an eigenen Mitarbeiterbefragungen zu beteiligen. Dies kann als vertrauensbildende Maßnahme unternehmenspolitisch angezeigt sein bzw. um den Informationsfluss zu verbessern. *Gegen* die Mitarbeiter unter der Vorstandsebene selbst darf der Aufsichtsrat hingegen keinesfalls ermitteln.[58] Eine gesetzliche Ausnahme zu Gunsten eines Direktzugriffs gilt wohl für den Zugriff des Aufsichtsrats auf die **Interne Revision**, da der durch das **Bilanzrechtsmodernisierungsgesetz (BilMoG) 2009** neu eingefügte § 107 Abs. 3 S. 2 AktG vorschreibt, dass die Überwachung der Wirksamkeit des Internen Revisionssystems zu den grundlegenden Aufgaben des Aufsichtsrats gehört.[59] Seit 2009 wird daher in der Lit. für einen Direktzugriff des Aufsichtsrats auf die Informationen der Internen Revision als Regelfall plädiert.[60] Folgt man dieser – strittigen – Ansicht, ändert dies jedoch nichts daran, dass dem Aufsichtsrat dennoch kein Recht zur originären Einleitung von internen Untersuchungen und der eigenständigen Aufklärung von Verstößen zukommt (s.o.), zumal die durch die Interne Revision beschaffbaren Informationen zu einer umfassenden Aufklärung von systemischen Rechtsverstößen regelmäßig nicht ausreichen werden. Allenfalls soweit der Aufsichtsrat für die Einleitung bzw. Überwachung von internen Untersuchungen zuständig und hierzu berechtigt ist (s.o.), kann er sich unmittelbar der Erkenntnisse der internen Revision bedienen. Diese Informationen können praktisch zumeist lediglich als Anhaltspunkt für das Vorliegen von Verstößen genutzt werden, bieten jedoch keinen Ersatz für die Befragung von Mitarbeitern und sonstige weitergehende Ermittlungsmaßnahmen.[61]

c) Der Prüfungsausschuss

18 Der Aufsichtsrat kann fakultativ[62] gem. § 107 Abs. 3 S. 2 AktG einen **Prüfungsausschuss** "aus seiner Mitte" bestellen. Ihm kann insbesondere auch die **Überwachung der Compliance** übertragen werden,[63] wie es auch der – nicht rechtsverbindliche – DCGK in Ziff. 5.3.2 S. 1 vorsieht. Es können dem Prüfungsausschuss neben der Überwachung der Funktionsfähigkeit des Compliance-Systems an sich, zusätzlich auch Überwachungs- und Kontrollbefugnisse bezüglich konkreter Vorgänge übertragen werden. Nach einer solchen Übertragung kann der Prüfungsausschuss dann anstelle des Gesamtaufsichtsrats dem Verdacht auf Gesetzes- oder Richtlinienverstöße nachgehen.[64] Es können nur vorbereitende Tätigkeiten und konkrete, auf einzelne Geschäftsführungsmaßnahmen bezogene Überwachungsaufgaben übertragen werden.[65] Für die Überwachung des Vorstands an sich bleibt jedoch der Gesamtaufsichtsrat verantwortlich.[66] Ob in der konkreten Gesellschaft und in der im Ein-

---

55 Knierim/Rübenstahl/Tsambikakis/*Potinecke/Block* Kap. 3 Rn. 52.
56 *Lutter* Information und Vertraulichkeit, Rn. 308.
57 Knierim/Rübenstahl/Tsambikakis/*Potinecke/Block* Kap. 3 Rn. 53.
58 Knierim/Rübenstahl/Tsambikakis/*Potinecke/Block* Kap. 3 Rn. 54.
59 So auch *Velte* NZG 2011, 1401.
60 *Freidank/Altes/Velte* BilMoG 2009, S. 354; ausführlich zu diesem Streit: *Velte* NZG 2011, 1401 ff.; zu den beachtlichen Gegenargumenten s. Knierim/Rübenstahl/Tsambikakis/*Potinecke/Block* Kap. 3 Rn. 55.
61 Knierim/Rübenstahl/Tsambikakis/*Potinecke/Block* Kap. 3 Rn. 55.
62 *Spindler/Stilz* § 107 Rn. 117.
63 *Grützner/Jakob* Stichwort: Prüfungsausschuss; *Hölters/Hambloch-Gesinn/Gesinn* § 107 Rn. 104; *Spindler/Stilz* § 107 Rn. 131; kritisch: *Sünner* CCZ 2008, 56 ff.
64 Knierim/Rübenstahl/Tsambikakis/*Potinecke/Block* Kap. 3 Rn. 56/57.
65 *Spindler/Stilz* § 107 Rn. 87.
66 MK-AktG/*Habersack* § 107 Rn. 159.

zelfall vorliegenden Situation der bzw. ein einzurichtender Prüfungsausschuss mit der Überprüfung des Verdachts betraut werden sollte, muss der Aufsichtsrat im Einzelfall entscheiden.[67]

d) Die Aktionäre

Die Verfassung der AG räumt den Aktionären nur sehr beschränkte Rechte, insbesondere nur sehr schwache Initiativrechte ein. Kommt es zu Verstößen durch den Vorstand oder aus den Reihen der Mitarbeiter, die die Gesellschaft direkt schädigen oder zumindest potentiell haftbar machen, so stehen den Aktionären nur wenige Möglichkeiten offen, um diese Vorgänge untersuchen zu lassen, wenn diese Untersuchungen in pflichtwidriger Weise weder durch den Vorstand noch den Aufsichtsrat eingeleitet werden.[68] Recht der Stimmenmehrheit der Aktionäre ist die Einleitung einer Sonderprüfung nach § 142 Abs. 1 AktG zur Überprüfung "von Vorgängen bei der …Geschäftsführung", d.h. jedes Handeln im Verantwortungsbereich des Vorstands und die Kontrolltätigkeit des Aufsichtsrates,[69] sowie die Wahrung von Ersatzansprüchen durch die Aktionäre.[70] Hierzu kann die Aktionärshauptversammlung mit einfacher Stimmenmehrheit Prüfer bestellen, §§ 142 Abs. 1 S. 1, 133 Abs. 1 AktG. Gegenstand der Überprüfung muss jedoch ein bestimmter Vorgang sein, nicht die Geschäftsführung im Allgemeinen.[71] Die Aufklärung von konkreten Gesetzesverstößen oder anderen Unregelmäßigkeiten durch den Vorstand und die Feststellung der Verantwortlichen wird sogar als der Regelfall der Sonderprüfung angesehen.[71] Lehnt die Mehrheit der Hauptversammlung eine Sonderprüfung ab, bleibt der Minderheit nur die Möglichkeit eines **Minderheitenantrags** bei Gericht nach § 142 Abs. 2 AktG.[72] Dieser ist nur dann zulässig, wenn der Verdacht besteht, dass bei dem zu untersuchenden Vorgang Unredlichkeiten – vorwerfbares, sittlich anstößiges Verhalten, z.B. Treuepflichtverletzungen, wie etwa beim Erstreben persönlicher Vorteile zum Nachteil der AG – oder grobe Verletzungen des Gesetzes oder der Satzung – d.h. bei denen der Grad des Verschuldens oder die Höhe des Schadens außergewöhnlich sind – vorliegen (§ 142 Abs. 2 S. 1 AktG).[73] Bei unternehmensinternen Untersuchungen geht es regelmäßig um (strafbare) Gesetzesverletzungen, so dass dieses Kriterium zumeist erfüllt sein wird; nötig ist jedoch stets eine Beurteilung im Einzelfall.[72] Über den Antrag – von Aktionären, deren Anteile bei Antragstellung zusammen den hundertsten Teil des Grundkapitals oder einen anteiligen Betrag von 100 000 EUR erreichen – entscheidet dann das zuständige Gericht ohne Ermessensspielraum. Liegen die Voraussetzungen des § 142 Abs. 2 AktG vor, so muss es einen Sonderprüfer bestellen, wenn die Vorgänge nicht länger als fünf Jahre zurück liegen (§ 142 Abs. 2 S. 1 AktG).[74] Ein einzelner Aktionär hingegen kann nach § 131 Abs. 1 AktG vom Vorstand in der Hauptversammlung nur Auskunft verlangen, soweit dies zur "sachgemäßen Beurteilung des Gegenstands der Tagesordnung erforderlich ist"; Fehlverhalten des Vorstands wird selten Gegenstand der Tagesordnung sein, sodass dieses Recht wenig praktikabel sein dürfte.[75]

19

---

67 Knierim/Rübenstahl/Tsambikakis/*Potinecke/Block* Kap. 3 Rn. 58.
68 Knierim/Rübenstahl/Tsambikakis/*Potinecke/Block* Kap. 3 Rn. 59.
69 *Hüffer* § 142 Rn. 4; GroßKomm-AktG/*Bezzenberger* § 142 Rn. 11.
70 GroßKomm-AktG/*Bezzenberger* § 142 Rn. 8.
71 GroßKomm-AktG/*Bezzenberger* § 142 Rn. 12.
72 Knierim/Rübenstahl/Tsambikakis/*Potinecke/Block* Kap. 3 Rn. 62.
73 *Hölters/Hirschmann* § 142 Rn. 36; Großkomm-AktG/*Bezzenberger* § 142 Rn 60.
74 *Hölters/Hirschmann* § 142 Rn. 31.
75 Knierim/Rübenstahl/Tsambikakis/*Potinecke/Block* Kap. 3 Rn. 63.

3. Exkurs: Abweichungen bei der Gesellschaft mit beschränkter Haftung (GmbH) und der GmbH & Co. KG

a) GmbH

20 Die für die AG gefundenen Ergebnisse lassen sich weitgehend auch auf die GmbH übertragen. Unterschiede ergeben sich z.B. daraus, dass nicht jede GmbH einen Aufsichtsrat hat und der Aufsichtsrat in der GmbH rein fakultativ ist. Überwachungsaufgaben kommen bei der GmbH grds. direkt den Gesellschaftern, nicht dem Aufsichtsrat zu; diese verfügen daher über stärkere Rechte als die Aktionäre der AG. Zudem bestehen bei der GmbH weitgehende Gestaltungsmöglichkeiten der Gesellschafter in der Satzung.[76] Hier soll vorwiegend auf markante Unterschiede eingegangen werden.

21 Nach § 43 Abs. 1 GmbHG haben die **Geschäftsführer** in den Angelegenheiten der Gesellschaft die Sorgfalt eines ordentlichen Geschäftsmannes anzuwenden. Da hier wie bei der Sorgfalt des Vorstands einer AG die Grundsätze der Ordnungsgemäßheit, Rechtmäßigkeit, Zweckmäßigkeit und Wirtschaftlichkeit zu beachten sind,[77] hat somit auch die GmbH-Geschäftsführung unverzüglich den Sachverhalt vollständig aufzuklären, sofern ausreichende Verdachtsmomente für Gesetzes- oder Richtlinienverstöße vorliegen.[78] Zur vertikalen und horizontalen **Pflichtendelegation** gilt das zur AG Gesagte.[79] Wie bei der AG lässt sich das Recht und die Pflicht zur Durchführung von unternehmensinternen Untersuchungen auch aus dem § 130 OWiG (s.u. Rn. 39 ff.) und der darin niedergelegten Aufsichtspflicht ableiten.[80]

22 Die Gesellschafter können im Gesellschaftsvertrag die Bestellung **eines (fakultativen) Aufsichtsrats bzw. Beirats** vorsehen (§ 52 Abs. 1 1. HS GmbHG).[81] Auch die Befugnisse des fakultativen Aufsichtsrats können weitgehend frei in der Satzung geregelt werden (§ 52 Abs. 1 letzter HS GmbHG). Fehlen Regelungen in der Satzung, gelten die aktienrechtlichen Regelungen zum Aufsichtsrat (§ 52 Abs. 1 GmbHG i.V.m. §§ 90 Abs. 3, 111 Abs. 1 und Abs. 2 AktG i.V.m. § 93 Abs. 1 AktG). Insoweit obliegt dem fakultativen Aufsichtsrat wie bei der AG die Überwachung des Vorstands und er verfügt auch über die gleichen Mittel zur Durchsetzung.[82]

23 Insbesondere, wenn es an einem Aufsichtsrat fehlt, ist es bei der GmbH den **Gesellschaftern** überlassen, mögliches Fehlverhalten der Geschäftsführung zu untersuchen. Vorrangig gelten nach § 45 Abs. 1 GmbHG die Regelungen der Satzung; soweit diese keine Regelungen enthält, gelten nach § 45 Abs. 2 GmbHG die gesetzlichen Vorschriften (s.u.).[83] Nach § 51a Abs. 1 GmbHG hat jeder Gesellschafter das Recht, von den Geschäftsführern Auskunft über die Angelegenheiten der Gesellschaft zu verlangen, d.h. über alles, was mit der Geschäftsführung, ihren wirtschaftlichen Verhältnissen und rechtsgeschäftlichen Betätigungen, ihren Beziehungen zu Dritten oder zu verbundenen Unternehmen zusammenhängt.[84] Auch das **Fragerecht** der Gesellschafter ist umfassend.[85] Bei einer detaillierten Frage zu einem abgrenzbaren Gegenstand kann der Gesellschafter eine ausführliche Antwort ver-

---

76 Knierim/Rübenstahl/Tsambikakis/*Potinecke/Block* Kap. 3 Rn. 65.
77 *Wellhöfer/Peltzer/Müller* § 11 Rn. 58.
78 MK-GmbHG/*Fleischer* § 43 Rn. 149; *Hauschka/Greeve* BB 2007, 165, 171; *Reichert/Ott* ZIP 2009, 2173, 2176; *Wagner* CCZ 2009, 8, 13.
79 Knierim/Rübenstahl/Tsambikakis/*Potinecke/Block* Kap. 3 Rn. 67 f.
80 Knierim/Rübenstahl/Tsambikakis/*Potinecke/Block* Kap. 3 Rn. 70.
81 Knierim/Rübenstahl/Tsambikakis/*Potinecke/Block* Kap. 3 Rn. 71.
82 Siehe hierzu Rn. 32 ff.
83 Knierim/Rübenstahl/Tsambikakis/*Potinecke/Block* Kap. 3 Rn. 73.
84 *Baumbach/Hueck/Zöllner* § 51a Rn. 10.
85 Knierim/Rübenstahl/Tsambikakis/*Potinecke/Block* Kap. 3 Rn. 75.

langen.[86] Bei dem Auskunftsrecht handelt es sich um ein **Individualrecht** jedes einzelnen Gesellschafters, so dass ein Gesellschafterbeschluss nicht erforderlich ist.[87] Zudem haben die Gesellschafter **Einsichtsrechte** in – konkret zu benennende – Bücher und Schriften der Gesellschaft (§ 51a Abs. 1 S. 2 GmbHG);[88] eine gerichtliche Durchsetzung kann gem. § 51b Abs. 1 GmbHG i.V.m. § 132 AktG beantragt werden.

Nach § 46 Nr. 6 GmbHG kann die Gesellschafterversammlung Maßregeln zur Prüfung und Überwachung der Geschäftsführung treffen; aus der Vorschrift ergibt sich ein uneingeschränktes **Informationsrecht**.[89] Auf dieser Basis kann die Gesellschafterversammlung nach h.M. auch eine **Sonderprüfung** einleiten.[90] Diese kann zu beliebigen Themen – Fehlverhalten der Geschäftsführer oder der Mitarbeiter – eingeleitet werden.[91] Es können auch Betriebsangehörige neben den Geschäftsführern befragt werden.[92] Die Rechtsgedanken des § 142 AktG sind entsprechend anzuwenden.[93] Ein **Minderheitenantrag** auf eine Sonderprüfung kann auch deshalb Erfolg haben, weil von ihr potentiell betroffene – insbesondere geschäftsführende – Gesellschafter infolge eines Stimmverbotes nicht an der Abstimmung teilnehmen dürfen.[94] Gesellschafter-Geschäftsführer sind von der Abstimmung über die Einleitung von internen Untersuchungen immer ausgeschlossen, da Gegenstand der Abstimmung in der Vergangenheit liegende Sachverhalte sind.[95]

24

Schließlich besteht ein umfassendes **Weisungsrecht** der Gesellschafter gegenüber der Geschäftsführung nach § 37 Abs. 1 GmbHG i.V.m. §§ 6 Abs. 3, 38 Abs. 1, 46 Nr. 5 und 6 GmbHG.[96] Der Geschäftsführung der GmbH steht kein gesetzlich garantierter Bereich weisungsunabhängiger Leitungsautonomie zu.[97] Die Weisungen können sehr konkret und detailliert sein[98] und die Vornahme bestimmter Maßnahmen positiv vorgeben.[99] Weist die Gesellschafterversammlung die Geschäftsführer – vorbehaltlich anderer Satzungsregelung durch Mehrheitsbeschluss – an, eine Untersuchung aufgrund von Hinweisen auf Unregelmäßigkeiten in der Gesellschaft vorzunehmen, so haben die Geschäftsführer dieser Weisung Folge zu leisten, auch betreffend einer Einbeziehung bestimmter externer Berater.[100]

25

b) Die GmbH & Co. KG

Bei der GmbH & Co. KG ist die Kommanditgesellschaft Trägerin des Unternehmens, die Aufgabe der – zumeist nicht operativ tätigen – Komplementär-GmbH ist die Geschäftsführung bei der Kommanditgesellschaft, Untersuchungen finden somit stets bei der Komman-

26

---

86 *Baumbach/Hueck/Zöllner* § 51a Rn. 15.
87 *Baumbach/Hueck/Zöllner* § 51a Rn. 9; *Roth/Altmeppen* § 51a Rn. 3, 16.
88 *Baumbach/Hueck/Zöllner* § 51a Rn. 24.
89 *Wellhöfer/Peltzer/Müller* § 11 Rn. 109; *Roth/Altmeppen* § 46 Rn. 44.
90 *Leinekugel* GmbHR 2008, 632; BeckOK-GmbHG/*Schindler* § 46 Rn. 79; *Roth/Altmeppen* § 46 Rn. 44; GroßKomm-GmbHG/*Hüffer* § 46 Rn. 80; *Scheurer* DB 1995, 1289; *Brandner* in FS Nirk, 1992, S. 79 und FS Lutter, S. 317, 324; *Fleischer* GmbHR 2001, 45.
91 *Leinekugel* GmbHR 2008, 632.
92 MK-GmbHG/*Liebscher* § 46 Rn. 190.
93 *Leinekugel* GmbHR 2008, 632, 633; *Fleischer*, GmbHR 2001, 45, 50.
94 *Leinekugel* GmbHR 2008, 632; *Scholz/Schmidt* § 47 Rn. 142; *Baumbach/Hueck/Zöllner* § 47 Rn. 90; GroßKomm-GmbHG/*Hüffer* § 47 Rn. 78.
95 *Scholz/Schmidt* § 46 Rn. 117; *Baumbach/Hueck/Zöllner* § 46 Rn. 50; GroßKomm-GmbHG/*Hüffer* § 46 Rn. 81.
96 *Roth/Altmeppen* Anh. § 37 Rn. 3.
97 *Oppenländer/Tröllitzsch* § 16 Rn. 17.
98 *Roth/Altmeppen* Anh. § 133 Rn. 133.
99 MK-GmbHG/*Fleischer* § 43 Rn. 73; *Baumbach/Hueck/Zöllner/Noack* § 37 Rn. 20.
100 Knierim/Rübenstahl/Tsambikakis/*Potinecke/Block* Kap. 3 Rn. 89; *Kustor* S. 67.

ditgesellschaft statt.[101] Aufgrund dieser gesellschaftsrechtlichen Konstruktion ist die Komplementär-GmbH, vertreten durch ihre **Geschäftsführer**, grds. zur Durchführung von Untersuchungen bei der GmbH & Co. KG berechtigt und verpflichtet (§ 43 Abs. 1 GmbHG[102]), die Ausführungen zur GmbH gelten grds. entsprechend.[103] Bei **außergewöhnlichen Geschäften**, die über den gewöhnlichen Geschäftsbetrieb der Gesellschaft hinausgehen, bedürfen aber die Geschäftsführer der Zustimmung aller Kommanditisten, § 164 S. 1 HGB i.V.m. § 116 Abs. 2 HGB.[104] Zumindest in Fällen, in denen sich aufgrund eines vermuteten oder tatsächlich festgestellten Verstoßes ein erhebliches Risikopotenzial für die Gesellschaft besteht, muss die Geschäftsführung der GmbH & Co. für interne Untersuchungen wohl die Zustimmung der Kommanditisten einholen.[105] Zudem beschränken Regelungen des Gesellschaftsvertrages (vgl. §§ 161 Abs. 2, 109 HGB) der GmbH & Co. KG die Geschäftsführungsbefugnis, so dass sich der konkrete Umfang der Geschäftsführungsbefugnis erst aus dem Gesellschaftsvertrag ergibt.[106] Auch hierdurch kann die Kompetenz der Geschäftsführer zur Anordnung und Durchführung unternehmensinterner Untersuchungen eingeschränkt oder ausgeschlossen sein.[107]

27 Zu beachten ist auch, dass dem fakultativen Beirat bei der GmbH & Co. KG im Gesellschaftsvertrag häufig die Rechte der Gesellschafterversammlung weitestgehend übertragen werden und dies Zustimmungserfordernisse des Beirats zu bestimmten Geschäftsführungsmaßnahmen – u.U. die vorherige Zustimmung zu Untersuchungen als außergewöhnlichen Geschäften (§ 116 Abs. 2 HGB) – begründet.[108] Sind dem Beirat aufsichtsratsähnliche Aufgaben übertragen, stehen ihm grundsätzlich die **Informations- und Kontrollrechte** gem. § 52 GmbHG i.V.m. § 90 AktG zu, sowie ein Recht auf regelmäßige Berichterstattung.[109] Sind dem Beirat **Weisungsbefugnisse** eingeräumt, so kann dieser die Geschäftsführer der Komplementär-GmbH auffordern, unternehmensinterne Untersuchungen einzuleiten.[110] Es ist auch möglich, dass dem Beirat durch gesellschaftsvertragliche Regelungen konkrete **Entscheidungsbefugnisse** – auch bzgl. Sonderuntersuchungen – eingeräumt werden.[111] Soweit dem Beirat Aufsichts- und Kontrollpflichten entsprechend denen eines Aufsichtsrats bei der AG zufallen, muss der Beirat bei Erkenntnissen über mögliche Gesetzesverstöße die Geschäftsführung grds. zur Einleitung einer Untersuchung auffordern (entsprechend §§ 116, 93 Abs. 1 AktG),[112] es sei denn, dies gehört ersichtlich nicht zur Aufgabenstellung des Beirats.[113]

28 Hat die GmbH & Co. KG gem. § 1 Abs. 1, § 6 Abs. 1 MitBestG einen **obligatorischen Aufsichtsrat**, so richten sich dessen Rechte und Pflichten nach § 25 Abs. 1 S. 1 Nr. 2 MitBestG nach den Vorschriften des AktG.

---

101 Knierim/Rübenstahl/Tsambikakis/*Potinecke/Block* Kap. 3 Rn. 90.
102 Zumindest bei Publikums-KGs ist die Vorschrift anwendbar, vgl. *BGHZ* 75, 321, 327; Münch. Hdb. KG/*Wirth* § 7 Rn 87, nach richtiger Auffassung gilt § 43 GmbHG stets, Knierim/Rübenstahl/Tsambikakis/*Potinecke/Block* Kap. 3 Rn. 94; vgl. MK-HGB/*Schilling* § 164 Rn. 15; Münch. Hdb. KG/*Wirth* § 7 Rn. 87; *Baumbach/Hopt* Anhang § 177a Rn. 26.
103 Knierim/Rübenstahl/Tsambikakis/*Potinecke/Block* Kap. 3 Rn. 91, 95.
104 *Baumbach/Hopt* § 164 Rn. 2; MK-KG/*Gummert* § 52 Rn. 5.
105 Knierim/Rübenstahl/Tsambikakis/*Potinecke/Block* Kap. 3 Rn. 97 f.
106 Münch. Hdb. KG/*Gummert* § 52 Rn. 5.
107 Eingehend Knierim/Rübenstahl/Tsambikakis/*Potinecke/Block* Kap. 3 Rn. 99 ff.
108 *Sudhoff/Reichert* § 18 Rn. 28; Münch. Hdb. KG/*Riegger* § 8 Rn. 17 ff.
109 *Sudhoff/Reichert* § 18 Rn. 58; Münch. Hdb. KG/*Riegger* § 8 Rn. 19.
110 Knierim/Rübenstahl/Tsambikakis/*Potinecke/Block* Kap. 3 Rn. 108.
111 Münch. Hdb. KG/*Riegger* § 8 Rn. 22.
112 *Sudhoff/Reichert* § 18 Rn. 114; a.A. *Hesselmann/Tillmann/Mueller-Thuns/Mussaeus* § 5 Rn. 193.
113 Vgl. *Sudhoff/Reichert* § 18 Rn. 114; *Binz/Sorg* § 9 Rn. 40.

Die Rechtsverhältnisse der **Gesellschafter** bestimmen sich vorranging nach dem Gesellschafts- 29
vertrag, § 109 HGB. In der Praxis sind die Rechte und Pflichten aller Gesellschafter daher regelmäßig weitgehend geregelt. Fehlen entsprechende Regelungen, haben die Kommanditisten allerdings nur sehr wenige Befugnisse,[114] insbesondere anders als die Gesellschafter bei der GmbH – vorbehaltlich gegenteiliger gesellschaftsvertraglicher Regelungen – kein Weisungsrecht gegenüber der Geschäftsführung.[115] In der gesetzestypischen GmbH & Co. KG haben die Kommanditisten zudem nur sehr eingeschränkte Auskunfts- und Informationsrechte (vgl. § 166 HGB, Kopie des Jahresabschlusses auch der GmbH und dessen Prüfung unter Einsicht in die Bücher).[116] In der Praxis enthalten die meisten Gesellschaftsverträge der GmbH & Co. KG – die als regelmäßig entscheidend zu konsultieren sind – jedoch detaillierte Regelungen, durch die den Kommanditisten viel weiterreichende Geschäftsführungs-, Weisungs- und Informationsrechte gegenüber der Komplementär-GmbH eingeräumt werden.[117]

4. Exkurs: Untersuchungen im Konzern

In einer Unternehmensgruppe ist die **Konzernstruktur** entscheidend für die Berechtigung 30
und Verpflichtung zur Durchführung unternehmensinterner Untersuchungen, besonders die Art der Konzernierung und die Gesellschaftsform.[118] In einem Konzern, bestehend aus mehreren Tochter- und Enkelgesellschaften, sind in Abhängigkeit von der Gesellschaftsform der Vorstand bzw. die Geschäftsführung für die Durchführung unternehmensinterner Untersuchungen prinzipiell zuständig. Relevant sind besonders Situationen, in denen die Organe einer untergeordneten Gesellschaft trotz prinzipieller Verpflichtung keine unternehmensinterne Untersuchung durchführt oder wenn die übergeordnete Gesellschaft gegen den Willen der untergeordneten Gesellschaft eine Untersuchung durchführen möchte, obwohl keine bzw. keine eindeutige Verpflichtung der untergeordneten Gesellschaft hierzu festzustellen ist. Diese Probleme sind auf der Basis der generellen Rechte- und Pflichtenverteilung der Muttergesellschaft gegenüber ihren Tochter- und Enkelgesellschaften zu lösen.[119]

Die **Verpflichtung zur Durchführung konzernweiter unternehmensinterner Untersuchun-** 31
gen – betreffend Tochter- und grds. auch Enkelgesellschaften etc. – ergibt sich wie schon bei Einzelgesellschaften aus der allgemeinen Leitungs- und Compliance-Verantwortung.[120] Ausgangspunkt ist die Feststellung, dass jedes Unternehmen zu gesetzeskonformem Verhalten verpflichtet ist.[121] Da die Verpflichtung zu gesetzeskonformem Verhalten für jede Tätigkeit gilt, hat somit die Geschäftsführung Muttergesellschaft auch bei der Konzernleitung auf gesetzeskonformes Verhalten im Konzern zu achten.[122] Weil die Unternehmensleitung die Verantwortung trifft, Schäden aller Art zu Lasten des eigenen Unternehmens – und damit des gesamten Konzerns – abzuwenden, neben finanziellen Schäden auch Reputationsschäden,[123] entsteht aus der originären Compliance-Verantwortung für

---

114 Knierim/Rübenstahl/Tsambikakis/*Potinecke/Block* Kap. 3 Rn. 113.
115 *Sudhoff/Liebscher* § 16 Rn. 55.
116 Münch. Hdb. KG/*Gummert* § 50 Rn. 69.
117 *Sudhoff/Liebscher* § 16 Rn. 59; *Baumbach/Hopt* § 164 Rn. 7; GK-HGB/*Schilling* § 164 Rn. 9.
118 Siehe auch: *Fleischer* CCZ 2008, 1, 6; *Hauschka/Bürkle* § 8 Rn. 64 ff.; *Schneider* NZG 2009, 1321, 1326.
119 Knierim/Rübenstahl/Tsambikakis/*Potinecke/Block* Kap. 3 Rn. 119.
120 Knierim/Rübenstahl/Tsambikakis/*Potinecke/Block* Kap. 3 Rn. 120.
121 Vgl. für den Konzern nochmals: *Fleischer* DB 2005 759, 762 f.; *Hauschka/Bürkle* § 8 Rn. 64; *Schneider* ZGR 1996, 225, 242 ff.; *Semler* ZGR 2004, 631 646; vgl. auch insgesamt: *Hamann/Sigle/Werwigk* § 17 Rn. 19 ff. m.w.N.
122 *Fleischer* DB 2005, 759; *Fleischer* CCZ 2008, 1, 3; *Schneider/Schneider* ZIP 2007, 2061; *Schneider* NZG 2009, 1321, 1324.
123 Vgl dazu auch: *Schneider* NZG 2009, 1321, 1324.

das herrschende Unternehmen stets auch eine Compliance-Verantwortung für den gesamten Konzern, denn wenn sich ein Tochter- oder Enkelunternehmen rechtswidrig verhält, kann das auf die Muttergesellschaft zurückfallen.[124] Von einer konzernweiten Compliance-Verantwortung geht auch Ziffer 4.1.3 DCGK aus.[125] Eine allgemeine konzernweite Compliance-Verpflichtung ist indirekt auch aus § 130 OWiG abzuleiten.[126] Bestünde in einer vergleichbaren Situation in einer einzelnen Gesellschaft die Pflicht zur Durchführung einer unternehmensinterne Untersuchung, so folgt aus der Pflicht zur Sicherstellung gesetzeskonformen Verhaltens die Pflicht der Konzernobergesellschaft, auf die Durchführung einer unternehmensinternen Untersuchung innerhalb der Tochtergesellschaft im Rahmen der gesellschaftsrechtlichen Möglichkeiten hinzuwirken,[127] insbesondere bei dem Verdacht von schweren Rechts- und Regelverstößen.[128] Sie muss darauf hinwirken, dass die Rechts- und Regelverletzungen abgestellt werden.[129] Der Umfang der Handlungspflichten richtet sich nach den rechtlichen Eingriffsmöglichkeiten im Konzern, d.h. nach den gesellschaftsrechtlichen Gegebenheiten.[130]

32 Gem. § 308 Abs. 1 AktG kann in einem **Vertragskonzern** die Unternehmensleitung ihren Tochter- und Enkelgesellschaften die Weisung erteilen, bei konkreten Anlässen eine unternehmensinterne Untersuchung durchzuführen. Diese ist verpflichtet, beim Verdacht von Rechtsverstößen innerhalb ihres Konzernes die Weisung zur Durchführung unternehmensinterner Untersuchungen zu geben, wenn die Unternehmensleitung des konzernierten Unternehmens selbst keine Untersuchung durchführt.[131]

33 Bei einem **faktischen Konzern** muss hingegen zwischen den unterschiedlichen Rechtsformen differenziert werden (s.o.).[132] Mithin kann die Holdinggesellschaft bei einer GmbH bzw. GmbH & Co. KG als Tochtergesellschaft je nach vertraglicher Regelung als Mehrheitsgesellschafter bzw. über die Beherrschung der Vertretungsgremien (Aufsichtsrat, Beirat) interne Untersuchungen erzwingen oder selbst durchführen (s.o.). Ist die Tochtergesellschaft hingegen eine AG, hat die Muttergesellschaft als Aktionärin grundsätzlich kein Recht, eine unternehmensinterne Untersuchung anzuordnen oder gar selbst durchzuführen; sie kann lediglich über ihre Aufsichtsräte Einfluß nehmen; eine Ausnahme gilt lediglich im Rahmen des Sonderprüfungsrechts gem. § 142 Abs. 1 AktG.[133] Will die Konzernleitung im faktischen Konzern gegenüber AGs als Tochtergesellschaften umfassende Weisungs- und Eingriffsbefugnisse zur Sicherung eines einheitlichen Compliance-Systems wahrnehmen, müssen diesen entsprechende schuldrechtliche konzerninterne Verträge abgeschlossen werden; in diesen müssen dann die Tochtergesellschaften das Recht zur Wahrnehmung von im Einzelnen geregelten Compliance-Maßnahmen, insbesondere auch von unternehmensinternen Untersuchungen, auf die Muttergesellschaft übertragen.[134]

---

124 So auch: *Fleischer* DB 2005, 759, 764; *Fleischer* CCZ 2008, 1, 5; *Hauschka/Gebauer* § 31 Rn. 63; *Schneider* ZGR 1996, 225, 240 ff.; *Schneider/Schneider* ZIP 2007, 2061, 2063 f.
125 Empfehlungen für börsennotierte Unternehmen, vgl. *Hauschka* § 1 Rn. 23; *Spindler/Stilz/Fleischer* § 76 Rn. 84 ff.
126 Im Einzelnen: Knierim/Rübenstahl/Tsambikakis/*Potinecke/Block* Kap. 3 Rn. 126; vgl. auch *Fleischer* CCZ 2008, 1, 5; *Schneider* NZG 2009, 1321, 1323.
127 *Spindler* WM 2008, 905, 915 f.; siehe auch *Bürkle/Mutter* § 2 Rn. 11, der aus dem Bestehen eines vertraglichen Weisungsrecht die Pflicht zur Nutzung des Weisungsrechtes ableitet.
128 *Fleischer* CCZ 2008, 1, 6; *Schneider/Schneider* ZIP 2007, 2061, 2065.
129 *Schneider/Schneider* ZIP 2007, 2061, 2065.
130 Detaillierter Knierim/Rübenstahl/Tsambikakis/*Potinecke/Block* Kap. 3 Rn. 131 ff.
131 Knierim/Rübenstahl/Tsambikakis/*Potinecke/Block* Kap. 3 Rn. 132.
132 Vgl. auch: *Hamann/Sigle/Potinecke* § 13 Rn. 35 ff.
133 Knierim/Rübenstahl/Tsambikakis/*Potinecke/Block* Kap. 3 Rn. 135.
134 *Bürkle/Mutter* § 2 Rn. 19; *Spindler/Stilz/Fleischer* § 91 Rn. 62; Knierim/Rübenstahl/Tsambikakis/*Potinecke/Block* Kap. 3 Rn. 136 f.

5. Untersuchungsführer, Inhalt und Umfang der Untersuchungen

Bei konkreten Anhaltspunkte für Gesetzesverstöße stellt sich – nach der Entscheidung zur Durchführung einer internen Ermittlung – die Frage, durch wen, wie und in welchem Umfang eine Sachverhaltsaufklärung vorgenommen werden muss.[135]   **34**

a) Untersuchungsteam

Zunächst ist zu entscheiden, ob die Untersuchung durch eigene Mitarbeiter oder durch Externe durchgeführt werden soll.[136] Ob eine Untersuchung durch die unternehmenseigene Revisions- oder Compliance-Abteilung durchgeführt werden soll oder eine – teilweise – Übertragung auf externe Ermittler vorzunehmen ist, ist jeweils eine im Einzelfall zu treffende Abwägungsentscheidung.[137] Diese richtet sich in erster Linie nach dem Untersuchungsgengenstand, die für solche Untersuchungen intern vorhandenen Mitarbeiterressourcen bzw. die auf diesem Gebiet vorhandene Expertise.[138] Je unbedeutender und übersichtlicher der Ermittlungsgegenstand ist, desto eher kann die Ermittlung durch eigene Mitarbeiter durchgeführt werden.[138] Bei rechtlich nicht geschulten Mitarbeitern gilt es die Gefahr weiterer Gesetzesverstöße im Rahmen der Untersuchung zu bedenken, insbesondere bzgl. der tw. weniger geläufigen Vorgaben des Arbeits- und Datenschutzrechts und der §§ 202a ff. StGB.[139] Gerade wenn EDV-Ermittlungen nötig erscheinen, spricht vor diesem Hintergrund auch bei unternehmensinterner Durchführung vieles für Inanspruchnahme rechtlicher und forensischer Beratung. Bei Untersuchungen, die voraussichtlich in größerem Umfang Interviews erfordern werden, sollte Expertise bzgl. geeigneter Befragungstechniken und des rechtlichen Rahmens der Befragung vorhanden sein; gerade Letzteres ist mitunter bei Revisoren (oder anderen zuständigen Mitarbeitern) nicht gegeben.[139] Externe Ermittler bieten sich auch an, wenn durch unternehmenseigene Ermittler – wegen deren sozialen und emotionalen Bindungen oder hierarchischer Abhängigkeiten – die Unabhängigkeit und Vertraulichkeit der Untersuchungen nicht sicher gewahrt werden kann.[140] Die Untersuchungen müssen immer so durchgeführt werden, dass alle Tatsachen ermittelt und "ungeschönt" dokumentiert werden.[140] Gerade in kleineren Unternehmen oder bei einem Verdacht gegen das höherrangige Management ist es oft schwierig, eine sachgerechte Untersuchung durch eigene Mitarbeiter sicherzustellen; zudem ist zu berücksichtigen, dass der Innenrevision oder anderen Unternehmensstellen häufig neben dem Tagesgeschäft keine Zeit verbleibt, eine größer angelegte Untersuchung durchzuführen.[139] Die Einschaltung externer Ermittler kann auch als öffentlichkeitswirksames Zeichen („no tolerance", maximale Verfolgungsintensität) genutzt werden,[141] auch kann eine ausreichende Zahl externer Ermittler regelmäßig schneller zur vertieften Sachverhaltsaufklärung gelangen und insbesondere spezielle rechtlich geprägte Vorgaben besser berücksichtigen als Revision oder Konzernsicherheit. In der Praxis empfiehlt sich für unternehmensinterne Untersuchungen oft eine Kombination aus externen und internen Ermittlern; die Einbindung von Unternehmensangehörigen ist insbesondere wegen deren branchen- und unternehmensspezifischem Wissen regelmäßig unverzichtbar für eine effektive Untersuchung und kann zur Kostensenkung beitragen.[142] Rechtliche Expertise sollte typischerweise extern eingeholt werden. Bei besonders umfangreichen Untersuchungen wird die externe „manpower" tw. von Wirtschaftsprüfungsgesellschaften eingekauft werden müssen. Die   **35**

---

135 Knierim/Rübenstahl/Tsambikakis/*Potinecke/Block* Kap. 3 Rn. 141.
136 Siehe auch: Görling/Inderst/Bannenberg/*Dierlamm* Kap. 6 Rn. 11 ff.
137 Knierim/Rübenstahl/Tsambikakis/*Potinecke/Block* Kap. 3 Rn. 143 f.
138 Böttger/*Minoggio* Kap. 15 Rn. 23.
139 Knierim/Rübenstahl/Tsambikakis/*Potinecke/Block* Kap. 3 Rn. 145.
140 *Hehn/Hartung* DB 2006, 1909, 1913.
141 *Schürrle/Olbers* CCZ 2010, 102, 105.
142 *Kustor* S. 35; Knierim/Rübenstahl/Tsambikakis/*Potinecke/Block* Kap. 3 Rn. 148.

neue Vorschrift des § 160a Abs. 1 StPO die – jedenfalls nach zutreffender Auslegung (s.u.) – Rechtsanwälte gegen strafprozessuale Maßnahmen besonders schützt, auch besser als andere aussageverweigerungsberechtigte Personen (vgl. §§ 53, 53a, 160a Abs. 2 StPO), legt es nahe, einen Rechtsanwalt als Ermittlungsführer einzusetzen; es kommt hinzu, dass nicht ein Wirtschaftsprüfer als Unternehmensverteidiger zusätzlich in den Schutzbereich des § 148 StPO gelangen können (s.u.).

b) Gesellschaftsrechtliche Maßgaben für die erforderliche Reichweite der Sachverhaltsaufklärung

36 Für die Auswahl der Maßnahmen, mit denen die zur Sachverhaltsaufklärung benötigten Informationen erlangt werden sollen, also das „Wie" der Untersuchung, kommt den Organen des Unternehmens ein Auswahlermessen zu.[143] Hier gilt die Business Judgment Rule, § 93 Abs. 1 S. 2 AktG. Dieses Ermessen verdichtet sich nur dann zu der Pflicht, eine bestimmte Methode zur Aufklärung zu ergreifen, wenn andere Methoden keinen vergleichbaren Erfolg versprechen.[144] So lange auf Grundlage einer „angemessenen Informationsbasis" zum Verdacht der Gesetzesverletzung eine vernünftige Entscheidung getroffen wird, ist dies für die Geschäftsleitung ausreichend.[145]

37 Grundsätzlich hat die Geschäftsleitung (s.o. zu Ausnahmen) zu entscheiden, welche konkreten Maßnahmen gewählt werden und in welchem Umfang die Untersuchungen vorgenommen werden sollen, d.h. welche Maßnahmen angemessen und zielführend, welche Kosten der Untersuchung verhältnismäßig und wann die Untersuchungen beendet werden kann, weil sie zur Aufklärung der festgestellten verdächtigen Sachverhalte nicht weiter nötig ist.[146] Enden dürfte die Aufklärungspflicht, wenn eine weitere Untersuchung aufgrund des zu betreibenden Aufwand außer Verhältnis zum Nutzen der potentiell erlangbaren Informationen steht.[147] Der erforderliche Umfang der Ermittlungen ist unter Berücksichtigung und Abwägung aller zur Verfügung stehenden relevanten Informationen vor Beginn (vorläufig) festzulegen und ggf. im Verlauf der Untersuchungen auf der Basis der Untersuchungsergebnisse an den verbesserten Erkenntnisstand anzupassen. Der Umfang wird in der Praxis stark durch den Auslöser der internen Ermittlungen mitbestimmt.[148] Der Eingang einer unspezifischen oder auf einen Einzelfall bezogenen Meldung über die Whistleblower-Hotline wird deutlich geringeren Ermittlungsaufwand rechtfertigen als behördliche, insbesondere strafrechtliche Ermittlungen bzgl. einer Vielzahl von Fällen.[149] Im letzteren Fall müssen die Vorteile, die aus einer Zusammenarbeit mit den Behörden im Wege der Bereitstellung der Informationen erwachsen können – insbesondere im Bereich der Bemessung von Bußgeld- und Verfallsbeträgen zu Lasten des Unternehmens (§§ 30 OWiG; 73 Abs. 3 StGB) – in die Abwägung eingestellt werden,[147] besonders aber auch die Nachteile, die im Fall der Non-Kooperation aus wahrscheinlichen öffentlichkeitswirksamen Ermittlungsmaßnahmen – insbesondere Durchsuchungen – resultieren können. Es ist auch zu berücksichtigen, dass das völlige Absehen von oder die unzureichende Durchführung eigener Untersuchungen bei parallelen Ermittlungen von Strafverfolgungs- und Aufsichtsbehörden dazu führen kann, dass keine geeignete Informationsgrundlage zur Beurteilung besteht, um festzulegen, ob und in welchen Maß mit den Behörden kooperiert werden könnte und sollte[147] und ob die behördliche Ermittlung Ergebnisse – die zur Unterneh-

---

143 Reichert/Ott ZIP 2009, 2173, 2176; MK-GmbHG/*Fleischer* § 43 Rn. 149; Knierim/Rübenstahl/Tsambikakis/*Potinecke/Block* Kap. 3 Rn. 155.
144 *Wagner* CCZ 2009, 2, 16.
145 Knierim/Rübenstahl/Tsambikakis/*Potinecke/Block* Kap. 3 Rn. 155.
146 Knierim/Rübenstahl/Tsambikakis/*Potinecke/Block* Kap. 3 Rn. 157.
147 *Wagner* CCZ 2009, 8, 17.
148 Knierim/Rübenstahl/Tsambikakis/*Potinecke/Block* Kap. 3 Rn. 158.
149 Vgl. *Hehn/Hartung* DB 2006, 1909, 1913.

menshaftung führen können – belastbar sind. Führt eine Behörde schon eigene Ermittlungen gegen das Unternehmen bzw. dort beschäftigte Personen durch, so empfiehlt es sich regelmäßig, bei den internen Untersuchungen eng mit dieser zusammen zu arbeiten, den Austausch zu suchen und deren Ermittlungen keinesfalls zu beeinträchtigen.[150]

Es gilt auch – ex ante erkennbare – voraussichtliche Begründetheit des Verdachts zu berücksichtigen; ist diese erheblich, sollten die Anstrengungen intensiv sein, den Sachverhalt aufzuklären, auch wenn diese zunächst nicht erfolgreich sind.[151] Besonders relevant sind auch die Schwere des vermuteten Verstoßes und dessen potentielle Auswirkungen auf das Unternehmen. Je höher der dem Unternehmen drohende Reputationsverlust, der finanzielle Schaden sowie die drohenden Strafen und Bußgelder sind, desto mehr ist es angezeigt, den Sachverhalt gründlich und umfassend zu erforschen.[152] Vor diesem Hintergrund schlagen *Potinecke/Block* zurecht vor, die Geschäftsleitung solle anhand der obigen Kriterien im Sinne eines **Stufenmodells** entscheiden, in welchem Umfang er die Untersuchungen vornehmen will; je schwerer der Verstoß, glaubwürdiger die Meldung, begründeter der Verdacht und größer die drohenden Einbußen für das Unternehmen sind, desto länger, intensiver und ressourcenträchtiger sollten die Untersuchungen ausfallen.[153]

Ziel der Durchführung von unternehmensinternen Untersuchungen ist die Aufdeckung, **38** Aufklärung und das Abstellen von Verstößen.[154] Dies erfordert die Beschaffung von hinreichenden und ausreichend belastbaren Informationen über die tatsächlichen Vorkommnisse, die eine rechtliche Bewertung der Geschehnisse ermöglichen. Mittelbar werden durch die Untersuchungen vielfach auch Fehler im Compliance-System des Unternehmens aufgedeckt, welche den Verstoß unter Umständen erst ermöglicht haben.[154] Dies und die Remediation der Compliance-Mängel kann ein wichtiges sekundäres Ziel der Investigation sein. Interne Untersuchungen sollen zudem helfen, u.U. verlorenes Vertrauen der Öffentlichkeit, der Behörden, der Kunden oder Lieferanten wiederherzustellen oder bereits den Verlust des Vertrauens oder der Reputation verhindern, indem das Unternehmen glaubhaft zeigt, dass solche Verstöße nicht geduldet werden.[155]

6. Bußgeldrechtliche Verpflichtungen und Rahmenbedingungen für unternehmensinterne Untersuchungen?

Mitunter wird die allgemeine Compliance-Verpflichtung – und damit auch eine Verpflich- **39** tung zur Durchführung unternehmensinterner Untersuchungen – zusätzlich oder alternativ aus § 130 OWiG abgeleitet, wonach die Verletzung der Aufsichtspflicht durch Leitungsorgane eines Unternehmens, die zu Straftaten oder Ordnungswidrigkeiten führt, bußgeldpflichtig ist, auch zu Lasten des Unternehmens (vgl. §§ 30, 17, 18 OWiG).[156] Nach § 130 Abs. 1 OWiG handelt ordnungswidrig, „wer als Inhaber eines Betriebes oder Unternehmens vorsätzlich oder fahrlässig die Aufsichtsmaßnahmen unterlässt, die erforderlich sind, um in dem Betrieb oder Unternehmen Zuwiderhandlungen gegen Pflichten zu verhindern, die den Inhaber treffen und deren Verletzung mit Strafe oder Geldbuße bedroht ist [...], wenn eine solche Zuwiderhandlung begangen wird, die durch gehörige Aufsicht verhindert oder wesentlich erschwert worden wäre." Unstrittig statuiert § 130 OWiG also eine allgemeine **Aufsichtspflicht**, gibt aber selbst keinen konkreten Inhalt der **Aufsichts-**

---

150 Knierim/Rübenstahl/Tsambikakis/*Potinecke/Block* Kap. 3 Rn. 166.
151 Zurückhaltender Knierim/Rübenstahl/Tsambikakis/*Potinecke/Block* Kap. 3 Rn. 158.
152 Knierim/Rübenstahl/Tsambikakis/*Potinecke/Block* Kap. 3 Rn. 158.
153 Knierim/Rübenstahl/Tsambikakis/*Potinecke/Block* Kap. 3 Rn. 159.
154 Knierim/Rübenstahl/Tsambikakis/*Potinecke/Block* Kap. 3 Rn. 160.
155 Knierim/Rübenstahl/Tsambikakis/*Potinecke/Block* Kap. 3 Rn. 161.
156 *Moosmayer* S. 5; Görling/Inderst/Bannenberg/*Rieder/Falge* Kap. 2 Rn. 16 ff.; vgl. zusammenfassend Knierim/Rübenstahl/Tsambikakis/*Potinecke/Block* Kap. 3 Rn. 12 ff., 21 ff.

pflichten vor.[157] Nach § 9 Abs. 1 Nr. 1 OWiG trifft diese Pflicht den Vorstand als vertretungsberechtigtes Organ der AG oder die Geschäftsführung als vertretungsberechtigtes Organ der GmbH. Die Pflicht zur Aufsicht nach § 130 OWiG umfasst nach verbreiteter Auffassung neben der Pflicht zur präventiven und begleitenden Überwachung im Sinne einer sorgfältigen Auswahl, Koordination, Instruktion und Kontrolle der Mitarbeiter gerade auch die Pflicht gegen bereits eingetretene Verstöße einzuschreiten und diese gegebenenfalls zu sanktionieren,[158] und als notwendige Vorbereitung, Hinweisen auf Unregelmäßigkeiten nachzugehen und den Sachverhalt aufzuklären.[159] Es wird zudem vertreten, die Aufdeckung vergangener Zuwiderhandlungen habe immer einen präventiven Effekt bezüglich eventuell in der Zukunft stattfindender Taten.[160] Daraus folgert die h.Lit. eine aus § 130 OWiG resultierende Untersuchungspflicht, weshalb die Zubilligung eines Ermessensspielraums nach der Business Judgment Rule leerlaufen würde, da bereits aus § 130 OWiG eine Verpflichtung bezüglich des "Ob" der Durchführung von Untersuchungen bestehe.[161] Dies erscheint zumindest bezweifelbar, da § 130 OWiG die Verletzung der Aufsichtspflicht letztlich nur sanktioniert, wenn es deshalb zu (zeitlich nachfolgend) rechtswidrigen Taten kommt, d.h. § 130 OWiG ist nicht wegen der (in der Vergangenheit liegenden) aufzuklärenden Taten verletzt, sondern nur wegen zukünftiger Taten, die sich kausal und sonst objektiv zurechenbar auf die unzureichende Sachverhaltsermittlung und Remediation der früheren Taten zurückführen lassen. Auch ein Fahrlässigkeitszusammenhang muss insofern bestehen, d.h. eine Vorhersehbarkeit der zukünftigen Taten und deren potentielle Vermeidbarkeit oder Erschwernis (vgl. obiger Text des § 130 OWiG) durch die interne Untersuchung der vergangenen Taten. Es dürfte Situationen geben, in denen eine zukünftige Verletzung des § 130 OWiG aufgrund unterbliebener Sachverhaltsermittlung u.U. mit an Sicherheit grenzender Wahrscheinlichkeit ausgeschlossen werden kann, etwa wenn die Verdachtsfälle eine inzwischen aufgelöste Abteilung betreffen, deren Mitarbeiter nicht mehr im Unternehmen sind und deren Geschäftsmodell nicht fortgeführt wird. Anders könnte es allerdings sein, wenn die Verdachtsfälle von einer Art waren, dass deren Verbreitung auch in anderen Teilen des Unternehmens nach kriminalistischer Erfahrung nahe liegt oder der bekannte (nicht ausermittelte) Sachverhalt sogar konkrete diesbezügliche Hinweise aufweist.

40 Unstrittig scheint jedenfalls zu sein, dass sich aus einer etwaigen Verpflichtung zur Durchführung von Aufsichtsmaßnahmen und einer vorgelagerten internen Untersuchung zur Vermeidung von Straftaten nicht zwingend und ohne Ermessensspielraum konkret gebotene Compliance-Maßnahmen – insbesondere bestimmte Ermittlungsmaßnahmen („Wie") – ableiten lassen. Diese hat der Vorstand bzw. die Geschäftsführung im Einzelfall, in den Grenzen des erlaubten Risikos und unter Berücksichtigung des Vertrauensgrundsatzes,[162] insbesondere im Hinblick auf die Größe des Betriebs, der Organisationsstruktur, der Bedeutung der zu beachtenden Vorschriften, der tatsächlichen Überwachungsmöglichkeit und den Erfahrungen in der Vergangenheit eigenverantwortlich festzulegen,[163] wie dazu ausgeführt.

---

157 *Göhler/König* § 130 Rn. 17, 14. Aufl. 2006; KK-OWiG/*Köhler* § 130 Rn. 37; Knierim/Rübenstahl/Tsambikakis/*Potinecke/Block* Kap. 3 Rn. 12.
158 KK-OWiG/*Rogall* § 130 Rn. 40; *Göhler/Gürtler* § 130 Rn. 10; Knierim/Rübenstahl/Tsambikakis/*Potinecke/Block* Kap. 3 Rn. 13.
159 *Wagner* CCZ 2009, 8, 13; *Moosmayer* S. 5; *BGH* GmbHR 1985, 143, 144; Knierim/Rübenstahl/Tsambikakis/*Potinecke/Block* Kap. 3 Rn. 13.
160 *Wagner* CCZ 2009, 8, 13; Knierim/Rübenstahl/Tsambikakis/*Potinecke/Block* Kap. 3 Rn. 13.
161 Knierim/Rübenstahl/Tsambikakis/*Potinecke/Block* Kap. 3 Rn. 13.
162 KK-OWiG/*Köhler* § 130 Rn. 40.
163 *Bohnert* § 130 Rn. 18; *Göhler/Gürtler* § 130 Rn. 10; Knierim/Rübenstahl/Tsambikakis/*Potinecke/Block* Kap. 3 Rn. 13.

II. Organisation und Planung der Untersuchung

1. Aufbauorganisation

a) Ausgangsüberlegungen

aa) Notwendigkeit einer untersuchungsspezifischen Organisationsstruktur

Projekte sind durch die Einmaligkeit des Vorhabens, die Komplexität der Aufgabenstellung und besondere Anforderungen (bspw. hinsichtlich der gesetzlichen Rahmenbedingungen) gekennzeichnet. Weisen interne Ermittlungen aufgrund der Aufgabenstellung diese Wesensmerkmale auf, so ergibt sich daraus die Notwendigkeit einer speziellen Projektorganisation für die Dauer der unternehmensinternen Untersuchung. Die bestehende **Linienorganisation** eines Unternehmens (auch als **Stammorganisation** bezeichnet), hierarchisch ausgeprägt und mit vorgegebenen Berichtswegen bzw. Entscheidungsstrukturen, wäre mit der Planung, Organisation, Überwachung und Steuerung aller Aspekte der interne Ermittlungen überfordert. Denn die Stammorganisation eines Unternehmens ist langfristig auf die Erledigung wiederkehrender Fachaufgaben ausgerichtet. Für die Bearbeitung einmaliger bzw. neuartiger und zudem fachübergreifender Aufgabenstellungen fehlt die notwendige Flexibilität. Ferner kann es je nach Ziel der von externen Fachberatern geleiteten interne Ermittlungen sogar geboten sein, die Stammorganisation gerade nicht in die Untersuchungsmaßnahmen mit einzubinden und dann schon aus diesem Grund der Aufbau einer **Projektorganisation** außerhalb der bestehenden Organisation erforderlich sein. 41

Laut ICB[164] ist unter einer solchen **Projektorganisation** eine „Gruppe von Menschen" und die dazugehörige Infrastruktur zu verstehen, „für die Vereinbarungen bezüglich Autorität, Beziehungen und Zuständigkeiten unter Ausrichtung auf die Geschäftsprozesse getroffen" werden. 42

Diese Definition umfasst nach dem Verständnis des ICB ausdrücklich „die Entwicklung und Aufrechterhaltung von geeigneten Rollen, Organisationsstrukturen, Zuständigkeiten und Fähigkeiten für das Projekt." Zusätzlich sind jedoch – nicht zuletzt für die erforderliche Eingliederung der Projektorganisation in die Stammorganisation des Unternehmens – Verantwortungen, Kompetenzen und Kommunikationswege klar festzulegen.[165] 43

Ziel der Projektorganisation ist es, die effiziente Projektzielerreichung sicherzustellen. Insoweit unterscheidet sich die Projektorganisation nicht von der Stammorganisation, die ebenfalls auf die Minimierung von Effizienzverlusten auf Ausführungsebene abzielt.[166] Im Sinne dieses Ziels ist folgende **übergeordnete Maxime** zu beachten: Die Projektorganisation sollte so klein wie möglich und nur so groß wie unbedingt nötig ausfallen.[167] Daraus folgt, dass „die Projektorganisation und die zur Lieferung der Projektergebnisse erforderli- 44

---

164 ICB = IPMA COMPETENCE BASELINE Version 3.0, in der Fassung als DEUTSCHE NCB 3.0 NATIONAL COMPETENCE BASELINE der PM-ZERT Zertifizierungsstelle der GPM e.V., unter Gliederungspunkt 4.1.6. Projektorganisation, S. 63, abrufbar unter www.google.de/url?sa=t&rct=j&q=DEUTSCHE+NCB+3.0+NATIONAL+COMPETENCE+BASE-LINE&source=web&cd=1&ved=0CFcQFjAA&url=http%3A%2F%2Fwww.gpm-ipma.de%2Ffileadmin%2Fuser_upload%2FQualifizierung___Zertifizierung%2FZertifikate_fuer_PM%2FNCB3_FINAL_20090912.pdf&ei=Q868T4WOMc_E8QPh_LlC&usg=AFQjCNELPpDgCWWaYZfn08TDRD-7nFtaQ, Stand 21.5.2012.
165 Vgl. *Patzak/Rattay* S. 143; *Litke* Projektmanagement, 2007, Kap. 2.1, S. 63.
166 Zu diesem, dem instrumentellen Organisationsbegriff innewohnenden Ziel vgl. *Wöhe/Döring* Einführung in die Allgemeine Betriebswirtschaftslehre, 2010, Kap. B.IV.1, S. 109.
167 Vgl. *Drees/Lang/Schöps* Praxisleitfaden Projektmanagement, 2010, Kap. 3.1, S. 10.

chen Ressourcen [...] den Anforderungen der Projektziele entsprechen"[168] müssen. In Abhängigkeit von den Zwecken der internen Ermittlungen kann das Erreichen von Untersuchungsergebnissen innerhalb eines kurzen Zeitraumes erforderlich und damit verbunden ein hohes Maß an personellen Ressourcen notwendig sein. Die Projektorganisation ist in einem solchen Fall entsprechend umfangreicher anzulegen. Umso wichtiger ist dann jedoch, dass die Konzeption der Projektorganisation möglichst genau an den Erfordernissen der einzelnen Phasen des Untersuchungsverlaufs ausgerichtet wird und der Ressourceneinsatz korrelierend zur abnehmenden Projektintensität zurückgefahren wird. Dem Ressourcenmanagement kommt in einem solchen Fall deshalb eine herausgehobene Bedeutung zu.

45 Ferner ist bei der Ausgestaltung der Projektorganisation den **Prinzipien der Stabilität und der Flexibilität** in ausgewogener Weise Rechnung zu tragen.[169] Nach dem Prinzip der Stabilität sollten möglichst viele Projektaktivitäten gemäß einem vordefinierten Aufbau- und Ablaufplan des Projektes abgewickelt werden, um ein Höchstmaß an Transparenz, Kontrolle und damit einhergehend an Effizienz zu erreichen. Dem Prinzip der Flexibilität folgend wären in der Aufbau- und Ablaufplanung lediglich ausgewählte Schlüsselstellen und -aktivitäten zu berücksichtigen, um der Gefahr von Starrheit und Bürokratisierung vorzubeugen und um die Anpassungskosten bei sich schnell verändernden Anforderungen möglichst gering zu halten. Man spricht von einem **Organisationsgleichgewicht**, „wenn es gelingt, ein ausgewogenes Verhältnis, zwischen generellen Regelungen und fallweiser Prüfung mit Einzelfallentscheidung (Disposition) zu schaffen"[170]. In der Praxis ist zu beobachten, dass Projekte interner Untersuchungen, bei denen es oftmals auf das zielgerichtete Zusammenwirken der unternehmensinternen Projektbeteiligten mit mehreren externen Beratergruppen ankommt, eher an Unterorganisation als an Überorganisation leiden. Ineffizienter Ressourceneinsatz und geringe Termintreue führen zu hohen Projektkosten und einer unnötig langen Untersuchungsdauer. Die Bedeutung der Konzeption einer Projektorganisation ist daher nicht zu unterschätzen.

bb) Formen der Projektorganisation

(1) Überblick

46 Neben den Aspekten des Organisationsumfangs (siehe Rn. 44) und der ausgewogenen Ausgestaltung der Projektorganisation nach den Prinzipien der Stabilität und der Flexibilität ist zudem die Wahl der **Organisationsform** für die Projektabwicklung von grundlegender Bedeutung. Deshalb sollen nachfolgend ein kurzer Überblick über verschiedene Ausprägungen einer projektspezifischen Organisation sowie Hinweise zur Wahl der geeigneten Organisationsform für von externen Sachverständigen durchgeführte interne Ermittlungen gegeben werden.

---

168 ICB = IPMA COMPETENCE BASELINE Version 3.0, in der Fassung als DEUTSCHE NCB 3.0 NATIONAL COMPETENCE BASELINE der PM-ZERT Zertifizierungsstelle der GPM e.V., unter Gliederungspunkt 4.1.6. Projektorganisation, S. 63, abrufbar unter www.google.de/url?sa=t&rct=j&q=DEUTSCHE+NCB+3.0+NATIONAL+COMPETENCE+BASE-LINE&source=web&cd=1&ved=0CFcQFjAA&url=http%3A%2F%2Fwww.gpm-ipma.de%2Ffileadmin%2Fuser_upload%2FQualifizierung___Zertifizierung%2FZertifikate_fuer_PM%2FNCB3_FINAL_20090912.pdf&ei=Q868T4WOMc_E8QPh_LlC&usg=AFQjCNELPpDgCWWaYZfn08TDRD-7nFtaQ, Stand 21.5.2012.
169 Vgl. *Litke* Projektmanagement, 2007, Kap. 2.1, S. 63.
170 *Wöhe/Döring* Einführung in die Allgemeine Betriebswirtschaftslehre, 2010, Kap. B.IV.1, S. 110.

In der Literatur[171] werden **drei Grundtypen** von Organisationsformen unterschieden:[172]   47
- Einfluss-Projektorganisation (auch bezeichnet als Stabs-Projektorganisation oder Projekt-Koordination),
- autonome Projektorganisation (auch bezeichnet als reine Projektorganisation),
- Matrix-Projektorganisation.

Diese drei Grundtypen der Projektorganisation unterscheiden sich nach der Art der **Kompetenzzuweisung** zwischen der Stammorganisation und dem Projekt. Je nach Aufteilung der Führungs- und Entscheidungskompetenz ist der Freiheitsgrad des Projektleiters und des Projektteams größer oder geringer. Die zwischen der Stammorganisation und dem Projekt aufzuteilenden Verantwortungen und Befugnisse betreffen insbesondere die Fragen   48
- des Einsatzes von Projektmitarbeitern,
- der Abgrenzung zu erledigender Projektaufgaben und ihre Zuordnung zu einzelnen Projektmitarbeitern,
- der fachlichen Durchführungen von Projektaufgaben,
- der Festlegung und Kontrolle von Projektterminen,
- der Budgetierung des Projektes nebst zugehöriger Kostenkontrolle sowie
- der Qualitätskontrolle.

(2) Die Einfluss-Projektorganisation

Die Einfluss-Projektorganisation ist dadurch gekennzeichnet, dass der **Projektleiter** über **keinerlei Entscheidungs- und Weisungsbefugnis** verfügt. Die funktionale Hierarchie der Stammorganisation wird nicht verändert. Lediglich der Stab wird um eine zusätzliche Stelle für den Projektleiter ergänzt. In seiner Stabsfunktion verfolgt dieser den Ablauf des Projekts und nimmt im Bedarfsfall gegenüber den Fachabteilungen Informations- und Beratungsaufgaben wahr. Notwendigerweise sind dem Projektleiter hierzu seitens der Fachabteilung alle relevanten Projektinformationen zugänglich zu machen.   49

---

171 Vgl. *Patzak/Rattay* S. 172 ff.; *Litke* Projektmanagement, 2007, Kap. 2.3, S. 69 ff.; *Kuster/Huber/Lippmann/Schmid/Schneider/Witschi/Wüst* Handbuch Projektmanagement, 2011, Kap. 2.6, S. 106 ff.
172 Daneben nennen *Patzak/Rattay* S. 175, noch die sog. Pool-Organisation, die jedoch nicht durch ein Nebeneinander von Projekt- und Stammorganisation gekennzeichnet ist; vielmehr ist die permanente Organisation des Unternehmens insgesamt in Form einer reinen Projektorganisation aufgebaut. *Wöhe/Döring* Einführung in die Allgemeine Betriebswirtschaftslehre, 2010, Kap. B.IV.2, S. 124 führen zusätzlich noch die sog. Kollegienlösung auf. Zu organisatorischen Lösungsansätzen eines Multiprojektmanagements vgl. außerdem *Litke* Projektmanagement, 2007, Kap. 2.3.4, S. 80.

33 *Ermittlung durch Externe*

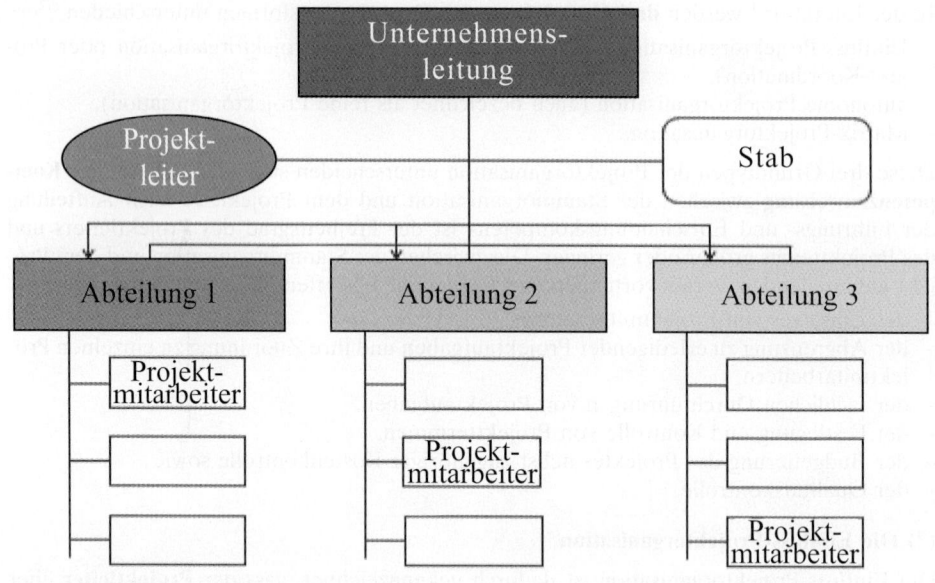

Abb. 1: Einfluss-Projektorganisation[173]

50 Aufgrund fehlender Entscheidungs- und Weisungsbefugnisse für den Projektleiter und nur informeller Einflussmöglichkeiten verbleibt die Verantwortung für die Sach-, Termin- und Kostenziele des Projektes notwendigerweise in der Stammorganisation, d.h. bei der Unternehmensleitung bzw. den Vorgesetzten des Projektleiters. Dies führt tendenziell zu einer Überlastung der entsprechenden Instanzen innerhalb der Stammorganisation, da diese sich nicht ausschließlich mit dem betreffenden Projekt zu beschäftigen haben. Eine **vergleichsweise geringe Reaktionsgeschwindigkeit** bei projektbezogenen Konflikten und Störungen ist die Folge. Diesen Nachteilen steht der Vorteil des relativ **geringen organisatorischen Aufwandes** gegenüber. Eine Einfluss-Projektorganisation zeichnet sich ferner durch ein hohes Maß an Flexibilität bezüglich des Personaleinsatzes aus, da die Mitarbeiter in ihren Fachabteilungen verbleiben. Dieser Umstand erleichtert zudem den Aufbau und Austausch von Erfahrungen innerhalb der Stammorganisation über verschiedene Projekte hinweg.

51 Aufgrund der genannten Nachteile wird diese Organisationsform von der Literatur als die unwirksamste angesehen.[174] Sie eignet sich allenfalls für die Koordination von Projekten, die den Rahmen herkömmlicher Unternehmensaufgaben nicht wesentlich übersteigen.[175] Dennoch wird auf diese Organisationsform in der Praxis häufig zurückgegriffen, gerade weil sie die geringsten organisatorischen Anforderungen aufweist.

(3) Die autonome Projektorganisation

52 Schon aus der Bezeichnung dieser Organisationsform lässt sich ableiten, dass für das Projekt eine **eigenständige Organisation** aufgebaut wird, die **autonom** neben die Stammorganisation tritt. In ihrer idealtypischen Ausprägung werden die gesamte Entscheidungskompetenz sowie die volle Führungsverantwortung dem Projektleiter übertragen. Alle Projektmitarbeiter sind ihm unterstellt.

---

173 Nach *Kuster/Huber/Lippmann/Schmid/Schneider/Witschi/Wüst* Handbuch Projektmanagement, 2011, Abbildung III-6, S. 107.
174 Vgl. *Litke* Projektmanagement, 2007, Kap. 2.31.3, S. 71.
175 Vgl. *Kuster/Huber/Lippmann/Schmid/Schneider/Witschi/Wüst* Handbuch Projektmanagement, 2011, Kap. 2.6.1, S. 108.

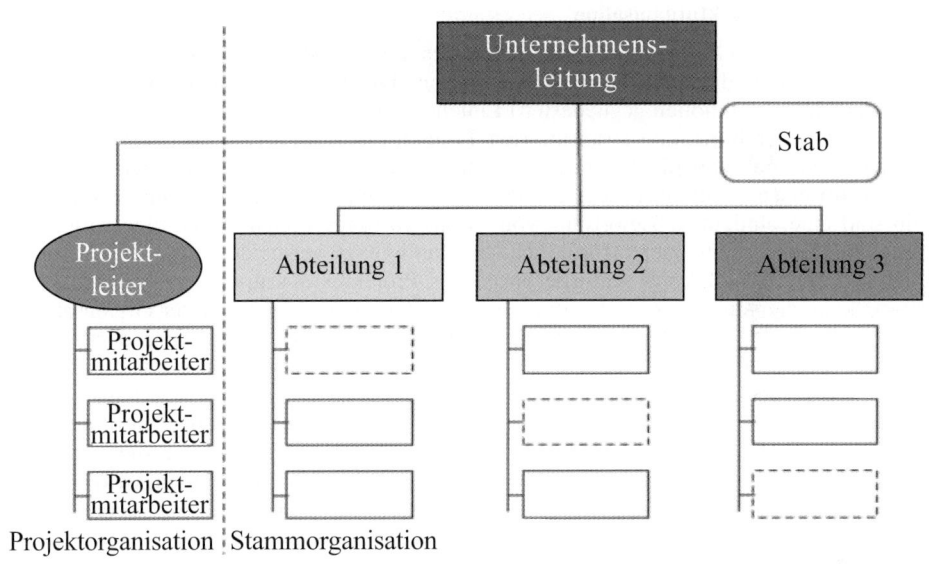

Abb. 2: Autonome Projektorganisation[176]

Projektorganisation ⋮ Stammorganisation

Die Vorteile dieser Organisationsform ergeben sich aus der eindeutigen Zuweisung von Verantwortung und Entscheidungskompetenz zum Projektleiter und der direkten Unterstellung der Projektmitarbeiter: Dadurch wird eine **hohe Identifikation des Projektteams** mit den Projektzielen erreicht. Dies fördert gleichzeitig die Motivation, auftretende Konflikte zu bewältigen. Kurze Kommunikationswege und die in der Hand des Projektleiters gebündelte Weisungsbefugnis ermöglichen, dass kurzfristig auf Projektstörungen reagiert werden kann und notwendige Entscheidungen getroffen werden. Der Hauptnachteil liegt in der **geringen Personalflexibilität**. Für die Dauer des Projektes müssen die abgestellten Mitarbeiter in den jeweiligen Fachabteilungen ersetzt werden. Dies wiegt umso schwerer, sollten abgeordnete Spezialisten im Rahmen des Projektes nicht dauerhaft ausgelastet werden können. Die Projektmitarbeiter selbst müssen nach Abschluss des Projektes wieder eingegliedert werden. Letzteres kann sich auch deshalb als schwierig erweisen, weil diese Mitarbeiter für die Dauer des Projektes von der Know-how-Entwicklung ihrer Fachabteilung abgeschnitten sind.

53

Für kleinere Projekte kommt eine autonome Projektorganisation aufgrund des vergleichsweise hohen organisatorischen Umstellungsaufwandes und der damit verbundenen Kostenbelastung kaum in Betracht. Vielmehr eignet sich diese Organisationsform für besonders komplexe Vorhaben, mit vergleichsweise wenigen Berührungspunkten zu herkömmlichen Aufgaben des Unternehmens. Auch bei großer Dringlichkeit sowie Vorhaben mit hohem Risiko oder einschneidenden Auswirkungen für das Gesamtunternehmen kommen die Vorteile einer autonomen Projektorganisation besonders zum Tragen: Durch das hohe Maß an Eigenständigkeit erreicht das Projektteam als „Task Force" schneller und durchsetzungsstärker die gewünschten Projektziele.

54

---

176 Nach *Kuster/Huber/Lippmann/Schmid/Schneider/Witschi/Wüst* Handbuch Projektmanagement, 2011, Abbildung III-7, S. 108.

33 *Ermittlung durch Externe*

(4) Die Matrix-Projektorganisation

55 Bei der Matrix-Projektorganisation handelt es sich um eine **Mischform** aus autonomer Projektorganisation und Einfluss-Projektorganisation. Die vertikal verlaufenden Instanzenwege der (nach Funktionen gegliederten) Linienorganisation (Spalten der Matrix) werden gekreuzt von der horizontal strukturierten Projektorganisation (Zeilen der Matrix). An den Kreuzungspunkten dieser Matrix kollidieren der Verantwortungsbereich sowie die Führungs-/Entscheidungsansprüche des Projektleiters mit denen der Linieninstanzen. Deshalb sind eine eindeutige Zuweisung von Verantwortungsbereichen und eine sorgfältige Aufteilung der Kompetenzen erforderlich, um Konflikte zu vermeiden. Eine solche Aufteilung ist an den spezifischen Anforderungen des Projektes auszurichten. Von Projekt zu Projekt kann die Aufteilung stark variieren. In der Grundausprägung dieser Organisationsform ist der Projektleiter verantwortlich für die Definition/Konkretisierung der Projektziele, die Planung und Steuerung des Projektes, die Terminüberwachung sowie die Budgetkontrolle. Die fachliche Durchführung der einzelnen Projektaufgaben obliegt hingegen den einzelnen Fachinstanzen. Eine solche Aufteilung führt zu einer **Doppelzuordnung** der betreffenden Mitarbeiter. In Bezug auf die fachliche Durchführung der Projektaufgaben unterliegen sie dem **aufgabengebundenen Weisungsrecht des Fachabteilungsleiters** (auch disziplinarisch ändert sich die Zuordnung nicht). Gleichzeitig unterliegen sie dem **projektgebundenen Weisungsrecht des Projektleiters**. Für das Gelingen des Projektes sind demnach beide Leitungsinstanzen gemeinsam verantwortlich.

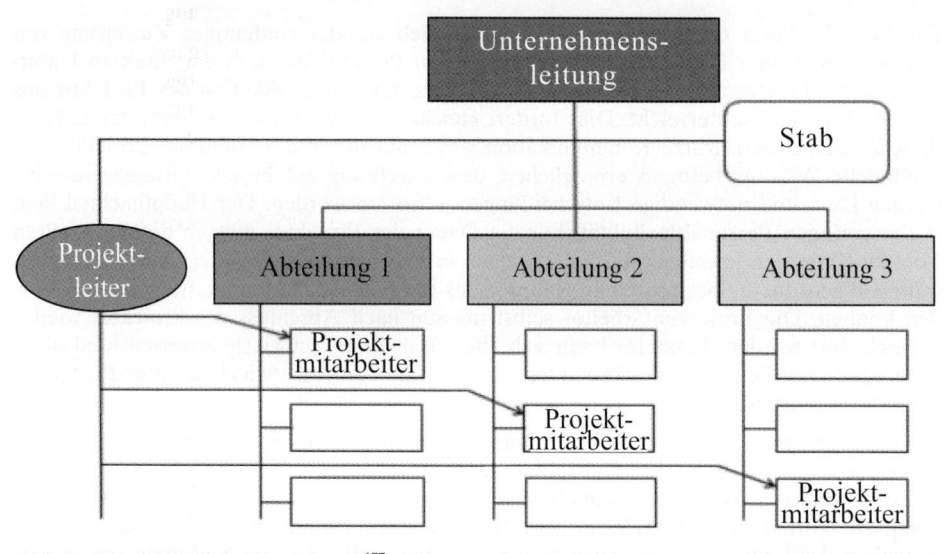

Abb. 3: Matrix-Projektorganisation[177]

56 Im Unterschied zur autonomen Projektorganisation zeichnet sich die Matrix-Projektorganisation durch eine **hohe Personalflexibilität** aus, ohne dass damit jedoch das geringe Maß an Verantwortungsbewusstsein für das Projekt in Kauf genommen werden muss, wie es für die Einfluss-Organisation typisch ist. Dadurch, dass die einzelnen Mitarbeiter in ihren Fachabteilungen verbleiben, werden die Abstellungs- bzw. Rückgliederungsprobleme vermieden. Auch die kontinuierliche fachliche Weiterbildung des Mitarbeiters ist auf diese

---

[177] Nach *Kuster/Huber/Lippmann/Schmid/Schneider/Witschi/Wüst* Handbuch Projektmanagement, 2011, Abbildung III-8, S. 109.

Weise sichergestellt. Zudem wird die Gefahr von Leerzeiten reduziert, weil die Fachinstanz den Einsatz der einzelnen Mitarbeiter sowohl in der Abteilungs- als auch in der Projektarbeit koordiniert. Durch die gleichzeitige projektbezogene Anbindung an den Projektleiter wird erreicht, dass der betreffende Mitarbeiter sich dennoch für das Projekt verantwortlich fühlt. Projektschädlichem Abteilungsdenken kann der Projektleiter entgegenwirken. Die Nachteile dieser Organisationsform liegen in den **hohen Anforderungen an das Organisationsverständnis** der Beteiligten (Doppelunterstellung der Mitarbeiter, Einschränkung der institutionellen Autorität des Fachabteilungsleiters) sowie der **Gefahr von Kompetenzkonflikten**.

Trotz der skizzierten Nachteile ist die Matrix-Projektorganisation die in der Praxis am häufigsten anzutreffende Organisationsform.[178] Der Grund dafür ist nicht zuletzt in der tendenziell wirtschaftlicheren Nutzung begrenzter Ressourcen zu sehen. Zusätzlich zeichnet sich die Matrix-Projektorganisation durch ein hohes Maß an Vielseitigkeit aus: Je nach Art der Aufteilung von Verantwortung und Kompetenzen zwischen Linienorganisation und Projektleiter lässt sie sich einer der beiden übrigen Grundtypen annähern und damit an Unternehmensbesonderheiten und Projektumstände anpassen. Durch gezieltes Gegensteuern des Managements lassen sich außerdem negative Effekte dieser Organisationsform eindämmen. Mithilfe von eindeutigen Befugnisregelungen kann Kompetenzkonflikten vorgebeugt werden. In Schulungen ist das Organisations- und Führungsverständnis sowie die innerbetriebliche Kommunikations- und Informationsbereitschaft zu entwickeln.

(5) Überlegungen zur Wahl der Organisationsform bei internen Ermittlungen

Wie voranstehend bereits angeklungen ist, sind bei der Auswahl der geeigneten Organisationsform für ein Projekt eine **Vielzahl von Einflussfaktoren** zu berücksichtigen. Allen voran sind die Projektspezifika zu nennen: Einmaligkeit, Neuartigkeit und Komplexität/Interdisziplinarität des Projektes sowie seine Dringlichkeit, geschäftspolitische Bedeutung und voraussichtliche Laufzeit. Hinzu kommen Umfeldfaktoren wie bspw. die vorhandene Struktur und Kultur der Stammorganisation, die Verfügbarkeit benötigter Ressourcen und das Führungs- und Organisationsverständnis innerhalb des Unternehmens (vorhandener Erfahrungsschatz zu Projektorganisationen).

Alle diese Einflussfaktoren können auch bei der Organisation von internen Ermittlungen Bedeutung erlangen. Sie sind sich deshalb im Vorhinein bewusst zu machen. Je stärker beispielsweise die Arbeitsschritte im Rahmen von internen Ermittlungen denen einer Routineprüfung ähneln, wie sie üblicherweise von der internen Revision des Unternehmens durchgeführt werden, desto eher bietet sich eine Projektorganisation in Form der Einfluss-Organisation an. Diejenigen Fachkenntnisse, die über das für die Routineprüfungen erforderliche Maß hinausgehen, werden in einem solchen Fall mit der Person des Projektleiters in das Projekt eingebracht. Bei außerordentlich komplexen internen Ermittlungen, in die bspw. aufgrund besonderer rechtlicher Fragestellungen eine größere Anzahl von externen Rechtsberatern einzubinden ist, eignet sich hingegen eine autonome Projektorganisation deutlich besser. Allein schon deshalb, weil sich die externen Berater nicht ohne Weiteres in die Linienorganisationen des Unternehmens eingliedern lassen. Hinsichtlich der an den internen Ermittlungen zu beteiligenden Unternehmensmitarbeiter lässt sich die autonome Projektorganisation erforderlichenfalls in der Weise modifizieren, dass gewisse Spezialisten nicht vollkommen dem Projekt überstellt werden, sondern ihre Mitarbeit über Vereinbarungen gesichert wird. Durch eine solche Modifikation würde der grundsätzlich autonome Organisationsansatz deutlich einer Matrix-Projektorganisation angenähert.

---

178 Vgl. *Kuster/Huber/Lippmann/Schmid/Schneider/Witschi/Wüst* Handbuch Projektmanagement, 2011, Kap. 2.6.3, S. 110; ähnlich *Litke* Projektmanagement, 2007, Kap. 2.3.1.4, S. 73.

cc) Vorgehensweise beim Aufbau der Organisationsstruktur

60 Gegenstand der Aufbauorganisation eines Projektes ist die Gestaltung einer **hierarchischen Ordnung**,[179] mittels derer für die Dauer des Projektes Funktionen, Zuständigkeiten und Verantwortungsbereiche der Projektbeteiligten sowie die zwischen ihnen bestehenden Beziehungen und die Schnittstellen zur Stammorganisation festgelegt werden.

61 Der Aufbau einer solchen Funktionsstruktur erfordert zunächst die **Definition der wesentlichen Projektrollen**. Gemeint sind so genannte **formale Rollen**, wie bspw. die des Auftraggebers des Projektes, des Projektleiters und des Lenkungsausschusses. Ersichtlich ist, dass dieser Prozessschritt einhergehen muss mit der Entscheidung über die Organisationsform des Projektes, sofern diese nicht bereits im Vorhinein durch übergeordnete Sachzwänge determiniert ist. In den Rn. 49 ff. wurde dargelegt, dass sich je nach Organisationsform unterschiedliche Schnittstellen sowohl innerhalb des Projektes als auch zur Stammorganisation ergeben können, denen die hierarchische Ordnung der Aufbauorganisation des Projektes Rechnung tragen muss. Auch die dargelegten Vor- und Nachteile der einzelnen Organisationsformen sollten im Rahmen der Definition der Projektrollen bewusst aufgegriffen und berücksichtigt werden. Die Festlegung und Normierung der Rollen erfolgt **im ersten Schritt personenunabhängig** in Form von Funktions- und Aufgabenbeschreibungen (Stellenbeschreibungen). Je besser es gelingt, die Aufgaben- und Verantwortungsbereiche der einzelnen Rollen voneinander abzugrenzen und transparent zu machen, desto geringer ist die Gefahr von Rollenkonflikten im Verlauf des Projektes. Besondere Vorsicht ist bei **Mehrfachrollen** geboten (Projektleiter wirkt bspw. als Teammitglied auch inhaltlich an dem Projekt mit).[180] Vorteile, wie ein rascherer Informationsfluss durch die hierarchieunabhängige Zusammenarbeit, sind sorgfältig gegen mögliche Nachteile (Überlastung des Multirollenträgers, eingeschränkte Unabhängigkeit im Rahmen des Projektcontrollings) abzuwägen. Sind die Projektrollen definiert und beschrieben, erfolgt die **Zuordnung von Personen** zu diesen Rollen. Anschließend ist der Informationsbedarf der einzelnen beteiligten Personen zu identifizieren und daraus abgeleitet das **projektbezogene Informationssystem** festzulegen. Das Gesamtergebnis sollte in Form eines Organigramms (**Darstellung der Projektaufbauorganisation**) festgehalten werden, aus dem sich zusätzlich die vereinbarten Kommunikationswege ergeben.

62 Diese grundsätzliche Vorgehensweise zur Zuweisung von Funktionen, Verantwortung und Kompetenzen sowie zur Identifikation von Schnittstellen und Informationsbedürfnissen soll nachfolgend exemplarisch für wesentliche Projektrollen erörtert werden, wie sie üblicherweise bei größeren internen Ermittlungen mit autonomer Projektorganisation vorzufinden sind. Nicht alle diese Projektrollen müssen zwingend in jeder Phase der internen Ermittlungen vorzufinden sein. Auch kann die Aufbauorganisation im Verlauf der internen Ermittlungen anzupassen sein, z.B. wenn sich Untersuchungsziel oder –aufgaben ändern bzw. erweitern.

b) Funktionsträger der Aufbauorganisation

aa) Auftraggeber

63 Es existiert eine Vielzahl von Auslösern für Projekte,[181] so auch für interne Ermittlungen. Doch kein Projekt startet von selbst, es muss ins Leben gerufen werden. Auch eine interne Untersuchung ist erst zu beauftragen. Der **Auftraggeber** dieses Projektes ist nicht notwen-

---

179 Vgl. zur Definition der Aufbauorganisation einer Unternehmensorganisation *Wöhe/Döring* Einführung in die allgemeine Betriebswirtschaftslehre, 2010, Kap. B.IV.1, S. 110; im Folgenden dort auch Darstellung der allgemeinen Vorgehensweise.
180 Vgl. *Kuster/Huber/Lippmann/Schmid/Schneider/Witschi/Wüst* Handbuch Projektmanagement, 2011, Kap. 2.3, S. 100.
181 Vgl. *Patzak/Rattay* S. 85 ff.

digerweise derjenige, der den Anstoß dazu gegeben hat. Er ist jedoch derjenige, der die Rahmenbedingungen abzustecken hat, d.h. die Anforderungen und Ziele, die mit der internen Ermittlung verbunden sind, definieren muss.

Internen Ermittlungen zeichnen sich durch einen **internen** Auftraggeber aus. Hiervon abzugrenzen sind Projekte mit **externen** Auftraggebern (z.B. externen Kunden). Eine interne Untersuchung mag möglicherweise parallel zu einem staatsanwaltschaftlichen Ermittlungsverfahren stattfinden. Gleichwohl darf dieser Umstand nicht darüber hinwegtäuschen, dass auch in solchen Fällen der Auftrag für die das staatsanwaltschaftliche Ermittlungsverfahren begleitenden internen Ermittlungen durch den Vorstand des Unternehmens erteilt wird. Als weitere Auftraggeber für internen Ermittlungen kommen Stabsabteilungen wie Corporate Compliance, die Rechtsabteilung, die Steuerabteilung oder die interne Revision, jedoch auch der Aufsichtsrat[182] in Betracht. 64

Der Auftraggeber von internen Ermittlungen hat zunächst den **Leiter der Untersuchung** zu bestimmen. Diesem gegenüber wird der **Ermittlungsauftrag** („Projektauftrag") erteilt. Gerade bei komplexeren internen Ermittlungen, im Rahmen derer externe Berater beauftragt werden, hat der Auftraggeber bei Ernennung des Leiters der Untersuchung oftmals noch eine vergleichsweise unpräzise Vorstellung zu den einzelnen Projekt-/Untersuchungszielen. Es ist dann die gemeinsame Aufgabe des Auftraggebers und des Leiters der Untersuchung – bei extern geleiteten Ermittlungen in Person eines unternehmensexternen Beraters –, die konkreten **Untersuchungsziele und -aufgaben** (inhaltliche Projektabgrenzung) herauszuarbeiten und zu vereinbaren. 65

Aufbauend auf der inhaltlichen Abgrenzung der internen Ermittlungen wird der Auftraggeber auch eine erste zeitliche Determinierung vornehmen, wesentliche Untersuchungsphasen abgrenzen, Meilensteine und Termine festlegen, sowie seine Vorstellungen über den Kostenrahmen festhalten (**Projektrahmenplan**). Innerhalb dieser Vorgaben obliegt es dann dem Leiter der Untersuchung, die internen Ermittlungen als Projekt eigenverantwortlich zu planen und durchzuführen. Der Projektplan wird von dem Auftraggeber geprüft und genehmigt. Damit verbunden ist die Zusicherung, die vereinbarten bzw. **erforderlichen Ressourcen bereitzustellen**. Während des Ermittlungen nimmt der Auftraggeber nur eine **übergeordnete Führungsfunktion** (Eskalationsstufe/Entscheidungsinstanz) ein: In Situationen, in denen die Autorität oder die Kompetenzen des Leiters der Untersuchung nicht ausreichen (**Krisen-/Eskalationsfall**), greift der Auftraggeber ein. Ferner sind von ihm diejenigen (strategischen) Entscheidungen zu treffen, die das Projekt als Ganzes betreffen (z.B. Veränderung des Umfangs/Ziels der internen Ermittlungen, Laufzeit, Budget, Ressourcenbedarf, Wechsel der Projektleitung, etc.) oder eine projektübergeordnete Bedeutung entfalten (z.B. im Unternehmen zu ergreifende Sofortmaßnahmen aufgrund erster Untersuchungsergebnisse). Daneben ist der Auftraggeber für das **strategische Projektcontrolling** verantwortlich, d.h. die Überwachung des Untersuchungsfortschritts (wesentliche Teilergebnisse und Termine, Zielerreichung) und Kostenkontrolle. Und der Auftraggeber hat die Interessen des Projektes **gegenüber Umfeldgruppen zu vertreten** bzw. den Leiter der Untersuchung darin zu unterstützen. Zu berücksichtigen sind sowohl unternehmensinterne (z.B. erweiterte Geschäftsführung, Betriebsrat) wie auch unternehmensexterne Umfeldgruppen (z.B. Kreditgeber, Konsortialpartner, Behörden). Nach **Abschluss der internen Ermittlungen** (dieser ist vom Auftraggeber festzustellen) hat der Auftraggeber die Pflicht, den Leiter der Untersuchung zu entlasten und das Projekt formal zu beenden (Auflösung der Projektorganisation), die dokumentierten Ergebnisse der internen Ermittlungen zu sichern und den Nutzen daraus für das Unternehmen zu ziehen. 66

---

182 Eine vom Aufsichtsrat in Auftrag gegebene interne Untersuchung ist auf Basis des § 111 Abs. 2 AktG vorstellbar.

bb) Lenkungsausschuss

67 Bei besonders umfangreichen und fachlich komplexen internen Untersuchungsprojekten kann als Entscheidungs- und Verantwortungsträger an die Stelle oder in Erweiterung des Auftraggebers auch ein **Lenkungsausschuss** (Steuerungsgruppe, Steering Commitee, Projektbeirat) treten. Wird ein solches Gremium installiert, so kann dies einerseits dem Umstand Rechnung tragen, dass die genannten Großprojekte typischerweise einen Auftraggeber aus der obersten Stufe der Unternehmensführung haben (Vorstand, Geschäftsführung). Weil dieser Auftraggeber die Interessen eines solchen Projektes oftmals schon rein zeitlich nicht in Gänze wahrnehmen kann, ist u.U. ein Lenkungsausschuss mit Mitgliedern aus der unmittelbar nachgeordneten Führungsebene zur **Entlastung des eigentlichen Auftraggebers** geboten. Andererseits kann der Grund auch in den fachlichen Anforderungen des Projektes liegen. Ein hochrangiger Auftraggeber mag zwar die strategischen Projektentscheidungen insbesondere mit entsprechend finanziellen Auswirkungen treffen können. Auf viele inhaltliche Fragestellungen wird dies jedoch nicht zutreffen. Insbesondere wenn mehrere Fachabteilungen des Unternehmens in die internen Ermittlungen eingebunden sein sollten (bspw. Rechts- und Steuerabteilung, Vertrieb und Personalabteilung) und/ oder verschiedene externe Beratergruppen, kann ein Lenkungsausschuss im Sinne eines **Fachgremiums** helfen, die divergierenden oder sogar konfligierenden Anforderungen der beteiligten Fachgruppen zu bündeln und in einheitliche Untersuchungsziele zu überführen. Mit diesem Hintergrund ist ein Lenkungsausschuss in der Praxis deshalb oft in Verbindung mit einer Matrix-Projektorganisation anzutreffen. Der Ausschuss dient in diesen Fällen der leichteren Abstimmung zwischen der Projekt- und der Linienorganisation.

68 Ist ein Lenkungsausschuss in dem vorgenannten Sinne als Mittler zwischen dem eigentlichen Auftraggeber und dem Leiter der Untersuchung eingesetzt, so können an dieses Gremium weitere Auftraggeberaufgaben delegiert werden. Soweit dies erfolgt, hat der Lenkungsausschuss die Projektaktivitäten ergebnisverantwortlich zu leiten bzw. zu überwachen. Die besonderen Anforderungen, die sich daraus für die Ablauforganisation des Projektes ergeben (Sitzungsfrequenzen, Berichterstattung, etc.) sind insbesondere im Rahmen der Terminplanung (siehe dazu Rn. 90) zu berücksichtigen.

69 Ein fachübergreifend besetzter Lenkungsausschuss eignet sich außerdem besonders gut, die vielfältigen Interessen eines großen Untersuchungsprojektes **nach außen zu vertreten**. Wie bereits erwähnt, können interne Ermittlungen parallel zu einem **staatsanwaltschaftlichen Ermittlungsverfahren**, bspw. wegen des Verdachts der Geldwäsche, stattfinden. In diesen Fällen wird seitens des Unternehmens oftmals gegenüber der Ermittlungsbehörde eine Kooperationszusage abgegeben. Diese beinhaltet mindestens, dass für die Ermittlungen notwendige Unterlagen auf Anfrage zusammengestellt und herausgegeben werden. Zwangsmaßnahmen sollen dadurch vermieden werden. Die Kooperationszusage kann zudem umfassen, dass auch Anfragen der Ermittlungsbehörde zu konkreten Einzelfällen im Rahmen der internen Ermittlungen mit bearbeitet und beantwortet werden. Und des Weiteren, dass der Ermittlungsbehörde alle Informationen und Unterlagen herausgegeben werden, soweit sich aus den internen Ermittlungen konkrete und belastbare Hinweise auf neue, bisher noch unbekannte Korruptionssachverhalte ergeben. Ein ähnlicher Austausch ist in diesen Fällen möglicherweise auch mit ausländischen Behörden vorzunehmen. Er sollte daher innerhalb des Lenkungsausschusses koordiniert werden, so dass projektseitig nur eine Schnittstelle entsteht. Die Kommunikation mit den Behörden selbst kann dann von dem jeweils zum Lenkungsausschuss gehörenden Fachmann geführt werden (Leiter der Rechts-/Steuerabteilung, beauftragter Rechtsanwalt). Bei derart komplexen internen Ermittlungen kommt dem Lenkungsausschuss jedoch auch eine besondere Verantwortung hinsichtlich der **Vertretung des Projektes innerhalb des Unternehmens** zu. Eine mögliche Priorisierung der internen Ermittlungen gegenüber anderen Projekten und den Standard-

prozessen muss von ihm gesetzt und zur Stärkung des Leiters der Untersuchung in das Unternehmen kommuniziert werden. Umgekehrt hat er darauf zu achten, dass innerhalb des Projektes eine ausreichende Sensibilität für die berechtigten Belange unternehmensinterner Umfeldgruppen entsteht.

Die Frage, in welcher Weise die Kommunikation gegenüber unternehmensinternen und -externen Umfeldgruppen erfolgt, hat auch Auswirkungen auf **Binnenorganisation des Lenkungsausschusses**. Je mehr Mitglieder dieses Gremium aufweist, desto sorgfältiger sollte die Ausgestaltung dieser Organisation erfolgen. Die Mitglieder haben u.a. festzulegen, in welcher Weise die Koordination und Leitung des Ausschusses erfolgt (gleichberechtigt, Sprecher/Vorsitzender), und nach welchen Regeln Entscheidungen getroffen werden sollen (Mehrheit, Konsens). 70

cc) Leiter der Untersuchung

Der Leiter der Untersuchung trifft innerhalb des durch den Projektauftrag ihm abgegrenzten Freiraumes die fachlichen, inhaltlichen und organisatorischen Entscheidungen im Projekt. Er ist somit eigenverantwortlich für die **operative Abwicklung der internen Ermittlungen** zuständig; er steuert sie, treibt sie voran. Dies ist eine herausfordernde Aufgabe, weil für eine in der Regel einmalige/neuartige Problemstellung ein Lösungsweg gefunden werden muss, unter Beachtung der Zeit-/Kosten-/Ressourcenrestriktionen und Qualitätsanforderungen. Der Leiter der Untersuchung muss deshalb sowohl über Grundlagen des relevanten Fachwissens als auch über ausreichend Methodenwissen und Führungserfahrung verfügen, idealerweise insbesondere im Projektmanagement. Welche Bedeutung der Arbeit des Leiters der Untersuchung für den Erfolg eines Projektes und damit auch seiner Qualifikation beizumessen ist, lässt sich daran ablesen, dass der ICB[183] nicht weniger als 15 **Verhaltenskompetenzen** auflistet, „die für das Projektmanagement und im Projektkontext wichtig sind". Neben der Fähigkeit zur Führung gehören zu diesen Schlüsselkompetenzen laut ICB unter anderem Durchsetzungsvermögen, Ergebnisorientierung, Effizienz und Verlässlichkeit. Vergleichbare Aufzählungen[184] erweitern diesen Katalog um Kriterien wie Teamfähigkeit, Urteilsfähigkeit und Frustrationstoleranz. Dem Idealbild wird selten gerecht zu werden sein, deshalb gilt für die Auswahl des Leiters der Untersuchung, dass dieser als **Generalist** auf möglichst vielen Gebieten über die für das Projektmanagement wünschenswerten Kenntnisse verfügen sollte. Spezialisten mit einem hohen Maß an Fachwissen sind tendenziell für die Leitung einer von internen Ermittlungen weniger geeignet, weil die Gefahr besteht, dass sie sich zu sehr den inhaltlichen Aufgaben widmen und darüber die Gesamtsteuerung und Kontrolle des Projektes vernachlässigen. 71

Neben den genannten Verhaltenskompetenzen hat die **Freiheit von Interessenkonflikten** eine herausgehobene Bedeutung für die Qualität der Ermittlungsergebnisse. Werden die internen Ermittlungen sowohl hinsichtlich der Handlungsverantwortung für die festgestellten Compliance-Verstöße als auch im Hinblick auf die Führungsverantwortung der Unternehmensleitung geführt, sollte das Projekt von einer unabhängigen und neutralen Instanz als auftraggebenden „Sponsor" betreut werden. Im Falle einer Aktiengesellschaft kann dies beispielsweise der Aufsichtsrat sein. 72

---

183 ICB = IPMA COMPETENCE BASELINE Version 3.0, in der Fassung als DEUTSCHE NCB 3.0 NATIONAL COMPETENCE BASELINE der PM-ZERT Zertifizierungsstelle der GPM e.V., unter Gliederungspunkt 4.1.6. Projektorganisation, S. 63, abrufbar unter www.google.de/url?sa=t&rct=j&q=DEUTSCHE+NCB+3.0+NATIONAL+COMPETENCE+BASE-LINE&source=web&cd=1&ved=0CFcQFjAA&url=http%3A%2F%2Fwww.gpm-ipma.de%2Ffile-admin%2Fuser_upload%2FQualifizierung__Zertifizierung%2FZertifikate_fuer_PM%2FNCB3_FINAL_20090912.pdf&ei=Q868T4WOMc_E8QPh_LlC&usg=AFQjCNELPpD-gCWWa-YZfn08TDRD-7nFtaQ, Stand 21.5.2012.
184 Vgl. *Litke* Projektmanagement, 2007, Kap. 5.2.1, S. 165 f.

73 Unterstellt, dass der Leiter der Untersuchung von dem Auftraggeber bereits zu einem frühen Zeitpunkt ernannt worden ist und somit bereits in die Festlegung der Untersuchungsziele und -strategien eingebunden wurde, obliegen ihm im Weiteren folgende **wesentliche Aufgaben**:
- Gestaltung und Einrichtung der Aufbau- und Ablauforganisationen für die internen Ermittlungen,
- Aufbau des Untersuchungsteams und Rekrutierung erforderlicher Ressourcen,
- fortlaufende Steuerung der internen Ermittlungen,
- Projektkommunikation und -dokumentation,
- Projektcontrolling.

74 Der Leiter der Untersuchung hat die internen Ermittlungen zu strukturieren und im Detail zu planen. Sowohl die **Aufbauorganisation** als auch die **Ablauforganisation** (siehe hierzu nachfolgende Rn. 87 ff.) sind von ihm zu Beginn des Projektes auszuarbeiten. Bereits aus dem Grund, selbst den Überblick über das gesamte Projekt zu wahren, hat er ein an den Erfordernissen der internen Ermittlungen ausgerichtetes Planungs-, Überwachungs-, Steuerungs- und Informationssystems aufzubauen. Der Leiter der Untersuchung hat dafür Sorge zu tragen, dass eine Projektorganisation entsteht, die eine effiziente Zusammenarbeit der an den internen Ermittlungen beteiligten Person ermöglicht und einen funktionierenden Informationsfluss sicherstellt.

75 Hat sich der Leiter der Untersuchung mit dem Auftraggeber und/oder dem Lenkungsausschuss über die Aufbau-/Ablauforganisation verständigt, so muss er sich um die Ermittlung und Beschaffung der erforderlichen Ressourcen bemühen, zuvorderst um den **Aufbau des Untersuchungsteams**. Die Auswahl der Mitglieder, in der erforderlichen Anzahl (**Teamgröße**) und mit der notwendigen Qualifikation (**Teamzusammensetzung**), ist ein wesentlicher Erfolgsfaktor für die internen Ermittlungen. Der der Leiter der Untersuchung muss entscheiden, welches Fachwissen benötigt wird, aus welchen Abteilungen demnach die Teammitglieder im Hinblick auf den Untersuchungsgegenstand rekrutiert werden müssen. Er muss ferner entscheiden, welche Dienstleistungen im Rahmen der internen Ermittlungen eingekauft werden müssen, d.h. insbesondere inwieweit externe Berater zu engagieren sind. Auch über die Besetzung von Arbeitskreisen und Fachausschüssen innerhalb der von ihm ausgearbeiteten Projektorganisation hat sich der Leiter der Untersuchung Gedanken zu machen und dem Auftraggeber hierzu entsprechende Vorschläge unterbreiten. Sofern gemäß seinem Projektplan **weitere Ressourcen**, wie bspw. Rechenzentrumskapazitäten und Teamräume, benötigt werden, ist die Beschaffung dieser Ressourcen von dem Leiter der Untersuchung vorzunehmen.

76 Mit Beginn der internen Ermittlungen hat sich der Leiter der Untersuchung der **fortlaufenden Projektsteuerung** zu widmen. Das Untersuchungsziel ist in Teilaufgaben zu übersetzen, diese in Arbeitspakete und Vorgänge zu unterteilen und Arbeitsgruppen bzw. einzelnen Teammitgliedern zuzuordnen. In der Bearbeitung der ihnen zugewiesenen Aufgaben sind die Projektmitarbeiter anschließend zu führen und zu kontrollieren. In Bezug auf Untersuchungsziel und -vorgehensweise sind von ihm fortlaufend inhaltliche Entscheidungen zu treffen. Vorhandene Ressourcen sind zu managen. Erforderlich ist nach ICB[185] nicht nur

---

[185] ICB = IPMA COMPETENCE BASELINE Version 3.0, in der Fassung als DEUTSCHE NCB 3.0 NATIONAL COMPETENCE BASELINE der PM-ZERT Zertifizierungsstelle der GPM e.V., unter Gliederungspunkt 4.1.6. Projektorganisation, S. 63, abrufbar unter www.google.de/url?sa=t&rct=j&q=DEUTSCHE+NCB+3.0+NATIONAL+COMPETENCE+BASE-LINE&source=web&cd=1&ved=0CFcQFjAA&url=http%3A%2F%2Fwww.gpm-ipma.de%2Ffileadmin%2Fuser_upload%2FQualifizierung___Zertifizierung%2FZertifikate_fuer_PM%2FNCB3_FINAL_20090912.pdf&ei=Q868T4WOMc_E8QPh_LlC&usg=AFQjCNELPpDgCWWaYZfn08TDRD-7nFtaQ, Stand 21.5.2012.

die „Ermittlung und Zuweisung geeigneter Ressourcen mit der erforderlichen Qualifikation", sondern auch „die Optimierung der Ressourcenverwendung im vorgesehenen Zeitraum sowie die fortlaufende Überwachung und Steuerung der Ressourcen". Dies schließt sowohl die Teammitglieder, d.h. die personellen Ressourcen, ein, als auch die für das Projekt erforderliche Infrastruktur (z.B. Informationstechnologie). Benötigte Dienstleistungen sind rechtzeitig einzukaufen, genehmigte Projektbudgets freizugeben. Während der Dauer der internen Ermittlungen hat der Leiter der Untersuchung die Aufrechterhaltung der eingerichteten Projektorganisation sicherzustellen, sich um deren Aktualisierung zu bemühen und ggf. erforderliche Änderung anzustoßen.

Verbunden mit der fortlaufenden Projektsteuerung hat der Leiter der Untersuchung darauf zu achten, dass in dem erforderlichen Umfang **Untersuchungsergebnisse dokumentiert und kommuniziert** werden. Es wird von ihm erwartet, dass er den Informationsfluss innerhalb des Untersuchungsprojektes sowie aus dem Projekt heraus steuert. Auftraggeber und/oder Lenkungsausschuss sind über den Fortschritt der internen Ermittlungen, wichtige Entwicklungen und notwendige Änderungen auf dem Laufenden zu halten, kontinuierlich zu festgelegten Zeitpunkten oder wenn der Projektverlauf dies gebietet (**Berichtswesen**). Dies erfordert eine sorgfältige Planung. Nur wenn zum richtigen Zeitpunkt die erforderlichen Informationen bereitgestellt werden, können notwendige Entscheidungen getroffen werden (**Entscheidungsvorbereitung**). Nicht nur als Grundlage für diese zweckorientierte Kommunikation, sondern auch zur Sicherung der Untersuchungsergebnisse ist eine angemessene Dokumentation unerlässlich. Auf Einzelheiten der Berichterstattung wird unter den Rn. 109 ff. näher eingegangen. **77**

Und schließlich gehört das **Projektcontrolling** zu den wesentlichen Aufgaben des Leiters der Untersuchung. **Termine, Kosten, Ressourcen und Fortschritte** sind fortlaufend auf Übereinstimmung mit den Projektplan zu überprüfen. Außerdem hat der Leiter der Untersuchung **Qualitätskontrollen** durchzuführen und Maßnahmen zur Sicherung der Qualität zu etablieren. Im Falle von Soll-Ist-Abweichungen sind die Ursachen zu analysieren und Gegen-/Korrekturmaßnahmen zu erarbeiten. Diese sind mit dem Lenkungsausschuss abzustimmen oder Kosten- und Terminüberschreitungen von ihm genehmigen zu lassen. Teilbestandteil eines solchen Projektcontrollings ist zusätzlich das **Risikomanagement**.[186] Komplexe Projekte, so auch interne Ermittlungen, können eine Vielzahl unterschiedlicher Risiken aufweisen (organisatorisch, technisch, terminlich, kapazitiv, kostenorientiert). Nur identifizierte Risiken lassen sich im Rahmen der Projektsteuerung kontrollieren (Begegnungsstrategien: Vermeidung, Verminderung, Abwälzung und Akzeptanz von Risiken). Dem Leiter der Untersuchung obliegt deshalb die fortlaufende **Risikobeobachtung** und anschließende **Risikosteuerung** im Sinne eines Regelkreises. **78**

dd) Untersuchungsteam

Projekte werden von **Personengruppen** durchgeführt, deren Mitglieder aufgrund ihrer **speziellen Fähigkeiten und Erfahrungen** gezielt für das Projekt ausgewählt wurden.[187] **Teams** sind nach der Definition ICB „Gruppen von Personen, die zusammen an der Umsetzung **79**

---

186 Vgl. dazu ausführlich *Kuster/Huber/Lippmann/Schmid/Schneider/Witschi/Wüst* Handbuch Projektmanagement, 2011, Kap. 4.3.3, S. 166 ff.
187 ICB = IPMA COMPETENCE BASELINE Version 3.0, in der Fassung als DEUTSCHE NCB 3.0 NATIONAL COMPETENCE BASELINE der PM-ZERT Zertifizierungsstelle der GPM e.V., unter Gliederungspunkt 4.1.6. Projektorganisation, S. 63, abrufbar unter www.google.de/url?sa=t&rct=j&q=DEUTSCHE+NCB+3.0+NATIONAL+COMPETENCE+BASELINE&source=web&cd=1&ved=0CFcQFjAA&url=http%3A%2F%2Fwww.gpm-ipma.de%2Ffileadmin%2Fuser_upload%2FQualifizierung___Zertifizierung%2FZertifikate_fuer_PM%2FNCB3_FINAL_20090912.pdf&ei=Q868T4WOMc_E8QPh_LlC&usg=AFQjCNELPpDgCWWaYZfn08TDRD-9nFtaQ, Stand 21.5.2012.

33 *Ermittlung durch Externe*

von spezifischen Zielsetzungen arbeiten."[188] Das Untersuchungsteam zeichnet sich demnach insbesondere durch die sich ergänzenden Fähigkeiten seiner Mitglieder (**interdisziplinäre Teamzusammensetzung**) sowie ihrer Verpflichtung zu gemeinsamen Leistungszielen und einem gemeinsamen Arbeitseinsatz aus (vgl. dazu Rn. 8). Aus Projektsicht ist zusätzlich die Kontinuität in der Teamzusammensetzung ein gewichtiger Erfolgsfaktor. Die nominierten Teammitglieder sollten tatsächlich ausreichend freie zeitliche Kapazitäten besitzen (**Verfügbarkeit**). Andernfalls droht eine Kultur des ständigen Auswechselns, mit negativen Auswirkungen auf die Teamleistung. Nur ein kontinuierlich zusammenarbeitendes Team entwickelt eine einheitliche Sichtweise über das Projekt und ein System von allgemein akzeptierten Regeln und Normen für diese Zusammenarbeit auf Basis gemeinsam getroffener Entscheidungen.

80 Der Leiter der Untersuchung trägt nicht nur die Verantwortung für die dem Projektinhalt entsprechende Teamzusammensetzung/-größe, sondern auch für die **Team-Organisation**. So wie verschiedene Grundtypen hinsichtlich der Projektorganisation insgesamt unterschieden werden können (siehe Rn. 46 ff.), lassen sich auch verschiedene Organisationsformen für die Struktur des Untersuchungsteams beschreiben.[189] Für interne Ermittlungen geringen Umfangs sollte ein **Kernteam** gebildet werden, welches nur für besondere Fragestellungen oder bestimmte Projektphasen durch **punktuelle Projektmitarbeiter** (Spezialisten) verstärkt wird. Dadurch werden zwei Ziele erreicht: Einerseits gelingt es durch diese Organisationsform, die Gruppenstärke auf wenige dauerhafte Teammitglieder zu beschränken. Dies wirkt sich positiv auf die Teameffizienz aus. Andererseits wird durch das nur punktuelle Hinzuziehen der Spezialisten die Gefahr von Leerkosten vermieden. Gerade bei komplexeren internen Ermittlungen kann es jedoch erforderlich sein, die unter Effizienzgesichtspunkten als ideal angesehene Anzahl von fünf bis zehn Teammitgliedern[190] erheblich zu überschreiten, weil nur so die festgelegten Untersuchungsziele innerhalb des gesetzten Zeitrahmens erreicht werden können. Dadurch erhöht sich der Verwaltungsaufwand zur Sicherstellung der Kommunikation unter den einzelnen Teammitgliedern und der vollständigen Informationsvermittlung. Es besteht dann die Gefahr, dass das Gesamtteam unkoordiniert in kleinere Unterteams zerfällt. Dieser Gefahr lässt sich mit planmäßigen **Teiluntersuchungsteams** als struktureller Bestandteil der Projektorganisation entgegenwirken. Von dem Gesamtteam werden Teiluntersuchungsteams abgespalten, die jeweils ein Bündel an sachlich-logisch verknüpften Aufgabenstellungen zur Bearbeitung übertragen bekommen. Es kann sich hierbei bspw. um Untersuchungssachverhalte handeln, die nur bestimmte Organisationseinheiten des Unternehmens oder ausgewählte Absatzregionen betreffen. Alle von dieser Abgrenzung nicht betroffenen Projektaufgaben werden dann von dem verbliebenen **Kernteam** bearbeitet.

81 Mit der an sachlich-logisch verknüpften Aufgabenstellungen orientierten Aufteilung des Gesamtteams kann eine **Dezentralisierung** einhergehen, weil die den Teilteams übertragenen Aufgabenstellungen an anderen Orten, in u.U. verschiedenen Zeitzonen bearbeitet werden müssen. Es bildet sich dann ein **virtuelles Team**.[191] Dieses unter-

---

188 ICB = IPMA COMPETENCE BASELINE Version 3.0, in der Fassung als DEUTSCHE NCB 3.0 NATIONAL COMPETENCE BASELINE der PM-ZERT Zertifizierungsstelle der GPM e.V., unter Gliederungspunkt 4.1.6. Projektorganisation, S. 63, abrufbar unter www.google.de/url?sa=t&rct=j&q=DEUTSCHE+NCB+3.0+NATIONAL+COMPETENCE+BASE-LINE&source=web&cd=1&ved=0CFcQFjAA&url=http%3A%2F%2Fwww.gpm-ipma.de%2Ffileadmin%2Fuser_upload%2FQualifizierung___Zertifizierung%2FZertifikate_fuer_PM%2FNCB3_FINAL_20090912.pdf&ei=Q868T4WOMc_E8QPh_LlC&usg=AFQjCNELPpDgCWWaYZfn08TDRD-7nFtaQ, Stand 21.5.2012.
189 Vgl. ausführlicher dazu *Patzak/Rattay* S. 183 ff.
190 Vgl. *Patzak/Rattay* S. 183; *Litke* Projektmanagement, 2007, Kap. 5.3.3, S. 181 f. m.w.N.
191 Vgl. *Patzak/Rattay* S. 189 ff.

scheidet sich von einem konventionellen, örtlich gebundenen Team von der über Raum-, Zeit- und Organisationsgrenzen hinweggehenden Zusammenarbeit, unter Nutzung besonderer Verbindungskanäle, insbesondere einer IT-gestützten Kommunikation. Die Steuerung eines solchen virtuellen Teams ist mit besonderen Herausforderungen für den Leiter der Untersuchung verbunden, denen insbesondere im Rahmen der Ablauforganisation begegnet werden muss.[192]

ee) Arbeitskreise und Fachausschüsse

Wie vorangehend erläutert, kann die Bildung von Teiluntersuchungsteams geboten sein. Sollte in einem solchen Fall keine sachlich-logisch verknüpften Aufgabenstellungen abgrenzbar seien, die sinnvollerweise von einem verbleibenden Kernteam zu bearbeiten wären, sich also alle Projektmitarbeiter auf Teilteams verteilen, so bietet es sich an, einen **„Arbeitskreis Teamsteuerung"** zu bilden. Im Unterschied zum Lenkungsausschuss, dessen Aufgabe auch in diesem Fall die strategische Projektführung/-kontrolle ist, fallen diesem nachgeordneten Gremium Koordinations- und Abstimmungsaufgaben innerhalb des Gesamtteams zu. Das **Mikromanagement** (Aufgabenverteilung, Projektkoordination, Schnittstellen-/Umfeldmanagement) der internen Ermittlungen erfolgt durch den Leiter der Untersuchung über den Arbeitskreis Teamsteuerung, während die wesentliche inhaltliche Arbeit in den Teiluntersuchungsteams geleistet wird. Hierzu ist es erforderlich, dass jedes Teiluntersuchungsteam einen Repräsentanten (**Teilprojektleiter**) in den Arbeitskreis Teamsteuerung entsendet. Dieser präsentiert dort die Ergebnisse seines Teilteams, die daraufhin mit den übrigen Teilprojektleitern abgestimmt werden. Von wesentlicher Bedeutung ist auch hier die Kontinuität in der Zusammensetzung des Arbeitskreises Teamsteuerung. Die in der Praxis zu beobachtende Vorgehensweise, immer dasjenige Mitglied des Teilteams zu den Sitzungen des Arbeitskreises zu entsenden, das gerade Zeit hat, ist für eine effiziente Steuerung der Teiluntersuchungsteams sehr hinderlich. **82**

Fachliche Expertise, die für die Durchführung der internen Ermittlungen unerlässlich, jedoch unternehmensintern nicht vorhanden ist oder aufgrund von Kapazitätsengpässen als externe Dienstleistung bezogen werden soll, lässt sich in Form von **Fachausschüssen** in die Projektorganisation einbinden. Ein mit den entsprechenden Spezialisten besetzter Fachausschuss hat den Lenkungsausschuss sowie den Leiter der Untersuchung in fachlichen/rechtlichen Fragestellungen und zu entsprechend untersuchungsstrategischen Aspekten zu beraten. Je nach Bedeutung des Fachgebietes kann es ratsam sein, ein Mitglied dieses Fachausschusses als dauerhaften Repräsentanten in den Lenkungsausschuss zu entsenden. Um eine einheitlich hohe Qualität sicherzustellen, kann es außerdem sinnvoll sein, bestimmte Teilaufgaben des Untersuchungsprozesses dem Fachausschuss zur Bearbeitung zu übertragen. In dem bereits erwähnten Beispiel von internen Ermittlungen, die parallel zu einem staatsanwaltschaftlichen Ermittlungsverfahren wegen Verdachtsmomenten zu Geldwäschetaten durchgeführt wird, könnte die reine Sachverhaltsermittlung durch das Untersuchungsteam, die strafrechtliche Beurteilung hingegen durch einen **Bewertungsausschuss** erfolgen. Dieser wäre mit Vertretern der Rechtsabteilung des Unternehmens und/oder beauftragten Rechtsanwälten besetzt. **83**

Zusätzlich zu solchen Fachausschüssen lassen sich untersuchungsunterstützende Teilprozesse sowie untersuchungsnahe Sonderaufgaben in Form von **Arbeitskreisen** organisieren. Bei solchen Arbeitskreisen kann es sich um sog. **Temporärgruppen** handeln, deren Tätigkeitsdauer deutlich kürzer als die Gesamtlaufzeit des ganzen Projektes angelegt ist. Als Beispiel für einen untersuchungsunterstützenden Teilprozess lässt sich die Bereitstellung der für die internen Ermittlungen benötigten Informationstechnologien nebst digitaler **84**

---

[192] Zu den in diesem Zusammenhang veränderten Anforderungen an die Einstellungen und Verhaltensweisen aller Beteiligten Teammitglieder vgl. weiterführend *Patzak/Rattay* S. 190 f.,193.

Daten nennen (**IT-Unterstützungsprozess**). Je nach Untersuchungsziel ist die Analyse strukturierter und unstrukturierter elektronischer Datenbestände[193] erforderlich. Bereits die Akquisition der für die Untersuchung relevanten Daten kann eine große Herausforderung darstellen, die nur mit Hilfe der IT-Abteilung zu bewerkstelligen ist (Akquisition über unterschiedliche ERP-Systeme hinweg, Lesbarmachung bereits archivierter Datenbestände, etc.). Für die Analyse dieser Daten ist u.U. der Einsatz einer speziellen Software erforderlich. An dieser Software sind die Projektmitarbeiter entweder zu schulen, oder die Analysen müssen nach den Vorgaben des Untersuchungsteams durch bereits in der Anwendung der Software erfahrene Mitarbeiter der IT-Abteilung bzw. eines beauftragten externen Beratungsunternehmens erfolgen. Hinzu kommen Aufbau und Pflege einer Projektdatenbank sowie die Bereitstellung der Kommunikationstechnologien (insbesondere i.Z.m. einem virtuellen Untersuchungsteam, siehe Rn. 81). Die einzelnen Bedürfnisse des Untersuchungsteams, Möglichkeiten der IT-Abteilung, Vorgehensweise und Terminplan werden in einem solchen Fall innerhalb eines **„Arbeitskreises EDV"** abgestimmt. Ein weiteres Beispiel kann ein **„Arbeitskreis Amnestieprogramm"** sein. Beinhalten Untersuchungsaufgaben bzw. -systematik ein Amnestieprogramm, um sich die Kooperationsbereitschaft und damit das Wissen betroffener Mitarbeiter zu sichern, so lassen sich Fragen zur Ausgestaltung des Amnestieprogramms sowie die Informationsweitergabe zum Untersuchungsteam in einem solchen Arbeitskreis koordinieren.

85 Beispiele für untersuchungsnahe Sonderaufgaben finden sich u.a. auf dem Gebiet der sog. Remediation.[194] Gilt es Erkenntnisse aus einer internen Untersuchung aufzugreifen, um die Kontroll- und Reaktionssysteme im Unternehmen weiterzuentwickeln, so müssen die entsprechenden Erkenntnisse für diese Zwecke strukturiert und den mit den Remediation-Maßnahmen beauftragten Mitarbeitern übergeben werden. Die Remediation gehört nicht zwingend zum Projektauftrag von internen Ermittlungen, sondern kann ein eigenständiges Projekt darstellen. Die Schnittstellen zwischen beiden Projekten bildet dann ein **„Arbeitskreis Remediation"**. Erkenntnisse aus internen Ermittlungen können ferner in arbeitsrechtlich relevanter Weise aufzugreifen sein. Auch unter Berücksichtigung eines Amnestieprogramms hat das Unternehmen u.U. Hinweisen auf massives individuelles Fehlverhalten von Unternehmensangehörigen in der Vergangenheit nachzugehen und Sanktionen auszusprechen. Vorgehensweise und Durchführung koordiniert ein **„Sanction Committee"**.

ff) Einzelpersonen mit besonderen Aufgaben

86 Nicht immer erfordert das Aufgabenvolumen den Einsatz einer Personengruppe zur Durchführung der betreffenden Projektaufgabe. Beispielsweise kann zur Überwachung datenschutzrechtlicher Vorgaben im Rahmen von internen Ermittlungen entweder der **Datenschutzbeauftragte** des Unternehmens oder ein eigens im Zusammenhang mit der Untersuchung beauftragter Berater hinzugezogen werden. Diese, mit der Sicherstellung des Datenschutzes beauftragte Person berichtet direkt an den Lenkungsausschuss und ist berechtigt, dem Leiter der Untersuchung fachbezogene Weisungen zu erteilen. Eine eigenständige Projektrolle kann auch einem sog. **Projektcontroller** zukommen, der zur Entlastung des Leiters der Untersuchung eingesetzt wird. Das Aufgabenspektrum eines Projektcontrollers kann von dem reinen Termin-, Kosten- und Ressourcen-Controlling, über eine gesonderte Qualitätskontrolle, die Vorbereitung der regelmäßigen Projektstatus-Berichte an den Lenkungsausschuss bis hin zur (methodischen) Unterstützung des Leiters der

---

193 Als strukturierte (elektronische) Daten werden bspw. Daten aus den Buchhaltungssystemen bezeichnet. Im Unterschied dazu werden solche Daten, die in Dateiordnern auf Festplatten von Computern, externen Datenträgern, File-Servern oder E-Mail-Servern abgelegt sind, als unstrukturiert bezeichnet.
194 Siehe dazu eingehend Knierim/Rübenstahl/Tsambikakis/*Idler/Waeber* Kap. 20.

Untersuchung bei der Projektplanung und -steuerung reichen. Im Zusammenhang mit dem letztgenannten Aufgabenbereich kann der Projektcontroller auch die Rolle eines **Fachpromotors** haben. Sofern für die internen Ermittlungen zwar bestimmtes Fachwissen erforderlich ist, es diesbezüglich jedoch keines gesonderten Fachausschusses bedarf, lässt sich dieses Fachwissen auf operativer Ebene durch einen solchen Fachpromotor auch in das Untersuchungsteam tragen. Ein Fachpromotor kann z.B. auch hinsichtlich besonderer Untersuchungsmethoden die einzelnen Mitglieder des Untersuchungsteams schulen.

2. Ablauforganisation und Planung der Untersuchung

a) Gegenstand der Ablauforganisation

Gegenstand der Ablauforganisation ist die zeitliche, räumliche und personelle **Festlegung der Arbeitsabläufe**.[195] Während die Aufbauorganisation einen (statischen) Überblick über die hierarchische Ordnung eines Projektes gibt, liegt der Ablauforganisation eine dynamische Betrachtung der Organisationszusammenhänge des Projektes zu Grunde. Erst durch die Ablauforganisation werden die logische Reihenfolge der einzelnen Arbeitspakete und die zugehörigen Durchführungszeitpunkte determiniert. Zu einer vollständigen Planung einer internen Untersuchung gehören jedoch gleichsam die Planung der Ressourcen sowie die Planung der Kosten, d.h. der benötigten Finanzmittel. Auf die einzelnen Planungsschritte wird nachfolgend im Einzelnen eingegangen.

87

b) Aufgabenplanung

Ausgangspunkt der Planung der Ablauforganisation ist die **Aufgabenplanung**. In Ausrichtung auf das Ziel einer internen Untersuchung hat sich der planungsverantwortliche Untersuchungsleiter die Frage zu stellen: Was ist alles zu tun? Die **Gesamtaufgabe** muss in einzelne **Teilaufgaben** und diese wiederum in plan- und kontrollierbare **Arbeitspakete** aufgegliedert werden.[196] Ein Arbeitspaket stellt die kleinste Planungseinheit dar. Es handelt sich um eine „geschlossene, zusammengehörende, überschaubare Menge an Arbeit"[197]. Das Ergebnis eines Arbeitspaketes ist für sich alleine nachprüfbar. Dadurch ist eine eindeutige Arbeitsvergabe und Abnahme nach erfolgter Durchführung möglich. Das Ergebnis einer solchen Aufgabenplanung gibt der sog. **Projektstrukturplan** wieder.[198] Es handelt sich um ein hierarchisches Schema, an dessen Spitze die Hauptaufgabe steht. Darunter sind die Teilaufgaben angeordnet, in die sich die Hauptaufgabe zerlegen lässt. Die Teilaufgaben gliedern sich in Unteraufgaben jeweils nachgelagerter Ebenen auf, bis die Ebene der Arbeitspakete erreicht ist. Erst wenn auf diese Weise eine Vorstellung darüber besteht, was im Einzelnen zu tun ist, kann eine logische Reihung der einzelnen Arbeitspakete (**Ablaufplanung**) und darauf aufbauend eine **Planung der Termine** erfolgen.

88

---

195 Vgl. *Wöhe/Döring* Einführung in die Allgemeine Betriebswirtschaftslehre, 2010, Kap. B.IV.3, S. 124.
196 ICB = IPMA COMPETENCE BASELINE Version 3.0, in der Fassung als DEUTSCHE NCB 3.0 NATIONAL COMPETENCE BASELINE der PM-ZERT Zertifizierungsstelle der GPM e.V., unter Gliederungspunkt 4.1.6. Projektorganisation, S. 63, abrufbar unter www.google.de/url?sa=t&rct=j&q=DEUTSCHE+NCB+3.0+NATIONAL+COMPETENCE+BASE-LINE&source=web&cd=1&ved=0CFcQFjAA&url=http%3A%2F%2Fwww.gpm-ipma.de%2Ffileadmin%2Fuser_upload%2FQualifizierung__Zertifizierung%2FZertifikate_fuer_PM%2FNCB3_FINAL_20090912.pdf&ei=Q868T4WOMc_E8QPh_LlC&usg=AFQjCNELPpD-gCWWa-YZfn08TDRD-7nFtaQ, Stand 21.5.2012.
197 *Drees/Lang/Schöps* Praxisleitfaden Projektmanagement, 2010, Kap. 6.2, S. 45.
198 Zu den unterschiedlichen Möglichkeiten der Herleitung eines solchen Projektstrukturplanes – u.a. Zerlegungsmethode (top down) und Zusammensetzungsmethode (bottom up) – vgl. *Patzak/Rattay* S. 224 ff.

89 Im Rahmen der Ablaufplanung wird die **logische Anordnung** der einzelnen Arbeitspakete vom Projektstart bis zum Projekt Ende festgelegt. Im Unterschied zu Produktentwicklungs- oder Investitionsprojekten ergibt sich die logische Anordnung nicht aus technologischen Erfordernissen, sondern aus den **sachlich-logischen Abhängigkeiten** zwischen den einzelnen Arbeitspaketen. Unter Berücksichtigung dieser Abhängigkeiten lässt sich beurteilen, welche Arbeitspakete zwingend nacheinander zu bearbeiten sind und ob bestimmte Aktivitäten parallel bzw. überlappend ausgeführt werden können (Ablauflogik). Für die konkrete Planung des Projektablaufes von internen Ermittlungen bietet sich ein **progressiver Planungsansatz** an: Begonnen wird mit dem Start der internen Ermittlungen. Zu prüfen ist, welche Arbeitspakete von dem Untersuchungsteam als erstes in Angriff zu nehmen sind und welche Prozessschritte sich daran anschließen können. Auf diese Weise werden Tätigkeitsfolgen entwickelt. Ausgehend von dem Untersuchungsteam sind dann die Arbeitspakete für die übrigen Projektbeteiligten – gewissermaßen bottom up – in die Ablaufplanung zu integrieren: Welche Arbeitsergebnisse müssen vorliegen, damit bestimmte Arbeitskreise ihre Tätigkeit aufnehmen können? Inwieweit sind rechtliche Stellungnahmen von Fachausschüssen erforderlich, bevor die nächste Projektphase anlaufen kann?

c) Terminplanung/-koordination

90 In einem zweiten Schritt ist der **Parameter Zeit** der in der Ablaufplanung festgelegten Ablauffolge zuzufügen. Hierzu ist zunächst die **Bearbeitungsdauer** für die einzelnen Arbeitspakete abzuschätzen (Durchlaufzeit). Auf Basis dieser Durchlaufzeiten lassen sich Start- und Endtermin für das jeweilige Arbeitspaket ermitteln und unter Berücksichtigung der in dem Ablaufplan enthaltenen Abhängigkeitsbeziehungen die **terminliche Lage** des Arbeitspaketes auf der Zeitachse bestimmen. Aus dem in dieser Weise erweiterten Ablaufplan ist dann auch die **relative Priorität** der Arbeitspakete ersichtlich, denn aus dem Terminplan ergeben sich nicht nur die sachlich-logischen Abhängigkeiten zwischen den Aufgaben, sondern auch die zeitlichen (Wartezeiten, Vorziehzeiten). Dieser **Terminplan**[199] stellt die unerlässliche Basis für alle weiteren Planungsschritte dar, insbesondere die Ressourceneinsatzplanung sowie die Kostenplanung, im Rahmen derer weitere Abhängigkeiten, wie bspw. Kapazitätsengpässe Berücksichtigung finden.

91 Wie die Aufbauorganisation sind auch Ablauf- und Terminplan während der internen Ermittlungen erforderlichenfalls fortzuschreiben. Gründe können Ergänzungen der Projektaufgaben, Erkenntnisse aus der Projektüberwachung, Änderungen hinsichtlich der Ressourcenverfügbarkeit sowie Kostenüberschreitungen und Terminverspätungen sein.

d) Kommunikationslinien und -konventionen

92 Durch den vorangehend skizzierten Ablauf- und Terminplan sind die Projektabläufe noch unzureichend determiniert. Erforderlich sind zusätzlich Regelungen zum **administrativen Ablauf** der internen Ermittlungen, insb. in Bezug auf das Informationswesen. Nur durch eine sorgfältige **Planung der Informationsflüsse** lässt sich sicherstellen, „dass alle am Projekt Beteiligten die für ihre Arbeit nötigen Informationen rechtzeitig, in der entsprechenden Form und Detaillierung und in einer transparenten Struktur erhalten, um die übertragenen Aufgaben effizient erfüllen zu können."[200] Festzulegen ist deshalb,
– wer (in erster Linie der Leiter der Untersuchung),
– wem (u.a. Lenkungsausschuss, Arbeitskreise/Fachausschüsse),
– welche Informationen (z.B. Projektstatusbericht, ad-hoc-Bericht, Review),
– in welcher Art (mündlich, schriftlich, standardisierte Form),
– und Häufigkeit

---

199 Zu den unterschiedlichen Terminplanungsmethoden siehe Übersicht bei *Patzak/Rattay* S. 249 ff.
200 *Patzak/Rattay* S. 341.

weiterzugeben hat. Auf diese Weise wird die **formalisierte Informationsweitergabe** geregelt. Daneben werden die Projektbeteiligten auch auf informelle Weise miteinander kommunizieren. Zwar ist diese Form der Informationsweitergabe für den Erfolg von Projekten nicht zu unterschätzen, doch lässt sie sich nicht planen.

Zur Gewährleistung von Datensicherheit, Geheimhaltung und Funktionsfähigkeit der Kommunikation sind sowohl für die formale, als auch die informelle Informationsweitergabe **Konventionen/Standards** vorzugeben, wie z.B. zu 93
- einer einheitlich zu verwendenden Projektsprache,
- Formaten/Anwendungen für den Informationsaustausch,
- zulässigen Speichermedien,
- einzusetzender Verschlüsselungssoftware und Passwortschutz.

e) Ressourcen- und Kapazitätsplanung

Mit der voranstehend beschriebenen Aufgaben- und Terminplanung wird festgelegt, welche konkreten Ermittlungsschritte vorzunehmen und wann diese Tätigkeiten im Einzelnen durchzuführen sind. Durch diese Planungsschritte ist jedoch noch nicht die Verfügbarkeit von benötigten Ressourcen sichergestellt. Dies erfordert eine sogenannte **Ressourceneinsatzplanung**, das heißt die sorgfältige Ermittlung benötigter Ressourcen und ihre Zuweisung zu den konkreten Arbeitspaketen. Der Begriff **Ressourcen** umfasst auch im Kontext von internen Ermittlungen „Menschen, Materialen und die für die Durchführung von Projektaktivitäten benötigte Infrastruktur (wie z.B. Ausrüstung, Einrichtungen, Dienstleistungen, Informationstechnologie, Informationen und Dokumente, Wissen und Geldmittel)"[201]. 94

Der Auftraggeber der internen Ermittlungen und der Leiter der Untersuchung haben sich in diesem Zusammenhang insbesondere davon zu überzeugen, dass die beauftragten externen Fachspezialisten über die erforderliche Qualifikation verfügen und in einem für die zeitgerechte Durchführung der internen Ermittlung ausreichenden Umfang qualifizierte Fachmitarbeiter zur Verfügung stellen können. Je nach Organisationsform des Untersuchungsteams (zentrales Untersuchungsteam vs. virtuelles Team) haben daneben Fragen der Raumplanung (ausreichend großer Teamraum, verfügbare Besprechungsräume, benötigte Spezialräume, wie z.B. ein Serverraum) sowie ausreichender Kapazitäten für eine IT-gestützte Kommunikation erhöhte Bedeutung. 95

Zu planen ist in diesem Kontext ferner, in welcher Weise die von den an der internen Ermittlung Beteiligten benötigten Daten und Dokumente zur Verfügung gestellt werden können. Erfolgt die Zurverfügungstellung der entsprechenden Dokumente in erster Linie in physischer Form, so ist ein ausreichend großer **Datenraum** erforderlich. Soll ein dezentraler Datenzugriff ermöglicht werden und aus diesem Grund die Bereitstellung digital erfolgen, so ist der Aufbau eines virtuellen Datenraumes, seine Befüllung und die Anbindung der an der Untersuchung Beteiligten sorgfältig zu planen. 96

Unter Einbindung der Linienorganisation des Unternehmens hat der Leiter der Untersuchung mit dem Auftraggeber ferner abzustimmen, welche Ressourcen unternehmensseitig zur Verfügung gestellt werden können und bezüglich welcher Ressourcen aufgrund kon- 97

---

201 ICB = IPMA COMPETENCE BASELINE Version 3.0, in der Fassung als DEUTSCHE NCB 3.0 NATIONAL COMPETENCE BASELINE der PM-ZERT Zertifizierungsstelle der GPM e.V., unter Gliederungspunkt 4.1.6. Projektorganisation, S. 63, abrufbar unter www.google.de/url?sa=t&rct=j&q=DEUTSCHE+NCB+3.0+NATIONAL+COMPETENCE+BASELINE&source=web&cd=1&ved=0CFcQFjAA&url=http%3A%2F%2Fwww.gpm-ipma.de%2Ffileadmin%2Fuser_upload%2FQualifizierung___Zertifizierung%2FZertifikate_fuer_PM%2FNCB3_FINAL_20090912.pdf&ei=Q868T4WOMc_E8QPh_LlC&usg=AFQjCNELPpDgCWWaYZfn08TDRD-7nFtaQ, Stand 21.5.2012.

kurrierender Anforderungen aus der laufenden Geschäftstätigkeit eine Auslagerung (**Outsourcing**) erforderlich ist. Je nach Umfang der internen Untersuchung kann dies ein gesondertes Beschaffungsmanagement erfordern, um die zeitgerechte Zulieferung der von dem Untersuchungsteam für die Durchführung der internen Ermittlungen benötigten Produkte oder Dienstleistungen sicherzustellen.

f) Kostenplanung/Budgetierung

98   Im Rahmen der **Kostenplanung** werden alle für die Durchführung der internen Untersuchung erforderlichen Mittel erfasst. Dies erfordert eine Schätzung der Kosten für jedes im Rahmen der Aufgabenplanung festgelegte Arbeitspaket und die entsprechenden Teilaufgaben. Auf diese Weise entsteht das **Budget** für das Gesamtprojekt. Dieses beinhaltet nicht nur die unmittelbar verursachten monetären Geldabflüsse, wie beispielsweise die Vergütungen an die externen Fachberater und für externe Investitionen (u.a. Anschaffung erforderlicher IT-Hardware), sondern auch den unternehmensinternen Kostenaufwand für die unternehmensseitig bereitzustellenden Räume, IT-Infrastruktur, etc.

99   Eine sorgfältige Kostenplanung berücksichtigt ferner den **zeitlichen Kostenanfall**. Dadurch ist der Auftraggeber der internen Ermittlungen zu jedem Zeitpunkt darüber informiert, wie groß der Finanzmittelbedarf für den jeweils anstehenden Zeitabschnitt ist. Der Kostenplan ist somit Entscheidungsgrundlage im Zusammenhang mit den im Rahmen der Aufgaben- und Terminplanung definierten Meilensteinen zu weiteren internen Ermittlungsschritten. Zugleich wird durch den Kostenplan die Erfassung des Gesamtbudgets im Rahmen der Unternehmensplanung ermöglicht und damit die termingerechte Bereitstellung der benötigten finanziellen Mittel (**Liquiditätsplanung**).[202]

3. Einbettung der internen Ermittlungen in die Unternehmensorganisation

100 Auf allgemeine Aspekte der Eingliederung einer Projektorganisation in die bestehende Unternehmensorganisation wurde voranstehend bereits eingegangen, so z.B. auf die Frage der Kompetenzverteilung.[203] An dieser Stelle soll in Ergänzung dazu noch auf zwei Sonderaspekte eingegangen werden, hinsichtlich derer im Rahmen der organisatorischen Ausgestaltung von internen Ermittlungen eine besondere Sensibilität erforderlich ist.

101 In Abhängigkeit von Untersuchungsziel und -aufgaben, kann es sinnvoll sein, zur Durchführung von internen Ermittlungen auf die **Mitarbeiter der internen Revision** zurückzugreifen (siehe hierzu auch die Überlegungen unter Rn. 35). Aufgrund ihrer Prüfungstätigkeit verfügen sie über Kenntnisse zum Aufbau der Unternehmensorganisation, der Struktur von Geschäftsprozessen etc., aber auch aus Revisionsprüfungen in der Vergangenheit. Der Rückgriff auf dieses Wissen kann die Effizienz von internen Ermittlungen deutlich erhöhen. Sollten die internen Ermittlungen jedoch parallel zu einem staatsanwaltschaftlichen Ermittlungsverfahren geführt werden und die Weitergabe von Untersuchungsergebnissen auf Basis einer Kooperationszusage wahrscheinlich sein, könnte die **Vertrauensstellung des Revisionsmitarbeiters** gegenüber anderen Unternehmensangehörigen durch seine Mitwirkung an internen Ermittlungen deutlich **beschädigt werden**. In der Praxis sind Revisionsprüfungen regelmäßig von einem kooperativen Ansatz geprägt. Die von der Revisionsprüfung betroffenen Unternehmensangehörigen sind sich darüber bewusst, dass eine solche Prüfung insbesondere der Ordnungsgemäßheit und Effizienz von Geschäftsprozessen dient und damit letztlich einem kontinuierlichen Verbesserungsprozess innerhalb des

---

202 Vgl. *Kuster/Huber/Lippmann/Schmid/Schneider/Witschi/Wüst* Handbuch Projektmanagement, 2011, Kap. 3.4, S. 140.
203 Vgl. dazu ausführlich *Kuster/Huber/Lippmann/Schmid/Schneider/Witschi/Wüst* Handbuch Projektmanagement, 2011, Kap. 2.8, S. 112 f.; *Patzak/Rattay* S. 169 ff.

Gesamtunternehmens. Nach dem (Selbst-)Verständnis der internen Revision eines Unternehmens erbringt diese „unabhängige und objektive Prüfungs-('assurance') und Beratungsdienstleistungen, welche darauf ausgerichtet sind, Mehrwerte zu schaffen und die Geschäftsprozesse zu verbessern. Sie unterstützt die Organisation bei der Erreichung ihrer Ziele, indem sie mit einem systematischen und zielgerichteten Ansatz die Effektivität des Risikomanagements, der Kontrollen und der Führungs- und Überwachungsprozesse bewertet und diese verbessern hilft."[204] Das Klima einer Revisionsprüfung ist deshalb grds. von Vertrauen und gegenseitigem Respekt geprägt. Es ist zu erwarten, dass sich dies nachhaltig ändert, wenn derselbe Revisionsmitarbeiter Unternehmensangehörigen im Rahmen von deutlich konfrontativeren internen Ermittlungen gegenübertritt.

Neben diesem, in der Praxis eher schwierig einschätzbarem verhaltenspsychologischen Aspekt können auch konkrete **rechtliche Aspekte gegen die Einbindung von Revisionsmitarbeitern** in internen Ermittlungen sprechen (siehe dazu Rn. 35). Ist bspw. nach der Konzeption interner Ermittlungen die Erhebung, Verarbeitung und Nutzung von personenbezogenen Daten geplant, so ist es in der erforderlichen datenschutzrechtlichen Gesamtabwägung möglicherweise von Bedeutung, ob die Datenauswertung durch einen Revisionsmitarbeiter oder einen externen Berater erfolgt. Aus Sicht eines betroffenen Arbeitnehmers kann es erheblich sein, dass die Prüfung der Daten durch einen zur Berufsverschwiegenheit verpflichteten Rechtsanwälte oder Wirtschaftsprüfer erfolgt, der insbesondere Bagatellverstöße und nicht untersuchungsbezogene Zufallsfunde nicht nachgehen und solche Vorfälle auch nicht dokumentieren soll. Ob dies bei Einsatz eines Revisionsmitarbeiters in gleichem Maße gewährleistet werden kann, könnte zweifelhaft sein, weil dieser jederzeit auch seiner planmäßigen Revisionstätigkeit nachgehen und in diesem Rahmen die ihm zur Kenntnis gelangten Sachverhalte aufgreifen könnte. Solche rechtlichen Aspekte sind bei der Entscheidung über die Zusammensetzung des Untersuchungsteams ebenfalls zu berücksichtigen.

102

III. Steuerung der Untersuchung

1. Sinn und Zweck

Planung wird allgemein als die geistige Vorwegnahme zukünftigen Handelns definiert. Aufgrund der jeder Planung innewohnenden Unsicherheit sind jedoch Planabweichungen der Regelfall. Der Verlauf einer internen Ermittlung lässt sich nicht mit Sicherheit vorhersagen. Eine kontinuierliche Überprüfung der Erledigung von geplanten Teilaufgaben sowie bezüglich der festgelegten Termine und Kosten ist deshalb erforderlich. Planabweichungen sind zu ermitteln, daran anknüpfend müssen korrigierende Maßnahmen entwickelt und umgesetzt werden. Grundlage dieser **Projektsteuerung** sind die im Rahmen der Planungsphase entstandenen Pläne (Projektstruktur-, Termin-, Ressourceneinsatz- und Budgetplan), die mit den tatsächlichen Leistungsfortschritten, Terminen und Kosten abzugleichen sind.[205]

103

---

204 Deutsches Institut für Interne Revision (IIR), IIR Revisionsstandard Nr. 1, Zusammenarbeit von InternerRevision und Abschlussprüfer.
205 ICB = IPMA COMPETENCE BASELINE Version 3.0, in der Fassung als DEUTSCHE NCB 3.0 NATIONAL COMPETENCE BASELINE der PM-ZERT Zertifizierungsstelle der GPM e.V., unter Gliederungspunkt 4.1.6. Projektorganisation, S. 63, abrufbar unter www.google.de/url?sa=t&rct=j&q=DEUTSCHE+NCB+3.0+NATIONAL+COMPETENCE+BASE-LINE&source=web&cd=1&ved=0CFcQFjAA&url=http%3A%2F%2Fwww.gpm-ipma.de%2Ffileadmin%2Fuser_upload%2FQualifizierung___Zertifizierung%2FZertifikate_fuer_PM%2FNCB3_FINAL_20090912.pdf&ei=Q868T4WOMc_E8QPh_LlC&usg=AFQjCNELPpDgCWWaYZfn08TDRD-7nFtaQ, Stand 21.5.2012.

2. Aktivitäten- und Terminüberwachung

104 Eine Vielzahl von Anlässen ist denkbar, die eine Fortschreibung/Anpassung der Aufgabenplanung und damit der Ablaufplanung insgesamt erforderlich machen können. Unerwartete Ereignisse, wie beispielsweise hinzutretende Verdachtsmomente, neue Anforderungen des Auftraggebers (z.B. zusätzlich arbeitsrechtliche Aufarbeitung im Rahmen der internen Ermittlung) und die nicht plankonforme Durchführung der internen Ermittlung (u.U. aufgrund unvorhergesehener Abhängigkeiten zwischen verschiedenen Arbeitspaketen) erfordern fachlich-inhaltliche Anpassungen im Rahmen der **Aufgabenplanung**. Damit verbunden sind sodann die Termin-, Ressourcen- und Kostenplanung fortzuschreiben.

105 Unabhängig davon ist entweder in festgelegten periodischen Abständen oder ereignisgesteuert (Meilensteine) eine **Terminkontrolle** erforderlich, das heißt die Erstellung eines **Soll-Ist-Vergleiches**. Die sich aus dem Projektstruktur- und Terminplan ergebenden Soll-Vorgaben werden mit den im Rahmen der Ist-Erhebung gesammelten Informationen verglichen (**terminlicher Leistungsvergleich**). Die sich aus diesem Vergleich ergebenden Abweichungen werden einer **Ursachenanalyse** unterworfen, sofern die Abweichungen außerhalb eines vorgegebenen Toleranzbereiches liegen. Von Interesse für die sich an die Ursachenanalyse anschließende **Konsequenzenanalyse** (Auswirkungen der festgestellten Abweichungen auf den Verlauf und Erfolg der internen Ermittlungen) können dabei sowohl Terminüberschreitungen wie auch –unterschreitungen sein. Gemeinsam mit dem Auftraggeber der internen Ermittlungen sind sodann **korrektive Maßnahmen** zu erarbeiten, entweder in der Ausprägung als Steuerungsmaßnahmen oder als Planänderungen.[206]

106 Für den vorstehend beschriebenen Soll-Ist-Vergleich müssen die hierfür erforderlichen Daten in kompatibler Form vorhanden sein. Zu vermeiden ist – gerade bei periodisch wiederkehrenden Analysen –, dass die notwendigen Daten in aufwendiger Kleinarbeit zusammengestellt werden müssen. Die sich aus einer effizienten Projektsteuerung ergebenden Anforderungen sind deshalb im Rahmen des ermittlungsbegleitenden Berichtswesens zu berücksichtigen (vgl. dazu nachfolgend Rn. 109 ff.).

107 Ein wichtiges Instrument zur Früherkennung von Terminabweichungen ist die sogenannte **Meilenstein-Trendanalyse**.[207] Es handelt sich um eine Matrix, auf deren horizontaler Achse die Berichtszeitpunkte abgetragen werden und auf der vertikalen Achse (mit identischer Skalierung) die Meilensteintermine. Jedem Meilenstein wird ein eindeutiges Symbol zugewiesen. Im Projektverlauf wird zu jedem Berichtszeitraum der voraussichtliche oder – soweit bereits erreicht – der endgültige Fertigstellungstermin des Meilensteins eingetragen. Aus der grafischen Verbindung der einzelnen Trenddaten je Meilenstein ergeben sich folgende Aussagen: Ein waagerechter Verlauf steht für die Einhaltung des planmäßigen Termins, ein steigender Linienverlauf symbolisiert Terminüberschreitungen, ein fallender Linienverlauf eine Unterschreitung des geplanten Termins.

---

206 *Patzak/Rattay* S. 411 f.
207 *Patzak/Rattay* S. 426 f.

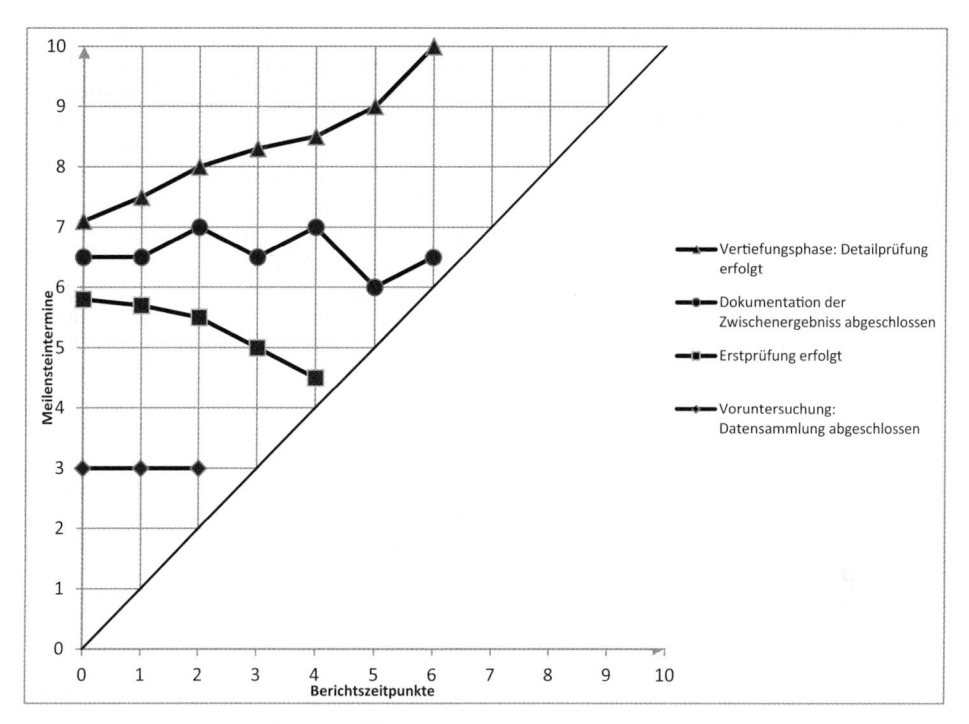

Abb. 4: Meilenstein-Trendanalyse[208]

3. Kapazitäts- und Kostencontrolling

Auch bei der Kontrolle der Ressourcen und Kosten ist zwischen einem stichtagsbezogenen Soll-Ist-Vergleich und einer Hochrechnung bezogen auf das Ende der internen Ermittlungen (**cost-to-complete**, erwartete Restkosten) zu unterscheiden. Für den stichtagsbezogenen Soll-Ist-Vergleich sind die **Soll-Kosten** (Plankosten multipliziert mit dem Leistungsfortschrittsgrad) zu ermitteln. Für die auf das Ende der internen Ermittlung bezogene Erwartungsrechnung sind zusätzlich noch die zu erwartenden Kosten je Arbeitspaket (**Restkosten**) zu erheben. Die auf diese Weise hochgerechneten Gesamtkosten werden mit den ursprünglichen Plankosten verglichen. [209] Idealerweise werden auch die Anforderungen aus dem Ressourcen- und Kostencontrolling im Rahmen der Projektberichterstattung berücksichtigt, so dass die benötigten Daten standardisiert bereit gestellt werden.

108

IV. Reporting

1. Grundlegendes

a) Notwendigkeit eines Informations- und Kommunikationssystems

Unter dem Begriff **Reporting** wird im vorliegenden Kontext die auf die internen Ermittlungen bezogene Berichterstattung verstanden. Bei enger Auslegung betrifft dies nur das **Berichtswesen**, d.h. den Informationsaustausch mittels standardisierter und nichtstandardi-

109

---

208 Nach *Patzak/Rattay* Abb. 4-13, S. 427.
209 *Patzak/Rattay* S. 429 f.

sierter, regelmäßig und unregelmäßig übermittelter Datensammlungen (**Berichte**). Die Weitergabe von für die internen Ermittlungen relevanten Daten in Form von Berichten stellt im Rahmen einer solchen Untersuchung jedoch nicht die einzige Form der **Kommunikation** dar. „Kommunikation kann in verschiedener Form (mündlich, schriftlich, in Text- oder Grafikform, statisch oder dynamisch, formell oder informell, freiwillig oder angefordert) und über unterschiedliche Medien (Papier oder elektronische Medien) stattfinden" und jeweils dem „wirksamen Austausch von Informationen" zwischen den an den internen Ermittlungen Beteiligten dienen.[210] Ein planmäßiges Handeln erfordert, dass diese untersuchungsbezogene Kommunikation bewusst gestaltet wird und Art, Umfang sowie Zeitpunkt des Austauschs ermittlungsrelevanter Daten nicht dem Zufall überlassen werden.[211] Doch nicht nur die Informationsweitergabe ist in diesem Sinne zu planen, sondern gleichsam die Informationsentstehung. Zu der untersuchungsbezogenen Berichterstattung gehört daher auch das **Informationsmanagement**. Dieses „umfasst das Gestalten, Sammeln, Auswählen, Aufbewahren und Abfragen von Untersuchungsdaten (in formatierter, unformatierter, grafischer, elektronischer Form oder auf Papier)"[210] und damit auch Fragen der **Dokumentation der internern Ermittlungen** und des **Datenaustausches**. Zusammenfassend lässt sich deshalb festhalten, dass die untersuchungsbezogene Berichterstattung das gesamte **System der untersuchungsbezogenen Information und Kommunikation** betrifft. Die Planung dieses Systems ist notwendigerweise Teil des Planungsprozesses der administrativen und operativen Aufgaben, d.h. der Ablaufplanung.

110 **Ziel** eines solchen Informations- und Kommunikationssystems (IuK-System) ist es, allen an den internen Ermittlungen beteiligten Personen zum jeweils erforderlichen Zeitpunkt zweckdienliche Informationen zur Verfügung zu stellen und sie dadurch in einer bestmöglichen Zielerreichung zu unterstützen. Gelingt es nicht, diesen Beteiligten die zur Erfüllung der ihnen übertragenen Aufgaben benötigten Informationen **rechtzeitig** zur Verfügung zu stellen, können Fehlleistungen, Zeitverzögerungen, Qualitätsmängel und Fehlallokationen von Ressourcen auftreten und damit verbunden letztlich eine Erhöhung der Kosten der internen Ermittlungen.

111 Um dieses Ziel im Rahmen von internen Ermittlungen zu erreichen, müssen nicht zwingend alle o.a. Komponenten eines solchen Systems in gleichwertiger Weise Berücksichtigung finden. So ist bspw. bei einem sehr kleinen Untersuchungsteam, welches zudem in einem gemeinsamen Raum arbeitet, die Organisation des Datenaustauschs weniger bedeutsam und von geringerer Komplexität, als im Falle von äußerst umfangreichen internen Ermittlungen mit verschiedenen Teilteams unter Beteiligung Unternehmensexterner, die räumlich unabhängig voneinander agieren und dennoch zeitgleich Zugriff auf dieselben

---

210 ICB = IPMA COMPETENCE BASELINE Version 3.0, in der Fassung als DEUTSCHE NCB 3.0 NATIONAL COMPETENCE BASELINE der PM-ZERT Zertifizierungsstelle der GPM e.V., unter Gliederungspunkt 4.1.6. Projektorganisation, S. 63, abrufbar unter www.google.de/url?sa=t&rct=j&q=DEUTSCHE+NCB+3.0+NATIONAL+COMPETENCE+BASELINE&source=web&cd=1&ved=0CFcQFjAA&url=http%3A%2F%2Fwww.gpm-ipma.de%2Ffileadmin%2Fuser_upload%2FQualifizierung___Zertifizierung%2FZertifikate_fuer_PM%2FNCB3_FINAL_20090912.pdf&ei=Q868T4WOMc_E8QPh_LlC&usg=AFQjCNELPpDgCWWaYZfn08TDRD-7nFtaQ, Stand 21.5.2012.

211 Immer wieder belegen Studien, dass ungenügende Kommunikation einer der häufigsten Gründe für die Behinderung der Projektarbeit oder gar das Scheitern von Projekten ist; vgl. gemeinsame Studie „Projekte als Erfolgsfaktor" der Steinbeis Universität, Berlin, und der Pentamino GmbH, Heidelberg, in Kooperation mit der GPM Deutsche Gesellschaft für Projektmanagement e.V., durchgeführt in 2011, Studienergebnisse abrufbar unter www.gpm-ipma.de/fileadmin/user_upload/Know-How/studien/Projekte_als_Erfolgsfaktor_Ergebnisse.pdf, Stand 6.6.2012; eingehender zu entsprechenden Studienergebnissen in den Vorjahren *Engel/Quadejacob* Projekt Magazin 19/2008, Sonderdruck.

Basisdaten benötigen. Unabhängig von Ziel und Umfang interner Ermittlungen, sollte ein IuK-System jedoch einigen **grundlegenden Leitlinien** folgen, die nachfolgend skizziert werden, bevor anschließend die Berichterstattung gegenüber wesentlichen Funktionsträgern detailliert erörtert wird.

b) Interne und externe Information

Unterschieden wird zwischen einer nach innen und einer nach außen gerichteten Kommunikation. Die **nach innen gerichtete Kommunikation** dient der Weitergabe von Informationen an die einzelnen Teammitglieder sowie des Informationsaustausches unter den Teammitgliedern (**interne Information i.e.S.**). Sie umfasst u.a. die einzelnen Arbeitsaufträge an die Teammitglieder, die von dem Leiter der Untersuchung in Erfüllung der von Auftraggeber/Lenkungsausschuss vorgegebenen Untersuchungsziele verteilt werden. Gleichsam erfasst sind der Rücklauf von Arbeitsergebnissen sowie die Rückmeldungen der Teammitglieder zu dem Fertigstellungsgrad begonnener Arbeiten, aufgetretenen Problemen etc. Auch die Kommunikation zwischen den Teammitgliedern zu inhaltlichen Fragestellungen im Zusammenhang mit den zur Bearbeitung übergebenen Arbeitspaketen oder zur Koordination der Sachbearbeitung innerhalb des Teams gehört dazu. Die **nach außen gerichtete Kommunikation** umfasst den Informationsaustausch zwischen dem Leiter der Untersuchung und den Funktionsträgern außerhalb des Teams, wie z.B. Auftraggeber/Lenkungsausschuss, Arbeitskreisen und Fachausschüssen (**externe Information**). Auch sie erfolgt sowohl mündlich, u.a. in Form von Präsentationen zum Stand der internen Ermittlungen und im Rahmen von Lenkungsausschusssitzungen, als auch schriftlich, bspw. in Form von Statusberichten. 112

Aus dieser Unterscheidung darf jedoch nicht abgeleitet werden, dass es sich um zwei voneinander unabhängige Kommunikationsstränge handelt. Vielmehr besteht die Herausforderung darin, ein **integriertes IuK-System** aufzubauen, welches sowohl die interne als auch die externe Information unterstützt. Ein solches System besteht aus verschiedenen Modulen, die zwar in sich abgeschlossen, über Schnittstellen jedoch miteinander verknüpft sind. Je besser diese Verknüpfung gelingt, desto geringer ist der zur Aufrechterhaltung der Kommunikation erforderliche Arbeitsaufwand. Bereits einmal erhobene/bereitgestellte Daten brauchen dann lediglich in Bezug auf einen weiteren Informationsanlass/-zweck miteinander kombiniert, verdichtet und ausgewertet werden. Hierzu ist bei Erstellung des Informations-/Kommunikationskonzeptes eine sorgfältige Analyse des **Informationsbedarfs bzw. der Informationsnachfrage**[212] erforderlich, um sicherstellen zu können, dass jedenfalls alle planmäßig benötigten Daten im Rahmen des Standardprozesses bereitgestellt werden (**Informationsangebot**). 113

Zur besseren Verdeutlichung dieses Zusammenhangs sei beispielhaft auf die **Verknüpfung zwischen dem Mikromanagement und dem strategischen Controlling** der internen Ermittlungen verwiesen. Der Leiter der Untersuchung wird zur Steuerung der verschiedenen Teilteams bzw. Teammitglieder auf einen detaillierten Fortschrittsbericht zurückgreifen, aus dem sich u.a. die in Bearbeitung befindlichen Arbeitspakete, die Auslastung der einzelnen Sachbearbeiter, der jeweilige Fertigstellungsgrad und Zeitverzögerungen ergeben. Aus dem Fortschrittsbericht, d.h. den ohnehin bereits erfassten Daten zur Feinsteuerung des Untersuchungsprozesses sollte sich der Statusbericht zur Berichterstattung des Leiters der Untersuchung gegenüber dem Auftraggeber/Lenkungsausschuss ableiten lassen. Dies erfolgt einerseits durch die Aggregation der Daten über die einzelnen Arbeitspakete zunächst auf Ebene der Teilaufgaben und dann auf Ebene der Gesamtaufgabe. Andererseits kann auch 114

---

212 Vgl. zu diesem Begriffspaar und der grundsätzlichen Vorgehensweise bei der Erstellung eines Informations- und Kommunikationskonzeptes *Wöhe/Döring* Einführung in die allgemeine Betriebswirtschaftslehre, 2010, Kap. B.VII.2, S. 166 ff.

eine zweckentsprechende Aufbereitung vorhandener Daten erforderlich sein. So ist bspw. die Information „in Bearbeitung befindliche Arbeitspakete" für Zwecke der Feinsteuerung von internen Ermittlungen in Relation zu den eingesetzten Teammitgliedern zu setzen, um eine effiziente Ressourcenplanung vornehmen zu können. Für Zwecke der Berichterstattung über den Gesamtfortschritt kommt es hingegen auf die Relation zu den insgesamt anstehenden Arbeitspaketen an. Anhand des auf diese Weise erstellten Statusberichtes kann sich der Auftraggeber/Lenkungsausschuss über den Fortschritt innerhalb der betreffenden Phase der internen Ermittlungen ein Bild verschaffen und ergründen, ob und inwieweit Verzögerungen bei der Bearbeitung einzelner Arbeitspakete die termingerechte Erreichung des nächsten Meilensteins gefährden und deshalb Gegenmaßnahmen erfordern. Für ein solches Ineinandergreifen dieser beiden Berichte müssen diese im Vorhinein jedoch in Bezug auf Inhalt, Struktur und Format aufeinander abgestimmt und idealerweise mit einer **einheitlichen Datenbank** verknüpft werden (zur Gestaltung des Informations- und Datenaustausch vgl. im Einzelnen nachfolgend Rn. 117 ff.). In gleicher Weise lassen sich auch Ergebnis- und Teilergebnispräsentationen von Arbeitskreisen und Fachausschüssen in die Berichterstattung gegenüber Auftraggeber/Lenkungsausschuss einbinden.

c) Informationsgrundsätze

115 Die von den an der Untersuchung Beteiligten benötigten Daten sind nicht nur – wie bereits erwähnt – rechtzeitig, sondern auch **gleichzeitig** und **gleichmäßig** bereitzustellen. Damit ist keinesfalls gemeint, dass alle Beteiligten stets mit allen Informationen zum selben Zeitpunkt zu versorgen sind. Vielmehr zielt das Prinzip der Gleichzeitigkeit und Gleichmäßigkeit darauf ab, **Informationsasymmetrien** innerhalb einer bestimmten Gruppe von Beteiligten, bspw. des Lenkungsausschusses oder des Untersuchungsteams zu vermeiden. Solche Informationsasymmetrien sind gefahrengeneigt (Informationsmissbrauch), erhöhen den Kommunikationsbedarf (Verunsicherung auf Grund von Gerüchten) und provozieren Projektverzögerungen (Zustimmungsverweigerung wegen fehlender/verspätet erhaltener Informationen). Von diesem Prinzip sollte deshalb nur dann abgewichen werden, wenn dies nach der Binnenorganisation der Empfängergruppe vorgegeben wird (z.B. Übergabe des Statusberichtes durch den Leiter der Untersuchung an den Vorsitzenden des Lenkungsausschusses, Weiterleitung der Informationen durch diesen an die einzelnen Ausschussmitglieder). Auf den ersten Blick mag dieses Prinzip als eine triviale Kommunikationskonvention aufgefasst werden. Es sind jedoch besondere Anforderungen an den Informations- und Datenaustausch damit verbunden, insbesondere Regeln zur Nutzung asynchroner Kommunikationsmedien, auf die nachfolgend unter Rn. 117 ff. eingegangen wird.

116 Die Berichterstattung muss ferner folgenden grundlegenden **qualitativen Anforderungen** genügen: Sie muss **zuverlässig** sein, d.h. frei von wesentlichen Fehlern und vollständig sein, sowie wertungsfrei und **gleichgewichtig**. Eine unausgewogene, tendenziöse Berichterstattung provoziert Fehlallokationen von Ressourcen und andere Fehlentscheidungen. Die bereitgestellten Informationen müssen von **Relevanz** und wesentlich sein. Werden zu viele Informationen übermittelt und müssen die wichtigen erst herausgefiltert werden, ist das Reporting ineffizient. Diese qualitative Anforderung ist durch die bereits erwähnte Analyse des Informationsbedarfs bzw. der Informationsnachfrage und eines darauf abgestimmten Informationsangebotes sicherzustellen. Weitere wesentliche qualitative Merkmale sind **Verständlichkeit** und **Vergleichbarkeit**. Erreicht wird dies durch Einfachheit, Prägnanz und Struktur in der Kommunikation. Die schriftliche Berichterstattung sollte sich weitestmöglich auf **standardisierte Kommunikationsinstrumente** stützen (Formulare/Vorlagen, wie z.B. Statusberichte, Aufgabenlisten, Sitzungsprotokolle), deren Aufbau und Gliederung zu Beginn des Projektes einvernehmlich festgelegt und im Verlauf der internen Ermittlungen möglichst beibehalten wird. Dadurch lässt sich gleichzeitig auch die Zuverlässigkeit erhöhen, weil die jeweils repetitive Informationsverarbeitung automatisiert und qualitätsgesichert werden kann (automatisierte Erzeugung standardisierter Berichte). So wäre beispielsweise der für die Steuerung der internen Ermittlungen von dem Leiter der Untersuchung benötigte periodische Fortschrittbericht durch eine einmal programmierte Abfrageroutine über die Daten der einheitlichen Datenbank zu erstellen. Teilaspekt der Vergleichbarkeit ist ferner die Datenkonsistenz (beispielsweise zwischen interner und externer Kommunikation) und die Rückverfolgbarkeit von Daten, die mithilfe des beschriebenen integrativen Systemansatzes unter Nutzung der einheitlichen Datenbank erreicht werden kann.

d) Gestaltung des Informations- und Datenaustauschs

Zu unterscheiden ist zwischen einem **synchronen** unter einem **asynchronen Informationsaustausch**. Synchron verläuft der Informationsaustausch, wenn Sender und Empfänger zur selben Zeit kommunizieren, wie beispielsweise im Rahmen von Teambesprechungen. Asynchron ist der Informationsaustausch, wenn Informationsübermittlung und -aufnahme zeitlich unabhängig voneinander erfolgen. Für beide Formen der Kommunikation sind im Rahmen von internen Ermittlungen Regeln zu vereinbaren und einzuhalten.[213] Interne Ermittlungen von geringem Umfang zeichnen sich tendenziell durch ein hohes Maß an synchronem Informationsaustausch aus: Umfasst das Untersuchungsteam nur wenige Mitglieder, die sich im Idealfall sogar einen Teamraum teilen und sind die internen Ermittlungen auf einen vergleichsweise kurzen Zeitraum begrenzt, so wird die bevorzugte Kommunikationsform das direkte Gespräch sein. Denn auf diese Weise lassen sich Informationen ohne Zeitverzögerungen übermitteln und ein unmittelbares Feedback einholen. Doch je mehr Personen an internen Ermittlungen mitwirken, je größer die räumliche Distanz zwischen diesen Personen ist und je länger die internen Ermittlungen andauern, desto stärker wird die Kommunikation von einem asynchronen Informationsaustausch geprägt sein.[214] Dadurch ergeben sich besondere Herausforderungen, denen die **technische Infrastruktur**[215] des IuK-Systems Rechnung tragen muss. Die Herausforderungen liegen in dem zeitlichen **Auseinanderfallen von Informationsbereitstellung und Informationsnutzung** sowie in der **Mehrfachverwendung von Informationen** begründet. Durch die Vielzahl an Beteiligten ist bei umfangreichen internen Ermittlungen die Wahrscheinlichkeit, dass Erzeuger und Nutzer einer Information verschiedene Personen sind und dass damit verbunden zeitliche Differenzen zwischen Informationsanfall und Informationsnutzung überbrückt werden müssen, deutlich größer. Die Beteiligten können nicht mehr alle Informationen unmittelbar untereinander austauschen. Dies erfordert den Einsatz eines **Speichermediums**, um einerseits die zeitgerechte Nutzbarkeit bereits entstandener Informationen zu gewährleisten und andererseits eine wiederholte Erfassung von mehrfach benötigten Informationen zu vermeiden. Hierzu sind die Informationen in geeigneter Weise zu dokumentieren.

Bei umfangreichen internen Ermittlungen eignet sich als Speichermedium ein sog. **Projektportal**. Es handelt sich um einen **virtuellen Datenraum** auf Basis von Internet-/Intranet-Technologien. Ein solches Projektportal dient zweierlei Zielen: Einerseits ermöglicht es die **zeitliche Transformation** von Daten, die entweder in der oben beschriebenen Weise erst mit zeitlicher Verzögerung oder mehrfach benötigt werden. Andererseits wird über den Einsatz des Projektportals eine **integrierte Untersuchungsdokumentation** sichergestellt. Die Untersuchungsdokumentation betrifft alle Daten, Informationen, Erkenntnisse und Ergebnisse, die im Verlauf der internen Ermittlungen gewonnen wurden, auch bezüglich

---

213 Vgl. dazu im Einzelnen *Patzak/Rattay* S. 197 ff.
214 Vgl. *Rohr* Projekt Magazin 4/2004, S. 3.
215 Diese umfasst die „Ressourcen, die zur Herstellung, Speicherung, Verarbeitung und Übermittlung von Informationen benötigt werden", *Wöhe/Döring* Einführung in die allgemeine Betriebswirtschaftslehre, 2010, Kap. B.VII.2, S. 179, unter Verweis auf *Krcmar* Informationsmanagement, 2005, S. 211.

33 *Ermittlung durch Externe*

der Aufbau-/ Ablauforganisation, Planung und Steuerung der internen Ermittlungen.[216] Somit dient das Projektportal allen Beteiligten als gemeinsame Ablage und Informationsdatenbank. Es ermöglicht eine asynchrone Abstimmung der Planung von Terminen und Aufgaben sowie eine weitestgehend ortsunabhängige Bearbeitung der gespeicherten untersuchungsrelevanten Daten. Dem Untersuchungsteam können über dieses Projektportal die benötigten Quelldaten zur Verfügung gestellt werden (Fallakten, Buchhaltungsdaten, Interviewprotokolle, etc.). Die Teammitglieder können ihrerseits dem Leiter der Untersuchung ihre Arbeitsergebnisse (z.B. Sachverhaltsberichte) zugänglich machen. Das Projektportal umfasst ferner die einheitliche, fortlaufend aktualisierte **Datendatenbank**, in der u.a.

– Start-, Zwischen- und Endtermine von untersuchungsbezogenen Aufgaben,
– (Teil-)Ergebnisse zu den einzelnen Arbeitspaketen,
– der jeweilige Fertigstellungsgrad und
– aufgetretene Probleme

festgehalten und aus der, wie dargestellt, Fortschritts- und Statusberichte generiert werden. Diese Fortschritts- und Statusberichte werden ihrerseits zusammen mit Sitzungsprotokollen (z.B. aus Lenkungsausschuss und etwaigen Arbeitskreisen/Fachausschüssen) und Aufgabenlisten, etc. in dem Datenraum abgelegt. Auf diese Weise entsteht untersuchungsbegleitend eine Dokumentation, mittels derer der Untersuchungsprozess von der Definition der Untersuchungsaufgaben bis zum Untersuchungsabschluss kontrollierbar wird und alle Entscheidungen nachvollzogen werden können. Dies dient der Entlastung der Verantwortlichen und der Sicherung der Untersuchungsergebnisse.

119 Eine solche Datenraumlösung muss sich durch eine **hohe Flexibilität**, d.h. Anpassbarkeit und Benutzbarkeit auszeichnen. Es gilt, den oftmals sehr unterschiedlichen Interessen und Anforderungen der verschiedenen Funktionsträger gerecht zu werden, z.B. durch gruppenindividuelle Menüstrukturen und Funktionalitäten. Zu erreichen ist dies durch einen modularen Aufbau und Schnittstellen, über die eine Anbindung weiterer Datenräume und eine Erweiterung der Funktionalitäten möglich sind. So kann bspw. der auszuwertende Bestand an strukturierten[217] und unstrukturierten Daten einen solchen Umfang annehmen, dass seine Administration nur in einem gesonderten Datenraum möglich ist. Die arbeitspaketbezogene Datenbereitstellung an das Untersuchungsteam erfolgt dann bedarfsgerecht über eine Schnittstelle zum Projektportal. Trotz des hohen Maßes an Flexibilität muss das Projektportal mit **geringem administrativen Installationsaufwand** innerhalb kurzer Zeit – und damit zu geringen Kosten – aufzubauen sein. Es darf nicht vergessen werden, dass diese Infrastruktur nur für die Dauer der internen Ermittlungen benötigt wird. Hier ist es Aufgabe des Leiters der Untersuchung, überzogene Erwartungen an die Funktionalität des Projektportals zurückzuweisen und einen Kompromiss zwischen Kosten und Nutzen gewünschter Zusatzfunktionen zu finden.

---

216 ICB = IPMA COMPETENCE BASELINE Version 3.0, in der Fassung als DEUTSCHE NCB 3.0 NATIONAL COMPETENCE BASELINE der PM-ZERT Zertifizierungsstelle der GPM e.V., unter Gliederungspunkt 4.1.6. Projektorganisation, S. 63, abrufbar unter www.google.de/url?sa=t&rct=j&q=DEUTSCHE+NCB+3.0+NATIONAL+COMPETENCE+BASELINE&source=web&cd=1&ved=0CFcQFjAA&url=http%3A%2F%2Fwww.gpm-ipma.de%2Ffileadmin%2Fuser_upload%2FQualifizierung__Zertifizierung%2FZertifikate_fuer_PM%2FNCB3_FINAL_20090912.pdf&ei=Q868T4WOMc_E8QPh_LlC&usg=AFQjCNELPpDgCWWaYZfn08TDRD-7nFtaQ, Stand 21.5.2012.

217 Es kann aus untersuchungssystematischen oder strategischen Gründen dem Untersuchungsteam untersagt sein, Datenabfragen im laufenden ERP-System vorzunehmen. In diesem Fall muss der relevante Datenbestand in ein Data Warehouse gespiegelt werden, so dass auf diesem (eingefrorenen) Datenbestand die forensischen Abfrageanalysen erfolgen können.

Daneben ist es Aufgabe des Leiters der Untersuchung, die **Konventionen** abzustimmen und festzulegen, durch die ein gemeinsames Arbeiten auf dem Projektportal überhaupt erst möglich wird. So sind zunächst die im Rahmen der internen Ermittlungen einzusetzende Software und die zulässigen Dateiformate für die auf dem Projektportal abzulegenden Informationen zu determinieren, damit alle Beteiligten die elektronischen Dokumente lesen und bearbeiten können. Auch für die gemeinsame Dokumentenbearbeitung selbst sind technische Vorgaben erforderlich. Durch ein **Dokumentenmanagementsystem** (DMS) muss sichergestellt werden, dass sich Änderungen nachverfolgen lassen (Erstellungsdatum, letztes Änderungsdatum) und eine Bearbeitung desselben Dokumentes durch zwei verschiedene Beteiligte entweder nicht gleichzeitig möglich ist oder Priorisierungsregeln für das anschließende Zusammenführen der verschiedenen Arbeitskopien dieses Dokumentes greifen. Überholte Zwischenstände müssen als solche identifizierbar (Versionierung der einzelnen Dateien) und gespeicherte Dateien einem Autor zuordenbar sein (elektronische Signatur). Kombiniert werden kann ein solches DMS mit einer **Workflow-Funktionalität**, durch die eine technische Freigabe/Sperrung von Dokumenten erfolgt. Dadurch lässt sich, z.B. für Zwecke der Qualitätssicherung, die Einhaltung einer vereinbarten Reihenfolge von Arbeitsschritten sicherstellen. Neben einer Suchfunktion des DMS erleichtert eine vorgegebene **Ablagestruktur** das Wiederauffinden gespeicherter Daten. Für übergeordnete Ordner ist diese Struktur von dem Leiter der Untersuchung vorzugeben; die Ausgestaltung teilgruppenindividueller Ordner kann den betreffenden Nutzern überlassen werden. Abschließend sei darauf hingewiesen, dass Datenräume dieses Umfangs selbstverständlich mit einem dezidierten **Sicherheits- und Zugriffskonzept** zu unterlegen sind. Abgesehen davon, dass ein uneingeschränkter Datenzugriff für alle Beteiligten nicht erforderlich und deshalb ökonomisch unsinnig sein wird, können Geheimhaltungsinteressen des Auftraggebers der internen Ermittlungen und datenschutzrechtliche Vorgaben eine Individualisierung der Zugriffberechtigungen erforderlich machen. Zudem sind die Daten gegen Verlust, Manipulation und Diebstahl zu schützen. In diesem Zusammenhang muss auch geprüft werden, welche Art der Anbindung der Beteiligten an das Portal (Intranet, Internet) diesen Anforderungen genügt. Für den Zeitpunkt der Beendigung der internen Ermittlungen hat der Leiter der Untersuchung ein Konzept zur **Archivierung der Projektdaten** vorzulegen. 120

2. Berichterstattung an das Untersuchungsteam

a) Transparenz als zentrale Forderung

Gerade in Projekten wie internen Ermittlungen arbeiten die Beteiligten oft unter vergleichsweise großem **Termindruck** an ihren Leistungsgrenzen. Ein gemeinsames, deckungsgleiches **Verständnis über die Untersuchungsziele** ist deshalb ein kritischer Erfolgsfaktor. Dies erfordert ein hohes Maß an Transparenz und Information. Ziele, Gesamtaufgabe, Teilaufgaben, einzelne Arbeitspakete und die Terminplanung müssen klar definiert, dokumentiert, kommuniziert und von allen Teammitgliedern verstanden und akzeptiert werden. Die gemeinsame Vorgehensweise muss als sinnvoll anerkannt und erzielte Arbeitsergebnisse erkennbar sein, um das Engagement der Teammitglieder zu stärken und Widerstände zu vermeiden. Je besser sie verstehen, wie sich das Arbeitspaket, an dem sie gerade arbeiten, in die Gesamtaufgabe einfügt, desto besser können die Teammitglieder sich einbringen und Verantwortung übernehmen. Dieses Verständnis fördert gleichzeitig die Bereitschaft zur gegenseitigen Unterstützung. Diesem Ziel dient insbesondere ein **Untersuchungs-Handbuch**. 121

Dieses Handbuch kann in elektronischer Form auf dem Projektportal hinterlegt sein. Es ist laufend zu aktualisieren und stellt insofern ein **Nachschlagewerk** für die Mitglieder des Teams hinsichtlich der beschriebenen fachlichen und organisatorischen Konventionen dar. 122

Zudem ermöglicht es den erst im Laufe der internen Ermittlungen hinzukommenden Teammitgliedern, sich zügig das erforderliche Wissen um die Konventionen der internen Ermittlungen anzueignen.

b) Fortschrittsberichte für Mikromanagement

123 Der Fortschrittsbericht dient der Darstellung der Entwicklung der internen Ermittlungen seit dem letzten Berichtstermin und ist die **Grundlage für die Steuerung** durch den Leiter der Untersuchung. Je mehr Mitglieder das Untersuchungsteam aufweist bzw. je höher die Anzahl der in Bearbeitung befindlichen Arbeitspakete ist, desto ineffizienter ist es, diesen Fortschrittsbericht durch Einzelabfragen bei den verschiedenen Teammitgliedern aufzubauen. Stattdessen sollten die vom Leiter der Untersuchung benötigten Informationen von den Teammitgliedern in der beschriebenen Weise in die einheitliche Datenbank eingetragen werden, aus der dann automatisiert der **Fortschrittsbericht** generiert wird.

124 Dieser Bericht weist zwei **Vergleichsdimensionen** auf: Er stellt einerseits die Daten des aktuellen Berichtstermins denen des Vorberichtes gegenüber (**intertemporärer Vergleich**) und beinhaltet andererseits einen **Soll-Ist-Abgleich**. Aus dem intertemporären Vergleich ergibt sich der erzielte Arbeitsfortschritt (z.B. zusätzlich in Bearbeitung genommene Arbeitspakete, Fertigstellungsgrad im Sinne der erreichten Stufe innerhalb des definierten Workflow). Im Verlauf der internen Ermittlungen entsteht auf diese Weise eine Zeitreihe, die Aufschluss darüber gibt, wie sich der Arbeitsfortschritt zwischen den Berichtsterminen entwickelt hat. Abnehmende Fallerledigungszahlen deuten auf Störungen und unvorhergesehene Einflüsse hin, signalisieren Unterstützungsbedarf und lassen ggf. eine erste Risikoabschätzung zum geplanten Untersuchungsverlauf zu. Erst in Kombination mit dem Soll-Ist-Abgleich lässt sich jedoch der Leistungs- und Terminfortschritt vollständig kontrollieren.[218] Bleibt der tatsächlich erzielte Arbeitsfortschritt hinter dem Planungssoll zurück, sind die Ursachen[219] zu ergründen und **korrektive Maßnahmen** (Steuerungsmaßnahmen, Planänderungen) zu entwickeln. Erste Hinweise ergeben sich möglicherweise bereits aus den Eintragungen der Teammitglieder in der Projektdatenbank, sofern dort Eingabemöglichkeiten zu Hindernissen vorgesehen sind. Wichtiger ist jedoch die gemeinsame Analyse mit dem Team. Insofern dient der Fortschrittsbericht nicht nur der Information des Leiters der Untersuchung, vielmehr ist er gleichzeitig ein Instrument der Berichterstattung an das Untersuchungsteam. In diesen Teambesprechungen berichten die Teammitglieder über aufgetauchte Probleme und unvorhergesehene Einflüsse, formulieren Entscheidungs- und Unterstützungsbedarf. Umgekehrt informiert der Leiter der Untersuchung über jüngste Vorgaben des Auftraggebers/Lenkungsausschusses. Auf Basis dieser Informationen wird der Arbeitsplan bis zum nächsten Berichtstermin festgelegt.

125 Flankiert werden kann ein solcher Fortschrittsbericht von ergebnisorientierten Berichten, z.B. in der Ausprägung eines Phasenabschlussberichtes. Im Unterschied zu den auf Maßgrößen und quantitativen Indikatoren basierenden Fortschrittsberichten werden in solchen Berichten wesentliche Untersuchungs-/Zwischenergebnisse festgehalten und in qualitativer Weise ausgewertet.

---

218 Nicht zu nennen sind in diesem Zusammenhang die Ressourcen- und Kostenkontrolle. Diese sind Bestandteil des strategischen Projektcontrollings und damit der Berichterstattung gegenüber dem Auftraggeber/ Lenkungsausschuss.
219 In Betracht kommen Zieländerung (Projektziele, Projektspezifikationen), das Auftreten von Störgrößen (Ausfälle von Teammitgliedern, technische Probleme) sowie Planabweichungen (Schätzabweichungen, Rechenfehler, etc.).

c) Protokolle, Aufgaben- und Beschlusslisten, Risikoregister

Die zuvor erwähnten Teambesprechungen erfordern eine sorgfältige Vor- und Nachbereitung (**Sitzungsmanagement**). Diskussionspunkte, Erkenntnisse und Beschlüsse/Entscheidungen müssen festgehalten werden, damit sich auch in späteren Projektphasen die gewählte Vorgehensweise nachvollziehen lässt. Die Vereinbarung/Zuweisung zusätzlicher Aufgaben ist zu dokumentieren, um deren Umsetzung kontrollieren zu können. **126**

Für eine solche Sitzungsdokumentation kommen verschiedene Protokollformen in Betracht;[220] die im Rahmen von internen Ermittlungen gängigste Form ist das Beschlussprotokoll. Sollten die internen Ermittlungen auf einen vergleichsweise langen Zeitraum angelegt sein und dadurch eine Vielzahl von Protokollen entstehen oder die einzelnen Protokolle sehr umfangreich ausfallen, kann die Nachverfolgung von Beschlüssen zu bestimmten Sachenthemen für die Teammitglieder sehr mühsam werden. Es empfiehlt sich dann eine Bündelung in themenbezogenen **Beschlusslisten** (sog. Decision Diary). Sofern die Beschlüsse Inhalte des Handbuchs betreffen (z.B. Arbeitsanleitung, Konventionen zum Datenaustausch) sollte statt einer Beschlussliste die Fortschreibung des Handbuchs erwogen werden. Für die Verfolgung von in den Teamsitzungen zur Erledigung zugewiesenen Aufgaben muss ebenfalls eine Regelung gefunden werden. In Betracht kommt entweder die automatische Übernahme von unerledigten Aufgaben in das jeweils nächste Sitzungsprotokoll. Stattdessen kann auch eine **Aufgabenliste** geführt werden, in der festgehalten wird, welche Aufgabe von wem bis wann zu erledigen ist. Weitere themenbezogene Listen/Register sind denkbar. So kann es aus Sicht des Risikomanagements erforderlich sein, wesentliche, im Rahmen der Teambesprechungen erörterte Risiken in ein **Risikoregister** zu überführen, um die laufende Entwicklung beobachten und in strukturierter Weise berichten zu können. Verlieren zu Beginn der internen Ermittlungen identifizierte Risiken im Verlauf der Untersuchung an Bedeutung, sind sie aus dem Register zu streichen. Neue Risiken können stattdessen hinzukommen. **127**

3. Berichterstattung an Auftraggeber

a) Zwischenberichte und Abschlussbericht

Wie bereits ausgeführt (siehe Rn. 77) ist es die Aufgabe des Leiters der Untersuchung, den Auftraggeber sowie den Lenkungsausschuss über den Fortschritt der internen Ermittlungen und die erzielten Ergebnisse zu informieren. Im Rahmen dieser Berichterstattung ist zu unterscheiden zwischen vorläufigen Zwischen-/Statusberichten und einem Abschluss-/Ergebnisbericht. **128**

Die **Zwischenberichte** dienen in erster Linie der operativen Berichterstattung über den Verlauf der internen Ermittlungen: Der Leiter der Untersuchung informiert über bereits durchgeführte Ermittlungsschritte und berichtet über unvorhergesehene Hemmnisse, die gegebenenfalls eine Anpassung in der Vorgehensweise erfordern. Außerdem ist im Rahmen eines solchen Zwischenberichtes der Soll-Ist-Abgleich hinsichtlich der Termin- sowie der Kostenplanung zu erörtern. Terminverzögerungen und Budgetüberschreitungen sind zu kommunizieren, Konsequenzen aufzuzeigen und etwaige erforderliche Gegenmaßnahmen vorzustellen. **129**

Auch wenn im Rahmen einer solchen Zwischenberichterstattung der Projektverlauf im Vordergrund steht, wird der Auftraggeber auch eine Berichterstattung zu bereits erzielten (Teil-)Ergebnissen erwarten. Diese frühzeitige Kommunikation von Ergebnissen bei noch laufenden internen Ermittlungen erfordert eine besondere **Sorgfalt und Sensibilität** des **130**

---

220 Zu nennen sind u.a. das Wortprotokoll, Mind Mapping und Fotoprotokolle bei Einsatz von Flipcharts.

berichtenden Leiters der Untersuchung, aus mehrerlei Gründen.[221] Der Leiter der Untersuchung muss sich der Tragweite solcher Berichtsinhalte bewusst sein. Gegenstand der internen Ermittlungen sind Regelverstöße und Pflichtverletzungen. Eine frühzeitige Kommunikation von Feststellungen zu diesen Verstößen auf einer noch nicht hinreichend qualitätsgesicherten Tatsachenbasis kann zu voreiligen Beschuldigungen führen. Die Konsequenzen für den Betroffenen können sehr gravierend sein, weil in der Praxis zu beobachten ist, dass solche Zwischenberichte oftmals nicht bei dem eigentlichen Berichtsadressaten (Auftraggeber, Lenkungsausschuss) verbleiben, sondern innerhalb des Unternehmens und an Behörden weitergereicht werden oder sogar an die Presse gelangen. Aus diesem Grund ist dringend anzuraten, sich, was die Ergebnisse von bereits durchgeführten Ermittlungsschritten betrifft, in Zwischenberichten mit Prognosen, Wertungen und Empfehlungen zurückzuhalten und die Vorläufigkeit der kommunizierten Ergebnisse hinreichend deutlich zu machen. Hinzu kommt, dass eine vorzeitige Berichterstattung das Aufklärungsziel der internen Ermittlungen vereiteln könnte.

131 Im Unterschied dazu gibt der **Abschlussbericht** des Leiters der Untersuchung an den Auftraggeber die im Rahmen der durchgeführten internen Ermittlungen erarbeiteten und **qualitätsgesicherten Tatsachengrundlagen** wider. Neben der Darstellung der erarbeiteten Tatsachenbasis enthält der Abschlussbericht eine **rechtliche Bewertung** dieser Informationen sowie – wenn zwischen dem Auftraggeber und dem berichtenden Leiter der Untersuchung vereinbart – daran anknüpfend Empfehlungen zu weiterem Handlungsbedarf. Je nach Ziel und Auftrag der internen Ermittlungen kann sich die rechtliche Beurteilung auf folgende Aspekte erstrecken:[222]
- strafrechtliche/bußgeldrechtliche Qualifizierung eines festgestellten Verhaltens,
- Darstellung der Auswirkungen eines untersuchten Vorgangs auf die Handels- und Steuerbilanz,
- haftungsrechtliche Beurteilung der im Rahmen der internen Ermittlungen aufbereiteten Beweisgrundlagen,
- arbeitsrechtliche Aufarbeitung von festgestelltem Fehlverhalten mit entsprechenden Vorschlägen zur Sanktionierung sowie
- Darstellung notwendiger organisatorischer Anpassungen bezüglich des Compliance-Systems des Unternehmens („Remediation"[223]).

132 In der Praxis bewährt hat sich folgende **Gliederung** für den Abschlussbericht:[224]
- Auftrag und Gegenstand der internen Ermittlungen,
- Art und Umfang der durchgeführten Ermittlungen (Erläuterung der methodischen Vorgehensweise: Stichprobenprüfungen, analytischen Prüfungshandlungen, Befragungen),
- Darstellung der Prüfungsgrundlagen (erlangte Dokumentation, befragte Auskunftspersonen),
- Ergebnisse der internen Ermittlungen,
- rechtliche Würdigung der Ergebnisse (je nach Auftrag Eingrenzung auf einzelne Rechtsgebiete),
- Handlungsempfehlungen.

133 Es ist zu empfehlen, **Form und Aufbau** sowohl der Zwischenberichte als auch des Abschlussberichtes im Vorhinein mit dem Auftraggeber abzustimmen. Sofern vom Auftraggeber vorgesehen ist, dass diese Berichte Grundlage seiner gesellschafts-, bilanz- oder kapitalmarktrechtlichen Berichterstattungspflichten werden, sind entsprechende Anforde-

---
221 Vgl. Knierim/Rübenstahl/Tsambikakis/*Knierim* Kap. 4 Rn. 137.
222 Vgl. Knierim/Rübenstahl/Tsambikakis/*Knierim* Kap. 4 Rn. 167.
223 Vgl. Knierim/Rübenstahl/Tsambikakis/*Idler/Waeber* Kap. 20.
224 Vgl. Knierim/Rübenstahl/Tsambikakis/*Knierim* Kap. 4 Rn. 168.

rungen an Form und Aufbau einer solchen Berichterstattung bereits auf Ebene der Berichterstattung des Leiters der Untersuchung an den Auftraggeber zu berücksichtigen. Nicht empfehlenswert ist es, Ergebnisse der internen Ermittlungen in zweierlei Berichtsformaten für unterschiedliche Adressaten zu kommunizieren.[225] Im Rahmen der Berichterstattung sind außerdem datenschutzrechtliche Restriktionen zu beachten (siehe hierzu ausführlich Rn. 205 ff.).

b) Sonderberichte

Neben der kontinuierlichen, das heißt zu festgelegten Zeitpunkten erfolgenden Berichterstattung an den Auftraggeber sowie der umfassenden und abschließenden Information in Form des Ergebnisberichtes, kann von dem Auftraggeber bereits während der noch laufenden Ermittlungen eine vertiefende Stellungnahme zu besonderen Einzelfragen erbeten werden. Im Rahmen eines solchen **Detailberichtes** ist von dem Leiter der Untersuchung deutlich zu machen, dass sich dieser auftragsgemäß auf einen abgegrenzten Sachverhalt bezieht und die internen Ermittlungen noch fortdauern. Anlass und Zeitpunkt solcher Detailberichte sollten zwischen dem Leiter der Untersuchung und dem Auftraggeber sorgsam abgestimmt werden, ebenso wie die weitere Verwendung dieser Berichte. **134**

Auch der Leiter der Untersuchung kann seinerseits außerhalb der festgelegten Berichterstattungsintervalle an den Auftraggeber oder den Lenkungsausschuss herantreten und über neu gewonnene Erkenntnisse oder Entwicklungen berichten (**Spontanbericht**), die aus einer Sicht ein sofortiges Handeln erfordern. Diese Spontanberichte können sich einerseits auf den eigentlichen Untersuchungsgegenstand beziehen (Hinweise auf fortgesetzte Rechtsverstöße, die es gilt kurzfristig zu unterbinden) wie auch auf operative Aspekte der internen Ermittlungen (z.B. Prüfungshemmnisse). Aufgrund der mit solchen Spontanberichten verbundenen Risiken,[226] empfiehlt es sich, den konkreten Anlass für einen solchen Spontanbericht, seine Tatsachengrundlagen und die im Einzelnen abgegebenen Empfehlungen sorgfältig zu dokumentieren. **135**

c) Verknüpfung zur externen Berichterstattung

Begleitend zu internen Ermittlungen kann das Erfordernis bestehen, aufgrund von **gesetzlichen Verpflichtungen** zu dem Ziel der internen Ermittlungen und den auslösenden Vorkommnissen, an Unternehmensexterne Bericht zu erstatten. Beispielsweise besteht die Pflicht zur **Ad-Hoc-Veröffentlichung** von kapitalmarktrelevantem Wissen. Als meldepflichtige Vorgänge kommen in Betracht:[227] **136**
- Manipulation von Finanzinformationen,
- Corporate Misconduct,
- Vermögensdelikte mit – verglichen zur Unternehmenstätigkeit – erheblichen finanziellen Schaden,
- gravierende Reputationsschäden im Falle eines anderweitigen Bekanntwerdens,
- kriminelles Verhalten von Mitgliedern der Geschäftsleitung.

Abseits der Ad-Hoc-Berichterstattung kann eine Unterrichtungspflicht über die in Untersuchung befindlichen Vorkommnisse gegenüber einer Aufsichtsbehörde oder dem Abschlussprüfer bestehen (bspw. im Rahmen der gesetzlichen Jahresabschlussprüfung, einer Geschäftsführungsprüfung im Sinne von § 53 HGrG, einer Sonderprüfung der BaFin nach § 44 KWG oder § 35 WpHG).[228] Solche **Pflichtberichte** sind dann ebenfalls durch den **137**

---
225 Vgl. Knierim/Rübenstahl/Tsambikakis/*Knierim* Kap. 4 Rn. 165.
226 Vgl. dazu im Einzelnen Knierim/Rübenstahl/Tsambikakis/*Knierim* Kap. 4 Rn. 149.
227 Vgl. Görling/Inderst/Bannenberg/*Beste* Kap. 4. Rn. 164.
228 Vgl. Knierim/Rübenstahl/Tsambikakis/*Knierim* Kap. 4 Rn. 142, 159.

Leiter der Untersuchung bereitzustellen. Idealerweise berücksichtigen die turnusmäßigen Zwischenberichte des Leiters der Untersuchung an den Auftraggeber bereits die formellen und materiellen Anforderungen der handels- bzw. aufsichtsrechtlichen (insbesondere kapitalmarktrechtlichen) Pflichtberichterstattung. Soweit dies aufgrund der Besonderheit der zu veröffentlichen Information nicht möglich ist, sollte das die interne Ermittlungen begleitenden Reporting frühzeitig auf diese besonderen Anforderungen eines ggfs. zusätzlichen Pflichtberichtes ausgerichtet werden.

138 Unabhängig von einer Pflicht zur externen Berichterstattung kann es im Interesse des Unternehmens liegen, untersuchungsbegleitend die Öffentlichkeit via Pressemitteilungen, Homepage, etc. zu informieren. Es liegt im Interesse des Leiters der internen Ermittlungen in diese **freiwillige Berichterstattung** eingebunden zu sein, um die Tragfähigkeit der Angaben im Vorhinein überprüfen und den Veröffentlichungszeitpunkt mit gestalten zu können. Deshalb sollte der Leiter der Untersuchung bei der Planung der untersuchungsbegleitenden Berichterstattung die Bedürfnisse des Auftraggebers zu einer freiwilligen externen Berichterstattung mit einbeziehen, um unkoordinierte Veröffentlichungen zu vermeiden.[229]

d) Aufbewahrungspflichten

139 Nach Abschluss der internen Ermittlungen und der Entgegennahme des Ergebnisberichts stellt sich für den Auftraggeber die Frage, wie mit der im Rahmen der Untersuchung entstandenen Dokumentation zu verfahren ist. In diesem Zusammenhang ist von Bedeutung, welche Daten und Dokumente unter die handels- und steuerrechtlichen **Aufbewahrungspflichten** fallen und welche Aufbewahrungsfristen gesetzlich vorgeschrieben sind. Ein weiterer Aspekt sind ggf. bestehende datenschutzrechtliche Vorgaben (siehe dazu Rn. 205 ff.).

140 Die **steuerrechtliche Aufbewahrungspflicht** ist in § 147 AO geregelt, die **handelsrechtliche Aufbewahrungspflicht** in § 257 HGB. Die Aufbewahrung der in diesen Vorschriften genannten Unterlagen hat Dokumentationsfunktion und erlaubt Nachprüfungen, Beweissicherungen und Beweisführungen. Die beiden Vorschriften sind aufeinander abgestimmt und weitgehend wortgleich, wenngleich der Begriff der aufzubewahrenden Unterlagen steuerrechtlich weiter gefasst ist. Die Verantwortung für die Beachtung der Aufbewahrungspflicht trägt der Steuerpflichtige selbst. § 257 HGB gilt für Kaufleute, während § 157 AO den Kreis aller buchführungs- und aufzeichnungspflichtigen Personen erfasst.

141 Neben den nach § 147 Abs. 1 **Nr. 1** AO und § 257 Abs. 1 **Nr. 1** HGB aufzubewahrenden **Büchern** (inklusive Inventare, Jahresabschlüsse, Lageberichte, Eröffnungsbilanzen, etc.) sind nach Abs. 1 **Nr. 2 und 3** der §§ 147 AO, 257 HGB **Handels- und Geschäftsbriefe** aufzubewahren. Hiervon erfasst sind neben der Korrespondenz des Kaufmanns (u.a. Eingangs- und Ausgangsrechnungen, Lieferscheine, Frachtbriefe, etc.) auch **Verträge**. Nach Abs. 1 **Nr. 4** der beiden vorgenannten Vorschriften sind darüber hinaus **Buchungsbelege** aufzubewahren. Hierunter sind alle Unterlagen über die einzelnen Geschäftsvorfälle zu verstehen, d.h. beispielsweise auch **Prozessakten**. **Sonstige Unterlagen** sind nach § 147 Abs. 1 **Nr. 5** AO aufzubewahren, soweit sie für die Besteuerung von Bedeutung sind. Erfasst sind hiervon nur Unterlagen, die Sachverhaltsumstände betreffen; somit sind etwa Gutachten zu steuerlichen Rechtsfragen und der Schriftverkehr mit steuerlichen Beratern nicht aufbewahrungspflichtig.

142 Bei den im Rahmen von internen Ermittlungen zusammengetragenen Dokumenten wird es sich in aller Regel sowohl um Handelsbriefe handeln, die lediglich einer 6-jährigen Aufbewahrungspflicht unterliegen, als auch um Buchhaltungsbelege für die eine 10-jährige Aufbewahrungspflicht gilt. Wurde im Rahmen der Untersuchungsplanung

---

229 Vgl. Knierim/Rübenstahl/Tsambikakis/*Knierim* Kap. 4 Rn. 150 ff.

nicht frühzeitig auf eine im Hinblick auf die voneinander abweichenden Aufbewahrungsfristen getrennte Ablage geachtet, wird die untrennbare Gesamtdokumentation insgesamt **10 Jahre** aufzubewahren sein.

Sofern parallel zu den internen Ermittlungen auch Ermittlungsverfahren geführt wurden, werden **Regelungen zur Ablaufhemmung** zu berücksichtigen sein. So hängt bspw. der Ablauf der steuerrechtlichen Aufbewahrungsfrist von dem Ablauf der Festsetzungsfrist (§ 169 Abs. 2 S. 1 AO) ab, so dass sich insoweit die steuerlichen Regelungen zur Ablaufhemmung (§ 172 AO) auf den Lauf der Aufbewahrungsfrist auswirken können.[230] Auch die strafrechtlichen Verjährungsvorschriften (§ 78 ff. StGB) können in diesem Zusammenhang von Bedeutung sein. **143**

Unabhängig von den gesetzlichen Aufbewahrungspflichten kann das Unternehmen sich aus Eigeninteresse für eine **freiwillige Aufbewahrung** entscheiden, die über die zwingenden Aufbewahrungsfristen hinausgeht. Sollte bspw. im Zusammenhang mit den im Rahmen der internen Ermittlungen getroffenen Feststellungen die Geltendmachung von Schadensersatzansprüchen gegen das Unternehmen zu besorgen sein, ist es ratsam, die Dokumentation länger als 6 Jahre aufzubewahren, vor allem dann, wenn sich aus ihr entlastende Beweise für das Unternehmen ergeben. Mit Ausnahme von Personenschäden im Sinne des § 199 Abs. 2 BGB verjähren **Schadensersatzansprüche** ohne Rücksicht auf die Kenntnis oder grob fahrlässige Unkenntnis in **10 Jahren** von Ihrer Entstehung an (§ 199 Abs. 3 S. 1 Nr. 1 BGB). **144**

Die im Herrschaftsbereich der in die internen Ermittlungen eingebundenen externen Sachverständigen können **berufsrechtlichen Aufbewahrungspflichten** unterliegen. So haben **Rechtsanwälte** nach § 50 Abs. 2 S. 1 BRAO Handakten für die Dauer von **5 Jahren** nach Beendigung des Auftrages aufzubewahren. Für die Berufsstände der Wirtschaftsprüfer und Steuerberater gelten sogar deutlich längere Aufbewahrungspflichten für Handakten. Gem. § 51b Abs. 2 S. 1 WPO und § 66 Abs. 1 S. 1 StBerG sind Handakten für die Dauer von **10 Jahren** nach Beendigung des Auftrages aufzubewahren. Die berufsrechtliche Aufbewahrungspflicht liegt in diesen Fällen somit deutlich über der 6-jährigen Aufbewahrungspflicht nach Handels-/Steuerrecht für Handels- und Geschäftsbriefe. **145**

B. Rechtliche Rahmenbedingungen der unternehmensinternen Ermittlungen durch Externe

I. Gesellschaftsrechtliche Rahmenbedingungen

1. Amnestieprogramme

Seit einigen Jahren stützen sich Unternehmen im Rahmen von unternehmensinternen Untersuchungen häufig auf sogenannte **Amnestieprogramme** (vgl. zum Arbeitsrecht Rn. 247 ff.), bei denen Mitarbeitern oder ehemaligen Mitarbeitern eines Unternehmens im Gegenzug für ihre Mithilfe bei der Aufklärung von problematischen Sachverhalten – insbesondere die (auch selbstbelastende) Aussage zur Sache in Interviews – Zugeständnisse im Hinblick auf die Nichtdurchsetzung von Haftungsansprüchen gemacht werden.[231] Inhalt und Adressatenkreis einer Amnestieregelung können jeweils individuell festgelegt werden, wobei der Schwerpunkt einer unternehmensinternen Amnestieregelung meist auf den zivilrechtlichen, insbesondere arbeitsrechtlichen Folgen liegt.[232] **146**

---

230 Vgl. Knierim/Rübenstahl/Tsambikakis/*Knierim* Kap. 4 Rn. 176.
231 Vgl. *Annuß/Pelz* BB Spezial 4/2010, 14.
232 Knierim/Rübenstahl/Tsambikakis/*Potinecke/Block* Kap. 3 Rn. 168.

147 Amnestieprogramme können als einseitige Gesamtzusage der Geschäftsleitung oder als Betriebsvereinbarung abgefasst werden.[233] Inhaltlich ist eine Spezial- oder Generalamnestie denkbar, bei der **Generalamnestie** werden allen Mitarbeitern Zusagen gemacht und vergangenes Verhalten unabhängig vom Eintreten weiterer Voraussetzungen pauschal gebilligt, eine **Spezialamnestie** knüpft den Eintritt der Zusagen an weitere Faktoren, wie z.B. die umfassende Kooperation.[234] Generalamnestieprogramme sind wegen des Gebots des informierten Handelns zum Wohle der Gesellschaft (§ 93 Abs. 1 S. 1 AktG bzw. § 43 Abs. 1 GmbHG) problematisch, da das Unternehmen hierdurch ohne Gegenleistung – und ohne Kenntnis der erst noch zu erzielenden Ermittlungsergebnisse – auf etwaige Regressansprüche und Sanktionen verzichtet.[235] Besser wird es meist sein, **individuelle Regelungen** in Bezug auf inhaltlichen, personellen und zeitlichen Umfang der Haftungsfreistellung aufzustellen. So sollte in einem individuellen Vertrag mit jedem Mitarbeiter vereinbart werden, auf welche Ansprüche das Unternehmen unter welchen Bedingungen verzichtet, welche Kosten unter welchen Umständen übernommen werden und für welchen Zeitraum die Vereinbarung gilt; nur so wird ein per Saldo unternehmensnütziges Verhältnis von Sachverhaltsaufklärung und Verzicht auf Sanktionierung gegenüber Arbeitnehmern gewahrt.[234] Da der Verzicht auf Schadensersatzansprüche sowie die Übernahme von Verteidigungskosten grundsätzlich einen wirtschaftlichen Schaden darstellt, den die Unternehmensleitung durch die Gewährung der Amnestie zu verantworten hat,[236] muss sie stets gründlich prüfen und abwägen, ob in welcher Weise ein Amnestieprogramm eingeführt werden soll, damit eine solche Amnestie nicht als Pflichtverletzung im Sinne des § 93 Abs. 2 AktG bzw. § 43 Abs. 2 GmbHG und als Untreue nach § 266 StGB zu werten ist.[237] Nach der Business Judgment Rule (§ 93 Abs. 1 S. 2 AktG) begeht die Geschäftsleitung keine Pflichtverletzung, wenn sie bei der Vornahme ihrer unternehmerischen Entscheidung für ein Amnestieprogramm vernünftigerweise annehmen durfte, auf der Grundlage angemessener Informationen zum Wohle der Gesellschaft zu handeln.[238] Wenn vorhandenen Kenntnisse und Aussagen nicht ausreichen und eine genügende Sachverhaltskenntnis voraussichtlich auch nicht anders zu erzielen ist und bei Betrachtung des konkreten Einzelfalls durch die Amnestie ex ante eine bessere Aufklärung als ohne eine Amnestie zu erwarten ist, kann diese regelmäßig gerechtfertigt werden. Auch besonderer Zeitdruck – insbesondere aufgrund behördlicher Ermittlungen – kann ein wichtiger Aspekt für die gerechtfertigte Entscheidung zugunsten einer Amnestie sein.[239]

148 Die Amnestie beinhaltet regelmäßig die Zusage, auf arbeitsrechtliche (Abmahnung und Kündigung[240]) oder zivilrechtliche Sanktionen (Schadensersatzansprüche[241]) zu verzichten, manchmal werden auch Verpflichtungen zur Übernahme von Verteidigerkosten, Geldauflagen oder Geldstrafen der vertraulichen Behandlung der gemachten Aussagen sowie dem Absehen von Strafanzeigen eingegangen.[242] Strafrechtliche Konsequenzen im Rahmen

---

233 Vgl. *Annuß/Pelz* BB Spezial 4/2010, 14, 20; *Breßler/Kuhnke/Schulz/Stein* NZG 2009, 721, 724 f.; *Göpfert/Merten/Sigrist* NJW 2008, 1703 ff.; *Lützeler/Müller-Sartori* CCZ 2011, 19 ff.; *Wastl/Pusch* RdA 2009, 376 ff.
234 Knierim/Rübenstahl/Tsambikakis/*Potinecke/Block* Kap. 3 Rn. 171.
235 *Annuß/Pelz* BB Spezial 4/2010, 14; *Göpfert/Merten/Siegrist* NJW 2008, 1703, 1704.
236 Siehe hierzu: *Breßler/Kuhnke/Schulz/Stein* NZG 2009, 721, 723.
237 Knierim/Rübenstahl/Tsambikakis/*Potinecke/Block* Kap. 3 Rn. 174.
238 Vgl. *Breßler/Kuhnke/Schulz/Stein* NZG 2009, 721, 724.
239 Knierim/Rübenstahl/Tsambikakis/*Potinecke/Block* Kap. 3 Rn. 175 f.
240 Siehe auch: *Annuß/Pelz* BB Spezial 4/2010, 14 f.; *Breßler/Kuhnke/Schulz/Stein* NZG 2009, 722; siehe auch: *Annuß* S. 170 ff.
241 *Breßler/Kuhnke/Schulz/Stein* NZG 2009, 722; *Wastl/Putsch* RdA 376, 377 ff.; Rechtlich lässt sich dies in Form einer dauerhaften Stillhaltevereinbarung oder einem Verzicht auf Schadensersatzforderungen gestalten, siehe zur Abgrenzung der beiden Rechtsgebilde *Staudinger/Rieble* § 397 Rn. 26, 31.
242 Knierim/Rübenstahl/Tsambikakis/*Potinecke/Block* Kap. 3 Rn. 172.

eines Amnestieprogrammes können grundsätzlich nicht abbedungen werden, da die Einleitung strafrechtlicher Ermittlungsmaßnahmen von Amts wegen (§§ 152 Abs. 2, 160 StPO) nicht zur Disposition des Unternehmens steht; gelegentlich verpflichten sich Arbeitgeber jedoch wie gesagt dazu, keine Strafanzeige oder Strafantrag gem. § 158 StPO zu stellen.[243] Hier sollte allerdings bei einer Zusammenarbeit mit den Strafverfolgungsbehörden abgewogen werden, ob eine solche Vereinbarung bei Bekanntwerden die Vertrauensgrundlage gefährden könnte bzw. von vornherein offen gelegt werden sollte. Die (nachträgliche) Übernahme von Rechtsanwaltskosten[244] und von Geldstrafen, Geldbußen und Geldauflagen ist nicht sittenwidrig, solange sie dem Ziel der unternehmensinternen Aufklärung bereits begangener Compliance-Verstöße dient.[245] Es ist zu erwägen, ob die allgemeinen Amnestiekonditionen mit den Strafverfolgungsbehörden erörtert und abgestimmt werden können, damit – gerade im Hinblick auf die letztgenannten Vereinbarungen – nicht der Verdacht der von Strafvereitelungs- oder Verdunklungshandlungen entsteht.

Amnestien für die Mitglieder der Geschäftsleitung bedürfen grundsätzlich einer besonderen Rechtfertigung.[246] Der Verzicht auf Schadensersatzansprüche gegenüber der Geschäftsleitung ist schon in formaler Hinsicht erschwert.[247] In der GmbH kann der Verzicht auf Schadensersatzansprüche gegenüber der Unternehmensleitung durch die Gesellschafterversammlung gem. § 46 Nr. 8 GmbHG ausgesprochen werden, sofern nicht die Satzung etwas anderes regelt.[248] In der AG kann gem. § 93 Abs. 4 AktG nur die Hauptversammlung nach Ablauf von 3 Jahren auf die Geltendmachung von Schadensersatzansprüche gegen den Vorstand verzichten, und nur, sofern nicht eine Minderheit von 10% dagegen stimmt (§ 93 Abs. 3 S. 4 AktG). Der Vorstand darf die Gesellschaft zudem gegenüber Vorstandsmitgliedern beim Abschluss von Amnestieregelungen nicht vertreten, da gem. Art. 112 AktG allein der Aufsichtsrat die Gesellschaft gegenüber dem Vorstand vertritt.[249] Ein Verzicht auf Schadensersatzansprüche gegenüber Vorstandsmitgliedern steht aufgrund der ARAG-Garmenbeck-Entscheidung des BGH zudem auch vor inhaltlichen Hürden.[250] Der BGH hielt fest, dass der Aufsichtsrat einer AG grundsätzlich durchsetzbare Schadensersatzansprüche gegen den Vorstand der AG geltend zu machen hat.[251] Obwohl die Werthaltigkeit der Ansprüche oftmals fraglich sein wird, darf der Aufsichtsrat von der Geltendmachung nur ausnahmsweise absehen, wenn gewichtige Gründe des Gesellschaftswohls für eine Amnestie sprechen und die Pflicht zur Rechtsverfolgung überwiegen oder ihnen zumindest gleichwertig sind.[252] Gewichtige Gründe des Gesellschaftswohls können möglicherweise dann angenommen werden, wenn die Unternehmensleitung zur internen Aufklärung oder wegen besonderer Expertise zur Fortführung des Geschäftsbetriebes zwingend benötigt wird. Eine Einzelfallabwägung ist hier aber in jedem Fall notwendig.[250]

149

---

243 KK-StPO/*Griesbaum* § 158 Rn. 25; Vgl. auch: *Breßler/Kuhnke/Schulz/Stein* NZG 2009, 727; *RGSt* 77, 157, 159; *LG Kiel* NJW 1964, 263; *BGH* NJW 1991, 1046; Schönke/Schröder/*Sternberg-Lieben* § 77 Rn. 31; MK-StGB/*Mitsch* § 77d Rn. 7.
244 Vgl. hierzu: *BGH* NJW 1991, 990; *Annuß/Pelz* BB Spezial 4/2010, 14, 16; *Breßler/Kuhnke/Schulz/Stein* NZG 2009, 721, 722 f.; *Göpfert/Merten/Sigrist* NJW 2008, 1703, 1704; *Kapp* NJW 1992, 2796 ff.; *Scholl* NStZ 1999, 599 ff.
245 Vgl. hierzu: *BAG* NJW 2001, 1962, 1963.
246 Vgl. auch: *Moosmayer* S. 101.
247 Knierim/Rübenstahl/Tsambikakis/*Potinecke/Block* Kap. 3 Rn. 177.
248 Siehe dazu auch: MK-GmbHG/*Liebscher* § 48 Rn. 1.
249 Knierim/Rübenstahl/Tsambikakis/*Potinecke/Block* Kap. 3 Rn. 178.
250 Knierim/Rübenstahl/Tsambikakis/*Potinecke/Block* Kap. 3 Rn. 179.
251 *BGH* NJW 1997, 1926.
252 *BGH* NJW 1997, 1926, 1927.; siehe auch: KölnKomm-AktG/*Mertens* § 111 Rn. 37; *Geßler/Hefermehl/Eckardt/Kropff* § 112 Rn. 12; Münch. Hdb. AG/*Wiesner* § 26 Rn. 24.

II. Kapitalmarktrechtliche Rahmenbedingungen

1. Publizitätsvorschriften (§ 15 WpHG)

150 § 15 WpHG sieht eine Ad-hoc-Publizitätspflicht für börsennotierte Unternehmen vor, die im Zusammenhang mit Internal Investigations relevant werden kann. Danach hat eine börsennotierte AG **Insiderinformationen**, die sie selbst betreffen, unverzüglich zu veröffentlichen (§ 15 Abs. 1 S. 1 WpHG). Zweck der Norm ist, dass allen Marktteilnehmern relevante Tatsachen möglichst früh und gleichzeitig bekannt gegeben werden und alle für eine Investitionsentscheidung relevanten Informationen zeitnah in die Kursbildung einfließen können.[253] Für **Ad-Hoc-Berichte** werden z.B. Manipulation von Finanzinformationen, Corporate Misconduct, Vermögensdelikte mit im Vergleich zur Unternehmenstätigkeit erheblichem finanziellen Schaden, erhebliche Reputationsschäden bei anderweitigem Bekanntwerden, kriminelles Verhalten von Mitgliedern des Führungskreises u.ä. als meldepflichtige Vorgänge angeführt.[254] Besteht bei einem Gerichts- und Verwaltungsverfahren unter Beteiligung eines Emittenten erhebliches Preisbeeinflussungspotential, trifft diesen ggf. eine Ad-hoc-Pflicht bei Verfahrenseinleitung, Durchsuchung oder Anklageerhebungen.[255] Die Ad-hoc-Publizitätspflicht besteht auch, wenn das Unternehmen mit einem erheblichen außerordentlichen Aufwand rechnen muss, wie etwa nach der Aufdeckung krimineller Machenschaften durch eine umfangreiche Internal Investigation,[256] für die ohne Weiteres ein Aufwand in Höhe einer zwei- oder sogar dreistelligen Millionensumme einkalkuliert werden muss. Erhärtet sich der Verdacht von Straftaten aus dem Unternehmen heraus, so kann daher noch während der Durchführung einer unternehmensinternen Untersuchung eine Ad-hoc-Publizitätspflicht für den Vorstand entstehen; dies ist wegen des kritischen zeitlichen Aspekts der Pflicht im Rahmen von unternehmensinternen Untersuchungen kontinuierlich zu prüfen.[257]

2. Anzeige- und Meldepflichten

a) § 10 WpHG

151 Gem. § 10 Abs. 1 S. 1 WpHG haben Wertpapierdienstleistungsunternehmen, andere Kreditinstitute, Kapitalanlagegesellschaften und Betreiber von außerbörslichen Märkten, an denen Finanzinstrumente gehandelt werden, bei der Feststellung von Tatsachen, die den Verdacht begründen, dass mit einem Geschäft über Finanzinstrumente insbesondere gegen § 14, § 20a WpHG verstoßen wird, diese unverzüglich der BaFin mitzuteilen. Es handelt sich bei den Tatsachen im Sinne der Vorschrift nicht um einen Verdacht iSd. StPO.[258] Bloße Vermutungen begründen eine Anzeigepflicht nicht, die Verpflichteten müssen Kenntnis von Tatsachen haben, zB von Aufträgen, die durch Art, Umfang und Gegenstand aus dem Rahmen fallen und damit den Verdacht eines entsprechenden Verstoßes begründen.[258] Die Anzeigepflicht entsteht nach Sinn und Zweck der Vorschrift aber nicht erst, wenn das Geschäft ausgeführt worden ist, sondern schon mit der Absicht, das betreffende Geschäft durchzuführen.[259] Demnach ist bei internen Ermittlungen bzgl. noch andauernder Insiderdelikte oder Marktpreismanipulationen (Straftaten gem. § 38 WpHG) bei

---

253 Vgl. *Müller/Rödder/Göckeler* § 26 Rn. 230; Knierim/Rübenstahl/Tsambikakis/*Potinecke/Block* Kap. 3 Rn. 167.
254 Görling/Inderst/Bannenberg/*Beste* 4. Kap. Rn 164.
255 *BaFin* Emittentenleitfaden (Stand: 28.4.2009), S. 62; kritisch dazu zB *DAI/BDI* in ihrer Stellungnahme zur Überarbeitung des Emittentenleitfadens v. 9.1.2009, 25.
256 Vgl Ausführungen des Emittentenleitfaden der **BaFin** IV.2.2.4.
257 Vgl. Knierim/Rübenstahl/Tsambikakis/*Potinecke/Block* Kap. 3 Rn. 167.
258 *Finanzausschuss* Stellungnahme, BT-Drucks. 15/3493, S. 51.
259 *Assmann/Vogel* WpHG § 10 Rn. 21; 23 f.; vgl. Schwintek WM 2005, 861, 863.

Unternehmen der oben genannten Kategorien darauf zu achten, dass bei etwaigen konkreten Feststellungen die Mittelungspflichten gegenüber der BaFin vorrangig erfüllt werden. Erschwert werden auch die weiteren Ermittlungen in der Praxis dadurch, dass andere Personen als staatliche Stellen und solche, die auf Grund ihres Berufs einer gesetzlichen Verschwiegenheitspflicht unterliegen, von der Anzeige oder von einer daraufhin eingeleiteten Untersuchung nicht in Kenntnis gesetzt werden dürfen (§ 10 Abs. 1 S. 2 WpHG). Der Verstoß gegen diese Gebote ist gem. § 39 Abs. 2 Nr. 1 und Nr. 2b WpHG bußgeldpflichtig. Berücksichtigen müssen das Unternehmen und dessen Berater auch, dass die Meldung an die BaFin zum Zweck der Verfolgung von Straftaten nach § 38 WpHG sowie für Strafverfahren wegen einer anderen Straftat, die im Höchstmaß mit einer Freiheitsstrafe von mehr als drei Jahren bedroht ist, verwendet werden dürfen, d.h. wohl für alle regelmäßig in Betracht kommenden Straftaten (§ 38 Abs. 2 S. 3 WpHG). Mit einer Information der Strafverfolgungsbehörden über den Verdacht derartiger Straftaten wird regelmäßig zu rechnen sein. Wer eine Anzeige nach § 39 Abs. 1 WpHG erstattet, darf wegen dieser Anzeige nicht verantwortlich gemacht werden, es sei denn, die Anzeige ist vorsätzlich oder grob fahrlässig unwahr erstattet worden (§ 10 Abs. 3 WpHG).

Ergänzend sind die Anzeigepflichten eines Kreditinstituts gegenüber der BaFin und der Deutschen Bundesbank gem. § 24 KWG zu beachten. **152**

3. Insiderverzeichnis (§ 15b WpHG)

Sofern Internal Investigations für Emittenten nach § 15 Abs. 1 S. 1 oder S. 2 WpHG geführt werden, ist zu bedenken, dass diese und die in ihrem Auftrag oder für ihre Rechnung handelnde Personen – darunter Rechtsanwaltskanzleien – Verzeichnisse über solche Personen zu führen haben, die für sie tätig sind und bestimmungsgemäß Zugang zu Insiderinformationen (§ 13 WpHG) haben (§ 15b Abs. 1 WpHG). Eine Insiderinformation ist eine konkrete Information über nicht öffentlich bekannte Umstände, die sich auf einen oder mehrere Emittenten von Insiderpapieren oder auf die Insiderpapiere selbst beziehen und die geeignet sind, im Falle ihres öffentlichen Bekanntwerdens den Börsen- oder Marktpreis der Insiderpapiere erheblich zu beeinflussen (§ 13 Abs. 1 S. 1 WpHG). Diese liegt vor, wenn ein verständiger Anleger die Information bei seiner Anlageentscheidung berücksichtigen würde (§ 13 Abs. 1 S. 2 WpHG). Als Umstände dieser Art gelten auch solche, bei denen mit hinreichender Wahrscheinlichkeit davon ausgegangen werden kann, dass sie in Zukunft eintreten werden (§ 13 Abs. 1 S. 3 WpHG). Insbesondere bei umfangreichen, gerade konzernweiten Investigations, die noch nicht öffentlich bekannte Vorwürfe bzw. Verdachtsmomente von wirtschaftlich erheblicher Bedeutung und potentiell großer Haftungsrelevanz – sei es zivilrechtlicher, sei es öffentlich-rechtlicher oder strafrechtlicher Art (§§ 73 ff. StGB, 130, 30, 17 OWiG) – betreffen, spricht daher Vieles dafür, alle an den Ermittlungen beteiligten externen Berater unverzüglich in die jeweiligen Insiderverzeichnisse der Kanzleien aufzunehmen und entsprechend als Insider zu belehren (vgl. § 15b Abs. 1 S. 2 WpHG). Sofern eine Untersuchung „klein" beginnt, sind diese Maßnahmen bei einer Veränderung oder Verdichtung der Verdachtslage unverzüglich nachzuholen (vgl. § 13 Abs. 1 S. 3 WpHG). **153**

III. Rechtliche Stellung der Ermittler

Solange der externe Ermittler zumindest auch für den Arbeitgeber auftritt – und nicht etwa nur für eine Behörde – handelt es sich um eine Ermittlungsmaßnahme des Arbeitgebers und der Geschäftsleitung.[260] Unumstritten scheint daher zu sein, dass Ermittlungsmaß- **154**

---

260 *Rudkowski* NZA 2011, 612, 615.

nahmen im Rahmen einer internen Untersuchung zur Aufklärung möglicher strafrechtlich oder bußgeldrechtlich relevanter Pflichtverletzungen auch bei paralleler Existenz eines Ermittlungsverfahrens nicht unmittelbar den Vorschriften der StPO unterliegen.[261] Allenfalls für Verwertbarkeitsfragen bietet die StPO ein begrenztes Regelungsinstrumentarium. Direkt oder analog anwendbar bei Interviews im Verhältnis zwischen dem Arbeitgeber und seinen Beratern einerseits und dem Arbeitnehmer andererseits ist die StPO nicht, einschlägig sind vielmehr die geltenden arbeitsrechtlichen bzw. bei leitenden Mitarbeitern bzw. Organen von Kapitalgesellschaften an deren Stelle die geltenden gesellschaftsrechtlichen und dienstvertragsrechtlichen Regelungen (s. eingehend unten Rdnr. 234 ff.).[262] Für andere Untersuchungsmaßnahmen gilt entsprechend, dass das jeweils einschlägige Primärrechtsgebiet maßgeblich ist (Datenschutzrecht etc.). Der bei unternehmensinternen Ermittlungen tätige Rechtsanwalt jedenfalls muss sich auch die Frage nach dem Inhalt und vor allem der rechtlichen Einordnung der Thesen des Strafrechtsausschusses der Bundesrechtsanwaltskammer (BRAK) zum Unternehmensanwalt („BRAK-Thesen") stellen.[263] Einschlägig ist hier die These Nr. 3, wonach bei der Befragung von Mitarbeitern „die allgemeinen Gesetze und die sich aus den aus den rechtsstaatlichen Grundsätzen ergebenden Standards" zu wahren seien, und zwar so, „dass Beweismittel in ihrer Qualität und Verwertbarkeit nicht beeinträchtigt werden".[264] Hieraus folgt der Strafrechtsausschuss der BRAK – zusammenfassend – Folgendes: Der Mitarbeiter habe bei Befragungen durch den Unternehmensanwalt das Recht, einen eigenen Anwalt seiner Wahl und seines Vertrauens zu konsultieren[265] und sei hierüber zu belehren. Der Unternehmensanwalt solle zudem darauf hinwirken, dass die Kosten für den Rechtsbeistand „im Rahmen des rechtlich Zulässigen" vom Unternehmen übernommen werden. Der Unternehmensanwalt dürfe die Auskunftsperson nicht bedrängen, sich selbst zu belasten oder auf Rechte zu verzichten, die sie als Zeuge oder Beschuldigter im Strafverfahren ohne Weiteres hätte, und dem Mitarbeiter zu keinem Zeitpunkt vor, während oder nach einer Befragung mit arbeitsrechtlichen Konsequenzen drohen, um eine Aussage zu erzwingen. Der Mitarbeiter sei darüber zu belehren, dass Aufzeichnungen der Befragung gegebenenfalls an Behörden weitergegeben werden und dort zu seinem Nachteil verwertet werden können. Bei Anhörungen im Rahmen sog. Amnestieprogramme müsse der Mitarbeiter zusätzlich darüber belehrt werden, dass das Unternehmen selbst eine strafrechtliche Amnestie nicht gewähren kann. Die Anhörung der Auskunftsperson sei schriftlich zu dokumentieren, die Dokumentation müsse den Anschein einer „amtlichen" Handlung vermeiden und auf Verlangen der Auskunftsperson sei eine Niederschrift über ihre Befragung aufzunehmen, in diese sei Auskunftsperson Einsicht zu gewähren und diese sei von der Auskunftsperson genehmigen zu lassen. Über all dies sei die Auskunftsperson zu belehren. Komme der Unternehmensanwalt den genannten Standards nicht nach, so dürfen der Auskunftsperson aus ihrer darauf gestützten Weigerung, sich befragen zu lassen, keine nachteiligen Konsequenzen erwachsen.[266] Wie der Strafrechtsausschuss selbst ausdrücklich festhält, gelten gerade diejenigen Normen der StPO zu

---

261 *LG Hamburg* NJW 2011, 942; *BRAK* Stellungnahme-Nr. 35/2010 S. 11 abrufbar unter www.brak.de; *Rübenstahl* WiJ 2012, 17, 18.
262 *Fischer* BB 2003, 522 ff.; *Diller* DB 2004, 1303 ff.; *Mengel/Ullrich* NZA 2006, 240 ff.; *Göpfert/Merten/Sigrist* NJW 2008, 1703 ff.; *Weisskirchen/Glaser* DB 2011, 1447 ff.; 7; *Bittmann/Molkenbur* wistra 2009, 373, 375; *Rübenstahl* WiJ 2012, 17, 18.
263 *BRAK* Stellungnahme-Nr. 35/2010, S. 1 ff.
264 *BRAK* Stellungnahme-Nr. 35/2010, S. 3.
265 *BRAK* Stellungnahme-Nr. 35/2010 S. 10 unter Berufung auf BAG vom 13.3.2008 – II AZR 961/06 und *LAG Berlin/Brandenburg* vom 6.11.2009 – 6 Sa 1121/09, die dies ausdrücklich gerade nicht für ein der Informationsgewinnung dienendes Interview, sondern nur für eine Anhörung als Voraussetzung der Verdachtskündigung fordern. vgl. *Rübenstahl* WiJ 2012, 17, 18 f.
266 *BRAK* Stellungnahme-Nr. 35/2010, S. 10 f.

Vernehmungen bei Interviews nicht, die der Ausschuss offenbar aus rechtspolitischer Überzeugung zur Wahrung rechtsstaatlicher Standards und der strafprozessualen Verwertbarkeit der Äußerungen entsprechend anwenden will.[267] Indem der Ausschuss darauf verweist, dass der Unternehmensanwalt auch über arbeitsrechtliche Pflichten hinaus die postulierten „Standards" zur Wahrung der Rechtsstaatlichkeit und prozessualen Verwertbarkeit erfüllen „soll", räumt er ein, dass eine entsprechende Rechtspflicht insoweit gerade nicht besteht. Die BRAK-Thesen lassen sich somit wohl weniger als Auslegung geltender Gesetze, sondern eher als rechtspolitische Zielvorstellungen verstehen.[268] Die von der BRAK geforderten Maßstäbe dürften de lege lata überwiegend wohl nicht gelten.[269] Zu berücksichtigen ist, dass der Unternehmensanwalt als externer Ermittler – wie auch die BRAK-Thesen zumindest eingangs festhalten – durch sein Mandat dem Unternehmensinteresse verpflichtet ist und sich gegen dieses Interesse nicht an unverbindlichen Postulaten orientieren kann. Zusammenfassend ist daher festzuhalten, dass die BRAK-Thesen, soweit sie über anwendbare Rechtsvorschriften hinausgehen, insbesondere soweit allgemein zur Wahrung rechtsstaatlicher Standards und Sicherstellung der strafprozessualen Verwertbarkeit aufgerufen wird, für den Unternehmensanwalt nicht per se rechtsverbindlich sind. Hingegen wird die Einhaltung weiter Teile der Standards – die Sicherstellung rechtsstaatlicher Prinzipien und der Verwertbarkeit der Interviews – vielfach im Unternehmensinteresse sinnvoll, wünschenswert oder sogar praktisch unumgänglich sein, insbesondere wenn die interne Untersuchung parallel zu einem Ermittlungsverfahren stattfindet und das Unternehmen mit den Behörden kooperiert.[270] Im Weiteren orientiert sich die Darstellung an den gesetzlichen Regelungen, nicht an den BRAK-Thesen.

1. Zeugnisverweigerungsrechte (§§ 53, 53a StPO)

Die externen Ermittler können – regelmäßig im Gegensatz zu den unternehmensinternen Ermittlern – durch Zeugnisverweigerungsrechte und Beschlagnahmeverbote sowie neuerdings durch die Vorschrift des § 160a StPO vor dem Zugriff der Strafverfolgungsbehörden oder funktionsähnlicher Institutionen geschützt sein. Der Umfang dieses Schutzes ist derzeit – auch in der instanzgerichtlichen Rechtsprechung – noch in hohem Maße umstritten.

§ 53 StPO dient dem Schutz des Vertrauensverhältnisses zwischen den Angehörigen bestimmter Berufsgruppen und denjenigen, die ihre Dienste in Anspruch nehmen.[271] Zu diesem Zweck gewährt die Norm den Berufsträgern ein Zeugnisverweigerungsrecht.[272] Der Kreis der zeugnisverweigerungsberechtigten Personen ist auf die in § 53 Abs. 1 StPO genannten Berufsgruppen beschränkt und einer extensiven Auslegung ebenso unzugänglich wie einer Analogiebildung.[273] Nicht allen gem. § 203 StGB zur Verschwiegenheit verpflichteten Personen wird gem. § 53 StPO auch ein Zeugnisverweigerungsrecht eingeräumt, das Zeugnisverweigerungsrecht des § 53 StPO bezieht sich jedoch anders als § 203 StGB nicht ausschließlich auf Geheimnisse, sondern auf alle Umstände, die dem Berufsträger in Bezug auf seinen Beruf anvertraut oder bekannt gemacht worden sind.[274] Die Zeugnisverweigerung kann sich auf die gesamte Aussage, einen Teil der Aussage oder auch nur einzelne Fragen beziehen.[275] Einer Begründung bedarf es nicht.[276] Sagt der Berufsträger in

---

267 *BRAK* Stellungnahme-Nr. 35/2010, S. 10 f.
268 *Rübenstahl* WiJ 2012, 17, 19; vgl. *BRAK* Stellungnahme-Nr. 35/2010, S. 3.
269 Eingehend *Rübenstahl* WiJ 2012, 17, 19 f.
270 *Rübenstahl* WiJ 2012, 17, 20.
271 *Meyer-Goßner* § 53 Rn. 1; Knierim/Rübenstahl/Tsambikakis/*Bock/Gerhold* Kap. 5 Rn. 2.
272 *Meyer-Goßner* § 53 Rn. 1.
273 KK/*Senge* § 53 Rn. 2; *Meyer-Goßner* § 53 Rn. 2.
274 Vertiefend *Meyer-Goßner* § 53 Rn. 4.
275 *Meyer-Goßner* § 52 Rn. 15 und § 53 Rn. 41.
276 *BGH* NJW 1980, 794, 794.

Unkenntnis der §§ 53, 53a StPO aus, so besteht kein Beweisverwertungsverbot, da eine Belehrung über das Zeugnisverweigerungsrecht nicht erforderlich ist.[277] Das Gericht und die Strafverfolgungsbehörden dürfen nämlich davon ausgehen, dass die Berufsträger ihre Berufsrechte und -pflichten kennen.[278] Nur bei offensichtlicher Unkenntnis kann die Fürsorgepflicht im Einzelfall eine Belehrung gebieten.[279] Das Zeugnisverweigerungsrecht des § 53 StPO wird neben § 53a StPO auch durch die §§ 97 und 160a StPO flankiert, die Schutz vor Umgehungen gewähren.[280]

a) Zeugnisverweigerungsberechtigte Personen

156 § 53 Abs. 1 StPO enthält einen Katalog von Berufen, deren Trägern ein Zeugnisverweigerungsrecht über Tatsachen zusteht, die ihnen in der jeweiligen Eigenschaft anvertraut oder bekannt geworden sind. Ein Zeugnisverweigerungsrecht des internen Ermittlers kann sich entweder aus § 53 Abs. 1 S. 1 Nr. 2 oder Nr. 3 StPO ergeben.[281]

aa) Verteidiger im Sinne des § 53 Abs. 1 S. 1 Nr. 2 StPO

157 Der Begriff des Verteidigers meint alle gewählten oder bestellten Verteidiger unabhängig davon, ob sie die Verteidigung tatsächlich geführt haben.[282] Die Tatsachen, über die der Verteidiger das Zeugnis verweigern kann, müssen ihm nicht als Verteidiger des gegenwärtig Beschuldigten bekannt geworden sein, sondern nur als Verteidiger irgendeiner Person oder als Verteidiger des Beschuldigten, aber in einem anderen Strafverfahren.[282] Ist der Beschuldigte des gegenwärtigen Strafverfahrens zugleich der Mandant des Verteidigers, so besteht wohl eine Pflicht zur Zeugnisverweigerung.[283] Regelmäßig werden jedoch Internal Investigations nicht durch Verteidiger im Auftrag von individuellen Beschuldigten eines Ermittlungsverfahrens durchgeführt. Realistischer Weise kommt jedoch in Betracht, dass unternehmensinterne Untersuchungen durch den anwaltlichen Unternehmensvertreter in einem Bußgeld- oder Strafverfahren – und seine anwaltlichen Mitarbeiter oder nichtanwaltlichen Hilfspersonen – durchgeführt werden. Gem. §§ 444 Abs. 1 und 2, 434 StPO ist vor der Entscheidung über die Festsetzung einer Geldbuße gegen ein Unternehmen (§ 30 OWiG) die Verfahrensbeteiligung des Unternehmens anzuordnen. Das nebenbeteiligte Unternehmen kann in jeder Lage des Verfahrens einen „Verteidiger" (§ 434 Abs. 1 StPO) wählen, für den die Vorschriften der §§ 137–139, 145a–149 und 218 StPO entsprechend gelten, da das nebenbeteiligte Unternehmen die dem des Beschuldigten entsprechenden Rechte hat (§ 433 StPO). Gem. § 442 Abs. 1 StPO gelten die Vorschriften der §§ 431–441 StPO – insbesondere das Recht zur Wahl eines Verteidigers gem. § 434 Abs. 1 StPO – auch für das gem. §§ 442 Abs. 2 StPO i.V.m. § 73 Abs. 3 StGB verfallsbeteiligte Unternehmen. Vor diesem Hintergrund ist anzunehmen, dass jedenfalls externe Anwälte, die zugleich die interne Untersuchung führen und das Unternehmen im Straf- bzw. Bußgeldverfahren jedenfalls vom Zeitpunkt der Anordnung der Verfahrensbeteiligung (§ 431 Abs. 1 StPO) über das Zeugnisverweigerungsrecht gem. § 53 Abs. 1 S. 1 Nr. 2 StPO verfügen. Da die Nebenbeteiligung erst durch das Gericht und nur, wenn Verfall bzw. Unternehmensgeldbuße zu erwarten ist, angeordnet wird (§ 431 StPO) stellt sich die Frage, ob der Unternehmensvertreter im Strafverfahren vor diesem Zeitpunkt ein Aussageverweigerungsrecht gem. § 53 Abs. 1 S. 1 Nr. 2 StPO – und wichtiger: generell Verteidigungsrechte gem. § 434 StPO – hat. Richtigerweise ist dies zumindest ab einem Zeitpunkt zu bejahen, ab dem eine

---

277 Knierim/Rübenstahl/Tsambikakis/*Bock/Gerhold* Kap. 5 Rn. 6.
278 Vgl. *BGH* NJW 1991, 2844, 2846; *Meyer-Goßner* § 53 Rn. 44.
279 *BGH* MDR 1980, 815, 815.
280 HK-GS/*Trüg* § 53 Rn. 1; Knierim/Rübenstahl/Tsambikakis/*Bock/Gerhold* Kap. 5 Rn. 6.
281 Knierim/Rübenstahl/Tsambikakis/*Bock/Gerhold* Kap. 5 Rn. 7.
282 *Meyer-Goßner* § 53 Rn. 13.
283 LR/*Ignor/Bertheau* § 53 Rn. 27.

Verhängung von Unternehmenssanktionen konkret möglich ist, insbesondere sobald ein strafrechtliches Ermittlungsverfahren gegen Mitglieder oder ehemalige Mitglieder der Geschäftsleitung oder sonstige Leitungspersonen im Sinne des § 30 OWiG wegen Straftaten eingeleitet ist, die mutmaßlich zu unrechtmäßigen Unternehmenseinnahmen geführt haben, da dann eine Unternehmensgeldbuße (§§ 30, 17 Abs. 4 OWiG) möglich und eine Vermögensabschöpfung beim Unternehmen (§ 73 Abs. 3 StGB) wahrscheinlicher sein dürfte. Wie bei der Frage des eigenständigen Schweigerechts des Unternehmens gem. §§ 444, 442, 432 StPO[284] ist darauf abzustellen, dass zu Lasten des Unternehmens die Verhängung einer Geldbuße bzw. des Verfalls in Betracht kommt. Für das Schweigerecht des Unternehmens und das Recht einen Verteidiger (mit den Rechten entsprechend §§ 53, 148 StPO) zu haben, sollte es nach allgemeinen strafprozessrechtlichen Grundsätzen keine unterschiedlichen Zeitpunkt geben.

bb) Rechtsanwälte, Patentanwälte, Notare, Wirtschaftsprüfer, vereidigte Buchprüfer, Steuerberater und Steuerbevollmächtigte im Sinne des § 53 Abs. 1 S. 1 Nr. 3 StPO

158 Soweit die externen, vom Unternehmen beauftragten Ermittler nicht Verteidiger (s.o.) sind, aber jedenfalls Rechtsanwälte, Patentanwälte, Notare, Wirtschaftsprüfer, vereidigte Buchprüfer, Steuerberater und Steuerbevollmächtigte im Sinne des § 53 Abs. 1 S. 1 Nr. 3 StPO, genießen sie ein Aussageverweigerungsrecht jedenfalls nach dieser Vorschrift. Rechtsanwälte sind unstreitig alle im Inland zugelassenen Anwälte nach § 12 BRAO, alle ausländischen Anwälte nach §§ 206 f. BRAO, alle allgemein bestellten Vertreter nach § 53 BRAO und alle Abwickler nach § 55 BRAO. [285] Problematisch ist die Beurteilung der Rechtsanwälte in ständigen Dienstverhältnissen nach § 46 BRAO, der so genannten Syndikusanwälte. Die herrschende Meinung entscheidet stets einzelfallbezogen.[286] Der *BGH* lässt erkennen, dass für ihn das Vorliegen einer typisch anwaltlichen Tätigkeit davon abhänge, ob und inwieweit hinsichtlich des betreffenden Falles nach den konkreten Umständen eine selbstständige, d.h. eigenständige und von fachlichen Weisungen freie Bearbeitung durch den Syndikusanwalt gewährleistet sei oder ob zu besorgen sei, dass die Weisungs- und Richtlinienkompetenz des Arbeitgebers eines Syndikusanwalts in dessen konkrete Tätigkeit hineinwirke.[287] Das *LG Bonn* greift diese Kriterien zur Begründung eines Zeugnisverweigerungsrechts des Syndikusanwalts auf.[288] Die (fachliche) Weisungsfreiheit im Einzelfall ist daher nach der gegenwärtig herrschenden Auffassung entscheidendes Kriterium für eine Anwaltsstellung des Syndikus gem. § 53 Abs. 1 Nr. 3 StPO und das daraus resultierende Zeugnisverweigerungsrecht. [289]

159 Weitere taugliche Berufsträger sind Patentanwälte im Sinne des § 19 PatAO, Notare im Sinne des § 3 BNotO, Notarassessoren im Sinne des § 7 BNotO, Wirtschaftsprüfer im Sinne des §§ 1 Abs. 1 S. 1, 15 WiPrO, auch wenn sie nach § 183 AktG als Kapitalprüfer eingesetzt werden,[290] vereidigte Buchprüfer im Sinne des § 128 Abs. 1 WiPrO sowie Steuerberater und Steuerbevollmächtigte im Sinne des §§ 40, 42 StBerG. [291]

---

284 Dazu mit diesem Maßstab: *Fischer* § 136 Rn. 7a; *Minoggio* wistra 2003, 121.
285 Knierim/Rübenstahl/Tsambikakis/*Bock/Gerhold* Kap. 5 Rn. 9.
286 *Roxin* NJW 1995, 17, 18 m.w.N.
287 *BGH* StV 2003, 883, 884.
288 *LG Bonn* NStZ 2007, 605, 606.
289 Knierim/Rübenstahl/Tsambikakis/*Bock/Gerhold* Kap. 5 Rn. 10.
290 *LG Bonn* wistra 2000, 437, 438; HK-GS/*Trüg* § 53 Rn. 8.
291 Knierim/Rübenstahl/Tsambikakis/*Bock/Gerhold* Kap. 5 Rn. 11.

cc) Umfang des Zeugnisverweigerungsrechts

160 Das Zeugnisverweigerungsrecht ist auf diejenigen Tatsachen beschränkt, die dem Berufsträger in seiner jeweiligen beruflichen Eigenschaft anvertraut oder bekanntgeworden sind.[292] Voraussetzung des Zeugnisverweigerungsrechts ist daher, dass das Wissen unmittelbar aus der Berufstätigkeit erwächst oder zumindest mit ihr in unmittelbarem Zusammenhang steht.[293] Die Person des Mitteilenden und das Ob und Wie des Kontakts werden vom Zeugnisverweigerungsrecht umfasst.[294] Die Tatsachen müssen dem Geheimnisträger in diesem Zusammenhang anvertraut oder bekanntgeworden sein. Unter einer anvertrauten Tatsache versteht man eine unter Verlangen oder stillschweigender Erwartung der Geheimhaltung mitgeteilte Tatsache sowie eine solche, die der Berufsträger dadurch erlangt, dass ihm Gelegenheit zur Beobachtung und Untersuchung gegeben wird.[295] Ob die Tatsache dem Berufsträger vom jeweiligen Beschuldigten oder einem Dritten anvertraut worden ist und wessen Sphäre das Geheimnis angehört, ist nach wohl h.M. gleichgültig.[296] Eine bekanntgewordene Tatsache ist eine, die der Berufsausübende von dem Beschuldigten oder einem Dritten in sonstiger Weise erfahren hat, ohne dass sie ihm anvertraut worden ist.[297] Der Begriff ist nach dem *BGH* und der herrschenden Lehre weit auszulegen.[298]

161 Eine Entbindung des externen Ermittlers von der Verschwiegenheitspflicht durch das Unternehmen führt in den – hier relevanten – Fällen des § 53 Abs. 1 S. 1 Nr. 2 bis 3b zu einer Aussagepflicht.[299] Die Entbindungserklärung ist eine Prozesshandlung, die Handlungsfähigkeit des für das Unternehmen Handelnden voraussetzt.[300] Da Entbindungsberechtigter derjenige ist, dessen Vertrauensschutz § 53 StPO dient, ist regelmäßig das Mandatsverhältnis ausschlaggebend.[301] Ist der Berufsträger nicht ausschließlich für das Unternehmen tätig, sondern Mitglieder der Organe, insbesondere der Geschäftsleitung, sind u.U. mehrere Personen geschützt. Ist dies der Fall, so müssen alle eine entsprechende Erklärung abgeben oder es muss eine gemeinsame Erklärung abgegeben werden.[302] Dies gilt insbesondere für eine Mehrheit von Geschäftsführern einer GmbH[302] oder einen Wechsel der Geschäftsführung oder des Vorstandes.[303] Hat ein nicht geschützter Dritter dem Berufsträger ein Geheimnis anvertraut, kann nur der Geschützte die Entbindung erklären.[304] Dies ist bei Internal Investigations für den Fall von Mitarbeiterinterviews relevant, da typischerweise nur zwischen dem externen Ermittler und dem Unternehmen, nicht aber ersterem und dem Interviewpartner ein Mandatsverhältnis besteht. Daher kann der Interviewpartner regelmäßig den Ermittler nicht von der Schweigepflicht – etwa gegenüber Behörden und Gerichten – entbinden, sehr wohl aber kann das Unternehmen dies einseitig auch gegen den Willen des Interviewten tun. Die Entbindungserklärung kann ausdrücklich oder konkludent[305] erfolgen und ist analog § 52 Abs. 3 S. 2 StPO frei widerrufbar.[306] Die Entbindungserklärung kann rechtlich wirksam auf bestimmte Tatsachenkomplexe beschränkt

---

292 Knierim/Rübenstahl/Tsambikakis/*Bock/Gerhold* Kap. 5 Rn. 12.
293 *OLG Schleswig* SchlHA 1982, 111, 111; LR/*Ignor/Bertheau* § 53 Rn. 14; *Meyer-Goßner* § 53 Rn. 7.
294 *Meyer-Goßner* § 53 Rn. 7.
295 *BGHSt* 38, 369, 370; *Meyer-Goßner* § 53 Rn. 8.
296 *Meyer-Goßner* § 53 Rn. 8.
297 *Meyer-Goßner* § 53 Rn. 9.
298 *BGH* MDR 1978, 281, 281; HK-GS/*Trüg* § 53 Rn. 8; *Meyer-Goßner* § 53 Rn. 9.
299 Knierim/Rübenstahl/Tsambikakis/*Bock/Gerhold* Kap. 5 Rn. 15.
300 *Meyer-Goßner* § 53 Rn. 45.
301 KK/*Nack* § 97 Rn. 5 f.; LR/*Schäfer* § 97 Rn. 52.
302 *OLG Celle* wistra 1986, 83, 83.
303 *Krause* FS Dahs, S. 349, 361 ff.
304 Umfassend *Göppinger* NJW 1958, 241, 243.
305 Beispielsweise durch Benennung als Zeugen, so HK-GS/*Trüg* § 53 Rn. 24.
306 *Meyer-Goßner* § 53 Rn. 49.

werden, nicht aber auf einzelne Tatsachen.³⁰⁷ Der Widerruf der Entbindung muss im Gegensatz zur Entbindung selbst ausdrücklich erklärt werden.³⁰⁸ Widerruft der Geschützte die Entbindung von der Schweigepflicht erst nach der Aussage des Berufsträgers, bleibt die Aussage prozessual verwertbar und eine Niederschrift über die Vernehmung kann verlesen werden.³⁰⁹ § 252 StPO erfasst dies nicht.³¹⁰ Eine Vertretung ist sowohl hinsichtlich der Entbindung von der Verschwiegenheitspflicht als auch hinsichtlich ihres Widerrufs wegen des höchstpersönlichen Charakters beider Erklärung ausgeschlossen.³¹¹

dd) Anwendbarkeit des § 53a StPO

Zur Vermeidung der Umgehung des Zeugnisverweigerungsrechts nach § 53 StPO dehnt §53a Abs. 1 StPO den Anwendungsbereich des § 53 StPO auf die Gehilfen der in § 53 Abs. 1 S. 1 Nr. 1–4 StPO genannten Berufsträger sowie die Personen, die zur Vorbereitung auf den Beruf an der berufsmäßigen Tätigkeit teilnehmen, aus.³¹² Da das Zeugnisverweigerungsrecht der Hilfspersonen aus dem Zeugnisverweigerungsrecht der Berufsträger abgeleitet wird, entscheiden über die Wahrnehmung des Rechts der Hilfspersonen nicht diese selbst, sondern die gem. § 53 Abs.1 S.1 Nr.1 bis 4 StPO Genannten (§ 53a Abs.1 S.2 StPO).³¹³ Sagt die Hilfsperson (weisungswidrig) aus, ist die Aussage dennoch ohne Einschränkung verwertbar.³¹⁴ Sagt sie trotz Aufforderung durch den Berufsträger nicht aus, sind die Beugemittel des § 70 StPO anwendbar.³¹⁵ Ob die Hilfsperson aussagen soll, kann der Berufsträger unabhängig von der Entscheidung über die Ausübung des eigenen Zeugnisverweigerungsrechts und des Zeugnisverweigerungsrechts weiterer Hilfspersonen treffen.³¹⁶ Für die Gehilfeneigenschaft des § 53a Abs.1 S.1 StPO ist weder ein soziales Abhängigkeitsverhältnis noch eine berufsmäßige Tätigkeit erforderlich, so dass auch sonstige unterstützende Personen dem Begriff unterfallen.³¹⁷ Deren Bestehen sind allerdings starke Indizien, dass die Person die berufliche Tätigkeit des Berufsträgers auch tatsächlich fördert.³¹⁸ Die am häufigsten genannten Gehilfen des Rechtsanwalts sind daher sein Büropersonal und seine angestellten juristischen Mitarbeiter ohne Rechtsanwaltszulassung.³¹⁹ Auch ein zur Mandatsbearbeitung herangezogener Dolmetscher ist als Gehilfe anzusehen.³²⁰ Teilnehmer zur Vorbereitung auf den Beruf im Sinne des § 53a StPO sind in Rechtsanwaltskanzleien und Notariaten u.a. Rechtsreferendare und (studierende) Praktikanten, in Wirtschafts- und Steuerberatungsgesellschaften Lehrlinge.³²¹ Keine Gehilfen sind nach h. M. selbstständige Gewerbetreibende, die für den Berufsträger Einzelaufträge erledigen, da auch im Rahmen des § 53a Abs.1 S.1 StPO das Verbot der erweiternden Auslegung eingreife.³²² Problema-

---

307 *Meyer-Goßner* § 53 Rn. 49.
308 *BGHSt* 42, 73, 75.
309 *BGHSt* 18, 146, 150; *Meyer-Goßner* § 53 Rn. 49; a.A. *OLG Nürnberg* NJW 1958, 272, 274; *OLG Hamburg* NJW 1962, 689, 691.
310 *BGHSt* 18, 146, 150; SK-StPO – *Rogall* § 53 Rn. 209; *OLG Nürnberg* NJW 1958, 272, 274; *OLG Hamburg* NJW 1962, 689, 691.
311 LR/*Ignor/Bertheau* § 53 Rn. 81.
312 Knierim/Rübenstahl/Tsambikakis/*Bock/Gerhold* Kap. 5 Rn. 18.
313 *BGHSt* 9, 59, 60 f.; HK-GS – *Trüg* § 53a Rn. 1.
314 LR/*Ignor/Bertheau* § 53a Rn. 8; *Meyer-Goßner* § 53a Rn. 7; a.A. SK-StPO/*Rogall* § 53a Rn. 43.
315 KK/*Senge* § 53a Rn. 6.
316 *Meyer-Goßner* § 53a Rn. 8.
317 KK/*Senge* § 53a Rn. 2; *Meyer-Goßner* § 53a Rn. 2.
318 Knierim/Rübenstahl/Tsambikakis/*Bock/Gerhold* Kap. 5 Rn. 19.
319 Vgl. *Meyer-Goßner* § 53a Rn. 4.
320 *LG Verden* StV 1996, 371, 371.
321 KK/*Senge* § 53a Rn. 5.
322 KK/*Senge* § 53a Rn. 3; *Meyer-Goßner* § 53a Rn. 2; jeweils m.w.N. und Beispielen auch zur Gegenauffassung.

tisch ist daher grundsätzlich die Einbeziehung externer, selbstständiger Fachgutachter – der nicht über ein eigenständiges Zeugnisverweigerungsrecht verfügt – durch die externen Ermittler, da hier infrage gestellt werden könnte, ob diese gem. § 53a StPO zur Aussageverweigerung berechtigt sind. Die Entbindung nach § 53 Abs. 2 S. 1 StPO gilt nach § 53a Abs. 2 StPO in gleichem Umfang auch für die Hilfspersonen; der Berufsträger und seine Hilfspersonen können nur gemeinsam entbunden oder nicht entbunden werden.[323]

b) Beschlagnahmeverbot, § 97 StPO

aa) Allgemeines

163 Auch das Beschlagnahmeverbot des § 97 StPO soll eine Umgehung des Zeugnisverweigerungsrechts insbesondere der §§ 53 und 53a StPO verhindern.[324] Aus diesem Grund ist bereits die Anordnung und Durchführung der Durchsuchung – neben der Beschlagnahme – unzulässig, wenn die gesuchten Sachen dem § 97 StPO unterfallen, und auch eine einstweilige Beschlagnahme nach § 108 Abs. 1 StPO ausgeschlossen.[325] § 160a StPO ist gegenüber § 97 StPO gem. § 160a Abs. 5 StPO insoweit nachrangig, als § 97 StPO eigene Bestimmungen trifft,[326] so dass hier zunächst die Anwendbarkeit des § 97 StPO auf Durchsuchungs- und Beschlagnahmemaßnahmen gegen externe Ermittler erörtert wird. Einzelheiten zum Anwendungsvorrang des § 97 StPO sind umstritten.[327] Der Schutz des Beschuldigten gegen Beschlagnahme beim Verteidiger oder sonstigen Geheimnisträgern wird bereits gewährt, wenn das Verfahren noch gegen „Unbekannt" geführt wird.[328]

164 Eine Erstreckung des § 97 StPO auf weitere als die dort genannten Personen im Wege des Analogieschlusses ist unstatthaft.[329] Zeugnisverweigerungsberechtigt sind im Zusammenhang mit unternehmensinternen Ermittlungen insbesondere die oben genannten Berufsträger, die teilweise auch als externe Ermittler in Betracht kommen.[330] § 97 StPO gilt darüber hinaus jedoch für alle zeugnisverweigerungsberechtigten Personen im Sinne des §§ 52 und 53 Abs. 1 S. 1 Nr. 1–3 b StPO.

165 Das Einverständnis des Beschuldigten in die Beschlagnahme schließt das Beschlagnahmeverbot nur aus, wenn der Beschuldigte alleine berechtigt ist, den Berufsträger von seiner Schweigepflicht zu entbinden.[331] In anderen Fällen – regelmäßig bei internen Ermittlungen, bei denen das die externen Ermittler beauftragende Unternehmen allenfalls Nebenbetroffener ist (s.o.) – bleibt das Beschlagnahmeverbot bestehen.[332] Die Entbindung von der Schweigepflicht im Sinne des § 53 Abs. 2 S. 1 StPO lässt das Beschlagnahmeverbot sowohl hinsichtlich des Berufsträgers als auch hinsichtlich seiner Hilfspersonen entfallen.[333] Das gilt auch für die Herausgabepflicht des § 95 StPO.[334] Ein Widerruf der Entbindungserklärung führt nicht zu einem Verwertungsverbot der bereits gewonnen Erkenntnisse.[335] Ein Syndikusanwalt unterfällt dem Schutz der Norm nur, wenn er im Einzelfall das Zeugnis

---

323 SK-StPO/*Rogall* § 53a Rn. 37.
324 *BVerfGE* 20, 162, 188; 32, 373, 385; Knierim/Rübenstahl/Tsambikakis/*Bock/Gerhold* Kap. 5 Rn. 23.
325 *Meyer-Goßner* § 97 Rn. 1.
326 *Meyer-Goßner* § 97 Rn. 50 und § 160a Rn. 17.
327 Knierim/Rübenstahl/Tsambikakis/*Bock/Gerhold* Kap. 5 Rn. 23, 68.
328 *RGSt* 50, 241, 242; *Meyer-Goßner* § 97 Rn. 10.
329 LR/*Schäfer* § 97 Rn. 11.
330 Knierim/Rübenstahl/Tsambikakis/*Bock/Gerhold* Kap. 5 Rn. 24.
331 *Fezer* JuS 1978, 765, 767 Fn. 32; KK/*Nack* § 97 Rn. 6.
332 Knierim/Rübenstahl/Tsambikakis/*Bock/Gerhold* Kap. 5 Rn. 27.
333 *BGHSt* 38, 144, 145; KK/*Nack* § 97 Rn. 5.
334 *Meyer-Goßner* § 97 Rn. 24.
335 Vgl. *Meyer-Goßner* § 97 Rn. 25; a.A. *OLG Nürnberg* NJW 1958, 272, 274; *OLG Hamburg* NJW 1962, 689, 691.

verweigern darf (s.o.), er also hinreichend unabhängig agiert,[336] was gerade bei rein intern – insbesondere unter der Ägide der Geschäftsleitung – geführten Untersuchungen durch Syndici regelmäßig nicht der Fall sein dürfte. Nach h.M. ist die Vorschrift des § 97 StPO nicht anwendbar, wenn der Zeugnisverweigerungsberechtigte selbst Beschuldigter eines Strafverfahrens ist, in dessen Rahmen die Beschlagnahme erfolgt.[337] Die Verwertung ist der beschlagnahmten Unterlagen ist dann im Verfahren gegen den (beschuldigten) Geheimnisträger, nicht aber in einem Verfahren gegen die (geheimnis-)geschützte Person zulässig.[338]

bb) Schriftliche Mitteilungen im Sinne des § 97 Abs. 1 Nr. 1 StPO

§ 97 Abs. 1 Nr. 1 StPO bezieht sich auf schriftliche Mitteilungen zwischen dem *Beschuldigten* und dem Berufsträger, d.h. Briefe, Postkarten und analog § 11 Abs. 3 StGB Texte auf sonstigen Trägermedien, aber auch Skizzen und Zeichnungen,[339] auch Kopien.[340] Ein innerer Zusammenhang zwischen der Mitteilung und dem Zeugnisverweigerungsrecht, also der Tätigkeit des Berufsträgers, muss bestehen.[340] In Bezug auf den Verteidiger ist daher zu fordern, dass die Mitteilung bereits die Verteidigung selbst oder zumindest die Mandatierung eines Rechtsanwalts zu Zwecken der Verteidigung betrifft.[341]

166

Bezüglich der – i.E. zu befürwortenden – Anwendbarkeit dieser Vorschrift auf den strafrechtlichen Unternehmensvertreter bzw. -verteidiger, der zugleich intern Ermittlungen durchführt, besteht derzeit erhebliche Rechtsunsicherheit. Eine Anwendung der Vorschrift auf schriftliche Mitteilungen von (oder an) externe(n) Ermittler(n) des Unternehmens – sofern diese das Unternehmen zugleich im Bußgeld- bzw. Strafverfahren vertreten – kommt zumindest in Betracht, wenn das Unternehmen Verfallsbeteiligter oder Nebenbetroffener ist und daher beschuldigtengleiche Rechte hat (s.o.), die Untersuchung – wie nach Bekanntwerden eines Verfahrens regelmäßig – als integraler Bestandteil der Unternehmensverteidigung anzusehen ist, die „schriftlichen Mitteilungen" im Verhältnis zum verteidigte Unternehmen erfolgen, inhaltlich Teil der Unternehmensverteidigung sind und zudem auch zeitlich im Rahmen der Unternehmensverteidigung, d.h. nach Übernahme eines (Unternehmens-)Verteidigungsmandats und nach Einleitung des Bußgeld- oder Strafverfahrens,[342] d.h. jedenfalls wenn sie nach Anordnung der Neben- oder Verfallsbeteiligung gegen das Unternehmen entstanden sind.[343] Dies setzt voraus, dass inhaltlich nicht ein bloßes Beratungs- sondern eine Vertretungs- bzw. Verteidigungsmandat zugunsten des Unternehmens besteht und dass der betroffene externe Ermittler dieses ausübt, was wiederum regelmäßig voraussetzt, dass er Rechtsanwalt oder Hochschullehrer ist (§ 138 Abs. 1 StPO) oder – im Steuerstrafverfahren (§ 392 Abs. 1 AO) Steuerberater, Wirtschaftsprüfer etc. ist. Analog § 148 StPO kann es dann m.E. in diesen Fällen auch nicht darauf ankommen, ob sich die Unterlagen im Gewahrsam des Geheimnisträgers befinden oder nicht. Das aus § 97 Abs. 1 Nr. 1 StPO in Verbindung mit § 53 Abs. 1 Nr. 2 StPO resultierende

167

---

336 Umfassend *Roxin* NJW 1995, 17, 21 ff.
337 *BGHSt* 25, 168, 169; *OLG Hamburg* MDR 1981, 603, 603; *Krekeler* NStZ 1987, 199, 201; *Meyer-Goßner* § 97 Rn. 4 m.w.N.
338 *Meyer-Goßner* § 97 Rn. 4a und 8; Knierim/Rübenstahl/Tsambikakis/*Bock/Gerhold* Kap. 5 Rn. 25.
339 KK/*Nack* § 97 Rn. 11; *Meyer-Goßner* § 97 Rn. 28.
340 *Meyer-Goßner* § 97 Rn. 28.
341 *LG Bonn* wistra 2006, 396, 397.
342 *LG Gießen* Beschluss vom 25.6.2012 – 7 Qs 100/12, in: BeckRS 2012, 15498 bejaht allerdings für die Individualverteidigung bereits die Anwendbarkeit nach Erteilung eines erkennbar auf Verteidigung gerichteten Mandats, auch wenn noch kein Verfahren eingeleitet ist, vgl. auch *Schuster* NZKart 2013, 191.
343 Vgl. *LG Bonn* NZWiSt 2013, 21 mit weitergehender Anm. *Jahn/Kirsch* und *Schuster* NZKart 2013, 191 zu einem Kartellbußgeldverfahren gegen ein Unternehmen.

Beschlagnahmeverbot erstreckt sich nach § 97 Abs. 2 S. 1 StPO unmittelbar zwar nur auf Gegenstände, die sich im Gewahrsam der zeugnisverweigerungsberechtigten Person befinden. Aus dem aus Art. 6 Abs. 3 MRK, Art. 2 Abs. 1, 20 Abs. 3 GG herzuleitenden rechtsstaatlichen Gebot, dem Beschuldigten die Möglichkeit einer geordneten und effektiven Verteidigung zu geben, folgt jedoch, dass Unterlagen, die sich im Gewahrsam des Beschuldigten befinden und die sich ein Beschuldigter erkennbar zu seiner Verteidigung in dem gegen ihn laufenden Strafverfahren angefertigt hat, über den Wortlaut hinaus weder beschlagnahmt noch gegen seinen Widerspruch verwertet werden dürfen.[344] Zudem wird aus dem in § 148 Abs. 1 StPO garantierten ungehinderten Verkehr des Beschuldigten mit seinem Verteidiger zu Recht gefolgert, dass Verteidigungsunterlagen von der Beschlagnahme auch sonst ausgenommen sind, ohne Rücksicht darauf, wo sie sich befinden,[345] jedenfalls, soweit ein Verteidigungsverhältnis bereits besteht.[346] Der Begriff „Verteidigungsunterlagen" erfasst neben jeglicher schriftlicher Korrespondenz zwischen Beschuldigtem und seinem Verteidiger, soweit diese Bezug zur Verteidigung hat, auch Aufzeichnungen, die der Beschuldigte selbst gerade anlässlich der gegen ihn erhobenen Vorwürfe zum Zweck der Verteidigung gefertigt hat.[347]

168 Die bisherige Rspr. hat zwar konkret eine Anwendbarkeit der §§ 97 Abs. 1 Nr. 1, 148 StPO für (intern ermittelnde und verteidigende) Unternehmensanwälte noch nicht bejaht, jedoch ergibt sich jedenfalls aus einer Entscheidung des *LG Bonn* in einem Kartellbußgeldverfahren, dass ein Beschlagnahmeverbot bzgl. unternehmensbezogener Verteidigungsunterlagen nach § 46 Abs. 1 OWiG i.V.m. §§ 97 Abs. 1 Nr. 1, 148 StPO grds. – jedenfalls unter den o.g. Einschränkungen – gegeben sein kann.[348] Das *LG Bonn* betont zudem, dass nur dann, wenn sich die (eng definierten Verteidigungs-)Unterlagen auf genau dasjenige Verfahren beziehen, indem die Mandatierung erfolgt ist, und nur dann, wenn diese im Verhältnis zwischen der mandatierenden Gesellschaft und den Verteidigern entstanden sind, ein Beschlagnahmeverbot bestehe, hingegen nicht, wenn andere Gesellschaften des Konzerns involviert seien und wenn Gegenstand der Unterlagen ein anderes, wenn auch inhaltlich zusammenhängendes Verfahren sei.[349]

169 Es spricht m.E. vieles dafür, die Beschlagnahmefreiheit von Verteidigungsunterlagen – einschließlich Produkten einer Internal Investigation des Unternehmensvertreters, wie Protokollen und Vermerken über Besprechungen mit der Geschäftsleitung als gesetzlichen Vertretern des faktisch beschuldigten Unternehmens oder deren Beauftragten, etwa aus Rechtsabteilung bzw. Innenrevision – gem. §§ 97 Abs. 1 Nr. 1, 148 StPO (Verteidigungsprivileg) nicht erst mit der formalen Erstreckung des Straf- oder Bußgeldverfahren auf das Unternehmen beginnen zu lassen, sondern mit Beginn der materiellen Verteidigungstätigkeit für das Unternehmen, wie es das *LG Gießen* für die Individualverteidigung anerkannt hat.[350] Da Beschuldigter (Nebenbetroffener) hier aber nur das Unternehmen sein kann, für das dessen Organe agieren, kommt eine Beschlagnahmefreiheit von Interviewprotokollen nach § 97 Abs. 1 S. 1 StPO kaum in Betracht. Zum einen betreffen diese selten die Organe, zum anderen handelt es sich hier nicht um „Mitteilungen" die diese für das (betroffene) Unternehmen machen, die also als geheimnisgeschützte Mitteilungen des Beschuldigten (Unternehmens) gelten können, sondern um solche, die in eigener Sache des Interview-

---

344 *BGHSt* 44, 46 ff., vgl. auch *BVerfG* NJW 2002, 1410.
345 *BGHSt* 44, 46 ff.
346 *LG Gießen* Beschluss vom 25.6.2012 – 7 Qs 100/12, BeckRS 2012, 15498 m.w.N.
347 *BVerfG* NJW 2010, 1740, 1741; *BGH* NStZ 1998, 309, 310; NJW 1973, 2035; *Nack* in: Karlsruher Kommentar, StPO, 6. Aufl., § 97 Rn. 24.
348 *LG Bonn* NZWiSt 2013, 21 mit weitergehender Anm. *Jahn/Kirsch*; *Schuster* NZKart 2013, 191.
349 *LG Bonn* NZWiSt 2013, 21.
350 *LG Gießen* BeckRS 2012, 15498 m.w.N.

partners erfolgen. Unternehmensverteidigung kann bereits stattfinden, wenn gegen das Unternehmen noch nicht förmlich ermittelt wird, d.h. seine Beteiligung noch nicht angeordnet ist (§ 431 StPO) oder es noch nicht als im Hinblick hierauf angehört wurde (§ 432 StPO), wenn aber der als Unternehmensverteidiger agierende – und entsprechend mandatierte – Rechtsanwalt aus gutem Grund seine Tätigkeit materiell als Verteidigung ansehen darf.[351] § 148 StPO ist Ausdruck einer Rechtsgarantie, die der Gewährleistung einer wirksamen Strafverteidigung dient, indem sie die Vertrauensbeziehung zwischen Verteidiger und Beschuldigtem nach außen hin abschirmt und gegen Eingriffe schützt.[352] Eine schützenswerte Vertrauensbeziehung zu dem beauftragten Rechtsanwalt besteht auch dann, wenn der (Neben-)Betroffene lediglich befürchtet, es werde zukünftig ein Strafverfahren gegen ihn geführt werden, und sich insoweit strafrechtlich beraten lässt. Zudem hängt es bisweilen von Zufälligkeiten oder vom prozesstaktischen Verhalten der Strafverfolgungsbehörden ab, wann förmlich die Nebenbetroffenen- oder Beschuldigteneigenschaft festgestellt wird.[353] Für die Verfalls- bzw. Nebenbeteiligung gilt dies umso mehr, als der Zeitpunkt für eine Vernehmung gem. § 432 StPO nicht festgelegt ist und eine formale Beteiligung erst durch das erkennende Gericht nach Abschluss des Ermittlungsverfahrens im Zwischenverfahren festgelegt wird (§ 431 Abs. 1, 4 StPO). Zu diesem Zeitpunkt sind die Beweise auch gegen das Unternehmen aber bereits in dem Verfahren gegen seine Mitarbeiter mit erhoben, so dass es keinen Sinn hätte, dessen anwaltlichen Vertretern erst nach diesem Zeitpunkt Rechte nach §§ 53, 97 StPO einzuräumen. Daher sind m.E. strafrechtlichen Unternehmensvertretern – und soweit Personalunion besteht: externen Ermittlern – wie oben ausgeführt jedenfalls ab Einleitung von Straf- oder Bußgeldverfahren (letzteres insbesondere gem. § 130 OWiG) gegen Leitungspersonen (§ 30 Abs. 1 OWiG) die Rechte gem. §§ 53, 97 Abs. 1 Nr. 1, 148 StPO zu gewähren. In Betracht gezogen wird – nach strittiger Auffassung – zumeist nur ein Beschlagnahmeverbot gem. § 97 Abs. 1 Nr. 3 StPO bzw. § 160a StPO neuer Fassung (s.u.), von anderen Gerichten wird jedes Beschlagnahmeverbot bzgl. des strafrechtlichen Unternehmensvertreters abgelehnt.[354] Zu berücksichtigen ist jedenfalls, dass es Geheimnisträger und Beschuldigtem stets verwehrt ist, die Beschlagnahme von bereits vor dem Mandatsverhältnis existierenden, beweisgeeigneten Unterlagen und Aufzeichnungen dadurch zu verhindern, dass diese einfach als Verteidigungsunterlagen bezeichnet oder mit solchen Unterlagen vermischt werden.[355] Die Sorge, dass präexistierendes Beweismaterial – das im Rahmen von Internal Investigations nicht entsteht, sondern lediglich fest- bzw. sichergestellt wird – über §§ 97, 148, 160a StPO der Beschlagnahme entzogen werden könnte,[356] ist daher rechtlich unbegründet. Anderes gilt hingegen für erst im Rahmen der Untersuchung entstandene Interviewprotokolle.

cc) Aufzeichnungen über anvertraute Mitteilungen oder über andere Umstände, auf die sich Zeugnisverweigerungsrecht erstreckt, § 97 Abs. 1 Nr. 2 StPO

In § 97 Abs. 1 Nr. 2 StPO werden Aufzeichnungen gegen Beschlagnahme geschützt, die die Berufsträger oder ihre Gehilfen über ihnen vom *Beschuldigten* anvertraute Mitteilungen oder andere Umstände gemacht haben, auf die sich das Zeugnisverweigerungsrecht erstreckt.[357] Aufzeichnungen in diesem Sinne sind alle perpetuierten Mitteilungen des

170

---

351 *BGHSt* 29, 99 ff.;. *LG Gießen* BeckRS 2012, 15498 m.w.N.; m.E. spätestens mit Einleitung von Verfahren gegen Leitungsorgane (§ 30 OWiG).
352 *BGHSt* 33, 347 ff.; *LG Gießen* BeckRS 2012, 15498 m.w.N.
353 *LG Gießen*, Beschluss vom 25.06.2012 – 7 Qs 100/12, BeckRS 2012, 15498 m.w.N.
354 *LG Mannheim* NStZ 2012, 713 ff.; gegen jedes Beschlagnahmeverbot *LG Hamburg* NJW 2011, 942 mit Anm. *Gräfin v. Galen* = NZWiSt 2012, 26 mit Anm. *Schuster*.
355 Vgl. *BGHSt* 44, 46 ff., *BVerfG* NJW 2002, 1410.
356 Eingehend *LG Mannheim* NStZ 2012, 713 ff.
357 Knierim/Rübenstahl/Tsambikakis/*Bock/Gerhold* Kap. 5 Rn. 30.

Beschuldigten oder andere dokumentierten sinnlichen Wahrnehmungen des Berufsträgers, die im Zusammenhang mit seiner Berufsausübung stehen.[358] Solange es sich um eigene Wahrnehmungen des Berufsträgers handelt, ist gleichgültig, wer die Aufzeichnungen schlussendlich fertigt.[358] Beschlagnahmefrei sind analog § 11 Abs. 3 StGB auch Ton-, Bild- und Datenträger.[359] Als Beispiel für entsprechende Aufzeichnungen werden die Handakten eines Rechtsanwalts genannt.[360] Unter den oben unter Rn. 169 näher beschriebenen Voraussetzungen sind m.E. für den mit einer Internal Investigation beauftragten Unternehmensvertreter „andere Umstände ..., auf die sich das Zeugnisverweigerungsrecht erstreckt" gem. § 97 Abs. 1 Nr. 2 StPO auch die Aufzeichnungen über ein in dieser Funktion durchgeführtes Interview mit (ehemaligen) Mitarbeitern. Aufzeichnungen i.o.S. wären m.E. Vermerke bzw. Protokolle des strafrechtlichen Unternehmensvertreters über mündliche Mitteilungen der Unternehmensorgane oder der von diesen beauftragten Unternehmensstellen etwa auch im Kontext einer Internal Investigation im Rahmen der Unternehmensverteidigung (im Sinne der Rn. 169). Es ist jedoch festzuhalten, dass die Rspr. eine Anwendbarkeit der o.g. Vorschrift für Produkte unternehmensinterner Untersuchungen bislang abgelehnt hat.[361]

dd) Andere Gegenstände , auf die sich Zeugnisverweigerungsrecht erstreckt, im Sinne des § 97 Abs. 1 Nr. 3 StPO

171 In § 97 Abs. 1 Nr. 3 StPO werden „andere Gegenstände, auf die sich das Zeugnisverweigerungsrecht erstreckt" in das Beschlagnahmeverbot einbezogen. Über das Merkmal „andere Gegenstände" erfährt die Norm keine wesentlich Einschränkung.[362] Fraglich ist allerdings, ob sich nicht auch unter § 97 Abs. 1 Nr. 3 StPO nur solche Gegenstände subsumieren lassen, die sich auf Grund des Vertrauensverhältnisses zwischen Beschuldigtem und Zeugnisverweigerungsberechtigtem im Gewahrsam des Letztgenannten befinden. Die lange Zeit überwiegende Rechtsprechung und herrschende Meinung bejahte dies und ging davon aus, dass § 97 Abs. 1 Nr. 3 StPO lediglich einen Auffangtatbestand für solche Gegenstände darstelle, die weder schriftliche Mitteilungen noch Aufzeichnungen seien.[363] Das Beschlagnahmeverbot könne deshalb nicht weiter reichen als in den Nrn. 1 und 2, in denen die Beschränkung auf das Verhältnis Berufsträger/Beschuldigter ausdrücklich genannt sei.[364] Die Vertrauensbeziehung zwischen dem Berufsträger und einer dritten, nicht beschuldigten Person werde daher zwar über die §§ 53, 53a StPO, nicht aber über § 97 Abs. 1 StPO geschützt.[364]

Unterlagen, die dem Verteidiger von einem Dritten zu Zwecken der Verteidigung übergeben worden sind, werden aber nach zwischenzeitlich überwiegender Rspr. vom Beschlagnahmeverbot erfasst.[365] Strittig ist, ob eine Beschränkung des § 97 Abs. 1 Nr. 3 StPO – über seinen Wortlaut hinaus – auf das Verhältnis Berufsträger/Beschuldigter zu erfolgen hat und deshalb ein Beschlagnahmeverbot bzgl. „anderer Gegenstände" – insbesondere Interviewprotokolle – bei einem vom (nicht beschuldigten) Unternehmen mit internen Ermittlungen beauftragten Geheimnisträger im Sinne des § 53 StPO möglich ist.[366] Der wesentliche Unterschied zu den vor-

---

358 *Meyer-Goßner* § 97 Rn. 29.
359 *BVerfGE* NStZ 2002, 377, 377; KK/*Nack* § 97 Rn. 11 und 13.
360 Knierim/Rübenstahl/Tsambikakis/*Bock/Gerhold* Kap. 5 Rn. 30.
361 *LG Mannheim* NStZ 2012, 713 ff.; *LG Hamburg* NJW 2011, 942.
362 Vgl. zu weiteren Beispielen *Meyer-Goßner* § 97 Rn. 30.
363 *OLG Celle* NJW 1963, 406, 407; NJW 1965, 362, 363; *LG Braunschweig* NJW 1978, 2108, 2109; *LG Hildesheim* NStZ 1982, 394, 395; *LG Mainz*, NStZ 1986, 473, 474; *LG Darmstadt* NStZ 1988, 286, 286 f.
364 *OLG Celle* NJW 1965, 362, 363; *LG Hildesheim* NStZ 1982, 394, 395.
365 Eingehend Knierim/Rübenstahl/Tsambikakis/*Bock/Gerhold* Kap. 5 Rn. 33 f. *OLG Frankfurt* NStZ 2006, 302, 303; *OLG Koblenz* StV 1995, 570, 570; *LG Stuttgart* DStR 1997, 1449, 1450; *LG Fulda* NJW 2000, 1508, 1509.
366 Ausführlich Knierim/Rübenstahl/Tsambikakis/*Bock/Gerhold* Kap. 5 Rn. 37 ff.

genannten Konstellationen besteht darin, dass es sich bei dem Mandanten nicht um den Beschuldigten selbst handelt und der Beschuldigte – etwa ein im Rahmen der internen Untersuchung interviewter (ehemaliger) Mitarbeiter des Unternehmens – auch nicht im Rahmen eines „mandatsähnlichen Vertrauensverhältnis" darauf vertrauen darf, dass die im Zuge der internen Ermittlungen gewonnenen Erkenntnisse nicht gegen ihn verwendet werden.[367] Das *LG Hamburg* hat Ende 2010 entschieden, § 97 Abs. 1 Nr. 3 StPO sei nicht dahin zu verstehen, dass die Norm dem Zeugnisverweigerungsrecht des § 53 Abs. 1 S. 1 Nr. 1–3b StPO entspreche und auch sonstige Mandatsbeziehungen umfasse.[368] Vielmehr sei der Anwendungsbereich dahingehend einzuschränken, dass allein das Vertrauensverhältnis des Beschuldigten im Strafverfahren zu einem von ihm in Anspruch genommenen Zeugnisverweigerungsberechtigten geschützt sein solle. Das Mandatsverhältnis zwischen einem Rechtsanwalt und einem Nichtbeschuldigten wird nach der Entscheidung des *LG Hamburg* also ebenso wenig erfasst wie das Verhältnis des Beschuldigten zu einem Rechtsanwalt, den er nicht selbst mandatiert.[369] In der Lit. wird dieser Entkopplung der §§ 53, 53a und 97 StPO im Zusammenhang mit internen Ermittlungen widersprochen.[370] Für sie liegt auf der Hand, dass § 53 Abs. 1 Nr. 3 StPO internen Ermittlern Schutz gewähre, da Rechtsanwälte unabhängig vom Bestehen eines Verteidigungsmandats der Norm unterfielen; in historischer Sicht diene § 97 StPO dazu, eine Umgehung des Zeugnisverweigerungsrechts durch Beschlagnahme zu verhindern.[371] Eine Abschichtung zwischen einem Mandat mit Zielrichtung der Unternehmensverteidigung und einem Mandat mit Zielrichtung, beispielsweise Schadenersatzansprüche gegen einen Mitarbeiter geltend zu machen, lasse sich im Rahmen einer internen Untersuchung ohnehin nur selten durchführen.[372] Zwischenzeitlich hat sich auch das *LG Mannheim* dahin gehend geäußert, dass Produkte der externen Ermittler einer Internal Investigation, die dem Zeugnisverweigerungsrecht gem. §§ 53, 53a StPO unterliegen, wie etwa Interviewprotokolle, grundsätzlich unter § 97 Abs. 1 Nr. 3 StPO fallen.[373] Insbesondere die Neufassung des § 160a Abs. 1 StPO[374] spricht dafür, dass die Stellung des Rechtsanwalts und den Schutz der Vertrauensbeziehung zu ihm deutlich gestärkt werden sollte.[375] Dies muss maßgeblich für eine weitergehende Auslegung des § 97 Abs. 1 Nr. 3 StPO als bisher sprechen.[376] Anderenfalls würde nicht nur das Zeugnisverweigerungsrecht des Anwalts, sondern auch das absolute Verbot von den Geheimnisbereich betreffenden Ermittlungsmaßnahmen gem. § 160a StPO n.F. umgangen werden.[377] Ob kumulativ oder als Alterna-

---

367 *LG Hamburg* StV 2011, 148, 150; Knierim/Rübenstahl/Tsambikakis/*Bock/Gerhold* Kap. 5 Rn. 37.
368 *LG Hamburg* StV 2011, 148, 149 unter Bezugnahme auf die h. Kommentarliteratur; zustimmend auch *Wimmer* in FS für Imme Roxin, 2012, S. 537 ff.; *Bauer* StV 2012, 277, 277 ff.; *Wimmer* WiJ 2013, 102, 103 f.; offen gelassen noch in BGHSt 43, 300 ff.
369 Knierim/Rübenstahl/Tsambikakis/*Bock/Gerhold* Kap. 5 Rn. 37.
370 *Jahn/Kirsch* StV 2011, 151, 151 ff.; *Galen* NJW 2011, 945; *Mehle/Mehle* NJW 2011, 1639 ff.; *Kahlenberg/Schwinn* CCZ 2012, 81, 83 f.;
371 *Jahn/Kirsch* StV 2011, 151, 152.
372 *Jahn/Kirsch* StV 2011, 151, 152; *Kahlenberg/Schwinn* CCZ 2012, 81, 83 f.; Knierim/Rübenstahl/Tsambikakis/*Bock/Gerhold* Kap. 5 Rn. 37.
373 *LG Mannheim* NStZ 2012, 713, 714; mit zust. Anm. *Jahn/Kirsch* NStZ 2012, 718, 720 und *v. Saucken* WiJ 2013, 30 ff.; vgl. auch *Schuster* NZKart 2013, 191; weitergehend *Ballo* NZWiSt 2013, 46 ff. und abl. Anm. *Wimmer* WiJ 2013, 102 ff.
374 Neugefasst zum 1.2.2011 durch das Gesetz zur Stärkung des Schutzes von Vertrauensverhältnissen zu Rechtsanwälten im Strafprozessrecht vom 22.12.2010, BGBl I, S. 2261.
375 Noch weiter gehend *v. Galen* NJW 2011, 945, 945, die davon ausgeht, dass die Neufassung des § 160a Abs. 1 StPO unmittelbar zu einem Abwägungsverbot im Rahmen des § 97 StPO führe, soweit Rechtsanwälte betroffen sein. Vgl. zu den Motiven des Gesetzgebers BR-Drucks. 229/10, S. 2.
376 Vgl. zu den Zielen des Gesetzgebers bei der Reform des § 160a StPO durch *Müller-Jacobs* NJW 2011, 257, 259, vgl. auch *Ballo* NZWiSt 2013, 46 ff.
377 *V. Galen* NJW 2011, 945, 945; Knierim/Rübenstahl/Tsambikakis/*Bock/Gerhold* Kap. 5 Rn. 39; vgl. auch *Ballo* NZWiSt 2013, 46 ff.; *Schuster* NZKart 2013, 191.

tive zu einem Beschlagnahmeverbot analog § 97 Abs. 1 S. 3 InsO ein Verwertungsverbot für solche Erkenntnisse besteht, die die internen Ermittler in Interviews lediglich auf Grund einer für den Arbeitnehmer bestehenden faktischen Zwangslage oder einer zivilrechtlichen Auskunftspflicht erlangt haben, ist ebenso umstritten, wie das Bestehen dieser Auskunftspflicht selbst.[378]

ee) Gewahrsam des Zeugnisverweigerungsberechtigten gem. § 97 Abs. 2 S. 1 StPO

172 Über die bisher genannten Voraussetzungen hinaus muss sich der jeweilige Gegenstand nach dem Wortlaut des § 97 Abs. 2 S. 1 StPO auch im Gewahrsam des Zeugnisverweigerungsberechtigten – d.h. des Ermittlers – befinden, damit das Beschlagnahmeverbot eingreift, sofern nicht nach richtiger Auffassung § 148 StPO (entsprechend) anwendbar ist (s.o. Rn. 157 und Rn. 169).[379] Gewahrsam meint dabei die von einem natürlichen Willen getragene Herrschaft über ein Beweismittel unter Berücksichtigung der Verkehrsauffassung. Mitgewahrsam soll nach überwiegender Auffassung genügen, sofern nicht der Beschuldigte Mitgewahrsamsinhaber ist.[380] Die ganz herrschende Meinung sieht in § 148 StPO – bzgl. des Verteidigungsverhältnisses, vgl. § 53 Abs. 1 Nr. 2 StPO – eine Ergänzung des § 97 Abs. 2 S. 1 StPO, so dass es ausreichen soll, wenn sich der Gegenstand entweder im Gewahrsam des Zeugnisverweigerungsberechtigten befindet oder es sich um Verteidigerpost oder andere schriftliche Verteidigungsunterlagen handelt (s.o. Rn. 167).[381] Eine Beschlagnahme von schriftlichen Verteidigungsunterlagen soll dem Gedanken des § 148 StPO entsprechend stets ausgeschlossen sein, auch wenn sich im Gewahrsam des Beschuldigten befinden.[382] Die (zutreffende) Behauptung, dem Verteidigungsverhältnis vorausgehende Unterlagen im Sinne des § 94 StPO würden zur Verteidigung benötigt oder die Vermischung von Beweismitteln mit Verteidigungsunterlagen hindert die Beschlagnahme demgegenüber nicht.[383] Vor diesem Hintergrund ist auch die Besorgnis des *LG Mannheim* unbegründet, dass Beschlagnahmeverbote aus §§ 97 Abs. 1 Nr. 3, 160a StPO dazu führen können, dass dem Verteidigungsverhältnis prädatierende Beweismittel – insbesondere Urkunden und Augenscheinobjekte – in einem die effektive Strafverfolgung gefährdenden Maß der Sicherstellung und Beweisverwertung entzogen werden können (s.o.).[384] Sie werden von § 97 StPO schlicht nicht erfasst, da in ihnen keine von §§ 53, 53a StPO geschützten Inhalte verkörpert sein können. Ihr Inhalt ist dem Geheimnisträger, insbesondere dem Verteidiger oder Rechtsanwalt, vor Verkörperung in der Urkunde bzw. in dem Augenscheinobjekt nicht genuin im Sinne des § 53 StPO im Rahmen des Mandats- bzw. Verteidigungsverhältnisses bekannt geworden, da ein solches (noch) nicht bestand. Er hatte bzgl. dieser Gedankeninhalte daher nie ein Zeugnisverweigerungsrecht gem. § 53 StPO, mit der Folge, dass diesbezüglich auch kein Beschlagnahmeschutz nach § 97 StPO eingreifen kann. Echte Verteidigungsunterlagen oder Untersuchungsunterlagen hingegen, die beschlagnahmt werden, dürfen nicht verwertet werden.[385]

---

378 Vgl. *LG Hamburg* StV 2011, 148, 151; *v. Galen* NJW 2011, 945, 945; *Ignor* CCZ 2011, 143, 143; *Jahn/Kirsch* StV 2011, 151, 152; zum Streit *Bauer* StV 2012, 277, 278 f., *Rübenstahl* WiJ 2012, 17, 20 ff.; Knierim/Rübenstahl/Tsambikakis/*Bock/Gerhold* Kap. 5 Rn. 41.
379 Statt aller Knierim/Rübenstahl/Tsambikakis/*Bock/Gerhold* Kap. 5 Rn. 42.
380 *BGHSt* 19, 374, 374; *Meyer-Goßner* § 97 Rn. 12 m.w.N.
381 *BGH* NJW 1973, 2035, 2035; NJW 1982, 2508, 2508; *LG Mainz* NStZ 1986, 473, 473; *Meyer-Goßner* § 97 Rn. 37 m.w.N.
382 *BVerfG* NJW 2002, 1410, 1410 f.; *BGH* NJW 1982, 2508, 2508; NJW 1990, 722, 722; *LG Mainz* NStZ 1986, 473, 473; *Meyer-Goßner* § 97 Rn. 37; *Specht* NJW 1974, 65, 65.
383 *KG* NJW 1975, 354, 355 f.; *Meyer-Goßner* § 97 Rn. 37; Knierim/Rübenstahl/Tsambikakis/*Bock/Gerhold* Kap. 5 Rn. 43.
384 *LG Mannheim* NStZ 2012, 713, 714 f.
385 *BVerfG* NJW 2002, 2458, 2459; *BGH* NJW 1975, 354, 355.

Bei elektronischen Dokumente ist der Gewahrsam zwar im Einzelfall schwer zu bestimmen **173** ist, wenn auf diese von verschiedenen Orten aus zugegriffen werden kann. Für das Beschlagnahmeverbot des § 97 StPO ist jedoch stets maßgeblich, wo diese Dateien gespeichert sind.[386] Es ist damit grds. auf den Gewahrsam am Datenträger abzustellen. Eine Ausnahme ist erneut für Verteidigungsunterlagen (bzw. Daten) im Sinne des § 148 StPO zu machen, die unabhängig vom Speicherort beschlagnahmefrei sind.[387]

ff) Ausschluss des Beschlagnahmeverbots

Nach § 97 Abs. 2 S. 3 1. Var. StPO gilt das Beschlagnahmeverbot nicht, wenn bestimmte Tatsachen den Verdacht begründen, dass die zeugnisverweigerungsberechtigte Person an der Tat des Anvertrauenden oder an einer Begünstigung, Strafvereitelung oder Hehlerei beteiligt ist. Diese Formulierung entspricht auch § 160a Abs. 4 S. 1 StPO. Auf die Einleitung eines Ermittlungsverfahrens kommt es dabei ebenso wenig an[388] wie auf die Frage, ob die Beteiligung strafbar ist.[389] Lediglich eine rechtswidrige Tat im Sinne des § 11 Abs. 2 Nr. 5 StGB soll erforderlich sein.[390] Der Verdacht selbst muss sich aus bestimmten äußeren oder inneren Tatsachen ergeben und über vage Anhaltspunkte und bloße Vermutungen hinausreichen.[391] Bei Verteidigern gilt im Hinblick auf § 148 StPO die Besonderheit, dass stets gewichtige Anhaltspunkte für eine Beteiligung erforderlich sind.[392] Sollten interne Ermittlungen nicht lege artis, sondern mit dem Ziel des Schutzes verdächtiger Mitarbeiter oder Organwalter vor Strafverfolgung geführt werden, ist nicht auszuschließen, dass sich die Strafverfolgungsbehörden auf die zitierte Norm berufen, um bei den Ermittlern eine Beschlagnahme durchzuführen. Eine entlastende Tendenz der internen Ermittlungen ohne Beweisvereitelungs- oder Verdunkelungshandlungen kann m.E. aber einen Verdacht allein nicht begründen. Erforderlich aber auch ausreichend wären hingegen Verdunklungshandlungen im Sinne des § 112 Abs. 2 Nr. 3 StPO. Nach § 97 Abs. 2 S. 3 2. Var. StPO gilt das Beschlagnahmeverbot ebenfalls nicht, wenn es sich bei den zu beschlagnahmenden Gegenständen um solche handelt, die durch eine Straftat hervorgebracht worden sind, zu ihrer Begehung gebraucht worden oder bestimmt sind oder die aus einer Straftat herrühren. Unter Gegenstände, die zur Begehung einer Straftat gebraucht worden sind, fallen auch solche, die der Tatvorbereitung dienten.[393] Häufig genannte Beispiele sind der über einen beabsichtigten Betrug geführte Schriftwechsel[394] und die zur Begehung einer Wirtschafts- oder Steuerstraftat benutzten oder diese belegenden Buchungsunterlagen.[395] Sie können daher unbeschränkt beschlagnahmt werden.[396]

gg) Rechtsfolgen des Verstoßes gegen das Beschlagnahmeverbot

Verstoßen die Ermittlungsbehörden gegen das einen Berufsgeheimnisträger betreffende **175** Beschlagnahmeverbot des § 97 StPO, richtet sich die Verwertbarkeit bzw. Verwendbarkeit[397] nach § 160a StPO; § 160a Abs. 1 S. 2 und 5 StPO führt stets zur Unverwendbarkeit, im

---

386 KK/*Nack* § 97 Rn. 8; Knierim/Rübenstahl/Tsambikakis/*Bock/Gerhold* Kap. 5 Rn. 46.
387 Knierim/Rübenstahl/Tsambikakis/*Bock/Gerhold* Kap. 5 Rn. 46.
388 *BGH* NJW 1973, 2035, 2035; Knierim/Rübenstahl/Tsambikakis/*Bock/Gerhold* Kap. 5 Rn. 48.
389 *Meyer-Goßner* § 97 Rn. 18.
390 SK-StPO/*Wohlers* § 97 Rn. 38; Knierim/Rübenstahl/Tsambikakis/*Bock/Gerhold* Kap. 5 Rn. 48.
391 *LG Kiel* SchlHA 1955, 368, 369; *Meyer-Goßner* § 97 Rn. 20.
392 *BGH* NStZ 2001, 604, 606; KK/*Nack* § 97 Rn. 3.
393 *Meyer-Goßner* § 97 Rn. 22; differenzierend SK-StPO/*Wohlers* § 97 Rn. 42.
394 *Mayer* SchlHA 1955, 348, 350; *Meyer-Goßner* § 97 Rn. 22.
395 *OLG Hamburg* MDR 1981, 603, 603; *LG Aachen* NJW 1985, 338, 338.
396 Knierim/Rübenstahl/Tsambikakis/*Bock/Gerhold* Kap. 5 Rn. 49.
397 Vgl. zu den Unterschieden zwischen einem Beweisverwertungsverbot und einem Beweisverwendungsverbot *Meyer-Goßner* Einl. Rn. 57 d.

Rahmen des § 160a Abs. 2 S. 3 StPO ist eine Verhältnismäßigkeitsprüfung nach strengen Maßstäben durchzuführen.[398] Der in § 160a Abs. 5 StPO normierte Vorrang des § 97 StPO gilt mit umstrittenem Umfang nur für die Ermittlungsmaßnahme als solche und betrifft die Regelung zur Verwertbarkeit erlangter Erkenntnisse bei Gesetzesverstößen nicht.[399]

c) Ermittlungsmaßnahmen bei Zeugnisverweigerungsrecht, § 160a StPO

aa) Anwendungsbereich des § 160a Abs. 1 StPO

176 Die Norm des § 160a StPO[400] dient dem Schutz des Zeugnisverweigerungsrechts von Berufsgeheimnisträgern im Sinne des §§ 53, 53a StPO. Sie bestimmt, dass dieses bei der Auswahl und Durchführung von Ermittlungsmaßnahmen, aber auch bei der Verwertung oder sogar der weiteren Verwendung gewonnener Erkenntnisse berücksichtigt werden muss. Dazu enthält § 160a StPO ein System von Beweiserhebungs-, -verwertungs- und -verwendungsverboten.[401] Soweit der Berufsträger selbst Beschuldigter eines Strafverfahrens ist, ist die Norm unanwendbar.[401] Gleiches gilt, wie auch für die anderen Umgehungsverbote, wenn der Berufsträger wirksam von seiner Verschwiegenheitspflicht entbunden wurde.[402]

177 Der Anwendungsbereich des § 160a Abs. 1 S. 1 StPO erstreckt sich auf die in § 53 Abs. 1 S. 1 Nr. 1, 2 oder 4 genannten Personen und insbesondere auf Rechtsanwälte und Verteidiger. Die genannten Personen müssen Adressat der jeweiligen Maßnahme sein.[403] Der Schutz der in S. 1 genannten Personen wird auch über § 160a Abs. 1 S. 5 StPO gewährleistet, so dass bei gegen eine sonstige Person gerichteten Ermittlungsmaßnahmen gewonnene Erkenntnisse von einer geschützten Person, über die diese das Zeugnis verweigern dürfte, nicht verwendbar sind; die Löschungs- und Dokumentationspflicht gilt ebenfalls.[404] Für Hilfspersonen des Berufsträgers gilt Abs. 3, der den Anwendungsbereich der Norm auf diese erstreckt.[404] Das Beweiserhebungs- und -verwendungsverbot des § 160a Abs. 1 StPO erstreckt sich nach h.M. auf alle Ermittlungsmaßnahmen der Strafverfolgungsbehörden mit Ausnahme insbesondere der Beschlagnahme.[403]

178 Der Schutz des § 160a Abs. 1 StPO bezieht sich auf Erkenntnisse, über die die genannten Personen voraussichtlich das Zeugnis verweigern dürften. Die Reichweite des Erhebungs- und Verwertungsverbotes steht daher in unmittelbarem Zusammenhang mit den Vorschriften der §§ 53, 53a StPO (s.o.), daher ist ein enger Zusammenhang der anvertrauten oder bekanntgewordenen Tatsachen mit der Berufsausübung erforderlich.[405] Es genügt die Prognose, dass bei Vornahme der jeweiligen Ermittlungsmaßnahme entsprechende Erkenntnisse gewonnen werden würden;[406] ausreichend sind tatsächliche Anhaltspunkte.[407]

---

398 Knierim/Rübenstahl/Tsambikakis/*Bock/Gerhold* Kap. 5 Rn. 50.
399 Vertiefend unten Rn. 68; vgl. auch BT-Drucks. 16/5846, S. 38; *Meyer-Goßner* § 97 Rn. 50.
400 Eingeführt mit Wirkung zum 1.1.2008 durch Art. 1 Nr. 13a des Gesetzes zur Neuregelung der Telekommunikationsüberwachung und anderer verdeckter Ermittlungsmaßnahmen sowie zur Umsetzung der Richtlinie 2006/24/EG vom 21.12.2007, BGBl I, S. 3198.
401 *Meyer-Goßner* § 160a Rn. 1.
402 *Meyer-Goßner* § 160a Rn. 1. Die Sonderprobleme bei der Entbindung von Geistlichen und Abgeordneten berühren die möglichen Fragestellungen zu internen Ermittlungen nicht, vgl. zu diesem Problemkreis *Bertheau* StV 2012, 303 f.
403 KK/*Griesbaum* § 160a Rn. 4.
404 Knierim/Rübenstahl/Tsambikakis/*Bock/Gerhold* Kap. 5 Rn. 53.
405 *Bertheau* StV 2012, 303, 303.
406 *Meyer-Goßner* § 160a Rn. 15.
407 *Meyer-Goßner* § 160a Rn. 3a.

bb) Rechtsfolgen im Rahmen des § 160a Abs. 1 StPO

§ 160a Abs. 1 S. 1 StPO enthält ein Beweiserhebungsverbot, das die genannten Personen **179**
von gegen sie gerichteten Ermittlungsmaßnahmen gleich welcher Art freistellt.[408] Das Verbot ist absolut ausgestaltet, somit keiner Abwägung im Einzelfall zugänglich.[409]

Gem. Abs. 1 S. 2 besteht ergänzend ein – ebenfalls absolutes – Verwendungsverbot etwa verbotswidrig erlangter Erkenntnisse.[410] Verboten ist nicht nur die Einführung der Erkenntnisse in das Strafverfahren, sondern jegliche Form der Nutzung solcher Daten zu Zwecken der weiteren Informationsgewinnung oder -verarbeitung.[411] Dem Verwendungsverbot[412] im Sinne der Norm („dennoch") unterliegen auch Erkenntnisse, die bei denen die Prognose (s.o.) die Durchführung einer Ermittlungsmaßnahme gestattet hat und sich erst nachträglich herausstellt, dass die Prognose unzutreffend war.[412] Unverwendbare Daten gem. § 160a Abs. 1 S. 2 StPO sind nach S. 3 unverzüglich zu löschen. Die Tatsachen der Erlangung und die Löschung der Aufzeichnungen sind gem. S. 3 aktenkundig zu machen.[413]

cc) § 160a Abs. 2 StPO

Dem Schutz des § 160a Abs. 2 StPO unterfallen die in § 53 Abs. 1 S. 1 Nr. 3 bis 3b StPO und Nr. 5 **180**
genannten Personen, soweit sie nicht unter Abs. 1 fallen. Für unternehmensinterne Untersuchungen ist insbesondere festzuhalten, dass Wirtschaftsprüfer und Steuerberater, die nicht über § 53a StPO – als Helfer eines Verteidigers oder Rechtsanwalts – in den Schutzbereich des Abs. 1 fallen, nur den verminderten Schutz des Abs. 2 genießen, was gegen deren Beauftragung mit der Leitung interner Untersuchungen spricht. Der Ausschlussgrund des Abs. 4 gilt für Abs. 2 entsprechend den Ausführungen zu Abs. 1., dasselbe gilt für die Merkmale „Ermittlungsmaßnahme" und das „voraussichtliche Erlangen von Erkenntnissen, über die die Person das Zeugnis verweigern dürfte".[414] § 160a Abs. 2 S. 1 und 2 StPO sieht für die dort genannten Personen ein relatives Beweiserhebungsverbot vor.[415] Dass voraussichtlich Erkenntnisse erlangt werden, über die die geschützten Personen das Zeugnis verweigern dürften, ist im Rahmen der Verhältnismäßigkeitsprüfung besonders zu berücksichtigen. Betrifft das Verfahren keine Straftat von erheblicher Bedeutung, sei in der Regel nicht von einem Überwiegen des Strafverfolgungsinteresses auszugehen. Die Maßnahme ist dann zu unterlassen oder, soweit dies nach der Art der Maßnahme möglich ist, zu beschränken.[416] Eine Straftat von erheblicher Bedeutung ist nach überwiegender Auffassung eine solche, die mindestens dem Bereich der mittleren Kriminalität zuzurechnen ist, den Rechtsfrieden empfindlich stört und darüber hinaus geeignet erscheint, das Gefühl der Rechtssicherheit der Bevölkerung erheblich zu beeinträchtigen.[417] Es ist davon auszugehen, dass die typischen Straftaten, die Gegenstand systematischer unternehmensinterner Ermittlungen sind (§§ 263, 266, 298, 299 f., 331 ff. StGB, 370 AO) als solche von erheblicher Bedeutung angesehen werden würden.

Die Reichweite des relativen Beweiserhebungsverbotes richtet sich wie auch die Reich- **181**
weite des absoluten Beweiserhebungsverbotes nach der des Zeugnisverweigerungsrechts gem. §§ 53, 53a StPO. Die Verhältnismäßigkeitsprüfung selbst ist unabhängig davon durch-

---

408 Knierim/Rübenstahl/Tsambikakis/*Bock/Gerhold* Kap. 5 Rn. 57.
409 *Meyer-Goßner* § 160a Rn. 1 und 3.
410 Knierim/Rübenstahl/Tsambikakis/*Bock/Gerhold* Kap. 5 Rn. 58.
411 *Bertheau* StV 2012, 303, 304; *Meyer-Goßner* Einl. Rn. 57 d.
412 *Meyer-Goßner* § 160a Rn. 4.
413 *Meyer-Goßner* § 160a Rn. 6.
414 Knierim/Rübenstahl/Tsambikakis/*Bock/Gerhold* Kap. 5 Rn. 61.
415 *Meyer-Goßner* § 160a Rn. 9.
416 Knierim/Rübenstahl/Tsambikakis/*Bock/Gerhold* Kap. 5 Rn. 63.
417 *BVerfG* NJW 2005, 1338, 1339; *Meyer-Goßner* § 98a Rn. 5. Vgl. zu den Abgrenzungskriterien im Einzelfall *Bertheau* StV 2012, 303, 304 f.

zuführen, ob sich die Maßnahme unmittelbar gegen den geschützten Berufsträger richtet oder gegen einen Dritten.[418] Nach § 160a Abs. 2 S. 1 StPO ausreichend, dass eine geschützte Person „betroffen wäre", d.h. wenn die Maßnahmen prognostisch Erkenntnisse hervorbringen werden, die dem Zeugnisverweigerungsrecht einer geschützten Person unterliegen.[419] Im Rahmen der Verhältnismäßigkeitsprüfung ist das Interesse der Allgemeinheit an einer wirksamen Strafrechtspflege gegen das Interesse der Allgemeinheit an der vom Berufsträger wahrgenommenen Aufgabe und dem individuellen Interesse an der Geheimhaltung der jeweiligen Tatsachen abzuwägen.[420] Bei Straftaten, die nicht von erheblicher Bedeutung sind, greift die Regelverpflichtung ein, die entsprechende Maßnahme zu unterlassen.[419] Es handelt sich um einen Fall gebundenen Ermessens. Im Wirtschaftsstrafrecht stellt sich im Hinblick auf die Höhe der in Bußgeldverfahren gem. § 130 OWiG teilweise verhängten (Unternehmens-)Bußgelder gem. §§ 30, 17 OWiG die Frage, ob § 160a Abs. 2 S. 1 StPO auch Eingriffe zur Ermittlung einer Ordnungswidrigkeit gestattet.[421] Dafür, dass Ermittlungsmaßnahmen in – separat geführten – Bußgeldverfahren, die Geheimnisträger gem. §§ 160a Abs. 1 und 2, 53, 53a StPO betreffen, unzulässig sind, spricht auch der Wortlaut des § 160a Abs. 2 S. 2 StPO, der eine Straftat als Anknüpfungspunkt verlangt. Zu anderen Zwecken als zu Beweiszwecken können einmal gewonnene Erkenntnisse im Unterschied zu § 160a Abs. 1 StPO nach h.M. verwendet werden.[422] Die mittelbare Verwertung der erlangten Informationen wird von Abs. 2 nicht erfasst und die Norm sieht auch keine Löschungs- oder Dokumentationspflichten vor.[423]

dd) § 160a Abs. 5 StPO: Verhältnis zu § 97 StPO

182 Unstreitig entfaltet § 97 StPO keine Sperrwirkung für die Beweisverwendungs- und -verwertungsanordnungen des § 160a StPO, da sich § 97 StPO ausschließlich auf die Zulässigkeit der Beweiserhebung – die Beschlagnahme – bezieht. Umstritten ist jedoch der Fall, das eine Ermittlungsmaßnahme keinem Beschlagnahmeverbot des § 97 StPO unterfällt, aber dem Wortlaut des Beweiserhebungsverbot nach § 160a StPO, insbesondere von dessen Abs. 1. Die wohl noch überwiegende untergerichtliche Rspr. geht in dem entsprechenden Fall von einer Beschlagnahmemöglichkeit und einem absoluten Vorrang des § 97 StPO für die Beweiserhebung aus, so dass auch der Änderung des § 160a Abs. 1 S. 1 StPO keine Beachtung geschenkt wird. Insbesondere sei auch § 97 Abs. 1 Nr. 3 StPO trotz der Einführung der vorgenannten Norm weiterhin einschränkend auszulegen (s.o.).[424] In der Literatur wird hingegen § 160a StPO vielfach trotz seines Abs. 5 auf interne Erhebungen von Rechtsanwälten angewandt. Es wird unterstellt, gem. § 160a Abs. 1 S. 1 StPO sei eine Beschlagnahme – oder gar eine vorherige Durchsuchungsmaßnahme – auch dann unzulässig, wenn man § 97 Abs. 1 Nr. 3 StPO so versteht, dass im konkreten Fall kein Beschlagnahmeverbot anzunehmen wäre, da der Gesetzgeber bei der Stärkung des Schutzes der Vertrauenssphäre von Anwalt und Mandant den praktisch herausragend bedeutsamen Bereich des Beschlagnahmeschutzes nicht habe aussparen wollen.[425] Ergänzend wird angeführt, § 97 StPO sei keine Rechtsgrundlage für eine Beschlagnahme, sondern regele ausschließlich

---

418 *Meyer-Goßner* § 160a Rn. 9.
419 Knierim/Rübenstahl/Tsambikakis/*Bock/Gerhold* Kap. 5 Rn. 64.
420 *Meyer-Goßner* § 160a Rn. 9a; *Puschke/Singelnstein* NJW 2008, 113, 117, m.w.N. aus der Rechtsprechung des *BVerfG*.
421 Ablehnend *Bertheau* StV 2012, 303, 305, m.w.N. für beide Auffassungen.
422 *Meyer-Goßner* § 160a Rn. 12.
423 Knierim/Rübenstahl/Tsambikakis/*Bock/Gerhold* Kap. 5 Rn. 66.
424 *LG Hamburg* StV 2011, 148, 151; *Bauer* StV 2012, 277, 277; *Jahn/Kirsch* StV 2011, 151, 154.
425 *V. Galen* NJW 2011, 945; *Knierim* FD-StrafR 2011, 314177; *Szesny* GWR 2011, 169; *Fritz* CCZ 2011, 156, 159; *Winterhoff* AnwBl. 2011, 789, 792; *Schuster* NZWiSt 2012, 28, 30; *Knauer* ZWH 2012, 81, 88; *Mark* ZWH 2012, 311, 313; *Schuster* NZKart 2013, 191.

Fälle von Beschlagnahmeverboten und deren Rückausnahmen, weshalb der Schluss, aus § 160a Abs. 5 StPO folge, eine Beschlagnahme sei zulässig, wenn § 97 StPO sie nicht verbiete, systematisch anfechtbar sei.[426] Wenn aber die Beschlagnahmeverbote des § 97 Abs. 1 StPO in § 160a StPO aufgehen, stellt sich die Frage nach dem Sinn der Regelung in § 160a Abs. 5 StPO. Auch den Gesetzesmaterialien ist nicht zu entnehmen, dass § 160a Abs. 5 StPO ein Prinzip der „Meistbegünstigung" schaffen wollte.[427] Es erscheint daher überzeugend, mit dem *LG Mannheim* anzunehmen, dass § 97 StPO systematisch als abschließende Spezialregelung 160a StPO im Ganzen vorgeht, aber eine am Wortlaut orientierte und verfassungskonforme Auslegung des Beschlagnahmeschutzes nach § 97 Abs. 1 Nr. 3 StPO – und die systematisch-historische Auslegung vor dem Hintergrund des § 160a StPO n.F. insgesamt[428] – auch in Fällen interner Erhebungen auch auf das Verhältnis zwischen dem Unternehmen und seinem Anwalt Anwendung findet und eine Beschlagnahme von gem. §§ 53, 53a StPO privilegierten, verschriftlichten Beweisresultaten, insbesondere Interviewprotokollen, in der Gewahrsamssphäre des ermittelnden Anwalts bzw. Verteidigers (§ 97 Abs. 2 StPO) unzulässig ist.[429] Dies ist bereits aus dem Wortlaut des § 97 Abs. 1 Nr. 3 StPO abzuleiten, der anders als Nr. 1 und Nr. 2 keine Beschränkung auf den „Beschuldigten" enthält. Hinzu tritt die erforderliche verfassungskonforme Interpretation der Vorschrift, die im Lichte der individuellen Berufsausübungsfreiheit des Rechtsanwalts, des institutionellen Schutzes der Freiheit der Advokatur und des Rechts auf informationelle Selbstbestimmung keiner einfachrechtlich einengenden Interpretation zugänglich ist.[430] Ergänzend ist darauf hinzuweisen, dass dann, wenn der betreffende Rechtsanwalt strafrechtlicher Unternehmensvertreter ist und eine Abschöpfung beim Unternehmen droht, dieser richtigerweise einem Verteidiger gleichzustellen ist, auch entsprechend § 148 StPO vor Beschlagnahme geschützt sein muss; dieser Schutz muss auch Verteidigungsunterlagen (s.o. Rn. 257, 267, 269) im Gewahrsam des Unternehmens erfassen.[431] Nach richtiger Auffassung bedarf es des Beschlagnahmeschutzes gem. § 97 Abs. 1 Nr. 3 StPO nur, wenn noch kein Verteidigungsverhältnis mit dem Unternehmen besteht bzw. mit den unternehmensinternen Ermittlungen ein anderer Geheimnisträger im Sinne des § 53 StPO als der (existierende) Unternehmensverteidiger selbstständig beauftragt ist, d.h. nicht als Hilfsperson des Unternehmensvertreters anzusehen ist.

IV. Materiell-strafrechtliche Rahmenbedingungen

Zu den Strafbarkeitsrisiken des externen Ermittlers sollen (und können) hier schon deshalb nur selektive Ausführungen gemacht werden, weil grds. natürlich die gesamte Breite des materiellen Strafrechts auch für den externen Ermittler gilt und auf diesen anwendbar ist. Typischerweise sind nur wenige Vorschriften – und auch diese angesichts der überwiegend strafrechtlich neutralen Ermittlungshandlungen nur selten – von einer gewissen praktischen Relevanz.

---

426 *Bertheau* StV 2012, 303, 306.
427 *Jahn/Kirsch* NStZ 2012, 718, 719.
428 *Schuster* NZWiSt 2012, 28, 30; *Jahn/Kirsch* NStZ 2012, 718, 720.
429 *LG Mannheim* NStZ 2012, 713 ff. mit zust. Anm. *Jahn/Kirsch* NStZ 2012, 718, 720; vgl. grundlegend: *Jahn* ZIS 2011, 453, 455 ff.; vgl. auch *Jahn/Kirsch* StV 2011, 151, 152 ff.; *Momsen/Grützner* DB 2011, 1792, 1799; *Fritz* CCZ 2011, 156, 157; *Wessing* ZWH 2012, 6, 10. Grds. in diesem Sinne vgl. bereits *Amelung* DNotZ 1984, 195, 206.; *Krekeler* NStZ 1987, 199, 201; *Beulke* in FS Lüderssen, 2002, S. 693, 706; *Park* Durchsuchung und Beschlagnahme, 2. Aufl., Rn 560.
430 *Jahn* ZIS 2011, 453, 455 ff.; *Jahn/Kirsch* NStZ 2012, 718, 720.
431 Vgl. *Jahn/Kirsch* NStZ 2012, 718, 720; *Wessing* ZWH 2012, 6, 9; *Taschke* in FS Hamm, 2008, S. 751, 762; *Zimmer* BB 2011, 1075; *Schuster* NZKart 2013, 191. A.A. wohl *LG Mannheim* NStZ 2012, 713 ff.

1. Geheimnisverrat, § 203 StGB

184

Ein Ermittler, der zugleich Rechtsanwalt, Verteidiger, Wirtschaftsprüfer, vereidigter Buchprüfer, Steuerberater, Steuerbevollmächtigter oder Organ oder Mitglied eines Organs einer Rechtsanwalts-, Patentanwalts-, Wirtschaftsprüfungs-, Buchprüfungs- oder Steuerberatungsgesellschaft ist, ist gem. § 203 Abs. 1 Nr. 3 StGB zur Verschwiegenheit über fremde Geheimnisse verpflichtet, die ihm als Berufsträger anvertraut oder sonst bekannt geworden sind.[432] Gleiches gilt erneut für seine Hilfspersonen, § 203 Abs. 3 S. 2 StGB, denen gegenüber er die Geheimnisse zur Aufgabenerfüllung offenbaren darf. Bei den Ermittlungsergebnissen, die diesem Personenkreis typischerweise im Rahmen von unternehmensinternen Ermittlungen bekannt wird, handelt es sich um solche Geheimnisse, nämlich äußere und innere Tatsachen, die sich auf eine andere (juristische) Person oder ein Unternehmen und deren vergangene oder gegenwärtige Lebens- oder Geschäftsverhältnisse beziehen, die höchstens einem beschränkten Personenkreis bekannt sind und (noch) nicht im Rahmen eines Gerichtsverfahrens oder Ermittlungsverfahrens öffentlich gemacht worden sind und bezgl. derer die betroffene Person ein schutzwürdiges Interesse an der Geheimhaltung hat.[433] Tathandlung ist das Offenbaren eines Geheimnisses, d.h. die Mitteilung an einen Dritten. Insbesondere Äußerungen gegenüber den Medien, (Konkurrenz-)unternehmen aber auch Gerichten und Behörden gegenüber, sofern weder die rechtfertigende Einwilligung der geschützten Person – d.h. der vertretungsberechtigten Organe des Unternehmens – eingeholt wurde,[434] noch gesetzliche Offenbarungspflichten und -befugnisse oder ein Rechtfertigungsgrund (z.B. § 34 StGB) vorliegen, kommen in Betracht.[435]

2. Parteiverrat, § 356 StGB

185 Der Tatbestand des Parteiverrats setzt voraus, dass dem Berufsträger eine Rechtssache anvertraut worden ist und er in derselben Rechtssache beiden Parteien durch Rat oder Beistand pflichtwidrig dient; gemeint ist der zugrundeliegende historische Vorgang,[436] wobei eine teilweise Überschneidung ausreichen soll.[437] Als Täter des Parteiverrats kommen neben Rechtsanwälten insbesondere Patentanwälte, Syndikusanwälte und Justiziare in Betracht, soweit sie in anwaltlicher Unabhängigkeit handeln.[438] Steuerberater, Wirtschaftsprüfer und vereidigte Buchprüfer können als „andere Rechtsbeistände" nicht als Ermittler, sondern nur dann unter die Norm fallen, wenn sie in Steuerstrafsachen vor der Finanzbehörde die Verteidigung führen.[439] Das *LG Hamburg* hat darauf hingewiesen, dass im Hinblick auf § 356 StGB der mit einer internen Untersuchung beauftrage Rechtsanwalt nicht zugleich die zu überprüfenden Angestellten beraten oder vertreten darf und zu diesen daher auch keine mandatsähnliche Vertrauensbeziehung besteht.[440] Interessengegensätze im Sinne des § 356 StGB dürften aber nach diesseitiger Ansicht nicht bei einer gleichzeitigen oder sukzessiven Tätigkeit eines Rechtsanwalts als anwaltlicher Unternehmensvertreter oder Unternehmensverteidiger (im Sinne des §§ 431 ff. StPO) und einer gleichzeitigen Beauftragung mit der Durchführung interner Ermittlungen durch die Vertretungsorgane des Unternehmens – Vorstand oder Geschäftsführung – bestehen. Beide Funktionen dürfen nur im Interesse des Unternehmens

---

432 Knierim/Rübenstahl/Tsambikakis/*Bock/Gerhold* Kap. 5 Rn. 69.
433 Vgl. *Fischer* § 203 Rn. 2–6.
434 Knierim/Rübenstahl/Tsambikakis/*Bock/Gerhold* Kap. 5 Rn. 70.
435 Vgl. die umfangreiche Übersicht bei *Fischer* § 203 Rn. 37 ff. und 45 ff.
436 *Grunewald* AnwBl. 2005, 437, 437 f.
437 *Grunewald* AnwBl. 2005, 437, 438.
438 *Fischer* § 356 Rn. 2a.
439 *Fischer* § 356 Rn. 2b.
440 *LG Hamburg* StV 2011, 148, 149.

und nur nach Maßgabe der Mandatserteilung und –überwachung durch die Organe des Unternehmens ausgeübt werden, so dass definitionsgemäß kein Interessenkonflikt in den beiden Mandaten bzw. im Mandat angelegt sein kann. Anders könnte dies u.U. bei einer Beauftragung desselben Anwalts mit der Untersuchung durch das Aufsichtsgremium – etwa den Aufsichtsrat – und einer gleichzeitigen anwaltlichen Vertretung bzw. Verteidigung des Unternehmens bei Mandatserteilung durch die gesetzlichen Vertreter – dem Vorstand – bei potentiellen Interessenkonflikten dieser Organe sein, wenn diese in dem untersuchten Sachverhalt wurzeln. Etwa könnte der Aufsichtsrat aufgrund der Ermittlungsergebnisse möglicherweise Haftungsansprüche gegen den Vorstand verfolgen oder sonst gegen diesen vorgehen müssen. Vor diesem Hintergrund könnte es bei einer Sachverhaltskonstellation, bei der ein untersuchungsgegenständliches Fehlverhalten des Vorstands wahrscheinlich erscheint, aus rechtlichen Vorsichtsgründen und praktisch sinnvoll sein, diese Beratungs- und Vertretungsrollen von vornherein personell zu trennen, da jedenfalls Konflikte und (subjektive) Interessengegensätze zwischen den Ansprechpartnern in Vorstand einerseits und Aufsichtsrat andererseits vorhersehbar sind. Im Hinblick auf § 356 StGB sprich jedoch – ausgehend von der objektiven Interessendefinition der Rspr.[441] – im Ergebnis einiges dafür, dass kein Interessenkonflikt im tatbestandlichen Sinne zwischen Vorstand und Aufsichtsrat in ihrer Organstellung – auf die es hier m.E. ankommt – besteht, da letztlich beide Organe die Interessen der Gesellschaft zu verfolgen haben. Zudem könnte man auch in Zweifel ziehen, ob die nach innen gerichtete Sachverhaltsaufklärung und die nach außen gerichtete Unternehmensvertretung dieselbe Rechtssache im Sinne des § 356 StGB sind. Strafrechtlich problematisch wäre bei der oben beschriebenen Sachverhaltskonstellation jedoch wohl die Mandatierung als Individualverteidiger beschuldigt eines – insbesondere geschäftsführenden – Organwalters einerseits und als externer Ermittler im Auftrag des Unternehmens andererseits. In der Praxis dürfte gerade im Ermittlungsverfahren betreffend Familienunternehmen ein (nur) de facto bestehendes – so kaum nachweisbares – Mandatsverhältnis mit einem bestimmten (dominierenden) geschäftsführenden Gesellschafter mitunter formal durch die Übernahme der strafrechtlichen Unternehmensvertretung lediglich nach Außen hin verdeckt werden. Der Sache nach kann hier insbesondere bei konkretem Verdacht von Straftaten zu Lasten des Unternehmen (§ 266 StGB) ein Interessenkonflikt bestehen. Dies gilt erst recht dann, wenn zusätzlich auch noch die unternehmensinterne Ermittlung durch denselben Rechtsanwalt übernommen werden sollte.

3. Nötigung und Erpressung, §§ 240, 253 StGB

186 Wegen **Nötigung** gem. § 240 StGB macht sich strafbar, wer einen Menschen rechtswidrig mit Gewalt oder durch Drohung mit einem empfindlichen Übel zu einer Handlung, Duldung oder Unterlassung nötigt. Geschütztes Rechtsgut ist die Freiheit der Willensentschließung und Willensbetätigung[442]. Das abgenötigte Verhalten kann dabei auch in der Tätigung einer (selbstbezichtigenden) Aussage liegen, weshalb die Vorschrift für informatorische Befragungen und Interviews relevant sein kann.[443] Sofern das abgenötigte Verhalten vermögensrelevant ist (z.B. Abschluss eines Aufhebungsvertrages), ist u.U. der Tatbestand der **Erpressung** gem. § 253 StGB anwendbar. [444]

187 Eine **Drohung** (Abs. 1 Alt. 2) ist das Inaussichtstellen eines zukünftigen Übels, das verwirklicht werden soll, wenn der Bedrohte sich nicht dem Willen des Täters entsprechend verhält, vorausgesetzt, der Drohende bzw. der in seinem Lager stehende Arbeitgeber[445] hat

---

441 *BGH* AnwBl 1954, 199, 200; *BayObLG* NJW 1989, 2903; NStZ 1995, 191.
442 *BVerfGE* 73, 206, 237.
443 Knierim/Rübenstahl/Tsambikakis/*Schuster* Kap. 11 Rn. 112.
444 Knierim/Rübenstahl/Tsambikakis/*Schuster* Kap. 11 Rn. 112.
445 *Kuhlen* FS Lüderssen, S. 649, 651 f.

Einfluss auf das Übel oder er gibt einen solchen Einfluss vor.[446] **Empfindlich** ist das Übel, wenn es einen „Nachteil von solcher Erheblichkeit" darstellt, „dass seine Ankündigung geeignet erscheint, den Bedrohten im Sinne des Täterverlangens zu motivieren"[447].

Für die Annahme einer Drohung ist es **unerheblich**, ob die Zufügung des angedrohten Übels rechtswidrig wäre oder nicht.[448] Der Aufbau **arbeitsrechtlicher** und sonstiger **Drohkulissen** im Falle mangelnder Kooperation bis hin zur **Kündigung** oder zur **Strafanzeige** stellt deshalb eine Drohung mit einem empfindlichen Übel dar, selbst wenn die Maßnahmen zulässig wären.[449] Zwar könnte man dies auch als Angebot verstehen, sich durch die Aussage „freizukaufen", maßgeblich ist aber, dass die Androhung eines erlaubten Übels dem Bedrohten ein Verhalten aufzunötigen vermag, das so von ihm nicht verlangt werden kann.[450] Die Drohung kann daher nach der h.M.[451] auch in der Ankündigung liegen, ein rechtlich nicht gebotenes Handeln (Amnestieprogramme; Freistellung von Schadenersatzansprüchen etc.[452]) zu **unterlassen,** sofern das Unterlassen für den Betroffenen den obengenannten Grad an Empfindlichkeit erreicht.[449] Hier wird stets auf die Umstände des Einzelfalls abzustellen sein.

188 Die **Verwerflichkeit** der Nötigung im Sinne des Rechtswidrigkeitsmerkmals **des § 240 Abs. 2 StGB** entfällt nicht zwingend, wenn der Mitarbeiter aufgrund seiner arbeits- oder dienstvertraglichen Leistungspflicht zur Auskunft über Vorfälle aus seinem unmittelbaren Arbeitsbereich verpflichtet ist, ohne sich auf die Auskunfts- und Zeugnisverweigerungsrechte nach §§ 52, 55 StPO, §§ 383, 394 ZPO berufen zu können. Es kommt eine Strafbarkeit wegen Verwendung eines inadäquaten Nötigungsmittels in Betracht.[453]

Die Verwerflichkeit kann bereits allein durch den erstrebten Zweck indiziert sein, wenn der Täter das Opfer zur Begehung einer unerlaubten Handlung zwingt.[454] Insbesondere ist an die Verletzung von Privatgeheimnissen gem. § 203 StGB, des Post- oder Fernmeldegeheimnisses gem. § 206 StGB oder von Geschäftsgeheimnissen gem. § 17 UWG zu denken. Der Ermittler würde sich wegen § 240 StGB und auch wegen Anstiftung gem. § 26 StGB zu den genannten Delikten strafbar machen.[453] Wenn sowohl das angewandte **Mittel erlaubt** ist als auch ein **Anspruch** auf das abgenötigte Verhalten nach den Gesamtumständen zumindest **als möglich** erscheint, kommt es auf das Verhältnis von Mittel und Zweck an. Der erforderliche Sachzusammenhang (Konnexität) zwischen Drohung und Nötigungsziel besteht z.B. bei einer Drohung mit einer zivilrechtlichen Auskunftsklage oder der Durchsetzung eines Urteils mit Ordnungsgeld oder Ordnungshaft.[455] Aber auch die Drohung mit einer Kündigung oder Strafanzeige ist bei **Konnexität** zwischen den zugrundeliegenden Sachverhalten zulässig,[456] denn das Ziel, im Verdachtsfalle eine schnelle Klärung herbeizuführen, kann man nicht als verwerflich ansehen, zumal die Nichtbeteiligung staatlicher Stel-

---

446 *Fischer* § 240 Rn. 31; LK/*Träger/Altvater* § 240 Rn. 56.
447 *BGHSt* 31, 195, 201.
448 *Fischer* § 240 Rn. 32.
449 Knierim/Rübenstahl/Tsambikakis/*Schuster* Kap. 11 Rn. 114.
450 LK/*Träger/Altvater* § 240 Rn. 59.
451 *BGHSt* 31, 195, 202; 44, 252, 252; *Fischer* § 240 Rn. 34; Schönke/Schröder/*Eser/Eisele* § 240 Rn. 20a; a.A. *BGH* NStZ 1982, 287; *RGSt* 72, 75; *Wessels/Hettinger* Strafrecht BT 1 Rn. 414 ff., die verlangen, dass den Täter eine Rechtspflicht zum Handeln trifft.
452 So Knierim/Rübenstahl/Tsambikakis/*Schuster* Kap. 11 Rn. 114.
453 Knierim/Rübenstahl/Tsambikakis/*Schuster* Kap. 11 Rn. 116.
454 Schönke/Schröder/*Eser/Eisele* § 240 Rn. 22.
455 Knierim/Rübenstahl/Tsambikakis/*Schuster* Kap. 11 Rn. 117.
456 Entsprechendes gilt für den Fall, dass der Arbeitnehmer, der eine Straftat zu Lasten des Arbeitgebers begangen hat, einem Aufhebungsvertrag nicht zustimmt (vgl. *Petri* StraFo 2007, 223 f.).

len oftmals im Interesse auch des Genötigten liegen dürfte.[457] Problematisch wäre dagegen eine Verknüpfung arbeits- oder haftungsrechtlicher Konsequenzen mit einem Vorfall, der zu dem verfolgten Zweck in keiner inneren Beziehung steht.[458] Der Ermittler sollte sich generell auf **sachliche Informationen** bezüglich der bei Kooperationsverweigerung zu erwartenden Konsequenzen beschränken[459] und **übertreibende und verzerrende Angaben** über die Folgen einer Strafanzeige vermeiden, da letztere geeignet sind, einen besonnenen Adressaten zu veranlassen, ohne weitere Prüfung dem Ermittler gefügig zu sein.[460]

4. Verletzung des Briefgeheimnisses, § 202 StGB

Wegen Verletzung des Briefgeheimnisses gem. § 202 StGB können nur bei der unbefugten Sichtung von privatem Schriftverkehr der Mitarbeiter strafrechtliche Risiken der Ermittler entstehen.[461] Für **Dienstpost** ist die Vorschrift nicht relevant, da dienstliche Schriftstücke zur Kenntnis des Arbeitgebers bestimmt sind und dieser damit auch ein Einverständnis zur Kenntnisnahme durch bestimmte Dritte erteilen kann.[462] Auch bei Geschäftsbriefen, die in der Anschrift an eine ganz bestimmte Person adressiert sind, gilt i.d.R. nichts anderes.[463] Hier ist nämlich – wenn der Brief nicht explizit als „persönlich" oder „vertraulich" gekennzeichnet ist – davon auszugehen, dass alle nach der internen Zuständigkeitsverteilung bevollmächtigten Mitarbeiter Kenntnis vom Inhalt erhalten können, einschließlich der Ermittlungsbeauftragten.[464]

189

5. Ausspähen von Daten § 202a StGB

Die Sichtung von Computerdateien kann Strafbarkeitsrisiken nach § 202a StGB begründen.[465] Danach macht sich strafbar, wer unbefugt sich oder einem anderen Zugang zu Daten, die nicht für ihn bestimmt und die gegen unberechtigten Zugang besonders gesichert sind, unter Überwindung der Zugangssicherung verschafft. Alle möglichen Dateien, wie abgespeicherte (Geschäfts-)Briefe, Geschäftsberichte, Bilanzen, Kalkulationen, Scheinrechnungen, interne Vereinbarungen, Vertragsentwürfe, Memos oder Meeting-Protokolle und vor allem E-Mails, lassen sich unter den Datenbegriff des § 202a Abs. 2 StGB fassen.[466] Unter Zugangsverschaffung fallen alle möglichen Maßnahmen, wie die Inbesitznahme des Datenmediums (Laptops oder ausgebaute Festplatten), die Inempfangnahme von Dateien, die auf dem Server gespeichert waren, und die nachfolgende inhaltliche Analyse der Dateien durch interne Ermittler oder externe Berater.[467]

190

Eine Strafbarkeit des Ermittlers kommt aber nur in Betracht, wenn die Daten nicht für diesen – oder seinen Auftraggeber – bestimmt sind. Grundsätzlich ist derjenige verfügungsberechtigt, durch den die Daten erstellt und abgespeichert wurden.[468] Bei **dienstlichen Dateien** erfolgt die unmittelbare Ausführung des Erstellens und Speicherns zwar durch die

191

---

457 Vgl. auch *Kuhlen* FS Lüderssen, S. 649, 659; Knierim/Rübenstahl/Tsambikakis/*Schuster* Kap. 11 Rn. 117.
458 *BGHSt* 5, 254.
459 *Kuhlen* FS Lüderssen, S. 649, 659; Knierim/Rübenstahl/Tsambikakis/*Schuster* Kap. 11 Rn. 117.
460 Vgl. LK/*Träger/Altvater* § 240 Rn. 92.
461 Knierim/Rübenstahl/Tsambikakis/*Schuster* Kap. 11 Rn. 123 ff.
462 Schönke/Schröder/*Lenckner/Eisele* § 202 Rn. 12.
463 *LAG* Hamm NZA-RR 2003, 346.
464 Knierim/Rübenstahl/Tsambikakis/*Schuster* Kap. 11 Rn. 124.
465 Knierim/Rübenstahl/Tsambikakis/*Schuster* Kap. 11 Rn. 124; *Schuster* ZIS 2010, 68, 69 f.; *Rübenstahl/Debus* NZWiSt 2012, 129 ff.
466 Knierim/Rübenstahl/Tsambikakis/*Schuster* Kap. 11 Rn. 127.
467 *Rübenstahl/Debus* NZWiSt 2012, 129, 130.
468 LK/*Hilgendorf* § 202a Rn. 26.

Arbeitnehmer, aber nur auf Veranlassung des Arbeitgebers als eigentlichem Urheber der auch ein tatbestandsausschließendes Einverständnis zur Sichtung der Daten durch Dritte erteilen kann.[469] Die Kontrolle dienstlicher Daten ist also im Hinblick auf den Tatbestand des § 202a StGB i.E. **unproblematisch.**

192 Befinden sich auf den firmeneigenen Datenträgern **private Dateien** der Arbeitnehmer, können diese jedoch dem Schutz des § 202a StGB unterfallen, auch dann, wenn die private PC-Nutzung gänzlich verboten wurde.[470] Weitere Voraussetzung des § 202a StGB ist jedoch, dass die privaten Dateien über eine **Zugangssicherung** verfügen. Die Einsichtnahme in einzelne kennwortgeschützte private Dateien oder ein kennwortgeschütztes privates Unterverzeichnis des Arbeitnehmers fällt darunter.[471] Der **Kennwortschutz seines personalisierten virtuellen Laufwerks** oder des dienstlichen E-Mail-Kontos reicht insofern nicht, als das allgemeine Benutzerpasswort **keine Sicherungsfunktion gegenüber dem Arbeitgeber** hat, da dieser über seinen Systemadministrator regelmäßig über ein Master-Passwort verfügt, mit dem er auf die Verzeichnisse und Arbeitsergebnisse aller Abteilungen, Arbeitsgruppen und Mitarbeiter zugreifen kann und zudem eine entsprechende Weisung erteilen kann.[472] § 202a StGB ist damit bei Sichtung von Dateien auf **firmeneigenen Datenträgern** selten relevant.[473] Hingegen ist von der heimlichen Sichtung geschützter Dateien auf **privaten Datenträgern** am Arbeitsplatz (USB-Stick mit Zugangssicherung etc.) abzuraten, es sei denn, dass im Einzelfall ein Rechtfertigungsgrund (§§ 32, 34 StGB) greift.[473]

6. Verletzung des Post- und Fernmeldegeheimnisses, § 206 StGB

193 Insbesondere bei der Sichtung des E-Mail-Verkehrs von Mitarbeitern bestehen möglicherweise auch Strafbarkeitsrisiken nach § 206 StGB wegen Verletzung des Fernmeldegeheimnisses; die Rechtslage ist umstritten und unübersichtlich. Voraussetzung aller Tatbestandsvarianten des § 206 StGB ist, dass der Arbeitgeber als **geschäftsmäßiger Erbringer von Telekommunikationsdiensten** anzusehen ist.[474] Der Begriff ist in § 3 Nr. 10 TKG definiert und umfasst das „nachhaltige Angebot von Telekommunikation für Dritte mit oder ohne Gewinnerzielungsabsicht". Wenn die **private Nutzung** der Telekommunikationseinrichtungen **verboten ist**, bilden Arbeitgeber und Arbeitnehmer eine Organisationseinheit. Da der **Arbeitgeber** dann **selbst** (durch den Arbeitnehmer vertretener) **Nutzer** ist, kommt das Fernmeldegeheimnis unstreitig nicht zum Tragen.[475] Insofern gilt allerdings § 32 BDSG (s.u.).

194 **Erlaubt** der Arbeitgeber seinem Mitarbeiter jedoch, über einen personalisierten dienstlichen E-Mail-Account auch für **private Zwecke** zu kommunizieren, sieht die wohl h.M. [476]

---

469 MK/*Graf* § 202a Rn. 17; *Hilgendorf* JuS 1996, 890, 893 zu § 303a StGB;vgl. MK/*Erb* § 267 Rn. 123 ff., 166 ff.; *Schuster* ZIS 2010, 68, 69 f.; *Rübenstahl/Debus* NZWiSt 2012, 129, 130 f.
470 *Weißgerber* NZA 2003, 1005,1008; Knierim/Rübenstahl/Tsambikakis/*Schuster* Kap. 11 Rn. 130.
471 Achenbach/Ransiek/*Salvenmoser/Schreier* 15. Teil Rn. 111.
472 *LAG Köln* NZA-RR 2004, 527, 528; *Barton* CR 2003, 839, 842; *Beckschulze* DB 2003, 2777, 2783; Achenbach/Ransiek/*Salvenmoser/Schreier* 15. Teil Rn. 112; *Rübenstahl/Debus* NZWiSt 2012, 129, 130 f.; a.A. *Weißgerber* NZA 2003, 1005, 1008.
473 Knierim/Rübenstahl/Tsambikakis/*Schuster* Kap. 11 Rn. 130.
474 *Dann/Gastell* NJW 2008, 2945, 2946.
475 Knierim/Rübenstahl/Tsambikakis/*Schuster* Kap. 11 Rn. 132; *Schuster* ZIS 2010, 68, 71 m.w.N.
476 Vgl. MK/*Altenhain* § 206 Rn 18; LK/*Altvater* § 206 Rn 12, 87; *Lindemann/Simon* BB 2001, 1950, 1951; *Rieß* DuD 2001, 672, 673; *Schmidl* DuD 2005, 267, 269; *Heidrich/Tschoepe* MMR 2004, 75, 76; *Sauer* K&R 2008, 399, 400; *Schuster* ZIS 2010, 68, 71 jeweils m.w.N. I.d.R. bezieht man sich dabei auf *OLG Karlsruhe* MMR 2005, 178 zum Ausfiltern privater E-Mails, insbesondere Spam-Mails an einer staatlichen technischen Universität, wenngleich beim zugrundeliegenden Sachverhalt keine klassische Arbeitgeber-Arbeitnehmer-Konstellation (mehr) vorlag, vgl. *Rübenstahl/Debus* NZWiSt 2012, 129, 133.

den **Arbeitgeber und seine Mitarbeiter** insofern als **Telekommunikationsanbieter** und möglichen Täter des § 206 StGB an. Zumindest eine Teilnahmestrafbarkeit gem. §§ 26, 27 StGB kommt für die für in seinem Auftrag agierende externe Ermittler in Betracht.[477]

Die aktuelle Rechtsprechung der Arbeitsgerichtsbarkeit[478] hingegen macht geltend, dass eine Gleichstellung eines Arbeitgebers mit kommerziellen Anbietern nicht gerechtfertigt sei, da die Leistungen unentgeltlich angeboten würden und Mitarbeiter nicht mit unternehmensfremden Dritten gleichgesetzt werden dürften.[479] Eine Klärung durch die ordentliche Gerichtsbarkeit steht noch aus, so dass die Vorsicht einen Verzicht auf derartige Maßnahmen oder jedenfalls den vorherigen Versuch der Klärung der Rechtsauffassung der zuständigen Staatsanwaltschaft nahe legt.

Regelt das Unternehmen die E-Mail-Nutzung nicht, sollen Zweifelsfälle zu Lasten des Arbeitgebers gehen, weil es seine Organisationsaufgabe sei, die Nutzung des betrieblichen Computersystems klar zu definieren.[480] Dies ist zweifelhaft, weil das BAG verhaltensbedingte Kündigungen bei exzessiver Nutzung auch ohne ausdrückliches Verbot der privaten Nutzung schon mehrfach bestätigt hat.[481] **195**

Nach § 206 Abs. 1 StGB wird bestraft, wer einer anderen Person **Mitteilung über Tatsachen** macht, die dem **Post- oder Fernmeldegeheimnis** unterliegen. Andere Personen sind alle, die im gewöhnlichen Geschäftsgang von den E-Mails keine Kenntnis erlangt hätten,[482] insbesondere auch **externe Ermittler** oder **Mitarbeiter von externen IT-Dienstleistern** und **Angehörige der Strafverfolgungsorgane**.[483] Mitteilen ist jedes Handeln, das zur Kenntniserlangung durch Dritte führt.[483] Das eigenhändige Einsichtnehmen in E-Mails auf einem firmeneigenen Server und das Mitprotokollieren der E-Mail-Kommunikation über unternehmenseigene Filter soll deshalb noch keine Mitteilung an eine andere Person sein.[484] In der Praxis wird jedoch oft eine Kopie des gesamten E-Mail-Bestandes erstellt, welcher dann einer forensischen Abteilung oder externen Firma zur weiteren Untersuchung zugänglich gemacht wird, was bzgl. der privaten E-Mails strafrechtlich relevant wäre, da diese sich vor der Weitergabe regelmäßig nicht von den dienstlichen E-Mails trennen lassen.[485] **196**

Unstrittig sind private E-Mails, die in der **Übertragungsphase** (z.B. durch standardmäßige Sicherungssysteme) kopiert und nachträglich weitergeleitet werden, von § 206 StGB erfasst.[486] Unstrittig nicht erfasst sind dagegen E-Mails, die im Zeitpunkt des ersten Zugriffs bereits vollständig in den Herrschaftsbereich des Nutzers gelangt sind, etwa durch **Herunterladen** auf die Festplatte des Arbeits-PC.[487] Für E-Mails, die zwar vom Nutzer bereits zur Kenntnis genommen worden sind, aber dauerhaft auf dem **Mailserver** des **197**

---

477 Vgl. Schönke/Schröder/*Lenckner/Eisele* § 206 Rn. 38; *Welp* FS Lenckner, S. 619, 633. Nach MK/*Altenhain* § 206 Rn. 23; NK/*Kargl* § 206 Rn. 12 soll auch bei § 206 Abs. 1 StGB bloßes „Mitwirken" bei der Erbringung von Post- oder Telekommunikationsdiensten ausreichen (zw.).
478 *LAG Niedersachsen* NZA-RR 2010, 406, 408; *LAG Berlin-Brandenburg* NZA-RR 2011, 342, 343 f.; i.E. zustimmend *Mückenberger/Müller* BB 2011, 2302 f.; *Wytibul* ZD 2011, 69, 71 ff.; *ders.* BB 37/2011, I; *Rübenstahl/Debus* NZWiSt 2012, 129, 132 m.w.N.
479 *Wybitul* BB 37/2011, I; *Rübenstahl/Debus* NZWiSt 2012, 129, 132 m.w.N.
480 So *LAG Köln* NZA-RR 2004, 527; *LAG Mainz* MMR 2005, 176, 178; in diese Richtung auch *Lelley* GmbHR 2002 R 373; *Fleischmann* NZA 2008, 1397 zur betrieblichen Übung.
481 *BAG* NZA 2006, 98; *BAG* NJW 2007, 2653; vgl. auch *Beckschulze* DB 2009, 2097.
482 Vgl. *Sieber/Hoeren/Sieber* Kap. 19 Rn. 538; Schönke/Schröder/*Lenckner/Eisele* § 206 Rn. 10.
483 Knierim/Rübenstahl/Tsambikakis/*Schuster* Kap. 11 Rn. 136.
484 *Barton* CR 2003, 839, 843; *Altenburg/Reinersdorff/Leister* MMR 2005, 135, 138; Sieber/Hoeren/*Sieber* Kap. 19 Rn. 536; Knierim/Rübenstahl/Tsambikakis/*Schuster* Kap. 11 Rn. 136.
485 Knierim/Rübenstahl/Tsambikakis/*Schuster* Kap. 11 Rn. 136; schon *Schuster* ZIS 2010, 68 und 73.
486 Vgl. *Schöttler* jurisPR-ITR 4/2009 Anm. 2, D.
487 Knierim/Rübenstahl/Tsambikakis/*Schuster* Kap. 11 Rn. 136.

Arbeitgebers **ruhen**, geht die überwiegende Auffassung wie bei staatlichen Eingriffen vom Schutz durch das Fernmeldegeheimnis (Art. 10 GG) und der Anwendbarkeit des § 206 StGB aus,[488] während eine andere Auffassung dies bei nichtstaatlichen Eingriffen durch externe Ermittler anders sieht.[489]

198 Tatbestandsausschlussgründe oder Rechtfertigungsgründe greifen nach der bislang h.M. regelmäßig nicht zugunsten der Ermittler ein: Nach überwiegender Auffassung setzt die Einholung eines wirksamen **Einverständnisses** die **Zustimmungen beider Kommunikationspartner voraus**, welche faktisch unmöglich einzuholen sein dürften.[490] **Allgemeine Rechtfertigungsgründe** werden vielfach im Zusammenhang mit § 206 StGB für unanwendbar erklärt,[491] da § 88 Abs. 3 S. 3 TKG eine Durchbrechung des Fernmeldegeheimnisses nur dann erlaubt, wenn eine gesetzliche Vorschrift dies vorsieht und sich dabei ausdrücklich auf Telekommunikationsvorgänge bezieht. Selbst bei Anwendbarkeit des **§ 34 StGB** wäre zu beachten, dass im Rahmen des rechtfertigenden **Notstands** die Einholung staatlicher Hilfe vorrangig ist.[492] Die **besonderen Rechtfertigungsgründe** des TKG greifen hier nicht, denn **§ 88 Abs. 3 S. 4 TKG** gilt nur für bevorstehende in § 138 StGB genannte Katalogtaten.[493] § **100 TKG** dient der Störungssuche und Ermittlung von Leistungserschleichungen,[494] betrifft zudem nur die Bestands- und Verkehrsdaten, nicht die Kommunikationsinhalte. Darüber hinaus wird in der Literatur tw. § **32 Abs. 1 S. 2 BDSG** als Rechtfertigungsgrund gesehen,[495] dieser ist nach a.A. jedoch nur in Bezug auf das BDSG selbst anwendbar, würde hier also nur im Zusammenhang mit den nicht tatbestandsrelevanten dienstlichen E-Mails eine Rolle spielen.[496]

7. Verletzung der Vertraulichkeit des Wortes, § 201 StGB

199 Der Einsatz von Wanzen- und Richtmikrophonen, die Telefonüberwachung oder dergleichen begründen erhebliche Strafbarkeitsrisiken nach § 201 StGB. Alle vier Tatbestandsvarianten der Norm schützen das Recht des Mitarbeiters am Arbeitsplatz auf die Wahrung der Unbefangenheit des **nichtöffentlich gesprochenen Wortes**.[497] Abs. 1 Nr. 1 betrifft das **Aufnehmen** im Augenblick des Sprechens auf jede Art von Tonträger (Tonbänder, Festplatte, USB-Stick, CD-ROM etc.). Geschützt sind auch Gespräche am **Telefon**, über **eine Internetverbindung** o.Ä., unabhängig von der Vertraulichkeit bzw. Geheimhaltungsbedürftigkeit

---

488 Knierim/Rübenstahl/Tsambikakis/*Schuster* Kap. 11 Rn. 136; *Gaede* StV 2009, 96, 97 f. unter Inbezugnahme von *BVerfGE* 124, 43 (zur Beschlagnahme von E-Mails) a.A. *Nolte/Becker* CR 2009 126, 127; *Krüger* MMR 2009, 680, 682.
489 Vgl. *Hess. VGH* NJW 2009, 2470; *Rübenstahl/Debus* NZWiSt 2012, 129, 134.
490 NK/*Kargl* § 206 Rn. 45; MK/*Altenhain* § 206 Rn. 42; Schönke/Schröder/*Lenckner/Eisele* § 206 Rn. 12; BeckOK/*Bock* § 88 TKG Rn. 19; *Spindler/Schuster/Eckhardt* § 88 TKG Rn. 15; *Scheurle/Mayen/Zerres* § 88 TKG Rn. 15 f. unter Bezugnahme auf *BVerfGE* 85, 386. Ausdrücklich auch für Arbeitsverhältnisse *Arndt/Fetzer/Scherer/Ellinghaus* § 88 TKG Rn. 12, 40; *Hilber/Frik* RdA 2002, 89, 94; *Reeb* Internal Investigations, S. 94. Anderer Ansicht: LK/*Altvater* § 206 Rn. 85 ff.; *Schuster* ZIS 2010, 68; *Seffer/Schneider* ITRB 2007, 264, 266; *Härting* CR 2007, 311, 312; vgl. auch *Beckschulze* DB 2003, 2777, 2780; *Haussmann/Krets* NZA 2005, 259, 261.
491 MK/*Altenhain* § 206 Rn. 68; *Fischer* § 206 Rn. 9; SK/*Hoyer* § 206 Rn. 35; NK/*Kargl* § 206 Rn. 47; *Lackner/Kühl* § 206 Rn. 15; Schönke/Schröder/*Lenckner/Eisele* § 206 Rn. 14. Vgl. auch BT-Drucks. 13/3609, 53.
492 *Dann/Gastell* NJW 2008, 2945, 2946.
493 Knierim/Rübenstahl/Tsambikakis/*Schuster* Kap. 11 Rn. 139.
494 Vgl. *Dann/Gastell* NJW 2008, 2945, 2946; *Klengel/Mückenberger* CCZ 2009, 81, 84.
495 *Rübenstahl/Debus* NZWiSt 2012, 129, 134 ff.
496 Knierim/Rübenstahl/Tsambikakis/*Schuster* Kap. 11 Rn. 139.
497 Schönke/Schröder/*Lenckner/Eisele* § 201 Rn. 2; MK/*Graf* § 201 Rn. 2; Knierim/Rübenstahl/Tsambikakis/*Schuster* Kap. 11 Rn. 141.

des Inhalts, und egal, ob die Äußerung **privater** oder **dienstlicher** Natur ist[498]. Das im Vorfeld eingeholte **Einverständnis** aller Sprechenden wirkt tatbestandsausschließend.[499] Unzulässig ist auch das Aufnehmen mit Wissen aber gegen den Willen des Betroffenen, es sei denn, die weiteren Äußerungen nach Kenntniserhalt sind im Einzelfall als konkludent erteiltes Einverständnis zu verstehen.[500] **Abs. 1 Nr. 2** erweitert den Schutzbereich auf die weitere Verwendung einer gegen den Willen des Betroffenen hergestellten Aufnahme. **Abs. 2 S. 1 Nr. 1** schützt die Mitarbeiter vor dem unbefugten **Abhören mit technischen Vorrichtungen** jeglicher Art, z.B. durch (Richt-)Mikrophone, drahtlose Kleinsender, Geräte zum Anzapfen von Telefonleitungen, Webcams mit Tonaufzeichnung, aber auch einfachere Vorrichtungen wie Hörrohre und Stethoskope.[501] Das **bloße Belauschen ohne Hilfsmittel** ist dagegen straflos.[502] **Abs. 2 S. 1 Nr. 2** stellt das **öffentliche Mitteilen** des nach Abs. 1 Nr. 1 aufgenommenen oder nach Abs. 2 S. 1 Nr. 1 abgehörten nichtöffentlich gesprochenen Wortes unter Strafe. Eine Mitteilung gegenüber den Strafverfolgungsbehörden oder dem Gericht im Zivil- oder Strafprozess allein dürfte dagegen auch in öffentlicher Verhandlung i.d.R. nicht genügen.[503] Die grds. anwendbaren allgemeinen Rechtfertigungsgründe greifen regelmäßig nicht zugunsten der Ermittler ein.[504]

8. Observation, heimliches Fotografieren und Videoüberwachung, § 201a StGB

In eher seltenen Fällen könnte sich die Beobachtung bestimmter Personen oder Räumlichkeiten unter Einsatz technischer Mittel als sinnvolles Instrument der Sachverhaltsaufklärung erweisen. Sofern die optische Überwachung – Observation, heimliches Fotografieren und Videoüberwachung – mit einer **Tonübertragung** einhergeht, ist ergänzend § 201 StGB zu berücksichtigen (s.o.). Das Herstellen oder Übertragen einer **Bildaufnahme** fällt unter den Schutzbereich des **§ 201a StGB**, wenn sich die betroffene Person in einer **Wohnung** oder einem anderen **gegen Einblick besonders geschützten Raum** befindet und durch die Maßnahme ihr **höchstpersönlicher Lebensbereich** verletzt wird.[505] Die Büro- und Geschäftsräume des Arbeitgebers fallen regelmäßig nicht in den Schutzbereich, so dass die Observation oder das Fotografieren eines verdächtigen Mitarbeiters dort nicht unter die Vorschrift fällt; zu beachten sind allerdings datenschutz- und arbeitsrechtliche Grenzen.[506] Gegen Einblick besonders geschützte Räume sind dagegen Toiletten, Umkleidekabinen, Personalgarderoben, Duschen etc.[507] Strafbare **Tathandlungen nach Abs. 1** sind dann das unbefugte Herstellen oder Übertragen von Bildaufnahmen. **Abs. 2 und 3** stellen das Gebrauchen der Aufnahmen und die Weiterverbreitung unter Strafe.

200

---

498 Schönke/Schröder/*Lenckner/Eisele* § 201 Rn. 5; *BGH[Z]* NJW 1988, 1016; *OLG Frankfurt* NJW 1977, 1547 mit Anm. *Arzt* JR 1978, 170; *OLG Karlsruhe* NJW 79, 1513; *OLG Jena* NStZ 1995, 503; LK/*Schünemann* § 201 Rn. 5.
499 Schönke/Schröder/*Lenckner/Eisele* § 201 Rn. 13; MK/*Graf* § 201 Rn. 40; NK/*Kargl* § 201 Rn. 6; LK/*Schünemann* § 201 Rn. 9; SSW/*Bosch* § 201 Rn. 12. Für eine rechtfertigende Einwilligung *Arzt/Weber/Hilgendorf* 8/17; *Fischer* § 201 Rn. 10; *Wessels/Hettinger* Strafrecht BT 1 Rn. 529.
500 *OLG Jena* NStZ 1995, 503; Schönke/Schröder/*Lenckner/Eisele* § 201 Rn. 14; MK/*Graf* § 201 Rn. 21.
501 Schönke/Schröder/*Lenckner/Eisele* § 201 Rn. 16; MK/*Graf* § 201 Rn. 26.
502 Knierim/Rübenstahl/Tsambikakis/*Schuster* Kap. 11 Rn. 143.
503 Vgl. auch Knierim/Rübenstahl/Tsambikakis/*Schuster* Kap. 11 Rn. 144.
504 Knierim/Rübenstahl/Tsambikakis/*Schuster* Kap. 11 Rn. 145 m.w.N.
505 Knierim/Rübenstahl/Tsambikakis/*Schuster* Kap. 11 Rn. 146.
506 Knierim/Rübenstahl/Tsambikakis/*Schuster* Kap. 11 Rn. 146 unter Hinweis auf Schönke/Schröder/*Lenckner/Eisele* § 201a Rn. 7; Görling/Inderst/Bannenberg/*Görling* Kap. 6 Rn. 62.
507 BT-Drucks. 15/2466, 5.

9. Straf- und bußgeldbedrohte Verstöße gegen die Insidervorschriften, §§ 14, 38 Abs. 1, 39 WpHG

201 Verstöße gegen die in § 14 WpHG genannten und den §§ 38, 39 WpHG straf- und bußgeldbedrohten Insiderverbote stehen im Raum, wenn Mitarbeiter oder externe Ermittler Kenntnis von nicht öffentlich bekannten, kursrelevanten Zwischenergebnissen aus dem Aufklärungsprozess erhalten und aufgrund dieser Kenntnis Geschäfte mit Insiderpapieren tätigen.[508] Die Verwendung von öffentlich noch nicht bekannten, aber kursrelevanten Informationen aus der Untersuchung – Insiderinformationen im Sinne des § 13 WpHG – bei der Entscheidung über den Erwerb oder die Veräußerung einer betroffenen Aktie dürfte strafbarer Insiderhandel gem. §§ 38 Abs. 1, 14 Abs. 1 Nr. 1 WpHG sein.[508] Daneben ist aber auch das Weitergabeverbot (§ 14 Abs. 1 Nr. 2 WpHG) in Betracht zu ziehen, wonach die Weitergabe oder das Zugänglichmachen von Informationen aus dem Aufklärungsprozess gegen ein Insiderverbot verstoßen kann. Dies gilt auch dann, wenn die Weitergabe bzw. das Zugänglichmachen innerbetrieblich erfolgt[509], z.B. durch den Leiter der Internen Revision an einen intern nicht befugten Mitarbeiter des Unternehmens. Ein Verstoß ist gem. § 39 Abs. 2 Nr. 3 WpHG grundsätzlich ordnungswidrig. Wird der Verstoß von einer in § 38 Abs. 1 Nr. 2 WpHG genannten Person vorsätzlich begangen, ist er strafbar. Taugliche Täter der Straftat sind die in § 38 Abs. 1 Nr. 2 a) bis c) WpHG genannten „Primärinsider", Personen die aufgrund ihrer Geschäftsführungs- oder Aufsichtsratsorganmitgliedschaft, ihrer Beteiligung oder ihres Berufs bzw. ihrer Tätigkeit bestimmungsgemäß über die Insiderinformation verfügten.[510] Dazu kommen Personen, die aufgrund der Vorbereitung oder Begehung einer Straftat an die Insiderinformation gelangen (Nr. 2d). Damit kommen neben den Vorstands- und Aufsichtsratsmitgliedern des Unternehmens sämtliche mit den Internal Investigations befasste Mitarbeiter als taugliche Täter einer Straftat gem. § 38 Abs. 1 Nr. 2 WpHG in Frage.[510] Deren hierarchische Stellung ist unerheblich.[511] Auch die mit den Aufklärungsmaßnahmen befassten externen Rechtsanwälte und Wirtschaftsprüfer oder einbezogene Kommunikationsberater fallen in den Täterkreis.[510]

202 Der EuGH hält eine Weitergabe von Insiderinformationen zwischen Mitarbeitern des Unternehmens nur dann für nicht „unbefugt" i.S. des Verbotstatbestandes, wenn ein enger Zusammenhang zwischen der Weitergabe und der Ausübung der Arbeit oder des Berufes oder der Erfüllung der Aufgaben besteht und diese Weitergabe für die Ausübung dieser Arbeit oder dieses Berufes oder für die Erfüllung dieser Aufgaben unerlässlich ist.[512] Die Weitergabe ist im Rahmen einer gem. § 25c KWG durchgeführten Nachforschung vorgesehen und daher gegeben. Soweit eine andere Aufklärungsmaßnahme im Unternehmensinteresse durchgeführt und damit legitimer Bestandteil der Leitungsaufgabe des Geschäftsführungsorgans ist (s.o.), muss auch hier eine befugte innerbetriebliche Weitergabe von Ermittlungserkenntnissen erfolgen können.[513] Nichts Anderes kann hinsichtlich des Informationsaustauschs mit externen Beratern gelten, die zum Zwecke der Durchführung der Aufklärungsmaßnahmen engagiert wurden, insbesondere wenn die Aufklärungsmaßnahmen ohne externe Unterstützung aufgrund ihres Umfangs nicht oder nicht unverzüglich zu bewältigen wären. Ein ungehinderter Informationsfluss betreffend die Investigation zwischen Geschäftsleitungsorgan, Aufsichtsrat, der zuständigen Abteilung (z.B. Recht, Compliance, Vorstandsstab) und externen Beratern ist zwingend erforderlich, um das Ziel der Internal Investigation zu erreichen.[514]

---

508 Knierim/Rübenstahl/Tsambikakis/*Szesny* Kap. 30 Rn. 79.
509 Knierim/Rübenstahl/Tsambikakis/*Szesny* Kap. 30 Rn. 81.
510 Knierim/Rübenstahl/Tsambikakis/*Szesny* Kap. 30 Rn. 82.
511 *Szesny* in Böttger, Wirtschaftsstrafrecht in der Praxis, Kap. 6 Rn. 104.
512 *EuGH* Urteil vom 22.11.2005 – C-384/02 (Knud Grøngaard, Allan Bang) = EuZW 2005, 25.
513 Knierim/Rübenstahl/Tsambikakis/*Szesny* Kap. 30 Rn. 85; a.A. wohl *Schneider* NZG 2010, 1201, 1203.
514 Knierim/Rübenstahl/Tsambikakis/*Szesny* Kap. 30 Rn. 85.

Zu Recht wird zudem vertreten, dass Ergebnisse und Zwischenergebnis von Internal Investigations im Hinblick auf das Weitergabeverbot nicht anders zu behandeln sind als die Erkenntnisse aus einer **Due Diligence**-Prüfung im Vorfeld eines Unternehmenserwerbs, da das Rechtsgut des § 14 WpHG – Markttransparenz und (Informations-)Chancengleichheit[515] – nicht betroffen ist.[516] Die Zulässigkeit derartiger Prüfungen wird von der herrschenden Meinung bejaht, auch wenn dem Erwerber dabei Insiderinformationen offenbart werden.[517] Die BaFin akzeptiert zudem einen „bereichsüberschreitenden" Informationsfluss, soweit dies zur Erfüllung der Aufgaben des Wertpapierdienstleistungsunternehmens erforderlich ist (**Need-to-know-Basis**).[516] Ob eine Weitergabe von Insiderinformationen in Form von Erkenntnissen aus Internal Investigations innerhalb eines **Konzerns** – etwa an die Rechtsabteilung der Muttergesellschaft – „befugt" erfolgen kann, ist hingegen unklar; dass Recht dürfte soweit reichen wie eine Aufklärungspflicht der Muttergesellschaft.[518]

203

10. Marktmanipulation, §§ 20a, 38 Abs. 2 WpHG

Verstöße gegen die Publizitätsvorschriften des WpHG im Zusammenhang mit unternehmensinternen Untersuchungen können nicht nur Ordnungswiderigkeiten darstellen, sondern – sofern sich die Fehler auf den Kurs der betroffenen Finanzinstrumente auswirken – auch eine strafbare Marktmanipulation (§§ 20a Abs. 1 S. 1 Nr. 1, 38 Abs. 2 WpHG).[519] Wie oben bereits ausgeführt, ist davon auszugehen, dass nicht öffentlich bekannte Ermittlungsergebnisse aus einer – größeren, insbesondere unternehmens- oder konzernweiten – internen Untersuchung, die besonders schwerwiegende, hochrangig begangene oder zahlreiche Gesetzesverstöße – insbesondere Straftaten, gewichtige Ordnungswidrigkeiten bzw. wirtschaftlich besonders relevante zivilrechtliche Haftungstatbestände – beinhalten, in erheblicher Weise kurs- bzw. bewertungsrelevant sein und oft unter die Ad-Hoc-Mitteilungspflicht des § 15 WpHG fallen dürften. Insofern ist bzgl. der Geheimhaltung von Ermittlungsergebnissen zu berücksichtigen, dass dies als Verschweigen bewertungserheblicher Umstände,[520] insbesondere wegen des Unterlassens einer Ad-hoc-Mitteilung gem. § 15 WpHG u.U. als (strafbare) Marktmanipulation zu qualifizieren ist.[521] Auch die Verletzung anderer gesellschafts- oder bilanzrechtlicher Publizitätspflichten z.B. aus §§ 299 Abs. 1, 400 Abs. 2 AktG oder 325 ff., 264 ff. HGB führen im Hinblick auf die Nichtberücksichtigung von Ermittlungsergebnissen potentiell zu einer Manipulation des Börsen- bzw. Marktpreises gem. §§ 38, 20a WpHG.[522] Ein Verschweigen im Sinne des Vorschrift des § 20a WpHG kann auch vorliegen, wenn die Mitteilung verspätet erfolgt die unverzüglich oder innerhalb einer bestimmten Frist abgegeben werden musste.[523] Im Rahmen von Internal Investigations kommen als Normadressaten des Manipulationsverbots des § 20a WpHG vor allem Organe und Mitarbeiter von Emittenten und der weiteren an einer Emission Beteiligten sowie von bereits börsennotierten Unternehmen in Betracht,[524] wobei die externen Ermittler bei vorsätzlichen Handlungen – insbesondere unzutreffender Beratung zu Zeitpunkt und Umfang

204

---

515 Vgl. *Szesny* in Böttger, Wirtschaftsstrafrecht in der Praxis, Kap. 6 Rn. 39; *Schröder* Handbuch Kapitalmarktstrafrecht, 2. Aufl., Rn. 109; MK-StGB/*Pananis* 2010, § 38 WpHG Rn. 131 mit weiteren Nachweisen; *Hilgendorf* in Park, 3. Teil, 3. Kap., T 1 Rn. 167.
516 Knierim/Rübenstahl/Tsambikakis/*Szesny* Kap. 30 Rn. 86.
517 MK-StGB/*Pananis* 2010, § 38 WpHG Rn. 131 m.w.N.
518 Vgl. eingehend Knierim/Rübenstahl/Tsambikakis/*Szesny* Kap. 30 Rn. 87.
519 Knierim/Rübenstahl/Tsambikakis/*Szesny* Kap. 30 Rn. 100.
520 § 2 MaKonV; näher *Szesny* in Böttger, Wirtschaftsstrafrecht in der Praxis, 2011, Kap. 6 Rn. 156 ff.
521 Vgl. *Schröder* Handbuch Kapitalmarktstrafrecht, 2. Aufl. 2010 Rn. 452; *Schäfer* in Marsch-Barner/Schäfer § 14 Rn. 62.
522 *Knauth* in Renz/Hense, II.10 Rn. 102.
523 Knierim/Rübenstahl/Tsambikakis/*Szesny* Kap. 30 Rn. 103.
524 *Szesny* in Böttger, Kap. 6 Rn. 140.

der Publizitätspflichten – bzw. Unterlassungen u.U. gem. §§ 26 oder 27 StGB strafrechtlich mithaften. Eine Selbstbefreiung des Unternehmens von der Ad-hoc-Mitteilungspflicht gem. § 15 Abs. 3 WpHG schließt die Ahndung wegen Marktmanipulation aus.[525]

V. Datenschutzrechtliche Rahmenbedingungen

205 Das BDSG richtet sich nach seinem Wortlaut an „verantwortliche Stellen".[526] Verantwortliche Stelle ist nach § 3 Abs. 7 BDSG jede Person oder Stelle, die personenbezogene Daten für sich selbst erhebt, verarbeitet oder nutzt oder dies durch andere im Auftrag[527] vornehmen lässt. Im Rahmen einer internen Untersuchung ist daher das fragliche Unternehmen selbst die im Sinne des BDSG verantwortliche Stelle.[528] Das BDSG regelt den Umgang mit personenbezogene Daten, d.h. nach § 3 Abs. 1 BDSG Einzelangaben über persönliche oder sachliche Verhältnisse bestimmter oder bestimmbarer Personen. Eine Information ist danach dann ein personenbezogenes Datum, wenn das Unternehmen, das über diese Information verfügt, die natürliche Person, auf die sich die fragliche Information bezieht, identifizieren kann. Dies ist bei den Ermittlungsresultaten interner Erhebungen, die regelmäßig auch auf die Klärung persönlicher Verantwortlichkeit zielen (müssen), oft der Fall, mit der Folge der Anwendbarkeit der datenschutzrechtlichen Vorschriften.

1. Die Bedeutung allgemeiner datenschutzrechtlicher Grundsätze

206 Bei internen Untersuchungen durch Unternehmen stehen sich verfassungsrechtlich geschützte Grundrechtspositionen Privater gegenüber. Das BDSG gibt wesentliche Regeln vor, mit denen ein Interessenausgleich zwischen diesen Positionen erzielt werden soll. Dem BDSG liegen vier Prinzipien zu Grunde: der Verhältnismäßigkeitsgrundsatz; der Zweckbindungsgrundsatz; das grundsätzliche Verbot des Erheben und Verwendens personenbezogener Daten, falls nicht ein Erlaubnistatbestand vorliegt, und das Transparenzgebot.[529]

a) Verhältnismäßigkeitsgrundsatz

207 Der Umgang mit personenbezogenen Daten ist dann **verhältnismäßig**, wenn er zur Verwirklichung des jeweils im BDSG näher bestimmten Zwecks geeignet ist, das mildeste aller gleich effektiven Mittel zur Verwirklichung dieses Zwecks darstellt und einen angemessenen Interessenausgleich zwischen der datenverarbeitenden Stelle und dem von der Datenerhebung oder -verarbeitung Betroffenen herstellt.[530] § 3a BDSG verpflichtet Unternehmen, beim Umgang mit personenbezogenen Daten stets darauf zu achten, dass sie möglichst wenig – beziehungsweise so wenig eingriffsintensive – personenbezogenen Daten erheben, verarbeiten oder nutzen, und nur so viele Daten, wie zur Verwirklichung der im BDSG vorgesehenen Zwecke nötig ist – sogenannter Grundsatz der Datenvermeidung und Datensparsamkeit. § 3a S. 2 BDSG schreibt – als spezielle Ausprägung dieses Grundsatzes – zudem vor, dass personenbezogene Daten zu anonymisieren oder zu pseudonymisieren sind, soweit dies nach dem Verwendungszweck möglich ist und keinen im Verhältnis zu dem angestrebten Schutzzweck unverhältnismäßigen Aufwand erfordert. Dem Unternehmen und seinen externen Ermittlern wird man bei der Wahl des mildesten unter allen ver-

---

525 *Szesny* in Böttger, Kap. 6 Rn. 163; näher *Schröder* Handbuch Kapitalmarktstrafrecht, 2. Aufl. 2010, Rn. 461 ff.
526 Vgl. § 1 Abs. 2 BDSG.
527 Vgl. zur Auftragsdatenverarbeitung § 11 BDSG.
528 Knierim/Rübenstahl/Tsambikakis/*Wybitul* Kap. 11 Rn. 39.
529 Knierim/Rübenstahl/Tsambikakis/*Wybitul* Kap. 11 Rn. 9.
530 Knierim/Rübenstahl/Tsambikakis/*Wybitul* Kap. 11 Rn. 14.

fügbaren gleich effektiven Mitteln einen nicht unerheblichen Einschätzungsspielraum zugestehen müssen; weniger effektive Mittel müssen grds. nicht gewählt werden.[531]

208 Dies bedeutet, dass Unternehmen und die von ihnen beauftragten internen und externen Ermittler prüfen müssen, ob einzelne Ermittlungszwecke auch durch andere, weniger belastende Mittel verwirklicht werden. So sind Ermittlungen auf Zeiträume und Personen zu beschränken, die über den aufzuklärenden Sachverhalt Aufschluss geben können.[532] Bereits bei der Planung der Untersuchung, jedenfalls vor der Durchführung von Ermittlungsmaßnahmen muss überprüft werden, ob die geplanten Maßnahmen in diesem Ausmaß erforderlich zur Verwirklichung eines BDSG-konformen Zwecks ist. Diese Prüfung sollte man grundsätzlich dokumentieren, um später gegebenenfalls gegenüber Behörden, Betriebsrat oder Dritten nachweisen zu können, welche datenschutzrechtlichen Überlegungen die Ermittler angestellt haben.[533]

209 Für die Praxis bedeutet die Verpflichtung zur Durchführung einer Angemessenheitsprüfung, dass die Ermittler das Aufklärungsinteresse des Unternehmens gegen das Recht der von der Untersuchung betroffenen Personen auf informationelle Selbstbestimmung abwägen müssen.[534] Praktisch sinnvoll ist eine Orientierung an den Vorgaben der Arbeitsgerichte zu Kontrollmaßnahmen im Arbeitsverhältnis.[535]

b) Zweckbindungsgrundsatz

210 Nach dem datenschutzrechtlichen Zweckbindungsgrundsatz dürfen personenbezogene Daten nur für konkret festgelegte und gesetzlich erlaubte Zwecke erhoben und verwendet werden.[536] Will ein Unternehmen diese Daten für andere Zwecke verarbeiten oder nutzen, darf es dies nur, falls die gesetzlichen Voraussetzungen für eine solche Zweckänderung vorliegen.[537]. Sofern daher Daten für die Verwirklichung des Zwecks, für den sie gespeichert wurden, nicht mehr erforderlich sind, sind diese personenbezogenen Daten grundsätzlich zu löschen.[538] Für unternehmensinterne Sachverhaltsaufklärungen bedeutet dies u.a., dass das Unternehmen bei jeder Aufklärungsmaßnahme und jedem gespeicherten Datensatz klar belegen können muss, welchem konkreten Zweck diese fraglichen Informationen dienen. Wird auf unternehmensinterne Informationssysteme zurückgegriffen, ist zu prüfen, ob dies eine Zweckänderung darstellt bzw. die gesetzlichen Voraussetzungen hierfür vorliegen. Zudem ist im Rahmen interner Untersuchungen ein Löschkonzept zu erstellen, damit die im Rahmen der Sachverhaltsaufklärung gespeicherten Daten nach Maßgabe der gesetzlichen Anforderungen vernichtet werden.[539]

c) Verbot mit Erlaubnisvorbehalt

211 Gem. § 4 Abs. 1 BDSG ist die Erhebung, Verarbeitung und Nutzung personenbezogener Daten nur zulässig, soweit das BDSG oder eine andere Rechtsvorschrift dies erlaubt oder anordnet oder der Betroffene eingewilligt hat, d.h. grundsätzlich besteht ein Verbot, das nur dann nicht eingreift, wenn ein gesetzlich bestimmter Erlaubnistatbestand vorliegt (Verbot mit Erlaubnisvorbehalt).

---

531 Ausf. *Bausewein* Legitimationswirkung von Einwilligung und Betriebsvereinbarung im Beschäftigtendatenschutz, Diss. 2011, S. 120.
532 Knierim/Rübenstahl/Tsambikakis/*Wybitul* Kap. 11 Rn. 17.
533 Knierim/Rübenstahl/Tsambikakis/*Wybitul* Kap. 11 Rn. 18.
534 Knierim/Rübenstahl/Tsambikakis/*Wybitul* Kap. 11 Rn. 19.
535 *Wybitul* BB 2010, 1085 ff.; *Wybitul* Handbuch Datenschutz im Unternehmen, 1. Aufl. 2011, Rn. 183; Knierim/Rübenstahl/Tsambikakis/*Wybitul* Kap. 11 Rn. 19 unter Bezug auf BT-Drucks. 16/13657, S. 21; *LAG Köln* ZD 2011, 183.
536 Knierim/Rübenstahl/Tsambikakis/*Wybitul* Kap. 11 Rn. 21.
537 Vgl. § 28 Abs. 2 BDSG.
538 Knierim/Rübenstahl/Tsambikakis/*Wybitul* Kap. 11 Rn. 22.
539 Knierim/Rübenstahl/Tsambikakis/*Wybitul* Kap. 11 Rn. 23.

212 In der Praxis führt dies dazu, dass man für jede Ermittlungsmaßnahme, die personenbezogene Daten betrifft, einen Erlaubnistatbestand benötigt und feststellen muss, ob dessen Voraussetzungen vorliegen. Typische Erlaubnistatbestände im Rahmen interner Untersuchungen sind etwa § 32 Abs. 1 S. 1 oder S. 2 BDSG oder § 28 Abs. 1 S. 1 Nr. 2 BDSG (dazu s.u.).[540] Daneben existieren Spezialnormen, die bei internen Untersuchungen in einzelnen Branchen relevant werden können.[541] Einwilligungen sind für umfangreiche oder gar flächendeckende Ermittlungsmaßnahmen bei internen Untersuchungen als datenschutzrechtlicher Erlaubnistatbestand praktisch ungeeignet. Zudem stellen Datenschutzaufsichtsbehörden hohe Anforderungen an den Umgang mit personenbezogenen Daten auf der Grundlage von Einwilligungserklärungen.[542] Bei personenbezogene Daten von Beschäftigten kann eine Betriebsvereinbarung zur Durchführung einer internen Untersuchung die Rechtsvorschrift darstellen, die den zur Sachverhaltsaufklärung notwendigen Umgang mit personenbezogenen Daten erlaubt.[543]

d) Transparenzgebot

213 Das Transparenzgebot beziehungsweise der Transparenzgrundsatz soll sicherstellen, dass die betroffene Personen grundsätzlich von einem Erheben oder Verwenden ihrer personenbezogenen Daten informiert werden, damit der Betroffene weiß, wer über seine personenbezogenen Daten verfügt und was mit diesen Daten gemacht wird.[544] Dies ermöglicht auch die Gewährleistung eines effektiven Rechtsschutzes gegen unzulässigen Datenumgang.[545] Daher sind z.B. nach § 4 Abs. 2 S. 1 BDSG personenbezogene Daten grds. beim Betroffenen selbst zu erheben, nur ausnahmsweise unter bestimmten Voraussetzungen bei Dritten (S. 2: wenn eine Rechtsvorschrift dies vorsieht oder zwingend voraussetzt). Bei internen Untersuchungen stellt das Transparenzgebot die beteiligten Ermittler oftmals vor Schwierigkeiten, denn die von einer internen Untersuchung Betroffenen sollen regelmäßig nicht vorab von einzelnen Ermittlungsmaßnahmen in Kenntnis erhalten,[546] um Beweisvereitelungshandlungen zu vermeiden. Nach § 4 Abs. 2 S. 2 Nr. 2a BDSG kommt jedoch ein Abweichen vom Direkterhebungsgrundsatz in Betracht, wenn der vom Unternehmen verfolgte Geschäftszweck ein Erheben bei anderen Personen oder Stellen erforderlich macht und keine Anhaltspunkte dafür bestehen, dass überwiegende schutzwürdige Interessen des Betroffenen beeinträchtigt werden. Sachverhaltsaufklärungen ohne Kenntnis der Betroffenen sollen u.U. auf § 4 Abs. 2 S. 2 Nr. 2a BDSG gestützt werden können.[547] In der Praxis sollten die Gründe für ein Abweichen vom Direkterhebungsgrundsatz sorgfältig geprüft und dokumentiert sowie mit dem betrieblichen Datenschutzbeauftragten abgestimmt werden.[548]

214 Verantwortliche Stelle ist das jeweilige Unternehmen selbst. Gibt ein Unternehmen personenbezogene Daten an ein anderes Unternehmen oder unternehmensfremde Personen weiter, betrachtet das BDSG diese als Dritte. Die Weitergabe der personenbezogenen Daten stellt dann eine Übermittlung[549] dar, die gem. § 4 Abs. 1 BDSG nur beim Vorliegen eines Erlaubnistatbestandes zulässig ist. Dritter ist jede Person oder Stelle außerhalb der

---

540 Knierim/Rübenstahl/Tsambikakis/*Wybitul* Kap. 11 Rn. 24.
541 Bei Kreditinstituten u.U. etwa § 25c Kreditwesengesetz.
542 Knierim/Rübenstahl/Tsambikakis/*Wybitul* Kap. 11 Rn. 26.
543 *Gola/Schomerus* BDSG, 10. Aufl. 2010, § 4, Rn. 7; Knierim/Rübenstahl/Tsambikakis/*Wybitul* Kap. 11 Rn. 27.
544 Vgl. etwa § 4 Abs. 2 BDSG oder §§ 33 und 34 BDSG.
545 Vgl. *BVerfG* NJW 2010, 833, 843, Rn. 239 ff. (sog. Vorratsdatenspeicherungs-Entscheidung).
546 Knierim/Rübenstahl/Tsambikakis/*Wybitul* Kap. 11 Rn. 28.
547 Vgl. *Gola/Schomerus* BDSG, 10. Aufl. 2010, § 4, Rn. 27a zu Detektiven und Whistleblowing.
548 Knierim/Rübenstahl/Tsambikakis/*Wybitul* Kap. 11 Rn. 31.
549 Vgl. § 3 Abs. 4 S. 2 Nr. 3 BDSG.

verantwortlichen Stelle.[550] In seiner derzeit geltenden Fassung kennt das BDSG kein sogenanntes „Konzernprivileg". Dies bedeutet, dass der Datentransfer zwischen Konzernunternehmen grundsätzlich denselben Anforderungen unterliegt wie das Übermitteln personenbezogener Daten an konzernfremde Personen oder Unternehmen. Daher müssen Unternehmen insbesondere bei konzernweiten Untersuchungen oder bei der Auswertung eines für alle Konzernunternehmen zentral betriebenen Hinweisgebersystems besonders auf die Zulässigkeit geplanter konzerninterner Übermittlungen achten. Hier ist in aller Regel eine enge Abstimmung mit dem betrieblichen Datenschutzbeauftragten oder mit internen oder externen Datenschutzexperten nötig.[551]

2. Erlaubnistatbestände zur Rechtfertigung interner Ermittlungsmaßnahmen

Erlaubnistatbestand kann eine speziell auf unternehmensinterne Ermittlungen zugeschnittene Regelung des BDSG sein, insbesondere § 32 Abs. 1 BDSG oder § 28 Abs. 1 S. 1 Nr. 2 BDSG.[552] Bestimmte Ermittlungsmaßnahmen lassen sich auch auf Einwilligungen nach § 4a BDSG stützen. Daneben kommen Betriebsvereinbarungen als Rechtsvorschriften in Betracht, die Maßnahmen zur Sachverhaltsaufklärung erlauben können. Da stets der mit einer konkreten Ermittlungshandlung verfolgte Zweck und die Tiefe des jeweiligen Eingriffs in das Recht der von der Untersuchung betroffenen Personen über die Zulässigkeit des Erhebens und Verwendens von personenbezogenen Daten entscheiden, kann es keinen Katalog abstrakt zulässiger Maßnahmen geben. **215**

a) Einwilligung als Erlaubnis für einzelne Ermittlungshandlungen, § 4a Abs. 1 BDSG

Nach § 4a Abs. 1 BDSG ist eine **Einwilligung** des Betroffenen ist nur wirksam, wenn sie auf dessen freier Entscheidung beruht. Er ist auf den vorgesehenen Zweck der Erhebung, Verarbeitung oder Nutzung sowie, soweit nach den Umständen des Einzelfalles erforderlich oder auf Verlangen, auf die Folgen der Verweigerung der Einwilligung hinzuweisen. Die Einwilligung bedarf der Schriftform, soweit nicht wegen besonderer Umstände eine andere Form angemessen ist. Soll die Einwilligung zusammen mit anderen Erklärungen schriftlich erteilt werden, ist sie besonders hervorzuheben. Eine nachträgliche Erklärung hat keine rechtfertigende Wirkung.[553] Im Rahmen von Arbeitsverhältnissen werden Einwilligungen oftmals als nicht hinreichend freiwillig kritisiert,[554] insbesondere bei internen Untersuchungsmaßnahmen auf der Grundlage von Einwilligungen nach § 4a BDSG beurteilen Aufsichtsbehörden die Freiwilligkeit erfahrungsgemäß sehr kritisch, besonders bei Einwilligungen durch (noch im Unternehmen tätige) Arbeitnehmer.[555] Die Umstände, die für ein selbstbestimmtes Handeln des Arbeitnehmers sprechen, sollten zumindest umfassend dokumentiert werden; ggf. kommt auch eine vorherige Abstimmung mit der zuständigen Aufsichtsbehörde für den Datenschutz zu den Anforderungen in Betracht.[556] **216**

Nach § 4a Abs. 1 S. 2 BDSG müssen Unternehmen beim Einholen von Einwilligungen den Betroffenen auf den Zweck der Erhebung, Verarbeitung oder Nutzung hinweisen. "Pauschaleinwilligungen" wären daher grundsätzlich unwirksam. Der Betroffene muss wissen, was mit seinen Daten geschehen soll und auf welche personenbezogenen Daten sich seine Einwilligung beziehen soll.[557] Bei besonderen Arten personenbezogener Daten im Sinne **217**

---

550 § 3 Abs. 8 S. 2 BDSG.
551 Knierim/Rübenstahl/Tsambikakis/*Wybitul* Kap. 11 Rn. 31 ff.
552 Zu sonstigen Erlaubnisnormen außerhalb des BDSG vgl. *Zentes/Wybitul* CCZ 2011, 90 ff.
553 *OLG Köln* MDR 1992, 447.
554 Vgl. *Taeger* in Taeger/Gabel (Hrsg.), BDSG, 1. Aufl. 2010, § 4a, Rn. 59 ff. sowie Fn. 73.
555 Knierim/Rübenstahl/Tsambikakis/*Wybitul* Kap. 11 Rn. 59.
556 Knierim/Rübenstahl/Tsambikakis/*Wybitul* Kap. 11 Rn. 60.
557 *Gola/Schomerus* BDSG, 10. Aufl. 2010, § 4a Rn. 11.

von § 3 Abs. 9 BDSG muss der Betroffene gesondert hingewiesen werden.[558] Die vorherige Unterrichtung zahlreicher Betroffener ist bei internen Untersuchungen oft kaum durchführbar bzw. kaum praktikabel.[559] Der für interne Untersuchungen notwendige Umgang mit personenbezogenen Daten auf der Grundlage von Einwilligungen wird zudem dadurch deutlich erschwert, dass der Betroffene auch eine wirksam abgegebene Einwilligung jederzeit widerrufen kann und bereits erhobene Daten dann wieder gelöscht werden müssen.[560]

b) Abgrenzung des Anwendungsbereichs der speziellen Ermächtigungsnormen

218 Nach § 32 Abs. 1 S. 1 BDSG dürfen Unternehmen personenbezogene Daten von Beschäftigten erheben oder verwenden, wenn dies für Zwecke des Beschäftigungsverhältnisses erforderlich ist. § 32 Abs. 1 S. 1 BDSG gilt beim Erheben und Verwenden von personenbezogenen Daten von Beschäftigten im Rahmen **allgemeiner Verhaltens- und Leistungskontrollen**, also auch im Rahmen präventiver Compliance oder bei Stichproben. Liegen tatsächliche Anhaltspunkte vor, die darauf hindeuten, dass ein oder mehrere Beschäftigte Straftaten begangen haben, die im konkreten Zusammenhang mit dem Beschäftigungsverhältnis stehen, ist hingegen § 32 Abs. 1 S. 2 BDSG anwendbar. § 28 Abs. 1 S. 1 Nr. 2 BDSG ist maßgeblich, wenn das Unternehmen oder dessen beauftragte Ermittler personenbezogene Daten von **Unternehmensfremden** erheben oder verarbeiten.[561] Maßgeblich für die Abgrenzung zwischen den genannten Vorschriften ist der vom Unternehmen jeweils verfolgte Zweck. Oft betreffen Untersuchungsmaßnahmen sowohl Beschäftigte als auch externe Personen – Lieferanten, Kunden oder andere Geschäftspartner – weshalb das Unternehmen bezüglich der eigenen Beschäftigten die Voraussetzungen von § 32 Abs. 1 S. 1 oder S. 2 BDSG und bezüglich der Unternehmensfremden § 28 Abs. 1 S. 1 Nr. 2 BDSG prüfen muss.[562]

c) Kontrollen von Mitarbeiterdaten für Zwecke des Beschäftigungsverhältnisses, § 32 Abs. 1 S. 1 BDSG

219 Kontrollen der Leistung oder des Verhaltens fallen grundsätzlich unter § 32 Abs. 1 S. 1 BDSG.[563] Allgemeine Maßnahmen zur Sachverhaltsaufklärung, die sich noch nicht gegen einen bereits bestimmten Kreis möglicher Beschäftigter richten, fallen hingegen unter § 32 Abs. 1 S. 1 BDSG. Dies gilt auch für Untersuchungsmaßnahmen, die sich auf Ordnungswidrigkeiten, Verstöße gegen den Arbeitsvertrag, Verwaltungsvorschriften oder gegen interne Richtlinien beziehen. Auch präventive Compliance-Maßnahmen sind nach dieser Vorschrift zu beurteilen.[564]

220 § 32 Abs. 1 S. 1 BDSG setzt wie die Rspr. vor Einführung der Norm eine umfassende Abwägung der Interessen des Unternehmens mit denen des betroffenen Beschäftigten auf der Grundlage sämtlicher Umstände des Einzelfalles voraus.[565] Die Bewertung muss sich stets am jeweiligen Einzelfall orientieren, d.h. das Unternehmen muss die einzelnen Ermittlungsmaßnahmen stets an den möglichen Folgen und Auswirkungen des vermuteten Regelverstoßes und an den durch die jeweiligen Ermittlungsmaßnahmen beeinträchtigten Persönlichkeitsrechten messen. Eine pauschale Einteilung nach Fallgruppen zulässiger oder unzulässiger Maßnahmen ist daher grundsätzlich nicht möglich.[566]

---

558 § 4 Abs. 3 BDSG.
559 Knierim/Rübenstahl/Tsambikakis/*Wybitul* Kap. 11 Rn. 61 f.
560 Knierim/Rübenstahl/Tsambikakis/*Wybitul* Kap. 11 Rn. 63.
561 Knierim/Rübenstahl/Tsambikakis/*Wybitul* Kap. 11 Rn. 66.
562 Knierim/Rübenstahl/Tsambikakis/*Wybitul* Kap. 11 Rn. 67.
563 BT-Drucks. 16/13657, S. 21.
564 Knierim/Rübenstahl/Tsambikakis/*Wybitul* Kap. 11 Rn. 69.
565 *Zöll* in Taeger/Gabel (Hrsg.), BDSG, 2010, § 32, Rn. 16 ff.; vgl. BT-Drucks. 16/13657 und auch *BAG* NZA 2008, 1187, Rn. 19; *LAG Köln* ZD 2011, 183.
566 *Zöll* in Taeger/Gabel (Hrsg.), BDSG, § 32, Rn. 18.

Das Unternehmen muss dafür Sorge tragen, dass es das mildeste Mittel zur Sachverhalts- **221**
aufklärung wählt (**Erforderlichkeit**).[567] Eingriffe sind daher auf den für den Untersuchungsgegenstand maßgeblichen Zeitraum und auf den Personenkreis zu beschränken, der mit dem Gegenstand der Ermittlung in Zusammenhang steht. Dort wo der Umgang mit anonymisierten oder pseudonymisierten Daten bei verhältnismäßigem Aufwand ebenso erfolgversprechend ist wie der Umgang mit Klardaten, wird das Erheben und Verwenden der Klardaten nicht das mildeste Mittel sein. Ähnliches gilt für die Information der Betroffenen über die Durchführung von Ermittlungsmaßnahmen.[568] Bei kritischen Maßnahmen beziehungsweise bei Untersuchungshandlungen, deren Angemessenheit fraglich oder schwierig zu beurteilen ist, sollte das Unternehmen stets den genauen Zweck der Ermittlung, die Bedeutung der Aufklärung des fraglichen Sachverhalts, den Umfang des nötigen Eingriffs in das Recht der betroffenen Beschäftigten und die vom Unternehmen vorgenommene Interessenabwägung gründlich dokumentieren.[569]

d) Kontrollen von Mitarbeiterdaten zur Aufdeckung von Straftaten, § 32 Abs. 1 S. 2 BDSG

Nach § 32 Abs. 1 S. 2 BDSG dürfen zur Aufdeckung von Straftaten personenbezogene **222**
Daten eines Beschäftigten erhoben, verarbeitet oder genutzt werden, wenn zu dokumentierende tatsächliche Anhaltspunkte den Verdacht begründen, dass der Betroffene im Beschäftigungsverhältnis eine Straftat begangen hat, die Erhebung, Verarbeitung oder Nutzung der personenbezogenen Daten zur Aufdeckung erforderlich ist und das schutzwürdige Interesse des Beschäftigten an dem Ausschluss der Erhebung, Verarbeitung oder Nutzung nicht überwiegt, insbesondere Art und Ausmaß im Hinblick auf den Anlass nicht unverhältnismäßig sind. Sofern also konkrete Anhaltspunkte dafür vorliegen, dass ein Beschäftigter eine Straftat im Beschäftigungsverhältnis begangen hat, wird § 32 Abs. 1 S. 1 BDSG von § 32 Abs. 1 S. 2 BDSG verdrängt.[570]

Der erforderliche Bezug zum Beschäftigungsverhältnis ist sowohl bei Straftaten im Zusam- **223**
menhang mit der Erfüllung der Arbeitsaufgaben der konkret verdächtigten Beschäftigten gegeben als auch bei Delikten, die lediglich bei der Gelegenheit der Beschäftigung begangen werden,[571] oder wenn die Aufdeckung der vermuteten Straftat Auswirkungen für das Unternehmen hätte.[572] Hätte die vermutete Straftat bei ihrer Aufklärung hingegen keine Auswirkungen auf das Unternehmen, dürfte dessen Aufklärung kaum verhältnismäßig sein.

§ 32 Abs. 1 S. 2 BDSG schreibt vor, dass das untersuchende Unternehmen die vorliegenden **224**
Verdachtsmomente dokumentieren muss, aufgrund derer es weitere Aufklärungsmaßnahmen unternimmt. Die Erfahrung zeigt laut Wybitul, dass Aufsichtsbehörden auch datenschutzrechtliche Einschätzungen „*im Graubereich*" oftmals milder bewerten, wenn diese gründlich dokumentiert und von der Argumentation her nachvollziehbar sind.[573]

Ebenso wie bei Aufklärungsmaßnahmen nach § 32 Abs. 1 S. 1 BDSG muss auch das Erheben **225**
und Verwenden personenbezogener Beschäftigtendaten zur Aufklärung von Straftaten den angestrebten Ermittlungserfolg überhaupt verwirklichen können. Auch muss das Unternehmen stets die mildeste aller gleich effektiven zur Verfügung stehenden Aufklärungsmaßnahmen wählen. Gerade bei der Aufklärung von Straftaten ist zu berücksichtigen, dass sowohl

---

567 *Wybitul* Handbuch Datenschutz im Unternehmen, 1. Aufl. 2011, Rn. 34 f.; *Zöll* in Taeger/Gabel (Hrsg.), BDSG, § 32, Rn. 17.
568 Vgl. *BAG* BB 2008, 2743 ff.
569 Knierim/Rübenstahl/Tsambikakis/*Wybitul* Kap. 11 Rn. 76.
570 Knierim/Rübenstahl/Tsambikakis/*Wybitul* Kap. 11 Rn. 77.
571 *Zöll* in Taeger/Gabel (Hrsg.), BDSG, § 32, Rn. 44.
572 Knierim/Rübenstahl/Tsambikakis/*Wybitul* Kap. 11 Rn. 78.
573 Knierim/Rübenstahl/Tsambikakis/*Wybitul* Kap. 11 Rn. 80.

die Arbeitsgerichte als auch die Aufsichtsbehörden für den Datenschutz offen kommunizierte Ermittlungen grundsätzlich als weniger einschneidend bewerten als heimliche.[574] Nach § 32 Abs. 1 S. 2 BDSG müssen Aufklärungsmaßnahmen unterbleiben, wenn schutzwürdige Interessen des betroffenen Beschäftigten am Ausschluss der Erhebung, Verarbeitung oder Nutzung überwiegen. Je konkreter und sicherer sich abzeichnet, dass einer oder mehrere Beschäftigte eine Straftat im Beschäftigungsverhältnis begangen haben (Verdachtsprüfung), desto weitergehendere Maßnahmen darf das Unternehmen zu ihrer Aufklärung durchführen.[575] Zudem ist wichtig, wie schwerwiegend die vermutete Straftat ist. Bagatelldelikten wie Diebstahl oder Unterschlagung geringwertiger Sachen rechtfertigen selten einen Eingriff; etwas anderes dürfte allerdings bei Straftaten gegen den Arbeitgeber gelten.[576] Sofern ein verständiger Arbeitgeber bei der vermuteten Straftat eine Kündigung aus wichtigem Grund in Betracht ziehen würde, wird er auch beim konkreten Verdacht eines Bagatelldelikts durchaus weitreichende Ermittlungsmaßnahmen in Betracht ziehen dürfen.[577] Sonst gelten die bereits zu § 32 Abs. 1 S. 1 BDSG dargestellten Erwägungen. [575]

e) Kontrollen von Daten Dritter für eigene Geschäftszwecke, § 28 Abs. 1 S. 1 Nr. 2 BDSG

226 § 28 Abs. 1 S. 1 Nr. 2 BDSG kann den Umgang mit personenbezogenen Daten für die Erfüllung eigener Geschäftszwecke – d.h. auch zu Zwecken präventiver oder repressiver Compliance – erlauben (vgl. §§ 76, 93 AktG; §§ 130, 30, 9 OWiG, s.o.).[578] Nach der Vorschrift ist das Erheben, Speichern, Verändern oder Übermitteln personenbezogener Daten oder ihre Nutzung als Mittel für die Erfüllung eigener Geschäftszwecke ist zulässig, soweit es zur Wahrung berechtigter Interessen der verantwortlichen Stelle erforderlich ist und kein Grund zu der Annahme besteht, dass das schutzwürdige Interesse des Betroffenen an dem Ausschluss der Verarbeitung oder Nutzung überwiegt. Sofern ein Unternehmen im Rahmen interner Untersuchungen die Daten anderer Personen als der eigenen Beschäftigten erhebt, verarbeitet oder nutzt, ist § 28 Abs. 1 S. 1 Nr. 2 BDSG die maßgebliche Vorschrift, sofern keine spezialgesetzlichen Regelungen eingreifen, insbesondere für Lieferanten, externe Dienstleister, Kunden oder Mitarbeiter anderer Geschäftspartner des eigenen Unternehmens. Zu Wertungswidersprüchen mit § 32 Abs. 1 BDSG kommt es normalerweise nicht, da im Rahmen der Anwendung beider Vorschriften weitgehend identische Maßstäbe anzulegen sein werden.[579] Auch § 28 Abs. 1 S. 1 Nr. 2 BDSG kann das Erheben, Verarbeiten oder Nutzen personenbezogener Daten für Zwecke interner Untersuchungen nur dann legitimieren, soweit dies im Einzelfall zur Sachverhaltsaufklärung geeignet, erforderlich und angemessen sind (s.o.).[580]

f) Betriebsvereinbarungen

227 Nach der Rechtsprechung des BAG[581] sind Betriebsvereinbarungen und andere Kollektivvereinbarungen „*sonstige Rechtsvorschriften*" im Sinne von § 4 Abs. 1 BDSG, die den Umgang mit personenbezogenen Daten von Arbeitnehmern erlauben können. Strittig ist, ob Betriebsrat und Arbeitgeber vom Schutzniveau des BDSG abweichen dürfen oder

---

574 Knierim/Rübenstahl/Tsambikakis/*Wybitul* Kap. 11 Rn. 81 f.
575 *Rübenstahl/Debus* NZWiSt 2012, 129, 136 f.
576 Knierim/Rübenstahl/Tsambikakis/*Wybitul* Kap. 11 Rn. 83; *Rübenstahl/Debus* NZWiSt 2012, 129, 136 f.
577 Vgl. *BAG* Urteil vom 21.6.2012 – 2 AZR 153/11, n.v. (Videoüberwachung).
578 Knierim/Rübenstahl/Tsambikakis/*Wybitul* Kap. 11 Rn. 84.
579 Knierim/Rübenstahl/Tsambikakis/*Wybitul* Kap. 11 Rn. 85.
580 Knierim/Rübenstahl/Tsambikakis/*Wybitul* Kap. 11 Rn. 87.
581 *BAG* BB 1986, 2333 ff.

nicht,[582] was in der Praxis wegen des unbestimmten Wortlauts des BDSG geringe Auswirkungen hat, wenn eine solche Betriebsvereinbarung abgeschlossen wird. [583] Gem. § 75 Abs. 2 BetrVG muss die Betriebsvereinbarung die Persönlichkeitsrechte der Arbeitnehmer schützen, tut sie das nicht, ist sie unwirksam.[584] Der Vorteil einer Betriebsvereinbarung liegt somit darin, dass sie die vagen Vorgaben des BDSG präzisieren kann. In Abstimmung mit dem Betriebsrat kann der Arbeitgeber so ein auf den Einzelfall zugeschnittenes Regelwerk zur Durchführung einer internen Untersuchung schaffen,[583] das wegen des mit dem Betriebsrat gefundenen Konsenses regelmäßig wenig konfliktträchtig ist.

3. Handlungsempfehlungen zur datenschutzrechtlichen Risikominimierung

Es kann sich empfehlen, einzelne schwierige und strittige Fragen – für deren Beantwortung eine lediglich anwaltliche Einschätzung nicht hinreichend belastbar erscheint – mit der zuständigen Aufsichtsbehörde für den Datenschutz abzustimmen.[585] Einer der wesentlichen Schritte zur Vermeidung datenschutzrechtlich bedingter Risiken ist die umfassende und professionelle Dokumentation der Schritte, die das Unternehmen zur Gewährleistung der Persönlichkeitsrechte der Betroffenen beziehungsweise zur Einhaltung der Vorgaben des BDSG unternommen hat.[586] Auch wenn vor der Durchführung umfassender interner Untersuchungen eine Vorabkontrolle[587] durch den betrieblichen Datenschutzbeauftragten nicht gesetzlich vorgeschrieben sein sollte,[588] kann die Durchführung einer solchen Vorabkontrolle in jedem Fall spätere Haftungsrisiken vermeiden helfen. Die schriftliche Ausarbeitung einer Vorabkontrolle ist zur Dokumentation von Maßnahmen zur Sicherstellung der Persönlichkeitsrechte der von einer Sachverhaltsermittlung betroffen Personen grds. geeignet und sollte insbesondere auch Überlegungen dazu enthalten, wie das Unternehmen Benachrichtigungspflichten nach § 33 BDSG[589] erfüllt und welches Löschkonzept es zur Erfüllung der Vorgaben von § 35 BDSG[590] vorhält.[591] Da die von den Aufsichtsbehörden für den Datenschutz vertretenen Auffassungen mitunter deutlich strenger sind als die hier vor-

228

---

582 Vgl. *Thüsing* Arbeitnehmerdatenschutz und Compliance, 2010, Rn. 105; *Wybitul* Handbuch Datenschutz im Unternehmen, 2011, Rn. 221 ff.
583 Knierim/Rübenstahl/Tsambikakis/*Wybitul* Kap. 11 Rn. 88.
584 Knierim/Rübenstahl/Tsambikakis/*Wybitul* Kap. 11 Rn. 88; vgl. für eine vom BAG als zulässig beurteilte Betriebsvereinbarung zur Aufdeckung von Straftaten: *Wybitul* Handbuch Datenschutz im Unternehmen, 2011, Rn. 225 ff.
585 Knierim/Rübenstahl/Tsambikakis/*Wybitul* Kap. 11 Rn. 96; vgl. § 38 Abs. 1 S. 2 BDSG.
586 Knierim/Rübenstahl/Tsambikakis/*Wybitul* Kap. 11 Rn. 99.
587 Vgl. § 4d Abs. 5 BDSG.
588 Vgl. *Wybitul* Handbuch Datenschutz im Unternehmen, 2011, Rn. 254 f.
589 Speichert ein Unternehmen im Rahmen einer internen Untersuchung erstmals personenbezogene Daten ohne Kenntnis des Betroffenen, so muss es diesen Betroffenen grundsätzlich „*von der Speicherung, der Art der Daten, der Zweckbestimmung der Erhebung, Verarbeitung oder Nutzung und der Identität der verantwortlichen Stelle*" unterrichten, § 33 Abs. 1 S. 1 BDSG. Während einer laufenden Untersuchung kann u.U. die Ausnahmevorschrift des § 33 Abs. 2 Nr. 3 BDSG herangezogen werden, nach Abschluss der Untersuchungen regelmäßig nicht mehr. Zudem muss die verantwortliche Stelle gem. § 33 Abs. 2 S. 2 BDSG schriftlich festlegen, unter welchen Voraussetzungen sie von einer Benachrichtigung nach § 33 Abs. 2 S. 1 Nr. 2–Nr. 7 absieht, Knierim/Rübenstahl/Tsambikakis/*Wybitul* Kap. 11 Rn. 100.
590 Personenbezogene Daten über strafbare Handlungen und Ordnungswidrigkeiten, deren Richtigkeit von der verantwortlichen Stelle nicht bewiesen werden kann, sind nach § 35 Abs. 2 S. 1 Nr. 2 BDSG zu löschen. Kommt ein Unternehmen dieser Rechtspflicht nicht nach, droht nach § 43 Abs. 2 Nr. 1 BDSG ein Bußgeld von bis zu 300 000 EUR pro Fall. Sonstige Daten, die für eigene (Ermittlungs-)Zwecke verarbeitet werden, sind nach § 35 Abs. 2 S. 1 Nr. 3 BDSG zu löschen, sobald ihre Kenntnis für die Erfüllung des Zwecks der Speicherung nicht mehr erforderlich ist.
591 Knierim/Rübenstahl/Tsambikakis/*Wybitul* Kap. 11 Rn. 100.

gestellten Ansichten, sollte bei kritischen Eingriffen – bzgl. derer keine gesicherte Rechtsprechung feststellbar ist – der vorherige Austausch mit dem eigenen betrieblichen Datenschutzbeauftragten und gegebenenfalls auch mit der zuständigen Behörde erfolgen, die vor der Durchführung von Ermittlungsmaßnahmen nötige sorgfältige datenschutzrechtliche Prüfung sollte auch eingehend dokumentiert werden.[592]

VI. Arbeitsrechtliche Rahmenbedingungen und Risiken

1. Sammlung und Auswertung von Unterlagen

229 Für den Zugriff und die inhaltliche Kontrolle von dienstlichen Dokumenten und Akten in Papierform stellen sich bei Investigations regelmäßig keine besonderen rechtlichen Probleme.[593] Grundlage für den Zugriff und die Kontrolle ist im Verhältnis zu den Arbeitnehmern, die die Akten und Dokumente an ihrem Arbeitsplatz in Besitz haben bzw. im Rahmen ihrer Arbeitsaufgaben verwalten, das Eigentums- und Hausrecht des Arbeitgebers. Dieses gilt für die Herausgabe aller dienstlichen Dokumente und Akten bzw. Kopien davon an andere Mitarbeiter des Unternehmens und auch externe Berater, die für die Investigation tätig werden.[594] Der Arbeitgeber ist grundsätzlich dazu befugt, das Leistungsverhalten der Arbeitnehmer und die Erfüllung ihrer vertraglich geschuldeten Arbeitspflicht anhand der Arbeitsergebnisse und Akten zu kontrollieren.[595] Eine Grenze ist ausnahmsweise erreicht, wenn ein dauernder Überwachungsdruck ausgeübt wird.[596] Dies ist aber bei den stets anlassbezogenen und begrenzten Investigations kaum vorstellbar, zumal es typischerweise um in der Vergangenheit liegende Sachverhalte geht.[597] Regelmäßig ist kein Mitbestimmungsrecht des Betriebsrats zu beachten, es sei denn, es wird eine technische Überwachungseinrichtung zur Auswertung eingesetzt.[598] Datenschutzrechtliche Probleme stellen sich für den Zugriff bzw. die Auswertung von Papierakten, wenn diese einschließlich personenbezogener Daten im Sinne von § 3 Abs. 1 BDSG an Empfänger außerhalb der EU – etwa eine ausländische Muttergesellschaft oder ausländische Berater – übermittelt werden (sollen). Dies ist besonders praxisrelevant für die Übermittlung von Daten in die USA, deren Datenschutzniveau grundsätzlich von der EU nicht als gleichwertig anerkannt ist (vgl. §§ 4b, 32 Abs. 2 BDSG).[599]

230 Dem Arbeitgeber bzw. dem im Betrieb zuständigen Vorgesetzten sowie den zuständigen Mitarbeitern der Personalabteilung ist es grundsätzlich gestattet, Einblick in die **Personalakten** zu nehmen. Diese enthalten zum Teil sensible persönliche Daten.[600] Nimmt der

---

592 Knierim/Rübenstahl/Tsambikakis/*Wybitul* Kap. 11 Rn. 102.
593 *Göpfert/Merten/Siegrist* NJW 2008, 1703, 1705; *Joussen* Korruptionsverdacht S. 75 ff.; *Mengel/Ullrich* NZA 2006, 240, 241; *Mengel* Compliance und Arbeitsrecht, S. 111 f.; Moosmayer/Hartwig-*Burgard* Interne Untersuchungen, S. 166; *Klengel/Mückenberger* CCZ 2009, 81, 85.
594 Knierim/Rübenstahl/Tsambikakis/*Mengel* Kap. 13 Rn. 8.
595 Vgl. nur *Göpfert/Merten/Siegrist* NJW 2009, 1703, 1708; *Mengel/Ullrich* NZA 2006, 240, 241; *Mengel* Compliance und Arbeitsrecht, S. 112; zu dem Begriff Leistungsverhalten: MünchArbR-*Matthes* § 243 Rn. 10 ff.; *Richardi* § 87 BetrVG Rn. 194.
596 Zur Interessenabwägung *BAG* NZA 2008, 1187, 1189; *BAG* NZA 2004, 1278, 1280. (Abwägungsaspekte: Zahl der betroffenen Arbeitnehmer, die Verdachtsabhängigkeit der Kontrollen, die Anonymität der Kontrollen, die Betroffenheit Dritter sowie die Dauer und Art der Überwachung (offen oder verdeckt)).
597 Knierim/Rübenstahl/Tsambikakis/*Mengel* Kap. 13 Rn. 9.
598 Knierim/Rübenstahl/Tsambikakis/*Mengel* Kap. 13 Rn. 10.
599 *Gola/Schomerus* § 4b BDSG Rn. 10, 14 f.; *Mengel* CCZ 2008, 85, 90/91; *Klengel/Mückenberger* CCZ 2009, 81, 85; Moosmayer/Hartwig-*Thoma* Interne Untersuchungen, S. 99/100, *Thüsing* Arbeitnehmerdatenschutz und Compliance, S. 216 f.
600 *Klengel/Mückenberger* CCZ 2009, 81, 85 f.

Arbeitgeber Einsicht, nutzt er deshalb personenbezogene Daten des Arbeitnehmers im Sinne von § 32 und § 3 Abs. 1 BDSG, weshalb die Nutzung im Investigationsfall zur Wahrung berechtigter Interessen erforderlich sein muss und das schutzwürdige Interesse des Arbeitnehmers an der Geheimhaltung nicht überwiegen darf.[601] Externe Berater, die für die Untersuchung eingesetzt werden haben deshalb nur dann ein Einsichtsrecht, wenn es für die Ermittlungen auf die Informationen aus der Personalakte gerade ankommt.[602]

Auf rein private Dokumente und Akten von Arbeitnehmern darf der Arbeitgeber nicht zugreifen.[603] Scheinbar private Dokumente und Akten, die der Arbeitnehmer sich nur zur eigenen Verfügung zu einem dienstlichen Vorgang angelegt hat (als „Handakte" u.Ä.) sind allerdings rechtlich als dienstliche Unterlagen zu behandeln.[604] **231**

2. Sammlung und Auswertung von Dateien und E-Mails

Besteht der jeweilige zu untersuchende Datensatz aus rein dienstlichen oder rein privaten Daten, gelten insoweit jeweils grundsätzlich dieselben Regeln wie für die Untersuchung von Papierdokumenten, erst recht seit § 32 BDSG unterschiedslos für Papierdaten wie elektronische Daten denselben Schutzstandard im Arbeitsverhältnis anordnet (dazu s.o.). Faktisch wird für die Prüfung von elektronischen Daten dann lediglich anders als bei Papierakten viel öfter ein Mitbestimmungsrecht des Betriebsrats nach § 87 Abs. 1 Nr. 6 BetrVG bestehen, weil die Prüfung regelmäßig (auch) mit Hilfe einer technischen Überwachungseinrichtung stattfindet.[605] In der Praxis liegen oft keine Datensätze zur Untersuchung vor, die rein dienstlichen oder rein privaten Inhalt haben. Für die Kontrolle von E-Mails und Internetnutzung[606] stellen sich dann besondere rechtliche Probleme zur Anwendung des Telekommunikationsrechts (vgl. oben zu §§ 202a, 206 StGB). Nach den Grundsätzen der Verhältnismäßigkeit gem. § 32 BDSG muss dann jedenfalls in möglichst umfassender Weise darauf geachtet werden, den Zugriff auf private Daten und Dateien zu vermeiden, z.B. durch eine entsprechende Steuerung der Suchworte bei automatisierter Prüfung und eine Eingrenzung der jeweiligen Untersuchungsschritte.[607] **232**

Für dienstliche (oder private) E-Mails, die in Papierform vorliegen, sind dieselben rechtlichen Regeln wie für schriftliche Dokumente und Akten anzuwenden; mit dem Ausdruck nehmen die elektronischen Daten die Qualität von Papierdokumenten an.[608] Sind die E-Mails – wie regelmäßig – nur in elektronischer Form auf dem IT-/Mail-System des Unternehmens vorhanden, ist zwischen einem System mit unzulässiger und mit zulässiger Privatnutzung zu trennen. Es gelten dann für die Praxis die oben zu § 206 StGB beschriebenen Grundsätze. Selbst wenn theoretisch arbeitsrechtlich oder datenschutzrechtlich ein weitergehender Zugriff zulässig wäre, sind angesichts des strafrechtlichen Risikos keine weitergehenden Maßnahmen praktikabel, als diejenigen, die gem. § 206 StGB zulässig wären. **233**

---

601 *Mengel/Ullrich* NZA 2006, 240, 242; *Mengel* Compliance und Arbeitsrecht, S. 114 f.
602 *Klengel/Mückenberger* CCZ 2009, 81, 85 f.
603 *Göpfert/Merten/Siegrist* NJW 2008, 1703, 1705; *Mengel/Ullrich* NZA 2006, 240, 241.
604 Knierim/Rübenstahl/Tsambikakis/*Mengel* Kap. 13 Rn. 13.
605 Knierim/Rübenstahl/Tsambikakis/*Mengel* Kap. 13 Rn. 16.
606 Entsprechendes kann ggf. auch für sonstige PC-Daten bzw. „Office-Daten"/Textverarbeitungsdaten und Dokumente gelten, wenn es eine telekommunikationsgestützte Mobilnutzung gibt.
607 Knierim/Rübenstahl/Tsambikakis/Mengel Kap. 13 Rn. 18.
608 Knierim/Rübenstahl/Tsambikakis/*Mengel* Kap. 13 Rn. 21.

3. Mitarbeiterinterviews

234 Im Rahmen des in der Praxis sehr wichtigen so genannten Mitarbeiterinterviews befragt der Arbeitgeber oder ein von ihm beauftragter Ermittler die Mitarbeiter zum Gegenstand der Untersuchung – entweder in der Funktion als Zeugen oder als (potentielle) Verursacher bzw. Täter einer Pflichtverletzung/Straftat.[609]

235 Die für ein Interview angefragten Arbeitnehmer sind nach der im Arbeitsrecht herrschenden Auffassung zur Teilnahme an dem Interview und zur Auskunftserteilung verpflichtet, denn allgemein muss ein Arbeitnehmer zu seinen Arbeitsaufgaben und zur Erfüllung seiner Aufgaben Auskunft erteilen.[610] Nach der arbeitsvertraglichen Loyalitäts- bzw. Treuepflicht gem. § 242 BGB ist er grundsätzlich zur Auskunft über alle anderen dienstlichen Sachverhalte verpflichtet, auch zu Fragen, die nicht unmittelbar seinen eigenen Arbeitsbereich betreffen.[611] Insoweit hat der Arbeitnehmer eine allgemeine Pflicht zur Abwehr von Schäden und Nachteilen gegenüber dem Unternehmen. Die Nebenpflicht hat Grenzen, insbesondere im Hinblick auf Bagatellen, aber nicht ohne Weiteres bereits soweit der Arbeitnehmer sich durch eine Auskunft selbst belasten muss.[612]

236 Es ist umstritten, ob und unter welchen Voraussetzungen der befragte Mitarbeiter die Mithilfe und Aussage unter Hinweis auf für ihn nachteilige Konsequenzen verweigern kann.[613] Zwar hat der BGH in einer älteren Entscheidung eine dahingehende Mitwirkungspflicht eines freien Mitarbeiters verneint.[614] Insbesondere bei der Auskunft zu dem eigenen Arbeitsleistungsbereich ist der Arbeitnehmer nach wohl noch überwiegender Meinung ohne Rücksicht auf eine Selbstbelastung (etwa im Sinne des § 55 StPO) zur Aussage verpflichtet; dies gilt für die Selbstbelastung bzgl. von Straftaten.[615]

237 Demgegenüber wird jüngst in der Literatur insbesondere von Richtern der *Straf*senate des BGH[616] verstärkt die These verfochten, es bestehe *arbeitsrechtlich* bzw. nach allgemeinen zivilrechtlichen Grundsätzen keine Aussagepflicht der Arbeitnehmer gegenüber dem Arbeitgeber bzw. dessen externen Beratern, wenn bei wahrheitsgemäßer Aussage eine

---

609 Knierim/Rübenstahl/Tsambikakis/*Mengel* Kap. 13 Rn. 33.
610 *Diller* DB 2004, 313, 314; *Göpfert/Merten/Siegrist* NJW 2008, 1703, 1705 f.; *Zimmer/Stetter* BB 2006, 1445, 1450 f.; *Klengel/Mückenberger* CCZ 2009, 81, 82; *Mengel/Ullrich* NZA 2006, 240, 242 ff.; *Mengel* Compliance und Arbeitsrecht, S. 117 ff.; Moosmayer/Hartwig-*Weiße* Interne Untersuchungen, S. 50; *Rudkowski* NZA 2011, 612; *Schürrle/Olbers* CCZ 2010, 178; *Schneider* NZG 2010, 1201, 1204; *Rübenstahl* WiJ 2012, 17, 20 f.; Knierim/Rübenstahl/Tsambikakis/*Mengel* Kap. 13 Rn. 34; vgl. auch BAG 23.6.2009, NJW 2009, 3115 ff.
611 Knierim/Rübenstahl/Tsambikakis/*Mengel* Kap. 13 Rn. 34.
612 *Diller* DB 2004, 313, 314; *Göpfert/Merten/Siegrist* NJW 2008, 1703, 1705 f.; *Mengel* Compliance und Arbeitsrecht, S. 118; *Rübenstahl* WiJ 2012, 17, 20 f.
613 Gegen einen Schutz vor Selbstbezichtigung *Diller* DB 2004, 313, 314; *Göpfert/Merten/Siegrist* NJW 2008, 1703, 1705 f.; *Mengel* Compliance und Arbeitsrecht, S. 119; *Mengel/Ullrich* NZA 2006, 240; *Vogt* NJW 2009, 3755; zweifelnd Moosmayer/Hartwig-*Weiße* Interne Untersuchungen, S. 50 f.; a.A. *Dann/Schmidt* NJW 2009, 1851; *Rudkowski* NZA 2011, 612, 613; *Wastl/Litzka/Pusch* NStZ 2009, 68; zurückhaltend auch: Moosmayer/Hartwig-*Gropp-Stadler/Wolfgramm* Interne Untersuchungen, S. 24 f. m. w. N.; vorsichtig und pragmatisch: Moosmayer/Hartwig-*Burgard* Interne Untersuchungen, S. 163 f.
614 *BGH* NJW-RR 1989, 614, 615.
615 *Diller* DB 2004, 313, 314; *Göpfert/Merten/Siegrist* NJW 2008, 1703, 1705 f.; *Mengel* Compliance und Arbeitsrecht, S. 119; *Vogt* NJOZ 2009, 4206, 4212 f.; *Rübenstahl* WiJ 2012, 17, 20 f.; zweifelnd Moosmayer/Hartwig-*Weiße* Interne Untersuchungen, S. 50 f.; a.A. *Dann/Schmidt* NJW 2009, 1851; *Rudkowski* NZA 2011, 612, 613; *Wastl/Litzka/Pusch* NStZ 2009, 68; zurückhaltend auch: Moosmayer/Hartwig-*Gropp-Stadler/Wolfgramm* Interne Untersuchungen, S. 24 f. m.w.N.; Moosmayer/Hartwig-*Burgard* Interne Untersuchungen, S. 163 f.
616 *Meyer-Goßner* § 55 Rn. 1a; *Raum* StraFo 2012, 395, 398; *Bauer* StraFo 2012, 488.

Selbstbelastung drohe; eine zivilprozessuale Erzwingung einer solchen Aussage komme nicht in Betracht.[617] Weitergehend wird teilweise eine dahingehende Belehrungspflicht des externen Ermittlers angenommen.[618]

Schon vor dem Hintergrund, dass diesen argumentativen Bemühungen mit dem Ziel entfaltet werden, die strafprozessuale Verwertbarkeit von Interviewergebnissen mit der Begründung zu retten, dass etwaige Aussagen von Mitarbeitern in Internal Investigations zwar aus einem zivilrechtlichen Arbeitsverhältnis heraus, aber freiwillig oder jedenfalls nicht erzwingbar erfolgten,[619] erscheint diese Rechtsauffassung zweifelhaft. Es kommt hinzu, dass in der jüngeren arbeitsgerichtlichen Rspr. die gegenteilige Ansicht vertreten wird.[620] Selbst wenn die Auffassung zuträfe, dass keine arbeitsrechtliche Pflicht zur Selbstbelastung bestünde, würde dies am praktischen Dilemma des aktiven Arbeitnehmers und dessen faktischer – zumindest empfundener – Zwangslage im Rahmen von Interviews wenig ändern. Oft fühlen sich auch umfassend belehrte Mitarbeiter in der Ermittlungspraxis moralisch verpflichtet, sich auch zu potentiell belastenden Themen zu äußern, auch wenn ihnen freigestellt wird, dies nicht zu tun. Auch von einem gewissen, jedenfalls seitens der interviewten Mitarbeiter, gefühlten „peer pressure" der Arbeitskollegen in Richtung einer Aussage ist oft auszugehen. Laienhaft wird zudem die (Teil-)Verweigerung der Auskunft im Umfeld des Mitarbeiters und auch durch diesen selbst als eine Art Schuldeingeständnis verstanden. Man darf zudem nicht vergessen, dass sich über die oft langjährige Mitarbeit der Interviewpartner in verantwortlicher Position des Unternehmens häufig ein hohes Maß an Identifikation mit dem Unternehmen und dessen wirtschaftlichen Interessen gebildet hat, mit der Folge, dass die Mitarbeiter zur Mitwirkung an der Sachverhaltsaufklärung bereit sind, weil sie dem Unternehmen genuin helfen wollen und sich hierzu verpflichtet fühlen. Mögliche strafverfahrensrechtliche Spätfolgen des Interviews werden – gerade wenn, was häufig der Fall ist, noch kein Strafverfahren insbesondere gegen den Interviewpartner bekannt ist – selbst bei umfangreicher Belehrung in den Hintergrund treten oder werden verdrängt. Das typische Vorgehen des verdächtigen und sensibilisierten Arbeitnehmers ist überdies nicht die Verweigerung der Aussage, sondern eine ausweichende, unvollständige und unrichtige Aussage, die dennoch – ex post und in Kenntnis weiterer Ermittlungsergebnisse betrachtet – vielfach dennoch (weitere) Verdachtsmomente gegen den Arbeitnehmer ergibt. Die oben dargestellte „Lösung" stellt also nur zugunsten der Strafjustiz, die möglichst umfangreichen Beweisstoff sichern will, nicht aber für den Arbeitnehmer eine praktisch brauchbare Lösung dar. Letzterem würde nur ein umfassendes Verwendungsverbot oder – wegen der psychologischen Zwänge: nur möglicherweise (s.o.) – weit reichende gesetzliche Vorgaben zu Belehrungspflichten kombiniert mit anwaltlichem Beistand (auf Kosten des Unternehmens) nutzen.

238

Bei oder vor Interviews im Rahmen unternehmensinterner Untersuchungen hat der externe Ermittler nach geltendem Recht grundsätzlich keine Belehrungspflichten zu beachten.[621] Es bestehen insgesamt keine besonderen formellen oder inhaltlichen Anforderungen an die Durchführung der Befragung.[622] Allerdings sollte die Einladung zu einem Interviewtermin mit Angabe zum Interviewthema oder die vorherige Bekanntgabe der für den

239

---

617 Unter Bezugnahme auf *LG Hamburg* MDR 1984, 867; *LAG Stuttgart* DB 1963, 1055; aus arbeitsrechtlicher Sicht zustimmend: *Rudkowski* NZA 2011, 612.
618 *Sidhu/v. Saucken/Ruhmannseder* NJW 2011, 881, 883.
619 Etwa *Meyer-Goßner* § 55 Rn. 1a; vgl. i.E. auch *LG Hamburg* NJW 2011, 942, 944.
620 *LAG Hamm* Urteil vom 3.3.2009 – 14 Sa 1689/08; vgl. auch *Bittmann/Molkenbur* wistra 2009, 373 ff. (der Koautor Molkenbur gehört der Arbeitsgerichtsbarkeit an).
621 *Meyer-Goßner* § 55 Rn. 1a; *Raum* StraFo 2012, 395, 398; *Rübenstahl* WiJ 2012, 17, 20 f.; *Greeve* StraFo 2013, 89; *I. Roxin* StV 2012, 116, 119.
622 Knierim/Rübenstahl/Tsambikakis/*Mengel* Kap. 13 Rn. 35.

Ablauf und die etwaige Dokumentation des Interviews geltenden Bedingungen erfolgen.[623] Der Arbeitnehmer hat typischerweise kein gesetzliches Recht, ein Betriebsratsmitglied zu Interviews im Rahmen von Investigations hinzuzuziehen, denn nach § 82 Abs. 2 BetrVG ist dies nur für Personalgespräche zur Leistungsbeurteilung und Entwicklung vorgesehen.[624] Beauftragt der Arbeitgeber Rechtsanwälte mit der Durchführung der Ermittlungen, spricht aus Gründen der Waffengleichheit vieles für ein Recht des Arbeitnehmers auf anwaltlichen Beistand.[625] Es ist allerdings zweifelhaft, ob eine Belehrung hierzu erfolgen muss.[626]

240 Im Rahmen einer Investigation werden die Ergebnisse von Mitarbeiterinterviews regelmäßig in irgendeiner Form protokolliert, zur Dokumentation, als Gedächtnisstütze und Anknüpfungspunkt für weitere interne Ermittlungen, als Bestandteil eines fairen Verfahrens[627] oder, um das Dokument in einem späteren Verfahren – vor den Arbeits- oder Strafgerichten – als Beweismittel nutzen zu können.[628] Größeres Gewicht zu Beweiszwecken hat dann ein Protokoll, dem der Mitarbeiter zugestimmt hat.[629] Rechtlich zwingend vorgeschrieben ist weder die Dokumentation noch das Angebot zur Abstimmung des Protokollinhalts, zumal jedenfalls nach früherer Rechtslage bzw. teilweise noch vertretener Auffassung die Gefahr einer Beschlagnahme der Unterlagen selbst bei Anwälten des Unternehmens besteht[630] erst recht bei Ermittlungsprotokollen, die keine Anwälte erstellen. Ein Arbeitnehmer hat aber jedenfalls kein Einsichtsrecht in die Akten der Untersuchung, insbesondere solange sie nicht abgeschlossen ist.[631]

241 Auch gegenüber ausgeschiedenen Mitarbeitern kann das Unternehmen grds. auf einer Mitwirkung und Aussage im Rahmen von Untersuchungen bestehen.[632] Denn arbeitsrechtlich besteht zwar kein allgemeiner Rechtssatz, dass Nebenpflichten über das Ende des Arbeitsverhältnisses hinaus fortbestehen.[633] Dennoch vertritt ein Teil der Literatur, dass die Pflicht zur Mitwirkung im Rahmen von unternehmensinternen Untersuchungen nicht mit dem Ende des Arbeitsverhältnisses endet, selbst bei außerordentlicher Kündigung des Arbeitgebers nicht.[634] Jedenfalls wenn durch die Mitwirkung des gekündigten Arbeitnehmers Pflichtverletzungen *anderer* Arbeitnehmer aufgedeckt werden, so stehen einer Fortwirkung der Mitwirkungspflicht keine rechtlichen Bedenken, aber oft faktische Schwierigkeiten ent-

---

623 Vgl. dazu Moosmayer/Hartwig-*Weiße* Interne Untersuchungen, S. 51.
624 *Joussen* Korruptionsverdacht, Rn. 340, 345 ff.; Moosmayer/Hartwig-*Weiße* Interne Untersuchungen, S. 47; Knierim/Rübenstahl/Tsambikakis/*Mengel* Kap. 13 Rn. 42; differenzierend: *Rübenstahl* WiJ 2012, 17, 23 f.
625 *LAG Berlin-Brandenburg* 6.11.2009, BeckRS 2009, 74071; vgl. Moosmayer/Hartwig-*Weiße* Interne Untersuchungen, S. 47; *Rudkowski* NZA 2011, 612, 615; einschränkend *Rübenstahl* WiJ 2012, 17, 24 f.
626 Bejahend nur für den Fall einer Anhörung vor einer a.o. Kündigung: *LAG Hessen* Urteil vom 1.8.2011 – 16 Sa 202/11, BeckRS 2011, 75781; a.A.: *Rübenstahl* WiJ 2012, 17, 29.
627 Vgl. auch Moosmayer/Hartwig-*Gropp-Stadler/Wolfgramm* Interne Untersuchungen, S. 40; Moosmayer/Hartwig-*Burgard* Interne Untersuchungen, S. 165.
628 Vgl. auch Moosmayer/Hartwig-*Gropp-Stadler/Wolfgramm* Interne Untersuchungen, S. 40.
629 Knierim/Rübenstahl/Tsambikakis/*Mengel* Kap. 13 Rn. 44.
630 Vgl. nur *LG Hamburg* 15.10.2010, NJW 2011, 942 („HSH Nordbank") und dazu *Bauer* StV 2012, 277; *Schuster* NZWiSt 2012, 28; *Jahn/Kirsch* StV 2011, 151.
631 Knierim/Rübenstahl/Tsambikakis/*Mengel* Kap. 13 Rn. 45; *Rübenstahl* WiJ 2012, 17, 25; Vgl. dazu und mit teils a.A. *Klasen/Schaefer* DB 2012, 1384 m.w.N. Für ein bloßes Anhörungsgespräch Moosmayer/Hartwig-*Wauschkuhn* Interne Untersuchungen, S. 74 f. bzw. Recht auf Kopie des Protokolls zu seinem Interview Moosmayer/Hartwig-*Burgard* Interne Untersuchungen, S. 165.
632 Vgl. dazu bereits *Diller* DB 2004, 313, 318.
633 *Göpfert/Merten/Siegrist* NJW 2008, 1703, 1708; *Mengel* Compliance und Arbeitsrecht, S. 148.
634 *Göpfert/Merten/Siegrist* NJW 2008, 1703, 1708; *Lützeler/Müller-Sartori* CCZ 2011, 19, 24; die Mitwirkungspflicht wird hier jedoch bereits mit der Nachwirkung von Auskunftspflichten begründet.

gegen.[635] In der Praxis ist die Durchsetzung einer Mitwirkung oft langwierig, so dass eine kurzfristige Beantwortung der Fragen des Arbeitgebers kaum anders als durch freiwillige Kooperation erreicht werden kann.[636]

4. Durchsuchung des Arbeitsplatzes

242 Der Arbeitgeber verfügt grundsätzlich über das Hausrecht in den Diensträumen und kann daher auch Durchsuchungen des Arbeitsplatzes der Mitarbeiter durchführen.[637] Deshalb ist die Inaugenscheinnahme der Büroräume durch den Arbeitgeber jederzeit und auch unabhängig von der Kenntnis oder Zustimmung des betroffenen Mitarbeiters zulässig.[638] Der Zugriff auf die private und verschlossene Akten- oder Handtasche oder sonstige Behältnisse ist grundsätzlich unzulässig und anders kann nur bei konkreter Gefahr im Verzug gelten. Die Inaugenscheinnahme eines unverschlossenen Koffers oder eines Jackets soll jedoch zulässig sein.[639] Befinden sich private Gegenstände oder Dokumente frei sichtbar auf dem Schreibtisch des Arbeitnehmers, soll deren Inaugenscheinnahme zulässig sein.[637]

5. Whistleblowing und Hinweisgebersysteme

243 Ist ein Hinweisgebersystem bzw. Whistleblowing-System[640] im Unternehmen bereits eingerichtet, kann es faktisch für die Investigation als Quelle für sachliche Hinweise zum Untersuchungsgegenstand genutzt werden, wenn und soweit die Untersuchung im Unternehmen bekannt ist und die Einladung zur Abgabe von Hinweisen sachbezogen konkretisiert werden kann.[641] Fehlt es noch an einem Hinweisgebersystem im Unternehmen, sollte es – schon aus präventiven Überlegungen – eingerichtet werden[642] und kann zumindest für längerfristig angelegte Untersuchungen ggf. noch rechtzeitig aktiviert werden.[641]

244 An der Implementierung muss regelmäßig der Betriebsrat beteiligt werden, weil die typischen Hinweisgebssysteme heute zumeist software- und internetbasiert sind, so dass automatisch Telefon- oder IP-Daten anfallen und gespeichert werden[643] und damit eine technische Einrichtung gem. § 87 Abs. 1 Nr. 6 BetrVG vorliegt.[644] Überdies kann je nach Ausgestaltung der Aufforderung zum Whistleblowing auch ein Mitbestimmungsrecht nach § 87 Abs. 1 Nr. 1 BetrVG entstehen.[645] Datenschutzrechtlich sind Besonderheiten zu beach-

---

635 Knierim/Rübenstahl/Tsambikakis/*Mengel* Kap. 13 Rn. 46 f.
636 Knierim/Rübenstahl/Tsambikakis/*Mengel* Kap. 13 Rn. 46 f.; *Lützeler/Müller-Sartori* CCZ 2011, 19, 24.
637 Knierim/Rübenstahl/Tsambikakis/*Mengel* Kap. 13 Rn. 48.
638 *Klengel/Mückenberger* CCZ 2009, 81, 85.
639 *Klengel/Mückenberger* CCZ 2009, 81, 85; *Salvenmoser/Schreier* in: Achenbach/Ransiek, Hdb. Wirtschaftsstrafrecht, S. 1697, Rn. 105.
640 Vgl. nur *Berndt/Hoppler* BB 2005, 2623; *Breinlinger/Krader* RDV 2006, 60, 61; Dölling-*Maschmann*, Hdb. Korruptionsprävention, Kap. 3 Rn. 125; Hauschka/*Lampert* Corporate Compliance, § 9 Rn. 35; Maschmann/*Fritz* Corporate Compliance und Arbeitsrecht, S. 111 f.; *Mengel* Compliance und Arbeitsrecht, S. 200 f.; *Mengel* CCZ 2008, 85, 89; *Weber-Rey* AG 2006, 406, 407; *Bürkle* DB 2004, 2158.
641 Knierim/Rübenstahl/Tsambikakis/*Mengel* Kap. 13 Rn. 99.
642 Grobys/Panzer-*Mengel* SWK ArbR, Whistleblowing Rn. 5 ff.; *Mengel* CCZ 2008, 85, 89; *Wisskirchen/Jordan/Bissels* DB 2005, 2190; *Maschmann* in Dölling, Hdb. Korruptionsprävention, Kap. 3 Rn. 125 ff.; *Berndt/Hoppler* BB 2005, 2623, 2624 ff.; *Breinlinger/Krader* RDV 2006, 60, 62 ff.; *Weber-Rey* AG 2006, 406, 408 ff.; *Bürkle* DB 2004, 2158 ff.
643 *Behrendt/Kaufmann* CR 2006, 642, 645; Grobys/Panzer-*Mengel* SWK ArbR, Whistleblowing Rn. 19, 21.
644 Knierim/Rübenstahl/Tsambikakis/*Mengel* Kap. 13 Rn. 100.
645 Vgl. nur BAG 22.7.2008, NJW 2008, 3731, 3735; *Behrendt/Kaufmann* CR 2006, 642, 645; Grobys/Panzer/*Mengel* SWK ArbR, Whistleblowing Rn. 20; *Junker* BB 2005, 602, 604; *Kock* MDR 2006, 673, 675; *Mengel/Hagemeister* BB 2007, 1386, 1392; *Schuster/Darsow*, NZA 2005, 273, 276; *Thüsing* Arbeitnehmerdatenschutz und Compliance, S. 201 ff.; *Wisskirchen/Körber/Bissels* BB 2006, 1567, 1571.

ten, wenn, wie oftmals in internationalen Konzernen, eine Übermittlung der Daten im Rahmen des Systems in das außereuropäische Ausland erfolgt (s.o.).[646]

245 Ein besonderer Schutz für Hinweisgeber muss – bei Geltung deutschen Arbeitsrechts – regelmäßig nicht zugesagt werden, da im kündigungsgeschützten Arbeitsverhältnis die Hinweisgeber ohnehin vor einer Maßregelung („retaliation") in Form einer Kündigung geschützt sind.[647] Im Übrigen gilt allgemein § 612a BGB als Schutz vor Maßregelung, wonach der Arbeitgeber einen Arbeitnehmer bei einer Vereinbarung oder einer Maßnahme nicht benachteiligen darf, wenn der Arbeitnehmer in zulässiger Weise seine Rechte ausübt.[648] Es kann aber sinnvoll sein, Vertraulichkeitszusagen zu machen.[649]

246 Zwar kann ein Hinweisgeber sich je nach Art und Inhalt seines Hinweises mit dem Whistleblowing selbst pflichtwidrig verhalten, vor allem wenn die Inhalte missbräuchlich oder wider besseres Wissen falsch sind. Auch durch eine vorschnelle öffentliche Bekanntgabe von Hinweisen an externe Stellen oder gar Medien verletzt der Hinweisgeber nach bisheriger Rechtsprechung arbeitsvertragliche Pflichten.[650] Daran hat die Entscheidung des EGMR, die eine Maßregelung in einem Einzelfall als unzulässigen Eingriff in die Meinungsfreiheit gewertet hat,[651] grundsätzlich nichts geändert.[652] Der EGMR hat keinen absoluten Schutz des Whistleblowings verlangt, sondern hier einzelfallbezogen wegen des besonderen Interesses der Öffentlichkeit an Informationen über Missstände bei der Pflege älterer Menschen zugunsten des Hinweisgebers entschieden. Zur Vermeidung von Unsicherheiten bei potentiellen Hinweisgebern in Investigations-Situationen empfiehlt sich eine erneuerte konkrete Information zu den rechtlichen Rahmenbedingungen, wenn und soweit die Untersuchung unternehmensöffentlich stattfindet.[649]

6. Amnestieprogramme und Kronzeugenregelungen

247 Die Gestaltung von **Amnestieprogrammen** kann in der Praxis sehr unterschiedlich sein und ist nach der strategisch-unternehmenspolitischen Situation im Einzelfall zu entscheiden. Regelmäßig werden die Vorteile der Amnestie von der Erfüllung bestimmter Voraussetzungen abhängig sein, wie z.B. zeitlichen Stichtagen, Befristungen, sachlichen und personellen Anwendungsbereichen, Art und Umfang der Kooperation, Integrität der Personen (**Spezialamnestie**).[653] Bei Spezialamnestien ist es üblich, die Zusagen zumindest daran zu knüpfen, dass der Arbeitnehmer nach bestem Wissen wahrheitsgemäß und umfassend Auskunft über den Untersuchungsgegenstand erteilt.[653] Um die Anreizwirkung der Amnestie zu optimieren, müssen die Bedingungen für die Gegenleistung hinreichend konkret und verbindlich gestaltet sein.[654] Ermessensvorbehalte oder pauschale Formulierungen sind – anders als Widerrufsvorbehalte für den Fall der Nichterfüllung der Bedingungen – schädlich.[655] Rechtlich ist das Amnestieversprechen als eine **Stillhaltevereinbarung** oder **Erlass-**

---

646 Vgl. nur *Mengel* CCZ 2008, 85, 90; *Mengel* Compliance und Arbeitsrecht, S. 187 ff.
647 Knierim/Rübenstahl/Tsambikakis/*Mengel* Kap. 13 Rn. 100.
648 Vgl. Maschmann/*Fritz* Corporate Compliance und Arbeitsrecht, S. 132 f.
649 Knierim/Rübenstahl/Tsambikakis/*Mengel* Kap. 13 Rn. 101.
650 Vgl. dazu nur *BAG* 3.7.2003, NZA 2004, 427, 428 ff.; *BAG* NZA 2007, 502, 503; *LAG Schleswig-Holstein* 20.3.2012, 2 Sa 331/11 juris.
651 Vgl. *EGMR* 21.7.2011, NZA 2011, 1269 („Heinisch") und dazu *Mengel* CCZ 2012, 146 ff.
652 Vgl. *Mengel* CCZ 2012, 146 ff.
653 Knierim/Rübenstahl/Tsambikakis/*Mengel* Kap. 13 Rn. 66.
654 Knierim/Rübenstahl/Tsambikakis/*Mengel* Kap. 13 Rn. 67.
655 Vgl. auch *Annuß/Pelz* BB-Special 4/2010, 14, 15; *Breßler/Kuhnke/Schulz/Stein* NZG 2009, 721, 722; *Kahlenberg/Schwinn* CCZ 2012, 81, 83.

vertrag zwischen Arbeitgeber und Arbeitnehmer anzusehen.[656] Zusätzlich enthält die Amnestieerklärung oft eine Vertraulichkeitserklärung; meist sollen Zugang zu den Informationen nur die beauftragten Ermittler und Mitglieder der Unternehmensleitung haben.[657] Eine Vertraulichkeitserklärung stößt aber an ihre Grenzen, wenn kapital- oder gesellschaftsrechtliche Vorschriften zur Weitergabe der Informationen verpflichten.[658] Eine Ausnahme zur Offenlegung gilt aber in den Fällen, in denen nach § 131 Abs. 3 AktG bzw. § 51a Abs. 2 GmbHG wegen drohender Nachteile für die Gesellschaft ein Verweigerungsrecht besteht.[659]

Von Unternehmensseite sehen Amnestieversprechen regelmäßig eine oder mehrere Arten von **Verzichtszusagen** vor, vor allem den Verzicht auf individualvertragliche Maßnahmen wie Kündigung, Versetzung oder Abmahnung, aber auch den Verzicht auf Schadensersatz.[660] Häufig ist es im Interesse des Unternehmens, zwar auf schwerwiegende Maßnahmen zu verzichten, sich weniger einschneidende Maßnahmen – wie eine Versetzung oder Änderungskündigung – jedoch vorzubehalten, da die Neubesetzung von bestimmten Positionen, etwa des Vertriebs oder bestimmter Führungspositionen in Korruptionsfällen nötig sein kann, um die Rechtstreue und Reputation des Unternehmens gegenüber Behörden, Gerichten und Öffentlichkeit zu belegen.[661] Ein Totalverzicht auf jede arbeitsrechtliche Maßnahme sollte daher die Ausnahme sein.[662] **248**

Arbeitsrechtlich problematisch ist auch ein **Verzicht** des Unternehmens **auf das Recht zur außerordentlichen Kündigung von Arbeitsverhältnissen**, da dieses Recht jedenfalls nicht pauschal vorab und ohne Kenntnis möglicher Kündigungsgründe abdingbar ist.[663] Nach einem instanzgerichtlichen Urteil ist überdies problematisch, dass der in einem Amnestieprogramm zum Ausdruck kommende Verzicht auf (außerordentliche) Kündigungen zeigen soll, dass auch gegenüber anderen, nicht für die Amnestie qualifizierten Mitarbeitern eine außerordentliche Kündigung unwirksam und die weitere Beschäftigung zumutbar sein könne.[664] Diese Wertung ist zwar zweifelhaft, weil sie den Umstand einer freiwilligen Kooperation und eine ggf. weitergehende (tätige) Reue zu Unrecht nicht als Differenzierungsgrund für die Zumutbarkeitsbewertung anerkennt; außerdem wird verkannt, dass im Kündigungsrecht grundsätzlich kein Anspruch auf Gleichbehandlung besteht.[665] Angesichts der geringen Zahl an veröffentlichen Urteile zu Amnestieprogrammen ist dieses aber dennoch zu berücksichtigen und zeigt, dass hiermit ungewollte Risiken und Nebenwirkungen einhergehen können. Gerade der – beschränkt gemeinte – Verzicht laut Amnestie auf Kündigungen zugunsten kooperierender Mitarbeiter könnte durch die arbeitsgerichtliche Rspr. verallgemeinernd unter Umständen zu Lasten des Unternehmens auch auf unkooperative Mitarbeiter ausgedehnt werden, falls diese wenig überzeugende und an dem Sinn eines Amnestieprogramms vorbeigehende Rspr. Schule macht. **249**

---

656 Knierim/Rübenstahl/Tsambikakis/*Mengel* Kap. 13 Rn. 68; offen *Breßler/Kuhnke/Schulz/Stein*, NZG 2009, 721, 727; für Stillhaltevereinbarung: Moosmayer/Hartwig-*Weiße* Interne Untersuchungen, S. 62; *Annuß/Pelz* BB-Special 4/2010, 14, 15; zum Unterschied vgl. Palandt/*Grüneberg* § 397 BGB Rn. 4.
657 Vgl. dazu *Annuß/Pelz* BB-Special 4/2010, 14, 17; *Breßler/Kuhnke/Schulz/Stein* NZG 2009, 721, 723; *Kahlenberg/Schwinn* CCZ 2012, 81, 83.
658 Vgl. *Breßler/Kuhnke/Schulz/Stein* NZG 2009, 721, 726; *Annuß/Pelz* BB-Special 4/2010, 14, 17.
659 Vgl. *Breßler/Kuhnke/Schulz/Stein* NZG 2009, 721, 726; *Kahlenberg/Schwinn* CCZ 2012, 81, 83.
660 Vgl. Moosmayer/Hartwig-*Weiße* Interne Untersuchungen, S. 62.
661 Knierim/Rübenstahl/Tsambikakis/*Mengel* Kap. 13 Rn. 70.
662 *Annuß/Pelz* BB-Special 4/2010, 14, 15 und Moosmayer/Hartwig-*Weiße* Interne Untersuchungen, S. 62 f.
663 ErfK/*Müller-Glöge* § 626 BGB Rn. 194; *Annuß/Pelz* BB-Special 4/2010, 14, 15 f.; *Breßler/Kuhnke/Schulz/Stein* NZG 2009, 721, 724; Moosmayer/Hartwig-*Weiße* Interne Untersuchungen, S. 62.
664 *ArbG München* NZA-RR 2009, 134, 136 („Siemens" – *LAG München* Az 3 Sa 1068/08).
665 Knierim/Rübenstahl/Tsambikakis/*Mengel* Kap. 13 Rn. 76; *Kolbe* NZA 2009, 228; vgl. aber *LAG Hessen* 10.9.2008, 6 Sa 384/08, juris, Rn. 38; *LAG Düsseldorf* 4.11.2005, 9 Sa 993/05, juris.

250 Fast immer sind in den zu untersuchenden Sachverhalten auch Schäden für das Unternehmen aufgrund des pflichtwidrigen Verhaltens der Mitarbeiter entstanden.[666] Arbeitsrechtlich besteht zwar ein richterrechtliches Haftungsprivileg der Arbeitnehmer für fahrlässiges Handeln,[667] aber dies entlastet bei vorsätzlich begangenen Straftaten nicht, die regelmäßig Gegenstand der unternehmensinternen Untersuchungen sind.[668] Der Gesellschaft steht in diesen Fällen daher ggf. **Schadensersatzansprüche** gegen den Mitarbeiter zu.[669] Hinsichtlich der Zulässigkeit eines **Verzichts des Unternehmens** mit dem Amnestieversprechen gelten die Grundsätze des § 93 Abs. 1 AktG (s.o. Rn. 146 ff.). Verzichtet das Unternehmen auf Schadensersatz nicht gegenüber allen Mitarbeitern, die gemeinsam und jeder für sich pflichtwidrig handelnd einen bestimmten Schaden verursacht haben, könnte dies für die verbleibenden haftenden Mitarbeiter eine entsprechende Erhöhung ihres persönlichen Haftungsanteils bedeuten, weil mehrere Täter nach §§ 426 ff. BGB im Innenverhältnis nach ihren Tatbeiträgen haften und auch Regressansprüche gegenüber den anderen Mittätern haben.[670] Es ist daher streitig, ob und auf welche Weise ggf. der verzichtende Arbeitgeber durch den Verzicht wegen des **gestörten Gesamtschuldnerausgleichs** gegenüber einem Mittäter automatisch auch auf den entsprechenden Schadensanteil gegenüber allen anderen Mittätern verzichtet.[671] Es bedarf daher der Gestaltung, um einen ungewollten „Rundum-Verzicht" zu verhindern.[670]

251 Für die Einführung und Ausgestaltung von Amnestieprogrammen besteht kein umfassendes **Mitbestimmungsrecht des Betriebsrats**.[672] Jedenfalls hinsichtlich der Frage, ob ein Unternehmen Amnestieregelungen einführt, gibt es kein Mitbestimmungsrecht.[673] Die **Festlegung des Adressatenkreises** wird hingegen nach einer strittigen Auffassung als mitbestimmungspflichtig nach § 87 Abs. 1 Nr. 1 BetrVG angesehen.[674] Nach anderen Stimmen betrifft dies aber nicht das Ordnungsverhalten der Arbeitnehmer, also gerade nicht das mitbestimmungspflichtige Arbeitsverhalten,[675] denn mit einem Amnestieprogramm soll gerade nicht das Verhalten der Arbeitnehmer untereinander geregelt werden, sondern ihr Verhalten zu dem Arbeitgeber. Der Regelungsschwerpunkt liegt daher auf der individualrechtlichen Ebene.[676] Dafür spricht auch, dass anerkanntermaßen die Ausübung individualrechtlicher Befugnisse mitbestimmungsfrei ist, insbesondere der Ausspruch einer Abmahnung oder Kündigung.[677] Bei der Amnestie geht es um deren Kehrseite, so dass auch diese, weil sie dem Arbeitsverhalten zuzurechnen ist, mitbestimmungsfrei sein muss.[678]

---

666 Anspruch auf Herausgabe gegen den Täter bei Korruptionsdelikten: *Joussen* Korruptionsverdacht, Rn. 448 ff., 451 ff. Beraterkosten des Unternehmens: *OLG Düsseldorf* 18.2.2010, 24 U 183/05 juris m.w.N.
667 Vgl. auch Moosmayer/Hartwig-*Weiße* Interne Untersuchungen, S. 54 f. m.w.N.
668 Knierim/Rübenstahl/Tsambikakis/*Mengel* Kap. 13 Rn. 77.
669 ErfK/*Preis* § 619a BGB Rn. 9 ff.
670 Knierim/Rübenstahl/Tsambikakis/*Mengel* Kap. 13 Rn. 78.
671 *Annuß/Pelz* BB-Special 4/2010, 14, 16 m.w.N.
672 Knierim/Rübenstahl/Tsambikakis/*Mengel* Kap. 13 Rn. 79.
673 Vgl. *Breßler/Kuhnke/Schulz/Stein* NZG 2009, 721, 725; *Göpfert/Merten/Siegrist* NJW 2008, 1703, 1708; Moosmayer/Hartwig-*Weiße* Interne Untersuchungen, S. 65.
674 Vgl. *Göpfert/Merten/Siegrist* NJW 2008, 1703, 1708; ablehnend *Breßler/Kuhnke/Schulz/Stein* NZG 2009, 721, 725.
675 Vgl. nur *BAG* NZA 2002, 1299; *Fitting* § 87 BetrVG Rn. 64.
676 Vgl. *BAG* NZA 2002, 1299, 1299 f.
677 *BAG* NZA 1990, 193; *Fitting* § 87 BetrVG Rn. 65.
678 Knierim/Rübenstahl/Tsambikakis/*Mengel* Kap. 13 Rn. 79 f.; i.E. auch *Annuß/Pelz* BB-Special 4/2010, 14, 20; *Zimmer/Heymann* BB 2010, 1853, 1855; *Breßler/Kuhnke/Schulz/Stein* NZG 2009, 721, 725; Moosmayer/Hartwig-*Weiße* Interne Untersuchungen, S. 65.

7. Relevanz der Mitbestimmungsrechte des Betriebsrats für interne Untersuchungen im Allgemeinen

Bei einer Investigation sind diverse zwingende Mitbestimmungsrechte des Betriebsrats zu beachten, so dass eine grundsätzliche Zustimmung der Gremien zu Verfahren und Instrumenten der Untersuchung erforderlich ist.[679] Diese kann teilweise vorab allgemein für solche Situationen vereinbart werden, aber auch konkret zu Beginn einer Untersuchung.[680] **252**

Für Ermittlungsmaßnahmen im Unternehmen sind – wie allgemein – die Tatbestände der **Mitbestimmung in sozialen Angelegenheiten** gem. § 87 Abs. 1 Nr. 1 (Ordnung des Betriebes) und Nr. 6 BetrVG (technische Überwachungseinrichtungen) von besonderer Bedeutung.[680] Daneben kann der Betriebsrat nach § 80 Abs. 2 S. 1 und 2 BetrVG **Unterrichtung und Vorlage von Unterlagen** verlangen, sofern dies zur Durchführung seiner Aufgaben aus der Betriebsverfassung erforderlich ist, insbesondere um sicherzustellen, dass der Betriebsrat im Vorfeld geplanter Ermittlungsmaßnahmen seine Beteiligungsrechte prüfen kann.[681] Der Betriebsrat ist bereits dann zu unterrichten, wenn nur die Möglichkeit besteht, dass Beteiligungsrechte betroffen sind, was in Fällen einer Investigation mit Prüfung größerer Datenmengen, vor allem E-Mails, und Befragung einer Mehrzahl von Mitarbeitern in Interviews regelmäßig der Fall ist.[680]

Der Betriebsrat kann nur über die Art und Ausgestaltung der Ermittlungsmaßnahme mitbestimmen, nicht jedoch über den Gegenstand der Ermittlung.[682] Ausschlaggebend für die Mitbestimmungspflichtigkeit einer Regelung ist nach § 87 Abs. 1 Nr. 1 BetrVG, ob die Maßnahme verhaltenssteuernden Charakter hat und kollektiv wirkt.[683] Dies setzt zunächst voraus, dass das Ordnungs- und nicht das Arbeitsverhalten (s.o.) durch eine entsprechende Weisung des Arbeitgebers berührt ist.[684] Ermittlungen zu dem Arbeitsverhalten, somit zu den Arbeitsleistungen der Mitarbeiter oder über Ereignisse in diesem Zusammenhang und dienstlichen Unterlagen sind der Mitbestimmung des Betriebsrats deshalb entzogen.[685] Ermittlungsmaßnahmen weisen kollektiven Bezug auf, wenn eine nach abstrakten Kriterien abgrenzbare Gruppe von Arbeitnehmern in die Ermittlungen einbezogen wird.[686] Dies fehlt es bei Kontrollen zum Fehlverhalten nur eines Mitarbeiters.[687] **253**

Liegt ein **zwingendes Mitbestimmungsrecht** vor, ist jede Untersuchungsmaßnahme ohne Beteiligung des Betriebsrats unwirksam. Dies kann zu langwierigen Verzögerungen der Ermittlungen führen, denn der Arbeitnehmer kann nicht zur Teilnahme an einer Ermittlungsmaßnahme verpflichtet werden und es drohen Unterlassungsansprüche gegen die mitbestimmungswidrig ergangene Regelung, insbesondere in Form der einstweiligen Verfügung.[688] Deshalb kann es sinnvoll sein, im Vorfeld einer Investigation eine **Betriebsvereinbarung**, zumindest zu einem festen Rahmen von zulässigen Untersuchungsmaßnahmen, mit dem Betriebsrat zu schließen.[689] **254**

---

679 Umfassend Moosmayer/Hartwig-*Weiße* Interne Untersuchungen, S. 44 ff.; *Mengel* Compliance und Arbeitsrecht, S. 124 f.; *Wybitul/Böhm* RdA 2011, 362, 363 ff.
680 Knierim/Rübenstahl/Tsambikakis/*Mengel* Kap. 13 Rn. 53.
681 Vgl. *Mengel/Ullrich* NZA 2006, 240, 244.
682 Vgl. *Wybitul/Böhm* RdA 2011, 362, 365.
683 Moosmayer/Hartwig-*Weiße* Interne Untersuchungen, S. 42 f., 44 f.; allgemein GK-BetrVG/*Wiese* § 87 Rn. 3.
684 Moosmayer/Hartwig-*Weiße* Interne Untersuchungen, S. 44 f. und allgemein *Richardi* § 87 BetrVG Rn. 194; *Fitting* § 87 BetrVG Rn. 64; MünchArbR/*Matthes* § 243 Rn. 4 ff.
685 Vgl. *Göpfert/Merten/Siegrist* NJW 2009, 1703, 1708; Moosmayer/Hartwig-*Weiße* Interne Untersuchungen, S. 44.
686 Knierim/Rübenstahl/Tsambikakis/*Mengel* Kap. 13 Rn. 54.
687 *Borgmann* NZA 2003, 352, 356.
688 Knierim/Rübenstahl/Tsambikakis/*Mengel* Kap. 13 Rn. 55.
689 *Mengel/Ullrich* NZA 2006, 240, 245; Moosmayer/Hartwig-*Weiße* Interne Untersuchungen, S. 42 ff.; *Wybitul/Böhm* RdA 2011, 362, 366 f.

255 Die Mitbestimmungspflichtigkeit nach § 87 Abs. 1 Nr. 1 BetrVG liegt bei Investigations, die einen ganzen Betrieb oder bestimmte Abteilungen betreffen, regelmäßig vor. Diese weisen regelmäßig einen kollektiven Bezug auf und können auch je nach Ausgestaltung das **Ordnungsverhalten** berühren, wenn die Mitarbeiter zu Interviews nach bestimmten Rahmenbedingungen aufgefordert werden.[690] Nach Ansicht des BAG berührt bereits die Weisung des Arbeitgebers, an einer Befragung mitzuwirken, das Ordnungsverhalten der Mitarbeiter. Das Mitbestimmungsrecht bezieht sich dann auf das Verfahren der Mitarbeiterbefragung, jedoch nicht auf den Untersuchungsgegenstand und die einzelnen Fragen, sofern diese nicht standardisiert sind und die Voraussetzungen von (mitbestimmungspflichtigen) Fragebögen nach § 94 BetrVG erfüllen.[691]

256 Die Mitbestimmungspflichtigkeit nach § 87 Abs. 1 Nr. 6 BetrVG für die Einführung und Anwendung **technischer Einrichtungen, die dazu bestimmt sind, das Verhalten oder die Leistung des Arbeitnehmers zu überwachen**, setzt voraus, dass zumindest die Erhebung der Daten oder deren Auswertung auf technischem Wege erfolgen soll und die technische Einrichtung hierfür zumindest objektiv geeignet ist.[692] Es muss außerdem die Möglichkeit bestehen, die Daten einzelnen Arbeitnehmern zuzuordnen.[693] Dies ist bei der Kombination von IT-Hardware und Software stets der Fall, so dass die Einführung neuer Software stets das Mitbestimmungsrecht auslöst.[694] Bei der Durchführung von Investigations kann das Mitbestimmungsrecht daher auf unterschiedliche Weise relevant werden.[695] Erstens wird es ausgelöst, wenn im Rahmen größerer Investigation eine neue technische Einrichtung, vor allem neue **Ermittlungssoftware**, installiert und genutzt werden soll. Allerdings wird eine Investigation auch häufig mit bereits vorhandener Software durchgeführt werden, so dass kein Mitbestimmungsrecht neu entsteht. Es ist in der Praxis jedoch nicht selten, dass sich zu Beginn der Untersuchung herausstellt, dass die vorhandenen IT-Systeme nicht unter ordnungsgemäßer Beteiligung des Betriebsrats eingeführt wurden oder die durchgeführte Mitbestimmung nicht die Zwecke der Untersuchung abdeckt.[696] Ein Mitbestimmungsrecht kann sich auch während der Auswertung gesammelter Daten durch technische Hilfsmittel ergeben, so z.B. wenn die Protokollnotizen eines Interviews in eine Datenbank eingegeben und dort verglichen werden sollen.[697]

257 Ein Mitbestimmungsrecht kann auch nach § 94 BetrVG bestehen, wenn im Rahmen einer Mitarbeiterbefragung **Personalfragebögen** verwendet werden, die formularmäßig Daten über die Person, ihre Kenntnisse und Fertigkeiten erheben.[698] Darunter fallen auch standardisierte Fragen, die im Rahmen eines Interviews gestellt und in einem Formular festgehalten werden.[699] § 94 BetrVG zielt nur auf persönliche Angaben,[700] somit Angaben über die persönlichen Verhältnisse des Mitarbeiters, sodass rein dienstliche Befragungen über geschäftliche Vorgänge – wie bei internen Untersuchungen häufig – nicht erfasst werden.[701]

---

690 Vgl. auch *Wybitul/Böhm* RdA 2011, 362, 365; restriktiver Moosmayer/Hartwig-*Weiße* Interne Untersuchungen, S. 44 f., aber für Erstreckung des Mitbestimmungsrechts auf Frageinhalte.
691 Knierim/Rübenstahl/Tsambikakis/*Mengel* Kap. 13 Rn. 56.
692 Vgl. nur *BAG* NZA 1995, 313; NZA 2004, 556, 558; ErfK/*Kania* § 87 BetrVG Rn. 55; *Fitting* § 87 BetrVG Rn. 226.
693 *BAG* NJW 1984, 1476, 1485; ErfK/*Kania* § 87 BetrVG, Rn. 53; *Fitting* § 87 BetrVG Rn. 219.
694 DKKW/*Klebe* § 87 BetrVG Rn. 171, 201; *Fitting* § 87 BetrVG Rn. 233, 246.
695 Moosmayer/Hartwig-*Weiße* Interne Untersuchungen, S. 45 f.
696 Knierim/Rübenstahl/Tsambikakis/*Mengel* Kap. 13 Rn. 58.
697 *Wybitul/Böhm* RdA 2011, 362, 364, 366.
698 Knierim/Rübenstahl/Tsambikakis/*Mengel* Kap. 13 Rn. 59.
699 *Mengel/Ullrich* NZA 2006, 240, 245; *Wybitul/Böhm* RdA 2011, 362, 364, 365; *Fitting* § 94 BetrVG Rn. 7 f.; vgl. auch BAG NZA 1994, 375, 376.
700 Richardi/*Thüsing* § 94 BetrVG Rn. 9; HWK-*Ricken* § 94 Rn. 5.
701 Vgl. nur *Breßler/Kuhnke/Schulz/Stein* NZG 2009, 721, 725; *Joussen* Korruptionsverdacht, Rn. 347 ff.; *Wytibul/Böhm* RdA 2011, 362, 365.

Fragen, die nach einem Katalog gestellt werden und sowohl das Dienstverhältnis als auch die privaten Verhältnisse betreffen, wie beispielsweise zu der Beziehung mit einem Kunden, sind dagegen zustimmungspflichtig.[702] Regelmäßig werden die Fragen in einem Interviews aber je nach Stellung und Aufgabenbereich des Mitarbeiters abweichen und sich vor allem erst im Laufe des Gesprächs entwickeln. Eine vorherige Festlegung in einem bestimmten Fragenkatalog ist daher oft nicht praktikabel,[703] so dass der Anwendungsbereich dieser Vorschrift in der Praxis der Investigations begrenzt ist.

8. Außerordentliche Verdachtskündigung

258 Ergeben sich im Rahmen einer internen Untersuchung belastbare tatsächliche Anhaltspunkte dafür, dass ein Mitarbeiter besonders in schwerwiegender Weise seine arbeitsvertraglichen Pflichten verletzt hat, insbesondere durch Begehung erheblicher oder zahlreicher Straftaten, wird aus Unternehmenssicht – gerade bei parallelen Ermittlungen der Strafverfolgungsbehörden – nicht selten eine zeitnahe Beendigung des Arbeitsverhältnisses wünschenswert sein, was gerade bei langjährigen Arbeitsverhältnissen – wegen der zu beachtenden Fristen – regelmäßig nicht im Wege der ordentlichen Kündigung möglich ist.[704] Zumeist kommt nur eine – fristlos mögliche – außerordentliche Verdachtskündigung in Betracht, da eine außerordentliche **Tatkündigung** typischerweise mangels voller Beweisbarkeit des Fehlverhaltens in diesem Stadium ebenfalls nicht möglich ist.[705] Eine **Verdachtskündigung** liegt laut dem BAG vor, wenn der Arbeitgeber die Kündigung des Arbeitsverhältnisses darauf stützt, dass der Verdacht eines noch nicht erwiesenen und von ihm auch noch nicht für sicher gehaltenen vertragswidrigen Verhaltens das für die Fortsetzung des Arbeitsverhältnisses erforderliche Vertrauen zerstört hat.[706] Im Unterschied zur Tatkündigung gründet sich die Kündigung auf das bereits aufgrund der Verdachtslage unwiderruflich erschütterte Vertrauensverhältnis, weshalb das Fehlverhalten weder bewiesen sein noch von dem Arbeitgeber als sicher angenommen werden muss. Nötig ist aber, dass dem Arbeitgeber eine Fortsetzung des Arbeitsverhältnisses gerade wegen des Verdachts **unzumutbar** ist; dies ist regelmäßig bei einem dringenden Verdacht auf Straftaten möglich.[707] Eine Tatkündigung kann u.U. zusätzlich ausgesprochen werden, wenn die Tatvorwürfe aufgeklärt sind und der Tatnachweis erbracht ist.[708] Die Verdachtskündigung kann der Arbeitgeber hingegen grds. auch bereits vor Abschluss der internen Untersuchungen aussprechen. Erst recht muss er nicht auf den Abschluss eines Strafverfahrens warten.[709] Allerdings trägt der Arbeitgeber das Prognoserisiko, wenn er von diesem Mittel Gebrauch macht[710] und muss diese innerhalb von 2 Wochen nach Kenntnis von dem (dringenden) Verdacht aussprechen (§ 626 Abs. 2 S. 1 und 2 BGB). Für die Kenntnis kommt es auf den Wissensstand des zur Entscheidung über die fristlose Kündigung befugten Personalverantwortlichen bzw. des entsprechenden Gremiums an.[711] Wird dessen Einberufung nach Kenntniserlangung von dem Kündigungssachverhalt unangemessen verzögert, so muss sich die Gesellschaft so behandeln lassen, als wäre dies mit der billigerweise zumutbaren Beschleunigung erfolgt.[712] Hat der Kündigungsberechtigte zunächst nur Anhaltspunkte für einen Sachverhalt, der zur außerordentlichen Kündigung

---

702 *Wybitul/Böhm* RdA 2011, 362, 364, 365.
703 Vgl. auch *Breßler/Kuhnke/Schulz/Stein* NZG 2009, 721, 725.
704 *Rübenstahl* WiJ 2012, 17, 26.
705 Vgl. Knierim/Rübenstahl/Tsambikakis/*Mengel* Kap. 13 Rn. 95.
706 *BAG* NZA 2000, 421; Knierim/Rübenstahl/Tsambikakis/*Mengel* Kap. 13 Rn. 95.
707 Knierim/Rübenstahl/Tsambikakis/*Mengel* Kap. 13 Rn. 95 m.w.N.
708 *Göpfert/Landauer* NZA-Beilage 2011, 16, 18; KR-*Fischermeier* § 626 BGB Rn. 215 f.
709 Knierim/Rübenstahl/Tsambikakis/*Mengel* Kap. 13 Rn. 96.
710 Vgl. nur *Göpfert/Landauer* NZA-Beilage 2011, 16, 18; KR/*Fischermeier* § 626 BGB Rn. 213, 220.
711 *BAGE* 23, 475; *BAG* NZA 1994, 1086, 1087 m.w.N.
712 *BGH* NJW 1998, 3274, 3275; *OLG München* ZIP 2005, 1781, 1784; *OLG Karlsruhe* NZA 2005, 300, 302.

berechtigen könnte, kann er Ermittlungen anstellen und den Betroffenen anhören, ohne dass die Frist zu laufen beginnt.[713] Ohne eine umfassende Kenntnis vom Kündigungssachverhalt kann sein Kündigungsrecht nicht verwirken.[714] Werden im Laufe des arbeitsgerichtlichen Kündigungsschutzverfahrens – etwa durch weitere interne Ermittlungen oder (wahrscheinlicher) staatliche Ermittlungen – Tatsachen bekannt, die den Arbeitnehmer vom Verdacht entlasten, müssen diese bei der Bewertung der Kündigung vom Arbeitsgericht berücksichtigt werden.[715] Hieraus resultiert das Risiko, dass bei Unwirksamkeit der Kündigung den Arbeitgeber eine Pflicht zur Nachzahlung der Vergütung (Annahmeverzugsvergütung) für Monate oder Jahre treffen kann.[716]

259 Formalrechtlich werden an die Wirksamkeit der Verdachtskündigung hohe Anforderungen gestellt. So ist insbesondere die vorherige **Anhörung** des Arbeitnehmers erforderlich,[717] in der der Arbeitgeber den Arbeitnehmer mit allen be- und entlastenden Verdachtstatsachen sowie Angaben zu den belastenden Beweismitteln und dem daraus sich ergebenden Verdacht des pflichtwidrigen Handelns konfrontieren muss.[718] Bei der Anhörung des Kündigungsgegners ist von einer Regelfrist von einer Woche auszugehen, die nur aus sachlich erheblichen und verständigen Gründen überschritten werden darf.[719] Es ist aber nicht zu beanstanden, wenn der Arbeitgeber vor der Anhörung sicherstellt, dass er alle ihm erreichbaren und aus seiner Sicht in Betracht kommenden Sachverhaltsmomente kennt.[720] Aus der Sicht des Unternehmens kann es zweckmäßig sein, in demselben Gespräch die Informationsfunktion des Interviews in der unternehmensinternen Ermittlung mit der Gewährung rechtlichen Gehörs in Form der arbeitsrechtlichen Anhörung zu verbinden.[721] Hintergrund ist oft eine bereits bestehende Verdachtslage – mit potentiell hinreichendem dringenden Verdacht für eine außerordentliche Verdachtskündigung wegen einer mutmaßlichen Straftat oder Ordnungswidrigkeit oder sonstigen Pflichtverletzung – die arbeitsrechtliche Sanktionen zulassen würde, und die daher dazu zwingt, die arbeitsrechtlichen Förmlichkeiten einzuhalten, um die Verdachtskündigung nicht zu verwirken, wo aber aus der Sicht des Unternehmens noch ergänzender Informationsbedarf besteht. Dies kommt etwa im Hinblick auf mögliche weitere mutmaßliche Taten oder weitere mutmaßliche Täter, zur Ermittlung eines Schadensumfangs, zur Verbesserung der Beweislage o.Ä. in Betracht.[721] Rechtlich ist diese Doppelfunktion der Anhörung als „Anhörungsinterview" zur Beweisgewinnung grds. zulässig.[722] Es müssen jedoch sowohl für den Anhörungs- als auch für den Befragungsteil des Gesprächs insgesamt die Anforderungen der Anhörung eingehalten werden.[723]

260 Die Einladung zur Anhörung darf nicht mit einer über das Gesprächsthema täuschenden Begründung erfolgen.[724] In der Rspr. wird nur vereinzelt vertreten, dass der Arbeitgeber ausdrücklich darauf hinweisen muss, dass er (1.) den Verdacht einer Pflichtverletzung hegt und (2.) darauf eventuell – d.h. bei fehlender Entkräftung in der Anhörung – eine Kündi-

---

713 *BAG* NZA 2006, 101, 103; NZA-RR 2006, 440, 441 f.
714 *BAG* NZA-RR 2008, 630, 631; NZA 2006, 101, 103.
715 Vgl. nur *BAG* NZA 1995, 269; KR/*Fischermeier* § 626 BGB Rn. 220 und auch *Göpfert/Landauer* NZA-Beilage 2011, 16, 18.
716 Knierim/Rübenstahl/Tsambikakis/*Mengel* Kap. 13 Rn. 96.
717 *BAG* NZA 2002, 847 = NJW 2002, 3651; *BAG* NZA 2008, 809, 810, st. Rspr.
718 KR/*Fischermeier* § 626 BGB Rn. 214; Knierim/Rübenstahl/Tsambikakis/*Mengel* Kap. 13 Rn. 97.
719 *BAG* NZA 1994, 409, 411 m.w.N.
720 *BAG* NZA-RR 2006, 440, 442.
721 *Rübenstahl* WiJ 2012, 17, 26.
722 *LAG* Köln NZA-RR 1998, 297; vgl. auch *BAG* NZA 1996, 81 = NJW 1996, 540.
723 *Rübenstahl* WiJ 2012, 17, 27.
724 *LAG* Düsseldorf NZA-RR 2010, 184, 185 f.; *LAG* Berlin-Brandenburg Urteil vom 16.12.2010 – 2 Sa 2022/10, BeckRS 2011, 68001.

gung zu stützen beabsichtigt.⁷²⁵ Da Sinn und Zweck der Anhörung nach der Rspr. des BAG auch ist, dass der Arbeitnehmer durch seine Einlassung „zur Aufhellung der für den Arbeitgeber im Dunkeln liegenden Geschehnisse" beitragen kann, denn „allein um dieser Aufklärung willen wird dem Arbeitnehmer die Anhörung abverlangt" und eine Offenlegung der Beweisquellen und -mittel, aus denen sich der verdachtsbegründende Sachverhalt speist, durch Arbeitgeber nicht erforderlich ist, erscheint zweifelhaft, ob tatsächlich umfassend belehrt werden muss.⁷²⁶ Die Zuziehung eines Rechtsanwalts im Rahmen einer Anhörung ist dem Arbeitnehmer nicht zu verwehren, unabhängig davon, ob auf Seiten des Arbeitgebers (externe) Rechtsanwälte an der Anhörung beteiligt sind.⁷²⁷ Die Verweigerung der Hinzuziehung eines Rechtsanwalts durch den Arbeitgeber soll jedoch nicht zur Unwirksamkeit der Anhörung, sondern dazu führen, dass der zeitlich *nach* der Verweigerung des Rechtsbeistands liegende Inhalt der Anhörung im arbeitsgerichtlichen Verfahren nicht verwertbar ist.⁷²⁸ Es ist nicht vollends klar, ob sich aus der Formulierung in der Rechtsprechung, dem Arbeitnehmer sei „Gelegenheit zu geben" einen Rechtsanwalt hinzuziehen,⁷²⁹ bei Beginn der Anhörung oder sogar schon im Vorfeld eine Belehrungspflicht des Arbeitgebers über die Möglichkeit zur Hinzuziehung eines Rechtsanwalts oder über die Möglichkeit der schriftlichen Äußerung folgern lässt.⁷³⁰ Kommt es primär auf die arbeitsrechtliche Wirksamkeit der Anhörung und nur sekundär auf die Informationsgewinnung an, ist vorsichtshalber eine Belehrung vorzunehmen.

Der nötige Umfang der Anhörung richtet sich nach den Umständen des Einzelfalls; die Anforderungen an die Anhörung des Betriebsrats gem. § 102 Abs. 1 BetrVG müssen regelmäßig nicht erfüllt werden, da die Anhörung des Arbeitnehmers anderen Zwecken dient und daher nicht vergleichbar ist.⁷³¹ Erforderlich ist jedenfalls, dass sich die Anhörung auf einen (für den Arbeitnehmer) „greifbaren Sachverhalt" bezieht. Grundsätzlich unzureichend ist es, wenn der Arbeitnehmer lediglich mit einer allgemein gehaltenen Wertung konfrontiert wird.⁷³² Der Arbeitnehmer muss die Möglichkeit erhalten, zu bestimmten zeitlich und räumlich eingegrenzten Tatsachen Stellung zu nehmen, diese zu bestreiten oder den Verdacht entkräftende Tatsachen zu bezeichnen.⁷³² Der Interviewer muss somit im Rahmen der Anhörung den räumlich und zeitlich eingegrenzten Sachverhalt, der Grund der Verdachtskündigung werden kann, benennen, wobei die Konkretisierung der Vorwurfslage den strengen Erfordernissen etwa an die Bestimmtheit des Anklagesatzes (vgl. § 200 StPO) keineswegs entsprechen muss oder kann.⁷³³ Bei vielfach und über einen langen Zeitraum wiederholten Taten muss jedenfalls eine umrisshafte Schilderung des Handlungsmusters sowie eine Eingrenzung des Zeitraums und des Tatorts ausreichen, ohne dass die Einzelfälle ebenfalls beschrieben werden. Im Einzelfall kann die Benennung etwa bestimmter Personen, Geschäftsbeziehungen bzw. Geschäftspartner und die Skizzierung der Vorwurfslage völlig ausreichen, um den Arbeitnehmer darüber

261

---

725 *LAG Berlin-Brandenburg* DB 2009, 2724; Urteil vom 16.12.2010 – 2 Sa 2022/10, BeckRS 2011, 68001; weniger weitgehend: *BAG* NZA 2008, 809 (Orientierungssatz 3); *LAG Hessen* Urteil vom 1.8.2011 – 16 Sa 202/11, BeckRS 2011, 75781.
726 *BAG* NZA 2008, 809 (Orientierungssätze 3 und 4); *LAG Köln* NZA-RR 1998, 297.
727 *BAG* NZA 2009, 809, 811 unter Berufung auf *Eylert/Friedrich* DB 2007, 2203, 2204 f. vgl. *Hunold* NZA-RR 2012, 399, 401; *Lange/Vogel* DB 2010, 1066, 1068.
728 *LAG Hessen* Urteil vom 1.8.2011 – 16 Sa 202/11, BeckRS 2011, 75781.
729 Vgl. *LAG Düsseldorf* NZA-RR 2010, 184, 185 f.; *LAG Berlin-Brandenburg* DB 2009, 2724; Urteil vom 16.12.2010 – 2 Sa 2022/10, BeckRS 2011, 68001; vgl. aber *LAG Hessen* Urteil vom 1.8.2011 – 16 Sa 202/11, BeckRS 2011, 75781.
730 Skeptisch *Rübenstahl* WiJ 2012, 17, 29.
731 BAGE 81, 27 ff. = BAG NZA 1996, 81 ff.; *BAG* BZA 2008, 809, 810; *Eylert/Friedrichs* DB 2007, 2203, 2005.
732 *BAG* NZA 2008, 809, 810.
733 *Rübenstahl* WiJ 2012, 17, 27.

aufzuklären, was ihm vorgeworfen wird und wogegen er sich verteidigen kann.[734] Entscheidend ist, dass der Arbeitnehmer aufgrund der Belehrung weiß, welche Vorwürfe er entkräften muss. Ob dieses Erfordernis erfüllt ist, wird typischerweise von den Umständen des Einzelfalls – insbesondere der Komplexität des Sachverhalts etc. – abhängen. Detaillierte Belehrungen können vom Arbeitgeber vielfach auch deshalb nicht verlangt werden, weil diese einem Arbeitnehmer zum Schaden des Arbeitgebers auch Verdunklungs- und Beweisvernichtungshandlungen (auch Straftaten gem. §§ 274, 303 StGB) ermöglichen könnten.[734] Wenn der Arbeitnehmer von vornherein nicht gewillt ist, sich zu den Vorwürfen einzulassen und an der Aufklärung mitzuwirken, insbesondere wenn er bei der Anhörung sogleich erklärt, er werde sich zum Vorwurf nicht äußern, ohne relevante Weigerungsgründe zu nennen, ist eine Information über die Verdachtsgründe im Rahmen der Anhörung unnötig.[735]

262 In der Literatur wird ein Schweigerecht oder ein Verwertungsverbot angenommen, um den betroffenen Arbeitnehmer nicht vollkommen schutzlos zu stellen.[736] Sowohl ein Verwertungsverbot als auch ein Schweigerecht gegenüber dem Arbeitgeber wären geeignete Rechtsinstitute, um die Waffengleichheit zwischen staatlichen Ermittlungsbehörden und Beschuldigten zu erhalten. Das Schweigerecht des Arbeitnehmers würde jedoch nicht nur staatliche Ermittlungen, sondern auch die unternehmensinterne Aufklärung der jeweiligen Vorfälle hindern.[736] Das Auskunftsinteresse des Arbeitgebers dürfte daher nach den von der Rechtsprechung des *BGH* aufgestellten Grundsätzen den Vorrang beanspruchen[737] und zumindest de lege ferenda ein Verwertungsverbot insbesondere im Hinblick auf die Nähe der entsprechenden Sachverhalte zum Gemeinschuldnerbeschluss vorzugswürdig sein.[738] Auch die Hörfallenentscheidung des *BGH*[739] legt ein Verwertungsverbot nahe.[740] Es ließe sich über den Anspruch des Beschuldigten auf ein faires Verfahren begründen, der sich aus dem Rechtsstaatsprinzip, den allgemeinen Freiheitsrechten sowie der Pflicht des Staates zur Achtung der Menschenwürde ergibt und in Art. 6 Abs. 1 EMRK seinen einfachgesetzlichen Niederschlag gefunden hat.[741] Die Argumente für ein Verwertungsverbot und gegen ein Auskunftsverweigerungsrecht gewinnen zudem an Gewicht, wenn man bedenkt, dass die mögliche Auskunftspflicht nicht der einzige Unterschied zwischen einer internen Ermittlung und einem staatlichen Ermittlungsverfahren ist.[742] Einem Unternehmen stehen gegenüber seinen Mitarbeitern diverse Möglichkeiten zur Verfügung, um einen faktischen Zwang zur Kooperation zu begründen.[743] Ein formales Schweigerecht würde den Arbeitenden praktisch wenig helfen. Wollte man ein Beweisverwertungsverbot verneinen, müssten ggf. also noch weitere Verfahrensprinzipien auf das interne Ermittlungsverfahren erstreckt werden. Vorrangig ist an eine entsprechende Anwendung des § 136a Abs. 3 S. 2 StPO zu denken, wenn beispielsweise bewusst über Mitwirkungspflichten getäuscht wird oder sonst unzulässige Vernehmungsmethoden eingesetzt werden.[744] Eine solche Angleichung der internen Ermittlungen

---

734 *Rübenstahl* WiJ 2012, 17, 27.
735 *BAG* NZA 2009, 809, 810 f.; *BAG* Urteil vom 28.11.2007 – 5 AZR 952/06, in: BeckRS 2008, 50549.
736 *V. Galen* NJW 2011, 945, 945.
737 So *Rübenstahl* WiJ 2012, 17, 22, m.w.N. aus der Rechtsprechung.
738 So auch *v. Galen* NJW 2011, 945, 945, mit weiteren Argumenten zur Übertragbarkeit der Entscheidung, und *Theile* StV 2011, 381, 386; gegen die Übertragbarkeit *Ignor* CCZ 2011, 143, 143 f. Umfassend zu den Argumenten gegen eine arbeitsrechtliche Auskunftspflicht *Bauer* StV 2012, 277, 279.
739 *BGHSt* 42, 139, 139 ff.
740 Umfassend *Momsen* ZIS 2011, 508, 514.
741 *Momsen* ZIS 2011, 508, 513.
742 Vertiefend und mit zahlreichen Beispielen *Momsen* ZIS 2011, 508, 511.
743 Vertiefend *Momsen* ZIS 2011, 508, 511.
744 Vgl. *Jahn* StV 2009, 41, 45. Zudem ist an Belehrungspflichten, das Recht auf einen Verteidiger und weitere zu denken, vgl. hierzu und zu den Thesen des Strafrechtsausschusses des Bundesrechtsanwaltskammer zum Unternehmensanwalt *Rübenstahl* WiJ 2012, 17, 18 f. und 24 ff.

an das staatliche Ermittlungsverfahren dürfte jedoch verfassungsrechtliche Bedenken im Hinblick auf das Strafverfolgungsmonopol der Staatsanwaltschaft begründen.[745] Zudem erfolgen interne Ermittlungen aber auch häufig vollkommen unabhängig von einem konkreten Verdacht gegen einen Mitarbeiter, so dass die Standards der StPO keinen geeigneten Maßstab bieten.[746]

VII. Exkurs: Strafprozessuale Verwertbarkeit von Interviews bzw. Interviewprotokollen

Die Frage, ob Ermittlungsergebnisse, insbesondere Interviewprotokolle oder auch Zeugenaussagen über Interviews im Rahmen von Straf- und Bußgeldverfahren de lega lata verwertbar (oder jedenfalls mittelbar verwendbar) sind, kann für beide Seiten – Ermittler und Interviewpartner – von höchster praktischer Bedeutung sein. Leider gibt es diesbezüglich bislang keine Klarheit. **263**

1. Umfassendes Verwertungsverbot aus Art. 2 Abs. 1 GG?

Nach einer Auffassung in der Literatur sind strafprozessual etwaige selbstbelastende, aufgrund arbeits- oder gesellschaftsrechtlicher Pflichten getätigte Angaben – nicht aber freiwillig getätigte oder unwahre Angaben – nur mit Zustimmung der Auskunftsperson verwertbar.[747] Es bestehe aber kein Verwendungsverbot, die pflichtgemäßen Angaben dürften von den Ermittlungsbehörden zur Verdachtsgewinnung (§ 152 StPO) ausgewertet werden.[747] Diese Auffassung geht – im Einklang mit der arbeitsgerichtlichen Rspr. und Lehre – davon aus, dass arbeitsrechtlich eine Aussagepflicht des Mitarbeiters zum eigenen Zuständigkeitsbereich auch dann besteht, wenn dies zur Selbstbelastung führt.[748] Auch die arbeitsgerichtliche Rspr. geht teilweise von einem strafprozessualen Verwertungsverbot aus.[749] Begründet wird dies mit dem Rechtsgedanken des „Gemeinschuldnerbeschlusses" des BVerfG[750] zu §§ 807 ZPO, wonach der Schutz des Persönlichkeitsrechts verfassungsrechtlich gewährleistet, dass eine außerhalb des Strafverfahrens erzwungene Selbstbezichtigung gegen den Willen des Betroffenen nicht verwertet werden darf, unabhängig davon, ob es sich um rechtsgeschäftlich eingegangene oder um gesetzlich auferlegte Auskunftspflichten handelt. Demgegenüber wird allerdings zunehmend geltend gemacht, dass – trotz grundsätzlich bestehender arbeitsrechtlicher Aussagepflicht – keine arbeitsrechtliche Verpflichtung der interviewten Mitarbeiter zur Selbstbelastung bestehe, insofern bestehe ein Schweigerecht. Daher könnten selbstbelastende Aussagen im Rahmen von Interviews auch nicht zivilprozessual erzwungen werden.[751] Daraus wird gefolgert, dass ein „systemwidriges" Verwertungsverbot nach den Grundsätzen des Gemeinschuldbeschlusses für dennoch im Rahmen eines Interviews erfolgte selbstbelastende Aussagen von Mitarbeitern nicht in Betracht komme.[752] **264**

---

745 *Jahn* StV 2009, 41, 43; *Momsen* ZIS 2011, 508, 514.
746 *Rübenstahl* WiJ 2012, 17, 19.
747 *Bittmann/Molkenbur* wistra 2009, 373, 379.
748 *Bittmann/Molkenbur* wistra 2009, 373, 374 ff.
749 *LAG Hamm* BeckRS 2009, 74015 (Wettbewerbsverstoß mit strafrechtlichen Implikationen); *ArbG Saarlouis* ZIP 1984, 364.
750 BVerfGE 56, 37 = NJW 1981, 1431; vgl. auch *v. Galen* NJW 2011, 942.
751 *LG Hamburg* MDR 1984, 867; NJW 2011, 942, 944; *LAG Stuttgart* DB 1963, 1055; *Fischer* § 55 Rn. 1a; *Rudkowski* NZA 2011, 612; *Bauer* StraFo 2012, 488; *Raum* StraFo 2012, 395, 396.
752 *LG Hamburg* NJW 2011, 942, 944; *Bauer* StraFo 2012, 488; *Raum* StraFo 2012, 395, 396.

265 Es komme hinzu, dass eine etwa bestehende – freiwillig begründete – *arbeitsvertragliche* Auskunftspflicht nicht mit der *gesetzlichen* Auskunftspflicht gem. § 97 Abs. 1 InsO vergleichbar sei,[753] weshalb der Grundsatz „Nemo tenetur se ipsum accusare" nicht anwendbar sei. Angesichts der im Konkurs-/Insolvenzverfahren gegenüber dem Gemeinschuldner zur Verfügung stehenden Zwangsmittel (vgl. §§ 97, 98 InsO, die Vorführung und Erzwingungshaft vorsehen) wäre ein Verwertungsverbot für Interviews wohl tatsächlich nur dann zu begründen, wenn die Auskunftspflicht des Arbeitgebers im arbeitsgerichtlichen Verfahren gleichermaßen effektiv und zeitnah durchgesetzt werden könnte; hieran darf man angesichts fehlender gerichtlicher Entscheidungen Zweifel haben.[754] Zudem löst ein bloßes Verwertungsverbot das Problem des Arbeitnehmers nicht, da die Aussagen in Interviews bei Bestehen eines Verwertungsverbots lediglich nicht selbst, also unmittelbar Grundlage einer strafrechtlichen Verurteilung des Arbeitnehmers in einem Strafverfahren sein dürfen. Nach h.M. wäre es den Ermittlungsbehörden jedoch nicht verwehrt, (unverwertbare) Interviews zum Anlass zu nehmen, Ermittlungen gegen die Auskunftsperson aufzunehmen und auf der Basis des Interviews Beweise zu gewinnen und zu erheben, da ein Verwertungsverbot keine Fernwirkung entfaltet.[755] Insgesamt ist derzeit für die Praxis wohl zumindest zu unterstellen, dass für die Strafverfolgungsbehörden kein rechtliches Hindernis besteht, die Aussagen aus Interviews – auch soweit arbeitsrechtlich erzwingbar – zumindest zur Durchführung von Ermittlungen heranzuziehen. Die meisten Strafverfolgungsbehörden werden auch ein Verwertungsverbot **nicht** anerkennen.

2. Kein Verwertungsverbot analog §§ 136 oder 55 StPO

266 Ein Verwertungsverbot analog aus den Vorschriften der §§ 136 oder 55 StPO abzuleiten ist schwer vorstellbar, da erhebliche Unklarheiten über die Reichweite arbeitsrechtlicher Belehrungsverpflichtungen bestehen, diese gerade kein Schweigerecht vorsehen und die strafprozessualen Pflichten situativ und normativ unpassend erscheinen (s.o.)[756]. Zudem hat der BGH jüngst in anderem Zusammenhang die Ablehnung eines Verwertungsverbots bei fehlender Belehrung über ein (fragliches) strafprozessuales Schweigerecht im Rahmen privater Ermittlungen deutlich ausgesprochen, da die Belehrungspflicht nur für Vernehmungen gelte, die ein Auftreten des Vernehmenden als Amtsperson erforderten, was bei unternehmensinternen Untersuchungen ausscheidet.[757]

3. Verwertungsverbot entsprechend § 136a StPO?

267 Vielfach wird ein Verwertungsverbot bzgl. des Interviews im Strafprozess analog § 136a StPO gefordert, falls im Rahmen des Interviews die sogenannten verbotenen Vernehmungsmethoden – Misshandlung, Ermüdung, körperlicher Eingriff, Verabreichung von Mitteln, Quälerei, Täuschung, Hypnose sowie die Drohung mit einer dieser Methoden – angewandt wird, da die Grundrechtsdrittwirkung wegen erheblicher Grundrechtseingriffe eine Verwertung verbiete.[758] Dem ist grundsätzlich zuzustimmen, im konkreten Einzelfall der Praxis interner Untersuchungen ist allerdings die Grenze zu verbotenen Vernehmungsmethoden nicht immer klar.

---

753 *LG Hamburg* NJW 2011, 942, 944; *Raum* StraFo 2012, 395, 396.
754 *Rübenstahl* WiJ 2012, 17, 30.
755 *Rübenstahl* WiJ 2012, 17, 30 f.
756 *Rübenstahl* WiJ 2012, 17, 31; *Szesny* BB 45/2011, VI, VII.; a.A. für eine Belehrungspflicht über ein Schweigerecht: *Sidhu/v. Saucken/Ruhmannseder* NJW 2011, 881, 883.
757 *BGH* NStZ 2011, 596, 597.
758 *Szesny* BB 45/2011 VI, VII; vgl. *BVerfGE* 73, 261; *BGH* wistra 2011, 350, 351.

Problematisch ist etwa, dass insbesondere der Begriff der Täuschung von erheblicher **268**
Unschärfe gekennzeichnet ist.⁷⁵⁹ § 136a StPO verbietet zwar die Lüge, schließt aber nicht
jede kriminalistische List bei der Vernehmung aus, insbesondere nicht Fangfragen und Suggestivfragen. Eine Täuschung liegt zudem nur bei bewusster Irreführung vor; fahrlässiges
Verhalten genügt nicht.⁷⁶⁰ Zudem soll eine Täuschung über Rechtsfragen u.U. möglich sein,
wenn dem Beschuldigten bewusst zu Unrecht vorgespiegelt wird, er werde als Zeuge vernommen oder ihn treffe eine Pflicht zur Aussage.⁷⁶¹ Gerade im Zusammenhang mit der
unklaren Rechtslage bzgl. der Belehrung bei Anhörungen bzw. Interviews wird man nicht
sagen können, dass eine im Nachhinein von einem Obergericht entschiedene Rechtsfrage,
über die der Ermittler im Interesse seines Mandanten den Arbeitnehmer vertretbar anders
bzw. nicht „belehrt" hat, den Täuschungsvorwurf rechtfertigen und dementsprechend auch
ein Verwertungsverbot begründen kann.⁷⁵⁹

Auch die erste Variante des § 136a Abs. 1 S. 3 StPO – Drohung mit einer verfahrensrecht- **269**
lich unzulässigen Maßnahme – dürfte auf Interviews von vornherein unanwendbar sein, da
es diesbezüglich ein rechtsförmiges Verfahren nicht gibt.⁷⁶² Das Verhalten des Interviewers
könnte sich zwar u.U. (s.o.) als – vorsätzliche – Nötigung (§ 240 StGB) oder Erpressung
(§ 253 StGB) darstellen. Angesichts der Unklarheit der Rechtslage wird es aber vielfach
um ganz unterschiedliche Rechtsauffassungen zu den Befugnissen des Arbeitnehmers –
insbesondere arbeitsrechtlicher Natur – in der konkreten Situation gehen, so dass eine vorsätzliche rechtswidrige Drohung zumeist nicht angenommen werden kann.⁷⁶² Zudem fallen
Belehrungen, Vorhaltungen und Warnungen als solche nicht unter den Begriff der Drohung. Daher ist es etwa im Strafverfahren – falls dies zutrifft – zulässig, darauf hinzuweisen,
dass Leugnen wegen der erdrückenden Beweislage keinen Erfolg verspreche und ein
Geständnis strafmildernd wirken könne.⁷⁶³ Beim Interview dürfte (im arbeitsrechtlichen
Kontext) Entsprechendes gelten.

Zur zweiten Variante des § 136a Abs. 1 S. 3 StPO ist zu sagen, dass unstatthaft ein Verspre- **270**
chen von gesetzlich nicht vorgesehen Vorteilen als Gegenleistung für eine Aussage oder
einen bestimmten Inhalt der Aussage ist. Vorteile sind nur solche Vergünstigungen, die
geeignet sind, das Aussageverhalten eines Beschuldigten oder Zeugen zu beeinflussen.⁷⁶⁴
Es ist nicht erkennbar, dass etwa die Zusage des Verzichts auf zivilrechtliche Haftungsansprüche und arbeitsrechtliche Maßnahmen des Unternehmens im Rahmen eines Amnestie-
oder Kooperationsprogramms im Gegenzug für eine vollständige und wahrheitsgemäße
Aussage des Mitarbeiters hieran gemessen zu tadeln wäre. Gleiches gilt für den Verzicht
auf Strafanzeige oder Strafantrag. Denn all dies liegt in der Dispositionsbefugnis des
Unternehmens, soweit das Vorgehen zivilrechtlich zulässig und strafrechtlich keine
Untreue (§ 266 StGB) ist (s.o.).⁷⁶⁵ Anders könnte es sein, wenn Unternehmensvertreter
dem Mitarbeiter Straflosigkeit oder konkrete strafprozessuale Vorteile versprechen würden, bzgl. derer sie – naturgemäß – keine Entscheidungskompetenz haben. Auch bzgl. des
§ 136a Abs. 1 S. 3 StPO ist allerdings zu berücksichtigen, dass unklar ist, ob die Rspr. die
Rechtsverletzung durch Privatpersonen den Strafverfolgungsorganen derart zurechnet,
dass daraus ein Verwertungsverbot resultiert.⁷⁶²

---

759 *Rübenstahl* WiJ 2012, 17, 31.
760 *BGHSt* 31, 395, 399 f.; 35, 328, 329; 37, 48, 52; *BGH* NJW 1992, 2903 f; *BGH* NStZ 1997, 251.
761 *BayObLG* NJW 1986, 441.
762 *Rübenstahl* WiJ 2012, 17, 32.
763 *BGHSt* 1, 387; 14, 189, 191; solche Vorhaltungen „beeinträchtigen nicht die Entschließungsfreiheit", so *BGH* StV 1999, 407.
764 *OLG Hamm* StV 1984, 456.
765 Vgl. *BGHSt* 20, 268 m.w.N.; s. auch *BVerfG* NJW 1987, 2662; *BGH* NJW 1990, 1921.

271 Ob § 136a StPO in der Praxis der internen Ermittlungen – unterhalb der Schwelle von Misshandlung, Ermüdung, körperlicher Eingriff, Verabreichung von Mitteln oder Quälerei – tatsächlich geeignet ist, in hinreichendem Umfang und mit der gebotenen Klarheit Verwertungsverbote zu begründen, erscheint vor diesem Hintergrund zweifelhaft. Generell sollte für Zwecke der Praxis davon ausgegangen werden, dass die Erkenntnisse aus Interviews im Strafprozess grundsätzlich verwertbar sind, etwa über Zeugenaussagen (soweit nicht §§ 52–55 StPO entgegenstehen), wenn Interviewprotokolle auch im Hinblick auf § 250 StPO regelmäßig nicht direkt zu Beweiszwecken verlesen werden können, sondern in der Praxis eher als Grundlage für weitere Ermittlungen – meist eine strafprozessuale Vernehmung – dienen.

Stichwortverzeichnis

Die fetten Zahlen verweisen auf die Kapitel, die mageren auf die Randnummern.

50 %-Grenze **29** 17

Abberufungsverlangen **14** 101
Abdeckung erweiterter Anforderungen **15** 67
Abhören **33** 199
Ablauforganisation **15** 56; **33** 87
Abschlussbericht **33** 131
Abschlussvermittlung **16** 2, 8
Absicht **23** 85
– Insiderhandel **27** 42, 83
– Marktmanipulation **28** 52, 62, 65, 80
Abstimmungsverhalten **23** 121
Abstraktes Gefährdungsdelikt **1** 4; **29** 43
Abusive Squeeze **28** 73
Abwehrmaßnahme **10** 40
Acting in Concert **6** 52
Ad-hoc-Meldungen **27** 26, 90; **28** 32 f., 62
Ad-hoc-Mitteilungen **9** 66, 74
Ad-hoc-Mitteilungspflicht **31** 62
Ad-hoc-Publizität **3** 42; **8** 11; **9** 56; **10** 29; **13** 42; **27** 17, 25, 59; **28** 30, 32; **31** 40
Ad-hoc-Publizitätspflicht **4** 6 ff.; **33** 150
Ad-hoc-Veröffentlichung **33** 136
Ad-hoc-Verpflichtung **10** 5 ff.
Advancing **28** 62
AG **26** 19; **33** 5
Agent **25** 139
– Besonderheit Sorgfaltspflicht **25** 141
Aktienbezugsrechte **30** 66
Aktienkaufvertrag **10** 26
Aktienoptionen **13** 9, 11, 29
– eigene Aktien **11** 56
Aktienrechtliche Mitteilungs- und Bekanntmachungspflichten **10** 13 f., 77
Aktienrückkaufprogramm **11** 125
Aktionäre **33** 19
Allgemeindelikt **30** 4
Allgemeine Sorgfaltspflichten **25** 169
– auslösendes Ereignis **25** 192
– Identifizierung **25** 171
– Überprüfung wirtschaftlich Berechtigter **25** 182
– Übertragung auf Dritte **25** 217
– Überwachung der Geschäftsbeziehung **25** 191
– Zweck und Art der Geschäftsbeziehung **25** 180
Allzuständigkeit **21** 138
Alongside purchase **10** 4; **27** 50
AML-Compliance **25** 260
Amnestieprogramm **33** 146, 187

Amtsträger **21** 25; **26** 5
Amtsträgerkorruption **26** 1
Andere Gegenstände im Sinne des § 97 Abs. 1 Nr. 3 StPO
– Begriff **33** 171
– Interviewprotokolle **33** 171
– Vertrauenserfordernis **33** 171
Änderung des Angebots **10** 65, 68
Anfangsverdacht **21** 92
Angaben
– Ad-hoc-Meldungen **27** 59
– Marktmanipulation **28** 8, 17 f., 26 ff., 31, 38, 41 f., 47, 77, 81
Angebot **10** 32; **13** 61
Angebotsdauer **10** 62
Angebotsunterlage **10** 45, 48, 50 ff., 59, 62, 65, 67, 69 ff., 74, 84
Angebotsvereitelungsverbot **10** 40, 88 f.
Angemessene technisch-organisatorische Ausstattung **15** 61
Angemessenheit der Personal- und Sachausstattung **16** 199
Angemessenheit der Personalausstattung **16** 86
Angestelltenbestechlichkeit **26** 66
Angestelltenbestechung **26** 66
Anhang **8** 43 f., 46, 56, 81, 84; **13** 68
– Anhangsangaben **8** 82
Anlageberater **27** 68
Anlageberatung **16** 2, 8, 139, 174, 182, 209; **22** 23; **31** 90
– Abgrenzung zum beratungsfreien Geschäft **18** 34
– Abgrenzung zum Execution-Only-Geschäft **18** 37
– Abgrenzung zur Information **18** 29
– Beratungsprotokoll **18** 177
– Definition **18** 27
– Einholung von Kundeninformationen **18** 104
– elektronische Übermittlung **18** 94
– geeignete Gegenparteien **18** 57
– gefühlte Beratung **18** 39
– Informationspflicht **18** 83
– Interessenten **18** 234
– Ordnungswidrigkeiten **18** 300
– Privatkunden **18** 49
– professionelle Kunden **18** 51
– Spannungsfeld **18** 1
– telefonische Beratung **18** 220
– Verhaltensregeln **18** 17

1189

Stichwortverzeichnis

– Vertretungsverhältnisse **18** 144
– WpHG-Bogen **18** 175
– zivilrechtliche Aspekte **18** 305
Anlagebetrug 22 43
Anlagegeschäfte 23 113
Anlagevermittlung 16 8
Anlegerberatung 30 51
Anlegerschutz 18 10
Annahmefrist 10 62, 64, 68, 70, 73
– Verlängerung **10** 68
Anonymisierter Transfer 24 47
Anregungen 7 13
Anstalten des öffentlichen Rechts 26 14
Anstiftung 21 31; **24** 57
Antrag auf Zulassung zum Börsenhandel oder Einbeziehung in den Freiverkehr 27 7; **28** 10
Antragsdelikte 29 71
Anvertraute Tatsache
– Begriff **33** 160
Anwartschaften 22 50
Anweisungswesen 16 111
Anzeige 29 61
Anzeige- und Korrekturpflicht 24 70
– Erben **24** 74
Anzeige- und Meldepflichten 16 13
Anzeigen, Radiospots, Flyer 9 27
Anzeigepflicht 21 22, 94; **31** 130
Arbeits- und Organisationsanweisungen 16 218
Associated Persons 26 96
At arms' length 7 48
Aufbau- und Ablauforganisation 16 14, 23
Aufbauorganisation 20 221, 230; **33** 60
Aufbewahrungspflicht 25 253; **33** 139
– handelsrechtlich **33** 140
– steuerrechtlich **33** 140
Aufbewahrungspflichten 2 19
Aufgabendelegation 21 48
Aufgabenplanung 33 88
Aufgabenverteilung 21 75
Aufhebungsvertrag 33 186
Aufklärung 27 31; **30** 43, 46, 56, 58
Aufklärungsbefugnisse 31 75
Aufklärungspflichten 30 52 f.
Auflagen 29 28
Aufschubbeschluss 9 58
Aufsichtsbehörde 25 256
– BaFin **25** 256
– Bundesfinanzministerium **25** 256
Aufsichtpflicht 22 163; **33** 21, 39
Aufsichtspflichtverletzung 21 7, 51, 125; **30** 9; **31** 26
Aufsichtsrat 27 35, 57, 76; **33** 12, 17 f., 20, 149
Aufsichtsratsmitglieder 26 70
Aufzeichnung
– Begriff **33** 170
Aufzeichnungspflicht 2 19; **25** 253
Ausbau der Vernetzung 15 91

Ausbeuten 30 32
Ausführungsgrundsätze 16 126, 128; **19** 52, 58, 62
Ausgabe von Aktienoptionen 13 47, 55
Ausgabe von Optionen 13 30, 53
Ausgabebetrag 13 13
Auskunft 31 75
– Verweigerung **31** 78
Auskunftsersuchen
– Information des Bankkunden **24** 12
Auskunftspflicht des Arbeitnehmers
– allgemein **33** 171
– Verwertungsverbot **33** 171
Auskunftsrecht 33 19, 23
Auskunftsverweigerungsrechte 29 8
Auslagerung Compliance-Funktion
– Auswahl Auslagerungsunternehmen **16** 83
– Überwachung Auslagerungsunternehmen **16** 84
Ausländische Investmentgesellschaften 8 77
Ausländische Verbote 27 91 f.
Ausländische Zahlungsmittel 28 9
Auslegung 31 21
Ausnutzen
– der Unerfahrenheit **30** 30 ff., 35, 38
Ausnutzungsbewußtsein 30 35
Ausnutzungsbewusstsein 30 72
Aussagepflicht 33 161
Außenverhältnis 23 29
Äußere Tatsachen 27 16, 18
Außergewöhnliche Geschäfte 33 26
Ausspähen von Daten 33 190
Australian Standard on Compliance Programs 1 13
Ausübung der Aktienoptionen 13 49
Ausübung der Optionen 13 35, 53
Ausübungszeiträume 13 13
Auswahlermessen 33 36
Automatisierung 15 64

BaFin 1 2; **8** 145; **16** 11, 20, 23, 27, 32, 47, 57, 65 f., 68, 121, 125, 179, 195, 212; **21** 112, 114 f., 117
Bagatellgrenze 5 33
Banken
– Risikoaufarbeitung **24** 77
Bankenaufsicht 2 21
Bankenrichtlinie 14 14
Bankgeheimnis 20 155; **21** 106; **29** 88
Bankmitarbeiter 24 1 ff.; **27** 46, 73, 80
– Anstiftung **24** 58
– Begünstigung **24** 12
– Kapitalanlagefälle **24** 46
– Kriterium der erkennbaren Tatneigung **24** 43
– Mitwirkung an Weißgeldstrategien **24** 79

Stichwortverzeichnis

- Risikovermeidung **24** 75
- Strafvereitelung **24** 12
Bankunterlagen 24 69
Bargeldloser Zahlungsverkehr 29 22
Bargeldtransfer 24 47
Basel II 14 11
Basispreis 13 13
Basiswert
- Insiderhandel **27** 9
- Marktmanipulation **28** 61
Basler Ausschuss für Bankenaufsicht 14 9
Beamte 26 6
Bedingte Kapitalerhöhung 13 13
Bedingter Vorsatz 23 85
Bedingtes Kapital 13 11
Befreiende Wirkung des Quartalsfinanzberichts 8 104
Befreiung von der Ad-hoc-Veröffentlichung 10 8 ff., 12
Begünstigung 31 44
Behörde 26 13
Beihilfe 21 31; **27** 46, 73
- berufsneutrale Handlungen **24** 40
- doppelter Gehilfenvorsatz **24** 39
- Hilfeleistung **24** 38
Bekanntgewordene Tatsache
- Begriff **33** 160
Bekanntmachungsänderungsmitteilung 8 42, 67, 97
Belegschaftsaktien 13 9, 18
Belehrungs- und Hinweisschreiben 14 98
Benchmarkmanipulationen 1 18
Beobachtungs- und Sperrlisten 16 111
Beobachtungsliste 16 155
Berater 27 47, 68, 80
Beratungsprotokoll 16 125; **18** 178
Bereicherungsabsicht 22 59
Bereichsöffentlichkeit 27 25, 27, 84
Bericht des Aufsichtsrats 8 56, 58
Bericht des Compliance-Beauftragten 16 191
- Ad-hoc-Berichterstattung **16** 202
- Adressaten **16** 201
- Inhalt **16** 193
- Regelmäßigkeit **16** 191
- Überstimmung wesentlicher Bewertungen und Empfehlungen **16** 61
Berichterstattung
- Ad-Hoc-Berichte **33** 150
- freiwillig **33** 138
Berichtigungpflicht 28 32
Berichtszeitraum 8 83 f., 92 f., 100, 109, 115, 121, 127, 135
Berliner Stadtreinigungsbetriebe-Entscheidung 21 54, 56, 60
Berufsgeheimnisträger 21 107
Berufsinsider 27 79
Berufskonformes Verhalten 27 46

Berufsneutrale Handlungen *siehe Beihilfe*
Berufsverbot 21 129; **22** 192
Bescheinigung der Wirtschaftsprüferkammer 8 15, 17
Beschlagnahmeverbot
- allgemein **33** 163
- Ausschluss **33** 174
- Rechtsfolge bei Verstoß **33** 175
- Verteidigungsunterlagen **33** 172
Beschwerde-Bearbeitung
- Dauer **16** 219
- Dokumentation **16** 221
Beschwerden 16 211
- Beschwerdebegriff **16** 212 f., 218
- Beschwerdeprozess **16** 214
Beschwerdestelle 16 215, 218
- Compliance-Abteilung als ~ **16** 215
- Kontaktdaten **16** 217
- Rechtsabteilung als **16** 216
Beschwerdeverfahren 16 126
Besonders schwere Fälle der Steuerhinterziehung
- in großem Ausmaß **24** 32
- Regelbeispiele **24** 32
- Selbstanzeige **24** 33
- Strafzumessung **24** 33
- Verfolgungsverjährung **24** 33
- Wertgrenzen **24** 32
Best Execution Policy 16 129
Bestandsgefährdende Risiken 8 132
Bestandsgefährdung 29 48
Bestandspflegeprovisionen 26 104
Bestätigung der Wirtschaftsprüferkammer 8 15, 17
Bestätigungsvermerk 8 56, 58, 86
Bestechlichkeit 26 48
Bestechung 7 37, 58; **26** 48
Bestimmen 30 39
Bestimmtheitsgebot 31 5
- Insiderhandel **27** 6, 42
- Marktmanipulation **28** 4, 66
Bestmögliche Ausführung 19 43
Beteiligung
- Erwerb bedeutender ~ **31** 128
- mittelbare **30** 70
Beteiligungspublizität 10 13 ff., 24 f., 29, 77
Betreiben 29 30
Betreten 31 80
Betriebsangehörige 29 15
Betriebsbeauftragter 21 38
Betriebsrat 32 64
Betrug 20 369; **22** 8, 66; **32** 9
- Compliance-Prüfung **22** 48
- Garantenpflicht **22** 27
- Irrtum **22** 33
- Qualifikation **22** 75
- Regelbeispiele **22** 68

Stichwortverzeichnis

- Täuschung 22 11
- Verjährung 22 65
- Vermögensschaden 22 41
- Vermögensverfügung 22 38
- Vorsatz 22 53

Betrugsdelikte
- Abwehrmaßnahmen 22 161
- anfällige Geschäftsbereiche 22 158
- aufsichtsrechtliche Folgen 22 205
- Betrug durch eigene Mitarbeiter 22 159
- Folgen 22 182
- Gefahrenpotentiale 22 157
- Konkurrenzen 22 154
- Präventionsmaßnahmen 22 177
- Risikomanagement 22 175
- wirtschaftliche Folgen 22 183

Bevorzugung im Wettbewerb 26 82

Beweiserhebungsverbot
- allgemein 33 180
- Verhältnismäßigkeitsprüfung 33 181

Beweisprobleme 30 57

Bewertungserhebliche Umstände 28 18 ff., 29, 32

Bewertungserheblichkeit 28 20, 24, 31, 39, 81

Bewirtungen 26 37
- von Vorstandsmitgliedern öffentlicher Sparkassen durch kreditsuchende Kunden 26 38

Bezugsangebote 9 35

Bezugsrechte 9 81

Bilanz 8 43 f., 81
- Konzernbilanz 8 18, 48
- verkürzte Bilanz 8 83

Bilanzeid 8 15, 17, 56, 58, 81

Bilanzrechtsmodernisierungsgesetz 33 17

Black-Out-Periode 20 248, 261, 310

Blankettgesetz 27 4; 28 3, 29

Blankettnorm 29 36

Blanketttatbestand 31 5

Boni 26 181

Börsenkurs 10 38

Börsennotierte Gesellschaften 8 21, 50, 55 f., 70, 93, 100, 115, 121, 135, 140; 12 7

Börsennotierte Unternehmen 33 150

Börsenpflichtblatt
- Hauptversammlung 12 97

Börsenpreis
- Insiderhandel 27 11, 29
- Marktmanipulation 28 13

Börsenspekulationsgeschäft 30 59

Börsentermingeschäft 30 60

Brancheübliche Standards 7 48

Briefgeheimnis 33 189

Bruttoprinzip 21 149

Buffer I siehe *Grenzüberschreitendes Umsatzsteuerkarussell*

Buffer II siehe *Grenzüberschreitendes Umsatzsteuerkarussell*

Bundesamt der Justiz 8 144 f.

Bundesanstalt für Finanzdienstleistungsaufsicht 16 11

Bundesbank 1 2

Büropersonal
- Zeugnisverweigerungsrecht 33 162

Business Conduct Guidelines 3 15

Business Continuity Management 16 207

Business Judgment Rule 33 7, 12, 36, 39, 147

Bußgeld 20 354

Call-Option 10 26

Capital Requirement Directive 29 23

Capital Requirement Regulation 29 23

Checkliste 31 81, 84

Chinese Walls 9 53; 16 110, 148; 27 64 f.

Churning 22 78

Circular trading 28 59, 62

CMS 29 72

Code of Conduct 3 15; 21 23; 26 157

Compliance 15 8; 29 72; 32 3
- Insiderhandel 27 64 f.
- Marktmanipulation 28 8

Compliance Officer 21 60

Compliance- und Risikomanagement
- Veränderungen im ~ 15 49

Compliance-Abteilung 33 35
- Auskunfts-, Einsichts- und Zugangsrecht 16 91
- Budget 16 89
- Einbeziehung in Informationsflüsse 16 95

Compliance-Ansatz
- traditioneller ~ 15 40

Compliance-Beauftragter 21 27
- 12-monatige Kündigungsfrist 16 46
- Abberufung 16 37
- Alte-Hasen-Regelung 16 27
- Anbindung an die Geschäftsleitung 16 59
- Änderungsanzeige 16 43
- Anordnungskompetenz 16 100
- Ansprechpartner für Aufsichtsbehörden etc. 16 35
- Anzeige gegenüber der BaFin 16 39
- Auswahl des Compliance-Beauftragten 16 18
- Benennung durch die Geschäftsleitung 16 17
- Bestellung durch die Geschäftsleitung 16 30
- Bestellungsbeschluss 16 30
- Beteiligung an Wertpapierdienstleistungen 16 16, 78
- Dauer der Bestellung 16 37
- der Geschäftsleitung unterstellt 16 58
- fachspezifische Berufspraxis 16 25
- Kompetenzen 16 64
- Kündigungsschutz 16 46
- Sachkunde 16 18, 42

Stichwortverzeichnis

- stellvertretender Compliance-Beauftragter **16** 54
- strafrechtliche Garantenstellung **16** 14
- Überstimmung wesentlicher Bewertungen und Empfehlungen **16** 61
- Unabhängigkeit **16** 58
- unbefristete Bestellung **16** 38
- und Datenschutzbeauftragter **16** 76
- variable Vergütung **16** 50
- Verantwortlichkeit für Compliance-Funktion **16** 17
- Verbots- oder Anordnungskompetenz **16** 32
- Vergütung **16** 48
- Vertreter **16** 52
- Vertretungsberechtigung **16** 35
- Weisungsbefugnis **16** 112
- Weisungsgebundenheit **16** 60
- Weisungsrecht **16** 32 ff., 64, 98 f.
- Zuverlässigkeit **16** 18, 28, 42

Compliance-Funktion **14** 60; **15** 92; **19** 66; **31** 91
- Anbindung an die Rechtsabteilung **16** 65 ff., 71
- angemessene Ausstattung **16** 85
- Anordnungsbefugnis **16** 179
- Auslagerung **16** 80, 82
- Budget **16** 85
- Dauerhaftigkeit **16** 15
- Einbeziehung der Compliance-Funktion **16** 169
- Erfolgsabwendungspflicht **16** 179
- Informationszugang **16** 90
- Interventionsrecht bei Neuproduktprozess **16** 179
- Kombination mit Geldwäscheprävention **16** 72
- Kombination mit Interner Revision **16** 77
- Kombination mit Risikocontrolling **16** 75
- Kommunikation mit Aufsichtsbehörden **16** 203
- personelle Ausstattung **16** 86
- sachliche Ausstattung **16** 88
- Überwachung Beschwerdeverfahren **16** 224
- Überwachungshandlungen **16** 120 ff., 126 ff.
- Unabhängigkeit **16** 15, 63, 66, 68 ff., 72, 77 f.
- Vermeidung von Interessenkonflikten **16** 15, 97
- Vor-Ort-Prüfungen **16** 88
- Weisungsrecht gegenüber **16** 63

Compliance-Mitarbeiter
- Beteiligung an Wertpapierdienstleistungen **16** 79

Compliance-Orgnisation **7** 17
Compliance-relevante Informationen **16** 16, 97, 139, 156 f.
Compliance-Richtlinie **7** 22
Compliance-Richtlinien für Mitarbeiterbeteiligungsprogramme **13** 15

Compliance-Risiken **16** 121
Compliance-Schulung
- anlassbezogen **16** 188
- Inhalte **16** 187
- online **16** 189
- Präsenzschulung **16** 189
- Regelmäßigkeit **16** 188

Compliance-System **33** 18, 33, 38
Compliance-Verstöße **33** 8, 148
Comply or explain **7** 12
Conflict of Interest Policy **16** 113 ff., 129
Continental/Schaeffler **7** 70
Cornering **28** 73
Corporate Governance **7** 1; **15** 24
Corporate Governance Kodex (DCGK) **3** 12
Corporate Social Responsibility **26** 156
Corruption Perceptions Index **32** 39
CpD-Konten **24** 47
Criminal Compliance **1** 4; **21** 23

Darlehen **23** 30
Daseinsvorsorge **26** 16
Dashboards **15** 64, 91
Datenanalyse **32** 19
Datenbanken **15** 64 f.
Datendatenbank **33** 118
Datenschutzbeauftragte **32** 64
Datenverarbeitungssysteme
- angemessene **15** 3

Definitionen des Begriffs Compliance **15** 23
Delisting **11** 66
- Hauptversammlung **12** 121

Department of Justice **26** 158
Derivate
- Insiderhandel **27** 8 f., 13, 37, 93
- Marktmanipulation **28** 14, 61

Detailbericht **33** 134
Deutscher Corporate Governance Kodex **8** 21, 55, 70, 93, 100, 115, 121, 135, 140; **13** 13, 76; **21** 14
Deutscher Corporate Governance Kodex (DCGK) **7** 4; **33** 18
Deutsches Rechnungslegungs Standards Committee **8** 79
Dienstausübung **26** 33
Diensthandlungen **26** 35
Differenzgeschäft **30** 59
Directors' Dealings **1** 17; **3** 23, 55; **5** 1; **9** 83; **13** 52; **28** 32; **31** 40, 64
- Ad-hoc-Publizität **5** 90
- auslösende Emittenten **5** 2
- Entsprechenserklärung **5** 89
- Hinweispflichten **5** 76
- Organisationspflichten **5** 75
- veröffentlichungspflichtige Emittenten **5** 2, 45

1193

Stichwortverzeichnis

Direkter Vorsatz 23 85
Disclaimer 18 41
Discount-Broker 18 45
Distributor 24 54; *siehe auch Grenzüberschreitendes Umsatzsteuerkarussell*
Dokumentation 14 50
Dokumentationspflichten 15 4
Dokumentenmanagementsystem 33 120
Dolmetscher
– Zeugnisverweigerungsrecht 33 162
Dolose Handlungen 32 1
Doppelbestrafungsverbot 21 144
Doppelzuständigkeiten 15 62
Drag-along-Rechte 10 26
Drei Voraussetzungen 26 113
Dreiecksbetrug 22 40
Drittbezug 27 17, 54
Dritte Bilanz 8 18
DRS 16 8 79, 109, 129, 131
Due Diligence 9 78; 10 2 ff., 6, 39, 85 ff.; 27 16, 50, 67
Durchschnittlicher Anleger *siehe Verständiger Anleger*
Durchsuchung 21 97 f.; 29 30
– Information des Kunden 24 12

E-Geld 25 135
– Geldkarte 25 145
E-Learning 26 186
EBA Guideline on Internal Governance 14 61
Echte Amtsdelikte 26 4
Echtes Unterlassungsdelikt 29 43, 46
Ehemalige Vorstandsmitglieder 7 67
Eigene Aktien 13 11
– Aktienoptionsprogramm 11 88
– als Abfindung 11 61
– Bezugsrechtsausschluss 11 89
– Darlehen 11 14
– Einziehung 11 74
– Ermächtigungsbeschluss 11 82
– Erwerbswege 11 92
– Erwerbszwecke 11 85
– Finanzierungsgeschäfte 11 11
– gesetzliches Pfandrecht 11 35
– Handelsbestand 11 79
– Inpfandnahme 11 34
– Kapitalgrenze bei mittelbarem Erwerb 11 32
– Rücklagenbildung 11 100
– Sicherheitenbestellung 11 15
– Stimmrechtsmitteilung 11 132
– unzulässiger Erwerb 11 139
– Veräußerung 11 95
– Veröffentlichungspflichten 6 166
– Vorschuss 11 13

Eigenhandel 16 97
– für Dritte 16 58
– Überwachung 16 111
Eigenkapitalspiegel 8 44, 48
Eignung zur erheblichen Kursbeeinflussung 27 29 ff., 33; 28 54 ff.; *siehe auch Geeignetheit*
Einbeziehung der Compliance-Abteilung
– Beratung und Schulung der Mitarbeiter 16 186
– Beschwerdebearbeitung 16 222
– Bestimmung der Compliance-Relevanz von Mitarbeitern 16 175
– Erstellung von Organisations- und Arbeitsanweisungen 16 171
– Festlegung der Ausführungsgrundsätze 16 185
– Festlegung der Grundsätze für Vertriebsziele und Bonuszahlungen 16 182
– Neuproduktprozess 16 177
Eindeckungsgeschäfte 27 45
Eingliederung 11 62
Eingliederung von Unternehmen
– Hauptversammlung 12 117
Einheitstäterbegriff 2 5
Einheitstäterprinzip 31 9 f.
Einholung von Kundeninformationen nach § 31 Abs. 4 und Abs. 5 WpHG 16 126
Einladungen 26 29
Einladungsrichtlinien
– Korruptionsprävention 26 1
Einlagengeschäfts 29 13
Einschätzungsvermögen 30 24 f., 27
Einsichts- und Prüfungsrecht 33 13, 15
Einverständnis
– tatbestandsausschließendes ~ 30 58
Einweisung 21 75
Einwirkung auf den Börsen- oder Marktpreis 28 6, 77, 79, 84
Einwirkung durch Täuschung 28 71
Elektronische Dokumente
– Gewahrsam 33 173
Elektronischer Bundesanzeiger 8 52, 59 ff.
Emissionsberechtigungen 28 9
Emissionsgeschäft 16 58
Emissionsphase 9 74, 76
Emissionszertifikatehandel 24 54
Emittenten-Compliance 3 3
Emittenten-Leitfaden der Bundesanstalt für Finanzaufsicht (BaFin) 3 5
Emittentenbezug 27 22 f.; 28 32
Empfehlung 20 33, 35, 120
Empfehlung zum Kauf oder Verkauf
– Insiderhandel 27 69 ff., 74, 83
Empfehlungen 7 12
Empfehlungen zum Kauf oder Verkauf
– Marktmanipulation 28 75 f.
Empfehlungsverbot 31 100

Stichwortverzeichnis

Endbesteuerung 13 43
Enforcement-Verfahren 8 146 f.
Entbindung von der Schweigepflicht
– Entbindungsberechtigter 33 161
– Entbindungserklärung 33 161
Entschließungsfreiheit 30 15, 28
Entsprechenserklärung 3 70; 7 12; 8 56
Erbringen 29 30
Erfahrungsvorsprung 30 36, 44
Erfolgsprämien 2 1
Erfolgsziele 13 13
Erhaltungsmaßnahmen 15 76
Erheblichkeit
– Insiderhandel 27 14, 29 ff., 33 f.
– Marktmanipulation 28 79
Erkennbare Tatneigung *siehe Teilnahme an Steuerstraftaten*
Erkundigungspflichten 30 54
Erlangte 21 149
Erlaubnis 29 25
Erlaubnisentziehung 14 95
Erläuternder Bericht 8 45, 50
Ermittlungshandlungen
– Auskunftsersuchen 24 11
– Durchsuchungen 24 9
– Vernehmungen 24 10
Ermittlungsverfahren
– Finanzbehörde 24 7
– Staatsanwaltschaft 24 7
– Steuerfahndung 24 7
– Straf- und Bußgeldsachenstelle (StraBu bzw. BuStra) 24 7
Erpressung 33 186
Erwerb eigener Aktien
– Ad-hoc-Pflicht 11 115
– durch Tochterunternehmen 11 28
– Erwerbsanlässe 11 43
– Gesamtrechtsnachfolge 11 73
– Kommission 11 71
– Marktmanipulation 11 121
– mittelbare Stellvertretung 11 26
– Schadensabwehr 11 45
– Unentgeltlichkeit 11 69
Erwerb unter Verwendung 27 39 f., 45 f., 48 ff.
Erwerbszeiträume 13 13
ESMA 1 2
EU-Bestechungsgesetz 26 59
Evidenzzentrale 29 65
Ex ante 29 54
Ex-ante-Perspektive
– Insiderhandel 27 33 f.
– Marktmanipulation 28 39, 56
Execution-only-Geschäft 19 5, 30
Externer Ermittler 33 35

Fachkenntnisse
– des Compliance-Beauftragten 16 23
Facilitation payments 32 8
Fahrlässigkeit 21 67, 85; 29 53
Faktischer Konzern 33 33
Fakultativer Beirat 33 27
Falschmeldungen 22 116
FATF 2 23
FCPA 26 147
Fehlerhafte Ad-hoc-Publizität 9 28
Fernmeldegeheimnis 33 188
Festpreisgeschäft 19 7
Feststellung von Börsen- oder Marktpreisen 28 58, 61
Finanz- und sonstige Instrumente 10 15
Finanzagenten 25 9
Finanzanalyse 16 58; 20 26
– Ersteller 20 5, 80, 85, 125, 167, 175, 178, 226
– grenzüberschreitende ~ 20 177
– grenzüberschreitender ~ 20 19, 173
– im engeren Sinn 20 8, 25, 28, 38, 209, 212, 216, 228
– im weiteren Sinn 20 8, 45, 47, 75, 167, 210, 229
– Informationsquellen 20 97, 131, 188, 367
– Interessenkonflikte 20 108 f., 111, 118, 150, 181, 194, 217, 226, 277, 287
– Offenlegungspflichten 20 118, 122, 124, 133, 174, 182
– öffentliche Verbreitung 20 23, 39, 162, 164
– Pflichtangaben 20 58, 124, 140, 150, 161, 191, 206, 285, 314
– Weitergabe 20 162, 165, 170, 182, 199
– Zusammenfassung 20 202 f.
Finanzanalysen 28 36, 77
Finanzanalyseverordnung 9 51; 20 9, 13, 91, 108, 130, 150, 229
Finanzanalysten 26 102; 27 28, 80
– Vergütung 20 256, 288
Finanzhandelsinstitute 29 24
Finanzholdinggesellschaften 29 59
Finanzierungsbestätigung 10 50
Finanzinstrument
– gegenläufiges Handeln 28 62
Finanzinstrumente 18 63; 20 27; 27 7 ff., 13, 36, 43, 45; 28 9 f., 14, 24, 32, 61, 73
Finanzkalender 8 11, 140
Finanzkommissionsgeschäft 16 2; 19 6
Finanzkrise 23 4
Finanzportfolioverwaltung 16 2, 143 f.
Finanztermingeschäft 30 60
Foreign Corrupt Practices Act (FCPA) 22 172; 26 98
Formwechsel 11 63
– Hauptversammlung 12 120

Stichwortverzeichnis

Fragenkatalog *siehe Auskunftsersuchen*
Frankfurter Wertpapierbörse 8 68, 70 ff., 98, 100 f., 103, 119, 121 f., 124, 138, 141 f., 150
Fraud 32 2
Fraud Check 26 173
Fraud Management Team 32 15
Freikarten 26 29
Freiverkehr
– Insiderhandel 27 7, 9
– Marktmanipulation 28 9, 14, 64
Freiwilliges Übernahmeangebot *siehe Übernahmeangebot*
Fremdvermögen 23 36
Front Running 16 108; 19 40; 22 84; 27 36, 46
Front- oder Parallelrunning 16 126
Frontgesellschaft 25 13
Führen von Depots 16 2
Führungszeugnis 16 29
Function Insider 3 34
Fungibilität 13 60
Funktion Compliance 15 15
Für den öffentlichen Dienst besonders Verpflichteten 26 5
Fußballweltmeisterschaft 26 40

Garantenpflicht 21 60
Garantenstellung 21 49, 60; 27 87; 28 31
Geeignete Gegenparteien 19 14
Geeignetheit 27 28 ff., 34
Geeignetheitsprüfung 18 157
Gefährdungslage 15 3
Gefälligkeitsgutachten 21 91
Gegenlaufen 19 40
Gegenleistung 10 38, 50, 56, 64, 73, 80
Gehilfen
– Begriff 33 162
– Beschlagnahmeverbot 33 165
– Beweiserhebungsverbot 33 177
– Beweisverwendungsverbot 33 177
– verbotene Ermittlungsmaßnahmen 33 176
– Zeugnisverweigerungsrecht 33 162
Geld, Wertgegenstände, Rabatte 26 29
Geldauflage 21 126
Geldbuße
– Höchstmaß 31 33
Geldtransferverordnung 31 145 f.
Geldwäsche 2 16, 23; 16 11, 13; 31 129, 146
– Anfangsverdacht 25 37
– Auslandstat 25 60
– Compliance 25 260
– drohende Strafen und Sanktionen 25 38
– Einziehung und Verfall 25 120
– herrühren 25 61
– Leichtfertigkeit 25 95
– prozessuale Befugnisse 25 44
– Strafaufhebungsgrund 25 109

– Täter 25 39
– Tathandlung 25 71
– Tatobjekt 25 40
– Vorsatz 25 94
– Vortaten 25 43
Geldwäsche-Compliance 2 22
Geldwäsche-Funktion 16 14
Geldwäschebeauftragter 16 11, 13; 25 225; 29 77
– Aufgaben 25 232
– Position 25 230
Geldwäschegesetz 25 29, 121
– Verpflichteter 25 125
Geldwäschephasen 25 10
– Integration 25 17
– Layering 25 14
– Placement 25 11
Geldwäschevortat
– Gewerbsmäßigkeit 25 50
Gemeinsam handelnde Personen 10 73, 84
Genehmigung 26 46
Generalverantwortung 21 70
Gerüchte als Insiderinformation 27 20
Gesamtrechtsnachfolge 21 134
Gesamtrisikosituation 15 91
Gesamtverantwortung 14 78; 33 10
Gesamtzahl der Stimmrechte 9 82
Geschäfts- und Buchungsunterlagen
– Deliktsgegenstand 33 174
Geschäftsabschluss 30 67
Geschäftsbericht 12 127
Geschäftschancen 7 41, 60
Geschäftschancenlehre 7 39
Geschäftsführer 27 76; 33 23
Geschäftsgeheimnis 33 188
Geschäftsherrenhaftung 21 52; 30 8
Geschäftsleiter 14 78; 16 16; 21 128; 29 41, 62
– als Compliance-Beauftragter 16 16
Geschäftsleitung
– Gesamtverantwortung für Compliance-Funktion 16 17, 60, 81, 112
– Weisungsrecht gegenüber dem Compliance-Beauftragten 16 61
Geschäftsorganisation 29 47
Gesellschafter 27 76 ff.
Gesellschaftervereinbarung 10 26
Gesellschaftsblätter 12 90
Gesetzeswiedergabe 7 11
Getrennte Vertraulichkeitsbereiche 16 110
Gewahrsam
– Begriff 33 172
– elektronische Dokumente 33 173
Gewerbeuntersagung wegen Unzuverlässigkeit 22 202
Gewerblich 30 73
Gewerbsmäßig 30 4, 14, 73, 75, 77
Gewinn- und Verlustrechnung 8 43 f., 81, 83, 88, 109

Stichwortverzeichnis

Gewinnabschöpfung 21 140; 31 31
Gewinnerwartungen 22 50
Gewinnprognosen 9 39, 53
Gewinnschätzungen 9 39
Governance 32 2
Grauer Kapitalmarkt 22 32
Green Shoe 9 90
Gremienentscheidung 21 68; 23 118; 31 8
Grenzüberschreitende Ermittlungen 21 98
Grenzüberschreitendes Umsatzsteuerkarussell
– Buffer I 24 52
– Buffer II 24 53
– Distributor 24 54
– Initiator 24 52
– Missing Trader 24 52
Großkredit 23 102
Großkreditobergrenze 31 139
Grundsatz der doppelten Proportionalität 14 15, 47
Grundsätze für Vertriebsziele und Bonuszahlungen 16 210
Grundsätze zur Auftragsausführung 19 44
Gruppenangehörige Institute 29 45
Güter
– hochwertige ~ 25 226
GWB-Novelle 22 187

Haftungsrisiken 16 14
Halbjahresberichterstattung 8 143
Halbjahresfinanzbericht 8 73, 75 ff., 81, 83 f., 86 f., 89 f., 92 ff., 96, 98, 102 f., 107
Haltefrist 13 17
Handeln im Rahmen des rechtlichen Könnens 23 29
Handelsfenster 13 14
Handelskette 26 85
Handelsüberwachungsstellen 1 2; 16 121
Hauptversammlung 27 27, 35; 33 19, 149
– Abstimmung auf Zuruf 12 214
– Abstimmungsergebnisse 12 229
– Abstimmungsverfahren 12 195
– Ad-hoc-Publizität 12 223
– Additionsverfahren 12 211
– Aktionärseigenschaft 12 30
– Aktionärsempfang 12 194
– Aktionärsrechte-Richtlinie 12 2
– Anmeldefrist 12 12
– Anmeldestelle 12 66
– Antrag Einzelentlastung 12 209
– Antrag Sonderprüfung 12 209
– Auskunftsrecht Aktionär 12 200
– Auskunftsverweigerung 12 203
– Auslage der Unterlagen 12 130
– Bekanntmachung 12 89
– Bericht des Aufsichtsrats 12 198
– Beschränkung Fragerecht 12 204
– Bevollmächtigung Dritter 12 166
– Briefwahl 12 174
– Bundesanzeiger 12 17
– computergestützte Abstimmung 12 214
– Einberufung 12 17
– Einberufungstag 12 16
– Einladung 12 38
– elektronischer Versand 12 146
– Ergebnisverkündung 12 217, 259
– erläuternder Vorstandsbericht 12 51, 58
– Erläuterung Aktionärsrechte 12 125
– europaweite Verbreitung Einladung 12 100
– Fragenbeantwortung 12 205
– Fristenberechnung 12 9
– Gegenanträge 12 68, 126
– Generaldebatte 12 200
– gesonderte Versammlung 12 222
– Legitimationsaktionär 12 167
– Leitfaden Versammlungsleiter 12 191
– Mitteilungen nach WpHG 12 82, 230
– Mitteilungspflichten 12 136
– Nachweisstichtag 12 71
– Namensaktien 12 106
– notarielles Protokoll 12 187
– Offenlegungsexemplar 12 184
– Online-Teilnahme 12 240
– Originalunterlagen 12 184
– Ort 12 47
– physischer Versand 12 146
– Präsenzverkündung 12 199, 256
– Sammelstimmgang 12 213
– Stimmabschnitt 12 214
– Stimmrecht 12 165
– Stimmrechtsvertreter 12 171
– Subtraktionsverfahren 12 211
– Tagesordnung 12 49
– Teilnehmerverzeichnis 12 188, 257
– Textform 12 77
– Übersendung Unterlagen 12 133
– Verfahrensanträge 12 208
– verkürzte Beschlussfassung 12 219
– verkürzte Einberufung 12 251
– Veröffentlichung Unternehmenshomepage 12 131
– Veröffentlichungsbeleg Bundesanzeiger 12 187
– Versammlungsleiter 12 191
– Vollmachten Kreditinstitute 12 170
– Vollversammlung 12 104
– Vorlagen für die Hauptversammlung 12 51
– Vorstandspräsentation 12 197
– Vorstandsrede 12 196
– Weisung 12 172
– Widerruf Vollmacht 12 169
– Zeitplan 12 8
– Zeitpunkt 12 43
Hedgefonds 30 70

1197

Stichwortverzeichnis

Hedgegeschäft 30 61, 64, 67
Herausgabeverlangen
- abgabenrechtlich **24** 11
- strafrechtliches **24** 11

Herrühren 25 61
- Abgrenzungsschwierigkeit **25** 66
- prozentuale Inkrimination **25** 69
- Totalkontamination **25** 69

HGB-Abschluss 8 47
Hintergrundrecherchen 32 46
Hinweisbekanntmachung 8 23, 30, 32, **34** f., 37, **39** f., 42, **64** f., 67, 96, 113, 136
Hinweisgeber 26 187; **32** 34
Hinweisgebersystem 21 21
Hochschullehrer
- Beschlagnahmeverbot **33** 164
- verbotene Ermittlungsmaßnahmen **33** 176

Horizontale Arbeitsteilung 29 63

IAS 34.6 8 82
IAS-Verordnung 8 16 ff., 51, 68
Identifikation und Analyse der Risiken 15 59
Identifikation und Gruppierung materiellen Risiken 15 72
Identifizierungspflicht 25 171
- Entbehrlichkeit **25** 179
- juristische Person **25** 174
- natürliche Person **25** 172
- Zeitpunkt **25** 177

IDW PS 980 2 20
IFRS 8 17, 19, 82, **90** f., 109
IFRS-Abschluss 8 47, 68, 133
IFRS-Konzernabschluss 8 16, 18, 51, 68
In-den-Dienst-Stellen 30 33
Information an Hauptversammlung 7 63
Informations- und Kommunikationssystem 33 110
Informationsasymmetrien 33 115
Informationsaustausch zwischen Mitarbeitern
- Verhinderung oder Kontrolle **16** 110

Informationsbezogene Handlungen 3 77
Informationsdefizit 23 106
Informationserteilung an die Kunden gem. § 31 Abs. 3 WpHG 16 126
Informationserteilung nach § 31 WpHG 16 115
Informationsgespräche 32 47
Informationsgestützte Marktmanipulation 28 16
Informationsmanagement 3 24; **31** 53; **33** 109
Informationsmemorandum 10 6
Informationspflichten 19 20; **23** 101
Informationsverschaffung
- passive ~ **16** 95

Informationszugang
- aktiver ~ **16** 90
- passiver ~ **16** 90

Inhaberkontrollverordnung 31 130

Inhabilität 21 130; **22** 197 f.
Initiator *siehe Grenzüberschreitendes Umsatzsteuerkarussell*
Inlandsemittent 8 2, 5
Innenrevision 16 14
Innenverhältnis 23 27, 29
Innere Tatsache 27 17; **28** 19
Insellösungen 15 65
Insidergeschäfte 16 157 f.
Insiderhandel 31 4
Insiderhandelsrichtlinie *siehe Richtlinie 89/592/EWG*
Insiderhandelsverbot 3 26; **9** 76; **10** 81, 83; **27** 2, 5, 21, 39, 42 ff.; **31** 100
Insiderinformation 3 27; **4** 9 ff.; **13** 29; **16** 108; **27** 21, **41** f., 45 ff., 63 ff., **67** f., 71, 90; **28** 30, **32** f.
- Dementi **4** 23 ff.
- gestreckte Sachverhalte **4** 27 ff.
- konkrete **4** 10 f.
- konkrete ~ **4** 9
- Kurserheblichkeit **4** 15 f., 18, 39 ff.
- unmittelbare Betroffenheit **4** 19 ff.
- Vertraulichkeit **28** 32
- Zwischenschritte **4** 29 f., 39 ff.

Insiderinformationen 7 53; **8** 11; **10** 2 ff., 9, 75, 85, 89; **13** 33; **16** 21, 126, 139, 141, 148, 150, 155, 175; **33** 150
Insiderpapier 13 29; **27** 7 ff., 11, 22, 24, 28, 39, 45, 49, 76
Insiderrecht 9 56
Insiderrichtlinie 21 18; **31** 41
Insidertatsache 27 5, 10; *siehe auch Insiderinformation*
Insiderüberwachung 16 21
Insiderverzeichnis 3 30; **10** 3, 88; **31** 40, 105
Insolvenz 8 143
Insolvenzverfahren 29 60
Institute 14 35; **29** 45, 59
Institutionelle Investoren 9 33
Integriertes System 15 68
Interessenkonfliktanalyse 16 112
Interessenkonflikte 7 31, 56; **9** 51; **16** 23, 58, 68 ff., 73, 101, 103, **107** f., 110 ff., 114, 116, 132, 138, 175, 182, 215; **31** 90; **33** 72
- Emittent **20** **269** f., 275, 296
- Entstehung von ~ **16** 104
- Erfassung von ~ **16** 104
- Erkennen von ~ **16** 102
- Grundsätze für den Umgang mit Interessenkonflikten **16** 113
- Identifikation von ~ **16** 106
- Sicherungsmaßnahmen **16** 110
- Vermeidung von ~ **16** 101

Interessenkonfliktmanagement 16 102, 111; **20** 220, 299, 324
Interessenkonfliktmatrix 16 105, 109

Stichwortverzeichnis

Interessenten 18 235
Interessentheorie 21 138
Internal Adequacy Assessment Process 14 13
Internal Investigations 21 22, 155
Internationale Bestechung 26 59
Interne Kontrollverfahren 14 56
Interne Revision 14 56; 16 30; 29 77; 32 3; 33 17
Interne Sicherungsmaßnahmen 25 222
– Bestellung Geldwäschebeauftragter 25 225
– Durchführung durch Dritte 25 224
– Einzelfallanordnung Aufsichtsbehörde 25 241
– Gefährdungsanalyse 25 237
– interne Sicherungssysteme 25 234
– Monitoring 25 237
– Unterrichtungspflicht 25 239
– Zuverlässigkeitsprüfung 25 240
Internes Kontrollsystem 14 56; 29 86
Internet 8 27, 41, 63 f., 66, 142
– Internetadresse 8 30, 96, 136
– Internetseite 8 29, 31, 140
– Link 8 31
– Pfad 8 31
Internetseiten 9 31
Investment Banking 2 5
Investmentaktiengesellschaften 16 9
Investmentclubs 16 5
Investmententscheidung 23 113
Irrevocable Undertakings 10 26, 77
Irrtümer 27 86
IT-Forensiker 32 18

Jahresabschluss 8 15, 43 f., 47, 52, 56, 89
Jahresfinanzbericht 8 12 f., 15, 17, 19, 21, 24, 27, 35, 41, 43, 48, 55, 68 ff.
Jahresfinanzberichterstattung 8 143
Jedermannsdelikt 21 37, 41, 44; 29 11; 31 8, 153
Joint Venture 26 174
Journalisten 20 17, 202, 340, 368; 27 28, 80; 28 19, 41, 75
Journalisteninterviews 9 42

Kammerrechtsbeistände
– Beschlagnahmeverbot 33 164
– Beweisverwendungsverbote 33 177
– verbotene Ermittlungsmaßnahmen 33 176
Kapitaladäquanzrichtlinie 14 14
Kapitalanlagebetrug 22 120, 138
– abstraktes Gefährdungsdelikt 22 121
– Anteile 22 126
– Bezugsrechte 22 125
– Darstellungen 22 133
– Prospekte 22 132
– Übersichten über den Vermögensgegenstand 22 134
– unrichtige Angaben 22 128

– Verjährung 22 136
– Verschweigen nachteiliger Tatsachen 22 128
– Vorsatz 22 135
– Werbeträger 22 131
– Wertpapier 22 124
Kapitalanlagefälle 24 46
Kapitalanlagegesellschaften 8 77; 16 9
Kapitalerhöhung 9 57
Kapitalflussrechnung 8 44, 48, 82
Kapitalmarktanlagemodelle 22 32
Kapitalplanungsprozess 14 46
Kapitalprüfer
– Beschlagnahmeverbot 33 164
– Beweisverwertungsverbot 33 180
– verbotene Ermittlungsmaßnahmen 33 176
– Zeugnisverweigerungsrecht 33 159
Kapitalzuschlag 14 94
Kartell der Guten 26 167
Kassageschäft 30 63, 66
Kausalität 27 42, 45, 72, 78 f., 81; 30 33 f., 39
Kenntnis von Insiderinformation 27 2, 27, 36, 42, 45, 51, 53, 72, 74, 77, 79
Kernstrafrecht 31 1
Kick-back 22 111; 23 110; 32 52
Kirchenbeamte 26 8
Klimapflege 26 36
Know-how 30 23
Kollegialentscheidungen 23 118
Kölner Müllskandal 26 17
Kommunalbank 26 23
Kommunale AGs 26 15
Kommunikation 9 25, 30, 40
Kommunikationsbeschränkungen 9 25
Konfrontationsgespräche 32 48
Konkrete Information 27 11 ff.
Konkurrierendes Angebot 10 41, 88
Konsistenzgebot 9 53
Kontinuität und Regelmäßigkeit der Wertpapierdienstleistungen 16 207
Kontrollerwerb 10 34 f., 38
Kontrollpflicht 7 20
Konzern 33 30 f.
Konzern-Eigenkapitalveränderungsrechnung 8 18
Konzern-Gewinn- und Verlustrechnung 8 18, 48
Konzernabschluss 8 17, 22, 44, 48 f., 51, 58, 68, 90 f., 98, 105, 110, 119, 133, 138
Konzernangehörige Kreditinstitut 29 16
Konzernanhang 8 18, 48, 51
Konzernkapitalflussrechnung 8 18
Konzernlagebericht 8 17, 19, 22, 48, 50 f., 58, 68, 98, 105, 119, 131 f., 138
Konzernleitung 33 31, 33
Konzernleitungsmacht 7 18
Konzernleitungspflicht 7 18
Konzernmandate 7 51
Konzernmutterunternehmen 8 17, 22, 87 f., 105

Stichwortverzeichnis

Konzernsicherheit 32 3
Kooperationsverweigerung 33 188
Körperschaften 26 14
Korrektur steuerlicher Verfehlungen 24 62, 70
Korrespondenzinstitut 25 214
Korruption 7 37, 58; 31 94; 32 36
– im geschäftlichen Verkehr 26 1
Korruptive Geschäfte 23 110
Kosteneffektivität 15 65
Kostenplanung 33 98
Kostenreduktion 15 67
Kostentransparenz 15 34
Kreditbetrug 22 49, 141, 153
– abstraktes Gefährdungsdelikt 22 142
– Compliance-Hinweis 22 140
– Tathandlung 22 149
– tätige Reue 22 151
– Verjährung 22 152
– Vorsatz 22 150
Kreditbewilligung 23 98
Kreditgewährung 7 50
Kreditinstitute 8 9, 14, 38
Kreditvergabe 23 86, 96
Kundenauftrag 23 116
Kundenberatung siehe Anlageberatung
Kundendaten 15 6
Kundendepots 23 116
Kundenkategorie 19 11
Kundenklassifizierung 16 173; 18 48
Kundenweisung 19 48
Kündigung
– Drohung mit ~ 33 187
Kursbeeinflussung 28 38 f., 54 f.; siehe auch Erheblichkeit
– Geeignetheit 28 39
Kursrisiko 30 50
Kursstabilisierungsmaßnahmen 9 84

Lagebericht 8 15, 43 ff., 56; 9 40
Landesbank 21 25, 74
Lauterer Wettbewerb 26 67
Lauterkeit des öffentlichen Dienstes 26 2
Leakage-Strategie 10 12
Lebensversicherungsmäntel 24 49
Lederspray-Entscheidung 21 53 f., 70
Leerverkauf 30 66
Leerverkäufe 27 45; 28 51
Legaldefinition 7 16
Legalitätspflicht 7 18
Lehman-Pleite 16 11
Lehre vom persönlichen Schadenseinschlag 22 51
Leichtfertige Steuerverkürzung 24 35
– Zweifelsfälle 24 35

Leichtfertigkeit 21 86; 25 95; 27 84 f.; 28 81; 31 56
– Anhaltspunkte 25 100
– Definiton 25 96
– Indizien 25 100
– Sonderwissen 25 96
Leistungssorgfalt 33 6
Leiter der Untersuchung 33 71
Leitungspersonen 31 26
Leitungsverantwortung 33 6
Lenkungsausschuss 33 67
Letter of Intent 10 7, 26
Libor-Betrug 22 7
LIBOR-Manipulationen 1 18

MaComp 16 9, 11, 16 ff., 20, 58, 60 f., 66, 92 f., 118, 120 f., 125, 128, 132 f., 163, 169, 179, 190, 196, 207, 210, 215; 18 21; 20 11, 22, 162, 164 f., 171, 281 f., 288, 312 f., 330, 335
MaKonV 28 3 f., 20 ff., 43, 45, 51, 57 f.
Management Override of Controls 32 57
Mandatsbeendigung 7 64
Mangel
– qualifizierter ~ 16 128
– qualitativer ~ 16 121
– quantitativer ~ 16 121, 128
Manipulation von Auftragsausschreibungen 26 83
MaRisk 14 20; 16 11; 29 40
Marketingunterlagen 9 27
Markets in Financial Instruments Directive 1 28; siehe auch MiFID
Markpreis
– Marktmanipulation 28 79
Marktmanipulation 3 75; 9 80; 13 54; 20 358, 361, 363; 31 4
– Einwirkungserfolg 28 79
Marktmissbrauch 4 10, 45, 54, 62, 83
Marktmissbrauchsrichtlinie 20 3, 6, 17, 25, 211; 21 27
Marktmissbrauchsverordnung 1 18 f.
Marktpreis
– Insiderhandel 27 11, 29
– Marktmanipulation 28 15, 46, 58, 62, 70
Matches orders 28 48, 59
Medien 8 33, 37, 96, 136
Medienbündel 5 56; 8 33
Mehraugenprinzip 26 169
Mehrfachzuständigkeiten 15 80
Mehrstufige Entscheidungsprozesse 27 16
Mehrstufige Entscheidungsprozesse als Insiderinformation 28 30
Mehrzuteilung 9 91
Meinungen als Insiderinformation 27 19

Stichwortverzeichnis

Memorandum of Understanding 10 26
Mengenrabattierungen 26 86
Merkmalsüberwälzung 21 7; 31 13
Methodenfreiheit 14 44
MiFID 1 28; 16 10; 20 7, 21, 45, 62, 211, 292
Mikrophone 33 199
Minderheitenantrag 33 19, 24
Missbrauch 23 29; 29 22
Missbrauchsuntreue 23 24
Missing Trader 24 53 f.
Mitarbeiter der Sparkassen 26 23
Mitarbeiter und Vorstände von Sparkassen 26 24
Mitarbeiter- und Beschwerderegister 18 283
Mitarbeiterbeteiligungsprogramme 9 15
Mitarbeitergeschäfte 16 97, 125 f., 132; 20 47, 330, 332, 376
– Auslagerungsunternehmen 16 166
– außerhalb des zugewiesenen Aufgabenbereichs 16 145
– besondere Maßnahmen bei Erstellung von Finanzanalysen 16 167
– Bestimmung relevanter Mitarbeiter 16 138
– Feststellung unzulässiger Mitarbeitergeschäfte 16 168
– freie Mitarbeiter 16 136
– innerhalb des zugewiesenen Aufgabenbereichs 16 144
– Interessenkonflikte 16 134
– Kenntnis der Compliance-Abteilung 16 163
– Leiharbeitskräfte 16 136
– Leitungsorgane 16 136
– persönlich haftende Gesellschafter 16 136
– Praktikanten 16 136
– relevante Wertpapiergeschäfte 16 143
– Überwachung 16 111, 133 f., 139, 141, 147, 154, 157, 175
– Verhinderung unstatthafter Mitarbeitergeschäfte 16 147
– vertraglich gebundene Vermittler 16 136
– Vollständigkeitserklärung 16 164
– Watch List 16 157
– Zeitarbeitnehmer 16 136
– Zweitschriften 16 163
Mitarbeiterprogramme 27 45
Mitarbeiterschulung 16 111
Mitteilung nach § 15a WpHG 5 35
– Form 5 43
– Inhalt 5 38
– Korrekturen 5 72
Mitteilung von Finanz- und sonstigen Instrumenten 10 15, 21 f., 24 ff., 29
– Aktienkaufvertrag 10 26
– Call-Option 10 26
– Drag-along-Rechte 10 26
– Gesellschaftervereinbarung 10 26

– Irrevocable Undertakings 10 26, 77
– Letter of Intent 10 26
– Memorandum of Understanding 10 26
– Put-Option 10 26
– Repo-Geschäfte 10 26
– Stillhalter 10 26
– Tag-along-Rechte 10 26
– Vertraulichkeitsvereinbarung 10 26
– Vorkaufsrecht 10 26
– Wertpapierdarlehen 10 26
– Wertpapierleihe 10 26
Mitteilungspflicht nach § 15a WpHG
– Verstoß 5 78
Mitteilungspflichtige Geschäfte 5 23
– Aktienoptionen 5 27
– auflösende Bedingung 5 25
– aufschiebende Bedingung 5 25
– Schenkung 5 29
– Sicherheitenbestellung 5 28
– Umstrukturierung 5 29
– Wertpapierleihe 5 28
Mitteilungszeitraum 8 127 f.
Mitwirkungspflicht 25 215
– Kündigung 25 215
– mangelnde 25 215
Monitoring 2 9; 21 90
Mutterunternehmen 8 50, 87, 90, 133

Näbentätigkeiten 7 57
Nachschussverpflichtung 30 46, 50
Nachtrag 10 69
Nachtragspflichten 9 71
Nahestehende Personen 7 47
Nahestehende Unternehmen 7 47
Nebenstrafrecht 31 1
Nebentätigkeit 7 51; 26 47
Need-to-know-Basis 33 203
Need-to-know-Prinzip 16 153; 20 241, 303, 334
Neuproduktprozess 16 71, 96, 119, 179 ff.
Nicht auf sachlichen Erwägungen 26 80
Nichtöffentlich gesprochenes Wort 33 199
Non binding indicative offer letter 10 6
Notarassessoren
– Beschlagnahmeverbot 33 164
– Beweisverwertungsverbot 33 180
– verbotene Ermittlungsmaßnahmen 33 176
– Zeugnisverweigerungsrecht 33 159
Notare
– Beschlagnahmeverbot 33 164
– Beweisverwertungsverbot 33 180
– verbotene Ermittlungsmaßnahmen 33 176
– Zeugnisverweigerungsrecht 33 159
Nothilferecht 27 68
Nötigung 33 186

Stichwortverzeichnis

Notstand **31** 23
Notwehr **31** 23
Nummernkonten **24** 47

Obligatorischer Aufsichtsrat **33** 28
OECD-Übereinkommens über die Bekämpfung der Bestechung ausländischer Amtsträger im internationalen Geschäftsverkehr **26** 64
Offenbaren **29** 68
Offenlegung der Zuwendung **26** 117
Offenlegung der Zwischenmitteilung der Geschäftsführung **8** 134
Offenlegung des Halbjahresfinanzberichts **8** 92
Offenlegung des Jahresfinanzberichts **8** 20, 52
Offenlegung des Quartalsfinanzberichts **8** 111
Offenlegungskomitee **3** 35
Öffentlich-rechtliches Amtsverhältnis **26** 6
Öffentliche Platzierungen **9** 63
Öffentliches Angebot **9** 5, 31, 43, 62; **10** 30; **13** 63
Offshore-Bank **25** 15
Ombudsmann **21** 21; **32** 34
Ombudspersonen **26** 188
Omnimodo facturus **30** 40
Opportunitätsprinzip **21** 10
Optionen **27** 9, 39, 45
Optionsgeschäft **30** 62
Optionsscheine **30** 63, 65
Optionsvertrag **13** 26
Order **27** 36, 45 f., 73, 90; **28** 53, 59, 63
Ordergröße **28** 79
Orderlage **27** 16, 23; **28** 63
Ordnungsgemäße Geschäftsorganisation **14** 39
Ordnungswidrigkeit **8** 148 f.; **20** 353; **25** 254; **29** 52; **31** 1
- Bußgeld **25** 254
- Katalog **25** 254
- sachliche Zuständigkeit Ahndung **25** 256
Ordnungswidrigkeit nach § 39 WpHG **16** 121
Organfunktion bei Wettbewerbern **7** 68
Organisations- und Arbeitsanweisungen **16** 63, 91 f., 96, 120, 170
- Compliance-Relevanz **16** 173
Organisationspflichten **15** 2; **16** 2; **20** 12, 47, 208, 216, 288, 297; **29** 39
- Anwendbarkeit auf Kapitalanlagegesellschaften und Investmentaktiengesellschaften **16** 9
Organisationsprinzipien **29** 33
Organisationsverantwortung **21** 142
Organisierte Kriminalität **31** 129
Organisierter Markt **8** 5; **10** 30 f.
Organizational Sentencing Guidelines **1** 11
Organmitglieder **9** 83

Painting the tape **28** 59
Parallel Running **19** 40
Parteiverrat **33** 185
Patentanwälte
- Beschlagnahmeverbot **33** 164
- verbotene Ermittlungsmaßnahmen **33** 176
- Zeugnisverweigerungsrecht **33** 159
Person mit Führungsaufgaben
- Beginn der Stellung **5** 15
- Ende der Stellung **5** 15
Personalauswahl **21** 75
Personen mit Führungsaufgaben **5** 6
- Ehepartner **5** 17
- Hauptversammlung **5** 12
- juristische Personen **5** 18
- kontrollierte Unternehmen **5** 20
- Organmitglieder **5** 8
- Personen in enger Beziehung **5** 16
- persönlich haftende Gesellschafter **5** 7
- sonstige Führungspersonen **5** 13
- Verwandte **5** 17
Persönliche Beziehung **7** 66
Persönliche Haftung **9** 29
Pflichtangebot **10** 32, 34
Pflichtbericht **33** 137
Pflichtverletzung **23** 41
Pflichtwidrigkeit **23** 101
Pflichtwidrigkeitszusammenhang **23** 72
Phantom Stocks **13** 7, 19, 23, 29
Pilot Fishing **9** 33
Platzierung **9** 41
Platzierungsgeschäft **16** 8, 139
Politisch Exponierte Person (PEP) **25** 200
- Ermittlung Herkunft Vermögen **25** 205
- Pflichten **25** 200
- Statusfeststellung **25** 201
Politisch exponierte Person (PEP) **2** 22
Prangermaßnahmen **21** 131
Prävention **2** 10
Präventivfunktion **7** 43
Pre-Clearing **20** 277, 279, 337
Pre-Marketing **9** 33
Pressefreiheit **28** 75
Pressekonferenz **9** 65
Pressemitteilung **9** 40
Primärinsider **27** 74 ff.; **31** 100, 102; **33** 201
Prime Standard **8** 68, 98, 119, 138, 141, 150
Principal-Agent-Conflict **7** 40
Prinzipienorientierte Regulierung **14** 16
Privatanleger **30** 26, 29
Private Placement **9** 14
Privatgeheimnis **33** 188
Privatkunden **19** 15
Privatplatzierung **9** 25, 28 f., 61, 66
Privatrechtlich organisierte Unternehmen unter kommunaler Beteiligung **26** 15
Product approval **2** 7

Stichwortverzeichnis

Produktgenehmigungsprozess 2 7, 9
Professionelle Kunden 19 12; 30 26
Prognose 27 10; 28 19, 27; 30 25; *siehe auch Eignung zur erheblichen Kursbeeinflussung*
Prognoseangaben 9 42
Prognosen 9 38, 53
Project Insider 3 37
Projektorganisation 33 42
– autonom 33 52
– Einfluss- 33 49
– Matrix- 33 55
Projektportal 33 118
Projektrahmenplan 33 66
Projektstrukturplan 33 88
Prospekt 9 43; 27 60; 28 26, 32; 31 151
Prospekterstellung 9 17, 58
Prospektfrei 9 62
Prospektfreies öffentliches Angebot 9 35
Prospekthaftung 9 16 f., 27 f., 35
Prospektpflicht 9 8
Prospektverordnung 9 39
Protokoll 31 50
Provisionen 26 73, 101
Provisionsaufschläge 30 47, 50
Provisionsschneiderei 22 78
Provisorien 15 84
Prozessmonitoring 29 83
Prüferische Durchsicht 8 85 f., 102, 110, 123
Prüfung nach § 36 WpHG 16 30, 42, 50, 92, 121, 128, 195, 221
Prüfungsausschuss 7 27, 30; 33 18
Publicity Guidelines 9 42
Publikumsgesellschaften 13 11
Publizität 21 48
Publizitäts-Richtlinien 9 42, 69
Pump and dump 28 48
Put-Option 10 26

Qualifikation 29 70
Qualifizierte Anleger 9 8
Qualifizierte Beteiligung 10 13
Qualitative Aufsicht 14 18
Qualitätsverbesserung 26 114
Quartalsberichterstattung 8 143
Quartalsfinanzbericht 8 104 f., 107, 109 f., 113, 116, 119 ff., 138
Quasi-Kausalität 21 66, 73

Rabatte und Sonderkonditionen 26 73
Rating 27 59, 62; 31 114
Ratingagentur 27 80; 31 114
Ratings 23 113
Rechnungslegungsstandards 8 16, 79 f., 107
Rechtsabteilung 2 17; 16 13 f.; 33 9

Rechtsanwälte 33 16
– Beschlagnahmeverbot 33 164
– Beweisverwendungsverbote 33 177
– Strafbarkeitsrisiken 33 184
– verbotene Ermittlungsmaßnahmen 33 176
– Zeugnisverweigerungsrecht 33 158
Rechtsbehelf 31 6
Rechtsgrundlagen 31 69
Rechtsgut 27 3; 30 13
Rechtshilfe 21 98
Rechtswidrigkeit 31 22
Red-Flag-Analysen 32 30, 38
Redundante Tätigkeiten 15 62
Referendare
– Beschlagnahmeverbot 33 164
– verbotene Ermittlungsmaßnahmen 33 176
Referenzpreise 28 59, 61 f.
Regelberichterstattungspflichten *siehe Regelpublizitätspflichten*
Regelpublizität 3 6; 8 1, 11, 143, 150
– Regelpublizitätspflichten 8 114, 118, 137, 144, 148 f.
Regelpublizität in der Insolvenz 8 143
Regierungskommission 7 4
Regulierter Markt 8 5; 10 31; 27 7; 28 9
Regulierungstätigkeit 29 2
Reinheit der Amtsführung 26 2
Remediation 3 20
Repo-Geschäfte 10 26
Reporting 33 109
Repräsentanz 31 142
Repräsentation 26 40
Reputationsrisiko 20 350
Reputationsschäden 22 207; 33 31
Research-Richtlinie 9 53
Research-Richtlinien 9 52
Researchstudie 9 51 f.
Ressourcen 33 94
Ressourceneinsatzplanung 33 94
Restricted List 16 159, 168; 20 248, 262
– Bekanntgabe 16 161
– Kenntnisnahme 16 161
– Lesebestätigung 16 162
Restricted Shares 13 16
Richter 26 6
Richtlinie 89/592/EWG 27 5, 10
Richtlinie 2003/6/EG 27 5, 10, 12 f., 45 ff., 62; 28 1
Richtlinie 2003/124/EG 28 58
Richtlinien 2 8
Richtlinienkonforme Auslegung 27 6, 44
Risikoanalyse 16 117 ff., 128 f., 194; 23 46
Risikobewertung 31 32
Risikocontrolling 29 77
Risikocontrolling-Funktion 14 60
Risikodeckungspotential 14 43

Stichwortverzeichnis

Risikogeschäft 23 51
Risikoinventur 14 43
Risikolücken 15 87
Risikomanagement 2 17; 14 42; 29 76
Risikomanagementvorschriften 29 32
Risikominimierung 15 67
Risikopolitik 15 59
Risikoprofil 16 131
– Wertpapierdienstleistungsunternehmen 16 120
Risikosteuerung 15 69
Risikosteuerungs- und Risikocontrollingprozesse 14 58
Risikosteuerungsprozesse 15 56
Risikotragfähigkeit 14 43
Risikoüberwachung 29 83
Risikoverantwortung 14 86
Risikovermeidung 24 75
– Banken 24 76
– Bankmitarbeiter 24 75
Roadshow 9 29
Rückgewinnungshilfe 22 191
Rückkaufprogramme 27 35, 43; 28 43
Rücksichtnahmepflicht 7 59
Rücktrittsrecht 10 65
Rückvergütungen 26 85
Rückvergütungsrabatte 26 73

Sachkunde
– des Compliance-Beauftragten 16 19, 24 f.
Sachverständige 33 16
Sachvertragliches Wettbewerbsverbot 7 36
Safe harbours 27 43; 28 44, 64
Sammelkonto 30 67, 70
Sanierungskredit 23 108
Sarbanes-Oxley Act 1 12
Satzungsänderung 31 70
Scalping 21 13, 43 f.; 22 90; 28 74, 76
Schädigungsvorsatz 30 75
Schalterpublizität 10 52, 59, 61, 65, 71, 74
Schätzungen 9 38, 53
Scheingesellschaft 25 15
Schlagworte 32 19
Schluss des öffentlichen Angebots 9 72
Schlüsselmitarbeiter 29 86
Schriftliche Mitteilung
– Begriff 33 166
Schuld 31 22
Schuldprinzip 21 38; 29 42
Schulungen 2 8
Schutz der Funktionsfähigkeit der staatlichen Verwaltung 26 2
Schutzgesetz 30 11
Schwarzgeld 31 146
Securities Act 9 46
Security and Exchange Commission 26 158

Segmentberichterstattung 8 18, 44, 49
Segmentinformationen 8 82
Sekundärinsider 27 2, 74; 31 99
Selbstanzeige 24 63
– koordinierte Selbstanzeige 24 66
– Schätzung 24 65
– Sperrgründe 24 67
– Steuer-CDs 24 69
– Umdeutung 24 73
Selbstbefreiung 4 49 ff.
– berechtigtes Interesse 4 50 f.
– Entscheidung 4 61 ff.
– Gerüchte 4 57 ff.
– Irreführung der Öffentlichkeit 4 52
– Vertraulichkeit 4 53 ff.
– Vorratsbeschluss 4 72
– vorsorglichen ~ 4 70
Selbstbefreiungsentscheidung 4 61 ff.
– Anforderungen 4 66
– Dauer 4 69
– Dokumentation 4 68
– Zeitpunkt 4 67
Serious Fraud Office 26 158
Sicherung einer marktbeherrschenden Stellung 28 73
Sitzungen der Geschäftsleitung oder des Aufsichtsorgans
– Teilnahmerecht des Compliance-Beauftragten 16 93
Sitzungen der Geschäftsleitung und des Aufsichtsorgans
– Teilnahme des Compliance-Beauftragten 16 96
– Teilnahmerecht Compliance-Beauftragter 16 90
Skontroführer 27 98; 28 53, 89
Sonderbeauftragter 31 125
Sonderdelikt 21 37, 41, 44; 30 4; 31 8, 38
Sonderkonditionen 26 85
Sonderprüfung 21 118; 33 19, 24
Sonstige strafbare Handlungen
– Prävention 15 19
Sonstige Täuschungshandlung 28 19, 69, 73, 77
Sorgfaltspflichten 25 168
– allgemeine ~ 25 169
– vereinfachte ~ 25 193
– verstärkte ~ 25 198
Sozialadäquanz 21 19; 26 36, 89
Spareinlagenannahmegelegenheiten 29 19
Sparkasse 21 25, 74
Sparkassenzentralbank 26 19, 23
Spekulationen 23 86
– wiederholte 30 19
Spekulationsgeschäfte 22 98
Spekulationsrisiko 30 46, 50
Spenden 26 145
Sperrdepot 13 8

Stichwortverzeichnis

Sperrliste 16 126, 159 f.
Sperrminorität 26 17
Sponsoring 26 29, 41, 145
Spontanbericht 33 135
Spontanvernehmung 21 100
Sprache 8 35
Sprache des Halbjahresfinanzberichts 8 95
Sprache des Jahresfinanzberichts 8 23 f., 57
Sprache des Quartalsfinanzberichts 8 117
Squeeze-out
– Hauptversammlung 12 118
Stabilisierungsmaßnahmen 9 84 ff.
Stakeholder 32 14, 26
Standards guter Unternehmensführung 7 8
Stellungnahme der Organe der Zielgesellschaft 10 55 ff.
Steuer-CDs 24 69
Steuerberater 27 80
– Beschlagnahmeverbot 33 164
– Beweisverwertungsverbot 33 180
– Strafbarkeitsrisiken 33 184
– verbotene Ermittlungsmaßnahmen 33 176
– Zeugnisverweigerungsrecht 33 159
Steuerhinterziehung
– anonymisierter Transfer 24 47
– Bargeldtransfer 24 47
– Beendigung 24 30
– besonders schwere Fälle 24 32
– durch aktives Tun 24 15
– durch Unterlassen 24 23
– Erklärungs- und Offenbarungspflichten 24 23
– Eventualvorsatz 24 31
– Kenntnis der Finanzbehörde 24 24
– Kompensationsverbot 24 29
– leichtfertiges Handeln 24 31
– Missbrauch rechtlicher Gestaltungsmöglichkeiten 24 19
– Nummernkonten 24 47
– Scheingeschäfte 24 19
– Steuerumgehung 24 19
– Steuervergütungen 24 28
– Stiftungen 24 49
– systematische Anonymisierung 24 47
– Umsatzsteuerkarussell 24 51
– Verfolgungsverjährung 24 30
– Verschleierung 24 19
– Vollendung 24 30
– Vorsatz 24 31
Steuerliche Haftung
– Akzessorität der Haftung 24 60
– Behilfe 24 59
– Voraussetzungen Haftungsbescheid 24 61
Steueroase 25 9
Steuerstraftaten
– Anknüpfungstaten 24 3
– Bankenbereich 24 1
– Steuerhinterziehung 24 4

Steuerumgehung
– Auslandsbezug 24 1
Steuerverkürzung
– Fälligkeitssteuern 24 27
– Veranlagungssteuern 24 27
Stillhalter 10 26
Stimmrechte
– Gesamtzahl 6 185
Stimmrechtsanteil 6 15
– Clearing und Settlement 6 128
– eigene Aktien 6 16
– Erbschaft 6 81
– Erwerbsrechte 6 42
– Handelsbestand 6 127
– Kapitalmaßnahmen 6 72
– Kettenzurechnung 6 23
– kurzfristiges Über- und Unterschreiten 6 67
– Market Maker 6 131
– Nachweispflicht 6 138
– Schwellenberührung 6 65
– Stimmrechtszurechnung bei Sicherungsübereignung 6 38
– Stimmrechtszurechnung bei Treuhand 6 31
– Stimmrechtszurechnung bei Wertpapierleihe 6 32
– Stimmrechtszurechnung im Konzern 6 28
– Stimmverbot 6 18
– teileingezahlte Aktien 6 85
– Vermögensverwaltung 6 47
– Verwahrung 6 129
– Vorzugsaktien, stimmrechtslose 6 83
– Zurechnung 6 19
Stimmrechtsanteile
– Veränderung von ~ 31 66
Stimmrechtsmitteilung 3 65; 6 1; 10 15, 17, 24 f., 29
– Finanzinstrumente 6 87
– Form 6 117
– Frist 6 119
– Inhalt 6 109
– Korrektur 6 114
– Meldepflichtiger 6 4, 104
– sonstige Instrumente 6 93
– Sprache 6 118
– weitere Finanzinstrumente 6 93
Stock Appreciation Rights 13 7, 19, 23, 29
Stoffgleichheit 22 10
Stornierung eines Auftrags 28 53
Strafaufhebungsgrund 25 109
– Verdachtsmeldung 25 112
Strafausschließungsgrund 29 56
Straffung 15 87
Straflosigkeit
– Vortatbeteiligung 25 119
Straftat nach § 38 WpHG 16 121
Straftatbestand 8 149
Strafvereitelung 31 44

Stichwortverzeichnis

Stresstests 14 59
Strike Price 13 13
Strukturelle Beihilfe
– Banken 24 56
– unternehmensbezogene Sanktionen 24 55
Suggestive Irrtumsregelung 22 22
Supervisory Review and Evaluation Process 14 13
Syndikusanwälte
– Beschlagnahmeverbot 33 164
– verbotene Ermittlungsmaßnahmen 33 176
– Zeugnisverweigerungsrecht 33 158
Systematische Anonymisierung 24 47
Systematische Internalisierer 31 122
Systemgefährdung 29 44, 48
Systemunterstützung 15 77

Tag-along-Rechte 10 26
Tagesordnung
– Beschlussvorschläge 12 50
Tatbestandsausnahmen 27 43 f., 48
Tatbestandsausschluss 28 64
Tatbestandsirrtum 28 81; 29 31
Täter 21 31
Täter hinter dem Täter 21 59; 30 7
Täterschaft
– kraft Organisationsherrschaft 30 7
– mittelbare Täterschaft 21 33 f.
– mittelbare ~ 30 6
– unmittelbare Täterschaft 21 33
Täterschaft und Teilnahme 27 73
Tathandlung 25 71
– Isolierungstatbestand 25 78
– Vereitelungstatbestand 25 75
– Verschleierungstatbestand 25 72
Tatherrschaft *siehe Täterschaft*
Tätigkeitsuntersagung 14 101
Tatsachen 22 13, 16; 27 15 ff., 28; 28 19, 27
Täuschung 22 26
Teilangebot 10 32
Teilnahme an Steuerstraftaten
– Anstiftung 24 57
– Aufsichtspflichtverletzung 24 56
– Banken 24 36
– Bankmitarbeiter 24 36
– Beihilfe 24 37
– Beihilfestrafbarkeit von Bankmitarbeitern 24 41
– Erkennbare Tatneigung 24 43
– Kapitalanlagefälle 24 46
– steuerliche Haftung 24 59
– strukturelle Beihilfe 24 55
– Umsatzsteuerkarussell 24 51
– Vorstellungsbild des Bankmitarbeiters 24 44

Teilnehmer zur Vorbereitung auf den Beruf
– Begriff 33 162
– Zeugnisverweigerungsrecht 33 162
Telefonüberwachung 33 199
Telekommunikationsgeheimnis 33 199
Termingeschäft 30 60 f.
Termingeschäfte 28 14
Terminplan 33 90
Terrorismusbekämpfung 16 11, 13
Terrorismusfinanzierung 2 23; 31 146
The bid 28 62
Tochter- und Enkelgesellschaften 33 30
Tone from the Top 3 11; 26 155
Totalverlust 30 46, 50
Traditionelle Compliance-Funktion 15 50
Tragweite 30 24, 28
Transparency International 26 129
Transparenzrichtlinie 1 20; 21 27
Treibhausgasemissionszertifikat
– Versteigerung von ~ 31 96
Treibhausgasemissionszertifikate 27 5, 93
Trennbankengesetz 29 23
Treubruchsuntreue 23 35
Treuepflicht 7 39
TV- oder Radio-Werbespots 9 65

Übernahme 10 30, 39, 79, 85; 27 16, 23, 50
– feindlich 10 39
– freundlich 10 20, 33, 39, 73, 81, 85, 89
Übernahme von Rechtsanwaltskosten 33 147 f.
Übernahmeangebot 10 32, 34
Übernahmen 27 47
Übernahmeorientierte Informationsverpflichtungen 8 45 f., 50
Übernahmerechtliche Angaben 8 45 f., 50
Übernahmerichtlinie 1 27
Überschuldung 29 59
Übersetzung des Jahresfinanzberichts 8 59
Überwachergarant 21 60
Überwachung 21 75
– der Regelpublizität 8 144
Überwachung des Vorstands 33 13
Überwachung Mitarbeitergeschäfte
– einzubeziehende Personen 16 136
Überwachungs- und Kontrollbefugnis 33 18
Überwachungsfunktion 33 8
Überwachungsorgan 33 12
Überwachungspflicht 7 20
Überwachungsplan 16 128, 130 f.
Übung 30 18, 21
UK Bribery Act 1 14; 21 14, 24; 22 172; 26 95, 147; 32 5
Umsatzabhängige Prämien 26 87

Stichwortverzeichnis

Umsatzsteuerkarussell 32 13; *siehe auch Teilnahme an Steuerstraftaten*; *siehe auch Steuerhinterziehung*
– Emissionszertifikatehandel 24 54
– grenzüberschreitendes Umsatzsteuerkarussell 24 52
Umstände 27 17, 19, 28, 35
Unabhängigkeit 7 65; 15 68, 70 f.
Unbefugt 27 52, 55 ff.
Unechte Blankettnorm 29 10
Unerfahrenheit
– Ausnutzen 30 30, 32, 35, 38
– in Börsenspekulationsgeschäften 30 17 ff., 22 ff., 26 f., 30 ff., 34 ff., 38, 52
Unkenntnis 30 22 f.
Unlautere Bevorzugung im Wettbewerb 26 79
Unlauterkeit 26 80
Unrechtsvereinbarung 26 31, 49
Unrichtige oder irreführende Angaben 28 18, 25, 27 f., 32, 41 f.
Unterlagenvorlage 31 75
– Verweigerung 31 78
Unterlassen 23 44; 27 87
– Marktmanipulation 28 31, 52, 67, 71
Unternehmen 29 45
Unternehmensberater 27 80
Unternehmensbeteiligungen 27 17, 67
Unternehmensgeldbuße 22 184; 30 10; 31 26, 31
Unternehmensinterne Richtlinien 33 12
Unternehmensinterne Zuwendungen 26 111
Unternehmenskalender 8 141 f.
Unternehmenskommunikation 9 32
Unternehmensregister 8 27 f., 30, 39, 41, 62 f., 65 f., 96, 116, 136
Unternehmensverträge 11 62
– Hauptversammlung 12 116
Unternehmerische Entscheidung 33 7
Untersagung der Veröffentlichung der Angebotsunterlage 10 51
Untersagungsverfügung 31 132
Untersuchungsteam 33 79
Untreue 22 139; 23 1; 31 140
Untreueverfahren 23 3
Unverzüglichkeit 3 51; 31 55
Unzuverlässigkeit 31 125
Ursächlichkeit 23 68
US Foreign Corrupt Practices Act 32 5
US-amerikanisches Recht 9 45
US-Börsen 26 98

Variable Vergütungsbestandteile 13 13
Venture Capital 13 11
Verantwortlichkeit der Geschäftsleitung 30 5
Veräußerung bezogener Aktien 13 38, 50
Veräußerung unter Verwendung 27 39 f.

Verbandsgeldbuße 21 11, 79, 127, 132 f., 141; 22 184; 30 10; 31 31
Verbotene Eigeninteressen 7 39
Verbotene Geschäfte 29 12
Verbotsirrtum 21 88; 28 81; 29 31; 31 20
– Unvermeidbarkeit 21 89
Verbriefung 28 24
Verdachtsanzeige 31 83
Verdachtsfall *siehe Verdachtsmeldung*
Verdachtsmeldung 25 244
– Beurteilungsspielraum 25 249
– Durchführung Transaktion 25 251
– Eilfall 25 251
– Form 25 251
– Formular 25 251
– Indizien 25 247
– Tatsachen 25 246
– Verwendungsvorbehalt 25 252
– Zeitpunkt 25 247, 251
Vereidigte Buchprüfer
– Beschlagnahmeverbot 33 164
– Beweisverwertungsverbot 33 180
– Strafbarkeitsrisiken 33 184
– verbotene Ermittlungsmaßnahmen 33 176
– Zeugnisverweigerungsrecht 33 159
Vereinfachte Sorgfaltspflichten 25 193
– Fallgruppen 25 194
Verfall 21 147
Vergleichbarkeit 8 127
Vergleichszahlen 8 83, 109
Vergütung 16 110
Vergütungsausschuss 16 183
Vergütungsbericht 13 70, 76
Verhaltensgrundsätze 26 157
Verhaltenspflichten 7 56
Verhinderung sonstiger strafbarer Handlungen 16 11
Verjähren 29 6
Verkaufsprämien 26 73
Verkürzte Bilanz 8 81
Verkürzte Gewinn- und Verlustrechnung 8 81, 83, 109
Verkürzter Abschluss 8 81, 84 ff., 88 ff., 107, 110, 133
Verleiten zum Börsenspekulationsgeschäft 30 16, 30 f., 36, 39, 41
Verletzung von Privatgeheimnissen 33 184
Verlustrisiko 30 46, 50
Vermögen 30 13 f.
Vermögensanlagen 18 72
Vermögensbetreuungspflicht 23 34
– Verletzung 23 40
Vermögensgefährdungsdelikt 30 13
Vermögensmehrung 23 64
Vermögensnachteil 23 47

Stichwortverzeichnis

Vermögensschaden 23 47; 30 13
Vermögensverwaltung 2 5
Vernetzung der Bereiche Risikomanagement und Compliance 15 41
Veröffentlichung
- der Angebotsunterlage 10 48
- der Entscheidung zur Abgabe eines Angebots 10 38, 42, 48, 76
- der Kontrollerlangung 10 43, 48

Veröffentlichung nach § 15a WpHG 5 47
- Frist 5 65
- Inhalt 5 49
- Medienbündel 5 55
- Sicherheitsanforderungen 5 60
- Sprache 5 50
- Übertragungsfehler 5 62
- Zuleitung an Medien 5 58

Veröffentlichung von Stimmrechtsmitteilungen
- Frist 6 164
- Korrekturveröffentlichungen 6 175
- Sprache 6 162

Veröffentlichungspflicht 6 151
Veröffentlichungspflicht nach § 15a WpHG
- Verstoß 5 78

Verordnung (EG) Nr. 2273/2003 27 43; 28 44 ff.
Verpflichteter 25 125
- Agent 25 139
- Bundesrepublik Deutschland-Finanzagentur GmbH 25 157
- E-Geld-Agent 25 142
- E-Geld-Institut 25 132, 135
- Finanzdienstleistungsinstitut 25 129
- Finanzunternehmen 25 150
- Investmentaktiengesellschaft 25 164
- Kapitalanlagegesellschaft 25 166
- Kreditinstitut 25 126
- sonstige Berufsstände 25 167
- Versicherungsunternehmen 25 153
- Versicherungsvermittler 25 159
- Vertrieb und Rücktausch von E-Geld 25 144
- Zahlungsinstitut 25 132 f.

Verschleierungstechniken 25 19
- Bankensektor 25 21
- fiktive Handelsgeschäfte 25 28
- Hawala-Banking 25 22
- Kapitalflucht 25 26
- loan-back-system 25 25
- Offshore-Paradies 25 27
- Steueroase 25 27
- Über-/Unterfakturierung 25 28
- Warenhandel 25 28

Verschmelzung 11 63, 65
- Hauptversammlung 12 119

Verschweigen entgegen Rechtsvorschriften 28 18, 29 ff.
Verschwiegenheitsverpflichtung 27 55

Versicherungsunternehmen 8 14
Verständiger Anleger
- Insiderhandel 27 29, 31 f., 34
- Marktmanipulation 28 20, 24

Verstärkte Sorgfaltspflichten 25 198
- Fernidentifizierung 25 206
- PEP 25 200
- Staaten mit erhöhtem Risiko 25 212
- zweifelhafter/ungewöhnlicher Sachverhalt 25 210

Versuch 27 88 ff.
Verteidiger
- Beschlagnahmeverbot 33 164
- Beweisverwendungsverbote 33 177
- Strafbarkeitsrisiken 33 184
- verbotene Ermittlungsmaßnahmen 33 176
- Zeugnisverweigerungsrecht 33 157

Verteidigungsunterlagen 21 110
- Beschlagnahmeverbot 33 171 f.

Vertragliche gebundene Vermittler 16 8
Vertragskonzern 33 32
Vertrauen 15 87
Vertraulichkeitsbereiche 16 148 ff., 153, 157; 20 225, 234 f., 245, 251, 273, 287, 298, 300
- räumliche Trennung 16 111
- Zugangsbeschränkungen 16 111

Vertraulichkeitsvereinbarung 10 6, 9, 26
Vertriebsfolgeprovisionen 26 104
Vertriebsprovisionen 26 104
Vertriebsvorgaben 16 23
Verwaltungsakzessorietät 31 5
Verwaltungsungehorsam 21 10; 31 2
Verwarnung 14 99
Verwenden einer Insiderinformation 27 42, 48
Verwerten 29 67
Verwertungsverbot
- bei arbeitsrechtlicher Auskunftspflicht 33 262

Verzicht auf Schadensersatzansprüche 33 147, 149
Vesting Period 13 14
Virtuelle Instrumente 13 29
Virtuelle Programme 13 19
Vollautomatisierte Systeme 15 95
Vollständigkeitserklärung 16 165
Vor-Ort-Prüfungen 16 125
Vorangebotsphase 10 75, 78, 80
Vorbereitende Maßnahmen 9 57
Vorerwerb 10 80
Vorgespräche 10 6
Vorkaufsrecht 10 26
Vorrang des Unternehmensinteresses 7 60
Vorsatz 21 67, 81; 23 83
- Insiderhandel 27 82 f.
- Marktmanipulation 28 39, 80

Vorsatzprüfung 23 93

Stichwortverzeichnis

Vorschlag für die Verwendung des Ergebnisses **8** 56
Vorstand **27** 35, 57, 75 f.; **33** 12, 149
Vorstand einer AG **26** 71
Vorstände, Aufsichtsräte und Mitarbeiter von Sparkassen und Landesbanken **26** 23
Vorstandsbericht Bezugsrechtsausschluss **12** 114
Vorstandsmitglieder kommunaler Sparkassen **26** 7
Vorstandsvergütung **13** 13
Vorteil **26** 28
Vorteilsannahme **26** 5
Vorteilsgewährung **26** 5
Vorzugsaktien **12** 220

Walk the talk **26** 155
Wall Crossing **20** 255, 302, 305
Wandel- bzw. Optionsschuldverschreibungen **13** 11
Wanzen **33** 199
Warehousing **10** 82
Waren **28** 9, 14
Warenbörsen **28** 14
Warenderivate **27** 9, 37
Warentermingeschäft **22** 104; **30** 60
Wasserstandsmeldung **10** 70
Watch List **16** 155, 157 f., 168; **20** 243 f., 248, 302, 309, 314, 326
– kein generelles Handels- oder Beratungsverbot **16** 157
Wechselseitige Beteiligungen **11** 33
Weißgeldstrategien **24** 78
Weisungsrecht **33** 13, 25, 29
Weitergabe
– Insiderhandel **27** 53 ff., 63, 65
– Marktmanipulation **28** 77
Weiterleitungsverbot **31** 100
Werbeanzeige **9** 42
Werbematerialien **9** 35; **18** 243
Werbemitteilung **20** 50, 53, 60, 215
Werbung **9** 35, 61, 64 f.
Werkssparkassen **29** 13
Wertgrenzen *siehe Besonders schwere Fälle der Steuerhinterziehung*
Wertpapier-Compliance **2** 22; **16** 10 f.
Wertpapieraufsicht **2** 21
Wertpapierdarlehen **10** 26
Wertpapierdienstleistungsunternehmen **26** 100; **27** 36, 40, 68, 90; **30** 49
Wertpapiere
– Insiderhandel **27** 8, 17, 23
– Marktmanipulation **28** 14, 53
Wertpapiererwerbs- und Übernahmegesetz **10** 30
Wertpapiergeschäfte **23** 116

Wertpapierhandelsrechtliche Mitteilungs- und Bekanntmachungspflichten **10** 14 ff., 77
Wertpapierleihe **10** 26
Wertpapiernebendienstleistungen **26** 100
Wertpapierprospekt **13** 59
Wertsteigerungsrechte **13** 29
Werturteile **27** 10, 19; **28** 19, 27
Wesentliche Geschäfte **7** 49
Wettbewerbsabsicht **26** 90
Wettbewerbsverbot **7** 35, 57
Whistleblower **32** 15, 30, 34, 52, 65
White Knight **10** 41, 87 ff.
White Labelling **20** 85, 180
Willensbeeinflussung **30** 39
Willensfreiheit **30** 15, 28
Wirtschaftlich Berechtigter **25** 182
– Einbindung juristischer Person **25** 184
– mehrstufige Beteiligung **25** 187
Wirtschaftskriminalität **22** 5
Wirtschaftsprüfer **33** 16
– Beschlagnahmeverbot **33** 164
– Beweisverwertungsverbot **33** 180
– Strafbarkeitsrisiken **33** 184
– verbotene Ermittlungsmaßnahmen **33** 176
– Zeugnisverweigerungsrecht **33** 159
Wissen **30** 22
Wohlverhaltenspflichten **30** 55
Wohlverhaltensregeln **16** 2, 16
– Anwendbarkeit auf Kapitalanlagegesellschaften und Investmentaktiengesellschaften **16** 9
WpHG-Anzeigeverordnung
– Zuverlässigkeit **18** 277
WpHG-Bogen **18** 176
WpHG-Mitabeiteranzeigeverordnung
– Sachkundenachweis **18** 273
WpHG-Mitarbeiteranzeigeverordnung **18** 268
– Anzeige von Beschwerden **18** 284
– Sachkunde **18** 270
– Sanktionen der BaFin **18** 293
WpÜG-Angebotstypen **10** 32
Wraps *siehe Lebensversicherungsmäntel*

Zeichnungsfrist **9** 86
Zeitungsannoncen **9** 31
Zeitungsanzeigen **9** 65
Zentrale Einrichtung **15** 88
Zentrale Stelle **16** 11, 13
Zero Tolerance **26** 157
Zertifikat **30** 67
Zeugnisverweigerungsberechtigte Personen
– allgemein **33** 155
– Katalog der Berufe **33** 156

Stichwortverzeichnis

Zeugnisverweigerungsrecht 33 155
– Belehrung 33 155
– Gehilfen 33 162
– Umfang 33 160
Zugriffsbeschränkungen 16 152
Zukunftsgerichtete Angaben 9 36
Zulässige Marktpraxis 28 46, 64
Zulassungsverfahren 26 83
Zusammenrechnung von Positionen aus §§ 21, 22, 25, 25a WpHG 10 27
Zustimmung des Vermögensträgers 23 76
Zustimmungsvorbehalt 7 49
Zuteilung einer Aktienoption 13 34
Zutrittsbeschränkungen 16 151
Zuverlässigkeit 31 128
– des Compliance-Beauftragten 16 29
– Vorlage eines Führungszeugnisses 16 29

Zuwendungen 16 108, 110 f., 126, 173; 18 225
– Verwendungsverzeichnis 18 231
– Zuwendungsverzeichnis 18 230
Zuwendungsverbot 26 1
Zwecksparunternehmen 29 20
Zweckverbandssparkassen 26 11
Zweigstellen 16 6, 125
Zweitschriften 16 163 f.
Zweitschriftenverfahren 16 164
– Wirksamkeitskontrolle 16 164
Zweitschriftenversand 16 164
Zwischenabschluss 8 78
Zwischenbericht 8 82, 88, 100, 115, 121, 135, 150; 33 129
Zwischenberichterstattung 8 79
Zwischenlagebericht 8 78, 81, 84 ff., 107, 110, 132
Zwischenmitteilung der Geschäftsführung 8 125 ff., 133 ff., 139